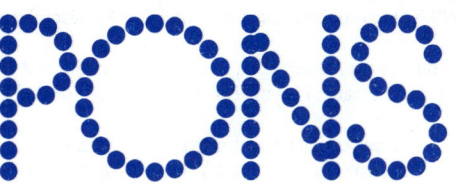

Kompaktwörterbuch
für alle Fälle

Russisch - Deutsch
Deutsch - Russisch

vollständige Neuentwicklung 2002

Ernst Klett Sprachen
Barcelona · Budapest · London · Posen · Sofia · Stuttgart

PONS Kompaktwörterbuch für alle Fälle Russisch-Deutsch

Bearbeitet von: Natalia Alexeenkova, Ekatherina Dmitrieva und Eleonore Fink
Kurzgrammatik: Kirsten Fenner, Horst Lange, Rita Knoll

In beiden Sprachrichtungen auf der Basis von
PONS Wörterbuch für die Weiterbildung Russisch
Bearbeitet von: Nikolai Babiel, Kerstin Hartge, Ute Koplin, Juri Nowikow,
Dr. Annette Morsi, Dorothea Schulz, Elena Tikhonova

und PONS Fachwörterbuch Marktwirtschaft
Deutsch-Russisch mit Glossar Russisch-Deutsch
von Univ. Prof. Mag. Dr. Renate Rathmayr

unter Mitarbeit von Ruth Berg, Anna Madner, Paul Schobel und Christoph Schöfböck

Unter Mitwirkung und Leitung der Redaktion PONS Wörterbücher

Warenzeichen
Wörter, die unseres Wissens eingetragene Warenzeichen darstellen,
sind als solche gekennzeichnet. Es ist jedoch zu beachten, dass weder
das Vorhandensein noch das Fehlen derartiger Kennzeichnungen die
Rechtslage hinsichtlich eingetragener Warenzeichen berührt.

Die Deutsche Bibliothek - CIP-Einheitsaufnahme

Ein Titeldatensatz für diese Publikation ist
bei der Deutschen Bibliothek erhältlich

1. Auflage 2002 (1,01)

© Ernst Klett Sprachen GmbH, Stuttgart 2002
Alle Rechte vorbehalten

Internet: www.pons.de
E-Mail: info@pons.de

Redaktion: Dr. Andreas Cyffka

Einbandgestaltung: Ira Häußler, Stuttgart
Logoentwurf: Erwin Poell, Heidelberg
Satz und Datentechnik: Dörr und Schiller GmbH, Stuttgart
Druck: Clausen und Bosse, Leck
Printed in Germany
ISBN 3-12-517108-3

Inhalt

Hinweise zur Benutzung des Wörterbuchs	V
Im Text verwendete Abkürzungen	IX
Russisch-Deutsch	1–376
Deutsch-Russisch	1–550
Das russische Alphabet	551
Kurzgrammatik	552

Hinweise zur Benutzung des Wörterbuchs

Die Wortliste ist eine alphabetisch angeordnete Auflistung aller (fett gedruckten) Stichwörter. Das Stichwort steht am Anfang eines Eintrags. Ein Eintrag kann weitere Einträge wie z.b. Wendungen und Ableitungen in halbfettem Druck enthalten. In Absatz 1. wird beschrieben, wie diese Untereinträge angeordnet sind.
Im Wörterbuch stehen wahlweise mögliche Buchstaben in Klammern. Beim Stichwort **öd(e)** bedeutet das, dass man sowohl **öd** als auch **öde** sagen kann, ohne den Sinn zu verändern.
Drei verschiedene Schriftarten werden verwendet, um die drei verschiedenen Arten von Text im Wörterbuch zu unterscheiden. Alle **fett** und **halbfett** gedruckten Wörter gehören der „Ausgangssprache" an. Sie haben eine Entsprechung in der anderen Sprache, der „Zielsprache". Diese Übersetzungen in der Zielsprache sind mager gedruckt. *Kursiv* Gedrucktes gibt nähere Auskunft über das zu übersetzende Wort in Form einer Abkürzung, eines „Wegweisers" zur richtigen Übersetzung, einer Erklärung.

1. Wo findet man das gesuchte Wort?

1.1 Ableitungen

In der deutschen Wortliste findet man die Wörter **ehrenamtlich** und **Ehrenbürger** ebenso als eigenes Stichwort wie das Wort **Ehre**. Im russisch-deutschen Teil sind die Ableitungen im Anschluß an den Artikel des Hauptstichworts aufgeführt und erscheinen in halbfettem Druck.

1.2 Homographe

Homographe sind zwei verschiedene Wörter, die gleich geschrieben werden wie z.b. die deutschen Wörter **Bank** (die Sitzbank) und **Bank** (das Geldinstitut). Die Einträge für diese Stichwörter werden durch Homographennummern **Bank**¹, **Bank²** unterschieden.
Russische Wörter, die sich nicht in der Schreibung, wohl aber in der Betonung unterscheiden, werden nicht als Homographe behandelt, d.h. sie werden ohne Homographennummer aufgeführt, um auf den bestehenden Unterschied in der Betonung hinzuweisen.

1.3 Betonung

Wichtig für eine korrekte Aussprache des Russischen ist der Wortakzent, der im Russischen allerdings frei ist, d.h. nicht an eine bestimmte Position gebunden. Deshalb wird er bei allen Wörtern angegeben, ebenso wie der Betonungswechsel innerhalb eines Wortes. Befinden sich auf einem Wort zwei Betonungszeichen, so ist die Betonung fakultativ. Finden sich bei einem Wort keine Hinweise auf eine Betonungsveränderung, so bleibt die Betonung stets auf derselben Silbe. Der Betonungswechsel bei finiten Verbformen wird durch die Angabe der ersten und zweiten Person Singular wiedergegeben. Die weiteren Formen folgen der zweiten Person Singular. Substantive mit Betonungswechsel erhalten eine Angabe zum Betonungsmuster, das der Kurzgrammatik entnommen werden kann. Betonungen der Kurzform der Adjektive werden dann aufgeführt, wenn sie sich von der maskulinen Kurzform unterscheiden, die – sofern vorhanden – immer aufgeführt wird. Präpositionen erhalten, wenn nötig, im Stichworteintrag ein Betonungszeichen, obwohl sie im Redefluss ohne eigenen Akzent gesprochen werden.

1.4 Beispiele und Wendungen

In diesem Wörterbuch werden auch idiomatische Wendungen aufgeführt. Besonderes Gewicht wurde bei der Auswahl auf verbale Wendungen gelegt wie z.B. **jdm einen Bären aufbinden** (Stichwort: **Bär**) oder **an die Börse gehen** (Stichwort: **Börse**); aber unter den Wendungen finden sich auch wichtige Kollokationen wie z.B. **ökologisches Gleichgewicht** (Stichwort: **ökologisch**) oder **laufende Inventur** (Stichwort: **Inventur**). Eine große Zahl von Anwendungsbeispielen dient vor allem dazu, Konstruktionen zu verdeutlichen. Idiomatische Wendungen sind in der Regel unter den „bedeutungstragenden" Elementen aufgeführt, also nicht etwa unter einer Präposition. So findet sich z. B. die Wendung **auf etw geeicht sein** *fig* unter **eichen** und nicht etwa unter **auf**.
In Beispielsätzen und Wendungen steht die Tilde (~) für das unveränderte Stichwort.

1.5 Abkürzungen und Eigennamen

Um das Auffinden zu erleichtern, wurden Abkürzungen, Kurzwörter und Eigennamen an der entsprechenden alphabetischen Stelle in der Wortliste aufgeführt und nicht in einer gesonderten Liste im Anhang abgehandelt. **LAN, TÜV** oder **WWW** werden im Deutschen als Wörter gebraucht, im Russischen **ВУЗ** genauso wie **учреждéние** und daher werden diese Wörter entsprechend behandelt.

1.6 Zusammengesetzte Wörter

Teekanne, Tischtuch, работоспосóбность, социáльное обеспéчене sind zusammengesetzte Wörter. Im Deutschen werden sie zusammengeschrieben und stellen daher bei der Suche kein Problem dar, da sie an der entsprechenden Stelle in der alphabetischen Reihenfolge zu finden sind. In anderen Sprachen, so auch im Russischen, bestehen zusammengesetzte Wörter oft aus einzelnen Elementen, die nicht (oder mit einem Bindestrich) verbunden sind. Sie sind schwieriger zu finden.

1.6.1 Zusammengesetzte Wörter im Russischen

Es gibt viele zusammengesetzte Wörter im Russischen, die aus zwei Elementen bestehen wie z.B. желéзная дорóга oder попы́тка сближéния. Die meisten dieser Verbindungen bestehen entweder aus zwei Substantiven oder aus einem Substantiv und einem Adjektiv. Bei Verbindungen von zwei Substantiven findet man den Eintrag unter dem erstgenannten Substantiv, bei oben genanntem Beispiel also unter попы́тка. Substantiv-Adjektiv-Verbindungen findet man in der Regel unter dem Stichworteintrag des Substantivs.

1.6.2 Zusammengesetzte Wörter im Deutschen

Alle zusammengesetzten Wörter befinden sich an ihrer entsprechenden alphabetischen Stelle in der deutschen Wortliste.

1.7 Unregelmäßige Formen

Unregelmäßige Formen von Verben und Substantiven sind als eigene Stichwörter aufgeführt, wenn sie in der alphabetischen Reihenfolge nicht unmittelbar vor oder nach der Grundform kommen. Sie werden auf die Grundform verwiesen. Elementare grammatische Grundkenntnisse über Verb- und Pluralformen werden allerdings vorausgesetzt.
Es wird also vorausgesetzt, dass Sie wissen, dass **пал** eine Form des Verbs **пасть, друзья́** der Plural von **друг** ist.
Beim Partizip Perfekt kann es vorkommen, dass dieses auch als Adjektiv gebraucht wird, wie z.B. **ergriffen**. Diese Adjektive werden als eigenständige Stichwörter in einem vollständigen Eintrag behandelt.

2. Wie sind die Einträge aufgebaut?

Römische Ziffern bezeichnen die verschiedenen Wortarten, denen das Stichwort angehört bzw. bei Präpositionen die verschiedenen syntaktischen Konstruktionsweisen. Arabische Ziffern bezeichnen die Bedeutungen des Stichworts, die sich wesentlich unterscheiden, z.B. **план** 1. Plan, 2. Grundriss oder **наблюда́ть** 1. beobachten, 2. beaufsichtigen.
Die Beispielsätze zu allen Wortarten folgen im Anschluss.

2.1 „Wegweiser" zur richtigen Übersetzung

Wenn Sie ein russisches Wort nachschlagen und eine Reihe sehr unterschiedlicher deutscher Übersetzungen vorfinden, wird es Ihnen nicht schwerfallen, diejenige auszusuchen, die für Ihren Sinnzusammenhang die passende ist, denn Sie wissen ja, was die deutschen Wörter bedeuten, und in dem gegebenen Zusammenhang werden sich die unpassenden automatisch ausschließen. Anders jedoch, wenn sie das passende russische Wort für z. B. **Bahn** in dem Zusammenhang „zwischen den beiden Orten verkehrt eine Bahn" suchen und einen Eintrag vorfinden, der Ihnen

Folgendes anbietet: **Bahn** доро́га, по́езд, трамва́й, железнодоро́жное ве́домство, кегельба́н, полотни́ще. Natürlich könnten Sie jetzt versuchen, mit Hilfe des anderen Wörterbuchteils herauszufinden, was jedes dieser russischen Wörter bedeutet. Das braucht jedoch viel Zeit und gibt nicht immer den gewünschten Aufschluss.

Aus diesem Grunde finden Sie in diesem Wörterbuch „Wegweiser", die zur richtigen Übersetzung führen. Im Falle von **Bahn** finden Sie dann folgenden Eintrag: (*Weg*) доро́га; (*Zug*) по́езд; (*Straßenbahn*) трамва́й ; (*Bundesbahn*) железнодоро́жное ве́домство; (*Kegelbahn*) кегельба́н; (*Stoffbahn*) полотни́ще.

„Wegweiser", die auf ein bestimmtes Sachgebiet hinweisen, stehen in Kapitälchen. Sie sind zusammen mit anderen im Wörterbuch benutzten Abkürzungen in einer alphabetisch angeordneten Liste im Wörterbuch erläutert. Weitere Hilfen sind die Angaben von Synonymen, Kollokatoren, Stilebenenen und rhetorischem Gebrauch.

In dem von Ihnen gesuchten Zusammenhang handelt es sich um einen Zug und daher wissen Sie, dass **по́езд** die richtige Übersetzung ist. Auch bei diesen erklärenden Zusätzen ersetzt die Tilde das Stichwort.

2.2 Grammatische Kategorisierung und Bedeutungsunterscheidung

Komplexe Einträge werden zuallererst in grammatische Kategorien unterteilt, z.B. **richten I.** *vt* und **II.** *vr*. Jede einzelne grammatische Kategorie ist, wo nötig, in verschiedene Bedeutungen unterteilt. Die Wegweiser führen Sie direkt zur richtigen Übersetzung.

3. Wie wird die Übersetzung im Satz verwendet?

3.1 Das Geschlecht

Die Bildung der weiblichen Form zu einem Substantiv (vgl. deutsch **Lehrer – Lehrerin**) ist im Russischen bei weitem nicht so regelmäßig wie im Deutschen. Existiert eine mit dem Suffix -ка gebildete Femininform wie in **лабора́нтка**, wird diese entsprechend angegeben. In vielen Fällen existiert im Russischen aber nur die maskuline Form (vgl. deutsch **Lyriker(in)**- russisch **ли́рик**). Bei Substantiven, die wie Adjektive dekliniert werden, wird nur die maskuline Form, die dem Stichwort direkt entspricht, bei der Übersetzung angegeben. So findet man bei dem Stichwort **обвиня́емый** nur die Übersetzung „Angeklagter", die feminine Form **обвиня́емая** bedeutet dann „Angeklagte".

Es gibt auch Fälle, in denen nur eine Form existiert, doch wird dies schon aus der Übersetzung deutlich, vgl. dazu den Eintrag **мастерска́я** „Werkstatt".

3.2 Der Plural

Die Kenntnis der regelmäßigen Pluralbildung von russischen Substantiven wird vorausgesetzt (vgl. Kurzgrammatik im Anhang). In den Fällen, in denen Unregelmäßigkeiten auftreten, wird beim Stichwort darauf hingewiesen.

3.3 Das Verb

In beiden Wörterbuchteilen wird zu jedem russischen Verb der Aspekt angegeben. Im deutschrussischen Teil gilt: Als Grundentsprechung des deutschen Stichworts wird immer die imperfektive Form des russischen Verbs angenommen. Daher steht bei dieser Grundentsprechung nicht ausdrücklich die Abkürzung *impf*.

Finden Sie hinter der russischen Verbform dennoch *impf*, soll dies bedeuten, dass dieses russische Verb nur in der imperfektiven Form existiert. Im russisch-deutschen Teil bedeutet die Abkürzung *impf* jedoch nur, dass das Stichwort imperfektiv ist. Der Aspektpartner wird jeweils ergänzt. Findet sich keine Angabe des Aspektpartners, so bedeutet dies, dass das Verb nur in dieser Form existiert.

Wird der Aspektpartner über Präfixe wie z.B. **на-** oder **по-** gebildet, so werden sie als **на-** oder **по-** angegeben. Wenn der Aspektpartner jedoch über ein Suffix oder eine andere Wortwurzel gebildet wird, so wird er vollständig aufgeführt. Es muss auch darauf hingewiesen werden, dass im russisch-deutschen Teil bei den Stichworteinträgen der perfektiven Aspektpartner nur eine Grundbedeutung wiedergegeben wird. Ausführlichere Übersetzungen und Wendungen finden

sich nur bei den Stichworteinträgen der imperfektiven Verben, so dass es empfehlenswert ist, gegebenfalls auch diese zu konsultieren.
Im deutsch-russischen Teil wird bei den einfachen unregelmäßigen deutschen Verben sowohl die Form des Präteritums als auch die des Partizip Perfekts angegeben, also etwa <**kam, gekommen**>. Bei zusammengesetzten unregelmäßigen Verben des Deutschen steht *irr* wie z. B. bei **ankommen** *irr vi*. Dies bedeutet, dass **ankommen** dieselben unregelmäßigen Formen aufweist wie **kommen**.

3.3 Umgangssprachliche Wörter

Grundsätzlich ist beim Benutzen von umgangssprachlichen russischen Wörtern Vorsicht geboten. Wenn ein deutsches Wort oder ein deutscher Beispielsatz mit (*umg*), d.h. umgangssprachlich, gekennzeichnet ist, können Sie davon ausgehen, dass die russische Übersetzung ebenso umgangssprachlich ist und daher in manchen Situationen genauso unangebracht ist wie das deutsche Wort.

3.4 „Grammatische Wörter"

Es ist in jedem Wörterbuch schwierig, Wörter wie **für, der** oder **es** bwz. **на** oder **что** ausführlich genug zu behandeln. Es wurde versucht, möglichst viel nützliche Information über die häufigsten Anwendungsfälle zu geben. In vielen Fällen ist es jedoch empfehlenswert, ein einsprachiges Wörterbuch und eine russische Grammatik hinzuzuziehen.

3.5 „Ungefähre" Übersetzungen und kulturell bedingte Unterschiede

Es ist nicht immer möglich, eine genaue Entsprechung in der anderen Sprache anzugeben, wenn z.B. ein deutsches Wort einen Gegenstand oder eine Einrichtung bezeichnet, die es in den Staaten der GUS in dieser Form nicht gibt. Hier kann nur eine ungefähre Übersetzung oder aber eine Erklärung gegeben werden. Diese erscheinen dann in kursiver Schrift. Siehe z.B. die Einträge für **ICE** oder **прихватизация, отказник**.

3.6 Mehrere Übersetzungen

Übersetzungen, die durch ein Komma getrennt nebeneinander stehen, können im Allgemeinen austauschbar verwendet werden. Durch Strichpunkte getrennte, mit arabischen Ziffern versehene Übersetzungen können nicht gegeneinander ausgetauscht werden, da ein Bedeutungsunterschied zwischen ihnen besteht. Sollte dieser Bedeutungsunterschied nicht hinlänglich klar sein, sollten Sie sich in einem einsprachigen Wörterbuch oder im anderen Teil Ihres Wörterbuchs vergewissern. In den allermeisten Fällen, in denen ein Strichpunkt steht, finden Sie allerdings auch einen „Wegweiser", der den Bedeutungsunterschied deutlich macht.
Der Schrägstrich weist darauf hin, dass es sich um parallele, aber nicht gleichbedeutende Aussagen handelt, z.B. **быть в хорошем/плохом настроении** guter/schlechter Laune sein.
Ein in Klammern stehender mit *o* eingeleiteter Ausdruck in den Wendungen gibt eine teilweise austauschbare Alternative an wie z. B. im Eintrag **ложиться спать**. Die beiden Übersetzungsmöglichkeiten heißen also „ins [*oder* zu] Bett gehen".

Im Text verwendete Abkürzungen

кто́-л.	кто́-либо
кому́- л.	кому́-либо
кого́-л.	кого́-либо
ке́м-л.	ке́м-либо
о ком-л.	о ком-либо
что́-л.	что́-либо
чего́-л.	чего́-либо
чему́-л.	чему́-либо
о чем-л.	о чем-либо
abk	Abkürzung
adj	Adjektiv
ADMIN	Verwaltung
adv	Adverb
AGR	Landwirtschaft
akk	Akkusativ
akr	Akronym
ANAT	Anatomie
arch	archaisch
ASTR	Astronomie
BAU	Bauwesen
BERGB	Bergbau
best	bestimmt
BIO	Biologie
BÖRSE	Börse
BOT	Botanik
CH	schweizerdeutsch
CHEM	Chemie
conj	Konjunktion
dat	Dativ
dim	Diminutiv
DV	Datenverarbeitung
EL	Elektrotechnik
etw	etwas
f	Femininum
fig	übertragen
FILM	Film
FOT	Fotografie
fut	Futur
g	Gerundium = Adverbialpartizip
geh	gehoben

gen	Genitiv
GEOG	Geographie
GEOL	Geologie
HIST	Geschichte
imp	Imperativ
impf	imperfektiv
indekl	indeklinabel
inst	Instrumental
interj	Interjektion, Ausruf
irr	unregelmäßig
jd	jemand
jdm	jemandem
jdn	jemanden
jds	jemandes
JUR	Recht
kaus	kausal
kf	Kurzform
KFZ	Kraftfahrzeugwesen
komp	Komparativ
LING	Linguistik
LIT	Literatur(wissenschaft)
m	Maskulinum
MAR	Schifffahrt
MATH	Mathematik
MED	Medizin
METEO	Meteorologie
mf	Maskulinum und Femininum
MIL	Militär
mod	modal
MUS	Musik
n	Substantiv
nom	Nominativ
nt	Neutrum
num	Zahlwort
o	oder
ÖKOL	Ökologie
ÖKON	Wirtschaft
österr	österreichisch
part	Partikel
part perf	Partizip Perfekt
part präs akt	Partizip Präsens Aktiv

part präs pass	Partizip Präsens Passiv
part prät akt	Partizip Präteritum Aktiv
part prät pass	Partizip Präteritum Passiv
pej	abwertend
perf	Perfekt
pers	Person
pf	Perfektiv
PHIL	Philosophie
PHYS	Physik
pl	Plural
POL	Politik
präp	Präposition
präpos	Präpositiv
präs	Präsens
prät	Präteritum
PRESSE	Zeitungswesen
pron	Pronomen
pron det	Determinativpronomen
pron indef	Indefinitpronomen
pron inter	Interrogativpronomen
pron neg	verneinendes Pronomen
pron pers	Personalpronomen
pron poss	Possessivpronomen
pron refl	Reflexivpronomen
PSYCH	Psychologie
®	Warenzeichen
REL	Religion
RUNDF	Rundfunk
sg	Singular
SOZIOL	Soziologie
SPORT	Sport
super	Superlativ
TECH	Technik
TELKOM	Telekommunikation
temp	temporal
THEAT	Theater
TRANSP	Verkehr und Transport
TV	Fernsehen
umg	umgangssprachlich
unbest	unbestimmt
ungebr	ungebräuchlich

vi	intransitives Verb
vr	reflexives Verb
vt	transitives Verb
vulg	vulgär
ZOOL	Zoologie

А

а, А[1] *nt indekl kyrillischer Buchstabe*

а[2] **I.** *konj* und, aber, sondern; **сего́дня не вто́рник, а среда́** heute ist nicht Dienstag, sondern Mittwoch; **а и́менно** und zwar; **а** [*o* **а не**| **то́** sonst; **II.** *part zur Einleitung eines Fragesatzes* (*umg*) wie? **а? что ты сказа́л?** wie? was hast du gesagt?

абажу́р *m K* Lampenschirm *m*

абандони́ровать *vt E2* (JUR) abandonnieren

абба́т, аббати́са *m K / f A* Abt, Äbtissin *m/f*

абба́тство *nt O* Abtei *f*

аббревиату́ра *f A* Abkürzung *f*

абза́ц <*gen pl:* -цев> *m K* Absatz *m*; **нача́ть с но́вого ~а́** einen neuen Absatz machen

абзе́тцер *m K* (BERGB) Absetzer *m*

абисси́нец, абисси́нка *m K / f A* Abessinier, -in *m/f*

абитурие́нт *m K* Studienbewerber *m*

аболициони́зм *m K* Abolitionismus *m*

абонеме́нт *m K* Abonnement *nt*

абоне́нт *m K* 1. Abonnent, -in *m/f*; 2. Bibliotheksbenutzer, -in *m/f*; 3. Fernsprechteilnehmer, -in *m/f*

абоне́нтный *adj* Abonnenten-; **~ я́щик** Postfach *nt*

аборда́ж *m K* Entern *nt*; **взять на ~** entern

абориге́н *m K* Ureinwohner *m*

або́рт *m K* Abtreibung *f*, Schwangerschaftsabbruch *m*; **сде́лать ~** abtreiben

абрази́в *m K* Schleifmittel *nt*, Abrasivmittel *nt*

абрази́вный *adj* Schleif-, Abrasiv-; **абрази́вная па́ста** Schleifpaste *f*

абрико́с *m K* 1. Aprikose *f*; 2. Aprikosenbaum *m*

абсентеи́зм *m K* Fernbleiben *nt* von den Wahlen, Nichtteilnahme *f* an den Wahlen

абсолюти́зм *m K* Absolutismus *m*

абсолю́тно *adv* absolut, ganz; **э́то ~ бессмы́сленно** das hat überhaupt keinen Sinn

абсолю́тный *adj* absolut; **~ слух** absolutes Gehör *nt*

абсорбе́нт *m K* (CHEM) Absorptionsmittel *nt*, Absorbens *nt*

абсо́рбер *m K* (TECH) Absorber *m*, Absorptionsapparat *m*

абсо́рбция *f A2* 1. (PHYS) Aufsaugung *f*; 2. (CHEM) Absorption *f*

абстраги́ровать *vt E2 impf/pf* abstrahieren, abziehen

абстраги́роваться *vr E2 impf/pf* (*отчего́-либо*) abstrahieren (von +*dat*)

абстра́ктный <*kf:* -тен, -тна> *adj* abstrakt; **абстра́ктные рассужде́ния** Drumherumreden *nt*

абстракциони́зм *m K* abstrakte Kunst *f*

абстра́кция *f A2* Abstraktion *f*

абсу́рд *m K* Unsinn *m*; **довести́ до ~а** ad absurdum führen

абсу́рдный <*kf:* -ден> *adj* absurd

абсце́сс *m K* (MED) Abszess *m*

абсци́сса *f A* (MATH) Abszisse *f*

абули́я *f A2* Willenlosigkeit *f*

абха́з, абха́зец, абха́зка *m K / f A* Abchase *m*, Abchasier, -in *m/f*

ава́ль *m K1* Aval *nt*; **ава́льный креди́т** Avalkredit *m*

аванга́рд *m K* 1. Stoßtrupp *m*, Vorhut *f*; 2. (*fig*) Moderne *f*, Avantgarde *f*

авангарди́зм *m K* Avantgardismus *m*

аванга́рдный *adj* avantgardistisch; **аванга́рдная роль** führende Rolle *f*

ава́нс *m K* Vorschuss *m*, Vorleistung *f*, Vorauszahlung *f*; **~ом** im voraus; als Vorschuss; **де́нежный ~** Geldvorschuss *m*; **нало́говый ~** Lohnsteuervorauszahlung *f*; **~ в счёт за́работной пла́ты** Lohnabschlag *m*

аванси́рование *nt O2* Vorschusszahlung *f*

аванси́ровать *vt E2 impf/pf* (**де́ньги**) vorschießen, anzahlen, vorstrecken

авансода́тель *m K1* Vorschusszahler *m*

ава́нсом *adv* 1. vorschussweise, als Vorschuss; 2. (*fig*) im voraus

авансополуча́тель *m K1* Vorschussnehmer *m*

авансце́на *f A* 1. Vorbühne *f*; 2. (*fig*) Vordergrund *m*

авантю́ра *f A* 1. Abenteuer *nt*; 2. Wagnis *nt*

авантюри́ст, авантюри́стка *m K / f A* 1. Abenteurer, -in *m/f*, Draufgänger, -in *m/f*; 2. Hochstapler, -in *m/f*

авантюристи́ческий *adj* 1. abenteuerlich; 2. hochstaplerisch

авантю́рный *adj* Abenteuer-, abenteuerlich; **~ рома́н** Abenteuerroman *m*

ава́рец, ава́рка *m K / f A* Aware, -in *m/f*

авари́йно-спаса́тельный *adj* Bergungs- und Rettungs-; **авари́йно-спаса́тельные рабо́ты** Bergungs- und Rettungsarbeiten *pl*

авари́йность *f I* Unfallhäufigkeit *f*

авари́йный *adj* Störungs-; **~ вы́ход** Notausgang *m*; **~ разли́в не́фти** Ölkatastrophe *f*; **~ то́рмоз** Notbremse *f*

ава́рия *f A2* 1. Panne *f*, Havarie *f*; **потерпе́ть ава́рию** havarieren, eine Panne haben 2. Betriebsstörung *f*, Störfall *m*; 3. Unfall *m*, Unglück *nt*

а́вгуст *m K* August *m*

авиабага́ж *m K* Luftgepäck *nt*

авиаба́за *f A* Luftstützpunkt *m*

авиабиле́т *m K* Flugticket *nt*

авиабо́мба *f A* Fliegerbombe *f*

авиаде́ло *nt O* Flugwesen *nt*, Fliegerei *f*

авиадиспе́тчер *m K* Fluglotse *m*

авиаинстру́ктор *m K* Fluglehrer *m*

авиакатастро́фа *f A* Flugzeugabsturz *m*
авиакомпа́ния *f A2* Fluggesellschaft *f*
авиаконстру́ктор *m K* Flugzeugkonstrukteur *m*
авиала́йнер *m K* Verkehrsflugzeug *nt*
авиали́ния *f A2* **1.** Fluglinie *f*; **2.** Flugverbindung *f*
авиамодели́зм *m K* Flugmodellsport *m*
авиамо́ст *m K* Luftbrücke *f*
авиамото́р *m K* Flugzeugtriebwerk *nt*
авианакладна́я *f wie adj* Luftfrachtbrief *m*
авиано́сец <*gen sg:* -но́сца> *m K* Flugzeugträger *m*
авиапассажи́р *m K* Fluggast *m*, Passagier *m*
авиаперево́зчик *m K* Luftfrachtführer *m*
авиапо́лк *m K* Flugzeuggeschwader *nt*
авиапо́чта *f A* Luftpost *f*; **авиапо́чтой** mit Luftpost
авиапромы́шленность *f I* Flugzeugindustrie *f*
авиапу́шка *f A* Bordkanone *f*
авиаразве́дка *f A* Luftaufklärung *f*
авиаре́йс *m K* Linienflug *m*
авиацио́нный *adj* Flug-, Flugzeug-, Luft-; **авиацио́нная накладна́я** Luftfrachtbrief *m*
авиа́ция *f A2* **1.** Flugwesen *nt*; **2.** Luftfahrt *f*
авиашко́ла *f A* Fliegerschule *f*
авиашо́у *nt indekl* Flugschau *f*
ави́зо *nt indekl* (ÖKON) Anzeige *f*, Avis *m*
авизова́ние *nt O2* (ÖKON) Avisierung *f*
авизова́ть *vt E2* (ÖKON) avisieren
авитамино́з *m K* (MED) Vitaminmangel *m*; **весе́нний** ~ Frühjahrsmüdigkeit *f*
аво́сь *part* vielleicht, wenn man Glück hat; **на** ~ aufs Geratewohl
аво́ська <*gen pl:* -сек> *f A* (*umg*) Einkaufsnetz *n*
авра́л *m K* **1.** (MAR) Großalarm *m*; ~! Alle Mann auf Deck! **2.** (*umg*) Feuerwehreinsatz *m*
авро́ра *f A* (*geh*) Morgenröte *f*
австрали́ец, австрали́йка <*gen m:* -йца, -йцев> *m K / f A* Australier, -in *m/f*
австрали́йский *adj* australisch
Австра́лия *f A2* Australien *nt*
австри́ец, австри́йка <*gen m:* -йца, -йцев> *m K / f A* Österreicher, -in *m/f*
австри́йский *adj* österreichisch
А́встрия *f A2* Österreich *nt*
автарки́я *f A2* Autarkie *f*
авто́ *nt indekl* (*umg*) Auto *nt*
а́вто-[1] *abk von* **автомати́ческий 1.** automatisch
а́вто-[2] *präfix* **1.** Selbst-, Auto-
автоба́за *f A* Transportbetrieb *m*, Fuhrpark *m*
автобиогра́фия *f A2* **1.** Autobiographie *f*; **2.** Lebenslauf *m*; **~ на бла́нке** tabellarischer Lebenslauf *m*
авто́бус *m K* Bus *m*, Omnibus *m*

автовесы́[1] *pl K* automatische Waage *f*
автовесы́[2] *abk von* **автомоби́льные весы́** Kraftfahrzeugwaage *f*
автовладе́лец <*gen sg:* -льца, *gen pl:* -льцев> *m K* Fahrzeughalter *m*
автовокза́л *m K* Busbahnhof *m*
автоге́н *m K* Schweißgerät *nt*
автоге́нный *adj* Autogen-; Brenn-; **автоге́нная ре́зка** Gasbrennschneiden *nt*; **автоге́нная сва́рка** Autogenschweißen *nt*
авто́граф *m K* **1.** Autogramm *nt*; **2.** Autograph *m*
автода́ча *f A* Wohnwagen *m*, Wohnanhänger *m*
автоде́ло *nt O* Verkehrswesen *nt*
автодозво́н *m K* (*umg*) automatische Wahlwiederholung *f*
автодоро́га *f A* Kraftfahrstraße *f*
автодоро́жный *adj* Straßen-; **автодоро́жное происше́ствие** Verkehrsunfall *m*
автозапра́вочный *adj* Tank-, Tankstellen-; **автозапра́вочная ста́нция** Tankstelle *f*
автока́р *m K* Motorkarren *m*
автокатастро́фа *f A* Autounfall *m*
автокла́в *m K* Autoklav *m*
автокра́тия *f A2* Autokratie *f*, Selbstherrschaft *f*
автолюби́тель *m K1* Autofan *m*, Autoliebhaber *m*
автомагази́н *m K* Autohaus *nt*
автомагистра́ль *f I* **1.** Kraftfahrstraße *f*, Fernverkehrsstraße *f*; **2.** Autobahn *f*
автомастерска́я *f wie adj* Autowerkstatt *f*
автома́т *m K* **1.** Automat *m*; ~ **для прода́жи напи́тков** Getränkeautomat *m*; **биле́тный** ~ Fahrkartenautomat *m*; **телефо́н-**~ Münzfernsprecher *m* Kartentelefon *nt* **2.** Maschinenpistole *f*
автоматиза́ция *f A2* Automatisierung *f*
автоматизи́рованный *adj* automatisiert; **автоматизи́рованное произво́дство** automatische Fertigung *f*; **автоматизи́рованное проекти́рование** Computer Aided Design *nt*, CAD *nt*; **автоматизи́рованная систе́ма управле́ния произво́дством** Computer Aided Manufacturing *nt*, CAM *nt*; **по́лностью** ~ vollautomatisiert
автоматизи́ровать *vt E2 impf/pf* automatisieren
автома́тика *f A* Automatik *f*
автомати́чески *adv* automatisch; ~ **возобновля́емый креди́т** (ÖKON) Revolvingkredit *m*
автомати́ческий *adj* **1.** automatisch, selbsttätig; **автомати́ческая телефо́нная ста́нция (АТС)** Fernsprechamt *nt* für Selbstwählbetrieb; **2.** unbewusst, unwillkürlich
автомаши́на *f A* Auto *nt*, Kraftfahrzeug *nt*
автомобилиза́ция *f A2* Motorisierung *f*

автомобили́ст, автомобили́стка <gen pl f: -ток> m K / f A Autofahrer, -in m/f

автомоби́ль m K1 Auto nt, Kraftfahrzeug nt; **легково́й ~** Personenwagen m, Pkw m; **~ ско́рой по́мощи** Rettungswagen m; **грузово́й ~** Lastwagen m, Lkw m; **поде́ржанный ~** Gebrauchtwagen m; **~ с улу́чшенными показа́телями токси́чности** schadstoffarmes Auto nt

автомоби́льный adj Auto-, Automobil-; **автомоби́льная ава́рия** Autounfall m; **автомоби́льная промы́шленность** Automobilindustrie f

автоно́мия f A2 Autonomie f, Selbstverwaltung f

автоно́мный <kf: -мен, -мна> adj autonom

автоотве́тчик m K automatischer Anrufbeantworter m

автопило́т m K Autopilot m, Kurssteueranlage f

автопогру́зчик m K Selbstlader m; **ви́лочный ~** Gabelstapler m

автопое́зд m K ple Lastzug m, Sattelschlepperzug m

автопокры́шка f A Autoreifen m, Autoreifendecke f

автопортре́т m K Selbstbildnis nt

автоприце́п m K Anhänger m, Anhängerwagen m

автопробе́г m K 1. Autorennen nt; 2. Straßenrennen nt

автопромы́шленность f I Autoindustrie f

а́втор m K 1. Autor, -in m/f; **и́стинный ~** Ghostwriter m; **~ сцена́рия** Drehbuchautor m; 2. Urheber m; **~ го́ла** (SPORT) Torschütze m

автора́лли nt indekl Autorallye f

авторитари́зм m K autoritäre Herrschaftsform f

авторита́рный adj autoritär; **~ режи́м** autoritäres Regime nt

авторите́т m K 1. Autorität f, Ansehen nt; **по́льзоваться больши́м ~ом** großes Ansehen genießen; **потеря́ть ~** an Autorität verlieren; 2. Kapazität f

авторите́тный adj 1. angesehen; 2. kompetent; **авторите́тное мне́ние** sachkundige Meinung f

а́вторский adj 1. Autoren-, Urheber-; **а́вторское пра́во** Urheberrecht nt; 2. individuell; **~ ве́чер** Soloabend m (eines Künstlers); **а́вторское телеви́дение** nichtstaatliches Fernsehen nt, Privatfernsehen nt

авторучка <gen pl: -чек> f A Füller m; **ша́риковая авто́ручка** Kugelschreiber m

автосало́н m K 1. Autoschau f; 2. Autohaus nt

автосе́рвис m K Autowerkstatt f

автоспу́ск m K (FOT) Selbstauslöser m

автосто́п m K automatisches Haltesignal nt; **е́хать ~ом** per Anhalter fahren

автостоя́нка <gen pl: -нок> f A Parkplatz m

автостра́да f A 1. Autobahn f; 2. Fernstraße f

автотелефо́н m K Sprechfunk m

автотра́нспорт m K Kraftverkehr m

автотури́зм m K Autotourismus m

автотури́ст m K Autotourist m, Camper m

автофурго́н m K Lieferwagen m

автоши́на f A Autoreifen m

автошко́ла f A Fahrschule f

авуа́ры pl K Guthaben nt

ага́ interj aha!

аге́нт, аге́нтка m K / f A 1. Agent, -in m/f, Spion, -in m/f; **двойно́й ~** Doppelagent m; **засыла́ть ~а** einen Agenten einschleusen; **разоблача́ть ~а** einen Agenten enttarnen; 2. (ЭКОН) Vermittler m, Vertreter m; **~ по сбы́ту** Absatzmittler m; **страхово́й ~** Versicherungsvertreter m; **торго́вый ~** Handelsvertreter m

аге́нтский adj Agenten-

аге́нтство nt O Agentur f, Vertretung f; **~ печа́ти** Presseagentur f

агенту́ра f A Agentur f, Aufklärungsdienst m; **созда́ть разветвлённую агенту́ру** einen Agentenring m aufbauen

агита́тор m K Agitator m

агита́ция f A2 Agitation f

агломера́ция f A2 1. Anhäufung f; 2. Ballungsgebiet nt

а́гнец <gen sg: а́гнца> m K (REL) Lamm Gottes nt

агра́рий <präpos sg: -ии> m K2 1. Landwirt m; 2. Agrarier m; 3. leitender Mitarbeiter eines landwirtschaftlichen Großunternehmens; 4. Mitglied nt der Agrarpartei Russlands

агра́рный adj Agrar-, Boden-, landwirtschaftlich; **агра́рная поли́тика** Agrarpolitik f; **агра́рная по́шлина** Agrarzoll m; **агра́рная рефо́рма** Bodenreform f; **~ ры́нок** Agrarmarkt m; **~ се́ктор** Agrarsektor m

агрега́т m K (TECH) Aggregat nt

агреги́рованный adj aggregiert

агресси́вность f I Aggressivität f

агресси́вный adj aggressiv, angriffslustig; **агресси́вная цена́** (ЭКОН) Kampfpreis m

агре́ссия f A2 1. Aggression f; 2. Angriff m

агре́ссор m K Agressor m, Angreifer m

агроте́хника f A Agrartechnik f

ад <präpos sg: в аду́> m K (REL) Hölle f

адапта́ция f A2 Adaption f, Anpassung f

ада́птер m K (EL) Adapter m

адапти́рование nt O2 Anpassung f

адапти́ровать vt E2 impf/pf anpassen

адапти́роваться vi E2 impf/pf sich anpassen, sich eingewöhnen

адвока́т m K 1. Anwalt, Anwältin m/f; 2. Verteidiger, -in m/f; **наня́ть ~а** sich einen

Anwalt nehmen; **3.** (*fig*) Fürsprecher *m*
адеква́тный *adj* angemessen, entsprechend
аднами́я *f A2* Bewegungsmangel *m*
администрати́вный *adj* Verwaltungs-; **администрати́вно-хозя́йственные изде́ржки** Verwaltungsgemeinkosten *pl*; **администрати́вное наказа́ние** Ordnungsstrafe *f*; **администрати́вное пра́во** Verwaltungsrecht *nt*; **администрати́вное распоряже́ние** Verordnung *f*; **администрати́вные полномо́чия** Verwaltungsvollmacht *f*; **администрати́вные расхо́ды** Verwaltungskosten *pl*; ~ **поря́док** Dienstweg *m*; **в администрати́вном поря́дке** auf dem Verwaltungsweg *m*; ~ **сове́т** Verwaltungsrat *m*
администра́тор *m K* **1.** Verwalter *m*, verantwortlicher Leiter *m*, Geschäftsführer *m*; ~ **се́ти** (DV) Netzwerkadministrator *m* **2.** Empfangschef *m*, Rezeptionist *m*
администра́ция *f A2* Verwaltung *f*, Administration *f*, Geschäftsleitung *f*; ~ **предприя́тия** Betriebsleitung *f*
администри́рование *nt O2* **1.** Administrieren *nt*; **2.** Herumkommandieren *nt*
адмира́л *m K* Admiral *m*
адренали́н *m K* (MED) Adrenalin *nt*
а́дрес <*nom pl:* -cá> *m K ple* Adresse *f*, Anschrift *f*; ~ **электро́нной по́чты** E-Mail-Adresse *f*; ~ **гара́нта** (ÖKON) Notadresse *f*; ~ **отправи́теля** Absender *m*; **поздрави́тельный** ~ Grußadresse *f*; Glückwunschschreiben *nt*; **попа́сть не по ~у** (*auch fig*) an die falsche Adresse geraten
адреса́т *m K* Adressat *m*, Empfänger *m*
адреса́ция *f A2* (DV) Adressieren *nt*, Adressierung *f*
а́дресный *adj* Adressen-; **а́дресное бюро́** Adressenauskunft *f*; **а́дресная по́мощь** gezielte Hilfe *f*
адресова́ть *vt E2 impf/pf* **1.** adressieren; **2.** richten (an +*akk*)
Адриа́тика *f A* Adria *f*
а́дский *adj* (*auch fig*) höllisch; **а́дская боль** wahnsinniger Schmerz *m*
аэрозо́ль *m KI* **1.** Spray *m*; **2.** Sprühdose *f*
а́жио *nt indekl* (ÖKON) Agio *nt*, Aufgeld *nt*
ажиота́ж *m K* **1.** Lärm *m*, Rummel *m*, Aufregung *f*; **2.** (ÖKON) Agiotage *f*; **биржево́й** ~ Börsenspekulation *f*
ажиота́жный *adj* Erregungs-; ~ **спрос** Kaufrausch *m*
ажу́р *m K* Zustand bester Ordnung; **быть в ~е** unter Dach und Fach sein, in bester Ordnung sein
аза́рт I. *m K* Eifer *m*; **рабо́тать с ~ом** mit Eifer an die Arbeit gehen; **аза́ртный** II. *adj* leidenschaftlich; **аза́ртные и́гры** Glücksspiele *nt pl*
а́збука *f A* **1.** Alphabet *nt*; ~ **для слепы́х** Blindenschrift *f*; **но́тная** ~ Notenschrift *f*; ~ **Мо́рзе** Morsealphabet *nt*; **передава́ть а́збукой Мо́рзе** morsen **2.** (*fig*) Anfangsgründe *m pl*, Abc *nt*
а́збучный *adj* **1.** alphabetisch; **2.** (*fig*) elementar, allbekannt; **а́збучная и́стина** Binsenweisheit *f*
Азербайджа́н *m K* Aserbaidschan *nt*
азербайджа́нец, азербайджа́нка <*gen m:* -нца, -нцев, *gen pl f:* -нок> *m K / f A* Aserbaidschaner, -in *m/f*
азербайджа́нский *adj* aserbaidschanisch
азиа́т, азиа́тка <*gen pl f:* -ток> *m K / f A* Asiat, -in *m/f*
азиа́тский *adj* asiatisch
А́зия *f A2* Asien *nt*
Азо́рские острова́ *m pl K* Azoren *pl*
азо́т *m K* Stickstoff *m*
азы́ *m pl K* Anfangsgründe *m pl*; **нача́ть с азо́в** von Grund auf beginnen
а́ист *m K* Storch *m*
айва́ *f A* **1.** Quitte *f*; **2.** Quittenbaum *m*
а́йсберг *m K* Eisberg *m*; **ви́димая часть** [*о* **верху́шка**] ~**а** (*auch fig*) die Spitze des Eisbergs
АК *abk von* **акционе́рная компа́ния** *f* AG *f*, Aktiengesellschaft *f*
академгородо́к <*gen sg:* -дка́> *m K e* Forschungszentrum außerhalb einer Stadt mit einer dazugehörenden Akademikersiedlung
академи́зм *m K* akademisches, theoretisches Verhalten
акаде́мик *m K* Mitglied *nt* der Akademie der Wissenschaften
академи́ческий *adj* **1.** akademisch; **2.** (*auch pej*) rein theoretisch, abstrakt; **академи́ческое зва́ние** akademischer Titel *m*; **академи́ческая медици́на** Schulmedizin *f*
академи́чный <*kf:* -чен, -чна> *adj* professoral, praxisfremd
акаде́мия *f A2* Akademie *f*; ~ **нау́к** Akademie der Wissenschaften
АКБ *abk von* **Акционе́рный комме́рческий банк** *m* kommerzielle Aktienbank *f*
аквала́нг *m K* Tauchgerät *nt*
акваланги́ст *m K* Sporttaucher *m*
акваре́ль *f I* Aquarell *nt*
аква́риум *m K* Aquarium *nt*
акватория *f A2* Seegebiet *nt*, Gewässer *nt*; **охраня́емая** ~ Wasserschutzgebiet *nt*
акведу́к *m K* Aquädukt *m*
аквизи́тор *m K* Akquisiteur *m*
аквизи́торский *adj* (ÖKON) akquisitorisch; ~ **потенциа́л** akquisitorisches Potential
аквизи́ция *f A2* Akquisition *f*, Takeover *m*
акклиматизи́ровать *vt E2 impf/pf* akklimatisieren, anpassen
акклиматизи́роваться *vr E2 impf/pf* sich anpassen, sich eingewöhnen; **хорошо́ акклиматизи́рующийся** anpassungsfähig
аккомпанеме́нт *m K* (MUS) Begleitung *f*,

Begleitmusik *f*
аккомпани́ровать *vi E2 impf*
(кому́-ли́бо на чём-ли́бо) begleiten
акко́рд *m K* 1. (MUS) Akkord *m*; **заверша́ющий ~** Schlussakkord *m* 2. (ÖKON) Akkord *m*; **группово́й ~** Gruppenakkord *m*
аккордео́н *m K* Akkordeon *nt*
акко́рдный *adj* Akkord-; **акко́рдная за́работная пла́та** Akkordlohn *m* , Stücklohn *m*; **акко́рдная рабо́та** Akkordarbeit *f*
аккредитацио́нный *adj* Beglaubigungs-; **аккредитацио́нная ка́рточка** Presseausweis *m*
аккредити́в *m K* Akkreditiv *nt*, Kreditbrief *m*; **(без)отзы́вный ~** (un)widerrufliches Akkreditiv *nt*; **бессро́чный ~** unbefristetes Akkreditiv *nt*; **возобновля́емый ~** revolvierendes Akkreditiv *nt*; **документа́рный ~** Dokumentenakkreditiv *nt*; **(не)подтверждённый ~** (un)bestätigtes Akkreditiv *nt*; **(не)покры́тый ~** (un)gedecktes Akkreditiv *nt*
аккредити́вный *adj* Akkreditiv-; **аккредити́вная фо́рма расчёта** Akkreditivverfahren *nt*
аккредитоватдержатель *m K1* Akkreditivsteller *m*
аккредито́ванный *adj* beglaubigt, akkreditiert
аккредитова́ть *vt E2 impf/pf* 1. beglaubigen, bevollmächtigen; 2. akkreditieren
аккумуля́тор *m K* 1. (KFZ) Batterie *f*; 2. (TECH) Akkumulator *m*
аккумуля́ция *f A2* Akkumulation *f*, Ansammlung *f*, Speicherung *f*; **~ валю́ты** Währungsakkumulation *f*; **~ тепла́** Wärmespeicherung *f*; **~ эне́ргии** Energiespeicherung *f*; **эффе́кт аккумуля́ции** Akkumulationseffekt *m*
аккура́тность *f I* 1. Genauigkeit *f*, Sorgfalt *f*; 2. Pünktlichkeit *f*
аккура́тный *adj* 1. ordentlich; **у него́ аккура́тный по́черк** er hat eine saubere Handschrift; 2. pünktlich
акри́л *m K* (CHEM) Acryl *nt*
акроба́т *m K* Akrobat *m*
акселера́т *m K* Frühreifer *m*
акселера́тор *m K* Akzelerator *m*
аксессуа́р *m K* Accessoire *nt*; **~ы** Zubehör *nt*
акт *m K* 1. Aktion *f*, Handlung *f*; **~ до́брой во́ли** Geste *f* des guten Willens; **~ инвентариза́ции** Inventur *f*; **террористи́ческий ~** Terrorakt *m*, Terroranschlag *m*; 2. (THEAT) Akt *m*, Aufzug *m*; 3. Urkunde *f*, Dokument *nt*, Protokoll *nt*; **обвини́тельный ~** Anklageschrift *f*; **~ о переда́че** Zessionsurkunde *f* Übertragungsurkunde *f*; **~ о приёмке** (ÖKON) Abnahmeprotokoll *nt*
актёр *m K* 1. Schauspieler *m*; 2. (*fig*) Komödiant *m*

акти́в *m K* 1. (POL) aktive Mitglieder *nt pl*; 2. (ÖKON) Guthaben *nt*, Vermögensbestand *m*
активиза́ция *f A2* Aktivierung *f*
активизи́ровать *vt E2 impf/pf* aktivieren, intensivieren, motivieren
активизи́роваться *vr E2 impf/pf* sich stärker geltend machen
активи́ст *m K* 1. aktives Mitglied *nt*; 2. Funktionär *m*; **~ борьбы́ за гражда́нские права́** Bürgerrechtler *m*; **~ охра́ны окружа́ющей среды́** Umweltschützer *m*; **профсою́зный ~** Gewerkschaftler *m*
акти́вность *f I* Aktivität *f*, Engagement *nt*; **повы́шенная со́лнечная ~** erhöhte Sonneneinstrahlung *f*
акти́вный *adj* 1. aktiv; 2. engagiert; **акти́вная зо́на реа́ктора** (PHYS) Reaktorkern *m*; **акти́вная и пасси́вная ча́сти бала́нса** Soll und Haben; **акти́вная статья́ бала́нса** Aktivposten *m*; **акти́вная часть вну́треннего бала́нса** Inlandsaktiva *pl*; **~ о́тдых** Aktivurlaub *m*; **акти́вно уча́ствовать** sich engagieren; **акти́вно-пасси́вный счёт** Bestandskonto *nt*; **акти́вное са́льдо** Aktivsaldo *m* , Debetsaldo *m* , Sollsaldo *m*
акти́вы *m pl K* (ÖKON) Aktiva, Guthaben *nt*
акти́ний *m K2* Aktinium *nt*
а́ктовый *adj* Akten-; **~ зал** Aula *f*
актри́са *f A* 1. Schauspielerin *f*; 2. (*fig*) Komödiantin *f*
актуа́льность *f I* 1. Aktualität *f*; 2. Relevanz *f*
актуа́льный *adj* 1. aktuell, zeitgemäß; 2. relevant
аку́ла *f A* Haifisch *m*
акуметри́я *f A2* Akumetrie *f*, Hörprüfung *f*
акупрессу́ра *f A* Akupressur *f*
акупункту́ра *f A* Akupunktur *f*, Nadelstechen *nt*; **корпора́льная ~** Körperakupunktur *f*
аку́стика *f A* Akustik *f*; **в э́том за́ле хоро́шая ~** in diesem Raum herrscht eine gute Akustik
акутра́вма *f A* Lärmtrauma *nt*
акуше́рка <*gen pl*: -рок> *f A* Hebamme *f*, Geburtshelferin *f*
акуше́рский *adj* Entbindungs-
акуше́рство *nt O* Geburtshilfe *f*
акце́нт *m K* 1. Akzent *m*; **он говори́т без ~а** er spricht akzentfrei; 2. Betonung *f*; 3. (*fig*) Schwerpunkt *m*; **(с)де́лать ~ на чём-ли́бо** einen Schwerpunkt setzen (auf + *akk*)
акценти́ровать *vt E2 impf/pf* (*auch fig*) betonen
акце́пт *m K* (ÖKON) Akzept *nt*, Annahme *f*, Annahmeerklärung *f*; **ба́нковский ~** Bankakzept *nt*; **бла́нковый ~** Blankoakzept *nt*; **това́рный ~** Warenakzept *nt*; **~ докуме́нтов, пере́данных ба́нку на инка́ссо** Dokumenteninkasso *nt*

акцепта́нт *m K* (ÖKON) Akzeptant *m*
акце́птный *adj* (ÖKON) Annahme-;
акце́птная отме́тка Annahmevermerk *m*;
акце́птно-рамбу́рсный креди́т Rembourskredit *m*; **~ креди́т** Akzeptkredit *m*
акцептова́ние *nt O2* (ÖKON) Akzept *m*, Annahme *f*; **~ ве́кселя** Wechselakzept *nt*; **~ для спасе́ния креди́та векселеда́теля** Ehrenannahme *f*
акцессо́рное пра́во *nt O* akzessorisches Recht *nt*
акциедержа́тель *m K1* Aktienbesitzer *m*, Aktienhalter *m*, Aktieninhaber *m*
акци́з *m K* (ÖKON) Akzise *f*, Verbrauchssteuer *f*; **~ на таба́к** indirekte Tabaksteuer *f*; **~ на спиртны́е напи́тки** indirekte Alkoholsteuer *f*
акци́зный *adj* (ÖKON) Akzis-; **~ сбор** Akziseinnahme *f*; **акци́зная ма́рка** Steuermarke *f*
акционе́р *m K* 1. Aktionär *m*, Aktieninhaber *m*; 2. Gesellschafter *m*, Anteilinhaber *m*, Anteilseigner *m*; **~ командити́тного о́бщества** Kommanditaktionär *m*
акционе́рный *adj* Aktien-; **акционе́рное ло́бби** Aktionärsvereinigung *f*; **акционе́рное о́бщество** Aktiengesellschaft *f*, AG *f*; **акционе́рное о́бщество откры́того ти́па** Publikumsgesellschaft *f*; **акционе́рное пра́во** Aktienrecht *nt*; **~ банк** Aktionärsbank *f*; **~ капита́л** Aktienkapital *nt*; **~ сертифика́т** Aktienzertifikat *nt*
акциони́рование *nt O2* Umwandlung staatlicher Betriebe in Aktiengesellschaften
а́кция[1] *f A2* Aktie *f*; **а́кции-двойники́** Zwillingsaktien *pl*; **безголо́сая ~** stimmrechtslose Aktie *f*; **~ инвестицио́нной компа́нии** Fondsanteilsschein *m*; **~ на предъяви́теля** Inhaberaktie *f*; **привилегиро́ванная ~** Vorzugsaktie *f*; **учреди́тельская ~** Gründungsaktie *f*; **ана́лиз а́кций** Aktienanalyse *f*; **вы́пуск а́кций** Aktienausgabe *f*; **дохо́д с а́кций** Aktienrendite *f*; **кни́га а́кций** Aktienbuch *nt*; **ры́нок а́кций** Aktienmarkt *m*; **торго́вля а́кциями** Aktienhandel *m*; **эми́ссия а́кций** Aktienemission *f*; **его́ а́кции упа́ли** (*fig*) es sieht schlecht für ihn aus
а́кция[2] *f A2* Aktion *f*, Handlung *f*; **~ проте́ста** Protestaktion *f*
алба́нец, алба́нка <*gen m:* -нца, -нцев, *gen pl f:* -нок> *m K / f A* Albaner, -in *m/f*
Алба́ния *f A2* Albanien *nt*
алба́нский *adj* albanisch
а́лгебра *f A* Algebra *f*
алгори́тм *m K* (MATH) Algorithmus *m*
Алжи́р *m K* 1. Algerien *nt*; 2. Algier *nt*
алжи́рец, алжи́рка <*gen m:* -рца, -рцев, *gen pl f:* -рок> *m K / f A* Algerier, -in *m/f*
а́либи *nt indekl* Alibi *nt*
алиме́нтщик *m K* (*umg*) Alimentenzahler *m*, Unterhaltszahler *m*
алиме́нты *m pl K* Alimente *pl*, Unterhaltszahlung *f*
алка́ш *m K* (*umg*) Trunkenbold *m*, Säufer *m*
алкоголи́зм *m K* Alkoholismus *m*, Alkoholabhängigkeit *f*; **лече́ние от ~а** Entziehungskur *f*
алкого́лик *m K* Alkoholiker *m*
алкого́ль *m K1* Alkohol *m*; **пло́хо переноси́ть ~** Alkohol schlecht vertragen
алкого́льный *adj* alkoholisch, Alkohol-
аллегори́ческий *adj* allegorisch, sinnbildlich
аллего́рия *f A2* Allegorie *f*
аллерге́н *m K* (MED) Allergen *nt*
алле́ргик *m K* Allergiker, -in *m/f*
аллерги́ческий *adj* allergisch; **~ на́сморк** Heuschnupfen *m*
аллерги́я *f A2* Allergie *f*; **у него́ ~ на кого́-либо/что́-либо** er ist allergisch (gegen +*akk*)
алле́я <*gen pl:* -ле́й> *f A1* Allee *f*
аллитера́ция *f A2* (LING) Alliteration *f*
алло́ *interj* hallo!
аллока́ция *f A2* (ÖKON) Allokation *f*
алло́нж *m K* (ÖKON) Allonge *f*, Anhang *m*, Wechselallonge *f*
аллю́ры *m pl K* Allüren *pl*
алма́з *m K* Diamant *m*; **у тебя́ не глаз, а ~** du hast aber ein scharfes Auge
алта́рь *m K1* Altar *m*
алфави́т *m K* Alphabet *nt*
алфави́тный *adj* alphabetisch; **расста́вить в алфави́тном поря́дке** alphabetisch anordnen
алхи́мия *f A2* Alchimie *f*
а́лчность *f I* Habsucht *f*, Gier *f*
а́лчный <*kf:* -чен, -чна> *adj* habgierig
а́лый <*kf:* ал, а́ла> *adj* 1. hochrot; 2. scharlachrot
альбатро́с *m K* Albatros *m*
альбино́с *m K* Albino *m*
альбо́м *m K* 1. Album *nt*, Fotoalbum *nt*; 2. Bildband *m*
альмана́х *m K* Almanach *m*
альпа́ри (ÖKON) pari, al pari
альпи́йский *adj* Alpen-, alpin; **альпи́йские ви́ды спо́рта** alpine Sportarten *f pl*; **альпи́йские луга́** Weideland *nt* im Hochgebirge , Alm *f*
альпини́зм *m K* 1. Bergsteigen *nt*; 2. Klettern *nt*
А́льпы *f pl A* die Alpen *pl*
альт *m K* 1. (MUS) Alt *m*, Altstimme *f*; 2. Bratsche *f*
альтернати́ва *f A* Alternative *f*
альтернати́вный *adj* Alternativ-, alternativ; **~ вопро́с** Alternativfrage *f*; **альтернати́вные исто́чники эне́ргии** alternative Energiequellen *f pl*; **альтернати́вная во́инская слу́жба** Zivildienst *m*; **~ кандида́т** Gegenkandidat *m*; **альтернати́вная эне́ргия** alternative

Energie *f*; **альтернати́вное плани́рование** Alternativplanung *f*; **альтернати́вные предприя́тия** alternative Betriebe *pl*; **~ план** Eventualplan *m*
а́льфа *f A* Alpha *nt*; **~ и оме́га** das A und O; **от а́льфы до оме́ги** von A bis Z
алья́нс *m K* (POL) Allianz *f*, Bündnis *nt*
алюми́ний <*präpos sg*: -нии> *m K2* Aluminium *nt*
амазо́нка *f A* Amazone *f*
Амазо́нка *f A* Amazonas *m*
амальга́ма *f A* (CHEM) Amalgam *nt*
амба́р *m K* **1.** Scheune *f*; **2.** Lagerhaus *nt*; **3.** Speicher *m*
амби́ция *f A2* **1.** Ehrgeiz *m*; **2.** (*im pl*) Ambitionen *f pl*; **ли́чные ~** persönlicher Ehrgeiz *m*
амбразу́ра *f A* Schießscharte *f*
амбулато́рный *adj* ambulant; **~ое лече́ние** ambulante Behandlung *f*
Аме́рика *f A* Amerika *nt*; **Лати́нская ~** Lateinamerika *nt*
америка́нец, америка́нка <*gen m*: -нца, -нцев, *gen pl f*: -нок> *m K* / *f A* Amerikaner, -in *m/f*
америка́нский *adj* amerikanisch; **~ о́браз жи́зни** "American way of life"
аме́риций *m K2* Amerizium *nt*
амнисти́ровать *vt E2 impf/pf* amnestieren
амни́стия *f A2* Amnestie *f*; **попада́ть/попа́сть под амни́стию** amnestiert werden
амора́льность *f I* Amoralität *f*, Sittenwidrigkeit *f*
амора́льный <*kf*: -лен, льна> *adj* **1.** unmoralisch; **2.** sittenwidrig
амортиза́тор *m K* (TECH) Stoßdämpfer *m*, Dämpfer *m*
амортизацио́нный *adj* **1.** (ÖKON) Tilgungs-; Amortisations-; **~ пери́од** Abschreibungszeitraum *m*; **~ срок** Amortisationsdauer *f*; **амортизацио́нные отчисле́ния** Abschreibung *f* **2.** (TECH) Dämpfungs-; **амортизацио́нное устро́йство** Dämpfungsvorrichtung *f*
амортиза́ция *f A2* **1.** (ÖKON) Abschreibung *f*, Amortisation *f*; **~ до́лга** Schuldentilgung *f* Amortisation *f*; **~ това́ров** Güterverzehr *m* **2.** (TECH) Dämpfung *f*; **3.** Verschleiß *m*
амортизи́ровать *vt E2 impf/pf* **1.** amortisieren; **2.** (ÖKON) tilgen, abschreiben
амплиту́да *f A* Amplitude *f*
амплуа́ *nt indekl* **1.** (THEAT) Rolle *f*; **2.** Rollenfach *nt*
ампути́ровать *vt E2 impf/pf* amputieren
амфи́бия *f A2* Amphibie *f*
амфитеа́тр *m K* Amphitheater *nt*
анаболи́ческий *adj* anabol; **анаболи́ческое сре́дство** Anabolikum *nt*
ана́лиз *m K* **1.** Analyse *f*, Untersuchung *f*, Auswertung *f*; **~ бала́нса** Bilanzanalyse *f*; **~ затра́т и результа́тов** Kosten-Nutzen-Analyse *f*; **~ инфляцио́нного разры́ва** Gap-Analyse *f*; **ка́чественный ~** qualitative Analyse *f*; **коли́чественный ~** quantitative Analyse *f*; **~ конкуре́нции** Konkurrenzanalyse *f*; **~ межотраслевы́х свя́зей** Input-Output-Analyse *f*; **~ отклоне́ний** Abweichungsanalyse *f*; **~ поле́зности** Nutzwertanalyse *f*; **~ портфе́ля** Portfolioanalyse *f*; **~ результати́вности** Erfolgsanalyse *f*; **~ ри́ска** Risikoanalyse *f*; **~ сбы́та** Absatzanalyse *f*; **~ средств рекла́мы** Mediaanalyse *f*; **~ факти́ческого положе́ния** Ist-Analyse *f*; **~ фина́нсового положе́ния** Finanzanalyse *f*; **~ хозя́йственной де́ятельности предприя́тия** Betriebsanalyse *f*; **~ це́нных бума́г** Wertpapieranalyse *f* **2.** (MED) Untersuchung *f*; **3.** Probe *f*; **~ кро́ви** Blutprobe *f*; **~ кро́ви на спи́д** Aidstest *m*; **~ мочи́** Urinprobe *f* **4.** (MATH) Analysis *f*
анализа́тор *m K*: **синтакси́ческий ~** (DV) Parser *m*
анализи́ровать *vt E2 impf* (*pf*: **про-**) analysieren, auswerten
анали́тик *m K* Analytiker *m*
аналити́ческий *adj* Analyse-, analytisch
аналоги́чный <*kf*: -чен, -чна> *adj* analog, gleichartig
анало́гия *f A2* Analogie *f*, Ähnlichkeit *f*
ана́льный *adj* (ANAT) anal; **ана́льное отве́рстие** After *m*
анана́с *m K* Ananas *f*
анархи́зм *m K* Anarchismus *m*
анархи́ст, анархи́стка <*gen pl f*: -ток> *m K* / *f A* Anarchist, -in *m/f*
анархи́ческий *adj* anarchisch
ана́рхия *f A2* Anarchie *f*
анатоми́ческий *adj* anatomisch; **~ теа́тр** (MED) Anatomiesaal *m*
анато́мия *f A2* **1.** Anatomie *f*; **2.** (*fig*) Hintergründe *m pl*
ана́фема *f A* Kirchenbann *m*; **преда́ть ана́феме кого́-либо** den Bann *m* aussprechen (über +*akk*)
анахоре́т *m K* Einsiedler *m*
анахрони́зм *m K* Anachronismus *m*
анахрони́ческий *adj* anachronistisch
ангажеме́нт *m K* Engagement *nt*, Anstellung *f* eines feines Künstlers
ангажи́рованный *adj* (**акти́вный**) engagiert
анга́р *m K* Hangar *m*, Flugzeugschuppen *m*
а́нгел *m K* Engel *m*; **а́нгел-храни́тель** Schutzengel *m*
анги́на *f A* Angina *f*, Halsentzündung *f*
англи́йский *adj* englisch
англи́стика *f A* Anglistik *f*
англици́зм *m K* Anglizismus *m*
англича́нин, англича́нка <*pl m*: -ча́не, -ча́н, -ча́нам, *gen pl f*: -нок> *m U2* / *f A* Engländer, -in *m/f*
А́нглия *f A2* England *nt*
англоговоря́щий *adj* Englisch spre-

chend, englischsprachig; **англоговорящие страны** Englisch sprechende Länder nt pl
англоязычный adj englischsprachig; **англоязычное население** englischsprachige Bevölkerung f
андерграунд m K (nur sg) avantgardistische Kunst im Untergrund, die von der öffentlichen Kunstkritik nicht anerkannt wird
андинование nt O2 (ÖKON) Andienung f
Андорра f A Andorra nt
анекдот m K 1. Witz m; **травить ~ы** Witze reißen 2. Anekdote f
анекдотический adj anekdotenhaft; **анекдотическая ситуация** unmögliche Situation f
анемона m K Anemone f
анестезировать vt E2 impf (pf: **про-**) (MED) betäuben, anästhesieren
анестезия f A2 (MED) Betäubung f, Anästhesie f; **местная ~** örtliche Betäubung f; **общая ~** Vollnarkose f
анис m K 1. (BOT) Anis m; 2. Anisschnaps m
анкета f A 1. Umfrage f; 2. Fragebogen m; **визовая ~** Visumantrag m
анкетирование nt O2 Umfrage f; **~ потребителей** Verbraucherbefragung f
анкетный adj Umfrage-; **анкетные данные** Personalien pl; **~ опрос на местах** Feldforschung f
анклав m K Enklave f, Gebietseinschluss m
анналы m pl K Annalen pl
аннексировать vt E2 impf/pf annektieren, sich gewaltsam aneignen
аннексия f A2 Annexion f, gewaltsamer Anschluss m
аннотация f A2 kurze Inhaltsangabe f
аннотировать vt E2 impf/pf eine kurze Inhaltsangabe verfassen
аннуитет m K (ÖKON) Annuität f
аннулирование nt O2 1. Annullierung f; 2. Aufhebung f; 3. Auflösung f; 4. Außerkurssetzung f
аннулированнный adj nichtig
аннулировать vt E2 impf/pf 1. annullieren, für ungültig erklären; 2. stornieren; 3. auflösen; **~ договор** einen Vertrag aufheben; **~ заказ** abbestellen
анод m K Anode f
аномальный adj 1. anomal, regelwidrig; 2. (PSYCH) verhaltensgestört
аноним m K Anonymus m, unbekannter Verfasser m
анонимка <kf gen pl: **-мок**> f A (umg) anonymer Brief m
анонимность f I Anonymität f
анонимный <kf: **-мен, -мна**> adj anonym; **~ резерв** stille Reserve f; **~ счёт** Nummernkonto nt; **~ тест** Blindtest m
анонимщик m K (umg) Schreiber anonymer Briefe
анонс m K Annonce f, Anzeige f
ансамбль m K1 1. (MUS, THEAT) Ensemble nt; 2. Gesamtbild nt

антагонизм m K 1. Gegensatz m; 2. Widerstreit m
Антарктида f A Antarktis f
антенна f A Antenne f; **комнатная ~** Zimmerantenne f; **параболическая ~** Parabolantenne f
анти- präfix Anti-, anti-, -feindlich, -feindlichkeit
антибиотик m K Antibiotikum nt
антивоенный adj Antikriegs-; **антивоенное движение** Friedensbewegung f
антигуманный <kf: **-анен, -анна**> adj unmenschlich
антидемократизм m K antidemokratische Tendenzen/Praktiken
антидемократический adj demokratiefeindlich, antidemokratisch
антидот m K (MED) Gegengift nt
антизападный adj antiwestlich; **антизападные настроения** antiwestliche Stimmung f
антиинфляционистский adj antiinflationistisch
антиквариат m K 1. Antiquariat nt; 2. Antiquitätengeschäft nt
антикварный adj antiquarisch; **антикварная вещь** Antiquität f
антиконституционный adj verfassungswidrig
антилопа f A Antilope f
антинародный adj volksfeindlich
антипатичный <kf: **-чен, -чна**> adj unsympathisch
антипатия f A2 Abneigung f, Antipathie f
антиперестроечный <kf: **-чен, -чна**> adj perestroikafeindlich; **антиперестроечные силы** Gegner m pl der Perestroika
антиправительственный adj regierungsfeindlich
антирыночник m K Gegner m der Marktwirtschaft
антисанитарный <kf: **-рен, -рна**> adj unhygienisch; **антисанитарные условия** gesundheitswidrige Verhältnisse pl
антисемитизм m K Antisemitismus m
антисемитский adj antisemitisch, judenfeindlich
антисоветизм m K Antisowjetismus m
антисоветский adj antisowjetisch
антисоветчик m K Sowjetgegner m
антистатический adj antistatisch
антитеза f A Antithese f
антитело nt O (BIO) Antikörper m
антифриз m K Frostschutzmittel nt
антициклический adj antizyklisch
антициклон m K (METEO) Hoch nt, Hochdruckgebiet nt
антиципативный adj antizipativ
античность f I Antike f
античный adj antik
антоним m K (LING) Antonym nt, Gegen-

begriff *m*

антра́кт *m K* **1.** (THEAT) Pause *f*; **2.** Zwischenmusik *f*

антраци́т *m K* Anthrazit *m*

антропоге́нный *adj* durch den Menschen verursacht; **антропоге́нная пусты́ня** Kulturwüste *f*

антропофа́г *m K* Menschenfresser *m*

аншла́г *m K* (THEAT) Anschlag: "Ausverkauft"; **спекта́кль идёт с ~ом** die Vorstellung ist ausverkauft

анюти́ны гла́зки <*gen pl:* -зок> *m pl K* (BOT) Stiefmütterchen *nt*

АО *abk von* **акционе́рное о́бщество** *nt* Aktiengesellschaft *f*, AG *f*

ао́рта *f A* Aorta *f*, Hauptschlagader *f*

апартеи́д *m K* Apartheid *f*, Rassentrennung *f*

апати́чный <*kf:* -чен, -чна> *adj* apathisch, lustlos

апа́тия *f A2* Apathie *f*, Teilnahmslosigkeit *f*

апелли́ровать *vi E2 impf/pf* **1.** (**к кому́-ли́бо/чему́-ли́бо**) appellieren (an + akk); **2.** (JUR) Berufung einlegen

апелляцио́нний Berufungs-; **апелляцио́нная жа́лоба** Berufung *f*

апелля́ция *f A2* **1.** Appell *m*; **2.** (JUR) Berufung *f*; **пода́ть апелля́цию** Berufung einlegen

апельси́н *m K* Apfelsine *f*, Orange *f*

апельси́новый *adj* Apfelsinen-, Orangen-; **апельси́новое де́рево** Apfelsinenbaum *m*; **~ сок** Orangensaft *m*

аперити́в *m K* Aperitif *m*, leichter Drink *m*

АПК *abk von* **агра́рно-промы́шленный ко́мплекс** *m* Agrar-Industrie-Komplex *m*

аплоди́ровать *vi E2 impf/pf* (**кому́-ли́бо/чему́-ли́бо**) applaudieren, Beifall klatschen

аплодисме́нты *m pl K* Applaus *m*, Beifall *m*; **под бу́рные ~** unter stürmischem Beifall; **сорва́ть ~** Beifall ernten

апоге́й *m K2* **1.** (ASTR) Apogäum *nt*; **2.** (*fig*) Höhepunkt *m*; **достига́ть/дости́чь апоге́я** seinen Höhepunkt erreichen

апока́липсис *m K* Apokalypse *f*

аполити́чность *f I* politisches Desinteresse *nt*, Politikverdrossenheit *f*

аполити́чный <*kf:* -чен, -чна> *adj* unpolitisch, politikverdrossen

апопле́ксия *f A2* (MED) Gehirnschlag *m*

апо́рт Apport *m*

апо́стол *m K* (*auch fig*) Apostel *m*

апостро́ф *m K* Apostroph *m*, Auslassungszeichen *nt*

аппара́т *m K* **1.** (TECH) Apparat *m*, Gerät *nt*; **копирова́льный ~** Kopiergerät *nt*; **факсими́льный ~** Faxgerät *nt*; **2.** (POL) Apparat *m*, Nomenklatura *f*; **госуда́рственный ~** Staatsapparat *m*; **~ подавле́ния** Unterdrückungsapparat *m*; **3.** (LIT) Apparat *m*; **крити́ческий ~** Textanmerkung *f*, kritischer Apparat *m*

аппара́тный *adj* Apparat-; **аппара́тные сре́дства** (DV) Hardware *f*

аппарату́ра *f A* Apparaturen *f pl*; **подслу́шивающая ~** Abhörgeräte

аппара́тчик *m K* Verwaltungsbeamte(r) *m*, Apparatschik *m*

аппендици́т *m K* Blinddarmentzündung *f*

аппети́т *m K* Appetit *m*; **прия́тного ~а!** guten Appetit! **~ прихо́дит во вре́мя еды́** der Appetit kommt beim Essen; **во́лчий ~** Bärenhunger *m*; **отсу́тствие ~а** Appetitlosigkeit *f*

аппети́тный <*kf:* -тен, -тна> *adj* **1.** appetitanregend; **2.** verlockend

апре́ль *m K1* April *m*

апре́льский *adj* April-;

первоапре́льская шу́тка Aprilscherz *m*

априо́ри *part* a priori, von vornherein

апроба́ция *f A2* Approbation *f*, Genehmigung *f*

апроби́ровать *vt E2 impf/pf* gutheißen, billigen

апте́ка *f A* Apotheke *f*; **у нас всё как в апте́ке** (*fig*) wir sind sehr genau

апте́карь *m K1 / f A* Apotheker, -in *m/f*

апте́чка <*gen pl:* -чек> *f A* Verbandskasten *m*; **дома́шняя ~** Hausapotheke *f*

ар *m K* (AGR) Ar *nt*

ара́б, ара́бка <*gen pl f:* -бок> *m K / f A* Araber, -in *m/f*

ара́бский *adj* arabisch; **ара́бские ци́фры** arabische Ziffern *f pl*

арави́йский *adj* arabisch; **Арави́йская пусты́ня** *f* Arabische Wüste *f*

Ара́вия *f A2* Arabien *nt*

Ара́льское мо́ре *nt O1* Aralsee *m*

ара́хис *m K* Erdnuss *f*

арби́тр *m K* (JUR, SPORT) Schiedsrichter *m*

арбитра́ж *m K* **1.** (JUR) Schiedsgericht *nt*; **2.** (ÖKON) Arbitrage *f*

арбитра́жный *adj* Arbitrage-, schiedsgerichtlich; **арбитра́жная огово́рка** Schiedsklausel *f*; **арбитра́жная опера́ция** [*o* **сде́лка**] Arbitragegeschäft *nt*

арбу́з *m K* Wassermelone *f*

Аргенти́на *f A* Argentinien *nt*

арго́н *m K* (CHEM) Argon *nt*

аргуме́нт *m K* Argument *nt*, Beweis *m*; **весо́мый** stichhaltiges [*o* schwerwiegendes] Argument *nt*; **неубеди́тельный ~** haltloser Beweis *m*; **приводи́ть/привести́ ~** ein Argument vorbringen;

опроверга́ть/опрове́ргнуть чьи́-ли́бо ~ы jds Argumente widerlegen

аргумента́ция *f A2* Argumentation *f*, Beweisführung *f*

аргументи́ровать *vi E2 impf/pf* argumentieren

ареа́л *m K* **1.** Areal *nt*; **2.** Gebiet *nt*

аре́на *f A* **1.** (SPORT) Arena *f*; **2.** (*auch fig*) Schauplatz *m*

аре́нда *f A* Pacht *f*; **брать/взять в аре́нду** pachten; **~ с возмо́жностью**

аренда́тор | 10 | **ата́ка**

после́дующего вы́купа Mietkauf *m*; **сдава́ть/сдать в аре́нду** verpachten
аренда́тор *m K* **1.** Pächter *m*; **2.** Leasingnehmer *m*
аре́ндный *adj* Pacht-; **аре́ндная пла́та** Pachtzins *m*, Miete *f*; ~ **догово́р** Leasingvertrag *m*, Pachtvertrag *m*
арендова́ть *vt E2 impf/pf* **1.** pachten; **2.** leasen
арендода́тель 1. Verpächter *m*, Vermieter *m*; **2.** Leasinggeber *m*
аре́ст *m K* **1.** Haft *f*; **2.** Festnahme *f*
аресто́вывать *vt E impf* (*pf*: **арестова́ть**) verhaften, festnehmen
аристокра́тия *f A2* Adel *m*, Aristokratie *f*
аритми́я *f A2* (MED) Rhythmusstörung *f*; **серде́чная ~** Herzrhythmusstörung *f*
арифме́тика *f A* Arithmetik *f*
арифмети́ческий *adj* arithmetisch; **арифмети́ческая зада́ча** Rechenaufgabe *f*
а́рия *f A2* Arie *f*
а́рка <*gen pl:* а́рок> *f A* (BAU) Bogen *m*
А́рктика *f A* Arktis *f*
аркти́ческий *adj* arktisch; ~ **по́люс** Nordpol *m*
АРМ *abk von* **автоматизи́рованное рабо́чее ме́сто** *nt* automatisierter [*o* computergestützter] Arbeitsplatz *m*, CAD-Arbeitsplatz *m*
Арме́ния *f A2* Armenien *nt*
а́рмия *f A2* **1.** Armee *f*, Heer *nt*; ~ **спасе́ния** Heilsarmee *f*; **служи́ть в а́рмии** seinen Wehrdienst leisten; **2.** (*auch fig*) große Menge *f*
армяни́н, армя́нка <*pl m:* -мя́не, -мя́н, -мя́нам, *gen pl f:* -нок> *m U2 / f A* Armenier, -in *m/f*
армя́нский *adj* armenisch
арома́т *m K* Aroma *nt*, Duft *m*
ароматизи́ровать *vt E2 impf/pf* aromatisieren
арома́тный <*kf:* -тен, -тна> *adj* aromatisch, wohlriechend
арте́рия *f A2* **1.** (ANAT) Arterie *f*, Pulsader *f*; **2.** (*fig*) Verkehrsweg *m*; **тра́нспортная ~** Hauptverkehrsader *f*
арти́кль *m K1* (LING) Artikel *m*
арти́ст, арти́стка <*gen pl f:* -ток> *m K / f A* **1.** Künstler, -in *m/f*; **2.** Schauspieler, -in *m/f*; **3.** (*fig*) Sonderling *m*; **ну ты ~!** (*umg*) na, du bist mir einer!
а́рфа *f A* Harfe *f*
архаи́зм *m K* **1.** (LING) Archaismus *m*; **2.** Überbleibsel *nt*
арха́нгел *m K* (REL) Erzengel *m*
архео́лог *m K* Archäologe *m*
археоло́гия *f A2* Archäologie *f*
архи́в *m K* Archiv *nt*; **сдава́ть в ~** archivieren, ad acta legen; **откры́ть ~ы** Archive der Öffentlichkeit zugänglich machen
архиви́рование *nt O2* Archivierung *f*
архи́вный *adj* Archiv-, Akten-; **архи́вная ко́пия** Aktenkopie *f*
архидья́кон *m K* (*о мона́хах*) Erzdiakon *m*
архиепи́скоп *m K* Erzbischof *m*
архиере́й *m K2* Erzpriester *m*
архиигу́мен *m K* Klostervorsteher *m*
архимандри́т *m K* Archimandrit *m*, Klosterabt *m*, Klostervorsteher *m*
архипела́г *m K* Archipel *m*, Inselgruppe *f*, Inselmeer *nt*
архите́ктор *m K* **1.** Architekt *m*, Baumeister *m*; **2.** (*fig*) Mitgestalter *m*
архитекту́ра *f A* Architektur *f*, Baukunst *f*
архитекту́рный *adj* architektonisch; ~ **па́мятник** Baudenkmal *m*
арши́н <*gen pl:* арши́н> *m K* altes russisches Längenmaß: 0,71m; **ме́рить всех на свой ~** alles am eigenen Maßstab messen
асбе́ст *m K* Asbest *m*
асимметри́я *f A2* (*auch fig*) Asymmetrie *f*, Missverhältnis *nt*
аспе́кт *m K* Aspekt *m*, Gesichtspunkt *m*
аспира́нт, аспира́нтка <*gen pl f:* -ток> *m K / f A* Dissertant, -in *m/f*
аспиранту́ра *f A* besonderer Ausbildungsgang für Dissertanten an der Hochschule
ассамбле́я *f A2* Versammlung *f*; **генера́льная ~ ООН** UNO-Vollversammlung *f*
ассигнова́ние *nt O2* **1.** Bewilligung *f*; **2.** Zuweisung *f*, Zuwendung *f*, Geldanweisung *f*
ассигнова́ть *vt E2 impf/pf* bewilligen, zuwenden, anweisen
ассигно́вка *f A* Anweisung *f*
ассисте́нт, ассисте́нтка <*gen pl f:* -ток> *m K / f A* Assistent, -in *m/f*, Gehilfe, Gehilfin *m/f*
ассорти́ *nt indekl* Mischung *f*; **конфе́ты ~** Pralinenmischung *f*
ассортиме́нт *m K* **1.** Sortiment *nt*, Angebot *nt*; **2.** Auswahl *f*; ~ **това́ров** Warenangebot *nt*; **широ́кий ~** große Auswahl *f*, reichhaltiges Angebot *nt*; **ассортиме́нтная гру́ппа** Produktfamilie *f*
ассоциа́ция *f A2* **1.** Vereinigung *f*, Gesellschaft *f*; ~ **предпринима́телей** genossenschaftlicher Verbund *m* **2.** (PSYCH) Gedankenverbindung *f*, Assoziation *f*
ассоции́рование *nt O2* Assoziierung *f*
ассоции́ровать *vt E2 impf/pf* (*что-ли́бо с чем-ли́бо*) assoziieren, verbinden
аста́т *m K* (CHEM) Astat *nt*
а́стра *f A* (BOT) Aster *f*
астроло́гия *f A2* Astrologie *f*
астрона́вт *m K* Astronaut, -in *m/f*, US-Raumfahrer, -in *m/f*
астрономи́ческий *adj* **1.** astronomisch; **2.** (*fig*) immens, unermesslich; **астрономи́ческие су́ммы** Unsummen *f pl*
астроно́мия *f A2* Astronomie *f*
ата́ка *f A* **1.** Attacke *f*; **2.** (*auch fig*) Angriff *m*; **идти́ в ата́ку** angreifen; **отби́ть ата́ку проти́вника** den gegnerischen Angriff abwehren

атакова́ть vt E2 impf/pf 1. angreifen; 2. (auch fig) bedrängen
атáс m K tatarischer Schlachtruf; **стоя́ть на ~е** Schmiere stehen
атеи́ст m K Atheist m
ателье́ nt indekl 1. Atelier nt, Künstlerwerkstatt f; 2. Reparaturwerkstatt f; **~ по ремóнту óбуви** Schusterwerkstatt f
Атлáнтика f A Atlantik m
атланти́ческий adj atlantisch; **Атланти́ческий океáн** m Atlantischer Ozean m
áтлас m K Atlas m; **~ ми́ра** Weltatlas m
атле́т m K Athlet m, Sportler m
атмосфе́ра f A (auch fig) Atmosphäre f; **земнáя ~** Erdatmosphäre f; **тя́гостная ~** bedrückende Atmosphäre; **~ перговóров** Gesprächsklima f; **бесéда прошлá в непринуждённой атмосфéре** das Gespräch verlief in ungezwungener Atmosphäre
атмосфéрный adj atmosphärisch; **атмосфéрное давлéние** Luftdruck m; **атмосфéрные осáдки** Niederschläge m pl
áтом m K Atom nt
áтомный adj Atom-, Kern-; **áтомная бóмба** Atombombe f; **~ вес** Atomgewicht nt; **áтомное орýжие** nt Atomwaffe f; **áтомная электростáнция** (= AEC) Atomkraftwerk nt; **áтомная энéргия** Kernkraft f
атрибýт m K 1. (LING) Attribut nt, Beifügung f; 2. Wesensmerkmal nt, charakteristische Beigabe f
АТС siehe **автомати́ческий**
атташé m indekl Attaché m; **~ по вопрóсам культýры** Kulturattaché m; **воéнный ~** Militärattaché m; **кóнсульский ~** Konsularattaché m; **торгóвый ~** Handelsattaché m
атташé-кейс m K Diplomatenkoffer m
аттестáт m K Zeugnis nt; **~ зрéлости** Reifezeugnis nt; **получи́ть ~ зрéлости** das Abitur machen
аттестáция f A2 Qualitätsprüfung f; **~ персонáла** Personalbeurteilung f
аттестовáть vt E2 impf/pf beurteilen, attestieren
аттракти́вный adj (предложéние) attraktiv, lohnend
аудиéнция f A2 Audienz f, offizieller Empfang m; **дать аудиéнцию** empfangen
аудиокассéта f A Audiokassette f; **~ с зáписью** bespielte Audiokassette f; **чи́стая ~** unbespielte Audiokassette f, Leerkassette f
аудиофáйл m K (DV) Audiofile m, Audiodatei f
аудúрование nt O2 (LING) Hören nt, Hörübung f, Hörverstehen nt
ауди́т m K (ÖKON) Buchprüfung f, Rechnungsprüfung f, Wirtschaftsprüfung f
ауди́тор m K (ÖKON) Wirtschaftsprüfer m, Revisor m, Buchprüfer m, Abschlussprüfer m

аудитóрия f A2 1. Hörsaal m, Seminarraum m; 2. Auditorium nt, Zuhörerschaft f
ауди́торский adj (ÖKON) Prüfungs-, Revisions-; **ауди́торская провéрка** Buchprüfung f
ауди́торство nt O Buchprüfung f, Wirtschaftsprüfung f
аукциóн m K Auktion f, Versteigerung f; **аукциóнная продáжа** Versteigerung f; **продавáть с ~а** versteigern
аукциони́ст m K Auktionator m, Versteigerer m
áут m K (SPORT) Aus nt; **быть в ~е** im Aus sein
аутенти́чность f I Authentizität f, Echtheit f, Glaubwürdigkeit f
аутенти́чный adj authentisch, echt
аутотрéнинг akr von аутогéнная тренирóвка f autogenes Training nt
аутсáйдер m K 1. (SPORT) abstiegsgefährdeter Verein m; 2. (fig) Außenseiter m
афгáнец, афгáнка <gen m: -нца, -нцев, gen pl f: -нок> m K / f A 1. Afghane, Afghanin m/f; 2. Afghanistankämpfer m, Afghanistanveteran m
Афганистáн m K 1. Afghanistan nt; 2. (umg) Afghanistankrieg m
афгáнский adj afghanisch
афери́ст m K Schwindler m, Trickbetrüger m; **брáчный ~** Heiratsschwindler m
Афи́ны f pl A Athen nt
афи́ша f A (THEAT) Aushang m, Anschlagzettel m, Plakat nt
афиши́ровать vt E2 impf/pf zur Schau stellen
афори́зм m K Aphorismus m
Áфрика f A Afrika nt
африкáнец, африкáнка <gen m: -нца, -нцев, gen pl f: -нок> m K / f A Afrikaner, -in m/f
африкáнский adj afrikanisch
аффéкт m K Affekt m; **дéйствовать в состоя́нии ~а** im Affekt handeln
Ахиллéс m K Achilles m; **ахиллéсова пя́та** Achillesferse f
аэрáция f A2 (ÖKOL) Belüftung f, Durchlüftung f; **~ стóчных вод** Abwasserbelüftung f
аэробус m K Airbus m, Großraumflugzeug nt
аэровокзáл m K 1. Flughafengebäude nt; 2. Abfertigungshalle f
аэродинами́ческий adj aerodynamisch
аэродрóм m K Flugplatz m
аэропóрт m K Flughafen m
аэростáт m K (TECH) Ballon m
аэротáнк m K (ÖKOL) Belüftungsbecken nt
Аэрофлóт m K russische Luftfahrtgesellschaft
аэрофотосни́мок <gen: -мка, -мков> m K Luftaufnahme f
АЭС abk von áтомная электростáнция f Atomkraftwerk nt, Kernkraftwerk nt

Б

б, Б *nt indekl* kyrillischer Buchstabe
ба́бочка <gen pl: -чек> *f A* **1.** (ZOOL) Schmetterling *m*; **2.** Fliege *f*, Binder *m*
ба́бушка *f A* **1.** Großmutter *f*, Oma *f*; **2.** (*umg*) alte Frau *f*
Бава́рия *nt A2* Bayern *nt*
бава́рский *adj* bayrisch
бага́ж *m K e* Gepäck *nt*; **~ зна́ний** (*fig*) Kenntnisse
бага́жник *m K* **1.** (KFZ) Kofferraum *m*; **2.** (Fahrrad-)Gepäckträger *m*
бага́жный *adj* Gepäck-; **~ ваго́н** Gepäckwagen *m*
Бага́мские острова́ *m K ple* Bahamas *pl*
багро́вый *adj* purpurrot
Баде́н-Вюртембе́рг *m K* Baden-Württemberg *nt*
бадминто́н *m K* Badminton *nt*, Federball *nt*
бадья́ <gen pl: -е́й> *f A1* Eimer *m*, Kübel *m*
ба́за *f A* **1.** Basis *f*, Grundlage *f*; **заложи́ть ба́зу для чего́-либо** den Grundstein [*o* das Fundament] legen (für +*akk*); **~ тамо́женной оце́нки** Zollbemessungsgrundlage *f* **2.** Warenlager *nt*; **3.** Militärstützpunkt *m*; **~ да́нных** (DV) Datenbank *f*
база́р *m K* **1.** Markt *m*; **2.** (*umg*) Stimmengewirr *nt*; **пти́чий ~** Vogelkolonie *f*
бази́роваться *vi E2 impf* **1.** (*на чём-либо*) sich stützen (auf +*akk*); **2.** beruhen (auf +*dat*); **3.** (*где-либо*) ansässig sein, den Sitz haben
ба́зис *m K* Basis *f*; **~ нало́говых расчётов** Steuerbemessungsgrundlage *f*; **~ существова́ния** Existenzgrundlage *f*
ба́зовый *adj* Grund-, Basis-; **ба́зовая величина́** Bezugsgröße *f*; **ба́зовые зна́ния** *nt* Grund [*o* Vor-]kenntnisse *pl*
байда́рка <gen pl: -рок> *f A* Paddelboot *nt*, Kajak *nt*; **разбо́рная ~** Faltboot *nt*
Байка́л *m K* Baikalsee *m*
байт *m K* (DV) Byte *nt*
бак *m K* Behälter *m*; **запасно́й ~** Reservekanister *m*
ба́кен *m K* Boje *f*
бакенба́рды *f pl A* Backenbart *m*
ба́ки *f pl A* Backenbart *m*, Koteletten *pl*
баклажа́н *m K* Aubergine *f*
баклу́ша *f A* Holzklötzchen *nt*; **бить баклу́ши** auf der Bärenhaut liegen
бактериа́льный *adj* bakteriell
бакте́рия *f A2* Bakterie *f*
бал <präpos sg: **на балу́**> *m K ple* Ball *m*; **устро́ить ~** einen Ball geben; **пра́вить ~** das Sagen haben
балага́н *m K* **1.** Bude *f*, Schaubude *f*; **2.** (*fig*) Durcheinander *nt*, Tohuwabohu *nt*
балагу́рить *vi I impf* (*umg*) Spaß machen, Witze machen
балала́йка <gen pl: -ла́ек> *f A* Balalaika *f*
бала́нс *m K* **1.** (ÖKON) Bilanz *f*; **вуали́рование бала́нса** Bilazfrisur *f*; **годово́й ~** Jahresbilanz *f*;; **~ импорти́рованных и экспорти́рованных това́ров** Warenbilanz *f*; **~ иму́щественного состоя́ния** Vermögensbilanz *f*; **~ обора́чиваемости капита́лов и креди́тов** Kapitalverkehrsbilanz *f*; **консолиди́рованный ~** konsolidierte Bilanz *f*, Konzernbilanz *f*; **~ оборо́та капита́ла** Kapitalbilanz *f*; **~ с соблюде́нием торго́вого пра́ва** handelsrechtliche Bilanz *f*; **~ совоку́пных затра́т** Vollkostenkalkulation *f*; **~ услу́г** Dienstleistungsbilanz *f* **2.** Balance *f*; **~интере́сов** Interessenausgleich *m*; **~ сил** (POL) Kräfteverhältnis *nt*
баланси́рование *nt O2* **1.** Balancieren *nt*; **2.** Ausgleich *m*, Bilanzierung *f*, Abschluss *m*; **~ бюдже́та** Budgetausgleich *m*
баланси́ровать¹ *vi E2 impf* (*pf*: с-) (*на чём-либо/чем-либо*) balancieren
баланси́ровать² *vt E2 impf* (*pf*: сбаланси́ровать) **1.** ins Gleichgewicht bringen; **2.** (ÖKON) Bilanz ziehen, bilanzieren
балансиро́вка *f A*: **~ бюдже́та** Haushaltsausgleich *m*
бала́нсовый *adj*: **бала́нсовая оце́нка** Bilanzbewertung *f*; **бала́нсовая поли́тика** Bilanzpolitik *f*; **бала́нсовая при́быль** Bilanzgewinn *m*; **бала́нсовая сто́имость** Buchwert *m*; **бала́нсовая увя́зка** Bilanzierung *f*; **бала́нсовые избы́тки** Bilanzüberschuss *m*; **бала́нсовые убы́тки** Bilanzverlust *m*; **~ ито́г** Bilanzsumme *f*
балдёж *m K* (*umg*) Trip *m*, Rauschzustand *m*
балде́ть *vi E impf* **1.** (*umg*: **наркотизи́роваться**) auf einen Trip gehen; **2.** die Zeit gut verbringen
балери́на *f A* Ballerina *f*, Balletttänzerin *f*
бале́т *m K* Ballett *nt*; **~ на льду́** Eisrevue *f*
ба́лка <gen pl: -лок> *f A* Balken *m*
Балка́ны <gen: Балка́н> *f pl A* Balkan *m*
балко́н *m K* Balkon *m*
балла́да *f A* Ballade *f*
балла́ст *m K* **1.** (*auch fig*) Ballast *m*; **сбро́сить ~** (ideologischen) Ballast abwerfen; **2.** Schotter *m*
балла́стный *adj* Ballast-; **балла́стные вещества́** Ballaststoffe *m*
балл¹ *m K* Note *f*, Zensur *f*; **она́ получи́ла хоро́ший ~** sie hat eine gute Note bekommen
балл² *m K* Stärkegrad *m*; **ве́тер в 6 ~ов** Windstärke 6 *f*
балло́н *m K* Ballon *m*; **га́зовый ~** (CHEM, PHYS) Gasflasche *f*
баллоти́роваться *vr E2 impf* kandidieren
баллотиро́вка *f A* Abstimmung *f*

баловáть vt E2 impf (pf: **из-**) verwöhnen, verhätscheln
баловáться vr E2 impf (umg) Unfug treiben, unartig sein
баловствó nt O Übermut m
балтийский adj baltisch; **Балтийское мóре** Ostsee f
Бáлтика f A Ostsee f
бальзáм m K Balsam m
бамбýк m K Bambus m
бáмпер m K (KFZ) Stoßstange f
банáльность f I Banalität f
банáльный <kf: **-лен, -льна**> adj banal
банáн m K Banane f
бáнда f A Verbrecherbande f
бандáж m K Bandage f; **наклáдывать ~** bandagieren
бандерóль f I 1. Päckchen nt; **послáть что-либо ~ю** etw als Päckchen schicken; 2. Streifbandsendung f; 3. Drucksache f
бáнджо nt indekl (MUS) Banjo nt
бандит m K Bandit m
бандитский adj Banden-
банк m K 1. (ÖKON) Bank f; **~ дáнных** (DV) Datenbank f;; **~ (экономи́ческого) развития** Entwicklungsbank f; **~ при концéрне** Hausbank f; **~ универсáльного типа** Universalbank f; **~ открывший аккредити́в** Eröffnungsbank f 2. Spielbank f; **сорвáть ~** die Bank sprengen
бáнка[1] <gen pl: **-нок**> f A Dose f, Büchse f; **консéрвная ~** Konservendose f
бáнка[2] <gen pl: **-нок**> f A (MAR) Untiefe f; **подвóдная ~** Sandbank f
банкéт m K Bankett nt, Festessen nt
банкир m K Bankier f
банк-корреспондéнт m K Bankverbindung f
банкнóта f A Banknote f, Geldschein m; **банкнóтная эмиссия** Banknotenausgabe f; **банкнóтное обращéние** Notenumlauf m
бáнковский adj Bank-; **бáнковская гарáнтия** Bankgarantie f; **бáнковская дéятельность** Bankgeschäfte pl; **бáнковская коми́ссия** Bankprovision f; **бáнковская операция по дисконти́рованию векселéй** Diskontgeschäft nt; **бáнковская систéма** Bankensystem nt; **бáнковская ссýда** Bankkredit m; **бáнковская тáйна** Bankgeheimnis nt; **бáнковские активы** Bankguthaben nt; **~ операции** Banking nt; **~ аккредити́в** Bankakkreditiv nt; **~ акцéпт** Bankakzept nt; **~ билéт** Banknote f; **~ вклад** Bankeinlage f; **~ клиринг** Bankenclearing nt; **~ кредит** Bankkredit m; **~ перевóд** Banküberweisung f; **~ счёт** Bankkonto nt; **~ чек** Bankscheck m; **бáнковское дéло** Bankwesen nt; **~ и́ндекс** Bankleitzahl f; **бáнковское поручительство** Bankgarantie f; **~ служащий** Bankangestellte(r) m; **бáнковское хранéние цéнных бумáг** Effektenverwahrung f
банкомáт m K Geldautomat m
банкрóтство nt O 1. Bankrott m, Konkurs m, Ruin m, Zusammenbruch m; **~ государства** Staatsbankrott m; **объявля́ть ~** Konkurs anmelden; 2. (fig) Scheitern nt, Misserfolg m
бáночка dim von **бáнка**[1]
бант m K Schleife f; **завязáть ~ом** eine Schleife binden
бáня f A1 russisches Dampfbad nt
барабáн m K Trommel f
барабáнить vi I impf trommeln
барабáнщик, барабáнщица m K / f A 1. Trommler, -in m/f; 2. (umg) Denunziant, -in m/f
барáк m K Baracke f
барáн m K Hammel m; **смотрéть на что-либо как ~ на нóвые ворóта** (fig) dastehen wie der Ochs vorm Berg
барáнина f A Hammelfleisch nt
барахлó nt O (umg) Krempel m, Kram m
барáхтаться vr E impf zappeln, strampeln
барáшек <gen sg: **-шка**> m K Lamm nt, Lämmchen nt
бар[1] m K 1. Bar f, Theke f; 2. Imbissstube f
бар[2] m K (PHYS) Bar nt
бард m K Liedermacher m
бардáк m K (umg) Schlamperei f, Lotterwirtschaft f
бáрель m K1 1. Fass nt; 2. Barrel nt
бáрий m K2 Barium nt
баритóн m K Bariton m
бармéн m K Barkeeper m
бáрменша f A 1. (umg) Barkeeperin f; 2. Bardame f
барóкко nt indekl Barock nt
барóметр m K Barometer nt
барóчный adj barock
баррикáда f A Barrikade f; **выйти на баррикáды** (auch fig) auf die Barrikaden gehen
бáрский adj herrschaftlich; **жить на бáрскую нóгу** (fig) auf großem Fuß leben
барсýк m K Dachs m
бáртер m K 1. (ÖKON) Tauschgeschäft nt, Tauschhandel m; 2. Barterhandel m; **бáртерная операция** Bartergeschäft nt; **бáртерная сдéлка** Tauschgeschäft nt; **бáртерная торгóвля** Tauschhandel m
бáрхат m K Samt m
бáрхатный adj Samt-, samten
бáрышня <gen pl: **-шень**> f A1 (auch pej) gnädiges Fräulein nt; **кисéйная ~** (pej) Zierpuppe f
барьéр m K 1. (auch fig) Barriere f, Schranke f, Hindernis nt; 2. (SPORT) Hürde f; **торгóвые ~ы** Handelsschranken f pl; **звуковóй ~** Schallmauer f; **языковóй ~** Verständigungsproblem nt, Sprachbarriere f
бас m K Bass m
баскетбóл m K Basketball m
бáсня <gen pl: **-сен**> f A1 Fabel f

бассе́йн *m K* Bassin *nt*, Becken *nt*; **~ реки́** Flussbecken *nt*
бастова́ть *vi E2 impf (pf:* за-) streiken
бата́лия *f A2* Schlacht *f*, Streit *m*, Wortgefecht *nt*; **полити́ческая ~** politische Auseinandersetzung *f*
батальо́н *m K* Bataillon *nt*
батаре́йка <*gen pl:* -ре́ек> *f A* kleine Batterie *f*
батаре́я <*gen pl:* -ре́й> *f A2* **1.** (MIL, EL) Batterie *f*; **2.** (EL) Aku *m*; **со́лнечная ~** Solarzelle *f*; **отопи́тельная ~** Heizkörper *m*
ба́тик *m K* Batik *f*; **печа́тать ~** batiken
ба́тник *m K* Hemdbluse *f*
бато́н *m K* Stangenweißbrot *nt*
бах! *interj* bums!, baff!
бахва́литься *v + inst I impf* prahlen, aufschneiden
бахва́льство *nt O* Prahlerei *f*
бахрома́ *f A* Franse *f*
баци́лла *f A* Bazillus *m*
ба́шня <*gen pl:* -шен> *f A1* **1.** Turm *m*; **2.** (*umg*) Hochhaus *nt*
бди́тельность *f I* Wachsamkeit *f*
бди́тельный <*kf:* -лен, -льна> *adj* wachsam
бег <*präpos sg:* на бегу́> *m K* Lauf *m*; **~ в мешка́х** Sackhüpfen *nt*; **~ на выно́сливость** Dauerlauf *m*; **~ на ме́сте** Treten auf der Stelle
бега́ <*gen pl:* -о́в> *m K pl e* **1.** Rennen *nt*, Wettrennen *nt*; **2.** Pferderennen *nt*; **в ~х** auf der Flucht
бе́гать *vi E* unbest (*best: бежа́ть*) **1.** hin und her laufen; **2.** (*от кого́-либо*) jdn meiden
бегемо́т *m K* Flusspferd *nt*, Nilpferd *m*
бегле́ц *m K* Flüchtling *m*
бе́гло *adv* fließend, schnell; **она́ ~ говори́т по-неме́цки** sie spricht fließend deutsch
бе́глый *adj* **1.** flüchtig, entlaufen; **2.** (*fig*) flüchtig, schnell; **~ взгляд** flüchtiger Blick *m*
бегля́нка <*gen pl:* -нок> *f A* weiblicher Flüchtling *m*
бегово́й *adj* Renn-
бего́м *adv* laufend, im Laufschritt
беготня́ <*inst sg:* -нёю> *f A1* (*umg*) Lauferei *f*
бе́гство *nt O* Flucht *f*; **~ капита́ла** Kapitalabfluss *m*; **обрати́ть в ~** in die Flucht schlagen; **обрати́ться в ~** die Flucht ergreifen
бегу́н, бегу́нья *m K / f A1* (SPORT) Läufer, -in *m/f*
беда́ *f A pls* Unglück *nt*, Elend *nt*, Not *f*; **~ в том, что** das Schlimme ist, dass; **не ~** das ist nicht so schlimm; **лиха́ ~ нача́ло** aller Anfang ist schwer; **~ как** (*umg*) sehr; **~ ско́лько** (*umg*) schrecklich viel
бе́дность *f I* Armut *f*
бе́дный <*kf:* -ден, -дна́, -дно> *adj* **1.** arm; **2.** unglücklich
бедня́жка <*gen pl:* -жек> *mf A* (*umg*)

armer Mensch *m*, armer Tropf *m*
бедня́к *m K e* **1.** Arme(r) *m*; **2.** armer Bauer *m*
бедро́ <*pl:* бёдра, -дер, -драм> *nt O* **1.** Oberschenkel *m*; **2.** Hüfte *f*
бе́дственный *adj*: **бе́дственное положе́ние** Notlage *f*
бе́дствие *nt O2* Unheil *nt*, Katastrophe *f*; **стихи́йное ~** Naturkatastrophe *f*
бе́дствовать *vi E2 impf* Not leiden, darben
бедуи́н, бедуи́нка *m K / f A* Beduine *m*, Beduinin *f*
бежа́ть <*präs:* бегу́, бежи́шь> *vi UI* best (*unbest: бе́гать*) hinlaufen, hinrennen; **~ за кем-ли́бо** jdm hinterherlaufen; **~ из чего́-либо** fliehen aus; **часы́ бегу́т** (*fig*) die Uhr geht vor; **молоко́ бежи́т** die Milch läuft über
бе́жевый *adj* beige
бе́женец <*gen:* -нца, -нцев> *m K* Flüchtling *m*, Asylbewerber *m*; **наплы́в бе́женцев** Flüchtlingsstrom *m*
без, безо *präp* +*gen* ohne (+*akk*); **~ гара́нтии** ohne Gewähr; **~ надба́вки** zuschlagsfrei; **~ обяза́тельства** freibleibend; **~ обяза́тельства возмеще́ния ущерба́** entschädigungslos; **~ оши́бок** fehlerlos; **~ рабо́ты** arbeitslos; **~ руча́тельства** ohne Gewähr; **~ ски́дки** netto; **~ сомне́ния** zweifellos; **~ та́ры** netto; **~ упако́вки** netto; **~ пяти́ двена́дцать** fünf Minuten vor zwölf
безала́берный <*kf:* -рен, -рна> *adj* liederlich, unordentlich
безала́берщина *f A* Schlamperei *f*
безалкого́льный *adj* alkoholfrei
безапелляцио́нный <*kf:* -о́нен, -о́нна> *adj* **1.** kategorisch; **2.** (JUR) Berufung ausschließend
безато́мный *adj* atom(waffen)frei; **безато́мная зо́на** atomwaffenfreie Zone *f*
безбиле́тный *adj* fahrscheinlos; **~ пассажи́р** Schwarzfahrer *m*
безболе́зненный *adj* **1.** schmerzlos; **2.** (*fig*) problemlos, reibungslos
безбра́чие *nt O2* Ehelosigkeit *f*, Zölibat *m*
безбре́жный <*kf:* -жен, -жна> *adj* endlos, uferlos; **безбре́жные просто́ры** endlose Weiten
безве́трие *nt O2* Windstille *f*
безви́зовый *adj* visumfrei; **~ режи́м** Reisefreiheit *f*, Visumfreiheit *f*
безвку́сица *f A* **1.** (*fig*) Geschmacklosigkeit *f*; **2.** Kitsch *m*
безвку́сный *adj* **1.** (*о пи́ще*) geschmacklos; **2.** kitschig
безвозме́здный *adj* unentgeltlich, kostenlos, gratis
безво́льный <*kf:* -лен, -льна> *adj* willenlos
безвре́дный <*kf:* -ден, -дна> *adj* unschädlich, harmlos
безвре́менный *adj* (*geh*) vorzeitig, zu

früh, ungelegen
безвы́ходный adj ausweglos; он в безвы́ходном положе́нии er ist in einer ausweglosen Lage, er weiß weder ein noch aus
безгра́мотность f I 1. Analphabetentum nt; 2. Unwissenheit f
безграни́чный <kf: -чен, -чна> adj grenzenlos; **безграни́чная ра́дость** grenzenlose Freude f
безда́рный <kf: -рен, -рна> adj unbegabt
безде́йствие nt O2 Tatenlosigkeit f; ~ поли́ции Nichteinschreiten nt der Polizei
безде́йствовать vi E2 impf 1. tatenlos zusehen; 2. (JUR) nicht eingreifen, nicht wirksam werden
безде́йствующий adj 1. unwirksam; 2. untätig, passiv
безде́лица f A 1. Kleinigkeit f; 2. Bagatelle f
безделу́шка <gen pl: -шек> f A Nippsache f
безде́лье nt O1 Nichtstun nt
безде́льник m K Faulpelz m, Taugenichts m
безде́льничать vi E impf faulenzen, herumgammeln
безде́тный <kf: -тен, -тна> adj kinderlos
безде́ятельность f I Tatentlosigkeit f
безде́ятельный <kf: -лен, -льна> adj tatenlos
бе́здна f A 1. Abgrund m; 2. (umg) Unmenge f; ~ **дел** eine Menge Arbeit
бездо́мный I. <kf: -мен, -мна> adj obdachlos; II. m wie adj Obdachlose(r) m
бездо́нный <kf: -нен, -нна> adj bodenlos; **бездо́нная бо́чка** (fig) ein Fass ohne Boden
бездоро́жный <kf: -жен, -жна> adj unwegsam, unfahrbar
безду́мно adv gedankenlos, unbedacht
безду́мность f I Gedankenlosigkeit f
безду́шный <kf: -шен, -шна> adj herzlos, hartherzig
безжа́лостный <kf: -тен, -тна> adj erbarmungslos, unbarmherzig
безжи́зненный adj leblos
беззабо́тный adj sorglos, unbekümmert
беззако́ние nt O2 1. Gesetzlosigkeit f; 2. Willkür f; **соверша́ть** ~ gesetzwidrig handeln
беззасте́нчивый <kf: -ив> adj unverschämt, rücksichtslos
беззащи́тный adj schutzlos, wehrlos
беззву́чный adj lautlos, kaum hörbar
безлицензио́нный <kf: -нен, -нна> adj lizenzfrei
безли́чный <kf: -чен, -чна> adj (auch LING) unpersönlich
безлю́дный <kf: -ден, -дна> adj menschenleer, öde
безме́рный <kf: -рен, -рна> adj maßlos, unermesslich

безнадёжность f I Hoffnungslosigkeit f
безнадёжный <kf: -жен, -жна> adj hoffnungslos
безнака́занно adv ungestraft, straflos
безнали́чный adj bargeldlos; ~ **расчёт** bargeldloser Zahlungsverkehr m, Giroverkehr m
безнра́вственность f I 1. Unmoral f; 2. Sittenwidrigkeit f
безнра́вственный <kf: -венен, -венна> adj 1. unmoralisch; 2. sittenwidrig
безоби́дный <kf: -ден, -дна> adj harmlos
безо́блачный <kf: -чен, -чна> adj wolkenlos; **безо́блачное сча́стье** (fig) ungetrübtes Glück nt
безобра́зие nt O2 1. Hässlichkeit f; 2. Unverschämtheit f; **э́то ~!** das ist ein Unding!
безогово́рочно adv bedingungslos, vorbehaltlos
безопа́сность f I Sicherheit f, Gefahrlosigkeit f; ~ **пре́жде всего́** die Sicherheit geht vor; **быть в безопа́сности** in Sicherheit sein; **о́рганы госуда́рственной безопа́сности** Staatssicherheitsorgane
безопа́сный <kf: -сен, -сна> adj ungefährlich, sicher; ~ **в эксплуата́ции** betriebssicher
безостано́вочный <kf: -чен, -чна> adj ununterbrochen, pausenlos
безотве́тственный <kf: -вен, -венна> adj unverantwortlich, verantwortungslos
безотзы́вный adj unwiderruflich; **безотзы́вный аккредити́в** (ÖKON) unwiderruflicher Akkreditiv nt
безотка́зный <kf: -зен, -зна> adj störungsfrei, einwandfrei; ~ **рабо́та** störungsfreier Betrieb m; ~ **челове́к** m (fig) Pflichtmensch m hilfsbereiter Mensch m
безотлага́тельный <kf: -лен, льна> adj unverzüglich
безотхо́дный adj abfallfrei; **безотхо́дная техноло́гия** abfallfreies Produktionsverfahren nt
безотцо́вщина f A 1. (SOZIOL) Aufwachsen nt der Kinder in Familien ohne Vater; 2. (umg) vaterlos aufwachsendes Kind nt
безоши́бочный <kf: -чен, -чна> adj fehlerfrei, fehlerlos
безполе́зный <kf: -зен, -зна> adj wertlos, nutzlos
безрабо́тица f A Arbeitslosigkeit f; **рост безрабо́тницы** Anstieg m der Arbeitslosigkeit; **у́ровень безрабо́тницы** Arbeitslosenquote f
безрабо́тный I. adj arbeitslos; II. m wie adj Arbeitslose(r) m
безра́достный <kf: -тен, -тна> adj freudlos
безразли́чие nt O2 Gleichgültigkeit f
безразли́чно adv gleichgültig; **э́то мне ~** das ist mir ganz gleich
безрассу́дный <kf: -ден, -дна> adj un-

besonnen, kopflos; ~ **посту́пок** unüberlegte Handlung *f*
безрезульта́тный <*kf:* -тен, -тна> *adj* 1. ergebnislos; 2. erfolglos
безу́держный <*kf:* -жен, -жна> *adj* 1. unaufhaltsam; 2. hemmungslos, zügellos; ~ **рост цен** ständiger Preisanstieg *m*; **безуде́ржная фанта́зия** zügellose Phantasie *f*
безукори́зненный <*kf:* -нен, -ненна> *adj* makellos, tadellos, einwandfrei
безу́мие *nt O2* (*auch fig*) Wahnsinn *m*, Verrücktheit *f*
безу́мный <*kf:* -мен, -мна> *adj* (*auch fig*) wahnsinnig, verrückt
безу́мствовать *vi E2 impf* 1. unvernünftig handeln; 2. toben, rasen
безупре́чный <*kf:* -чен, -чна> *adj* 1. einwandfrei, tadellos; 2. unbescholten; **безупре́чная репута́ция** einwandfreier Ruf *m*
безусло́вно *adv* 1. sicherlich, zweifellos; 2. bedingungslos
безусло́вный <*kf:* -вен, -вна> *adj* 1. unbedingt; 2. bedingungslos; **безусло́вное финанси́рование** (ÖKON) Forfaitierung *f*; **безусло́вное повинове́ние** unbedingter Gehorsam *m*; 3. sicher, eindeutig; ~ **успе́х** eindeutiger Erfolg *m*
безуспе́шность *f I* Erfolglosigkeit *f*
безуспе́шный <*kf:* -шен, -шна> *adj* erfolglos; **безуспе́шная попы́тка** missglückter Versuch *m*
безуте́шный <*kf:* -шен, -шна> *adj* untröstlich
безуча́стный <*kf:* -тен, -тна> *adj* teilnahmslos, unbeteiligt; ~ **свиде́тель** unbeteiligter Zeuge *m*
безъя́дерный <*kf:* -рен, -рна> *adj* kernwaffenfrei
безыде́йность *f I* Ideenlosigkeit *f*
безымя́нный *adj* dem Namen nach unbekannt, ohne Namen, anonym; ~ **па́лец** Ringfinger *m*
безынициати́вность *f I* fehlende Initiative *f*
беккере́ль *m K1* (PHYS) Becquerel *nt*
беле́ть *vi E impf* (*pf:* по-) weiß werden, verbleichen
бели́ла *nt pl O* Deckweiß *nt*
бели́ть <*präs:* белю́, бе́лишь> *vt 1 impf* (*pf:* по-) weiß anstreichen
бе́лка *f A* 1. Eichhörnchen *nt*; 2. Feh *nt*, Eichhörnchenfell *nt*; **верте́ться как** ~ **в колесе́** (*fig*) hin und her hetzen
беллетри́стика *f K* schöne Literatur *f*, Belletristik *f*
бело́к <*gen sg:* белка́> *m K* 1. (BIO) Eiweißstoff *m*; 2. Eiweiß *nt*; 3. das Weiße *nt* (des Auges), Sklera *f*
белоку́рый <*kf:* -у́р> *adj* blond, hellblond
белору́с, белору́ска *m K / f A* Weißrusse, -russin *m/f*
Белору́ссия *f A2* Weißrussland *nt*
белору́сский *adj* weißrussisch
Белосне́жка *f A* Schneewittchen *nt*
белосне́жный <*kf:* -жен, -жна> *adj* schneeweiß, schlohweiß, blütenweiß
бе́лый <*kf:* бел, бела́, бело́, бе́лы; *komp:* беле́е> *adj* weiß; ~ **гриб** Steinpilz *m*; ~ **дом** das Weiße Haus *nt*; ~ **медве́дь** Eisbär *m*; ~ **хлеб** Weißbrot *nt*; ~ **как мел** kreidebleich; **средь бе́ла дня** am hellichten Tag; ~ **биле́т** Befreiung vom Armeedienst aus Gesundheitsgründen; ~ **стих** (LIT) Blankvers *m*; ~ **та́нец** Damenwahl *f*; **бе́лая воро́на** (*fig*) schwarzes Schaf *nt*; **бе́лая кость** (*fig*) blaues Blut *nt*; **бе́лое пятно́** *nt* weißer Fleck auf der Landkarte; unerforschtes Gebiet *nt*; **бе́лые но́чи** helle Nächte *f*
бельги́ец, бельги́йка <*gen sg m:* -и́йца, *gen pl f:* -ги́ек> *m K / f A* Belgier, -in *m/f*
бельги́йский *adj* belgisch
Бе́льгия *f A2* Belgien *nt*
бельё *nt O1* Wäsche *f*; **ни́жнее** ~ Unterwäsche *f*; **посте́льное** ~ Bettwäsche *f*; **цветно́е** ~ Buntwäsche *f*; ~ **для кипяче́ния** Kochwäsche *f*; **копа́ться в чужо́м гря́зном белье́** (*umg*) jds private Geheimnisse zu erfahren versuchen
бельмо́ *nt O pls* (MED) Star *m*; **быть для кого́-либо бельмо́м на глазу́** (*fig*) jdm ein Dorn im Auge sein
бельэта́ж *m K* (THEAT) erster Rang *m*
бенефициа́р *m K* (JUR) Begünstigter *m*
бензи́н *m K* Benzin *nt*; **неэтили́рованный** ~ bleifreies Benzin; **обы́чный** ~ Normalbenzin *nt*
бензоколо́нка *f A* 1. Tankstelle *f*; 2. Zapfsäule *f*
бензонасо́с *m K* Benzinpumpe *f*
бе́рег <*präpos sg:* на берегу́, *nom pl:* берега́> *m K ple* Ufer *nt*, Küste *f*; **круто́й** ~ Steilküste *f*; **быть вы́брошенным на** ~ stranden; **выходи́ть на** ~ über die Ufer treten; **сойти́ на** ~ an Land gehen; **от одного́ ~а отста́ть, к друго́му не приста́ть** (*fig*) sich zwischen zwei Stühle setzen
бережёный *adj* behütet, beschützt; **бережёного бог бережёт** Vorsicht ist besser als Nachsicht
бережли́вость *f I* 1. Sparsamkeit *f*; 2. Wirtschaftlichkeit *f*
бережли́вый <*kf:* -и́в> *adj* sparsam, wirtschaftlich, haushälterisch
бе́режно *adv* behutsam; **обраща́ться** ~ **с кем-ли́бо/чем-ли́бо** behutsam umgehen (mit +*dat*)
бе́режный <*kf:* -жен, жна> *adj* behutsam, vorsichtig
берёза *f A* Birke *f*
бере́менеть *vi E impf* (*pf:* за-) schwanger werden
бере́менная I. *adj* schwanger; II. *f wie adj*

Schwangere *f*
бере́менность *f I* Schwangerschaft *f*; она́ на тре́тьем ме́сяце бере́менности sie ist im dritten Monat schwanger; **на после́днем ме́сяце бере́менности** hochschwanger; **нежела́тельная ~** ungewollte Schwangerschaft *f*
бере́т *m K* **1.** Barett *nt*; **2.** Baskenmütze *f*
бере́чь <*präs:* берегу́, бережёшь, бережёт, бережём, бережёте, берегу́т, *prät:* берёг, берегла́> *vt UE4 impf* (*pf:* с-) **1.** schonen; **~ си́лы** seine Kräfte schonen **2.** sparen; **3.** bewahren, aufbewahren; **~ та́йну** ein Geheimnis wahren **4.** schützen, hüten; **~ как зени́цу о́ка** wie seinen Augapfel hüten; **береги́ себя́!** pass gut auf dich auf!
бере́чься <*präs:* берегу́сь, бережёшься, *prät:* берёгся, берегла́сь> *vr UE4 impf* (*mit gen oder inf*) sich vorsehen, sich in acht nehmen (vor +*dat*)
берму́ды *pl A* Bermudashorts *pl*
беру́ши *pl A* Ohrenschützer *m pl*
бес *m K* (*umg*) Teufel *m*; **в него́ всели́лся ~** der Teufel ist in ihn gefahren; **седина́ в бо́роду, ~ в ребро́** je oller, je doller
бесе́да *f A* **1.** Gespräch *nt*, Unterhaltung *f*; **2.** (*DV*) Chat *m*; **~ с гла́зу на́ глаз** Gespräch unter vier Augen; **3.** Interview *nt*
бесе́дка *f A* Gartenlaube *f*
бесе́довать *vi E2 impf* (*pf:* по-) (*с кем-ли́бо о чём-ли́бо*) sich unterhalten, ein Gespräch führen
беси́ть <*präs:* бешу́, бе́сишь> *vt I impf* (*pf:* вз-) wütend machen, auf die Palme bringen
беси́ться <*präs:* бешу́сь, бе́сишься> *vr I impf* (*pf:* вз-) **1.** (*nur 3. pers*) tollwütig werden; **2.** (*umg*) wüten, vor Wut toben; **он с жи́ру бе́сится** ihn sticht der Hafer
бесконе́чность *f I* Unendlichkeit *f*
бесконе́чный <*kf:* -чен, чна> *adj* unendlich, endlos; **~ руло́н** Endlospapier *nt*
бесконтро́льность *f I* Unkontrolliertheit *f*
бесконтро́льный <*kf:* -лен, -льна> *adj* unkontrolliert
бескоры́стный <*kf:* -тен, -тна> *adj* uneigennützig, selbstlos
бесперебо́йный <*kf:* -о́ен, -о́йна> *adj* kontinuierlich, ununterbrochen
бесперспекти́вный <*kf:* -вен, -вна> *adj* aussichtslos, ohne Perspektive
беспе́чность *f I* Sorglosigkeit *f*, Leichtsinn *m*
беспе́чный <*kf:* -чен, -чна> *adj* sorglos, unbekümmert
беспла́новый *adj* planlos
беспла́тно *adv* gratis
беспла́тный <*kf:* -тен, -тна> *adj* kostenlos, unentgeltlich; **беспла́тная а́кция** Gratisaktie *f*; **беспла́тная а́кция с фикси́рованным разме́ром дохо́да** Gratisgenussschein *m*; **беспла́тная про́ба** Gratisprobe *f*
беспло́дие *nt O2* (MED) Unfruchtbarkeit *f*
беспло́дность *f I* (*fig*) Fruchtlosigkeit *f*, Ergebnislosigkeit *f*; **~ де́ятельности** Ineffizienz *f*
беспло́дный <*kf:* -ден, -дна> *adj* **1.** (MED) unfruchtbar; **2.** steril; **3.** (*fig*) fruchtlos, ergebnislos
бесподо́бный <*kf:* -бен, -бна> *adj* unvergleichlich, beispiellos
беспоко́ить *vt I impf* **1.** beunruhigen; **2.** stören, belästigen
беспоко́иться *vr I impf* (*pf:* за-) **1.** (*о ком-ли́бо/чём-ли́бо*) besorgt sein, sich Sorgen machen um; **2.** sich bemühen; пожа́луйста, не беспоко́йтесь! bitte machen sie sich keine Umstände!
беспоко́йный <*kf:* -о́ен, -о́йна> *adj* **1.** unruhig, ruhelos; **беспоко́йная рабо́та** aufreibende Arbeit *f*; **2.** fahrig, hastig; **~ взгляд** flüchtiger Blick *m*
беспоко́йство *nt O* **1.** Unruhe *f*; **2.** Besorgnis *f*; **вы́звать ~** Besorgnis erregen; **3.** Störung *f*; извини́те за ~! entschuldigen Sie die Störung!
бесполе́зно *adv* nutzlos; э́то ~ das nützt nichts; ему́ ~ об э́том говори́ть es lohnt sich nicht, mit ihm darüber zu reden
бесполе́зность *f I* Nutzlosigkeit *f*
бесполе́зный <*kf:* -зен. -зна> *adj* nutzlos, vergeblich
беспо́мощность *f I* **1.** Hilflosigkeit *f*; **2.** Ohnmacht *f*
беспо́мощный <*kf:* -щен, -щна> *adj* **1.** hilflos; **2.** unbeholfen
беспоря́док <*gen:* -дка, -дков> *m K* **1.** Unordnung *f*, Durcheinander *nt*; **2.** (*im pl*) Ausschreitungen *f pl*, Krawalle *m pl*
беспоря́дочный <*kf:* -чен, -чна> *adj* unordentlich, ungeordnet, kunterbunt
бесса́дочный *adj* ohne Zwischenlandung; **~ перелёт** Nonstopflug *m*
беспо́шлинный *adj* **1.** zollfrei; **2.** unverzollt; **3.** gebührenfrei; **беспо́шлинная торго́вля** Freihandel *m*; **~ това́р** Freigut *nt*
беспоща́дный <*kf:* -ден, -дна> *adj* gnadenlos, schonungslos; **беспоща́дная кри́тика** schonungslose Kritik *f*
беспра́вие *nt O2* Rechtlosigkeit *f*
беспра́вный <*kf:* -вен, -вна> *adj* rechtlos, entrechtet
беспреде́л *m K* (*umg*) absolute Gesetzlosigkeit *f*, Missachtung *f* der Gesetze; **разруши́тельный ~** Zerstörungswut *f*; **~ цен** horrende Preise
беспреде́льный <*kf:* -лен, -льна> *adj* (*auch fig*) grenzenlos, unermesslich
беспредме́тный <*kf:* -тен, -тна> *adj* (*разгово́р*) gegenstandslos
беспрепя́тственный *adj* ungehindert
беспреры́вный <*kf:* -вен, -вна> *adj* ununterbrochen, pausenlos

беспрестáнно *adv* unaufhörlich, in einem fort
беспрецедéнтный <*kf:* -тен, тна> *adj* beispiellos
беспризóрный I. <*kf:* -рен, -рна> *adj* verwahrlost, auf der Straße lebend; II. *m wie adj* verwahrloste(r) Jugendliche(r) *m*
беспримéрный <*kf:* -рен, -рна> *adj* beispiellos
беспристрáстный <*kf:* -тен, -тна> *adj* unvoreingenommen, unparteiisch
беспричи́нный <*kf:* -нен, -нна> *adj* grundlos; **~ смех** grundloses Gelächter *nt*
бесприю́тный <*kf:* -тен, -тна> *adj* obdachlos
беспроцéнтный *adj* zinslos; **~ заём** zinsloses Darlehen *nt*; **беспроцéнтная облигáция** Zerobond *nt*
бессвя́зный <*kf:* -зен, -зна> *adj* zusammenhangslos, unzusammenhängend
бессердéчный <*kf:* -чен, -чна> *adj* herzlos, hartherzig
бесси́лие *nt O2* Kraftlosigkeit *f*, Ohnmacht *f*
бесси́льный <*kf:* -лен, -льна> *adj* kraftlos, machtlos
бесслáвный <*kf:* -вен, -вна> *adj* schmählich, glanzlos; **~ конéц** glanzloses Ende *m*
бесслéдно *adv* spurlos; **~ исчéзнуть** spurlos verschwinden; **ничтó не прохóдит ~** alles hinterläßt seine Spuren
бессловéсный <*kf:* -сен, -сна> *adj* 1. stumm; 2. wortkarg
бессмéртие *nt O2* Unsterblichkeit *f*
бессмéртный <*kf:* -тен, -тна> *adj* unsterblich
бессмы́сленность *f I* Sinnlosigkeit *f*
бессмы́сленный <*kf:* -ен, -енна> *adj* sinnlos; **бессмы́сленная затéя** ein sinnloses Unterfangen *nt*
бессóвестный <*kf:* -тен, -тна> *adj* 1. gewissenlos; 2. unverschämt
бессóнница *f A* Schlaflosigkeit *f*
бессóнный *adj* schlaflos
бесспóрно *adv* unbestreitbar; **~, что ...** fest steht, dass ...
бесспóрный <*kf:* -рен, -рна> *adj* ganz offenkundig
бессрóчный *adj* fristlos, unbefristet; **~ вклад** Sichteinlage *f*
бессты́дный <*kf:* -ден, -дна> *adj* unverschämt
бессты́дство *nt O* 1. Unverschämtheit *f*; 2. Schamlosigkeit *f*
бестáктность *f I* Taktlosigkeit *f*
бéстия *f A2* 1. Bestie *f*; 2. (*auch fig*) Biest *nt*
бестолкóвый <*kf:* -óв> *adj* 1. (*umg*) schwer von Begriff; 2. unverständlich; **бестолкóвое указáние** unverständliche Anleitung *f*
бестсéллер *m K* Bestseller *m*, Verkaufsschlager *m*, Renner *m*

бесфóрменный <*kf:* -мен, -менна> *adj* formlos, klobig
бесхарáктерность *f I* Charakterlosigkeit *f*
бесхарáктерный <*kf:* -рен, -рна> *adj* charakterlos
бесхóзный *adj* herrenlos, niemandem gehörend
бесхозя́йственность *f I* 1. Misswirtschaft *f*; 2. Unwirtschaftlichkeit *f*
бесхозя́йственный *adj* unwirtschaftlich
бесцвéтный <*kf:* -тен, -тна> *adj* (*auch fig*) farblos
бесцéльный <*kf:* -лен, -льна> *adj* 1. ziellos; 2. zwecklos
бесцéнный <*kf:* -нен, -нна> *adj* 1. sehr wertvoll; 2. unschätzbar
бесцéнок *m K* Schleuderpreis *m*; **за ~** spottbillig
бесцеремóнность *f I* Rücksichtslosigkeit *f*
бесцеремóнный <*kf:* -нен, -нна> *adj* 1. rücksichtslos; 2. ungeniert
бесчеловéчный <*kf:* -чен, -чна> *adj* unmenschlich
бесчéстие *nt O2* Schmach *f*, Schande *f*
бесчéстный <*kf:* -тен, -тна> *adj* ehrlos, schändlich; **~ постýпок** unehrenhafte Handlung *f*
бесчи́нство *nt O* 1. Ausschreitung *f*; 2. Unfug *m*; 3. Exzess *m*
бесчи́нствовать *vi E2 impf* sein Unwesen treiben, randalieren
бесчи́сленный <*kf:* -ен, -енна> *adj* unzählig, zahllos; **бесчи́сленное мнóжество** eine Unmenge *f*
бесчýвственность *f I* Gefühllosigkeit *f*
бесчýвственный <*kf:* -ен, -енна> *adj* 1. gefühllos, unempfindlich; 2. bewusstlos, ohnmächtig; 3. (*fig*) mitleidlos, herzlos
бесшýмный <*kf:* -мен, -мна> *adj* 1. geräuschlos, lautlos; 2. schallgedämpft
бéта-вéрсия *f* (DV) Betaversion *f*
бетóн *m K* Beton *m*
бетони́ровать *vi E2 impf* (*pf:* за-) betonieren
бечёвка <*gen pl:* -вок> *f A* Schnur *f*, Bindfaden *m*
бéшенство *nt O* 1. Wut *f*, Zorn *m*; 2. (MED) Tollwut *f*
бéшеный *adj* 1. (*umg*) wütend, rabiat; 2. (MED) tollwütig; 3. (*umg*) ungeheuer; **бéшеная скóрость** halsbrecherische Geschwindigkeit *f*; **бéшеное сопротивлéние** hartnäckiger Widerstand *m*; **бéшеные цéны** horrende Preise; **имéть ~ успéх** (*umg*) einen Wahnsinnserfolg haben
бибабó *nt indekl* Handpuppe *f*
библéйский *adj* biblisch
библиографи́ческий *adj* bibliografisch; **библиографи́ческие дáнные** bibliografische Angaben
библиогрáфия *f A2* Bibliografie *f*

библиоте́ка *f A* Bibliothek *f*
библиоте́карь *m K1* Bibliothekar, -in *m/f*
би́блия *f A2* Bibel *f*
бива́к *m K* Biwak *m*
би́вень <*gen sg:* -вня> *m K1* Stoßzahn *m*
бигуди́ *nt pl indekl* Lockenwickler *m*
биде́ *nt indekl* Bidet *nt*
бидерме́йер *m K* Biedermeier *nt*
бидо́н *m K* Blechkanne *f*; **~ молока́** Milchkanne *f*
бие́ние *nt O2* Schlag *m*; **~ пу́льса** Pulsschlag *m*; **~ се́рдца** Herzschlag *m*
бижуте́рия *f A2* 1. (*украше́ния*) Modeschmuck *m*; 2. Schmuckwaren *pl*
би́знес *m K* 1. Geschäft *nt*; 2. Geschäftsleben *nt*, Business *nt*; **биржево́й ~** Börsengeschäft *nt*; **большо́й ~** Großunternehmen *nt*, Big Business *nt*; **при́быльный ~** einträgliches Geschäft *nt*; **ча́стный ~** Privatunternehmertum *nt* Privatindustrie *f*; **де́лать ~ на чём-либо** ein Geschäft machen (mit +*dat*)
бизнесме́н *m K* 1. Geschäftsmann, -frau *m/f*; 2. (*pej*) Geschäftemacher *m*
бики́ни *nt indekl* Bikini *m*
биле́т *m K* 1. Fahrkarte *f*; **обра́тный ~** Rückfahrkarte *f*; **железнодоро́жный ~** Bahnfahrkarte *f*; **~ на самолёт** Flugticket *nt*; 2. Eintrittskarte *f*; **~ в теа́тр** Theaterkarte *f*, **пригласи́тельный ~** Einladung *f*; 3. Lotterielos *nt*; **~ без вы́игрыша** Niete *f*; **вы́игрышный ~** Gewinnlos *nt*; 4. Ausweis *m*; **студе́нческий ~** Studentenausweis *m*; **чита́тельский ~** Benutzerausweis *m*; **чле́нский ~** Mitgliedskarte *f*; **парти́йный ~** Parteibuch *nt*
билингви́зм *m K* Zweisprachigkeit *f*
билья́рд *m K* Billard *nt*
бино́кль *m K1* Fernglas *nt*; **театра́льный ~** Opernglas *nt*
бинт *m K* (MED) Verband *m*
бинтова́ть I. *vt E2 impf* (*pf:* за-) verbinden **био-** II. *präfix* Bio-, biologisch
биога́з *m K* Biogas *nt*
био́граф *m K* Biograph, -in *m/f*
биогра́фия *f A2* 1. Biographie *f*; 2. Lebenslauf *m*
био́лог *m K* Biologe, Biologin *m/f*
биологи́ческий *adj* biologisch
биоло́гия *f A2* Biologie *f*
биосфе́ра *f A* Biosphäre *f*
биото́ки *pl K* Bioströme *pl*
биото́п *m K* Biotop *nt*
биохи́мия *f A2* Biochemie *f*
би́ржа *f A* (ЭКОН) Börse *f*; **~ недви́жимости** Immobilienmarkt *m*; **с повыша́тельной тенде́нцией** Bull market *m*; **~ с тенде́нцией ку́рса на пониже́ние** Bear market *m*; **~ сро́чных сде́лок** Terminbörse *f*; **~ труда́** Arbeitsamt *nt*; **~ це́нных бума́г** Effektenbörse *f*, Wertpapierbörse *f*
биржеви́к *m K* 1. Börsenspekulant *m*; 2. Börsianer *m*
биржево́й *adj* Börsen-; **биржева́я зая́вка** Börsenauftrag *m*; **биржева́я игра́ на ра́зницу** Differenzgeschäft *nt*; **биржева́я опера́ция** Börsengeschäft *nt*; **биржева́я опцио́нная сде́лка** Prämiengeschäft *nt*; **биржева́я па́ника** Run *m*; **биржева́я пре́мия** Bonus *m*; **биржева́я при́быль** Börsengewinn *m*; **биржева́я спекуля́ция** Börsenspekulation *f*; **биржево́е поруче́ние** Börsenauftrag *m*; **~ ажиота́ж** Agiotage *f*; **~ бум** Börsenansturm *m*; **~ бюллете́нь** Börsenbericht *m*; **~ дохо́д** Börsengewinn *m*; **~ зака́з** Börsenauftrag *m*; **~ инса́йдер** Börsen-Insider *m*; **~ крах** Börsenkrach *m*; **~ креди́т** Börsenkredit *m*; **~ курс** Börsenkurs *m*; **~ ма́клер** [*o* **посре́дник**] Börsenmakler *m*; **~ надзо́р** Börsenaufsicht *f*; **~ прика́з** Börsenauftrag *m*; **~ протоко́л** [*o* **реги́стр**] Börsenjournal *nt*; **~ спекуля́нт** Börsenspekulant
би́рка <*gen pl:* -рок> *f A* 1. Etikett *nt*; 2. Kofferanhänger *m*
бирю́льки <*gen pl:* -лек> *f pl A* Stäbchenspiel *nt*; **игра́ть в бирю́льки** (*fig*) Däumchen drehen
бисексуа́льный <*kf:* -лен, -льна> *adj* bisexuell
би́сер *m K* Glasperlen *f pl*; **мета́ть ~ перед свиньями** (*fig*) Perlen vor die Säue werfen
бискви́т *m K* Biskuit *nt*
бит *m K* (DV) Bit *nt*; **бит в секу́нду** bits per second
би́тва *f A* Schlacht *f*
битко́м *adv*: **~ наби́тый** (*umg*) vollgestopft, gerammelt voll
би́товый *adj* Bit-; **би́товая гра́фика** (DV) Bitmapgrafik *f*
бито́к <*gen sg:* -тка́> *m K e* Fleischkloß *m*, Klops *m*
би́тый <*part prät pass von:* **бить**> *adj* 1. geschlagen; 2. zerschlagen, kaputt; **~ автомоби́ль** Unfallwagen *m*; **~ час** eine geschlagene [*o* volle] Stunde *f*
бить <*präs:* бью, бьёшь> *vt E4 impf* (*pf:* по-, про-, раз-) 1. schlagen, hauen; **~ по лицу́** ins Gesicht schlagen; **~ по чьим-либо интере́сам** jds Interessen schädigen; **~ по недоста́ткам** Mängel [*o* Fehler] bekämpfen; **э́то бьёт по карма́ну** das geht ins Geld; **часы́ бьют 8** die Uhr schlägt 8; 2. hämmern, trommeln; **~ в бараба́н** die Trommel schlagen; **~ в ладо́ши** in die Hände klatschen; **~ в цель** (*auch fig*) ins Ziel [*o* Schwarze] treffen; 3. zerbrechen, zerschlagen; 4. besiegen; **~ фигу́ру** eine Figur schlagen; **~ ка́рту** eine Karte stechen; 5. sprudeln, quellen
би́ться *vr E4 impf* 1. (*с кем-либо*) sich schlagen (mit +*dat*); 2. (*над чем-либо*) sich abmühen (mit +*dat*); 3. (*обо что-либо*) stoßen (gegen +*akk*); **~ голово́й о сте́нку** (*fig*) mit dem Kopf gegen die Wand rennen; 4.

zu Bruch gehen, zerbrechlich sein; **посуда бьётся к счастью** Scherben bringen Glück; 5. schlagen, klopfen, pochen; **сéрдце бьётся** das Herz klopft; **~ в истéрике** einen hysterischen Anfall haben, um sich schlagen; **~ об закла́д** wetten, eine Wette eingehen
бихевори́стика *f A* Verhaltensforschung *f*
бич <*gen pl:* -éй> *m K ple* 1. Peitsche *f*; 2. (*fig*) Plage *f*; 3. (*vulg*) Landstreicher *m*
бичева́ть I. *vt E2 impf* 1. auspeitschen; 2. (*fig*) geißeln; II. *vi E2* als Landstreicher leben
бла́го I. *nt O* 1. Wohl *nt*; 2. Gut *nt*; 3. Nutzen *m*; **обще́ственное ~** Gemeinwohl *nt*; **идти́ на ~ кому́-ли́бо** jdm zugute kommen; **счита́ть за ~** etw für gut erachten; 4. (*im pl*) Wohltaten *f pl*; 5. Güter *nt pl*; 6. Wohlstand *m*; **всех благ!** (*umg*) alles Gute! II. *adv* 1. wohl; 2. ein Glück; III. *konj* 1. (*umg*) um so mehr als; 2. weil ja; 3. wenn schon; **~ я оказа́лся здесь** wenn ich schon einmal hier bin
благови́дный <*kf:* -ден, -дна> *adj* anständig, angemessen; **под благови́дным предло́гом** (*fig*) unter einem passenden Vorwand *m*
благово́ние *nt O2* Wohlgeruch *m*
благовоспи́танный <*kf:* -ан, -анна> *adj* wohlerzogen, manierlich
благове́йный <*kf:* -éен, -éйна> *adj* ehrfurchtsvoll
благогове́ние *nt O2* 1. Andacht *f*; 2. Ehrfurcht *f*
благогове́ть *vi E impf* (*перед кем-ли́бо/чем-ли́бо*) verehren, großen Respekt haben (*vor* +*dat*)
благодари́ть *vt I impf* (*pf:* по-) danken, sich bedanken; **благадрю́ вас!** danke!
благода́рность *f I* 1. Dank *m*; 2. Dankbarkeit *f*; **из благода́рности** aus Dankbarkeit
благода́рный <*kf:* -рен, -рна> *adj* dankbar, erkenntlich; **благода́рная те́ма** (*fig*) ein dankbaresThema *nt*
благодаря́ *präp* +*dat* dank (+*gen*); **~ тому́, что** dadurch, dass
благода́тный <*kf:* -тен, -тна> *adj* segensreich, wohltuend; **~ кли́мат** (*auch fig*) ein gutes Klima *nt*
благоде́нствие *nt O2* Wohlfahrt *f*
благоде́тель, благоде́тельница *m K1 / f A* Wohltäter, -in *m/f*
благоде́тельность *f I* Wohltätigkeit *f*
благоде́тельный <*kf:* -лен, -льна> *adj* wohltätig
благодея́ние *nt O2* Wohltat *f*
благоду́шный <*kf:* -шен, -шна> *adj* gutmütig
благожела́тельный <*kf:* -лен, -льна> *adj* (*geh*) wohlwollend
благозву́чие *nt O2* Wohlklang *m*
благо́й *adj:* **име́ть благи́е наме́рения** gute Vorsätze haben; **крича́ть благи́м ма́том** (*umg*) schreien wie am Spieß
благонадёжный <*kf:* -жен, -жна> *adj* 1. zuverlässig, vertrauenswürdig; 2. loyal
благонра́вный <*kf:* -вен, -вна> *adj* sittsam
благополу́чие *nt O2* 1. Wohlergehen *nt*, Glück *nt*; 2. Wohlstand *m*
благополу́чный <*kf:* -чен, -чна> *adj* 1. günstig; 2. aus gutem Hause; 3. glatt, wohlbehalten; **~ коне́ц** Happy-End *nt*
благопристо́йный <*kf:* -óен, -óйна> *adj* (*geh*) schicklich
благоприя́тный <*kf:* -тен, -тна> *adj* günstig; **~ моме́нт** ein günstiger Augenblick; **~ отве́т** positive Antwort *f*
благоприя́тствование *nt O2* Begünstigung *f*
благоприя́тствовать *vi E2 impf* (*кому́-ли́бо/чему́-ли́бо*) begünstigen, fördern
благоразу́мие *nt O2* 1. Besonnenheit *f*; 2. Einsicht *f*, Vernunft *f*
благоразу́мный <*kf:* -мен, -мна> *adj* besonnen, vernünftig
благоро́дный <*kf:* -ден, -дна> *adj* 1. adlig, vornehm; 2. (*fig*) edel, nobel; **~ жест** eine noble Geste *f*; **благоро́дные мета́ллы** (CHEM) Edelmetalle
благоро́дство *nt O* 1. Adel *m*; 2. Edelmut *m*
благоскло́нный <*kf:* -нен, -нна> *adj* (*geh*) geneigt, gewogen
благослове́ние *nt O2* 1. (REL) Segen *m*; 2. (*fig*) Billigung *f*
благослове́нный <*kf:* -ве́н, -ве́нна> *adj* gesegnet
благослови́ть <*fut:* -влю́, -ви́шь> *vt I pf* (*impf:* благословля́ть) 1. segnen; 2. (*fig*) absegnen, gutheißen
благосостоя́ние *nt O2* 1. Wohlstand *m*; 2. Wohlfahrt *f*
благотвори́тельность *f I* Wohltätigkeit *f*
благотвори́тельный *adj* Wohltätigkeits-; **благотвори́тельное мероприя́тие** Wohltätigkeitsveranstaltung *f*; **благотвори́тельное учрежде́ние** Wohlfahrtseinrichtung *f*
благотво́рный <*kf:* -рен, -рна> *adj* 1. wohltuend, nutzbringend; 2. heilsam
благоустра́ивать *vt E impf* (*pf:* благоустро́ить) (*кварти́ру*) einrichten
благоустро́енный <*kf:* -óен, -óена> *adj* komfortabel eingerichtet
благоустро́ить *vt I pf* (*impf:* благоустра́ивать) einrichten
благоуха́ние *nt O2* Duft *m*, Wohlgeruch *m*
благоуха́ть *vi E impf* (*geh*) duften
благочести́вый <*kf:* -> *adj* fromm
блаже́нный <*kf:* -же́н, -же́нна> *adj* 1. selig, überglücklich; 2. (*nur Langform*) töricht
бла́йзер *m K* Blazer *m*

бланк *m K* Formular *nt*, Vordruck *m*; ~ **де́нежного перево́да** Überweisungsformular *nt*; ~ **зака́за** Bestellzettel *m*; ~ **зая́вки** Anmeldeformular *nt*

бланки́ст *m K* (ÖKON) Fixer *m*

бла́нко-ве́ксель *m K1* (ÖKON) Blankowechsel *m*

бла́нковый *adj* (ÖKON) blanko, Blanko-; **бла́нковая на́дпись** Inhaberinossament *nt*; **бла́нковая переда́точная на́дпись** Blankoindossament *nt*; **бла́нковая по́дпись** Blankounterschrift *f*; **бла́нковые це́нные бума́ги** Blankopapiere *pl*; ~ **акце́пт** Blankoakzept *m*; ~ **ве́ксель** Blankowechsel *m*; ~ **индоссаме́нт** Blankoindossament *nt*; ~ **креди́т** Blankokredit *m*; ~ **чек** Blankoscheck *m*

бланко-че́к *m K* (ÖKON) Blankoscheck *m*

блат *m K* (umg) Beziehungen *f pl*; **по ~у** durch Beziehungen, hintenherum

блева́ть <präs: блюю́, блюёшь> *vi E2 impf* (pf: с-), (vulg) kotzen

бледне́ть *vi E impf* (pf: по-) 1. blass werden; 2. (fig) verblassen, unbedeutend erscheinen

бле́дный <kf: -ден, -дна́, -дно> *adj* blass, bleich; **име́ть ~ вид** (fig) blass aussehen

блёклый *adj* matt, welk, verblasst

блёкнуть *vi E1 impf* (pf: по-) 1. fahl werden; 2. verwelken

блеск *m K* Glanz *m*, Funkeln *nt*; ~ **остроу́мия** Geistesblitz *m*

блесна́ <pl: блёсны, блёсен> *f A pls* Köder beim Angeln

блесну́ть *vi E1 pf* aufblitzen

блесте́ть <präs: блещу́, блести́шь, oder: блещу́, бле́щешь> *vi I impf* 1. glitzern, glänzen, 2. leuchten

блестя́щий *adj* 1. glänzend, blank; 2. (fig: иде́я) hervorragend, brillant

блеф *m K* Bluff *m*

блефова́ть *vi E2 impf/pf* bluffen

бле́ять <nur 3. pers: бле́ет, бле́ют> *vi E* blöken, meckern

ближа́йший *adj super* 1. nächste(r, s), nächstliegend; **когда́ идёт ~ по́езд до Москвы́?** wann fährt der nächste Zug nach Moskau?; **в ближа́йшее вре́мя** demnächst; 2. engste(r, s); 3. beste(r, s); **он мой ~ друг** er ist mein bester Freund; **при ближа́йшем рассмотре́нии** bei genauerer Betrachtung

бли́жний I. *adj* 1. nahe; 2. vertraut; **Бли́жний Восто́к** (GEOG) Naher Osten *m*; ~ **свет** (KFZ) Abblendlicht *nt*; II. *m wie adj* (REL) Nächste(r) *m*; **возлюби́ бли́жнего твоего́, как самого́ себя́!** liebe deinen Nächsten wie dich selbst!

близ *präp* +gen 1. nahe (+dat); 2. bei (+dat)

бли́зиться <nur 3. pers: близи́тся> *vr I impf* (pf: при-), (nur 3. pers: близи́тся) **зима́ бли́зится к концу́** es geht auf den Frühling zu

бли́зкий I. <kf: -зок, -зка́, -зко, -зки́, komp: бли́же> *adj* 1. nahe, nahegelegen; **мы бли́зки к це́ли** wir sind nahe am Ziel; **бли́зко от чего́-ли́бо** nahe bei; 2. *in enger, direkter Beziehung zu jdm/etw stehend*; **э́то мой ~ ро́дственник** das ist ein naher Verwandter von mir; **они́ близки́ друг с дру́гом** sie haben vertrauten Umgang; **бли́зкий к полити́ческим круга́м** den politischen Kreisen nahe stehend 3. ähnlich, verwandt; **перево́д бли́зок к оригина́лу** die Übersetzung ist originalgetreu; ~ **по смы́слу** sinnverwandt; II. *m pl wie adj* die nächsten Angehörigen *mf pl*

близлежа́щий *adj* nahegelegen

близнецы́ <nom sg: близне́ц> *m pl K e* Zwillinge *m pl*

близору́кий <kf: -у́к> *adj* (auch fig) kurzsichtig

бли́зость *f I* 1. Nähe *f*; ~ **к ры́нку** Marktnähe *f* 2. Vertrautheit *f*, Intimität *f*; 3. Ähnlichkeit *f*

блик *m K* Lichtfleck *m*, Reflex *m*

блин *m K ple* Plinse *f*, Pfannkuchen *m*; **пе́рвый ~ (всегда́) ко́мом** aller Anfang ist schwer

бли́нчик *dim von* **блин**

блиста́тельный <kf: -лен, -льна> *adj* (fig) glänzend, großartig

блиста́ть *vi E impf* 1. glänzen; 2. glänzen, sich auszeichnen; ~ **отсу́тствием** durch Abwesenheit glänzen

блок *m K* 1. (TECH) Block *m*, Baustein *m*; ~ **сигаре́т** eine Stange Zigaretten; 2. (POL) Bündnis *nt*, Pakt *m*

блока́да *f A* 1. Blockade *f*; **экономи́ческая ~** Wirtschaftsblockade *f*; **вводи́ть/ввести́ блока́ду** eine Blockade verhängen; **обходи́ть/обойти́ блока́ду** die Blockade umgehen 2. Sitzstreik *m*

блоки́ровать *vt E2 impf/pf* 1. blockieren; **блоки́рованный депози́т** (ÖKON) Sperrdepot *nt* 2. versperren

блоки́роваться *vr E2 impf/pf* (POL) paktieren (mit +dat)

блокно́т *m K* Schreibblock *m*

блок-схе́ма *f A* (DV) Blockdiagramm *nt*, Blockbild *nt*

блонди́нка <gen pl: -нок> *f A* Blondine *f*

блоха́ *f A pls1* Floh *m*

бло́чный *adj* Block-; ~ **дом** *m* Blockhaus *nt*

блу́дный *adj* 1. ausschweifend lebend; 2. umherirrend; **возвраще́ние блу́дного сы́на** (fig) die Heimkehr des verlorenen Sohnes

блужда́ть *vi E impf* umherirren

блу́зка <gen pl: -зок> *f A* Bluse *f*

блю́дечко <gen pl: -чек> *nt O* 1. Schüsselchen *nt*; 2. kleine Untertasse *f*; **принести́ на блю́дечке с голубо́й каёмочкой** jdm etw auf dem Präsentierteller servieren

блю́до *nt O* 1. Speise *f*, Gericht *nt*, Gang *m*; **люби́мое ~** Leibgericht *nt*; 2. Schüssel *f*

блю́дце <gen pl: -дец> *nt O1* Untertasse *f*

блюз *m K* Blues *m*

блюсти <*präs:* блюду́, -дёшь> *vi Ео́а impf* (*pf:* со-) hüten, bewahren; ~ национа́льные интере́сы nationale Interessen wahren
блюсти́тель *m K1* Hüter *m*, Wächter *m*; ~ поря́дка Ordnungshüter *m*
блю-чип *m K* (ÖKON) Blue Chip *m*
бля́ха *f A* kleines Blechschild *nt*, Marke *f*
боа́ I. *m indekl* (ZOOL) Riesenschlange *f*; II. *nt indekl* Federboa *f*
боб *m K e* Bohne *f*; **разводи́ть ~ы́** (*fig*) Unsinn reden; **оста́ться на ~а́х** leer ausgehen
бобёр <*gen sg:* бобра́> *m K e* Biberfell *nt*
бобо́вые *nt pl wie adj* (BOT) Hülsenfrüchtler *m pl*
бобр *m K e* Biber *m*
бобсле́й *m K2* (SPORT) Bob *m*, Bobschlitten *m*
Бог <*vok sg:* Бо́же> *m K* Gott *m*; ве́рить в ~а an Gott glauben; бо́же мо́й! mein Gott! бог зна́ет weiß Gott; не да́й бог! Gott bewahre! сла́ва бо́гу Gott sei Dank! кто ра́но встаёт, тому́ бог даёт Morgenstund hat Gold im Mund
богате́ть *vi E impf* (*pf:* раз-) reich werden
бога́тство *nt O* Reichtum *m*, Schatz *m*
бога́тый <*komp:* бога́че> *adj* 1. reich, wohlhabend; ~ вы́бор *m* (*fig*) eine große Auswahl *f*; 2. (*чем-либо*) reich (an +*akk*); ~ белка́ми eiweißreich
богаты́рь *m K1 e* Held *m*, Recke *m*
бога́ч <*gen pl:* -че́й> *m K e* reicher Mensch *m*
боге́ма *f A* Bohème *f*
Боге́мия *f A2* Böhmen *nt*
боге́мный *adj von* **боге́ма**
боге́мский *adj* böhmisch
боги́ня *f A1* Göttin *f*
богосло́в *m K* Theologe *m*
богосло́вие *nt O2* Theologie *f*
богосло́вский *adj* theologisch
богослуже́ние *nt O2* Gottesdienst *m*; **вести́ ~** Gottesdienst halten
боготвори́ть <*präs:* -творю́, -твори́шь> *vt I impf* vergöttern, anhimmeln
богоху́льство *nt O* Blasphemie *f*, Gotteslästerung *f*
бодри́ть <*präs:* бодрю́, -ри́шь> *vt I impf* (*pf:* о-) aufmuntern, anregen, stärken
бодри́ться *vr I* Mut fassen, sich zusammennehmen
бо́дрость *f I* Munterkeit *f*
бо́дрствовать *vi E2 impf* wach bleiben, wachen
бодрству́ющий *adj* wach
бо́дрый <*kf:* бодр, бодра́, бо́дро, бо́дры́> *adj* rüstig, munter
боеви́к *m K* 1. Kämpfer *m* einer militanten Gruppierung; **отря́ды ~ов** Schlägertrupps *m pl* 2. (FILM) Thriller *m*
боево́й *adj* 1. Kampf-; 2. kampfbereit, kriegerisch

боеприпа́сы *m pl K* Munition *f*
боеспосо́бный <*kf:* -бен, -бна> *adj* gefechtsbereit, kampffähig
бо́же *siehe* **Бог**
бо́жеский *adj* annehmbar; **по бо́жеским це́нам** zu vertretbaren Preisen, relativ billig
боже́ственный <*kf:* -ен, -енна> *adj* 1. göttlich; 2. entzückend
божество́ *nt O* Gottheit *f*
бо́жий *adj* Gottes-; **храм ~** (REL) Gotteshaus *nt*; **бо́жья коро́вка** Marienkäfer *m*
бой <*präpos sg:* в бою́, *gen pl:* боёв> *m K2 ple* 1. (MIL) Kampf *m*, Gefecht *nt*; **без бо́я** kampflos; **у́личные бои́** Straßenkämpfe *m pl*; 2. (*fig*) Streit *m*
бо́йкий <*kf:* бо́ек, бойка́, бо́йко, бойки́, *komp:* бо́йче> *adj* 1. gewandt, fix; 2. lebhaft, belebt; **бо́йкая у́лица** eine belebte Straße *f*
бойко́т *m K* Boykott *m*; **объяви́ть кому́-либо/како́й-либо стране́ ~** jdm/einem Land den Boykott erklären *m*
бойкоти́ровать *vt E2 impf* boykottieren
бойни́ца *f A* Schießscharte *f*
бо́йня <*gen sg:* бо́ен> *f A1* 1. Schlachthof *m*; 2. Massaker *nt*, Gemetzel *nt*
бок <*präpos sg:* на боку́, *nom pl:* бока́> *m K ple* Seite *f*; **с ~у на́ ~** von einer Seite auf die andere; **~ о ~** Seite an Seite; **под бо́ком** in allernächster Nähe
бока́л *m K* Becher *m*, Pokal *m*
боково́й *adj* Seiten-, seitlich
бокс *m K* Boxkampf *m*
боксёр *m K* Boxer *m*
бокси́ровать *vi E2 impf* boxen
болва́н *m K* 1. Holzklotz *m*; 2. (*fig*) Dummkopf *m*
Болга́рия *f A2* Bulgarien *nt*
болга́рский *adj* bulgarisch
болево́й *adj* schmerzhaft; **болева́я то́чка** (*auch fig*) Schmerzstelle *f*, wunder Punkt *m*
бо́лее *adv* 1. (*geh*) mehr; **ситуа́ция всё ~ обостря́ется** die Situation spitzt sich immer mehr zu; **~-ме́нее** mehr oder weniger; **тем ~, что** umso mehr, als; **~ чем когда́-либо** mehr denn je; 2. *mit adj oder adv zur Bildung des komp*; **~ удо́бный моме́нт тру́дно себе́ предста́вить** einen günstigeren Augenblick kann man sich kaum vorstellen
боле́зненный <*kf:* -нен, -ненна> *adj* 1. kränklich; 2. krankhaft; 3. schmerzhaft; **боле́зненные воспомина́ния** (*fig*) schmerzliche Erinnerungen; **боле́зненная пробле́ма** brennende [*o* akute] Frage *f*; **~ проце́сс** schmerzhafter [*o* langwieriger] Prozess *m*
боле́знь *f I* Krankheit *f*; **зара́зная ~** ansteckende Krankheit; **лучева́я ~** Strahlenkrankheit *f*; **по боле́зни** krankheitshalber, aus gesundheitlichen Gründen
боле́льщик *m K* 1. leidenschaftlicher Anhänger *m*, Fan *m*; 2. (SPORT) Schlachtenbummler *m*

боле́ть¹ <*präs:* боле́ю, боле́ешь> *vi E impf* **1.** krank sein; **2.** (*чем-либо*) leiden (an +*dat*); **3.** (*о ком-либо/чём-либо*) sich sorgen um, bangen um; **4.** (*за кого-либо*) jds Fan sein

боле́ть² <*nur 3. pers:* боли́т> *vi I impf* schmerzen, weh tun; **что у бас боли́т?** was tut Ihnen weh? **у меня́ боли́т голова́** ich habe Kopfschmerzen

болеутоля́ющий *adj* (MED) schmerzstillend; **болеутоля́ющее сре́дство** Schmerzmittel *nt*

Боли́вия *f A2* Bolivien *nt*

боло́тистый *adj* sumpfig

боло́то *nt O* Moor *nt*, Sumpf *m*, Morast *m*

болт *m K* (TECH) Bolzen *m*

болта́ть¹ *vi E impf* (*umg*) baumeln, schlenkern; **~ нога́ми** mit den Beinen baumeln

болта́ть² *vi E impf* (*umg*) plaudern, quatschen; **~ вздор** Unsinn quatschen

болта́ться *vr E impf* **1.** (*umg*) baumeln; **2.** (*об оде́жде*) schlottern; **3.** herumgammeln

болтли́вый *adj* geschwätzig, schwatzhaft

болтовня́ *f A1 e* (*pej*) Geschwätz *nt*, Gefasel *nt*

болту́н, болту́нья *m K / f A1* Schwätzer, -in *m/f*

боль *f I* **1.** Schmerz *m*; **головна́я ~** Kopfschmerzen; **~ в го́рле** Halsweh *nt*; **~ в мы́шцах** Muskelkater *m*; **2.** (*fig*) Sorge *f*, Leid *nt*

больни́ца *f A* Krankenhaus *nt*

больни́чный I. *adj* Kranken-; **больни́чная ка́сса** *f* Krankenkasse *f*; **больни́чная ка́сса на предприя́тии** Betriebskrankenkasse *f*; **II.** *m pl wie adj* Krankengeld *nt*

больно́й I. <*kf:* бо́лен, больна́> *adj* **1.** krank; **2.** (*fig*) wund; **больно́е ме́сто** (*auch fig*) wunder Punkt *m*; **~ вопро́с** (*fig*) ein heikles Thema *nt*; **II.** *m wie adj* Kranke(r) *mf*, Patient, -in *m/f*; **тяжело́ ~** Schwerkranke(r) *m*

бо́льше I. <*komp von:* большо́й> *adj adj comp* größer; **II.** *adv* mehr; **чтоб э́того ~ не́ было!** das darf nicht mehr vorkommen! **э́то ему́ ~ нра́вится** das gefällt ihm besser; **всё ~** immer mehr; **как мо́жно ~** möglichst viel

большинство́ *nt O* Mehrheit *f*; **~ а́кций** Aktienmehrheit *f*; **~ в две тре́ти** Zweidrittelmehrheit *f*; **~ голосо́в** Stimmenmehrheit *f*; **составля́ть ~** die Mehrheit bilden

большо́й <*komp:* бо́льший> *adj* **1.** groß; **бо́льшей ча́стью** meistens; **са́мое бо́льшее** höchstens **2.** bedeutend; **3.** erwachsen

бо́мба *f A* Bombe *f*; **взрыв бо́мбы** Bombenexplosion *f*

бомбарди́р *m K* **1.** (SPORT) Stürmer *m*; **2.** Torschütze *m*

бомбёжка <*gen pl:* -жек> *f A* Bombenangriff *m*

бомби́ть <*präs:* -блю́, -би́шь> *vt I impf* (*pf:* раз-) bombardieren

бомбоубе́жище *nt O1* Luftschutzbunker *m*

бомж *akr von* **без определённого ме́ста жи́тельства** *m* Landstreicher *m*, Obdachloser *m*

бомжи́ха *f von* **бомж**

бо́на *f A* **1.** Gutschein *m*; **2.** Bon *m*

бо́на фи́дэ *adv* bona fide

бонифика́ция *f A2* (ÖKON) Rückvergütung *f*, Bonifikation *f*

бо́нус *m K* Bonus *m*

бор¹ *m K* (CHEM) Bor *nt*

бор² <*präpos sg:* -у́> *m K* Kiefernwald *m*

борде́ль *m K1* Bordell *nt*

боре́ц <*gen sg:* -рца́> *m K* **1.** Kämpfer *m*; **~ за гражда́нские права́** Bürgerrechtler *m*; **2.** (SPORT) Ringer *m*

бормота́ние *nt O2* Gemurmel *nt*

бормота́ть <*präs:* -мочу́, -мо́чешь> *vi E4 impf* murmeln, brummen

борови́к *m K e* Steinpilz *m*

борода́ *f A* Bart *m*, Vollbart *m*; **отра́щивать себе́ бороду́** sich einen Bart wachsen lassen

борода́вка <*gen pl:* -вок> *f A* Warze *f*

борода́тый *adj* bärtig

борозда́ *f A ple1* **1.** (AGR) Furche *f*; **2.** (TECH) Rille *f*, Nut *f*

борона́ *f A e2* Egge *f*

боро́ться <*präs:* борю́сь, бо́решься, *prät:* боро́лся, -лась> *vr E4b impf* (*с кем-либо/чем-либо*) kämpfen, ringen; **~ с престу́пностью** (*fig*) die Kriminalität bekämpfen; **~ за кого-либо/что-либо** streiten [*o* sich einsetzen] (für +*akk*)

борт <*präpos sg:* на борту́> *m K ple* (MAR) Bord *m*; **ле́вый ~** Backbord *nt*; **пра́вый ~** Steuerbord *nt*; **выбра́сывать за́ ~** (*auch fig*) über Bord werfen

бортово́й *adj* Bord-, an Bord befindlich

бортпроводни́к, бортпроводни́ца *m K / f A* Steward, Stewardess *mf*

борщ <*gen pl:* -ще́й> *m K e* Suppe aus roten Rüben und anderem Gemüse

борьба́ *f A* **1.** (*с чем-либо*) Kampf *m* (gegen +*akk*); **~ в о́бласти цен** (ÖKON) Preiskampf *m*; **~ за власть** Machtkampf *m* **2.** Auseinandersetzung *f*; **~ с го́лодом** der Kampf gegen den Hunger; **~ за существова́ние** der Kampf ums Dasein **3.** (SPORT) Ringen *nt*; **4.** (SPORT) Wettkampf *m*

босико́м *adv* barfuß

босни́йский *adj* bosnisch

Бо́сния *f A2* Bosnien *nt*

босоно́жки <*gen pl:* -жек> *pl A* Sandaletten *pl*

Босфо́р *m K* Bosporus *m*

боти́нок <*gen sg:* -нка, *gen pl:* -нок> *m K* **1.** Schnürschuh *m*; **2.** Halbstiefel *m*

бо́чка <*gen pl:* -чек> *f A* Fass *nt*, Tonne *f*; **бездо́нная ~** (*fig*) ein Fass ohne Boden

боязли́вость *f I* Ängstlichkeit *f*
боязли́вый *adj* ängstlich, furchtsam
боя́знь *f I* Angst *f*; **~ простра́нства** Platzangst *f*; **~ существова́ния** Existenzangst *f*
боя́ться <*präs:* бою́сь, бои́шься> *vr I impf* **1.** (*кого́-либо/чего́-либо oder mit inf*) sich fürchten, Angst haben; **не бо́йся!** keine Angst! **2.** (*fig*) fürchten, befürchten; она́ боя́лась опозда́ть sie fürchtete, zu spät zu kommen.
Брази́лия *f A2* Brasilien *nt*
брак[1] *m K* Ehe *f*; **незарегистри́рованный ~** Ehe ohne Trauschein; **вступи́ть в ~** eine Ehe schließen; **расто́ргнуть ~** eine Ehe scheiden
брак[2] *m K* **1.** Ausschuss *m*; **изде́лие с ~ом** ein schadhaftes Erzeugnis *nt* **2.** (*umg*) Murks *m*
брако́ванный *adj* Ausschuss-; **~ това́р** Ausschussware *f*
бракова́ть *vt E2 impf* (*pf:* за-) aussondern
бракоде́л *m K* (*umg*) Ausschusserzeuger *m*, Murkser *m*
бракосочета́ние *nt O2* Trauung *f*, Eheschließung *f*
брандма́уэр *m K* (DV) Firewall *m*
брани́ть *vt I impf* (*pf:* вы́-) schelten, schimpfen
брани́ться *vr I impf* (*pf:* по-) **1.** (*с кем-либо*) sich streiten, sich zanken; **ми́лые браня́тся - то́лько те́шатся** was sich liebt, das neckt sich; **2.** fluchen
брасле́т *m K* Armband *nt*
брат <*pl:* бра́тья, -тьев, -тьям> *m K* Bruder *m*; **двою́родный ~** Vetter *m*; **сво́дный ~** Stiefbruder *m*; **бра́тья и сёстры** Geschwister
бра́тский *adj* Bruder-, brüderlich; **бра́тская моги́ла** Massengrab *nt*
брать <*präs:* беру́, берёшь, *prät:* брал, брала́, бра́ло> *vt E4a impf* (*pf:* взять) **1.** nehmen, entgegennehmen; **2.** (*с собо́й*) mitnehmen; (*на себя́*) auf sich nehmen, übernehmen; **4.** (*на рабо́ту*) einstellen, anstellen; **его́ беру́т програ́ммистом** er wird als Programmierer eingestellt; **5.** sich bedienen; **~ адвока́та** (sich) einen Anwalt nehmen; **~ такси́** ein Taxi nehmen **6.** kaufen; **биле́т** eine Karte [*o* ein Ticket]lösen **7.** in Anspruch nehmen, sich geben lassen; **~ о́тпуск** Urlaub nehmen; **~ уро́ки** Unterricht nehmen **8.** (*fig*) packen, überkommen; **меня́ злость берёт** mich packt die Wut; **~ кого́-либо за́ душу** jdm ans Herz gehen **9.** (MIL, SPORT) einnehmen, überwinden; **~ с бо́ю** [*o* **при́ступом**] (*auch fig*) erkämpfen; **~ барье́ры** (*auch fig*) Hürden nehmen **10.** (*fig*) sein Ziel erreichen; **она́ берёт хи́тростью** sie schafft es mit List; **~ что́-либо го́лыми рука́ми** etw mühelos erreichen
бра́ться *vi E4a impf* (*pf:* взя́ться) **1.** anfassen, berühren; **2.** (*за ру́ки*) einander bei den Händen fassen; **3.** (*за что́-либо*) etw in Angriff nehmen; **~ за рабо́ту** sich an die Arbeit machen; **~ за ум** zur Besinnung kommen **4.** irgendwo herkommen, genommen werden; **отку́да беру́тся э́ти де́ньги?** wo kommt das Geld her?
бра́узер *m K* (DV) Browser *m*
бра́чный *adj* ehelich, Hochzeits-
бревно́ <*pl:* брёвна, -вен, -внам> *nt O pls* **1.** Baumstamm *m*; **2.** (SPORT) Schwebebalken *m*
бред *m K* **1.** (MED) Fieberwahn *m*, Delirium *nt*; **в бреду́** im Delirium **2.** Unsinn *m*
бре́дить <*präs:* бре́жу, бре́дишь> *vi I impf* (MED) im Fieber sprechen
бредо́вый *adj* (*umg*) hirnverbrannt; **бредо́вая иде́я** Schnapsidee *f*, hirnverbrannte Idee *f*
брезга́ть *v + inst E impf* (*pf:* по-) sich ekeln, Abscheu empfinden
брезгли́вый *adj* **1.** Ekel empfindend, wählerisch; **2.** voller Ekel [*o* Abscheu]
брезе́нт *m K* Plane *f*, Zeltbahn *f*
бре́зжить <*nur 3. pers:* бре́зжит> *vi I impf* (*pf:* за-) schwach schimmern, dämmern; **бре́зжит рассве́т** der Morgen graut
бре́мя *nt UI* **1.** Last *m*, Bürde *m*; **2.** Belastung *f*; **~ доказа́тельств** Wucht *f* der Beweise; **нало́говое ~** (ÖKON) Steuerlast *f*; **~ нерешённых пробле́м** Altlasten *pl*; **~ платеже́й** Zahllast *f*, **~ ста́рых долго́в** Altlasten *pl*
бренча́ть <*präs:* бренчу́, -чи́шь> *vi I impf* klirren, klimpern; **~ на гита́ре** auf der Gitarre klimpern
брести́ <*präs:* бреду́, бредёшь, *prät:* брёл, брела́> *vi E6a best* (*unbest:* **броди́ть**) **1.** sich mit Mühe fortbewegen; **2.** langsam gehen
брешь *f I* Bresche *f*, Lücke *f*; **проби́ть ~** (*auch fig*) eine Bresche schlagen
брига́да *f A* Brigade *f*; **~ специали́стов** Expertenteam *nt*
бриллиа́нт *m K* Brillant *m*
брита́нец, брита́нка <*gen m:* -нца, -нцев *gen pl f:* -нок> *m K* / *f A* Brite, Britin *m/f*
брита́нский *adj* britisch
бри́тва *f A* **1.** Rasierklinge *f*, Rasiermesser *nt*; **2.** Rasierer *m*; **электри́ческая ~** Rasierapparat *m*
бритоголо́вый *m wie adj* Skinhead *m*
бритьё *nt O1* Rasur *f*; **по́сле-** After-shave-
бри́ться <*präs:* бре́юсь, бре́ешься> *vr E4c impf* (*pf:* по-) sich rasieren
бри́финг *m K* **1.** Kurzbesprechung *f*; **2.** Briefing *m*
бровь *f I ple1* Augenbraue *f*; **поднима́ть бро́ви** die Augenbrauen hochziehen; **он и бро́вью не повёл** er verzog keine Miene; **попа́сть не в ~, а в глаз** (*fig*) den Nagel auf den Kopf treffen
брод *m K* Furt *f*

броди́ть¹ <präs: брожу́, бро́дишь> vi I unbest (best: **брести́**) umherstreifen, wandern
броди́ть² <nur 3. pers: бро́дит> vt I impf gären; **пи́во бро́дит** das Bier gärt
бродя́га m A Landstreicher m, Vagabund m
бродя́жничать vi E impf sich herumtreiben, vagabundieren
броже́ние nt O2 Gärung f; **в наро́де ~** (fig) im Volk brodelt es
бро́кер m K Börsenmakler m, Broker m; **~ валю́тной би́ржи** Devisenbroker m
бром I. m K Brom nt**броне-** II. präfix gepanzert, Panzer-
бронежиле́т m K kugelsichere Weste f
бро́нза f A Bronze f
брони́рование nt O2 1. Panzerung f; 2. Buchung f, Reservierung f
брони́ровать vt E2 impf/pf 1. panzern; 2. reservieren
бро́нхи m pl K Bronchien pl
бронхи́т m K Bronchitis f
бронь, бро́ня f I / f AI 1. Reservierung f; 2. Reservierungsschein m
броня́ f AI Panzerung f
бро́сить <fut: бро́шу, бро́сишь> vt I pf (impf: **броса́ть**) 1. werfen, hinwerfen; **~ замеча́ние** (fig) eine Bemerkung fallen lassen; **~ взгляд** einen Blick werfen; 2. verlassen, im Stich lassen; **~ всё** alles stehen und liegen lassen 3. (что-либо) aufhören, aufgeben; **~ кури́ть** sich das Rauchen abgewöhnen; **~ учёбу** das Studium abbrechen
бро́ситься I. <fut: бро́шусь, бро́сишься> vi I pf (impf: **броса́ться**) sich werfen, sich stürzen; **~ в сто́рону** zur Seite springen; **~ в глаза́** (fig) ins Auge springen, auffallen; **бро́ский** II. <kf: -сок, -ска> adj auffällig, grell; **~ заголо́вок** Aufmacher m Schlagzeile f Blickfang m; **бро́ская дета́ль** Blickfang m
броско́м adv mit einem Ruck
бро́совый adj minderwertig, wertlos; **~ э́кспорт** Dumping nt; **~ цена́** (umg) Schleuderpreis m; **~ това́р** Billigware f
бросо́к <gen sg: -ска́> m K Wurf m
бро́шка <gen pl: -шек> f A Brosche f
брошю́ра f A Informationsschrift f
брус <pl: бру́сья, -ьев, -ьям> m U3 Balken m
брусни́ка f A Preiselbeere f
брусча́тка f A 1. Kopfsteinpflaster nt; 2. Pflasterstein m
бру́сья <pl: бру́сья, -ьев, -ьям> m pl K (SPORT) Barren m
бру́тто adv brutto
бры́згать < Formen auch nach E4: бры́зжу, -жешь> vi E impf (pf: за-) 1. spritzen; 2. (на кого́-либо/что-либо) bespritzen
бры́зги f pl A 1. Spritzer m pl; 2. Gischt f
бры́знуть vi E1 pf plötzlich hervorspritzen

брюзга́ m/f A (umg) Nörgler, -in m/f
брюзгли́вый <kf: -и́в> adj mürrisch, griesgrämig
брюзжа́ние nt O2 Nörgelei f, Quengelei f
брюзжа́ть <präs: брюзжу́, -жи́шь> vi I impf (umg) nörgeln, meckern
брю́ки f pl A Hose f
брю́хо nt O 1. (umg) Bauch m; 2. (pej) Wanst m; **наби́ть ~** sich den Wanst voll schlagen
брюши́на f A (ANAT) Bauchfell nt
брюшко́ nt O (umg) Bäuchlein nt; **отрасти́ть ~** einen Bauchansatz bekommen
брюшно́й adj (ANAT) Bauch-; **брюшна́я по́лость** Bauchhöhle f
бря́кать vi E impf (pf: бря́кнуть) 1. (umg) klappern, klirren; 2. geradeheraus sagen, herausplatzen
бу́бен <gen sg: -бна> m K Schellentrommel f
бу́бны <gen pl: бубён, dat pl: бубна́м> f pl A Karo nt, K; **ходи́ть с бубён** Karo [o Schellen]ausspielen
буго́р <gen sg: бугра́> m K Hügel m; **за бугро́м** (umg) im Ausland; **слиня́ть за ~** (umg) sich ins Ausland absetzen
буддизм m K Buddhismus m
буди́льник m K Wecker m
буди́ть <präs: бужу́, бу́дишь> vt I impf (pf: раз-) wecken, aufwecken
бу́дка <gen pl: -док> f A Häuschen nt; **соба́чья ~** Hundehütte f; **телефо́нная ~** Telefonzelle f
бу́дни <gen pl: -дней> m pl K 1. Alltag m; 2. Werktag m
бу́дничный adj Alltags-, alltäglich
будора́жить <präs: -ра́жу, -ра́жишь> vt I impf (pf: вз-) 1. aufregen; 2. aufrütteln; **~ обще́ственное мне́ние** (fig) die Öffentlichkeit wachrütteln
бу́дто konj als ob, als wenn
бу́дущее nt wie adj 1. Zukunft f; **~ за таки́ми фи́рмами** die Zukunft gehört solchen Unternehmen; **в бу́дущем** in Zukunft 2. (LING) Futur nt
бу́дущий adj zukünftig; **на бу́дущей неде́ле** in der kommenden Woche
бузина́ f A Holunder m
буй <gen pl: буёв> m K2 ple Boje f
бу́йвол m K Büffel m
бу́йный <kf: бу́ен, буйна́, -о> adj ungestüm, wild; **бу́йное помеша́тельство** Tobsucht f
бу́йствовать vi E2 impf 1. toben; 2. Amok laufen
бук m K Buche f
бу́ква <gen pl: букв> f A Buchstabe m; **прописна́я ~** Großbuchstabe m; **строчна́я ~** Kleinbuchstabe m; **~ в бу́кву** genau, buchstäblich
буква́льный adj buchstäblich, wörtlich; **в буква́льном смы́сле** im eigentlichen Sinne
буке́т m K 1. Blumenstrauß m; 2. (fig) Blu-

me *f*, Aroma *nt*
букси́р *m K* (MAR) Schlepper *m*; **брать на ~** (*auch fig*) ins Schlepptau nehmen
букси́рный *adj* Schlepp-; **~ кана́л** Abschleppseil *nt*
буксова́ть < *meist nur 3. pers:* буксу́ет> *vi E2 impf* **1.** (KFZ) rutschen, schlupfen; **2.** (*fig*) auf der Stelle treten, nicht vorankommen; **перестро́йка буксу́ет** die Perestrojka ist festgefahren
була́вка <*gen pl:* -вок> *f A* Stecknadel *f*; **англи́йская ~** Sicherheitsnadel *f*
бу́лочка <*gen pl:* -чек> *f A* Brötchen *nt*
бу́лочная *f wie adj* Bäckerei *f*
булы́жник *m K* Pflasterstein *m*, Kopfstein *m*
бульва́рный *adj* Boulevard-; **~ рома́н** Groschenroman *m*
бу́лькать *vi E impf* (*pf:* бу́лькнуть) gluckern, gluchsen
бульо́н *m K* Bouillon *f*; **мясно́й ~** Fleischbrühe *f*
бум *m K* Boom *m*, Hochkonjunktur *f*
бума́га *f A* **1.** Papier *nt*; **2.** Dokument *nt*; **почто́вая ~** Briefpapier *nt*; **лино́ванная ~** liniertes Papier *nt*; **~ в кле́тку** kariertes Papier *nt*; **вы́разить что-ли́бо на бума́ге** etw zu Papier bringen **3.** Baumwolle *f*
бума́жка <*gen pl:* -жек> *f A* **1.** Zettel *m*; **2.** Geldschein *m*; **3.** Schriftstück *nt*
бума́жник *m K* Brieftasche *f*
бума́жный *adj* Papier-; **бума́жная волоки́та** Papierkrieg *m*; **бума́жные де́ньги** Papiergeld *nt*; **~ кулёк** Papiertüte *f*; **бума́жная салфе́тка** Papiertaschentuch *nt*
бумажо́нка *f A* (*umgpej*) Wisch *m*
бундесве́р *m K* (*вооружённые силы Федерати́вной Респу́блики Герма́ния*) Bundeswehr *f*
бу́нкер *m K ple* Bunker *m*
бунт *m K* Aufstand *m*, Revolte *f*, Meuterei *f*; **поднима́ть/подня́ть ~** meutern
бунта́рский *adj* rebellisch
бунтова́ть *vi E2 impf* (*auch fig*) rebellieren
бур[1] *m K* Bohrer *m*
бур[2] *m K* Bure *m*
бура́вить <*präs:* -влю, -вишь> *vt I impf* (*pf:* про-) bohren
бура́н *m K* Schneesturm *m*
бургоми́стр *m K* Bürgermeister, -in *m/f*
буржуа́зный <*kf:* -ён, -зна> *adj* bürgerlich
бури́ть *vt I impf* (*pf:* про-) (GEOL) bohren
бурли́ть *vi I impf* (*auch fig*) brodeln, kochen; **наро́д бурли́т** das Volk ist in Aufruhr
бу́рный <*kf:* -рен, -рна́, -рно> *adj* **1.** stürmisch; **~ рост (цен)** (Preis-)explosion *f*; **бу́рные аплодисме́нты** stürmischer Beifall *m*; **бу́рное мо́ре** stürmische See *f* **2.** leidenschaftlich, ungestüm
бурово́й *adj* Bohr-; **бурова́я платфо́рма** Bohrinsel *f*
бу́рский *adj* Buren-; **~ язы́к** Afrikaans

бурча́ть <*präs:* бурчу́, -чи́шь> *vi I impf* (*pf:* про-) (*umg*) knurren, brummen; **у меня́ в животе́ бурчи́т** mir knurrt der Magen
бу́ря *f A1* Sturm *m*, Unwetter *nt*; **~ в стака́не воды́** ein Sturm im Wasserglas
бу́сина <*dim:* бу́синка> *f A* Glasperle *f*
бу́сы *pl K* Halskette *f* mit Steinen
бутафо́рия *f A2* **1.** Requisiten *pl*; **2.** Attrappe *f*
бутербро́д *m K* Butterbrot *nt*, belegtes Brötchen *nt*
буто́н *m K* Knospe *f*
буты́лка <*gen pl:* -лок> *f A* Flasche *f*; **~ из-под молока́** leere Milchflasche *f*
бу́ферный *adj* Puffer-; **бу́ферная зо́на** Pufferzone *f*, Schutzzone *f*
бу́фер обме́на (DV) Zwischenablage *f*
буфе́т *m K* **1.** Büffett *nt*; **2.** Imbissraum *m*
бух! *interj* plumps!, bums!
буха́нка <*gen pl:* -нок> *f A* Laib *m*; **~ хле́ба** ein Laib Brot
бухга́лтер *m K* Buchhalter *m*
бухгалте́рия *f A2* **1.** Buchführung *f*, Buchhaltung *f*; **2.** Abrechnungsstelle *f*
бухга́лтер-ревизо́р *m K* Wirtschaftsprüfer *m*, Prüfer *m*, Buchprüfer *m*, Revisor *m*
бухга́лтерский *adj* Buchhaltung(s)-; **бухга́лтерская за́пись** Buchung *f*; **бухга́лтерская кни́га** Buch *nt* Geschäftsbuch *nt*; **бухга́лтерская прово́дка** Buchung *f*; **бухга́лтерская реви́зия** Buchprüfung *f*; **~ докуме́нт** Beleg *m*; **~ учёт** Buchführung *f* Buchhaltung *f*; **~ учёт о́рганов обще́ственного управле́ния** Kameralistik *f*; **~ учёт основны́х средств** Anlagenbuchhaltung *f*
бу́хта *f A* Bucht *f*
бушева́ть *vi E2 impf* **1.** tosen, stürmen; **2.** (*umg*) toben, Radau machen
буя́н *m K* Raufbold *m*, Randalierer *m*
буя́нить <*präs:* буя́ню, -нишь> *vi I impf* (*umg*) Radau machen, krakeelen
быва́лый *adj* erfahren, routiniert; **он челове́к ~ый** er ist ein alter Hase
быва́ть *vi E impf* **1.** vorkommen, geschehen; **быва́ет ещё ху́же** es gibt Schlimmeres; **зачасту́ю быва́ет так, что** es geschieht häufig, dass; **как ни в чём не быва́ло** als ob nichts geschehen wäre; **2.** zu sein pflegen; **ра́ньше я ча́сто у них быва́л** früher habe ich sie oft besucht
бы́вший *adj* ehemalig, einstig; **~ СССР** die ehemalige UdSSR; **~ муж** Ex-Mann *m*; **бы́вшие социалисти́ческие стра́ны** Reformländer *pl*; **~ федера́льный ка́нцлер** Altbundeskanzler *m*
бык *m K e* Stier *m*; **брать ~á за рога́** (*fig*) den Stier bei den Hörnern packen
были́нка <*gen pl:* -нок> *f A* Grashalm *m*
быстрота́ *f A* Schnelligkeit *f*, Geschwindigkeit *f*
бы́стрый <*kf:* быстр, -á, бы́стро> *adj* schnell, rasch

быт <*präpos sg:* в быту́> *m K* Lebensgewohnheiten *pl*, Lebensart *f*; **дома́шний ~** häusliches Leben *nt*

бытие́ *nt O2* (PHIL) Sein *nt*, Dasein *nt*; **~ определя́ет созна́ние** das Sein bestimmt das Bewusstsein; **кни́га бытия́** (REL) das 1. Buch Mose

бытова́ть <*nur 3. pers:* быту́ет> *vi E2 impf* vorkommen, verbreitet sein; **быту́ет мне́ние, что** es besteht [*o* herrscht] die Meinung, dass

бытово́й *adj* **1.** Lebens-; **бытовы́е усло́вия** Lebensbedingungen *pl*; **2.** Haushalts-; **бытова́я те́хника** Haushaltsgeräte *pl*

быть <*präs sg:* есть> *vi UE1 impf* **1.** sein; **2.** werden; **3.** sich ereignen; **~ вне себя́** außer sich sein; **как ~?** und was nun? **мо́жет ~** vielleicht; **чем ты хо́чешь ~?** was möchtest du einmal werden? **жил-был...** es war einmal...

бэр *m K* (PHYS) Rem *nt*

бюдже́т *m K* Budget *nt*, Etat *m*, Haushalt(-splan) *m*; **госуда́рственный ~** (POL) Staatshaushalt *m*; **прое́кт -а** Haushaltsentwurf *m*; **~ рекла́мы** Werbeetat *m*

бюдже́тник *m K* staatliche(r) Angestellte(r) *m*

бюдже́тный *adj* Budget-, Haushalts-; **бюдже́тная поли́тика** Budgetpolitik *f*; **бюдже́тное регули́рование** Finanzausgleich *m*; **бюдже́тные ассигнова́ния** Haushaltszuweisungen *pl*; **бюдже́тные затра́ты** [*o* изде́ржки] Sollkosten *pl*; **бюдже́тные сре́дства** Budgetmittel *pl*; **~ дефици́т** Haushaltsdefizit *nt* Budgetdefizit *nt*; **~ изли́шек** Budgetüberschuss *m*; **~ план** Haushaltsplan *m*

бюллете́нить *vi I impf* (*umg*) krankgeschrieben sein

бюллете́нь *m K1* **1.** Bericht *m*; **2.** ärztliches Attest *nt*; **брать ~** sich krankschreiben lassen; **дава́ть кому́-ли́бо ~** jdn krankschreiben; **3.** Stimmzettel *m*, Wahlzettel *m*

бюро́ *nt indekl* **1.** Büro *nt*, Sekretariat *nt*; **2.** Schreibtisch *m*; **~ нахо́док** Fundbüro *nt*; **~ по регистра́ции изобрете́ний и вы́даче пате́нтов** Patentamt *nt*; **~ по трудоустро́йству** Stellenvermittlung *f*

бюрократи́зм *m K* Bürokratismus *m*

бюрократи́ческий *adj* bürokratisch; **~ аппара́т** Bürokratie *f*

бюрокра́тия *f A2* Bürokratie *f*

бюст *m K* **1.** Büste *f*; **2.** Busen *m*

бюстга́льтер *m K* Büstenhalter *m*, BH *m*

В

в, В [1] *nt indekl* kyrillischer Buchstabe

в (во) [2] I. *präp lok +akk* **1.** (куда́?) in (+ *akk*); **2.** nach (+*dat*); **в шко́лу** in die Schule; **в Москву́** nach Moskau; II. *präp temp +akk*

an (+*dat*); **в пя́тницу** am Freitag; **в пять часо́в** um fünf Uhr; **в про́шлом году́** im letzten Jahr; III. *präp lok +präpos* **1.** (где?) in (+*dat*); **2.** auf (+*dat*); **в шко́ле** in der Schule; **в чём?** worin? **в э́том** darin; **в три ра́за бо́льше** dreimal so viel

ваго́н *m K* Waggon *m*, Eisenbahnwagen *m*; **жёсткий ~** (TRANSP) Wagen 2. Klasse; **мя́гкий ~** Wagen 1. Klasse

вагоне́тка <*gen pl:* -ток> *f A* Grubenwagen *m*, Lore *f*

ва́жничать *vi E impf* (*umg*) wichtig tun, angeben

ва́жность *f I* Wichtigkeit *f*, Bedeutung *f*

ва́жный <*kf:* -жен, -жна́, -жно> *adj* wichtig, bedeutend; **мне** [*o* **для меня́**]**ва́жно** mir liegt daran; **ва́жная пти́ца** *f* (*umg*) hohes Tier *nt*

ва́за *f A* **1.** Vase *f*; **2.** Schale *f*

вака́нсия *f A2* Vakanz *f*, freie [*o* unbesetzte] Stelle *f*

вака́нтный <*kf:* -тен, -тна> *adj* vakant, unbesetzt, frei; **вака́нтное ме́сто** eine vakante Stelle

ва́куум *m K* Vakuum *nt*

ва́куум-испари́тель *m K1* (TECH) Vakuumverdampfer *m*

ва́куум-ка́мера *f A* Vakuumkammer *f*

ва́куум-насо́с *m K* Vakuumpumpe *f*

ва́куумно-пло́тный *adj* vakuumdicht

ва́куумный *adj* Vakuum-; **ва́куумная па́йка** Vakuumlöten *nt*; **ва́куумная су́шка** Vakuumtrocknung *f*; **в ва́куумной упако́вке** vakuumverpackt

ва́куум-перего́нка *f A* Vakuumdestillation *f*

ва́куум-суши́лка *f A* Vakuumtrockner *m*

ва́куум-фи́льтр *m K* Vakuumfilter *nt*

вакци́на *f A* Impfstoff *m*

вакцина́ция *f A2* Impfung *f*

вал <*präpos sg:* на валу́> *m K ple* **1.** Schutzwall *m*; **2.** (TECH) Welle *f*, Walze *f*; **3.** (MAR) Welle *f*, Woge *f*; **девя́тый ~** (*fig*) größtes Hindernis *nt*

ва́ленки <*gen pl:* -нок> *m pl K* Filzstiefel *m pl*

вале́нтность *f I* (LING) Valenz *f*

валериа́на *f A* Baldrian *m*

валерья́нка *f A* (MED) Baldriantropfen *pl*

вали́ть[1] <*präs:* валю́, ва́лишь> *vt I impf* (*pf:* с-) **1.** umwerfen, zu Fall bringen; **2.** unordentlich zusammenwerfen; **~ лес** Holz fällen; **~ вину́ на кого́-ли́бо** (*fig*) jdm die Schuld in die Schuhe schieben; **~ всё в одну́ ку́чу** alles in einen Topf werfen

вали́ть[2] <*nur 3. pers:* вали́т, валя́т> *vi I impf* herbeiströmen; **снег вали́т** dichter Schnee fällt

валово́й *adj* (ÖKON) Brutto-; **валова́я вы́ручка** Bruttoerlös *m*; **валова́я заку́почная цена́** Einkaufsbruttopreis *m*; **валова́я при́быль** Bruttoerfolg *m*, Bruttogewinn *m*; **валова́я прода́жная цена́**

Bruttoverkaufspreis *m*; **валова́я цена́** Bruttopreis *m*; **валово́е иму́щество** Rohvermögen *nt*; ~ **дохо́д** Bruttoeinkommen *nt*, Rohertrag *m*; ~ **национа́льный проду́кт** Bruttoinlandsprodukt *nt*; ~ **проце́нт на капита́л** Bruttozins *m*; ~ **социа́льный проду́кт** Bruttosozialprodukt *nt*; **валовы́е изде́ржки** Gesamtkosten *pl*
валориза́ция *f A2* (ÖKON) Valorisation *f*
валто́рна *f A* Waldhorn *nt*
вальва́ция *f A2* (ÖKON) Schätzung *f*
вальс *m K* Walzer *m*
валю́та *f A* 1. Währung *f*; 2. Devisen *pl*; **твёрдая валю́та** Hartwährung *f*
валю́тный *adj* Währungs-; **валю́тная би́ржа** Devisenbörse *f*; **валю́тная едини́ца** Währungseinheit *f*; **валю́тная компенса́ция** Währungsausgleich *m*; **валю́тная нали́чность** Devisenbestand *m*; **валю́тная огово́рка** Wertsicherungsklausel *f*; **валю́тная окупа́емость** Fremdwährungskostendeckung *f*; **валю́тная опера́ция** Devisengeschäft *nt*; **валю́тная ревальва́ция** Währungsaufwertung *f*; **валю́тная сде́лка** Devisengeschäft *nt*; **валю́тная систе́ма** Währungssystem *nt*; **валю́тное обраще́ние** Devisenverkehr *m*; **валю́тное соглаше́ние** Währungsabkommen *nt*, Devisenabkommen *nt*; **валю́тные запа́сы** Devisenreserve *f*; **валю́тные ограниче́ния** Devisenbewirtschaftung *f*; **валю́тные резе́рвы** Devisenreserve *f*; ~ **арбитра́ж** Zinsarbitrage *f*; ~ **бала́нс** Devisenbilanz *f*; ~ **го́лод** Devisenarmut *f*; ~ **дефици́т** Devisenknappheit *f*; ~ **заём** Währungsanleihe *f*; ~ **запа́с** Devisenbestand *m*; ~ **контро́ль** Devisenbewirtschaftung *f*; ~ **креди́т** Fremdwährungskredit *m*; ~ **курс** Devisenkurs *m*; ~ **курс продавцо́в** Devisenverkaufskurs *m*; ~ **парите́т** Währungsparität *f*; ~ **резе́рв** Devisenbestand *m*; ~ **риск** Währungsrisiko *nt*; ~ **ры́нок** Devisenmarkt *m*; ~ **сою́з** Währungsunion *f*; ~ **спекуля́нт** Devisenschieber *m*; ~ **фонд** Währungsfonds *m*
валю́тчик *m K* Devisenschieber *m*
валя́ться *vi E impf* unordentlich umherliegen; ~ **в посте́ли** (*umg*) sich im [*o* auf dem]Bett fläzen
вам <*dat von:* вы>*pron pers* ihnen, euch
ва́ми <*inst von:* вы>*pron pers* ihnen, euch
вана́дий *m K2* Vanadin *nt*, Vanadium *nt*
вандали́зм *m K* Vandalismus *m*, Zerstörungswut *f*
вани́ль *f I* Vanille *f*
ва́нна *f A* 1. Wanne *f*, Badewanne *f*; 2. Bad *nt*; **со́лнечная** ~ Sonnenbad *nt*; **принима́ть ва́нну** ein Bad nehmen
ва́нная *f wie adj* Bad *nt*, Badezimmer *nt*
ва́рварский *adj* barbarisch
ва́рварство *nt O* Barbarei *f*
ва́режки <*gen pl:* -жек> *f pl A* Fausthandschuhe *m pl*

варёнки <*gen pl:* -нок> *f A* (джи́нсы) stone-washed Jeans
варёный *adj* gekocht
варе́нье *nt O1* sehr fruchtige, süße Konfitüre
вариа́нт *m K* 1. Variante *f*; 2. Fassung *f*; **черново́й** ~ vorläufiger Entwurf; **испра́вленный** ~ verbesserte Fassung
вариати́вный *adj* variabel
вариа́ция *f A2* Variation *f*; **вариа́ции на ста́рую те́му** (MUS) Variationen über ein altes Thema; ~ **цен** Preisdifferenzierung *f*
вари́ть <*präs:* варю́, ва́ришь> *vt I impf* (*pf:* с-) kochen, abkochen; ~ **пи́во** Bier brauen
вари́ться *vr I impf* (*pf:* с-) kochen, sieden; ~ **в со́бственном соку́** im eigenen Saft schmoren
варра́нт *m K* (ÖKON) Optionsschein *m*
варьи́ровать *vt E2 impf* variieren, abwechseln
вас <*gen/akk/präpos von:* вы>*pron pers* 1. ihr, euer; 2. Sie, euch
василёк <*gen sg:* -лька́> *m K e* Kornblume *f*
ва́та *f A* Watte *f*; **на ва́те** wattiert
ва́тный *adj* 1. aus Watte; 2. schlapp; **ва́тное одея́ло** Steppdecke *f*
ватру́шка <*gen pl:* -шек> *f A* Quarktasche *f*
ва́учер *m K* 1. Gutschein *m*; 2. Voucher *m*, Privatisierungsscheck *m*
ваучериза́ция *f A2* (ÖKON) Veräußerung von Staatsbetrieben durch Ausgabe von Gratisanteilen
ва́фельница *f A* Waffeleisen *nt*
ва́фля <*gen pl:* ва́фель> *f A1* Waffel *f*
ва́хта *f A* Schiffswache *f*; **стоя́ть на ва́хте** (auf) Wache stehen
ваш *pron poss* euer, Ihr; **с** ~**ей стороны́** euerseits, Ihrerseits; **э́то не** ~**е де́ло** das geht euch nichts an, das geht Sie nichts an
вбежа́ть <*fut:* вбегу́, вбежи́шь> *vi U1 pf* (*impf:* вбега́ть) hineinlaufen, hineinrennen
вбива́ть *vt E impf* (*pf:* вбить) einschlagen, einhämmern; ~ **гвоздь в сте́ну** einen Nagel in die Wand schlagen; ~ **себе́ в го́лову** (*fig*) sich etw in den Kopf setzen
вбира́ть *vi E impf* (*pf:* вобра́ть) 1. aufsaugen, absorbieren; 2. (*fig*) in sich aufnehmen
вбить <*fut:* вобью́, вобьёшь> *vt E4c pf* (*impf:* вбива́ть) einhämmern
вблизи́ *adv* in der Nähe
вбра́сывание *nt O2* (SPORT) Einwurf *m*
вброд *adv* durch eine Furt; **переходи́ть ре́ку** ~ den Fluss an einer Furt durchwaten
вва́ливаться *vr E impf* (*pf:* ввали́ться) 1. (*во что-ли́бо*) hineinstürzen, hineinfallen; 2. (*umg*) hereinstürzen, hereinplatzen; 3. (*nur 3. pers:* щёки) einfallen
ввали́ться <*fut:* ввалю́сь, вва́лишься> *vr I pf* (*impf:* вва́ливаться) hineinstürzen

введе́ние nt O2 1. Einleitung f, Vorwort nt; 2. Einführung f; ~(но́вого това́ра) на ры́нок Markteinführung f; ~ са́нкций Verhängung von Sanktionen; ~ чрезвыча́йного положе́ния Verhängung des Ausnahmezustandes

ввезти́ <fut: ввезу́, -зёшь> vt E6 pf (impf: ввози́ть) 1. hineinfahren; 2. einführen

вве́рить <fut: вве́рю, -ришь> vt I pf (impf: вверя́ть) anvertrauen

вверну́ть vt E1 pf (impf: вввёртывать) einschrauben; ~ остро́ту (umg) eine spitze Bemerkung einflechten [o machen]

ввёртывать vt E impf (pf: верну́ть) einschrauben

вверх adv nach oben, hinauf; ~ по тече́нию stromaufwärts; ~ дном drunter und drüber

вверху́ adv oben

вверя́ть vt E impf (pf: вве́рить) anvertrauen

ввести́ <fut: введу́, -дёшь> vt E6a pf (impf: вводи́ть) 1. hinführen; 2. hineinführen

ввиду́ präp +gen wegen (+gen), angesichts (+gen); ~ того́, что da, weil

ввинти́ть <fut: ввинчу́, -нти́шь> vt I pf (impf: вви́нчивать) (что-ли́бо во что-ли́бо) einschrauben

ввод m K Einführung f, Einsetzung f; ~ войск Truppeneinmarsch m; ~ да́нных (DV) Dateneingabe f; ~ в де́йствие Inbetriebnahme f; ~ к обраще́нию на би́рже Börseneinführung f

вводи́ть <präs: ввожу́, вво́дишь> vt I impf (pf: ввести́) 1. hereinführen, hineinführen; 2. einführen, einsetzen; 3. (DV) eingeben; ~ войска́ Truppen entsenden; ~ са́нкции Sanktionen verhängen; ~ в заблужде́ние irreführen, täuschen; ~ кого́-ли́бо в курс де́ла jdn mit einer Sache vetraut machen, jdn in etw einführen

вво́дный adj Einführungs-, einleitend; вво́дные постановле́ния Durchführungsbestimmung f; ~ курс Einführungskurs m

ввоз m K Einfuhr f, Import m; ~ и вы́воз това́ров без тамо́женного надзо́ра Freiverkehr m; ~ капита́ла Kapitaleinfuhr f; ~ това́ров Warenimport m

ввози́ть <präs: ввожу́, вво́зишь> vt I impf (pf: ввезти́) einführen, importieren

ввозно́й adj Einfuhr-, Import-; ввозна́я деклара́ция Einfuhrerklärung f; ввозна́я лице́нзия Einfuhrgenehmigung f; ввозна́я по́шлина Einfuhrzoll, m Einfuhrabgabe f; ввозна́я тамо́женная по́шлина Importzoll m; ввозно́е свиде́тельство Importzertifikat nt, Einfuhrbescheinigung f; ~ контингéнт Einfuhrkontingent nt

вво́лю adv 1. nach Herzenslust; 2. in Hülle und Fülle

ВВС abk von вое́нно-возду́шные си́лы Luftstreitkräfte pl, Luftwaffe f

ввяза́ться <fut: вяжу́сь, вя́жешься> vi E4 pf (impf: ввя́зываться) (во что-ли́бо) sich einmischen (in +akk)

вглубь adv in die Tiefe, in das Innere

вгляде́ться <fut: вгляжу́сь, вгляди́шься> vr I pf (impf: вгля́дываться) (в кого́-ли́бо/что-ли́бо) genau betrachten, aufmerksam anschauen

вдава́ться vr E3 impf (pf: вда́ться) 1. (во что-ли́бо) eindringen, hineinragen; 2. sich einlassen (auf +akk); ~ в подро́бности auf Einzelheiten eingehen

вда́лбливать vt E impf (pf: вдолби́ть) (umg: что-ли́бо в кого́-ли́бо; кому́-ли́бо) eintrichtern, einpauken

вдалеке́ adv in der Ferne

вдали́ wie **вдалеке́**

вдаль adv in die Ferne

вда́ться <fut: вда́мся, вда́шься> vi U2 pf (impf: вдава́ться) eindringen

вдво́е adv zweimal, doppelt; ~ бо́льше doppelt so viel; ~ ме́ньше halb so viel; снижа́ть ~ halbieren; скла́дывать лист ~ ein Blatt zusammenfalten

вдвоём adv zu zweit

вдвойне́ adv zweifach, doppelt

вдева́ть vt E impf (pf: вдеть) durchziehen; ~ ни́тку в иго́лку einfädeln

вдеть <fut: вде́ну, -нешь> vt E9b pf (impf: вдева́ть) durchziehen

вдоба́вок adv überdies, außerdem

вдова́ f A pls Witwe f; соло́менная ~ Strohwitwe f

вдове́ц <gen sg: -вца́, gen pl: -вцо́в> m K e Witwer m

вдо́воль adv in Hülle und Fülle, vollauf, reichlich

вдого́нку adv unmittelbar hinterher; крича́ть кому́-ли́бо ~ jdm etw hinterherrufen; посыла́ть письмо́ ~ einen Brief nachsenden

вдолби́ть <fut: вдолблю́, -би́шь> vt I pf (impf: вда́лбливать) eintrichtern

вдоль I. präp +gen entlang (+akk), entlang (+dat); II. adv der Länge nach; ~ и поперёк kreuz und quer; знать ~ и поперёк in- und auswendig kennen

вдох m K Atemzug m

вдохнове́ние nt O2 1. Inspiration f, Eingebung f; 2. Begeisterung f

вдохнови́ть <fut: вдохновлю́, -ви́шь> vi I pf (impf: вдохновля́ть) 1. (кого́-ли́бо) begeistern; 2. (кого́-ли́бо на что) inspirieren [o anregen] (zu +dat)

вдохнови́ться <fut: вдохновлю́сь, -ви́шься> v + inst I pf (impf: вдохновля́ться) sich begeistern (für +akk)

вдохну́ть vi E1 pf (impf: вдыха́ть) einatmen

вдре́безги adv ganz entzwei; разбива́ться ~ in Scherben gehen

вдруг adv plötzlich, unerwartet; всё ~ alles auf einmal

вдрызг adv (umg) völlig
вдуматься vr E pf (impf: вдумываться) sich hineindenken
вдумчивый adj 1. ernst; 2. nachdenklich
вдумываться vr E impf (pf: вдуматься) (во что-либо) sich hineindenken, sich vertiefen (in +akk)
вдыхать vt E impf (pf: вдохнуть) einatmen
вегетарианец, вегетарианка <gen m: -нца, -нцев, gen pl f: -нок> m K / f A Vegetarier, -in m/f
вегетарианский adj vegetarisch
ведать vi E impf 1. (alt) wissen; 2. (чем-либо) verwalten, leiten; кто ведает этим? wer ist dafür zuständig?
ведение nt O2 Führung f, Leitung f; ~ дел Geschäftsführung f, Amtsführung f; ~ операционных счетов Kostenrechnung f; ~ финансовой документации Finanzbuchhaltung f; ~ финансовых дел Buchführung f; отстранить от ведения дел von der Leitung entbinden
ведение nt O2 Zuständigkeit f; это не в их ведении dazu haben sie keine Befugnis; в чьём это ведении? wer ist dafür zuständig?
ведомость f I ple1 Liste f, Verzeichnis nt; ~ производственного учёта Betriebsabrechnungsbogen m
ведомственный adj behördlich
ведомство nt O 1. Amt nt, Behörde f; патентное ~ Patentamt nt; ~ по контролю за картелями Kartellamt m; ~ по трудоустройству Arbeitsamt nt; таможенное ~ Zollbehörde f 2. Ressort nt; 3. Dienststelle f
ведро <pl: вёдра, -дер> nt O pls Eimer m; ~ для мусора Mülleimer m
ведущий I. adj 1. grundlegend; **ведущее начало** Grundprinzip nt; 2. führend, leitend; ~ **на рынке** marktführend; II. m wie adj (TV) Moderator m
ведь I. part 1. ja; ~ я не спорю! ich streite ja gar nicht!;; 2. wirklich; ~ правда? ist es wirklich wahr? II. konj 1. denn; 2. doch
ведьма f A 1. Hexe f; 2. (umg:pej) Drachen m, zänkisches Weib nt
веер <nom pl: -ра́> m K ple Fächer m
вежливость f I Höflichkeit f
вежливый adj höflich, zuvorkommend
везде adv überall; ~ **и всюду** an allen Ecken und Enden
вездеход m K Geländewagen m
везти¹ <präs: везу́, везёшь> vt Eб best (unbest: возить) 1. fahren; 2. bringen
везти² <nur 3. pers: везёт> vi Eб impf (pf: по-) Glück haben; ему везёт er hat Glück; ему не везёт er hat Pech
век <präpos sg: на веку́, nom pl: века́> m K ple 1. Jahrhundert nt; 2. Zeitalter nt, Epoche f; **каменный** ~ Steinzeit f; **средние** ~á Mittelalter nt; 3. Lebenszeit f, Menschenleben nt; ~ **живи́,** ~ **учи́сь** man lernt nie aus
веко <nom pl: веки> nt O Augenlid nt
векселедатель m K1 (ÖKON) Wechselaussteller m
векселеполучатель m K1 (ÖKON) Wechselnehmer m
векселеприобретатель m K1 (ÖKON) Indossatar m
вексель <pl: -я́, -ей, und: -и, -ей> m K1 ple (ÖKON) Wechsel m; ~ **для полного урегулирования расчётов** Appoint nt; ~ **к платежу** Schuldwechsel m; ~ **к получению** Besitzwechsel m; ~ **на предъявителя** Sichtwechsel m; **оплачивать** ~ einen Wechsel einlösen; **раздавать векселя** (fig) große Versprechungen machen
вексельный adj (ÖKON) Wechsel-; **вексельная дееспособность** Wechselfähigkeit f; **вексельная сделка** Wechselgeschäft nt; **вексельное обязательство** Wechselobligo nt; ~ **адресат** Wechseladressat m; ~ **ломбард** Wechsellombard m; ~ **регресс** Wechselrückgriff m
веление nt O2 Befehl m; ~ **времени** das Gebot der Stunde
велеть <präs und fut: велю́, вели́шь> vt I impf (кому-либо, чтобы oder mit inf) befehlen
великан, великанша m K / f A pls Riese, Riesin m/f
великий <kf: -и́к, -ика́, super: величайший> adj groß, gewaltig; **великая держава** Großmacht f
Великобритания f A2 Großbritannien nt
великодушие nt O2 Großmut f
великодушный <kf: -шен, шна> adj großmütig, großherzig
великолепие nt O2 Herrlichkeit f, Pracht f
великолепный <kf: -пен, -пна> adj 1. prächtig, herrlich; 2. (fig) großartig
величавый adj majestätisch, erhaben
величественный <kf: -вен, -венна> adj majestätisch, imposant
величество nt O Majestät f; **Ваше величество** Euer Majestät
величие nt O2 1. Herrlichkeit f; 2. Würde f; 3. Ruhm m
величина <pl: величи́ны, величи́н> f A pls 1. Umfang m, Dimension f; 2. (МАТН) Größe f; 3. (ÖKON) Kapazität f; ~ **издержек** Kostenhöhe f; ~ **покрытия постоянных издержек** Deckungsbeitrag m; ~ **предприятия** Betriebsgröße f
велогонка <gen pl: -нок> f A Radrennen nt
велопробег m K Fahrradtour f
велосипед m K Fahrrad nt; **горный** ~ Mountainbike nt; **ездить на** ~**e** Rad fahren, radeln

велосипеди́ст, велосипеди́стка <gen pl f: -ток> m K / f A Radfahrer, -in m/f

велоспо́рт m K Radsport m

велотренажёр m K Zimmerfahrrad nt, Hometrainer m

велю́р m K Velours m

ве́на f A Vene f; **вскры́ть себе́ ве́ны** sich die Pulsadern aufschneiden

Ве́на f A Wien nt

венге́рский adj ungarisch

венгр, венге́рка <gen pl f: -рок> m K / f A Ungar, -in m/f

Ве́нгрия f A2 Ungarn nt

вене́ц <gen sg: -нца́> m K e 1. Kranz m; 2. Krone f; **терно́вый ~** (REL) Dornenkrone f; **идти́ под ~** sich kirchlich trauen lassen; 3. (fig) Krönung f, Höhepunkt m; **коне́ц - де́лу ~** Ende gut, alles gut

ве́ник m K 1. Handfeger m; 2. (в ба́не) Rutenbesen m

вено́к <gen sg: -нка́> m K e Kranz m; **лавро́вый ~** Lorbeerkranz m

вентили́ровать vi E2 impf (pf: про-) 1. lüften; 2. (fig) erörtern, klären

вентиля́тор m K Ventilator m

венча́ние nt O2 Trauung f

венча́ть vt E impf (pf: у-) 1. (чем-ли́бо) krönen; 2. (fig) krönen, erfolgreich zu Ende bringen; 3. (кого́-ли́бо с кем-ли́бо) kirchlich trauen

ве́ра f A 1. (REL) Glaube m; **~ в бо́га** Glaube an Gott; 2. Religion f; 3. Zuversicht f, Vertrauen nt, Glaube m

ве́рба f A Weide f

верба́льный <kf: -лен, -льна> adj (LING) verbal, mündlich

верблю́д m K Kamel nt; **одного́рбый ~** Dromedar nt

вербова́ть vt E2 impf (pf: за-) (-кого́-ли́бо во что-ли́бо) anwerben

вербо́вка f A Werbung f, Anwerbung f; **~ покупа́телей** Akquisition f

верёвка <gen pl: -вок> f A Seil nt, Strick m; **бельева́я ~** Wäscheleine f

верени́ца f A (lange) Reihe f; **~ автомоби́лей** Autoschlange f

ве́реск m K Heidekraut nt

веретени́ца f A (ZOOL) Blindschleiche f

вери́тельный adj Beglaubigungs-; **вери́тельная гра́мота** Beglaubigungsschreiben nt

ве́рить <präs: ве́рю, -ришь> vi I impf (pf: по-) 1. glauben, vertrauen; **~ кому́-ли́бо на́ сло́во** jdm aufs Wort glauben; 2. (во что-ли́бо) glauben (an +akk)

верифика́ция f A2 Verifikation f

вермише́ль f I Fadennudeln pl

ве́рно adv 1. richtig; э́то ~ das stimmt; э́то, пожа́луй, ~ das mag stimmen; 2. (-пре́данно) treu; 3. (вероя́тно) wahrscheinlich, wohl

ве́рность f I 1. Richtigkeit f; **для ве́рности** sicherheitshalber; 2. Zuverlässigkeit f, Treue f; **храни́ть ~ кому́-ли́бо** jdm treu bleiben

верну́ть vt E1 pf 1. zurückgeben; 2. zurückholen

верну́ться vr E1 pf zurückkommen, zurückkehren

ве́рный <kf: -рен, -рна́, -рно> adj 1. richtig, wahr; **ве́рное замеча́ние** eine treffende Bemerkung f; 2. sicher, zuverlässig; **ве́рное сре́дство от чего́-ли́бо** ein sicheres Mittel (gegen +akk) 3. treu; **оста́ться ве́рным себе́** sich treu bleiben, seinen Prinzipien treu bleiben

ве́рование nt O2 1. Glaube m; 2. Religion f

вероиспове́дание nt O2 Glaubensbekenntnis nt, Konfession f; **свобо́да вероиспове́дания** Religionsfreiheit f

вероло́мный <kf: -мен, -мна> adj wortbrüchig, treulos

вероло́мство nt O Verrat m, Treubruch m

веротерпи́мость f I Glaubensfreiheit f

вероя́тно adv wahrscheinlich, vermutlich

вероя́тность f I Wahrscheinlichkeit f; **~ успе́ха** Erfolgsrate f; **по всей вероя́тности** aller Wahrscheinlichkeit nach; **тео́рия вероя́тности** (MATH) Wahrscheinlichkeitstheorie f

вероя́тный <kf: -тен, -тна> adj 1. wahrscheinlich, vermutlich; 2. (предположи́тельный) mutmaßlich

ве́рсия f A2 1. Version f; **согла́сно официа́льной ве́рсии** der offiziellen Version zufolge; **по друго́й ве́рсии** nach einer anderen Auslegung [o Auffassung] 2. Fassung f

верста́к m K 1. Werkbank f; 2. Hobelbank f

верста́ть vt E impf (pf: с-) (текст) umbrechen

вёрстка f A (текст) Umbruch m

ве́ртел m K (de Bratspieß m

верте́ть <präs: верчу́, ве́ртишь> vi I impf 1. (что-ли́бо, чем-ли́бо) drehen, herumdrehen; 2. (umg: кем-ли́бо) mit jdm nach Belieben [o Laune] verfahren; **верте́ла им, как хоте́ла** sie machte mit ihm, was sie wollte

верте́ться vr I impf 1. sich drehen, rotieren; 2. (umg) sich herumtreiben, sich ständig befinden; **~ на языке́ у кого́-ли́бо** jdm auf der Zunge liegen

вертика́льный adj vertikal, senkrecht; **вертика́льная диверсифика́ция** (ÖKON) vertikale Diversifikation f; **~ трест** (ÖKON) Vertikaltrust m

вёрткий <kf: -ток, -тка́, -тко> adj sehr beweglich, wendig, agil

вертля́вый <kf: -ля́в> adj zappelig, unruhig

вертолёт m K Hubschrauber m

ве́рующий m wie adj (REL) Gläubige(r) mf

верфь *f I* (MAR) Werft *f*
верх <*präpos sg:* на верху́> *m K ple* **1.** oberer Teil *m*; **2.** (KFZ) Verdeck *nt*; **3.** (*fig*) Höhepunkt *m*, Gipfel *m*; э́то ~ на́глости (*umg*) das geht auf keine Kuhhaut; **брать** ~ die Oberhand gewinnen; **4.** (*im pl*) Spitze *f*, Obrigkeit *f*
верхненеме́цкий *adj* hochdeutsch
ве́рхний *adj* obere, Ober-; **ве́рхняя пала́та** (POL) Oberhaus *nt*; ~ **преде́л исчисле́ния страховы́х взно́сов** Beitragsbemessungsgrenze *f*; ~ **преде́л цен** Preisobergrenze *f*
верхо́вный *adv* oberst, höchst; **верхо́вная суде́бная пала́та** Oberster Gerichtshof *m*; **Верхо́вный Сове́т** der Oberste Sowjet *m*
верхово́й *adj* Reit-; **верхова́я езда́** Reiten *nt*
верхо́вье <*gen pl:* -вьев> *nt O1* Oberlauf *m*; **в верхо́вьях Во́лги** am Oberlauf der Wolga
верхо́м *adv* **1.** oben; **2.** zu Pferde; **е́хать** ~ reiten
верху́шка <*gen pl:* -шек> *f A* **1.** Spitze *f*; **пра́вящая** ~ Führungsspitze *f* **2.** Wipfel *m*
верши́на *f A* **1.** Gipfel *m*, Spitze *f*; **2.** Wipfel *m*; **3.** (MATH) Scheitel *m*; **4.** (*fig*) Höhepunkt *m*
верши́ть <*präs:* вершу́, -ши́шь> *vt I impf* **1.** (что-ли́бо; чем-ли́бо:*geh*) entscheiden, verfügen; **2.** Macht ausüben
вес <*gen sg:* -а/-у> *m K* **1.** Gewicht *nt*, Masse *f*; ~ **без та́ры** Eigengewicht *nt*; ~ **не́тто** Nettogewicht *nt*; ~ **та́ры** Tara; ~ **упако́вки** Verpackungsgewicht; **быть на** ~**у́** (*fig*) in der Schwebe sein; **2.** (*fig*) Geltung *f*, Bedeutung *f*; **име́ть большо́й** ~ einen hohen Stellenwert haben; **на** ~ **зо́лота** Goldes wert
веселе́ть *vi E impf* (*pf:* по-) lustig werden
весели́ть <*präs:* веселю́, -ли́шь> *vt I impf* (*pf:* раз-) belustigen, erheitern
весели́ться *vr I impf* (*pf:* раз-) sich vergnügen, sich amüsieren
весёлость *f I* Heiterkeit *f*
весёлый <*kf:* ве́сел, -а́, -о> *adj* lustig, fröhlich, heiter; **мне ве́село** mir ist froh zumute
весе́лье *nt O1* Frohsinn *m*, Fröhlichkeit *f*
весе́нний *adj* Frühlings-, Frühjahrs-
ве́сить <*präs:* ве́шу, ве́сишь> *vi I impf* wiegen, Gewicht haben
ве́ский <*kf:* ве́сок, -ска́> *adj* schwerwiegend, stichhaltig; **сказа́ть своё ве́ское сло́во** ein Machtwort sprechen
весло́ <*pl:* вёсла, вёсел, вёслам> *nt O pls* Ruder *nt*
весна́ <*pl:* вёсны, вёсен, вёснам> *f A pls* Frühling *m*
весно́й *adv* im Frühling
весну́шка <*pl:* весну́шки, -шек, -шкам> *f A* Sommersprosse *f*

весну́шчатый *adj* sommersprossig
весо́мый *adj* gewichtig; **весо́мые успе́хи** spürbare Erfolge
вести́ <*präs:* веду́, ведёшь> *vt E6 best* (*unbest:* води́ть) **1.** führen; ~ **заседа́ние** eine Sitzung leiten; ~ **перегово́ры** verhandeln; ~ **торго́влю** handeln; ~ **хозя́йство** wirtschaften **2.** (*автомоби́ль*) führen, lenken; **3.** (*nur 3. pers*) führen; **куда́ ведёт э́та доро́га?** wohin führt dieser Weg?;; **4.** (*себя́*) sich aufführen, sich benehmen; **веди́ себя́ как сле́дует!** benimm dich anständig!
вести́сь <*nur 3. pers:* ведётся> *vr E6 impf* (*pf:* по-) **1.** geführt [o geleitet] werden; **2.** (*umg*) üblich sein; **та́к уж у нас ведётся** so ist es bei uns Sitte
ве́стник *m K* Bote *m*
весть *f I ple1* Nachricht *f*, Botschaft *f*; **подава́ть о себе́ ве́сти** von sich hören lassen; **пропа́сть без вести** verschollen sein, vermisst werden
весы́ *m pl K e* Waage *f*
весь <*gen:* всего́, *dat:* всему́>*pron det* alle(s), ganz; **по всей Евро́пе** in ganz Europa; **в э́том он весь** das ist ganz seine Art
весьма́ *adv* **1.** sehr, überaus; ~ **вероя́тно, что** es ist durchaus möglich, dass; **2.** ziemlich, recht; **в** ~ **сло́жной обстано́вке** in einer ziemlich komplizierten Situation
ветвь *f I ple1* **1.** Ast *m*, Zweig *m*; **2.** (*fig*) Zweig *m*, Branche *f*
ве́тер <*gen sg:* ве́тра, *präpos sg:* на ветру́> *m K* Wind *m*; **попу́тный** ~ günstiger Wind; **держа́ть нос по ве́тру** (*fig*) seine Fahne nach dem Wind drehen; **не броса́ть слов на** ~ zu seinem Wort stehen
ветерина́р *m K* Tierarzt, -ärztin *m/f*
ветеро́к <*gen sg:* -рка́> *m K* leichter Wind *m*
ве́тка <*gen pl:* -ток> *f A* **1.** kleiner Zweig *m*; **2.** (TRANSP) Zweigbahn *f*, Industriegleis *nt*; **3.** (*fig*) Abzweigung *f*
ве́то *nt indekl* Veto *nt*, Einspruch *m*; **накла́дывать** ~ **на что-ли́бо** Einspruch erheben (gegen +*akk*)
ве́треный <*kf:* -ено> *adj* **1.** windig; **2.** (*fig*) flatterhaft, leichtfertig
ветро́вка *f A* Blouson *m*, Windjacke *f*
ветрово́й *adj* Wind-; **ветрова́я эро́зия по́чвы** Winderosion *f*; **ветрово́е стекло́** Windschutzscheibe *f*
ве́тры *m pl K* (*vulg*) Furz *m*; **выпуска́ть** ~ furzen
ветряно́й *adj* Wind-; ~ **дви́гатель** Windkraftanlage *f*; **ветряна́я ме́льница** Windmühle *f*
ве́тряный *adj*: **ве́тряная о́спа** (MED) Windpocken
ве́тхий <*kf:* ветх, -á, -о> *adj* **1.** baufällig; **2.** gebrechlich, alt; ~ **заве́т** (REL) Altes Testament *nt*
ве́тхость *f I* **1.** Alter *nt*; **2.** Altersschwäche *f*; **3.** Baufälligkeit *f*

ветчина́ *f A pls* Schinken *m*; **ветчи́ны** *pl* Schinkensorten *pl*

ве́ха *f A (fig)* Markstein *m*, Meilenstein *m*; ~ **в исто́рии страны́** ein Markstein in der Geschichte des Landes

ве́чер <*nom pl:* вечера́> *m K ple* **1.** Abend *m*; **под ~** gegen Abend; **до́брый ~** guten Abend! **ещё не ~** man soll den Tag nicht vor dem Abend loben; **2.** Abendveranstaltung *f*

вечери́нка *f A* Abendgesellschaft *f*, Party *f*; **~ накану́не сва́дьбы** Polterabend *m*

вече́рний *adj* abendlich, Abend-; **вече́рняя заря́** Abendrot *nt*

вече́рня <*gen pl:* -рен> *f A1* (REL) Abendandacht *f*, Vesper *f*

ве́чером *adv* abends, am Abend

вече́ря *f A1* Abendmahlzeit *f*; **Та́йная ~** (REL) Heiliges Abendmahl *nt*

ве́чно *adv* **1.** ewig; **ничто́ не ~ под луно́й** nichts währt ewig; **2.** (*umg*) ewig, ständig, dauernd; **~ ты мне меша́ешься под нога́ми** du stehst mir dauernd im Weg

ве́чность *f I* Ewigkeit *f*

ве́чный <*kf:* -чен, -чна> *adj* **1.** ewig; **ве́чная дру́жба** ewige Freundschaft *f*; **2.** zeitlos

ве́шалка <*gen pl:* -лок> *f A* **1.** Kleiderhaken *m*; **2.** Kleiderbügel *m*; **3.** Aufhänger *m*

ве́шать[1] *vt E impf (pf:* пове́сить*)* **1.** hängen; **не ве́шай го́лову!** lass den Kopf nicht hängen! **2.** aufhängen; **~ телефо́нную тру́бку** den Hörer auflegen

ве́шать[2] *vt E impf (pf:* с-*) (umg)* abwiegen, wägen

ве́шаться[1] *vr E impf (pf:* пове́ситься*)* sich erhängen

ве́шаться[2] *vr E impf (pf:* с-*) (umg)* sich wiegen

ве́шний *adj* Frühlings-

веще́ственный <*kf:* -вен, -венна> *adj* **1.** materiell; **~ капита́л** (ÖKON) Sachkapital *nt* **2.** (CHEM) stofflich

вещество́ *nt O* Stoff *m*, Substanz *f*

вещи́зм *m K* Konsumdenken *nt*

вещь *f I ple1* Ding *nt*, Sache *f*; **~ в себе́** (PHIL) das Ding an sich; **ве́щное пра́во** Sachenrecht *nt*, dingliches Recht *nt*

ве́яние *nt O* geistige Strömung *f*, Tendenz *f*; **~ мо́ды** Modetrend *m*

ве́ять <*präs:* ве́ю, ве́ешь> *vi E impf (pf:* по-*)* wehen; **ве́тер ве́ет** der Wind weht; **от него́ ве́яло хо́лодом** (*fig*) er strahlte Kälte aus

взад *adv* zurück; **~ и вперёд** vor und zurück, hin und her

взаи́мность *f I* **1.** Gegenseitigkeit *f*; **что-ли́бо осно́вано на взаи́мности** etw beruht auf Gegenseitigkeit; **2.** Gegenliebe *f*; **не встреча́ть взаи́мности** nicht auf Gegenliebe stoßen

взаи́мный **I.** <*kf:* -мен, -мна> *adj* gegenseitig; **взаи́мная внешнеторго́вая сде́лка** Gegenseitigkeitsgeschäft *nt*; **взаи́мная юриди́ческая сде́лка** gegenseitiges Rechtsgeschäft *nt*; **взаи́мное исполне́ние обяза́тельств** Gegenleistung *f*; **~ зачёт тре́бований** Forderungsverrechnung *f*

взаимо- **II.** *präfix* gegenseitig

взаимовы́годный *adj* gegenseitig vorteilhaft

взаимоде́йствие *nt O2* **1.** Zusammenwirken *nt*; **2.** Wechselwirkung *f*

взаимоде́йствовать *vi E2 impf* zusammenwirken

взаимозави́симость *f I* Zusammenhang *m*, Interdependenz *f*

взаимозаменя́емость *f I* Substituierbarkeit *f*, gegenseitige Vertretung *f*

взаимоотноше́ние *nt O2* Wechselbeziehung *f*; **взаимоотноше́ния челове́ка и живо́тных** die Beziehung zwischen Mensch und Tier

взаимопо́мощь *f I* gegenseitige Hilfe *f*

взаимопонима́ние *nt O2* gegenseitiges Einvernehmen *nt*; **~ ме́жду наро́дами** Völkerverständigung *f*

взаимосвя́зь *f I* Wechselbeziehung *f*, Zusammenhang *m*

взаймы́ *adv* leihweise; **брать ~** borgen, entleihen; **дава́ть ~** verborgen, verleihen

взаме́н *präp* +*gen* anstatt (+*gen*), anstelle (+*gen*)

взаперти́ *adv* eingesperrt, hinter Schloss und Riegel

взапуски́ *adv* um die Wette

взба́лмошный <*kf:* -шен, -шна> *adj* **1.** unausgeglichen; **2.** unberechenbar

взба́лтывать *vi E impf (pf:* взболта́ть*)* schütteln

взбежа́ть <*fut:* взбегу́, -бежи́шь> *vi U1 pf (impf:* взбега́ть*)* hinauflaufen

взбеси́ть <*fut:* взбешу́, -бе́сишь> *vt I pf (impf:* беси́ть*)* in Wut bringen

взбеси́ться *vr I pf (impf:* беси́ться*)* **1.** wütend werden; **2.** tollwütig werden

взбешённый *adj (umg)* wütend, fuchsteufelswild

взбива́ть *vt E impf (pf:* взбить*)* rühren, schlagen; **~ поду́шки** Kissen aufschütteln; **~ сли́вки** Sahne schlagen

взбира́ться *vr E impf (pf:* взобра́ться*)* hinaufklettern; **~ на го́ру** auf einen Berg steigen

взбить <*fut:* взобью́, -бьёшь> *vt E4 pf (impf:* взбива́ть*)* schlagen

взболта́ть *vi E pf (impf:* взба́лтывать*)* schütteln

взбудора́жить <*fut:* взбудора́жу, -жишь> *vt I pf (impf:* взбудора́живать*)* in Aufruhr bringen; **но́вость взбудора́жила всех** die Nachricht versetzte alle in Aufruhr

взбунтова́ться *vr E2 pf (auch fig)* sich empören, rebellieren

взвали́ть <*fut:* взвалю́, взва́лишь> *vt I*

взвесить *pf* (*impf:* взва́ливать) 1. aufladen; 2. (что-ли́бо на кого́-ли́бо) aufbürden

взве́сить <*fut:* взве́шу, взве́сишь> *vt I pf* (*impf:* взве́шивать) abwiegen

взвести́ <*fut:* взведу́, -ведёшь> *vt E6 pf* (*impf:* взводи́ть) hinaufführen

взве́шенность *f I* Ausgewogenheit *f*

взве́шенный *adj* überlegt, durchdacht; ~ отве́т eine überlegte Antwort

взве́шивать *vt E impf* (*pf:* взве́сить) 1. abwiegen; 2. (*fig*) erwägen, abwägen; ~ все за и про́тив das Für und Wider abwägen

взве́шиваться *vr E impf* (*pf:* взве́ситься) sich wiegen

взви́нчивание *nt O2* (*fig*) Hochschrauben *nt*; ~ цен Preistreiberei *f*

взвод *m K* (MIL) Zug *m*

взводи́ть <*präs:* взвожу́, -во́дишь> *vt I impf* (*pf:* взвести́) hinaufführen; ~ поклёп на кого́-ли́бо jdn grundlos beschuldigen, jdn verleumden

взволно́ванный <*kf:* -ан, -анна> *adj* aufgeregt, erregt

взволнова́ть *vt E2 pf* (*impf:* волнова́ть) bewegen, aufregen

взгляд *m K* 1. Blick *m*; на пе́рвый ~ [о с пе́рвого ~а] auf den ersten Blick; 2. (*fig*) Ansicht *f*, Meinung *f*; на мой ~ meiner Meinung nach, meines Erachtens

взгляну́ть <*fut:* взгляну́, взгля́нешь> *vt E1 pf* (*impf:* взгля́дывать) (на кого́-ли́бо/что-ли́бо) jdn/etw anblicken, betrachten; дай мне ~! lass mich mal sehen!

взгреть *vt E pf* (*pf:* взгрева́ть) 1. (*umg: кого́-ли́бо за что-ли́бо*) ausschimpfen, einheizen; 2. verprügeln

вздор *m K* Unsinn *m*, dummes Zeug *nt*

вздо́рить <*präs:* вздо́рю, -ришь> *vi I impf* (*pf:* по-) (*umg*) sich zanken, streiten

вздо́рный <*kf:* -рен, -рна> *adj* 1. unsinnig, töricht; 2. zänkisch, streitsüchtig

вздох *m K* Seufzer *m*; ~ облегче́ния erleichtertes Aufatmen *nt*; до после́днего ~а bis zum letzten Atemzug

вздохну́ть *vi E1 pf* (*impf:* вздыха́ть) aufseufzen

вздра́гивать *vi E impf* (*pf:* вздро́гнуть) zusammenzucken, auffahren

вздремну́ть *vi E1 pf* (*umg*) ein Schläfchen machen

вздро́гнуть *vi E1 pf* (*impf:* вздра́гивать) zusammenzucken

вздува́ться <*nur 3. pers:* вздува́ется> *vr E impf* (*pf:* взду́ться) 1. (MED) schwellen, anschwellen; 2. (*це́ны*) übermäßig ansteigen

взду́мать *vt E pf* auf einen Einfall kommen; не взду́май! lass es dir nicht einfallen!

взду́маться *vr E pf* (*unpers mit inf*) einfallen, in den Sinn kommen; ему́ взду́малось прогуля́ться er wollte auf einmal spazierengehen; как ему́ взду́мается wie es ihm gerade einfällt

взду́тие *nt O2* (MED) Blähung *f*

взду́ться *vr E pf* (*impf:* вздува́ться) anschwellen

вздыха́ть *vi E impf* (*pf:* вздохну́ть) 1. seufzen; 2. (по ком-ли́бо/чём-ли́бо; о ком-ли́бо/чём-ли́бо) sich sehnen (nach + dat)

взима́ние *nt O2* (ADMIN) Einziehung *f*, Erhebung *f*; ~ нало́га с при́были Gewinneinbehaltung *f*; ~ нало́гов Steuereintreibung *f*; ~ проце́нтов с капита́ла Kapitalverzinsung *f*; ~ тамо́женной по́шлины Zollerhebung *f*

взима́ть *vt E impf* erheben, einziehen; ~ нало́ги Steuern einziehen

взира́ть *vi E impf* (на что-ли́бо/кого́-ли́бо) anschauen, ansehen

взла́мывать *vt E impf* (*pf:* взлома́ть) aufbrechen, einbrechen; ~ замо́к ein Schloss aufbrechen; ~ програ́мму (DV) ein Computerprogramm knacken

взлёт *m K* 1. Start *m*, Abflug *m*; 2. (ÖKON) Aufschwung *m*; ~ спро́са Nachfrageboom *m*

взлете́ть <*fut:* взлечу́, -лети́шь> *vi I pf* (*impf:* взлета́ть) starten, aufsteigen; ~ на во́здух (*auch fig*) in die Luft gehen, explodieren

взлом *m K* Einbruch *m*; защищённый от ~а einbruchsicher; кра́жа со ~ом Einbruchsdiebstahl *m*

взлома́ть *vt E pf* (*impf:* взла́мывать) aufbrechen, einbrechen

взмах *m K* Schwung *m*, Schwingen *nt*; ~ кры́льев Flügelschlag *m*

взма́хивать *vi E impf* (*pf:* взмахну́ть) schwenken, schwingen; ~ кры́льями mit den Flügeln schlagen

взмо́рье *nt O2* 1. Strand *m*; 2. Küste *f*

взнос *m K* 1. Einzahlung *f*, Zahlung *f*, Beitrag *m*; 2. Umlage *f*; благотвори́тельный ~ Spende *f*; ~ по амортиза́ции до́лга Tilgungsrate *f*

взобра́ться <*fut:* взберу́сь, -берёшься> *vr UE5 pf* (*impf:* взбира́ться) hinaufklettern

взойти́ <*fut:* взойду́, взойдёшь> *vi E7a pf* (*impf:* всходи́ть) hinaufsteigen

взор *m K* (*geh*) Blick *m*; обраща́ть свои́ ~ы куда́-ли́бо [о на что-ли́бо] seinen Blick richten (auf +*akk*); поту́пить ~ den Blick senken

взорва́ть <*fut:* взорву́, -вёшь> *vt E4 pf* (*impf:* взрыва́ть) sprengen

взорва́ться <*fut:* взорву́сь, -вёшься> *vr E4 pf* (*impf:* взрыва́ться) explodieren

взрасти́ть <*fut:* взращу́, взрасти́шь> *vt I pf* (*impf:* взра́щивать) züchten

взра́щивать *vt E impf* (*pf:* взрасти́ть) 1. züchten; 2. großziehen; 3. (*тала́нты*) fördern

взросле́ть *vi E impf* (*pf:* по-) erwachsen werden

взро́слый I. *adj* erwachsen; II. *m wie adj*

Erwachsene(r) *m*
взрыв *m K* **1.** Explosion *f*, Detonation *f*; **2.** (*fig*) plötzlicher geräuschvoller Ausbruch; ~ **аплодисме́нтов** Beifallssturm *m*; ~ **изде́ржек** Kostenexplosion *f*
взрыва́ть *vi E impf* (*pf:* **взорва́ть**) **1.** sprengen; **2.** (*fig*) empören, aus der Fassung bringen
взрыва́ться *vr E impf* (*pf:* **взорва́ться**) **1.** explodieren; **2.** (*fig*) vor Ärger in die Luft gehen
взрывоопа́сный *adj* (*auch fig*) explosiv, brisant; **взрывоопа́сное положе́ние** brenzlige Situation *f*
взрывча́тка *f A* Sprengstoff *m*
взры́вчатый *adj* explosiv; **взры́вчатое вещество́** Sprengstoff *m*
взъеро́шенный *adj* struppig, zerzaust
взыва́ть *vi E impf* (*pf:* **воззва́ть**) (*geh:* **к кому́-ли́бо о чём-ли́бо**) anflehen (um + *akk*), anrufen; ~ **к Го́споду** (REL) den Herrn anrufen
взыска́ние *nt O2* **1.** (JUR) Strafe *f*, Geldstrafe *f*; **2.** (ADMIN) Einziehung *f*, Erhebung *f*; ~ **до́лга** Inkasso *nt*; ~ **задо́лженности в поря́дке суде́бного прика́за** gerichtliches Mahnverfahren *nt*
взыска́тельный <*kf:* **-лен, -льна**> *adj* anspruchsvoll, streng
взыска́ть <*fut:* **взыщу́, взы́щешь**> *vt E4 pf* (*impf:* **взы́скивать**) (**что с кого́-ли́бо**) einziehen, eintreiben; ~ **до́лг** Schulden eintreiben; **не взыщи́те!** (*fig*) seien Sie bitte nachsichtig!
взя́тие *nt O2* **1.** Einnahme *f*, Eroberung *f*; **2.** Entnahme *f*
взя́тка <*gen pl:* **-ток**> *f A* **1.** (**в ка́рточной игре́**) Stich *m*; **2.** Bestechungsgeschenk *nt*, Schmiergeld *nt*; **брать взя́тки** sich bestechen lassen; **дава́ть взя́тки** jdn bestechen; **с него́ взя́тки гла́дки** ihm ist nicht beizukommen, ihm ist nichts nachzuweisen
взя́точник *m K* (*pej*) korrupter [*o* bestechlicher] Mensch *m*, Schmiergeldnehmer *m*
взя́точничество *nt O* **1.** Bestechung *f*; **2.** Bestechlichkeit *f*
взять <*fut:* **возьму́, возьмёшь**, *prät:* **взял**> *vt E4a pf* (*impf:* **брать**) **1.** nehmen; **2.** (*umg*) folgern, schließen; **с чего́ ты взял?** woraus schließt du das? **3.** (*umg*) drückt in Verbindung mit einem Verb in der gleichen Form und einer Konjunktion eine plötzliche, unerwartete Handlung aus; **возьму́ да и скажу́** ich werde es sagen; **а он возьми́ и приди́** und plötzlich kam er doch
взя́ться <*fut:* **возьму́сь, возьмёшься**> *vr E4a pf* (*impf:* **бра́ться**) **1.** anfassen, berühren; **2.** übernehmen, auf sich nehmen; ~ **за что-ли́бо** sich verpflichten, etw zu tun **3.** anpacken, in Angriff nehmen; ~ **за кого́-ли́бо** (*fig*) sich jdn vornknöpfen **4.** hergenommen werden; **отку́да же де́ньгам ~?** wo soll denn das Geld auch her?
виаду́к *m K* Viadukt *m*
вибри́ровать *vi E2 impf* vibrieren
вид[1] <*gen sg:* **-а/-у**, *präpos sg:* **в/на виду́**> *m K* **1.** Aussehen *nt*, Äußeres *nt*; **у тебя́ уста́лый ~** du siehst müde aus; **2.** Anschein *m*; **де́лать ~, что** so tun, als ob; etw vortäuschen **3.** Blick *m*, Aussicht *f*; **ко́мната с ~ом на мо́ре** Zimmer mit Blick auf das Meer; ~ **сбо́ку** Seitenansicht *f*; **потеря́ть кого́-либо из ~у** jdn aus den Augen verlieren; **4.** Absicht *f*; **я име́л в ~у совсе́м друго́е** ich habe etw ganz anderes gemeint; **име́ть ~ы на что-ли́бо** etw im Auge haben, aus sein (auf +*akk*)
вид[2] *m K* **1.** Art *f*; **в како́м ~е?** in welcher Form? ~ **догово́ра** Vertragsform *f*; ~ **изде́ржек** [*o* **расхо́дов**] Kostenart *f*; ~ **иму́щества** Vermögensart *f*; ~ **капиталовложе́ния** Anlageform *f*; ~ **на жи́тельство** Aufenthaltsgenehmigung *f*; **ни под каки́м ~ом** auf keinen Fall; ~ **платежа́** Zahlungsart *f*; ~ **промы́шленной де́ятельности** Geschäftsbereich *m*; ~ **ры́нка** Marktform *f*; ~ **состоя́ния** Vermögensart *f* **2.** (BIO) Art *f*; **3.** (LING) Aspekt *m*
вида́ть *vt E impf* (*pf:* **по-, у-**) sehen, treffen; **не вида́ть** (*nur inf*) nicht zu sehen sein; **~, он до́ма** (*als Schaltwort*) offensichtlich ist er zu Hause
ви́дение *nt O2* Sicht *f*; **но́вое ~ ми́ра** neue Weltsicht *f*
виде́ние *I. nt O2* Erscheinung *f*, Vision *f*, Gespenst *nt* **ви́део- II.** *präfix* Video-; **~магнитофо́н** Videorecorder *m*; **~за́пись** Videoaufzeichnung *f*
видеоте́кст *m K* Bildschirmtext *m*
ви́деть <*präs:* **ви́жу, ви́дишь**> *vt I impf* (*pf:* **у-**) **1.** sehen, sehen können; **2.** begegnen, treffen; **рад вас ~** ich freue mich, Sie zu sehen; **3.** einsehen, erkennen; ~ **свои́ оши́бки** seine Fehler einsehen; ~ **кого́-ли́бо наскво́зь** jdn durchschauen
ви́деться <*präs:* **ви́жусь, ви́дишься**> *vr I impf* (*pf:* **у-, с-, при-**) **1.** sich sehen, einander begegnen; **2.** (*unpers*) erscheinen; **мне э́то ви́дится соверше́нно ина́че** mir erscheint das völlig anders; **мне ви́делось во сне** mir träumte
ви́дик *m K* (*umg*) Videorecorder *m*
ви́димо *adv* vermutlich, offenbar
ви́димо-неви́димо *adv* sehr viel, eine große Menge
ви́димость *f I* **1.** Sicht *f*, Sichtweite *f*; **2.** Schein *m*, Anschein *m*; **создава́ть демокра́тии** Demokratie vorgaukeln; **сохраня́ть ~ чего́-ли́бо** den Anschein von etw wahren
ви́димый *adj* sichtbar
видне́ться *vr E impf* sichtbar sein
ви́дный <*kf:* **ви́ден, -дна́, ви́дно**> *adj* **1.**

sichtbar; **2.** ansehnlich; **3.** angesehen
видоизмене́ние *nt O2* **1.** Abänderung *f*; **2.** Veränderung *f*; **~ изде́лия** Produktvariation *f*
видоизмени́ть <*fut:* -изменю́, -измени́шь> *vt I pf* (*impf:* видоизменя́ть) abändern
видоизменя́ть *vt E impf* (*pf:* видоизмени́ть) abändern, modifizieren
видоиска́тель *m K1* (ФОТ) Sucher *m*
ви́за *f A* **1.** Visum *nt*; **запра́шивать ви́зу** ein Visum beantragen; **~ на въезд** [*о* **въездна́я ~**] Einreisevisum *nt* **2.** Sichtvermerk *m*
визг *m K* Gewinsel *nt*
визжа́ть <*präs:* визжу́, -жи́шь> *vt I impf* (*pf:* за-) **1.** kreischen, quietschen; **2.** winseln
визи́ровать[1] *vi E2 impf* (*pf:* за-) **1.** abzeichnen, beglaubigen; **2.** mit einem Visum versehen; **3.** gegenzeichnen
визи́ровать[2] *vt E2 impf/pf* (TECH) anvisieren
визи́т *m K* **1.** Besuch *m*; **2.** Visite *f*; **~ в Росси́ю** Russlandbesuch *m*
визитёр *m K* **1.** (*geh*) Besucher *m*; **2.** ungebetener Gast *m*
визи́тка <*gen pl:* -ток> *f A* **1.** Visitenkarte *f*; **2.** Ausgehanzug *m*
визи́тница *f A* Visitenkartenbox *f*
визи́тный *adj* Visiten-; **визи́тная ка́рточка** Visitenkarte *f*
ви́зовый *adj* Visum-; **~ режи́м** Visumpflicht *f*
визуа́льный *adj* visuell; **~ контро́ль оши́бок** (DV) Anzeigefehlerprüfung *f*; **визуа́льная информа́ция** (DV) Anzeigedaten *pl*, Anzeigeinformation *f*
викторина *f A* Quiz *nt*
ви́лка <*gen pl:* -лок> *f A* **1.** Gabel *f*; **2.** (EL) Stecker *m*
ви́лы *f pl A* **1.** Mistgabel *f*; **2.** Heugabel *f*
вильну́ть *vi E1 pf* (*impf:* виля́ть) **1.** kurz wedeln; **2.** plötzlich eine andere Richtung einschlagen
виля́ть *vi E impf* **1.** wedeln; **~ хвосто́м** mit dem Schwanz wedeln; **2.** (*umg*) Ausflüchte machen
вина́ *f A pls* **1.** Schuld *f*; **2.** Verschulden *nt*; **по вине́ кого́-ли́бо** durch jds Verschulden; **снима́ть вину́ с кого́-ли́бо** jdn freisprechen
винегре́т *m K* Salat aus Gemüse
вини́ть <*präs:* виню́, вини́шь> *vt I nur impf* (**кого́-либо в чём-либо**) vorwerfen
ви́нный *adj* Wein-
вино́ *nt O pls* Wein *m*; **и́стина в вине́** in vino veritas, im Wein liegt Wahrheit
винова́тый <*kf:* -а́т, а́та> *adj* schuldig; **ты сам винова́т** du bist selbst schuld (daran); **я не винова́т** ich kann nichts dafür
вино́вник *m K* Schuldige(r) *m*, Verursacher *m*
виногра́д *m K* **1.** Weinrebe *f*, Weinstock *m*; **2.** Weintrauben *f pl*
виногра́дство *nt O* Weinbau *m*
виногра́дарь *m K1* Winzer *m*
виногра́дник *m K* Weinberg *m*, Weingarten *m*
винт *m K* Schraube *f*
ви́нтик *m K* Schräubchen *nt*
винти́ть <*präs:* винчу́, винти́шь> *vt I impf* (*pf:* за-) (*umg*) schrauben
винто́вка <*gen pl:* -вок> *f A* Gewehr *nt*
винтово́й *adj* Schrauben-; **винтова́я ле́стница** Wendeltreppe *f*
виолонче́ль *f I* Violoncello *nt*
вира́ж <*gen pl:* -е́й> *m K e* Kurve *f*
виртуа́льный *adj* virtuell; **~ магази́н** (DV) Onlineshop *m*; **виртуа́льная маши́на** (DV) virtuelle Maschine *f*
виртуо́зный <*kf:* -зен, -зна> *adj* virtuos
ви́рус *m K* Virus *m*
ви́селица *f A* Galgen *m*
висе́ть <*präs:* вишу́, виси́шь> *vi I impf* hängen
ви́ски *nt indekl* Whisky *m*
виско́зный *adj* Viskose-; **виско́зное волокно́** Viskosefaser *f*
ви́смут *m K* (CHEM) Wismut *nt*
висо́к <*gen sg:* виска́> *m K e* Schläfe *f*
високо́сный *adj* (*nur in fester Verbindung mit* **год**) Schalt-; **~ год** Schaltjahr *nt*
витами́н *m K* Vitamin *m*; **недоста́ток витами́нов** Vitaminmangel *m*; **бе́дный витами́нами** vitaminarm; **бога́тый витами́нами** vitaminreich
витаминиза́ция *f A2* Vitaminisierung *f*, Vitaminanreicherung *f*, Vitaminzusatz *m*
витами́нный *adj* Vitamin-; **~ чай** Vitamintee *m*
витаминоло́гия *f A2* Vitaminforschung *f*
витаминоноси́тель *m K1* Vitaminträger *m*
витаминотерапи́я *f A2* (MED) Vitaminbehandlung *f*, Vitaminkur *f*
вита́ть *vi E impf* (*geh*) schweben; **~ в облака́х** (*fig*) über den Wolken schweben, wirklichkeitsfremd sein
витиева́тый <*kf:* -а́т> *adj* geziert, schwülstig; **~ стиль** ein schwülstiger Stil
вити́я *m A2* **1.** Redner *m*; **2.** (*pej*) Schwätzer *m*
вито́к <*gen sg:* -тка́> *m K e* Windung *f*, Drehung *f*
витри́на *f A* **1.** Schaufenster *nt*; **2.** Schaukasten *m*; **витри́нная рекла́ма** Schaufensterwerbung *f*
вить <*präs:* вью, вьёшь> *vt E4c impf* (*pf:* с-) **1.** drehen; **2.** flechten
ви́ться <*fut:* вьюсь, вьёшься> *vr E4c impf* **1.** sich schlingen; **2.** (*во́лосы*) sich kräuseln
ви́хрь **I.** *m K1* Wirbelwind *m* **ви́це-** **II.** *präfix* Vize-
ВИЧ *abk von* **ви́рус имму́нодефици́та челове́ка** *m* Aids-Virus *nt*, HIV *nt*

ви́шня <gen pl: -шен> f A1 1. Kirsche f; 2. Kirschbaum m

вка́пывать vt E impf (pf: вкопа́ть) eingraben

вклад m K 1. Anlage f, Investition f; 2. Einlage f, Depot nt, Guthaben nt; 3. Beitrag m; ~ акционе́ров в капита́л о́бщества Gesellschaftseinlage f; ~ в ви́де иму́щества Sacheinlage f; вноси́ть ~ einen Beitrag leisten; ~ в уста́вный фонд компа́нии Stammeinlage f; ~ коммандити́ста Kommanditeinlage f; ~ уча́стников в капита́л о́бщества Gesellschaftereinlage f; **вкладно́е свиде́тельство** Einzahlungsbestätigung f; **вкладно́й биле́т** Depotschein m; **вкладны́е опера́ции** Einlagengeschäft nt

вкла́дчик m K 1. Sparer m; 2. Einleger m

вкла́дывать vt E impf (pf: вложи́ть) investieren, hineinstecken; ~ все свои́ си́лы во что-ли́бо seine ganze Kraft einsetzen (für +akk); ~ де́ньги во что-ли́бо Geld anlegen (in +akk)

вкле́ить <fut: вкле́ю, вкле́ишь> vt I pf (impf: вкле́ивать) hineinkleben

включа́ть vt E impf (pf: включи́ть) 1. (свет, ра́дио и т.д.) anschalten, einschalten; 2. einbeziehen, aufnehmen; ~ в докуме́нт in ein Dokument aufnehmen; ~ в калькуля́цию einkalkulieren; ~ в сеть систе́м ЭВМ (EV) vernetzen

включа́ться vr E impf (pf: включи́ться) 1. (TECH) angehen; 2. (во что-ли́бо) sich einschalten, eingreifen (in +akk)

включа́я präp +akk 1. einschließlich (+gen); 2. inklusive; ~ фрахт до ме́ста назначе́ния frachtfrei

включе́ние nt O2 1. Einschalten nt; 2. Aufnahme f; ~ в сеть (DV) Vernetzung f; **прямо́е** ~ Direktschaltung f, Live-Übertragung f

включи́тельно adj inklusive, einschließlich

включи́ть <fut: включу́, включи́шь> vt I pf (impf: включа́ть) einschalten

включи́ться <fut: включу́сь, включи́шься> vr I pf (impf: включа́ться) (auch fig) sich einschalten; ~ в диску́ссию sich in eine Diskussion einschalten

вколоти́ть <fut: вколочу́, -ло́тишь> vt I pf (impf: вкола́чивать) einrammen, einschlagen

вкопа́ть vt E pf (impf: вка́пывать) eingraben; **он останови́лся как вко́панный** er blieb wie angewurzelt stehen

вкра́сться <fut: вкраду́сь, вкраде́шься, prät: вкра́лся> vr E4 pf (impf: вкра́дываться) (auch fig) sich hineinstehlen, sich einschleichen; **здесь вкра́лась оши́бка** hier hat sich ein Fehler eingeschlichen; ~ в дове́рие к кому́-ли́бо sich jds Vertrauen erschleichen

вкруту́ю adv hartgekocht

вкус m K (auch fig) Geschmack m; **де́ло ~а** Geschmackssache f, Ansichtssache f; **со ~ом** geschmackvoll; **войти́ во ~ чего́-ли́бо** an etw Geschmack finden

вкуси́ть <pr: вкуша́ть, вкушу́> vt I pf (impf: вкуша́ть) 1. kosten; 2. (fig) genießen; ~ удово́льствие Vergnügen haben 3. (fig) erfahren, durchmachen; ~ мно́го бе́дствий viel Unglück erleiden

вку́сный <kf: -сен, -сна́, -сно> adj wohlschmeckend, schmackhaft, lecker; **быть вку́сным** gut schmecken

вкуша́ть vt E impf (pf: вкуси́ть) (auch fig) kosten, genießen

вла́га f A Nässe f, Feuchtigkeit f; **драгоце́нная ~** (geh) das kostbare Nass nt

влага́лище nt O1 (ANAT) Vagina f, Scheide f

владе́лец, владе́лица <gen m: -льца, цев> m K / f A 1. Eigentümer, -in m/f; 2. Inhaber, -in m/f, Besitzer, -in m/f; ~ а́кций Aktieninhaber m; ~ ли́чного счёта Kontoinhaber m; ~ магази́на уценённых това́ров Discounter m; ~ ме́ньшей до́ли а́кций Minderheitsaktionär m; ~ предприя́тия (фи́рмы) Geschäftsinhaber m; ~ скла́да Lagerhalter m; ~ судохо́дной компа́нии Schifffahrtsunternehmer m

владе́ние nt O2 1. Besitz m; ~ а́кциями Aktienbesitz m; **колониа́льные владе́ния** Kolonialbesitz m; ~ контро́льным паке́том а́кций Mehrheitsbesitz m; ~ контро́льной до́лей капита́ла Mehrheitsbeteiligung f; ~ ры́нком Marktbeherrschung f; 2. Beherrschung f; ~ ру́сским языко́м Beherrschung f der russischen Sprache

владе́ть v + inst E impf 1. besitzen; 2. beherrschen; **она́ владе́ет двумя́ иностра́нными языка́ми** sie beherrscht zwei Fremdsprachen

вла́жность f I Feuchtigkeit f

вла́жный <kf: -жен, -жна́, -жно> adj feucht

вла́мываться vr E impf (pf: вломи́ться) (во что-ли́бо) gewaltsam eindringen, einbrechen

вла́ствовать vi E2 impf (над кем-ли́бо/чем-ли́бо) herrschen (über +akk), regieren

власти́тель, власти́тельница m K1 / f A Herrscher, -in m/f

вла́стный <kf: -тен, -тна> adj 1. herrisch; 2. (nur kf) ermächtigt

власть f I pl e1 1. Macht f; 2. Gewalt f; **захвати́ть ~** die Macht ergreifen; **борьба́ за ~** Machtkampf m; **сме́на вла́сти** Machtwechsel m; 3. (im pl) Obrigkeit f; 4. Behörde f; **ме́стные вла́сти** die örtlichen Behörden; **росси́йские вла́сти** die russische Führung f

влачи́ть <präs: влачу́, -чи́шь> vt I impf

ertragen; ~ **жа́лкое существова́ние** dahinvegetieren
влеза́ть vi E impf (pf: влезть) 1. (на что-ли́бо) hinaufklettern; 2. (во что-ли́бо) hineingehen, hineingeraten; ~ **в долги́** (fig) Schulden machen; 3. (umg) hineinpassen; все ве́щи в чемода́н не вле́зут die Sachen gehen nicht alle in den Koffer hinein
влезть <fut: вле́зу, -зешь, prät: влез, -ла, imp: влезь> vi E6 pf (impf: влеза́ть) hinaufklettern
влечь <präs: влеку́, влечёшь, влеку́т, prät: влёк, влекла́> vt UE4 impf (pf: у-, по-) 1. (geh) schleppen, ziehen; 2. (fig: за собо́й) nach sich ziehen, zur Folge haben; 3. locken, anziehen; его́ влечёт к нау́ке ihn zieht es zur Wissenschaft
влива́ние nt O2 (MED) Infusion f; **фина́нсовые ~** (fig) Finanzspritze f
вли́ться <nur 3. pers: вольётся> vr E4 pf (impf: влива́ться) 1. (во что-ли́бо) hineinfließen; 2. (во что-ли́бо) hinzukommen
влия́ние nt O2 Einfluss m; **благотво́рное ~** wohltuende Wirkung f; **име́ть ~ на кого́-ли́бо/что-ли́бо** Einfluss haben (auf +akk); **поддава́ться чьему́-ли́бо влия́нию** sich beeinflussen lassen (von +dat)
влия́тельный <kf: -лен, -льна> adj einflussreich
вложе́ние nt O2 Anlage f; ~ **капита́ла** Kapitalanlage f, Vermögensanlage f; ~ **капита́ла в други́е предприя́тия** Fremdinvestition f
вло́женность f I (бло́ков в програ́мме) Schachtelung f
вложи́ть <fut: вложу́, вло́жишь> vt I pf (impf: вкла́дывать) hineinlegen
вломи́ться <fut: вломлю́сь, вло́мишься> vr I pf (impf: вла́мываться) gewaltsam eindringen
влюби́ться <fut: влюблю́сь, влю́бишься> vr I pf (impf: влюбля́ться) (в кого́-ли́бо) sich verlieben (in +akk)
влюблённость f I Verliebtheit f
влюблённый <kf: -лён, -лена́> adj verliebt
вменя́емый <kf: -ем> adj zurechnungsfähig
вме́сте adv zusammen, gemeinsam; ~ **с тем** gleichzeitig
вмести́мость f I Fassungsvermögen nt, Rauminhalt m
вмести́ть <fut: вмещу́, вмести́шь> vt I pf (impf: вмеща́ть) fassen, aufnehmen
вме́сто präp +gen anstelle (+gen), anstatt (+gen)
вмеша́тельство nt O Einmischung f, Intervention f; ~ **госуда́рства** staatlicher Eingriff m; ~ **на ры́нке** Marktintervention f
вме́шиваться vr E impf (pf: вмеша́ться) 1. sich einmischen; ~ **во всё** überall mitreden; 2. eingreifen, intervenieren

вмеща́ть <nur 3. pers: вмеща́ет> vt E impf (pf: вмести́ть) fassen, Platz bieten
вмиг adv augenblicklich, sofort
вмонти́ровать vt E2 pf (impf: вмонти́ровывать) einbauen
вмя́тина f A Delle f, Beule f
внача́ле adv zuerst, anfangs, zu Beginn
вне I. präp +gen 1. außer (+gen); ~ **до́ма** außer Haus; 2. außer (+dat); **быть ~ себя́** außer sich sein; ~ **вся́ких сомне́ний** unbezweifelbar**вне-** II. präfix außer-
внебра́чный adj unehelich
внебюдже́тный adj außerhalb des Budgets
вневе́домственный adj außerbehördlich
внедре́ние nt O2 Einführung f, Durchsetzung f; **быстре́йшее ~ рефо́рм** schnellstmögliche Durchsetzung von Reformen; ~ **на ры́нок** Marktdurchdringung f, Penetration f
внедри́ть <fut: внедрю́, -дри́шь> vt I pf (impf: внедря́ть) einführen; ~ **в пра́ктику** in die Praxis umsetzen
внедри́ться <fut: внедрю́сь, -дри́шься> vr I pf (impf: внедря́ться) 1. eingeführt werden; 2. eindringen; ~ **в созна́ние** (fig) sich im Bewusstsein verankern
внедря́ть vt E einführen
внезаводско́й adj außerbetrieblich
внеза́пно adv plötzlich, unerwartet; **внеза́пное паде́ние ку́рса** (ÖKON) Kurseinbruch m
внеземно́й adj außerirdisch
внеочередно́й adj 1. außer der Reihe; 2. außerordentlich
внеплано́вый adj außerplanmäßig
внепроизво́дственный adj betriebsfremd, außerbetrieblich
внесе́ние nt O2 Eintragung f; ~ **вкла́да нали́чными (в банк)** Bareinlage f
внести́ <fut: внесу́, -сёшь, prät: внёс> vt E6 pf (impf: вноси́ть) hineinbringen
внетари́фный adj; **внетари́фное торго́вое органиче́ние** Handelsschranke f
внешнеторго́вый adj Außenhandels-; **внешнеторго́вая документа́ция** Außenhandelsdokumente pl; **внешнеторго́вая опера́ция** Außenhandelsgeschäft nt; **внешнеторго́вая поли́тика** Außenhandelspolitik f; **внешнеторго́вая сде́лка** Auslandsgeschäft nt; **внешнеторго́вые отноше́ния** Außenhandelsbeziehungen pl; **внешнеторго́вый бала́нс** Außenhandelsbilanz f
внешнеэкономи́ческий adj außenwirtschaftlich, Außenwirtschafts-; **внешнеэкономи́ческая поли́тика** Außenwirtschaftspolitik f
вне́шний adj 1. äußerlich; ~ **вид** Äußeres nt; ~ **мир** Außenwelt f 2. auswärtig, extern; **вне́шняя поли́тика** Außenpolitik f; **вне́шная задо́лженность** Auslandsschul-

den *pl*; **внéшнее финансúрование** Außenfinanzierung *f*; **внéшние долгú** Auslandsschulden *pl*; ~ **заём** Auslandsanleihe *f*; ~ **оборóт (бáнка)** Auslandsgeschäft *nt*; ~ **рýнок** Auslandsmarkt *m* Weltmarkt *m*, Exportmarkt *m*; ~ **спрос** Auslandnachfrage *f*; **внéшняя слýжба** Außendienst *m*; **внéшняя торгóвля** Außenhandel *m*; **внéшняя эмúссия** Fremdemission *f*

внéшность *f I* Äußeres *nt*, Aussehen *nt*; **следúть за своéй** ~ auf sein Äußeres achten

внештáтный *adv* nebenberuflich; ~ **сотрýдник** freier Mitarbeiter *m*

вниз *adv* abwärts, hinunter, nach unten; ~ **по течéнию рекú** flussabwärts

внизý *adv* unten

вникáть *vi E impf (pf:* **вникнуть***)* eindringen, ergründen; ~ **во что-лúбо** Einsicht nehmen (in +*akk*); ~ **в чьи-лúбо проблéмы** sich um jds Probleme kümmern

внимáние *nt O2* Aufmerksamkeit *f*; **обращáть** ~ **на что-лúбо** etw beachten; **принимáть во** ~ in Betracht ziehen; **принимáя во** ~ in Anbetracht dessen; **благодарúм за** ~**!** vielen Dank für die Aufmerksamkeit!

внимáтельный <*kf:* -лен, -льна> *adj* 1. aufmerksam, konzentriert; 2. rücksichtsvoll, zuvorkommend; **быть внимáтельным** achtgeben, aufpassen

внимáть *vi E impf (pf:* **внять***)* 1. (*geh*) zuhören, lauschen; 2. hören (auf +*akk*), jds Rat befolgen

вничью́ *adv* (SPORT) unentschieden

вносúть <*präs:* вношý, внóсишь> *vt I impf (pf:* **внестú***)* 1. hereinbringen; 2. einzahlen, einbringen; ~ **вклад** einen Beitrag leisten; ~ **в депозит** hinterlegen; ~ **нóвое услóвие в договóр** eine neue Bedingung in einen Vertrag aufnehmen; ~ **задáток** anzahlen

внук *m K* Enkel *m*, Enkelkind *nt*

внýтренний *adj* 1. Innen-; **внýтренние болéзни** innere Krankheiten *pl* 2. intern; **внýтреннее запоминáющее устрóйство** (DV) interner Speicher *m* 3. innenpolitisch, Binnen-; 4. (ÖKON) betriebsintern; 5. (ÖKON) Inlands-; ~ **рýнок** Binnenmarkt *m*; **внýтренние авýары** Inlandsaktiva *pl*; **внýтренние актúвы** Inlandsaktiva *pl*; **внýтренние долгú** Inlandspassiva *pl*; **внýтренние долговúе обязáтельства** Inlandspassiva *pl*; **внýтренние издéржки предприя́тия** Betriebsausgaben *pl*; **внýтренние капиталовложéния** Inlandsbeteiligung *f*; **внýтренние пассúвы** Inlandspassiva *pl*; **внýтренние расхóды** interne Kosten *pl*; ~ **дéбет** Inlandsaktiva *pl*; ~ **размéр процéнта** interner Zinsfuß *m*; **внýтренняя пáмять** (DV) interner Speicher *m*; **внýтренняя процéнтная стáвка** interner Zinsfuß *m*; **внýтренняя ревúзия** interne Revision *f*; **внýтренняя систéма информáции** innerbetriebliche Kommunikationswege *pl*; **внýтренняя торгóвля** Binnenhandel *m*

внутрú I. *präp* +*gen* innerhalb (+*gen*); ~ **предприя́тия** unternehmensintern; II. *adv* innen

внутризаводскóй betriebsintern; **внутризаводскáя продýкция** innerbetriebliche Leistung *f*; **внутризаводскáя расчётная стóимость** [*o* **цена́**] Betriebswert *m*; **внутризаводскóе потреблéние** Eigenverbrauch *m*; ~ **трáнспорт** Werkverkehr *m*

внутрипартúйный *adj* innerparteilich

внутрипроизвóдственный betrieblich, betriebsintern

внутрь I. *präp* +*gen* ins Innere von; II. *adv* nach innen

внýчка <*gen pl:* -чек> *f A* Enkelin *f*

внушáть *vt E impf (pf:* внушúть*)* 1. (*что-лúбо комý-лúбо*) einflößen; ~ **довéрие** Vertrauen einflößen 2. (*мýсли и т.п.*) einreden, suggerieren; 3. (*прáвила поведéния и т.п*) einschärfen

внушéние *nt O2* 1. Suggestion *f*, Einflößung *f*; 2. Verweis *m*, Rüge *f*; **дéлать комý-лúбо** ~ jdm einen Verweis erteilen

внушúтельный <*kf:* -лен, -льна> *adj* 1. eindringlich; 2. beeindruckend

внушúть <*fut:* внушý, -шúшь> *vt I pf (impf:* внушáть*)* 1. einflößen; 2. einreden; 3. einschärfen

внять <*pr:* внéмлю, внéмлешь, *imp:* внéмли, *prät:* внял> *vi E9a pf (impf:* внимáть*) (комý-лúбо/чемý-лúбо)* erhören, vernehmen; ~ **прóсьбе** eine Bitte erhören

вóвремя *adv* rechtzeitig

вóвсе *adv* (*nur in Verbindung mit einer Negation*) ganz und gar (nicht); ~ **нет** überhaupt nicht

во-вторы́х *adv* zweitens

вóгнутый *adj* eingebogen, konkav

водá <*akk sg:* вóду> *f A pls* 1. Wasser *nt*; **питьевáя** ~ Trinkwasser *nt*; **прéсная** ~ Süßwasser; *nt* 2. (*im pl*) Gewässer *nt*; 3. (*im pl*) Kurort *m*, Bad *nt*; **чúстой водú** reinsten Wassers, durch und durch; **как в вóду кáнуть** spurlos verschwinden; **как две кáпли водú** zum Verwechseln ähnlich; **он прошёл сквозь огóнь и вóду** er ist mit allen Wassern gewaschen; **вúйти сухúм из водú** mit heiler Haut davonkommen; **жёлтая** ~ (MED) grüner Star *m*

водúтель *m K1* Fahrer *m*, Kraftfahrer *m*; **второй** ~ Beifahrer *m*

водúть <*präs:* вожý, вóдишь> *vt I unbest (best:* вестú*)* 1. führen, herumführen; ~ **за нос** (*fig*) jdn an der Nase herumführen; ~ **знакóмство с кéм-лúбо** eine Bekanntschaft pflegen (mit +*dat*) 2. (*автомобúль*) Auto fahren können

води́ться <*präs:* вожу́сь, -во́дишься> *vr I unbest* (*best:* вести́сь) **1.** (с кем-ли́бо) Umgang pflegen (mit +*dat*); **2.** (*nur 3. pers*) vorhanden sein, vorkommen; в э́той реке́ во́дится мно́го ры́бы in diesem Fluss gibt es viele Fische; **3.** (*nur 3. pers*) üblich sein; у нас так во́дится bei uns ist es so üblich; э́то за ним во́дится das ist seine Manier

во́дка <*gen pl:* -док> *f A* Wodka *m*

во́дник *m K* in der Schifffahrt Beschäftigter *m*

воднолы́жник *m K* Wasserskisportler *m*

во́дный *adj* Wasser-; ~ **путь** Wasserweg *m*; ~ **спорт** Wassersport *m*; **во́дные лы́жи** Wasserskier *pl*

водобоя́знь *f I* **1.** Tollwut *f*; **2.** Hydrophobie *f*, Wasserangst *f*

водоворо́т *m K* Strudel *m*

водоём *m K* **1.** Wasserreservoir *nt*; **2.** (*im pl*) Gewässer *nt*

водозабо́р *m K* Wasserentnahme *f*

водока́чка *f A* Pumpstation *f*, Pumpenhaus *nt*

водола́з *m K* Taucher *m*

водола́зка *f A* (*umg*) Rollkragenshirt *nt*

водола́зный *adj* Taucher-

водоле́й *m K2* **1.** (*созве́здие*) Wassermann *m*; **2.** (*pej*) Schwätzer *m*

водолече́ние *nt O2* Hydrotherapie *f*, Wasserbehandlung *f*

водомёт *m K* Wasserwerfer *m*

водонагрева́тель *m K1* Warmwasserboiler *m*

водонепроница́емый <*kf:* -ем> *adj* wasserdicht

водоотдели́тель *m K1* (TECH) Wasserabscheider *m*

водоохра́нный *adv*: **водоохра́нная зо́на** Schutzwassergebiet *nt*

водоочи́стка *f A* Wasseraufbereitung *f*

водопа́д *m K* Wasserfall *m*

водопла́вающий *adv*: **водопла́вающая пти́ца** Wasservögel *pl*

водопо́й *m K2* Tränke *f*

водоприёмник *m K* Vorfluter *m*

водопрово́д *m K* Wasserleitung *f*

водопрово́дный *adj* Wasserleitungs-; **водопрово́дная вода́** Leitungswasser *nt*

водоразде́л *m K* Wasserscheide *f*

водораствори́мый *adj* wasserlöslich

водоро́д *m K* Wasserstoff *m*

во́доросль *f I* Wasserpflanze *f*, Alge *f*

водоснабже́ние *nt O2* Wasserversorgung *f*; **горя́чее** ~ Warmwasserversorgung *f*; **питьево́е** ~ Trinkwasserversorgung *f*; **централизо́ванное** ~ zentrale Wasserversorgung *f*

водосто́к *m K* **1.** Abfluss *m*; **2.** Dachrinne *f*

водото́к *m K* Wasserlauf *m*

водоупо́рность *f I* Wasserbeständigkeit *f*

водохрани́лище *nt O1* Stausee *m*

во́ды *pl A* **1.** Gewässer *pl*; **2.** Kurort *m*; грунто́вые ~ Grundwasser *nt*; минера́льные ~ Mineralquellen *pl*; околопло́дные во́ды (MED) Fruchtwasser *nt*; сто́чные ~ Abwasser *nt*

водяни́стый *adj* wässerig

водяно́й I. *adj* Wasser-; ~ **знак** Wasserzeichen *nt*; **водяна́я ме́льница** Wassermühle *f*; **водяна́я струя́** Wasserstrahl *m*; **водяно́е отопле́ние** Wasserheizung *f*; **водяны́е живо́тные** Wassertiere *pl*; **II.** *m wie adj* Wassermann *m*

воева́ть <*präs:* вою́ю, вою́ешь> *vi E2 nur impf* **1.** (с кем-ли́бо) Krieg führen (gegen +*akk*); **2.** (*umg*) sich streiten

воеди́но *adv* vereint; **сли́ться** ~ zu einem Ganzen verschmelzen

военача́льник *m K* Feldherr *m*

военизи́рованный *adj* paramilitärisch

военнообя́занный *m wie adj* Wehrdienstpflichtige(r) *m*, Militärdienstpflichtige(r) *m*

военноплённый *m wie adj* Kriegsgefangene(r) *m*

военно-промы́шленный *adj*: ~ **ко́мплекс** militärisch-industrieller Komplex *m*

военнослу́жащий *m wie adj* Armeeangehörige(r) *m*

вое́нный I. *adj* **1.** Kriegs-; **объяви́ть вое́нное положе́ние** das Kriegsrecht verhängen; **вое́нное преступле́ние** Kriegsverbrechen *nt*; **2.** militärisch, Militär-; **II.** *m wie adj* **1.** Militär *nt*; **2.** Soldat *m*

вое́нщина *f A* (*pej*) Kriegstreiber *pl*, Soldateska *f*

вожа́к *m K* Anführer *m*, Führer *m*

вожделе́ние *nt O2* (*geh*) Lust *f*, Begierde *f*

вождь *m K1* **1.** Führer *m*; **2.** Häuptling *m*

вожжа́ *f A e2* Zügel *m*; **натяну́ть во́жжи** (*auch fig*) die Zügel straff ziehen

воз <*präpos sg:* на возу́> *m K ple* **1.** Fuhre *f*; **2.** Fuhrwerk *nt*; **а - и на нём там** (*fig*) trotz aller Mühe ist man noch kein Stück vorwärts gekommen

возбуди́мость *f I* Erregbarkeit *f*, Reizbarkeit *f*

возбуди́мый <*kf:* -и́м> *adj* reizbar, erregbar

возбуди́тель *m K1* Erreger *m*; ~ **заболева́ний** Krankheitserreger *m*

возбуди́ть <*fut:* возбужу́, -буди́шь> *vt I pf* (*impf:* возбужда́ть) **1.** (*интере́с*) hervorrufen, erwecken; **2.** (*аппети́т*) anregen; **3.** aufregen; ~ **де́ло про́тив кого́-либо** einen Prozess anstrengen (gegen +*akk*)

возбужда́ющий *adj* anregend; **возбужда́ющие сре́дства** Aufputschmittel *nt*, Doping *nt*

возбужде́ние *nt O2* Aufregung *f*, Erregung *f*

возбуждённый *adj* aufgeregt

возвести́ <*fut:* возведу́, -ведёшь> *vt*

Ёва pf (*impf:* возводи́ть) errichten, aufbauen

возвести́ть <*fut:* возвещу́, -ести́шь> *vt I pf* (*impf:* возвеща́ть) (*geh: что-ли́бо; о чём-ли́бо*) verkünden

возводи́ть <*präs:* возвожу́, -во́дишь> *vt I impf* (*pf:* возвести́) bauen, aufbauen, errichten; **~ в сте́пень** (MATH) potenzieren

возвра́т *m K* **1.** Rückgabe *f*, Remission *f*; **~ това́ра** (ÖKON) Warenrücksendung *f*, Remission *f*, Retoursendung *f* **2.** Rückerstattung *f*, Erstattung *f*, **~ де́нег** Rückzahlung *f*; **~ страховы́х взно́сов** Beitragserstattung *f*; **~ ча́сти страховы́х пре́мий** Rückvergütung *f*; **~ боле́зни** (MED) Rückfall *m*; **~а наза́д нет** es gibt kein Zurück

возврати́ть <*fut:* возвращу́, -врати́шь> *vt I pf* (*impf:* возвраща́ть) zurückgeben

возврати́ться <*fut:* возвращу́сь, врати́шься> *vr I pf* (*impf:* возвраща́ться) zurückkommen, zurückkehren

возвра́тный *adj* **1.** (ÖKON) Mehrweg-; **возвра́тная та́ра** Mehrwegverpackung *f* **2.** (LING) reflexiv; **~ глаго́л** reflexives Verb *nt*

возвраща́ть *vt E impf* (*pf:* возврати́ть) **1.** zurückgeben; **2.** zurückerstatten

возвраща́ться *vr E impf* (*pf:* возврати́ться) zurückkehren, zurückkommen; **~ домо́й** heimkommen; nach Hause kommen; **~ к вопро́су** (*fig*) auf eine Frage zurückkommen

возвраще́ние *nt O2* **1.** Rückkehr *f*, Heimkehr *f*; **2.** Rückerstattung *f*, Erstattung *f*, Remission *f*; **~ де́нег** Rückzahlung *f*; **~ това́ра** Retoursendung *f*, Remission *f*

возвы́ситься <*fut:* возвы́шусь, -вы́сишься> *vr I pf* (*impf:* возвыша́ться) **1.** steigen; **2.** (*де́лать карье́ру*) aufsteigen; **3.** sich erheben

возвыше́ние *nt O2* **1.** (*карье́ра*) Aufstieg *m*; **2.** Empore *f*

возвы́шенный <*kf:* -шен, -шенна> *adj* erhaben

возгла́вить <*fut:* возгла́влю, -вишь> *vt I pf* (*impf:* возглавля́ть) **1.** an die Spitze treten; **2.** leiten, an der Spitze stehen; **~ делега́цию** eine Delegation leiten

воздвига́ть *vt E impf* (*pf:* воздви́гнуть) errichten, erbauen

возде́йствие *nt O2* **1.** (*на кого́-ли́бо/что-ли́бо*) Einfluss *m*; **2.** Auswirkung *f*

возде́йствовать *vt E2 impf/pf* (*на кого́-ли́бо/что-ли́бо*) einwirken (auf + *akk*), sich auswirken (auf +*akk*)

возде́лывание *nt O2* (AGR) Anbau *nt*; **систе́ма ~ия** Anbausystem *nt*

возде́лывать *vt E impf* (*pf:* возде́лать) bebauen, bestellen; **~ по́ле** das Feld bestellen

воздержа́ние *nt O2* Enthaltsamkeit *f*, Abstinenz *f*

возде́ржанный <*kf:* -жан, -жанна> *adj* enthaltsam

воздержа́ться <*fut:* воздержу́сь, -де́ржишься> *vr I pf* (*impf:* возде́рживаться) (*от чего́-ли́бо*) sich enthalten (+*gen*); **~ от примене́ния си́лы** auf Gewaltanwendung verzichten

во́здух *m K* Luft *f*; **носи́ться в ~е** (*fig*) in der Luft liegen

воздуходу́вка <*gen pl:* -вок> *f A* Gebläse *nt*

возду́шный *adj* Luft-, luftig; **~ поцелу́й** Kusshand *f*; **стро́ить возду́шные за́мки** (*fig*) Luftschlösser bauen; **возду́шное сообще́ние на осно́ве догово́ров** (TRANSP) Charterverkehr *m*

воззва́ние *nt O2* Aufruf *m*, Appell *m*

воззре́ние *nt O2* Ansicht *f*, Anschauung *f*

вози́ться <*präs:* вожу́сь, во́зишься> *vr I impf* **1.** hantieren, sich zu schaffen machen; **~ в ку́хне** sich in der Küche zu schaffen machen **2.** (*с кем-ли́бо/чем-ли́бо*) sich abrackern, sich abmühen (mit +*akk*)

возлю́бленный, возлю́бленная *m/f wie adj* Geliebte(r) *mf*

возме́здие *nt O2* Vergeltung *f*, Rache *f*

возмести́ть <*fut:* возмещу́, -мести́шь> *vt I pf* (*impf:* возмеща́ть) (*что-ли́бо чем-ли́бо*) ersetzen, erstatten; **~ деньга́ми** in Geld ersetzen; **обя́занный возмести́ть убы́тки** schadensersatzpflichtig

возмеща́ть *vt E impf* (*pf:* -мести́ть) ersetzen, ausgleichen, decken, abfinden, entschädigen, kompensieren; **~ убы́тки** entgelten abfinden

возмеще́ние *nt O2* **1.** Ersatz *m*, Erstattung *f*; **~ НДС** Mehrwertsteuererstattung *f*; **в ви́де возмеще́ния** als Entgelt; **~ изде́ржек** Aufwandsentschädigung *f*; **~ страховы́х взно́сов** Beitragserstattung *f*; **~ убы́тков** Verlustausgleich *m*; **~ уще́рба** Schadensersatz *m*; Entschädigung *f*; **~ уще́рба в натура́льной фо́рме** Naturalersatz *m* **2.** Abfindung *f*, Bonifikation *f*

возмо́жно *adv* vielleicht, möglicherweise

возмо́жность *f I* Möglichkeit *f*, Gelegenheit *f*; **по возмо́жности** soweit möglich; gegebenenfalls; **~ вы́бора** Wahlmöglichkeit *f*; **~ испо́льзования** Disponierbarkeit *f*; **возмо́жности для де́йствий** Handlungsspielraum *m*; **ры́ночные возмо́жности** (ÖKON) Marktchancen *pl*; **возмо́жности сбы́та** (ÖKON) Absatzchancen *pl*; **упу́щенная ~** verpasste Chance *f*

возмо́жный <*kf:* -жен, -жна> *adj* **1.** möglich; **де́лать возмо́жным** ermöglichen; **2.** denkbar

возмути́тель *m K1* Aufrührer *m*; **~ споко́йствия** Störenfried *m*

возмути́тельный <*kf:* -лен, -льна> *adj* empörend

возмути́ть <*fut:* возмущу́, -мути́шь> *vt I pf* (*impf:* возмуща́ть) empören, entrüsten

возмути́ться <pr: возмущу́сь, возмути́шься> vr 1 pf (impf: возмуща́ться) sich empören, sich entrüsten
возмуще́ние nt O2 Empörung f, Zorn m
вознагради́ть <fut: вознагражу́, -гради́шь> vt 1 pf (impf: вознагражда́ть) belohnen, honorieren
вознагражда́ть vt E impf (pf: вознагради́ть) entschädigen, belohnen
вознагражде́ние nt O2 1. Belohnung f, Entlohnung f; 2. Entgelt nt, Prämie f, Bonifikation f, Honorar nt; ~ **за тру́д** Arbeitsentgelt m; ~ **за услу́ги** Provision f
вознесе́ние nt O2 (REL) Himmelfahrt f
возника́ть <nur 3. pers: возника́ет> vi E impf (pf: возни́кнуть) aufkommen, entstehen
возникнове́ние nt O2 Entstehung f, Aufkommen nt
возни́ца m A Kutscher m
возня́ f A1 1. Gepolter nt, Lärm m; ~ **вокру́г** viel Aufheben nt (um +akk) 2. Schererei f
возобнови́ть <fut: возобновлю́, -ви́шь> vt 1 pf (impf: возобновля́ть) erneuern, wiederaufnehmen; ~ **подпи́ску** das Abonnement erneuern
возобновле́ние nt O2 1. Erneuerung f; 2. Wiederaufnahme f
возража́ть vi E impf (pf: возрази́ть) 1. (кому́-ли́бо на что-ли́бо) widersprechen; 2. (проти́в кого́-ли́бо/чего́-ли́бо) Einwendungen [o Einwände] vorbringen (gegen + akk)
возраже́ние nt O2 1. Einwand m; 2. Widerrede f; 3. (JUR) Einspruch m
возрази́ть <fut: возражу́, -ази́шь> vi 1 pf (impf: возража́ть) 1. (отве́тить) erwidern, widersprechen; 2. (заме́тить, отме́тить) einwenden
во́зраст m K Alter nt, Entwicklungsstufe f; **де́тский** ~ Kindesalter nt; **пенсио́нный** ~ Rentenalter nt; **одного́ -а** gleichaltrig
возраста́ть <nur 3. pers: возраста́ет> vi E impf (pf: возрасти́) zunehmen, größer werden, anwachsen, steigen
возраста́ющий zunehmend
возрасти́ <nur 3. pers: возрастёт> vi E6 pf (impf: возраста́ть) größer werden, steigen
возроди́ть <fut: возрожу́, -оди́шь> vt 1 pf (impf: возрожда́ть) 1. wiederbeleben, aufleben lassen; 2. erneuern
возрожде́ние I. nt O2 1. Wiedergeburt f; 2. Erneuerung f; 3. Wiederaufbau m; 4. Renaissance f **воз-, вос-** II. präfix 1. auf-, empor-; 2. von neuem, wieder-
во́инский adj 1. Kriegs-; 2. Militär-
вои́нственный <kf: -вен, -венна> adj 1. kriegerisch; 2. militant
вою́ющий adj 1. militant, kämpferisch, kriegslüstern; 2. aggressiv, streitbar, angriffslustig

вой m K2 Heulen nt, Geheul nt; ~ **сире́ны** Sirengeheul nt
во́йлочный adj aus Filz, Filz-
война́ f A pls Krieg m; **братоуби́йственная** ~ Bruderkrieg m; **гражда́нская** ~ Bürgerkrieg m; **быть на войне́** an der Front sein; **вступа́ть в войну́** in den Krieg eintreten
во́йско nt O 1. Heer nt; 2. (im Pl) Truppen f pl
войти́ <fut: войду́, -дёшь, prät: вошёл, вошла́> vi E7a pf (impf: входи́ть) 1. hineingehen, eintreten, einsteigen; **войди́те!** herein! 2. (вступи́ть) beitreten; 3. (вмести́ться) hineinpassen; ~ **в привы́чку** zur Gewohnheit werden; ~ **в курс де́ла** sich mit etw vertraut machen; ~ **в чье-ли́бо положе́ние** sich in jds Lage versetzen
вокза́л m K Bahnhof m
вокру́г I. präp +gen um, um ... herum (+ akk); Земля́ дви́жется ~ Со́лнца die Erde kreist um die Sonne; **вокру́г го́рода** um die Stadt herum; II. adv ringsum, ringsherum, ringsumher
вол m K ple Ochse m; **рабо́тать как** ~ (fig) arbeiten, was das Zeug hält
Во́лга f A 1. (GEOG) Wolga f; 2. (KFZ) Wolga m
волево́й adj willensstark
волеизъявле́ние nt O2 Willenserklärung f
волейбо́л m K Volleyball m
волк m K ple1 Wolf m
волна́ f A pls Welle f, Woge f; **на волне́ успе́ха** (fig) auf einer Erfolgswelle
волнова́ть vt E2 impf (pf: вз-) 1. Wellen schlagen; 2. (fig) aufregen
волноре́з m K Wellenbrecher m
во́лос <gen pl: воло́с> m K ple1 (meist pl) Haar nt; ~**ы встаю́т ды́бом** (fig) die Haare stehen zu Berge
волосо́к <gen sg: -ска́> m K e 1. Härchen nt, Fussel nt; **на** ~ um ein Haar, um Haaresbreite 2. Drähtchen nt
волчи́ха f A (umg) Wölfin f
волчи́ца f A Wölfin f
волчо́к <gen sg: -чка́> m K Brummkreisel m
волше́бник, волше́бница m K / f A Zauberer, Zauberin m/f
волше́бный adj 1. Zauber-; **волше́бное сло́во** Zauberwort nt; 2. zauberhaft, bezaubernd
волы́нка f A 1. (MUS) Dudelsack m; 2. (umg) Trödeln nt; **тяну́ть волы́нку** Zeit schinden
волье́ра f A Voliere f, Freigehege nt
вольнослу́шатель m K1 Gasthörer m
во́льный [1] adj frei, unabhängig; **во́льная га́вань** Freihafen m; ~ **порт** Freihafen m; ~ **склад** Freilager nt; **во́льная торго́вля** Freihandel m

во́льный[2] <*kf:* -лен, -льна́, -льно> *adj* ungebunden, ungezwungen; **он во́льная пти́ца** er ist ein freier Vogel; **он во́лен де́лать, что он хо́чет** er ist sein eigener Herr; **~ перево́д** eine freie Übersetzung; **~ стиль** (SPORT) Freistil *m*
вольт *m K* (PHYS) Volt *nt*
вольфра́м *m K* (CHEM) Wolfram *nt*
во́ля[1] *f A1* Wille *m*; **име́ть си́лу во́ли** Willenskraft besitzen
во́ля[2] *f A1* Freiheit *f*; **дать во́лю свои́м чу́вствам** seinen Gefühlen freien Lauf lassen
вон *adv* fort, weg
вонь *f I* Gestank *m*
вообще́ *adv* 1. im Allgemeinen; 2. überhaupt; **~ говоря́** eigentlich
вооруже́ние *nt O2* 1. Bewaffnung *f*, Waffen *pl*; 2. Ausrüstung *f*
во-пе́рвых *adv* 1. erstens; 2. zunächst
вопию́щий *adj* (*fig*) schreiend, krass; **вопию́щее противоре́чие** ein krasser Widerspruch
воплоти́ть <*fut:* воплощу́, -оти́шь> *vt I pf* (*impf:* воплоща́ть) (*что-либо/в ком-либо/чём-либо*) verkörpern, verwirklichen; **~ в жизнь** in die Tat umsetzen
воплоще́ние *nt O2* Verkörperung *f*
вопреки́ *präp* +*dat* 1. ungeachtet (+*gen*); 2. wider (+*akk*)
вопро́с *m K* Frage *f*; **о́стрый ~** akute Frage *f*; **зада́ть ~** eine Frage stellen; **(по)ста́вить под ~** in Frage stellen
вопро́сник 1. Checkliste *f*; 2. Fragebogen *m*
вор *m K ple1* Dieb *m*; **~ карма́нный** Taschendieb *m*
ворва́ться <*fut:* ворву́сь, -вёшься> *vr E4 pf* (*impf:* врыва́ться) hineinstürmen
ворова́ть *vt E2 impf* (*pf:* с-) stehlen
ворожи́ть <*präs:* ворожу́, -жи́шь> *vi I impf* (*pf:* за-) 1. wahrsagen; 2. zaubern
во́рон *m K* Rabe *m*
воро́на *f A* Krähe *f*; **бе́лая ~** (*fig*) schwarzes Schaf *nt*
воро́нка <*gen pl:* -нок> *f A* 1. Trichter *m*; 2. Geschosstrichter *m*
воронкообра́зный *adj* trichterförmig
воро́та *pl O* 1. Tor *nt*, Pforte *f*; 2. (SPORT) Tor *nt*
воротни́к *m K* Kragen *m*
ворча́ть <*präs:* ворчу́, -чи́шь> *vi I impf* (*pf:* за-) 1. brummen; 2. knurren, murren
ворчли́вый <*kf:* -и́в> *adj* mürrisch, griesgrämig
во́семь <*gen:* восьми́, *inst:* восемью́, *oder:* восьмью́> *num* acht
во́семью *adv* achtmal
воск *m K* Wachs *nt*
воскреса́ть *vi E impf* (*pf:* воскре́снуть) 1. (REL) auferstehen; 2. (*fig*) wiedererwachen, wiederaufleben
воскресе́ние *nt O2* Auferstehung *f*
воскресе́нье *nt O1* Sonntag *m*

воскре́снуть *vi E1 pf* (*impf:* воскреса́ть) auferstehen
воспале́ние *nt O2* Entzündung *f*
воспалённый <*kf:* -лён, -лена́> *adj* entzündet
воспита́ние *nt O2* Erziehung *f*
воспи́танный <*kf:* -ан, -анна> *adj* wohlerzogen
воспо́льзоваться *v* + *inst E2 pf* (*impf:* по́льзоваться) benutzen, sich etw. zunutze machen; **~ слу́чаем** die Gelegenheit ergreifen
воспомина́ние *nt O2* 1. Erinnerung *f*; 2. (*im pl*) Memoiren *pl*
воспрети́ть <*fut:* воспрещу́, -прети́шь> *vt I pf* (*impf:* воспреща́ть) (*что-либо oder mit inf*) verbieten, untersagen
воспреща́ть *vt E impf* (*pf:* воспрети́ть) verbieten
восприя́тие *nt O2* 1. Wahrnehmung *f*; 2. Rezeption *f*
воспроизведе́ние *nt O2* 1. Nachbildung *f*, Kopie *f*; 2. Wiedergabe *f*, Reproduktion *f*
воспроизво́дство *nt O* Reproduktion *f*
воспроти́виться <*fut:* воспроти́влюсь, -вишься> *vr I pf* (*impf:* проти́виться) Widerstand leisten
воссоедине́ние *nt O2* Wiedervereinigung *f*
восстанови́ть[1] <*fut:* восстановлю́, -о́вишь> *vt I pf* (*impf:* восстана́вливать) 1. wiederherstellen; **~ в па́мяти** (*fig*) ins Gedächtnis zurückrufen; 2. (BAU) restaurieren
восстанови́ть[2] *vt I pf* (*impf:* восстана́вливать) (*кого-либо про́тив кого-либо/чего-либо*) aufreuzen, aufbringen (gegen +*akk*)
восстановле́ние *nt O2* 1. Wiederaufbau *m*; 2. Wiederaufnahme *f*; **~ дипломати́ческих отноше́ний** Wiederaufnahme diplomatischer Beziehungen; **~ в права́х** (JUR) Rehabilitation *f*; **~ трудоспосо́бности** (MED) Rehabilitation *f*
восто́к *m K* Osten *m*; **на ~е** im Osten; **на ~** nach Osten; **с ~а** von [*o* aus dem] Osten
Восто́к *m K* Orient *m*; **Бли́жний ~** Naher Osten *m*; **Да́льний ~** Ferner Osten *m*
восто́рг *m K* Begeisterung *f*; **прийти́ в ~** begeistert sein
восто́рженный <*kf:* -жен, -женна> *adj* begeistert
восторжествова́ть *vi E2 pf* (*impf:* торжествова́ть) (*над кем-либо/чем-либо*) die Oberhand gewinnen, triumphieren
восточногерма́нский *adj* ostdeutsch
восто́чный *adj* Ost-, östlich; **Восто́чная Евро́па** Osteuropa *nt*
востре́бование *nt O2* Abruf *m*; **до востре́бования** postlagernd
восхити́тельный <*kf:* -лен, -льна> *adj* wunderschön, entzückend
восхити́ть <*fut:* восхищу́, -ити́шь> *vt I*

pf (*impf:* восхища́ть) (*geh*) begeistern, entzücken
восьмёрка <*gen pl:* -рок> *f A* 1. Acht *f*, Achter *m*; 2. *Straßenbahnlinie Nr. 8*
восьмо́й *num ord* achte(r, s)
вот *part* hier, jetzt; вот наш дом da wohnen wir; вот как! na, so etwas! вот и всё das ist alles
воткну́ть *vt E1 pf* (*impf:* втыка́ть) hineinstechen
во́тум *m K* Votum *nt*
вошь <*gen sg:* вши, *inst sg:* во́шью> *f I* Laus *f*
вощёный *adj* gewachst, gebohnert
впервые *adv* zum ersten Mal
вперёд *adv* 1. vorwärts, nach vorn; 2. in Zukunft; 3. im voraus; часы́ ушли́ ~ die Uhr ging vor
впереди́ I. *präp* +*gen* vor (+*dat*); II. *adv* voraus, voran
вперемёжку *adv* abwechselnd
вперемёшку *adv* durcheinander, in Unordnung, kunterbunt
впечатле́ние *nt O2* Eindruck *m*; како́е у вас ~ от э́того? welchen Eindruck haben Sie davon?
впива́ть *vt E impf* (*pf:* впить) (*в себя́*) in sich aufnehmen, einsaugen
впива́ться *vr E impf* (*pf:* впи́ться) sich festklammern (an +*akk*); ~ зуба́ми sich festbeißen; ~ глаза́ми в кого́-либо/что-либо kein Auge lassen (von +*dat*); ~ в кни́гу (*fig*) sich in ein Buch vertiefen
вписа́ть <*fut:* впишу́, впи́шешь> *vt I pf* (*impf:* впи́сывать) einschreiben, eintragen
впита́ть *vt E pf* (*impf:* впи́тывать) 1. aufsaugen, einsaugen; 2. (*fig*) in sich aufnehmen
впи́ться <*fut:* вопью́сь, вопьёшься> *vr E4c pf* (*impf:* впива́ться) sich festklammern (an +*dat*)
впи́хивать *vt E impf* (*pf:* впихну́ть) (*кого́-либо/что-либо во что-либо*) hineinzwängen, hineinpferchen
вполго́лоса *adv* halblaut
вполне́ *adv* völlig, durchaus
впра́во *adv* 1. rechts; 2. nach rechts
впредь 1. künftig; 2. von nun an; ~ до дальне́йшего распоряже́ния bis auf weiteres
впро́чем *konj* 1. nichtsdestoweniger, trotzdem; 2. übrigens, im übrigen
впры́скивать *vt E impf* (*pf:* впры́снуть) (TECH, MED) einspritzen, ınjızıeren
впя́теро *adv* fünffach, fünfmal
впятеро́м *adv* zu fünft
враг *m K e* Feind *m*, Gegner *m*
враждова́ть *vi E2 nur impf* (*с кем-либо*) auf dem Kriegsfuß stehen (mit +*dat*)
враз *adv* 1. gleichzeitig, auf einmal; 2. sofort
врата́рь *m K1* Torwart *m*
врать <*präs:* вру, врёшь> *vi E4 impf* (*pf:* совра́ть) (*umg*) flunkern, lügen
врач <*gen pl:* -че́й> *m K e* Arzt *m*

враща́ться *vr E nur impf* 1. sich drehen; 2. verkehren; ~ в учёных круга́х in gelehrten Kreisen verkehren
вред <*gen sg:* вреда́> *m K* 1. Schaden *m*; 2. Nachteil *m*
вре́дный <*kf:* -ден, -дна́, -дно> *adj* schädlich, gefährlich
времена́ми *adv* zeitweise, ab und zu
вре́менно *adv* einstweilig, vorläufig; ~ освободи́ть от рабо́ты (von der Arbeit) freistellen
временно́й *adj* Zeit-, zeitlich; временно́е ограниче́ние zeitliche Begrenzung *f*
вре́менный *adj* zeitweilig, vorübergehend; вре́менная а́кция (ÖKON) Zwischenschein *m*; вре́менная ме́ра Provisorium *nt*; вре́менная остано́вка Stillegung *f*; вре́менная рабо́та Job *m* Gelegenheitsarbeit *f*; вре́менная цена́ Sonderpreis *m*; вре́менное закры́тие предприя́тия Betriebssperre *f*; вре́менное освобожде́ние от до́лжности Suspension *f*; вре́менное свиде́тельство Anteilschein *m*; ~ поря́док Übergangsregelung *f*; ~ сертифика́т (ÖKON) Anteilschein *m* Zwischenschein *m*
вре́мя <*gen sg:* вре́мени> *f U1* Zeit *f*, Uhrzeit *f*; ~ вы́борки (DV) Zugriffszeit *f*; ~ выполне́ния рабо́чей опера́ции (ÖKON) Einzelzeit *f*; ~ изготовле́ния едини́цы проду́кции (ÖKON) Stückzeit *f*; ~ исполне́ния кома́нды (DV) Zugriffszeit *f*; ~ на нала́дку (ÖKON) Rüstzeit *f*; ~ рабо́ты магази́на Ladenöffnungszeiten *pl*; реа́льное ~ (DV) Echtzeit *f*; ~ су́ток Tageszeit *f*; тра́тить ~ впусту́ю Zeit verschwenden; ~ от вре́мени von Zeit zu Zeit; всё ~ immer, ständig; в то же ~ gleichzeitig; тем вре́менем zur selben Zeit
времяпрепровожде́ние *nt O2* Zeitvertreib *m*
вруче́ние *nt O2* 1. Überreichen *nt*, Verleihung *f*; 2. Zustellung *f*
вручи́ть <*fut:* вручу́, -чи́шь> *vt I pf* (*impf:* вруча́ть) aushändigen, überreichen
врыва́ться *vr E impf* (*pf:* ворва́ться) gewaltsam eindringen, einbrechen
ВС *abk von* Верхо́вный Сове́т *m* Oberster Sowjet *m*
вса́дник, вса́дница I. *m K* / *f A* Reiter, -in *m*/*f* вс́е- II. *präfix* all-, allumfassend
всё[1] *siehe* весь
всё[2] *adv* 1. dauernd, immer; 2. bis jetzt; он ~ ещё бо́лен er ist immer noch krank; ~ же dennoch, trotzdem
всевозмо́жный *adj* allerlei, vieler Art
всегда́ *adv* immer
вселе́нная *f wie adj* Weltall *nt*, Universum *nt*
всеме́рный *adj* größtmöglich
все́меро *adv* siebenmal
всеми́рно *adv* Welt-; ~-изве́стный weltberühmt

всеми́рный *adj* 1. Welt-; 2. weltweit; **всеми́рная сла́ва** Weltruhm *m*
всео́бщий allgemein; **всео́бщая забасто́вка** Generalstreik *m*; **всео́бщее избира́тельное пра́во** das allgemeine Wahlrecht *nt*; **всео́бщая во́инская обя́занность** die allgemeine Wehrpflicht *f*
всеобъе́млющий <*kf:* -лющ> *adj* umfassend; ~ **контро́ль** totale Kontrolle *f*
всерьёз *adv* im Ernst, ernstgemeint
всё-таки *konj* trotzdem, ungeachtet dessen
вска́кивать *vi E impf* (*pf:* вскочи́ть) 1. (*на кого́-либо/что-либо*) hinaufspringen; 2. aufspringen, auffahren; ~ **с посте́ли** aus dem Bett fahren; ~ **от испу́га** vor Schreck aufspringen
вско́льзь *adv* beiläufig, nebenher
вско́ре *adv* bald, in kurzer Zeit
вскочи́ть <*fut:* вскочу́, вско́чишь> *vi I pf* (*impf:* вска́кивать) 1. hinaufspringen; 2. aufspringen
вскри́кивать *vi E impf* (*pf:* вскри́кнуть) aufschreien
вскружи́ть <*fut:* вскружу́, вскру́жишь> *vt I pf* (*impf:* кружи́ть): ~ **го́лову кому́-либо** jdm den Kopf verdrehen
вскры́тие *nt O2* 1. Öffnen *nt*; 2. (MED) Obduktion *f*
вскры́ть <*fut:* вскро́ю, вскро́ешь> *vt E8 pf* (*impf:* вскрыва́ть) 1. öffnen, aufmachen; 2. (*fig: недоста́тки*) aufdecken, offenbaren; 3. (MED) obduzieren
всласть *adv* nach Herzenslust
всле́дствие *präp +gen* infolge (+*gen*), aufgrund (+*gen*)
слепу́ю *adv* blindlings, aufs Geratewohl
всмя́тку *adv* weichgekocht; **яйцо́** ~ ein weichgekochtes Ei; **свари́ть яйцо́** ~ ein Ei weich kochen
всо́вывать *vt E impf* (*pf:* всу́нуть) (-*что-либо во что-либо*) etw einstecken (in +*akk*); ~ **ру́ки в карма́ны** die Hände in die Taschen stecken
вспе́ниватель *m K1* Schaumerzeuger *m*, Schäumer *m*
вспо́мнить <*fut:* вспо́мню, вспо́мнишь> *vt I pf* (*impf:* вспомина́ть) (*кого́-либо/что-либо; о ком-либо/чём-либо*) sich erinnern, zurückdenken (an +*akk*); **вспо́мнил!** jetzt fält es mir ein!
вспомога́тельный *adj* Hilfs-, Behelfs-; **вспомога́тельное ме́сто возникнове́ния затра́т** (ÖKON) Hilfskostenstelle *f*; **вспомога́тельное сре́дство** Hilfsmittel *nt*; **вспомога́тельные кни́ги** (ÖKON) Hilfsbücher *pl*; ~ **глаго́л** (LING) Hilfsverb *nt*; ~ **материа́л** Hilfsmaterial *nt*; ~ **персона́л** Hilfskräfte *pl*; ~ **счёт** (ÖKON) Interimskonto *nt*; ~ **текст** (DV) Hilfetext *m*; ~ **файл** (DV) Hilfedatei *f*; **вспомога́тельная фу́нкция** Hilfsfunktion *f*
вспыли́ть <*fut:* вспылю́, -ли́шь> *vi I pf* aufbrausen, zornig werden
вспы́льчивый <*kf:* -ив, -ива> *adj* reizbar, jähzornig
вспы́хивать *vi E impf* (*pf:* вспы́хнуть) 1. in Brand geraten, aufflammen; 2. (*fig: война́*) ausbrechen; 3. erröten, erglühen
вспы́шка *f A* 1. Aufflammen *nt*; 2. (*fig*) Ausbruch *m*; ~ **эпиде́мии** Ausbruch *m* einer Epidemie; ~ **гне́ва** Wutanfall *m*; 3. (FOT) Blitzlicht *nt*
вспя́ть *adv* rückwärts, zurück
встава́ть <*präs:* встаю́, встаёшь> *vi E3 impf* (*pf:* встать) 1. aufstehen, sich erheben; 2. aufgehen; **со́лнце вста́ло** die Sonne ist aufgegangen
вста́вить <*fut:* вста́влю, -вишь> *vt I pf* (*impf:* вставля́ть) 1. einsetzen, einfügen; ~ **о́кна** Fenster einsetzen; ~ **карти́ну в ра́му** ein Bild einrahmen; ~ **ка́мень в опра́ву** einen Edelstein fassen; ~ **в текст** in den Text einfügen; ~ **(своё) слове́чко** (*fig*) seinen Senf dazugeben 2. hineinstecken, hineinlegen; ~ **плёнку в фотоаппара́т** einen Film einlegen
вста́вка <*gen pl:* -вок> *f A* 1. (*де́йствие*) Einsetzen *nt*, Einfügen *nt*; 2. (*вста́вленный отры́вок*) Zusatz *m*, eingesetzte Stelle *f*
встать <*fut:* вста́ну, вста́нешь> *vi E9b pf* (*impf:* встава́ть) aufstehen
встре́тить <*fut:* встре́чу, встре́тишь> *vt I pf* (*impf:* встреча́ть) 1. treffen, begegnen; 2. finden, entdecken; 3. empfangen
встре́ча *f A* 1. Treffen *nt*, Begegnung *f*; ~ **на вы́сшем у́ровне** Gipfeltreffen *nt*;; ~ **в верха́х по экономи́ческим вопро́сам** Wirtschaftsgipfel *m* 2. Begrüßung *f*, Empfang *m*; **устро́ить кому́-либо торже́ственную встре́чу** jdn feierlich empfangen; 3. (ÖKON) Termin *m*; 4. (SPORT) Spiel *nt*, Begegnung *f*
встреча́ть I. *vt E impf* (*pf:* встре́тить) 1. treffen, begegnen; 2. finden, entdecken; ~ **понима́ние у кого́-либо** auf Verständnis stoßen (bei +*dat*) 3. empfangen; ~ **кого́-либо на вокза́ле** jdn am Bahnhof abholen; ~ **Но́вый год** das Neue Jahr willkommen heißen; **встреча́ться** II. *vr E impf* (*pf:* встре́титься) 1. (*с кем-либо*) treffen, sich treffen; 2. vorkommen; **тако́е встреча́ется не ча́сто** so etwas kommt selten vor; 3. (SPORT) spielen (gegen +*akk*)
встре́чный *adj* Gegen-, entgegenkommend; **встре́чное движе́ние** Gegenverkehr *m*; **встре́чное исполне́ние** Gegenleistung *f*, ~ **вопро́с** Rückfrage *f*, Gegenfrage *f*
встря́хивать *vt E impf* (*pf:* встряхну́ть) 1. aufschütteln, ausschütteln; 2. (*fig*) aufrütteln
вступи́ть <*fut:* вступлю́, всту́пишь> *vi I pf* (*impf:* вступа́ть) 1. (*войти́*) einmarschieren; 2. (*стать чле́ном*) eintreten, bei-

treten; **3.** (*начáть*) beginnen; ~ **в контáкт** Kontakt aufnehmen; ~ **в спор** einen Streit anfangen; ~ **в переговóры** Verhandlungen einleiten; ~ **в дóлжность** ein Amt [*o* seinen Dienst] antreten; ~ **в сúлу** in Kraft treten **4.** (MUS) einsetzen

вступúться <*fut:* вступлю́сь, вступи́шься> *vr I pf* (*impf:* вступáться) (*за когó-либо/чтó-либо*) eintreten, sich einsetzen, Partei ergreifen (für +*akk*)

вступлéние *nt O2* **1.** Einmarsch *m*; **2.** Eintritt *m*, Beitritt *m*; ~ **в граждáнский процéсс в кáчестве трéтей стороны** (JUR) Intervention *f*; ~ **в договóр в кáчестве солидáрного должникá** (ÖKON) Schuldbeitritt *m*; ~ **в управлéние предприя́тием** Geschäftsübernahme *f*; ~ **во владéние предприя́тием** Geschäftsübernahme *f* **3.** Einleitung *f*, Vorwort *nt*; **4.** (MUS) Vorspiel *nt*

вступúтельный *adj* Eintritts-, Eröffnungs-; **вступúтельная зáпись** (ÖKON) Eröffnungsbuchungen *pl*; **вступúтельное занесéние на счёт** (ÖKON) Eröffnungsbuchungen *pl*; **вступúтельные ограничéния** Zutrittsschranken *pl* Zutrittsbarrieren *pl*; ~ **балáнс** (ÖKON) Eröffnungsbilanz *f*, Anfangsbilanz *f*

всýнуть *vt E1 pf* (*impf:* всóвывать) hineinstecken

всю́ду *adv* überall

вся *siehe* **весь**

вся́кий *pron det* **1.** jede(r, s); ~ **раз однó и тó же** jedes Mal dasselbe; **во вся́ком слýчае** jedenfalls; **2.** verschieden; **вся́кие кнúги** verschiedene Bücher; **без вся́кого сомнéния** ganz ohne Zweifel

Вт *abk von* **Ватт** *m* Watt *nt*

втáйне *adv* heimlich, im stillen

втерéть <*fut:* вотру́, -трёшь, *prät:* втёр, -ла> *vt E4b pf* (*impf:* втирáть) (*чтó-либо во чтó-либо*) einreiben, einmassieren; ~ **очкú комý-либо** (*fig*) jdm Sand in die Augen streuen

втерéться <*fut:* вотру́сь, -трёшься> *vr E4b pf* (*impf:* втирáться) sich hineindrängen, sich einschleichen; ~ **в довéрие к комý-либо** (*fig*) sich in jds Vertrauen einschleichen (bei +*dat*)

втихомóлку *adv* im geheimen, klammheimlich

вторгáться *vi E impf* (*pf:* втóргнуться) gewaltsam eindringen, einbrechen

втóргнуться *vi E1 pf* (*impf:* вторгáться) eindringen

вторжéние *nt O2* **1.** Einbruch *m*; **2.** (MIL) Invasion *f*

вторúчный <*kf:* -чен, -чна> *adj* sekundär; **вторúчное испóльзование** Recycling *nt*; **вторúчное обращéние к респондéнтам** (ÖKON) Nachfassaktion *f*; **вторúчные затрáты** (ÖKON) sekundäre Kosten *pl*; ~ **оборóтный докумéнт** (ÖKON) gekorene Orderpapiere *pl*; ~ **сéктор** (ÖKON) sekundärer Sektor *m*

втóрник *m K* Dienstag *m*

вторóй *num ord* zweite(r, s); **со вторóго захóда** beim zweiten Versuch; **узнáть из вторы́х рук** aus zweiter Hand erfahren; **обрестú вторóе дыхáние** neue Kraft schöpfen

второстепéнный <*kf:* -éнен, -éнна, -éнно> *adj* **1.** nebensächlich; **игрáть второстепéнную роль** eine untergeordnete Rolle spielen **2.** zweitrangig, mittelmäßig; ~ **писáтель** ein mittelmäßiger Schriftsteller

в-трéтьих *adv* drittens

втрóе *adv* dreimal, dreifach

втроём *adv* zu dritt

втýлка <*gen pl:* -лок> *f A* Buchse *f*

втыкáть *vt E impf* (*pf:* воткнýть) (EL) einstecken

втянýть *vt E1 pf* (*impf:* втя́гивать) **1.** einziehen, hineinziehen, hinaufziehen; **2.** (*привлéчь*) heranziehen, hinzuziehen; **3.** (*вовлéчь*) verwickeln; ~ **когó-либо в (неприя́тную) истóрию** jdn in eine Affäre verwickeln; ~ **когó-либо в игрý** jdn zum Spiel verleiten

втянýться *vr E1 pf* (*impf:* втя́гиваться) **1.** (*привы́кнуть*) sich einleben, sich gewöhnen; ~ **в рабóту** sich einarbeiten **2.** (*пристрастúться*) seine Leidenschaft für etw entdecken

вуалúровать *vt E2 impf* (*pf:* за-) verschleiern, vertuschen

вуáль *f I* Schleier *m*

вуз *abk von* **вы́сшее учéбное заведéние** *nt* Hochschule *f*

вулкáн *m K* Vulkan *m*; **дéйствующий** ~ tätiger Vulkan *m*; **извержéние** ~**а** Ausbruch *m* eines Vulkans

вулканизáт *m K* (CHEM) Vulkanisat *nt*, Gummi *m*

вулканизáция *f A2* Vulkanisation *f*, Vulkanisierung *f*; ~ **горя́чим вóздухом** Heißluftvulkanisation *f*

вход *m K* **1.** Eingang; **глáвный** ~ Haupteingang *m*; **2.** Eintritt *m*; ~ **воспрещён** Eintritt verboten; **бесплáтный** ~ freier Eintritt *m*; **плáта за** ~ Eintrittsgeld *nt*

входúть <*präs:* вхожý, вхóдишь> *vi I impf* (*pf:* войтú) **1.** hineingehen, eintreten; **входú(те)!** komm(en Sie) herein! **2.** (*в вагóн и т.п.*) einsteigen; **3.** (*в состáв*) zu etw gehören; ~ **в коалúцию** an einer Koalition beteiligt sein; ~ **в чьи-либо обя́занности** zu jds Pflichten gehören; ~ **в чьи-либо расчёты** von jdm einkalkuliert sein **4.** (*вмещáться*) hineinpassen

входнóй *adj* **1.** Eingangs-; **вхóдая дверь** Eingangstür *f* **2.** Eintritts-; ~ **билéт** Eintrittskarte *f*

входя́щий *adj* (ADMIN) eingehend;

входя́щие докуме́нты eingehende Unterlagen *pl*
вхолосту́ю *adv* im Leerlauf
вцепи́ться <*fut:* вцеплю́сь, вце́пишься> *vr I pf* (*impf:* вцепля́ться) (*в кого́-ли́бо/что́-ли́бо*) sich festklammern (an +*dat*)
вчера́ *adv* gestern
вче́тверо *adv* viermal, vierfach
вчетверо́м *adv* zu viert
в-четвёртых *adv* viertens
вше́стеро *adv* sechsmal, sechsfach
вшестеро́м *adv* zu sechst
в-шесты́х *adv* sechstens
въезд *m K* 1. Einfahrt *f*; 2. Einreise *f*; 3. (*в но́вую кварти́ру*) Einzug *m*
въе́хать <*fut:* въе́ду, въе́дешь> *vi UE2 pf* (*impf:* въезжа́ть) 1. hineinfahren; 2. einreisen; 3. einziehen
вы I. <2. *pers pl:* вы, вас, вам, вас, ва́ми, о вас> *pron pers* 1. ihr; 2. Sie**вы-** II. *präfix* 1. *verbales Präfix zum Ausdruck des Erreichens eines Zieles ('völlig')*; 2. *Präfix mit der Bedeutung 'aus-', 'heraus-'*
вывиба́ть *vi E impf* (*pf:* вы́бить) 1. (*стекло́*) zerschlagen; 2. (*ковёр*) ausklopfen; ~ **дополни́тельные сре́дства** (*fig*) zusätzliche Mittel herausschlagen; ~ **кого́-ли́бо из колеи́** jdn aus dem Gleis bringen [*o* werfen]
выбива́ться *vr E impf* (*pf:* вы́биться) mühselig herauskommen; ~ **из долго́в** aus den roten Zahlen [*o* Schulden] kommen; ~ **из сил** von Kräften kommen
выбира́ть *vt E impf* (*pf:* вы́брать) 1. auswählen, aussuchen; 2. auslesen, aussondern; 3. wählen
выбира́ться *vr E impf* (*pf:* вы́браться) mit Mühe hinausgelangen; ~ **из кри́зиса** eine Krise überwinden; ~ **в теа́тр** die Möglichkeit finden, ins Theater zu gehen
вы́бить <*fut:* вы́бью, вы́бьешь> *vt E4c pf* (*impf:* выбива́ть) herausschlagen
вы́боина *f A* Schlagloch *nt*
вы́бор *m K* 1. Wahl *f*, Auswahl *f*; **у меня́ нет вы́бора** ich habe keine Wahl; **сде́лать пра́вильный ~** die richtige Wahl treffen; **ме́ста размеще́ния** Standortwahl *f*; **предлага́ться на ~** zur Auswahl stehen; ~ **това́ров** Warenauswahl *f* 2. (*im pl*) Wahlen *f pl*; **досро́чные ~ы** vorgezogene Neuwahlen *pl*
вы́борка *f A* 1. (*meist pl*) Exzerpt *nt*, Auszug *m*; **де́лать ~и** exzerpieren; ~ **да́нных** (DV) Datenabruf *m* 2. Sample *nt*, Stichprobe *f*
вы́борочный *adj*: **вы́борочная про́ба** [*o* **прове́рка**] Stichprobe *f*; **вы́борочное наблюде́ние** Repräsentativerhebung *f*; **вы́борочное обсле́дование** Sample *nt*
вы́борщик *m K* Wahlmann *m*
выбра́сывание *nt O2* Emission *f*
выбра́сывать *vt E impf* (*pf:* вы́бросить) 1. wegwerfen; 2. (*auch fig*) hinauswerfen; ~ **на сва́лку** auf den Müll werfen; ~ **на ры́нок** auf den Markt bringen; ~ **что́-ли́бо из головы́** sich etw aus dem Kopf schlagen
вы́брать <*fut:* вы́беру, -берешь, *prät:* вы́брал> *vt UE5 pf* (*impf:* выбира́ть) wählen, auswählen
вы́браться <*fut:* вы́берусь, -берешься> *vr UE5 pf* (*impf:* выбира́ться) mit Mühe hinausgelangen
вы́брос *m K* Emission *f*
вы́бросить <*fut:* вы́брошу, -бросишь> *vt I pf* (*impf:* выбра́сывать) wegwerfen, hinauswerfen
вы́быть <*fut:* вы́буду, -будешь> *vi UE1 pf* (*impf:* выбыва́ть) 1. ausscheiden, austreten; ~ **из шко́лы** von der Schule abgehen; 2. (SPORT) ausscheiden
вы́везти <*fut:* вы́везу, -зешь> *vt E6 pf* (*impf:* вывози́ть) hinausfahren, abtransportieren
вы́верка *f A* Prüfung *f*, Eichung *f*, Justierung *f*
выверя́ть *vt E impf* (*pf:* вы́верить) prüfen, eichen, justieren
вы́веска <*gen pl:* -сок> *f A* 1. Aushängeschild *nt*; 2. Firmenschild *nt*, Dienststellenschild *nt*; **сме́на вы́весок** (*fig*) Etikettenwechsel *m*
вы́вести <*fut:* вы́веду, -ведешь> *vt E6 pf* (*impf:* выводи́ть) 1. hinausführen, hinausbefördern; 2. herausmachen, entfernen; 3. ausbrüten, züchten
вы́вод *m K* 1. Hinausbefördern *nt*; ~ **войск** (MIL) Truppenabzug *m*; 2. Schlussfolgerung *f*; **де́лать ~ы** Konsequenzen ziehen *f*; (EL) Klemme *f*; 4. (DV) Ausgabe *f*; ~ **да́нных** Datenausgabe *f*
выводи́ть <*präs:* вывожу́, -во́дишь> *vt I impf* (*pf:* вы́вести) 1. hinausführen, hinausbefördern; ~ **войска́** die Truppen abziehen; ~ **из кри́зиса** aus der Krise führen; ~ **из терпе́ния** aus der Fassung bringen 2. entfernen; ~ **пятно́** einen Fleck entfernen; 3. (BIO) ausbrüten, züchten
вы́воз *m K* Ausfuhr *f*, Export *m*; ~ **капита́ла** (ÖKON) Kapitalausfuhr *f*; ~ **това́ров** (ÖKON) Warenexport *m*
вывози́ть <*präs:* вывожу́, -во́зишь> *vt I impf* (*pf:* вы́везти) 1. hinausfahren, abtransportieren; ~ **дете́й на о́тдых** die Kinder in ein Ferienlager bringen; 2. exportieren; 3. mitnehmen, mitbringen
вывозно́й *adj* Ausfuhr-, Export-; **вывозна́я по́шлина** Ausfuhrzoll *m*, Exportabgabe *f*; **вывозно́е разреше́ние** Ausfuhrbewilligung *f*, Exportbewilligung *f*, Exporterlaubnis *f*; **вывозно́е свиде́тельство** Ausfuhrbescheinigung *f*
вы́глядеть <*präs:* вы́гляжу, -гляди́шь> *vi I impf* aussehen; **ты чуде́сно вы́глядишь** du siehst blendend aus

вы́говор *m K* 1. (LING) Aussprache *f*; 2. (*fig*) Rüge *f*, Verweis *m*
вы́года *f A* 1. Vorteil *m*, Nutzen *m*; **извле́чь вы́году из чего́-ли́бо** Vorteil ziehen (aus +*dat*) 2. Profit *m*, Gewinn *m*; ~ **при поку́пке** Einkaufsvorteil *m*
вы́годный <*kf*: -ден, -дна> *adj* 1. vorteilhaft, günstig; 2. lukrativ, gewinnbringend; **осо́бо вы́годное предложе́ние** (ÖKON) Lockvogelangebot *nt*
выора́живать *vt E impf* (*pf*: вы́городить) 1. umzäunen, abzäunen; 2. (*fig: кого-ли́бо*) reinwaschen
вы́гореть[1] <3. pers: вы́горит> *vi I pf* (*impf*: выгора́ть) 1. verbrennen, niederbrennen; 2. (*вы́цвести*) verblassen, verschießen
вы́гореть[2] <3. pers.: вы́горит> *vi I pf* (*impf*: выгора́ть) 1. gelingen; **де́ло не вы́горело** die Sache ist schiefgegangen
вы́городить <*fut*: вы́горожу, -городишь> *vt I pf* (*impf*: выгора́живать) 1. abzäunen, 2. reinwaschen
выгружа́ть *vt E impf* (*pf*: вы́грузить) ausladen, abladen, entladen
выдава́ть <*präs*: выдаю́, выдаёшь> *vt E3 impf* (*pf*: вы́дать) 1. aushändigen, ausgeben; 2. ausstellen; 3. gelten lassen wollen für etw
выдава́ться <3. pers: -выдаётся> *vr E3 impf* (*pf*: вы́даться) heraustehen, hervorragen
вы́дать <*präs*: вы́дам, вы́дашь> *vt U2 pf* (*impf*: выдава́ть) 1. aushändigen, ausgeben; ~ **кни́ги на́ дом** Bücher ausleihen; ~ **зарпла́ту** den Lohn [*o* das Gehalt] auszahlen;; ~ **за́муж** (*fig*) ein Mädchen verheiraten 2. (*докуме́нт*) ausstellen, erteilen; ~ **аккредити́в** akkreditieren; ~ **зака́зы** Aufträge vergeben; ~ **лице́нзию** eine Lizenz erteilen [*o* ausstellen]; ~ **удостовере́ние** eine Bescheinigung ausstellen; 3. (*престу́пника*) ausliefern; 4. (*та́йну*) verraten, offenbaren; ~ **себя́** sich verraten; ~ **свои́ наме́рения** seine Gedanken offenbaren 5. (*за кого́-ли́бо/что́-ли́бо*) ausgeben (für +*akk*); ~ **чью-ли́бо мысль за свою́** j-s Idee für die seinige ausgeben
вы́дача *f A1* 1. Aushändigung *f*, Verteilung *f*, Auszahlung *f*; 2. Ausstellung *f*, Erteilung *f*; ~ **зака́зов** Auftragsvergabe *f*; ~ **непокры́тых че́ков** Scheckbetrug *m*; ~ **ссуд под зало́г** Pfandleihe *f* 3. (- *престу́пника*) Auslieferung *f*
выдаю́щийся *adj* hervorragend, namhaft
выдвига́ть *vt E impf* (*pf*: вы́двинуть) 1. (*я́щик*) herausziehen; 2. vorrücken; 3. (*fig*) befördern, aufrücken lassen; 4. (*fig*) nominieren, aufstellen; ~ **на Нобелевскую пре́мию** für den Nobelpreis vorschlagen; ~ **свою́ кандидату́ру** kandidieren 5. (*fig*) vorbringen; ~ **доказа́тельства** Beweise erbringen; ~ **тре́бования** Forderungen erheben
выдворе́ние *nt O2* Abschiebung *f*, Landesverweisung *f*, Ausweisung *f*
вы́дворить <*fut*: вы́дворю, -ришь> *vt I pf* (*impf*: выдворя́ть) ausweisen, des Landes verweisen
вы́дел *m K* 1. (arch) Anteil; 2. (JUR) Zuteilung *f*, Teilung *f*, Erbteilung *f*; ~ **насле́дников** Abfindung *f* der Erben
выделе́ние *nt O2* 1. Gewährung *f*; ~ **средств** Zuweisung von Mitteln; 2. (*в те́ксте*) Hervorhebung *f*; 3. (*auch im pl*) Absonderung *f*, Ausfluss *m*; 4. Ausscheidung *f*, Emission *f*; 5. (ÖKON) Emission *f*, Ausgabe *f* von Wertpapieren
вы́делить <*fut*: вы́делю, -делишь> *vt I pf* (*impf*: выделя́ть) 1. (*отобра́ть*) aussuchen; 2. (*определи́ть*) bestimmen; 3. (*предоста́вить*) abzweigen, zuweisen, zur Verfügung stellen; 4. (JUR) abfinden; 5. (- *отличи́ть*) auszeichnen; 6. (*в те́ксте*) hervorheben; 7. absondern, ausscheiden
вы́делиться <*fut*: вы́делюсь, -делишься> *vr I pf* (*impf*: выделя́ться) 1. sich hervortun, sich auszeichnen; 2. sich absondern
вы́делка *f A* Bearbeitung *f*, Anfertigung *f*; ~ **ко́жи** Gerbung *f*
вы́держанный *adj* 1. beherrscht, diszipliniert; 2. konsequent, folgerichtig; 3. abgelagert
вы́держать <*fut*: вы́держу, -жишь> *vt I pf* (*impf*: выде́рживать) 1. aushalten, ertragen; **что-ли́бо не выде́рживает кри́тики** etw hält der Kritik nicht stand; ~ **конкуре́нцию** konkurrenzfähig sein; ~ **роль** nicht aus der Rolle fallen 2. (*экза́мен*) bestehen; 3. (*вино́*) ablagern
вы́держка[1] <*gen pl*: -жек> *f A* 1. Ausdauer *f*, Standhaftigkeit *f*, Selbstbeherrschung *f*; 2. (FOT) Belichtungszeit *f*; 3. Lagerung *f*
вы́держка[2] <*gen pl*: -жек> *f A* Zitat *nt*, Auszug *m*
вы́дохнуться <*prät*: вы́дохся, -хлась> *vr E1 pf* (*impf*: выдыха́ться) 1. an Aroma verlieren; 2. an Kraft verlieren; **я совсе́м вы́дохся** ich bin fix und fertig
вы́дра *f A* 1. Fischotter *m*; 2. (*pej*) zickige Frau *f*, Zicke *f*
выду́мывать *vt E impf* (*pf*: вы́думать) sich etw ausdenken, frei erfinden
выдыха́ться *vi E impf* (*pf*: вы́дохнуться) 1. an Aroma verlieren; 2. an Kraft verlieren
вы́езд *m K* 1. Abfahrt *f*, Ausreise *f*; 2. Ausfahrt *f*
выезжа́ть *vi E impf* (*pf*: вы́ехать) 1. hinausfahren, ausreisen; 2. umziehen; 3. (*umg*: *на кого-ли́бо/чём-ли́бо*) jds Arbeit/etw ausnutzen
вы́емка <*gen pl*: -мок> *f A* 1. Vertiefung *f*, Einschnitt *m*; 2. (BERGB) Abbau *m*

вы́ехать <fut: вы́еду, -дешь> vt UE2 pf (impf: выезжа́ть) 1. hinausfahren, ausreisen; 2. umziehen
вы́жать <fut: вы́жму, -мешь> vt E9 pf (impf: выжима́ть) 1. auspressen; 2. auswringen
выжива́ние nt O2 Überleben nt, Fortbestand m
выжида́тельный adj abwartend
выжима́ть vt E impf (pf: вы́жать) 1. (-сок) auspressen; ~ со́ки из кого́-либо (fig) jdn ausbeuten 2. (белье́) auswringen; 3. (SPORT) heben, stemmen
вы́звать <fut: вы́зову, -вешь> vt E4a pf (impf: вызыва́ть) herbeirufen
вы́зов m K 1. Einladung f; 2. Aufforderung f; 3. Herausforderung f; 4. (JUR) Ladung f; 5. (DV) Abruf m; ~ програ́ммы (DV) Programmaufruf m; **приня́ть ~** eine Herausforderung annehmen
вы́зубрить <fut: вы́зубрю, -ришь> vi I pf (impf: зубри́ть, вызу́бривать) (umg) einlernen, büffeln
вызыва́ть vt E impf (pf: вы́звать) 1. herbeirufen; ~ врача́ einen Arzt holen; ~ такси́ ein Taxi bestellen; 2. (по спи́ску) aufrufen; 3. (в суд и т.п.) einladen, vorladen; 4. (-кого́-либо на что-либо) zu etw bringen [o veranlassen]; ~ **на открове́нность** jdn zur Offenheit herausfordern 5. hervorrufen; ~ **беспоко́йство** Besorgnis erregen; ~ **интере́с** Interesse erwecken
вызыва́ющий adj herausfordernd, provozierend
вы́играть vt E impf (pf: выи́грывать) 1. gewinnen; 2. (от чего́-либо) profitieren (von +dat)
вы́игрыш <gen pl: -шей> m K 1. Gewinn m; 2. Sieg m; **гла́вный ~** Hauptgewinn m; **~ по сберкни́жке** Sparprämie f
вы́игрышный adj gewinnbringend; ~ **вклад** Prämiensparen nt; ~ **заём** Prämienanleihe f
вы́йти <fut: вы́йду, дешь> vi E7a pf (impf: выходи́ть) hinausgehen, herausgehen
вы́кидыш <gen pl: -шей> m K Fehlgeburt f
вы́кладка <gen pl: -док> f A 1. (BAU) Ausmauerung f, Auslegung f; 2. (meist pl) Berechnungen f pl, Formeln f pl; 3. (MIL) Gepäck nt, Sturmgepäck nt
вы́ключить <fut: вы́ключу, -чишь> vt I pf (impf: выключа́ть) ausschalten, abstellen
вы́корчевать <fut: вы́корчую, -чуешь> vt E2 pf (impf: выкорчёвывать) 1. ausroden; 2. (fig) ausmerzen, ausrotten
выкра́ивать vt E impf (pf: вы́кроить) 1. zuschneiden; 2. (fig) abzweigen, einsparen; ~ **вре́мя** Zeit finden
вы́куп m K 1. Lösegeld nt; **пра́во ~а** Ablösungsrecht nt; **су́мма ~a** Ablösungssumme

f; **тре́бовать ~a** Lösegeld fordern 2. Einlösung f; ~ **облига́ции** die Rückzahlung einer Obligation 3. Loskauf m; ~ **неве́сты** Brautkauf m
выкупа́ть vt E impf (pf: вы́купить) 1. einlösen; 2. loskaufen, freikaufen
вы́купать vt E pf (impf: купа́ть) baden
вы́купаться vr E pf (impf: купа́ться) baden, ein Bad nehmen
вы́купить <fut: вы́куплю, -пишь> vt I pf (impf: выкупа́ть) 1. einlösen; 2. loskaufen
вы́лазка <gen pl: -зок> f A 1. (MIL) Ausfall m; 2. (fig) heimtückischer Angriff m
вы́лечить <fut: вы́лечу, -чишь> vt I pf (impf: выле́чивать) auskurieren, auf die Beine bringen
вы́ложить vt I pf (impf: выкла́дывать) 1. herauslegen, ausbreiten; 2. (BAU) auslegen, ausmauern; ~ **пли́ткой** fliesen 3. (fig) auspacken; выкла́дывай! schieß los!
вы́манить <fut: вы́маню, -нишь> vt I pf (impf: выма́нивать) 1. herauslocken; 2. sich etw erschleichen
выма́тывать vt E impf (pf: вы́мотать) entkräften, zermürben
выменя́ть vt E impf (pf: выменя́ть) (-кого́-либо/что-либо на кого́-либо/что-либо) eintauschen, umtauschen
вымога́тельство nt O Erpressung f
вымога́ть vt E impf erpressen
вы́мотать vt E pf (impf: выма́тывать) zermürben
вы́муштровать vt E2 pf (impf: муштрова́ть) drillen
вынесе́ние nt O2: ~ **пригово́ра** Urteilsfällung f, Urteilsverkündung f
вы́нести <fut: вы́несу, -сешь> vt E6 pf (impf: выноси́ть) hinaustragen
вынима́ть vt E impf (pf: вы́нуть) herausnehmen, herausziehen; ~ **пи́сьма из почто́вого я́щика** den Briefkasten leeren
выноси́ть <präs: выношу́, -о́сишь> vt I impf (pf: вы́нести) 1. hinaustragen; 2. ertragen; 3. zur Beurteilung vorlegen; ~ **како́й-то вопро́с на рефере́ндум** ein Referendum durchführen; ~ **пригово́р** ein Urteil fällen; ~ **сор из избы́** (fig) schmutzige Wäsche (vor anderen Leuten) waschen
выно́сливость f I 1. Widerstandskraft f, Zähigkeit f; 2. (SPORT) Ausdauer f
выно́сливый <kf: -лив> adj widerstandsfähig, standhaft
вы́нудить <fut: вы́нужу, -удишь> vt I pf (impf: вынужда́ть) zwingen, erzwingen; ~ **призна́ние** jdn zu einem Geständnis zwingen
вы́нужденный <kf: -ден, -дена> adj erzwungen, notgedrungen; **вы́нужденная ме́ра** Zwangsmaßnahme f; **вы́нужденная поса́дка** Notlandung f
вы́нуть <imp: вынь, -те> vt E1 pf (impf: вынима́ть) herausholen

выпаде́ние nt O2 Ausfallen nt; ~ **воло́с** Haarausfall m; ~ **сигна́ла** (EL) Signalausfall m

вы́пасть <fut: вы́паду, -дешь> vt E6 pf (impf: выпада́ть) 1. (her)ausfallen; 2. (снег) fallen; вы́пал снег es hat geschneit; 3. (не состоя́ться) ausfallen; 4. (вы́быть) ausscheiden; 5. (утра́титься) entfallen; э́тот факт вы́пал у меня́ из па́мяти diese Tatsache ist mir entfallen; 6. (nur 3. pers) zuteil werden, zufallen; вы́пало мне сча́стье ich habe großes Glück gehabt; ~ на до́лю jdm zuteil werden

вы́печка f A 1. Backen nt; 2. Kleingebäck nt

вы́писать <fut: вы́пишу, -шешь> vt E4 pf (impf: выпи́сывать) 1. (сде́лать вы́борку) herausschreiben; 2. (заказа́ть) bestellen, abonnieren; 3. (исключи́ть) aus der Liste streichen; ~ **кого́-ли́бо из больни́цы** einem Patienten den Entlassungsschein geben 4. (докуме́нт) ausschreiben, ausstellen

вы́писка <gen pl: -сок> f A 1. (извлече́ние) Auszug m; ~ **из ба́нковского счёта** Bankauszug m; ~ **из бухга́лтерских книг** Buchauszug m; ~ **из счёта** Kontoauszug m 2. (из больни́цы и т.п.) Entlassung f, Abmeldung f

выпи́сывать vt E impf (pf: вы́писать) 1. herausschreiben; 2. abonnieren; 3. von der Liste streichen; 4. ausstellen; ~ **счёт-факту́ру** (ÖKON) fakturieren

вы́пить <fut: вы́пью, -пьешь> vi E4c pf (impf: пить, выпива́ть) 1. austrinken; 2. (охмеле́ть) einen Rausch antrinken; ~ **ли́шнее** eins über den Durst trinken

вы́плата f A Zahlung f, Auszahlung f; ~ **зарабо́тной пла́ты** Lohnzahlung f; ~ **в рассро́чку** Ratenzahlung f; ~ **по частя́м** Zahlung f in Teilbeträgen; ~ **вознагражде́ния** [о единовре́менная ~] Abfindung f; ~ **дивиде́ндов** Dividendenausschüttung f

выпла́чивать vt E impf (pf: вы́платить) zahlen, auszahlen; ~ **зарпла́ту** den Lohn [o das Gehalt] auszahlen; **постепе́нно** ~ in Raten zahlen; ~ **долг** die Schuld tilgen; ~ **вознагражде́ние** abfinden; ~ **дивиде́нды** Dividenden ausschütten

выполне́ние nt O2 Ausführung f, Vollzug m, Erledigung f; ~ **зака́зов** Auftragserfüllung f; ~ **надлежа́щим о́бразом** (JUR) Schlechterfüllung f; ~ **тамо́женных форма́льностей** (Zoll-)Abfertigung f; ~ **програ́ммы** (DV) Ausführung f eines Programms

вы́полнить <fut: вы́полню, -нишь> vt I pf (impf: выполня́ть) ausführen, erfüllen, erledigen; ~ **обеща́ние** ein Versprechen erfüllen [o halten]; ~ **поруче́ние** einen Auftrag ausführen; ~ **распоряже́ние** einer Anordnung Folge leisten

выполня́ть vt E impf (pf: вы́полнить) ausführen, erfüllen, erledigen; ~ **свои́ обя́занности** seinen Pflichten nachkommen; ~ **тамо́женные форма́льности** abfertigen

вы́потрошить vt I pf (impf: потроши́ть) die Eingeweide entfernen, ausnehmen, ausweiden

вы́пуклость f I Rundung f

вы́пуклый adj 1. nach außen gewölbt, konvex; 2. (fig) augenfällig, anschaulich

вы́пуск m K 1. Herauslassen nt; 2. (из печа́ти, в эфи́р) Herausgabe f, Ausgabe f; **специа́льный** ~ Sonderausgabe f; **ночно́й** ~ **после́дних изве́стий** Spätnachrichten f pl 3. (проду́кции) Fertigung f, Ausstoß m; **после́дний** ~ das neuste Modell; **ра́зовый** ~ Einzelfertigung f 4. (уча́щихся) Jahrgang m; 5. (в обраще́ние) Emission f; ~ **а́кций** Aktienausgabe f; ~ **банкно́т** Banknotenausgabe f; ~ **ба́нковских биле́тов** Banknotenausgabe f; ~ **бума́жных де́нег** Geldschöpfung f; ~ **в обраще́ние** Emission f; ~ **це́нных бума́г по номина́льному ку́рсу** Pari-Emission f

выпускно́й adj 1. Abgangs-; **выпускны́е экза́мены** Abschlussprüfungen fpl; **выпускно́й ве́чер** Schulentlassungsfeier f 2. (TECH) Ablass-, Ablauf-, Auspuff-

вы́пустить <fut: вы́пущу, -пустишь> vt I pf (impf: выпуска́ть) 1. hinauslassen, herauslassen; 2. auslassen, weglassen; 3. (из печа́ти и т.п.) herausgeben; 4. (проду́кцию) produzieren, herstellen; 5. (из уче́бного заведе́ния) das Abschlusszeugnis geben; 6. (на ры́нок) in Umlauf setzen, emittieren; ~ **в прода́жу** in den Handel bringen; ~ **заём** eine Anleihe begeben

выраба́тывать vt E impf (pf: вы́работать) 1. herstellen, produzieren; 2. (составля́ть) ausarbeiten, erarbeiten; ~ **резолю́цию** eine Resolution ausarbeiten 3. (fig) herausbilden; ~ **на́выки** Fertigkeiten entwickeln

вы́работка <gen pl: -ток> f A 1. Herstellung f; 2. Produktionsmenge f, Ausstoß m; **дневна́я** ~ Tagesleistung f 3. Ausarbeitung f; ~ **програ́ммы** (DV) Erstellung f eines Programms 4. (BERGB) Bau m

выра́внивание nt O2 Ausgleich m; ~ **бюдже́та** Budgetausgleich m

выра́внивать vt E impf (pf: вы́ровнять) nivellieren

выраже́ние nt O2 1. Äußerung f, Ausdruck m; ~ **недово́льства** ein Ausdruck des Missfallens; **найти́ своё выраже́ние** seinen Niederschlag finden; ~ **лица́** Gesichtsausdruck m 2. Redensart f, Redewendung f

вырази́тель m K1 Wortführer m

вы́разить <fut: вы́ражу, -разишь> vt I pf (impf: выража́ть) ausdrücken, zum Ausdruck bringen; ~ **чьи-ли́бо интере́сы**

jds Interessen vertreten
вы́разиться <fut: вы́ражусь, -рази́шься> vr I pf (impf: выража́ться) 1. (вы́сказаться) sich ausdrücken, sich äußern; 2. (прояви́ться) sich zeigen, zum Ausdruck kommen; в чём э́то выража́ется? worin äußert sich das? 3. (вы́ругаться) derbe Ausdrücke gebrauchen
вы́расти <fut: вы́расту, -тешь, prät: вы́рос, -ла> vi E6 pf (impf: выраста́ть) 1. wachsen, aufwachsen; **~ в чьи́х-ли́бо глаза́х** (fig) in jds Augen steigen 2. anwachsen; семья́ вы́росла die Familie ist größer geworden; 3. herauswachsen; он выраста́ет из пальто́ er wächst aus dem Mantel heraus
вы́растить <fut: вы́ращу, -растишь> vt I pf (impf: выра́щивать) 1. (дете́й) großziehen; 2. heranbilden; 3. (BIO) züchten; 4. (AGR) anbauen
вы́рвать <fut: вы́рву, -вешь> vt E4 pf (impf: вырыва́ть) herausreißen
вы́рваться <fut: вы́рвусь, -рвешься> vr E4 pf (impf: вырыва́ться) sich losreißen
вы́рез m K 1. Zurechtschneiden nt; 2. (оде́жда) Ausschnitt m; **треуго́льный ~** V-Ausschnitt m
вырожде́ние nt O2 1. Entartung f; 2. Verfall m, Dekadenz f
вы́рубка f A 1. Abholzen nt; 2. Holzschlag m; 3. Kerbe f, Einschnitt m
вы́ручить <fut: вы́ручу, -чишь> vt I pf (impf: выруча́ть) 1. (кого́-ли́бо) aus der Klemme helfen; 2. (получи́ть) erwirtschaften; **~ при́быль** Profit herausschlagen
вы́ручка f A Erlös m; **бру́тто** Bruttoerlös m; **~ не́тто** Nettoerlös m; **~ от прода́жи** Verkaufserlös m; **~ с оборо́та** Umsatz m
вырыва́ть vt E impf (pf: вы́рвать) 1. (her)ausreißen, entreißen, entwurzeln; **~ с ко́рнем** (fig) mit der Wurzel herausreißen 2. (зуб) herausziehen; 3. (fig: у кого́-ли́бо) erzwingen, abringen; **~ призна́ние** ein Geständnis abzwingen
вырыва́ться vr E impf (pf: вы́рваться) 1. sich losreißen; **~ вперёд** (auch fig) einen Vorsprung gewinnen 2. (fig) entschlüpfen, entfahren
вы́садить <fut: вы́сажу, -садишь> vt I pf (impf: выса́живать) 1. (пассажи́ров) aussteigen lassen, absetzen; 2. (BIO) verpflanzen; **~ на гря́дку** ins Beet einpflanzen
высвобожда́ть vt E impf (pf: высвободи́ть, -бодишь) 1. befreien; 2. ((сре́дства и т.п.)) freisetzen
высвобожде́ние nt O2 Freisetzung f; **~ рабо́чей си́лы** Personalfreisetzung f
вы́сечь¹ <fut: вы́секу, -ечешь, prät: вы́сек, -ла> vt UE4 pf (impf: высека́ть) einmeißeln, in Stein meißeln; **~ ого́нь** Feuer schlagen
вы́сечь² <fut: вы́секу, -ечешь, prät: вы́сек, -ла> vt UE4 pf (impf: сечь) auspeitschen
вы́сказаться <fut: вы́скажу, -скажешь> vr E4 pf (impf: выска́зываться) 1. (о чём-ли́бо/ком-ли́бо) sich äußern; **~ в том смы́сле, что...** sich dahin äußern, dass... 2. (за или про́тив) sich aussprechen (für, gegen +akk)
вы́скочить <fut: вы́скочу, -чишь> vi I pf (impf: выска́кивать) hinausspringen, herausspringen; у меня́ вы́скочило из головы́ es ist mir entfallen; **~ за́муж** (umg) (als Frau) sehr plötzlich heiraten
вы́слать <fut: вы́шлю, -лешь, prät: вы́слал> vt E4 pf (impf: высыла́ть) 1. abschicken; 2. des Landes verweisen
вы́смеять <fut: вы́смею, -смеешь> vt E pf (impf: высме́ивать) auslachen, verspotten
вы́смолить vt I pf (impf: смоли́ть) teeren
вы́сморкаться vr E pf (impf: сморка́ться) sich die Nase putzen
высо́кий <kf: -о́к, -ока́, -о́ко, -оки́, komp: вы́ше, super: вы́сший/ высоча́йший> adj 1. hoch; **высо́кая конъюнкту́ра** (ÖKON) Hochkonjunktur f 2. (челове́к) groß
высокого́рный adj Gebirgs-, im Gebirge gelegen; **~ масси́в** Hochgebirge nt
высокока́чественный adj hochwertig, von hoher Qualität
высококвалифици́рованный adj hochqualifiziert, sachkundig
высокоме́рный <kf: -рен, -рна> adj hochmütig, eingebildet
высокопа́рный <kf: -рен, -рна> adj hochtrabend, schwülstig
высокоприбы́льный adj gewinnträchtig
высокопро́бный <kf: -бен, -бна> adj 1. (зо́лото) von hohem Feingehalt; 2. (fig) Qualitäts-; **высокопро́бное вино́** Qualitätswein m
высокопроце́нтный adj hochprozentig
высота́ <nom pl: высо́ты> f A pls 1. Höhe f; 2. Anhöhe f; **быть на высоте́ положе́ния** einer Situation gewachsen sein
высо́тный adj Hoch-; **высо́тное зда́ние** Hochhaus nt
высотоме́р m K Höhenmesser m
вы́сохнуть <fut: вы́сохну, -нешь, prät: вы́сох, -ла> vi E1a pf (impf: высыха́ть) trocken werden
выстави́тель m KI (ÖKON) Aussteller m
вы́ставить <fut: вы́ставлю, -вишь> vt I pf (impf: выставля́ть) 1. nach vorn stellen; 2. hinausstellen; **~ за дверь** (fig) vor die Tür setzen 3. (для пока́за) ausstellen, zur Schau stellen; 4. (кандида́та) aufstellen, nominieren
вы́ставка <gen pl: -вок> f A Ausstellung f, Messe f, Schau f; **передвижна́я ~** Wanderausstellung f; **~ -я́рмарка** [o **-прода́жа**]

Verkaufsmesse f, Verkaufsausstellung f; **на выставке** auf der Aufstellung
выставочный adj Ausstellungs-; **~ павильо́н** Ausstellungshalle f
выступа́ть vi E impf (pf: вы́ступить) 1. nach vorn treten, hervortreten; 2. (öffentlich) auftreten; **~ с докла́дом** einen Vortrag halten; **~ с деклара́цией** deklarieren 3. (nur impf 3. pers) vorstehen, hinausragen; 4. sich einsetzen, sich engagieren
вы́сший adj super höchste(r, s); **на вы́сшем у́ровне** auf höchster Ebene; **вы́сшее звено́ управле́ния** Topmanagement nt; **вы́сшая ме́ра наказа́ния** (JUR) Todesstrafe f; **в вы́сшей сте́пени** im höchsten Grade
высыла́ть vt E impf (pf: вы́слать) 1. abschicken; 2. ausweisen, des Landes verweisen
высыха́ть vi E impf (pf: вы́сохнуть) 1. (nur 3. pers) trocken werden; 2. austrocknen, versiegen; 3. verwelken; 4. (umg) abmagern
выта́скивать vt E impf (pf: вы́тащить) herausholen, herausziehen
выта́чивать vt E impf (pf: вы́точить) drechseln
вы́тащить <fut: вы́тащу, -щишь> vt I pf (impf: выта́скивать) herausholen
вытека́ть <nur 3. pers: вытека́ет> vi E impf (pf: вы́течь) 1. herausfließen, auslaufen; 2. (nur impf: река́) entspringen; 3. (fig: из чего́-ли́бо) sich ergeben, resultieren aus (aus +dat)
вытесне́ние nt O2 Verdrängung f
вы́теснить <fut: вы́тесню, -нишь> vt I pf (impf: вытесня́ть) 1. hinausdrängen; 2. verdrängen
вы́течь <nur 3. pers: вы́течет, вы́текут> vi UE4 pf (impf: вытека́ть) herausfließen
вы́точить <fut: вы́точу, -чишь> vt I pf (impf: выта́чивать) drechseln
вы́удить <fut: вы́ужу, -удишь> vt I pf (impf: выу́живать) 1. herausangeln; 2. (fig) ergaunern
выха́живать vt E impf (pf: вы́ходить) 1. (большо́го) gesundpflegen; 2. (ребёнка) aufziehen
вы́ход m K 1. Ausgang m; **запа́сный ~** Notausgang; 2. Ausscheiden nt, Austritt m; **~ из па́ртии** Parteiaustritt; **~ из догово́ра** Vertragsrücktritt m; **~ из стро́я** (TECH) Ausfall m 3. (THEAT) Auftritt m; 4. (PRESSE) Erscheinen nt; 5. (fig) Ausweg m, Lösung f
выходи́ть <präs: выхожу́, -хо́дишь> vi I impf (pf: вы́йти) 1. hinausgehen, herausgehen; 2. aussteigen; 3. (meist pf) erscheinen, mitzumachen beginnen; 4. gelingen, geraten, werden; **о́кна выхо́дят в сад** die Fenster gehen auf den Garten hinaus; **э́то не выхо́дит у меня́ из головы́** das geht mir nicht aus dem Sinn; **из э́того ничего́ не вы́йдет** daraus wird nichts; **~ за́муж за кого́-ли́бо** (von Frauen) jdn heiraten; **~ в отста́вку** in den Ruhestand treten; **~ в свет** veröffentlicht werden; **~ в фина́л** (SPORT) ins Finale kommen; **~ на пе́нсию** in Pension gehen; **~ на рабо́ту** die Arbeit (wieder) aufnehmen; **~ на свобо́ду** freikommen; **~ на сце́ну** die Bühne betreten; **~ сухи́м из воды́** (fig) ungeschoren davonkommen; **~ из дове́рия** die Glaubwürdigkeit verlieren; **~ из мо́ды** aus der Mode kommen; **~ из себя́** (umg) außer sich geraten; **у меня́ ничего́ не выхо́дит** (umg) ich schaffe das nicht
выходи́ть <fut: выхожу́, -хо́дишь> vt I pf (impf: выха́живать) gesundpflegen
вы́ходка <gen pl: -док> f A 1. Ausschreitung f, Unfug f; 2. toller Streich m, ungehörige Handlung f
выходно́й I. adj 1. arbeitsfrei; **~ день** Ruhetag m, arbeitsfreier Tag m 2. Ausgangs-; **выходны́е да́нные** Impressum nt; **выходно́е посо́бие** Überbrückungsgeld nt; II. mf wie adj 1. (umg: выходно́й день) Ruhetag m; **у меня́ сего́дня ~** ich habe heute frei; 2. jd, der seinen arbeitsfreien Tag hat; **он сего́дня ~** er hat heute frei
вы́цвести <nur 3. pers: вы́цветет, вы́цветут> vi E6a pf (impf: выцвета́ть) 1. ausbleichen; 2. sich verfärben
вычёркивать vt E impf (pf: вы́черкнуть) streichen, durchstreichen
вы́честь <fut: вы́чту, -чтешь, prät: вы́чел, вы́чла> vt E6 pf (impf: вычита́ть) subtrahieren
вы́чет m K Abzug m; **~ из зарпла́ты** Gehaltsabzug m Lohnabzug m; **за ~ом накладны́х расхо́дов** nach Abzug der Unkosten; **за ~ом подохо́дного нало́га** nach Abzug der Lohnsteuer
вычисле́ние nt O2 Berechnung f, Überschlag f
вычисли́тельный adj Rechen-; **вычисли́тельная маши́на** Rechenmaschine f, Computer m
вычисля́ть vt E impf (pf: вы́числить) errechnen
вычита́емое nt wie adj Subtrahend m
вычита́ние nt O2 Subtraktion f
вычита́ть vt E impf (pf: вы́честь) (что-ли́бо из чего́-ли́бо) subtrahieren, abziehen
вы́ше I. präp +gen oberhalb (+gen); **э́то ~ мои́х сил** das überstelgt meine Kräfte; II. komp höher; **он ~ меня́** er ist größer als ich; III. adv weiter oben; **как ска́зано ~** wie oben erwähnt
вы́шка <gen pl: -шек> f A 1. Turm m, Warte f; 2. (umg) Todesstrafe f
вы́явить <fut: вы́явлю, -явишь> vt I pf (impf: выявля́ть) 1. zeigen, an den Tag bringen; 2. (недоста́тки) aufdecken, enthüllen
вы́явиться <fut: вы́явлюсь, -явишься>

vr I pf (impf: **выявля́ться**) 1. sich zeigen; 2. zutage treten
выясне́ние *nt O2* Klärung *f,* Klarstellung *f*
вы́яснить *<fut:* вы́ясню, -яснишь> *vt I pf (impf:* **выясня́ть**) *(положе́ние)* klarstellen, klären
вы́ясниться *<fut:* вы́явлюсь, -явишься> *vr I pf (impf:* **выясня́ть**) klarwerden
вьюно́к *<gen sg:* -нка́> *m K* 1. (BOT) Kletterpflanze *f;* 2. Winde *f*
вяз *m K* Ulme *f*
вяза́ть *<präs:* вяжу́, вя́жешь, *prät:* вяза́л, -а> *vt E4 impf (pf:* с-) 1. stricken, häkeln; 2. zusammenbinden; 3. fesseln
вя́зкий *<kf:* -зок, -зка́, -зко, *komp:* вя́зче> *adj* 1. zäh, zähflüssig; 2. matschig, sumpfig
вя́зкость *f I* Zähigkeit *f,* Viskosität *f*
вязкоупру́гий *adj* viskoelastisch, zähelastisch
вя́лость *f I* 1. Schlaffheit *f;* 2. Trägheit *f*
вя́лый *<kf:* -вял> *adj* 1. schlaff; 2. welk, verwelkt; 3. träge, flau
вя́нуть *<prät:* вя́л, вя́ла, *oder:* вя́нул> *vi E1 impf (pf:* за-, у-) welken, verwelken

Г

г, Г *nt indekl* kyrillischer Buchstabe
га́вань *f I* Hafen *m*
гад *m K* 1. *alt oder umg:* Sammelbezeichnung für Reptilien und Amphibien; 2. *(fig)* Scheusal *nt*
гада́лка *<gen pl:* -лок> *f A* Wahrsagerin *f*
гада́ть I. *vi E impf (pf:* по-) wahrsagen; **~ на ка́ртах** Karten legen; **гада́ть на кофе́йной гу́ще** *(fig)* aus dem Kafeesatz wahrsagen; II. *vi E nur impf (о ком-ли́бо/чём-ли́бо)* mutmaßen
га́дить I. *<präs:* га́жу, га́дишь> *vi I impf (pf:* на-) *(о живо́тных)* sich entleeren; II. *v + dat I impf (pf:* на-) 1. *(umg)* verpfuschen, verderben; 2. schaden
га́дкий *<kf:* -док, -дка́, -дко, *komp:* га́же> *adj* abscheulich, widerlich
гадоли́ний *m K2* (CHEM) Gadolinium *nt*
гадю́ка *f A* 1. (ZOOL) Viper *f;* **обыкнове́нная ~** Kreuzotter *f;* 2. *(fig: же́нщина)* Giftspritze *f*
газ[1] *m K* 1. Gas *nt;* **дава́ть ~** Gas geben; **приро́дный ~** Erdgas *nt;* **выхлопны́е ~ы** Autoabgase *nt pl;* **отрабо́танные ~ы** Abgase; 2. *(nur pl)* Blähungen *f pl*
газ[2] *m K* Gaze *f*
газе́ль *f I* Gazelle *f*
газе́та *f A* Zeitung *f;* **ежедне́вная ~** Tageszeitung *f;* **вече́рняя ~** Abendblatt *nt;* **бульва́рная ~** Boulevardblatt *nt;* **выпи́сывать ~** eine Zeitung abonnieren
газифика́ция *f A2* 1. Vergasung *f;* 2. Gasversorgung *f*
газифици́ровать *vt E2 impf/pf* 1. *(-у́голь)* zu Gas verarbeiten; 2. *(кварти́ры)* ans Gasnetz anschließen, mit Gas versorgen
га́зовый *adj* Gas-; **~ заво́д** Gaswerk *nt;* **га́зовая ка́мера** Gaskammer *f*
газо́н *m K* Rasen *m,* Rasenplatz *m*
газонокоси́лка *<gen pl:* -лок> *f A* Rasenmäher *m*
га́йка *<gen pl:* га́ек> *f A* Schraubenmutter *f*
гала́ктика *f A* Galaxie *f*
галантере́я *f A2* Kurzwaren *pl*
гала́нтный *<kf:* -тен, -тна> *adj* galant
галде́ть *<nur 2. und 3. pers:* галди́шь, -ди́т> *vi I impf* krakeelen, lärmen
галере́я *f A1* Galerie *f;* **карти́нная ~** Gemäldegalerie *f*
галёрка *f A* 1. (THEAT) Galerie *f,* oberster Rang *m;* 2. *(пу́блика)* Galeriepublikum *nt*
гале́та *f A* Zwieback *m;* **~ для соба́к** Hundekuchen *m*
га́ллий *m K2* (CHEM) Gallium *nt*
галлюцина́ция *f A2* Halluzination *f*
гало́п *m K* Galopp *m;* **скака́ть ~ом** galoppieren
галопи́ровать *vi E2 impf* 1. galoppieren; 2. *(fig: инфля́ция)* in großem Tempo voranschreiten
га́лстук *m K* Krawatte *f,* Schlips *m*
га́лька *<gen pl:* -лек> *f A* 1. Geröll *nt;* 2. Kieselstein *m*
гамадри́л *m K* (ZOOL) Mantelpavian *m*
гама́к *m K* Hängematte *f*
Га́мбург *m K* Hamburg *nt*
га́мма *f A* (MUS) Tonleiter *f;* **~ кра́сок** *(fig)* Farbskala *f*
га́нгстер *m K* Gangster *m*
гандбо́л *m K* Handball *m*
ганте́ль *f I* Hantel *f*
гара́ж *<gen pl:* -е́й> *m K* Garage *f;* **подзе́мный ~** Tiefgarage *f;* **я́русный ~** Hochgarage *f*
гара́нт *m K* Bürge *m,* Garant *m*
гаранти́йный *adj* Garantie-; **ещё не истёк ~ срок** die Garantie ist noch nicht abgelaufen; **гаранти́йная отве́тственность** Gewährleistung *f,* Garantie *f;* **гаранти́йная су́мма** Garantiesumme *f;* **гаранти́йное обяза́тельство** Garantieverpflichtung *f,* **гаранти́йное письмо́** Bürgschaftserklärung *f,* **гаранти́йное соглаше́ние** Garantievereinbarung *f;* **~ взнос** Marge *f;* **~ догово́р** Garantievertrag *m;* **~ ремо́нт** Garantieleistung *f;* **~ срок** Garantiedauer *f,* Garantiezeit *f,* Gewährleistungsfrist *f*
гаранти́ровать *vt E2 impf/pf* garantieren, gewährleisten
гара́нтия *f A2* 1. Garantie *f,* Gewähr(-leistung) *f;* 2. Garantieverpflichtung *f,* Haftung *f;* 3. Sicherheit *f,* Bürgschaft *f;* 4. *(докуме́нт)* Garantieschein *m;* **дава́ть гара́нтию на́ год в чём-ли́бо** auf etw ein

Jahr Garantie geben; ~ **изготови́теля** Herstellergarantie *f*; ~ **исправле́ния дефе́ктов** Mängelhaftung *f*; ~ **от необосно́ванного увольне́ния** Kündigungsschutz *m*; ~ **поста́вки** Liefergarantie *f*; ~ **поступле́ния платежа́** Delkredere *nt*; **без гара́нтии** ohne Gewähr

гардеро́б *m K* 1. Garderobe *f*; 2. Kleiderschrank *m*

га́ревый *adj* Aschen-; **га́ревая доро́жка** (SPORT) Aschenbahn *f*

гармони́чный <*kf*: -чен, -чна> *adj* harmonisch

гармо́ния *f A2* 1. (MUS) Harmonie *f*; 2. (MUS) Harmonielehre *f*; 3. (*fig*) Einklang *m*

гарпу́н *m K e* Harpune *f*; **бить ~о́м** harpunieren

Гарц *m K* Harz *m*

гаси́ть <*präs*: гашу́, га́сишь> *vt I impf* (*pf*: за-, по-) 1. löschen, auslöschen; 2. (*fig*) unterdrücken; 3. entwerten, ungültig machen

га́снуть <3. *pers*: га́снет> *vi E1 impf* (*pf*: за-, по-, у-) 1. (*ого́нь*) ausgehen; 2. (*fig*: *наде́жда*) erlöschen

гастри́т *m K* (MED) Gastritis *f*

гастролёр *m K* 1. (THEAT) ein Gastspiel gebender Schauspieler *m*; 2. (*pej*) Jobhopper *m*

гастроли́ровать *vi E2 impf* ein Gastspiel geben

га́фний *m K2* Hafnium *nt*

гаши́ш *m K* Haschisch *nt*; **кури́ть ~** kiffen, Haschisch rauchen

гвозди́ка *f A* 1. Nelke *f*; 2. Gewürznelke *f*

гвоздь[1] <*nom pl*: гво́зди> *m K1 e1* Nagel *m*; **и никаки́х гвозде́й!** (*fig*) keine Widerrede!

гвоздь[2] <*nom pl*: гво́зди> *m K1 e1* Clou *m*, Knüller *m*; **~ сезо́на** der Schlager *m* der Saison

где *adv* wo; **~ бы то ни́ было** wo es auch sein mag; **~-ли́бо** [*o* **~-нибу́дь**] irgendwo

ГДР *abk von* **Герма́нская Демократи́ческая Респу́блика** *f* Deutsche Demokratische Republik *f*, DDR *f*

гее́нна *f A* (REL) Hölle *f*

ге́лий <*präpos sg*: ге́лии> *m K2* (CHEM) Helium *nt*

геморро́й *m K2* (MED) Hämorrhoiden *pl*

ген *m K* Gen *nt*

генера́льный *adj* allgemein, General-; **генера́льная дове́ренность** Generalvollmacht *f*; **генера́льная (торго́вая) дове́ренность** Prokura *f*; **генера́льная огово́рка** Generalklausel *f*; **~ подря́дчик** Hauptauftragnehmer *m*; **генера́льное представи́тельство** Generalvertretung *f*; **генера́льное соглаше́ние по тамо́женным тари́фам и торго́вле** GATT; **генера́льная репети́ция** Generalprobe *f*; **~ дире́ктор** Generaldirektor *m*; **~ дове́ренный** Generalbevollmächtigter *m*; **~ представи́тель** Generalvertreter *m*

гене́тика *f A* Genetik *f*
генети́ческий *adj* genetisch
гениа́льность *f I* Genialität *f*
гениа́льный <*kf*: -лен, -льна, -льно> *adj* genial
ге́ний *m K2* 1. Genie *nt*; 2. (*auch fig*) Genius *m*; **до́брый ге́ний** Schutzgeist *m*
ге́нный *adj* Gen-; **ге́нная инжене́рия** Gentechnologie *f*
геноци́д *m K* Völkermord *m*
генподря́дчик *m K* Generalauftragnehmer *m*
географи́ческий *adj* geografisch; **географи́ческая ка́рта** Landkarte *f*
геогра́фия *f A2* Geografie *f*, Erdkunde *f*
гео́лог *m K* Geologe, Geologin *m/f*
геоло́гия *f A2* Geologie *f*, Erdgeschichte *f*
геометри́ческий *adj* geometrisch
геоме́трия *f A2* Geometrie *f*
гео́ргин *m K* (BOT) Dahlie *f*
гепа́рд *m K* Gepard *m*
герб *m K* Wappen *nt*
гербици́д *m K* (AGR) Herbizid *nt*
герма́ний *m K2* (CHEM) Germanium *nt*
германи́ст, германи́стка <*gen pl f*: -ток> *m K / f A* Germanist, -in *m/f*
германи́стика *f A* Germanistik *f*
Герма́ния *f A2* Deutschland *nt*
герметизи́ровать *vt E2 impf/pf* hermetisch verschließen, abdichten
гермети́ческий *adj* hermetisch; **гермети́ческая упако́вка** Frischhaltepackung *f*
герои́н *m K* Heroin *nt*
герои́ня *f A1* (*auch* LIT) Heldin *f*
герои́ческий *adj* heldenhaft
геро́й *m K2* (*auch* LIT) Held *m*
герц *m K* (PHYS) Hertz *nt*
ге́рцогство *nt O* Herzogtum *nt*
Ге́ссен *m K* Hessen *nt*
гетероге́нный *adj* heterogen
гетеросексуа́льный *adj* heterosexuell
ге́тто *nt indekl* Ghetto *nt*
гиаци́нт *m K* (BOT) Hyazinthe *f*
ги́бель *f I* 1. Verderben *nt*, Untergang *m*; 2. Sterben *nt*, Tod *m*; **~ лесо́в** Waldsterben *nt*
ги́бкий <*kf*: -бок, -бка́, -о, *kompr*: ги́бче> *adj* biegsam, gelenkig, flexibel; **~ диск** (DV) Floppy *f*, Floppy Disk *f*
ги́бкость *f I* (*auch fig*) Biegsamkeit *f*, Gelenkigkeit *f*, Geschmeidigkeit *f*; **~ цен** Elastizität *f* der Preise; **~ спро́са** Elastizität *f* der Nachfrage
ги́бнуть *vi E1 impf* (*pf*: по-) 1. ums Leben kommen; 2. (BOT) eingehen; 3. (*auch fig*) zugrunde gehen
гига́нт *m K* Riese *m*, Gigant *m*
гига́нтский *adj* gigantisch
гигие́на *f A* Hygiene *f*
гид *m K* Fremdenführer, -in *m/f*, Reiseleiter, -in *m/f*
гидравли́ческий *adj* hydraulisch
гидропо́ника *f A* Hydrokultur *f*

гидроэлектростáнция *f A2* (*ГЭС*) Wasserkraftwerk *nt*
гиéна *f A* Hyäne *f*
гильдия *f A2* Gilde *f*, Innung *f*, Zunft *f*
гильза *f A* Hülse *f*
гимн *m K* Hymne *f*
гимназист, **гимназистка** *m K / f A* Gymnasiast, -in *m/f*
гимнáзия <*gen pl f*: -ток> *f A2* Gymnasium *nt*
гимнáст, **гимнáстка** *m K / f A* Turner, -in *m/f*
гимнáстика *f A* Gymnastik *f*; **спортивная ~** Geräteturnen *nt*; **худóжественная ~** Kunstturnen *nt*
гинеколог *m K* Gynäkologe, Gynäkologin *m/f*, Frauenarzt, -ärztin *m/f*
гинекологический *adj* gynäkologisch; **гинекологическая клиника** Frauenklinik *f*
гиперинфляция *f A2* (ÖKON) drastischer Wertverlust *m*, Hyperinflation *f*
гипертéкст *m K* (DV) Hypertext *m*; **протокóл передáчи ~а** HyperText Transfer Protocol *nt* , HTTP
гипнóз *m K* Hypnose *f*
гипнотизировать *vt E2 impf* (*pf*: за-) hypnotisieren
гипóтеза *f A* Hypothese *f*
гипотетический *adj* hypothetisch
гиппопотáм *m K* Nilpferd *nt*
гипс *m K* Gips *m*
гипсовáть *vt E2 impf* (*pf*: за-) einen Gipsverband anlegen, eingipsen
гирлянда *f A* Girlande *f*
гиря *f A1* 1. Gewicht *nt*; 2. (SPORT) Hantel *f*
гистерéзис *m K* (PHYS) Hysterese *f*
гитáра *f A* Gitarre *f*
главá *f A pls* 1. (*geh*) Haupt *nt*; 2. Oberhaupt *nt*, Chef *m*; **~ правительства** Regierungschef *m*; **во главé чегó-либо** an der Spitze (+*gen*); **стáвить во главý углá что-либо** etw über alles stellen, etw als das Wichtigste erachten; 3. (BAU) Kuppel *f*; 4. (LIT) Kapitel *nt*, Abschnitt *m*
главáрь *m K1* Anführer *m*, Häuptling *m*
главврáч <*gen pl*: -éй> *m K* Chefarzt *m*
главнокомáндующий *m wie adj* (MIL) Oberkommandierende(r) *m*; **верхóвный ~** Oberbefehlshaber *m*
глáвный *adj* hauptsächlich, Haupt-, Ober-; **глáвная дорóга** [*o* **улица**] Hauptstraße *f*; **~ аргумéнт** Hauptargument *nt*; **глáвная мысль** Leitgedanke *m*; **глáвное предложéние** (LING) Hauptsatz *m*; **э́то глáвное** das ist die Hauptsache; **глáвная книга** (ÖKON) Hauptbuch *nt*; **~ акционéр** Hauptaktionär *m*; **~ постáвщик** Hauptlieferant *m*
главпочтáмт *m K* Hauptpostamt *nt*
глагóл *m K* (LING) Verb *nt*; **вспомогáтельный ~** Hilfsverb *nt*
гладиóлус *m K* Gladiole *f*

глáдить <*präs*: глáжу, глáдишь> *vt I impf* (*pf*: вы-, по-) 1. bügeln; 2. (*когó-либо/чтó-либо; по комý-либо/чемý-либо*) streichen (über + *akk*); 3. streicheln
глáдкий <*kf*: -док, -дкá, -дко, *kompr*: глáже> *adj* 1. glatt, eben; 2. (*стиль*) fließend
глаз <*präpos*: в глазý> *m K ple* Auge *nt*; **не вéрить ~áм своим** seinen Augen nicht trauen; **не спускáть ~ с когó-либо** jdn im Auge behalten; **не попадáйся мне бóльше на ~á!** (*umg*) komm mir bloß nicht mehr unter die Augen!; **сказáть комý-либо в ~á** jdm etw geradeheraus sagen; **с ~у на ~** unter vier Augen; **с ~ долóй - из сéрдца вон** aus den Augen, aus dem Sinn
глазéть *vi E impf* 1. (*umg*) glotzen; 2. (*на когó-либо/чтó-либо*) jdn/etw anstarren
глазóк[1] <*gen sg*: -зкá, *pl*: глáзки, глазóк, глазкам> *m K pls* (*dim*) Äuglein *nt*; **анютины глáзки** (BOT) Stiefmütterchen *nt pl*; **стрóить комý-либо глáзки** jdm schöne Augen machen
глазóк[2] <*pl*: глазки> *m K ple* 1. Guckloch *nt*; 2. Knospe *f*
глазýнья *f A2* Spiegelei *nt*
глазýрь *f I* Glasur *f*; **покрывáть ~ю** glasieren
гласить <*nur 3. pers*: гласит> *vi I impf* lauten, besagen
глáсность *f I* 1. Glasnost *f*; 2. Öffentlichkeit *f*, Offenheit *f*, Transparenz *f*; **~ судá** (JUR) Öffentlichkeit des Gerichtsverfahrens; **предáть глáсности** publik machen; **стать достояниeм глáсности** an die Öffentlichkeit gelangen
глáсный I. *adj* 1. öffentlich; **~ суд** (JUR) öffentliche Gerichtsverhandlung *f* 2. vokalisch; **~ звук** (LING) Vokal; II. *m wie adj* Vokal *m*
глаукóма *f A* (MED) grüner Star *m*
глéтчер *m K* Gletscher *m*
глина *f A* Ton *m*, Lehm *m*
глинистый *adj* tonhaltig, lehmhaltig; **глинистая пóчва** Lehmboden *m*
глинозём *m K* Tonerde *f*, Alaunerde *f*
глинтвéйн *m K* Glühwein *m*
глиняный *adj* Ton-, tönern; **глиняные издéлия** Tonwaren *pl*
глист *m K* Eingeweidewurm *m*; **лéнточный ~** Bandwurm *m*
глобáльный <*kf*: -лен, -льна> *adj* global, weltweit; **глобáльная сеть** (DV) Wide Area Network *nt* , WAN; **глобáльная цéссия** (ÖKON) Globalzession *f*
глодáть <*präs*: гложý, глóжешь, *auch*: глодáю, -áешь> *vt E4 impf* 1. nagen, knabbern; 2. (*fig*) zermürben, quälen; **егó глóжет тоскá** der Gram nagt an seinem Herzen
глоссáрий <*präpos sg*: -рии> *m K2* Glos-

глота́ть vt E impf (pf: **глотну́ть**) schlucken
гло́тка <gen pl: -ток> f A Kehle f, Schlund m; **во всю гло́тку** aus voller Kehle, lauthals
глото́к <gen sg: -тка́> m K Schluck m
глубина́ <nom pl: глуби́ны> f A pls Tiefe f; ~ **ре́зкости** (FOT) Tiefenschärfe f; ~ **ассортиме́нта проду́кта** (ÖKON) Sortimentstiefe f
глуби́нный adj Tief-, Tiefen-; **глуби́нное интервью́** Tiefeninterview nt
глубо́кий <kf: -бо́к, -бока́, -боко́, komp: глу́бже, super: глубоча́йший> adj (auch fig) tief; ~ **сон** tiefer Schlaf m; **глубо́кая печа́ль** tiefer Schmerz m; **глубо́кое впечатле́ние** tiefer Eindruck m; **глубо́кое убежде́ние** tief wurzelnde Überzeugung f; **глубо́кие зна́ния** fundiertes Wissen nt; **глубо́кая о́сень** Spätherbst m; **глубо́кая ста́рость** hohes Alter nt; **до глубо́кой но́чи** bis tief in die Nacht hinein; **глубо́кое неве́жество** krasse Unwissenheit f; **глубо́кая благода́рность** tief empfundener Dank m; ~ **ана́лиз** tief greifende Analyse f; **глубо́кое иссле́дование** eingehende Untersuchung f; **глубо́кое противоре́чие** krasser Widerspruch [o Gegensatz] m; **име́ть глубо́кие ко́рни** tiefe Wurzeln gefasst haben; **в глубо́кой дре́вности** in grauer Vorzeit; ~ **ассортиме́нт** (ÖKON) tiefes Sortiment nt
глубокомы́сленный <kf: -лен, -ленна, -ленно> adj tiefsinnig
глубь f I Tiefe f; **в** ~ **страны́** in das Landesinnere
глуми́ться <präs: глумлю́сь, -ми́шься> vi I impf (**над кем-ли́бо/чем-ли́бо**) verhöhnen
глупе́ть vi E impf (pf: по-) verblöden, schwachsinnig werden
глупе́ц <gen sg: -пца́> m K (umg) Dummkopf m, Depp m
глупи́ть <präs: глуплю́, глупи́шь> vi I impf (pf: с-) (umg) Dummheiten machen
глу́пость f I Dummheit f, Torheit f
глу́пый <kf: глуп, -а́, -о> adj 1. dumm, doof; 2. (**ситуа́ция**) dumm, unerfreulich
глухо́й I. <kf: глух, -а́, -о, komp: глу́ше> adj 1. taub; **быть глухи́м к чему́-ли́бо** (fig) taub sein (gegen +akk); **не оста́ться глухи́м к кому́-ли́бо/чему́-ли́бо** (fig) jdm/etw sein Ohr nicht verschließen 2. dumpf; ~ **согла́сный** (LING) stimmloser Konsonant m; **глуха́я** (**ти́хий**) abgelegen; **глуха́я прови́нция** abgelegene Gegend f; **глуха́я у́лица** unbelebte Straße f; **глуха́я ночь** stockfinstere Nacht f; ~ **лес** dichter [o tiefer]Wald m 4. (**сплошно́й**) blind, falsch; **глуха́я стена́** blinde Mauer f; **глухо́е окно́** blindes [o falsches] Fenster nt; II. m wie adj Taube(r) m, Gehörlose(r) m
глухонемо́й I. adj taubstumm; II. m wie adj Taubstumme(r) m

глухота́ f A Taubheit f
глуши́тель m K I 1. (TECH) Schalldämpfer m; 2. (KFZ) Auspufftopf m
глуши́ть <präs: глушу́, глуши́шь> vt I impf (pf: о-, за-) 1. betäuben; 2. (**зву́ки**) dämpfen
глушь f I 1. Einöde f, abgelegener Ort m; 2. Wildnis f
глы́ба f A Klumpen m, Brocken m
глюко́за f A Glukose f, Traubenzucker m
гляде́ть <präs: гляжу́, гляди́шь> vi I impf (pf: по-) 1. (**на кого́-ли́бо/что-ли́бо**) anschauen, anblicken; ~ **в о́ба** auf der Hut sein; ~ **на что-ли́бо сквозь па́льцы** (fig) durch die Finger sehen, ein Auge zudrücken; **ни на что́ не гля́дя** ohne jede Rücksicht; **идти́ куда́-ли́бо на́ ночь гля́дя** spätabends irgendwohin gehen; **идти́ куда́ глаза́ глядя́т** immer der Nase nach gehen; **во все́ глаза́** ganz Auge sein; **того́ и гляди́ случи́тся** es kann jeden Augenblick passieren; ~ **сме́рти в глаза́** [o **опа́сности**] (fig) dem Tod [o der Gefahr] ins Auge sehen 2. (**за кем-ли́бо/чем-ли́бо**) aufpassen (auf +akk)
гля́нуть vi E1 pf (umg) einen kurzen Blick werfen; **куда́ ни гля́нешь** wohin das Auge auch blickt
гна́ться <präs: гоню́сь, го́нишься, prät: гна́лся, гнала́сь> vi I impf (unbest: **гоня́ться**) 1. (**за кем-ли́бо/чем-ли́бо**) nachrennen; ~ **за кем-ли́бо по пята́м** jdm auf den Fersen sein 2. (fig) trachten (nach +dat); ~ **за успе́хом** auf Erfolg aus sein
гнев m K Zorn m, Wut f; **смени́ть** ~ **на ми́лость** Gnade für Recht ergehen lassen
гне́вный <kf: -вен, -вна́, -вно> adj zornig, wütend
гнезди́ться <nur 2. und 3. pers: гнезди́шься, -ди́тся> vi I impf 1. nisten; 2. (auch fig) sich einnisten
гнездо́ <nom pl: гнёзда> nt O pls Nest nt
гнило́й <kf: гнил, -а́, -о> adj 1. (auch fig) faul, verfault; ~ **за́пах** fauler Geruch m; ~ **компроми́сс** fauler Kompromiss m; **совсе́м гнило́е де́ло** eine ganz faule Sache 2. modrig; 3. (Holz) morsch 4. (Zahn) kariös
гниль f I Fäulnis f
гнить <präs: гнию́, гниёшь> vi E4 impf (pf: по-, с-) 1. faulen, verfaulen; 2. vermodern
гнои́ться <nur 3. pers: гнои́тся> vi I impf eitern
гной m K2 Eiter m
гнойничо́к <gen sg: -чка́> m K e (MED) Pustel f, Eiterbläschen nt
гно́йный adj eitrig; **гно́йное воспале́ние** eitrige Entzündung f
гну́сность f I Schändlichkeit f, Niederträchtigkeit f
гну́сный <kf: -сен, -сна́, -сно> adj 1. schändlich; 2. niederträchtig; ~ **посту́пок** Schandtat f
гнуть <präs: гну, гнёшь> vt E1 impf (pf:

со-, по-) **1.** biegen, krümmen; **2.** (*клони́ть к чему́-ли́бо*) abzielen (auf +*akk*); **~ свою́ ли́нию** seinen Kopf durchsetzen wollen
гобо́й *m K2* Oboe *f*
говори́ть <*präs:* говорю́, -ри́шь> *vi I impf* (*pf:* сказа́ть) **1.** (*о ком-ли́бо/чём-ли́бо*) sprechen, reden (über +*akk*); **она́ хорошо́ говори́т по-ру́сски** sie spricht gut Russisch; **об э́том говоря́т все** das ist in aller Munde; **~ на ра́зных языка́х** (*fig*) einander nicht verstehen; **~ вокру́г да о́коло** [*о* **обиняка́ми**] drum herum reden; **~ намёками** durch die Blume sprechen; **~ без обиняко́в** frei von der Leber weg reden; **~ открове́нно** mit der Sprache herausrücken; **не говоря́ уже́ о том, что...** geschweige denn, dass... **2.** sagen; **он говори́т пра́вду** er sagt die Wahrheit; **говоря́т тебе́, замолчи́!** sei gefälligst still! **~ что-ли́бо за чьей-ли́бо спино́й** (*fig*) etw hinter jds Rücken sagen; **со́бственно говоря́** eigentlich; **мя́гко говоря́** gelinde gesagt; **не дать кому́-ли́бо ~** jdn nicht zu Wort kommen lassen; **коро́че говоря́** mit anderen Worten; **стро́го говоря́** streng genommen; **открове́нно** [*о* **че́стно**]**говоря́** offen [*о* ehrlich]gesagt; **ме́жду на́ми говоря́** unter uns gesagt; **говоря́т, что...** man sagt, dass... **3.** (*свиде́тельствовать*) besagen; **э́то мне ма́ло что говори́т** das sagt mir eigentlich nichts; **э́то говори́т само́ за себя́** das spricht für sich selbst; **э́то говори́т о том, что...** das ist ein Indiz dafür, dass...
говя́дина *f A* Rindfleisch *nt*
гогота́ть <*präs:* гогочу́, -го́чешь> *vi E4 impf* **1.** (*о гуся́х*) gackern, schnattern; **2.** (*fig*) laut lachen, wiehern
год <*präpos sg:* в году́, *nom pl auch:* года́, *gen pl auch:* лет> *m K ple* Jahr *nt*; **высоко́сный ~** Schaltjahr *nt*; **теку́щий ~** das laufende Jahr; **уче́бный ~** Schuljahr [*о* Studienjahr *nt*]; **фина́нсовый** [*о* **бюдже́тный**]**~** (ÖKON) Rechnungsjahr *nt*; **~ изда́ния** Erscheinungsjahr *nt*; **~ оконча́ния строи́тельства** [*о* **изготовле́ния**] Baujahr *nt*; **вре́мя ~а** Jahreszeit *f*; **кру́глый ~** ein ganzes Jahr; **~ами** jahrelang; **из го́да в год** von Jahr zu Jahr; **девяно́стые го́ды** die neunziger Jahre; **в про́шлом ~у** im vergangenen Jahr; **в бу́дущем ~у** im kommenden Jahr; **~ тому́ наза́д** (heute) vor einem Jahr; **че́рез ~** in einem Jahr; **за оди́н ~** innerhalb eines Jahres; **ра́зница в ~ах** Altersunterschied *m*; **быть (уже́) в года́х** bejahrt sein; **в твои́ го́ды** in deinem Alter; **ему́ 35 лет** er ist 35 Jahre alt; **ему́ седьмо́й год** er wird sieben, sie ist sechs; **ей не дашь её го́ды** ihr Alter sieht man ihr nicht an
годи́ться <*präs:* гожу́сь, годи́шься> *vi I impf* taugen, sich eignen; **он ему́ в подмётки не годи́тся** er kann ihm nicht das Wasser reichen
го́дность *f I* **1.** Tauglichkeit *f*; **2.** Brauchbarkeit *f*; **~ к вое́нной слу́жбе** Wehrdiensttauglichkeit *f*; **срок го́дности** Verfallsdatum *nt*
го́дный <*kf:* -ден, -дна́, -о, -дны́> *adj* tauglich, geeignet, brauchbar; **~ к строево́й** [*о* **вое́нной**] **слу́жбе** wehrdiensttauglich; **ни на что не ~ челове́к** Taugenichts *m*; **~ к обрабо́тке** bearbeitungsfähig; **~ к эксплуата́ции** betriebsfähig; **~ для питья́** trinkbar; **~ для еды́** essbar
годова́лый *adj* einjährig; **~ ребёнок** einjähriges Kind *nt*; **годова́лое живо́тное** Jährling *m*
годово́й *adj* jährlich, Jahres-; **годова́я за́работная пла́та** [*о* **~ окла́д**] Jahresgehalt *nt*; **годова́я при́быль** Jahresgewinn *m*; **годово́е о́бщее собра́ние (акционе́ров)** Jahreshauptversammlung *f*; **~ бала́нс** Jahresabschluss *m*; **~ дохо́д** Jahreseinkommen *nt*; **~ за́работок** Jahresverdienst *m*; **~ оборо́т** Jahresumsatz *m*
годовщи́на *f A* Jahrestag *m*
гол *m K ple* (SPORT) Tor *nt*; **~, заби́тый в свои́ воро́та** Eigentor *nt*
голени́ще *nt O* Stiefelschaft *m*
голки́пер *m K* Torwart *m*
голла́ндец, голла́ндка <*gen sg m:* -дца, *gen pl f:* -док> *m K / f A* Holländer, -in *m/f*
Голла́ндия *f A2* Holland *nt*
голла́ндский *adj* holländisch
голова́ *f A e2* **1.** Kopf *m*; **у меня́ закружи́лась** mir ist schwindelig; **про́сто ~ идёт кру́гом** ich weiß nicht, wo mir der Kopf steht; **вы́ше головы́!** Kopf hoch! **приходи́ть в го́лову** einfallen, in den Kopf kommen; **вбить себе́ что-ли́бо в го́лову** (*fig*) sich etw in den Kopf setzen; **лома́ть себе́** [*о* **над чем-ли́бо**] **го́лову** (*fig*) sich (über etw) den Kopf zerbrechen; **сломя́ го́лову** (*fig*) Hals über Kopf; **теря́ть го́лову** (*fig*) die Beherrschung verlieren; **вскружи́ть кому́-либо го́лову** (*fig*) jdm den Kopf verdrehen; **пове́сить го́лову** (*fig*) den Kopf hängen lassen; **вали́ть с больно́й головы́ на здоро́вую** (*fig*) die Schuld auf einen Unschuldigen schieben; **моро́чить кому́-либо го́лову** (*umg*) jdn an der Nase herumführen; **на свою́ го́лову** (*umg*) zum eigenen Nachteil; **намы́лить кому́-ли́бо го́лову** (*umg*) dm den Kopf waschen **2.** Haupt *nt*, Oberhaupt *nt*
голова́стик *m K* Kaulquappe *f*
голо́вка <*dim von:* голова́, *gen pl:* -вок> *f A* **1.** Köpfchen *nt*; **була́вочная ~** Stecknadelkopf *m*; **~ звукоснима́теля** (EL) Tonkopf *m*; **~ воспроизведе́ния** (DV) Lesekopf *m* **2.** (ANAT) Eichel *f*
головно́й *adj* **1.** Kopf-; **быть чьей-ли́бо головно́й бо́лью** jdm Kopfzerbrechen bereiten; **головна́я боль** Kopfschmerzen *pl*;

~ мозг Gehirn *nt* 2. Leit-, Mutter-; **головна́я компа́ния** Obergesellschaft *f*; **головна́я организа́ция** Dachorganisation *f*; **головно́е о́бщество** Muttergesellschaft *f*
головоло́мка <*gen pl:* -мок> *f A* Denksportaufgabe *f*
головомо́йка <*gen pl:* -моек> *f A* Verweis *m*, Rüffel *m*; **зада́ть кому́-ли́бо головомо́йку** jdm tüchtig den Kopf waschen; **получи́ть головомо́йку** einen Rüffel einstecken
го́лод *m K* 1. Hunger *m*; 2. Hungersnot *f*
голода́ние *nt O2* Hungern *nt*; **лече́бное ~** Heilfasten *nt*
голода́ть *vi E impf* 1. hungern, Hunger leiden; 2. (*umg*) fasten
голо́дный <*kf:* го́лоден, -дна́, го́лодно> *adj* hungrig
голодо́вка <*gen pl:* -вок> *f A* Hungerstreik *m*
гололёд *m K* Glatteis *nt*
гололе́дица *f A* Glätte *f*
го́лос <*nom pl:* голоса́> *m K ple* Stimme *f*; **у него́ лома́ется го́лос** er ist im Stimmbruch; **ни́зкий ~** tiefe Stimme *f*; **хри́плый ~** heisere Stimme *f*; **облада́ть ~ом** (*MUS*) stimmbegabt sein; **быть в го́лосе** bei Stimme sein; **повы́сить ~** die Stimme erheben; **в оди́н ~** einstimmig; **пра́во ~а** (POL) Stimmrecht *nt*; **подсчёт ~ов** Stimmenzählung *f*; **большинство́ ~о́в** Stimmenmehrheit *f*
голосова́ние *nt O2* Abstimmung *f*, Stimmabgabe *f*; **зао́чное ~** Briefwahl *f*; **откры́тое ~** offene Abstimmung *f*; **поимённое ~** namentliche Abstimmung *f*; **о́бщее ~** Urabstimmung *f*; **прямо́е ~** direkte Wahl *f*; **та́йное ~** geheime Abstimmung *f*; **уча́стие в голосова́нии** Stimmbeteiligung *f* Wahlbeteiligung *f*
голосова́ть¹ *vi E2 impf* (*pf:* про-) 1. (*за кого́-ли́бо/что́-ли́бо*) stimmen (für +*akk*); **~ подня́тием рук** durch Handhochheben stimmen 2. (*umg: vt*) abstimmen (über +*akk*)
голосова́ть² *vi E2 impf* (*pf:* про-) 1. per Anhalter fahren; 2. ein Auto (durch Winken) anzuhalten versuchen
голубе́ц <*gen sg:* -бца́> *m K e* Krautroulade *f*
голубогла́зый <*kf:* -а́з, а́за> *adj* blauäugig
голубо́й I. *adj* hellblau, himmelblau; II. *m wie adj* (*umg*) Schwule(r) *m*
го́лубь *m K1 ple1* Taube *f*
го́лый <*kf:* гол, -ла́, го́ло> *adj* 1. nackt, bloß, kahl; **соверше́нно ~** splitternackt; **го́лые дере́вья** kahle Bäume; **спать на го́лой земле́** auf der bloßen Erde schlafen; **го́лая прово́дка** (EL) blanker Draht *m*; **а коро́ль-то го́лый!** (*fig*) der Kaiser hat keine Kleider an! **гол как со́кол** (*fig*) arm wie eine Kirchenmaus 2. (*umg*) rein; **го́лые фа́кты** nackte Tatsachen *f pl*; **~ расчёт** eiskalte Berechnung *f*

го́льмий *m K2* (CHEM) Holmium *nt*
гольф *m K* (SPORT) Golf *nt*
Гольфстри́м *m K* Golfstrom *m*
го́льфы <*nom sg:* гольф> *m pl K* Kniestrümpfe *m pl*
гомеопа́тия *f A2* Homöopathie *f*
гомоге́нный *adj* homogen
гомосексуали́ст *m K* Homosexuelle(r) *m*
гомосексуа́льность *f I* Homosexualität *f*
гомосексуа́льный *adj* homosexuell
гонг *m K* Gong *m*
гондо́ла *f A* Gondel *f*
го́нка <*gen pl:* -нок> *f A* 1. (SPORT) Rennen *nt*; **~ фо́рмула оди́н** (KFZ) Formel-1-Rennen *nt*; **~ пресле́дования** Verfolgungsjagd *f*; 2. (*umg*) Hetze *f*
гонора́р *m K* Honorar *nt*, Gage *f*
гонча́р *m K* Töpfer *m*
гонча́рный *adj* Töpfer-; **гонча́рная мастерска́я** Töpferwerkstatt *f*
го́нщик, го́нщица *m K / f A* Rennfahrer, -in *m/f*
гоня́ть *vt E unbest* (*best:* гнать) 1. jagen; **~ мяч** (SPORT) den Ball kicken 2. (*откуда-либо*) vertreiben; 3. (*meist pf*) hetzen, antreiben; **гнать лошаде́й** die Pferde (mit der Peitsche) antreiben; **гнать маши́ну** mit dem Auto rasen
гоня́ться *vr E unbest* (*best:* гна́ться) (*за кем-либо/чем-либо*) jdm/etw nachjagen, jdn/etw verfolgen
гора́ *f A e2* Berg *m*; **~ отхо́дов** Müllberg *m*; **в го́ру** bergauf; **на́ши дела́ иду́т в го́ру** (*fig*) es geht aufwärts mit uns; **под го́ру** [*o* **с горы́**] bergab; **зима́ не за гора́ми** (*umg*) der Winter steht vor der Tür; **сули́ть кому́-ли́бо золоты́е го́ры** (*fig*) jdm goldene Berge versprechen; **он мо́жет сдви́нуть го́ры** (*fig*) er kann Berge versetzen
горб *m K ple* (ANAT) Buckel *m*, Höcker *m*; **зарабо́тать свои́м ~ом** (*umg*) mit eigenen Händen erarbeiten; **испыта́ть на своём горбу́** (*fig*) am eigenen Leib erfahren
горба́тый <*kf:* -а́т> *adj* bucklig; **горба́того моги́ла испра́вит** (*fig*) den Verwachsenen heilt erst der Tod
горди́ться <*präs:* горжу́сь, горди́шся> *vr + inst I impf* stolz sein (auf +*akk*), sich brüsten (mit +*dat*)
го́рдость *f I* Stolz *m*
го́рдый <*kf:* горд, горда́, го́рдо> *adj* stolz
го́ре *nt O1* 1. Gram *m*, Kummer *m*; 2. (*несча́стье*) Unglück *nt*; „Го́ре от ума́" (LIT) "Verstand schafft Leiden"; **на моё ~** [*o* **к моему́ го́рю**] zu meinem Unglück; **с го́рем попола́м** mit Mühe und Not
го́ре- *präfix* (*vor Substantiv*) erbärmlich, schlecht; **~-администра́тор** (*fig*) Schildbürger *m*
горева́ть *vi E2 unbest* (*best:* по-, за-) (*о*

горемы́ка *ком-ли́бо/чём-ли́бо*) sich grämen, trauern (um, über +*akk*)
горемы́ка *m/f A* (*umg*) armer Teufel *m*, Pechvogel *m*
го́рестный *adj* kummervoll, traurig; **го́рестное изве́стие** traurige Nachricht *f*
горе́ть <*präs:* горю́, гори́шь> *vi I impf* (*pf:* с-) brennen; ~ **от стыда́** (fig) vor Scham vergehen; **щёки горя́т** (fig) die Wangen glühen [*o* brennen]; **(это) не гори́т!** (fig) es hat keine Eile!
го́рец, горя́нка <*gen pl m:* го́рцев, *gen pl f:* горя́нок> *m K / f A* Bergbewohner, -in *m/f*
гореча́вка *f A* (BOT) Enzian *m*
го́речь *f I* 1. Bitterkeit *f*; ~ **во рту** bitterer Geschmack im Mund 2. (*fig*) Bitternis *f*; ~ **разлу́ки** die Bitterkeit des Abschieds
горизо́нт *m K* (*auch fig*) Horizont *m*
горизонта́льный <*kf:* -лен, -льна, -льно> *adj* horizontal, waagerecht; **горизонта́льная диверсифика́ция** (ÖKON) horizontale Diversifikation *f*
гори́лла *f A* Gorilla *m*
гори́стый <*kf:* -ри́ст> *adj* bergig, Gebirgs-; **гори́стая ме́стность** Berglandschaft *f*
го́рка <*dim von:* гора́, *gen pl:* -рок> *f A* kleiner Berg *m*, Anhöhe *f*; **де́тская ~** Rutschbahn *f*; **ледяна́я ~** Rudelbahn *f*
горла́нить <*präs:* горла́ню, -нишь> *vi I impf* (*umg*) grölen
го́рло *nt O* Hals *m*, Kehle *f*; **по ~** (*auch fig*) bis zum [*o* über den] Hals; **рабо́ты (у нас) по ~** die Arbeit wächst uns über den Kopf; **быть сы́тым по ~** bis oben hinauf satt sein; **встать кому́-ли́бо поперёк го́рла** (*fig*) jdm zum Hals heraushängen [*o* herauswachsen]; **крича́ть** [*o* **ора́ть**] **во всё ~** (*umg*) aus voller Kehle schreien; **промочи́ть ~** (*umg*) sich die Kehle anfeuchten [*o* schmieren]
го́рлышко <*dim von:* го́рло, *gen pl:* -шек> *nt O* 1. Kehlchen *nt*; 2. Flaschenhals *m*
гормо́н *m K* Hormon *nt*; **~ ро́ста** Wachstumshormon *nt*; **полово́й ~** Geschlechtshormon *nt*; **лече́ние ~ами** Hormontherapie *f*
гормона́льный *adj* Hormon-, hormonal, Hormonal-; **~ препара́т** Hormonalmittel *nt*, Hormonalpräparat *nt*
го́рничная *f wie adj* Zimmermädchen *nt*
горноста́й *m K2* Hermelin *m*
го́рный *adj* 1. Berg-, Gebirgs-; **~ велосипе́д** Mountainbike *nt*; **~ во́здух** Höhenluft *f* 2. Bergbau-; **го́рное де́ло** Bergbau *m*; **~ инжене́р** Bergbauingenieur *m*; **го́рная цепь** Gebirgskette *f*
горня́к *m K* Bergmann *m*, Bergarbeiter *m*
го́род <*nom pl:* города́> *m K ple* Stadt *f*; **~-миллионе́р** Millionenstadt *f*; **~-спу́тник** Trabantenstadt *f*; **~-побрати́м** Partnerstadt *f*; **за́ ~** aufs Land, ins Grüne
городско́й *adj* städtisch, Stadt-;

городско́е управле́ние Stadtverwaltung *f*; **~ сове́т** Stadtrat *m*
горожа́нин, горожа́нка <*nom pl m:* горожа́не, *gen pl f:* -нок> *m U2 / f A* Städter, -in *m/f*
гороско́п *m K* Horoskop *nt*
горо́х *m K* 1. Erbsen *pl*; 2. Erbsenpflanze *f*
горо́ховый *adj* Erbsen-; **~ суп** Erbsensuppe *f*
горо́шина *f A* Erbse *f*
го́рстка <*gen pl:* -нок> *f A* eine Handvoll *f*
горта́нь *f I* Kehlkopf *m*
горчи́ца *f A* Senf *m*
горчи́чник *m K* 1. (MED) Senfpflaster *nt*, Senfpapier *nt*; 2. (SPORT:*umg*) gelbe Karte *f*
горшо́к <*gen sg:* -шка́> *m K e* Topf *m*; **цвето́чный ~** Blumentopf *m*; **ночно́й ~** Nachtgeschirr *nt*; **от горшка́ два вершка́** (*umg*) Dreikäsehoch *m*
го́рький <*kf:* -рек, -рька́, -рько, *komp:* го́рче, *oder:* го́рше> *adj* 1. (*komp:* го́рче) bitter; 2. (*komp:* го́рше) schwer, kummervoll; **го́рькое разочарова́ние** bittere Enttäuschung *f*
горю́чее *nt wie adj* Brennstoff *m*, Treibstoff *m*, Kraftstoff *m*
горю́чий *adj* brennbar; **горю́чие слёзы** (*fig*) bittere Tränen *f pl*
горя́чее *nt wie adj* warme Mahlzeit *f*
горя́чий <*kf:* -я́ч, -яча́, -ячо́> *adj* 1. heiß; **горя́чая вода́** warmes Wasser *nt*; **~ во́здух** Heißluft *f*; 2. (*umg*) hitzig, heftig; **горя́чая голова́** Hitzkopf *m*; **горя́чая то́чка** Krisengebiet *nt*; **горя́чие деньки́** hektische [*o* arbeitsreiche] Tage
горячи́ть <*präs:* горячу́, -чи́шь> *vt I impf* (*pf:* раз-) erhitzen, erregen
горячи́ться <*präs:* горячу́сь, -чи́шься> *vr I impf* (*pf:* раз-) sich eifern
горя́чка *f A* 1. (MED) Fieber *nt*; **бе́лая ~** Delirium tremens *nt*, Säuferwahnsinn *m*; **роди́льная ~** Wochenbettfieber *nt* 2. Hast *f*, große Eile *f*; **биржева́я ~** Börsenfieber *nt*
госбюдже́т *m K* (*госуда́рственный бюдже́т*) Staatshaushalt *m*
го́спиталь *m K1 ple1* Hospital *nt*
господи́н <*pl:* господа́, -о́д, -ода́м> *m U2* Herr *m*; **господа́!** (*Anrede*) meine Herren!
госпо́дство *nt O* 1. Herrschaft *f*; 2. Vorherrschaft *f*, Dominanz *f*; **~ на ры́нке** Marktbeherrschung *f*
госпо́дствовать *vi E2 impf* 1. (*над кем-ли́бо/чем-ли́бо*) herrschen (über + *akk*); 2. vorherrschen
Госпо́дь <*gen sg:* Го́спода, *Vokativ:* Го́споди> *m K* Herr *m*, Gott *m*; **Го́споды!** mein Gott!
госпредприя́тие *nt O2* (-*госуда́рственное предприя́тие*) staatliches Unternehmen *nt*
госрегули́рование *nt O2* (*госуда́рственное регули́рование*)

staatlicher Eingriff *m*
госсекрета́рь *m K1* Staatssekretär *m*
гостеприи́мный <*kf:* -мен, -мна, -мно>
adj gastlich, gastfreundlich
гостеприи́мство *nt O* Gastfreundschaft *f*
гости́ная *f wie adj* Wohnzimmer *nt*, Zimmer *nt*, in dem man Gäste empfängt
гость *m K1 ple1* Gast *m*; **почётный ~**
Ehrengast *m*; **у меня́ го́сти** ich habe Besuch
m; **принима́ть госте́й** Gäste empfangen;
ходи́ть в го́сти к кому́-либо jdn besuchen; **быть в гостя́х у кого́-либо** zu Besuch sein (bei *+dat*)
госуда́рственный *adj* staatlich, Staats-;
госуда́рственная гара́нтия staatliche
Garantie *f* Bundesgarantie *f*;
госуда́рственная де́ятельность Staatstätigkeit *f*; **госуда́рственная долгова́я поли́тика** staatliche Schuldenpolitik *f*;
госуда́рственная задо́лженность
Staatsverschuldung *f*; **госуда́рственная казна́** Fiskus *m*; **госуда́рственная монопо́лия** staatliches Monopol *nt*;
госуда́рственная подде́ржка обме́нного ку́рса gestützter Wechselkurs
m; **госуда́рственная со́бственность**
Staatseigentum *nt*; **госуда́рственная субси́дия** Subvention *f*;
госуда́рственное предприя́тие staatliches Unternehmen *nt*; **госуда́рственное хозя́йство** Staatswirtschaft *f*;
госуда́рственные дохо́ды Staatseinnahmen *pl*; **госуда́рственные за́ймы** Staatsanleihen *pl*; **госуда́рственные облига́ции** Bundesobligation *f*;
госуда́рственные расхо́ды Staatsausgaben *pl*; **госуда́рственные це́нные бума́ги** Staatspapiere *pl*; **~ банк** Staatsbank
f; **~ ба́нковский контро́ль** Bankenaufsicht *f*; **~ бюдже́т** Staatshaushalt *m*, Etat *m*;
~ дирижи́зм staatlicher Eingriff *m*; **~ муж**
Staatsmann *m*; **~ се́ктор промы́шленности** verstaatlichte Industrie
f; **~ се́ктор эконо́мики** Staatswirtschaft *f*;
~ сове́т Staatsrat *m*; **госуда́рственные интере́сы** Staatsinteressen *pl* , staatliche
Interessen *pl*
госуда́рство *nt O* Staat *m*; **~ всео́бщего благоде́нствия** Wohlfahrtsstaat *m*;
правово́е ~ Rechtsstaat *m*; **федера́льное**
[*o* **сою́зное**] **~** Bundesstaat *m*; **~ -исто́чник**
Quellenstaat *m*; **госуда́рства Перси́дского зали́ва** Golfstaaten *pl*
го́тика *f A* Gotik *f*
готи́ческий *adj* gotisch
гото́вить <*präs:* гото́влю, -вишь> *vt I impf* **1.** vorbereiten; **~ кни́гу к печа́ти** ein
Buch druckfertig machen; **~ уро́ки** die
Hausaufgaben machen **2.** (*пи́щу*) zubereiten, kochen; **3.** ausbilden
гото́виться <*präs:* гото́влю, -вишься>
vr I impf **1.** (**к чему́-либо** *oder mit inf*) sich
vorbereiten, Vorbereitungen treffen; **2.** sich

gefasst machen
гото́вность *f I* Bereitschaft *f*; **~ к компроми́ссам** Kompromissbereitschaft *f*,;
~ помо́чь Hilfsbereitschaft *f*; **вы́разить свою́ ~** sich bereit erklären; **~ к поста́вке**
(ÖKON) Lieferbereitschaft *f*; **боева́я ~** (MIL)
Kampfbereitschaft *f*
гото́вый <*kf:* -о́в, -о́ва, -о́во> *adj* **1.** fertig; **гото́вая дета́ль** Fertigteil *nt*; **гото́вая проду́кция** Fertigerzeugnisse *pl*; **гото́вое блю́до** Fertiggericht *nt*; **гото́вое изде́лие**
Fertigfabrikat *nt*; **~ к печа́ти** druckreif; **~ к заселе́нию** bezugsfertig; **~ к эксплуата́ции** betriebsbereit **2.** bereit;
быть гото́вым к чему́-либо willens sein;
быть гото́вым на что-либо bereit sein
(zu *+dat*)
грабёж <*gen sg:* грабежа́> *m K e* Raub *m*,
Plünderung *f*; **~ среди́ бе́ла дня** (*fig*) die reinste Geldschneiderei
граби́тель *m K1* Räuber *m*, Plünderer *m*
граби́тельский *adj* räuberisch
гра́бить <*präs:* гра́блю, -бишь> *vt I impf*
(*pf:* о-) ausrauben, plündern
гра́бли <*gen pl:* -бель, *oder:* -блей> *f pl*
A1 Rechen *m*, Harke *f*
гра́вий <*präpos sg:* -вии> *m K2* Kies *m*,
Schotter *m*
гравирова́ть *vt E2 impf* (*pf:* вы-) gravieren
гравита́ция *f A2* Gravitation *f*, Schwerkraft *f*
гравю́ра *f A* Kupferstich *m*, Gravüre *f*
град *m K* Hagel *m*; **идёт ~** es hagelt; **уда́ры сы́пались ~ом** (*fig*) es hagelte Prügel; **~ пуль** (*fig*) Kugelhagel *m*
гради́рня <*gen pl:* -рен> *f A1* **1.** Kühlturm
m; **2.** Gradierwerk *nt*
градострои́тельство *nt O* Städtebau *m*
гра́дус *m K* Grad *nt*; **де́лать поворо́т на сто восемьдеся́т ~ов** (*auch fig*) sich um
hundertachtzig Grad drehen, seine Meinung
völlig ändern; **под ~ом** (*umg*) beschwipst,
angeheitert
гра́дусник *m K* Fieberthermometer *nt*
граждани́н <*pl:* гра́ждане> *m U2 pls*
Staatsbürger *m*; **Граждани́н!** (*Anrede*)
Herr! **~ ФРГ** Bundesbürger *m*; **почётный ~**
Ehrenbürger *m*; **учи́тывающий интере́сы гра́ждан** bürgernah
гражда́нка <*gen pl:* -нок> *f A* Staatsbürgerin *f*; **Гражда́нка!** (*Anrede*) Frau!
гражда́нский *adj* **1.** Bürger-;
гражда́нская война́ Bürgerkrieg *m*;;
гражда́нская инициати́ва Bürgerinitiative *f*; **гражда́нско-правово́е о́бщество**
Gesellschaft *f* bürgerlichen Rechts;
гражда́нское пра́во Zivilrecht *nt* **2.** Zivil-;
гражда́нское лицо́ Zivilist, -in *m/f*;
гражда́нское му́жество Zivilcourage *f*;
гражда́нское населе́ние Zivilbevölkerung *f*
гражда́нство *nt O* Staatsangehörigkeit *f*;

двойно́е ~ doppelte Staatsbürgerschaft *f*; **лицо́ без гражда́нства** Staatenloser *m*; **дава́ть ~** einbürgern; **лиша́ть гражда́нства** ausbürgern
грамм <*gen pl auch:* грамм> *m K* Gramm *nt*
грамма́тика *f A* Grammatik *f*
граммати́ческий *adj* grammatisch, grammatikalisch
гра́мота *f A* 1. Urkunde *f*; **вери́тельная ~** Beglaubigungsschreiben *nt*;; **почётная ~** Ehrenurkunde *f*, 2. Lesen und Schreiben *nt*; **обуче́ние гра́моте** Lese- und Schreibunterricht *m*
гра́мотный <*kf:* -тен, -тна, -тно> *adj* 1. schriftkundig, lese- und schreibkundig; **~ писа́ть** fehlerfrei schreiben 2. (*в чём-либо*) sachkundig, geschult; 3. (*о рабо́те*) fachmännisch
грана́та *f A* Granate *f*
грандио́зный <*kf:* -зен, -зна, -зно> *adj* grandios, großartig
грани́т *m K* Granit *m*
грани́ца *f A* 1. Grenze *f*; **~ страны́** Landesgrenze *f*, **госуда́рственная ~** Staatsgrenze *f*; **тамо́женная ~** Zollgrenze *f*; **пересече́ние грани́цы** Grenzübertritt *m*; **за грани́цу** ins Ausland; **за грани́цей** im Ausland; **из-за грани́цы** aus dem Ausland 2. (*преде́л*) Grenze *f*, Limit *nt*; **~ дохо́да** Einkommensgrenze *f*; **~ задо́лженности** Verschuldensgrenze *f*; **~ ро́ста** Wachstumsgrenze *f*; **не знать грани́ц** (*fig*) keine Grenzen kennen; **вы́йти из грани́ц (дозво́ленного)** (*fig*) alle Grenzen überschreiten [*o* übersteigen]; **нет грани́ц чему́-либо** (*fig*) einer Sache sind keine Grenzen gesetzt
грани́чить <*nur 3. pers:* грани́чит> *vi I impf* (*auch fig:* **с чем-либо**) grenzen an; **э́то грани́чит с преда́тельством** das kommt einem Verrat gleich
грань *f I* 1. (*грани́ца*) Grenzlinie *f*, Rand *m*; **на гра́ни войны́** am Rande des Krieges; **провести́ чёткую ~ (ме́жду чем-либо)** etw genau [*o* scharf](voneinander) abgrenzen 2. (*пло́скость*) Fläche *f*, Facette *f*
гра́тис *adv* gratis
граф *m K* Graf *m*
гра́фик[1] *m K* 1. (МАТН) Graph *m*; 2. (*расписа́ние*) Plan *m*; **часово́й ~** Stundenplan *m*; **~ движе́ния поездо́в** Fahrplan *m*; **по ~у** (*о движе́нии поездо́в*) (fahr)planmäßig 3. (*план рабо́т*) Terminplan *m*, Zeitplan *m*; **~ строи́тельства** Bauplan *m*; **рабо́тать стро́го по ~у** genau nach dem Plan arbeiten; **вы́биться из ~а** den Zeitplan nicht einhalten können; 4. Schaubild *nt*, grafische Darstellung *f*; **~ после́довательности опера́ций** Ablaufdiagramm *nt*; **~ сбы́та** Absatzkurve *f*; **~ результа́тов де́ятельности** Erfolgskurve *f*

гра́фик[2] *m K* Graphiker, -in *m/f*
гра́фика *f A* 1. Grafik *f*; 2. (LING) Schreibweise *f*
графи́н *m K* Karaffe *f*
графи́ня *f A1* Gräfin *f*
графи́т *m K* Graphit *nt*
графи́ческий *adj* 1. grafisch, zeichnerisch; 2. (DV) Grafik-, grafikfähig; **графи́ческая операцио́нная среда́** (DV) grafische Benutzeroberfläche *f*; **~ при́нтер** (DV) Grafikdrucker *m*; **~ реда́ктор** (DV) Grafikeditor *m*
гра́фство *nt O* Grafschaft *f*
гра́ффити *nt indekl* Graffiti *nt pl*
грацио́зный <*kf:* -зен, -зна> *adj* graziös, anmutig
гребёнка <*gen pl:* -нок> *f A* Kamm *m*; **стричь всех под одну́ гребёнку** (*fig*) alle über einen Kamm scheren
гре́бень <*gen sg:* -бца́> *m K1* Kamm *m*; **петуши́ный ~** Hahnenkamm *m*; **~ горы́** Bergkamm *m*, Bergrücken *m*; **~ волны́** Wellenkamm *m*
гребе́ц <*gen sg:* -бца́> *m K e* Ruderer, Ruderin *m/f*
грёза *f A* (*meist Pl*) Traum *m*, Wunschtraum *m*, Trugbild *nt*; **грёзы** Träumerei *f*; **мир грёз** Traumwelt *f*
гре́зить <*präs:* гре́жу, гре́зишь> *vi I* träumen; **~ наявý** wachend träumen
грейпфру́т *m K* Grapefruit *f*
грек *m K* Grieche *m*
гре́лка <*gen pl:* -лок> *f A* Wärmflasche *f*
греме́ть <*präs:* гремлю́, -ми́шь> *vi I impf* 1. dröhnen, rasseln; **гром греми́т** es donnert; 2. (*fig*) erschallen, ertönen
Гренла́ндия *f A2* Grönland *nt*
грести́ <*präs:* гребу́, -бёшь, *prät:* грёб, гребла́> *vi E6 impf* 1. rudern; **~ про́тив тече́ния** (*fig*) gegen den Strom schwimmen; 2. harken; **~ де́ньги лопа́той** (*umg*) Geld wie Heu haben; **~ под себя́** (*umg*) seine Schäfchen ins Trockene bringen
греть *vt E impf* (*pf:* на-, со-) 1. erwärmen, aufwärmen; 2. wärmen; **со́лнце свети́т, но не гре́ет** die Sonne scheint, aber sie wärmt nicht; **~ себе́ ру́ки на чём-либо** (*fig*) sich gesundstoßen (an +*dat*)
грех *m K e* 1. Sünde *f*; **перворо́дный ~** Ursünde *f*; **сме́ртельный ~** Todsünde *f*; **отпуска́ть кому́-либо ~и́** jdm die Sünden vergeben; **ста́рые ~и́** [*o* **~и́ про́шлого**] Altlasten *f*; **обвиня́ть кого́-либо во всех сме́ртных ~а́х** (*umg*) jdm alles Mögliche in die Schuhe schieben; **с ~о́м попола́м** mit Ach und Krach, mit Müh und Not
Гре́ция *f A2* Griechenland *nt*
греча́нка <*gen pl:* -нок> *f A* Griechin *f*
гре́ческий *adj* griechisch
гречи́ха *f A* Buchweizen *m*
греши́ть <*präs:* грешу́, -ши́шь> *vi I impf* (*pf:* со-) 1. (REL) sündigen; 2. (*про́тив чего́-либо*) verstoßen (gegen +*akk*)
гре́шник, гре́шница *m K / f A* Sünder,

гре́шный <kf: -шен, -шна́, -шно/-шно́> adj sündhaft; **гре́шным де́лом** (umg) leider, schwach wie ich schon bin

гриб m K e Pilz m; **ядови́тый ~** Giftpilz m; **съедо́бный ~** Speisepilz m; **расти́ как ~ы по́сле дождя́** (fig) wie Pilze aus dem Boden schießen; **а́томный ~** Atompilz m

гри́ва f A Mähne f

гри́вна <gen pl: -вен> f A Währungseinheit in der Ukraine

грим m K Schminke f

грима́са f A Grimasse f

гримёр, гримёрша m K / f A Maskenbildner, -in m/f

гримирова́ть vt E2 impf (pf: на-, за-) 1. schminken; 2. (под кого́-ли́бо/что-ли́бо) schminken als (+akk)

гримирова́ться vr E2 impf (pf: за-) sich schminken (lassen)

грипп m K Grippe f

гриппо́зный adj Grippe-, grippal

гриф[1] m K (ZOOL) Lämmergeier m

гриф[2] m K (MUS) Griffbrett nt

гриф[3] m K Namensstempel m; **~ секре́тности** Vermerk m über Vertraulichkeitsgrad auf einem Dokument

гроб <präpos sg: в гробу́> m K ple Sarg m; **стоя́ть одно́й ного́й в ~у́** (fig) mit einem Fuß im Grabe stehen; **вогна́ть кого́-либо в ~** (fig) jdn ins Grab bringen; **переверну́ться в ~у́** (fig) sich im Grabe umdrehen

грог m K Grog m

гроза́ f A pls 1. Gewitter nt; **надвига́ется ~** das Gewitter zieht auf; **разрази́лась ~** das Gewitter entlud sich; 2. (fig) Schrecken m

грози́ть <präs: грожу́, грози́шь> vi I 1. (кому́-ли́бо чем-ли́бо) drohen, nachdrücklich einzuschüchtern versuchen; **~ па́льцем** mit dem Finger drohen; **~ увольне́нием** mit der Entlassung drohen 2. (предстоя́ть кому́-ли́бо) drohen, eintreffen können; **ему́ грози́т опа́сность** ihm droht Gefahr; **стране́ грози́т экономи́ческий кри́зис** dem Land droht eine Wirtschaftskrise; 3. (о ве́тхой постро́йке и т.п.) im Begriff sein, einzustürzen u.ä.; **дом грози́т развали́ться** das Haus droht einzustürzen

гро́зный adv 1. fürchterlich, schrecklich, Furcht erregend; **Ива́н Гро́зный** (HIST) Ivan der Schreckliche 2. (угрожа́ющий) drohend; **~ взгляд** ein strenger Blick

грозово́й adj gewittrig, Gewitter-

гром m K ple1 Donner m; **греми́т ~** es donnert; **раска́ты ~а** das Rollen [o das Grollen] des Donners; **уда́р ~а** Donnerschlag m; **~ аплодисме́нтов** (fig) Beifallssturm m; **мета́ть ~ы и мо́лнии** (fig) Blitz und Donner schleudern; **как ~ среди́ я́сного не́ба** (fig) wie der Blitz aus heiterem Himmel

грома́дный adj riesig, kolossal, enorm; **грома́дное большинство́** die übergroße Mehrheit f

громи́ть <präs: громлю́, -ми́шь> vt I impf (pf: раз-) 1. zerstören, demolieren; 2. (MIL) zerschlagen

гро́мкий <kf: -мок, -мка́, -мко, komp: гро́мче> adj (го́лос) laut, lautstark; **~ хо́хот** schallendes Gelächter nt; **гро́мкая побе́да** (fig) ein glänzender Sieg m; **гро́мкое и́мя** (fig) ein berühmter Name m; **гро́мкие слова́** (fig) große [o tönende] Worte; **гро́мкий проце́сс** (fig) ein Aufsehen erregender Prozess m

гро́мко adv (MUS) forte

громкоговори́тель m K1 Lautsprecher m

гро́мкость f I Lautstärke f

громозди́ть <präs: громозжу́, -зди́шь> vt I impf (pf: на-) anhäufen, auftürmen

громо́здкий <kf: -док, -дка, -дко> adj sperrig

громоотво́д m K Blitzableiter m

громыха́ть vi E impf (umg) poltern, donnern, rumpeln

грот m K Grotte f

гроте́скный adj grotesk

гро́хот[1] m K Gepolter nt, polternder Lärm m

гро́хот[2] m K (TECH) Sieb nt, Sortiersieb nt

грохота́ть <präs: грохочу́, -о́чешь> vi E4 impf 1. poltern, krachen; 2. (о гро́ме) rollen

грош <gen pl: -е́й> m K e Groschen m; **э́тому ~ цена́; э́то ~а́ ло́маного не сто́ит** das ist nicht einen Pfifferling wert; **рабо́тать за ~и** (fig) für einen Hungerlohn arbeiten; **не име́ть за душо́й ни ~а́** (umg) völlig blank sein

грубия́н m K Grobian m

грубова́тый adj burschikos

гру́бость f I Grobheit f

гру́бый <kf: груб, груба́, гру́бо> adj 1. grob, rau, ungeschliffen; **гру́бые черты́ лица́** grobe Gesichtszüge m pl; **~ го́лос** eine rauhe Stimme; **гру́бые слова́** grobe [o gemeine] Worte; **гру́бое выраже́ние** ein derber Ausdruck m; **гру́бое поведе́ние** grobes Benehmen nt; **гру́бая оши́бка** ein grober Fehler m; **гру́бое наруше́ние** ein grober Verstoß m; **гру́бо говоря́** annähernd [o kurzgefasst] 2. (о волокне́, корма́х и т.п.) unbearbeitet; **мука́ гру́бого помо́ла** Schrot m

гру́да f A großer Haufen m; **~ разва́лин** Trümmerhaufen m

груди́на f A (ANAT) Brustbein nt

груди́нка f A Bruststück nt, Rippchen nt

грудь <präpos sg: в/на груди́> f I ple1 1. Brust f; 2. Busen m; **корми́ть ~ю** stillen

груз m K1 Fracht f, Ladung f, Ladegut nt; **~ осо́бой сро́чности** Expressgut nt; **шту́чный ~** Stückgut nt; 2. (fig) Last f

грузи́ло nt O Senkblei nt, Lot nt

грузи́н, грузи́нка <gen pl m: грузи́н, gen pl f: -нок> m K / f A Georgier, -in m/f
грузи́нский adj georgisch
грузи́ть <präs: гружу́, гру́зи́шь> vt I impf (pf: за-, на-, по-) **1.** laden, aufladen; **2.** (загружа́ть) beladen, befrachten
Гру́зия f A2 Georgien nt
грузови́к m K Lastwagen m, LKW m
грузово́й adj Last-, Fracht-; **~ автомоби́ль** Lastkraftwagen m, Lkw m
грузоотправи́тель m K1 Frachtführer m, Verfrachter m
грузоподъёмность f I Tragfähigkeit f
грузопото́к m K (TRANSP) Güterstrom m
грунт m K Erdboden m
грунтово́й adj Grund-; **грунтовы́е во́ды** Grundwasser nt; **грунтова́я доро́га** unbefestigte Landstraße f
гру́ппа f A Gruppe f; **~ изде́лий** Produktgruppe f; **~ кро́ви** Blutgruppe f; **~ ри́ска** Risikogruppe f; **~ новосте́й** (DV) Newsgroup f; **~ самопо́мощи** Selbsthilfegruppe f; **~ сотру́дников** Team nt; **иссле́довательская ~** Forschungsteam nt
группово́й adj Gruppen-; **группова́я рабо́та** Gruppenarbeit f; **группова́я фотогра́фия** Gruppenaufnahme f
грусти́ть <präs: грущу́, грусти́шь> vi I impf (pf: за-) traurig [o betrübt] sein
гру́стный <kf: -тен, -тна́, -тно> adj traurig, betrübt; **э́то наво́дит на гру́стные размышле́ния** das bringt einen auf traurige Gedanken
грусть f I Wehmut f, Traurigkeit f
гру́ша f A **1.** Birne f; **2.** Birnbaum m
груше́ви́дный <kf: -ден, -дна> adj birnenförmig
гры́жа f A (MED) Bruch m; **па́ховая ~** Leistenbruch m
грызня́ f A1 **1.** Beißerei f; **2.** (fig) Zänkerei f
грызть <präs: грызу́, -зёшь> vt E6 impf (pf: раз-) nagen, knabbern; **его́ грызёт со́весть** (fig) das Gewissen nagt an ihm
гры́зться vr E6 **1.** sich beißen; **2.** (fig) sich zanken
грызу́н m K e Nagetier nt
гря́дка <gen pl: -док> f A Beet nt
гряду́щий adj (geh) künftig, kommend; **на сон ~** vor dem Schlafengehen
грязево́й adj Schlamm-, Moor-; **грязевы́е ва́нны** (MED) Schlammbäder nt pl; **грязево́й куро́рт** (MED) Moorbad nt
грязни́ть <präs: грязню́, -ни́шь> vt I impf (pf: за-) beschmutzen, schmutzig machen
грязни́ться <wie: грязни́ть> vr I impf (pf: за-) schmutzig werden
грязну́ля mf A1 Schmutzfink m, Dreckspatz m
гря́зный <kf: -зен, -зна́, -зно> adj schmutzig, dreckig; **гря́зная посу́да** Abwasch m; **гря́зное де́ло** (fig) ein schmutziges Geschäft nt; **выполня́ть гря́зную рабо́ту** (fig) die Dreckarbeit machen

грязь f I **1.** Schmutz m, Dreck m; **смеша́ть кого́-ли́бо/что-ли́бо с гря́зью** (fig) jdn/etw durch den Schmutz ziehen **2.** Schlamm m; **меси́ть ~** durch den Schlamm waten; **лече́бная ~** (MED) Fango m, Heilschlamm m
губа́ <nom pl: гу́бы> f A ple1 Lippe f; **у него́ ещё молоко́ на губа́х не вы́сохло** er ist noch nicht trocken hinter den Ohren; **у него́ губа́ не ду́ра** er ist kein Kostverächter; **ве́рхняя ~** Oberlippe f; **ни́жняя ~** Unterlippe f; **за́ячья ~** (MED) Hasenscharte f
губерна́тор m K Gouverneur m
губи́ть <präs: гублю́, гу́бишь> vt I impf (pf: по-) zugrunde richten, ins Verderben stürzen
гу́бка <gen pl: -бок> f A **1.** (ZOOL) Schwamm m; **2.** Badeschwamm m
губно́й adj Lippen-; **губна́я гармо́шка** Mundharmonika f; **губна́я пома́да** Lippenstift m
гуде́ть <präs: гужу́, гуди́шь> vi I impf **1.** tönen; **2.** (о насеко́мых) summen; **3.** (о самолёте) surren; **4.** (о сире́не, ве́тре) heulen
гудо́к <gen sg: -дка́> m K **1.** (KFZ) Hupe f, Hupensignal nt; **2.** Sirene f; **3.** (TELKOM) Signalton m
гул m K Getöse nt; **~ голосо́в** Stimmengewirr nt
гу́лкий <kf: -лок, -лка́, -лко> adj widerhallend, schallend
гуля́ть vi E impf (pf: по-) **1.** spazierengehen; **2.** frei haben; **3.** bummeln, zechen
гуля́ш m K Gulasch m
гумани́зм m K Humanismus m
гуманисти́ческий adj humanistisch
гуманита́рный <kf: -рен, -рна> adj **1.** humanitär; **гуманита́рная по́мощь** humanitäre Hilfe f; **2.** humanistisch; **гуманита́рное образова́ние** humanistische Bildung f; **гуманита́рные нау́ки** Geisteswissenschaften f pl
гума́нность f I Humanität f, Menschlichkeit f
гума́нный <kf: -а́нен, -а́нна, -а́нно> adj human, menschlich
гурма́н, гурма́нка m K / f A Feinschmecker, -in m/f
гуру́ m indekl Guru m
гу́сеница f A **1.** (ZOOL) Raupe f; **2.** (TECH) Kettenraupe f
густо́й <kf: густ, густа́, гу́сто, komp: гу́ще> adj **1.** dicht; **~ тума́н** dichter Nebel m; **густы́е во́лосы** dichtes Haar nt; **густы́е бро́ви** buschige Augenbrauen f pl **2.** (не жи́дкий) dickflüssig
густонаселённый adj dichtbevölkert
гусь m K1 ple1 Gans f; **с него́ как с гу́ся вода́** (fig) an ihm prallt alles ab
гусько́м adv im Gänsemarsch
гуся́тина f A Gänsefleisch nt
гутали́н m K Schuhcreme f
гу́ща f A1 **1.** (оса́док) Satz m, Bodensatz

m; **2.** (*ча́ща*) Dickicht *nt*; **в гу́ще люде́й** im Menschengewühl *nt*; **в гу́ще** [*o* **са́мой гу́ще**] **собы́тий** (*fig*) dort, wo es viel [*o* am meisten] los ist

ГЭС *abk von* гидроэлектроста́нция *f* Wasserkraftwerk *nt*

Д

д, Д *nt indekl* kyrillischer Buchstabe
да *part* ja
дава́ть <*präs:* даю́, даёшь> *vt E3 impf* (*pf:* дать) **1.** (*auch fig*) geben, bieten, erteilen; **~ есть** [*o* **пить**] zu essen [*o* zu trinken] geben; **~ взаймы́** verleihen; **~ напрока́т** verleihen, vermieten; **~ в аре́нду** verpachten; **~ взя́тку** bestechen; **~ зада́ток** anzahlen; **~ сове́ты** Ratschläge geben; **~ указа́ния** anweisen; **~ инстру́кции** unterweisen; **~ согла́сие** [*o* **разреше́ние**] **на что-ли́бо** bewilligen; **~ ход де́лу** etw in Gang bringen, ein Verfahren einleiten; **~ полномо́чия** Vollmachten erteilen; **~ консульта́цию** beraten; **~ отчёт** Rechenschaft *f* ablegen; **~ заключе́ние** begutachten; **~ результа́ты** Erfolge zeitigen; **~ по́вод к чему́-ли́бо** Anlass geben (zu + *dat*); **~ представле́ние о чём-ли́бо** eine Vorstellung vermitteln (von +*dat*); **не ~ поко́я кому́-ли́бо** jdm keine Ruhe lassen; **~ поня́ть** zu verstehen geben; **~ знать** wissen lassen; **~ о себе́ знать** sich bemerkbar machen; **~ телегра́мму** ein Telegramm aufgeben [*o* absenden]; **~ ток** Strom liefern; **~ конце́рт** ein Konzert geben *nt*; **2.** (*imp + inf eines impf Verbs/ imp + 1. pl eines pf Verbs*) lass(t) uns, wir wollen; **дава́й игра́ть в ша́хматы!** lass uns Schach spielen! **дава́йте чай пить!** lasst uns einen Tee trinken! **дава́й пойдём!** komm, gehen wir! **3.** (*umg*) schlagen; **я тебе́ дам!** du wirst gleich was abkriegen!

дава́ться <*präs:* даю́сь, даёшься> *vr E3 impf* (*pf:* да́ться) **1.** sich fangen lassen; **не ~ в обма́н** sich nicht betrügen lassen; **2.** (*meist nur 3. pers*) leichtfallen; э́то ему́ не даётся das fällt ihm schwer

дави́ть <*präs:* давлю́, да́вишь> *vt I impf* (*pf:* за-, раз-, вы-) **1.** (*на кого́-ли́бо/что-ли́бо, auch fig*) drücken, lasten (auf +*dat*); **2.** (*раздави́ть*) zerdrücken, zerquetschen; **3.** (*выда́вливать*) (aus)pressen, ausdrücken

да́вка *f A* Gedränge *nt*, Gewühl *nt*
давле́ние *nt O2* **1.** Druck *m*; **кровяно́е ~** (MED) Blutdruck *m*; **атмосфе́рное ~** (MED) Luftdruck *m*; **ни́зкое ~** (METEO) Tiefdruck *m*; **избы́точное ~** (TECH) Überdruck *m*;; **~ конкуре́нции** (ÖKON) Konkurrenzdruck *m*; **2.** (*fig*) Druck *m*, Zwang *m*; **ока́зывать ~ на кого́-ли́бо** jdn unter Druck setzen; **под давле́нием обстоя́тельств** unter dem Druck der Verhältnisse; **под давле́нием вне́шних сил** unter Druck von außen

давне́нько *adv* (*umg*) recht lange her
да́вний *adj* **1.** längst gewesen, einstig; **2.** (*тради́ции*) althergebracht; **с да́вних пор** seit eh und je, von alters her
давно́ *adv* längst, seit langem; **давно́ бы так!** es war höchste Zeit! **уже́ ~** schon lange; **не так ~** vor nicht allzu langer Zeit
да́вность *f I* (JUR) Verjährung *f*; **срок да́вности** Verjährungsfrist *f*; **теря́ть си́лу за ~ю** verjähren; **собы́тия ме́сячной да́вности** (*geh*) Ereignisse, die einen Monat zurückliegen
давны́м-давно́ *adv* (*umg*) sehr lange her, vor urlanger Zeit
да́же *part* sogar; **~ не** nicht einmal
да́лее *adv* (*да́льше*) ferner, weiter; **и так ~** (*и т.д.*) und so weiter; **не ~ как вчера́** erst gestern
далёкий <*kf:* -лёк, -ека́, -ёко, *komp:* да́льше> *adj* fern, weit, entfernt; **я далёк от мы́сли, что** es liegt mir fern zu glauben, dass
далеко́ *adv* weit; **он ~ пойдёт** er wird es weit bringen; **заходи́ть сли́шком ~** zu weit gehen; **до э́того ещё далеко́** das hat noch lange Zeit; **~ от и́стины** weit von der Wahrheit; **далеко́ не** bei weitem nicht; **~ за́ по́лночь** weit nach Mitternacht; **~ за пятьдеся́т** weit über fünfzig
даль *f I* Ferne *f*, Weite *f*; **в дали́** in der Ferne
дальне́йший *adv* weiter, ferner; **дальне́йшее разви́тие** Weiterentwicklung *f*; **в дальне́йшем** fernerhin, im folgenden
да́льний *adj* **1.** fern, entfernt, entlegen; **да́льнее сообще́ние** (TRANSP) Fernverkehr *m*; **~ райо́н** entlegenes Gebiet *nt*; **Да́льний Восто́к** (GEOG) der Ferne Osten; **~ свет** (KFZ) Fernlicht *nt*; **2.** (*дли́нный*) weit; **~ путь** ein weiter Weg *m*; **3.** (*о родстве́*) weitläufig; **~ ро́дственник** entfernter Verwandter *m*
дальнови́дность *f I* Weitblick *nt*, Voraussicht *f*
дальнови́дный <*kf:* -ден, -дна> *adj* weit blickend, weitsichtig; **дальнови́дная поли́тика** weitsichtige Politik *f*
дальнозо́ркий <*kf:* -рок, -рка> *adj* **1.** (MED) weitsichtig; **2.** (*fig*) weit blickend
да́льность *f I* Weite *f*, Reichweite *f*
дальто́ник *m K* Farbenblinde(r) *m/f*
да́ма *f A* Dame *f*; **пи́ковая ~** Piquedame *f*
да́мба *f A* Damm *m*, Deich *m*
да́мно *nt indekl* (ÖKON) Damnum *nt*
да́мский *adj* Damen-; **~ велосипе́д** Damenfahrrad *nt*
Да́ния *f A2* Dänemark *nt*
да́нные <*sg:* да́нная, *oder:* да́нное> *f pl wie adj* **1.** Daten *pl*, Angaben *f pl*; **анке́тные** [*o* **па́спортные**] **~** Personalien *pl*; **исхо́дные ~** Ausgangsdaten;

цифровы́е ~ Zahlenangaben *f pl*; ~ **осмо́тра** [*o* **обсле́дования**] Befund *m*; **обрабо́тка да́нных** (auch DV) Datenverarbeitung *f*; **по име́ющимся да́нным** nach vorliegenden Angaben; **2.** (*основа́ния*) Gründe *m pl*, Voraussetzungen *f pl*; **у него́ есть для э́того всё** ~ er hat alle Voraussetzungen dafür

да́нный <*part prät pass von:* **дать**> *adj* gegeben; **в** ~ **моме́нт** derzeit, momentan; **в да́нном слу́чае** im vorliegenden Fall

дар *m K ple* **1.** Geschenk *nt*; **2.** (JUR) Schenkung *f*; **3.** (*спосо́бность*) Gabe *f*, Begabung *f*

даре́ние *nt O2* (JUR) Schenkung *f*

дари́ть <*präs:* **дарю́, да́ришь**> *vt I impf* (*pf:* **по-**) (*кому́-ли́бо что́-ли́бо*) schenken

дармое́д *m K* (*fig*) Schmarotzer *m*

дарова́ние *nt O2* Begabung *f*, Talent *nt*

да́ром *adv* **1.** unentgeltlich, gratis; **мне́ э́того и** ~ **не на́до** das nehme ich nicht geschenkt; **э́то мне́ не** ~ **доста́лось** das hat mich Mühe gekostet; **2.** vergeblich; **тра́тить вре́мя** ~ die Zeit vergeuden

да́рственный *adv*: **да́рственная за́пись** (JUR) Schenkungsurkunde

да́та *f A* Datum *nt*, Zeitpunkt *m*, Termin *m*; ~ **рожде́ния** Geburtsdatum *nt*; ~ **вы́дачи** (**докуме́нта**) Ausstellungsdatum *nt*; ~ **истече́ния сро́ка** Ablaufdatum *nt*; ~ **перепи́си** Erhebungsstichtag *m*; ~ **платежа́** Zahlungszeitpunkt *m*; ~ **сда́чи** Abgabetermin *m*; ~ **поста́вки** Lieferdatum *nt*; **поста́вить да́ту** das Datum setzen

дати́ровать *vt E2 impf/pf* datieren; ~ **за́дним число́м** nachdatieren

да́тский *adj* dänisch

датча́нин, датча́нка <*nom pl m:* **датча́не**, *gen pl f:* **-нок**> *m U2 / f A* Däne *m*, Dänin *f*

да́тчик *m K* (TECH) Geber *m*, Messfühler *m*

дать <*fut:* **дам, дашь**> *vt U2 pf* (*impf:* **дава́ть**) geben

да́ча¹ *f A2:* ~ **показа́ний** (JUR) Abgabe *f* von Aussagen

да́ча² *f A* Datscha *f*, Sommerhaus *nt*

два <*f:* **две**> *num m/nt* zwei; **по** ~ je zwei; **ка́ждые** ~ **дня** alle zwei Tage; **увели́чивать в** ~ **ра́за** verdoppeln; **уменьша́ть в** ~ **ра́за** halbieren; **в двух слова́х** (*fig*) kurz gesagt; **на** ~ **сло́ва** (*fig*) auf ein paar Worte; **ни** ~ **ни полтора́** (*fig*) nichts Halbes und nichts Ganzes

два́дцать <*gen:* **двадцати́**> *num* zwanzig

два́жды *adv* zweimal; ~ **два - четы́ре** zweimal zwei ist vier; ~ **щёлкнуть** (DV) doppelklicken

двена́дцать *num* zwölf

две́рца <*gen pl:* **-рец**> *f A* **1.** kleine Tür *f*; **2.** (KFZ) Wagenschlag *m*

дверь <*präpos sg:* **на двери́**, *inst pl:* **дверя́ми**, *und:* **дверьми́**> *f I ple I* Tür *f*; **вы́ставить кого́-либо за** ~ (*auch fig*) jdn vor die Tür setzen; **хло́пнуть** ~**ю** (*auch fig*) die Tür zuschlagen, einer Sache den Rücken kehren; **при закры́тых дверя́х** (*fig*) unter Ausschluss der Öffentlichkeit

две́сти <*gen:* **двухсо́т**> *num* zweihundert

дви́гатель *m K1* **1.** Motor *m*; ~ **вну́треннего сгора́ния** Verbrennungsmotor *m*; **двухта́ктный** ~ Zweitaktmotor *m*; **2.** (*fig*) treibende Kraft *f*

дви́гать <*präs auch:* **дви́жу, дви́жешь**> *vt E impf* (*pf:* **дви́нуть**) **1.** bewegen, schieben, vorwärts schieben; ~ **рефо́рмы** (*fig*) die Reformen voranbringen; **2.** (*шевели́ть*) rühren; ~ **плеча́ми** mit den Schultern zucken

дви́гаться *vr E impf* (*pf:* **дви́нуться**) **1.** sich bewegen; ~ **по направле́нию к чему́-ли́бо** sich auf etw zubewegen; **2.** (*шевели́ться*) sich rühren, in Bewegung kommen; **де́ло не дви́гается** die Sache kommt nicht voran; ~ **в путь** sich auf den Weg machen; **не** ~ **с ме́ста** sich nicht vom Fleck rühren

движе́ние *nt O2* **1.** Bewegung *f*; ~ **вперёд** [*o* **поступа́тельное** ~] Vorwärtsbewegung *f*; ~ **по орби́те** Flug *m* auf einer Kreisbahn; **привести́ в** ~ in Bewegung setzen; **прийти́ в** ~ in Bewegung kommen; ~ (**де́ла**) **по инста́нциям** Instanzenweg *m*; ~ **биржевы́х ку́рсов** (ÖKON) Kursentwicklung *f*; ~ **капита́ла** (ÖKON) Kapitalbewegung *f*; **2.** (*обще́ственное*) Bewegung *f*; **профсою́зное** ~ Gewerkschaftsbewegung *f*; ~ **за незави́симость** (POL) Unabhängigkeitsbewegung *f*; ~ **сопротивле́ния** (POL) Widerstandsbewegung *f*; **3.** (*тра́нспорта, пешехо́дов*) Verkehr *m*; **у́личное** ~ Straßenverkehr *m*; **встре́чное** ~ Gegenverkehr *m*; **двусторо́ннее** ~ Verkehr in zwei Richtungen; **у́лица с односторо́нним движе́нием** Einbahnstraße *f*; ~ **поездо́в** Zugverkehr *m*; **возду́шное** ~ Flugverkehr *m*

дви́жимый¹ <*kf:* **-жим, -жима**> *adj* (*чем-ли́бо*) geleitet (von +*dat*); ~ **чу́вством до́лга** vom Pflichtgefühl geleitet

дви́жимый² *adv:* **дви́жимое иму́щество** (JUR) mobiles Vermögen *nt*

дви́житель *m K1* (TECH) Antrieb *m*, Triebwerk *nt*

дви́жущий *adj* bewegend, treibend; ~ **моти́в** Beweggrund *m*; **дви́жущая си́ла** Triebkraft *f*; **дви́жущая си́ла в эконо́мике** (*fig*) Wirtschaftsmotor *m*

дви́нуть *vt E1 pf* (*impf:* **дви́гать**) bewegen

дво́е <*gen:* **двои́х**> *num sammel* zwei; **нас бы́ло** ~ wir waren zu zweit

двоебо́рье *nt O1* (SPORT) Zweikampf *m*

двоежёнство *nt O* Bigamie *f*

двоето́чие *nt O2* Doppelpunkt *m*

дво́ечник *m K* schlechter Schüler *m*, *in Russland ist eine Eins die schlechteste Note*

двои́ться *vr I impf:* **у меня́ двои́тся в**

глаза́х ich sehe alles doppelt
дво́йка <gen pl: дво́ек> f A **1.** Zwei f; **2.** Zweier m
двойни́к m K Doppelgänger m
двойно́й adj doppelt, Doppel-; **в двойно́м разме́ре** doppelt soviel; **вести́ двойну́ю жизнь** ein Doppelleben führen; **вести́ с кем-ли́бо двойну́ю игру́** (fig) ein Doppelspiel nt treiben (mit +dat); **двойна́я систе́ма бухга́лтерского учёта** (ÖKON) doppelte Buchführung f; **двойно́е налогообложе́ние** (ÖKON) Doppelbesteuerung f; **~ счёт** (ÖKON) Gegenkonto nt; **~ щелчо́к** (DV) Doppelklick m
двойня́ <gen pl: дво́ен> f A1 Zwillinge m pl
двойня́шки <gen pl: -шек nom sg: двойня́шка> mf pl A Zwillinge pl
дво́йственность f I **1.** Duplizität f, doppeltes Vorkommen nt; **2.** (двули́чность) Doppelnatur f, Doppelzüngigkeit f, Doppelgleisigkeit f
дво́йственный <kf: -вен, -венна, -венно> adj **1.** (противоречи́вый) zwiespältig; **дво́йственное чу́вство** ein zwiespältiges Gefühl nt; **2.** (двули́чный) doppelzüngig, zweigleisig; **дво́йственная поли́тика** doppelgleisige Politik f
двор m E Hof m; **постоя́лый ~** Gasthof m; **шко́льный ~** Schulhof m; **на -é** draußen, auf dem Hof; **во -é** im Hof
дворе́ц <gen sg: -рца́> m K e Palast m; **~ спо́рта** Sportpalast m
дво́рник m K **1.** Hausmeister m; **2.** (KFZ) Scheibenwischer m
дворня́жка <gen pl: -жек> f A Mischlingshund m
дворя́нский adj adlig
дворя́нство nt O Adel m
двою́родный adj verwandt im 2. Grad; **~ брат** (кузе́н) Cousin m; **двою́родная сестра́** (кузи́на) Cousine f
двоя́кий adj zweifach, doppelt; **~ значе́ние** zweifache Bedeutung f; **~ толкова́ние** doppelte Auslegung f
двубо́ртный adj (костю́м) zweireihig
двукра́тный adj zweifach, zweimalig
двули́чный <kf: -чен, -чна> adj heuchlerisch, falsch
двуо́кись f I Dioxyd nt; **~ се́ры** Schwefeldioxyd nt; **~ углеро́да** Kohlendioxyd nt
двусмы́сленность f I Doppelsinnigkeit f, Zweideutigkeit f
двусмы́сленный <kf: -лен, -ленна> adj zweideutig, doppelsinnig; **двусмы́сленная шу́тка** ein doppeldeutiger Witz m
двусторо́нний adj **1.** zweiseitig, beiderseitig, doppelseitig; **2.** (POL) bilateral; **двусторо́нние отноше́ния** bilaterale Beziehungen
двухдне́вный adj zweitägig
двухле́тний adj zweijährig

двухме́сячный adv zweimonatig; **~ ребёнок** ein Kind von zwei Monaten; **в ~ срок** innerhalb von zwei Monaten
двухнеде́льный adj **1.** zweiwöchig, vierzehntägig; **2.** zwei Wochen alt
двухсме́нный adj zweischichtig, Zweischichten-; **двухсме́нная рабо́та** Zweischichtenarbeit f
двухстро́чный adj zweizeilig
двухстру́нный adj zweisaitig
двухступе́нчатый adj zweistufig, Zweistufen-; **двухступе́нчатая раке́та** Zweistufenrakete f
двухта́ктный adj (TECH, MUS) Zweitakt-, Gegentakt-; **~ дви́гатель** Zweitaktmotor m
двухфа́зный adj (EL) zweiphasig, Zweiphasen-; **~ ток** Zweiphasenstrom m
двухъя́русный adj Doppelstock-, zweigeschossig; **двухъя́русная крова́ть** Etagenbett nt
двухэта́жный adj einstöckig, zweigeschossig
двуязы́чный <kf: -чен, -чна> adj zweisprachig
деактивиза́ция f A2 (DV) Inaktivierung f
деактивизи́ровать vt E impf/pf (DV) inaktivieren
деба́ты m pl K Debatte f; **парла́ментские ~** Parlamentsdebatte f
де́бет m K (ÖKON) Soll nt, Sollseite f, Debet nt; **~-ави́зо** Lastschriftanzeige f; **~ и креди́т** Soll und Haben nt; **~-но́та** Belastungsanzeige f
дебетова́ние nt O2 **1.** Lastschrift f; **2.** Belastung f; **~ на су́мму изде́ржек** Kostenbelastung f
дебетова́ть vt E2 (ÖKON) belasten
дебито́р m K (ÖKON) Debitor m, Schuldner m
дебито́рский adj Debitoren-; **дебито́рская задо́лженность** Außenstände pl
дебо́ш <gen pl: -шей> m K Skandal m, Radau m, Krach m; **устро́ить ~** Radau [o Krach] machen
дебоши́р m K Ruhestörer m, Randalierer m
де́бри pl K1 **1.** Dickicht nt, Urwald m; **непроходи́мые ~** undurchdringliches Dickicht nt **2.** (fig) Wirrwarr m
дебюрократиза́ция f A2 Entbürokratisierung f
дебю́т m K **1.** Debüt nt; **2.** (ша́хматы) Eröffnung f
дебюти́ровать vi E2 impf/pf debütieren
девальва́ция f A2 (ÖKON) Entwertung f, Geldabwertung f
девальви́ровать vt E2 impf/pf (ÖKON) entwerten, abwerten
дева́ть vt E impf (pf: деть) (umg, meist prät) tun, hintun; не по́мню, куда́ я дева́л кни́жку ich weiß nicht mehr, wohin ich das Buch gesteckt habe
дева́ться vr E impf (pf: де́ться) (umg,

meist prät) irgendwo hingeraten, verlorengehen; **куда́ дева́лась моя́ кни́жка?** wo ist nur mein Buch hingekommen?

де́верь *m K1* (*брат му́жа*) Schwager *m*

деви́з *m K* Devise *f*, Motto *nt*

деви́за *f A* Devise *f*, ausländisches Zahlungsmittel

деви́ца *f A* (*geh*: **де́вушка**) Mädchen *nt*, Jungfrau *f*

деви́ческий *adj* mädchenhaft

де́вка <*gen pl*: -вок> *f A* **1.** (*vulg*) Mädchen *nt*; **засиде́ться в де́вках** (*umg*) sitzen bleiben, keinen Mann bekommen **2.** (*pej*) Dirne *f*

де́вочка <*gen pl*: -чек> *f A* kleines Mädchen *nt*

де́вственность *f I* Jungfräulichkeit *f*, Keuschheit *f*; **лиши́ть де́вственности** entjungfern

де́вственный <*kf*: -вен, -венна> *adj* **1.** jungfreulich, keusch; **де́вственная плёва** Jungfernhäutchen *nt*, Hymen *nt* **2.** (*fig*) unberührt, rein; **~ лес** Urwald *m*

де́вушка <*gen pl*: -шек> *f A* junges Mädchen *nt*; **~!** (*Anrede*) Fräulein!

девяно́сто <*gen*: -ста> *num* neunzig

девя́тка *f A* Neun *f*, Neuner *m*

девятна́дцать *num* neunzehn

девя́тый *num ord* neunte(r, s)

де́вять <*gen*: девяти́> *num* neun

девятьсо́т *num* neunhundert

дегенери́ровать *vi E2 impf/pf* degenerieren, entarten

дегидрата́ция *f A2* Wasserentzug *m*, Dehydrierung *f*

дёготь <*gen sg*: дёгтя> *m K1* Teer *m*

деграда́ция *f A2* Verfall *m*; **социа́льная ~** sozialer Abstieg *m*

дегради́ровать *vi E2 impf/pf* verfallen

дегресси́вный *adj* degressiv

дегре́ссия *f A2* (ÖKON) Degression *f*; **~ изде́ржек** Kostendegression *f*

дегуста́ция *f A2* Kostprobe *f*; **~ вин** Weinprobe *f*

дегусти́ровать *vt E2 impf/pf* abschmecken, kosten

дед *m K* Großvater *m*; **дед-моро́з** Väterchen Frost *nt*, Weihnachtsmann *m*

дедовщи́на *f A* Vorgesetztenwillkür *f* in der Armee

де́душка <*gen pl*: -шек> *m A* Großväterchen *nt*, Opa *m*; **~ и ба́бушка** Großeltern *pl*

дееспосо́бность *f I* **1.** Arbeitsfähigkeit *f*, Leistungsfähigkeit *f*; **2.** (JUR) Handlungsfähigkeit *f*, Rechtsfähigkeit *f*

дееспосо́бный <*kf*: -бен, -бна> *adj* **1.** arbeitsfähig; **2.** (JUR) handlungsfähig, rechtsfähig

дежу́рить <*präs*: дежу́рю, -ришь> *vi I impf* **1.** Dienst haben; **2.** wachen

дежу́рный I. *adj* diensthabend; **дежу́рная апте́ка** Apotheke mit Sonntagsdienst; **дежу́рная маши́на** Bereitschaftswagen *m*; **дежу́рное блю́до** Tagesgericht *nt*; **II.** *mf wie adj* Diensthabende(r) *mf*

дежу́рство *nt O* Wachtdienst *m*, Bereitschaftsdienst *m*, Sitzwache *f*

дезерти́р *m K* Deserteur *m*

дезерти́ровать *vi E2 impf/pf* desertieren

дезинвести́ция *f A2* (ÖKON) Desinvestition *f*

дезинтегра́ция *f A2* Desintegration *f*

дезинфици́ровать *vt E2 impf* (*pf*: **про-**) desinfizieren

дезинфици́рующий *adj* desinfizierend; **дезинфици́рующее сре́дство** Desinfektionsmittel *nt*

дезинфля́ция *f A2* Desinflation *f*; **импорти́руемая ~** Importdesinflation *f*

дезинформа́ция *f A2* Desinformation *f*; **~ обще́ственного мне́ния** Irreführung *f* der Öffentlichkeit

дезодора́нт *m K* Deospray *nt*, Deo *nt*

дезориенти́ровать *vt E2 impf/pf* desorientieren, irreleiten

де́йственность *f I* Wirksamkeit *f*

де́йственный *adj* wirksam, wirkungsvoll

де́йствие *nt O2* **1.** (*meist pl*) Handlung *f*, Aktion *f*; **соверши́ть де́йствие** eine Handlung begehen; **име́ть свобо́ду де́йствий** freie Hand haben; **предоста́вить кому́-ли́бо свобо́ду де́йствий** jdn gewähren lassen; **програ́мма де́йствий** Aktionsprogramm *nt*; **вое́нные** [*o* **боевы́е**] **де́йствия** (MIL) Kampfhandlungen *f pl*; **2.** (*эффе́кт*) Wirkung *f*, Einfluss *m*; **благотво́рное ~** wohltuende Wirkung *f*; **побо́чное ~** (MED) Nebenwirkung *f*; **под де́йствием чего́-ли́бо** unter dem Einfluss von etw; **побо́чное ~** (MED) Nebenwirkung *f*; **поле́зное ~** (TECH) Nutzeffekt *m*; **коэффицие́нт поле́зного де́йствия** (PHYS, TECH) Wirkungsgrad *m*; **3.** Gültigkeit *f*, Geltungsdauer *f*; **обра́тное ~ зако́на** (JUR) rückwirkende Kraft *f* des Gesetzes; **4.** (LIT) Handlung *f*; **5.** (THEAT) Akt *m*, Aufzug *m*; **6.** (TECH) Funktion *m*, Betrieb *m*

действи́тельно *adv* **1.** wirklich, tatsächlich; **2.** ja, das stimmt

действи́тельность *f I* Wirklichkeit *f*; **бли́зкий к действи́тельности** wirklichkeitsnah; **в действи́тельности** in Wirklichkeit; **оторва́нный от действи́тельности** wirklichkeitsfremd

действи́тельный <*kf*: -лен, -льна, -льно> *adj* **1.** wirklich, tatsächlich; **действи́тельное положе́ние веще́й** die wirkliche [*o* tatsächliche] Sachlage; **действи́тельная вое́нная слу́жба** aktiver Wehrdienst *m*; **2.** gültig, rechtswirksam; **~ член** ordentliches Mitglied *nt*; **~ про́пуск** gültiger Ausweis *m*

де́йствовать *vi E2 impf* **1.** handeln, vorgehen; **~ в чьих-ли́бо интере́сах** in jds Interesse handeln; **~ наверняка́** (*umg*) auf

Nummer Sicher gehen; **2.** funktionieren; **прибо́р не де́йсвует** das Gerät funktioniert nicht; **3.** (*pf:* **подействовать**) wirken, Wirkung zeigen; **э́то поде́йствовало** das hat gewirkt; **не ~** keine Wirkung haben; **~ возбужда́юще** [*o* **успока́ивающе**] (*auch* MED) eine stimulierende [*o* beruhigende] Wirkung zeigen; **~ кому́-ли́бо на не́рвы** (*umg*) jdm auf die Nerven gehen; **4.** (*o зако́не и т.п.*) gelten, gültig sein

де́йствующий <*part präs akt von:* **де́йствовать**> *adj* **1.** handelnd; **де́йствующая а́рмия** (MIL) Einsatzarmee *f*; **де́йствующие ли́ца** (THEAT) (handelnde) Personen *f pl*; **2.** wirkend; **си́льно де́йствующее сре́дство** (MED) ein stark wirkendes Mittel *nt*; **3.** (JUR) gültig; **~ догово́р** ein gültiger Vertrag *m*

дека́брь *m K1 e* Dezember *m*
дека́брьский *adj* Dezember-
дека́да *f A* Dekade *f*
декартелиза́ция *f A2* (ÖKON) Entflechtung *f*
декартелизи́ровать *vt E2 impf/pf* entflechten
деклараги́вный <*kf:* -вен, -вна, -вно> *adj* **1.** rein verbal, phrasenhaft; **обеща́ния но́сят ~ хара́ктер** das Versprechen ist rein formal; **2.** (*nur Langform*) deklarativ; **деклараги́вное заявле́ние** Grundsatzerklärung *f*
деклара́ция *f A2* **1.** Deklaration *f*, Erklärung *f*; **прави́тельственная ~** Regierungserklärung *f* **2.** (*уведомле́ние*) Erklärung *f*, Anmeldung *f*; **нало́говая ~** Steuererklärung *f*; **~ на упла́ту нало́га с оборо́та** Umsatzsteuererklärung *f*; **~ о нало́гах на за́работную пла́ту** Lohnsteueranmeldung *f*; **тамо́женная ~** Zollerklärung *f*
деклари́ровать *vt E2 impf/pf* **1.** öffentlich erklären; **2.** deklarieren, anmelden
декоди́рование *nt O2* Dekodierung *f*, Entschlüsselung *f*
декоди́ровать *vt E2 impf/pf* dekodieren; **декоди́рующая програ́мма** (DV) Dekodierprogramm *nt*
деконцентра́ция *f A2* (ÖKON) Entflechtung *f*
деко́р *m K* Dekor *nt*, Verzierung *f*
декорати́вный <*kf:* -вен, -вна, -вно> *adj* **1.** dekorativ; **декорати́вное иску́сство** dekorative Kunst *f*; **декорати́вное расте́ние** Zierpflanze *f*; **декорати́вный элеме́нт** Dekorationselement *nt*; **2.** unecht, nur zur Dekoration
декора́тор *m K* **1.** Dekorateur *m*; **2.** Bühnenbildner *m*
деко́рт *m K* (ÖKON) Abzug *m*, Dekort *m*
декре́т *m K1* **1.** Verfügung *f*, Dekret *nt*; **2.** (*umg*) Schwangerschaftsurlaub *m*
декрети́ровать *vt E2 impf/pf* durch ein Dekret anordnen [*o* bestimmen]
декре́тный *adv.* **~ о́тпуск** Schwangerschaftsurlaub *m*

де́лать *vt E impf* (*pf:* с-, на-) **1.** (*o де́йствии, заня́тии*) tun, machen, eine Handlung ausführen; **что ~?** was tun? **что мне ~?** was soll ich anfangen? **что ты сейча́с де́лаешь?** was machst du jetzt? **де́лать не́чего** nichts zu machen; **~, так ~!** wenn schon, dann schon! **~ каку́ю-ли́бо рабо́ту** eine Arbeit machen; **~ поку́пки** Einkäufe machen; **~ докла́д** einen Vortrag [*o* ein Referat] halten; **~ сообще́ние** eine Mitteilung machen; **~ кому́-ли́бо опера́цию** jdn operieren; **~ кому́-ли́бо/чему́-ли́бо рекла́му** Werbung machen (für +*akk*); **~ вид, что** so tun, als ob; **от не́чего ~** aus lauter Übermut; **2.** (*о поведе́нии*) anstellen, sich holen, jdm zuteil werden lassen; **так де́лать нельзя́** so etwas tut man nicht; **не де́лай глу́постей!** mach keine Dummheiten! **~ оши́бки** Fehler machen; **~ долги́** Schulden machen; **~ что-ли́бо кому́-ли́бо назло́** etw jdm zum Trotz tun; **~ кому́-ли́бо одолже́ние** jdm ein Gefallen tun; **~ честь кому́-ли́бо** jdm Ehre machen; **3.** (*изготовля́ть*) anfertigen, herstellen; **~ пирожки́** kleine Piroggen machen; **~ ме́бель** Möbel herstellen; **~ перево́д** eine Übersetzung anfertigen; **4.** (*из кого́-ли́бо/чего́-ли́бо кого́-ли́бо/что-ли́бо*) jdn/etw machen (aus +*dat*); **он де́лает из него́ хоро́шего ма́стера** er macht aus ihm einen guten Handwerker; **5.** (*кого́-ли́бо/что́-ли́бо кем-ли́бо/чем-ли́бо, каки́м-ли́бо*) jdn/etw machen (zu +*dat*), jdn in einen bestimmten Zustand u.ä. bringen; **тако́й успе́х де́лает его́ счастли́вым** solcher Erfolg macht ihn glücklich; **~ кого́-ли́бо свои́м замести́телем** jdn zu seinem Vertreter machen; **6.** (*представля́ть*) jdn/etw als etw hinstellen; **~ из кого́-ли́бо дурака́** jdn als Dummkopf hinstellen

де́латься *vr + inst E impf* (*pf:* с-) **1.** (*nur 3. pers*) geschehen; **что тут одна́ко де́лается?** was geht hier eigentlich vor? **2.** werden; **настрое́ние де́лается лу́чше** die Stimmung wird besser; **~ хоро́шим специали́стом** zu einem guten Spezialisten werden **3.** gemacht werden; **э́то де́лается о́чень легко́** das ist leicht machbar
делега́т *m K* Delegierter *m*
делега́ция *f A2* Delegation *f*, Abordnung *f*; **возглавля́ть делега́цию** eine Delegation leiten
делеги́рование *nt O2* Delegation *f*, Delegieren *nt*, Übergabe *f*
делеги́ровать *vt E2 impf/pf* delegieren
делёж <*gen pl:* **дележе́й**> *m K e* Teilung *f*, Aufteilung *f*; **по дележу́** durch Teilung
деле́ние *nt O2* **1.** Teilen *nt*, Teilung *f*; **администрати́вное ~** Verwaltungseinteilung *f*; **~ на кла́ссы и катего́рии** Klassifikation *f*; **~ эми́ссии** (ÖKON) Stückelung *f*; **2.** (BIO) Teilung *f*; **~ кле́тки** Zellteilung *f*; **3.**

(PHYS) Spaltung f; **4.** (MATH) Division f; **5.** (*на шкале*) Teilstrich m, Skalenteilung f

делéц <*gen sg:* дельцá> *m K e* (*pej*) Geschäftemacher m, Macher m

деликатéс *m K* Delikatesse f

деликáтность *f I* Zartgefühl nt, Feinfühligkeit f

деликáтный <*kf:* -тен, -тна, -тно> *adj* **1.** feinfühlig, zartfühlend; **2.** taktvoll; **3.** (*вопрóс*) delikat, heikel

деликт *m K* (JUR) Delikt nt

деликтоспосóбность *f I* (JUR) Deliktsfähigkeit f

делить <*präs:* делю́, дéлишь> *vt I impf* (*pf:* раз-, по-) **1.** teilen, aufteilen; **2.** (MATH) dividieren; ~ двáдцать на пять zwanzig durch fünf teilen; **3.** (*с кем-либо*) teilen (mit +*dat*)

делиться I. <*präs:* делю́сь, дéлишься> *vr I impf* (*pf:* раз-) teilbar sein; **II.** *vr I* (*pf:* по-) **1.** (*с кем-либо*) teilen (mit +*dat*); **2.** teilhaben lassen (an +*akk*); ~ óпытом Erfahrungen weitergeben

дéло *nt O ple* **1.** Sache f, Angelegenheit f; переходить срáзу к дéлу gleich zur Sache kommen; я к тебé по дéлу ich habe ein Anliegen an dich; в чём ~? worum geht es? ~ в том, что das Problem besteht darin, dass; éсли ~ дойдёт до э́того wenn es dazu kommt; то и ~ immer wieder; на дéле in Wirklichkeit, in der Praxis; как вáши делá? (*umg*) wie geht es Ihnen? как делá? wie geht's? ну и делá! (*umg*) das ist aber allerhand! **2.** Geschäft nt, Unternehmen nt; прибыльное ~ ein lukratives [*o* lohnendes] Geschäft;; открыть своё ~ ein eigenes Unternehmen gründen; **3.** *in Bezeichnungen von Tätigkeitsfeldern und entsprechenden Lehrfächern;* гóрное ~ Bergbaukunde f; издáтельское ~ Verlagswesen nt. (*занятие*) Arbeit f; быть без дéла ohne Arbeit sein; **5.** (JUR) Fall m, Verfahren nt; **6.** Akte f, Aktenstück nt; **7.** Tat f, Handlung f; слóвом и ~м in Wort und Tat; ~ чьих-либо рук jds Werk; егó наказáли за ~ (*umg*) er hat seine Strafe verdient;

деловитость *f I* Sachlichkeit f

деловитый <*kf:* -вит> *adj* sachlich, tüchtig, geschäftstüchtig

деловóй *adj* **1.** Geschäfts-, geschäftlich; деловáя активность Geschäftstätigkeit f; деловáя документáция Schriftgut nt; деловые лю́ди Geschäftsleute *pl*; деловáя жéнщина Geschäftsfrau f; деловые круги Geschäftskreise *pl*; деловые отношéния Geschäftsverbindung f, Geschäftsbeziehungen *pl*; деловáя игрá Unternehmensplanspiel nt; деловáя прáктика Gebarung f; деловóе письмó Geschäftsbrief m; ~ риск Geschäftsrisiko nt; ~ английский Wirtschaftsenglisch m; ~ визит Arbeitsbesuch m; деловáя поéздка Geschäftsreise f; **2.** sachdienlich; деловóе предложéние konkreter Vorschlag m; ~ стиль sachbetonter Stil m; деловые кáчества fachliches Können nt; по деловым кáчествам nach fachlichen Kriterien;

делопроизводитель, делопроизводительница *m K1 / f A* Sachbearbeiter, -in *m/f*

делопроизвóдство *nt O* **1.** Schriftführung *mf*, Schriftverkehr m; **2.** Geschäftsführung f

делькрéдере *nt indekl* (ÖKON) Delkredere nt

дéльный <*kf:* -лен, -льна, -льно> *adj* **1.** (*nur Langform:* рабóтник) tüchtig, gründlich; **2.** vernünftig; э́то дéльно das hat Hand und Fuß; ~ совéт sachkundiger Rat m

дéльта *f A* Flussdelta nt

дельтаплáн *m K* (SPORT) Drachenflieger m

дельтапланеризм *m K* Drachenfliegen nt

дельфин *m K* (ZOOL) Delphin m; плáвать стилем ~ (SPORT) Delphinschwimmen nt

деля́чество *nt O* (*pej*) Geschäftemacherei f

демагóг *m K* Demagoge m

демилитаризировать *vi E2 impf/pf* entmilitarisieren

демóграф *m K* Meinungsforscher m, Demoskop m

демографический *adj* bevölkerungsstatistisch; ~ взрыв Bevölkerungsexplosion f

демократизáция *f A2* Demokratisierung f

демократический *adj* demokratisch; демократическое госудáрство Demokratie f

демократичный *adj* **1.** demokratisch; **2.** (*о человéке*) volksnah

демокрáтия *f A2* Demokratie f

дéмон *m K* Dämon m

демонетизáция *f A2* (ÖKON) Demonetisierung f

демонический *adj* dämonisch

демонополизáция *f A2* Entstaatlichung f

демонстрáнт *m K* Demonstrant m

демонстративный <*kf:* -вен, -вна, -вно> *adj* demonstrativ, ostentativ

демонстрáция *f A2* **1.** Demonstration f; ~ протéста Protestkundgebung f; **2.** Vorführung f, Schau f; ~ мод Modenschau f

демонстрировать *vt E2 impf/pf* **1.** demonstrieren; **2.** (*dazu auch pf:* продемонстрировать) vorführen; ~ фильм einen Film zeigen

демонтáж *m K* Demontage f, Abbau m

демонтировать *vt E2 impf/pf* abbauen, abmontieren

деморализовáть *vt E2 impf/pf* demoralisieren

демоскопия *f A2* Demoskopie f

дéмпинг *m K* Dumping nt, Unterbieten der

Preise im Ausland; **дéмпинговая ценá** Dumpingpreis *m*, Schleuderpreis *m*
денатурáция *f A2* (CHEM) Vergällung *f*
денационализáция *f A2* Entstaatlichung *f*, Privatisierung *f*
денационализи́ровать *vt E2 impf/pf* entstaatlichen
дéнежный *adj* **1.** (ÖKON) Geld-, Währungs-, pekuniär; **дéнежная едени́ца** Währungseinheit *f*; **~ знак** Banknote *f*; **дéнежная мáсса** Geldmenge *f*; **~ потóк** Geldstrom *m*; **дéнежное обращéние** Geldkreislauf *m*; **дéнежный оборóт** Geldumlauf *m*; **~ ры́нок** Geldmarkt *m*; **дéнежные срéдства** Geldmittel *pl*; **дéнежные срéдства центрáльного бáнка** Zentralbankgeld *nt*; **дéнежная нали́чность** Barvermögen *nt*; **дéнежная оснóва** Geldbasis *f*; **дéнежная рефóрма** Währungsreform *f*; **дéнежная поли́тика** Geldpolitik *f*; **дéнежная компенсáция** Abfindung *f*, Ausgleichszahlung *f*; **дéнежная пóмощь** Subvention *f*; **дéнежная пéня** Verzugszinsen *pl*; **дéнежная сýмма** Geldbetrag *m*; **~ вклад** (Bar-)einlage *f*; **~ вклад в банк** Bankeinlage *f*; **~ дефици́т** Fehlbetrag *m*; **~ аккредити́в** Barakkreditiv *nt*; **~ залóг** Kaution *f*; **~ перевóд** Überweisung *f*; **~ штраф** Geldstrafe *f*. **2.** (*umg*) gewinnbringend; **3.** (*umg*) vermögend
деноминáция *f A2* Denominierung *f*
денонсáция *f A2* (JUR) Kündigung *f*
денонси́ровать *vt E2 impf/pf* (JUR) kündigen
день <*gen sg:* дня *inst sg:* днём> *m K1* **1.** Tag *m*; **~ рождéния** Geburtstag *m*; **~ недéли** Wochentag *m*; **рабóчий** [*o* бýдничный] **~** Arbeitstag [*o* Werktag] *m*; **восьмичасовóй рабóчий ~** Achtstundentag *m*; **непóлный рабóчий ~** Kurzarbeitstag *m*; **выходнóй** [*o* **нерабóчий**] **~** arbeitsfreier Tag [*o* Ruhetag] *m*; **прáзничный ~** Feiertag *m*; **Междунарóдный жéнский ~** der Internationale Frauentag; **трéтьего дня** (*позавчерá*) vorgestern; **на днях** neulich, in diesen Tagen; **изо дня в ~** tagein, tagaus; **цéлыми дня́ми** tagelang von früh bis spät; **2.** (ADMIN, ÖKON) Termin *m*; **~ платежá** [*o* **уплáты**] Stichtag *m*; **~ ликвидáции расчётов** Abrechnungsdatum *nt*; **~ исполнéния обязáтельства** Fälligkeitsdatum *nt*; **~ отпрáвки** Absendetag *m*; **~ постáвки** Lieferdatum *nt*
дéньги <*gen pl:* дéнег, *ab dat pl auch endbetont:* деньгáм> *f pl A* Geld *nt*; **мéлкие ~** Kleingeld *nt*; **фальши́вые** [*o* **поддéльные**]**~** Falschgeld *nt*; **быть при деньгáх** gut bei Kasse sein; **ни за каки́е ~!** nicht für Geld und gute Worte! **не в деньгáх счáстье** Geld allein macht nicht glücklich
депó *nt indekl* Depot *nt*
депози́т *m K* (ÖKON) Bankeinlage *f*, Geldeinlage *f*

депози́тный (ÖKON) Depositen-, Depot-; **депози́тные операции** Einlagengeschäft *nt*; **депози́тный банк** Depositenbank *f*; **депози́тный билéт** Depotschein *m*
депони́рование *nt O2* Deponierung *f*
депóрт *m K* (ÖKON) Deport *m*
депортáция *f A2* **1.** Deportation *f*, Verschleppung *f*; **2.** Abschiebung *f*
депрéссия *f A2* **1.** (ÖKON) Depression *f*; **2.** (PSYCH) Depression *f*, Niedergeschlagenheit *f*
депутáт *m K* **1.** Abgeordnete(r) *mf*; **нарóдный ~** Volksdeputierte(r) *mf* **2.** Repräsentant *m*
дёргать **I.** *vt E impf* (*pf:* **дёрнуть**) **1.** ruckartig ziehen, zupfen; **за рукáв** am Ärmel zupfen; **2.** (*fig*) dauernd belästigen, nerven; **~ когó-либо постоя́нными трéбованиями** jdn mit ständigen Forderungen belästigen; **II.** *vi E* **1.** (*nur 3. pers sg:* **о бóли**) zucken; **у меня́ дёргает пáлец** es reißt mir im Finger **2.** (*umg*) sich aus dem Staub machen
деревéнский *adj* **1.** Dorf-; **~ жи́тель** Dorfbewohner *m*; **2.** ländlich
деревня́ <*gen pl:* -вéнь> *f A1 pl e1* Dorf *nt*; **на деревне** auf dem Lande
дéрево <*Pl:* дерéвья, дерéвьев, дерéвьям> *nt O pls1* **1.** Baum *m*; **ли́ственное ~** Laubbaum *m*; **хвóйное ~** Nadelbaum *m*; **генеалоги́ческое ~** (*fig*) Stammbaum *m*; **2.** Holz *nt*
деревýшка <*gen pl:* -шек> *f A* kleines Dorf *nt*, Dörfchen *nt*
деревя́нный *adj* **1.** hölzern, Holz-; **2.** (*fig:* **рубль**) schwach; **3.** (*umg*) steif
дерегули́рование *nt O2* (ÖKON) Deregulierung *f*
держáва *f A* (*geh*) Staat *m*, Macht *f*; **вели́кая ~** Großmacht *f*; **я́дерная ~** Atommacht *f*
держáвный *adj* **1.** selbstherrlich; **2.** (*geh*) majestätisch
дéржаный *adj* gebraucht, getragen
держáтель *m K1* **1.** (*áкций*) Besitzer *m*; **~ áкций** Aktieninhaber *m*; **~ большóго пакéта áкций** Großaktionär *m*; **~ контрóльного пакéта áкций** Mehrheitsaktionär *m*; **2.** (TECH) Halter *m*, Haltebügel *m*
держáть <*präs:* держý, дéржишь> *vt I impf* **1.** halten; **2.** (*удéрживать*) festhalten; **3.** (*хрaни́ть*) aufbewahren; **4.** (*не возвращáть*) behalten; **5.** (*fig*) halten, bewahren; **~ в чистотé** sauber halten; **~ наготóве** bereithalten; **~ в тáйне** geheim halten; **~ в невéдении** in Unwissenheit halten; **~ дáнное слóво** sein Wort halten; **~ речь** eine Rede halten; **~ экзáмен** eine Prüfung ablegen; **~ себя́** sich verhalten, sich benehmen; **~ себя́ в рукáх** sich beherrschen; **~ язы́к за зубáми** den Mund halten
держáться <*präs:* держýсь, дéржишься> *vr I impf* **1.** sich halten; **~ вмéсте** zusammenhalten; **~ на плавý** sich

über Wasser halten **2.** (*за кого-либо/что-либо*) sich festhalten [*о festklammern*] (an +*dat*); **~ за ру́ки** sich an den Händen halten; **3.** (*чего-либо*) sich an eine bestimmte Richtung halten; **~ пра́вой стороны́** rechts gehen; **4.** (*вести́ себя́*) sich benehmen; **~ уве́ренно** sicher auftreten; **~ особняко́м** sich aus etw heraushalten

дерза́ть *vi E impf* (*pf:* дерзну́ть) (*geh*) wagen, sich erkühnen

де́рзкий <*kf:* -зок, -зка́, -зко, *komp:* де́рзче> *adj* **1.** unverschämt, anmaßend, frech; **2.** kühn, verwegen

де́рзость *f I* **1.** Unverschämtheit *f*, Dreistigkeit *f*; **2.** Kühnheit *f*, Wagemut *m*

дерматоло́г *m K* (MED) Dermatologe *m*, Hautarzt *m*

дёрн *m K* Rasen *m*; **покры́тый ~ом** begrast

дёрнуть *vt E1 pf* (*impf:* дёргать) zupfen

дерьмо́ *nt O* (*vulg*) Dreck *m*, Scheiße *f*

десе́рт *m K* Nachtisch *m*, Desert *nt*

дёсны <*gen pl:* дёсен> *f pl A* Zahnfleisch *nt*

деспоти́зм *m K* **1.** Gewaltherrschaft *f*, Despotismus *m*; **2.** Willkür *f*

десятибо́рье *nt O1* (SPORT) Zehnkampf *m*

десятикра́тный *adj* zehnfach

десятиле́тний *adj* zehnjährig

десяти́чный *adj* dezimal; **десяти́чная дробь** *f* Dezimalbruch *m*

деся́тка <*gen pl:* -ток> *f A* Zehn *f*; **попа́сть в деся́тку** ins Schwarze treffen

деся́ток <*gen sg:* -тка> *m K* zehn Stück *nt pl*; **деся́тками** dutzendweise; **в деся́ткий раз** (*umg*) zigmal

деся́тый *num ord* zehnte(r,s); **одна́ деся́тая** ein Zehntel *nt*

де́сять <*gen:* десяти́> *num* zehn

дета́ль *f I* **1.** Detail *nt*, Einzelheit *f*; **вдава́ться в дета́ли** ins Detail gehen; **2.** (TECH) Einzelteil *nt*

дета́льный <*kf:* -лен, -льна> *adj* detailliert, ausführlich; **бо́лее дета́льная информа́ция** nähere Informationen; **дета́льное плани́рование** Feinplanung *f*

детдо́м *akr von* де́тский дом *m* Kinderheim *nt*

детекти́в *m K* **1.** Detektiv *m*; **2.** (*детекти́вный рома́н*) Krimi *m*

детекти́вный *adj* Detektiv-; **~ рома́н** Detektivroman *m*

дете́ктор *m K* Detektor *m*; **~ лжи** Lügendetektor *m*

детёныш <*gen pl:* -шей> *m K* Junge *nt*, junges Tier *nt*

де́ти <*ab gen pl:* дете́й, де́тям, дете́й, детьми́, *pl von:* дитя́, *und:* ребёнок> *nt pl O1* Kinder *nt pl*; **лю́бящий дете́й** kinderlieb

детоуби́йство *nt O* Kindesmord *m*, Kindestötung *f*

детса́д *abk von* де́тский сад *m* Kindergarten *m*

де́тский I. *adj* **1.** kindlich, Kinder-; **де́тская боле́знь** Kinderkrankheit *f*; **де́тская коля́ска** Kinderwagen *m*; **~ сту́льчик** Kindersitz *m* **2.** (*fig*) kindisch, naiv; II. *m pl wie adj* Kindergeld *nt*

де́тство *nt O* Kindheit *f*

деть <*fut:* де́ну, де́нешь, *imp:* день> *vt E9b pf* (*impf:* дева́ть) hintun

де́ться <*fut:* де́нусь, де́нешься> *vr E9b pf* (*impf:* дева́ться) hingeraten

дефе́кт *m K* Defekt *m*, Fehler *m*, Mangel *m*; **~ зре́ния** Sehfehler *m*; **~ изде́лия** Sachmangel *m*; **~ в материа́ле** Materialfehler *m*; **~ изготовле́ния** Fabrikationsfehler *m*; **скры́тый ~** verdeckter Mangel *m*

дефе́ктный *adj* defekt, mangelhaft

дефини́ция *f A2* Definition *f*

дефици́т *m K* **1.** Defizit *nt*, Fehlbetrag *m*, Verlustbetrag *m*; **~ бюдже́та** Budgetdefizit *nt* Haushaltsdefizit *nt*; **~ платёжного бала́нса** Zahlungsbilanzdefizit *nt*; **~ э́кспортно-и́мпортного бала́нса** Leistungsbilanzdefizit *nt*; **~ вне́шней торго́вли** Außenhandelsdefizit *nt*; **2.** (*нехва́тка*) Mangel *m*, Lücke *f*, Engpass *m*; **быть в ~е** Mangelware sein; **~ това́ров** Güterknappheit *f*; **валю́тный ~** Devisenmangel *m*; **~ поста́вок** Lieferengpass *m*; **~ предложе́ния** Angebotslücke *f*; **3.** (*umg*) Mangelware *f*

дефици́тный *adj* knapp; **дефици́тное финанси́рование** Defizitfinanzierung *f*; **дефици́тные това́ры** knappe Güter *pl*; **~ това́р** Mangelware *f*

дефля́тор *m K* (ÖKON) Deflator *m*

дефляцио́нный *adj* deflationistisch

дефля́ция *f A2* (ÖKON) Deflation *f*

децентрализа́ция *f A2* Dezentralisation *f*

децентрализова́ть *vt E2 impf/pf* dezentralisieren

дешеве́ть *vi E impf* (*pf:* по-) billig(er) werden

дешёвый <*kf:* дёшев, дешева́, дёшево, *komp:* деше́вле> *adj* **1.** billig, preiswert; **~ това́р** Billigware *f* **2.** (*fig*) billig, wertlos, nichtig; **дёшево отде́латься** (*umg*) mit einem blauen Auge davonkommen

де́ятель *m K1*: **~ иску́сств** Künstler *m*; **полити́ческий ~** Politiker *m*, Spitzenpolitiker *m*

де́ятельность *f I* **1.** Tätigkeit *f*, Wirken *nt*; **2.** Beschäftigung *f*; **предпринима́тельская ~** Unternehmertätigkeit *f*; **профессиона́льная ~** Erwerbstätigkeit *f*

де́ятельный <*kf:* -лен, -льна> *adj* tätig, aktiv, energisch; **де́ятельное уча́стие** Engagement *nt*

джаз *m K* Jazz *m*

джем *m K* Marmelade *f*

дже́мпер *m K* Pullover *m*

джентльме́н *m K* Gentleman *m*

джин *m K* Gin *m*
джи́нсы <*auch:* джинс> *m pl K* Jeans *f*, Jeanshose *f*
джойнт ве́нчур *m indekl* (ÖKON) Jointventure *nt*
джу́нгли <*gen pl:* джу́нглей> *pl K1* (*auch fig*) Dschungel *m*
диабе́т *m K* (MED) Diabetes *f*; **са́харный ~** Zuckerkrankheit *f*
диабе́тик *m K* Diabetiker *m*
диа́гноз *m K* Diagnose *f*; **поста́вить ~** eine Diagnose stellen
диагно́ст *m K* (MED) Diagnostiker *m*
диагона́ль *f I* Diagonale *f*
диагона́льный *adj* diagonal
диагра́мма *f A* Diagramm *nt*, Schaubild *nt*
диа́лиз *m K* Dialyse *f*
диало́г *m K* Dialog *m*; **спосо́бность к ~у** Dialogfähigkeit *f*; **вести́ ~** einen Dialog führen
диало́говый *adj* 1. (DV) Online-; 2. (DV) Dialog-; **диало́говое окно́** Dialogfenster *nt*; **диало́говое по́ле** Dialogfeld *nt*; **диало́говый язы́к** Dialogsprache *f*
диа́метр *m K* Durchmesser *m*
диапазо́н *m K* 1. (TECH) Ausmaß *nt*, Bereich *m*, Reichweite *f*; 2. (EL) Bandbreite *f*; **ширина́ -а** (DV) Bandbreite *f* 3. (*fig*) Spielraum *m*; **оце́нки** Bewertungsspielraum *m*
диапозити́в *m K* (FOT) Dia *nt*
диафра́гма *f A* 1. (ANAT) Zwerchfell *nt*; 2. (FOT) Blende *f*
диафрагми́ровать *vi E2 impf* (FOT) die Blende einstellen
ди́ва *f A* Diva *f*, Filmstar *m*
диверсифика́ция *f A2* (ÖKON) Diversifizierung *f*
дивиде́нд *m K* Dividende *f*, Gewinnanteil *m*; **~ не́тто** Nettodividende *f*; **~ по а́кциям** Aktiendividende *f*; **~ в фо́рме а́кций** Stockdividende *f*; **нараста́ющий ~** kumulative Dividende *f*; **невы́плаченный ~** rückständiger Gewinnanteil *m*; **отступно́й ~** Abschlagsdividende *f*; **просро́ченный ~** überfällige Dividende *f*
диви́зия *f A2* (MIL) Division *f*
диви́ть <*präs:* дивлю́, -ви́шь> *vt I impf* (*umg*) in Erstaunen versetzen, verwundern
диви́ться <*präs:* дивлю́сь, -ви́шься> *vr I impf* (*pf:* по-) (*umg:* кому-ли́бо/чему-ли́бо) sich wundern, staunen (über +*akk*)
ди́вный <*kf:* -вен, вна> *adj* wundervoll, wunderbar
ди́во *nt O* (*umg*) Wunder *nt*; **на ~** ausgezeichnet; **что за ~!** das ist ein wahres Wunder!; **ди́ву дава́ться** sich wundern
дида́ктика *f A* Didaktik *f*
дидакти́ческий *adj* didaktisch; **дидакти́ческое стихотворе́ние** Lehrgedicht *nt*
дие́та *f A* Diät *f*, Schonkost *f*; **разгру́зочная дие́та** Reduktionsdiät *f*; **лече́ние дие́той** Diätkur *f*; **соблюда́ть дие́ту** Diät halten
диети́ческий *adj* Diät-; **диети́ческая пи́ща** *f* Schon- [*o* Diät-]kost *f*; **~ проду́кт** Diäterzeugnis *nt*; **диети́ческое блю́до** Diätspeise *f*
дието́лог *m K* Ernährungswissenschaftler *m*
диза́жио *nt indekl* Disagio *nt*, Abschlag *m*, Abgeld *nt*
диза́йн *m K* Design *m*
диза́йнер *m K* Designer *m*
ди́зель *m K1* 1. Diesel *m*, Dieselmotor *m*; 2. Dieselkraftstoff *m*
дизентери́я *f A2* (MED) Ruhr *f*
дика́рь, дика́рка <*gen pl f:* -рок> *m K1 / f A* 1. Wilde(r) *mf*; 2. (*fig*) Einzeltourist, -in *m/f*, Einzelurlauber, -in *m/f*
ди́кий <*kf:* дик, дика́, ди́ко> *adj* 1. (*о живо́тных/расте́ниях*) wild lebend, wild wachsend; **ди́кая ме́стность** Wildnis *f*; 2. (*засте́нчивый*) scheu, menschenscheu; 3. (*fig*) wild, roh; **~ За́пад** der Wilde Westen *m*; **ди́кие нра́вы** wilde Sitten *pl*; **ди́кие це́ны** horrende Preise *pl*; **ди́кая боль** rasender Schmerz *m*
дикта́т *m K* Diktat *nt*
дикта́тор *m K* Diktator *m*
дикта́торский *adj* diktatorisch
диктату́ра *f A* Diktatur *f*, Gewaltherrschaft *f*; **установи́ть диктату́ру** eine Diktatur errichten
диктова́ть *vt E2 impf* (*pf:* про-) (*auch fig*) diktieren; **~ кому-ли́бо свои́ усло́вия** jdm seine Bedingungen aufzwingen
ди́ктор *m K* Nachrichtensprecher *m*; **~ телеви́дения** Fernsehansager *m*
диктофо́н *m K* Diktiergerät *nt*
диле́мма *f A* Dilemma *nt*; **стоя́ть пе́ред диле́ммой** vor einem Dilemma stehen
ди́лер *m K* 1. Händler *m*, Vertreter *m*; 2. Drogenhändler *m*, Dealer *m*
дилета́нт *m K* Dilettant *m*, Laie *m*
дилета́нтский *adj* dilettantisch, nicht berufsmäßig
дина́мик *m K* Aktivlautsprecher *m*, Aktivbox *f*
дина́мика *f A* 1. (PHYS) Dynamik *f*, Bewegungslehre *f*; 2. (*развитие*) Dynamik *m*, Entwicklung *f*; **следи́ть за дина́микой чего́-ли́бо** die Entwicklung verfolgen (von + *dat*); **~ гру́ппы** (PSYCH) Guppendynamik *f*; **~ профессиона́льного ро́ста ка́дров** Personalentwicklung *f*; **~ за́нятости** Beschäftigungsentwicklung *f*; **~ за́работной пла́ты** Lohnentwicklung *f*; **~ затра́т** [*o* **изде́ржек**] Kostenverlauf *m*; **~ цен** Preisentwicklung *f*; 3. (MUS) Dynamik *f*
динами́т *m K* Dynamit *nt*
динами́ческий *adv* dynamisch, eine Entwicklung aufweisend, von einer Triebkraft zeugend; **динами́ческие те́мпы ро́ста** dynamisches Wachstumstempo *nt*

динамичный <kf: -чен, -чна> adj dynamisch, tatkräftig, energisch; **динамичная личность** eine dynamische Persönlichkeit f
динамо nt indekl Dynamo m
династия f A2 Dynastie f
динозавр m K Dinosaurier m
диод m K Diode f; **защитный ~** Schutzdiode f; **туннельный ~** Tunneldiode f
диоксин m K (CHEM) Dioxin nt
диплом m K 1. Diplom nt, Abschlusszeugnis nt; 2. (umg) Diplomarbeit f; **защитить ~** sein Diplom ablegen 3. (как награда) Ehrenurkunde f, Diplom nt; **вручать ~** das Diplom überreichen
дипломат m K 1. Diplomat m; 2. (fig: портфель) Aktenkoffer m
дипломатический adj diplomatisch; **~ корпус** diplomatisches Korps nt; **установить дипломатические отношения** diplomatische Beziehungen pl aufnehmen
дипломатичный <kf: -чен, -чна> adj taktisch geschickt, diplomatisch
дипломированный adj diplomiert
дипломный adj Diplom-; **дипломная работа** Diplomarbeit f
директива f A 1. Richtsatz m, Weisung f; **директивы ЕС** EG-Richtlinien pl 2. (DV) Befehl m
директор m K ple 1. Direktor m; 2. Leiter m; **~ предприятия** Betriebsleiter m
директриса f A (umg) Direktrice f
дирекция f A2 Direktion f, Geschäftsleitung f; **~ предприятия** Betriebsleitung f
дирижабль m K1 Luftschiff nt, Zeppelin m
дирижёр m K Dirigent m
дирижизм m K (ÖKON) Dirigismus m
дирижировать vi E2 impf (MUS: auch fig) dirigieren, leiten
дирижистский adj (ÖKON) dirigistisch
дисгармония f A2 Disharmonie f, Missklang m
диск m K 1. Scheibe f; **~ Луны** Mondscheibe f; **метание ~** (SPORT) Diskuswerfen nt 2. (TECH) Scheibe f; **жёсткий ~** (DV) Festplatte f
дисквалифицировать vt E2 impf/pf (SPORT) disqualifizieren
дискета f A Diskette f; **инсталляционная ~** Installationsdiskette f; **~ начальной загрузки** [o **стартовая ~**] Startdiskette f; **содержимое дискеты** Disketteninhalt m
диск-жокей m K2 Diskjockey m
дисковод m K Diskettenlaufwerk nt; **~ жёсткого диска** Festplattenlaufwerk nt
дисковый adj (TECH) Scheiben-; **дисковая память** (DV) Plattenspeicher m
дискомфорт m K 1. Komfortlosigkeit f; 2. (fig) Unbehagen nt
дисконт m K (ÖKON) Diskont m, Zinsvergütung f; **~ векселя** Wechseldiskont m

дисконтировать vt E2 impf/pf diskontieren
дисконтный adj (ÖKON) Diskont-; **дисконтная политика** Diskontpolitik f; **дисконтная ставка** Diskontsatz m
дискотека f A Diskothek f, Disko f
дискретный adj (MATH) unstetig
дискриминация f A2 1. Diskriminierung f; 2. (umg) Benachteiligung f, Zurücksetzung f
дискриминировать vt E2 impf/pf diskriminieren
дискуссия f A2 Diskussion f; **жаркая ~** Wortgefecht nt
дискутировать vt E2 impf (auch: о чём-либо) diskutieren
диспансеризация f A2 (MED) (jährliche) Gesundheitsvorsorgeuntersuchung
диспетчерская f wie adj Verkehrszentrale f
дисплей m K2 1. (TECH) Bildschirm m, Bildschirmgerät nt, Display nt; 2. (ÖKON) Display nt, Blickfang m
диспозиция f A2 (ÖKON) Disposition f
диспонент m K (ÖKON) Disponent m
диспрозий m K2 (CHEM) Dysprosium nt
диспропорция f A2 (auch fig) Missverhältnis nt
диспут m K Disput m, wissenschaftliches Streitgespräch nt
диссертация f A2 Dissertation f; **писать диссертацию** eine Dissertation schreiben
диссидент m K Dissident m
диссонанс m K (auch fig) Dissonanz f, Missklang m
дистанционный adj Fern-, fern-; **дистанционная передача данных** Datenfernübertragung f, DFÜ; **дистанционное управление** Fernbedienung f; **с дистанционным управлением** ferngesteuert; **~ взрыватель** Zeitzünder m
дистанцироваться vr E2 impf (от кого-либо/чего-либо) sich distanzieren (von +dat)
дистанция f A2 Distanz f, Abstand m; **соблюдать дистанцию** (auch fig) Abstand halten
дистрибутивный adj distributiv; **дистрибутивная политика** (ÖKON) Distributionspolitik f
дистрибуция f A2 (ÖKON) Distribution f
дистрибьютер m K (ÖKON) Verteiler m
дисциплина f A 1. Disziplin f, Ordnung f; **соблюдать дисциплину** die Disziplin einhalten; **подчиняться дисциплине** sich der Disziplin fügen; **нарушать дисциплину** gegen die Disziplin verstoßen 2. (отрасль науки) Disziplin f, Wissenschaftszweig m; **учебная ~** Studienfach nt; Unterrichtsfach nt; **смежная ~** Nachbardisziplin f
дисциплинарный adj Disziplinar-; **дисциплинарное взыскание** Disziplinat-

дисциплини́рованный *adj* diszipliniert
дитя́ <*im sg nur nom gebräuchlich; pl siehe:* де́ти> *nt A1* (*ребёнок*) Kind *nt*
дифтери́я *f A2* (MED) Diphtherie *f*
диффама́ция *f A2* Diffamierung *f*, Verleumdung *f*
дифференциа́льный *adj* Differenzial-, disziplinarisch; **дифференциа́льное исчисле́ние** (MATH) Differenzialrechnung *f*; **дифференциа́льная переда́ча** (KFZ) Differenzialgetriebe *nt*
дифференциа́ция *f A2* Differenzierung *f*; ~ **проду́кта** (ÖKON) Produktdifferenzierung *f*; ~ **цен** (ÖKON) Preisdifferenzierung *f*
дифференци́ровать *vt E2 impf/pf* differenzieren, abstufen
дича́ть *vi E impf* (*pf:* о-) 1. verwildern; 2. (*о челове́ке*) menschenscheu werden
дичь *f I* 1. (ZOOL) Wild *nt*; 2. (*мя́со*) Wild *nt*, Fleisch *nt* von Wild; 3. (*umg*) Unsinn; **поро́ть** ~ Unsinn reden
длина́ *f A pls* Länge *f*
дли́нный <*kf:* -нен, -нна́, -нно> *adj* (*räumlich und zeitlich*) lang
дли́тельность *f I* Dauer *f*
дли́тельный <*kf:* -лен, -льна, -льно> *adj* langwierig, lange während, lang anhaltend; **ока́зывать дли́тельное возде́йствие** eine nachhaltige Wirkung zeigen
дли́ться <*präs:* длю́сь, дли́шься> *vi i impf* dauern, sich hinziehen
для *präp +gen* für (+*akk*); ~ чего́ э́то тебе́ ну́жно? wozu brauchst du das? ~ того́, что́бы um zu; ведро́ ~ воды́ Wassereimer *m*; вре́дный ~ здоро́вья gesundheitsschädlich; ~ нача́ла als erstes; ~ поря́дка ordnungshalber; **для переда́чи** zur Weiterleitung
дневни́к *m K* Tagebuch *nt*; **вести́** ~ ein Tagebuch führen
дневно́й *adj* Tages-; **дневна́я но́рма** Tagesnorm *f*; ~ **свет** Tageslicht *nt*
днём *adv* 1. am Tage; 2. tagsüber; ~ **ра́ньше** einen Tag früher
Днепр *m K* Dnjepr *m*
дно <*pl:* до́нья, до́ньев, до́ньям> *nt O* Boden *m*, Grund *m*; **морско́е** ~ Meeresboden *m*; **пить до дна** austrinken; **золото́е** ~ (*fig*) Goldgrube *f*; **оказа́ться на дне** (*fig*) heruntergekommen sein, auf den Hund gekommen sein; **вверх дном** drunter und drüber; durcheinander
до *präp +gen* 1. bis zu (+*dat*), bis nach (+*akk*); ~ за́втра bis morgen; ~ пя́тницы bis Freitag; ~ свида́ния! auf Wiedersehen! ~ сих пор bisher, bis jetzt; **с утра́** ~ **ве́чера** von früh bis spät; **е́хать** ~ **Москвы́** bis Moskau fahren 2. vor (+*dat*); ~ **на́шей э́ры** vor unserer Zeitrechnung; ~ **войны́** vor dem Krieg; 3. (*приблизи́тельно*) etwa, ungefähr; моро́з доходи́л ~ сорока́ гра́дусов die Kälte erreichte ungefähr vierzig Grad unter Null; ему́ ни ~ чего́ нет де́ла er kümmert sich um nichts; мне не ~ того́ mir ist nicht danach zumute
доба́вить <*fut:* доба́влю, -вишь> *vt I pf* (*impf:* добавля́ть) hinzufügen, ergänzen; **остаётся** ~, **что** bleibt nur noch hinzuzufügen, dass; **мне к э́тому** ~ **не́чего** ich habe dem nichts hinzuzufügen; **к э́тому сле́дует** ~ dazu muss noch gesagt werden
доба́вка <*gen pl:* -вок> *f A* 1. Zusatz *m*, Ergänzung *f*; 2. Zugabe *f*; **вкусовы́е доба́вки** Aromastoffe *m pl*
добавле́ние *nt O2* Zusatz *m*, Ergänzung *f*, Nachtrag *m*
добавля́ть *vt E impf* (*pf:* доба́вить) hinzufügen
доба́вочный *adj* zusätzlich, Zusatz-; **доба́вочная затра́та** Mehraufwand *m*; ~ **расхо́д** Mehrverbrauch *m*; **доба́вочные расхо́ды** Mehrkosten *pl*; **доба́вочная поле́зность** Zusatznutzen *m*; ~ **дивиде́нд** Bonus *m*; ~ **зарабо́ток** Nebenverdienst *m*
доби́ться <*fut:* добью́сь, -бьёшься> *vr E4c pf* (*impf:* добива́ться) (*чего́-ли́бо*) durch Anstrengung erlangen, erreichen, erzielen, durchsetzen; ~ **больши́х успе́хов** große Erfolge erzielen; ~ **своего́** sein Ziel erreichen, seinen Willen durchsetzen
добра́ться <*fut:* доберу́сь, -берёшься> *vr UE5 pf* (*impf:* добира́ться) (*до кого́-ли́бо/чего́-ли́бо*) mit Mühe erreichen; ~ **до го́рода пешко́м** zu Fuß in die Stadt kommen; **я ещё до тебя́ доберу́сь!** (*fig*) dir werde ich es noch zeigen!, du kannst noch was erleben!
добро́ I. *nt O* 1. Gutes *nt*, Nützliches *nt*; **де́лать** ~ **кому́-ли́бо** jdm Gutes tun; **э́то не к** ~ **у́** das führt zu nichts Gutem; 2. Zustimmung *f*, Einverständnis *nt*; **дава́ть** ~ **на что́-ли́бо** etw befürworten, etw genehmigen; 3. Hab und Gut *nt*, Habseligkeiten *pl*; II. *adv* (*als Verstärkung*) gut, einverstanden; ~, **сде́лаем так!** einverstanden, das machen wir so! ~ **пожа́ловать!** herzlich willkommen!
доброво́лец <*gen sg:* -льца> *m K* (*meist* MIL) Freiwillige(r) *m*
доброво́льный <*kf:* -лен, -льна, -льно> *adj* freiwillig
доброде́тель *f I* Tugend *f*
доброде́тельный <*kf:* -лен, -льна> *adj* tugendhaft
добро́душие *nt O2* Gutmütigkeit *f*
добро́душный <*kf:* -шен, -шна, -шно> *adj* gutmütig
доброжела́тельность *f I* Wohlwollen *nt*
доброжела́тельный <*kf:* -лен, -льна, -льно> *adj* wohlwollend, gönnerhaft
доброка́чественность *f I* Güte *f*, gute

доброка́чественный <*kf:* -вен, -венна> *adj* **1.** von guter Qualität, gediegen; **2.** (MED: *об о́пухоли*) gutartig

доброcо́вестно *adv* bona fide, gewissenhaft

доброcо́вестность *f I* Gewissenhaftigkeit *f*

доброcо́вестный <*kf:* -тен, -тна> *adj* gewissenhaft; **доброcо́вестное приобрете́ние иму́щества** gutgläubiger Erwerb *m*

доброта́ *f A* Gutmütigkeit *f*, Herzensgüte *f*

добро́тность *f I* Güte *f*, Haltbarkeit *f*

добро́тный <*kf:* -тен, -тна> *adj* (*доброка́чественный*) von guter Qualität, gediegen

до́брый <*kf:* добр, добра́, до́бро, до́бры, *super:* добре́йший> *adj* **1.** gut; **~ый день!** guten Tag! **всего́ до́брого!** alles Gute! **бу́дьте добры́, помоги́те мне!** seien Sie so gut, und helfen Sie mir! **по ~ой во́ле** freiwillig; **~ая полови́на** gut die Hälfte **2.** gutmütig; **3.** von guter Qualität

добы́ть <*fut:* добу́ду, -бу́дешь, *prät:* добы́л, добыла́, добы́ло> *vt UE1 pf* (*impf:* добыва́ть) **1.** erwerben, (sich) beschaffen; **2.** (GEOL *не́фть*) fördern, gewinnen, abbauen

добы́ча *f A* **1.** (GEOL) Gewinnung *f*, Förderung *f*; **~ не́фти** Ölförderung *f*; **~ у́гля** Kohleabbau *m*; **2.** (*auch fig*) Fang *m*, Beute *f*; **дом стал ~ей огня́** das Haus fiel den Flammen zum Opfer

дове́ренность *f I* (JUR) Vollmacht *f*; **неограни́ченная ~** Prokura *f* unbeschränkte Vollmacht *f*; **специа́льная ~** Sondervollmacht *f*; **де́йствовать по дове́ренности** laut Vollmacht handeln; **отмени́ть ~** eine Vollmacht entziehen; **~ на веде́ние счёта** Kontovollmacht *f*; **~ на веде́ние торго́вых опера́ций** Handlungsvollmacht *f*

дове́ренный I. *adj* **1.** bevollmächtigt; **2.** beauftragt; **II.** *m wie adj* **1.** Bevollmächtigter *m*; **2.** Treuhänder *m*, Fiduziar *m*; **~ торго́вой фи́рмы** Prokurist *m*

дове́рие *nt O2* Vertrauen *nt*; **пита́ть ~ к кому́-либо** Vertrauen haben (zu +*dat*); **внуша́ющий ~** vertrauenerweckend; **по́льзоваться дове́рием** Vertrauen genießen; **потеря́ть ~** das Vertrauen einbüßen, in Misskredit kommen

довери́тель *m K1* (JUR) Kommittent *m*, Treugeber *m*

довери́тельный <*kf:* -лен, -льна> *adj* **1.** vertrauensvoll; **2.** (*разгово́р*) vertraulich; **3.** (ÖKON) fiduziarisch; **довери́тельная опера́ция** Treuhandgeschäft *nt*; **~ со́бственник** Treuhänder *m*

доверя́ть *vt I pf* (*impf:* доверя́ть) **1.** vertrauen; **2.** (*та́йну*) anvertrauen

доверя́ться *vr + dat I pf* (*impf:* доверя́ться) **1.** sich anvertrauen; **2.** sich verlassen (auf +*akk*)

дове́рчивость *f I* Leichtgläubigkeit *f*

дове́рчивый <*kf:* -ив, -ва> *adj* vertrauensselig, arglos

доверя́ть I. *vi I impf* vertrauen; **II.** *vt I impf* (*pf:* дове́рить) anvertrauen

довести́ <*fut:* доведу́, -ведёшь> *vt Eба pf* (*impf:* доводи́ть) hinführen, bringen

довести́сь <*nur 3. pers:* доведётся> *vr Eба pf* (*impf:* доводи́ться) sich ergeben, dass

дово́д *m K* Beweisgrund *m*, Argument *nt*

доводи́ть <*präs:* довожу́, -во́дишь> *vt I impf* (*pf:* довести́) **1.** (*доку́да-либо*) hinführen, begleiten; **~ ребёнка до до́ма** ein Kind nach Hause bringen **2.** (*fig*) bringen; **~ во́ду до кипе́ния** Wasser zum Kochen bringen; **~ де́ло до конца́** (*fig*) etw zu Ende führen; **кого́-либо до слёз** (*fig*) jdn zum Weinen bringen; **~ до сведе́ния** (*geh*) zur Kenntnis bringen

доводи́ться <*3. pers:* дово́дится> *vr I impf* (*pf:* довести́сь) sich ergeben, dass; **мне довело́сь встре́тить его́** ich hatte Gelegenheit, ihn zu sehen

довое́нный *adj* Vorkriegs-

дово́льно *adv* **1.** ziemlich, reichlich; **он ~ умён** er ist ziemlich klug; **уже́ ~ по́здно** es ist schon reichlich spät; **2.** (*prädikativ mit gen*) genug, ausreichend; **с меня́ э́того** das genügt mir; **3.** (*mit inf oder gen*) genug! **~ спо́рить!** Hört auf zu streiten! **~ слов!** genug der Worte! **~ на сего́дня!** genug, das reicht für heute!

дово́льный <*kf:* -лен, -льна> *adj* zufrieden

дово́льствоваться *vr + inst E2 impf* sich begnügen, sich zufriedengeben (mit +*dat*); **~ ма́лым** keine großen Ansprüche stellen

довы́боры *m pl K* (POL) Nachwahlen *f pl*

дог *m K* Dogge *f*

догада́ться *vr E pf* (*impf:* дога́дываться) erraten

дога́дка <*gen pl:* -док> *f A* Vermutung *f*, Annahme *f*

дога́дываться *vr E impf* (*pf:* догада́ться) **1.** erraten; **2.** vermuten, ahnen; **об э́том остаётся то́лько ~** darüber kann man nur rätseln

догна́ть <*fut:* догоню́, -о́нишь, *prät:* догна́л, -ала́, -а́ло> *vt I pf* (*impf:* догоня́ть) einholen

догова́ривать *vi E impf* (*pf:* договори́ть) bis zu Ende sprechen

догова́риваться *vr E impf* (*pf:* договори́ться) (*о чём-либо*) sich absprechen, sich verständigen; **~ о встре́че** ein Treffen vereinbaren

догово́р *m K* Vertrag *m*, Abkommen *nt*, Kontrakt *m*; **~ аре́нды** Mietvertrag *m*; **~ ку́пли-прода́жи** Kaufvertrag *m*; **~ на поста́вку** Liefervertrag *m*; **~ на́йма** Mietvertrag *m*; ~ **о кооперáции** Kooperationsvertrag *m*; ~ **о лúзинге** Leasingvertrag *m*; ~ **о монтажé** Montagevertrag *m*; ~ **подрÿда** Werkvertrag *m*; **заключáть** ~ einen Vertrag schließen; **расторгáть** ~ einen Vertrag kündigen

договорённость *f I* Abmachung *f*, Absprache *f*, Vereinbarung *f*, Übereinkunft *f*; **достúгнуть договорённости** eine Abmachung treffen, eine Übereinkunft erzielen; ~ **о кредúте** Kreditvereinbarung *f*; **ýстная** ~ mündliche Absprache *f*; **в соотвéтствии с предварúтельной ~ю** nach vorheriger Absprache

договорúть *vi I pf* (*impf:* договáривать) bis zu Ende sprechen; **дать комý-лúбо** ~ jdn aussprechen lassen

договорúться *vr I pf* (*impf:* договáриваться) übereinkommen, sich einigen; **договорúлись!** abgemacht!

договóрный *adj* vertraglich; **договóрное прáво** Vertragsrecht *nt*; **договóрные отношéния** Vertragsverhältnis *nt*; **договóрные услóвия** Vertragsbedingungen *pl*; ~ **курс** Applikationskurs *m*; ~ **продавéц** Vertragshändler *m*

догонÿть *vt E impf* (*pf:* догнáть) (*auch fig*) einholen

догорéть <*fut:* догорю́, -рúшь> *vi I pf* (*impf:* догорáть) 1. abbrennen; 2. verbrennen

додéлывать *vt E impf* (*pf:* додéлать) fertigstellen, erledigen

доéсть <*fut:* доéм, доéшь> *vt U2 pf* (*impf:* доедáть) aufessen

дождáться <*fut:* дождýсь, -дёшься> *vr E4 pf* (*impf:* дожидáться) 1. endlich [o noch] erhalten, erleben usw.; 2. (*umg*) es dahin bringen, dass

дождевóй *adj* Regen-; **дождевáя кáпля** Regentropfen *m*; ~ **червь** Regenwurm *m*

дождлúвый *adj* (*о погóде*) regnerisch

дождь *m K1 e* Regen *m*; **затяжнóй** ~ Dauerregen *m*; **идёт** ~ es regnet

дождáться *vr E impf* (*pf:* дождáться) (*когó-лúбо/чегó-лúбо*) warten (auf +*akk*); **ждём не дождёмся** wir können es kaum erwarten

дóза *f A* Dosis *f*; ~ **облучéния** Strahlendosis *f*

дозáтор *m K* Dosiergerät *nt*, Dosiereinrichtung *f*; **--насóс** Dosierpumpe *f*; ~ **жúдкого мúла** Flüssigseifenspender *m*

дозвонúться *vr I pf* (*impf:* дозвáниваться) (*до когó-лúбо*) jdn (telephonisch) erreichen

дозиметрúст *m K* Strahlungstechniker *m*

дозúровать *vt E2 impf/pf* dosieren

доúть <*präs:* дою́, доúшь> *vt I impf* melken

дойтú <*fut:* дойдý, -дёшь, *prät:* дошёл, дошлá> *vi E7a pf* (*impf:* доходúть) 1. (*до когó-лúбо/чегó-лúбо*) erreichen, ankommen; ~ **пешкóм** zu Fuß kommen; ~ **по пóчте** (*о письмé*) erreichen 2. (*о словáх и т.п.*) bewusst werden; **дошлó?** (*umg*) kapiert? klar? 3. (*быть доведённым*) zu etw kommen; ~ **до отчáяния** in Verzweiflung geraten; **дошлó до тогó, что** es ist soweit gekommen, dass

док *m K* Dock *nt*

доказáтельство *nt O* 1. Beweis *m*; 2. Nachweis *m*; ~ **владéния** Besitznachweis *m*

доказáть <*fut:* докажý, докáжешь> *vt E4 pf* (*impf:* докáзывать) beweisen, erweisen, nachweisen

доказýемый <*kf:* -ýем> *adj* beweisbar, nachweisbar

докáпываться *vr E impf* (*pf:* докопáться) ausfindig machen, herausfinden; ~ **до úстины** hinter die Wahrheit kommen

дóкер *m K* Hafenarbeiter *m*

доклáд *m K* 1. Vortrag *m*, Referat *nt*; **дéлать** ~ ein Referat halten; 2. Bericht *m*

доклáдчик *m K* Redner *m*, Referent *m*

доклáдывать I. *vt E impf* (*pf:* доложúть) (*что-лúбо/о чём-лúбо*) berichten, melden; II. *vt E impf* (*pf:* доложúть) (*что-лúбо/чегó-лúбо*) dazulegen, hinzufügen

доконáть *vt E nur pf* (*umg*) erledigen, den Rest geben

докопáться *vr E pf* (*impf:* докáпываться) herausfinden

дóктор *m K* 1. (*врач*) Arzt *m*, Ärztin *f*; 2. Doktor *m*; **почётный** ~ Ehrendoktor *m*

докторáнт *m K* Habilitand *m*

дóкторша *f A* (*umg*) Ärztin *f*

докумéнт *m K* 1. Dokument *nt*, Schriftstück *nt*; **подшивáть** ~ **в дéло** Unterlagen abheften; ~ **о недостáчах** Verlustausweis *m* 2. (*im pl*) Ausweispapiere *nt pl*; **предъявúть докумéнты** sich ausweisen

документáльный *adj* dokumentarisch, Dokumentar-; **документáльное заключéние** Gutachten *nt*; **документáльное подтверждéние** Offenlegung *f*; ~ **фильм** Dokumentarfilm *m*

документáция *f A2* Dokumentation *f*, Unterlagen *f pl*; **технúческая** ~ technische Unterlagen; **учётная** ~ Abrechnungsbelege *m pl*

докýчливый <*kf:* -ив> *adj* lästig, zudringlich

долг <*präpos sg:* в долгý> *m K ple* 1. Pflicht *f*, Schuldigkeit *f*; **служéбный долг** Amtspflicht *f*; **сознаю́щий свой** ~ pflichtbewusst; **по** ~**у слýжбы** pflichtgemäß, **не остáться в** ~**ý у когó-лúбо** sich revanchieren (bei +*dat*) 2. (*взÿтое взаймÿ*) Geldschuld; ~**й** Schulden *pl*; **залéзть в долгú** (*fig*) Schulden machen; **ходúть в долгáх** (*umg*) verschuldet sein 3. (ÖKON) Verpflichtung *f* zu einer Gegenleistung, Ver-

bindlichkeit *f*
до́лгий <*kf:* до́лог, долга́, до́лго, *komp:* до́льше, *und:* до́лее> *adj* (*räumlich und zeitlich*) lang; **откла́дывать в ~ я́щик** (*fig*) auf die lange Bank schieben; **до́лго ли, ко́ротко ли** über kurz oder lang
долгове́чный <*kf:* -чен, -чна, -чно> *adj* dauerhaft
долгово́й *adj* (ÖKON) Schuld-, Schulden-; **долгово́е обяза́тельство** Schuldverschreibung *f*; **долгово́е свиде́тельство** Schuldschein *m*; **долгова́я отве́тственность** Schuldenhaftung *f*; **долгова́я конве́рсия** Schuldenswap *m*, Schuldenumwandlung *f*; **~ кри́зис** Schuldenkrise *f*
долговре́менный *adj* **1.** lange während; **2.** (*долгосро́чный*) langfristig
долгосро́чный *adj* langfristig; **~ вклад** Festgeld *nt*; **~ кеди́т** langfristiger Kredit *m*; **~ заём** langfristige Anleihe *f*; **долгосро́чное обяза́тельство** Dauerverpflichtung *f*; **долгосро́чное поруче́ние** Dauerauftrag *m*; **долгосро́чное плани́рование** langfristige Planung *f*
долево́й *adj* (ÖKON) Anteil-; **долева́я со́бственность** Miteigentum *nt*; **долево́е уча́стие** Beteiligung *f*, Anteil *m*; **долева́я а́кция** Quotenaktie *f*; **долево́е уча́стие капита́ла** Kapitalbeteiligung *f*; **долево́е уча́стие в оборо́те** Umsatzbeteiligung *f*; **долево́е уча́стие в предприя́тии** Unternehmensanteil *m*; **долево́е уча́стие госуда́рства** Staatsanteil *m*
до́лжен <*f:* должна́, *nt:* должно́, *pl:* должны́> *adj präd* **1.** (*кому-ли́бо что-ли́бо*) schulden, schuldig sein; **он мне ~ сто рубле́й** er schuldet mir hundert Rubel; **2.** (*mit inf*) müssen; **ты не ~ э́того де́лать** du musst das nicht machen; **он ~ ско́ро прийти́** er muss gleich kommen
должни́к *m K* Schuldner *m*, Debitor *m*; **несостоя́тельный ~** zahlungsunfähiger Schuldner *m*; **~ должни́к** Teilschuldner *m*; **~ по ве́кселю** Wechselschuldner *m*
до́лжное *nt wie adj* Gebührendes *nt*; **возда́ть ~ кому́-ли́бо** jdm Gerechtigkeit widerfahren lassen, jdm etw zugute halten
должностно́й *adj* amtlich, Amts-; **должностно́е лицо́** Beamte(r), Beamtin *mf*; Amtsperson *f*; **должностна́я инстру́кция** Stellenbeschreibung *f*; **должностно́е преступле́ние** Amtsvergehen *nt*, Amtsverbrechen *nt*
до́лжность *f I* Amt *nt*, Stelle *f*, Dienststelle *f*; **занима́ть ~** ein Amt bekleiden, eine Stellung bekleiden; **вступи́ть в ~** ein Amt antreten; **поступи́ть на ~** in Dienst treten; **освободи́ть кого́-ли́бо от до́лжности** jdn seines Amtes entheben
до́лжный *adj* **1.** gebührend; **2.** nötig; **оказа́ть до́лжную по́мощь** erforderliche Hilfe leisten

доли́на *f A* Tal *nt*
доли́ть <*fut:* долью́, дольёшь> *vt E4c pf* (*impf:* долива́ть) (*что-ли́бо/чего́-ли́бо*) nachfüllen, auffüllen, vollgießen
до́ллар *m K* Dollar *m*, US-Dollar *m*
до́лларовый *adj* Dollar-; **до́лларовые це́ны** Dollarpreise *m*
доложи́ть I. <*fut:* доложу́, -ло́жишь> *vi I pf* (*impf:* докла́дывать) berichten; **II.** *vt I* hinzufügen
доло́й *adv* nieder!, weg damit! **уходи́ с глаз доло́й!** geh mir aus den Augen!
долото́ <*pl:* доло́та, доло́т> *nt O pls* Meißel *m*
до́ля <*gen pl:* доле́й> *f A1 ple1* **1.** Teil *m*; **в до́лю секу́нды** im Bruchteil einer Sekunde; **в э́том есть ~ и́стины** daran ist etwas Wahres; **льви́ная ~** (*fig*) Löwenanteil *m* **2.** (ÖKON, JUR) Anteil *m*, Quote *f*; **~ нало́говых поступле́ний** Abgabenquote *f*; **~ вне́шней торго́вли** Außenhandelsquote *f*; **~ э́кспорта** Exportanteil *m*; **~ потребле́ния** Konsumquote *f*; **~ приро́ста** Wachstumsrate *f*; **~ же́нщин в о́бщей чи́сленности за́нятых** Frauenbeschäftigung *f*, Frauenquote *f*; **~ в капита́ле** Kapitalanteil *m*; **~ в акционе́рном капита́ле** Aktienanteil *m*; **~ уча́стия в компа́нии** Gesellschaftsanteil *m*; **~ уча́стия в предприя́тии** Geschäftsanteil *m*; **~ при́были** Gewinnanteil *m*; **~ госуда́рства** Staatsanteil *m*; **~ на ры́нке** Marktanteil *m*; **~ покры́тия постоя́нных изде́ржек** Deckungsbeitrag *m*; **~ со́бственных средств** Eigenaufkommen *nt*; **насле́дственная ~** Erbteil *m* **3.** (*уча́сть*) Schicksal *nt*, Los *nt*; **у него́ незави́дная ~** er ist nicht zu beneiden; **вы́пасть на чью́-ли́бо до́лю** jdm zuteil werden
дом <*gen sg:* и́з дому, *oder:* из до́ма> *m K ple* **1.** Haus *nt*; **~-новостро́йка** Neubau *m*; **бло́чный ~** Plattenbau *m*; **сбо́рный ~** Fertighaus *nt*; **2.** Heim *nt*, Zuhause *nt*; **де́тский ~** Kinderheim *nt*; **о́тчий** [*o* **роди́тельский**] **~** Elternhaus *nt*; **вне ~а** außerhalb, auswärts
до́ма *adv* zu Hause, daheim; **быть как ~** sich wie zu Hause fühlen
дома́шний *adj* Haus-, häuslich; **дома́шнее живо́тное** Haustier *nt*; **дома́шнее зада́ние** Hausaufgabe *f*; **дома́шнее хозя́йство** Haushalt *m*; **дома́шняя колбаса́** hausgemachte Wurst *f*; **дома́шняя страни́ца** (DV) Homepage *f*
до́мик *m K* Häuschen *nt*; **садо́вый ~** Gartenhaus *nt*; **рассы́паться как ка́рточный ~** wie ein Kartenhaus zusammenfallen
домина́нтный *adj* (*geh*) dominant, vorherrschend
домини́рование *nt O2* Dominieren *nt*, Dominanz *f*
домини́ровать *vi E2 impf* (*meist nur 3. pers*) dominieren, vorherrschen;

домини́рование на ры́нке Marktbeherrschung *f*
домици́лий <*präpos sg:* -ии> *m K2* Domizil *nt*
домкра́т *m K* Wagenheber *m*
домовладе́лец <*gen sg:* -льца, -льцев> *m K* Hausbesitzer *m*
домово́й *m wie adj* Hausgeist *m*
домо́й *adv* nach Hause
доморо́щеный *adj* 1. selbstgezüchtet; 2. (*pej*) hausbacken
домосе́д *m K* Stubenhocker *m*
домохозя́йка <*gen pl:* -ек> *f A* 1. Hauswirtin *f*; 2. Hausfrau *f*
домрабо́тница *f A* Hausangestellte *f*
до́мысел <*gen sg:* -сла> *m K* unbegründete Vermutung *f*, Lügenmärchen *nt*
Донба́сс *akr von* Доне́цкий бассе́йн *m* Donezkohlebecken *nt*
донесе́ние *nt O2* dienstliche Meldung *f*, Rapport *m*
донести́[1] <*fut:* донесу́, -сёшь> *vt E6 pf* (*impf:* доноси́ть) etw irgendwohin tragen [*o* bringen]
донима́ть *vt E impf* (*pf:* доня́ть) (*umg*) piesacken, belästigen
до́нор *m K* 1. (MED) Blutspender *m*, Organspender *m*; 2. (ÖKON) Geldgeber *m*
доноси́ть <*präs:* доношу́, -о́сишь> *vt I impf* (*pf:* донести́) 1. etw irgendwohin tragen [*o* bringen]; 2. (*о чём-либо*) berichten, melden; 3. (*на кого́-либо*) denunzieren, anzeigen
доно́счик *m K* Denunziant *m*
доня́ть <*fut:* дойму́, доймёшь> *vt E9 pf* (*impf:* донима́ть) belästigen
допива́ть *vt E impf* (*pf:* допи́ть) austrinken
до́пинг *m K* (SPORT) Doping *nt*, Aufputschmittel *nt*; **принима́ть ~** dopen, Aufputschmittel nehmen
до́пинговый *adj* Doping-; **~ контро́ль** Dopingkontrolle *f*
допи́ть <*fut:* допью́, допьёшь> *vt E4c pf* (*impf:* допива́ть) austrinken
допла́та *f A* 1. Nachzahlung *f*; 2. Zuschlag *m*, Zuzahlung *f*; **~ к за́работной пла́те** Lohnzulage *f*
доплати́ть <*fut:* доплачу́, допла́тишь> *vt I pf* (*impf:* допла́чивать) 1. nachzahlen; 2. draufzahlen
дополне́ние *nt O2* 1. Ergänzung *f*, Nachtrag *m*, Zusatz *m*; 2. (POL, JUR) Novelle *f*; **~ к наименова́нию фи́рмы** Firmenzusatz *m* 3. (LING) Objekt *nt*
дополни́тельно *adv* ergänzend, nachträglich, zusätzlich
дополни́тельный *adj* Ergänzungs-, Zusatz-; **дополни́тельное соглаше́ние** Zusatzabkommen *nt*; **дополни́тельное усло́вие** Zusatzbedingung *f*; **дополни́тельная информа́ция** Hintergrundinformation *f*; **~ срок** Nachfrist *f*; **~ взнос** Zuzahlung *f*;

дополни́тельное налогообложе́ние Nachversteuerung *f*; **~ сбор** Nebenabgabe *f*; **~ бюдже́т** Eventualhaushalt *m*; **дополни́тельная вы́плата** [*о* опла́та] Nachzahlung *f*; **дополни́тельные вы́платы** Zusatzleistungen *pl*, Nebenleistungen *pl*; **дополни́тельная вы́ручка** Mehrerlös *m*; **дополни́тельные затра́ты** [*o* расхо́ды] Mehrkosten *pl*; Zusatzkosten *pl*; **~ бала́нс** Ergänzungsbilanz *f* **~ зака́з** Anschlussauftrag *m*, Folgeauftrag *m*, Nachbestellung *f*; **дополни́тельная поста́вка** Zusatzlieferung *f*; **дополни́тельные рабо́ты** Nebenleistungen *pl*; **дополни́тельные услу́ги** Zusatzleistungen *pl*, Nebenleistungen *pl*; **~ проце́нт** Zuschlagssatz *m*; **дополни́тельная ста́вка** Zuschlagssatz *m*; **~ дохо́д** Nebenerwerb *m*; **~ за́работок** Nebenverdienst *m*; Nebenerwerb *m*
допо́лнить <*fut:* допо́лню, -по́лнишь> *vt I pf* (*impf:* дополня́ть) ergänzen, vervollständigen, nachtragen
допро́с *m K* Verhör *nt*, Vernehmung *f*
допроси́ть <*fut:* допрошу́, допро́сишь> *vt I pf* (*impf:* допра́шивать) verhören, vernehmen
до́пуск *m K* 1. Einlass *m*, Zutritt *m*; 2. Zulassung *f*; **~ к обраще́нию на би́рже** (ÖKON) Börseneinführung *f* 3. (TECH) Toleranz *f*
допуска́ть *vt E impf* (*pf:* допусти́ть) 1. zulassen; 2. (*fig*) annehmen, für möglich halten; **допу́стим, что** angenommen, dass
допусти́мый *adj* zulässig, vertretbar
допусти́ть <*fut:* допущу́, допу́стишь> *vt I pf* (*impf:* допуска́ть) 1. zulassen; 2. annehmen
допуще́ние *nt O2* 1. Zulassung *f*; **~ к заня́тию про́мыслом** Approbation *f* 2. Annahme *f*, Hypothese *f*
дораба́тывать *vt E impf* (*pf:* дорабо́тать) 1. fertigstellen; 2. nachbessern, den letzten Schliff geben
дорабо́тка *f A* Fertigstellung *f*, Nachbesserung *f*; **~ законопрое́кта** Nachbesserung des Gesetzentwurfes
доро́га *f A* 1. Weg *m*, Straße *f*; **дать** [*o* **уступи́ть**] **кому́-ли́бо доро́гу** jdm den Weg freimachen; **стоя́ть кому́-ли́бо попёрек доро́ги** (*fig*) jdm im Weg stehen; **доро́гу!** (*umg*) Bahn frei! **туда́ ему́ и ~** (*umg*) das geschieht ihm recht; **~ желе́зная** ~ Eisenbahn *f*; **кана́тная ~** Seilbahn *f* 3. (*путеше́ствие*) Reise *f*; **в** [*o* **по**] **доро́ге** unterwegs; **в доро́гу** für unterwegs; **отпра́виться в доро́гу** sich aus den Weg begeben
дорогови́зна *f A* Teuerung *f*
дорого́й <*kf:* до́рог, дорога́, до́рого, *komp:* доро́же> *adj* 1. teuer; 2. wertvoll; **дорого́е удово́льствие** ein teures Vergnügen *nt*; 3. (*nur kf*) teuer, wert; мне

дорога́ его́ дру́жба seine Freundschaft bedeutet mir sehr viel; **4.** (в пи́сьмах) lieb; дороги́е друзья́! liebe Freunde!
доро́гой adv unterwegs
дорогосто́ящий adj kostspielig
доро́дность f I **1.** Beleibtheit f, Korpulenz f; **2.** Behäbigkeit f
доро́дный <kf: -ден, -дна> adj **1.** beleibt, korpulent, stattlich; **2.** behäbig
дорожа́ть vi E impf (pf: вз-, по-) **1.** teurer werden; **2.** sich verteuern
дорожи́ть <präs: дорожу́, -жи́шь> vt I impf wertschätzen
доро́жка <gen pl: -жек> f A **1.** Weg m; **2.** schmaler Teppich m, Läufer m; **3.** (SPORT) Bahn f; **бегова́я ~** Rennbahn f; **4.** (TECH) Spur f; **звукова́я ~** Tonspur f
доро́жный adj **1.** Weg-, Straßen-; **~ знак** Verkehrszeichen m; **доро́жное покры́тие** Straßendecke f; **доро́жное строи́тельство** Straßenbau m; **~ указа́тель** Wegweiser m **2.** Reise-; **доро́жные расхо́ды** Reisekosten pl; **~ сбор** Maut f; **~ чек** Travellerscheck m, Reisescheck m
доса́да f A Ärger m, Entrüstung f, Verdruss m
досади́ть <fut: досажу́, досади́шь> v + dat I pf (impf: досажда́ть) ärgern
доса́дный adj ärgerlich, verdrießlich; **доса́дное недоразуме́ние** ein bedauerliches Missverständnis nt
доса́довать vi E2 impf (на кого́-либо/что́-либо) sich ärgern (über + akk)
досажда́ть vt E impf (pf: досади́ть) **1.** ärgern; **2.** belästigen; **~ про́сьбами** jdm mit Bitten zur Last fallen; **здо́рово ~** (umg) jdm arg zusetzen
доска́ <gen pl: до́сок, о до́сках> f A e2 **1.** Brett nt, Bohle f; **2.** Tafel f, Schultafel f; **гла́дильная ~** Bügelbrett nt; **ша́хматная ~** Schachbrett nt
доскона́льный adj gründlich, sehr genau, penibel, akkurat
досла́ть <fut: дошлю́, дошлёшь, imp: дошли́, дошли́те> vt E4 pf (impf: досыла́ть) nachsenden
досло́вно adv Wort für Wort
досло́вный adj (перево́д) wörtlich
досмо́тр m K Kontrolle f; **тамо́женный ~** Zollkontrolle f; **~ гру́зов** Frachtkontrolle f; **ли́чный ~** Leibesvisitation f
досмотре́ть <fut: досмотрю́, досмо́тришь> vt I pf (impf: досма́тривать) **1.** (фильм и т.п.) bis zu Ende ansehen; **2.** einer (Zoll-)Kontrolle unterziehen, durchsuchen
доспе́хи m pl K Rüstung f; **ры́царские ~** Ritterrüstung f
достава́ла mf A (umg, pej) Beschaffer, -in m/f
достава́ть I. <präs: достаю́, -стаёшь> vt E3 impf (pf: доста́ть) **1.** (из карма́на) herausholen, herausnehmen; **2.** auftreiben, beschaffen; **3.** (umg: довести́ кого́-либо до гне́ва) zur Weißglut bringen; **II.** vi E3 reichen, langen
достава́ться vr E3 impf (pf: доста́ться) **1.** (кому́-либо) zuteilwerden, zufallen; **2.** (unpersönlich) eine Strafe abbekommen; **ему́ доста́лось** (umg) er hat eins abgekriegt
доста́вить <fut: доста́влю, -вишь> vt I pf (impf: доставля́ть) **1.** bringen; **~ в больни́цу** ins Krankenhaus bringen; **2.** (о по́чте) zustellen; **3.** (fig) bereiten; **~ удово́льствие** Vergnügen bereiten; **~ кому́-либо нема́ло хлопо́т** jdm viel zu schaffen machen
доста́вка <gen pl: -вок> f A Lieferung f, Zustellung f; **~ гру́зов** [o това́ров] Güterzustellung f
доста́точный <kf: -чен, -чна> adj **1.** ausreichend, genug; **2.** hinlänglich; **быть доста́точным** ausreichen
доста́ть I. <fut: доста́ну, -нешь> vt E9b pf (impf: достава́ть) **1.** herausnehmen; **2.** auftreiben; **II.** vi E9b **1.** erreichen (bis zu + dat); **до потолка́** bis an die Decke reichen **2.** reichen; **доста́нет на всех** es langt [o reicht]für alle; **у него́ не доста́нет ду́ху** er hat nicht den Mut; **э́того ещё не достава́ло** (umg) das fehlte noch
доста́ться vr E9b pf (impf: достава́ться) **1.** zuteil werden; **2.** abbekommen
дости́гнуть <fut: дости́гну, -нешь> vt E1a pf (impf: достига́ть) (чего́-либо) erreichen, erzielen; **~ успе́ха** Erfolg erzielen
достиже́ние nt O2 **1.** Erreichung f, Erlangung f; **по достиже́нии совершенноле́тия** nach Erlangung der Volljährigkeit **2.** Erfolg f, Leistung f, Errungenschaft f
достижи́мость f I Erreichbarkeit f
достижи́мый <kf: -и́м> adj erreichbar
дости́чь wie дости́гнуть
достове́рность f I Glaubwürdigkeit f, Richtigkeit f
достове́рный <kf: -рен, -рна> adj glaubwürdig, richtig; **из достове́рных исто́чников** aus zuverlässiger Quelle
досто́инство nt O **1.** Würde f; **держа́ться с ~м** sich würdevoll verhalten **2.** (ка́чество) Wert m, Vorzug m; **досто́инства и недоста́тки** Vor- und Nachteile m pl; **оцени́ть по досто́инству** nach Gebühr würdigen **3.** (сто́имость) Wert m, Wertangabe f; **~м в сто рубле́й** im Wert von hundert Rubel
досто́йный <kf: -о́ин, -о́йна> adj **1.** würdig; **2.** (заслу́женный) gerecht, gebührend; **3.** (чего́-либо) wert; **~ подража́ния** nachahmenswert; **~ восхище́ния** bewundernswert; **~ любви́** liebenswert
достопочте́нный adj ehrbar, ehrwürdig
достопримеча́тельность f I Sehens-

würdigkeit *f*
достопримеча́тельный <*kf:* -лен, -льна> *adj* sehenswert, bemerkenswert
достоя́ние *nt O2* **1.** Eigentum *nt*, Besitz *m*; **2.** Gut *nt*; **о́бщее ~** Gemeingut *nt*; **стать ~м исто́рии** in die Geschichte eingehen; **сде́лать ~м обще́ственности** der Öffentlichkeit zugänglich machen
до́ступ *m K* **1.** Zugang *m*, Zutritt *m*; **свобо́дный ~** freier Zutritt *m*; **~ на ры́нок** Marktzugang *m* **2.** (*DV*) Zugriff *m*; **~ к Интерне́ту** Internetzugang *m*
досту́пность *f I* **1.** Erreichbarkeit *f*, Zugänglichkeit *f*; **2.** (*о понима́нии*) Fassbarkeit *f*
досту́пный <*kf:* -пен, -пна> *adj* **1.** (*auch fig*) zugänglich; **по досту́пной цене́** erschwinglich, preisgünstig; **2.** fassbar, verständlich; **в легко́ досту́пной фо́рме** in leicht verständlicher Form
досу́г *m K* Muße *f*; **на ~е** in den Mußestunden, in der Freizeit
досыла́ть *vt E impf* (*pf:* **досла́ть**) (*о по́чте*) nachsenden, nachschicken
досы́пать <*fut:* досы́плю, -лешь, *umg auch ab* **2.** *sg:* досы́пешь> *vt E4 pf* (*impf:* **досыпа́ть**) hinzuschütten
досье́ *nt indekl* Dossier *nt*
досяга́емый *adj* greifbar, erreichbar
дотацио́нный *adj:* **дотацио́нная цена́** gestützter Preis *m*
дота́ция *f A2* Subvention *f*, Zuwendung *f*, Zuschuss *m*; **~ для поддержа́ния у́ровня цен** Preisstützung *f*
дохо́д *m K* Einkommen *nt*, Ertrag *m*, Einnahme *f*; **~ на ду́шу населе́ния** Pro-Kopf-Einkommen *nt*; **~ бру́тто** Rohertrag *m*, Bruttoeinkommen *nt*; **~ не́тто** Nettoeinkommen *nt*; **~ в натура́льной фо́рме** Naturaleinkommen *nt*; **~ семьи́** Haushaltseinkommen *nt*; **побо́чные ~ы** Nebeneinkünfte *pl*; **с ни́зким ~** einkommensschwach; **~ с капита́ла** Kapitalrendite *f*; **~ы с капита́ла** Kapitaleinkünfte *pl*; **дохо́ды от инвести́ции** Anlagegewinn *m*; **~ с це́нных бума́г** Rendite *f*; **~ не́тто с це́нных бума́г** Nettorendite *f*; **~ от владе́ния иму́ществом** Besitzeinkommen *nt*; **~ы от состоя́ния** Vermögenseinkommen *nt*; **~ от проце́нтов** Zinseinkommen *nt*; **~ от труда́** Erwerbseinkommen *nt*; **~ предпринима́теля** Unternehmereinkommen *nt*; **~ы предприя́тия** Betriebseinnahmen *pl*; **дохо́ды госуда́рства** Staatseinnahmen *pl*; **дохо́ды от нало́гов** Steuereinnahmen *pl*
доходи́ть <*präs:* дохожу́, дохо́дишь> *vi I impf* (*pf:* **дойти́**) **1.** (*до кого́-либо/чего́-либо*) jdn erreichen, gelangen (zu *+akk*); **до меня́ дохо́дят слу́хи** mir sind Gerüchte zu Ohren gekommen; **у меня́ ру́ки не дохо́дят** ich komme nicht dazu; **не доходя́ до остано́вки** kurz vor der Haltestelle; **2.** (*до созна́ния*) bewusst werden, klar werden; **до него́ до́лго дохо́дит** (*umg*) er hat eine lange Leitung; **3.** (*до кра́йности*) bis zum Äußersten gehen; **~ до беше́нства** wütend werden
дохо́дность *f I* Einträglichkeit *f*, Rentabilität *f*, Ertragskraft *f*
дохо́дный <*kf:* -ден, -дна> *adj* einträglich, rentabel, lukrativ, gewinnbringend; **~ дом** Mietshaus *nt*
доходя́га *mf A* (*umg*) armes Luder [*o* Ding] *nt*
доце́нт *m K* Dozent, -in *m/f*
доче́рний *adj* (*auch* ÖKON) Tochter-; **доче́рняя компа́ния** Tochtergesellschaft *f*; **доче́рнее о́бщество** Tochtergesellschaft *f*; **доче́рнее предприя́тия конце́рна** Konzerntochter *f*
дочи́тывать *vt E impf* (*pf:* **дочита́ть**) zu Ende lesen
дочь <*inst pl meist:* дочерьми́> *f II ple1* Tochter *f*
д-р *abk von* **до́ктор** *m* Dr. *m*, Doktor *m*
драгоце́нность *f I* Kostbarkeit *f*, Kleinod *nt*
драгоце́нный <*kf:* -е́нен, -е́нна> *adj* kostbar; **~ ка́мень** Edelstein *m*
драже́ *nt indekl* Dragée *nt*
дразни́ть *vt I impf* **1.** necken, reizen; **2.** (*возбужда́ть*) anregen
дра́йвер *m K* (*DV*) Treiber *m*; **~ при́нтера** Druckertreiber *m*
дра́ка *f A* Prügelei *f*, Schlägerei *f*; **затея́ть дра́ку** eine Prügelei anzetteln
драко́н *m K* Drache *m*
драко́новский *adj* drakonisch, grausam; **драко́новские ме́ры** drakonische Maßnahmen *f pl*
дра́ма *f A* **1.** (LIT) Drama *nt*; **2.** (*fig*) Drama *nt*, Tragödie *f*
драматизи́ровать *vt E2 impf/pf* (*auch fig*) dramatisieren; **не бу́дем ~** wir wollen es nicht übertreiben
драмати́ческий *adj* dramatisch; **~ теа́тр** Dramentheater *nt*
драмати́чный *adj* (*ситуа́ция*) dramatisch zugespitzt, spannungsvoll
дра́нка *f A* Dachschindel *f*
дра́ться <*fut:* деру́сь, дерёшься> *vr UE5 impf* (*pf:* по-) (*с кем-либо*) sich raufen, sich herumschlagen (mit *+dat*)
драчу́н *m K* Raufbold *m*
дребезжа́ть <*nur 3. pers:* дребезжи́т> *vi I impf* (*стака́ны*) klirren
древеси́на *f A* Holz *nt*; **гнила́я ~** morsches Holz *nt*; **мя́гкая ~** Weichholz *nt*; **прессо́ванная ~** Pressholz *nt*; **твёрдая ~** Hartholz *nt*
древе́сный *adj* Holz-; **древе́сная поро́да** Holzart *f*; **~ у́голь** Holzkohle *f*; **древе́сная лягу́шка** Laubfrosch *m*
древне́йший *adj super* uralt
древнеру́сский *adj* altrussisch

дре́вний *adj* alt, altertümlich, antik; **дне́вняя исто́рия** Geschichte *f* des Altertums
дре́вность *f I* Altertum *nt*, Antike *f*
дре́во <*Pl:* древеса́, древе́с, древеса́м> *nt O* (*alte Form von де́рево*) Baum *m*; ~ **позна́ния** (REL) Baum *m* der Erkenntnis
древови́дный *adj* baumartig; **древови́дная структу́ра** [*o* граф] (DV, LING) Baumstruktur *f*
древото́чец <*gen sg:* -чца, -чцев> *m K* Holzwurm *m*
дрема́ть <*präs:* дремлю́, дре́млешь> *vi E4 impf* dösen, schlummern
дрема́ться <*unpers:* дре́млется> *vr E4 impf:* **мне дре́млется** ich bin schläfrig
дремо́та *f A* Schlummer *m*, Halbschlaf *m*
дрена́ж *m K 1.* Bodenentwässerung *f*; *2.* (MED) Dränage *f*
дрени́ровать *vt E2 impf/pf* entwässern
дрессирова́ть *vt E2 impf* (*pf:* вы́-) dressieren, abrichten
дрессиро́вка <*gen pl:* -вок> *f A* Dressur *f*
дрессиро́вщик, дрессиро́вщица *m K / f A* Dompteur *m*, Dompteuse *f*, Dresseur *m*, Dresseurin *f*
дроби́ть <*präs:* дроблю́, -би́шь> *vt I impf* (*pf:* раз-) zerstückeln, zermalmen
дробле́ние *nt O2* Zerstückelung *f*, Zerkleinerung *f*; ~ **а́кций** (ÖKON) Splitting *nt*
дробови́к *m K* Schrotflinte *f*
дробь *f I 1.* Schrot *m*; *2.* (MATH) Bruch *m*; **де́йствия с дробя́ми** Bruchrechnen *nt*
дрова́ *nt pl O* Brennholz *nt*
дро́гнуть[1] <*präs:* дро́гну, -нешь, *prät:* дро́гнул> *vi E1a impf* frieren
дро́гнуть[2] <*fut:* дро́гну, -нешь> *vi E1 pf* (*impf:* дрожа́ть) *1.* erzittern; *2.* (*fig*) Schwäche zeigen, ins Schwanken kommen
дрожа́ть <*präs:* дрожу́, -жи́шь> *vi I impf* (*pf:* дро́гнуть) (*auch fig*) zittern, beben
дрожжево́й *adj* Hefe-
дро́жжи <*gen pl:* -же́й> *pl A ple1* Hefe *f*
дро́жки <*gen pl:* -жек> *f pl A* Droschke *f*
дрожь *f I* Zittern *nt*, Frösteln *nt*, Schauer *m*
дрозд *m K* (ZOOL) Drossel *f*
друг <*nom pl:* друзья́> *m U3* Freund *m*; ~ **по перепи́ске** Brieffreund *m*; ~ **ю́ности** Jugendfreund *m*
друго́й *adj* anderer; **э́то друго́е де́ло** das ist etw anderes; **в ~ раз** ein andermal; **други́ми слова́ми** mit anderen Worten, anders gesagt; **с ~ стороны́** andererseits
друг дру́га <*gen:* друг дру́га, *dat:* друг дру́гу, *akk:* друг дру́га, *inst:* друг дру́гом, *präpos:* друг о дру́ге> *pron* einander; **забо́титься друг** [*o* дру́ге] füreinander sorgen
дру́жба *f A* Freundschaft *f*
дружелю́бный <*kf:* -бен, -бна> *adj* freundlich

дру́жеский *adj* freundschaftlich; **в дру́жеском кругу́** im Freundeskreis; **быть на дру́жеской ноге́ с кем-ли́бо** mit jdm auf freundschaftlichem Fuß stehen
дру́жественный *adj* freundschaftlich, Freundes-; **дру́жественные стра́ны** befreundete Länder *nt pl*
дружи́ть <*präs:* дружу́, дру́жишь> *vi I impf* (*c* кем-ли́бо) befreundet sein (mit + *dat*)
дру́жный <*kf:* -жен, -жна́> *adj* einmütig, einträchtig
дры́хнуть <*präs:* дры́хну, -нешь> *vi E1a impf* (*umg*) pennen
дря́блость *f I* Schlaffheit *f*
дря́блый <*kf:* дрябл> *adj* 1. schlaff, welk; 2. (*fig*) willensschwach
дрянно́й *adj* minderwertig, lumpig
дрянь *f I 1.* Schmutz *m*, Schund *m*; *2.* Lump *m*
дря́хлость *f I* Altersschwäche *f*, Gebrechlichkeit *f*
дря́хлый <*kf:* дряхл, -á, -о> *adj* 1. altersschwach, gebrechlich; 2. antiquiert
ДТП *abk von* доро́жно-тра́нспортное происше́ствие *nt* Verkehrsunfall *m*
дуб *m K ple* Eiche *f*
дуба́сить <*präs:* дуба́шу, -а́сишь> *vt I impf* (*pf:* от-) 1. durchprügeln, windelweich schlagen; 2. (*по чему́-либо*) einschlagen
дуби́льный *adj* Gerb-; **дуби́льное произво́дство** *nt* (дуби́льня) Gerberei *f*
дуби́на *f A* 1. Knüppel *m*, Keule *f*; 2. (*fig*) sturer Mensch *m*, Dummkopf *m*
дуби́нка <*gen pl:* -нок> *f A* Knüppel *m*, Schlagstock *m*
дуби́ть <*präs:* дублю́, дуби́шь> *vt I impf* (*pf:* вы́-) gerben
дублёр *m K 1.* Ersatzmann *f*; *2.* (*фи́льма*) Double *nt*
дублика́т *m K* Duplikat *nt*; ~ **железнодоро́жной накладно́й** (TRANS) Frachtbriefdoppel *nt*
дубли́ровать *vt E2 impf* 1. (заменя́ть) doubeln; 2. (*фильм*) synchronisieren
ду́ло *nt O* Gewehrmündung *f*
ду́ма *f A 1.* (*geh*) Gedanke *m*; **ду́мать ду́му** sinnen 2. Genre in der Volkspoesie, Volkslied *nt*; 3. Duma *f*, Gremium in der politischen Struktur Russlands: Rat der fürstlichen Gefolgsleute; Abgeordnetenversammlung; **Госуда́рственная Ду́ма** Staatsduma *f*; Unterhaus *nt* des russischen Parlaments; **городска́я ~** Stadtrat *m*
ду́мать I. *vi E impf* (*pf:* по-) (*о чём-ли́бо*) denken (an +*akk*), nachdenken (über +*akk*); II. *vi E nur impf* glauben, meinen; **и не (по-) ду́маю** ich denke gar nicht daran; **и не ду́майте!** wagen Sie es bloß nicht!
Дуна́й *m K2* Donau *f*
дунове́ние *nt O2* Lufthauch *m*
ду́нуть *vi E1 pf* wehen
дуопо́лия *f A2* (ÖKON) Duopol *nt*

дура́к *m K e* Dummkopf *m*, Narr *m*; **валя́ть ~á** den Dummen spielen; **держа́ть кого́-ли́бо за ~á** jdn für dumm verkaufen; **остава́ться в ~áх** der Dumme sein

дура́цкий *adj* 1. närrisch; 2. blödsinnig

дура́чество *nt O* Albernheit *f*, Firlefanz *m*

дура́читься <*präs:* дура́чусь, -чишься> *vr I impf* herumalbern, blödeln

дурма́нить *vt I impf* (*pf:* о-) betäuben

дурно́й <*kf:* ду́рен/дурён, дурна́, ду́рно, ду́рны/дурны́> *adj* schlimm, übel; **дурна́я весть** schlechte Nachricht *f*; **дурна́я приме́та** böses Omen *nt*

ду́рочка <*gen pl:* -чек> *f A* Närrin *f*, törichte Frau *f*

дуть <*präs:* ду́ю, ду́ешь> *vi E impf* wehen, blasen; **здесь ду́ет** hier zieht es

ду́ться <*präs:* ду́юсь, ду́ешься> *vr E impf* (*pf:* на-) (*на кого́-ли́бо*) schmollen (mit +*dat*)

дух *m K* 1. Geist *m*; **~ вре́мени** Zeitgeist *m*; **в ~е вре́мени** zeitgemäß; **свято́й ~** (REL) Heiliger Geist *m*; 2. Atem *m*; **перевести́ ~** Atem holen [*o* schöpfen]; 3. Mut *m*; **па́дать ~ом** den Mut verlieren 4. Stimmung *f*; **быть в ~е** gut gelaunt sein

духи́ *pl K* Parfüm *nt*

ду́хи *pl K* Geister *m pl*

духове́нство *nt O* Klerus *m*, Geistlichkeit *f*

духо́вка <*gen pl:* -вок> *f A* Backofen *m*

духо́вный *adj* 1. geistig, seelisch; **духо́вная бли́зость** Geistesverwandtschaft *f*; **духо́вные це́нности** geistige Werte *m pl* 2. geistlich, religiös; **духо́вное завеща́ние** (kirchliches) Testament *nt*; **~ оте́ц** Beichtvater *m*; **духо́вная му́зыка** geistliche Musik *f*

духово́й *adj* 1. Luft-; **духово́е ружьё** Luftgewehr *nt* 2. Blas-; **~ орке́стр** Blasorchester *nt*

душ <*gen pl:* ду́шей> *m K* Dusche *f*; **принима́ть ~**

душа́ <*akk sg:* ду́шу> *f A pls* Seele *f*; **~ моя́!** mein(e) Liebe(r)! **всей душо́й** mit Leib und Seele; **в глубине́ души́** innerlich, im Grunde des Herzens; **жить ~ в ду́шу** ein Herz und eine Seele sein; **излива́ть кому́-ли́бо ду́шу** jdm sein Herz ausschütten; **ско́лько душе́ уго́дно** so viel das Herz begehrt, nach Herzenslust

душевнобольно́й I. *adj* geisteskrank; II. *mf wie adj* Geisteskranke(r) *mf*

душе́вность *f I* Herzlichkeit *f*, Innigkeit *f*

душе́вный *adj* 1. seelisch, innerlich; **душе́вное состоя́ние** Gemütszustand *m*; **душе́вное споко́йствие** Seelenfrieden *m* 2. herzlich, innig

душево́й *adj* Dusch-; **душева́я каби́на** Duschkabine *f*

душераздира́ющий *adj* herzzerreißend

души́ть[1] <*präs:* душу́, ду́шишь> *vt I impf* (*pf:* за-) 1. würgen, jdm den Atem benehmen; 2. (*fig*) unterdrücken

души́ть[2] <*präs:* душу́, ду́шишь> *vt I impf* (*pf:* на-) parfümieren

ду́шный *adj* stickig, schwül

дуэ́ль *f I* Duell *nt*; **вы́звать на ~** zum Duell fordern; **слове́сная ~** Wortgefecht *nt*

дуэ́т *m K* Duett *nt*

ды́бом *adv:* **во́лосы встаю́т ~** da stehen einem die Haare zu Berge

дыбы́ *adv:* **встать на дыбы́** (*auch fig*) sich bäumen, sich auf die Hinterbeine stellen

дым *m K ple* Rauch *m*; **нет ~a без огня́** (*fig*) wo Rauch ist, ist auch Feuer

дыми́ть <*präs:* дымлю́, дыми́шь> *vi I impf* (*pf:* на-) 1. (*nur 3. pers*) schlecht brennen, schwelen; 2. (*сигаре́той*) paffen, rauchen

дыми́ться <*wie:* дыми́ть> *vr I impf* (*pf:* за-) dampfen, qualmen

ды́мка *f A* Dunst *m*, Dunstschleier *m*

ды́мный *adj* rauchig, qualmig, verqualmt

ды́ня *f A1* Melone *f*

дыра́ *f A pls* Loch *nt*

ды́рка <*gen pl:* -рок> *f A* kleineres Loch *nt*

дыроко́л *m K* Locher *m*

дыря́вить <*präs:* дыря́влю, -вишь> *vt I impf* lochen, durchlöchern

дыря́вый <*kf:* -я́в> *adj* löchrig; **дыря́вая па́мять** (*umg*) ein Gedächtnis wie ein Sieb

дыха́ние *nt O2* Atem *m*; **задержа́ть ~** den Atem anhalten; **затруднённое ~** Atemnot *f*; **иску́сственное ~** künstliche Beatmung *f*; **у него́ дыха́ние спёрло** (*umg*) ihm ist die Puste ausgegangen

дыша́ть <*präs:* дышу́, ды́шишь> *vi I impf* 1. atmen; **~ тяжело́** keuchen, schnaufen; 2. (*излуча́ть*) strahlen (vor +*dat*); **его́ лицо́ дыша́ло ра́достью** er strahlte vor Freude

ды́шло *nt O* Deichsel *f*

дья́вол *m K* Teufel *m*, Dämon *m*

дья́вольский *adj* diabolisch, teuflisch

дья́кон *m K* Diakon *m*

дьячо́к <*gen sg:* -чка́> *m K e* Küster *m*

дю́бель *m K1* Dübel *m*

дю́жий <*kf:* дюж> *adj* kräftig, robust

дю́жина *f A* Dutzend *nt*; **дю́жинами** dutzendweise

дюйм *m K* Zoll *m*

дю́на *f A* Düne *f*

дя́дюшка *m A* Onkelchen *nt*

дя́дя <*gen pl:* -дей, *oder:* -ьёв> *m A1* Onkel *m*

дя́тел <*gen sg:* дя́тла> *m K* Specht *m*

Е

е, Е *nt indekl kyrillischer Buchstabe*

ева́нгелие *nt O2* Evangelium *nt*

евангели́ческий *adj* 1. evangelisch; 2. protestantisch

ева́нгельский *adj* evangelisch

евре́й, **евре́йка** *m K2 / f A* Jude, Jüdin *m/f*
евре́йский *adj* jüdisch
е́вро *m indekl* Euro *m*
евробо́нд *m K* Eurobond *m*
Еврови́дение *nt O2* Eurovision *f*
евродо́ллар *m K* Eurodollar *m*
Евро́па *f A* Europa *nt*; **Восто́чная ~** Osteuropa *nt*
европе́ец, **европе́йка** <*gen sg m:* -е́йца, *цёв*> *m K / f A* Europäer, -in *m/f*
европеизи́ровать *vt E2 impf/pf* europäisieren
европе́йский *adj* europäisch; **Европе́йский сою́з** Europäische Union *f*; **европе́йская поли́тика** Europapolitik *f*; **Европе́йский парла́мент** Europäisches Parlament *nt*; **~ пате́нт** Europapatent *nt*; **Европе́йский суд** Europäischer Gerichtshof *m*; **Европе́йский това́рный код** Europäische Artikelnummer *f*; **Европе́йское пате́нтное управле́ние** Europäisches Patentamt *nt*; **~ экономи́ческое простра́нство** Europäischer Wirtschaftsraum *m*; **Европе́йское экономи́ческое соо́бщество** (HIST) Europäische Wirtschaftsgemeinschaft *f*
еврорынок *m K* Euromarkt *m*
евроцентри́стский *adj* eurozentristisch
еврочек *m K* Eurocheque *m*
Еги́пет <*gen sg:* -пта> *m K* Ägypten *nt*
его́¹ *pron poss* sein
его́² <*gen/akk sg von:* он> *pron pers* ihn
еда́ *f A* 1. Essen *nt*; **во вре́мя еды́** [*о за едо́й*] beim Essen 2. (*блю́до*) Essen *nt*, Speise *f*; **дома́шняя ~** Hausmannskost *f*
едва́ I. *adv* 1. kaum; **его́ го́лос ~ слы́шен** seine Stimme ist kaum zu hören; **~ ли** schwerlich; **~ не** fast, beinahe; **~~~** mit Müh und Not 2. (*то́лько что*) soeben; **ему́ ~ испо́лнилось три́дцать лет** er ist gerade dreißig geworden; II. *konj* kaum, sobald; **~ он вошёл, как все ста́ли его́ распра́шивать** er war kaum eingetreten, als ihn schon alle mit Fragen bestürmten
едине́ние *nt O2* Einigung *f*
едини́ца *f A* 1. Eins *f*, *als Schulnote:* die schlechteste Note in Russland; **получи́ть едини́цу** eine Eins bekommen; 2. (PHYS) Einheit *f*, Maßeinheit *f*; **~ длины́** Längenmaß *nt*; **де́нежная ~** Währungseinheit *f*; **~ расчётов** Verrechnungseinheit *f*
едини́чный <*kf:* -чен, -чна> *adj* einzeln, vereinzelt; **едини́чное иссле́дование** Fallstudie *f*; **едини́чное произво́дство** Einzelproduktion *f*; **~ слу́чай** Einzelfall *m*; **едини́чные слу́чаи** vereinzelte Fälle *m pl*
единобо́рство *nt O* Zweikampf *m*
единовре́менный *adj* einmalig; **единовре́менное посо́бие** einmalige Zuwendung *f*
единогла́сие *nt O2* Einstimmigkeit *f*
единогла́сный <*kf:* -сен, -сна> *adj* einhellig, einstimmig
единоду́шие *nt O2* Einmütigkeit *f*
единоду́шный <*kf:* -шен, -шна> *adj* einmütig, einträchtig; **единоду́шное мне́ние** übereinstimmende Meinung *f*
единоли́чный *adj* Einzel-, individuell; **~ со́бственник** Alleineigentümer *m*; **~ со́бственник торго́вого предприя́тия** Einzelkaufmann *m*; **единоли́чное предприя́тие** Einzelunternehmen *nt*; Einmannbetrieb *m*; **единоли́чное хозя́йство** bäuerliche Einzelwirtschaft *f*
единомы́шленник *m K* Gleichgesinnte(r) *m*
единообра́зие *nt O2* Einheitlichkeit *f*
единообра́зный <*kf:* -зен, -зна> *adj* 1. einheitlich; 2. konform
единоро́г *m K* Einhorn *nt*
еди́нственный *adj* einzige(r, s); **~ ребёнок** Einzelkind *nt*; **~ рабо́тающий в семье́** Alleinverdiener *m*; **еди́нственное число́** (LING) Einzahl *f*, Singular *m*; **~ в своём ро́де** einzigartig
еди́нство *nt O* Einheit *f*, Einigkeit *f*
еди́ный <*kf:* -и́н> *adj* 1. einheitlich, einig; **приде́рживаться еди́ного мне́ния с кем-ли́бо** sich mit jdm einig sein; **приходи́ть к еди́ному мне́нию** sich einig werden; **~ курс** Einheitskurs *m*; **~ систе́ма Verbundsystem** *nt*; **~ тамо́женный тари́ф** Einheitstarif *m* 2. einzig; **ни еди́ной души́** keine Menschenseele *f*
е́дкий <*kf:* е́док, едка́, е́дко, *kompr:* е́дче> *adj* 1. (CHEM) ätzend; 2. (*дым*) beißend; 3. (*fig*) bissig, scharf; **е́дкая иро́ния** beißende Ironie *f*
её¹ <*gen/akk sg von:* она́> *pron pers* sie
её² *pron poss* ihr
ёж <*gen sg:* ежа́, *gen pl:* еже́й> *m K* e Igel *m*
ежеви́ка *f A* 1. Brombeere *f*; 2. Brombeerstrauch *m*
ежего́дный *adj* jährlich, Jahres-; **~ о́тпуск** Jahresurlaub *m*; **~ дохо́д** Jahreseinkommen *nt*; **~ оборо́т** Jahresumsatz *m*; **~ отчёт** Jahresbericht *m*; **ежего́дная амортиза́ция** jährliche Abschreibung *f*; **ежего́дное о́бщее собра́ние** Jahreshauptversammlung *f*
ежедне́вный *adj* 1. täglich, Tages-; **ежедне́вная газе́та** Tageszeitung *f* 2. alltäglich
ежеме́сячный *adj* monatlich, Monats-; **~ взнос** Monatsbeitrag *m*
ежемину́тный *adj* dauernd; **ежемину́тные звонки́ по телефо́ну** fortwährende Telefonanrufe *m pl*
еженеде́льный *adj* wöchentlich, Wochen-
ежеча́сный *adj* stündlich
ёжик *m K* 1. kleiner Igel *m*; 2. Bürstenhaarschnitt *m*
ежо́вый *adj* Igel-; **держа́ть кого́-ли́бо в**

ежо́вых рукави́цах (*fig*) jdn unter der Fuchtel halten
езда́ *f A* Fahren *nt*, Fahrt *f*; **в двух часа́х езды́ от** zwei Stunden Fahrt; **верхова́я ~** Reiten *nt*
е́здить <*präs:* е́зжу, е́здишь> *vi I* unbest (*best:* **е́хать**) 1. hin- und her fahren; **~ на по́езде** mit dem Zug fahren; **~ за́йцем** (*umg*) schwarzfahren 2. fahren, fahren können; **~ верхо́м** reiten; **~ на велосипе́де** Rad fahren
е́ле *adv* kaum; **~ живо́й** halbtot; **~–~** mit Müh und Not; **~ успе́ть** es kaum schaffen
еле́йный *adj* salbungsvoll, süßlich
ёлка <*gen pl:* ёлок> *f A* 1. (BOT) Fichte *f*, Rottanne *m*; 2. Weihnachtsbaum *m*
ело́вый *adj* Fichten-; **~ лес** Fichtenwald *m*; **ело́вая ши́шка** Fichtenzapfen *m*
ёлочный *adj* Weihnachtsbaum-; **ёлочные игру́шки** [*o* **украше́ния**] Weihnachtsbaumschmuck *m*
ель *f I* (BOT) Fichte *f*, Rottanne *f*
ёмкий <*kf:* ёмок, ёмка> *adj* geräumig; **ёмкая формулиро́вка** (*fig*) umfassende Formulierung *f*; **~ ры́нок** (ÖKON) aufnahmefähiger Markt *m*
ёмкость *f I* 1. (сосу́д) Behälter *m*; **~ для бензи́на** Benzinkanister *m*; 2. Fassungsvermögen *nt*, Kapazität *f*; **~ ры́нка** (ÖKON) Aufnahmefähigkeit *f* des Marktes; Marktkapazität *f*; Marktvolumen *nt*; **~ накопи́теля информа́ции** (DV) Speicherkapazität *f* 3. (EL) Kapazität *f*
ему́ <*dat sg von:* он> *pron pers* ihm
ено́т *m K* Waschbär *m*
епа́рхия *f A2* 1. (REL) Diözese *f*; 2. (*fig*) Zuständigkeitsgebiet *nt*
епи́скоп *m K* Bischof *m*
епископа́льный *adj* bischöflich
епи́скопство *nt O* Bistum *nt*
ерала́ш *m K* (*umg*) Wirrwarr *m*, Durcheinander *nt*
е́ресь *f I* (REL) Häresie *f*, Ketzerei *f*; **нести́ ~** (*umg*) völligen Unsinn reden
ерети́к *m K* Ketzer *m*
ерети́ческий *adj* ketzerisch
ёрзать *vi E* dauernd hin und her rutschen; **не ёрзай!** sitz doch still!
ерунда́ *f A* 1. Unsinn *m*, dummes Zeug *nt*; 2. Kleinigkeit *f*
ерундо́вский *adj* dumm, unbedeutend
ёрш <*gen sg:* ерша́, *gen pl:* -ше́й> *m K e* 1. (ZOOL) Kaulbarsch *m*; 2. Flaschenbürste *f*; 3. (*umg*) Mischung aus Wodka und Bier
ЕС¹ *abk von* Европе́йское Соо́бщество *nt* Europäische Gemeinschaft *f*, EG *f*
ЕС² *abk von* Евросове́т, Европе́йский сове́т *m* Europarat *m*
ЕС³ *akr von* Европе́йский сою́з Europäische Union *f*, EU *f*
е́сли *konj* 1. wenn, falls; **~ смо́жешь, приезжа́й** wenn du magst, dann komm; **что ~?** und wenn aber?; 2. (*mit Konjunktiv*) wenn, falls; **~ бы что-нибу́дь случи́лось, нас бы извести́ли** wenn etw passiert wäre, hätten sie uns benachrichtigt
есте́ственность *f I* Natürlichkeit *f*
есте́ственный <*kf:* -вен, -венна, -венно> *adj* 1. (*nur Langform*) natürlich, Natur-; **~ безрабо́тица** natürliche Arbeitslosigkeit *f*; **~ проду́кт** Naturprodukt *nt*; **есте́ственная нау́ка** Naturwissenschaft *f*; 2. (*fig*) natürlich, selbstverständlich; 3. ungezwungen
естествозна́ние *nt O2* Naturwissenschaft *f*
есть¹ <*präs:* ем, ешь> *vi U2 impf* (*pf:* **съесть**) 1. essen; 2. (*живо́тное*) fressen; 3. (CHEM) zerfressen; **дым ест глаза́** der Rauch beißt in die Augen
есть² <*3. pers sg präs von:* быть> *vi UE1 impf* 1. sein, (*als Hilfsverb*); 2. (*име́ется*) es gibt, es sind da; **у меня́ ~ иде́я** ich habe eine Idee; **~ тако́е предложе́ние** es liegt folgender Vorschlag vor; **в э́том что-то ~** das hat etw für sich
есть³ *interj* (MIL) zu Befehl!
ефре́йтор *m K* (MIL) Gefreiter *m*
е́хать <*präs:* е́ду, е́дешь> *vi UE2 best* (*unbest:* **е́здить**) fahren; **~ верхо́м** reiten; **~ на ли́фте** mit dem Fahrstuhl fahren; **~ на трамва́е** [*o* **на авто́бусе**] mit der Straßenbahn [*o* mit dem Buss] fahren; **~ на по́езде** mit dem Zug fahren; **~ на попу́тной маши́не** per Anhalter fahren; **~ в Москву́** nach Moskau fahren; **~ в о́тпуск** [*o* **на кани́кулы**] in Urlaub [*o* in die Ferien] fafren; **~ домо́й** heimfahren
ехи́дничать *vi E impf* (*umg*) sticheln, lästern
ехи́дный <*kf:* -ден, -дна, -дно> *adj* boshaft, bösartig, giftig
ехи́дство *nt O* Bosheit *f*, Bösartigkeit *f*
ехи́дствовать *vi E2* 1. boshaft [*o* bösartig] sein; 2. (*злора́дствовать*) schadenfroh sein
ещё *adv* 1. noch, nach wie vor, bis jetzt; **~ мо́лод** noch jung; **всё ~** noch immer; **нет ~** noch nicht; **~ не** noch nicht 2. (*уже́*) schon; **~ год наза́д** erst vor einem Jahr; **~ неда́вно** erst vor kurzem; **~ ребёнком** schon als Kind 3. (*дополни́тельно*) noch, zusätzlich; **~ раз** noch einmal; **~ и ~** noch und noch; **~ бы!** und ob! natürlich! **~ како́й!** und was für einer!
ЕЭП *abk von* Европе́йское экономи́ческое простра́нство *nt* EWR *m*, Europäischer Wirtschaftsraum *m*

ж, Ж *nt indekl* kyrillischer Buchstabe
жа́ба *f A* Kröte *f*
жа́бры *f pl A* Kiemen *f pl*; **взять**

жа́воронок <gen sg: -нка> f A Lerche f

жа́дность f I 1. Gier f, Habsucht f; **~ к деньга́м** Geldgier f; **~ к еде́** Gefrässigkeit f; 2. (umg) Geiz m

жа́дный <kf: -ден, -дна́> adj 1. gierig, habgierig; **~ к деньга́м** geldgierig; **жа́дно есть** gierig essen; **~ до зна́ний** (fig) wissbegierig; 2. geizig

жа́жда f A 1. Durst m; 2. (fig) Begierde f, Verlangen nt; **~ де́йствий** Tatendrang m; **~ зна́ний** Wissbegier f; **~ стра́нствий** Wanderlust f, Fernweh nt

жа́ждать <präs: жа́жду, -дешь> vt E4 impf (чего-либо) dürsten, begehren, lechzen (nach +dat)

жале́ть vt E impf (pf: по-) 1. Mitleid haben (mit +dat); 2. bedauern; 3. schonen, sparen; **не ~ трудо́в** keine Mühe scheuen

жа́лить vt I impf (pf: у-) 1. stechen; 2. (о змее) beißen

жа́лкий <kf: -лок, -лка́, kompr: жа́льче> adj 1. bedauernswert, bemitleidenswert; 2. jämmerlich, armselig; **~ вид** kläglicher Anblick m; **игра́ть жа́лкую роль** (fig) eine traurige Figur abgeben [o machen]

жа́лко adv präd (жаль) schade, es ist bedauerlich; **мне ~ его́** er tut mir leid; **мне ~ вре́мени** schade um die Zeit

жа́лоба f A Beschwerde f, Klage f; **подава́ть жа́лобу на кого́-либо** eine Klage einreichen (gegen +akk)

жа́лобщик m K 1. (JUR) Kläger m; 2. (pej) Querulant m

жа́лованье nt O1 Gehalt nt, Besoldung f

жа́ловать vi E impf (pf: по-) 1. (geh) verleihen; 2. (nur impf) gern mögen; **его́ там не жа́луют** er ist da nicht beliebt; 3. (umg) besuchen

жа́ловаться vr E2 impf (pf: по-) (на кого-либо/что-либо) klagen, sich beschweren (über +akk)

жа́лость f I Mitleid nt; **кака́я ~!** wie schade! **вызыва́ть ~** Mitleid erwecken; **из жа́лости** aus Mitleid

жаль siehe **жа́лко**

жалюзи́ nt indekl Jalousie f, Rolladen m

жанр m K Genre nt, Gattung f

жар <gen sg: -а/-у, präpos: в жару́> m K Hitze f, Glut f; **зада́ть жа́ру кому́-либо** (fig) jdm einheizen, jdm Dampf machen

жара́ f A Hitze f

жарго́н m K Jargon m; **воровско́й ~** Gaunersprache f; **канцеля́рский ~** Amtsjargon m

жа́рить I. vt I impf (pf: за-, под-) braten, rösten; II. vt I impf (шашлык) grillen; III. vi I impf (о со́лнце) sengen, brennen

жа́риться I. vr I impf (pf: из-, под-) gebraten werden, schmoren; II. vr I impf (umg) sich sonnen

жа́ркий <kf: -рок, -рка́, kompr: жа́рче> adj 1. heiß; 2. (fig) heftig, leidenschaftlich

жарко́е nt wie adj Braten m

жаросто́йкий adj hitzebeständig

жать[1] <präs: жму, жмёшь> vt E9 impf 1. (сжима́ть) drücken; **~ кому́-либо ру́ку** jdm die Hand schütteln; 2. (выжима́ть) pressen; 3. (unpers: об обуви) drücken, zu eng sein

жать[2] <präs: жну, жнёшь> vt E9 impf (pf: с-) (вести́ жа́тву) Getreide mähen

жгу́чий <kf: жгуч> adj brennend, beißend, heftig; **жгу́чая крапи́ва** Brennessel f; **жгу́чие слёзы** heiße Tränen; **жгу́чая не́нависть** (fig) glühender Hass m; **жгу́чая пробле́ма** (fig) brennendes [o akutes] Problem nt

ждать <präs: жду, ждёшь> vt E4 impf (кого-либо/что-либо; кого-либо/чего-либо) warten (auf +akk), erwarten; **меня́ ждут** ich werde erwartet; **жду не дожду́сь** ich kann es kaum noch erwarten; **вре́мя не ждёт** die Zeit drängt; **~ свое́й о́череди** warten, bis man an die Reihe kommt; **не ~ ничего́ хоро́шего** nichts Gutes erwarten; **того́ и жди, что** jeden Augenblick kann es geschehen, dass

же part Verstärkung aber, doch, denn, hingegen; **что же ты молчи́шь?** warum sagst du denn nichts? **тот ~** derselbe; **та ~** dieselbe; **то ~** dasselbe

жева́ть <präs: жую́, жуёшь> vt E2 impf kauen; **~ жва́чку** Kaugummi kauen

жела́ние nt O2 1. Wunsch m; **по жела́нию** auf Wunsch; **при всём жела́нии** beim besten Willen; **исполня́ть [o удовлетворя́ть] чьи́-либо жела́ния** jds Wünschen nachkommen. 2. Begierde f, Lust f; **име́ть ~** Lust haben

жела́нный adj ersehnt, erwünscht, willkommen, begehrt; **пришёл ~ миг** der langersehnte Moment ist da

жела́тельный <kf: -лен, -льна> adj erwünscht, wünschenswert

желати́н m K Gelatine f

жела́ть vt E impf (pf: по-) (чего-либо) wünschen, wollen; **сам того́ не жела́я** gegen seinen Willen; **~ кому́-либо всего́ хоро́шего** jdm alles Gute wünschen

жела́ющий m wie adj Interessent m, Bewerber m

желе́ nt indekl Gelee nt

железа́ <pl: же́лезы, желёз, железа́м> f A pleI Drüse f; **поджелу́дочная ~** Bauchspeicheldrüse f

железнодоро́жник m K Eisenbahner m, Bahnbeamte(r) m

железнодоро́жный adj Bahn-, Eisenbahn-; **железнодоро́жная ли́ния** Eisenbahnlinie f; **железнодоро́жная сеть** Eisenbahnnetz nt

желе́зный adj 1. eisern, Eisen-; **желе́зная доро́га** Eisenbahn f; 2. (fig: дисципли́на) eisern, unbeugsam

желе́зо *nt O* **1.** Eisen *nt*; **2.** (*umg*:DV) Hardware *f*
железобето́н *m K* Stahlbeton *m*
железосодержа́щий *adj* eisenhaltig
жёлоб <*nom pl:* желоба́> *m K ple* Rinne *f*; **водосто́чный ~** Regenrinne *f*
желобо́к <*gen sg:* -бка́> *m K* kleine Rinne *f*, Rille *f*
желте́ть *vi E impf* (*pf:* по-) **1.** gelb werden, vergilben; **2.** (*dazu kein pf*) gelb schimmern [*o* leuchten]
желтова́тый *adj* gelblich
желто́к <*gen sg:* -тка́> *m K* Eigelb *nt*, Eidotter *m*
желту́ха *f A* (MED) Gelbsucht *f*
жёлтый <*kf:* жёлт, желта́, жёлто, *und:* желто́> *adj* gelb; **~ дом** (*umg*) Irrenanstalt *f*; **жёлтая лихора́дка** (MED) Gelbfieber *nt*; **жёлтая пре́сса** Sensationspresse *f*; **жёлтые страни́цы** Gelbe Seiten *pl*
желу́док <*gen sg:* -дка> *m K* Magen *m*; **расстро́йство желу́дка** (MED) Durchfall *m*, Magenverstimmung *f*
желу́дочный *adj* Magen-; **желу́дочный сок** Magensaft *m*
жёлудь *m KI ple1* Eichel *f*
жёлчь *f I* **1.** (ANAT) Galle *f*; **2.** (*fig*) Zorn *m*, Gereiztheit *f*; **его́ переполня́ет ~** ihm läuft die Galle über
жема́нный <*kf:* -нен, -нна> *adj* affektiert, geziert
жема́нство *nt O* Affektiertheit *f*, Ziererei *f*
жемчу́жина *f A* **1.** Perle *f*; **2.** (*fig*) Kleinod *nt*
жена́ <*pl:* жёны, жён> *f A pls* Ehefrau *f*
жена́тый <*kf:* -а́т> *adj* (*nicht in Bezug auf Frauen*) verheiratet
Жене́ва *f A* Genf *nt*
жени́ть <*fut und präs:* женю́, же́нишь> *vt I impf/pf* (*einen Mann:* кого́-либо на ком-либо) verheiraten
жени́тьба *f A* (*nur vom Mann*) Heirat *f*
жени́ться <*fut und präs:* женю́сь, же́нишься> *vr I impf/pf* (*vom Mann:* на ком-либо) heiraten, sich verheiraten
жени́х *m K* **1.** Bräutigam *m*, Verlobte(r) *m*; **~ и неве́ста** Brautpaar *nt* **2.** (*umg*) Freier *m*, Bewerber *m*
женоненави́стник *m K* Frauenhasser *m*
же́нский <*kf:* Frauen-, weiblich; **же́нское движе́ние** Frauenbewegung *f*
же́нственный <*kf:* -вен, -венна> *adj* weiblich, frauenhaft, feminin
же́нщина *f A* Frau *f*; **рабо́тающая ~** berufstätige Frau; **~-вра́ч** Ärztin *f*; **~-бизнесме́н** Geschäftsfrau *f*
женьше́нь *m KI* Ginseng *m*
жердь *f I ple1* **1.** Stange *f*; **худо́й как ~** (*fig*) dünn wie eine Bohnenstange **2.** Zaunpfahl *m*
жеребёнок <*gen sg:* -нка, *nom pl:* жеребя́та> *m U4* Fohlen *nt*
жеребе́ц <*gen sg:* -бца́> *m K e* Hengst *m*
жеребьёвка <*gen pl:* -вок> *f A* Auslosung *f*, Losziehung *f*; **проводи́ть жеребьёвку** auslosen
же́ртва *f A* (*auch fig*) Opfer *nt*; **же́ртвы землетрясе́ния** Erdbebenopfer; **пасть же́ртвой** zum Opfer fallen; **принести́ в же́ртву** zum Opfer bringen
же́ртвовать *vt E2 impf* (*pf:* по-) **1.** (*де́ньги и т.п.*) spenden; **2.** (*-кем-либо/чем-либо*) opfern; **~ собо́й** sich aufopfern
жест *m K* Geste *f*, Handbewegung *f*; **язы́к ~ов** Gebärdensprache *f*
жестикули́ровать *vi E2 impf* gestikulieren
жёсткий <*kf:* жёсток, жестка́, *komp:* жёстче> *adj* **1.** hart, fest; **~ диск** (DV) Festplatte *f* **2.** (*мя́со*) zäh; **3.** (*fig*) streng, hart; **сторо́нник жёсткого ку́рса** (POL) Hardliner *m*
жесто́кий <*kf:* -о́к, -о́ка, *super:* жесточа́йший> *adj* **1.** grausam, brutal; **жесто́кое обраще́ние** Misshandlung *f*; **2.** (*моро́з*) heftig, stark; **3.** (*об оши́бке и т.п.*) folgenschwer
жестокосе́рдный <*kf:* -ден, -дна> *adj* hartherzig
жесто́кость *f I* **1.** Grausamkeit *f*, Brutalität *f*; **2.** (*суро́вость*) Härte *f*
жесть *f I* Blech *nt*
жестя́щик, **жестя́ник** *m K* Klempner *m*
жечь **I.** <*präs:* жгу, жжёшь, жгут, *prät:* жёг, жгла, жгло> *vt UE4 impf* (*pf:* с-) verbrennen; **II.** *vi UE4 impf* (*pf:* с-) (*о ра́не и т.п.*) brennen, weh tun
живо́й <*kf:* жив, жива́, жива́> *adj* **1.** lebendig, lebend; **живо́е существо́** Lebewesen *nt*; **2.** (*fig*) lebhaft, rege; **~ интере́с к чему́-либо** reges Interesse (für +*akk*)
живопи́сный <*kf:* -сен, -сна> *adj* **1.** Gemälde-; **живопи́сная те́хника** Technik *f* der Malerei **2.** malerisch
жи́вопись *f I* Malerei *f*; **фре́сковая ~** Freskomalerei *f*; **пейза́жная ~** Landschaftsmalerei *f*
жи́вость *f I* Lebendigkeit *f*, Lebhaftigkeit *f*
живо́т *m K* Bauch *m*, Unterleib *m*; **у меня́ боли́т ~** ich habe Bauchschmerzen
живо́тное *nt wie adj* Tier *nt*
живо́тный *adj* **1.** Tier-, tierisch; **2.** (*fig*) animalisch, triebhaft
жи́вчик *m K* **1.** (*umg*) Quirl *m*, lebhafter Mensch *m*; **2.** (BIO) männliche Samenzelle *f*
живьём *adv* lebend, bei lebendigem Leibe
жи́дкий <*kf:* -док, -дка́, *komp:* жи́же> *adj* **1.** flüssig; **2.** (*негусто́й*) dünn, wässerig; **3.** (*о волоса́х и т.п.*) schütter, spärlich
жидкокристалли́ческий *adj* LCD-; **~ индика́тор** [*o* **ЖК-индика́тор**] LCD-Anzeige *f*
жи́дкость *f I* Flüssigkeit *f*
жизнелю́б *m K* Frohnatur *f*, lebensfroher Mensch *m*

жи́зненный *adj* 1. Lebens-; ~ **о́пыт** Lebenserfahrung *f*; ~ **путь** Lebensweg *m*; **жи́зненная эне́ргия** Lebenskraft *f*; 2. lebenswichtig, lebensnotwendig

жизнера́достность *f* I Lebensfreude *f*

жизнера́достный *<kf:* -тен, -тна> *adj* lebensfroh, lebenslustig

жизнь *f* I 1. Leben *nt*, Existenz *f*; **всю свою́** ~ zeitlebens; **при жи́зни** zu Lebzeiten; ~ **и тво́рчество** Leben und Werk *nt*; **сре́дства к жи́зни** Existenzmittel *nt pl*; **лиши́ть себя́ жи́зни** sich das Leben nehmen; **ни в** ~ im Leben nicht, niemals; **не на** ~, **а на смерть** (*auch fig*) auf Leben und Tod 2. (*реа́льность*) Lebenswirklichkeit *f*, Geschehen *nt*; **ча́стная** ~ Privatleben *nt*; **духо́вная** ~ geistiges Leben *nt*; **не от хоро́шей жи́зни** aus Not; **приме́р из жи́зни** ein Beispiel aus dem Leben

жи́ла *f* A 1. (*umg*) Sehne *f*, Flechse *f*; 2. (*umg*) Blutader *f*, Blutgefäß *nt*; **тяну́ть жи́лы из кого́-либо** (*fig*) jdn bis aufs Blut quälen 3. (BERGB) Ader *f*, Erzgang *m*; **найти́ золоту́ю жи́лу** (*fig*) auf eine Goldader stoßen

жиле́т *m K* Weste *f*; **спаса́тельный** ~ Schwimmweste *f*

жиле́ц, жили́ца *<gen sg m:* -льца> *m K / f A* Bewohner, -in *m/f*, Mieter, -in *m/f*, Untermieter, in *m/f*; **он не ~ на бе́лом све́те** (*umg*) er macht ' s nicht mehr lange, er wird wohl bald sterben

жили́ще *nt O1* Wohnung *f*, Behausung *f*

жили́щный *adj* Wohnungs-; **жили́щное строи́тельство** Wohnungsbau *m*; **жили́щные усло́вия** Wohnverhältnisse *pl*

жи́лка *<gen pl:* -лок> *f A* 1. (*umg*) Blütäderchen *nt*; **име́ть жи́лку к чему́-либо** (*fig*) eine Ader haben (für +*akk*) 2. (BOT) Aderverzweigung *f*; **жи́лки** Geäder *nt*; **листа́** Blattrippe *f*

жило́й *adj* 1. bewohnt, Wohn-; ~ **дом** Wohnhaus *nt*; ~ **райо́н** Wohngebiet *nt* 2. bewohnbar

жилпло́щадь *abk von* жила́я пло́щадь *f* Wohnraum *m*, Wohnfläche *f*

жилье́ *nt O1* 1. Wohnstätte *f*; 2. Wohnung *m*, Unterkunft *f*; **по́иски жилья́** Wohnungssuche *f*

жир *m K ple* Fett *nt*; **сма́зывать ~ом** einfetten

жира́ф *m K* Giraffe *f*

жире́ть *vi E impf* (*pf:* о-, раз-) dick werden, Fett [*o* Speck] ansetzen

жи́рность *f* I Fettgehalt *m*

жи́рный *<kf:* -рен, -рна́> *adj* 1. fett, dickleibig; **на́бранный жи́рным шри́фтом** fett gedruckt; 2. (*содержа́щий мно́го жи́ра*) viel Fett enthaltend; ~ **суп** fette Suppe *f*; 3. (*са́льный*) fettig, verfettet; **жи́рная ко́жа** fette Haut *f*; **жи́рное пятно́** Fettfleck *m*, Ölfleck *m*

жите́йский *adj* 1. Lebens-; **де́ло жите́йское!** das kommt vor! **жите́йская му́дрость** Lebensweisheit *f* 2. (*обы́денный*) alltäglich, Alltags-; **жите́йские забо́ты** Alltagssorgen *pl*; **жите́йские ме́лочи** der tägliche Kleinkram *m*

жи́тель, жи́тельница *m K1 / f A* Bewohner, -in *m/f*, Einwohner, -in *m/f*

жи́тельство *nt O* 1. Wohnsitz *m*, Aufenthaltsort *m*; **посто́янное ме́сто жи́тельства** fester [*o* ständiger]Wohnsitz *m*. 2. (ADMIN) Aufenthaltsgenehmigung *f*

жи́тница *f A* Kornkammer *f*

жить *<präs:* живу́, живёшь> *vi UE3 impf* 1. leben; 2. wohnen; **он живёт в Москве́** er wohnt in Moskau; 3. (*чем-либо на что-либо*) seinen Lebensunterhalt bestreiten; **она́ живёт на стипе́ндию** sie lebt von einem Stipendium; **жил-был** (*в ска́зке*) es war einmal; **тебе́ что, ~ надое́ло?** (*fig:umg*) bist du lebensmüde?

жи́ться *<nur 3. pers:* живётся> *vr UE3 impf* (*umg:* **кому́-либо**) (irgendwie) leben; **нам живётся хорошо́** uns geht es gut

жму́риться *vr I impf* (*pf:* за-) blinzeln, die Augen zusammenkneifen

жму́рки *<gen pl:* -рок> *f pl A* Blindekuh; **игра́ть в** ~ Blindekuh spielen

жнивьё *<nom pl:* жни́вья, *gen pl:* жни́вьев> *nt O1 pls* (AGR **жни́во**) Stoppelfeld *nt*; 2. Stoppeln *pl*

жрать *<präs:* жру, жрёшь> *vi E4 impf* (*pf:* со-) (*vulg*) fressen

жре́бий *<präpos sg:* -ии> *m K2* Los *nt*; **тяну́ть ~** losen; ~ **бро́шен** (*fig*) die Würfel sind gefallen

жужжа́ть *<präs:* жужжу́, жужжи́шь> *vi I impf* 1. (*пчела́*) summen; 2. (*жук*) surren, brummen

жук *m K e* 1. (ZOOL) Käfer *m*; 2. (*umg*) Schlitzohr *nt*

жу́лик *m K* Gauner *m*, Dieb *m*

жу́льничать *vt E impf* (*pf:* с-) (*umg*) betrügen, mogeln

жура́вль *m K1 e* 1. (ZOOL) Kranich *m*; 2. (TECH) Schwengel *m*

журна́л *m K* Zeitschrift *f*

журнали́ст, -ка *<gen pl f:* -ток> *m K / f A* Journalist, -in *m/f*

журнали́стика *f A* 1. Journalismus *m*; 2. (*дисципли́на*) Journalistik *f*

журча́ть *<3. pers: sg:* журчи́т, *pl:* журча́т> *vt I impf* 1. rauschen, rieseln; 2. (*fig: о ре́чи*) vor sich hinplätschern

жу́ткий *<kf:* -ток, -тка́> *adj* schauerlich, gruselig, unheimlich; **мне жу́тко** mir gruselt's; **жу́ткая исто́рия** Schauergeschichte *f*

жу́тко *adv* (*umg:* als Verstärkung) schrecklich, unheimlich; **мне ~ неудо́бно** es ist mir schrecklich peinlich

жюри́ *nt indekl* Jury *f*, Preisgericht *nt*

З

з, З *nt indekl kyrillischer Buchstabe*
за I. *präp* +*akk* 1. (*wohin?*) hinter (+*akk*); **уе́хать ~ грани́цу** ins Ausland fahren; 2. an (+*akk*); **сесть ~ стол** sich an den Tisch setzen; 3. (*wann?*) während (+*gen*); **он сде́лал всю рабо́ту ~ оди́н день** er hat die ganze Arbeit an einem Tag erledigt; **~ час до конце́рта** eine Stunde vor dem Konzert; II. *präp* +*inst* 1. (*wo?*) hinter (+*dat*); **~ грани́цей** im Ausland; 2. an (+*dat*); **сиде́ть ~ столо́м** am Tisch sitzen; 3. bei (+*dat*); **сиде́ть ~ ча́ем** bei einer Tasse Tee sitzen; 4. außerhalb (+*gen*); **он живёт ~ го́родом** er wohnt außerhalb der Stadt;; 5. hinter ... her (+*dat*); **бе́гать ~ кем-ли́бо** hinter jdm herlaufen; **идти́ ~ хле́бом** Brot holen; 6. nach (+*dat*); **посла́ть ~ до́ктором** nach dem Doktor schicken, den Doktor holen; III. *präp* +*akk* für (+*akk*); **купи́ть что-ли́бо ~ сто рубле́й** etw für hundert Rubel kaufen; **пить ~ чьё-ли́бо здоро́вье** auf jds Wohl trinken; **~ и про́тив** für und wider; **я ~ э́то** ich bin dafür
забавля́ть *vt E impf* belustigen, amüsieren
заба́вный <*kf*: -вен, -вна> *adj* (-сме́шной) amüsant, lustig, witzig
забаллоти́ровать *vt E2 pf* (*impf*: забаллоти́ровать) (кандида́та) niederstimmen, bei der Wahl durchfallen lassen
забастова́ть *vi E2 pf* einen Streik beginnen
забасто́вка <*gen pl*: -вок> *f A* Streik *m*, Ausstand *m*; **забасто́вочный пике́т** Streikposten *m*; **минима́ксная забасто́вка** Minimax-Streik *m*; **предупреди́тельная ~** Warnstreik *m*
забве́ние *nt O2* (*geh*) Vergessenheit *f*, Vergessen *nt*; **преда́ть что-ли́бо забве́нию** etw der Vergessenheit preisgeben; **быть пре́данным забве́нию** in Vergessenheit geraten; **иска́ть забве́ния в чём-ли́бо** sich zu betäuben suchen (mit +*dat*)
забега́ть *vi E impf* (*pf*: забежа́ть) 1. (к кому́-либо, куда́-либо) einen kurzen Besuch machen, vorbeikommen (bei +*dat*); 2. (вперёд) vorlaufen; **~ вперёд** (*fig*) vorgreifen
забе́гать *vi E pf* anfangen (hin und her) zu laufen
забежа́ть <*fut*: забегу́, -бежи́шь> *vi UI pf* (*impf*: забега́ть) (к кому́-либо) kurz besuchen, kurz vorsprechen (bei +*dat*)
забеспоко́иться <*fut*: забеспоко́юсь, -о́ишься> *vr I pf* unruhig werden
забетони́ровать *vt E2 pf* (*impf*: бетони́ровать) betonieren
забива́ть *vt E impf* (*pf*: заби́ть) 1. einschlagen, rammen; **~ на́смерть** erschlagen; 2. (SPORT) ins Ziel schießen; **~ гол** ein Tor schießen; 3. (скот) abschlachten

забива́ться *vr E impf* (*pf*: заби́ться) 1. sich verstecken; **~ в у́гол** (*umg*) sich in die Ecke verkriechen; 2. (о сне́ге и пы́ле) eindringen
забира́ть *vt E impf* (*pf*: забра́ть) 1. nehmen, ergreifen; **~ из ремо́нта** [*o* почи́нки] von der Reparatur abholen; 2. (*umg*) wegnehmen; 3. (аресто́вывать) verhaften, abführen
заби́ть <*fut*: забью́, -бьёшь> *vt E4c pf* (*impf*: забива́ть) einschlagen, rammen
заби́ться <*fut*: забью́сь, -бьёшься> *vr E4c pf* (*impf*: забива́ться) sich verstecken, sich verkriechen
забия́ка *mf A* Raufbold *m*
заблесте́ть <*fut*: заблещу́, -блести́шь> *vi I pf* anfangen zu strahlen [*o* glänzen]
заблуди́ться <*fut*: заблужу́сь, -блу́дишься> *vr I pf* sich verirren, sich verlaufen
заблужде́ние *nt O2* Irrtum *m*; **находи́ться** [*o* пребыва́ть] **в заблужде́нии** sich im Irrtum befinden, im Irrtum sein; **ввести́ кого́-либо в ~** jdn irreführen
заболева́ние *nt O2* Erkrankung *f*; **профессиона́льное** [*o* проф-] **~** Berufskrankheit *f*
заболе́ть I. *v* + *inst E pf* (*impf*: заболева́ть) erkranken (an +*akk*); II. <*nur 3. pers*: заболи́т> *vi I pf* (*impf*: заболева́ть) anfangen zu schmerzen
забо́р[1] *m K* Zaun *m*, Umzäunung *f*; **огора́живать ~ом** umzäunen
забо́р[2] *m K* (TECH) Entnahme *f*
забо́та *f A* 1. Sorge *f*; **э́то не моя́ ~** das ist nicht mein Problem; **э́то моя́ забо́та** das lass nur meine Sorge sein; **мне бы твои́ забо́ты!** seine Sorgen möchte ich haben! **~ о бу́дущем** Sorge *f* um die Zukunft; **повседне́вные забо́ты** Alltagssorgen *f pl*; **~ об ими́дже** [*o* прести́жности] Imagepflege *f* 2. (внима́ние) Sorge *f*, Fürsorge *f*; **окружи́ть больно́го забо́той** einen Kranken mit Fürsorge umhegen
забо́титься <*präs*: забо́чусь, -бо́тишься> *vr I impf* (*pf*: по-) 1. (о ко́м-либо/чём-либо) sich sorgen (für +*akk*); **она́ забо́тится о хозя́йстве** sie kümmert sich um den Haushalt; 2. (-уха́живать) jdn/etw pflegen; 3. (беспоко́иться) sorgen, sich Sorgen machen (um +*akk*)
забо́тливый *adj* fürsorglich
забра́сывать I. *vt E impf* (*pf*: забро́сить) (кого́-либо/что-ли́бо чем-ли́бо:*auch fig*) bewerfen, zuschütten; **~ кого́-либо вопро́сами** jdn mit Fragen überhäufen; II. *vt E* (*pf*: забро́сить) 1. (zu) weit werfen; 2. (*fig*) vernachlässigen, aufgeben; **~ учёбу** sein Studium aufgeben [*o* schmeißen]
заброни́ровать *vt E2 pf* (*impf*: бронирова́ть) panzern

заброни́ровать vt E2 pf (impf: брони́ровать) reservieren

забры́згивать vt E impf (pf: забры́згать) (гря́зью) bespritzen, bekleckern

забыва́ть vt E impf (pf: забы́ть) (-кого́-либо/что́-либо; о ком-либо/чём-либо) vergessen, nicht mehr denken (an +akk); ~ **о свои́х обя́занностях** seine Pflichten vernachlässigen; **мы не должны́ ~, что** wir dürfen nicht übersehen [o vergessen], daß

забыва́ться vr E impf (pf: забы́ться) 1. das Bewusstsein verlieren; 2. (umg) sich vergessen, die Beherrschung verlieren; 3. vergessen werden

забы́вчивость f I Vergesslichkeit f, Zerstreutheit f

забы́вчивый <kf: -ив> adj vergesslich, zerstreut

забы́ть <fut: забу́ду, -бу́дешь> vt UE1 pf (impf: забыва́ть) vergessen

забы́ться <fut: забу́дусь, -бу́дешься> vr UE1 pf (impf: забыва́ться) 1. einschlummern; 2. das Bewusstsein verlieren; 3. sich vergessen

зава́жничать vi E pf (umg) anfangen wichtig zu tun, anfangen sich etw einzubilden

завали́ть <fut: завалю́, -ва́лишь> vt I pf (impf: зава́ливать) 1. (загромозди́ть) versperren; 2. (засы́пать) verschütten; ~ **пода́рками** (fig) mit Geschenken überhäufen; ~ **рабо́той** (fig) mit Arbeit überlasten 3. (umg) verhauen, viele Fehler machen; ~ **экза́мен** das Examen nicht bestehen

завари́ть <fut: заварю́, -ва́ришь> vt I pf (impf: зава́ривать) (чай, ко́фе) aufbrühen; **ты завари́л ка́шу, а мне прихо́дится расхлёбывать** (fig) ich muss die Suppe auslöffeln, die du eingebrockt hast

зава́рка f A 1. (ча́я) Aufbrühen nt; 2. (чай для зава́рки) Tee m zum Aufbrühen

заведе́ние nt O2 Anstalt f, Einrichtung f, Institution f; **вы́сшее уче́бное ~** Hochschule f

заве́дование nt O2 Administration f, Leiten nt

заве́довать vt E2 impf verwalten, leiten, führen

заве́домо adv bewusst, wissentlich

заве́дующий, заве́дующая m/f wie adj (чем-либо) Leiter, -in m/f, Verwalter, -in m/f; ~ **отде́лом** Abteilungsleiter m

завербова́ть vt E2 pf (impf: вербова́ть) anwerben

завере́ние nt O2 1. (слове́сное) Versicherung f, Beteuerung f; 2. (по́дписью, печа́тью) Beglaubigung f

заве́рить vt I pf (impf: заверя́ть) 1. versichern; 2. beglaubigen

заверну́ть vt E1 pf (impf: завёртывать) (umg impf auch: завора́чивать) einwickeln, einpacken

заверша́ть vt E impf (pf: заверши́ть) abschließen, beenden

заверше́ние nt O2 1. Abschluss m; **в ~ конгре́сса** zum Abschluss des Kongresses; 2. Vollendung f

заверя́ть vt E impf (pf: заве́рить) 1. (кого́-либо в чём-либо) versichern, beteuern; 2. (докуме́нт) beglaubigen

заве́са f A (fig) Schleier m; **дымова́я ~** Dunstschleier m

заве́сить <fut: заве́шу, -ве́сишь> vt I pf (impf: заве́шивать) zuhängen

завести́ <fut: заведу́, -ведёшь> vt E6a pf (impf: заводи́ть) 1. hinführen; 2. (поря́док, де́ло и т.п.) einführen; 3. sich zulegen

завести́сь <fut: заведу́сь, -ведёшься> vr E6a pf (impf: заводи́ться) sich einfinden

заве́т m K (meist pl) Vermächtnis nt; **Ве́тхий ~** (REL) Altes Testament nt; **Но́вый ~** Neues Testament nt

заве́тный adj 1. sehnlich, heißersehnt; **заве́тная мечта́** Herzenswunsch m 2. heimlich, vertraut

заве́шивать vt E2 impf (pf: заве́сить) zuhängen, verhängen

завеща́ние nt O2 Testament nt, Vermächtnis nt

завеща́тель m K1 (JUR) Erblasser m

завеща́ть vt E impf/pf (что́-либо кому́-либо) vererben, vermachen

завива́ть vt E impf (pf: зави́ть): ~ **во́лосы** die Haare kräuseln

зави́вка <gen pl: -вок> f A Kräuseln nt; **шестиме́сячная** [o **хими́ческая**] ~ Dauerwelle f

зави́довать vi E2 impf (pf: по-) beneiden, neidisch sein (auf +akk)

завизи́ровать vt E2 pf (impf: визи́ровать) 1) 1. beglaubigen; 2. mit einem Visum versehen

завинти́ть <fut: завинчу́, -винти́шь> vt I pf (impf: зави́нчивать) zuschrauben, festschrauben

зависа́ть <präs: зависа́ю, -са́ешь> vi E4 impf (pf: зави́снуть) (DV: о компью́тере) hängenbleiben, abstürzen

зави́сеть <präs: завишу́, -ви́сишь> vi I impf (от кого́-либо/чего́-либо) abhängen, abhängig sein (von +dat); **э́то зави́сит от того́** es kommt darauf an; **зави́сеть от кого́-либо по слу́жбе** dienstlich angewiesen sein (auf +akk)

зави́симость f I Abhängigkeit f

зави́симый <kf: -им> adj abhängig

зави́снуть vi E1 pf (impf: зависа́ть) (DV) hängenbleiben, abstürzen

зави́стливый <kf: -ив> adj 1. neidisch; 2. (взгляд) neiderfüllt

зави́стник m K neidischer Mensch m, Neider m

за́висть f I Neid m; **досто́йный за́висти**

beneidenswert
завйть <*fut:* завью, -вьёшь> *vt E4c pf* (*impf:* завивать): ~ **волосы** die Haare in Wellen legen
завладевать *v + inst E impf* (*pf:* завладеть) sich einer Sache bemächtigen; ~ **вниманием** (*fig*) die Aufmerksamkeit fesseln; ~ **разговором** (*fig*) das Gespräch an sich reißen
завлечь <*fut:* завлеку, -влечёшь> *vt UE4 pf* (*impf:* завлекать) verlocken
завод *m K* 1. Werk *nt*, Betrieb *m*, Fabrik *f*; **пивоваренный** ~ Brauerei *f*; 2. (*у часов*) Aufziehwerk *nt*
заводйть <*präs:* завожу, -водишь> *vt I impf* (*pf:* завестй) 1. hinführen; 2. (-ввестй в обиход и т.п.) einführen; ~ **новые порядки** Neuerungen einführen; ~ **дело на кого-либо** (ADMIN) über jdn eine Akte anlegen 3. sich zulegen; ~ **себе собаку** sich einen Hund zulegen; ~ **семью** eine Familie gründen 4. (*начинать*) anknüpfen; ~ **знакомство с кем-либо** Bekanntschaft machen (mit +*dat*); ~ **разговор о чём-.либо** zu sprechen kommen (auf + *akk*); ~ **спор** einen Streit anfangen; 5. (TECH: *мотор*) ankurbeln, anlassen; 6. (*часы*) aufziehen
заводйться <*präs:* завожусь,-водишься> *vr I impf* (*pf:* завестйсь) 1. sich einfinden; 2. (*мотор*) anspringen; 3. (*fig: начинать спорить*) ungehalten werden
заводной *adj* (*игрушка*) zum Aufziehen
заводской *adj* Werk-, Betriebs-; **заводская поставка** Werklieferung *f*; **заводское оборудование** Betriebsausstattung *f*
заводь *f I* Stillwasser *nt*, kleine Bucht mit geringer Strömung
завоевание *nt O2* 1. Errungenschaft *f*, Leistung *f*; 2. (MIL) Eroberung *f*
завоеватель *m K1* Eroberer *m*
завоевательный *adv* Eroberungs-; **завоевательная война** Eroberungskrieg *m*; ~ **маркетинг** (ÖKON) Takeover-Marketing *nt*
завоёвывать *vt E impf* (*pf:* завоевать) 1. erobern, erkämpfen; 2. (*fig*) erringen, erwerben; **чьё-либо расположение** jdn für sich gewinnen; ~ **победу** (SPORT) den Sieg erringen
заволочься <*fut:* заволокусь, -волочёшься, *prät:* заволокся, заволоклась> *vr UE4 pf* (*impf:* заволакиваться) sich bedecken, sich überziehen; **небо заволоклось облаками** der Himmel bewölkte sich
завораживать *vt E impf* (*pf:* заворожить) bezaubern, in seinen Bann ziehen
заворачивать *vt E impf* (*pf:* завернуть) 1. (*за угол*) einbiegen, abbiegen; 2. (*не пропускать*) zum Umkehren zwingen, umlenken; 3. (*упаковывать*) einwickeln, einpacken
заворожить *vt I pf* (*impf:* заворaживать) bezaubern
завсегдатай *m K2* Stammgast *m*, ständiger Besucher *m*
завтра *adv* morgen
завтрак *m K* Frühstück *nt*; **кормить ~ами** (*fig*) jdn mit leeren Versprechungen abspeisen, jdn ständig auf morgen vertrösten
завтракать *vi E impf* (*pf:* по-) frühstücken
завуалировать *vt E2 pf* (*impf:* вуалировать) verschleiern, vertuschen
завысить <*fut:* завышу, -высишь> *vt I pf* (*impf:* завышать) zu hoch festsetzen, zu hoch ansetzen; ~ **требования** an jdn zu hohe Anforderungen stellen
завязать <*fut:* завяжу, -вяжешь> *vt E4 pf* (*impf:* завязывать) 1. zubinden, zuschnüren; ~ **узел** [*o* узлом] verknoten; ~ **галстук** den Schlips [*o* die Krawatte] binden; ~ **шарф** den Schal umbinden 2. (*fig*) anknüpfen; ~ **деловые контакты** Geschäftskontakte knüpfen; ~ **разговор** ein Gespräch anknüpfen
завязаться <*fut:* завяжусь, -вяжешься> *vr E4 pf* (*impf:* завязываться) 1. zugebunden sein, zugeschnürt sein; 2. (*fig*) in Gang kommen, sich entspinnen; **завязалась оживлённая беседа** es entspann sich eine angeregte Unterhaltung
загадить <*fut:* загажу, -гадишь> *vt I pf* (*impf:* загаживать) beschmutzen, besudeln, versauen
загадка <*gen pl:* -док> *f A* Rätsel *nt*
загадочный <*kf:* -чен, чна> *adj* rätselhaft, mysteriös
загаживать *vt E impf* (*pf:* загадить) (*umg*) bschmutzen, besudeln
загазованный *adj* (ÖKOL) abgasbelastet; **не-** abgasarm
загар *m K* Sonnenbräune *f*, Bräune *f*
загвоздка <*gen pl:* -док> *f A* (*fig*) Haken *m*, Schwierigkeit *f*; **в чём ~?** woran hapert es?
загибать *vt E impf* (*pf:* загнуть) umbiegen; ~ **страницу в книге** ein Eselsohr machen; ~ **брюки** die Hosen hochkrempeln
заглавие *nt O2* 1. Titel *m*; 2. Überschrift *f*
заглавный *adj* Titel-; **заглавная буква** Großbuchstabe *m*; **заглавное слово** (*в словаре*) Stichwort *nt*
заглушить *vt I impf* (*impf:* заглушать) 1. (*звуки*) übertönen; 2. (*fig*) betäuben, dämpfen; ~ **боль** den Schmerz betäuben; ~ **голос совести** die Stimme des Gewissens betäuben
загляденье *nt O1* Augenweide *f*, schöner Anblick *m*
заглядывать *vi E impf* (*pf:* заглянуть) 1. flüchtig hinsehen, hineinsehen; 2. (*в*

словарь, книгу и т.п.) nachsehen, nachschlagen (in +*dat*); **3.** (*umg*) einen kurzen Besuch machen, vorbeischauen

загна́ть <*fut:* загоню́, -го́нишь> *vt I pf* (*impf:* загоня́ть) hineinjagen, hineintreiben

загни́ть <*fut:* загнию́, -гниёшь> *vi E pf* (*impf:* загнива́ть) verfaulen

за́гнутый *adj* gebogen, gekrümmt

загну́ть *vt E1 pf* (*impf:* загиба́ть) **1.** umbiegen; **2.** (*umg*) übertreiben, überspitzen; ~ **це́ну** einen unverschämt hohen Preis verlangen

за́говор[1] *m K* (POL) Verschwörung *f*, Komplott *nt*

за́говор[2] *m K* (*заклина́ние*) Zauberspruch *m*, Beschwörungsformel *f*

заговори́ть I. *vi I pf* **1.** zu reden beginnen; **2.** (*с ке́м-либо*) anreden, ansprechen; **II.** *vt I* (*impf:* загова́ривать) **1.** die Ohren vollreden; **2.** besprechen, beschwören

заголо́вок <*gen sg:* -вка> *m K* Überschrift *f*; **бро́ский ~** Schlagzeile *f*

загоня́ть *vt E impf* (*pf:* загна́ть) **1.** hineinjagen, hineintreiben; ~ **скот** das Vieh in den Stall treiben **2.** (*ло́шадь*) abhetzen; **3.** (*зве́ря*) hetzen; ~ **кого́-либо в у́гол** (*fig*) jdn in die Enge treiben

загора́живать *vt E impf* (*pf:* загороди́ть) **1.** umzäunen; **2.** versperren, verstellen; ~ **свет кому́-либо** jdm im Licht stehen

загора́ть *vi E* **1.** sich sonnen; **2.** sich von der Sonne bräunen lassen

загоре́вший *adj* braungebrannt

загоре́ть *vi I pf* (*impf:* загора́ть) (*на со́лнце*) sonnengebräunt [o braun] sein

загоре́ться *vr I pf* (*impf:* загора́ться) **1.** anfangen zu brennen, aufflammen; **2.** (*fig*) sich begeistern, Feuer und Flamme sein (für + *akk*)

загороди́ть <*fut:* загорожу́, -горо́дишь> *vt I pf* (*impf:* загора́живать) **1.** umzäunen; **2.** versperren

за́городный *adj* außerhalb der Stadt; ~ **дом** [o **да́ча**] Landhaus *nt*

загото́вительный *adj* Beschaffungs-; ~ **пункт** Beschaffungsstelle *f*; **загото́вительные расхо́ды** Beschaffungskosten *pl*; **загото́вительная това́рная цена́** (ÖKON) Wareneinstandspreis *m*

загото́вка *f A* **1.** Erfassung *f*, Beschaffung *f*; **2.** Rohling *m*

заграни́ца *f A* Ausland *nt*

заграни́чный *adj* **1.** Auslands-, ausländisch; **заграни́чная командиро́вка** Auslandsreise *f*; ~ **па́спорт** Reisepass *m* **2.** (ÖKON) Geschäfte im Ausland betreffend; **заграни́чная опера́ция** [o **сде́лка**] Auslandsgeschäft *nt*; ~ **филиа́л** Auslandsfiliale *f*; **заграни́чное представи́тельство** Auslandsvertretung *f*; **заграни́чное иму́щество** Auslandsvermögen *nt*;

заграни́чные инвести́ции Auslandsinvestition *f*; **заграни́чные ава́уры** Auslandsaktiva *pl*; **заграни́чные пасси́вы** Auslandspassiva *pl*; ~ **оборо́т (ба́нка)** Auslandsgeschäft *nt*

загра́нпа́спорт *abk von* **заграни́чный па́спорт** *m* Reisepass *m*

загреба́ть *vt E impf* (*pf:* загрести́) zusammenraffen; ~ **де́ньги** (*umg*) Geld scheffeln

загрести́ <*fut:* загребу́, -гребёшь> *vt Ебa pf* (*impf:* загреба́ть) zusammenraffen

загримирова́ть *vt E2 pf* (*impf:* гримирова́ть) schminken

загружа́ть *vt E impf* (*pf:* загрузи́ть) **1.** beladen, füllen; **2.** (DV) herunterladen, downloaden; **3.** (*fig*) beschäftigen, überlasten

загру́женность *f I* **1.** Auslastungsgrad *m*; **2.** (*fig*) Beschäftigungsgrad *m*; **непо́лная ~** Unterbelastung *f*

загру́зка *f A* **1.** Ladung *f*, Beladung *f*; ~ **реа́ктора** Füllung *f* des Reaktors; ~ **произво́дственных мо́щностей** Kapazitätsauslastung *f* **2.** (*fig*) Beschäftigungsgrad *m*, Auslastung *f*

загру́зочный *adj* Lade-, Einfüll-; **загру́зочная страни́ца** (DV) Downloadseite *f*

загрязне́ние *nt O2* Verschmutzung *f*; ~ **воды́** Wasserverschmutzung *f*; ~ **во́здуха** Luftverschmutzung *f*; ~ **окружа́ющей среды́** Umweltverschmutzung *f*; ~ **радиоакти́вными вещества́ми** Kontamination *f*

загрязни́ть <*fut:* загрязню́, -грязни́шь> *vt I pf* (*impf:* загрязня́ть) verschmutzen, verunreinigen

загрязни́ться <*fut:* загрязню́сь, -грязни́шься> *vr I pf* (*impf:* загрязня́ться) verunreinigt werden, schmutzig werden

загс *akr von* **За́пись А́ктов Гражда́нского Состоя́ния** *m* Standesamt *nt*

зад <*präpos sg:* на/в заду́> *m K ple* **1.** hinterer Teil *m*; **2.** Gesäß *nt*

задави́ть <*fut:* задавлю́, -да́вишь> *vt I pf* (*impf:* дави́ть) **1.** zerdrücken, zerquetschen; **2.** (*nur pf: перее́хать*) überfahren

зада́ние *nt O2* Aufgabe *f*, Auftrag *m*; **дать ~** einen Auftrag geben; **дома́шнее ~** Hausaufgabe *f*

за́данный *adj* Soll-, vorgegeben; **за́данная ско́рость** Sollgeschwindigkeit *f*; **за́данное вре́мя** (ÖKON) Richtzeit *f*; ~ **показа́тель** (TECH) Vorgabe *f*

зада́ток *m K* **1.** Anzahlung *f*, Vorschuss *m*; **внести́ ~** eine Anzahlung leisten **2.** Draufgabe *f*

зада́ча *f A* **1.** Aufgabe *f*; ~ **управле́ния** Führungsaufgabe *f*; **поста́вить себе́** [o **пе́ред собо́й**] **зада́чу** es sich zur Aufgabe machen; **спра́виться с зада́чей** eine Aufgabe bewältigen 2. (матн) Rechenaufgabe *f*; **решить задачу** eine Aufgabe lösen

задвижка <*gen pl:* -жек> *f A* (*запор*) Riegel *m*

задворки <*gen pl:* -рок> *m pl K* Hinterhof *m*; **быть на задворках** (*fig*) an letzter Stelle stehen

задевать *vt E impf* (*pf:* задеть) 1. (*кого-либо/что-либо*) streifen, leicht berühren; 2. (*за что-либо*) anecken, anstoßen (an +*dat*); 3. (*fig*) jdn schmerzhaft berühren, kränken; **~ кого-либо за живое** jdn am wunden Punkt treffen

задействовать *vt E2 pf* einsetzen, einbeziehen; **~ возможности ООН** die UNO einbeziehen;

задел *m K* Vorleistungen *f pl*, Vorarbeit *f*

заделывать *vt E impf* (*pf:* заделать) 1. fest zumachen, verschließen; 2. (*пробоину*) abdichten

задёрганный *adj* (*человек*) abgehetzt

задержание *nt O2* Festnahme *f*, Verhaftung *f*

задержать <*fut:* задержу, -держишь> *vt I pf* (*impf:* задерживать) 1. aufhalten; 2. verzögern; 3. (*арестовывать*) festnehmen, verhaften

задержаться *vr I pf* (*impf:* задерживаться) 1. sich (zu) lange aufhalten; 2. sich verzögern, überfällig sein; 3. (*-затянуться*) sich in die Länge ziehen

задержка <*gen pl:* -жек> *f A* Verzögerung *f*, Stockung *f*, Verzug *m*; **~ в работе** Stockung *f* der Arbeit; **~ исполнения** Leistungsverzug *m*; **~ платежа** Zahlungsverzug *m*; **~ поставки** Lieferrückstand *m* Lieferungsverzug *m*; **~ уплаты долга** Retention *f* 2. (*остановка*) Aufenthalt *m*; **~ в пути** Unterwegsaufenthalt *m*

задеть <*fut:* задену, -денешь> *vt E9b pf* (*impf:* задевать) streifen, leicht berühren

задний *adj* hinten befindlich, Hinter-; **~ свет** (kfz) Rücklicht *nt* Schlusslicht *nt*; **заднее сиденье** (kfz) Rücksitz *m*; **задняя мысль** (*fig*) Hintergedanke *m*; **задним числом** (*fig*) im Nachhinein, nachträglich

задолженность *f I* Verschuldung *f*, Schulden *pl*, Verbindlichkeiten *pl*; **внешняя ~** Auslandsverschuldung *f*; **~ по налогу** Steuerschuld *f*; **~ по процентам** Zinslast *f*; **~ по торговым книгам** Buchschuld *f*

задор *m K* 1. Übermut *f*; 2. Hitzigkeit *f*

задорный <*kf:* -рен, -рна> *adj* 1. übermütig; 2. hitzig, herausfordernd

задохнуться *vr E1a pf* (*impf:* задыхаться) ersticken

задумать *vt E pf* (*impf:* задумывать) sich vornehmen, beabsichtigen; **он что-то задумал** er führt etwas im Schilde

задуматься *vr E pf* (*impf:* задумываться) (*над чем-либо*) sich Gedanken machen (über +*akk*); **заставлять ~ кого-либо** jdm zu denken geben

задумка <*gen pl:* -мок> *f A* 1. (*umg*) Vorhaben *nt*; 2. (*umg*) Einfall *m*, Idee *f*

задушить <*fut:* задушу, -душишь> *vt I pf* (*impf:* душить) 1. erwürgen; 2. (*fig*) unterdrücken

задыхаться *vr E impf* (*pf:* задохнуться) 1. ersticken, keine Luft bekommen; 2. keuchen; **~ от восторга** (*fig*) außer sich sein vor Begeisterung

заезд *m K* 1. (sport) Rennen *nt*, Lauf *m*; 2. Anreise *f*

заездить <*fut:* заезжу, -ездишь> *vt I pf* 1. (*лошадь*) abhetzen, zuschanden reiten; 2. (*задёргать*) abhetzen

заём <*gen sg:* займа, *dat sg:* займу, *instr sg:* займом, *präpos sg:* о займе, *nom pl:* займы, *gen pl:* займов> *m K* 1. Anleihe *f*; **государственный ~** staatliche Anleihe *f*; **внутренний ~** Inlandsanleihe *f*; **внешний ~** Auslandsanleihe *f*; **бессрочный заём** unkündbare Anleihe *f*; **выпустить ~** eine Anleihe *f* ausgeben; **объявить подписку на ~** eine Anleihe zur Zeichnung auflegen; **подписаться на ~** eine Anleihe *f* zeichnen; **погашение займа** Anleihenrückzahlung *f* 2. (*ссуда*) Anleihe *f*, Darlehen *nt*; **беспроцентный ~** zinsloses Darlehen; **сделать ~** ein Darlehen [*o* Anleihe] aufnehmen

заёмный *adj* 1. (jur) Leih-, Schuld-; **заёмное письмо** Schuldbrief *m* 2. (ökon) eine Anleihe betreffend, geliehen; **заёмная облигация банка** Bankobligation *f*; **заёмные операции** Anleihensgeschäft *nt*; **~ капитал** Fremdkapital *nt*; **~ курс** Anleihekurs *m*

заёмщик Kreditnehmer *m*, Darlehensnehmer *m*

заехать <*fut:* заеду, -едешь> *vi UE2 pf* (*impf:* заезжать) 1. einen Abstecher machen; 2. (*за кем-либо/чем-либо*) mit dem Auto abholen

зажарить *vt I pf* (*impf:* жарить) gar braten

зажатый *adj* 1. (tech) eingeklemmt; 2. (psych) verklemmt

зажать <*fut:* зажму, -жмёшь> *vt E9 pf* (*impf:* зажимать) einklemmen

зажечь <*fut:* зажгу, зажжёшь, зажжёт, *prät:* зажёг, зажгла> *vt UE4 pf* (*impf:* зажигать) anzünden

зажечься <*fut:* зажгусь, зажжёшься, зажгётся> *vr UE4 pf* (*impf:* зажигаться) sich entzünden, in Brand geraten

заживать *vi E impf* (*pf:* зажить) (*nur 3. pers*) verheilen, vernarben

зажигалка <*gen pl:* -лок> *f A* Feuerzeug *nt*

зажигание *nt O2* (kfz) Zündung *f*

зажигать *vt E impf* (*pf:* зажечь) 1. anzünden; 2. (*свет*) einschalten; 3. (*fig*) begeistern; **~ слушателей** die Zuhörer mitreißen

зажигаться *vr E impf* (*pf:* зажечься) 1.

зажим sich entzünden, in Brand geraten; **2.** (*о све́те*) angehen, eingeschaltet werden; **3.** (*fig: о глаза́х*) aufleuchten; **4.** (*воодушевля́ться*) sich begeistern
зажи́м *m K* **1.** (TECH) Klemme *f*; **2.** (*fig*) Unterdrückung *f*, Einschränkung *f*
зажима́ть *vt E impf* (*pf:* зажа́ть) **1.** (TECH) einklemmen, zusammenpressen; **2.** (*fig: кри́тику*) unterdrücken
зажи́точный <*kf:* -чен , -чна> *adj* wohlhabend
зажи́ть[1] <*fut:* заживу́, -живёшь> *vi UE3 pf* (*impf:* зажива́ть) verheilen
зажи́ть[2] *vi UE3 pf* (*nur pf*) ein neues Leben beginnen
зажму́риться <*fut:* зажму́рюсь, -жму́ришься> *vr I pf* (*impf:* жму́риться) die Augen zusammenkneifen
заземля́ть *vt E impf* (*pf:* заземли́ть) (EL) erden
зазнава́ться *vi E unbest* (*best:* зазна́ться) sich viel einbilden, sich überheblich zeigen; **не зазнава́йся!** gib nicht so an!
зазна́йство *nt O* **1.** (*pej*) Besserwisserei *f*; **2.** Großtuerei *f*
зазо́рный <*kf:* -рен, -рна> *adj* anstößig; **в э́том нет ничего́ зазо́рного** daran kann man keinen Anstoß nehmen
зазу́брина *f A* (TECH) Scharte *f*, Zacke *f*
заигра́ть *vi E pf* (*impf:* заи́грывать) **1.** (*nur pf*) anfangen zu spielen; **заигра́ла му́зыка** Musik ertönte; **2.** (*о ка́ртах*) abnutzen, abgreifen
заи́грывание *nt O2* Anbändelung *f*, Flirt *m*
заи́грывать **I.** *vi E impf* (*pf:* заигра́ть) abnutzen; **II.** *vi E nur impf* (*umg:* **с ке́м-либо**) anbändeln, flirten
заика́ться *vi E impf* stottern, stammeln
заимода́вец <*gen sg:* -вца, -вцев> *m K* Gläubiger *m*
заи́мствование *nt O2* **1.** Entlehnung *f*, Übernahme *f*; **2.** (LING) Lehnwort *nt*
заи́мствовать *vt E2 impf* (*pf:* заи́мствовать, по-) **1.** entlehnen; **2.** ((*вос*)*по́льзоваться*) übernehmen
заинтересо́ванность *f I* (*в чём-либо*) Interesse *nt*, Interessiertheit *f* (an +*dat*); **прояви́ть ~** sich interessiert zeigen
заинтересо́ванный <*kf:* -ван, -вана> *adj* (*в чём-либо*) interessiert (an +*dat*); **заинтересо́ванная сторона́** Interessent *m*
заинтересова́ться *vr + inst E pf* sich interessieren, Interesse zeigen (für +*akk*)
заиски́вать *vi E impf* (*перед кем-либо*) sich einschmeicheln (bei +*dat*)
займода́тель *m K1* (ÖKON) Darlehensgeber *m*, Geldgeber *m*
займодержа́тель *m K1* (ÖKON) Anleiheinhaber *m*
зайти́ <*fut:* зайду́, -йдёшь> *vi E7a pf* (*impf:* заходи́ть) hineingehen

закабали́ть *vt I pf* (*impf:* закабаля́ть) knechten, unterjochen
зака́з *m K* Auftrag *m*, Bestellung *f*; **на ~** auf Bestellung; **сши́ть на ~ костю́м** Maßanzug *m*; **~ на поста́вку** Lieferauftrag *m*; **--наря́д** Order *f*; **--наря́д на изготовле́ние** Fertigungsauftrag *m*; **сро́чный ~** Eilauftrag *m*; **сде́лать ~** eine Bestellung aufgeben, einen Auftrag erteilen; **приня́ть ~** eine Bestellung [*o* einen Auftrag] annehmen; **отказа́ться от ~a** eine Bestellung [*o* einen Auftrag] stornieren
заказа́ть[1] <*fut:* закажу́, -ка́жешь> *vt E4 pf* (*impf:* зака́зывать) bestellen, in Auftrag geben
заказа́ть[2] <*fut:* закажу́, -ка́жешь> *vt E4 pf* (*impf:* зака́зывать) verbieten
зака́зник *m K* (ÖKOL) Reservat *nt*; **орнитологи́ческий ~** Vogelschutzgebiet *nt*
заказно́й *adj* **1.** eingeschrieben, Einschreibe-; **заказно́е письмо́** Einschreibebrief *m* **2.** im Auftrag; **заказно́е уби́йство** Auftragsmord *m*
зака́зчик, зака́зчица *m K / f A* **1.** Auftraggeber, -in *m/f*, Besteller, -in *m/f*; **2.** Kunde, Kundin *m/f*
зака́зывать[1] *vt E impf* (*pf:* заказа́ть) bestellen, in Auftrag geben; **~ зара́нее** vorbestellen; **~ по телефо́ну** telefonisch bestellen
зака́зывать[2] *vt E impf* (*pf:* заказа́ть) (*что-либо oder mit inf; arch*) verbieten
закалённый <*kf:* -лён ,-ена́> *adj* abgehärtet
закали́ть *vt I pf* (*impf:* закаля́ть) **1.** (TECH) härten; **2.** (*здоро́вье*) abhärten
зака́лывать *vt E impf* (*pf:* заколо́ть) **1.** erstechen; **2.** (*була́вкой*) zustecken, zuheften; **~ во́лосы** sich das Haar aufstecken
зака́нчивать *vt E impf* (*pf:* зако́нчить) beenden, abschließen, fertigstellen
зака́нчиваться *vr E impf* (*pf:* зако́нчиться) enden, zu Ende gehen, beendet werden
зака́пать **I.** *vt E pf* (*impf:* зака́пывать) **1.** bespritzen; **2.** einträufeln; **II.** *vi E nur pf* (*дождь*) zu tropfen [*o* tröpfeln] beginnen
зака́пывать[1] *vt E impf* (*pf:* зака́пать) **1.** bespritzen, vollspritzen; **2.** (*су́пом*) beckleckern; **3.** (*лека́рство в нос*) einträufeln
зака́пывать[2] *vt E impf* (*pf:* закопа́ть) (*в зе́млю*) vergraben, eingraben
зака́тывать *vt E impf* (*pf:* закати́ть) **1.** irgendwohin rollen; **2.** einrollen, einwickeln; **~ брю́ки** die Hosen hochkrempeln; **~ глаза́** die Augen verdrehen; **~ сце́ну** [*o* **исте́рику**] (*fig:umg*) eine Szene machen
закипе́ть <*fut:* закиплю́, -кипи́шь> *vi I pf* (*impf:* закипа́ть) **1.** zu kochen beginnen, aufkochen; **2.** (*fig: о рабо́те*) in Gang kommen
закла́д *m K* Pfand *nt*; **би́ться об ~** (*fig*)

wetten
закла́дка <*gen pl:* -док> *f A* 1. Lesezeichen *nt*; 2. (DV) Bookmark *nt*
закла́дная *f wie adj* Pfandbrief *m*, Pfandschein *m*; **ипоте́чная ~** Hypothekenbrief *m*
закла́дывать *vt E impf* (*pf:* заложи́ть) 1. legen, stecken; 2. (*в зало́г*) verpfänden; 3. (*зда́ние и т.п.*) zugrunde legen; **~ фунда́мент** (*auch fig*) den Grundstein legen
закле́ивать *vt E impf* (*pf:* закле́ить) 1. zukleben; 2. (*о́кна*) abdichten
заклейми́ть <*fut:* заклеймлю́, -клейми́шь> *vt I pf* (*impf:* клейми́ть) 1. stempeln, mit einem Zeichen versehen; 2. (*fig*) brandmarken
заклёпка <*gen pl:* -пок> *f A* (TECH) Niete *f*
заклина́ние *nt O2* Zauberspruch *m*, Beschwörungsformel *f*
заклина́ть *vt E impf* (*pf:* закля́сть) 1. mit Zaubersprüchen beschwören; 2. (*fig*) inständig bitten
заключа́ть *vt E impf* (*pf:* заключи́ть) 1. einschließen; **~ под стра́жу** inhaftieren; **~ в объя́тия** in die Arme nehmen, umarmen; **~ в кавы́чки** in Anführungszeichen setzen; **~ в себе́** (*fig*) beinhalten, enthalten; 2. (*догово́р и т.п.*) schließen; **~ брак** eine Ehe schließen; **~ догово́р** [*о* контра́кт] einen Vertrag schließen; 3. (*де́лать вы́воды*) schlussfolgern; **из э́того я заключа́ю, что** ich schließe daraus, dass; 4. (*зака́нчивать*) abschließen; **~ речь** eine Rede beenden
заключе́ние I. *nt O2* 1. (JUR) Haft *f*; **предвари́тельное ~** Untersuchungshaft *f*; **пожи́зненное ~ отбыва́ть** ~ lebenslänglicher Freiheitsentzug *m*; abbüßen, verbüßen; 2. (*догово́ра и т.п.*) Abschluss *m*, Unterzeichnen *nt*; **~ соглаше́ния** Vertragsabschluss *m*; **~ сде́лки** Geschäftsabschluss *m*; **~ торго́вой сде́лки** Negoziierung *f*; **~ сде́лки ку́пли-прода́жи** Verkaufsabschluss *m*; 3. (*вы́вод*) Schlussfolgerung *f*, Schluss *m*; **логи́ческое ~** logischer Schluss *m*; **поспе́шное ~** voreiliger Schluss *m*; **прийти́ к заключе́нию, что** zu dem Schluss kommen, dass 4. (*экспе́рта*) Gutachten *nt*; **сде́лать ~** ein Gutachten abgeben 5. (*заверше́ние*) Abschluss *m*; **в ~** (*в конце́*) abschließend; **заключённый** II. *adj* 1. darin enthalten; 2. (*догово́р*) abgeschlossen; III. *m wie adj* Häftling *m*, Strafgefangene(r) *m*
заключи́тельный *adj* Schluss-, Abschluss-, abschließend; **заключи́тельная глава́** Schlusskapitel *nt*; **заключи́тельное сло́во** Schlusswort *nt*; **~ отчёт** Schlussbericht *m*; **акко́рд** (*auch fig*) Schlussakkord *m*; **~ акт** (THEAT) Schlussakt *m*; **~ акт** (JUR) Abschlussakte *f*; **заключи́тельная деклара́ция** (POL) Schlusserklärung *f*; **~ бала́нс** (ÖKON) Abschlussbilanz *f*
заключи́ть *vt I pf* (*impf:* заключа́ть) 1. einschließen; 2. abschließen; 3. schlussfolgern
закля́тый *adv:* **~ враг** Erzfeind *m*
зако́лка <*gen pl:* -лок> *f A* 1. (*для воло́с*) Haarnadel *f*, Haarspange *f*; 2. (*для га́лстука*) Krawattennadel *f*
заколо́ть <*fut:* заколю́, -ко́лешь> *vt E4 pf* (*impf:* зака́лывать) erstechen
зако́н *m K* Gesetz *nt*; **~ приро́ды** Naturgesetz *nt*; **~ гостеприи́мства** Gastrecht *nt*; **основно́й ~** Grundgesetz *nt*; **~ о вы́борах** Wahlgesetz *nt*; **сухо́й ~** Alkoholverbot *nt*; **~ о подохо́дном нало́ге** Einkommensteuergesetz *nt*; **~ об акционе́рных о́бществах** Aktiengesetz *nt*; **~ о би́ржах и биржевы́х опера́циях** Börsengesetz *nt*; **~ о валю́тном контро́ле** Devisenbewirtschaftungsgesetz *nt*; **~ о запре́те недобросо́вестной конкуре́нции** Gesetz *nt* gegen unlauteren Wettbewerb; **~ о карте́лях** Kartellgesetz *nt*; **в си́лу ~a** kraft Gesetzes; **приня́ть ~** ein Gesetz verabschieden [*o* beschließen]; **изда́ть** [*o* **обнаро́довать**] **~** ein Gesetz erlassen [*o* veröffentlichen]; **нару́шить ~** gegen ein Gesetz verstoßen; **поста́вить себя́ вне ~** sich außerhalb des Gesetzes stellen; **полага́ться по ~y** gesetzlich zustehen; **~ бо́жий** Religionsunterricht *m*
зако́нность *f I* 1. Gesetzlichkeit *f*, Rechtsordnung *f*; 2. Rechtmäßigkeit *f*, Gültigkeit *f*
зако́нный <*kf:* -о́нен, -о́нна> *adj* gesetzlich, rechtmäßig, legitim; **зако́нное основа́ние** gesetzliche Grundlage *f*; **зако́нное пра́во** verbrieftes Recht *nt*; **~ владе́лец** rechtmäßiger Besitzer *m*; **зако́нное притяза́ние** legitimer Anspruch *m*; **зако́нное платёжное сре́дство** gesetzliches Zahlungsmittel *nt*; **~ представи́тель** gesetzlicher Vertreter *m*; **зако́нная кри́тика** (*fig*) legitime Kritik *f*
законода́тель *m K1* Gesetzgeber *m*
законода́тельный *adj* gesetzgebend, legislativ; **законода́тельная власть** gesetzgebende Gewalt *f*, Legislative *f*; **законода́тельная коми́ссия** Gesetzgebungskommission *f*; **~ акт** Gesetzgebungsakt *m*; **законода́тельная попра́вка** Novelle *f*
законода́тельство *nt O* Gesetzgebung *f*, gesetzliche Bestimmungen *f pl*; **гражда́нское ~** Zivilrecht *nt*; **де́йствующее ~** geltendes Recht *nt*; **нало́говое ~** Steuergesetzgebung *f*; **антимонопо́льное ~** Kartellrecht *nt*
закономе́рный *adj* 1. gesetzmäßig; 2. (-опра́вданный) rechtmäßig
законопослу́шный <*kf:* -шен, -шна> *adj* gesetzestreu
законопрое́кт *m K* Gesetzentwurf *m*, Gesetzesvorlage *f*
законсерви́ровать *vt E2 pf* (*impf:* консерви́ровать) konservieren, ein-

kochen; ~ **строи́тельный объе́кт** (*fig*) einen Bau stillegen
зако́нченный *adj* **1.** abgeschlossen, vollendet; **2.** völlig; ~ **идио́т** (*umg*) Vollidiot *m*
зако́нчить *vt I pf* (*impf*: зака́нчивать) beenden
зако́нчиться *vr I pf* (*impf*: зака́нчиваться) enden
закопа́ть *vt E pf* (*impf*: зака́пывать) eingraben, vergraben
закопчённый *adj* rußig, verrußt
закоренéлый *adj* eingefleischt, unverbesserlich, notorisch
закрепи́ть <*fut*: закреплю́, -крепи́шь> *vt I pf* (*impf*: закрепля́ть) **1.** befestigen, festmachen; **2.** (*о пра́ве и т.п.*) sichern, verankern; ~ **в конститу́ции** in der Verfassung verankern; ~ **в па́мяти** im Gedächtnis verankern; ~ **свои́ зна́ния** seine Kenntnisse festigen; ~ **свой успе́х** seinen Erfolg festigen; **3.** (*за кем-либо*) sichern, reservieren (für +*akk*); ~ **за кем-либо земе́льный уча́сток** jdm ein Grundstück zusprechen
закрепи́ться <*fut*: закреплю́сь, -пи́шься> *vr I pf* (*impf*: закрепля́ться) **1.** (MIL) sich festigen; **2.** (*упро́читься*) sich festigen; **3.** (*fig*) Fuß fassen
закрепле́ние *nt O2* **1.** Befestigung *f*; **2.** (*fig*) Festigung *f*, Sicherung *f*, Verankerung *f*; **законода́тельное ~ прав** Sicherung *f* der Rechte durch das Gesetz;; ~ **ка́дров на произво́дстве** Bindung *f* der Fachkräfte an einen Betrieb; **3.** (*за кем-либо*) Sicherung *f*, Reservierung *f*
закругле́ние *nt O2* **1.** Abrunden *nt*; **2.** Rundung *f*
закругли́ть <*fut*: закруглю́, -ли́шь> *vt I pf* (*impf*: закругля́ть) **1.** abrunden; **2.** (*fig*: *фра́зу*) ausfeilen
закры́тие *nt O2* Schließung *f*, Schluss *nt*; ~ **магази́на** Ladenschluss *m*; ~ **предприя́тия** Stillegung *f* eines Betriebes; ~ **счёта** Abschluss einer Rechnung *m*
закры́тый <*kf*: -ы́т> *adj* **1.** geschlossen, zugemacht; **2.** gesperrt; **закры́тая зо́на** Sperrgebiet *nt* **3.** (*fig*) geschlossen, exklusiv; **закры́тое о́бщество** geschlossene Gesellschaft *f*; **закры́тое заседа́ние** Sitzung *f* hinter verschlossenen Türen [*o* unter Ausschluss der Öffentlichkeit]; ~ **фонд** (ÖKON) geschlossener Fonds *m*
закры́ть <*fut*: закро́ю, -кро́ешь> *vt E8 pf* (*impf*: закрыва́ть) **1.** schließen, zumachen; ~ **глаза́** die Augen schließen; ~ **водопрово́дный кран** den Wasserhahn zudrehen; ~ **глаза́ на что-либо** (*fig*) beide Augen zudrücken **2.** (*заслони́ть*) zudecken, bedecken; **3.** (*прегради́ть*) sperren; ~ **грани́цу** die Grenze sperren; ~ **движе́ние тра́нспорта** den Straßenverkehr sperren **4.** (*останови́ть рабо́ту*) den Betrieb einstellen; ~ **магази́н** das Geschäft [*o* den Laden] zumachen; ~ **предприя́тие** einen Betrieb stillegen [*o* schließen] **5.** (*зако́нчить*) beenden; ~ **заседа́ние** eine Sitzung schließen; ~ **счёт в ба́нке** ein Bankkonto auflösen
закули́сный *adj* unterschwellig, geheim; ~ **руководи́тель** Drahtzieher *m*, Hintermann *m*
закупи́ть <*fut*: закуплю́, -ку́пишь> *vt I pf* (*impf*: закупа́ть) **1.** einkaufen, auf Vorrat kaufen; **2.** (ÖKON) ankaufen, aufkaufen
заку́пка <*gen pl*: -пок> *f A* **1.** Einkauf *m*, Besorgung *f*; **2.** (ÖKON) Ankauf *m*, Aufkauf *m*; **о́птовая ~** Großeinkauf *m*
заку́порить <*fut*: заку́порю, -ришь> *vt I pf* (*буты́лку*) zukorken, zupfropfen
заку́почный *adj* Aufkauf-, Einkaufs-; **заку́почная цена́** Einkaufspreis *m*; **заку́почная коопера́ция** Einkaufsgenossenschaft *f*; **заку́почная цена́ бру́тто** Einkaufsbruttopreis *m*; **заку́почная цена́ не́тто** Nettoeinkaufspreis *m*; **заку́почные изде́ржки** Anschaffungskosten *pl*; **заку́почные расхо́ды** Beschaffungskosten *pl*
заку́пщик *m K* Ankäufer *m*, Aufkäufer *m*, Einkäufer *m*
заку́ска <*gen pl*: -сок> *f A* **1.** Imbiss *m*; **2.** Vorspeise *f*
заку́сочная *f wie adj* Imbisbar *f*, Imbissstube *f*
заку́тать *vt E pf* (*impf*: заку́тывать) (-*чем-либо*; *во что-либо*) warm einwickeln, einhüllen
зал *m K* **1.** Saal *m*; **чита́льный ~** Lesesaal *m*; ~ **заседа́ний** Konferenzraum *m*; ~ **суде́бных заседа́ний** Gerichtssaal *m*; **зри́тельный ~** Zuschauerraum *m*; ~ **ожида́ния** Wartesaal *m*; **2.** Halle *f*; ~ **вы́лета** [*o* **отлёта**] (TRANSP) Abflughalle *f*; ~ **прилёта** (TRANSP) Ankunftshalle *f*; **спорти́вный ~** Turnhalle *f*; **тренажёрный ~** Fitnesscenter *nt*
зала́мывать *vt E impf* (*pf*: заломи́ть) einknicken, umknicken; ~ **ру́ки** (*fig*) (vor Verzweiflung) die Hände ringen; ~ **це́ны** (*fig*) zu hohe Preise verlangen
залёживаться *vr E impf* (*pf*: залежа́ться*) **1.** zu lange liegen bleiben; **2.** (*о това́рах*) nicht verkauft werden
за́лежный *adj* (AGR) brach, brachliegend
зале́зть *vi E6 pf* (*impf*: залеза́ть) **1.** hineinkriechen, hereinkriechen; ~ **в долги́** (*fig*) in Schulden geraten; **2.** hinaufkriechen, heraufkriechen; **3.** heimlich eindringen, sich einschleichen (in +*akk*)
зали́в *m K* (GEOG) Bucht *f*, Golf *m*; **Перси́дский ~** Persischer Golf *m*
зали́ть I. <*fut*: залью́, -льёшь> *vt E4c pf* (*impf*: залива́ть) **1.** (*auch fig*) überschwemmen, überfluten; **2.** (*обли́ть*) übergießen; ~ **огóнь** ein Feuer löschen; ~ **вино́м своё го́ре** seinen Kummer ersäufen
зали́ться II. <*fut*: залью́сь, -льёшься> *vr E4c pf* (*impf*: залива́ться) hineinrinnen;

III. *vr + inst E4c* 1. (*песней*) anstimmen; 2. (о *птицах*) schmettern, flöten; **~ смехом** in Lachen ausbrechen

залог¹ *m K* 1. Pfand *nt*, Verpfändung *f*; **взять в ~** als Pfand nehmen; **отдать в ~** verpfänden; **дать под ~** gegen Pfand leihen; **выкупить из ~а** ein Pfand einlösen [*o* auslösen]; **~ недвижимого имущества** (ÖKON) Hypothek *f*; **~ успеха** (*fig*) Erfolgsgewähr *f* 2. (JUR) Kaution *f*; **освободить под ~** gegen Kaution freilassen

залог² *m K* (LING) Verbalgenus *nt*

заложить I. <*fut:* заложу, -ложишь> *vt I pf* (*impf:* закладывать) zugrunde legen; **II.** *vt I nur pf* 1. verlegen, an einen falschen Ort legen; 2. (*чем-либо*) versperren, verstellen

заложник *m K* Geisel *f*; **захват -ов** Geiselnahme *f*; **захватить** [*o* **взять**] **~ов** Geiseln nehmen

заломить <*fut:* заломлю, -ломишь> *vt I pf* (*impf:* заламывать) umknicken

залп *m K* Salve *f*

залысины *f pl A* Geheimratsecken *pl*

замазать <*fut:* замажу, -жешь> *vt E4 pf* (*impf:* замазывать) 1. übermalen; 2. verkitten; 3. (*fig*) vertuschen

замазка <*gen pl:* -зок> *f A* Kitt *m*

замалчивать *vt E impf* (*pf:* замолчать) (*umg*) verschweigen, totschweigen

заманить <*fut:* заманю, -манишь> *vt I pf* (*impf:* заманивать) anlocken, verlocken, hineinlocken

замарать *vt E pf* bekleckern, beschmutzen

замарашка *f A* (*umg*) Schmutzfink *m*, Schmierfink *m*

замаскироваться *vr E2 pf* (*impf:* маскироваться) 1. sich tarnen; 2. sich verkleiden

заматывать *vt E impf* (*pf:* замотать) 1. (*чем-либо*) umwickeln (mit +*dat*); 2. (*umg*) ermüden

замедление *nt O2* 1. Verlangsamung *f*; 2. Verzögerung *f*

замедлить <*fut:* замедлю, -лишь> *vt I pf* (*impf:* замедлять) 1. verlangsamen; 2. verzögern

замена *f A* 1. Ersetzung *f*, Vertretung *f*, Austausch *m*; **~ должности** (ÖKON) Outplacement *nt*; **~ игрока** (SPORT) Wechsel *nt* eines Spielers 2. Ersatz *m*, Ersatzmittel *nt*

заменимость *f I* (ÖKON) Substituierbarkeit *f*

заменимый <*kf:* -им> *adj* ersetzbar

заменить <*fut:* заменю, -менишь> *vt I pf* (*impf:* заменять) 1. (*кем-либо/чем-либо*) ersetzen (durch + *akk*); 2. auswechseln, austauschen; 3. vertreten

заменяемый *adj* austauschbar

замереть <*fut:* замру, замрёшь, *prät:* замер, замерла> *vi E4b pf* (*impf:* замирать) 1. stocken, zum Erliegen kommen; 2. erstarren, starr sein (vor +*dat*); **~ от ужаса** vor Entsetzen erstarren 3. (*о звуках*) verklingen

замёрзнуть *vi E1a pf* (*impf:* замерзать) 1. frieren; 2. erfrieren; 3. (*о водоёме*) zufrieren

заместитель, заместительница *m K1* / *f A* Stellvertreter, -in *m/f*, Vertreter, -in *m/f*

заместительство *nt O* Stellvertretung *f*

заместить <*fut:* замещу, -местишь> *vt I pf* (*impf:* замещать) vertreten

заметить <*fut:* замечу, -метишь> *vt I pf* (*impf:* замечать) 1. bemerken; 2. eine Bemerkung machen

заметка <*gen pl:* -ток> *f A* Notiz *f*, Vermerk *m*; **~ на полях** Randnotiz *f*, Randbemerkung *f*; **брать что-либо на заметку** sich etw merken, sich etw notieren

заметный <*kf:* -тен, -тна> *adj* 1. merklich; 2. bemerkenswert; **играть заметную роль** (*fig*) eine bedeutende Rolle spielen

замечание *nt O2* 1. Bemerkung *f*, Äußerung *f*; 2. Verwarnung *f*, Verweis *m*; **критическое ~** kritischer Hinweis *m*

замечательный <*kf:* -лен, -льна, -льно> *adj* bemerkenswert, hervorragend

замечать *vt E impf* (*pf:* заметить) bemerken; **не ~ кого-либо** jdn nicht bemerken, keine Notiz nehmen (von +*dat*)

замешанный *adj* verwickelt; **быть замешанным во что-либо** in etw verwickelt sein, seine Hand im Spiel haben

замещать *vt E impf* (*pf:* заместить) 1. vertreten; 2. (*должность*) besetzen

замещение *nt O2* 1. Ersetzung *f*; 2. Vertretung *f*

заминка <*gen pl:* -нок> *f A* 1. Stockung *f*; 2. Verzögerung *f*

замирать *vi E impf* (*pf:* замереть) 1. (*о сердце*) stocken; 2. (*от страха и т.п.*) erstarren; 3. (*о музыке*) verklingen, verhallen

замкнутость *f I* 1. Verschlossenheit *f*; 2. Abgeschlossenheit *f*, Isolation *f*

замкнутый *adj* 1. geschlossen; 2. verschlossen, kontaktarm; **он очень замкнут** er geht nicht aus sich heraus; **вести ~ образ жизни** ein zurückgezogenes Leben führen 3. eklusiv; **~ кружок** ein exklusiver Zirkel *f*

замкнуться *vr E1 pf* (*impf:* замыкаться) 1. sich schließen; 2. (*fig*) sich abschließen, sich abkapseln

замок <*gen sg:* -мка> *m K* (Tür-)Schloss *nt*, Verschluss *m*; **навесной ~** Vorhängeschloss *nt*

замок <*gen sg:* -мка> *m K* 1. Schloss *nt*; 2. Burg *f*; **средневековый ~** mittelalterliche Burg *f*

замолвить <*fut:* замолвлю, -молвишь> *vt I nur pf*. **~ словечко за кого-либо** (*fig*) ein gutes Wort einlegen (für +*akk*)

замолчать I. <*fut:* замолчу, -чишь> *vi I pf* verstummen; **заставить кого-либо ~**

jdn zum Schweigen bringen; **II.** *vt I pf* (*impf:* замáлчивать) totschweigen
заморáживание *nt O2* **1.** (TECH) Einfrieren *nt*; **2.** (*fig*) Sperrung *f*, Stopp *m*; ~ **зарплáты** Lohnstopp *m*, Einfrieren *nt* von Gehältern; ~ **зáработной плáты и цен** Lohn- und Preisstopp *m*; ~ **цен** Preisstopp *m*; ~ **строи́тельства** Baustopp *m*
заморáживать *vt E impf* (*pf:* заморóзить) **1.** einfrieren; **2.** (*fig*) einfrieren, sperren; ~ **отношéния** eine Beziehung auf Eis legen; ~ **переговóры** Verhandlungen einschlafen lassen
замотáть *vt E pf* (*impf:* замáтывать) umwickeln
замóчный *adj* Schloss-; **замóчная сквáжина** Schlüsselloch *nt*
зáмуж *adv* steht in Verbindungen bezüglich der Heirat der Frau; **выдавáть ~** eine Frau vermählen; **выходи́ть ~** heiraten
замýжняя *adj* (*nur in Bezug auf Frauen*) verheiratet
замýченный *adj* **1.** (zu Tode) gequält; **2.** total übermüdet
замыкáться *vr E impf* (*pf:* замкнýться) **1.** (*замóк*) sich schließen; **2.** (*fig*) sich absondern, sich abkapseln; ~ **на чём-либо** sich konzentrieren (auf +*akk*)
зáмысел <*gen sg:* -сла> *m K* **1.** Absicht *f*, Vorhaben *nt*; **2.** (*идéя*) Idee *f*
замы́слить *vt I pf* (*impf:* замышля́ть) beabsichtigen, sich mit einer Absicht tragen; ~ **недóброе** nichts Gutes im Schilde führen
замыслова́тый <*kf:* -áт> *adj* (-*слóжный*) ausgeklügelt, kompliziert
зáнавес *m K* Vorhang *m*, Bühnenvorhang *m*; **желéзный ~** (*fig*) der Eiserne Vorhang; **под ~ сезóна** (SPORT, THEAT) kurz vor Saisonende
занесéние *nt O2* Eintragung *f*; ~ **в бухгáлтерские кни́ги** Buchung *f*; ~ **в дéбет акти́вного счёта** Aktivierung *f*; ~ **в дéбет счёта** Belastung *f*; ~ **в креди́т** Entlastung *f*
занести́ <*fut:* занесý, -несёшь, *prät:* занёс, занеслá> *vt E6 pf* (*impf:* заноси́ть) vorbeibringen
зани́зить <*fut:* занижу, -ни́зишь> *vt I pf* (*impf:* занижáть) zu niedrig angeben; ~ **оцéнку комý-либо** (SPORT) jdn zu schlecht beurteilen; ~ **цéну** den Preis zu niedrig ansetzen
занимáтельный <*kf:* -лен, -льна> *adj* unterhaltsam, interessant
занимáть[1] *vt E impf* (*pf:* заня́ть) sich ausleihen; ~ **дéньги у когó-либо** sich Geld borgen (bei +*dat*)
занимáть[2] *vt E impf* (*pf:* заня́ть) **1.** (*мéсто*) einnehmen, beanspruchen; ~ **мнóго мéста** viel Platz in Anspruch nehmen; ~ **вторóе мéсто** (SPORT) den zweiten Platz belegen; **2.** (*для когó-либо*) belegen, reservieren; **3.** (*дóлжность*) einnehmen, bekleiden; **4.** (*интересовáть*) unterhalten, beschäftigen
занимáться *vr + inst E impf* (*pf:* заня́ться) **1.** sich beschäftigen (mit +*akk*), sich befassen (mit +*akk*), einer Tätigkeit nachgehen; ~ **воспитáнием детéй** sich der Kindererziehung widmen; ~ **спóртом** Sport treiben; **2.** (*umg*) lernen, studieren; **~ с преподавáтелем** privaten Unterricht nehmen
заноси́ть <*präs:* заношý, -нóсишь> *vt I impf* (*pf:* занести́) **1.** vorbeibringen; **2.** (*в спи́сок*) eintragen; **3.** (*рýку, нóгу*) heben; **4.** (*3. pers sg*) verwehen, zuwehen; **5.** (*3. pers sg*) scleudern; **когдá он выпьет, егó начинáет ~** (*fig*) wenn er betrunken ist, wird er leicht ausfällig; **как вас сюдá занеслó?** (*fig*) wie hat es euch an diesen Ort verschlagen?
заносчивость *f I* Anmaßung *f*, Arroganz *f*, Überheblichkeit *f*
занóсчивый <*kf:* -ив> *adj* anmaßend, arrogant, überheblich
занýда *f A* (*pej*) Nervensäge *f*
заня́тие *nt O2* **1.** Tätigkeit *f*, Arbeit *f*, Beschäftigung *f*; **люби́мое ~** Lieblingsbeschäftigung *f*; **2.** (*meist pl*) Unterricht *m*; **3.** (MIL) Einnahme *f*, Besetzung *f*
заня́тный <*kf:* -тен, -тна, -тно> *adj* interessant, unterhaltsam
заняты́й <*kf:* зáнят, -тá, -то> *adj* **1.** (*человéк*) beschäftigt; **2.** (*телефóн*) besetzt; **зáнято** besetzt
зáнятость *f I* (ÖKON) Beschäftigung *f*; **пóлная ~** Vollbeschäftigung *f*; **прогрáмма обеспéчения зáнятости** Arbeitsbeschaffungsmaßnahmen *f pl*
заня́ть[1] <*fut:* займý, -мёшь, *prät:* зáнял, -нялá> *vt E9 pf* (*impf:* занимáть) sich borgen, ausleihen
заня́ть[2] <*fut:* займý, -мёшь> *vt E9 pf* (*impf:* занимáть) **1.** einnehmen, beanspruchen; **2.** beschäftigen
заня́ться <*fut:* займýсь, -мёшься> *vr + inst E9 pf* (*impf:* занимáться) **1.** sich beschäftigen (mit +*akk*); **2.** (*umg*) sich jdn vornehmen [*o* vorknöpfen]; **я ещё тобóй займýсь** ich werde dich mir noch vorknöpfen
заоднó *adv* **1.** im Einvernehmen; **быть ~ с кем-либо** am gleichen Strang ziehen; (mit + *dat*) **2.** zugleich
заостри́ть <*fut:* заострю́, -остри́шь> *vt I pf* (*impf:* заостря́ть) **1.** spitz machen; **2.** (*fig: вопрóс*) zuspitzen
заóчный *adj* in Abwesenheit; **заóчная учёба** Fernstudium *nt*
зáпад *m K* Westen *m*; **на -e** im Westen; **на ~** nach Westen; **с -а** von [*o* aus dem] Westen
зáпадник *m K* Anhänger des "westlichen Weges"; *siehe auch* **зáпадничество**
зáпадничество *nt O* eine Strömung, die im Rahmen der gesellschaftlichen Diskussion

über die Entwicklung Russlands im 19. Jahrhundert für das "europäische" Entwicklungsmodell plädierte
западногерма́нский *adj* westdeutsch
западноевропе́йский *adj* westeuropäisch
за́падный *adj* West-, westlich; **За́падная Евро́па** Westeuropa *nt*
западня́ *f A1* Falle *f*; **поста́вить кому́-л. западню́** jdm eine Falle stellen
запа́ивать *vt E impf (pf:* запая́ть) zulöten, verlöten
запа́л *m K* 1. Zünder *m*; 2. (*fig*) Eifer *m*, Heftigkeit *f*
запанибра́та *adv* (umg) familiär
запа́с *m K* 1. Vorrat *m*, Reserve *f*; **у нас в ~е два дня** wir haben noch zwei Tage Zeit; 2. Bestand *m*; **~ материа́ла** Materialbestand *m*; **~ нали́чных средств** Barreserve *f*; **~ произво́дственных мо́щностей** Kapazitätsreserve *f*; **неприкоснове́нный ~** eiserne Reserve *f*; **~ слов** (LING) Wortschatz *m*
запасно́й *adj* Ersatz-, Reserve-; **~ фонд** Reservefonds *m*; **~ игро́к** (SPORT) Ersatzspieler *m*; **запасна́я часть** Ersatzteil *m*
запа́сный *adj* Ersatz-, Reserve-, Not-; **~ вы́ход** Notausgang *m*; **~ путь** Abstellgleis *nt*
за́пах *m K* Geruch *m*, Duft *m*; **дурно́й ~** übler Geruch *m*; **~ изо рта** Mundgeruch *m*; **без ~а** geruchlos
запа́чкать *vt E pf* (*impf:* па́чкать) beschmieren, beschmutzen
запая́ть *vt E pf* (*impf:* запа́ивать) zulöten, verlöten
запева́ть *vt E impf* ein Lied anstimmen
запека́нка *<gen pl:* -нок*> f A* Auflauf *m*; **карто́фельная ~** Kartoffelauflauf *m*
запелена́ть *vt E pf* (*impf:* пелена́ть) in Windeln wickeln
запеленгова́ть *vt E2 pf* (*impf:* пеленгова́ть) anpeilen
запере́ть *<fut:* запру́, -прёшь, *prät:* за́пер, заперла́*> vt E4b pf* (*impf:* запира́ть) 1. einschließen; 2. abschließen
запеча́тать *vt E pf* (*impf:* запеча́тывать) 1. versiegeln; 2. (*письмо́*) zukleben
запина́ться *vr E impf* (*pf:* запну́ться) stocken, stottern
запира́ть *vt E impf* (*pf:* запере́ть) 1. (*где-ли́бо, куда́-ли́бо*) einschließen; 2. (*дверь и т.п.*) abschließen, verriegeln
записа́ть *<fut:* запишу́, -пи́шешь*> vt E4 pf* (*impf:* запи́сывать) aufschreiben
записа́ться *<fut:* запишу́сь, -пи́шешься*> vr E4 pf* (*impf:* запи́сываться) sich eintragen
запи́ска *<gen pl:* -сок*> f A* 1. Zettel *m*; **докладна́я ~** schriftlicher Bericht *m*; **па́мятная ~** Denkschrift *f* 2. (*im pl*) Aufzeichnungen *f pl*, Notizen *f pl*
записно́й *adj* Notiz-; **записна́я кни́жка**

Notizbuch *nt*; **электро́нная записна́я кни́жка** (DV) Notebook *nt*
запи́сывать *vt E impf* (*pf:* записа́ть) 1. aufschreiben, notieren; **у тебя́ есть чем записа́ть?** hast du was zum Schreiben? **~ в па́мять** (DV) abspeichern 2. (*вноси́ть в спи́сок*) eintragen, einschreiben; 3. (*на счёт, в счёт*) (ver)buchen; 4. (*на магнитофо́н*) aufnehmen
запи́сываться *vr E impf* (*pf:* записа́ться) 1. sich einschreiben, sich eintragen; 2. sich anmelden
запи́сывающий *adj* Schreib-; **запи́сывающая голо́вка** (DV) Schreibkopf *m*; **запи́сывающее устро́йство** Schreiber *m*
за́пись *f I* 1. Aufschreiben *nt*; **да́рственная ~** Schenkungsurkunde *f*; **нотариа́льная ~** Notariatsurkunde *f*; 2. (*на приём и т.п.*) Anmeldung *f*; **предвари́тельная за́пись** Voranmeldung *f*; 3. (*auch im pl*) Notizen *f pl*, Aufzeichnungen *f pl*; 4. Eintragung *f*, Buchung *f*; **~ в де́бет счёта** Lastschrift *f*; **~ в кре́дит** Bankgutschrift *f*; Habenbuchung *f*; **~ в када́стре** Grundbucheintragung *f*; 5. (*фоногра́мма*) Aufnahme *f*
за́пись в де́ле *f I* Aktenvermerk *m*, Aktennotiz *f*
заплани́рованный *adj* Plan-, eingeplant; **заплани́рованое коли́чество** Planmenge *f*; **заплани́рованное вре́мя** (ÖKON) Richtzeit *f*; **~ у́ровень за́нятости** (ÖKON) Planbeschäftigung *f*
заплати́ть *<fut:* заплачу́, -пла́тишь*> vt I pf* (*impf:* плати́ть) (*что-ли́бо; за что-ли́бо*) bezahlen
заплесневе́лый *adj* verschimmelt
заплесневе́ть *vt E pf* (*impf:* пле́сневеть) schimmeln
запломбирова́ть *vt E2 pf* (*impf:* пломбирова́ть) plombieren
запну́ться *vt E1 pf* (*impf:* запина́ться) stocken, (in der Rede) steckenbleiben
запове́дник *m K* Naturschutzgebiet *nt*; **~ живо́тных** Wildschutzgebiet *nt*; **а́томный ~** atomare Schutzzone *f*; **орнитологи́ческий ~** Vogelschutzgebiet *nt*
запове́дный *adj* Schutz-, Schon-, Hege-
за́поведь *f I* (REL) Gebot *nt*; **де́сять за́поведей** die Zehn Gebote; **нару́шить** [*о* **преступи́ть**] **~** gegen ein Gebot verstoßen
заподо́зрить *vt I* Verdacht schöpfen
запо́лнить *vt I pf* (*impf:* заполня́ть) ausfüllen; 2. (*напо́лнить*) füllen
заполучи́ть *vt E pf* (umg) ergattern; **~ на́сморк** sich einen Schnupfen holen
запомина́ть *vt E impf* (*pf:* запо́мнить) sich einprägen, sich merken; **хорошо́ ~ чьи-ли́бо слова́** jds Worte beherzigen
запомина́ться *vr E impf* (*pf:* запо́мниться*) im Gedächtnis haften bleiben; **э́то мне хорошо́ запо́мнилось** das

habe ich noch gut in Erinnerung

запонка <gen pl: -нок> f A Manschettenknopf m

запор m K **1.** Verschluss m, Riegel m; **2.** (MED) Verstopfung f

запотелый adj (umg: о стекле и т.п.) angelaufen, beschlagen

заправила m A (umg) Boss m

заправить <fut: заправлю, -вишь> vt I pf (impf: заправлять) **1.** zurechtmachen; ~ машину бензином tanken; ~ постель das Bett machen; ~ рубашку в брюки das Hemd in die Hose stecken; **2.** (fig) in der Hand haben; она всем заправляет в доме zu Hause hält sie die Zügel in der Hand

заправиться <fut: заправлюсь, -вишься> vr I pf (impf: заправляться) tanken

заправочный adj Tank-; **заправочная станция** Tankstelle f

запрашивать vt E impf (pf: запросить) (о чём-либо) anfragen, anfordern

запрет m K Verbot m; ~ **конкуренции** Wettbewerbsverbot nt; ~ **на импорт** Importverbot nt; ~ **на образование картелей** Kartellverbot nt; ~ **на поставки** Liefersperre f; ~ **на произведение расчётов** Verrechnungsverbot nt; ~ **на рекламу** Werbeverbot nt; ~ **экспорта** Exportverbot nt; ~ **на передачу информации** Nachrichtensperre f; ~ **на профессии** Berufsverbot nt; ~ **стоянки** Parkverbot nt; **вопреки ~у** verbotenerweise; **быть под ~ом** verboten sein; **наложить ~** ein Verbot auferlegen; **снять ~** ein Verbot aufheben

запретительный adv Prohibitiv-, verbietend; **запретительная пошлина** (ÖKON) Prohibitivzoll m

запретить <fut: запрещу, -претишь> vt I pf (impf: запрещать) verbieten

запретный adj verboten; ~ **знак** Verbotsschild nt; **запретная зона** Sperrzone f; ~ **плод** verbotene Frucht f

запрещать vt E impf (pf: запретить) (-кому-либо что-либо oder mit inf) verbieten, untersagen

запрещение nt O2 Verbot nt; ~ **ввоза** Einfuhrverbot nt; ~ **вывоза** Ausfuhrsperre f; ~ **импорта** Importverbot nt; ~ **платежа по чеку** Schecksperre f; ~ **роста цен** Preisstopp m

запрограммировать vt E2 pf (impf: программировать) **1.** (DV) programmieren; **2.** (fig) vorprogrammieren

запропаститься <fut: запропащусь, -пастишься> vr I pf **1.** abhanden kommen; **2.** (о человеке) verschwinden; куда ты запропастился? wo bleibst du?

запрос m K **1.** (ADMIN) Anfrage f, Gesuch nt; **2.** (meist im pl) Ansprüche m pl; **с высокими ~ами** anspruchsvoll

запросить <fut: запрошу, -просишь> vt I pf (impf: запрашивать) anfragen

запрудить <fut: запружу, -прудишь> vt I pf (impf: запруживать) **1.** stauen; **2.** (fig) überfluten

запугать vt E pf (impf: запугивать) einschüchtern

запуск m K Anlassen nt, Ankurbeln nt; ~ **в производство** Produktionsaufnahme f; ~ **ракеты** Raketenstart m; ~ **программы** (DV) Programmstart m

запустить¹ <fut: запущу, -пустишь> vt I pf (impf: запускать) **1.** anlassen, starten; **2.** (чем-либо) schleudern

запустить² vt I pf (impf: запускать) vernachlässigen

запчасти abk von **запасные части** Ersatzteile m pl

запыхаться vr E pf (nur prät) den Atem verlieren, Gehalt nt

запястье nt O1 Handgelenk nt

запятая f wie adj Komma nt

зарабатывать¹ vt E impf (pf: заработать) **1.** verdienen; ~ **себе на жизнь чем-либо** seinen Lebensunterhalt bestreiten (mit +dat) **2.** erarbeiten, erwirtschaften

зарабатывать² vi E impf (pf: заработать) anfangen zu arbeiten, in Gang kommen

заработный adj: **заработная плата** Arbeitslohn m; **заработная плата служащих** Gehalt nt; **заработная плата натурой** Naturallohn m

заработок <gen sg: -тка> m K Verdienst m, Einkommen nt, Erwerb m; **заработок нетто** Nettoverdienst m; **случайный ~** Gelegenheitsverdienst m; **побочный ~** Nebenerwerb m; **мизерный ~** Hungerlohn m; ~ **предпринимателя** Unternehmerlohn m

заражать vt E impf (pf: заразить) (MED: кого-либо чем-либо auch fig) anstecken

заражение nt O2 (MED) Ansteckung f, Infektion f; ~ **крови** Blutvergiftung f

зараза f A **1.** Seuche f, Epidemie f; **2.** (umg, pej) Drecksack m

заразить <fut: заражу, -разишь> vt I pf (impf: заражать) anstecken

заразный <kf: -зен, -зна> adj ansteckend

заранее adv im voraus, beizeiten; ~ **позаботиться о чём-либо** Vorsorge treffen (für +akk); **с скалькулированная надбавка к цене за риск** (ÖKON) kalkulatorisches Wagnis nt

зарваться <fut: зарвусь, -вёшься> vr E4 pf (impf: зарываться) (fig) zu weit gehen

зарегистрировать vt E2 pf (impf: регистрировать) eintragen, registrieren

зарезервировать vt E2 pf (impf: резервировать) reservieren

зарекомендовать vt E2 pf. ~ **себя с хорошей стороны** [о **кем-либо**] sich gut bewähren (als)

заржаве́ть vi E pf (impf: ржаве́ть) rosten, rostig werden

за́риться vr I impf (pf: по-) (на что-ли́бо) erpicht sein, scharf sein (auf +akk)

зароди́ть <fut: зарожу́, -роди́шь> vt I pf (impf: зарожда́ть) erzeugen, ins Leben rufen; ~ **наде́жду у кого́-ли́бо** eine Hoffnung erwecken (bei +dat)

зароди́ться <nur 3. pers: зароди́тся> vr I pf (impf: зарожда́ться) entstehen, aufkommen, keimen

заро́дыш <gen pl: -ей> m K Keim m

за́росли f pl I Dickicht nt; ~ **куста́рника** Gestrüpp nt

зарпла́та abk von за́работная пла́та f Lohn m, Gehalt nt

зарубе́жный adj ausländisch; **зарубе́жные стра́ны** Ausland nt; ~ **ры́нок** Auslandsmarkt m; ~ **филиа́л** Auslandsfiliale f; ~ **капита́л** Auslandskapital nt; ~ **креди́т** Auslandskredit m

зарубе́жье nt O2 Ausland nt; **бли́жнее** ~ Nachbarrepubliken der ehemaligen UdSSR; **ру́сское** ~ Auslandsrussen pl; **литерату́ра зарубе́жья** russische Exilliteratur f

зару́бка <gen pl: -бок> f A Einschnitt m, Kerbe f

зарубцева́ться <nur 3. pers: зарубцу́ется> vr E2 pf (impf: зарубцо́вываться) vernarben

заручи́ться <fut: заручу́сь, -чи́шься> vr + inst I pf (impf: заруча́ться) sich versichern; ~ **подде́ржкой** sich jds Unterstützung sichern

зарыва́ть vt E impf (pf: зары́ть) vergraben; ~ **свой тала́нт в зе́млю** (fig) sein Licht unter den Scheffel stellen

зарыва́ться vr E impf (pf: зарва́ться) (fig) zu weit gehen, sich überheben

зары́ть <fut: заро́ю, -ро́ешь> vt E8 pf (impf: зарыва́ть) vergraben

заря́ <akk sg: зарю́, und (alt): зо́рю, pl: зо́ри, зорь, зо́рям> f AI 1. Morgenrot nt; 2. (вече́рняя) Abendrot nt; 3. (MIL) Zapfenstreich

заря́д m K 1. (EL) Ladung f; 2. (MIL) Sprengladung f; 3. (fig) Sprengkraft f

заря́дка <gen pl: -док> f AI 1. (EL) Laden nt; 2. (у́тренняя) Morgengymnastik f

заса́да f A Hinterhalt m; **сиде́ть в заса́де** auf der Lauer liegen

засади́ть <fut: засажу́, -са́дишь> vt I pf (impf: заса́живать) bepflanzen

заса́ленный adj 1. mit Fettflecken beschmiert; 2. abgegriffen, schmuddelig

засверка́ть vi E pf (impf) aufblitzen, aufleuchten

засвети́ть <fut: засвечу́, -све́тишь> vt I pf 1. anzünden; 2. (FOT) versehentlich belichten

засвети́ться <fut: засвечу́сь, -засве́тишься> vr I pf 1. aufleuchten, erstrahlen; 2. (umg) sich verplappern

засвиде́тельствование nt O2 1. Bezeugung f, Bescheinigung f; 2. Bglaubigung f, Beurkundung f

засвиде́тельствовать vt E2 pf (impf: свиде́тельствовать) 1. bezeugen, bescheinigen; 2. beglaubigen, beurkunden

заседа́ние nt O2 1. Sitzung f; ~ **правле́ния** Vorstandssitzung f; 2. Tagung f, Konferenz f

заседа́ть vi E impf 1. an einer Sitzung teilnehmen; 2. tagen

засека́ть[1] vt E impf (pf: засе́чь) 1. einkerben, eine Kerbe einschneiden; 2. (umg) den Standort bestimmen; 3. (вре́мя) stoppen

засека́ть[2] vt E impf (pf: засе́чь) (до́ сме́рти) zu Tode prügeln

засели́ть vt I pf (impf: заселя́ть) bevölkern, besiedeln; **кем-ли́бо** jdn ansiedeln

засе́чь[1] <fut: засеку́, засечёшь, prät: засёк, засекла́> vt UE4 pf (impf: засека́ть) einkerben

засе́чь[2] <fut: засеку́, засечёшь, prät: засёк, засекла́> vt UE4 impf (impf: засека́ть) zu Tode prügeln

заси́лье nt O1 Dominanz f, übermächtiger Einfluss m

заско́к m K: **у него́ заско́к** (umg) er hat einen Vogel

засла́ть <fut: зашлю́, зашлёшь, prät: засла́л> vt E4 pf (impf: засыла́ть) 1. an eine falsche Adresse schicken; 2. einschleusen

заслу́га f A Verdienst nt; **ста́вить что-ли́бо кому́-ли́бо в заслу́гу** jdm etw hoch anrechnen

заслу́женный adj 1. verdient, verdienstvoll; 2. (о́тдых и т.п.) wohlverdient

заслу́живать vt E impf (pf: заслужи́ть) verdienen, sich einer Sache wert erweisen

засну́ть vi E1 pf (impf: засыпа́ть 1) einschlafen

засо́в m K Riegel m, Türriegel m

засо́вывать vt E2 impf (pf: засу́нуть) einstecken; ~ **ру́ки в карма́ны** die Hände in die Taschen stecken

засоли́ть <fut: засолю́, -со́лишь> vt I pf (impf: соли́ть) einsalzen, einlegen

засори́ть <fut: засорю́, -ри́шь> vt I pf (impf: засоря́ть) verunreinigen, verstopfen

засо́хнуть vi E1a pf (impf: засыха́ть) vertrocknen, verdorren

за́спанный adj verschlafen, schläfrig

застава́ть vi E3 impf (pf: заста́ть) 1. antreffen, vorfinden; 2. erwischen; ~ **кого́-ли́бо на ме́сте преступле́ния** jdn auf frischer Tat ertappen

заста́вить <fut: заста́влю, -вишь> vt I pf (impf: заставля́ть) nötigen, zwingen, veranlassen; **что тебя́ заста́вило приня́ть тако́е реше́ние?** was hat dich dazu veranlasst, diese Entscheidung zu treffen? ~ **кого́-ли́бо говори́ть** jdn zum Reden bringen; ~ **себя́ сде́лать что-ли́бо** sich zu

etw aufraffen
заста́ть <fut: заста́ну, -нешь> vt E9b pf (impf: застава́ть) antreffen
застёгивать vt E impf (pf: застигну́ть) zuknöpfen
застёжка <gen pl: -жек> f A Verschluss m; **~-мо́лния** Reißverschluss m; **~ на липу́чках** Klettverschluss m
застенографи́ровать vt E2 pf (impf: стенографи́ровать) stenografisch aufnehmen
засте́нок <gen sg: -нка> m K Folterkammer f
засте́нчивость f I 1. Schüchternheit f; 2. Verlegenheit f
засте́нчивый adj 1. schüchtern; 2. verlegen
засто́й m K2 1. Stillstand m; 2. (ÖKON) Stagnation f, Flaute f; **~ в сбы́те** Absatzflaute f
засто́йный adj 1. stockend, stillstehend; **засто́йные во́ды** stillstehende Gewässer; 2. (ÖKON) stagnierend
засто́явшийся adj (о воде́) abgestanden
застра́ивать vt E2 impf (pf: застро́ить) bebauen
застрахова́ться vr E2 pf (impf: страхова́ться) (JUR) sich versichern
застрева́ть vi E2 impf (pf: застря́ть) steckenbleiben, festsitzen; **де́ло застря́ло** (fig) die Sache kommt nicht voran
застрели́ть <fut: застрелю́, -стре́лишь> vt I pf erschießen
застро́ить <fut: застро́ю, -стро́ишь> vt I pf (impf: застра́ивать) bebauen
застро́йщик m K Bauherr m
застря́ть <fut: застря́ну, -нешь> vi E9 pf (impf: застрева́ть) steckenbleiben
заступа́ться vr E impf (pf: заступи́ться) 1. (за кого́-либо/что-либо) sich einsetzen (für +akk); 2. in Schutz nehmen
заступле́ние nt O2 Antritt m; **~ на до́лжность** [о пост] Amtsantritt m
засту́пник, -ница m K / f A 1. Fürsprecher, -in m/f; 2. Beschützer, -in m/f
засту́пничество nt O 1. Fürsprache f; 2. Inschutznahme f
засты́ть <fut: засты́ну, -нешь> vi E9b pf (impf: застыва́ть) 1. erstarren; **~ в одно́й по́зе** in einer Stellung verharren; 2. (о бето́не) fest werden; 3. gefrieren
засу́нуть <imp: засу́нь> vt E1 pf (impf: засо́вывать) hineinstecken
за́суха f A Dürre f, Trockenheit f
засуши́ть <fut: засушу́, -су́шишь> vt I pf (impf: засу́шивать) (цвето́к для герба́рия) pressen, trocknen
засчи́тывать vt E impf (pf: засчита́ть) anrechnen, gutschreiben
засыла́ть vt E impf (pf: засла́ть) 1. fehlleiten; 2. (аге́нта) einschleusen
засыпа́ть¹ vi E impf (pf: засну́ть) einschlafen
засыпа́ть² vt E impf (pf: засы́пать) 1. zuschütten; 2. (auch fig: вопро́сами) überhäufen
засыха́ть vi E impf (pf: засо́хнуть) eintrocknen, vertrocknen
затаи́ть <fut: затаю́, -таи́шь> vt I pf (impf: заи́ивать) geheimhalten, verbergen; **~ оби́ду** jdm eine Kränkung nachtragen; **~ дыха́ние** den Atem anhalten
зата́сканный adj (о выраже́нии) abgedroschen, abgegriffen, strapaziert
затво́рник m K Einsiedler m
затева́ть vt E2 impf (pf: зате́ять) 1. organisieren; 2. (auch mit inf) sich vornehmen; **~ перестро́йку** sich eine Umgestaltung vornehmen; **~ интри́гу** eine Intrige einfädeln
зате́м adv 1. (temp) danach, anschließend; 2. (kaus) darum, deswegen; **~, что́бы** damit, um zu
затемне́ние nt O2 1. Verdunklung f; 2. Verdunklungsvorrichtung f
затемни́ть <fut: затемню́, -ни́шь> vt I pf (impf: затемня́ть) dunkel machen, verdunkeln
зате́я f A2 (pej) Vorhaben nt, Unterfangen nt
зате́ять vt E pf (impf: затева́ть) 1. organisieren; 2. sich vornehmen
зати́хнуть vi E1a pf (impf: затиха́ть) 1. verhallen, verklingen; 2. verstummen
зати́шье nt O1 (auch fig) Flaute f; **~ в эконо́мике** Stillstand m in der Wirtschaft; **~ пе́ред бу́рей** Ruhe vor dem Sturm
заткну́ть vt E1 pf (impf: затыка́ть) zustopfen
затмева́ть vt E2 impf (pf: затми́ть) 1. verdunkeln, verfinstern; 2. (fig) in den Schatten stellen, übertreffen
затме́ние nt O2 1. Finsternis f; **со́лнечное ~** (ASTR) Sonnenfinsternis f 2. (fig) Geistesverwirrung f
затми́ть <nur 2. und 3. pers: затми́шь, затми́т> vt I pf (impf: затмева́ть) 1. verdunkeln; 2. (fig) in den Schatten stellen
зато́ konj dafür
зато́р m K 1. Stockung f; **~ в у́личном движе́нии** Verkehrsstau f 2. Eisstauung f, Eisstau m
затормози́ть <fut: заторможу́, -мози́шь> vt I pf (impf: тормози́ть) 1. (KFZ) bremsen; 2. (fig) hemmen, aufhalten
затра́гивать vt E impf (pf: затро́нуть) (auch fig) berühren, streifen; **~ те́му** (fig) ein Thema anschneiden
затра́та f A Aufwand m; **затра́ты** Kosten pl Kostenaufwand m, Aufwendungen, pl Ausgaben pl; **затра́ты на рекла́му** Werbekosten; **затра́ты материа́лов** Materialaufwand m; **затра́ты на материа́льно-техни́ческое обеспе́чение** Materialkosten pl; **затра́ты на изготовле́ние проду́кции** Fertigungskosten pl; **затра́ты на обуче́ние** Ausbildungskosten pl; **затра́ты на проведе́ние**

исследовательских работ Entwicklungskosten *pl*; **затраты труда** Arbeitsaufwand *m*
затребовать *vt E2 pf* anfordern, verlangen
затронуть *vt E1 pf* (*impf:* затрагивать) berühren, streifen
затруднение *nt O2* Schwierigkeit *f*; **я получил загранпаспорт без всяких затруднений** ich habe ohne jegliche Schwierigkeiten einen Reisepass bekommen; **испытывать денежные затруднения** in finanzielle Schwierigkeiten geraten; **затруднения в области финансирования** Finanzierungsschwierigkeiten *pl*; **затруднения в сбыте** Absatzschwierigkeiten *pl*
затруднительный <*kf:* -лен, -льна> *adj* schwierig, bedrängt; **затруднительное положение** Zwangslage *f*
затруднить <*fut:* затрудню, -нишь> *vi I pf* (*impf:* затруднять) 1. erschweren; 2. Schwierigkeiten bereiten
затуманить *vt I pf* (*impf:* затуманивать) 1. vernebeln; 2. (*fig*) verschleiern
затупиться <*fut:* затуплюсь, -тупишься> *vr I pf* (*impf:* затупляться) (*карандаш*) stumpf werden
затухать *vi E impf* (*pf:* затухнуть) 1. erlöschen; 2. (*о звуках*) abklingen
затхлый *adj* stickig, muffig
затыкать *vt E impf* (*pf:* заткнуть) zustopfen; ~ **кому-л. рот** (*umg*) jdm den Mund stopfen, jdn zum Schweigen bringen
затылок <*gen sg:* -лка> *m K* Nacken *m*, Genick *nt*
затычка <*gen pl:* -чек> *f A* 1. (*пробка*) Pfropf *m*, Stopfen *m*; 2. (*fig*) Lückenbüßer *m*
затягивать *vt E impf* (*pf:* затянуть) 1. fest zuziehen; ~ **туже пояс** (*fig*) den Gürtel enger schnallen; 2. (*fig*) hinziehen, hinauszögern
затягиваться *vr E impf* (*pf:* затянуться) 1. (*об узле*) sich zuziehen; ~ **тучами** (*о небе*) sich bewölken; 2. (*о деле*) sich in die Länge ziehen
затяжной *adj* schleppend, langwierig; ~ **кризис** Dauerkrise *f*
заурядный <*kf:* -ден, -дна> *adj* durchschnittlich, mittelmäßig
заучивать *vt E impf* (*pf:* заучить) auswendig lernen
зафиксировать *vt E2 pf* (*impf:* фиксировать) 1. fixieren, festhalten; 2. einrasten
захват *m K* Ergreifung *f*, Ansichreißen *nt*; ~ **власти** Machtergreifung *f*; ~ **чужой территории** (MIL) Eroberung *f* eines fremden Gebietes; ~ **заложников** Geiselnahme *f*
захватить <*fut:* захвачу, -ватишь> *vt I pf* (*impf:* захватывать) 1. mitnehmen; 2. ergreifen; 3. (MIL) erobern
захватчик *m K* (MIL) Eindringling *m*, Eroberer *m*

захватывать[1] *vt E impf* (*pf:* захватить) 1. ergreifen, in Besitz nehmen; ~ **власть** die Macht ergreifen; ~ **самолёт** ein Flugzeug in seine Gewalt bringen; ~ **пленных** (MIL) Gefangene nehmen; ~ **инициативу** (*fig*) die Initiative ergreifen 2. (MIL) erobern
захватывать[2] *vt E impf* (*pf:* захватать) abgreifen, durch häufiges Berühren beschmutzen
захиреть *vi E pf* (*impf:* хиреть) dahinsiechen, verkümmern
захлопнуть *vt E1 pf* (*impf:* захлопывать) 1. (*дверь*) zuschlagen; 2. (*fig: nur impf*) eine Rede durch lautes Klatschen übertönen
захмелеть *vi E pf* (*impf:* хмелеть) (*umg*) betrunken werden
заход *m K* 1. (*солнца*) Sonnenuntergang *m*; 2. (*о самолёте, корабле*) Anflug *m*, Anlaufen *nt*; 3. (*auch* SPORT) Versuch *m*; **со второго ~а** beim zweiten Anlauf
заходить <*präs:* захожу, -ходишь> *vi I impf* (*pf:* зайти) 1. hineingehen, besuchen; ~ **к кому-либо** bei jdm vorbeikommen [*o* vorbeischauen]; ~ **на минутку** (*umg*) auf einen Sprung vorbeikommen; ~ **за кем-либо/чем-либо** jdn/etw abholen; ~ **на посадку** (*о самолёте*) zur Landung ansetzen; ~ **в порт** (*о корабле*) den Hafen anlaufen 2. (*о солнце*) untergehen; 3. (*fig*) zu weit gehen; ~ **слишком далеко в своих требованиях** mit seinen Forderungen zu weit gehen
захолустный *adj* (*pej*) abgelegen
захолустье *nt O1* Krähwinkel *m*
захоронение *nt O2* 1. Beerdigen *nt*; 2. Grabstätte *f*; 3. (*радиоактивных отходов*) Endlagerung *f*
захоронить <*fut:* захороню, -ронишь> *vt I pf* (*impf:* захоронять) 1. begraben, beerdigen; 2. endlagern, deponieren
захотеть <*fut:* захочу, -хочешь, -хочет, *pl:* -хотим, -хотите, -хотят> *vi U1 pf* (*impf:* хотеть) (*чего-либо* oder *mit inf*) den Wunsch [*o* das Verlangen] zeigen
захотеться *vr U1 pf* (*impf:* хотеться): **мне вдруг захотелось** ich bekam plötzlich das Verlangen
зацепка <*gen pl:* -пок> *f A* 1. Häkchen *nt*; 2. Vorwand *m*, Anhaltspunkt *m*
зацепляться *vr E impf* (*pf:* зацепиться) 1. hängenbleiben; 2. (*umg*) Fuss fassen
зацикливаться *vr E impf* (*pf:* зациклиться) 1. sich auf eine Sache konzentrieren; 2. sich (gedanklich) festfahren
зачатие *nt O2* (BIO) Empfängnis *f*; **непорочное ~** (REL) unbefleckte Empfängnis *f*
зачаток <*gen sg:* -тка> *m K* 1. (BIO) Keim *m*; 2. (*fig*) Ansatz *m*
зачахнуть *vi E1a pf* (*impf:* чахнуть) 1. verkümmern; 2. verwelken

зачём *adv* weshalb, wozu
зачёркивать *vt E impf* (*pf:* зачеркну́ть) durchstreichen, streichen
зачёркнутый <*part prät pass von:* зачеркну́ть> *adj* gestrichen
зачёт *m K* 1. Anrechnung *f*; **~ взаи́мных тре́бованый** Aufrechnung *f* 2. (*в университе́те*) Zwischenprüfung *f*; 3. (SPORT) Wertung *f*
зачина́тель *m K1* Initiator *m*, Vorreiter *m*
зачи́нщик *m K* (*pej*) Anstifter *m*
зачисле́ние *nt O2* 1. Anrechnung *f*; 2. (*прём*) Aufnahme *f*, Einstellung *f*, Immatrikulation *f*
зачи́тывать[1] *vt E impf* (*pf:* зачита́ть) 1. laut vorlesen, verlesen; 2. (*кни́га*) zerlesen
зачи́тывать[2] *vt E impf* (*pf:* заче́сть) 1. anrechnen; 2. (*поста́вить зачёт*) als bestanden anrechnen
зашиба́ть *vt E* **~ де́ньги** Geld einheimsen
заши́ть <*fut:* зашью́, зашьёшь> *vt E4c pf* (*impf:* зашива́ть) zunähen
зашифро́вывать *vt E impf* (*pf:* зашифрова́ть) chiffrieren, verschlüsseln
зашто́рить <*fut:* зашто́рю, -ришь> *vt I pf* (*impf:* зашто́ривать) (*окно́*) zuhängen
заштрихова́ть *vt E2 pf* (*impf:* штрихова́ть) schraffieren, strichen
защёлкиваться *vr E impf* (*pf:* защёлкнуться) (*о замке́*) einschnappen
защи́та *f A* 1. Schutz *m*, Verfechtung *f*; **~ окружа́ющей среды́** Umweltschutz *m*; **~ от радиа́ции** Strahlenschutz *m*; **~ матери́нства** Mutterschutz *m*; **~ да́нных** Datenschutz *m*; **~ свобо́дной конкуре́нции** Wettbewerbsschutz *m*; **~** [*o* охра́на] **интере́сов потреби́телей** Verbraucherschutz *m*; **~ кредито́ров** Gläubigerschutz *m*; **~ креди́та от ри́сков** Kreditabsicherung *f*; **~ това́рного зна́ка** Markenschutz *m*; **~ от и́мпорта** Importschutz *m* 2. Verteidigung *f*, Verfechtung *f*; 3. (JUR) Verteidigung *f*; **свиде́тель защи́ты** Entlastungszeuge *f* 4. (MIL) Verteidigung *f*; 5. (SPORT) Verteidigung *f*
защити́ть <*fut:* защищу́, -щити́шь> *vt I pf* (*impf:* защища́ть) schützen, verteidigen
защи́тник *m K* 1. Verteidiger *m*, Verfechter *m*, Beschützer *m*, Fürsprecher *m*; **~ живо́тных** Tierschützer *m* 2. (JUR) Verteidiger *m*, Anwalt *m*
защи́тный *adj* Schutz-; **защи́тные очки́** Schutzbrille *f*; **костю́м** Schutzanzug *m*; **защи́тного цве́та** khakifarben
защища́ть *vt E impf* (*pf:* защити́ть) 1. schützen, verteidigen; 2. beschützen; 3. sichern
защищённость *f I* 1. Absicherung *f*, Sicherheit *f*; 2. Geborgenheit *f*
защищённый <*kf:* -щён, -щена́, -щено́, -щены́> *adj* geschützt, gesichert; **~ от ве́тра** windgeschützt; **социа́льно ~** sozial abgesichert; **~ от подде́лки** fälschungssicher; **~ пате́нтным права́ми** patentrechtlich geschützt
заяви́тель *m K1* 1. (ADMIN) Antragsteller *m*; 2. (JUR) Anzeigeerstatter *m*
заяви́ть <*fut:* заявлю́, -я́вишь> *vt I pf* (*impf:* заявля́ть) 1. erklären; 2. anzeigen
заяви́ться <*fut:* заявлю́сь, -я́вишься> *vr I pf* (*impf:* заявля́ться) (*umg*) erscheinen, sich einfinden
зая́вка <*gen pl:* -вок> *f A* 1. Anmeldung *f*; **пате́нтная ~** Patentanmeldung *f* 2. Anforderung *f*, Bestellschein *m*; **предвари́тельная ~ на биле́ты** (THEAT) Kartenreservierung *f*; **конце́рт по ~ам** Wunschkonzert *nt*
заявле́ние *nt O2* 1. (POL) Erklärung *f*; **де́лать ~ для печа́ти** eine Presseerklärung abgeben; **~ о наме́рениях** Absichtserklärung *f*; **~ о приня́тии** Annahmeerklärung *f*; **~ об отка́зе** Verzichtserklärung *f* 2. Antrag *m*, Eingabe *f*, Gesuch *nt*; **~ в суд об откры́тии ко́нкурсного произво́дства** Konkursantrag *m*; **~ о за́нятии промысло́вой де́ятельностью** Gewerbeanmeldung *f*; **~ о предоставле́нии рабо́ты** [*o* приёме на рабо́ту] Stellengesuch *nt*; **~ об ухо́де** Kündigung *f* seitens des Arbeitnehmers; **подава́ть ~** einen Antrag stellen
заявля́ть *vt E impf* (*pf:* заяви́ть) 1. öffentlich erklären; 2. äußern; **~ о свои́х прете́нзиях** Ansprüche geltend machen; 3. (JUR) anzeigen, mitteilen, anmelden; **~ на кого́-ли́бо** Anzeige erstatten (gegen +*akk*)
заявля́ться *vr E impf* (*pf:* заяви́ться) (*umg*) erscheinen, sich einfinden
за́яц <*gen sg:* за́йца> *m K* 1. Hase *m*; **одни́м вы́стрелом уби́ть двух за́йцев** (*fig*) zwei Fliegen mit einer Klappe schlagen; 2. (*fig*) Schwarzfahrer *m*
за́ячий *adj* Hasen-; **за́ячья губа́** (MED) Hasenscharte *f*
зва́ние *nt O2* Rang *m*, Dienstgrad *m*; **почётное ~** Ehrentitel *m*
звать <*präs:* зову́, зовёшь> *vt E4a impf* 1. rufen; **~ к столу́** zum Essen rufen; **~ на по́мощь** um Hilfe rufen, um Hilfe bitten 2. heißen; **как тебя́ зову́т?** wie heißt du?
звезда́ <*nom pl:* звёзды> *f A pls* 1. (ASTR) Stern *m*; **па́дающая ~** Sternschnuppe *f*; 2. (*fig*) Star *m*
звёздный *adj* Stern-; **~ час** (*fig*) Sternstunde *f*
звене́ть <*präs:* звеню́, -ни́шь> *vi I impf* 1. klingeln; 2. rasseln
звено́ <*pl:* зве́нья, -ьев, -ьям> *nt O pls* 1. Kettenglied *nt*; 2. (*fig*) Glied *nt*, Bestandteil *m*; **связу́ющее ~** Bindeglied *nt*; **всё э́то зве́нья одно́й цепи́** all das gehört zusammen; **~ управле́ния** Führungsebene *f*
звере́ть *vi E impf* (*pf:* озвере́ть) grausam werden, verrohen
зве́рский *adj* 1. bestialisch, grausam; 2.

(*umg*) tierisch, riesig

зверь *m K1 ple1* 1. wildes Tier *nt*; **хищный ~** Raubtier *nt* 2. (*fig*) grausamer Mensch *m*

звон *m K* Klingen *nt*, Läuten *nt*, Klirren *nt*; **колокольный ~** Glockenspiel *nt*, Geläut *nt*

звонить *vi I impf* (*pf:* по-) 1. (*кому-либо по телефону*) anrufen; 2. klingeln, läuten

звонкий <*kf:* -нок, -нка, -нко, *komp:* звонче> *adj* 1. klingend, helltönend; **~ голос** helle Stimme *f* 2. (LING) stimmhaft

звонок <*gen sg:* -нка> *m K* 1. Klingel *f*; 2. Klingelzeichen *nt*; 3. (*телефонный*) Anruf *m*

звук *m K* Laut *m*, Schall *m*; **~ выстрела** Knall *m*; **скорость ~а** Schallgeschwindigkeit *f*; **звуковая карта** (DV) Soundkarte *f*

звуконепроницаемый *adj* schalldicht

звукопоглотитель *m K1* Schalldämpfer *m*

звучать <*präs:* звучу, -чишь> *vi I impf* (*pf:* за-) 1. tönen, klingen; 2. ertönen, erklingen

звучный <*kf:* -чен, -чна, -чно, *komp:* звучнее> *adj* klangvoll

здание *nt O2* Gebäude *nt*; **новое ~** Neubau *m*

здесь *adv* 1. (*на этом месте*) hier, da; 2. hieran, hierbei

здороваться *vi E2 impf* (*pf:* по-) (*с кем-либо*) einander begrüßen, sich grüßen

здорово *adv* (*umg*) klasse, prima

здоровый <*kf:* -ов, *komp:* здоровее> *adj* 1. gesund; **~ как бык** kerngesund; **~ образ жизни** gesunde Lebensweise *f*; 2. (*fig: экономика*) intakt; 3. (*umg*) groß

здоровье *nt O1* Gesundheit *f*; **он пышет здоровьем** er strotzt vor Gesundheit; **за Ваше/твоё ~!** prost! zum Wohl!

здравие *nt O2* Wohl *nt*; **быть в полном здравии** (*geh*) wohlauf sein

здравица *f A* Hoch *nt*, Trinkspruch *m*; **произносить здравицы в чью-либо честь** jdn hochleben lassen

здравоохранение *nt O2* Gesundheitswesen *nt*

здравствовать *vi E2 impf* sich wohlbefinden, leben; **здравствуйте!** guten Tag!

здравый *adj* vernünftig; **~ смысл** gesunder Menschenverstand *m*

зебра *f A* 1. (ZOOL) Zebra *nt*; 2. (*umg*) Fußgängerüberweg *m*

зев *m K* Rachen *m*, Schlund *m*

зевака *mf A* Schaulustige(r) *mf*

зевать *vi E impf* gähnen

зелёненькие *m pl wie adj* (*umg*) Dollarscheine *m pl*

зеленеть *vi E impf* (*pf:* по-) grünen, grün werden

зелёный I. <*kf:* зелен, -á, -о> *adj* 1. grün; **~ая капуста** *f* Grünkohl *m*; **зелёные насаждения** (*im pl*) Grünanlagen, *pl* Grünstreifen *m*; **~ театр** Freilichtbühne *f*; **~ змий** (*fig*) Alkohol *m*; **давать ~ свет чему-либо** (*fig*) einer Sache grünes Licht geben; 2. (*auch fig*) unreif; **~ юнец** Grünschnabel *m*; II. *m wie adj* Umweltschützer *m*, Grüner *m*

земельный *adj* 1. Boden-; **земельная реформа** Grund- und Bodenreform *f*; **земельная рента** Grundrente *f*; **земельная собственность** Grundbesitz *m*; **~ кадастр** Grundbuch *nt*; **~ участок** Grundstück *nt* 2. Landes-; **земельные банки** Landesbanken *pl*; **~ парламент** (POL) Landtag *m*; **земельное отраслевое объединение** Landesfachverband *m*

землевладение *nt O2* Grundbesitz *m*

земледелие *nt O2* Ackerbau *m*

землетрясение *nt O2* Erdbeben *nt*

земля <*akk sg:* землю, *pl:* земли, земель, землям> *f A1 pls* 1. (*земной шар*) Erde *f*, Erdkugel *f*; **на земле** auf der Erde; 2. (*почва*) Erde *f*, Land *nt*, Erdboden *m*; 3. (*суша*) Festland *nt*; **большая ~** Festland (*fig*); **сравнять с землёй** (*fig*) dem Erdboden gleichmachen 4. (*федеральная*) Bundesland *nt*

Земля <*akk sg:* Землю> *f A1* (Planet) Erde *f*; **на Земле** auf der Erde

земляк *m K* Landsmann *m*

земляника *f A* Walderdbeere *f*

земляной *adj* Erd-; **земляные работы** Erdarbeiten *f pl*

землячка <*gen pl:* -чек> *f K* Landsmännin *f*

земной *adj* 1. Erd-; **~ шар** Erdkugel *f*; **земное притяжение** (PHYS) Erdanziehung *f*, Gravitation *f*; 2. irdisch

зеркало *nt O* Spiegel *m*; **~ заднего вида** (KFZ) Rückspiegel *m*

зеркальный <*kf:* -лен, -льна> *adj* 1. (*nur Langform*) Spiegel-; **зеркальное стекло** Spiegelglas *nt*; **зеркальное отражение** Spiegelbild *nt*, Spiegelung *f* 2. spiegelglatt, spiegelblank

зерно <*pl:* зёрна, зёрен, зёрнам> *nt O pls* 1. Korn *nt*, Samenkorn *nt*; 2. Getreide *nt*

зигзаг *m K* Zickzack *m*

зиждиться <*nur 3. pers:* зиждется> *vr E4 impf* (*на чём-либо*) beruhen (auf +*dat*)

зима <*akk sg:* зиму> *f A pls* Winter *m*; **суровая ~** strenger Winter *m*

зимний *adj* Winter-, winterlich; **зимняя распродажа** Winterschlussverkauf *m*; **зимняя спячка** Winterschlaf *m*

зимовка *f A* 1. Winter *nt*, Überwinterung *f*; 2. Winterlager *nt*; **место зимовки** Winterquartier *nt*

зимородок *m K* (ZOOL) Eisvogel *m*

зиять *vi E impf* klaffen, gähnen

злаки *pl K* (BOT) Gräser *nt pl*; **хлебные ~** Getreidearten *pl*

злить <*präs:* злю, злишь> *vt I impf* (*pf:* обо-, разо-) ärgern

злиться *vr I impf* (*pf:* разо-) (*на кого-либо/что-либо*) sich ärgern (über +

зло <*gen sg*: зла, *im pl nur gen*: зол> *nt* O 1. Übel *nt*; **из двух зол выбрать меньшее** das kleinere Übel wählen; 2. Ärger *m*, Wut *f*; **со зла** vor Wut; aus Ärger; **вымещать ~ на ком-либо** seine Wut auslassen (an +*dat*); **не держать зла на кого-либо** keinen Groll hegen (gegen +*akk*)

злоба *f* A Groll *m*, verhaltener Zorn *m*; **питать злобу против кого-либо** (fig) einen Groll hegen (gegen +*akk*); **~ дня** Tagesgespräch *nt*, Tagesereignis *nt*

злобность *f I* Bosheit *f*, Gehässigkeit *f*

злобный <*kf*: -бен, -бна> *adj* 1. boshaft; 2. (*взгляд*) bitterböse

злободневный <*kf*: -вен, -вна> *adj* aktuell, akut; **злободневный вопрос** Tagesfrage *f*

зловещий <*kf*: -ещ> *adj* unheilvoll, unheilverkündend

злодеяние *nt* O2 Verbrechen *nt*, Frevel *m*, Greueltat *f*

злой <*kf*: зол, зла, *komp*: злее*super*: злейший> *adj* 1. böse, boshaft; **со злым умыслом** böswillig; **быть злым на кого-либо** (*nur kf*) böse sein (auf +*akk*); **осторожно, злая собака!** Vorsicht, bissiger Hund! 2. (*дурной*) schlimm

злокачественный *adj* (MED: *опухоль*) bösartig

злонамеренный <*kf*: -рен, -ренна> *adj* böswillig

злопамятный <*kf*: -тен, -тна> *adj* nachtragend

злополучный <*kf*: -чен, -чна> *adj* unglückselig

злорадный <*kf*: -ден, -дна> *adj* schadenfroh

злорадство *nt* O Schadenfreude *f*

злоупотребление *nt* O2 1. Missbrauch *m*, Übergriff *m*; **~ служебным положением** Amtsmissbrauch *m*; **~ доверием** Vertrauensbruch *m*; **~ алкоголем** übermäßiger Alkoholgenuss *m*; **~ лекарством** der übermäßige Gebrauch des Medikaments

злоупотреблять *vt* E *impf* (*pf*: злоупотребить) 1. missbrauchen; 2. (*превышать употребление*) übermäßig dem Körper zuführen; **~ алкоголем** zu viel trinken

змей *m* K2 1. (LIT) Drache *m*; 2. (*бумажный*) Drachen *m*, Papierdrachen *m*; **запускать змея** einen Drachen steigen lassen

змея *f* A1 *pls* Schlange *f*; **ядовитая ~** Giftschlange *f*; **подколодная ~** (*fig*) falsche Schlange *f*, heimtückischer Mensch *m*

знак *m* K Zeichen *nt*, Symbol *nt*; **вопросительный ~** Fragezeichen *nt*; **дорожный ~** Verkehrszeichen *nt*; **~ равенства** (MATH) Gleichheitszeichen *nt*; **~ дроби** (MATH) Bruchstrich *m*; **химический ~** (CHEM) chemisches Symbol *nt*; **мягкий ~** (LING) Weichheitszeichen *nt*; **специальный ~** (DV) Sonderzeichen *nt*; **~ почтовой оплаты** Postwertzeichen *nt*; **~ качества** Gütezeichen *nt*; **товарный ~** Warenzeichen *nt*; **в ~ благодарности** als Zeichen der Dankbarkeit; **подать кому-либо ~** jdm ein Zeichen geben

знакомить <*präs*: знакомлю, -мишь> *vt I impf* (*pf*: по-) (*кого-либо с кем-либо/чем-либо*) bekanntmachen (mit +*dat*)

знакомиться <*präs*: знакомлюсь, -мишься> *vr I impf* (*pf*: по-) (*с кем-либо/чем-либо*) sich bekannt machen, sich einander vorstellen, jdn/etw kennenlernen

знакомство *nt* O 1. (*с кем-либо*) Bekanntschaft *f*; **служба знакомств** Partnervermittlung *f*; **это можно сделать только по знакомству** (*umg*) das läuft nur über Beziehungen; 2. (*с чем-либо*) Kenntnis *f*; **при более близком знакомстве** bei näherem Hinsehen

знакомый I. *adj* bekannt, vertraut; **быть близко знакомым с кем-либо** mit jdm näher bekannt sein; II. *mf wie adj* Bekannte(r) *mf*

знаменатель *m* K1 (MATH) Nenner *m*; **привести к общему знаменателю** (*auch fig*) auf einen gemeinsamen Nenner bringen

знаменательный <*kf*: -лен, -льна> *adj* 1. bezeichnend; 2. (*о дате, событии*) bedeutsam, denkwürdig

знамение *nt* O2 (*geh*) Vorzeichen *nt*, Omen *nt*

знаменитость *f I* Berühmtheit *f*, prominente Persönlichkeit *f*

знаменитый <*kf*: -ит> *adj* berühmt, prominent

знаменовать *vt* E2 *impf* (*geh*) kennzeichnen, bedeuten

знамя <*gen sg*: знамени> *nt* U1 Banner *nt*, Fahne *f*

знание *nt* O2 1. Wissen *nt*, Kenntnis *f*; **со знанием дела** mit Sachkenntnis; **~ людей** Menschenkenntnis *f*; 2. (*im pl*) Kenntnisse *f pl*; **базовые знания** Grundwissen *nt*, Vorkenntnisse *pl*

знаток *m* K Kenner *m*, Experte *m*

знать[1] *vt* E *impf* (*что-либо; о ком-либо/чём-либо*) kennen, wissen; **~ как свои пять пальцев** (*umg*) aus dem Effeff kennen

знать[2] *f I* (*ungebr*) Adel *m*, Aristokratie *f*

знахарь, знахарка <*gen pl f*: -рок> *m K1 / f A* (*pej*) Kurpfuscher, -in *m/f*, Quacksalber *m*

значение *nt* O2 1. Bedeutung *f*, Sinn *m*; **это не имеет значения** das ist nicht von Belang, das spielt keine Rolle; **придавать чему-либо особое ~** besonderen Wert le-

gen (auf +*akk*) **2.** (TECH) Wert *m*; **максимальное ~** Höchstwert *m*
значимость *f I* Bedeutsamkeit *f*, Signifikanz *f*, Stellenwert *m*
значительный <*kf:* -лен, -льна, -льно> *adj* **1.** bedeutend, beträchtlich; **2.** bedeutsam
значить <*präs:* значу, -чишь> *vi I impf* bedeuten; что это значит? was heißt das?, was bedeutet das?
значок <*gen sg:* -чка> *m K* Abzeichen *nt*, Plakette *f*
знобить *vi I impf:* меня знобит mich fröstelt
зоб <*präpos sg:* в зобу> *m K ple* Kropf *m*
зов *m K* Ruf *m*; **прийти по первому ~у** auf den ersten Ruf kommen
зола *f A* Asche *f*
золовка <*gen pl:* -вок> *f A* (*сестра мужа*) Schwägerin *f*
золотистый <*kf:* -ист> *adj* **1.** (*о волосах*) goldblond; **2.** goldfarben, goldglänzend
золотить <*präs:* золочу, -отишь> *vt I impf* (*pf:* по-) vergolden
золото *nt O* **1.** Gold *nt*; **чёрное ~** (*нефть*) Erdöl *nt*; **не всё ~, что блестит** (*fig*) es ist nicht alles Gold, was glänzt; **2.** (SPORT) Goldmedaille *f*
золотой *adj* **1.** Gold-, golden; **золотых дел мастер** Goldschmied *m*; **золотая осень** goldene Herbstzeit *f*; **золотое обеспечение банкнот** (ÖKON) Golddeckung *f*; **~ заём** (ÖKON) Goldanleihe *f*; **золотые руки** (*fig*) goldene Hände; **золотое правило** (*fig*) Faustregel *f*; **золотая середина** (*fig*) goldener Mittelweg *m* **2.** (*fig*) goldig, herzig
Золушка *f A* Aschenputtel *nt*, Aschenbrödel *nt*
зона *f A* **1.** Zone *f*, Bereich *m*; **~ бедствия** Katastrophengebiet *nt*; **~ конфликта** Krisengebiet *nt*; **~ обслуживания** Einzugsgebiet *nt*; **~ прибылей** (ÖKON) Gewinnzone *f*; **~ свободная от таможенного обложения** Zollfreizone *f*; **~ свободной торговли** Freihandelszone *f*; **~ франко** Zollfreizone *f*; **~ влияния** Einflussgebiet *nt*, Einflussbereich *m*; **~ отдыха** Erholungsgebiet *nt* **2.** (*umg*) Vollzugsanstalt *f*; **3.** (*umg*) Straflager *nt*
зонд *m K* (TECH) Sonde *f*
зондирование *nt O2* Sondieren *nt*; **~ рынка** (ÖKON) Markterkundung *f*
зонт *m K* Regenschirm *m*; **раскрывать ~** den Schirm aufspannen
зоолог *m K* Zoologe, Zoologin *m/f*
зоология *f A2* Zoologie *f*
зоопарк *m K* zoologischer Garten *m*, Zoo *m*
зрачок <*gen sg:* зрачка> *m K* Pupille *f*
зрелость *f I* Reife *f*; **половая ~** Geschlechtsreife *f*; **достигший половой зрелости** geschlechtsreif
зрелый <*kf:* зрел, зрела, -о> *adj* **1.** (*auch fig*) reig; **в зрелом возрасте** in reifen Jahren **2.** (*обдуманный*) reif, reiflich
зрение *nt O2* Sehvermögen *nt*; **точка зрения** (*fig*) Gesichtspunkt *m*, Standpunkt *m*
зреть *vi E impf* (*pf:* со-) reifen, reif werden
зритель, зрительница *m K1 / f A* Zuschauer, -in *m/f*
зря *adv* umsonst, unnütz
зуб *m K pl e1* Zahn *m*; **глазной ~** Eckzahn *m*; **~ мудрости** Weisheitszahn *m*; **иметь ~ на** [*o* против] **кого-либо** (*fig*) jdm grollen; **держать язык за ~ами** (*fig*) den Mund halten; **вооружённый до ~ов** (*fig*) bis an die Zähne bewaffnet
зубец <*gen sg:* -бца> *m K* (TECH) Zahn *m*, Zacke *f*
зубило *nt O* Meißel *m*
зубной *adj* Zahn-; **~ врач** Zahnarzt *m*; **зубная щётка** Zahnbürste *f*; **зубная эмаль** Zahnschmelz *m*
зубоскалить *vi I impf* spotten, spötteln
зубочистка <*gen pl:* -ток> *f A* Zahnstocher *m*
зубрить <*präs:* зубрю, зубришь> *vt I impf* (*umg*) büffeln, pauken
зубчатый *adj* gezahnt; **зубчатое колесо** (TECH) Zahnrad *nt*
зуд *m K* **1.** Juckreiz *m*; **2.** (*fig*) Jucken *nt*, Drängen *nt*
зудеть <*nur 3. pers:* зудит> *vi I impf* jucken, prickeln
ЗУПВ *akr von* запоминающее устройство с произвольной выборкой Random Access Memory *nt*, RAM *nt*
зэк *m K* (*umg: заключённый*) Strafgefangener *m*
зяблик *m K* Buchfink *m*
зябнуть *vi E1a impf* (*pf:* о-) frieren, frösteln
зять <*pl:* зятья, зятьёв, зятьям> *m K1 ple* **1.** Schwiegersohn *m*; **2.** (*муж сестры*) Schwager *m*

И

и, И *nt indekl kyrillischer Buchstabe*
и *konj* **1.** und; **~ так далее** und so weiter; et cetera **2.** auch, sogar; **~...~** sowohl ... als auch, **~ без того** ohnehin
ибо *konj* (*geh: потому что*) denn, weil
ива *f A* Weide *f*
игла *f A pls* Nadel *f*
иглотерапия *f A2* Akupunktur *f*
игнорирование *nt O2* Ignorieren *nt*, Missachtung *f*
игнорировать *vt E2 impf/pf* ignorieren, missachten
иголка <*gen pl:* -лок> *f A* **1.** Nadel *f*, Nähnadel *f*; **искать иголку в стоге сена**

eine Stecknadel im Heuhafen suchen; **2.** (*у животных*) Stachel *m*

иго́льный *adj* Nadel-; **иго́льное ушко́** Nadelöhr *nt*

игра́ *f A pls* Spiel *nt*; **насто́льная ~** Brettspiel *nt*; **~ на своём по́ле** (SPORT) Heimspiel *nt*; **двойна́я ~** (*fig*) doppeltes Spiel; **~ воображе́ния** (*fig*) Gedankenspiel *nt*, Einbildung *f*; **~ сто́ит свеч** (*fig*) der Einsatz lohnt sich

игра́ть *vi E impf* **1.** spielen; **~ на пиани́но** Klavier spielen; **~ на не́рвах** (*fig*) jds Nerven beanspruchen; **2.** (*auch fig*: с кем-ли́бо/чем-ли́бо) spielen (mit +*dat*); **3.** (*о вине*) perlen, moussieren

игра́ючи *adv* spielend; **~ спра́виться с чем-ли́бо** etw spielend erledigen

игрово́й *adj* Spiel-; **игрово́е кино́** Spielfilmkunst *f*; **~ прито́н** Spielhölle *f*

игро́к *m K* Spieler *m*; **запасно́й ~** Ersatzspieler *m*; **~ на повыше́ние** (ÖKON) Bull *m*

игроте́ка *f A* Spielothek *f*

игру́шка <*gen pl:* -шек> *f A* Spielzeug *nt*, Spielsachen *pl*

игу́мен, игу́менья <*gen pl f:* -ий> *m K / f A1* Abt, Äbtissin *m/f*

идеа́л *m K* Ideal *nt*, Idealbild *nt*

иде́йный <*kf:* -е́ен, -е́йна> *adj* Ideen-; **иде́йное насле́дие** Gedankengut *nt*; **~ челове́к** Mensch *m* mit Prinzipien; **~ проти́вник** ideologischer Gegner *m*

идентифика́ция *f A2* Identifizierung *f*; **~ ли́чности** (JUR) Personenidentifizierung *f*; **~ по́льзователя** (DV) Benutzererkennung *f*; **по́ле идентифика́ции** (DV) Identifikationsfeld *nt*

идент́ичность *f I* Identität *f*

идео́лог *m K* Ideologe *m*, Vordenker *m*

идеологи́ческий *adj* ideologisch

иде́я <*gen pl:* -е́й> *f A2* Idee *f*, Einfall *m*; **бредо́вая ~** Schnapsidee *f*; **европе́йская ~** europäischer Gedanke *m*

иди́ллия *f A2* Idylle *f*; **любо́вная ~** Schäferstündchen *nt*

идиоти́зм *m K* Blödsinnigkeit *f*

и́диш *m indekl* Jiddisch *nt*

и́дол *m K* **1.** Götze *m*, Götzenbild *nt*; **2.** Idol *nt*; **3.** (*umg:pej*) Holzkopf

идолопокло́нство *nt O* Götzendienst *m*, Abgötterei *f*

идти́ <*präs:* иду́, идёшь, *prät:* шёл, шла> *vi E7 best* (*unbest:* ходи́ть) (*pf:* пойти́) **1.** gehen, laufen; **~ на вы́боры** zur Wahl gehen; **~ на уступки** (*fig*) entgegenkommen **2.** (*auch fig:* за кем-ли́бо/чем-ли́бо) hinterherlaufen, nachfolgen; **3.** (*fig:* (к) кому-ли́бо/чему-ли́бо) passen zu; **шля́па ей идёт** der Hut steht ihr; **4.** (*fig: на что-ли́бо*) einlassen (auf +*akk*); **5.** (*fig: о ком-ли́бо/чём-ли́бо*) handeln

(*von +dat*); **речь идёт о но́вом фи́льме** es geht um einen neuen Film; **6.** (*о фи́льме, спекта́кле*) gegeben werden; **что идёт в кино́?** was läuft im Kino? **7.** anbrechen, kommen; **весна́ идёт** der Frühling kommt; **нововведе́ния иду́т тру́дно** das Neue setzt sich nur schwer durch;; **идёт дождь** es regnet; **идёт снег** es schneit

иерархи́ческий *adj* hierarchisch; **иерархи́ческая ле́стница** Rangordnung *f*; **иерархи́ческая структу́ра предприя́тия** Unternehmenshierarchie *f*; **иерархи́ческое постро́ение ме́неджмента** Führungshierarchie *f*

иера́рхия *f A2* Hierarchie *f*; **~ ме́неджмента** [*о управле́ния*] Führungshierarchie *f*

иере́й *m K2* Priester *m*, Pfarrer *m*

иеро́глиф *m K* Hieroglyphe *f*

иеромона́х *m K* Priestermönch *m*

иждиве́ние *nt O2*: **быть на иждиве́нии у кого́-ли́бо** von jdm unterhalten werden

из I. *präp* +*gen* aus (+*dat*), von (+*dat*); **из заграни́цы** aus dem Ausland; **из э́того вытека́ет, что** daraus geht hervor, dass; **~ любви́** als Liebe; **лу́чший ~ всех** der beste von allen; **~ после́дних сил** mit letzter Kraft**из- II.** *präfix* aus-, heraus-

изба́ <*akk sg auch:* и́збу> *f A pls* Holzhaus *nt*, Bauernhaus *nt*

изба́вить <*fut:* изба́влю, -бавишь> *vt I pf* (*impf:* избавля́ть) (*кого́-ли́бо от кого́-ли́бо/чего́-ли́бо*) erretten, erlösen, befreien

изба́виться <*fut:* изба́влюсь, -ба́вишься> *vr I pf* (*impf:* избавля́ться) (*от кого́-ли́бо/чего́-ли́бо*) loskommen (von +*dat*), sich befreien; **~ от дурно́й привы́чки** eine schlechte Angewohnheit ablegen; **~ от предрассу́дков** sich von Vorurteilen freimachen; **не могу́ изба́виться от впечатле́ния, что** ich kann mich des Eindrucks nicht erwehren, dass

избавле́ние *nt O2* (*освобожде́ние*) Befreiung *f*, Erlösung *f*

избалова́ть *vt E2 pf* (*impf:* балова́ть) verwöhnen

избега́ть I. *vi E impf* (*pf:* избежа́ть) (-*кого́-ли́бо/чего́-ли́бо*) meiden, vermeiden; **II.** *vi E impf* (*чего́-ли́бо oder mit Infinitiv*) etw zu vermeiden suchen, sich drücken (um +*akk*); **~ отве́тственности** sich der Verantwortung entziehen

избежа́ть <*fut:* избегу́, -бежи́шь> *vi U1 pf* (*impf:* избега́ть) (-*кого́-ли́бо/чего́-ли́бо*) vermeiden, entkommen, herumkommen (um +*akk*); **э́то мо́жно бы́ло ~** das ließe sich vermeiden

избива́ть *vt E impf* (*pf:* изби́ть) verprügeln

избира́тель, избира́тельница *m K1 / f A* Wähler, -in *m/f*

избира́тельный *adj* Wahl-; **~ бюллете́нь** Stimmzettel *m*;

избира́тельное пра́во Wahlrecht *nt*
изби́тый *adj* **1.** zusammengeschlagen, misshandelt; **2.** (*fig: выраже́нии*) abgegriffen, abgedroschen
изби́ть <*fut:* изобью́, -бьёшь> *vt E4c pf* (*impf:* избива́ть) zusammenschlagen
избра́ние *nt O2* Wahl *f*; **~ на но́вый срок** (POL) Wiederwahl *f*
и́збранный *adj* **1.** gewählt; **2.** (*элита́рный*) auserlesen, erlesen, exquisit
избы́ток <*gen sg:* -тка> *m K* **1.** Überschuss *m*; **у него́ ~ сил** er hat Kraft im Übermaß; **~ предложе́ния** (ÖKON) Überangebot *nt* **2.** (*изоби́лие*) Überfluss *m*; **име́ться в избы́тке** im Überfluss vorhanden sein
избы́точный *adj* überschüssig; **~ вес** *m* Übergewicht *nt*; **избы́точная эне́ргия** überschüssige Energie *f*; **избы́точное давле́ние** Überdruck *m*; **избы́точное това́рное предложе́ние** Warenüberangebot *nt*; **~ спрос** Überschussnachfrage *f*; **избы́точные произво́дственные мо́щности** Überkapazität *f*
и́зверг *m K* Unmensch *m*, Scheusal *nt*
изверну́ться *vr E1 pf* (*impf:* извора́чиваться) sich herauswinden, sich aus der Verlegenheit ziehen
изве́стие *nt O2* Nachricht *f*
извести́ть <*fut:* извещу́, -ести́шь> *vt I pf* (*impf:* извеща́ть) benachrichtigen
изве́стность *f I* Bekanntheit *f*, Berühmtheit *f*, Ruhm *m*, Ruf *m*; **приобрета́ть ~** bekannt werden, sich einen Namen machen
изве́стный <*kf:* -тен, -тна, -тно> *adj* **1.** bekannt, berühmt; **2.** bestimmt, festgesetzt; **в изве́стной сте́пени** in gewissem Maße
известня́к *m K* Kalkstein *m*
и́звесть *f I* Kalk *m*
извеща́ть *vt E impf* (*pf:* извести́ть) **1.** benachrichtigen; **2.** (ÖKON) avisieren
извеще́ние *nt O2* **1.** Mitteilung *f*, Benachrichtigung *f*; **2.** Anzeige *f*, Avis *nt*; **~ о гото́вности к поста́вке** (ÖKON) Andienung *f*
извива́ться *vr E impf* **1.** sich schlängeln; **2.** sich krümmen
изви́лина *f A* **1.** Krümmung *f*, Wegbiegung *f*; **2.** (ANAT) Hirnwindung *f*; **у него́ всего́ две изви́лины** (*umg*) er hat eine lange Leitung
изви́листый <*kf:* -ист> *adj* gewunden; **изви́листая доро́га** kurvenreiche Straße *f*; **изви́листая ли́ния** Schlangenlinie *f*
изви́ть <*fut:* изовью́, -да́шь> *vt U2 pf* (*impf:* извива́ть) herausgeben
извине́ние *nt O2* Entschuldigung *f*; **приноси́ть кому́-ли́бо свои́ извине́ния** jdn um Entschuldigung bitten
извини́ть *vt I pf* (*impf:* извиня́ть) entschuldigen, verzeihen; **извини́те!** Entschuldigung!
извлека́ть *vt E impf* (*pf:* извле́чь) herausziehen; **~ по́льзу** [*о* **вы́году**] **из чего́-ли́бо** profitieren (von +*dat*); **~ при́быль** (ÖKON) Gewinne erwirtschaften
извле́чь <*fut:* извлеку́, -влечёшь, *prät:* извлёк, -влекла́> *vt UE4 pf* (*impf:* извлека́ть) herausziehen, herausholen; **~ для себя́ вы́году** einen Vorteil für sich erzielen; **~ уро́к из чего́-ли́бо** eine Lehre ziehen (aus +*dat*)
извора́чиваться *vr E impf* (*pf:* изверну́ться) sich herauswinden, sich winden wie ein Aal
изворо́тливый <*kf:* -лив> *adj* wendig, gewandt, aalglatt
изврати́ть <*fut:* извращу́, -врати́шь> *vt I pf* (*impf:* извраща́ть) **1.** verdrehen, entstellen; **2.** pervertieren
извраще́ние *nt O2* **1.** Verdrehung *f*, Entstellung *f*; **2.** Perversion *f*
извращённый <*kf:* -ён, -ена́> *adj* **1.** entstellt, verdreht; **2.** pervers
изги́б *m K* Biegung *f*, Krümmung *f*, Knick *m*
изгна́ние *nt O2* **1.** Vertreibung *f*; **2.** Verbannung *f*, Exil *nt*
и́згнанный **I.** *adj* vertrieben; **II.** *mf wie adj* Vertriebener, Vertriebene *m/f*
изголода́ться *vr E pf* **1.** ausgehungert sein; **2.** (*fig: по чему́-ли́бо*) hungern, sich sehnen (nach +*dat*)
изготови́тель *m K1* Hersteller *m*, Produzent *m*
изгото́вить <*fut:* изгото́влю, -вишь> *vt I pf* (*impf:* изготовля́ть) herstellen, produzieren, fertigen
изгото́виться <*fut:* изгото́влюсь, -вишься> *vr I pf* (*impf:* изготовля́ться) sich vorbereiten
изготовле́ние *nt O2* Erzeugung *f*, Herstellung *f*, Fertigung *f*, Produktion *f*; **~ в запа́с** Vorratsfertigung *f*; **~ на склад** Lagerfertigung *f*; **~ по зака́зу** Auftragsfertigung *f*
издава́ть <*präs:* издаю́, -даёшь> *vt E3 impf* (*pf:* изда́ть) **1.** (*кни́гу и т.п.*) herausgeben; **2.** (*зако́н и т.п.*) erlassen
издалека́ *adv* von weitem; **нача́ть разгово́р ~** (*fig*) weit ausholen
изда́ние *nt O2* **1.** Herausgabe *f*; **2.** Ausgabe *f*; **карма́нное ~** (*о кни́ге*) Taschenbuchausgabe *f*; **по́лное ~** Gesamtausgabe *f*; **3.** Auflage *f*, Edition *f*; **испра́вленное и допо́лненное ~** verbesserte und erweiterte Auflage *f*; **год изда́ния** Erscheinungsjahr *nt*
изда́тель *m K1* Verleger *m*, Herausgeber *m*
изда́тельство *nt O* Verlag *m*
изда́ть <*fut:* изда́м, -да́шь> *vt U2 pf* (*impf:* издава́ть) herausgeben
издева́тельство *nt O* Verhöhnung *f*, Verspottung *f*, Hohn *m*
издева́ться *vr E2 impf* (*над кем-ли́бо/чем-ли́бо*) jdn/etw verspotten, seinen Spott treiben (mit +*dat*)
издёвка <*gen sg:* -вок> *f A* Verhöhung *m*, Verspottung *f*; **в издёвку** zum Hohn, zum Spott
изде́лие *nt O2* **1.** Erzeugnis *nt*, Produkt

nt; **2.** Ware *f*
изде́ржки <*gen pl:* -жек> *f pl A* Ausgaben *f*, Kosten *pl*, Unkosten *pl*, Spesen *pl*; ~ **по креди́ту** Kreditkosten *pl*; ~ **на материа́льно-техни́ческое обеспече́ние** Materialkosten *pl*; ~ **по содержа́нию в испра́вности** Erhaltungsaufwand *m* Unterhaltungskosten *pl*; ~ **по монтажу́** Montagekosten *pl*; ~ **на приобрете́ние** Anschaffungskosten *pl*; ~ **на сырьё и материа́лы** Materialkosten *pl*; ~ **на риск** Wagniskosten *pl*; ~ **произво́дства** Produktionskosten *pl*, Fertigungskosten *pl*; ~ **в расчёте на едини́цу проду́кции** Stückkosten *pl*; ~ **по забрако́ванному това́ру** Ausschusskosten *pl*; ~ **по сбы́ту** Absatzkosten *pl*; ~ **по перево́зке (гру́зов)** Frachtkosten *pl*; ~ **на угоще́ние госте́й** Bewirtungskosten *pl*; **суде́бные** ~ (JUR) Prozesskosten *pl*
издо́хнуть *vi E1 pf* (*impf:* издыха́ть) **1.** (*о живо́тных*) sterben, verenden; **2.** (*vulg*) krepieren
изжи́ть <*fut:* изживу́, -вёшь> *vt UE3 pf* (*impf:* изжива́ть) (*недоста́тки и т.п.*) überwinden, ausmerzen, aus der Welt schaffen; ~ **себя́** sich überleben
изжо́га *f A* Sodbrennen *nt*
из-за *präp* +*gen* **1.** hinter...hervor (+*dat*); **встать** ~ **стола́** vom Tisch aufstehen; **2.** wegen (+*gen*); ~ **тебя́** deinetwegen
излага́ть *vt E impf* (*pf:* изложи́ть) darlegen, berichten; ~ **свою́ про́сьбу** seine Bitte vorbringen; ~ **в пи́сьменной фо́рме** niederlegen; schriftlich festhalten
излече́ние *nt O2* Heilung *f*
излечи́мый *adj* heilbar
излечи́ть <*fut:* излечу́, -ле́чишь> *vt I pf* (*impf:* изле́чивать) heilen, (aus)kurieren
изли́шек <*gen pl:* -шка> *m K* Überschuss *m*, Überfluss *m*; ~ **сельхозпроду́кции** Agrarüberschüsse *m pl*; **изли́шки** (ÖKON) Spitzen *pl*
изли́шество *nt O* Überfluss *m*, Übermaß *nt*
изли́шний <*kf:* -шен, -шна, -шне> *adj* **1.** (*чрезме́рный*) übermäßig; **2.** (*ненужный*) überflüssig, entbehrlich
излия́ние *nt O2* **1.** Effusion *f*, Ausströmung *f*, Erguss *m*; **2.** (*im pl*) heftige Gefühlsäußerung *f*, Ergüsse *pl*; **пусти́ться в излия́ния свои́х чувств** seinen Gefühlen freien Lauf lassen
изложе́ние *nt O2* **1.** Darlegung *f*, Darstellung *f*; **2.** (*кра́ткое содержа́ние*) Kurzfassung *f*; **3.** (*в шко́ле*) schriftliche Nacherzählung *f*
изложи́ть <*fut:* изложу́, -ло́жишь> *vt I pf* (*impf:* излага́ть) darlegen
изло́м *m K* **1.** Bruchstelle *f*; **2.** Knick *m*
излуча́ть *vt E impf* (*pf:* излучи́ть) **1.** (aus)strahlen, Strahlen aussenden; **2.** (*fig*) ausströmen; ~ **споко́йствие** Ruhe ausströmen

излуче́ние *nt O2* Strahlung *f*; **де́йствие излуче́ния** Strahlungswirkung *f*; **защи́та от излуче́ния** Strahlungsschutz *m*; **пиро́метр излуче́ния** Strahlungspyrometer *nt*; **пло́тность излуче́ния** Strahlungsdichte *f*
излю́бленный *adj* bevorzugt, Lieblings-; **излю́бленное заня́тие** Lieblingsbeschäftigung *f*
изма́тывать *vt E impf* (*pf:* измота́ть) zermürben, erschöpfen, aufreiben
измельчи́ть *vt I pf* (*impf:* измельча́ть) zerkleinern
изме́на *f A* **1.** Verrat *m*; **госуда́рственная** ~ Hochverrat *m* **2.** Untreue *f*; **супру́жеская** ~ Ehebruch *m*
измене́ние *nt O2* Änderung *f*, Veränderung *f*, Wechsel *m*, Wandlung *f*; ~ **цен** Preisänderung *f*; ~ **структу́ры** Strukturwandel *m*; ~ **правово́й фо́рмы предприя́тия** Umgründung *f*; ~ **соста́ва акционе́ров** Gesellschafterwechsel *m*; ~ **величины́ запа́сов** Bestandsveränderung *f*; ~ **оце́нки иму́щества** Fortschreibung *f*
измени́ть I. <*fut:* изменю́, -ме́нишь> *vt I pf* (*impf:* изменя́ть) ändern, verändern; **II.** *v* + *dat I* **1.** verraten; **2.** (*auch fig*) untreu werden; ~ **себе́** seinen Prinzipien untreu werden
изме́нник, изме́нница *m K / f A* Verräter, -in *m/f*
изме́нчивый <*kf:* -ив> *adj* veränderlich, unbeständig
измере́ние *nt O2* **1.** Messung *f*, Vermessung *f*; **2.** (MATH) Dimension *f*
измери́мый *adj* messbar
измери́тельный *adj* Mess-; ~ **прибо́р** *m* Messgerät *nt*
изме́рить <*fut:* изме́рю, -ришь> *vt I pf* (*impf:* измеря́ть) messen, vermessen
измота́ть *vt E pf* (*impf:* изма́тывать) erschöpfen, aufreiben
измышле́ние *nt O2* Erdichtung *f*, Erfindung *f*, Hirngespinst *nt*; **клеветни́ческое** ~ Verleumdung *f*
измя́ть <*fut:* изомну́, -нёшь> *vt E9 pf* (*impf:* мять) zerknittern, zerknüllen
изна́нка *f A* **1.** linke Seite *f*; **2.** (*fig*) Kehrseite *f*
изнаси́лование *nt O2* **1.** Vergewaltigung *f*; **2.** (JUR) Missbrauch *m*
изнаси́ловать *vt E2 pf* (*impf:* наси́ловать) **1.** vergewaltigen; **2.** (JUR) missbrauchen
изна́шиваемый *adj* abnutzbar
изна́шивание *nt O2* Abnutzung *f*, Verschleiß *m*
изна́шивать *vt E impf* (*pf:* износи́ть) **1.** (*оде́жду*) abtragen; **2.** abnutzen, verschleißen
изне́жить <*fut:* изне́жу, -жишь> *vt I pf* (*impf:* изне́живать) verwöhnen, verhät-

изнемогать vi E impf (pf: изнемочь) (от чего-либо) verschmachten, vergehen (vor + dat); ~ **от жары** in der Hitze schmoren; ~ **от усталости** vor Müdigkeit umfallen

изнеможение nt O2 Erschöpfung f, Entkräftung f

изнеможённый <kf: -ён, -ена> adj völlig erschöpft

изнемочь <fut: изнемогу, -можешь> vi UE4 pf (impf: изнемогать) ganz von Kräften kommen

износ m K Abnutzung f, Verschleiß m; **не знающий ~а** verschleißfest, unverwüstlich; ~ **товаров** Güterverzehr m

износить <fut: изношу, -носишь> vt I pf (impf: изнашивать) abnutzen

изношенный adj abgenutzt, schäbig

изнурение nt O2 Erschöpfung f, Entkräftung f

изнурить <fut: изнурю, -ришь> vt I pf (impf: изнурять) erschöpfen, entkräften; ~ **себя работой** sich abarbeiten

изобилие nt O2 Überfluss m, Fülle f

изображать vt E impf (pf: изобразить) 1. darstellen, schildern; 2. (на сцене и т.п.) darstellen, nachahmen; ~ **из себя** (umg: nur impf) sich (irgendwie) stellen 3. (-выраза) zeigen, widerspiegeln; **наглядно** ~ veranschaulichen

изображение nt O2 1. Darstellung f, Schilderung f; 2. Abbildung f, Bild nt

изобразить <fut: изображу, -азишь> vt I pf (impf: изображать) darstellen

изобрести <fut: изобрету, -тёшь, prät: изобрёл, -брела> vt Eба pf (impf: изобретать) erfinden

изобретатель, изобретательница m K / f A Erfinder, -in m/f

изобретательность f I Erfindungsgabe f, Einfallsreichtum m

изобретательный <kf: -лен, -льна> adj erfinderisch, einfallsreich

изобретение nt O2 Erfindung f

изогнутый adj gebogen, gekrümmt

изолиния f A2 Isolinie f; ~ **затрат** (ÖKON) Isokostenkurve

изолировать vt E2 impf/pf isolieren, absondern; **изолированный рынок** (ÖKON) geschlossener Markt m

изоляция f A2 1. Isolation f, Absonderung f; 2. (EL) Isolierung f

изощрённый adj 1. geübt, scharf, fein; ~ **ум** ein scharfer Verstand m 2. (утончённый) raffiniert

из-под präp +gen 1. unter...hervor (+dat); 2. aus der Gegend von (+dat)

Израиль m K1 Israel nt

израсходовать vt E2 pf (impf: расходовать) 1. (деньги) ausgeben; 2. verbrauchen

изречение nt O2 Spruch m

изувеченный adj verstümmelt, verkrüppelt

изумиться <fut: изумлюсь, -мишься> vr + dat I pf (impf: изумляться) in Erstaunen geraten, sich sehr wundern

изумлённый adj erstaunt, verblüfft

изумруд m K Smaragd m

изуродовать vt E2 pf (impf: уродовать) entstellen, verstümmeln, verunstalten

изучать vt E impf (pf: изучить) 1. lernen, erlernen, studieren; 2. erforschen, untersuchen

изучение nt O2 1. Erlernen nt, Studium nt; 2. Erforschung f, Untersuchung f; ~ **общественного мнения** Meinungsforschung f Demoskopie f; ~ **рабочего процесса** Arbeitsablaufstudie f; ~ **сбыта** Absatzforschung f; ~ **рынка** Marktforschung f, Marktanalyse f

изъян m K Fehler m, Mangel m; **с ~ом** schadhaft, fehlerhaft

изъятие nt O2 1. Entnahme f, Einziehung f; ~ **акций из обращения** Amortisation f; ~ **капитала** Abschöpfung f von Kapital; ~ **прибыли** Gewinnentnahme f 2. (конфискация) Beschlagnahmung f, Sicherstellung f; 3. (исключение) Streichung f; **сделать** ~ **в законе** aus dem Gesetz streichen; **все без изъятия** (fig) alle ohne Ausnahme

изъять <fut: изыму, -ымешь> vt E9a pf (impf: изымать) 1. entnehmen, einziehen; ~ **из обращения** (деньги) aus dem Verkehr [o Umlauf] ziehen 2. (конфисковать) beschlagnahmen, sicherstellen; 3. (исключить) streichen

изысканный <kf: -ан, -анна> adj 1. (о блюдах и т.п.) erlesen; 2. (о вкусе, манерах) fein, raffiniert

изыскать <fut: изыщу, -ыщешь> vt E4 pf (impf: изыскивать) (geh) ausfindig machen; ~ **возможности** Möglichkeiten finden; ~ **нужные средства** die nötigen Mittel auftreiben

изюм m K Rosinen pl

изюмина f A Rosine f

изюминка <gen pl: -нок> f A 1. Rosinchen nt; 2. (fig) Pointe f

изящество nt O 1. Eleganz f; 2. Zierlichkeit f

изящный <kf: -щен, -щна> adj 1. (грациозный) elegant, grazil; 2. (изысканный) apart

икона f A 1. Ikone f, Heiligenbild nt; 2. (DV) Icon nt

икота f A Schluckauf m

икра¹ f A 1. Kaviar m; 2. Laich m

икра² f A Wade f

ил m K Schlamm m

или konj koord oder; ~...~ entweder... oder

илистый adj schlammig

иллюзионист m K Illusionist, -in m/f, Zauberkünstler, -in m/f

иллюзия f A2 1. Illusion f, Wunschvor-

иллюмина́ция — **ина́че**

stellung *f*; **я не пита́ю иллю́зий** ich mache mir nichts vor; **создава́ть у кого́-ли́бо иллю́зию** jdm etw vormachen [*o* vorgaukeln]; **не стро́ить иллю́зий** sich keine Illusionen machen **2.** Sinnestäuschung *f*; **опти́ческая ~** optische Täuschung *f*
иллюмина́ция *f A2* Illumination *f*, farbige Beleuchtung *f*
иллюстра́ция *f A2* Illustration *f*; **цветна́я ~** farbige Illustration *f*; **служи́ть иллюстра́цией чего́-ли́бо** etw veranschaulichen [*o* erläutern]
иллюстри́ровать *vt E2 impf/pf* **1.** illustrieren, bebildern; **2.** (*fig*) veranschaulichen
име́ние *nt O2* (*arch*) Gut *nt*, Landgut *nt*
и́менно *part* gerade, eben, ausgerechnet; **э́то я и име́л в виду́** gerade das meinte ich ja; **почему́ ~ он?** warum ausgerechnet er? **а ~** nämlich, und zwar
именно́й *adj* **1.** Namen(s)-; **именна́я а́кция** (ÖKON) Namensaktie *f* **2.** (LING) nominal
име́ть *vt E impf* haben, besitzen; **~ с собо́й** dabei haben; **~ нагото́ве** bereithalten; **~ це́лью** zum Ziel haben; **не ~ ничего́ про́тив** nichts dagegen haben; **~ значе́ние** relevant sein; **~ ме́сто** stattfinden; **~ (зако́нную) си́лу** gültig sein; **~ пра́во** das Recht haben; **~ пра́во на получе́ние** bezugsberechtigt sein; **~ пра́во по́дписи** zeichnungsberechtigt sein; **~ хожде́ние** im Umlauf sein
име́ться *vi E impf* (*nur 3. pers*) vorhanden sein; **име́ется** es gibt
и́мидж *m K* Image *nt*, Ansehen *nt*; **~ ма́рки** Markenimage *nt*; **~ фи́рмы** Firmenimage *nt*, Corporate Image *nt*
имита́ция *f A2* **1.** Imitation *f*, Nachahmung *f*, Nachbildung *f*; **2.** Ersatz *m*
имити́рование *nt O2* Simulation *f*
имити́ровать *vt E2 impf* imitieren, nachmachen
иммигра́нт *m K* Immigrant *m*, Einwanderer *m*; **~, прося́щий убе́жища** Asylbewerber *m*
иммигри́ровать *vi E2 impf/pf* einwandern
имми́ссия *f A2* (ÖKOL) Immission *f*
иммобилиза́ция *f A2* **1.** (MED) Ruhigstellung *f*; **2.** (ÖKON: *свя́зывание средств*) Bindung *f*
иммуните́т *m K* (MED, JUR) Immunität *f*
императи́в *m K* **1.** (PHIL) (kategorischer) Imperativ *m*; **2.** (LING) Imperativ *m*
импе́рия *f A2* Imperium *nt*, Reich *nt*
импе́рский *adj* **1.** imperial, Reichs-; **2.** (*fig*) Großmachts-
импи́чмент *m K* Amtsenthebung *f*, Absetzung *f*
и́мпорт *m K* Import *m*, Einfuhr *f*; **~ това́ров** Warenimport *m*; **~ дешёвых това́ров** Billigimport *m*; **~ капита́ла** Kapitaleinfuhr *f*

импортёр *m K* Importeur *m*
импорти́ровать *vt E2 impf/pf* **1.** (ÖKON) importieren, einführen; **2.** (DV) importieren
и́мпортный *adj* importiert, Import-; **и́мпортные това́ры** Importgüter *pl*; **~ това́р** Import *m* ; Importware *f*; **и́мпортная лице́нзия** Einfuhrgenehmigung *f*; Importlizenz *f*; **и́мпортное свиде́тельство** Importzertifikat *nt* Einfuhrbescheinigung *f*; **~ сертифика́т** Importzertifikat *nt* ; Einfuhrbescheinigung *f*; **и́мпортные ограниче́ния** Einfuhrbeschränkung *f*; **и́мпортная кво́та** Importquote *f*; **~ континге́нт** Einfuhrkontingent *nt*; **и́мпортная по́шлина** Einfuhrzoll *m*; **~ нало́г** Einfuhrsteuer *f* Importsteuer *f*
импрессиони́зм *m K* Impressionismus *m*
импрессиони́стский *adj* impressionistisch
импровизи́рованный *adj* **1.** improvisiert, aus dem Stegreif, unvorbereitet; **2.** provisorisch, behelfsmäßig
и́мпульс *m K* Impuls *m*, Antrieb *m*; **послужи́ть ~ом для чего́-ли́бо** als Anregung dienen (für +*akk*)
иму́щественнный *adj* Vermögens-; **иму́щественные це́нности** Anlagen *pl*; **иму́щественное состоя́ние** Status *m*; **иму́щественное положе́ние** Einkommensverhältnisse *pl*; Vermögenslage *f*; **иму́щественные отноше́ния** Eigentumsverhältnisse *pl*; **иму́щественное пра́во** (JUR) Personalrecht *nt*; **иму́щественное страхова́ние** Sachversicherung *f*; **иму́щественная задо́лженность** Vermögensbelastung *f*; **иму́щественные вкла́ды** Vermögensanlage *f*; **~ вклад** Sacheinlage *f*; **~ трансфе́р** Vermögenstransfer *m*
иму́щество *nt O* Vermögen *nt*, Besitz *m*; **~ в це́лом** Gesamtvermögen *nt*; **~ инвидуа́льной со́бственности** Privatvermögen *nt*; **~ несостоя́тельного должника́** Konkursmasse *f*; **~ о́бщества** Gesellschaftsvermögen *nt*; **~ предприя́тия** Betriebsvermögen *nt*
иму́щий *adv* vermögend; **власть иму́щие** Machthaber *m pl*
и́мя <*pl:* имена́, имён> *nt U1 ple* Name *m*, Vorname *m*; **~ прилага́тельное** (LING) Adjektiv *nt*; **~ существи́тельное** (LING) Substantiv *nt*; **сде́лать себе́ ~ на чём-ли́бо** sich einen Namen machen (mit +*dat*); **от и́мени** in jds Auftrag, im Namen (+ *gen*); **по и́мени** namens
инакомы́слящий, инакомы́слящая *m/f* wie *adj* Andersdenkende(r) *m/f*
инаугура́ция *f A2* (*президе́нта*) Amtseinführung *f*
ина́че I. *adv* (*по-друго́му*) anders; **ты до́лжен вести́ себя́ соверше́нно ~** du musst dich völlig anders verhalten; **так и́ли ~** unbedingt, unter allen Umständen; **~**

звуча́щий anderslautend; **II.** *konj* (*а то*) sonst, andernfalls

инвали́д *m K* Behinderte(r) *mf*; **~ войны́** Kriegsinvalide *m*; **рассчи́танный на ~ов** behindertengerecht

инвалю́та *f A* (*иностра́нная валю́та*) Devisen *pl*; **инвалю́тный счёт** Fremdwährungskonto *nt* , Devisenkonto *nt*

инвентариза́ция *f A2* Inventur *f*, Bestandsaufnahme *f*; **~ на определённую да́ту** (ÖKON) Stichtagsinventur *f*

инвента́рный *adj* Inventur-, Inventar-; **инвента́рная о́пись** Inventar *nt*; **инвента́рная оце́нка** Bestandsbewertung *f*; **~ спи́сок** Inventar *nt*

инвента́рь <*gen sg:* инвентаря́, *inst sg:* -рём> *m K1* Inventar *nt*

инвести́рование *nt O2* Investieren *nt*

инвести́ровать *vt E impf/pf* investieren, anlegen

инвестицио́нный *adj* Investitions-, Anlage-; **инвестицио́нная компа́ния** Kapitalanlagegesellschaft *f*; **~ фонд** Anlagenfonds *m* , Investmentfonds *m*; **инвестицио́нная кво́та** Investitionsquote *f*; **~ сертифика́т** Investmentzertifikat *nt*; **~ креди́т** Investitionskredit *m*

инвести́ция *f A2* (*meist im pl:*ÖKON) Investition *f*, Geldanlage *f*, Kapitalanlage *f*; **инвести́ции не́тто** Nettoinvestition *f*

инве́стмент-тре́ст *m K* (ÖKON) Kapitalanlagegesellschaft *f*

инве́стор *m K* Investor *m*, Anleger *m*

инде́ец <*gen sg:* инде́йца, *nom pl:* инде́йцы> *m K* Indianer *m*

инде́йка *f A* **1.** Pute *f*; **2.** Putenfleisch *nt*

инде́йский *adj* indianisch

и́ндекс *m K* Index *m*, Verzeichnis *nt*; **~ БЭРИ** BERI-Index *m*; **Доу-Джо́нса** Dow-Jones-Index *m*; **почто́вый ~** Postleitzahl *f*; **~ ку́рсов а́кций** Aktienindex *m*; **~ цен** Preisindex *m*

индемните́т *m K* (ÖKON) Indemnität *f*

индиа́нка <*gen pl:* -нок> *f A* **1.** Inderin *f*; **2.** Indianerin *f*

индивидуа́льный <*kf:* -лен, -льна, -льно> *adj* individuell, persönlich; **индивидуа́льные потре́бности** Eigenbedarf *m*; **~ дохо́д** Individualeinkommen *nt*; **индивидуа́льная дове́ренность** Einzelprokura *f*; **индивидуа́льные заня́тия** [*o* **прокура́**] Einzelunterricht *m*; **индивидуа́льное произво́дство** Einzelfertigung *f*; **~ това́р** Individualgut *nt*; **индивидуа́льное иссле́дование** Fallstudie *f*; **~ опро́с** Interview *nt*

инди́ец <*gen sg:* -и́йца> *m K* Inder *m*

и́ндий *m K2* (CHEM) Indium *nt*

инди́йский *adj* indisch

индика́тор *m K* Indikator *m*, Anzeigegerät *nt*, Anzeigeeinheit *f*; **~ вста́вки** (DV) Einfügemarke *f*

И́ндия *f A2* Indien *nt*

индоссаме́нт *m K* (ÖKON) Indossament *nt*

индосса́нт *m K* (ÖKON) Indossant *m*

индосса́т *m K* (ÖKON) Indossat *nt*, Indossatar *m*

индосси́ровать *vt E2 impf/pf* (ÖKON) indossieren

индосси́руемый *adj* (ÖKON) indossabel

индуи́зм *m K* (REL) Hinduismus *m*

инду́с *m K* Hindu *m*

индустриа́льный *adj* industriell; **индустриа́льная зо́на** Industriegebiet *nt*; **индустриа́льные стра́ны** Industrieländer *nt pl*

индустри́я *f A2* Industrie *f*

индю́к *m K* Puter *m*, Truthahn *m*

и́ней *m K2* Rauhreif *m*; **вы́пал ~** es hat gereift

ине́ртность *f I* Trägheit *f*, Tatenlosigkeit *f*

ине́ртный <*kf:* -тен, -тна> *adj* träge

ине́рция *f A2* **1.** (PHYS) Trägheit *f*; **2.** (*fig*) Trägheit *f*, Lässigkeit *f*; **де́лать что-ли́бо по ине́рции** etw aus Gewohnheit tun, etw ganz mechanisch tun

инжене́р *m K* Ingenieur *m*

инжене́рия *f A2:* **ге́нная ~** Gentechnik *f*

инжене́рный *adj* Ingenieur-

инжи́р *m K* **1.** Feige *f*; **2.** Feigenbaum *m*

инициати́ва *f A* Initiative *f*, Antrieb *m*; **по со́бственной инициати́ве** aus eigenem Antrieb; **прояви́ть инициати́ву** die Initiative ergreifen

инициати́вный *adj* Initiativ-; **инициати́вная гру́ппа** Initiativgruppe *f*; **~ челове́к** ein Mensch mit Initiative

инициа́тор *m K* Initiator *m*, Wegbereiter *m*

инкасса́ция *f A2* (ÖKON) Inkasso *nt*; **~ че́ка** Scheckeinzug *m*

инкасси́рование *nt O2* Inkasso *nt*; **~ ве́кселя** Wechseleinzug *m*; **~ че́ка** Scheckeinzug *m*

инкасси́ровать *vt E2 impf/pf* einziehen

инка́ссо *nt indekl* Inkasso *nt*

инка́ссовый *adj:* **инка́ссовое поруче́ние** Inkassoauftrag *m*; **инка́ссовый ве́ксель** Einzugswechsel *m*; **инка́ссовый докуме́нт** Lastschrift *f*

Инкоте́рмс *indekl* (*International Commercial Terms*) Incoterms *pl*

иннова́ция *f A2* Innovation *f*, Neuerung *f*

иногда́ *adv* manchmal, ab und zu

иногоро́дний *adj* aus einer anderen Stadt stammend, auswärtig; **~ ве́ксель** Distanzwechsel *m* ; Distanzscheck *m*

ино́й *adj* **1.** andere(r, s); **2.** manche(r, s); **~ые ду́мают, что...** manche meinen, dass...

инокорреспонде́нт *m K* Fremdsprachenkorrespondent, -in *m/f*

инома́рка *f A* (*umg*) ausländisches Auto

инопланетя́нин *m U2* Außerirdische(r) *mf*

иносказа́тельный *adj* allegorisch, sinnbildlich

иностра́нец, иностра́нка <*gen pl m:*

-нцев, *gen pl f:* -нок> *m K / f A* Ausländer, -in *m/f*
иностра́нный *adj* 1. ausländisch, Auslands-; ~ **язы́к** Fremdsprache *f*; ~ **тури́зм** Fremdenverkehr *m*; **иностра́нное представи́тельство** Auslandsvertretung *f*; **иностра́нная валю́та** Devisen *pl* ; Fremdwährung *f*; ~ **капита́л** Auslandskapital *nt*; ~ **заём** Auslandsanleihe *f*; ~ **креди́т** Auslandskredit *m*; ~ **ве́ксель** Devisenwechsel *m* 2. (POL) auswärtig; **министе́рство иностра́нных дел** Außenministerium *nt*
инофи́рма *f A* (*иностра́нная фи́рма*) ausländisches Unternehmen *nt*
инса́йдер *m K* Insider *m*
инспе́кция *f A2* Inspektion *f*
инсталляцио́нный *adj* (DV) Installations-; **инсталляцио́нная диске́та** Installationsdiskette *f*; **инсталляцио́нная програ́мма** Installationsprogramm *nt*
инста́нция *f A2* 1. Instanz *f*, Behörde *f*, Dienststelle *f*; **соотве́тствующие инста́нции** die zuständigen Stellen 2. (JUR) Instanz *f*
институ́т *m K* 1. Institut *nt*; ~ **по изуче́нию обще́ственного мне́ния** Meinungsforschungsinstitut *nt*; ~ **ры́ночных иссле́дований** Marktforschungsinstitut *nt* 2. (вуз) Hochschule *f*; 3. (учрежде́ние) Institution *f*
инструкта́ж *m K* 1. Instruktion *f*, Anleitung *f*; 2. (ÖKON) Briefing *nt*
инструкти́ровать *vt E2 impf/pf* (*pf:* про-) instruieren, anleiten
инстру́ктор *m K* Ausbilder *m*; ~ **по вожде́нию** Fahrlehrer *m*
инстру́кция *f A2* 1. Anweisung *f*; ~ **для по́льзователей** Gebrauchsanweisung *f* 2. Vorschrift *f*; **инстру́кции о поря́дке веде́ния бухга́лтерского учёта** (ÖKON) Buchführungsrichtlinien *pl*; **инстру́кции по те́хнике безопа́сности** (JUR) Arbeitsschutzvorschriften *pl*; ~ **по составле́нию бала́нсов** Bilanzierungsvorschriften *pl*
инструме́нт *m K* 1. (TECH) Werkzeug *nt*; 2. (MUS) Instrument *nt*; **духово́й** ~ Blasinstrument *nt* 3. (ÖKON) Mittel *nt*; ~ **ма́ркетинга** Marketinginstrument *nt*
интеграцио́нный *adj* Integrations-; ~ **проце́сс** Integrationsprozess *m*
интегре́ция *f A* Integration *f*, Eingliederung *f*
Интегри́рованная слу́жба цифрово́й се́ти (*Integrated Services Digital Network* TELKOM) ISDN *nt*
интегри́ровать *vt E2 impf/pf* integrieren, eingliedern
интеллиге́нтный <*kf:* -тен, -тна, -тно> *adj* intelligent, intellektuell
интенси́вность *f I* Intensität *f*
интенси́вный <*kf:* -вен, -вна, -вно> *adj* intensiv
интенсифици́ровать *vt E2 impf/pf* intensivieren
интеракти́вность *f I* Interaktivität *f*
интеракти́вный *adj* interaktiv; ~ **видеоди́ск** interaktive Bildplatte *f*
интерва́л *m K* 1. Intervall *nt*, zeitlicher Zwischenraum *m*; 2. Zwischenraum *m*, Abstand *m*; 3. (MUS) Intervall *nt*
интервэ́нт *m K* Eindringling *m*
интерве́нция *f A2* Intervention *f*
интервью́ *nt indekl* Interview *nt*, Befragung *f*; **взять у кого́-ли́бо** ~ ein Interview machen (mit +*dat*); **при приёме на рабо́ту** Einstellungsgespräch *nt* ; Vorstellungsgespräch *nt*
интервьюи́ровать *vt E2 impf* (*pf:* про-) interviewen
интердéвочка <*gen pl:* -чек> *f A* (*umg*) Devisennutte *f*
интере́с *m K* Interesse *nt*, Aufmerksamkeit *f*; **экономи́ческие ~ы** wirtschaftliche Interessen *nt pl*; **проявля́ть** ~ **к чему́-ли́бо** Interesse zeigen (für +*akk*)
интере́сный <*kf:* -сен, -сна, -сно> *adj* interessant; **быть в интере́сном положе́нии** in anderen Umständen sein, schwanger sein; **с интере́сной вне́шностью** gutaussehend
интересова́ться *vr + inst E2 impf* sich interessieren (für +*akk*)
интернационализа́ция *f A2* Internationalisierung *f*
интерне́т *m K* Internet *nt*
интерне́тчик *m K* (DV:*umg*) Internet-Nutzer *m*
интерфе́йс *m K* (DV) Schnittstelle *f*, Interface *nt*; **паралле́льный** ~ Parallelschnittstelle *f*; **рабо́чий** ~ Benutzeroberfläche *f*
интона́ция *f A2* Intonation *f*, Tonfall *m*
интрасе́ть (DV) Intranet *nt*
интри́га *f A* Intrige *f*
интригова́ть I. *vi E2 impf* (*про́тив кого́-ли́бо*) intrigieren; II. *vt E2 impf* (*pf:* за-) neugierig machen
интуи́ция *f A2* Intuition *f*, Eingebung *f*
Интури́ст *m K* während der Sowjetzeit das größte staatliche Unternehmen für Auslandstourismus mit eigenem Hotelnetz und Vertretungen in allen Großstädten und Urlaubsgebieten in der UdSSR
инфа́ркт *m K* Infarkt *m*; ~ **миока́рда** (MED) Herzinfarkt *m*
инфекцио́нный *adj* Infektions-, ansteckend
инфе́кция *f A2* Infektion *f*; **кише́чная** ~ Darminfektion *f*
инфля́ция *f A2* Inflation *f*, Geldentwertung *f*; ~ **спро́са** Nchfrageinflation *f*
информа́тик *m K* Informatiker *m*
информацио́нный *adj* Informations-; ~ **лист** Informationsblatt *nt*; **информацио́нное аге́нтство** Nachrichtenagentur *f*
информа́ция *f A2* 1. Information *f*, Aus-

kunft *f*; **~ ба́нка** Bankauskunft *f*; **~ о движе́нии ку́рсов на би́рже** Börsenbericht *m* **2.** Daten *pl*; **носи́тель информа́ции** (DV) Datenträger *m*

информи́ровать *vt E2 impf/pf* informieren

инфраструкту́ра Infrastruktur *f*

инциде́нт *m K* Zwischenfall *m*, Vorfall *m*; **пограни́чный ~** Grenzzwischenfall *m*

инъе́кция *f A2* Injektion *f*, Spritze *f*

Инъя́з *akr von* **институ́т иностра́нных языко́в** *m* **1.** Fremdspracheninstitut *nt*; **2.** Hochschule *f* für Fremdsprachen

Иорда́ния *f A2* Jordanien *nt*

иподья́кон *m K* Hypodiakon *m*, Subdiakon *m*

ипоте́ка *f A* Hypothek *f*, Grundpfand *nt*; **~ с твёрдым сро́ком вы́купа** Festhypothek *f*

ипотекодержа́тель *m K1* Hypothekar *m*

ипоте́чный *adj* Hypotheken-; **ипоте́чная кни́га** Hypothekenregister *nt*; **иноте́чное пра́во** (JUR) Pfandrecht *nt*; **иноте́чный банк** Hypothekenbank *f*; **~ долг** Grundschuld *f*; **~ креди́т** Hypothekarkredit *m*; **~ лист** (Hypotheken-)pfandbrief *m*

ипохо́ндрик *m K* Hypochonder *m*

ипподро́м *m K* Rennbahn *f*

Ира́к *m K* Irak *m*

Ира́н *m K* Iran *m*

ири́дий *m K2* Iridium *nt*

Ирла́ндия *f A2* Irland *nt*

ирони́чный <*kf:* -чен, -чна, -чно> *adj* ironisch

иро́ния *f A2* Ironie *f*

иск *m K* (JUR) (gerichtliche) Klage *f*; **гражда́нский ~** Zivilklage *f*; **встре́чный ~** Gegenklage *f*; **~ об исполне́нии** Vollstreckungsklage *f*; **~ о возмеще́нии убы́тков** Schadenersatzklage *f*; **о переусту́пке** Abtretungsklage *f*; **возбуди́ть ~** Klage erheben; **отклони́ть ~** eine Klage zurückweisen

искажённый *adj* verzerrt; **изкажённое изображе́ние** Zerrbild *nt*

искази́ть <*fut:* искажу́, -ази́шь> *vt I pf* (*impf:* искажа́ть) entstellen, verdrehen, verzerren

искале́чить *vt I pf* (*impf:* кале́чить) zum Krüppel machen, verstümmeln

иска́ние *nt O2* **1.** (*geh*) Suchen *nt*, Bemühen *nt*; **2.** (*im pl*) Forschungen *f pl*

иска́тель *m K1* Sucher *m*; **~ приключе́ний** Abenteurer *m*

иска́ть <*präs:* ищу́, и́щешь> *vt E4 impf* suchen

исключа́ть *vt E impf* (*pf:* исключи́ть) ausschließen; **~ из спи́ска** aus der Liste streichen; **~ из институ́та** exmatrikulieren; **не исключено́** es ist nicht ausgeschlossen

исключа́я *präp* +*gen* außer (+*dat*), ausgenommen (+*akk*)

исключе́ние *nt O2* **1.** (*удале́ние*) Ausschluss *m*; **2.** (*из пра́вила*) Ausnahme *f*; **без исключе́ний** ausnahmslos; **в ви́де исключе́ния** ausnahmsweise

исключи́тельно *adv* ausschließlich

исключи́тельность *f I* **1.** Exklusivität *f*; **2.** Besonderheit *f*

исключи́тельный <*kf:* -лен, -льна, -льно> *adj* **1.** (*nur Langform*) Sonder-, Ausnahme-; **2.** ungewöhnlich; **3.** exklusiv, ausgezeichnet; **исключи́тельное пра́во** Exklusivrecht *nt*, Alleinrecht *nt*, Alleinberechtigung *f*

искове́ркать *vt E pf* (*impf:* кове́ркать) **1.** kaputt machen; **2.** (*мысль, слова́*) verzerren, verdrehen

исколо́ть <*fut:* исколю́, -о́лешь> *vt E4 pf* (*impf:* иска́лывать) zerstechen

иско́мый *adj* gesucht; **иско́мая величина́** (MATH) gesuchte Größe unbekannte Größe

ископа́емое *nt wie adj* (GEOL) Fossil *nt*; **поле́зные ископа́емые** Bodenschätze *pl*

искорене́ние *nt O2* Ausrottung *f*, Ausmerzung *f*; **~ престу́пности** Ausrottung *f* der Kriminalität

искорени́ть *vt I pf* (*impf:* искореня́ть) ausrotten, ausmerzen

и́скра <*gen pl:* искр> *f A* Funke *m*

и́скренний <*kf:* -ренен, -ренна, -ренне> *adj* aufrichtig; **и́скреннее жела́ние** Herzenswunsch *m*

искривле́ние *nt O2* Biegung *f*, Krümmung *f*; **~ позвоно́чника** Rückgratverkrümmung *f*

и́скриться <*nur 3. pers:* и́скрится> *vr I impf* funkeln; **её глаза́ искри́лись ра́достью** ihre Augen sprühten Freude

искупа́ть[1] *vt E impf* (*pf:* искупи́ть) sühnen, wiedergutmachen; **~ свою́ вину́** seine Schuld büßen

искупа́ть[2] *vt E pf* (*impf:* купа́ть) baden

искупа́ться *vr E pf* (*impf:* купа́ться) ein Bad nehmen, baden

искупле́ние *nt O2* Sühne *f*, Buße *f*

искуса́ть *vt E pf* (*impf:* иску́сывать) **1.** (*о насеко́мых*) zerstechen, an vielen Stellen stechen; **2.** (zer)beißen

иску́сный <*kf:* -сен, -сна, -сно> *adj* **1.** geschickt, gewandt; **2.** kunstvoll

иску́сственный <*kf:* -венно> *adj* **1.** (*nur Langform*) künstlich; **иску́сственное волокно́** Kunstfaser *f*; **иску́сственное взви́нчивание цен** Preistreiberei *f*; **~ интелле́кт** (DV) künstliche Intelligenz *f* **2.** gekünstelt, unnatürlich

иску́сство *nt O* **1.** Kunst *f*; **2.** Fertigkeit *f*

искусствове́д *m K* Kunsthistoriker, -in *m/f*

искуше́ние *nt O2* Versuchung *f*

испа́нец <*gen:* -нца, нцев> *m K* Spanier *m*

Испа́ния *f A2* Spanien *nt*

испа́нка <*gen pl:* -нок> *f A* Spanierin *f*

испа́нский *adj* spanisch
испа́рина *f A* Schweiß *m*
испари́ться *vr I pf* ⟨*impf:* испаря́ться⟩ **1.** verdampfen, verdunsten; **2.** (*umg*) verduften, sich aus dem Staub machen
испа́чкать *vt E pf* ⟨*impf:* па́чкать⟩ beschmutzen
испе́чь ⟨*fut:* испеку́, -ечёшь⟩ *vt UE4 pf* ⟨*impf:* печь⟩ backen
испове́да́льня ⟨*gen pl:* -лен⟩ *f A1* Beichtstuhl *m*
испове́даться *vr E pf* ⟨*impf:* испове́дываться⟩ (*auch fig*) beichten
и́споведь *f I* Beichte *f*
исполи́н *m K* (гига́нт) Riese *m*
исполне́ние *nt O2* Ausführung *f*, Erfüllung *f*, Durchführung *f*, Erledigung *f*; ~ обяза́тельства согла́сно гара́нтии Garantieleistung *f*; **приводи́ть в ~** (JUR: *пригово́р*) vollstrecken
исполни́тель, исполни́тельница *m K1 / f A* **1.** Vollzieher *m*, Vollstrecker *m*; **суде́бный ~** Gerichtsvollzieher *m* **2.** Bearbeiter, -in *m/f*, ausführende Person *m/f*; ~ зака́за Auftragnehmer *m* **3.** (FILM) Darsteller, -in *m/f*; ~ гла́вной ро́ли Hauptdarsteller *m*
исполни́тельный *adj* **1.** vollziehend, exekutiv; **исполни́тельная власть** (POL) Exekutive *f*; **исполни́тельная инстру́кция** Durchführungsbestimmung *f*; ~ докумне́т [*o* лист] vollstreckbarer Titel *m* **2.** (*добросо́вестный*) sorgfältig, verlässlich
испо́лниться *vr I pf* ⟨*impf:* исполня́ться⟩ **1.** sich erfüllen, in Erfüllung gehen; **2.** vollenden; ему́ вчера́ испо́лнилось 50 лет er ist gestern 50 Jahre alt geworden; **3.** sich jähren; испо́лнилось де́сять лет со дня его́ кончи́ны der Tag seines Todes jährt(e) sich zum zehnten Male
исполня́ть *vt E impf* ⟨*pf:* испо́лнить⟩ **1.** erfüllen, ausführen; ~ обя́занности ein Amt ausüben; **исполня́ющий обя́занности** (-*и.о.*) Stellvertreter *m*; ~ стихотворе́ние ein Gedicht vortragen **2.** (THEAT) darstellen; **3.** (MUS) spielen
испо́льзование *nt O2* **1.** Ausnutzung *f*, Nutzung *f*, Verwendung *f*; ~ креди́тов Inanspruchnahme *f* von Krediten; ~ не по назначе́нию Zweckentfremdung *f*; ~ средств Mittelverwendung *f*; ~ фа́кторов произво́дства Faktoreinsatz *m* **2.** (*обрабо́тка*) Auswertung *f*, Verwertung *f*
испо́льзовать *vt E2 impf/pf* **1.** ausnutzen, sich zunutze machen, verwenden; **2.** auswerten, verwerten
испо́льзоваться *vr E2 impf/pf* zur Anwendung kommen, verwendet werden
испо́ртить ⟨*fut:* испо́рчу, -ртишь⟩ *vt I pf* ⟨*impf:* по́ртить⟩ verderben, beschädigen, verpfuschen; ~ отноше́ния с кем-либо es (sich) mit jdm verderben; ~ себе́ здоро́вье seine Gesundheit ruinieren
исправи́тельный *adj* Besserungs-; **исправи́тельные рабо́ты** Strafarbeit *f*
испра́вить ⟨*fut:* испра́влю, -вишь⟩ *vt I pf* ⟨*impf:* исправля́ть⟩ **1.** berichtigen, verbessern; **2.** (*кого́-либо*) bessern, ändern; его́ уже́ не испра́вишь man kann ihn nicht mehr ändern; **3.** (*привести́ в испра́вность*) ausbessern, reparieren
испра́виться *vr I pf* ⟨*impf:* исправля́ться⟩ sich bessern
исправле́ние *nt O2* **1.** Berichtigung *f*, Korrektur *f*; ~ бала́нса Bilanzberichtigung *f* **2.** Ausbesserung *f*, Reparatur *f*
испражня́ться *vr E impf* ⟨*pf:* испражни́ться⟩ Kot absondern
испро́бовать *vt E2 pf* ⟨*impf:* про́бовать⟩ ausprobieren; ~ все сре́дства alle Mittel ausprobieren
испу́г *m K* Schreck *m*; **отде́латься лёгким ~ом** mit dem Schrecken davonkommen
испуга́ть *vt E pf* ⟨*impf:* пуга́ть⟩ erschrecken
испусти́ть ⟨*fut:* испущу́, -у́стишь⟩ *vt I pf* ⟨*impf:* испуска́ть⟩ ausstoßen; ~ крик einen Schrei ausstoßen; ~ дух (*fig*) den Geist aufgeben
испыта́ние *nt O2* **1.** Versuch *m*, Probe *f*, Test *m*; **испыта́ния я́дерного ору́жия** Nukleartests *pl*; **вы́борочное ~** Stichprobe *f*; ~ при по́мощи те́стов Testverfahren *nt*; ~ в ры́ночных усло́виях Markttest *m*; ~ проду́кта Produkttest *m*; ~ това́ра Warentest *m*; ~ упако́вки Verpackungstest *m*; **ходово́е ~** (KFZ) Probefahrt *f*; **вы́держать ~** eine Prüfung bestehen **2.** Prüfung *f*; **3.** (*экза́мен*) Prüfung *f*; **4.** (*в жи́зни*) Prüfung *f*, Erprobung *f*; ~ на му́жество Mutprobe *f*; **пройти́ тя́жкие испыта́ния** Schweres durchgemacht haben
испы́танный *adj* erprobt, bewährt
испыта́тельный *adj* Probe-; ~ прое́кт Pilotprojekt *nt*; ~ срок Probezeit *f*
испыту́емый *m wie adj* Prüfling *m*
испы́тывать *vt E impf* ⟨*pf:* испыта́ть⟩ **1.** prüfen, erproben; ~ чьи-либо не́рвы (*fig: nur impf*) jds Geduld auf die Probe stellen **2.** (*ощуща́ть*) empfinden, erleiden, erleben; ~ ра́дость Freude empfinden; ~ му́ки Qualen ausstehen; ~ стыд sich schämen; ~ превра́тности судьбы́ vom Schicksal heimgesucht werden; ~ что-либо на себе́ etw am eigenen Leibe erfahren
иссле́дование *nt O2* Erforschung *f*, Forschung *f*, Untersuchung *f*, Studie *f*; лаборато́рное ~ Laboruntersuchung *f*; косми́ческие иссле́дования Weltraumforschung *f*; ~ ры́нка Marktforschung *f*; ~ действи́тельности рекла́мы Copytest *m*; ~ рабо́чего проце́сса Arbeitsablaufstudie *f*; **иссле́дования и разрабо́тки** Forschung und Entwicklung
иссле́дователь, иссле́довательница *m K / f A* For-

scher, -in *mf*; ~ **ры́нка** Marktforscher *m*
иссле́довать *vt E2 impf/pf* erforschen, untersuchen
истэ́блишмент *m K* Establishment *nt*
истека́ть *vi E impf* {*pf:* **исте́чь**} **1.** (*срок*) ablaufen; **срок де́йствия догово́ра истека́ет 1-го января́** der Vertrag endet am 1. Januar; **2.** herausfließen; ~ **кро́вью** viel Blut verlieren, verbluten
истери́чный <*kf:* -чен, -чна> *adj* hysterisch
исте́ц <*gen sg:* истца́> *m K* (JUR) Kläger, -in *m/f*
истече́ние *nt O2* **1.** Ablauf *m*; **по истече́нии сро́ка** nach Ablauf der Frist **2.** (MED) Ausfluss *m*
исте́чь <*fut:* истеку́, -течёшь, *prät:* истёк, -текла́> *vi UE4 pf* {*impf:* **истека́ть**} ablaufen
и́стина *f A* Wahrheit *f*; **изби́тая ~** Binsenwahrheit *f*
и́стинный <*kf:* -нен, -нна, -инно> *adj* wahr, wahrhaft, echt; **и́стинное положе́ние веще́й** der tatsächliche Stand der Dinge; ~ **друг** ein echter Freund *m*
истолко́вывать *vt E impf* {*pf:* **истолкова́ть**} auslegen, interpretieren
истоми́ться <*fut:* истомлю́сь, -ми́шься> *vr I pf* {*impf:* **томи́ться**} verschmachten, sich vezehren
исто́рик *m K* Historiker, -in *m/f*
историогра́фия *f A2* Geschichtsschreibung *f*
истори́ческий *adj* historisch, geschichtlich, Geschichts-; ~ **рома́н** historischer Roman *m*; **истори́ческая подоплёка произведе́ния** der geschichtliche Hintergrund eines Werks; **истори́ческое собы́тие** ein geschichtliches [*o* historisches] Ereignis *nt*; **истори́ческое созна́ние** Geschichtsbewusstsein *nt*; **истори́ческая часть го́рода** Altstadt *f*
исто́рия *f A2* **1.** Geschichte *f*, Geschichtswissenschaft *f*; **2.** Geschichte *f*, Erzählung *f*, Bericht *m*; **невероя́тная ~** eine unglaubliche Geschichte; ~ **боле́зни** Krankenbericht *m* **3.** Angelegenheit *f*, Begebenheit *f*; **ве́чная исто́рия!** immer die gleiche Geschichte!
исто́чник *m K* (*auch fig*) Quelle *f*, Ursprung *m*; ~ **дохо́дов** Einnahmequelle *f*; ~ **эне́ргии** Energiequelle *f*; **из хорошо́ информи́рованных ~ов** aus gut informierten Kreisen; ~ **опла́ты нало́гов** Steuerquelle *f*; ~ **получе́ния средств** Mittelherkunft *f*
истоще́ние *nt O2* **1.** Erschöpfung *f*; **2.** (MED) Unterernährung *f*
истощи́ть <*fut:* истощу́, -щи́шь> *vt I pf* {*impf:* **истоща́ть**} **1.** (*запа́сы*) erschöpfen, aufbrauchen; ~ **терпе́ние** (*fig*) die Geduld erschöpfen **2.** (*изнури́ть*) erschöpfen, entkräften

истреби́ть <*fut:* истреблю́, -би́шь> *vt pf* {*impf:* **истребля́ть**} vernichten, ausrotten
и́стый *adj* echt, wahr; ~ **джентельме́н** der wahre Gentleman
исхо́д *m K* **1.** Ausgang *m*, Ende *nt*; **быть на ~е** zur Neige gehen; **2.** (REL) Auszug *m*, Exodus *m*
исходи́ть <*präs:* исхожу́, -о́дишь> *vi I impf* **1.** (*из чего́-либо*) ausgehen (von + *dat*), sich stützen (auf +*akk*); **2.** (*происходи́ть*) stammen; ~ **от нача́льника** vom Vorgesetzten ausgehen; ~ **из ве́рных исто́чников** aus sicherer Quelle stammen
исхо́дный *adj* Ausgangs-; **исхо́дная величина́** Bezugsgröße *f*; **исхо́дная то́чка** Ausgangspunkt *m*; **исхо́дные да́нные** Ausgangsdaten *pl*; ~ **материа́л** Rohstoff *m*; ~ **проду́кт** (ÖKON) Vorprodukt *nt*; ~ **текст** [*o* **код**] **програ́ммы** (DV) Quellcode *m*, Sourcecode *m*; ~ **текст** (LING) Quelltext *m*
исхуда́ть *vi E pf* abmagern
исчезнове́ние *nt O2* Verschwinden *nt*
исче́знуть <*prät:* исчéз, -ла> *vi E1a pf* {*impf:* **исчеза́ть**} verschwinden, verlorengehen; ~ **из ви́ду** (*umg*) von der Bildfläche verschwinden
исче́рпывать *vt E impf* {*pf:* исчерпа́ть} **1.** erschöpfen, verbrauchen; ~ **все возмо́жности** (*fig: meist pf*) alle Möglichkeiten ausschöpfen **2.** (*де́ло, вопро́с и т.п.*) erledigen, vollständig klären
исче́рпывающий *adj* erschöpfend
исчисле́ние *nt O2* Berechnung *f*, Rechnung *f*; **интегра́льное ~** (MATH) Integralrechnung *f*; ~ **проце́нтов** Zinsrechnung *f*; **сло́жного проце́нта** Zinseszinsrechnung *f*; ~ **изде́ржек** Kostenrechnung *f*; ~ **себесто́имости** Selbstkostenberechnung *f*
исчи́слить *vt I pf* {*impf:* **исчисля́ть**} berechnen, ausrechnen
ита́к *konj* also
Ита́лия *f A2* Italien *nt*
италья́нец, италья́нка <*gen sg m:* -нца, -нцев, *gen pl f:* -нок> *m K / f A* Italiener, -in *m/f*
италья́нский *adj* italienisch; **италья́нская забато́вка** Bummelstreik *m*
ИТАР *abk von* информацио́нно-телегра́фное аге́нство Росси́и *nt* russische Nachrichtenagentur
ито́г *m K* Endergebnis *nt*, Fazit *nt*, Bilanz *f*; **~и вы́боров** Wahlergebnis *nt*; **в ~е** im Endeffekt; **в коне́чном ~е** letzten Endes; **подводи́ть ~и** Bilanz ziehen
ито́говый *adj* Gesamt-, Abschluss-; **ито́говая су́мма** Gesamtsumme *f*; **ито́говые показа́тели** [*o* **ци́фры**] (ÖKON) Erfolgskennzahlen *pl*; ~ **бала́нс** (ÖKON) Abschlussbilanz *f*
иша́к *m K e* Esel *m*; **рабо́тать как ~** (*fig*)

schuften
ищейка <gen pl: -еек> f A / (auch fig) Spürhund m
июль m K1 Juli m
июнь m K1 Juni m
и т. д. abk von и так далее und so weiter, usw.

Й

й, Й nt indekl kyrillischer Buchstabe
йог m K Yogi m, Yogin m
йога f A Yoga nt
йогурт m K Joghurt m
йод m K Jod nt
йота f A Jota nt; **ни на йоту** um kein Jota; nicht im geringsten

К

к, К[1] nt indekl kyrillischer Buchstabe
к[2] I. präp lok +dat zu (+dat), an (+akk); подъехать к станции zum Bahnhof fahren; позвать к телефону ans Telefon rufen; II. präp temp +dat bis (+akk); к 2010-му году bis zum Jahr 2010; готовиться к экзамену sich auf das Examen vorbereiten; III. präp präp +dat zu; это ни к чему es hat keinen Zweck; к частью zum Glück; к сожалению leider; IV. präp präp +dat gegen; к девяти часам gegen neun Uhr
кабак m K e Kneipe f
кабала f A e Knechtschaft f, Sklaverei f
кабан m K e Eber m, Wildschwein nt
кабаре nt indekl Kabarett nt
кабель m K1 Kabel m
кабельный adj Kabel-; **подключать к сети кабельного телевидения** (TV) verkabeln; **кабельное телевидение** Kabelfernsehen nt
кабина f A Kabine f, Zelle f; **~ грузовика** Fahrerhaus nt; **~ пилота** Cockpit nt
кабинет m K 1. Arbeitszimmer nt, Amtszimmer nt; **лингафонный ~** Sprachlabor nt; 2. (врачебный) Sprechzimmer nt, Behandlungsraum m; 3. (POL) Kabinett nt, Ministerrunde f
каблук m K e Absatz m; **туфли на высоких ~ах** Schuhe mit hohen Absätzen; **быть под ~ом у кого-либо** (fig) unter dem Pantoffel stehen
кабриолет m K Kabrio nt, Kabriolett nt
кавалер m K 1. Kavalier m; 2. (ордена) Ordensträger m, Ritter m
кавалерия f A2 Kavallerie f
кавалькада f A Kavalkade f
кавардак m K e Durcheinander nt, Wirrwarr m

каверза f A 1. (придирка) Schikane f; 2. (злая шутка) Intrige f, Schabernack m
каверзный adj 1. kniffelig, heimtückisch; **~ вопрос** eine spitzfindige Frage f 2. heimtückisch, arglistig
Кавказ m K Kaukasus m; **на ~е** im Kaukasus
кавказец, кавказка <gen sg m: -зца> m K / f A Kaukasier, -in m/f
кавказский adj kaukasisch
кавычки <gen pl: -чек> f pl A Anführungszeichen nt pl; **взять цитату в ~** ein Zitat in Anführungszeichen setzen
кадастр m K Kataster m
кадка <gen pl: -док> f A Kübel m
кадмий <präpos sg: -ии> m K2 Kadmium nt
кадр m K (FOT) Einzelbild nt, Momentaufnahme f; **за ~ом** im Off

кадровый adj 1. Personal-; **кадровая политика** Personalpolitik f; **кадровые вопросы** personelle Fragen pl; **кадровые перестановки** personelle Veränderungen f pl 2. (MIL) Berufs-; **~ военный** Militär nt
кадры m pl K Kader m, Kaderbestand m; **основные ~** Stammpersonal nt; **~ специалистов** Fachkräfte pl; **отдел кадров** Personalabteilung f
каждодневный adj tagtäglich
каждый pron det jede(r, s)
казак, казачка <pl m: -и, -ов, und: -й, -ов> m K f A Kosak, -in m/f
казарма f A Kaserne f
казаться <präs: кажусь, кажешься> vr + inst E4 impf (pf: по-) 1. scheinen, den Anschein haben; **чтобы ~ моложе** um jünger zu erscheinen; 2. (unpers) vorkommen; это мне кажется странным das kommt mir seltsam vor; 3. (nur 3. pers sg) anscheinend; он, кажется, согласен anscheinend ist er einverstanden
казах m K Kasache m
Казахстан m K Kasachstan nt
казённый adj 1. staatlich; **за ~ счёт** auf Staatskosten 2. bürokratisch; 3. (pej) banal
казино nt indekl Kasino nt, Spielkasino nt
казна f A (бюджет) Staatskasse f, Fiskus m
казначей m K2 Schatzmeister m
казначейский adj: **казначейские обязательства** Schatzanweisung f; **казначейский документ** Schatzbrief m
казначейство nt O: **государственное ~** (arch) Schatzamt nt, Schatzkammer f
казнить vt 1 impf/pf hinrichten; **~ себя** (fig) sich heftige Vorwürfe machen; sich selbst beschuldigen
казнокрад m K Veruntreuer m von Staatsgeldern
казнокрадство nt O Veruntreuung f von Staatsgeldern, Unterschlagung f von Staatseigentum
казнь f I Hinrichtung f; **смертная ~** Todesstrafe f

кайма́ <gen pl: каём> f A e Borte f, Kante f
кайф m K **1.** (vulg) Spaß m, Riesenspaß m; **2.** Rausch m, Kick m
кайфова́ть vi E2 impf **1.** (vulg) sich amüsieren, Spaß haben; **2.** im Rausch sein
как I. adv wie; ~ вы сказа́ли? wie bitte? ~ дела́? wie geht's? ~ ты догада́лся? wie kommst du darauf? **II.** konj als, wie; ~ бу́дто [o бы] als ob; ~ бы то ни́ было jedenfalls; ~ ни в чём не быва́ло als sei nichts geschehen [o gewesen]; ~ всегда́ wie immer; ~ мо́жно скоре́е baldmöglichst; ~ пра́вило gewöhnlich, normalerweise; ~ раз gerade, ausgerechnet; ~ ... так и sowohl ... als auch; ~ то́лько sobald
кака́о nt indekl Kakao m
как-нибу́дь adv irgendwie
како́й pron inter was für ein(er, s), welche(r, s); кака́я сего́дня пого́да? wie ist denn heute das Wetter? ~ по счёту der wievielte
ка́ктус m K Kaktus m
кал m K (экскреме́нты) Kot m
каламбу́р m K Kalauer m
кале́ка m f A Krüppel m
календа́рный adj Kalender-; **календа́рная неде́ля** Kalenderwoche f; ~ год Kalenderjahr m; ~ гра́фик Zeitplan m
календа́рь m K1 e **1.** Kalender m; **гражда́нский** ~ weltlicher Kalender m; **церко́вный** ~ Kirchenkalender m; **2.** Terminkalender m
кале́чить vt 1 impf (pf: ис-) verkrüppeln, zum Krüppel machen, verstümmeln
кали́бр m K (TECH) Kaliber nt, Durchmesser m
калиброва́ть vt E2 impf (TECH) eichen
ка́лий <präpos sg: -ии> m K2 Kalium nt
кали́на f A **1.** Schneeballstrauch m, Wasserholunder m; **2.** Schneeballbeeren pl
калори́йность f I Kaloriengehalt m
калори́фер m K Heizkörper m
кало́рия f A2 Kalorie f
ка́лька f A **1.** Durchzeichenpapier nt; **2.** (LING) Lehnübersetzung f
калькули́ровать vt E2 impf kalkulieren, veranschlagen
калькули́руемый adj kalkulatorisch; **калькули́руемая амортиза́ция** kalkulatorische Abschreibung f; **калькули́руемая проце́нтная ста́вка** Kalkulationszinsfuß m; **калькули́руемые изде́ржки** kalkulatorische Kosten pl; **калькули́руемые проце́нты** kalkulatorische Zinsen pl
калькуля́тор m K Taschenrechner m
калькуля́ция f A2 (ÖKON) Kalkulation f; **предвари́тельная** ~ Vorkalkulation f; ~ **совоку́пных затра́т** Vollkostenkalkulation f; **производи́ть калькуля́цию** kalkulieren
ка́льций <präpos sg: -ии> m K2 Kalzium nt
ка́мбуз m K Schiffsküche f, Kombüse f
камени́стый <kf: -ист> adj steinig
ка́менный adj steinern; ~ **век** Steinzeit f

каменоло́мня <gen pl: -мен> f A1 Steinbruch m
каменотёс m K Steinmetz m
ка́менщик, ка́менщица m K / f A Maurer, -in m/f
ка́мень <gen sg: -мня> m K1 ple1 Stein m; **драгоце́нный** ~ Edelstein m; ~ **преткнове́ния** (fig) Stein des Anstoßes, Streitpunkt m; **филосо́фский** ~ Stein der Weisen; **броса́ть ка́мнем в кого́-либо** (fig) mit Steinen auf jdn werfen; **не оста́вить ка́мня на ка́мне** keinen Stein auf dem anderen lassen, alles dem Erdboden gleichmachen; **у меня́** ~ **с души́ свали́лся** (fig) mir ist ein Stein vom Herzen gefallen
ка́мера¹ f A **1.** (kleiner) Raum m; ~ **хране́ния** Gepäckaufbewahrung f; **2.** (-тюре́мная) Gefängniszelle f; ~ **пы́ток** Folterkammer f **3.** (TECH) Kammer f
ка́мера² f A Kamera f
ка́мерный adj Kammer-; **ка́мерная му́зыка** Kammermusik f
камерто́н m K Stimmgabel f
ками́н m K Kamin m
кампа́ния f A2 Kampagne f; ~ **по сбо́ру по́дписей** Unterschriftensammlung f; **предвы́борная** ~ Wahlkampagne f; **разну́зданная** ~ **клеветы́** wilde Hetz- [o Verleumdungs-]kampagne f
камуфли́ровать vt E2 impf/pf (pf: за-) tarnen
ка́мушек <gen sg: -шка> m K Murmel f; **э́то** ~ **в мой огоро́д** (fig) das ist auf mich gemünzt
камы́ш <gen pl: -ше́й> m K e Schilf nt, Schilfrohr nt
кана́ва f A Graben m; **сто́чная** ~ Rinnstein m
кана́вка <gen pl: -вок> f A **1.** kleiner Graben m, Rinne f; **2.** Rille f
Кана́да f A Kanada nt
кана́дец, кана́дка <gen sg m: -дца, -дцев, gen pl f: -док> m K / f A Kanadier, -in m/f
кана́дский adj kanadisch
кана́л m K **1.** Kanal m; **2.** (fig) Weg m, Verbindung f; ~ **дистрибу́ции** [o **распределе́ния**] (ÖKON) Distributionskanal m; ~ **распростране́ния** Vertriebsweg m; **по дипломати́ческим** ~**ам** auf diplomatischem Wege; ~ **сбы́та** Absatzweg m; Vetriebsweg m; Absatzkanal m
канализа́ция f A2 Kanalisation f; **разде́льная систе́ма канализа́ции** Trennkanalisation f
канаре́йка <gen pl: -е́ек> f A Kanarienvogel m
кана́т m K Seil nt, Tau nt; **хожде́ние по** ~**у** Seiltanz m, Balanceakt m; **перетя́гивание** ~**а** (auch fig) Tauziehen nt
канатохо́дец <gen sg: -дца, -дцев> m K Seiltänzer, -in m/f
кандалы́ m pl K ple Fesseln f pl

кандида́т, кандида́тка <gen pl f: -ток> m K / f A **1.** Kandidat, -in m/f, Anwärter, -in m/f, Bewerber, -in m/f; **~ в президе́нты** Präsidentschaftskandidat m; **основно́й ~** Spitzenkandidat m **2.** (nur m) akademischer Grad in Russland; **~ нау́к** Doktor, -in m/f; **~ юриди́ческих нау́к** promovierter Jurist m

кандидату́ра f A Kandidatur f, Anwartschaft f; **вы́двинуть чью́-ли́бо кандидату́ру** jdn als Kandidaten aufstellen; **вы́ставить свою́ кандидату́ру** kandidieren

кани́кулы f pl A Ferien pl; **парла́ментские ~** parlamentarische Sommerpause/Winterpause f

кани́стра f A Blechkanister m; **~ для бензи́на** Benzinkanister m

каните́ль f I **1.** Goldfaden m, Silberfaden m; **2.** (umg) langwierige Angelegenheit f, Schererei f

каннибали́зм m K Kannibalismus m

кано́н m K Kanon m; **приде́рживаться ~ов** sich streng an die Traditionen halten

кано́э nt indekl Kanu nt

кану́н m K (auch fig) Vorabend m; **кану́н но́вого го́да** Silvester m

канцеляри́зм m K Kanzleiausdruck m

канцеля́рия f A2 **1.** (arch) Kanzlei f; **2.** Büro nt

канцеля́рский adj Büro-; **~ рабо́тник** Bürokraft f; **~ шкаф** Aktenschrank m; **канцеля́рская скре́пка** Büroklammer f

канцероге́нный adj (MED) kanzerogen, Krebs erzeugend

ка́нцлер m K Kanzler m

ка́пать I. <präs: ка́паю, -аешь> vi E impf tropfen; **II.** vt E (pf: на-) **1.** einträufeln; **2.** (umg) angeben, denunzieren

ка́пельница f A (MED) Tropf m

капита́л m K Kapital nt; **нача́льный ~** Startkapital nt; **ве́нчурный ~** Venture-Kapital nt; Risikokapital nt

капитали́зм m K Kapitalismus m

капитали́ст m K Kapitalist m

капиталисти́ческий adj kapitalistisch

капиталовложе́ние nt O2 Kapitalanlage f, Kapitalinvestition f; **пойти́ на капиталовложе́ния** Investitionen tätigen; **~ на расшире́ние произво́дственных фо́ндов** Erweiterungsinvestition f; **капиталовложе́ния по перестро́йке произво́дства** Umstellungsinvestition f; **капиталовложе́ния в веще́ственной фо́рме** Sachanlagevermögen nt

капиталовооружённость f I Kapitalausstattung f

капиталоёмкий adj anlageintensiv, kapitalintensiv

капита́н m K **1.** (MIL) Hauptmann m; **2.** (MAR) Kapitän m

капитули́ровать vi E2 impf/pf kapitulieren

капитуля́ция f A2 Kapitulation f

ка́пля <gen pl: -пель> f A1 Tropfen m; **дождева́я ~** Regentropfen m; **~ в мо́ре** (fig) ein Tropfen auf den heißen Stein; **э́то ста́ло после́дней ка́плей, перепо́лнившей ча́шу терпе́ния** (fig) das hat das Fass zum Überlaufen gebracht; **ни ка́пли** (umg) kein bisschen, überhaupt nicht

ка́пнуть vi E1 pf tröpfeln

капо́т m K Motorhaube f

капри́з m K Laune f; **отучи́ть кого́-ли́бо от ~ов** jdm die Flausen austreiben; **капри́зы судьбы́** (fig) die Launen des Schicksals

капри́зный <kf: -зен, -зна> adj launenhaft, launisch

ка́псула f A Kapsel f

капу́ста f A Kohl m; **белокоча́нная ~** Weißkohl m; **краснокоча́нная ~** Rotkohl m; **брюссе́льская ~** Rosenkohl m; **цветна́я ~** Blumenkohl m; **ква́шеная ~** Sauerkohl m; Sauerkraut nt

капюшо́н m K Kapuze f

кара́бкаться vr E impf (pf: вс-) klettern, hinaufklettern

карава́й m K2 Brotlaib m

карава́н m K Karawane f

кара́кули f pl A1 Gekritzel nt

караме́ль f I **1.** Karamell m; **2.** (конфе́та) Bonbon m

каранда́ш <gen pl: -е́й> m K e Bleistift m; **просто́й ~** Bleistift m; **кра́сный ~** Rotstift m; **цветно́й каранда́ш** Farbstift m; **взять на ~** notieren, vermerken

каранти́н m K Quarantäne f

карате́ nt indekl Karate nt

кара́ть vt E impf (pf: по-) strafen, bestrafen

карау́л I. m K (MIL) Wache f; **заступа́ть в ~** die Wache übernehmen; **II.** interj Hilfe! **крича́ть ~** Zeter und Mordio schreien

карбюра́тор m K Vergaser m

ка́рго nt indekl (ÖKON) Kargo nt

кардина́льный adj grundlegend; **кардина́льные вопро́сы** Grund [o Kardinal-]fragen f pl; **кардина́льная экономи́ческая рефо́рма** durchgreifende Wirtschaftsreform f

кардиоло́гия f A2 Kardiologie f

каре́та f A Kutsche f

Кари́бское мо́ре nt O1 Karibik f

ка́риес m K Karies f

карикату́ра f A Karikatur f; **рисова́ть карикату́ры** Karikaturen zeichnen

карка́с m K Gerippe nt, Gestell nt

ка́ркать vi E impf **1.** (о воро́не) krächzen; **2.** (fig) unken

карма́н m K Tasche f; **~ брюк** Hosentasche f; **вы́ложить из со́бственного ~а** (umg) aus der eigenen Tasche bezahlen; **э́то бьёт по ~у** (umg) das geht ins Geld; **э́то мне не по ~у** (umg) das kann ich mir nicht leisten; **он за сло́вом в ~ не поле́зет** (umg) er ist nicht auf den Mund gefallen

карма́нник *m K* Taschendieb *m*
карма́нный *adj* Taschen-; **де́ньги на карма́нные расхо́ды** [*o* **карма́нные де́ньги**] Taschengeld *nt*; **~ вор** Taschendieb *m*; **кни́жка карма́нного форма́та** Taschenbuch *nt*
карнава́л *m K* (*ма́сленица*) Karneval *m*, Fastnacht *f*, Fasching *m*
карнава́льный *adj* Karneval-; **карнава́льное ше́ствие** Faschingszug *m*
карни́з *m K* Sims *m*; **око́нный ~** Fenstersims *m*
карп *m K* Karpfen *m*
ка́рта *f A* Karte *f*; **географи́ческая ~** Landkarte *f*; **игра́льная ~** Spielkarte *f*; **(по)ста́вить всё на одну́ ка́рту** (*auch fig*) alles auf eine Karte setzen; **что-ли́бо поста́влено на ка́рту** etw steht auf dem Spiel; **раскрыва́ть свои́ ка́рты** seine Karten aufdecken
карте́ль *m K1* Kartell *nt*; **~ на осно́ве джентельме́нского соглаше́ния** Frühstückskartell *nt*; **~ по кво́там и це́нам сырья́** Rohstoffkartell *nt*; **контингенти́рованный ~** Quotenkartell *nt*
карте́льный *adj* (ÖKON) Kartell-; **карте́льное законода́тельство** Kartellgesetz *nt*; **карте́льное соглаше́ние о це́нах** Preiskartell *nt*; **~ реги́стр** [*o* **рее́стр**] Kartellregister *nt*
карти́на *f A* 1. Bild *nt*, Gemälde *nt*; **~, напи́санная ма́слом** Ölgemälde *nt* 2. (**-кинофи́льм**) Film *f*; 3. (*обстано́вка*) allgemeine Lage *f*; **сего́дня ина́я ~** (*fig*) heute sieht die Situation anders aus;
карти́нка <*gen pl:* -нок> *f A* (-**иллюстра́ция**) Illustration *f*, Abbildung *f*; **кни́га с карти́нками** Bilderbuch *nt*; **переводны́е карти́нки** Abziehbilder *nt pl*
карто́н *m K* Pappe *f*
карто́нный *adj* Papp-; **карто́нная коро́бка** Karton *m*, Pappschachtel *f*
картоте́ка *f A* 1. Kartei *f*, 2. (ÖKON) amtliche Liste von Betrieben, die gegenseitig verschuldet sind; **сиде́ть на картоте́ке** auf der Schuldnerliste stehen
карто́фель *m K1* 1. (BOT) Kartoffelpflanze *f*; 2. Kartoffeln *f pl*; **жа́реный ~** Bratkartoffeln *pl*; **~ в мунди́ре** Pellkartoffeln *pl*; **отварно́й ~** Salzkartoffeln *pl*; **хрустя́щий жа́реный ~** Kartoffelchips *pl*
карто́фельный *adj* Kartoffel-; **карто́фельное пюре́** Kartoffelbrei *m*, Kartoffelpüree *nt*
ка́рточка <*gen pl:* -чек> *f A* Karte *f*, Kärtchen *nt*; **продово́льственная ~** Lebensmittelkarte *f*; **картоте́чная ~** Karteikarte *f*; **визи́тная ~** Visitenkarte *f*, Gästeausweis *m*; **пла́стиковая ~** Bankkarte *f*; **~ учёта нало́гов на за́работную пла́ту** Lohnsteuerkarte *f*
ка́рточный *adj* Karten-; **ка́рточная систе́ма** Rationierungssystem *nt*; **ру́хнуть, как ~ до́мик** (*fig*) einstürzen wie ein Kartenhaus
карто́шка <*gen pl:* -шек> *f A* (*umg*) Kartoffeln *pl*
ка́рты *f pl A* Spielkarten *f pl*, Kartenspiel *nt*
карусе́ль *f I* Karussell *nt*
карцино́ма *f A* (MED) Karzinom *nt*, Krebsgeschwulst *f*
карье́ра *f A* Karriere *f*; **(с)де́лать карье́ру** Karriere machen
карьери́зм *m K* Karrieredenken *nt*
карьери́ст, -ка <*gen pl f:* -ток> *m K f A* (*pej*) Karrieremacher, -in *m/f*, Streber, -in *m/f*
карьери́стский *adj* Karriere-; **из карьери́стских соображе́ний** aus Karrieregründen
каса́тельно *präp* +*gen* betreffs (+*gen*), bezüglich (+*gen*)
каса́ться *vr E impf* (*pf:* **косну́ться**) 1. (*кого́-ли́бо/чего́-ли́бо*) berühren; 2. (*fig: те́мы*) betreffen; **что каса́ется** in Bezug auf; **что каса́ется э́того** diesbezüglich; **что каса́ется меня́** was mich anbelangt, soweit es mich betrifft
каска́дный *adj* Kaskaden-; **каска́дные листы́ сти́лей** (DV) Cascading Style Sheets *pl*, CSS
ка́сса *f A* Kasse *f*; **биле́тная ~** Fahrkartenschalter *f*; **сберега́тельная ~** Sparkasse *f*
кассацио́нный *adj* (JUR) Berufungs-; **~ суд** Kassationshof *m*; **кассацио́нная жа́лоба** Rekurs *m*; **пода́ть кассацио́нную жа́лобу** Berufung [*o* Rekurs] einlegen
касса́ция *f A2* (JUR) Berufung *f*
кассе́та *f A* Kassette *f*
кассе́тник *m K* (*umg*) Kassettenrecorder *m*
касси́р, касси́рша *m K / f A* Kassierer, -in *m/f*
ка́ссовый *adj* Kassen-; **ка́ссовая кни́га** Kassabuch *nt*; **~ аппара́т** Registrierkasse *f*; **ка́ссовая квита́ция** Kassenbeleg *m*; **ка́ссовая нали́чность** Kassenbestand *m*; **ка́ссовое поступле́ние** Kasseneinnahme *f*; **ка́ссовые сбо́ры** Verkaufsschlager *m*; **~ прихо́д** Kasseneinnahme *f*; **~ расхо́д** Ausgang *m*; **ка́ссовая сде́лка** Spotgeschäft *nt*; **~ успе́х** Kassenschlager *m*; **~ фильм** Kassenschlager *m*
кастра́ция *f A2* Kastration *f*
кастри́ровать *vt E2 impf/pf* kastrieren
кастрю́ля *f A1* Kochtopf *m*
катала́жка <*gen pl:* -жек> *f A* (*umg: тюрьма́*) Kittchen *nt*
катализа́тор *m K* Katalysator *m*
катало́г *m K* Katalog *m*; **зака́зывать по ~у** über Versandhandel [*o* per Katalog] bestellen; **~ цен** Preisliste *f*
каталогизи́ровать *vt E2 impf/pf* katalogisieren
ката́ние *nt O2* 1. Rollen *nt*; 2. Spazierenfahren *nt*; **~ на конька́х** Schlittschuhlaufen *nt*; **~ на лы́жах** Skilaufen *nt*; **~ на са́нках**

катапу́льта *f A* Katapult *nt*, Schleuder *f*
ката́р *m K* (MED) Katarr *m*
катара́кта *f A* (MED) grauer Star *m*
катастро́фа *f A* Katastrophe *f*
катастрофи́ческий *adj* kastastrophal
ката́ться *vr E* unbest (*best:* кати́ться) **1.** sich rollen, sich wälzen; **~ со сме́ху** sich kaputtlachen; **~ как сыр в ма́сле** (*fig*) wie die Made im Speck leben **2.** (*на чём-либо*) spazierenfahren; **~ на велосипе́де** Rad fahren; **~ на ло́дке** Boot fahren; **~ на конька́х** eislaufen; **~ на саня́х** [*o* **са́нках**] Schlitten fahren
категори́ческий *adj* **1.** (PHIL) kategorisch; **2.** entschieden
категори́чность *f I* Entschiedenheit *f*
катего́рия *f A2* Kategorie *f*, Klasse *f*; **~ налогообложе́ния** Steuerklasse *f*
кате́тер *m K* Katheter *m*
кати́ться <*präs:* качу́сь, ка́тишься> *vi I* best (*unbest:* ката́ться) rollen, fahren
като́д *m K* Kathode *f*
като́к <*gen sg:* -тка́> *m K e* **1.** Eisbahn *f*; **2.** Walze *f*; **доро́жный ~** Dampfwalze *f*; **~ для белья́** Wäschemangel *f*
като́лик, католи́чка <*gen pl f:* -чек> *m K / f A* Katholik, -in *m/f*
католи́ческий *adj* katholisch
каучу́к *m K* Kautschuk *m*
кафе́ *nt indekl* Café *nt*; **~-моро́женое** Eisdiele *f*
ка́федра *f A* **1.** Katheder *nt*, Rednerpult *nt*; **2.** (*в це́ркви*) Kanzel *f*; **3.** (*в ву́зе*) Lehrstuhl *m*, Abteilung *f*
ка́фель *m K1* Kachel *f*
кафете́рий <*präpos sg:* -ии> *m K2* Cafeteria *f*
кача́ть *vt E impf* **1.** schaukeln; **2.** (*ребёнка*) wiegen; **3.** (*во́ду*) pumpen; **~ права́** (*umg*) auf sein Recht pochen
кача́ться *vr E impf* **1.** schaukeln, sich wiegen, pendeln; **2.** (*пошатываться*) taumeln
каче́ли *f pl A* Schaukel *f*
ка́чественный <*kf:* -вен, -венна, -венно> *adj* Qualitäts-, von hoher Qualität; **ка́чественное изде́лие** Qualitätsprodukt *nt*; **(высоко)ка́чественная сталь** Edelstahl *m*
ка́чество *nt O* Qualität *f*, Beschaffenheit *f*; **~ жи́зни** Lebensqualität *f*; **в э́том ка́честве** in dieser Eigenschaft [*o* Funktion]; **в ка́честве дире́ктора** als Direktor
ка́чка *f A* (MAR) Schaukeln *nt*; **не переноси́ть морско́й ка́чки** die Seefaht schlecht vertragen
ка́ша *f A* Brei *m*; **овся́ная ~** Haferbrei *m*; **завари́ть ка́шу** (*umg*) eine schöne Suppe einbrocken; **с ке́м-либо ка́ши не сва́ришь** (*umg*) nicht einig werden (mit +*dat*)
ка́шель <*gen sg:* -шля> *m K1* Husten *m*
кашеми́р *m K* Kaschmir *m*
ка́шлянуть *vi E1 pf* steht für einmal husten
ка́шлять *vi E impf* husten
кашта́н *m K* **1.** Kastanie *f*; **2.** (*съедо́бный*) Marone *f*; **3.** Kastanienbaum *m*
каю́та *f A* (MAR) Kajüte *f*, Kabine *f*
каю́т-компа́ния *f A2* (MAR) Speisesaum *m*, Offiziersmesse *f*
ка́яться <*präs:* ка́юсь, ка́ешься> *vr E4 impf* (*pf:* по-) **1.** (*в чём-либо*) bereuen; **2.** (*кому́-либо*) gestehen
квадра́т *m K* **1.** Quadrat *nt*; **2.** Quadratzahl *f*
квадра́тный *adj* quadratisch; **~ метр** Quadratmeter *m*
ква́кать *vi E impf* quaken
ква́кша *f A* (ZOOL) Laubfrosch *m*
квалифика́ция *f A2* Qualifikation *f*; **повыша́ть квалифика́цию** sich qualifizieren, sich weiterbilden
квалифици́рованный *adj* qualifiziert, fachkundig; **квалифици́рованный рабо́чий** Facharbeiter *m*
квалифици́ровать *vt E2 impf/pf* **1.** bewerten, beurteilen; **2.** die Qualifikation prüfen
кварта́л *m K* **1.** Quartal *nt*; **2.** Stadtviertel *nt*, Wohnviertel *nt*; **3.** Häuserblock *m*
кварте́т *m K* Quartett *nt*
кварти́ра *f A* Wohnung *f*; **двухко́мнатная ~** Zweizimmerwohnung *f*; **снима́емая ~** Mietwohnung *f*; **со́бственная ~** Eigentumswohnung *f*
кварти́рный *adj* Wohnungs-; **кварти́рная пла́та** Miete *f*
квартиросъёмщик, квартиросъёмщица *m K / f A* Mieter, -in *m/f*
квартпла́та *akr von* кварти́рная пла́та *f* Miete *f*
кварц *m K* Quarz *m*
квас *m K ple* Kwass *m*, säuerliches Getränk aus Hefe (oder Schwarzbrot) und Malz
кви́нта *f A* (MUS) Quinte *f*
квита́нция *f A2* Quittung *f*
кви́ты *adj*: **мы кви́ты** wir sind quitt; **мы с ним кви́ты** ich bin mit ihm quitt
кво́рум *m K* Quorum *nt*; **кво́рума нет** die Versammlung ist nicht beschlussfähig
кво́та *f A* Quote *f*; **~ безрабо́тных** Arbeitslosenquote *f*; **~ вне́шней торго́вли** Außenhandelsquote *f*; **~ за́работной пла́ты** Lohnquote *f*; **~ со́бственного капита́л** Eigenkapitalquote *f*; **~ уча́стия** Beteiligungsquote *f*; **квотати́вная а́кция** Quotenaktie *f*; **иммиграцио́нная ~** Einwanderungsquote *f*; **и́мпортная кво́та** Einfuhrquote *f* Importquote *f*
кВт *abk von* килова́тт *m* Kilowatt *nt*, kW *nt*
кг *abk von* килогра́мм *m* Kilogramm *nt*, kg *nt*
КГБ *abk von* Комите́т Госуда́рственной Безопа́сности *m* KGB *m*
кегельба́н *m K* Kegelbahn *f*
ке́гля <*gen pl:* -ей> *f A1* **1.** Kegel *m*; **2.** (*im pl*) Kegeln *nt*, Kegelspiel *nt*; **игра́ть в**

кегли kegeln
кекс *m K* eine Art Rosinenbrötchen; **рождественский ~** Stollen *m*
келейный *adj* im geheimen, im stillen; **келейное решение** eine Entscheidung im kleinen Kreis
келья <*gen pl:* -лий> *f A1* Klosterzelle *f*, Klause *f*
кем <*inst von:* кто> *pron inter* mit wem
кемпинг *m K* Campingplatz *m*; **жить в ~е** campen, zelten
кенгуру *m indekl* Känguru *nt*
керамика *f A* Keramik *f*
керосин *m K* Kerosin *nt*, Petroleum *nt*
керосинка <*gen pl:* -нок> *f A* Petroleumkocher *m*
кесарев *adj:* **кесарево сечение** (MED) Kaiserschnitt *m*
кетчуп *m K* Ketschup *nt*
киберспейс *m K* (DV) Cyberspace *m*
кивать *vi E impf* 1. nicken, mit dem Kopf nicken; 2. (*кому-либо*) zunicken; 3. (*в чью-либо сторону*) durch eine Kopfbewegung weisen; **~ на кого-либо** (*umg*) jdm die Schuld in die Schuhe schieben
кивнуть *vi E1 pf* kurz nicken
кидать *vt E impf* (*pf:* **кинуть**) (*бросать*) werfen, schmeißen
кий <*präpos sg:* кий, *gen pl:* киёв> *m K2 ple* (*бильярдный*) Queue *nt*, Billardstock *m*
килобайт *m K* Kilobyte *nt*
килоджоуль *m K1* (кдж) Kilojoule *nt*
килокалория *f A2* (ккал) Kilokalorie *f*
километр *m K* (км) Kilometer *m*
километраж *m K* Kilometerstand *m*
киль *m K1* (MAR) Kiel *m*
кильватер *m K* Kielwasser *nt*
кинжал *m K* Dolch *m*
кино *nt indekl* Kino *nt*
киноактёр, **киноактриса** *m K / f A* Filmschauspieler, -in *m/f*
кинозвезда <*nom pl:* -звёзды> *f A* Filmstar *m*
кинокамера *f A* Filmkamera *f*
кинопродюсер *mf K* Filmproduzent, -in *m/f*
кинопрокат *m K* Filmverleih *m*
киносъёмка <*gen pl:* -мок> *f A* Filmaufnahme *f*
кинотеатр *m K* Kino *nt*
кинофестиваль *m K1* Filmfestival *nt*
кинуть *vt E1 pf* (*impf:* **кидать**) werfen
киоск *m K* Kiosk *m*
кипа *f A* Pack *m*, Packen *m*; **~ писем** ein Stoß *m* [*o* Stapel *m*] Briefe
кипарис *m K* Zypresse *f*
кипеть <*präs:* киплю, -пишь> *vi I impf* (*pf:* вс-) 1. (*о воде*) kochen, brodeln, sieden; 2. (*спориться*) gut vorangehen; **работа кипит** die Arbeit flutscht; 3. (*fig: чем-либо*) kochen, brennen; **она кипит гневом** sie kocht vor Wut; **он кипит нетерпением** er brennt vor Ungeduld

Кипр *m K* Zypern *nt*
кипятильник *m K* 1. Tauchsieder *m*; 2. Boiler *m*
кипятить <*präs:* кипячу, -ятишь> *vt I impf* (*pf:* вс-) (ab)kochen
Киргизия *f A2* Kirgisien *nt*
кириллица *f A* Kyrilliza *f*, kyrillische Schrift *f*
кирпич <*gen pl:* -ей> *m K e* 1. Ziegel *m*; 2. Ziegelstein *m*
кирпичик *m K* (*auch fig*) Steinchen *nt*; **по кирпичику** (*fig*) Schritt für Schritt
кисель *m K1* süßsaure, mit Fruchtsaft gekochte Mehlspeise
кисловатый <*kf:* -áт> *adj* säuerlich
кислород *m K* Sauerstoff *m*
кислота <*nom pl:* кислоты> *f A pls* Säure *f*; **азотная ~** Salpetersäure *f*; **серная ~** Schwefelsäure *f*; **угольная ~** Kohlensäure *f*
кислотность *f I* pH-Wert *m*
кислотный *adj* (CHEM) sauerhaltig; **~ дождь** (ÖKOL) saurer Regen *m*
кислотостойкий *adj* säurebeständig
кислый <*kf:* -сел, -сла, -сл> *adj* sauer; **кислое молоко** Sauermilch *f*; **у него ~ вид** (*fig*) er sieht ziemlich sauer aus, er guckt ziemlich sauer
киснуть <*prät:* кис *und:* киснул> *vi E1 impf* (*pf:* про-) (*молоко*) sauer werden
киста *f A* (MED) Zyste *f*
кисть *f I ple1* 1. Pinsel *m*; 2. Traube *f*; 3. Hand *f*
кит *m K e* Walfisch *m*; **голубой ~** Blauwal *m*; **~ы бизнеса** (*fig*) Geschäftsriesen *m pl*
китаец, **китаянка** <*gen m:* -йца, -йцев, *gen pl f:* -нок> *m K / f A* Chinese, Chinesin *m/f*
Китай *m K2* China *nt*
китайский *adj* chinesisch
китобойный *adj* Walfang-; **~ промысел** Walfang *m*; **китобойная флотилия** Walfangflotte *f*; **китобойное судно** Walfangschiff *nt*
китовый *adj* Walfisch-; **~ ус** Fischbein *nt*
китч *m K* Kitsch *m*
кичиться <*präs:* кичусь, -чишься> *vi I nur impf* protzen, angeben (mit +*dat*)
кичливый <*kf:* -ив> *adj* (*umg:* **надменный**) großspurig, eingebildet
кишеть <*nur 3. pers:* кишит> *v + inst I nur impf* wimmeln von; **улица кишит людьми** auf der Straße wimmelt es von Menschen
кишка <*gen pl:* -шок> *f A* Darm *m*; **прямая ~** Mastdarm *m*; **у тебя для этого ~ тонка** (*umg*) dem bist du nicht gewachsen
ккал *abk von* **килокалория** *f* Kilokalorie *f*, kcal *f*
клавиатура *f A* Tastatur *f*
клавиша *f A* Taste *f*; **горячая ~** (DV) Hotkey *m*; **~ управления курсором** (DV) Cursortaste *f*; **функциональная ~** (DV) Funktionstaste *f*
клад *m K* Schatz *m*

кла́дбище nt O1 Friedhof m
кла́дка f A Mauerwerk nt; **вести́ ка́менную кла́дку** mauern
кладова́я f wie adj Lagerraum m, Magazin nt, Vorratskammer f
кладо́вка f A **1.** (чула́н) Abstellraum m, Rumpelkammer f; **2.** Vorratskammer f
кладовщи́к m K Lagerhalter m
кладь f I **1.** Ladegut nt, Last f, Fracht f; **2.** Gepäck nt, Kollo nt; **ручна́я ~** Handgepäck nt
кла́ксон m K (KFZ) Hupe f
кла́няться vr + dat E impf (pf: поклони́ться) sich verbeugen, sich verneigen (vor +dat)
кла́пан m K Ventil nt
кларне́т m K Klarinette f
класс m K **1.** (SOZIOL) Klasse f; **2.** (гру́ппа, разря́д) Klasse f, Kategorie f; **~ позвоно́чных** (BIO) die Klasse der Wirbeltiere; **купе́ пе́рвого ~а** ein Abteil nt erster Klasse; **~ налогообложе́ния** Steuerklasse f; **~ по ка́честву** Güteklasse f **3.** Schulklasse f; **4.** Klassenzimmer nt, Klassenraum m; **5.** (MUS) Fach nt; **по кла́ссу виолонче́ли** im Fach Violoncello;
кла́ссик m K Klassiker m
кла́ссика f A Klassik f; **люби́тели кла́ссики** Klassikfreunde m pl
классифика́ция f A2 Klassifikation f
классифици́ровать vt E2 impf/pf klassifizieren, einteilen
класси́ческий adj **1.** antik; **2.** (BAU) klassizistisch; **3.** (литерату́ра; му́зыка) klassisch; **4.** klassisch, Standard-
кла́ссный adj **1.** Klassen-; **~ руководи́тель** Klassenlehrer, -in m/f; **2.** (umg) erstklassig, klasse
кла́ссовый adj klassenbedingt; **кла́ссовая борьба́** Klassenkampf m; **кла́ссовая принадле́жность** Klassenzugehörigkeit f
класть <präs: кладу́, -дёшь, prät: клал> vt E6a impf (pf: положи́ть) legen, hinlegen, hineinlegen; **~ я́йца** Eier hinlegen; **~ в осно́ву** (fig) zugrunde legen; **ему́ па́льца в рот не клади́** (fig) mit ihm ist nicht gut Kirschen essen
клева́ть <präs: клюю́, клюёшь> vi E2 impf **1.** (клю́вом) picken, hacken; **~ но́сом** (fig) einnicken; **у него́ де́нег ку́ры не клюю́т** (fig) er hat Geld wie Heu **2.** (о ры́бе) anbeißen
кле́вер <nom pl: -а́> m K ple Klee m
клевета́ f A Verleumdung f
клевета́ть <präs: клевещу́, -е́щешь> vi E4 impf (pf: на-) verleumden
клеветни́ческий adj verleumderisch
кле́ить <präs: кле́ю, кле́ишь> vt I impf (pf: с-) kleben, leimen
клей <gen sg: кле́я> m K2 Klebstoff m, Leim m; **универса́льный ~** Allesкleber m; **нама́зывать кле́ем** leimen

кле́йкий adj klebrig
клейми́ть <präs: клеймлю́, -ми́шь> vt I impf (pf: за-) **1.** stempeln, markieren, eichen; **2.** (fig) brandmarken, anprangern; **~ кого́-либо позо́ром** jdm ein Schandmal aufdrücken
кле́мма f A (TECH) Klemme f
клён m K Ahorn m
клено́вый adj Ahorn-
клептома́ния f A2 Kleptomanie f
клерк Bürokraft f
кле́тка <gen pl: -ток> f A **1.** Käfig m; **~ для птиц** Vogelbauer nt; **сиде́ть в золото́й кле́тке** (fig) im goldenen Käfig sitzen; **2.** (BIO) Zelle f; **заро́дышевая ~** Keimzelle f; **3.** (клетчатый узо́р) Karo nt; **в ме́лкую кле́тку** kleinkariert
кле́точный adj (BIO) zellular, Zell(en)-; **кле́точная мембра́на** Zellmembran f
клетча́тка f A Zellgewebe n
кле́тчатый adj kariert
клёцка <gen pl: -цек> f A Kloß m, Knödel m
клешня́ <inst sg: -нёй, gen pl: -е́й> f A1 Krebsschere f
клещ <gen pl: -е́й> m K e Milbe f, Zecke f
кле́щи <gen pl: -е́й> m pl K ple1 Zange f, Kneifzange f
клие́нт, клие́нтка <gen pl f: -ток> m K / f A Klient, -in m/f, Kunde, Kundin m/f; **постоя́нный клие́нт** Stammkunde m
клиенту́ра f A **1.** Klientel f; **2.** Kundschaft f, Kundenkreis m
кли́зма f A Klistier nt, Einlauf m
кли́ка f A (auch pej) Clique f, Klüngel m
кли́макс m K Klimakterium nt, Wechseljahre pl
кли́мат m K (auch fig) Klima nt; **суро́вый ~** raues Klima nt
климати́ческий adj klimatisch; **климати́ческие усло́вия** Klimaverhältnisse pl
клин <pl: кли́нья, -ньев, -ньям> m K Keil m
кли́ника f A Klinik f
клини́ческий adj klinisch
клино́к <gen sg: -нка́> m K e Klinge f, Schneide f
клип m K Spot m
кли́ринг m K (ÖKON) Clearing nt; **~ по це́нным бума́гам** Effektenclearing nt
кли́ринг-банк m K Clearingbank f
кли́ринговый adj (ÖKON) Clearing-; **кли́ринговая пала́та** Abrechnungsstelle f; **кли́ринговое соглаше́ние** Verrechnungsabkommen nt; **кли́ринговые опера́ции** Clearingsverkehr m ; Abrechnungsverkehr m; **кли́ринговые расчётные опера́ции центра́льного ба́нка** Zentralbank-Clearing nt; **кли́ринговые расчёты по це́нным бума́гам** (Effekten-)clearing nt
кли́ринг-ха́уз m K Abrechnungsstelle f
клич m K Ruf m; **боево́й ~** Schlachtruf m

кли́чка <gen pl: -чек> f A **1.** Spitzname m; **2.** Deckname m; **3.** (DV) Alias nt
клише́ nt indekl (auch fig) Klischee nt, Druckschablone f
клок <pl: кло́чья, gen pl: -чьев> m K **1.** Büschel nt; **~ воло́с** Haarbüschel m **2.** Fetzen m; **~ в кло́чья** zerfetzen
клокота́ть <nur 3. pers: клоко́чет> vi E4 impf sprudeln, brodeln
клони́ть[1] <präs: клоню́, кло́нишь> vt I impf lenken, hinauswollen (auf +akk); **к чему́ ты кло́нишь?** worauf willst du hinaus?
клони́ть[2] <unpersönlich: кло́нит> vt I impf; **меня́ кло́нит ко сну** ich bin schläfrig
клоп m K ple **1.** (ZOOL) Wanze f; **2.** (umg: малы́ш) Knirps m, Kleine(r) m
кло́ун m K Clown m
клуб m K Klub m, Verein m
клу́бень <gen sg: -бня> m K1 Knolle f
клуби́ться <nur 3. pers: клуби́тся> vr I impf (о тума́не) in Schwaden aufsteigen
клубни́ка f A Gartenerdbeeren f pl
клубо́к <gen sg: -бка́> f A Knäuel nt; **~ ше́рсти** Wollknäuel nt
клык m K **1.** Stoßzahn m; **2.** (у челове́ка) Eckzahn m
клюв m K Schnabel m
клюка́ f A Gehstock m, Krücke f
клю́нуть vi E1 pf anbeißen; **~ на прима́нку** [о что-ли́бо] (fig) auf den Leim gehen, hereinfallen (auf +akk)
ключ[1] <gen pl: -е́й> m K e **1.** Schlüssel m; **~ от кварти́ры** Wohnungsschlüssel m; **~ зажига́ния** (KFZ) Zündschlüssel m; **га́ечный ~** Schraubenschlüssel m; **басо́вый ~** (MUS) Bassschlüssel m; **скрипи́чный ~** Violinschlüssel m; **2.** (TECH) Taste f, Schalter m
ключ[2] <gen pl: -е́й> m K e Quelle f; **бить ~о́м** quellen, brodeln; **там жизнь бьёт ~о́м** dort herrscht Hochbetrieb
ключево́й[1] adj Schlüssel-; **ключево́й вопро́с** Kernfrage f; **ключево́е сло́во** Stichwort nt; **ключева́я роль** Schlüsselrolle f; **ключева́я о́трасль промы́шленности** Schlüsselindustrie f
ключево́й[2] adj Quell-; **ключева́я вода́** Quellwasser nt
ключи́ца f A Schlüsselbein nt
кля́кса f A Klecks m, Tintenkleks m; **посади́ть** [о сажа́ть] **кля́ксу** klecksen
кляп m K Knebel m; **заткну́ть кому́-ли́бо рот ~ом** jdn knebeln
кля́сть <präs: кляну́, -нёшь, prät: кля́л, кляла́, кля́ло> vt E9 impf verfluchen
кля́сться <präs: кляну́сь, -нёшься> vr E9 impf (pf: по-) schwören; **~ кому́-ли́бо в ве́рности** jdm Treue schwören
кля́тва f A Eid m, Schwur m; **дава́ть кля́тву** schwören
кля́твенный adj eidlich
кляу́зник m K Querulant m

км abk von **киломе́тров** m Kilometer m, km m
кни́га f A Buch nt; **а́дресная ~** Adressbuch nt; **насто́льная ~** Handbuch nt; **повaренная ~** Kochbuch nt; **~ о́тзывов** Gästebuch nt; **~ о́тпуска това́ров** (ÖKON) Warenausgangsbuch nt; **~ поступле́ния това́ров** (ÖKON) Wareneingangsbuch nt; **~ расчётов за нали́чные** (ÖKON) Kassabuch nt; **~ за семью́ печа́тями** (fig) ein Buch mit sieben Siegeln
книголю́б m K Bücherfreund m; **о́бщество ~ов** Lesegesellschaft f
книгопеча́тание nt O2 Buchdruck m
книготорго́вец <gen sg: -вца, -вцев> m K Buchhändler, -in m/f
книготорго́вля f A1 Buchhandel m
книгохрани́лище nt O1 (в библиоте́ке) Magazin m
кни́жка <gen pl: -жек> f A Büchlein nt; **записна́я ~** Notizbuch nt; **зачётная ~** (-зачётка) Studienbuch nt; **сберега́тельная ~** Sparbuch nt
кни́жный adj Buch-; **~ магази́н** Buchhandlung f; **кни́жная я́рмарка** Buchmesse f
кно́пка <gen pl: -пок> f A **1.** (канцеля́рская) Reißwecke f; **2.** (для застёгивания) Druckknopf m; **3.** (EL) Knopf m, Taste f; **4.** (DV) Button m
кно́пка-стре́лка f A (DV) Pfeiltaste f
кнут m K Peitsche f; **с по́мощью ~а и пря́ника** mit Zuckerbrot und Peitsche
княги́ня f A1 Fürstin f
кня́жеский adj fürstlich
кня́жество nt O Fürstentum nt
князь <pl: князья́, -зе́й, -зья́м> m K1 Fürst m
коали́ция f A2 Koalition f, Allianz f
ко́бальт m K Kobalt m
кобе́ль m K1 e **1.** Rüde m; **2.** (vulg) triebhafter Mann m
кобы́ла f A Stute f
кова́рный <kf: -рен, -рна> adj hinterlistig, heimtückisch
кова́рство nt O Hinterlist f; **~ и любо́вь** (LIT) Kabale und Liebe
кова́ть <präs: кую́, куёшь> vt E2 impf (auch fig) schmieden
ковбо́й m K2 Cowboy m
ковёр <gen sg: -вра́> m K Teppich m; **вы́звать кого́-либо на ~** (fig) jdn zu sich zitieren
кове́ркать vt E impf (pf: ис-) **1.** kaputt machen; **2.** (мысль) verdrehen; **~ слова́** die Wörter verdrehen, ein Kauderwelsch sprechen
ко́врик m K **1.** kleiner Teppich m, Läufer m; **2.** Matte f
ковыля́ть vi E impf hinken, humpeln
ковыря́ть vi E impf (в чём-ли́бо) stochern
когда́ I. adv wann; **~ он придёт?** wann

kommt er? **~-нибу́дь** irgendwann; **II.** *konj* **1.** als; **~ он проснулся, было ещё темно́** als er erwachte, war es noch dunkel; **2.** wenn; **~ бы знал, не пошёл бы** wenn er es gewusst hätte, wäre er nicht gekommen

кого́ <*gen/akk von:* **кто**> *pron inter* wessen, wen

ко́готь <*gen sg:* -гтя> *m K1 plel* Kralle *f*, Klaue *f*

код *m K* Kode *m*, Schlüssel *m*; **телефо́нный ~** Vorwahlnummer *f*; **~ банка** Bankleitzahl *f*; **штрихово́й ~** (*на това́рах*) Strichkode *m*

ко́декс *m K* **1.** Gesetzbuch *nt*; **гражда́нский ~** Zivilgesetzbuch *nt*; **торго́вый ~** Handelsgesetzbuch *nt*; **уголо́вный ~** Strafgesetzbuch *nt* **2.** Kodex *m*

коди́рование *nt O2* Kodieren *nt*, Verschlüsseln *nt*

коди́ровать *vt E2 impf/pf* kodieren

ко́довый *adj* Kode-

ко́е-где *adv* mancherorts

ко́е-как *adv* mehr schlecht als recht, irgendwie

ко́е-кто *pron indef* **1.** (so) manche(r, s); **2.** irgendwer

ко́е-что *pron indef* manches

ко́жа *f A* **1.** Leder *nt*; **натура́льная ~** Echtleder *nt*; **замени́тель ко́жи** Kunstleder *nt*; **изде́лия из ко́жи** Lederwaren *pl*; **2.** Haut *f*; **сбра́сывать с себя́ ко́жу** sich häuten; **~ да ко́сти** (*fig*) nur noch Haut und Knochen; **из ко́жи вон лезть** (*fig*) sich für etw abstrampeln, sich die größte Mühe geben

ко́жаный *adj* Leder-; **ко́жаная ку́ртка** Lederjacke *f*

ко́жный *adj* Haut-; **ко́жная боле́знь** Hautkrankheit *f*

кожу́х *m K* (TECH) Gehäuse *nt*

коза́ *f A pls* Ziege *f*

козёл <*gen sg:* -зла́> *m K* Ziegenbock *m*; **го́рный ~** Steinbock *m*; **~ отпуще́ния** (*fig*) Sündenbock *m*;

Козеро́г *m K* (*созве́здие*) Steinbock *m*

козлёнок <*gen sg:* -нка, *nom pl:* козля́та> *m U4* Ziegenkitz *m*, Zicklein *nt*

козырёк <*gen sg:* -рька́> *m K* **1.** Mützenschirm *m*; **2.** (*наве́с*) Vordach *nt*

ко́зырь *m K1 plel* Trumpf *m*

козыря́ть *vi E impf* (*pf:* **козырну́ть**) auftrumpfen

ко́йка <*gen pl:* ко́ек> *f A* Koje *f*

кок *m K* (MAR) Schiffskoch *m*

кокаи́н *m K* Kokain *nt*

коке́тливый <*kf:* -лив> *adj* kokett, gefallsüchtig

коке́тничать *vi E impf* kokettieren, liebäugeln (mit +*dat*)

коке́тство *nt O* Koketterie *f*

ко́клюш *m K* Keuchhusten *m*

коко́совый *adj* Kokos-; **~ оре́х** Kokosnuss *f*

кокс *m K* Koks *m*

кокте́йль *m K1* **1.** Cocktail *m*; **2.** (*приём*) Cocktailparty *f*

кол <*pl:* ко́лья, -льев, -льям> *m K* Pfahl *m*

ко́ла *f A* Cola *f*

колбаса́ <*nom pl:* колба́сы> *f A pls* Wurst *f*; **ли́верная ~** Leberwurst *f*; **варёная ~** Kochwurst *f*; **твердокопчёная ~** Dauerwurst *f*

колго́тки <*gen pl:* -ток> *f pl A* Strumpfhose *f*

колдова́ть *vi E2 impf* zaubern, hexen

колдовство́ *nt O e* Zauberei *f*, Hexerei *f*

колду́н, колду́нья <*gen pl f:* -ний> *m K / f A1* Zauberer, Zauberin *m/f*, Hexenmeister, Hexe *m/f*

колеба́ние *nt O2* **1.** (PHYS) Schwingung *f*; **2.** (*измене́ние*) Schwankung *f*, Fluktuation *f*; **~ температу́ры** Temperaturschwankung *f*; **~ цен** Preisschwankung *f*; **колеба́ния ку́рса до́ллара** das Auf und Ab *nt* des Dollarkurses; **~ обме́нного ку́рса** Floaten *nt*; **колеба́ния валю́тного ку́рса** Wechselkursschwankungen *pl*; **сезо́нные колеба́ния** saisonbedingte Schwankungen *pl* **3.** (*нереши́тельность*) Unschlüssigkeit *f*, Schwanken *nt*; **по́сле до́лгих колеба́ний** nach langem Schwanken; **без колеба́ний** ohne Zaudern

колеба́ться <*präs:* коле́блюсь, -лешься> *vr E4 impf* (*pf:* по-, за-) **1.** schwanken, schwingen, pendeln; **2.** (*fig*) schwanken, zaudern

коле́но <*pl:* коле́ни, -ей, -ям> *nt O* Knie *nt*; **стать на коле́ни** sich hinknien; **посади́ть ребёнка себе́ на коле́ни** das Kind auf den Schoß nehmen; **поста́вить кого́-ли́бо на коле́ни** (*fig*) jdn in die Knie zwingen; **упра́шивать кого́-ли́бо на коле́нях** (*fig*) jdn beknien [*o* inständig bitten]; **ему́ мо́ре по ~** (*fig*) er fürchtet sich vor nichts

колесо́ <*nom pl:* колёса> *nt O pls* Rad *nt*; **чёртово ~** Riesenrad *nt*

колесова́ть *vt E2 impf/pf* (HIST) durch das Rad hinrichten

колея́ *f A2* **1.** Radspur *f*; **2.** Gleis *nt*; **войти́ в колею́** (wieder) ins Gleis kommen; **вы́йти из колеи́** aus dem Gleis kommen; **вы́бить кого́-ли́бо из колеи́** jdn aus dem Gleis werfen

ко́лика *f A* (MED) Kolik *f*

коли́чественный *adj* quantitativ, zahlenmäßig, mengenmäßig; **коли́чественная ра́зница** Mengenabweichung *f*; **коли́чественная экономи́ческая поли́тика** quantitative Wirtschaftspolitik *f*; **коли́чественное числи́тельное** (LING) Kardinalzahl *f*, Grundzahlwort *nt*

коли́чество *nt O* Quantität *f*, Anzahl *f*, Menge *f*; **о́бщее коли́чество** Gesamtmenge *f*; **~ включе́ний** (TV) Einschaltquote *f*

ко́лкий <*kf:* ко́лок, колка́, ко́лко> *adj* **1.**

spitz, stachelig; **2.** (*замечание*) beißend, spöttisch
ко́лкости *f pl I* Sticheleien *f pl*, Anzüglichkeiten *f pl*
колла́ж *m K* Collage *f*
колла́пс *m K* Kollaps *m*
колле́га *mf A* Kollege, Kollegin *m/f*; ~ **по рабо́те** Arbeitskollege, Arbeitskollegin *m/f*
коллегиа́льный <*kf:* -лен, -льна, -льно> *adj* kollegial; ~ **стиль руково́дства** kollegialer Führungsstil *m*
колле́гия *f A2* Kollegium *nt*
коллекти́в *m K* Kollektiv *nt*, Arbeitsgemeinschaft *f*, Team *nt*; ~ **рабо́чих и слу́жащих** Belegschaft *f*; ~ **преподава́телей** Lehrkörper *m*; **реда́кторский** ~ Lektorat *nt*
коллективи́зм *m K* Kollektivgeist *m*, Teamgeist *m*
коллекти́вный *adj* kollektiv, gemeinschaftlich; **коллекти́вная зая́вка** Sammelbestellung *f*; **коллекти́вная дове́ренность** Gesamtprokura *f*; **коллекти́вная со́бственность** Kollektivgut *nt*; **коллекти́вное трудово́е соглаше́ние** Kollektivvertrag *m*; ~ **догово́р** Kollektivvertrag *m*; ~ **догово́р о тари́фных ста́вках** Tarifvertrag *m*; ~ **догово́р предприя́тия** Betriebsvereinbarung *f*
коллекционе́р *m K* Sammler, -in *m/f*
коллекциони́ровать *vt E2 impf* sammeln
колле́кция *f A2* **1.** Sammlung *f*; **собра́ть колле́кцию** eine Sammlung aufbauen [*o* zusammentragen]; **2.** (*моде́лей оде́жды*) Kollektion *f*; ~ **образцо́в** Musterkollektion *f*
колли́зия *f A2* Kollision *f*; ~ **интере́сов** Interessenkonflikt *m*
коло́да *f A* **1.** (*чурба́н*) Holzklotz *m*; **2.** (*fig*) Klotz *m*; **3.** Karten *pl* eines Kartenspiels
коло́дец <*gen sg:* -дца, -дцев> *m K* Brunnen *m*
ко́локол <*nom pl:* -á> *m K ple* Glocke *f*; **бить во все** ~**á** (*fig*) Alarm schlagen
колоко́льня <*gen pl:* -лен> *f A1* Glockenturm *m*; ~ **на что-ли́бо со свое́й колоко́льни** (*fig*) etw aus der Froschperspektive sehen
колоко́льчик *m K* **1.** Glöckchen *nt*, Schelle *f*; **дверно́й** ~ Türklingel *f* **2.** (BOT) Glockenblume *f*
колониали́зм *m K* Kolonialismus *m*
колониза́ция *f A2* Kolonisation *f*
коло́ния *f A2* Kolonie *f*
коло́нка[1] <*gen pl:* -нок> *f A* **1.** Spalte *f*; **2.** (*в газе́те*) Kolumne *f*
коло́нка[2] <*gen pl:* -нок> *f A* **1.** Hydrant *m*; **бензозапра́вочная** ~ Zapfsäule *f*; **акусти́ческая** ~ Lautsprecherbox *f* **2.** (*в ва́нной*) Badeofen *m*
коло́нна *f A* **1.** Kolonne *f*; **2.** (BAU) Säule *f*
ко́лос <*pl:* коло́сья, -ьев, -ьям> *m K pls I* Ähre *f*

коло́сс *m K* (*гига́нт*) Koloss *m*, Riese *m*
колосса́льный <*kf:* -лен, -льна> *adj* kolossal, enorm
колоти́ть <*präs:* колочу́, -о́тишь> *vt I impf* (*pf:* по-) **1.** hauen; **2.** prügeln
коло́ть[1] <*präs:* колю́, ко́лешь> *vt E4 impf* (*pf:* за-) stechen
коло́ть[2] <*präs:* колю́, -ко́лешь> *vt E4 impf* (*pf:* на-) **1.** (*дрова́*) hacken; **2.** (-*оре́хи*) knacken
коло́ться <*präs:* колю́сь, ко́лешься> *vr E4 impf* **1.** (*nur 3. pers.*) stachelig sein; **2.** (*umg: о наркома́не*) fixen; **ему́ и хо́чется и ко́лется** (*umg*) er macht sich die Entscheidung schwer
колпа́к *m K e* **1.** Kappe *f*; **шутовско́й** ~ Narrenkappe *f*; **2.** (TECH) Kappe *m*; ~ **для сы́ра** Käseglocke *f*; **быть под** ~**о́м у КГБ** (*fig*) vom KGB überwacht werden
Колу́мбия *f A2* Kolumbien *nt*
колхо́з *akr von* **коллекти́вное хозя́йство** *nt* Kolchose *f*
колча́н *m K* (*arch*) Köcher *m*
колыбе́ль *f I* Wiege *f*
колыбе́льная *f wie adj* (*пе́сня*) Schlaflied *nt*, Wiegenlied *nt*
колыха́ть <*präs:* колы́шу, -ы́шешь> *vt E4 impf* wiegen, (sanft) bewegen
колье́ *nt indekl* Kollier *nt*
кольра́би *f indekl* Kohlrabi *m*
кольцо́ <*gen pl:* -ле́ц> *nt O pls* Ring *m*; **обруча́льное** ~ Ehering *m*
колю́чий <*kf:* -ю́ч> *adj* stachelig; **колю́чая про́волока** Stacheldraht *m*
колю́чка <*gen pl:* -чек> *f A* (BOT) Stachel *m*, Dorn *m*
ко́лющий *adj* Stich-, stechend; **ко́лющее ору́жие** Stichwaffe *f*; **ко́лющая боль** stechender Schmerz *m*
коля́ска <*gen pl:* -сок> *f A* Handwagen *m*, Wagen *m*; **де́тская** ~ Kinderwagen *m*; **инвали́дная** ~ Rollstuhl *m*; **мотоци́кл с** ~**ой** Motorrad *nt* mit Beiwagen
ком <*pl:* ко́мья, -ьев, -ьям> *m K* Klumpen *m*, Kloß *m*, Ball *m*; **сне́жный** ~ Schneeball *m*
ко́ма *f A* Koma *nt*
кома́нда *f A* **1.** (*прика́з*) Kommando *nt*, Befehl *m*; **2.** (DV) Befehl *m*; **кома́ндное меню́** Befehlsmenü *nt* **3.** Mannschaft *f*, Truppe *f*; **прави́тельственная** ~ Regierungsmannschaft *f*
команди́р *m K* (MIL) Kommandeur *m*
командиро́вка <*gen pl:* -вок> *f A* Dienstreise *f*; **быть в командиро́вке** sich auf einer Dienstreise befinden
командиро́вочный *adj* Dienstreise-; **командиро́вочное удостовере́ние** Dienstreiseauftrag *m*; **командиро́вочные (де́ньги)** Dienstreisegeld *nt*
команди́рский *adj* Kommando-; ~ [*o* **капита́нский**] **мо́стик** (MAR) Kommandobrücke *f*

кома́ндный adj 1. (MIL) Kommando-; **кома́ндная строка́** (DV) Befehlszeile f; **кома́ндные высо́ты** (fig) Vormachtstellung f 2. Mannschafts-
командова́ние nt O2 (MIL) Kommando nt; **гла́вное ~** Oberkommando nt
кома́ндовать v + inst E2 impf kommandieren, befehlen
кома́ндующий m wie adj (MIL) Befehlshaber m; **гла́вно~** Oberbefehlshaber m
кома́р m K e Stechmücke f; **~ но́са не подто́чит** (fig) alles ist tipptopp, daran ist nichts auszusetzten
комба́йн m K Mähdrescher m; **кухо́нный ~** Küchenmaschine f
комбико́рм m K (AGR) Mischfutter nt
комбина́ция f A2 1. Kombination f; **~ кла́виш** (DV) Tastenkombination f 2. (расчёт) Berechnung f; 3. (бельё) Unterkleid nt
комбинезо́н m K Overall m
комбини́ровать vt E2 impf kombinieren
комедиа́нт, комедиа́нтка <gen pl f: -ток> m K / f A 1. Komödiant, -in m/f; 2. (fig) Heuchler, -in m/f
коме́дия f A2 Komödie f, Lustspiel nt
коменда́нт m K Kommandant, -in m/f; **~ общежи́тия** Wohnheimleiter m
коменда́нтский adj Kommandanten-; **~ час** Ausgangssperre f
коме́та f A Komet m
коми́зм m l Komik f
ко́мик m K 1. Komiker, -in m/f; 2. Spaßvogel m
ко́микс m K 1. Cartoon m; 2. Comic m; **кни́жка с ~ами** Comicheft nt
комисса́р m K Kommissar, -in m/f
комиссионе́р m K (ÖKON) Kommissionär m; **~ по сбы́ту** Verkaufskommissionär m
комиссио́нные m pl wie adj Provision f
комиссио́нный adj Kommissions-; **комисио́нное поруче́ние** Kommission f; **комиссио́нное вознагражде́ние** Provision f; **комиссио́нные за ба́нковские опера́ции** Bankprovision f; **комиссио́нные на управле́ние** Gestionskommission f; **комиссио́нные с оборо́та** Umsatzkommission f; **комиссио́нная торго́вля** Kommissionshandel m; **~ магази́н** An- und Verkauf m, Secondhand-Laden m
коми́ссия f A2 1. Kommission f, Ausschuss m; **~ ООН по права́м челове́ка** UNO-Menschenrechtskommission f; **согласи́тельная ~** Schlichtungsausschuss m 2. (ÖKON) Provision f; **~ в проце́нтах с оборо́та** Verkaufsprovision f; **~ по заку́пкам** Einkaufsgremium nt
комите́нт m K (ÖKON) Kommittent m
комите́т m K 1. Ausschuss m, Komitee nt; 2. Beirat m; **роди́тельский ~** (в шко́ле) Elternbeirat m; 3. (umg) KGB m
коми́чный <kf: -чен, -чна> adj komisch, ulkig
ко́мкать vt E impf 1. (мять) knüllen, knautschen; 2. (выступле́ние) kurz und abgehackt sprechen
коммандити́ст m K (ÖKON) Kommanditist m, Teilhafter m
коммандитный adj: **коммандитное акционе́рное о́бщество** Kommanditgesellschaft f auf Aktien; **коммандитное това́рищество** Kommanditgesellschaft f; **коммандитное това́рищество, отве́тственным уча́стником кото́рого явля́ется о́бщество с ограни́ченной отве́тственностью** Gesellschaft f mit beschränkter Haftung und Co.
коммента́рий <präpos sg: -ии> m K2 Kommentar m, Anmerkung f
коммента́тор m K Kommentator m, -in f
комменти́ровать vt E2 impf/pf (pf: про-) kommentieren
коммерса́нт m K Kaufmann m, Geschäftsmann m; **кру́пный ~** Großhändler m; **~ в си́лу его́ торго́вой де́ятельности** Musskaufmann m; **~ согла́сно торго́вому рее́стру** Sollkaufmann m
комме́рция f A2 Kommerz m, Handel m
комме́рческий adj 1. (торго́вый) kaufmännisch; **комме́рческая де́ятельность** Geschäftstätigkeit f; **комме́рческая опера́ция** Transaktion f; **комме́рческое обуче́ние** Verkaufstraining nt; **комме́рческая подгото́вка** Verkäuferschulung f; **комме́рческие о́рдерные докуме́нты** kaufmännische Orderpapiere pl; **~ докуме́нт** Kommerzpapier nt; **комме́рческие свя́зи** Handelsbeziehungen pl Geschäftsbeziehungen pl; **~ банк** Geschäftsbank f; **~ ве́ксель** Handelswechsel m; **~ дире́ктор** Geschäftsführer m Verkaufsleiter m; **комме́рческое руково́дство** Verkaufsleitung f; **~ креди́т** kommerzieller Kredit m; **~ магази́н** mit freien Preisen arbeitendes Geschäft nt; **~ отде́л** Verkaufsabteilung f; **~ суд** Handelsgericht nt; **комме́рческое о́бщество** Erwerbsgesellschaft f; **комме́рческое предприя́тие** Handelsunternehmen nt; **комме́рческое учи́лище** Handelsschule f; **комме́рческое ат** (DV) at-sign nt Klammeraffe m 2. (на комме́рческой осно́ве) kommerziell, nichtstaatlich, privat; **комме́рческая програ́мма** Privatfernsehen nt; **комме́рческие це́ны** freie Preise m pl
комму́на f A Kommune f, Gemeinde f
коммуна́лка f A Wohnung für mehrere Familien mit gemeinsamer Bad- und Küchenbenutzung
коммуна́льный adj Kommunal-; **коммуна́льное хозя́йство** Versorgungswirtschaft f; **коммуна́льные вы́боры** Gemeindewahl f; **коммуна́льные сбо́ры**

Kommunalabgaben *pl*; **~ нало́г** Kommunalsteuern *pl*; **коммуна́льная кварти́ра** [*o* **коммуна́лка**] Wohnung *f* mit mehreren Hauptmietern

коммуни́зм *m K* Kommunismus *m*

коммуника́бельный <*kf:* -лен, -льна> *adj* kommunikativ, mitteilsam

коммуника́ция *f A2* 1. Kommunikation *f*; 2. (*im pl*) Verkehrswege *m pl*; 3. (*im pl*) Versorgungsleitungen *f pl*

коммуни́ст, коммуни́стка <*gen pl f:* -ток> *m K* 1. Kommunist, -in *m/f*; 2. Parteimitglied *nt*; **бы́вший ~** Altkommunist *m*

коммунисти́ческий *adj* kommunistisch

коммута́ция *f A2* (EL) Schaltung *f*

коммюнике́ *nt indekl* Kommunikee *nt*

ко́мната *f A* Zimmer *nt*, Raum *m*; **~ для бесе́д** (DV) Chatroom *m*; **~ для госте́й** Gästezimmer *m*; **~ ма́тери и ребёнка** Babywickelraum *m*

ко́мнатный *adj* Zimmer-; **ко́мнатное расте́ние** Zimmerpflanze *f*

комо́д *m K* Kommode *f*

комо́к[1] <*gen sg:* -мка́> *m K* Klümpchen *nt*; **~ в го́рле** (*fig*) ein Kloß im Hals *m*; **~ не́рвов** (*fig*) Nervenbündel *nt*

комо́к[2] *akr von* **комме́рческий ларёк** *m* Kiosk *m*

компа́кт-диск *m K* Compact Disc *f*, CD *f*

компа́ктный <*kf:* -тен, -тна> *adj* kompakt, dicht

компа́ния *f A2* 1. Gesellschaft *f*, Unternehmen *nt*; **кру́пная ~** Großunternehmen *nt*; **~-прее́мница** Auffanggesellschaft *f*; **~-уча́стник** Schachtelgesellschaft *f*; **хо́лдинговая ~** Holdinggesellschaft *f*; **доче́рняя ~** Tochtergesellschaft *f*; **~ по сбы́ту** Vertriebsgesellschaft *f*; **парохо́дная ~** Schifffahrtsgesellschaft *f*; **нефтяна́я ~** Ölgesellschaft *f*; 2. (*круг обще́ния*) Gesellschaft *f*, Zusammensein *nt*; **соста́вить кому́-ли́бо компа́нию** jdm Gesellschaft leisten; **враща́ться в дурно́й компа́нии** schlechten Umgang *m* haben; **попа́сть в дурну́ю компа́нию** in schlechte Gesellschaft geraten

компаньо́н *m K* Kompagnon *m*, Teilhaber *m*

ко́мпас *m K* Kompass *m*

компенсацио́нный *adj*: **компенсацио́нная ввозна́я по́шлина** Abschöpfung *f*; **компенсацио́нная сде́лка** Parallelgeschäft *nt*; Kompensationsgeschät *nt*; **~ платёж** Ausgleichszahlung *f*

компенса́ция *f A2* Kompensation *f*, Ausgleich *m*, Entschädigung *f*, Abfindung *f*; **~ за нанесённый уще́рб** Schdenersatz *m*; **пра́во** [*o* **притяза́ние**] **на компенса́цию** Anspruch auf Entschädigung *f*; **предоставле́ние компенса́ции** Abfindungszahlung *f*; **~ убы́тков** Verlustausgleich *m* ; Vergütung *f*; **~ су́ммы нало́га на доба́вленную сто́имость** Mehrwertsteuerrückvergütung *f*

компенси́ровать *vt E2 impf/pf* kompensieren, ausgleichen, abfinden; **~ кому́-ли́бо убы́тки** jdn für seine Verluste entschädigen; **~ дополни́тельные изде́ржки** Mehrkosten ausgleichen

компете́нтность *f I* 1. Kompetenz *f*, Sachkenntnis *f*; 2. Zuständigkeit *f*

компете́нтный <*kf:* -тен, -тна> *adj* 1. kompetent, sachkundig, fachkundig; 2. zuständig

компете́нция *f A2* 1. Kompetenz *f*, Sachverstand *m*; 2. Kompetenz *f*, Zuständigkeitsbereich *m*; **э́то не вхо́дит в мою́ компете́нцию** dafür bin ich nicht zuständig

компиля́тор *m K* (DV) Compiler *m*

ко́мплекс *m K* 1. Gesamtheit *f*, Komplex *m*; **~ мер** (POL) Maßnahmenpaket *nt*; 2. (PSYCH) Komplex *m*, Hemmung *f*; **~ неполноце́нности** Minderwertigkeitskomplex *m*

ко́мплексность *f I* Komplexität *f*

ко́мплексный *adj* komplex

компле́кт *m K* 1. Satz *m*, Set *nt*; 2. Gesamtanzahl *f*; **вхди́ть в ~ поста́вки** zum Lieferumfang gehören

компле́ктный *adj* komplett

комплектова́ть *vt E2 impf* (*pf:* у-, с-) komplettieren, vollständig machen

комплемента́рный *adj* komplementär

комплиме́нт *m K* Kompliment *nt*; **засыпа́ть кого́-либо ~ами** jdn mit Komplimenten überschütten

компози́тор *m K* Komponist, -in *m/f*

компози́ция *f A2* 1. Komposition *f*, Zusammenstellung *f*; **худо́жественного произведе́ния** Aufbau *m* eines literarischen Werkes 2. (MUS) Komposition *f*

компоне́нт *m K* Komponente *f*, Bestandteil *nt*; **~ обору́дования вычисли́тельной систе́мы** (DV) Hardwarekomponente *f*

компо́ст *m K* Kompost *m*

компо́стер *m K* Fahrscheinentwerter *m*, Entwerter *m*

компости́рование *nt O2* Entwertung *f*

компости́ровать *vt E* entwerten

компо́т *m K* Kompott *nt*

компре́сс *m K* Kompresse *f*

компромети́ровать *vt E2 impf* (*pf:* с-) kompromittieren, bloßstellen

компроми́сс *m K* Kompromiss *m*; **идти́ на ~** einen Kompromiss eingehen; **гото́вый к ~ам** kompromissbereit

компроми́ссный *adj* Kompromiss-; **компроми́ссное реше́ние** Kompromisslösung *f*; **компроми́ссное реше́ние суда́** (JUR) Vergleich *m*; **~ вариа́нт** Mittelweg *m*

компью́тер *m K* Computer *m*

компьютеризи́ровать *vt E* computerisieren

компью́терный *adj* Computer-; **компью́терная сеть** Computernetz *nt*; **компью́терная техноло́гия** Computer-

technologie *f*; **~ ви́рус** Computervirus *m*; **компью́терные и́гры** Computerspiele *nt pl*
компью́терщик *m K* (*umg*) Computerfachmann *m*
кому́ <*dat von:* **кто**> *pron inter* wem
комфо́рт *m K* Komfort *m*, Bequemlichkeit *f*
комфорта́бельный <*kf:* -лен, -льна> *adj* komfortabel, mit allen Bequemlichkeiten ausgestattet
конве́йер *m K* Fließband *nt*; **рабо́тать на конве́йере** am Fließband arbeiten; **сходи́ть** [*о* **сойти́**] **с ~a** vom Band *nt* rollen
конвенциона́льный *adj* Konventional-; **~ штраф** (JUR) Konventionalstrafe *f*
конве́нция *f A2* Konvention *f*, Übereinkunft *f*; **~ в о́бласти цен** Preiskonvention *f*
конверсио́нный *adj* Konversions-; **~ заём** Wandelanleihe *f*; **конверсио́нная програ́мма** Umstellungsprogramm *nt*
конве́рсия *f A2* (ÖKON) Umstellung *f*, Umwandlung *f*; **~ вое́нного произво́дства** Umstellung der Rüstungsindustrie auf Zivilproduktion; **~ долго́в** Umschuldung *f*
конве́рт *m K* Briefumschlag *m*
конверти́ровать *vt E2 impf/pf* (ÖKON) konvertieren
конверти́руемость *f I* (ÖKON) Konvertierbarkeit *f*
конверти́руемый *adj* (ÖKON) konvertierbar
конво́й *m K2* Geleitschutz *m*, Konvoi *m*
конгломера́т *m K* Konglomerat *nt*
конгре́сс *m K* Kongress *m*
конденса́т *m K* Kondensat *nt*
конденси́ровать *vt E2 impf/pf* kondensieren, verdichten
конди́тер *m K* Konditor, -in *m/f*
конди́терская *f wie adj* Konditorei *f*
кондиционе́р *m K* Klimaanlage *f*; **с ~ом** klimatisiert
кондициони́ровать *vt E2 impf* (*во́здух*) klimatisieren
конди́ция *f A2* **1.** (*ка́чество*) Beschaffenheit *f*; **2.** (SPORT) Kondition *f*
конду́ктор *m K* Schaffner, -in *m/f*
конёк <*gen sg:* конька́> *m K* **1.** Pferdchen *nt*; **морско́й ~** (ZOOL) Seepferdchen *nt* **2.** (BAU) Dachfirst *m*; **3.** (*fig*) Steckenpferd *nt*, Lieblingsbeschäftigung *f*
коне́ц <*gen sg:* -нца́> *m K* Ende *nt*, Schluss *m*; **~ неде́ли** Wochenende *nt*; **счастли́вый ~** Happy End *nt*; **к концу́ 1994 го́да** am Jahresende 1994; **~ хозя́йственного го́да** Jahresabschluss *m*; **чему́-либо конца́ не ви́дно** etw nimmt kein Ende; **~ - де́лу вене́ц** Ende gut, alles gut; **в конце́ концо́в** schließlich; **положи́ть ~ чему́-либо** einer Sache ein Ende bereiten; **едва́ своди́ть концы́ с конца́ми** (*fig*) von der Hand in den Mund leben; **отда́ть концы́** (*vulg*) abkratzen

коне́чно *part* natürlich, sicherlich, gewiss
коне́чность *f I* **1.** (ANAT) Extremität *f*; **2.** (PHIL) Vergänglichkeit *f*, Endlichkeit *f*
коне́чный <*kf:* -чен, -чна> *adj* **1.** End-; **коне́чная проду́кция** Endprodukt *nt*; **коне́чная сто́имость** (ÖKON) Endkosten *pl*; **~ носи́тель затра́т** (ÖKON) Endkostenträger *m*; **~ получа́тель** Endabnehmer *m*; **~ потреби́тель** Endverbraucher *m*; **~ проду́кт** Endprodukt *nt*; **~ результа́т** Endergebnis *nt*; **коне́чная остано́вка** Endstation *f*; **в коне́чном счёте** letztlich; **2.** vergänglich, endlich
кони́ческий *adj* konisch
конкре́тный <*kf:* -тен, -тна> *adj* konkret
конкуре́нт Konkurrent *m*, Mitbewerber *m*
конкуре́нтный *adj* Konkurrenz-; **конкуре́нтная борьба́** Konkurrenzkampf *m*; **конкуре́нтная борьба́ на вытесне́ние** Verdrängungswettbewerb *m*; **конкуре́нтное предложе́ние** Konkurrenzangebot *nt*; **конкуре́нтное преиму́щество** Wettbewerbsvorteil *m*
конкурентоспосо́бность *f I* (ÖKON) Konkurrenzfähigkeit *f*
конкурентоспосо́бный <*kf:* -бен, -бна> *adj* konkurrenzfähig, wettbewerbsfähig
конкуре́нция *f A2* Konkurrenz *f*, Wettbewerb *m*; **выде́рживать конкуре́нцию** im Wettbewerb bestehen; **быть вне конкуре́нции** konkurrenzlos sein
конкури́ровать *vi E2 impf* (*с кем-либо в чём-либо*) konkurrieren, wetteifern
конкури́рующий *adj*: **конкури́рующая фи́рма** Konkurrenz *f*; Konkurrenzunternehmen *nt*; **конкури́рующее изде́лие** Konkurrenzprodukt *nt*; **конкури́рующее предприя́тие** Konkurrenzunternehmen *nt*
ко́нкурс *m K* **1.** Wettbewerb *m*, Preisausschreiben *nt*; **~ красоты́** Schönheitswettbewerb *m*; **откры́тый ~** öffentliche Ausschreibung *f*; **вне ~a** außer Wettbewerb **2.** (*при поступле́нии в вуз*) Numerus clausus *m*; **3.** (ÖKON) Konkurs *m*
ко́нкурсный *adj* **1.** Wettbewerbs-; **ко́нкурсные нача́ла** Wettbewerbsprinzip *nt*; **~ экза́мен** Aufnahmeprüfung *f* **2.** (ÖKON) Konkurs-; **ко́нкурсная ма́сса** Konkursmasse *f*; **~ бала́нс предприя́тия** Konkursbilanz *f*; **~ кредито́р** Konkursgläubiger *m*; **ко́нкурсное произво́дство** Konkurs *m* Konkursverfahren *nt*
ко́нный *adj* Pferde-; **~ заво́д** Gestüt *nt*; **~ спорт** Reiten *nt*, Pferdesport *m*
конопля́ *f A1 e* Hanf *m*
коносаме́нт *m K* (ÖKON) Ladeschein *m*, Seefrachtbrief *m*
конса́лтинг *m K* (ÖKON) Consulting *nt*, Beratungsmaßnahmen *f pl*; **~ по вопро́сам хозя́йственной де́ятельности предприя́тия** Unternehmensberatung *f*; **конса́лтинговая фи́рма** Consultingfirma

f; **консалтинговая фирма по кадровым вопросам** Personalberatungsunternehmen *nt*, Personalberatung *f*
консенсус *m K* (POL) Konsens *m*, Einvernehmen *nt*
консервант *m K* Konservierungsmittel *nt*
консервативный <*kf:* -вен, -вна, -вно> *adj* konservativ; **консервативные взгляды** konservative Ansichten *f pl*; **крайне ~** erzkonservativ
консервировать *vt E2 impf* (*pf:* за-) **1.** konservieren, einmachen, einkochen; **2.** einstellen; **~ строительство** (*meist pf*) Bauarbeiten einstellen
консервный *adj* Konserven-; **~ нож** Büchsenöffner *m*
консервы *pl K* Konserven *f pl*
консолидация *f A2* Konsolidierung *f*; **~ долгов** Schuldenumwandlung *f*, Umschuldung *f*
консолидировать *vt E2 impf/pf* konsolidieren
консорциальный *adj*: **консорциальная сделка** (ÖKON) Konsortialgeschäft *nt*
консорциум *m K* (ÖKON) Konsortium *nt*; **~ банков** Bankenkonsortium *nt*; **~ для размещения займа** Anleihekonsortium *nt*; **~ банков для реализации эмиссии** Emissionskonsortium *nt*
константа *f A* Konstante *f*
констатация *f A2* Feststellung *f*
констатировать *vt E2 impf/pf* konstatieren, feststellen
конституционный *adj* konstitutionell, verfassungsmäßig; **~ суд** Verfassungsgericht *nt*
конституция *f A2* **1.** (POL) Konstitution *f*, Verfassung *f*, Grundgesetz *nt*; **2.** (MED) Körperbau *m*
конструирование *nt O2* Konstruktion *f*, Entwicklung *f*
конструировать *vt E2 impf* (*pf:* с-) konstruieren, entwerfen
конструктивный <*kf:* -вен, -вна, -вно> *adj* **1.** konstruktiv, aufbauend; **2.** (TECH) Konstruktions-; **~ элемент** Konstruktionselement *nt*
конструктор *m K* **1.** Konstrukteur, -in *m/f*; **2.** (игрушка) Baukasten *m*
конструкция *f A2* Konstruktion *f*
консул *m K* Konsul *m*
консультироваться *vr E2 impf* (*pf:* про-) konsultieren, um Rat fragen
консульство *nt O* Konsulat *nt*
консультант *m K* Berater, -in *m/f*; **~ по вопросам семьи и брака** Eheberater, -in *m/f*; **~ по налоговым вопросам** Steuerberater *m*; **~ по вложениям** [*o* инвестициям] Anlageberater *m*
консультационный *adj* Beratungs-, Consulting-; **консультационная фирма** Beratungsfirma *f*, Consultingfirma *f*; **консультационная фирма по кадровым вопросам** Personalberatung *f*
консультация *f A2* **1.** Beratung *f*; **~ по вложениям** Anlageberatung *f*; **бесплатные юридические консультации** kostenlose Rechtsberatung *f*; **обратиться за консультацией к специалистам** fachmännischen Rat einholen **2.** Beratungsstelle *f*
консультировать *vt E2 impf* (*pf:* про-) einen Rat erteilen, beraten
контакт *m K* **1.** (EL) Kontakt *m*; **2.** (*fig*) Kontakt *m*, Verbindung *f*; **войти** [*o* **вступить**]**в ~ с кем-либо** sich in Verbindung *f* setzen (mit *+dat*)
контактный <*kf:* -тен, -тна> *adj* **1.** (EL) Kontakt-; **контактная линза** (MED) Kontaktlinse *f* **2.** kontaktfreudig
контанго *nt indekl* (ÖKON) Report *m*
контейнер *m K* Container *m*, Behälter *m*; **~ для мусора** Mülltonne *f*; **~ для сбора стеклоотходов** Altglascontainer *m*
контекст *m K* Kontext *m*, Zusammenhang *m*
контингент *m K* Kontingent *nt*
континент *m K* Kontinent *m*, Erdteil *m*
контировка *f A* (ÖKON) Kontierung *f*
контокоррентный *adj* (ÖKON) Kontokorrent-; **~ кредит** Kontokorrentkredit *m*; **~ счёт** Kontokorrent *nt*
контора *f A* **1.** Büro *nt*; **2.** Geschäftsraum *m*; **обменная** [*o* **меняльная**] **~** Wechselstube *f*
конторский *adj* Büro-, Geschäfts-; **конторские книги** Geschäftsbücher *pl*; **~ работник** [*o* **служащий**] Bürokraft *f*
контрабанда *f A* **1.** Schmuggel *m*; **2.** (- **контрабандный товар**) Schmuggelware *f*
контрабандист, **контрабандистка** <*gen pl f:* -ток> *m K* / *f A* Schmuggler *m*, -in *f*
контрабас *m K* Kontrabass *m*
контрагент *m K* Vertragspartner *m*, Kontrahent *m*; **~ по торговым сделкам** Handelspartner *m*
контракт *m K* Vertrag *m*, Kontrakt *m*; **~ на поставку** Liefervertrag *m*; **заключать ~** einen Vertrag abschließen
контрактация *f A2* (ÖKON) Vertragsabschluss *m*
контраргумент *m K* Gegenargument *nt*
контраст *m K* Kontrast *m*
контрацептив *m K* Verhütungsmittel *nt*
контрацепция *f A2* Empfängnisverhütung *f*
контрдоказательство *nt O* Gegenbeweis *m*
контрзаказ *m K* Gegenauftrag *m*
контрибуция *f A2* Kontribution *f*; **наложить контрибуцию на кого-либо** jdm eine Kontrobution auferlegen
контрмера *f A* Gegenmaßnahme *f*; **в качестве контрмеры** im Gegenzug *m*

контрнаступле́ние nt O2 (MIL) Gegenangriff m, Gegenoffensive f
контролёр m K Kontrolleur, -in m/f
контроли́ровать vt E2 impf (pf: **про-**) kontrollieren, überprüfen, checken; **~ положе́ние** (fig) die Lage im Griff haben
контро́ллинг m K (ÖKON) Controlling nt
контро́ль m K1 Kontrolle f, Überwachung f, Überprüfung f, Inspektion f; **~ вооруже́ний** Rüstungskontrolle f; **~ за ка́чеством материа́лов** Materialkontrolle f; **~ за сбы́том** Absatzkontrolle f; **~ за эффекти́вностью рекла́мы** Werbeerfolgskontrolle f; **~ над конкуре́нцией** Wettbewerbskontrolle f; **~ над э́кспортом** Exportkontrolle f; **пограни́чный ~** Genzkontrolle f; **выходи́ть из-под контро́ля** sich der Kontrolle entziehen, außer Kontrolle geraten
контро́льная f wie adj (**контро́льная рабо́та**) Klassenarbeit f, Klausur f
контро́льный adj Kontroll-; **контро́льная за́пись** Gegenbuchung f; **контро́льная ста́вка** Leitzins m; **контро́льное испыта́ние** Posttest m; **~ паке́т а́кций** Aktienmehrheit f; **~ сове́т** Aufsichtsrat m; **контро́льная ци́фра** Kontrollnummer f; Richtwert m
контрофе́рта f A (ÖKON) Gegenofferte f, Gegenangebot nt
контрпредложе́ние nt O2 Gegenvorschlag m, Gegenangebot nt
контрпрете́нзия f A2 Gegenforderung f, Gegenanspruch m
контрпрое́кт m K Gegenvorschlag m, Gegenentwurf m
контрразве́дка f A (MIL) Abwehrdienst m, Spionageabwehr f
конту́зия f A2 Quetschung f, Prellung f
ко́нтур m K Kontur f, Umriss m
ко́нус m K Kegel m
конфедера́ция f A2 Konföderation f; **~ госуда́рств** Staatenbund m
конфера́нс m K Moderation f; **занима́ться ~ом** moderieren
конферансье́ m indekl Moderator, -in m/f
конфере́нц-зал m K Konferenzraum m, Tagungsraum m
конфере́нция f A2 Konferenz f; **~ на вы́сшем у́ровне** Gipfelkonferenz f; **Конфере́нция по безопа́сности и сотру́дничеству в Евро́пе** Konferenz über Sicherheit und Zusammenarbeit in Europa, KSZE f
конфе́та f A Stück Konfekt nt, Praline f, Bonbon m; **шокола́дные ~** Pralinen f pl
конфетти́ nt indekl Konfetti nt
конфигура́ция f A2 Konfiguration f, Gestaltung f; **~ обору́дования** (DV) Hardwarekonfiguration f; **~ па́мяти** (DV) Speicherkonfiguration f; **~ схе́мы** (EL) Schaltungskonfiguration f

конфиденциа́льный <kf: **-лен, -льна**> adj vertraulich
конфирма́ция f A2 Konfirmation f
конфиска́ция f A2 Einziehung f, Beschlagnahmung f, Konfiszierung f
конфискова́ть vt E2 impf/pf konfiszieren, beschlagnahmen, einziehen
конфли́кт m K Konflikt m; **~ интере́сов** Interessenkonflikt m; **~ це́лей** Zielkonflikt m; **~ поколе́ний** Generationskonflikt m; **~ со́вести** Gewissenskonflikt m; **этни́ческие ~ы** ethnische Konflikte m pl; **~ назрева́ет** der Konflikt schwelt
конфликтова́ть vi E2 impf (**с ке́м-либо**) mit jdm im Streit liegen; **конфликту́ющие сто́роны** Streitparteien f pl
концентра́т m K Konzentrat nt
концентра́ция f A2 1. Konzentration f; 2. Ballung f, Dichte f; **~ произво́дства** Betriebszusammenschluss m
концентри́роваться vr E2 impf (pf: **с-**) (**на чём-либо**) sich konzentrieren (auf + akk)
конце́пт m K Konzept nt
конце́пция f A2 Konzept nt; **~ ма́ркетинга** Marketingkonzept nt; **~ ме́неджмента** Managementkonzept nt; **~ предприя́тия** Unternehmenskonzept nt; **~ руково́дства** Führungskonzept nt
конце́рн m K Konzern m; **~ на пая́х** Beteiligungskonzern m
конце́рт m K Konzert nt; **~ по зая́вкам** Wunschkonzert nt; **благотвори́тельный ~** Wohltätigkeitskonzert nt
конце́ссия f A2 Konzession f, Genehmigung f
концла́герь akr von концентрацио́нный ла́герь m Konzentrationslager m, KZ nt
ко́нчик m K Zipfel m, Spitze f; **~ па́льца** Fingerkuppe f; **~ но́са** Nasenspitze f
ко́нчить vt I pf (impf: **конча́ть**) 1. beenden, abschließen; **ко́нчено!** und damit basta! 2. absolvieren
ко́нчиться vr I pf (impf: **конча́ться**) zu Ende gehen, enden; **моя́ подпи́ска ко́нчилась** mein Abonnement ist abgelaufen
конъюнктиви́т m K (MED) Bindehautentzündung f
конъюнкту́ра f A Konjunktur f, Geschäftslage f; **~ ры́нка сбы́та** Absatzlage f; **высо́кая ~** Hochkonjunktur f; **усто́йчивая ~** stabile Konjunktur f; **паде́ние конъюнкту́ры** Konjunkturabschwung m; **подъём конъюнкту́ры** Konjunkturaufschwung m
конъюнкту́рный adj Konjunktur-, konjunkturbedingt; **конъюнкту́рные колеба́ния** konjunkturelle Schwankungen pl; **~ бум** Konjunkturaufschwung m; **конъюнкту́рная програ́мма** Konjunkturprogramm nt

конъюнкту́рщик *m K* (*pej*) Konjunkturritter *m*
конь <*nom pl*: ко́ни> *m K1 e1* Pferd *nt*; **коне́й на перепра́ве на меня́ют** in der Furt wechselt man keine Pferde
коньки́ <*sg*: конёк, -нька́> *m pl K* Schlittschuhe *m pl*; **ро́ликовые ~** Rollschuhe *m pl*
конькобе́жец, конькобе́жка <*gen sg m*: -жца, -жцев, *gen pl f*: -жек> *m K / f A* Schlittschuhläufer, -in *m/f*
конья́к *m K e* Kognak *m*
коню́шня <*gen pl*: -шен> *f A1* Pferdestall *m*
коопера́тив *m K* Genossenschaft *f*; **строи́тельный ~** Baugenossenschaft *f*
коопера́тивный *adj* kooperativ, genossenschaftlich
коопера́ция *f A2* **1.** Kooperation *f*, Zusammenarbeit *f*; **2.** (ÖKON) Genossenschaftswesen *nt*
коопери́рование *nt O2* Kooperieren *nt*
координа́та *f A* Koordinate *f*
координа́ция *f A2* Koordination *f*
координи́ровать *vt E2 impf/pf* koordinieren
копа́ть *vt E impf* (*pf*: вы́-) graben, schaufeln
копа́ться *vr E impf* **1.** (в чём-*ли́бо*) wühlen, kramen (in +*dat*); **2.** (*umg*) trödeln
копе́ечка <*dim von*: копе́йка> *f A* Kopeke *f*; **влете́ть кому́-ли́бо в копе́ечку** (*umg*) jdn teuer zu stehen kommen
копе́йка <*gen pl*: -е́ек> *f A* Kopeke *f*; **ни копе́йки** keinen Pfennig; **с то́чностью до копе́йки** auf Heller und Pfennig
копи́лка <*gen pl*: -лок> *f A* Sparschwein *nt*
копирова́льный *adj* Kopier-; **~ аппара́т** Kopierer *m*, Kopiergerät *nt*
копи́ровать *vt E2 impf* (*pf*: с-) **1.** kopieren; **2.** nachahmen
копи́ть *vt E* sparen; **~ си́лы** Kräfte sammeln
ко́пия *f A2* **1.** Kopie *f*, Abschrift *f*, Durchschlag *m*, Durchschrift *f*; **2.** (*о челове́ке*) Abbild *nt*, Ebenbild *nt*
копна́ <*gen pl*: -пён> *f A e* Heuhaufen *m*; **~ воло́с** (*fig*) dichter Haarschopf *m*
ко́поть *f I* Ruß *m*
копоши́ться <*präs*: копошу́сь, -ши́шься> *vr I impf* **1.** kribbeln, wimmeln; **2.** (*мы́сли*) schwirren
копти́ть **I.** <*präs*: копчу́, копти́шь> *vt I impf* (*pf*: на-) räuchern; **II.** *vi I* (*pf*: за-) (*nur 3. pers*) rußen; **свеча́ копти́т** die Kerze rußt
копчёный *adj* geräuchert; **копчёное мя́со** Rauchfleisch *nt*
ко́пчик *m K* Steißbein *nt*
копы́то *nt O* Huf *m*
копьё <*gen pl*: -ий> *nt O1 pls* **1.** Lanze *f*; **2.** Speer *m*; **лома́ть ко́пья вокру́г чего́-ли́бо** (*fig*) heftig streiten (um +*akk*)
кора́ *f A* (BOT) Rinde *f*; **головно́го мо́зга** (ANAT) Hirnrinde *f*; **земна́я ~** (GEOL) Erdkruste *f*
кораблекруше́ние *nt O2* Schiffbruch *m*
кора́бль *m K1 e* Schiff *nt*; **лине́йный ~** Schlachtschiff *nt*; **косми́ческий ~** Raumschiff *nt*; **косми́ческий ~ многора́зового испо́льзования** Raumfähre *f*
кора́лл *m K* Koralle *f*
кора́лловый *adj* Korallen-; **~ риф** Korallenriff *nt*
кора́н *m K* Koran *m*
коре́йский *adj* koreanisch
корена́стый <*kf*: -а́ст> *adj* stämmig, untersetzt
коренно́й *adj* **1.** grundlegend; **~ вопро́с** Kernfrage *f*; **коренна́я черта́** Grundzug *m*; **коренны́е преобразова́ния** grundlegende Veränderungen *f pl*; **коренны́м о́бразом** gründlich; **~ зуб** Backenzahn *m*; **2.** gebürtig, alteingesessen; **она́ коренна́я москви́чка** sie ist eine waschechte Moskauerin
ко́рень <*gen sg*: -рня, *pl*: -ни, -не́й> *m K1* (*auch fig*) Wurzel *f*; **пуска́ть ко́рни** Wurzeln schlagen; **социа́льные ко́рни** soziale Hintergründe *pl*; **в ко́рне измени́ть что-ли́бо** etw von Grund auf verändern
Коре́я *f A1* Korea *nt*
корзи́на *f A* **1.** Korb *m*; **~ для бума́г** Papierkorb *m* **2.** (DV) Papierkorb *m*
коридо́р *m K* Korridor *m*, Flur *m*; **~ для захо́да на поса́дку** Einflugschneise *f*; **возду́шный ~** Luftkorridor *m*
кори́ть *vt I impf* rügen, schelten, tadeln
корифе́й *m K2* Koryphäe *f*, Kapazität *f*
кори́ца *f A* Zimt *m*
кори́чневый *adj* braun
ко́рка *f A* **1.** Rinde *f*, Kruste *f*; **2.** (*апельси́на*) Schale *f*
корм <*nom pl*: корма́> *m K ple* Futter *nt*, Tiernahrung *f*
корма́ *f A* (MAR) Heck *nt*, hinterer Teil *m*
корми́лец, корми́лица <*gen sg m*: -льца, -льцев> *m K / f A* Ernährer, -in *m/f*; **пе́нсия по слу́чаю поте́ри корми́льца** Hinterbliebenenrente *f*
корми́ть <*präs*: кормлю́, ко́рмишь> *vt I impf* (*pf*: на-) **1.** ernähren; **~ гру́дью** stillen; **~ из рожка́** das Fläschchen geben; **~ пусты́ми обеща́ниями** (*fig*) mit leeren Versprechungen abspeisen **2.** (*живо́тных*) füttern
корму́шка *f A* (*auch fig*) Futterkrippe *f*
корневи́ще *nt O1* Wurzelstock *m*
корнепло́д *m K* (BOT) Knollenfrucht *f*
коробе́йник *m K* Hausierer *m*
коро́бить <*präs*: коро́блю, -бишь> *vi I impf* (*pf*: по-) (*auch unpersönlich*) abstoßen, unangenehm berühren; **э́то его́ коро́бит** daran nimmt er Anstoß
коро́бка <*gen pl*: -бок> *f A* Schachtel *f*; **карто́нная ~** Karton *m*; **~ конфе́т** Pralinenschachtel *f*; **дверна́я ~** Türrahmen *m*;

черепна́я ~ (ANAT) Schädeldach *nt*; **~ переда́ч** (KFZ) Getriebe *nt*; **коро́бочная компа́ния** (ÖKON:*fig*) Schachtelgesellschaft *f*
коро́бление *nt O2* (TECH) Verwerfung *f*, Verziehen *nt*
коро́ва *f A* Kuh *f*; **до́йная ~** Milchkuh *f*
коро́вник *m K* Kuhstall *m*
короле́ва *f A* 1. Königin *f*; 2. (*ша́хматы:umg*) Dame *f*
короле́вский *adj* königlich; **~ обе́д** (*fig*) ein fürstliches Mahl *nt*
короле́вство *nt O* Königreich *nt*
коро́ль *m K1 e* König *m*; **некороно́ванный ~** ungekrönter König *m*
коро́на *f A* Krone *f*
корона́ция *f A2* (*коронова́ние*) Krönung *f*
коро́нный *adj* Kron-; **~ но́мер** (*fig*) eine glanzvolle Nummer *f*
коронова́ть *vt E2 impf/pf* krönen
корота́ть *vt E impf* (*pf*: с-): **~ вре́мя** sich die Zeit vertreiben
коро́ткий <*kf*: коро́ток, коротка́, ко́ротко, ко́роткий, *komp*: коро́че> *adj* kurz; **коро́ткие во́лны** (EL) Kurzwellen *f pl*; **коро́ткое замыка́ние** Kurzschluss *m*; **в са́мые коро́ткие сро́ки** in kürzester Zeit [*o* Frist]; **ко́ротко и я́сно** kurz und bündig, klipp und klar
коро́че *adj komp* (*коро́че говоря́*) kurz gesagt
корпе́ть <*präs*: корплю́, -пи́шь> *vi I impf* (*umg*: над чем-либо) ackern (an +*dat*), brüten (über +*dat*)
корпора́ция *f A2* 1. Körperschaft *f*, Verein *m*; 2. Unternehmensvereinigung *f*
ко́рпус I. *m K* Rumpf *m*, Körper *m*; II. <*nom pl*: -а́> *m K ple* 1. (*зда́ния*) Gebäude *nt*; **заводски́е ~а́** Werkanlagen *f pl* 2. (*корабля́*) Rumpf *m*; 3. (*часо́в*) Gehäuse *nt*; 4. (MIL) Korps *nt*; **~ ми́ра** Friedenstruppe *f*
корректи́в *m K* Korrektur *f*, Berichtigung *f*; **внести́ ~ы** berichtigen
корректиро́вка <*gen pl*: -вок> *f A* Korrektur *f*; **~ ку́рса** Kurskorrektur *f*; **~ бала́нсовой сто́имости** (ÖKON) Wertberichtigung *f*
корре́ктный <*kf*: -тен, -тна> *adj* korrekt, angemessen; **корре́ктное поведе́ние** korrektes Benehmen *nt*
корре́ктор *m K* 1. (TECH) Korrektor *m*; 2. (DV) Rechtschreibprüfprogramm *nt*
корректу́ра *f A* Korrekturabzug *m*, Korrekturfahne *f*; **чита́ть ~у** Korrektur lesen
корре́кция *f A2* (*корректиро́вка*) Korrektur *f*; **постепе́нная ~** schrittweise Verbesserung *f*
корреспонде́нт, корреспонде́нтка <*gen pl f*: -ток> *m K / f A* Korrespondent, -in *m/f*, Berichterstatter, -in *m/f*
корреспонде́нтский[1] *adj* Korrespondenten-; **корреспонде́нтское удостовере́ние** Presseausweis *m*
корреспонде́нтский[2] *adj*: **корреспонде́нтская связь ба́нка** Bankverbinduung *f*
корреспонде́нция *f A2* Korrespondenz *f*, Briefwechsel *m*
корро́зия *f A2* Korrosion *f*
коррумпи́рованный <*kf*: -ван> *adj* korrupt, käuflich
корру́пция *f A2* Korruption *f*, Bestechlichkeit *f*
корсе́т *m K* Korsett *nt*
ко́рточки <*gen pl*: -чек> *f A*: **присе́сть на ~** in die Hocke gehen; **сиде́ть на ко́рточках** hocken, kauern
корчева́ние *nt O2* Rodung *f*
корчева́ть *vt E2 impf* (*pf*: вы́корчевать) roden
корче́вник *m K* Rodeholz *nt*
ко́рчи *pl A* (*umg*) Krämpfe *pl*
ко́ршун *m K* Geier *m*, Milan *m*
коры́стный <*kf*: -тен, -тна> *adj* eigennützig
корыстолюби́вый <*kf*: -и́в> *adj* habgierig, geldgierig
корь *f l* Masern *pl*
коса́[1] <*akk sg*: ко́су> *f A pls* Zopf *m*
коса́[2] <*akk sg*: ко́су> *f A pls* Sense *f*; **нашла́ ~ на ка́мень** (*fig*) es ging hart auf hart
коса́[3] *f A pls* Landzunge *f*; **Ку́ршская коса́** Kurische Nehrung *f*
ко́свенный *adj* indirekt, mittelbar; **ко́свенная амортиза́ция** indirekte Abschreibung *f*; **ко́свенная дота́ция** indirekte Subvention *f*; **ко́свенная при́быльность** Umwegrentabilität *f*; **ко́свенная рекла́ма** Schleichwerbung *f*; **ко́свенная рента́бельность** Umwegrentabilität *f*; **ко́свенная субве́нция** indirekte Subvention *f*; **ко́свенная эласти́чность цен** Kreuzpreiselastizität *f*; **ко́свенные изде́ржки** Materialgemeinkosten *pl*; **ко́свенные нало́ги** indirekte Steuern *pl*; **ко́свенные расхо́ды** indirekte Kosten *pl*; **ко́свенные расхо́ды на за́работную пла́ту** Lohnnebenkosten *pl*; **~ уще́рб** Folgeschaden *m*; **узна́ть что-либо ко́свенным путём** etw auf Umwegen erfahren; **ко́свенная речь** (LING) indirekte Rede *f*
коси́ть[1] <*präs*: кошу́, ко́сишь> *vt I impf* (*pf*: с-) mähen
коси́ть[2] <*präs*: кошу́, коси́шь> *vi I impf* 1. schielen; 2. (*fig*: под кого́-либо) sich ausgeben (für +*akk*)
косме́тика *f A* Kosmetik *f*; **употребля́ть косме́тику** sich schminken; **а́вто~** (KFZ) Autoputzmittel *nt*
космети́ческий *adj* kosmetisch; **космети́ческие това́ры** Kosmetika *nt pl*; **космети́ческая опера́ция** Schönheitsope-

ration *f*; ~ **ремо́нт** Schönheitsreparatur *f*
косме́тичка <gen pl: -чек> *f A* Kosmetiktasche *f*, Kosmetikbeutel *m*
косми́ческий *adj* kosmisch; **косми́ческое простра́нство** Weltraum *m*; **~косми́ческие иссле́дования** Weltraumforschung *f*
космодро́м *m K* Kosmodrom *nt*, Weltraumbahnhof *m*
космона́вт *m K / f A* Kosmonaut, -in *m/f*, Raumfahrer, -in *m/f*
космона́втика *f A* Raumfahrt *f*; **пилоти́руемая ~** bemannte Raumfahrt *f*
космополи́т, космополи́тка <gen pl *f*: -ток> *m K / f A* Kosmopolit, -in *m/f*, Weltbürger, -in *m/f*
ко́смос *m K* Kosmos *m*, Weltall *nt*; **в откры́том ~е** im freien Raum *m*
косну́ться *vr E1 pf* (*impf:* **каса́ться**) berühren
ко́сный <*kf:* -сен, -сна, -сно> *adj* konservativ, stur
косо́й <*kf:* кос, коса́, ко́со> *adj* schräg, schief; **броса́ть на кого́-либо косы́е взгля́ды** (*fig*) jdn schief [*o* scheel] ansehen
костёр <gen sg: -тра́> *m K* 1. Lagerfeuer *nt*; 2. Scheiterhaufen *m*
костля́вый <*kf:* -я́в> *adj* 1. knochig, dürr; 2. (*o ры́бе*) grätig
ко́стный *adj* Knochen-; ~ **мозг** Knochenmark *nt*
костопра́в *m K* Knocheneinrenker *m*
ко́сточка <*dim von:* **кость**> *f A* kleiner Knochen *m*, Knöchelchen *nt*; **перемыва́ть кому́-либо ко́сточки** (*fig*) jdn durchhecheln; herummeckern (an +*dat*)
косты́ль *m K1 e* Krücke *f*
кость <*präpos sg:* кости́> *f I plel* 1. Knochen *m*; **слоно́вая ~** Elfenbein *nt*; 2. (*ры́бная*) Gräte *f*; **выбира́ть ко́сти** entgräten; 3. (*игра́льная*) Würfel *m*; **игра́ в ~** Würfelspiel *nt*
костю́м *m K* 1. (*мужско́й*) Anzug *m*; 2. (*же́нский*) Kostüm *nt*; 3. (*карнава́льный*) Faschingskostüm *nt*; 4. (*национа́льный*) Tracht *f*
костюми́роваться *vr E2 impf/pf* sich kostümieren, sich verkleiden
костя́к *m K e* 1. (*скеле́т*) Gerippe *nt*; 2. (*fig*) Kern *m*, Stamm *m*
косу́ля *f A1* Reh *nt*
косы́нка <*gen pl:* -нок> *f A* Dreieckstuch *nt*, Kopftuch *nt*
кот *m K e* Kater *m*; ~ **напла́кал** (*fig*) sehr wenig; **всё ~у под хвост** (*fig*) für die Katz *f* sein; **купи́ть ~á в мешке́** (*fig*) die Katze *f* im Sack kaufen
котёл <gen sg: -тла́> *m K* Kessel *m*
коте́льная *f wie adj* 1. Kesselhaus *nt*; 2. Heizungskeller *m*
котёнок <gen sg: -нка, *nom pl:* котя́та> *m U4* Kätzchen *nt*, Katzenjunges *nt*
ко́тик *m K* 1. (*dim von* **кот**) Kätzchen *nt*; 2. (*морско́й*) Seebär *m*
коти́рование *nt O2* Kotieren *nt*
коти́ровать *vt E2 impf/pf* kotieren, bewerten, notieren
коти́роваться *vr E2 impf* 1. (ÖKON) an der Börse zugelassen sein; ~ **на би́рже** börsenfähig sein 2. (*fig*) allgemein anerkannt werden
котиро́вка *f A* Kotierung *f*, Notierung *f*, Bewertung *f*; ~ **а́кций** Aktiennotierung *f*; ~ **зо́лота** Goldnotierung *f*; ~ **ку́рсов** Kursnotierung *f*; ~ **цен** Preisnotierung *f*
котиро́вщик *m K* Notierer *m*
коти́ться <*nur 3. pers:* коти́тся> *vr + inst I impf* (*pf:* о-) (*o ко́шке*) Junge werfen
котле́та *f A* Frikadelle *f*; **ру́бленая ~** Bulette *f*; **отбивна́я ~** Kotelett *nt*
котлови́на *f A* Mulde *f*, Talmulde *f*
кото́рый I. *pron inter* welche(r, s); **кото́рый час?** wieviel Uhr ist es? II. *pron rel* der
котте́дж <gen pl: -ей> *m K* 1. Einfamilienhaus *nt*, Landhaus *nt*; 2. Eigenhaus *nt*
ко́фе *m indekl* Kaffee *m*; ~ **в зёрнах** Bohnenkaffee *m*; ~ **в порошке́** Pulverkaffee *m*; ~ **с молоко́м** Milchkaffee *m*
кофева́рка *f A* Kaffeemaschine *f*
кофеи́н *m K* Koffein *nt*; **без ~а** koffeinfrei
кофе́йник *m K* Kaffeekanne *f*
кофе́йный *adj* 1. Kaffee-; 2. kaffeebraun
кофемо́лка *f A* Kaffeemühle *f*
коча́н *m K e:* ~ **капу́сты** Kohlkopf *m*
кочёвник, коче́вница *m K / f A* Nomade, Nomadin *m/f*
кочеры́жка <gen pl: -жек> *f A* Kohlstrunk *m*
кошелёк <gen sg: -лька́> *m K e* Geldbeutel *m*
ко́шечка <gen pl: -чек> *f A* Kätzchen *nt*
ко́шка <gen pl: -шек> *f A* Katze *f*
кошма́р *m K* (*auch fig*) Alptraum *m*
кощу́нство *nt O* 1. Blasphemie *f*, Gotteslästerung *f*; 2. Lästerei *f*
кощу́нствовать *vi E2 impf* (над кем-либо/чем-либо) lästern (über +*akk*)
коэффицие́нт *m K1* 1. (МАТН) Koeffizient *m*, Faktor *m*; 2. (ÖKON) Index *m*; ~ **испо́льзования мо́щностей** Leistungsgrad *m*; ~ **нараще́ния сло́жных проце́нтов** Aufzinsungsfaktor *m*; ~ **распределе́ния затра́т по места́м их возникнове́ния** Kostenschlüssel *m*
краб *m K'* Krabbe *f*
кра́деное *nt wie adj* Diebesgut *nt*
кра́деный *adj* gestohlen
краеве́дение *nt O2* Heimatkunde *f*
краеве́дческий *adj* heimatkundlich; ~ **музе́й** Heimatmuseum *nt*
кра́жа *f A* Diebstahl *m*; **кварти́рная ~** Einbruchsdiebstahl *m*
край <*präpos sg:* в/на краю́, *pl:* края́, краёв> *m K2 ple* 1. Rand *m*; **на краю́ стола́** an der Tischkante *f*; **на краю́ све́та**

(*fig*) am Ende der Welt; **пере́дний ~** (MIL) vorderste Linie *f*, Front *f*; **2.** Land *nt*; **родно́й ~** Heimatland *nt* **3.** (ADMIN) *offizielle Bezeichnung einiger großer administrativer Gebiete (Subjekte der Föderation) in Russland*; **Краснода́рский ~** Region Krasnodar

кра́йне *adv* überaus, äußerst

кра́йний *adj* **1.** am Rande gelegen, letzte(r,s) in der Reihe; **2.** äußerst, extrem; **в кра́йнем слу́чае** im Notfall; **на ~ слу́чай** für den Notfall *m*; **по кра́йей ме́ре** zumindest, wenigstens

кра́йность *f A* Extrem *nt*; **мета́ние из одно́й кра́йности в другу́ю** Fallen von einem Extrem ins andere

крамо́ла *f A* (arch) Aufruhr *m*

крамо́льник *m K* (arch) Umstürzler *m*

кран[1] *m K* (водопрово́дный) Wasserhahn *m*; **водоразбо́рный ~** (коло́нка) Hydrant *m*

кран[2] *m K* Baukran *m*

крапи́ва *f A* Brennessel *f*

крапи́вник *m K* (ZOOL) Zaunkönig *m*

краса́вица *f A* Schöne *f*, Schönheit *f*, schöne Frau *f*, schönes Mädchen *nt*; **она́ пи́саная ~** sie ist bildschön; **спя́щая ~** Dornröschen *nt*

краси́вый <*kf:* -и́в> *adj* schön, hübsch; **краси́вая жизнь** Luxusleben *nt*; **краси́вые слова́** schöne Redensarten *f pl*

краси́тель *m K1* Farbstoff *m*

кра́сить <*präs:* кра́шу, кра́сишь> *vt I impf* (*pf:* вы-, о-, по-) **1.** (mit Farbe) anstreichen; **~ в бе́лый цвет** weiß anstreichen **2.** (*во́лосы*) färben, tönen; **3.** (*arch*) verzieren, schmücken; **э́тот посту́пок его́ не кра́сит** (*fig*) darauf braucht er sich nichts einzubilden

кра́ситься I. <*fut:* кра́шусь, кра́сишься> *vr I impf* abfärben; **II.** *vr I* (*pf:* на-) sich schminken; **III.** *vr I* (*pf:* вы́-, по-) (*во́лосы*) sich die Haare färben

кра́ска *f A* **1.** Farbe *f*, Malfarbe *f*; **сгуща́ть кра́ски** (*fig*) zu dick auftragen, übertreiben **2.** (*im pl*) Farben *f pl*; **осе́нние кра́ски** Herbstfarben *pl*

красне́ть *vi E impf* (*pf:* по-) rot werden, erröten

краснова́тый *adj* rötlich

красноречи́вый <*kf:* -и́в> *adj* **1.** beredt, redegewandt; **2.** (*о заявле́нии*) aufschlussreich, vielsagend

красноре́чие *nt O2* Redegewandtheit *f*

красну́ха *f A* (MED) Röteln *pl*

кра́сный <*kf:* -сен, -сна́, -сно́> *adj* **1.** rot; **Кра́сная ша́почка** Rotkäppchen *nt*; **кра́сное де́рево** Mahagoni *nt*; **~ уголо́к** Kulturraum *m*; **кра́сное сто́рно** (ÖKON) Gegenbuchung *f* **2.** (*в наро́дной ре́чи и поэ́зии*) schön; **не ра́ди кра́сного словца́** (*fig*) nicht der schönen Worte wegen **3.** revolutionär, dem Sinn der Oktoberrevolution entsprechend; **Кра́сная А́рмия** die Rote Armee

красова́ться *vr E2 impf* stolzieren, sich zur Schau stellen

красота́ <*nom pl:* красо́ты> *f A pls* Schönheit *f*; **красота́ приро́ды** die Schönheit der Natur

кра́сочный *adj* farbenfroh

красть <*präs:* краду́, -дёшь> *vt E6a impf* (*pf:* у-) stehlen

кра́сться <*fut:* краду́сь, крадёшься> *vr E6a impf* schleichen, sich schleichen

кра́тер *m K* (*вулка́на*) Krater *m*

кра́ткий <*kf:* -ток, -тка́, *komp:* кра́тче, *super:* кратча́йший> *adj* kurz; **~ визи́т** Kurzbesuch *m*; **кра́ткая фо́рма** *f* (LING) Kurzform *f*

краткосро́чный <*kf:* -чен, -чна> *adj* kurzfristig; **~ креди́т** (ÖKON) Überbrückungskredit *m*

кра́ткость *f I* Kürze *f*

кра́тный <*kf:* -тен, -тна> *adj* (MATH) teilbar; **де́вять : число́, кра́тное трём** Neun ist eine durch drei teilbare Zahl

крах *m K* (ÖKON) Zusammenbruch *m*, Bankrott *m*, Pleite *f*; **~ ку́рсов** Kurssturz *m*; **экономи́ческий ~** Wirtschaftskollaps *m*

креве́тка <*gen pl:* -ток> *f A* Garnele *f*

креди́т *m K* Kredit *m*; **~ без обеспе́чения** offener Kredit *m*; **~ заказчику** Bestellerkredit *m*; **~ на сре́дства произво́дства** Betriebsmittelkredit *m*; **~ по комме́рческим векселя́м** Rediskontkredit *m*; **~ по контокорре́нтному счёту** Kontokorrentkredit *m*; **~ по осно́вным фо́ндам** Investitionskredit *m*; **~ по поручи́тельству** Avalkredit *m*; **~ по э́кспортным опера́циям** Exportkredit *m*; **~ под дви́жимость** Mobiliarkredit *m*; **~ под зало́г** Pfandkredit *m*; **~ под усту́пку тре́бования** Zessionskredit *m*; **~ поста́вщика** Lieferantenkredit *m*; **акце́птный ~** Akzeptkredit *m*; **ипоте́чный ~** Hypothekarkredit *m*; **льго́тный ~** Vorzugskredit *m*; **~ без обеспе́чения** [*о* **бла́нковый ~**] ungedeckter Kredit *m*; **долгосро́чный ~** langfristiger Kredit *m*; **краткосро́чный ~** kurzfristiger Kredit *m*; **с твёрдо устано́вленным сро́ком** ein Kredit mit fester Laufzeit; **предоста́вить кому́-ли́бо ~** jdm einen Kredit gewähren; **погаси́ть ~** einen Kredit tilgen [*о* zurückzahlen]; **~ дове́рия** (*fig*) Vertrauensvorsprung *m*

кре́дит *m K* Haben *nt*, Habenseite *f*; **де́бет и ~** Soll- und Habenseite *f*

креди́тный *adj* Kredit-; **~ институ́т** Kreditinstitut *nt*, Geldinstitut *nt*; **креди́тная „аку́ла"** Kredithai *m*; **креди́тное де́ло** Kreditwesen *nt*; **креди́тная систе́ма** Kreditwesen *nt*; **креди́тное финанси́рование** Kreditfinanzierung *f*; **креди́тная ка́рточка** Kreditkarte *f*; **креди́тная ли́ния** Rahmenkredit *m*;

креди́тная прете́нзия Gläubigeranspruch *m*; **креди́тное органиче́ние** Kreditbegrenzung *f*; **креди́тное письмо́** Kreditbrief *m*; **креди́тное соглаше́ние** Kreditvereinbarung *f*; **креди́тные затра́ты** Kreditkosten *pl*; ~ **аппара́т** Kreditapparat *m*; ~ **лими́т** Rahmenkredit *m*; ~ **риск** Kreditrisiko *nt*; **креди́тная эми́ссия** Kreditemission *f*; **креди́тные гара́нтии** Kreditsicherheiten *pl*

кредитова́ние *nt O2* Kreditierung *f*, Kreditgewährung *f*

кредитова́ть *vt E2 impf/pf* **1.** kreditieren, Mittel bereitstellen; **2.** gutschreiben, entlasten

кре́дитовый *adj*: **креди́товая сторона́** Habenseite *f*; **кре́дитовое са́льдо** Habensaldo *m*; ~ **оста́ток** Habensaldo *m*

кредитозаёмщик *m K* Kreditnehmer *m*

кредито́р *m K* (ÖKON) Gläubiger *m*, Kreditgeber *m*; ~ **ко́нкурсной ма́ссы** Massegläubiger *m*; ~ **несостоя́тельного должника́** Konkursgläubiger *m*; ~ **по закладно́й** Hypothekar *m*

кредитоспосо́бность *f I* Kreditwürdigkeit *f*, Kreditfähigkeit *f*, Bonität *f*

кредитоспосо́бный <*kf*: -бен, -бна> *adj* kreditwürdig, kreditfähig

кре́до *nt indekl* Glaubensbekenntnis *nt*, Credo *nt*; ~ **предприя́тия** (ÖKON) Unternehmenskultur *f*

крем *m K* Creme *f*; **торт с кре́мом** Cremetorte *f*; ~ **для бритья́** Rasiercreme *f*; ~ **от зага́ра** Sonnencreme *f*; **увлажня́ющий** ~ Feuchtigkeitscreme *f*; **нама́зывать** ~**ом** eincremen; ~ **для о́буви** (*гутали́н*) Schuhcreme *f*

кремато́рий <*präpos sg:* -ии> *m K2* Krematorium *nt*

крема́ция *f A2* Feuerbestattung *f*, Einäscherung *f*

креме́нь <*gen sg:* -мня́> *m K1* **1.** Feuerstein *m*; **2.** (*fig*) unbeugsamer Mensch *m*

Кремль[1] *m K1* **1.** Moskauer Kreml *m*; **2.** (*fig*) die Staatsführung Russlands

кремль[2] *m K1 e* Stadtfestung in russischen Städten

кре́мний *m K2* Silizium *nt*

крен *m K* (MAR) Schlagseite *f*; ~ **впра́во** (*auch fig:*POL) Rechtsdrall *m*, Rechtsruck *m*

кре́ндель *m K1 ple1* Kringel *m*, Brezel *f*

креп *m K* Krepp *m*

кре́пкий <*kf*: ~пок, -пка́, -пко, *komp*: кре́пче, *super*: крепча́йший> *adj* **1.** fest, hart; **2.** (*про́чный*) fest, dauerhaft; ~ **сон** (*fig*) fester Schlaf *m*; **3.** (*си́льный*) kräftig, stark; **кре́пкое здоро́вье** gute Gesundheit *f*; ~ **стари́к** ein rüstiger alter Mann; ~ **моро́з** heftiger Frost *m*; **4.** (*о напи́тках*) stark

крепостно́й **I.** *adj* leibeigen, hörig; **II.** *mf wie adj* Leibeigene(r) *mf*

кре́пость *f I ple1* **1.** Festung *f*; **2.** (*nur sg*)

Festigkeit *f*, Stärke *f*

кре́сло <*gen pl:* -сел> *nt O* Sessel *m*; **инвали́дное** ~ Rollstuhl *m*; ~-**кача́лка** Schaukelstuhl *m*; **держа́ться за своё кре́сло** (*fig*) sich an sein Amt klammern

крест *m K e* Kreuz *nt*; **поста́вить на чём-ли́бо** ~ jede Hoffnung aufgeben (auf + *akk*)

крести́ны *f pl A* Taufe *f*

крести́ть **I.** <*präs und fut:* крещу́, кре́стишь> *vt I impf/pf* (*pf:* о-) taufen; **II.** *vt I impf* (*pf:* пере-) bekreuzigen

крести́ться **I.** <*fut:* крещу́сь, кре́стишься> *vr I impf/pf* (*pf:* о-) sich taufen lassen; **II.** *vr I impf* (*pf:* пере-) sich bekreuzigen

кре́стник, **кре́стница** *m K* / *f A* Patenkind *nt*

кре́стный *adj* Kreuz-; ~ **ход** (REL) Prozession *f*

крёстный *adj* Paten-; **крёстная мать** Patin *f*, Patentante *f*; ~ **оте́ц** Pate *m*, Patenonkel *m*

крестови́дный *adj* kreuzförmig; ~ **шуру́п** (TECH) Kreuzschlitzschraube *f*

крестови́к *m K e* (ZOOL) Kreuzspinne *f*

кресто́вый *adj* Kreuz-; ~ **похо́д** Kreuzzug *m*; ~ **ход** (BAU) Kreuzgang *m*

крестья́нин, **крестья́нка** <*nom pl m:* крестя́не, *gen pl f:* -нок> *m U2* / *f A* Bauer, Bäuerin *m*/*f*

крестья́нский *adj* bäuerlich, Bauern-; ~ **двор** Bauernhof *m*

креще́ние *nt O2* Taufe *f*; **Креще́ние** Dreikönigsfest *nt*

крива́я *f wie adj* Kurve *f*; ~ **затра́т** Isokostenkurve *f*; ~ **предложе́ния** Angebotskurve *f*; ~ **пприоизво́дства** Produktionsfunktion *f*; ~ **результа́тов де́ятельности** Erfolgskurve *f*

криви́ть <*präs:* кривлю́, -ви́шь> *vt I impf* (*pf:* ис-, по-) **1.** krümmen; **2.** (-*перека́шивать*) verziehen; ~ **лицо́** das Gesicht verzerren; ~ **душо́й** (*fig*) sich verstellen

криви́ться <*präs:* кривлю́сь, -ви́шься> *vr I impf* (*pf:* с-) das Gesicht (als Zeichen der Unzufriedenheit) verziehen

криво́й <*kf*: крив, крива́, кри́во> *adj* **1.** krumm, schief; **криво́е зе́ркало** Zerrspiegel *m*; **крива́я улы́бка** (*pej*) schiefes Lächeln *nt*; **2.** (*одногла́зый*) einäugig

кривоши́п *m K* (TECH) Kurbel *f*

кри́зис *m K* Krise *f*; ~ **дове́рия** Vertrauenskrise *f*; ~ **середи́ны жи́зни** Midlifecrisis *f*; ~ **эконо́мики** Wirtschaftskrise *f*; **пережива́ть** ~ sich in einer Krise befinden; **преодоле́ть** ~ eine Krise überwinden; ~ **мирово́й эконо́мики** Weltwirtschaftskrise *f*

кри́зисный *adj* Krisen-; **кри́зисная ситуа́ция** Krisensituation *f*; **кри́зисный ме́неджмент** Krisenmanagement *nt*

крик *m K* **1.** Schrei *m*; **~ о по́мощи** Hilferuf *m*; **после́дний ~ мо́ды** (*fig*) der letzte Schrei **2.** (*im pl*) Geschrei *nt*
кри́кнуть *vi E1 pf* aufschreien
кримина́л *m K* Kriminalfall *m*
криминоге́нный *adj* die Kriminalität betreffend; **~ райо́н** Gegend *f* mit hoher Verbrechensrate *f*
крипто́н *m K* Krypton *nt*
криста́лл *m K* Kristall *m*
крите́рий <*präpos sg:* **-ии**> *m K2* Kriterium *nt*, Beurteilung *f*; **~ сортиро́вки** (DV) Sortierkriterium *nt*
кри́тик *m K* Kritiker, -in *m/f*; **~ режи́ма** (*диссиде́нт*) Regimekritiker, -in *m/f*
кри́тика *f A* Kritik *f*, Beurteilung *f*; **ре́зкая ~** scharfe Kritik; **навести́ кри́тику на что-ли́бо** (*umg*) Kritik üben (an +*dat*)
критикова́ть *vt E2 impf* kritisieren
крити́ческий *adj* kritisch
крича́ть <*präs:* **кричу́, -чи́шь**> *vi I impf* **1.** schreien; **2.** (*на кого́-ли́бо*) jdn anschreien, anfahren
кров *m K* Obdach *nt*, Bleibe *f*; **без ~а** obdachlos
крова́вый *adj* **1.** blutig; **2.** blutrünstig
крова́ть *f I* Bett *nt*; **двуспа́льная ~** Doppelbett *nt*
кро́вельщик *m K* Dachdecker *m*
кро́вный *adj* **1.** leiblich, blutsverwandt; **2.** (*fig: интере́сы*) eigen, ureigen
кровоизлия́ние *nt O2* (MED) Bluterguss *m*; **~ в мозг** Gehirnschlag *m*
кровообраще́ние *nt O2* Blutkreislauf *m*
кровопроли́тие *nt O2* Blutvergießen *nt*
кровопроли́тный <*kf:* **-тен, -тна**> *adj* blutig, mörderisch
кровоснабже́ние *nt O2* Durchblutung *f*
кровотече́ние *nt O2* Blutung *f*; **носово́е ~** Nasenbluten *nt*; **страда́ющий кровотече́ниями** [*о* **гемофили́ей**] Bluter *m*
кровоточи́ть <*nur 3. pers:* **кровоточи́т**> *vi I impf* bluten
кровь <*präpos sg:* **в крови́**> *f I* Blut *nt*; **консерви́рованная ~** Blutkonserve *f*
кровяно́й *adj* Blut-; **кровяно́е давле́ние** Blutdruck *m*; **кровяна́я колбаса́** Blutwurst *f*; **кровяны́е тельца́** Blutkörperchen *nt pl*
крои́ть *vt I impf* (*pf:* **с-**) zuschneiden
кроке́ты *m pl K* Kroketten *f pl*
крокоди́л *m K* Krokodil *nt*
кро́кус *m K* Krokus *m*
кро́лик *m K* Kaninchen *nt*; **подо́пытный ~** (*fig*) Versuchskaninchen *nt*
кроль *m K1* (SPORT) Kraul *m*
кро́ме *präp* +*gen* außer (+*dat*); **~ того́** außerdem
кро́мка <*gen pl:* **-мок**> *f A* Kante *f*, Rand *m*
кроссво́рд *m K* Kreuzworträtsel *nt*
кроссо́вки *f pl A* Sportschuhe *m pl*, Turnschuhe *m pl*
кросс-чек *m K* (ÖKON) gekreuzter Scheck *m*
крот *m K e* (ZOOL) Maulwurf *m*
кро́ткий <*kf:* **-ток, -тка́, -тко**> *adj* sanft, mild; **~ как ове́чка** lammfromm
крото́вый *adj* Maulwurfs-; **~ ход** Maulwurfshügel *m*
кроха́ <*nom pl:* **кро́хи**> *f A* **1.** Krume *f*; **2.** (*im pl:fig*) ein ganz klein wenig
кро́ха *mf A* Kleine(r) *mf*, Knirps *m*
кро́шечный *adj* winzig
кроши́ть <*präs:* **крошу́, кро́шишь**> *vt I impf* (*pf:* **ис-, рас-, на-**) zerkrümeln
кроши́ться <*fut:* **крошу́сь, кро́шишься**> *vr I impf* (*pf:* **ис-, рас-**) (ab)bröckeln
кро́шка <*gen pl:* **-шек**> *f A* **1.** Krümel *m*; **2.** (*umg:* **ма́ленький ребёнок**) Kleine(r) *mf*, Knirps *m*
круг I. <*präpos sg:* **в кру́ге**> *m K ple* **1.** Kreis *m*; **по кругу́** im Kreis; **Поля́рный ~** Polarkreis *m*; **на ~** (*umg: в сре́днем*) im Durchschnitt; **ходи́ть ~а́ми вокру́г чего́-либо** (*fig*) wie die Katze um den heißen Brei schleichen; **у меня́ голова́ идёт ~ом** (*fig*) mir dreht sich alles; **поро́чный** [*о* **за́мкнутый**]**~** (*fig*) Teufelskreis *m*; **~ замкну́лся** *der* Kreis hat sich geschlossen **2.** kreisförmiger Gegenstand *m*; **спаса́тельный ~** Rettungsring *m*; **II.** <*präpos sg:* **в кругу́**> *m K ple* **1.** (*сфе́ра*) Kreis *m*, Bereich *m*; **~** Geschäftsbereich *m*; **~ зада́ч** Aufgabenbereich *m*; **~ полномо́чий** Kompetenzbereich *m*; **~ обя́занностей** Aufgabenbereich *m* **2.** Personenkreis *m*; **~ покупа́телей** Kundenkreis *m* Abnehmerkreis *m*; **~ знако́мых** Bekanntenkreis *m*; **влия́тельные ~и** einflussreiche Kreise *pl* **3.** (SPORT) Runde *f*
круглосу́точный *adj* durchgehend, rund um die Uhr
кру́глый <*kf:* **кругл, -а́, -о**> *adj* rund, kreisförmig; **~ год** das ganze Jahr über, ganzjährig; **кру́глая да́та** runder Geburtstag *m*; **перегово́ры за кру́глым столо́м** (POL) Gespräche am Runden Tisch; **~ как шар** kugelrund
кругово́й *adj* Kreis-; **кругово́е движе́ние** Kreisverkehr *m*; **кругова́я пору́ка** wechselseitige Bürgschaft *f*
кругооборо́т *m K* Kreislauf *m*
кругозо́р *m K* (*fig*) Horizont *m*, Interessenkreis *m*
круго́м *adv* ringsherum
кружи́ть <*präs:* **кружу́, кру́жишь**> *vi I impf* **1.** drehen; **э́то кру́жит ему́ го́лову** das steigt ihm zu Kopf(e); **2.** kreisen, Kreise ziehen; **3.** (*блужда́ть*) umherirren
кружи́ться <*fut:* **кружу́сь, кру́жишься**> *vr I impf* **1.** sich drehen; **у меня́ кружи́ться голова́** mich schwindelt; **2.** Kreise ziehen; **3.** (*nur 3. pers: о сне́ге,*

пы́ли) wirbeln
кру́жка <gen pl: -жек> f A große Tasse f
кружо́к <gen sg: -жка́> m K 1. kleiner Kreis m; 2. (fig) Arbeitsgemeinschaft f, Zirkel m
круи́з m K Kreuzfahrt f, Rundreise f
крупа́ f A pls (zerkleinerte) Getreidekörner ohne Spelzen; **ма́нная ~** Grieß m; **перло́вая ~** Graupen; **сне́жная ~** (fig) Graupelschauer m
кру́пный <kf: -пе́н, -пна́> adj 1. groß, Groß-; **~ рога́тый скот** Großvieh nt; **кру́пное землевладе́ние** Großgrundbesitz m; **кру́пное произво́дство** [о хозя́йстве] Großbetrieb m; **кру́пное предприя́тие** Großunternehmen nt Großbetrieb m; **~ землевладе́лец** Großgrundbesitzer m; **~ предпринима́тель** Großunternehmer m; **~ акционе́р** Großaktionär m; **~ покупа́тель** Großabnehmer m Großkunde m; **кру́пная сде́лка** Transaktion f; **~ зака́з** Großauftrag m; **~ креди́т** Großkredit m; **~ прое́кт** Großprojekt nt 2. (о зёрнах, песке́ и т.п) grob, grobkörnig; 3. (fig) bedeutend
круто́й <kf: крут, -á, -о, komp: кру́че> adj 1. steil; 2. jäh, scharf; **~ поворо́т** scharfe Kurve einschneidende Wende f; 3. (стро́гий) hart, unnachgiebig; **круты́е ме́ры** strenge Maßnahmen f pl; **~ нрав** ein schroffes Wesen nt 4. (umg) echt stark, geil
круше́ние nt O2 1. Unfall m, Katastrophe f; **~ по́езда** Zugunglück nt 2. (fig) Scheitern nt, Krach m
крыжо́вник m K 1. Stachelbeere f; 2. Stachelbeerstrauch m
крыла́тый <kf: -áт> adj geflügelt; **крыла́тая раке́та** (MIL) Marschflugkörper m; **крыла́тое выраже́ние** (fig) geflügeltes Wort n
крыло́ <pl: кры́лья, -ьев, -ьям> nt O pls 1. Flügel m; 2. (POL) Parteiflügel m; 3. (KFZ) Kotflügel m
Крым m K Krim f; **в ~у́** auf der Krim
кры́са f A Ratte f; **водяна́я ~** Wasserratte f
кры́тый adj 1. Dach nt; 2. überdacht; **~ бассе́йн** Hallenbad nt; **~ ры́нок** Markthalle f
крыть <präs: кро́ю, кро́ешь> vt E8 impf (pf: по-) 1. decken; **~ кры́шу** das Dach decken 2. (umg) entgegnen; **~ не́чем** es gibt nichts zu entgegnen 3. (umg) beschimpfen; **~ ма́том** fluchen
кры́ться <nur 3. pers: кро́ется> vr E8 impf (в чём-ли́бо) sich verbergen
кры́ша f A 1. Dach nt; **раздвижна́я ~** Schiebedach nt; 2. (fig) Deckmantel m
кры́шка <gen pl: -шек> f A Deckel m; **~ радиа́тора** (KFZ) Kühlerhaube f; **тепе́рь ему́ ~** (umg) jetzt ist es aus mit ihm
крючкотво́рствовать vi E2 impf das Recht verdrehen
крючо́к <gen sg: -чка́> m K e 1. Haken m,

Häkchen nt; 2. (вяза́льный) Häkelnadel f
крюшо́н m K (пунш) Bowle f
кряхте́ть <präs: кряхчу́, -хти́шь> vi I impf krächzen
ксено́н m K Xenon nt
ксенофо́бия f A2 Ausländerfeindlichkeit f, Fremdenfeindlichkeit f, Fremdenhass m
ксенофо́бный adj ausländerfeindlich, fremdenfeindlich
ксероко́пия f A2 Fotokopie f; **сде́лать ксероко́пию** (umg: отксе́рить) fotokopieren
ксе́рокс m K (копирова́льный аппара́т) Kopiergerät nt, Kopierer m
ксерофи́ты pl K (BOT) Xerophyten pl
кста́ти adv 1. (впро́чем) übrigens, nebenbei gesagt; 2. zur rechten Zeit; **прийти́ как нельзя́ ~** wie gerufen kommen, im rechten Augenblick kommen; **э́то мне весьма́ ~** das kommt mir sehr gelegen
кто I. < кто, кого́, кому́, кого́, кем, о ком>pron inter wer; II. pron rel der, welcher, die, welche, das, welches
кто-ли́бо pron indef irgendjemand
кто-нибу́дь pron indef irgendjemand
кто́-то pron indef jemand
Ку́ба f A Kuba nt
куби́зм m K Kubismus m
ку́бик m K 1. kleiner Würfel m; 2. (де́тский) Baustein m, Bauklotz m
куби́ческий adj Kubik-; **~ сантиме́тр** Kubikzentimeter m
ку́бок <gen sg: -бка> m K 1. (ча́ша) Kelch m; **~ с я́дом** Giftbecher m; 2. (SPORT) Pokal m; **~ Евро́пы** Europacup m
Куве́йт m K Kuwait nt
кувши́н m K Kanne f, Krug m; **~ для молока́** Milchkanne f
кувырко́м adv kopfüber; **всё идёт ~** alles geht drunter und drüber
куда́ adv 1. wohin; 2. (vor komp) bei weitem
ку́дри <gen pl: кудре́й> m K1 ple1 Locken f pl
кудря́вый <kf: -я́в> adj (курча́вый) lockig, gelockt
кузе́н, кузи́на m K / f A Cousin, Cousine m/f
кузне́ц m K e Schmied m
ку́зница f A Schmiede f
ку́зов m K Karosserie f
кукареку́ interj kikeriki
ку́кла <gen pl: -кол> f A 1. Puppe f; 2. Attrappe f
кукова́ть vi E2 impf kuckuck rufen
ку́колка <gen pl: -лок> f A 1. Püppchen nt; 2. (ZOOL) Puppe f
ку́кольный adj Puppen-; **~ теа́тр** Puppentheater nt
кукуру́за f A 1. Mais m; 2. (кукуру́зные хло́пья) Cornflakes pl; **возду́шная ~** Popcorn nt
куку́шка <gen pl: -шек> f A Kuckuck m
кула́к [1] m K e Faust f; **пуска́ть в ход**

кулаки́ handgreiflich werden; **сжать** [*о сжима́ть*] **ру́ку в ~** die Hand zur Faust ballen

кула́к² *m K e* Kulak *m*, Großbauer im Russland der zwanziger Jahre

кули́к *m K* Schnepfe *f*; **всяк ~ своё боло́то хва́лит** (*fig*) jedem Narren gefällt seine eigene Kappe

кулина́рный *adj* kulinarisch; **~ реце́пт** Kochrezept *nt*

кули́са *f A* Kulisse *f*; **загля́дывать за кули́сы** hinter die Kulissen schauen

кулуа́ры *m pl K* Wandelgang im Parlament oder im Theater; **в кулуа́рах конфере́нции** (*fig*) am Rande der Konferenz; **в кулуа́рах** (*fig*) inoffiziell

кульмина́ция *f A2* Höhepunkt *m*; **достига́ть свое́й кульмина́ции в чём-ли́бо** gipfeln (in +*dat*)

культ *m K* Kult *m*; **~ ли́чности** Personenkult *m*; **~ наси́лия** Gewaltverherrlichung *f*

культиви́ровать *vt E2 impf* kultivieren

культу́ра *f A* 1. Kultur *f*; **~ ре́чи** Sprachpflege *f*; **~ предприя́тия** Unternehmenskultur *f* 2. (BIO, AGR) Kultur *f*; **бобо́вая ~** Hülsenfrucht *f*; **лека́рственная ~** Heilpflanze *f*; **техни́ческие культу́ры** technische Nutzpflanzen *f pl*

культури́зм *m K* Bodybuilding *nt*

культури́ст *m K* 1. Bodybuilder, -in *m/f*; 2. Muskelprotz *m*

культу́рный I. *adj* Kultur-, kulturell; II. <*kf:* -рен, -на> *adj* kultiviert, wohlerzogen

кумуля́ция *f A2* Kumulation *f*

кунжу́т *m K* Sesam *m*

куни́ца *f A* Marder *m*

купа́льный *adj* Bade-; **~ костю́м** Badeanzug *m*

купа́льня <*gen pl:* -лен> *f A1* Bad *nt*, Badeanstalt *f*; **откры́тая ~** Freibad *nt*

купа́ть *vt E impf* (*pf:* вы́-, ис-) (*ребёнка*) baden

купа́ться *vr E impf* (*pf:* вы-, ис-) baden; **идти́** [*о* **пойти́**] **~** baden gehen; **~ в де́ньгах** (*fig*) in [*o* im] Geld schwimmen

купе́ *nt indekl* (TRANSP) Abteil *nt*, Zugabteil *nt*; **~ для куря́щих** Raucherabteil *nt*

купе́ль *f I* Taufbecken *nt*

купе́ц <*gen sg:* -пца́> *m K e* (HIST) Kaufmann *m*

купе́ческий *adj* 1. (*arch*) zum Stand der Kaufleute gehörend; 2. (*fig*) auffällig reich, protzig

купи́ть <*fut:* куплю́, ку́пишь> *vt I pf* (*impf:* покупа́ть) 1. kaufen; 2. bestechen

ку́пля *f A1* Kauf *m*; **~-прода́жа а́кций** Aktienhandel *m*; **~-прода́жа за нали́чные** Barkauf *m*, Barverkauf *m*; **~-прода́жа це́нных бума́г** Negoziierung *f*

ку́пол <*nom pl:* -а́> *m K ple* Kuppel *f*

купо́н *m K* 1. (ÖKON) Coupon *m*; 2. Bezugsschein *m*; 3. Währungseinheit in der postsowjetischen Ukraine (bis 1996)

купю́ра *f A* Banknote *f*

курд, курдя́нка <*gen pl f:* -нок> *m K / f A* Kurde, Kurdin *m/f*

куре́ние *nt O2* Rauchen *nt*; **пасси́вное ~** Passivrauchen *nt*

кури́льщик, кури́льщица *m K / f A* Raucher, -in *m/f*; **зая́длый ~** Kettenraucher *m*

кури́ровать *vt E2 impf* (ADMIN) betreuen, zuständig sein

кури́ть <*präs:* курю́, ку́ришь> *vi I impf* (*pf:* по-) rauchen; **бро́сить ~** das Rauchen aufgeben

ку́рица <*pl:* ку́ры, кур, ку́рам> *f A* Huhn *nt*, Henne *f*

куро́к <*gen sg:* курка́> *m K* Schlagstück *nt*, Abzug *m*

куропа́тка <*gen pl:* -ток> *f A* Rebhuhn *nt*

куро́рт *m K* Kurort *m*, Badeort *m*; **климати́ческий ~** Luftkurort *m*; **лече́бный** Heilbad *nt*

куро́ртник, куро́ртница *m K / f A* Kurgast *m*

курс¹ *m K* 1. Kurs *m*, Lehrgang *m*; 2. Studienjahr *nt*

курс² *m K* 1. Kurs *m*, Route *f*, Linie *f*; **брать** [*о* **взять**] **~ на что-ли́бо** (*auch fig*) etw ansteuern, etw anstreben; **приде́рживаться ~а** an einem Kurs festhalten; **быть в ~е чего́-ли́бо** auf dem laufenden sein; **держа́ть кого́-либо в ~е чего́-ли́бо** jdn auf dem laufenden halten; 2. (ÖKON) Kurs *m*; **обме́нный ~** Wechselkurs *m*; **~ а́кций** Aktienkurs *m*; **~ це́нных бума́г** Wertpapierkurs *m*; **~ иностра́нной валю́ты** Devisenkurs *m*; **~ спро́са** Geldkurs *m*; **~ покупа́телей** Ankaufskurs *m* Geldkurs *m*; **~ продавцо́в** Angebotskurs *m* Verkaufskurs *m*; **~ предложе́ний** Angebotskurs *m*, Brief *m*; **~ при откры́тии би́ржи** Eröffnungskurs *m*; **~ в середи́не дня** Mittagskurs *m*; **~ дня** Tageskurs *m*; **~ ка́ссовых сде́лок** Spotpreis *m* Kassakurs *m*; **~ пересчёта** Umrechnungskurs *m*; **~ по сде́лкам на нали́чный това́р** Kassakurs *m*; **~ по сде́лкам на ульти́мо** Ultimokurs *m*; **~ при биржевы́х сде́лках на срок** Terminkurs *m*

курси́ровать *vi E2 impf* 1. (TRANSP) verkehren; 2. pendeln, hin- und herfahren

курсово́й *adj* (ÖKON) Kurs-; **курсова́я котиро́вка** Kursnotierung *f*; **курсова́я при́быль** Kursgewinn *m*; **курсова́я спекуля́ция** Kursspekulation *f*; **курсова́я сто́имость** Kurswert *m*; **курсова́я табли́ца** Kurszettel *m*; **курсово́й и́ндекс** Kursindex *m*; **курсово́й у́ровень** Kursniveau *nt*

курсо́р *m K* (DV) Cursor *m*; **мига́ющий ~** blinkender Cursor *m*

курта́ж <*inst sg:* -жем, *gen pl:* -жей> *m K* (ÖKON) Maklergebühr *f*, Courtage *f*

ку́ртка <*gen pl:* -ток> *m K* Jacke *f*; **~ с**

капюшо́ном Anorak *m*
курча́вый <*kf:* -а́в> *adj* (**кудря́вый**) lockig, kraus
курьёз *m K* (*смешно́й или стра́нный слу́чай*) Kuriosum *nt*
курьёзность *f I* Kuriosität *f*
курьёзный <*kf:* -зен, -зна> *adj* kurios, seltsam
курье́р *m K* Kurier *m*, Eilbote *m*
куса́ть *vt E impf* 1. beißen; 2. (*о комаре́*) stechen
куса́ться *vr E impf* 1. bissig sein; 2. (*umg, fig*) viel zu teuer sein; це́ны куса́ются die Preise sind gepfeffert
куса́чки <*gen pl:* -чек> *f pl A* Kneifzange *f*, Beißzange *f*
кусо́к <*gen sg:* -ска́> *m K e* 1. Stück *nt*, Happen *m*; ~ хле́ба eine Schnitte [*o* Scheibe] Brot 2. (*umg*) tausend Rubel *m*
кусо́чек <*gen sg:* -чка> *m K* Stückchen *nt*
куст *m K e* 1. Strauch *m*, Busch *m*; 2. (*im pl*) Gebüsch *nt*
куста́рный *adj* 1. Handwerks-; **куста́рное предприя́тие** Handwerksbetrieb *m*; **куста́рное произво́дство** Handwerk *nt* 2. primitiv
куста́рь *m K e* Heimarbeiter *m*, Handwerker *m*
ку́стик *m K* kleiner Strauch *m*
кути́ла *mf A* Prasser, -in *m/f*, Zecher, -in *m/f*
кути́ть <*präs:* кучу́, ку́тишь> *vi I impf* prassen, zechen
ку́хня <*gen pl:* ку́хонь> *f A1* 1. Küche *f*; 2. (*fig: nur sg*) Hintergründe *m pl*, Machenschaften *f pl*
ку́ча *f A* Haufen *m*; **наво́зная** ~ Misthaufen *m*; **зараба́тывать ку́чу де́нег** jede Menge Geld verdienen
ку́чер <*nom pl:* -а́> *m K ple* Kutscher *m*
кучкова́ться *vr E2 impf* (*umg*) die Köpfe zusammenstecken, sich kurz beraten
ку́шанье *nt O1* Essen *nt*, Speise *f*, Gericht *nt*
ку́шать *vi E impf* (*pf:* вы́-, по-, с-) essen
куше́тка <*gen pl:* -ток> *f A* Couch *f*
кэш *m K* (DV) Cache *m*
кэш-фло́у *indekl* (ÖKON) Cash Flow *m*

Л

л, Л *nt indekl* kyrillischer Buchstabe
лаби́льный <*kf:* -лен, -льна> *adj* (PSYCH) labil
лабири́нт *m K* (*auch fig*) Labyrinth *nt*
лаборато́рия *f A2* Labor *nt*, Laboratorium *nt*
ла́ва *f A* Lava *f*
лава́нда *f A* Lavendel *m*
лави́на *f A* Lawine *f*
лави́ровать *vi E2 impf* manövrieren, sich geschickt durchschlängeln
ла́вка <*gen pl:* -вок> *f A* 1. (*скаме́йка*) Bank *f*; 2. (*магази́нчик*) Laden *m*, Verkaufsbude *f*
лавр *m K* 1. (BOT) Lorbeer *m*, Lorbeerbaum *m*; 2. (*im pl;fig*) Lorbeeren *pl*; **почи́ть на ~ах** sich auf seinen Lorbeeren [*o* Erfolgen] ausruhen; **сниска́ть себе́ ~ы чем-ли́бо** für etw Lorbeeren ernten, sich verdient machen (um +*akk*)
ла́герь <*nom pl:* -я́> *m K1 ple* 1. Lager *nt*, Camp *nt*; **ле́тний оздорови́тельный ~ для шко́льников** Kinderferienlager *nt*; **уче́бно-трениро́вочный ~** Trainings [*o* Ausbildungs-]lager *nt*; **разби́ть ~** ein Lager aufschlagen 2. (*для заключённых*) Lager *nt*, Strafanstalt *f*; **исправи́тельный ~** Straflager *nt*; **концентрацио́нный ~** Konzentrationslager *nt*, KZ *nt*; ~ **сме́рти** Vernichtungslager *nt*; ~ **для бе́женцев** Flüchtlingslager *nt*, Auffanglager *nt*
лагу́на *f A* Lagune *f*
лад I. <*präpos sg:* в ладу́> *m K ple* 1. (MUS) Tonart *f*; 2. (*umg*) Art und Weise *f*; **на но́вый ~** auf eine neue Art und Weise; 3. (*согла́сие*) Eintracht *f*; **быть не в ~а́х с орфогра́фией** mit der Rechtschreibung auf dem Kriegsfuß stehen; **быть не в ~а́х с собо́й** mit sich selbst nicht im reinen sein;
ла́дить II. <*präs:* ла́жу, ла́дишь> *vi I impf* (*с кем-ли́бо*) auskommen, klarkommen (mit +*dat*)
ла́дно *part* (*umg*) einverstanden, geht in Ordnung
ладо́нь *f I* Hand *f*, Handfläche *f*
лаз *m K* (TECH) Einsteigloch *nt*, Einstieg *m*
лазаре́т *m K* Lazarett *nt*
лазе́йка <*gen pl:* -е́ек> *f A* Schlupfloch *nt*
ла́зер *m K* Laser *m*
ла́зерный *adj* Laser-; ~ **диск** Compact Disc *f*, CD *f*; ~ **луч** Laserstrahl *m*; ~ **при́нтер** Laserdrucker *m*
ла́зить <*präs:* ла́жу, ла́зишь> *vi I unbest* (*best:* лезть) klettern, eindringen
лазу́рный <*kf:* -рен, -рна, -рно> *adj* lasurblau; **Лазу́рный бе́рег** (GEOG) Côte d'Azur *f*
лазу́рь *f I* Lasurblau *nt*, Himmelblau *nt*
лай *m K2* Gebell *nt*; **соба́чий ~** Hundegebell *nt*
лак *m K* Lack *m*; ~ **для воло́с** Haarlack *m*, Haarspray *m*; ~ **для ногте́й** Nagellack *m*
лака́ть *vi E impf* schlabbern
лаке́й *m K2* 1. Lakai *m*, Diener *m*; 2. (*pej*) Kriecher *m*, Schleimer *m*
лакирова́ть *vt E2 impf* (*pf:* от-) lackieren
ла́комиться <*präs:* ла́комлюсь, -мишься> *vr + inst I impf* (*pf:* по-) naschen
ла́комка *mf A* Leckermaul *nt*, Naschkatze *f*
ла́комый <*kf:* -ом> *adj* lecker; ~ **кусо́чек** Leckerbissen *m*
лакони́чный <*kf:* -чен, -чна, -чно> *adj*

lakonisch
ла́ма¹ *f A* (ZOOL) Lama *nt*
ла́ма² *m A* buddhistischer Priester oder Mönch
ла́мпа *f A* Lampe *f*; **насто́льная ~** Tischleuchte *f*
ла́мпочка <*gen pl:* -чек> *f A* Glühbirne *f*; **мне всё до ла́мпочки** (*umg*) mir ist alles schnuppe
лангу́ст *m K* Languste *f*
ландта́г *m K* (*земе́льный парла́мент*) Landtag *m*
ландша́фт *m K* 1. Landschaft *f*; 2. Landschaftsbild *nt*; **лу́нный ~** Mondlandschaft *f*
ландша́фтный *adj* landschaftlich
ла́ндыш <*gen pl:* -ей> *m K* Maiglöckchen *nt*
ла́па *f A* Pfote *f*, Tatze *f*; **попа́сть кому́-ли́бо в ла́пы** (*fig*) jdm in die Klauen fallen
лапто́п, лэпто́п *m K* (DV) Laptop *m*
лапша́ *f A* Nudel *f*
ларёк <*gen sg:* ларька́> *m K e* (*кио́ск*) Verkaufsstand *m*, Bude *f*
ларёчник *m K* Krämer *m*, Händler *m*
ласка́тельный <*kf:* -лен, -льна> *adj* zärtlich; **ласка́тельное обраще́ние** Kosewort *nt*
ласка́ть *vt E impf* (*pf:* при-) liebkosen
ла́сковый *adj* 1. zärtlich, liebevoll; 2. (*ве́тер*) sanft
ла́стик *m K* Radiergummi *m*
ла́сточка <*gen pl:* -чек> *f A* Schwalbe *f*; **пе́рвая ~** Vorbote *m*
лата́ние *nt O2* Stopfen *nt*; **~ дыр в бюдже́те** (*fig*) Löcher im Haushalt [*o* Etat] stopfen
лата́ть *vt E impf* (*pf:* за-) flicken, stopfen
Ла́твия *f A2* Lettland *nt*
лате́нтный *adj* latent; **лате́нтная потре́бность** latenter Bedarf *m*; **~ спрос** latenter Bedarf *m*
латиноамерика́нский *adj* lateinamerikanisch
лати́нский *adj* lateinisch; **~ алфави́т** (*лати́ница*) lateinische Schrift *f*; **~ язы́к** Latein *nt*
лату́нь *f I* Messing *nt*
латы́нь *f I* Latein *nt*
латы́ш, латы́шка <*gen pl m:* латыше́й, *gen pl f:* -шек> *m K / f A* Lette, Lettin *m/f*
латы́шский *adj* lettisch
лауреа́т *m K* Preisträger, -in *m/f*; **~ Но́белевской пре́мии** Nobelpreisträger, -in *m/f*
ла́цкан *m K* (*отворо́т пиджака́*) Revers *nt*
лачу́га *f A* Hütte *f*; **жа́лкая ~** Bruchbude *f*
ла́ять <*präs:* ла́ю, ла́ешь> *vi E5 impf* bellen, kläffen
ЛВС *abk von* лока́льная вычисли́тельная сеть LAN *nt*
лгать <*präs:* лгу, лжёшь, *3. pers pl:* лгут> *vi E4 impf* (*pf:* со-) lügen
лгун *m K e* Lügner *m*
лгу́нья <*gen pl:* -ний> *f A1* Lügnerin *f*
ле́бедь *m K1* Schwan *m*
лев <*gen sg:* льва, *pl:* львы, львов> *m K* Löwe *m*
левосторо́нний *adj* Links-, linksseitig; **левосторо́ннее движе́ние** Linksverkehr *m*
левша́ <*gen pl:* -ше́й> *mf A e* Linkshänder, -in *m/f*
ле́вые *f pl wie adj* (POL) Linke *f*
ле́вый *adj* 1. linke(r, s); **~ кра́йний** (SPORT) Linksaußen *m*; **~ поворо́т** Linkskurve *f*; 2. (*umg*) link, illegal; **ле́вая рабо́та** Schwarzarbeit *f*
легализова́ть *vt E2 impf/pf* legalisieren
лега́льность *f I* Legalität *f*
лега́льный <*kf:* -лен, -льна> *adj* legal
леге́нда *f A* Legende *f*, Sage *f*
легенда́рный <*kf:* -рен, -рна> *adj* legendär, sagenhaft
легислату́рный *adj* Legislatur-; **~ пери́од** (POL) Legislaturperiode *f*
легитима́ция *f A2* (JUR) Legitimation *f*, Rechtfertigung *f*
лёгкий <*kf:* лёгок, легка́, легко́; легки́, *oder:* лёгки, *komp:* ле́гче, *super:* легча́йший> *adj* 1. leicht, Leicht-; **~ как пёрышко** federleicht; **лёгкая рабо́та** leichte Arbeit *f*; **лёгкая атле́тика** Leichtathletik *f*; **лёгкое недомога́ние** leichte Unpässlichkeit *f*; **тебе́ легко́ говори́ть** du hast leicht [*o* gut] reden; **с лёгким се́рдцем** leichten Herzens; **лёгок на поми́не** Lupus in fabula; wenn man vom Teufel spricht, kommt er; 2. (*легкомы́сленный*) leichtsinnig, leichtfertig
легкове́рный <*Kf:* -рен, -рна> *adj* leichtgläubig
лёгкое *nt wie adj* Lunge *f*
легкомы́сленный <*kf:* -лен, -ленна> *adj* leichtfertig, leichtsinnig
легкомы́слие *nt O2* Leichtsinn *m*
лёгкость *f I* Leichtigkeit *f*
легкоусва́иваемый *adj* 1. leichtverdaulich; 2. (*fig*) leichtverständlich
лёд <*gen sg:* льда, *präpos sg:* на льду> *m K* Eis *nt*; **па́ковый ~** Packeis *m*
леденец <*gen sg:* -нца́> *m K e* 1. Bonbon *nt*; **~ на па́лочке** Lutscher *m*; **~ от ка́шля** Hustenbonbon *nt*; 2. (*im pl*) Kandiszucker *m*; **фрукто́вые леденцы́** Drops *pl*
леденя́щий *adj* eisig, eiskalt; **~ ду́шу** (*fig*) furchteinflößend
ле́ди *f indekl* Lady *f*; **пе́рвая ~** First Lady *f*
ледоко́л *m K* Eisbrecher *m*
ледяно́й *adj* 1. Eis-; 2. (*fig*) eisig, frostig
лежа́ть <*präs:* лежу́, лежи́шь> *vi I impf* 1. liegen; **~ в посте́ли** im Bett liegen; 2. (*fig:* на ком-ли́бо/чём-ли́бо) ruhen, lasten (auf *+dat*)
лежа́чий *adj* liegend; **~ больно́й** bettläge-

rig; **под ~ ка́мень вода́ не течёт** (fig) wer rastet, der rostet
ле́звие nt O2 Klinge f, Schneide f
лезть <präs: ле́зу, ле́зешь> vt E6 best (unbest: ла́зить) **1.** klettern; **~ без о́череди** sich vordrängeln; **2.** (umg: во что-ли́бо) sich einmischen (in +akk); **~ не в своё де́ло** sich in fremde Angelegenheiten einmischen; **~ в дра́ку** handgreiflich werden
ле́йка <gen pl: ле́ек> f A Gießkanne f
лейкеми́я f A2 Leukämie f
лейтена́нт m K Leutnant m
лейтмоти́в m K **1.** Leitmotiv nt; **2.** (fig) Grundgedanke m
лека́рственный adj Heil-; **лека́рственное расте́ние** Heilpflanze f
лека́рство nt O Arznei f; **~ от чего́-ли́бо** Heilmittel (gegen +akk)
ле́карь m K1 (arch) Arzt m; **вре́мя - лу́чший ~** die Zeit heilt alle Wunden
ле́ксика f A Lexik f, Wortschatz m; **ба́зовая ~** Grundwortschatz m
лексико́н m K **1.** (arch) Lexikon nt, Wörterbuch nt; **2.** (geh) Wortschatz m, Vokabular nt
ле́кция f A2 Vorlesung f; **вступи́тельная ~** Antrittsvorlesung f; **чита́ть ле́кцию** eine Vorlesung halten
лени́вый <kf: -и́в> adj faul, träge
ле́нта f A Band nt, Streifen m; **кле́йкая ~** (скоч) Klebestreifen m; **магни́тная ~** Tonband nt
лентя́й, лентя́йка <gen pl f: лентя́ек> m K2 / f A Faulenzer, -in m/f, Faulpelz m
лень f I Faulheit f
леопа́рд m K Leopard m
лепета́ть <präs: лепечу́, -е́чешь> vi E4 impf **1.** lallen; **2.** stammeln
лепи́ть <präs: леплю́, ле́пишь> vt I impf (pf: вы́-, с-) kneten, modellieren
ле́пта f A kleiner Beitrag m; **внести́ свою́ ле́пту** sein Scherflein beitragen
лес <präpos sg: о ле́се/в лесу́, nom pl: -а́> m K ple Wald m; **ли́ственный ~** Laubwald m; **тропи́ческий** [о **экваториа́льный**] **~** Regenwald m; **хво́йный ~** Nadelwald m
леса́ pl K Gerüst nt
лесбия́нка <gen pl: -нок> f A Lesbierin f, Lesbe f
лесбия́нский adj lesbisch
леси́стый <kf: -и́ст> adj waldig
лесни́к m K e Förster, -in m/f
лесно́й adj Wald-; **~ пожа́р** m Waldbrand m; **лесно́е хозя́йство** nt Forstwirtschaft f
лесозащи́тный f A: **лесозащи́тная полоса́** Waldschutzstreifen m
лесопито́мник m K Baumschule f
лесопу́нкт m K Holzeinschlagstelle f
лесоразведе́ние nt O2 Aufforstung f
лесоразрабо́тки <gen pl: -ток> pl K Holzschlag m, Holzeinschlag m
лесору́б m K Holzfäller m
ле́стница f A Treppe f, Leiter f;

верёвочная ~ Strickleiter f; **винтова́я ~** Wendeltreppe f; **на ле́стнице** im Treppenhaus nt; **служе́бная ~** (fig) Dienstleiter f
ле́стничный adj Treppen-; **ле́стничная кле́тка** f Treppenhaus nt
лесть f I Schmeichelei f
ле́та <gen pl und akk pl von: год> nt pl O e Alter nt, Jahre nt; **ско́лько вам лет?** wie alt sind Sie? **в лета́х** bejahrt
летарги́я f A2 **1.** (MED) Lethargie f; **2.** (fig) Teilnahmslosigkeit f
лета́ть vi E unbest (best: лете́ть) fliegen
лете́ть <präs: лечу́, лети́шь> vi I best (unbest: лета́ть) **1.** fliegen; **2.** (nur best) dahineilen, sausen; **как бы́стро лети́т вре́мя** wie schnell die Zeit vergeht
ле́тний adj Sommer-; **ле́тнее вре́мя** Sommerzeit f; **~ курс** Ferienkurs m
лётный adj Flug-; **лётная шко́ла** Flugschule f
ле́то nt O ple Sommer m; **ба́бье ~** Altweibersommer m
летоисчисле́ние nt O2 Zeitrechnung f
ле́топись f I Chronik f
лету́н m K Jobhopper m
лётчик, лётчица m K / f A **1.** Flieger, -in m/f; **2.** Pilot, -in m/f
лече́бный adj Heil-; **лече́бная гимна́стика** Krankengymnastik f; **в лече́бных це́лях** zu Heilzwecken
лече́ние nt O2 Behandlung f, Kur f; **~ для похуде́ния** Schlankheitskur f; **~ от алкоголи́зма** Entziehungskur f; **стациона́рное ~** stationäre Behandlung f
лечи́ть <präs: лечу́, ле́чишь> vt I impf **1.** behandeln, kurieren; **2.** sich etw behandeln lassen
лечь <fut: ля́гу, ля́жешь, prät: лёг, легла́> vi UE5 pf (impf: ложи́ться) sich hinlegen
лещи́на f A (BOT) Haselstrauch m
лженау́ка f A Pseudowissenschaft f
лжеприся́га f A Meineid m
лжец m K e Lügner m
лжи́вость f I Falschheit f, Verlogenheit f
лжи́вый <kf: лжив> adj verlogen
ли part ob; **ли ... ли ... ли** entweder ... oder
либерализа́ция f A2 Liberalisierung f; **~ цен** Preisfreigabe f
либерали́зм m K Liberalismus m
либерализова́ть vt E2 impf/pf liberalisieren
либера́льный <kf: -лен, -льна> adj liberal
ли́бо konj (и́ли) oder
Лива́н m K Libanon m
ли́вень <gen sg: ли́вня> m K1 Regenschauer m
ли́верный adj Leber-, (auch aus anderen Innereien); **ли́верная колбаса́** Leberwurst f
Ли́вия f A2 Libyen nt
ливре́я f A2 Livree f

ли́га f A Liga f; **Ли́га На́ций** Völkerbund m; **федера́льная ~** (SPORT) Bundesliga f; **вы́сшая ~** (SPORT) Äquivalent der Bundesliga in Russland

ли́дер m K 1. Führer m, Leitfigur f; **~ оппози́ции** Oppositionsführer m; **полити́ческие ~ы** führende Politiker 2. (ÖKON) Vorreiter m; 3. (SPORT) Tabellenführer m; **~ консо́рциума** Konsortialführer m; **~ на ры́нке** Marktführer m

ли́дерство nt O Führung f

лиди́рование nt O2 Führen nt; **~ в о́бласти цен** (ÖKON) Preisführerschaft f

лиди́ровать vt E2 impf führen, in Führung liegen

лиза́ть <präs: лижу́, ли́жешь> vt E4 impf lecken, ablecken

ли́зинг m K (ÖKON) Leasing nt; **брать на усло́виях ~а** leasen; **~ персона́ла** Personalleasing nt

ли́зинговый adj (ÖKON) Leasing-; **~ ры́нок** Leasing-Markt m; **~ се́ктор** Leasing-Bereich m; **ли́зинговая сде́лка** [o **опера́ция**] Leasing-Geschäft nt; **ли́зинговые услу́ги** Leasingleistungen pl

лизингода́тель m K1 Leasinggeber m

лизингополуча́тель m Leasingnehmer m

лизоблю́д m K (pej) Schleimer m, Kriecher m

ликвида́тор m K 1. (ÖKON) Liquidator m; 2. Helfer bei der Beseitigung von Folgen der Tschernobyl-Katastrophe

ликвидацио́нный adj Liquidations-; **ликвидацио́нная сто́имость обору́дования** Altwert m Schrottwert m; **~ бала́нс** Liquidationsbilanz f

ликвида́ция f A2 Liquidation f, Liquidierung f, Abschaffung f, Auflösung f; **~ задо́лженности** (ÖKON) Schuldenabtragung f; **~ расчётов** (ÖKON) Abrechnung f; **~ фи́рмы** (ÖKON) Firmenauflösung f

ликвиди́ровать vt E2 impf/pf liquidieren, beseitigen, abbauen, abschaffen, auflösen; **~ а́рмию** die Armee abschaffen; **~ задо́лженность** Schulden begleichen [o tilgen]; **~ раке́ты** Raketen verschrotten

ликви́дность f I (ÖKON) Liquidität f, Zahlungsfähigkeit f; **валю́тная ~** Währungsliquidität f; **усло́вная ~** bedingte Liquidität f

ликви́дный adj liquid, zahlungsfähig, flüssig; **ликви́дное положе́ние ба́нков** Bankenliquidität f; **ликви́дные резе́рвы** Liquiditätsreserve f; **ликви́дные сре́дства** liquide Mittel pl

ликёр m K Likör m

ликова́ние nt O2 Jubel m, Frohlocken nt

ликова́ть vi E2 impf (geh) jubeln, frohlocken

лилипу́т, лилипу́тка <gen pl f: -ток> m K / f A Liliputaner, -in m/f

ли́лия f A2 Lilie f

лило́вый adj lila

лима́н m K Liman m, Mündungssee m

лими́т m K Limit nt, Höchstgrenze f; **~ цен** Preisgrenze f; **~ креди́та** Kreditlinie f

лимити́рование nt O2 Limitierung f, Begrenzung f

лимити́ровать vt E limitieren; **лимити́рованная цена́** Limitpreis m

лими́тчик, лими́тчица m K f A Einwohner Moskaus (aus anderer Stadt stammend) mit befristeter Wohnerlaubnis

лимо́н m K 1. Zitrone f; 2. (umg) 1 Million Rubel

лимона́д m K Limonade f

лимо́нный adj 1. Zitronen-; **~ сок** Zitronensaft m; **лимо́нные до́льки** Zitronenscheiben f pl; 2. zitronengelb

лимузи́н m K Limousine f

ли́мфа f A (BIO) Lymphe f, Lymphflüssigkeit f

лимфати́ческий adj Lymph-; **~ у́зел** Lymphknoten m

лингви́ст m K Linguist, -in m/f, Sprachwissenschaftler, -in m/f

лингви́стика f A Linguistik f, Sprachwissenschaft f

лине́йка <gen pl: -еек> f A 1. Lineal nt; **логарифми́ческая ~** (MATH) Rechenschieber m; 2. (ли́ния) Linie f; 3. (о́бщее построе́ние в шко́ле или пионерла́гере) Appell m; 4. (DV) Leiste f; **~ заголо́вка** Titelleiste f

лине́йный adj linear; **лине́йная амортиза́ция** (ÖKON) lineare Abschreibung f; **лине́йная систе́ма организа́ции управле́ния** (ÖKON) Linienorganisation f

ли́нза f A Linse f

ли́ния f A2 1. (auch fig) Linie f; **по матери́нской ли́нии** mütterlicherseits; **идти́ по ли́нии наиме́ньшего сопротивле́ния** (fig) den leichtesten Weg gehen m wählen; 2. (POL) Kurs m, Politik f; 3. (TRANSP) Linie f, Route f; **парохо́дная ~** Schifffahrtslinie f 4. (EL) Leitung f; **~ высо́кого напряже́ния** Hochspannungsleitung f

линко́р akr von **лине́йный кора́бль** m Schlachtschiff nt

лино́ванный adj liniiert

лино́леум m K Linoleum nt

линчева́ть vt E2 impf/pf lynchen

ли́нька f A 1. (у живо́тных) Haaren nt; 2. (у птиц) Federn nt, Mausern nt

линя́ть I. vi E impf (pf: по-) (о тка́ни) abfärben, ausbleichen; II. vi E (pf: вы́-) 1. (о живо́тных) haaren; 2. sich mausern

ли́па¹ f A Linde f

ли́па² f A 1. (umg) Fälschung f; 2. Imitation f

ли́пкий <kf: -пок, -пка́> adj klebrig; **ли́пкая грязь** Schmiere f, klebriger Schmutz m

ли́повый¹ adj Linden-; **~ чай** Lindenblütentee m

ли́повый² adj (umg) gefälscht

ли́ра¹ *f A* (MUS) Lyra *f*, Leier *f*
ли́ра² *f A* Lira *f*, italienische Währungseinheit *f*
ли́рика *f A* Lyrik *f*
лиса́ *f A pls* Fuchs *m*
лиси́чка <*gen pl:* -чек> *f A* Pfifferling *m*
лист **I.** <*pl:* ли́стья, -ьев, -ьям> *m K pls* (BOT) Blatt *nt*; **II.** <*pl:* листы́, -о́в> *m K e* **1.** (*бума́ги*) Blatt *nt*, Bogen *m*; ~ **почто́вой бума́ги** Briefbogen *m*; **2.** (*спи́сок, докуме́нт и т.п.*) Liste *f*, Schein *m*; ~ **сти́ля** (DV) Style-Sheet *nt*; **исполни́тельный** ~ (JUR) Vollstreckungsanordnung *f*
листа́ть *vi E impf* blättern, umblättern
листва́ *f A* Laub *nt*
ли́ственница *f A* (ZOOL) Lärche *f*
ли́ственный *adj* Laub-; **ли́ственное де́рево** Laubbaum *m*
листо́вка <*gen pl:* -вок> *f A* Flugblatt *nt*; ~-**вкла́дыш** (*к лека́рствам*) Beipackzettel *m*
лита́вры *f pl A* Pauke *f*; **бить в** ~ (*auch fig*) auf die Pauke hauen
Литва́ *f A* Litauen *nt*
лите́йный *adj* Gieß-; ~ **цех** [*о* **лите́йное произво́дство**] Gießerei *f*
ли́тера *f A* (ARCH) Buchstabe *m*, Letter *f*
литерату́ра *f A* Literatur *f*
литерату́рный *adj* literarisch; ~ **неме́цкий язы́к** Hochdeutsch *nt*; ~ **язы́к** (LING) Standardsprache *f*
литературове́дение *nt O2* Literaturwissenschaft *f*
ли́тий *m K2* Lithium *nt*
лито́вец, лито́вка <*gen sg m:* -вца, -вцев, *gen pl f:* -вок> *m K / f A* Litauer, -in *m/f*
лито́вский *adj* litauisch
литр *m K* Liter *m*
литурги́я *f A2* Liturgie *f*
лить I. <*präs:* лью, льёшь> *vt E4c impf* **1.** гиеßen, schütten; **2.** (TECH: *Metall*) durch Gießen erzeugen; **II.** *vi E4c* (*unpersönlich*) heftig strömen; **льёт как из ведра́** es regnet in Strömen
ли́ться <*nur 3. pers:* льётся> *vr E4c impf* **1.** (*о дожде́*) strömen, sich ergießen; **2.** (*о воде́*) ständig fließen
лифт *m K* Fahrstuhl *m*
лиха́ч *m K* (KFZ) Raser *m*
лиха́чество *nt O* (*pej*) Raserei *f*, leichtsinnige Fahrweise *f*
лиха́чить <*präs:* лихачу́, -чишь> *vi I impf* rasen, zu schnell fahren
ли́хо¹ *nt O* Böses *nt*
ли́хо² *adv* waghalsig
лихо́й¹ <*kf:* -лих, -лиха́> *adj* keck, waghalsig
лихо́й² <*kf:* -лих, -лиха́> *adj* (*челове́к*) böse; **лиха́ беда́ нача́ло** (*fig*) aller Anfang ist schwer
лихора́дить <*unpersönlich:* лихора́дит> *vt* &: **меня́ лихора́дит** ich fiebere; mich fiebert
лихора́дка *f A* Fieber *nt*
лихора́дочный <*kf:* -чен, -чна> *adj* **1.** (nur Langform) Fieber-, fiebrig; **2.** (*fig*) fieberhaft, hektisch
лицево́й *adj* **1.** Gesichts-; ~ **нерв** Gesichtsnerv *m*; **2.** (*нару́жный*) Vorder-, Außen-; **лицева́я сторона́** Außenseite *f*; **3.** persönlich; ~ **счёт** persönliches Konto *nt*
лице́й *m K2* **1.** (*früher*) eine priveligierte höhere Schule (meist für Jungen); **2.** höhere Schule im Rahmen des Schulsystems im postsowjetischen Russland
лицеме́р, лицеме́рка <*gen pl f:* -рок> *m K / f A* Heuchler, -in *m/f*
лицеме́рие *nt O2* Heuchelei *f*
лицеме́рить <*präs:* лицеме́рю, -ришь> *vi I impf* heucheln
лицеме́рный <*kf:* -рен, -рна> *adj* heuchlerisch, scheinheilig
лицензеда́тель *m K1* Lizenzgeber *m*
лицензеполуча́тель *m K1* Lizenznehmer *m*
лицензиа́р *m K* Lizenziar *m*, Lizenzgeber *m*
лицензиа́т *m K* Lizenziat *m*, Lizenznehmer *m*
лицензио́нный *adj* Lizenz-; ~ **догово́р** [*о* **контра́кт**] Lizenzvertrag *m*; ~ **сбор** Lizenzgebühr *f*; **лицензио́нное вознагражде́ние** Royalty *f*; **лицензио́нное произво́дство** Lizenzfertigung *f*; **лицензио́нное соглаше́ние** Lizenzvertrag *m*
лицензи́рование *nt O2* **1.** Lizenzierung *f*, Genehmigung *f*; **2.** Erteilung *f* von Lizenzen
лицензи́рованный *adj* lizenziert
лице́нзия *f A2* Lizenz *f*, Genehmigung *f*; ~ **на ввоз** Einfuhrgenehmigung *f*, Importlizenz *f*; ~ **на ИТД** Gewerbeschein *m*; **изгота́вливать по лице́нзии** in Lizenz herstellen; ~ **на вы́воз** Ausfuhr [*о* Export-]lizenz *f*; ~ **на и́мпорт** Importlizenz *f*
лицо́ *nt O pls* **1.** Gesicht *nt*; **показа́ть своё и́стинное** ~ (*fig*) sein wahres Gesicht zeigen; **сохрани́ть** ~ (*fig*) das Gesicht wahren **2.** Person *f*; **не взира́я на ли́ца** ohne Ansehen der Person; **от лица́ кого́-л́ибо** im Namen, im Auftrag (+*gen*); ~ **даю́щее рекоменда́цию** Referenz *f*; ~ **выпи́сывающее ве́ксель** Wechselausstelier *m*; ~ **даю́щее поруче́ние по перево́ду де́нег** Anweisender *m*; ~ **име́ющее пра́во на получе́ние чего́-л.** Empfangsberechtigter *m*; ~ **име́ющее за́работок** Erwerbstätiger *m*; ~ **име́ющее побо́чный за́работок** Doppelverdiener *m*; ~ **не рабо́тающее по на́йму** Selbständiger *m*; ~ **свобо́дной профе́ссии** Freiberufler *m*; ~ **рабо́тающее без вознагражде́ния** Volontär *m*; ~ **не входя́щее в соста́в**

чего́-л. Nichtmitglied *nt*; **~ обя́занное произвести́ платёж** Zahlungspflichtiger *m*; **~ регуля́рно приезжа́ющее на рабо́ту из отдалённого ме́ста жи́тельства** Pendler *m* **3.** (*и́мидж*) Image *nt*, Profil *nt*; **~ предприя́тия** Unternehmensidentität *f*

личи́на *f A* Maske *f*, Larve *f*

личи́нка <*gen pl*: -нок> *f A* (ZOOL) Larve *f*, Made *f*

ли́чно *adv* persönlich, eigenhändig; **~ я** was mich betrifft

ли́чность *f I* **1.** Person *f*; **2.** Persönlichkeit *f*; **выдаю́щаяся ~** prominente Persönlichkeit *f*

ли́чный *adj* persönlich; **~ вклад** persönlicher Beitrag *m*; **~ дохо́д** Individualeinkommen *nt*; **~ нало́г** Personensteuer *f*; **~ счёт** Privatkonto *nt*; **ли́чное де́ло** Privatsache *f*, **ли́чное де́ло** (ADMIN) Personalakte *f*; **ли́чное потребле́ние** Eigenbedarf *m*; **ли́чное пра́во** (JUR) Personalrecht *nt*; **ли́чное страхова́ние** Privatversicherung *f*

лиша́й *m K2* (MED) Flechte *f*

лиша́йник *m K* (BOT) Flechte *f*

лиша́ть *vt E impf* (*pf*: **лиши́ть**) (*чего́-либо*) entziehen, berauben; **~ кого́-либо возмо́жности** jdm die Möglichkeit [*o* Chance] nehmen; **~ сло́ва** das Wort entziehen; **~ гражда́нских прав** entmündigen; **~ гражда́нства** die Staatsbürgerschaft aberkennen

лиша́ться *vr E impf* (*pf*: **лиши́ться**) (*кого́-либо/чего́-либо*) jdn/etw verlieren, einbüßen; **~ рабо́ты** die Arbeit verlieren; **~ чувств** das Bewusstsein verlieren

лишён <*part prät pass von*: **лиши́ть**> *adj kf* beraubt, bar; **~ чу́вства ю́мора** ohne jeglichen Sinn für Humor

лише́ние *nt O2* **1.** Entzug *m*; **2.** (JUR) Aberkennung *f*, Entziehung *f*; **~ гражда́нских прав** Entmündigung *f*; **~ свобо́ды** Freiheitsstrafe *f* **3.** (*im pl*) Entbehrungen *f pl*; **терпе́ть лише́ния** Not leiden

лиши́ть <*fut*: **лишу́, лиши́шь**> *vt I pf* (*impf*: **лиша́ть**) entziehen

лиши́ться <*fut*: **лишу́сь, лиши́шься**> *vr I pf* (*impf*: **лиша́ться**) verlieren

ли́шний <*kf*: **ли́шне**> *adj* **1.** überflüssig, unnötig; **я не хочу́ ли́шних разгово́ров** ich möchte unnötige Gerede vermeiden; **~ вес** Übergewicht *nt*; **2.** zusätzlich; **ли́шние де́ньги мне сейча́с не помеша́ют** gegen etw mehr Geld hätte ich momentan nichts einzuwenden; **~ раз** noch einmal; **из него́ сло́ва ли́шнего не вы́тянешь** (*fig*) man muss ihm jedes Wort einzeln aus der Nase ziehen

лоб <*präpos sg*: **в/ на лбу**> *m K* Stirn *f*; **зада́ть вопро́с в ~** eine unvermittelte Frage stellen

лобби́ *nt indekl* Lobby *f*

лобби́зм *m K* Lobbyismus *m*

лобби́ровать *vt E2 impf* vor dem Hintergrund eigener Interessen versuchen, eine politische Entscheidung zu beeinflussen

лобби́ст *m K* Lobbyist *m*, Meinungsmacher *m*

лобо́к <*gen sg*: -бка́> *m K* Schamhügel *m*, Venusberg *m*

лов *m K* Fang *m*

лови́ть <*präs*: **ловлю́, ло́вишь**> *vt I impf* (*pf*: **пойма́ть**) **1.** fangen, auffangen; **~ ры́бу** angeln **2.** (*fig*) nutzen, ausnutzen; **~ себя́ на мы́сли** sich bei den Gedanken ertappen; **~ удо́бный слу́чай** eine günstige Gelegenheit abpassen [*o* nutzen]; **~ ры́бку в му́тной воде́** im Trüben fischen

ло́вкий <*kf*: **ло́вок, ловка́, ло́вко**> *adj* **1.** gewandt, geschickt; **2.** (*хи́трый*) pfiffig, clever

ло́вкость *f I* Geschick *nt*, Geschicklichkeit *f*; **~ рук** Fingerfertigkeit *f*

лову́шка <*gen pl*: -шек> *f A* Falle *f*; **рада́рная ~** Radarfalle *f*

логари́фм *m K* Logarithmus *m*

ло́гика *f A* Logik *f*

логи́стика *f A* Logistik *f*; **консульта́нт по логи́стике** Logistikberater *m*

логи́чный <*kf*: -чен, -чна> *adj* logisch, folgerichtig

логопе́д *m K* Logopäde *m*, Sprachheilpädagoge *m*

логотерапи́я *f A2* Sprachtherapie *f*

логоти́п *m K* Namenslogo *nt*

ло́дка <*gen pl*: -док> *f A* Boot *nt*; **мото́рная ~** Motorboot *nt*; **надувна́я ~** Schlauchboot *nt*; **подво́дная ~** U-Boot *nt*; **перевози́ть** [*o* **переправля́ть**] **на ло́дке** booten; **сиде́ть в одно́й ло́дке** (*fig*) im selben Boot sitzen

ло́дочки <*gen pl*: -чек> *f pl A* (*же́нские ту́фли*) Pumps *m pl*

ло́дочник *m K* Bootsführer *m*

ло́дочный *adj* Boots-; **ло́дочная при́стань** Bootsanlegestelle *f*; **ло́дочная ста́нция** Bootsverleih *m*

лоды́жка <*gen pl*: -жек> *f A* Knöchel *m*

ло́жа *f A* Loge *f*; **масо́нская ~** Freimaurerloge *f*

ложи́ться <*präs*: **ложу́сь, ложи́шься**> *vi I impf* (*pf*: **лечь**) **1.** sich hinlegen; **2.** (*спать*) schlafen gehen

ло́жка <*gen pl*: -жек> *f A* Löffel *m*; **десе́ртная ~** Dessertlöffel *m*; **столо́вая ~** Esslöffel *m*; **та́йная ~** Teelöffel *m*

ло́жный <*kf*: -жен, -жна> *adj* **1.** falsch, unwahr; **ло́жная информа́ция** Fehlinformation *f*; **ло́жная показа́ния** Falschaussage *f*; **ло́жная трево́га** Fehlalarm *m*; **идти́ по ло́жному пути́** (*fig*) auf dem Holzweg sein **2.** (*обма́нчивый*) Schein-, Trug-; **ло́жная трево́га** blinder Alarm *m*

ложь <*gen sg*: **лжи**, *inst sg*: **ло́жью**> *f I* Lüge *f*; **~ во спасе́ние** Notlüge *f*; **гру́бая** [*o* **на́глая**] **~** faustdicke [*o* glatte] Lüge

лоза́ f A pls **1.** (виногра́дная) Rebe f, Weinstock m; **2.** Wünschelrute f

лозохо́дец m K Rutengänger m

ло́зунг m K Losung f, Parole f, Kennwort nt; **вы́двинуть ~** die Losung [o Parole] ausgeben

локализова́ть vt E2 impf/pf lokalisieren

лока́льный adj lokal, örtlich; **лока́льная сеть** (DV) LAN nt

лока́ут m K (ÖKON) Aussperrung f

локомоти́в m K Lokomotive f

ло́кон m K Locke f

ло́коть <gen sg: ло́ктя> m K1 ple1 Ell(en)bogen m; **чу́вство ло́ктя** Solidaritätsgefühl nt

лом m K ple1 **1.** Brecheisen nt, Brechstange f; **2.** (ло́маные ве́щи) Bruch m, Schrott m

ло́маный adj zerbrochen; **говори́ть на ло́маном языке́** eine Sprache nur gebrochen sprechen

лома́ть vt E impf (pf: с-) brechen, zerbrechen, kaputt machen; **~ го́лову над чем-ли́бо** (fig) sich den Kopf zerbrechen (über +akk)

лома́ться vr E impf (pf: с-) **1.** zerbrechen, zu Bruch gehen; **2.** (umg:pej) sich zieren

ломба́рд Pfandleihe f, Pfandhaus nt; **ломба́рдная квита́нция** Pfandschein m

ломба́рдный adj Leih-, Pfand-; **ломба́рдная квита́нция** Pfandschein m Versatzschein m

ломи́ть I. <präs: ломлю́, ло́мишь> vt I impf **1.** brechen, biegen, knicken; **2.** (напира́ть) sich vorwärtsdrängen; II. vi I (unpersönlich) weh tun; **у меня́ ло́мит го́лову** (fig) ich habe Kopfschmerzen;

ломи́ться III. <fut: ломлю́сь, ло́мишься> vr I impf **1.** brechend voll sein; **2.** mit Gewalt einzudringen suchen

ло́мка <gen pl: -мок> f A Brechen nt, Zerbrechen nt, Niederreißen nt; **~ го́лоса** Stimmbruch m

ло́мкий <kf: -мок, -мка́> adj brüchig, zerbrechlich

лопа́та f A **1.** Schaufel f; **рабо́тать лопа́той** schaufeln **2.** (штыкова́я) Spaten m

лопа́тка <gen pl: -ток> f A **1.** Kelle f; **2.** (ANAT) Schulterblatt nt

ло́паться vr E impf (pf: ло́пнуть) platzen; **у него́ ло́пается терпе́ние** ihm reißt die Geduld

ЛОР abk von отоларинго́лог m Hals-Nasen-Ohren-Arzt m, HNO-Arzt m

лоси́ны f pl A Leggings pl

лоск m K Glanz m, Schliff m

лоску́т m K e Flicken m

лосо́сь m K1 Lachs m

лось m K1 ple1 Elch m

лосьо́н m K Lotion f; **~ для бритья́** Rasierwasser nt; **~ для лица́** Gesichtswasser nt

лот m K (MAR) Lot nt

лотере́йный adj Lotterie-; **~ биле́т** Lotterieschein m; **но́мер лотере́йного биле́та** Losnummer f

лотере́я f A2 Lotterie f; **де́нежно-вещева́я ~** Tombola f

лото́ nt indekl (игра́ на ка́ртах) (Bilder-)Lotto nt

лохма́тый <kf: -ма́т> adj **1.** zottig, struppig; **2.** ungekämmt

лохмо́тья <gen pl: -тьев> pl O Lumpen m pl, Fetzen m pl; **оде́тый в ~** zerlumpt

ло́цман m K Lotse m

лошади́ный adj Pferde-; **лошади́ная си́ла, л.с.** Pferdestärke f, PS

ло́шадь <inst pl: -дьми́> f I ple1 Pferd nt; **бегова́я ~** Rennpferd nt; **верхова́я ~** Reitpferd nt; **~-кача́лка** (игру́шка) Schaukelpferd nt

лоша́к m K e Maulesel m

лощёный adj (о бума́ге) glänzend, Glanz-

лощи́на f A Mulde f, Talsenke f

лоя́льность f I Loyalität f

лоя́льный <kf: -лен, -льна> adj loyal

луг <präpos sg: на лугу́, nom pl: -а́> m K ple (лужа́йка) Wiese f; **~ альпи́йский** Alm f

лу́жа f A Pfütze f

лужа́йка <gen pl: -а́ек> f A **1.** kleine Wiese f; **2.** Waldlichtung f

лук¹ m K Zwiebel m; **зелёный ~** Schnittlauch m; **лук-поре́й** Lauch m

лук² m K (SPORT) Bogen m; **стрело́к из ~а** Bogenschütze m

лу́ковица f A Zwiebel f; **цвето́чная ~** Blumenzwiebel f

луна́ f A pls Mond m

луна́-па́рк m K Vergnügungspark m

луна́тик m K Schlafwandler m; **быть ~ом** schlafwandeln

лу́нный adj Mond-

лунохо́д m K Mondauto nt

лунохо́ды m pl K (о́бувь) Moonboots m pl

лу́па f A Lupe f

лупи́ться <präs: луплю́сь, лу́пишься> vr I impf (pf: об-) **1.** (о ко́же) sich schälen; **2.** abbröckeln

луч <gen pl: -е́й> m K e Strahl m; **~ све́та** Lichtstrahl m; **~ наде́жды** (fig) Hoffnungsschimmer m

лу́чше I. <komp von: хоро́ший> adj besser; **ему́ ~** es geht ihm besser; II. adv **1.** (komp von: хорошо́) besser; **как нельзя́ ~** bestens, ausgezeichnet; **2.** lieber; **~ сде́лай э́то сра́зу!** mach das lieber gleich!

лу́чший <komp und super von: хоро́ший> adj beste(r, s); **мой ~ друг** mein bester Freund; **в лу́чшем слу́чае** bestenfalls; **он измени́лся в лу́чшую сто́рону** er hat sich zu seinem Vorteil verändert

лы́жи f pl A Ski m pl; **беговы́е ~** Langlaufski m pl; **во́дные ~** Wasserski m pl

лы́жник, лы́жница m K / f A Skifahrer,

-in *m/f*, Skiläufer, -in *m/f*
лы́жный *adj* Ski-; **~ костю́м** Skianzug *m*; **~ подъёмник** Skilift *m*; **лы́жные боти́нки** Skistiefel *m pl*
лыжня́ <*gen pl*: **-е́й**> *f A1* Skispur *f*, Loipe *f*
лы́ко <*nom pl*: **-и**> *nt O* Bast *m*
лысе́ть *vi E impf* (*pf*: **об-**) kahlköpfig werden, eine Glatze bekommen
лы́сина *f A* Glatze *f*
лы́сый <*kf*: лыс, -а́, -о> *adj* kahl, glatzköpfig
льви́ный *adj* Löwen-; **льви́ная до́ля** Löwenanteil *m*
льви́ца *f A* Löwin *f*
льго́та *f A* Privileg *nt*, Vergünstigung *f*; **нало́говая ~ на дете́й** Kinderfreibetrag *m*; **по́льзоваться льго́тами** Vorteile *m pl* ausnutzen
льго́тный *adj* vergünstigt; **~ биле́т** ermäßigte Fahrkarte *f*; **льго́тная по́шлина** Vorzugszoll *m*; **льго́тная цена́** Sonderpreis *m*; **~ креди́т** Soft Loan *m*
льсте́ц *m K e* Schmeichler, -in *m/f*
льстить <*präs*: льщу, льстишь> *v + dat I impf* (*pf*: **по-**) schmeicheln, Süßholz raspeln
лэпто́п *m K* Laptop *m*
любе́зничать *vi E impf* 1. (*umg*: **с кем-ли́бо**) flirten, schäkern (mit +*dat*); 2. sich einschmeicheln (bei +*dat*)
любе́зность *f I* 1. Liebenswürdigkeit *f*; **не откажи́те в любе́зности**: bitte tun Sie mir den Gefallen; **оказа́ть ~** einen Gefallen tun 2. (ÖKON) Kulanz *f*, Entgegenkommen *nt*
любе́зный <*kf*: -зен, -зна> *adj* 1. liebenswürdig, freundlich; 2. kulant, entgegenkommend
люби́мец, люби́мица <*gen sg m*: -мца> *m K* / *f A* Liebling *m*; **~ пу́блики** Publikumsliebling *m*
люби́мый <*kf*: -и́м> *adj* Lieblings-; **люби́мое блю́до** Lieblingsessen *nt* , Leibgericht *nt*; **люби́мое заня́тие** Lieblingsbeschäftigung *f*, Hobby *nt*
люби́тель, люби́тельница *m K1* / *f K* 1. Kenner, -in *m/f*, Liebhaber, -in *m/f*; 2. Anhänger, -in *m/f*; **~ му́зыки** Musikfreund *m*; **~ пи́ва** Biertrinker *m*; **~ поспа́ть** Langschläfer *m*; **~ приключе́ний** abenteuerlustiger Mensch *m* 3. Amateur, -in *m/f*; **садово́д-~** Gartenfreund *m*, Hobbygärtner *m*
люби́ть <*präs*: люблю́, лю́бишь> *vt I impf* 1. lieben, liebhaben; 2. mögen; 3. etw gerne tun
любова́ться I. *vr E2 impf* (*pf*: **по-**) (**на кого-ли́бо/что-ли́бо**) etw mit Vergnügen betrachten; II. *vr + inst E2 impf* (*geh*) sich weiden (an +*dat*)
любо́вник *m K* Liebhaber *m*, Geliebter *m*
любо́вница *f A* Geliebte *f*
любо́вный *adj* Liebes-; **любо́вное письмо́** Liebesbrief *m*; **любо́вная тоска́** Liebeskummer *m*
любо́вь <*gen sg*: любви́, *inst sg*: любо́вью> *f I* Liebe *f*; **~ к бли́жнему** Nächstenliebe *f*; **~ к живо́тным** Tierliebe *f*; **~ к приро́де** Naturverbundenheit *f*; **~ к поря́дку** Ordnungsliebe *f*; **~ к чте́нию** Leselust *f*; **матери́нская ~** Mutterliebe *f*; **~ с пе́рвого взгля́да** Liebe auf den ersten Blick; **с любо́вью** liebevoll
любозна́тельность *f I* Wissensdurst *m*
любозна́тельный <*kf*: -лен, -льна> *adj* wissbegierig
любо́й *adj* beliebig; **в любо́е вре́мя** zu jeder Zeit
любопы́тный I. <*kf*: -тен , -тна> *adj* 1. neugierig; 2. (*занима́тельный*) interessant; II. *mf wie adj* Neugierige(r) *mf*
любопы́тство *nt O* Neugier *f*; **из любопы́тства** aus Neugier
любопы́тствовать *vi E2 impf* (*pf*: **по-**) 1. neugierig sein; 2. (*спра́шивать*) sich erkundigen
лю́бящий <*part präs akt von*: люби́ть> *adj* liebevoll; **~ дете́й** kinderlieb
лю́ди < людей, лю́дям, людей, людьми, о лю́дях, *pl von*: челове́к> *m pl K1* Menschen *m pl*, Leute *pl*
людое́д *m K* Menschenfresser *m*, Kannibale *m*
люк *m K* 1. Luke *f*; 2. Falltür *f*
люкс I. *adj* erste Klasse, Luxus-; II. *m K* komfortables Zimmer im Hotel, Kreuzfahrtschiff usw.
Люксембу́рг *m K* Luxemburg *nt*
лю́лька <*gen pl*: -лек> *f A* Wiege *f*
люмба́го *nt indekl* (MED) Hexenschuss *m*
лю́стра *f A* Kronleuchter *m*
лю́тый <*kf*: лют, люта́, *komp*: люте́е> *adj* grausam, grimmig
лягуша́тник *m K* Planschbecken *nt*
лягуша́чий *adj* Frosch-; **лягуша́чья ла́пка** Froschschenkel *m*
лягу́шка <*gen pl*: -шек> *f A* Frosch *m*; **древе́сная ~** Laubfrosch *m*
ля́жка <*gen pl*: -жек> *f A* Lende *f*, Schenkel *m*
ля́згать *v + inst E impf* 1. klirren (mit +*dat*); 2. (*зуба́ми*) mit den Zähnen klappern
ля́псус *m K* Lapsus *m*, Schnitzer *m*

М

м, М *nt indekl* kyrillischer Buchstabe
маг *m K* Magier *m*, Zauberer *m*
магази́н *m K* 1. Geschäft *nt*, Laden *m*, Verkaufsstelle *f*; **~ самообслу́живания** Selbstbedienungsgeschäft *nt*; **~ уценённых това́ров** Discount-Geschäft *nt*; **апте́карский ~** Drogerie *f*; **кни́жный ~** Buchhandlung *f*; **комиссио́нный ~** Se-

condhandladen *m*; **специализи́рованный ~** Fachgeschäft *nt*; **ходи́ть по ~ам** einen Einkaufsbummel machen **2.** (MIL) Magazin *nt*
магази́нный *adj* Laden-; **~ вор** Ladendieb *m*; **магази́нная цена́** Ladenpreis *m*
МАГАТЭ *abk von* **междунаро́дное аге́нство по а́томной эне́ргии** *nt* Internationale Atomenergieorganisation *f*
маги́стр *m K* Magister *m*
магистра́ль *f l* Verkehrsader *f*; **выходна́я** [*o* **выездна́я**] **~** Ausfallstraße *f*; **информацио́нная ~** Datenautobahn *f* Datenhighway *m*
магистра́т *m K* Magistrat *m*, Stadtrat *m*, Stadtverwaltung *f*
маги́ческий *adj* magisch; **маги́ческое сло́во** Zauberwort *nt*
ма́гия *f A2* Magie *f*
ма́гний *m K2* Magnesium *nt*
магни́т *m K* Magnet *m*
магни́тный *adj* Magnet-, magnetisch; **магни́тная ка́рта** Magnetkarte *f*; **магни́тная ле́нта**, **МЛ** Magnetband *nt*; **магни́тная па́мять** [*o* **магни́тное ЗУ**] Magnetspeicher *m*; **магни́тное по́ле** Magnetfeld *nt*
магнито́ла *f A* Radiorecorder *m*
магнитофо́н *m K* Tonbandgerät *nt*; **кассе́тный ~** Kasettenrecorder *m*
мажо́р *m K* Dur *nt*
мазня́ *f A1* (*pej*) Geschmier *nt*, Schmiererei *f*
мазохи́стский *adj* masochistisch
мазу́т <*gen sg*: -а, -у> *m K* Heizöl *nt*, Schweröl *nt*
мазь *f l* Salbe *f*; **~ от ожо́гов** Brandsalbe *f*; **натира́ть ма́зью** salben
май *m K2* Mai *m*
ма́йка <*gen pl*: ма́ек> *f A* **1.** T-Shirt *nt*; **2.** (SPORT) Trikot *nt*, Sporthemd *nt*; **жёлтая ~** (SPORT: *Radsport*) Gelbes Trikot *nt* **3.** Unterhemd *nt*
майоне́з *m K* Mayonnaise *f*
майо́р *m K* Major *m*
ма́йский *adj* Mai-; **~ жук** Maikäfer *m*
мак *m K* Mohn *m*
макаро́нный *adj* Nudel-; **макаро́нные изде́лия** Teigwaren *pl*
макаро́ны <*gen pl*: макаро́н> *f pl A* Makkaroni *pl*
Македо́ния *f A2* Mazedonien *nt*
маке́т *m K* **1.** Modell *nt*, Attrappe *f*, Nachbildung *f*; **2.** Layout *nt*
макия́ж *m K* Make-up *nt*, Schminke *f*
ма́клер *m K* Makler *m*; **биржево́й ~** Börsenmakler *m*, Broker *m*; **~ по недви́жимости** (*риэ́лтер*) Immobilienmakler *m*; **~ по опера́циям с це́нными бума́гами** Effektenmakler *m*; **~ по прода́же земе́льных уча́стков** Grundstücksmakler *m*
ма́клерский *adj* Makler-; **ма́клерская ста́вка** Maklergebür *f*

макре́ль *f l* Makrele *f*
ма́крос *m K* (DV) Makro *nt*
макроэконо́мика *f A* **1.** Makroökonomie *f*; **2.** Gesamtwirtschaft *f*
максимали́ст *m K* einer, der immer aufs Ganze geht
максима́льный <*kf*: -лен, -льна, -льно> *adj* maximal, Höchst-; **максима́льная мо́щность** Maximalkapazität *f*; **максима́льная при́быль** Maximalgewinn *m*; **максима́льная сте́пень загру́зки мо́щностей** Betriebsmaximum *nt*; **максима́льная су́мма креди́та** Kreditplafond; **~ преде́л** Höchstgrenze *f*
максимиза́ция *f A2* Maximierung *f*; **~ при́быль** Gewinnmaximierung *f*
максимизи́ровать *vt E impf/pf* maximieren
ма́ксимум *m K* Maximum *nt*, Höhepunkt *m*; **приложи́ть ~ уси́лий** alles daran setzen
макулату́ра *f A* **1.** Makulatur *f*, Altpapier *nt*; **2.** (*umg*) Schundliteratur *f*
маку́шка *f A* **1.** Scheitel *m*; **2.** (*umg*) Spitze *f*
мале́йший *adj super* geringste(r,s), mindeste(r,s); **ни в мале́йшей сте́пени** nicht im geringsten
ма́ленький *adj* klein; **~ да уда́ленький** klein aber fein
мали́на *f A* **1.** Himbeere *f*; **2.** Himbeerstrauch *m*
мали́нник *m K* Himbeergesträuch *nt*
ма́ло *adv* wenig; **э́то ~-что меня́ет** das ändert wenig an der Sache; **так же ~** ebensowenig
малоду́шный <*kf*: -шен, -шна> *adj* kleinmütig, halbherzig, mutlos
малоизве́стный <*kf*: -тен, -тна> *adj* wenig bekannt
малоиму́щий *adj* einkommensschwach
малокалори́йный *adj* kalorienarm
малокро́вный <*kf*: -вен, -вна> *adj* blutarm
малообеспе́ченный <*kf*: -чен> *adj* einkommensschwach
малообщи́тельный <*kf*: -лен, -льна> *adj* kontaktarm
малоотхо́дный <*kf*: -ден, -дна> *adj* abfallarm; **малоотхо́дные техноло́гии** abfallarme Produktionsverfahren *nt pl*
малоперспекти́вный <*kf*: -вен, -вна> *adj* wenig erfolgversprechend
малотокси́чный <*kf*: -чен, -чна> *adj* schadstoffarm
малоце́нный <*kf*: -нен, -нна> *adj* minderwertig; **малоце́нное иму́щество** [*o* **~ това́р**] geringwertiges Wirtschaftsgut *nt*
ма́лус *m K* (ЭКОН) Malus *m*
ма́лый <*kf*: мал, мала́> *adj* klein; **~ би́знес** kleine und mittlere Betriebe *m pl*, Kleinunternehmertum *nt*; **ма́лое предприя́тие** Kleinbetrieb *m*; **иску́сство**

ма́лых форм Kleinkunst *f*
малы́ш, малы́шка *m K / f A* Kleine(r) *mf*, Knirps *m*
ма́льва *f A* Malve *f*
Ма́льта *f A* Malta *nt*
ма́льчик *m K* Junge *m*; **я уже́ не ~** ich bin nicht mehr der Jüngste; **~ для битья́** (*fig*) Prügelknabe *m*; **~ на побегу́шках** Mädchen *nt* für alles
мальчи́шеский *adj* knabenhaft
мальчи́шество *nt O* Kinderei *f*
мальчи́шка *f A* (*umg*) Bengel *m*, Lausbub *m*
малю́тка *f A* Kleinkind *nt*, Kleines *nt*
маля́р *m K* Anstreicher *m*, Maler *m*
маляри́я *f A2* Malaria *f*
ма́ма *f A* Mutter *f*, Mama *f*; **суррога́тная ~** Leihmutter *f*
ма́менькин *adj* **1.** Mutter-; **2.** (*arch*) der Mutter gehörend; **~ сыно́к** Muttersöhnchen *nt*
ма́монт *m K* () Mammut *m*
ма́мочка *f A* Mama *f*, Mami *f*, Mutti *f*
ма́нго *nt O* Mango *f*
манда́нт *m K* Mandant, -in *m/f*
мандари́н *m K* **1.** (ВОТ) Mandarine *f*; **2.** (*в дре́внем Кита́е*) Mandarin *m*
манда́т *m K* **1.** Mandat *nt*; **2.** Vollmacht *f*; **прямо́й ~** Direktmandat *nt*
манёвр *m K* **1.** (MIL) Manöver *nt*, Übung *f*; **2.** (*fig*) Manöver *nt*; **3.** (TRANSP) Rangieren *nt*
маневри́ровать *vi E2 impf* (*pf:* с-) **1.** manövrieren; **2.** (TRANSP) rangieren
мане́ж *m K* **1.** (*для верхово́й езды́*) Reitbahn *f*; **2.** (*цирк*) Manege *f*; **3.** (*для дете́й*) Laufstall *m*
манеке́н *m K* **1.** Mannequin *nt*; **2.** (*в витри́не*) Schaufensterpuppe *f*
манеке́нщик, манеке́нщица *m K f A* Dressman *m*, Modell *nt*
мане́ра *f A* Manier *f*, Art und Weise *f*; **~ говори́ть** Ausdrucksweise *f*; **~ держа́ться** Umgangsformen *f*; **~ исполне́ния** Vortragsweise *f*; **худо́жественная ~** Malweise *f*
мане́рный <*kf:* -рен, -рна, -рно> *adj* manieriert, geziert, gekünstelt
манже́та *f A* Manschette *f*
маникю́р *m K* Maniküre *f*
манипули́ровать *v + inst E2 impf* manipulieren
манипуля́ция *f A2* **1.** Manipulation *f*; **2.** Machenschaft *f*; **~ ге́нами** Genmanipulation *f*
мани́ть <*präs:* маню́, ма́нишь> *vt I impf* (*pf:* по-) locken, anlocken
манифе́ст *m K* Manifest *nt*
ма́ния *f A2* **1.** Manie *f*; **2.** Wahn *m*; **~ вели́чия** Größenwahn *m*; **~ пресле́дования** Verfolgungswahn *m*
ма́нко *nt indekl* (ÖKON) Manko *nt*, Fehlbetrag *m*, Fehlmenge *f*
мансáрда *f A* Mansarde *f*

мануфакту́ра *f A* Manufaktur *f*
манья́к *m K* Wahnsinnige(r) *mf*, Geistesgestörte(r) *mf*; **сексуа́льный ~** Triebtäter *m*
марафо́н *m K* Marathon *m*, Marathonlauf *m*
ма́рганец <*gen sg:* -нца> *m K* Mangan *nt*
маргари́н *m K* Margarine *f*
маргари́тка *f A* Gänseblümchen *nt*
маргина́лы <*gen sg:* -ов> *m pl K* (SOZIOL) Außenseiter *m pl*, Randgruppenvertreter *m pl*
маргина́льный *adj* marginal, Rand-
ма́ржа *f A* (ÖKON) Marge *f*, Spanne *f*; **~ проце́нтной ста́вки** Zinsspanne *f*
марина́д *m K* Marinade *f*
марино́ванный *adj* Essig-, eingelegt; **марино́ванные огурцы́** Essiggurken *f pl*, Gewürzgurken *f pl*
маринова́ть *vt E2 impf* (*pf:* за-) **1.** marinieren, einlegen; **2.** (*umg;fig*) auf die Folter spannen
марионе́тка *f A* (*auch fig*) Marionette *f*
марихуа́на *f A* Marihuana *nt*
ма́рка *f A* **1.** (*заводска́я*) Marke *f*, Firmenzeichen *nt*; **держа́ть ма́рку** das Image bewahren **2.** (*почто́вая*) Briefmarke *f*; **3.** (*Währung*) Mark *f*
маркéтинг *m K* **1.** Marketing *nt*; **2.** Absatzwirtschaft *f*
маркéтинг-микс Marketing-Mix *m*
маркéтинговый *adj* Markt-; **маркéтинговые иссле́дования** Marktforschung *f*
марки́за *f A* Markise *f*
марки́ровать *vt E2 impf/pf* markieren, kennzeichnen
маркиро́вка *f A* Markierung *f*
маркси́зм *m K* Marxismus *m*
маркси́ст *m K* Marxist *m*
маркси́стский *adj* marxistisch
ма́рлевый *adj* Mull-; **ма́рлевая повя́зка** Mullbinde *f*
ма́рля *f A1* Mull *m*
мармела́д *m K* **1.** Geleefrüchte *pl*; **2.** Geleekonfekt *nt*
Маро́кко *nt indekl* Marokko *nt*
ма́рочный *adj* Marken-; **~ знак** Markenzeichen *nt*; **~ това́р** Markenartikel *m*
Марс *m K* Mars *m*
март *m K* März *m*
марципа́н *m K* Marzipan *nt*
марш I. *m K* **1.** (MIL) Marsch *m*; **~ проте́ста** Protestmarsch *m* **2.** (MUS) Marsch *m*; **3.** (*-земля́*) Marsch *f*, Schwemmland *nt*; **4.** Treppe *f*; **II.** *interj* marsch!, vorwärts! **ша́гом ~!** (MIL) im Gleichschritt marsch! **~ отсю́да!** hau ab!
маршру́т *m K* **1.** Marschweg *m*, Strecke *f*, Reiseroute *f*; **2.** (DV) Pfad *m*; **~ по́иска** Suchpfad *m*
ма́ска *f A* Maske *f*
маскара́д *m K* **1.** Maskenball *m*, Kostüm-

fest *nt*, Maskerade *f*; **2.** (*umg*) Vermummung *f*

маскирова́ть *vt E2 impf* (*pf:* за-) tarnen, maskieren

маскирова́ться *vr E2 impf* **1.** sich verkleiden, sich vermummen; **2.** sich tarnen

маскиро́вка *f A* **1.** Tarnung *f*; **2.** Maskierung *f*

ма́сленица *f A* (*карнава́л*) Fastnacht *f*; **не всё кoтý ~** es ist nicht alle Tage Sonntag

масли́на *f A* **1.** Olive *f*; **2.** Olivenbaum *m*

ма́сло *nt O* **1.** Butter *f*; **2.** Öl *nt*; **всё идёт как по ма́слу** alles läuft wie geschmiert; **подлива́ть ма́сла в ого́нь** (*fig*) Öl in das Feuer gießen

ма́сляный *adj* ölig, Öl-; **ма́сляная кра́ска** Ölfarbe *f*

ма́сса *f A* **1.** (*вес*) Masse *f*; **2.** (*umg*) Unmenge *f*

масса́ж *m K* Massage *f*; **де́лать ~** massieren

массажи́ст, массажи́стка <*gen pl f:* -ток> *m K / f A* Masseur, -in *m/f*

масси́в *m K* Massiv *nt*; **го́рный ~** Gebirgsmassiv *nt*; **лесно́й ~** Waldbestand *m*; **~ да́нных** Datei *f*

масси́вный <*kf:* -вен, -вна, -вно> *adj* **1.** massiv; **2.** massig, klotzig

масси́ровать *vt E2 impf* massieren

ма́ссовый *adj* massenhaft; **ма́ссовая безрабо́тица** Massenarbeitslosigkeit *f*; **ма́ссовая демонстра́ция** Großdemonstration *f*; **ма́ссовая организа́ция** Massenorganisation *f*; **ма́ссовое бе́гство** Massenflucht *f*; **ма́ссовое изготовле́ние** [*о произво́дство*] Massenfertigung *f*; **ма́ссовое мероприя́тие** Großveranstaltung *f*; **ма́ссовое созна́ние** öffentliches Bewusstsein *nt*; **ма́ссовые увольне́ния** Massenentlassungen *pl pl*; **~ психо́з** Massenpsychose *f*, Massenhysterie *f*; **~ вы́пуск** Serienfertigung *f*; **сре́дства ма́ссовой информа́ции** Massenmedien *pl*

ма́стер *m K* Handwerksmeister *m*; **дома́шний ~** Heimwerker *m*; **~ на все ру́ки** (*umg*) Tausendsassa *m*; **~ своего́ де́ла** Meister *m* seines Faches; **~ це́ха** Werkmeister *m*

мастери́ть *vt I impf* (*pf:* с-) basteln, hantieren

мастерска́я *f wie adj* **1.** Werkstatt *f*; **2.** (*худо́жника*) Atelier *nt*; **ремо́нтная ~** Reparaturwerkstatt *f*

ма́стерский *adj* meisterhaft

мастерство́ *nt O* Meisterschaft *f*, Können *nt*; **демонстри́ровать своё ~** sein Können unter Beweis stellen

масти́ка *f A* Bohnerwachs *nt*; **натира́ть масти́кой** bohnern

масшта́б *m K* **1.** Maßstab *m*; **2.** (*fig*) Maßstab *m*, Ausmaß *nt*, Dimension *f*

масшта́бный <*kf:* -бен, -бна, -бно> *adj* **1.** umfassend, umfangreich; **2.** Maßstabs-

мат¹ *m K* (SPORT) Matte *f*

мат² *m K* (*в ша́хматах*) Matt *nt*; **получи́ть ~** schachmatt sein; **объяви́ть** [*о* **поста́вить**]**~** jdn mattsetzen

мат³ *m K* (*umg*) gemeine Schimpfwörter *nt pl*

матема́тик *m K* **1.** Mathematiker, -in *m/f*; **2.** (*umg*) Mathematiklehrer, -in *m/f*

матема́тика *f A* Mathematik *f*

математи́ческий *adj* mathematisch

математи́чка *f A* (*umg*) Mathelehrerin *f*

материа́л *m K* **1.** Stoff *m*, Material *nt*; **2.** (*конструкцио́нный*) Werkstoff *m*; **~ы произво́дственного назначе́ния** Betriebsstoffe *pl* **3.** Unterlagen *pl*

материали́зм *m K* Materialismus *m*

материализова́ть *vt E2 pf* (*impf:* материализо́вывать) umsetzen, verwirklichen

материали́ст *m K* Materialist *m*

материалисти́ческий *adj* materialistisch

материа́льный *adj* materiell; **материа́льная заинтересо́ванность** materielles Interesse *nt*; **материа́льное бла́го** Wirtschaftsgut *nt*; **материа́льные це́нности** Sachwerte *pl* / Anlagen *pl*; **~ уще́рб** Sachschaden *m*

матери́к *m K* Festland *nt*, Kontinent *m*

матери́нский *adj* mütterlich; **матери́нская компа́ния** Obergesellschaft *f*; **матери́нская любо́вь** Mutterliebe *f*, **по матери́нской ли́нии** mütterlicherseits; **проявля́ть матери́нскую забо́ту о ком-ли́бо** jdn bemuttern

матери́нство *nt O* Mutterschaft *f*

мате́рия *f A2* **1.** Stoff *m*; **2.** (PHYS, PHIL) Materie *f*, Substanz *f*

ма́тка <*gen pl:* -ток> *f A* **1.** (ANAT) Gebärmutter *f*; **2.** (ZOOL) Weibchen *nt*, Königin *f*, Muttertier *nt*

ма́товый <*kf:* -ов> *adj* matt; **ма́товое стекло́** Mattscheibe *f*

матра́с, матра́ц *m K* Matratze *f*

ма́трица *f A* Matrize *f*, Matrix *f*

ма́тричный *adj*: **ма́тричная организа́ция** Matrixorganisation *f*; **~ бала́нс** (ÖKON) Matrizenbilanz *f*

матро́с *m K* Matrose *m*

матч *m K* (SPORT) Spiel *nt*, Wettkampf *m*, Match *nt*

мать <*gen sg:* ма́тери> *f II* Mutter *f*; **родна́я ~** leibliche Mutter *f*; **~-одино́чка** alleinerziehende Mutter *f*

ма́фия *f A2* Mafia *f*, organisiertes Verbrechen *nt*; **нарко-~** Drogenmafia *f*

мах *m K* Schwung *m*; **одни́м ~ом** schlagartig, sofort

маха́ла *m A* (SPORT: *umg*) Linienrichter *m*

маха́ть <*präs:* машу́, ма́шешь> *v + inst E4 impf* (*pf:* махну́ть) **1.** winken; **2.** fuchteln

махина́ция *f A2* **1.** Machenschaft *f*; **2.**

Schiebung *f*
махро́вый *adj* 1. frottiert; **махро́вое полоте́нце** Frottiertuch *nt*; **махро́вая ткань** Frottee *m* 2. Erz-; **~ реакционе́р** Erzkonservative(r) *m*
ма́чеха *f A* Stiefmutter *f*
ма́чта *f A* (MAR) Mast *m*
маши́на *f A* 1. Maschine *f*; **~ вре́мени** Zeitmaschine *f*; **стира́льная ~** Waschmaschine *f*; **швейная ~** Nähmaschine *f* 2. Auto *nt*; 3. (*компью́тер*) Computer *m*; 4. Automat *m*
машини́ст *m K* Maschinist, -in *m/f*; **~ теплово́за** Lokomotivführer, -in *m/f*
машини́стка *f A* Schreibkraft *f*
маши́нка *f A* Schreibmaschine *f*
маши́нный *adj* maschinell; **маши́ное вре́мя** Laufzeit *f*; **~ зал** Computerraum *m*
маши́нный *adj* maschinell, Maschinen-; **~ зал** Computerraum *m*; **~ сбой** Maschinenstörung *f*; **~ язы́к** [*о* **язы́к ВМ**] Maschinensprache *f*
машинопи́сный *adj* maschinengeschrieben
маши́нопись *f I* 1. Maschinenschrift *f*; 2. Maschinenschreiben *nt*
машинострое́ние *nt O2* Maschinenbau *m*
машиносчи́тываемый *adj* (DV) maschinenlesbar
мае́стро *m indekl* (MUS) Maestro *m*, Meister *m*, Dirigent *m*
мая́к *m K e* Leuchtturm *m*
ма́ятник *m K* Pendel *nt*
МВЭС *abk von* Министе́рство вне́шнеэкономи́ческих свя́зей *nt* Ministerium für Außenwirtschaft *nt*
мгла *f A* 1. Nebel *m*; 2. Dunst *m*; 3. (*geh*) Finsternis *f*
мгли́стый <*kf:* -и́ст> *adj* dunstig, diesig
мгнове́ние *nt O2* Augenblick *m*; **в ~ о́ка** im Handumdrehen
мгнове́нный *adj* momentan, augenblicklich; **мгнове́нная реа́кция** Sofortreaktion *f*
МГУ *abk von* Моско́вский госуда́рственный университе́т Ломоно́сова *m* Staatliche Lomonosow-Universität in Moskau
ме́бель *f I* 1. Möbel *pl*; 2. Mobiliar *nt*, Einrichtung *f*; **мя́гкая ~** Polstermöbel *pl*; **о́фисная ~** Büromöbel *pl*; **то́лько для ме́бели** (*umg*) völlig nutzlos
ме́бельный *adj* Möbel-; **ме́бельная перево́зка** Möbelwagen *m*
мегаба́йт *m K* (DV) Megabyte *nt*
мегафо́н *m K* Megafon *nt*
мёд <*gen sg:* -а, -у> *m K* Honig *m*; **пчели́ный ~** Bienenhonig *m*
меда́ль *f I* Medaille *f*; **бро́нзовая ~** Bronzemedaille *f*; **золота́я ~** Goldmedaille *f*; **сере́бряная ~** Silbermedaille *f*; **завоева́ть ~** eine Medaille gewinnen; **разы́грывать ~** eine Medaille vergeben

медальо́н *m K* Medaillon *nt*
медве́дь *m K1* Bär *m*; **вести́ себя́ как ~** (*fig*) sich wie die Axt im Wald benehmen
медве́жий *adj* Bären-; **медве́жья берло́га** Bärenhöhle *f*; **оказа́ть кому́-ли́бо медве́жью услу́гу** jdm einen Bärendienst erweisen
медвежо́нок <*gen sg:* -нка, *pl:* -жа́та> *m U4* Bärenjunges *nt*
ме́дик *m K* Mediziner, -in *m/f*
медикаме́нт *m K* Medikament *nt*, Arznei *f*
медита́ция *f A2* Meditation *f*, Selbstbesinnung *f*
ме́диум *m K* Medium *nt*
медици́на *f A* Medizin *f*, Humanmedizin *f*; **о́бщая ~** Allgemeinmedizin *f*
медици́нский *adj* medizinisch; **медици́нское образова́ние** medizinische Ausbildung *f*
ме́дленность *f I* Langsamkeit *f*
ме́дленный <*kf:* -лен, -ленна> *adj* 1. langsam, gemächlich; 2. schleichend
медли́тельность *f I* Behäbigkeit *f*
медли́тельный <*kf:* -лен, -льна> *adj* 1. behäbig, geruhsam; 2. schleppend
ме́длить *vi I impf* zögern, zaudern
ме́дный *adj* kupfern
медо́вый *adj* Honig-; **~ ме́сяц** Flitterwochen *pl*
медсестра́ *akr von* медици́нская сестра́ *f* Krankenschwester *f*
меду́за *f A* 1. (ZOOL) Qualle *f*, Meduse *f*; 2. (LIT) Meduse *f*
медь *f I* Kupfer *nt*
межве́домственный *adj* behördenübergreifend
межгосуда́рственный *adj* zwischenstaatlich
ме́жду *präp +inst* zwischen; **~ собо́й** untereinander; **~ тем** inzwischen, unterdessen, außerdem
междунаро́дный *adj* international; **~ матч** (SPORT) Länderspiel *nt*; **междунаро́дная конве́нция** internationales Abkommen *nt*; **~ отде́л** Auslandsabteilung *f*; **междунаро́дное пра́во** Völkerrecht *nt*; **междунаро́дная перево́зка това́ров** grenzüberschreitender Warenverkehr *m*; **Междунаро́дная торго́вая пала́та** Internationale Handelskammer *f*; **междунаро́дная торго́вля** Welthandel *m*; **междунаро́дное соглаше́ние** internationales Abkommen *nt*; Länderabkommen *nt*; **Междунаро́дный банк реконстру́кции и разви́тия** Internationale Bank *f*für Wiederaufbau und Entwicklung; **Междунаро́дный валю́тный фонд** Internationaler Währungsfonds *m*; **междунаро́дный коммерса́нт** Außenhandelskaufmann *m*
межнациона́льный *adj* zwischen den Nationen (bestehend); **~ конфли́кт** Natio-

nalitätenkonflikt *m*; ~ **концéрн** multinationales Unternehmen *nt*
межотдéльческий *adj* abteilungsübergreifend
межотраслевóй *adj* 1. interdisziplinär, fachbereichsübergreifend; 2. mehrere Wirtschaftszweige betreffend, branchenübergreifend
межрегионáльный *adj* überregional
межфирменнный *adj* zwischenbetrieblich
Мекленбýрг-Передняя Помера́ния *mf K* Mecklenburg-Vorpommern *nt*
Мéксика *f A* Mexiko *nt*
мел *m K* Kreide *f*
меланхоли́чный <*kf:* -чен, -чна> *adj* melancholisch
меланхóлия *f A2* Melancholie *f*; **впадáть в меланхóлию** melancholisch werden
мéлкий <*kf:* -лок, -лкá> *adj* 1. klein; 2. (*Gewässer*) flach; **мéлкие дéньги** Kleingeld *nt*; **напечáтанное мéлким шри́фтом** Kleingedrucktes *nt* 3. (*fig*) klein, unbedeutend; ~ **акционéр** Kleinaktionär *m*; ~ **предпринимáтель** Kleinunternehmer *m*; Minderkaufmann *m*; ~ **торгóвец** Minderkaufmann *m*; **мéлкое предприя́тие** Kleinbetrieb *m*
мелоди́чный <*kf:* -чен, -чна> *adj* melodisch
мелóдия *f A2* Melodie *f*
мелочёвка *f A* (*umg*) Kleinkram *m*
мéлочный *adj* kleinlich; **мéлочные придúрки** Haarspalterei *f*
мéлочь *f I* 1. Bagatelle *f*; 2. Kleinigkeit *f*, kleine Sache *f*; 3. (*разме́нная моне́та*) Kleingeld *nt sg*; 4. Kleinkram *m*
мель *f I* Sandbank *f*; **сади́ться** [*o* **сесть**]**на** ~ (MAR) auf eine Sandbank auflaufen; **он остáлся на мéли** (*umg;fig*) er ist abgebrannt, er sitzt auf dem Trockenen
мéльница *f A* Mühle *f*; ~ **для пéрца** Pfeffermühle *f*; **ветряна́я** ~ Windmühle *f*; **лить во́ду на чью-ли́бо мéльницу** (*fig*) Wasser auf jds Mühlen gießen; **борьбá с ветряны́ми мéльницами** (*fig*) der Kampf mit den Windmühlen *m*
мембрáна *f A* Membran *f*
мемориáл *m K* (*кому́-ли́бо*) Mahnmal *nt* (für +*akk*), Gedenkstätte *f*
мемориáльный *adj* Gedenk-; ~ **музéй** Gedenkstätte *f*
мемуáры <*gen pl:* -ов> *m pl K* (*воспомина́ния*) Memoiren *pl*, Lebenserinnerungen *pl*
менделéвий *m K2* (CHEM) Mendelevium *nt*
мéнеджер *m K* 1. Manager *m*; 2. Organisator *m*; ~ **по проду́кту** Produktmanager *m*
мéнеджмент *m K* Management *nt*; ~ **маркéтинга** Marketingmanagement *nt*; ~ **на осно́ве согласо́ванных це́лей** Management by objectives *nt*; ~ **предприя́тия** Unternehmensführung *f*; ~ **путём делеги́рования** Management by delegation *nt*; ~ **с уча́стием сотру́дников** Management by participation *nt*
мéнее *adv* 1. weniger; ~**всего́** am wenigsten; **не** ~ mindestens; **тем не** ~ nichtsdestoweniger, trotzdem; ~ **чем за год** in weniger als einem Jahr 2. (*in Verbindung mit adj oder adv zur Bildung von Vergleichen*) ; ~ **красúвый** weniger schön
мензýрка *f A* Messbecher *m*
менинги́т *m K* Hirnhautentzündung *f*
мени́ск *m K* (ANAT) Meniskus *m*
меновóй *adj* Tausch-; **мeновáя сдéлка** Tauschgeschäft *nt*; **меновáя сто́имость** Tauschwert *m*; **меновáя торго́вля** Tauschhandel *m*; **меново́е отноше́ние** Tauschverhältnis *nt*
менструáция *f A2* Menstruation *f*
менталитéт *m K* Mentalität *f*
ментóл *m K* Menthol *nt*
мéньше *adv* kleiner, darunter
мéньший *adj komp* 1. mindere(r,s); **по мéньшей мéре** mindestens; **из двух зол выбирáть мéньшее** das kleinere von zwei Übeln wählen 2. jüngere(r, s)
меньшинствó *nt O* Minderheit *f*; **áкций** Aktienminderheit *f*; **национáльное** ~ nationale Minderheit *f*
меню́ *nt indekl* 1. Speisekarte *f*; 2. (DV) Menü *nt*; **ветвь** ~ Menüoption *f*; **глáвное** ~ Startmenü *nt*; **контéкстное** ~ Objektmenü *nt*; **статья́** [*o* **пункт**] **в** ~ Menüpunkt *m*
меня́ <*gen/akk von:* **я**>*pron pers* 1. meiner; 2. mich
меня́ть *vt E impf* (*pf:* по-) 1. tauschen, wechseln; 2. auswechseln, ändern; ~ **мнéние** seine Meinung ändern; ~ **окрáску** sich verfärben; ~ **профéссию** den Beruf wechseln
меня́ться *vr E impf* (*pf:* по-) 1. sich verändern, sich wandeln; 2. tauschen, austauschen
мéра *f A* 1. Maß *nt*; ~ **плóщади** Flächenmaß *nt* 2. (*fig*) Maß *nt*; ~ **отвéтственности** Maß an Verantwortung; **в значи́тельной мéре** in hohem Maße, weitgehend; **в по́лной мéре** vollständig, in vollem Umfang; **в тако́й же мéре** ebenso; **отсу́тствие чу́вства мéры** Maßlosigkeit *f*; **соблюда́ть** [*o* **знать**|**мéру**] maßhalten 3. Maßnahme *f*, Schritt *m*; ~ **защи́ты** Schutzmaßnahme *f*; **мéры безопáсности** Sicherheitsvorkehrungen *pl*; **вре́менная** ~ temporäre Maßnahme *f*; **мéры по трудоустро́йству** Arbeitsbeschaffungsmaßnahmen *pl*; **мéры поощре́ния** Förderungsmaßnahmen *pl*; **вы́сшая** ~ **наказа́ния** Todesstrafe *f*
мéрзкий <*kf:* -зок, -зка́> *adj* widerlich, abscheulich
мёрзнуть <*prät:* мёрз, мёрзла> *vi E1*

мёрзость

impf (*pf*: за-) frösteln, frieren
мёрзость *f I* Scheußlichkeit *f*
мерин *m K* Wallach *m*
мерка *f A* **1.** Maß *nt*, Messlatte *f*; **2.** (*fig*) Maßstab *m*, Kriterium *nt*; **по сегодняшним меркам** nach heutigen Maßstäben; **по нашим меркам** für unsere Verhältnisse; **по человеческим меркам** nach menschlichem Ermessen
мероприятие *nt O2* **1.** Maßnahme *f*, Schritt *m*; **2.** Veranstaltung *f*; **массовое ~** Großveranstaltung *f*; **~ по оздоровлению** Sanierungsmaßnahme *f*; **мероприятия по повышению квалификации персонала** Personalentwicklung *f*
мертвечина *f A* Aas *nt*
мёртвый <*kf*: мёртв, мертва́, мёртво> *adj* tot; **сдвинуть с мёртвой точки** den toten Punkt überwinden
мерцать <*nur 3. pers*: -цает> *vi E impf* **1.** blinken, flimmern; **2.** (*огонёк*) flackern, glimmen
месить <*präs*: мешу́, ме́сишь> *vt I impf* (*pf*: с-) (*Teig*) rühren
месса *f A* (REL) Messe *f*
местечко *nt O* **1.** Ortschaft *f*; **2.** Plätzchen *nt*
мести <*präs*: мету́, метёшь, *prät*: мёл, мела́> *vi E6 impf* (*pf*: под-) fegen, kehren
местность *f I* Gegend *f*
местный *adj* einheimisch, hiesig; **местная сеть** Ortsnetz *nt*; **местная сеть ВМ** Lokalnetz *nt*; **местное время** Ortszeit *f*; **местный финансовый орган** Wohnsitzfinanzamt *nt*; **~ житель** Einheimische(r) *mf*; **~ телефонный разговор** Ortsgespräch *nt*
место *nt O ple* **1.** Ort *m*; **2.** Platz *m*, Stelle *f*; **~возникновения затрат** Kostenstelle *f*; **~ встречи** Treffpunkt *m*; **~ для ночлега** Schlafgelegenheit *f*; **~ для прогулок** Promenade *f* **3.** (THEAT, TRANSP) Sitz *m*, Sitzplatz *m*, Platz *m*; **~ второго водителя** Beifahrersitz *m*; **~ у окна** Fensterplatz *m*; **сидячее ~** Sitzplatz *m*; **стоячее ~** Stehplatz *m* **4.** (*в парламенте*) Parlamentssitz *m*, Mandat *nt*; **~ заключения** Haftanstalt *f*; **~ народных гуляний** Rummelplatz *m*; **~ обращения** (*для беженцев*) Anlaufstelle *f*; **~ пребывания** Aufenthaltsort *m*; **~ преступления** Tatort *m*; **~ проведения** Austragungsort *m*; **~ происшествия** Unfallstelle *f*; **~ работы** Arbeitsstätte *f*; **~ рождения** Geburtsort *m*; **почётное ~** Ehrenplatz *m*; **рабочее ~** Arbeitsplatz *m*; **в другом месте** anderweitig, an anderer Stelle; **в надёжном месте** an einem sicheren Ort; **в нужном месте** (*umg*) am richtigen Ort, an richtiger Stelle; **на местах** vor Ort; **занять второе ~** an zweiter Stelle rangieren; **найти своё ~ в жизни** sich im Leben zurechtfinden; **остаться без места** seine Arbeit verlieren; **зал на 2000 мест** ein Saal mit 2000 Sitzen; **расставить всё по своим местам** (*fig*) alles zurechtrücken, alles wieder ins Lot bringen; **я не хотел бы оказаться на его месте** ich möchte nicht mit ihm tauschen; **~ выработки продукции** Produktionsstätte *f*; **~ выставления (документа)** Ausstellungsort *m*; **~ жительства** Wohnsitz *m*; **~ исполнения** Erfüllungsort *m*; **~ на рынке** Marktposition *f*; **~ назначения** Destination *f* Bestimmungsort *m*; **~ поставки** Lieferungsort *m*; **~ приёмки** Annahme *f*; **~ продажи** Point of Sale *m*; **~ размещения** Standort *m*; **~ торговли** Verkaufsstelle *f*

местожительство *nt O* **1.** Wohnort *m*; **2.** Wohnsitz *m*, Domizil *nt*
местоимение *nt O2* (LING) Pronomen *nt*; **возвратное ~** Reflexivpronomen *nt*; **вопросительное ~** Interrogativpronomen *nt*; **личное ~** Personalpronomen *nt*; **относительное ~** Relativpronomen *nt*; **притяжательное ~** Possessivpronomen *nt*; **указательное ~** Demonstrativpronomen *nt*
местонахождение *nt O2* **1.** Standort *m*, Sitz *m*, Niederlassung *f*; **~ производства** Produktionsstätte *f*; **~ фирмы** Firmensitz *m* **2.** Aufenthaltsort *m*
местопребывание *nt O2* **1.** Aufenthalt *m*; **2.** Aufenthaltsort *m*
месторасположение *nt O2* Standort *m*; **~ предприятия** Standort *m* des Unternehmens
месторождение *nt O2* (BERGB) Lager *nt*, Lagerstätte *f*, Vorkommen *nt*
месть *f I* Rache *f*; **кровная ~** Blutrache *f*
месяц *m K* **1.** Monat *m*; **2.** Mondsichel *f*
месячный *adj* monatlich; **~ оклад** [*o* **месячное жалованье**] Monatsgehalt *nt*; **месячная заработная плата** Monatslohn *m*; **~ доход** Monatseinkommen *nt*
металл *m K* Metall *nt*; **благородный ~** Edelmetall *nt*
металлический *adj* metallen, Metall-
металлургический *adj* Metall-, Hütten-; **металлургическая промышленность** Metallindustrie *f*, Hüttenindustrie *f*
метан *m K* (CHEM) Methan *nt*
метаорганизация *f A2* Metaorganisation *f*
метать <*präs*: мечу́, ме́чешь> *vt E4 impf* (*pf*: с-) schleudern; **~ бисер перед свиньями** (*fig*) Perlen vor die Säue werfen; **~ громы и молнии** (*fig*) Gift und Galle spucken; **~ икру** (ZOOL) laichen
метафора *f A* Metapher *f*
метель *f I* Schneegestöber *nt*, Schneesturm *m*
метеор *m K* Meteor *m*
метеоролог *m K* Meteorologe *m*
метеорологический *adj* meteorologisch; **метеорологическая карта** Wetterkarte *f*
метеорология *f A2* Meteorologie *f*
метеосводка *akr von*

метеослу́жба метеорологи́ческая сво́дка *f* Wetterbericht *m*

метеослу́жба *akr von* метеорологи́ческая слу́жба *f* Wetterdienst *m*

метеочувстви́тельный *adj* wetterfühlig

мети́с *m K* Mischling *m*

ме́тить <*präs:* ме́чу, ме́тишь> *vi I impf* (*pf:* на-, по-) **1.** markieren; **2.** (*в кого́-ли́бо/что́-ли́бо*) aus sein, es abgesehen haben (auf +*akk*); он ме́тит в президе́нта er möchte gerne Präsident werden

ме́титься <*präs:* ме́чусь, ме́тишься> *vr I impf* (*pf:* на-) (*в кого́-ли́бо/что́-ли́бо*) zielen, abzielen (auf +*akk*)

ме́тка *f A* **1.** Kerbe *f*; **2.** Markierung *f*; **3.** (DV) Tag *m*

ме́ткий <*kf:* -ток, -тка́, -тко> *adj* **1.** treffsicher; **2.** (*fig*) treffend; **ме́ткое сравне́ние** treffender Vergleich *m*

метла́ <*pl:* мётлы, мётел> *f A pls* Besen *m*; **но́вая ~ по но́вому метёт** neue Besen kehren gut

ме́тод *m K* **1.** Methode *f*; **2.** (*техноло́гия*) Verfahren *nt*; **~ ана́лиза затра́ты-результа́ты** Input-Output-Analyse *f*; **~ испыта́ния** Prüfverfahren *nt*; **~ крити́ческого пути́** Critical-Path-Methode *f*; **~ оптимиза́ции** Optimierungsverfahren *nt*; **~ отбо́ра руководя́щих ка́дров** Assessment Center *nt*; **~ оце́нки по пу́нктам** Punktbewertungsmethode *f*; **~ произво́дства** Produktionsverfahren *nt*; **~ распределе́ния взно́сов** Umlageverfahren *nt*; **~ расчёта при́были на осно́ве оборо́та** Umsatzkostenverfahren *nt*; **~ случа́йной вы́борки** Random-Verfahren *nt*; **~ Де́льфи** Delphi-Methode *f*; **~ те́стов** Testverfahren *nt*; **ме́тоды по́иска но́вых иде́й** Kreativitätstechniken *pl*

мето́дика *f A* Methodik *f*; **~ расчётов** Rechenverfahren *nt*; **~ преподава́ния** Didaktik *f*

методи́ст *m K* Methodiker *m*; **~ по лече́бной гимна́стике** Krankengymnast, -in *m/f*

методи́ческий *adj* methodisch, systematisch

метр *m K* **1.** Meter *m*; **2.** Metermaß *nt*; **складно́й ~** Zollstock *m*

метро́ *of von* метрополите́н *nt* U-Bahn *f*

метропо́лия *f A2* Metropole *f*

мех *m K* **1.** (*кузне́чный*) Blasebalg *m*; **2.** (*у живо́тных*) Pelz *m*

механи́зм *m K* **1.** Mechanismus *m*; **2.** Maschine *f*, Gerät *nt*; **3.** Verfahren *nt*, Verfahrensweise *f*; **~ управле́ния диске́тами** Diskettenlaufwerk *nt*; **~ цен** Preismechanismus *m*

меха́ник *m K* Mechaniker, -in *m/f*

меха́ника *f A* Mechanik *f*

механи́ческий *adj* **1.** mechanisch; **2.** (*fig*) gedankenlos

мехово́й *adj* Pelz-; **мехова́я шу́ба** Pelzmantel *m*

мецена́т *m K* Mäzen *m*

мецена́тство *nt O* Mäzenatentum *nt*

меч *m K* Schwert *nt*; **дамо́клов ~** Damoklesschwert *nt*

мече́ть *f I* Moschee *f*

мечта́ *f A* **1.** Traum *m*; **2.** Wunschtraum *m*; **голуба́я ~** sehnlichster Wunsch *m*; **несбы́точная ~** unerfüllbarer Traum *m*; **несбы́вшаяся ~** unerfüllter Traum *m*

мечта́ния *nt pl O2* Träumerei *f*

мечта́тель, мечта́тельница *m K1 f A* Träumer, -in *m/f*

мечта́тельный <*kf:* -лен, -льна> *adj* schwärmerisch, träumerisch

мечта́ть *vi E impf* (*о ком-ли́бо/чём-ли́бо*) träumen, schwärmen (von +*dat*)

меша́лка *f A* **1.** Mischer *m*, Mischanlage *f*; **2.** Quirl *m*

меша́ть I. *vt E impf* (*pf:* по-, с-) **1.** umrühren; **2.** mischen; **II.** *v + dat E impf* (*pf:* по-) **1.** stören, behelligen; **2.** behindern; **~ кому́-ли́бо рабо́тать** jdn bei der Arbeit stören; **э́то не помеша́ет** es wäre begrüßenswert

мешо́к <*gen sg:* -шка́> *m K e* **1.** Sack *m*; **2.** Beutel *m*; **спа́льный ~** Schlafsack *m*

мещани́н <*nom pl:* -а́не> *m U2 pls* **1.** Kleinbürger *m*; **2.** Spießbürger *m*

мига́лка *f A* (KFZ:*umg*) Lichthupe *f*

мига́ть *vi E impf* (*pf:* мигну́ть) **1.** (*о ла́мпе*) flackern; **2.** (*о све́те*) flimmern; **3.** (*о ма́яке*) blinken; **4.** (*о челове́ке*) blinzeln

мига́ющий *adj* flimmernd, blinkend; **~ курсо́р** blinkender Cursor *m*; **~ свет** Blinklicht *nt*

мигра́нт *m K* **1.** Wanderer *m*; **2.** Pendler *m*

миграцио́нный *adj* Migranten-; **~ пото́к** Zuwandererstrom *m*

мигра́ция *f A2* Migration *f*, Wanderung *f*

мигре́нь *m K1* (*arch*) Migräne *f*

МИД *abk von* Министе́рство Иностра́нных Дел *nt* Auswärtiges Amt *nt*

ми́зерный <*kf:* -рен, -рна> *adj* **1.** klein, unbedeutend; **2.** armselig, läppisch

микроавто́бус *m K* Kleinbus *m*

микро́б *m K* Mikrobe *f*

микроволно́вый *adj* Mikrowellen-; **микроволно́вая печь** Mikrowellenherd *m*

микрокалькуля́тор *m K* Taschenrechner *m*

микрокли́мат *m K* Mikroklima *nt*

микромо́дуль *m K1* Mikromodulbaustein *m*, Mikromodul *m*

микропрогра́мма *f A* Mikroprogramm *nt*

микропроце́ссор *m K* Mikroprozessor *m*

микрорайо́н *m K* Wohngebiet *nt*, Wohnbezirk *m*

микроско́п *m K* Mikroskop *nt*; **электро́нный ~** Elektronenmikroskop *nt*
микросхе́ма *f A* Mikroschaltung *f*, Mikroschaltkreis *m*
микрофо́н *m K* Mikrophon *nt*
микроэконо́мика *f A* Mikroökonomie *f*
микроэлектро́ника *f A* Mikroelektronik *f*
ми́ксер *m K* Mixer *m*, Mixgerät *nt*
миксту́ра *f A* Mixtur *f*
милитари́зм *m K* Militarismus *m*
милитари́стский *adj* militaristisch
миллиа́рд *m K* Milliarde *f*
миллиарде́р *m K* Milliardär *m*
миллиа́рдный *adj* Milliarden-; **миллиа́рдные за́ймы** Kredite *m pl* in Milliardenhöhe; **~ зака́з** Milliardenauftrag *m*; **~ посети́тель** milliardster Besucher *m*
миллигра́мм *m K* Milligramm *nt*
миллиме́тр *m K* Millimeter *m*
миллио́н *m K* Million *f*
миллионе́р *m K* Millionär *m*
миллио́нный *adj* 1. Millionen-; 2. millionste(r, s)
милови́дный <*kf:* -ден, -дна> *adj* 1. lieblich; 2. niedlich, hübsch
милосе́рдие *nt O2* 1. Barmherzigkeit *f*; 2. Herzensgüte *f*
милосе́рдие *nt O2* 1. Barmherzigkeit *f*; **сестра́ милосе́рдия** (*arch*) Krankenschwester *f*; **сестра́ милосе́рдия евангели́ческой общи́ны** Diakonisse *f* 2. Herzensgüte *f*
милосе́рдный <*kf:* -ден, -дна> *adj* barmherzig
ми́лостивый <*kf:* -ив> *adj* gnädig
ми́лостыня *f A1* Almosen *nt*; **проси́ть ми́лостыню** betteln
ми́лость *f I* Gnade *f*; **~ бого́в** Charisma *nt*; **Ва́ша ми́лость!** (*alte Anrede*) Eure Herrlichkeit!
ми́лый <*kf:* мил, мила́, ми́ло> *adj* 1. lieb; 2. nett
ми́ля *f A1* Meile *f*; **морска́я ~** Seemeile *f*
ми́мика *f A* Mimik *f*
ми́мо *adv* vorbei; **проходи́ть ~** vorbeigehen
мимо́за *f A* (*auch fig*) Mimose *f*
мимохо́дом *adv* 1. beiläufig; 2. nebenher
ми́на *f A* 1. (MIL) Mine *f*; **~ заме́дленного де́йствия** Zeitbombe *f* 2. (*выраже́ние лица́*) Miene *f*, Gesichtsausdruck *m*; **де́лать хоро́шую ми́ну при плохо́й игре́** (*fig*) gute Miene zum bösen Spiel machen
минаре́т *m K* Minarett *nt*
минда́ль *m K1* 1. (BOT: *nur sg*) Mandelbaum *m*; 2. Mandeln *pl*
минда́льный *adj* Mandel-; **минда́льное пиро́жное** Makrone *f*
минера́л *m K* Mineral *nt*
минера́льный *adj* Mineral-; **минера́льная вода́** Mineralwasser *nt*
миниатю́ра *f A* Miniatur *f*
минигру́ппа *f A* Kleingruppe *f*
минима́льный <*kf:* -лен, -льна> *adj* minimal, Mindest-; **минима́льная за́работная пла́та** Mindestlohn *m*; **минима́льная мо́щность** Mindestkapazität *f*; **минима́льная номина́льная сто́имость** Mindestnennbetrag *m*; **минима́льная пе́нсия** Mindestrente *f*; **минима́льная предложе́нная су́мма** Mindestbargebot *nt*; **минима́льная ре́нта** Mindestrente *f*; **минима́льная цена́** Mindestpreis *m*; **~ взнос** Mindesteinlage *f*; **~ вклад** Mindesteinlage *f*; **~ дохо́д** Mindesteinkommen *nt*; **~ проце́нт дохо́да** Mindestrendite *f*; **~ резе́рв** Mindestreserve *f*; **~ разме́р капита́ла** Mindestkapital *nt*; **у́ровень изде́ржек** Kostenminimum *nt*; **минима́льное налогообложе́ние** Mindestbesteuerung *f*; **минима́льное начисле́ние проце́нтов** Mindestverzinsung *f*; **минима́льное тре́бование** Mindestanforderung *f*
минимизи́ровать *vt E* minimieren
ми́нимум *m K* 1. Minimum *nt*; 2. Mindestmaß *nt*; **прожи́точный ~** Existenzminimum *nt*; **как ~** mindestens; **~ за́работной пла́ты** Mindestlohn *m*; **~ складски́х запа́сов** Mindestbestand *m*
министе́рство *nt O* Ministerium *nt*; **~ здравоохране́ния** Gesundheitsministerium *nt*; **~ иностра́нных дел** Auswärtiges Amt *nt*; **~ по дела́м ку́льтов** Kultusministerium *nt*; **силовы́е министе́рства** Innen-, Verteidigungs- und Sicherheitsministerium *nt*; **~ торго́вли** Handelsministerium *nt*
мини́стр *m K* Minister, -in *m/f*; **~ без портфе́ля** Minister *m* ohne Geschäftsbereich; **~ иностра́нных дел** Außenminister *m*; **~ фина́нсов** Finanzminister *m*; **федера́льный ~** Bundesminister *m*
минию́бка *f A* Minirock *m*
мино́р *m K* 1. (MUS) Moll *nt*; 2. (*fig*) niedergedrückte Stimmung *f*; **сего́дня он в ~е** er ist heute sehr niedergeschlagen
мину́вший *adj* 1. (*проше́дший*) vergangen, verflossen; 2. (*про́шлый*) vorig; **на мину́вшей неде́ле** in der vorigen Woche
ми́нус I. *m K* 1. (MATH) Minuszeichen *nt*; 2. (*fig*) Mangel *m*, Unzulänglichkeit *f*; **оказа́ться в ~е** in die roten Zahlen geraten; II. *part* (MATH) minus; **де́сять — три бу́дет семь** zehn minus drei ist sieben
мину́та *f A* Minute *f*; **~ молча́ния** Gedenkminute *f*
мину́тный *adj* Minuten-; **мину́тная стре́лка** Minutenzeiger *m*; **~ фа́ктор** Minutenfaktor *m*
мир[1] *m K* (*nur sg*) Frieden *m*; **борьба́ за ~** Kampf *m* für den Frieden
мир[2] <*pl:* -ро́в> *m K* Welt *f*; **в совреме́нном ~е** in der Welt von heute
мири́ться *vr I impf* (*pf:* по-, при-) 1. (*с кем-либо*) sich aussöhnen (mit +*dat*); 2.

hinnehmen, akzeptieren; **3.** (*с чем-либо*) etw in Kauf nehmen, sich abfinden (mit + *dat*); **~ с го́рькой необходи́мостью** (*fig*) in den sauren Apfel beißen

мировоззре́ние *nt O2* Gesinnung *f*, Weltanschauung *f*

мирово́й *adj* **1.** Friedens-; **2.** Welt-; **мирова́я война́** Weltkrieg *m*; **мирова́я обще́ственность** Weltöffentlichkeit *f*; **~ ры́нок** Weltmarkt *m*; **~ реко́рд** Weltrekord *m*; **но́вый ~ поря́док** neue Weltordnung *f*; **мирова́я скорбь** (LIT) Weltschmerz *m*; **учёный с мировы́м и́менем** weltbekannte(r) Gelehrte(r) *m*; **фи́рма с мировы́м и́менем** Weltunternehmen *nt*

миролюби́вый <*kf:* -ив> *adj* friedliebend, friedfertig

миротво́рческий *adj* friedensfördernd, friedensstiftend; **миротво́рческие си́лы ООН** Friedenstruppen *f pl* der UNO

ми́ска *f A* **1.** Schüssel *f*; **2.** Napf *m*

миссионе́р, -ша *m K / f A* Missionar, -in *m/f*

ми́ссия *f A2* **1.** Mission *f*, Gesandtschaft *f*; **2.** Mission *f*, Auftrag *m*; **на э́том моя́ ~ зако́нчена** damit habe ich meine Pflicht getan

ми́стик *m K* Mystiker, -in *m/f*

ми́стика *f A* Mystik *f*

мистифика́ция *f A2* **1.** Täuschung *f*, Betrug *m*; **2.** Mystifikation *f*

ми́тинг *m K* Kundgebung *f*, Meeting *nt*

митрополи́т *m K* **1.** (REL) Metropolit *m*, Erzbischof *m*; **2.** (REL: *orthodoxe Kirche*) Leiter einer unabhängigen Landeskirche

миф *m K* **1.** Mythos *m*, Legende *f*; **2.** Märchen *nt*, Erfindung *f*

мифоло́гия *f A2* Mythologie *f*

мише́нь *f I* **1.** Zielscheibe *f*; **2.** Schießbudenfigur *f*; **сде́лать кого́-либо ~ю для насме́шек** jdn zur Zielscheibe des Spottes machen

ми́шка <*gen pl:* -шек> *m A* **1.** Kosewort; **~ косола́пый** Bär im russischen Volksmund **2.** Teddybär *m*; **3.** *Diminutiv des männlichen Vornamens Michaíl*

мишура́ *f A e* Firlefanz *m*, Tand *m*

младе́нец <*gen sg:* -нца> *m K* Baby *nt*, Säugling *m*; **~ Христо́с** Christkind *nt*; **уста́ми младе́нца глаго́лит и́стина** Kindermund tut Wahrheit kund

мла́дший *adj komp* jüngere(r, s); **~ брат** kleiner Bruder *m*

млекопита́ющий *m wie adj* Säugetier *nt*

мле́чный *adj* Milch-; **Мле́чный Путь** Milchstraße *f*

мм *abk von* **миллиме́тр** *m* Millimeter *m*

мне <*dat/präpos von:* я> *pron pers* **1.** mir; **2.** von mir, über mich

мнемо́ника *f A* Mnemonik *f*

мнемони́ческий *adj* mnemonisch

мне́ние *nt O2* Meinung *f*, Auffassung *f*; **быту́ющее** [*o* **расхо́жее**]**~** gängige Meinung *f*; **обще́ственное ~** öffentliche Meinung *f*; **по моему́ мне́нию** meiner Meinung nach; **выска́зывать своё ~** seine Meinung zum Ausdruck bringen; **остава́ться при своём мне́нии** auf seiner Meinung beharren; **приде́рживаться мне́ния** einen Standpunkt vertreten; **прийти́ к мне́нию** zu der Auffassung gelangen; **прислу́шиваться к чьему́-либо мне́нию** auf jds Meinung Wert legen; **сходи́ться во мне́ниях с кем-ли́бо** mit jdm übereinstimmen (in +*dat*); **на́ши мне́ния расхо́дятся** unsere Meinungen differieren

мни́мый <*kf:* мним> *adj* **1.** angeblich; **2.** scheinbar, vermeintlich; **мни́мая при́быль** (ÖKON) Scheingewinn *m*; **~ коммерса́нт** (ÖKON) Scheinkaufmann *m*

мни́тельность *f I* Argwohn *m*

мни́тельный <*kf:* -лен, -льна> *adj* argwöhnisch, misstrauisch

мно́гий *adj* (*meist im pl*) viel; **мно́гие го́ды** seit Jahren; **во мно́гих отноше́ниях** in vielerlei Hinsicht

мно́го I. *adv* viel; **с тех пор ~ воды́ утекло́** seitdem ist viel Wasser den Bach hinuntergeflossen**мно́го- II.** *präfix* viel-, mehr-

многоголо́сый *adj* (MUS) mehrstimmig; **многоголо́сая а́кция** (ÖKON) Mehrstimmrechtsaktie *f*

многогра́нный *adj* vielseitig

многоде́тный *adj* kinderreich

многозначи́тельный <*kf:* -лен, -льна> *adj* bedeutungsvoll, vielsagend

многозна́чность *f I* **1.** Mehrdeutigkeit *f*; **2.** Ambiguität *f*

многозна́чный <*kf:* -чен, -чна> *adj* mehrdeutig

многокра́тный <*kf:* -тен, -тна> *adj* **1.** vielfach; **2.** wiederholt; **многокра́тная ви́за** Dauervisum *nt*; **многокра́тное налогообложе́ние** Mehrfachbesteuerung *f*

многоле́тний *adj* langjährig, mehrjährig

многолю́дный *adj* belebt; **~ пло́щадь** belebter Platz *m*

многонациона́льный *adj* multinational; **многонациона́льное госуда́рство** Vielvölkerstaat *m*

многоно́жка *f A* Tausendfüßler *m*

многообеща́ющий *adj* vielversprechend

многообра́зие *nt O2* Vielfalt *f*, Mannigfaltigkeit *f*; **~ ви́дов проду́кта** (ÖKON) Produktbreite *f*

многообра́зный <*kf:* -зен, -зна> *adj* vielfältig, mannigfaltig

многосме́нный Mehrschicht-; **многосме́нное предприя́тие** Mehrschichtbetrieb *m*

многосторо́нний <*kf:* -о́нен, -о́ння> *adj* **1.** multilateral; **2.** vielflächig; **3.** (*fig*) vielseitig

многоступе́нчатый *adj* mehrstufig,

Mehrstufen-; **многоступе́нчатая сде́лка** (ÖKON) Ringgeschäft *nt*
многочи́сленный <*kf:* -лен, -ленна> *adj* zahlreich
мно́жество *nt* O **1.** (МАТН) Menge *f*; **2.** Menge *f*, Vielzahl *f*; **~ стоя́щих пробле́м** Fülle *f* anstehender Probleme; **во мно́жестве** en masse
мобилиза́ция *f* A2 Mobilisierung *f*
мобилизова́ть *vt* E2 *pf* (*impf:* мобилизо́вывать) mobilisieren; **~ все си́лы** alles aufbieten
моби́ль *m* K1 **1.** Wohnmobil *nt*; **2.** Wohnwagen *m*
моби́льность *f* I **1.** Mobilität *f*, Beweglichkeit *f*; **2.** (DV) Portabilität *f*, Portierbarkeit *f*
моби́льный <*kf:* -лен, -льна> *adj* mobil, beweglich
моги́ла *f* A Grab *nt*
моги́льщик *m* K Totengräber *m*
могу́чий <*kf:* -у́ч> *adj* gewaltig, mächtig
могу́щественный <*kf:* -вен, -венна> *adj* mächtig
могу́щество *nt* O Macht *f*
мо́да *f* A Mode *f*; **мужска́я ~** Herrenmode *f*; **входи́ть в мо́ду** in Mode kommen; **вы́йти из мо́ды** aus der Mode kommen; **следя́щий за мо́дой** [*o* **одева́ющийся по мо́де**] modebewusst
мода́льный *adj* Modal-; **~ глаго́л** Modalverb *nt*
модели́рование *nt* O2 **1.** Simulation *f*; **2.** Modellierung *f*; **3.** Modellbau *m*
моде́ль *f* I **1.** Modell *nt*; **2.** Model *nt*
моде́м *m* K Modem *nt*; **сре́дства сопряже́ния с моде́мами** (DV) Modemanschluss *m*
модерниза́ция *f* A2 Modernisierung *f*
модернизи́ровать *vt* E2 *impf/pf* modernisieren
модифика́ция *f* A2 **1.** Abart *f*; **2.** Abänderung *f*, Modifizierung *f*
модифици́ровать *vt* E2 *impf/pf* modifizieren
мо́дный <*kf:* -ден, -дна> *adj* **1.** modisch; **2.** modebewusst; **3.** (*популя́рный*) beliebt; **4.** weit verbreitet; **мо́дная пье́са** Schlager *m*; **мо́дные украше́ния** Modeschmuck *m*
мо́жно *adj* kurzf man kann, man darf; **~ войти́?** darf ich hereinkommen? **как ~ скоре́е** so schnell wie möglich
моза́ика *f* A Mosaik *nt*
мозг *m* K e **1.** Gehirn *nt*; **2.** (*ко́стный*) Mark *nt*; **спинно́й ~** Rückenmark *nt*; **раски́нуть ~а́ми** (*umg*) sein Köpfchen anstrengen; **мозгова́я ата́ка** Brainstorming *nt*
мозгово́й *adj* **1.** (ANAT, MED) zerebral, Hirn-; **~ симпто́м** Zerebralerscheinung *f* **2.** Mark-; **мозгова́я кость** Markknochen *m*
мозжечо́к <*gen sg:* -чка́> *m* K Kleinhirn *nt*
мозо́ль *f* I **1.** (*на рука́х*) Schwiele *f*; **2.** (*на нога́х*) Hühnerauge *nt*; **3.** Blase *f*
мой, моё, моя́ <*gen sg:* моего́, мое́й, моего́> *pron poss* mein
мо́крый <*kf:* мо́кр, мокра́, мо́кро> *adj* **1.** feucht; **2.** nass; **~ до ни́тки** klatschnass
мол *m* K Mole *f*
Молда́вия *f* A2 Moldawien *nt*
молда́вский *adj* moldauisch
Молдо́ва *f* A Moldawien *nt*
моле́кула *f* A Molekül *nt*
молекуля́рный *adj* molekular; **молекуля́рная ма́сса** Molekularmasse *f*; **молекуля́рное заболева́ние** Molekularkrankheit *f*
молибде́н *m* K Molybdän *nt*
моли́тва *f* A Gebet *nt*; **чита́ть моли́тву** ein Gebet sprechen
моли́ть <*präs:* молю́, мо́лишь> *vt* I *impf* flehen, anflehen
моли́ться <*präs:* молю́сь, мо́лишься> *vr* I *impf* beten; **~ Бо́гу** zu Gott beten
мо́лния *f* A2 **1.** Blitz *m*; **2.** Reißverschluss *m*
молодёжь *f* I **1.** Jugend *f*; **2.** junge Leute *pl*; **3.** Nachwuchs *m*
молоде́ц <*gen sg:* -дца́> *m* K e **1.** Prachtkerl *m*; **2.** Prachtmädel *nt*
молодо́й <*kf:* мо́лод, молода́, мо́лодо> *adj* jung; **молоды́е ка́дры** Nachwuchskräfte *pl*; **молодо́е поколе́ние руководя́щих ка́дров** Führungsnachwuchs *m*
мо́лодость *f* I Jugend *f*
молодцева́тость *f* I (*umg*) Schneid *m*
молодцева́тый <*kf:* -а́т> *adj* forsch, schneidig, zackig
молоко́ *nt* O e Milch *f*; **парно́е ~** Kondensmilch *f*; **це́льное ~** Vollmilch *f*; **сухо́е ~** Milchpulver *nt*; **у него́ ещё ~ на губа́х не обсо́хло** er ist noch nicht trocken hinter den Ohren
мо́лот *m* K Hammer *m*; **серп и ~** Hammer und Sichel
молоти́ть <*präs:* -очу́, -о́тишь> *vi* I *impf* **1.** dreschen; **2.** hämmern
моло́ть <*präs:* мелю́, ме́лешь> *vt* UE5 *impf* (*pf:* с-) mahlen
моло́чный *adj* Milch-; **моло́чная буты́лка** Milchflasche *f*; **~ зуб** Milchzahn *m*; **моло́чная фе́рма** Milchfarm *f*
молчали́вость *f* I Schweigsamkeit *f*
молчали́вый <*kf:* -и́в> *adj* schweigsam
молча́ние *nt* O2 **1.** Schweigen *nt*; **2.** Verschwiegenheit *f*
молча́ть *vi* I *impf* schweigen
моль *f* I Motte *f*; **сре́дство от мо́ли** Mottenkugeln *f pl*
мольбе́рт *m* K Staffelei *f*
моме́нт *m* K **1.** Moment *m*, Augenblick *m*; **2.** Zeitpunkt *m*
момента́льный *adj* Momentan-, Sofort-; **момента́льное фо́то** Momentaufnahme *f*; **~ фотоаппара́т** Sofortbildkamera *f*

Мона́ко *nt indekl* Monaco *nt*
мона́рх *m K* Monarch *m*
мона́рхия *f A2* Monarchie *f*
монасты́рский *adj* klösterlich, Kloster-
монасты́рь *m K1 e* Kloster *nt*
мона́х, мона́хиня *m K / f A1* **1.** Mönch *m*; **2.** Nonne *f*
монголо́идный *adj* mongoloid
моне́та *f A* Münze *f*, Geldstück *nt*; ~ **в одну́ ма́рку** Einmarkstück *nt*
монета́рный *adj* monetär; **монета́рная поли́тика** Geldpolitik *f*
монито́р *m K* Monitor *m*, Bildschirm *m*
монито́ринг *m K* Monitoring *nt*, Überwachung *f*; ~ **окружа́ющей среды́** Umweltüberwachung *f*
монога́мный *adj* monogam
монокульту́ра *f A* Monokultur *f*
моноло́г *m K* Monolog *m*, Selbstgespräch *nt*
монополи́ст *m K* Monopolist *m*
монополисти́ческий *adj* monopolistisch; **монополисти́ческое торго́вое предприя́тие** Handelsmonopol *nt*
монопо́лия *f A2* Monopol *nt*; **ликвиди́ровать** [*o* **разру́шить**]**монопо́лию** das Monopol brechen; ~ **покупа́телей** Nachfragemonopol *nt*; ~ **покупа́тельского спро́са** Nachfragemonopol *nt*; ~ **торго́вли** Handelsmonopol *nt*
монопо́льный *adj* monopolistisch; **монопо́льная прода́жа** Alleinvertrieb *m*, Alleinverkauf *m*; **монопо́льная цена́** Monopolpreis *m*; ~ **догово́р** Exklusionsvertrag *m*; ~ **оферéнт** Alleinanbieter *m*; ~ **сбыт** Alleinvertrieb *m*, Exklusivvertrieb *m*; **монопо́льное пра́во** Exklusivrecht *nt*; **монопо́льное представи́тельство** Alleinvertretung *f*
монопсо́н *m K* Monopson *nt*; **монопсо́нная цена́** Monopsonpreis *m*
монотóнность *f I* Eintönigkeit *f*, Monotonie *f*
монотóнный <*kf:* -óнен, -óнна> *adj* eintönig, monoton
монстр *m K* Monster *nt*, Ungeheuer *nt*
монтáж *m K* Einbau *m*, Montage *f*; **электри́ческий** ~ (EL) Verdrahtung *f*
монтажёр *m K* Cutter, -in *m/f*
монтáжник, монтáжница *m K / f A* Monteur, -in *m/f*
монтёр *m K* Elektriker, -in *m/f*
монти́ровать *vt E2 impf (pf:* с-*)* montieren, zusammenbauen
монумéнт *m K* Monument *nt*
монументáльный <*kf:* -лен, -льна> *adj* monumental; **монументáльная жи́вопись** Monumentalgemälde *nt*
мопéд *m K* Moped *nt*
мопс *m K* Mops *m*
морáль *f I* Moral *f*
морáльный <*kf:* -лен, -льна> *adj* moralisch; **морáльная подде́ржка** moralische Unterstützung *f*; **морáльное пра́во** moralische Berechtigung *f*; ~ **кли́мат на предприя́тии** Betriebsklima *nt*
морато́рий <*präpos sg:* -ии> *m K2* **1.** Stundung *f*; **2.** Moratorium *nt*; ~ **на исполнéние** Leistungsaufschub *m*
морг *m K* Leichenhalle *f*
морга́ние *nt O2* Augenzwinkern *nt*
морга́ть *vi I impf (pf:* моргну́ть*)* blinzeln; **не моргну́в гла́зом** ohne mit der Wimper zu zucken
мо́рда *f A* **1.** (*у живо́тных*) Schnauze *f*, Maul *nt*; **2.** (*vulg*) Fresse *f*
мо́ре *nt O1 ple* Meer *nt*, See *f*; ~ **огне́й** Lichtermeer *nt*; **вну́треннее** ~ Binnenmeer *nt*; **рукотво́рное** ~ (*geh*) Stausee *m*; **в откры́том** ~ auf hoher See
море́на *f A* Moräne *f*
морепла́вание *nt O2* Seefahrt *f*
морж *m K* **1.** (ZOOL) Walross *nt*; **2.** (*fig*) Winterschwimmer *m*
мори́лка *f A* Beize *f*
мори́ть *vt I impf (pf:* за-*)* **1.** vertilgen, vergiften; **2.** (*umg*) quälen, ausmergeln; ~ **гóлодом** hungern lassen
морко́вь *f I* Möhre *f*
моро́женое *nt wie adj* Speiseeis *nt*
моро́з *m K* Frost *m*; **Дед Моро́з** Väterchen Frost
морози́лка *f A* Gefrierfach *nt*
морози́льник *m K* Gefriertruhe *f*
моро́зный *adj* frostig, eiskalt
мороси́ть <*nur 3. pers:* -си́т> *vi I impf* nieseln
морско́й *adj* Meeres-, See-; ~ **груз** Seefracht *f*; ~ **путь** Seeweg *m*; **морска́я сви́нка** (ZOOL) Meerschweinchen *nt*; ~ **флот** Marine *f*; **страда́ющий морско́й боле́знью** seekrank; **морско́е сообще́ние на осно́ве догово́ров** Charterverkehr *m*
морфéма *f A* (LING) Morphem *nt*
мóрфий <*präpos sg:* -ии> *m K2* Morphium *nt*
морфоло́гия *f A2* (LING) Morphologie *f*
морщи́на *f A* Runzel *f*
морщи́нистый <*kf:* -ист> *adj* runzelig, faltig
мóрщить *vt I impf (pf:* на-*)* runzeln; ~ **лоб** die Stirn runzeln; ~ **нос** die Nase rümpfen
моря́к *m K e* **1.** Seemann *m*; **2.** Matrose *m*
Москва́ *f A* **1.** (*Stadt*) Moskau *nt*; ~ **не сра́зу стро́илась** Rom wurde nicht an einem Tag erbaut **2.** (*Fluß*) Moskwa *f*
москви́ч, москви́чка *m K / f A* Moskauer, -in *m/f*, Moskowiter, -in *m/f*
моски́т *m K* Mosquito *m*
моско́вский *adj* Moskauer
мост *m K ple* Brücke *f*; **вися́чий** ~ Hängebrücke *f*; **возду́шный** ~ Luftbrücke *f*; **сжига́ть все** ~**ы́** alle Brücken hinter sich abbrechen **2.** (KFZ) Achse *f*; **пере́дний** ~

Vorderachse *f*

мо́стик *m K* 1. Steg *m*; 2. kleine Brücke *f*; **капита́нский ~** (MAR) Kommandobrücke *f*

мостки́ <*gen. pl:* -ко́в> *m pl K e* 1. Steg *m*, Holzweg *m*; 2. Laufsteg *m*; 3. Anlegestelle für kleine Boote

мота́ть *v* + *dat E impf* (*pf:* на-, по-, у-) ärgern; auf die Nerven fallen [*o* gehen]; **~ себе́ не́рвы** (*umg*) sich herumärgern (mit + *dat*)

моте́ль *m K1* Motel *nt*

мотивацио́нный *adj* Motiv-; **мотивацио́нный ана́лиз** Motivforschung *f*

мотива́ция *f A2* Motivation *f*, Anregung *f*

мотиви́ровать *vt E2 impf/pf* begründen

мотивиро́вка *f A* Begründung *f*

моти́в *m K* 1. (PSYCH) Motiv *nt*, Anreiz *m*; 2. (KUNST) Motiv *nt*, Sujet *nt*; 3. (MUS) Motiv *nt*; **~ фотогра́фии** Bildmotiv *nt*

мотовство́ *nt O* Geldverschwendung *f*

мотокро́сс *m K* Moto-Cross *m*

мото́р *m K* Motor *m*; **подвесно́й ло́дочный ~** Außenbordmotor *m*

мото́рный *adj* Motor-; **мото́рная ло́дка** Motorboot *nt*

мотороллер *m K* Motorroller *m*

мотоспо́рт *m K* Motorsport *m*

мотоци́кл *m K* Motorrad *nt*

мотоцикли́ст *m K* Motorradfahrer, -in *m/f*

моты́га *f A* Hacke *f*

мотылёк <*gen sg:* -лька́> *m K e* Falter *m*, Schmetterling *m*

мох <*gen sg:* мха> *m K* Moos *nt*

мохна́тый <*kf:* -а́т> *adj* 1. zottig; 2. struppig; 3. (*о ткани*) flauschig

моча́ *f A e* Harn *m*, Urin *m*

мочево́й *adj* Harn-; **~ пузы́рь** Harnblase *f*

мочи́ть <*präs:* мочу́, мо́чишь> *vt I impf* (*pf:* за-, на-) anfeuchten, befeuchten

мочи́ться <*präs:* мочу́сь, мо́чишься> *vr I impf* (*pf:* по-) urinieren, Harn lassen

мо́чка <*gen pl:* -чек> *f A* Ohrläppchen *nt*

мочь I. <*präs:* могу́, мо́жешь> *vi UE4 impf* (*pf:* с-) 1. dürfen; 2. können; **мо́жет быть** vielleicht, mag sein; **не мо́жет быть** das ist unmöglich, das kann nicht wahr sein; II. *f I* Kraft *f*; **крича́ть во всю мочь** aus vollem Halse schreien

моше́нник *m K* Gauner *m*, Schlitzohr *nt*

моше́нничать *vi E impf* (*pf:* с-) mogeln

моше́нничество *nt O* 1. Gaunerei *f*; 2. Betrug *m*

мошка́, мошкара́ *f A* (*nur sg*) Sammelbegriff für kleine Insekten

мо́шка <*gen pl:* -шек> *f A* 1. Schnake *f*; 2. kleine Fliege *f*

мошо́нка *f A* Hoden *m*

мо́щность *f I* 1. Leistung *f*; 2. Leistungsvermögen *nt*, Leistungsfähigkeit *f*; 3. Kapazität *f*

мо́щный <*kf:* -щен, -щна́> *adj* 1. mächtig; 2. gewaltig; 3. (TECH) leistungsfähig

мощь *f I* 1. Macht *f*; 2. Stärke *f*

МП *abk von* ма́лое предприя́тие *nt* Kleinbetrieb *m*

мрак *m K* Finsternis *f*

мра́мор *m K* Marmor *m*

мрачне́ть *vi E impf* (*pf:* по-) (*auch fig*) sich bewölken, sich verfinstern

мра́чный <*kf:* -чен, -чна́> *adj* düster, finster; **~ ю́мор** schwarzer Humor *m*

мсти́тельный <*kf:* -лен, -льна> *adj* rachsüchtig

МТП *abk von* многосторо́нние торго́вые перегово́ры MHV *pl*, Multilaterale Handelsverhandlungen *pl*

муж <*nom pl:* мужья́> *m U3* 1. Ehemann *m*, Gatte *m*; 2. (*geh: oft scherzhaft*) gesellschaftlich einen hohen Rang besitzender Mann; **учёный ~** Gelehrte *mf*; **госуда́рственный ~** Staatsmann *m*

мужи́к *m K* 1. (*arch*) Bauer *m* (im Gegensatz zu Bürger); 2. (*umg*) Mann *m*

мужчи́на *m A* Mann *m*

музе́й *m K2* Museum *nt*

му́зыка *f A* Musik *f*

мультизада́чный *adj*: ~ [*o* **мультипрогра́ммный**] **режи́м рабо́ты** (DV) Multitasking *nt*, Multitasking-Betrieb *m*

мультилатера́льный *adj* multilateral

мультиме́диа *f indekl* Multimedia

му́мия *f A2* Mumie *f*

мунди́р *m K* Uniform *f*; **карто́шка в мунди́ре** Pellkartoffeln *pl*

мундшту́к *m K* Mundstück *nt*

муниципа́льный *adj* Gemeinde-, munizipal; **~ нало́г** Kommunalsteuern *pl*; **~ сове́тник** Stadtrat *m*

муниципалите́т *m K* Stadtrat *m*

мураве́й <*gen sg:* -вья́> *m K2 e* Ameise *f*

мура́шки <*gen pl:* -шек> *f pl A* Gänsehaut *f*

мус *m K* Mus *nt*; **я́блочный ~** Apfelmus *nt*

муска́т *m K* Muskat *m*

му́скул *m K* Muskel *m*

мускулату́ра *f A* Muskulatur *f*

мускули́стый *adj* muskulös, kräftig

му́сор *m K* 1. Müll *m*; 2. (*строи́тельный*) Bauschutt *m*; 3. Kehricht *m*; 4. (*umg pej*) Milizionär *m*

му́сорный *adj* Müll-; **му́сорное ведро́** Mülleimer *m*; **му́сорная сва́лка** Mülldeponie *f*

мусоровоз *m K* Fahrzeug *nt* der Müllabfuhr, Müllwagen *m*

мусородроби́лка *f A* Müllwolf *m*, Müllzerkleinerungsanlage *f*

мусоропрово́д *m K* Müllschlucker *m*

мусоросжига́тельный *adj*: **мусоросжига́тельная устано́вка** Müllverbrennungsanlage *f*

му́сорщик *m K* 1. Müllmann *m*; 2. Müllfahrer *m*

муссо́н *m K* Monsun *m*

мусульма́нин < *nom pl:* -а́не> *m U2* Moslem *m*
мусульма́нский *adj* moslemisch
мусульма́нство *nt O* Islam *m*
мута́ция *f A2* Mutation *f*
му́тный <*kf:* -тён, -тна́> *adj* trübe, matt; **лови́ть ры́бу в му́тной воде́** (*fig*) im Trüben fischen
му́ха *f A* Mücke *f*; **де́лать из му́хи слона́** aus einer Mücke einen Elephanten machen
мухомо́р *m K* Fliegenpilz *m*
муче́ние *nt O2* Qual *f*, Pein *f*
му́ченик *m K* Märtyrer *m*
му́ченический *adj* Märtyrer-; **му́ченическая смерть** Märtyrertod *m*
мучи́тель *m K1* 1. Peiniger *m*; 2. Quälgeist *m*
мучи́тельный <*kf:* -лен, -льна> *adj* 1. qualvoll; 2. mühsam
му́чить *vt 1 impf* (*pf:* за-, из-) quälen, peinigen, plagen, schinden, foltern; **меня́ му́чают угрызе́ния со́вести** ich habe Gewissensbisse
му́читься *vr 1 impf* (*pf:* за-, из-) 1. leiden; 2. sich quälen
мучни́стый <*kf:* -и́ст> *adj* mehlig
муштрова́ть *vt E2 impf* (*pf:* вы́-) (MIL: *auch fig*) drillen
мча́ться *vr 1 impf* rennen, rasen
мще́ние *nt O2* Vergeltung *f*
мы <*1. pers pl:* нас, нам, нас, нами, о нас> *pron pers* wir
мы́ло *nt O* Seife *f*; **жи́дкое ~** Schmierseife *f*
мы́льный *adj* seifig
мыс *m K* Kap *nt*, Vorgebirge *nt*
мы́сленный *adj* gedanklich, mental
мы́слимый <*kf:* -им> *adj* denkbar, erdenklich
мысли́тель *m K1* (*филосо́ф*) Denker *m*
мысли́тельный *adj* geistig; **мысли́тельные спосо́бности** Denkfähigkeit *f*
мы́слить *vi 1 impf* denken, sich vorstellen; **как ты себе́ э́то мы́слишь?** wie stellst du dir das vor?
мысль *f 1* 1. Gedanke *m*; 2. Idee *f*; **внеза́пная ~** Einfall *m*, Eingebung *f*; **чита́ть** [*o* угадывать]**~** Gedanken lesen 3. (*мышле́ние, систе́ма взгля́дов*) Denken *nt*
мыть <*präs:* мо́ю, мо́ешь> *vt E8 impf* (*pf:* вы́-, по-) 1. waschen; 2. baden; **~ пол** den Fußboden aufwischen; **~ посу́ду** abwaschen, spülen
мы́ться <*präs:* мо́юсь, мо́ешься> *vr E8 impf* sich waschen, baden
мыча́ние *nt O2* Gebrüll *nt*
мышело́вка *f A* Mausefalle *f*
мы́шечный *adj* Muskel-; **мы́шечная дистрофи́я** (MED) Muskeldystrophie *f*
мышле́ние *nt O2* 1. Denken *nt*; **но́вое ~** neues Denken; *nt* 2. Denkweise *f*
мы́шца *f A* Muskel *m*; **атрофи́я мышц** Muskelschwund *m*; **разры́в мы́шцы** Muskelriss *m*; **утомле́ние мышц, сопровожда́ющееся бо́лью** Muskelschmerz *m*, Muskelkater *m*
мышь *f 1* 1. (ZOOL) Maus *f*; **лету́чая ~** Fledermaus *f* 2. (DV) Maus *f*; **кно́пка мы́ши** Maustaste *f*; **ко́врик для мы́ши** Mauspad *nt*; **курсо́р** [*o* указа́тель] **мы́ши** Mauszeiger *m*; **управле́ние с по́мощью мы́ши** Maussteuerung *f*; **щёлкнуть ~ю** mit der Maus klicken
мышья́к <*gen sg:* -а́, -у́> *m K e* Arsen *nt*
мэр *m K* Bürgermeister *m*
мю́зикл *m K* Musical *nt*
Мю́нхен *m K* München *nt*
мя́гкий <*kf:* -гок, -гка́> *adj* 1. weich; 2. mild; 3. zart; 4. sanft; **~ знак** (LING) Weichheitszeichen *nt*; **мя́гкая ме́бель** Polstermöbel *nt*
мя́гко *adv* 1. weich; 2. milde; **~ говоря́** milde gesagt [*o* ausgedrückt]
мя́гкость *f 1* 1. Weichheit *f*; 2. Milde *f*
мягкоте́лый <*kf:* -е́л> *adj* 1. energielos; 2. charakterlos, willensschwach; **он ~ челове́к** er hat kein Rückgrat
мягчи́тель *m K1* (TECH) Weichmacher *m*
мяки́на *f A* Spreu *f*; **его́ на мяки́не не проведёшь** man kann ihn nicht hinters Licht führen
мя́коть *f 1* Fruchtfleisch *nt*
мясни́к *m K* Fleischer *m*, Metzger *m*
мясно́й *adj* Fleisch-; **мясна́я ла́вка** Fleischerei *f*, Metzgerei *f*
мя́со *nt O* Fleisch *nt*; **ру́бленое ~** Hackfleisch *nt*
мясору́бка *f A* Fleischwolf *m*
мя́та *f A* Minze *f*; **пе́речная ~** Pfefferminze *f*
мяте́ж *m K e* Meuterei *f*, Rebellion *f*, Revolte *f*, Aufruhr *m*
мяте́жник *m K* Rebell *m*
мяте́жный <*kf:* -жен, -жна> *adj* 1. rebellisch, aufsässig; 2. aufrührerisch
мя́тый *adj* 1. faltig; 2. zerknittert
мять <*präs:* мну, мнёшь> *vt E9b impf* 1. quetschen; 2. zerknittern, zerknüllen
мя́ться <*nur 3. pers:* мнётся> *vr E9b impf* (*o* тка́ни) knittern
мяу́кать *vi E impf* (*pf:* про-) miauen
мяч *m K e* Ball *m*

Н

н, Н *nt indekl kyrillischer Buchstabe*
на[1] I. *präp* +*präpos* 1. (где́?) auf (+*dat*); **~ столе́** auf dem Tisch; **~ у́лице** auf der Straße 2. (где́) an (+*dat*); **на стене́** an der Wand; 3. (где́?) in, bei (+*dat*); **~ заво́де** in einer Fabrik; **~ фи́рме** bei einer Firma; 4. (где́) bei; **~ конфере́нции** bei der Konferenz; **~ э́той встре́че** bei diesem Treffen; 5.

(*на чём?*) auf, mit; **éхать ~ автóбусе** mit dem Bus fahren; **игрáть ~ скрúпке** Geige spielen; **катáться ~ велосипéде** Rad fahren 6. (*кудá?*) auf, an, zu (+*dat*); **идтú ~ рабóту** zur Arbeit gehen; **поéхать ~ мóре** ans Meer fahren; 7. (*на что?*) auf, für; **дéйствовать ~ нéрвы** auf die Nerven gehen; **дéньги ~ кнúгу** Geld für ein Buch; **прáво ~ жилúще** Recht *nt* auf eine Wohnung; **~что тебé э́то?** wozu brauchst du das? 8. (*когдá?*) an, in, für; **~ слéдующий день** am nächsten Tag; **~ Рождествó** zu Weihnachten; **~ открытие Лéйпцигской я́рмарки** zur Eröffnung der Leipziger Messe; **опоздáть ~ час** sich um eine Stunde verspäten; **уéхать ~ недéлю** eine Woche wegfahren; 9. in, auf; **перевестú кнúгу ~ рýсский язы́к** das Buch ins Russische übersetzen; **посмотрéть ~ дрýга** den Freund ansehen; **разделúть пирóг ~ чáсти** den Kuchen aufteilen; **~ э́то** darauf, dazu; **~ э́тот раз** diesmal; II. *interj* ach! **вот тебé и ~** das ist ja eine schöne Bescherung

на[2] *interj* nimm, nehmt, nehmen Sie; **вот тебé и нá** das ist ja eine schöne Bescherung!

набалдáшник *m K* Knauf *m*

набéг *m K* Überfall *m*

набегáть *vi E impf* (*pf:* набежáть) 1. rennen, anrennen (gegen +*akk*); 2. zusammenströmen

набéрежная *f wie adj* Kai *m*

набивáть *vt E impf* (*pf:* набúть) 1. (-чýчело), 2. (*мéбель*) polstern; 3. (*текстиль*) bedrucken; **~ себé цéну** (*fig*) sich selbst loben; **~ мóрду комý-либо** (*vulg*) jdm die Fresse polieren

набивáться <*nur 3. pers:* -áется> *vr E impf* (*pf:* набúться) 1. sich ansammeln; 2. sich aufdrängen; **~ в друзья́ комý-либо** sich jdm anbiedern

набирáть *vi E impf* (*pf:* набрáть) 1. sammeln; **~ нóмер по прямóй лúнии** (TELKOM) durchwählen; **~ очкú** Punkte sammeln; **~ сúлу** (*fig*) erstarken, Kraft sammeln 2. zulegen; **~ скóрость** hohe Geschwindigkeit erreichen; **~ высотý** (*о самолёте*) an Höhe gewinnen 3. (MIL) ausheben, rekrutieren; 4. (THEAT) engagieren; 5. (*Druckwesen: Text*) setzen

набирáться *vr E impf* (*pf:* набрáться) 1. sich ansammeln; 2. sich aneignen; **~ óпыта** Erfahrungen sammeln; **~ сил** Kräfte sammeln; **~ знáний** (*umg*) sich Wissen [*o* Kenntnisse]aneignen; **~ умá-рáзума у когó-либо** lernen (von +*dat*)

набúть <*fut:* набью́, -бьёшь> *vt E4c pf* (*impf:* набивáть) 1. ausstopfen; 2. polstern; 3. bedrucken

наблюдáтель *m K1* 1. Beobachter, -in *m/f;* 2. Betracher, -in *m/f;* **стороний ~** Außenstehende(r) *mf*; **~ на вы́борах** Wahlbeobachter *m*

наблюдáтельность *f I* Beobachtungsgabe *f*

наблюдáть *vt E impf* 1. beobachten, verfolgen; 2. beaufsichtigen

наблюдéние *nt O2* 1. Beobachtung *f;* 2. Überwachung *f;* 3. Aufsicht *f;* **наблюдáтельный совéт** Aufsichtsrat *m* 4. Betrachtung *f;* **~ за ры́нком** Marktbeobachtung *f;* **несплошнóе ~** Teilerhebung *f* Repräsentativerhebung *f*

нáбожность *f I* Frömmigkeit *f*

нáбожный <*kf:* -жен, -жна> *adj* fromm

набóр *m K* 1. Set *nt*, Garnitur *f*; 2. Sortiment *nt*; **~ инструмéнтов** Handwerkszeug *nt*; **~ крáсок** Malkasten *m*; **~ мя́гкой мéбели** Polstergarnitur *f*; **почтóвый ~** Briefblock *m*; **сквознóй ~** (TELKOM) Durchwahl *f*; **бессмы́сленный ~ слов** Wortschwall *m* 3. Aufnahme *f;* 4. Rekrutierung *f;* **~ кáдров** Personalauswahl *f*

набóрщик *m K* Setzer, -in *m/f*

набрáсывать *vt E impf* (*pf:* набросáть) 1. (*проéкт, схéму*) konzipieren, entwerfen; 2. umherwerfen

набрáсываться *vr E impf* (*pf:* набрóситься) (*на когó-либо*) herfallen (über +*akk*), einstürmen (auf +*akk*)

набрáть <*fut:* наберý, -берёшь> *vt E4a pf* (*impf:* набирáть) sammeln

набрáться <*fut:* наберýсь, -берёшься> *vr E4a pf* (*impf:* набирáться) 1. sich ansetzen, sich ansammeln; 2. (*umg*) betrunken sein; **~ нáглости дéлать что-либо** sich etw herausnehmen; **~ хрáбрости** Mut fassen

набросáть *vt E pf* (*impf:* набрáсывать) 1. konzipieren, entwerfen; 2. umherwerfen

набрóсок <*gen sg:* -ска> *m K* Skizze *f*, Entwurf *m*, Konzept *nt*

навевáть *vt E impf* (*pf:* навéять) 1. heranwehen; 2. hervorrufen

навéдываться *vt E impf* (*pf:* навéдаться) kurz besuchen; **частéнько ~ к комý-либо** ein- und ausgehen (bei +*dat*)

навернякá *adv* sicherlich, ganz bestimmt; **дéйствовать ~** sichergehen; **сказáть ~** mit Sicherheit sagen

наверстáть *vt E pf* (*impf:* навёрстывать) aufholen, nachholen; **~ упýщенное** Versäumtes nachholen

навéрх *adv* nach oben, hinauf

наверхý *adv* oben

навеселé *adv* angeheitert, leicht betrunken, angetrunken

навéсить <*fut:* навéшу, -вéсишь> *vt I pf* (*impf:* навéшивать) einhängen

навестú <*fut:* наведý, -ведёшь> *vt E6a pf* (*impf:* наводúть) 1. hinführen; 2. lenken

навестúть <*fut:* навещý, -вестúшь> *vt I pf* (*impf:* навещáть) 1. aufsuchen; 2. besuchen

навéтренный *adj* (MAR) luvwärts

навéшивать *vt E impf* (*pf:* навéсить) 1. einhängen; 2. anhängen

навеща́ть vt E impf (pf: навести́ть) 1. aufsuchen; 2. besuchen
наве́ять vt E pf (impf: навева́ть) 1. heranwehen; 2. hervorrufen
на́взничь adv rücklings
навига́ция f A2 Navigation f
наводи́ть <präs: -вожу́, -во́дишь> vt I impf (pf: навести́) 1. hinführen; 2. lenken; ~ кого́-ли́бо на мысль jdm einen Gedanken nahelegen; ~ красоту́ sich schön machen; ~ мосты́ (auch fig) Brücken schlagen; ~ на чей-ли́бо след auf jds Spur bringen; ~ поря́док Ordnung schaffen; ~спра́вки Auskunft einholen
наводне́ние nt O2 Flutkatastrophe f, Überschwemmung f
наводни́ть vt I pf (impf: наводня́ть) überschwemmen
наво́з <gen sg: -а, -у> m K Mist m; **выгреба́ть** ~ ausmisten
наво́зный adj Mist-; **наво́зная ку́ча** Misthaufen m
на́волочка f A Kissenbezug m
навостри́ть <fut: -стрю́, -стри́шь> vt I pf (umg) ~ у́ши die Ohren spitzen
навреди́ть <fut: -ежу́, -еди́шь> vt I pf (impf: вреди́ть) Schaden zufügen, schädigen
навсегда́ adv für immer; **раз и** ~ ein für alle Mal
навстре́чу adv entgegen; **идти́** ~ (auch fig) entgegenkommen; **идти́** ~ **чьим-ли́бо тре́бованиям** jds Forderungen nachkommen
на́вык m K 1. (практи́ческое уме́ние) Fertigkeit f; 2. (о́пыт, сноро́вка) Routine f
навью́чивать vt E impf (pf: навью́чить) bepacken, laden
навяза́ть <fut: -яжу́, -я́жешь> vt E4 pf (impf: навя́зывать) 1. (на что-ли́бо) an-, umbinden; 2. stricken; 3. aufdrängen
навя́зчивый <kf: -чив> adj aufdringlich, zudringlich
навя́зывать vt E impf (pf: навяза́ть) 1. anbinden, umbinden; 2. stricken; 3. aufzwingen, aufdrängen; ~ кому́-ли́бо своё мне́ние jdm seine Meinung aufzwingen; ~ кому́-ли́бо что-ли́бо (umg) jdm etw aufschwatzen
навя́зываться vr + dat E impf (pf: навяза́ться) sich aufdrängen, sich anbiedern
нага́дить <fut: нага́жу, -га́дишь> vt I pf (impf: га́дить) 1. sich entleeren; 2. schaden
нагиба́ться vr E impf (pf: нагибну́ться) (за чем-ли́бо) sich bücken (nach +dat)
нагле́ц m K e (umg) Frechdachs m
на́глость f I Frechheit f; **име́ть** ~ **сде́лать что-ли́бо** (fig) sich etw herausnehmen
на́глый <kf: нагл, -гла́, -на́гло> adj frech, unverschämt, dreist
нагля́дность f I Übersichtlichkeit f
нагля́дный <kf: -ден, -дна> adj 1. anschaulich; 2. übersichtlich; **нагля́дно-иллюстрати́вная рекла́ма** Display nt
нагна́иваться <nur 3. pers: нагна́ивается> vr E impf (pf: нагно́иться) (MED) vereitern
нагное́ние nt O2 1. Eiterung f; ~ **ра́ны** Wundeiterung f 2. Eiterbeule f
нагну́ться <fut: нагну́сь, -нёшься> vr E1 pf (impf: нагиба́ться) sich bücken
на́голо adv kahl; **обрива́ть** ~ kahlscheren
нагоня́й m K2 (umg) Schelte f, Vorwurf m
нагоня́ть vt E impf (pf: нагна́ть) einholen
нагото́ве adv bereit; **держа́ть** ~ bereithalten; **стоя́ть** ~ bereitstehen
награ́да f A Auszeichnung f, Prämie f, Preis m; ~ **за пои́мку магази́нних во́ров** Fangprämie f
награжда́ть vt E impf (pf: награди́ть) auszeichnen, ehren; ~ **о́рденом** jdn mit einem Orden auszeichnen
награжде́ние nt O2 Ehrung f; ~ **победи́телей** (SPORT) Siegerehrung f
нагрева́тель m K1 (TECH) Erhitzer m; **прото́чный** ~ Durchlauferhitzer m
нагру́дник m K Lätzchen nt
нагрузи́ть <fut: -ужу́, -у́зишь> vt I pf (impf: нагружа́ть) 1. laden; 2. beladen
нагру́зка f A 1. Last f; 2. (fig) Belastung f; 3. Auslastung f; **больша́я не́рвная** ~ starke nervliche Belastung f; ~ **на окружа́ющую среду́** Umweltbelastung f
над präp +inst über; ~ **столо́м** über dem Tisch; **смея́ться** ~ **кем-ли́бо** über jdn lachen
надба́вка f A 1. Zuschlag m, Zulage f; 2. Bonus m, Aufschlag m; 3. Marge f; ~ **за опа́сные усло́вия труда́** Gefahrenzulage f; ~ **к цене́** Aufpreis m, Preisaufschlag m; ~ **на о́бщие изде́ржки на сырьё и материа́лы** Materialgemeinkostenzuschlag m; ~ **на изде́ржки** Kostenzuschlag m; ~ **на при́бнль** Gewinnaufschlag m; ~ **за тру́дные усло́вия** Erschwerniszulage f; **надба́вки за многоде́тность** Familienlastenausgleich m
надвига́ться vr E impf (pf: надви́нуться) nahen; **надвига́ется гроза́** ein Gewitter braut sich zusammen
надгро́бие nt O2 1. Grabstein m; 2. Grabplatte f
надева́ть vt E impf (pf: наде́ть) 1. anziehen, anlegen; 2. (шпну́) aufsetzen; ~ **кольцо́ на па́лец** den Ring an den Finger stecken; **помога́ть кому́-ли́бо** ~ **пальто́** jdm in den Mantel helfen
наде́жда f A Hoffnung f; **возлага́ть наде́жды на кого́-ли́бо/что-ли́бо** Hoffnung setzen (auf +akk); **вселя́ть в кого́-ли́бо наде́жду** jdm Hoffnung machen; **не оправда́ть наде́жды** Hoffnungen enttäuschen; **по́лный наде́жд** hoffnungsvoll

надёжность *f I* 1. Zuverlässigkeit *f*; 2. Sicherheit *f*
надёжный <*kf:* -жен, -жна> *adj* 1. zuverlässig; 2. verläßlich; **~ в эксплуатáции** betriebssicher
надéть <*fut:* надéну, -дéнешь> *vt E9 pf* (*impf:* надевáть) anziehen
надéяться *vr E5 impf* (*pf:* по-) hoffen, erhoffen; **надéюсь, что** hoffentlich
надзирáть *vi E impf* (*за кем-либо/чем-либо*) beaufsichtigen
надлáмывать *vt E impf* (*pf:* надломить) 1. anbrechen; 2. knicken; 3. (*fig*) brechen, untergraben
надлежáщий *adj* 1. gebührend; 2. gehörig; 3. ordnungsgemäß; **надлежáщим óбразом** sachgemäß
надлóм *m K* Bruch *m*
надлóмленный *adj* (*auch fig*) geknickt, niedergeschlagen
надмéнность *f I* Arroganz *f*, Hochmut *m*
надмéнный <*kf:* -мéнен, -мéнна> *adj* arrogant, eingebildet
нáдобность *f I* 1. Notwendigkeit *f*; 2. Bedarf *m*; **без осóбой нáдобности** unnötig; **по мéре нáдобности** bei Bedarf, soweit nötig
надоéсть <*fut:* -ем, -ешь> *v + dat U2 pf* (*impf:* надоедáть) 1. lästig werden; 2. satt haben
надóлго *adv* für lange Zeit
надóмный *adj* Heim-; **надóмная рабóта** Heimarbeit *f*
надорвáться <*fut:* -рвусь, -рвёшься> *vr E4 pf* (*impf:* надрывáться) 1. einreißen; 2. sich überanstrengen
надписáть <*fut:* -пишý, -пишешь> *vt E4 pf* (*impf:* надписывать) (*книгу*) signieren
нáдпись *f I* 1. Aufschrift *f*; 2. (*на стенé*) Inschrift *f*; 3. Schriftzug *m*; 4. (schriftlicher) Vermerk *m*; **~ об акцéпте** Annahmevermerk *m*
надрéз *m K* 1. Kerbe *f*; 2. Einschnitt *m*
надрéзать <*fut:* -рéжу, -рéжешь> *vt E4 pf* (*impf:* надрезáть) anschneiden, aufschneiden
надругáтельство *nt O* 1. Schändung *f*; **~ над могилами** Grabschändung *f* 2. (*богохульство*) Blasphemie *f*
надрывáться *vr E impf* (*pf:* надорвáться) 1. einreißen; 2. sich überanstrengen; 3. (*umg*) schuften
надсмóтрщик *m K* Aufseher, -in *m/f*
надстрáивать *vt E impf* (*pf:* надстрóить) 1. aufstocken; 2. aufbauen
надстрóйка *f A* 1. Aufbau *m*; 2. (PHIL) Überbau *m*
надувáтельство *nt O* (*umg*) Betrug *m*
надувáть *vt E impf* (*pf:* надуть) 1. aufblasen; 2. blähen; 3. (*umg*) beschwindeln, betrügen, beschummeln
надувнóй *adj* aufblasbar; **~ матрáс** Luftmatratze *f*
надýманный <*kf:* -ман, -манна, -манно> *adj* unnatürlich, künstlich
надýтый <*kf:* -дýт> *adj* 1. (*fig*) aufgeblasen, arrogant; 2. unzufrieden
надýть *vt E pf* (*impf:* надувáть) aufblasen
надушить <*fut:* -душý, -душишь> *vt I pf* (*impf:* душить) parfümieren
надушиться <*fut:* -душýсь, -душишься> *vr I pf* (*impf:* душиться) sich parfümieren
наéзд *m K* 1. (kurzer) Besuch *m*; 2. (KFZ) Überfahren *m*
наём 1. Aufnahme *f*; 2. Einstellung *f*; 3. Miete *f*; **наёмный рабóтник** Arbeitnehmer *m*
наёмник *m K* Söldner *m*
наёмный *adj* Lohn-; **лицó наёмого трудá** Lohnarbeiter *m*; **~ убийца** bezahlter Mörder *m*
наждáк *m K e* Schmirgel *m*; **чистить ~óм** schmirgeln
нажим *m K* (*auch fig*) Druck *m*; **окáзывать ~ на когó-либо** jdn unter Druck setzen
нажимáть *vt E impf* (*pf:* нажáть) drücken; **~ на кнóпку** den Knopf betätigen; **~ спусковóй крючóк** abdrücken
нажить <*fut:* -живу, -вёшь> *vt UE3 pf* (*impf:* наживáть) 1. erwerben, gewinnen; **~ себé состояние** sich ein Vermögen erwerben 2. (*fig*) sich zuziehen; **~ капитáл из чегó-либо** Kapital schlagen (aus +*dat*); **~ себé врагóв** sich Feinde schaffen; **~ себé неприятности** sich Unannehmlichkeiten bereiten
нажиться <*fut:* -живýсь, -вёшься> *vr UE3 pf* (*impf:* наживáться) (*на чём-либо*) profitieren (von +*dat*)
назáд *adv* 1. zurück; 2. rückwärts
назвáние *nt O2* Name *m*, Bezeichnung *f*; **~ фирмы** Firmenname *m*; **изменéние назвáния** Namensänderung *f*; **~ товáрной мáрки** Markenname *m*; **~ торгóвой фирмы** Handelsname *m*; **~ фирмы** Firmenbezeichnung *f*, Firma *f*
назвáть <*fut:* -зовý, -вёшь> *vt E4a pf* (*impf:* называть) 1. bezeichnen; 2. nennen
назéмный *adj* Erd-, Land-; **~ персонáл** Bodenpersonal *nt*; **назéмная стáнция** Bodenstation *f*
назидáние *nt O2* 1. Mahnung *f*; 2. (*geh*) Erbauung *f*, Belehrung *f*
назидáтельный <*kf:* -лен, -льна> *adj* 1. mahnend; 2. (*geh*) erbaulich; 3. schulmeisterlich; **~ тон** belehrender Ton *m*
назлó *adv* zum Trotz, zum Ärger; **сдéлать чтó-либо ~ комý-либо** etw zu jds Ärger tun
назначáть *vt E impf* (*pf:* назнáчить) 1. festlegen, festsetzen; **~ заседáние на бýдущую недéлю** eine Sitzung für die nächste Woche festsetzen; **~ срок** einen Termin festsetzen, befristen; **~ цéну** den Preis

festsetzen; ~ свида́ние кому́-ли́бо sich verabreden (mit +*dat*) 2. benennen, ernennen; ~ на до́лжности ernennen, berufen 3. (*лека́рство*) verordnen

назначе́ние *nt O2* 1. Zweck *m*, Bestimmung *f*; испо́льзовать не по назначе́нию zweckentfremdet nutzen 2. Destination *f*; 3. Ernennung *f*, Berufung *f*; ~ цен Preissetzung *m*

назна́чить <*fut*: -зна́чу, -чишь> *vt I pf* (*impf*: назнача́ть) 1. festlegen; 2. ernennen, benennen

назо́йливый <*kf*: -ив> *adj* 1. aufdringlich, zudringlich; 2. naseweis

назрева́ть <*nur 3. pers*: -ва́ет> *vi E impf* (*pf*: назре́ть) (*auch fig*) reifen; назрева́ет конфли́кт/кри́зис eine Auseinandersetzung wird unausweichlich

назре́вший *adj* 1. herangereift; 2. spruchreif; 3. überfällig

называ́ть *vt E impf* (*pf*: назва́ть) 1. bezeichnen, nennen; 2. nominieren; ~ ве́щи свои́ми имена́ми (*fig*) das Kind beim Namen nennen; ~ коммунисти́ческой пропага́ндой als kommunistische Hetze abtun; ~ по и́мени mit Vornamen anreden; ~ у́лицу в честь кого́-ли́бо die Straße nach jdm benennen

называ́ться I. *vr E impf* heißen; как называ́ется э́та у́лица? wie heißt diese Straße? наи- II. *präfix* dient zur Bildung des *super*; -легча́йший der leichteste

наибо́лее *adv* 1. am meisten; 2. dient zur Bildung des *super*; ~ ва́жный der wichtigste; ~ изве́стный der bekannteste

наибо́льший *adj super* der größte; наибо́льшее благоприя́тствование Meistbegünstigung *f*

наи́вность *f I* Naivität *f*, Einfältigkeit *f*

наи́вный <*kf*: -вен, -вна> *adj* naiv, einfältig, kindisch

наизу́сть *adv* auswendig; учи́ть [о заучи́ть, вы́учить] ~ auswendig lernen; расска́зывать ~ auswendig aufsagen

наименова́ние *nt O2* 1. Bezeichnung *f*; ~ профе́ссии Berufsbezeichnung *f* 2. Position *f*

наиме́ньший *adj super* mindeste(r, s); идти́ по пути́ наиме́ньшего сопротивле́ния den Weg des geringsten Widerstandes gehen

наи́тие *nt O2* (*geh*) Eingebung *f*; по наи́тию folgend

найти́ <*fut*: -йду́, -йдёшь> *vt E7 pf* (*impf*: находи́ть) finden

наказа́ние *nt O2* 1. Strafe *f*; 2. Bestrafung *f*; 3. Plage *f*

нака́занный *adj* bestraft; быть нака́занным за что́-ли́бо büßen (für + *akk*)

наказа́ть <*fut*: -кажу́, -ка́жешь> *vt E4 pf* (*impf*: нака́зывать) bestrafen

наказу́емый <*kf*: -ем> *adj* 1. strafbar;

наказу́емое дея́ние (JUR) strafbare Handlung *f*, Straftat *f* 2. straffällig

нака́зывать I. *vt E impf* (*pf*: наказа́ть) 1. bestrafen; 2. (*дете́й*) züchtigen; II. *vi E* (-внуша́ть кому́-ли́бо) nahelegen, einimpfen

нака́лывать *vt E impf* (*pf*: наколо́ть) 1. (*ножо́м, ви́лкой*) anstechen, aufstechen; 2. schlachten, abschlachten; 3. (*umg*) beschummeln; 4. hacken, spalten

накану́не I. *adv* am Vortag; II. *präp* +*gen* (*fig*) am Vorabend (+*gen*); ~ визи́та im Vorfeld des Besuchs; ~ Но́вого го́да am Silvesterabend

нака́пливать *vt E impf* (*pf*: накопи́ть) ansammeln, anhäufen, akkumulieren; ~ запа́сы ору́жия Waffen horten

нака́пливаться *vr E impf* (*pf*: накопи́ться) 1. sich ansammeln, sich aufstauen; 2. (ÖKOL) sich anreichern

нака́чивать *vt E impf* (*pf*: накача́ть) pumpen, aufpumpen

нака́чка *f A* 1. Pumpen *nt*, Aufpumpen *nt*; 2. (*fig*) finanzielle Unterstützung *f*, staatliche Unterstützung *f*; 3. (*umg*) Anschnauzer *m*

наки́дка *f I* 1. Umhang *m*; 2. Zuschlag *m*, Aufpreis *m*; ~ на це́ну Aufpreis *m* Preisaufschlag *m*; ~ на це́ну за риск Risikoprämie *f*

наки́дывать *vt E impf* (*pf*: наки́нуть) 1. (*пальто́*) überziehen; 2. den Preis erhöhen, aufschlagen; ~ рубль (um) einen Rubel aufschlagen

наки́дываться *vr E impf* (*pf*: наки́нуться) 1. (*на кого́-ли́бо*) einstürmen (auf +*akk*); 2. herfallen (über +*akk*)

наки́нуть *vt E1 pf* (*impf*: наки́дывать) überziehen

наки́нуться *vr E1 pf* (*impf*: наки́дываться) 1. einstürmen; 2. herfallen

накипе́ть <*nur 3. pers*: -пи́т> *vi I pf* (*impf*: накипа́ть) (*о зло́бе и т.п.*) sich ansammeln, sich aufstauen

накла́дка *f A* 1. (TECH) Lasche *f*; 2. Missgeschick *nt*; произошла́ ~ ein Missgeschick ist passiert

накладна́я *f wie adj* 1. Lieferschein *m*; 2. Frachtbrief *m*

накла́дно *adv* 1. aufwändig; э́то ~ (*umg*) das geht ins Geld; 2. umständlich

накладно́й *adj*: накладны́е затра́ты Gemeinkosten *pl*; накладны́е изде́ржки Anschaffungsnebenkosten *pl*; накладны́е произво́дственные расхо́ды Fertigungsgemeinkosten *pl*; накладны́е расхо́ды по содержа́нию персона́ла Personalnebenkosten *pl*

накла́дывать *vt E impf* (*pf*: наложи́ть) 1. füllen, legen, auflegen; ~ в таре́лку ка́ши Brei auf den Teller tun; ~ в штаны́ (*umg*) in die Hosen machen 2. (MED) anlegen; ~ повя́зку einen Verband anlegen; ~ на ра́ну швы eine Wunde nähen 3. auferlegen; ~ обяза́тельства на кого́-ли́бо jdm Ver-

наклеивать *vt E impf* (*pf*: наклеить) auf-, ankleben; ~ **марку на конверт** einen Briefumschlag frankieren
pflichtungen auferlegen; ~ **штраф на кого-либо** jdm eine Geldstrafe auferlegen; ~ **отпечаток на что-либо** (*fig*) etw seinen Stempel aufdrücken, prägen; ~ **на себя руки** Selbstmord begehen
наклейка *f A* Aufkleber *m*
накликать <*fut*: -ичу, -ичешь> *vt E4 pf* (*impf*: накликать) (*беду*) heraufbeschwören
наклон *m K* 1. (SPORT) Beuge *f*; 2. (TECH) Neigung *f*, Gefälle *nt*; **поезд с наклоном кузова** Neigezug *m*
наклонение *nt O2* 1. Neigen *nt*; 2. (LING) Modus *m*; **изъявительное** ~ Indikativ *m*; **повелительное** ~ Imperativ *m*; **сослагательное** ~ Konjunktiv *m*
наклонный *adj* geneigt; **катиться по наклонной плоскости** (*fig*) auf die schiefe Bahn geraten
наковальня *f A1* Amboss *m*
наколоть <*fut*: -колю, -колешь> *vt E4 pf* (*impf*: накалывать) anstechen, aufstechen
наконец *adv* endlich, schließlich
накопитель (DV) Speicher *m*
накопить <*fut*: -коплю, -копишь> *vt I pf* (*impf*: накапливать) 1. sparen; 2. anhäufen, akkumulieren
накопление *nt O2* 1. Rücklage *f*; 2. Kumulation *f*; ~ **капитала** Kapitalaufstockung *f*; **накопления** *pl* Ersparnisse *pl*
накричать <*fut*: -чу, -чишь> *vi I pf* (*impf*: кричать) (*на кого-либо*) anschreien
накрошить *vt E impf* (*pf*: крошить) zerbröckeln, zerkrümeln
накрывать *vt E impf* (*pf*: накрыть) decken, bedecken, zudecken; ~ **на стол** den Tisch decken; ~ **на троих** für drei Personen decken
налагать *vt E impf* (*pf*: наложить) belegen; ~ **арест на имущество** pfänden
наладить <*fut*: -лажу, -ладишь> *vt I pf* (*impf*: налаживать) 1. (TECH) instand setzen; 2. organisieren, in die Wege leiten
наладчик *m K* (TECH) Einrichter *m*; ~ **станков** Maschinenschlosser *m*
налаженный *adj* gut funktionierend, intakt
налаживание *nt O2* (*контактов*) Aufnahme *f*, Zustandekommen *nt*
налаживать *vt E impf* (*pf*: наладить) 1. (*работу*) organisieren; 2. (*контакты*) aufnehmen; 3. (*станок*) einrichten
налево *adv* nach links
налёт *m K* 1. Überfall *m*, Raubüberfall *m*; 2. (*бомбёжка*) Bombenangriff *m*; **воздушный** ~ Luftangriff *m* 3. (*fig*: *оттенок*) Anflug *m*, Andeutung *f*; **с ~ом грусти** mit einem Anflug von Trauer
налетать[1] *vi E impf* (*pf*: налететь) 1. (*на кого-либо/что-либо*) hereinbrechen (über +*akk*); 2. anstürmen (gegen +*akk*)
налетать[2] *vi E pf* (*impf*: налётывать) eine bestimmte Strecke mit dem Flugzeug zurücklegen
налить <*fut*: -лью, -льёшь> *vt E4c pf* (*impf*: наливать) eingießen, einschenken; **повторно** ~ nachfüllen
налицо *adv präd* vorhanden, anwesend; **быть** ~ (*fig*) auf der Hand liegen
наличие *nt O2* 1. Vorhandensein *nt*, Existenz *f*; 2. Bestand *m*; 3. Disponierbarkeit *f*; ~ **средств на счёте** Kontostand *m*; **~кворума** Beschlussfähigkeit *f*; ~ **материала** Materialbestand *m*; ~ **средств в кассе** Kassenhaltung *f*; ~ **ценных бумаг** Wertpapierbestand *m*
наличность 1. Disponierbarkeit *f*; 2. Bestand *m*; 3. Bargeld *nt*; ~ **на внутреннем рынке** Inlandsaktiva *pl*; **вся** ~ Gesamtbestand *m*
наличные *pl wie adj* Bargeld *nt*, Kasse *f*; ~ **против документов** Kassa gegen Dokumente; ~ **средства** Bargeld *nt* Geldmittel *pl*; ~ **средства на счетах** Buchgeld *nt*
наличный *adj* 1. disponibel; 2. bar; 3. verfügbar; 4. effektiv; **наличные деньги** Bargeld *nt*; **расплачиваться наличными** bar bezahlen; ~ **денежный резерв** Barreserve *f*; ~ **платёж** Barzahlung *f*; ~ **расчёт до приёмки и транспортировки товара покупателем** cash and carry
наличными *adv* cash, in bar
налог *m K* 1. Steuer *f*, Abgabe *f*; 2. Gebühr *f*; ~ **на добавленную стоимость** Mehrwertsteuer *f*; ~ **на заработную плату** Lohnsteuer *f*; ~ **на собак** Hundesteuer *f*; ~ **с оборота** Umsatzsteuer *f*; **автомобильный** ~ Kraftfahrzeugsteuer *f*; **подоходный** ~ Einkommensteuer *f*; **промысловый** ~ Gewerbesteuer *f*; ~ **на электроэнергию** Energieabgabe *f*; **облагать** ~**ами** besteuern; **освобождать от** ~**ов** von Steuern befreien; **уклоняться от уплаты** ~**ов** Steuern hinterziehen; ~, **взимаемый при покупке земельного участка** Grunderwerbssteuer *f*; ~, **взимаемый на одной стадии экономического оборота** Einphasensteuer *f*; ~ **за загрязнение окружающей среды** Umweltabgabe *f*; ~ **на дарения** Schenkungssteuer *f*; ~ **на доходы** Ertragssteuer *f*; ~ **на доход с капитала** Kapitalertragssteuer *f*; ~ **на импортируемые товары** Importsteuer *f*; ~ **на источники доходов** Quellensteuer *f*; **многофазный** ~ **с оборота** Mehrphasensteuer *f*; ~ **на напитки** Getränkesteuer *f*; ~ **на нефтяные продукты** Mineralölsteuer *f*; ~ **на объекты обложения** Objektsteuer *f*; ~ **на предметы потребления** Verbrauchssteuer *f*; ~ **на предметы роскоши** Luxussteuer *f*; ~ **на приобретение недвижимости** Grunderwerbssteuer *f*; ~ **на сумму**

за́работной пла́ты Lohnsummensteuer *f*; **~ на иму́щество** Vermögenssteuer *f*; **~ на промысло́вый дохо́д** Gewerbeertragssteuer *f*

нало́говый *adj* Steuer-, steuerlich; **нало́говая амни́стия** Steueramnestie *f*; **нало́говая деклара́ция** Steuererklärung *f*; **нало́говая деклара́ция о разме́рах дохо́да** Einkommensteuererklärung *f*; **нало́говая кво́та** Grenzsteuersatz *m*; **нало́говая льго́та** Steuervergünstigung *f*, Steuerermäßigung *f*; **нало́говая недои́мка** Steuerschuld *f*; **нало́говая обя́занность** Steuerpflicht *f*; **нало́говая пови́нность** Steuerpflicht *f*; **нало́говая привиле́гия** Steuervergünstigung *f*; **нало́говая привиле́гия для инкорпори́рованных компа́ний** Schachtelprivileg *nt*; **нало́говая прогре́ссия** Steuerprogression *f*; **нало́говая справедли́вость** Steuergerechtigkeit *f*; **нало́говая ста́вка** Steuersatz *m*; **нало́говая сто́имость объе́кта** Einheitswert *m*; **нало́говая су́мма** Steuerbetrag *m*; **нало́говые поступле́ния** Steueraufkommen *nt*; **~ бала́нс** Steuerbilanz *f*; **~ должни́к** Steuerschuldner *m*; **~ исто́чник** Steuerquelle *f*; **~ оа́зис** Steueroase *f*; **~ суверените́т** Steuerverwaltung *f*; **~ тари́ф** Steuertarif *m*; **~ бре́мя** Steuerlast *f*; **нало́говое законода́тельство** Steuergesetze *pl*; **нало́говое обложе́ние** Steuerbelastung *f*; **нало́говое уведомле́ние** Steuerbescheid *m*; **нало́говое управле́ние** Steuerbehörde *f*; **нало́гово-фина́нсовое управле́ние** Finanzamt *nt*; **~ консульта́нт** Steuerberater *m*

налогообложе́ние *nt O2* 1. Besteuerung *f*; 2. Steuerbelastung *f*; **~ при́были** Gewinnbesteuerung *f*

налогообя́занный *adj* steuerpflichtig; **налогообя́занное лицо́** Steuerpflichtiger *m*

налогоплате́льщик *m K* Steuerzahler, -in *m/f*, Steuersubjekt *nt*, Steuerpflichtiger *m*

нало́женный *adj* auferlegt; **нало́женным платежо́м** per Nachnahme

наложи́ть <*fut:* -ложу́, -ло́жишь> *vt I pf* (*impf:* накла́дывать) 1. füllen; 2. auferlegen

нам <*dat von:* мы>*pron pers* uns

намагни́тить <*fut:* -ни́чу, -ни́тишь> *vt I pf* (*impf:* намагни́чивать) magnetisieren

нама́зать <*fut:* -ма́жу, -ма́жешь> *vt E4 pf* (*impf:* нама́зывать) bestreichen

нама́тывать *vt E impf* (*pf:* намота́ть) aufwickeln; **~ на ус** (*umg:fig*) sich hinter die Ohren schreiben, beherzigen

намёк *m K* Anspielung *f*, Andeutung *f*; **то́нкий ~** ein Wink mit dem Zaunpfahl

намека́ть *vi E impf* (*pf:* намекну́ть) (*на кого́-ли́бо/что́-ли́бо*) anspielen, hindeuten (auf +*akk*)

намерева́ться *vr E impf* beabsichtigen, vorhaben

наме́рен *adj kurzf* gewillt; **я не ~ э́то де́лать** ich bin nicht gewillt, das zu tun

наме́рение *nt O2* Absicht *f*, Vorhaben *nt*

наме́тить <*fut:* -ме́чу, -ме́тишь> *vt I pf* (*impf:* намеча́ть) 1. planen, sich vornehmen; 2. abstecken, konzipieren

намеча́ть *vt E* 1. planen; 2. konzipieren

намо́рдник *m K* Maulkorb *m*

намо́рщить *vt I pf* (*impf:* мо́рщить) 1. (*-ло́б*) runzeln; 2. (*лицо́*) verziehen

намочи́ть <*fut:* -мочу́, -мо́чишь> *vt I pf* (*impf:* мочи́ть) 1. anfeuchten; 2. einweichen

намы́ливать *vt E impf* (*pf:* намы́лить) einseifen

намы́литься *vr I pf* 1. sich einseifen; 2. (*umg*) abhauen, vorhaben, sich irgendwohin zu begeben

нанести́ <*fut:* -несу́, -несёшь> *vt E6 pf* (*impf:* наноси́ть) 1. zusammentragen; 2. eintragen; 3. zufügen

нанизáть <*fut:* -нижу́, -ни́жешь> *vt E4 pf* (*impf:* низа́ть, нани́зывать) 1. auffädeln; 2. aneinanderreihen; **~ же́мчуг на ни́тку** Perlen auf eine Schnur reihen

нанима́тель *m K1* Arbeitgeber *m*

нанима́ть <*fut:* найму́, наймёшь> *vt E impf* (*pf:* наня́ть) 1. einstellen; 2. in Auftrag geben; 3. mieten; 4. chartern

наноси́ть <*präs:* -ношу́, -но́сишь> *vt I impf* (*pf:* нанести́) 1. zusammentragen; 2. eintragen; 3. zufügen; 4. (*кра́ску*) auftragen; **~ на ка́рту** auf der Karte einzeichnen; **~ оби́ду кому́-ли́бо** jdn beleidigen; **~ визи́т** einen Besuch abstatten; **~ уда́р** einen Schlag versetzen; **~ уще́рб** Schaden zufügen

наоборо́т *adv* 1. umgekehrt, im Gegenteil; 2. vice versa

наора́ть <*fut:* -ру́, -рёшь> *vi E4 pf* (*impf:* ора́ть) (*на кого́-ли́бо*) anbrüllen, anschnauzen

напада́ть *vi E impf* (*pf:* напа́сть) 1. (*на кого́-ли́бо*) überfallen, angreifen, herfallen (über +*akk*); 2. (*о вреди́телях*) befallen; **~ на след** jdm auf die Spur kommen

напада́ющий *m wie adj* 1. Angreifer *m*; 2. (SPORT) Stürmer *m*, Angreifer *m*; **центра́льный ~** Mittelstürmer *m*

нападе́ние *nt O2* 1. Überfall *m*; 2. Angriff *m*; **внеза́пное ~** Überraschungsangriff *m*

напа́дки <*gen pl:* напа́док> *f pl A* 1. Angriffe *m pl*; 2. Beschuldigungen *f pl*; 3. Anfeindungen *f pl*; **подверга́ться напа́дкам** sich Anfeindungen aussetzen

напа́сть I. <*fut:* -паду́, -падёшь> *vi E6 pf* (*impf:* напада́ть) 1. überfallen; 2. angreifen; II. *f* I 1. Unglück *nt*; 2. Übel *nt*, Unheil *nt*; 3. Pech *nt*

напева́ть *vt E impf* (*pf:* напе́ть) vor sich hin singen; **~ вполго́лоса** summen

наперсток <gen sg: -тка> m K Fingerhut m
наперчить <fut: -перчу, -перчишь> vt I pf (impf: перчить) pfeffern
напечатать vt E pf (impf: печатать) 1. drucken; 2. veröffentlichen
напиваться vr E impf (pf: напиться) 1. seinen Durst stillen; 2. sich betrinken
напильник m K Feile f
напирать vi E impf drängen
написание nt O2 Schreibung f, Schreibweise f; ~ **с прописной** [o **большой**] **буквы** Großschreibung f
написать <fut: -пишу, -пишешь> vt E4 pf (impf: писать) 1. schreiben; 2. verfassen
напиток <gen sg: -тка> m K Getränk nt
напиться <fut: -пьюсь, -пьёшься> vr E4c pf (impf: напиваться) 1. seinen Durst stillen; 2. sich betrinken
наплыв m K 1. Andrang m, Auflauf m; ~ **беженцев** Flüchtlingsstrom m; ~ **покупателей** Run m 2. (FILM) Einblendung f
наподобие präp +gen in der Art von, à la
наполеоновский adj: **иметь наполеоновские планы** hochfliegende Pläne haben, hoch hinaus wollen
наполнение nt O2 Füllung f
наполнять vt E impf (pf: наполнить) füllen
наполовину adv zur Hälfte
напоминание nt O2 Mahnung f; ~ **о платеже** Zahlungserinnerung [o -aufforderung f]; **напоминающая реклама** (ÖKON) Erinnerungswerbung f
напомнить vt I pf (impf: напоминать) 1. (о ком-либо/чём-либо, кого-либо/что-либо) erinnern (an +akk); 2. (кому-либо кого-либо: durch Ähnlichkeit) erinnern (an +akk)
напр. abk von например z.B.
направить <fut: -влю, -вишь> vt I pf (impf: направлять) 1. richten, leiten, lenken; 2. schicken
направление nt O2 1. Richtung f; 2. Kurs m; ~ **деятельности** Tätigkeitsbereich m; ~ **движения** Fahrtrichtung f 3. (-руководство) Lenkung f; 4. (делегации, войск) Entsendung f; 5. (в больницу) Einweisung f; **работа в этом направлении ведётся** daran wird gearbeitet; 6. Beorderung f
направлять vt E impf (pf: направить) 1. schicken; ~ **по почте** mit der Post schicken 2. entsenden, delegieren; ~ **на лечение** in Kur schicken 3. (войска) abkommandieren; 4. lenken; 5. (воду, пар) leiten
направляющий adj leitend; **направляющая планка** (TRANSP) Leitplanke f
направо adv nach rechts
напрасный <kf: -сен, -сна> adj vergeblich

напрашиваться vr E impf (pf: напроситься) 1. (в гости) sich aufdrängen, sich selbst einladen; ~ **на комплимент** ein Kompliment herausfordern 2. (fig) sich ergeben, naheliegen; **отсюда напрашивается вывод** daraus ergibt sich die Schlussfolgerung; **напрашивается вопрос** es drängt sich die Frage auf
напротив I. adv 1. umgekehrt; 2. verkehrt; **он всё делает** ~ er macht alles verkehrt; II. präp +gen gegenüber von (+dat); III. part im Gegenteil, umgekehrt
напрягать vt E impf (pf: напрячь) 1. anstrengen; 2. einsetzen; ~ **все силы** alles aufbieten; ~ **память** sein Gedächtnis anstrengen
напряжение nt O2 Anspannung f; **высокое** ~ (EL) Hochspannung f; **с напряжением всех сил** unter vollem Einsatz aller Kräfte; **держать кого-либо в напряжении** jdn in Schach halten
напряжёнка f A (umg) Engpass m
напряжённость f I 1. Spannung f, Anspannung f; 2. gespannte Lage f; **нагнетание напряжённости** Schüren nt von Spannungen; **рост социальной напряжённости** wachsende soziale Spannungen pl
напряжённый <kf: -ён, -ена> adj 1. gespannt, angespannt; 2. angestrengt; 3. anstrengend; **напряжённая работа** Hochbetrieb m
напрямик adv 1. (umg) geradeaus; 2. (fig) ohne Umstände [o Umschweife]
напрямую adv (umg) direkt, geradeaus
напрячь <fut: -прягу, -пряжёшь> vt UE4 pf (impf: напрягать) 1. anstrengen; 2. aufbieten
напугать vt E pf (impf: пугать) 1. erschrecken; 2. einschüchtern
напудрить vt I pf (impf: пудрить) pudern, einpudern
напылить <fut: -пылю, -лишь> vt I pf (impf: пылить) vollstauben
нарастание nt O2 1. Zunahme f; 2. Aufwärtstrend m; ~ **недовольства** wachsender Unmut m
нарастать vi E impf (pf: нарасти) 1. anwachsen, zunehmen; **нарастающий итог** Fortschreibung f 2. (fig) um sich greifen
нарасхват adv rasch; **раскупаться** ~ reißenden Absatz finden
наращивать vt E impf (pf: нарастить) 1. zulegen; 2. (TECH) ansetzen, verlängern; 3. (fig) verstärken
нарез m K Einschnitt m
нарезать <präs: -резаю, -резаешь> vt E4 impf (pf: нарезать) (хлеб) schneiden, aufschneiden; ~ **мелко** kleinschneiden; ~ **землю** Boden [o Land] zuteilen
нарезать <fut: -режу, -режешь> vt E4 pf (impf: нарезать) in Scheiben [o Stücke] schneiden

наре́чие *nt* O2 1. (LING) Adverb *nt*; **употребля́емый как ~** adverbial 2. Mundart *f*
наре́чный *adj* adverbial
нарисова́ть *vt* E2 *pf* (*impf*: рисова́ть) 1. zeichnen; 2. (*fig*) darstellen, beschreiben
нарица́тельный *adj*: **и́мя нарица́тельное** (LING) Gattungsname *m*, Appellativum *nt*; **нарица́тельная** [*о* **номина́льная**] **сто́имость** (ÖKON) Nennwert *m*
наркоби́знес *m* K Drogengeschäft *nt*, Drogenhandel *m*
нарко́з *m* K (MED) Narkose *f*
наркома́н *m* K Drogenabhängige(r) *m*
наркома́ния *f* A2 Drogensucht *f*
наркома́нка *f* A Drogenabhängige *f*
наркома́фия *f* A2 Drogenmafia *f*
нарко́тик *m* K 1. Droge *f*, Rauschgift *nt*; 2. (MED) Betäubungsmittel *nt*; **употребля́ющий ~и** drogenabhängig
наркоти́ческий *adj* narkotisch; **наркоти́ческое сре́дство** Betäubungsmittel *nt*
наро́д <*gen sg*: -а, -у> *m* K 1. Volk *nt*; 2. (*nur sg*) Menschen *pl*, Leute *pl*; **мно́го ~у** eine Menge menschen *pl*
народнохозя́йственный *adj* gesamtwirtschaftlich, volkswirtschaftlich
наро́дный *adj* 1. Volks-; 2. volkstümlich; **наро́дная пе́сня** Volkslied *nt*; **наро́дная респу́блика** Volksrepublik *f*; **~ та́нец** Volkstanz *m*; **наро́дное хозя́йство** Volkswirtschaft *f*
наро́ст *m* K Auswuchs *m*
наро́чно *adv* 1. absichtlich; 2. eigens, speziell; 3. zum Spaß; **как ~** wie ausgerechnet
на́рты *pl* A Rentierschlitten *m*, Hundeschlitten *m*
нару́жный <*kf*: -жен, -жна> *adj* 1. äußere(r, s); 2. extern; 3. auswärtig; **нару́жная рекла́ма** Außenwerbung *f*; **нару́жная сторона́** Außenseite *f*; **то́лько для нару́жного употребле́ния** nur zur äußerlichen Anwendung
нару́жу *adv* 1. heraus; 2. hinaus; 3. nach außen
нарумя́нить *vt* I *pf* (*impf*: румя́нить) 1. röten; 2. rot schminken
нару́чники <*gen pl*: -ков> *m pl* K Handschellen *f pl*
наруша́ть *vt* F *impf* (*pf*: нару́шить) (зако́н) verletzen, verstoßen (gegen +*akk*); **~ тишину́** Ruhe stören; **~ чей-ли́бо поко́й** jds Ruhe stören; **~ тради́цию** eine Tradition verletzen; **~ угово́р** sich nicht an die Absprache halten
наруше́ние *nt* O2 1. Störung *f*; 2. Verletzung *f*, Verstoß *m* (gegen +*akk*); **~ неприкоснове́нности жили́ща** (JUR) Hausfriedensbruch *m*; **~ кровообраще́ния** (MED) Kreislaufstörung *f*; **~ прав челове́ка** Menschenrechtsverletzung *f*; **~ пра́вил** (SPORT) Foul *nt*; **~ споко́йствия** Ruhestörung *f*; **~ устано́вленного поря́дка** Ordnungswidrigkeit *f*; **~ валю́тного законода́тельства** Devisenvergehen *nt*; **~ форма́льных тре́бований** Formfehler *m*; **~ догово́ра** Vertragsverletzung *f*, Vertragsbruch *m*; **~ служе́бного до́лга** Verletzung *f* der Amtspflicht
наруши́тель *m* K1 Verletzer *m*; **~ грани́цы** Grenzverletzer *m*; **~ пра́вил у́личного движе́ния** Verkehrssünder *m*
нару́шить *vt* I *pf* (*impf*: наруша́ть) verletzen, verstoßen (gegen +*akk*)
нарци́сс *m* K (BOT) Narzisse *f*
нары́в *m* K 1. Geschwür *nt*; 2. Abszess *m*
наря́д[1] *m* K 1. Gewand *nt*; 2. Festkleid *nt*; 3. Tracht *f*
наря́д[2] *m* K Arbeitsanweisung *f*, Order *f*
наря́д[3] *m* K 1. (MIL) Streife *f*; 2. Wache *f*
наряди́ть <*fut*: -ряжу́, -ря́дишь> *vt* I *pf* (*impf*: наряжа́ть) kostümieren
наряди́ться <*fut*: -ряжу́сь, -ря́дишься> *vr* I *pf* (*impf*: наряжа́ться) sich ausstatten
наряду́ *adv* 1. neben, außer; 2. ebenso wie; **~ с э́тим** gleichzeitig
наряжа́ть *vt* E *impf* (*pf*: наряди́ть) 1. kostümieren, schön kleiden, herausputzen; **~ неве́сту** die Braut schmücken 2. beordern, abkommandieren
наряжа́ться *vr* E *impf* (*pf*: наряди́ться) sich ausstatten, sich schön machen, sich herausputzen, sich herrichten
нас <*gen/akk von*: мы> *pron pers* 1. unser; 2. uns
насади́ть <*fut*: -сажу́, -са́дишь> *vt* I *pf* (*impf*: насажда́ть) 1. anpflanzen; 2. einführen, einbürgern
наса́ливать *vi* E *impf* (*pf*: насоли́ть) salzen
населе́ние *nt* O2 Bevölkerung *f*; **~ земли́** Weltbevölkerung *f*
населённый <*kf*: -лён> *adj* Bevölkerungs-; **~ пункт** Ortschaft *f*
насели́ть <*fut*: -селю́, -сели́шь> *vt* I *pf* (*impf*: населя́ть) bevölkern
насе́чка *f* A Einschnitt *m*
наси́лие *nt* O2 1. Gewalt *f*; 2. Zwang *m*; **соверша́ть ~ над кем-ли́бо** jdm Gewalt antun
наси́ловать *vt* E2 *impf* (*pf*: из-) 1. sich vergreifen (an +*dat*); 2. vergewaltigen
наси́льственный <*kf*: -вен, -венна, -венно> *adj* 1. gewaltsam; 2. gewalttätig; **наси́льственное преступле́ние** Gewaltverbrechen *nt*
наска́кивать *vi* E *impf* (*pf*: наскака́ть) 1. (**на кого́-что**) prallen (gegen +*akk*); 2. prellen (auf +*akk*)
наска́льный *adj* 1. Fels-; 2. Höhlen-; **наска́льные изображе́ния** Höhlenmalerei *f*
наскво́зь *adv* durch und durch, völlig; **промо́кнуть ~** bis auf die Haut durchnässt

werden
наско́лько adv 1. um wieviel; 2. inwieweit, inwiefern; 3. so viel, soweit; ~ **мне изве́стно** so viel [o soweit] ich weiß, meines Wissens
наскочи́ть <fut: -скочу́, -ско́чишь> vi I pf (impf: **наска́кивать**) 1. prallen (gegen + akk); 2. prellen (auf +akk)
наску́чить vi I pf (umg) überdrüssig werden; **э́то мне наску́чило** ich habe es satt
наслади́ться <fut: -ажу́сь, -ади́шься> vr + inst I pf (impf: **наслажда́ться**) genießen, sich laben (an +dat)
наслажде́ние nt O2 Genuss m, Lust f; **с наслажде́нием** genießerisch , genüsslich
насле́дие nt O2 1. (geh) Vermächtnis nt; 2. Nachlass m, Erbschaft f; **иде́йное ~** Ideengut nt
насле́дник, насле́дница m K / f A 1. Erbe, Erbin m/f; **~ престо́ла** Thronfolger, -in m/f 2. Stammhalter m; 3. (fig) Nachfolger, -in m/f
насле́дный adj Erb-
насле́дование nt O2 Erbfolge f, Nachfolge f; **пра́во насле́дования** Erbrecht nt
насле́довать vt E2 impf/pf (pf: y-) erben
насле́дственный adj Erb-; **насле́дственная боле́знь** Erbkrankheit f
насле́дство nt O Erbe nt; **лиша́ть насле́дства** enterben; **оставля́ть в ~** hinterlassen; **передава́ть по насле́дству** vererben; **получа́ть ~ от кого́-ли́бо** jdn beerben; **перехо́д по насле́дству** Vererbung f
насмеха́ться vr E impf (над кем-ли́бо/чем-ли́бо) verhöhnen, sich mokieren (über +akk)
насме́шка f A Hohn m, Spott m
насме́шливый adj höhnisch, gehässig
насоли́ть I. <fut: -олю́, -о́лишь> vt I pf (impf: **наса́ливать**) salzen; II. vi I nur pf (umg: кому́-л. чем-л.) einbrocken, versalzen
насо́с m K Pumpe f; **возду́шный ~** Luftpumpe f; **то́пливный ~** (KFZ) Einspritzpumpe f
на́спех adv flüchtig, in aller Eile; **де́лать что-ли́бо ~** herumpfuschen (an +dat)
наста́вник m K 1. Lehrmeister m; 2. Betreuer m; **~-воспита́тель** Erziehungsberechtigte(r) mf 3. (SPORT) Coach m
наста́ивать vi E impf (pf: **настоя́ть**) (на чём-ли́бо) bestehen, beharren (auf +dat)
на́стежь adv sperrangelweit offen
насто́йчивость f I Beharrlichkeit f, Hartnäckigkeit f
насто́йчивый <kf: -ив> adj 1. beharrlich; 2. eindringlich; 3. zielstrebig
насто́льный adj Tisch-; **~ те́ннис** Tischtennis nt; **насто́льное изда́тельство** Desktop Publishing nt
настора́живать vt E impf (pf: **насторожи́ть**) 1. wachsam [o misstrauisch] machen; 2. aufhorchen lassen
настоя́ние nt O2 Drängen nt; **по её настоя́нию** auf ihr Drängen (hin)
настоя́тельница f A Äbtissin f
настоя́тельный <kf: -лен, -льна> adj vordringlich
настоя́ть <fut: настою́, -стои́шь> vi I pf (impf: **наста́ивать**) (на чём-ли́бо) bestehen (auf +dat)
настоя́щий adj 1. echt; 2. wahr; 3. regelrecht; 4. (о вре́мени) augenblicklich; **к настоя́щее вре́мя** in der Gegenwart; **настоя́щее вре́мя** (LING) Präsens nt
настра́ивать vt E impf (pf: **настро́ить**) 1. beeinflussen, einnehmen; **~ кого́-ли́бо в по́льзу чего́-ли́бо** jdn einnehmen (für + akk) 2. (MUS) stimmen; 3. (TECH) einstellen, einrichten
настра́иваться vr E impf (pf: **настро́иться**) sich einstellen (auf +akk)
настрое́ние nt O2 1. Laune f, Stimmung f; 2. Geisteshaltung f; **поднима́ть ~** die Stimmung heben; **быть в хоро́шем/плохо́м настрое́нии** guter/ schlechter Laune sein
настро́енный <kf: -ен> adj 1. gelaunt; 2. gesinnt; 3. (MUS) gestimmt; 4. (kf + infinitiv) gewillt sein, etw zu tun
настро́ить vt I pf (impf: **настра́ивать**) 1. (MUS) stimmen; 2. beeinflussen, einnehmen
настро́й m K2 1. Geisteshaltung f; 2. Mentalität f; **крити́ческий ~** kritische Einstellung f, **о́бщий ~** Grundhaltung f
наступа́тельный <kf: -лен, -льна> adj Angriffs-, offensiv
наступа́ть vi E impf (pf: **наступи́ть**) 1. kommen; 2. (су́мерки, ночь) einbrechen, hereinbrechen; 3. (JUR) verfallen; **~ на́ ноги** jdm auf die Füße treten 4. (MIL) nur impf) eine Offensive durchführen
наступле́ние nt O2 1. Beginn m; 2. Eintritt m; **~ холодо́в** Kälteeinbruch m; **с наступле́нием темноты́** bei Anbruch der Dunkelheit 3. (MIL) Angriff m, Offensive f; **предпринима́ть ~** zum Angriff ansetzen; **~ сро́ка исполне́ния обяза́тельств** Verfall m; **~ сро́ка (платежа́)** Fälligkeit f
на́сухо adv trocken; **вы́тереть ~** abtrocknen, trockenreiben
насу́щный <kf: -щен, -щна> adj 1. dringlich, akut; 2. relevant; 3. aktuell
на́сыпь f I 1. Damm m; **железнодоро́жная ~** Bahndamm m 2. Böschung f
насы́тить <fut: -сы́щу, -сы́тишь> vt I pf (impf: **насыща́ть**) sättigen
насыще́ние nt O2 Sättigung f; **~ ры́нка** Marktsättigung f
насы́щенность f I Sättigungsgrad m, Sättigung f; **~ цве́та** Farbsättigung f
насы́щенный <kf: -ен, -енна> adj reichhaltig, gesättigt; **~ собы́тиями** ereignisreich; **насы́щенная програ́мма** gedrängtes Pro-

gramm *nt*
натáпливать *vt E impf* (*pf:* натопи́ть) einheizen
натвори́ть *vt I pf* (*umg*) anstellen, ausfressen, anrichten
натере́ть <*fut:* -тру́, -трёшь> *vt E4b pf* (*impf:* натира́ть) 1. scheuern, bohnern; 2. (*umg*) rubbeln; 3. einreiben
нáтиск *m K* Drang *m*
наткну́ть <*fut:* -ткну́, -кнёшь> *vt E1 pf* (*impf:* натыкáть) aufspießen, aufstecken
НАТО *nt indekl* Nato *f*
натопи́ть <*fut:* -топлю́, -тóпишь> *vt I pf* (*impf:* натáпливать) einheizen
наточи́ть <*fut:* -точу́, -тóчишь> *vt I pf* (*impf:* точи́ть) schleifen, schärfen
натрави́ть <*fut:* -травлю́, -трáвишь> *vt I pf* (*impf:* натрáвливать) (*когó-ли́бо на когó-что*) aufhetzen (gegen +*akk*)
нáтрий *m K2* Natrium *nt*
натýра *f A* 1. Natur *f*; 2. Charakter *m*, Eigenart *f*; **он весёлый по натýре** er hat ein fröhliches Naturell
натурали́зм *m K* Naturalismus *m*
натурáльный *adj* 1. natürlich, ungezwungen; 2. Natur-, natural; 3. echt; **натурáльная оплáта** Sachbezüge *pl*; **~ дохóд** Naturaleinkommen *nt*; **~ шёлк** reine Seide *f*; **натурáльное хозя́йство** Naturalwirtschaft *f*
натыкáть *vt E impf* (*pf:* наткну́ть) aufspießen, aufstecken
натюрмóрт *m K* Stilleben *nt*
натя́гивать *vt E impf* (*pf:* натяну́ть) spannen, straffen
натя́жка *f A* 1. Bezug *m*; 2. Gezwungenheit *f*; **э́то вéрно с натя́жкой** dies stimmt nur mit Vorbehalt
натя́нутость *f I* Steifheit *f*
натя́нутый <*kf:* -ут> *adj* stramm, gespannt; **натя́нутые отношéния** gespanntes Verhältnis *nt*
натяну́ть <*fut:* -тяну́, -тя́нешь> *vt E1 pf* (*impf:* натя́гивать) spannen, straffen
наугáд *adv* auf gut Glück, blindlings
наýка *f A* 1. Wissenschaft *f*; 2. Forschung *f*; **естéственная ~** Naturwissenschaft *f*; **~ об эконóмике и организáции произвóдства** Betriebswissenschaft *f*
наутёк *adv* auf und davon
научи́ть <*fut:* -учу́, -у́чишь> *vt I pf* (*impf:* учи́ть) 1. lehren, unterrichten; 2. beibringen
наýчно-исслéдовательский *adj* Forschungs-; **~ институ́т** wissenschaftliches Forschungsinstitut *nt*; **наýчно-исслéдовательские и óпытно-констру́кторские рабóты** Forschungs- und Entwicklungsarbeiten *pl*; **наýчно-исслéдовательская поли́тика** Forschungspolitik *f*; **наýчно-исследователчские и óпытно-констру́кторские разрабóтки** Forschung und Entwicklung *f*
наýчно-популя́рный *adj* populärwissenschaftlich
наýчный <*kf:* -чен, -чна> *adj* wissenschaftlich, Forschungs-; **наýчные исслéдования** Forschung *f*; **~ рабóтник** Wissenschaftler *m*; **~ центр** Forschungszentrum *nt*
наýшники *m pl K* Kopfhörer *m*
нахáльный <*kf:* -лен, -льна> *adj* frech, dreist, vorlaut
нахлобу́чивать *vt E impf* (*pf:* нахлобу́чить) (*umg*) stülpen
нахлобу́чка <*gen pl:* -чек> *f A* (*umg*) Rüffel *m*; **получи́ть нахлобу́чку** einen Rüffel kriegen
нахму́рить *vt I pf* (*impf:* хму́рить) die Stirn runzeln
находи́ть <*präs:* -хожу́, -хóдишь> *vt I impf* (*pf:* найти́) 1. finden, ausfindig machen, entdecken; **~ врéмя на чтó-либо** sich Zeit nehmen (für +*akk*); **~ в себé си́лы** die Kraft aufbringen; **~ дорóгу путём расспрóсов** sich durchfragen; **~ друзéй** Freunde gewinnen; **~ своё мéсто** sich zurechtfinden; **~ срéдства** Mittel aufbringen; **~ удовóльствие в чём-либо** Spaß finden (an +*dat*); **находя́щий сбыт** absetzbar sein 2. übermannen; **что на тебя́ нашлó?** was ist in dich gefahren?
находи́ться <*präs:* -хожу́сь, -хóдишься> *vr I impf* (*pf:* найти́сь) 1. sich befinden, liegen; 2. (*umg*) sich müde laufen
нахóдка *f A* Fund *m*
нахóдчивость *f A* Schlagfertigkeit *f*
нахóдчивый <*kf:* -ив> *adj* 1. schlagfertig; 2. einfallsreich
нацарáпать *vt E pf* (*impf:* царáпать) 1. kratzen, zerkratzen; 2. schreiben, kritzeln
нацéлить *vt I pf* (*impf:* нацéливать) 1. (*во чтó-либо*) zielen; 2. steuern (auf +*akk*), anspielen (auf +*akk*)
нацéнка *f A* Aufpreis *m*, Zuschlag *m*, Aufschlag *m*
наци́зм *m K* 1. Nazismus *m*; 2. Nationalsozialismus *m*
национализáция Nationalisierung *f*, Verstaatlichung *f*
национализи́ровать *vt E2 impf/pf* verstaatlichen
национали́зм *m K* Nationalismus *m*
национáльность *f I* 1. Volkszugehörigkeit *f*; 2. Nationalität *f*
национáльный <*kf:* -лен, -льна> *adj* national; **~ прáздник** Nationalfeiertag *m*; **~ герóй** Nationalheld *m*; **~ гимн** Nationalhymne *f*; **национáльная сбóрная** Nationalmannschaft *f*; **~ банк** Nationalbank *f*; **~ дохóд** Volkseinkommen *nt*; **~ ры́нок** Inlandsmarkt *m*
наци́ст *m K* Nationalsozialist, -in *m/f*, Nazi *m*
нáция *f A2* Nation *f*
начáло *nt O* Anfang *m*; **для начáла** fürs

erste; ~ **игры́** (SPORT) Anspiel *nt*; **положи́ть ~ чему́-ли́бо** den Grundstein legen (zu + *dat*); **с нача́ла до конца́** von A bis Z; **~ торго́вли** Börseneröffnung *f*; **~ фа́йла** (DV) Dateibeginn *m*

нача́льник *m K* **1.** Leiter *m*; **2.** Vorgesetze(r) *mf*; **3.** Chef *m*; **~ отде́ла** Abteilungsleiter *m*; **~ отде́ла ка́дров** Personalchef *m*; **~ отде́ла сбы́та** Verkaufsleiter *m*; **~ подразделе́ния** Bereichsleiter *m*

нача́льный *adj* Anfangs-; **~ бала́нс** Eröffnungsbilanz *f* Anfangsbilanz *f*; **~ капита́л** Anfangskapital *nt*; **~ оста́ток** Anfangsbestand *m*

нача́ть <*fut:* -чну́, -нёшь> *vt E9 pf* (*impf:* начина́ть) anfangen, beginnen; **~ издалека́** weit ausholen; **~ с нуля́** bei Null beginnen

начина́ющий I. *adj* angehend; **~ худо́жник** angehender Künstler *m*; **II.** *m wie adj* Anfänger *m*

начисле́ние *nt O2* Zurechnung *f*; **~ нало́га** Veranlagung *f*; **~ проце́нтов на капита́л** Kapitalverzinsung *f*; **~ проце́нтов от номина́льной сто́имости це́нных бума́г** Nominalverzinsung *f*; **~ проце́нтов по це́нним бума́гам** Wertpapierverzinsung *f*; **~ проце́нтов** Verzinsung *f*; **~ сло́жных проце́нтов** Aufzinsung *f*

начи́слить *vt I pf* (*impf:* начисля́ть) berechnen

начи́танный <*kf:* -ан, -анна> *adj* **1.** belesen; **2.** bewandert

начи́щенный *adj* **1.** blitzsauber; **2.** blank

наш *pron poss* unser; **с ~ей стороны́** unsererseits

нашаты́рь *m K1* Salmiak(geist) *m*

наэлектризова́ть *vt E2 pf* (*impf:* электризова́ть) elektrisieren

НДС *abk von* нало́г на доба́вленную сто́имость *m* MWSt *f*, Mehrwertsteuer *f*

не *part* Verneinung nicht, kein; э́то ~ моё де́ло das geht mich nicht an; я тут ~ при чём ich kann nichts dafür

неадеква́тный <*kf:* -тен, -тна, -тно> *adj* (*geh*) unangemessen

неаккура́тный <*kf:* -тен, -тна, -тно> *adj* **1.** (*geh*) unordentlich, schlampig; **2.** unpünktlich

неакцептова́ние *nt O2* (ÖKON) Annahmeverweigerung *f*

неаппети́тный *adj* unappetitlich

небезопа́сный *adj* nicht ungefährlich

небезызве́стный <*kf:* -тен, -тна> *adj* allgemein bekannt, sattsam bekannt

небе́сный *adj* himmlisch, Himmels-; **небе́сное те́ло** Himmelskörper *m*

неблагови́дный <*kf:* -ден, -дна> *adj* verwerflich, anstößig

неблагода́рность *f I* Undank *m*, Undankbarkeit *f*

неблагода́рный <*kf:* -рен, -рна> *adj* undankbar

неблагонадёжный <*kf:* -жен, -жна> *adj* **1.** (POL) nicht loyal, verdächtig; **2.** unzuverlässig

неблагополу́чный <*kf:* -чен, -чна> *adj* ungünstig, unglücklich; **неблагополу́чные де́ти** (SOZIOL) schwer erziehbare Kinder

неблагоприя́тный <*kf:* -тен, -тна> *adj* **1.** ungünstig; **2.** missgünstig

неблагоразу́мие *nt O2* Unvernunft *f*

неблагоустро́енный *adj* unkomfortabel

не́бо <*nom pl:* небеса́> *nt O ple* Himmel *m*

нёбо *nt O* Gaumen *m*

небоеспосо́бный *adj* kampfunfähig

небосво́д *m K* Himmelsgewölbe *nt*

небоскло́н *m K* Himmelsrand *m*

небоскрёб *m K* Wolkenkratzer *m*

небре́жность *f I* **1.** Nachlässigkeit *f*; **2.** Fahrlässigkeit *f*

небре́жный <*kf:* -жен, -жна> *adj* **1.** nachlässig, schlampig; **небре́жная рабо́та** Schlamperei *f*, Pfuscherei *f*; **2.** fahrlässig

небыва́лый *adj* nie da gewesen, beispiellos

небыли́ца *f A* erfundene Geschichte *f*, Märchen *nt*; **расска́зывать кому́-ли́бо небыли́цы** (*fig*) jdm einen Bären aufbinden

небью́щийся *adj* unzerbrechlich

нева́жный <*kf:* -жен, -жна́> *adj* **1.** unwichtig, belanglos; **2.** mies, miserabel

невдалеке́ *adv* unweit, in der Nähe

неве́дение *nt O2* Unkenntnis *f*, Unwissenheit *f*

неве́домый *adj* **1.** unbekannt; **2.** geheimnisvoll

неве́жда *mf A* Unwissende(r) *m*, Ignorant *m*

неве́жественный <*kf:* -вен, -венна> *adj* ungebildet, unwissend

неве́жество *nt O* **1.** Unwissenheit *f*; **2.** Unhöflichkeit *f*

невезе́ние *nt O2* Missgeschick *nt*

неве́рие *nt O2* Unglaube *m*

неве́рность *f I* Untreue *f*; **супру́жеская ~** Ehebruch *m*

неве́рный <*kf:* -рен, -рна́> *adj* **1.** falsch, unrichtig; **2.** untreu, treulos; **3.** fehlerhaft

невероя́тность *f I* Unwahrscheinlichkeit *f*

невероя́тный <*kf:* -тен, -тна> *adj* **1.** unwahrscheinlich; **2.** unglaublich

неве́рующий I. *adj* ungläubig; **II.** *m wie adj* Atheist *m*

невесо́мость *f I* Schwerelosigkeit *f*

невесо́мый <*kf:* -со́м> *adj* schwerelos

неве́ста *f A* Braut *f*

неве́стка *f A* **1.** Schwiegertochter *f*; **2.** (~ жена́ бра́та) Schwägerin *f*

невзго́да *f A* Missgeschick *nt*, Unglück *nt*

невзира́я на *präp +akk* trotz (+*dat*), ungeachtet (+*gen*), ohne Rücksicht auf (+*akk*); **невзира́я на ли́ца** (*fig*) ohne Ansehen der Person; **невзира́я на э́то** ungeachtet dessen; **невзира́я ни на что** trotz alledem

невзнача́й *adv* (*umg*) zufällig, unvermutet
невзра́чный <*kf:* -чен, -чна> *adj* unansehnlich
невзыска́тельность *f I* Genügsamkeit *f*, Anspruchslosigkeit *f*
невзыска́тельный <*kf:* -лен, -льна> *adj* genügsam
неви́данный <*kf:* -дан, -данна> *adj* **1.** ungeahnt; **2.** unerhört
невиди́мка *mf A* Unsichtbare(r) *m*; **ша́пка-~** Tarnkappe *f*
неви́димый <*kf:* -им> *adj* unsichtbar
неви́нность *f I* **1.** Unschuld *f*; **2.** Jungfräulichkeit *f*
неви́нный <*kf:* -инен, -инна> *adj* **1.** unschuldig; **с неви́нным ви́дом** mit Unschuldsmiene **2.** harmlos; **3.** jungfräulich
невино́вный <*kf:* -вен, -вна> *adj* (JUR) unschuldig
невменя́емый <*kf:* -ем> *adj* **1.** unzurechnungsfähig; **2.** unberechenbar
невмеша́тельство *nt O* Nichteinmischung *f*
невнима́ние *nt O2* **1.** Unaufmerksamkeit *f*, Unachtsamkeit *f*; **2.** Gleichgültigkeit *f*
невнима́тельность *f I* **1.** Unachtsamkeit *f*; **2.** Unaufmerksamkeit *f*
невнима́тельный <*kf:* -лен, -льна> *adj* **1.** achtlos; **2.** unaufmerksam
невня́тный <*kf:* -тен, -тна, -тно> *adj* undeutlich; **~ го́вор** Gemurmel *nt*
не́вод *m K* Fischnetz *nt*
невозврати́мый *adj* unersetzlich, unwiederbringlich
невозде́ланный *adj* **1.** unbebaut; **2.** brachliegend
невозде́ржанность *f I* Unmäßigkeit *f*
невозде́ржанный <*kf:* -жан, -жанна> *adj* unmäßig, maßlos, exzessiv
невозмо́жность *f I* Unmöglichkeit *f*
невозмо́жный <*kf:* -жен, -жна> *adj* unmöglich
невозмути́мость *f I* Gelassenheit *f*, Kaltblütigkeit *f*
невозмути́мый *adj* gelassen, unerschütterlich, unbeeindruckt
нево́льный *adj* unwillkürlich
нево́ля *f A1* Unfreiheit *f*, Gefangenschaft *f*, Sklaverei *f*
невообрази́мый <*kf:* -им> *adj* unvorstellbar, unglaublich
невооружённый *adj* unbewaffnet; **невооружённым гла́зом** mit bloßem Auge
воспи́танность *f I* **1.** Unerzogenheit *f*; **2.** Ungezogenheit *f*
невоспи́танный <*kf:* -ан, -анна> *adj* ungezogen
невосприи́мчивость *f I* **1.** Unempfindlichkeit *f*; **2.** (MED) Resistenz *f*, Immunität *f*
невостре́бованный <*kf:* -ан, -анна> *adj* **1.** nicht abgeholt; **2.** (*специали́ст*) nicht gebraucht

невразуми́тельный <*kf:* -лен, -льна> *adj* unverständlich, unklar
невреди́мый <*kf:* -и́м> *adj* heil
невро́з *m K* Neurose *f*
невро́лог *m K* (MED) Neurologe *m*
невроло́гия *f A2* Neurologie *f*
невро́тик *m K* Neurotiker *m*
невроти́ческий *adj* neurotisch
невы́годный <*kf:* -ден, -дна> *adj* nachteilig, unvorteilhaft
невы́держанный <*kf:* -ан, -анна> *adj* **1.** unbeherrscht; **2.** uneinheitlich; **3.** (*о вине́*) nicht ausgereift
невыноси́мый <*kf:* -и́м> *adj* unerträglich
невыполне́ние *nt O2* Nichtbefolgung *f*, Nichterfüllung *f*; **~ прика́за** (MIL) Befehlsverweigerung *f*
невырази́тельный <*kf:* -лен, -льна> *adj* ausdruckslos
негати́в *m K* (FOT) Negativ *nt*
негати́вный <*kf:* -вен, -вна> *adj* negativ
негашёный *adj* ungelöscht;
негашёная и́звесть ungelöschter Kalk
негермети́чный *adj* undicht
негла́сный *adj* nicht öffentlich, inoffiziell;
негла́сная це́ссия stille Zession *f*; **~ компаньо́н** stiller Gesellschafter *m*; **негла́сное уча́стие** stille Beteiligung *f*
неглиже́ *nt indekl* Morgenrock *m*
него́дность *f I* Unbrauchbarkeit *f*; **прише́дший в ~** ausgedient
него́дный <*kf:* -ден, -дна́> *adj* **1.** unbrauchbar; **2.** untauglich
негодова́ние *nt O2* **1.** (*geh*) Zorn *m*; **2.** Empörung *f*; **приходи́ть в ~** sich entrüsten
негодя́й *m K2* Halunke *m*, Schuft *m*, Schurke *m*
негостеприи́мный <*kf:* -мен, -мна> *adj* ungastlich
негото́вность *f I* Nichtbereitschaft *f*; **~ к конта́ктам** Berührungsangst *f*
негр *m K* Neger *m*
негра́мотность *f I* **1.** Analphabetentum *nt*; **2.** Unwissenheit *f*, Inkompetenz *f*
негра́мотный I. *m wie adj* Analphabet *m*; **II.** *adj* inkompetent
негума́нный <*kf:* -а́нен, -а́нна> *adj* unmenschlich, inhuman
неда́вний *adj* unlängst geschehen; **с неда́вних пор** seit neuestem
неда́вно *adv* vor kurzem, neulich
недалёкий <*kf:* -лёк, -лека́> *adj* **1.** nahe; **2.** beschränkt; **в недалёком бу́дущем** in absehbarer Zukunft
недальнови́дный *adj* (*fig*) kurzsichtig
неда́ром *adv* nicht umsonst, nicht ohne Grund
недви́жимость *f I* Immobilien *pl*, Liegenschaften *pl*; **ма́клер по недви́жимости** Immobilienmakler *m*; **торго́вля ~ю** Immobilienhandel *m*; **фонд недви́жимости** Immobilienfonds *m*

недвусмы́сленный *adj* eindeutig, unzweideutig
неде́йственый *adj* ineffizient
недействи́тельность *f I* Ungültigkeit *f*
недействи́тельный *adj* unwirksam, ungültig, nichtig; **станови́ться недействи́тельным** (JUR) erlöschen
недели́мый <*kf:* -и́м> *adj* unteilbar
неде́ля *f A1* Woche *f*; **сорокачасова́я рабо́чая ~** Vierzigstundenwoche *f*
неде́лями *adv* wochenlang
недисциплини́рованный <*kf:* -ан, -анна> *adj* undiszipliniert
недифференци́рованный <*kf:* -ан, -анна> *adj* undifferenziert
недобо́р *m K* Fehlbetrag *m*, Rückstand *m*, Ausfall *m*; **~ нало́гов** Steuerdefizit *nt*
недоброжела́тельность *f I* **1.** Abneigung *f*; **2.** Missgunst *f*
недоброка́чественность *f I* Fehlerhaftigkeit *f*, Minderwertigkeit *f*, schlechte Qualität *f*
недоброка́чественный *adj* fehlerhaft, minderwertig, defekt, von schlechter Qualität; **~ това́р** minderwertige Ware *f*
недобросо́вестность *f I* **1.** Unzuverlässigkeit *f*, Pflichtvergessenheit *f*, Gewissenlosigkeit *f*; **2.** (JUR) Unredlichkeit *f*
недове́рие *nt O2* Misstrauen *nt*; **вы́разить ~** Misstrauen aussprechen
недове́рчивый *adj* misstrauisch
недове́с *m K* Untergewicht *nt*, Fehlgewicht *nt*, Gewichtsmanko *nt*
недово́льный <*kf:* -лен, -льна> *adj* **1.** unzufrieden; **2.** missmutig, verdrießlich; **3.** verärgert
недово́льство *nt O* **1.** Unzufriedenheit *f*; **2.** Unmut *m*; **вы́звать ~** Unmut hervorrufen; **выража́ть ~** sein Missfallen äußern
недовыполне́ние *nt O2* Rückstand *m*
недовы́ручка *f A* Mindererlös *m*, Erlösausfall *m*
недога́дливость *f I* Mangel *m* an Scharfsinn, Begriffsstutzigkeit *f*
недоговорённость *f I* **1.** Verschweigen *nt*; **2.** Unklarheit *f*; **3.** Nichtübereinkunft *f*
недоеда́ние *nt O2* Unterernährung *f*
недоеда́ющий *adj* unterernährt
недозво́ленный *adj* verboten, unerlaubt
недозре́лый *adj* unreif
недои́мка *f A* Zahlungsrückstand *m*; **взы́скивать недои́мки** Rückstände eintreiben
недои́мщик *m K* rückständiger Schuldner
недока́занный *adj* **1.** unerwiesen; **2.** unbewiesen
недо́лго *adv* nicht lange; **~ ду́мая** kurzerhand, ohne lange zu überlegen
недолгове́чный <*kf:* -чен, -чна> *adj* **1.** kurzlebig; **2.** nicht von Dauer
недонесе́ние *nt O2* Unterlassung *f* einer Anzeige
недоно́шенный *m wie adj* frühgeborenes Kind
недооце́нивать *vt E impf* (*pf:* недооцени́ть) unterschätzen, unterbewerten
недопусти́мый <*kf:* -и́м> *adj* unzulässig
недопуще́ние *nt O2* Nichtzulassung *f*, Verweigerung *f*
недора́звитый <*kf:* -ит> *adj* unterentwickelt
недоразуме́ние *nt O2* **1.** Missverständnis *nt*; **2.** Versehen *nt*; **по недоразуме́нию** fälschlicherweise
недорого́й <*kf:* -до́рог, -дорога́, -до́рого> *adj* preisgünstig
недосмо́тр *m K* **1.** Unachtsamkeit *f*, Versehen *nt*; **2.** ungenügende Beausfsichtigung *f*
недостава́ть <*unpers:* -стаёт> *vi E3 impf* (*pf:* недоста́ть) **1.** mangeln, knapp sein; **2.** fehlen, vermisst werden; **нам тебя́ недостава́ло** wir haben dich vermisst; **э́то ещё ого недостава́ло!** das hat uns gerade noch gefehlt!
недоста́ток <*gen sg:* -тка> *m K* **1.** Nachteil *m*; **2.** Fehler *m*; **3.** Mangel *m*; **4.** Fehlbestand *m*; **5.** Engpass *m*; **испы́тывать о́стрый ~ в чём-ли́бо** Mangel leiden (an + *dat*); **~ изде́лия** Sachmangel *m*; **~ спро́са** Nachfragedefizit *nt*; **~ това́ров** Güterknappheit *f*
недоста́точность *f I* **1.** Mangel *m*; **2.** Unzulänglichkeit *f*; **3.** Insuffizienz *f*
недоста́точный <*kf:* -чен, -чна> *adj* ungenügend, unzureichend, mangelhaft; **недоста́точная капиталовооружённость предприя́тия** Unterfinanzierung *f*; **недоста́точное снабже́ние** Unterversorgung *f*
недоста́ча *f A1* (ÖKON) Fehlbetrag *m*, Manko *nt*, Fehlbestand *m*, Fehlmenge *f*; **2.** Verlust *m*; **3.** Differenz *f*; **~ в ка́ссе** Kassenfehlbetrag *m*; **~ на скла́де** Lagerabgang *m*
недостаю́щий *adj* fehlende(r, s); **недостаю́щая су́мма** Fehlbetrag *m*; **недостаю́щее коли́чество** Fehlmenge *f*
недостижи́мость *f A* Unerreichbarkeit *f*
недостижи́мый <*kf:* -и́м> *adj* unerreichbar
недостове́рный <*kf:* -рен, -рна> *adj* **1.** unglaubwürdig; **2.** unüberprüft; **3.** falsch
недосто́йный <*kf:* -о́ин, -о́йна> *adj* unwürdig; **~ челове́ка** menschenunwürdig
недосту́пный *adj* unzugänglich, unerschwinglich
недосчита́ться *vr E pf* (*impf:* недосчи́тываться) **1.** vermissen; **2.** verloren haben
недоуме́ние *nt O2* **1.** Befremden *nt*; **2.** Entrüstung *f*; **вы́звать чьё-ли́бо ~** jdn befremden
недочёт **1.** Fehlbetrag *m*; **2.** Differenz *f*; **3.** Manko *nt*

не́дра pl O Innere nt; ~ **земли́** Erdinnere nt

не́друг m K (geh) Feind m, Gegner m, Widersacher m

недружелю́бие nt O2 Feindseligkeit f, Unfreundlichkeit f

неду́г m K Leiden nt, Krankheit f

неесте́ственный adj unnatürlich, gekünstelt

нежела́ние nt O2 1. Unwille m; 2. Unlust f

нежела́тельный <kf: -лен, -льна> adj unerwünscht

нежи́рный adj (о проду́ктах) fettarm

не́житься vr I impf (umg) sich aalen

не́жность f I 1. Zärtlichkeit f; 2. Zartheit f

не́жный <kf: -жен, -жна́> adj 1. zärtlich; 2. zart

незабу́дка f A Vergissmeinnicht nt

незабыва́емый <kf: -а́ем> adj unvergesslich

незави́симость f I Unabhängigkeit f, Autonomie f, Selbständigkeit f

незави́симый <kf: -им> adj unabhängig, autonom, selbständig

незако́нный adj ungesetzlich, illegal, illegitim; **незако́нное заня́тие каки́м-л. про́мыслом** Schwarzarbeit f

незако́нченный adj unvollendet

незамедли́тельный <kf: -лен, -льна> adj unverzüglich

незамени́мый <kf: -и́м> adj 1. unersetzbar; 2. unabkömmlich

незаме́тный <kf: -тен, -тна> adj 1. unauffällig; 2. unmerklich

незаму́жняя adj (о же́нщине) unverheiratet, ledig

заня́тый <kf: -ят> adj frei

незапа́мятный adj undenklich; **с незапа́мятных времён** immer schon, seit eh und je

незапо́лненный adj blanko; ~ **чек** Blankoscheck m; ~ **ве́ксель** Blankowechsel m

незаслу́женный adj unverdient

незащищённый adj 1. schutzlos; 2. schutzbedürftig; **социа́льно незащищённые гру́ппы населе́ния** sozial nicht abgesicherte Bevölkerungsgruppen

незва́ный adj ungeladen

нездоро́вый <kf: -о́в> adj 1. ungesund; 2. (auch fig) krankhaft

незмно́й adj überirdisch

незлоби́вый adj arglos

незнако́мый <kf: -о́м> adj unbekannt, fremd

незначи́тельный <kf: -лен, -льна> adj bedeutungslos, belanglos, nichtig

незре́лый adj (auch fig) unreif

неизбе́жный <kf: -жен, -жна> adj 1. unausweichlich; 2. unabwendbar

неизве́стный <kf: -тен, -тна> adj 1. unbekannt; 2. obskur; э́то пока́ никому́ неизве́стно das steht in den Sternen

неизлечи́мый <kf: -и́м> adj unheilbar

неизме́нный <kf: -нен, -ённа> adj 1. unverändert; 2. unabänderlich; 3. gleichbleibend

неизмери́мый <kf: -и́м> adj unermesslich

неиму́щий adj (geh) besitzlos, mittellos

неи́скренний <kf: -енен, -енна> adj unaufrichtig

неискушённый <kf: -ён> adj unerfahren

неисповеди́мый <kf: -и́м> adj unergründlich, unerforschlich; **неисповеди́мы пути́ госпо́дни** unerforschlich sind Gottes Wege

неисполне́ние nt O2 Nichterfüllung f

неисполни́мость f I Unerfüllbarkeit f

неиспо́льзованный adj ungenutzt

неиспо́рченный adj 1. unverdorben; 2. (fig) rein

неисправи́мый <kf: -и́м> adj unverbesserlich

неиспра́вность f I 1. Defekt m; 2. Panne f; ~ **мото́ра** Motorschaden m; ~ **станка́** Maschinenschaden f

неиспра́вный <kf: -вен, -вна> adj 1. defekt; 2. mangelhaft

неи́стовство nt O Zorn m, Rage f

неи́стовствовать vi E2 impf rasen, sehr wütend sein

неи́стовый <kf: -ов> adj 1. leidenschaftlich, ungestüm; 2. rasend

неистреби́мый <kf: -и́м> adj unausrottbar

неисцели́мый <kf: -и́м> adj (geh) unheilbar

нейло́н m K Nylon nt

нейтрализова́ть vt E2 impf/pf neutralisieren

нейтра́льный <kf: -лен, -льна> adj neutral

нейтро́н m K Neutron nt

нейтро́нный adj Neutronen-; **нейтро́нное ору́жие** Neutronenwaffe f

неквалифици́рованный adj 1. ungelernt; 2. unqualifiziert; ~ **рабо́чий** Hilfskraft f

некомпане́йский adj (umg) ungesellig; ~ **челове́к** Spielverderber m

некомпете́нтность f I 1. Inkompetenz f; 2. Unzuständigkeit f

некомпле́ктный adj unvollständig, nicht komplett

неконверти́руемость f I Nichtkonvertibilität f

не́который pron indef 1. ein gewisser; 2. (im pl:) manche, einige; **с не́которых пор** seit geraumer Zeit

некрити́чный <kf: -чен, -чна> adj 1. kritiklos; 2. unkritisch; **некрити́чное отноше́ние к недоста́ткам на предприя́тии** Betriebsblindheit f; **некрити́чно относя́щиюся к недоста́ткам на предприя́тии** betriebsblind

некроло́г *m K* Nachruf *m*
некуря́щий *m wie adj* Nichtraucher *m*
нела́дно *adv* schlecht, nicht in Ordnung; **здесь что-то ~** hier ist etw faul, hier stimmt etw nicht
нелега́льный <*kf:* -лен, -льна, -льно> *adj* illegal; **нелега́льная торго́вля** Schwarzhandel *m*; **~ ры́нок** Schwarzmarkt *m*
нелёгкий *adj* langwierig; **нелёгкая борьба́** harter Kampf
неле́пость *f I* Unsinnigkeit *f*
неле́пый <*kf:* -ле́п> *adj* unsinnig, widersинний; **неле́пая иде́я** ausgefallene Idee *f*
неле́стный *adj* abfällig; **неле́стное выска́зывание** abfällige Bemerkung *f*
неликви́дность *f I* (ÖKON) Illiquidität *f*
неликви́дный <*kf:* -ден, -дна> *adj* illiquide
нелимити́рованный <*kf:* -ан, -ана> *adj* nicht limitiert; **~ прика́з** (ÖKON) Bestens-Auftrag *m*; **нелимити́рованное поруче́ние** Bestens-Auftrag *m*
нело́вкий <*kf:* -вок, -вка́> *adj* 1. plump, ungeschlacht; 2. (*fig: ohne kf*) peinlich; **поста́вить кого́-либо в нело́вкое положе́ние** jdn in eine peinliche Lage bringen
нело́вкость *f I* 1. Peinlichkeit *f*; **испыта́ть чу́вство нело́вкости** peinlich berührt sein 2. Ungeschicklichkeit *f*, Plumpheit *f*
нелоги́чный <*kf:* -чен, -чна> *adj* unlogisch
нельзя́ *adv präd* 1. man darf nicht; 2. man soll nicht
нелюди́мый <*kf:* -и́м> *adj* menschenscheu
нема́ло *adv* 1. recht viel; 2. etliche, viele; **тому́ ~ приме́ров** dafür gibt es viele Beispiele
немалова́жный <*kf:* -жен, -жна> *adj* wesentlich, relevant
нема́лый <*kf:* -ма́л> *adj* nicht unbedeutend, ordentlich; **~ срок** geraume Zeit *f*; **в нема́лой сте́пени** in beträchtlichem Maße
нема́рочный *adj*: **~ проду́кт** No-Name-Produkt *nt*
нематериа́льный <*kf:* -лен, -льна> *adj* immateriell; **нематериа́льные це́нности** Immaterialgüter *pl*; **~ основно́й капита́л** immaterielles Anlagevermögen *nt*
неме́дленный *adj* sofortig, augenblicklich, unverzüglich; **неме́дленное де́йствие** Sofortwirkung *f*; **неме́дленная поста́вка** Sofortlieferung *f*; **неме́дленное расторже́ние** fristlose Kündigung *f*
не́мец <*gen:* -мца, -мцев> *m K* Deutscher *m*
неме́цкий *adj* deutsch; **~ язы́к** Deutsch *nt*; **уро́к неме́цкого языка́** Deutschunterricht *m*
немецкоязы́чный *adj* deutschsprachig

не́мка *f A* 1. Deutsche *f*; 2. (*umg*) Deutschlehrerin *f*
немно́гий *adj* wenige(r, s)
немно́го *adv* ein wenig, ein bisschen
немногосло́жный *adj* 1. einsilbig; 2. kurz angebunden
немну́щийся *adj* (*об оде́жде*) bügelfrei
немо́й <*kf:* нем, -ма́, -нéмо> *adj* (*auch fig*) stumm
немы́слимый <*kf:* -им> *adj* unvorstellbar, undenkbar
ненави́деть <*präs:* -ви́жу, -ви́дишь> *vt I impf* 1. hassen; 2. verabscheuen
ненави́стный <*kf:* -тен, -тна> *adj* verhasst
не́нависть *f I* Hass *m*; **испо́лненный не́нависти** haßerfüllt
ненадёжность *f I* 1. Unsicherheit *f*; 2. Unzuverlässigkeit *f*
ненадёжный <*kf:* -жен, -жна> *adj* unsicher, unzuverlässig
ненаси́льственный *adj* gewaltlos
нена́стный <*kf:* -тен, -тна> *adj* trübe, regnerisch
нену́жность *f I* Nutzlosigkeit *f*
нену́жный *adj* entbehrlich, nutzlos, überflüssig; **нену́жное зачеркну́ть** Unzutreffendes streichen
необду́манный <*kf:* -ман, -мана> *adj* unüberlegt; **необду́манная поку́пка** Impulskauf *m*
необеспе́ченный <*kf:* -чен, -чена> *adj* 1. unbemittelt; 2. (ÖKON) nicht gesichert, ohne Deckung; **~ креди́т** Blankokredit *m*
необлага́емый *adj* nicht abgabenpflichtig; **необлага́емая нало́гом су́мма** Steuerfreibetrag *m*; **необлага́емые нало́гами поступле́ния** [*o* **дохо́ды**] steuerfreie Einnahmen *pl*; **~ нало́гами ми́нимум** Steuerfreibetrag *m*; **~ нало́гом ми́нимум зарабо́тной пла́ты** Arbeitnehmerfreibetrag *m* ; Lohnsteuerfreibetrag *m*
необосно́ванный *adj* unbegründet, nicht stichhaltig; **необосно́ванное завыше́ние цен** Preistreiberei *f*
необразо́ванный <*kf:* -ан, -анна> *adj* ungebildet
необрати́мость *f I* Nichtkonvertibilität *f*
необрати́мый <*kf:* -им> *adj* 1. nicht umkehrbar; 2. unwiderruflich
необу́зданный <*kf:* -дан, -дана> *adj* zügellos, ungezügelt; **необу́зданная фанта́зия** ausschweifende Phantasie *f*
необходи́мо *adv präd* es ist nötig
необходи́мость *f I* Notwendigkeit *f*; **~ де́йствий** Handlungsbedarf *m*; **при необходи́мости** bei Bedarf , notfalls
необходи́мый <*kf:* -и́м> *adj* notwendig, erforderlich; **необходи́мое усло́вие** Voraussetzung *f*
необщи́тельный <*k:* -лен, -льна> *adj* kontaktarm
необы́чный <*kf:* -чен, -чна> *adj* 1. un-

gewöhnlich, ausgefallen; 2. fremdartig
необяза́тельный <*kf:* -лен, -льна> *adj* 1. unverbindlich; 2. fakultativ, nicht obligatorisch; 3. pflichtvergessen
неограни́ченный *adj* unbegrenzt, unbeschränkt; **неограни́ченные возмо́жности** unbegrenzte Möglichkeiten
неоди́м *m K* (CHEM) Neodym *nt*
неоднозна́чность *f I* 1. Doppelsinnigkeit *f*, Doppeldeutigkeit *f*; 2. Mehrdeutigkeit *f*, Ambiguität *f*
неоднокра́тный <*kf:* -тен, -тна> *adj* wiederholt, mehrfach
неодноро́дный <*kf:* -ден, -дна> *adj* nicht gleichartig, heterogen
неодобре́ние *nt O2* Missbilligung *f*
неоживлённый *adj* flau
неожи́данность *f I* 1. Überraschung *f*; 2. das Unerwartete *nt*; **растеря́ться от неожи́данности** (*umg*) baff [*o* verblüfft] sein
неожи́данный <*kf:* -дан, -данна> *adj* 1. überraschend, unerwartet; 2. plötzlich, abrupt
неомрачённый *adj* ungetrübt
нео́н *m K* Neon *nt*
неонаци́ст *m K* Neonazi *m*
нео́новый *adj* Neon-; **нео́новая ла́мпа** Neonlampe *f*; **нео́новое освеще́ние** Neonlicht *nt*
неопа́сный *adj* 1. ungefährlich; 2. unbedenklich
неопла́ченный *adj* 1. offen; 2. unbezahlt; 3. ausstehend
неопра́вданный *adj* ungerechtfertigt
неопределённость *f I* 1. Unbestimmtheit *f*; 2. Ungewissheit *f*; **правова́я ~** Grauzone *f*, unübersichtliche Gesetzeslage *f*
неопределённый <*kf:* -нен, -нна> *adj* 1. unbestimmt; **неопределённая фо́рма глаго́ла** (LING) Infinitv *m* 2. ungewiss
неопровержи́мый <*kf:* -и́м> *adj* unwiderlegbar
неопря́тный <*kf:* -тен, -тна> *adj* 1. schmutzig; 2. unordentlich; 3. schlampig
нео́пытный <*kf:* -тен, -тна> *adj* unerfahren
неоргани́ческий *adj* (CHEM) anorganisch
неосе́длый *adj* nicht sesshaft
неосторо́жный <*kf:* -жен, -жна> *adj* unvorsichtig
неотёсанный <*kf:* -ан, -анна> *adj* 1. ungehobelt; 2. grobschlächtig, plump, ungeschlacht
неотло́жность *f I* Dringlichkeit *f*
неотло́жный *adj* dringlich
неотрази́мый <*kf:* -и́м> *adj* unwiderstehlich
неофаши́зм *m K* Neofaschismus *m*
неохо́тно *adv* ungern
неохо́тный <*kf:* -тен, -тна> *adj* 1. lustlos; 2. halbherzig
неоцени́мый <*kf:* -и́м> *adj* (*geh*) unschätzbar
непи́саный *adj* ungeschrieben; **~ зако́н** ungeschriebenes Gesetz *nt*; **непи́саное пра́вило** Faustregel *f*
непла́новый *adj* unplanmäßig
неплатёжеспосо́бность *f I* (ÖKON) Insolvenz *f*, Insuffizienz *f*, Zahlungsunfähigkeit *f*
неплатёжеспосо́бный <*kf:* -бен, -бна> *adj* zahlungsunfähig, illiquide, insolvent
неповинове́ние *nt O2* 1. Ungehorsam *m*; 2. Widerspenstigkeit *f*
неповреждённый *adj* unversehrt
неповтори́мый <*kf:* -и́м> *adj* (*geh*) einmalig, unwiederholbar
непого́да *f A* Unwetter *nt*
непогреши́мость *f I* Unfehlbarkeit *f*
непогреши́мый <*kf:* -и́м> *adj* unfehlbar
неподве́домственность *f I* 1. (JUR) Unzuständigkeit *f* des Gerichts; 2. (JUR) Ausschluss *m* des Rechtsweges
неподви́жность *f I* 1. Starrheit *f*, Steifheit *f*; 2. Unbeweglichkeit *f*
неподви́жный <*kf:* -жен, -жна> *adj* 1. unbeweglich, bewegungslos; 2. starr, steif
неподгото́вленный *adj* unvorbereitet
подде́льность *f I* Echtheit *f*
неподде́льный <*kf:* -лен, -льна> *adj* unverfälscht, ungeheuchelt, echt
неподсу́дность Unzuständigkeit *f*
непоколеби́мый <*kf:* -и́м> *adj* (*geh*) unerschütterlich, felsenfest
непоко́рный *adj* ungehorsam
непокры́тый *adj* 1. unbedeckt; 2. offen; **с непокры́той голово́й** barhäuptig 3. (ÖKON) ungedeckt, offen
непола́дки *f pl A* Störungen *f pl*; **техни́ческие ~** technisches Versagen *nt*
непо́лный *adj* lückenhaft, unvollständig, mangelhaft, unvollkommen; **рабо́тать ~ рабо́чий день** [*o* непо́лную рабо́чую неде́лю] kurzarbeiten; **непо́лная за́нятость** Unterbeschäftigung *f*; **непо́лная рабо́чая неде́ля** Kurzarbeit *f*; **~ рабо́чий день** Kurzarbeit *f*; **непо́лное покры́тие изде́ржек** Unterdeckung *f*; **непо́лное страхова́ние** Unterversicherung *f*
непонима́ние *nt O2* Unverständnis *nt*
непоня́тный <*kf:* -тен, -тна> *adj* 1. unverständlich; 2. seltsam
непопуля́рный *adj* 1. unbeliebt; 2. unpopulär
непосе́да *mf A* (*umg*) Zappelphilipp *m*
непосе́дливый <*kf:* -ив> *adj* 1. zappelig; 2. rege
непослу́шный *adj* ungehorsam, aufsässig
непосре́дственный <*kf:* -вен, -венна> *adj* 1. unmittelbar, direkt; **~ потреби́тель** Direktabnehmer *m* 2. ungezwungen
непостижи́мый <*kf:* -и́м> *adj* 1. unbegreiflich; 2. unfassbar; э́то непостожи́мо!

непостоя́нный <kf: -нен, -нна> adj unbeständig, unstet, flatterhaft
непоступле́ние nt O2 Ausfall m
непочти́тельный <kf: -лен, -льна> adj respektlos
непра́вда f A Unwahrheit f; э́то ~! das stimmt nicht!
неправдоподо́бный <kf: -бен, -бна> adj unglaubwürdig
непра́вильный <kf: -лен, -льна> adj 1. falsch; 2. regelwidrig; 3. fehlerhaft; **непра́вильные де́йствия люде́й** menschliches Versagen nt; **непра́вильная калькуля́ция** Fehlkalkulation f; **непра́вильная оце́нка** Fehleinschätzung f; **непра́вильная тенде́нция разви́тия** Fehlentwicklung f
неравноме́рный adj 1. ungleichmäßig; 2. unausgewogen
неправоме́рный adj rechtswidrig; **неправоме́рное испо́льзование** Missbrauch m
неправомо́чный <kf: -чен, -чна> adj 1. nicht berechtigt, nicht bevollmächtigt; 2. unbefugt
непракти́чный adj unpraktisch
непредвзя́тый adj unvoreingenommen
непредви́денность f I 1. Unvorhersehbarkeit f; 2. Unberechenbarkeit f
непредви́денный <kf: -ен> adj 1. unvorhergesehen; 2. außerordentlich
непредсказу́емость f I Unvorhersehbarkeit f
непредсказу́емый <kf: -ем> adj 1. unkalkulierbar; 2. (о челове́ке) unberechenbar
непрекло́нный <kf: -нен, -нна> adj 1. unerbittlich; 2. unbeugsam
непреме́нный <kf: -нен, -нна> adj 1. unbedingt; 2. unablässig
непреодоли́мый <kf: -и́м> adj unüberwindlich
непреры́вный <kf: -вен, -вна> adj ununterbrochen, kontinuierlich, durchgehend; **непреры́вная вы́плата за́работной пла́ты** Lohnfortzahlung f; ~ **учёт** permanente Inventur f
непреста́нный <kf: -нен, -нна> adj 1. unaufhörlich; 2. ständig
непрести́жность f I geringes Ansehen nt
неприбы́льный <kf: -лен, -льна> adj keinen Gewinn abwerfend, unrentabel, nicht lukrativ
приве́тливость f I Unfreundlichkeit f
неприве́тливый <kf: -ив> adj unfreundlich
непривлека́тельный <kf: -лен, -льна> adj reizlos, nicht attraktiv
непривы́чный <kf: -чен, -чна> adj ungewohnt
непригля́дный <kf: -ден, -дна> adj 1. unansehnlich; 2. (fig) unwürdig

неприго́дность f I Untauglichkeit f, Unbrauchbarkeit f; ~ **к рабо́те** Arbeitsuntauglichkeit f
неприго́дный <kf: -ден, -дна> adj 1. unbrauchbar; 2. ungeeignet
непризна́ние nt O2 1. Nichtanerkennung f; 2. Nichtanerkenntnis f; ~ **отцо́вства** Abstreiten nt der Vaterschaft
непри́знанный adj verkannt; ~ **ге́ний** verkanntes Genie nt
неприка́янный adj 1. ruhelos; 2. hilflos, verloren
неприкоснове́нность f I Unantastbarkeit f, Integrität f; ~ **депута́та** Abgeordnetenimmunität f; ~ **террито́рии** territoriale Integrität f; **парла́ментская ~** parlamentarische Immunität f; **наруше́ние неприкоснове́нности жили́ща** (JUR) Hausfriedensbruch m
неприкры́тый <kf: -ы́т> adj 1. unbedeckt, nicht zugedeckt; 2. (fig) unverhohlen, offenkundig
неприли́чный <kf: -чен, -чна> adj unanständig, anstößig
примене́ние nt O2 Nichtanwendung f; ~ **си́лы** Gewaltverzicht m
непримири́мый <kf: -и́м> adj unversöhnlich, unvereinbar
непринуждённость f I Zwanglosigkeit f
непринуждённый <kf: -дён, -дённа> adj zwanglos, ungezwungen, locker, natürlich
неприня́тие nt O2 Annahmeverweigerung f
неприсоедини́вшийся adj blockfrei
непристо́йность f I Obszönität f, Unanständigkeit f
непристо́йный <kf: -о́ен, -о́йна> adj unanständig, obszön
непристу́пный <kf: -пен, -пна> adj 1. unnahbar; 2. abweisend
непритяза́тельность f I Genügsamkeit f, Anspruchslosigkeit f
непритяза́тельный <kf: -лен, -льна> adj anspruchslos, genügsam
прихотли́вый adj anspruchslos
неприя́знь f I Abneigung f, Aversion f
неприя́тие nt O2 Ablehnung f, Widerwille m
неприя́тность f I 1. Ärger m; 2. Unannehmlichkeit f
неприя́тный <kf: -тен, -тна> adj 1. unangenehm; ~ **вкус во рту** fader Geschmack m im Mund m; 2. unangenehm, leidig
непробу́дный сон m K 1. tiefer Schlaf m, fester Schlaf m; 2. (fig) ewiger Schlaf m, Tod m
непроводни́к m K (EL, PHYS) Nichtleiter m
непрода́жный adj unverkäuflich
непродолжи́тельный <kf: -лен, -льна> adj kurz; ~ **визи́т** Kurzbesuch m, Stippvisite f
непродукти́вный adj unproduktiv

непроизводи́тельный *adj* unproduktiv; **непроизводи́тельные затра́ты** (ÖKON) Leerkosten *pl*
непроизво́дственный *adj* betriebsfremd, außerbetrieblich
непроизво́льный <*kf:* -лен, -льна> *adj* 1. spontan; 2. unwillkürlich
непроница́емость *f l* Impermeabilität *f*, Undurchlässigkeit *f*
непроница́емый *adj* 1. impermeabel, undurchlässig; **во́до~** wasserdicht wasserundurchlässig; **во́здухо~** luftdicht , luftundurchlässig; 2. verschlossen
непрости́тельный <*kf:* -лен, -льна> *adj* unverzeihlich, sträflich
непрофессиона́л *m K* 1. Laie *m*; 2. Dilettant *m*
непро́шенный *adj* ungeladen, ungebeten
непту́ний *m K2* Neptunium *nt*
непунктуа́льный *adj* unpünktlich
неравноме́рность *f l* 1. Ungleichmäßigkeit *f*; 2. Unausgewogenheit *f*; **~ в у́ровне разви́тия се́вера и ю́га** Nord-Süd-Gefälle *nt*
нера́вный <*kf:* -вен, -вна́> *adj* ungleich; **ста́вить кого́-ли́бо в ~ые усло́вия** jdn benachteiligen
неразбери́ха *f A* (*umg*) Durcheinander *nt*; **по́лная ~** völliges Durcheinander *nt*; **~ в зако́нах** Grauzone *f*
неразбо́рчивый <*kf:* -ив> *adj* 1. (*по́черк*) unleserlich, undeutlich; 2. nicht wählerisch
неразвито́й *adj* 1. unterentwickelt; 2. geistig zurückgeblieben
неразгово́рчивый <*kf:* -ив> *adj* 1. wortkarg, mundfaul; 2. schweigsam
неразлу́чный <*kf:* -чен, -чна> *adj* untrennlich
неразрешённый *adj* 1. ungelöst, ungeklärt; 2. verboten, unerlaubt
неразреши́мый <*kf:* -и́м> *adj* (*о пробле́ме*) unlösbar
неразры́вный <*kf:* -вен, -вна> *adj* 1. unauflöslich; 2. unzerreißbar
неразу́мный <*kf:* -мен, -мна> *adj* unvernünftig
нерасположе́ние *nt O2* Abneigung *f*
нерасторжи́мый <*kf:* -и́м> *adj* unlösbar
нерациона́льный <*kf:* -лен, -льна> *adj* unrationell
нерв *m K* Nerv *m*; **де́йствовать на ~ы** auf die Nerven gehen
не́рвный *adj* 1. Nerven-, nervlich; 2. nervös; **не́рвное истоще́ние** Nervenzusammenbruch *m*; **не́рвная систе́ма** Nervensystem *nt*; **не́рвная рабо́та** nervenaufreibende Arbeit *f*
нерво́зность *f l* 1. Nervosität *f*; 2. Hektik *f*
нерву́щийся *adj* strapazierfähig
нереа́льный <*kf:* -лен, -льна> *adj* 1. unwirklich, irreal; 2. wirklichkeitsfremd

нерегуля́рность *f l* Unregelmäßigkeit *f*
нерегуля́рный *adj* unregelmäßig
нерезиде́нт *m K* (ÖKON) Devisenausländer *m*
ре́зкий *adj* unscharf
нерента́бельность *f l* 1. Unwirtschaftlichkeit *f*; 2. Ineffizienz *f*
нерента́бельный <*kf:* -лен, -льна> *adj* 1. unrentabel, unwirtschaftlich; 2. ineffizient
нереши́тельный <*kf:* -лен, -льна> *adj* 1. unentschlossen; 2. zaghaft
нержаве́ющий *adj* rostfrei; **нержаве́ющая сталь** nichttostender Stahl *m* , Edelstahl *m*
неря́ха *mf A* 1. (*umg*) Dreckspatz *m*; 2. Schlamper *m*
неря́шливость *f l* Schlamperei *f*
неря́шливый <*kf:* -ив> *adj* schlampig, unordentlich
несамостоя́тельный <*kf:* -лен, -льна> *adj* unselbstständig, abhängig
несведу́щий *adj* unwissend
несво́йственный <*kf:* -вен, -венна> *adj* 1. nicht eigen; 2. fremd; **быть несво́йственным кому́-ли́бо** jdm fernliegen
несвя́зный <*kf:* -зен, -зна> *adj* 1. unzusammenhängend, inkohärent; 2. lose; **~ расска́з** wirre Geschichte *f*
несгово́рчивый <*kf:* -ив> *adj* 1. unnachgiebig; 2. rechthaberisch
несессе́р *m K* Nessessär *nt*
несимпати́чный <*kf:* -чен, -чна> *adj* unsympathisch
несказа́нный *adj* (*geh*) unsagbar
не́сколько *num* 1. einige, etliche; 2. mehrere; **~ раз** mehrmals
нескро́мный <*kf:* -мен, -мна́> *adj* 1. unbescheiden; 2. vorlaut, naseweis
неслы́ханный <*kf:* -ан, -анна> *adj* unerhört
несмотря́ на *präp +akk* trotz (+*dat*)
несмотря́ на то, что *konj* obwohl
несно́сный <*kf:* -сен, -сна> *adj* unausstehlich, unerträglich
несо́бранный *adj* 1. unkonzentriert; 2. fahrig
несовершенноле́тний I. *adj* minderjährig; II. *m wie adj* Minderjährige(r) *m*
несоверше́нный <*kf:* -е́нен, -е́нна> *adj* unvollkommen
несовмести́мость *f l* Inkompatibilität *f*; **~ це́лей** Zielantinomie *f*
несовмести́мый <*kf:* -и́м> *adj* 1. unvereinbar, unverträglich; 2. (DV) inkompatibel
несовпада́ющий *adj* abweichend; **несовпада́ющие мне́ния** Meinungsverschiedenheit *f*
несовпаде́ние *nt O2* 1. Differenz *f*; 2. Diskrepanz *f*; **~ интере́сов** Interessendivergenz *f*
несовреме́нный <*kf:* -е́нен, -е́нна> *adj* unzeitgemäß, unmodern

несогла́сие nt O2 1. Uneinigkeit f; 2. Unstimmigkeit f; 3. Ablehnung f
несомне́нный <kf: -ёнен, -ённа> adj zweifellos, unbestritten
несообрази́тельный <kf: -лен, -льна> adj begriffsstutzig
несоотве́тствие nt O2 Diskrepanz f, Nichtübereinstimmung f, Disparität f
несостоя́тельность f I 1. (об аргуме́нтах) Haltlosigkeit f; 2. (JUR) Zahlungsunfähigkeit f, Insolvenz f, Konkurs m
несостоя́тельный <kf: -лен, -льна> adj 1. nicht stichhaltig, haltlos; 2. (JUR) bankrott, zahlungsunfähig, insolvent; поли́тики оказа́лись несостоя́тельными die Politiker haben versagt
неспе́шный <kf: -шен, -шна> adj langsam, gemächlich
неспорти́вный <kf: -вен, -вна> adj unsportlich
неспосо́бность f I 1. Unfähigkeit f; ~ принима́ть реше́ния mangelnde Entscheidungsfähigkeit f 2. Ineffizienz f
неспосо́бный <kf: -бен, -бна> adj unfähig
несправедли́вость f I Ungerechtigkeit f
несправедли́вый <kf: -и́в> adj ungerecht
несравне́нный <kf: -ёнен, -ённа> adj ohnegleichen, einmalig
нестаби́льность f I Instabilität f
нестанда́ртный adj ungewöhnlich, unkonventionell
нести́ <präs: несу́, -сёшь, prät: нёс, несла́> vt E6 best (unbest: носи́ть) 1. (auch fig) tragen; ~ вздор (umg) quasseln; ~ наказа́ние bestraft werden; ~ отве́тственность Verantwortung tragen; ~ расхо́ды Kosten bestreiten; ~ слу́жбу Dienst leisten; ~ уще́рб Schaden erleiden; ~ чемода́н Koffer tragen; ~ отве́тственность haften 2. bringen; ку́ры несу́т я́йца Hühner legen Eier
нести́сь <präs: несу́сь, -сёшься> vr E6 impf 1. rennen, rasen, sausen; 2. (о звуках) ertönen, erschallen; 3. (о ку́рах) Eier legen
несура́зный <kf: -зен, -зна> adj widersinnig, unlogisch, dumm
несу́шка f A Henne f
несуще́ственный <kf: -вен, -венна> adj unwesentlich, irrelevant
несча́стный <kf: -тен, -тна> adj unglücklich; ~ слу́чай Unfall m, Unglücksfall m; ~ слу́чай на произво́дстве Arbeitsunfall m Betriebsunfall m
несча́стье nt O1 1. Unglück nt; 2. Unheil nt; 3. Missgeschick nt; ~ в гора́х Bergnot f; к несча́стью unglücklicherweise
нет part nein; **категори́ческое ~** klares Nein nt; **отве́та ещё ~** die Antwort steht noch aus
нетари́фный adj außertariflich; нетари́фные органиче́ния торго́вли nichttarifäre Handelshemmnisse pl
нетерпели́вый <kf: -и́в> adj ungeduldig
нетерпе́ние nt O2 Ungeduld f
нетерпи́мость f I 1. Intoleranz f; 2. Unduldsamkeit f
неторопли́вость f I Gemächlichkeit f
неторопли́вый <kf: -и́в> adj gemächlich
нето́чность f I Ungenauigkeit f
нето́чный adj ungenau
нетрадицио́нный <kf: -о́нен, -о́нна> adj unkonventionell
нетре́бовательность f I Bescheidenheit f, Anspruchslosigkeit f
нетре́звый adj angetrunken; **быть в нетре́звом ви́де** unter Alkoholeinfluss
нетро́нутый adj 1. unberührt; 2. (ÖKOL) naturbelassen
нетрудово́й adj 1. nicht durch Arbeit erworben; ~ дохо́д nicht erarbeitetes Einkommen nt 2. nicht erwerbstätig; **нетрудово́е населе́ние** Nichterwerbspersonen pl
нетрудоспосо́бный <kf: -бен, -бна> adj arbeitsunfähig, erwerbsunfähig
не́тто adv netto; **не́тто-бала́нс** Nettobilanz f Saldenbilanz f; **не́тто-пози́ция** Nettoposition f; **не́тто-регистро́вая то́нна** Nettoregistertonne f
неуважи́тельность f I Respektlosigkeit f
неуважи́тельный <kf: -лен, -льна> adj 1. respektlos; 2. geringschätzig
неуве́ренность f I Unsicherheit f
неуве́ренный adj unsicher
неуда́ча f A 1. Misserfolg m, Fehlschlag m, Flop m; 2. Missgeschick nt; 3. Pech nt; 4. Rückschlag m; **зако́нчиться неуда́чей** fehlschlagen; **потерпе́ть неуда́чу** eine Niederlage erleiden
неуда́чник m K 1. Verlierer m; 2. Versager m; 3. Pechvogel m
неуда́чный <kf: -чен, -чна> adj 1. missglückt, misslungen; 2. erfolglos; **неуда́чная спекуля́ция** Fehlspekulation f; ~ **това́р** Flop m
неудержи́мый <kf: -и́м> adj unaufhaltsam
неудо́бный <kf: -бен, -бна> adj 1. unbequem; 2. peinlich, deplatziert
неудовлетвори́тельно adv 1. unbefriedigend; 2. (Schulnote) ungenügend
неудовлетвори́тельный <kf: -лен, -льна> adj unbefriedigend; **кра́йне неудовлетвори́тельное состоя́ние** Missstand m
неудово́льствие nt O2 Unzufriedenheit f; **во́зглас |о выраже́ние|неудово́льствия** Buhruf m; **вы́звать ~** Unwillen hervorrufen
неукло́нный <kf: -о́нен, -о́нна> adj stetig, unaufhörlich, kontinuierlich, unaufhaltsam
неуклю́жий <kf: -ю́ж> adj linkisch, plump, ungeschickt, klobig; **быть неклю́жим** zwei linke Hände haben

неулови́мый *adj* 1. unfassbar, nicht erreichbar; 2. unmerkbar, unmerklich; **~ для гла́за** unsichtbar

неуме́ние *nt O2* Unvermögen *nt*, Unfähigkeit *f*

неуме́стный <*kf:* -тен, -тна> *adj* unangebracht, unangemessen, deplaziert; **быть неуме́стным** fehl am Platze sein

неумоли́мый <*kf:* -и́м> *adj* (*geh*) unerbittlich

неумы́шленный *adj* unabsichtlich

неуправля́емый <*kf:* -я́ем> *adj* unlenkbar, außer Kontrolle geraten

неуравнове́шенный *adj* unausgeglichen, unausgewogen

неусто́йка Konventionalstrafe *f*, Vertragsstrafe *f*

неусто́йчивость Instabilität *f*

неусто́йчивый <*kf:* -и́в> *adj* unbeständig, schwankend; **неусто́йчивая валю́та** weiche Währung *f*

неуступчивый <*kf:* -и́в> *adj* unnachgiebig, starrsinnig

неутоми́мый <*kf:* -и́м> *adj* unermüdlich

неухо́женный *adj* ungepflegt

неуча́стие *nt O2* Nichtteilnahme *f*; **~ в вы́борах** Wahlenthaltung *f*

неую́тный *adj* ungemütlich

неф *m K* Kirchenschiff *nt*; **боково́й ~** Seitenschiff *nt*; **попере́чный ~** Querschiff *nt*; **продо́льный ~** Längsschiff *nt*; **центра́льный ~** Mittelschiff *nt*

нефи́рменный *adj* No-Name-; **нефи́рменное изде́лие** No-Name-Produkt *nt*

неформа́л *m K* (*umg:* член неформа́льной гру́ппы) Alternativer *m*; **неформа́льная гру́ппа** alternative Gruppe *f*

неформа́льный *adj* 1. informell; 2. inoffiziell; 3. ungezwungen, spontan; 4. (SOZIOL) alternativ

нефтеперераба́тывающий *adj* Erdöl verarbeitend; **~ заво́д** Raffinerie *f*

нефть *f I* Erdöl *nt*; **~-сыре́ц** Rohöl *nt*

нефтяно́й *adj* Öl-; **нефтяно́е загрязне́ние** Ölpest *f*; **нефтяно́е пятно́** Ölteppich *m*; **~ та́нкер** Öltanker *m*; **нефтяна́я компа́ния** Erdölgesellschaft *f*; **нефтяно́й би́знес** Erdölgeschäft *nt*; **нефтяно́й до́ллар** Petrodollar *m*

нехва́тка *f A* 1. Mangel *m*, Knappheit *f*, Fehlbestand *m*; **~ жилья́** Wohnungsnot *f*; **~ персона́ла** Personalmangel *m*; **~ ме́ста** Platzmangel *m*; **~ вре́мени** Zeitmangel *m* 2. (ÖKON) Manko *nt*, Fehlbetrag *m*; **~ ликви́дных средств** Liquiditätsengpass *m*; **~ произво́дственных мо́щностей** Kapazitätsengpass *m*; **~ това́ров** Güterknappheit *f*

нехи́трый *adj* (*umg*) leicht, einfach, unkompliziert

нехо́довой *adj* schwer absetzbar; **~ това́р** Ladenhüter *m*

неча́янный *adj* 1. unbeabsichtigt, ungewollt; 2. unverhofft, unerwartet

нече́стный <*kf:* -тен, -тна́> *adj* unehrlich, unfair, unlauter

нечистопло́тный <*kf:* -тен, -тна> *adj* 1. unrein, schmutzig; **~ челове́к** Schmutzfink *m* 2. (*fig*) gewissenlos, unehrlich

нечисто́ты <*gen pl:* -то́т> *f pl A* 1. Kot *m*; 2. Unrat *m*; 3. Abwasser *nt*

нечле́н *m K* Nichtmitglied *nt*

не́что *pron indef* (*nur im nom und akk*) etwas

неэкологи́чный <*kf:* -чен, -чна> *adj* umweltschädlich

неэкономи́чность *f I* Unwirtschaftlichkeit *f*

неэкономи́чный <*kf:* -чен, -чна> *adj* unwirtschaftlich, unökonomisch, unrentabel

неэмоциона́льность *f I* Gefühllosigkeit *f*

неэтили́рованный *adj* unverbleit, bleifrei

неэффекти́вный <*kf:* -вен, -вна> *adj* unwirksam, ineffizient

нея́сность *f I* Unklarheit *f*

нея́сный <*kf:* -сен, -сна́> *adj* 1. unklar; 2. undeutlich, vage

ни *part Verneinung* nicht; **~ в ко́ем слу́чае** keinesfalls; **~ ра́зу** nie; **~ с того́ ~ с сего́** mir nichts dir nichts, aus heiterem Himmel; **~ то ~ сё** nichts Ganzes und nichts Halbes, weder Fisch noch Fleisch

нивели́ровать *vt E impf/pf* nivellieren

нигде́ *adv* nirgends, nirgendwo

нигили́зм *m K* Nihilismus *m*

нигилисти́ческий *adj* nihilistisch

нидерла́ндский *adj* niederländisch

Нидерла́нды <*gen pl:* -дов> *m pl K* die Niederlande *pl*

ни́же I. *adj komp* 1. niedriger; 2. (*fig*) niedriger, gemeiner; II. *adv* 1. darunter; 2. im folgenden, im weiteren; **смотри́ ~** siehe unten , s.u. 3. flussabwärts

нижненеме́цкий *adj* plattdeutsch

ни́жний *adj* untere, Unter-; **ни́жняя то́чка** Tiefpunkt *m*; **Ни́жняя Саксо́ния** Niedersachsen *nt*; **~ эта́ж** Erdgeschoss *nt*; **~ преде́л ка́чества** Mindestqualität *f*; **~ преде́л цен** Preisuntergrenze *f*; **~ у́ровень управле́ния** Lower Management *nt*

низи́на *f A* Niederung *f*

ни́зкий <*kf:* -зок, -зка́, -зко*компр:* ни́же> *adj* 1. niedrig; 2. (*fig*) niedrig, gemein

низкопокло́нник *m K* Kriecher *m*

ни́зменность *f I* Flachland *nt*

никако́й *pron neg* keine(r, s)

ни́кель *m K1* Nickel *nt*

никогда́ *adv* nie, niemals; **сейча́с как ~** jetzt erst recht

нико́им о́бразом *adv* (*geh*) keineswegs

никоти́н *m K* Nikotin *nt*; **с ни́зким содержа́нием ~а** nikotinarm

никто́ *pron neg* niemand, keine(r, s)
никчёмный <*kf:* -мен, -мна> *adj* unnütz, nutzlos; **~ челове́к** (*umg*) Niete *f*
нимб *m K* Nimbus *m*; **святой ~** Heiligenschein *m*
нио́бий *m K2* Niob *nt*
НИОКР *abk von* нау́чно-иссле́довательские и о́пытно-констру́кторские рабо́ты Forschungs- und Entwicklungsarbeiten *pl*
нисходи́ть *vi 1 impf* absteigen; **нисходя́щий ме́тод** Top-Down-Methode *f*
ни́тка *f A* 1. Faden *m*; **вдеть ни́тку в иго́лку** einfädeln 2. (*im pl*) Nähgarn *nt*
ни́точка *f A* Fussel *f*
нитра́т *m K* (CHEM) Nitrat *nt*
нить *f I* (*auch fig*) Faden *m*; **потеря́ть ~ разгово́ра** den Faden verlieren; **проходи́ть кра́сной ~ю** (*fig*) sich wie ein roter Faden durchziehen
ничего́ *adv* nichts; **ничего́!** das macht nichts! **э́то ещё ~** das ist halb so schlimm!; **~ не говоря́щий** nichtssagend
ничто́ < ничего́, ничему́, ничто́, ниче́м, ни о чём> *pron neg* nichts
ничто́жный <*kf:* -жен, -жна> *adj* nichtig, geringfügig
ничья́ <*gen sg:* ниче́й> *f wie adj e* (SPORT) Unentschieden *nt*
ни́ша *f A* 1. Nische *f*; 2. Lücke *f*; **ры́ночная ~** Marktlücke *f*; **экологи́ческая ~** ökologische Nische *f*
ни́щенский *adj* armselig, miserabel; **ни́щенская зарпла́та** Hungerlohn *m*
нищета́ *f A* Elend *nt*
ни́щий I. <*kf:* нищ, нища́> *adj* bettelarm; II. *m wie adj* Bettler *m*
НЛО *abk von* неопо́знанный лета́ющий объе́кт *m* Ufo *nt*
но *konj* aber, jedoch; **бе́зо вся́ких ~** ohne Wenn und Aber
Нобелевский *adj* Nobel-; **~ лауреа́т** [*o* **лауреа́т Нобелевской пре́мии**] Nobelpreisträger *m*; **Нобелевская пре́мия за укрепле́ние ми́ра** Friedensnobelpreis *m*
нобе́лий *m K2* Nobelium *nt*
нова́тор *m K* 1. Erneuerer *m*; 2. Pionier *m*
нова́торский *adj* 1. wegweisend, bahnbrechend; 2. innovativ
нова́торство *nt O* Pioniergeist *m*
нова́ция *f A2* 1. Innovation *f*; 2. Erneuerung *f*; **~ долго́в** Umfinanzierung *f*
Но́вая Зела́ндия *f A2* Neuseeland *nt*
нове́лла *f A* 1. Erzählung *f*, Novelle *f*; 2. (JUR) Abänderungsgesetz *nt*
но́венький I. *adj* (*umg*) funkelnagelneu; II. *wie adj* Neuling *m*, Neue(r, s)
новизна́ *f A* Neuheit *f*
нови́нка *f A* 1. Novum *nt*; 2. Produktinnovation *f*; **кни́жная ~** Neuerscheinung *f*
новичо́к <*gen sg:* -чка́> *m K e* 1. Neuling *m*, Anfänger *m*; 2. Newcomer *m*
новобра́нец <*gen:* -нца, -нцев> *m K* (MIL) Rekrut *m*
нововведе́ние *nt O2* Innovation *f*
новолу́ние *nt O2* Neumond *m*
новосе́лье *nt O1* Einzugsfeier *f*
новостро́йка *f A* Neubau *m*
но́вость *f I* 1. Neuigkeit *f*; 2. Nachricht *f*
новоя́вленный *adj* neuerschienen, neugebacken
но́вшество *nt O* 1. Novum *nt*; 2. Innovation *f*; 3. Neuheit *f*
но́вый <*kf:* нов, нова́, но́во, новы́> *adj* neu, neuartig; **Но́вый Год** Neujahr *nt*; **встреча́ть Но́вый Год** Silvester feiern; **~ катало́г** aktueller Katalog *m*; **~ президе́нт** neugewählter Präsident *m*; **но́вая реда́кция** Neufassung *f*, Neubearbeitung *f*; **но́вая сто́имость** Neuwert *m*; **но́вое вре́мя** Neuzeit *f*
нога́ *f A e2* 1. Bein *nt*; 2. Fuß *m*; **~ в ги́псе** Gipsbein *nt*; **жить на широ́кую но́гу** (*fig*) auf großem Fuße leben; **идти́ в но́гу** im Gleichschritt gehen [*o* marschieren]; **идти́ в но́гу со вре́менем** mit der Zeit Schritt halten; **идти́ не в но́гу** aus der Reihe tanzen; **но́ги колесо́м** O-Beine; **поста́вить на но́ги** (*fig*) auf die Beine stellen; **протяну́ть но́ги** (*vulg*) abkratzen
но́готь <*gen sg:* но́гтя> *m K2 ple1* 1. Fingernagel *m*; 2. Zehennagel *m*
нож *m K e* Messer *nt*; **~ для чи́стки карто́феля** Kartoffelschäler *m*; **охо́тничий ~** Jagdmesser *nt*; **перочи́нный ~** Taschenmesser *nt*; **консе́рвный ~** Büchsenöffner *m*; **~ для вскры́тия пи́сем** Brieföffner *m*; **складно́й ~** Klappmesser *nt*
но́жка *f A* 1. Füßchen *nt*; 2. Beinchen *nt*; **свина́я ~** Eisbein *nt* 3. Bein *nt*; **~ сту́ла** Stuhlbein *nt* 4. (BOT) Stiel *m*
но́жницы <*gen pl:* -ниц> *f pl A* Schere *f*; **маникю́рные ~** [*o* **~ для ногте́й**] Nagelschere *f*; **садо́вые ~** Gartenschere *f*, Heckenschere *f*
но́жны <*gen pl:* -жен> *f pl A* Scheide *f*; **вложи́ть меч в ~** (*fig*) den Krieg beenden
ноздря́ *f A1* Nasenloch *nt*
НОК *abk von* Национа́льный Олимпи́йский Комите́т *m* Nationales Olympisches Komitee *nt*
нокаути́ровать *vt E2 impf/pf* (*auch fig*) schlagen
ноль *m K1* Null *f*
номенклату́ра *f A* 1. Nomenklatur *f*; 2. in Sowjetrussland Verzeichnis der wichtigsten Führungspositionen; 3. (*fig*) Oberschicht *f*; **~ счето́в бухга́лтерского учёта** Kontenrahmen *m*
но́мер *m K* 1. Nummer *f*; **~ до́ма** Hausnummer *f*; **~ расчётного счёта** Kontonummer *f*; **~ телефо́на** Rufnummer *f*; **вы́игрышный ~** Gewinnnummer *f*; **~ арти́кула** Artikelnummer *f*; **~ счёта** Kontonummer *f* 2. (*журна́ла*) Heft *nt*, Ausgabe

f; **3.** Hotelzimmer nt, Appartment nt; **двухме́стный ~** Doppelzimmer nt; **одноме́стный ~** Einbettzimmer nt **4.** Größe f; **5.** Einzelvorführung f im Rahmen eines Konzerts
номерно́й adj Nummern-; **~ знак** (KFZ) Nummernschild nt; **~ заво́д** geheimer Betrieb der Rüstungsindustrie
номина́л m K Nennwert m, Nominalwert m
номина́льный <kf: -лен, -льна> adj nominell, Nominal-, Nenn-; **номина́льная за́работная пла́та** Nominallohn m; **номина́льная сто́имость** Nennwert m; **номина́льная су́мма** Nominalbetrag m; **~ дохо́д** Nominallohn m; **~ капита́л** Nominalkapital nt; **~ проце́нт** Nominalzins m
Норве́гия f A2 Norwegen nt
норве́жец, норве́жка <gen m: -жца, -жцев, gen sg f: -жек> m K / f A Norweger, -in m/f
норве́жский adj norwegisch
но́рка f A **1.** (kleine) Höhle f; **2.** (ZOOL) Nerz m
но́рма f A **1.** Norm f; **2.** Rate f; **~ за́работной пла́ты** Lohnquote f; **~ амортиза́ции** Abschreibungsrate f; **~ обяза́тельных резе́рвов** Mindestreservesatz m; **~ при́были** Profitquote m; **~ приро́ста** Zuwachsrate f; **~ проце́нта** Zinssatz m; **~ рабо́чего вре́мени** Arbeitsnormalzeit f
нормализова́ть vt E2 impf/pf **1.** normalisieren; **2.** wieder ins Lot bringen
норма́льный <kf: -лен, -льна> adj normal
нормати́в m K Richtsatz m
нормати́вный adj normativ; **~ резе́рв** gesetzliche Rücklage f
норми́рование nt O2 Normung f, Normierung f
норми́ровать vt E2 impf/pf normen
нос <präpos sg: о но́се, в носу́> m K ple **1.** Nase f; **~ крючко́м** Hakennase f; **вздёрнутый ~** Stupsnase f; **води́ть за ~** an der Nase herumführen; **заруби́ть себе́ на ~у** (fig) sich hinter die Ohren schreiben; **оста́ться с ~ом** leer ausgehen; **на ~у вы́боры** die Wahlen stehen vor der Tür; **на ~у коне́ц го́да** das Jahr geht bald zu Ende **2.** (MAR) Bug m
носи́лки pl A Tragbahre f
носи́льщик m K Gepäckträger m
носи́тель m K1 Träger m; **~ да́нных** (DV) Datenträger m; **~ рекла́мы** Werbeträger m; **~ языка́** Muttersprachler m; **раке́та-~** Trägerrakete f; **~ затра́т** Kostenträger m; **~ информа́ции** Datenträger m; **~ обще́ственного мне́ния** Meinungsführer m; **~ рекла́мы** Werbeträger m
носи́ть <präs: ношу́, но́сишь> vt I unbest (best: нести́) (auch fig) tragen; **коро́ткую причёску** das Haar kurzgeschnitten tragen; **~ очки́** eine Brille tragen; **~ фами́лию му́жа** den Namen des Ehemannes führen
носи́ться <präs: ношу́сь, но́сишься> vr I impf hin- und herlaufen; **э́ти иде́и но́сятся в во́здухе** diese Ideen liegen in der Luft
но́ский <kf: -сок, -ска́> adj (об оде́жде) haltbar, strapazierfähig
носово́й adj **1.** Nasen-; **носово́е кровотече́ние** Nasenbluten nt **2.** (LING) nasal
носо́к <gen sg: -ска́> m K e **1.** Socke f; **2.** Schuhspitze f; **3.** Fußspitze f; **4.** Zehen pl
носоро́г m K Nashorn nt, Rhinozeros nt
ностальги́я f A2 **1.** Nostalgie f; **2.** Sehnsucht f
но́стро nt indekl (ÖKON) Nostrokonto nt
но́стро-сде́лка f A (ÖKON) Nostrogeschäft m
но́та f A **1.** (MUS) Note f; **2.** (POL) Note f; **~ проте́ста** Protestnote f
нотариа́льный adj notariell; **нотариа́льная конто́ра** Notariat nt
нота́риус m K Notar, -in m/f
нота́ция f A2 **1.** Moralpredigt f, Gardinenpredigt f; **2.** (MUS) Notierung f, Notenschrift f
нотифика́ция f A2 Notifizierung f
но́тный adj Noten-; **~ ключ** (MUS) Notenschlüssel m
но́утбук, но́тбук m K (DV) Notebook nt
но́у-ха́у nt indekl Know-how nt, Fachwissen nt; **переда́ча ~** Know-how-Transfer m
ночёвка f A Übernachtung f
ночле́г m K **1.** Übernachtungsmöglichkeit f; **2.** Übernachtung f
ночно́й adj Nacht-, nächtlich; **ночна́я сме́на** Nachtschicht f; **ночна́я рабо́та** Nachtarbeit f; **ночна́я соро́чка** [о **руба́шка**] Nachthemd nt; **ночно́е дежу́рство** Nachtdienst m; **~ дозо́р** Nachtwache f; **ночно́е заведе́ние** Nachtlokal nt; **~ поко́й** Nachtruhe f; **наруша́ть чей-ли́бо ~ поко́й** jds Nachtruhe stören; **~ сто́рож** Nachtwächter m; **в ночно́е вре́мя** bei Nacht , in der Nacht
ночь f I ple1 Nacht f; **по ноча́м** nachts; **споко́йной но́чи!** gute Nacht!
но́чью adv nachts, in der Nacht
но́ша f A Last f
ноя́брь m K1 November m
НПС abk von **нало́г на доба́вленную сто́имость** f Mehrwertsteuer f
нрав m K Gemüt nt, Naturell nt; **~ы и обы́чаи** Sitten und Gebräuche
нра́виться vr I impf (pf: по-) **1.** gefallen, behagen; **не ~** missfallen **2.** (о пи́ще) schmecken
нравоуче́ние nt O2 Moralpredigt f
нра́вственность f I Sittlichkeit f
нра́вственный <kf: -вен, -венна> adj sittlich
НТР abk von **нау́чно-техни́ческая револю́ция** f wissenschaftlich-technische Revolution f

ну! *interj* na!
нувори́ш *m K (pej)* Neureiche(r) *m*
нуди́зм *m K* Nudismus *m*, Freikörperkultur *f*
ну́дный <*kf:* -ден, -дна́> *adj* langweilig, monoton
нужда́ *f A pls* 1. Not *f*; 2. Bedürfnis *nt*; 3. Mangel *m*; **жить в нужде́** Not leiden; **спрвля́ть нужду́** seine Notdurft verrichten
нужда́ться *vr E impf* 1. *(в чём-либо)* brauchen, benötigen; 2. entbehren
нужда́ющийся I. *adj* bedürftig; **~ в по́мощи** hilfsbedürftig; II. *wie adj* Bedürftige(r) *mf*, Arme(r) *mf*
нулево́й *adj* Null-; **~ вариа́нт** Nulllösung *f*; **нулева́я то́чка** Nullpunkt *m*; **~ результа́т** kein Ergebnis *nt*; **~ рост** Nullwachstum *nt*; **~ тари́ф** Nulltarif *m*
нуллифика́ция *f A2* (ÖKON) Außerkurssetzung *f*
нуль *m K1* Null *f*; **начина́ть с нуля́** bei Null anfangen
нумера́ция *f A2* Nummerierung *f*
нумерова́ть *vt E2 impf (pf:* за-, про-*)* nummerieren, durchnummerieren
нутро́ *nt O e (umg)* Inneres *nt*, Seele *f*; **э́то мне не по нутру́** das geht mir gegen den Strich
ны́не *adv* heute, jetzt
ны́нешний *adj (umg)* jetzig, derzeitig
ныря́льщик, ныря́льщица *m K / f A* Taucher, -in *m/f*
ны́тик *m K* Quengler *m*
ныть <*präs:* но́ю, но́ешь> *vi E8 impf* quengeln, jammern
нытьё *nt O1 e* Quengelei *f*, Nörgelei *f*
нюа́нс *m K* Nuance *f*
ню́хать *vt E impf (pf:* по-*)* 1. riechen; 2. schnuppern
ня́ня <*gen pl:* ня́нь, ня́ней> *f A1* 1. Kinderfrau *f*; 2. Au pair *nt*; 3. Babysitter *m*

O

о, O[1] *nt indekl* kyrillischer Buchstabe
о[2] *präp* +*präpos (vor Vokalen:* об*)* über, von, zu; **~ чём** worüber, wovon; **ду́мать ~ бу́дущем** an die Zukunft denken; **забо́титься ~ де́тях** sich um die Kinder sorgen; **проси́ть ~ по́мощи** um Hilfe bitten; **расска́зывать ~ пое́здке** von der Reise erzählen; **об э́том** darüber, davon; **об э́том я позабо́чусь** das kannst du mir überlassen; **об э́том не мо́жет быть и ре́чи** das kommt nicht in Frage
оа́зис *m K* Oase *f*
обагри́ть *vt I pf (impf:* обагря́ть*)* röten
обалдева́ть *vi E impf (pf:* обалде́ть*)* 1. *(umg)* erstaunt [*o* verblüfft]sein; 2. *(umg)* bescheuert sein
обанкро́тившийся *adj* bankrott, pleite

обанкро́титься <*fut:* -о́чусь, -о́тишься> *vr I pf* bankrott gehen, Konkurs anmelden
о́ба, о́бе, о́ба <*gen:* обо́их, обе́их, обо́их> *num m/f/nt* beide; **мы ~** wir beide; **обе́ими рука́ми** mit beiden Händen
обая́ние *nt O2* Charme *m*, Anziehungskraft *f*, Attraktivität *f*
обая́тельный <*kf:* -лен, -льна> *adj* 1. charmant; 2. sympathisch
обва́л *m K* Einsturz *m*; **го́рный ~** Bergrutsch *m*
обвести́ <*fut:* -веду́, -ведёшь> *vt E6a pf (impf:* обводи́ть*)* 1. herumführen; 2. umgeben, umringen; 3. (SPORT) umspielen; **~ кого́-ли́бо вокру́г па́льца** *(fig)* jdn um den kleinen Finger wickeln
обветша́лый <*kf:* -а́л> *adj* baufällig
обвива́ть *vt E impf (pf:* обви́ть*)* umschlingen
обвине́ние *nt O2* 1. Anschuldigung *f*, Beschuldigung *f*; **выдвига́ть** [*o* **предъявля́ть**]**~ кому́-ли́бо** einen Vorwurf erheben (gegen +*akk*) 2. (JUR) Anklage *f*; **предъяви́ть ~** Anklage erheben
обвини́ть *vt I pf (impf:* обвиня́ть*)* 1. anklagen, beschuldigen; 2. vorwerfen, unterstellen; 3. belasten
обвиня́емый *m wie adj* Angeklagte(r) *m*
обви́сший *adj* 1. schlaff, schlapp; 2. hängend
обви́ть <*fut:* обовью́, обовьёшь> *vt E4c pf (impf:* обвива́ть*)* umschlingen
обвора́живать *vt E impf (pf:* обворожи́ть*)* entzücken
обгова́ривать *vt E impf (pf:* обговори́ть*)* absprechen, besprechen, vereinbaren
обгоня́ть *vt E impf (pf:* обогна́ть*)* überholen, überrunden
обгоре́вший *adj* angebrannt
обде́лать *vt E pf (impf:* обде́лывать*)* bearbeiten; **~ де́ло** *(umg)* deichseln
обдели́ть *vt I pf (impf:* обделя́ть*)* übervorteilen
обдира́ловка *f A (umg)* Nepp *m*
обдира́тельство Nepp *m*
обду́мать *vt E pf (impf:* обду́мывать*)* überdenken, durchdenken
обега́ть *vt E pf (impf:* обега́ть*)* ablaufen, abklappern; **~ весь го́род в по́исках чего́-ли́бо** die ganze Stadt auf der Suche nach etw ablaufen
обе́д *m K* 1. Mittagessen *nt*; **оби́льный ~** opulentes Mahl *nt*; **по́сле ~а** nachmittags; **сего́дня по́сле ~а** heute nachmittag; **у нас в 12 ~** wir haben um 12 Uhr Mittagspause 2. Festessen *nt*; **зва́ный ~** Gastmahl *nt*
обе́дать *vi E impf (pf:* по-*)* speisen, zu Mittag essen
обе́денный *adj* Mittags-; **обе́денное вре́мя** Mittagszeit *f*; **~ переры́в** Mittagspause *f*; **~ стол** Esstisch *m*; **в обе́денное**

вре́мя mittags
обезбо́ливание nt O2 (MED) Betäubung f
обезбо́ливающий adj Betäubungs-;
обезбо́ливающее сре́дство Betäubungsmittel nt; **сде́лать кому́-ли́бо ~ уко́л** jdn betäuben
обезво́живание nt O2 Wasserentzug m
обезгла́вить <fut: -влю, -вишь> vt I pf (impf: обезгла́вливать) 1. köpfen; 2. (geh) der Führung berauben
обезжи́ренный adj fettarm, mager; **обезжи́ренное молоко́** Magermilch f; **~ творо́г** Magerquark m
обезлю́деть <nur 3. pers: -еет> vi E pf menschenleer werden
обезобра́живать vt E impf (pf: обезобра́зить) verunstalten
обезья́на f A Affe m; **человекообра́зная ~** Menschenaffe m
обезья́нничанье <gen sg: -ья> nt O1 (umg) Nachäfferei f
обели́ть vt I pf (impf: обеля́ть) (fig) reinwaschen
оберега́ть vt E impf (pf: обере́чь) (от чего́-ли́бо) behüten (vor +dat)
обёртка f A Einschlagpapier nt, Hülle f
обескура́живать vt E impf (pf: обескура́жить) entmutigen
обеспе́чение nt O2 1. Versorgung f; 2. Kaution f; 3. Deckung f, Sicherung f; 4. Absicherung f, Gewährleistung f; 5. Sicherheit f; **аппара́тное ~** (DV) Hardware f; **програ́ммное ~** (DV) Software f; **социа́льное ~** Sozialfürsorge f; **~ банкно́т** Banknotendeckung f; **~ вкла́дов** Einlagensicherung f; **~ в ста́рости** Altersversorgung f; **~ рабо́чего ме́ста** Arbeitsplatzversicherung f; **~ да́нных** (DV) Datensicherung f; **~ со́бственным капита́лом** Eigenkapitalausstattung f; **~ ссу́ды** Darlehenssicherung f; **~ сто́имостного покры́тия** Wertsicherung f; **~ це́нными бума́гами** Securitization f
обеспе́ченный adj gutsituiert, begütert; **материа́льно ~** materiell abgesichert
обеспе́чивать vt E impf (pf: обеспе́чить) 1. sichern, sicherstellen, gewährleisten, ermöglichen; 2. garantieren; 3. versorgen; 4. decken
обессе́ривание nt O2 Entschwefelung f
обессе́ривать vt E impf (pf: обессе́рить) entschwefeln
обесси́ленный adj erschöpft
обесцве́тить <fut: -цве́чу, -цве́тишь> vt I pf (impf: обесцве́чивать) 1. bleichen, entfärben; 2. (во́лосы) blondieren
обесце́нение nt O2 Abwertung f; **~ це́нные бума́ги** Nonvaleurs pl
обесце́ненный adj (ÖKON) entwertet
обесце́нивание nt O2 Entwertung f; **~ де́нег** Inflation f, Geldentwertung f; **~ рубля́** Rubelverfall m
обесце́нивать vt E impf (pf: обесце́нить) entwerten, abwerten, wertlos machen
обесче́стить <fut: -е́щу, -е́стишь> vt I pf (impf: бесче́стить) entehren
обеща́ние nt O2 Versprechen nt; **брать ~ с кого́-ли́бо** jdm ein Versprechen abnehmen; **дава́ть ~** ein Versprechen geben; **сдержа́ть ~** ein Versprechen halten; **~ предоставле́ния креди́та** Kreditzusage f
обеща́ть vt E impf (pf: по-) (кому́-либо что-ли́бо) versprechen
обжа́лование nt O2 (JUR) Berufung f, Appellation f, Anfechtung f einer gerichtlichen Entscheidung; **не подлежа́щий обжа́лованию** nicht berufungsfähig
обже́чь <fut: обожгу́, обожжёшь> vt UE4 pf (impf: обжига́ть) 1. brennen; 2. sich verbrennen
обжо́ра f A (umg:pej) Vielfraß m, Fresssack m
обзавести́сь <fut: -еду́сь, -едёшься> v + inst E6 pf (impf: обзаводи́ться) sich anschaffen, sich ausstatten (mit +dat); **~ семьёй** eine Familie gründen
обзва́нивать vt E impf (impf: обзвони́ть) durchrufen, herumtelefonieren
обзо́р m K Überblick m; **~ пре́ссы** Presseschau f; **~ основны́х средств** Anlagespiegel m
обива́ть vt E impf (pf: оби́ть) 1. beschlagen; 2. polstern; **~ поро́ги** (fig) mit Bitten bestürmen
оби́вка f A Bezug m, Polsterung f
оби́да f A 1. Betroffenheit f; 2. Beleidigung f; **не дава́ть себя́ в оби́ду** seinen Mann stehen
оби́деть <fut: оби́жу, оби́дишь> vt I pf (impf: обижа́ть) kränken, beleidigen; **он му́хи не оби́дит** (fig) er kann keiner Fliege etw zuleide tun
оби́деться <fut: оби́жусь, оби́дишься> vr I pf (impf: обижа́ться) beleidigt sein, sich gekränkt fühlen
оби́дчивый <kf: -ив> adj reizbar
оби́женный adj 1. gekränkt, verletzt; 2. befremdet
оби́лие nt O2 1. Überfluss m; 2. Fülle f
оби́льный <kf: -лен, -льна, -льно> adj reichlich, reichhaltig; **~ обе́д** ausgiebige Mahlzeit f
обиня́к m K e Anspielung f, Andeutung f; **без ~о́в** ohne Umschweife, klipp und klar
обира́ла m A Abzocker m, Beutelschneider m
обира́ловка f A Abzockerei f
обита́емый <kf: -а́ем> adj 1. bewohnt; 2. bewohnbar
обита́тель, обита́тельница m K / f A Bewohner, -in m/f
обита́ть vt E impf bewohnen
оби́ть <fut: обобью́, обобьёшь> vt E4c pf (impf: обива́ть) beschlagen, polstern
обихо́д m K 1. Alltag m; 2. Gebrauch m,

Bedarf m; **предме́ты дома́шнего ~а** Haushaltswaren pl
обка́тка f A **1.** Probefahrt f; **2.** (KFZ) Einfahren nt
обкле́ивать vt E impf (pf: обкле́ить) bekleben
обкра́дывать vt E impf (pf: обокра́сть) bestehlen
обла́ва f A Razzia f
облага́ть vt E impf (pf: обложи́ть) **1.** verkleiden, bedecken; **2.** belegen; **3.** belasten; **~ нало́гом** besteuern; **облага́емый нало́гом** abgabenpflichtig gebührenpflichtig steuerpflichtig; **облага́емый по́шлиной** zollpflichtig gebührenpflichtig
облагора́живание nt O2 Veredelung f
облада́ние Besitz m
облада́тель m K1 **1.** Besitzer m; **2.** Inhaber m; **~ ку́бка** (SPORT) Pokalsieger m
облада́ть v + inst E impf **1.** besitzen, verfügen (über +akk); **2.** (vulg: же́нщиной) ficken
о́блако <gen pl: -о́в> nt O ple Wolke f
обла́мывать vt E impf (pf: облома́ть) abbrechen
обласка́ть vt E pf **1.** gütig behandeln; **2.** begünstigen
о́бласть f I **1.** Bezeichnung für viele Subjekte der Russischen Föderation; **Омская ~** Gebiet Omsk **2.** Gebiet nt, Bereich m, Sparte f, Fachbereich m; **~ зна́ний** Fachgebiet nt, Wissensgebiet nt; **в о́бласти** auf dem Gebiet, im Bereich; **осуществле́ния контро́льных фу́нкцио** Kontrollspanne f; **~ хозя́йства** Wirtschaftsbereich m; **~ эконо́мики** Wirtschaftsbereich m; **~ энерге́тики** Energiesektor m **3.** Gegend nt, Landkreis m
о́блачность f I Bewölkung f
о́блачный <kf: -чен, -чна, -чно> adj wolkig, bewölkt
облега́ть <nur 3. pers: -га́ет> vi E impf (pf: обле́чь) (о пла́тье) sich schmiegen, eng anliegen
облегча́ть vt E impf (pf: облегчи́ть) erleichtern; **~ со́весть** sein Gewissen entlasten
облегче́ние nt O2 **1.** Erleichterung f, Befreiung f; **2.** Vereinfachung f
облеза́ть vi E impf (pf: обле́зть) **1.** (о волоса́х) ausfallen; **2.** (о кра́ске) abbröckeln
облени́ваться vr E impf (pf: облени́ться) faul werden, vergammeln
облепи́ха f A (BOT) Sanddorn m
облесе́ние nt O2 Aufforstung f, Bewaldung f
облесённый adj bewaldet
облета́ть I. vi E pf (impf: облётывать) **1.** vorbeifliegen, umfliegen; **2.** herumfliegen; II. vt E impf (pf: облете́ть) **1.** umfliegen; **2.** (fig) von Mund zu Mund gehen; III. vi E impf (pf: облете́ть) **1.** abfallen; **2.** niederfallen; **листва́ облета́ет** Blätter fallen nieder

облига́ция f A2 Schuldverschreibung f, Obligation f; **~ центра́льного ба́нка** Offenmarktpapiere pl; **~ ба́нка** Bankanleihe f Bankobligation f; **~ зеро́** Zerobond m; **~ с нулевы́м купо́ном** Zerobond m
обли́го nt indekl **1.** Obligo nt, Verbindlichkeit f; **2.** Haftung f
о́блик m K **1.** (вне́шний вид) Antlitz nt; **2.** (хара́ктер, своеобра́зие) Charakter m, Eigenart f, Gepräge nt
обличе́ние nt O2 **1.** Überführung f, Entlarvung f; **2.** Beschuldigung f
обложе́ние nt O2 **1.** Belastung f; **~ многофа́зным нало́гом** Allphasenbesteuerung f; **~ нало́гом с при́былей** Gewinnbesteuerung f; **~ нало́гом** Besteuerung f; **~ нало́гом факти́ческих дохо́дов** Istversteuerung f; **~ тамо́женной по́шлины** Verzollung f; **2.** (MIL) Belagerung f
обло́жка f A Umschlag m, Cover nt
облока́чиваться vr E impf (pf: облокоти́ться) sich mit dem Ellenbogen aufstützen
облупи́ться <nur 3. pers: облу́пится> vr I pf (impf: лупи́ться) **1.** sich häuten, sich schälen; **2.** abbröckeln, abblättern
облуча́ть vt E impf (pf: облучи́ть) bestrahlen
облуче́ние nt O2 Bestrahlung f
облучо́к m K Kutschersitz m, Bock m
обма́кивать vt E impf (pf: обмакну́ть) eintauchen
обма́н m K Betrug m, Täuschung f; **~ зре́ния** optische Täuschung f; **~ чувств** Sinnestäuschung f
обману́ть <fut: -ану́, -а́нешь> vt E1 pf (impf: обма́нывать) täuschen, betrügen, belügen
обма́нчивый <kf: -ив> adj betrügerisch, täuschend
обма́нщик, обма́нщица m K f A Betrüger, -in m/f
обме́н m K **1.** Austausch m; **2.** Umtausch m; **3.** Wechsel m; **~ валю́ты** Geldwechsel m; **~вещест́в** Stoffwechsel m; **~ кварти́р** Wohnungstausch m; **~ мне́ниями** Meinungsaustausch m; **~ уда́рами** Schlagabtausch m; **молодёжный ~** Jugendaustausch m; **шко́льный ~** Schüleraustausch m; **в ~ на что-ли́бо** im Austausch (gegen + akk); **~ информа́цией** Informationsaustausch m; **пункт ~а валю́ты** Wechselstube f; **обме́нное соотноше́ние** Tauschverhältnis nt; **~ о́пытом** Erfahrungsaustausch m
обме́нивать vt E impf (pf: обменя́ть) **1.** (на что-ли́бо) tauschen (gegen +akk); **2.** einlösen, einwechseln
обме́ниваться v + inst E impf (pf: обменя́ться) wechseln, tauschen; **~ впечатле́ниями** Erlebnisse austauschen; **~ почто́выми ма́рками** Briefmarken tauschen; **~ посла́ми** Botschafter austauschen
обме́нный adj Wechsel-; **~ курс** Wechsel-

kurs *m*
обмолоти́ть <*fut:* -лочу́, -ло́тишь> *vt I pf* (*impf:* молоти́ть) dreschen
обморо́женный *adj* erfroren; **обморо́женное ме́сто** Frostbeule *f*
о́бморок *m K* Bewusstlosigkeit *f*, Ohnmacht *f*; **упа́сть в ~** in Ohnmacht fallen, bewusstlos werden
обмыва́ть *vt E impf* (*pf:* обмы́ть) 1. waschen, reinigen; 2. (*поко́йника*) den Leichnam vor der Grablegung waschen (*orthodoxes Ritual*)
обнадёживать *vt E impf* (*pf:* обнадёжить) hoffen lassen, Hoffnungen erwecken
обнадёживающий *adj* vielversprechend
обнажа́ть *vt E impf* (*pf:* обнажи́ть) 1. bloßstellen; 2. entblößen, aufdecken
обнажённый *adj* 1. (*челове́к*) nackt, bloß; 2. (*са́бля*) blank; 3. (*фа́кты*) offengelegt
обнаро́дование *nt O2* Publikmachen *nt*, Verkündigung *f*
обнаро́довать *vt E* veröffentlichen
обнаруже́ние *nt O2* 1. Feststellung *f*, Aufspüren *nt*; **~ оши́бок** (DV) Fehlererkennung *f* 2. Erhebung *f*; **~ доказа́тельства** Beweiserhebung *f* 3. Hervortreten *nt*
обнару́живать *vt E impf* (*pf:* обнару́жить) 1. entdecken, erkennen; 2. auffinden, zum Vorschein bringen, offenbaren; 3. zeigen, erbringen
обнару́живаться *vr E impf* (*pf:* обнару́житься) sich offenbaren
обнима́ть *vt E impf* (*pf:* обня́ть) umarmen
обнови́ть <*fut:* -влю́, -ви́шь> *vt I pf* (*impf:* обновля́ть) erneuern, neugestalten, aktualisieren; **~ устаре́вшее обору́дование** die Altanlage sanieren
обновле́ние *nt O2* Modernisierung *f*; **~ операцио́нной систе́мы** Update *m*; **~ проду́кта** Produktinnovation *f* Relaunch *m*; **~ фа́йла** (DV) Fortschreibung *f*; **~ това́ра** Produktinnovation *f*
обню́хать *vt E pf* (*impf:* обню́хивать) beschnuppern
обня́ть <*fut:* -ниму́, -ни́мешь> *vt E9a pf* (*impf:* обнима́ть) umarmen
обобща́ть *vt E impf* (*pf:* обобщи́ть) 1. verallgemeinern, generalisieren; 2. zusammenfassen; 3. auswerten
обобще́ние *nt O2* 1. Verallgemeinerung *f*; 2. Zusammenfassung *f*; 3. Auswertung *f*
обогати́ть <*fut:* -ащу́, -ати́шь> *vt I pf* (*impf:* обогаща́ть) 1. (BERGB) aufbereiten; 2. anreichern; 3. (*fig*) bereichern, ergänzen
обогаща́ть *vt E* 1. bereichern; 2. aufbereiten
обогаще́ние *nt O2* 1. Bereicherung *f*; 2. (BERGB) Aufbereitung *f*; **~ содержа́ния трудово́й де́ятельности** (ÖKON) Jobenrichment *nt*
обогна́ть <*fut:* обгоню́, обго́нишь> *vt I pf* (*impf:* обгоня́ть) überholen
обогрева́ть *vt E pf* (*impf:* обогре́ть) 1. wärmen; 2. beheizen
о́бод *m K* Felge *f*
обожестви́ть <*fut:* -влю́, ви́шь> *vt I pf* (*impf:* обожествля́ть) vergöttern
обозли́ться <*fut:* -злю́сь, зли́шься> *vr I pf* (*impf:* зли́ться) sich erzürnen, in Wut geraten
обознача́ть *vt E impf* (*pf:* обозна́чить) 1. markieren, kennzeichnen; 2. bedeuten, besagen
обозначе́ние *nt O2* 1. (*на ка́рте*) Markierung *f*; 2. (*наименова́ние*) Bezeichnung *f*; **~ происхожде́ния това́ра** Warenherkunftsbezeichnung *f*
обозрева́ть *vt E impf* (*pf:* обозре́ть) überblicken
обозри́мый <*kf:* -и́м> *adj* absehbar
обо́и <*gen pl:* -о́ев> *pl K2* Tapete *f*; **мо́ющиеся ~** abwaschbare Tapete *f*; **окле́ивать обо́ями** tapezieren
обойти́ <*fut:* -йду́, -йдёшь> *vt E7a pf* (*impf:* обходи́ть) (*auch fig*) umgehen, übergehen
обойти́сь <*fut:* -йду́сь, -йдёшься> *vr E7a pf* (*impf:* обходи́ться) 1. (*с кем-ли́бо*) behandeln, umgehen (mit +*dat*); 2. (*чем-ли́бо*) auskommen (mit +*dat*); 3. (*без чего́-ли́бо*) entbehren können
обокра́сть <*fut:* обкраду́, обкрадёшь> *vt E6a pf* (*impf:* обкра́дывать) bestehlen
оболва́нивание *nt O2* Verdummung *f*; **~ наро́дных масс** Verdummung *f* der Volksmassen
оболва́нивать *vt E impf* (*pf:* оболва́нить) verdummen
оболо́чка *f A* 1. Hülle *f*; **бре́нная ~** sterbliche Hülle *f*; **земна́я ~** Erdkruste *f* 2. (ANAT) Haut *f*; **се́тчатая ~** Netzhaut *f*
обольсти́тельный <*kf:* -лен, -льна> *adj* verführerisch
обольсти́ться <*fut:* -льщу́сь, -льсти́шься> *vr I pf* (*impf:* обольща́ться) sich verführen [*o* verleiten]lassen
обоня́ние *nt O2* Geruchssinn *m*
обоня́ть *vt E impf* (*geh*) riechen
обо́рванный <*kf:* -ан> *adj* (*umg*) zerlumpt
оборва́ть <*fut:* -рву́, -рвёшь> *vt E4 pf* (*impf:* обрыва́ть) 1. abpflücken, abreißen; 2. zerreißen
обо́рка *f A* Krause *f*, Rüsche *f*
оборо́на *f A* (MIL) Verteidigung *f*, Abwehr *f*; **министе́рство оборо́ны** Verteidigungsministerium *nt*
оборони́тельный *adj* defensiv, Verteidigungs-
оборо́нка *f A* (*umg:* оборо́нная промы́шленность) Rüstungsindustrie *f*
оборо́т *m K* 1. Wendung *f*; 2. (ÖKON) Umsatz *m*; 3. Umschlag *m*; 4. (TECH) Umdrehung *f*; 5. Kehrseite *f*, Rückseite *f*; **см. на**

оборо́те bitte wenden; **брать кого́-ли́бо в ~** jdn ins Gebet nehmen, jdn in die Mangel nehmen; **на -е** auf der Rückseite; **приня́ть неожи́данный ~** eine überraschende Wendung nehmen; **~ де́нежной ма́ссы** Geldumlauf m; **~ конце́рна** Konzernumsatz m; **~ не́тто** Nettoumsatz m

оборо́тный adj 1. Kehr-; 2. (ÖKON) Umlauf-; 3. (ÖKON) negoziabel; **оборо́тная сторона́** Kehrseite f; Rückseite f; **оборо́тные сре́дства** Betriebsmittel pl; **~ докуме́нт** Orderpapiere pl; **~ капита́л** Betriebsmittel pl, Umlaufvermögen nt

обору́дование nt O2 1. Ausrüstung f, Ausstattung f, Einrichtung f; 2. Anlage f; 3. Investitionsgut nt; **~ предприя́тия** Betriebsmittel pl Betriebsausstattung f

обору́довать vt E2 impf/pf einrichten, ausstatten; **~ лаборато́рию** ein Labor einrichten

обоснова́ние nt O2 Begründung f; **те́хнико-экономи́ческое ~** Feasibility-Studie f

обосно́ванность f I 1. Stichhaltigkeit f; 2. Validität f

обосно́ванный <kf: -ан> adj 1. stichhaltig; 2. fundiert

обоснова́ть vt E2 pf (impf: обосно́вывать) begründen

обоснова́ться vr E2 pf (impf: обосно́вываться) 1. sich niederlassen; 2. sich etablieren

обосо́бить <fut: -блю, -бишь> vt I pf (impf: обособля́ть) ausgrenzen, absondern

обособле́ние nt O2 Absonderung f, Isolierung f

обостре́ние nt O2 Verschärfung f; **~ конфли́кта** Zuspitzung f des Konflikts

обостри́ть <fut: -рю́, -ри́шь> vt I pf (impf: обостря́ть) verschärfen, zuspitzen

обостри́ться <fut: -рю́сь, -ри́шься> vr I pf (impf: обостри́ться) sich verschärfen, zunehmen

обраба́тывать vt E impf (pf: обрабо́тать) 1. bearbeiten, abarbeiten, erledigen; 2. (AGR) bestellen, bewirtschaften

обрабо́тка f A 1. Bearbeitung f; 2. (-информа́ции) Auswertung f; 3. Veredelung f; **~ да́нных** (DV) Datenverarbeitung f; **~ да́нных в режи́ме он-ла́йн** (DV) On-Line-Verarbeitung f; **~ те́кста** (DV) Textverarbeitung f

обра́довать vt E2 pf (impf: ра́довать) erfreuen

о́браз m K 1. Bild nt; **~ врага́** Feindbild nt 2. (литерату́рный) Gestalt f; 3. Image nt; **~ ма́рки** Markenimage nt 4. Weise f, Art f; **~ жи́зни** Lebensweise f, Lebensstil m, Lebenswandel m; **~ де́йствий** Vorgehen nt, Verhalten nt

образе́ц <gen sg: -зца́> m K e 1. Muster nt, Vorbild nt, Vorlage f; 2. (TECH) Probe f, Prüfstück nt; **~ това́ра** Warenprobe f

о́бразный <kf: -зен, -зна, -зно> adj bildhaft, figürlich

образова́ние nt O2 1. Bildung f; 2. Ausbildung f; **~ взро́слых** Erwachsenenbildung f; **~ вы́сшее** Hochschulbildung f 3. Formation f; 4. Gebilde nt; 5. Gestaltung f, Herausbildung f; **~ иму́щества** Vermögensbildung f; **~ капита́ла** Kapitalbildung f; **~ состоя́ния** Vermögensbildung f

образо́ванный <kf: -ан> adj 1. gebildet, kultiviert; 2. gelehrt; 3. (со́зданный) gegründet

образова́ть vt E2 pf (impf: образо́вывать) 1. bilden; 2. formieren

образова́ться vi E2 pf (impf: образо́вываться) 1. entstehen; 2. sich bilden; **всё образу́ется** alles kommt wieder ins Lot; **остально́е образу́ется** das Übrige wird sich finden

образцо́вый <kf: -о́в> adj beispielhaft, mustergültig

обра́мить <fut: -млю, -мишь> vt I pf (impf: обрамля́ть) einfassen, umrahmen

обрати́мость f I 1. Umkehrbarkeit f; 2. (ÖKON) Konvertierbarkeit f

обрати́мый adj konvertierbar

обрати́ть <fut: -ащу́, -ати́шь> vt I pf (impf: обраща́ть) 1. hinwenden, zuwenden; 2. (fig) lenken, richten; 3. verwandeln; 4. (REL: auch fig) bekehren (zu +dat)

обрати́ться <fut: -ащу́сь, -ати́шься> vr I pf (impf: обраща́ться) 1. sich wenden, sich richten an (на +akk); 2. verfahren, umgehen, vorgehen

обра́тный adj 1. entgegengesetzt, konträr, Gegen-; 2. zurück, Rück-; **~ биле́т** Rückfahrkarte f; **обра́тная коса́я черта́** (DV) Backslash m; **обра́тная доро́га** Rückweg m; **обра́тная перемо́тка** Playback nt; **обра́тной по́чтой** postwendend zurückschicken; **~ полёт** Rückflug nt; **обра́тной си́лой** rückwirkend; **~ слова́рь** rückläufiges Wörterbuch nt; **на обра́тном пути́** auf der Heimreise; **обра́тная связь** Rückkoppelung f, Feedback nt; **обра́тная вы́плата** Rückzahlung f; **обра́тная калькуля́ция** retrograde Kalkulation f; **~ ве́ксель** Retourwechsel m; **~ иск по ве́кселю** Wechselrückgriff m; **обра́тное тре́бование** Rückgriff m, Regress m

обраща́емость f I Umlaufgeschwindigkeit f

обраща́ть vt E impf (pf: обрати́ть) 1. hinwenden, zuwenden; 2. (fig) lenken, richten; **~ внима́ние на что-ли́бо** seine Aufmerksamkeit richten (auf +akk); **не ~ на что-ли́бо внима́ния** hinweggehen (über + akk); **~ в госуда́рственную со́бственность** verstaatlichen 3. (REL: auch fig) bekehren (zu +dat)

обраща́ться vr I impf (pf: обрати́ться) 1. verfahren, umgehen, vorgehen; **уме́ть ~ с чем-ли́бо** etw handhaben; **пло́хо ~ с**

чем-ли́бо etw stiefmütterlich behandeln **2.** sich wenden (an +akk); **3.** vorsprechen; **~ в арбитра́жную коми́ссию** die Schiedskommission anrufen; **~ в газе́ту** an eine Zeitungsredaktion schreiben; **~ за сове́том** um Rat fragen; **~ с вопро́сом к кому́-ли́бо** eine Frage richten (an +akk); **~ к кому́-ли́бо за по́мощью** jdn um Hilfe bitten; **~ к кому́-ли́бо с про́сьбой** mit einer Bitte herantreten (an +akk) **4.** ansprechen, anreden; **~ на вы** siezen; **~ по и́мени к кому́-ли́бо** jdn mit dem Vornamen anreden **5.** sich verwandeln (in +akk)

обраще́ние nt O2 **1.** Umgang m, Verkehr m (mit +dat); **прибо́р прост в обраще́нии** das Gerät ist leicht zu handhaben **2.** Anrede f; **3.** Eingabe f, Botschaft f; **~ к наро́ду** Appell m an das Volk **4.** Rückgriff m (auf +akk); **5.** (TECH, ÖKON) Umlauf m; **6.** (REL) Bekehrung f; **~ в инста́нции** Instanzenweg m

обреза́ние nt O2 Beschneidung f

обре́зать <fut: -ре́жу, -ре́жешь> vt E4 pf (impf: обреза́ть) **1.** abschneiden; **2.** (садо́вые дере́вья) stutzen; **3.** beschneiden

обремене́ние nt O2 Belastung f

обремени́тельный <kf: -лен, -льна, -льно> adj **1.** beschwerlich; **2.** lästig

обременя́ть vt E **1.** belasten; **2.** belästigen (mit +dat)

оброни́ть <fut: -оню́, -о́нишь> vt I pf **1.** fallen lassen, verlieren; **2.** nebenbei bemerken

обруга́ть vt E pf (impf: руга́ть) schimpfen, beschimpfen

о́бруч m K Reifen m

обруча́ться vr E impf (pf: обручи́ться) sich verloben

обруше́ние nt O2 Einsturz m

обру́шиваться vr E impf (pf: обру́шиться) **1.** einstürzen; **2.** (fig) heimsuchen

обры́в m K Abgrund m, Abhang m

обрыва́ть vt E impf (pf: оборва́ть) **1.** abreißen; **2.** abbrechen, unterbrechen; **~ на полусло́ве** mitten im Satz abbrechen; **~ разгово́р** das Gespräch abbrechen **3.** (Früchte) pflücken

обры́вок <gen sg: -вка> m K Bruchstück nt, Fetzen m

обры́згать vt E pf (impf: обры́згивать) besprtizen

ОБСЕ akr von Организа́ция по Безопа́сности и Сотру́дничеству в Евро́пе OSZE f

обсервато́рия f A2 Observatorium nt, Sternwarte f

обсле́дование nt O2 Untersuchung f, Test m; **~ на СПИД** Aidstest m

обслу́живание nt O2 **1.** Betreuung f, Bedienung f; **медици́нское ~** ärztliche Versorgung f **2.** (пассажи́ров) Abfertigung f; **3.** (те́хники) Wartung f, Bedienung f,

Service m; **~ до́лга** Schuldendienst m

обслу́живать vt E impf (pf: обслужи́ть) **1.** bedienen; **2.** betreuen

обста́вить <fut: -влю, -вишь> vt I pf (impf: обставля́ть) (кварти́ру) herrichten, möblieren, ausstatten

обстано́вка f A **1.** Atmosphäre f, Klima nt; **2.** (кварти́ры) Ausstattung f, Einrichtung f

обстоя́тельный <kf: -лен, -льна> adj **1.** ausführlich, eingehend; **2.** umständlich

обстоя́тельство nt O **1.** Umstand m; **2.** (LING) Adverb nt; **3.** Bedingung f; **форс-мажо́рные обстоя́тельства** höhere Gewalt f; **с учётом э́тих обстоя́тельств** unter diesen Gesichtspunkten; **~ непреодоли́мой си́лы** höhere Gewalt f

обстре́л m K Beschuss m

обсуди́ть <fut: -ужу́, -у́дишь> vt I pf (impf: обсужда́ть) besprechen, erörtern, diskutieren

обсужда́ть vt E impf (pf: обсуди́ть) beraten, besprechen, diskutieren

обсужде́ние nt O2 Besprechung f, Erörterung f, Diskussion f

обсчита́ть vt E pf (impf: обсчи́тывать) **1.** rechentechnisch erfassen; **2.** übervorteilen, prellen

обсчита́ться vi E pf (impf: обсчи́тываться) sich verrechnen

обта́чивать vt E impf (pf: обточи́ть) abschleifen

обтека́емый <kf: -ем> adj stromlinienförmig

обтрёпываться vr E impf (pf: обтрепа́ться) ausfransen

обу́гливаться vr E impf (pf: обу́глиться) verkohlen

обу́за f A (fig) Last f, lästige Verpflichtung f

обузда́ть vt E pf (impf: обу́здывать) zügeln, bändigen

обусла́вливать, обусло́вливать vt E impf (pf: обусло́вить) **1.** bedingen; **2.** Grundlage sein (für +akk); **обусло́вленный конъюнкту́рой** konjunkturbedingt; **обусло́вленное изно́сом списа́ние** verbrauchsbedingte Abschreibung f

обустра́ивать vt E impf (pf: обустро́ить) **1.** eingliedern, integrieren; **2.** ordnen, Ordnung schaffen

обустро́йство nt O Wiedereingliederung f

о́бух m K Beilrücken m

обуча́ть vt E impf (pf: обучи́ть) **1.** ausbilden, schulen, lehren; **2.** unterrichten

обуча́ться v + dat E impf (pf: обучи́ться) **1.** lernen; **2.** studieren; **3.** ausgebildet werden

обуче́ние nt O2 **1.** Unterricht m; **2.** Ausbildung f, Lehre f; **3.** Schulung f, Training nt; **~ пра́вилам безопа́сности движе́ния** Verkehrserziehung f; **~**

взро́слых Erwachsenenbildung *f*; **~ ка́дров** Personalausbildung *f*; **~ комме́рческой де́ятельности** kaufmännische Lehre *f*; **~ персона́ла** Personalausbildung *f*; **~ торго́вому де́лу** Verkäuferschulung *f*

обхо́д *m K* 1. Rundgang *m*; 2. Umgehung *f*, Umgehen *nt*; **враче́бный ~** (MED) Visite *f*; **в ~ зако́на** in Umgehung des Gesetzes

обходи́тельность *f I* 1. Umgänglichkeit *f*; 2. Zuvorkommenheit *f*

обходи́тельный <*kf:* -лен, -льна> *adj* 1. umgänglich, gesellig; 2. zuvorkommend

обходи́ть <*präs:* -хожу́, -хо́дишь> *vt I impf* (*pf:* обойти́) 1. (*auch fig*) umgehen, übergehen; **~ кого́-ли́бо за версту́** jdn meiden, einen Bogen machen (um +*akk*) 2. begehen; 3. (*umg*) abklappern; 4. (*fig*) sich verbreiten

обходи́ться <*präs:* -хожу́сь, -хо́дишься> *vr I impf* (*pf:* обойти́сь) 1. (*с кем-ли́бо*) behandeln, umgehen (mit +*dat*); 2. (*чем-ли́бо*) auskommen (mit +*dat*); 3. (*без чего́-ли́бо*) entbehren können; **не име́ть возмо́жности ~ без чего́-ли́бо** angewiesen sein (auf +*akk*); **совсе́м без тру́дностей не обошло́сь** ganz ohne Schwierigkeiten ging es nicht ab

обши́вка *f A* 1. Bezug *m*, Polsterung *f*; 2. Borte *f*; 3. (*металли́ческая*) Beschlag *m*

обща́ться *vr E impf* 1. kontaktieren; 2. Umgang haben, verkehren (mit +*dat*)

общегерма́нский *adj* gesamtdeutsch

общежи́тие *nt O2* 1. Wohnheim *nt*; 2. Gemeinschaftsleben *nt*; **студе́нческое ~** Studentenwohnheim *nt*; **челове́ческое ~** Zusammenleben *nt*, Miteinander *nt*

обще́ние *nt O2* 1. Kontakt *m*; 2. Umgang *m*, Verkehr *m*

обще́ственность *f I* 1. Öffentlichkeit *f*; 2. Allgemeinheit *f*, Allgemeinwesen *nt*; **свя́зи с ~ю** Öffentlichkeitsarbeit *f*; **уча́стие обще́ственности** Bürgerbeteiligung *f*; **сде́лать что-ли́бо достоя́нием обще́ственности** an die Öffentlichkeit bringen (mit +*dat*); **стать достоя́нием обще́ственности** an die Öffentlichkeit gelangen

обще́ственный *adj* 1. öffentlich; 2. gesellschaftlich; 3. gemeinschaftlich; **обще́ственная жизнь** Gemeinwesen *nt*; **обще́ственное мне́ние** öffentliche Meinung *f*; **обще́ственное объедине́ние** Bürgervereinigung *f*; **обще́ственная организа́ция** Massenorganisation *f*; **~ тра́нспорт** öffentliche Verkehrsmittel *nt pl*; **в обще́ственных места́х** in der Öffentlichkeit; **на обще́ственных нача́лах** ehrenamtlich; **обще́ственная по́льза** gesellschaftlicher Nutzen *m* Gemeinnützigkeit *f*; **обще́ственная со́бственность** Kollektivgut *nt*; **~ строй** Gesellschaftssystem *nt*; **~ проду́кт** Sozialprodukt *nt*; **обще́ственное пита́ние и гости́ничное де́ло** Gastgewerbe *nt*

о́бщество *nt O* 1. Gesellschaft *f*; 2. Allgemeinheit *f*; 3. Öffentlichkeit *f*; 4. (*организа́ция*) Gesellschaft *f*, Verband *m*, Vereinigung *f*, Verein *m*; **информацио́нное ~** Informationsgesellschaft *f*; **~ защи́ты прав потреби́телей** Verbraucherzentrale *f*; **~ потребле́ния** Konsumgesellschaft *f*; **~ с ограни́ченной отве́тственностью** Gesellschaft *f* mit beschränkter Haftung , GmbH *f*; **гражда́нское ~** bürgerliche Gesellschaft *f*; **опеку́нское ~** Treuhandanstalt *f*; **откры́тое ~** offene Gesellschaft *f*; **спорти́вное ~** Sportverein *m*; **~ всео́бщего благоде́нствия** Wohlstandsgesellschaft *f*; **~ довери́тельных опера́ций** Treuhandgesellschaft *f*; **~ изоби́лия** Überflussgesellschaft *f*; **~ со сме́шанным капита́лом** gemischte Gründung *f*; **~ потребле́ния однора́зовых това́ров** Wegwerfgesellschaft *f*; **~ с привлека́емым капита́лом** Kapitalgesellschaft *f*; **~, осно́ванное с це́лью уменьше́ния нало́гового бре́мени** Verlustzuweisungsgesellschaft *f*; **~ по испо́льзованию а́вторских прав** Verwertungsgesellschaft *f*; **~ по сбы́ту** Vertriebsgesellschaft *f*

обществове́дение *nt O2* Sozialkunde *f*, Gemeinschaftskunde *f*

общечелове́ческий *adj* allgemeinmenschlich; **общечелове́ческая культу́ра** Menschheitskultur *f*

о́бщий <*kf:* о́бщ, обща́> *adj* gesamt, allgemein; **о́бщее впечатле́ние** Gesamteindruck *m*; **о́бщее образова́ние** Allgemeinbildung *f*; **~ хара́ктер** Allgemeinheit *f*; **о́бщие це́ли** gemeinsame Ziele *nt pl*; **в о́бщем и це́лом** im Großen und Ganzen; **де́лать о́бщее де́ло** an einem Strang ziehen; **име́ть что-ли́бо о́бщее с кем-ли́бо/чем-ли́бо** etw gemein haben (mit +*dat*); **о́бщие затра́ты** Gemeinkosten *pl*, Gesamtausgaben *pl*; **о́бщие изде́ржки** Gesamtausgaben *pl*; **о́бщие накла́дные расхо́ды** Overhead *m*; **о́бщие произво́дственные расхо́ды** Fertigungsgemeinkosten *pl*; **~ капита́л компа́нии** Gewerbekapital *nt*; **~ распоря́док** generelle Regelung *f*; **О́бщий ры́нок** European Economic Community *f*, Gemeinsamer Markt *m*; **о́бщая по́льза** gesellschaftlicher Nutzen *m*; **о́бщая амортиза́ция** Pauschalabschreibung *f*; **о́бщая вы́ручка** Gesamterlös *m*; **о́бщая дове́ренность** Gesamtprokura *f*; **о́бщая дове́ренность на управле́ние филиа́лом** Filialprokura *f*; **о́бщая долева́я со́бственность** Bruchteilsgemeinschaft *f*; **о́бщая мо́щность** Gesamtkapazität *f*; **о́бщая оце́нка** Pauschalbewertung *f*, Sammelbewertung *f*; **о́бщая**

полéзность gesellschaftlicher Nutzen *m*; **óбщая сóбственность** Miteigentum *nt*; **óбщая стóимость закáза** Gesamtauftragswert *m*; **óбщая сýмма** Pauschalbetrag *m*, Gesamtbetrag *m*; **óбщая сýмма зáработка** Bruttoverdienst *m*; **общегосудáрственный бюджéт** Bundeshaushalt *m*; **общегосудáрственный заём** Bundesanleihe *f*; **óбщее блáго** Wohlfahrt *f*, Gemeinwohl *nt*; **óбщее числó зáнятых** Gesamtbeschäftigtenzahl *f*; **óбщее руковóдство** Gesamtleitung *f*; **óбщее имýщество** Gesamtvermögen *nt*; **óбщее собрáние** Generalversammlung *f*, Vollversammlung *f*, Hauptversammlung *f*; **óбщее хозя́йство** Gemeinwirtschaft; **óбщее собрáние акционéров** Universalversammlung *f*; **óбщее собрáние кредитóров** Gläubigerversammlung *f*; **óбщее списáние** Pauschalabschreibung *f*; **óбщее услóвие** Rahmenbedingung *f*; **óбщее плани́рование** Rahmenplanung *f*

общи́на *f A* 1. Gemeinde *f*; **общи́нная сóбстевенность** Gemeineigentum *nt* 2. Bevölkerungsgruppe *f*

общи́тельность *f I* 1. Geselligkeit *f*; 2. Kontaktfreudigkeit *f*

общи́тельный <*kf:* -лен, -льна> *adj* 1. kontaktfreudig; 2. gesellig, aufgeschlossen

óбщность *f I* 1. Gemeinsamkeit *f*; 2. Gemeinschaft *f*; ~ **имýщества** Gütergemeinschaft *f*; ~ **интерéсов** Interessengemeinschaft *f*

объединéние *nt O2* 1. Vereinigung *f*, Zusammenschluss *m*, Fusion *f*; ~ **Гермáнии** Wiedervereinigung *f* Deutschlands 2. Union *f*, Verbund *m*; 3. Verein *m*, Bund *m*; ~ **избирáтелей** Wählergemeinschaft *f*; ~ **профсоюзов** Gewerkschaftsbund *m*; ~ **уси́лий** vereinte Bemühungen *f pl*; ~ **интерéсов совмéстного осуществлéния закýпок** Einkaufsgemeinschaft *f*; ~ **потреби́телей** Verbraucherverband *m*; ~ **предприя́тий** Unternehmensverband *m*; ~ **профсоюзов** Gewerkschaftsbund *m*; ~ **акционéров** Aktionärsvereinigung *f*

объединённый *adj* vereint, geeint; ~ **объединённая экономи́ка** Verbundwirtschaft *f*, **объединённая энергосистéма** Verbundnetz *nt*

объедини́ть *vt I pf* (*impf:* объедня́ть) 1. vereinigen; 2. verknüpfen, zusammenfassen

объедини́ться *vr I pf* (*impf:* объединя́ться) 1. sich vereinigen; 2. (*с кем-ли́бо прóтив когó-ли́бо*) sich (mit jdm gegen jdn) verbünden

объéзд *m K* 1. Umleitung *f*; 2. Umgehungsstraße *f*

объéздить <*fut:* -жу, -здишь> *vt I pf* (*impf:* объезжáть) bereisen

объезжáть *vt E impf* (*pf:* объéздить, объéхать) 1. bereisen; 2. umfahren; 3. alles abfahren; 4. aufsuchen; 5. (*Pferd*) zureiten

объéкт *m K* 1. Objekt *nt*, Gegenstand *m*; **калькуляциóнный** ~ (ÖKON) Kostenträger *m*; ~ **налóгового обложéния** Steuerobjekt *nt* 2. Ziel *nt*; ~ **вожделéний** Lustobjekt *nt*; ~ **изучéния** Studienobjekt *nt* 3. Anlage *f*; **воéнный** ~ Rüstungsanlage *f*; **неопóзнанный летáющий** ~ [*о* **НЛО**] Ufo *nt*

объекти́в *m K* (FOT) Objektiv *nt*

объекти́вность *f I* Objektivität *f*

объекти́вный <*kf:* -вен, -вна> *adj* objektiv

объём *m K* 1. Umfang *m*, Volumen *nt*; ~ **вы́воза** Ausfuhrvolumen *nt*, Exportvolumen *nt*; ~ **внéшней торгóвли** Außenhandelsvolumen *nt*; ~ **груди́** Oberweite *f*; ~ **добы́чи** (BERGB) Fördermenge *f*; ~ **закáза** Auftragshöhe *f*, Bestellmenge *f*; ~ **и́мпорта** Importvolumen *nt*, Einfuhrvolumen *nt*; ~ **продáж** Umsatz *m*; ~ **объём сбы́та** Gesamtabsatz *m*; ~ **сдéлок** Geschäftsumfang *m*; ~ **спрос** Gesamtnachfrage *f*; ~ **экспорта** Ausfuhrvolumen *nt*, Exportvolumen *nt* 2. Fassungsvermögen *nt*, Rauminhalt *m*

объёмистый <*kf:* -ист> *adj* (*umg*) umfassend, voluminös

объёмный <*kf:* -мен, -мна> *adj* umfangreich

объéхать <*fut:* -éду, -éдешь> *vt UE2 pf* (*impf:* объезжáть) 1. bereisen; 2. umfahren; 3. alles abfahren; 4. aufsuchen

объяви́ть <*fut:* -явлю́, -я́вишь> *vt I pf* (*impf:* объявля́ть) erklären, bekanntgeben, bekanntmachen, verkünden

объяви́ться <*fut:* -явлю́сь, -я́вишься> *vr I pf* (*impf:* объявля́ться) sich einfinden, auftauchen

объявлéние *nt O2* 1. Erklärung *f*; 2. Ankündigung *f*, Bekanntmachung *f*; 3. Aushang *m*; ~ **кóнкурса** Ausschreibung *f* 4. (*в газéте*) Inserat *nt*, Annonce *f*; 5. (*по рáдио*) Ansage *f*, Durchsage *f*; ~ **войны́** Kriegserklärung *f*; ~ **о рóзыске (престýпника)** Steckbrief *m*; ~ **нóвый вы́боров** Ausschreibung *f* von Neuwahlen; ~ **о свобóдных вакáнсиях** Stellenanzeige *f*; ~ **чрезвычáйного положéния** Verhängung *f* des Ausnahmezustandes; **небольшóе** ~ Kleinanzeige *f*; **чáстное** ~ private Anzeige *f*; **давáть** [*о* **помещáть**]~ annoncieren

объя́вленный *adj* 1. erklärt; 2. angekündigt, angesagt, bekanntgegeben; **объя́вленная цена́** Ausrufpreis *m*

объявля́ть *vt E impf* (*pf:* объяви́ть) 1. erklären; 2. bekanntgeben, beschäftmachen; 3. ansagen; ~ **нóвые вы́боры** Neuwahlen ausschreiben; ~ **о предстоя́щем бракосочетáнии** das Aufgebot bestellen; ~ **чрезвычáйное положéние** den Ausnahmezustand verhängen 4. (*когó-ли́бо кем-ли́бо*) ausrufen, proklamieren; ~

святы́м jdn heiligsprechen **5.** annoncieren, inserieren

объявля́ться *vr E impf* (*pf:* **объяви́ться**) sich einfinden, auftauchen

объясне́ние *nt O2* Erklärung *f*; **~ в любви́** Liebeserklärung *f*

объясни́мый <*kf:* -и́м> *adj* (*geh*) erklärbar

объясни́ть *vt I pf* (*impf:* объясня́ть) **1.** erklären; **2.** erläutern

обыкнове́нный <*kf:* -е́нен, -е́нна> *adj* **1.** normal; **2.** gewöhnlich, gemein; **обыкнове́нные лю́ди** Durchschnittsmenschen *m pl*

о́быск *m K* Durchsuchung *f*

обыска́ть <*fut:* -ыщу́, ы́щешь> *vt E4 pf* (*impf:* обы́скивать) absuchen, durchsuchen

обы́чай *m K2* Brauch *m*, Sitte *f*; **наруша́ть стари́нный ~** einen alten Brauch brechen

обы́чный <*kf:* -чен, -чна> *adj* **1.** gewöhnlich, normal, durchschnittlich; **2.** konventionell, herkömmlich, regulär; **~ на ры́нке** marktüblich; **обы́чное ка́чество** Durchschnitt *m*; **обы́чная нало́говая ста́вка** Normalsteuersatz *m*; **обы́чная цена́** Normalpreis *m*

объе́ктно-ориенти́рованный *adj* (DV) objektorientiert

объём 1. Menge *f*; **2.** Volumen *nt*; **3.** Kapazität *f*; **~ вво́за** Ausfuhrvolumen *nt*; **~ вне́шней торго́вли** Außenhandelsvolumen *nt*; **~ зака́за** Auftragshöhe *f*, Bestellmenge *f*; **~ и́мпорта** Importvolumen *nt*, Einfuhrvolumen *nt*; **~ сбы́та** Marktvolumen *nt*, Absatzvolumen *nt*; **~ сде́лки** Geschäftsumfang *m*; **~ э́кспорта** Ausfuhrvolumen *nt*

обя́занность *f I* **1.** Pflicht *f*; **2.** Verpflichtung *f*; **3.** Funktion *f*, Aufgabe *f*; **возлага́ть на кого́-либо дополни́тельные обя́занности** jdm zusätzliche Verpflichtungen auferlegen [*o* aufbürden]; **э́то вхо́дит в его́ ~** dies gehört zu seinen Pflichten; **~ публика́ции годово́го отчёта** (ÖKON) Publikationspflicht *f*; **~ публика́ции годово́го бала́нса** Publikationspflicht *f*; **~ предприя́тий публикова́ть материа́лы о свое́й де́ятельности** Veröffentlichungspflicht *f*; **~ допла́ты** Nachschusspflicht *f*; **~ вести́ бухга́лтерский учёт** Buchführungspflicht *f*; **~ внесе́ния дополни́тельных взно́сов** Nachschusspflicht *f*; **~ передле́жжнёой фо́рмы** Formzwang *m*; **исполня́ющий ~и** [*o* и.о.] (ADMIN) designiert

обя́занный <*kf:* -ан, -ана> *adj* verpflichtet; **быть обя́занным чем-ли́бо кому́-ли́бо** jdm etw zu verdanken haben; **~ плати́ть нало́ги** steuerpflichtig

обяза́тельность *f I* Verbindlichkeit *f*

обяза́тельный <*kf:* -лен, -льна> *adj* **1.** unbedingt; **2.** obligatorisch, verbindlich; **~ предме́т** Pflichtfach *nt*; **обяза́тельная програ́мма** Pflichtprogramm *nt*; **обяза́тельная регистра́ция** Meldepflicht *f*; **обяза́тельное усло́вие** unablässige Bedingung *f*; **~ взнос** Pflichtbeitrag *m* , Zwangsbeitrag *m*; **~ вклад** Pflichteinlage *f*; **~ к регистра́ции** meldepflichtig; **~ платёж** Zwangsbeitrag *m*; **~ резе́рв** Zwangsreserve *f*; **~ хара́ктер** Verbindlichkeit *f*; **обяза́тельное страхова́ние** Versicherungspflicht *f* Pflichtversicherung *f*; **обяза́тельное чле́нство** Zwangsmitgliedschaft *f*, Pflichtmitgliedschaft *f* **3.** (*Charakter*) pflichtbewusst

обяза́тельство *nt O* **1.** Verpflichtung *f*; **2.** Verbindlichkeit *f*; **3.** Auflage *f*; **4.** Engagement *nt*; **5.** Bindung *f*; **6.** Obligation *f*; **брать на себя́ обяза́тельства** Verpflichtungen eingehen; **~ по переда́точным на́дписям** Giroobligo *nt*; **~ исполня́емое по ме́сту пребыва́ния кредито́ра** Bringschuld *f*; **~ предоста́вить документа́цию** Unterlagenpflicht *f*; **~ ба́нка по акце́птному креди́ту** Akzeptverbindlichkeit *f*; **~ исполня́емое по ме́сту пребыва́ния должника́** Holschulden *pl*

обя́зывать *vt E impf* (*pf:* обяза́ть) verpflichten

обя́зываться *vr E* engagieren, sich verpflichten

ова́льный *adj* oval

ова́ция *f A2* Ovation *f*; **бу́рные ова́ции** frenetischer Beifall *m*

овдове́вший *adj* verwitwet

овердра́фт *m K* Überziehungskredit *m*

овёс *m K* Hafer *m*

ове́чий *adj* Schafs-

ове́чка *f A* Schäfchen *nt*; **неви́нная ~** (*fig*) Unschuldslamm *nt*

ОВИР *abk von* отде́л виз и реигстра́ций *m* Amt für Visa und Ausländerregistrierung

овладева́ть *v + inst E impf* (*pf:* овладе́ть) **1.** (MIL) einnehmen; **2.** erlernen; **3.** meistern, beherrschen

о́вощи <*gen pl:* -ще́й> *m pl K1* Gemüse *nt*

овся́ный *adj* Hafer-; **овся́ные хло́пья** Haferflocken *pl*

овца́ <*nom pl:* о́вцы, *gen pl:* ове́ц> *f A* Schaf *nt*

овча́рка <*gen pl:* -рок> *f A* Schäferhund *m*

ога́рок <*gen sg:* -рка> *m K* Kerzenstummel *m*

огласи́ть <*fut:* -ашу́, -аси́шь> *vt I pf* (*impf:* оглаша́ть) bekanntgeben, mitteilen, publik machen

огла́ска *f A* Verbreiten *nt*, Ausplaudern *nt*; **предава́ть огла́ске** an die Öffentlichkeit bringen; **э́то не подлежи́т огла́ске** dies ist vertraulich zu behandeln

огла́шение *nt O2* Offenlegung *f*

огло́бля *f A1* Deichsel *f*

оглуша́ть *vt E impf* (*pf:* оглуши́ть) betäuben

оглуши́тельный <*kf:* -лен, -льна,

-льно> adj ohrenbetäubend
огляде́ться <fut: -яжу́сь, -яди́шься> vr I pf (impf: огля́дываться) 1. sich umsehen, umblicken; 2. (fig) sich umsehen, heimisch werden
о́гненный <kf: -нен, -ненна> adj feurig
огнетуши́тель m K1 Feuerlöscher m
огнеупо́рный <kf: -рен, -рна> adj feuerfest
огова́ривать vt E impf (pf: оговори́ть) 1. vereinbaren, ausbedingen; ~ **сра́зу** von vornherein hinweisen 2. (umg) nachsagen, verleumden
огово́рка f A 1. Ausrutscher m, Flüchtigkeitsfehler m; 2. Vorbehalt m, Einschränkung f, Restriktion f; **сде́лать огово́рку** vorbehalten 3. (JUR) Klausel f; ~ **в догово́ре** Vertragsvorbehalt m; ~ **об исключе́нии отве́тственности** Freizeichnungsklausel f; ~ **об органиче́нии проку́ры на веде́ние дел филиа́ла** Filialklausel f; ~ **об усло́виях перехо́да прав со́бственности на това́р** Eigentumsvorbehalt m; ~ **о наибо́льшем благоприя́тствовании** Meistbegünstigungsklausel f; ~ **о недопуще́нии конкуре́нции** Wettbewerbsklausel f; ~ **о покрови́тельстве** Schutzklausel f; ~ **о пра́ве отка́за** Rücktrittsklausel f; ~ **о правово́й защи́те** Schutzklausel f; ~ **о примене́нии скользя́щей цены́** Gleitpreisklausel f; ~ **о францу́зской** Freizeichnungsklausel f; ~ „**прика́зу**" Orderklausel f
оголённый adj bar
ого́нь <gen sg: огня́, nom pl: огни́> m K1 e Feuer nt; **вы́сечь** ~ Feuer schlagen; **олимпи́йский** ~ olympisches Feuer nt; **перекрёстный** ~ Kreuzfeuer nt; **быть ме́жду двух огне́й** (fig) zwischen die Fronten geraten sein
огора́живать vt E impf (pf: огороди́ть) 1. abgrenzen, begrenzen; 2. absperren; 3. umzäunen
огоро́д m K Gemüsegarten m
огороди́ть <fut: -ожу́, -о́дишь> vt I pf (impf: огора́живать) 1. abgrenzen, begrenzen; 2. absperren; 3. umzäunen
огорча́ть vt E impf (pf: огорчи́ть) 1. verärgern; 2. enttäuschen, bekümmern
огорче́ние nt O2 Verdruss m
огорчённый adj betrübt
огосударствле́ние nt O2 Verstaatlichung f
огра́бить <fut: -блю, -бишь> vt I pf (impf: гра́бить) 1. ausrauben, berauben; 2. einbrechen; ~ **банк** (umg) eine Bank knacken
ограбле́ние nt O2 1. Raub m; 2. Überfall m
огражде́ние nt O2 1. Umzäunung f; 2. Absperrung f
ограниче́ние nt O2 1. Beschränkung f; 2. Einschränkung f, Restriktion f; ~ **вво́за** Einfuhrbeschränkung f, Einfuhrrestriktion f, Importrestriktion f; ~ **вы́воза** Ausfuhrbeschränkung f, Ausfuhrrestriktion f, Exportrestriktion f; ~ **до́пуска** Zugangsbeschränkung f; ~ **долго́в** Schuldenbegrenzung f; ~ **до́ступа на ры́нок** Marktzutrittsschranken pl; ~ **и́мпорта** Einfuhrbeschränkung f, Importrestriktion f; ~ **конкуре́нции** Wettbewerbsbeschränkung f; ~ **на ввоз и́мпортных това́ров** Importbeschränkung f; ~ **на и́мпорт** Importbeschränkung f; ~ **отве́тственности** Haftungsbeschränkung f; ~ **числа́ претенде́нтов** Wettbewerbsbeschränkung f; ~ **э́кспорта** Ausfuhrbeschränkung f, Exportbeschränkung f 3. Vorbehalt m; 4. Drosselung f; ~ **вооруже́ний** Rüstungsbegrenzung f; ~ **ско́рости** Tempolimit nt
ограни́ченность f I 1. Begrenztheit f; 2. Beschränktheit f
ограни́ченный <kf: -чен> adj 1. beschränkt, borniert, stur; 2. beschränkt, knapp; 3. eng; ~ **сро́ком** befristet
ограни́чивать vt E impf (pf: ограни́чить) 1. begrenzen, beschränken; 2. drosseln; 3. limitieren; 4. befristen
ограни́чиваться v + inst E impf (pf: ограни́читься) 1. sich einschränken; 2. es bewenden lassen (bei, mit +dat)
ограничи́тельный adj einschränkend, Beschränkungs-; **ограничи́тельное усло́вие** (JUR) Klausel f
огро́мный <kf: -мен, -мна> adj 1. enorm; 2. gewaltig
огу́льный <kf: -лен, -льна> adj (pej) unterschiedslos, pauschal
огуре́ц <gen sg: -рца́> m K e Gurke f
ода́лживать vt E impf (pf: одолжи́ть) borgen, leihen
одарённый <kf: -ён> adj begabt, talentiert
ода́ривать vt E impf (pf: одари́ть) schenken, bescheren
одева́ть vt E impf (pf: оде́ть) anziehen, ankleiden
оде́жда f A 1. Kleidung f, Bekleidung f; 2. Tracht f; ~ **для досу́га** Freizeitkleidung f; **ве́рхняя** ~ Oberbekleidung f
оде́рживать vt E impf (pf: одержа́ть) erringen; ~ **побе́ду над кем-либо** einen Sieg erringen (über +akk)
одержи́мый <kf: -и́м> adj (geh) besessen
оде́тый adj angezogen; **быть оде́тым во что-ли́бо** etw anhaben, etw tragen
оде́ть <fut: -е́ну, -е́нешь> vt E9b pf (impf: одева́ть) anziehen, ankleiden
одея́ло nt O 1. Bettdecke f; 2. Decke f; **стёганое** ~ Steppdecke f; **шерстяно́е** ~ Wolldecke f
одея́ние nt O2 Gewand nt
оди́н, одна́, одно́ num m/ f/ nt 1. eins; 2. eine(r, s); **оди́н во мно́гих ли́цах** (umg) Hansdampf in allen Gassen; **оди́н за други́м** einer nach dem anderen; **оди́н из основа́телей** Mitbegründer m; **оди́н к**

одному́ ganz genau wie; **оди́н-оди́ндинёшенек, одна́-одинёшенька** mutterseelenallein; **я́сно одно́** eines steht fest
одина́ковый <*kf*: -ов> *adj* 1. gleich; 2. ähnlich; 3. konform; **одина́ковые усло́вия** gleiche Bedingungen *pl*; **в одина́ковой ме́ре** gleichermaßen
оди́ннадцать *num* elf
одино́кий I. <*kf*: -о́к> *adj* 1. einsam, verlassen; 2. allein stehend, allein lebend; II. *m wie adj* 1. allein stehende Person *f*; 2. allein erziehende Person *f*
одино́чество *nt O* Einsamkeit *f*, Alleinsein *nt*; **чу́вство одино́чества** Vereinsamung *f*; **остава́ться в одино́честве** vereinsamen
одино́чный *adj* Einzel-; **одино́чная игра́** (SPORT) Einzel *nt*; **одино́чное заключе́ние** Einzelhaft *f*; **одино́чная ка́мера** Einzelzelle *f*
одио́зный <*kf*: -зен, -зна> *adj* 1. (*geh*) ominös; 2. verhasst, unbeliebt
одна́ *siehe* **оди́н**
одна́жды *adv* einmal, einst
одна́ко *konj* jedoch, allerdings
одно́ *siehe* **одно́**
одно- *präfix* 1. ein-; 2. bezeichnet Zugehörigkeit zu demselben
одновреме́нный <*kf*: -е́нен, -е́нна> *adj* gleichzeitig, simultan
одногла́зый *adj* einäugig
одногоди́чный *adj* einjährig
однодне́вный *adj* eintägig
однозна́чный <*kf*: -чен, -чна> *adj* 1. eindeutig; 2. unmissverständlich; **~ вы́вод** eindeutige Schlussfolgerung *f*
одноиме́нный <*kf*: -ёнен, -ённа> *adj* gleichlautend
одноклáшник, одноклáшница *m K / f A* 1. (*umg*) Klassenkamerad, -in *m/f*; 3. Mitschüler, -in *m/f*; 3. Kommilitone, Kommilitonin *m/f*
однокла́ссник, однокла́ссница *m K f A* Klassenkamerad, -in *m/f*
одноколе́йный *adj* 1. eingleisig; 2. einspurig
одноме́рный *adj* eindimensional
одноме́стный *adj* Einmann-
однообра́зие *nt O2* Einerlei *nt*, Eintönigkeit *f*, Monotonie *f*
однообра́зный <*kf*: -зен, -зна> *adj* einförmig, eintönig, monoton
однора́зовый *adj* einmalig, Einweg-; **однора́зовая буты́лка** Einwegflasche *f*; **однора́зовая та́ра** Einwegverpackung *f*; **~ шприц** Einwegspritze *f*; **однора́зовое де́нежное вознагражде́ние по осо́бому слу́чаю** Gratifikation *f*
однорóдный <*kf*: -ден, -дна> *adj* 1. gleichartig; 2. homogen; **однорóдная конкуре́нция** gleichartige Konkurrenz *f*
однору́кий *adj* einarmig
односери́йный *adj* einteilig

односторо́нний <*kf*: -о́нен, -о́ння> *adj* einseitig; **~ отка́з** Rücktritt *m*
односторо́нность *f I* Einseitigkeit *f*
однотóмный *adj* einbändig
одноэлеме́нтный *adj* einzel-; **одноэлеме́нтные затра́ты** Einzelkosten *pl*; **одноэлеме́нтные изде́ржки** Materialeinzelkosten *pl*; **одноэлеме́нтные расхо́ды** Einzelkosten *pl*
одноэта́жный *adj* einstöckig
одноязы́чный *adj* einsprachig
одноя́йцо́вый *adj* (*близне́ц*) eineiig
одобре́ние *nt O2* 1. Befürwortung *f*; 2. Billigung *f*; 3. Genehmigung *f*; 4. Zustimmung *f*; 5. Approbation *f*, 6. Sanktion *f*
одо́брить *vt I pf* (*impf*: одобря́ть) 1. befürworten, genehmigen; 2. billigen, gutheißen; 3. zustimmen; **не ~** missbilligen
одолева́ть *vt E impf* (*pf*: одоле́ть) übermannen, überkommen; **его́ одолева́ют сомне́ния** er wird von Zweifeln geplagt
одолже́ние *nt O2* Gefallen *m*, Gefälligkeit *f*; **сде́лать кому́-ли́бо ~** jdm einen Gefallen tun
одолжи́ть <*fut*: -жу́, -жи́шь> *vt I pf* (*impf*: ода́лживать) borgen, leihen
одува́нчик *m K* (BOT) Löwenzahn *m*
одура́чить *vt I pf* (*impf*: дура́чить) übertölpeln
одурма́нить *vt I pf* (*impf*: дурма́нить) berauschen, betäuben, umnebeln
ожере́лье *nt O1* Halskette *f*, Kollier *nt*
ожесточе́ние *nt O2* Verbitterung *f*
ожесточённый *adj* erbittert, verbissen
оживи́ть <*fut*: -влю́, -ви́шь> *vt I pf* (*impf*: оживля́ть) wiederbeleben, animieren; **~ эконо́мику** die Wirtschaft ankurbeln
оживи́ться <*fut*: -влю́сь, -ви́шься> *vr I pf* (*impf*: оживля́ться) aufleben
оживле́ние *nt O2* 1. Betrieb *m*, Betriebsamkeit *f*; **там цари́ло ~** dort herrschte reges Leben; 2. Ankurbelung *f*, Belebung *f*; **~ де́ятельности** Aktivierung *f*; **~ конъюнкту́ры** Konjunkturbelebung *f*; **~ проду́кта** Relaunch *m*; **~ спро́са** Nachfragebelebung *f*
оживлённость *f I* Lebhaftigkeit *f*
оживлённый <*kf*: -ён> *adj* 1. lebhaft; 2. belebt
ожида́ние *nt O2* 1. Erwartung *f*; 2. Hoffnung *f*; 3. Anwartschaft *f*; **по́лный ожида́ний** erwartungsvoll; **не опра́вдывать чьих-ли́бо ожида́ний** jdn in seinen Erwartungen enttäuschen
ожида́ть *vt E impf* 1. erwarten; 2. entgegensehen; **как и сле́довало ~** erwartungsgemäß
ожо́г *m K* 1. Verbrennung *f*; 2. Brandwunde *f*
озабо́ченность *f I* 1. Besorgnis *f*; 2. Sorge *f*
озабо́ченный <*kf*: -чен> *adj* besorgt, sorgenvoll

озагла́вить <*fut:* -влю, -вишь> *vt I pf* (*impf:* озагла́вливать) betiteln, benennen
озада́ченный <*kf:* -ен> *adj* 1. verdutzt; 2. betroffen, bestürzt
озада́чивать *vt E impf* (*pf:* озада́чить) 1. bestürzen; 2. in Verlegenheit bringen; 3. verblüffen
озаре́ние *nt O2* (*auch fig*) Erleuchtung *f*
озари́ть <*nur 3. pers:* -и́т> *vt I pf* (*impf:* озаря́ть) 1. (*auch fig*) erleuchten; 2. bescheinen
озву́чивать *vt E impf* (*pf:* озву́чить) vertonen
оздорови́ть <*fut:* -влю́, -ви́шь> *vt I pf* (*impf:* оздоровля́ть) 1. gesund machen; 2. sanieren
оздоровле́ние *nt O2* 1. Sanierung *f*, Erneuerung *f*; 2. Gesundung *f*; ~ окружа́ющей среды́ ökologische Sanierung *f*
оздоровля́ть *vt E* 1. gesund machen; 2. sanieren
озелене́ние *nt O2* Begrünung *f*
о́зеро <*pl:* озёра, озёр, озёрам> *nt O* See *m*; иску́сственное ~ Stausee *m*, Baggersee *m*
озло́бленный <*kf:* -ен> *adj* verbittert, erbost
ознако́мить <*fut:* -млю, -мишь> *vt I pf* (*impf:* знако́мить) 1. bekanntmachen; 2. vertraut machen
ознако́миться <*fut:* -млюсь, -мишься> *vr I pf* (*impf:* ознакомля́ться) Einblick gewinnen, sich vertraut machen
ознакомле́ние *nt O2* 1. Einsicht(nahme) *f*; 2. Einblick *m*; 3. Einführung *f*
ознаменова́ть *vt E2 pf* (*impf:* знаменова́ть) 1. (*geh*) bedeuten; 2. kennzeichnen, bezeichnen
означа́ть *vt E impf* bedeuten
озно́б *m K* 1. Schauder *m*, Schauer *m*; 2. Schüttelfrost *m*
озоле́ние *nt O2* Veraschung *f*, Veraschen *nt*
озо́н *m K* Ozon *nt*
озо́новый *adj* Ozon-; **озо́новая дыра́** Ozonloch *nt*; ~ **слой** Ozonschicht *f*
озоносто́йкость *f I* Ozonbeständigkeit *f*
озо́рник *m K e* Schlingel *m*, Strolch *m*
озорно́й *adj* mutwillig
озорство́ *nt O e* Ausgelassenheit *f*, Übermut *m*
озя́бнуть *vi E1a pf* (*impf:* зя́бнуть) frieren
оказа́ние *nt O2* Bezeigung *f*; ~ **по́мощи** Hilfeleistung *f*; ~ **по́мощи развива́ющимся стра́нам** Förderung *f* der Entwicklungsländer; ~ **консультацио́нных услу́г клие́нтам** Kundenberatung *f*
оказа́ть <*fut:* -ажу́, -а́жешь> *vt E4 pf* (*impf:* ока́зывать) erweisen, bezeigen; ~ **дове́рие** Vertrauen entgegenbringen; ~ **услу́гу** einen Dienst erweisen; ~ **честь** Ehre erweisen

оказа́ться <*fut:* -ажу́сь, -а́жешься> *vr + inst E4 pf* (*impf:* ока́зываться) 1. geraten, gelangen, sich befinden; 2. sich erweisen, sich entpuppen (als +*nom*); **прогно́з оказа́лся пра́вильным** die Prognose erwies sich als richtig; 3. (*unpersönlich*) sich herausstellen; **оказа́лось, что ...** es stellte sich heraus, dass ...
окайми́ть <*fut:* -млю́, -ми́шь> *vt I pf* (*impf:* окаймля́ть) umsäumen, einfassen
ока́лина *f A* Schlacke *f*
ока́нчивать *vt E impf* (*pf:* око́нчить) 1. beenden, zum Abschluss bringen; **игра́ око́нчена** das Spiel ist aus; 2. absolvieren
ока́нчиваться *vr E impf* (*pf:* око́нчить) enden, zu Ende gehen, seinen Abschluss finden
океа́н *m K* Ozean *m*; **за ~ом** in Übersee
окисли́ться <*nur 3. pers:* окисли́тся> *vr I pf* (*impf:* окисля́ться) oxidieren
о́кись *f I* (CHEM: *окси́д*) Oxyd *nt*; ~ **ме́ди** Patina *f*; ~ **углеро́да** Kohlenmonoxyd *nt*
оккупа́нт *m K* Besatzer *m*, Eindringling *m*
оккупацио́нный *adj* Besatzungs-; **оккупацио́нная держа́ва** Besatzungsmacht *f*
оккупа́ция *f A2* Besatzung *f*
оккупи́ровать *vt E2 impf/pf* (MIL) besetzen, einnehmen
окла́д *m K* 1. Gehalt *nt*; 2. Besoldung *f*
оклевета́ть <*fut:* -ещу́, -е́щешь> *vt E4 pf* (*impf:* клевета́ть) verleumden
окно́ *nt O pls* Fenster *nt*; ~ [*о по́ле*] **вво́да да́нных** (DV) Eingabefeld *nt*; **проруби́ть ~ в Евро́пу** das Tor zu Europa aufstoßen; **распахну́ть ~** (DV) Fenster maximieren; **сверну́ть ~** (DV) Fenster minimieren
око́вы <*gen pl:* око́в> *f pl A* Fesseln *pl*
околдова́ть *vt E2 pf* (*impf:* околдо́вывать) 1. bezaubern, faszinieren; 2. verzaubern, behexen
о́коло *präp +gen* etwa, circa, um
око́льный *adj* (*о доро́ге*) umständlich, nicht direkt; ~ **путь** Umweg *m*; **око́льными путя́ми** auf Umwegen
оконча́ние *nt O2* 1. Ende *nt*, Schluss *m*; ~ **ве́чера** Ausklang *m* des Abends; ~ **рабо́ты** Feierabend *m* 2. (LING *сло́ва*) Endung *f*; 3. (*в ша́хматах*) Endspiel *nt*; 4. Ablauf *m*, Abschluss *m*
оконча́тельный <*kf:* -лен, -льна> *adj* 1. abschließend; 2. endgültig; **я не хочу́ пока́ принима́ть оконча́тельное реше́ние** ich möchte mich noch nicht endgültig festlegen; 3. definitiv; **оконча́тельная дорабо́тка** Endfertigung *f*; **оконча́тельная распрода́жа** Räumungsverkauf *m*
око́нчить *vt I pf* (*impf:* ока́нчивать) 1. beenden; 2. absolvieren
око́п *m K* Schützengraben *m*, Schanze *f*

окочене́вший *adj* 1. klamm; 2. erstarrt
око́шко *f A* 1. kleines Fenster *nt*; 2. (*на по́чте*) Schalter *m*; 3. (*в ба́нке*) Kassenschalter *m*
окра́ина *f A* Rand *m*, Randgebiet *nt*; ~ **го́рода** Stadtrand *m*; ~ **ле́са** Waldrand *m*
окра́сить <*fut:* окра́шу, окра́сишь> *vt I pf* (*impf:* окра́шивать) 1. färben, anstreichen; 2. röten
окра́ска *f A* 1. Färbung *f*; 2. Farbton *m*
окрести́ть <*fut:* -ещу́, -ести́шь> *vt I pf* (*impf:* крести́ть) 1. (REL) taufen; 2. (*umg*) nennen, taufen
окре́стный *adj* umliegend
о́круг *m K* Bezirk *m*, Distrikt *m*; **избира́тельный** ~ Wahlkreis *m*
округле́ние *nt O2* 1. Abrundung *f*; 2. Pauschalierung *f*
округли́ть *vt I pf* (*impf:* округля́ть) 1. abrunden; 2. aufrunden; 3. pauschalieren
окру́глый <*kf:* -у́гл> *adj* rundlich, kugelrund
окружа́ть *vt E impf* (*pf:* окружи́ть) einkreisen, umringen, umzingeln; ~ **себя́ тала́нтливыми людьми́** talentierte Leute um sich scharen
окружа́ющий *adj* umgebend; **не́нависть ко всему́ окружа́ющему** Hass *m* auf alles ringsum; **окружа́ющие** (*nur pl*) Mitmenschen *pl*; **окружа́ющая среда́** Umwelt *f*
окруже́ние *nt O2* Umfeld *nt*, Umgebung *f*; **в окруже́нии кого́-ли́бо** im Kreise (+ *gen*); **попа́сть в** ~ (MIL) in einen Kessel geraten
окружи́ть *vt I pf* (*impf:* окружа́ть) einkreisen, umringen, umzingeln
окрылённый *adj* beschwingt
окрыли́ть *vt I pf* (*impf:* окрыля́ть) beflügeln; **успе́х его́ окрыли́л** der Erfolg hat ihn beflügelt
окта́ва *f A* (MUS) Oktave *f*
окта́новый *adj* (CHEM) Oktan-; **окта́новое число́** Oktanzahl *f*
октя́брь *m K1* Oktober *m*
окули́ст *m K* Augenarzt, -ärztin *m/f*
окуна́ть *vt E impf* (*pf:* окуну́ть) eintauchen
о́кунь *m K1* Barsch *m*
окупа́емость *f I* (ÖKON) Rückfluss *m*; ~ **инвести́ций** Return on Investment *nt*, ROI
окупа́ться *vr E impf* (*pf:* окупи́ться) 1. sich auszahlen; 2. sich lohnen
оку́ривать *vt E impf* (*pf:* окури́ть) räuchern
оку́рок <*gen sg:* -рка> *m K* Zigarettenkippe *f*
оку́тать *vt E pf* (*impf:* оку́тывать) einhüllen, umwickeln
ола́дья <*gen sg:* -ьи, *gen pl:* -дий> *f A1* Pfannkuchen *m*
оле́нь *m K1* Hirsch *m*; **се́верный** ~ Rentier *nt*
оли́ва *f A* Olivenbaum *m*
оли́вка *f A* Olive *f*
оли́вковый *adj* 1. Oliven-; **оли́вковое ма́сло** Olivenöl *nt* 2. olivgrün
олигопо́лия *f A2* (ÖKON) Oligopol *nt*
олимпиа́да *f A* Olympiade *f*
олимпи́йский *adj* olympisch; **олимпи́йские и́гры** Olympische Spiele *pl*; ~ **чемпио́н/олимпи́йская чемпио́нка** Olympiasieger, -in *m/f*
оли́фа *f A* Firnis *m*
олицетвори́ть *vt I pf* (*impf:* олицетворя́ть) verkörpern, personifizieren
о́лово *nt O* Zinn *nt*
оловя́нный *adj* Zinn-; ~ **солда́тик** Zinnsoldat *m*
о́лух *m K* (*umg*) Lümmel *m*
ольха́ *f A pls* Erle *f*
ома́р *m K* Hummer *m*
омле́т *m K* Omelett *nt*
омола́живать *vt E impf* (*pf:* омолоди́ть) verjüngen
ОМОН *abk von* отря́д мили́ции осо́бого назначе́ния *m* Sondereinheit des russischen Innenministeriums
омо́новец <*gen sg:* -вца> *m K* Angehöriger einer Sondereinheit des russischen Innenministeriums
омрача́ть *vt E impf* (*pf:* омрачи́ть) 1. überschatten; 2. verdüstern
омрача́ться *vr E impf* (*pf:* омрачи́ться) sich bewölken
он <*3. pers sg:* его́, ему́, его́, им, о нём> *pron pers* er
она́ <*3. pers sg:* её, ей, её, (е́ю) ей, о ней> *pron pers* sie
ована́чивать *vt E impf* (*pf:* онали́чить) Werte in Bargeld umwandeln
онани́зм *m K* Masturbation *f*
они́ <*3. pers pl:* их, им, их, и́ми, о них> *pron pers* sie
онла́йновый *adj* (DV:*umg*) Online-; **онла́йновая по́мощь** Online-Hilfe *f*; **онла́йновая слу́жба перево́дов** Online-Übersetzungsdienst *m*
оно́ <*3. pers sg:* его́, ему́, его́, им, о нём> *pron pers* es
ООН *abk von* Организа́ция Объединённых На́ций *f* UNO *f*
опада́ть *vi E impf* (*pf:* опа́сть) (*о ли́стьях*) (von den Bäumen) abfallen
опа́ла *f A* 1. (*geh*) Ungnade *f*; 2. Acht *f*, Bann *m*
опали́ть *vt I pf* (*impf:* пали́ть) versengen
опаса́ться *vr E impf* 1. (*чего́-ли́бо*) fürchten, befürchten; 2. (*за кого́-ли́бо*) bangen (um +*akk*)
опасе́ние *nt O2* 1. Befürchtung *f*; 2. Bedenken *pl*
опа́сность *f I* Gefahr *f*; ~ **для жи́зни** Lebensgefahr *f*; ~ **обруше́ния** Einsturzgefahr *f*; ~ **возникнове́ния пожа́ра** Feuergefahr *f*; ~ **сокры́тия следо́в** Verdunklungsgefahr *f*; **подверга́ть опа́сности** gefährden; **в слу́чае действи́тельной** [*о*

реа́льной|опа́сности im Ernstfall
опа́сный <*kf:* -сен, -сна> *adj* 1. gefährlich, riskant; 2. bedrohlich; **~ для жи́зни** lebensgefährlich; **социа́льно** |*о* обще́ственно|**~** gemeingefährlich
ОПЕК *indekl* OPEC *f*
опе́ка *f A* Bevormundung *f*
опе́ка *f A* 1. Vormundschaft *f*, Obhut *f*, Bevormundung *f*; **находи́ться под опе́кой** unter Vormundschaft stehen 2. Treuhand *f*, treuhänderische Verwaltung *f*; **междунаро́дная ~** internationale Treuhandschaft *f*
опека́емый, опека́емая *nt wie adj* Mündel *nt*, Bevormundete *mf*
опека́ть *vt E impf* 1. bevormunden; 2. behüten; **ме́лочно ~** gängeln
опеку́н *m K e* Vormund *m*
о́пера *f A* 1. Oper *f*; 2. Opernhaus *nt*; **мы́льная ~** Seifenoper *f*; **э́то из друго́й о́перы** das ist ein Kapitel für sich, das gehört nicht hierher
операти́вность *f I* Wendigkeit *f*, Schnelligkeit *f*
операти́вный <*kf:* -вен, -вна> *adj* kurzfristig, prompt, schnell; **операти́вная информа́ция** Sofortinformation *f*; **операти́вная па́мять** (DV) Arbeitsspeicher *m*; **операти́вная сво́дка** Lagebericht *m*; **операти́вное плани́рование** operative Planung *f*; **операти́вное запомина́ющее устро́йство** [*о* **ОЗУ**] (DV) Arbeitsspeicher *m*, RAM *nt*; **~ штаб** Krisenstab *m*; **операти́вные це́ли** operationale Ziele *pl*
опера́тор *m K* 1. Maschinist *m*; 2. (FILM) Kameramann *m*; 3. (DV) Operator *m*, Operationsbefehl *m*
операциони́ст *m K* (**в ба́нке**) Schalterbeamte(r), -beamtin *m/f*
операцио́нная *f wie adj* Operationssaal *m*, OP *m*
операцио́нный *adj* 1. operativ; 2. Operations-; **~ зал** (**в ба́нке**) Schalterraum *m*; **операцио́нная систе́ма** (DV) Betriebssystem *nt*; **~ стол** (MED) Operationstisch *m*; **операцио́нное веде́ние счето́в по носи́телям затра́т** Kostenträgerrechnung *f*
опера́ция *f A2* 1. (POL) Handlung *f*, Manipulation *f*; 2. (TECH) Arbeitsgang *m*, Operation *f*; 3. (ÖKON) Geschäft *nt*, Transaktion *f*, Schaltergeschäft *nt*, Operation *f*; **консигнацио́нная ~** Konsignationsgeschäft *nt*; **опера́ции на откры́том ры́нке** Offenmarktgeschäfte *pl*; **опера́ции по вы́даче ссуд** Ausleihungsgeschäft *nt*; **опера́ции ба́нка за со́бственный счёт** Eigengeschäft *nt*; **инде́нтная ~** Indentgeschäft *nt*; **~ аутра́йт** Outright-Geschäft *nt*; **~ по предоставле́нию ссуды под закла́д векселе́й** Pensionsgeschäft *nt*; **опера́ции с це́нными бума́гами** Wertpapiergeschäfte *pl* 4. (MIL) Aktion *f*; 5. (MED) Operation *f*, chirurgischer Eingriff *m*; **~ на се́рдце** Herzoperation *f*; **де́лать опера́цию** operieren
опера́ция ИЛИ *f A2* (DV) ODER-Verknüpfung *f*
опереди́ть <*fut:* -ежу́,-еди́шь> *vt I pf* (*impf:* опережа́ть) 1. überholen, zuvorkommen; 2. übertreffen
опережа́ющий *adj* 1. vorauseilend, beschleunigt; 2. überdurchschnittlich
опере́ние *nt O2* Gefieder *nt*
опере́тта *f A* Operette *f*
опере́ться <*fut:* обопру́сь, обопрёшься> *vr E4b pf* (*impf:* опира́ться) 1. (**на кого́-ли́бо/что-ли́бо, обо что-ли́бо**) sich stützen (auf +*akk*); 2. sich lehnen (an +*akk*); 3. sich auflehnen (gegen +*akk*); 4. (*fig*) Unterstützung suchen (bei +*dat*)
опери́вшийся *adj* flügge
опери́ровать I. *vt E2 impf/pf* 1. (MED) operieren; 2. (*geh*) operieren, handeln; II. *v + inst E2 impf* operieren, hantieren (mit +*dat*)
опери́ться *vr I pf* (*impf:* опера́ться) flügge werden
о́перный *adj* Opern-; **~ певе́ц** Opernsänger *m*; **~ теа́тр** Opernhaus *nt*
опеча́тать *vt E pf* (*impf:* опеча́тывать) versiegeln
опеча́тка *f A* 1. Druckfehler *m*; 2. Tippfehler *m*; **сде́лать опеча́тку** sich vertippen
опи́лки <*gen pl:* -лок> *f pl A* 1. Sägespäne *pl*; **металли́ческие ~** Feilspäne *pl* 2. Sägemehl *nt*
опира́ться *vr E impf* (*pf:* опере́ться) 1. (**на кого́-ли́бо/что-ли́бо, обо что-ли́бо**) sich stützen (auf +*akk*); 2. sich lehnen (an +*akk*); 3. sich auflehnen (gegen +*akk*); 4. Unterstützung suchen (bei +*dat*)
описа́ние *nt O2* Beschreibung *f*; **не поддава́ться никако́му описа́нию** jeder Beschreibung spotten; **~ рабо́чего ме́ста** Anforderungsprofil *nt*
описа́ть <*fut:* опишу́, опи́шешь> *vt E4 pf* (*impf:* опи́сывать) beschreiben
опи́ска *f A* 1. Flüchtigkeitsfehler *m*; 2. Schreibfehler *m*
о́пись *f I* 1. Verzeichnis *nt*; 2. (JUR) Beschlagnahmung *f*; **~ гру́зов** Lastenheft *nt*; **~ состоя́ния** Vermögensaufstellung *f*; **~ иму́щества** Vermögensaufstellung *f*
о́пиум *m K* Opium *nt*
опла́та *f A* 1. Bezahlung *f*; 2. Zahlung *f*; 3. Einzahlung *f*; 4. Rückzahlung *f*, Tilgung *f*; 5. Entlohnung *f*; 6. Berichtigung *f*; **~ нали́чными** Barzahlung *f*; **~ обра́тного письма́** Rückporto *nt*; **~ труда́** Entgelt *nt*,; **почасова́я ~** Stundenlohn *m*; **сде́льная ~** Stücklohn *m*; **~ нали́чными** Barzahlung *f*; **~ нали́чными до приёмки и транспорто́вки това́ра покупа́телем** cash and carry; **~ нату́рой** Naturallohn *m*; **~ по безнали́чному расчёту** Einziehungsverfahren *nt*; **~ тамо́женной по́шлины**

Verzollung *f*; ~ **труда́ в нату́ре** Deputat *nt*
оплати́ть <*fut:* -ачу́, -а́тишь> *vt I pf*
(*impf:* опла́чивать) 1. bezahlen; 2. vergüten
опла́чивать *vt E* 1. bezahlen, zahlen, begleichen; 2. einzahlen; 3. sich einkaufen; ~ **ве́ксель** einen Wechsel honorieren; ~ **дополни́тельно** nachzahlen; ~ **за́дним число́м** nachzahlen; ~ **почто́вым сбо́ром** frankieren
оплодотвори́ть *vt I pf* (*impf:* оплодотворя́ть) befruchten
опло́т *m K* Bollwerk *nt*, Hochburg *f*
опло́шность *f I* 1. Fehlgriff *m*; 2. Fehltritt *m*
опозда́вший *m wie adj* Nachzügler *m*
опозда́ние *nt O2* Verspätung *f*
опозда́ть *vi E pf* (*impf:* опа́здывать) sich verspäten; ~ **на по́езд** den Zug verpassen
опозо́рить *vt I pf* (*impf:* позо́рить) entehren, schänden
опозо́риться *vr I pf* (*impf:* позо́риться) sich blamieren, sich eine Blöße geben
о́ползень *m K1* Erdrutsch *m*
опо́мниться *vr I pf* sich besinnen, zur Besinnung kommen
опо́ра *f A* 1. Stütze *f*, Halt *m*; 2. Rückhalt *m*; 3. Standbein *nt*
опо́рный *adj* Stütz-; ~ **пункт** Stützpunkt *m*
опорожни́ть *vt I pf* (*impf:* опорожня́ть) (*umg*) leeren, entleeren
оппозицио́нный *adj* oppositionell
оппози́ция *f A2* Opposition *f*
оппоне́нт *m K* Gegenspieler *m*, Opponent *m*
оппортуни́зм *m K* Opportunismus *m*
оппортуни́ст *m K* Opportunist, -in *m/f*, Trittbrettfahrer, -in *m/f*
опра́ва *f A* 1. Einfassung *f*, Fassung *f*; 2. (*для очко́в*) Brillengestell *nt*
оправда́ние *nt O2* 1. Rechtfertigung *f*, Entschuldigung *f*; 2. (JUR) Freispruch *m*
оправда́ть *vt E pf* (*impf:* опра́вдывать) 1. rechtfertigen; 2. (*fig*) reinwaschen; 3. (JUR) freisprechen
опра́виться <*fut:* -влюсь, -ви́шься> *vr I pf* (*impf:* оправля́ться) 1. (*попра́вить пла́тье и т.п.*) in Ordnung bringen; 2. sich erholen; ~ **от уда́ра** sich von einem Schlag erholen
опра́шивать *vt E impf* (*pf:* опроси́ть) abfragen, befragen
определе́ние *nt O2* 1. Ermittlung *f*, Bestimmung *f*; 2. Definition *f*, Festlegung *f*; 3. (LING) Attribut *nt*; ~ **долго́в** Schuldenbewertung *f*; ~ **надёжности це́нных бума́г** Anlagenbewertung *f*; ~ **обяза́тельств** Verbindlichkeitsbewertung *f*; ~ **потре́бности** Disposition *f*; ~ **разме́ра при́были** Gewinnermittlung *f*; ~ **суда́** Gerichtsbeschluss *m*; ~ **цен** Preisfestsetzung *f*; ~ **дохо́дов** Einkommensermittlung *f*
определённый <*kf:* -ёнен, -ённа> *adj* bestimmt, definitiv
определи́ть *vt I pf* (*impf:* определя́ть) 1. ermitteln, bestimmen, ausmachen; 2. festlegen, festsetzen, konzipieren; 3. (*срок*) anberaumen; 4. definieren
определя́ть *vt E* festlegen, festsetzen
определя́ющий *adj* maßgebend, entscheidend
оприхо́довать *vt E2 pf* (*impf:* прихо́довать) verbuchen
опро́бование *nt O2* 1. Erprobung *f*; 2. Prüfung *f*
опро́бовать *vt E impf/pf* 1. erproben; 2. prüfen
опроверга́ть *vt E impf* (*pf:* опрове́ргнуть) 1. bestreiten, dementieren; 2. widerlegen, entkräften; 3. widerrufen
опроверже́ние *nt O2* 1. Dementi *nt*; 2. (*ре́плика*) Entgegnung *f*; 3. Gegendarstellung *f*; 4. Widerruf *m*
опроки́дывать *vt E impf* (*pf:* опроки́нуть) 1. kippen; 2. umstürzen
опроки́дываться *vr E impf* (*pf:* опроки́нуться) 1. umkippen; 2. kentern
опро́с *m K* 1. Umfrage *f*; 2. Befragung *f*; ~ **обще́ственного мне́ния** Meinungsumfrage *f*; ~ **потреби́телей** Verbraucherbefragung *f*; **опро́сный лист** Fragebogen *m*
опроси́ть <*fut:* -ошу́, -о́сишь> *vt I pf* (*impf:* опра́шивать) abfragen, befragen
опротестова́ть *vt E2 pf* (*impf:* опротесто́вывать) Einspruch erheben (gegen +*akk*)
о́птик *m K* Optiker, -in *m/f*
о́птика *f A* 1. Optik *f*; 2. Optikergeschäft *nt*
оптима́льный <*kf:* -лен, -льна, -льно> *adj* optimal; **оптима́льное материа́льно-техни́ческое обеспе́чение** Logistik *f*; ~ **у́ровень изде́ржек** Kostenoptimum *nt*; ~ **по затра́там** kostengünstig; **оптима́льная мо́щность** Optimalkapazität *f*; **оптима́льная сте́пень загру́зки мо́щностей** Betriebsoptimum *nt*
оптимиза́ция *f A2* Optimierung *f*
оптимизи́ровать *vt E2 impf/pf* optimieren
оптими́зм *m K* Optimismus *m*
оптими́ст *m K* Optimist *m*; **неисправи́мый** ~ unverbesserlicher Optimist *m*
оптимисти́чный <*kf:* -чен, -чна, -чно> *adj* optimistisch
оптими́стка *f A* Optimistin *f*
о́птимум *m K* Optimum *nt*
опти́ческий *adj* optisch; **опти́ческое распознава́ние те́кста** optische Text- [*o* Zeichen]erkennung *f*, OCR
опто́вый *adj* Großhandels-; **опто́вая торго́вля** Großhandel *m*; **опто́вая ски́дка** Großhandelsrabatt *m*; **опто́вая цена́** Großhandelspreis *m*; ~ **торго́вец** [*o* **оптови́к**] Großhändler *m*; **опто́вый**

поставщи́к Großlieferant *m*; **опто́вый поставщи́к това́ров повседне́вного спро́са** Regalgroßhändler *m*
о́птом *adv* en gros
опубликова́ть *vt E2 pf* (*impf:* опублико́вывать) veröffentlichen
опуска́ние *nt O2* 1. Senken *nt*, Sinken *nt*; ~ **земно́й пове́рхности** Absinken *nt* der Erdoberfläche 2. Auslassen *nt*
опуска́ть *vt E impf* (*pf:* опусти́ть). 1. (*письмо́*) einwerfen; 2. (*в во́ду*) eintauchen; 3. sinken lassen; ~ **кры́лья** (*fig*) die Flügel hängen lassen; ~ **ру́ки** (*auch fig*) die Hände sinken lassen, den Mut verlieren; 4. auslassen, weglassen
опуска́ться *vr E impf* (*pf:* опусти́ться) 1. sich setzen, sich niederlassen; ~ **на коле́ни** in die Knie gehen 2. sinken, heruntergehen; 3. verlottern, vergammeln, herunterkommen
опустоша́ть *vt E impf* (*pf:* опустоши́ть) 1. verwüsten; 2. zugrunde richten
опустоше́ние *nt O2* Verwüstung *f*
опустоши́тельный <*kf:* -лен, -льна> *adj* verheerend
о́пухоль *f I* Geschwulst *f*; **ра́ковая ~** Krebsgeschwür *nt*
опу́шка *f A* 1. (*ле́са*) Waldrand *m*; 2. (*из ме́ха*) Verbrämung *f*, Pelzbesatz *m*
опуще́ние *nt O2* 1. (MED) Senkung *f*; ~ **кише́чника** Darmsenkung *f*; ~ **ма́тки** Gebärmuttersenkung *f* 2. Auslassen *nt*
опцио́н *m K* 1. Option *f*; 2. Optionsschein *m*; ~ **-колл** Kaufoption *f*; ~ **на поку́пку** Voranwartschaft *f*; ~ **на прода́жу** Verkaufsoption *f*
опцио́нный *adj* Options-; ~ **заём** Optionsanleihe *f*; **опцио́нная сде́лка** Optionsgeschäft *nt*; **опцио́нная би́ржа** Optionsbörse *f*; **опцио́нный сертифика́т** Aktienbezugsschein *m*; ~ **срок** Optionsfrist *f*
опыле́ние *nt O2* 1. (BOT) Bestäubung *f*; ~ **ве́тром** Windbestäubung *f* 2. (AGR) Besprengung *f*
опыли́тель *m K1* Bestäuber *m*
опыли́ть *vt I pf* (*impf:* опыля́ть) bestäuben
о́пыт *m K* 1. Erfahrung *f*, Erkenntnis *f*; **многоле́тний ~** langjährige Erfahrung *f*; **нако́пленный ~** gesammelte Erfahrungen *f pl*; **профессиона́льный ~** Berufserfahrung *f*; **по ~у** erfahrungsgemäß; **по со́бственному ~у** aus eigener Erfahrung; **узна́ть на со́бственном ~е** am eigenen Leibe erfahren; 2. (*экспериме́нт*) Versuch *m*; ~ы **на живо́тных** Tierversuche *m pl*
о́пытный <*kf:* -тен, -тна> *adj* 1. erfahren, versiert; 2. routiniert; 3. Versuchs-; **о́пытная устано́вка** Pilotanlage *f*; **о́пытный прое́кт** Pilotprojekt *nt*; ~ **экземпля́р** Muster *nt*; **о́пытное иссле́дование** Pilotstudie *f*
опьяне́ние *nt O2* 1. Alkoholeinfluss *m*, Trunkenheit *f*; **находи́ться в состоя́нии алкого́льного опьяне́ния** unter Alkoholeinfluss stehen; **в состоя́нии наркоти́ческого опьяне́ния** unter Drogeneinfluss; 2. (*fig:* **эйфо́рия**) Rausch *m*
опьяни́ть *vt I pf* (*impf:* опьяня́ть) berauschen
опя́ть *adv* wieder, noch einmal
ора́нжевый <*kf:* -ев> *adj* orange
оранжере́я *f A2* 1. Orangerie *f*; 2. Gewächshaus *nt*
ора́тор *m K* Redner, -in *m/f*;
предыду́щий ~ Vorredner, -in *m/f*
ора́ть <*präs:* ору́, орёшь> *vi E4 impf* (*pf:* за-, на-) 1. schreien, brüllen; 2. grölen, krakeelen
орби́та *f A* (ASTR) Orbit *m*, Umlaufbahn *f*; **околозе́мная ~** Erdumlaufbahn *f*; **на орби́те** im Weltraum; **выводи́ть на орби́ту** auf die Umlaufbahn bringen, ins Weltall befördern
орга́зм *m K* Orgasmus *m*, Höhepunkt *m*
о́рган[1] *m K* 1. (ANAT) Organ *nt*; ~ **чувств** Sinnesorgan *nt* 2. (*инста́нция*) Gremium *nt*, Körperschaft *f*; 3. Behörde *f*, Dienststelle *f*; ~ **ы безопа́сности** Sicherheitsbehörde *f*; **госуда́рственные ~ы** Staatsorgane *nt pl*; **парти́йный ~** Parteizeitung *f*; **печа́тный ~** Presseorgan *nt*; ~ **надзо́ра** Aufsichtsbehörde *f*; ~ **социа́льного страхова́ния** Sozialversicherungsträger *m*
орга́н[2] *m K* Orgel *f*
органигра́мма *f A* Organigramm *nt*
организа́тор *m K* Organisator *m*, Veranstalter *m*, Ausrichter *m*; ~ **пое́здки** Reiseveranstalter *m*
организа́торский *adj* organisatorisch
организацио́нный *adj* organisatorisch; **организацио́нно-правова́я фо́рма предприя́тия** Unternehmensform *f*; **отганизацио́нная структу́ра предприя́тия** Unternehmensgliederung *f*; **организацио́нная едини́ца** Organisationseinheit *f*; **организацио́нная культу́ра** Unternehmenskultur *f*; **организацио́нная структу́ра** Organisationsstruktur *f*; **организацио́нная рабо́та** Organisation *f*
организа́ция *f A2* 1. Organisation *f*; 2. Institution *f*, Einrichtung *f*; 3. Gliederung *f*; 4. Aufbau *m*, Gestaltung *f*; ~ **досу́га** Freizeitgestaltung *f*; **организа́ция де́нежного обраще́ния** Geldwesen *nt*; **Организа́ция европе́йского экономи́ческого сотру́дничества и разви́тия** Organization for Economic Cooperation and Development *f*; **Организа́ция объединённых на́ций** Vereinte Nationen *pl*; ~ **по охра́не прав** Verwertungsgesellschaft *f*; ~ **прое́кта** Projektorganisation *f*; ~ **рабо́чего проце́сса** Ablauforganisation *f*; ~ **распростране́ния** Vertriebsorganisation *f*; ~ **сбы́та** Verkaufsorganisation *f* Vertriebsorganisation *f*; **Организа́ция стран-экспортёров не́фти** Organization

of Petrolium Exporting Countries *f*; **~ торго́вли** Verkaufsorganisation *f*; **~ трудово́го проце́сса** Ablauforganisation *f*; **~ э́кспорта** Exportorganisation *f*; **~ проце́сса** Prozessorganisation *f*
органи́зм *m K* Organismus *m*
организова́ть *vt E2 impf/pf* **1.** organisieren, veranstalten; **2.** gründen; **~ со́бственный теа́тр** ein eigenes Theater schaffen
органи́ст, органи́стка <*gen pl f:* -ток> *m K / f A* (MUS) Organist, -in *m/f*
о́ргия *f A2* Orgie *f*
оргкомите́т *akr von* организацио́нный комите́т *m* Organisationskomitee *nt*
оргте́хника *f A* Bürotechnik *f*
орда́ *f A pls* Horde *f*
о́рден *m K* **1.** Orden *m*, Auszeichnung *f*; **2.** (REL) Orden *m*
о́рдер *m K* **1.** Order *f*, Anweisung *f*; **2.** Gutschein *m*, Bezugsschein *m*; **~ на аре́ст** Haftbefehl *m*; **~ на о́быск** Durchsuchungsbefehl *m*
о́рдерный *adj* Order-; **о́рдерная огово́рка** Orderklausel *f*; **о́рдерная це́нная бума́га** Order *f*, Orderpapiere *pl*; **о́рдерный докуме́нт** Orderpapier *nt*
ордина́рный <*kf:* -рен, -рна> *adj* gewöhnlich, durchschnittlich
орёл <*gen sg:* орла́> *m K e* Adler *m*
оре́х *m K* Nuss *f*; **земляно́й ~** Erdnuss *f*; **лесно́й ~** Haselnuss *f*
оре́шник *m K* Haselstrauch *m*
оригина́л *m K* **1.** (*по́длинник*) Original *nt*; **2.** Vorlage *f*; **3.** (*о челове́ке*) Sonderling *m*, Eigenbrötler *m*; **~ счёта** Originalrechnung *f*
оригина́льность *f I* **1.** Originalität *f*; **2.** Eigenart *f*
оригина́льный <*kf:* -лен, -льна> *adj* original, originell; **оригина́льная иде́я** neue Idee *f*; **оригина́льные те́ксты** Originaltexte *m pl*; **оригина́льная упако́вка** Originalverpackung *f*
ориента́ция *f A2* Orientierung *f*; **потеря́ть ориента́цию** die Orientierung verlieren; **~ на ры́нок** Marktorientierung *f*
ориенти́р *m K* Anhaltspunkt *m*, Orientierungshilfe *f*, Richtlinie *f*; **но́вые ~ы** neue Trends *m pl*; **ориенти́рование на ры́нок** Marktorientierung *f*
ориенти́рованный *adj* **1.** orientiert; **~ на по́льзователя** benutzerorientiert , benutzerfreundlich; **~ на интере́сы гра́ждан** bürgernah; **~ на получе́ние при́были** gewinnorientiert; **~ на результа́т** leistungsorientiert; **~ на ры́нок** marktorientiert; **~ на успе́х** erfolgsorientiert **2.** informiert
ориенти́ровать *vt E2 impf/pf* **1.** orientieren; **2.** (einen Standpunkt) anzeigen
ориенти́роваться *vr E2 impf/pf* (*pf:* с-) sich zurechtfinden, sich orientieren
ориентиро́вочный *adj* Orientierungs-, vorläufig; **по ориентиро́вочным да́нным** schätzungsweise; **ориентиро́вочная цена́** Richtpreis *m*; **ориентиро́вочные да́нные** Eckdaten *pl*; **ориентиро́вочные пока́затели** Eckdaten *pl*; **~ бала́нс** (ÖKON) Rohbilanz *f*
орке́стр *m K* Orchester *nt*, Kapelle *f*; **джа́зовый ~** Jazzkapelle *f*; **духово́й ~** Blaskapelle *f*; **симфони́ческий ~** Symphonieorchester *nt*
орна́мент *m K* Ornament *nt*
орнито́лог *m K* Ornithologe, -in *m/f*, Vogelkundler, -in *m/f*
ороси́ть <*fut:* -ошу́, -оси́шь> *vt I pf* (*impf:* ороша́ть) bewässern
ороше́ние *nt O2* Bewässerung *f*
ортодокса́льный <*kf:* -лен, -льна, -льно> *adj* **1.** überzeugt; **2.** (REL) orthodox
ортопе́д *m K* Orthopäde, Orthopädin *m/f*
ортопеди́ческий *adj* orthopädisch
ору́дие *nt O2* **1.** Werkzeug *nt*, Gerät *nt*; **2.** (MIL) Geschütz *nt*; **3.** (*fig*) Werkzeug *nt*, Waffe *f*, Mittel *nt*
ору́довать *v + inst E2 impf* hantieren (mit +*dat*)
ору́жие *nt O2* Waffe *f*; **~ ма́ссового пораже́ния** Massenvernichtungswaffen *f pl*; **огнестре́льное ~** Schusswaffe *f*
орфографи́ческий *adj* orthografisch; **орфографи́ческая оши́бка** Rechtschreibfehler *m*
орфогра́фия *f A2* Orthografie *f*, Rechtschreibung *f*
орхиде́я *f A2* Orchidee *f*
ОС *abk von* операцио́нная систе́ма *f* Betriebssystem *nt*
оса́ *f A pls* Wespe *f*
оса́да *f A* Belagerung *f*
осади́ть I. <*fut:* -ажу́, -а́дишь> *vt I pf* (*impf:* осажда́ть) **1.** belagern; **2.** bestürmen, bedrängen; II. *vt I* (*impf:* оса́живать) **1.** zum Stehen bringen, zügeln; **2.** (*fig*) zügeln, zurechtweisen
осади́ться <*fut:* ажу́сь, -а́дишься> *vr I pf* (*impf:* осажда́ться) (CHEM) (sich) ansetzen
оса́дки <*gen pl:* -дков> *m pl K* **1.** Niederschlag *m*; **2.** (*радиоакти́вные*) Fallout *m*
оса́док <*gen sg:* -дка> *m K* (CHEM) Rückstand *m*
осажда́ть *vt E impf* (*pf:* осади́ть) **1.** belagern; **2.** bestürmen, bedrängen
осажда́ться *vr E impf* (*pf:* осади́ться) (CHEM) (sich) ansetzen
оса́живать *vt E impf* (*pf:* осади́ть) **1.** zum Stehen bringen, zügeln; **2.** (*fig*) zügeln, zurechtweisen
ОСВ *abk von* оборони́тельные стратеги́ческие вооруже́ния *nt* strategische Verteidigungswaffen *f pl*
осва́ивать *vt E impf* (*pf:* осво́ить) **1.** (*террито́рию*) erschließen; **2.** (*зна́ния*) sich aneignen

осва́иваться *vr E impf* (*pf:* осво́иться) 1. sich einarbeiten; 2. sich eingewöhnen, sich einleben

осведоми́тель *m K1* Denunziant *m*

осве́домиться <*fut:* -млю́сь, -мишься> *vr I pf* (*impf:* осведомля́ться) 1. sich erkundigen, sich informieren; 2. erfragen

осведомлённость *f I* 1. Beschlagenheit *f*; 2. Sachkenntnis *f*; **~ о ма́рке** (ÖKON) Markenkenntnis *f*

освежа́ть *vt E impf* (*pf:* освежи́ть) 1. erfrischen; 2. auffrischen

освежа́ться *vr E impf* (*pf:* освежи́ться) sich erfrischen, sich laben

освежи́тельный *adj* erfrischend; **освежи́тельные напи́тки** Erfrischungsgetränke *nt pl*; **освежи́тельная салфе́тка** Erfrischungstuch *nt*

освети́ть <*fut:* -ещу́, ети́шь> *vt I pf* (*impf:* освеща́ть) erleuchten

осветля́ть *vt E impf* (*во́лосы*) blondieren

освеща́ть *vt E impf* (*pf:* освети́ть) 1. erleuchten; 2. beleuchten; 3. erhellen, aufhellen; 4. (*в пре́ссе*) behandeln; **широко́ ~ что-либо** ausführlich berichten (über +*akk*)

освеще́ние *nt O2* 1. Erleuchtung *f*; 2. Beleuchtung *f*; 3. (*в пре́ссе*) Berichterstattung *f*

освещённость *f I* 1. Beleuchtungsstärke *f*; 2. Lichtverhältnisse *pl*

освиста́ть <*fut:* -ищу́, и́щешь> *vt E4 pf* (*impf:* освисты́вать) auspfeifen

освободи́ть <*fut:* -ожу́, -оди́шь> *vt I pf* (*impf:* освобожда́ть) 1. befreien; 2. freilassen; **~ из-под аре́ста** aus der Haft entlassen; **~ це́ны** die Preise freigeben 3. freistellen; 4. (*от до́лжности*) (vom Amt) entbinden, (vom Dienst) suspendieren; 5. entrümpeln; 6. (*кварти́ру*) ausziehen, räumen; 7. (*от чего́-ли́бо*) entlasten

освобожде́ние *nt O2* 1. Befreiung *f*; 2. Entlassung *f*, Freilassung *f*; 3. Entlastung *f*, Erlass *m*; **~ от а́рмии** Befreiung vom Wehrdienst; **досро́чное ~** vorzeitige Entlassung *f* aus der Haft; **~ под зало́г** Entlassung *f* gegen Kaution; **~ от занима́емой до́лжности** Amtsentbindung *f*; **~ от тамо́женных по́шлин** Zollbefreiung *f*; **~ от уро́ков физкульту́ры** Freistellung *f* vom Sport(unterricht); **~ цен** Freigabe *f* der Preise; **~ из-под аре́ста** Freigabe *f*; **~ от наказа́ния** Indemnität *f*; **~ от отве́тственности** Indemnität *f*, Haftungsfreistellung *f*; **~ от упла́ты нало́гов** Steuerbefreiung *f* Abgabenbefreiung *f*; **~ цен** Preisfreigabe *f*

освое́ние *nt O2* 1. (*о зна́ниях*) Aneignung *f*, Beherrschung *f*; 2. (*о террито́рии*) Erschließung *f*; **~ ры́нка** Markterschließung *f*

осво́ить *vt I pf* (*impf:* осва́ивать) 1. erschließen; 2. sich aneignen

освяти́ть <*fut:* -ящу́, -яти́шь> *vt I pf* (*impf:* освяща́ть) (REL) weihen; **да освяти́тся и́мя твоё** geheiligt werde dein Name

освяще́ние *nt O2* (REL) Weihe *f*; **откры́тие и ~ па́мятника** Enthüllung *f* und Weihung *f* eines Denkmals

оседа́ть *vi E impf* (*pf:* осе́сть) 1. (*о пыли и т.п.*) sich absetzen, sich ablagern; 2. (*о до́ме, о земле́*) sich senken, herabsinken; 3. sich niederlassen, sesshaft werden

оседла́ть *vt E pf* (*impf:* осёдлывать) 1. satteln; 2. (*fig*) bevormunden, gängeln; 3. (MIL) besetzen

осёдлый <*kf:* -е́дл> *adj* 1. ansässig; 2. sesshaft

осёл <*gen sg:* осла́> *m K e* Esel *m*

оселок <*gen sg:* -лка́> *m K e* 1. Schleifstein *m*; 2. (*fig*) Prüfstein *m*

осе́нний *adj* herbstlich

о́сень *f I* Herbst *m*; **цыпля́т по о́сени счита́ют** (*fig*) man soll den Tag nicht vor dem Abend loben

о́сенью *adv* im Herbst

осе́сть <*fut:*ося́ду, оса́дешь> *vi UE5 pf* (*impf:* оседа́ть) 1. sich absetzen; 2. sich niederlassen

осироте́лый *adj* (*auch fig*) verwaist

оска́лить *vi I pf* (*impf:* ска́лить) (**-зу́бы**) fletschen; (*umg*) lachen, grinsen

оскверни́ть *vt I pf* (*impf:* оскверня́ть) schänden, beschmieren, entweihen

оско́лок <*gen sg:* -лка́> *m K* Splitter *m*; **~ стекла́** Glasscherbe *f*, **~ снаря́да** Granatsplitter *m*

оскорби́тельный <*kf:* -лен, -льна> *adj* beleidigend, ausfallend, verletzend

оскорби́ть <*fut:* -блю́, -би́шь> *vt I pf* (*impf:* оскорбля́ть) beleidigen, kränken; **~ де́йствием** handgreiflich werden

оскорбле́ние *nt O2* Beleidigung *f*, Beschimpfung *f*

оскорблённый *adj* verletzt, beleidigt; **оскорблённое честолю́бие** verletzter Ehrgeiz *m*; **чу́вствовать себя́ оскорблённым** sich beleidigt fühlen

ослабева́ть *vi E impf* (*pf:* ослабе́ть) 1. erschlaffen; 2. (*auch fig*) erlahmen

осла́бить <*fut:* -блю, -бишь> *vt I pf* (*impf:* ослабля́ть) 1. schwächen; 2. lockern

ослабле́ние *nt O2* 1. Schwächung *f*, Abnahme *f*, Abflauen *nt*; **~ конъюнкту́ры** Abschwung *m*

осла́вить <*fut:* -влю, -вишь> *vt I pf* (*impf:* сла́вить) verleumden

ослепи́тельный <*kf:* -лен, -льна> *adj* blendend

ослепи́ть <*fut:* -плю́, -пи́шь> *vt I pf* (*impf:* ослепля́ть) blenden

ослепле́ние *nt O2* 1. Blendung *f*; 2. (*fig*) Verblendung *f*

ослеплённый *adj* geblendet; **~ сне́гом** schneeblind

осложне́ние *nt O2* Komplikation *f*

осма́тривать *vt E impf* (*pf:* осмотре́ть) 1. (*музе́й*) besichtigen; 2. (*ко́мнату*) in Augenschein nehmen; 3. mustern
осме́ивать *vt E impf* (*pf:* осмея́ть) auslachen, lächerlich machen
осме́ливаться *vr E impf* (*pf:* осме́литься) wagen, sich erdreisten
о́смий *m K2* Osmium *nt*
осмоле́ние *nt O2* Verharzung *f*
осмо́лка *f A* Teeren *nt*
осмо́тр *m K* 1. Besichtigung *f*; **нача́ло ~а** Beginn *m* des Rundgangs 2. (MIL) Musterung *f*; 3. Inspektion *f*, Untersuchung *f*
осмотре́ть *vt I pf* (*impf:* осма́тривать) 1. besichtigen; 2. mustern
осмысле́ние *nt O2* 1. Erfassen *nt*, Erkennen *nt*; 2. Überdenken *nt*; **~ исто́рии** Geschichtsbewältigung *f*, Aufarbeitung der Geschichte
осна́стка *f A* 1. Ausstattung *f*; 2. (MAR) Takelung *f*, Takeln *nt*
оснаща́ть *vt E impf* (*pf:* оснасти́ть) 1. ausstatten, ausrüsten; 2. (MAR) auftakeln
оснаще́ние *nt O2* Ausstattung *f*, Ausrüstung *f*
осно́ва *f A* 1. Basis *f*, Grundlage *f*; 2. (ÖKON) Stamm *m*; 3. (LING) Stamm *m*; **~ существова́ния** Existenzgrundlage *f*; **~ налого́вых расчётов** Steuerbemessungsgrundlage *f*
основа́ние *nt O2* 1. Gründung *f*, Stiftung *f*; 2. (*по́вод*) Anlass *m*, Grund *m*, Begründung *f*; **име́ть под собо́й основа́ние** Hand und Fuß haben 3. (CHEM) Base *f*; 4. Basis *f*; **~ для исчисле́ния чего-л.** Bemessungsgrundlage *f*; **~ для расторже́ния трудово́го догово́ра** Kündigungsgrund *m*; **~ для увольне́ния с рабо́ты** Kündigungsgrund *m*; **~ фи́рмы** Firmengründung *f*
основа́тель, основа́тельница *m K1 / f A* Gründer, -in *m/f*
основа́тельный <*kf:* -лен, -льна, -льно> *adj* gründlich, tiefgehend, tiefschürfend
основа́ть *vt E2 pf* (*impf:* осно́вывать) gründen, begründen, stiften
основно́й *adj* Haupt-, hauptsächlich; **основно́е зда́ние** Hauptgebäude *nt*; **основна́я за́работная пла́та** Grundlohn *m*; **основна́я компа́ния** Obergesellschaft *f*; **основна́я пло́щадь торго́вого помеще́ния** Verkaufsfläche *f*; **основна́я потре́бность** Grundbedürfnis *nt*; **основна́я профе́ссия** Hauptberuf *m*; **основна́я специа́льность** Hauptberuf *m*; **основна́я сфе́ра де́ятельности** Hauptaufgabenbereich *m*; **основна́я та́кса** Grundgebühr *f*; **основна́я зарпла́та слу́жащих** Grundgehalt *nt*; **основно́е значе́ние (сло́ва)** Grundbedeutung *f*; **основна́я мысль** Leitgedanke *m*; **основно́е отли́чие** Hauptunterschied *m*; **~ предме́т** Hauptfach *nt*; **в основно́м** im wesentlichen; **основно́е фина́нсовое капиталовложе́ние** Finanzgrundlage *f*; **основно́е финанси́рование** Sockelfinanzierung *f*; **основны́е изде́ржки** Grundkosten *pl*; **основны́е расхо́ды** Grundkosten *pl*; **основны́е затра́ты** Grundkosten *pl*; **основны́е о́трасли тяжёлой промы́шленности** Grundstoffindustrie *f*; **основные сре́дства** Anlagevermögen *nt*, , Anlagegüter *pl*; **основны́е сре́дства произво́дства** Anlagegüter *pl*, , Produktionsgüter *pl*, , Investitionsgut *nt*; **основно́е ме́сто возникнове́ния затра́т** Hauptkostenstelle *f*; **основно́е назва́ние фи́рмы** Firmenkern *m*; **основно́е запомина́ющее устро́йство** (DV) Hauptspeicher *m*; **основно́е предприя́тие** Muttergesellschaft *f*; **основны́е фо́нды** Anlagefonds *m*; **~ зако́н налогообложе́ния** Abgabenordnung *f*; **~ материа́л для изготовле́ния изде́лия** Fertigungsmaterial *nt*; **~ капита́л** Anlagevermögen *nt*; **~ клие́нт** Hauptkunde *m*; **~ окла́д** Grundgehalt *nt*; **~ оферéнт** Hauptanbieter *m*; **~ покупа́тель** Hauptabnehmer *m*; **~ потреби́тель** Hauptabnehmer *m*; **~** [*o*] **гла́вный] процéссор** (DV) Hostprozessor *m*; **~ спи́сок** (DV) Hauptverzeichnis *nt*; **~ ры́нок сбы́та** Hauptabsatzmarkt *m*; **~ сбор** Grundgebühr *f*; **~ сезо́н** Hauptsaison *f*; **~ тари́ф** Grundgebühr *f* **~ счёт** Sachkonto *nt*; **~ фина́нсовый капита́л** Finanzlage *f*
основополага́ющий *adj* grundlegend
основополо́жник *m K* 1. Begründer *m*; 2. Gründer *m*; 3. Schöpfer *m*
осно́вывать I. *vt E impf* (*pf:* основа́ть) 1. gründen, begründen, ins Leben rufen; 2. stiften; II. *vi E* (**на чём-ли́бо**) beruhen, basieren (auf +*dat*)
осо́бенно *adv* besonders, insbesondere
осо́бенность *f I* 1. Besonderheit *f*; 2. Eigenheit *f*, Eigenart *f*
осо́бенный <*kf:* -бенен, -бенна, -бенно> *adj* besonders; **что́-то осо́бенное** etwas Besonderes *nt*
особня́к *m K e* 1. Eigenheim *nt*; 2. Einfamilienhaus *nt*
особняко́м *adv* abseits
осо́бый *adj* besondere(r, s), Sonder-; **осо́бые заслу́ги** besondere Verdienste *pl*; **осо́бые приме́ты** besondere Kennzeichen *nt pl*; **~ слу́чай** Sonderfall *m*; **осо́бые изде́ржки** (ÖKON) Sondereinzelkosten *pl*; **осо́бые полномо́чия** Sondervollmacht *f*; **осо́бые права́** Sonderrechte *pl*; **осо́бые расхо́ды** Sonderausgaben *pl*; **осо́бые сбо́ры** Sonderabgaben *pl*
осознава́ть <*präs:* -наю, -наёшь> *vt E3 impf* (*pf:* осозна́ть) 1. einsehen, erkennen; 2. sich bewusst sein; 3. verinnerlichen
осозна́ние *nt O2* Begreifen *nt*, Erkennen *nt*, Bewusstwerden *nt*

о́спа *f A* Pocken *pl*

оспа́ривать *vt E impf* (*pf:* оспо́рить) ab-, bestreiten, in Abrede stellen

осси́ст *m K* (*an der Börse*) Bull *m*

остава́ться <*präs:* -таю́сь, -таёшься> *vr E3 impf* (*pf:* оста́ться) 1. bleiben, verharren, dableiben; 2. übrig bleiben; 3. bestehenbleiben; **~ в живы́х** mit dem Leben davonkommen, überleben; **оста́вшиеся в живы́х** Überlebende *pl*; **~ в коали́ции** in der Koalition verbleiben; **~ в посте́ли** im Bett liegenbleiben; **~ на второ́й год** (*в шко́ле*) sitzen bleiben; **~ ни с чем** [*о при свои́х интере́сах*] leer ausgehen, das Nachsehen haben; **~ по́сле уро́ков** nachsitzen

оста́вить <*fut:* -влю́ -ви́шь> *vt I pf* (*impf:* оставля́ть) 1. zurücklassen; 2. (*сдава́ть*) preisgeben; 3. hierlassen, stehenlassen, liegenlassen; 4. lassen; **оста́вьте!** lassen Sie das! **~ в замке́** (*о ключе́*) steckenlassen; **~ висе́ть** hängenlassen; **~ здесь** dalassen; **~ как есть** belassen; **~ на второ́й год** nicht versetzen, eine Klasse wiederholen lassen; **~ откры́той** (*о две́ри*) offenlassen; 5. zurücklassen; **~ в зало́г** als Pfand dalassen; **~ завеща́ние** ein Testament hinterlassen; **~ следы́** Spuren hinterlassen; 6. verlassen, im Stich lassen, sitzen lassen; **~ в поко́е** in Ruhe lassen, zufriedenlassen; **~ дете́й без присмо́тра** Kinder unbeaufsichtigt lassen; **~ на чье-ли́бо усмотре́ние** jdm die Entscheidung überlassen; **~ по́сле уро́ков** nachsitzen lassen; 7. behalten; **~ за собо́й** sich vorbehalten; **~ себе́** dabehalten, aufheben; 8. fahren lassen, aufgeben; **~ вся́кую наде́жду** alle Hoffung fahren lassen; **~ жела́ть лу́чшего** viel zu wünschen übrig lassen

остально́й *adj* übrig, restlich, sonstig

остана́вливать *vt E impf* (*pf:* останови́ть) 1. aufhalten, stoppen, zum Stillstand bringen; **~ кровотече́ние** (MED) eine Blutung stillen; **~ спад произво́дства** den Produktionsrückgang stoppen 2. (*автомаши́ну*) anhalten; 3. (*часы́*) stoppen; 4. (*произво́дство*) stillegen, abstellen

остана́вливаться *vr E impf* (*pf:* останови́ться) 1. stehenbleiben, Halt machen; 2. rasten, innehalten; **гла́вное - во́время ~** man soll nichts übertreiben; **ни пе́ред чем не ~** vor nichts zurückschrecken; **не ~ пе́ред же́ртвами** kein Opfer scheuen; **подро́бно ~ на чём-ли́бо в свое́й ре́чи** in seiner Rede eingehen (auf +*akk*) 3. (*об автобусе*) anhalten; 4. (*о часа́х*) ablaufen, stehenbleiben; 5. (*о произво́дстве*) zum Stillstand kommen, ruhen; 6. (*в гости́нице*) absteigen, einkehren, logieren

остано́вка *f A* 1. Halt *m*, Rast *f*; 2. (*в пути́, в хо́де визи́та*) Zwischenstation *f*, Zwischenstop *m*; 3. Haltestelle *f*; **автобусная ~** Bushaltestelle *f*; **~ по тре́бованию** Bedarfshaltestelle *f*; **~ се́рдца** (MED) Herzstillstand *m*; **без остано́вки произво́дства** bei laufender Produktion; **~ произво́дства** Produktionsausfall *m*

оста́ток <*gen sg:* -тка́> *m K* 1. Rest *m*, Überrest *m*, Überbleibsel *nt*, Relikt *nt*; 2. Rückstand *m*; 3. Bestand *m*; 4. Saldo *m*; 5. Ende *nt*, Stumpf *m*; **~ дня** Rest *m* des Tages; **без оста́тка** restlos; **оста́тки** Rückstand *m*; **~ су́ммы** Differenzbetrag *m*

оста́точный *adj* restlich, Rest-; **оста́точная сто́имость** Restwert *m*; **оста́точный срок слу́жбы** Restnutzungsdauer *f*

оста́ться <*fut:* -а́нусь, -а́нешься> *vr E9b pf* (*impf:* остава́ться) 1. bleiben, übrig bleiben, verbleiben; 2. bestehenbleiben

остекле́ние *nt O2* Verglasung *f*

остекли́ть *vt I pf* (*impf:* остекля́ть) verglasen

остерега́ться *vr E impf* (*pf:* остере́чься) (*кого́-либо*) sich in Acht nehmen (vor +*dat*)

о́стов *m K* 1. Gerüst *nt*, Gestell *nt*; 2. Gerippe *nt*

осторо́жность *f I* Vorsicht *f*, Behutsamkeit *f*

осторо́жный <*kf:* -жен, -жна, -жно> *adj* 1. vorsichtig, behutsam; 2. bedächtig

осточерте́ть *v + dat I pf* (*impf:* осточертева́ть) (*umg*) zuwider sein, zum Halse heraushängen; **ему́ э́то уже́ осточерте́ло** das hängt ihm zum Halse heraus; **э́то мне осточерте́ло** das kotzt mich an

острие́ *nt K2 e* 1. Schneide *f*; 2. Spitze *f*; **на острие́ ножа́** auf Messers Schneide

остри́ть I. *vt I impf* schärfen; II. *vi I impf* (*pf:* costри́ть) Witze machen, flachsen

о́стров *m K ple* Insel *f*; **~ сокро́вищ** Schatzinsel *f*; **необита́емый ~** verlassene Insel *f*

острово́к <*gen sg:* -вка́> *m K e* kleine Insel *f*; **~ безопа́сности** Verkehrsinsel *f*

остро́г *m K* (*arch*) Gefängnis *nt*

острослов *m K* Witzbold *m*, geistreicher Spötter *m*

острота́ *f A e* Schärfe *f*

остро́та *f A* Witz *m*, geistreiche Äußerung *f*; **неуда́чная ~** Kalauer *m*, schlechter Witz *m*

остроу́мие *nt O2* Esprit *m*, Geist *m*

остроу́мный <*kf:* -у́мен, -у́мна> *adj* geistreich, witzig

о́стрый <*kf:* остёр/остр, остра́> *adj* 1. scharf, spitz; 2. scharfsinnig; **~ ум** scharfer Verstand *m*; **вести́ о́стрые диску́ссии** kontrovers diskutieren; **о́стрые спо́ры** heftige Auseinandersetzungen *f pl* 3. (*= актуа́льный*) akut, relevant; 4. scharf, gepfeffert

остуди́ть <*fut:* -ужу́, -у́дишь> *vt I pf* (*impf:* студи́ть, остужа́ть) auskühlen lassen, kaltstellen

остыва́ть vi E impf (pf: осты́ть) (auch fig) sich abkühlen, auskühlen

осуди́ть <fut: -ужу́, -у́дишь> vt I pf (impf: осужда́ть) verurteilen, missbilligen

осужде́ние nt O2 1. Missbilligung f; 2. (JUR) Verurteilung f

осуша́ть vt E impf (pf: осуши́ть) 1. trocknen; 2. (ÖKOL: боло́та) trockenlegen; 3. austrinken, leeren

осуше́ние nt O2 Trockenlegung f, Entwässerung f; ~ боло́т die Trockenlegung von Sümpfen

осуществи́мость f I Durchführbarkeit f

осуществле́ние nt O2 Durchführung f, Abwicklung f, Verwirklichung f, Umsetzung f

осуществля́ть vt E impf (pf: осуществи́ть) durchführen, umsetzen, verwirklichen; ~ интегра́цию integrieren; ~ вы́пуск ausgeben; ~ капиталовложе́ния investieren; ~ эми́ссию (ÖKON: Wertpapiere) ausgeben

осыпа́ться <fut: -плюсь, -плешься> vr E4 pf (impf: осыпа́ться) 1. abbröckeln, abfallen; 2. entlauben, Blätter verlieren

ось f I el Achse f

от präp +gen von (+dat), ab; ~ и́мени stellvertretend für; ~ ... до von ... bis; ~ души́ nach Herzenslust; сре́дство ~ ка́шля Mittel nt gegen Husten

ота́пливать vt E impf (pf: отопи́ть) heizen, beheizen

отбе́ливать vt E impf (pf: отбели́ть) bleichen

отбива́ть vt E impf (pf: отби́ть) 1. schlagen, abschlagen; 2. (MIL) zurückerobern; ~ ата́ку einen Angriff abwehren 3. (umg) abspenstig machen, wegnehmen; ~ жену́ у кого́-ли́бо jdm die Frau abspenstig machen; ~ охо́ту к чему́-ли́бо у кого́-ли́бо jdm die Lust nehmen (zu +dat); ~ хлеб у кого́-ли́бо (fig) jdm ins Handwerk pfuschen

отбира́ть vt E impf (pf: отобра́ть) 1. auswählen, auslesen, aussondern; 2. abnehmen, wegnehmen, abknöpfen

отби́ть <fut: отобью́, отобьёшь> vt E4c pf (impf: отбива́ть) 1. schlagen, abschlagen; 2. zurückerobern; 3. abspenstig machen, wegnehmen

отблагодари́ть vt I pf sich erkenntlich zeigen, sich revanchieren

о́тблеск m K 1. (auch fig) Abglanz m, Widerschein m; ~ пре́жней сла́вы Abglanz m vergangenen Ruhmes; 2. (отсве́т) Gegenlicht nt

отбо́й m K2 1. (MIL) Entwarnung f; ~ возду́шной трево́ги Entwarnung f nach Fliegeralarm 2. (в пионерла́гере) Nachtruhe f; бить ~ abblasen; нет отбо́ю [o отбо́я] mehr als genug; от них отбо́я нет man kann sich ihrer nicht erwehren

отбо́р m K 1. Auslese f; 2. Auswahl f; 3. Entnahme f; 4. Selektion f; есте́ственный ~ (BIO) natürliche Auslese f; ~ средств носи́телей Mediaselektion f; ~ средств рекла́мы Mediaselektion f

отбо́рный adj (эли́тный) ausgewählt, erlesen

отбро́сить <fut: -о́шу, -о́сишь> vt I pf (impf: отбра́сывать) 1. zur Seite werfen; отбра́сывать тень Schatten werfen 2. verwerfen, aufgeben

отбро́сы m pl K 1. Abfall m; 2. Rückstand m

отбукси́ровать vt E2 pf abschleppen

отбы́ть <fut: -бу́ду, -бу́дешь> vt UE1 pf (impf: отбыва́ть) 1. abreisen, abfahren; 2. ableisten, verbüßen; ~ срок наказа́ния eine Strafe verbüßen

ота́живаться vr E impf (pf: отва́житься) (осме́литься) wagen

отва́жный <kf: -жен, -жна> adj tapfer, mutig

отва́л m K Halde f, Kippe f; нае́сться до ~а sich bis zum Umfallen vollessen

отва́ливаться vr E impf (pf: отвали́ться) 1. bröckeln; 2. (umg) sich zurücklehnen, sich räkeln

отва́ривать vt E impf (pf: отвари́ть) abkochen

отведе́ние nt O2 (сто́чных вод) Ableitung f

отвезти́ <fut: -езу́, -езёшь> vt E6 pf (impf: отвози́ть) hinfahren, hinschaffen, befördern

отверга́ть vt E impf (pf: отве́ргнуть) 1. ablehnen, zurückweisen; 2. verschmähen; 3. verbannen, ausstoßen

отверну́ть vt E1 pf (impf: отвёртывать, отвора́чивать) 1. aufdrehen, öffnen; 2. wenden, abwenden; 3. zurückschlagen, umschlagen

отве́рстие nt O2 Öffnung f, Loch nt, Bohrung f

отвёртка f A Schraubenzieher m

отвёртывать vt E impf (pf: отверну́ть) 1. aufdrehen, öffnen; ~ кран den Hahn aufdrehen; 2. wenden, abwenden; 3. zurückschlagen, umschlagen

отве́с m K Lot nt

отве́сный adj steil, abschüssig

отвести́ <fut: -веду́, -ведёшь> vt E6a pf (impf: отводи́ть) 1. hinbringen, wegbringen; 2. ablenken, entfernen

отве́т m K Antwort f, Bescheid m; дать ~ antworten, Auskunft geben; держа́ть ~ пе́ред кем-ли́бо jdm Rede und Antwort stehen; привлека́ть к ~у belangen; призыва́ть к ~у zur Rede stellen, zur Rechenschaft ziehen; в ~ на что-ли́бо als Antwort (auf +akk)

ответвле́ние nt O2 Abzweigung f

отве́тить <fut: -ве́чу, -ве́тишь> vi I pf (impf: отвеча́ть) antworten

отве́тный adj 1. Antwort-; отве́тное письмо́ Antwortschreiben nt 2. Gegen-; ~

визи́т Gegenbesuch *m*; **отве́тная любо́вь** Gegenliebe *f*; **отве́тная реа́кция** Gegenreaktion *f*; **~ уда́р** (MIL) Vergeltungsschlag *m*; **~ ход** Gegenzug *m*; **отве́тная ме́ра** Gegenmaßnahme *f*; **приня́ть отве́тные ме́ры** Gegenmaßnahmen treffen; **отве́тная услу́га** Gegenleistung *f*

отве́тственность *f I* **1.** Verantwortung *f*, Verantwortungsgefühl *nt*; **2.** (JUR) Verantwortlichkeit *f*, Haftung *f*, Haftpflicht *f*; **бе́гство от отве́тственности** Flucht *f* vor der Verantwortung; **привлека́ть к отве́тственности за что́-либо** jdn haftbar machen (für +*akk*); **~ госуда́рства** Staatshaftung *f*; **~ за изде́лие** Produkthaftung *f*; **~ за ка́чество това́ра** Mängelhaftung *f*; **~ за проду́кцию** Produkthaftung *f*; **~ за това́р** Produkthaftung *f*; **~ изготови́теля** Herstellerhaftung *f*; **~ по задо́лженности** Schuldenhaftung *f*; **~ эмите́нта за достове́рность да́ннных проспе́кта** Prospekthaftung *f*; **~ за вред, причинённый исто́чником повы́шенной опа́сности** Gefährdungshaftung *f*

отве́тственный <*kf*: -венен, -венна> *adj* **1.** verantwortlich, zuständig; **2.** haftbar; **3.** verantwortungsbewusst; **~ подхо́д** verantwortungsvolles Handeln *nt*; **4.** (*ва́жный*) bedeutend; **отве́тственная до́лжность** Vertrauensstellung *f*; **~ исполни́тель** Abwickler *m*; **~ пост** Vertrauensstellung *f*

отвеча́ть *vi E impf* (*pf*: отве́тить) **1.** antworten, erwidern; **2.** (*за что-либо*) geradestehen, haften (für +*akk*); **~ за свои́ посту́пки** für seine Handlungen Rede und Antwort stehen; **3.** entsprechen; **не ~ тре́бованиям** den Anforderungen nicht genügen

отвинти́ть <*fut*: -нчу, -нти́шь> *vt I pf* (*impf*: отви́нчивать) abschrauben

отвлека́ть *vt E impf* (*pf*: отвле́чь) **1.** ablenken; **2.** abziehen

отвлека́ющий *adj* ablenkend, Ablenkungs-; **~ мане́вр** Ablenkungsmanöver *nt*

отвлече́ние *nt O2* **1.** Ablenkung *f*; **2.** Abstraktion *f*; **3.** Abzug *m*

отвлечённый <*kf*: -ён> *adj* abstrakt

отвле́чь <*fut*: -влеку́, -влечёшь> *vt UE4 pf* (*impf*: отвлека́ть) **1.** ablenken; **2.** abziehen

отво́д *m K* **1.** (MIL) Abzug *m*, Rückzug *m*; **2.** Ablehnung *f*, Einspruch *m*; **дать** [о **заяви́ть**]**~** Einspruch erheben; **дать ~ судье́** den Richter ablehnen

отводи́ть <*präs*: -ожу́, -о́дишь> *vt I impf* (*pf*: отвести́) **1.** hinbringen, wegbringen; **~ ребёнка в шко́лу** das Kind in die Schule begleiten **2.** ablenken, entfernen; **3.** (**-сто́чные во́ды**) ableiten

отвози́ть <*präs*: -вожу́, -во́зишь> *vt I impf* (*pf*: отвезти́) hinfahren, hinschaffen, befördern

отвора́чивать *I*. *vt E impf* (*pf*: отверну́ть) **1.** aufdrehen, öffnen; **2.** wenden, abwenden; **3.** zurückschlagen, umschlagen; *II*. *vt E impf* (*pf*: отвороти́ть) fortwälzen, beiseite räumen

отворо́т *m K* Aufschlag *m*, Revers *nt*

отврати́тельный <*kf*: -лен, -льна, -льно> *adj* abscheulich, ekelhaft, widerwärtig

отвраще́ние *nt O2* Abscheu *f*, Ekel *m*, Widerwille *m*, Abneigung *f*; **вы́звать ~ у кого́-либо** jdn anekeln, jdn anwidern; **испыта́ть ~ к кому́-либо** jdn verabscheuen; **испыта́ть ~ к чему́-либо** sich ekeln (vor +*dat*); **вызыва́ющий ~** ekelerregend

отвыка́ть *vi E impf* (*pf*: отвы́кнуть) (*от чего́-либо*) sich abgewöhnen; **~ от дурно́й привы́чки** eine schlechte Gewohnheit ablegen

отвя́занный *adj* lose

отвяза́ть <*fut*: -яжу́, -я́жешь> *vt E4 pf* (*impf*: отвя́зывать) abbinden, losbinden; **~ верёвку** den Strick aufbinden

отгова́ривать *vt E impf* (*pf*: отговори́ть) (*от чего́-либо*) ausreden, abraten, abbringen (von +*dat*)

отгово́рка *f A* Ausrede *f*, Ausflucht *f*; **пусты́е отгово́рки** faule Ausreden *f pl*

отгора́живать *vt E impf* (*pf*: отгороди́ть) abgrenzen

отгружа́ть *vt E impf* (*pf*: отгрузи́ть) **1.** abladen; **2.** verladen

отгру́зка *f A* Verladung *f*, Lieferung *f*

отгрыза́ть *vt E impf* (*pf*: отгры́зть) abnagen

отдава́ть <*präs*: -даю́, -даёшь> *vt E3 impf* (*pf*: отда́ть) **1.** abgeben, weggeben; **2.** zurückgeben; **3.** (*долг*) zurückzahlen; **~ все свои́ си́лы** alles daran setzen, sein Bestes geben; **~ до́лжное** Gerechtigkeit widerfahren lassen; **~ на о́ткуп** (*fig*) preisgeben; **~ после́дний ко́зырь** seinen letzten Trumpf ausspielen

отдава́ться <*präs*: -даю́сь, -даёшься> *vr E3 impf* (*pf*: отда́ться) sich hingeben; **~ целико́м чему́-либо** frönen (+*dat*)

отдалённый <*kf*: -ён> *adj* entfernt, entlegen; **отдалённые перспекти́вы** langfristige Perspektiven *f pl*; **отдалённые после́дствия** Dauerfolgen *f pl*; **отдалённое схо́дство** keine große Ähnlichkeit *f*; **име́ть весьма́ отдалённые представле́ния о чём-либо** völlig falsche Vorstellungen haben (von +*dat*)

отдали́ть *vt I pf* (*impf*: отдаля́ть) **1.** hinauszögern; **2.** entfremden

отда́ть <*fut*: -дам, -дашь> *vt U2 pf* (*impf*: отдава́ть) **1.** abgeben, weggeben; **2.** zurückgeben

отда́ться <*fut*: -да́мся, -да́шься> *vr U2 pf* (*impf*: отдава́ться) sich hingeben

отда́ча *f A* **1.** Rückgabe *f*, Abgabe *f*; **2.** Rückprall *m*, Rückstoß *m*; **3.** (ÖKON) Nutzen *m*, Nutzeffekt *m*; **4.** Engagement *nt*, persönlicher Einsatz *m*; **~ эне́ргии** Energieabgabe *f*

отде́л *m K* **1.** Abteilung *f*; **2.** Bereich *m*; **3.** Dezernat *nt*; **~ ка́дров** Personalabteilung *f*; **~ по борьбе́ с нарко́тиками** Rauschgiftdezernat *nt*; **~ вкла́дов** Depot *nt*; **~ вне́шней торго́вли** Außenhandelsabteilung *f*; **~ заку́пок** (ÖKON) Einkauf *m*; **~ зарабо́тной пла́ты** Lohnbüro *nt*; **~ сбы́та** Verkaufsabteilung *f*; **~ социа́льного обеспе́чения** Fürsorgeamt *nt*; **~ фи́рмы** Geschäftsbereich *m*; **~ по свя́зям / рабо́те с обще́ственностью** PR-Abteilung *f*, Abteilung *f* für Öffentlichkeitsarbeit

отде́лать *vt E pf* (*impf*: отде́лывать) **1.** vollenden; **2.** herrichten, ausstatten; **3.** ausschmücken, garnieren; **4.** (*umg*) verprügeln

отде́латься *vr E pf* (*impf*: отде́лываться) **1.** (*от кого́-либо/чего́-либо*) loswerden; **2.** davonkommen; **~ лёгким испу́гом** mit dem Schrecken davonkommen

отделе́ние *nt O2* **1.** Abteilung *f*; **2.** (*филиа́л*) Zweigstelle *f*, Zweigniederlassung *f*, Außenstelle *f*; **3.** (*в больни́це*) Station *f*; **4.** Abtrennung *f*, Abspaltung *f*; **~ це́ркви от госуда́рства** Trennung *f* von Staat und Kirche; **~ раке́ты-носи́теля** Abkoppeln *nt* der Trägerrakete

отдели́ть *vt I pf* (*impf*: отделя́ть) **1.** abgrenzen; **2.** abtrennen, abschneiden

отде́лка *f A* **1.** (BAU) Ausbau *m*, Vollendung *f*; **2.** Endfertigung *f*; **3.** Ausstattung *f*, Verzierung *f*

отде́лывать *vt E impf* (*pf*: отде́лать) **1.** vollenden; **2.** herrichten, ausstatten; **3.** ausschmücken, garnieren

отде́лываться I. *vr E impf* (*pf*: отде́латься) **1.** fertig werden; **2.** (*от кого́-либо*) loswerden; **от меня́ так легко́ не отде́лаешься** so einfach lasse ich mich nicht abfertigen; **3.** (*от чего́-либо*) loskommen (von +*dat*); **4.** sich erwehren (+*gen*); **я не мог ~ от впечатле́ния** ich konnte mich des Eindrucks nicht erwehren; II. *v + inst E* davonkommen; **~ пусты́ми фра́зами** jdn mit hohlen Phrasen abspeisen

отде́льный *adj* **1.** (*изоли́рованный*) einzeln, separat; **~ предме́т** Einzelstück *nt*; **отде́льная ко́мната** Einzelzimmer *nt* **2.** (*im pl*) mancher; **3.** ausgewählt; **отде́льные перегово́ры** gesonderte Verhandlungen *f pl*; **отде́льное предприя́тие** Einzelunternehmen *nt*

отделя́ть *vt E impf* (*pf*: отдели́ть) **1.** abgrenzen; **2.** abtrennen, abzweigen; **3.** scheiden; **~ запято́й** (LING) durch Komma trennen

отдохну́ть *vi E1 pf* (*impf*: отдыха́ть) sich erholen, ausruhen, ausspannen

отду́шина *f A* **1.** Abzug *m*, Luftloch *nt*; **2.** (TECH) Luftpfeife *f*, Gusspfeife *f*

о́тдых *m K* Erholung *f*, Entspannung *f*; **нужда́ющийся в ~е** erholungsbedürftig; **часы́ ~а** erholsame Stunden *f pl*

отека́ть *vi E impf* (*pf*: оте́чь) (MED) anschwellen

оте́ц <*gen sg*: отца́> *m K e* **1.** Vater *m*; **2.** (REL) Pater *m*; **~-одино́чка** allein Erziehender *m*; **по отцу́** [*о со стороны́ отца́*] väterlicherseits; **пробле́ма отцо́в и дете́й** Generationskonflikt *m*

оте́ческий *adj* väterlich, Vater-

оте́чественный *adj* **1.** (*geh*) vaterländisch, Vaterlands-; **оте́чественная культу́ра** Nationalkultur *f*; **Вели́кая Оте́чественая Война́** der Große Vaterländische Krieg *m* **2.** einheimisch; **3.** Inlands-; **~ ры́нок** heimischer Markt *m*; **оте́чественное предприя́тие** inländische Betriebsstätte *f*

оте́чество *nt O* (*geh*) Vaterland *nt*

оте́чь <*fut*: -теку́, -течёшь, -течёт, *prät*: отёк, отекла́> *vi UE4 pf* (*impf*: отека́ть) (MED) anschwellen

отзвуча́ть *vi E impf* verhallen, abklingen

о́тзыв *m K* **1.** Gutachten *nt*; **2.** Referenz *f*; **3.** Stellungnahme *f*; **4.** (MIL) vereinbarte Antwort *f* auf eine Losung

отзыва́ть *vt E impf* (*pf*: отозва́ть) **1.** abberufen; **2.** zurückziehen, zurücknehmen

отзы́вчивость *f I* **1.** Hilfsbereitschaft *f*; **2.** Mitgefühl *nt*

отзы́вчивый <*kf*: -ив> *adj* **1.** bereitwillig; **2.** hilfsbereit, hilfreich

отка́з *m K* **1.** Ablehnung *f*, Absage *f*; **2.** Weigerung *f*, Verweigerung *f*; **~ от до́ма** Hausverbot *nt* **3.** Verzicht *m*; **4.** (TECH) Ausfall *m*; **5.** Kündigung *f*; **6.** Rücknahme *f*; **7.** Widerruf *m*; **~ в приёмке** Annahmeverweigerung *f*; **~ от акце́пта** [*о акцепти́рования*] Annahmeverweigerung *f*; **~ ры́ночного механи́зма** Marktversagen *nt*

отказа́ть <*fut*: -кажу́, -ка́жешь> *vi E4 pf* (*impf*: отка́зывать) **1.** absagen; **2.** verweigern, abschlagen; **в э́том ему́ нельзя́ ~** das muss man ihm lassen; **~ в по́мощи кому́-либо** jdm Hilfe versagen; **~ в про́сьбе кому́-либо** jdm eine Bitte abschlagen

отказа́ться <*fut*: -кажу́сь, -ка́жешься> *vr E4 pf* (*impf*: отка́зываться) **1.** verzichten (auf +*akk*); **2.** ablehnen; **я не откажу́сь вы́пить ча́шечку ко́фе** ich wäre einer Tasse Kaffee nicht abgeneigt; **наотре́з ~** rundweg [*о* entschieden]ablehnen; **~ от да́чи показа́ний** (JUR) die Aussage verweigern; **~ от первонача́льного пла́на** vom ursprünglichen Plan abkommen; **~ от пра́ва абандонни́ren; ~ от свои́х прав на застрахо́ванное иму́щество** abandonnieren

отка́зник *m K* **1.** Person, der die sowjetischen Behörden kein Ausreisevisum ins Ausland (auf ständigen Wohnsitz) ausstellten; **2.**

(*уклоня́ющийся от во́инской слу́жбы*) Wehrdienstverweigerer *m*

отка́рмливание *nt O2* Mast *f*

отка́рмливать *vt E impf* (*pf:* откорми́ть) mästen

откача́ть *vt E pf* (*impf:* отка́чивать) 1. auspumpen; 2. (*umg*) wiederbeleben

отка́шливаться *vr E impf* (*pf:* отка́шляться) sich räuspern

откла́дывать *vt E impf* (*pf:* отложи́ть) 1. aufschieben, hinauszögern; 2. ablegen, zurücklegen; ~ **де́ло как заверше́нное** ad acta legen

о́тклик *m K* 1. Echo *nt*; 2. Widerhall *m*, Anklang *m*; 3. Feedback *nt*; **встреча́ть ~** Anklang finden

отклика́ться *vr E impf* (*pf:* откли́кнуться) (*на что-либо*) reagieren; ~ **на приглаше́ние** einer Einladung Folge leisten

отклоне́ние *nt O2* 1. Abweichung *f*, Diskrepanz *f*; 2. Ablehnung *f*; 3. (PHYS) Ausschlag *m*, Ablenkung *f*; ~ **от устано́вленного коли́чества** Mengenabweichung *f*; ~ **факти́ческих затра́т от расчётных** Kostenabweichung *f*

отклони́ть <*fut:* -оню́, -о́нишь> *vt I pf* (*impf:* отклоня́ть) ablehnen, abweisen; ~ **предложе́ние** ein Vorschlag ablehnen

отклони́ться <*fut:* -оню́сь, -о́нишься> *vr I pf* (*impf:* отклоня́ться) 1. abweichen, abkommen; ~ **от те́мы** abschweifen 2. (PHYS) ausschlagen

отключа́ть *vt E impf* (*pf:* отключи́ть) ausschalten, abschalten

откомандирова́ть *vt E2 pf* (*impf:* откомандиро́вывать) (*куда-либо, на что-либо*) abkommandieren, schicken

отко́рм *m K* Mast *f*

открепи́ть <*fut:* -плю́, -пи́шь> *vt I pf* (*impf:* открепля́ть) abmachen, losmachen

открепи́ться <*fut:* -плю́сь, -пи́шься> *vr I pf* (*impf:* открепля́ться) sich abmelden

открепле́ние *nt O2* 1. Loslösung *f*; 2. Abmeldung *f*

открове́ние *nt O2* (REL) Offenbarung *f*

открове́нный <*kf:* -е́нен, -е́нна> *adj* aufrichtig, freimütig, offen

открыва́ть *vt E impf* (*pf:* откры́ть) 1. öffnen, aufmachen; 2. (*кни́гу*) aufschlagen; 3. (*кран*) aufdrehen; 4. (*па́мятник*) enthüllen; 5. (*вы́ставку*) eröffnen; 6. (*теа́тр*) einweihen; 7. (*fig*) aufdecken, entdecken; 8. (*fig*) aufschließen, einleiten; ~ **но́вый эта́п** eine neue Etappe einleiten

открыва́ться *vr E impf* (*pf:* откры́ться) 1. sich öffnen, aufgehen; **отту́да открыва́ется чуде́сный вид на го́род** von dort aus bietet sich ein wunderschöner Blick über die Stadt; 2. (*о конфере́нции*) beginnen; 3. sich jdm offenbaren

открыва́шка *f A* 1. (*umg*) Öffner *m*; ~ **для консе́рвных ба́нок** Dosenöffner *m*; ~ **для буты́лок** Flaschenöffner *m*; 2. Korkenzieher *m*

откры́т <*fut:* -ро́ю, -ро́ешь, -ро́ет> *vt E8 impf* (*pf:* открыва́ть) 1. öffnen; 2. eröffnen; 3. entdecken

откры́тие *nt O2* 1. Eröffnung *f*; **торже́ственное ~** Eröffnungsfeier *f*; 2. Öffnung *f*; **грани́ц** Grenzöffnung *f*; 3. Entdeckung *f*, Erkenntnis *f*; 4. Eröffnung *f*; ~ **аккредити́ва** Akkreditiveröffnung *f*, ~ **ко́нкурса** Konkurseröffnung *f*; ~ **магази́на** Geschäftseröffnung *f*; ~ **торго́вого де́ла** Geschäftseröffnung *f*

откры́тка *f A* 1. (*почто́вая*) Postkarte *f*; 2. (*с ви́дом*) Ansichtskarte *f*; **поздрави́тельная ~** Glückwunschkarte *f* 3. Bestellkarte *f*

откры́тость *f I* Offenheit *f*

откры́тый <*kf:* -ы́т> *adj* 1. offen, geöffnet; **держа́ть откры́тым** offenhalten; **на откры́том во́здухе** im Freien; **остава́ться откры́тым** offenbleiben; **оставля́ть откры́тым** offenlassen; **стоя́ть откры́тым** offenstehen; ~ **ко́нкурс** Tender *m*; ~ **креди́т** offener Kredit *m*; ~ **склад** Freilager *nt*; ~ **фонд капиталовложе́ний в недви́жимость** offener Immobilienfonds *m*; **откры́тое акционе́рное о́бщество** Publikumsgesellschaft *f*; **откры́тое торго́вое това́рищество** offene Handelsgesellschaft *f* 2. exponiert; 3. aufgeschlossen, offen; ~ **для вне́шнего ми́ра** weltoffen

отку́да *adv* woher

отку́поривать *vt E impf* (*pf:* отку́порить) 1. öffnen, entkorken; 2. anzapfen, anstechen

откуси́ть <*fut:* -ушу́, -у́сишь> *vt I pf* (*impf:* отку́сывать) 1. abbeißen; 2. abkneifen, abknipsen

отлага́ть *vt E impf* (*pf:* отложи́ть) 1. (GEOL) ablagern; 2. aufschieben, verschieben

отлакирова́ть *vt E2 pf* (*impf:* лакирова́ть) lackieren

отла́мывать *vt E impf* (*pf:* отломи́ть) abbrechen, zerbrechen; ~ **кусо́к хле́ба** ein Stück Brot abbrechen

отлёт *m K* Abflug *m*

отлете́ть <*fut:* -ечу́, -ети́шь> *vi I pf* (*impf:* отлета́ть) 1. abfliegen; 2. (*fig*) verfliegen

отли́в *m K* 1. Ausguss *m*; 2. (MAR) Ebbe *f*; ~ **капита́ла** Kapitalabfluss *m*

отли́вка *f A* 1. Gießen *f*, Guss *nt*; 2. Gussstück *nt*, Gusserzeugnis *nt*

отлича́ющийся *adj* andersgeartet, abweichend

отли́чник, отли́чница *m K f A* Schüler, der in der Schule ständig die Note "sehr gut" bekommt

отли́чно *adv* 1. ausgezeichnet, perfekt; 2. *die höchste Note im russischen Schulsystem, entspricht dem deutschen "sehr gut"*

отли́чный <*kf:* -чен, -чна, -чно> *adj* 1.

отложи́ть ausgezeichnet, hervorragend; **2.** sich unterscheidend

отложи́ть I. *vt I pf* (*impf:* откла́дывать) **1.** aufschieben, hinauszögern; **2.** ablegen, zurücklegen, beiseite legen; **II.** *vt I* (*impf:* отлага́ть) (GEOL) ablagern

отломи́ть *vt E pf* (*impf:* отла́мывать) abbrechen

отлуча́ть *vi E impf* (*pf:* отлучи́ть) **1.** (*geh*) ausstoßen, ausschließen; **2.** (REL: **от це́ркви**) exkommunizieren

отлуча́ться *vr E impf* (*pf:* отлучи́ться) **1.** kurz verreisen, weggehen; **2.** abkömmlich sein; **я не могу́ ~** ich bin leider unabkömmlich

отлуче́ние *nt O2* (**от це́ркви**) Kirchenbann *m*

отлу́чка *f A* kurze Abwesenheit *f*

отма́лчиваться *vr E impf* (*pf:* отмолча́ться) sich in Schweigen hüllen

отма́хиваться *vr E impf* (*pf:* отмахну́ться) **1.** abwinken; **2.** (*fig*) verschmähen

отмежёвываться *vr E impf* (*pf:* отмежева́ться) (**от кого́-либо**) sich distanzieren (von +*dat*); **~ от чьих-ли́бо взгля́дов** sich von jds Auffassung abgrenzen

о́тмель *f I* seichte Uferstelle *f*; **песча́ная ~** Sandbank *f*

отме́на *f A* **1.** Abschaffung *f*, Annullierung *f*, Aufhebung *f*, Außerkraftsetzung *f*; **2.** Widerruf *m*, Rückgängigmachung *f*; **~ догово́ра ку́пли-прода́жи** Wandlung *f*; **~ зака́за** Abbestellung *f*; **~ наказа́ния** Straferlass *m*; **~ пригово́ра** Aufhebung *f* eines Urteils; **~вы́платы дивиде́ндов** Dividendenausfall *m*; **~ долговы́х обяза́тельств** Schuldenerlass *m*; **~ регули́рования** Freigabe *f*; **~ регули́рования ры́нка** Deregulierung *f*; **~ регули́рования цен** Preisfreigabe *f*

отмени́ть *vt I pf* (*impf:* отменя́ть) aufheben, rückgängig machen, streichen; **~ встре́чу** ein Treffen absagen; **~ вы́зов такси́** das Taxi abbestellen; **~ де́ньги** das Geld abschaffen; **~ зако́н** ein Gesetz abschaffen; **~ матч** ein Spiel absagen; **~ наступле́ние** (MIL) den Angriff abblasen

отмеря́ть *vt E impf* (*pf:* отме́рить) abmessen

отме́тить <*fut:* -мéчу, -мéтишь> *vt I pf* (*impf:* отмеча́ть) **1.** anmerken; **2.** feststellen

отме́тка *f A* **1.** Zensur *f*, Note *f*; **2.** Prädikat *nt*, Note *f*; **3.** Vermerk *m*; **~ о вы́писке** Abmeldung *f*; **~ без обяза́тельства** Freizeichnungsklausel *f*; **~ об опла́те прово́за грузоотправи́телем** Freivermerk *m*; **~ о поступле́нии** Eingangsvermerk *m*; **~ о предъяви́тельском хара́ктере докуме́нта** Inhaberklausel *f*; **~ о прове́рке** Prüfungsvermerk *m*, Prüfvermerk *m*

отмеча́ть *vt E impf* (*pf:* отме́тить) **1.** anmerken, anstreichen, markieren; **~ кра́сным** rot anstreichen **2.** begehen, feiern; **3.** vermerken, feststellen, verweisen (auf +*akk*); **4.** verzeichnen; **~ награ́дой** auszeichnen

отмыва́ние *nt O2* Abwaschen *nt*; **~ (гря́зных) де́нег** Geldwäsche *f*

отмы́ть <*fut:* -мо́ю, -мо́ешь> *vt E8 pf* (*impf:* отмыва́ть) **1.** reinwaschen; **2.** abwaschen

отмы́чка *f A* **1.** Nachschlüssel *m*; **2.** Dietrich *m*

отнесе́ние *nt O2* Zurechnung *f*, Zuordnung *f*, Einstufung *f*

отнести́ <*fut:* -несу́, -несёшь> *vt E6 pf* (*impf:* относи́ть) **1.** hinbringen; **2.** beziehen

отнести́сь <*fut:* -несу́сь, -несёшься> *vr E6 pf* (*impf:* относи́ться) (**к кому́-либо/чему́-либо**) sich verhalten (gegenüber +*dat*)

отнима́ть *vt E impf* (*pf:* отня́ть) **1.** abnehmen, wegnehmen, entziehen; **мно́го/ма́ло вре́мени** viel/wenig Zeit beanspruchen; **отнима́ющий мно́го вре́мени** zeitraubend; **~ у кого́-либо всё вре́мя и си́лы** jdn voll und ganz beanspruchen **2.** (MATH) abziehen, subtrahieren; **3.** (MED) amputieren; **4.** (*umg: von einem Körperteil*) gelähmt werden

относи́тельно *adv* **1.** bezüglich, hinsichtlich (+*gen*); **~ э́того** diesbezüglich; **2.** verhältnismäßig, relativ

относи́тельность *f I* Relativität *f*; **тео́рия относи́тельности** Relativitätstheorie *f*; **подчёркивать ~ чего́-либо** relativieren

относи́тельный <*kf:* -лен, -льна> *adj* relativ; **относи́тельное прида́точное предложе́ние** (LING) Relativsatz *m*

относи́ть <*präs:* -ношу́, -но́сишь> *vt I impf* (*pf:* отнести́) **1.** hinbringen, hinschaffen; **2.** (**к чему́-либо**) beziehen (auf +*akk*)

относи́ться <*präs:* -ношу́сь, -но́сишься> *vr I impf* (*pf:* отнести́сь) **1.** angehören, dazugehören, zählen (zu +*dat*); **э́то к де́лу не отно́сится** das gehört nicht zur Sache; **2.** (**к кому́-либо/чему́-либо**) sich verhalten (gegenüber +*dat*); **~ с уваже́нием к кому́-либо** jdm Achtung entgegenbringen; **~ к чему́-либо с понима́нием** Verständnis aufbringen (für +*akk*) **3.** (MATH) sich verhalten (zu +*dat*)

отноше́ние *nt O2* **1.** Beziehung *f*, Hinsicht *f*; **2.** Relation *f*, Verhältnis *nt*; **3.** Einstellung *f*; **~ покупа́телей** Käuferverhalten *nt* **4.** Bezug *m*, Betreff *m*; **~ к рели́гии** Verhältnis *nt* zur Religion; **во всех отноше́ниях** in jeder Hinsicht; **во мно́гих отноше́ниях** in vielerlei Hinsicht; **~ вы́пуск-затра́ты** Output/Input-Verhältnis *nt*; **отноше́ния по долгосро́чным обяза́тельствам** Dauerschuldverhältnisse *pl*; **отноше́ния со́бственности** Eigentumsverhältnisse *pl*; **межчелове́ческие отноше́ния** Human

отня́тие nt O2 Entfernen nt, Wegnehmen nt; ~ **ребёнка от груди́** Entwöhnung f
отня́ть <fut: -ниму́, -ни́мешь> vt E9a pf (impf: отнима́ть) 1. abnehmen, wegnehmen; 2. beanspruchen
отобража́ть vt E impf (pf: отобрази́ть) abbilden, darstellen
отображе́ние nt O2 1. Abbild nt; 2. Abbildung f; 3. Darstellung f
отодвига́ть vt E impf (pf: отодви́нуть) hinausschieben, zurückstellen
отозва́ть <fut: отзову́, отзовёшь> vt E4a pf (impf: отзыва́ть) 1. abberufen; 2. zurückziehen, zurücknehmen
отойти́ <fut: -йду́, -йдёшь> vi E7 pf (impf: отходи́ть) 1. weggehen; 2. sich trennen, verlassen; 3. zu Ende gehen, vergehen
отоларинго́лог m K Hals-Nasen-Ohren-Arzt, -Ärztin m/f
отомсти́ть <fut: -мщу́, -мсти́шь> v + dat I pf (impf: мсти́ть) (за что́-либо) sich rächen, Rache nehmen (für +akk)
отопи́тельный adj Heiz-; ~ **прибо́р** Heizkörper m
отопле́ние nt O2 Heizung f; **ма́сляное ~** Ölheizung f; **эта́жное ~** Etagenheizung f; **систе́ма отопле́ния с ночны́м накопле́нием тепла́** Nachtspeicherheizung f; **центра́льное ~** Zentralheizung f
ото́рванный adj 1. abgerissen; 2. getrennt; ~ **от жи́зни** lebensfremd, praxisfern
оторва́ть <fut: -ву́, -вёшь> vt E4 pf (impf: отрыва́ть) 1. abreißen; 2. trennen
оторопе́ть vi E pf (impf: оторопева́ть) (umg) baff sein, verwirrt werden
отпари́ровать vt E2 pf (impf: пари́ровать) parieren, abwehren
отпеча́таться vr E pf (impf: отпеча́тываться) 1. Spuren hinterlassen; 2. sich abdrücken, einen Abdruck hinterlassen; 3. (fig) sich einprägen
отпеча́ток <gen sg: -тка> m K Abdruck m; **отпеча́тки па́льцев** Fingerabdrücke pl; **цветно́й ~** (ФОТ) Farbabzug m; **налага́ть ~** (fig) prägen
отпива́ть vi E impf (pf: отпи́ть) (из стака́на) nippen
отпи́ливать vt E impf (pf: отпили́ть) absägen
отпи́ть <fut: отопью́, отопьёшь> vi E4c pf (impf: отпива́ть) nippen
отплати́ть <fut: -ачу́, -а́тишь> v + dat I pf (impf: отпла́чивать) 1. (fig) abrechnen; 2. einen Gegendienst leisten; 3. sich revanchieren; 4. heimzahlen; ~ **кому́-либо той же моне́той** mit gleicher Münze heimzahlen
отпла́чивать vt E impf (pf: отплати́ть) 1. vergelten; 2. sich revanchieren, einen Gegendienst leisten
отплыва́ть vi E impf (pf: отплы́ть) (MAR) ablegen, auslaufen
отплы́тие nt O2 (MAR) Auslaufen nt
отполирова́ть vt E2 pf (impf: полирова́ть) (blank) polieren
отпо́р m K Abfuhr f; **дать ~** eine Abfuhr erteilen, Paroli bieten
отправи́тель m K1 Absender, -in m/f, Einsender, -in m/f
отпра́вить <fut: -влю, -вишь> vt I pf (impf: отправля́ть) 1. schicken; 2. auf den Weg schicken; 3. (това́ры) abladen; 4. (по́езд) abfertigen; 5. (письмо́) abschicken, absenden; ~ **сообще́ние электро́нной по́чтой** eine E-Mail abschicken
отпра́виться <fut: -влюсь, -вишься> vr I pf (impf: отправля́ться) 1. sich begeben; ~ **в путь** aufbrechen; ~ **домо́й** heimreisen, die Heimreise antreten; ~ **в го́ры** eine Bergtour machen; ~ **в путеше́ствие** eine Reise antreten; ~ **за рубе́ж** ins Ausland reisen; 2. (по́езд) abfahren; 3. (самолёт) abfliegen
отпра́вка f A 1. Versand m, Versendung f; 2. Spedition f; ~ **гру́зов** Güterabfertigung f
отправле́ние nt O2 1. Abfahrt f, Abflug m; 2. Absendung f, Einsendung f; 3. Versendung f, Aufgabe f von Gütern
отпра́здновать vt E2 pf (impf: пра́здновать) feiern, begehen
отпра́шиваться vr E impf (pf: отпроси́ться) um Urlaub bitten, freibekommen; мы отпроси́лись на час wir haben eine Stunde freibekommen
отпружи́нить vi I pf (impf: пружи́нить) federn, schnellen
о́тпрыск m K 1. Spross m; 2. (fig) Sprössling m
отпу́гивание nt O2 Abschreckung f
отпу́гивать vt E impf (pf: отпугну́ть) abschrecken
о́тпуск m K Urlaub m; ~ **по ухо́ду за ребёнком** Erziehungsurlaub m; ~ **за свой счёт** [о **без сохране́ния содержа́ния**] unbezahlter Urlaub m; **декре́тный ~** Mutterschaftsurlaub m; **краткосро́чный ~** Kurzurlaub m; **неиспо́льзованные дни ~а** Resturlaub m; **уче́бный ~** Bildungsurlaub m; **отправля́ть в ~** beurlauben; **уходи́ть в ~** in Urlaub gehen
отпуска́ть vt E impf (pf: отпусти́ть) 1. entlassen, loslassen; 2. ausliefern; 3. freistellen, entschuldigen; 4. (TECH) lockerlassen; ~ **бо́роду** einen Bart wachsen lassen; ~ **це́ны** die Preise freigeben; **отпускна́я цена́** (ЭКОН) Verkaufspreis m Abgabepreis m; **отпускна́я цена́ ро́зничной торго́вли** (ЭКОН) Endverbraucherpreis m
отпускни́к, отпускни́ца m K f A e Urlauber, -in m/f
отпускно́й adj Urlaubs-; **отпускны́е де́ньги** Urlaubsgeld nt; ~ **пери́од на предприя́тии** Betriebsferien pl
отраба́тывать vt E impf (pf: отрабо́тать) 1. durcharbeiten, einüben; ~ **програ́мму** ein Programm testen; 2. abar-

beiten; **3.** (BERGB) abbauen
отрабо́танный *adj* **1.** erprobt, bewährt; **2.** (ÖKOL) verbraucht; **отрабо́танные га́зы** Abgase *pl*; **отрабо́танная кислота́** Abfallsäure *f*
отрабо́тка *f A* **1.** Durcharbeitung *f*; **2.** (BERGB) Abbau *m*; ~ **месторожде́ния** Lagerstättenabbau *m*
отрави́ть <*fut:* отравлю́, отра́вишь> *vt I pf* (*impf:* отравля́ть) (*auch fig*) vergiften
отравле́ние *nt O2* Vergiftung *f*; ~ **гриба́ми** Pilzvergiftung *f*
отра́дный <*kf:* -ден, -дна> *adj* erfreulich; **отра́дное изве́стие** erfreuliche Neuigkeit *f*; **отра́дное явле́ние** erfreuliche Erscheinung *f*
отража́тель *m K1* Reflektor *m*, Rückstrahler *m*
отража́ть *vt E impf* (*pf:* отрази́ть) **1.** reflektieren, widerspiegeln; **2.** (MIL) abwehren, abschlagen
отража́ться *vr E impf* (*pf:* отрази́ться) **1.** sich spiegeln; **2.** (*fig*) sich zeigen, seinen Niederschlag finden; **3.** den Ausschlag geben
отраже́ние *nt O2* **1.** Spiegelbild *nt*; **2.** Reflexion *f*; **3.** (MIL) Abwehr *f*; **4.** (*fig*) Ausdruck *m*, Widerspiegelung *f*
отражённый *adj* (*LING*) reflexiv
отраслево́й *adj* Branchen-; ~ **спра́вочник фирм** Branchenverzeichnis *nt*; **отраслево́е объедине́ние** Fachverband *m*; ~ **хо́лдинг** Branchenholding *f*
о́трасль *f I* Zweig *m*, Branche *f*, Sparte *f*, Fachbereich *m*; ~ **произво́дства** Produktionszweig *m*; ~ **промы́словой де́ятельности** Geschäftsbereich *m*; ~ **промы́шленности** Industriezweig *m*; ~ **торго́вли** Geschäftsbereich *m*; ~ **хозя́йства** [*о* **эконо́мики**] Wirtschaftszweig *m*
отре́зать <*fut:* -е́жу, -е́жешь> *vt E4 pf* (*impf:* отреза́ть) abschneiden
отрезвле́ние *nt O2* Ernüchterung *f*, Desillusionierung *f*
отре́зок <*gen sg:* -зка> *m K* Abschnitt *m*, Strecke *f*; ~ **пути́** Wegstrecke *f*
отрека́ться *vr E impf* (*pf:* отре́чься) (*от кого́-ли́бо/чего́-ли́бо*) abschwören, entsagen; ~ **от престо́ла** abdanken, auf den Thron verzichten
отрепети́ровать *vt E2 pf* (*impf:* репети́ровать) **1.** proben, einstudieren; **2.** Nachhilfe erteilen
отрецензи́ровать *vt E2 pf* (*impf:* рецензи́ровать) rezensieren
отре́чься <*fut:* -еку́сь, -ечёшься> *vr UE4 pf* (*impf:* отрека́ться) abschwören, entsagen
отрица́ние *nt O2* **1.** Verneinung *f*; **2.** (LING) Negation *f*
отрица́тельный <*kf:* -лен, -льна, -льно> *adj* negativ, abfällig;

отрица́тельное отноше́ние к чему́-ли́бо Aversion (gegen +*akk*); **отрица́тельное са́льдо** (ÖKON) Habensaldo *m*
отрица́ть *vt E impf* **1.** leugnen, verneinen, negieren; **2.** widerlegen; **3.** ablehnen
отро́ги <*gen pl:* -ов> *m pl K* (GEOL) Ausläufer
отро́сток <*gen sg:* -тка> *m K* (BOT) Ableger *m*, Spross *m*
о́троческий *adj* **1.** Knaben-, Jungen-; **2.** Mädchen-; ~ **го́ды** (*перехо́дный во́зраст*) Flegeljahre *pl* , Knabenalter *nt*
отруба́ть *vt E impf* (*pf:* отруби́ть) abhacken, abhauen
о́труби <*gen pl:* отрубе́й> *m pl K1 pl e1* Kleie *f*
отруга́ть *vt E pf* (*impf:* руга́ть) ausschimpfen
отры́в *m K* **1.** Lösung *f*; **2.** Trennen *nt*; **3.** Abriss *m*; **4.** (*fig*) Loslösung *f*, Distanz *f*, Entfremdung *f*; ~ **от действи́тельности** Kluft *f* zur Wirklichkeit; ~ **от жи́зни** Entfernung *f* vom Leben, Entfremdung *f*; ~ **па́ртии от наро́да** Abkopplung *f* der Partei vom Volk; **без ~а от произво́дства** ohne Unterbrechung seiner Berufstätigkeit
отрыва́ть *vt E impf* (*pf:* оторва́ть) **1.** abreißen; **2.** trennen
отры́вок <*gen sg:* -вка> *m K* Passage *f*, Ausschnitt *m*
отря́д *m K* **1.** (MIL) Einheit *f*, Truppe *f*; ~ **корабле́й** Kampfschiffverband *m*; **2.** Gruppe *f*, Abteilung *f*; ~ **птиц** Klasse *f* der Vögel
отсалютова́ть *vi E2 pf* (*impf:* салютова́ть) salutieren
о́тсвет *m K* **1.** (*о́тблеск*) Gegenlicht *nt*; **2.** Widerschein *m*
отсе́ивать *vt E impf* (*pf:* отсе́ять) aussieben, auslesen
отсека́ть *vt E impf* (*pf:* отсе́чь) abhacken, abhauen
отсиде́ть <*fut:* -сижу́, -сиди́шь> *vt I pf* (*impf:* отси́живать) absitzen; ~ **срок** eine Strafe absitzen
отска́кивать *vi E impf* (*pf:* отскочи́ть) **1.** zur Seite springen; **2.** ausweichen; **3.** abprallen
отслужи́вший *adj* ausgedient
отсове́товать *v + dat E2 pf* abraten
отсро́чить *vt I pf* **1.** hinausschieben, hinauszögern; **2.** hinausziehen; **3.** stunden
отсро́чка *f A* **1.** Stundung *f*, Aufschub *m*; **2.** (*umg*) Verlängerung *f*; **3.** Vertagung *f*; Nachfrist *f*; ~ **в проце́ссе экономи́ческой адапта́ции** Lag *nt*; ~ **долго́в** Schuldenstundung *f*; ~ **упла́ты нало́гов** Steuerstundung *f*
отстава́ние *nt O2* Zurückbleiben *nt*, Rückstand *m*
отстава́ть <*präs:* -та́ю, -таёшь> *vi E3 impf* (*pf:* отста́ть) zurückbleiben, nicht nachkommen

отста́вка f A 1. Rücktritt m; 2. Ruhestand m; 3. Verabschiedung f; 4. Erlassung f; **в отста́вке** außer Dienst; **уходи́ть в отста́вку** zurücktreten, abtreten; aus dem Dienst scheiden, in den Ruhestand gehen; **дать отста́вку кому́-ли́бо** (fig) jdm einen Korb geben

отставно́й adj 1. verabschiedet; 2. außer Dienst

отста́вший m wie adj 1. Zurückbleibender m; 2. Nachzügler m

отста́ивать vt E impf (pf: отстоя́ть) sich einsetzen, sich stark machen (für +akk); **~ свои́ интере́сы** seine Interessen verteidigen [o wahren]

отста́лый <kf: -а́л> adj 1. rückständig; 2. unterentwickelt

отстаю́щий I. adj (о шко́льнике) leistungsschwach; II. m wie adj (в соревнова́нии) Schlusslicht nt

отстёгивать vt E impf (pf: отстегну́ть) 1. aufknöpfen, aufhaken; 2. (ремни́) abschnallen

отстоя́ть <fut: -ою́, -ои́шь> vt I pf (impf: отста́ивать) sich stark machen, sich einsetzen (für +akk)

отстране́ние nt O2 Absetzung f

отстрани́ть vt I pf (impf: отстраня́ть) entfernen, absetzen; **~ от вла́сти** entmachten; **~ от до́лжности** vom Dienst suspendieren

о́тступ m K Rand m, Abstand m; **де́лать ~** einrücken

отступа́ть vi E impf (pf: отступи́ть) 1. (auch fig) zurücktreten, beiseite treten; **~ перед тру́дностями** vor Schwierigkeiten zurückweichen 2. (MIL) sich zurückziehen; 3. aufgeben, abtrünnig werden; **~ от ве́ры** vom Glauben abfallen; **~ от да́нной кля́твы** einen Eid brechen

отступле́ние nt O2 1. Abweichung f, Abweg m; 2. (MIL) Defensive f, Rückzug m

отсу́тствие nt O2 Fehlen nt, Abwesenheit f; **~ вся́ких жела́ний** Lustlosigkeit f; **~ интере́са** Desinteresse nt; **~ средств** fehlende Finanzen pl; **~ чёткой конце́пции** Konzeptionslosigkeit f; **блиста́ть отсу́тствием** durch Abwesenheit glänzen; **при отсу́тствии** mangels (+gen); **~ заинтересо́ванности** Desinteresse nt; **~ спро́са** Nachfrageausfall m

отсу́тствовать vi E2 impf 1. fehlen; 2. abwesend sein; **~ без уважи́тельной причи́ны** unentschuldigt fehlen

отсу́тствующий adj 1. fehlend, nicht vorhanden; 2. abwesend; 3. ausbleibend

отсчёт m K 1. Zählung f; 2. Abzählen nt; **но́вый ~ вре́мени** neue Zeitrechnung f; **~ вре́мени** Countdown m

отсчи́тывать vt E impf (pf: отсчита́ть) abzählen

отсы́лка <gen pl: -лок> f A 1. Versand m; **~ наза́д** Retoursendung f 2. Querverweis m

отсю́да adv hieraus, von hier aus; **иди́ ~!** hau ab!

отта́ивать vi E impf (pf: отта́ять) auftauen

отта́лкивать vt E impf (pf: оттолкну́ть) 1. (auch fig) abstoßen; **~ ло́дку от бе́рега** das Boot vom Ufer abstoßen; 2. wegschieben

отта́лкивающий adj abstoßend, widerwärtig

отта́скивать vt E impf (pf: оттаска́ть, оттащи́ть) 1. fortziehen, fortschleppen; 2. zerren, ziehen; **~ за во́лосы** an den Haaren ziehen

отта́ять vi E pf (impf: отта́ивать) auftauen

оттени́ть vt I pf (impf: оттеня́ть) 1. schattieren; 2. hervorheben, abstufen

отте́нок <gen sg: -нка> m K 1. Färbung f, Farbton m; 2. (fig) Schattierung f, Nuance f; **~ значе́ния** Bedeutungsschattierung f

о́ттепель f I Tauwetter nt

оттесни́ть vt I pf (impf: оттесня́ть) zurückdrängen; **~ сопе́рника** den Rivalen ausstechen

о́ттиск m K Abdruck m; **~ печа́ти** Siegelabdruck m; **~ следо́в** Abdruck m von Spuren; **корректу́рный ~** Korrekturfahne f

отто́к m K 1. Abwanderung f, Flucht f; 2. Abfluss m; **~ бе́женцев** Flüchtlingsstrom m; **~ капита́ла** (ÖKON) Kapitalflucht f; **~ де́нег** Geldabfluss m; **~ ка́дров** Personalabgang m; **~ персона́ла** Personalabgang m

оттолкну́ть vt E1 pf (impf: отта́лкивать) abstoßen

оттопы́риваться vr E impf (pf: оттопы́риться) (об уша́х) abstehen

отту́да adv dorther, von dort

оття́гивать vt E impf (pf: оттяну́ть) 1. hinauszögern; 2. hinausziehen

отупе́вший adj 1. abgestumpft; 2. stupide

отупе́ть vi E pf (impf: тупе́ть) (auch fig) stumpf werden, abstumpfen

отуча́ть vt E impf (pf: отучи́ть) (-кого́-либо от чего́-либо) abgewöhnen; **~ кого́-либо от капри́зов** die Flausen austreiben

отфутбо́ливать vt E impf (pf: отфутбо́лить) 1. mit einem Fußtritt zur Seite schleudern; 2. (umg) von Pontius zu Pilatus schicken

отхо́д m K 1. Abfahrt f; 2. (auch fig) Zurückweichen nt, Abzug m

отходи́ть <präs: -хожу́, -хо́дишь> vi I impf (pf: отойти́) 1. abfahren; 2. kurz weggehen; 3. (приходи́ть в себя́) zu sich kommen, sich erholen; 4. abrücken; **~ от те́мы** vom Thema abkommen

отхо́ды m pl K 1. Abfall m, Rückstand m; 2. Abfallstoffe m pl

отчека́нить vt I pf (impf: чека́нить) 1. (моне́ту) prägen; 2. deutlich artikulieren

о́тчество nt O Vatersname m

отчёт m K 1. Bericht m; 2. Rechenschaft f; **отдава́ть себе́ ~ в чём-ли́бо** sich voll

bewusst sein (über +*akk*); **отчётный год** Geschäftsjahr *nt*; **~ наблюда́тельного сове́та** Aufsichtsratbericht *m*; **~ о возде́йствиях на окружа́ющую среду́** Umweltverträglichkeitsprüfbericht *m*; **~ о движе́нии ку́рсов на би́рже** Börsenbericht *m*; **~ о де́ятельности предприя́тия** Geschäftsbericht *m*; **~ о контро́ле** Prüfbericht *m*; **~ о недоста́чах** Verlustausweis *m*; **~ о прове́рке** Prüfbericht *m*; **о рабо́те** Geschäftsbericht *m*; **~ о состоя́нии дел** Lagebericht *m*; **~ о результа́тах реви́зии** Prüfungsbericht *m*; **~ ба́нка** Bankausweis *m*
отчётливый <*kf:* -ив> *adj* klar, deutlich
отчётность *f* I 1. Abrechnung *f*; 2. Berichtswesen *nt*; **статисти́ческая ~** Meldewesen *nt*
отчётный *adj* Berichts-, Abrechnungs-; **~ год** Berichtsjahr *nt*; **~ пери́од** Abrechnungsperiode *f*
отчи́зна *f A* (*geh*) Vaterland *nt*
о́тчим *m K* Stiefvater *m*
отчисле́ние *nt O2* 1. Abgabe *f*; 2. Abrechnung *f*; 3. Zuweisung *f*; 4. Umlage *f*; **~ сло́жных проце́нтов** Abzinsung *f*; **~ средств** Dotierung *f*; **~ в пенсио́нный фонд** Pensionsrückstellung *f*; **~ в резе́рв** Rücklagen *pl*; **~ в резе́рвный фонд** Rückstellungen *pl*; **~ в резе́рвный фонд промысло́вого нало́га** Gewerbesteuerrückstellung *f*
отчисля́ть *vt E impf* (*pf:* отчи́слить) 1. (ÖKON) abführen; 2. (*из институ́та*) exmatrikulieren
отчита́ть *vt E pf* (*impf:* отчи́тывать) (*umg*) abkanzeln, die Leviten lesen
отчита́ться *vr E pf* (*impf:* отчи́тываться) 1. Bericht erstatten, berichten; 2. Rechenschaft ablegen
отчужда́ть *vt E impf* 1. veräußern; 2. entfremden, verfremden
отчужде́ние *nt O2* 1. Entfremdung *f*, Verfremdung *f*; 2. Verkauf *m*, Veräußerung *f*
отше́льник *m K* Einsiedler *m*, Eremit *m*
отшлифова́ть *vt E2 pf* (*impf:* шлифова́ть) schleifen, abschleifen
отъе́зд *m K* Abreise *f*, Abfahrt *f*, Aufbruch *m*
отыска́ть <*fut:* -ыщу́, -ы́щешь> *vt E4 pf* (*impf:* оты́скивать) auffinden, ausfindig machen
отягча́ть *vt E impf* (*pf:* отягчи́ть) erschweren, belasten
оферéнт *m K* Anbieter *m*; **~-монополи́ст** Alleinanbieter *m*
офери́ровать *vt E2* (ÖKON) offerieren
офéрт *m K* Offerte *f*; **~ о прода́же** Verkaufsangebot *nt*
офéрта *f A* Angebot *nt*, Offerte *f*
о́фис *m K* 1. Geschäftsstelle *f*; 2. Bürohaus *nt*, Büroraum *m*, Büro *m*
о́фисный *adj* Büro-; **о́фисная оргте́хника** Bürotechnik *f*

офице́р *m K* Offizier *m*
официа́льный <*kf:* -лен, -льна> *adj* 1. amtlich, behördlich; 2. offiziell; **~ запро́с** offizielle Anfrage *f*; **официа́льные круги́** offizielle Kreise *pl*; **~ путь** Behördenweg *m*; **официа́льное взыска́ние** Strafe *f*
официа́нт, **официа́нтка** <*gen pl f:* -ток> *m K / f A* Kellner, -in *m/f*, Ober *m*
офо́рмить <*fut:* -млю, -мишь> *vt I pf* (*impf:* оформля́ть) 1. gestalten; 2. (*бага́ж*) abfertigen; 3. (*па́спорт*) ausstellen; **~ на рабо́ту** anstellen, einstellen
оформле́ние *nt O2* 1. (*вне́шнее*) Gestaltung *f*; **~ интерье́ра** Raumgestaltung *f*; **худо́жественное ~ кни́ги** Buchausstattung *f*, künstlerische Gestaltung *f* eines Buches; 2. (ÖKON) Abwicklung *f*, Abfertigung *f*; **~ багажа́** Gepäckabfertigung *f*; **~ тамо́женных форма́льностей** Zollabfertigung *f*; **~ гру́зов** Güterabfertigung *f*; **~ докуме́нта** Beurkundung *f*; **~ докуме́нтов** Abwicklung *f*; **~ това́ра** Produktgestaltung *f*
офо́рт *m K* Radierung *f*
офса́йд *m K* (SPORT) Abseits *nt*
оффшо́рный *adj* (ÖKON) Off-Shore-; **~ центр** Off-Shore-Zentrum *nt*
оха́ивать *vt E impf* (*pf:* оха́ять) 1. schlechtmachen; 2. schmähen
охарактеризова́ть *vt E2 pf* (*impf:* характеризова́ть) charakterisieren
охва́т *m K* 1. Einbeziehung *f*; 2. Reichweite *f*
охвати́ть <*fut:* -ачу́, -а́тишь> *vt I pf* (*impf:* охва́тывать) 1. (*включа́ть*) umfassen; 2. (*о стра́хе и т.п.*) ergreifen, befallen
охладева́ть *vi E impf* (*pf:* охладе́ть) (*кому́-либо/чему́-либо*) gleichgültig werden, sich entfremden (von +*dat*)
охлади́ть <*fut:* -ажу́, -ади́шь> *vt I pf* (*impf:* охлажда́ть) kühlen, abkühlen, kaltstellen
охлади́ться <*fut:* -ажу́сь, -ади́шься> *vr I pf* (*impf:* охлажда́ться) (*auch fig*) sich abkühlen
охлаждённый *adj* gekühlt; **~ на льду́** eisgekühlt
охламо́н *m K* (*umg*) Trottel *m*
охо́та *f A* 1. Jagd *f*; **~ на ведьм** (*fig*) Hexenjagd *f*; 2. Lust *f*; **отбива́ть у кого́-либо охо́ту к чему́-либо** jdm etw verleiden
охо́титься <*fut:* -о́чусь, -о́тишься> *vr I impf* (*на кого́-либо/что-либо, за кем-либо/чем-либо, auch fig*) jagen, nachjagen (+*dat*)
охо́тник *m K* Jäger *m*; **~ за мозга́ми** Headhunter *m*
охо́тно *adv* 1. gerne, sehr gern; 2. bereitwillig
о́хра *f A* Ocker *m*
охра́на *f A* Bewachung *f*, Schutz *m*, Wache *f*; **внутризаводска́я ~** Werkschutz *m*; **~ грани́цы** Grenzschutz *m*; **~ конститу́ции** Verfassungsschutz *m*; **~ окружа́ющей**

среды́ Umweltschutz *m*; **~ па́мятников** Denkmalschutz *m*; **~ приро́ды** Naturschutz *m*; **~ живо́й приро́ды** Artenschutz *m*; **~ а́вторских прав** Urheberrechtsschutz *m*; **~ возду́шной среды́** Luftreinhaltung *f*; **~ интере́сов потреби́телей** Konsumentenschutz *m*; **~ матери́нства** Mutterschutz *m*; **~ това́рного зна́ка** Markenschutz *m*; **~ труда́** Arbeitsschutz *m*

охрани́ть *vt I pf* (*impf:* охраня́ть) 1. bewachen; 2. schützen

охра́нник *m K* Schutzmann *m*

охри́пший *adj* heiser

оце́нивать *vt E impf* (*pf:* оцени́ть) 1. einschätzen, beurteilen; 2. werten, bewerten; **~ по досто́инству** würdigen; 3. abwägen, abschätzen

оце́нка *f A* 1. Einschätzung *f*, Schätzung *f*, Beurteilung *f*; 2. Wertung *f*, Bewertung *f*, Auswertung *f*, Beurteilung *f*; 3. Schätzung *f*; 4. Note *f*, Zensur *f*; 5. Rating *nt*; **выставля́ть оце́нку** benoten; **~ де́ятельности персона́ла** Mitarbeiterbeurteilung *f*; **~ долго́в** Schuldenbewertung *f* Verbindlichkeitsbewertung *f*; **~ иму́щественного состоя́ния** Vermögensbewertung *f*; **~ ни́же сто́имости** Unterbewertung *f*; **~ обстано́вки** Lagebeurteilung *f*; **~ обяза́тельств** Verbindlichkeitsbewertung *f*; **~ персона́ла** Personalbeurteilung *f*; **~ поле́зности** Nutzwertanalyse *f*; **~ предприя́тия** Unternehmensbewertung *f*; **~ скла́дских запа́сов** Lagerbestandsbewertung *f*; **~ состоя́ния иму́щества** Vermögensbewertung *f*; **~ состоя́ния ры́нка** Marktanalyse *f*; **~ оста́тков** Bestandsbewertung *f*

оцепле́ние *nt O2* 1. Absperrung *f*; 2. Sperrbereich *m*

оцифрова́ние *nt O2* Digitalisierung *f*

оцифро́ванный *adj* digitalisiert

оча́г *m K* (*auch fig*) Herd *m*; **~ инфе́кции** Krankheitsherd *m*; **~ напряжённости** Spannungsherd *m*, Konfliktherd *m*

очарова́ние *nt O2* 1. Zauber *m*; 2. Charme *m*; 3. Anziehungskraft *f*

очаро́ванный *adj* 1. hingerissen; 2. verzaubert; **быть очаро́ванным кем-ли́бо** in jds Bann stehen

очарова́тельный <*kf:* -лен, -льна> *adj* charmant, anmutig, zauberhaft

очарова́ть *vt E2 pf* (*impf:* очаро́вывать) 1. faszinieren, hinreißen; 2. (*fig*) verhexen, in seinen Bann schlagen

очеви́дец <*gen sg:* -дца> *m K* 1. Augenzeuge *m*; 2. Ohrenzeuge *m*; **яви́ться очеви́дцем чего́-ли́бо** miterleben, Zeuge sein (von +*dat*)

очеви́дность *f I* 1. Offensichtlichkeit *f*; 2. Evidenz

очеви́дный <*kf:* -ден, -дна> *adj* offenkundig, offensichtlich

о́чень *part* sehr, überaus

очередно́й *adj* 1. nächste(r, s); 2. regulär, ordentlich; **в ~ раз** erneut, abermals

очерёдность *f I* Reihenfolge *f*, Abfolge *f*

о́чередь *f I* Warteschlange *f*; **тепе́рь твоя́ ~** jetzt bist du an der Reihe; **чья ~?** wer ist dran? **быть на о́череди** an der Reihe sein; **в свою́ ~** seinerseits, im Gegenzug; **занима́ть ~** sich anstellen; **лезть без о́череди** sich vordrängen; **стоя́ть в о́череди** Schlange stehen

о́черк *m K* 1. Aufriss *m*, Grundriss *m*; 2. Studie *f*, Essay *m*

очерни́ть *vt I pf* (*impf:* черни́ть) 1. schwärzen, schwarz machen; 2. (*fig*) anschwärzen, verleumden

очерта́ние *nt O2* Umriss *m*, Kontur *f*

очи́стить <*fut:* -и́щу, -и́стишь> *vi I pf* (*impf:* очища́ть) 1. säubern, reinigen; 2. freimachen, räumen

очи́стка *f A* 1. Reinigung *f*; 2. Räumung *f*; **~ от тамо́женных форма́льностей** Abfertigung *f*; **~ сто́чных вод** Abwasserreinigung *f*

очистно́й *adj* Reinigungs-; **очистно́е сооруже́ние** Kläranlage *f*

очища́ть *vt E impf* (*pf:* очи́стить) 1. säubern, reinigen; 2. freimachen, räumen; **~ от хла́ма** entrümpeln; **~ кише́чник** den Darm entleeren; **~ от тамо́женных форма́льностей** abfertigen

очи́щенный *adj* gereinigt, raffiniert

очки́ <*gen pl:* -ко́в> *m pl K e* Brille *f*; **надева́ть ~** die Brille aufsetzen;

очко́ *nt O* Gewinnpunkt *m*, Punkt *m*

о́чная ста́вка *f A* Gegenüberstellung *f*, Konfrontation *f*

очну́ться *vr E1 pf* 1. hellwach werden; 2. zu sich kommen

о́чный *adj* direkt, unmittelbar

ошара́шенный *adj* (*umg*) verblüfft; **быть ошара́шенным** baff sein

оше́йник *m K* Halsband *nt*; **соба́чий ~** Hundehalsband *nt*

ошеломи́ть <*fut:* -млю́, -ми́шь> *vt I pf* (*impf:* ошеломля́ть) erschüttern, bestürzen

ошеломлённый *adj* konsterniert, bestürzt, verblüfft

ошиби́ться <*fut:* -бу́сь, -бёшься> *vr E4 pf* (*impf:* ошиба́ться) 1. sich irren, sich täuschen; 2. (*при вы́боре чего́-ли́бо*) sich vergreifen; **~ в расчётах** sich verkalkulieren;

оши́бка *f A* Irrtum *m*, Fehler *m*, Versehen *nt*; **арифмети́ческая ~** Rechenfehler *m*; **враче́бная ~** [*o* **~ специали́ста**] (MED) Kunstfehler *m*; **логи́ческая ~** Denkfehler *m*; **~ в програ́мме** (DV) Bug *m* , Programmfehler *m*; **~ по рассе́янности** Flüchtigkeitsfehler *m*; **~ в подсчёте** Fehlkalkulation *f*

оши́бочный <*kf:* -чен, -чна> *adj* 1. fehlerhaft; 2. irrtümlich; 3. abwegig; 4. (*ло́жный*) fälschlich; **оши́бочная инвести́ция** Fehlinvestition *f*; **оши́бочная**

оце́нка Fehleinschätzung *f*; **оши́бочная поста́вка** Falschlieferung *f*; **оши́бочное капиталовложе́ние** Fehlinvestition *f*
ощипа́ть <*fut*: -иплю́, -и́плешь> *vt E4 pf* (*impf*: ощи́пывать, щипа́ть) rupfen
ощу́пать *vt E pf* (*impf*: ощу́пывать) befühlen, betasten, abtasten
ощути́мый <*kf*: -и́м> *adj* 1. spürbar, fühlbar; 2. drastisch
ощути́ть <*fut*: -ущу́, -ути́шь> *vt I pf* (*impf*: ощуща́ть) 1. spüren; 2. (*fig*) empfinden, fühlen
ощуще́ние *nt O2* Empfindung *f*; **~ уда́чи** Erfolgserlebnis *nt*

П

п, П *nt indekl* kyrillischer Buchstabe
па́блик риле́йшнз Public Relations, Öffentlichkeitsarbeit *f*, PR *f*
пабли́сити *nt indekl* Publicity *f*
павиа́н *m K* Pavian *m*
павильо́н *m K* Pavillon *m*; **вы́ставочный ~** Messehalle *f*
павли́н *m K* Pfau *m*
па́водок <*gen sg*: -дка> *m K* Hochwasser *nt*
па́губный <*kf*: -бен, -бна> *adj* verderblich, unheilvoll
па́даль *f I* Kadaver *m*, Aas *nt*
па́дать *vi E impf* (*pf*: пасть, упа́сть) 1. fallen, hinfallen, herunterfallen; **~ в о́бморок** in Ohnmacht fallen; 2. abstürzen, stürzen; 3. (*fig*) sinken
паде́ж *m K e* (LING) Kasus *m*, Fall *m*; **вини́тельный ~** Akkusativ *m*; **да́тельный ~** Dativ *m*; **имени́тельный ~** Nominativ *m*; **предло́жный ~** Präpositiv *m*; **роди́тельный ~** Genitiv *m*; **твори́тельный ~** Instrumental *m*
падёж *m K e* Krepieren *nt*, Verenden *nt*; **~ скота́** Viehsterben *nt*
паде́ние *nt O2* 1. Fall *m*, Absturz *m*, Sturz *m*; **~ Берли́нской стены́** Berliner Mauerfall *m*; 2. (ÖKON) Rückgang *m*, Abfall *m*, Absinken *nt*, Abnahme *f*; 3. Reduktion *f*; **ре́зкое ~ ку́рса а́кций** Aktieneinbruch *m*; **~ цен** Preisverfall *m*; **~ интере́са к поли́тике** Politikverdrossenheit *f*; **~ нра́вов** moralischer Verfall *m*; **~ биржевы́х ку́рсов** Baisse *f*, Konjunkturabschwung *m*; **~ ку́рса** Kursrückgang *m*, Kursverfall *m*; **~ спро́са** Nachfrageinflation *f*; **~ сто́имости** Wertverzehr *m*; **~ цен** Preisverfall *m*
па́дкий <*kf*: -док, -дка> *adj* (**на что́-ли́бо**) erpicht (auf +*akk*)
па́дчерица *f A* Stieftochter *f*
паёк <*gen sg*: пайка́> *m K e* Ration *f*
паж *m K e* Page *m*
паз *m K ple* (TECH) Fuge *f*; **де́лать ~** aussparen
пазу́ха *f A* 1. (*umg*) Busen *m*, Brust *f*; 2. (ANAT) Höhle *f*; **~ но́са** Nasenhöhle *f*; **ло́бная ~** Stirnhöhle *f*
пай 1. Einlage *f*; 2. Anteil *m*; 3. Aktienanteil *m*; **~ в предприя́тии** Kapitalanteil *m*
па́йщик *m K* Teilhaber *m*, Anteilhaber *m*
пакга́уз *m K* Lagerhalle *f*
паке́т *m K* 1. Packet *nt*; **~ с бутербро́дами** Lunchpaket *nt*; 2. Bündel *nt*; **~ програ́мм** Softwarepaket *nt*; 3. Tüte *f*; **~ полиэтиле́новый** Plastiktüte *f* 4. (*fig*) Packet *nt*; **~ а́кций** Aktienpaket *nt*; **~ програ́ммного обеспече́ния вм** Softwarepaket *nt*
пакети́ровать *vt E2 impf/pf* 1. packen; 2. bündeln
Пакиста́н *m K* Pakistan *m*
пакова́ть *vt E2 impf* (*pf*: -за, у-) packen
пакт *m K* Pakt *m*; **~ о ненападе́нии** Nichtangriffspakt *m*
пала́та *f A* Kammer *f*; **~ представи́телей** (POL) Repräsentantenkammer *f*; **ве́рхняя ~ парла́мента** (POL) Oberhaus *nt*; **торго́во-промы́шленная ~** Industrie- und Handelskammer *f*; **больни́чная ~** Krankenzimmer *nt*; **~ мер и весо́в** Eichamt *nt*; **~ парла́мента** Kammer *f*; **~ суда́ по разбо́ру торго́вых спо́ров** Handelskammer *f*
пала́тка *f A* 1. Zelt *nt*; **жить в пала́тке** zelten 2. (*на ры́нке*) Bude *f*
пала́точный *adj* Zelt-; **~ го́род** [*о* ла́герь] Zeltlager *nt*
пала́ч *m K e* Henker *m*, Scharfrichter *m*
Палести́на *f A* Palästina *nt*
палести́нец, палести́нка <*gen sg m*: -нца *gen pl f*: -нок> *m K / f A* Palästinenser, -in *m/f*
па́лец <*gen sg*: па́льца> *m K* 1. Finger *m*; 2. Zehe *m*; **безымя́нный ~** Ringfinger *m*; **большо́й ~** (**на руке́**) Daumen *m*; **большо́й ~** (**на ноге́**) Zehe *f*; **сре́дний ~** Mittelfinger *m*; **указа́тельный ~** Zeigefinger *m*; **знать что́-ли́бо как свои́ пять па́льцев** sich wie in seiner Westentasche auskennen (in +*dat*); **па́льцем не тро́нуть кого́-ли́бо** jdm kein Haar krümmen; **смотре́ть сквозь па́льцы на чью́-ли́бо оши́бку** ein Auge zudrücken, jdm einen Fehler nachsehen
пали́тра *f A* 1. Palette *f*; 2. (*fig*) Palette *f*, Bandbreite *f*
па́лка *f A* 1. Stock *m*, Stab *m*; 2. Spazierstock *m*, Wanderstab *m*; **~ о двух конца́х** (*fig*) zweischneidiges Schwert *nt*; **перегиба́ть па́лку** zu weit treiben, den Bogen überspannen
палла́дий *m K2* Palladium *nt*
пало́мник, пало́мница *m K / f A* Pilger, -in *m/f*, Wallfahrer, -in *m/f*
пало́мничать *vi E impf* pilgern
пало́мничество *nt O* Wallfahrt *f*, Pilger-

fahrt *f*; **совершáть** ~ pilgern
пáлочка *f A* **1.** kleiner Stock *m*; **2.** Eßstäbchen; **3.** (MUS) Schlegel *m*; **4.** Riegel *m*, Stange *f*; **волшéбная** ~ Wünschelrute *f*; **солёная** ~ Salzstange *f*
пáлуба *f A* Deck *nt*; **прогýлочная** ~ Promenadendeck *nt*; **срéдняя** ~ Zwischendeck *nt*
пáльма *f A* (BOT) Palme *f*; **отдáть комý-лúбо пáльму пéрвенства** (SPORT) jdn favorisieren; **отобрáть у когó-лúбо пáльму пéрвенства** jdm den Rang ablaufen
пальтó *nt indekl* Mantel *m*
пáмятка *f A* Merkblatt *nt*
пáмятник *m K* Denkmal *nt*; ~ **культýры** Kulturdenkmal *nt*; **надгрóбный** ~ Grabmal *nt*; **открывáть** ~ ein Denkmal enthüllen; **(по-)стáвить** ~ **комý-лúбо** jdm ein Denkmal setzen
пáмятный <*kf:* -тен, -тна> *adj* **1.** denkwürdig; **2.** Gedenk-, Erinnerungs-; ~ **подáрок** Erinnerungsstück *nt*; Andenken *nt*
пáмять *f I* **1.** Gedächtnis *nt*, Merkfähigkeit *f*; **оператúвная** ~ Kurzzeitgedächtnis *nt* **2.** Erinnerung *f*, Andenken *nt*, Gedenken *nt*; **éсли мне не изменя́ет па́мять** wenn ich mich recht erinnere **3.** (DV) Speicher *m*; **кэш-**~ Cachespeicher *m*; ~ **прямóго дóступа к дáнным** Direktzugriffsspeicher *m*; **оператúвная** ~ Arbeitsspeicher *m*, RAM *nt*
панéль *f I* **1.** (BAU) Wandplatte *f*; **2.** (EL) Tafel *f*, Brett *nt*; ~ **инструмéнтов** (DV) Toolbar *m*; ~ **управлéния** (DV) Taskleiste *f* **3.** Bürgersteig *m*; **идтú на** ~ auf den Strich gehen **4.** (KFZ) Armaturenbrett *nt*; **5.** (ÖKON: *Marktforschung*) Panel *nt*
панéльный *adj* **1.** (BAU) Platten-; **панéльное стройтельство** Plattenbauweise *f* **2.** (ÖKON) Panel-; **панéльное обслéдование** Panelstudie *f*
панибрáтство *nt O* Familiarität *f*
пáника *f A* Panik *f*; **возникла** ~ Panik brach aus
паникадúло *nt O* Kronleuchter *m*
паникёрство *nt O* Panikmache *f*
паниковáть *vi E2 impf* (*pf:* за-) Panik machen, in Panik geraten
панúческий *adj* panisch; ~ **страх** panische Angst *f*
панк *m K* Punk *m*
панорáма *f A* Panorama *nt*, Rundblick *m*
пансиóн *m K* **1.** Pensionat *nt*; **2.** Pension *f*; **пóлный** ~ Vollpension *f*
пансионáт *m K* **1.** Ferienheim *nt*; **2.** Pension *f*
панславúзм *m K* Panslavismus *m*
пантéра *f A* Panter *m*
пантомúма *f A* Pantomime *f*
пáпа *m A* Papa *m*, **Рúмский** ~ Papst *m*
папáйя *f AI* Papaya *f*
пáпка *f A* **1.** Briefmappe *f*, Mappe *f*; **2.**
Aktendeckel *m*, Pappdeckel *m*; **3.** Ordner *m*
пáпоротник *m K* Farn *m*
папьé-машé *nt indekl* Pappmaché *nt*
пар *m K* Dampf *m*; **водянóй** ~ Wasserdampf *m*; **выпускáть** ~ Dampf ablassen, dampfen
пáра *f A* Paar *nt*
парáбола *f A* (MATH) Parabel *f*
парáграф *m K* Paragraph *m*
парáд *m K* Parade *f*; ~ **шля́геров** Hitparade *f*
парáдный *adj* **1.** Haupt-; **2.** Parade-, Fest-, Gala-; ~ **костю́м** Gala *f*
парадóкс *m K* Paradoxon *nt*
парадоксáльный <*kf:* -ден -дьна> *adj* paradox
парадонтóз *m K* Parodontose *f*
паразúт *m K* **1.** (BIO) Schmarotzer *m*; **2.** Parasit *m*, Nichtsnutz *m*
паразúтировать *vi E2 impf* schmarotzen
парализóванный *adj* gelähmt
парализовáть *vt E2 impf/pf* **1.** (MED) lähmen; **2.** (*fig*) lähmen, lahmlegen
паралúч *m* (MED) Lähmung *f*
параллелогрáмм *m K* Parallelogramm *nt*
параллéль *f I* Parallele *f*; **проводúть** ~ (*fig*) eine Parallele ziehen, vergleichen
параллéльный <*kf:* -лен, -льна, -льно> *adj* **1.** parallel; **2.** parallel verlaufend; ~ **телефóн** (TELKOM) Zweitanschluss *m*; **параллéльные кредúты** Parallelkredite *pl*
парáметр *m K* Parameter *m*; ~ **затрáт** [*o* **издéржек**] Kosteneinflussgröße *f*
пáрами *adv* paarweise
парапéт *m K* Brüstung *f*, Geländer *nt*
парафúск *m K* Parafiskus *m*
парашю́т *m K* Fallschirm *m*
парашютúст, парашютúстка <*gen pl f:* -ток> *m K* / *f A* Fallschirmspringer, -in *m/f*
пáрень <*gen sg:* -рня> *m K* Bursche *m*, Kerl *m*
парú *nt indekl* Wette *f*; **держáть** ~ wetten, eine Wette abschließen
Парúж *m K* Paris *nt*
парúк *m K* Perücke *f*
парикмáхер *m K* Friseur *m*
парúровать *vt E2 impf* (*pf:* от-) parieren, kontern, entgegnen
паритéт *m K* Parität *f*
паритéтный *adj* paritätisch; **Паритéтная комúссия** Paritätische Kommission *f*
парúть *vi I impf* schweben, gleiten
пáрить *vt I impf* dämpfen, dünsten; **пáрит** es ist schwül
парк *m K* Park *m*; **лунá-**~ Vergnügungspark *m*; **тéхно-**~ Industriepark *m*; **2.** Bestand *m*; ~ **автомашúн** Kraftfahrzeugbestand *m*; ~ **трáнспортных срéдств** Fuhrpark *m*
паркéт *m K* Parkett *nt*
парковáться *vi E2 impf* parken
паркýр *m K* Parcours *m*

парла́мент *m K* Parlament *nt*
парламента́рий <*präpos sg:* -ии> *m K2* (*geh*) Parlamentarier *m*
парламентёр *m K* Parlamentär *m*, Unterhändler *m*
парла́ментский *adj* parlamentarisch
парнико́вый *adj* im Frühbeet gezogen, Treibhaus-; **~ эффе́кт** (ÖKOL) Treibhauseffekt *m*
па́рный *adj* **1.** paarig; **2.** (SPORT) Paar-; **па́рная игра́** Doppel *nt*
парово́з *m K* Dampflokomotive *f*
парово́й *adj* Dampf-; **парова́я маши́на** Dampfmaschine *f*
пароди́ровать *vt E2 impf/pf* parodieren
паро́дия *f A2* Parodie *f*
паро́ль *m K1* **1.** (MIL) Parole *f*, Kennwort *nt*; **2.** (DV) Passwort *nt*
паро́м *m K* Fähre *f*
парохо́д *m K* Dampfer *m*
парохо́дство *nt O* Reederei *f*; **владе́лец парохо́дства** Reeder *m*
па́рта *f A* Schulbank *f*; **сиде́ть за одно́й па́ртой** gemeinsam die Schulbank drücken
партбиле́т *m K* Parteibuch *nt*
парте́р *m K* Parterre *m*
партиза́н *m K* **1.** Partisane *m*; **2.** Heckenschütze *m*
партиза́нский *adj* Partisanen-; **партиза́нская война́** Partisanenkrieg *m*, Guerillakrieg *m*
партиту́ра *f A* Partitur *f*
па́ртия *f A2* **1.** Partei *f*; **пра́вящая ~** Regierungspartei *f*; **2.** (SPORT) Partie *f*; **3.** (MUS) Rolle *f*, Partie *f*; **исполня́ть веду́щую па́ртию** die Titelpartie singen; **4.** (ÖKON) Bezugsgröße *f*, Menge *f*, Fertigungsauftrag *m*; **пе́рвая ~ това́ров** erste Lieferung *f*; **~ гру́за** Transport *m*; **~ това́ра** Posten *m*, Warenposten *m*, Sendung *f*
партнёр, партнёрша *m K / f A* **1.** Partner, -in *m/f*; **торго́вый ~** Handelspartner -in *m/f*; **2.** (SPORT) Kontrahent, -in *m/f*, Mitspieler, -in *m/f*; **~ по догово́ру** Vertragspartner *m*; **~ коллекти́вного догово́ра** Tarifpartner *m*; **~ по соглаше́нию** Vertragspartner *m*; **~ по торго́вым сде́лкам** Handelspartner *m*
партнёрский *adj* partnerschaftlich; **партнёрские свя́зи ме́жду города́ми** Städtepartnerschaft *f*
партнёрство *nt O* Partnerschaft *f*
па́рус *m K* Segel *nt*
паруси́на *f A* Segeltuch *nt*
па́русник *m K* Segelboot *nt*
парфюме́рия *f A2* Parfümerie *f*
парча́ *f A* Brokat *m*
парши́вый <*kf:* -и́в> *adj* **1.** schorfig; **2.** räudig; **3.** (*umgpef*) mies, scheußlich
пас *m K* (SPORT) Pass *m*, Zuspiel *nt*, Ballabgabe *f*; **нето́чный ~** Fehlpass *m*
па́смурный <*kf:* -рен, -рна, -рно> *adj* **1.** trüb, dunstig; **2.** (*fig*) finster, mürrisch

пасова́ть I. *vi E2 impf* (*pf:* с-) **1.** (*при игре́ в ка́рты*) passen; **2.** kapitulieren, aufgeben, resignieren; **~ пе́ред тру́дностями** vor Schwierigkeiten zurückschrecken; **II.** *vi E2 impf* (*pf:* пасну́ть) (SPORT) passen, den Ball abgeben
па́спорт *m K ple* **1.** Pass *m*; **заграни́чный ~** Reisepass *m*; **2.** Personalausweis *m*; **3.** Ausweis *m*; **~ на автомоби́ль** Kraftfahrzeugschein *m*
па́спортный *adj* Pass-; **па́спортные да́нные** Personalien *pl*; **~ контро́ль** Passkontrolle *f*; **~ режи́м** Passzwang *m*; **~ стол** Einwohnermeldeamt *nt*
пасса́ж *m K* **1.** Einkaufspassage *f*; **2.** (MUS) Passage *f*
пассажи́р, пасажи́рка <*gen pl f:* -рок> *m K / f A* Fahrgast *m*, Passagier *m*
пассажи́рский *adj* Passagier-; **пассажи́рские перево́зки** Reiseverkehr *m*, Personenbeförderung *f*, Personenverkehr *m*
пасси́в *m K* **1.** (*meist pl.*ÖKON) Passiva *pl*, Passivseite *f*; **2.** (LING) Passiv *nt*
пасси́вность *f I* Passivität *f*
пасси́вный <*kf:* -вен, -вна, -вно> *adj* passiv; **пасси́вная статья́ бала́нса** Passivposten *f*; **пасси́вные опера́ции** Passivgeschäft *nt*; **пасси́вные проце́нты** Passivzinsen *pl*; **~ бала́нс** Unterbilanz *f*; **~ бала́нс вне́шней торго́вли** Importüberschuss *m*; **пасси́вное са́льдо** Passivsaldo *m*, Habensaldo *m*
па́стбище *nt O1* Weide *f*; **го́рное ~** Alm *f*
пасте́ль *f I* Pastell *m*
пастеризова́ть *vt E2 impf/pf* pasteurisieren
пасти́сь <*nur 3. pers:* -сётся> *vi E6 impf* (*о живо́тных*) weiden, grasen
па́стор *m K* Pastor, -in *m/f*
пасту́х *m K* Schäfer, -in *m/f*
па́стырь *m K1* (REL) Hirte *m*
пасть¹ *f I* **1.** Maul *nt*; **2.** Rachen *m*, Schlund *m*
пасть² <*präs:* паду́, падёшь, *prät:* пал> *vi E6a pf* (*impf:* па́дать) **1.** fallen, hinfallen, herunterfallen; **2.** abstürzen, stürzen; **3.** (*fig*, *part prät akt.:* па́дший) moralisch zerfallen; **па́дший а́нгел** gefallener Engel *m* **4.** (*geh*, *part prät akt:* па́вший) fallen; **па́вший во́ин** gefallener Soldat *m* **5.** (*nur pf: von Tieren*) verenden
па́сха *f A* Ostern *nt*
пасха́льный *adj* Oster-; **пасха́льное яйцо́** Osterei *nt*
па́сынок <*gen sg:* -нка> *m K* Stiefsohn *m*
пата́логоанато́м *m K* Prosektor *m*
пате́нт *m K* Patent *nt*; **защищённый ~ами** patentrechtlich geschützt
пате́нтный *adj* Patent-; **пате́нтное ве́домство** Patentamt *nt*; **пате́нтное пра́во** Patentrecht *nt*
патентова́ть *vt E2 impf* (*pf:* за-) paten-

патети́ческий *adj* pathetisch
патологи́ческий *adj* pathologisch
патоло́гия *f A2* Pathologie *f*
патриа́рх *m K* 1. (REL) Patriarch *m*; 2. Stammvater *m*
патрио́т, патрио́тка <*gen pl f:* -ток> *m K / f A* Patriot, -in *m/f*
патриоти́зм *m K* Patriotismus *m*
патриоти́ческий *adj* patriotisch
патро́н *m K* 1. Patrone *f*; **холосто́й ~** Platzpatrone *f*; 2. (TECH) Fassung *f*
патрули́ровать *vi E2 impf* 1. patrouillieren; 2. überwachen
патру́ль *m K1* Patrouille *f*, Streife *f*
па́уза *f A* Pause *f*
пау́к *m K* Spinne *f*
паути́на *f A* 1. Spinnwebe *f*; 2. Spinnennetz *nt*
пауша́льный *adj* pauschal; **пауша́льная оце́нка** Pauschalbewertung *f*, Sammelbewertung *f*; **пауша́льная су́мма** Pauschalbetrag *m*; **пауша́льная цена́** Pauschalpreis *m*; **~ нало́г** Pauschalsteuer *f*; **пауша́льное списа́ние** Pauschalabschreibung *f*
па́фос *m K* Pathos *m*
пах *m K* (ANAT) Leiste *f*
паха́ть <*präs:* пашу́, па́шешь> *vt E4 impf* (*pf:* вс-) pflügen
па́хнуть *v + inst E1 impf* 1. riechen, duften (nach +*dat*); 2. (*fig*) riechen, in der Luft liegen; **па́хнет дождём** es sieht nach Regen aus; **па́хнет бедо́й** ein Unglück droht
па́хта *f A* Buttermilch *f*
пацие́нт, пацие́нтка <*gen pl f:* -ток> *m K / f A* Patient, -in *m/f*, Kranke(r) *mf*
пацифи́ст, пацифи́стка <*gen pl f:* -ток> *m K / f A* Pazifist, -in *m/f*
пацифи́стский *adj* pazifistisch
па́чка *f A* Packung *f*; **~ сигаре́т** Zigarettenschachtel *f*
па́чкать *vt E impf* (*pf:* вы-, за-, ис- на-) 1. beschmutzen; 2. klecksen
па́чкаться *vr E impf* (*pf:* вы-, за-) 1. schmutzen; 2. kleckern
па́шня *f A1* Acker *m*
паште́т *m K* Pastete *f*
пая́льник *m K* Lötkolben *m*
пая́ть *vi E impf* löten
ПВО *abk von* противовозду́шная оборо́на *f* Luftschutz *m*
певе́ц, певи́ца <*gen sg m:* -вца́> *m K / f A* Sänger, -in *m/f*
пе́гий <*kf:* пег> *adj* scheckig; **~ ло́шадь** Schecke *m*
педаго́г *m K* Pädagoge *m*
педаго́гика *f A* Pädagogik *f*
педагоги́ческий *adj* pädagogisch
педа́ль *f I* Pedal *nt*
педа́нт, педа́нтка <*gen pl f:* -ток> *m K / f A* Pedant, -in *m/f*
педанти́зм *m K* Pedanterie *f*
педанти́чный <*kf:* -чен, -чна> *adj* pedantisch, akribisch
педиа́тр *m K* Kinderarzt *m*
пе́йджер *m K* Pager *m*, Funkrufempfänger *m*
пейза́ж *m K* Landschaft *f*
пека́рня *f A1* Bäckerei *f*
пе́карь *m K1* Bäcker, -in *m/f*
пелена́ть *vt E impf* (*pf:* за-) (*ребёнка*) wickeln
пеленгова́ть *vt E2 impf* (*pf:* за-) orten, anpeilen
пелёнка <*gen pl:* -нок> *f A* Windel *f*
пелика́н *m K* Pelikan *m*
пе́на *f A* 1. Schaum *m*; 2. (*бурля́щая*) Gischt *f*; **с пе́ной у рта** eifernd
пена́льти *nt indekl* Elfmeter *m*
пенетра́ция *f A2* Penetration *f*
пе́ние *nt O2* Gesang *m*
пе́нистый <*kf:* -ист> *adj* schaumig
пе́ниться <*nur 3. pers:* -ится> *vr I impf* (*pf:* вс-) schäumen
пеницилли́н *m K* Penicillin *nt*
пенопла́ст *m K* Schaumstoff *m*
пенсионе́р, пенсионе́рка <*gen pl f:* -рок> *m K / f A* Rentner, -in *m/f*; **~, получа́ющий пе́нсию до достиже́ния пенсио́нного во́зраста** Frührentner *m*
пенсио́нный *adj* Renten-; **~ во́зраст** Rentenalter *nt*; **сниже́ние пенсио́нного во́зраста** Herabsetzung *f* des Rentenalters; **пенсио́нная дина́мика** Rentendynamik *f*; **пенсио́нная ка́сса** Pensionskasse *f*; **~ фонд** Pensionsfonds *m*
пе́нсия *f A2* Rente *f*, Pension *f*; **отправля́ть на пе́нсию** pensionieren; **~ по инвали́дности** Invalidenrente *f*
пень <*gen sg:* пня> *m K1* 1. Baumstumpf *m*; 2. Stumpf *m*
пе́ня *f A1* Pönale *f*, Verzugszinsen *pl*
пеня́ть *v + dat E impf* (*pf:* по-) 1. (*за что-ли́бо*) Vorwürfe machen (wegen +*gen*); 2. die Schuld geben (an +*dat*); **пеня́й на себя́!** du bist selbst schuld!
пе́пел <*gen sg:* -пла> *m K* Asche *f*
пе́пельница *f A* Aschenbecher *m*
пе́рвенство *nt O* 1. (SPORT) Meisterschaft *f*; **~ Евро́пы** Europameisterschaft *f*; **~ ми́ра** Weltmeisterschaft *f*; 2. (*fig: приорите́т*) Vorrang *m*, Priorität *f*
перви́чный I. <*kf:* -чен, -чна> *adj* primär; **перви́чное голосова́ние** Urabstimmung *f*; **перви́чные ви́ды затра́т** [*о* изде́ржек] originäre Kostenarten *pl*; **перви́чные де́нежные сре́дства** originäres Geld *nt*; **перви́чные затра́ты** [*о* изде́ржки] Primärkosten *pl*; **перви́чные оборо́тные докуме́нты** geborene Orderpapiere *pl*; **~ дохо́д** Primäreinkommen *nt*; **~ взнос** Anzahlung *f* **перво-** II. *präfix* Erst-, erst-
первобы́тный *adj* 1. Ur-; **~ челове́к** Urmensch *m*; **первобы́тное о́бщество** Urgesellschaft *f* 2. ursprünglich
первозда́нный <*kf:* -а́нен, -а́нна> *adj*

ursprünglich; **в первозда́нном ви́де** naturbelassen
первокла́ссник, первокла́ссница *m K / f A* Schulanfänger, -in *m/f*
первокла́ссный <*kf:* -сен, -сна> *adj* erstklassig; **первокла́ссная боева́я те́хника** modernste Kampftechnik *f*
первонача́льный <*kf:* лен, -льна> *adj* 1. ursprünglich, anfänglich; 2. vorläufig; **первонача́льная по́мощь** Starthilfe *f*
первооткрыва́тель *m K1* Entdecker, -in *m/f*
первоочередно́й *adj* vorrangig, vordringlich
первоочерёдность *f I* Vorrang *m*, Vordringlichkeit *f*
первопрохо́дец <*gen:* -дца, -дцев> *m K* 1. Entdecker; 2. (*fig*) Vorreiter *m*, Wegbereiter *m*, Pionier *m*, Bahnbrecher *m*
первосо́ртный *adj* erstklassig, erster Wahl
первостепе́нный <*kf:* -е́нен, -е́нна> *adj* vorrangig, dringlich; **вопро́с первосте́пенной ва́жности** Frage *f* äußerster Dringlichkeit
первоцве́т *m K* Schlüsselblume *f*
пе́рвый *adj* erste(r, s); **~ в ми́ре** welterster; **~ на́званный** ersterer; **са́мый ~** vorderster; **пе́рвая бу́ква** Anfangsbuchstabe *m*; **пе́рвые ли́ца** hochrangige Personen; **пе́рвая полови́на дня** Vormittag *m*; **в пе́рвой полови́не дня** am Vormittag; **пе́рвая по́мощь** erste Hilfe *f*; **~ раз** das erste Mal; **пе́рвая страни́ца** Vorderseite *f*, Titelblatt *nt*; **~ уда́р** Erstschlag *m*; **~ эта́ж** Erdgeschoss *nt*; **пе́рвым де́лом** zuerst; **информа́ция из пе́рвых рук** Information *f* aus erster Hand; **на пе́рвом ме́сте в ми́ре** führend in der Welt; **на пе́рвом пла́не** im Vordergrund; **дово́льствоваться пе́рвым попа́вшимся** mit dem Nächstbesten vorliebnehmen
перга́мент *m K* 1. Pergament *nt*; 2. Butterbrotpapier *nt*
переадресова́ние *nt O2* Umadressieren *nt*
перебази́рование *nt O2* 1. Verlagerung *f*; 2. (MIL) Umstationieren *nt*
перебази́ровать *vt E2 pf* 1. verlagern; 2. (MIL) umstationieren
перебе́жчик, перебе́жчица *m K / f A* 1. Überläufer, -in *m/f*; 2. Verräter, -in *m/f*
перебеси́ться <*fut:* -ешу́сь, -е́сишься> *vr I pf* 1. aufgeregt werden, in Wut geraten; 2. (*umg*) sich austoben, sich die Hörner abstoßen
перебива́ть *vt E impf* (*pf:* переби́ть) 1. unterbrechen, ins Wort fallen; 2. (*auch fig*) erschlagen
перебира́ть *vr E impf* (*pf:* перебра́ть) sortieren, auslesen
перебо́й *m K2* 1. Stockung *f*; 2. Störung *f*; 3. Unterbrechung *f*; **~ в сбы́те** Absatzflaute *f*

переборщи́ть *vi I pf* (*impf:* перебо́рщивать) übertreiben, des Guten zu viel tun
перебра́нка *f A* 1. Gezänke *nt*; 2. Geplänkel *nt*; 3. Wortgefecht *nt*
перебра́ть <*fut:* -беру́, берёшь> *vt E4a pf* (*impf:* перебира́ть) sortieren, auslesen
перева́л *m K* (*го́рный*) Gebirgspass *m*
перева́лка *f A* (*гру́за*) Umladen *nt*, Umschlag *m*
перевезти́ <*fut:* -везу́, -везёшь> *vt E6 pf* (*impf:* перевози́ть) befördern, transportieren
переверну́ть *vt E1 pf* (*impf:* перевора́чивать) 1. umwenden; 2. umkippen
переверну́ться *vr E1 pf* (*impf:* перевора́чиваться) 1. sich überschlagen; 2. umstürzen, umkippen; 3. (MAR) kentern; 4. sich umdrehen
перевести́ <*fut:* -веду́, -ведёшь> *vt E6a pf* (*impf:* переводи́ть) 1. verlegen, verlagern, versetzen, umsetzen; **~ больно́го из одного́ отделе́ния в друго́е** den Kranken von einer Station auf die andere verlegen; 2. umstellen; **~ на самообеспе́чение** auf Selbstversorgung umstellen; **~ стре́лки часо́в** die Uhr umstellen; 3. (*у́стно*) dolmetschen; 4. (*пи́сьменно*) übersetzen; 5. (*стихи́*) nachdichten; 6. (*рома́н*) übertragen; 7. (ÖKON) überweisen; **~ де́ньги на счёт** Geld auf das Konto überweisen; 8. (*umg*) verschwenden; **~ де́ньги на нену́жные ве́щи** Geld für unnütze Dinge ausgeben
перево́д *m K* 1. (*перемеще́ние*) Überführung *f*; 2. Übersetzung *f*, Übertragung *f*; 3. (*де́нежный*) Überweisung *f*, Transfer *m*; **~ до́лга** Schuldübernahme *f*, Delegation *f*; **~ иму́щества** Vermögenstransfer *m*; **~ иностра́нной валю́ты** Devisentransfer *m*; **~ при́были** Gewinntransfer *m*
переводи́ть <*präs:* -вожу́, -во́дишь> *vt E* 1. versetzen; 2. übersetzen, dolmetschen; 3. (ÖKON) überweisen
переводно́й *adj* 1. Übersetzungs-; 2. Überweisungs-; **переводна́я карти́нка** Abziehbild *nt*; **переводна́я литерату́ра** Übersetzungsliteratur *f*; **~ фильм** Film *m* mit Untertitel
перево́дчик *m K* 1. (*у́стный*) Dolmetscher, -in *m/f*; 2. (*пи́сьменный*) Übersetzer, -in *m/f*; 3. (*стихо́в*) Nachdichter, -in *m/f*; **~ рефере́нт** Referent *m* und Dolmetscher *m*; **синхро́нный ~** Simultandolmetscher *m*; **~ специа́льной литерату́ры** Fachübersetzer *m*
перевози́ть <*präs:* -вожу́, -во́дишь> *vt I impf* (*pf:* перевезти́) befördern, transportieren, verfrachten
перево́зка *f A* Beförderung *f*, Transport *m*; **~ гру́зов на да́льние расстоя́ния** (TRANSP) Güterfernverkehr *m*; **грузовы́е**

перево́зки Güterbeförderung *f*; **пассажи́рские перево́зки** Personenbeförderung *f*; **перево́зочные докуме́нты** Transportpapiere *pl*
перево́зчик *m K* Fährmann *m*; **~ гру́за** Frachtführer *m*
перевора́чивать *vt E impf* (*pf:* **переверну́ть**) 1. umwenden; 2. umkippen; **~ весь мир** (*fig*) die Welt aus den Angeln heben
перевора́чиваться *vr E impf* (*pf:* **переверну́ться**) 1. sich überschlagen; 2. umstürzen, umkippen
переворо́т *m K* Umsturz *m*, Putsch *m*; **госуда́рственный ~** Staatsstreich *m*; **производи́ть ~ в чём-ли́бо** revolutionieren
перевоспита́ние *nt O2* Umerziehung *f*
перевы́боры <*gen pl:* -ров> *m pl K* Neuwahlen *f pl*
перевы́полнить *vt 1 pf* (*impf:* **перевыполня́ть**) überbieten, übererfüllen
перевя́зочный *adj* Verbands-; **~ материа́л** Verbandszeug *nt*
переги́б *m K* 1. Knick *m*; 2. (*fig*) Überspitzung *f*, Übertreibung *f*
перегно́й *m K2* Humus *m*
перегова́ривать *vi E impf* (*pf:* **переговори́ть**) (*с кем-ли́бо*) Rücksprache halten, sich besprechen (mit *+dat*)
переговорна́я *f wie adj* Besprechungsraum *m*, Konferenzraum *m*
перегово́ры <*gen pl:* -ров> *m pl K* Verhandlungen *f pl*, Gespräche *nt pl*, Beratungen *f pl*; **ми́рные ~** Friedensgespräche *pl*; **реши́ть за столо́м перегово́ров** auf dem Verhandlungsweg lösen
перегоро́дка *f A* Trennwand *f*; **раздвижна́я ~** Schiebewand *f*
перегрева́ться *vr E impf* (*pf:* **перегре́ться**) sich zu stark erhitzen, sich überhitzen
перегружа́ть *vi E impf* (*pf:* **перегрузи́ть**) 1. überfordern, überlasten, überbeanspruchen; 2. umladen
перегру́зка *f A* Überlastung *f*; **перегру́зки на рабо́те** berufliche Überlastung *f*
перегруппирова́ть *vt E2 pf* (*impf:* **перегруппиро́вывать**) umgruppieren
пе́ред *präp +inst* vor (+*dat*); **~ э́тим** davor, vorher
передава́ть <*präs:* -даю́, -даёшь> *vt E3 impf* (*pf:* **переда́ть**) 1. übergeben; **мне ничего́ не передава́ли?** hat man etw für mich abgegeben?; 2. ausrichten; 3. abgeben; **~ приве́т кому́-ли́бо** jdm Grüße bestellen, jdn grüßen; **~ по фа́ксу** ein Fax senden, faxen; **~ по телекс** fernschreiben 4. (*из поколе́ния в поколе́ние: об у́стном наро́дном тво́рчестве*) überliefern; 5. wiedergeben; **~ атмосфе́ру** die Atmosphäre wiedergeben [*o* vermitteln]
передава́ться <*präs:* -даю́сь, -даёшься> *vr E3 impf* (*pf:* **переда́ться**) übertragen werden
переда́тчик *m K* Rundfunksender *m*
переда́ча *f A* 1. Übergabe *f*, Übereignung *f*, Übermittlung *f*; **~ вла́сти** Machtübergabe *f*; **~ да́нных** (DV) Datenkommunikation *f*, Datenübertragung *f*; **~ мы́слей на расстоя́нии** Gedankenübertragung *f*; **~ но́у-ха́у** Know-how-Transfer *m*; **~ о́пыта** Vermittlung *f* von Erfahrungen; 2. (RUNDF) Sendung *f*, Fernsehsendung *f*, Radiosendung *f*; 3. (TECH) Getriebe *nt*; 4. Abtretung *f*, Delegation *f*; **~ в зало́г** Beleihung *f*; **~ в ча́стную со́бственность** Privatisierung *f*; **~ зака́зов** Auftragsvergabe *f*, Auftragserteilung *f*; **~ информа́ции** Kommunikation *f*; **~ предложе́ния** Angebotsabgabe *f*; **~ техни́ческих зна́ний** Technologietransfer *m*; **~ техноло́гии** Technologietransfer *m*
передвига́ть *vt E impf* (*pf:* **передви́нуть**) 1. (*ме́бель*) verschieben, verrücken; 2. (*fig*) verschieben, verlegen; **~ о́тпуск** den Urlaub verschieben
передвижно́й *adj* 1. verstellbar, beweglich; 2. Wander-; **~ цирк** Wanderzirkus *m*; **передвижна́я вы́ставка** Wanderausstellung *f*
переде́лать *vt E pf* (*impf:* **переде́лывать**) (*докуме́нт, пла́тье*) abändern, umändern
переде́лка *f A* Abänderung *f*, Umänderung *f*
передержа́ть <*fut:* -держу́, -де́ржишь> *vt 1 pf* (*impf:* **переде́рживать**) 1. zu lange halten, zu lange stehen lassen; 2. (FOT) überbelichten
пере́дний *adj* vordere(r, s); **пере́днее колесо́** Vorderrad *nt*; **~ план** Vordergrund *m*; **пере́днее сиде́нье** Vordersitz *m*; **пере́дняя сторона́** Vorderseite *f*, Front *f*
пере́дник *m K* Schürze *f*
пере́дняя *f wie adj* Flur *m*, Diele *f*
передови́ца *f A* Leitartikel *m*
передово́й *adj* 1. Vorder-, vorderer; **передова́я статья́** Leitartikel *m*; 2. fortschrittlich; **передовы́е техноло́гии** Hochtechnologien *pl*
переду́мать *vi E pf* (*impf:* **переду́мывать**) 1. seine Meinung ändern; 2. sich durch den Kopf gehen lassen, nachdenken (über +*akk*)
переды́шка *f A* 1. Atempause *f*, Verschnaufpause *f*; 2. Ruhepause *f*, Besinnungspause *f*; **без переды́шки** pausenlos
перее́зд *m K* 1. Umzug *m*; **~ налогоплате́льщика с це́лью уклоне́ния от упла́ты нало́говой задо́лженности** Steuerflucht *f* 2. Bahnübergang *m*; **охраня́емый ~** beschrankter Bahnübergang *m*
переезжа́ть I. *vi E impf* (*pf:* **перее́хать**)

fortziehen, umziehen; **II.** *vt E* **1.** (*грани́цу*) passieren; **2.** (*nur pf*) überfahren, umfahren
пережёвывать *vt E impf* **1.** kauen; **2.** (*fig*) wiederkäuen
пережива́ние *nt O2* **1.** Gemütsbewegung *f*, Emotion *f*, Gefühl *nt*; **2.** Erlebnis *nt*
пережива́ть I. *vt E impf* (*pf:* **пережи́ть**) **1.** erleben; **2.** durchmachen, erleiden; ~ **кри́зис** eine Krise durchmachen; **3.** überleben; ~ **войну́** den Krieg überleben; **4.** (*смири́ться с чем-ли́бо*) hinwegkommen (über +*akk*); **II.** *vi E impf* (*за кого-ли́бо/что-ли́бо*) sich beunruhigen, sich aufregen (wegen +*gen*)
перезагру́зка <*gen pl:* -зок> *f A* (DV) Neustart *m*
перезапу́ск *m K* (DV) Neustart *m*
перезвони́ть *vi I pf* (*impf:* перезва́нивать) **1.** noch einmal anrufen; **2.** zurückrufen
переизбира́ть *vt E impf* (*pf:* переизбра́ть) neu wählen; ~ **на но́вый срок** wiederwählen
переиздава́ть <*präs:* -даю́, -даёшь> *vt E3 impf* (*pf:* переизда́ть) neu auflegen
переиздава́ться <*nur 3. pers:* -даётся> *vr E3 impf* (*pf:* переизда́ться) als Neuauflage erscheinen
переизда́ние *nt O2* Neuauflage *f*
переименова́ть *vt E2 pf* (*impf:* переимено́вывать) umbenennen, rückbenennen; ~ **файл** (DV) eine Datei umbenennen
переина́чивать *vt E impf* (*pf:* переина́чить) ummodeln, verdrehen
перейти́ I. <*fut:* -йду́, -йдёшь> *vt E7 pf* (*impf:* переходи́ть) überschreiten, überqueren; **II.** *vi E7* **1.** übergehen; **2.** sich verwandeln
перека́пывать *vt E impf* (*pf:* перекопа́ть) **1.** umgraben; **2.** einen Graben ziehen
переквалифика́ция *f A2* Umschulung *f*
переквалифици́роваться *vr E2 pf* sich umschulen lassen
перекла́дина *f A* **1.** Querbalken *nt*; **2.** (*у футбо́льных воро́т*) Latte *f*; **3.** (SPORT) Reck *nt*
перекла́дывать *vt E impf* (*pf:* переложи́ть) **1.** verlegen, an einen anderen Ort legen; **2.** abschieben, abwälzen; **3.** verpacken, einpacken; **4.** übertragen; ~ **на му́зыку** vertonen
переключа́ть *vt E impf* (*pf:* переключи́ть) **1.** umschalten; **2.** umstellen; ~ **на бли́жний свет** (KFZ) abblenden
переключе́ние *nt O2* **1.** Umstellung *f*; **2.** Umschalten *nt*; ~ **скоросте́й** (KFZ) Gangschaltung *f*
перекопа́ть *vt E pf* (*impf:* перека́пывать) **1.** umgraben; **2.** einen Graben ziehen
переко́шенный *adj* verzerrt;
переко́шенное лицо́ Grimasse *f*
перекрести́ть <*fut:* -крещу́, -кре́стишь> *vt I pf* (*impf:* перекре́щивать) **1.** kreuzen, über Kreuz legen; **2.** (REL) sich bekreuzigen
перекрёстный *adj* Kreuz-; ~ **ого́нь** Kreuzfeuer *nt*; ~ **ана́лиз** Querschnittsanalyse *f*
перекрёсток <*gen sg:* -тка> *m K* (TRANSP) Kreuzung *f*
перекрути́ть <*fut:* -учу́, -у́тишь> *vt I pf* (*impf:* перекру́чивать) verdrehen
перекры́тие *nt O2* (BAU) Überdeckung *f*, Decke *f*
переку́пщик *m K* Zwischenhändler *m*
переку́р *m K* **1.** (*umg*) Zigarettenpause *f*; **2.** Arbeitspause *f*
перела́мывать *vt E impf* (*pf:* переломи́ть) **1.** zerbrechen; **2.** überwinden
перелётный *adj* Flug-; **перелётные пти́цы** Zugvögel *m pl*
перелива́ние *nt O2* Umfüllen *nt*, Umgießen *nt*; ~ **кро́ви** Bluttransfusion *f*
перелива́ться *vr E impf* (*pf:* перели́ться) **1.** überlaufen; **2.** hinüberfließen
перелиста́ть *vt E pf* (*impf:* перели́стывать) **1.** durchblättern; **2.** umblättern
перело́м *m K* **1.** (MED) Fraktur *f*, Knochenbruch *m*; **2.** (*fig*) Umbruch *m*, Umschwung *m*, Wende *f*, Umwälzung *f*
переломи́ть <*fut:* -омлю́, -о́мишь> *vt I pf* (*impf:* перела́мывать) **1.** zerbrechen; **2.** überwinden
перема́лывать *vt E impf* (*pf:* перемоло́ть) mahlen
перема́нивание *nt O2* Abwerbung *f*; ~ **покупа́телей** Abwerbung *f* von Kunden
перема́нивать *vt E impf* (*pf:* перемани́ть) abwerben
переме́на *f A* **1.** (*в шко́ле*) Pause *f*; **2.** Veränderung *f*, Wandel *m*; **3.** Wechsel *m*; ~ **ме́ста жи́тельства** Änderung *f* des Wohnsitzes; ~ **пого́ды** Wetterumschwung *m*; **переме́ны в Восто́чной Евро́пе** Veränderungen in Osteuropa; **полити́ческие переме́ны** politischer Wandel *m*, politische Wende *f*
переме́нная *f wie adj* Variable *f*
переме́нный *adj* variabel, veränderbar, wechselnd; **переме́нная о́блачность** wechselnde Bewölkung *f*; **с переме́нным успе́хом** mit wechselndem Erfolg
переме́нчивый <*kf:* -ив> *adj* wechselhaft; **сча́стье переме́нчиво** das Glück ist launisch
перемести́ть <*fut:* -ещу́, -ести́шь> *vt I pf* (*impf:* перемеща́ть) **1.** verlagern, verlegen; **2.** (TECH) verfahren
перемеша́ть *vt E pf* (*impf:* переме́шивать) mischen, vermengen
перемеща́ть *vt E impf* (*pf:* перемести́ть)

1. verlagern, verlegen; 2. (TECH) verfahren
перемещéние nt O2 1. Verschiebung f; 2. Verlagerung f; **~ по слýжбе** Versetzung f; **~ рабóчей сúлы** Personaltransfer m
перемúрие nt O2 Waffenstillstand m
перемножáть vt E impf (pf: перемнóжить) multiplizieren
перемолóть <fut: -мелю́, -мéлешь> vt E4 pf (impf: перемáлывать) mahlen
перемóтка f A Umspulen nt
перенапрягáться vt E impf (pf: перенапря́чься) sich überanstrengen, sich übernehmen
перенаселённость f I 1. Überbevölkerung f; 2. (квартúр) Überbelegung f
перенасыщéние nt O2 Übersättigung f
перенесéние nt O2 1. Übertragung f; 2. Vertagung f; **~ на другóй срок** Vertagung f 3. Terminverschiebung f; 4. Verschiebung f; **~ на другóй счёт** Umbuchung f; **~ цéнтра тя́жести** Akzentverschiebung f
перенестú <fut: -несý, -несёшь> vt E6 pf (impf: переносúть) 1. übertragen; 2. vertagen; 3. ertragen; **больнóй хорошó перенёс операцию** der Kranke hat die Operation gut überstanden
перенимáть vt E impf (pf: перенять) übernehmen, sich aneignen
перенóс m K 1. Aufschub m; 2. (LING) Silbentrennung f; 3. Übertragung f, Übertrag m; 4. Verlagerung f; 5. Versetzung f; **~ издéржек** Kostenüberleitung f; **~ úмиджа** Imagetransfer m; **~ прúбыли на нóвый счёт** Gewinnvortrag m; **~ убы́тков на счёт бýдущего перúода** Verlustvortrag m; **~ убы́тков на счёт прошéдшего перúода** Verlustrücktrag m
переносúть <präs: -ношý, -нóсишь> vt I impf (pf: перенестú) 1. übertragen; 2. verlegen, vertagen, verschieben; **~ на бóлее рáнний срок** vorverlegen; 3. vertragen; **он плóхо перенóсит алкогóль** er verträgt keinen Alkohol; **~ мýки** Qualen ausstehen
переноснóй adj tragbar; **~ компью́тер** Portable nt
перенóсный adj übertragen; **в перенóсном смы́сле** im übertragenen Sinne
переночевáть vi E2 pf (impf: ночевáть) übernachten
перенять <fut: -ейму́, -еймёшь> vt E9 pf (impf: перенимáть) übernehmen, sich aneignen; **приятель перенял у негó плохúе манéры** sein schlechtes Betragen hat auf seinen Freund abgefärbt
переоборýдовать vt E2 pf 1. neu gestalten, umrüsten; 2. umfunktionieren
переобучéние Umschulung f
переодевáть vt E impf (pf: переодéть) 1. umkleiden; **~ костю́м** den Anzug wechseln; 2. kostümieren
переодевáться vr E impf (pf: переодéться) 1. sich umziehen; 2. sich verkleiden, sich vermummen, sich maskieren
переориентáция f A2 1. Neuorientierung f; 2. Umschulung f
переосмы́сливать vt E impf (pf: переосмы́слить) 1. umdenken; 2. neu durchdenken
переохлаждéние nt O2 Unterkühlung f
переоцéнивать vt E impf (pf: переоценúть) 1. neu bewerten; 2. überbewerten; **егó значéние невозмóжно ~** seine Bedeutung kann nicht hoch genug eingeschätzt werden
переоцéнка f A 1. Neubewertung f; **~ цéнностей** Wertewandel m 2. Überbewertung f
перепáд m K 1. Unterschied m; 2. Gefälle nt; **~ высóт** Höhenunterschied m
перепадáть v + dat E impf (pf: перепáсть) entfallen (auf +akk); **мóжет быть, и мне чтó-то перепадёт** vielleicht fällt auch für mich etw ab; **он боúтся, что мне чтó-то перепадёт** er hat Angst, dass ich etw davon abbekomme; **тебé тóже кóе-что перепадёт** du kriegst auch etw ab
перепáчкать vt E pf an vielen Stellen schmutzig machen
перепечáтать vt E pf (impf: перепечáтывать) 1. abdrucken; 2. nachdrucken
перепечáтка f A 1. Abdruck m; 2. Nachdruck m
перепúска f A 1. Abschreiben nt; 2. Korrespondenz f, Briefwechsel m; **друг по перепúске** Brieffreund m; **состоя́ть в перепúске** in Briefwechsel stehen
пéрепись Erhebung f; **~ населéния** Volkszählung f
переплестú <fut: -летý, -летёшь> vt E6 pf (impf: переплетáть) (кнúгу) einbinden
переплёт m K Einband m; **в -е** gebunden; **попáсть в ~** (umg) in die Klemme geraten
переплетéние nt O2 Verflechtung f; **~ долéй учáстия** Schachtelbeteiligung f
переплётчик m K Buchbinder m
переподготóвка f A Weiterbildung f, Qualifizierung f der Kader
переполня́ть vt E impf (pf: перепóлнить) überfüllen
перепóнка f A (ANAT: барабáнная) Trommelfell nt
переправа f A (чéрез рéку) Überfahrt f
перепродавéц Wiederverkäufer m
перепродáжа f Weiterveräußerung f
перепýтать vt E pf (impf: пýтать) 1. durcheinanderbringen, verwirren; 2. verwechseln; **~ нóмер кóмнаты** sich in der Zimmernummer irren
перерабáтывать vt E impf (pf: переработáть) 1. verarbeiten, veredeln; 2. überarbeiten; 3. Überstunden machen
переработка f A 1. Verarbeitung f, Veredelung f; 2. Überstunden f pl

перераспределе́ние nt O2 1. Neuverteilung f, Umverteilung f; 2. (средств) Umschichtung f; ~ дохо́дов Einkommensumverteilung f

перерасхо́д m K 1. Mehrverbrauch m, Mehrausgabe f; 2. Überziehung f; ~ фо́нда зарабо́тной пла́ты Lohnfondüberziehung f

перере́зать <fut: -ре́жу, -ре́жешь> vt E4 pf (impf: перереза́ть) durchschneiden, kappen

переры́в m K Pause f; обе́денный ~ Mittagspause f; ~ ме́жду суде́бными заседа́ниями Verhandlungspause f

перерыва́ть vt E impf (pf: переры́ть) 1. umgraben; 2. (fig) durchstöbern, absuchen

пересади́ть <fut: -ажу́, -а́дишь> vt I pf (impf: переса́живать) 1. verpflanzen, umsetzen; 2. (MED) verpflanzen, transplantieren

переса́дка f A 1. Umsteigen nt; де́лать переса́дку umsteigen; 2. (MED) Transplantation f, Implantation f, Verpflanzung f; ~ костно́го мо́зга Übertragung f von Knochenmark; ~ се́рдца Herztransplantation f

переса́живаться vr E impf (pf: пересе́сть) 1. den Platz wechseln; 2. umsteigen

переса́ливать vt E impf (pf: пересоли́ть) 1. versalzen; 2. (umg:fig) übertreiben

пересека́ть vt E impf (pf: пересе́чь) 1. durchqueren, überqueren, durchziehen, schneiden; 2. (чью-либо доро́гу) kreuzen

переселе́нец, переселе́нка <gen m: -нца, -нцев, gen pl f: -нок> m K / f A 1. Einwanderer, -in m/f; 2. Übersiedler, -in m/f, Aussiedler, -in m/f

переселе́ние nt O2 Übersiedelung f; ~ наро́дов Völkerwanderung f

переселя́ть vt E impf (pf: пересели́ть) 1. umsiedeln; 2. (наси́льственно) verschleppen

пересели́ться vr I pf (impf: переселя́ться) 1. übersiedeln; 2. umziehen; ~ в другу́ю ме́стность fortziehen

пересе́чь <fut: -секу́, -ечёшь> vt UE4 pf (impf: пересека́ть) 1. durchqueren; 2. (чью-либо доро́гу) kreuzen

переси́лить vt I pf (impf: переси́ливать) überwinden; ~ себя́ sich überwinden

переска́з m K 1. Nacherzählung f; 2. Wiedergabe f

пересма́тривать vt E impf (pf: пересмотре́ть) überprüfen, revidieren; ~ в сто́рону уменьше́ния nach unten korrigieren

пересме́нка f A Schichtwechsel m

пересмо́тр m K 1. Neuregelung f; 2. Revision f; ~ грани́ц Grenzverschiebung f; ~ де́ла Überprüfung f eines Falles; ~ цен Neuordnung f der Preise

пересоли́ть vt I pf (impf: переса́ливать) 1. versalzen; 2. (umg:fig) übertreiben

пересо́хнуть vi E1 pf (impf: пересыха́ть) austrocknen, ausdörren, vertrocknen

переспа́ть <fut: -сплю́, -спи́шь> vi I pf 1. zu lange schlafen; 2. übernachten; 3. Geschlechtsverkehr haben

переспе́ть vi I überreif werden

переспра́шивать vt E impf (pf: переспроси́ть) wiederholt fragen, nachfragen

перестава́ть <präs: -стаю́, -стаёшь> vi E3 impf (pf: переста́ть) aufhören; дождь лил не перестава́я es regnete ohne Unterlass; ~ выпи́сывать газе́ту eine Zeitung abbestellen; ~ пить vom Alkohol loskommen

переста́вить <fut: -влю, -вишь> vt I pf (impf: переставля́ть) (ме́бель) verstellen

перестано́вка f A 1. (ме́бели) Umstellung f; 2. Umstrukturierung f; ка́дровые перестано́вки personelle Veränderungen pl, Umbesetzung f

перестара́ться vr E pf (umg) zu viel des Guten tun

перестра́ивать vt E impf (pf: перестро́ить) 1. umbauen, umgestalten; 2. rekonstruieren; 3. umstellen

перестра́иваться vr E impf (pf: перестро́иться) 1. umdenken; 2. sich umstellen; ~ в пра́вый ряд sich nach rechts einordnen

перестрахова́ние nt O2 Rückversicherung f

перестре́лка f A Feuergefecht nt, Schusswechsel m, Schießerei f

перестро́йка f A 1. Perestrojka f, Umgestaltung f, Wende f, Reformpolitik f; 2. Umbau m, Reorganisation f, Umstellung f, Neuorientierung f, Erneuerung f; ~ эконо́мики Umstrukturierung f der Wirtschaft; структу́рная ~ Strukturwandel m; ~ произво́дства Produktionsumstellung f

переступа́ть vt E impf (pf: переступи́ть) (auch fig) überschreiten

пересу́ды pl K (umg) Klatsch m, Gerede nt

пересчёт m K Umrechnung f; ~ цен Preisbereinigung f

пересчита́ть vt E pf (impf: пересчи́тывать) 1. abzählen, durchzählen, nachzählen; 2. umrechnen

пересыха́ть vi E impf (pf: пересо́хнуть) austrocknen, ausdörren, vertrocknen

перетека́ть vi E impf (pf: -течь) abfließen

перетя́гивание nt O2 Hin-und Herziehen nt; ~ кана́та (SPORT: auch fig) Tauziehen nt

переубеди́ть <fut, nur 2. und 3. pers: -беди́шь> vt I pf (impf: переубежда́ть) umstimmen, von seiner Meinung abbringen

переу́лок <gen sg: -лка> m K 1. Gasse f; 2. Seitenstraße f

переустро́йство nt O (Евро́пы) Neugestaltung f, Neuordnung f

переутоми́ться <fut: -млю́сь,

-мишься> vr I pf (impf: переутомля́ться) sich abarbeiten, sich überarbeiten, sich überanstrengen

переутомле́ние nt O2 Übermüdung f, Überanstrengung f

переучёт m K **1.** Inventur f; **2.** (ÖKON) Rediskont m

переу́чивать vt E impf (pf: переучи́ть) umschulen

переу́чиваться vr E impf (pf: переучи́ться) **1.** umschulen; **2.** umlernen

перефрази́ровать vt E2 impf/pf abwandeln, umschreiben, mit anderen Worten wiedergeben

перехва́тывать vt E impf (pf: перехвати́ть) **1.** abfangen, auffangen; **2.** abjagen; **~ инициати́ву** die Initiative ergreifen; **3.** schnell einen Bissen zu sich nehmen

перехитри́ть vt I pf austricksen, überlisten

перехлёстываться vr E impf (pf: перехлестну́ться) sich überlappen, sich überschneiden

перехо́д m K **1.** Übergang m; **~ грани́ц** Grenzübergang m; **2.** (TRANSP) Übergang m; **~-зе́бра** Zebrastreifen m; **пешехо́дный ~** Fußgängerüberweg m; **подзе́мный ~** Unterführung f; **владе́ния** Besitzwechsel m; **~ на произво́дство но́вых ви́дов проду́кции** Produktionsumstellung f; **~ ри́ска** Gefahrübergang m

переходи́ть <präs: -хожу́, -хо́дишь> vi I impf (pf: перейти́) **1.** überqueren, überschreiten; **~ ре́ку вброд** einen Fluss durchwaten; **~ Рубико́н** den Rubikon überschreiten; **~ че́рез доро́гу** die Straße überqueren **2.** übergehen, überwechseln (zu +dat); **~ в другу́ю ко́мнату** ins andere Zimmer gehen; **~ в наступле́ние** zum Angriff übergehen; **~ в сле́дующий класс** in die nächste Klasse aufrücken; **~ из рук в ру́ки** in andere Hände übergehen, den Besitzer wechseln; **~ к де́лу** zur Sache kommen; **~ к сле́дующей те́ме** das nächste Thema anschneiden; **~ на другу́ю сто́рону** auf die andere Seite gehen; **~ на ты** zum Du übergehen; **~ по насле́дству к кому́-ли́бо** vererbt werden

перехо́дный adj **1.** Übergangs-; **~ во́зраст** Flegeljahre pl; **~ пери́од** Übergangszeit f; **перехо́дное регули́рование** f Übergangsregelung f. **2.** (LING) transitiv

пе́рец <gen sg: -рца> m K Pfeffer m; **кра́сный ~** Paprika f; **болга́рский [о сла́дкий] ~** Paprika f

пе́речень <gen sg: -чня> m K1 Liste f, Verzeichnis nt, Register nt; **~ мероприя́тий** Maßnahmenkatalog m; **~ гру́зов** Lastenheft nt; **~ и́мпортных това́ров** Einfuhrliste f; **~ материа́лов** Materialstückliste f; **~ сою́зов** Vereinsregister nt

перечёркивать vt E impf (pf: перечеркну́ть) ausstreichen, durchstreichen

перечисле́ние nt O2 **1.** Aufzählung f, Auflistung f; **2.** (ÖKON) Überweisung f; **3.** Verrechnung f; **~ иностра́нной валю́ты** Devisentransfer m; **~ убы́тков** Verlustzuweisung f; **~ на друго́й счёт** Umbuchung f

перечи́слить vt I pf (impf: перечисля́ть) **1.** aufzählen, auflisten; **2.** (ÖKON: взно́сы в фонд) abführen (an +akk)

перешёптываться vr E impf **1.** munkeln; **2.** tuscheln

пери́ла pl O Geländer nt

пери́метр m K (МАТН) Umfang m

пери́на f A Federbett nt

пери́од m K **1.** Periode f; **2.** Abschnitt m; **3.** Dauer f; **~ вре́мени** Zeitraum m; **~ дожде́й** Regenzeit m; **~ расцве́та** Blütezeit f; **легислату́рный ~** Legislaturperiode f; **леднико́вый ~** Eiszeit f; **перехо́дный ~** Übergangsphase f; **~ де́йствия страхова́ния** Versicherungszeiten pl; **упла́ты страхо́вых взно́сов** Beitragszeiten pl; **~ ухо́да в о́тпуск всего́ коллекти́ва** Betriebsferien pl

периоди́ческий adj periodisch; **периоди́ческие изда́ния** Periodika pl

периоди́чность f A Regelmäßigkeit f

перипети́я f A2 jähe Wendung f, Peripetie f; **жи́зненные перипети́и** Wechselfälle pl des Lebens

перитони́т m K (MED) Bauchfellentzündung f

перифери́йный adj peripher; **~ райо́н** Außenbezirk m; **перифери́йное обору́дование** (DV) Peripheriegeräte pl

перифери́я f A2 Peripherie f, Randgebiet f

перл m K (auch fig) Perle f; **стилисти́ческий ~** Stilblüte f

перламу́тр m K Perlmutt nt

перло́вый adj: **перло́вая крупа́** Graupen pl

пермане́нт m K Dauerwelle f

перма́не́нтный <kf: -тен, -тна> adj permanent, dauernd; **перма́не́нтное состоя́ние** Dauerzustand m; **перма́не́нтная инвентариза́ция** permanente Inventur f

перо́ <pl: пе́рья, пе́рьев> nt U3 pls Feder f

перочи́нный adj: **~ нож** Taschenmesser nt

перпендикуля́р m K **1.** Senkrechte f; **2.** Lot nt

перро́н m K Bahnsteig m

перси́дский adj persisch, Perser-; **~ ковёр** Perserteppich m; **~ язы́к** Persisch nt

пе́рсик m K **1.** Pfirsich m; **2.** Pfirsichbaum m; **~-нектари́н** Nektarine f

персо́на f A (geh) Person f, Persönlichkeit f; **со́бственной персо́ной** höchstpersönlich

персона́л m K Personal nt, Belegschaft f; **обслу́живающий ~** Bedienungspersonal

nt; **подгото́вленный** ~ geschultes Personal *nt*; ~ **предприя́тия** Betriebsangehörige *pl*
персона́л-ме́неджмент Personalwesen *nt*
персона́льный *adj* 1. personell; 2. persönlich; **персона́льная вы́ставка** Einzelausstellung *f*; ~ **компью́тер** Personalcomputer *m*, PC *m*; ~ **счёт** Privatkonto *nt*
перспекти́ва *f A* (*auch fig*) Aussicht *f*, Ausblick *m*, Perspektive *f*; **в перспекти́ве** langfristig, auf lange Sicht
перспекти́вный <*kf:* -вен, -вна> *adj* 1. perspektivisch; 2. erfolgversprechend; 3. zukunftsorientiert; **перспекти́вная рабо́та** ausbaufähige Stellung *f*
перфе́кт *m K* (LING) Perfekt *nt*
перфекциони́зм *m K* Perfektionismus *m*, Hang *m* zur Perfektion
перфекциони́ст *m K* Perfektionist *m*
перфора́тор *m K* 1. Perforiergerät *nt*, Stanzer *m*, Locher *m*; 2. Bohrhammer *m*
пе́рхоть *f I* (*nur sg*) Kopfschuppen *pl*
перцо́вый *adj* Pfeffer-
перча́тка *m K* Handschuh *m*; **боксёрские перча́тки** Boxhandschuhe *m pl*
перчи́ть *vt I impf* (*pf:* на-, по-) pfeffern
пёс <*gen sg:* пса> *m K* Hund *m*, Köter *m*
пе́сенка *f A* (kleines) Lied *nt*; **его́ ~ спе́та** (*fig*) er hat ausgespielt
пе́сенник *m K* Gesangbuch *nt*, Liederbuch *nt*
пескостру́йный *adj* Sandstrahl-
пе́сня *f A1* Lied *nt*; **лири́ческая ~** Liebeslied *nt*; **церко́вная ~** Kirchenlied *nt*
песо́к <*gen sg:* -ска́> *m K e* 1. Sand *m*; 2. (*са́харный*) Feinzucker *m*
песо́чница *f A* Sandkasten *m*
пессими́зм *m K* Pessimismus *m*, Schwarzmalerei *f*
пессими́ст, пессими́стка <*gen pl f:* -ток> *m K / f A* Pessimist, -in *m/f*; **быть пессими́стом/пессими́сткой** schwarzsehen
пессимисти́чный <*kf:* -чен, -чна> *adj* pessimistisch
пестици́д *m K* Pestizid *nt*, Pflanzenschutzmittel *nt*
пёстрый <*kf:* пёстр, пестра́, пёстро> *adj* 1. bunt; 2. scheckig, gefleckt; 3. (*fig*) heterogen, bunt gemischt
песча́ник *m K* Sandstein *m*
песча́ный *adj* sandig, Sand-
петля́ *f A1 pls* 1. Schleife *f*; 2. Schlinge *f*; **спусти́вшаяся ~** Laufmasche *f*; ~ **для пу́говицы** Knopfloch *nt*
петру́шка¹ *f A* Petersilie *f*
Петру́шка² *m A* (*ку́кла-марионе́тка*) ≈ Kasperle *nt*
пету́х *m K e* Hahn *m*; **встава́ть с петуха́ми** mit den Hühnern aufstehen
петь I. <*präs:* пою́, поёшь> *vt E8 impf* (*pf:* про-, с-) singen; **II.** *vi E8* singen

печа́ль *f I* Traurigkeit *f*
печа́льный <*kf:* -лен, -льна> *adj* traurig
печа́тание *nt O2* Druck *m*
печа́тать *vt E impf* (*pf:* на-, от-) 1. drucken; 2. (*на маши́нке*) Maschine schreiben; ~ **на маши́нке** tippen 3. (*fig*) herausgeben
печа́тник *m K* (*Beruf*) Drucker *m*
печа́тный *adj* Druck-; **печа́тная бу́ква** Druckbuchstabe *m*; **печа́тная маши́на** Druckmaschine *f*, ~ **материа́л** Drucksache *m*; ~ **стано́к** Notenpresse *f*; ~ **шрифт** Blockschrift *f*, Druckschrift *f*; **печа́тные сре́дства информа́ции** Printmedien *pl*
печа́ть *f I* 1. Buchdruck *m*, Druck *m*; 2. Presse *f*; 3. Siegel *nt*; **скрепля́ть ~ю** besiegeln
печёнка *f A* (*Speise*) Leber *f*; **сиде́ть у кого́-ли́бо в печёнках** (*umg*) jdm im Magen liegen
пе́чень *f I* Leber *f*
пече́нье *nt O2* 1. Kekse *pl*; 2. Gebäck *nt*
пе́чка *f A* Ofen *m*; **танцева́ть от пе́чки** routinemäßig erledigen
печь¹ *f I* Ofen *m*, Herd *m*; **ка́фельная ~** Kachelofen *m*; **микроволно́вая ~** Mikrowellenherd *m*
печь² <*präs:* пеку́, печёшь> *vt UE4 impf* (*pf:* ис-) backen
пе́чься <*präs:* пеку́сь, печёшься> *vi UE4 impf* (*pf:* ис-) 1. backen, gebacken werden; 2. (*umg*) in der Sonne schmoren; 3. (*о ком-чём*) sich sorgen (um +*akk*); ~ **о своём бла́ге** auf sein eigenes Wohl bedacht sein
пешехо́д *m K* Fußgänger, -in *m/f*
пешехо́дный *adj* Fußgänger-; **пешехо́дная доро́жка** Fußweg *m*, Gehweg *m*; **пешехо́дная зо́на** Fußgängerzone *f*; ~ **перехо́д** Fußgängerüberweg *m*
пе́ший *adj* Fuß-, zu Fuß gehend; ~ **перехо́д** Fußmarsch *m*
пе́шка *f A* (*в ша́хматах*) Bauer *m*; **быть пе́шкой** (*fig*) eine Marionette sein
пешко́м *adv* zu Fuß
пеще́ра *f A* Höhle *f*
пиани́но *nt indekl* Klavier *nt*, Piano *nt*
пиани́ст, пиани́стка <*gen pl f:* -ток> *m K / f A* Pianist, -in *m/f*
пивна́я *f wie adj* Kneipe *f*; ~ **на откры́том во́здухе** Biergarten *m*
пивно́й *adj* Bier-; **пивна́я буты́лка** Bierflasche *f*; **пивна́я кру́жка** Bierkrug *m*; **пивна́я пала́тка** Bierzelt *nt*
пи́во *nt O* Bier *nt*; **ба́ночное ~** Dosenbier *nt*; **безалкого́льное ~** alkoholfreies Bier *nt*; **бо́чковое ~** Fassbier *nt*; **буты́лочное ~** Flaschenbier *nt*; **вы́дохшееся ~** Altbier *nt*
пивова́ренный *adj:* ~ **заво́д** Brauerei *f*
пигме́нт *m K* Pigment *nt*
пигмента́ция *f A2* Färbung *f*
пиджа́к *m K* Sakko *m*
пижа́ма *f A* Pyjama *m*, Schlafanzug *m*
пижо́н *m K* (*pej*) Stutzer *m*

пик *m K* Höhepunkt *m*, Spitze *f*; **часы́ ~** Hauptverkehrszeit *f*
пи́ка *f A* Lanze *f*
пика́нтный <*kf:* -тен, -тна> *adj* (*auch fig*) pikant
пика́п *m K* 1. Halblastwagen *m*; 2. Kombiwagen *m*
пи́кать *vi E impf* (*pf:* пи́кнуть) 1. piepsen; 2. (*fig*) mucksen; **не ~** kuschen
пике́т *m K* Streikposten *m*; **~ забасто́вщиков** Streikposten *m*
пики́рование *nt O2* 1. (AGR) Pikieren *nt*; 2. Sturzflug *m*
пикни́к *m K* 1. Picknick *nt*; 2. Brigadeausflug *m*; 3. Kaffeefahrt *f*
пи́кнуть *vi E1 pf* (*impf:* пика́ть) 1. piepsen; 2. (*fig*) mucksen
пи́ковый *adj* Spitzen-; **пи́ковая загру́зка** Spitzenbelastung *f*
пиксе́ль *m K1* (DV) Pixel *nt*
пиктогра́мма *f A* Piktogramm *nt*
пила́ *f A pls* Сяге *f*; **циркуля́рная** [*о* **ди́сковая**]~ Kreissäge *f*; **лучко́вая ~** Bogensäge *f*
пили́ть I. *vt I impf* 1. sägen; 2. (*fig*) piesacken, belästigen; II. *vi I sich*
пи́лка *f A* Handsäge *f*; **~ для ногте́й** Nagelfeile *f*
пилора́ма *f A* Sägewerk *nt*
пило́т *m K* Pilot, -in *m/f*
пило́тный *adj* Pilot–; **~ прое́кт** Pilotprojekt *nt*; **пило́тное о́пытное иссле́дование** Pilotstudie *f*
пилю́ля *f A1* Pille *f*; **глота́ть го́рькую пилю́лю** (*fig*) eine bittere Pille schlucken
пина́ть *vt E impf* (*pf:* пнуть) mit dem Fuß stoßen, einen Tritt versetzen, kicken
пингви́н *m K* Pinguin *m*
пинг-понг <*gen sg:* пинг-по́нга> *m K* Tischtennis *nt*
пине́тки <*gen pl:* -ток> *pl A* Babyschuhe *pl*
пи́ния *f A2* Pinie *f*
пино́к <*gen sg:* -нка́> *m K e* (*umg*) Tritt *m*, Fußtritt *m*
пинце́т *m K* Pinzette *f*
пионе́р, пионе́рка <*gen pl f:* -рок> *m K / f A* 1. Mitglied einer Pionierorganisation; 2. Jungpionier, -in *m/f*; 3. (*fig*) Pionier, -in *m/f*, Wegbereiter, -in *m/f*
пипе́тка *f A* Pipette *f*; **~ с одно́й ме́ткой** Vollpipette *f*; **буты́лочка** [*о* **пузырёк**] **с пипе́ткой** Pipettflasche *f*
пир *m K* Gastmahl *nt*, Gelage *f*
пирами́да *f A* Pyramide *f*
пира́т *m K* Pirat *m*, Seeräuber *m*
пира́тский *adj* Piraten-, Raub–; **пира́тское изда́ние** [*о* **пира́тская ко́пия**] Raubkopie *f*
пирова́ть *vi E2 impf* 1. schlemmen; 2. prassen
пиро́г *m K* Kuchen *m*; **я́блочный ~** Apfelstrudel *m*, Apfelkuchen *m*
пиро́жное *nt wie adj* 1. Törtchen *nt*; 2. Kuchen *m*; **песо́чное ~** Sandkuchen *m*
пирожо́к *m K* Pastete *f*
пиро́метр *m K* Pyrometer *nt*, Hochtemperaturmesser *m*
пироте́хник *m K* Pyrotechniker, -in *m/f*
пироте́хника *f A* Pyrotechnik *f*
пи́саный *adj* 1. handgeschrieben; 2. bemalt; **пи́саная краса́вица** bildschöne Frau *f*; **носи́ться с кем-либо как с пи́саной то́рбой** (*fig*) jdn mit Samthandschuhen anfassen
пи́сарь *m K1* Schreiber, -in *m/f*
писа́тель, писа́тельница *m K / f A* Schriftsteller, -in *m/f*, Literat, -in *m/f*
писа́ть <*präs:* пишу́, пи́шешь> *vt E4 impf* (*pf:* на-) 1. schreiben; **~ кому́-ли́бо** jdn anschreiben; **~ кара́кулями** kritzeln; **неразбо́рчиво** unleserlich schreiben, kritzeln; **~ по́лностью** ausschreiben; **~ разде́льно** auseinanderschreiben; **~ сли́тно** zusammenschreiben; **~ че́рез дефи́с** mit Bindestrich schreiben; **не любя́щий ~** schreibfaul; 2. beschreiben; 3. berichten (über +*akk*); **бро́сить ~** die Schrifstellerei aufgeben 4. malen; **~ ма́слом** in Öl malen; **~ с нату́ры** (*карти́ну*) nach der Natur malen
пи́скнуть *vi E1 pf* (*impf:* пища́ть) piepsen, quieken
пистоле́т *m K* Pistole *f*
пи́сьменность *f I* 1. Schriftsystem *nt*; 2. Schrifttum *nt*
пи́сьменный *adj* schriflich, brieflich; **пи́сьменные принадле́жности** Schreibzeug *nt*; **~ стол** Schreibtisch *m*; **~ догово́р на сро́чную сде́лку с пре́мией** Prämienbrief *m*; **пи́сьменное напомина́ние** Mahnschreiben *nt*; **пи́сьменное подтвержде́ние** schriftliche Bestätigung *f*
письмо́ *nt O pls* 1. Brief *m*; 2. (*официа́льное*) Schreiben *nt*; **заказно́е ~** Einschreiben *nt*; **пи́сьма чита́телей** Leserzuschriften *f pl*; **откры́тое ~** offener Brief *m*; **рекоменда́тельное ~** Empfehlungsschreiben *nt*; **спе́шное ~** Eilbrief *m*; **~ с це́лью шантажа́** Erpresserbrief *m*; 3. Schrift *f*; **бу́квенное ~** Buchstabenschrift *f*; 4. Schreibweise *f*; **учи́ться чте́нию и письму́** Lesen und Schreiben lernen
письмоно́сец <*gen sg:* -сца> *m K* (-*почтальо́н*) Postbote *m*
пита́ние *nt O2* 1. Kost *f*, Speise *f*, Ernährung *f*; **де́тское ~** Babynahrung *f*; **иску́сственное ~** künstliche Ernährung *f*; **обще́ственное ~** Gastronomie *f*; 2. (EL) Stromversorgung *f*, Stromzuführung *f*
пита́тельность *f I* Nährwert *m*
пита́тельный <*kf:* -лен, -льна> *adj* nahrhaft; **пита́тельные вещества́** Nährstoffe *pl*
пита́ть *vt E impf* (*pf:* на-) 1. ernähren, verpflegen; 2. (*fig: наде́жду*) nähren, hegen; **~ симпа́тию к кому́-ли́бо** Sympathie hegen

(für +akk)

пито́мец, пито́мица <gen sg m: -мца, gen pl m: -цев> m K f A Zögling m

пито́мник m K 1. Pflanzenschule f; 2. Zuchtstätte f

пито́н m K Python f

пить I. <präs: пью, пьёшь> vt E4c impf (pf: вы́-) trinken; **мне хо́чется ~** ich habe Durst; **~ до дна** austrinken; II. vi E4c impf (pf: вы́пить) 1. (Alkohol) trinken; **~ для хра́брости** sich Mut antrinken; **~ за чьё-либо здоро́вье** auf jds Wohl trinken 2. saufen, ein Trinker sein

питьево́й adj Trink-; **питьева́я вода́** Trinkwasser nt

пи́цца <inst sg: -цей> f A Pizza f

пи́чкать vt E (umg) vollstopfen, vollpfropfen

пи́шущий adj schreibend; **пи́шущая маши́нка** Schreibmaschine f

пи́ща f A Nahrung f, Kost f; **гру́бая ~** Rohkost f; **духо́вная ~** geistige Kost f; **дава́ть пи́щу для разгово́ров** Gesprächsstoff liefern; **дава́ть пи́щу для размышле́ний** Denkanstöße geben

пища́ть <präs: пищу́, пищи́шь> vi I impf (pf: пи́скнуть) piepsen, quieken

пищеваре́ние nt O2 Verdauung f

пищевари́тельный adj Verdauungs-; **~ сок** Verdauungssaft m; **пищевари́тельная систе́ма** Verdauungssystem nt

пищево́д m K Speiseröhre f

ПК abk von **персона́льный компью́тер** m PC m

пла́вание nt O2 1. Schwimmen nt, Schwimmsport m; **~ кро́лем** Kraulstil m; **~ на спине́** Rückenschwimmen nt; 2. (о корабле́) Fahrt f

плава́тельный adj Schwimm-; **~ бассе́йн** Schwimmbecken nt

пла́вать vi E unbest (peter: плыть) schwimmen; **~ кро́лем** kraulen; **не уме́ющий ~** Nichtschwimmer m

пла́вить <präs: -влю, -вишь> vt I impf (pf: рас-) (TECH) schmelzen

пла́вки <gen pl: -вок> pl A Badehose f

плавни́к m K e Flosse f

пла́вный <kf: -вен, -вна> adj fließend; **~ перехо́д** fließender Übergang m

плагиа́т m K Plagiat nt

пла́зма f A Plasma nt

плака́т m K Plakat nt, Poster nt; **плака́тная рекла́ма** Plakatwerbung f

пла́кать <präs: пла́чу, пла́чешь> vi E4 impf weinen; **пла́кали мои́ де́нежки** mein Geld ging flöten

пла́каться <präs: пла́чусь, пла́чешься> vr E4 impf (umg) klagen, quengeln; **пла́каться в жиле́тку кому́-либо** (umg) jdm etw vorjammern

пла́кса mf A Heulpeter m, Heulsuse f

плакси́вый <kf: -и́в> adj (umg: о ребёнке) weinerlich, quengelig

пла́мя <gen sg: пла́мени> nt U1 Flamme f

план m K 1. Plan m; 2. Grundriss m; 3. Konzept nt; **~ го́рода** Stadtplan m; **~ культу́рных мероприя́тий** Veranstaltungkalender m; **~ реконстру́кции** Sanierungsplan m; **генера́льный ~ сраже́ния** Schlachtplan m; **строи́тельный ~** Bauplan m; **съёмка кру́пным ~ом** Großaufnahme f; **~ застро́йки** Flächennutzungsplan m; **~ испо́льзования пло́щади** Flächennutzungsplan m; **~ испо́льзования средств рекла́мы** Mediaplan m; **~ капиталовложе́ний** Investitionsplan m; **~ распростране́ния рекла́мных материа́лов** Streuplan m; **~ сбы́та** Absatzplan m; **~ социа́льного разви́тия** Sozialplan m; **~ счето́в бухга́лтерского учёта** Kontenplan m

плане́та f A Planet m

планета́рий <präp sg: -ии> m K2 Planetarium nt

плани́рование nt A Planung f; **~ разме́ров семьи́** [o семе́йное ~] Familienplanung f; **~ затра́т** [o изде́ржек] Kostenplanung f; **~ капиталовложе́ний** Investitionsplanung f; **~ по изде́лию** Produktplanung f; **~ по проду́кту** Produktplanung f; **~ по това́ру** Produktplanung f; **~ предприя́тия** Unternehmensplanung f; **~ произво́дства** Produktionsplanung f; **~ рекла́мных мероприя́тий** Werbeplanung f; **~ сбы́та** Absatzplanung f; **~ с учётом у́зких мест** Engpassplanung f

плани́ровать vt E2 impf (pf: за-) 1. planen, einplanen; 2. (террито́рию) planieren, einebnen

пла́нка f A Latte f, Leiste f, Planke f

планкто́н m K Plankton m

пла́новый adj 1. Plan-; 2. planmäßig; **пла́новая прове́рка** Routineuntersuchung f; **пла́новая эконо́мика** Planwirtschaft f; **пла́новое хозя́йство** Planwirtschaft f; **пла́новые изде́ржки** Standardkosten pl Plankosten pl; **пла́новые затра́ты** Plankosten pl; **пла́новая за́нятость** Planbeschäftigung f; **пла́новая загру́зка** Planbeschäftigung f; **пла́новая цена́** Planpreis m; **пла́новне нало́ги** Sollsteuern pl; **пла́новые расхо́ды** Vorgabekosten pl Plankosten pl; **~ объём** Planmenge f; **~ пери́од** Planungszeitraum m; **пла́новое зада́ние** Plangröße f; **пла́новое коли́чество** Planmenge f

планоме́рный <kf: -рен, -рна> adj planmäßig

планта́ция f A2 Plantage f

пла́стик m K Plastik nt

пластили́н m K Plastilin nt, Knetmasse f

пласти́на f A Platte f

пласти́нка f A 1. Schallplatte f; **долгоигра́ющая ~** Langspielplatte f; 2. (TECH) Lamelle f

пластифика́тор m K Weichmacher m

пласти́ческий adj plastisch

пластма́сса *f A* 1. Kunststoff *m*; 2. Plastik *nt*

пластма́ссовый *adj* Kunststoff-, Plastik-; **пластма́ссовые де́ньги** Plastikgeld *nt*

пла́стырь *m K1* (MED) Pflaster *nt*, Wundschutz *m*; **кле́йкий** [*о* **ли́пкий**]**~** Heftpflaster *nt*

пла́та *f A* 1. Gebühr *f*, Abgabe *f*; **~ за аре́нду помеще́ний** Miete *f*; **~ за вход** Eintrittsgeld *nt*; **~ за прока́т** Leihgebühr *f*; **за по́льзование** Benutzungsgebühr *f*; **~ в зачёт** Anzahlung *f*; **~ за аре́нду** Pacht *f*; **~ за выполне́ние подря́дного зака́за** Werklohn *m*; **~ за коммуна́льные услу́ги** Kommunalabgaben *pl*; **~ за обрабо́тку** Bearbeitungsgebühr *f*; **~ за перево́зку гру́зов** Fracht *f*; **~ за по́льзование доро́ги** Maut *f*; **~ за посре́днические услу́ги** Maklergebühr *f*; **~ за прово́з гру́зов** Fracht *f*; **~ за прое́зд** Fahrtspesen *pl*; **~ за просто́й** Leerkostenerstattung *f*; **~ за стенд** Standgeld *nt*; **~ за телефо́н** Fernsprechgebühr *f*; **~ за хране́ние це́нных бума́г** Depotgebühr *f 2*. Entgelt *nt*, Entlohnung *f*; **~ за труд** Arbeitsentgelt *nt*

плата́н *m K* Platane *f*

платёж *m K* Zahlung *f*, Einzahlung *f*; **~ в рассро́чку** Abschlagszahlung *f* Abzahlung *f*; **~ нали́чными** Barzahlung *f*; gegen Barzahlung; **~ нали́чными про́тив докуме́нтов** cash against documents; Zahlung gegen Dokumente

платёжеспосо́бность *f I* Zahlungsfähigkeit *f*, Bonität *f*, Solvenz *f*

платёжеспосо́бный <*kf:* -бен, -бна> *adj* zahlungsfähig

платёжный *adj* Zahlungs-; **платёжная ве́домость** Lohnabrechnung *f*, Lohnliste *f*; **платёжная гото́вность** Zahlungsbereitschaft *f*; **платёжная карто́чка** Wertkarte *f*; **~ бала́нс** Zahlungsbilanz *f*; Exportbilanz *f*; Außenhandelsbilanz *f*; **~ бала́нс по теку́щим опера́циям** Leistungsbilanz *f*; **~ день** Abrechnungsdatum *nt*; **~ оборо́т** Zahlungsverkehr *m*; **~ оборо́т по по́чтовым опера́циям** Postzahlungsverkehr *m*; **платёжное извеще́ние нало́гового о́ргана** Steuerbescheid *m*; **платёжное обяза́тельство** Zahlungsverpflichtung *f*; **платёжное поруче́ние** Zahlungsanweisung *f*; **платёжное соглаше́ние** Zahlungsabkommen *nt*; **платёжное сре́дство** Zahlungsmittel *nt*; **платёжное тре́бование** Zahlungsaufforderung *f*; **платёжное указа́ние** Zahlungsauftrag *f*

плате́льщик *m K* 1. Zahlungspflichtige(r) *mf*; 2. Zahler *m*; **~ по переводно́му ве́кселю** (Wechsel-)adressat *m*, Bezogener *m*

пла́тина *f A* Platin *nt*

плати́ть I. <*präs:* плачу́, пла́тишь> *vt I impf* (*pf:* за-) bezahlen; II. *vi I* zahlen; **~ в рассро́чку** abzahlen, in Raten zahlen; **~ за кого́-ли́бо** jdn freihalten; **~ за свет** die Stromrechnung bezahlen; **~ кому́-ли́бо за молча́ние** Schweigegeld zahlen

пла́тный *adj* entgeltlich, gebührenpflichtig

плато́к <*gen sg:* -тка́> *m K e* Kopftuch *nt*; **носово́й ~** Taschentuch *nt*

платони́ческий *adj* platonisch; **платони́ческая любо́вь** platonische Liebe *f*

платфо́рма *f A* 1. Bahnsteig *m*; 2. (POL) Plattform *f*; 3. (TECH) Plattform *f*; **нефтяна́я ~** Bohrinsel *f*

пла́тье *nt O2* Kleid *nt*; **~-костю́м** Hosenanzug *m*; **вече́рнее ~** Abendkleid *nt*; **закры́тое ~** hochgeschlossenes Kleid *nt*; **облега́ющее ~** hautenges Kleid *nt*; **подвене́чное ~** Brautkleid *nt*; **стро́гое ~** schlichtes Kleid *m*

пла́ха *f A* Klotz *m*

плацка́рта *f A* Platzkarte *f*

плач *m K1* Weinen *nt*

плаче́вный *adj* jämmerlich, erbärmlich, schlimm, katastrophal; **в плаче́вном состоя́нии** in jämmerlichem Zustand

плащ *m K e* Regenmantel *m*

плева́ть <*präs:* плюю́, плюёшь> *vi E2 impf* spucken

плейбо́й *m K2* Playboy *m*

пле́йер *m K* CD-Spieler *m*

плексигла́с *m K* Plexiglas *nt*

пле́мя <*gen sg:* пле́мени> *nt U1* Stamm *nt*, Sippe *f*

племя́нник, племя́нница *m K / f A* Neffe, Nichte *m/f*

плен *m K* 1. Gefangenschaft *f*; 2. Kriegsgefangenschaft *f*; **брать в ~** gefangen nehmen; **попа́сть в ~** in Gefangenschaft geraten

плёнка *f A* 1. Folie *f*; 2. (FOT) Film *m*; **у́зкая ~** Schmalfilm *m*; **магнитофо́нная ~** Magnetband *nt*; **нефтяна́я ~** Ölfilm *m*

пле́нный *m wie adj* Gefangene(r) *m*

пле́нум *m K* Plenum *nt*

пле́сень *f I* (BOT) Schimmel *m*

плеска́ться <*präs:* -ещу́сь, -е́шься> *vr E4 impf* 1. plätschern; 2. platschen, planschen

пле́сневеть <*nur 3. pers:* -еет> *vi E impf* (*pf:* заплесневеть) schimmeln, verschimmeln, verderben

плести́ <*präs:* плету́, плетёшь> *vt E6 impf* 1. flechten; 2. (*pej*) schwätzen

плечо́ *nt O e* 1. Schulter *f*; 2. Achsel *f*; **э́та зада́ча ему́ по плечу́** er ist dieser Aufgabe gewachsen; **име́ть что-ли́бо за плеча́ми** etw hinter sich haben

плита́ *f A pls* 1. Platte *f*; 2. Herd *m*; **~ для подогре́ва** Stövchen *nt*; **га́зовая ~** Gasherd *m*

пли́тка *f A* 1. kleine Platte *f*, Fliese *f*, Kachel *f*; **~ шокола́да** Tafel Schokolade *f*; 2. (*umg*) Elektrokocher *m*

плове́ц, пловчи́ха <*gen sg m:* -вца́> *m*

K / f A Schwimmer, -in *m/f*
плод *m K e* **1.** Frucht *f*; **ко́сточковые ~ы** Steinobst *nt*; **2.** Leibesfrucht *f*; **3.** (*fig*) Ergebnis *nt*; **пожина́ть ~ы своего́ труда́** die Früchte seiner Arbeit genießen; **приноси́ть хоро́шие ~ы** seine Wirkung zeigen, sich auszahlen
плоди́ть <*präs:* пложу́, плоди́шь> *vt I impf* (*pf:* рас-) **1.** züchten, ziehen; **2.** (*fig*) erzeugen, hervorbringen
плодоноси́ть <*nur 3. pers:* -оси́т> *vt I impf* fruchten, Früchte tragen
плодоро́дность *f I* Fruchtbarkeit *f*
плодоро́дный <*kf:* -ден, -дна> *adj* fruchtbar
плодотво́рный <*kf:* -рен, -рна> *adj* fruchtbringend, ersprießlich
пло́мба *f A* **1.** Plombe *f*; **2.** (MED) Zahnfüllung *f*
пломбирова́ть *vt E2 impf* (*pf:* за-, о-) plombieren
пло́ский <*kf:* -сок, -ска́> *adj* **1.** eben, flach; **пло́ская кры́ша** Flachdach *nt*; **2.** fad, platt, abgeschmackt; **пло́ская шу́тка** platter Witz *m*
плоского́рье *nt O1* Hochland *nt*
плоскогу́бцы <*gen pl:* -цев> *pl K* Flachzange *f*
плоскосто́пие *nt O2* Plattfuß *m*
пло́скость *f I* **1.** (MATH) Fläche, Ebene *f*; **2.** (*fig*) Ebene *f*
плот <*präpos sg:* о плоте́, на плоту́> *m K e* Floß *nt*
плоти́на *f A* Deich *m*; **водоподъёмная ~** Staudamm *m*
пло́тник *m K* Zimmermann *m*
пло́тничать *vi E impf* als Zimmermann arbeiten
пло́тность *f I* **1.** Festigkeit *f*, Stärke *f*; **2.** Dichte *f*; **~ населе́ния** Bevölkerungsdichte *f*
пло́тный <*kf:* -тен, -тна́, -тно, пло́тны́> *adj* **1.** stämmig, fest; **2.** dicht; **пло́тно закрыва́ть** dichtmachen
плотоя́дный <*kf:* -ден, -дна> *adj* fleischfressend
плоть *f I* (*geh*) Leib *m*, Fleisch *nt*; **войти́ кому́-ли́бо в ~ и кровь** jdm in Fleisch und Blut übergehen; **от свое́й пло́ти** sein eigen Fleisch und Blut
плохо́й <*kf:* плох, -а́, -о, плохи́, *komp:* ху́же, *super:* ху́дший> *adj* schlecht, schlimm
площа́дка *f A* Platz *m*; **~ для игры́ в гольф** Golfplatz *m*; **де́тская ~** Kinderspielplatz *m*; **строи́тельная ~** Baustelle *f*
пло́щадь *f I* **1.** (MATH) Fläche *f*; **~ сече́ния** Schnittfläche *f*; **2.** Platz *m*; **привокза́льная ~** Bahnhofsplatz *m*; **я́рмарочная ~** Rummelplatz *m*
плуг *m K* Pflug *m*
плут *m K* Schelm *m*, Spitzbube *m*
плутовско́й *adj* schelmisch, spitzbübisch
плуто́ний *m K2* Plutonium *nt*

плыть <*präs:* плыву́, плывёшь> *vi UE3 best* (*unbest:* пла́вать) schwimmen; **~ по тече́нию** (*fig*) mit dem Strom schwimmen; **~ про́тив тече́ния** (*fig*) gegen den Strom schwimmen
плю́нуть *vi E1 pf* (*impf:* плева́ть) spucken
плюрали́зм *m K* Pluralismus *m*; **~ мне́ний** Meinungsvielfalt *f*
плюралисти́ческий *adj* pluralistisch
плюс I. *m K* **1.** Pluszeichen *nt*; **2.** (*umg*) Plus *nt*, Vorteil *m*; **со все́ми ~ами и ми́нусами** mit allen Vor- und Nachteilen; **II.** *part* (MATH) plus; **два ~ пять есть семь** zwei plus fünf ist sieben
плюсна́ *f A* (ANAT) Vorfuß *m*
плю́хаться *vr E impf* (*pf:* плю́хнуться) plumpsen, sich fallen lassen; **~ на дива́н** sich auf das Sofa fallen lassen; **~ в во́ду** ins Wasser plumpsen
плюш *m K* Plüsch *m*
плю́шка *f A* **1.** süßes Milchbrötchen *nt*; **2.** (DV) Cookie *nt*
плющ *m K* Efeu *nt*
пляж *m K* Strand *m*, Strandbad *nt*; **га́лечный ~** Kiesstrand *m*; **песча́ный ~** Sandstrand *m*
пневмати́ческий *adj* pneumatisch; **~ молото́к** Presslufthammer *m*
пневмопистоле́т *m K* Tacker *m*; **скобозаби́вно́й ме́бельный ~** Drucklufttacker *m*
пневмоподу́шка *f A* Airbag *m*
пнуть <*fut:* пну, пнёшь> *vt E1 pf* (*impf:* пина́ть) mit dem Fuß stoßen, einen Tritt versetzen, kicken
по I. *präp +dat* **1.** (*lok*) über (+*akk*); **е́хать ~ мо́рю** übers Meer fahren; **2.** (*lok*) durch (+*akk*); **идти́ ~ лесу́** durch den Wald gehen; **3.** (*lok*) entlang (+*gen*); **~ у́лице** entlang der Straße; **4.** (*temp*) an (+*dat*); **~ вто́рникам** dienstags; **5.** (*mod*) nach, gemäß, laut; **~ мне** meinetwegen; **~-моему** meines Erachtens; **~-друго́му** anders; **~-хоро́шему** gütlich; **~-ле́тнему** sommerlich; **~ вы́годной цене́** preisgünstig; **~ высо́ким проце́нтам** hochverzinslich; **~ дела́м** geschäftlich; **~ до́брой ве́ре** bona fide; **~ дове́ренности** per prokura; **~ догово́ру** vertraglich; **~ зака́зу** auftragsgemäß; **~ коли́честву** mengenmäßig; **~ номина́лу** al pari; **~ номина́льной сто́имости** pari; **~ основно́й профе́ссии** [о специа́льности] hauptberuflich; **~ парите́ту** (*umg*) pari; **~ полномо́чию** per prokura; **~ поруче́нию** im Auftrag; **~ совмести́тельству** nebenberuflich; **~ уполномо́чию** im Auftrag; **~ физи́ческому объёму** mengenmäßig; **II.** *präp +akk* **1.** (*temp*) bis (+*dat*); **~ май** bis zum Mai; **2.** (*lok*) bis (+*dat*); **стоя́ть ~ коле́но в воде́** bis zum Knie im Wasser stehen; **за́нят ~ го́рло** bis zum Hals in Arbeit stecken; **III.** *präp +präpos* (*temp*) nach

(+*dat*); ~ **истече́нии сро́ка** nach Ablauf der Frist; ~ **сме́рти** nach dem Tode

побе́г¹ *m K* Ausbruch *m*, Flucht *f*; **соверша́ть** ~ ausbrechen

побе́г² *m K* Trieb *m*, Spröẞling *m*

побе́да *f A* Sieg *m*; ~ **на вы́борах** Wahlsieg *m*; ~ **на эта́пе** Etappensieg *m*; ~ **по очка́м** Punktesieg *m*

победи́тель, победи́тельница *m K / f A* Sieger, -in *m/f*, Gewinner, -in *m/f*

победи́ть I. <*nur 2. und 3. pers:* -**ди́шь**, -**ди́т**> *vi I pf* (*impf:* **побежда́ть**) siegen; II. *vt I* besiegen, bezwingen

победоно́сный *adj* siegreich

побеждённый I. *adj* besiegt, geschlagen; II. *m wie adj* Besiegte(r) *m*

побели́ть <*fut:* -**белю́**, -**бе́лишь**> *vt I pf* (*impf:* **бели́ть**) 1. weiẞ anstreichen; 2. bleichen

побере́жье *nt O1* Küste *f*

побеспоко́ить *vt I pf* (*impf:* **беспоко́ить**) 1. beunruhigen; 2. stören

побира́ться *vr E impf* betteln

поблагодари́ть *vt I pf* (*impf:* **благодари́ть**) danken

побледне́ть *vi E pf* (*impf:* **бледне́ть**) bleich [*o* blass]werden

поблёкнуть *vi E1 pf* (*impf:* **блёкнуть**) 1. welken; 2. verblassen

побле́скивать *vi E impf* blinzeln

побо́и <*gen pl:* -**о́ев**> *m pl K* Prügel *pl*, Schläge *pl*

поболта́ть *vt E pf* (*impf:* **болта́ть**) 1. rühren, umrühren, schütteln; 2. baumeln, schlenkern; 3. plaudern, schwatzen

побо́рник, побо́рница *m K / f A* (*geh*) Verfechter, -in *m/f*

поборо́ться <*fut:* -**борю́сь**, -**бо́решься**> *vr E4 pf* (*impf:* **боро́ться**) 1. kämpfen; 2. (SPORT) ringen

побо́чный *adj* Neben-; **побо́чное де́йствие** [*o* **эффе́кт**] Nebenwirkung *f*; **побо́чные расхо́ды** Nebenkosten *pl*; ~ **проду́кт** Nebenprodukt *nt*, ~ **за́работок** Nebenverdienst *m*; **побо́чная проду́кция** Kuppelproduktion *f*; **побо́чная профе́ссия** Nebenberuf *m*; **побо́чная рекла́ма** Schleichwerbung *f*; **побо́чная сде́лка** Nebengeschäft *nt*; **побо́чная специа́льность** Nebenberuf *m*; **побо́чные затра́ты** [*o* **изде́ржки**] Nebenkosten *pl*; ~ **би́знес** Nebengeschäft *nt*; ~ **дохо́д** Nebenverdienst *m*, Nebenerwerb *m*; ~ **нало́г** Nebenabgabe *f*; ~ **сбор** Nebenabgabe *f*

побрани́ть *vt I pf* (*impf:* **брани́ть**) schelten, schimpfen

побуди́ть <*fut:* -**ужу́**, -**у́дишь**> *vt I pf* (*impf:* **побужда́ть**) 1. veranlassen, bewegen, anregen (zu +*dat*); 2. (*umg*) wecken, zu wecken versuchen

побужде́ние *nt O2* 1. Regung *f*, Antrieb *m*, Beweggrund *m*; 2. Anreiz *m*, Incentive *nt*

побыва́ть *vi E impf* 1. herumreisen, sich umsehen; 2. besuchen

по́вар *m K* Koch *m*

пова́ренный *adj* Koch-; **пова́ренная кни́га** Kochbuch *nt*; **пова́ренная соль** Kochsalz *nt*

поварёшка *f A* 1. Kochlöffel *m*; 2. Schöpfkelle *f*

повари́ха *f A* (*umg*) Köchin *f*

поведе́ние *nt O2* Benehmen *nt*, Betragen *nt*, Verhalten *nt*; ~ **покупа́телей** Käuferverhalten *nt*; ~ **ры́нка** Marktverhalten *nt*

повелева́ть *v + inst E impf* (*pf:* **повеле́ть**) 1. (*geh*) befehlen, gebieten, verfügen (über +*akk*); 2. (*geh*) herrschen, Macht ausüben

повели́тельный <*kf:* -**лен**, -**льна**> *adj* herrisch, gebieterisch; **повели́тельное наклоне́ние** (LING) Imperativ *m*

пове́ренный *wie adj* 1. Anwalt *m*; 2. Beauftragter *m*; 3. Sachwalter *m*, Bevollmächtigter *m*; ~ **торго́вой фи́рмы** Handelsvertreter *m*

пове́рить *vi I pf* (*impf:* **ве́рить**) 1. vertrauen; 2. glauben; **тебе́ никто́ не пове́рит** niemand glaubt dir

пове́рка *f A* Überprüfung *f*, Kontrolle *f*; **на пове́рку** bei näherer Betrachtung

поверну́ть *vt E1 pf* (*impf:* **повора́чивать**) umdrehen, wenden; ~ **исто́рию вспять** das Rad der Geschichte zurückdrehen

пове́рх I. *präp +gen* über (+*dat*), auf (+*dat*); II. *adv* darüber

пове́рхностный <*kf:* -**тен**, -**тна**> *adj* 1. oberflächlich, Oberflächen-; 2. (*fig*) oberflächlich, flüchtig

пове́рхность *f I* Oberfläche *f*; ~ **земли́** Erdoberfläche *f*; ~ **ожо́говая** Verbrennungsfläche *f*; **рабо́чая** ~ Arbeitsoberfläche *f*, Arbeitsfläche *f*

повесели́ться *vr I pf* (*impf:* **весели́ться**) 1. sich freuen, fröhlich sein; 2. sich amüsieren, sich vergnügen

пове́сить <*fut:* -**е́шу**, -**е́сишь**> *vt I pf* (*impf:* **ве́шать**) 1. aufhängen; 2. erhängen

пове́ситься <*fut:* -**е́шусь**, -**е́сишься**> *vr I pf* (*impf:* **ве́шаться**) 1. sich erhängen; 2. sich aufhängen

повести́ <*fut:* -**веду́**, -**веде́шь**> *vt E6 pf* (*impf:* **вести́**) 1. führen; 2. geleiten, lenken

пове́стка *f A* 1. (**дня**) Tagesordnung *f*; 2. Ladung *f*, Benachrichtigung *f*; ~ **о вы́зове в суд** Ladung *f* vor Gericht; **избира́тельная** ~ Wahlbenachrichtigung *f* 3. (MIL) Einberufungsbefehl *m*

по́весть *f I* Erzählung *f*, Novelle *f*

повзросле́ть *vi E pf* (*impf:* **взросле́ть**) erwachsen werden

повинова́ться *vr + dat E2 impf* gehorchen

повиса́ть *vi E impf* (*pf:* **пови́снуть**) 1. hängenbleiben; 2. herunterhängen; ~ **у**

кого́-ли́бо на ше́е (*fig*) sich jdm an den Hals werfen

повле́чь <*fut:* -влеку́, -влечёшь> *vt UE4 pf* (*impf:* **влечь**) 1. schleppen; 2. ziehen; 3. (*fig*) anziehen; ~ **за собо́й** nach sich ziehen, zur Folge haben

по́вод¹ <*pl:* -ы, -ов> *m K* Anlass *m*, Veranlassung *f*; **по ~у** anlässlich

по́вод² <*präp sg:* о по́воде, на поводу́, *pl:* пово́дья, пово́дев, *selten auch:* повода́, поводо́в> *m O* Zügel *m*; **натя́гивать пово́дья** (*fig*) die Zügel anziehen; **отпуска́ть пово́дья** die Zügel lockern; **быть у кого́-ли́бо на поводу́** sich am Gängelband führen lassen

поводо́к <*gen sg:* -дка́> *m K e* Hundeleine *f*; **держа́ть на коро́тком поводке́** (*fig*) an der kurzen Leine halten

пово́зка *f A* 1. Kutsche *f*; 2. Fuhrwerk *nt*

Пово́лжье *nt O1* Wolgaregion *f*, Wolgagebiet *nt*

повора́чивать *vt E impf* (*pf:* поверну́ть) umdrehen, wenden; ~ **го́лову** den Kopf wenden; ~ **нале́во** nach links abbiegen; ~ **обра́тно** kehrtmachen

поворо́т *m K* (*auch fig*) Wende *f*, Wendung *f*, Umschwung *m*; ~ **доро́ги впра́во** Rechtskurve *f*; **круто́й ~ доро́ги** Haarnadelkurve *f*; ~ **в упо́ре** (SPORT) Stemmbogen *m*; **дава́ть кому́-ли́бо от воро́т ~** jdn abblitzen lassen, jdm einen Korb geben

поворо́тный *adj* Wende-; ~ **моме́нт** Wendepunkt *m*

повреди́ть I. <*fut:* -ежу́, -еди́шь> *vt I pf* (*impf:* поврежда́ть) beschädigen, verletzen (+*akk*); II. *vi I* ~ **но́гу** sich den Fuß verletzen;; II. *vi I* schaden (+*dat*); э́то мо́жет ему́ повреди́ть das könnte ihm schaden

поврежде́ние *nt O2* 1. Beschädigung *f*; 2. Schaden *m*; 3. Störung *f*; 4. Verletzung *f*

повседне́вный <*kf:* -вен, -вна> *adj* alltäglich

повсеме́стный <*kf:* -тен, -тна> *adj* allgegenwärtig

повста́нец <*gen sg:* -нца *pl:* -цев> *m K* Aufständische(r) *mf*

повстреча́ться *vr E pf* (*impf:* встреча́ться) 1. (с *кем-ли́бо*) sich treffen (mit +*dat*); 2. begegnen

повсю́ду *adv* überall

повторе́ние *nt O2* Wiederholung *f*

повтори́ть *vt I pf* (*impf:* повторя́ть) 1. wiederholen; 2. multiplizieren; 3. (*за кем-ли́бо*) nachsprechen, nachsagen

повто́рный <*kf:* -рен, -рна> *adj* 1. rückfällig; 2. erneut, nochmalig; **повто́рное обсле́дование** Nachuntersuchung *f*; **повторное использование** Recycling *nt*

повы́сить <*fut:* -ы́шу, -ы́сишь> *vt I pf* (*impf:* повыша́ть) 1. erhöhen, steigern; 2. (*в до́лжности*) befördern; 3. (*зарпла́ту*) aufbessern; 4. (*це́ны*) anheben; ~ **квалифика́цию** sich fortbilden, sich (weiter)qualifizieren

повыше́ние *nt O2* Erhöhung *f*, Anhebung *f*, Steigerung *f*; ~ **квалифика́ции** Weiterbildung *f*, Fortbildung *f*; ~ **нало́гов** Anhebung *f* der Steuer; ~ **окла́дов** Gehaltserhöhung *f*; ~ **цен** Preissteigerung *f*; ~ **бала́нсовой сто́имости** Zuschreibung *f*; ~ **биржевы́х ку́рсов** Hausse *f*; ~ **вы́пуска проду́кции** Produktionssteigerung *f*; ~ **в до́лжности** Beförderung *f*; ~ **зарпла́ты** Gehaltserhöhung *f*; ~ **конъюнкту́ры** Konjunkturaufschwung *m*; ~ **ку́рса** Kursanstieg *m*; ~ **номина́ла** Aufwertung *f*; ~ **номина́льной сто́имости** Aufwertung *f*; ~ **производи́тельности** Produktivitätssteigerung *f*; ~ **производи́тельности труда́** Leistungssteigerung *f*; ~ **произво́дства** Produktionssteigerung *f*; ~ **спро́са** Nachfragesteigerung *f*; **получа́ть** ~ aufrücken

повы́шенный <*kf:* -шен> *adj* gesteigert, erhöht; **повы́шенное давле́ние** Bluthochdruck *m*; **повы́шенный интере́с** gesteigertes Interesse *nt*

повяза́ть <*fut:* -яжу́, -я́жешь> *vt E4 pf* (*impf:* повя́зывать) 1. umwickeln, umbinden; 2. fesseln

повя́зка *f A* Binde *f*; **ги́псовая ~** Gipsverband *m*; **туга́я ~** Bandage *f*

пога́ный <*kf:* -а́н> *adj* 1. ungenießbar; 2. schlecht, ekelhaft; 3. (*pej*) andersgläubig

погаси́ть <*fut:* -гашу́, -га́сишь> *vt I pf* (*impf:* гаси́ть) 1. löschen, auslöschen; 2. unterdrücken; 3. ungültig machen; 4. (*impf:* погаша́ть) tilgen, begleichen

пога́снуть <*prät:* -гас, -га́сла/-га́снул, -га́снула> *vt E2 pf* (*impf:* га́снуть) 1. erlöschen; 2. versiegen

погаша́ть *vt E impf* (*pf:* погаси́ть) 1. (*долг*) tilgen; 2. begleichen, bezahlen; 3. decken

погаше́ние *nt O2* 1. Tilgung *f*, Begleichung *f*; 2. Ablösung *m*, Einlösung *f*, Abzahlung *f*, Deckung *f*; ~ **долго́в** Schuldentilgung *f*; ~ **за́йма** Anleihenrückzahlung *f*; ~ **платеже́й** Zahlungsausgleich *m*

погиба́ть *vi E2 impf* (*pf:* поги́бнуть) 1. umkommen, ums Leben kommen; 2. (*Soldat*) fallen; 3. (*Tier*) eingehen

поги́бель *f I* Verderben *nt*, Untergang *m*

погла́дить <*fut:* -гла́жу, -гла́дишь> *vt I pf* (*impf:* гла́дить) 1. bügeln, plätten; 2. streicheln

поглоти́ть <*fut:* -ощу́, -оти́шь> *vt I pf* (*impf:* поглоща́ть) 1. (TECH) absorbieren; 2. (POL) vereinnahmen, einverleiben; 3. (*auch fig*) verschlingen; ~ **кого́-ли́бо целико́м** jdn voll und ganz beanspruchen

поглупе́ть *vi E pf* (*impf:* глупе́ть) dumm werden

погляде́ть <*fut:* -гляжу́, -гляди́шь> *vi I pf* (*impf:* гляде́ть) 1. (*на кого́-ли́бо/что-ли́бо*) schauen, blicken (auf +*akk*); 2. (*за кем-ли́бо/чем-ли́бо*)

aufpassen (auf +*akk*)
по́гнутый *adj* gebogen
погова́ривать *vi E impf* **1.** (о ком-ли́бо/чём-ли́бо) sich immer wieder unterhalten (über +*akk*); **2.** munkeln (über + *akk*)
поговори́ть *vi I pf* (с кем-ли́бо) eine Weile sprechen (mit +*dat*)
пого́да *f A* Wetter *nt*; **апре́льская ~** Aprilwetter *nt*; **дождли́вая ~** Regenwetter *nt*; **в любу́ю пого́ду** bei jedem Wetter; **де́лать пого́ду** (*fig*) das Geschehen bestimmen
пого́ня *f A1* Verfolgungsjagd *f*; **~ за дешёвыми эффе́ктами** billige Effekthascherei *f*
пограни́чник *m K* Grenzsoldat *m*, Grenzschützer *m*
пограни́чный *adj* Grenz-; **(Федера́льная) пограни́чная охра́на** (Bundes-)Grenzschutz *m*; **~ райо́н** Grenzgebiet *nt*
по́греб <*pl*: -ба́, -бо́в> *m K* Keller *m*
погреба́ть *vt E impf* (*pf*: погрести́) (*geh*) beerdigen, beisetzen
погребе́ние *nt O2* Beerdigung *f*, Beisetzung *f*, Bestattung *f*
погребо́к <*gen sg*: -бка́> *m K e* (ви́нный) Kellerei *f*
погрему́шка *f A* Rassel *f*
погрести́ <*fut*: -ребу́, -ребёшь> *vt E6 pf* (*impf*: погреба́ть) beerdigen
погре́шность *f I* **1.** Fehler *m*; **2.** (TECH) Toleranz *f*
погро́м *m K* Pogrom *nt*
погружа́ть *vt E impf* (*pf*: погрузи́ть) (в во́ду) eintauchen
погружа́ться *vr E impf* (*pf*: погрузи́ться) einsinken
погруже́ние *nt O2* Eintauchen *nt*; **ме́тод погруже́ния** Crash-Methode *f*
погру́зка 1. Ladung *f*; **2.** Verladung *f*; **~ на борт су́дна и разгру́зка с бо́рта су́дна опла́чиваются фрахтова́телем** free on board/free of board;
погру́зо-разгру́зочные рабо́ты Verlagerung *f*; **погру́зочная накладна́я** Verladepapier *nt*
погру́зчик *m K* Ladegerät *nt*; **ви́лочный ~** Gabelstapler *m*
под I. *präp* +*inst* unter (+*dat*), bei (+*dat*); **~ гита́ру** mit Gitarrenbegleitung; **~ Москво́й** bei Moskau; **~ ним** darunter; **~ столо́м** unter dem Tisch; **что сле́дует ~ э́тим понима́ть?** was ist darunter zu verstehen? **II.** *präp* +*akk* unter (+*akk*), gegen (+*akk*); **~ ве́чер** gegen Abend; **~ стол** unter den Tisch
подава́ть <*präs*: -даю́, -даёшь> *vt E3 impf* (*pf*: пода́ть) **1.** reichen, geben; **2.** einreichen; **~ зая́вку** anmelden; **~ заявле́ние** einen Antrag stellen; **~ заявле́ние об ухо́де с рабо́ты** kündigen; **~ в суд** eine Klage erheben **3.** vorlegen; **~ дурно́й приме́р** ein schlechtes Beispiel geben; **~ наде́жду** Hoffnung erwecken; **4.** (блю́да) auftragen; **5.** (TECH) zuführen; **6.** (SPORT) anstoßen

подави́ть <*fut*: -давлю́, -да́вишь> *vt I pf* (*impf*: подавля́ть) **1.** unterdrücken; **2.** niederschlagen, vereiteln
подавле́ние *nt O2* Unterdrückung *f*, Niederschlagung *f*
пода́вленность *f I* **1.** Niedergeschlagenheit *f*, Bedrücktheit *f*; **2.** Depression *f*
пода́вленный <*kf*: -ен, -енна> *adj* niedergeschlagen, deprimiert
пода́гра *f A* Gicht *f*
подари́ть *vt I pf* (*impf*: дари́ть) schenken
пода́рок <*gen sg*: -рка> *m K* Geschenk *nt*; **~ на па́мять** [*о* **па́мятный ~**] Andenken *nt*; **це́нный ~** Sachprämie *f*, Sachwert *m*
пода́тливый <*kf*: -ив> *adj* gefügig, nachgiebig
пода́ть <*fut*: -да́м, -да́шь> *vt U2 pf* (*impf*: подава́ть) **1.** reichen, geben; **2.** auftragen; **3.** einreichen; **4.** (TECH) zuführen
по́дать *f I* (*arch*) Steuer *f*, Abgabe *f*
пода́ча *f A* **1.** Zufuhr *f*; **2.** Auftragen *nt*; **3.** Einreichung *f*; **~ предложе́ния** Angebotsabgabe *f* **4.** (SPORT) Aufschlag *m*
пода́чка *f A* (*pej*) Almosen *nt*
подая́ние *nt O2* Almosen *nt*
подба́дривать *vt E impf* (*pf*: подбодри́ть) ermuntern, animieren
подбива́ть *vt E impf* (*pf*: подби́ть) **1.** (на что-ли́бо) verleiten, anstiften (zu +*dat*); **2.** (танк, самолёт) abschießen
подбира́ть *vt E impf* (*pf*: подобра́ть) **1.** aufheben, aufsammeln; **2.** aussuchen; **~ пода́рок** ein Geschenk aussuchen; **~ ключ** den passenden Schlüssel finden
подби́ть <*fut*: -бью́, -бьёшь> *vt E4c pf* (*impf*: подбива́ть) **1.** verleiten, anstiften; **2.** abschießen
подбодри́ть *vt I pf* (*impf*: подба́дривать) ermuntern, animieren
подбо́р *m K* Zusammenstellung *f*; **~ ка́дров** [*о* **персона́ла**] Personalauswahl *f*
подборо́док <*gen sg*: -дка> *m K* Kinn *nt*
подва́л *m K* Keller *m*
подвезти́ <*fut*: -везу́, везёшь, *prät*: -вёз, -везла́> *vt E6 pf* (*impf*: подвози́ть) mitnehmen
подверга́ть *vt E impf* (*pf*: подве́ргнуть) unterziehen, aussetzen; **~ опа́сности** in Gefahr bringen, gefährden; **~ осмо́тру** begutachten
подве́сить <*fut*: -е́шу, -е́сишь> *vt I pf* (*impf*: подве́шивать) aufhängen
подвести́ <*fut*: -веду́, -ведёшь, *prät*: -вёл, -вела́> *vt E6a pf* (*impf*: подводи́ть) **1.** zuführen, zuleiten; **2.** im Stich lassen, hängen lassen; **~ бала́нс** Bilanz ziehen
подве́тренный *adj* windabgewandt; **подве́тренная сторона́** (MAR) Lee *f*
подве́шенный *adj* aufgehängt;

подвешивать

находи́ться в подве́шенном положе́нии in der Schwebe sein; име́ть хорошо́ ~ язы́к ein loses Mundwerk haben
подве́шивать vt E impf (pf: подве́сить) aufhängen
подвига́ться vr E impf (pf: подви́нуться) 1. rücken, sich schieben; 2. Fortschritte machen, vorankommen; де́ло подвига́ется die Sache geht voran
подви́жность f I 1. Beweglichkeit f; 2. Mobilität f; ~ де́нежных средств (ÖKON) Volatilität f
подви́жный <kf: -жен, -жна> adj 1. beweglich; 2. mobil
подводи́ть <präs: -ожу́, -о́дишь> vt I impf (pf: подвести́) 1. heranführen, heranbringen; 2. im Stich lassen, hängen lassen; 3. (auch fig) bilanzieren, abrechnen, abschließen; ~ ито́ги Ergebnisse zusammenfassen; ~ черту́ под про́шлым einen Strich unter die Vergangenheit ziehen
подво́дный adj Unterwasser-; подво́дная ло́дка U-Boot nt
подво́з m K 1. Zufuhr f; 2. (MIL) Nachschub nt
подвози́ть <präs: -вожу́, -во́зишь> vt I impf (pf: подвезти́) (im Wagen) mitnehmen; ~ до чего́-ли́бо absetzen (vor +dat)
подвы́пивший adj angetrunken, beschwipst
подголо́вник m K Kopfstütze f
подгоня́ть vt E impf (pf: подогна́ть) antreiben, Dampf machen
подгора́ть vi E impf (pf: подгоре́ть) anbrennen
подгото́вить <fut: -влю, -вишь> vt I pf (impf: гото́вить) 1. vorbereiten; 2. zubereiten; 3. ausbilden
подгото́вка f A 1. (к чему́-ли́бо) Vorbereitung f (auf +akk); ~ произво́дства Arbeitsvorbereitung f 2. Ausbildung f; без вся́кой подгото́вки auf Anhieb; ~ ка́дров Fachkräfteausbildung f; полити́ческая ~ politische Schulung f; предвари́тельная ~ Vorbildung f; профессиона́льная ~ Berufsausbildung f
по́дданный m wie adj 1. Staatsangehörige(r) mf; 2. Untertan m
по́дданство nt O Staatsangehörigkeit f
поддева́ть vt E impf (pf: подде́ть) 1. anstechen; 2. (fig) hänseln, necken
подде́лать vt E pf (impf: подде́лывать) 1. nachmachen; 2. fälschen
подде́лка <gen pl: -лок> f A Imitation f, Fälschung f; ~ докуме́нтов Urkundenfälschung f
подде́льный adj gefälscht; ~ това́р Piratenware f
поддержа́ние nt O2 Aufrechterhaltung f; ~ и́миджа Imagepflege f; ~ в испра́вном состоя́нии Instandhaltung f
подде́рживать vt E impf (pf: поддержа́ть) 1. stützen; 2. unterstützen,

подкра́сить

befürworten; 3. beistehen, den Rücken stärken; 4. aufrechterhalten; ~ прямы́е конта́кты direkte Kontakte unterhalten; 5. (BAU) stützen
подде́ржка f A Unterstützung f, Rückhalt m; госуда́рственная ~ staatliche Förderung f; мора́льная ~ moralische Unterstützung f
подде́ть <fut: -де́ну, -де́нешь> vt E9b pf (impf: поддева́ть) 1. anstechen; 2. hänseln, necken
поддо́н m K 1. (TECH) Untersatz m; 2. Palette f
подели́ть vt I pf (impf: дели́ть) 1. teilen, einteilen, verteilen; 2. dividieren
подели́ться I. vt I pf (impf: дели́ться) 1. teilbar sein; 2. sich teilen; II. vi I 1. (чем-ли́бо с кем-ли́бо) teilen (mit +dat); 2. (fig) anvertrauen
поде́лка f A 1. Bastelarbeit f; 2. (pej) Machwerk nt
поде́ржанный <kf: -ан> adj 1. Gebraucht-, second-hand; ~ автомоби́ль Gebrauchtwagen m 2. (о челове́ке) verbraucht, verlebt; поде́ржанная вещь Gebrauchtware f
поджа́ривать vt E impf (pf: поджа́рить) anbraten, rösten
подже́чь <fut: подожгу́, подожжёшь, prät: поджёг, подожгла́> vt UE4 pf (impf: поджига́ть) anzünden, in Brand stecken
поджига́тель, поджига́тельница m K / f A Brandstifter, -in m/f
поджида́ть vi E impf (-кого́-ли́бо/чего́-ли́бо) erwarten
поджо́г m K Brandstiftung f
подзаголо́вок <gen sg: -вка> m K Untertitel m
подзадо́ривать vt E impf (pf: подзадо́рить) animieren, aufmuntern
подзе́мный adj unterirdisch
подкаблу́чник m K Pantoffelheld m
подкара́уливать vt E impf (pf: подкарау́лить) lauern (auf +akk)
подкаса́тельная f wie adj Subtangente f
подки́дыш <inst sg: -шем, gen pl: -шей> m K Findling m
подкла́дка <gen pl: -док> f A 1. (Kleidung) Futter nt; 2. Kehrseite f; 3. (TECH) Unterlage f
подключа́ть vt E impf (pf: подключи́ть) 1. anschließen; 2. (fig) einschalten, miteinbeziehen
подключе́ние nt O2 Anschluss m, Anschließen nt; ~ при́нтера (DV) Anschließen m eines Druckers; ~ к сети́ Vernetzung f
подко́ва f A 1. Hufeisen nt; 2. Beschlag m
подко́ванный adj (umg:fig) sattelfest, beschlagen
подкра́дываться vr E impf (pf: подкра́сться) sich heranschleichen, sich anpirschen (an +akk)
подкра́сить <fut: -кра́шу, -кра́сишь> vt

подкрепи́ть *I pf* (*impf:* подкра́шивать) 1. schminken; 2. färben
подкрепи́ть <*fut:* -плю́, -пи́шь> *vt I pf* (*impf:* подкрепля́ть) 1. befestigen, verstärken; 2. untermauern, erhärten; **~ слова́ конкре́тными дела́ми** den Worten konkrete Taten folgen lassen; **~ ци́фрами** mit Zahlen erhärten 3. stärken, erfrischen
подкрепле́ние *nt O2* 1. (MIL) Verstärkung *f*; 2. Befestigung *f*; 3. Bekräftigung *f*; 4. Erfrischung *f*
по́дкуп *m K* Bestechung *f*
подкупа́ть *vt E impf* (*pf:* подкупи́ть) 1. bestechen, korrumpieren; 2. (*fig*) bezaubern
подлежа́ть *vi I* unterliegen (+*dat*)
подлежа́щее *nt wie adj* (LING) Subjekt *nt*
подлежа́щий *adj* fällig, zahlbar; **~ амортиза́ции** abnutzbar; **~ регистра́ции** anmeldepflichtig; **~ зачёту** anrechenbar; **~ конфиска́ции** pfändbar; **~ наложе́нию аре́ста** pfändbar; **~ обложе́нию нало́гом** abgabenpflichtig; **~ обложе́нию сбо́рами** gebührenpflichtig; **~ обяза́тельному страхова́нию** versicherungspflichtig; **~ опла́те** zahlungspflichtig, fällig, zahlbar; **~ поста́вке** lieferbar; **~ упла́те** fällig, zahlbar; **~ учёту** anrechenbar
подлета́ть *vt E impf* (*pf:* подлете́ть) anfliegen
подле́ц *m K* (*pej*) Schuft *m*
по́длинник *m K* Original *nt*; **~ ве́домости** [*о счёта*] Originalrechnung *f*
по́длинность *f I* (*докуме́нта*) Echtheit *f*
по́длинный <*kf:* -инен, -инна> *adj* echt
подло́г *m K* Fälschung *f*, Urkundenfälschung *f*; **~ в а́вторстве** Plagiat *nt*
по́длость *f I* 1. Gemeinheit *f*; 2. Niederträchtigkeit *f*
по́длый <*kf:* подл, подла́> *adj* gemein, niederträchtig
подма́заться <*fut:* -а́жусь, -а́жешься> *vi E4 pf* (*impf:* подма́зываться) (*к кому́-либо*) sich einschmeicheln (bei +*dat*)
подмени́ть <*fut:* -еню́, -е́нишь> *vt I pf* (*impf:* подменя́ть) 1. einspringen (für + *akk*); 2. unterschieben
подмести́ <*fut:* -мету́, -метёшь> *vt E6a pf* (*impf:* подмета́ть) ausfegen, kehren
подмётка *f A* Sohle *f*; **подбива́ть подмётки** besohlen
подми́гивать *vi E impf* (*pf:* подмигну́ть) blinzeln
Подмоско́вье *nt O1* Großraum Moskau *m*, Moskauer Umgebung *f*
подмо́стки <*gen pl:* -ков> *m pl K* 1. Gerüst *nt*; 2. (THEAT) Bühne *f*
подмы́шка *f A* Achselhöhle *f*
поднаём <*gen sg:* -на́йма> *m K* Untermiete *f*
поднанима́тель Untermieter *m*
подна́чивание *nt O2* (*umg*) Stichelei *f*
подна́чивать *vt E impf* (*pf:* подна́чить) (*umg*) sticheln

поднести́ <*fut:* -несу́, -несёшь, *prät:* -нёс, -несла́> *vt E6 pf* (*impf:* подноси́ть) herantragen, heranführen
поднима́ть *vt E impf* (*pf:* подня́ть) 1. heben; 2. (*вопро́с*) aufwerfen, aufrollen; 3. (*го́лос*) erheben; 4. (*пыль*) aufwirbeln; 5. (*флаг*) hissen; 6. (*це́ны*) anheben; 7. wecken; **~ на рога́** aufspießen; **~ на смех** auslachen; **~ настрое́ние** die Stimmung heben; **~ ру́ку на кого́-либо** sich an jdm vergreifen; **~ шум** Lärm schlagen; **не ~ но́ги** schlurfen
поднима́ться *vr E impf* (*pf:* подня́ться) 1. sich erheben, aufstehen; 2. hinaufsteigen, aufsteigen; **~ на го́ру** einen Berg besteigen; **~ на пьедеста́л почёта** auf das Siegertreppchen steigen; **~ со своего́ ме́ста** aufstehen, sich von seinem Platz erheben
поднови́ть <*fut:* -влю́, -ви́шь> *vt I pf* (*impf:* подновля́ть) aufarbeiten
подно́жка *f A* Trittbrett *nt*; **поста́вить подно́жку кому́-либо** jdm ein Bein stellen
подно́с *m K* Tablett *nt*
подноси́ть <*präs:* -ношу́, -но́сишь> *vt I impf* (*pf:* поднести́) 1. herantragen, heranführen; **~ кру́жку к губа́м** den Becher ansetzen 2. überreichen, darbieten
подня́ть <*fut:* -ниму́, -ни́мешь> *vt E9a pf* (*impf:* поднима́ть) 1. heben, erheben, hochheben; 2. wecken
подня́ться <*fut:* -ниму́сь, -ни́мешься> *vr E9a pf* (*impf:* поднима́ться) hinaufsteigen
подо *siehe* **под**
подоба́ть <*nur 3. pers:* -а́ет> *vi E impf* sich gehören
подо́бие *nt O2* Ähnlichkeit *f*; **жа́лкое ~** Abklatsch *m*
подо́бный <*kf:* -бен, -бна> *adj* 1. ähnlich; 2. derartig, dergleichen; **~ вам** euresgleichen; **~ мне** meinesgleichen
подобра́ть <*fut:* подберу́, подберёшь> *vt E4a pf* (*impf:* подбира́ть) 1. aufsammeln, auflesen; 2. aussuchen
подогрева́ть *vt E impf* (*pf:* подогре́ть) 1. anwärmen, aufwärmen; 2. (*fig*) anfeuern; **~ стра́сти** den Konflikt schüren
пододе́яльник *m K* Bettbezug *m*
подозрева́ть *vt E impf* 1. verdächtigen; 2. vermuten
подозре́ние *nt O2* Verdacht *m*, Verdächtigung *f*; **~ в уби́йстве** Mordverdacht *m*; **закра́лось ~** ein Verdacht kam auf
подозри́тельность *f I* 1. Verdächtigkeit *f*; 2. Misstrauen *nt*; 3. Argwohn *m*
подозри́тельный <*kf:* -лен, -льна> *adj* 1. argwöhnisch; 2. verdächtig
подои́ть <*fut:* -дою́, -до́ишь> *vt I pf* (*impf:* дои́ть) melken
подойти́ <*fut:* -йду́, -йдёшь> *vi E7 pf* (*impf:* подходи́ть) 1. herankommen, auf jdn zugehen; 2. passen, geeignet sein
подоко́нник *m K* Fensterbank *f*

подо́нки <gen pl: -ков> m pl K Abschaum m
подопе́чный m wie adj Schützling m
подоплёка f A wahrer Beweggrund m, Hintergrund m
подо́рванный adj verbraucht; **подо́рванное здоро́вье** zerrüttete Gesundheit f
подорожа́ние nt O2 Teuerung f
подотде́л m K Unterabteilung f
подо́шва f A Schuhsohle f
подпере́ть <fut: подопру́, подопрёшь, prät: -пёр, -пёрла> vt E4b pf (impf: подпира́ть) abstützen
подписа́ние nt O2 Zeichnung f, Unterzeichnung f; ~ **догово́ра** Vertragsabschluss m
подписа́ть <fut: -пишу́, -пи́шешь> vt E4 pf (impf: подпи́сывать) 1. unterschreiben, unterzeichnen; 2. beschriften, signieren
подпи́ска f A 1. Abonnement nt; 2. Bezug m; 3. Zeichnung f; **годова́я** ~ Jahresabonnement nt; ~ **о невы́езде** schriftliche Erklärung f, seinen Aufenthaltsort nicht zu verlassen; ~ **на це́нные бума́ги** (ÖKON) Subskription f
по́дпись f I 1. Unterschrift f; 2. Unterzeichnung f; 3. Zeichnung f; **сбор по́дписей** Unterschriftensammlung f
подпо́льный adj Untergrund-; **подпо́льное движе́ние** Untergrundbewegung f; ~ **ры́нок** Schwarzmarkt m
подпо́рка f A Strebe f, Pfeiler m, Stütze f
подпры́гивать vi E impf (pf: подпры́гнуть) aufspringen, hopsen
подраба́тывать vi E dazuverdienen
подража́ние nt O2 Nachahmung f; **жа́лкое** ~ billiger Abklatsch m
подража́ть v + dat E impf 1. nachahmen, kopieren; 2. nacheifern, es jdm gleichtun
подразделе́ние nt O2 1. Abteilung f; 2. Sparte f
подраздели́ть vt I pf (impf: подразделя́ть) unterteilen, einteilen
подразумева́ться <nur 3. pers: -а́ется> vr E impf gemeint sein; что под э́тим -а́ется? was versteht man darunter?
подраста́ть vi E impf (pf: подрасти́) heranwachsen
подра́ться <fut: -деру́сь, -дерёшься> vr E4a pf (impf: дра́ться) sich raufen
подре́зать <fut: -е́жу, -е́жешь> vt E4 pf (impf: подреза́ть) 1. stutzen; 2. abschneiden
подро́бность f I Einzelheit f, Detail nt
подро́бный <kf: -бен, -бна> adj ausführlich, detailliert
подро́сток <gen sg: -тка> m K 1. Jugendliche(r) m, Halbwüchsige(r) m; 2. Teenager m; **де́вочка-**~ junges Mädchen nt
подру́га f A Freundin f
подружи́ться <fut: -дружу́сь, -дру́жишься> vr I pf (impf: дружи́ться) sich anfreunden
подру́жка f A Freundin f; ~ **неве́сты** (на сва́дьбе) Brautjungfer f
подру́чный m wie adj Gehilfe m
подрыва́ть vt E impf (pf: подры́ть) 1. (auch fig) untergraben; 2. (здоро́вье) schwächen, unterminieren, torpedieren; ~ **безопа́сность** die Sicherheit gefährden; ~ **уси́лия** Anstrengungen zunichte machen; ~ **эконо́мику** die Wirtschaft ruinieren; ~ **здоро́вье** die Gesundheit ruinieren
подрывно́й adj subversiv; **подрывна́я де́ятельность** subversive Tätigkeit f, Störpolitik f
подря́д m K Kontrakt m, Vertrag m
подря́дчик m K 1. Vertragsfirma f; 2. Auftragnehmer m; **генера́льный** ~ Hauptauftragnehmer m
подсве́чник m K Kerzenständer m
подсказа́ть <fut: -скажу́, -ска́жешь> vt E4 pf (impf: подска́зывать) 1. zuflüstern; 2. einen Tip geben, nahelegen
подска́зка f A 1. Tip m; 2. Eselsbrücke f, Gedächtnisstütze f
подсласти́ть <fut: -ащу́, -асти́шь> vt I pf (impf: подсла́щивать) süßen, versüßen
подслу́шивание nt O2 Abhören nt, Lauschangriff m
подслу́шивающее устро́йство nt O Abhörvorrichtung f, Abhörgerät nt
подсне́жник m K Schneeglöckchen nt
подсо́бный adj 1. Neben-; 2. Hilfs-; ~ **рабо́тник** Hilfsarbeiter m
подсоедине́ние nt O2 1. Anschluss m; 2. Anschließen nt
подсозна́ние nt O2 Unterbewusstsein nt
подсо́лнечник m K Sonnenblume f
подсо́хнуть <prät: -сох, -со́хла> vi E1 pf (impf: подсыха́ть) (langsam) trocknen, trocken werden
подсо́чка f A (лес) Anzapfung f; **де́лать подсо́чку у дере́вьев** anzapfen
подспо́рье nt O1 Hilfsmittel nt, Behelf m
подспу́дный <kf: -ден, -дна> adj unterschwellig, verborgen
подста́вить <fut: -влю, -вишь> vt I pf (impf: подставля́ть) 1. herhalten; 2. (МАТН) ansetzen; 3. (umg) jdn opfern
подста́вка f A Unterlage f, Halter m; ~ **для нот** Notenständer m; ~ **для пивно́й кру́жки** Bierdeckel m; ~ **для яи́ц** Eierbecher m
подставно́й adj untergeschoben; **подставно́е лицо́** Strohmann m; **подставна́я фи́рма** Briefkastenfirma f
подстёгивать vt E impf (pf: подстегну́ть) 1. antreiben; 2. forcieren
подстерега́ть vt E impf (pf: подстере́чь) auflauern
подсти́лка <gen pl: -лок> f A Unterlage f
подстра́ивать vt E impf (pf: подстро́ить) 1. anbauen; 2. (umg) aushecken

подстрахо́вка *f A* Rückendeckung *f*, Schützenhilfe *f*
подстрека́тель *f I* Anstifter *m*
подстрека́тельство *nt O* Anstiftung *f*
подстрека́ть *vt E impf (pf:* подстрекну́ть*)* **1.** wecken, hervorrufen; ~ чье-ли́бо любопы́тство jds Neugier wecken; **2.** *(кого́-ли́бо к чему́-ли́бо)* jdn anstiften, aufwiegeln, anstacheln (zu +*dat*)
подстрига́ть *vt E impf (pf:* подстри́чь*)* **1.** stutzen, abschneiden; **2.** *(кого́-л.)* die Haare schneiden
подступа́ться *vr E impf (pf:* подступи́ться*)* **1.** herankommen; **2.** *(к кому́/чему́)* beikommen; к нему́ не подсту́пишься ihm ist nicht beizukommen
подсуди́мый *m wie adj* Angeklagte(r) *m*
подсу́дность *f I* **1.** Gerichtsbarkeit *f*; **2.** Gerichtsstand *m*
подсчёт *m K* **1.** Kalkulation *f*, Berechnung *f*; **2.** Verrechnung *f*; ~ голосо́в Auszählen *nt* der Stimmzettel; ~ затра́т [*o* изде́ржек] Kostenerfassung *f*; ~ при́былей и убы́тков Erfolgsrechnung *f*
подсчита́ть *vt E pf (impf:* подсчи́тывать*)* **1.** ausrechnen, errechnen, kalkulieren; **2.** *(голоса́ на вы́борах)* auszählen
подсыха́ть *vi E impf (pf:* подсо́хнуть*)* (langsam) trocknen
подта́лкивать *vt E impf (pf:* подтолкну́ть*)* **1.** anschieben; **2.** *(fig)* anpeitschen, antreiben; **3.** bewegen, veranlassen
подтасо́вка *f A* **1.** Fälschung *f*; **2.** Manipulierung *f*, Betrug *m*
подтверди́ть *<fut:* -ржу́, -рди́шь*> vt I pf (impf:* подтвержда́ть*)* **1.** bestätigen, bekräftigen; **2.** belegen, bejahen
подтверди́ться *<fut:* -ржу́сь, -рди́шься*> vr I pf (impf:* подтвержда́ться*)* sich bewahrheiten, sich bestätigen
подтвержда́ть *vt E* bestätigen, belegen; ~ документа́льно beurkunden; ~ докуме́нтом verbriefen
подтвержде́ние *nt O2* **1.** Bestätigung *f*, Nachweis *m*; **2.** Beweis *m*; ~ об опла́те Zahlungsbestätigung *f*; ~ зака́за Auftragsbestätigung *f*; ~ о поступле́нии това́ра Wareneingangsbestätigung *f*; ~ получе́ния Empfangsbestätigung *f*; ~ получе́ния компенса́ции Abfindungserklärung *f*; ~ владе́ния Besitznachweis *m*
подтека́ть *vi E impf (pf:* подте́чь*)* **1.** unter etwas fließen; **2.** auslaufen, lecken
подтолкну́ть *vt E1 pf (impf:* подта́лкивать*)* **1.** anschieben; **2.** *(fig)* anpeitschen, antreiben; **3.** *(fig)* bewegen, veranlassen
подтру́нивание *nt O2* Frotzelei *f*, Hänselei *f*
подтру́нивать *vi E impf (pf:* подтруни́ть*)* **1.** jdn durch den Kakao ziehen; **2.** *(над кем-ли́бо)* flachsen, hänseln, necken
подтя́гивание *nt O2* **1.** Aufrücken *nt*; **2.** (SPORT) Klimmzug *m*
подтя́жки *<gen pl:* -жек*> pl A* Hosenträger *pl*
подтя́нутый *<kf:* -ут*> adj* **1.** stramm, straff; **2.** diszipliniert
поду́мать *vi E pf (impf:* ду́мать*)* **1.** denken, nachdenken; **2.** glauben, meinen; ~ то́лько! o du meine Güte! как вы могли́ ~? wo denken Sie hin? и не поду́маю! ich denke nicht daran!
поду́ть *<fut:* -ду́ю, -ду́ешь*> vi E pf (impf:* ду́ть*) (ве́тер)* wehen, blasen
поду́шка *f A* **1.** Kissen *nt*, Kopfkissen *nt*; **2.** *(ме́бельная)* Polster *nt*; возду́шная ~ Luftpolster *m*; штемпельная ~ Stempelkissen *nt*; ~ безопа́сности (KFZ) Airbag *m*
подхали́м *m K (pej)* Kriecher *m*
подхвати́ть *<fut:* -ачу́, -а́тишь*> vt I pf (impf:* подхва́тывать*)* **1.** *(мяч)* auffangen; **2.** *(fig)* aufgreifen; ~ чью-ли́бо мысль jds Überlegung aufgreifen **3.** *(пе́сню)* mitsingen, einstimmen
подхо́д *m K* **1.** Zugang *m*, Zugangsweg *m*; **2.** Herantreten *nt*; **3.** (MIL) Anmarsch *m*; **4.** *(fig)* Haltung *f*, Einstellung *f*; **5.** Vorgehensweise *f*; отве́тственный ~ Verantwortungsbewusstsein *nt*; тво́рческий ~ Kreativität *f*
подходи́ть *<präs:* -хожу́, -хо́дишь*> vi E impf (pf:* подойти́*)* **1.** herankommen, herantreten; **2.** herkommen; ~ к перро́ну *(o по́езде)* einfahren, ankommen; ~ к реше́нию пробле́мы с друго́й стороны́ das Problem von einer anderen Seite angehen; ~ к чему́-ли́бо с ра́зными ме́рками verschiedene Maßstäbe ansetzen; **3.** passen, sich eignen; они́ совсе́м не подхо́дят друг к дру́гу sie passen nicht zueinander
подцепи́ть *<fut:* -цеплю́, -це́пишь*> vt I pf (impf:* подцепля́ть*)* **1.** erbeuten, kapern; **2.** *(umg)* aufreißen, anbaggern; **3.** *(umg)* sich zuziehen, sich einfangen; ~ просту́ду sich eine Erkältung zuziehen
подча́с *adv* mitunter
подчёркивание *nt O2* **1.** Unterstreichen *nt*; **2.** *(fig)* Hervorhebung *f*
подчёркивать *vt E impf (pf:* подчеркну́ть*)* **1.** unterstreichen; **2.** *(fig)* betonen, hervorheben
подчини́ть *vt I pf (impf:* подчиня́ть*)* unterwerfen, unterordnen
подчи́стка *<gen pl:* -ток*> f A* Ausputzen *nt*, Ausradieren *nt*; ~ бала́нса Bilanzfrisur *f*
подчища́ть *vt E impf (pf:* подчи́стить*)* **1.** reinigen, ausputzen; **2.** *(fig)* ausradieren
подшива́ть *vt E impf (pf:* подши́ть*) (в де́ло)* abheften, ablegen
подши́пник *m K* (TECH) *ша́риковый* Kugellager *nt*

подшути́ть <fut: -учу́, -у́тишь> vi I pf (impf: подшу́чивать) (над кем-ли́бо) sich lustig machen (über +akk)
подшу́чивание nt O2 Hänselei f, Neckerei f
подъе́зд m K 1. Hauseingang m; 2. Zufahrt f, Auffahrt f
подъём m K 1. Aufschwung m, Begeisterung f, Elan m; 2. Steigung f, Gefälle nt; 3. (в го́ру) Aufstieg m; ~ эконо́мики Wirtschaftsaufschwung m; **быть на ~е** im Aufwind sein
подъёмник m K Aufzug m, Lift m; **лы́жный ~** Skilift m
подъёмный adj Hebe-; **подъёмная грузова́я платфо́рма** Hebebühne f
подыма́ться vi E impf (umg) hinaufsteigen
поды́скивать vt E impf (pf: подыска́ть) suchen, sich umschauen; ~ **рабо́ту** auf Arbeitssuche sein
поеди́нок <gen sg: -нка> m K Zweikampf m
по́езд m K Zug m; **грузово́й** [o **това́рный**]~ Güterzug m; **пассажи́рский ~** Personenzug m; **ско́рый ~** Eilzug m; **при́городный ~** Nahverkehrszug m
пое́здка f A Reise f, Fahrt f; ~ **в оди́н коне́ц** Hinfahrt f; ~ **по желе́зной доро́ге** Bahnfahrt f; **служе́бная ~** Dienstreise f; **туристи́ческая ~** Urlaubsreise f
пое́хать <fut: -е́ду, -е́дешь> vi UE2 pf hinfahren
пожале́ть I. vt E pf (impf: жале́ть) Mitleid haben (mit +dat); II. vi E bedauern
пожа́ловаться vr E2 pf (impf: жа́ловаться) (на кого́-ли́бо/что-ли́бо) klagen, sich beschweren
пожа́луй part wohl
пожа́луйста part 1. bitte! 2. bitte schön
пожа́р m K Brand m, Feuer nt
пожа́рить vt I pf (impf: жа́рить) 1. braten, grillen; 2. sengen, brennen
пожа́рник m K Feuerwehrmann m
пожа́рный I. m wie adj Feuerwehrmann m; II. adj Feuer-; ~ **извеща́тель** Feuermelder m; **пожа́рная кома́нда** Feuerwehr f; **пожа́рная ле́стница** Feuerleiter f; **пожа́рная маши́на** Löschfahrzeug nt; **пожа́рная трево́га** Feueralarm m
пожаробезопа́сный adj feuersicher
пожароопа́сный adj feuergefährlich
пожа́тие nt O2 Drücken nt; ~ **руки́** Händedruck m; ~ **плеча́ми** Achselzucken nt
пожа́ть[1] <fut: -жму́, -жмёшь> vt E9. ~ **ру́ку** die Hand drücken
пожа́ть[2] <fut: -жну́, -жнёшь> vt E9 pf (impf: пожина́ть) ernten; **что посе́ешь, то и пожнёшь** wie die Saat, so die Ernte
пожела́ние nt O2 1. Wunsch m; 2. Glückwunsch m
пожела́ть vi E pf (impf: жела́ть) wünschen, verlangen
пожени́ть vt I pf (impf: жени́ть) verheiraten
пожени́ться vr I pf (impf: жени́ться) (nur im pl) heiraten
поже́ртвование nt O2 1. Opfer nt; 2. Spende f
поже́ртвовать vt E2 pf (impf: же́ртвовать) 1. opfern; 2. spenden; 3. spendieren
пожи́зненный <kf: - знен, -зненна, -зненно> adj lebenslänglich
пожина́ть vt E impf (pf: пожа́ть) (auch fig) ernten; ~ **плоды́ успе́ха** die Früchte seines Erfolgs ernten
пожи́тки <gen pl: -ков> m K Kram m, Habe f
по́за f A 1. Körperhaltung f, Stellung f; 2. Pose f, Positur f; **станови́ться в по́зу** sich in Positur stellen
позабо́титься <fut: -о́чусь, -о́тишься> vr I pf sich kümmern (um +akk); **зара́нее ~ о чём-ли́бо** Vorsorge treffen (für +akk)
позави́довать v + dat E2 pf (impf: зави́довать) beneiden
позавчера́ adv vorgestern
позади́ I. adv 1. (lokal) dahinter; 2. (temporal) vorbei; **са́мое тяжёлое позади́** das Schwerste haben wir hinter uns; II. präp + gen hinter (+dat)
позаи́мствовать vt E2 pf (impf: заи́мствовать) übernehmen, entlehnen
позари́ться vr I pf (impf: за́риться) (umg) scharf sein, erpicht sein
позво́лить vt I pf (impf: позволя́ть) 1. gestatten, erlauben; 2. ermöglichen, befähigen; **он не мо́жет себе́ э́того ~** das kann er sich nicht leisten; **ты сли́шком мно́го себе́ позволя́ешь** du nimmst dir zuviel heraus
позвони́ть vi I pf (impf: звони́ть) 1. anrufen; 2. läuten, klingeln
позвоно́к m K Wirbel m; **перело́м позвонка́** Wirbelfraktur f, Wirbelbruch m
позвоно́чник m K Wirbelsäule f, Rückgrat nt
позвоно́чные pl wie adj (BIO) Wirbeltiere pl
по́здний adj spät; **са́мое поздне́е** allerspätestens
по́здно adv spät; **лу́чше ~ чем никогда́** besser spät als nie
поздоро́ваться vr E pf (impf: здоро́ваться) 1. einander begrüßen; 2. grüßen
поздрави́тель m K1 Gratulant, -in m/f
поздра́вить <fut: -влю, -вишь> vt I pf (impf: поздравля́ть) beglückwünschen, gratulieren
поздравле́ние nt O2 Glückwunsch m, Gratulation f
пози́ция f A2 1. Haltung f, Einstellung f, Position f, Stellung f; **име́ть вы́игрышную пози́цию** im Vorteil sein; ~ **на ры́нке** Marktposition f 2. (MIL) Stellung f

познава́ть <*präs:* -зна́ю, -зна́ешь> *vt E3 impf* (*pf:* позна́ть) erfahren, erleben, erkennen; **позна́й самого́ себя́!** erkenne dich selbst!

познако́миться <*fut:* -млю́сь, -мишься> *vr I pf* (*impf:* знако́миться) (sich) kennenlernen; **я рад с ва́ми ~** ich freue mich, Sie kennenzulernen

позна́ние *nt O2* Erkenntnis *f*

позна́ть <*fut:* -зна́ю, -зна́ешь> *vt E pf* (*impf:* познава́ть) erkennen, erleben, erfahren

позоло́та *f A* Blattgold *nt*; **покрыва́ть позоло́той** vergolden

позолоти́ть <*fut:* -очу́, -оти́шь> *vt I pf* (*impf:* золоти́ть) vergolden

позоло́ченный *adj* vergoldet

позо́р *m K* Blamage *f*, Schande *f*

позо́рить *vt I impf* (*pf:* о-) blamieren

позо́риться *vr I impf* (*pf:* о-) sich blamieren, sich eine Blöße geben

позо́рный *adj* 1. blamabel; 2. schändlich; **позо́рное пятно́** Schandfleck *m*; **пригвозди́ть к позо́рному столбу́** (*fig*) jdn an den Pranger stellen

позывны́е <*gen pl:* -ых> *m wie adj* Sendesignale *nt pl*, Rufzeichen *nt pl*

поимённый *adj* namentlich

по́иск *m K* (*meist pl*) Suche *f*, Recherche *f*; **~ и́стины** Wahrheitsfindung *f*; **~ компроми́сса** Suche *f* nach einem Kompromiß; **~ оши́бок** (DV) Fehlersuche *f*; **~ рабо́ты** Arbeitssuche *f*; **~ сча́стья** Suche *f* nach dem Glück; **~ рабо́чего ме́ста** Stellensuche *f*; **по́исковая систе́ма** [*o* **маши́на**] (DV) Suchmaschine *f*

поиско́вый *adj* Such–; **поиско́вая систе́ма** [*o* **маши́на**] (DV) Suchmaschine *f*

пойма́ть *vt E pf* (*impf:* лови́ть) 1. fangen, auffangen; 2. abfangen; 3. (*fig*) ertappen; **~ себя́ на чем-ли́бо** sich ertappen (bei +*dat*)

пойти́ <*fut:* -йду́, -йдёшь> *vi E7 pf* (*impf:* идти́) 1. losgehen, losfahren; 2. (*за кем-ли́бо*) folgen; 3. (*за кого-ли́бо*) nur für Frauen heiraten; 4. (*на что-ли́бо*) eingehen (auf +*akk*); 5. sich einlassen (auf +*akk*); **не ~ на собра́ние** einer Versammlung fernbleiben

пока́ I. *adv* vorläufig, einstweilen; II. *konj* während, solange, bis; III. *part* (*umg*) tschüß!, bis dann!

пока́з *m K* Darstellung *f*; **~ мод** Modenschau *f*

показа́ние *nt O2* 1. (JUR) Aussage *f*; **ло́жное ~** Falschaussage *f*; 2. (MED) Indikation *f*

показа́тель *m K1* 1. Kennzahl *f*, Index *m*, Kennziffer *f*; 2. (*fig*) Zeichen *nt*, Kennzeichen *nt*; **~ отраслево́й производи́тельности** (ÖKON) Branchenkennziffer *f*; **~ сте́пени** (MATH) Exponent *m*; **~ фина́нсового положе́ния** (ÖKON) Finanzierungskennzahl *f*

показа́тельный <*kf:* -лен, -льна, -льно> *adj* 1. bezeichnend, typisch; 2. ausgezeichnet, mustergültig; 3. öffentlich, Schau–; **показа́тельные выступле́ния (фигури́стов)** (SPORT) Schaulaufen *nt*; **устро́ить ~ проце́сс** einen Schauprozess inszenieren

показа́ть <*fut:* -ажу́, -а́жешь> *vt E4 pf* (*impf:* пока́зывать) 1. zeigen, demonstrieren, klarmachen; 2. hinweisen; 3. (JUR) (vor Gericht) aussagen; **~ себя́** sich bewähren; sich beweisen; **кому́-ли́бо го́род** jdn in der Stadt herumführen; **~ на дверь кому́-ли́бо** jdm die Tür weisen

показа́ться <*fut:* -ажу́сь, -а́жешься> *vr E pf* (*impf:* пока́зываться) 1. sich zeigen, erscheinen; 2. scheinen; 3. (*umg*) gefallen; 4. (*umg:*) sich untersuchen lassen (von +*dat*)

показно́й *adj* zur Schau getragen, ostentativ

покара́ть *vt E pf* (*impf:* кара́ть) (*geh*) strafen, bestrafen

поката́ться *vr E pf* (*impf:* ката́ться) eine Weile rollen, gleiten

покати́ться <*fut:* -ачу́сь, -а́тишься> *vr I pf* (*impf:* кати́ться) rollen, sich fortbewegen; **~ по накло́нной пло́скости** (*fig*) auf die schiefe Bahn geraten

пока́шливать *vi E impf* (*pf:* пока́шлять) sich räuspern

покая́ние *nt O2* 1. Reue *f*; 2. Buße *f*

покая́ться <*fut:* -ка́юсь, -ка́ешься> *vr E4 pf* (*impf:* ка́яться) 1. bereuen; 2. gestehen

покида́ть *vt E impf* (*pf:* поки́нуть) verlassen; **меня́ не покида́ет мысль, что** ich werde den Gedanken nicht los, dass; **~ ро́дину** die Heimat verlassen, auswandern

покло́н *m K* Verbeugung *f*

поклони́ться <*fut:* -клоню́сь, -кло́нишься> *vr I pf* (*impf:* кла́няться) 1. sich verbeugen, sich verneigen; 2. begrüßen

поко́иться *vr I impf* 1. (*auch fig*) ruhen; 2. (**на чём-ли́бо**) beruhen (auf +*dat*)

поко́й *m K2* Ruhe *f*; **душе́вный ~** Seelenfrieden *m*; **оставля́ть в поко́е** in Ruhe lassen; **оста́вь меня́ в поко́е!** lass mich in Ruhe!

поко́йный *m wie adj* Verstorbene(r) *m*

поколе́ние *nt O2* Generation *f*; **маши́ны но́вого поколе́ния** neuartige Maschinen

полоти́ть <*fut:* -очу́, -о́тишь> *vt I pf* (*impf:* колоти́ть) hauen, prügeln

поко́нчить *vi I pf* (**с кем-ли́бо/чем-ли́бо**) beenden, Schluss machen (mit +*dat*); **~ с собо́й** Selbstmord begehen , sich umbringen

покори́ть *vt I pf* (*impf:* покоря́ть) 1. bezwingen, erobern; 2. (*fig*) bezaubern, erobern

покори́ться *vr I pf* (*impf:* покоря́ться) sich unterwerfen

поко́рность *f I* Demut *f*, Unterwürfigkeit *f*

поко́рный <*kf:* -рен, -рна> *adj* demütig,

покра́сить <*fut:* -кра́шу, -кра́сишь> *vt I pf* (*impf:* кра́сить) 1. färben; 2. anstreichen
покра́ска *f A* 1. Färbung *f*; 2. Anstrich *m*
покрасне́ть *vi E pf* (*impf:* красне́ть) rot werden, erröten
покритикова́ть *vt E2 pf* (*impf:* критикова́ть) kritisieren
покро́в *m K* Deckmantel *m*; **волосяно́й ~** Behaarung *f*; **ледяно́й ~** Eisdecke *f*; **сне́жный ~** Schneedecke *f*
покрови́тель *m K1* 1. Schirmherr *m*, Schutzherr *m*; 2. Gönner *m*
покрови́тельственный <*kf:* -вен, -венна> *adj* 1. gönnerhaft; 2. (ÖKON) Schutz-
покрови́тельство *nt O* 1. Schirmherrschaft *f*; 2. Schutz *m*, Obhut *f*
покрови́тельствовать *v + dat E2 impf* begünstigen, protegieren
покро́й *m K2* (оде́жды) Schnitt *m*
покрыва́ло *nt O* 1. Decke *f*; 2. Bettdecke *f*, Tagesdecke *f*
покрыва́ть *vt E impf* (*pf:* покры́ть) (*auch fig*) abdecken, bedecken, decken; **~ за день 50 км** jeweils 50 km an einem Tag zurücklegen
покры́тие *nt O2* 1. Deckung *f*; 2. Belag *m*; **~ с ты́ла** Rückendeckung *f*; **~ до́лгов** Schuldendeckung *f*; **~ изде́ржек** Kostendeckung *f*; **~ капита́ла** Kapitaldecke *f*; **~ расхо́дов** Kostendeckung *f*; **~ це́нными бума́гами** Securitization *f*
покры́тый *adj* bedeckt
покры́шка <*gen pl:* -шек> *f A* Bezug *m*; **автомоби́льная ~** Autoreifen *m*
покупа́тель, покупа́тельница *m K / f A* 1. Käufer, -in *m/f*; 2. Kunde, Kundin *m/f*; 3. Abnehmer *m*; **случа́йные покупа́тели** Laufkundschaft *f*
покупа́тельный Käufer-, Kauf-; **покупа́тельная спосо́бность** Kaufkraft *f*; **покупа́тельная си́ла де́нег** Kaufkraft *f*; **покупа́тельная спосо́бность де́нег на вну́треннем ры́нке** Binnenwert *m* des Geldes; **~ спрос** Nachfrage *f*
покупа́ть *vt E pf* (*impf:* купи́ть) kaufen, erwerben; **~ у кого́-либо** jdm etw abkaufen; **~ на торга́х** ersteigern
поку́пка *f A* 1. Einkauf *m*; 2. Kauf *m*, Ankauf *m*, Erwerb *m*; 3. Abnahme *f*, Anschaffung *f*; **~ в рассро́чку** Ratenkauf *m*; **а́кций** Aktienkauf *m*; **~ векселе́й** Diskontierung *f*; **~ в креди́т** Ratenkauf *m*; **в целя́х поддержа́ния существу́ющего ку́рса и у́ровня цен** Stützungskauf *m*; **~ за нали́чные** Barkauf *m*; **~ на про́бу** Kauf *m* auf Probe; **~ минима́льного коли́чества** Mindestabnahme *f*; **~ на срок** Zielkauf *m*; **~ по образца́м** Kauf *m* nach Probe; **~ предприя́тия за счёт приобрете́ния а́кций на привлечённые со стороны сре́дства** Leveraged Buy Out *m*; **~ прете́нзии тре́тьего лица́** Forderungskauf *m*; **~ с после́дующим уточне́нием специфика́ции** Spezifikationskauf *m*; **~ с поста́вкой по востре́бованию** Kauf *m* auf Abruf; **~ по слу́чаю** Gelegenheitskauf *m*; **~ по телефо́ну** Teleshopping *nt*
покупно́й *adj* Kauf-; **покупна́я сто́имость** Einstandswert *m*; **покупна́я цена́** Bezugspreis *m*
покуса́ть *vt E pf* (*impf:* куса́ть) 1. beißen; 2. stechen
покуше́ние *nt O2* (*auch fig*) Anschlag *m*, Attentat *m*
пол <*präpos sg:* о по́ле, на полу́> *m K* 1. Fußboden *m*; 2. (BIO) Geschlecht *nt*
полага́ть *vt E impf* 1. (*geh*) meinen, glauben; 2. annehmen; **есть все основа́ния ~, что** es gibt allen Grund anzunehmen, dass
полага́ться I. *vr E impf* (*pf:* положи́ться) (на кого́-либо) sich verlassen (auf +*akk*); **на него́ нельзя́ ~** auf ihn ist kein Verlass; II. <*nur 3. pers:* -а́ется> *vr E nur impf* 1. (sich) gehören, (sich) gebühren; 2. zustehen
пола́дить *vi I pf* (*impf:* ла́дить) 1. klarkommen; 2. sich verständigen
пола́комиться <*fut:* -млюсь, -мишься> *vr I pf* (*impf:* ла́комиться) naschen, schlecken
по́лдень *m K1* Mittag *m*; **сего́дня в ~** heute Mittag
по́лдник *m K* Brotzeit *f*, kleine Mahlzeit *f*
полдня́ *adv* halbtags
по́ле *nt O1* 1. Feld *nt*; **~ бо́я** Schlachtfeld *nt*; **лётное ~** Rollfeld *nt*; 2. (SPORT) Spielfeld *nt*; **футбо́льное ~** Fußballfeld *nt*; 3. (- зре́ния) Blickfeld *nt*; **остава́ться вне по́ля зре́ния** unbeachtet bleiben; 4. (*im pl*) Gefilde *nt*
полево́й *adj* Feld-; **полева́я доро́га** Feldweg *m*; **~ бино́кль** Feldstecher *m*, Fernglas *nt*; **полева́я фо́рма оде́жды** Kampfanzug *m*
поле́зность *f I* Nutzen *m*
поле́зный <*kf:* -зен, -зна> *adj* nützlich, sinnvoll; **обще́ственно ~** gemeinnützig; **поле́зные сове́ты** nützliche Hinweise; **поле́зные изде́ржки** Nutzkosten *pl*
поле́зть <*fut:* -зу, -зешь> *vi E6 pf* (*impf:* лезть) 1. anfangen zu klettern; 2. (*umg*) sich vordrängeln
поле́мика *f A* Polemik *f*
полеми́ческий *adj* polemisch
поле́но <*pl:* -нья, -ньев> *nt U3* Holzscheit *m*
полёт *m K* Flug *m*; **дли́тельный ~** Langstreckenflug *m*; **пики́рующий ~** Sturzflug *m*
ползти́ <*präs:* -зу́, -зёшь, *prät:* полз, ползла́> *vi E6 best* (*unbest:* по́лзать) kriechen, kriechen, rutschen
ползуно́к <*gen sg:* -нка́> *m K e* 1. Kind *nt* im Krabbelalter; 2. (*meist im pl*) Stram-

pelanzug *m*, Strampelhose *f*
ползу́чий kriechend; **ползу́чая инфля́ция** schleichende Inflation *f*
полиами́д *m K* Polyamid *nt*
полива́ть *vt E impf* (*pf:* **поли́ть**) begießen
полига́мия *f A2* Polygamie *f*, Vielehe *f*
полиго́н *m K* **1.** Versuchsstrecke *f*; **2.** Testgebiet *nt*; **3.** Schießplatz *m*
полиня́ть *vi E pf* (*impf:* **линя́ть**) **1.** abfärben; **2.** sich häuten
полипо́лия *f A2* Polypol *nt*
полирова́ть *vt E2 impf* (*pf:* на-, от-) polieren
полиро́вка *f A* Politur *f*
по́лис *m K* **1.** Police *f*; **страхово́й ~** Versicherungspolice *f*; **2.** (*hist*) Polis *f*, Stadtstaat *m*
полисодержа́тель *m K1* Policeinhaber *m*
поли́тик *m K* Politiker, -in *m/f*
поли́тика *f A* Politik *f*; **~ в о́бласти образова́ния** Bildungspolitik *f*; **~ разря́дки** Entspannungspolitik *f*; **~ рефо́рм** Reformpolitik *f*; **больша́я ~** hohe Politik *f*; **вне́шняя ~** Außenpolitik *f*; **вну́тренняя ~** Innenpolitik *f*; **мирова́я ~** Weltpolitik *f*; **недальнови́дная ~** kurzsichtige Politik *f*; **оши́бочная ~** verfehlte Politik *f*; **природоохра́нная ~** Umweltschutzpolitik *f*; **социа́льная ~** Sozialpolitik *f*; **проводи́ть поли́тику** Politik betreiben; **приде́рживаться поли́тики** an einer Politik festhalten; **~ высо́ких проце́нтных ста́вок** Hochzinspolitik *f*; **~ вы́платы долго́в** Schuldenpolitik *f*; **~ высо́ких цен** Hochpreispolitik *f*; **~ в о́бласти дивиде́ндов** Dividendenpolitik *f*; **~ в о́бласти дохо́дов** Einkommenspolitik *f*; **~ в о́бласти за́работной пла́ты** Lohnpolitik *f*; **~ в о́бласти ме́лкого и сре́днего предпринима́тельства** Mittelstandspolitik *f*; **~ в о́бласти нау́ки и иссле́дований** Forschungspolitik *f*; **~ в о́бласти ока́зания по́мощи развива́ющимся стра́нам** Entwicklungspolitik *f*; **~ в о́бласти сбы́та** Absatzpolitik *f*; **~ в отноше́нии проду́кта** Produktpolitik *f*; **~ за́нятости** Arbeitsbeschaffungspolitik *f*; **~ минима́льных резе́рвов** Mindestreservenpolitik *f*; **~ обеспе́чения за́нятости** Beschäftigungspolitik *f*; **~ откры́того ры́нка** Offenmarktpolitik *f*; **~ охра́ны окружа́ющей среды́** Umweltpolitik *f*; **~ по́лной за́нятости** Vollbeschäftigungspolitik *f*; **~ разоруже́ния** Abrüstungspolitik *f*; **~ регули́рования ба́нковского проце́нта** Zinspolitik *f*; **~ регули́рования проце́сса** Ablaufpolitik *f*; **~ рефо́рм** Reformpolitik *f*; **~ урегули́рования госуда́рственного до́лга** Debt-Management *nt*; **~ формирова́ния хозя́йственного стро́я** Ordnungspolitik *f*; **~ цен** Preispolitik *f*; **~ стабилиза́ции** Stabilitätspolitik *f*; **~ жёсткой эконо́мии** Austeritypolitik *f*
полити́ческий *adj* politisch
политоло́гия *f A2* Politikwissenschaft *f*
политу́ра *f A* Politur *f*
поли́ть <*fut:* -лью́, -льёшь> *vt E4c pf* (*impf:* **полива́ть**) begießen
полице́йский **I.** *adj* polizeilich, Polizei-; **гла́вное полице́йское управле́ние** Polizeipräsidium *nt*; **II.** *m wie adj* **1.** Polizist *m*; **2.** (*umg*) Bulle *m*
поли́ция *f A2* Polizei *f*; **~ нра́вов** Sittenpolizei *f*; **железнодоро́жная ~** Bahnpolizei *f*; **нало́говая ~** Steuerfahndung *f*; **уголо́вная ~** Kriminalpolizei *f*; **экологи́ческая ~** Umweltpolizei *f*
полиэ́стр *m K* Polyester *nt*
полк <*präpos sg:* о полке́, в полку́> *m K e* Regiment *nt*
по́лка *f A* Regal *nt*; **кни́жная ~** Bücherregal *nt*
полко́вник *m K* Oberst *m*
полково́дец <*gen:* -дца, -дцев> *m K* Feldherr *m*, Heerführer *m*
полнолу́ние *nt O2* Vollmond *m*
полнометра́жный *adj* abendfüllend
полномо́чие *nt O2* **1.** Befugnis *f*, Vollmacht *f*; **служе́бное полномо́чие** Amtsbefugnis *f* **2.** Ermächtigung *f*; **3.** Kompetenz *f*; **4.** (ЭКОН) Prokura *f*; **превыша́ть свои́ полномо́чия** die Grenzen seiner Macht überschreiten; **проси́ть предоставле́ния осо́бых полномо́чий** um Sondervollmacht bitten; **сложи́ть свои́ полномо́чия** sein Amt niederlegen; **~ на веде́ние торго́вых опера́ций** Handlungsvollmacht *f*; **~ на веде́ние торго́вых сде́лок** Handlungsvollmacht *f*; **~ на заключе́ние догово́ра** [*о* **сде́лки**] Abschlussvollmacht *f*; **~ на поку́пку** authority to purchase *f*; **~ на соверше́ние юриди́чески зна́чимых де́йствий** Handlungsvollmacht *f*; **~ в приня́тии реше́ний** Entscheidungsbefugnis *f*
полномо́чный <*kf:* -чен, -чна> *adj* befugt
по́лностью *adv* völlig, vollständig; **~ автоматизи́рованный** vollautomatisch
полнота́ *f A e* **1.** Beleibtheit *f*, Korpulenz *f*; **2.** Fülle *f*; **~ ассортиме́нта** (ЭКОН) Sortimentstiefe *f*
по́лночь *f I* Mitternacht *f*
по́лный <*kf:* по́лон, полна́, полно́> *adj* **1.** voll; **2.** vollständig, lückenlos, komplett; **3.** (*о челове́ке*) mollig, vollschlank, korpulent; **~ запре́т хими́ческого ору́жия** globales Verbot *nt* chemischer Waffen; **в по́лном соста́ве** vollzählig; **идти́ по́лным хо́дом** auf Hochtouren laufen; **по́лная дееспосо́бность** volle Geschäftsfähigkeit *f*; **по́лное това́рищество** offene Handelsgesellschaft *f*; **по́лное страхова́ние ка́ско** Vollkaskoversicherung *f*; **по́лное обслу́живание покупа́телей** Full Service

nt; **по́лная за́нятость** Vollbeschäftigung *f*; **по́лные затра́ты** Gesamtkosten *pl*; **~ цикл услу́г** Full Service *m*; **по́лная конкуре́нция** vollkommene Konkurrenz *f*
полови́на *f A* Hälfte *f*; **полови́на пя́того** um halb fünf; **пе́рвая ~ игры́** erste Halbzeit *f*; **в пе́рвой полови́не го́да** im ersten Halbjahr; **в пе́рвой полови́не дня** am Vormittag; **во второ́й полови́не дня** am Nachmittag; **во второ́й полови́не 60-ых годо́в** in den späten 60er Jahren
полови́нчатый <*kf:* -ат> *adj* inkonsequent, halbherzig
полови́ца *f A* Diele *f*, Planke *f*
полово́й[1] *adj* Fußboden-, Boden-; **полова́я тря́пка** Scheuertuch *nt*
полово́й[2] *adj* geschlechtlich, Geschlechts-; **~ акт** Geschlechtsverkehr *m*; **~ гормо́н** Geschlechtshormon *nt*; **половы́е о́рганы** Geschlechtsorgane *nt pl*; **полово́е сноше́ние** Geschlechtsverkehr *m*
положе́ние *nt O2* 1. Bestimmung *f*, Regelung *f*, Vorschrift *f*, Richtlinie *f*; **~ о гара́нтии** Garantiebestimmung *f*; **~ о ко́нкурсном произво́дстве** Konkursordnung *f*; **~ о про́мыслах и ремёслах** Gewerbeordnung *f*; **положе́ния об охра́не труда́** Arbeitsschutzbestimmungen *pl*; **положе́ния о поря́дке составле́ния бала́нса** Bilanzierungsvorschriften *pl*; **положе́ния догово́ра** Vertragsbestimmungen *pl*; **положе́ния законода́тельства** gesetzliche Bestimmungen *pl* 2. Lage *f*; 3. Situation *f*; **~ на ры́нке** Marktlage *f*; **~ веще́й** Sachlage *f*; **~ звёзд** (ASTR) Konstellation *f*; **быть в положе́нии** in anderen Umständen sein
положи́тельный <*kf:* -лен, -льна> *adj* positiv; **дава́ть ~ отве́т** bejahen
положи́ть <*fut:* -ожу́, -о́жишь> *vt I pf* (*impf:* класть) 1. legen, hinlegen; 2. hineintun
по́лоз <*pl:* -ло́зья, -ьев> *m U3* Kufe *f*
поло́ний *m K2* Polonium *nt*
полоса́ *f A e2* 1. Streifen *m*; **~ зелёных насажде́ний** Grünstreifen *m*; **~ прокру́тки** (DV) Bildlaufleiste *f*, Scrollbar *m* 2. (*fig: пери́од жи́зни*) Strähne *f*; **~ неуда́ч** Pechsträhne *f*; **~ уда́ч** [*о везе́ния*] Glückssträhne *f*; 3. (TRANSP) Spur *f*, Bahn *f*; **взлётная ~** Startbahn *f*; **взлётно-поса́дочная ~** Landebahn *f*; **~ для обго́на** Überholspur *f*; **~ для поворо́та** Abbiegespur *f*; 4. (*в газе́те*) Seite *f*; 5. Striemen *pl*
полоса́ми *adv* strichweise
полоса́тый <*kf:* -а́т> *adj* gestreift
полоска́ние *nt O2* 1. Spülen *nt*; 2. Spülung *f*; **~ рта** Gurgeln *nt*
полоска́ть <*präs:* -ощу́, -о́щешь> *vt E4 impf* (*pf:* вы́-) ausspülen, gurgeln
полоте́нце <*gen sg:* -нца*gen pl:* -нец> *nt O1* Handtuch *nt*; **махро́вое ~** Badetuch *nt*; **посу́дное ~** Geschirrtuch *nt*
полотно́ *nt K pls* 1. Leinen *nt*, Leinwand *f*; 2. Tuch *nt*; 3. Gewebe *nt*; 4. (*железнодоро́жное*) Bahndamm *m*; 5. Gemälde *nt*; 6. (TECH) Band *nt*
полтора́ I. *num* eineinhalb, anderthalb; **ни два ни ~** nichts Halbes *nt* und nichts Ganzes *nt***полу-** II. *präfix* Halb-, halb-
полуботи́нки <*gen pl:* -нок> *m K* Halbschuhe *m pl*
полуго́дие *nt O2* Halbjahr *nt*
полугодово́й *adj* halbjährig; **~ платёж** Halbjahreszahlung *f*
полукру́г *m K* Halbkreis *m*
полуме́сяц *m K* Halbmond *m*
полуо́стров *m K ple* Halbinsel *f*
полупрово́дник *m K* (TECH) Halbleiter *m*
полураспа́д *m K* (PHYS) Zerfall *m*; **пери́од ~а** Halbwertszeit *f*
полусве́т *m K* 1. Halbdunkel *nt*, Dämmerlicht *nt*; 2. Halbwelt *f*
полусо́н <*gen sg:* полусна́> *m K e* Halbschlaf *m*
полуфабрика́т *m K* (ÖKON) Halbfabrikat *nt*, Vorprodukt *nt*
полуфина́л *m K* (SPORT) Halbfinale *nt*
получасово́й *adj* halbstündig
получа́тель *m K1* Empfänger *m*, Bezieher *m*; **~ окла́да** [*o* **~ зарабо́тной пла́ты**] Gehaltsempfänger *m*, Lohnempfänger *m*; **~ платежа́** Zahlungsempfänger *m*; **~ ве́кселя** Wechselempfänger *m*; **~ дохо́дов** Einkommensbezieher *m*; **~ переводно́го ве́кселя** Begünstigter *m*, Remittent *m*
получа́ть *vt E impf* (*pf:* получи́ть) 1. bekommen, erhalten; 2. (*това́р, газе́ту*) beziehen; 3. kassieren, einnehmen; **~ при́быль** Gewinn erwirtschaften; **~ свою́ до́лю** seinen Anteil erhalten; **~ удово́льствие** sich vergnügen, auf seine Kosten kommen; **~ консульта́цию** beraten; **~ по́льзу** profitieren; **~ при́быль** erwirtschaften; **~ сове́т** jemandes Rat holen, sich beraten lassen
получа́ться *vr E impf* (*pf:* получи́ться) gelingen, klappen; **не ~** schieflaufen, nicht klappen
получе́ние *nt O2* 1. Erhalt *m*, Beschaffung *f*; 2. (*това́ра, газе́ты*) Bezug *m*; 3. Aufnahme *f*; 4. Eingang *m*; 5. Empfang *m*; **~ информа́ции** Informationsgewinnung *f*; **~ капита́ла** Kapitalaufnahme *f*; **~ креди́та** Kreditaufnahme *f*; **~ материа́лов** Materialbechaffung *f*; **~ от торго́вли** Handelsüberschuss *m*
полу́чка <*gen pl:* -чек> *f A* 1. (*umg*) Lohn *m*; 2. Lohnauszahlung *f*; 3. Lohntag *m*, Zahltag *m*
полуша́рие *nt O2* Halbkugel *f*, Hemisphäre *f*
по́лый *adj* hohl
полыха́ть *vi E impf* (*pf:* за-) 1. lichterloh brennen; 2. (*fig*) glühen

по́льза *f A* **1.** Nutzen *m*; **2.** Gewinn *m*; **3.** Vorteil *m*; **идти́ на по́льзу** nützen; **в по́льзу кого́-либо** zugunsten (+*gen*); **приноси́ть по́льзу** nützen, fruchten; **~ для о́бщества** gesellschaftlicher Nutzen *m*

по́льзование *nt O2* Gebrauch *m*, Nutzung *f*

по́льзователь *m K1* **1.** Anwender, -in *m/f*, Benutzer, -in *m/f*, Betreiber, -in *m/f*, Kunde, Kundin *m/f*; **2.** (DV) Anwender *m*, User *m*

по́льзовательский *adj* Benutzer-, Anwender-, User-; **~ интерфе́йс** (DV) Benutzerschnittstelle *f*

по́льзоваться *vr + inst E2 impf* (*pf:* вос-) **1.** anwenden, benutzen, gebrauchen; **2.** in Anspruch nehmen; **~ авторите́том** Ansehen genießen; **~ городски́м тра́нспортом** öffentliche Verkehrsmittel benutzen; **~ нало́говыми льго́тами** Anspruch auf Steuervergünstigungen haben; **~ свои́м служе́бным положе́нием** seine dienstliche Stellung ausnutzen; **~ чьи́ми-то сове́тами** sich beraten lassen (von +*dat*); **~ чьей-то по́мощью** jds Hilfe beanspruchen

по́лька *f A* **1.** Polin *f*; **2.** (*та́нец*) Polka *f*
по́льский *adj* polnisch
По́льша *f A* Polen *nt*
полюби́ть <*fut:* -юблю́, -ю́бишь> *vt I pf* liebgewinnen

по́люс <*pl:* -ы, -ов/-á, -óв> *m K* Pol *m*; **отрица́тельный ~** Minuspol *m*; **положи́тельный ~** Pluspol *m*; **Се́верный ~** Nordpol *m*

поля́к *m K* Pole *m*
поля́на *f A* Lichtung *f*
поля́рник *m K* Polarforscher *m*
поля́рный <*kf:* -рен, -рна> *adj* polar, Polar-; **~ круг** Polarkreis *m*

поля́чка *f A* (*arch*) Polin *f*
пома́да *f A* Pomade *f*; **губна́я ~** Lippenstift *m*

помазо́к <*gen sg:* -зка́> *m K e* Rasierpinsel *m*

поменя́ться *v + inst E pf* (*impf:* меня́ться) (*с кем-ли́бо*) tauschen; **~ роля́ми** die Rollen tauschen; **~ места́ми** die Plätze tauschen

помёт *m K* Mist *m*
поме́тить <*fut:* -ме́чу, -ме́тишь> *vt I pf* (*impf:* помеча́ть) markieren, kennzeichnen

поме́тка *f A* Vermerk *m*, Notiz *f*; **~ к ку́рсу** (ÖKON) Kurszusatz *m*

поме́ха *f A* Hindernis *nt*, Störung *f*; **устраня́ть поме́хи** (RUNDF) Störungen beseitigen

помеча́ть *vt E impf* (*pf:* поме́тить) markieren, kennzeichnen; **~ за́дним число́м** nachdatieren

помеша́ть *v + dat E pf* (*impf:* меша́ть) **1.** stören; **2.** verhindern, verhüten

помеща́ть *vt E impf* (*pf:* помести́ть) **1.** unterbringen; **2.** deponieren; **3.** (ÖKON) anlegen, platzieren, einlegen; **~ капита́л** investieren; **~ об явле́ние** inserieren; **~ на склад** einlagern

помеще́ние *nt O2* **1.** Raum *m*; **~ для пока́за това́ннх образцо́в** Schauraum *m* **2.** Anlage *f*; **~ капита́ла** Investition *f*, Kapitalanlage *f*

поме́щик, поме́щица *m K / f A* Gutsherr, -in *m/f*

поми́лование *nt O2* Begnadigung *f*; **проше́ние о поми́ловании** Gnadengesuch *nt*

поми́ловать *vt E2 pf* begnadigen

поми́нки <*gen pl:* -нок> *pl A* **1.** Gedenkfeier *f*; **2.** (*bei Beerdigung*) Leichenschmaus *m*

по́мнить *vt I impf* sich erinnern, denken (an +*akk*)

помно́жить *vt I pf* (*impf:* мно́жить) multiplizieren

помога́ть *v + dat E impf* (*pf:* помо́чь) helfen, behilflich sein, aushelfen; **~ заполучи́ть что-ли́бо** verhelfen (zu +*dat*); **~ наде́ть пальто́** jdmj in den Mantel helfen; **~ снять пальто́** jdm aus dem Mantel helfen

помо́лвка *f A* Verlobung *f*
помоли́ться *vr I pf* (*impf:* моли́ться) beten

помоло́ть <*fut:* -мелю́, -ме́лешь> *vt UE5 pf* (*impf:* моло́ть) mahlen

помо́ст *m K* **1.** Podest *nt*, Podium *nt*; **2.** (BAU) Gerüst *nt*; **3.** Laufsteg *m*

помо́чь <*fut:* -могу́, -мо́жешь> *v + dat UE4 pf* (*impf:* помога́ть) helfen, behilflich sein

помо́щник *m K* **1.** Helfer *m*, Gehilfe, Gehilfin *m/f*, Hilfskraft *f*; **2.** (*у поли́тика*) persönlicher Referent *m*, Berater *m*; **вре́менный ~** Aushilfskraft *f*; **~ должника́ режиссёра** Regieassistent *m*; **~ должника́ при исполне́нии обяза́тельства** Erfüllungsgehilfe *m*

по́мощь *f I* **1.** Hilfe *f*, Hilfeleistung *f*, Hilfsmaßnahme *f*; **2.** Unterstützung *f*, Beistand *m*; **3.** Abhilfe *f*, Mithilfe *f*; **~ развива́ющимся стра́нам** Entwicklungshilfe *f*; **~ социа́льно незащищённым** Sozialhilfe *f*; **оказа́ть материа́льную ~** jdn bezuschussen; **~ на нача́льном эта́пе** Starthilfe *f*

по́мпа *f A* Pomp *m*, Prunk *m*
помпе́зный <*kf:* -зен, -зна> *adj* pompös, prunkvoll

помрачне́ть *vi E pf* (*impf:* мрачне́ть) (*auch fig*) sich verfinstern, sich verdunkeln

помы́ть <*fut:* -мо́ю, -мо́ешь> *vt E8 pf* (*impf:* мыть) waschen

понаде́яться *vr E5 pf* (*impf:* наде́яться) (*на что-ли́бо*) hoffen (auf +*akk*)

понаслы́шке *adv* vom Hörensagen
понеде́льник *m K* Montag *m*; **после́дний ~ ма́сленицы** Rosenmontag *m*
понеде́льный *adj* Wochen-;

понеде́льная за́работная пла́та Wochenlohn *m*
по́ни *nt indekl* Pony *nt*
понижа́тель *m K1* (ÖKON: *Börse*) Bear *m*
понижа́ть *vt E impf* (*pf:* **пони́зить**) (*auch fig*) senken, herabsetzen; **~ в зва́нии** degradieren; **~ го́лос** die Stimme dämpfen
понижа́ться *vr E impf* (*pf:* **пони́зиться**) 1. (*auch fig*) sinken; 2. sich verringern; 3. schlechter werden
пониже́ние *nt O2* 1. Verringerung *f*; 2. Abflauen *nt*; 3. Abnahme *f*; 4. Ermäßigung *f*; 5. Herabsetzung *f*; 6. Minderung *f*; **~ цен** Preissenkung *f*; **~ биржевы́х ку́рсов** Baisse *f*; **~ ку́рса** Kursrückgang *m*; **~ ку́рса а́кцио за счёт предполага́емого дивиде́нда** Dividendenabschlag *m*; **~ ку́рса це́нных бума́г** Abschlag *m*; **~ проце́нтной ста́вки** Zinssenkung *f*
понима́ние *nt O2* 1. Verstehen *nt*, Begreifen *nt*; 2. Verständnis *f*, Einsicht *f*; **в моём понима́нии** nach meinem Verständnis; **э́то вы́ше его́ понима́ния** das übersteigt sein Fassungsvermögen; **относи́ться к чему́-либо с понима́нием** Verständnis aufbringen (für +*akk*)
понима́ть *vt E impf* (*pf:* **поня́ть**) 1. verstehen, begreifen; 2. einsehen, erkennen; **мно́го ты понима́ешь!** du hast vielleicht eine Ahnung! **неве́рно ~** missverstehen
понима́ющий *adj* einfühlsam, verständnisvoll
понома́рь *m K1* Küster *m*
поно́с *m K* (*umg*) Durchfall *m*
поноси́ть <*präs:* -но́шу, -но́сишь> *vt I impf* schlechtmachen
понра́виться <*fut:* -влюсь, -вишься> *vr + dat I pf* (*impf:* **нра́виться**) gefallen
по́нчик *m K* Pfannkuchen *m*
поню́хать *vt E pf* (*impf:* **ню́хать**) riechen, einatmen
поня́тие *nt O2* Begriff *m*; **он не име́ет об э́том ни мале́йшего поня́тия** er hat nicht die geringste Ahnung davon; **э́то ~ растяжи́мое** das kann verschieden gedeutet werden
поня́тливость *f I* Auffassungsgabe *f*
поня́тный <*kf:* -тен, -тна> *adj* verständlich, begreiflich, plausibel
поня́ть <*fut:* пойму́, поймёшь> *vt E9 pf* (*impf:* **понима́ть**) 1. verstehen, begreifen; 2. einsehen, erkennen
пообе́дать *vi E pf* (*impf:* **обе́дать**) zu Mittag essen
пообеща́ть *vi E pf* (*impf:* **обеща́ть**) versprechen
поощре́ние *nt O2* 1. Förderung *f*; 2. Begünstigung *f*; **~ э́кспорта** Exportförderung *f*; **материа́льное поощре́ние** Prämie *f*
поощря́ть *vt E impf* (*pf:* **поощри́ть**) fördern
по́па *f A* (*umg*) Popo *m*
попада́ть *vi E impf* (*pf:* **попа́сть**) 1. (**во** **что-либо**) gelangen, hingeraten; 2. fallen; **как попа́ло** aufs Geratewohl; **~ впроса́к** (*umg*) hereinfallen, sich blamieren; **~ под маши́ну** von einem Auto überfahren werden; **не ~ в цель** danebengehen; **~ в са́мую то́чку** (*fig*) ins Schwarze treffen
попада́ться *vr E impf* (*pf:* **попа́сться**) 1. hineingeraten; 2. (*umg*) sich erwischen lassen; **~ на глаза́ кому́-либо** jdm unter die Augen kommen
поперёк *adv* quer; **станови́ться ~ доро́ги кому́-либо** jdm in die Quere kommen
попере́чный *adj* quer, Quer-; **попере́чное сече́ние** Querschnitt *m*; **~ ана́лиз** Querschnittsanalyse *f*
поперчи́ть *vt I pf* (*impf:* **пе́рчить**) pfeffern
попече́ние *nt O2* Fürsorge *f*, Obhut *f*
поп-звезда́ *f A* Popstar *m*
попла́каться <*fut:* -пла́чусь, -пла́чешься> *vi E4 pf* (*impf:* **пла́каться**) klagen, jammern
поплати́ться <*fut:* -плачу́сь, -пла́тишься> *vr I pf* (*impf:* **плати́ться**) (**чем-либо/за что-либо**, *fig*) bezahlen, büßen (für +*akk*)
поп-му́зыка *f A* Popmusik *f*
попола́м *adv* 1. entzwei; 2. zur Hälfte, in zwei Hälften
пополне́ние *nt O2* 1. Aufstockung *f*, Ergänzung *f*; 2. Verstärkung *f*; 3. Nachwuchs *m*
попо́лниться <*nur 3. pers:* -ится> *vr + inst I pf* (*impf:* **пополня́ться**) sich ergänzen, sich vervollständigen
попра́виться <*fut:* -влюсь, -вишься> *vr I pf* (*impf:* **поправля́ться**) 1. sich verbessern; 2. gesunden; **он поправля́ется** es geht ihm besser; 3. zunehmen; **~ на два килогра́мма** zwei Kilo zunehmen
попра́вка *f A* 1. Korrektur *f*, Verbesserung *f*; 2. Richtigstellung *f*, Berichtigung *f*; 3. Abänderung *f*; 4. (JUR) Klausel *f*; 5. (MED) Besserung *f*; **больно́й идёт на попра́вку** der Kranke ist auf dem Weg der Besserung; **~ к ку́рсу** (ÖKON) Kurszusatz *m*
попро́бовать *vt E2 pf* (*impf:* **про́бовать**) 1. erproben; 2. probieren
попроси́ть <*fut:* -ошу́, -о́сишь> *vi I pf* (*impf:* **проси́ть**) 1. bitten, ersuchen, auffordern; 2. einladen
попроша́йка *mf A* Schnorrer, -in *m/f*, Bettler, -in *m/f*
попроша́йничанье *nt O1* Bettelei *f*
попуга́й *m K2* Papagei *m*; **волни́стый ~** Wellensittich *m*
попули́зм *m K* Populismus *m*
популя́рность *f I* Popularität *f*, Beliebtheit *f*
популя́рный <*kf:* -рен, -рна> *adj* populär, beliebt
попусти́тельствовать *vi E2 impf* ein Auge zudrücken, zulassen

попу́тчик *m K* **1.** Reisegefährte *m*; **2.** (*im pl*) Reisegesellschaft *f*; **3.** (POL) Mitläufer *m*
попыта́ться *vr E pf* (*impf:* пыта́ться) versuchen
попы́тка *f A* Versuch *m*; **~ сближе́ния** Annährungsversuch *m*
попя́тный *adj* Rückwärts-; **попя́тное движе́ние** Rückwärtsbewegung *f*; **идти́ на ~** einen Rückzieher machen
пора́ *f A e2* **1.** (*период*) Zeit *f*, Saison *f*; **на пе́рвых пора́х** zunächst, anfangs **2.** (*als prädik.*) es wird Zeit; **давно́ ~** es ist höchste Zeit
по́ра *f A* Pore *f*
пора́довать *vt E2 pf* (*impf:* ра́довать) erfreuen
поража́ть *vt E impf* (*pf:* порази́ть) **1.** treffen, vernichten; **2.** befallen, heimsuchen; **3.** überraschen, bestürzen; **неприя́тно ~** befremden
пораже́ние *nt O2* (MIL, SPORT) Niederlage *f*; **~ на вы́борах** Wahlniederlage *f*; **потерпе́ть ~** unterliegen
порва́ть <*fut:* -рву́, -рвёшь, *prät:* -рва́л, -рвала́, рва́ло> *vt E4 pf* (*impf:* рвать) **1.** zerreißen; **2.** (*fig*) abbrechen, Schluss machen
поре́з *m K* Schnittwunde *f*
порекомендова́ть *vt E2 pf* (*impf:* рекомендова́ть) **1.** empfehlen; **2.** anraten
по́ристый <*kf:* -ист> *adj* porös
порица́ние *nt O2* Rüge *f*
порица́ть *vt E impf* (*geh*) rügen
порногра́фия *f A2* Pornographie *f*
поро́г *m K* **1.** Schwelle *f*; **2.** Türschwelle *f*; **3.** (*fig*) Schwelle *f*; **4.** Stromschnelle *f*; **страна́ на поро́ге промы́шленного разви́тия** Schwellenland *nt*; **поро́говые це́ны** Schwellenpreise *pl*; **~ бе́дности** Armutsgrenze *f*; **~ при́были** Gewinnschwelle *f*
поро́да *f A* **1.** Rasse *f*; **2.** Art *f*, Schlag *m*; **3.** (GEOL) Gestein *nt*
поро́дистый <*kf:* -ист> *adj* reinrassig
породи́ть <*fut:* -ожу́, -оди́шь> *vt I pf* (*impf:* порожда́ть) **1.** erzeugen; **2.** (*fig*) hervorrufen, nach sich ziehen, bewirken
поро́жний *adj* leer; **поро́жняя та́ра** Leergut *nt*
поро́й *adv* mitunter, manchmal
поро́к *m K* **1.** Laster *nt*; **2.** Fehler *m*; **~ се́рдца** (MED) Herzfehler *m*; **быть во вла́сти -а** einem Laster frönen
поросёнок <*gen sg:* -нка, *pl:* -ся́та, -ся́т> *m U4* Ferkel *nt*; **моло́чный ~** Spanferkel *m*
по́рох *m K* Schießpulver *nt*
порохово́й *adj* Pulver-; **порохова́я бо́чка** Pulverfass *nt*; **сиде́ть на порохово́й бо́чке** (*fig*) auf einem Pulverfass sitzen
поро́чить *vt I impf* (*pf:* о-) verunglimpfen, in Verruf bringen, verleumden
поро́чный <*kf:* -чен, -чна> *adj* **1.** lasterhaft; **2.** anrüchig, schändlich; **3.** fehlerhaft; **поро́чная пра́ктика** Unwesen *nt*, Unart *f*
порошкообра́зный *adj* pulverig
порошо́к <*gen sg:* -шка́> *m K* Pulver *nt*
порт *m K* **1.** (MAR) Hafen *m*; **морско́й ~** Seehafen *m*; **речно́й ~** Binnenhafen *m*; **2.** (*аэропо́рт, возду́шный*) Flughafen *m*; **3.** (DV) Port *m*; **паралле́льный ~** Parallelport *m*; **после́довательный ~** serieller Port *m*
порта́л *m K* Portal *nt*
порта́тивный *adj* tragbar; **порта́тивная ВМ** Laptop *nt*; **~ компью́тер** Laptop *m*
портве́йн *m K* Portwein *m*
по́ртить <*präs:* -рчу, -ртишь> *vt I impf* (*pf:* ис-) verderben, beschädigen
по́ртиться <*präs:* -рчусь, -ртишься> *vr I impf* (*pf:* ис-) verderben, verschimmeln
портно́й *m wie adj* Schneider *m*
порто́вый *adj* Hafen-; **~ го́род** Hafenstadt *f*; **~ рабо́чий** Hafenarbeiter *m*; **порто́вые сбо́ры** Hafengebühren *pl*
по́рто-фра́нко *nt indekl* Freihafen *m*
портре́т *m K* Portrait *m*, Bildnis *nt*; **рисова́ть чей-либо ~** jdn portraitieren
португа́лец <*gen sg:* -льца, *gen pl:* -льцев> *m K* Portugiese *m*
Португа́лия *f A2* Portugal *nt*
португа́лка <*gen pl:* -лок> *f A* Portugiesin *f*
португа́льский *adj* portugiesisch
портфе́ль *m K1* **1.** Aktentasche *f*; **2.** Schulmappe *f*; **3.** (ÖKON) Portfolio *nt*, Bestand *m*; **~ це́нных бума́г** Wertpapierbestand *m*; **~ а́кций** Aktienportfeuille *nt*; **~ зака́зов** Auftragsbestand *m*
портфо́лио-ме́неджмент *m K* Portfoliomanagement *m*
портье́ *m indekl* Portier *m*
поруга́ться *vr E pf* (*impf:* руга́ться) schimpfen, zanken
пору́ка *f A* Bürgschaft *f*; **взять кого́-л. на пору́чку** Verantwortung übernehmen (für jdn)
поруча́ть *vt E impf* (*pf:* поручи́ть) beauftragen
поруча́ться *vr E impf* (*pf:* поручи́ться) **1.** (*за кого́-ли́бо*) für jdn bürgen; **2.** (*за что-ли́бо*) gewährleisten
поруче́ние *nt O2* **1.** Aufgabe *f*; **2.** Auftrag *m*; **3.** Order *f*; **~ на прода́жу** Verkaufsauftrag *m*; **~ перево́да** Überweisungsauftrag *m*; **~ о списа́нии сумм со счёта** Abbuchungsauftrag *m*; **поруче́ния вы́полнены лишь части́чно** repartiert
поручи́тель *m K1* Bürge *m*
поручи́тельство *nt O* **1.** Bürgschaft *f*; **2.** Gewähr *f*; **3.** Kaution *f*; **~ госуда́рства** staatliche Bürgschaft *f*; **~ по ве́кселю** Aval *nt*; **~ по че́ку** Scheckbürgschaft *f*
поручи́ть *vt I pf* (*impf:* поруча́ть) beauftragen
поручи́ться *vr I pf* (*impf:* руча́ться) bürgen (für +*akk*)

поручни <gen pl: -чней> m K1 Reling f
порция f A2 Portion f
порыв m K 1. Regung f, Drang m; 2. Stoß m; **~ ветра** Windstoß m
порывистый <kf: -ист> adj 1. ruckartig; 2. (о ветре) böig
порядок <gen sg: -дка> m K 1. Ordnung f; 2. Regelung f, Vorgehensweise f; **~ работы** Ablauf m; **~ слов** (LING) Satzbau m; **в порядке эксперимента** versuchsweise; **для порядка** der Ordnung halber; **наводить ~** Ordnung schaffen, aufräumen; **приводить в ~** (auch fig) in Ordnung bringen; **~ конкурсного производства** Konkursordnung f; **~ осуществления импортных операций** Einfuhrverfahren nt; **~ получения разрешений** Genehmigungsverfahren nt
порядочность f I Anständigkeit f
порядочный <kf: -чен, -чна> adj 1. anständig, rechtschaffen; **глубоко ~** hochanständig; 2. (umg) gehörig, ordentlich; **порядочная сумма денег** eine hübsche Summe f
посадить <fut: -ажу, -адишь> vt I pf (impf: сажать) 1. setzen, stecken; 2. einpflanzen, setzen
посадка f A 1. Landung f; **вынужденная ~** Notlandung f; **заходить на посадку** zur Landung ansetzen; **совершать посадку** landen; 2. (AGR) Pflanzung f; 3. (TRANSP) Einsteigen nt; 4. Sitz m, Haltung f
посвятить <fut: -ащу, -атишь> vt I pf (impf: посвящать) 1. (кому-либо) widmen; 2. (кого-либо во что-либо) einweihen (in +akk)
посвящение nt O2 1. Widmung f; 2. Einweihung f; **~ подростков в юношество** Jugendweihe f
посвящённый m wie adj Eingeweihte(r) m, Mitwisser m
посев m K Saat f
посевной adj Saat-; **посевной материал** Saatgut nt
поселенец <gen sg: -нца, gen pl: -нцев> m K Siedler m
посёлок <gen sg: -лка> m K Siedlung f
посередине adv 1. mitten drin; 2. in der Mitte
посетитель, посетительница m K1 / f A Besucher, -in m/f
посетить <fut: -сещу, -сетишь> vt I pf (impf: посещать) 1. besuchen; 2. überkommen, ereilen
посетовать vt E2 pf (impf: сетовать) klagen, lamentieren
посещение nt O2 1. Besuch m; **~ на дому** Hausbesuch m; **~ официального учреждения для улаживания дел** Behördenweg m 2. Heimsuchung f
посеять vt E pf (impf: сеять) säen; **что посеешь, то и пожнёшь** wie man sich bettet, so liegt man

поскользнуться vr E1 pf ausrutschen
поскольку konj 1. insofern; 2. da
послание nt O2 Botschaft f, Nachricht f
посланник m K Gesandter m, Bote m
послать <fut: -шлю, -шлёшь> vt E4 pf (impf: посылать) 1. schicken; 2. delegieren
после präp +gen nach (+dat); **~ этого** danach; daraufhin; **сразу ~ этого** anschließend, im Anschluss daran
послевоенный adj Nachkriegs-; **~ период** Nachkriegszeit f; **послевоенное поколение** Nachkriegsgeneration f
последний adj letzte(r,s); **названный последним** letzterer; **самый ~** der allerletzte; **в последнее время** neuerdings, in jüngster Zeit; **последнее напоминание** [o **предупреждение**] letzte Mahnung f; **~ срок** Dead line f
последователь, последовательница m K1 / f A Nachfolger, -in m/f
последовательность f I 1. Konsequenz f, Folgerichtigkeit f; 2. Abfolge f, Reihenfolge f; 3. Ablauf m
последовательный <kf: -лен, -льна> adj 1. folgerichtig, konsequent; 2. schlüssig; **~ перевод** Konsekutivdolmetschen nt
последовать vi E2 pf (impf: следовать) folgen
последствие nt O2 1. Folge f; 2. Folgeerscheinung f, Nachwirkung f
последующий adj anschließend, nachfolgend, folgend; **последующие затраты** Folgekosten pl; **~ взнос** Nachschuss m
послезавтра adv übermorgen
послеобеденный adj Nachmittags-; **послеобеденное время** Nachmittag m; **в послеобеденное время** nachmittags, am Nachmittag
послесловие nt O2 Nachwort nt
пословица f A Sprichwort nt; **вошедший в пословицу** sprichwörtlich
послушание nt O2 1. Gehorsam m; 2. Gehorsamkeit f
послушаться vr E pf (impf: слушаться) gehorchen
послушный <kf: -шен, -шна> adj gehorsam, brav, artig, folgsam
посмеиваться vr E impf (над кем-либо) belächeln, sich ein wenig lustig machen (über +akk)
посметь vi E pf (impf: сметь) wagen
посмешище nt O1 Gespött nt; **делать ~ из кого-либо** jdn zum Gespött machen; **становиться посмешищем** sich lächerlich machen
посмотреть <fut: -смотрю, -смотришь> vt I pf (impf: смотреть) schauen, hinsehen
пособие nt O2 1. Beihilfe f, finanzielle Unterstützung f; 2. Subvention f; 3. Unterstützung f, Zuwendung f; **~ по безработице** Arbeitslosenunterstützung f; Arbeitslosengeld nt; **~ на детей** Kindergeld

посо́бник

nt; **~ по безрабо́тице** Arbeitslosengeld nt; **~ по вре́менной нетрудоспосо́бности** Krankengeld nt; **~ по инвали́дности** Invalidenrente f; **единовре́менное ~** einmalige Unterstützung f; **~ по ли́нии социа́льного обеспе́чения** Fürsorge f; **посо́бия за многоде́тность** Familienlastenausgleich m; **посо́бия и услу́ги социа́льного хара́ктера** Sozialleistungen pl **4.** (-*уче́бное*) Lehrmittel pl, Hilfsmittel nt pl; **5.** Lehrbuch nt; **6.** Handbuch nt

посо́бник m K **1.** Gehilfe m, Handlanger m; **2.** (JUR) Mittäter m

посо́бничество nt O (JUR) Beihilfe f, Mittäterschaft f

посове́товать vt E2 pf (*impf:* сове́товать) beraten, raten

посове́товаться vr E2 pf (*impf:* сове́товаться) konsultieren, Rat einholen

посоде́йствовать vi E2 pf (*impf:* соде́йствовать) **1.** behilflich sein, beistehen; **2.** fördern, unterstützen

посо́л <*gen sg:* -сла́> m K e Botschafter, -in m/f

посоли́ть <*fut:* -солю́, -со́лишь> vt I pf (*impf:* соли́ть) **1.** salzen; **2.** pökeln

посо́льство nt O Botschaft f

посочу́вствовать v + dat E2 pf (*impf:* сочу́вствовать) jdn bemitleiden

поспа́ть <*fut:* -сплю́, -спи́шь> vi I pf (*impf:* спать) schlafen

поспеши́ть vi I pf (*impf:* спеши́ть) eilen

поспе́шный <*kf:* -шен, -шна> adj hastig, eilig

посре́дник m K **1.** Vermittler, -in m/f; **2.** Zwischenhändler, -in m/f; **3.** Agent m; **4.** Makler m; **~ по сбы́ту** Absatzmittler m

посре́дничать vi E impf vermitteln; **посре́дническая торго́вля** Zwischenhandel m; **посре́дническая фи́рма** Vermittlerfirma f

посре́днический adj Vermittlungs-; **посре́дническая торго́вля** Zwischenhandel m; **посре́дническая фи́рма** Vermittlerfirma f

посре́дничество nt O Vermittlung f

посре́дственный <*kf:* -вен, -венна> adj mittelmäßig, durchschnittlich

посре́дством präp +gen mittels (+gen), mit Hilfe (+gen)

поссо́рить vt I pf (*impf:* ссо́рить) entzweien, zu Feinden machen

поссо́риться vr I pf (*impf:* ссо́риться) streiten, zanken, aneinandergeraten

пост <*präpos sg:* о посте́, на посту́> m K e **1.** (MIL) Posten m; **стоя́ть на посту́** Postenwache stehen **2.** Posten m, Amt nt; **3.** Funktion f; **~ ка́нцлера** Kanzleramt nt; **4.** (REL) Fastenzeit f, Fasten nt

поста́вить I. <*fut:* -влю, -вишь> vt I pf (*impf:* ста́вить) stellen, setzen; II. vt I pf (*impf:* поставля́ть) **1.** liefern; **2.** (REL) weihen

поста́вка f A Lieferung f; **~ ино́го това́ра взаме́н зака́занного** Aliud-Lieferung f; **~ с це́лью заме́ны некондицио́нного това́ра** Ersatzlieferung f; **~ това́ра в назна́ченное ме́сто в распоряже́ние экспеди́тора покупа́теля** free carrier; **~ това́ров** Warenlieferung f; **~ фоб** fob-Lieferung f; **поста́вки други́х предприя́тий** Fremdbezug m; **поста́вки со стороны́** Fremdbezug m

поставля́ть vt E impf (*pf:* поста́вить) ausliefern, beliefern, liefern

поставщи́к m K e **1.** Lieferant m; **2.** Auftragnehmer m; **~ комплекту́ющих изде́лий** Zulieferer m; **~ (услу́г)** (DV) Provider m

постано́вка f A **1.** Aufstellung f; **~ вопро́са** Fragestellung f; **~ це́ли** Zielsetzung f Vorgabe f **2.** (THEAT) Aufführung f

постановле́ние nt O2 **1.** Beschluss m; **2.** Verfügung f; **3.** Verordnung f; **4.** Bestimmung f; **5.** Entscheidung f; **6.** Erlass m; **~ суда́** gerichtliche Verfügung f

постановля́ть vt E impf (*pf:* -ви́ть) **1.** verordnen; **2.** beschließen

постара́ться vr E pf (*impf:* стара́ться) sich bemühen, sich anstrengen

посте́ль f I Bett nt

посте́льный adj Bett-; **посте́льное белье́** Bezug m, Bettwäsche f; **~ режи́м** Bettruhe f

постепе́нный <*kf:* -е́нен, -е́нна> adj allmählich, schrittweise; **~ перехо́д** nahtloser Übergang m

постига́ть vt E impf (*pf:* пости́гнуть) **1.** erfassen, begreifen; **2.** befallen, heimsuchen

постира́ть vt E pf (*impf:* стира́ть) **1.** waschen; **2.** abwischen

пости́ться <*präs:* пощу́сь, пости́шься> vr I impf (REL) fasten

пости́чь <*fut:* -и́гну, -и́гнешь> vt UE4 pf (*pf:* постига́ть) **1.** begreifen; **2.** heimsuchen

по́стный <*kf:* -тен, -тна́> adj (*мя́со*) mager

постово́й m wie adj (*Person*) Posten m, Wache f

посторони́ться <*fut:* -оню́сь, -о́нишься> vr I pf (*impf:* сторони́ться) aus dem Weg gehen

посторо́нний I. adj fremd; **посторо́ннее те́ло** Fremdkörper m; II. m wie adj Fremde(r) mf, Unbefugte(r) mf

постоя́нный <*kf:* -я́нен, -я́нна> adj **1.** beständig, kontinuierlich; **2.** (MATH) konstant; **3.** (ÖKON) fix; **постоя́нная клиенту́ра** Stammkundschaft f; **~ клие́нт** Stammkunde m; **~ посети́тель** Stammgast m; **~ круг покупа́телей** Kundenstamm m; **постоя́нное запомина́ющее устро́йство** (DV) Read Only Memory nt ROM nt

постоя́нство nt O2 Beständigkeit f, Konstanz f, Stabilität f; **~ цен** Preisstabilität f

постоя́ть vi I pf (impf: стоя́ть) 1. stehen; 2. eine Zeit lang stehen; 3. (fig: за кого́-л.) sich einsetzen (für +akk); ~ за себя́ sich behaupten

пострада́вший m wie adj Geschädigte(r) m, Betroffene(r) m, Opfer nt

пострада́ть vi E pf (impf: страда́ть) 1. leiden; 2. zu Schaden kommen, verletzt werden

постре́л m K (umg) Lausbub m

построе́ние nt O2 1. Aufbau m; 2. (geh) Theorie f, Lehrgebäude nt; 3. (MIL) Aufstellung f, Aufmarsch m

постро́ить vt I pf (impf: стро́ить) 1. bauen, errichten; 2. (fig) schmieden

постро́йка f A Bau m; **неотде́ланная ~** Rohbau m

постскри́птум m K Postskriptum nt

поступа́тельный <kf: -лен, -льна, -льно> adj fortschreitend, vorwärtsgerichtet

поступа́ть vi E impf (pf: поступи́ть) 1. handeln, verfahren, vorgehen; 2. eingehen, einlaufen, eintreffen; 3. Mitglied werden; **~ в университе́т** sich an der Universität einschreiben

поступа́ться vr + inst E impf (pf: поступи́ться) aufgeben, preisgeben; **~ при́нципами** seine Prinzipien aufgeben [o preisgeben]

поступле́ние nt O2 1. (бума́г, де́нег) Eingang m; **~ това́ра** Wareneingang m; **~ тре́бования** Forderungseingang f; 2. (в институ́т) Immatrikulation f; 3. Einnahme f; **~ в бюдже́т госуда́рства** Staatseinnahmen pl; **~ с иму́щества** Vermögenseinkommen pl; 4. Eintritt m; 5. Input m; **~ платежа́** Zahlungseingang m; **~ на рабо́ту** Dienstantritt m; **~ счето́в** Rechnungseingang f

посту́пок <gen sg: -пка> m K Handlung f, Tat f

посты́дный <kf: -ден, -дна> adj peinlich, beschämend

посу́да f A Geschirr nt; **бью́щаяся ~** zerbrechliches Geschirr nt

посудомо́ечный adj Geschirrspül-; **посудомо́ечная маши́на** Geschirrspülmaschine f

посчита́ть vt E pf (impf: счита́ть) 1. zählen; 2. rechnen; 3. (fig) glauben

посыла́ть vt E impf (pf: посла́ть) 1. schicken, senden; **~ факс** faxen 2. entsenden, delegieren; 3. (за кем-ли́бо/за чем-ли́бо) jdn/etw abholen lassen

посы́лка f A 1. Paket nt, Päckchen nt; **~ с гуманита́рной по́мощью** Hilfsgütersendung f 2. Versand m

посы́лочный adj; **посы́лочная торго́вля** Versandhandel m

посы́льный m wie adj Bote m

посыпа́ть <fut: -плю, -плешь> vt E4 pf (impf: посыпа́ть) bestreuen

посыпа́ться <nur 3. pers: -плется> vr E4 pf (impf: сы́паться) 1. herabrieseln; 2. (fig) niederprasseln, hageln

посяга́тельство nt O (geh, auch fig) Angriff m, Anschlag m

посяга́ть vi E impf (pf: посягну́ть) 1. (на кого́-ли́бо/на что-ли́бо) sich vergreifen (an +akk); 2. einen Anschlag machen (auf +akk); **~ на права́** in jds Rechte eingreifen

пот <gen sg: -а, -у, präpos sg: о по́те, в поту́> m K ple 1. Schweiß m; **ка́пли ~а вы́ступили у него́ на лбу** der Schweiß perlte auf seiner Stirn; 2. Niederschlag m

потасо́вка f A (umg) Prügelei f, Rauferei f

потво́рствовать v + dat E2 impf nachsichtig sein

потенциа́л m K 1. Potenzial nt; 2. Leistungsvermögen nt

потенциа́льный <kf: -лен, -льна> adj (geh) potenziell, denkbar, möglich

поте́нция f A2 Potenz f

потерпе́ть <fut: -ерплю́, -е́рпишь> vt I pf erleiden; **~ пораже́ние** eine Niederlage erleiden

потёртый <kf: -ёрт> adj 1. abgetragen, schäbig; 2. müde, abgespannt

потеря́ f A1 1. Verlust m; 2. Schaden m, Einbuße f; 3. Ausfall m; 4. Erlöschen nt; 5. Schwund m; **поте́ри рабо́чего вре́мени** Arbeitsausfallzeiten pl; **~ при́были** Gewinneinbuße f; **~ спро́са** Nachfrageausfall m

поте́рянный adj verloren; **у него́ был ~ вид** er sah völlig ratlos aus

потеря́ть vt E pf (impf: теря́ть) verlieren

потеря́ться vr E pf (impf: теря́ться) 1. verlorengehen, abhanden kommen; 2. vermisst werden

поте́ть vi E impf 1. schwitzen; 2. (о стекле́) anlaufen, sich beschlagen

потеша́ться vr E impf (над кем-ли́бо/над чем-ли́бо) belächeln, sich lustig machen (über +akk)

поте́шный <kf: -шен, -шна, -шно> adj 1. drollig, possierlich; 2. Spiel-, Spielzeug-

потого́нный adj (auch fig) schweißtreibend

пото́к m K 1. (strömende Bewegung, auch fig) Strom m; 2. (EL) Strom m; 3. Ablauf m; **~ бе́женцев** Flüchtlingsstrom m; **ста́вить что-ли́бо на ~** massenweise produzieren; **~ нали́чных де́нег** Cash Flow m

потоло́к <gen sg: -лка́> m K e 1. Zimmerdecke f; 2. (ÖKON) Plafond m; **взя́то с потолка́** (fig) aus der Luft gegriffen

пото́м adv später, danach; **откла́дывать на ~** auf später verschieben

пото́мок <gen sg: -мка> m K Nachkomme m

пото́мство nt O Nachwuchs m, Nachkommenschaft f

потому́ I. adv deshalb, daher; II. konj (что) weil, da

пото́п m K Überschwemmung f;

всеми́рный ~ Sintflut *f*
потороп́ить <*fut:* -оплю́, -о́пишь> *vt I pf* (*impf:* торопи́ть) antreiben, beschleunigen
потороп́иться <*fut:* -оплю́сь, -о́пишься> *vr I pf* (*impf:* торопи́ться) sich beeilen, hasten
потра́ва *f A* Flurschaden *m*, Wildschaden *m*
потра́тить <*fut:* -а́чу, -а́тишь> *vt I pf* (*impf:* тра́тить) 1. ausgeben; 2. verschwenden, vergeuden
потреби́тель, потреби́тельница *m K / f A* Verbraucher, -in *m/f*, Konsument, -in *m/f*, Abnehmer *m*, Nachfrager *m*; **коне́чный ~** Endverbraucher *m*
потреби́тельский *adj* Verbraucher-, Konsum-, Konsumenten-; **потреби́тельская кво́та** Konsumquote *f*; **потреби́тельская коопера́ция** Konsumgenossenschaft *f*; **потреби́тельская монопо́лия** Monopson *nt*; **потреби́тельская цена́** Verbraucherpreis *m*; **потреби́тельские това́ры** Konsumgut *nt*; **потреби́тельские це́ны** Konsumentenpreise *pl*; **потреби́тельский креди́т** Bestellerkredit *m*, Konsumentenkredit *m*, Kundenkredit *m*
потреби́ть <*fut:* -блю́, -би́шь> *vt I pf* (*impf:* потребля́ть) verbrauchen, konsumieren
потребле́ние *nt O2* 1. Verbrauch *m*, Konsum *m*; 2. Genuss *m*; 3. Aufwand *m*; **~ на ду́шу населе́ния** Prokopfverbrauch *m*; **~ для со́бственных нужд** Eigenverbrauch *m*
потре́бность *f I* 1. Bedarf *m*; 2. Bedürfnis *nt*; **со́бственная ~** Eigenbedarf *m*; **~ в фина́нсах** Finanzbedarf *m*; **~ в фина́нсовых сре́дствах** Finanzbedarf *m*; **~ в ка́драх** Personalbedarf *m*; **~ в капита́ле** Kapitalbedarf *m*; **~ в креди́те** Kreditbedarf *m*; **~ в ликви́дных сре́дствах** Liquiditätsbedarf *m*; **~ в материа́лах** Materialbedarf *m*; **~ в эне́ргии** Energiebedarf *m*
потре́бовать *vt E2 pf* (*impf:* тре́бовать) 1. fordern; 2. verlangen
потрево́жить *vt I pf* (*impf:* трево́жить) 1. beunruhigen; 2. stören
потре́скивать *vi E impf* knistern, prasseln
потро́гать *vt E pf* (*impf:* тро́гать) leicht [o sanft anfassen berühren]
потроха́ <*gen pl:* -хо́в> *pl K* (*umg*) Eingeweide *pl*; **со всеми́ потроха́ми** mit allem Drum und Dran
потроши́ть *vt I impf* (*pf:* вы́потрошить) 1. die Eingeweide entfernen, ausweiden; 2. (*auch fig*) ausnehmen
потряса́ть *vt E impf* (*pf:* потрясти́) (*auch fig*) erschüttern
потряса́ющий *adj* erschütternd; **~ успе́х** durchschlagender Erfolg *m*
потрясе́ние *nt O2* Erschütterung *f*

поту́хший *adj* erloschen
потуши́ть <*fut:* -тушу́, -ту́шишь> *vt I pf* (*impf:* туши́ть) löschen, auslöschen
потя́гивать *vi E impf* 1. (вино́) schlürfen; 2. (*unpers*) es zieht, es riecht
потя́гиваться *vr E impf* (*pf:* потяну́ться) sich rekeln, sich strecken, sich dehnen
поупражня́ться *vr E pf* (*impf:* упражня́ться) (*в чём-либо, на что-либо*) (sich) üben, sich beschäftigen
поутю́жить *vt I pf* (*impf:* утю́жить) plätten, bügeln
поуча́ствовать *vi E2 pf* (*impf:* уча́ствовать) (*в чём-либо*) teilnehmen (an +*dat*)
поуча́ть *vt E impf* belehren
поуче́ние *nt O2* 1. Belehrung *f*; 2. Moralpredigt *f*
поучи́тельный <*kf:* -лен, -льна, -льно> *adj* lehrreich
похвала́ *f A e* Lob *nt*
похвали́ть <*fut:* -алю́, -а́лишь> *vt I pf* (*impf:* хвали́ть) loben
похва́льный <*kf:* -лен, -льна> *adj* 1. lobenswert, 2. begrüßenswert
похва́статься *vr + inst E pf* (*impf:* хва́статься) 1. prahlen (mit +*dat*); 2. sich rühmen (+*gen*)
похити́тель *m K1* Entführer *m*, Kidnapper *m*
похи́тить <*fut:* -и́щу, -и́тишь> *vt I pf* (*impf:* похища́ть) entführen, entwenden
похище́ние *nt O2* 1. Raub *m*, Entwendung *f*; 2. Entführung *f*, Kidnapping *nt*
похо́д *m K* 1. Wanderung *f*; 2. (MIL) Feldzug *m*; **кресто́вый ~** Kreuzzug *m*
походи́ть <*präs:* -хожу́, -хо́дишь> *vi I pf* (*impf:* ходи́ть) 1. (*на кого-либо/на что-либо*) ähneln, gleich sehen; 2. umhergehen
похо́дка *f A* Gang *m*, Gangart *f*
похо́дный *adj* Wanderungs-, Feld-; **похо́дная крова́ть** Feldbett *nt*
похо́жий <*kf:* -о́ж> *adj* ähnlich; **э́то на него́ не похо́же** das ist nicht seine Art; **э́то на него́ похо́же** das sieht ihm ähnlich; **быть похо́жим на кого́-либо** jdm ähneln
похолода́ние *nt O2* Temperaturrückgang *m*; **ре́зкое ~** Kälteeinbruch *m*
похорони́ть <*fut:* -оню́, -о́нишь> *vt I pf* (*impf:* хорони́ть) 1. begraben, beerdigen; 2. (*fig*) beerdigen, vergessen
по́хороны <*gen pl:* похоро́н> *f A* Begräbnis *nt*
похотли́вый <*kf:* -и́в> *adj* wollüstig, geil
по́хоть *f I* Lust *f*, Begierde *f*
поцара́пать *vt E pf* (*impf:* цара́пать) zerkratzen
поцелова́ть *vt E2 pf* (*impf:* целова́ть) küssen
поцелу́й *m K2* Kuss *m*
поча́ток <*gen sg:* -тка> *m K* Kolben *m*;

кукуру́зный ~ Maiskolben *m*
по́чва *f A* 1. Boden *m*, Erdboden *m*, Erdreich *nt*; 2. (*fig*) Basis *f*, Grundlage *f*; **пита́тельная ~** Nährboden *m*; **выбива́ть у кого́-либо по́чву из-под ног** jdn den Boden unter den Füßen wegziehen
почему́ *pron inter* warum, weshalb
по́черк *m K* Handschrift *f*
почеса́ть <*fut:* -чешу́, -че́шешь> *vt E4 pf* (*impf:* чеса́ть) 1. kämmen; 2. kratzen, kraulen
почи́н *m K* 1. Initiative *f*, Antrieb *m*; 2. Anregung *f*
почи́нка *f A* 1. Instandsetzung *f*; 2. Reparatur *f*; 3. Ausbesserung *f*
почи́стить <*fut:* -чи́щу, -чи́стишь> *vt I pf* (*impf:* чи́стить) säubern
почита́тель, почита́тельница *m K / f A* Bewunderer *m*, Verehrer, -in *m/f*
почита́ть *vt E pf* bewundern, verehren
по́чка *f A* 1. (вот) Knospe *f*; 2. (ANAT) Niere *f*
по́чта *f A* Post *f*; **буты́лочная ~** Flaschenpost *f*; **пневмати́ческая ~** Rohrpost *f*; **электро́нная ~** (DV) E-Mail *f*
почтальо́н *m K* Briefträger, -in *m/f*
почта́мт *m K* Postamt *nt*
почте́ние *nt O2* 1. Verehrung *f*; 2. Respekt *m*
почте́нный <*kf:* -éнен, -éнна> *adj* respektabel, achtbar
почти́ *adv* fast, beinahe
почти́ть *vt I pf* Ehre erweisen, ehren; **~ чью́-либо па́мять** jds Andenken ehren
почто́вый *adj* Post-; **опла́чивать ~ сбор** frankieren; **~ и́ндекс** Postleitzahl *f*; **~ сбор** Porto *nt*; **~ се́рвер** (DV) Mailserver *m*; **~ штeмпель** Poststempel *m*; **~ я́щик** Briefkasten *m*; **абонеме́нтный ~ я́щик** Postfach *nt*; **~ плате́жный оборо́т** Postzahlungsverkehr *m*; **~ перевóд** Postanweisung *f*; **почто́вая програ́мма** (DV) Mailprogramm *nt*; **почто́вое отправле́ние нало́женным платежо́м** Nachnahme *f*
почу́ять <*fut:* -чу́ю, -чу́ешь> *vt E4 pf* (*impf:* чу́ять) 1. wittern, riechen; 2. (*fig*) spüren, empfinden
поша́тываться *vr E impf* taumeln
пошевели́ть *vt I pf* (*impf:* шевели́ть) 1. bewegen, rühren; 2. wenden
пошевели́ться *vi I pf* (*impf:* шевели́ться) 1. sich bewegen, sich rühren; 2. (*fig*) sich regen
по́шлина *f A* 1. Zoll *m*; 2. Abgabe *f*; 3. Gebühr *f*; **облага́емый по́шлиной** zollpflichtig; **не облага́емый по́шлиной** zollfrei; **~ на коли́чество** Mengenzoll *m*; **~ на сельскохозя́йственные проду́кты** Agrarzoll *m*; **адвало́рная ~** Wertzoll *m*; **загради́тельная ~** Abwehrzoll *m*; **комбини́рованная ~** Mischzoll *m*
по́шлость *f I* 1. Abgeschmacktheit *f*; 2. Banalität *f*
по́шлый <*kf:* пóшл, пошла́> *adj* fade, abgeschmackt, platt
пошту́чно *adv* stückweise
пошути́ть <*fut:* -шучу́, -шу́тишь> *vi I pf* (*impf:* шути́ть) scherzen
поща́да *f A* 1. Gnade *f*; 2. Schonung *f*
пощади́ть <*fut:* -щажу́, -щади́шь> *vt I pf* (*impf:* щади́ть) schonen, verschonen
пощекота́ть <*fut:* -очу́, -о́чешь> *vt E4 pf* (*impf:* щекота́ть) kitzeln
пощёчина *f A* Ohrfeige *f*; **дать пощёчину кому́-либо** jdn ohrfeigen
пощипа́ть <*fut:* -щиплю́, -щи́плешь> *vt E4 pf* (*impf:* щипа́ть) 1. rupfen; 2. prickeln
поэ́зия *f A2* Poesie *f*, Lyrik *f*, Dichtung *f*
поэ́т, поэте́сса *m K / f A* Dichter, -in *m/f*, Lyriker, -in *m/f*
поэти́ческий *adj* poetisch, lyrisch, dichterisch
поэ́тому *adv* darum, deshalb, deswegen
появи́ться <*fut:* -явлю́сь, -я́вишься> *vr pf* (*impf:* появля́ться) erscheinen, auftauchen, aufkommen
появле́ние *nt O2* 1. Erscheinung *f*; 2. Eintreffen *nt*, Auftauchen *nt*
по́яс *m K ple* 1. Gürtel *m*; 2. Taille *f*, Gürtellinie *f*; **разде́ньтесь до ~а!** den Oberkörper bitte freimachen! 3. Zone *f*; **часово́й ~** Zeitzone *f*;
поясне́ние *nt O2* Erläuterung *f*
поясни́ть *vt I pf* (*impf:* поясня́ть) erläutern
поясни́ца *f A* Lende *f*
ПР *abk von* па́блик риле́йшнз Public Relations *pl*, Öffentlichkeitsarbeit *f*
праба́бушка *f A* Urgroßmutter *f*
пра́вда I. *f A* 1. Wahrheit *f*; **э́то пра́вда?** stimmt das? 2. Gerechtigkeit *f*; II. *part* wirklich, tatsächlich
правди́вый <*kf:* -и́в> *adj* 1. rechtschaffen, wahrhaftig; 2. wahr, wahrheitsgetreu; **правди́вая карти́на** naturgetreues Bild *nt*
пра́вило *nt O* 1. Regel *f*, Vorschrift *f*; 2. Norm *f*; **о́бщее ~** Faustregel *f*; **брать за ~** zur Regel machen; **пра́вила вну́треннего распоря́дка** Hausordnung *f*, Betriebsordnung *f*; **пра́вила доро́жного движе́ния** Straßenverkehrsordnung *f*; **пра́вила игры́** Spielregeln *pl*; **пра́вила хоро́шего то́на** Umgangsformen *pl*; **противоре́чащий пра́вилам у́личного движе́ния** verkehrswidrig; **пра́вила веде́ния дел** Geschäftsbedingungen *pl*; **пра́вила те́хники безопа́сности** Arbeitsschutzvorschriften *pl*; **пра́вила ко́нкурса** Wettbewerbsregeln *pl*
пра́вильность *f I* Richtigkeit *f*
пра́вильный <*kf:* -лен, -льна, -льно> *adj* 1. richtig; 2. korrekt; 3. den Regeln entsprechend
прави́тельство *nt O* Regierung *f*
пра́вить I. <*präs:* -влю, -вишь> *vt I impf* verbessern; II. *v + inst I impf* 1. regieren; 2. lenken, steuern
правле́ние *nt O2* 1. Amts-, Regierungszeit

пра́внук *f*; **2.** Vorstand *m*; **3.** Direktion *f*, Verwaltung *f*

пра́внук, пра́внучка <*gen pl f:* -чек> *m K / f A* Urenkel, -in *m/f*

пра́во *nt O ple* **1.** Recht *nt*; **2.** Anspruch *m*; **3.** Berechtigung *f*; **~ го́лоса** Stimmrecht *nt*; **междунаро́дное ~** Völkerrecht *nt*; **~ на существова́ние** Existenzberechtigung *f*; **~ на убе́жище** Asylrecht *nt*; **~ преиму́щественного прое́зда** Vorfahrt *f*; **обы́чное ~** Gewohnheitsrecht *nt*; **дава́ть ~ на что-ли́бо** jdn berechtigen (zu +*dat*); **води́тельские права́** Führerschein *m*; **права́ акционе́ров** Aktionärsrechte *pl*; **права́ челове́ка** Menschenrechte *pl*; **гражда́нские права́** Bürgerrechte *pl*; **~ вы́купа** Ablösungsrecht *nt*; **~ да́чи распоряже́ний** Weisungsrecht *nt*; **~ да́чи указа́ний** Weisungsrecht *nt*; **~ заключа́ть сде́лки за свой счёт** Selbsteintritt *m*; **~ занима́ться про́мыслом** Gewerbeberechtigung *f*; **~ изда́ния** Copyright *nt*; **~ меньшинства́** Minderheitsrecht *nt*; **~ на обра́тное приобрете́ние** Wiederkaufsrecht *nt*; **~ на о́тпуск** Urlaubsanspruch *m*; **~ на получе́ние** Bezugsrecht *nt*; **~ на получе́ние за́работной пла́ты** Gehaltsanspruch *m*; **~ по́льзования** Genussrecht *nt*, Nutzungsrecht *nt*; **~ сбо́ра нало́гов и испо́льзования нало́говых средств** Ertragshoheit *f*; **~ самостоя́тельного приня́тия реше́ний** Entscheidungsbefugnis *f*; **~ со́бственности** Eigentumsrecht *nt*; **~ удержа́ния** Zurückbehaltungsrecht *nt*; **~ на получе́ние опла́ты** Zahlungsanspruch *m*; **акционе́рное пра́во** Aktienrecht *nt*

правове́рный <*kf:* -рен, -рна> *adj* strenggläubig

правово́й *adj* rechtlich, Rechts-; **правова́я фо́рма** Rechtsform *f*; **правова́я по́мощь** Rechtsbeistand *m*; **правово́е положе́ние** Status *m*; **правовы́е предписа́ния по торго́вле** handelsrechtliche Vorschriften *pl*

правозащи́тник *m K* Bürgerrechtler *m*

правоме́рный <*kf:* -рен, -рна, -рно> *adj* **1.** berechtigt; **2.** rechtmäßig

правомо́чность *f I* Beschlussfähigkeit *f*

правонаруше́ние *nt O2* **1.** Rechtsbruch *m*; **2.** Delikt *nt*

правоотноше́ние *nt O2* Rechtsverhältnis *nt*

правосла́вный <*kf:* -вен, -вна> *adj* (REL) rechtgläubig, orthodox

правосу́дие *nt O2* Rechtsprechung *f*

правша́ <*gen pl:* -ше́й> *mf A e* Rechtshänder, -in *m/f*

пра́вый <*kf:* прав, права́> *adj* **1.** rechte(r, s); **2.** reaktionär; **3.** (*meist kf*) Recht haben; **вы пра́вы!** Sie haben Recht! **оказа́ться пра́вым** Recht behalten

прагма́тик *m K* Pragmatiker, -in *m/f*

прагмати́ческий *adj* pragmatisch

пра́дед *m K* (*праде́душка*) Urgroßvater *m*

пра́зднество *nt O* **1.** Feier *f*; **2.** Feierlichkeit *f*, Festlichkeit *f*

пра́здник *m K* **1.** Fest *nt*, Feier *f*; **2.** Feiertag *m*; **~ всех святы́х** Allerheiligen *nt*; **~ те́ла Христо́ва** Fronleichnam *m*; **~ урожа́я** Erntedankfest *nt*

пра́здничный <*kf:* -чен, -чна> *adj* festlich, feierlich

пра́здновать *vt E2 impf* (*pf:* от-) feiern, feierlich begehen

пра́здный <*kf:* -ден, -дна> *adj* untätig, faul, müßig; **пра́здная пу́блика** Schaulustige *pl*; **пра́здное времяпровожде́ние** Müßiggang *m*; **~ вопро́с** müßige Frage *f*

празео́дим *m K* (CHEM) Praseodym *nt*

прайс-лист <*gen pl:* -то́в> *m K* Preisliste *f*

пра́ктика *f A* **1.** Praxis *f*; **обще́ственная ~** Gemeinschaftspraxis *f*; **приближённой к пра́ктике** praxisnah; **2.** Praktikum *nt*

практика́нт, практика́нтка <*gen pl f:* -ток> *m K f A* Praktikant, -in *m/f*

практикова́ть *vt E2 impf* praktizieren

практи́ческий *adj* praktisch; **име́ющий практи́ческую це́нность** praxistauglich, praxisreif; **практи́ческое обуче́ние на рабо́чем ме́сте** Training *nt* on the Job

прах *m K* **1.** (geh) Vergängliches *nt*; **2.** (fig) Asche *f*, Staub *m*; **Мир пра́ху твоему́!** Friede deiner Asche!

пра́чечная *f wie adj* Wäscherei *f*

праща́ *f A e* Schleuder *f*

пребыва́ние *nt O2* Aufenthalt *m*

превенти́вный <*kf:* -вен, -вна> *adj* vorsorglich, präventiv; **превенти́вная ме́ра** Präventivmaßnahme *f*

превзойти́ <*fut:* -йду́, -йдёшь> *vt E7 pf* (*impf:* превосходи́ть) **1.** überbieten; **2.** übertreffen

превозмога́ть *vt E impf* (*pf:* превозмо́чь) (*geh*) überwinden, bezwingen; **~ боль** den Schmerz verdrängen; **~ уста́лость** gegen die Müdigkeit ankämpfen

превозноси́ть <*präs:* -ношу́, -но́сишь> *vt I impf* (*pf:* превознести́) (*geh*) hoch schätzen, lobpreisen

превосходи́тельство *nt O* (*Anrede: Ва́ше*) (Eure) Exzellenz

превосходи́ть <*präs:* -хожу́, -хо́дишь> *vt I impf* (*pf:* превзойти́) **1.** überbieten, übertreffen; überlegen sein; **~ самого́ себя́** sich selbst übertreffen; **2.** (SPORT) ausstechen

превосхо́дный <*kf:* -ден, -дна, -дно> *adj* großartig, famos, exzellent

превосхо́дство *nt O* Überlegenheit *f*; **чи́сленное ~** Übermacht *f*

превосходя́щий *adj* überlegen

преврати́ть <*fut:* -ащу́, -ати́шь> *vt I pf* (*impf:* превраща́ть) (*в кого́-либо/во что-ли́бо*) verwandeln, umwandeln

превраще́ние *nt O2* Verwandlung *f*

превы́сить <*fut:* -вы́шу, -вы́сишь> *vt I pf* (*impf:* превыша́ть) überbieten; **~**

полномо́чия seine Befugnisse überschreiten
превыше́ние *nt O2* 1. Überschreitung *f*; ~ до́зы Überdosis *f*; ~ **предложе́ния над спро́сом** Überangebot *nt*; ~ **дохо́дов над расхо́дами** Einnahmeüberschuss *m*, Budgetüberschuss *m*; ~ **и́мпорта над э́кспортом** Importüberschuss *m*; ~ **лими́та подпи́ски** Überzeichnung *f*; ~ **пасси́вов над акти́вами** Unterbilanz *f*; ~ **спро́са над акти́вами** Nachfrageüberhang *m*, Überangebot *nt*; ~ **э́кспорта над и́мпортом** Exportüberschuss *m* 2. Überziehung *f*; ~ **креди́та** Kontoüberziehung *f*
прегра́да *f A* Hindernis *nt*
предава́ть <*präs:* -даю́, -даёшь> *vt E3 impf* (*pf:* преда́ть) 1. verraten; 2. übergeben, überantworten; ~ **суду́** vor Gericht stellen
предава́ться <*präs:* -даю́сь, -даёшься> *vr E3 impf* (*pf:* преда́ться) sich hingeben; ~ **воспомина́ниям** in Erinnerungen schwelgen
преда́ние *nt O2* Überlieferung *f*
пре́данность *f I* 1. Treue *f*, Ergebenheit *f*; 2. Hingabe *f*
преда́тель *m K1* Verräter *m*
преда́тельский *adj* verräterisch
преда́тельство *nt O* Verrat *m*
преда́ть <*fut:* -да́м, -да́шь> *vt U2 pf* (*impf:* предава́ть) 1. verraten; 2. übergeben, überantworten
преда́ться <*fut:* -да́мся, -да́шься> *vr U2 pf* (*impf:* предава́ться) sich hingeben
предвари́тельный <*kf:* -лен, -льна> *adj* 1. vorhergehend; 2. vorläufig; 3. vorzeitig; **предвари́тельная прода́жа биле́тов** Kartenvorverkauf *m*; **предвари́тельная за́пись** Vormerkung *f*; **предвари́тельная зая́вка** Voranmeldung *f*; **предвари́тельная калькуля́ция** Zwischenkalkulation *f*; **предвари́тельная опла́та** Vorauszahlung *f*; **предвари́тельная прове́рка** Pretest *m*; **предвари́тельная регистра́ция** Vormerkung *f*; **предвари́тельная сме́та** Voranschlag *m* Vorkalkulation *f* Kostenrechnung *f*; ~ **бала́нс** Rohbilanz *f*, Zwischenbilanz *f*; ~ **догово́р** Vorvertrag *m*; ~ **взнос** Abschlag *m*, Abschlagszahlung *f*, Vorschuss *m*; ~ **заде́л** Vorleistung *f*; ~ **план** Grobplanung *f*; ~ **показа́тель** Vorleistung *f*; ~ **расчёт** Vorkalkulation *f*; ~ **тест** Pretest *m*; **предвари́тельное голосова́ние** Urabstimmung *f*; **предвари́тельное достиже́ние** Vorleistung *f*; **предвари́тельное реше́ние** Vorentscheidung *f*; **предвари́тельное уведомле́ние** Voranmeldung *f*; **предвари́тельное усло́вие** Voraussetzung *f*, Vorbedingung *f*
предвеща́ть *vt E impf* ankündigen, hindeuten (auf +*akk*)
предви́дение *nt O2* Voraussicht *f*
предви́деть <*präs:* -ви́жу, -ви́дишь> *vt I impf* voraussehen, vorhersagen
предвкуше́ние *nt O2* 1. Vorfreude *f*; 2. Vorgeschmack *m*, Ahnung *f*
предводи́тель *m K1* Anführer *m*
предвы́борный *adj* der Wahl vorausgehend, Wahl-; **предвы́борная борьба́** Wahlkampf *m*
предго́рье *nt O1* Gebirgsvorland *nt*; **предго́рья Альп** Alpenvorland *nt*
преддве́рие *nt O2* (*fig*) Vorabend *m*, Vorfeld *nt*; **в преддве́рии встре́чи на вы́сшем у́ровне** am Vorabend des Gipfeltreffens; **в преддве́рии съе́зда** im Vorfeld des Parteitages
преде́л *m K* 1. Grenze *f*; **всему́ есть ~** alles hat seine Grenzen; 2. Limit *nt*; **за ~ами** außerhalb; ~ **дохо́да** Einkommensgrenze *f*; ~ **кредитова́ния** Kreditplafond *m*; ~ **ро́ста** Wachstumsgrenze *f*; ~ **цен** Preisgrenze *f*; ~ **задо́лженности** Verschuldensgrenze *f*; ~ **при́были** Gewinnschwelle *f*; ~ **произво́дственных мо́щностей** Kapazitätsgrenze *f*
преде́льный *adj* 1. Grenz-; 2. marginal; **преде́льное значе́ние** (MATH) Grenzwert *m*; **преде́льная вы́ручка** Grenzerlös *m*; **преде́льная нало́говая ста́вка** Grenzsteuersatz *m*; **преде́льная но́рма замеще́ния** Grenzrate *f* der Substitution; **преде́льная плано́вая сме́та расхо́дов** Grenzplankostenrechnung *f*; **преде́льная цена́** Limitpreis *m*; **преде́льные затра́ты** Grenzkosten *pl*; **преде́льная су́мма креди́та** Kreditplafond *m*; **преде́льная производи́тельность труда́** Grenzproduktivität *f*; **преде́льная поле́зность** Grenznutzen *m*; **преде́льная при́быль** Grenzgewinn *m*; **преде́льные изде́ржки** Grenzkosten *pl*; **преде́льные расхо́ды** Grenzkosten *pl*; ~ **дохо́д** Grenzerlös *m*; ~ **проду́кт** Grenzprodukt *nt*
предзнаменова́ние *nt O2* Omen *nt*, Vorzeichen *nt*
предлага́ть *vt E impf* (*pf:* предложи́ть) 1. vorschlagen; 2. anbieten, offerieren; 3. empfehlen; **предлага́емые це́нные бума́ги** Wertpapierangebot *nt*; **предлага́ющий наивы́сшую це́ну** Meistbietender *m*; **предлага́емый для прода́жи** verkäuflich; ~ **бо́лее высо́кую це́ну** überbieten
предло́г *m K* 1. Vorwand *m*; 2. (LING) Präposition *f*
предложе́ние *nt O2* 1. Vorschlag *m*; 2. Angebot *nt*, Offerte *f*; ~ **вака́нтных должносте́й** Stellenangebot *nt*; ~ **де́нег** Geldangebot *nt*; ~ **подпи́ски на це́нные бума́ги** Zeichnungsangebot *nt*; ~ **рабо́ты** Stellenangebot *nt*; ~ **рабо́чих мест** Stellenangebot *nt*; ~ **са́мой высо́кой цены́** Meistangebot *nt*; ~ **това́ров** Güterangebot *nt*, Warenangebot *nt*; ~ **труда́** Arbeitsangebot *nt*; ~ **цен** Angebotsabgabe *f*; ~ **це́нных**

бумáг Wertpapierangebot *nt* **3.** (LING) Satz *m*; **вопросительное ~** Fragesatz *m*
предложить <*fut:* -ложу, -ложишь> *vt I pf* (*impf:* предлагáть) **1.** vorschlagen; **2.** anbieten; **3.** empfehlen
предмéт *m K* **1.** Gegenstand *m*; **~ одéжды** Kleidungsstück *nt*; **~ потреблéния** Gebrauchsgegenstand *m*; **~ разговóров** Gesprächsstoff *m*; **2.** Fach *nt*; **учéбный ~** Studienfach *nt*; **~ договóра** Vertragsgegenstand *m*; **~ лúчного пóльзования** Gebrauchsgut *nt*; **~ лúчного потреблéния** Verbrauchsgut *nt*; **~ рóскоши** Luxusartikel *m*
преднамéренный <*kf:* -рен, -ренна> *adj* **1.** absichtlich; **2.** vorsätzlich, mutwillig; **преднамéренное злоупотреблéние владéнием чужúм имýществом** Untreue *f*
прéдок <*gen sg:* -дка> *m K* Vorfahr, -in *m/f*
предоплáта *f A* **1.** Anzahlung *f*; **2.** Vorauszahlung *f*; **дéлать предоплáту** anzahlen, vorausbezahlen
предопределённый *adj* prädestiniert
предопределúть *vt I pf* (*impf:* предопределять) **1.** vorherbestimmen; **2.** prädestinieren
предостáвить <*fut:* -влю, -вишь> *vt I pf* (*impf:* предоставлять) **1.** überlassen; **~ когó-либо самомý себé** jdn sich selbst überlassen; **комý-либо слóво** jdm das Wort erteilen; **2.** gewähren, zur Verfügung stellen
предоставлéние *nt O2* Bewilligung *f*; **~ гарáнтии** Sicherheitsleistung *f*; **~ краткосрóчного кредúта** Vorfinanzierung *f*; **~ поручúтельства** Sicherheitsleistung *f*; **~ срéдств** Dotierung *f*; **~ компенсáции** Abfindungszahlung *f*
предоставлять *vt E* **1.** bewilligen; **2.** bereitstellen, zur Verfügung stellen; **3.** zuteilen; **~ дотáцию** dotieren; **~ дóлю** beteiligen; **~ кредúт** akkreditieren; **~ скúдку** nachlassen; **~ срéдства** zuwenden
предостережéние **1.** Verwarnung *f*; **2.** Abmahnung *f*
предотвратúмый *adj* vermeidbar
предотвратúть <*fut:* -ащý, -атúшь> *vt I pf* (*impf:* предотвращáть) **1.** vermeiden, verhindern, verhüten; **2.** abwenden
предотвращéние *nt O2* Verhütung *f*
предохранúтель *m K1* (EL) Sicherung *f*; **снимáть с предохранúтеля** entsichern
предохранúть *vt I pf* (*impf:* предохранять) **1.** (*от чегó-либо*) behüten, bewahren (vor +*dat*); **2.** verhüten
предписáние *nt O2* **1.** Verordnung *f*; Bestimmung *f*; **3.** Weisung *f*; **4.** Vorschrift *f*; **~ закóна** gesetzliche Vorschrift *f*; **~ о прекращéнии деятельности предприятия** Betriebsuntersagung *f*; **предпúсанный закóном** gesetzlich vor-

geschrieben; **предпúсанное рабóчее врéмя при скользящем грáфике** Kernzeit *f*
предплéчье *nt O1* Unterarm *m*
предполагáть *vt E impf* (*pf:* предположúть) **1.** annehmen, vermuten; **2.** voraussetzen
предположéние *nt O2* Annahme *f*, Vermutung *f*
предположúтельный <*kf:* -лен, -льна, -льно> *adj* **1.** mutmaßlich; **2.** voraussichtlich
предпослéдний *adj* vorletzte(r, s)
предпосылка *f A* Voraussetzung *f*
предпочéсть <*fut:* -чтý, -чтёшь> *vt E4 pf* (*impf:* предпочитáть) bevorzugen, vorziehen
предпочтéние *nt O2* **1.** Bevorzugung *f*; **2.** Vorrang *m*; **3.** Begünstigung *f*; **4.** Präferenz *f*; **отдавáть чемý-либо ~** bevorzugen
предприúмчивый <*kf:* -ив> *adj* **1.** geschäftstüchtig, findig; **2.** unternehmungslustig
предпринимáтель *m K1* Unternehmer *m*
предпринимáтельский *adj* Unternehmer-; **предпринимáтельский взнос** Arbeitgeberanteil *m*; **предпринимáтельский дохóд** Residualeinkommen *nt*; **предпринимáтельский риск** Unternehmerrisiko *nt*, Unternehmerwagnis *nt*
предпринимáть *vt E impf* (*pf:* предпринять) unternehmen; **~ интервéнцию** intervenieren
предприятие *nt O2* **1.** Betrieb *m*, Unternehmen *nt*; **2.** Betriebsstätte *f*, Geschäft *nt*; **3.** Werk *nt*; **4.** Vorhaben *nt*, Unterfangen *nt*; **~-поставщúк** zulieferndes Unternehmen *nt*; **индивидуáльное ~** Einmannbetrieb *m*; **крýпное ~** Großbetrieb *m*; **мáлое ~** Kleinunternehmen *nt*; **~-изготовúтель промышленных объéктов** Anlagenbau *m*; **~ рóзничной торгóвли, обслýживающее клиéнтов прямо в автомобúлях** Drive-in-Unternehmen *nt*; **~ бытовóго обслýживания** Dienstleistungsunternehmen *nt*; **~ коммунáльно-бытовóго хозяйства** Kommunalbetrieb *m*; **~, на котóром рабóтают преимýщественно жéнщины** Frauenbetrieb *m*; **~ по обслýживанию населéния** Versorgungsbetrieb *m*; **~ с многосмéнным режúмом рабóты** Mehrschichtbetrieb *m*; **предприятие-покупáтель** Abnehmerbetrieb *m*; **предприятия-субпоставщикú** Zulieferindustrie *f*; **предприятия концéрна** Konzernunternehmen *nt*
предрасполóженность *f I* Veranlagung *f*
предрасполóженный *adj* **1.** (**к чемý-либо**) veranlagt (zu +*dat*); **2.** anfällig (für +*akk*)

председа́тель *m K1* Vorsitzender *m*; ~ **па́ртии** Parteivorsitzender *m*
председа́тельство *nt O* Vorsitz *m*
предсказа́ние *nt O2* Voraussage *f*
предсказа́ть <*fut:* -скажу́, -ска́жешь> *vt E4 pf* (*impf:* предска́зывать) voraussagen, vorhersagen, prophezeihen
представи́тель, представи́тельница *m K1 / f A* 1. Vertreter, -in *m/f*, Repräsentant, -in *m/f*; 2. Sprecher, -in *m/f*; 3. Wortführer *m*; ~ **прави́тельства** Regierungssprecher, -in *m/f*; ~ **пре́ссы** Pressesprecher, -in *m/f*; ~ **торго́вой фи́рмы** Handelsvertreter, -in *m/f*; ~ **комме́рческого предприя́тия** Agent *m*; ~ **страхово́го о́бщества** Versicherungsvertreter *m*; ~ **рабо́чих и слу́жащих** Betriebsrat *m*, Arbeitnehmervertreter *m*, Personalvertreter *m*
представи́тельный <*kf:* -лен, -льна> *adj* 1. ansehnlich, stattlich; 2. repräsentativ; ~ **вопро́с** Repäsentativumfrage *f*
представи́тельство *nt O* 1. Vertretung *f*; 2. Repräsentanz *f*
предста́вить <*fut:* -влю, -вишь> *vt I pf* (*impf:* представля́ть) 1. einreichen, vorlegen; 2. (*себе́*) sich vorstellen, sich vergegenwärtigen
представле́ние *nt O2* 1. Vorstellung *f*; ~ **о ми́ре** Weltbild *nt* 2. Darstellung *f*; **дать** ~ **о чём-ли́бо** Aufschluss geben; **не име́ть ни мале́йшего представле́ния о чём-ли́бо** nicht die geringste Ahnung haben (von *+dat*); **соста́вить себе́** ~ **о ком-ли́бо/чём-ли́бо** sich ein Bild machen (von *+dat*); ~ **документа́льных да́нных** Offenlegung *f*; ~ **докуме́нтов** Vorlage *f*
представля́ть *vt E impf* (*pf:* предста́вить) 1. repräsentieren; 2. vorlegen; ~ **в цифрово́й фо́рме** digitalisieren; ~ **себе́** sich vorstellen
предстоя́ть <*nur 3. pers:* -ои́т> *vi I pf* bevorstehen
предстоя́щий *adj* bevorstehend, kommend
предубежде́ние *nt O2* Vorurteil *nt*, Voreingenommenheit *f*
предупреди́тельность *f I* 1. Zuvorkommenheit *f*; 2. Entgegenkommen *nt*; 3. Kulanz *f*
предупреди́тельный <*kf:* -лен, -льна> *adj* 1. rücksichtsvoll, zuvorkommend; 2. vorbeugend, prophylaktisch; **предупреди́тельная забасто́вка** Warnstreik *m*
предупреди́ть <*fut:* -ежу́, -еди́шь> *vt I pf* (*impf:* предупрежда́ть) 1. warnen, mahnen; 2. vorbeugen
предупрежда́ть *vt E impf* (*pf:* предупреди́ть) 1. warnen; 2. mahnen
предупрежде́ние *nt O2* 1. Warnung *f*, Mahnung *f*; **ра́ннее** ~ Frühwarnung *f*; ~ **должника́** Mahnung *f*; ~ **должника́ че́рез суд** Mahnverfahren *nt*; **штормово́е** ~ Sturmwarnung *f*; **без предупрежде́ния** unangemeldet; 2. Vorbeugung *f*; ~ **ра́ковых заболева́ний** Krebsvorsorge *f*
предусма́тривать *vt E impf* (*pf:* предусмотре́ть) 1. vor(her)sehen; 2. vorsorgen
предусмотри́тельность *f I* Vorsorglichkeit *f*, Umsicht *f*
предчу́вствие *nt O2* Vorgefühl *nt*, Vorahnung *f*
предчу́вствовать *vt E2 impf* ahnen, ein Vorgefühl haben
предше́ственник, предше́ственница *m K / f A* Vorgänger, -in *m/f*; ~ **на посту́** Amtsvorgänger *m*
предше́ствующий *adj* vorherig, vorhergehend; ~ **пери́од** Vorperiode *f*
предъяви́тель *m K1* 1. Überbringer *m*; 2. (ÖKON) Inhaber *m*, Präsentant *m*; **на предъяви́теля** auf den Inhaber (ausgestellt), bei Vorlage fällig
предъяви́тельский *adj* Inhaber-; **предъяви́тельская а́кция** Inhaberaktie *f*; **предъяви́тельская це́нная бума́га** Inhaberpapier *nt*; ~ **чек** Inhaberscheck *m*
предъяви́ть <*fut:* -влю́, -ви́шь> *vt I pf* (*impf:* предъявля́ть) 1. vorzeigen, vorlegen, vorweisen; 2. erklären, erheben; ~ **прете́нзии** Ansprüche geltend machen; ~ **обвине́ние** (JUR) die Beschuldigung (dem Beschuldigten) bekanntgeben
предъявле́ние *nt O2* Vorstellung *f*, Präsentation *f*; ~ **това́ров для выполне́ния тамо́женных форма́льностей** Gestellung *f*
предыду́щий *adj* vorig, vorhergehend
предысто́рия *f A2* Vorgeschichte *f*
прее́мник *m K* Nachfolger, -in *m/f*; ~ **на посту́** Amtsnachfolger *m*
прее́мственность *f I* Kontinuität *f*
пре́жде I. *adv* 1. früher; 2. zuerst; ~ **всего́** vor allem; II. *präp +gen* früher als, vor (*+dat*)
преждевре́менный <*kf:* -менен, -менна> *adj* frühzeitig, verfrüht
пре́жний *adj* frühere(r, s), bisherige(r, s), ehemalige(r, s), Ex-
презента́ция *f A2* 1. Präsentation *f*; 2. (ÖKON) Promotion *f*
презервати́в *m K* Präservativ *nt*, Kondom *nt*
преиде́нство *nt O* Präsidentschaft *f*
президе́нт *m K* Präsident, -in *m/f*
прези́диум *m K1* 1. Präsidium *f*; 2. Vorstand *m*
презира́ть *vt E impf* verachten
презре́ние *nt O2* Verachtung *f*
презри́тельный <*kf:* -лен, -льна> *adj* verächtlich
преиму́щественный *adv* überwiegend, vorherrschend, hauptsächlich, vornehmlich; **преиму́щественное пра́во** Vorrecht *nt*, Vorzugsrecht *nt*, Priorität *f*, Vorrang *m*;

преиму́щественное пра́во акционе́ра Aktienoption *f*; **преиму́щественное пра́во поку́пки** Voranwartschaft *f*, Bezugsrecht *nt*, Vorkaufsrecht *nt*
преиму́щество *nt O* 1. Vorteil *m*; 2. Privileg *nt*; 3. Begünstigung *f*; 4. Präferenz *f*; 5. Priorität *f*, Vorrang *m*; **~ в конкуре́нтной борбе́** Wettbewerbsvorteil *m*; **преиму́щества в изде́ржках произво́дства** Kostenvorteil *m*
прейскура́нт *m K* Preisliste *f*; **прейскура́нтная цена́** Listenpreis *m*
преклоне́ние *nt O2* (*перед кем-либо*) Verehrung *f*, Huldigung *f*
преклоня́ться *vr E impf* (*pf*: преклони́ться) verehren, huldigen
прекра́сный <*kf*: -сен, -сна> *adj* 1. wunderschön, wundervoll, herrlich, großartig; 2. wunderbar, hervorragend, ausgezeichnet; **прекра́сная возмо́жность** großartige Gelegenheit *f*
прекрати́ть <*fut*: -ащу́, -ати́шь> *vt I pf* (*impf*: прекраща́ть) beenden, aufhören (mit +*dat*); **~ выпи́сывать газе́ту** die Zeitung abbestellen
прекрати́ться <*fut*: -ащу́сь, -ати́шься> *vr I pf* (*impf*: прекраща́ться) 1. aufhören; 2. abklingen
прекраща́ть *vt E impf* (*pf*: прекрати́ть) einstellen, aufhören
прекраще́ние *nt O2* 1. Einstellung *f*, Beendigung *f*, Abbruch *m*; 2. Erlöschen *nt*; 3. Verfall *m*; **~ огня́** Waffenstillstand *m*, Waffenruhe *f*; **~ платеже́й** Zahlungseinstellung *f*; **~ де́ятельности предприя́тия** Betriebsaufgabe *f*; **~ произво́дства** Betriebsstilllegung *f*
преле́стный <*kf*: -тен, -тна> *adj* reizend, anmutig
пре́лесть *f I* 1. Reiz *m*, Anmut *f*; 2. etwas Niedliches
прельсти́ть <*fut*: -льщу́, -льсти́шь> *vt I pf* (*impf*: прельща́ть) reizen, anziehen
премиа́льный *adj* Prämien-; **~ заём** Prämienanleihe *f*; **премиа́льные систе́мы дополни́тельно к опла́те труда́** Incentive *nt*
преми́нуть *vi E1 pf* unterlassen, versäumen
премирова́ть *vt E2 impf/pf* prämieren
пре́мия *f A2* 1. Prämie *f*; 2. Preis *m*; 3. Bonus *m*; 4. Gratifikation *f*; 5. Zugabe *f*; **Но́белевская ~** Nobelpreis *m*; **~ в биржевых сде́лках** Bonus *m*; **~ за пойму́ магази́нных воро́в** Fangprämie *f*; **~ за риск** Risikoprämie *f*; **~ за сбереже́ния** Sparprämie *f*; **~ на ко́нкурсе** Ausschreibungspreis *m*
премье́ра *f A* 1. Premiere *f*; 2. Erstaufführung *f*, Uraufführung *f*
премье́р-мини́стр *m K* Premierminister, -in *m/f*, Ministerpräsident, -in *m/f*
пренебрега́ть *vt E impf* (*pf*: пренебре́чь) geringschätzen, verachten

пренебреже́ние *nt O2* Geringschätzung *f*, Verachtung *f*
пренебрежи́тельный <*kf*: -лен, -льна> *adj* geringschätzig, abfällig, verächtlich
пре́ния *pl O2* 1. Debatte *f*; 2. Meinungsaustausch *m*; 3. Diskussion *f*
преоблада́ние *nt O2* 1. Dominieren *nt*; 2. Vorherrschaft *f*; **~ э́кспорта над и́мпортом** Exportüberschuss *m*
преоблада́ть *vt E impf* (*над кем-либо/чем-либо*) vorherrschen, dominieren
преоблада́ющий *adj* vorherrschend
преобразова́ние *nt O2* Umwandlung *f*, Umgestaltung *f*, Neugestaltung *f*; **~ да́нных** (DV) Datenkonvertierung *f*
преобразова́тель *m K1* 1. (EL) Wandler *m*; 2. Reformator *m*
преобразова́ть *vt E2 pf* (*impf*: преобразо́вывать) umwandeln, umformen, umbilden; **~ в цифрову́ю фо́рму** digitalisieren
преодолева́ть *vt E impf* (*pf*: преодоле́ть) überwinden, fertig werden (mit +*dat*)
преодоле́ние *nt O2* Überwindung *f*; **~ про́шлого** Vergangenheitsbewältigung *f*
препара́т *m K* Präparat *nt*
преподава́тель, преподава́тельница *m K / f A* Hochschullehrer, -in *m/f*, Dozent, -in *m/f*, Lektor, -in *m/f*
преподава́ть <*präs*: -даю́, даёшь> *vt E3 impf* lehren, unterrichten
преподнести́ <*fut*: -несу́, -несёшь> *vt E6 pf* (*impf*: преподноси́ть) überreichen; **~ сюрпри́з** jdn überraschen
препя́тствие *nt O2* Hindernis *nt*, Hinderungsgrund *m*; **~ в торго́вле** Handelshemmnis *nt*
препя́тствовать *v + dat E2 impf* (*pf*: воспрепя́тствовать) behindern (bei +*akk*), verhindern
прерва́ть <*fut*: -рву́, -рвёшь> *vt E4 pf* (*impf*: прерыва́ть) 1. abbrechen; 2. unterbrechen
прерва́ться <*fut*: -рву́сь, -рвёшься> *vr E4 pf* (*impf*: прерыва́ться) abbrechen, aufhören
пререка́ние *nt O2* Streitigkeit *f*, Wortwechsel *m*
прерыва́ние *nt O2* Unterbrechung *f*, Beendigung *f*; **~ бере́менности** Schwangerschaftsabbruch *m*
прерыва́ть *vt E impf* (*pf*: прерва́ть) 1. abbrechen; 2. unterbrechen
прерыва́ться *vr E impf* (*pf*: прерва́ться) abbrechen, aufhören
пресека́ть *vt E impf* (*pf*: пресе́чь) unterbinden, abstellen; **~ зло в ко́рне** das Übel an der Wurzel fassen [*o* packen]
пресле́дование *nt O2* Verfolgung *f*

пресле́дователь *m K1* Verfolger *m*
пресле́довать *vt E2 impf* verfolgen
преслову́тый *adj* berüchtigt
пресмыка́ющееся *nt wie adj* Reptil *nt*
пре́сный <*kf:* -сен, -сна́> *adj* fade, schal
пресс *m K* 1. (TECH) Presse *f;* 2. (*fig*) Druck *m;* **нало́говый** ~ Steuerschraube *f*
пре́сса *f A* Presse *f;* **бульва́рная** ~ Boulevardpresse *f;* **жёлтая** ~ Regenbogenpresse *f*
пресс-конфере́нция *m K* Pressekonferenz *f*
прессова́ть *vt E2 impf (pf:* **от-, с-**) (TECH) pressen
пресс-папье́ *nt indekl* Briefbeschwerer *m*
пресс-слу́жба *f A* Pressedienst *m*
престаре́лый <*kf:* -е́л> *adj* betagt, sehr alt
прести́ж *m K* 1. Prestige *nt*, Renommee *nt;* 2. Autorität *f;* ~ **фи́рмы** Firmenansehen *nt*
прести́жный <*kf:* -же́н, -жна> *adj* angesehen, renommiert
престо́л *m K* Thron *m*
престолонасле́дник *m K* Thronfolger *m*
преступле́ние *nt O2* 1. Verbrechen *nt;* 2. Delikt *nt;* **вое́нное** ~ Kriegsverbrechen *nt;* **осо́бо тя́жкое** ~ Kapitalverbrechen *nt;* **тра́нспортное** ~ Verkehrsdelikt *nt*
престу́пник, престу́пница *m K* Verbrecher, -in *m/f*, Straftäter, -in *m/f;* **вое́нный** ~ Kriegsverbrecher *m*
престу́пность *f I* Kriminalität *f;* **организо́ванная** ~ organisiertes Verbrechen *nt;* **экономи́ческая** ~ Wirtschaftkriminalität *f*
престу́пный <*kf:* -пен, -пна, -пно> *adj* kriminell, verbrecherisch; **престу́пное легкомы́слие** sträflicher Leichtsinn *m*
пресыще́ние *nt O2* Überdruss *m*
пресы́щенность *f I* Verdrossenheit *f;* ~ **жи́знью** Lebensüberdruss *m;* ~ **поли́тикой** Politikverdrossenheit *f*
пресы́щенный <*kf:* -щён> *adj* überdrüssig, übersättigt
претенде́нт *m K* 1. Anwärter, -in *m/f;* 2. Bewerber *m;* 3. Wettbewerber *m;* 4. Interessent *m*
претендова́ть *vi E2 impf* 1. (*на что-либо*) beanspruchen, Anspruch erheben (auf +*akk*); 2. sich bewerben (um +*akk*)
прете́нзия *f A2* 1. Anspruch *m*, Anmaßung *f;* 2. Beanstandung *f;* 3. Forderung *f;* 4. Reklamation *f;* **предъявля́ть прете́нзии** Ansprüche geltend machen; **без прете́нзий** anspruchslos; ~ **на ко́нкурсную ма́ссу** Massenanspruch *m;* ~ **на получе́ние како́го-л. пра́ва** Anwartschaft *f;* ~ **о недоста́че** Mengenreklamation *f;* ~ **по гара́нтии** Gewährleistungsanspruch *m;* ~ **по да́нной гара́нтии** Garantieanspruch *m*
прете́рит *m K* (LING) Präteritum *nt*
преть *vi E impf (pf:* **со-**) faulen
преувеличе́ние *nt O2* Übertreibung *f*
преувели́ченный *adj* 1. übertrieben; 2. exzessiv
преувели́чивать *vt E impf (pf:* **преувели́чить**) 1. übertreiben; 2. aufbauschen
преуменьша́ть *vt E impf (pf:* **преуме́ньшить**) untertreiben, bagatellisieren; ~ **серьёзность** [*o* **опа́сность**] verharmlosen
преуспева́ть *vi E impf (pf:* **преуспе́ть**) erfolgreich sein
преференциа́льный *adj* Vorzugs-; **преференциа́льная по́шлина** Vorzugszoll *m;* **преференциа́льная цена́** Vorzugspreis *m*
префере́нция *nt O2* 1. Begünstigung *f;* 2. Präferenz *f*
преходя́щий *adj* vergänglich
прецеде́нт *m K* Präzedenzfall *m*, Grundsatzurteil *nt;* **создава́ть** ~ einen Präzedenzfall schaffen
преюди́ция *f A2* (JUR) Vorentscheidung *f*
при *präp* +*präpos* bei (+*dat*); **я тут не́** ~ **чём** ich habe damit nichts zu tun; ~ **э́том** dabei, hierbei; ~ **всех тру́дностях** trotz aller Schwierigkeiten; ~ **Горба́чёве** unter Gorbatschow; ~ **капитали́зме** im Kapitalismus; ~ **тепе́решнем у́ровне зна́ний** mit [*o* bei] dem heutigen Wissensstand; **име́ть** ~ **себе́** bei sich haben; **оста́ться** ~ **свои́х интере́сах** leer ausgehen
приба́вить <*fut:* -влю, -вишь> *vi I pf* (*impf:* **прибавля́ть**) hinzufügen
приба́виться <*fut:* -влюсь, -вишься> *vr I pf* (*impf:* **прибавля́ться**) hinzukommen, dazukommen
приба́вка *f A* 1. Zulage *f;* 2. Zuschlag *m;* 3. Zuschuss *m*
прибавле́ние *nt O2* 1. Zurechnung *f;* 2. Zunahme *f;* 3. Zusatz *m;* 4. Zuwachs *m;* ~ **семе́йства** (*umg*) Familienzuwachs *m*
прибавля́ть *vt E impf (pf:* **приба́вить**) 1. addieren, hinzufügen; 2. hinzurechnen, zurechnen
приба́лт, приба́лтка <*gen pl f:* -ток> *m K / f A* Balte, Baltin *m/f*
прибалти́йский *adj* baltisch
Приба́лтика *f A* Baltikum *nt*
прибега́ть *vi E impf (pf:* **прибежа́ть**) 1. herlaufen, angerannt kommen; 2. (**к** *чему́-либо*) greifen (zu +*dat*)
прибедня́ться *vr E impf (pf:* **прибедни́ться**) (*umg*) sich arm stellen, den Bemitleidenswerten spielen
прибере́га́ть *vt E impf (pf:* **прибере́чь**) zurücklegen
прибива́ть *vt E impf (pf:* **приби́ть**) 1. (-**гвоздя́ми**) festnageln; 2. anspülen; ~ **к бе́регу** ans Ufer treiben
приближа́ться *vr E impf (pf:* **прибли́зиться**) sich nähern, näher kommen; **приближа́ется кри́зис** es kriselt
приближе́ние *nt O2* Annährung *f*

приближённый I. *adj* ungefähr; **приближённое значение** Nährungswert *m*; II. *m wie adj* Vertrauensmann *m*; **приближенные** (*pl*) die nächste Umgebung (einer regierenden Person)
приблизи́тельный *adj* ungefähr
приблизи́тельно *adv* annähernd, schätzungsweise
прибли́зиться <*fut:* -и́жусь, -и́зишься> *vi E4 pf* (*impf:* приближа́ться) sich nähern, näherkommen
прибо́й *m K2* Brandung *f*
прибо́р *m K* 1. Gerät *nt*; 2. Besteck *nt*, Gedeck *nt*
прибыва́ть *vi E impf* (*pf:* прибы́ть) ankommen, eintreffen
при́быль 1. Ertrag *m*; 2. Gewinn *m*; 3. Erfolg *m*; 4. Nutzen *m*; 5. Vorteil *m*; ~ **бру́тто** Bruttogewinn *m*; ~ **не́тто** Reingewinn *m*; ~ **за год** Jahresgewinn *m*; ~ **за отчётный пери́од** Periodenerfolg *m*; ~ **отража́емая в бала́нсе и счёте при́былей и убы́тков** Buchgewinn *m*; ~ **от прода́жи предприя́тия** Betriebsveräußerungsgewinn *m*; ~ **э́кспортно-и́мпортного бала́нса** Leistungsbilanzüberschuss *m*; **чи́стая** ~ Reingewinn *m*
при́быльность *f l* 1. Ertragskraft *f*; 2. Rentabilität *f*; 3. Wirtschaftlichkeit *f*
при́быльный <*kf:* -лен, -льна> *adj* gewinnbringend, lukrativ, profitabel
прибы́тие *nt O2* Ankunft *f*, Anreise *f*
прибы́ть <*fut:* -бу́ду, -бу́дешь> *vi UE1 pf* (*impf:* прибыва́ть) ankommen, anreisen
привади́ть <*fut:* -а́жу, -а́дишь> *vt I pf* (*impf:* прива́живать) (*auch fig*) ködern, locken
прива́л *m K* Halt *m*, Rast *f*; **де́лать** ~ rasten
привари́ть <*fut:* -арю́, -а́ришь> *vt I pf* (*impf:* прива́ривать) (TECH) anschweißen, einschweißen
прива́т-доце́нт *m K* Privatdozent *m*
приватиза́ция *f A2* Privatisierung *f*
приватизи́ровать *vt E2 impf/pf* privatisieren
привере́дливый <*kf:* -ив> *adj* wählerisch, launisch
привере́дничать *vi I impf* (*umg*) herummäkeln, nörgeln
приве́рженность *f I:* ~ **ма́рке** (ÖKON) Markentreue *f*
привести́ <*fut:* -веду́, -ведёшь> *vt E6a pf* (*impf:* приводи́ть) 1. mitbringen; 2. holen; 3. angeben, aufführen
приве́т *m K* Gruß *m*; **передава́ть** ~ Grüße bestellen; **быть с ~ом** (*umg*) eine Meise [o einen Vogel]haben
приве́тливость *f I* Freundlichkeit *f*
приве́тливый <*kf:* -ив> *adj* freundlich
приве́тственный *adj* Gruß-; **приве́тственное сло́во** Grußwort *nt*, Begrüßung *f*
приве́тствие *nt O2* 1. Gruß *m*; 2. Begrüßung *f*
приве́тствовать *vt E2 impf* (*pf:* по-) 1. begrüßen, willkommen heißen; 2. begrüßen, gutheißen
привива́ть *vt E impf* (*pf:* приви́ть). 1. beibringen, anerziehen; 2. (AGR) propfen, okulieren; 3. (MED) impfen
приви́вка *f A* Impfung *f*; ~ **от столбняка́** Tetanusimpfung *f*; **профилакти́ческая** ~ Schutzimpfung *f*
привилегиро́ванный *adj* privilegiert; **привилегиро́ванная а́кция** Genussaktie *f*, Vorzugsaktie *f*; **привилегиро́ванные це́нные бума́ги** Favoriten *pl*
привиле́гия *f A2* 1. Privileg *nt*; 2. Begünstigung *f*; 3. Vorrecht *nt*
при́вкус *m K* Nachgeschmack *m*, Beigeschmack *m*
привлека́тельный <*kf:* -лен, -льна> *adj* reizvoll, attraktiv, anziehend
привлека́ть *vt E impf* (*pf:* привле́чь) 1. heranziehen, einbeziehen; 2. beschaffen; 3. hinzuziehen; ~ **внима́ние** die Aufmerksamkeit auf sich ziehen; ~ **к уголо́вной отве́тственности** strafrechtlich belangen; ~ **клие́нтов** [*o* **покупа́телей**] akquirieren; **привлечённый капита́л** Fremdkapital *nt*
привлече́ние *nt O2* 1. Beschaffung *f*, Werbung *f*, Akquisition *f*; 2. Heranziehen *nt*; 3. Einbeziehung *f*; ~ **капита́ла** Kapitalbeschaffung *f*; ~ **клие́нтов** Kundenwerbung *f*, Akquisition *f*, Akquise *f*; ~ **но́вых покупа́телей** Neuakquisition *f*; ~ **ка́дров** Personalbeschaffung *f*; ~ **рабо́чей си́лы** Personalbeschaffung *f*
приво́д *m K* (JUR) Vorführung *f*
приво́д *m K* (KFZ) Antrieb *m*; ~ **на все колёса** Allradantrieb *m*; ~ **на за́дние колёса** Hinterradantrieb *m*; **пере́дний** ~ Vorderradantrieb *m*
приводи́ть <*präs:* -вожу́, -во́дишь> *vt I impf* (*pf:* привести́) 1. mitbringen, holen; 2. (**к чему́-ли́бо**) bewirken, erbringen, führen (zu +*dat*); ~ **в восто́рг** begeistern; 3. angeben, aufführen; ~ **приме́р** ein Beispiel anführen
приводно́й *adj* Antriebs-; ~ **механи́зм** Triebwerk *nt*
привра́тник, **привра́тница** *m K / f A* Pförtner, -in *m/f*
привыка́ние *nt O2* Gewöhnung *f*
привыка́ть *vi E impf* (*pf:* привы́кнуть) (**к чему́-ли́бо**) sich gewöhnen (an +*akk*)
привы́чка *f A* Gewohnheit *f*, Angewohnheit *f*; **жи́зненные привы́чки** Lebensart *f*
привы́чный <*kf:* -чен, -чна> *adj* gewohnt; **де́ло привы́чное** Routineangelegenheit *f*
привя́занность *f I* 1. Bindung *f*; 2. Anhänglichkeit *f*
привяза́ть <*fut:* -яжу́, -я́жешь> *vt E4 pf*

(*impf:* привя́зывать) anbinden, festbinden
привя́зка *f A* Anpassung *f*
привя́зчивость *f I* 1. Anhänglichkeit *f*; 2. Aufdringlichkeit *f*
привя́зчивый <*kf:* -ив> *adj* (*umg*) anhänglich, anschmiegsam
привя́зывать *vt E impf* (*pf:* привяза́ть) anbinden, festbinden
пригиба́ться *vr E impf* (*pf:* пригну́ться) sich ducken, sich neigen
пригла́дить <*fut:* -а́жу, -а́дишь> *vt I pf* (*impf:* пригла́живать) 1. (*волосы*) glätten, glattstreichen; 2. (*fig*) glätten
пригласи́ть <*fut:* -ашу́, -аси́шь> *vt I pf* (*impf:* приглаша́ть) einladen
приглаше́ние *nt O2* 1. Einladung *f*; 2. (DV) Eingabeaufforderung *f*, Prompt *m*; ~ на та́нец Aufforderung *f* zum Tanz; ча́стное ~ persönliche Einladung *f*; ~ на рабо́ту Engagement *nt*
приглуша́ть *vt E impf* (*pf:* приглуши́ть) (*звук*) dämpfen
пригляде́ть <*fut:* -яжу́, -яди́шь> *vt I pf* (*impf:* пригля́дывать) (*umg: за кем-либо*) aufpassen (auf +*akk*)
пригну́ться *vt E1 pf* (*impf:* пригиба́ться) sich ducken, sich neigen
пригова́ривать I. *vt E impf* (*pf:* приговори́ть) verurteilen; ~ к сме́ртной ка́зни zum Tode verurteilen; II. *vi E nur impf* (bei einer Handlung) vor sich hin sprechen
пригово́р *m K* Urteil *nt*, Urteilsspruch *m*; вынесе́ние -а Urteilsfällung *f* Urteilsverkündung *f*; оправда́тельный ~ Freispruch *m*; ~ трете́йского суда́ Schiedsspruch *m*
приго́дность *f I* Eignung *f*, Tauglichkeit *f*, Befähigung *f*
приго́дный <*kf:* -ден, -дна, -дно> *adj* tauglich; быть приго́дным для обрабо́тки на компью́тере computergerecht
приго́жий <*kf:* -о́ж> *adj* hübsch, schön
пригора́ть *vi E impf* (*pf:* пригоре́ть) anbrennen
приго́рок <*gen sg:* -рка> *m K* Anhöhe *f*
приготовля́ть *vt E impf* (*pf:* пригото́вить) 1. vorbereiten, zubereiten; ~ обе́д Mittagessen kochen; 2. bereitlegen
приготовля́ться *vr E impf* (*pf:* пригото́виться) 1. (к чему́-либо) sich vorbereiten (auf +*akk*); 2. sich gefasst machen, sich einstellen (auf +*akk*)
приготовле́ние *nt O2* Vorbereitung *f*, Vorkehrung *f*; де́лать приготовле́ния Vorbereitungen treffen
пригу́бить <*fut:* -блю, -бишь> *vt I pf* (*impf:* пригу́бливать) nippen; он едва́ пригу́бил рю́мку er hat kaum an seinem Glas genippt
придава́ть <*präs:* -даю́, -даёшь> *vt E3 impf* (*pf:* прида́ть) 1. hinzufügen; 2. beimessen, verleihen; ~ значе́ние Bedeutung beimessen; ~ си́лу Kraft verleihen
прида́ное *nt wie adj* Aussteuer *f*, Mitgift *f*; ~ для новорождённого Babyausstattung *f*
прида́ток <*gen sg:* -тка> *m K* Anhängsel *nt*
прида́точный *adj* angehängt; прида́точное предложе́ние (LING) Nebensatz *m*
прида́ть <*fut:* -дам, -дашь> *vt U2 pf* (*impf:* придава́ть) 1. hinzufügen; 2. beimessen
прида́ча *f A* Zugabe *f*, Zulage *f*; в прида́чу überdies
приде́лать *vt E pf* (*impf:* приде́лывать) anbringen, anmachen, anstecken, befestigen
приде́рживаться *vr E impf* 1. (за что-либо) sich festhalten (an +*dat*); 2. (чего-либо) befolgen, einhalten, sich halten (an +*akk*)
приди́ра *mf A* Nörgler, -in *m/f*
придира́ться *vr E impf* (*pf:* придра́ться) 1. herummäkeln, nörgeln; 2. (*umg: к кому́-либо*) anmeckern; мне да́же не́ к чему ~ ich habe überhaupt nichts daran auszusetzen
приди́рка *f A* 1. Schikane *f*; 2. Nörgelei *f*
приди́рчивый <*kf:* -ив> *adj* mäkelsüchtig, nörglerisch
приду́мать *vt E pf* (*impf:* приду́мывать) ausdenken, sich einfallen lassen
приду́риваться *vi E impf* (*umg*) herumalbern, blödeln
придуркова́тый <*kf:* -а́т> *adj* albern, dämlich
прие́зд *m K* Ankunft *f*
приезжа́ть *vi E pf* (*impf:* прие́хать) ankommen
прие́зжий I. *adj* ortsfremd, zugereist; II. *m wie adj* Fremde(r) *mf*
приём *m K* 1. Übernahme *f*; 2. (в па́ртию, в организа́цию) Aufnahme *f*; ~ на рабо́ту Einstellung *f* 3. Empfang *m*; устра́ивать ~ einen Empfang geben; 4. (*това́ра*) Abnahme *f*; 5. (RUNDF) Empfang *m*; 6. Handgriff *m*; 7. Kunstgriff *m*
приёмка *f A* (*това́ра*) Abnahme *f*
прие́млемость *f I* 1. Akzeptanz *f*, Annehmbarkeit *f*; 2. Zulässigkeit *f*
прие́млемый <*kf:* -ем> *adj* 1. akzeptabel, annehmbar; 2. zulässig
приёмная *f wie adj* 1. Empfangsraum *nt*; 2. Sprechzimmer *nt*; 3. Wartezimmer *nt*
приёмный *adj* 1. Empfangs-, Sprech-; ~ день Sprechtag *m*; ~ пункт Annahme *f*; приёмные часы́ Sprechstunde *f*; 2. Adoptiv-; ~ ребёнок Adoptivkind *nt*; приёмные роди́тели Adoptiveltern *pl*
приёмщик *m K* Abnehmer *m*, Empfänger *m*
приёмыш *m K* (*umg*) Adoptivkind *nt*, Pflegekind *nt*
прижа́ть <*fut:* -жму, -жмёшь> *vt E9 pf* (*impf:* прижима́ть) 1. niederdrücken; 2.

(*fig*) abdrängen; **3.** (*fig*) Druck ausüben
прижа́ться <*fut*: -жму́сь, -жмёшься> *vr E9 pf* (*impf*: прижима́ться) sich andrücken, sich anschmiegen (an +*akk*)
прижига́ние *nt O2* Ätzen *nt*
приз *m K e* Preis *m*
призва́ние *nt O2* Berufung *f*
при́званный *adj* berufen
призва́ть <*fut*: -зову́, -зовёшь> *vt E4a pf* (*impf*: призыва́ть) **1.** aufrufen; **2.** auffordern; **~ в а́рмию** zum Wehrdienst einberufen
приземистый <*kf*: -ист> *adj* **1.** stämmig, untersetzt; **2.** niedrig
при́зма *f A* Prisma *nt*
признава́ть <*präs*: -зна́ю, -зна́ешь> *vt E3 impf* (*pf*: призна́ть) **1.** zugeben, gestehen; **2.** sich bekennen (zu +*dat*); **3.** anerkennen; **4.** zugestehen; **~ за кем-ли́бо пра́во** jdm das Recht einräumen
признава́ться <*präs*: -зна́юсь, -зна́ешься> *vr E3 impf* (*pf*: призна́ться) (**в чём-ли́бо**) eingestehen, zugeben
при́знак *m K* **1.** Merkmal *nt*; **2.** Anzeichen *nt*; **отличи́тельный ~** Kennzeichen *nt*; **не подава́ть ~ов жи́зни** kein Lebenszeichen von sich geben
призна́ние *nt O2* **1.** (JUR) Anerkennung *f*; **~ вино́вным** Schuldspruch *m*; **в любви́** Liebeserklärung *f*; **~ де-фа́кто** De-facto-Anerkennung *f*; **~ де-ю́ре** De-jure-Anerkennung *f*; **~ недействи́тельным** Erklärung *f* der Ungültigkeit **2.** Bekenntnis *nt*, Geständnis *nt*
при́знанный *adj* anerkannt, renommiert
призна́тельность *f I* Dankbarkeit *f*; **вы́разить свою́ ~** sich erkenntlich zeigen
призна́тельный *adj* erkenntlich, dankbar
призна́ть *vt E pf* (*impf*: признава́ть) **1.** zugeben, gestehen; **2.** anerkennen; **3.** sich bekennen (zu +*dat*); **4.** zugestehen
призна́ться *vr E pf* (*impf*: признава́ться) eingestehen, zugeben
при́зрак *m K* Gespenst *nt*, Spuk *m*, Geist *m*; **броди́ть как ~** herumgeistern
при́зрачный <*kf*: -чен, -чна> *adj* **1.** illusorisch; **2.** geisterhaft, gespenstisch
призы́в *m K* **1.** Appell *m*, Aufruf *m*, Aufforderung *f*; **2.** (MIL) Einberufung *f*; **3.** (MIL) Jahrgang *m*
призыва́ть *vt E impf* (*pf*: призва́ть) **1.** aufrufen, appellieren (an +*akk*); **2.** (MIL) einberufen
призывни́к *m K e* (MIL) Rekrut *m*
прийти́ <*fut*: приду́, придёшь> *vi E7 pf* (*impf*: приходи́ть) **1.** kommen, eintreffen; **2.** kommen, geraten
прийти́сь <*fut*: приду́сь, придёшься> *vi E7 pf* (*impf*: приходи́ться) **1.** zusagen, gefallen; **2.** müssen; **3.** verwandt sein
прика́з *m K* **1.** Befehl *m*, Order *f*; **2.** Anordnung *f*
приказа́ть <*fut*: -кажу́, -ка́жешь> *v +dat E4 pf* (*impf*: прика́зывать) befehlen, anordnen, anweisen; **~ до́лго жить** das Zeitliche segnen
прикарма́нивать *vt E impf* (*pf*: прикарма́нить) (*umg*) klauen, mitgehen lassen
прикаса́ться *vr E impf* (*pf*: прикосну́ться) (**к кому́-ли́бо**) berühren
прики́дка <*gen pl*: -ок> *f A* (*umg*) Überschlag *m*, Schätzung *f*
прики́дывать *vt E impf* (*pf*: прики́нуть) **1.** (*umg*) veranschlagen; **2.** überschlagen
прики́дываться *vr E impf* (*pf*: прики́нуться) vorgeben, vortäuschen
прикла́д *m K* Gewehrkolben *m*
прикладно́й *adj* angewandt; **прикладны́е нау́ки** angewandte Wissenschaften; **прикла́дное програ́ммное обеспе́чение** (DV) Anwendersoftware *f*
прикла́дывать *vt E impf* (*pf*: приложи́ть) **1.** auflegen; **2.** anwenden; **3.** aufwenden; **~ все уси́лия** alles daransetzen
прикле́ивать *vt E impf* (*pf*: прикле́ить) ankleben
приключе́ние *nt O2* Abenteuer *nt*; **пое́здка с приключе́ниями** abenteuerliche Fahrt *f*; **по́лный приключе́ний** abenteuerlich
приключе́нческий *adj* abenteuerlich, Abenteuer-
прикомандирова́ть *vt E2 pf* (*impf*: прикомандиро́вывать) abkommandieren
прикоснове́ние *nt O2* Berührung *f*
прикосну́ться *vr E1 pf* (*impf*: прикаса́ться) berühren
прикрепи́ть <*fut*: -плю́, -пи́шь> *vt I pf* (*impf*: прикрепля́ть) **1.** befestigen, festmachen; **2.** zuteilen, übergeben
прикрова́тный *adj* Bett-; **~ ко́врик** Bettvorleger *m*
прикрыва́ть *vt E impf* (*pf*: прикры́ть) **1.** verdecken; **2.** schützen; **3.** (SPORT) decken
прикры́тие *nt O2* **1.** (BAU) Belag *m*; **2.** (TECH) Überzug *m*; **3.** (MIL) Deckung *f*, Schutz *m*; **4.** (ÖKON) Deckung *f*; **~ изде́ржек произво́дства** Deckung *f* der Produktionskosten
прику́ривать *vt E impf* (*pf*: прикури́ть) (*сигаре́ту*) anzünden; **дать кому́-ли́бо ~** jdm Feuer geben
прила́вок <*gen sg*: -вка> *m K* Ladentisch *m*
прилага́емый *adj* beiliegend
прилага́тельное *nt wie adj* (LING) Adjektiv *nt*
прилага́ть *vt E impf* (*pf*: приложи́ть) **1.** beifügen; **2.** anwenden; **3.** aufbieten; **~ все си́лы** alle Kraft aufbieten
прилега́ть *vi E impf* anliegen, angrenzen, anrainen
прилежа́ние *nt O2* Fleiß *m*, Eifer *m*
приле́жный <*kf*: -жен, -жна> *adj* fleißig, eifrig; **~ в учёбе** lerneifrig

прилета́ть vi E impf (pf: прилете́ть) anfliegen
прили́в m K **1.** Flut f; **~ы и отли́вы** Gezeiten pl **2.** (MED) Blutandrang m; **3.** Zufluss m
приливно́й adj Flut-; **приливна́я ГЭС** Gezeitenkraftwerk nt
прили́чие nt O2 Anstand m
прили́чный <kf: -чен, -чна> adj ordentlich, anständig, manierlich; **веди́ себя́ прили́чно!** Benimm dich!
приложе́ние nt O2 Anlage f, Beilage f, Anhang m; **с приложе́нием необходи́мых докуме́нтов** unter Beifügung der notwendigen Unterlagen **2.** (DV) Anwendung f; **3.** (LING) Apposition f
приложи́ть <fut: -ожу́, -о́жишь> vt I pf (impf: прикла́дывать, прилага́ть) **1.** beilegen; **2.** anwenden; **3.** aufwenden; **~ все си́лы** alle Kraft aufbieten
прилуне́ние nt O2 Mondlandung f
прильну́ть vi E1 pf (к кому́-либо/чему́-либо) sich anschmiegen (an +akk)
прима́заться <fut: -ма́жусь, -ма́жешься> vr E4 pf (impf: прима́зываться) (umg) sich anbiedern
прима́нивать vt E impf (pf: примани́ть) anlocken, ködern
прима́нка f A **1.** Köder m; **2.** (fig) Lockvogel m
применéние nt O2 Anwendung f, Einsatz m; **~ си́лы** Gewaltanwendung f
примени́мый adj anwendbar
примени́ть <fut: -еню́, -е́нишь> vt I pf (impf: применя́ть) anwenden, einsetzen, gebrauchen; **~ са́нкции** Sanktionen verhängen
применя́ть vt E impf (pf: примени́ть) **1.** anwenden; **2.** einsetzen
применя́ться vr E impf zur Anwendung kommen; **ги́бко ~** flexibel gehandhabt werden
приме́р m K Beispiel nt, Exempel nt; **э́тот ~ мо́жет оказа́ться зарази́тельным** dieses Beispiel dürfte Schule machen; **нагля́дный ~** anschauliches Beispiel nt; **брать с кого́-либо ~** sich an jdm ein Beispiel nehmen; **приводи́ть ~** ein Beispiel anführen; **проиллюстри́ровать ~ом** an einem Beispiel aufzeigen; **ста́вить кого́-либо в ~** jdn zum Vorbild machen
приме́рить vt I pf (impf: примеря́ть) anprobieren
приме́рка f A Anprobe f
приме́рный <kf: -рен, -рна> adj **1.** musterhaft, vorbildlich; **2.** ungefähr
приме́та f A **1.** Kennzeichen nt, Merkmal nt; **2.** Vorzeichen nt; **наро́дная ~** Bauernregel f
приме́тить <fut: -е́чу, -е́тишь> vt I pf (impf: примеча́ть) (umg) bemerken, beachten

примеча́ние nt O2 **1.** Bemerkung f, Anmerkung f; **2.** Vermerk m; **~ с уведомле́нием** Avis-Klausel f
примеча́тельный <kf: -лен, -льна> adj bemerkenswert
приме́шивать vt E impf (pf: примеша́ть) beimischen, beimengen
примире́ние nt O2 Versöhnung f, Aussöhnung f
примири́тельный <kf: -лен, -льна> adj versöhnlich; **~ проце́сс** Vergleichsverfahren nt
примири́ть vt I pf (impf: примиря́ть) versöhnen
примири́ться vr I pf (impf: примиря́ться) **1.** (с кем-либо /чем-либо) sich versöhnen (mit +dat); **2.** sich zufriedengeben, sich abfinden (mit +dat)
примити́вный <kf: -вен, -вна> adj primitiv
примо́рье nt O1 Küstengebiet nt
Примо́рье nt O1 fernöstliches Küstenland (in Russland)
при́мула f A Primel f
при́мус m K Petroleumkocher m
примыка́ть vi E impf sich reihen, sich anschließen (an +akk)
принадлежа́ть v + dat I impf gehören; **он не принадлежи́т себе́** er ist nicht sein eigener Herr
принадле́жность f I **1.** Zugehörigkeit f; **~ к о́трасли** Branchenzugehörigkeit f **2.** (meist pl) Zubehör nt; **канцеля́рские принадле́жности** Büromaterial nt; **купа́льные принадле́жности** Badezeug nt; **пи́сьменные принадле́жности** Schreibzeug nt
принести́ <fut: -несу́, -несёшь> vt E6 pf (impf: приноси́ть) **1.** bringen, herbeibringen; **2.** (fig) bringen, einbringen, verursachen
принижа́ть vt E impf (pf: прини́зить) **1.** erniedrigen; **2.** herunterspielen, abwerten
принима́ть vt E impf (pf: приня́ть) **1.** übernehmen, entgegennehmen; **принима́емый ба́нком к учёту** bankfähig, diskontfähig; **~ де́ньги в ка́ссу** kassieren **2.** annehmen, akzeptieren; **~ пода́рок** ein Geschenk annehmen; **~ к све́дению** zur Kenntnis nehmen; **~ что-либо за чи́стую моне́ту** etw für bare Münze nehmen; **3.** abnehmen; **4.** aufnehmen; **~ бе́женцев** Flüchtlinge aufnehmen; **~ на рабо́ту** anstellen, einstellen; **5.** (госте́й) in Empfang nehmen, empfangen; **~ у себя́ кого́-либо** jdn beherbergen; **6.** (зако́н, резолю́цию) beschließen, verabschieden; **~ ме́ры** Maßnahmen treffen; **~ реше́ние за кого́-либо** jdm die Entscheidung abnehmen; **~ уча́стие** teilnehmen; **7.** befürworten; **~ поли́тику рефо́рм** die Reformpolitik befürworten; **8.** (лека́рство) einnehmen; **~ в расчёт** einkalkulieren
принима́ться vr E impf (pf: приня́ться)

1. sich vornehmen, sich machen (an +*akk*); 2. sich annehmen (+*gen*); 3. Wurzeln schlagen

принора́вливаться *vi E impf* (*pf:* приноровиться) (*umg*) sich anpassen

приноси́ть <*präs:* -ношу́, -но́сишь> *vt I impf* (*pf:* принести́) 1. bringen, herbeibringen, mitbringen; 2. (*fig*) bringen, einbringen, eintragen, abwerfen, verursachen; ~ кому́-ли́бо свои́ извине́ния sich entschuldigen (bei +*dat*); **принося́щий высо́кие проце́нты** hochverzinslich; **принося́щий вред де́лу** geschäftsschädigend; ~ **принося́щий твёрдый проце́нт** festverzinslich

приноше́ние *nt O2* (*fig*) Geschenk *nt*

при́нтер *m K* (DV) Drucker *m*; **бума́га для ~а** Druckerpapier *nt*; **иго́льчатый ~** Nadeldrucker *m*; **ка́бель для подключе́ния ~а** Druckerkabel *nt*; **ла́зерный ~** Laserdrucker *m*; **ма́тричный ~** Matrixdrucker *m*; **станда́ртный ~** Standarddrucker *m*; **стру́йный ~** Tintenstrahldrucker *m*

принуди́тельный *adj* Zwangs-; **принуди́тельная ликвида́ция** Zwangsvollstreckung *f*; **принуди́тельные ме́ры** Zwangsmaßnahmen *pl*; ~ **аукцио́н** Zwangsversteigerung *f*; **принуди́тельное чле́нство** Zwangsmitgliedschaft *f*; ~ **сбор** Zwangsabgabe *f*; **принуди́тельное взыска́ние** [*о исполне́ние*] Zwangsvollstreckung *f*; **принуди́тельное разреше́ние спо́ров** Zwangsvergleich *m*

прину́дить <*fut:* -у́жу, -у́дишь> *vt I pf* (*impf:* принужда́ть) nötigen, zwingen; ~ себя́ sich Zwang antun

принц, принце́сса *m K / f A* Prinz, Prinzessin *m/f*; **насле́дный принц** Kronprinz *m*; **насле́дная принце́сса** Kronprinzessin *f*

при́нцип *m K* Grundsatz *m*, Prinzip *nt*; **вы́сший ~** oberstes Gebot *nt*; **в ~е** im Grunde; ~ **де́йствия** Funktionsweise *f*; **идти́ на ~** seinem Prinzip folgen; **из ~а** aus Prinzip; ~ **максимиза́ции** Maximalprinzip *nt*; ~ **минима́льных затра́т** Minimalprinzip *nt*; ~ **нало́говой соразме́рности** Maßgeblichkeitsprinzip *nt*; ~ **номина́льной сто́имости** Nominalwertprinzip *nt*; ~ **оказа́ния по́мощи «в песо́к»** Gießkannenprinzip *nt*; ~ **оце́нки акти́вов предприя́тия не вы́ше преде́льного стоимостно́го лими́та** Höchstwertprinzip *nt*; ~ **причи́нной свя́зи** Kausalprinzip *nt*; ~ **ра́венства** Gleichheitsgrundsatz *m*; ~ **сни́женной сто́имости** Niederstwertprinzip *nt*; ~ **тожде́ства** Gleichheitsgrundsatz *m*; ~ **формирова́ния затра́т по определя́ющим фа́кторам** Kostenverursachungsprinzip *nt*

принципа́льный <*kf:* -лен, -льна, -льно> *adj* 1. grundsätzlich, prinzipiell; **принципа́льное разногла́сие** grundsätz-

liche Meinungsverschiedenheit *f* 2. prinzipientreu

приня́тие *nt O2* 1. Aufnahme *f*; 2. Beschließung *f*, Verabschiedung *f*; ~ **мер** Einleitung *f* von Maßnahmen; ~ **реше́ний** Entscheidungsfindung *f*; ~ **ве́кселя к платежу́** Wechselakzept *nt*; ~ **капита́ла** Kapitalaufnahme *f*; ~ **к опла́те** Akzept *nt* , Annahme *f*; ~ **на себя́ до́лга друго́го лица́** Schuldübernahme *f*; ~ **на себя́ поручи́тельства** Bürgschaftserklärung *f*; ~ **на себя́ отве́тственности** Haftungsübernahme *f*; ~ **ри́ска** Risikoübernahme *f*

при́нятый *adj* 1. aufgenommen; 2. beschlossen; **при́нятые ме́ры** getroffene Maßnahmen; **при́нятое постановле́ние;** verabschiedeter Beschluss *m*; 3. üblich; ~ **в да́нной стране́** landesüblich; **как при́нято** wie üblich

приня́ть <*fut:* приму́, при́мешь> *vt E9 pf* (*impf:* принима́ть) 1. annehmen; 2. abnehmen; 3. aufnehmen; 4. beschließen, verabschieden; 5. befürworten

приня́ться <*fut:* приму́сь, -при́мешься> *vr E9 pf* (*impf:* принима́ться) 1. sich vornehmen; 2. Wurzeln schlagen

приобрести́ <*fut:* -ету́, -етёшь> *vt E6a pf* (*impf:* приобрета́ть) 1. erlangen; ~ **зна́ния** Kenntnisse erlangen; ~ **о́пыт** Erfahrungen sammeln; 2. anschaffen, beschaffen; 3. erwerben, erstehen

приобрета́ть *vt E impf* (*pf:* приобрести́) 1. beschaffen; 2. erwerben

приобрете́ние *nt O2* 1. Kauf *m*, Ankauf *m*, Erwerb *m*, Anschaffung *f*; ~ **а́кций** Aktienkauf *m*; ~ **ве́кселя** Wechselankauf *m*; ~ **в со́бственность** Eigentumserwerb *m*; ~ **материа́лов** Materialbeschaffung *f*; ~ **пра́ва со́бственности** Eigentumserwerb *m*; ~ **пра́ва со́бственности по да́вности владе́ния** Ersitzung *f*; ~ **предприя́тия** Unternehmenskauf *m* , Takeover *m*; ~ **предприя́тия гру́ппой ме́неджеров** Management-buyout *m*; ~ **предприя́тия руководя́щим соста́вом** Management-buyout *m* 2. Nutzen *m*, Gewinn *m*

приорите́т *m K* 1. Vorrang *m*, Priorität *f*; 2. Präferenz *f*; **определя́ть ~ы** Prioritäten setzen; **отдава́ть ~ кому́-ли́бо/чему́-ли́бо** jdm/etw Vorrang einräumen

приорите́тный *adj* vorrangig; **приорите́тная зада́ча** vorrangige Aufgabe *f*

приостана́вливать *vt E impf* (*pf:* приостанови́ть) 1. aussetzen, vorläufig stoppen; **перегово́ры приостано́влены** die Verhandlungen ruhen; 2. einstellen

приостана́вливаться *vr E impf* (*pf:* приостанови́ться) stocken, zum Stillstand kommen

приостано́вка <*gen pl:* -вок> *f A* Einstellung *f*

приостановле́ние *nt O2* Einstellung *f*
приоткры́тый *adj* halboffen
припа́док <*gen sg:* -дка> *m K* Anfall *m*
припа́ивать *vt E impf* (*pf:* припая́ть) anlöten
припаркова́ться *vr E2 pf* (*impf:* паркова́ться) parken
припе́в *m K* (MUS: рефре́н) Refrain *m*, Kehrreim *m*
приписа́ть <*fut:* -пишу́, -пи́шешь> *vt E4 pf* (*impf:* припи́сывать) zuschreiben, andichten
припи́ска <*gen pl:* -сок> *f A* Postskriptum *nt*
припла́та *f A* Zuzahlung *f*
приподнима́ть *vt E impf* (*pf:* приподня́ть) 1. anheben; 2. (*шля́пу*) lüften
припо́днятый *adj* gehoben; **быть в припо́днятом настрое́нии** guter Laune sein
припо́й *m K2* Lot *nt*
припомина́ть *vi E impf* (*pf:* припо́мнить) 1. sich besinnen (auf +*akk*); 2. ankreiden, nachtragen; э́то я тебе́ припо́мню das vergesse ich dir nie
припра́ва *f A* Gewürz *nt*
при́работок <*gen sg:* -тка> *m K* Nebenverdienst *m*, Nebenerwerb *m*
прира́внивание *nt O2* Gleichstellung *f*
прира́внивать *vt E impf* (*pf:* приравня́ть) gleichstellen, gleichsetzen
приро́да *f A* 1. Natur *f*; 2. (*fig*) Wesen *nt*, Beschaffenheit *f*
приро́дный *adj* 1. naturgemäß; 2. Natur-; **~ые воло́кна** Naturfaser *f*;
прирождённый <*kf:* -ён, -ённа> *adj* anbegoren
приро́ст *m K* 1. Zuwachs *m*; 2. Zunahme *f*; 3. Wachstumsrate *f*; **дохо́дов** Ertragssteigerung *f*; **~ иму́щества** [*o* **состоя́ния**] Vermögenszuwachs *m*
приуча́ть *vt E impf* (*pf:* приучи́ть) zähmen
приса́дка *f A* (TECH) Zusatz *m*, Zusatzstoff *m*, Zuschlag *m*
присва́ивать *vt E impf* (*pf:* присво́ить) 1. sich aneignen, sich anmaßen; 2. (*umg*) einstecken, mitgehen lassen; 3. veruntreuen; **~ зва́ние** einen Titel verleihen
присвое́ние *nt O2* 1. Verleihung *f*, Zuerkennung *f*; 2. Aneignung *f*, Besitzergreifung *f*
приседа́ние *nt O2* Kniebeuge *f*
приско́рбный <*kf:* -бен, -бна, -бно> *adj* (*geh*) bedauerlich; **~ факт** bedauerliche Tatsache *f*
присла́ть <*fut:* -шлю́, -шлёшь> *vt E4 pf* (*impf:* присыла́ть) einschicken
прислони́ть *vt I pf* (*impf:* прислоня́ть) anlehnen (an +*akk*)
прислу́шаться *vr E pf* (*impf:* прислу́шиваться) 1. aufhorchen, lauschen; 2. (*fig*) Gehör schenken, jds Rat folgen
присма́тривать I. *vt E impf* (*pf:* присмотре́ть) Ausschau halten, sich umsehen; **~ себе́ рабо́ту** sich nach Arbeit umsehen; II. *vi E impf* (*pf:* присмотре́ть) (*за кем-ли́бо*) aufpassen (auf +*akk*)
присма́триваться *vr E impf* (*pf:* присмотре́ться) genau betrachten, untersuchen; **присмотре́вшись** bei genauerer Betrachtung
присове́товать *v* + *dat E2 pf* (*impf:* сове́товать) (*umg*) beraten, einen Rat geben
присоедине́ние *nt O2* 1. Beitritt *m*; 2. Eintritt *m*; 3. Anschluss *m*, Angliederung *f*, Einverleibung *f*; 4. (TECH) Anschluss *m*
присоедини́ть *vt I pf* (*impf:* присоединя́ть) 1. anschließen, eingliedern; 2. (TECH) anschließen
присоедини́ться *vr I pf* (*impf:* присоединя́ться) (*к кому́-ли́бо*) sich jdm anschließen, sich dort gesellen; **~ к соглаше́нию** einem Abkommen beitreten
приспоса́бливать *vt E impf* (*pf:* приспосо́бить) einrichten, einstellen, verwenden
приспоса́бливаться *vr E impf* (*pf:* приспосо́биться) (*к чему́-ли́бо*) sich einstellen, sich anpassen (an +*akk*); **уме́ющий ~** anpassungsfähige Person *f*
приспособле́нец <*gen sg:* -нца, *gen pl:* -нцев> *m K* (*pej*) Anpasser *m*, Konjunkturritter *m*, Wendehals *m*
приспособле́ние *nt O2* 1. Anpassung *f*; **~ произво́дственных мо́щностей** Kapazitätsanpassung *f* 2. Vorrichtung *f*, Hilfsmittel *nt*
приспосо́бленный <*kf:* -ен> *adj* 1. angepasst; 2. (*к чему́-ли́бо*) geeignet (für +*akk*)
приспу́щенный *adj* auf Halbmast
пристава́ть <*präs:* -стаю́, -стаёшь> *vi E3 impf* (*pf:* приста́ть). 1. anlegen, landen; 2. anhaften (an +*dat*); 3. sich (einer Gruppe) anschließen; 4. (*umg*) belästigen, anmachen; ну что ты ко мне приста́л? lass mich gefälligst in Ruhe!; **~ к же́нщине** sich an eine Frau heranmachen 5. (*unpersönlich*) sich gebühren; **тебе́ не приста́ло** es schickt sich nicht für dich
приста́вить <*fut:* -влю, -вишь> *vt I pf* (*impf:* приставля́ть) anlehnen, andrücken
приста́вка *f A* 1. (TECH) Zusatzgerät *nt*; 2. (LING) Präfix *nt*, Vorsilbe *f*
при́стальный <*kf:* -лен, -льна> *adj* (*о взгля́де*) unverwandt, durchdringend; **при́стальное внима́ние** verstärkte Aufmerksamkeit *f*
приста́нище *nt O1* 1. Unterkunft *f*, Obdach *nt*; 2. Domizil *nt*, Bleibe *f*
приста́ть <*fut:* -ста́ну, -ста́нешь> *vi E9b pf* (*impf:* пристава́ть) 1. anlegen, landen; 2. belästigen, anmachen

пристёгивать vt E impf (pf: пристегну́ть) 1. anknöpfen; 2. festschnallen; 3. (fig) anknüpfen

присто́йный <kf: -о́ен, -о́йна, -о́йно> adj anständig, gefällig

пристра́ивать vt E impf (pf: пристро́ить) 1. unterbringen; 2. anbauen

пристра́стие nt O2 Vorliebe f

пристра́стность f I Parteilichkeit f, Befangenheit f, Voreingenommenheit f

пристра́стный <kf: -тен, -тна, -тно> adj parteiisch, befangen

пристро́йка f A Anbau m

при́ступ m K 1. (MIL) Sturm m, Attacke f; 2. (MED) Anfall m; серде́чный ~ Herzinfarkt m; ~ ка́шля Hustenanfall m

приступа́ть vi E impf (pf: приступи́ть) 1. herantreten; 2. beginnen, in Angriff nehmen; ~ к рабо́те die Arbeit aufnehmen

пристыди́ть <fut: -тыжу́, -тыди́шь> vt I pf (impf: стыди́ть) Vorwürfe machen, beschämen

присуди́ть <fut: -ужу́, -у́дишь> vt I pf (impf: присужда́ть) 1. (JUR) verurteilen; 2. (Preis) verleihen, zuerkennen

присужде́ние nt O2 1. Verurteilung f; 2. Verleihung f; ~ учёной сте́пени до́ктора Verleihung f der Doktorwürde

прису́тствие nt O2 Anwesenheit f, Gegenwart f, Präsenz f; ~ ду́ха Geistesgegenwart f; вое́нное ~ militärische Präsenz f; в прису́тствии im Beisein, in Gegenwart (+gen); всегда́ сохраня́ть ~ ду́ха stets die Selbstbeherrschung bewahren

прису́тствовать vi E2 impf 1. zugegen sein, anwesend sein; 2. dasein, beiwohnen

прису́тствующий I. adj anwesend; II. m wie adj Anwesende(r) m f; спи́сок прису́тствующих Anwesenheitsliste f

присыла́ть vt E impf (pf: присла́ть) schicken, einschicken; пришли́те кого́-нибу́дь за ве́щами lassen Sie die Sachen bei mir abholen

прися́га f A Eid m; приводи́ть к прися́ге vereidigen; приведе́ние к прися́ге Vereidigung f

прися́жный I. m wie adj (JUR) Geschworene(r) m, Schöffe m; II. adj vereidigt

притащи́ть <fut: -тащу́, -та́щишь> vt I pf (impf: тащи́ть) anschleppen

притвори́ться <fut: -орю́сь, -ори́шься> vr I pf (impf: притворя́ться) vorgeben, vortäuschen, markieren

притесне́ние nt O2 Bedrückung f, Unterdrückung f

притесни́ть vt I pf (impf: притесня́ть) bedrängen, bedrücken, drangsalieren, unterdrücken

прито́к m K 1. Nebenfluss m; 2. (fig) Zufluss m, Zustrom m; 3. Eingang m; ~ де́нег Geldzufluss m; ~ покупа́телей Käuferandrang m

прито́м adv überdies, darüber hinaus

прито́н m K Spelunke f, Räuberhöhle f; воровско́й ~ Diebesnest nt

притонодержа́тель m K1 Unterhalter m einer Diebeshöhle

приторма́живать vt E impf (pf: притормози́ть) abbremsen

при́торный adj 1. übermäßig süß; 2. (fig) zuckersüß

приту́пленный adj abgestumpft; приту́пленное восприя́тие abgestumpftes Wahrnehmungsvermögen nt

при́тча f A Gleichnis nt, Parabel f

притяга́тельный <kf: -лен, -льна> adj anziehend; притяга́тельная си́ла Anziehungskraft f, Ausstrahlungskraft f

притя́гивать vt E impf (pf: притяну́ть) anziehen; притя́нутый за у́ши an den Haaren herbeigezogen

притяже́ние nt O2 1. (PHYS) Anziehung f; 2. Anziehungskraft f

притяза́ние nt O2 Anspruch m; территориа́льные притяза́ния Gebietsansprüche pl; ~ на получе́ние како́го-л. пра́ва Anwartschaft f; ~ на предоставле́ние гара́нтии Gewährleistungsanspruch m

притяну́ть <fut: -яну́, -я́нешь> vt E1 pf (impf: притя́гивать) anziehen

приукра́сить <fut: -а́шу, -а́сишь> vt I pf (impf: приукра́шивать) 1. schmücken; 2. (fig) beschönigen, ausschmücken

приумножа́ть vt E impf (pf: приумно́жить) (geh) mehren

приумноже́ние nt O2 (geh) Mehrung f

приуро́чивать vt E impf (pf: приуро́чить) (к чему́-либо) anberaumen, terminlich abstimmen, festlegen (auf +akk)

приуча́ть vt E impf (pf: приучи́ть) angewöhnen, anerziehen, beibringen; ~ к рабо́те einarbeiten

прихватиза́ция f A2 Privatisierung im Sinne der Nomenklatura

прихвати́ть <fut: -ачу́, -а́тишь> vt I pf (impf: прихва́тывать) 1. (umg) mitgehen lassen; 2. (umg: unpersönlich) abbekommen, geschädigt werden

прихо́д m K 1. Kommen nt, Ankunft f; ~ к вла́сти Machtantritt m, Machtübernahme f; 2. (ÖKON) Einnahme f, Eingang m, Haben nt; 3. (REL) Gemeinde f, Pfarrei f

приходи́ть <präs: -хожу́, -хо́дишь> vi I impf (pf: прийти́) herkommen, kommen; ~ в себя́ zur Besinnung kommen; ~ к вла́сти an die Macht kommen; ~ к понима́нию чего́-ли́бо sich zu einer Erkenntnis durchringen

приходи́ться <präs: -хожу́сь, -хо́дишься> vr I impf (pf: прийти́сь) 1. zusagen, gefallen; 2. (unpers + inf) müssen; мне прихо́дится призна́ть, что ich muss zugeben, dass; 3. verwandt sein; кем он тебе́ прихо́дится? wie ist er mit dir verwandt?

прихо́жая f wie adj 1. Flur m, Hausflur m; 2. Diele f
прихотли́вость f I 1. Launenhaftigkeit f, Verwöhntheit f; 2. Merkwürdigkeit f
прихотли́вый adj 1. launenhaft, wählerisch; 2. seltsam
при́хоть f I 1. Schrulle f; 2. Grille f, Laune f
прихра́мывать vi E impf hinken
прице́п m K Anhänger m; **грузови́к ~ ом** Lastzug m
прицепи́ть <fut: -цеплю́, -це́пишь> vt I pf (impf: прицепля́ть) (ваго́н) anhängen, kuppeln
прича́л m K Landungssteg m
прича́ливать vt E impf (pf: прича́лить) anbinden, anlegen, vertäuen
прича́стие nt O2 1. Kommunion f; **пе́рвое ~** Erstkommunion f; **свято́е ~** Heiliges Abendmahl nt; 2. (LING) Partizip nt
причасти́ть <fut: -ащу́, -асти́шь> vt I pf (impf: причаща́ть) (REL) die Kommunion austeilen
причасти́ться <fut: -ащу́сь, -асти́шься> vr I pf (impf: причаща́ться) (REL) das Heilige Abendmahl empfangen
прича́стный <kf: -тен, -тна> adj 1. teilhaftig, zugehörig; 2. mitschuldig; **~ к уби́йству** des Mordes mitschuldig
причём konj wobei
причеса́ть vt E pf (impf: причёсывать) 1. kämmen, frisieren; 2. (fig) frisieren, beschönigen; **~ фа́кты** Tatsachen zurechtrücken
причёска f A Frisur f
причи́на f A Grund m, Ursache f; **без причи́ны** grundlos; **~ для оправда́ния** Entschuldigungsgrund m; **без уважи́тельной причи́ны** unentschuldigt
причини́ть vt I pf (impf: причиня́ть) verursachen; **причиня́ющий вред де́лу** geschäftsschädigend
причи́нный adj (geh) ursächlich, kausal
причисле́ние nt O2 Zurechnung f, Hinzuzählung f
причисля́ть vt E impf (pf: причи́слить) 1. hinzurechnen, zurechnen; 2. einreihen (unter +akk)
причита́ние nt O2 1. Wehklagen nt; 2. Klagelied nt; **бесконе́чные причита́ния** Litanei f
причу́да f A Sonderlichkeit f, Marotte f, Schrulle f; **у ка́ждого свои́ причу́ды** jeder hat seine Schrullen
причу́дливый <kf: -ив> adj wunderlich, seltsam
пришвартова́ться vi E2 pf (impf: пришварто́вываться) (MAR) festmachen, vertäuen
пришива́ть vt E impf (pf: пришить) annähen
прищёлкивать vi E impf (pf: прищёлкнуть) schnalzen
прище́пка f A Wäscheklammer f

прищу́рить vt I pf (impf: прищу́ривать) (глаза́) zusammenkneifen
прию́т m K 1. Obdach nt; 2. Asyl nt; 3. Domizil nt; **дава́ть ~ кому́-либо** jdn beherbergen 4. Heim nt; **де́тский ~** Kinderheim nt; **~ для бездо́мных живо́тных** Tierheim nt
приюти́ть <fut: -ючу́, -юти́шь> vt I pf beherbergen, Asyl gewähren
приюти́ться <fut: -ючу́сь, -юти́шься> vr I pf (impf: приюча́ться) unterkommen, Unterkunft finden
прия́тель m K1 Freund m, Kumpel m
прия́тный <kf: -тен, -тна, -тно> adj angenehm, nett; **прия́тная неожи́данность** angenehme Überraschung f; **прия́тное чу́вство** Behagen nt
про präp +akk über (+akk); **~ него́** über ihn; **ду́мать ~ себя́** bei sich etw denken
проанализи́ровать vt E2 pf (impf: анализи́ровать) anlysieren
про́ба f A 1. Probe f; 2. Warenprobe f; **~ сил** Machtprobe f, Kraftprobe f; **в про́бы** probeweise; **снима́ть про́бу с чего́-либо** proben, kosten
пробе́г m K 1. (KFZ) Kilometerstand m; 2. (SPORT) Lauf m, Rennen nt
пробега́ть vt E impf (pf: пробежа́ть) 1. durchlaufen; 2. vorbeilaufen; 3. (fig) durchsehen, überfliegen
пробе́л m K 1. Lücke f, Bildungslücke f; **восполня́ть ~** eine Lücke schließen; **~ в зако́не** Gesetzeslücke f 2. Leerzeichen nt, Leertaste f
пробива́ть I. vt E impf (pf: проби́ть) 1. durchschlagen; 2. schlagen; 3. durchsetzen; 4. entwerten; **~ себе́ доро́гу** (fig) sich Bahn brechen; **пробива́ться** II. vr E impf (pf: проби́ться) 1. sich durchschlagen; 2. durchkommen; 3. quellen, hervorsprießen
пробивно́й adj (TECH, MIL) Durchschlagungs-, Durchsetzungs-; **пробивны́е спосо́бности** Durchsetzungsvermögen nt
проби́рка f A Reagenzglas nt
про́бка f A 1. Pfropfen m, Kork m; 2. Stockung f; 3. Stau m; 4. Verkehrsstau m
пробле́ма f A Problem nt; **без пробле́мы** problemlos
проблема́тика f A Problematik f, Problemkreis m
проблемати́чный <kf: -чен, -чна> adj problematisch
про́блеск m K 1. Schimmer m, Lichtstrahl m; 2. (fig) Schimmer m; **~ наде́жды** Hoffnungsschimmer m
про́бный adj Probe-, Prüf-; **~ ка́мень** Prüfstein m; **~ материа́л** Arbeitsprobe f; **~ шар** Versuchsballon m; **про́бная поку́пка** Kauf m auf Probe ; Vorbehaltskauf m; **~ ры́нок** Testmarkt m; **~ экземпля́р** Muster nt
про́бовать vt E2 impf (pf: ис-, по-) 1. ausprobieren; 2. (оде́жду) anprobieren; 3. abschmecken, kosten

пробо́р *m K* Scheitel *m*
пробуди́ть <*fut:*- бужу́, -бу́дишь> *vt I pf* (*impf:* буди́ть) 1. wecken; 2. (*fig*) aufrütteln; 3. (*fig: интере́с*) erwecken
пробуди́ться <*fut:* -бужу́сь, -бу́дишься> *vr I pf* (*impf:* пробужда́ться) 1. aufwachen; 2. (*fig*) entstehen, erwachen
пробурча́ть <*fut:* -бурчу́, -бурчи́шь> *vi I pf* (*impf:* бурча́ть) brummen, murmeln; **в животе́ бурчи́т** der Magen knurrt
прова́йдер *m K* (DV) Provider *m*
прова́л *m K* 1. Bruchstelle *f*, Loch *nt*; **~ в па́мяти** Gedächtnislücke *f* 2. Fehlschlag *m*, Fiasko *nt*, Rückschlag *m*, Flop *m*, Misserfolg *m*
прова́ливать *vt E impf* (*pf:* провали́ть) 1. durchbrechen; 2. (*fig*) zu Fall bringen, scheitern lassen
прова́ливаться *vi E impf* (*pf:* провали́ться) 1. hineinfallen, stürzen; **от стыда́ я гото́в был ~ сквозь зе́млю** ich wäre vor Scham am liebsten im Boden versunken; 2. scheitern, misslingen, fehlschlagen; 3. (*на экза́мене*) durchfallen
прове́дать *vt E pf* (*impf:* прове́дывать) 1. erfahren; 2. besuchen; **~ больно́го** einen Kranken besuchen
проведе́ние *nt O2* Durchführung *f*
провезти́ <*fut:* -везу́, -везёшь> *vt E6 pf* (*impf:* провози́ть) 1. hinfahren, hinschaffen, befördern; 2. mit sich führen
прове́рить *vt I pf* (*impf:* проверя́ть) 1. prüfen, überprüfen, kontrollieren; 2. testen; 3. korrigieren
прове́рка *f A* 1. Überprüfung *f*, Kontrolle *f*, Probe *f*, Durchsicht *f*, Prüfung *f*, Revision *f*, Inspektion *f*; **~ на СПИД** Aidstest *m*; **~ паспорто́в** Passkontrolle *f*; **~ заключи́тельного бала́нса** Jahresabschlussprüfung *f*; **~ прибо́ра** Verifikation *f*; **~ профессиона́льной приго́дности** Eignungstest *m*; **~ содержа́ния в органи́зме алкого́ля** Alkoholtest *m*; **~ упако́вки** (ÖKON) Verpackungstest *m*; **вы́держать прове́рку** die Bewährungsprobe bestehen; **устра́ивать кому́-ли́бо прове́рку** jdn auf die Probe stellen; 2. Korrektur *f*, Verbesserung *f*; 3. (POL) Verifizierung *f*; 4. Nachuntersuchung *f*
проверну́ть *vt E1 pf* (*impf:* провёртывать, провора́чивать) 1. durchbohren; 2. durchdrehen; **~ де́ло** (*umg*) eine Sache deichseln
проверя́ть *vt E impf* (*pf:* прове́рить) 1. checken, prüfen, testen, kontrollieren; 2. eichen
провести́ <*fut:* -веду́, -ведёшь> *vt E6a pf* (*impf:* проводи́ть) 1. durchführen, ausrichten, veranstalten; 2. verbringen; 3. durchsetzen, durchbringen; 4. betreiben, verfolgen
прове́тривание *nt O2* Lüftung *f*
прове́тривать *vt E impf* (*pf:* прове́трить) lüften, entlüften
провиа́нт *m K* Proviant *m*
провинциа́л, провинциа́лка <*gen pl f:* -лок> *m K / f A* Provinzler, -in *m/f*
провинциа́льный <*kf:* -лен, -льна> *adj* provinziell, Provinz-
прови́нция *f A2* Provinz *f*
провиса́ть *vi E impf* (*pf:* прови́снуть) durchhängen
про́вод *m K ple* 1. Draht *m*; 2. Leitung *f*; 3. Kabel *nt*
проводи́мость *f I* (EL) Leitfähigkeit *f*
проводи́ть I. <*präs:* -вожу́, -во́дишь> *vt I impf* (*pf:* провести́) 1. durchführen, ausrichten, veranstalten; **~ голосова́ние** abstimmen; **~ рефо́рму** reformieren 2. (*- семина́р, собра́ние*) abhalten; **~ соревнова́ния** (SPORT) Wettkämpfe austragen; 3. (*вре́мя*) verbringen; **о́тпуск ~** den Urlaub verbringen; 4. durchsetzen, umsetzen; **~ зако́н через парла́мент** das Gesetz beim Parlament durchbringen; **~ в жизнь** in die Wirklichkeit umsetzen; **~ поли́тику** Politik betreiben; 5. lotsen; II. *vt I pf* (*impf:* провожа́ть) 1. begleiten, bringen; 2. verabschieden
прово́дка *f A* 1. (EL) Installation *f*, Leitungen *pl*; 2. Lotsen *nt*; 3. Buchung *f*
проводни́к *m K e* 1. Zugführer *m*, Begleiter *m*; 2. (*в гора́х*) Bergführer *m*; 3. (EL) Leiter *m*; 4. (*fig*) Wortführer *m*, Vorreiter *m*
про́воды *mpl pl K* Verabschiedung *f*, Verabschiedungsfeier *f*; **~ зимы́** Vertreibung *f* des Winters
провожа́тый *m wie adj* Begleiter *m*
провожа́ть *vt E impf* (*pf:* проводи́ть) 1. begleiten, geleiten, bringen; **~ до до́ма** [*о домо́й*] nach Hause bringen; **~ в аэропо́рт** zum Flughafen bringen; **~ на вокза́л** zum Bahnhof bringen; **~ на пе́нсию** pensionieren; 2. verabschieden; **~ го́стя** einen Gast verabschieden; 3. (*глаза́ми*) folgen, nachblicken
прово́з *m K* Transfer *m*, Beförderung *f*, Transport *m*
провозгласи́ть <*fut:* -ашу́, -аси́шь> *vt I pf* (*impf:* провозглаша́ть) verkünden, ausrufen; **~ тост в честь кого́-ли́бо** jdn hochleben lassen, ein Hoch auf jdn ausbringen
провози́ть <*präs:* -вожу́, -во́дишь> *vt I impf* (*pf:* провезти́) 1. hinfahren, hinschaffen; **контраба́ндно ~** schmuggeln; 2. mit sich führen
провока́ция *f A2* Provokation *f*
про́волока *f A* Draht *m*; **колю́чая ~** Stacheldraht *m*
проволо́чка *f A* bürokratische Verzögerung *f*
провора́чивать *vt E impf* (*pf:* проверну́ть) 1. durchbohren; 2. durchdrehen; **~ де́ло** eine Sache deichseln

прово́рный <*kf:* -рен, -рна> *adj* schnell, geschwind, flink

провоци́ровать *vt E2 impf/pf* (*pf:* с-) **1.** provozieren; **2.** anstiften

прога́лина *f A* (*umg*) Lichtung *f*

прогиба́ние *nt O2* Durchbiegen *nt*

прогла́тывать *vt E impf* (*pf:* проглоти́ть) **1.** verschlucken, hinunterschlucken; **2.** (*fig*) schlucken, einstecken; **3.** (кни́ги) schmökern

прогляде́ть <*fut:* -яжу́, -яди́шь> *vt I pf* (*impf:* прогля́дывать) **1.** durchsehen, durchblättern; **2.** (*umg*) übersehen, nicht beachten; **3.** eine Weile betrachten

прогна́ть <*fut:* -гоню́, го́нишь> *vt I pf* (*impf:* прогоня́ть) fortjagen, vertreiben

прогни́вший *adj* **1.** morsch; **2.** vermodert

прогно́з *m K* Prognose *f*, Vorhersage *f*; ~ **не подтверди́лся** die Prognose hat sich nicht bewahrheitet; ~ **пого́ды** Wetterbericht *m*; ~ **сбы́та** Absatzprognose *f*; ~ **конъюнкту́ры ры́нка** Marktprognose *f*

прогнози́рование *nt O2* Prognostizierung *f*

прогнози́ровать *vt E2 impf/pf* prognostizieren, vorhersagen

проголосова́ть *vt E2 pf* (*impf:* голосова́ть) abstimmen

прогоня́ть *vt E impf* (*pf:* прогна́ть) **1.** fortjagen, verscheuchen, vertreiben; **2.** (TECH) durchlaufen lassen

прогора́ть *vt E impf* (*pf:* прогоре́ть) **1.** abbrennen; **2.** (*umg:fig*) abbrennen, Pleite gehen

прого́рклый *adj* (о ма́сле) ranzig

програ́мма *f A* **1.** Programm *nt*; **антикри́зисная** ~ Krisenkonzept *nt*; **ба́зовая** ~ Basisprogramm *nt*; ~ **капиталовложе́ний** (ÖKON) Investitionsprogramm *nt*; ~ **культу́ры** Kulturprogramm *nt*; ~ **за́нятости** Arbeitsbeschaffugspolitik *f*; ~ **пребыва́ния** Besuchsprogramm *nt*; **произво́льная** ~ Kür *f*; ~ **образова́ния** [о обуче́ния] Ausbildungsprogramm *nt* **2.** (DV) Programm *nt*; **антиви́русная** ~ Antivirenprogramm *nt*; **обуча́ющая** ~ Lernprogramm *nt*; **прикладна́я** ~ Anwendung *f*, Applikation *f*

программи́ровать *vt E2 impf* (*pf:* за-) programmieren

программи́ст, программи́стка <*gen pl f:* -ток> *m K / f A* Programmierer, -in *m/f*

програ́ммный *adj* **1.** programmatisch; **програ́ммная речь** programmatische Rede *f* **2.** (DV) Programm-; **програ́ммное обеспе́чение** Software *f*; **програ́ммное обеспе́чение по́льзователя** Anwendersoftware *f*

прогре́сс *m K* Fortschritt *m*; **ве́рящий в** ~ fortschrittsgläubig

прогресси́вный <*kf:* -вен, -вна, -вно> *adj* **1.** fortschrittlich, progressiv; **2.** (MATH) progressiv; **рост изде́ржек** Kostenprogression *f*

прогресси́ровать *vi E2 impf* fortschreiten, voranschreiten, Fortschritte machen

прогре́ссия *f A2* Progression *f*

прогу́ливать I. *vt E impf* (*pf:* прогуля́ть) spazieren führen; **II.** *vi E nur impf* (*umg*) verbummeln; ~ **рабо́ту** blaumachen; ~ **уро́ки** die Schule schwänzen

прогу́ливаться I. *vr E impf* (*pf:* прогуля́ться) spazieren gehen; **II.** *vr E nur impf* bummeln, schlendern

прогу́лка *f A* Spaziergang *f*; ~ **по ле́су** Wanderung *f*; ~ **по магази́нам** Einkaufsbummel *m*

продава́ть <*präs:* -даю́, -даёшь> *vt E3 impf* (*pf:* прода́ть) verkaufen, absetzen, veräußern, vermarkten, zum Verkauf bieten; **все биле́ты про́даны** es ist alles ausverkauft; ~ **с аукцио́на** versteigern; ~ **с торго́в** ausbieten

продаве́ц, продавщи́ца <*gen m:* -вца́> *m K / f A e* **1.** Verkäufer, -in *m/f*; **2.** Anbieter *m*; ~-**консульта́нт** Kundenberater *m*

прода́жа *f A* **1.** Verkauf *m*; **2.** Handel *m*; **3.** Abgabe *f*; **4.** Vermarktung *f*; **5.** Veräußerung *f*; **име́ющийся в прода́же** lieferbar; ~ **а́кций** Aktienverkauf *m*; ~ **това́ров** Warenverkauf *m*; ~ **фью́черсного контра́кта** Short Position *f*; ~ **це́нных бума́г** Wertpapierverkauf *m*; ~ **цена́** Verkaufspreis *m*, Veräußerungswert *m*

прода́жность *f I* Käuflichkeit *f*, Bestechlichkeit *f*

прода́жный <*kf:* -жен, -жна> *adj* **1.** verkäuflich, zum Verkauf stehend, erhältlich; **прода́жная цена́** Verkaufspreis *m*; **прода́жная цена́ бру́тто** Bruttoverkaufspreis *m*; **прода́жная цена́ не́тто** Nettoverkaufspreis *m*; **прода́жная сто́имость** Verkaufswert *m* **2.** bestechlich, käuflich, korrupt

прода́ть <*fut:* -да́м, -да́шь> *vt U2 pf* (*impf:* продава́ть) verkaufen

продаю́щийся *adj* verkäuflich, käuflich

продвига́т *vt E impf* (*pf:* продви́нуть) **1.** nach vorne schieben; **2.** (*fig*) fördern, beschleunigen; ~ **по слу́жбе** befördern

продвига́ться *vr E impf* (*pf:* продви́нуться) vorrücken, nachrücken; ~ **вперёд** fortschreiten, vorankommen; ~ **по слу́жбе** aufrücken

продвиже́ние *nt O2* **1.** Fortbewegung *f*; **2.** Vormarsch *m*; ~ **вперёд** Vorankommen *nt*; ~ **по слу́жбе** Aufstieg *m*; **3.** (зако́на) Durchsetzung *f*; **4.** (ÖKON) Einführung *f*

продви́нуться *vr E1 pf* (*impf:* продвига́ться) vorrücken, nachrücken

продева́ть *vt E impf* (*pf:* проде́ть) durchziehen, einfädeln

продезинфици́ровать *vt E2 pf* (*impf:* дезинфици́ровать) desinfizieren

проде́лка *f A* Streich *m*
продемонстри́ровать *vt E2 pf (impf:* демонстри́ровать) 1. demonstrieren; 2. veranschaulichen
продёргивать *vt E impf (pf:* продёрнуть) 1. durchziehen, einfädeln; 2. *(umg)* schlecht machen, kritisieren
проде́ть <*fut:* -де́ну, -де́нешь> *vt E9b pf (impf:* продева́ть) durchziehen, einfädeln
продлева́ть *vt E impf (pf:* продли́ть) (ÖKON) prolongieren, verlängern
продле́ние *nt O2* 1. Verlängerung *f*; 2. Prolongation *f*; ~ сро́ка Aufschub *m*; ~ сро́ка де́йствия ве́кселя Wechselprolongation *f*; ~ сро́ка ссу́ды Darlehensverlängerung *f*
продлёнка *f A (umg)* Kinderhort *m*
продлённый *adj* verlängert; **гру́ппа продлённого дня** Kinderhort *m*, Kindertagesstätte *f*
продли́ть *vt I pf (impf:* продлева́ть) verlängern, prolongieren
продли́ться *vr I pf (impf:* дли́ться) dauern, sich hinziehen
продолгова́тый <*kf:* -а́т> *adj* länglich
продолжа́тель *m K1* Fortsetzer *m*, Fortführer *m*; ~ ро́да Stammhalter *m*
продолжа́ть *vt E impf (pf:* продо́лжить) fortsetzen, fortführen, weitermachen
продолжа́ться *vr E impf (pf:* продо́лжиться) 1. dauern, andauern; 2. fortgesetzt werden
продолжа́ющийся *adj* anhaltend, fortwährend
продолже́ние *nt O2* Fortsetzung *f*, Fortführung *f*
продолжи́тельность *f I* 1. Dauer *f*, Länge *f*; 2. Laufzeit *f*; ~ жи́зни Lebenserwartung *f*; ~ существова́ния проду́кта Produktlebensdauer *f*; ~ оборо́та Umschlagsdauer *f*
продолжи́тельный <*kf:* -лен, -льна> *adj* langandauernd, langwierig, fortwährend; **продолжи́тельное вре́мя** seit geraumer Zeit
продо́лжить *vt I pf (impf:* продолжа́ть) fortsetzen, fortführen
продо́лжиться *vr I pf (impf:* продолжа́ться) dauern, andauern
продувно́й *adj (umg)* durchtrieben, gewieft
проду́кт *m K* 1. Produkt *nt*, Erzeugnis *nt*; 2. Gut *nt*; **валово́й национа́льный ~** Bruttosozialprodukt *nt*; **~ы пита́ния** Lebensmittel *nt pl*; **основны́е ~ы пита́ния** Grundnahrungsmittel *nt pl*; **~-микс** Produkt-Mix *m*
продукти́вность 1. Leistungsvermögen *nt*; 2. Produktivität *f*
продукти́вный <*kf:* -вен, -вна> *adj* produktiv, fruchtbar
продукто́вый *adj* Lebensmittel-; **продукто́вая гру́ппа** Division *f*, Sparte *f*; **продукто́вая оргструкту́ра** Divisionalisierung *f*, Spartenorganisation *f*; ~ **магази́н** Lebensmittelgeschäft *nt*
проду́кция *f A2* 1. Produktion *f*, Herstellung *f*, Erzeugung *f*; 2. Erzeugnisse *pl*, Produkte *pl*, Güter *pl*; ~ **се́льского хозя́йства** Agrarproduktion *f*
проду́мать *vt E pf (impf:* проду́мывать) überdenken, durchdenken
продыря́вить <*fut:* -влю, -вишь> *vt I pf (impf:* продыря́вливать) durchlöchern
прое́зд *m K* 1. Durchreise *f*, Durchfahrt *f*; 2. Transfer *m*
прое́здить <*fut:* -зжу, -здишь> *vt I pf* 1. *(де́ньги)* verfahren; 2. eine bestimmte Zeit fahren; прое́здил всю неде́лю er war eine ganze Woche unterwegs
проездно́й *adj* Reise-, Fahr-; **ме́сячный ~ биле́т** Monatsfahrkarte *f*
прое́здом *adv* auf der Durchreise
проезжа́ть *vt E impf (pf:* прое́хать) durchfahren, vorbeifahren
прое́зжий *adj* befahrbar; **прое́зжая часть (у́лицы)** Fahrbahn *f*
прое́кт *m K* 1. Projekt *nt*, Entwurf *m*, Vorhaben *nt*; 2. Vorschlag *m*; ~ **догово́ра [о соглаше́ния]** Vorvertrag *m*
проекти́рование *nt O2* 1. Planung *f*; 2. Projektplanung *f*; 3. Entwerfen *nt*
проекти́ровать *vt E2 impf (pf:* с-) 1. entwerfen; 2. projektieren, planen
прое́ктный *adj* Projekt-; **прое́ктная гру́ппа** Projektgruppe *f*; **прое́ктная организа́ция** Projektorganisation *f*; **прое́ктная расхо́дная сме́та** Plankostenrechnung *f*; **прое́ктные затра́ты** Projektkosten *pl*; **прое́ктный ме́неджмент** Projektmanagement *nt*
прое́ктор *m K* 1. Projektor *m*; 2. Overheadprojektor *m*
прое́кция *f A2* Projektion *f*; **горизонта́льная ~** Grundriss *m*
прое́хать <*fut:* -е́ду, -е́дешь> *vt UE2 pf (impf:* проезжа́ть) durchfahren, vorbeifahren
проеци́ровать *vt E2 impf (pf:* с-) projizieren
прожева́ть <*fut:* -жую́, -жуёшь> *vt E2 pf (impf:* прожёвывать) zerkauen
проже́ктор *m K* Scheinwerfer *m*
проже́чь <*fut:* -жгу́, -жжёшь, *Prät:* -жёг, -жгла́> *vt UE4 pf (impf:* прожига́ть) durchbrennen
прожжённый <*kf:* -жён> *adj (umg)* gerissen, gewieft, ausgekocht, hartgesotten
прожива́ть I. *vi E impf (pf:* прожи́ть) wohnen, seinen Wohnsitz haben, leben; **~ в це́нтре го́рода** im Stadtzentrum [*o* in der Innenstadt] wohnen; **~ разде́льно** getrennt leben; II. *vt E* verleben, für seinen Lebensunterhalt verbrauchen
прожива́ющий *adj* wohnhaft
прожига́ть *vi E impf (pf:* проже́чь)

durchbrennen; ~ **жизнь** in Saus und Braus leben

прожи́ть I. <*fut:* -живу́, -живёшь> *vt E4 pf* 1. (eine bestimmte Zeit) leben, verbringen; ~ **не́сколько лет за грани́цей** einige Jahre im Ausland verbringen 2. (*auch ohne Akkusativobjekt*) eine bestimmte Zeit von Anfang bis Ende erleben, leben; ~ **сто лет** hundert Jahre leben; II. *vt E4 pf* (*impf:* прожива́ть) für seinen Lebensunterhalt verbrauchen

прожо́рливый <*kf:* -ив> *adj* gefräßig

про́за *f A* Prosa *f*; ~ **жи́зни** Ernst des Lebens *m*

прозаи́ческий *adj* 1. Prosa-; 2. prosaisch, nüchtern

прозвуча́ть <*nur 3. pers:* -чи́т> *vi I pf* (*impf:* звуча́ть) tönen, erklingen

прозе́ктор *m K* Prosektor *m*, Leiter *m* des Seziersaals

прозорли́вость *f I* Scharfblick *m*, Scharfsinn *m*

прозра́чность *f I* Durchsichtigkeit *f*, Transparenz *f*; ~ **ры́нка** Markttransparenz *f*

прозра́чный <*kf:* -чен, -чна> *adj* durchsichtig, durchscheinend, transparent; **прозра́чная вода́** klares Wasser *nt*; ~ **во́здух** klare Luft *f*; ~ **намёк** Wink *m* mit dem Zaunpfahl; **прозра́чное пла́тье** durchsichtiges Kleid *nt*; **прозра́чная плёнка** Klarsichtfolie *f*

прозяба́ть *vi E impf* dahinvegetieren

проигнори́ровать *vt E2 pf* (*impf:* игнори́ровать) ignorieren, missachten

проигра́ть *vt E pf* (*impf:* прои́грывать) 1. (*в игре́*) verlieren; 2. (**пласти́нку**) abspielen; 3. eine Weile spielen

прои́грыватель *m K1* Plattenspieler *m*; **ла́зерный** ~ CD-Spieler *m*

произведе́ние *nt O2* Werk *nt*; ~ **иску́сства** Kunstwerk *nt*

произвести́ <*fut:* -веду́, -ведёшь> *vt Еба pf* (*impf:* производи́ть) 1. erzeugen, herstellen, produzieren; **произведённая рабо́та** Leistung *f* 2. auslösen, hervorrufen

производи́тель *m K1* 1. Produzent *m*, Hersteller *m*; 2. (AGR) Erzeuger *m*

производи́тельность *f I* Leistung *f*, Produktivität *f*; ~ **труда́** Arbeitsproduktivität *f*

производи́тельный *adj* 1. produktiv; ~ **труд** produktive Arbeit. 2. leistungsfähig

производи́ть <*präs:* -вожу́, -во́дишь> *vt I pf* (*pf:* произвести́) 1. erzeugen, herstellen, produzieren. 2. auslösen, hervorrufen; ~ **благоприя́тное впечатле́ние** einen guten Eindruck machen; 3. befördern; **он произведён в майо́ры** er ist zum Major befördert worden; ~ **девальва́цию** abwerten; ~ **расчёт** abrechnen verrechnen; ~ **рефо́рму** reformieren

произво́дный *adj* derivativ, abgeleitet; **произво́дное пра́во** (JUR) akzessorisches Recht *nt*, abgeleitetes Recht *nt*

произво́дственно-экономи́ческий *adj* betriebswirtschaftlich; **произво́дственно-экономи́ческая нау́ка** Betriebswirtschaftslehre *f*

произво́дственный *adj* 1. betrieblich; 2. Produktions-; **произво́дственное предприя́тие** Produktionsbetrieb *m*; ~ **учёт** Betriebsabrechnung *f*; ~ **фа́ктор** Produktionsfaktor *m*; ~ **расхо́д** Betriebsaufwand *m*; ~ **проце́сс** Arbeitsablauf *m*, Produktionsprozess *m*; ~ **потенциа́л** Produktionspotential *nt*; ~ **материа́л** Fertigungsmaterial *nt*; ~ **инвента́рь** Betriebsausstattung *f*; ~ **зака́з** Fertigungsauftrag *m*; ~ **дефе́кт** Produktionsfehler *m*; **произво́дственные мо́щности** Produktionspotential *nt*; **произво́дственная гото́вность** Betriebsbereitschaft *f*; **произво́дственная иера́рхия** Unternehmenshierarchie *f*; **произво́дственная програ́мма** Produktionsprogramm *nt*; **произво́дственная себесто́имость** Herstellungskosten *pl*; **произво́дственная тра́вма** Arbeitsunfall *m*; **произво́дственные изде́ржки** Betriebskosten *pl*, Fertigungskosten *pl*; **произво́дственное обору́дование** Produktionsanlage *f*; **произво́дственные отхо́ды** Produktionsrückstände *pl*; **произво́дственные показа́тели** Produktionszahlen *pl*; **произво́дственные поте́ри** Betriebsverlust *m*; ~ **результа́т** Produktionsergebnis *nt*; **произво́дственное зада́ние** Betriebsaufgabe *f*; **произво́дственное оснаще́ние** Betriebsausstattung *f*; **произво́дственное плани́рование** Produktionsplanung *f*

произво́дство *nt O* 1. Produktion *f*, Fertigung *f*, Erzeugung *f*; 2. Produktionsstätte *f*, Betrieb *m*; ~ **на склад** Lagerfertigung *f*; ~ **по зака́зу** Auftragsfertigung *f*; ~ **по конфиска́ции** Einziehungsverfahren *nt*; ~ **по лице́нзии** Lizenzfertigung *f*; ~ **промы́шленного обору́дования** Anlagenbau *m*; ~ **с це́лью созда́ния скла́дских запа́сов** Lagerproduktion *f*; ~ **сельскохозя́йственной проду́кции** Agrarproduktion *f*; ~ **това́ров и предоставле́ние и услу́г для ры́нка** Marktleistung *f* 3. (JUR) Verfahren *nt*; ~ **по дела́м несостоя́тельного должника́** Konkursverfahren *nt*

произво́льный <*kf:* -лен, -льна> *adj* willkürlich; **произво́льная програ́мма** (SPORT) Kür *f*; **произво́льная заме́на това́ра други́м това́ром при поста́вке** Falschlieferung *f*

произнести́ <*fut:* -несу́, -несёшь> *vt E6 pf* (*impf:* произноси́ть) aussprechen; ~ **тост** einen Trinkspruch ausbringen

произноше́ние *nt O2* 1. Aussprache *f*; 2. Artikulation *f*

произойти́ <*fut:* -ойду́, -ойдёшь> *vi E7a pf* (*impf:* происходи́ть) 1. entspringen, abstammen; 2. herrühren, herkommen; 3. passieren, sich ereignen

проиллюстри́ровать *vt E2 pf* (*impf:* иллюстри́ровать) 1. bebildern; 2. veranschaulichen

проинструкти́ровать *vt E2 pf* (*impf:* инструкти́ровать) instruieren, anleiten

проинформи́ровать *vt E2 pf* (*impf:* информи́ровать) informieren

происходи́ть <*präs:* -хожу́, -хо́дишь> *vi I impf* (*pf:* произойти́) 1. (*из чего́-ли́бо*) abstammen (von +*dat*); 2. entspringen, entstehen (aus +*dat*); 3. herrühren (von +*dat*); э́то происхо́дит от того́, что das rührt daher, dass; 4. herkommen (aus +*dat*); 5. passieren, sich ereignen, erfolgen; э́то произошло́ у меня́ на глаза́х das geschah vor meinen Augen

происхожде́ние *nt O2* Herkunft *f*, Ursprung *m*, Geburt *f*; ~ **средств** Mittelherkunft *f*

происше́ствие *nt O2* Vorfall *m*, Vorkommnis *nt*; **доро́жно-тра́нспортное** ~ Verkehrsunfall *m*

пройдо́ха *mf A* (*umg*) Gauner *m*, Aas *nt*

пройти́ <*fut:* -пройду́, пройдёшь> *vt E7 pf* (*impf:* проходи́ть) 1. vorbeigehen; 2. ablaufen; 3. vergehen, verfliegen; 4. abschwellen; 5. durchnehmen; 6. durchlaufen

пройти́сь <*fut:* пройду́сь, пройдёшься> *vi E7 pf* (*impf:* проха́живаться) schlendern, umhergehen

прока́за *f A* 1. Streich *m*, Schabernack *m*, Ulk *m*; 2. (MED) Lepra *f*

прока́зник *m K* Schalk *m*, Spaßvogel *m*, Schelm *m*

прока́лывать *vt E impf* (*pf:* проколо́ть) durchstechen, durchlöchern

прока́т *m K* Verleih *m*, Ausleihe *f*; **брать на** ~ ausleihen; ~ **фи́льмов** Filmverleih *m*

прокипяти́ть <*fut:* -ячу́, -яти́шь> *vt I pf* abkochen

прокла́дывать *vt E impf* (*pf:* проложи́ть) 1. anlegen, verlegen, bauen; 2. bahnen

проклама́ция *f A2* Proklamation *f*

проклина́ть *vt E impf* (*pf:* прокля́сть) verdammen, verfluchen

прокля́тие *nt O2* Fluch *m*

прокля́тый *adj* (*umg*) verdammt, verflucht

прокол *m K* 1. Loch *nt*, Durchstechen *nt*; 2. (*fig*) Blamage *f*, Missgeschick *nt*

проколо́ть <*fut:* -колю́, -ко́лешь> *vt E4 pf* (*impf:* прока́лывать) durchstechen, durchbohren

прокомменти́ровать *vt E2 pf* (*impf:* комменти́ровать) kommentieren

проконсульти́ровать *vt E2 pf* (*impf:* консульти́ровать) beraten, eine Konsultation erteilen

проконсульти́роваться *vr E2 pf* (*impf:* консульти́роваться) konsultieren, sich beraten lassen

проконтроли́ровать *vt E2 pf* (*impf:* контроли́ровать) kontrollieren, überprüfen

прокрути́ть <*fut:* -учу́, -у́тишь> *vt I pf* (*impf:* прокру́чивать) drehen

про́кси-се́рвер *m K* (DV) Proxy-Server *m*

проку́ра *f A* Prokura *f*; ~ **на веде́ние дел филиа́ла** Filialprokura *f*

проку́ренный *adj* rauchig, verraucht

прокури́ст *m K* 1. Bevollmächtigter *m*; 2. Prokurist *m*

прокуро́р *m K* Staatsanwalt *m*

прокуси́ть <*fut:* -ушу́, -у́сишь> *vt I pf* (*impf:* проку́сывать) durchbeißen

прокути́ть <*fut:* -учу́, -у́тишь> *vt I pf* (*impf:* проку́чивать) 1. zechen; 2. verprassen

прола́мывать *vt E impf* (*pf:* пролома́ть) durchbrechen

про́лежень <*gen sg:* -жня> *m K1* (MED) Wundliegen *nt*, wundgelegene Stelle *f*

пролепета́ть <*fut:* -печу́, -пе́чешь> *vi E4 pf* (*impf:* лепета́ть) lallen, stammeln

пролёт *m K* 1. Flug *m*; 2. Durchzug *m*, Zug *m*

пролетариа́т *m K* Proletariat *nt*

пролета́рий *m K2* Proletarier *m*

пролета́ть *vi E impf* (*pf:* пролете́ть) 1. fliegen; 2. durch-, vorbeifliegen; 3. (*fig*) fliegen, verfliegen

пролётка *f A* Droschke *f*

проли́в *m K* Meeresenge *f*, Straße *f*

пролива́ть *vt E impf* (*pf:* проли́ть) 1. verschütten; 2. (*geh*) vergießen; ~ **кровь** Blut vergießen

проло́г *m K* Prolog *m*

проложи́ть <*fut:* -ожу́, -о́жишь> *vt I pf* (*impf:* прокла́дывать) 1. anlegen, verlegen, bauen; 2. bahnen

проломи́ть <*fut:* -омлю́, -о́мишь> *vt I pf* (*impf:* прола́мывать) durchbrechen

пролонга́ция *f A2* 1. Verlängerung *f*; 2. (ÖKON) Prolongation *f*; ~ **платежа́** Stundung *f*; ~ **ве́кселя** Wechselprolongation *f*; ~ **за́йма** Darlehensverlängerung *f*; ~ **сро́ка** Nachfrist *f*; ~ **долго́в** Schuldenstundung *f*

пролонги́ровать *vt E2 impf/pf* 1. verlängern; 2. (ÖKON) prolongieren

прома́зать <*fut:* -а́жу, -а́жешь> *vt E4 pf* (*impf:* прома́зывать) 1. schmieren, ölen; 2. (*umg*) das Ziel verfehlen, nicht treffen

прома́тывать *vt E impf* (*pf:* -мота́ть) (*umg*) vergeuden, verschwenden

про́мах *m K* 1. Fehlschuss *m*, Fehlschlag *m*; 2. (*fig*) Fehltritt *m*, Fehlgriff *m*; 3. Reinfall *m*, Blamage *f*

прома́хиваться *vr E impf* (*pf:* промахну́ться) 1. das Ziel verfehlen; 2. (*fig*) einen Fehler machen

прома́чивать *vt E impf* (*pf:* промочи́ть) durchnässen, nass machen; ~ **но́ги** nasse

Füße bekommen
прома́шка f A **1.** Fehltritt m, Fehlschlag m; **2.** Blamage f, Blöße f; **дать прома́шку** eine Blöße geben
промедле́ние nt O2 Verzögerung f
проме́длить vi I pf (impf: **ме́длить**) hinausschieben, verzögern
проме́жность f I (ANAT) Damm m
промежу́точный <kf: -чен, -чна> adj Übergangs-, Zwischen-; **~ ито́г** Zwischenbilanz f; **~ склад** Zwischenlager nt; **~ счёт** Interimskonto nt; **~ финанси́рование** [o **кредитова́ние**] Zwischenfinanzierung f
променáд m K Promenade f
промёрзший adj durchgefroren
проме́сса f A (ÖKON) Promesse f
проме́тий m K2 Promethium nt
промо́зглый <kf: -о́згл> adj nasskalt
промока́ть vi I impf (pf: **промо́кнуть**) durchweichen, nass werden
промока́шка f A Löschpapier nt
промо́кнуть <fut: -ну́, -нёшь> vi E1 pf (mit Löschpapier) löschen
промо́кнуть vi E1 pf (impf: **промока́ть**) durchweichen, nass werden
промота́ть vt E pf (impf: **прома́тывать**) vergeuden, verschwenden
промочи́ть <fut: -очу́, -о́чишь> vt I pf (impf: **прома́чивать**) durchnässen
промыва́ние nt O2 Waschen nt, Spülung f; **~ мозго́в** Gehirnwäsche f
промыва́ть vt E impf (pf: **промы́ть**) spülen, ausspülen
про́мысел <gen sg: -сла> m K **1.** Fang m, Jagd f; **2.** Gewerbe nt; **занима́ющийся про́мыслом** gewerbetreibend
промысло́вый adj gewerblich; **~ дохо́д** Gewerbeertrag m; **~ надзо́р** Gewerbeaufsicht f; **~ нало́г** Gewerbesteuer f; **~ нало́г на капита́л компа́нии** Gewerbekapitalsteuer f; **промысло́вое пра́во** Gewerberecht nt; **~ уста́в** Gewerbeordnung f; **промысло́вое предприя́тие** Gewerbebetrieb m; **промысло́вое свиде́тельство** Gewerbeschein m
промы́шленность f I Industrie f; **лёгкая ~** Leichtindustrie f; **оборо́нная ~** Verteidigungsindustrie f; **~ ориенти́рующаяся на нужды организа́ции досу́га** Freizeitindustrie f; **~ потреби́тельских това́ров** Konsumgüterindustrie f; **~ по перерабо́тке утиля** Abfallwirtschaft f; **тяжёлая ~** Schwerindustrie f; **~ това́ров наро́дного [o широ́кого] потребле́ния** Konsumgüterindustrie f
промы́шленный adj Industrie-, industriell; **промы́шленная зо́на** Industriegebiet nt, Gewerbegebiet nt; **промы́шленная инспе́кция** Gewerbeaufsicht f; **промы́шленная устано́вка** Produktionsanlage f; **~ наздо́р** Gewerbeaufsicht f; **~ станда́рт ФРГ** Deutsche Industrienorm f, DIN; **~ това́р** Industriegut nt; **~ шпиона́ж** Werksspionage f; **промы́шленное предприя́тие** Produktionsbetrieb m, Gewerbebetrieb m, Industriebetrieb m
пронести́сь <fut: -несу́сь, -несёшься> vi E6 pf (impf: **проноси́ться**) **1.** vorbeieilen, vorbeirauschen; **2.** (слух) um sich greifen, sich ausbreiten; **3.** (го́ды) verfliegen
пронза́ть vt E impf (pf: **пронзи́ть**) (auch fig) durchstechen, durchbohren; **~ наскво́зь (до мо́зга косте́й)** durch Mark und Bein gehen
пронзи́тельный <kf: -лен, -льна, -льно> adj durchdringend, schrill; **пронзи́тельно крича́ть** kreischen
проника́ть vt E impf (pf: **прони́кнуть**) durchdringen, eindringen
проникнове́ние nt O2 Eindringen nt; **~ на ры́нок** Marktdurchdringung f Penetration f
проница́емый <kf: -а́ем> adj durchlässig
проница́тельность f I Scharfblick m, Scharfsichtigkeit f
проница́тельный <kf: -лен, -льна> adj scharfsinnig
проноси́ться <präs: -ношу́сь, -но́сишься> vr I impf (pf: **пронести́сь**) **1.** vorbeieilen, vorbeirauschen; **2.** um sich greifen, sich ausbreiten; **3.** verfliegen
пронумерова́ть vt E2 pf (impf: **нумерова́ть**) nummerieren
проню́хать vt E pf (impf: **проню́хивать**) **1.** (что-либо или о чём-либо) Wind bekommen (von +dat); **2.** Lunte riechen
пропага́нда f A **1.** Propaganda f, **2.** Propagierung f, Verbreitung f
пропаганди́ровать vt E2 impf propagandieren
пропада́ть vi E impf (pf: **пропа́сть**) abhanden kommen, verloren gehen, verschwinden
пропа́жа Untergang m
пропа́н m K Propangas nt
пропа́сть <fut: -аду́, -адёшь> vi E6 pf (impf: **пропада́ть**) abhanden kommen, verlorengehen, verschwinden; **куда́ ты пропа́л?** (umg) wo steckst du? **пропа́вший без вести** verschollen
про́пасть f I **1.** Abgrund m, Kluft f; **2.** (fig) Kluft f, Unterschied m
пропе́ллер m K Propeller m
прописа́ть <fut: -пишу́, -пи́шешь> vt E4 pf (impf: **пропи́сывать**) **1.** polizeilich registrieren, Wohngenehmigung erteilen; **2.** (лека́рство) verschreiben
пропи́ска f A polizeiliche Anmeldung f, Wohngenehmigung f; **обяза́тельная ~** Meldepflicht f
пропи́сываться vr E impf (pf: **прописа́ться**) sich polizeilich [o behördlich] anmelden
пропи́тка f A **1.** Imprägnierung f; **2.** Imprägnierungsmittel nt
пропи́тывание nt O2 Durchtränkung f,

Imprägnierung *f*; ~ **литья́** Gussimprägnierung *f*
пропове́дник *m K* Prediger *m*
пропове́довать *vt E2 impf* (*auch fig*) predigen
про́поведь *f I* Predigt *f*
пропорциона́льно *adv* proportional
пропорциона́льный <*kf:* -лен, -льна> *adj* 1. proportional, verhältnismäßig; 2. anteilig; **пропорциона́льно понижа́ющийся** degressiv
пропо́рция *f A2* Proportion *f*, Relation *f*, Verhältnis *nt*
про́пуск *m K* 1. Versäumen *nt*, Versäumnis *nt*; 2. Auslassen *nt*, Ausfall *m*, Lücke *f*; 3. Durchlassen *nt*, Einlass *m*; 4. Passierschein *m*; 5. (MIL) Kennwort *nt*, Losung *f*
пропуска́ть *vt E impf* (*pf:* пропусти́ть) 1. durchlassen, passieren lassen; 2. auslassen, weglassen; 3. versäumen, verpassen
пропускно́й *adj* Passier-, Durchlass-; ~ **пункт** Übergangsstelle *f*; **пропускна́я спосо́бность** Durchsatz *m*, Durchlassfähigkeit *f*
пропылесо́сить <*fut:* -со́шу (-со́сю), -о́сишь> *vi I pf* (*impf:* пылесо́сить) staubsaugen
прораба́тывать *vi E impf* (*pf:* прораба́тать) durcharbeiten
прораста́ть *vi E impf* (*pf:* прорасти́) durchwachsen, keimen
прорва́ть <*fut:* -рву́, -рвёшь> *vt E4 pf* (*impf:* прорыва́ть) 1. zerreißen; 2. durchbrechen
про́резь *f I* Einschnitt *m*
проржаве́ть *vi E f durchrosten
проро́к *m K* Prophet, -in *m/f*
проро́ческий *adj* prophetisch
проро́чество *nt O* Prophezeihung *f*; **мра́чные проро́чества** Unkenrufe *pl*
проро́чить *vt I impf* (*pf:* напроро́чить) prophezeihen
проруби́ть <*fut:* -ублю́, -у́бишь> *vt I pf* (*impf:* проруба́ть) durchschlagen, durchbrechen; ~ **окно́ в Евро́пу** das Fenster zu Europa aufstoßen
проры́в *m K* 1. Durchbruch *m*; 2. Vorstoß *m*; 3. Umwälzung *f*
прорыва́ть *vi E impf* (*pf:* прорва́ть) 1. zerreißen; 2. durchbrechen
проса́чиваться *vr E impf* (*pf:* просочи́ться) 1. quellen; 2. sickern, durchsickern
просверли́ть *vt I pf* (*impf:* просве́рливать, сверли́ть) durchbohren
просве́т *m K* 1. Lichtschimmer *m*; 2. (*fig*) Lichtblick *m*; 3. (TECH) Durchsicht *f*, Lichtloch *nt*, Lichtraum *m*, Lücke *f*
просвети́ть[1] <*fut:* -свещу́, -свети́шь> *vt I pf* (*impf:* просвеща́ть) aufklären, bilden
просвети́ть[2] <*fut:* -свечу́, -све́тишь> *vt I pf* (*impf:* просве́чивать) durchleuchten, röntgen

просвеща́ть *vt E impf* (*pf:* просвети́ть) aufklären, bilden
просвеще́ние *nt O2* Aufklärung *f*, Bildung *f*
просвещённый *adj* aufgeklärt
про́сека *f I* Schneise *f*
просиде́ть <*fut:* -ижу́, -иди́шь> *vi I pf* (*impf:* проси́живать) 1. eine Weile sitzen; 2. (*umg*) durchsitzen, durchscheuern
проси́тель *m K1* (*arch*) Bittsteller *m*, Antragsteller *m*
проси́ть <*präs:* прошу́, про́сишь> *vt I impf* (*pf:* попроси́ть) bitten, ersuchen; ~ **у кого́-либо де́нег** jdn um Geld bitten; ~ **у кого́-либо проще́ния** jdn um Verzeihung bitten
просия́ть *vi E pf* (*auch fig*) aufleuchten, erstrahlen
проскло́нять *vt E pf* (*impf:* склоня́ть) 1. (LING) deklinieren, beugen; 2. (*umg*) überall (negativ) erwähnen, zum Gesprächsthema machen
просла́вить <*fut:* -влю, -вишь> *vt I pf* (*impf:* прославля́ть) verherrlichen, berühmt machen
проследи́ть <*fut:* -слежу́, -следи́шь> *vi I pf impf:* просле́живать, следи́ть) 1. überwachen, kontrollieren; 2. beschatten, bespitzeln
прослу́шать *vt E pf* (*impf:* прослу́шивать) 1. überhören; 2. anhören, abhorchen
просма́тривать *vt E impf* (*pf:* просмотре́ть) 1. sichten, durchsehen, Einsicht nehmen; 2. übersehen
просмо́тр *m K* 1. Durchsicht *f*; 2. Einsichtnahme *f*
про́со *nt O* Hirse *f*
просочи́ться <*nur 3. pers:* -и́тся) *vr I pf* (*impf:* проса́чиваться) 1. quellen; 2. durchsickern
проспа́ть <*fut:* -плю́, -пи́шь> *vi I pf* (*impf:* просыпа́ть) 1. eine Weile schlafen; 2. verschlafen
проспе́кт *m K* 1. breite Straße *f*, Allee *f*, Avenue *f*; 2. Prospekt *m*, Werbeschrift *f*, Faltblatt *nt*
проспряга́ть *vt E pf* (*impf:* спряга́ть) (LING) konjugieren, beugen
просро́ченный *adj* abgelaufen; ~ **про́пуск** abgelaufener Ausweis *m*; **просро́ченные платежи́** rückständige Zahlungsleistungen
просро́чивать *vt E impf* (*pf:* просро́чить) 1. überschreiten, versäumen; 2. verfallen lassen
просро́чка <*gen pl:* -чек> *f A* 1. Fristversäumnis *nt*; 2. Verfall *m*; 3. Verzug *m*; ~ **платежа́** Leistungsverzug *m*, Zahlungsverzug *m*; ~ **кредито́ра в приня́тии от должника́ исполне́ния обяза́тельства** Gläubigerverzug *m*; ~ **поста́вки** Lieferrückstand *m*, Lieferungsverzug *m*

простаивать vi E impf (pf: простоять) 1. stillstehen, lahmliegen; 2. ungenutzt bleiben
простереть <fut: -тру, -трёшь präт: простёр, -тёрла> vt E4b pf (impf: простирать) ausstrecken, ausbreiten
простительный <kf: -лен, -льна> adj entschuldbar, verzeihlich
проститутка <gen pl: -ток> f A Prostituierte f; **телефонная ~** Callgirl nt
проституция f A2 Prostitution f
простить <fut: прощу, простишь> vt I pf (impf: прощать) 1. verzeihen; 2. erlassen
проститься <fut: прощусь, простишься> vr I pf (impf: прощаться) 1. (с кем-либо) Abschied nehmen (von + dat); 2. sich trennen (von +dat)
просто adv einfach, schlechthin; **проще простого** (umg) kinderleicht
простоватый <kf: -ат> adj (umg) einfältig
простодушный <kf: -шен, -шна> adj arglos, gutmütig
простой[1] <kf: прост, проста, просто, просты> adj 1. einfach, unkompliziert; **простое общество** [о **товарищество**] Gesellschaft f bürgerlichen Rechts; **~ вексель** Eigenwechsel m Solawechsel m 2. einfach, schlicht
простой[2] m K2 1. Stillstand m; 2. Ausfall m
простокваша f A Dickmilch f
простонать <fut: -стону, -стонешь> vi E4 pf (impf: стонать) stöhnen, ächzen
простор m K 1. Weite f, Raum m; 2. (fig) Spielraum m; **~ для действий** Handlungsspielraum m
просторный <kf: -рен, -рна> adj geräumig
простота f e Einfachheit f, Schlichtheit f
простофиля <gen pl: -иль/-илей> mf A1 (umg) Einfaltspinsel m
простоять vi I impf 1. eine Zeitlang stehen; 2. bestehen bleiben, überdauern; 3. stillstehen, ungenutzt bleiben
пространный <kf: -анен, -анна> adj 1. weitläufig; 2. (о речи, о письме) weitschweifig, langatmig
пространственный adj räumlich
пространство nt O2 1. Raum m; **воздушное ~** Luftraum m; **единое экономическое ~** gemeinsamer Wirtschaftsraum m; **жизненное ~** Lebensraum m; 2. (fig) Spielraum m
прострел m K Hexenschuss m
простуда f A Erkältung f
простудиться <fut: -ужусь, -удишься> vr I pf (impf: простужаться) sich erkälten
проступок <gen sg: -пка> m K Delikt nt, Verstoß m, Vergehen nt
простыня f A1 ple1 Bettlaken nt
просуществовать vi E2 pf (impf: существовать) bestehen, existieren
просфора f A ple1 Hostie f

просчёт m K Fehleinschätzung f, Fehlkalkulation f
просыпать[1] vi E impf (pf: проспать) 1. eine Weile schlafen; 2. verschlafen
просыпать[2] <fut: -плю, -плешь> vt E4 pf (impf: просыпать) verschütten, verstreuen
просьба f A Bitte f, Anliegen nt, Gesuch nt
протактиний <präpos sg: -ии> m K2 Protaktinium nt
протаскивать vt E impf (pf: протащить) 1. schleppen, ziehen; 2. (в прессе) kritisieren, durchhecheln
протеже m indekl Protegé m, Schützling m
протез m K Prothese f; **зубной ~** Zahnersatz m
протекать vi E impf (pf: протечь) 1. durchfließen; 2. (годы) vergehen; 3. leck werden
протекторат m K Protektorat nt
протекционизм m K Protektionismus m
протекционистский adj (POL) Schutz-; **протекционистская мера** Schutzmaßnahme f; **протекционистская пошлина** Schutzzoll m; **протекционистская оговорка** Schutzklausel f
протекция f A2 Protektion f, Schutz m; **оказывать протекцию кому-либо** jdn protegieren
протереть <fut: -тру, -трёшь> vt E4b pf (impf: протирать) abwischen, abreiben
протест m K 1. Protest m, Auflehnung f; 2. (JUR) Einspruch m, Einwand m; **заявлять ~** Einspruch erheben; **~ векселя** Wechselprotest m
протестант m K Protestant, -in m/f
протестантский adj protestantisch
протестовать vi E2 impf 1. (против чего-либо) protestieren (gegen +akk); 2. sich auflehnen (gegen +akk)
протечь <fut: -теку, -течёшь> vi UE4 pf (impf: протекать) 1. durchfließen; 2. vergehen; 3. leck werden
против präp +gen 1. gegen (+akk); он ничего не имеет ~ er hat nichts dagegen; **~ этого** dagegen 2. gegenüber, gegen; 3. wider; **~ воли** wider Willen
противень m K1 Kuchenblech nt, Backform f
противиться <präs: -влюсь, -вишься> vr + dat I impf (pf: вос-) sich widersetzen, entgegentreten, sich sträuben (gegen +akk)
противник m K Gegner, -in m/f, Kontrahent, -in m/f, Widersacher, -in m/f; **~ режима** Regimegegner m; **~ реформ** Reformgegner m; **~ строительства и эксплуатации АЭС** Kernkraftgegner m
противный[1] adj ekelhaft, widerlich
противный[2] adj 1. gegnerisch; **противная сторона** (JUR) Gegenpartei f 2. entgegengesetzt; **в противном случае** ansonsten
противо- präfix gegen-, Gegen-, anti-

противоблокиро́вочный *adj* antiblockier-; **противоблокиро́вочное устро́йство** (KFZ), Antiblockiersystem *nt*, ABS

противобо́рство *nt O2* 1. Widerstreit *m*; 2. Rivalität *f*; 3. Konfrontation *f*, Auseinandersetzung *f*

противове́с *m K* Gegengewicht *nt*

противовозду́шный *adj* Luftabwehr-; **противовозду́шная оборо́на** Luftverteidigung *f*, Luftschutz *m*

противовоспали́тельный *adj* entzündungshemmend

противога́з *m K* Gasmaske *f*

противоде́йствие *nt O2* 1. Gegenwirkung *f*; 2. Gegenwehr *f*, Widerstand *m*

противозако́нность *f I* Rechtswidrigkeit *f*, Illegalität *f*

противозако́нный <*kf:* -о́нен, -о́нна> *adj* rechtswidrig, widerrechtlich, illegal, illegitim

противозача́точный *adj* empfängnisverhütend; **противозача́точная табле́тка** Antibabypille *f*

противополо́жность *f I* 1. Gegenteil *nt*; 2. Gegensatz *m*; **в ~** im Gegensatz (zu + *dat*)

противополо́жный <*kf:* -жен, -жна> *adj* entgegengesetzt, gegensätzlich; **противополо́жная сторона́** Gegenseite *f*; **противополо́жное утвержде́ние** gegenteilige Behauptung *f*

противопоста́вить <*fut:* -влю, -вишь> *vt I pf* (*impf:* противопоставля́ть) 1. gegenüberstellen; 2. entgegensetzen

противопра́вность *f I* Rechtswidrigkeit

противопра́вный <*kf:* -вен, -вна> *adj* widerrechtlich, illegal

противоречи́вый <*kf:* -и́в> *adj* 1. widersprüchlich; 2. zwiespältig

противоре́чие *nt O2* 1. Widerspruch *m*; 2. Gegensatz *m*; 3. Diskrepanz *f*

противостоя́ть *v* + *dat I impf* 1. gegenüberstehen; 2. sich widersetzen, widerstehen

противоя́дие *nt O2* Gegengift *nt*

проти́рка *f A* Reibung *f*

проткну́ть *vt E1 pf* (*impf:* протыка́ть) durchlöchern, durchstechen

протодья́кон *m K* Erzdiakon *m*

протоиере́й *m K2* Erzpriester *m*

протоко́л *m K* 1. Protokoll *nt*; **~ оши́бок** (DV) Fehlerprotokoll *nt* 2. Akte *f*; **~ о наме́рениях** Absichterklärung *f*; **~ переда́чи фа́йлов** (DV) File Transfer Protocol *nt*, FTP; **дипломати́ческий ~** diplomatisches Protokoll *nt*; **соста́вить ~** ein Protokoll aufsetzen

протоколи́ст *m K* Protokollführer, -in *m/f*

прото́н *m K* Proton *nt*

прототи́п *m K* Urbild *nt*, Vorbild *nt*

прото́чный *adj* fließend; **прото́чная вода́** fließendes Wasser *nt*

протуха́ть <*nur 3. pers:* -а́ет> *vt E impf* (*pf:* проту́хнуть) faulen, verderben

протыка́ть *vt E impf* (*pf:* проткну́ть) durchlöchern, durchstechen

протя́гивать *vt E impf* (*pf:* протяну́ть) 1. ziehen, durchziehen; 2. herhalten, hinhalten; **~ ру́ку** die Hand ausstrecken

проучи́ть <*fut:* -учу́, -у́чишь> *vt I pf* (*impf:* проу́чивать) 1. eine Zeit lang lernen; 2. (*fig*) zurechtweisen, eine Lektion erteilen, einen Denkzettel verpassen

профа́н *m K* Laie *m*

профессиона́л *m K* 1. Profi *m*; 2. Fachmann *m*

профессионали́зм *m K* 1. Professionalität *f*; 2. Kompetenz *f*

профессиона́льный <*kf:* -лен, -льна> *adj* 1. professionell; 2. beruflich, Berufs-; 3. gewerbsmäßig; **профессиона́льное ма́стерство** fachliches Können *nt*; **профессиона́льная подгото́вка** Fachausbildung *f*; **~ поли́тик** Berufspolitiker *m*; **~ худо́жник** berufsmäßiger Künstler *m*; **профессиона́льная де́ятельность** Erwerbstätigkeit *f*; **~ сою́з** Gewerkschaft *f*; **профессиона́льное объедине́ние** Gremium *nt*; **профессиона́льное объедине́ние реме́сленников** Innung *f*; **профессиона́льно-техни́ческое учи́лище** Berufsschule *f*, Fachschule *f*

профе́ссия *f A2* 1. Beruf *m*; 2. Gewerbe *nt*; **име́ть профе́ссию** einen Beruf ausüben

профе́ссор *m K* Professor, -in *m/f*

профессу́ра *f A* Professur *f*

профила́ктика *f A* Vorbeugung *f*, Prophylaxe *f*; **~ ра́ка** Krebsvorsorge *f*

профилакти́ческий *adj* prophylaktisch, vorbeugend; **профилакти́ческая ме́ра** Vorbeugungsmaßnahme *f*

про́филь *m K1* 1. Profil *nt*, Silhouette *f*; 2. Scherenbild *nt*, Schattenschnitt *m*; 3. (*fig*) Profil *nt*; **~ обуче́ния** Fachbereich *m*, Fachgebiet *nt*; **~ ри́ска** Risikoprofil *nt*

профориента́ция *f A2* Berufsberatung *f*

профсою́з *abk von* профессиона́льный сою́з *m* 1. Gewerkschaft *f*; 2. Arbeitnehmerverband *m*

профсою́зный *adj* gewerkschaftlich; **профсою́зное движе́ние** Gewerkschaftsbewegung *f*

прохо́живаться *vr E impf* (*pf:* пройти́сь) schlendern, umhergehen

прохво́ст *m K* (*umg:pej*) Schurke *m*

прохла́да *f A* Kühle *f*

прохла́дный <*kf:* -ден, -дна, -дно> *adj* (*auch fig*) kühl

прохо́д *m K* Durchgang *m*; **за́дний ~** (ANAT) After *m*

проходи́ть <*präs:* -хожу́, -хо́дишь> *vt I impf* (*pf:* пройти́) 1. passieren, vorbeigehen; 2. durchgehen, durchkommen; 3. stattfinden; 4. ablaufen, verlaufen; 5. vergehen, verfliegen; **прошли́ времена́** die Zeiten sind da-

hin; **6.** abschwellen; **7.** (*о страхе, кризисе*) abklingen; **8.** (*на уроке*) durchnehmen; **9.** (*о кандидате и т.п.*) durchkommen, bestätigt werden; **10.** (*школу*) durchlaufen; **11.** (*службу*) ableisten
прохо́жий *m wie adj* Passant, -in *m/f*
процвета́ние *nt O2* Prosperität *f*; **пери́од процвета́ния** Blütezeit *f*
процвета́ть *vi E impf* (*pf:* процвести́) (*fig*) florieren, gedeihen
процеди́ть <*fut:* -ежу́, -е́дишь> *vt I pf* (*impf:* проце́живать) durchseihen, filtern
процеду́ра *f A* Prozedur *f*, Verfahren *nt*; **~ вы́боров** Wahlverfahren *nt*, Wahlmodus *m*; **~ голосова́ния** Abstimmungsverfahren *nt*
процеду́рный *adj* Prozedur-, Verfahrens-; **~ кабине́т** (*процеду́рная*) Behandlungszimmer *nt*
проце́живать *vt E impf* (*pf:* процеди́ть) **1.** durchseihen, filtrieren; **2.** durchsieben
проце́нт *m K* **1.** Prozent *nt*; **2.** (*im pl*) Zinsen *pl*, Rendite *f*; **начисля́ть ~ы** verzinsen; **~ госуда́рственных очисле́ний** Abgabenquote *f*; **~** [*о* **дохо́д**]**от це́нных бума́г** Yield *m*; **~ безрабо́тных** Arbeitslosenquote *f*; **~ включе́ний** Einschaltquote *f*; **~ погаше́ния** Tilgungsrate *f*; **~ инфля́ции** Inflationsrate *f*, Teuerungsrate *f*; **~ ро́ста** Zuwachsrate *f*, Wachstumsrate *f*; **проце́нты на со́бственный капита́л** Eigenkapitalzinsen *pl*
проце́нтный *adj* **1.** prozentual; **2.** Zins-; **проце́нтная ста́вка** Diskontsatz *m*; Zinssatz *m*; **~ механи́зм** Zinsmechanismus *m*; **~ те́ндер** Zinstender *m*; **проце́нтная ста́вка по сберега́тельным вкла́дам** Eckzins *m*; **проце́нтная надба́вка** Zinsaufschlag *m*; **проце́нтная облига́ция** Bond *m*; **проце́нтная облига́ция ме́лкого досто́инства** Baby Bond *nt*; **проце́нтная поли́тика** Zinspolitik *f*; **проце́нтная ста́вка для ба́нков** Interbankrate *f*
проце́сс *m K* **1.** Ablauf *m*, Vorgang *m*, Prozess *m*, Verfahren *nt*; **~ приня́тия реше́ний** Entscheidungsfindung *f*, Entscheidungsprozess *m*; **~ сближе́ния** Annährungsprozess *m*; **необрати́мый ~** unumkehrbarer Prozess *m*; **~ произво́дства** Produktionsprozess *m*; **поступа́тельный ~** Aufwärtstrend *m*; **~ пошёл** (*geflügeltes Wort Gorbatschows*) der Anfang ist gemacht; **2.** (JUR) Prozess *m*, Gerichtsverfahren *nt*; **показа́тельный ~** Schauprozess *m*; **~ интегра́ции** Integrationsprozess *m*
проце́ссия *f A2* Prozession *f*; **похоро́нная ~** Trauerzug *m*
проце́ссор *m K* **1.** (DV) Prozessor *m*; **2.** (DV) Rechner *m*
процессуа́льный *adj* (JUR) prozessual, Prozess-; **процессуа́льная оши́бка** Verfahrensmangel *m*, Verfahrensfehler *m*

процикли́ческий *adj* prozyklisch; **процикли́ческая экономи́ческая поли́тика** prozyklische Wirtschaftspolitik *f*
процити́ровать *vt E2 pf* (*impf:* цити́ровать) zitieren
про́чий *adj* sonstig, übrig; **про́чие долги́** sonstige Verbindlichkeiten *pl*; **про́чие поступле́ния** sonstige Einkünfte *pl*; **про́чие тре́бования** sonstige Forderungen *pl*; **про́чая дебито́рская задо́лженность** sonstige Verbindlichkeiten *pl*
прочита́ть *vt E pf* (*impf:* прочи́тывать, чита́ть) lesen, durchlesen
про́чность *f I* **1.** Festigkeit *f*; **2.** Belastbarkeit *f*
про́чный <*kf:* -чен, -чна́> *adj* fest, haltbar, strapazierfähig
прочь *adv* beiseite, weg, fort; **он не ~ приня́ть моё предложе́ние** er ist nicht abgeneigt, meinen Vorschlag anzunehemen; **прочь с доро́ги** aus dem Wege! **быть не прочь** (*umg*) nicht abgeneigt sein , nichts dagegen haben
проше́ние *nt O2* Gesuch *nt*
прошепта́ть <*fut:* -шепчу́, -ше́пчешь> *vt E4 pf* (*impf:* шепта́ть) flüstern
про́шлое *nt wie adj* Vergangenheit *f*; **в про́шлом** früher
про́шлый *adj* vergangen; **~ год** Vorjahr *nt*; **про́шлые заслу́ги** bisherige Verdienste; **~ пери́од** Vorperiode *f*
прошмыгну́ть *vi E1 pf* (*impf:* прошмы́гивать) (*umg*) vorbeihuschen
проща́ние *nt O2* Abschied *m*, Verabschiedung *f*
проща́ть *vi E impf* (*pf:* прости́ть) **1.** verzeihen; **2.** erlassen; **~ кому́-ли́бо долг** jdm seine Schulden erlassen; **~ кому́-ли́бо** jdm seine Eigenheiten nachsehen
проща́ться *vr E impf* (*pf:* прости́ться) **1.** (*с кем-ли́бо*) Abschied nehmen (von +*dat*); **2.** sich trennen (von +*dat*)
проще́ние *nt O2* Vergebung *f*, Verzeihung *f*
прояви́ть <*fut:* -явлю́, -я́вишь> *vt I pf* (*impf:* проявля́ть) **1.** (FOT) entwickeln; **2.** zeigen, bekunden
прояви́ться <*fut:* -явлю́сь, -я́вишься> *vr I pf* (*impf:* проявля́ться) zum Ausdruck kommen, sich offenbaren, erkennbar werden
проявле́ние *nt O2* **1.** Ausdruck *m*, Zeichen *nt*; **2.** Erscheinungsform *f*; **~ забо́ты** Fürsorge *f*; **~ чу́вства** Regung *f*
проясни́ться <*nur 3. pers:* -йтся> *vr I pf* (*impf:* проясня́ться) **1.** (*пого́да*) sich aufklären, sich aufheitern; **2.** (*fig*) sich aufklären
пруд *m K e* Teich *m*
пружи́нить *vi I impf* (*pf:* напружи́нить) federn, schnellen
прут <*gen sg:* -á, *pl:* -тья, -тьев/-ы, -óв> *m U3 pls* Rute *f*
пры́гать *vi E impf* (*pf:* пры́гнуть) hüpfen,

прыгу́н *m K e* (SPORT) Springer *m*
прыжо́к <*gen sg:* -жка́> *m K e* Sprung *m*; **~ в высоту́** Hochsprung *m*; **~ прогну́вшись с опо́рой на снаря́д** Hechtsprung *m*; **~ с парашю́та** Fallschirmsprung *m*
прыщ *m K e* Pickel *m*
пря́жа *f A* Garn *m*
пря́жка <*gen pl:* -жек> *f A* Schnalle *f*
пряма́я *f wie adj* (МАТН) Gerade *f*; **~ поста́вка** (ÖKON) Direktlieferung *f*; **~ почто́вая рекла́ма** Direktwerbung *f*
пря́мо *adv* geradeheraus, geradewegs
прямо́й <*kf:* прям, пряма́, пря́мо, пря́мы> *adj* **1.** gerade, aufrecht; **2.** direkt; **~ и́мпорт** Direkteinfuhr *f*; **~ импортёр** Direktimporteur *m*; **прямы́е инвести́ции** Direktinvestition *f*; **прямы́е изде́ржки** Materialeinzelkosten *pl*, Fertigungseinzelkosten *pl*; **прямы́е капиталовложе́ния** Direktinvestition *f*; **~ марке́тинг** Direktmarketing *nt*; **~ марке́тинг по телефо́ну** Telefonmarketing *nt*; **~ набо́р** Durchwahl *f*; **прямо́е попада́ние** Volltreffer *m*; **пряма́я субси́дия** Direktsubvention *f*; **пряма́я трансля́ция** Live-Übertragung *f*; **~ э́кспорт** Direktausfuhr *f*
прямоуго́льник *m K* Rechteck *nt*
прямоуго́льный *adj* rechteckig, rechtwinklig
пря́ник *m K* Lebkuchen *m*
пря́ность *f I* Gewürz *nt*
прясть <*präs:* пряду́, прядёшь> *vi E6 impf* (*pf:* с-) spinnen
пря́тать <*präs:* пря́чу, пря́чешь> *vt E4 impf* (*pf:* с-) **1.** verstecken; **2.** einstecken
пря́таться <*präs:* пря́чусь, пря́чешься> *vr E4 impf* (*pf:* с-) (**от кого́-ли́бо**) sich verstecken (vor *+dat*)
пря́тки <*gen pl:* -ток> *pl A* Versteckspiel *nt*
псало́м <*gen sg:* -лма́> *m K e* Psalm *m*
псевдони́м I. *m K* Pseudonym *nt*, Deckname *m* **псе́вдо- II.** *präfix* pseudo-
псевдокоммерса́нт *m K* Scheinkaufmann *m*
психиа́тр *m K* Psychiater *m*
психиатри́я *f A2* Psychiatrie *f*
пси́хика *f A* Psyche *f*; **расстро́енная ~** psychische Störungen
психи́ческий *adj* psychisch; **психи́ческие сдви́ги** psychische Störungen
психоана́лиз *m K* Psychoanalyse *f*
психо́лог *m K* Psychologe, Psychologin *m/f*
психологи́ческий *adj* psychologisch
психоло́гия *f A2* **1.** Psychologie *f*; **2.** (*психи́ческий склад*) Psyche *f*
психопа́т *m K* Psychopath, -in *m/f*
психосомати́ческий *adj* psychosomatisch
психотерапе́вт *m K* Psychotherapeut, -in *m/f*

пти́ца *f A* **1.** Vogel *m*; **пе́вчая ~** Singvogel *m*; **перелётная ~** Zugvogel *m*; **2.** Geflügel *nt*; **ва́жная ~** (*umg*) hohes Tier
птицефа́брика *f A* Legebatterie *f*
ПТУ *abk von* профессиона́льно-техни́ческое учи́лище *nt* Betriebsberufsschule; Fachschule
пу́блика *f A* **1.** Publikum *nt*; **2.** Öffentlichkeit *f*
публика́ция *f A2* Publikation *f*, Veröffentlichung *f*; **публика́ции пре́ссы** Pressebeiträge
публикова́ть *vt E impf* (*pf:* о-) veröffentlichen
публици́стика *f A* Publizistik *f*
публи́чный <*kf:* -чен, -чна> *adj* öffentlich; **публи́чное выступле́ние** öffentliche Rede *f*; **~ дом** Freudenhaus *nt*; Bordell *nt*; **публи́чная** [*o* **публи́чно-правова́я**] **корпора́ция** Körperschaft *f* des öffentlichen Rechts; **публи́чные торги́** Auktion *f*, Lizitation *f*
пу́гало *nt O* Vogelscheuche *f*
пуга́ть *vt I impf* (*pf:* ис-) erschrecken
пуга́ч *m K* Schreckschusspistole *f*
пугли́вый <*kf:* -и́в> *adj* scheu
пу́говица *f A* Knopf *m*
пу́дель *m K* Pudel *m*
пу́динг *m K* Pudding *m*
пу́дра *f A* Puder *m*
пу́дрить *vt I impf* (*pf:* на-, по-) pudern
пузырёк <*gen sg:* -рька́> *m K e* **1.** Bläschen *nt*; **2.** Fläschchen *nt*
пузы́рь *m K1 e* **1.** Luftblase *f*; **2.** (MED) Blase *f*; **~ от ожо́га** Brandblase *f*; **мочево́й ~** Harnblase *f*
пул *m K* Pool *m*
пуленепробива́емый *adj* kugelsicher
пульвериза́тор *m K* Zerstäuber *m*
пульс *m K* Puls *m*, Pulsschlag *m*
пульси́ровать *vi E2 impf* pulsieren
пульт *m K* **1.** Pult *nt*; **~ управле́ния** Steuerpult *nt*; **режиссёрский ~** Technikpult (im Funkstudio) *nt*; **2.** (MUS) Notenständer *m*
пу́ма *f A* Puma *m*
пункт *m K* **1.** Punkt *m*, Stelle *f*; **~ назначе́ния** Bestimmungsort *m*, Destination *f*; **~ поста́вки** Lieferungsort *m*; **~ приёмки** Annahme *f*; **~ прода́жи** Point of Sale *m*, POS **2.** (JUR) Klausel *f*; **~ догово́ра о невыполне́нии обяза́тельств** Default-Klausel *f*; **~ о форс-мажо́ре** Force-majeure-Klausel *f* **3.** (ÖKON) Artikel *m*
пу́нктик *m K* **1.** Pünktchen *nt*; **2.** Eigenheit *f*, Marotte *f*, Spleen *m*
пункти́р *m K* punktierte Linie *f*; **обознача́ть ~ом** punktieren
пункти́рный *adj* punktiert, gestrichelt
пунктуа́льность *f I* Pünktlichkeit *f*
пунктуа́льный <*kf:* -лен, -льна> *adj*

pünktlich
пунктуа́ция *f A2* Interpunktion *f*, Zeichensetzung *f*
пу́нкция *f A2* (MED) Punktierung *f*; **брать** [*o* **де́лать**]**пу́нкцию** punktieren
пунш *m K* Punsch *m*, Bowle *f*
пупови́на *f A* Nabelschnur *f*
пупо́к <*gen sg:* -пка́> *m K e* Bauchnabel *m*
пу́рпур *m K* Purpur *nt*
пуска́ть *vt E impf* (*pf:* пусти́ть) 1. ein-, hereinlassen; 2. frei-, loslassen; 3. werfen; ~ **стрелу́** einen Pfeil abschießen 4. anlassen; ~ **во́ду** den Wasserhahn aufdrehen 5. erlauben, lassen
пусково́й *adj* Abschuss-; **пускова́я устано́вка** Abschussrampe *f*
пусто́й <*kf:* пуст, пуста́, пу́сто, пу́сты> *adj* 1. leer; 2. unbesetzt; **пусто́е ме́сто** Lücke *f*; 3. geistlos, hohl; 4. unnütz, vergeblich
пустота́ *f A pls* Leere *f*
пустоте́льный *adj* hohl
пу́стошь *f I* Ödland *nt*
пусты́нный <*kf:* -нен, -нна, -нно> *adj* 1. leer, öd(e); 2. verlassen, menschenleer
пусты́ня *f A I* 1. Wüste *f*; 2. Einöde *f*
пусты́шка *f A* 1. Lutscher *m*; 2. (*pej*) nichtiger Mensch
пустя́к *m K e* Bagatelle *f*, Kleinigkeit *f*, Lappalie *f*; **па́ра -о́в** Kinderspiel *nt*
пу́таница *f A* Gewirr *nt*
путеводи́тель *m K1* Fremdenführer *m*, Reiseführer *m*
путево́й *adj* Reise-; **путевы́е расхо́ды** Reisekosten *pl*
путеше́ственник *m K* 1. Reisende(r) *mf*; 2. (*im pl*) Reisegesellschaft *f*
путеше́ствие *nt O2* Reise *f*; **кругосве́тное ~** Weltreise *f*; **сва́дебное ~** Hochzeitsreise *f*
путеше́ствовать *vi E2 impf* reisen
пути́на *f A* Fischfangsaison *f*
путч *m K* Putsch *m*; **устро́ить ~** putschen
путчи́ст *m K* Putschist *m*
путь <*inst sg:* путём> *m I e* 1. Weg *m*, Bahn *f*, Pfad *m*; **неве́рный ~** (*fig*) Holzweg *m*; **око́льный ~** Schleichweg *m*; **открыва́ющий но́вые пути́** bahnbrechend; **тормозно́й ~** Bremsspur *f*; 2. Gleis *nt*; 3. (DV) Pfad *m*; **путь сбы́та** (ÖKON) Absatzweg *m*
пух <*präpos sg:* о пухе, в пуху́> *m K* 1. Daune *f*; 2. Flaum *m*
пу́хленький *adj* pummelig
пухови́к *m K e* 1. Daunenjacke *f*, Daunenmantel *m*; 2. Daunendecke *f*
пухо́вый *adj* Daunen-; **пухо́вое одея́ло** Daunendecke *f*
пу́чить *vt I impf* (*pf:* вс-, вы́-) aufblähen; ~ **глаза́** (*umg*) anstarren, anglotzen
пучо́к <*gen sg:* -чка́> *m K e* 1. Büschel *nt*; 2. (PHYS) Bündel *nt*; 3. Haarknoten *m*
пуши́нка *f A* 1. Flöckchen *nt*; 2. Flaumfeder *f*
пуши́стый <*kf:* -и́ст> *adj* 1. flauschig; 2. flockig
пу́шка *f A* Kanone *f*
пушо́к <*gen sg:* -шка́> *m K e* Flaum *m*
пчела́ <*pl:* пчёлы, пчёл> *f A pls* Biene *f*
пшени́ца *f A* Weizen *m*; **ози́мая ~** Winterweizen *m*; **ярова́я ~** Sommerweizen *m*
пшени́чный *adj* Weizen-; **пшени́чная мука́** Weizenmehl *nt*
пыл <*präpos sg:* о пы́ле, в пылу́> *m K* Feuereifer *m*, Leidenschaft *f*; **в пылу́ сраже́ния** im Eifer des Gefechts
пыла́ть *vi I impf* lodern
пылесо́с *m K* Staubsauger *m*
пылесо́сить <*präs:* -со́сю/-со́шу, -со́сишь> *vi I impf* (*pf:* пропылесо́сить) staubsaugen
пыли́нка <*gen pl:* -нок> *f A* Staubkorn *nt*
пыли́ть *vi I impf* (*pf:* за-, на-) stauben
пы́лкий <*kf:* -лок, -лка́> *adj* eifrig, hitzig
пыль *f I* Staub *m*
пы́льный <*kf:* -лен, -льна́> *adj* staubig
пыльца́ *f A e* Blütenstaub *m*, Pollen *m*
пыта́ть *vt E impf* 1. foltern, quälen; 2. (*umg*) einen Versuch unternehmen
пыта́ться *vr E impf* (*pf:* по-) versuchen; ~ **сча́стья** sein Glück versuchen
пыхте́ть <*präs:* -хчу́, -хти́шь> *vi I impf* schnauben, schnaufen, pusten, keuchen
пы́шность *f I* 1. Üppigkeit *f*; 2. (*fig*) Pracht *f*, Pomp *m*, Prunk *m*
пы́шный <*kf:* -шен, -шна́> *adj* 1. üppig; 2. (*fig*) prächtig, pompös, prunkvoll
пье́са *f A* Theaterstück *nt*, Bühnenstück *nt*
пья́ница *mf A* Trinker, -in *m/f*, Säufer, -in *m/f*
пья́нство *nt O* Trinksucht *f*, Alkoholismus *m*
пья́нствовать *vi E2 impf* trinken, saufen
пья́ный <*kf:* пьян, пьяна́, пья́но, пья́ны> *adj* betrunken, besoffen
ПЭВМ *abk von* **персона́льная электро́нная вычисли́тельная маши́на** *f* PC *m*, Personalcomputer *m*
пюре́ *nt indekl* Püree *nt*
пята́ *f A e2* Ferse *f*; **пресле́довать кого́-либо по пята́м** jdm auf den Fersen sein
пятёрка *f A* 1. eine Gruppe von fünf *f*; **входи́ть в пятёрку крупне́йших ба́нков** zu den fünf größten Banken gehören 2. (*Ziffer*) Fünf *f*; 3. (*Schulnote*) Fünf *f*, *die beste Note im russischen Schulsystem*
пятидне́вный *adj* Fünftage-; **пятидне́вная рабо́чая неде́ля** Füntagewoche *f*
пятикра́тный *adj* fünffach
пятиле́тний *adj* fünfjährig; ~ **план** Fünfjahresplan *m*
пя́тка *f A* Ferse *f*
пятна́дцать *num* fünfzehn
пятни́стый <*kf:* -и́ст> *adj* fleckig, ge-

scheckt
пя́тница *f A* Freitag *m*; **у него́ семь пя́тниц на неде́ле** er ändert alle Tage seine Meinung
пятно́ *nt O pls* 1. Fleck *m*, Klecks *m*; **роди́мое ~** Leberfleck *m*, Muttermal *nt*; **насажа́ть пя́тен** bekleckern; **без пя́тен** fleckenlos; 2. Makel *m*
пятновыводи́тель *m K1* Fleckenentferner *m*
пя́тый *num ord* fünfte(r, s); **пя́тая часть** Fünftel *nt*
пять *num* fünf; **~ раз** fünfmal
пятьдеся́т <*gen:* пяти́десяти> *num* fünfzig; **~ на ~** fifty-fifty
пятьсо́т <*gen:* пятиста́м> *num* fünfhundert

Р

р, Р *nt indekl* kyrillischer Buchstabe
раб *m K* Sklave *m*
рабо́та *f A* 1. Arbeit *f*, Job *m*; **иска́ть рабо́ту** auf Arbeitssuche sein; **потеря́ть рабо́ту** seinen Arbeitsplatz verlieren; **идти́ на рабо́ту** zur Arbeit gehen; **опозда́ть на рабо́ту** zu spät zur Arbeit kommen; **~ с непо́лным рабо́чим днём** Teilzeitarbeit *f*; **~ с обще́ственностью** Öffentlichkeitsarbeit *f*, Public Relations, PR *f*; **нелега́льная ~** Schwarzarbeit *f*; **~ в ночно́е вре́мя** Nachtarbeit *f* 2. (- *произведе́ние, творе́ние*) Arbeit *f*, Werk *nt*, Schöpfung *f*; 3. (*конфере́нция*) Beratung *f*; 4. Stelle *f*; 5. Stelle *f*; 6. Beschäftigung *f*; **~ на по́лный рабо́чий день** Full-Time-Job *m*; **~ на сокращённом рабо́чем дне** Teilzeitbeschäftigung *f*; **~ по совмести́тельству** Nebenberuf *m*; **~ при сокращённом наполови́ну рабо́чем дне** Halbtagsbeschäftigung *f*
рабо́тать *vi E impf* 1. arbeiten, sich betätigen; **~ врачо́м** als Arzt arbeiten; **~ над собо́й** sich selbst vervollkommnen; **~ над чем-ли́бо** arbeiten (an +*dat*) 2. operieren, agieren, ausüben; 3. tagen; 4. (*зако́н*) greifen, wirksam sein; **не ~** (*маши́на, лифт*) außer Betrieb sein
рабо́тающий I. *adj* erwerbstätig; II. *m wie adj* Erwerbstätige(r) *m*
рабо́тник, рабо́тница *m K / f A* 1. Arbeitnehmer *m*, Arbeitskraft *f*; 2. Mitarbeiter, -in *m/f*; **сего́дня я не ~** heute kann ich nicht viel leisten; **~ предприя́тия** Betriebsangehörige(r) *mf*; **нау́чный ~** Wissenschaftler, -in *m/f*; **руководя́щий ~** Leiter, -in *m/f*, leitender Kader *m* 3. (*nur m*) Knecht *m*; 4. Arbeiter *m*; 5. Lohnempfänger *m*
работого́лик *m K* (*umg*) Workaholic *m*
работода́тель *m K1* Arbeitgeber *m*
работоспосо́бность *f I* 1. Leistungsfähigkeit *f*, Leistungsvermögen *nt*; 2. Belastbarkeit *f*
работоспосо́бный *adj* 1. erwerbsfähig; 2. leistungsfähig, belastbar
рабо́чий I. *adj* Arbeits-; **рабо́чая а́кция** Arbeitnehmeraktie *f*; **рабо́чая атмосфе́ра** Arbeitsklima *nt*; **рабо́чее вре́мя** Arbeitszeit *f*; **~ день** Arbeitstag *m*; **рабо́чая гру́ппа** Arbeitsgemeinschaft *f*, Arbeitskreis *m*, Team *nt*; **рабо́чая ло́шадь** (*umg*) Arbeitstier *nt*; **рабо́чее ме́сто** Arbeitsplatz *m*; **~ коллекти́в** Team *nt*; **~ наря́д** Lohnzettel *m*; **~ пара́метр** Betriebsgröße *f*; **~ проце́сс** Arbeitsablauf *m*; **~ сове́т предприя́тия** Betriebsrat *m*; II. *m wie adj* Arbeiter *m*; **иностра́нный ~** Gastarbeiter *m*; **квалифици́рованный ~** Facharbeiter *m*; **подсо́бный ~** Hilfsarbeiter *m*; **рабо́чая си́ла** Arbeitskraft *f*; **рабо́чие и слу́жащие** Arbeiter und Angestellte; **фабри́чный ~** Fabrikarbeiter *m*
рабо́чий-отхо́дник *m K* Wanderarbeiter *m*
ра́бский *adj* sklavisch
ра́бство *nt O* Sklaverei *f*, Knechtschaft *f*
рабы́ня *f A1* Sklavin *f*
ра́венство *nt O* 1. Gleichheit *f*, Gleichberechtigung *f*; 2. Parität *f*
равни́на *f A* Flachland *nt*, Ebene *f*
равно́ *adv* 1. gleich; 2. paritätisch; **всё ~** ganz egal, sowieso
равнове́сие *nt O2* (*auch fig*) Gleichgewicht *nt*, Balance *f*; **выводи́ть из равнове́сия** aus dem Gleichgewicht bringen; **теря́ть ~** das Gleichgewicht verlieren; **~ ры́нка** Marktgleichgewicht *nt*; **~ спро́са и предложе́ния** Gleichgewichtsmenge *f*
равноду́шие *nt O2* Gleichgültigkeit *f*
равноду́шный <*kf:* -шен, -шна, -шно> *adj* gleichgültig
равнозна́чный <*kf:* -чен, -чна> *adj* 1. gleichbedeutend; 2. gleichwertig
равноме́рный <*kf:* -рен, -рна, -рно> *adj* gleichmäßig
равнопра́вие *nt O2* Gleichberechtigung *f*; **~ мужчи́н и же́нщин** Gleichberechtigung *f* von Mann und Frau
равнопра́вный <*kf:* -вен, -вна> *adj* gleichberechtigt
равноси́льный <*kf:* -лен, -льна> *adj* gleichbedeutend
равносторо́нний *adj* (MATH) gleichseitig
ра́вный <*kf:* -вен, -вна́> *adj* 1. gleich; 2. ebenbürtig; **в ра́вной сте́пени** gleichermaßen; **ра́вные ша́нсы** Chancengleichheit *f*
равня́ть *vt E impf* 1. gleichmachen; 2. (*с кем-ли́бо/чем-ли́бо*) gleichstellen
равня́ться *vr E impf* 1. (*с кем-ли́бо/чем-ли́бо*) gleichen; 2. (*на кого́-ли́бо/что-ли́бо*) nacheifern (in +*dat*)
рагу́ *nt indekl* Ragout *nt*
рад *adj kurzf* froh, erfreut
рада́р *m K* Radar *m*

рада́рный *adj* Radar-; ~ **контро́ль** Radarkontrolle *f*
ра́ди *präp* +*gen* wegen (+*gen*), um ... willen; ~ **тебя́** dir zuliebe; ~ **Бо́га** um Gottes willen; **поря́дка** ~ der Ordnung halber
радиа́тор *m K* 1. (KFZ) Kühler *m*; 2. Heizkörper *m*
радиа́ция *f A2* Strahlung *f*, Strahlenbelastung *f*
ра́дий *m K2* Radium *nt*
радика́л *m K* 1. Radikale(r) *mf*; 2. (MATH, CHEM) Radikal *nt*
радика́льный <*kf*: -лен, -льна> *adj* radikal, einschneidend; **сторо́нник радика́льных рефо́рм** Radikalreformer *m*
ра́дио *nt indekl* Radio *nt*, Rundfunk *m*
радиоакти́вность *f I* Radioaktivität *f*
радиоакти́вный <*kf*: -вен, -вна> *adj* radioaktiv
радиогра́мма *f A* Funkspruch *m*
радиолюби́тель *m K1* Amateurfunker *m*
радиомолча́ние *nt O2* Funkstille *f*
радиопереда́тчик *m K* Radiosender *m*
радиоприёмник *m K* Rundfunkempfänger *m*
радиопье́са *f A* Hörspiel *nt*
радиосвя́зь *f I* Funkverkehr *m*, Funkverbindung *f*
радиосту́дия *f A1* Funkstudio *nt*
радиоце́нтр *m K* (*радиоста́нция*) Rundfunkanstalt *f*
ради́ровать *vi E2 impf/pf* funken
ради́ст, ради́стка <*gen pl f*: -ток> *m K / f A* Funker, -in *m/f*
ра́диус *m K* 1. Radius *m*; 2. (MIL) Reichweite *f*; **в ~е 10 киломе́тров** im Umkreis von 10 Kilometern
ра́довать *vt E2 impf* (*pf*: об-, по-) erfreuen
ра́доваться *vr* + *dat E2* (*pf*: об-, по-) sich freuen
радо́н *m K* Radon *nt*
ра́достный <*kf*: -тен, -тна> *adj* erfreulich, fröhlich
ра́дость *f I* Freude *f*, Lust *f*; ~ **жи́зни** Lebensfreude *f*; **к ра́дости** erfreulicherweise
ра́дуга *f A* Regenbogen *m*
ра́дужный *adj* 1. regenbogenfarbig; 2. (fig) rosig, vielversprechend
раз I. *m K* Mal *nt*; **ни ~у** nicht ein einziges Mal; **оди́н ~ не счита́ется** einmal ist keinmal; II. *konj* (*umg*) wenn; ~ ..., **то** wenn ..., dann
разба́вить <*fut*: -влю, -вишь> *vt E4 pf* (*impf*: разбавля́ть) verdünnen; ~ **водо́й** panschen
разбаза́ривать *vt E2 impf* (*pf*: разбаза́рить) (*umg*) vergeuden, verschleudern
разбе́г *m K* Anlauf *m*
разбега́ться *vr E impf* (*pf*: разбежа́ться) 1. (SPORT) Anlauf nehmen, zum Sprung ansetzen; 2. (*в ра́зные сто́роны*) auseinanderlaufen; **у неё глаза́ разбежа́лись** sie wusste nicht, wo sie hinsehen sollte; 3. (*umg*) sich scheiden lassen
разбива́ть *vt E impf* (*pf*: разби́ть) 1. zerschlagen, zerbrechen; ~ **пала́тку** ein Zelt aufschlagen; ~ **сад** einen Garten anlegen 2. teilen, aufteilen, verteilen; 3. aufschlüsseln; ~ **на гру́ппы** in Gruppen einteilen
разбива́ться *vr E impf* (*pf*: разби́ться) 1. zerbrechen, entzweigehen, zerschellen; 2. stürzen; 3. sich einteilen
разби́вка *f A* 1. Aufteilung *f*, Aufgliederung *f*; ~ **пла́на** Planaufschlüsselung *f*, ~ **те́кста на страни́цы** Seitenumbruch *m* 2. Zerschlagen *nt*; 3. Anlegen *nt*
разбира́тельство *nt O* Gerichtsverhandlung *f*, Untersuchung *f*; **закры́тое суде́бное** ~ Gerichtsverhandlung *f* unter Ausschluss der Öffentlichkeit; **трете́йское** ~ Schiedsverfahren *nt*, Schlichtungsverfahren *nt*
разбира́ть *vt E impf* (*pf*: разобра́ть) 1. (*на ча́сти*) auseinandernehmen; 2. auswerten, analysieren; 3. untersuchen, klären, ergründen; 4. (*това́р*) leer kaufen, nichts übrig lassen
разбира́ться *vr E impf* (*pf*: разобра́ться) 1. sich einrichten; 2. seine Sachen in Ordnung bringen; 3. (*в чём-либо*) sich auskennen (in +*dat*)
разбо́йник *m K* Räuber *m*
разболта́ть *vt E pf* (*impf*: разба́лтывать) 1. vermischen; 2. rühren; 3. (*umg*) ausplaudern
разбо́р *m K* 1. Analyse *f*; 2. Sortieren *nt*; 3. Auswahl *f*, Auslese *f*; **без ~а** wahllos; **с ~ом** wählerisch durchführend
разбо́рка *f A* 1. Auseinandernehmen *nt*, Zerlegung *f*; ~ **зда́ния** Demontage *f* 2. (*umg*) Auseinandersetzung *f*, Abrechnung *f*; **крими́нальные разбо́рки** Bandenkrieg *m*
разбо́рчивый <*kf*: -чив> *adj* 1. (-*челове́к*) wählerisch, anspruchsvoll; 2. (*по́черк*) deutlich, leserlich
разбра́сывать *vt E impf* (*pf*: разброса́ть) 1. streuen, umherstreuen, auseinanderwerfen; 2. (*umg*) verschwenden
разбро́с *m K* (*мне́ний, результа́тов*) Streuung *f*, Bandbreite *f*, Palette *f*
разбуди́ть <*fut*: -бужу́, -бу́дишь> *vt I pf* (*impf*: буди́ть) wecken
разва́л *m K* Zerrüttung *f*, Verfall *m*; ~ **Сове́тского Сою́за** Zerfall *m* der Sowjetunion; ~ **эконо́мики** Wirtschaftsmisere *f*
разва́ливать *vt E impf* (*pf*: развали́ть) 1. abreißen, zerstören; 2. (fig) zerrütten, desorganisieren
разва́ливаться *vr E impf* (*pf*: развали́ться) 1. zusammenbrechen, auseinanderfallen; 2. sich auflösen, zerfallen; 3. (*umg*: **на дива́не, в кре́сле**) sich rekeln, sich lümmeln
разва́лина *f A* 1. Trümmer *pl*; 2. Ruine *f*; **ста́рая** ~ (*Person*) Wrack *nt*

развари́ть vt I pf (impf: разва́ривать) weich kochen

ра́зве I. part denn, etwa; ~ он бо́лен? ist er etwa krank? II. konj es sei denn; непреме́нно приду́, ~ то́лько заболе́ю ich komme bestimmt, es sei denn ich werde krank

разве́дать vt E pf (impf: разве́дывать) auskundschaften, erkunden

разведённый adj (брак) geschieden

разве́дка <gen pl: -док> f A 1. Auskundschaftung f; 2. Geheimdienst m

развеи́вать vt E impf (pf: разве́ять) 1. verwehen; 2. (fig) zerstreuen, vertreiben

развёртывание nt O2 1. Aufwickeln nt, Losdrehen nt; 2. (MIL) Aufmarsch m; 3. Entfaltung f, Entwicklung f

развести́ <fut: -веду́, -ведёшь> vt E6 pf (impf: разводи́ть) 1. trennen; 2. verteilen; 3. züchten, anbauen; 4. verdünnen, auflösen

разветвле́ние nt O2 1. Abzweigung f; 2. Verästelung f

развива́ть vt E impf (pf: разви́ть) entwickeln, entfalten; ~ мысль einen Gedanken weiterführen; **развива́ющаяся страна́** Entwicklungsland nt

разви́лка f A Gabelung f, Abzweigung f

разви́тие nt O2 1. Entwicklung f; 2. Wachstum nt; ~ зарабо́тной пла́ты Lohnentwicklung f; ~ конъюнкту́ры Konjunkturverlauf m; ~ ры́нка Marktentwicklung f, Marktwachstum nt; ~ цен Preisentwicklung f

развито́й <kf: -и́т, -ита́, -и́то> adj gut entwickelt

развлека́ть vt E impf (pf: развле́чь) unterhalten, amüsieren, ablenken

развлече́ние nt O2 Unterhaltung f, Spaß m; он и́щет ~ er sucht Ablenkung

развле́чь <fut: -влеку́, -влечёшь> vt UE4 pf (impf: развлека́ть) unterhalten

разво́д m K 1. Ehescheidung f, Scheidung f; 2. Trennung f; оформля́ть ~ sich scheiden lassen; 3. Aufzucht

разводи́ть <präs: -вожу́, -во́дишь> vt I impf (pf: развести́) 1. trennen, auseinanderbringen; 2. (брак) scheiden; 3. aufforsten; 4. (мост) aufziehen; 5. verdünnen, auflösen; 6. (разгово́ры) führen; ~ рука́ми die Hände zusammenschlagen

развра́т m K 1. Unzucht f; 2. Ausschweifung f, Laster nt

разврати́ть <fut: -вращу́, -врати́шь> vt I pf (impf: развраща́ть) 1. verführen; 2. demoralisieren; 3. prostituieren; 4. korrumpieren

развра́тник, развра́тница m K / f A Wüstling m, unzüchtiger Mensch m, liederliches Frauenzimmer nt

развра́тный <kf: -тен, -тна> adj ausschweifend, verderblich

развяза́ть <fut: -вяжу́, -вя́жешь> vt E4 pf (impf: развя́зывать) 1. losbinden, entfesseln; 2. (у́зел) lösen, auflösen; 3. (fig: войну́) entfesseln, auslösen

разгада́ть vt E pf (impf: разга́дывать) 1. erraten, enträtseln; 2. knobeln

разга́дка f A Auflösung f

разга́р m K Höhepunkt m; **в ~е** auf dem Höhepunkt, inmitten; ~ сезо́на Hauptsaison f, Hochsaison f; **быть в са́мом ~е** auf Hochtouren laufen; ~ ле́та Hochsommer f; ~ сезо́на Hochsaison f

разгиба́ние nt O2 1. Streckung f; 2. Aufbiegen nt

разгильдя́й m K2 Schlendrian m, liederlicher Mensch m

разгильдя́йство nt O 1. Liederlichkeit f; 2. Lotterwirtschaft f

разгла́дить <fut: -гла́жу, -гла́дишь> vt I pf (impf: разгла́живать) 1. glätten; 2. bügeln

разгляде́ть <fut: -гляжу́, -гляди́шь> vt I pf (impf: разгля́дывать) 1. erkennen; 2. (genau) betrachten; 3. (fig: nur pf) durchschauen

разгля́дывание nt O2 Betrachtung f; ~ витри́н Schaufensterbummel m

разгова́ривать vi E impf sich unterhalten, sprechen; ~ по телефо́ну telefonieren

разгово́р m K Gespräch nt, Unterhaltung f; ~ тет-а-те́т Gespräch nt unter vier Augen; междугоро́дный ~ Ferngespräch nt; междунаро́дный ~ Auslandgespräch nt; мужско́й ~ Gespräch nt unter Männern; служе́бный ~ Dienstgespräch nt; никаки́х ~ов ohne Widerrede

разгово́рник m K Sprachführer m

разгово́рный adj Konversations-, Gesprächs-; **разгово́рная речь** Umgangssprache f

разгово́рчивый adj gesprächig, geschwätzig

разгоня́ть vt E impf (pf: разогна́ть) 1. auseinandertreiben; 2. (демонстра́цию) gewaltsam auflösen; 3. (печа́ль, ску́ку, тоску́) vertreiben; 4. (KFZ) beschleunigen

разгорячи́ть <fut: -рячу́сь, -рячи́шь> vt I pf (impf: горячи́ть) 1. erhitzen; 2. anstacheln, anfeuern

разгосударствле́ние nt O2 Entstaatlichung f

разгра́бить <fut: -гра́блю, -гра́бишь> vt I pf (impf: гра́бить) rauben, ausrauben, plündern

разграни́чивать vt E impf (pf: разграни́чить) abgrenzen

разгроми́ть <fut: -громлю́, -громи́шь> vt I pf (impf: громи́ть) vernichten, zerschmettern

разгро́мный adj vernichtend

разгружа́ть vt E impf (pf: разгрузи́ть) 1. entladen, abladen; 2. (fig) entlasten

разгру́зка f A 1. Entladen nt; 2. Entlastung f

раздава́ть <präs: -даю́, -даёшь> vt E3

раздава́ться *impf* (*pf:* разда́ть) vergeben, austeilen; **~ нале́во и напра́во обеща́ния** zu viele Versprechen machen

раздава́ться *vr E3 impf* (*pf:* разда́ться) 1. ертонеи, erklingen; 2. sich ausweiten, in die Breite gehen

раздави́ть <*fut:* -давлю́, -да́вишь> *vt I pf* (*impf:* разда́вливать) zerdrücken, zerquetschen, zermalmen

разда́ривать *vt E impf* (*pf:* раздари́ть) verschenken

разда́тчик *m K* Verteiler *m*, Ausgeber *m*; **~ бума́жных полоте́нец** Papierhandtuchspender *m*; **~ кормо́в** Futterverteiler *m*

разда́ть <*fut:* -да́м, -да́шь> *vt U2 pf* (*impf:* раздава́ть) austeilen, verteilen

разда́ться <*nur 3. pers.:* -да́стся> *vr U2 pf* (*impf:* раздава́ться) ertönen

разда́ча *f A* 1. Vergabe *f*; 2. Verteilung *f*; 3. Aufteilung *f*; **~ пода́рков** Bescherung *f*

раздева́лка *f A* 1. Garderobe *f*; 2. Umkleideraum *m*

раздева́ться *vr E impf* (*pf:* разде́ться) sich ausziehen, ablegen

разде́л *m K* 1. Teilung *f*, Aufteilung *f*; **~ иму́щества супру́гов** Gütertrennung *f*; **~ предприя́тия** Unternehmensaufspaltung *f* 2. Abschnitt *m*; 3. Sparte *f*

разде́латься *vr E pf* (*impf:* разде́лываться) 1. erledigen; 2. loswerden; **бы́стро ~ с кем-ли́бо** jdn kurz abtun; **бы́стро ~ с чем-ли́бо** schnell erledigen

разделе́ние *nt O2* Einteilung *f*, Aufteilung *f*; **~ власте́й** Gewaltenteilung *f*; **~ полномо́чий** Ämterentflechtung *f*; **~ изде́ржек** Kostenauflösung *f*; **~ рабо́чего ме́ста ме́жду не́сколькими сотру́дниками** Jobsharing *nt*; **~ расхо́дов** Kostenauflösung *f*; **~ ры́нка** [*o* **сбы́та**] Marktaufteilung *f*; **~ труда́** Arbeitsteilung *f*

раздели́тельный *adj* Teilungs-, Trennungs-; **раздели́тельная полоса́** Mittelstreifen *m*

раздели́ть <*fut:* -делю́, -де́лишь> *vt I pf* (*impf:* разделя́ть) 1. (*ра́дость, мне́ние, увлече́ние*) teilen; 2. trennen

разде́льный <*kf:* -лен, -льна, -льно> *adj* 1. geteilt, getrennt; **разде́льное пита́ние** Trennkost *f* 2. (*произноше́ние*) klar, deutlich

раздобы́ть <*fut:* -бу́ду, -бу́дешь> *vt UE1 pf* (*impf:* раздобыва́ть) aufbringen, beschaffen; **~ хи́тростью** ergattern

раздо́р *m K* Zwietracht *f*; **се́ять ~ ме́жду кем-ли́бо** entzweien

раздража́ть *vt E impf* (*pf:* раздражи́ть) 1. reizen; 2. (*fig*) reizen, ärgern

раздраже́ние *nt O2* 1. Reizung *f*; 2. Ärger *m*

раздражённость *f I* Gereiztheit *f*

раздражённый <*kf:* -жён, -жена́> *adj* gereizt, verärgert

раздражи́тель *m K1* Reiz *m*

раздражи́тельность *f I* Reizbarkeit *f*

раздражи́тельный <*kf:* -лен, -льна> *adj* 1. reizbar, jähzornig; 2. kratzbürstig

раздроби́ть <*fut:* -блю́, -би́шь> *vt I pf* (*impf:* дроби́ть) zersplittern, zerstückeln

раздува́ть *vt E impf* (*pf:* разду́ть) 1. aufbauschen, aufblasen; **~ вое́нные расхо́ды** Rüstungsausgaben in die Höhe treiben; 2. (*костёр, конфли́кт*) entfachen

разду́мывать *vi E impf* (*pf:* разду́мать) 1. überlegen; 2. sich besinnen

разду́ть <*fut:* -ду́ю, -ду́ешь> *vt E pf* (*impf:* раздува́ть) 1. aufbauschen, aufblasen; 2. entfachen

разже́чь <*fut:* разожгу́, разожжёшь> *vt UE4 pf* (*impf:* разжига́ть) 1. entfachen, entzünden; 2. (*fig: стра́сти*) schüren, aufstacheln

разжире́ть *vi E pf* (*impf:* жире́ть) dick [*o* fett] werden

рази́ня *mf A1* Schlafmütze *f*, zerstreuter Mensch *m*

рази́тельный <*kf:* -лен, -льна> *adj* überraschend, frappierend; **~ приме́р** krasses Beispiel *nt*

разлага́ть *vt E impf* (*pf:* разложи́ть) 1. zerlegen, zersetzen; 2. korrumpieren

разлага́ться *vr E impf* (*pf:* разложи́ться) 1. zerfallen, sich zersetzen; 2. verwesen; 3. (*fig*) moralisch degradieren

разла́д *m K* 1. Diskrepanz *f*, Unstimmigkeit *f*; 2. Zwist *m*, Zwietracht *f*

разла́мывать *vt E impf* (*pf:* разлома́ть, разломи́ть) 1. (*хлеб*) brechen, zerbrechen; 2. abreißen, zerstören

разла́мываться *vr E impf* (*pf:* разлома́ться, разломи́ться) entzweibrechen

разли́в *m K* 1. Überschwemmung *f*, Hochwasser *nt*; 2. (*алкого́льных напи́тков*) Ausschank *m*; **~ не́фти** Ölpest *f*

залива́ть *vt E impf* (*pf:* разли́ть) 1. (*в буты́лки*) eingießen, abfüllen; 2. verschütten, vergießen; **их водо́й не разольёшь** sie halten zusammen wie Pech und Schwefel

различа́ть *vt E impf* (*pf:* различи́ть) unterscheiden, auseinanderhalten

разли́чие *nt O2* Unterschied *m*, Differenz *f*; **~ мне́ний** Meinungsverschiedenheit *f*

разли́чный <*kf:* -чен, -чна> *adj* verschieden, unterschiedlich

разложе́ние *nt O2* 1. Zerfall *m*; 2. Zerlegung *f*; 3. (BIO) Abbau *m*; 4. Verwesung *f*; 5. (*fig*) Niedergang *m*, moralische Verkommenheit *f*

разложи́ть I. <*fut:* -ложу́, -ло́жишь> *vt I pf* (*impf:* раскла́дывать) legen, auslegen, verteilen; II. *vt I* (*impf:* разлага́ть) 1. zersetzen, zerlegen; 2. korrumpieren

разлома́ть *vt E pf* (*impf:* разла́мывать) 1. zerbrechen; 2. abreißen, zerstören

разлу́ка *f A* Trennung *f*, Abschied *m*

размазня́ *mf A1* (*umg*) Waschlappen *m*

размáтывать vt E impf (pf: размотáть) 1. auswickeln; 2. abwickeln

размáх m K 1. Schwung m, Wucht f; 2. Spannweite f

размáхивать vi E impf hin und her schwingen, schwenken; ~ рукáми gestikulieren

размáхиваться vr E impf (pf: размахнýться) zum Schlag ausholen

размéн m K Wechsel m, Austausch m

размéнивать vt E impf (pf: разменя́ть) 1. einen Tausch machen, austauschen; 2. einwechseln

размéнный adj Wechsel-; **размéнная монéта** Kleingeld nt

разменя́ть vt E pf (impf: размéнивать) wechseln

размéр m K 1. Umfang m; 2. Ausmaß nt; 3. Höhe f, Betrag m; 4. Dimension f, Größe f; ~ вы́платы Auszahlungsbetrag m; ~ издéржек Kostenhöhe f; ~ кредúтного обеспéчения Besicherungswert m; ~ óбуви Schuhgröße f; ~ одéжды Konfektionsgröße f; ~ окнá (DV) Fenstergröße f; ~ пáртии [о сéрии] Auflage f; ~ процéнта Zinsniveau nt; ~ закáза Auftragshöhe f; ~ частúчного взнóса [о платежá] Teilzahlungsbetrag m; ~ фáйла (DV) Dateigröße f

разместúть <fut: -мещý, -местúшь> vt I pf (impf: размещáть) 1. unterbringen, platzieren; 2. (MIL) einquartieren, stationieren

размéтить <fut: -мéчу, -мéтишь> vt I pf (impf: размечáть) markieren, kennzeichnen

размéтка f A Markierung f; **расширя́емый язы́к размéтки** (DV) XML nt, Extensible Markup Language

размещáть vt E impf (pf: разместúть) platzieren, unterbringen; ~ файл (DV) eine Datei ablegen

размещéние nt O2 1. Unterbringung f; 2. Unterkunft f; 3. Verteilung f; 4. Verbreitung f; ~ предприя́тий Ansiedlung f von Betrieben; ~ закáзов Vergabe f

разминáть vt E impf (pf: размя́ть) 1. weich machen; 2. zerdrücken,, zerquetschen; ~ нóги sich die Beine vertreten

разминýться <fut: -минýсь, -минёшься> vr E1 pf (с кем-лúбо) sich verfehlen, sich verpassen

размножáть vt E impf (pf: размнóжить) 1. vervielfältigen; 2. vermehren; 3. (BIO) anbauen; 4. züchten

размножáться vr E impf (pf: размнóжиться) 1. sich vermehren; 2. (BIO) sich fortpflanzen

размножéние nt O2 1. (BIO) Fortpflanzung f, Vermehrung f; 2. Vervielfältigung f

разморáживание nt O2 Auftauen nt

размотáть vt E pf (impf: размáтывать) 1. auswickeln; 2. abwickeln

размы́тый <kf: -мы́т> adj unscharf, verschwommen; **размы́тые грани́цы** fließende Grenzen

размышлéние nt O2 1. Überlegung f; 2. Reflexion f

размышля́ть vi E impf 1. überlegen; 2. grübeln

размягчáть vt E impf (pf: размягчúть) 1. auflockern; 2. aufweichen; 3. (fig) erweichen

размя́кнуть <fut: -мя́кну, -мя́кнешь, prät: -мя́к, -мя́кла> vi E1 pf (impf: размякáть) durchweichen, weich werden

размя́ть <fut: разомнý, разомнёшь> vt E9 pf (impf: разминáть) 1. weich machen; 2. zerdrücken, zerquetschen; ~ нóги sich die Beine vertreten

разнаря́дка f A Vorgabe f, Auflage f

разнестú <fut: -несý, -несёшь> vt E6 pf (impf: разносúть) 1. (пóчту) austragen, zustellen; 2. (umg) zertrümmern; ~ в пух и прах (fig) Kleinholz machen (aus +dat)

рáзница f A 1. Unterschied m, Differenz f; 2. Gefälle nt; 3. Spanne f; ~ в кýрсах Kursdifferenz f; ~ в ценé Preisunterschied m; ~ мéжду дохóдами и расхóдами Gewinnspanne f; ~ мéжду кýрсами покупáтеля и продавцá Ecart m; ~ мéжду сáмой нúзкой и сáмой высóкой ценóй Mehrgebot nt; ~ мéжду сýммами Differenzbetrag m

разновúдность f I Abart f, Abänderung f, Variante f

разноглáсие nt O2 1. Meinungsverschiedenheit f; 2. Widerspruch m; 3. Diskrepanz f; 4. Differenz f; **разноглáсия** Dissens m

разнообрáзие nt O2 1. Vielfalt f; 2. Abwechslung f

разнообрáзный <kf: -зен, -зна> adj 1. verschieden, verschiedenartig; 2. abwechslungsreich

разнорабóчий m wie adj Hilfsarbeiter m

разнорóдный <kf: -ден, -дна> adj ungleichartig, heterogen

разнóс m K 1. Zustellung f; 2. Verweis m, Rüffel m, strenge Zurechtweisung f; **пойтú в** ~ außer Rand und Band geraten, Amok laufen; **продавáть в** ~ hausieren

разносúть <präs: -ношý, -нóсишь> vt I impf (pf: разнестú) (пóчту) austragen, zustellen; ~ в пух и прах Kleinholz machen (aus +dat)

рáзность f I 1. Unterschied m, Verschiedenartigkeit f; 2. (MAT) Differenz f

разношёрстный <kf: -тен, тна> adj 1. verschiedenartig; 2. (fig) gemischt, kunterbunt

разнýзданность f I Zügellosigkeit f

разнýзданный <kf: -дан> adj zügellos, ausschweifend

рáзный adj verschieden, unterschiedlich

разоблачáть vt E impf (pf: разоблачúть) 1. (geh) entkleiden; 2. (fig) entlarven, aufdecken

разобрáть <fut: -берý, -берёшь> vt E4a pf (impf: разбирáть) 1. auseinanderneh-

men, zerlegen; 2. untersuchen, ergründen
разобще́ние *nt O2* 1. Desintegration *f*; 2. Trennung *f*
ра́зовый *adj* 1. einmalig; 2. Einweg-; ~ **проездно́й биле́т** Einzelfahrschein *m*; **ра́зовое мероприя́тие** einmalige Aktion *f*; ~ **шприц** Einwegspritze *f*; **ра́зовая дове́ренность** Einzelvollmacht *f*; **ра́зовая та́ра** Einwegverpackung *f*; ~ **нало́г на иму́щество** Vermögensabgabe *f*; ~ **покупа́тель** Laufkunde *m*
разогна́ть <*fut:* -гоню́ , -го́нишь> *vt I pf* (*impf:* разгоня́ть) 1. auseinandertreiben; 2. (*демонстра́цию*) gewaltsam auflösen; 3. (*печаль, ску́ку, тоску́*) vertreiben; 4. (KFZ) beschleunigen
разогре́ть <*fut:* -гре́ю, -гре́ешь> *vt E pf* (*impf:* разогрева́ть) 1. aufwärmen; 2. erwärmen, erhitzen
разоде́тый <*kf:* -де́т> *adj* geschniegelt, herausgeputzt
разоде́ться <*fut:* -де́нусь, -де́нешься> *vr E9 pf* sich herausputzen, sich in Schale werfen
разозли́ть *vt I pf* (*impf:* зли́ть) in Wut bringen, verärgern
разойти́сь <*fut:* -йду́сь, -йдёшься> *vr E7 pf* (*impf:* расходи́ться) 1. auseinander gehen, sich zerstreuen; 2. sich trennen, sich scheiden lassen; 3. sich verpassen; 4. ausverkauft werden; 5. ausgehen, zerrinnen
ра́зом *adv* schlagartig, auf Anhieb, über Nacht
разонра́виться <*fut:* -влюсь, -вишься> *vr I pf* nicht mehr gefallen
разорва́ть <*fut:* -рву́, -рвёшь> *vt E4 pf* (*impf:* разрыва́ть) 1. zerreißen, platzen; 2. (*свя́зи, знако́мство*) abbrechen
разорва́ться <*fut:* -рву́сь, -рвёшься> *vr E4 pf* (*impf:* разрыва́ться) 1. platzen, zerreißen; 2. explodieren; 3. auseinandergehen
разоре́ние *nt O2* 1. Ruin *m*; 2. Zusammenbruch *m*
разори́ть *vt I pf* (*impf:* разоря́ть) 1. ruinieren; 2. zerstören
разоружа́ть *vt E impf* (*pf:* разружи́ть) (*auch fig*) entwaffnen
разоруже́ние *nt O2* 1. Abrüstung *f*; 2. Entwaffnung *f*
разоря́ть *vt E impf* (*pf:* разори́ть) 1. ruinieren; 2. zerstören
разоткрове́нничаться *vr E pf* aus sich herausgehen
разохо́титься <*fut:* -хо́чусь, -хо́тишься> *vr I pf* (*на что-ли́бо*) Lust bekommen (zu +*dat*)
разочарова́ние *nt O2* 1. (*разочаро́ванность*) Enttäuschung *f*; 2. Resignation *f*
разочаро́ванный <*kf:* -ван> *adj* enttäuscht
разочарова́ть *vt E2 pf* (*impf:* разчаро́вывать) enttäuschen

разраба́тывать *vt E impf* (*pf:* разрабо́тать) 1. entwickeln; 2. erarbeiten, ausarbeiten; 3. konzipieren; ~ **пробле́му** ein Problem herausarbeiten
разрабо́тка *f A* 1. Entwicklung *f*; 2. Erarbeitung *f*; 3. Konzipierung *f*; 4. (*нау́чная*) Studie *f*; 5. (BERGB) Abbau *f*; **го́рные разрабо́тки** Bergbau *m*; ~ **но́вого проду́кта** [*o* **това́ра**] Produktinnovation *f*
разраста́ние *nt O2* Wucherung *f*
разре́з *m K* 1. Einschnitt *m*; 2. Riss *m*; 3. (*деколье́*) Ausschnitt *m*
разре́зать <*fut:* -ре́жу, -ре́жешь> *vt E4 pf* (*impf:* ре́зать, разреза́ть) schneiden, zerschneiden
разреклами́ровать *vt E2 pf* (*impf:* реклами́ровать) Werbung machen (für + *akk*)
разреша́ть *vt E impf* (*pf:* разреши́ть) 1. erlauben, genehmigen, bewilligen; 2. zustimmen; 3. (*пробле́му*) lösen
разреше́ние *nt O2* 1. Erlaubnis *f*, Genehmigung *f*, Bewilligung *f*, Lizenz *f*; ~ **на взлёт** Starterlaubnis *f*; ~ **на ноше́ние ору́жия** Waffenschein *m*; ~ **на поса́дку** Landeerlaubnis *f*; ~ **на строи́тельство** Baugenehmigung *f*; 2. (DV) Auflösung *f*; **высо́кое/ни́зкое** ~ **экра́на** hohe/niedrige Auflösung des Bildschirms *f*. Lösung *f*; ~ **конфли́кта** Konfliktlösung *f*; ~ **кри́зиса** Lösung [*o* Überwindung]der Krise; ~ **на ввоз** Einfuhrgenehmigung *f* Importlizenz *f*; ~ **на до́пуск це́нных бума́г к обраще́нию на би́рже** Börsenzulassung *f*; ~ **на заня́тие про́мыслом** Gewerbeberechtigung *f*; ~ **на рабо́ту** Arbeitserlaubnis *f*; ~ **на пребыва́ние** Aufenthaltsgenehmigung *f*; ~ **на прода́жу** Verkaufslizenz *f*; ~ **на транзи́т** Durchfuhrgenehmigung *f*, Transitgenehmigung *f*, ~ **э́кспорт** Ausfuhrbewilligung *f*, Exportgenehmigung *f*; ~ **на прово́з** Durchfuhrgenehmigung *f*
разрисова́ть *vt E2 pf* (*impf:* разрисо́вывать) bemalen
разру́ха *f A* Ruin *m*, Zerstörung *f*, Verfall *m*
разруша́ть *vt E impf* (*pf:* разру́шить) zerstören, ruinieren; ~ **чьи-ли́бо иллю́зии** jdm seine Illusionen rauben
разруша́ться *vr E impf* (*pf:* разру́шиться) 1. verfallen; 2. zerstört werden
разруше́ние *nt O2* Zerstörung *f*
разры́в *m K* 1. Riss *m*; ~ **связок** (MED) Bänderriss *m* 2. Bruch *m*, Abbruch *m*; 3. (*fig*) Kluft *f*; ~ **ме́жду сло́вом и де́лом** Diskrepanz *f* zwischen Wort und Tat; ~ **дипломати́ческих отноше́ний** Abbruch *m* der diplomatischen Beziehungen 4. (MIL) Explosion *f*; ~ **в у́ровне дохо́дов** Einkommensschere *f*; ~ **ме́жду опто́вой и ро́зничной це́нами** Distributionsspanne *f*
разрыва́ть *vt E impf* (*pf:* разорва́ть) 1. zerreißen; 2. (*свя́зи, знако́мство*) abbre-

chen
разрыва́ться vr E impf (pf: разорва́ться) 1. platzen; 2. auseinandergehen; у меня́ се́рдце разрыва́ется mit bricht das Herz; 3. explodieren

разря́д m K 1. Rang m; 2. Klasse f, Kategorie f; ~ за́работной пла́ты Lohngruppe f; ~ налогообложе́ния Lohnsteuerklasse f, Steuerklasse f 3. (EL) Entladung f

разряди́ть <fut: -ряжу́, -ря́дишь> vt I pf (impf: разряжа́ть) 1. (EI) entladen; 2. (MIL) entschärfen; 3. (fig) entschärfen; ~ обстано́вку die Situation entschärfen

разря́дка f A 1. (POL: напряжённости) Entspannung f; **психи́ческая** ~ psychische Entlastung f 2. Sperrdruck m

разубеди́ть <fut: -бежу́, -беди́шь> vt I pf (impf: разубежда́ть) 1. ausreden; 2. (в чем-ли́бо) abbringen (von +dat)

разузнава́ть <präs: -зна́ю, -знаёшь> vt E3 impf (pf: разня́ть) 1. (о чем-ли́бо) nachforschen; 2. Erkundungen anstellen; 3. in Erfahrung bringen

разукрупне́ние nt O2 Entflechtung f, Dezentralisierung f

разукрупня́ть vt E impf (pf: -ни́ть) entflechtend

ра́зум m K 1. Vernunft f; 2. Verstand m

разуме́ться <nur 3. pers: -ме́ется> vr E impf 1. gemeint werden (mit +dat); 2. (als Schaltwort) selbstverständlich, natürlich

разу́мный <kf: мен, -мна> adj 1. vernünftig; 2. rational; **разу́мные существа́** vernunftbegabte Wesen; **челове́к** ~ Homo sapiens

разу́чивать vt E impf (pf: разучи́ть) 1. (роль) einüben, einstudieren; 2. (MUS) einspielen

разъедини́ть vt I pf (impf: разъединя́ть) 1. trennen; 2. unterbrechen

разъярённый <kf: -рён, -рена́> adj (umg) fuchsteufelswild

разъясне́ние nt O2 Erklärung f, Erläuterung f

разъясни́ть vt I pf (impf: разъясня́ть) erläutern, erklären

разыгра́ть vt E pf (impf: разы́грывать) 1. spielen, aufführen; ~ по роля́м mit verteilten Rollen spielen 2. auslosen, verlosen; 3. (SPORT) austragen; ~ ку́бок den Pokal austragen; 4. auf den Arm nehmen; 5. vortäuschen, mimen

разыска́ние nt O2 Recherche f; **вести́ разыска́ния** nachforschen

разыска́ть <fut: -ыщу́, -ы́щешь> vt E4 pf (impf: разы́скивать) herausfinden, ausfindig machen

рай m K2 Paradies nt

райо́н: ~ снабже́ния Einzugsgebiet nt

райо́н m K 1. (ADMIN) Kreis m, Stadtbezirk m; 2. Landkreis m, Gebiet nt; ~ бе́дствия Katastrophengebiet nt; ~ боевы́х де́йствий Kampfgebiet nt; ~ конфли́кта [о кри́зисный ~] Krisengebiet nt

райо́нный adj 1. Bezirks-; 2. Kreis-; ~ центр Kreisstadt f

ра́йский adj (geh) paradiesisch, Paradies-; **ра́йская пти́ца** Paradiesvogel m

рак m K 1. (ZOOL) Krebs m; ~-отше́льник Einsiedlerkrebs m 2. (MED) Krebs m; ~ груди́ Brustkrebs m; ~ ко́жи Hautkrebs m; ~ лёгких Lungenkrebs m

раке́та f A Rakete f; **пиротехни́ческая** ~ Feuerwerkskörper m; ~ сре́дней да́льности Mittelstreckenrakete f; ~-носи́тель Trägerrakete f

раке́тка f A (SPORT) Schläger m; ~ для насто́льного те́нниса Tischtennisschläger m; **пе́рвая** ~ **ми́ра** Weltranglistenerste(r) mf

раке́тный adj Raketen-; **раке́тная ба́за** Raketenstützpunkt m

ра́ковина f A 1. Muschel f, Muschelschale f; 2. Schneckenhaus nt; **ушна́я** ~ (ANAT) Ohrmuschel f 3. Abfluss m, Ausguss m

раку́шка f A kleine Muschel f; **съедо́бная** ~ essbare Muschel f, Miesmuschel f

ра́лли nt indekl Ralley f

ра́ма f A Rahmen m; ~ для карти́ны Bilderrahmen m; око́нная ~ Fensterrahmen m

рамбу́рс m K Rembours f

рамбу́рсный adj Rembours-; **рамбу́рсный ве́ксельный регре́сс** Remboursregress m; **рамбу́рсный креди́т** Rembourskredit m

ра́мка <gen pl: -мок> f A 1. kleiner Rahmen m; 2. Umrahmung f, Kästchen nt; 3. (fig) Rahmen m; **в ра́мках чего́-ли́бо** im Rahmen (+gen)

ра́мпа f A (THEAT) Rampe f; **при све́те ра́мпы** im Rampenlicht

РАН abk von **Росси́йская Акаде́мия Нау́к** f Russische Akademie f der Wissenschaften

ра́на f A Wunde f; **зия́ющая** ~ klaffende Wunde f; **огнестре́льная** ~ Schusswunde f; **ре́заная** ~ Schnittwunde f

ранг m K (MIL) Rang m; **та́бель о** ~**ах** Rangliste f

ране́ние nt O2 Verwundung f, Verletzung f; **пулево́е** ~ Schusswunde f; **лёгкое** ~ Streifschuss m

ра́неный I. adj verletzt, verwundet; II. m wie adj Verwundete(r) m, Verletzte(r) mf

ра́нец <gen sg: -нца> m K Ranzen m; **шко́льный** ~ Schultasche f

ранжи́р m K bestimmte Reihenfolge f; **по** ~**у** der Größe nach

рани́мый <kf: -ни́м> adj verletzlich, verwundbar

ра́нний adj früh; **ра́нняя пта́ха** Frühaufsteher, -in m/f; **са́мое ра́ннее** frühestens

ра́но adv früh; ~ **и́ли по́здно** über kurz oder lang

рань f I Frühe f

ра́ньше adv 1. früher; 2. bisher; 3. eher; 4. vorher

РАО *abk von* Росси́йское Акционе́рное О́бщество *nt* Russische Aktiengesellschaft *f*
ра́порт *m K* Meldung *f*, Bericht *m*; **отда́ть ~** Bericht erstatten
рапс *m K* Raps *m*
рарите́т *m K* Rarität *f*
ра́са *f A* Rasse *f*
раси́зм *m K* Rassismus *m*
раси́ст *m K* Rassist, -in *m/f*
раси́стский *adj* rassistisch
раска́иваться *vr E impf* (*pf:* раска́яться) (*в чем-либо*) bereuen
раска́лывать *vt E impf* (*pf:* расколо́ть) entzweibrechen
раска́пывать *vt E impf* (*pf:* раскопа́ть) ausgraben
раскача́ться *vr E impf* (*impf:* раска́чиваться) 1. in Schwung kommen; 2. pendeln; 3. (*umg*) sich aufraffen, loslegen
раска́яние *nt O2* Reue *f*
расквартирова́ть *vt E2 pf* (*impf:* растиро́вывать) (MIL) einquartieren
расквита́ться *vr E pf* (с кем-либо за что-либо) quitt sein, abrechnen (mit +*dat*)
раскида́ть *vt E pf* (*impf:* раски́дывать) ausstreuen; **~ свои́ ве́щи** seine Sachen herumliegen lassen
раскла́д *m K* Verteilung *f*; **~ сил** Kräftekonstellation *f*; **при тако́м ~е** unter diesen Umständen
раскла́дка 1. Repartierung *f*; 2. Umlage *f*; **~ затра́т** [*o* изде́ржек] Kostenumlage *f*; **~ накладны́х расхо́дов** Gemeinkostenumlage *f*
раскла́дывать *vt E impf* (*pf:* разложи́ть) vorlegen, auslegen
раско́ванный <*kf:* -ван> *adj* enthemmt, ungezwungen
расколо́ть *vt E pf* (*impf:* коло́ть, раска́лывать) (*auch fig*) spalten, entzweien
раскопа́ть *vt E pf* (*impf:* раска́пывать) ausgraben
раско́пка *f A* Ausgrabung *f*; **раско́пки** Ausgrabungen *pl*
раскоше́ливаться *vr E impf* (*pf:* раскоше́литься) 1. freigebig sein; 2. ausgeben; 3. (*umg*) blechen; **заставля́ть кого́-либо ~** jdn zur Kasse bitten
раскра́шивать *vt E impf* (*pf:* раскра́сить) kolorieren, ausmalen
раскритикова́ть *vt E2 pf* heftig kritisieren
раскроши́ть <*fut:* -крошу́, -кро́шишь> *vt I pf* (*impf:* кроши́ть) 1. zerbröckeln, zerkrümeln; 2. kurz und klein schlagen
раскрыва́ть *vt E impf* (*pf:* раскры́ть) 1. öffnen; 2. aufdecken, **~ свои́ ка́рты** seine Karten auf den Tisch legen; 3. enthüllen; **~ преступле́ние** ein Verbrechen aufklären; 4. entfalten; **~ свои́ тала́нты** seine Talente zur Entfaltung bringen
раскуси́ть <*fut:* -кушу́, -ку́сишь> *vt I pf* (*impf:* раску́сывать) 1. zerbeißen, knacken; 2. (*fig*) durchschauen, auf die Schliche kommen

ра́совый *adj* rassisch, Rassen-; **ра́совые беспоря́дки** Rassenunruhen *pl*; **ра́совая дискримина́ция** Rassendiskriminierung *f*; **ра́совая не́нависть** Rassenhass *m*; **ра́совая сегрега́ция** Rassentrennung *f*
распа́д *m K* 1. (BIO) Zerfall *m*, Abbau *m*; 2. (POL) Zerfall *m*, Zusammenbruch *m*, Ruin *m*
распада́ться <*nur 3. pers:* -да́ется> *vr E impf* (*pf:* распа́сться) 1. (BIO) zerfallen; 2. auseinanderbrechen, auseinanderfallen
распакова́ть *vt E2 pf* (*impf:* распако́вывать) 1. auspacken; 2. (DV) entkomprimieren
распако́вка <*gen pl:* -вок> *f A* 1. Auspacken *nt*; 2. (DV) Entkomprimieren *nt*
распа́хивать I. *vt E impf* (*pf:* распахну́ть) (*дверь*) aufstoßen; II. *vt E impf* (*pf:* распаха́ть) aufpflügen
распеча́тать *vt E pf* (*impf:* распеча́тывать) 1. (*конве́рт, письмо́*) aufmachen; 2. ausdrucken
распили́ть *vt I pf* (*impf:* распи́ливать) zersägen, durchsägen
распина́ть *vt E impf* (*pf:* распя́ть) kreuzigen
расписа́ние *nt O2* Fahrplan *m*; **~ уро́ков** Stundenplan *m*; **по расписа́нию** fahrplanmäßig
расписа́ться <*fut:* -пишу́сь, -пи́шешься> *vi E4 pf* (*impf:* распи́сываться) 1. unterschreiben; **~ в получе́нии** quittieren; 2. (*umg*) sich trauen lassen
распи́ска *f A* 1. Beleg *m*; 2. Quittung *f*; **~ в получе́нии** Empfangsbestätigung *f*; **~ в получе́нии де́нег** Auszahlungsbestätigung *f*; **под распи́ску** gegen Quittung
распи́сываться *vr E impf* (*pf:* расписа́ться) 1. unterschreiben; 2. quittieren
распла́вить <*fut:* -влю, -вишь> *vt I pf* (*impf:* расплавля́ть) schmelzen
распла́та *f A* 1. (*auch fig*) Abrechnung *f*; 2. Auszahlung *f*; 3. Vergeltung *f*
расплати́ться <*fut:* -плачу́сь, -пла́тишься> *vr I pf* (*impf:* распла́чиваться) (*с кем-либо*) bezahlen, abrechnen (mit +*dat*)
расплыва́ться *vr E impf* (*pf:* расплы́ться) zerfließen; **~ в улы́бке** übers ganze Gesicht strahlen
расплы́вчатый <*kf:* -чат> *adj* 1. verschwommen, verwaschen; 2. schattenhaft
распого́диться <*nur 3. pers:* -го́дится> *vr I pf* sich aufheitern
распознава́ние *nt O2* 1. Erkennen *nt*, Unterscheiden *nt*; **~ речевы́х сигна́лов** (DV) Spracherkennung *f* 2. Bestimmung *f*
распознава́ть <*präs:* -знаю́, -знаёшь> *vt E3 impf* (*pf:* распозна́ть) erkennen
располага́ть[1] *vt E impf* (*pf:*

располага́ть расположи́ть) 1. platzieren, anordnen; 2. Sympathie erwecken, geneigt stimmen; **~к себе́** jdn für sich einnehmen

располага́ть[2] v + inst E impf verfügen (über +akk)

располага́ться vr E impf (pf: расположи́ться) 1. liegen, sich befinden; 2. sich einrichten; **~ поудо́бнее** es sich bequem machen

располага́ющий adj 1. (о челове́ке) sympathisch, gewinnend; 2. (об атмосфе́ре) stimmungsvoll

расположе́ние nt O2 1. Gunst f, Zuneigung f; **завоева́ть чьё-ли́бо ~** jds Gunst erringen; **лиша́ть кого́-ли́бо расположе́ния** jdm die Gunst entziehen; 2. Lage f; 3. (MIL) Anordnung f, Aufstellung f; **территориа́льное ~** Standort m; 4. Stimmung f, Laune f; **в хоро́шем расположе́нии** gutgelaunt

располо́женный I. <kf: -ло́жен> adj 1. zugeneigt, wohlwollend; 2. (к чему́-ли́бо) geneigt, aufgelegt (zu +dat); 3. gelegen; **~ к восто́ку от ...** östlich von ... gelegen;

расположи́ть II. <fut: -ложу́, -ло́жишь> vt I pf (impf: располага́ть) 1. platzieren, anordnen; 2. Sympathie erwecken, geneigt stimmen; **~ к себе́** jdn für sich einnehmen

расположи́ться <fut: -положу́сь, -ло́жишься> vr I pf (impf: располага́ться) 1. liegen; 2. sich einrichten, Platz nehmen; **~ поудо́бнее** es sich bequem machen

распоряди́тель m K1 1. Disponent m, Verfügungsberechtigter m; 2. Verantwortliche(r) mf

распоряди́ться <fut: -ряжу́сь, -ряди́шься> vr I pf (impf: распоряжа́ться) 1. (о чём-ли́бо) anordnen, veranlassen; 2. disponieren, verfügen

распоря́док <gen sg: -дка> m K Ordnung f; **~ дня** Tagesablauf m

распоряжа́ться vr E impf (pf: распоряди́ться) 1. anordnen, veranlassen; 2. disponieren, verfügen; 3. ordern

распоряже́ние nt O2 1. Verfügung f, Anordnung f, Verordnung f; 2. (- администрати́вного о́ргана) Bescheid m; 3. Anweisung f, Weisung f; 4. Order f; 5. Bestimmung f; **~ суда́** gerichtliche Verfügung f

распра́ва f A Abrechnung f, Racheakt m, Vergeltung f; **крова́вая ~** Blutbad nt Gemetzel nt; **учини́ть над ке́м-л. распра́ву** mit jdm blutig abrechnen

распра́вить <fut: -пра́влю, -пра́вишь> vt I pf (impf: расправля́ть) 1. ausbreiten; 2. glätten

распра́виться <fut: -пра́влюсь, -пра́вишься> vr I pf (impf: расправля́ться) (с кем-ли́бо) abrechnen (mit +dat)

распределе́ние nt O2 1. Verteilung f, Einteilung f; 2. Ausschüttung f; 3. Umlage f; **~ гуманита́рной по́мощи** Verteilung f der Hilfsgüter; **~ мест в парла́менте** Sitzverteilung f im Parlament; **~ роле́й** Rollenverteilung f, Besetzung f; 4. Einsatz m, gezielte Vermittlung f; 5. Einstufung f; 6. Klassifikation f; **~ дохо́дов** Einkommensverteilung f; **~ дохо́дов госуда́рственного бюдже́та** Finanzausgleich m; **~ затра́т** Kostenumlage f, Kostenverrechnung f; **~ затра́т по объе́ктам их возникнове́ния** Kostenschlüsselung f; **~ изде́ржек** Kostenverrechnung f, Kostenumlage f; **~ иму́щества** Vermögensverteilung f; **~ накладны́х расхо́дов** Gemeinkostenumlage f; **~ при́были** Gewinnausschüttung f, Gewinnverteilung f; **~ ри́ска** Risikostreuung f

распредели́тель m K1 Verteiler m

распредели́ть vt I pf (impf: распределя́ть) 1. (ме́жду кем-ли́бо) verteilen (unter +dat); 2. einsetzen; **пра́вильно ~ свои́ си́лы** seine Kräfte richtig einteilen

распродава́ть <präs: -даю́, -даёшь> vt E3 impf (pf: распрода́ть) 1. ausverkaufen; 2. feilhalten, anbieten

распрода́жа f A 1. Abverkauf m; 2. Ausverkauf m; **~ в конце́ ле́тнего сезо́на** Sommerschlussverkauf m; **~ в конце́ сезо́на** Schlussverkauf m

распро́данный <kf: -про́дан> adj 1. vergriffen; 2. (о биле́тах) ausverkauft

распрода́ть <fut: -да́м, -да́шь> vt U2 pf (impf: распродава́ть) 1. ausverkaufen; 2. feilhalten, anbieten

распростране́ние nt O2 1. (пропага́нда) Verbreitung f; 2. Ausweitung f; 3. Erweiterung f; 4. Vertrieb m; **получи́ть ~** Verbreitung finden

распространённый <kf: -нён> adj verbreitet, gängig

распространи́ться vr I pf (impf: распространя́ться) 1. um sich greifen, Verbreitung finden; 2. (об иде́ях) sich durchsetzen; 3. (BIO) sich fortpflanzen; 4. (об эпиде́мии) grassieren; 5. (umg) sich auslassen (über +akk)

распространя́ть vt E impf (pf: распространи́ть) 1. verbreiten, vermitteln, weitergeben; 2. (на что-ли́бо) ausdehnen (auf +akk); **~ пре́ссу** Zeitungen und Zeitschriften verkaufen

распря́чь <fut: -прягу́, -пряжёшь> vt UE4 pf (impf: распряга́ть) (лошаде́й) ausspannen

распуга́ть vt E pf (impf: распу́гивать) verscheuchen

распуска́ть vt E impf (pf: распусти́ть) 1. auflösen; 2. (во́лосы) lockern; 3. (кого́-л.) verwöhnen, verderben; 4. ausbreiten; **~ слу́хи** Gerüchte verbreiten

распусти́ться <nur 3. pers: -пу́стится> vr I pf (impf: **распуска́ться**) 1. sich lösen, aufgehen; 2. (о цветке) aufblühen; 3. sich gehenlassen; 4. auftrennen, aufziehen

распу́тать vt E pf (impf: **распу́тывать**) (клубо́к) entwirren

распу́тник, распу́тница m K / f A Wüstling m, unzüchtiger Mensch m, liederliches Frauenzimmmer nt

распу́тный <kf: -тен, -тна> adj ausschweifend, unsittlich, liederlich

распу́тство nt O Ausschweifung f

распу́тывать vt E impf (pf: **распу́тать**) (клубо́к) entwirren

распуха́ть vi I impf (pf: **распу́хнуть**) 1. (MED) anschwellen; 2. aufquellen

распу́хший adj 1. angeschwollen; 2. aufgedunsen

распыле́ние nt O2 1. Zerstäubung f; 2. Pulverisierung f

распыли́тель m K1 Zerstäuber m

распыли́ть vt I pf (impf: **распыля́ть**) 1. (жи́дкость) zerstäuben; 2. pulverisieren

распя́тие nt O2 1. Kruzifix nt; 2. Kreuzigung f

распя́ть <fut: распну́, распнёшь> vt E9 pf (impf: **распина́ть**) kreuzigen

расса́да f A (AGR) Setzlinge pl, Pflanzgut nt

рассади́ть <fut: -сажу́, -са́дишь> vt I pf (impf: **расса́живать**) 1. (госте́й по места́м) Platz anweisen; 2. auseinandersetzen; 3. pflanzen, verpflanzen; 4. (umg) sich breitmachen, sich lümmeln

расса́дка <gen pl: -док> f A Sitzordnung f

рассвирепе́вший adj (umg) fuchsteufelswild

рассе́ивание nt O2 (PHYS) Streuung f; ~ **ри́ска** (ÖKON) Risikostreuung f

рассе́лина f A Felsspalte f

рассерди́ть <fut: -сержу́, -се́рдишь> vt I pf (impf: **серди́ть**) ärgern, reizen

рассе́яние nt O2 Zerstreuung f

рассе́янность f I 1. Zerstreutheit f; 2. Konzentrationsschwäche f

рассе́янный <kf: -се́ян, -се́янна> adj 1. zerstreut, fahrig, geistesabwesend; 2. (PHYS) diffus

расска́з m K 1. (повествова́ние) Erzählung f, Schilderung f; 2. (нове́лла) Erzählung f

рассказа́ть <fut: -скажу́, -ска́жешь> vt E4 pf (impf: **расска́зывать**) erzählen

расска́зчик m K Erzähler, -in m/f

рассла́биться vr I pf (impf: **расслабля́ться**) sich entspannen

рассле́дование nt O2 1. Erhebung f; 2. (JUR) Ermittlung f

рассле́довать vt E2 impf/pf (JUR) ermitteln, nachgehen, erheben

расслы́шать <fut: -слы́шу, -слы́шишь> vi I pf deutlich hören, vernehmen; **не** ~ überhören

рассма́тривать vt E impf (pf: **рассмотре́ть**) 1. betrachten, ansehen; 2. prüfen, begutachten; 3. erachten

рассмотре́ние nt O2 1. Betrachtung f, Durchsicht f; 2. Prüfung f; 3. Behandlung f, Begutachtung f; ~ **дел в суде́бном поря́дке** Gerichtsweg m

расспра́шивать vt E impf (pf: **расспроси́ть**) 1. nachfragen; 2. erfragen

расспро́с m K (meist pl) Erkundigungen f pl

рассредото́чение nt O2 1. (MIL) zerstreutes Aufstellen nt; 2. Dezentralisation f

рассредото́чивать vt E impf (pf: **рассредото́чить**) 1. (MIL) zerstreut aufstellen; 2. dezentralisieren

рассро́чка f A Teilzahlung f, Ratenzahlung f; **в рассро́чку** auf Raten

расста́вить <fut: -ста́влю, -ста́вишь> vt I pf (impf: **расставля́ть**) 1. stellen; ~ **в определённом поря́дке** einordnen; ~ **всё на свои́ места́** zurechtrücken; 2. (-но́ги) spreizen

расстано́вка f A 1. Aufstellung f; 2. Verteilung f; 3. Konstellation f; ~ **сил** Kräfteverhältnis nt

расстоя́ние nt O2 Entfernung f, Abstand m

расстра́ивать vt E impf (pf: **расстро́ить**) 1. verwirren; 2. missmutig machen, die Laune verderben; 3. desorganisieren; 4. (эконо́мику, здоро́вье) zerrütten; 5. (-пла́ны) zunichte machen; 6. (MUS) verstimmen; 7. (fig) verstimmen

расстро́енный adj betrübt, missmutig, verstimmt; **расстро́енные фина́нсы** marode Finanzwirtschaft f

расстро́йство nt O 1. Verwirrung f; **одно́** ~ nichts als Ärger 2. Desorganisation f; 3. (MED) Störungen pl, -verstimmung f; ~ **желу́дка** Magenverstimmung f; ~ **сна** Schlafstörung f

рассуди́тельность f I 1. Besonnenheit f; 2. Urteilsvermögen nt

рассуди́тельный <kf: -лен, -льна> adj besonnen

рассу́док <gen sg: -дка> m K Verstand m; **лиша́ть рассу́дка** den Verstand rauben

рассужде́ние nt O2 1. Überlegung f, Erwägung f; 2. Schlussfolgerung f, Urteil nt; 3. (meist pl) Erörterungen f pl, Gerede nt; **без рассужде́ний** ohne Widerrede

рассчита́ть vt E pf (impf: **рассчи́тывать**) (на кого́-либо) berechnen, kalkulieren

рассчита́ться vr E pf (impf: **рассчи́тываться**) abrechnen; **я хоте́л бы** ~ bitte zahlen ! **по поря́дку номеро́в рассчита́йсь**! durchzählen!

рассчи́тывать I. vt E impf (pf: **рассчита́ть**) 1. berechnen; 2. kalkulieren; II. vi E nur impf 1. bauen (auf +akk); 2. hoffen (auf +akk); ~ **на чью-либо́ по́мощь** mit jds Hilfe rechnen

рассы́лка <gen pl: -лок> f A Versendung

рассыпать *f*, Versand *m*; ~ **товаров покупателям** Versandgeschäft *nt*; **рассылочая фирма** Versandhaus *nt*

рассыпать <*fut:* -сыплю, -сыплешь> *vt E4 pf* (*impf:* рассыпать) 1. streuen; 2. schütten, verschütten

рассыпчатый <*kf:* -чат> *adj* mürbe

растапливать *vt E impf* (*pf:* растопить) 1. (**лёд**) zum Schmelzen bringen; 2. heizen, anheizen

растаптывать *vt E impf* (*pf:* растоптать) zertreten, zerstampfen; ~ **обувь** die Schuhe austreten

растаять *vi E pf* (*impf:* таять) (**снег**) tauen, schmelzen

раствор *m K* 1. (CHEM) Lösung *f*; 2. (BAU) Mörtel *m*

растворимый <*kf:* -рим> *adj* löslich

растворитель *m K1* Lösungsmittel *nt*

растворяться I. <*nur 3. pers:* -творится> *vr I pf* (*impf:* растворяться) 1. sich auflösen; 2. zergehen; II. *vi I* sich auftun, sich weit öffnen

растекаться <*nur 3. pers:* -кается> *vr E impf* (*pf:* растечься) zerrinnen; ~ **мыслью по древу** drumherum reden

растение *nt O2* Pflanze *f*, Gewächs *nt*

растереть <*fut:* разотру, -трёшь> *vt E4b pf* (*impf:* растирать) 1. zerreiben; ~ **в порошок** pulverisieren; 2. einreiben, abreiben, massieren

растерзать *vt E pf* (*impf:* растерзывать) (*auch fig*) zerfleischen, zerreißen

растерянный <*kf:* -рян> *adj* 1. fassungslos, konfus, verwirrt; 2. ratlos, verunsichert

растеряться <*nur 3. pers:* -теряется> *vr E pf* (*impf:* теряться) 1. abhanden kommen; 2. in Verwirrung geraten

растечься <*nur 3. pers:* -течётся, -текутся> *vr UE4 pf* (*impf:* растекаться) zerrinnen

расти <*präs:* расту, растёшь> *vi E6 impf* (*pf:* вырасти) 1. wachsen; 2. zunehmen, ansteigen

растирать *vt E impf* (*pf:* растереть) 1. zerreiben; ~ **в порошок** pulverisieren 2. einreiben, abreiben; 3. massieren

растительность *f I* Vegetation *f*

растительный *adj* pflanzlich; **растительное масло** Pflanzenöl *nt*

растолочь <*fut:* -толку, -толчёшь> *vt UE4 pf* (*impf:* толочь) zerstoßen, zerkleinern

растопиться <*nur 3. pers:* -топится> *vr I pf* (*impf:* растапливаться) 1. (**лёд**) zum Schmelzen bringen; 2. anheizen

расторгать *vt E impf* (*pf:* расторгнуть) kündigen, auflösen; ~ **брак** die Ehe scheiden

расторжение *nt O2* 1. Aufhebung *f*, Auflösung *f*; 2. Kündigung *f*

расторопный <*kf:* -пен, -пна> *adj* 1. flink; 2. gewandt

расточать *vt E impf* (*pf:* расточить) ver-

geuden; ~ **похвалы** Lob spenden

расточительность *f I* Verschwendungssucht *f*

расточительный <*kf:* -лен, -льна> *adj* verschwenderisch; **расточительное обращение** Verschwendung *f*

расточительство *nt O2* 1. Geldverschwendung *f*; 2. Verschwendung *f*

растр *m K* Raster *m*

растрата *f A* 1. Vergeudung *f*; 2. (JUR) Unterschlagung *f*, Veruntreuung *f*, Defraudation *f*

растратить <*fut:* -трачу, -тратишь> *vt I pf* (*impf:* растрачивать) 1. vergeuden; 2. (JUR) unterschlagen

растрёпанный <*kf:* -пан> *adj* 1. wirr; struppig

растрепаться <*fut:* -треплюсь, -трёп(л)ешься> *vr E4 pf* (*impf:* растрёпываться) 1. zerzaust sein; 2. zerfetzt sein

растроганный <*kf:* -ган> *adj* bewegt, gerührt

растрогать *vt E pf* bewegen, rühren; ~ **до слёз** zu Tränen rühren

растягивать *vt E impf* (*pf:* растянуть) 1. dehnen, ausdehnen, recken, strecken; 2. sich strecken

растяжение *nt O2* 1. Dehnen *nt*; 2. (MED) Zerrung *f*

растяжимый <*kf:* -жим> *adj* dehnbar; **растяжимое понятие** dehnbarer Begriff *m*

расфуфыриться *vr I pf* (*impf:* расфыриваться) (*umg*) sich auftakeln

расхваливать *vt E impf* (*pf:* расхвалить) sehr loben

расхищение *nt O2* Veruntreuung *f*

расхлёбывать *vt E impf* (*pf:* расхлебать) (*umg*) auslöffeln, ausbaden; ~ **кашу** etwas ausbaden müssen

расхлябанный <*kf:* -бан> *adj* 1. (TECH) zerfahren, gelockert; 2. (*fig*) schlampig, unordentlich

расход *m K* 1. Verbrauch *m*; 2. Ausgabe *f*, Aufwand *m*; 3. (*im pl*) Kosten *pl*; **путевые ~ы** Reisekosten *pl*; **брать на себя ~ы** die Kosten tragen; **пойти на большие ~ы** sich in Unkosten stürzen; ~ **материала** Materialaufwand *m*; **расходы по забракованному товару** Ausschusskosten *pl*; **расходы по рекламу** Werbekosten *pl*; **расходы на риск** Wagniskosten *pl*; **расходы на социальные нужды** Sozialausgaben *pl*; **расходы будущих периодов** Vorleistung *f*; **расходы на заработную плату** Lohnkosten *pl*; **расходы по монтажу** Montagekosten *pl*; **расходы на складирование** Lagerkosten *pl*; **расходы на техническое обслуживание и ремонт** Instandhaltungskosten *pl*

расходиться <*nur 3. pers:* -ходится> *vr I impf* (*pf:* разойтись) 1. auseinandergehen; 2. sich trennen; **их пути разошлись** ihre

Wege trennten sich; **3.** (*гости*) aufbrechen; **4.** (*о мнениях*) differieren, auseinandergehen

расхо́дный *adj* Ausgaben-; ~ **счёт** Aufwandskonto *nt*; ~ **о́рдер в получе́нии де́нег** Auszahlungsanweisung *f*

расхо́дование *nt O2* Verbrauch *m*; ~ **средств** Mittelverwertung *f*

расхо́довать *vt E2 impf* (*pf:* израсхо́довать) **1.** ausgeben, aufwenden; **2.** verausgaben

расхожде́ние *nt O2* **1.** Diskrepanz *f*; **2.** Widerspruch *m*; **3.** Abweichung *f*; **4.** Differenz *f*; ~ **сло́ва с де́лом** Diskrepanz *f* zwischen Wort und Tat; **расхожде́ния** Dissens *m*

расхола́живать *vt E impf* (*pf:* расхолоди́ть) (*fig*) abkühlen, ernüchtern

расцве́т *m K* **1.** (ВОТ) Blüte *f*; **2.** (*fig*) Blüte *f*, Blütezeit *f*; **3.** (ÖKON) Aufschwung *m*

расцвета́ть *vi E impf* (*pf:* расцвести́) aufblühen

расце́нка <*gen pl:* -нок> *f A* **1.** Preisfestsetzung *f*; **2.** (*meist im pl*) Tarif *m*

расчеса́ть <*fut:* -чешу́, -че́шешь> *vt E4 pf* (*impf:* расчёсывать) **1.** kämmen, durchkämmen; **2.** kratzen

расчёт *m K* **1.** Kalkulation *f*, Berechnung *f*; **2.** Abrechnung *f*, Verrechnung *f*; **мы в ~е** wir sind quitt; **принима́ть в ~** in Betracht ziehen; einkalkulieren; ~ **затра́т** Kostenrechnung *f*, Kostenverrechnung *f*; ~ **проце́нтов** Zinsrechnung *f*; ~ **прямы́х затра́т** Direct costing *nt*; ~ **по́лных затра́т** Vollkostenrechnung *f*; ~ **рента́бельности капиталовложе́ний** Investitionsrechnung *f*; ~ **совоку́пных затра́т** Vollkostenrechnung *f*; ~ **измене́ния бала́нса** Mehr-Weniger-Rechnung *f*; ~ **дохо́дов и расхо́дов** Überschussrechnung *f*; ~ **преде́льных затра́т** Grenzkostenrechnung *f*; **получи́ть ~** entlassen werden **3.** Zahlung *f*

расчётливый <*kf:* -лив> *adj* **1.** berechnend; **2.** wirtschaftlich, sparsam

расчётный *adj* Rechen-; ~ **отде́л бухгалте́рии** Lohnbuchhaltung *f*; ~ **лист** Lohnkarte *f*; **расчётная амортиза́ция** kalkulatorische Abschreibung *f*; **расчётная ве́домость** Lohnabrechnung *f*; **расчётная едини́ца** Rechnungseinheit *f*, Verrechnungseinheit *f*; **расчётная за́работная пла́та предпринима́теля** kalkulatorischer Unternehmerlohn *m*; **расчётная ка́рточка** Lohnkarte *f*; **расчётная кни́жка** Lohnbuch *nt*; **расчётная пала́та** Abrechnungsstelle *f*; **расчётная при́быль** kalkulatorischer Gewinn *m*; **расчётная проце́нтная ста́вка** Kalkulationszinsfuß *m*; **расчётная цена́** Verrechnungspreis *m*; **расчётные изде́ржки** kalkulatorische Kosten *pl*; **расчётные опера́ции** Verrechnungsverkehr *m*; **расчётные проце́нты** kalkulatorische Zinsen *pl*; ~ **день** Abrechnungsdatum *nt*; ~ **курс** Abrechnungskurs *m*; ~ **пункт** Abrechnungsstelle *f*; ~ **счёт в ба́нке** Bankverbindung *f*; ~ **стол** Abrechnungsstelle *f*; ~ **чек** Verrechnungsscheck *m*; **по всем расчётам** aller Berechnung nach; **систе́ма взаи́мных расчётов** Clearingsystem *nt*

расшире́ние *nt O2* **1.** Ausweitung *f*; **2.** Ausbau *m*; **3.** Expansion *f*; ~ **сотру́дничества** Ausweitung *f* der Zusammenarbeit; ~ **вен** (MED) Krampfadern *f*; ~ **аппара́тных средств** Upgrade *nt*; ~ **произво́дственных мо́щностей** Kapazitätsausweitung *f*

расши́ренный *adj* erweitert; **расши́ренная ве́рсия (програ́ммы)** (DV) Update *m*

расши́рить *vt I pf* (*impf:* расширя́ть) **1.** verbreitern; **2.** (*auch fig*) ausweiten, expandieren

расширя́ться *vi E impf* (*pf:* расши́риться) expandieren; ~ **номенклату́ру това́ров** (ÖKON) diversifizieren

расшифрова́ть *vt E2 pf* (*impf:* расшифро́вывать) aufschlüsseln, entziffern, dekodieren

расшифро́вка <*gen pl:* -вок> *f A* **1.** Gliederung *f*; **2.** Entziffern *nt*, Entschlüsselung *f*, Dekodierung *f*; ~ **затра́т** Kostenschlüssel *m*; ~ **накладны́х расхо́дов** Kostenschlüssel *m*; ~ **накладны́х расхо́дов по отде́льным ви́дам** Gemeinkostenschlüssel *m*

расще́лина *f A* Spalte *f*, Riss *m*, Ritze *f*; ~ **гле́тчера** Gletscherspalte *f*

расщепле́ние *nt O2* (CHEM) Abbau *m*; ~ **я́дер** Kernspaltung *f*

ратифика́ция *f A2* Ratifizierung *f*

ратифици́ровать *vt E2 impf/pf* ratifizieren

ра́товать *vt E2 impf* (*за кого́-либо/что-либо*) eintreten, plädieren (für +*akk*)

ра́туша *f A* Rathaus *nt*

рафини́рованный <*kf:* -ван> *adj* **1.** (TECH) raffiniert, gereinigt; **2.** (*fig*) verfeinert, erlesen, raffiniert

рахи́т *m K* Rachitis *f*

рацио́н *m K* Ration *f*

рационализа́торство *nt O* Vorschlagswesen *nt*

рационализи́ровать *vt E2 impf/pf* **1.** rationalisieren; **2.** verbessern

рациона́льный <*kf:* -лен, -льна> *adj* **1.** rational, vernünftig; **2.** sinnvoll, zweckmäßig

рациони́ровать *vt E impf/pf* rationieren

ра́ция *f A2* Funkgerät *nt*

рвать I. <*präs:* рву, рвёшь> *vt E4 impf* **1.** zerreißen, herausreißen; ~ **на себе́ во́лосы** sich die Haare raufen; **2.** (*цветы*) pflücken; **3.** (*отношения*) abbrechen; **II.** *vi E4* (MED) brechen

рве́ние *nt O2* Eifer *m*

рво́та *f A* Brechreiz *m*
реабилита́ция *f A2* Rehabilitierung *f*, Rehabilitation *f*; **социа́льная ~** Wiedereingliederung *f* in die Gesellschaft
реабилити́ровать *vt E2 impf/pf* rehabilitieren
реаги́ровать *vi E2 impf (pf:* про-, от-, с-) reagieren
реакти́вный <*kf:* -вен, -вна> *adj* 1. reaktiv; 2. Düsen-, Raketen-; **~ истреби́тель** Düsenjäger *m*; **~ самолёт** Düsenflugzeug *nt*
реа́ктор *m K* Reaktor *m*; **~ на бы́стрых нейтро́нах** schneller Brüter *m*; **термоя́дерный ~** Fusionsreaktor *m*
реакцио́нный <*kf:* -цио́нен, -цио́нна> *adj* reaktionär, fortschrittsfeindlich
реа́кция *f A2* 1. Reaktion *f*, Echo *nt*; 2. (CHEM) Reaktion *f*
реализа́ция *f A2* 1. Verwirklichung *f*, Umsetzung *f*, Durchführung *f*; 2. Verwertung *f*; 3. Absatz *m*; 4. Veräußerung *f*; 5. (DV) Implementierung *f*; **~ курсово́й при́были** Gewinnmitnahme *f*
реали́зм *m K* Realismus *m*
реализова́ть *vt E2 pf (impf:* реализо́вывать) 1. realisieren, verwirklichen; 2. (ÖKON) vermarkten, veräußern, absetzen
реализу́емость *f I* Liquidität *f*; **~ второ́й сте́пени** Liquidität *f* zweiter Ordnung; **~ пе́рвой сте́пени** Liquidität *f* erster Ordnung
реали́ст *m K* Realist *m*; **поли́тик-~** Realpolitiker *m*
реалисти́чный <*kf:* -чен, -чна> *adj* realistisch
реа́льность *f I* Realität *f*, Wirklichkeit *f*; **виртуа́льная ~** Virtual Reality *f*
реа́льный <*kf:* -лен, -льна> *adj* 1. wirklich, real; 2. machbar; 3. effektiv; **реа́льная величина́** Ist-Wert *m*; **реа́льное вре́мя** (DV) Echtzeit *f*; **реа́льная ры́ночная цена́ иму́щественного объе́кта** Verkehrswert *m*; **реа́льная сто́имость** Sachwert *m*, Substanzwert *m*; **~ дохо́д** Realeinkommen *nt*; **реа́льная це́нность** Sachwert *m*; **~ нало́г** Objektsteuer *f*; **реа́льное значе́ние** Ist-Wert *m*
реа́льный <*kf:* -лен, -льна> *adj* 1. wirklich, real; 2. machbar, erreichbar; **~ дохо́д** (ÖKON) Realeinkommen *nt*; **реа́льное вре́мя** (DV) Echtzeit *f*
реанимацио́нный *adj* Reanimations-, Wiederbelebungs-; **реанимацио́нный отде́л больни́цы** Intensivstation *f*
реанима́ция *f A2* Reanimation *f*, Wiederbelebung *f*
ребёнок <*nom pl:* де́ти, реба́та> *m U4* Kind *nt*
ребро́ *nt O pls* Rippe *f*
рёбрышко *nt O* Rippchen *nt*
реба́чество *nt O* Kinderei *f*, kindisches Benehmen *nt*

рёв *m K* 1. Gebrüll *nt*; 2. Tosen *nt*
ревалориза́ция *f A2* (ÖKON) Revalvation *f*, Geldaufwertung *f*
ревальва́ция Aufwertung *f*, Revalvation *f*
ревальви́ровать *vt E2 impf/pf* (ÖKON) aufwerten
рева́нш *m K* Revanche *f*; **брать ~** sich revanchieren
реве́нь *m K1 e* Rhabarber *m*
ревера́нс *m K* Knicks *m*
реве́ть <*präs:* реву́, ревёшь> *vi E4 impf* brüllen, plärren
ревизио́нный *adj* Revisions-; **ревизио́нная жа́лоба** Revision *f*
реви́зия *f A2* 1. Inspektion *f*; 2. Prüfung *f*; 3. Revision *f*; **~ ка́ссы** Kassensturz *m*; **~ хозя́йственной де́ятельности** Wirtschaftsprüfung *f*
ревизо́р *m K* Prüfer *m*, Revisor *m*; **~ бала́нса** Bilanzprüfer *m*
ревмати́зм *m K* 1. Rheuma *nt*; 2. Rheumatismus *m*
ревни́вый <*kf:* -ни́в> *adj* eifersüchtig
ре́вностный <*kf:* -тен, -тна> *adj* eifrig
ре́вность *f I* Eifersucht *f*
револьве́р *m K* Revolver *m*
революционе́р *m K* Revolutionär *m*
революцио́нный <*kf:* -цио́нен, -цио́нна> *adj* revolutionär
револю́ция *f A2* Revolution *f*
ревю́ *nt indekl* Revue *f*
рега́та *f A* Regatta *f*
ре́гби *nt indekl* Rugby *nt*
регенера́ция *f A2* Regeneration *f*; **~ отхо́дов** Abfallverwertung *f*, Abfallaufbereitung *f*
регенери́ровать *vt E2 impf/pf* regenerieren
ре́гент *m K* Regent, -in *m/f*
регио́н *m K* Region *f*; **~ с льго́тным режи́мом налогообложе́ния** Steueroase *f*
регионали́зм *m K* Regionalismus *m*
региона́льный *adj* regional; **региона́льная програ́мма** Regionalprogramm *nt*; **~ банк** Regionalbank *f*
реги́стр *m K* 1. Register *nt*; 2. Verzeichnis *nt*
регистра́тор *m K* 1. Registrator *m*; 2. Aktenordner *m*
регистрату́ра *f A* 1. Registratur *f*; 2. Empfang *m*
регистра́ция *f A2* 1. Anmeldung *f*; 2. Eintragung *f*; 3. Registratur *f*; **~ бра́ка** Eheschließung *f*; **~ в када́стре** [*o* **поземе́льной кни́ге**] Grundbucheintragung *f*; **~ да́нных** Datenerfassung *f*
регистри́рование *nt O2* Registrieren *nt*
регистри́ровать *vt E2 impf (pf:* за-) 1. registrieren; 2. anmelden; 3. eintragen; 4. Buch führen
регла́мент *m K* 1. Reglement *nt*, Vorschrift *f*; 2. Redezeit *f*, Zeitbegrenzung *f*; **~**

предприятия Geschäftsordnung *f*
регламентация *f A2* Regelung *f*
регламентирование *nt O2* Regelung *f*
регламентированный *adj* geregelt
регламентировать *vt E2 impf/pf* regeln, reglementieren, den Vorschriften unterwerfen
регресс *m K* 1. Rückschritt *m*; 2. rückläufige Entwicklung *f*; 3. (JUR) Rückgriff *m*, Regress *m*
регрессивный *adj* regressiv
регрессия Regression *f*
регрессный *adj* regressiv
регулирование *nt O2* 1. Regelung *f*; 2. Regulierung *f*; **валютное ~** Regulierung *f* des Devisenverkehrs
регулировать *vt E2 impf* (*pf:* у-) 1. regulieren; 2. einstellen, verstellen
регулируемый *adj* einstellbar, verstellbar
регулирующий *adj* eingreifend; **регулирующая деятельность (государства)** dirigistische Eingriffe
регулярно *adv* regelmäßig; **регулярно ездить от отделённого места жительства на работу и обратно** pendeln
регулярность *f I* Regelmäßigkeit *f*
регулярный <*kf:* -рен, -рна> *adj* 1. regelmäßig; 2. regulär
регулятор *m K* Regulator *m*, Regler *m*; **~ громкости** Lautstärkeregler *m*
редактировать *vt E2 impf* (*pf:* от-) 1. korrigieren; 2. redigieren
редактор *m K* 1. Redakteur, -in *m/f*, Lektor, -in *m/f*; **главный ~** Chefredakteur, -in *m/f* 2. (DV) Editor *m*; **текстовый ~** Textverarbeitungsprogramm *nt*
редакция *f A2* 1. Redaktion *f*; 2. Lektorat *nt*; 3. Korrektur *f*, Redigieren *nt*; 4. Fassung *f*, Version *f*
редиска *f A* Radieschen *f*
редкий <*kf:* -док, -дка> *adj* 1. selten; 2. rar
редкость *f I* 1. Seltenheit *f*; 2. (*раритет*) Rarität *f*; 3. Kuriosität *f*
редукция *f A2* Reduktion *f*
реестр *m K* Verzeichnis *nt*, Register *nt*, Liste *f*, Index *m*; **~ акционеров** Aktionärsverzeichnis *nt*, Aktionärsregister *nt*; **~ товарных знаков** Warenzeichenregister *nt*; **торговый ~** Handelsregister *nt*
режим *m K* 1. (POL) Regime *nt*; **военный ~** Militärdiktatur *f*; **демократический ~** Demokratie *f* 2. Tagesablauf *m*, Tageseinteilung *f*; 3. Bedingungen *f pl*, Verhältnisse *pl*; **водный ~** Wasserhaushalt *m*; **жёсткий ~ экономики** drastische Sparmaßnahmen; **строгий постельный ~** strenge Bettruhe *f* 4. (DV) Modus *m*, Betriebsart *f*
режиссёр *m K* Regisseur *m*
режиссура *f A* Regie *f*, Spielleitung *f*
резать <*präs:* режу, режешь> *vt E4 impf* (*pf:* за-, раз-, с-) 1. schneiden; 2. operieren;

3. schlachten; **~ слух** in den Ohren gellen
резаться *vr E4* (*зубы*) durchkommen; **у ребёнка режутся зубы** das Kind zahnt
резвый <*kf:* резв, резва> *adj* 1. flink, schnell; 2. ausgelassen; 3. mutwillig
резерв *m K* Reserve *f*; **~ на выплату пенсий** Pensionsrückstellung *f*; **~ наличных средств** Barreserve *f*; **~ производственных мощностей** Kapazitätsreserve *f*
резервировать *vt E2 impf* (*pf:* за-) reservieren, buchen
резервист *m K* Reservist *m*
резервный *adj* Reserve-; **~ запас** Sicherheitsbestand *m*; **~ капитал** Rücklagen *pl*; **~ фонд** Reservefonds *m*; **резервные запасы** Reservefonds *m*
резервуар *m K* Reservoir *nt*, Sammelbecken *nt*
резец <*gen sg:* -зца> *m K e* Meißel *m*
резидент *m K* 1. Resident *m*; 2. (ÖKON) Deviseninländer *m*; 3. (MIL) ins Ausland eingeschleuster Leiter eines Agentennetzes
резиденция *f A2* 1. Residenz *f*; 2. Amtssitz *m*, Sitz *m*; 3. Domizil *nt*; **~ епископа** Bischofssitz *m*; **загородная ~** Sommersitz *m*
резина *f A* Gummi *m*; **пенистая ~** Schaumgummi *m*
резинка *f A* Radiergummi *m*; **жевательная ~** Kaugummi *m*
резиновый *adj* Gummi-; **резиновая дубинка** Gummiknüppel *m*; **резиновая лента** Gummiband *nt*; **резиновые сапоги** Gummistiefel *m pl*
резкий <*kf:* резок, резка, резко> *adj* 1. abrupt; **резким тоном** in schroffem Tonfall; **~ скачок спроса** Nachfrageboom *m*; **резкое падение курсов** Kurssturz *m*; **резкое падение цен** Preiseinbruch *m*; **резкое повышение** Explosion *f*, **резко повышаться** explodieren 2. hastig, heftig; 3. (*звук*) schrill, gellend; 4. (*свет*) grell; 5. (*запах*) penetrant; 6. (*контур*) scharf; 7. (*fig*) scharf, drastisch; 8. (*fig*) barsch, schroff; **резкая критика** scharfe Kritik
резко *adv* schlagartig
резня *f A1 e* Gemetzel *nt*
резолюция *f A2* Resolution *f*, Entschluss *m*, Beschluss *m*
резонанс *m K* 1. (TECH) Resonanz *f*; 2. (*fig*) Widerhall *m*
результат *m K* 1. Ergebnis *nt*, Resultat *nt*; 2. Ausgang *m*; 3. Nutzen *m*; 4. Erfolg *m*; 5. Leistung *f*; **добиться ~а** ein Ergebnis erzielen; **в ~е** dadurch, infolgedessen; **~ы выборов** Wahlergebnis *nt*, Wahlausgang *m*; **~ производственной деятельности** Produktionsergebnis *nt*; **результаты деятельности предприятия** Betriebsergebnis *nt*; **~ брутто** Bruttoerfolg *m*; **~ отчётного периода** Periodenerfolg *m*; **~ от продажи единицы продукции** Stü-

ckerfolg *m*; ~ **произво́дства** Produktionsergebnis *nt*
результати́вный *adj* resultativ, Ergebnis-, Erfolgs-; ~ **счёт** (ÖKON) Erfolgskonto *nt*
ре́зус-фа́ктор *m K* (MED) Rhesusfaktor *m*
ре́зчик *m K*: ~ **по де́реву** Holzschnitzer *m*; ~ **по ка́мню** Steinmetz *m*; ~ **по ме́ди** Kupferstecher *m*; ~ **по мета́ллу** Graveur *m*
резьба́ *f A e* 1. (TECH) Gewinde *nt*; 2. Schnitzerei *f*; ~ **по де́реву** Holzschnitt *m*
резюме́ *nt indekl* 1. Resümee *nt*; 2. Zusammenfassung *f*
резюми́ровать *vt E2 impf/pf* resümieren, zusammenfassen
реинвести́ция *f A2* Reinvestition *f*
рейд *m K* 1. (MIL) Streifzug *m*; 2. (MAR) Reede *f*; 3. Überprüfung *f*
ре́йка *f A* 1. Latte *f*; 2. Leiste *f*
Рейн *m K* Rhein *m*
Ре́йнланд-Пфа́льц *m K* Rheinland-Pfalz *nt*
рейс *m K* 1. Route *f*, Linie *f*; 2. (TRANSP) Linienfahrt *f*, Linienflug *m*
ре́йсовый *adj* (TRANSP) Linien-; ~ **авто́бус** Linienbus *m*
рейтинг Rating *nt*; ~ **земе́ль** [*o* **стран**] Länderrating *nt*; ~ **це́нных бума́г** Anlagenbewertung *f*
рейти́нг *m K* Rating *nt*
рейх *m K*: **тре́тий** ~ das Dritte Reich *nt*
река́ *f A pls* Fluss *m*, Strom *m*
река́мбио *nt indekl* (ÖKON) Retourwechsel *m*, Rückwechsel *m*
ре́квием *m K* Requiem *nt*
реквизи́т *m K* (THEAT) Requisit *nt*; **ба́нковские ~ы** Bankverbindung *f*
рекетёр, рэкети́р *m K* Erpresser *m* von Schutzgeldern
рекла́ма *f A* Reklame *f*, Werbung *f*; **замаскиро́ванная** ~ Schleichwerbung *f*; ~ **рассчи́танная на целеву́ю аудито́рию** [*o* **гру́ппу**] Zielgruppenwerbung *f*; ~ **ма́рочного** [*o* **фи́рменного**] **това́ра** Markenartikelwerbung *f*; ~ **проводи́мая фи́рмой в со́бственных интере́сах** Eigenwerbung *f*; ~ **рассчи́танная на подсозна́тельное восприя́тие** unterschwellige Werbung *f*
реклама́ция *f A2* Reklamation *f*, Mängelrüge *f*; ~ **по коли́честву** Mengenreklamation *f*
рокла́мировать *vt F2 impf/pf* 1. werben, bewerben, Reklame machen; 2. reklamieren, beanstanden
рекла́мный *adj* Werbe-; **рекла́мая кампа́ния** Werbekampagne *f*; **рекла́мые материа́лы** Werbeschriften *pl*; **рекла́мная вста́вка** Werbeeinschaltung *f*; **рекла́мные мероприя́тия** Werbemaßnahmen *pl*; **рекла́мные расхо́ды** Werbekosten *pl* , Werbungskosten *pl*; **рекла́мные сре́дства** Werbemittel *pl*; ~ **образе́ц** Sample *nt*; ~ **пода́рок** Werbegeschenk *nt*; ~

текст Werbetext *m*; **рекла́мное аге́нтство** Werbeagentur *f*; **рекла́мное включе́ние** Werbeeinschaltung *f*; **рекла́мное объявле́ние в пре́ссе** Inserat *nt*; **рекла́мное предложе́ние** verlockendes Angebotl *nt*
рекоменда́ция *f A2* 1. Empfehlung *f*, Hinweis *m*; 2. Reverenz *f*; 3. Bürgschaft *f*
рекомендова́ть *vt E2 impf* (*pf*: **по-**) empfehlen
реконструи́ровать *vt E2 impf/pf* 1. rekonstruieren, wiederaufbauen, sanieren; 2. (*fig*) rekonstruieren, nachvollziehen
реконстру́кция *f A2* Rekonstruktion *f*, Wiederaufbau *m*
реко́рд *m K* Rekord *m*, Rekordleistung *f*; **ли́чный** ~ persönliche Bestleistung *f*; **мирово́й** ~ Weltrekord *m*; **установи́ть** ~ einen Rekord aufstellen; **кни́га ~ов Ги́несса** Guinesbuch *nt* der Rekorde
ре́крут *m K* (*arch*) Rekrut *m*
рекрути́ровать *vt E2 impf/pf* rekrutieren, stellen
ре́ктор *m K* Rektor, -in *m/f*
ректора́т *m K* Rektorat *nt*
реле́ *nt indekl* Relais *nt*
релева́нтный *adj* relevant
религио́зный <*kf*: **-зен, -зна**> *adj* religiös; ~ **де́ятель** kirchlicher Amtsträger *m*
рели́гия *f A2* Religion *f*
рели́квия *f A2* Reliquie *f*
рели́кт *m K* Relikt *m*
релье́ф *m K* Relief *m*
рельс *m K* Eisenbahnschiene *f*; **сходи́ть с ~ов** entgleisen
реме́нь <*gen sg*: **-мня́**> *m K1 e* 1. Gurt *m*; 2. Gürtel *m*; 3. Riemen *m*; ~ **безопа́сности** (KFZ) Sicherheitsgurt *m*
реме́сленник *m K* 1. Handwerker *m*; 2. Gewerbetreibender *m*
реме́сленный *adj* Handwerks-, gewerblich; **реме́сленная пала́та** Handwerkskammer *f*; **реме́сленная мастерска́я** Gewerbebetrieb *m*; ~ **уста́в** Gewerbeordnung *f*; **реме́сленное произво́дство** Handwerk *nt*
ремесло́ <*nom pl*: **ремёсла**> *m K pls* 1. Gewerbe *nt*; 2. Handwerk *nt*; **худо́жественное** ~ Kunsthandwerk *nt*
ремите́нт *m K* 1. Begünstigter *m*; 2. Remittent *m*; 3. Wechselempfänger *m*; 4. Wechselnehmer *m*; 5. Zahlungsempfänger *m*
ремо́нт *m K* 1. Reparatur *f*, Instandsetzung *f*; 2. Renovierung *f*; **нужда́ющийся в ~е** reparaturbedürftig , renovierungsbedürftig
ремонти́ровать *vt E2 impf* (*pf*: **от-**) 1. reparieren; 2. renovieren
ремо́нтный *adj* Reparatur-; **ремо́нтная мастерска́я** Reparaturwerkstatt *f*
Ренесса́нс *m K* 1. (*Возрожде́ние*) Renaissance *f*; 2. Comeback *nt*
ре́ний *m K2* Rhenium *nt*
реноме́ *nt indekl* Ruf *m*, Leumund *m*

рéнта *f A* (ÖKON) Rente *f*; **~ потребителя** Konsumentenrente *f*

рентáбельность *f I* 1. Rentabilität *f*; 2. Wirtschaftlichkeit *f*; **~ áкции** Kurs-Gewinn-Verhältnis *f*, Price-Earnings-Ratio *f*; **~ в зависимости от размéра предприятия** Economies of Scale; **~ капиталовложéний** Return On Investment; **~ оборóта** Umsatzrentabilität *f*; **~ сóбственного капитáла** Eigenkapitalrentabilität *f*

рентáбельный <*kf*: -лен, -льна> *adj* rentabel, gewinnbringend

рентгéн *m K* Röntgen *nt*; **дéлать ~** röntgen

рентгéновский *adj* Röntgen-; **рентгéновские лучи** Röntgenstrahlen *pl*; **~ снимок** Röntgenaufnahme *f*

реорганизáция *f A2* Reorganisation *f*, Umstrukturierung *f*

реорганизовáть *vt E2 pf* (*impf*: реорганизóвывать) umbilden, umstrukturieren, reorganisieren

репатриáнт *m K* Heimkehrer *m*

репéйник *m K* Klette *f*

репертуáр *m K* (THEAT) Repertoire *nt*, Spielplan *m*

репетировать *vt E2 impf* (*pf*: про-, от-) proben

репетиция *f A2* (THEAT) Probe *f*; **генерáльная ~** Generalprobe *f*

рéплика *f A* 1. Einwurf *m*, Zwischenruf *m*; **встáвить рéплику** einwerfen; 2. Erwiderung *f*, Einwand *m*; 3. Gegendarstellung *f*

репортáж *m K* Reportage *f*

репортёр *m K* Reporter, -in *m/f*

репрессивный *adj* repressiv

репрéссия *f A2* 1. Repression *f*; 2. Maßregelung *f*; **политические репрéссии** politische Verfolgung *f*, Repressalien *pl*

реприватизáция *f A2* Reprivatisierung *f*

репризa *f A* Reprise *f*

репродýкция *f A2* Reproduktion *f*; **худóжественная ~** Kunstdruck *m*

рептилия *f A2* Reptil *nt*

репутáция *f A2* 1. Ruf *m*, Leumund *m*; 2. Image *nt*

ресивер *m K* Receiver *m*, Empfänger *m*

ресница *f A* Wimper *f*

ресоциализáция *f A2* Resozialisierung *f*

респектáбельный <*kf*: -лен, -льна> *adj* respektabel, achtbar

респондéнт *m K* Befragte(r) *m*

респýблика *f A* Republik *f*

республикáнец <*gen sg*: -нца, *gen pl*: -нцев> *m K* Republikaner *m*

республикáнский *adj* republikanisch

рессóра *f A* (TECH) Feder *f*

рестаурáтор *m K* Restaurator, -in *m/f*

реставрировать *vt E2 impf/pf* 1. restaurieren; 2. rekonstruieren

реституция *f A2* Rückerstattung *f*

рестoрáн *m K* Restaurant *nt*; **дорóжный ~** Autobahnraststätte *f*; **привокзáльный ~** Bahnhofsgaststätte *f*; **~ фаст-фуд** Fastfoodrestaurant *nt*

рестрикция *f A2* Beschränkung *f*, Restriktion *f*; **~ ввóза** Einfuhrrestriktion *f*; **~ экспорта** Ausfuhrbeschränkung *f*

ресýрс *m K* 1. Hilfsquelle *f*; 2. (*meist im pl*) Vorräte *m pl*, Quellen *f pl*, Ressourcen *pl*; **природные ~ы** Naturschätze *pl*; **трудовые ~ы** Arbeitskräfte *pl*; **унифицированный локáтор ~ов** (DV) Uniform Resource Locator *m*, URL *f* 3. (TECH) Ressource *f*

ретóрта *f A* Retorte *f*

ретрáтта *f A* (ÖKON) Retourwechsel *m*, Rückwechsel *m*

ретроспектива *f A* Retrospektive *f*

ретроспективно *adv* rückblickend

ретýр *m K* (ÖKON) Retourwechsel *m*

референдум *m K* Referendum *m*, Volksbefragung *f*, Volksentscheid *m*

референт *m K* Referent, -in *m/f*

референция *f A2* Referenz *f*

рéфери *m indekl* (SPORT) Kampfrichter *m*

реферировать *vt E2 impf/pf* (*pf*: про-) 1. zusammenfassen; 2. referieren

рефинансирование *nt O2* Refinanzierung *f*

рефлéкс *m K* Reflex *m*; **двигательный** [*o* **мотóрный**] **~** Reflexbewegung *f*

рефлéксия *f A2* (*размышлéние*, *самоанáлиз*) Reflexion *f*

рефлéктор *m K* Reflektor *m*

рефлéкторный *adj* Reflex-

рефляция *f A2* (ÖKON) Reflation *f*

рефóрма *f A* Reform *f*; **административно-территориáльная ~** Gebietsreform *f*; **дéнежная ~** Währungsreform *f*; **экономическая ~** Wirtschaftsreform *f*

реформáтор *m K* Reformator *m*

Реформáция *f A2* Reformation *f*

реформировать *vt E2 impf/pf* 1. reformieren; 2. erneuern

рецензéнт *m K* Gutachter *m*

рецензировать *vt E2 impf* (*pf*: про-, от-) rezensieren, begutachten

рецéнзия *f A2* Rezension *f*

рецéпт *m K* Rezept *nt*; **патентóванный ~** Patentrezept *nt*; **отпускáемый без ~а** rezeptfrei; **отпускáемый стрóго (тóлько) по ~у** rezeptpflichtig

рецéссия *f A2* (ÖKON) Rezession *f*

рецидив *m K* Rückfall *m*

рецидивист *m K* (JUR) Rückfällige(r) *mf*, Gewohnheitsverbrecher *m*

рецидивный *adv* rückfällig

рециклирование *nt O2* Recycling *nt*

рециклировать *vt E2 impf/pf* recyceln

речь *f I ple 1* 1. (*nur sg*) Sprache *f*, Reden *nt*; **выступáть с ~ю** eine Rede halten; **письменная ~** Schriftsprache *f*; **ýстная ~** gesprochene Sprache *f*; **об этом не мóжет быть рéчи** das kommt nicht in Frage; **он лишился дáра рéчи** es verschlug ihm die

Sprache **2.** Rede f, Ansprache f; **~ защи́тника** Plädoyer nt
реша́ть vt E impf (pf: реши́ть) **1.** entscheiden, beschließen; **~ за кого́-ли́бо** jdm die Entscheidung abnehmen; **2.** knobeln
реша́ться vr E impf (pf: реши́ться) **1.** sich entschließen; **2.** sich trauen
реша́ющий adj ausschlaggebend, entscheidend; **реша́ющее возде́йствие** durchschlagende Wirkung f; **~ шаг** entscheidender Schritt m; **сказа́ть своё реша́ющее сло́во** ein Machtwort sprechen; **сыгра́ть реша́ющую роль** ausschlaggebend sein
реше́ние nt O2 **1.** Beschluss m; **2.** Entscheidung f; **3.** Entscheid m; **принима́ть ~** eine Entscheidung treffen, einen Entschluss fassen; **4.** (загадки, задачи) Lösung f, Auflösung f; **5.** (JUR) Verfügung f; **~ арбитра́жа** Schiedsspruch m; **~ большинства́** Mehrheitsbeschluss m; **~ компаньо́нов** Gesellschafterbeschluss m; **компроми́ссное ~** Ausweichlösung f; **~ о поку́пке** Kaufentscheidung f; **~ собра́ния о́бщества** Gesellschafterbeschluss m; **~ суда́** Gerichtsbeschluss m , Verfügung f; **~ трете́йского суда́** Schiedsspruch m; **~ чле́нов това́рищества** Gesellschafterbeschluss m
решённый adj entschieden, beschlossen; **~ вопро́с** beschlossene Sache f
решётка f A **1.** Gitter nt; **сиде́ть за решёткой** hinter Gittern sitzen; **посади́ть кого́-ли́бо за решётку** jdn hinter Schloss und Riegel bringen; **2.** Rost m; **деревя́нная ~** Lattenrost m
реши́мость f I Entschlussfreudigkeit f
реши́тельность f I **1.** Entschlossenheit f; **2.** Resolutheit f
реши́тельный <kf: -лен, -льна> adj **1.** resolut, entschlossen; **2.** entscheidungsfreudig; **принима́ть реши́тельные ме́ры** durchgreifen
реши́ть vt I pf (impf: реша́ть) **1.** entscheiden, beschließen; **~ за кого́-ли́бо** jdm die Entscheidung abnehmen; **решено́!** abgemacht! **2.** knobeln
реэ́кспорт m K Wiederausfuhr f; **~ това́ров, проше́дших облагора́живание** Veredelungsverkehr m
ржа́веть <nur 3. pers: -ве́ет> vi E impf (pf: за-) rosten, verrosten
ржа́вчина f A Rost m; **очища́ть от ржа́вчины** entrosten
ржа́вый <kf: ржав> adj rostig, verrostet
ри́зница f A Sakristei f
Рим m K Rom m
риме́сса f A (ÖKON) Besitzwechsel m
ри́млянин, римля́нка <nom pl m: ри́мляне, gen pl f: -нок> m U2 / f A Römer, -in m/f
ри́мский adj römisch
ри́мско-католи́ческий adj römisch-katholisch

ринг 1. Ring m; **2.** Ringgeschäft nt
рис m K Reis m
рис. abk von **рису́нок** m Abbildung f
риск m K Risiko nt, Wagnis nt; **остаточный ~** Restrisiko nt; **идти́ на ~** ein Risiko eingehen; **на свой страх и ~** auf eigene Gefahr; **~ отка́за** Ausfallrisiko nt; **~ поте́рь на ку́рсе** Kursrisiko nt; **~ при обме́не валю́т** Wechselkursrisiko nt; **~, свя́занный с осуществле́нием э́кспортных опера́ций** Exportrisiko nt; **~, свя́занный с делькре́дере** Delkredererisiko nt; **~, свя́занный с плани́рованием** Planungsrisiko nt; **~, свя́занный с финанси́рованием** Finanzierungsrisiko nt
риско́ванный <kf: -ван, -ванна> adj riskant, gewagt; **весьма́ ~** hochbrisant; **~ капита́л** Venture-Kapital nt , Risikokapital nt; **риско́ванное предприя́тие** Wagnis nt
рискова́ть vt E2 impf (pf: рискну́ть) riskieren; **~ подойти́ к кому́-ли́бо/чему́-ли́бо** sich heranwagen (an +akk); **мы рику́ем, что ...** wir laufen Gefahr, dass ...
ри́сковый adj Risiko-; **ри́сковая надба́вка** Risikoprämie f; **~ капита́л** Risikokapital nt; **~ ме́неджмент** Risk Management nt
рисова́ть vt E2 impf (pf: на-) malen, zeichnen; **~ в чёрном цве́те** schwarzmalen
рису́нок <gen sg: -нка> m K **1.** Zeichnung f; **2.** Bild nt; **3.** Abbildung f
ритм m K Rhythmus m; **биологи́ческие ~ы** Biorhythmus m
ритми́ческий adj rhythmisch
рито́рика f A Rhetorik f
ритори́ческий adj rhetorisch
ритуа́л m K Ritual m
ритуа́льный adj rituell, Ritual-; **ритуа́льные услу́ги** rituelle Handlungen f
риф m K Riff m
ри́фма f A Reim m
рифмова́ть vt E2 impf (pf: с-) reimen
ро́бкий <kf: ро́бок, робка́> adj **1.** zaghaft, unentschlossen; **2.** verlegen, scheu
ро́бкость f I **1.** Scheu f; **2.** Zaghaftigkeit f
ро́бот m K Roboter m
ров <gen sg: рва> m K Graben m
рове́сник m K Altersgenosse m
ро́вно adv **1.** genau, gerade; **~ год** genau ein Jahr; **2.** ebenso wie
ро́вный <kf: ро́вен, ровна́> adj **1.** eben, gerade; **2.** gelassen, ausgeglichen
рог <nom pl: рога́> m K ple **1.** Horn nt; **2.** Geweih nt; **3.** (MUS) Horn nt; **брать быка́ за ~а** den Stier bei den Hörnern packen
рога́лик m K (бу́лочка) Hörnchen nt
рога́тка f A **1.** Schleuder f; **2.** (fig) Hindernis nt
рогово́й adj Horn-, aus Horn; **рогова́я оболо́чка** Hornhaut f
рого́жа f A Bastmatte f
род m K **1.** Art f, Gattung f; **тако́го ~а**

derart; **в не́котором ~е** gewissermaßen; **~ заня́тий** Metier nt **2.** Geschlecht nt, Stamm m; **челове́ческий ~** Menschengeschlecht nt; **3.** (LING) Genus nt

ро́дий m K2 Rhodium nt

роди́льный adj Entbindungs-; **~ зал** [o **роди́льная пала́та**] Kreißsaal m; **роди́льная горя́чка** Kindbettfieber nt

роди́мый adj **1.** heimatlich; **2.** (Anrede) Lieber; **роди́мое пятно́** Muttermal nt

ро́дина f A Heimat f, Vaterland m; **втора́я ~** Wahlheimat f; **на ро́дину** heimwärts

роди́нка f A Muttermal nt, Leberfleck m

роди́тели <gen pl: -лей> pl K1 Eltern pl; **приёмные ~** Stiefeltern pl

роди́тельский adj elterlich, Eltern-

роди́ть <präs/fut: рожу́, роди́шь> vt I impf/pf (impf: рож(д)а́ть,) **1.** gebären; **2.** (fig) hervorbringen

роди́ться <präs/fut: рожу́сь, роди́шься> vr I impf/pf **1.** zur Welt kommen; **2.** (fig) entstehen, aufkommen

родно́й I. adj **1.** heimatlich, heimisch; **2.** (- **сын, дочь**) leiblich; **родны́е де́ти** eigene Kinder; **родна́я страна́** Heimatland nt; **~ язы́к** Muttersprache f; **II.** m wie adj Angehörige(r) m, Verwandte(r) m

родово́й adj **1.** Sippen-, Stamm-, Erb-; **2.** Geburts-; **3.** (LING) Genus-

ро́дом adv gebürtig; **он ~ из Москвы́** er stammt aus Moskau

родонача́льник m K Begründer m, Stammvater m

родосло́вная f wie adj Stammbaum m

ро́дственник, ро́дственница m K / f A Verwandte(r) m/f; **бли́зкие ро́дственники поко́йного** Hinterbliebene pl

ро́дственный <kf: -вен, -венна> adj verwandt

родство́ nt O e Verwandtschaft f

ро́ды m pl K Entbindung f, Geburt f; **преждевре́менные ~** Frühgeburt f

ро́жа f A **1.** Fratze f; **2.** (MED) Rose f

рожа́ть vt E impf (pf: роди́ть) **1.** gebären; **2.** (fig) hervorbringen

рожда́емость f I Geburtenrate f; **с высо́ким у́ровнем рожда́емости** geburtenstark

рожда́ть vt E impf (pf: роди́ть) **1.** gebären; **2.** (fig) hervorbringen

рожда́ться vr E impf (pf: роди́ться) **1.** zur Welt kommen; **2.** (fig) entstehen

рожде́ние nt O2 Geburt f; **день рожде́ния** Geburtstag m

рожде́ственский adj Weihnachts-
Рождество́ nt O e Weihnachten nt

рожо́к <gen sg: -жка́> m K e **1.** Hörnchen nt; **2.** (MUS) Horn nt; **де́тский ~** Saugflasche f, Babyflasche f; **полице́йский ~** Martinshorn nt

ро́за f A Rose f

ро́зга <gen pl: ро́зог> f A Rute f

розе́тка f A **1.** (EL) Steckdose f; **2.** Rosette f

рознь f I Zwist m, Zwietracht f; **национа́льная ~** Völkerhass m

ро́зовый <kf: ро́зов> adj rosa, rosig; **ви́деть что-ли́бо сквозь ро́зовые очки́** etw durch die rosa Brille sehen

ро́зыгрыш m K **1.** (лотере́й) Ziehung f, Auslosung f; **2.** unentschiedenes Spiel nt

ро́зыск m K Fahndung f; **производи́ть ~и** recherchieren

рок m K **1.** Verhängnis nt; **2.** (рок-му́зыка) Rockmusik f; **тяжёлый ~** Hard Rock m

роково́й adj verhängnisvoll, schicksalhaft; **рокова́я же́нщина** Femme fatale f

роко́ко nt indekl Rokoko nt

ро́кот m K Getöse nt

рокота́ть <nur 3. pers: -ко́чет> vi E4 impf tosen, rauschen

ро́лик m K **1.** Rolle f; **2.** (im pl) Rollschuhe m pl

роль f I **1.** (THEAT) Rolle f, Part m; **2.** (fig) Rolle f, Funktion f, Bedeutung f

ром m K Rum m

рома́н m K **1.** Roman m; **2.** (любо́вная исто́рия) Romanze f, Liaison f

романи́ст m K **1.** Romanschriftsteller, -in m/f; **2.** Romanist, -in m/f

романи́стика f A Romanistik f

рома́нс m K (MUS) Romanze f

рома́нский adj romanisch; **~ стиль** Romanik f; **рома́нские языки́** romanische Sprachen f pl

рома́нтик m K Romantiker, -in m/f

рома́нтика f A Romantik f

романти́ческий adj romantisch

рома́шка f A Kamille f

ромб m K **1.** Karo nt; **2.** (MATH) Raute f

роня́ть vt E impf (pf: урони́ть) **1.** fallen lassen; **2.** (fig) sich erniedrigen

ропта́ть <präs: ропщу́, ро́пщешь> vi E4 impf ungehalten sein; **~ на судьбу́** mit dem Schicksal hadern

роско́шный <kf: -шен, -шна> adj **1.** prächtig; **2.** prunkvoll; **3.** luxuriös

ро́скошь f I **1.** Prunk m; **2.** Luxus m; **предме́ты ро́скоши** Luxusartikel m pl

ро́спуск m K **1.** Entlassung f; **2.** (парла́мента) Auflösung f, Liquidation f

росси́йский adj russisch

Росси́я f A2 Russland nt

рост <nom pl: роста́> m K ple **1.** Anstieg m; **2.** Wachstum nt; **3.** (о челове́ке) Wuchs m, Körpergröße f; **~ произво́дства** steigende Produktion f; **профессиона́льный ~** berufliche Entwicklung f; **экономи́ческий ~** wirtschaftliches Wachstum nt, Wirtschaftswachstum nt; **~ дохо́дов** Ertragssteigerung f; **~ ры́нка** Marktwachstum nt; **~ цена́** Preisanstieg m, Preiserhöhung f, Teuerung f

ростовщи́к m K e **1.** Wucherer m; **2.** Kredithai m

ростовщи́ческий adj Wucher-;

ростовщи́ческая цена́ Wucherpreis *m*; **~ проце́нт** Wucherzins *m*
ростовщи́чество *nt O* Wucher *m*; **занима́ться ростовщи́чеством** wuchern
росто́к <*gen sg:* -тка́> *m K e* 1. Keim *m*; 2. (*fig*) Keim *m*, Ansatz *m*
рот <*gen sg:* рта> *m K* 1. Mund *m*; 2. (*у живо́тных*) Maul *nt*
ро́та *f A* (MIL) Kompanie *f*
рота́ция *f A2* Rotation *f*; **~ персона́ла** (ЭКОН) Job rotation *f*
ротозе́й *m K2* Schaulustige(r) *mf*, Gaffer *m*
ро́тор *m K* Rotor *m*
ртуть *f I* Quecksilber *nt*
руба́нок <*gen sg:* -нка> *m K* Hobel *m*
руба́шка *f A* Hemd *nt*, Oberhemd *nt*; **смири́тельная ~** Zwangsjacke *f*
рубе́ж *m K e* 1. (MIL) Linie *f*; 2. (*fig*) Grenze *f*, Meilenstein *m*, Einschnitt *m*; **за рубежо́м** im Ausland
рубе́ц <*gen sg:* -бца́> *m K e* Striemen *m*
руби́дий *m K2* Rubidium *nt*
руби́льник *m K* Kippschalter *m*
руби́н *m K* Rubin *m*
руби́ть <*präs:* рублю́, ру́бишь> *vt I impf* (*pf:* на-) 1. hacken; 2. hauen; **~ с плеча́** unüberlegt handeln
ру́бка¹ *f A* 1. (*мя́са*) Hacken *nt*; 2. (*дере́вьев*) Holzschlag *m*, Fällen *nt*; 3. (*избы́*) Bauen *nt*
ру́бка² *f A* (MAR) Steuerhaus *nt*, Turm *m*
рубле́вый *adj* Rubel-; **рублёвая зо́на** Rubelzone *f*; **рублёвые расхо́ды** Ausgabe *f* in Rubel
ру́бленый *adj* gehackt; **ру́бленное мя́со** Hackfleisch *nt*
рубль <*gen sg:* рубля́> *m K1 e* Rubel *m*; **гоня́ться за дли́нным рублём** auf schnelles Geld aus sein
ру́брика *f A* Rubrik *f*
руга́тельство *nt O* Schimpfwort *nt*
руга́ть *vt E impf* (*pf:* вы́-, об-, от-) beschimpfen
руга́ться *vr E impf* (*pf:* по-) 1. (*на кого́-либо*) schimpfen; **~ ма́том** fluchen 2. sich zanken; **~ с кем-либо из-за чего́-либо** sich mit jdm zanken (um +*akk*)
руда́ *f A pls* Erz *nt*; **желе́зная ~** Eisenerz *nt*
рудни́к *m K e* Bergwerk *nt*, Mine *m*
рудоно́сный <*kf:* -сен, -сна> *adj* erzhaltig
ружьё <*gen sg:* ружья́> *nt O1 e* Gewehr *nt*
руи́на *f A* Ruine *f*
рука́ *f A e2* 1. Hand *f*; 2. Arm *m*; **брать под ру́ку** sich einhaken (bei +*dat*); **брать на́ руки** auf den Arm nehmen; **брать себя́ в ру́ки** sich zusammennehmen; **быть в надёжных рука́х** in guten Händen sein; **идти́ ~ об ру́ку с чем-либо** einhergehen (mit +*dat*); **махну́ть руко́й на кого́-либо** jdn aufgeben; **наложи́ть на себя́ ру́ки** Selbstmord begehen; **нехва́тка рабо́чих рук** Mangel *m* an Arbeitskräften; **поднима́ть ру́ки** die Hände hochhalten, sich ergeben; Handzeichen geben; **пожима́ть ру́ку кому́-либо** jdm die Hand schütteln; **приложи́ть свою́ ру́ку к чему́-либо** seinen Anteil haben (an +*dat*); **протя́гивать кому́-либо ру́ку** jdm die Hand reichen; **под руко́й** griffbereit; **ну, по рука́м!** abgemacht! **разводи́ть рука́ми** die Hände hilfreich zusammenschlagen; **распуска́ть ру́ки** handgreiflich werden; **на ско́ру ру́ку** auf die Schnelle; **своя́ ~ влады́ка** jeder ist sein eigner Herr; **сиде́ть сложа́ ру́ки** die Hände in den Schoß legen; **уда́рить по рука́м** ein Geschäft durch Handschlag besiegeln
рука́в *m K* Ärmel *m*
рукави́ца *f A* Fausthandschuh *m*
руководи́тель, руководи́тельница *m K1 / f A* 1. Leiter, -in *m/f*; 2. Chef, -in *m/f*; 3. Manager, -in *m/f*; 4. Organisator, -in *m/f*; **~ гру́ппы** Reiseleiter *m*; **~ фи́рмы** Firmenchef *m*; **~ фра́кции** Fraktionschef *m*; **нау́чный ~** Doktorvater *m*; **~ отде́ла** Bereichsleiter *m*; **~ отде́ла сбы́та** Verkaufsleiter *m*; **~ подразделе́ния** Bereichsleiter *m*; **~ предприя́тия** Betriebsleiter *m*; **~ прое́кта** Projektleiter *m*; **~ направле́ния** Bereichsleiter *m*
руководи́ть <*präs:* -вожу́, -води́шь> *v + inst I impf* 1. führen, leiten; 2. lenken, managen
руково́дство *nt O* 1. Leitung *f*, Führung *f*; 2. Führungsspitze *f*; 3. Anleitung *f*, Aufsicht *f*; 4. Richtlinie *f*, Leitfaden *m*; 5. Verwaltung *f*; 6. Handbuch *nt*; **~ по эксплуата́ции** Gebrauchsanweisung *f*; **~предприя́тия** Unternehmensführung *f*, Geschäftsführung *f*; **~ ка́драми** Personalführung *f*; **~ конце́рна** Konzernleitung *f*; **~ персона́лом** Personalführung *f*; **~ прое́ктом** Projektleitung *f*; **~ торго́влей** Verkaufsleitung *f*; **~ фи́рмы** Geschäftsführung *f*
руководя́щий *adj* leitend; **руководя́щая роль** Führungsrolle *f*; **руководя́щая си́ла** Führungskraft *f*; **руководя́щая до́лжность** Führungsposition *f*; **руководя́щая фу́нкция** Führungsaufgabe *f*; **~ при́нцип** Richtsatz *m*; **~ рабо́тник** Führungskraft *f*
рукоде́лие *nt O2* Handarbeit *f*
ру́копись *f I* Manuskript *nt*, Handschrift *f*
рукопожа́тие *nt O2* Händedruck *m*; **скрепи́ть рукопожа́тием** durch Handschlag bekräftigen
рукоприкла́дство *nt O* Handgreiflichkeit *f*; **занима́ться рукоприкла́дством** handgreiflich werden
рукоя́тка *f A* 1. Stiel *m*; 2. Schaft *m*; 3. Griff *m*
рула́да *f A* (MUS) Lauf *m*, Koloratur *f*

рулéт *m K* Roulade *f*
рулéтка *f A* **1.** Metermaß *nt*; **2.** Roulette *nt*
рулóн *m K* **1.** (*бумáги*) Rolle *f*; **2.** Ballen *m*
руль *m K1 e* **1.** Lenkrad *nt*, Steuer *nt*; **2.** (*fig*) Ruder *nt*; **без руля́ и без ветри́л** (*fig*) völlig orientierungslos
румы́н *m K* Rumäne *m*
Румы́ния *f A* Rumänien *nt*
румы́нка *f A* Rumänin *f*
румы́нский *adj* rumänisch
румя́на <*gen pl*: румя́н> *pl O* Rouge *nt*
румя́нец <*gen sg*: -нца> *m K* Röte *f*
румя́нить *vt I impf* (*pf*: за-, на-) **1.** röten; **2.** sich schminken
ру́пор *m K* Sprachrohr *nt*
Рур *m K* **1.** Ruhrgebiet *nt*; **2.** (*Fluß*) Ruhr *f*
руса́лка *f A* (*Figur der slawischen Mythologie*) Nixe *f*, Elfe *f*
ру́сло *nt O* **1.** Flussbett *nt*, Flusslauf *m*; **2.** (*fig*) Weg *f*, Richtung *f*; **в ру́сле** (+ *gen*) im Sinne, im Geiste (+*gen*)
ру́сский I. *adj* russisch; ~ **язы́к** Russisch *nt*; II. *m wie adj* Russe *m*
руте́ний *m K2* Ruthenium *nt*
рути́на *f A* Routine *f*
ру́хлядь *f I* Plunder *m*, Schrott *m*
ру́хнуть *vi E1 pf* **1.** einstürzen, einfallen; **2.** (*fig*) zusammenfallen
руча́тельство *nt O* **1.** Bürgschaft *f*; **2.** Gewähr *f*
руча́ться *vr E impf* (*pf*: поручи́ться) (*за кого́-либо*) einstehen, sich verbürgen, garantieren (für +*akk*)
ручеёк <*gen sg*: ручейка́> *m K e* Rinnsal *nt*
ручéй <*gen sg*: ручья́> *m K2 e* Bach *m*
ру́чка *f A* **1.** Händchen *nt*; **целова́ть кому́-либо ру́чку** jdm die Hand küssen; **2.** Federhalter *m*; **3.** Kugelschreiber *m*; **4.** Griff *m*, Henkel *m*; **5.** Klinke *f*, Knauf *m*
ручнóй *adj* **1.** manuell; **2.** Hand-; **ручна́я грана́та** Handgranate *f*; **ручна́я кладь** Handgepäck *nt*; **ручна́я сти́рка** Handwäsche *f*; ~ **тóрмоз** Handbremse *f*; **ручнóй рабóты** handgemacht; **3.** (*о живóтном*) zahm
ру́шиться <*nur 3. pers*: ру́шится> *vr I impf* (*pf*: об-, по-) zusammenbrechen
РФ *abk von* Росси́йская Федера́ция *f* Russische Föderation *f*
ры́ба *f A* Fisch *m*
рыба́к *m K e* Fischer, -in *m/f*
рыбо́лов *m K* Angler *m*
рыболо́вство *nt O* Fischerei *f*, Fischfang *m*
рывкóм *adv* ruckartig
рывóк <*gen*: -вка́> *m K e* **1.** Ruck *m*; **2.** Vorstoß *m*; ~ **на фи́нише** Endspurt *m*
рыга́ть *vi E impf* (*pf*: рыгну́ть) rülpsen
рыда́ть *vi E impf* schluchzen
рыжева́тый *adj* rotblond
ры́жий <*kf*: рыж, рыжа́> *adj* rothaarig, fuchsrot

ры́льце <*gen sg*: ры́льца> *nt O1* **1.** (вот) Narbe *f*; **2.** Ausguss *m*; **имéть ~ в пушку́** etwas auf dem Kerbholz haben, Dreck am Stecken haben
ры́нок <*gen sg*: ры́нка> *m K* **1.** Markt *m*; **2.** (*umg*) Marktwirtschaft *f*; ~ **áкций** Aktienmarkt *m*; ~ **труда́** Arbeitsmarkt *m*; **блоши́ный** ~ Flohmarkt *m*; **внéшний** ~ Auslandsmarkt *m*; **внýтренний** ~ Binnenmarkt *m*; **кры́тый** ~ Markthalle *f*; **перехóд к ры́нку** Einzug *m* in die Marktwirtschaft; ~ **долгосрóчных финáнсовых срéдств** Kapitalmarkt *m*; ~ **евровалю́т** Eurodevisenmarkt *m*; ~ **закýпок** Beschaffungsmarkt *m*; ~ **краткосрóчного креди́та** Geldmarkt *m*; ~ **потреби́тельских товáров** Konsumgütermarkt *m*; ~ **потреби́теля** Verbrauchermarkt *m*; ~ **продавца́** Verkäufermarkt *m*; ~ **сбы́та** Absatzmarkt *m*; ~ **сбы́та для экспортных товáров** Exportmarkt *m*; ~ **сельскохозя́йственной продýкции** Agrarmarkt *m*; ~ **срóчных сдéлок** Terminmarkt *m*; ~ **с немéдленной постáвкой товáра** Spotmarket *m*; ~ **труда́** Arbeitsmarkt *m*; ~ **фью́черсных сдéлок** Terminmarkt *m*; ~ **цéнных бумáг** Effektenmarkt *m*, Wertpapiermarkt *m*; ~ **цéнных бумáг с твёрдым процéнтом** Rentenmarkt *m*; ~ **капитáлов** Kapitalmarkt *m*; **чёрный** ~ Schwarzmarkt *m*; **на мировóм ры́нке** auf dem Weltmarkt
ры́ночник *m K* Befürworter *m* der Marktwirtschaft
ры́ночный *adj* marktwirtschaftlich, Markt-; **ры́ночные отношéния** Marktverhältnisse *pl*; ~ **плóщадь** Marktplatz *m*; **ры́ночная экономика** Marktwirtschaft *f*; **ры́ночная власть** Marktmacht *f*; **ры́ночная дóля** Marktanteil *m*; **ры́ночная интервéнция** Marktintervention *f*; **ры́ночная ни́ша** Marktlücke *f*; **ры́ночная стóимость** Marktwert *m*; **ры́ночная стратéгия** Marktstrategie *f*; **ры́ночная тендéнция** Markttendenz *f*; **ры́ночная ценá** Marktpreis *m*; **ры́ночные возмóжности** Marktchancen *pl*; **ры́ночные си́лы** Marktkräfte *pl*; **ры́ночные услóвия** Marktverhältnisse *pl*, Marktbedingungen *pl*; ~ **ли́дер** Marktführer *m*; ~ **механи́зм** Marktmechanismus *m*; ~ **потенциáл** Marktpotential *nt*; ~ **прогнóз** Marktprognose *f*; ~ **процéнт** Marktzins *m*; ~ **сегмéнт** Marktsegment *nt*; ~ **спрос** Marktnachfrage *f*; ~ **тест** Markttest *m*; **ры́ночное предложéние** Marktangebot *nt*; **ры́ночное хозя́йство** Marktwirtschaft *f*
рыса́к *m K e* Traber *m*
рысь *f I* **1.** Trab *m*; **бежа́ть ~ю** traben **2.** (zool) Luchs *m*
рыть <*präs*: рóю, рóешь> *vt E8 impf* (*pf*: вы́-, от-) schaufeln, ausheben
ры́ться <*präs*: рóюсь, рóешься> *vr E8*

рыхли́ть *impf* (в чём-ли́бо) kramen, stöbern
рыхли́ть *vt I impf* (*pf:* раз-, вз-) auflockern, locker machen
ры́хлый <*kf:* рыхл, рыхла́, ры́хло> *adj* 1. locker, porös, mürbe; 2. (*fig*) schwammig
ры́царский *adj* (*auch fig*) ritterlich
ры́царь *m K1* Ritter *m*
рыча́г *m K e* Hebel *m*
рыча́ние *nt O2* Knurren *nt*
рыча́ть <*präs:* рычу́, рычи́шь> *vi I impf* (*auch fig*) knurren
рья́ный <*kf:* рьян> *adj* übereifrig
рэ́кет *m K* Schutzgelderpressung *f*
рюкза́к *m K* Rucksack *m*
рю́мка <*gen pl:* -мок> *f A* Schnapsglas *nt*
ряби́на *f A* Eberesche *f*
ряби́ть <*nur 3. pers:* ряби́т> *vi I impf* flimmern; у меня́ ряби́т в глаза́х es flimmert mir vor den Augen
ряд *m K* Reihe *f*; (по-)ста́вить в ~ reihen; вступа́ть в ~ы sich einreihen; ста́вить в оди́н ~ in einem Atemzug nennen; станови́ться в ~ sich reihen, sich eingliedern
рядово́й I. *adj* normal, durchschnittlich; ~ член einfaches Mitglied *nt*; II. *m wie adj* (MIL) Soldat *m*
ря́дом *adv* (с кем-ли́бо/чем-ли́бо) neben
ря́са *f A* Kutte *f*

С

с, С [1] *nt indekl kyrillischer Buchstabe*
с [2] I. *präp* + *inst* mit (+*dat*); **я пойду́ ~ тобо́й** ich gehe mit dir; II. *präp* +*gen* 1. seit (+*dat*), ab (+*dat*); **~ за́втрашнего дня** ab morgen; **~ сего́дняшнего дня** seit heute; **~ каки́х пор?** seit wann? **~ тех пор** seitdem; **~ 18 лет** ab 18 Jahre; 2. von (+*dat*), aus (+*dat*); **~ ро́дины** aus der Heimat; **~ твое́й стороны́** deinerseits; **~ ю́га** aus dem Süden; **~ отча́яния** aus Verzweiflung; III. *präp* +*akk* ungefähr, etwa, gegen; **~ неде́лю наза́д** ungefähr vor einer Woche
Саа́р *m K* 1. Saarland *nt*; 2. Saar *f*
са́бля *f A1* Säbel *m*
сабота́ж *m K* Sabotage *f*
саботи́ровать *vt E2 impf/pf* sabotieren
сад <*präpos sg:* о са́де, в саду́> *m K ple* Garten *m*; **~ на кры́ше** Dachgarten *m*; **ботани́ческий ~** botanischer Garten *m*; **де́тский ~** Kindergarten *m*; **зи́мний ~** Wintergarten *m*
сади́зм *m K* Sadismus *m*
сади́ст *m K* Sadist *m*
сади́стский *adj* sadistisch
сади́ться <*präs:* сажу́сь, сади́шься> *vr I impf* (*pf:* сесть) 1. sich setzen, Platz nehmen; **~ в тюрьму́** ins Gefängnis kommen; **~ на кора́бль** sich einschiffen; **~ на ко́рточки** sich niederkauern; 2. landen; 3. (*Stoff*) einlaufen
садово́д *m K* Gärtner *m*
садово́дство *nt O* 1. Gartenbau *m*; 2. Gärtnerei *f*
садо́вый *adj* Garten-; **~ до́мик** Gartenhäuschen *nt*; **~ уча́сток** Schrebergarten *m*
са́жа *f A* Russ *m*
сажа́ть *vt E impf* (*pf:* посади́ть) 1. setzen; **~ за стол** zu Tisch bitten; 2. einsperren, festsetzen; 3. (*расте́ние*) pflanzen, einpflanzen, setzen; 4. (*самолёт*) landen
са́женец <*gen sg:* -нца> *m K* 1. Steckling *m*; 2. Setzling *m*
саквоя́ж *m K* Reisetasche *f*
Саксо́ния *f A2* Sachsen *nt*; **~-Анха́льт** [*o* **Анга́льт**] Sachsen-Anhalt *m*
саксофо́н *m K* Saxophon *nt*
сала́зки <*gen pl:* -зок> *pl A* Schlitten *m*
сала́т *m K* Salat *m*; **карто́фельный ~** Kartoffelsalat *m*; **коча́нный ~** Kopfsalat *m*
са́ло *nt O* Speck *m*; **топлёное ~** Schmalz *nt*
сало́н *m K* Salon *m*; **~-парикма́херская** Friseursalon *m*; **худо́жественный ~** Kunsthandlung *f*
салфе́тка *f A* Serviette *f*
сальди́рование *nt O2* Saldierung *f*
сальди́ровать *vt E2* saldieren
са́льдо *nt indekl* Saldo *m*; **акти́вное ~** Aktivsaldo *m*; **~ вне́шней торго́вли** Außenbeitrag *m*
са́льный <*kf:* -лен, -льна> *adj* 1. schmalzig, fettig; 2. Speck-, Fett-; 3. (*fig*) unanständig, obszön
са́льто *nt indekl* Salto *m*
салю́т *m K* Salut *m*
салютова́ть *vi E2 impf* salutieren
сам, сама́, само́ <*gen sg:* самого́, само́й, самого́> *pron* sg* selber, selbst; **тру́дности не исче́знут са́ми собо́й** die Schwierigkeiten werden nicht von selbst verschwinden; **сам по себе́** von sich aus; **само́ собо́й разуме́ется** selbstverständlich
сама́ *siehe* **сам**
сама́рий *m K2* Samarium *nt*
са́мбо *akr von* самооборо́на без ору́жия *nt* Sambo *m*, *Kampfsport des russischen Militärs*
саме́ц <*gen sg:* -мца́, *gen pl:* -мо́к> *m K / f A* (*у живо́тных*) Männchen, Weibchen *nt*
са́ммит *m K* (*fig*) Gipfel *m*, Gipfeltreffen *nt*
само́ *siehe* **самсамо́-** *präfix* 1. selbst-, Selbst-; 2. eigen-, Eigen-
самоана́лиз *m K* Reflexion *f*
самобы́тность *f I* 1. Eigenständigkeit *f*; 2. Eigenwilligkeit *f*; 3. Unverwechselbarkeit *f*, Originalität *f*
самова́р *m K* Samowar *m*; **е́хать в Ту́лу со свои́м ~ом** Eulen nach Athen tragen
самовозгора́ние *nt O2* Selbstentzündung *f*
самово́льный <*kf:* -лен, -льна> *adj* ei-

genmächtig
самовоспламенéние nt O2 Selbstentzündung f
самовосхвалéние nt O2 Eigenlob nt
самовыражéние nt O2 Selbstverwirklichung f, Entfaltung f
самодéятельность f I 1. Laienkunst f; 2. Dilettantismus m; 3. Eigenmächtigkeit f, Eigeninitiative f
самодовóльный <kf: -лен, -льна> adj selbstgefällig, selbstzufrieden
самозахвáт m K Inbesitznahme f; **~ дóма** Hausbesetzung f; **~ земли́** Landfrevel m
самоизоля́ция f A2 Abkapselung f
самокáт m K (у детéй) Roller m
самоклéящийся adj selbstklebend; **самоклéящаяся лéнта** Selbstklebeband nt; **самоклéящаяся плёнка** Klebefolie f
самоконтрóль m K1 Selbstkontrolle f
самокри́тика f A Selbstkritik f
самокрити́чный adj selbstkritisch
самолёт m K Flugzeug nt; **боевóй ~** Kampfflugzeug nt; **реакти́вный ~** Düsenflugzeug nt
самолётостроéние nt O2 Flugzeugbau m
самоли́чно adv persönlich
самолюби́вый adj ehrgeizig
самолю́бие nt O2 Ehrgefühl nt; **болéзненное ~** krankhaftes Ehrgefühl nt; **уязвлённое ~** verletztes Ehrgefühl nt
самомнéние nt O2 Einbildung f, Dünkel m
самонадéянность f I 1. Vermessenheit f; 2. Fahrlässigkeit f
самообвинéние nt O2 Selbstbeschuldigung f, Selbstanklage f
самообеспéчение nt O2 Selbstversorgung f
самооблáдание nt O2 Fassung f, Selbstbeherrschung f; **сохраня́ть ~** Fassung bewahren; **сохраня́ющий ~** gefasst, beherrscht; **теря́ть ~** die Beherrschung [o die Nerven]verlieren
самообмáн m K Selbstbetrug m
самообожáние nt O2 Selbstbewunderung f, Selbstvergötterung f
самооборóна f A 1. Notwehr f; 2. Selbstverteidigung f; **отря́ды самооборóны** Freischärler pl
самообслу́живание nt O2 Selbstbedienung f
самоокупáемость f A 1. (ÖKON) Eigenfinanzierung f; 2. Kostendeckung f; 3. Rentabilität f
самоокупáющийся adj rentabel
самоопределéние nt O2 Selbstbestimmung f
самоопылéние nt O2 Selbstbestäubung f
самоотвéрженность f I Hingabe f
самооцéнка f A Selbsteinschätzung f; **ни́зкая ~** Minderwertigkeitskomplex m
самопожéртвование nt O2 Selbstaufopferung f
самопознáние nt O2 Selbsterkenntnis f
саморазогрéв m K Selbsterwärmung f
саморегули́рование nt O2 Selbstregulierung f
саморекла́ма f A Selbstdarstellung f
саморóдный <kf: -ден, -дна> adj 1. angeboren, Natur-; 2. (о метáлле) gediegen
саморóспуск m K (парлáмента) Selbstauflösung f
самоснабжéние m O2 Selbstversorgung f
самосознáние nt O2 1. Identität f; 2. Selbstbewusstsein nt; **национáльное ~** Nationalbewusstsein nt
самосохранéние nt O2 Selbsterhaltung f; **инсти́нкт самосохранéния** Selbsterhaltungstrieb m
самостоя́тельность f I Selbständigkeit f, Eigenständigkeit f
самостоя́тельный I. <kf: -лен, -льна> adj selbständig, eigenständig, eigenverantwortlich; **~ балáнс** Eigenbilanz f; II. m wie adj Selbstständiger m
самотёк m K (fig) Lauf m, Gang m; **пускáть на ~** seinen Gang gehen lassen, seinen Lauf nehmen lassen
самоуби́йственный <kf: -вен, -венна> adj selbstmörderisch
самоуби́йство nt O Selbstmord m
самоуби́йца mf A Selbstmörder, -in m/f
самоуважéние nt O2 Selbstachtung f
самоудовлетворéние nt O2 Selbstbefriedigung f, Masturbation f
самоуправлéние nt O2 Selbstverwaltung f
самоупрáвный adj eigenmächtig
самоупрáвство nt O 1. Eigenmächtigkeit f; 2. Willkür f
самоустранéние nt O2 Abkopp(e)lung f; **~ от влáсти** Selbstentmachtung f
самоутверждéние nt O2 Selbstbestätigung f
самоу́чка mf A Autodidakt m
самофинанси́рование nt O2 Selbstfinanzierung f, Eigenfinanzierung f
самоцéль f I Selbstzweck m
самочу́вствие nt O2 Befinden nt
сáмый pron det 1. (in Verbindung mit: **тот (же), э́тот (же)**) derselbe; 2. (bei Orts- und Zeitangaben) unmittelbar, direkt; 3. zur Bildung des super (Elativs); **~ большóй** der größte; **в сáмом дéле** tatsächlich; **на сáмом дéле** in Wirklichkeit
сан m K Würde f, Rang m
санатóрий <präpos sg: -ии> m K2 1. Sanatorium nt; 2. (umg) Kur f, Kuraufenthalt m
санатóрный adj Sanatoriums-, Kur-; **санатóрное лечéние** Kur f
санáция f A2 Sanierung f; **~ убы́точных предприя́тий** Unternehmenssanierung f
сандáлии f pl A2 Sandalen f pl

са́ни <gen pl: сане́й> m pl K1 ple1 (Pferde-)Schlitten m; **гото́вь ~ ле́том, а теле́гу зимо́й!** man muss rechtzeitig Vorbereitungen treffen

сани́ровать vt E2 impf/pf sanieren

санита́р, санита́рка <gen pl f: -рок> m K / f A 1. Krankenpfleger, -in m/f; 2. Sanitäter, -in m/f

санита́рный adj sanitär; **санита́рные но́рмы** Gesundheitsbestimmungen pl

са́нки <gen pl: са́нок> pl A Schlitten m; **ката́ться на са́нках** rodeln

санкциони́ровать vt E2 impf/pf 1. sanktionieren; 2. erlauben, genehmigen

са́нкция f A2 1. Sanktion f; 2. Strafmaßnahme f; **отме́на** [o **сня́тие**]**са́нкций** Aufhebung f der Sanktionen; **примене́ние са́нкций** Verhängung f von Sanktionen; **ужесточе́ние са́нкций** Verschärfung f der Sanktionen; 3. (geh) Einwilligung f, Zustimmung f

сантиме́тр m K Zentimeter m; **куби́ческий ~** Kubikzentimeter m

сану́зел <gen sg: -зла> m K sanitäre Einrichtung f

са́па f A (MIL) Sappe f; **де́йствовать ти́хой са́пой** auf Schleichwegen gehen

сапёр m K (MIL) Pionier m

сапо́г <gen pl: сапо́г> m K e Stiefel m; **два ~а́ - па́ра** gleich und gleich gesellt sich gern

сапо́жник m K 1. Schuhmacher m, Schuster m; 2. (umgpej) Stümper m

сапфи́р m K Saphir m

сара́й m K2 Scheune f, Schuppen m

саранча́ f A1 e Heuschrecke f

сарде́лька f A Würstchen nt; **жа́реная ~** Bratwurst f; **горя́чая ~** Bockwurst f

сарди́на f A Sardine f; **сарди́ны в ма́сле** Ölsardinen pl

Сарди́ния f A2 Sardinien nt

сарка́зм m K Sarkasmus m

саркасти́ческий adj sarkastisch

саркофа́г m K Sarkophag m

сатана́ m A e Satan m

сати́н m K Satin m

сати́ра f A Satire f

сатири́ческий adj satirisch

Сату́рн m K Saturn m

Сау́довская Ара́вия f A2 Saudi-Arabien nt; **жи́тель Сау́довской Ара́вии** Saudi-Araber m

са́уна f A Sauna f; **посеща́ть са́уну** saunieren

са́хар <gen sg: -а,-у> m K Zucker m; **жжёный ~** Karamell nt; **крупнокристалли́ческий ~** Kandiszucker m; **тростнико́вый ~** Rohrzucker m

сахаромéтр m K Zuckergehaltsmesser m

сахари́н m K Sacharin nt, Süßstoff m

са́харница f A Zuckerdose f

са́харный adj Zucker-; **са́харная пу́дра** Puderzucker m; **са́харная свёкла** Zuckerrübe f; **~ тростни́к** Zuckerrohr nt

сачо́к[1] <gen sg: -чка́> m K e Fangnetz nt, Kescher m

сачо́к[2] <gen sg: -чка́> m K e (pej) Drückeberger m, Faulpelz m

сба́вить <fut: -влю, -вишь> vt I pf (impf: сбавля́ть) 1. abziehen, vermindern; **~ оборо́ты** kürzertreten; 2. herabsetzen, ermäßigen; **~ це́ну** den Preis senken

сбалансиро́вание nt O2 1. Ausgleich m; 2. Bilanzierung f; 3. Abschluss m; **~ бюдже́та** Budgetausgleich m

сбалансиро́ванность f I 1. Gleichgewicht nt; 2. Ausgeglichenheit f; **~ бюдже́та** Budgetausgleich m; **~ ры́нка** Marktgleichgewicht nt

сбалансиро́ванный adj ausgewogen

сбалансирова́ть vi E2 ins Gleichgewicht bringen

сбега́ть vi E impf (pf: сбежа́ть) fortlaufen, ausreißen, ausbrechen

сберба́нк m K ≈ Sparkasse f

сберега́тельный adj Spar-; **сберега́тельная кни́жка** Sparbuch nt; **~ счёт** Sparkonto nt; **сберега́тельная гра́мота** Sparbrief m; **сберега́тельная ка́сса** Sparkasse f; **сберега́тельная кво́та** Sparquote f

сбереже́ние nt O2 Ersparnis f; **сбереже́ния на индивидуа́льное жили́щное строи́тельство** Bausparen nt; **сбереже́ния че́рез поку́пку це́нных бума́г** Wertpapiersparen nt; **сбереже́ния на чёрный день** Notgroschen m

сбере́чь <fut: -егу́, -ежёшь, prät: -рёг, -регла́> vt UE4 pf (impf: бере́чь) 1. aufbewahren, aufheben; 2. schonen; 3. schützen

сберка́сса f A Sparkasse f; **~ при почто́вом отделе́нии** Postsparkasse f

сберкни́жка f A Sparbuch nt

сбива́ть vt E impf (pf: сбить) 1. zusammenschlagen; 2. durcheinanderbringen; **~ с пути́** vom Wege abbringen; **~ с то́лку** beirren; **~ спесь с кого́-ли́бо** jdm den Hochmut austreiben; **~ темп** das Tempo drosseln; **~ це́ну** den Preis drücken; 3. (SPORT) zu Fall bringen; 4. abschießen

сбива́ться vr E impf (pf: сби́ться) 1. aus dem Konzept kommen, den Faden verlieren; **~ с пути́** vom Wege abkommen; **~ с ног в по́исках чего́-ли́бо** (umg) sich die Hacken ablaufen (nach +dat) 2. sich zusammenballen; 3. sich zusammendrängen

сближа́ться vr E impf (pf: сбли́зиться) 1. sich befreunden; 2. sich einander annähern

сближе́ние nt O2 Annäherung f

сбой m K2 (TECH) Fehler m, Störung f, Ausfall m; **~ в рабо́те обору́дования** (DV) Hardwarefehler m; **~ в произво́дстве** Produktionsstörung f; **случа́йный ~** Zufallsfehler m; **фата́льный ~** (DV) Absturz m

сбор m K 1. Sammeln nt, Pflücken nt, Ernten nt; **мы все в ~е** wir sind alle da; **~**

виногра́да Weinlese *f*; **~ доброво́льных взно́сов** Kollekte *f*; **~ урожа́я** Einbringen *nt* der Ernte; **~ чле́нских взно́сов** Kassieren *nt* von Mitgliedsbeiträgen; **2.** Erfassung *f*; **~ информа́ции** Datenerhebung *f*; **3.** Gebühr *f*, Abgabe *f*; **сезо́нный ~** Kurtaxe *f*; **~ за веде́ние счёта** Buchungsgebühr *f*; **~ за вынесе́ние предупрежде́ния** Mahngebühr *f* **4.** (*nur pl*) Vorbereitungen *pl*; **сбо́ры в доро́гу** Reisevorbereitungen *pl* **5.** (MIL) kurzfristige Einberufung von Reservisten, Rettungsmannschaften o.ä. zu Übungszwecken

сбо́рище *nt O1* **1.** Menschenauflauf *m*; **2.** Zusammenkunft *f*

сбо́рка *f A* Montage *f*, Zusammenbau *m*; **оконча́тельная ~** Endfertigung *f*

сбо́рник *m K* **1.** (TECH) Sammelbehälter *m*; **2.** Sammelband *m*; **~ стихо́в** Gedichtband *m*

сбо́рщик *m K* **1.** Monteur *m*; **2.** Pflücker *m*, Sammler *m*; **~ нало́гов** Steuereintreiber *m*

сбра́живание *nt O2* Vergärung *f*
сбра́сывание *nt O2* Abwurf *m*
сбра́сывать *vt E impf* (*pf:* **сбро́сить**) **1.** abschütteln, abwerfen; **~ со счето́в** nicht berücksichtigen, außer Acht lassen **2.** (TECH) (Werte) zurücksetzen
сбрить <*fut:* сбре́ю, сбре́ешь> *vt E4c pf* (*impf:* сбрива́ть) abrasieren
сброд *m K* (*pej*) Pack *nt*
СБСЕ *abk von* Совеща́ние по Безопа́сности и Сотру́дничеству в Евро́пе *nt* KSZE *f*
сбыт *m K* **1.** Absatz *m*; **2.** Verkauf *m*; **3.** Vertrieb *m*; **4.** Markt *m*; **находи́ть ~** Absatz finden; **~ това́ров** Warenverkauf *m*; **~ це́нных бума́г** Wertpapierverkauf *m*; **~ че́рез посре́дников** indirekter Vertrieb *m*
сбытово́й *adj* Absatz-, Vertriebs-; **сбытова́я ба́за** Auslieferungslager *nt*; **сбытовы́е изде́ржки** [*o* **расхо́ды**] Absatzkosten *pl*; **сбытова́я конъюнкту́ра** Absatzlage *f*; **~ кооперати́в** Absatzgenossenschaft *f*; **сбытово́е о́бщество** Verkaufsgesellschaft *f*; **сбытова́я организа́ция** Vertriebsorganisation *f*, Verkaufsorganisation *f*; **сбытова́я поли́тика** Absatzpolitik *f*; **сбытова́я сеть** Vertriebsnetz *nt*; **сбытова́я цена́ не́тто** Nettoverkaufspreis *m*; **сбытова́я цепь** Absatzkette *f*, Handelskette *f*
сбытоспосо́бность *f I* Absatzfähigkeit *f*, Absetzbarkeit *f*
сва́дебный *adj* Hochzeits-; **сва́дебное пла́тье** Hochzeitskleid *nt*; **сва́дебное путеше́ствие** Hochzeitsreise *f*
сва́дьба *f A* Hochzeit *f*; **до сва́дьбы заживёт** das wird wieder gut
сва́ливание *nt O2* Überwälzung *f*
сва́ливаться I. *vr E impf* (*pf:* свали́ться) sich verwirren, sich verfilzen; **II.** *vi E impf* (*pf:* свали́ться) **1.** herunterfallen; **2.** rutschen, abrutschen; **3.** (*fig*) unerwartet auftauchen

свали́ть <*fut:* -алю́, -а́лишь> *vt I pf* (*pf:* вали́ть, сва́ливать) **1.** (*umg*) abladen, kippen; **~ отхо́ды** Abfälle abladen; **~ всё в одну́ ку́чу** (*fig*) alles in einen Topf werfen; **2.** (POL) stürzen, zu Fall bringen; **3.** (*fig*) abladen, abwälzen (auf +*akk*)

свали́ться <*fut:* -алю́сь, -а́лишься> *vr I pf* (*impf:* сва́ливаться) **1.** fallen, herunterfallen; **2.** unerwartet auftauchen; **3.** rutschen, abrutschen

сва́лка *f A* **1.** Handgemenge *nt*, Rauferei *f*; **2.** Schuttplatz *m*, Mülldeponie *f*; **ста́рые сва́лки отхо́дов** Altlasten *pl*

сва́ривать *vt E impf* (*pf:* свари́ть) **1.** garkochen; **2.** (TECH) zusammenschweißen

сварли́вый <*kf:* -и́в> *adj* zänkisch, kratzbürstig

сварно́й *adj* zusammengeschweißt; **~ шов** Schweißnaht *f*

сва́рщик *m K* Schweißer *m*

сва́стика *f A* Hakenkreuz *nt*

свая *f A1* Pfahl *m*

сведе́ние *nt O2* **1.** Zusammenfassen *nt*; **2.** (MED) Kontraktion *f*; **~ бала́нса** (ÖKON) Bilanzierung *f*; **~ годово́го бала́нса** Jahresabschlussbuchung *f*

све́дение *nt O2* **1.** Mitteilung *f*; **2.** Kenntnisnahme *f*; **принима́ть к све́дению** zur Kenntnis nehmen; **све́дения** Daten *pl*; **све́дения ба́нка** Bankauskunft *f*; **све́дения о ры́нке** Marktdaten *pl*; **све́дения о кредитоспосо́бности** Kreditauskunft *f*

све́дущий <*kf:* -ущ> *adj* (в чём-ли́бо) beschlagen, firm (in +*dat*)

све́жесть *f I* Frische *f*

све́жий <*kf:* свеж, свежа́, свежо́, свежи́> *adj* frisch; **све́жее молоко́** frische Milch *f*; **све́жая газе́та** aktuelle Zeitung *f*

свёкла *f A* Rübe *f*; **столо́вая ~** rote Rübe *f*, rote Bete *f*; **са́харная ~** Zuckerrübe *f*

свёкор <*gen sg:* свёкра> *m K* (оте́ц му́жа) Schwiegervater *m*

свекро́вь *f A1* (мать му́жа) Schwiegermutter *f*

све́рка <*gen pl:* -рок> *f A* **1.** Abgleich *m*; **2.** Verifizierung *f*

сверка́ть *vi E impf* (*pf:* сверкну́ть) glitzern, funkeln, leuchten; **сверка́ет мо́лния** es blitzt; **~ чистото́й** vor Sauberkeit blitzen

сверка́ющий *adj* leuchtend, strahlend

сверли́ть *vt I impf* (*pf:* просверли́ть) bohren, durchbohren

сверло́ *nt O e* Bohrer *m*

сверну́ть I. *vt E1 pf* (*impf:* свёртывать) **1.** zusammenwickeln, zusammenrollen; **2.** (*fig*) einschränken, abbauen; **3.** (*umg*) abdrehen, abreißen; **~ ше́ю** (*auch fig*) das Genick brechen; **II.** *vi E1* abbiegen

сверну́ться *vr E1 pf* (*impf:*

свёртываться) 1. gerinnen; 2. (fig) abgebaut werden

сверста́ть vt E pf (impf: верста́ть) (текст) umbrechen

свёртываемость f I Gerinnung f; ~ кро́ви Blutgerinnung f

свёртывание nt O2 1. Gerinnung f; ~ кро́ви Blutgerinnung f; ~ произво́дства Betriebsstilllegung f 2. (fig) Abbau m

свёртывать vt E impf (pf: сверну́ть) 1. zusammenwickeln, zusammenrollen; 2. (fig) einschränken, abbauen

свёртываться vr E impf (pf: сверну́ться) 1. gerinnen; 2. (fig) abgebaut werden

сверх I. präp +gen 1. über (+akk); 2. auf (+akk) **сверх-** II. präfix über-

сверхбыстродействующий adj äußerst flink

сверхдержа́ва f A Supermacht f

све́рху adv 1. oberhalb; 2. oben

сверхуро́чные m wie adj Überstunden f pl

сверхчелове́ческий adj übermenschlich; **сверхчелове́ческие уси́лия** übermenschliche Anstrengungen

сверхъесте́ственный adj übernatürlich, überirdisch

сверя́ть vt E impf (pf: све́рить) 1. vergleichen, abstimmen; 2. eichen

света́ть vi E impf tagen, Tag werden, dämmern

свет[1] m K 1. Licht nt; 2. Beleuchtung f; за́дний ~ Rücklicht nt; **залива́ющий** ~ Flutlicht nt; ~ **ра́мпы** Rampenlicht nt; ~ **свече́й** Kerzenlicht nt; **пролива́ть** ~ **на что-ли́бо** erhellen, Aufschluss geben (über + akk) 3. (umg) Strom m

свет[2] m K 1. Welt f, Erde f; 2. Menschheit f; **вы́сший** ~ (fig) die große Welt f

свети́ло nt O 1. Himmelskörper m; 2. (geh) Sonne f; 3. (fig) Koryphäe f, Kapazität f

свети́льник m K Leuchte f, Beleuchtungskörper m; **насте́нный** ~ Wandleuchte f; **насто́льный** ~ Tischleuchte f; **то́чечный** ~ Punktstrahler m , Spot m

свети́ть <präs: свечу́, све́тишь> vi I impf leuchten, strahlen

свети́ться <nur 3. pers: све́тится> vr I impf 1. glühen; 2. fluoreszieren

све́тло-ры́жий adj rotblond

све́тлость f I (Anrede: Ва́ша ~) (Eure) Herrlichkeit f

све́тлый <kf: -тел, -тла́> adj 1. hell; **све́тлые во́лосы** blondes Haar nt; 2. (fig) hell, licht; **све́тлое бу́дущее** glänzende Zukunft f; **све́тлая ли́чность** strahlende Persönlichkeit f; ~ **ум** klarer Verstand m

светлячо́к <gen sg: -чка́> m K e Glühwürmchen nt

светово́й adj Licht-, Leucht-; ~ **год** Lichtjahr nt; ~ **каранда́ш** Lichtstift m , Lichtgriffel m; ~ **курсо́р** (DV) Leuchtmarke f;

светова́я рекла́ма Leuchtreklame f

светодио́д m K LED f, lichtemittierende Diode f; **экра́н на светодио́дах** LED-Bildschirm m

светодио́дный adj LED-; ~ **индика́тор** LED-Anzeige f , LED-Display m

светофо́р m K Ampel f

све́тский adj 1. weltlich; 2. mondän; **све́тская бесе́да** gepflegte Unterhaltung f; **све́тское обраще́ние** feine Art f; ~ **челове́к** ein Mann m von Welt

свеча́ f A e 1. Kerze f; **игра́ сто́ит** ~ es lohnt sich; ~ **зажга́ния** (KFZ) Zündkerze f 2. (PHYS) Candela f; 3. (MED) Zäpfchen nt

свида́ние nt O2 1. Verabredung f; 2. Rendezvous nt; 3. Wiedersehen nt; **до свида́ния!** Auf Wiedersehen!

свиде́тель, свиде́тельница m K1 / f A 1. (JUR) Zeuge, Zeugin m/f; ~ **защи́ты** Entlastungszeuge m; **гла́вный** ~ **обвине́ния** Kronzeuge m; 2. Augenzeuge m; 3. Trauzeuge m

свиде́тельский adj Zeugen-; **свиде́тельские показа́ния** Zeugenaussage f

свиде́тельство nt O 1. Attest nt; 2. Zeugnis nt, Zertifikat nt, Nachweis m; 3. Bescheinigung f; 4. Verifikation f; ~ **о бра́ке** Trauschein m; ~ **ме́ста рабо́ты** Arbeitsbescheinigung; ~ **о недоста́че** Verlustausweis m; ~ **о поступле́нии това́ра** Wareneingangsbescheinigung f; ~ **о происхожде́нии** Waren-Ursprungszeugnis nt , Ursprungsbescheinigung f; ~ **о рожде́нии** Geburtsurkunde f; ~ **о сме́рти** Sterbeurkunde f, Totenschein m

свиде́тельствовать vt E2 impf 1. bescheinigen; 2. bezeugen, aussagen

свина́рник m K 1. Schweinestall m; 2. (fig) Saustall m

свине́ц <gen sg: -нца́> m K e Blei nt

свини́на f A Schweinefleisch nt

сви́нка f A Mumps m

сви́нство nt O (pej) Sauerei f, Schweinerei f

свинцо́вый adj bleiern, aus Blei; **подложи́ть свинью́ (кому́-л.)** (fig) jdm ein Bein Stellen

свинья́ <pl: сви́ньи, свине́й, сви́ньям> f A1 pl e1 1. Schwein nt, Sau f; 2. (fig) Schwein nt; **гря́зная** ~ (vulg) Dreckschwein nt

свире́ль f A1 Schalmei f, Rohrpfeife f

свире́пствовать vi E2 impf 1. wüten, toben, grassieren; 2. plagen

свире́пый <kf: -éп> adj 1. aggressiv, bissig; 2. grimmig, wütend, rabiat

свисте́ть <präs: -ищу́, -и́щешь> vi E4 impf (pf: про-) pfeifen

свисто́к <gen sg: -тка́> m K e 1. Pfiff m; 2. (в нача́ле игры́) Anpfiff m

сви́та f A Suite f, Gefolge nt

сви́тер <pl nom: свитера́, pl gen: -ров>

m K Pullover *m*

свобо́да *f A* Freiheit *f*; **~ де́йствий** Handlungsspielraum *m*; **~ передвиже́ния** Reisefreiheit *f*, Freizügigkeit *f*; **~ пре́ссы** Pressefreiheit *f*; **~ со́вести** Gewissensfreiheit *f*; **~ вы́бора** Wahlmöglichkeit *f*; **~ вы́бора фо́рмы** Gestaltungsfreiheit *f*

свобо́дный <*kf:* -ден, -дна> *adj* **1.** frei, freiheitlich; **свобо́дное волеизъявле́ние** freie Willensäußerung *f*; **~ мир** freie Welt *f*; **свобо́дные нра́вы** freie Sitten; **свобо́дное паде́ние** freier Fall *m*; **~ полузащи́тник** (SPORT) Libero *m*; **свобо́дная пре́сса** freie Presse *f*; **свобо́дной профе́ссии** freischaffend; **челове́к свобо́дной профе́ссии** Freiberufler *m*; **свобо́дное вре́мя** Freizeit *f*; **свобо́дное ме́сто** freier Platz *m*; **свобо́дное такси́** freies Taxi *nt*; **свобо́дная конкуре́нция** vollkommene Konkurrenz *f*; **свобо́дная торго́вля** Freihandel *m*; **свобо́дная фо́рма догово́ра** Vertragsfreiheit *f*; **~ бала́нс конце́рна** Konzernabschluss *m*; **~ догово́р** Vertrag *m* sui generis; **~ от нало́гов** abgabenfrei; **~ от упла́ты нало́га** gebührenfrei; **~ порт** Freihafen *m*; **~ склад** Freilager *nt*; **~ това́рный знак** Freizeichen *nt* **2.** frei, kostenlos; **~ вход** Eintritt frei

свод *m K* **1.** Zusammenführung *f*; **2.** Sammlung *f*; **~ тре́бованый** Pflichtenheft *nt* **3.** Gewölbe *nt*, Bogen *m*, Wölbung *f*

сво́дка *f A* Zusammenfassung *f*, Bericht *m*, Zusammenstellung *f*, Übersicht *f*; **~ пого́ды** Wetterbericht *m*; **~ произведённых рабо́т** Leistungsnachweis *m*

сво́дник *m K* Kuppler *m*

сво́дница *f A* Kupplerin *f*

сво́дничество *nt O* Kuppelei *f*; **занима́ться сво́дничеством** kuppeln

своё *siehe* **свой**

своевре́менный <*kf:* -менен, -менна> *adj* **1.** rechtzeitig; **2.** fristgerecht; **своевре́менное распознава́ние** Früherkennung *f*

своенра́вность *f I* Eigensinn *m*

своенра́вный <*kf:* -вен, -вна> *adj* rechthaberisch, eigensinnig

своеобра́зие *nt O2* Eigentümlichkeit *f*, Eigenart *f*

своеобра́зный <*kf:* -зен, -зна> *adj* **1.** eigenartig, eigentümlich; **2.** einzigartig, originell

свой, своя́, своё *pron poss* (*zeigt die Zugehörigkeit einer Sache zum Subjekt des Satzes an, unabhängig von der pers*) mein, dein, sein, ihr, unser, euer, ihr (pl)

свойство́ *nt O* Schwägerschaft *f*, Verwandschaft *f* durch Heirat

сво́йство *nt O* **1.** Eigenschaft *f*, Attribut *nt*; **2.** Beschaffenheit *f*, Qualität *f*; **сво́йства това́ра** Güterbeschaffenheit *f*; **сво́йства проду́кта** Produkteigenschaften *pl*

сво́лочь *f I* **1.** (*pej*) Lump *m*, Luder *nt*; **2.** Pack *nt*

своп *m K* (ÖKON) Swap *m*

сво́ра *f A* **1.** (*bei der Jagd*) Meute *f*; **2.** (*fig*) Meute *f*, Bande *f*

свора́чивать I. *vi E impf* (*pf:* **свороти́ть**) abbiegen, einbiegen; **~ за у́гол** um die Ecke biegen; **~ напра́во** nach rechts abbiegen; **II.** *vt E impf* (*pf:* **сверну́ть**) **1.** zusammenrollen; **2.** (*fig*) abbauen, einschränken

своя́ *siehe* **свой**

своя́к *m K* (*муж сестры жены*) Schwager *m*

своя́ченица *f A* (*сестра́ жены́*) Schwägerin *f*

свыка́ться *vi E impf* (*pf:* **свы́кнуться**) (*с чем-ли́бо*) sich einleben, sich eingewöhnen (in +*akk*)

свысока́ *adv* herunter, herab; **смотре́ть на кого́-ли́бо ~** herabsehen (auf +*akk*)

свя́занность *f I* **1.** Gebundenheit *f*; **2.** Befangenheit *f*

свя́занный *adj* **1.** (*auch fig*) verbunden, zusammengebunden; **с чем э́то свя́зано?** woran liegt es? **~ да́нным обеща́нием** durch ein gegebenes Versprechen gebunden; **2.** (PHYS) kohärent

связа́ть I. <*fut:* свяжу́, свя́жешь> *vt E4 pf* (*impf:* **вяза́ть**) **1.** zusammenbinden; **2.** stricken, häkeln; **3.** fesseln; **II.** <*fut:* свяжу́, свя́жешь> *vt E4 pf* (*impf:* **свя́зывать**) **1.** binden; **2.** fesseln; **3.** (*fig*) verbinden, in Verbindung setzen; **связу́ющее звено́** Verbindungsglied *nt*

связа́ться <*fut:* свяжу́сь, свя́жешься> *vr E4 pf* (*impf:* **свя́зываться**) **1.** sich einlassen (mit +*dat*); **2.** Kontakt aufnehmen (mit +*dat*)

свя́зка *f A* **1.** Bündel *nt*, Pack(en) *m*; **~ ключе́й** Schlüsselbund *m*; **2.** (ANAT) Band *nt*; **голосовы́е свя́зки** Stimmbänder *pl*

связно́й *m wie adj* (MIL) Kontaktperson *f*

свя́зный *adj* zusammenhängend, kohärent

свя́зывание *nt O2* Kopplung *f*, Verbindung *f*; **~ капита́ла** Kapitalbindung *f*

свя́зывать *vt E impf* (*pf:* **связа́ть**) **1.** binden, zusammenbinden; **2.** festbinden, fesseln; **~ в па́чки** bündeln; **3.** (TECH) koppeln; **4.** (*fig*) verbinden, verknüpfen (mit +*dat*)

свя́зываться *vr E impf* (*pf:* **связа́ться**) **1.** sich einlassen (mit +*dat*); **2.** Kontakt aufnehmen (mit +*dat*)

связь *f I* **1.** Verbindung *f*, Zusammenhang *m*; **в свя́зи с чем-ли́бо** im Hinblick (auf +*akk*); **в связи́ с э́тим** im Hinblick darauf, in Zusammenhang damit; **2.** Verbindung *f*, Kontakt *m*, Beziehung *f*; **3.** (TELKOM) Verbindung *f*; **междугоро́дняя телефо́нная ~** Fernsprechverbindung *f*; **радиотелефо́нная ~** Funkverbindung *f*; **~ с обще́ственностью** Öffentlichkeitsarbeit *f*, Public Relations, PR; **спу́тниковая ~** Satellitenverbindung *f*; **факсими́льная ~** Te-

lefaxverbindung f
свя́тки <gen pl: -ток> f pl A Dreikönigsfest nt
свято́й I. <kf: свят, свята́, свя́то> adj heilig; **Свято́е Писа́ние** Heilige Schrift f, Bibel f; **II.** m wie adj Heilige(r) m
святота́тство nt O Frevel m, Gotteslästerung f
святы́ня f A1 Heiligtum nt
свяще́нник m K Geistlicher m, Priester m, Pfarrer m
свяще́нный <kf: -ён/-ёнен, -ённа> adj heilig; **свяще́нная война́** Heiliger Krieg m; **~ сою́з** Heilige Allianz f
сгиба́ть vt E impf krümmen, biegen, verbiegen
сгнить <fut: сгнию́. сгниёшь> vi E pf (impf: гнить) 1. faulen, verfaulen; 2. vermodern
сгова́риваться vr I impf (pf: сговори́ться) (о чём-либо) übereinkommen, eine Abmachung treffen
сго́вор m K Abmachung f
сгора́ние nt O2 Verbrennung f, Verbrennen nt; **дви́гатель вну́треннего сгора́ния, ДВС** Verbrennungsmotor m; **ка́мера сгора́ния** Verbrennungskammer f; **проду́кты сгора́ния** Vebrennungsprodukte pl
сгоре́вший adj abgebrannt
сгоре́ть vi I pf (impf: горе́ть) brennen, verbrennen
сгрести́ <fut: сгребу́, сгребёшь> vt E6a pf (impf: сгреба́ть) 1. harken; 2. hinunterwerfen; 3. (umg) erfassen, packen
сгрузи́ть <fut: -ужу́, -у́зишь> vt I pf (impf: сгружа́ть) abladen
сгущёнка f A (umg) Kondensmilch m
сдать <fut: сдам, сдашь> vt U2 pf (impf: сдава́ть) 1. abgeben, abliefern; 2. übergeben; 3. (кварти́ру) vermieten; 4. preisgeben; 5. (не́рвы) versagen; у него́ сда́ли не́рвы die Nerven gingen ihm durch
сда́ться <fut: сда́мся, сда́шься> vr U2 pf (impf: сдава́ться) sich ergeben; **~ властя́м** den Behörden stellen
сда́ча f A 1. Abgabe f, Ablieferung f; **~ ору́жия** Entwaffnung f; **~ рабо́ты** Ablieferung f der Arbeit; 2. Aufgabe f, Preisgabe f; 3. Kleingeld nt; **дава́ть сда́чи** (umg) zurückschlagen; **брать сда́чи прижёмки** Übergabe f; **~ в аре́нду** Verpachtung f, Vermietung f; **~ подря́дов** Auftragsvergabe f
сдвиг m K 1. Verschiebung f; **~ вле́во** Linkstrend m; 2. (meist pl) Wandlung f, Veränderung f
сдвига́ться vr E impf (pf: сдви́нуться) sich in Bewegung setzen; **~ с мёртвой то́чки** über den toten Punkt hinwegkommen
сде́лать vt E pf (impf: де́лать) machen, tun; **сде́лано в** made in
сде́лка f A 1. Geschäft nt; 2. Abmachung f; 3. Rechtsgeschäft nt, Transaktion f; заключа́ть вы́годную/невы́годную сде́лку ein vorteilhaftes/unvorteilhaftes Abkommen treffen; **~ заключа́емая на осно́ве информа́ции от инса́йдеров** Insidergeschäft nt; **~ заключа́емая с сами́м собо́й** Insichgeschäft nt; **~ за свой счёт** Selbsteintritt m, Eigengeschäft nt; **~ ме́жду ба́нками** Interbankengeschäft nt; **~ на ме́дио** Mediogeschäft nt; **~ на нали́чные** Bargeschäft nt; **~ на нали́чный това́р** Promptgeschäft nt, Kassageschäft nt; **~ на срок** Termingeschäft nt; **~ на реа́льный това́р на срок** Effektivgeschäft nt; **~ на срок с пре́мией** Prämiengeschäft nt; **~ на у́льтимо** Ultimogeschäft nt; **~ свич** Parallelgeschäft nt; **~-спот** Spotgeschäft nt; **~ страхова́ния** Hedgegeschäft nt; **~ с восточноевропе́йским партнёром** Ostgeschäft nt; **~ с неме́дленной поста́вкой** Spotgeschäft nt; **~ с опцио́ном** Optionsgeschäft nt; **~ с пролонга́цией** Verlängerungsgeschäft nt; **~ с рассро́чкой платежа́** Abzahlungsgeschäft nt
сде́льный adj Stücklohn-, Akkord-; **сде́льная рабо́та** Akkordarbeit f; **сде́льно рабо́тать** im Akkord arbeiten; **сде́льная за́работная пла́та** Leistungslohn m, Akkordlohn m
сде́льщина f A Akkordarbeit f; **быть на сде́льщине** im Akkord arbeiten
сде́ржанность f I Zurückhaltung f, Steifheit f
сде́ржанный <kf: -ан> adj 1. zurückhaltend, reserviert; 2. beherrscht, maßvoll
сдержа́ть <fut: сдержу́, сде́ржишь> vt I pf (impf: сде́рживать) (auch fig) zurückhalten, aufhalten; **да́нное сло́во** sein Wort halten; **~ обеща́ние** sein Versprechen einlösen; **~ слёзы** die Tränen zurückhalten; **~ смех** ein Lachen unterdrücken
сде́рживание nt O2 1. Zurückhaltung f; 2. Abschreckung f; **я́дерное ~** nukleare Abschreckung f
сде́рживающий adj zurückhaltend, hemmend; **~ фа́ктор** hemmender Faktor m
сдира́ть vt E impf 1. abziehen; 2. abschürfen; 3. (fig) schröpfen
сдуть <fut: сду́ю, сду́ешь> vt E pf (impf: сдува́ть) 1. wegblasen, fortblasen; 2. (у кого́-либо) abschreiben (von +dat)
сеа́нс m K 1. (кино́) Vorstellung f; 2. (MED) Behandlung f; **~ одновре́менной игры́** (в ша́хматах) Simultanpartie f
себесто́имость f I Selbstkosten pl, Herstellungskosten pl
себя́ < себе́, себя́, собо́й/собо́ю, о себе́>pron refl (für alle Personen, auf das Subjekt bezogen) mich, mir, dir, dich, sich, uns, euch, sich (pl)
се́вер m K Norden m; **на се́вере** im Norden; **с се́вера** aus dem Norden
се́верный adj nördlich; **се́верное сия́ние** Nordlicht nt, Polarlicht nt;

Се́верная Аме́рика Nordamerika *nt*;
Се́верная Ирла́ндия Nordirland *nt*;
Се́верное мо́ре Nordsee *f*; **~ по́люс** Nordpol *m*; **Се́верный Рейн-Вестфа́лия** Nordrhein-Westfalen *nt*; **жи́тель Се́верной Евро́пы** Nordeuropäer *m*
се́веро-восто́к *m K* Nordosten *m*
се́веро-за́пад *m K* Nordwesten *m*
северонеме́цкий *adj* norddeutsch
сегме́нт *m K* Segment *nt*
сегмента́ция *f A2* Segmentierung *f*; **~ ры́нка** Marktsegmentierung *f*
сегменти́рование Aufteilung *f*; **~ ры́нка** Marktaufteilung *f*
сего́дня *adv* 1. heute; 2. heutzutage
сего́дняшний *adj* heutig
сегрега́ция *f A2* Segregation *f*; **ра́совая ~** Rassentrennung *f*
седла́ть *vt E impf (pf:* о-*)* satteln
седло́ <*gen pl:* сёдел> *nt O pls* Sattel *m*; **уве́ренно держа́щийся в седле́** sattelfest
седоволо́сый <*kf:* -óс> *adj* grauhaarig
седьмо́й *num ord* siebte(r, s); **седьма́я часть** Siebtel *nt*
сезо́н *m K* 1. Jahreszeit *f*; 2. Saison *f*; **тури́стский** [*o* **туристи́ческий**] ~ Reisezeit *f*; **театра́льный ~** Theatersaison *f*; **отопи́тельный пери́од** Heizperiode *f*; **пери́од до нача́ла ~а** Vorsaison *f*; **пери́од по́сле закры́тия ~а** Nachsaison *f*; **разга́р сезо́на** Hochsaison *f*
сезо́нный *adj* Saison-; **~ рабо́чий** Saisonarbeiter *m*; **~ тари́ф** Saisontarif *m*; **сезо́нная безрабо́тица** saisonale Arbeitslosigkeit *f*; **сезо́нная распрода́жа** Schlussverkauf *m*; **~ креди́т** Saisonkredit *m*; **сезо́нное предприя́тие** Saisonbetrieb *m*
сейсмо́граф *m K* Seismograph *m*
сейф *m K* 1. Safe *m*, Tresor *m*, Panzerschrank *m*; 2. Schließfach *nt*
сейча́с *adv* jetzt, sofort, augenblicklich
сек *abbr von* секу́нда *f*
сека́тор *m K* Heckenschere *f*
секве́стр *m K* 1. (JUR) Sequestration *f*, Zwangsverwaltung *f*; **наложи́ть ~** unter Sequestration stellen 2. (MED) Sequester *m*; **ко́стно-мозгово́й ~** Marksequester *m*
секре́т *m K* 1. Geheimnis *nt*; **раскры́ть ~** ein Geheimnis lüften; **~ы красоты́** Schönheitstipps; *pl* 2. Trick *m*; 3. (MIL) Horchposten *m*; 4. (BIO) Sekret *nt*
секретариа́т *m K* Sekretariat *nt*
секрета́рша *f A* (*umg*) Sekretärin *f*
секрета́рь *m K1* 1. Sekretär *m*; 2. (*собра́ния*) Protokollführer *m*; **~ со зна́нием иностра́нных языко́в** Fremdsprachenkorrespondentin *f*; **генера́льный ~** Generalsekretär *m*
секре́тничанье *nt O1* Geheimniskrämerei *f*
секре́тный *adj* 1. geheim, vertraulich; 2. heimlich
секре́ция *f A2* (MED) Absonderung *f*, Ausscheidung *f*, Sekretbildung *f*
секс *m K* Sex *m*
сексист *m K* Sexist *m*
секси́стский *adj* sexistisch
сексуа́льность *f I* Sexualität *f*
сексуа́льный <*kf:* -лен, -льна> *adj* 1. sexuell; **сексуа́льная жизнь** Sexualleben *nt*; 2. sinnlich
се́кта *f A* Sekte *f*
се́ктор *m K* Sektor *m*, Bereich *m*, Abschnitt *m*; **~ Га́за** Gazastreifen *m*; **~ основны́х промы́шленных материа́лов** Grundstoffsektor *m*
секу́нда *f A* Sekunde *f*; **ни секу́нды не колеба́ться** keine Sekunde zögern
секундоме́р *m K* Stoppuhr *f*
се́кция *f A2* 1. Sektion *f*, Abteilung *f*, Arbeitskreis *m*; 2. (SPORT) Sportgemeinschaft *f*
селёдка <*gen pl:* -док> *f A* (Salz-)Hering *m*
селезёнка *f A* Milz *f*
селекти́вный *adj* selektiv, auswählend
селе́кция *f A2* Selektion *f*, Auswahl *f*
селе́н *m K* Selen *nt*
сели́тра *f A* Salpeter *m*
село́ <*pl:* сёла, сёл> *nt O pls* Dorf *nt*, Ortschaft *f*
сельдь *f I* Hering *m*; **как се́льди в бо́чке** wie die Heringe im Fasss
се́льский *adj* ländlich; **се́льское населе́ние** Landbevölkerung *f*; **се́льское хозя́йство** Landwirtschaft *f*
сельскохозя́йственный *adj* landwirtschaftlich; **сельскохозя́йственная проду́кция** Agrarprodukte *pl*, landwirtschaftliche Erzeugnisse *pl*; **~ предпринима́тель** Agrarier *m*; **сельскохозя́йственное предприя́тие** landwirtschaftlicher Betrieb *m*; **сельскохозя́йственное произво́дство** Agrarproduktion *f*
семе́йный <*kf:* -éен, -éйна> *adj* familiär, Familien-, häuslich; **в семе́йном кругу́** im Familienkreis; **семе́йная фи́рма** Familienbetrieb *m*; **семе́йное положе́ние** Familienstand *m*; **~ сове́т** Familienkonferenz *f*; **семе́йное торжество́** Familienfeier *f*; **семе́йное предприятие** Familienbetrieb *m*
семе́йство *nt O* 1. (*семья́*) Familie *f*; 2. (BIO) Familie *f*
семёрка *f A* Sieben *f*; **больша́я ~** (POL) G7 (die Großen Sieben) *pl*
се́меро *num sammel* sieben; **~ одого́ ждут** sieben sollen nicht harren auf einen Narren; **~ бра́тьев** sieben Brüder
семе́стр *m K* Semester *nt*
семикра́тный *adj* siebenfach
семиле́тний *adj* siebenjährig
семина́р *m K* Seminar *nt*; **вво́дный** [*o* **подготови́тельный**]**~** Proseminar *nt*
семна́дцать *num* siebzehn
семь <*gen:* семи́, *inst:* семью́> *num* sieben;

~ раз siebenmal

се́мьдесят <gen: семи́десяти, inst: семью́десятью> num siebzig

семьсо́т <gen: семисо́т, inst: семьюста́ми> num siebenhundert

семья́ <pl: се́мьи, семе́й, се́мьям> f A1 pls 1. Familie f; **безде́тная ~** kinderlose Ehe f; **образо́ва́ться семьёй** eine Familie gründen; 2. Familienleben nt; 3. Geschlecht nt, Stamm m

се́мя <gen sg: се́мени> nt U1 Samen m

сена́т m K Senat m

сенберна́р m K Bernhardiner m

се́ни <gen pl: сене́й> pl I ple1 (im Landhaus) Flur m, Diele f

сенно́й adj Heu-; **сенна́я лихора́дка** Heuschnupfen m

се́но nt O 1. Heu nt; 2. (umg) Drogen f pl

сенова́л m K Heuboden m

сенсацио́нный <kf: -о́нен, -о́нна> adj sensationell, aufsehenerregend; **~ заголо́вок** Aufmacher m Schlagzeile f Eye-Catcher m

сенса́ция f A2 Sensation f, Aufsehen nt; **вы́звать сенса́цию** Aufsehen erregen, für Schlagzeilen sorgen

сентимента́льничанье nt O1 Gefühlsduselei f

сентимента́льность f I Sentimentalität f

сентимента́льный <kf: -лен, -льна> adj sentimental, rührselig

сентя́брь m K1 September m

сепарати́зм m K Separatismus m

се́ра f A Schwefel m

серб, се́рбка m K / f A Serbe, Serbin m/f

Се́рбия f A2 Serbien nt

се́рбский adj serbisch

серви́з m K Service nt; **кофе́йный ~** Kaffeeservice nt; **столо́вый ~** Tafelservice nt

сервирова́ть vt E2 impf/pf servieren; **~ стол на двои́х** den Tisch für zwei decken

се́рвис m K 1. Service m, Betreuung f; 2. Kundendienst m

се́рвисный adj Service-, Kunden-; **се́рвисная програ́мма** (DV) Dienstprogramm m, Hilfsprogramm nt, Utility nt; **се́рвисная слу́жба** Kundendienst m

серде́чность f I Herzlichkeit f

серде́чный <kf: -чен, -чна> adj 1. herzlich; 2. gefühlvoll; **оказа́ть кому́-ли́бо ~ приём** jdm einen herzlichen Empfang bereiten; 3. Herz-; **~ при́ступ** Herzanfall m

серди́ть <präs: сержу́, се́рдишь> vt I impf (pf: рассерди́ть) ärgern, verärgern, reizen

се́рдце <gen pl: серде́ц> nt O Herz nt

сердцебие́ние nt O2 Herzklopfen nt

сердцеви́на f A 1. (BOT) Kerngehäuse nt; 2. (fig) Kern m, Herzstück nt

серебро́ nt O e Silber nt

сере́бряный adj silbern, Silber-

середи́на f A Mitte f; **~ по́ля** (SPORT) Mittelfeld nt

серёжка <gen pl: -жек> f A 1. Ohrring m; 2. (BOT) Weidenkätzchen nt

серена́да f A Serenade f, Ständchen nt

сериа́л m K Fernsehserie f

сери́йный <kf: -и́ен, -и́йна> adj Serien-, serienmäßig; **сери́йное произво́дство** Serienproduktion f

се́рия f A2 1. Serie f; 2. (umg) Serienproduktion f; 3. Reihe f; **~ книг** Buchreihe f; **~ экспериме́нтов** Versuchsreihe f 4. (FILM) Teil m einer Fernsehserie

се́рна f A Gämse f

серп m K Sichel f

серпанти́н m K 1. Serpentine f; 2. Haarnadelkurve f; 3. Papierschlange f

сертифика́т m K Zertifikat nt, Zeugnis nt; **~ долево́го уча́стия** Partizipationsschein m; **~ ка́чества** Qualitätszertifikat nt; **~ о происхожде́нии това́ра** Ursprungszeugnis nt

се́рый <kf: сер, сера́, се́ро> adj 1. grau; 2. (fig) grau, langweilig, trist; **се́рые бу́дни** grauer Alltag m

серьга́ f A e2 Ohrring m

серьёзность f I 1. Seriosität f; 2. Ernst m

серьёзный <kf: -зен, -зна> adj 1. seriös; 2. ernst, ernsthaft; 3. folgenschwer, gravierend

се́ссия f A2 Sitzung f, Tagung f; **экзаменацио́нная ~** Prüfungszeit f

сестра́ <pl: сёстры, сестёр, сёстрам> f A pls Schwester f; **двою́родная ~** Cousine f, Base f; **медици́нская ~** Krankenschwester f; **сво́дная ~** Stiefschwester f, Halbschwester f

сестри́нский adj schwesterlich-, Schwestern-

сесть <fut: ся́ду, ся́дешь, prät: сел, се́ла> vi UE5 pf (impf: сади́ться) 1. sich setzen; 2. einsteigen; 3. landen; 4. (со́лнце) untergehen

сет m K (SPORT) Satz m

сетево́й adj Netz-; **сетева́я моде́ль** Netzplan m; **~ гра́фик** Netzplan m

се́тка f A Netz nt; **про́волочная ~** Maschendraht m

се́тование nt O2 Wehklage f

се́товать vi E2 impf (pf: по-) (на кого́-ли́бо/что-ли́бо) wehklagen, lamentieren (über +akk)

сеть <präpos sg: о се́ти, в сети́> f I ple1 1. Fangnetz nt; 2. (auch fig) Netz nt; **ди́лерская ~** Filialnetz nt; **торго́вая ~** Handelskette f; **прибо́р, рабо́тающий от сети́** (EL) Netzgerät nt; **~ сбы́та** Vertriebsnetz m; **~ средств ма́ссовой информа́ции** Medienverbund m; **~ торго́вцев** Händlernetz nt

се́ять <präs: се́ю, се́ешь> vt E4 impf (pf: по-) (auch fig) säen; **~ сомне́ния** Zweifel erregen

сжа́литься vi I pf (над

кем-либо/чем-либо) sich erbarmen (+*gen*)
сжа́тие *nt* O2 (TECH) Kompression *f*, Komprimierung *f*; **~ да́нных** (DV) Datenkomprimierung *f*
сжа́тый <*kf:* сжат> *adj* **1.** knapp; **2.** gedrängt, komprimiert; **3.** zusammengepresst; **~ во́здух** Druckluft *f*
сжать <*fut:* сожму́, сожмёшь> *vt* E9b *pf* (*impf:* сжима́ть) **1.** ballen, drücken, zusammendrücken; **2.** (TECH) komprimieren, verdichten
сжечь **I.** <*fut:* сожгу́, сожжёшь> *vt* UE4 *pf* (*impf:* жечь) verbrennen; **~ за собо́й все мосты́** alle Brücken hinter sich abbrechen; **II.** *vi* UE4 *pf* (*impf:* жечь) brennen
сжига́ние *nt* O2 Verbrennung *f*; **~ му́сора** Müllverbrennung *f*; **многоступе́нчатое ~** mehrstufige Verbrennung *f*
сжима́ть *vt* E *impf* (*pf:* сжать) ballen, drücken, zusammendrücken
сза́ди *adv* **1.** hinten, dahinter; **2.** rücklings
сибари́т *m* K (*geh*) Schwelger *m*
сига́ра *f* A Zigarre *f*
сигаре́та *f* A Zigarette *f*; **~ с фи́льтром** Filterzigarette *f*
сигна́л *m* K Signal *nt*; **звуково́й ~** Signalton *m*, Hupen *nt*; **подава́ть звуково́й ~** hupen; **~ гото́вности к набо́ру** Freizeichen *nt*
сигнализа́ция *f* A2 **1.** Signalisieren *nt*; **2.** Signalanlage *f*; **противоуго́нная ~** (KFZ) Einbruch-Diebstahl-Warnanlage *f*
сигнализи́ровать *vi* E2 *impf/pf* (*pf:* про-) signalisieren
сигна́льный *adj* Signal-; **сигна́льная устано́вка** Alarmanlage *f*, Warnanlage *f*
сиде́лка *f* A **1.** Krankenpflegerin *f*; **2.** Altenpflegerin *f*
сиде́нье *nt* O1 Sitz *m*; **за́днее ~** Rücksitz *m*, Fondssitz *m*; **катапульти́руемое ~** Schleudersitz *m*; **пере́днее ~** Vordersitz *m*; **~ с откидно́й спи́нкой** Klappstuhl *m*
сиде́ть <*präs:* сижу́, сиди́шь> *vi* I *impf* sitzen; **~ на ко́рточках** hocken; **~ сложа́ ру́ки** (*fig*) Däumchen drehen, herumsitzen; **~ с ребёнком** (*umg*) auf ein Kind aufpassen
си́ла *f* A **1.** Kraft *f*, Stärke *f*, Wucht *f*; **~ во́ли** Willensstärke *f*; **~ убежде́ния** Überzeugungskraft *f*; **в си́лу** kraft (+*gen*); **быть по́лным сил** Mumm in den Knochen haben; **в си́лу ра́зных причи́н** aus verschiedenen Gründen; **в по́лную си́лу** mit vollem Einsatz; **отдава́ть все свои́ си́лы** seine ganze Kraft einsetzen; **си́лами** durch (+*akk*); **ремо́нт свои́ми си́лами** Eigenreparatur *f*; **2.** (TECH) Kraft *f*, Stärke *f*; **~ ве́тра** Windstärke *f*; **~ тя́жести** Schwerkraft *f* **3.** (POL) Macht *f*, Stärke *f*; **4.** (JUR) Kraft *f*, Rechtsgültigkeit *f*; **остава́ться в си́ле** seine Gültigkeit behalten; **5.** (*fig*) Stärke *f*, Macht *f*; **зна́ние - ~** Wissen ist Macht **6.** (*meist pl:*MIL) Truppen *pl*; **вооружённые си́лы** Militär *nt*, Streitkräfte *pl*; **~ бы́строго реаги́рования** mobile Einsatztruppen *f pl*; **~ ООН по поддержа́нию ми́ра** (*голубы́е ка́ски*) UN-Friedenstruppen *pl*
си́лой *adv* mit Gewalt; **доби́ться ~** mit Gewalt erreichen [*o* durchsetzen]
силу́эт *m* K **1.** Silhouette *f*, Profil *nt*; **2.** Schattenriss *m*, Scherenschnitt *m*
си́льный <*kf:* силён/си́лен, сильна́, си́льно, си́льны́> *adj* **1.** kräftig, stark; **2.** vehement; **си́льное выраже́ние** Kraftausdruck *m*; **быть си́льным в чём-либо** firm [*o* beschlagen] sein (in +*dat*)
симбио́з *m* K Symbiose *f*
си́мвол *m* K **1.** Symbol *nt*; **2.** Wahrzeichen *nt*, Erkennungszeichen *nt*
символизи́ровать *vt* E2 *impf* (*geh*) symbolisieren
символи́ческий *adj* symbolisch; **символи́ческая фигу́ра** Symbolfigur *f*
симметри́чный <*kf:* -чен, -чна> *adj* symmetrisch
симметри́я *f* A2 Symmetrie *f*
симпатизи́ровать *v* + *dat* E2 *impf* sympathisieren (mit +*dat*)
симпати́чный <*kf:* -чён, -чна> *adj* sympathisch
симпа́тия *f* A2 Sympathie *f*; **пита́ть симпа́тию к кому́-либо** Sympathie hegen (für +*akk*)
симпо́зиум *m* K Symposium *nt*
симпто́м *m* K Symptom *nt*
симптомати́ческий *adj* symptomatisch
симули́ровать *vt* E2 *impf/pf* simulieren
симуля́нт *m* K Simulant, -in *m/f*
симуля́ция Simulation *f*
симфо́ния *f* A2 Symphonie *f*
синаго́га *f* A Synagoge *f*
синдика́т Syndikat *nt*; **синдика́тная сде́лка** Syndikatsgeschäft *nt*
синдика́т *m* K Syndikat *nt*; **~ предпринима́телей** Unternehmervereinigung *f*
синдро́м *m* K Syndrom *nt*
синева́ *f* A *e* Blau *nt*, Bläue *f*
синегла́зый <*kf:* -а́з> *adj* blauäugig
сине́ргия *f* A2 Synergie *f*
си́ний <*kf:* синь, синя́, си́не> *adj* blau; **~ цвет** Blau *nt*
сини́ца *f* A Meise *f*; **лу́чше ~ в рука́х, чем жура́вль в не́бе** besser ein Spatz in der Hand als eine Taube auf dem Dach; **больша́я ~** Kohlmeise *f*
сино́ним *m* K Synonym *nt*
синоними́чный *adj* synonym
си́нтаксис *m* K Syntax *f*, Satzbau *m*
синтакси́ческий *adj* syntaktisch, Syntax-; **~ ана́лиз** Syntaxanalyse *f*; **синтакси́ческая оши́бка** (DV) Syntaxfehler *m*
си́нтез *m* K Synthese *f*
синтеза́тор *m* K (MUS) Synthesizer *m*
синте́тика *f* A Synthetik *f*
синтети́ческий *adj* synthetisch

си́нус *m K* Sinus *m*
синхронизи́ровать *vt E2 impf/pf* sychronisieren
синхро́нный <*kf:* -нен, -нна> *adj* 1. synchron, gleichzeitig; **синхро́нное пла́вание** Synchronschwimmen *nt*, Kunstschwimmen *nt*; 2. simultan; **~ перево́д** Simultandolmetschen *nt*
си́нька *f A* Blaupause *nt*
си́плый <*kf:* сипл> *adj* heiser
сире́на *f A* 1. Sirene *f*; 2. Hupe *f*
сире́нь *f A1* Flieder *m*
Си́рия *f A2* Syrien *nt*
сиро́п *m K* Sirup *m*; **~ от ка́шля** Hustensaft *m*
сирота́ <*pl:* сиро́ты, сиро́т, сиро́там> *mf A, pls* Waise *f*
систе́ма *f A* 1. System *nt*; **~ архиви́рования** Ablagesystem *nt*; **~ взгля́дов** Anschauungen *pl*; **~ де́нежного обраще́ния** Geldwesen *nt*; **~ информа́ции внутри́ предприя́тия** innerbetriebliches Informationssystem *nt*; **~ квот** Quotensystem *nt*; **~ координа́т** Koordinatensystem *nt*; **~ образова́ния** Bildungswesen *nt*; **~ обслу́живания покупа́телей** Kundendienst *m*; **операцио́нная ~** (DV) Betriebssystem *nt*; **~ проекти́рования** (DV) CAD-Programm *nt*; **~ противораке́тной оборо́ны** Raketenabwehrsystem *nt*; **~ ра́ннего оповеще́ния** Frühwarnsystem *nt*; **рабо́тающая ~** funktionierendes System *nt*; **~ регули́рования ры́ночных отноше́ний** Marktordnung *f*; **~ зака́зов** Bestellwesen *nt*; **~ расчётов** Zahlungsverkehr *m*; **~ распростране́ния** Vertriebssystem *nt*; **экспе́ртная ~** (DV) Expertensystem *nt* 2. System *nt*, Staat *m*
систематизи́ровать *vt E2 impf/pf* systematisieren
системати́ка *f A* Systematik *f*
системати́ческий *adj* 1. systematisch; 2. fortwährend, regelmäßig; **системати́ческое обуче́ние** Training *nt*
систе́мность *f I* Systemcharakter *m*
систе́мный *adj* 1. System-; 2. systematisch; **~ администра́тор** (DV) Systemadministrator *m*; **~ блок** (DV) Systemeinheit *f*; **систе́мная диске́та** (DV) Bootdiskette *f*; **~ файл** (DV) Systemdatei *f*
си́ти *nt indekl* 1. City *f*, Stadtzentrum *nt*; 2. Geschäftsviertel *nt*
си́то *nt O* 1. Sieb *nt*; 2. Filter *m*
ситуа́ция *f A2* Situation *f*, Lage *f*; **правова́я ~** Rechtslage *f*
си́филис *m K* Syphilis *f*
Сици́лия *f A2* Sizilien *nt*
сия́ть *vi E impf* strahlen, leuchten
сия́ющий *adj* strahlend; **смотре́ть на что-ли́бо сия́ющими глаза́ми** anstrahlen
скабрёзность *f I* Obszönität *f*
скабрёзный <*kf:* -зен, -зна> *adj* obszön
сказа́ние *nt O2* Sage *f*

сказа́ть <*fut:* скажу́, ска́жешь> *vt E4 pf* (*impf:* говори́ть) 1. sagen; 2. mitteilen; **так ~** sozusagen
сказа́ться <*fut:* скажу́сь, ска́жешься> *vr E4 pf* (*impf:* ска́зываться) 1. sich auswirken, sich bemerkbar machen; 2. sich ausgeben (als *+akk*)
ска́зка *f A* Märchen *nt*; **расска́зывать ска́зки кому́-ли́бо** jdm einen Bären aufbinden
ска́зочный <*kf:* -чен, -чна> *adj* märchenhaft, fabelhaft, sagenhaft, traumhaft; **~ принц** Märchenprinz *m*; **ска́зочная страна́** Schlaraffenland *nt*
сказу́емое *nt wie adj* (LING) Prädikat *nt*
ска́зываться *vr E impf* 1. sich auswirken, sich bemerkbar machen; 2. sich ausgeben (als *+akk*)
скака́ть <*fut:* скачу́, ска́чешь> *vi E4 impf* 1. hüpfen, springen; 2. (*Pferd*) galoppieren
скала́ *f A, pls* Fels *m*; **отве́сная ~** Felswand *f*
скали́стый <*kf:* -и́ст> *adj* felsig
ска́лить *vt I impf* (*pf:* о-): **~ зу́бы** die Zähne fletschen
скалола́з *m K* Kletterer *m*, Bergsteiger *m*
ска́льпель *m K1* Skalpell *nt*
скаме́йка *f A* Bank *f*; **~ запасны́х** (SPORT) Auswechselbank *f*
скамья́ *f A1 e* Bank *f*; **~ подсуди́мых** Anklagebank *f*
сканда́л *m K* 1. Skandal *m*, Eklat *m*; **гро́мкий ~** gewaltiger Skandal *m* 2. Krach *m*, Auseinandersetzung *f*; **вы́звать ~** öffentliches Ärgernis erregen
скандали́ст *m K* Radaumacher *m*, Randalierer *m*
сканда́лить I. *vi I impf* (*pf:* на-, о-) streiten, Krach [о Radau] machen; II. *vt I impf* (*pf:* на-, о-) bloßstellen, in eine peinliche Lage bringen
сканда́льный <*kf:* -лен, -льна> *adj* 1. skandalös; 2. peinlich
ска́ндий *m K2* Skandium *nt*
Скандина́вия *f A2* Skandinavien *nt*
ска́нер *m K* Scanner *m*
скани́ровать *vt E2 impf/pf* scannen
ска́пливаться *vr E impf* sich ansammeln, sich anhäufen, sich stauen
скарб *m K* (*umg*) Kram *m*; **дома́шний ~** Hausrat *m*
ска́редный <*kf:* -ден, -дна> *adj* knauserig
скарлати́на *f A* Scharlach *m*
скат[1] *m K* Abhang *m*
скат[2] *m K* Skat *m*
скат[3] *m K* Rad *nt*, Bereifung *f*
ска́терть *f I* Tischdecke *f*
скати́ться <*fut:* скачу́сь, ска́тишься> *vr I pf* (*impf:* ска́тываться) 1. hinunterrollen, schlittern; 2. (*fig*) abgleiten
скафа́ндр *m K* 1. Taucheranzug *m*; 2.

Raumanzug *m*
скáчка <*gen pl:* скáчек> *f A* 1. Galoppieren *nt*; 2. (*nur pl*) Pferderennen *nt*
скáшивать[1] *vt E impf* (*pf:* скосúть) 1. mähen; 2. (*umgfig*) töten
скáшивать[2] *vt E impf* (*pf:* скосúть) 1. abschrägen; 2. zur Seite drehen
СКВ *abk von* свобóдно конвертúруемая валю́та *f* frei konvertierbare Währung *f*
сквер *m K* Grünanlage *f*
сквéрный <*kf:* -рен, -рнá, -рно, -рны/-рны́> *adj* abscheulich, widerwärtig; **сквéрная погóда** Sauwetter *nt*
сквознóй *adj* Durchgangs-; ~ **проéзд** Durchgangsverkehr *m*; ~ **набóр** Durchwahl *f*; ~ **опрóс** (*Marktforschung*) Omnibusbefragung *f*
сквознякк *m K e* Luftzug *m*
сквозь *präp +akk* durch (+*akk*)
скворéц <*gen sg:* -рцá> *m K e* (ZOOL) Star *m*
скворéчник *m K* Nistkasten *m*
скелéт *m K* Skelett *nt*
скéпсис *m K* Skepsis *f*
скéптик *m K* Skeptiker *m*, Zweifler *m*
скептúческий *adj* skeptisch
скúдка *f A* Abschlag *m*, Ermäßigung *f*, Rabatt *m*, Abzug *m*; **оптóвая** ~ Mengenrabatt *m*; ~ **со страховóй прéмии** Bonus *m*; ~ **с ценны** *за* **Preisnachlass *m*; ~ **с ценны** *за* **колúчество** Umsatzrabatt *m*; ~ **на объём заκáза** Staffelrabatt *m*
скúпетр *m K* Zepter *nt*
склад[1] *m K* 1. Vorrat *m*; 2. Lager *nt*, Lagerraum *m*, Depot *nt*, Lagerhaus *nt*, Speicher *m*; ~ **боеприпáсов** Munitionslager *nt*; ~ **оружия** Waffenlager *nt*; **товáрный** ~ Warenlager *nt*
склад[2] *m K* 1. Geistesverfassung *f*; 2. Mentalität *f*; ~ **харáктера** Charakterbeschaffenheit *f* 3. Harmonie *f*, Einklang *m*
складúрование *nt O2* 1. Lagerung *f*; 2. Lagerhaltung *f*
складúровать *vt E2 impf/pf* lagern, einlagern, deponieren
склáдка *f A* 1. Runzel *f*, Falte *f*; 2. Bügelfalte *f*
складнóй *adj* Klapp-; ~ **нож** Klappmesser *nt*; ~ **стул** Klappstuhl *m*
складскóй *adj* Lager-; **складскáя распúска** Lagerschein *m*; **складскúе расхóды** Lagerkosten *pl*; **складскóе мéсто** Stapel *m*; **складскóе помещéние** Lagerhaus *nt*; ~ **запáс** Lagerbestand *m*; ~ **учёт** Lagerbuchhaltung *f*; ~ **учёт по мéтоду ЛИФО** LIFO-Verfahren *nt*; ~ **учёт по мéтоду ФИФО** FIFO-Verfahren *nt*
склáдчатый <*kf:* -ат> *adj* faltig
склáдчина *f A* Zusammenlegen von Geldmitteln zu bestimmten Zwecken; **в склáдчину** auf gemeinsame Kosten
склáдывать *vt E impf* (*pf:* сложúть) 1. zusammenlegen; 2. (MATH) addieren; 3. verfassen; 4. abladen; 5. abgeben; ~ **оружие** die Waffen strecken
склáдываться *vi E impf* (*pf:* сложúться) 1. sich bilden, sich formieren, entstehen; 2. sich zusammenklappen; **у меня́ склáдывается такóе впечатлéние, что** ich habe den Eindruck gewonnen, dass
склéивать *vt E impf* (*pf:* склéить) zusammenkleben, kitten
склеп *m K* Gruft *f*
склóка *f A* Zank *m*, Krach *m*
склон *m K* Abhang *m*
склонéние *nt O2* 1. Beugung *f*; 2. (LING) Deklination *f*
склонúть <*fut:* -оню́, -óнишь> *vt 1 pf* (*impf:* склоня́ть) 1. neigen, beugen; 2. geneigt stimmen
склонúться <*fut:* -ою́сь, -óнишься> *vi 1 pf* (*impf:* склоня́ться) 1. sich verneigen; 2. (*fig*) neigen, tendieren (zu +*dat*)
склóчник, склóчница *m K / f A* Querulant, -in *m/f*
склоня́ть I. *vt E impf* (*pf:* склонúть) 1. neigen, senken; 2. (*fig*) bewegen, überreden (zu +*akk*); II. *vt E impf* (*pf:* просклоня́ть) (LING) deklinieren
скля́нка *f A* 1. Gläschen *nt*, Fläschchen *nt*; 2. (MAR) Glas *nt*; **скляя́нки** glasen
скóбки <*gen pl:* -бок> *f pl A* Klammern *f pl*; **выносúть за** ~ ausklammern; **заключáть в** ~ einklammern
скоблúть <*präs:* -блю́, -блúшь> *vt 1 impf* kratzen, schaben, schrubben
сковáть <*fut:* скую́, скуёшь> *vt E2 pf* (*impf:* скóвывать) 1. fesseln, in Ketten legen; 2. (*fig*) hemmen, zurückhalten
сковорóдка *f A* Bratpfanne *f*
скольжéние *nt O2* Gleiten *nt*, Rutschen *nt*; ~ **по мóкрой повéрхности** Aquaplaning *nt*
скользúть <*präs:* -льжу́, -льзúшь> *vi 1 impf* (*pf:* скользну́ть) gleiten, rutschen
скóльзкий <*kf:* -зок, скóльзка́, -зко> *adj* 1. rutschig; 2. glitschig
скользя́щий *adj* 1. rutschend; 2. gleitend, flexibel; ~ **грáфик** gleitende Arbeitszeit *f*
скóлько I. *pron inter* wieviel; ~ **тебé лет?** wie alt bist du? ~ **раз** wie oft; II. *adv* so viel
скомáндовать *v + inst E2 pf* (*impf:* комáндовать) kommandieren, befehlen
скомпрометúровать *vt E2 pf* (*impf:* компрометúровать) kompromittieren, bloßstellen
сконструúровать *vt E2 pf* (*impf:* конструúровать) 1. konstruieren, entwerfen; 2. bauen
скóнто *nt indekl* Skonto *m*
сконфу́женный *adj* konfus, wirr, verwirrt
скопидóмство *nt O* Geiz *m*, Knauserigkeit *f*
скопúться <*nur 3. pers:* скóпится> *vr 1*

pf (*impf:* копи́ться, ска́пливаться) sich anhäufen, sich ansammeln

скопле́ние *nt O2* 1. Anhäufung *f*, Ansammlung *f*; 2. Kumulation *f*; ~ наро́да Menschenauflauf *m*

ско́рая *f wie adj* Rettungswagen *m*; вы́звать ско́рую einen Rettungswagen rufen

скорбе́ть <*präs:* -блю́, -би́шь> *vi I impf* (о ком-ли́бо/чём-ли́бо) trauern (um +*akk*)

скорбя́щий *adj* trauernd, leidtragend

скоре́е I. *adj komp* schneller; **как мо́жно** ~ so schnell wie möglich, schleunigst;; II. *adv* 1. eher; 2. lieber; ~ всего́ aller Wahrscheinlichkeit nach

ско́ро *adv* bald, demnächst

скорова́рка *f A* Schnellkochtopf *m*

скорогово́рка *f A* Zungenbrecher *m*

скороспе́лка <*gen pl:* -лок> *f A* 1. frühreifende Frucht *f*; 2. (*fig*) frühreife Person *f*

скоростно́й *adj* Schnell-; **скоростна́я магистра́ль** *f* Schnellstraße *f*

ско́рость *f I* 1. Geschwindigkeit *f*, Tempo *nt*; 2. Schnelligkeit *f*; ~ зву́ка Schallgeschwindigkeit *f*; **максима́льная** ~ Höchstgeschwindigkeit *f*; ~ све́та Lichtgeschwindigkeit *f*; **сверхзвукова́я** ~ Überschallgeschwindigkeit *f*; ~ в час Stundengeschwindigkeit *f*; ~ обраще́ния Umlaufgeschwindigkeit *f* 3. (KFZ) Gang *m*; **за́дняя** ~ Rückwärtsgang *m*

скоросшива́тель *m K1* Schnellhefter *m*

скорота́ть *vt E pf* (*impf:* корота́ть) sich die Zeit vertreiben (mit +*dat*)

скорпио́н *m K* (ZOOL) Skorpion *m*

ско́рый <*kf:* скор, скора́, ско́ро> *adj* 1. schnell, rasch; ~ по́езд Schnellzug *m*; **ско́рая по́мощь** erste Hilfe *f*; 2. baldig; **в ско́ром вре́мени** bald, demnächst; **до ско́рой встре́чи!** bis bald! **бо́льно ты ~!** (*umg*) sachte, sachte!

скоси́ть[1] <*fut:* скошу́, ско́сишь> *vt I pf* (*impf:* коси́ть, ска́шивать) mähen

скоси́ть[2] <*fut:* скошу́, ско́сишь> *vi I pf* (*impf:* коси́ть) 1. schielen; 2. (*umg*) sich ausgeben (für +*akk*)

скоси́ть[3] <*fut:* скошу́, ско́сишь> *vt I pf* (*impf:* ска́шивать) 1. abschrägen; 2. zur Seite drehen

скот *m K e* 1. Vieh *nt*; **кру́пный рога́тый** ~ Rindvieh *nt*; **убо́йный** ~ Schlachtvieh *nt*; 2. (*pej*) Biest *m*, Mistsück *nt*

скотобо́йня *f A1* Schlachthof *m*

скотокра́дство *nt O* Viehraub *m*, Viehdiebstahl *m*

скотомоги́льник *m K* Verscharrungsplatz *m*, Aasanger *m*

скребо́к <*gen sg:* -бка́> *m K e* Schaber *m*, Schabeisen *nt*

скрежета́ть <*präs:* -ещу́ -е́щешь> *vi E4 impf* knirschen

скрепи́ть <*fut:* -плю́, -пи́шь> *vt I pf* (*impf:* скрепля́ть) 1. befestigen, verbinden;

2. (*fig*) festigen, besiegeln; ~ рукопожа́тием durch Handschlag besiegeln

скре́пка *f A* 1. Zusammenheften *nt*; 2. Büroklammer *f*, Heftklammer *f*

скрепле́ние *nt O2* 1. Befestigung *f*; 2. (JUR) Beglaubigung *f*, Besiegelung *f*, Bestätigung *f*; ~ печа́тью Besiegelung *f*; ~ по́дписью Gegenzeichnung *f* 3. (TECH) Verbindung *f*; **болто́вое** ~ Bolzenverbindung *f*

скрести́ <*präs:* скребу́, скребёшь> *vi Eбa impf* 1. kratzen, schaben; 2. scheuern, scharren

скрести́ть <*fut:* -ещу́, -ести́шь> *vt I pf* (*impf:* скре́щивать) 1. kreuzen, über Kreuz legen, verschränken; 2. (BIO) kreuzen

скрести́ться <*nur 3. pers:* -и́тся> *vr I pf* (*impf:* скре́щиваться) 1. sich kreuzen; 2. (*fig*) in die Quere kommen

скрипе́ть <*präs:* -плю́, -пи́шь> *vi I impf* (*pf:* скри́пнуть) ächzen, knarren, knirschen; ~ зуба́ми mit den Zähnen knirschen

скри́пка *f A* Geige *f*; **игра́ть пе́рвую скри́пку** (*auch fig*) die erste Geige spielen

скроллба́р *m K* (DV) Bildlaufleiste *f*, Rollbalken *m*, Scrollbar *m*

скро́мность *f I* 1. Bescheidenheit *f*; 2. Genügsamkeit *f*, Anspruchslosigkeit *f*

скро́мный <*kf:* -мен, -мна́> *adj* 1. bescheiden; 2. genügsam; 3. schlicht

скрути́ть <*fut:* -учу́, -у́тишь> *vt I pf* (*impf:* скру́чивать) verdrehen

скрыва́ть *vt E impf* (*pf:* скрыть) verstecken, verbergen, geheimhalten; **не ~ чего́-ли́бо** keinen Hehl machen (aus +*dat*)

скрыва́ться *vr E impf* (*pf:* скры́ться) 1. sich verstecken, sich verbergen; 2. untertauchen, fliehen, sich aus dem Staub machen; ~ из ви́ду von der Bildfläche verschwinden; 3. dahinterstecken; **за э́тим что-то скрыва́ется** da steckt etw dahinter

скры́тный <*kf:* -тен, -тна> *adj* verschlossen, zurückhaltend

скры́тый <*kf:* -ыт> *adj* 1. verborgen, versteckt; 2. heimlich; 3. latent; **скры́тая нехва́тка** [о ~ **недоста́ток**] verborgener Mangel *m*; **скры́тая безрабо́тица** latente Arbeitslosigkeit *f*; **скры́тая потре́бность** latenter Bedarf *m*; ~ **резе́рв** stille Reserve *f*; **скры́тое распределе́ние при́были** verdeckte Gewinnausschüttung *f*

скрыть <*fut:* скро́ю, скро́ешь> *vt E8 pf* (*impf:* скрыва́ть) verstecken, verbergen, geheimhalten

скры́ться <*fut:* скро́юсь, скро́ешься> *vr E8 pf* (*impf:* скрыва́ться) 1. sich verstecken; 2. dahinter stecken

скря́га *mf A* Geizhals *m*, Geizkragen *m*; **не быть скря́гой** sich nicht lumpen lassen

ску́дный <*kf:* -ден, -дна́, -дно, дны/-дны́> *adj* karg, mager, armselig

ску́ка *f A* 1. Langeweile *f*; 2. Überdruss *m*; **навева́ть ску́ку на кого́-либо** langwei-

len, anöden; **разгоня́ть ску́ку** die Langeweile vertreiben
ску́льптор m K Bildhauer m
скульпту́ра f A Skulptur f
скупа́ть vt E impf (pf: скупи́ть) aufkaufen, abkaufen
скупе́ц <gen sg: -пца́> m K e Geizhals m, Geizkragen m
скупи́ться vr I impf (pf: по-) geizen, knausern
ску́пка <gen pl: -пок> f A 1. Ankauf m; 2. Aufkauf m; ~ **ве́кселя** Wechselankauf m
скупо́й I. <kf: скуп, скупа́, ску́по, ску́пы> adj geizig; II. m wie adj Geizhals m
ску́пость f I Geiz m
ску́пщик m K 1. Einkäufer m; 2. Aufkäufer m
скуча́ющий adj 1. gelangweilt; 2. überdrüssig
ску́чный <kf: -чен, -чна́, -чно, ску́чны> adj langweilig, fade
ску́шать vi E pf (impf: ку́шать) essen, aufessen
слабе́ть vi E impf (pf: о-) 1. schwach werden; 2. abflauen
слаби́тельное nt wie adj (MED) Abführmittel nt
слабово́льный <kf: -лен, -льна> adj willensschwach
слабора́звитый <kf: -ит> adj unterentwickelt
сла́бость f I 1. Schwäche f; 2. Flaute f; 3. Faible nt, Vorliebe f; **име́ть** [o **пита́ть**] ~ **к чему́-ли́бо** ein Faible haben (für +akk)
слабоу́мие nt O2 Blödheit f, Schwachsinn m
слабоу́мный <kf: -мен, -мна> adj blödsinnig, schwachsinnig
слабохара́ктерность f I Charakterschwäche f
сла́бый <kf: слаб, слаба́, сла́бо, сла́бы> adj 1. schwach, erschöpft, matt; 2. schlapp, schlaff; **сла́бое ме́сто** Schwachstelle f; **сла́бая наде́жда** wenig Hoffnung f; **сла́бые не́рвы** schwache Nerven; **сла́бое утеше́ние** schwacher Trost m; **сла́бая валю́та** weiche Währung f
сла́ва f A Ruhm m; **всеми́рная** ~ Weltruhm m; **стяжа́ть себе́ сла́ву** Ruhm ernten; **Сла́ва бо́гу!** Gott sei Dank!
слави́стика f A Slawistik f
сла́вить <präs: -влю, -вишь> vt I impf (pf: о-) rühmen
сла́вный <kf: -вен, -вна́, -вно> adj ruhmreich, glorreich
славяни́н, славя́нка <nom pl m: -я́не> m U2 / f A Slawe, Slawin m/f
славя́нский adj slawisch
слага́емое nt wie adj Summand m
слага́ть vt E impf (pf: сложи́ть) 1. niederlegen; ~ **с себя́ отве́тственность** sich der Verantwortung entledigen [o entziehen] 2. verfassen, dichten, komponieren

сла́дкий <kf: -док, -дка́, -дко, komp: сла́ще, super: сла́дчайший> adj süß; **сла́дкое блю́до** Süßspeise f; **ки́сло-~** süß-sauer
сладкова́тый adj süßlich
сладостра́стие nt O2 Lust f, Wollust f
сладостра́стный <kf: -тен, -тна> adj wollüstig, geil, lüstern
сла́лом m K Slalom m
сла́мывать vt E impf (pf: сломи́ть) (auch fig) brechen
сла́нец <gen sg: -нца> m K Schiefer m
слаща́вый <kf: -а́в> adj süßlich, zuckersüß, salbungsvoll
сле́ва adv links
след m K ple 1. Spur f; ~ **ноги́** Fußspur f; **инверсио́нный** ~ Kondensstreifen m; **оставля́ть ~ы́** Spuren hinterlassen; 2. Fährte f
следи́ть <präs: слежу́, следи́шь> vi I impf 1. folgen, verfolgen; 2. (за кем-либо/чем-либо) überwachen, kontrollieren; 3. beschatten, bespitzeln; 4. nachspionieren; ~ **за мо́дой** der Mode folgen; ~ **за собо́й** auf sein Äußeres achten; ~ **за хо́дом чьих-ли́бо мы́слей** mitdenken
сле́довательно I. adv (Schaltwort) folglich; II. konj demzufolge
сле́довать vi E2 impf (pf: по-) 1. folgen, befolgen; **непосре́дственно** ~ **за чем-ли́бо** sich reihen (an +akk); ~ **чьему́-ли́бо приме́ру** jds Beispiel folgen; 2. (sich) gebühren, (sich) ziemen; не сле́дует так поступа́ть solches Benehmen gehört sich nicht
сле́дствие nt O2 1. Folge f, Folgerung f; 2. (JUR) Untersuchung f
сле́дующий I. adj nächste(r, s), kommende(r, s); **на сле́дующей неде́ле** nächste Woche; **сле́дующим о́бразом** folgendermaßen; II. m wie adj Nächste(r) m; кто ~? wer ist der Nächste?
слеза́ <pl: слёзы, слёз, слеза́м> f A e2 Träne f; **крокоди́ловы слёзы** Krokodilstränen pl
слезоточи́вый <kf: -и́в> adj 1. tränend; 2. Tränen-; ~ **газ** Tränengas nt
слепи́ть[1] <fut: -еплю́, -е́пишь> vt I pf (impf: лепи́ть, слепля́ть) formen, modellieren
слепи́ть[2] <präs: -плю́, -пи́шь> vt I impf blenden
слепо́ adv blindlings, blind
слепо́й I. <kf: слеп, слепа́, сле́по> adj blind; **слепа́я кишка́** (ANAT) Blinddarm m; II. m wie adj Blinde(r) mf
слепо́к <gen sg: -пка> m K Abdruck m
слепота́ f A e Blindheit f
слеса́рный adj Schlosser-; **слеса́рное де́ло** Schlosserhandwerk nt; **слеса́рная мастерска́я** Schlosserei f
сле́сарь m K1 Schlosser m; **~-ремо́нтник** Maschinenschlosser m

сли́ва *f A* **1.** Pflaume *f*; **2.** Pflaumenbaum *m*
слива́ть *vt E impf* (*pf:* слить) **1.** abgießen, ausgießen; **2.** zusammengießen; **3.** (*fig*) vereinigen
слива́ться *vr E impf* (*pf:* сли́ться) **1.** zusammenfließen, sich vermischen; **2.** (*fig*) verschmelzen; **3.** fusionieren, sich vereinigen
сли́вки *f pl A* Sahne *f*, Rahm *m*; **взби́тые ~** Schlagsahne *f*; **снима́ть ~** (*auch fig*) den Rahm abschöpfen; **~ о́бщества** (*fig*) Prominenz *f*, Crème de la crème *f*
сли́вочный *adj* Sahne-, Rahm-; **~ крем** Sahnecreme *f*; **сли́вочное ма́сло** Butter *f*
сли́зистый <*kf:* -ист> *adj* schleimig; **сли́зистая оболо́чка** Schleimhaut *f*
слизь *f I* Schleim *m*
слипа́ться *vr E impf* (*pf:* сли́пнуться) **1.** zusammenkleben; **2.** (*о глаза́х*) zufallen
сли́пнуться <*prät:* сли́пся, сли́плась> *vr E1 pf* (*impf:* слипа́ться) **1.** zusammenkleben; **2.** (*о глаза́х*) zufallen
слито́к <*gen sg:* -тка> *m K* (*зо́лота*) Barren *m*
слить <*fut:* солью́, сольёшь> *vt E4c pf* (*impf:* слива́ть) **1.** abgießen, ausgießen; **2.** zusammengießen
сли́ться <*fut:* солью́сь, сольёшься> *vr E4c pf* (*impf:* слива́ться) **1.** zusammenfließen, sich vermischen; **2.** (*fig*) verschmelzen; **3.** fusionieren, sich vereinigen
сли́шком *adv* allzu; **~ до́рого** zu teuer
слия́ние *nt O2* **1.** Zusammenfluss *m*; **2.** Verschmelzung *f*, Integration *f*; **3.** Fusion *f*, Zusammenschluss *m*; **~ предприя́тий** Betriebszusammenschluss *m*, Unternehmensverschmelzung *f*
Слова́кия *f A2* Slowakei *f*
слова́рный *adj* **1.** Wörterbuch-; **2.** Wort-; **~ запа́с** Wortschatz *m*
слова́рь *m K1 e* **1.** Wörterbuch *nt*; **иллюстри́рованный ~** Bildwörterbuch *nt*; **2.** Lexikon *nt*
слова́цкий *adj* slowakisch
Слове́ния *f A2* Slowenien *nt*
слове́сный *adj* verbal; **слове́сная дуэ́ль** Wortgefecht *nt*
сло́вник *m K* **1.** Wörterliste *f*; **2.** Stichwortverzeichnis *nt*
сло́во *nt O* Wort *nt*; **загла́вное ~** (*в словаре́*) Stichwort *nt*; **приве́тственное ~** Begrüßung *f*, Grußwort *nt*; **брать ~** das Wort ergreifen; **брать ~ с кого́-либо** jdm ein Versprechen abnehmen; **держа́ть да́нное ~** sein Wort halten; **пойма́ть на сло́ве кого́-либо** jdn beim Wort nehmen; **он за сло́вом в карма́н не поле́зет** er ist nicht auf den Mund gefallen; **без слов** wortlos; **~ в ~** (*досло́вно*) wortwörtlich
словоохо́тливый <*kf:* -ив> *adj* redselig
словосочета́ние *nt O2* (LING) Wortverbindung *f*, Wortgefüge *nt*
слог *m K pl e1* **1.** Silbe *f*; **2.** Stil *m*; **высо́ким сло́гом** in hohem Stil
сло́ган *m K* Slogan *m*
слоёный *adj* Blätterteig-; **~ пиро́г** Blätterteiggebäck *nt*; **слоёное те́сто** Blätterteig *m*
сложе́ние *nt O2* **1.** (MATH) Addition *f*; **2.** Verfassen *nt*, Komponieren *nt*; **3.** (*полномо́чий*) Niederlegung *f*
сложи́вшийся *adj* (*истори́чески*) gewachsen, entstanden
сложи́ть <*fut:* сложу́, сло́жишь> *vt I pf* (*impf:* скла́дывать, слага́ть) **1.** niederlegen; **2.** (MATH) addieren; **3.** verfassen, komponieren; **4.** abladen, ablegen
сло́жность *f I* **1.** Schwierigkeit *f*, Problem *nt*; **2.** Kompliziertheit *f*; **в о́бщей сло́жности** alles in allem, summa summarum
сло́жный <*kf:* -жен, -жна> *adj* kompliziert, komplex; **у него́ ~ хара́ктер** er hat einen schwierigen Charakter; **сло́жное сло́во** (LING) Kompositum *nt*
слой *m K2* Schicht *f*, Lage *f*; **социа́льный ~** Gesellschaftsschicht *f*
сло́манный *adj* kaputt, zerbrochen, abgebrochen
слома́ть *vt E pf* (*impf:* лома́ть) **1.** brechen, zerbrechen; **2.** knicken
слома́ться *vr E pf* (*impf:* лома́ться) zu Bruch gehen, abbrechen
сломи́ть <*fut:* сломлю́, сло́мишь> *vt I pf* (*impf:* сла́мывать) (*auch fig*) brechen; **сломя́ го́лову** Hals über Kopf; **~ сопротивле́ние** (*auch fig*) den Widerstand brechen
сло́мленный *adj* **1.** gebrochen; **2.** (*auch fig*) niedergeschlagen
слон, **слони́ха** *m K / f A* Elephant, Elephantenkuh *m/f*
слоно́вый *adj* **1.** Elefanten-; **2.** Elfenbein-; **ба́шня из слоно́вой ко́сти** (*fig*) Elfenbeinturm *m*; **слоно́вая кость** Elfenbein *nt*
слоня́ться *vr E impf* (*umg: из угла́ в у́гол*) herumlungern
слуга́, **служа́нка** *m A / f A* (*auch fig*) Diener, -in *m/f*
слу́жащий *m wie adj* Angestellte(r) *m*; **конто́рский ~** Büroangestellte(r) *m*
слу́жба **1.** Abteilung *f*; **~ ма́ркетинга** Marketingabteilung *f*; **~ материа́льно-техни́ческого снабже́ния** Einkauf *m*; **~ портье́** Empfang *m* **2.** Dienst *m*; **~ госбезопа́сности** Staatssicherheitsdienst *m*; **~ знако́мств** Heiratsvermittlung *f*; **~ информа́ции** Nachrichtendienst *m*; **альтернати́вная ~** Ersatzdienst *m*; **госуда́рственная ~** Staatsdienst *m*; **действи́тельная ~** Grundwehrdienst *m*; **не в слу́жбу, а в дру́жбу** als kleinen Freundschaftsdienst **3.** Amt *nt*; **~ за́нятости** Arbeitsamt *nt*; **~ контро́ля над це́нами** Preisbehörde *f*; **~ услу́г населе́нию** Bürgerserviceö *m*
служе́бные обя́занности *pl I* Amtspflicht *f*; **исполне́ние служе́бных**

обязанностей Amtsführung *f*; **сложение с себя служебных обязанностей** Amtsniederlegung *f*
служе́бный <*kf:* -бен, -бна> *adj* **1.** dienstlich, Dienst-; **служе́бная инстру́кция** Dienstanweisung *f*; **служе́бная кварти́ра** Dienstwohnung *f*; **служе́бная командиро́вка** Dienstreise *f*; **служе́бная маши́на** Dienstwagen *m*; **служе́бное ме́сто** Dienststelle *f*; **служе́бное положе́ние** Dienststellung *f*; ~ **поря́док** Dienstweg *m*; **служе́бная запи́ска** Aktennotiz *f*; **служе́бная та́йна** Dienstgeheimnis *nt*; **служе́бная характери́стика** Personalbeurteilung *f* **2.** Hilfs-; **служе́бное сло́во** (LING) Hilfswort *nt*
служи́ть <*präs:* служу́, слу́жишь> *vi I impf* (*pf:* по-) **1.** **в че́м-либо**) dienen; ~ **в а́рмии** seinen Wehrdienst ableisten **2.** (*geh:* кому́-либо/чему́-либо) dienen, zu Diensten stehen; **3.** (*чем-либо*) dienen (als + *nom*); ~ **доказа́тельством** als Beweis dienen
слух *m K* **1.** Gehör *nt*; **облада́ющий то́нким ~ом** hellhörig; **2.** Gerücht *nt*; **опроверга́ть ~и** Gerüchte dementieren; **пуска́ть ~** ein Gerücht verbreiten; **распространя́ются ~и** Gerüchte kursieren
слухово́й *adj* Gehör-, Hör-; ~ **аппара́т** Hörgerät *nt*
слу́чай *m K2* **1.** Zufall *m*; **нас всех подстерега́ет ~** gegen den Zufall ist niemand von uns gefeit; **2.** Begebenheit *f*; **истори́ческий ~** Anekdote *f*; **3.** Anlass *m*; **4.** Gelegenheit *f*; **до э́того мне до сих пор не предста́вился ~** dazu habe ich noch keine Gelegenheit gehabt; **5.** Vorfall *m*, Fall *m*; **в любо́м слу́чае** auf jeden Fall, auf alle Fälle; **в слу́чае, е́сли** falls, wenn; **во́лей слу́чая** durch (reinen) Zufall; **на вся́кий ~** vorsichtshalber, für alle Fälle; **на тот ~, что** für den Fall, dass; **от слу́чая к слу́чаю** gelegentlich, ab und zu; **по слу́чаю** anlässlich
случа́йность *f I* Zufall *m*
случа́йный *adj* **1.** gelegentlich; **2.** zufällig; **случа́йное знако́мство** Zufallsbekanntschaft *f*; **случа́йная поку́пка** Gelegenheitskauf *m*; ~ **покупа́тель** Laufkunde *m*; **случа́йная рабо́та** Gelegenheitsarbeit *f*; **случа́йная сде́лка** Gelegenheitsgeschäft *nt*
случа́ться *vr E impf* (*pf:* случи́ться) geschehen, passieren; **что случи́лось?** was ist los?
слу́шание *nt O2* **1.** Anhörung *f*; **2.** Hearing *nt*
слу́шатель, слу́шательница *m K1 / f A* **1.** Zuhörer, -in *m*; **2.** (*im pl*) Zuhörerschaft *f*
слу́шать *vt E impf* (*pf:* по-) **1.** hören; **2.** zuhören; **3.** (MED) abhorchen; **4.** (*радиоста́нцию*) empfangen; **5.** (*сове́та*) folgen, befolgen; **6.** gehorchen
слы́шимость *f I* **1.** Hörbarkeit *f*; **2.** (*ра́дио*) Empfang *m*, Tonqualität *f*
слы́шный <*kf:* -шен, -шна́ -шно, слышны́> *adj* hörbar
слэнг *m K* Slang *m*
слюда́ *f A* Glimmer *m*
слюна́ <*pl:* слю́ни, слюне́й> *f A e2* Spucke *f*, Speichel *m*; **бры́згать слюно́й** geifern; **пуска́ть слю́ни** sabbern
слюнтя́й *m K2* (*pej*) Schlappschwanz *m*, Schwächling *m*
сля́котный <*kf:* -тен, -тна> *adj* (*umg*) matschig
сля́коть *f I* Matsch *m*
СМ *abk von* Сове́т мини́стров *m* Ministerrat *m*
сма́зать <*fut:* сма́жу, сма́жешь> *vt E pf* (*impf:* сма́зывать) **1.** schmieren, fetten; **2.** verwischen, verschmieren
сма́зка *f A* Schmiere *f*, Schmiermittel *nt*
смакова́ть *vt E2 impf* **1.** mit Genuss kosten; **2.** (*fig*) genießen
смастери́ть *vt I pf* (*impf:* мастери́ть) anfertigen, basteln
сма́чивать *vt E impf* (*pf:* смочи́ть) anfeuchten
сме́жник *m K* Zulieferer *m*, Zulieferbetrieb *m*
сме́жный <*kf:* -жен, -жна> *adj* (*auch fig*) benachbart, Nachbar-
смека́лка *f A* (*umg*) Grips *m*, Auffassungsgabe *f*
сме́лость *f I* Kühnheit *f*, Mut *m*; ~ **в приня́тии реше́ний** Entschlussfreudigkeit *f*
сме́лый <*kf:* смел, смела́, сме́ло, сме́лы> *adj* **1.** mutig, kühn; **2.** keck
сме́на *f A* **1.** Schicht *f*; **пе́рвая ~** Frühschicht *f*; **2.** (*в пионерла́гере*) Belegung *f*, Saison *f*; **3.** Wechsel *m*, Ablösung *f*; ~ **вла́сти** Machtwechsel *m*; ~ **владе́льца** Besitzwechsel *m*; ~ **впечатле́ний** Tapetenwechsel *m*, Abwechslung *f*; ~ **вы́вески** Etikettenschwindel *m*; ~ **карау́ла** Wachablösung *f*; ~ **кли́мата** Klimawechsel *m*; ~ **ма́сла** (KFZ) Ölwechsel *m*; ~ **поколе́ний** Generationswechsel *m*; ~ **прави́тельства** Regierungswechsel *m*; ~ **роле́й** Rollentausch *m*; ~ **убежде́ний** Gesinnungswandel *m*
смени́ть <*fut:* сменю́, сме́нишь> *vt I pf* (*impf:* сменя́ть) wechseln; ~ **профе́ссию** den Beruf wechseln; ~ **те́му** das Thema wechseln
смени́ться <*fut:* сменю́сь, сме́нишься> *vr I pf* (*impf:* сменя́ться) **1.** sich ablösen; **2.** wechseln; **3.** sich verwandeln
сме́нный *adj* austauschbar, Schicht-; **сме́нная рабо́та** Schichtarbeit *f*
смерка́ться <*unpers:* -а́ется> *vi E impf* (*pf:* сме́ркнуться) dämmern
смерте́льно *adv* tödlich, tot-; **смерте́льно больно́й** totkrank;

смерте́льно уста́лый totmüde
смерте́льный <kf: -лен, -льна, -льно> adj tödlich, tot-
сме́ртность f I 1. Sterblichkeit f; 2. Sterblichkeitsrate f
сме́ртный I. <kf: -тен, -тна> adj sterblich; **сме́ртная казнь** Todesstrafe f; **на сме́ртном одре́** auf dem Totenbett; **~ пригово́р** Todesurteil nt; II. m wie adj Sterbliche(r) m
смерть f I Tod m
смерч m K Windhose f, Wirbelsturm m, Tornado m; **песча́ный ~** Sandhose f
смести́ <fut: смету́, сметёшь> vt Еба pf (impf: смета́ть) 1. kehren, fegen; 2. (fig) hinwegfegen, vernichten
смесь f I Gemisch nt, Mischung f
сме́та f A 1. Etat m, Finanzplan m; 2. Voranschlag m, Kostenvoranschlag m; **соста́вить сме́ту** einen Kostenvoranschlag machen
смета́ть vt E impf (pf: смести́) 1. kehren, fegen; 2. (fig) hinwegfegen, vernichten
сме́тка f A Auffassungsgabe f
сме́тный adj Kostenvoranschlags-, Planungs-; **сме́тная при́быль** kalkulatorischer Gewinn m; **сме́тная сто́имость** Plankosten pl, Preis laut Kostenvoranschlag; **сме́тные затра́ты** Sollkosten pl; **сме́тные изде́ржки** Standardkosten pl, Sollkosten pl; **сме́тные расхо́ды** Vorgabekosten pl
сметь vi E impf 1. wagen, sich trauen; 2. dürfen; **не смей!** das darfst du nicht!
смех m K Lachen nt, Gelächter nt; **тогда ему́ бу́дет не до ~а** dann wird ihm das Lachen vergehen; **выставля́ть кого́-ли́бо на ~** jdn zum Gespött machen
смехотво́рность f I Lächerlichkeit f
смехотво́рный <kf: -рен, -рна> adj lächerlich, lachhaft
сме́шанный adj gemischt; **~ брак** Mischehe f; **~ конце́рн** Mischkonzern m; **~ марке́тинг** Marketing-Mix m; **сме́шанная де́ятельность** gemischte Tätigkeit f; **сме́шанная компа́ния** Doppelgesellschaft f; **~ лес** Mischwald m; **сме́шанная по́шлина** Mischzoll m; **сме́шанная фи́рма** gemischte Firma f; **сме́шанные чу́вства** gemischte Gefühle
смеша́ть vt E pf (impf: сме́шивать) 1. vermischen; **~ раство́р** (CHEM) eine Lösung ansetzen, 2. verwechseln, durcheinanderbringen; **не ~** auseinanderhalten
смешно́й <kf: -шо́н, -шна́> adj 1. lächerlich, lachhaft; 2. komisch, lustig
смеще́ние nt O2 1. Verschiebung f; 2. Absetzung f, Amtsenthebung f
смея́ться <präs: смею́сь, смеёшься> vr E impf (pf: за-) 1. (над кем-ли́бо/чем-ли́бо) lachen; **~ в лицо́ кому́-ли́бо** jdn anlachen; **~ до слёз** Tränen lachen; **~ до упа́да** sich kaputtlachen; **~ от души́** herzhaft lachen; **~ над кем-ли́бо/чем-ли́бо** sich über jdn/ etw lustig machen

смина́ть vt E impf (pf: смять) 1. zerknüllen; 2. (fig) niederschlagen, überwältigen
смире́ние nt O2 1. Bezwingung f; 2. Demut f
смире́нный <kf: -ён, -е́нна> adj 1. demütig; 2. unterwürfig
смири́тельный adj Zwangs-; **смири́тельная руба́шка** Zwangsjacke f
смири́ться vr I pf (impf: смиря́ться) 1. (кем-ли́бо/чем-ли́бо) sich unterwerfen; 2. nachgeben; 3. sich gewöhnen (an +akk); 4. sich abfinden (mit +dat); **~ с мы́слью** sich mit dem Gedanken anfreunden; **~ с судьбо́й** sich in sein Schicksal fügen
смог m K Smog m
смо́кинг m K Smoking m
смола́ f A pls 1. Pech nt; 2. Harz nt; 3. Teer m
смоли́ть vt I impf (pf: вы́-) 1. teeren; 2. (umg) rauchen
смонти́ровать vt E2 pf (impf: монти́ровать) montieren
сморка́ться vi E impf (pf: вы́-) sich die Nase putzen
смо́рщенный <kf: -щен> adj runzlig, hutzelig
смо́рщить vt I pf (impf: мо́рщить) 1. (лоб) runzeln; 2. (лицо́) verziehen
смотр m K 1. Schau f; 2. (MIL) Truppenschau f, Parade f
смотре́ть <präs: -отрю́, -о́тришь> vi I impf (pf: по-) 1. blicken, schauen; **~ вверх** aufblicken; **~ в зе́ркало** in den Spiegel blicken; **~ сквозь** durchblicken; 2. ansehen, anschauen; **~ телеви́зор** fernsehen; **~ фильм** sich einen Film anschauen; **све́рху вниз на кого́-ли́бо** herabsehen, herunterblicken; (auf +akk) 3. (ве́село, хму́ро) dreinblicken; 4. nachsehen, nachschlagen; 5. aufpassen, beaufsichtigen; 6. (fig) betrachten; **~ на что-ли́бо крити́чески** etw kritisch betrachten
смотри́тель m K1 Aufseher m, Wärter m
смотрово́й adj 1. Aussichts-; 2. Besichtigungs-; **смотрова́я площа́дка** Aussichtsplattform f
смочи́ть <fut: смочу́, смо́чишь> vt I pf (impf: сма́чивать) anfeuchten
сму́та f A 1. Unruhe f; 2. Aufruhr m; **се́ять сму́ту** Zwist stiften, für Unruhe sorgen
смути́ться <fut: смущу́сь, смути́шься> vr I pf (impf: смуща́ться) 1. verwirrt werden; 2. in Verlegenheit geraten
смути́ть <fut: смущу́, смути́шь> vt I pf (impf: смуща́ть) 1. beunruhigen; 2. verwirren; 3. aufwiegeln
сму́тный <kf: -тен, -тна́/-тна> adj 1. vage, schattenhaft; 2. unruhig, wirr
смутья́н m K 1. Störenfried m; 2. Unruhestifter m
смуща́ть vt E impf (pf: смути́ть) 1. beunruhigen; 2. verwirren, beirren; 3. aufwiegeln

смуща́ться vr E impf (pf: **смути́ться**) verwirrt werden

смуще́ние nt O2 1. Bestürzung f; 2. Befangenheit f; 3. Verwirrung f; 4. Verlegenheit f

смущённый adj 1. bestürzt; 2. befangen, verlegen; 3. konfus, wirr

смыва́ться vr E impf (pf: **смы́ться**) 1. abwaschbar sein; 2. (umg) verduften, sich aus dem Staub machen

смыка́ть vt E impf (pf: **сомкну́ть**) zumachen, schließen

смысл m K Sinn m, Zweck m; **~ жи́зни** Sinn m des Lebens; **по смы́слу** sinngemäß

смы́ться <fut: смо́юсь, смо́ешься> vr E8 pf (impf: **смыва́ться**) 1. abwaschbar sein; 2. (umg) verduften, sich aus dem Staub machen

смышлёность f I Auffassungsgabe f

смышлёный <kf: -ён> adj (umg) aufgeweckt, gescheit

см. на. об. abk von **смотри́ на оборо́те!** b. w.

смягча́ть vt E impf (pf: **смягчи́ть**) 1. weich machen; 2. mildern, lindern; 3. (fig) erweichen; 4. (LING) palatalisieren

смягче́ние nt O2 1. Milderung f, Linderung f; 2. Erweichung f

смяте́ние nt O2 Verwirrung f, Bestürzung f

смять <fut: сомну́, сомнёшь> vt E9a pf (impf: **смина́ть**) 1. zerknüllen; 2. (fig) niederschlagen, überwältigen

снабди́ть <fut: -бжу́, -бди́шь> vt I pf (impf: **снабжа́ть**) 1. versorgen; 2. ausstatten (mit +dat)

снабже́ние nt O2 1. Versorgung f; **~ това́рами** Güterversorgung f 2. Ausstattung f

сна́йпер m K Scharfschütze m

снару́жи adv 1. außen; 2. von außen

снаряди́ть <fut: -яжу́, -яди́шь> vt I pf (impf: **снаряжа́ть**) ausstatten, vorbereiten; **~ поля́рную экспеди́цию** eine Polarexpedition ausstatten

снача́ла adv 1. zuerst, zunächst; 2. von vorn, von Anfang an, noch einmal

сна́шивание nt O2 Abnutzung f, Verschleiß m

СНГ abk von **Содру́жество Незави́симых Госуда́рств** m GUS f, Gemeinschaft Unabhängiger Staaten

снег <gen sg: -а,-у, präpos: о сне́ге, на снегу́> m K ple Schnee m; **идёт ~** es schneit; **ры́хлый ~** Pulverschnee m; **сва́ливаться как ~ на го́лову** (umg:fig) hereinschneien

снеги́рь m K1 e Dompfaff m

снегови́к m K e Schneemann m

снегоочисти́тель m K1 Schneepflug m

снегоя́лка f A Schneeschmelze f

снежи́нка f A Schneeflocke f

сне́жный adj Schnee-; **~ бура́н** Schneegestöber nt

снежо́к <gen sg: -жка́> m K e Schneeball m; **игра́ть в снежки́** eine Schneeballschlacht machen

снести́ <fut: снесу́, снесёшь> vt E6 pf (impf: **сноси́ть**) 1. abbreißen, abbrechen; 2. einreißen, abtragen; 3. einstecken, sich abfinden (mit +dat)

снижа́ть vt E impf (pf: **сни́зить**) 1. herabsetzen, senken; **~ це́ну** den Preis senken [o herabsetzen] 2. kürzen, abbauen

сниже́ние nt O2 1. Rückgang m, Abnahme f; 2. Senkung f, Reduzierung f; 3. (регре́сс) rückläufige Entwicklung f; **~ биржевы́х ку́рсов** Baisse f; **~ внима́ния** Konzentrationsschwäche f; **~ вы́ручки** Erlösschmälerung f; **~ за́работной пла́ты** Lohnabbau m; **~ нало́гов** Steuerermäßigung f; **~ о́бщего у́ровня проце́нта** Zinssenkung f; **~ сто́имости** Entwertung f; **~ у́ровня тра́нспортного шу́ма** Verkehrsberuhigung f; **~ це́нности** Wertminderung f; **~ цены́** Preisminderung f 4. (TECH) Landeanflug m

сни́зить <fut: сни́жу, сни́зишь> vt I pf (impf: **снижа́ть**) 1. herabsetzen, senken; 2. kürzen, abbauen

снизойти́ <fut: -йду́, -йдёшь, prät: -ошёл, -ошла́> vi E7 pf (impf: **снисходи́ть**) sich herablassen

снима́ть vt E impf (pf: **снять**) 1. abnehmen, abmachen; 2. entfernen, wegnehmen; 3. (кры́шу) abdecken; 4. (оде́жду) auszichen; 5. (пала́тку) abbrechen; 6. (сли́вки) abschöpfen; 7. (FILM) filmen, einen Film drehen; 8. (FOT) fotografieren, aufnehmen; **~ грим** abschminken; **~ с рабо́ты** entlassen, feuern; **~ де́ньги со счёта** Geld vom Konto abheben; **~ телефо́нную тру́бку** den Hörer abnehmen; **~ обвине́ние с кого́-ли́бо** (fig) jdn entlasten; **~ с пове́стки дня** von der Tagesordnung absetzen; **~ с учёта** abmelden; **~ кварти́ру** eine Wohnung mieten

снима́ться vr E impf (pf: **сня́ться**) 1. abgehen, sich loslösen; 2. aufbrechen; **~ с я́коря** den Anker lichten; 3. sich fotografieren lassen; **~ в фи́льме** in einem Film mitspielen; **~ с учёта** sich abmelden

сни́мок <gen sg: -мка> m K Aufnahme f, Bild nt; **момента́льный ~** Momentaufnahme f, Schnappschuss m; **рентге́новский ~** Röntgenbild nt; **~ на па́спорт** Passbild nt; **~ со спу́тника** Satellitenaufnahme f

снисходи́тельный <kf: -лен, -льна> adj 1. nachsichtig; 2. herablassend; **снисходи́тельное отноше́ние** Herablassung f

снисходи́ть <präs: -хожу́, -хо́дишь> vi I impf (pf: **снизойти́**) (до чего́-ли́бо) sich herablassen (zu +dat)

снисхожде́ние nt O2 Nachsicht f

сни́ться vi I impf (pf: **при-**) (im Schlaf) träumen; **мне сни́лось** ich hatte einen

сноб *m K* **1.** (*geh*) Snob *m*; **2.** (*im pl*) Schickeria *f*
сно́ва *adv* erneut, wieder
сноп *m K e* Garbe *f*, Bündel *nt*
сноро́вка *f A* **1.** Fertigkeit *f*; **2.** Routine *f*, Gewandtheit *f*
снос *m K* Abbruch *m*, Abriss *m*; **дом идёт на ~** das Haus steht vor dem Abbruch
сноси́ть <*präs:* сношу́, сно́сишь> *vt I impf* (*pf:* снести́) **1.** abreißen, abbrechen; **2.** einreißen, abtragen; **3.** (*umg*) einstecken, sich abfinden (mit +*dat*); **мо́лча ~** schweigend über sich ergehen lassen
сно́ска *f A* Fußnote *f*
сно́сный <*kf:* -сен, -сна, -сно> *adj* (*umg*) erträglich, leidlich, passabel
снотво́рное *nt wie adj* Schlafmittel *nt*
снотво́рный <*kf:* -рен, -рна> *adj* einschläfernd, Schlaf-; **снотво́рная табле́тка** Schlaftablette *f*
сно́уборд *m K* Snowboard *nt*
сноха́ *f A* Schwiegertochter *f*
сноше́ние *nt O2* **1.** Verbindung *f*, Beziehung *f*; **2.** Geschlechtsverkehr *m*
сня́тие *nt O2* **1.** Aufhebung *f*; **2.** Entlassung *f*; **~ с ба́нковского счёта** Abhebung *f*; **~ с занима́емой до́лжности** Amtsentbindung *f*; **~ с котиро́вки** Außerkurssetzung *f*; **~ с креста́** (REL) Kreuzabnahme *f*; **~ с учёта** Abmeldung *f*
снять <*fut:* сниму́, сни́мешь> *vt E9 pf* (*impf:* снима́ть) **1.** abnehmen, abmachen; **2.** entfernen, wegnehmen; **3.** (*крышу*) abdecken; **4.** (*оде́жду*) ausziehen; **5.** (*пала́тку*) abbrechen; **6.** (*сли́вки*) abschöpfen; **7.** (*кварти́ру*) mieten
сня́ться <*fut:* сниму́сь, сни́мешься> *vr E9 pf* (*impf:* снима́ться) **1.** abgehen, sich loslösen; **2.** aufbrechen
соба́ка *f A* Hund *m*; **беспризо́рная ~** herrenloser Hund *m*; **бе́шеная ~** tollwütiger Hund *m*; **бродя́чая ~** streunender Hund *m*; **зла́я ~** bissiger Hund *m*; **~-поводы́рь** Blindenhund *m*; **выгу́ливать соба́ку** seinen Hund spazierenführen; **владе́лец соба́к** Hundehalter *m*
соба́чий <*f:* -ья, *nt:* -ье> *adj* Hunde-; **соба́чья бу́дка** Hundehütte *f*; **соба́чья жизнь** (*umg*) Hundeleben *nt*; **соба́чьи консе́рвы** Hundefutter *nt*
соба́чник *m K* **1.** Hundeliebhaber *m*; **2.** Hundefänger *m*
собесе́дник, собесе́дница *m K / f A* Gesprächspartner, -in *m/f*
собесе́дование *nt O2* **1.** Gespräch *nt*; **2.** Besprechung *f*; **~ при приёме на рабо́ту** Einstellungsgespräch *nt*, Vorstellungsgespräch *nt*
собира́ть *vt E impf* (*pf:* собра́ть) **1.** sammeln, einsammeln; **2.** einnehmen, erfassen; **~ чле́нские взно́сы** Mitgliedsbeiträge kassieren; **~ де́ньги** kassieren **3.** pflücken, ernten; **4.** (*монти́ровать*) montieren, zusammenbauen
собира́ться *vr E impf* (*pf:* собра́ться) **1.** beabsichtigen, vorhaben; **я как раз собира́юсь э́то сде́лать** ich bin gerade dabei, es zu tun; **2.** zusammenkommen, tagen; **3.** (*гроза*) aufziehen; **4.** sich bereit machen, sich fertig machen; **~ в доро́гу** sich zur Reise rüsten; **~ с ду́хом** sich aufraffen; **~ с мы́слями** sich konzentrieren; **~ с си́лами** Kräfte sammeln
соблаговоли́ть *vi I pf* (*arch und ironisch*) geruhen; **~ сде́лать что-ли́бо** geruhen zu tun
собла́зн *m K* **1.** Lockung *f*, Verlockung *f*, Versuchung *f*; **2.** Lust *f*, Reiz *m*, Kitzel *m*
соблазни́тельный <*kf:* -лен, -льна, -льно> *adj* verlockend, verführerisch; **соблазни́тельное предложе́ние** verlockendes Angebot *nt*
соблазни́ть *vt I pf* (*impf:* соблазня́ть) verführen, verleiten (zu +*dat*)
соблюда́ть *vt E impf* (*pf:* соблюсти́) einhalten, befolgen, erfüllen; **~ дие́ту** Diät halten; **~ диста́нцию** Abstand halten; **~ пра́вила доро́жного движе́ния** die Verkehrsregeln einhalten; **~ прили́чия** die Anstandsregeln befolgen; **~ споко́йствие** Ruhe bewahren; **~ тишину́** Ruhe halten, sich ruhig verhalten
соблюде́ние *nt O2* Einhaltung *f*, Erfüllung *f*
соблюсти́ <*fut:* -юду́, -юдёшь, *prät:* -юл, -юла́> *vt E6a pf* (*impf:* соблюда́ть) einhalten, befolgen
соболе́знование *nt O2* Beileid *nt*, Kondolenz *f*; **выража́ть ~** kondolieren
собо́р *m K* **1.** Dom *m*; **кафедра́льный ~** Kathedrale *f*; **2.** (REL) Konzil *nt*, Versammlung *f*; **Вселе́нский ~** Ökumenisches Konzil *nt*
собра́ние *nt O2* **1.** Versammlung *f*; **~ акционе́ров** Aktionärsversammlung *f*; **конституцио́нное ~** verfassungsgebende Versammlung *f*; **о́бщее ~** Vollversammlung *f*, Generalversammlung *f*; **2.** (*колле́кция*) Sammlung *f*; **по́лное ~ сочине́ний** (LIT) Gesamtausgabe *f*; **~ колле́ктива предприя́тия** Betriebsversammlung *f*; **~ уча́стников о́бщества** Gesellschafterversammlung *f*; **~ чле́нов** Mitgliederversammlung *f*
собра́т <*pl:* -тья, -тьев> *m U3* **1.** Mitmensch *m*; **2.** (*geh*) Mitstreiter *m*; **3.** Kollege *m*; **~ по перу́** Schriftstellerkollegen; **~ по несча́стью** Mitleidende(r) *mf*
собра́ть <*fut:* -беру́, -берёшь> *vt E4a pf* (*impf:* собира́ть) **1.** sammeln, einsammeln; **2.** pflücken, ernten; **3.** montieren, zusammenbauen
собра́ться <*fut:* -беру́сь, -берёшься> *vr E4a pf* (*impf:* собира́ться) **1.** beabsichtigen, vorhaben; **2.** zusammenkommen, tagen; **3.** (*гроза́*) aufziehen; **4.** sich bereit machen,

sich fertig machen
со́бственник *m K* Eigentümer *m*, Besitzer *m*, Inhaber *m*; **единоли́чный ~** Alleineigentümer *m*; **земе́льный ~** Grundbesitzer *m*; **ме́лкий ~** Kleineigentümer *m*
со́бственно *adv* eigentlich, im eigentlichen Sinne
собственнору́чный <*kf:* -чен, -чна> *adj* eigenhändig
со́бственность *f I* Eigentum *nt*; **земе́льная ~** Grundbesitz *m*
со́бственный *adj* 1. eigene(r ,s); 2. Eigen-; **со́бственная вы́работка** Eigenleistung *f*; **~ вес** Eigengewicht *nt*; **~ капита́л** Eigenkapital *nt*; **со́бственные сре́дства** Eigenmittel *pl*; **~ дом** Eigenheim *nt*; **со́бственной персо́ной** höchstpersönlich; **и́мя со́бственное** (LING) Eigenname *m*
собуты́льник *m K* (*umg*) Saufkumpan *m*
собы́тие *nt O2* Ereignis *nt*; **гла́вное ~** Höhepunkt *m*
сова́ *f A* Eule *f*
сова́ть <*präs:* сую́, суёшь> *vt E2 impf* (*pf:* **су́нуть**) hineinstecken, hineinstopfen; **~ в карма́н** in die Tasche stecken; **~ нос не в свои́ дела́** (*fig*) seine Nase in fremde Angelegenheiten stecken
сова́ться <*präs:* сую́сь, суёшься> *vr E2 impf* (*pf:* **су́нуться**) sich einmischen; **не су́йся в мои́ дела́!** misch dich nicht in meine Angelegenheiten!
соверша́ть *vt E impf* (*pf:* **соверши́ть**) 1. vollbringen, bewerkstelligen; 2. vollziehen; 3. begehen, tätigen, verüben; **~ диверсифика́цию** diversifizieren; **~ оши́бку** einen Fehler begehen; **~ преступле́ние** ein Verbrechen begehen; **~ путеше́ствие** eine Reise unternehmen
соверше́нно *adv* vollkommen, völlig, ganz, total, absolut, durchaus; **соверше́нно ве́рно** vollkommen richtig
совершенноле́тний *adj* volljährig
соверше́нный <*kf:* -е́нен, -е́нна, -е́нно> *adj* perfekt, vollkommen
соверше́нство *nt O* Perfektion *f*, Vollkommenheit *f*; **владе́ть чем-ли́бо в соверше́нстве** etw aus dem Effeff beherrschen
соверше́нствовать *vt E2 impf* (*pf:* у-) vervollkommnen, perfektionieren
соверши́ть *vt I pf* (*impf:* **соверша́ть**) 1. vollbringen, bewerkstelligen; 2. vollziehen; 3. begehen, verüben, tätigen
со́весть *f I* Gewissen *nt*; **име́ть что-ли́бо на со́вести** etw auf dem Gewissen haben; **угрызе́ния со́вести** Gewissensbisse *pl*
сове́т *m K* 1. Rat(-schlag) *m*; **дава́ть ~** einen Rat geben; **проси́ть ~а** um Rat bitten; **послу́шаться ~а** einen Ratschlag beherzigen; 2. Rat *m*, Beirat *m*; **~ безопа́сности** Sicherheitsrat *m*; **~ инса́йдера** Insider-Tipp *m*; **~ мини́стров** Ministerrat *m*; **~ мини́стров Европе́йского соо́бщества** Europäischer Ministerrat *m*; **~ общи́ны** Gemeinderat *m*; **~ предприя́тия** Betriebsrat *m*; **~ управля́ющих** Verwaltungsrat *m*; **наблюда́тельный ~** Aufsichtsrat *m*; **Сове́т экономи́ческой взаимопо́мощи** [*o* **СЭВ**] (HIST) Rat *m* für gegenseitige Wirtschaftshilfe
сове́тник *m K* 1. Berater *m*; 2. Rat *m*
сове́товать *v + dat E2 impf* (*pf:* по-) raten, nahelegen; **я тебе́ не сове́тую э́то де́лать** ich rate dir davon ab
сове́товаться *vr E2 impf* (*pf:* по-) (**с кем-ли́бо**) sich Rat holen, konsultieren, Rücksprache halten (mit +*dat*)
Сове́тский Сою́з *m K* Sowjetunion *f*
сове́тчик *m K* Ratgeber *m*
совеща́ние *nt O2* Beratung *f*, Besprechung *f*, Konferenz *f*
совладе́лец <*gen sg:* -льца, *gen pl:* -льцев> *m K* Teilhaber *m*, Miteigentümer *m*
совладе́ние *nt O2* Mitbesitz *m*
совмести́мость *f I* Vereinbarkeit *f*, Kompatibilität *f*; **~ це́лей** Zielkompatibilität *f*
совмести́мый <*kf:* -и́м> *adj* (*geh*) kompatibel, miteinander vereinbar
совмести́тельство *nt O:* **по совмести́тельству** nebenberuflich ; nebenamtlich; **рабо́та по совмести́тельству** Nebenberuf *m* , Nebenbeschäftigung *f*
совме́стный <*kf:* -тно> *adj* zusammen, gemeinsam; **совме́стное владе́ние** Mitbesitz *m*; **совме́стное заявле́ние** gemeinsame Erklärung *f*; **совме́стная хозя́йственная де́ятельность** Verbundwirtschaft *f*; **совме́стное хране́ние на скла́де** Sammellagerung *f*; **совме́стное хране́ние це́нных бума́г** Sammeldepot *nt*; **совме́стное поручи́тельство** Mitbürgschaft *f*; **совме́стное предприя́тие** Joint-Venture *nt*; Gemeinschaftsunternehmen *nt*; **совме́стная рабо́та** Gemeinschaftsarbeit *f*, Teamarbeit *f*; **~ прое́кт** Gemeinschaftsprojekt *nt*
совмеще́ние *nt O2* Zusammenlegung *f*, Vereinigung *f*
сово́к <*gen sg:* -вка́> *m K e* 1. Kehrblech *nt*, Schippe *f*; 2. (*umg*) homo soveticus *m*
совокупле́ние *nt O2* 1. Vereinigung *f*; 2. Beischlaf *m*, Koitus *m*
совоку́пность *f I* Gesamtheit *f*
совоку́пный *adj* gesamt, vereinigt; **совоку́пное иму́щество** Gesamtvermögen *nt*; **совоку́пные расхо́ды** Vollkosten *pl*; **совоку́пные права́ акционе́рной компа́нии на уча́стие** Firmenmantel *m*; **~ капита́л** Kapitalwert *m*; **~ сумма́рный** aggregiert
совпада́ющий *adj* 1. übereinstimmend, deckungsgleich; 2. (MATH) kongruent
совпа́сть <*nur 3. pers:* -падёт, *prät:* -а́л, -ала́> *vi E6a pf* (*impf:* **совпада́ть**) 1. zu-

совратить

sammenfallen, übereinstimmen (mit +*dat*); **2.** sich überschneiden
совратить <*fut*: -ащу́, -ати́шь> *vt I pf* (*impf*: совраща́ть) **1.** verleiten; ~ **с пути́ и́стинного** vom rechten Weg abbringen **2.** verführen
совраще́ние *nt* O2 Verführung *f*
совреме́нник, совреме́нница *m K / f A* Zeitgenosse, -genossin *m/f*
совреме́нность *f I* **1.** Gegenwart *f*; **2.** Modernität *f*
совреме́нный <*kf*: -е́нен, -е́нна> *adj* **1.** gegenwärtig, heutig; **2.** augenblicklich, jetzig; **3.** modern, neuartig; **совреме́нное иску́сство** moderne Kunst *f*; **совреме́нная литерату́ра** Gegenwartsliteratur *f*; **4.** zeitgemäß; **совреме́нные техноло́гии** Spitzentechnologie *f*
совсе́м *adv* **1.** ganz; **э́то ~ не то** das ist gar nicht so; **2.** überhaupt; **ты ~ не измени́лся** du hast dich überhaupt nicht verändert
согла́сие *nt* O2 **1.** Zusage *f*; **2.** Zustimmung *f*, Einwilligung *f*; **дать своё ~ на что-ли́бо** seine Zustimmung erteilen (zu + *dat*); **~ на предоставле́ние креди́та** Kreditzusage *f* **3.** Einvernehmen *nt*, Eintracht *f*, Einverständnis *nt*; **4.** Konsens *m*; **гражда́нское ~** Burgfrieden *m*; **национа́льное ~** nationaler Konsens *m*
согласи́ться <*fut*: -ашу́сь, -аси́шься> *vr I pf* (*impf*: соглаша́ться) **1.** (*на что-ли́бо*) einwilligen (in +*akk*); **2.** zustimmen; **3.** befürworten, gutheißen
согла́сно **I.** *adv* einträchtig, harmonisch; **~ зака́зу** auftragsgemäß; **~ положе́нию** vorschriftsmäßig; **II.** *präp* +*dat* zufolge, laut, gemäß; **~ зако́ну** laut Gesetz
согла́сный **I.** <*kf*: -сен, -сна> *adj* einverstanden; **II.** *m wie adj* (LING) Konsonant *m*
согласова́ние *nt* O2 **1.** Abstimmung *f*; **2.** (LING) Kongruenz *f*; **~ зарабо́тной пла́ты** Lohnvereinbarung *f*; **~ це́лей** Zielvereinbarung *f*, Zielabstimmung *f*; **~ цен** Preisabsprache *f*
согласо́ванность *f I* **1.** Einklang *m*, Übereinstimmung *f*; **2.** Zusammenspiel *nt*
согласо́ванный <*kf*: -ан> *adj* **1.** abgestimmt, koordiniert; **2.** (LING) kongruent
согласова́ть *vt* E2 *pf* (*impf*: согласо́вывать) abstimmen, absprechen, vereinbaren, koordinieren
соглаша́ться *vr E impf* (*pf*: согласи́ться). **1.** (*на что-ли́бо*) zustimmen, einverstanden sein, einwilligen (in +*akk*); **2.** (*с чем-ли́бо*) befürworten, gutheißen, eingehen (auf +*akk*)
соглаше́ние *nt* O2 **1.** Vereinbarung *f*, Übereinkunft *f*, Abmachung *f*, Einigung *f*; **2.** (JUR) Abkommen *nt*, Vertrag *m*; **3.** Konvention *f*; **внедогово́рное ~** Vertragsnebenabrede *f*; **внесуде́бное мирово́е ~** außergerichtlicher Vergleich *m*; **долгосро́чное ~** langfristiges Abkommen *nt*; **трудово́е ~**

соединить

Werkvertrag *m*; **Маастре́хтские соглаше́ния** Maastrichter Verträge *pl*; **заключа́ть** ~ eine Abmachung treffen; **~ о морато́рии** [*о* **перенесе́нии сро́ка**] Stillhalteabkommen *nt*; **~ о проце́нтах по креди́ту** Zinsabkommen *nt*; **~ о це́нах** Preisabsprache *f*; **~ по дела́м предприя́тия** Betriebsvereinbarung *f*
согну́ть *vt E1 pf* (*impf*: гнуть, сгиба́ть) krümmen, biegen
согра́ждане *m pl U2* Mitbürger *m pl*
согрева́ть *vt E impf* (*pf*: согре́ть) aufwärmen, erwärmen
согреши́ть *vi I pf* (*impf*: греши́ть) **1.** sündigen; **2.** (*про́тив чего́-ли́бо*) verstoßen (gegen +*akk*)
со́да *f A* Soda *nt*
соде́йствие *nt* O2 **1.** Förderung *f*; **2.** Unterstützung *f*, Beistand *m*, Hilfe *f*; **~ разви́тию эконо́мики** Wirtschaftsförderung *f*
соде́йствовать *v + dat E2 impf/pf* (*pf*: по-) fördern, unterstützen
содержа́ние *nt* O2 **1.** Inhalt *m*; **2.** Inhaltsverzeichnis *nt*; **3.** Zusammensetzung *f*; **основно́е ~** Hauptinhalt *m*, Konzentration *f*; **~ вре́дных веще́ств** Schadstoffbelastung *f*; **~ жи́ра** Fettgehalt *m*; **5.** (ÖKON) Bezug *m*; **6.** Gehalt *nt*, Unterhalt *m*; **~ в испра́вности** Instandhaltung *f*; **о́тпуск с сохране́нием, содержа́ния** bezahlter Urlaub *m* **7.** Erhaltung *f*, Unterhaltung *f*, Instandhaltung *f*
содержа́тельный <*kf*: -лен, -льна, -льно> *adj* **1.** gehaltvoll; **2.** inhaltlich, stofflich
содержа́ть <*präs*: -держу́, -де́ржишь> *vt I impf* **1.** unterhalten, finanzieren; **2.** führen; **3.** instandhalten, erhalten; **4.** enthalten, beinhalten
со́довая *f wie adj* Sodawasser *nt*
содолжни́к *m K* Mitschuldner *m*
содра́ть <*fut*: сдеру́, сдерёшь> *vt E4a pf* (*impf*: сдира́ть) **1.** abziehen; **2.** (*fig*) schröpfen
содрога́ться *vr E impf* (*pf*: содрогну́ться) **1.** beben, schwanken; **2.** schaudern, erzittern
соду́жество *nt* O Gemeinschaft *f*; **~ Незави́симых Госуда́рств** Gemeinschaft *f* Unabhängiger Staaten, GUS *f*
соедине́ние *nt* O2 **1.** Vereinigung *f*, Verbund *m*; **2.** Verblindung *f*, Kopplung *f*; **~ с Интерне́том** Internetverbindung *f*
Соединённые Шта́ты Аме́рики *m K* Vereinigte Staaten von Amerika *m pl*, USA *pl*
соедини́тельный <*kf*: -лен> *adj* **1.** verbindend; **2.** Binde-; **соедини́тельная ткань** (ANAT) Bindegewebe *nt*
соедини́ть *vt I pf* (*impf*: соединя́ть) verbinden, anfügen (an +*akk*); **вас непра́вильно соедини́ли** Sie sind falsch verbunden

соединя́ть *vt E* fusionieren, zusammenschließen
сожале́ние *nt O2* **1.** Reue *f*; **2.** Bedauern *nt*; **досто́йный сожале́ния** bedauernswert, mitleidenswert; **к сожале́нию** leider, bedauerlicherweise
сожале́ть *vi E impf* (*о ком-ли́бо/чём-ли́бо*) bedauern, jdm Leid tun; **я и́скренне сожале́ю об э́том** das tut mir aufrichtig Leid
созва́ть <*fut:* -зову́, -зовёшь> *vt E4a pf* (*impf:* созыва́ть) **1.** zusammenrufen, einladen; **2.** einberufen
созве́здие *nt O2* Gestirn *nt*, Sternbild *nt*
создава́ть <*präs:* -даю́, -даёшь> *vt E3 impf* (*pf:* созда́ть) **1.** schaffen, ins Leben rufen, aufbauen; **2.** schaffen, schöpfen, kreieren; **3.** errichten, herstellen
созда́ние *nt O2* **1.** Schaffen *nt*; **2.** Schöpfung *f*, Erschaffung *f*; **да́та созда́ния** (DV) Erstellungsdatum *nt*; **~ де́нег** Geldschöpfung *f*; **~ сто́имости** Wertschöpfung *f* **3.** Werk *nt*, Schöpfung *f*; **4.** Geschöpf *nt*
созерца́ть *vt E impf* (*geh*) betrachten, anschauen
созида́ть *vt E impf* schöpfen, kreieren
созна́ние *nt O2* **1.** Bewusstsein *nt*; **обще́ственное** [*о* **ма́ссовое**]**~** öffentliches Bewusstsein *nt*; **2.** Besinnung *f*; **без созна́ния** bewusstlos, besinnungslos
созна́тельный <*kf:* -лен, -льна, -льно> *adj* **1.** bewusst; **2.** pflichtbewusst; **3.** absichtlich
созрева́ть *vi E impf* (*pf:* созре́ть) (*auch fig*) reifen
созре́вший *adj* reif
созре́ть *vi E pf* (*impf:* созрева́ть, зреть) (*auch fig*) reifen, reif werden
созы́в *m K* Einberufung *f*
созыва́ть *vt E impf* (*pf:* созва́ть) **1.** zusammenrufen, einladen; **2.** einberufen
соизво́лить *vi I pf* (*impf:* соизволя́ть) geruhen
соиска́тель *m K1* **1.** Bewerber (um die Doktorwürde) *m*; **2.** Anwärter *m*; **3.** Antragsteller *m*
со́йка *f A* Eichelhäher *m*
сойти́ <*fut:* -йду́, -йдёшь> *vi E7 pf* (*impf:* сходи́ть) **1.** hinuntergehen; **2.** aussteigen; **3.** fortgehen, weggehen, verlassen; **~ с ре́льсов** entgleisen; **~ с ума́** den Verstand verlieren; **4.** (*за кого́-ли́бо*) gelten (als + *nom*); **молчи́ - за у́много сойдёшь** wenn der Dumme schweigt, gilt er für klug
сок <*gen sg:* -а, -у, *präpos sg:* о со́ке, в соку́/в со́ке> *m K* Saft *m*; **фрукто́вый ~** Fruchtsaft *m*; **я́блочный ~** Apfelsaft *m*; **выжима́ть из кого́-ли́бо все ~и** (*fig*) jdn gewissenlos ausbeuten
со́кол *m K* Falke *m*
сократи́ть <*fut:* -ащу́, -ати́шь> *vt I pf* (*impf:* сокраща́ть) **1.** kürzen, abkürzen; **2.** verringern, senken, reduzieren, abbauen; **~ вое́нные расхо́ды** die Militärausgaben senken; **~ произво́дство** die Produktion drosseln; **~ шта́ты** Personal abbauen; **~ слова́** Wörter abkürzen; **3.** (МАТН) *дробь*) kürzen
сокраще́ние *nt O2* **1.** (Ab-)Kürzung *f*; **2.** Senkung *f*, Kürzung *f*, Abbau *m*, Einschränkung *f*; **3.** (DV) Shortcut *m*; **~ ассигнова́ний** Kürzung *f* der Haushaltsmittel; **~ бюдже́та** Abstrich *m* am Etat; **~ вооруже́ний** Abrüstung *f*; **~ зарпла́ты** Gehaltskürzung *f*; **~ капита́ла** Kapitalherabsetzung *f*; **~ капиталовложе́ний и оборо́тных средств** Bestandsverringerung *f*; **~ оборо́та** Umsatzminderung *f*; **~ персона́ла** [*о* **шта́тов**] Personalabbau *m*; **~ продолжи́тельности рабо́чего вре́мени** Arbeitszeitverkürzung *f*; **~ произво́дства** Produktionsrückgang *m*; **~ складски́х запа́сов** Lagerabbau *m*, Bestandsverringerung *f*; **~ спро́са** Nachfragerückgang *m* **4.** (LING) Abkürzung *f*
сокращённый *adj* abgekürzt, gesenkt; **~ рабо́чий день** [*о* **сокращённая рабо́чая неде́ля**] Kurzarbeit *f*
сокро́вище *nt O1* **1.** Schatz *m*; **2.** (*fig*) Schatz *m*, Goldstück *nt*, Juwel *nt*
сокры́тие *nt O2* Verheimlichung *f*, Geheimhaltung *f*
солга́ть <*fut:* -лгу́, -лжёшь> *vi E4 pf* (*impf:* лгать) **1.** lügen; **2.** (*кому́-ли́бо*) belügen
солда́т <*gen pl:* солда́т> *m K* Soldat *m*
солева́рня *f A1* Saline *f*
солёный *adj* gesalzen, salzig; **солёная вода́** Salzwasser *nt*
солида́рность *f I* Solidarität *f*; **проявля́ть ~ с кем-ли́бо** sich solidarisieren (mit +*dat*)
солида́рный <*kf:* -рен, -рна> *adj* solidarisch; **солида́рная отве́тственность** Solidarhaftung *f*
соли́дность *f I* Bonität *f*; **~ фи́рмы** Firmenansehen *nt*
соли́дный <*kf:* -ден, -дна> *adj* **1.** solide; **2.** (*fig*) beachtlich; **соли́дные зна́ния** beachtliches Wissen *nt*
соли́ст, соли́стка <*gen pl f:* -ток> *m K / f A* Solist, -in *m/f*
соли́ть <*präs:* солю́, со́лишь> *vt I impf* (*pf:* за-, по-) **1.** salzen; **2.** pökeln; **3.** einlegen
со́лнечный <*kf:* -чен, -чна> *adj* **1.** sonnig; **2.** Solar-; **со́лнечная батере́я** Solarzelle *f* **3.** Sonnen-; **со́лнечное затме́ние** Sonnenfinsternis *f*; **~ зо́нтик** Sonnenschirm *m*; **со́лнечные очки́** Sonnenbrille *f*; **со́лнечные часы́** Sonnenuhr *f*; **со́лнечная эне́ргия** Sonnenenergie *f*
со́лнце *nt O* Sonne *f*
со́ло I. *nt indekl* (MUS) Solo *nt*; **II.** *adv* solo, allein
солове́й <*gen sg:* -вья́> *m K2 e* Nachtigall

f
соло-ве́ксель Eigenwechsel *m*, Solawechsel *m*
со́лод <*gen sg:* -а, -у> *m K* Malz *nt*
соло́ма *f A* Stroh *nt*
соло́менный *adj* Stroh-; **соло́менная вдова́** Strohwitwe *f*; ~ **вдове́ц** Strohwitwer *m*; **соло́менная кры́ша** Strohdach *nt*
соло́минка *f A* 1. Strohhalm *m*; 2. Trinkhalm *m*
соло́нка *f A* Salzstreuer *m*
соль *f l* 1. Salz *nt*; 2. (*fig*) Pointe *f*
соля́рий *m K2* Solarium *nt*
соля́рка *f A* (*umg*) Dieselöl *nt*
сомкну́ть *vt E1 pf* (*impf:* смыка́ть) zumachen, schließen
сомнева́ться *vr E impf* (**в ком-ли́бо/чём-ли́бо**) zweifeln (an +*dat*)
сомне́ние *nt O2* Zweifel *m*, Bedenken *pl*; **ста́вить под ~** in Frage stellen, bezweifeln; **что́бы не допуска́ть никаки́х сомне́ний** um keine Zweifel aufkommen zu lassen
сомни́тельный <*kf:* -лен, -льна, -льно> *adj* zweifelhaft, fraglich, obskur
сон <*gen sg:* сна> *m K* 1. Schlaf *m*; 2. Traum *m*; **ужа́сный ~** Alptraum *m*; **перед ~ом** vor dem Schlafengehen
сона́та *f A* Sonate *f*
соне́т *m K* Sonett *nt*
со́нный <*kf:* -нен, -нна> *adj* schläfrig, schlaftrunken
со́ня *mf A1* 1. (*umg*) Schlafmütze *f*; 2. Langschläfer, -in *m/f*; 3. (ZOOL) Haselmaus *f*
сообража́ть *vi E impf* (*pf:* сообрази́ть) (*umg*) kapieren, begreifen; **ме́дленно/ту́го/пло́хо ~** langsam/ schwer/schlecht begreifen
соображе́ние *nt O2* 1. Verstand *m*; 2. Überlegung *f*, Erwägung *f*; 3. Beweggrund *m*
сообрази́тельность *f l* Aufnahmefähigkeit *f*, Auffassungsgabe *f*
сообща́ *adv* gemeinsam, miteinander; **де́йствовать ~** an einem Strang ziehen
сообща́ть *vt E impf* (*pf:* сообщи́ть) 1. mitteilen, melden; **как сообща́ют** wie verlautet 2. anzeigen
сообща́ться *vi E impf* 1. mitgeteilt werden; 2. verkehren, in Verbindung stehen; **сообща́ющиеся сосу́ды** (PHYS) kommunizierende Röhren
сообще́ние *nt O2* 1. Mitteilung *f*, Nachricht *f*, Bericht *m*, Bescheid *m*; **~ об оши́бке** (DV) Fehlermeldung *f*; **~ о поступле́нии** Bestätigung *f* 2. Verkehr *m*; **возду́шное ~** Flugverkehr *m*; **ме́стное ~** Nahverkehr *m*; **регуля́рное ~** Linienverkehr *m*
соо́бщество *nt O2* Gemeinschaft *f*; **Европе́йское ~** Europäische Gemeinschaft *f*, EU *f*; **мирово́е ~** Völkergemeinschaft *f*
сообщи́ть *vt l pf* (*impf:* сообща́ть) 1. mitteilen, melden; 2. anzeigen
соо́бщник, соо́бщница *m K / f A* Komplize, Komplizin *m/f*
сооруди́ть <*fut:* -ужу́, -уди́шь> *vt l pf* (*impf:* сооружа́ть) bauen, erbauen, errichten
сооруже́ние *nt O2* 1. Errichtung *f*, Bau *m*; 2. Bauwerk *nt*, Anlage *f*; **спорти́вные сооруже́ния** Sportanlage *f*
соотве́тственно I. *adv* übereinstimmend; II. gemäß (+*dat*), entsprechend
соотве́тствие *nt O2* Übereinstimmung *f*; **перево́дческое ~** übersetzerische Übereinstimmung *f*, Äquivalenz *nt*
соотве́тствовать *v* + *dat E2 impf* jdm/ etw entsprechen, übereinstimmen (mit +*dat*)
соотве́тствующий *adj* 1. entsprechend, betreffend, jeweilig; 2. einschlägig; 3. angemessen; **соотве́тствующие зако́ну полномо́чия** gesetzliche Vollmacht *f*; **соотве́тствующий предписа́нию** vorschriftsmäßig; **соотве́тствующий спро́су** [*o* **тре́бованиям ры́нка**] marktgerecht
соотчественник *m K* Landsmann *m*
соотноше́ние *nt O2* Relation *f*, Verhältnis *nt*, Proportion *f*; **~ ме́жду ку́рсом и при́былью** Kurs-Gewinn-Verhältnis *nt*; **~ сто́имости и ка́чества** Preis-Leistungs-Verhältnis *nt*
сопе́рник, сопе́рница *m K / f A* Rivale, Rivalin *m/f*, Kontrahent, -in *m/f*, Gegner, -in *m/f*, Mitbewerber, -in *m/f*; **быть досто́йным сопе́рником для кого́-либо** es aufnehmen können (mit +*dat*)
сопе́рничать *vi E impf* (**с кем-ли́бо**) wetteifern, rivalisieren, konkurrieren (mit +*dat*)
сопе́рничество *nt O* Rivalität *f*; **~ в о́бласти цен** Preiskampf *m*
сопе́ть <*präs:* -плю́, -пи́шь> *vi l impf* schnauben, schnaufen
со́пли <*gen pl:* сопле́й> *f pl A2 e2* (*umg*) Rotz *m*
со́пло *nt O pls* Düse *f*
сопостави́мый <*kf:* -и́м> *adj* vergleichbar
сопостави́тельнный *adj* vergleichend; **сопостави́тельная рекла́ма** vergleichende Werbung *f*; **сопостави́тельный ана́лиз де́ятельности однотипных предприя́тий** Betriebsvergleich *m*
сопоста́вить <*fut:* -влю, -вишь> *vt l pf* (*impf:* сопоставля́ть) gegenüberstellen, vergleichen, konfrontieren
сопоставле́ние *nt O2* 1. Gegenüberstellung *f*; 2. Vergleich *m*; **~ бала́нсов** Bilanzvergleich *m*; **~ затра́т** Kostenvergleich *m*; **~ цен** Preisvergleich *m*
сопра́но *nt indekl* 1. Sopran *m*; 2. Sopranistin *f*
сопроводи́тельный *adj* begleitend; **сопроводи́тельное письмо́** Begleitschreiben *nt*; **сопроводи́тельные**

докуме́нты Begleitpapiere *pl*
сопроводи́ть <*fut:* -ожу́, -оди́шь> *vt I pf* (*impf:* сопровожда́ть) begleiten, geleiten
сопровожда́ющий I. *m wie adj* 1. Begleiter, -in *m/f*; 2. Reisebegleiter, -in *m/f*; 3. Reisebegleiter, -in *m/f*, Betreuer, -in *m/f*; **сопровожда́ющие ли́ца** Begleitpersonen *f pl*, Begleitung *f*; II. *adj* begleitend
сопровожде́ние *nt O2* 1. Begleitung *f*; 2. (MIL) Geleit *nt*, Geleitschutz *m*; 3. (MUS) Begleitung *f*
сопротивле́ние *nt O2* Widerstand *m*; **~ во́здуха** Luftwiderstand *m*; **оказа́ть ~** Widerstand leisten
сопротивля́ться *vr* + *dat E impf* Widerstand leisten, sich widersetzen, sich wehren (gegen +*akk*)
сопроце́ссор *m K* (DV) Co-Prozessor *m*
сопу́тствовать *v* + *dat E2 impf* begleiten, einhergehen (mit +*dat*); **ему́ сопу́тствует успе́х** er wird von Erfolg begleitet; **их пла́нам сопу́тствует уда́ча** ihre Pläne werden vom Glück begünstigt
сопу́тствовать …
соразме́рный *adj* entsprechend, angemessen, anteilmäßig
сорване́ц <*gen sg:* -нца́> *m K e* (*umg*) Schlingel *m*, Bengel *m*
сорва́ть <*fut:* -ву́, -вёшь> *vt E4 pf* (*impf:* рва́ть, срыва́ть) 1. abbrechen, abreißen; 2. (*Blume*) pflücken; 3. (*fig*) vereiteln, zum Scheitern bringen; 4. auslassen (an +*dat*); **~ на ком-ли́бо плохо́е настрое́ние** seine Laune an jdm auslassen
соревнова́ние *nt O2* 1. (SPORT) Wettkampf *m*; 2. Wettbewerb *m*
сориенти́роваться *vr E2 pf* (*impf:* ориенти́роваться) sich orientieren
сорня́к *m K e* Unkraut *nt*
со́рок <*gen:* -á>*num* vierzig
соро́ка *f A* Elster *f*; **~-воро́вка** (*auch fig*) diebische Elster *f*
соро́чка *f A* (Ober-)Hemd *nt*; **ночна́я ~** Nachthemd *nt*; **он в соро́чке роди́лся** (*fig*) er ist ein Sonntagskind
сорт <*nom pl:* -á> *m K ple* 1. Sorte *f*, Art *f*; 2. Güteklasse *f*
сортиме́нт *m K* Sortiment *nt*
сортирова́ть *vt E2 impf* (*pf:* рас-) sortieren
соса́ть <*präs:* сосу́, сосёшь> *vt E4 impf* lutschen, saugen (an +*dat*)
сосе́д, сосе́дка <*gen pl f:* -док> *m K / f A* Nachbar, -in *m/f*
сосе́дний *adj* benachbart, nachbar-; **~ дом** Nachbarhaus *nt*; **сосе́дняя ко́мната** Nachbarzimmer *nt*
сосе́дский *adj* nachbarlich
сосе́дство *nt O* Nachbarschaft *f*; **по сосе́дству** in der Nachbarschaft, nebenan
соси́ска *f A* Bockwurst *f*, Würstchen *nt*
со́ска *f A* 1. Schnuller *m*; 2. Sauger *m*
соска́бливать *vt E impf* (*pf:* соскобли́ть) abkratzen, abreiben, rubbeln
соска́кивать *vi E impf* (*pf:* соскочи́ть) 1. abspringen; 2. (*umg*) plötzlich verschwinden
соска́льзывать *vi E impf* (*pf:* соскользну́ть) abrutschen
соско́к *m K* Absprung *m*
соскрести́ <*fut:* -ребу́, -ребёшь> *vt Eба pf* (*impf:* соскреба́ть) abkratzen, abschaben
сосла́ть <*fut:* сошлю́, сошлёшь> *vt E4 pf* (*impf:* ссыла́ть) verbannen
сосла́ться <*fut:* сошлю́сь, сошлёшься> *vr E4 pf* (*impf:* ссыла́ться) (**на что-ли́бо**) hinweisen, sich berufen (auf +*akk*)
сосна́ *f A pls* (BOT) Kiefer *f*; **обыкнове́нная ~** Föhre *f*
сосо́к <*gen sg:* -ска́> *m K e* Brustwarze *f*
сосредото́чение *nt O2* 1. Konzentration *f*; 2. Ansammlung *f*; 3. (MIL) Aufmarsch *m*
сосредото́ченность *f I* Konzentration *f*, Konzentriertheit *f*
сосредото́чивать *vt E impf* (*pf:* сосредото́чить) konzentrieren; **~ своё внима́ние на чём-ли́бо** sich konzentrieren (auf +*akk*)
соста́в *m K* 1. Zusammensetzung *f*, Bestand *m*; **~ правле́ния** Zusammensetzung *f* des Vorstandes; **~ иму́щества** [*о* **состоя́ния**] Vermögensaufstellung *f*; **социа́льный ~ о́бщества** Sozialstruktur *f*; **хими́ческий ~** chemische Zusammensetzung *f*; 2. (THEAT) Besetzung *f*; **объя́вленный ~ уча́стников** (SPORT) nominiertes Aufgebot *nt*; **ли́чный ~** (MIL) Personalbestand *m*
соста́вить <*fut:* -влю́, -вишь> *vt I pf* (*impf:* составля́ть) 1. erstellen, zusammenstellen; 2. erarbeiten, ausfertigen; 3. bilden, ausmachen; **э́то не соста́вит тебе́ осо́бого труда́** das wird dir keine besondere Mühe bereiten; **~ большинство́** die Mehrheit bilden; **~ компа́нию кому́-ли́бо** jdm Gesellschaft leisten 4. (*о коли́честве*) betragen, sich belaufen (auf +*akk*)
составле́ние *nt O2* Erstellen *nt*, Zusammenstellung *f*, Abfassen *nt*; **~ бала́нса** Abschluss *m*, Bilanzierung *f*; **~ бюдже́та** Budgetierung *f*; **~ докуме́нта** Beurkundung *f*; **~ завеща́ния** Abfassung *f* eines Testaments; **~ пла́на** Planaufstellung *f*; **~ прово́док** Kontierung *f*; **~ програ́ммы** (DV) Erstellen *nt* eines Programms; **~ протоко́ла** Protokollaufnahme *f*; **~ шта́тного расписа́ния** Personalplanung *f*
составно́й *adj* 1. zusammengesetzt; 2. Bestand-; **составна́я часть** Bestandteil *m*
состоя́ние *nt O2* 1. Zustand *m*, Verfassung *f*, Beschaffenheit *f*; **~ ду́ха** Geisteszustand *m*; **~ здоро́вья** Gesundheitszustand *m*; **не в состоя́нии** außerstande; **в состоя́нии алкого́льного опьяне́ния** unter Alkoholeinfluss; **~ иму́щества** Vermögenslage *f*; **~ счёта** Kontostand *m*; **~ това́ра** Güter-

beschaffenheit *f* 2. Vermögen *nt*, Besitz *m*; **завещáть комý-лúбо всё своё ~** jdm sein ganzes Vermögen hinterlassen
состоя́тельность *f* / 1. Wohlstand *m*; 2. Stichhaltigkeit *f*; 3. (ÖKON) Zahlungsfähigkeit *f*, Solvenz *f*
состоя́тельный <*kf*: -лен, -льна> *adj* 1. vermögend, wohlhabend, begütert; 2. stichhaltig, begründet
состоя́ть <*präs*: -ою́, -ои́шь> *vi I impf* 1. (*из чего-либо*) bestehen (aus +*dat*); 2. (*в чём-либо*) bestehen (in +*dat*); 3. in einem bestimmten Zustand sein; **~ брáке** verheiratet sein; **~ на слýжбе** angestellt sein; **~ на учёте** angemeldet sein
состоя́ться <*fut*: -ою́сь, -ои́шься> *vr I pf* 1. stattfinden; 2. (*как кто-либо*) bestehen, anerkannt werden (als +*nom*)
сострадáние *nt O2* Erbarmen *nt*
сострúть *vi I pf* (*impf*: **острúть**) witzeln, (geistreiche) Witze machen
состязáние *nt O2* Wettkampf *m*, Wettlauf *m*
сосýд *m K* Gefäß *nt*, Behälter *m*; **глúняный ~** Tongefäß *nt*; **кровенóсный ~** (ANAT) Blutgefäß *nt*
сосýлька *f A* (*ледянáя*) Eiszapfen *m*
сосуществовáние *nt O2* Koexistenz *f*; **мúрное ~** friedliche Koexistenz
сосчитáть *vt E pf* (*impf*: **считáть**) 1. zählen; 2. rechnen
сотворúть *vt I pf* (*impf*: **творúть**) 1. schöpfen, schaffen; 2. vollbringen, verwirklichen
сóтня <*gen pl*: -тен> *f A1* Hundert *nt*
сотрýдник, сотрýдница *m K / f A* Mitarbeiter, -in *m/f*; **~ уголóвной полúции** Kriminalbeamte(r), -beamtin *m/f*; **~ внéшней слýжбы** Außendienstmitarbeiter *m*
сотрýдничать *vi E impf* 1. zusammenarbeiten; 2. mitarbeiten, mitwirken
сотрýдничество *nt O* 1. Zusammenarbeit *f*, Kooperation *f*; 2. Mitarbeit *f*
сотрясáть *vt E impf* (*pf*: **сотрясти́**) erschüttern; **сотрясáемая крúзисом отрасль** krisengeschüttelte Branche *f*
сотрясéние *nt O2* Erschütterung *f*; **~ мóзга** (MED) Gehirnerschütterung *f*
сóты *m pl K* (*пчели́ные*) Bienenwaben *f pl*
сóтый *num ord* hundertste(r, s); **однá сóтая** Hundertstel *nt*
сóус <*gen sg*: -а,-у> *m K* Sauce *f*
соучáстие *nt O2* 1. Teilnahme *f*; 2. Mittäterschaft *f*
соучáстник, соучáстница *m K / f A* Mittäter, -in *m/f*, Gehilfe, Gehilfin *m/f*
соученúк, соученúца *m K / f A* Mitschüler, -in *m/f*
сохранéние *nt O2* 1. Erhalt *m*, Beibehaltung *f*, Bewahrung *f*; **~ и создáние рабóчих мест** Erhalt *m* und Schaffung *f* von Arbeitsplätzen; **~ субстáнции капитáла** Substanzerhaltung *f*; **~ чистоты́ вóздуха** Luftreinhaltung *f* 2. Aufbewahrung *f*, Aufheben *nt*; 3. Erhaltung *f*, Fortbestand *m*, Fortdauer *f*
сохранúть *vt I pf* (*impf*: **сохраня́ть**) 1. aufbewahren; 2. beibehalten; 3. wahren; **~ вéрность комý-лúбо** jdm die Treue halten; **~ в тáйне** geheimhalten; **~ приложéние как файл** (DV) eine Anlage als Datei speichern; **~ спокóйствие** Ruhe bewahren
сохрáнность Unversehrtheit *f*; **в цéлости и сохрáнности** unversehrt, heil und ganz
сохрáнный *adj* unversehrt
социáл-демокрáт *m K* Sozialdemokrat *m*
социали́зм *m K* Sozialismus *m*
социали́ст *m K* Sozialist *m*
социалисти́ческий *adj* sozialistisch
социáльный I. *adj* sozial, Sozial-; **социáльные вы́платы** Sozialleistungen *pl*; **социáльное госудáрство** Sozialstaat *m*; **социáльные затрáты** Sozialausgaben *pl*; **социáльная защúта** soziale Absicherung *f*; **социáльные наýки** Sozialwissenschaften *pl*; **~ обществéнный продýкт** Sozialprodukt *nt*; **~ партнёр** Sozialpartner *m*; **социáльная полúтика** Sozialpolitik *f*; **социáльная пóмощь** Sozialhilfe *f*, Fürsorge *f*; **социáльное обеспéчение** Fürsorge *f*; **~ рабóтник** Sozialarbeiter *m*; **социáльная ры́ночная эконóмика** soziale Marktwirtschaft *f*; **социáльное страховáние** Sozialversicherung *f* **социо-** II. *präfix* sozio-, Sozio-
социокультýрный *adj* soziokulturell
социóлог *m K* Soziologe *m*
социологúческий *adj* 1. soziologisch; 2. demoskopisch; **~ опрóс** Meinungsumfrage *f*
социолóгия *f A2* 1. Soziologie *f*; 2. Demoskopie *f*
сóциум *m K* (*geh*) Sozius *m*
сочéльник *m K* Heiligabend *m*, Heiliger Abend *m*
сочетáемость *f I* Valenz *f*
сочетáние *nt O2* Verbindung *f*, Kombination *f*; **~ брáком** Eheschließung *f*
сочетáть *vt E impf/pf* verbinden, kombinieren, vereinigen
сочетáться *vr E impf/pf* 1. sich verbinden, sich vereinigen; 2. zusammenpassen, harmonieren
сочинéние *nt O2* 1. Abhandlung *f*, Aufsatz *m*; 2. Verfassen *nt*; 3. Komponieren *nt*
сóчный <*kf*: -чен, -чнá, -чно, сóчны́> *adj* 1. saftig; 2. kraftvoll
сочýвственный <*kf*: -вен, -венна, -венно> *adj* mitleidig
сочýвствие *nt O2* 1. Mitgefühl *nt*, Mitleid *nt*; 2. Sympathie *f*
сочýвствовать *v* + *dat E2 impf* (*pf*: по-) bemitleiden, Mitleid haben (mit +*dat*)

сочу́вствующий *m wie adj* Sympathisant *m*

со́шка *f A* Gewehrständer *m*; **ме́лкая со́шка** (*umg:fig*) kleine Fische

сою́з *m K* 1. Verband *m*, Verein *m*; ~ **потреби́телей** Verbraucherverband *m*; ~ **предпринима́телей** Unternehmerverband *m*; ~ **рабо́чих и слу́жащих** Arbeitnehmerverband *m*; ~ **реме́сленников** Innung *f*; **зарегистри́рованный** ~ eingetragener Verein *m*; **тво́рческий** ~ Künstlerverband *m*; 2. Bund *m*, Union *f*, Bündnis *nt*, Bund *m*; **Сою́з Сове́тских Социалисти́ческих Респу́блик** Union der Sozialistischen Sowjetrepubliken, UdSSR *f* 3. (*umg*) Sowjetunion *f*; 4. (LING) Konjunktion *f*

сою́зник *m K* Verbündeter *m*, Alliierter *m*

спад *m K* 1. Rückgang *m*; 2. Abflauen *nt*, Abnahme *f*; 3. Rückschlag *m*; ~ **произво́дства** rückläufige Produktion *f*; ~ **конъюнкту́ры** (Konjunktur-)abschwung *m*; ~ **экономи́ческий** ~ Rezession *f*, Talfahrt *f*; ~ **спро́са** Nachfrageinflation *f*

спа́льный *adj* Schlaf-; ~ **ваго́н** Schlafwagen *m*; ~ **мешо́к** Schlafsack *m*; ~ **райо́н** Wohngebiet *nt*

спа́льня *f A1* Schlafzimmer *nt*

спа́ренный *adj* gepaart, gekoppelt, Doppel-; ~ **пулемёт** Zwillings-MG *nt*; ~ **телефо́н** Doppelanschluss *m*; **спа́ренное окно́** Doppelfenster *nt*

спа́ржа *f A* Spargel *m*

спа́ривание *nt O2* Begattung *f*, Paarung *f*

спа́ривать *vt E impf* (*pf:* спа́рить) paaren

спарта́нский *adj* spartanisch; **вести́** ~ **о́браз жи́зни** spartanisch leben

Спас *m K* Heiland *m*

спаса́тель *m K1* 1. Retter *m*, Mitglied *nt* einer Bergungsmannschaft; 2. (*на воде́*) Rettungsschwimmer *m*

спаса́тельный *adj* Rettungs-; ~ **круг** Rettungsring *m*; **спаса́тельные рабо́ты** Bergung *f*; **спаса́тельная шлю́пка** Rettungsboot *nt*

спаса́ть *vt E impf* (*pf:* спасти́) 1. retten, erlösen; 2. bergen; ~ **свою́ шку́ру** die eigene Haut retten

спасе́ние *nt O2* 1. Rettung *f*; 2. Erlösung *f*; 3. Bergung *f*

спаси́бо I. *part* danke! ~, **не на́до!** nein, danke!; II. *nt indekl* Dank *m*; **большо́е** ~! vielen Dank!

спаси́тель *m K1* 1. Retter *m*; 2. (REL) Messias *m*, Erlöser *m*

спасова́ть *vi E2 pf* (*impf:* пасова́ть) 1. passen, aufgeben; 2. (SPORT) passen

спасти́ <*fut:* спасу́, спасёшь> *vt E6 pf* (*impf:* спаса́ть) 1. retten, erlösen; 2. bergen

спать <*präs:* сплю, спишь, *prät:* спал, спала́, спа́ло> *vi E impf* 1. schlafen; **ложи́ться** ~ zu [*o* ins]Bett gehen 2. (*с кем-ли́бо*) schlafen (mit +*dat*)

СП¹ *abk von* совме́стное предприя́тие *nt* Joint-venture *nt*, Gemeinschaftsunternehmen *nt*

СП² *abk von* Сою́з Писа́телей *m* Schriftstellerverband *m*

спекта́кль *m K1* 1. Aufführung *f*; 2. (*fig*) Spektakel *nt*, Theater *nt*

спектр *m K* 1. Spektrum *nt*; 2. Streubreite *f*

спекули́ровать *vi E2 impf* (*pf:* спекульну́ть) 1. schieben, spekulieren; 2. (*fig*) spekulieren, rechnen (auf +*akk*)

спекуля́нт *m K* 1. Schwarzhändler *m*; 2. Spekulant *m*; **биржево́й** ~ Börsenspekulant *m*

спекуляти́вный *adj* 1. (PHIL) spekulativ; 2. (ÖKON) Spekulations-; **спекуляти́вная опера́ция** [*o* сде́лка] Spekulationsgeschäft *nt*

спекуля́ция *f A2* 1. Schwarzhandel *m*, Schiebung *f*; 2. (*fig*) Spekulation *f*, Mutmaßung *f*; 3. Spekulationsgeschäft *nt*; ~ **на колеба́нии ку́рсов** Kursspekulation *f*

сперва́ *adv* (*umg*) anfangs, zuerst, zunächst

спе́рма *f A* Sperma *nt*

спёртый <*kf:* спёрт> *adj* (*umg*) stickig, muffig

спеси́вый <*kf:* -и́в> *adj* 1. hochmütig; 2. protzig

специализа́ция *f A2* Spezialisierung *f*

специализи́рованный *adj* spezialisiert; **специализи́рованные ка́дры** Fachkräfte *pl*; ~ **магази́н** Fachgeschäft *nt*

специализи́роваться *vr E2 impf/pf* sich spezialisieren

специали́ст *m K* 1. Spezialist *m*, Fachmann *m*, Experte *m*; **молодо́й** ~ Hochschulabgänger *m*; ~ **в о́бласти наро́дного хозя́йства** Volkswirt *m*; ~ **по вне́шней торго́вли** Außenhandelskaufmann *m*; ~ **по вопро́сам эконо́мики предприя́тия** Betriebswirt *m*; ~ **по экономи́ческим вопро́сам** Wirtschaftsfachmann *m*; **у́зкий** ~ Experte *m*; 2. (*umg*) Könner *m*, Meister *m*; 3. (MED) Facharzt *m*

специа́льно *adv* 1. eigens, speziell, extra; 2. absichtlich, vorsätzlich

специа́льность *f I* 1. Fachbereich *m*; 2. Beruf *m*

специа́льный <*kf:* -лен, -льна> *adj* Spezial-, Sonder-, Fach-; **специа́льная дове́ренность** Sondervollmacht *f*; **специа́льная литерату́ра** Fachliteratur *f*; **специа́льная о́бласть зна́ний** Fachbereich *m*; **специа́льная подгото́вка** fachliche Ausbildung *f*; **специа́льная организа́ция ООН** UNO-Sonderorganisation *f*; ~ **язы́к** Fachsprache *f*; **специа́льное выраже́ние** Fachausdruck *m*; **специа́льное вы́сшее уче́бное заведе́ние** Fachhochschule *f*; **специа́льное разреше́ние** Ausnahmegenehmigung *f*; **специа́льное профессиона́льное уче́бное**

заведе́ние Fachschule *f*; **~ си́мвол** (DV) Sonderzeichen *nt*; **специа́льные зна́ния** Fachkenntnisse *pl*; **специа́льные расхо́ды** Sonderausgaben *pl*; **специа́льные сбо́ры** Sonderabgaben *pl*
специфика́ция *f A2* 1. Spezifikation *f*; 2. Stückliste *f*
специфи́ческий *adj* spezifisch
спецслу́жба *f A* Geheimdienst *m*
спеши́ть *vi I impf* (*pf:* по-) eilen, sich beeilen; **мне не́куда ~** ich habe es nicht eilig; **поспеши́шь — люде́й насмеши́шь!** eile mit Weile! **не ~ с чем-ли́бо** sich Zeit nehmen (für +*akk*)
спе́шка *f A* Eile *f*, Hast *f*
спе́шный <*kf:* -шен, -шна> *adj* 1. eilig, hastig; 2. dringlich; **в спе́шном поря́дке** im Eilverfahren
СПИД *akr von* синдро́м приобретённого иммунодефици́та *m* Aids
спидо́метр *m K* Kilometerzähler *m*
спи́кер *m K* 1. Parlamentspräsident *m*; 2. Parlamentssprecher *m*
спина́ <*akk sg:* спи́ну> *f A pls* Rücken *m*; **за чьей-ли́бо спино́й** hinter jds Rücken; **говори́ть что-ли́бо о ком-ли́бо за его́ спино́й** jdm etw nachsagen; **в спи́ну** hinterrücks; **гнуть спи́ну пе́ред кем-ли́бо** katzbuckeln (vor +*dat*)
спи́нка *f A* 1. Rückenlehne *f*; 2. Rückenteil *nt*
спира́ль *f I* Spirale *f*; **~ цен и за́работной пла́ты** Lohn-Preis-Spirale *f*
спирт *m K* Spiritus *m*; **нашаты́рный ~** Franzbranntwein *m*; **сухо́й ~** Brennspiritus *m*
спиртовка *f A* Spirituskocher *m*
списа́ние *nt O2* Abschreibung *f*; **~ со счёта** Abbuchung *f*; **пла́новое ~** planmäßige Abschreibung *f*; **произво́дственные списа́ния** durch die Fertigung veranlasste Abschreibung *f*
списа́ть <*fut:* спишу́, спи́шешь> *vt E4 pf* (*impf:* спи́сывать) 1. abschreiben; 2. (ÖKON) abschreiben; **~ со счёта** abbuchen 3. (MAR) entlassen
спи́сок <*gen sg:* -ска> *m K* 1. Liste *f*, Aufstellung *f*, Verzeichnis *nt*, Register *nt*, Index *m*; **~ адресо́в** Adressenliste *f*; **~ гру́зов** Lastenheft *nt*; **~ и́мпортных това́ров** Einfuhrliste *f*; **~ КОКОМ** COCOM-Liste *f*; **~ литерату́ры** Literaturverzeichnis *nt*; **~ материа́лов** Materialstückliste *f*; **~ очередников** Warteliste *f*; **~ разыскиваемых** Fahndungsliste *f*; **~ сокраще́ний** Abkürzungsverzeichnis *nt* 2. (handschriftliche) Kopie *f*
спи́ца *f A* 1. Stricknadel *f*; 2. (Rad-)Speiche *f*; **пя́тая ~ в колесни́це** (*fig*) das fünfte Rad am Wagen
спи́чка <*gen pl:* -чек> *f A* Streichholz *nt*, Zündholz *nt*
сплав[1] *m K* Flößerei *f*

сплав[2] *m K* 1. Legierung *f*; 2. (*fig*) Verbindung *f*
сплете́ние 1. Verflechtung *f*; 2. (ANAT) Sonnengeflecht *nt*
спле́тник, спле́тница *m K / f A* Klatschbase *f*
спле́тничать *vi E impf* klatschen, tratschen
сплохова́ть *vi E2 pf* sich eine Blöße geben, einen Fehler machen
сплоче́ние *nt O2* 1. Zusammenhalten *nt*; 2. Zusammenschluss *m*
сплошно́й *adj* 1. durchgehend; 2. lückenlos; **сплошно́е наблюде́ние** Totalerhebung *f*
сплошь *adv* 1. ununterbrochen; 2. ausnahmslos; **э́то встреча́ется ~ и ря́дом** das ist gang und gäbe
спо́йлер *m K* Spoiler *m*
споко́йный <*kf:* -о́ен, -о́йна> *adj* 1. ruhig, geruhsam; 2. (*ме́дленный*) gemächlich; 3. (*вы́держанный*) gefasst
споко́йствие *nt O2* Ruhe *f*; **сохраня́ть ~** Ruhe bewahren
спола́скивать *vt E impf* (*pf:* сполосну́ть) abspülen
спонси́ровать *vt E2 impf/pf* sponsern, fördern
спо́нсор *m K* Sponsor *m*, Geldgeber *m*
спо́нсорство *nt O* Sponsoring *nt*
спонта́нность *f I* Spontaneität *f*
спонта́нный <*kf:* -а́нен, -а́нна> *adj* spontan
спор <*gen sg:* -а,-у> *m K* 1. Streit *m*, Auseinandersetzung *f*; 2. (JUR) Streitfall *m*, Rechtsstreit *m*
спо́рить *vi I impf* (*pf:* поспо́рить) streiten
спо́риться <*nur 3. pers:* -ится> *vr I impf* (*о рабо́те*) gut vorangehen
спо́рный <*kf:* -рен, -рна> *adj* strittig, kontrovers, umstritten; **~ вопро́с** Streitfrage *f*
спорт *m K* Sport *m*; **ма́ссовый ~** Breitensport *m*; **па́русный ~** Segelsport *m*; **~ высо́ких достиже́ний** Leistungssport *m*
спортза́л *m K* Turnhalle *f*
спорти́вный <*kf:* -вен, -вна> *adj* 1. sportlich; 2. Sport-
спортплоща́дка *f A* Sportplatz *m*
спортсме́н, спортсме́нка <*gen pl:* -нок> *m K / f A* Sportler, -in *m/f*, Athlet, -in *m/f*
спо́соб *m K* 1. Art und Weise *f*, Methode *f*; 2. Verfahren *n*; **~ инкасса́ции** Einziehungsverfahren *nt*; **~ испыта́ния** Prüfverfahren *nt*; **~ оптимиза́ции** Optimierungsverfahren *nt*; **~ произво́дства** Produktionsverfahren *nt* 3. (LING) Modus *m*
спосо́бность *f I* 1. Fähigkeit *f*, Befähigung *f*; 2. Neigung *f*, Talent *nt*; **~ к де́йствиям** Handlungsfähigkeit *f*
спосо́бный <*kf:* -бен, -бна> *adj* 1. fähig; **быть спосо́бным на что-ли́бо** fähig sein

(zu +*dat*); **~ к диалогу** dialogfähig; **~ к обращéнию** negoziabel; **~ к совмéстной рабóте в коллекти́ве** teamfähig 2. (*талáнтливый*) begabt
спосóбствовать *v* + *dat E2 impf* (*pf:* по-) fördern, begünstigen
спот *m K* Spot *m*
споткну́ться *vi E1 pf* (*impf:* спотыкáться) holpern, stolpern, straucheln
спрáва *adv* rechts
справедли́вость *f I* Gerechtigkeit *f*; **справедли́вости рáди** der Gerechtigkeit wegen
справедли́вый <*kf:* -и́в> *adj* 1. gerecht; 2. fair; 3. berechtigt
спрáвить <*fut:* -влю, -вишь> *vt I pf* (*impf:* справля́ть) 1. feiern, begehen; 2. erwerben, kaufen
спрáвиться <*fut:* влюсь, -вишься> *vr I pf* (*impf:* справля́ться) 1. (*с чем-ли́бо*) zurechtkommen (mit +*dat*); 2. bewältigen, meistern; 3. sich informieren (über +*akk*); 4. sich erkundigen (nach +*dat*); 5. nachschlagen, nachsehen
спрáвка *f A* 1. Auskunft *f*, Bescheid *m*; **дать спрáвку** Auskunft erteilen, Bescheid geben; **обращáться за спрáвкой к кому́-ли́бо** Auskunft einholen (bei +*dat*) 2. Bescheinigung *f*; **~ с мéста рабóты** Arbeitsbescheinigung *f*; **~ о дохóде** Einkommensnachweis *m*; **~ о налóгах на зарáботную плáту** Einkommenssteuerbescheinigung *f*; **~ о поступлéнии зая́вки** Eingangsbescheinigung *f*
спрáвочник *m K* Nachschlagewerk *nt*, Handbuch *nt*; **железнодорóжный ~** Kursbuch *nt*
спрайт *m K* Mob *m*
спрáшивать *vt E impf* (*pf:* спроси́ть) 1. fragen; 2. abfragen; **~ с когó-ли́бо** jdn zur Rede stellen; 3. um Erlaubnis bitten
спрессовáть *vt E2 pf* (*impf:* прессовáть) pressen, drücken
спринт *m K* (SPORT) Sprint *m*, Kurzstreckenlauf *m*
спровади́ть <*fut:* -ажу́, -áдишь> *vt I pf* (*impf:* спровáживать) (*umg*) kurz abfertigen, hinauskomplimentieren
спровоци́ровать *vt E2 pf* (*impf:* провоци́ровать) provozieren
спроекти́ровать *vt E2 pf* (*impf:* проекти́ровать) entwerfen
спроеци́ровать *vt E2 pf* (*impf:* проеци́ровать) projizieren
спрос <*gen sg:* -а,-у> *m K* 1. Nachfrage *f*; 2. Bedarf *m*; **пóльзующийся ~ом** gefragt; **~ инострáнных клиéнтов** Auslandsnachfrage *f*; **~ на дéньги** Geldnachfrage *f*; **~ на капитáл** Kapitalbedarf *m*; **~ на креди́т** Kreditbedarf *m*; **~ на ры́нке** Marktnachfrage *f*; **~ на потреби́тельские товáры** Konsumgüternachfrage *f*; **~ на цéнные бумáги** Wertpapiernachfrage *f*

спроси́ть <*fut:* спрошу́, спрóсишь> *vt I pf* (*impf:* спрáшивать) fragen
спросóнок, спросóнья *adv* (*umg*) schlaftrunken, verschlafen
спры́гивать *vi E impf* (*pf:* спры́гнуть) abspringen, hinunterspringen
спряга́ть *vt E impf* (*pf:* про-) (LING) konjugieren
спряжéние *nt O2* (LING) Konjugation *f*
спря́тать <*fut:* -я́чу, -я́чешь> *vt E4 pf* (*impf:* пря́тать) 1. verstecken, verbergen; 2. einstecken
спря́таться <*fut:* -я́чусь, -я́чешься> *vr E4 pf* (*impf:* пря́таться) 1. sich verstecken; 2. vorschützen
спу́гивать *vt E impf* (*pf:* спугну́ть) scheuchen, aufscheuchen
спу́линг *m K* (DV) Spooling *nt*, Spool-Betrieb *m*; **прогрáмма ~а** [*o* **подкáчки/ откáчки дáнных**] Spooler *m*, Spool-Programm *nt*; **систéма поддéржки ~а** Spoolsystem *nt*
спурт *m K* Spurt *m*; **фи́нишный ~** Endspurt *m*
спуск *m K* 1. Abhang *m*; 2. Abstieg *m*; 3. (FOT) Auslöser *m*; **скоростнóй ~** (SPORT) Abfahrtslauf *m*
спусковóй *adj* Abfluss-, Abzugs-; **~ крючóк** Abzug *m*
спусти́ть <*fut:* -ущу́, -у́стишь> *vt I pf* (*impf:* спускáть) herunterlassen; **вóду из вáнны** das Badewasser ablassen; **~ на верёвке** sich abseilen; **~ с лéстницы** hinauswerfen, vor die Tür setzen
спусти́ться <*fut:* -ущу́сь, -у́стишься> *vr I pf* (*impf:* спускáться) hinuntergehen, heruntersteigen, herunterkommen; **~ по канáту** sich abseilen; **~ с нéба на грéшную зéмлю** auf den Boden der Realität zurückkehren, aus allen Wolken fallen
спустя́ *präp* +*akk* nach (+*dat*); **~ год** nach einem Jahr, ein Jahr später
спу́танно *adv* verwickelt, verworren
спу́тать *vt E pf* (*impf:* пу́тать) 1. verwechseln; 2. verwirren
спу́тник, спу́тница *m K / f A* 1. Gefährte, Gefährtin *m/f*, Reisegefährte, -gefährtin *m/f*, Begleiter, -in *m/f*; **~ жи́зни** Lebensgefährte -gefährtin *m/f*; 2. (*nur m*) Mond *m*; 3. (*nur m*) Trabant *m*, Satellit *m*; **гóрод-спу́тник** Trabantenstadt *f*
спя́тить <*fut:* -я́чу, -я́тишь> *vi I pf* (*umg*) den Verstand verlieren, verrückt werden; **ты совсéм спя́тил** du bist total übergeschnappt
спя́чка *f A:* **зи́мняя ~** (ZOOL) Winterschlaf *m*; **лéтняя ~** (ZOOL) Sommerschlaf *m*
спя́щий *adj* schlafend; **Спя́щая Красáвица** Dornröschen *nt*
ср. *abk von* сравни́ vgl.
сраба́тывать *vi E impf* (*pf:* срабóтать) funktionieren
сравнéние *nt O2* Vergleich *m*; **всё познаётся в сравнéнии** es kommt auf den Vergleich an; **по сравнéнию с**

кем-либо/чем-либо im Vergleich (zu +dat)
сравнивать vt E impf (pf: **сравнить**) (с кем-либо/чем-либо) vergleichen (mit + dat)
сравнимый <kf: -им> adj vergleichbar
сравнительно adv vergleichsweise, vergleichsmäßig, relativ
сравнительный <kf: -лен, -льна> adj vergleichen, Vergleichs-; **сравнительная величина** Vergleichswert m; **сравнительная оценка** Vergleichswert m; **сравнительная оценка имущества** Vermögensvergleich m; **сравнительная реклама** vergleichende Werbung f; **сравнительные данные** Vergleichszahl f; **сравнительные преимущества в издержках производства** komparative Kostenvorteile pl; ~ **анализ деятельности однотипных предприятий** Betriebsvergleich m; ~ **анализ деятельности разных отраслей** Branchenvergleich m
сражаться vr E impf (pf: **сразиться**) (MIL) kämpfen
сражение nt O2 Schlacht f
сразу adv 1. sofort, gleich, prompt; 2. auf einmal, mit einem Schlag, über Nacht
сращивание Verschmelzung f
среда[1] <akk sg: **среду**) f A pls Milieu nt, Umgebung f; ~ **обитания** Lebensraum m; **конкурентная ~** (ЭКОН) Wettbewerbsbedingungen pl; **окружающая ~** Umwelt f
среда[2] f A e2 Mittwoch m; **по средам** mittwochs; ~ **на первой неделе великого поста** Aschermittwoch m
Средиземное море nt O1 Mittelmeer nt
Средиземноморье nt O1 Mittelmeerraum m
средневековый adj mittelalterlich
среднее nt wie adj (MATH) Durchschnitt m; **в среднем** durchschnittlich, im Durchschnitt; **выше среднего** überdurchschnittlich; ~ **арифметическое** (MATH) arithmetisches Mittel
среднесрочный adj mittelfristig
средний adj 1. Durchschnitts-; 2. durchschnittlich; 3. mittlere(r, s); **средние века** Mittelalter nt; **средние волны** Mittelwelle f; ~ **класс** Mittelstand m; **средние классы** Mittelstufe f; ~ **доход** Durchschnittseinkommen nt; ~ **заработок** Durchschnittsverdienst m; ~ **курс** Mittelkurs m, Durchschnittskurs m; ~ **курс к моменту закрытия биржи** Mittelschlusskurs m; ~ **показатель** Mittel nt; ~ **потребитель** Normalverbraucher m, Otto Normalverbraucher m; ~ **размер** Durchschnittsbestand m; ~ **тариф** Durchschnittstarif m; ~ **уровень** Durchschnitt(sbestand) m; ~ **уровень складских запасов** mittlerer Lagerbestand m; ~ **род** (LING) Neutrum nt; **среднего рода** (LING) sächlich; **средняя загрузка** Normalbeschäftigung f;

средняя цена Durchschnittspreis m; **средняя скорость** Durchschnittsgeschwindigkeit f; **средняя температура** Durchschnittstemperatur f; **среднее значение** Durchschnittswert m
средство nt O Mittel nt; ~ **для борьбы с вредителями** Schädlingsbekämpfungsmittel nt; ~ **для удаления волос** Enthaarungsmittel nt; ~ **для ухода за волосами** Haarpflegemittel nt; ~ **защиты растений** Pflanzenschutzmittel nt; **средства массовой информации** Massenmedien pl; ~ **нажима** Druckmittel nt; ~ **от солнечных ожогов** Sonnenschutzmittel nt; **анаболическое ~** Anabolikum nt; **аппаратные средства** Hardware f; **апробированное ~** bewährtes Mittel nt; **возбуждающее ~** Aufputschmittel nt; **вспомогательное ~** Hilfsmittel nt; **изобразительное ~** Gestaltungsmittel nt; **крайнее ~** letztes Mittel nt; ~ **платежа** Zahlungsmittel nt; ~ **маркетинга** Marketinginstrument nt; **моющее ~** Waschmittel nt; **программные средства** Software f; **чистящее ~** Putzmittel nt; **финансовые средства** Finanzen pl; **средства к существованию** Existenzmittel pl; **средства производства** Produktionsmittel pl, Betriebsmittel pl; **эффективно-действенное ~** wirksames Mittel nt; **пустить в ход все средства** alle Hebel in Bewegung setzen
срисовать vt E2 pf (impf: **срисовывать**) 1. abmalen, abzeichnen; 2. (fig) nachzeichnen
срок <gen sg: -а,-у> m K 1. Frist f; 2. Termin m; ~ **возврата** Rückgabefrist f; ~ **оплаты** Fälligkeit f; ~ **подачи** [о **прописки**] Meldefrist f; ~ **подачи протеста** Einspruchsfrist f; ~ **подписки** Zeichnungsfrist f; **крайний ~** Deadline f; ~ **помилования** Gnadenfrist f; ~ **поручительства** Gewährleistungsfrist f; ~ **поставки** Lieferfrist f; ~ **предупреждения** Kündigungsfrist f; ~ **расторжения договора** Kündigungsfrist f; **назначить** [о **определить**] **крайний ~ присылки** Einsendeschluss m; ~ **вексельных платежей** Wechselfälligkeit f; ~ **для расторжения договора** Kündigungsfrist f; ~ **исполнения обязательства** Fälligkeit f; ~ **передачи** Abgabetermin m; ~ **платежа** Zahlungsziel nt; ~ **уплаты** Stichtag m 3. Dauer f, Länge f; ~ **амортизации** Amortisationsdauer f; ~ **внесения обязательных налогов** Veranlagungszeitraum m; ~ **давности** Verjährung f; ~ **действия** Geltungsdauer f, Gültigkeitsdauer f, Laufzeit f; ~ **действия договора** Vertragsgültigkeit f; ~ **гарантии** Garantiedauer f; ~ **действия кредита** Kreditlaufzeit f; ~ **использования** Nutzungsdauer f; ~ **окупаемости** Rückflussdauer f, Amortisationsdauer f; ~ **окупаемости**

капиталовложе́ний Pay-off-Periode *f*; ~ полномо́чий Amtszeit *f*; ~ проведе́ния сравни́тельного ана́лиза Vergleichszeitraum *m*; ~ хране́ния Haltbarkeitsdauer *f*; ~ эксплуата́ции [*o* слу́жбы] Nutzungsdauer *f*; ~ сда́чи Abgabetermin *m*; ~ существова́ния проду́кта Produktlebensdauer *f*

сро́чно *adv* schleunigst, eilends; э́то не ~ das hat keine Eile; сро́чно! Eilt!

сро́чность *f I* Dringlichkeit *f*

сро́чный <*kf:* -чен, -чна> *adj* 1. eilig; 2. dringend, umgehend; сро́чная поста́вка Sofortlieferung *f* 3. Termin-; сро́чная би́ржа Terminbörse *f*; сро́чная сде́лка Termingeschäft *nt*; сро́чная това́рная сде́лка Warentermingeschäft *nt*

сруби́ть <*fut:* -блю́, -би́шь> *vt I pf* (*impf:* сруба́ть) 1. (*де́рево*) fällen; 2. (*го́лову*) abschlagen

срыв *m K* 1. Abreißen *nt*; 2. Verhinderung *f*, Vereitelung *f*; 3. Nichterfüllung *f*, Nichteinhaltung *f*; не́рвный ~ Nervenzusammenbruch *m*

срыва́ть *vt E impf* (*pf:* сорва́ть) 1. abbrechen, abreißen; 2. vereiteln, zum Scheitern bringen; 3. (*цвето́к*) abbrechen; 4. (*зло*) entladen, abladen

срыва́ться *vr E impf* (*pf:* сорва́ться) 1. abstürzen; э́то сло́во сорвало́сь у меня́ с языка́ das ist mir so herausgerutscht; 2. schiefgehen, scheitern; 3. durchdrehen

сса́дина *f A* (MED) Abschürfung *f*

ссо́ра *f A* Gezänk *n*, Streiterei *f*; семе́йная ~ Ehekrach *m*; шу́мная ~ Donnerwetter *nt*

ссо́рить *vt I impf* (*pf:* по-) entzweien

ссо́риться *vr I impf* (*pf:* поссо́риться) zanken, streiten

СССР *abk von* Сою́з Сове́тских Социалисти́ческих Респу́блик *m* UdSSR *f*, Union der Sozialistischen Sowjetrepubliken

ссу́да *f A* 1. Darlehen *nt*; 2. Anleihe *f*; ссу́да под зало́г Beleihung *f*

ссудода́тель *m K1* Darlehensgeber *m*

ссудополуча́тель *m K1* Darlehensnehmer *m*

ссыла́ть *vt E impf* (*pf:* сосла́ть) verbannen

ссыла́ться *vr E impf* (*pf:* сосла́ться) (*на что-либо*) sich berufen, hinweisen (auf + *akk*)

ссы́лка *f A* 1. Verbannung *f*, Exil *nt*; 2. Фußnote *f*; 3. Bezugnahme *f*, Bezug *m*, Verweis *m*; 4. (DV) Link *m*; перекрёстная ~ Querverweis *m*

стабилиза́ция *f A2* Stabilisierung *f*

стабилизи́ровать *vt E2 impf/pf* stabilisieren

стаби́льность *f I* Stabilität *f*; ~ цен Preisstabilität *f*

стаби́льный <*kf:* -лен, -льна> *adj* stabil; стаби́льные це́ны stabile Preise

ста́вень <*gen sg:* -вня> *m K1* Fensterladen *m*

ста́вить <*präs:* -влю, -вишь> *vt I impf* (*pf:* поста́вить) 1. hinstellen, stellen, setzen; ~ стака́н на стол das Glas auf den Tisch stellen; ~ в холоди́льник in den Kühlschrank tun; 2. durchführen, anstellen; ~ о́пыты на живо́тных Tierversuche machen; 3. (*fig: на что-либо*) setzen (auf +*akk*); ~ всё на ка́рту alles auf eine Karte setzen; 4. (THEAT) die Regie führen, aufführen, inszenieren; 5. (*кни́гу*) zurückstellen, einordnen; 6. zurechtweisen; ~ себя́ на чьё-либо ме́сто sich hineinversetzen (in +*akk*); ~ буты́лку кому́-либо (*umg*) jdm eine Flasche Wodka spendieren; ~ в вину́ кому́-либо jdm zur Last legen; ~ в заслу́гу кому́-либо als jds Verdienst herausstellen; ~ засло́н кому́-либо jdm einen Riegel vorschieben; ~ оце́нку кому́-либо jdm eine Zensur [*o* Note]geben; ~ па́лки в колёса кому́-либо (*fig*) jdm Steine in den Weg legen; ~ усло́вия кому́-либо jdm Bedingungen stellen

ста́вка *f A* 1. (MIL) Stab *m*; 2. (*beim Spiel*) Einsatz *m*; 3. (*fig*) Einsatz *m*, Hinwendung *f*, Orientierung *f*; 4. (*окла́д*) Tarif *m*, Satz *m*; наивы́сшая ~ Höchstsatz *m*; ~ зарабо́тной пла́ты Lohnsatz *m*; ~ налогообложе́ния Steuersatz *m*; ~ переучёта векселе́й Rediskontsatz *m*; ~ тамо́женной по́шлины Zollsatz *m*; ~ учётного проце́нта Diskontsatz *m*; ~ центра́льного ба́нка Leitzins *m*

стагна́ция *f A2* Stagnation *f*

стагфля́ция *f A2* Stagflation *f*

стадио́н *m K* Stadion *nt*

ста́дия *f A2* Stadium *nt*; в ста́дии подгото́вки in Vorbereitung; ~ произво́дственного проце́сса Produktionsstufe *f*

ста́дный <*kf:* -ден, -дна> *adj* Herden-; ста́дное чу́вство Herdentrieb *m*

ста́до *nt O pl* Herde *f*, Rudel *nt*

стаж *m K* Dauer *f*, Dienstalter *nt*; парти́йный ~ Dauer *f* der Parteimitgliedschaft; произво́дственный ~ Berufspraxis *f*, Berufserfahrung *f*; трудово́й ~ Dienstalter *nt*, Berufsjahre *pl*

стажёр *m K* Praktikant, -in *m/f*, Volontär, -in *m/f*, Referendar, -in *m/f*; ~ на фи́рме Trainee *m*

стажиро́вка *f A* 1. Praktikum *nt*; 2. Studienaufenthalt *m*, Studienreise *f*; языкова́я ~ Sprachaufenthalt (im Ausland) *m*

стака́н *m K* Glas *nt*

стака́нчик *m K* 1. kleines Glas *nt*; 2. Becher *m*

сталагми́т *m K* Stalagmit *m*

сталакти́т *m K* Stalaktit *m*

ста́лкиваться *vr E impf* (*pf:* столкну́ться) 1. (*с кем-либо*) zusammenstoßen, zusammenprallen (mit +*dat*); **2.** (*fig*) konfrontiert werden (mit +*dat*)

сталь *f I* Stahl *m*; **высококачественная ~** Edelstahl *m*

стамеска *f A* Stechbeitel *m*, Stemmeisen *nt*

стандарт *m K* **1.** Standard *m*; **2.** Norm *f*; **3.** (*fig*) Maßstab *m*, Kriterium *nt*

стандартизация *f A2* Standardisierung *f*, Normung *f*

стандартный <*kf:* -тен, -тна> *adj* **1.** Standard-, standardisiert, genormt; **2.** einheitlich, handelsüblich, regulär; **стандартная программа** Routine *f*; **стандартные банковские операции** Massengeschäft *nt*; **стандартное письмо** Serienbrief *m* **3.** typisch, schablonenhaft

становиться <*präs:* -влюсь, -вишься> *vr I impf* (*pf:* стать) werden

становление *nt O2* Werdegang *m*, Werden *nt*

станок <*gen sg:* -нка> *m K e* Maschine *f*; **~ ударного бурения** Schlagbohrmaschine *f*; **печатный ~** (*fig*) Notenpresse *f*

станция *f A* Station *f*, Bahnhof *m*; **я провожу вас на станцию** ich werde Sie an die Bahn bringen; **~ метро** U-Bahnhof *m*; **автоматическая ~** (Raum-)Sonde *f*; **орбитальная ~** Raumstation *f*; **метеорологическая ~** Wetterstation *f*

старание *nt O2* Bemühung *f*, Mühe *f*; **все старания оказались напрасными** alle Mühe war umsonst; **ты должен прилагать больше старания** du musst dich mehr anstrengen; **было бы ~, а умение придёт** ohne Fleiß kein Preis

старательный <*kf:* -лен, -льна> *adj* **1.** strebsam, fleißig; **2.** tüchtig, beflissen

стараться *vr E impf* (*pf:* по-) **1.** sich Mühe geben, sich anstrengen; **он очень старается в школе** er ist sehr fleißig in der Schule; **на этот раз он постарался на славу** diesmal hat er sein Bestes gegeben; **2.** (*стремиться*) versuchen, sich bemühen; **постарайся не опаздывать!** komm bitte pünktlich!; **я стараюсь не попадаться ему на глаза** ich gehe ihm möglichst aus dem Weg

стареть *vi E impf* (*pf:* у-) altern, alt werden

старец <*gen sg:* -рца> *m K* (**старик**) Greis *m*

старинный *adj* altertümlich; **~ автомобиль** Oldtimer *m*; **старинные вещи** Antiquitäten *pl*; **старинная мебель** antike Möbel *pl*

старомодный <*kf:* -ден, -дна> *adj* altmodisch

старость *f I* Alter *nt*

старт *m K* Start *m*

стартер *m K* **1.** (SPORT) Starter *m*; **2.** (TECH) Anlasser *m*

стартовать *vt E2 impf/pf* starten

стартовый *adj* Start-; **~ сигнал** Startsignal *nt*

старуха *f A* Alte *f*, Greisin *f*; **и на старуху бывает проруха** Alter schützt vor Torheit nicht

старческий *adj* altersbedingt, Alters-; **~ маразм** Altersschwachsinn *f*

старший **I.** *adj komp* **1.** ältere(r, s); **2.** Ober-; **~ врач** Oberarzt *m*; **старшие классы** Oberstufe *f*; **II.** *m wie adj* **1.** Vorgesetze(r) *m*; **2.** (*im pl*) Erwachsene *pl*

старый <*kf:* стар, стара, старо> *adj* alt; **старое здание** Altbau *m*; **старая часть города** Altstadt *f*

старьё <*gen sg:* -ья> *nt O1 e* (*pej*) Ramsch *m*, Kram *m*

стаскивать *vt E impf* (*pf:* стащить) herunterziehen, abziehen

статист *m K* Statist, -in *m/f*

статистик *m K* Statistiker, -in *m/f*

статистика *f A* Statistik *f*; **~ продажи** [*o* **сбыта**] Verkaufsstatistik *f*

статистический *adj* statistisch

статичный <*kf:* -чен, -чна> *adj* statisch

статный <*kf:* -тен, -тна́/-тна, тно> *adj* stattlich, ansehnlich

статус *m K* Status *m*; **особый ~** Sonderstatus *m*; **получить ~ беженца** als Flüchtling anerkannt werden, Flüchtlingsstatus erhalten; **потеря социального ~а** sozialer Abstieg *m*; **статус-кво** Status quo *m*

статуя *f A2* Statue *f*

стать[1] <*fut:* стану, станешь> *vi E9b pf* (*impf:* становиться) **1.** werden; **2.** (*nur pf*) stehenbleiben

стать[2] *f I* Veranlagung *f*; **под ~** passend (zu +*akk*); **с какой стати** (*umg*) wieso denn?

статья <*gen pl:* -тей> *f A1 e* **1.** (ÖKON) Artikel *m*, Posten *m*; **активная ~ баланса** Aktivposten *m*; **~ баланса** Bilanzposten *m*; **пассивная ~ баланса** Passivposten *m*; **~-нетто** Nettoposition *f*; **приходная ~** Einkommensposten *m*; **расходная ~** Ausgabeposten *m* **2.** Abhandlung *f*, **написать статью** einen Artikel verfassen **3.** (JUR) Artikel *m*, Paragraph *m*, Klausel *f*

стационарный *adj* stationär

стачечный *adj* Streik-; **~ пикет** Streikposten *m*

стачка <*gen pl:* -чек> *f A* Streik *m*

стащить <*fut:* стащу, стащишь> *vt I pf* (*impf:* стаскивать) **1.** herunterziehen; **2.** (*umg, nur pf*) klauen, stibitzen

стая *f A2* **1.** Schwarm *m*, Rudel *nt*; **2.** (*fig*) Meute *f*

ствол *m K* **1.** Stamm *m*; **~ дерева** Baumstamm *m*; **2.** (*винтовки*) Gewehrlauf *m*; **3.** (BERGB) Schacht *m*

стебель <*gen sg:* -бля> *m K1* Stängel *m*, Halm *m*

стегать[1] *vt E impf* (*pf:* вы-, про-) (*одеяло*) steppen

стегать[2] *vt E impf* (*pf:* стегнуть) auspeit-

стека́ть vi E impf (pf: стечь) (вода́) abfließen, ablaufen

стекло́ <pl: стёкла, стёкол> nt O pls 1. Glas nt; 2. (Glas-)Scheibe f; **ветрово́е ~** (KFZ) Windschutzscheibe f; **око́нное ~** Fensterscheibe f

стеклови́дный <kf: -ден, -дна> adj glasig

стекловолокни́стый adj Glasfaser-; **~ ка́бель** Glasfaserkabel nt

стеклоду́в m K 1. Glasbläser, -in m/f; 2. Glaser, -in m/f

стекля́нный adj 1. gläsern, Glas-; 2. (fig) glasig, starr

стели́ть <präs: стелю́, сте́лешь> vt E4 impf (pf: по-, на-) ausbreiten; **~ посте́ль** betten

стелла́ж m K e 1. Gestell nt; 2. Regal nt

сте́лька f A Einlegesohle f; **быть пья́ным в сте́льку** stockbesoffen sein

стена́ <akk sg: сте́ну> f A pls 1. Wand f; 2. Mauer f; **городска́я ~** Stadtmauer f

стенд m K 1. Stand m; **вы́ставочный ~** Messestand m; **испыта́тельный ~** (TECH) Prüfstand m 2. (Informations-)Tafel f

сте́нка f A 1. Schrankwand f; 2. Mauer f, Wand f; **ста́вить сте́нку** mauern

стенографи́ровать vi E2 impf (pf: за-) stenographieren

стенографи́стка f A Stenotypistin f

стеногра́фия f A2 Stenographie f

степ m K Stepptanz m; **танцева́ть ~** steppen

сте́пень f I ple1 1. Rang m, Titel m; 2. Grad m, Stufe f, Ausmaß nt; **~ ка́чества** Güteklasse f; **~ загру́зки** Auslastungsgrad m; **~ задо́лженности** Verschuldungsgrad m; **~ за́нятости** Beschäftigungsgrad m; **~ изве́стности** Bekanntheitsgrad m; **~ интенси́вности** Intensitätsgrad m; **~ испо́льзования** Auslastungsgrad m; **~ ликви́дности** Liquiditätsgrad m; **~ обслу́живания** Servicegrad m; **~ покры́тия** Deckungsgrad m; **~ распределе́ния** Distributionsgrad m; **~ распростране́ния** Verbreitungsgrad m 3. (MATH) Potenz f; 4. (LING) Steigerungsstufe f

степь f I e Steppe f

сте́рва f A (vulg) Aas nt, Luder nt

стереоти́п m K 1. Stereotyp nt; 2. Klischee nt

стереоти́пный <kf: -пен, -пна> adj stereotyp

стереоустано́вка <gen pl: -вок> f A Stereoanlage f

стере́ть <fut: сотру́, сотрёшь> vt E4b pf (impf: стира́ть) 1. abwischen; 2. ausradieren; 3. (DV) löschen; 4. zerreiben

сте́ржень <gen sg: -жня> m KI 1. Stab m, Schaft m; **то́пливный ~** (я́дерного реа́ктора) Brennstab m 2. Kern m; 3. (fig) Kernstück nt

стерилиза́ция f A2 1. Sterilisierung f; 2. Sterilisation f

стерилизи́ровать vt E2 impf/pf sterilisieren

стери́льный <kf: лен, -льна> adj steril, keimfrei

стерпе́ть <fut: -ерплю́, -е́рпишь> vt I pf ertragen, erdulden; **~ боль** den Schmerz verkneifen

стеснённый <kf: -ён> adj 1. gehemmt; 2. beschränkt; 3. erschwert; **стеснённое положе́ние** Zwangslage f

стесни́ть vt I pf (impf: стесня́ть) 1. beengen; 2. behindern

стесни́ться vr I pf (impf: стесня́ться) 1. sich einschränken; 2. schwer werden

стесня́ться vr E nur impf sich genieren, gehemmt sein

стече́ние nt O2 Ansammlung f; **~ наро́да** Menschenauflauf m

стечь <nur 3. pers: стечёт, стеку́т, prät: стёк, стекла́> vi UE4 pf (impf: стека́ть) (вода́) abfließen, ablaufen

стилисти́ческий adj stilistisch

стиль m KI 1. Stil m; **витиева́тый ~** blumige Redeweise f; **~ предприя́тия** Unternehmensidentität f; **~ руково́дства** [o **управле́ния**] Führungsstil m; **~ жи́зни** Lebensstil m 2. Stilrichtung f; 3. (DV) Formatvorlage f

сти́мул m K 1. Stimulus m; 2. Anreiz m, Ansporn m, Verlockung f, Impuls m; 3. Motivation f, Incentive nt

стимули́рование nt O2 1. Stimulieren nt, Stimulation f; 2. Ankurbelung f; **~ капиталовложе́ний** Investitionsanreiz m; **~ поку́пки** Kaufanreiz m; **~ сберега́тельных вкла́дов** Sparförderung f; **~ сбы́та** Absatzförderung f, Verkaufsförderung f, Promotion f; **~ сотру́дников** Mitarbeitermotivation f; **~ труда́** Leistungsanreiz m; **~ эконо́мики** Wirtschaftsförderung f; **~ э́кспорта** Ausfuhrförderung f, Exportförderung f

стимули́ровать vt E2 impf/pf stimulieren, anregen, motivieren, fördern, ankurbeln

стимуля́тор m K Stimulator m; **серде́чный ~** (MED) Herzschrittmacher m

стимуля́ция f A2 Anregung f, Motivierung f

стипе́ндия f A2 Stipendium nt

стира́ть I. vt E impf (pf: вы́-) waschen; II. vt E impf (pf: стере́ть) 1. abwischen; 2. ausradieren; 3. (DV) löschen; 4. zerreiben

сти́рка f A Wäsche f

стиха́ть vi E impf (pf: сти́хнуть) 1. (о слова́х, му́зыке) verhallen, verklingen; 2. (о бу́ре, шу́ме) abflauen, abschwellen; **боль стиха́ет** der Schmerz klingt ab

стихи́йный <kf: -и́ен, -и́йна> adj 1. spontan; 2. elementar; **стихи́йное бе́дствие** Naturkatastrophe f

стихотворе́ние nt O2 Gedicht nt

сто <gen sg: ста>num (ein)hundert; **~ раз** hundertmal

стóимость f I 1. Wert m; 2. Preis m, Kosten pl; **~ входнóго билéта** Eintrittspreis m; **~ жúзни** Lebenshaltungskosten pl; **~ úска** Streitwert m; **~ и страховáние** cost and insurance; **~ и фрахт** cost and freight; **~ капитáла** Kapitalwert m; **~ материáла** Materialwert m; **~ монтажá** Montagekosten pl; **~ нóвой вéщи** Neuwert m; **~ пересы́лки** Versandkosten pl; **~ по оцéнке** Taxpreis m; **~ предприя́тия** Unternehmenswert m; **~ продýкции** Produktionswert m; **~ проéзда** Fahrpreis m; **~ репутáции фúрмы** Firmenwert m; **~ содержáния** Unterhaltungskosten pl; **~ страховы́х объéктов** Versicherungswert m; **оцéночная ~** Schätzwert m

стóить vi I impf 1. kosten; 2. sich lohnen, der Mühe wert sein, sich auszahlen

стоúческий adj stoisch

стóйка f A 1. Ständer m; **~ для зонтóв** Schirmständer m; 2. (буфéтная) Tresen m, Theke f; 3. Stellung f; **~ на головé** Kopfstand m; **~ на рукáх** Handstand m

стóйкий <kf: стóек, стóйка, стóйко> adj 1. standhaft, zäh; 2. (fig) mutig

стóйкость f I Standhaftigkeit f, Zähigkeit f

сток m K Abfluss m, Ausguß m

стол m K e Tisch m; **~ для завсегдáтаев** Stammtisch m; **воéнно-учётный ~** (MIL) Meldestelle f; **вернýться за ~ переговóров** an den Verhandlungstisch zurückkehren

столб m K e 1. Pfahl m, Pfeiler m; 2. Säule f; **~ для афúш и объявлéний** Litfasssäule f; **позóрный ~** (auch fig) Pranger m

столбня́к m K e 1. (MED) Tetanus m; 2. Erstarrung f

столéтний adj hundertjährig

столúца f A Hauptstadt f, Metropole f

столкновéние nt O2 1. Zusammenprall m, Zusammenstoß m; **мáссовое ~ автомашúн** Massenkarambolage f; 2. (fig) Auseinandersetzung f, Streit m; **~ интерéсов** Interessenkonflikt m; **~ мнéний** Meinungsstreit m

столóвая f wie adj 1. Esszimmer nt; 2. Speisesaal m; **заводскáя ~** Kantine f; **студéнческая ~** Mensa f

столóвый adj Eß-; **столóвая лóжка** Eßlöffel m; **столóвое серебрó** Tafelsilber nt

стóлько adv so viel; **~ же** ebensoviel

столя́р m K e Schreiner, -in m/f, Tischler, -in m/f

столя́рный adj Schreiner-; **столя́рная мастерскáя** Schreinerwerkstatt f, Schreinerei f

стонáть <präs: стонý, стóнешь> vi E4 impf ächzen, stöhnen

стоп interj stop, halt

стопá¹ f A pls Stapel m

стопá² f A e Fuß m, Fußsohle f; **пойтú по чьим-лúбо стопáм** in jds Fußstapfen treten

стóпка <gen pl: -ок> f A 1. Stapel m; **~ книг** Bücherstoß m 2. Gläschen nt

стопроцéнтный adj hundertprozentig

стоп-сигнáл m K Bremslicht m

сторнúровать vt E2 impf/pf stornieren

стóрно nt indekl Storno m, Berichtigung f

стóрож <pl: -á, -éй> m K ple Wächter m

сторожевóй adj Wach-; **сторожевáя вы́шка** Wachturm m

сторóжка f A 1. Bude f; 2. Wächterhäuschen nt

сторонá f A e2 1. Seite f; **~ балáнса** Bilanzseite f; **~ свéта** Himmelsrichtung f; **обрáтная ~** Rückseite f; **передняя ~** Vorderseite f; **идтú в сторону чегó-лúбо** zugehen (auf +akk) 2. (аспéкт) Gesichtspunkt m, Aspekt m; **ни с какóй стороны́** in keinerlei Hinsicht; **со стороны́ когó-лúбо** seitens (+gen); **с однóй стороны́** einerseits; **с другóй стороны́** andererseits; **со своéй стороны́** meinerseits, seinerseits, ihrerseits; 3. (JUR) Partner m, Vertragspartner m, Partei f; **договáривающиеся стóроны** vertragsschließende Seiten, Vertragsbeteiligte(n); **принимáть чью-лúбо стóрону** Partei ergreifen (für +akk) 4. Abseits nt; **моё дéло ~** das geht mich nichts an; **шýтки в стóрону** Spaß beiseite; **в сторонé** abseits, entfernt; **держáться в сторонé** weg vom Fenster sein; **откладывать в стóрону** beiseite legen; **уклоня́ться в стóрону от чегó-лúбо** abschweifen (von +dat)

сторонúться <präs: -онюсь, -óнишься> vr I impf (pf: по-) 1. zur Seite gehen, die Bahn freimachen; 2. (fig) meiden, aus dem Weg gehen

сторóнник m K Anhänger m, Befürworter m; **~ жёсткого кýрса** Hardliner m; **~ президéнта** Parteigänger m des Präsidenten; **~ рефóрм** Reformbefürworter m

стóчный adj Abfluss-; **стóчные вóды** Abwasser nt; **стóчная канализáция** Abwasserleitung f

стоя́нка f A 1. Halt m, Rast f; 2. Parkplatz m

стоя́ть vi I impf 1. stehen; **~ навы́тяжку** strammstehen; **~ на стрёме** Schmiere stehen; **~ на часáх** Wache stehen; 2. (о войскáх) liegen; **~ за чем-лúбо** dahinterstecken; 3. (настáивать) bestehen (auf +dat); **я бýду ~ на своём** ich lasse mich davon nicht abbringen; 4. liegen bleiben, stehen bleiben; **рабóта стоúт** die Arbeit bleibt liegen

страдáть vi E impf (pf: по-) 1. (nur impf) leiden (an +dat); **~ áстмой** an Asthma leiden; 2. (fig) leiden (unter +dat); 3. Schaden erleiden; **~ от зáсухи** von der Dürre heimgesucht werden

странá f A pls Land nt; **~-дóнор** kreditgebendes Land nt; **~-изготовúтель** Herkunftsland *nt* , Erzeugerland *nt*; **~-импортёр** Importland *nt* , Einfuhrland *nt*; **~-производи́тель** Herkunftsland *nt* , Erzeugerland *nt*; **~-уча́стница** Mitgliedsland *nt*; **~-устрои́тель** Gastgeberland *nt*; **~-экспортёр** Exportland *nt*; **~ назначе́ния** Bestimmungsland *nt*; **~, принима́ющая иммигра́нтов** Einwanderungsland *nt*; **~ происхожде́ния** Herkunftsland *nt*; **~ с моло́чными река́ми и кисе́льными берега́ми** (*fig*) Schlaraffenlandl *nt*; **~ тури́зма** Reiseland *nt*, Urlaubsland *nt*; **стра́ны тре́тьего ми́ра** Dritteweltländer *nt pl*; **промы́шленно ра́звитые стра́ны** Industrienationen *f pl*; **развива́ющиися ~** Entwicklungsland *nt*; **~ с ни́зким у́ровнем за́работной пла́ты** Niedriglohnland *nt*; **~ транзи́та** Durchfuhrland *nt*; **в на́шей стране́** hierzulande

страни́ца *f A* Seite *f*; **интéрнетовская ~** Internetseite *f*; **страни́цы исто́рии** Stationen der Geschichte; **на страни́цах газе́т** in den Zeitungen; **не сходи́ть с пéрвых страни́ц газе́т** die Schlagzeilen beherrschen

стра́нник *m K* Wanderer *m*

стра́нный <*kf:* -анен, -анна́, -а́нно> *adj* 1. merkwürdig, seltsam, sonderbar; 2. fremdartig

странове́дение *nt O2* Landeskunde *f*

стра́нствовать *vi E2 impf* (*geh*) wandern, auf Wanderschaft sein

страстно́й *adj* (REL) Kar-; **~ неде́ля** Karwoche *f*; **~ пя́тница** Karfreitag *m*

стра́стный <*kf:* -тен, -тна́> *adj* 1. sehnsüchtig, leidenschaftlich; 2. (*коллекционе́р, охо́тник*) passioniert, eifrig

стра́сть <*gen pl:* -éй> *f I* Leidenschaft *f*; **укроща́ть свои́ стра́сти** seine Begierden zähmen

стратеги́ческий *adj* strategisch; **~ мéнеджмент** strategische Unternehmensführung *f*; **~ плани́рование** strategische Planung *f*; **стратеги́ческое по́ле дéятельности** strategisches Geschäftsfeld *nt*; **стратеги́ческое руково́дство фи́рмой** strategische Unternehmensführung *f*

страте́гия *f A2* Strategie *f*, Politik *f*; **делова́я ~** Geschäftspolitik *f*; **~ ма́ркетинга** Marketingstrategie *f*; **~ мéнеджмента** [*o* **управле́ния**] Managementkonzept *nt*; **~ организацио́нного разви́тия** Organisationsentwicklung *f*

стратосфéра *f A* Stratosphäre *f*

стра́ус *m K* (ZOOL) Strauß *m*

страх <*gen sg:* -а,-у> *m K* Angst *f*, Furcht *f*; **нагна́ть ~у на кого́-ли́бо** jdm bange machen; **~ пéред экза́меном** Prüfungsangst *f*; **~ пéред существова́нием** Existenzangst *f*; **~ смéрти** Angst *f* vor dem Tode; **смертéльный ~** Todesangst *f*; **натерпéться ~у** sich ängstigen

страхова́ние *nt O2* 1. Versicherung *f*; 2. Versicherungswesen *nt*; **~ автотра́нспортных срéдств** Kraftfahrzeugversicherung *f*; **~ на дожи́тие** Erlebensfallversicherung *f*; **~ гражда́нской отвéтственности** Haftpflichtversicherung *f*; **~ в цéлях оказа́ния правово́й защи́ты** Rechtsschutzversicherung *f*; **~ дома́шнего иму́щества** Hausratsversicherung *f* , Sachversicherung *f*; **~ жи́зни** Lebensversicherung *f*; **~ ка́ско** Kaskoversicherung *f*; **~ от несча́стных слу́чаев** Unfallversicherung *f*; **~ медици́нское** Krankenversicherung *f*; **пенсио́нное ~** Rentenversicherung *f*; **~ на тра́нспорте** Transportversicherung *f*; **~ от убы́тков** Schadenversicherung *f*; **~ по безрабо́тице** Arbeitslosenversicherung *f*; **~ служа́щих** Angestelltenversicherung *f*

страхова́тель *m K* Versicherungsnehmer *m*

страхова́ть *vt E2 impf* (*pf:* за-) 1. versichern; 2. absichern

страхово́й *adj* Versicherungs-; **страхова́я прéмия** (Versicherungs-)prämie *f*; **страхова́я сто́имость** Versicherungswert *m*; **страхова́я су́мма** Versicherungssumme *f*; **страхова́я франши́за** Selbstbeteiligung *f*; **страхово́е дéло** Versicherungswesen *nt*; **страхово́е свидéтельство** Versicherungsausweis *m*; **~ взнос** Prämie *f* , Versicherungsbeitrag *m*; **~ взнос рабо́тающего по на́йму** Arbeitnehmeranteil *m*; **~ запа́с** Sicherheitsbestand *m*; **~ нóмер** Versicherungsnummer *f*; **~ подло́г** Versicherungsbetrug *m*; **~ по́лис** (Versicherungs-)police *f*, Versicherungsausweis *m*; **~ слу́чай** Versicherungsfall *m*; **~ взнос на слу́чай боле́зни** Krankenversicherungsbeitrag *m*

страхо́вщик *m K* Versicherer *m*

страши́ться *vr I impf* (-кого́-либо/чего́-либо) sich ängstigen, sich fürchten (vor *+dat*)

стра́шный <*kf:* -шен, -шна́, -шно, стра́шны> *adj* 1. schrecklich, furchtbar; 2. schauerlich, grausig, schreckenerregend

стрекоза́ *f A pls* Libelle *f*

стрела́ *f A pls* Pfeil *m*; **летéть стрело́й** flitzen

стрелéц <*gen pl:* -льца́> *m K* 1. (HIST) Strelitze *m*; 2. (*Sternzeichen*) Schütze *m*

стрéлка *f A* 1. (*часо́в*) Zeiger *m*; 2. (*als Zeichen*) Pfeil *m*; **секу́ндная ~** Sekundenzeiger *m*; **часова́я ~** Stundenzeiger *m*; **по часово́й стрéлке** im Uhrzeigersinn; 3. (*на брю́ках*) Bügelfalte *f*; 4. **Weiche** *f*; **переводи́ть стрéлки** die Weichen stellen

стрело́к <*gen sg:* -лка́> *m K e* Schütze *m*; **~ из лу́ка** Bogenschütze *m*

стрельба́ *f A pls* Schießen *nt*; **~ из лу́ка** Bogenschießen *nt*

стрéльбище *nt O1* Schießstand *m*

стреля́ть vi E impf (pf: **стре́льнуть**) schießen

стремгла́в adv Hals über Kopf

стреми́тельный <kf: -лен, -льна> adj rapide, rasant, flink

стреми́ться <präs: -млю́сь, -ми́шься> vr I impf 1. (**к чему́-либо**) streben (nach + dat); 2. zustreben (auf +akk); **стра́стно ~** sich sehnen (nach +dat)

стремле́ние nt O2 Bestreben nt, Drang m; **~ к сча́стью** Glücksstreben nt

стре́мя <gen sg: -мени, pl: -мена́, -мя́н, -мена́м> nt U1 ple Steigbügel m

стресс m K Stress m; **в состоя́нии ~а** unter Stress

стре́ссовый adj stressig; **стре́ссовая ситуа́ция** Stresssituation f

стри́жка <gen pl: -жек> f A Haarschnitt m

стричь <-игу́, -ижёшь> vt UE4 impf (pf: **со-, о(б)-**) 1. (**во́лосы**) abschneiden; 2. (**ове́ц**) scheren

строга́ть vt E impf (pf: **вы́-**) hobeln

стро́гий <kf: строг, строга́, стро́го, строги́> adj 1. streng, strikt; **стро́го говоря́** strenggenommen; 2. (**о пла́тье**) schlicht, einfach

строево́й[1] adj 1. Truppen-; 2. Kampf-; **занима́ться строево́й подгото́вкой** (MIL) exerzieren

строево́й[2] adj: **~ лес** Bauholz nt

строе́ние nt O2 1. Aufbau m; 2. Gefüge nt

строжа́йше adv strengstens

строжа́йший adj super strengste(r, s)

строи́тель m K1 1. Bauarbeiter m; 2. (fig) Erbauer m, Schöpfer m

строи́тельный adj 1. baulich; 2. Bau-; **строи́тельные рабо́ты** Bauarbeiten pl

строи́тельство nt O 1. Bau m, Errichtung f; **~ из сбо́рных элеме́нтов** Fertigbauweise f; 2. (**строи́тельная о́трасль**) Baugewerbe nt, Baubranche f; 3. (fig) Aufbau m, Organisation f

стро́ить vt I impf (pf: **вы́-, по-**) 1. bauen, errichten; 2. (fig) aufbauen, gestalten; **~ иллю́зии** sich Illusionen hingeben; **~ пла́ны** Pläne schmieden

строй m K2 1. Ordnung m, Struktur f; **обще́ственный ~** Gesellschaftsordnung f; 2. (MIL) Formation f, Front f; **вводи́ть в ~** in Betrieb nehmen; **выводи́ть из стро́я** außer Gefecht setzen, unbrauchbar machen

отро́йка <gen pl: о́ек> f Λ 1. Erbauung f, Errichtung f; 2. Baustelle f

стро́йный <kf: -о́ен, -о́йна, -о́йно, -о́йны> adj 1. schlank, grazil; 2. harmonisch; 3. folgerichtig

стройплоща́дка <gen pl: -док> f A 1. Baustelle f; 2. Bauplatz m

строка́ f A e2 Zeile f; **чита́ть ме́жду строк** zwischen den Zeilen lesen

стро́нций <präpos sg: -ии> m K2 Strontium nt

стропи́ло nt O 1. Dachsparren m; 2. (im pl) Dachstuhl m

стропти́вый <kf: -и́в> adj aufsässig, widerspenstig

строфа́ f A e2 Strophe f

строчи́ть vi I impf (pf: **на-, про-**) 1. nähen, steppen; 2. (umg) kritzeln; 3. (umg: **из автома́та**) knattern

струи́ться <nur 3. pers: -и́тся> vr I impf (geh) rinnen, rieseln

структу́ра f A 1. Struktur f, Gefüge nt, Aufbau m, Gliederung f; **~ бала́нса** Bilanzgliederung f; **~ де́ятельности** Geschäftsstruktur f; **~ изде́ржек** Kostenstruktur f; **~ капита́ла** Kapitalstruktur f; **~ приня́тия реше́ний** Entscheidungsbaum m; **~ ры́нка** Marktstruktur f; **~ цен** Preisgefüge nt 2. Organisation f

структури́ровать vt E2 impf/pf strukturieren

структу́рный adj strukturell, Struktur-; **~ кри́зис** Strukturkrise f; **структу́рная безрабо́тица** strukturelle Arbeitslosigkeit f; **структу́рная организа́ция** Aufbauorganisation f; **структу́рная поли́тика** Strukturpolitik f; **структу́рное подразделе́ние** Organisationseinheit f, Bereich m; **структу́рная перестро́йка** [**о сдвиг**] Strukturwandel m

струна́ f A pls Saite f

струя́ <gen pl: струй> f A2 pls 1. (**воды́, га́за**) Strahl m; 2. (fig) Strömung f, Richtung f

студе́нт, студе́нтка <gen sg f: -ток> m K / f A Student, -in m/f

студе́нческий adj studentisch, Studenten-

сту́день <gen sg: -дня> m K Sülze f

стук m K Klopfen nt; **войти́ без ~а** ohne Anklopfen eintreten

сту́кнуть vi E1 (impf: **стуча́ть**) 1. schlagen, stoßen; 2. (**в дверь**) pochen, klopfen

стул <pl: -лья, -льев> m U3 1. Stuhl m; **враща́ющийся ~** Drehstuhl m; **сиде́ть на двух сту́льях** zwischen zwei Stühlen sitzen; 2. Stuhlgang m

ступа́ть vi E impf (pf: **ступи́ть**) 1. betreten; 2. schreiten; 3. auftreten; **ступа́й** gehe!

ступе́нь f I 1. Stufe f; 2. (fig) Stufe f, Ebene f; **~ управле́ния** Führungsebene f

ступе́нька f A (Treppen-)Stufe f

ступи́ца f A (**у колеса́**) Nabe f

сту́пка <gen pl: -пок> f A Mörser m

ступня́ f A1 1. Fuß m; 2. Fußsohle f

стуча́ть vi E impf (pf: **сту́кнуть**) anklopfen, klopfen, pochen; **~ на пи́шущей маши́нке** auf der Schreibmaschine klappern; **~ от хо́лода** vor Kälte zittern; **~ на кого́-л.** (umg) denunzieren

стыд m K 1. Schmach f; 2. Scham f; **у него́ ни ~а ни со́вести** er ist vollkommen abgebrüht

стыди́ть <präs: стыжу́, стыди́шь> vt I impf (pf: **при-**) beschämen

стыди́ться <*präs:* стыжу́сь, стыди́шься> *vr I impf* (*pf:* по-) sich schämen

стыдли́вый <*kf:* -и́в> *adj* schamhaft

сты́дный <*kf:* -ден, -дна́> *adj* 1. peinlich; 2. schändlich

стык *m K* 1. Verbindungsstelle *f*; 2. (*fig*) Berührungspunkt *m*

стюарде́сса *f A* Stewardess *f*, Flugbegleiterin *f*

стяжа́тель *m K1* habgieriger Mensch *m*, korrupter Mensch *m*

стяжа́тельство *nt O* Habgier *f*, Raffsucht *f*, Korruptheit *f*

субаре́нда *f A* Untermiete *f*

субарендáтор *m K* Unterpächter *m*, Untermieter *m*

суббо́та *f A* Sonnabend *m*, Samstag *m*; **по суббо́там** sonnabends; am Samstag

субве́нция *f A2* Subvention *f*

субордина́ция *f A2* Rangordnung *f*

субподря́дчик *m K* Subunternehmer *m*

сопоставщик *m K* Zulieferer *m*

субси́дия *f A2* 1. Subvention *f*; 2. Dotation *f*; 3. Zuschuss *m*, Hilfe *f*

субститу́ция *f A2* Substitution *f*

субстра́т *m K* Substrat *m*

субъе́кт *m K* Subjekt *nt*; **~ налогообложе́ния** Steuersubjekt *nt*; **~ принима́ющий реше́ние** Entscheidungsträger *m*

субъекти́вный <*kf:* -вен, -вна> *adj* subjektiv; **субъекти́вная поле́зность** Nutzwert *m*

сувени́р *m K* 1. Souvenir *nt*, Andenken *nt*; 2. Erinnerungsstück *nt*

суверените́т *m K* Souveränität *f*, Hoheit *f*

суверéнный <*kf:* -ре́нен, -ре́нна> *adj* souverän

сугро́б *m K* Schneewehe *f*

суд *m K e* 1. (JUR) Gericht *nt*, Gerichtshof *m*; **~ прися́жных** Schwurgericht *nt*, Schöffengericht *nt*; **арбитра́жный ~** Schiedsgericht *nt*; **конституцио́нный ~** Verfassungsgericht *nt*; **~ по торго́вым дела́м** Handelsgericht *nt*; **~ Европе́йского Соо́бщества** Europäischer Gerichtshof *m* 2. (REL) Gericht *nt*; **Стра́шный ~** das Jüngste Gericht *nt*; 3. (*fig: сужде́ние*) Urteil *nt*; **верши́ть ~ над кем-ли́бо** Gericht halten (über +*akk*); **выноси́ть на ~ обще́ственности** in die Öffentlichkeit tragen; **отда́ть под ~** vor Gericht stellen

суда́чить *vi I impf* (*umg*) quasseln

суде́бный *adj* gerichtlich, richterlich; **суде́бная о́пись иму́щества должника́** Pfändung *f*; **суде́бные изде́ржки** Gerichtskosten *pl*; **~ исполни́тель** Gerichtsvollzieher *m*; **~ поря́док** Gerichtsweg *m*; **~ платёжный прика́з** Zahlungsbefehl *m*; **суде́бная медици́на** Gerichtsmedizin *f*; **~ поря́док рассмотре́ния де́ла** Rechtsweg *m*; **суде́бная рефо́рма** Gerichtsreform *f*;

суде́бная эксперти́за gerichtliches Gutachten *nt*

суди́мый *m wie adj* Vorbestrafte(r) *m*

суди́ть <*präs:* сужу́, су́дишь> *vt I impf* 1. (JUR) vor Gericht stellen, gerichtlich belangen, über jdn Gericht halten, richten; 2. (*fig*) urteilen, sich ein Urteil bilden (über +*akk*)

суди́ться <*präs:* сужу́сь, су́дишься> *vr I impf* (с кем-ли́бо) prozessieren (gegen +*akk*)

су́дно¹ <*pl:* суда́, судо́в> *nt O ple* Schiff *nt*; **грузово́е ~** Frachter *m*; **па́русное ~** Segelschiff *nt*

су́дно² <*pl:* су́дна, су́ден> *nt O* Bettpfanne *f*

судновладе́лец <*gen sg:* -льца́, *gen pl:* -льцев> *m K* Reeder *m*, Schifffahrtsunternehmer *m*

судово́й *adj:* **~ груз** Schiffsladung *f*

судопроизво́дство *nt O* Gerichtsverhandlung *f*, Gerichtsverfahren *nt*

су́дорога *f A* Krampf *m*

су́дорожный *adj* krampfhaft, fieberhaft

судохо́дный *adj* schiffbar, befahrbar; **судохо́дная компа́ния** [*o* **о́бщество**] Schifffahrtsgesellschaft *f*

судохо́дство *nt O* Schifffahrt *f*

судьба́ <*pl:* су́дьбы, су́деб> *f A pls* Schicksal *nt*

судьбоно́сный *adj* schicksalhaft, schicksalsträchtig

судья́ *m K1 pls* Richter, -in *m/f*; **~ на ри́нге** Ringrichter *m*; **боково́й ~** Linienrichter *m*

суеве́рие *nt O2* Aberglaube *m*

суеве́рный <*kf:* -рен, -рна> *adj* 1. abergläubisch; 2. (*мни́тельный*) argwöhnisch, misstrauisch

суета́ *f A e* 1. Eile *f*, Hektik *f*; 2. Nichtigkeit *f*; **всё ~** alles ist eitel

суети́ться <*präs:* суечу́сь, суети́шься> *vr I impf* hasten, eilen

сужа́ть *vt E impf* (*pf:* су́зить) verengen, einengen

сужде́ние *nt O2* 1. Urteil *nt*, Beurteilung *f*; 2. Ansicht *f*, Meinung *f*

сук <*präpos sg:* о суке́, в суку́, *pl:* су́чья, су́чьев> *m U3* Ast *m*; **руби́ть ~, на кото́ром сиди́шь** am eigenen Ast sägen

сукно́ *nt O pls* Tuch *nt*; **класть что-ли́бо под ~** etw auf die lange Bank schieben

сули́ть *vt I impf* (*pf:* по-) verheißen, versprechen

султа́н *m K* Sultan *m*

сумасбро́дный <*kf:* -ден, -дна> *adj* wahnwitzig, hirnverbrannt

сумасше́дший I. *adj* verrückt, irr; II. *m wie adj* Verrückte(r) *m*

сумато́ха *f A* 1. Durcheinander *nt*; 2. Getümmel *nt*

су́меречный *adj* dämmrig

су́мерки <*gen pl:* -рек> *pl A* Dämmerung *f*

су́мка *f A* Tasche *f*; **доро́жная ~** Reisetasche *f*; **хозя́йственная ~** Einkaufstasche *f*

су́мма *f A* Betrag *m*, Summe *f*; **~ амортизацио́нных отчисле́ний** Abschreibungsbetrag *m*; **~ вы́купа** Ablösungssumme *f*; **~ за́работной пла́ты** Lohnsumme *f*; **~ иска́** Streitwert *m*; **~ нало́га** Steuerbetrag *m*; **~ не́тто** Nettobetrag *m*; **~ покры́тия** Deckungssumme *f*; **су́ммы на жиросчёте** Giroguthaben *nt*; **су́ммы на счёте** Guthaben *nt*; **о́бщая ~** Pauschale *f*

сумма́рный <*kf:* -рен, -рна> *adj* 1. summarisch; 2. pauschal; **~ бала́нс** Summenbilanz *f*

сумми́ровать *vt E2 impf/pf* summieren

су́мочка <*gen pl:* -чек> *f A* Handtasche *f*

су́мчатые *pl wie adj* Beuteltiere *pl*

су́нуть *vt E1 pf* (*impf:* сова́ть) (*auch fig*) stecken, hineinstecken

суп I. <*gen sg:* -а, -у, *präpos sg:* о су́пе , в супу́> *m K ple* Suppe *f*; **су́пер-** II. *präfix* 1. super-, Super-; 2. über-

суперма́ркет *m K* (*универса́м*) Supermarkt *m*

суперобло́жка <*gen pl:* -жек> *f A* Schutzumschlag *m*

супру́г, супру́га *m K* / *f A* Ehemann, Ehefrau *m/f*, Gatte, Gattin *m/f*

супру́жеский *adj* Ehe-; **супру́жеская неве́рность** Ehebruch *m*; **супру́жеская па́ра** Ehepaar *nt*

суро́вый <*kf:* -о́в> *adj* streng, rigoros; **суро́вые нра́вы** strenge Sitten

суро́к <*gen sg:* -рка́> *m K e* Murmeltier *nt*

сурьма́ *f A* Antimonium *n*

су́слик *m K* Zieselmaus *f*

суста́в *m K* (ANAT) Gelenk *nt*

сутенёр *m K* (*pej*) Zuhälter *m*

су́тки <*gen pl:* -ток> *pl A* Tag *f* und Nacht *f*, vierundzwanzig Stunden *f pl*; **в любо́е вре́мя су́ток** zu jeder Tages- und Nachtzeit; **кру́глые ~** rund um die Uhr

суто́лока *f A* Getümmel *nt*

су́точные *pl wie adj* Diäten *pl*

суту́литься *vr I impf* (*pf:* с-) sich krümmen

суть *f I* Wesen *nt*, Kern *m*; **~ де́ла** Kern der Sache

сутя́га *mf A* Querulant, -in *m/f*

суфле́ *nt indekl* Auflauf *m*, Soufflé *nt*

суфлёр *m K* (THEAT) Souffleur, Souffleuse *m/f*

суфли́ровать *v* ι *dat БЗ impf* jdm soufflieren

суха́рь *m K1 e* 1. Zwieback *m*; 2. Semmelbrösel; **обва́ливать в сухаря́х** panieren; 3. (*fig*) trockener, humorloser Mensch *m*

сухо́й <*kf:* сух, суха́, су́хо, су́хи́> *adj* 1. trocken, dürr; **~ зако́н** Alkoholverbot *nt*; **~ оста́ток** Trockenmasse *f*; **суха́я штукату́рка** Trockenputz *m* 2. (*fig*) trocken, humorlos

сухопа́рый *adj* hager, sehnig

сухофру́кты *m pl K* Dörrobst *nt*

сучкова́тый *adj* knorrig

суши́льный *adj* trocken, Trocken-; **~ аппара́т** Haube *f*, Haartrockner *m*; **шкаф** Trockenschrank *m*; **суши́льная ка́мера** Trockenkammer *f*

суши́ть <*präs:* сушу́, су́шишь> *vt I impf* (*pf:* вы́-) dörren, trocknen

суще́ственный <*kf:* -вен, -венна> *adj* wesentlich, relevant, nennenswert, beachtlich

существи́тельное *nt wie adj* Substantiv *nt*

существо́ *nt O e* 1. Wesen *nt*; **живо́е ~** Lebewesen *nt*; 2. Kern *m*, Hauptsache *f*; **по существу́** im Grunde, eigentlich

существова́ние *nt O2* Existenz *f*; **дальне́йшее ~** Fortbestand *m*; **за вре́мя существова́ния** seit Bestehen

существова́ть *vi E2 impf* bestehen, existieren

су́щность *f I* Wesen *nt*, Kern *m*; **в су́щности** im Grunde genommen

сфальсифици́ровать *vt E2 pf* (*impf:* фальсифици́ровать) fälschen, verfälschen

сфальши́вить <*fut:* -влю, -вишь> *vi I pf* (*impf:* фальши́вить) (MUS) falsch spielen, patzen

сфе́ра *f A* Bereich *m*, Sphäre *f*; **~ влия́ния** Einflussbereich *m*, Wirkungsbereich *m*; **~ де́йствия** Geltungsbereich *m*; **~ де́ятельности** Einzugsbereich *m*, Geschäftsbereich *m*, Ressort *nt*, Geschäftsfeld *nt*, Arbeitsbereich *m*; **~ компете́нции** Kompetenzbereich *m*; **~ обслу́живания** Dienstleistungssektor *m*; **~ о́трасль эконо́мики** Wirtschaftsbereich *m*; **~ примене́ния** Anwendungsbereich *m*, Geltungsbereich *m*

сфери́ческий *adj* 1. sphärisch; 2. kugelrund

сфокуси́ровать *vt E2 pf* (*impf:* фокуси́ровать) bündeln, fokussieren

сформирова́ть *vt E2 pf* (*impf:* формирова́ть) formieren, bilden

схвати́ть <*fut:* -ачу́, -а́тишь> *vt I pf* (*impf:* хвата́ть) 1. ergreifen, packen, fassen; 2. (*umg*) begreifen

схва́тка <*gen pl:* -ток> *f A* Gefecht *nt*

схва́тки <*gen pl:* -ток> *f A* Wehen *pl*

схва́тывать *vt E impf* (*pf:* схвати́ть) 1. packen, fassen, ergreifen; 2. (*fig*) begreifen

схе́ма *f A* 1. Schema *nt*, Plan *m*; 2. (TECH) Schaltung *f*, Schaltplan *m*; **~ оргструкту́ры** Organigramm *nt*; **~ после́довательности опера́ций** Ablaufdiagramm *nt*

схемати́чный <*kf:* -чен, -чна> *adj* schematisch

сходи́ть <*präs:* схожу́, схо́дишь> *vi I impf* (*pf:* сойти́) 1. aussteigen; **~ на бе́рег** ans Ufer treten; 2. holen; **~ за врачо́м** einen Arzt holen; **~ за хле́бом** Brot holen

схо́дный <*kf:* -ден, сходна́> *adj* (*с кем-ли́бо*) ähnlich

схо́дство *nt O* Ähnlichkeit *f;* **семе́йное ~** Familienähnlichkeit *f*
сце́на *f A* 1. Szene *f;* 2. Bühne *f*
сцена́рий *m K2* 1. Drehbuch *nt;* 2. Szenarium *nt*
сцепи́ть <*fut:* сцеплю́, сце́пишь> *vt I pf* (*impf:* сцепля́ть) (TECH) kuppeln, anhängen
сцепле́ние *nt O2* 1. (TECH) Kohäsion *f,* Haftung *f;* **уде́льное ~** spezifische Kohäsion *f* 2. (KFZ) Kupplung *f;* **ди́сковое ~** Scheibenkupplung *f*
счастли́вчик *m K* (*umg*) Glückspilz *m*
счастли́вый <*kf:* сча́стли́в> *adj* glücklich; **счастли́вая случа́йность** Glücksfall *m*
сча́стье *nt O1* Glück *nt;* **к сча́стью** glücklicherweise; **вне себя́ от сча́стья** überglücklich
счёт <*präpos sg:* на счёте, на счету́, *pl:* счета́, счетов> *m K ple* 1. Rechnung *f;* **~ за свет** Stromrechnung *f;* **не уплати́вший по ~у** Zechpreller *m;* 2. Rechnen *nt,* Zählen *nt,* Kalkulieren *nt;* **~ при́былей и убы́тков** Gewinn- und Verlustrechnung *f* 3. (ÖKON) Konto *nt;* **~ жи́ро** Girokonto *nt;* **ба́нковский ~** Bankkonto *nt;* **~ в ба́нке** Bankkonto *nt;* **~ в иностра́нной валю́те** Fremdwährungskonto *nt;* **~ за́работной пла́ты** Gehaltskonto *nt ,* Lohnkonto *nt;* **~ на дохо́д** Erlöskonto *nt;* **~ пасси́ва** Kapitalkonto *nt ,* Passivkonto *nt;* **~ управля́емый фидуциа́рем** Treuhandkonto *nt;* **взять** [*o* **снять**] **де́ньги со счёта** Geld (vom Konto) abheben 4. (SPORT) Spielstand *m;* **ро́вный ~** Gleichstand *m;* **быть на плохо́м ~у́ у кого́-либо** schlecht angeschrieben sein (bei +*dat*); **принима́ть что-ли́бо на свой ~** etw auf sich beziehen; **на э́тот ~** diesbezüglich; **за свой ~** auf eigene Kosten
счетово́дство *nt O* 1. Buchführung *f;* 2. Buchhaltung *f;* 3. Rechnungswesen *nt*
счётчик *m K* (EL) Zähler *m;* **~ Ге́йгера** (PHYS) Geigerzähler *m*
счита́ть I. *vt E impf* 1. zählen; **не счита́я (кого́-л./чего́-л.)** exklusive 2. rechnen; 3. halten (für +*akk*); **~ в уме́** kopfrechnen; II. *vi E impf* (*fig*) glauben, denken, meinen; III. *vt E impf* (*pf:* счи́тывать) ablesen
счита́ться *vr E impf* (*pf:* по-) 1. (*кем-ли́бо/чем-ли́бо*) gelten (als +*nom*); 2. (*с кем-ли́бо/чем-ли́бо*) Rücksicht nehmen (auf +*akk*)
США *abk von* Соединённые Шта́ты Аме́рики USA *pl*
сшить <*fut:* сошью́, сошьёшь> *vt E4c pf* (*impf:* шить) 1. nähen; 2. sticken
съедо́бный <*kf:* -бен, -бна> *adj* essbar, genießbar
съезд[1] *m K* Kongress *m;* **~ па́ртии** Parteitag *m*
съезд[2] *m K* Abfahrt *f;* **~ с автостра́ды** Autobahnausfahrt *f*
съезжа́ть *vi E impf* (*pf:* съе́хать) 1. hinunterfahren; 2. rutschen; 3. (*с кварти́ры*) ausziehen
съёмка <*gen pl:* -мок> *f A* 1. Vermessung *f;* 2. Aufnehmen *nt,* Fotografieren *nt,* Filmen *nt;* **заме́дленная ~** Zeitlupe *f;* 3. Dreharbeiten *pl*
съесть <*fut:* съем, съешь, *prät:* съел, съе́ла> *vt U2 pf* (*impf:* есть) essen, aufessen
съе́хать <*fut:* съе́ду, съе́дешь> *vi UE2 pf* (*impf:* съезжа́ть) 1. hinunterfahren; 2. rutschen; 3. (*с кварти́ры*) ausziehen
сы́воротка *f A* 1. Molke *f;* 2. (MED) Serum *nt*
сыгра́ть *vt E pf* (*impf:* игра́ть) spielen
сыгра́ться *vi E pf* (*impf:* сы́грываться) (SPORT, MUS) sich einspielen
сын <*pl:* -новья́, -нове́й> *m U3* Sohn *m;* **он ~ своего́ вре́мени** er ist ein Kind seiner Zeit
сы́пать <*präs:* сы́плю, сы́плешь> *vt E4 impf* (*pf:* на-, по-) (*auch fig*) verschütten; **~ вопро́сами** mit Fragen überschütten
сыпь *f I* (MED) Ausschlag *m*
сыр <*gen sg:* -а, -у, *präpos sg:* в сы́ре, в сыру́> *m K ple* Käse *m;* **пла́вленый ~** Schmelzkäse *m*
сыро́й <*kf:* сыр, сыра́, сы́ро> *adj* 1. feucht; 2. roh, ungekocht; 3. (*fig*) roh
сы́рость *f I* Nässe *f,* Feuchtigkeit *f*
сырьё *nt O1* Rohstoff *m;* **втори́чное ~** Altstoff *m;* **основно́е промы́шленное ~** Grundstoff *m*
сы́тый <*kf:* сыт, сыта́, сы́то> *adj* (*auch fig*) satt
сэконо́мить <*fut:* -млю, -мишь> *vt I pf* (*impf:* эконо́мить) sparen, einsparen
сэ́ндвич *m K* Sandwich *nt*
сюда́ *adv* herbei, herüber, hierher; **иди́ ~!** komm her!
сюи́та *f A* Suite *f*
сюрпри́з *m K* Überraschung *f,* Bescherung *f*

Т

т, Т *nt indekl kyrillischer Buchstabe*
та *siehe* **тот**
таба́к <*gen sg:* -а́, -у́> *m K e* Tabak *m;* **де́ло ~!** es steht schlimm darum! **ню́хательный ~** Schnupftabak *m*
та́бель *m K1* (*f I*) Rangliste *f;* **~ о ра́нгах** (*auch fig*) Rangliste *f* 2. Kontrollliste *f;* 3. (*в шко́ле*) Zeugnis *nt,* Zwischenzeugnis *nt*
табле́тка *f A* Tablette *f;* **~ от головно́й бо́ли** Kopfschmerztablette *f;* **противозача́точная ~** Antibabypille *f,* Pille *f;* **снотво́рная ~** Schlaftablette *f*
табли́ца *f A* Tabelle *f;* **~ АНСИ** (DV) ANSI-Tabelle *f;* **~ АСЦИ** (DV) ASCI-Tabelle *f;* **~**

умноже́ния Einmaleins *nt*; **возглавля́ть турни́рную табли́цу** (SPORT) in der Tabelle führen
табли́чка *f A* Schild *nt*; ~ **с назва́нием у́лицы** Straßenschild *nt*; **снабжа́ть ~** beschildern; **заво́дская ~ (с обозначе́нием ти́па изде́лия)** Typenschild *nt*
табли́чный *adj* Tabellen-, tabellarisch; **табли́чные вычисле́ния** Tabellenkalkulation *f*
табло́ *nt indekl* (*электро́нное*) Anzeigetafel *f*
табу́ *nt indekl* Tabu *nt*; **де́лать ~ из чего́-ли́бо** etw tabuisieren
табуля́тор *m K* Tabulator *m*
табуре́т *m K* 1. Schemel *m*, Hocker *m*; 2. (*в ба́ре*) Barhocker *m*
таз <*präpos sg:* о та́зе, в тазу́> *m K ple* 1. Waschbecken *nt*; 2. (ANAT) Becken *nt*
тазобе́дренный *adj* Hüft-; **~ суста́в** Hüftgelenk *nt*
таи́нственный <*kf:* -вен, -венна, -венно> *adj* geheimnisvoll, mysteriös
таи́нство *nt O* (REL) Sakrament *nt*
таи́ть *vt I impf* 1. geheimhalten; 2. (*fig*) bergen, beinhalten
тайм *m K* (SPORT) Halbzeit *f*
та́йна *f A* Geheimnis *nt*; **~ вкла́да** Bankgeheimnis *nt*; **~ и́споведи** Beichtgeheimnis *nt*; **~ перепи́ски** Briefgeheimnis *nt*; **враче́бная ~** ärztliche Schweigepflicht *f*; **госуда́рственная ~** Staatsgeheimnis *nt*; **~ почто́вой перепи́ски** Postgeheimnis *nt*; **произво́дственная ~** Betriebsgeheimnis *nt*; **профессиона́льная ~** Berufsgeheimnis *nt*; **служе́бная ~** Dienstgeheimnis *nt*; **разглаша́ть та́йну** ein Geheimnis lüften; **сохраня́ть в та́йне** geheimhalten; **та́йны Мадри́дского двора́** (*scherzhaft*) Geheimnistuerei *f*
тайни́к *m K e* Versteck *nt*
та́йный *adj* geheim, heimlich; **та́йная вече́ря** (REL) das Heilige Abendmahl *nt*
так I. *adv* so; **~ де́ло не пойдёт** so geht das nicht; **как бы не ~** nichts dergleichen; **~ ли э́то?** ist das wirklich so? **~ же** ebenso; **то́чно ~ же** ebensogut; **~ или ина́че** so oder so; **~ называ́емый** sogenannt; **~ себе́** (*umg*) nichts Besonderes; **~ сказа́ть** sozusagen; II. *konj* **~ как** da , weil; **~ что** so dass; **~ что́бы** damit , um zu
така́я *siehe* **тако́й**
та́кже *adv* auch, ebenso; **а ~** sowie
тако́е *siehe* **тако́й**
тако́й, така́я, тако́е <*gen sg:* тако́го, тако́й, тако́го> *pron* solch, dergleichen; **ну что в э́том -о́го?** was ist schon dabei? **~ как я** meinesgleichen; **таки́м о́бразом** auf solche Weise , also; **~ же высо́кий** ebenso hoch
та́кса[1] *f A* Dackel *m*
та́кса[2] *f A* Gebühr *f*, Taxe *f*, Tarif *m*
такса́ция *f A2* Taxation *f*

такси́ *nt indekl* Taxi *nt*
такси́ро́вка <*gen pl:* -вок> *f A* Taxation *f*
такси́ст *m K* Taxifahrer *m*
такт[1] *m K* (TECH, MUS) Takt *m*; **~ в три че́тверти** Dreivierteltakt *m*
такт[2] *m K* Takt *m*, Feingefühl *nt*
та́ктика *f A* Taktik *f*; **~ проволо́чек** Verzögerungstaktik *f*
такти́ческий *adj* taktisch
такти́чность *f I* Taktgefühl *nt*
такти́чный <*kf:* -чен, -чна> *adj* taktvoll
тала́нт *m K* Talent *m*, Begabung *f*; **зарыва́ть свой ~ в зе́млю** seine Begabung verkümmern lassen
тала́нтливый <*kf:* -ив> *adj* talentiert, begabt
та́лер *m K* Taler *m*
талисма́н *m K* Talisman *m*, Maskottchen *nt*
та́лия *f A2* Taille *f*
та́ллий *m K2* Thallium *nt*
тало́н *m K* Bezugsschein *m*, Gutschein *m*, Coupon *m*; **~ купо́нного листа́** Erneuerungsschein *m*; **~ на пита́ние** Essensmarke *f*; **~ на получе́ние багажа́** Gepäckschein *m*; **~ на пра́во получе́ния а́кций** Aktienbezugsschein *m*; **открепи́тельный ~** Wahlschein (für Wahlberechtigte, die in einem anderen Wahlkreis wählen wollen) *m*; **поса́дочный ~** (*в самолёте*) Bordkarte *f*
та́лый *adj* geschmolzen; **та́лая вода́** Schmelzwasser *nt*
таль *f K1* (TECH) Flaschenzug *m*
там *adv* dort
тамо́женник *m K* Zollbeamte(r) *m*
тамо́женный *adj* Zoll-; **тамо́женная деклара́ция** Zollerklärung *f*; **тамо́женная гармониза́ция** Zollharmonisierung *f*; **тамо́женная грани́ца** Zollgrenze *f*; **тамо́женные форма́льности** Zollabfertigung *f*; **тамо́женная по́шлина** Zoll *m*; **тамо́женная процеду́ра** Zollverfahren *nt*; **тамо́женные пра́вила** zollrechtliche Bestimmungen *pl*; **тамо́женная сто́имость** Zollwert *m*; **выполня́ть тамо́женные форма́льности** Zollformalitäten erledigen; **тамо́женные инстру́кции** Zollvorschriften *pl*; **~ груз** Zollgut *nt*; **~ режи́м** Zollverfahren *nt*; **~ сбор** Zoll *m*; **~ сою́з** Zollunion *f*; **~ тари́ф** Zolltarif *m*
тамо́жня *f A1* Zollamt *nt*
та́мошний *adj* (*umg*) dortig
тампо́н *m K* 1. (*ва́тный*) Wattebausch *m*; 2. Tampon *m*
танде́м *m K* 1. Tandem *nt*; 2. (*fig*) Gespann *nt*
та́нец <*gen sg:* -нца> *m K* 1. Tanz *m*; 2. (*im pl*) Tanzveranstaltung *f*, Tanzabend *m*; **~ живота́** Bauchtanz *m*
танк *m K* 1. Panzer *m*; 2. Tank *m*
та́нкер *m K* Tanker *m*
танта́л *m K* Tantal *nt*
тантье́ма *f A* Tantieme *f*

танцева́ть vt E2 impf tanzen
танцо́вщик, танцо́вщица m K / f A Ballettänzer, -in m/f
танцо́р, танцо́рка <gen pl f: -рок> m K / f A Tänzer m, -in f
та́почки <gen pl: -чек> pl A leichte Schuhe ohne Absatz; **дома́шние ~** Hausschuhe m pl, Pantoffeln m pl; **спорти́вные ~** Sportschuhe m pl
та́ра 1. Tara nt; 2. Verpackung f; 3. Leergut nt; **~ ра́зового по́льзования** Einwegverpackung f; **многооборо́тная ~** Mehrwegverpackung f
тарака́н m K Schabe f
тара́н m K 1. Mauerbrecher m, Ramme f; 2. (MIL) Rammen nt
тарато́рить vi I impf (umg) plappern, quasseln
таре́лка f A Teller m
тари́ф m K Tarif m, Gebühr f; **~ налогообложе́ния** Steuertarif m; **основно́й ~** Grundgebühr f
тари́фный adj Tarif-; **~ догово́р** Tarifvertrag m; **тари́фная за́работная пла́та** Grundlohn m; **тари́фная ста́вка** Lohngruppe f; **тари́фное соглаше́ние** Tarifvertrag m
таска́ть vt E unbest (best: **тащи́ть**) schleppen, ziehen
Татарста́н m K Tatarstan nt
татуиро́вка <gen pl: -вок> f A Tätowierung f
тахо́метр m K 1. Tachometer m; 2. (KFZ) Dehzahlmesser m
тахта́ f A e Liege f
та́чка <gen pl: -чек> f A Schubkarren m
тащи́ть <präs: тащу́, та́щишь> vt I best (unbest: **таска́ть**) schleppen, ziehen
та́ять vi E impf (pf: рас-) 1. schmelzen, tauen; 2. (fig) zergehen, zerrinnen, rasch schwinden
твердоло́бый <kf: -о́б> adj halsstarrig, dickköpfig, stur
твёрдый <kf: твёрд, тверрда́, твёрдо, твёрды/тверды́> adj 1. hart, fest; **~ как ка́мень** steinhart; 2. (ÖKON) fest, fixiert, fix; 3. (fig) fest; **у него́ ~ хара́ктер** er hat Rückgrat; **твёрдая валю́та** Hartwährung f; **твёрдая ко́пия** (DV) Ausdruck m; **твёрдая часть вознагражде́ния** Fixum nt; **твёрдая проце́нтная ста́вка** Festzins m; **твёрдая сде́лка** Fixgeschäft nt; **твёрдая цена́** Festpreis m; **~ окла́д** Fixum nt; **~ срок** Fixtermin m
твой, твоя́, твоё <gen sg: твоего́, твое́й, твоего́> pron poss dein
творе́ние nt O2 1. Schöpfung f; 2. Geschöpf nt, Kreatur f
творе́ц <gen sg: -рца́> m K e (geh) Schöpfer m
твори́ть vt I impf (pf: со-) schöpfen, kreieren
творо́г <gen sg: -а́,-у́> m K e Quark m; **нежи́рный ~** Magerquark m
творо́жистый <kf: -ист> adj Käse-
творо́жник m K Käsekuchen m
тво́рческий adj kreativ, schöpferisch; **тво́рческая биогра́фия** Schaffensweg m; **тво́рческая командиро́вка** Studienreise f; **~ потенциа́л** [o **эне́ргия**] Schaffenskraft f
тво́рчество nt O Werk nt, Schaffen nt
твоя́ siehe **твой**
т.е. abk von **то есть** das heißt, d.h.
теа́тр m K Theater nt; **~ абсу́рда** (auch fig) absurdes Theater nt, Affentheater nt; **~ ку́кол** [o **ку́кольный ~**] Kasperletheater nt, Puppentheater nt; **драмати́ческий ~** Schauspielhaus nt; **~ одного́ актёра** Ein-Mann-Theater m; **о́перный ~** Opernhaus nt; **~ боевы́х де́йствий** (MIL) Kriegsschauplatz m
театра́льный adj 1. (auch fig) theatralisch; 2. Theater-; **театра́льная пье́са** Theaterstück nt
тебе́ <dat sg/präpos sg von: ты> pron pers dir, dich
тебя́ <gen sg/akk sg von: ты> pron poss deiner, dich
те́зис m K These f
текст m K 1. Text m; 2. Wortlaut m, Fassung f
тексти́льный adj Textil-
теку́честь f I 1. Fließvermögen nt; 2. (fig) Fluktuation f
теку́чий <kf: -у́ч> adj dünnflüssig
теку́щий adj 1. laufend, regelmäßig; 2. laufend, gegenwärtig; **теку́щая биржева́я торго́вля** Fließhandel m; **теку́щая инвентариза́ция** Fortschreibung f, laufende Inventur f; **теку́щая котиро́вка** fortlaufende Notierung f; **теку́щая сто́имость** Zeitwert m; **теку́щее зада́ние** laufender Auftrag m; **~ дохо́д от це́нных бума́г** Umlaufrendite f; **~ зака́з** laufender Auftrag m; **~ ремо́нт** Instandhaltung f; **~ учёт** laufende Inventur f; **~ хозя́йственный год** laufendes Geschäftsjahr nt
телеба́нкинг m K Homebanking m
телеви́дение nt O2 Fernsehen nt; **ка́бельное ~** Kabelfernsehen nt; **спу́тниковое ~** Satellitenfernsehen nt
телевизио́нный adj Fernseh-; **телевизио́нная переда́ча** Fernsehsendung f; **телевизио́нная рекла́ма** Fernsehwerbung f
телеви́зор m K Fernsehapparat m, Fernseher m; **что пока́зывают сего́дня по ~у?** was läuft heute im Fernsehen? **смотре́ть ~** fernsehen
телегра́мма f A Telegramm nt
телегра́ф m K Fernmeldeamt nt
теле́жка f A 1. Handwagen m, Karren m; 2. (в магази́не) Einkaufswagen m; **~ для багажа́** Gepäckwagen m
телезаста́вка f A Fernsehspot m
телезри́тель m K1 Fernsehzuschauer m

телеигра́ *f A e* Telespiel *nt*
телекоммуника́ция *f A2* Telekommunikation *f*
телекомпа́ния *f A2* Fernsehanstalt *f*, Fernsehsender *m*
те́лекс *m K* Fernschreiben *nt*, Telex *nt*
телема́ркетинг *m K* Telefonmarketing *nt*
телема́тика *f A* Telematik *f*
телёнок <*gen sg:* -нка, *pl:* -ля́та> *m U4* Kalb *nt*
телеобъекти́в *m K* (FOT) Teleobjektiv *nt*
телепа́тия *f A2* Telepathie *f*
телеско́п *m K* Teleskop *nt*, Fernrohr *nt*
телета́йп *m K* Fernschreiber *m*
телефа́кс Telefax *nt*
телефо́н *m K* Telefon *nt*; **~-автома́т** Münzfernsprecher *m*, Kartentelefon *nt*; **~ дове́рия** Sorgentelefon *nt*; **ка́рточный ~** Kartentelefon *nt*; **позва́ть к ~у** ans Telefon rufen; **сказа́ть по ~у** am Telefon sagen; **со́товый** [*о* **моби́льный**] **~** Handy *nt*
телефони́стка *f A* Telefonistin *f*
телефо́нный *adj* 1. telefonisch; 2. Telefon-; **телефо́нная бу́дка** Telefonzelle *f*; **~ звоно́к** Telefonanruf *m*; **телефо́нная ка́рточка** Telefonkarte *f*; **телефо́нная кни́га** Telefonbuch *nt*; **~ разгово́р** Telefongespräch *nt*, Telefonat *nt*
телешо́ппинг *m K* Teleshopping *nt*
теллу́р *m K* Tellur *nt*
те́ло *nt O ple* Körper *m*, Leib *m*; **в здоро́вом те́ле здоро́вый дух** ein gesunder Geist in einem gesunden Körper
телосложе́ние *nt O2* Körperbau *m*, Statur *f*
телохрани́тель *m K1* Leibwächter *m*
теля́тина *f A* Kalbfleisch *nt*
те́ма *f A* Thema *nt*
тема́тика *f A* Thematik *f*
темати́ческий *adj* thematisch
тем[1] *konj* desto, umso; **~ бо́лее, что** umso mehr als, erst recht weil; **~ не ме́нее** dennoch, trotzdem
тем[2] *inst sg m/inst sg nt/dat pl von* **тот**
тембр *m K* Timbre *m*, Klangfarbe *f*
темни́ца *f A* Kerker *m*
темнота́ *f A e* Dunkelheit *f*, Finsternis *f*; **с наступле́нием темноты́** nach Einbruch der Dunkelheit
тёмный <*kf:* тёмен, темна́, темно́> *adj* (*auch fig*) dunkel; **э́то де́ло тёмное** das bleibt im Dunkeln; **тёмная ко́мната** Dunkelkammer *f*
темп *m K* Tempo *nt*; **~ы ро́ста** Zuwachsrate *f*
темпера́мент *m K* Temperament *nt*
темпера́ментный <*kf:* -тен, -тна> *adj* temperamentvoll
температу́ра *f A* 1. Temperatur *f*; **~ кипе́ния** Siedetemperatur *f*; **~ окружа́ющей среды́** Umgebungstemperatur *f* 2. (*umg*) Fieber *nt*
те́мя <*gen sg:* -мени> *nt U1* (ANAT) Scheitelbein *nt*
тенденцио́зный *adj* tendenziös
тенде́нция *f A2* Tendenz *f*, Entwicklung *f*, Trend *m*; **~ к сниже́нию** rückläufige Tendenz *f*; **~ ры́нка** Markttendenz *f*
те́ндер *m K* Ausschreibung *f*
теневой *adj* Schatten-; **теневое изображе́ние** Schattenriss *m*; **~ кабине́т** Schattenkabinett *nt*; **тенева́я сторона́** Schattenseite *f*; **тенева́я эконо́мика** Schattenwirtschaft *f*
те́ни <*gen pl:* тене́й> *f pl I* Lidschatten *m*
тени́стый <*kf:* -и́ст> *adj* schattig
те́ннис *m K* Tennis *nt*; **насто́льный ~** Tischtennis *nt*
тенниси́ст, тенниси́стка <*gen pl f:* -ток> *m K / f A* Tennisspieler, -in *m/f*
те́нниска *f A* Polohemd *nt*
те́ннисный *adj* Tennis-; **~ корт** Tennisplatz *m*; **те́ннисная раке́тка** Tennisschläger *m*
тент *m K* Plane *f*
тень <*präpos sg:* в тени́> *f I* (*auch fig*) Schatten *m*; **броса́ть ~ на кого́-либо** ein schlechtes Licht werfen (auf +*akk*); **остава́ться в чьей-либо тени́** in jds Schatten stehen; **остава́ться в тени́** im Hintergrund bleiben
теорети́ческий *adj* theoretisch
тео́рия *f A2* Theorie *f*, Lehre *f*; **~ игр** (MATH) Spieltheorie *f*; **~ мно́жеств** (MATH) Mengenlehre *f*; **~ налогообложе́ния** Steuerlehre *f*; **~ относи́тельности** (PHYS) Relativitätstheorie *f*; **~ позна́ния** (PHIL) Erkenntnistheorie *f*
тепе́решний *adj* derzeitig, augenblicklich
тепе́рь *adv* jetzt, nun
тепли́ца <*inst sg:* -цей> *f A* Treibhaus *nt*
теплоаккумуля́тор *m K* Wärmespeicher *m*
тепло́[1] *adv* (*auch fig*) warm
тепло́[2] *nt O* Wärme *f*; **поте́ри тепла́** Wärmeverlust *m*; **расхо́д тепла́** Wärmeverbrauch *m*
теплово́й *adj* Wärme-, thermisch; **~ пото́к** Wärmestrom *m*; **теплова́я мо́щность** Wärmeleistung *f*
теплозащи́та *f A* Wärmeschutz *m*
теплоизлуче́ние *nt O2* Wärmestrahlung *f*, thermische Strahlung *f*
теплоизоля́ция *f A2* Wärmedämmung *f*
теплообме́н *m K* Wärmeaustausch *m*, Wärmeübertragung *f*
теплообме́нник *m K* Wärmetauscher *m*
теплоотда́ча *f A* Wärmeabgabe *f*, Wärmeabfluss *m*
теплопоглоще́ние *nt O2* Wärmeaufnahme *f*
теплоподво́д *m K* Wärmezufuhr *f*
теплопрово́дник *m K* Wärmeleiter *m*
теплоснабже́ние *nt O2* Wärmeversorgung *f*
теплота́ *f A e* 1. (PHYS) Wärme *f*; 2. (*fig*) Wärme *f*, Herzlichkeit *f*
теплохо́д *m K* Motorschiff *nt*

теплоцентра́ль *f I* Fernheizwerk *nt*, Heizkraftwerk *nt*
теплочувстви́тельность *f I* Wärmeempfindlichkeit *f*
теплоэнерге́тика *f A* Wärmeenergetik *f*
тёплый <*kf*: тёпел, тепла́> *adj* (*auch fig*) warm; **чуть ~** lauwarm; **оказа́ть кому́-ли́бо ~ приём** jdm einen herzlichen Empfang bereiten; **сиде́ть на тёплых месте́чках** auf sicheren Posten sitzen
терапе́вт *m K* **1.** Therapeut, -in *m/f*; **2.** Internist *m*
терапевти́ческий *adj* therapeutisch
терапи́я *f A2* **1.** Therapie *f*, Behandlung *f*; **трудова́я ~** Arbeitstherapie *f*, Ergotherapie *f*; **физи́ческая ~** Physiotherapie *f* **2.** Innere Medizin *f*
те́рбий *m K2* Terbium *nt*
тере́ть <*präs*: тру, трёшь> *vt E4b impf* **1.** wischen, reiben; **2.** radieren
терза́ть *vt E impf* (*geh*) peinigen, quälen
тёрка *f A* Reibe *f*, Reibeisen *nt*
терма́льный *adj* Thermal-; **терма́льные ва́нны** Thermalbad *nt*
те́рмин *m K* Terminus *m*, Fachausdruck *m*
термина́л *m K* Terminal *nt*
терминоло́гия *f A2* Terminologie *f*
термо́метр *m K* Thermometer *nt*; **медици́нский ~** Fieberthermometer *nt*
те́рмос *m K* Thermoskanne *f*, Thermosflasche *f*
термоста́т *m K* Thermostat *nt*
терни́стый <*kf*: -и́ст> *adj* **1.** dornig; **2.** (*fig*) dornenreich
терпели́вый <*kf*: -и́в> *adj* **1.** geduldig, duldsam; **2.** ausdauernd
терпе́ние *nt O2* Geduld *f*; **моё ~ ло́пнуло** meine Geduld ist am Ende; **а́нгельское ~** Engelsgeduld *f*; **име́ть ~** sich gedulden; **запасти́сь терпе́нием** sich in Geduld fassen; **проявля́ть ~** Geduld üben; **теря́ть ~** die Geduld verlieren, aus der Haut fahren
терпе́ть <*präs*: терплю́, те́рпишь> *vt I impf* (*pf*: по-) **1.** dulden, tolerieren; **э́того я не потерплю́** das werde ich nicht dulden; **я его́ ~ не могу́** ich kann ihn nicht ausstehen; **2.** erdulden, über sich ergehen lassen; **3.** sich gedulden
терпи́мость *f I* Toleranz *f*, Duldsamkeit *f*
терпи́мый <*kf*: -и́м> *adj* **1.** tolerant; **2.** erträglich
те́рпкий <*kf*: -пок, терпка́ -пко,, *komp*: те́рпче> *adj* herb
терра́са *f A* Terrasse *f*
террито́рия *f A2* **1.** Territorium *nt*, Gebiet *nt*; **2.** Gelände *nt*, Fläche *f*; **~, отведённая под застро́йку** Bauland *nt*, Baugelände *nt*; **~ фа́брики** Fabrikgelände *nt*; **~ ФРГ** Bundesgebiet *nt*; **охраня́емая ~** (ÖKOL) Schutzgebiet *nt*; **приграни́чная тамо́женная ~** Zollgrenzbezirk *m*
терро́р *m K* Terror *m*; **психологи́ческий ~** Psychoterror *m*

терроризи́ровать *vt E2 impf/pf* terrorisieren
террори́зм *m K* Terrorismus *m*; **специа́льное подразделе́ние для борьбы́ с ~ом** Antiterroreinheit *f*
террори́ст, террори́стка <*gen pl f*: -ток> *m K / f A* Terrorist, -in *m/f*, Attentäter, -in *m/f*
террористи́ческий *adj* terroristisch; **~ акт** Terroraktion *f*, Bombenanschlag *m*
тёртый *adj* **1.** gerieben; **2.** (*fig*) gerissen, durchtrieben, hartgesotten
теря́ть *vt E impf* (*pf*: по-) verlieren, einbüßen; **~ в ве́се** abnehmen, Gewicht verlieren; **~ равнове́сие** das Gleichgewicht verlieren
теря́ться **I.** *vr E impf* (*pf*: по-) verlorengehen, abhanden kommen; **мой кошелёк где-то потеря́лся** mir ist mein Geldbörse irgendwo abhanden gekommen; **II.** *vr E impf* (*pf*: рас-) verwirrt werden, ratlos sein
теса́ть <*präs*: тешу́, те́шешь> *vt E4 impf* behauen, zuhauen
теснота́ *f A e* Enge *f*, Beengtheit *f*
те́сный <*kf*: -сен, -сна́> *adj* eng, beengt
тест *m K* Test *m*, Probe *f*; **~ на запомина́ние рекла́мы** (ÖKON) Impact-Test *m*
тести́ровать *vt E2 impf/pf* **1.** testen; **2.** abfragen
те́сто *nt O* Teig *m*; **они́ из одного́ те́ста** (*fig*) sie sind aus gleichem Holz geschnitzt; **дрожжево́е ~** Hefeteig *m*; **сдо́бное песо́чное ~** Mürbeteig *m*
тесть *m K1* Schwiegervater *m*
тесьма́ *f A e* Borte *f*
тет-а-те́т *adv* unter vier Augen
тетра́дь *f I* Heft *nt*; **разъёмная ~** Ringbuch *nt*
тётя <*gen pl*: -е́й> *f A1* Tante *f*
техне́ций *m K2* Technetium *nt*
те́хник *m K* Techniker, -in *m/f*
те́хника *f A* **1.** Technik *f*; **2.** Gerätschaft *f*; **~ свя́зи** Nachrichtentechnik *f*; **вычисли́тельная ~** rechnergestützte Anlage *f*; **компью́терная ~** Computertechnik *f*; **офисная ~** Bürotechnik *f* **3.** Methode *f*, Verfahren *nt*, Techniken *pl*; **~ безопа́сности** Arbeitsschutz *m*
те́хникум *m K* Fachschule *f*, Technikum *nt*, Ingenieurschule *f*
техни́ческий *adj* technisch; **~ дире́ктор** Betriebsleiter *m*; **техни́ческое обслу́живание** Wartung *f*
технологи́ческий *adj* technologisch, verfahrenstechnisch; **~ проце́сс** Arbeitsablauf *m*; **~ разры́в** technologische Lücke *f*; **технологи́ческое оснаще́ние предприя́тия** Betriebsmittel *nt*
техноло́гия *f A2* **1.** Technologie *f*; **2.** Technik *f*, Verfahren *nt*; **высо́кие техноло́гии** Spitzentechnologie *f*, Hochtechnologie *f*, High-Tech *nt*

технопа́рк *m K* Industriepark *m*
техобслу́живание *nt O2* Wartung *f*
техосмо́тр¹ *m K* (TECH) Überholung *f*, Inspektion *f*
тече́ние *nt O2* **1.** Verlauf *m*, Ablauf *m*; ~ **боле́зни** Krankheitsverlauf *m*; ~ **вре́мени** Lauf *m* der Zeit; **в ~ чего́-ли́бо** binnen (+ *gen*); **в ~ всей свое́й жи́зни** sein ganzes Leben (hindurch); **в ~ мно́гих лет** über viele Jahre hinweg; **2.** Strömung *f*, Strömen *nt*, Fließen *nt*; **вверх по тече́нию** stromaufwärts; **вниз по тече́нию** stromabwärts; **3.** (*fig*) Strömung *f*; **но́вые литерату́рные тече́ния** neue literarische Strömungen
течь <*nur 3. pers:* течёт, теку́т, *prät:* тёк, текла́> *vi UE4 impf* **1.** fließen, strömen; **2.** quellen; **3.** rinnen; **4.** (*fig*) vergehen, verrinnen
течь² *f l* Leck *nt*; **дать ~** leck werden [*o* schlagen]
тёща *f A1* Schwiegermutter *f*
тигр *m K* Tiger *m*
тик *m K* Zuckung *f*; **не́рвные ~и** nervöse Zuckungen
ти́кать *vi E impf* ticken
ти́на *f A* Schlamm *m*
тип *m K* **1.** Typ *m*, Sorte *f*; **2.** (*umg: Mann*) Typ *m*
типиза́ция *f A2* **1.** Normung *f*; **2.** Einordnung *f*, Typisierung *f*
типи́чный <*kf:* -чен, -чна> *adj* typisch, charakteristisch
типогра́фия *f A2* Druckerei *f*
тир *m K* Schießstand *m*
тиражи́рование *nt O2* Vervielfältigung *f*
тиражи́ровать *vt E2 impf/pf* vervielfältigen
тира́н *m K* Tyrann *m*, Despot *m*
тира́нить *vt 1 impf* tyrannisieren
тирани́я *f A2* Tyrannei *f*, Gewaltherrschaft *f*
тире́ *nt indekl* Gedankenstrich *m*
тиски́ <*gen pl:* -о́в> *pl K e* **1.** Schraubstock *m*; **2.** (*fig*) Bedrängnis *f*; **зажа́ть в ~ (кого́-л.)** jdn in die Zange nehmen
тита́н¹ *m K* Titan *m*, Riese *m*
тита́н² *m K* (CHEM) Titan *nt*
ти́тул *m K* **1.** Titel *m*, Überschrift *f*; **2.** Titel *m*, Anrede *f*
тиф *m K* Typhus *m*; **сыпно́й ~** Flecktyphus *m*
ти́хий <*kf:* тих, тиха́> *adj* **1.** leise; **2.** still, friedlich; **так ти́хо, что слы́шно, как му́ха лети́т** mäuschenstill; **Ти́хий океа́н** Stiller Ozean *m*, Pazifik *m* **3.** langsam
тихо́ня <*gen pl:* тихо́нь/-ней> *mf A1* Duckmäuser *m*
тишина́ *f A e* Stille *f*; **гробова́я ~** Grabesstille *f*
ткань *f l* **1.** Stoff *m*, Gewebe *nt*; **2.** (LIT) Stoff *m*
тмин <*gen sg:* -а,-у> *m K* Kümmel *m*
ТНП *abk von* това́ры наро́дного потребле́ния Konsumgüter *pl*

то¹ *siehe* **тот**
то² *konj* dann; **е́сли ... то...** wenn ...dann; **то ..., то ...** mal ..., mal ...
това́р <*gen sg:* -а,-у> *m K* Ware *f*, Artikel *m*, Wirtschaftsgut *nt*, Produkt *nt*; **~ы ма́ссового** [*o* **широ́кого**] **потребле́ния** Konsumgüter *pl*; **~ы повседне́вного спро́са** Güter *pl* des täglichen Bedarfs; **потреби́тельские ~ы** Konsumgüter *pl*; **дефици́тный ~** Mangelware *f*; **залежа́лый ~** Ladenhüter *m*; **~-имита́тор** Piratenware *f*, Me-Too-Produkt *nt*; **~-фавори́т** Verkaufsschlager *m*
това́р-имита́тор 1. Piratenware *f*; **2.** Me-Too-Produkt *m*
това́рищ *m K1* **1.** Kamerad *m*, Freund *m*; **~ по кома́нде** Teamkollege *m*; **~ по несча́стью** Leidensgenosse *m*; **шко́льный ~** Schulkamerad *m* **2.** (*als Anrede*) Herr, Frau, Kollege, Kollegin *m/f*, Genosse, Genossin *m/f*; **~ по па́ртии** Parteifreund *m*, Parteigenosse *m*
това́рищеский *adj* kameradschaftlich; **това́рищеские отноше́ния** Kameradschaft *f*
това́рищество *nt O* **1.** Kameradschaft *f*; **2.** (ÖKON) Gesellschaft *f*; **3.** Genossenschaft *f*; **~ на ве́ре** Kommanditgesellschaft *f*
това́рный *adj* Waren-; **това́рная би́ржа** Warenbörse *f*, Rohstoffbörse *f*; **това́рная гру́ппа** Produktgruppe *f*; **това́рная ма́рка** Marke *f*, Warenzeichen *nt*; **това́рная накладна́я** Warenbegleitpapier *nt*; **това́рная па́ртия** Warenposten *m*; **това́рная про́ба** Warenprobe *f*; **това́рная се́рия** Produktlinie *f*; **това́рные оста́тки** Restposten *m*; **~ аккредити́в** Warenakkreditiv *nt*; **~ ассортиме́нт** Warenauswahl *f*; **~ знак** Warenzeichen *nt*, Marke *f*; **~ креди́т** Warenkredit *m*; **~ но́мер** Artikelnummer *f*; **~ образе́ц** Warenmuster *nt*; **~ счёт** Warenkonto *nt*
товарообме́н *m K* **1.** Warenaustausch *m*; **2.** Tauschhandel *m*
товарооборо́т *m K* **1.** Warenverkehr *m*; **2.** Umsatz *m*; **~ че́рез грани́цу** grenzüberschreitender Warenverkehr *m*
тогда́ *adv* **1.** damals; **2.** dann
тогда́шний *adj* (*umg*) damalig
то́же *adv* auch, ebenfalls
тока́рный *adj* **1.** Dreh-; **2.** Drechsel-; **~ стано́к** Drehbank *f*
то́карь *m K1* Dreher *m*
ток¹ *m K* **1.** Strö́ung *f*; **2.** (PHYS) Strom *m*; **переме́нный ~** Wechselstrom *m*; **постоя́нный ~** Gleichstrom *m*; **си́льный ~** Starkstrom *m*
ток² <*präpos sg:* о то́ке, на то́ку, *nom pl:* тока́, то́ки> *m K* Tenne *f*, Dreschboden *m*
токсико́з *m K* Toxikose *f*
токсикоинфе́кция *f A2* Toxikoinfektion *f*

токсиколо́гия *f A2* Toxikologie *f*
токси́н *m K* Toxin *nt*
токси́чность *f I* Toxizität *f*, Giftigkeit *f*
токси́чный <*kf:* -чен, -чна> *adj* toxisch, giftig
толк <*gen sg:* -а, -у> *m K* 1. Sinn *m*; **знать ~ в чём-ли́бо** sich verstehen (auf +*akk*) 2. (*umg*) Nutzen *m*, Vorteil *m*; **без ~у** (*umg*) nutzlos
толка́ть *vt E impf* (*pf:* толкну́ть) 1. stoßen; 2. (*fig: на что-либо*) veranlassen (zu +*dat*)
толкова́ние *nt O2* Auslegung *f*, Interpretation *f*
толкова́ть *vt E2 impf* auslegen, deuten, interpretieren
толко́вый <*kf:* -о́в> *adj* 1. gescheit, vernünftig; 2. klar, verständlich; **~ слова́рь** Bedeutungswörterbuch *nt*
то́лком *adv* vernünftig, sachlich
толкотня́ *f A1 e* (*umg*) Gedränge *nt*
толо́чь <*präs:* -лку́, -лчёшь> *vt UE4 impf* zerstampfen, zerstoßen
толпа́ *f A pls* Menschenmenge *f*, Schar *f*; **то́лпами** scharenweise
толпи́ться <*nur 3. pers:* -и́тся> *vr I impf* sich scharen
толсте́ть *vi E impf* dick werden
толстоко́жий <*kf:* -о́ж> *adj* 1. dickhäutig; 2. (*fig*) dickfellig; **быть толстоко́жим** ein dickes Fell haben
то́лстый <*kf:* толст, толста́, то́лсто, то́лсты> *adj* dick
толстя́к *m K e* Fettwanst *m*
толчея́ *f A2 e* (*umg*) Drängelei *f*
толчо́к <*gen sg:* -чка́> *m K e* 1. Stoß *m*; 2. Erdstoß *m*; 3. (SPORT) Anstoß *m*; 4. (*fig*) Anstoß *m*; **дать ~ чему́-ли́бо** den Anstoß geben (zu +*dat*)
толщина́ *f A e* Dicke *f*
толь *m K1* Dachpappe *f*
то́лько I. *adv* 1. nur, allein, bloß; 2. (*temporal*) erst; **~ что** soeben; II. *konj* 1. kaum, sobald; 2. aber, jedoch
том <*pl:* тома́, -о́в> *m K ple* Band *m*
томи́ться <*präs:* -млю́сь, -ми́шься> *vr I impf* (*pf:* ис-) 1. leiden, sich quälen; 2. sich sehnen; 3. (*овощи*) dünsten, dämpfen
томогра́фия *f A2* Tomographie *f*; **компью́терная ~** (MED) Computertomographie *f*
тон <*pl:* -а́, -о́в/-ы, -ов> *m K* 1. Ton *m*, Klang *m*; 2. Schattierung *f*, Tönung *f*; 3. Umgangston *m*
тона́льность *f I* Tonart *f*
то́нкий <*kf:* -нок, -нка́, -нко, то́нки, комп:* то́ньше, *super:* тонча́йший> *adj* 1. dünn; 2. fein, feinfühlig; **~ наблюда́тель** scharfsinniger Beobachter *m* 3. delikat, subtil
то́нкость *f I* Feinheit *f*, Rafinesse *f*; **стилисти́ческие то́нкости** stilistische Feinheiten; **проявить душе́вную ~** sich feinfühlig zeigen
то́нна *f A* Tonne *f*
тону́ть *vi E1 impf* (*pf:* у-, за-, по-) 1. ertrinken; 2. untergehen, sinken, versinken
тонча́йший *adj super* hauchdünn; **тонча́йшие нюа́нсы** feinste Nuancen
ТОО *abk von* това́рищество с ограни́ченной отве́тственностью *nt* GmbH *f*
то́пать *vi E impf* (*pf:* то́пнуть) stampfen
то́пливо *nt O* 1. Kraftstoff *m*, Benzin *nt*; 2. Brennmaterial *nt*, Heizstoff *m*, Brennstoff *m*
топографи́ческий *adj* topographisch
то́поль <*pl:* -я́, -е́й> *m K1 ple* Pappel *f*
тополо́гия *f A* Topologie *f*
топо́р *m K e* Axt *f*, Beil *nt*
топта́ться <*präs:* -пчу́сь, то́пчешься> *vr E4 impf* (**на ме́сте**) auf der Stelle treten
торг <*präpos sg:* о то́рге, на торгу́> *m K* 1. Handel *m*; 2. (*meist pl*) Auktion *f*
торгова́ть *v + inst E2 impf* handeln, Handel betreiben; **~ вразно́с** hausieren; **~ свои́м те́лом** auf den Strich gehen
торгова́ться *vr E2 pf* (*impf:* с-) feilschen, handeln
торго́вец, торго́вка <*gen sg m:* -вца, *gen pl m:* -вцев, *gen pl f:* -вок> *m K / f A* Händler, -in *m/f*, Kaufmann *m*; **торго́вец нарко́тиками** Drogendealer *m*; **ры́ночная торго́вка** Marktfrau *f*; **база́рная торго́вка** (*pej*) Marktweib *nt*
торго́вля *f A1* Handel *m*, Handelsgewerbe *nt*; **~ а́кциями** Aktienhandel *m*; **~ ме́жду Восто́ком и За́падом** Ost-West-Handel *m*; **~ на комиссио́нных нача́лах** Kommissionshandel *m*; **~ на чёрном ры́нке** Schwarzhandel *m*; **~ на э́кспорт** Exporthandel *m*; **~ ору́жием** Waffenhandel *m*; **биржева́я ~** Börsenhandel *m*; **кру́пная ~** Großmarkt *m*; **междунаро́дная ~** Welthandel *m*; **ро́зничная ~** Einzelhandel *m*; **у́личная ~** Straßenhandel *m*; **~ недви́жимостью** Immobilienhandel *m*; **~ паке́тами а́кций** Pakethandel *m*; **~ с восточноевропе́йскими стра́нами** Osthandel *m*; **~ това́рами** Warenhandel *m*; **~ це́нными бума́гами** Effektenhandel *m*, Wertpapierhandel *m*; **~ че́рез коммивояжёров** Außendienst *m*
торго́вый *adj* Handels-, kommerziell, geschäftlich; **торго́вое аге́нство** Handelsagentur *f*; **торго́вая война́** Handelskrieg *m*; **торго́вая компа́ния** Handelsgesellschaft *f*; **торго́вые отноше́ния** Geschäftsbeziehungen *pl*, Handelsbeziehungen *pl*; **торго́вые показа́тели** Verkaufszahlen *pl*; **торго́вые ряды́** Geschäftsstraße *f*; **торго́вое соглаше́ние** Handelsabkommen *nt*; **гла́вная торго́вая у́лица** Hauptgeschäftsstraße *f*; **торго́вое де́ло** Handelsgeschäft *nt*; **торго́вое изде́лие** Handelsware *f*; **торго́вое наимнова́ние (това́ра)** Handelsname *m*; **торго́вое обуче́ние** Verkaufstraining *nt*; **торго́вое о́бщество**

Handelsgesellschaft *f*; **торго́вое пра́во** Handelsrecht *nt*; **торго́вое предложе́ние** Verkaufsangebot *nt*; **торго́вое предприя́тие** Handelsunternehmen *nt*; **торго́вое соглаше́ние** Handelsabkommen *nt*; **~ атташе́** Handelsattache *m*; **~ бала́нс** Handelsbilanz *f*; **~ барье́р** Handelshemmnis *nt*; **~ ве́ксель** Handelswechsel *m*; **~ дефици́т** Handelsdefizit *nt*; **~ дире́ктор** Verkaufsleiter *m*; **~ догово́р** Handelsvertrag *m*; **~ дом** Handelshaus *nt* , Firma *f*; **~ ко́декс** Handelsgesetzbuch *nt*; **~ конце́рн** Handelskonzern *m*; **~ обы́чай** Usance *f*, Handelsbrauch *m*; **~ партнёр** Geschäftspartner *m*, Handelspartner *m*; **~ посре́дник** Handelsvertreter *m*; **~ представи́тель** Gebietsvertreter *m*; **~ про́мысел** Handelsgewerbe *nt*; **~ реги́стр** Handelsregister *nt*; **~ риск** Absatzrisiko *nt*; **~ спу́жащий** kaufmännischer Angestellter *m*; **~ центр** Einkaufszentrum *nt*; **торго́вая вы́ручка** Verkaufserlös *m*; **торго́вая делега́ция** Handelsdelegation *f*; **торго́вая компа́ния** Handelsgesellschaft *f*; **торго́вая лице́нзия** Verkaufslizenz *f*; **торго́вая ма́рка** Handelsmarke *f*; **торго́вая ма́рка фи́рмы** Firmenmarke *f*; **торго́вая монопо́лия** Handelsmonopol *nt*; **торго́вая наки́дка** |о **наце́нка**| (Handels-)spanne *f*; **торго́вая наце́нка на опто́вые това́ры** Großhandelsspanne *f*; **торго́вая опера́ция** Handel *m*, Handelsgeschäft *nt*; **торго́вая организа́ция** Verkaufsorganisation *f*; **торго́вая пала́та** Handelskammer *f*; **торго́вая пло́щадь** Markt *m*; **торго́вая сде́лка** Handel *m*, Handelsgeschäft *nt*; **торго́вая ски́дка** Händlerrabatt *m*; **торго́вая стати́стика** Verkaufsstatistik *f*; **торго́вая то́чка** Point of Sale *m*; **торго́вая фи́рма** Handelsfirma *f*; **торго́вая сеть** Handelskette *f*

торе́ц <*gen sg:* -рца́> *m K e* Stirnseite *f*, Kopfende *nt*

торже́ственный <*kf:* -вен, -венна> *adj* feierlich; **торже́ственное обеща́ние** Gelöbnis *nt*; **торже́ственное откры́тие** Eröffnungsfeier *f*; **приём** festlicher Empfang *m*; **торже́ственные про́воды** Abschiedsfeier *f*

торжество́ *nt O e* 1. Triumph *m*; 2. Fest *nt*; **семе́йное ~** Familienfest *nt*

торжествова́ть *vi E2 impf* 1. feiern; 2. triumphieren

то́рий <*präpos sg:* -ии> *m K2* Thorium *nt*

то́рмоз <*pl:* -а́, -о́в> *m K e* 1. Bremse *f*; **ножно́й ~** Rücktrittbremse *f*; **ручно́й ~** Handbremse *f*; 2. (*fig*) Hindernis *nt*

тормози́ть <*präs:* -ожу́, -ози́шь> *vt I impf* (*pf:* за-) 1. bremsen, abbremsen; 2. (*fig*) bremsen, aufhalten, hindern

тормозно́й *adj* Brems-; **тормозна́я коло́дка** Bremsbacke *f* , Bremsklotz *m*; **тормозна́я накла́дка** Bremsbelag *m*; **~ путь** Bremsweg *m*

торопи́ть <*präs:* -оплю́, -о́пишь> *vt I impf* (*pf:* по-) 1. antreiben; 2. drängen (zu + *dat*)

торопи́ться <*präs:* -оплю́сь, -о́пишься> *vr I impf* (*pf:* по-) eilen, hasten

торопли́вый <*kf:* -и́в> *adj* hastig, eilig

торт *m K* Torte *f*

торф <*gen sg:* -а, -у> *m K* Torf *m*

торфодобы́ча *f A* Torfgewinnung *f*

торфя́ник *m K* Torflager *nt*

торча́ть *vi I impf* 1. hervorstehen, abstehen; 2. (*umg*) stecken, sich aufhalten

тоска́ *f A e* Sehnsucht *f*, Wehmut *f*; **~ по ро́дине** Heimweh *nt*

тост[1] *m K* Toast *m*, Trinkspruch *m*

тост[2] *m K* Toast *m*

тот, та, то <*gen sg:* того́, той, того́, *pl:* те>*pron dem* jene(r, s); **тот же са́мый** derselbe; **и тот и друго́й** beide

тоталитари́зм *m K* Totalitarismus *m*

тоталита́рный <*kf:* -рен, -рна> *adj* totalitär

то́тчас *adv* sogleich, sofort

точи́лка *f A* 1. Schleifstein *m*; 2. (*для каранда́шей*) Bleistiftspitzer *m*

точи́ть[1] <*präs:* точу́, то́чишь> *vt I impf* (*pf:* вы́-) 1. schärfen, wetzen, spitzen; 2. drehen, drechseln

точи́ть[2] <*präs:* точу́, то́чишь> *vt I impf* 1. nagen, zerfressen; 2. (*fig*) zerfressen, verzehren

то́чка[1] <*gen pl:* -чек> *f A* 1. Punkt *m*; **~ замерза́ния** Gefrierpunkt *m*; **~ отсчёта** Bezugspunkt *m*; **~ пересече́ния** Schnittstelle *f*; **~ та́яния** Schmelzpunkt *m*; 2. (*fig*) Punkt *m*; **~ зре́ния** Gesichtspunkt *m*, Standpunkt *m*; **~ опо́ры** Ansatzpunkt *m*; **~ соприкоснове́ния** Berührungspunkt *m*; **исхо́дная ~** Ausgangspunkt *m*; **попа́сть в са́мую то́чку** ins Schwarze treffen; **поста́вить то́чку** einen Schlussstrich ziehen; **теря́ть то́чку опо́ры** den Halt verlieren; 3. (LING) Punkt *m*; **~ с запято́й** Semikolon *nt*

то́чка[2] <*gen pl:* -чек> *f A* (TECH) Schleifen *nt*, Schärfen *nt*

то́чно *adv* genau; **~ так же** genauso

то́чность *f I* 1. Genauigkeit *f*, Präzision *f*; 2. Pünktlichkeit *f*; **~ ве́жливость короле́й** Pünktlichkeit ist die Höflichkeit der Könige

то́чный <*kf:* -чен, -чна́, -чно, то́чны́> *adj* genau, präzise, exakt; **то́чная меха́ника** Feinwerkmechanik *f*

тошни́ть <*nur 3. pers:* -и́т> *vt I impf* (*pf:* за-) (*unpers*) Übelkeit empfinden; **меня́ тошни́т** mir ist übel

тошнота́ *f A e* Übelkeit *f*

то́щий <*kf:* тощ, тоща́, то́ще> *adj* 1. mager; 2. (*fig*) dürftig, karg

трава́ *f A pls* 1. Gras *nt*, Kraut *nt*; 2. Rasen *m*

травúнка <gen pl: -нок> f A Grashalm m
трáвля f A1 Hetze f, Hetzjagd f, Hetzkampagne f
трáвма f A 1. Unfallverletzung f, Verletzung f; 2. Trauma nt; **психúческая трáвма** Trauma nt, seelische Erschütterung f; **родовáя ~** Geburtsschäden; **спортúвные трáвмы** Sportverletzungen; **получúть трáвму** verletzt werden
трагéдия f A2 1. Tragödie f, Unglück nt; 2. (THEAT) Tragödie f, Trauerspiel nt
трагúзм m K Tragik f
трагикомúческий adj tragikomisch
трагúчный <kf: -чéн, -чна> adj tragisch
традициóнный <kf: -óнен, -óнна> adj 1. traditionell, herkömmlich; 2. konventionell
традúция f A2 Tradition f
траектóрия f A2 Flugbahn f
тракт m K 1. Straße f, Trakt m; **кишéчный ~** (ANAT) Darmtrakt m 2. (DV) Pfad m
трактáт m K (geh) Traktat m, Abhandlung f
трактúр m K Gastwirtschaft f
трактúрщик, трактúрщица m K / f A Gastwirt, -in m/f
трактовáть vt E2 impf 1. deuten, auslegen, interpretieren; 2. (geh) abhandeln, behandeln
трáктор <pl: -á, -óв> m K ple Traktor m
трáльщик m K (мúнный) Minensuchboot nt
трамвáй m K2 Straßenbahn f
трамплúн m K 1. Trampolin nt; 2. Sprungbrett m, Schnaze f
транзúстор m K 1. (EL) Transistor m; 2. Kofferradio nt, Transistorradio nt
транзúт m K Transit m, Durchfuhr f
транзúтный adj Transit-; 2. durchgehend; **транзúтная пóшлина** Durchfuhrzoll m; **транзúтная странá** Durchfuhrland nt; **транзúтный торгóвля** Transithandel m; **транзúтные перевóзки** Transitverkehr m; **~ вéксель** Transitwechsel m; **~ провóз** Transit m, Durchfuhr f
трансáкция f A2 Transaktion f
транскрúпция f A2 (фонетúческая) Transkription f
транслúровать vt E2 impf/pf (передáчу) senden, übertragen
трансляция f A2 Ausstrahlung f, Sendung f, Übertragung f; **прямáя ~** Direktübertragung f
транснациональный adj multinational
транспарáнт m K Transparent nt
транспарéнтность f 1 Transparenz f; **~ рынка** Markttransparenz f
трáнспорт m K 1. Transport m; 2. Verkehr m; **общéственный ~** öffentliche Verkehrsmittel
транспортúрование nt O2 Transport m, Beförderung f
транспортúровать vt E2 impf/pf transportieren, befördern
транспортирóвка <gen pl: -вок> f A Transport m; **~ грýзов** Güterbeförderung f
трáнспортный adj Transport-, Verkehrs-; **трáнспортная накладнáя** Ladeschein m; **трáнспортная фúрма** Transportunternehmen nt; **трáнспортные докумéнты** Transportpapiere pl, Versandpapiere pl; **трáнспортные издéржки** Transportkosten pl, Frachtkosten pl; **~ агéнт** Spediteur m; **трáнспортное срéдство** Transportmittel nt
трансурáны pl K (CHEM) Transurane pl
трансфéр m K Transfer m
трансфéртный adj Transfer-; **~ платежú** Transferzahlungen pl; **~ дохóд** Transfereinkommen nt; **~ риск** Transferrisiko nt
трансформáтор m K Transformator m
трансформáция f A2 Transformation f, Umwandlung f
трап m K 1. (MAR) Fallreep nt; 2. (- самолёта) Gangway f
трáпеза f A (arch) Mahl nt, Tafel f
трáсса f A 1. Trasse f, Strecke f, Route f; 2. (SPORT) Piste f
трассáнт m K (ÖKON) (Wechsel-)aussteller m, Anweisender m
трассáт m K (ÖKON) Bezogener m, Wechseladressat m
трассирóвка <gen pl: -вок> f A: **прогрáмма трассирóвки** (DV) Tracer m; **режúм трассирóвки** (DV) Trace-Betrieb m
трáта f A Verschwendung f, Vergeudung f; **пустáя ~ врéмени** Zeitverschwendung f
трáтить <präs: -áчу, -áтишь> vt 1 impf (pf: ис-, по-) 1. ausgeben, verbrauchen; 2. verschwenden, vergeuden
трáтиться <präs: -áчусь, -áтишься> vr I impf (pf: ис-, по-) (на кого-либо/что-либо) (viel) ausgeben, verschwenden
трáтта f A (ÖKON) Tratte f, Schuldwechsel m; **~ для финансúрования экспорта** Exporttratte f; **~ на предъявúтеля** Sichttratte f
трáур m K Trauer f; **объявúть национáльный ~** Nationaltrauer anordnen
трáфик m K (DV) Datenverkehr m
трахéя f A2 Luftröhre f
трéбование nt O2 1. Forderung f; 2. Erfordernis f, Anforderung f; **по трéбованию** auf Anforderung, auf Betreiben; **предъявúть жёсткие трéбования** harte Forderungen stellen; **предъявúть чрезмéрные трéбования к кому-либо** jdn überfordern; **трéбования повышéния зарабóтной плáты** Lohnforderungen pl 3. (ÖKON) Forderung f; **~ по торгóвым кнúгам** Buchschuld f; **трéбования повышéния зарабóтной плáты** Lohnforderungen pl
трéбовательный <kf: -лен, -льна> adj 1. streng; 2. anspruchsvoll
трéбовать vt E2 impf (pf: по-) fordern, verlangen

тре́буемый *adj* erforderlich, nötig; **тре́буемая квалифика́ция** Anforderungsprofil *nt*; ~ **окла́д** Gehaltsanspruch *m*

трево́га *f A* 1. Beunruhigung *f*; **вызыва́ющий трево́гу** beunruhigend; 2. Alarm *m*; **возду́шная** ~ Fliegeralarm *m*; **ло́жная** ~ blinder Alarm *m*; **поднима́ть по трево́ге** alarmieren

трево́жить *vt I impf* (*pf:* вс-) 1. beunruhigen; 2. stören

трево́житься *vr I impf* (*pf:* вс-) 1. sich beunruhigen; 2. sich bemühen

трево́жный <*kf:* -жен, -жна> *adj* 1. besorgt, beunruhigt; 2. besorgniserregend, alarmierend

тре́звенник, тре́звенница *m K / f A* Antialkoholiker, -in *m/f*, Abstinenzler, -in *m/f*

трезво́нить *vi I impf* läuten

тре́звость *f I* (*auch fig*) Nüchternheit *f*

тре́звый <*kf:* трезв, трезва́, тре́зво, тре́звы́> *adj* 1. nüchtern; 2. (*fig*) besonnen, nüchtern, verständig

трек *m K* Rennbahn *f*

тре́ккинг *m K* Trekking *nt*

тренажёр *m K* Trainingsgerät *nt*

тренд *m K* Trend *m*

тре́нер *m K* Trainer *m*, Coach *m*

тре́ние *nt O2* 1. (TECH) Reibung *f*; 2. (*fig*) Reiberei *f*, Auseinandersetzung *f*; **без тре́ния** reibungslos

трениро́ванный *adj* trainiert, geübt

трениро́вать *vt E2 impf* (*pf:* на-) 1. sich aneignen, einüben; 2. trainieren

трениро́вка *f A* Training *nt*; ~ **на физи́ческую выно́сливость** Konditionstraining *nt*

трениро́вочный *adj* Trainings-; ~ **костю́м** Trainingsanzug *m*

трепета́ть <*präs:* -ещу́, -е́щешь> *vi E4 impf* 1. (*geh*) zittern, erzittern, beben; 2. flattern

трепыха́ться *vr E impf* (*pf:* за-) 1. (umg) zappeln; 2. flattern

треск <*gen sg:* -а,-у> *m K* 1. Knall *m*; 2. Knacks *m*

треска́ *f A* Dorsch *m*, Kabeljau *m*

тре́снуть *vi E1 impf* 1. knacksen; 2. platzen, bersten

трест *m K* Trust *m*

трете́йский *adj* (JUR) Schieds-; ~ **суд** Schiedsgericht *nt*; ~ **судья́** Schiedsrichter *m*

тре́тий, тре́тья, тре́тье *num ord* dritte(r, s); ~ **ли́шний** der störende Dritte *m*; ~ **мир** Dritte Welt *f*

трети́ровать *vt E2 impf* malträtieren, schikanieren, quälen

треть <*gen pl:* -е́й> *f I* Drittel *nt*

тре́тье *siehe* **тре́тий, тре́тья, тре́тье**

тре́тья *siehe* **тре́тий, тре́тья, тре́тье**

треуго́льник *m K* Dreieck *nt*; **Берму́дский** ~ Bermuda-Dreieck *nt*

треуго́льный *adj* dreieckig

трёхле́тний *adj* dreijährig

трёхме́рный *adj* dreidimensional

трёхсери́йный *adj* (*фильм*) dreiteilig

треща́ть <*präs:* -щу́, -щи́шь> *vi I impf* krachen, knacken

тре́щина *f A* 1. Knick *m*; 2. Riss *m*

трещо́тка *f A* 1. Rassel *f*; 2. (*umg*) Plappermaul *nt*, Quasselstrippe *f*

три <*gen:* трёх> *num* drei; ~ **че́тверти** dreiviertel

трибу́на *f A* Tribühne *f*

тривиа́льность *f I* Trivialität *f*, Banalität *f*

тривиа́льный <*kf:* -лен, -льна> *adj* trivial

тригономе́трия *f A2* Trigonometrie *f*

три́девять *adj*: **за** ~ **земе́ль** (*in Folklore*) sehr weit; am Ende der Welt

три́дцать *num* dreißig

три́жды *adv* dreimal

трико́ *nt indekl* 1. Trikot *nt*; 2. Schlüpfer *m*

три́ллер *m K* Thriller *m*

триллио́н *m K* Billion *f*

трина́дцать *num* dreizehn

три́о *nt indekl* Trio *nt*

три́плекс *m K* Verbundglas *nt*

три́ста <*gen:* трёхсо́т> *num* dreihundert

триу́мф *m K* Triumph *m*

триумфа́льный *adj* triumphal; **триумфа́льная а́рка** Triumphbogen *m*; **триумфа́льное ше́ствие** Siegeszug *m*

тро́гательный <*kf:* -лен, -льна> *adj* rührend

тро́гать *vt E impf* (*pf:* тро́нуть) 1. berühren, anfassen; 2. (*fig*) rühren, bewegen

тро́гаться *vr E impf* (*pf:* тро́нуться) 1. gerührt sein; 2. abfahren, sich in Bewegung setzen; 3. (*umg*) verrückt werden

троекра́тный *adj* dreimalig, dreifach

тро́ица *f A* drei Personen; **Тро́ица** Pfingsten *nt*; **Свята́я** ~ Trinität *f*, Heilige Dreieinigkeit *f*

тро́йка *f A* 1. Dreigespann *nt*; 2. (*шко́льная оце́нка*) Drei *f*; 3. Gruppe aus drei Personen, Dreierausschuss *m*

тройно́й *adj* 1. dreifach; 2. Drei-; ~ **прыжо́к** Dreisprung *m*

тро́йня *f A1* Drillinge

тролле́йбус *m K* Obus *m*, Oberleitungsomnibus *m*

тромбо́з *m K* Thrombose *f*

тромбо́н *m K* Posaune *f*

трон *m K* Thron *m*

тро́нутый *adj* 1. (*meist kf*) bewegt; 2. (*umg*) verrückt

тропа́ *f A pls* Pfad *m*, Steg *m*

тропи́ческий *adj* tropisch

трос *m K* Seil *nt*, Tau *nt*; **про́волочный** ~ Drahtseil *nt*

тростни́к *m K e* Schilf *nt*

тротуа́р *m K* Gehweg *m*, Bürgersteig *m*

трофе́й *m K2* Trophäe *f*

трофе́йный *adj* erbeutet, Beute-; **трофе́йное иску́сство** Beutekunst *f*

труба́ *f A pls* 1. (TECH) Rohr *nt*; 2. Schornstein *m*; 3. (MUS) Trompete *f*
труба́ч *m K e* Trompeter, -in *m/f*
тру́бка *f A* Röhre *f*; **телефо́нная ~** Telefonhörer *m*; **кури́тельная ~** Pfeife *f*
трубопрово́д *m K* 1. Rohrleitung *f*; 2. Pipeline *f*
трубочи́ст *f A* Schornsteinfeger *m*, Kaminfeger *m*
труд *m K e* 1. Arbeit *f*; 2. Mühe *f*; **без ~á** mühelos; 3. (*нау́чный*) Abhandlung *f*; 4. Werk *nt*
труди́ться <*präs:* тружу́сь, тру́дишься> *vr I impf* 1. arbeiten; 2. sich abmühen, sich bemühen
трудновоспиту́емый *adj* schwererziehbar
тру́дность *f I* Schwierigkeit *f*, Strapaze *f*; **тру́дности финанси́рования** Finanzierungsschwierigkeiten *pl*
тру́дный <*kf:* -ден, -дна́, -дно, тру́дны́> *adj* schwierig, kompliziert
трудово́й *adj* Arbeits-; **трудова́я атмосфе́ра** Arbeitsklima *nt*; **трудова́я атмосфе́ра на предприя́тии** Betriebsklima *nt*; **трудова́я де́ятельность** Berufsleben *nt*; **трудово́е пра́во** Arbeitsrecht *nt*; **трудово́е соглаше́ние** Dienstvertrag *m*; **~ арбитра́ж** Arbeitsgericht *nt*; **~ день** Arbeitstag *m*; **~ догово́р** Arbeitsvertrag *m*; **~ дохо́д** Arbeitseinkommen *nt*; **~ проце́сс** Arbeitsablauf *m*; **~ за́работок** Erwerbseinkommen *nt*; **трудовы́е затра́ты** Arbeitsaufwand *m*; **трудовы́е отноше́ния** Arbeitsverhältnis *nt*
трудоёмкий <*kf:* -мок, -мка> *adj* aufwändig, arbeitsintensiv
трудоспосо́бность *f I* 1. Leistungsfähigkeit *f*; 2. Arbeitsfähigkeit *f*
трудоспосо́бный <*kf:* -бен, -бна> *adj* arbeitsfähig, erwerbsfähig
трудоустро́йство *nt O* Arbeitsplatzvermittlung *f*, Arbeitsbeschaffung *f*
трудя́щийся I. *adj* erwerbstätig; II. *m wie adj* Werktätiger *m*
труп *m K* Leiche *f*, Leichnam *m*; **~ живо́тного** Kadaver *m*
трус *m K* Feigling *m*
тру́сить <*präs:* тру́шу, тру́сишь> *vi I impf* (*pf:* с-) (*перед кем-ли́бо/чем-ли́бо*) Angst haben, sich ängstigen (vor +*dat*)
трусли́вый <*kf:* -и́в> *adj* feige
тру́сость *f I* Feigheit *f*
трусы́ *pl K* Unterhose *f*
трухля́вый <*kf:* -я́в> *adj* 1. mürbe; 2. verfault, morsch
трущо́ба *f A* 1. Dickicht *nt*; 2. (*fig*) Slums *pl*
трюк *m K* Trick *m*, Kunststück *nt*
тря́пка *f A* 1. Lappen *m*, Lumpen *m*; **~ для стира́ния пы́ли** Staubtuch *nt*; **полова́я ~** Scheuerlappen *m*; 2. (*umg*) Schlappschwanz *m*, Versager *m*

тряси́на *f A* Morast *m*
трясти́ <*präs:* -су́, -сёшь, *prät:* тряс, трясла́> *vt Eб impf* (*pf:* вы́-) 1. schütteln, rütteln; 2. Staub ausklopfen; 3. (*unpersönlich*) zittern; **его́ трясёт от хо́лода** er zittert vor Kälte
трясти́сь <*präs:* -су́сь, -сёшься, *prät:* тря́сся, трясла́сь> *vr Eб impf* (*pf:* вы́-) 1. sich schütteln, schlottern; 2. (*fig*) zittern; **~ за свою́ жизнь** um sein Leben zittern
туале́т *m K* 1. Toilette *f*; **же́нский ~** Damentoilette *f*; **мужско́й ~** Herrentoilette *f*; 2. (festliche) Damenkleidung *f*, Garderobe *f*; **вече́рний ~** Abendgarderobe *f*
туале́тный *adj* Toiletten-; **туале́тная бума́га** Toilettenpapier *nt*
туберкулёз *m K* Tuberkulose *f*
туго́й <*kf:* туг, туга́, ту́го, *komp:* ту́же> *adj* 1. stramm, straff; **~ у́зел** fester Knoten *m* 2. prall, gefüllt; 3. schwer, mühsam
тугоу́хий <*kf:* -у́х> *adj* schwerhörig
туда́ *adv* dorthin; **расха́живать ~-сюда́** auf- und abgehen
туз <*akk sg:* туза́> *m K e* 1. (*beim Kartenspiel*) As *nt*; 2. (*fig*) einflussreiche Person *f*
тузе́мец, тузе́мка <*gen sg m:* -мца, *gen pl f:* -мцев, *gen pl f:* -мок> *m K / f A* 1. Einheimische(r) *mf*; 2. Eingeborene(r) *mf*
ту́лий *m K2* Thulium *nt*
ту́ловище *nt O1* Rumpf *m*
тума́н <*gen sg:* -а, -у> *m K* Nebel *m*
тума́нный <*kf:* -а́нен, -а́нна> *adj* neblig, diesig
ту́мба *f A* 1. Prellstein *m*; 2. Sockel *m*, Fuß *m*; **афи́шная ~** Litfasssäule *f*
ту́мбочка *f A* (*прикрова́тная*) Nachttisch *m*
туне́ц <*gen sg:* -нца́> *m K e* Tunfisch *m*
туне́ядец <*gen sg:* -дца> *m K* Schmarotzer *m*, Faulenzer *m*, Nichtstuer *m*
Туни́с *m K* Tunesien *nt*
тупе́ть *vi E impf* (*pf:* от-) (*auch fig*) abstumpfen, stumpf werden
тупи́к *m K e* (*auch fig*) Sackgasse *f*; **завести́ в ~** in eine Sackgasse führen; **зайти́ в ~** (*перегово́ры*) sich festfahren
тупико́вый *adj* verfahren, festgefahren, stagnierend
тупо́й <*kf:* туп, тупа́, ту́по, ту́пы́> *adj* 1. stumpf, nicht scharf; 2. (*fig*) stumpfsinnig, stur; 3. stumpf; **тупа́я боль** stumpfer Schmerz *m*
тупоуго́льный *adj* stumpfwink(e)lig
тупоу́мие *nt O2* 1. Blödheit *f*; 2. Stumpfsinn *m*
тупоу́мный <*kf:* -мен, -мна> *adj* 1. blödsinnig; 2. stur
тур *m K* 1. Tour *f*; 2. (*вы́боров*) Wahldurchgang *m*; 3. (SPORT) Tour *f*, Runde *f*
турби́на *f A* Turbine *f*
турбюро́ *nt indekl* Reisebüro *nt*
туре́цкий *adj* türkisch
тури́зм *m K* Tourismus *m*, Fremdenverkehr

m, Fremdenverkehrswesen *nt*; **магази́нный ~** Einkaufstourismus *m*
тури́ст *m K* 1. Tourist, -in *m/f*; **делово́й ~** Geschäftsreisende(r) *mf*; **~индивидуа́л** Individualreisende(r) *mf*; **пе́ший ~ (с рюкзако́м)** Rucksacktourist *m* 2. Wanderer *m*
туристи́ческий *adj* touristisch, Reise-; **туристи́ческая де́ятельность** Reiseverkehr *m*; **~ класс** Touristenklasse *f*
Туркмениста́н *m K* Turkmenistan *nt*
Туркме́ния *f A2* Turkmenien *nt*
турне́ *nt indekl* 1. Rundreise *f*, Rundfahrt *f*; 2. (*гастро́ли*) Konzertreise *f*, Tournee *f*
турни́к *m K e* Reck *nt*
турнике́т *m K* Drehkreuz *nt*
турни́р *m K* Turnier *nt*; **отбо́рочный ~** Qualifikationsturnier *nt*; **Уимблдо́нский ~** Tennisturnier *nt* in Wimbledon
ту́рок <*gen sg:* ту́рка, *gen pl:* ту́рок> *m K* Türke *m*
турфи́рма *f A* Reiseveranstalter *m*
Ту́рция *f A2* Türkei *f*
турча́нка *f A* Türkin *f*
ту́склый <*kf:* тускл, тускла́, ту́скло, ту́склы> *adj* trübe, matt
тусова́ться <*3. pers:* -су́ется> *vr E2 impf* (*Jugendsprache*) sich treffen, in Gruppen hin- und herschlendern
тусо́вка *f A* (*umg*) nach bestimmten Interessen organisierte Jugendgruppe
ту́фля *f A1* Schuh *m*; **дома́шние ту́фли** Pantoffeln *m pl*; **~ на шпи́льках** Stöckelschuhe *m pl*
туши́ть <*präs:* тушу́, ту́шишь> *vt I impf* (*pf:* по-) 1. löschen; 2. (**мя́со, о́вощи**) schmoren, dämpfen
тща́тельность *f I* Sorgfalt *f*
тща́тельный <*kf:* -лен, -льна> *adj* sorgfältig, sorgsam
тщеду́шный <*kf:* -шен, -шна> *adj* schmächtig, schwächlich
тщесла́вный <*kf:* -вен, -вна> *adj* ehrgeizig, ruhmsüchtig
ты <*2. pers sg:* тебя́, тебе́, тебя́, тобо́й, о тебе́>*pron pers* du; **быть на ~ с кем-либо** per Du sein (mit +*dat*)
ты́кать <*präs:* ты́чу, ты́чешь> *vt E4 impf* (*pf:* ткнуть, ткну́ть) 1. einstecken, stoßen; 2. weisen, zeigen; **~ па́льцем в кого́-либо** mit dem Finger zeigen (auf +*akk*)
ты́каться <*präs:* ты́чусь, ты́чешься> *vr E4 impf* (*pf:* ткну́ться) 1. sich stoßen, sich anstoßen; 2. hin- und herlaufen; 3. (*umg*) von Pontius zu Pilatus geschickt werden
тыл <*präpos sg:* о тыле́, в тылу́> *m K ple* 1. Rückseite *f*, Rücken *m*; 2. (MIL) Hinterland *nt*; 3. (*fig*) Rückendeckung *f*, bürgerliche Sicherheit *f*
ты́сяча *f A* Tausend *nt*
т. е. *abk von* то есть d. h., das heißt
Тюри́нгия *f A* Thüringen *nt*
тюрьма́ *f A pls* Gefängnis *nt*, Haftanstalt *f*

тя́гостный <*kf:* -тен, -тна> *adj* bedrückend; **тя́гостное молча́ние** drückendes Schweigen *nt*
тяжёлый <*kf:* -жёл, -жела́> *adj* 1. schwer; 2. schwierig, schwer, kompliziert; **тяжёлая атле́тика** Gewichtheben *nt*; **тяжёлые времена́** harte Zeiten; **~ хара́ктер** schwieriger Charakter *m*
тяну́ть <*präs:* тяну́, тя́нешь> *vt E1 impf* (*pf:* по-) 1. (*auch fig*) ziehen; **его́ тя́нет на ро́дину** ihn zieht es in seine Heimat zurück; 2. verzögern, in die Länge ziehen; **~ вре́мя** Zeit gewinnen
тяну́ться <*präs:* тяну́сь, тя́нешься> *vr E1 impf* (*pf:* рас-) 1. sich ausbreiten; 2. (*auch fig*) sich hinziehen, sich schleppen; 3. dauern; 4. sich dehnen, sich recken; 5. die Hand ausstrecken, langen (nach +*dat*)

У

у, У¹ *nt indekl* kyrillischer Buchstabe
у² *präp* +*gen* 1. an, bei, neben (+*dat*); **~ микрофо́на** am Mikrophon; **~ роди́телей** bei den Eltern; **~ Шекспи́ра** bei Shakespeare; 2. zur Bezeichnung der Zugehörigkeit/des Besitzverhältnisses; **~ меня́ есть брат** ich habe einen Bruder; **~ больно́го жар** der Kranke hat Fieber
убега́ть *vt E impf* (*pf:* убежа́ть) davonlaufen, fortlaufen, ausreißen
убеди́тельность *f I* Überzeugungskraft *f*
убеди́тельный <*kf:* -лен, -льна> *adj* 1. überzeugend, schlüssig; 2. nachdrücklich, inständig
убеди́ть <*nur 2. und 3. pers:* -и́шь> *vt I pf* (*impf:* убежда́ть) 1. überzeugen; 2. überreden, bewegen
убежа́ть <*fut:* -егу́, -ежи́шь> *vi U1 pf* (*impf:* убега́ть) davonlaufen, fortlaufen, ausreißen
убежде́ние *nt O2* Überzeugung *f*
убе́жище *nt O1* 1. Obdach *nt*, Bleibe *f*; 2. (POL) Asyl *nt*; **лицо́, попроси́вшее ~** Asylant, -in *m/f*
убива́ть *vt E impf* (*pf:* уби́ть) 1. umbringen, ermorden; 2. (*на охо́те*) erlegen; 3. (*fig*) totschlagen; **~ вре́мя** die Zeit totschlagen; **~ сра́зу двух за́йцев** zwei Fliegen mit einer Klappe schlagen
уби́йственный <*kf:* -вен> *adj* 1. tödlich; 2. fatal; 3. mörderisch
уби́йство *nt O* Mord *m*, Ermordung *f*; **~ с це́лью ограбле́ния** Raubmord *m*; **отде́л поли́ции по рассле́дованию дел об уби́йстве** Mordkommission *f*
уби́йца *mf A* Mörder *m*; **наёмный ~** bezahlter Killer *m*
убира́ть *vt E impf* (*pf:* убра́ть) 1. wegbringen, beseitigen; **~ раке́ты** Raketen abziehen; 2. (*со стола́*) abdecken, abräumen;

3. (*кóмнату*) aufräumen, in Ordnung bringen; **4.** absetzen; **5.** ernten

убирáться *vr E impf* (*pf:* убрáться) **1.** sauber machen, aufräumen; **2.** (*umg*) verschwinden, davonkommen; **убирáйся!** hau ab! **убирáйся ко всем чертя́м!** scher dich zum Teufel!

уби́ть <*fut:* убью́, убьёшь> *vt E4c pf* (*impf:* убивáть) umbringen, ermorden

убóгий I. <*kf:* -óг> *adj* kläglich; **II.** *m wie adj* Krüppel *m*

убóгость *f I* Schäbigkeit *f*, Dürftigkeit *f*

убóрка *f A* **1.** Aufräumen *nt*; **2.** Reinigung *f*; **3.** Einbringen *nt* der Ernte, Erntezeit *f*; **~ урожáя** Ernte *f*

убóрная *f wie adj* **1.** Klosett *nt*, Toilette *f*; **2.** Garderobe *f*, Ankleideraum *m*; **артисти́ческая убóрная** Künstlergarderobe *f*

убóрочный *adj* Ernte-; **убóрочная страдá** Ernte *f*; **убóрочная тéхника** Erntemaschinen *f pl*

убóрщица *f A* Putzfrau *f*, Raumpflegerin *f*

убрáть <*fut:* уберу́, уберёшь> *vt E4a pf* (*impf:* убирáть) **1.** wegbringen; **2.** (*со столá*) abdecken, abräumen; **3.** (*кóмнату*) aufräumen, in Ordnung bringen; **4.** absetzen, beseitigen

убрáться <*fut:* уберу́сь, уберёшься> *vr E4c pf* (*impf:* убирáться) **1.** sauber machen, aufräumen; **2.** davonkommen

убывáть *vi E impf* (*pf:* убы́ть) **1.** abnehmen, dahinschwinden; **2.** ausfallen

у́быль *f I* **1.** Abnahme *f*, Verringerung *f*; **2.** Ausfall *m*, Schwund *m*

убы́ток <*gen sg:* -тка, -тку> *m K* Verlust *m*, Einbußen *pl*, Schaden *m*, Nachteil *m*; **нести́ ~** einen Verlust erleiden; **рабóтать себé в ~** mit Verlust arbeiten, in den roten Zahlen arbeiten; **уйти́ от убы́тков** aus den roten Zahlen herauskommen; **~, отражённый в бухгáлтерских кни́гах** (ÖKON) Buchverlust *m*

убы́точный *adj* defizitär, unrentabel, verlustbringend; **убы́точная сфéра** Verlustzone *f*

уважáемый *adj* achtbar, respektabel; **2.** verehrt; **~ человéк** Respektperson *f*

уважáть *vt E impf* **1.** achten, respektieren; **2.** verehren

уважéние *nt O2* **1.** Verehrung *f*; **2.** Hochachtung *f*, Respekt *m*; **с уважéнием** hochachtungsvoll; **пóльзоваться уважéнием** Ansehen [*o* Respekt] genießen

уважи́тельный <*kf:* -лен, -льна> *adj* achtungsvoll, respektvoll; **уважи́тельная причи́на** triftiger Grund *m*

увари́ться <*nur 3. pers:* увáрится> *vr I impf* (*pf:* увáриваться) **1.** gar kochen; **2.** einkochen

уведóмить <*fut:* -млю, -мишь> *vt I pf* (*impf:* уведомля́ть) benachrichtigen

уведомлéние *nt O2* **1.** Benachrichtigung *f*, Mitteilung *f*, Bescheid *m*; **2.** Benachrichtigen *nt*; **3.** Inkenntnissetzung *f*

увековéчивать *vt E impf* (*pf:* увековéчить) verewigen, ein Denkmal setzen

увеличéние *nt O2* **1.** Vergrößerung *f*, Erweiterung *f*; **2.** Zunahme *f*; **3.** Aufstockung *f*; **~ в объёме** Wachstum *nt*; **~ вы́пуска продýкции** Produktionssteigerung *f*; **~ дохóдов** Ertragssteigerung *f*; **~ имýщества** Vermögenszuwachs *m*; **~ мóщности** Leistungssteigerung *f*; **~ основнóго капитáла** Kapitalerhöhung *f*; **~ произвóдства** Produktionssteigerung *f*; **~ спрóса** Nachfragesteigerung *f*; **~ срóка** Verlängerung *f*; **~ урожáйности** Ertragssteigerung *f*

увели́чивать *vt E impf* (*pf:* увели́чить) erhöhen, steigern, vergrößern

увели́чиваться *vr E impf* (*pf:* увели́читься) zunehmen, wachsen, sich erhöhen

увеличи́тельный *adj* Vergrößerungs-; **увеличи́тельное стеклó** Vergrößerungsglas *nt*

увенчáть *vt E pf* (*impf:* венчáть) (*auch fig*) krönen

уверéние *nt O2* Zusicherung *f*

увéренность *f I* **1.** Gewissheit *f*; **2.** Zuversicht *f*; **~ в зáвтрашнем дне** Glaube *m* an die Zukunft; **~ в себé** Glaube *m* an sich selbst; **вселя́ть ~** ermutigen; **сказáть с увéренностью** mit Sicherheit sagen

увéренный <*kf:* -рен> *adj* zuversichtlich, sicher; **~ в побéде** siegessicher; **~ в себé** selbstsicher

увёртка *f A* (*umg*) Finte *f*, Trick *m*, Kniff *m*

увеселéние *nt O2* Vergnügung *f*, Erheiterung *f*

увесели́тельный *adj* vergnüglich, heiter; **увесели́тельное мероприя́тие** Vergnügung *f*

увеси́стый <*kf:* -ист> *adj* **1.** tüchtig, kräftig; **2.** gewichtig, schwer, wuchtig

увести́ <*fut:* -еду́, -едёшь> *vt E6a pf* (*impf:* уводи́ть) **1.** abführen, wegführen; **2.** mitnehmen

увещевáние *nt O2* **1.** Ermahnung *f*; **2.** Zureden *nt*

увещевáть *vt E impf* ermahnen, ins Gewissen reden

уви́деть <*fut:* уви́жу, уви́дишь> *vt I pf* (*impf:* ви́деть) erblicken, sehen

увлажни́ть *vt I pf* (*impf:* увлажня́ть) befeuchten, benetzen

увлекáтельный <*kf:* -лен, -льна> *adj* spannend

увлечённый *adj* begeistert

увлéчь <*fut:* -еку́, -ечёшь> *vt UE4 pf* (*impf:* увлекáть) **1.** mitreißen, mitnehmen; **2.** (*fig*) mitreißen, begeistern, packen

увлéчься <*fut:* -екýсь, -ечёшься> *vr + inst UE4 pf* (*impf:* увлекáться) sich hinreißen lassen, sich hingeben (+*dat*)

уводи́ть <*präs:* -ожу́, -о́дишь> vt I impf (*pf:* увести́) 1. abführen, wegführen; 2. mitnehmen

уво́лить vt I pf (*impf:* увольня́ть) 1. entlassen; 2. kündigen

увольне́ние nt O2 1. Freisetzung f; 2. Entlassung f, Kündigung f; **ма́ссовые увольне́ния** Massenentlassungen pl; ~ **без предупрежде́ния** fristlose Kündigung f

увяда́ть vt E impf verwelken

увя́занность f I Interdependenz f

увя́зка <*gen pl:* -зок> f A 1. Verpacken nt, Verschnüren nt; 2. Abstimmung f

угада́ть vt E pf (*impf:* уга́дывать) raten, erraten; ~ **чьи-ли́бо мы́сли по глаза́м** jds Gedanken von den Augen ablesen

углеводоро́д m K Kohlenwasserstoff m; **фто́ристые ~ы** Fluorkohlenwasserstoffe pl

углево́ды m pl K Kohlehydrate m pl

углеро́д m K Kohlenstoff m

углова́тый <*kf:* -а́т> adj 1. eckig; 2. (*fig*) linkisch, ungeschickt

углуби́ть <*fut:* -блю́, -би́шь> vt I pf (*impf:* углубля́ть) (*auch fig*) vertiefen

углубле́ние nt O2 1. Vertiefung f; 2. Delle f

углубля́ть vt E intensivieren

угнета́ть vt E impf 1. unterdrücken; 2. bedrücken, deprimieren

угова́ривать vt E impf (*pf:* уговори́ть) überreden, zureden; **дать себя́** ~ sich überzeugen lassen

угово́р <*gen sg:* -а,-у> m K 1. Überreden nt, Zureden nt; 2. Verabredung f, Absprache f; **э́то против ~а** das ist gegen die Abmachung; ~ **по сде́лке** Nebenabrede f

уго́дно I. adv gefällig; **е́сли** ~ wenn es recht ist; II. part beliebig; **он мог де́лать всё, что** ~ er konnte anstellen, was immer er wollte; **ско́лько** ~ nach Belieben

уго́дный <*kf:* -ден, -дна> adj angenehm, gefällig

у́гол <*gen sg:* угла́, *präpos sg:* об угле́, на/в углу́> m K e1 1. Ecke f, Winkel m; **за угло́м** um die Ecke; **на углу́** an der Ecke; **загоня́ть кого́-ли́бо в** ~ jdn in die Enge treiben; **свора́чивать за** ~ um die Ecke biegen; 2. (MATH) Winkel m

уголо́вный adj 1. kriminell; 2. Kriminal-, Straf-; ~ **ко́декс** Strafgesetzbuch nt; **уголо́вная поли́ция** Kriminalpolizei f; **уголо́вное пра́во** Strafrecht nt; **уголо́вное преступле́ние** Straftat f

у́голь <*gen sg:* угля́> m K1 Kohle f; **активи́рованный** ~ Aktivkohle f; **бу́рый** ~ Braunkohle f; **древе́сный** ~ Holzkohle f; **ка́менный** ~ Steinkohle f

уго́н m K 1. Vertreibung f; 2. Diebstahl m; ~ **автомоби́ля** Autodiebstahl m; ~ **самолёта** Flugzeugentführung f

уго́нщик m K (Fahrzeug-)Entführer m, Luftpirat m

у́горь <*gen sg:* угря́> m K1 1. (ZOOL) Aal m; 2. (MED) Pickel m, Mitesser m; 3. (*im pl*) Akne f

угости́ть <*fut:* -ощу́, -ости́шь> vt I pf (*impf:* угоща́ть) 1. bewirten; 2. spendieren

угоще́ние nt O2 Bewirtung f; **устро́ить** ~ **по слу́чаю вступле́ния в до́лжность** jds Einstand feiern

угрожа́ть vi E impf androhen, bedrohen

угрожа́ющий adj bedrohlich

угро́за f A 1. Bedrohung f; **приводи́ть в исполне́ние угро́зу** eine Drohung wahrmachen 2. Gefahr f, Gefährdung f; 3. Androhung f

угрызе́ние nt O2 Scham f, Reue f; **угрызе́ния со́вести** Gewissensbisse pl

угрю́мый <*kf:* -юм> adj verdrossen, verdrießlich

удава́ться <*nur 3. pers:* удаётся> vr E3 impf (*pf:* уда́ться) gelingen, glücken; **как тебе́ удаётся?** wie bringst du das fertig? **не** ~ scheitern, misslingen

удале́ние nt O2 Beseitigung f, Entfernung f; ~ **о́пухоли** Geschwulstentfernung f; ~ **отхо́дов** Abfallbeseitigung f

удалённый <*kf:* -ён> adj entlegen, abgelegen, entfernt

удали́ть vt I pf (*impf:* удаля́ть) 1. beseitigen, entfernen; 2. (MED) entfernen; ~ **зуб** einen Zahn ziehen; ~ **игрока́ с по́ля** (SPORT) einen Spieler des Feldes verweisen

уда́р m K 1. Schlag m, Stoß m, Hieb m; ~ **судьбы́** Schicksalsschlag m; 2. (SPORT) Stoß m, Schuss m; ~ **в подборо́док** Kinnhaken m; ~ **голово́й** Kopfball m; ~ **от воро́т** Abstoß m; **свобо́дный** ~ Freistoß m; 3. (MED) Schlaganfall m; **теплово́й** ~ Hitzschlag m; 4. (*мо́лнии*) Einschlag m; 5. Anschlag m; ~ **ножо́м** Messerstich m; **отве́тный** ~ Vergeltungsschlag m; ~ **штыко́м** Bajonettstich m

ударе́ние nt O2 Betonung f

уда́рить vt I pf (*impf:* ударя́ть) 1. schlagen, hauen; ~ **кого́-ли́бо по лицу́** jdn ins Gesicht schlagen; ~ **по рука́м** durch Handschlag besiegeln; 2. (*fig*) treffen; **жизнь его́ си́льно уда́рила** das Leben hat ihm böse mitgespielt; **бо́льно** ~ **по кому́-ли́бо** jdn hart treffen, jdm sehr wehtun

уда́риться vr I pf (*impf:* ударя́ться) 1. aufprallen; 2. (*обо что-ли́бо*) prallen (gegen +*akk*); ~ **голово́й в сте́ну** mit dem Kopf an die Wand schlagen; 3. (*umg*) sich begeistern (für +*akk*); ~ **в поли́тику** sich der Politik widmen

уда́рник m K 1. Schlagzeug nt; 2. Schlagzeuger m; 3. Bestarbeiter m, Aktivist m

уда́рный adv 1. Schlag-; **уда́рная си́ла** Schlagkraft f 2. (LING) betont; 3. (*fig*) intensiv, Schwerpunkt-

уда́ча f A 1. Erfolg m; 2. Glück nt, Glücksfall m; **жела́ю уда́чи** viel Glück!

уда́чный <*kf:* -чен, -чна> adj erfolgreich, gelungen; ~ **приме́р** gutes Beispiel nt

удва́ивать vt E impf (pf: удво́ить) verdoppeln
удвое́ние nt O2 Verdopplung f
уде́л m K 1. (HIST) Lehen nt; 2. Los nt, Schicksal nt
уде́ржание nt O2 1. Einbehaltung f; 2. Abzug m
удержа́ть <fut: -ержу́, -е́ржишь> vt I pf (impf: уде́рживать) 1. halten, festhalten; 2. (от чего́-ли́бо) abhalten (von +dat); 3. abziehen, einbehalten
удержа́ться vr I pf (impf: уде́рживаться) 1. sich halten, sich behaupten; 2. (от чего́-ли́бо) verzichten (auf + akk); 3. sich enthalten (+gen); **с трудо́м ~ от сме́ха** sich mit Mühe das Lachen verkneifen
удиви́тельный <kf: -лен, -льна> adj 1. erstaunlich, überraschend; 2. wundervoll, zauberhaft
удиви́ть <fut: -влю́, -ви́шь> vt I pf (impf: удивля́ть) erstaunen, überraschen; **ты меня́ про́сто удивля́ешь** du machst Sachen; **неприя́тно ~** befremden
удиви́ться <fut: -влю́сь, -ви́шься> vr I pf (impf: удивля́ться) sich wundern, staunen
удивле́ние nt O2 Erstaunen nt, Verwunderung f
удира́ть vi E impf (pf: удра́ть) (umg) abhauen, sich aus dem Staub machen, weglaufen
уди́ть <präs: ужу́, у́дишь> vt I impf fischen, angeln
удо́бный <kf: -бен, -бна> adj 1. bequem, angenehm; 2. handlich, günstig; **~ до́ступ** leichter Zugang m; **~ для по́льзователей** benutzerfreundlich; **~ по́вод** willkommener Anlass m
удобре́ние pl O2 Dünger m; **хими́ческие** [o **иску́сственные**]**~** Kunstdünger m
удо́брить vt I pf (impf: удобря́ть) düngen
удо́бство nt O 1. Bequemlichkeit f, Komfort m; **~ испо́льзования програ́ммы** Benutzerfreundlichkeit f 2. (im pl: **в кварти́ре**) sanitäre Einrichtungen pl
удовлетворе́ние nt O2 1. Befriedigung f, Genugtuung f, Zufriedenheit f; 2. (JUR) Abfindung f; 3. (наслажде́ние) Genuss m; **~ запро́сов потреби́теля** Marktnähe f; **~ кредито́ров** Gläubigerbefriedigung f
удовлетвори́тельный <kf: -лен, -льна> adj befriedigend, zufriedenstellend
удовлетвори́ть vt I pf (impf: удовлетворя́ть) 1. befriedigen, zufriedenstellen; **~ про́сьбу** einer Bitte nachkommen; **~ расту́щие потре́бности** dem steigenden Bedarf nachkommen; **~ всем тре́бованиям** allen Anforderungen entsprechen; 2. (JUR) abfinden
удово́льствие nt O2 Vergnügen nt, Lust f; **с удово́льствием** mit Vergnügen, gerne;

жить в своё ~ in Saus und Braus leben; **находи́ть ~ в чём-ли́бо** Geschmack finden (an +dat)
удоста́ивать vt E impf (pf: удосто́ить) 1. verleihen, auszeichnen (mit +dat); 2. schenken, beehren (mit +dat); **~ кого́-ли́бо внима́нием** jdm Aufmerksamkeit schenken
удостовере́ние nt O2 1. Ausweis m, Legitimation f; **~ ли́чности** Personalausweis m; 2. (JUR) Beglaubigung f, Beurkundung f; 3. Verifikation f; **~ о квалифика́ции** Befähigungsnachweis m; **~ с пра́вом го́лоса** Stimmschein m
удостове́рить vt I pf (impf: удостоверя́ть) 1. ausweisen, nachweisen; **~ свою́ ли́чность** sich ausweisen; 2. identifizieren; 3. (JUR) beglaubigen, beurkunden
удочере́ние nt O2 (eines Mädchens) Adoption f
удочери́ть vt I pf (impf: удочеря́ть) (ein Mädchen) adoptieren
у́дочка f A Angelrute f; **попа́сться на чью-ли́бо у́дочку** (fig) jdm auf den Leim gehen
удра́ть <fut: удеру́, удерёшь> vi E4a pf (impf: удира́ть) (umg) abhauen, sich aus dem Staub machen, weglaufen
удруча́ть vt E impf (pf: удручи́ть) beklemmen, deprimieren
удручённый adj niedergedrückt, niedergeschlagen
уединённый adj abgeschieden, zurückgezogen
уе́хать <fut: -е́ду, -е́дешь> vi UE2 impf (pf: уезжа́ть) 1. abreisen, abfahren; 2. verreisen, auf Reisen gehen; 3. wegziehen; **~ в го́род** in die Stadt ziehen; 4. auswandern, emigrieren; **~ на За́пад** in den Westen gehen
у́жалить vt I pf (impf: жа́лить) 1. stechen; 2. beißen
у́жас m K Entsetzen nt, Grauen nt, Schrecken m; **быть в ~е** sich entsetzen
ужаса́ть vt E impf (pf: ужасну́ть) erschrecken, in Schrecken versetzen
ужаса́ющий adj schauerlich, schauderhaft, grausig
ужа́сно adv 1. schrecklich, entsetzlich; 2. (umg: als Verstärkung) unheimlich; **~ интере́сно** unheimlich interessant
ужа́сный <kf: -сен, -сна> adj furchtbar, entsetzlich, grauenhaft
уж¹ m K e Natter f; **обыкнове́нный ~** Ringelnatter f; **извива́ться как ~** (fig) sich winden wie ein Aal
уж² adv (уже́) schon
уже́ adv schon, bereits
ужесточа́ть vt E impf (pf: ужесточи́ть) verschärfen, erhärten
ужива́ться vr E impf (pf: ужи́ться) 1. sich einleben, sich eingewöhnen; 2. (с кем-ли́бо) gut auskommen (mit +dat)
у́жин m K Abendessen nt, Abendbrot nt
у́жинать vi E impf (pf: по-) zu Abend essen

узаконéние nt O2 Legitimation f
узакóнивать vt E impf (pf: узакóнить) legitimieren
ýзанс m K 1. Usance f; 2. Handelsbrauch m; 3. Sitte f
уздá f A pls (auch fig) Zaum m; **держáть в уздé когó-либо** jdn im Zaum halten
ýзел <gen sg: узлá> m K e1 1. (auch fig) Knoten m; **разрубáть Гóрдиев ~** den gordischen Knoten lösen; **~ загýзки** (DV) Download-Site f; **трáнспортный ~** Verkehrsknoten m 2. (MAR) Knoten m
ýзел загрýзки m K Download-Site f
ýзкий <kf: ýзок, узкá, ýзко, ýзки> adj schmal, eng; **ýзкое мéсто** Engpass m; **~ специалист** Experte m
узколóбый <kf: -óб> adj (fig) engstirnig
узнавáть <präs: узнаю́, узнаёшь> vt E3 impf (pf: узнáть) 1. erfahren, in Erfahrung bringen; 2. erkennen, identifizieren
ýзы f pl A (geh) Fesseln f pl, Bande pl
уик-знд m K Wochenende nt
уйти́ <fut: уйдý, уйдёшь> vi E7 pf (impf: уходи́ть) 1. weggehen, verlassen; 2. (от когó-либо) jdm entkommen; 3. (о врéмени) vergehen
укáз m K Erlass m, Dekret nt, Ukas m; **он мне не ~** er hat mir nichts zu befehlen
указáние nt O2 1. Weisung f, Anweisung f, Bescheid m; **выполня́ть чьи-либо указáния** jds Anweisungen folgen; **давáть указáния** Anweisungen geben [o erteilen]; 2. Hinweis m, Angabe f; **~ источника** Quellenangabe f; **~ цены́** Preisangabe f; **указáния о поря́дке ведéния бухгáлтерского учёта** Buchführungsrichtlinien pl
укáзанный adj 1. genannt; 2. angegeben
указáтель m K1 1. Anzeiger m, Hinweisschild nt; 2. (в книге) Index m, Stichwortverzeichnis nt, Register nt
указáть <fut: укажу́, укáжешь> vi E4 pf (impf: укáзывать) 1. angeben; 2. (на что-либо) hinweisen (auf +akk)
УКВ abk von ультракоро́ткие во́лны Ultrakurzwellen pl, UKW
уклáдывать vt E impf (pf: уложи́ть) 1. hinlegen; **~ спать** ins Bett bringen 2. (umg) umlegen, töten; 3. packen, einpacken
уклáдываться vr E impf (pf: улéчься) 1. sich hinlegen; 2. sich legen, abflauen; волнéние улеглось die Aufregung klang ab
уклóн m K 1. Gefälle nt, Neigung f; 2. (POL) Trend m
уклонéние nt O2 1. Ausweichen nt; 2. Abweichung f; **~ от слу́жбы** Dienstverweigerung f; **~ от уплáты нало́гов** Steuerhinterziehung f, Steuerflucht f
уклони́ться <fut: -оню́сь, -они́шься> vr I pf (impf: уклоня́ться) sich entziehen, ausweichen; **~ от тéмы** vom Thema abkommen

укóл m K 1. Nadelstich m; 2. (MED) Spritze f
укомплектовáние nt O2 Ergänzung f, Komplettierung f
укóр m K Vorwurf m
укорáчивать vt E impf (pf: укороти́ть) verkürzen, abkürzen
украдко́й adv verstohlen
Украи́на f A Ukraine f
укрáсить <fut: -áшу, -áсишь> vt I pf (impf: украшáть) schmücken, dekorieren, verzieren
укрáсть <fut: украду́, украдёшь> vt E6a pf (impf: красть) stehlen
украшéние nt O2 1. Schmuckstück nt, Verzierung f; 2. (im pl) Schmuck m
укрепи́тель m K1 Festiger m; **~ воло́с** Haarfestiger m
укрепи́ть <fut: -плю́, -пи́шь> vt I pf (impf: укрепля́ть) 1. befestigen; 2. (fig) festigen, bestärken
укреплéние nt O2 1. Befestigung f; 2. (fig) Stärkung f
укрóмный <kf: -мен, -мна> adj einsam, versteckt; **укрóмное мéсте́чко** lauschiges Plätzchen nt
укрóп <gen sg: -а, -у> m K Dill m
укроти́тель, укроти́тельница m K1 / f A Dompteur, Dompteuse m/f
укроти́ть <fut: -ощу́, -оти́шь> vt I pf (impf: укрощáть) 1. zähmen, bändigen; 2. (fig: гнев) bändigen, beherrschen
укрупнéние nt O2 1. Zusammenlegung f; 2. Vergrößerung f, Erweiterung f; **~ предприя́тий** Betriebszusammenschluss m
укрывáтель m K1 (JUR) Hehler, -in m/f
укрывáтельство nt O Hehlerei f
укры́тие nt O2 Deckung f
укры́ть <fut: укро́ю, укро́ешь> vt E8 pf (impf: укрывáть) 1. decken, schützen; 2. verstecken, verbergen
ýксус <gen sg: -а, -у> m K Essig m
уку́с m K Biss m; **~ насекóмого** Insektenstich m; **змеи́ный ~** Schlangenbiss m; **комари́ный ~** Mückenstich m
уку́тать vt E pf (impf: уку́тывать) hüllen, einhüllen
улáвливать vt E impf (pf: улови́ть) 1. erhaschen, auffangen; 2. abpassen; 3. (fig) wahrnehmen, kapieren
улáдить <fut: -áжу, -áдишь> vt I pf (impf: улáживать) 1. ins Lot bringen; 2. (-конфликт) beilegen; 3. (спор) schlichten; 4. erledigen
улáживание nt O2 1. Schlichtung f; 2. Erledigung f
улету́чиваться vr E impf (pf: улету́читься) 1. (о гáзе) entweichen, sich verflüchtigen; 2. (fig) verschwinden
улéчься <fut: уля́гусь, уля́жешься> vr UE5 pf (impf: уклáдываться) 1. sich hinlegen; 2. sich legen, abflauen
улизну́ть vi E1 pf (umg) abhauen
ули́ка f A (meist pl) Beweisstück nt, Be-

ули́тка *f A* Schnecke *f*
у́лица *f A* Straße *f*; **боковáя ~** Seitenstraße *f*; **главнáя ~** Vorfahrtsstraße *f*; **оживлённая ~** belebte Straße *f*; **~ с односторóнним движéнием** Einbahnstraße *f*; **на у́лице** draußen; **вы́йти на у́лицы** (*fig*) auf die Straße gehen, demonstrieren
уличáть *vt E impf* (*pf:* уличи́ть) (*в чём-ли́бо*) überführen (+*gen*); **~ во лжи** der Lüge überführen
у́личный *adj* Straßen-; **у́личная торгóвля** Straßenhandel *m*; **у́личное движéние** Straßenverkehr *m*
улови́ть <*fut:* уловлю́, улóвишь> *vt I pf* (*impf:* улáвливать) 1. erhaschen, auffangen; 2. abpassen; 3. (*fig*) wahrnehmen, mitbekommen, kapieren
улóвка *f A* Trick *m*, Kniff *f*
уложи́ть <*fut:* -ожу́, -о́жишь> *vt I pf* (*impf:* уклáдывать) 1. hinlegen; 2. (*umg*) umlegen, töten; 3. packen, einpacken
улучшáть *vt E impf* (*pf:* улу́чшить) verbessern
улучшáться *vr E impf* (*pf:* улу́чшиться) 1. sich verbessern; 2. sich bessern
улучшéние *nt O2* 1. Verbesserung *f*; 2. Besserung *f*; **~ конъюнкту́ры** Konjunkturaufschwung *m*
улыбáться *vr E impf* (*pf:* улыбну́ться) lächeln; **кому́-ли́бо** jdn anlächeln; **~ чему́-ли́бо** etw belächeln
ультимáтум *m K* Ultimatum *nt*
ультразву́к *m K* Ultraschall *m*
ультразвуковóй *adj* Ultraschall-; **~ излучáтель** Ultraschallstrahler *m*; **ультразвуковáя тéхника** Ultraschalltechnik *f*
ультрафиолéтовый *adj* ultraviolett; **ультрафиолéтовое излучéние** [*o* **УФ-излучéние**] Ultraviolettstrahlung *f*, UV-Strahlung *f*
ум *m K e* 1. Verstand *m*; **сойти́ с ~á** den Verstand verlieren 2. Klugheit *f*; **лу́чшие ~ы́** die besten Köpfe; **тóнкий ~** Esprit *m*; **считáть в ~é** kopfrechnen; **зáдним ~óм** im nachhinein
умалéние *nt O2* Schmälerung *f*, Bagatellisieren *nt*, Herabminderung *f*, Abwertung *f*; **~ прав** Schmälerung *f* von Rechten
умаля́ть *vt E impf* (*pf:* умали́ть) 1. schmälern, herabwürdigen; 2. bagatellisieren; **~ чьи́-ли́бо заслу́ги** jds Verdienste schmälern
умéлец <*gen sg:* -льца> *m K* 1. Bastler *m*, Handwerker *m*; 2. Könner *m*
умéлый <*kf:* -éл> *adj* geschickt, gekonnt, kunstvoll
умéние *nt O2* 1. Können *nt*; 2. Fertigkeit *f*
уменьшáть *vt E impf* (*pf:* умéньшить) mindern, vermindern, verringern; **~ свет** das Licht dämpfen
уменьшéние *nt O2* 1. Verkleinerung *f*, Abnahme *f*, Verminderung *f*, Verringerung *f*, Reduktion *f*, Herabsetzung *f*; 2. (*снижéние*) Rückgang *m*; **~ вы́ручки** Erlösschmälerung *f*; **~ зарплáты** Gehaltskürzung *f*; **~ издéржек** Kostendegression *f*; **~ капитáла** Kapitalherabsetzung *f*; **~ коли́чества** Verknappung *f*; **~ нагру́зки** Entlastung *f*; **~ налóгов** Steuerermäßigung *f*; **~ объёма закáзов** Auftragsrückgang *m*; **~ остáтка** Bestandsverringerung *f*; **~ постоя́нных затрáт** Fixkostendegression *f*; **~ спрóса** Nachfragerückgang *m*; **~ стóимости** Entwertung *f*
уменьши́тельный *adj* Verkleinerungs-; **уменьши́тельная фóрма** (LING) Diminutiv *m*
умéренность *f I* 1. Mäßigung *f*; 2. Genügsamkeit *f*, Anspruchslosigkeit *f*
умéренный <*kf:* -рен> *adj* 1. maßvoll; 2. (POL) gemäßigt
умерéть <*fut:* умру́, умрёшь, *prät:* у́мер, умерлá, у́мерло> *vi E4b pf* (*impf:* умирáть) sterben
умéрить *vt I pf* (*impf:* умеря́ть) beschränken, mäßigen; **~ чей-ли́бо пыл** jds Leidenschaften abkühlen
умéрший *adj* gestorben
умерщвлéние *nt O2* Abtötung *f*, Tötung *f*; **~ плодá** Abtreibung *f*
умéстный <*kf:* -тен, -тна> *adj* angebracht, passend
умéть *vi E impf* können, beherrschen
умилéние *nt O2* Rührung *f*
умирáть *vi E impf* (*pf:* умерéть) sterben; **~ от жáжды** verdursten; **~ с гóлода** verhungern
умиротворéние *nt O2* Beruhigung *f*, Besänftigung *f*
умиротвори́ть *vt I pf* (*impf:* умиротворя́ть) besänftigen, versöhnen
у́мница *mf A* gescheiter Mensch *m*, kluger Kopf *m*
умножáть *vt E impf* (*pf:* умнóжить) 1. vermehren, vergrößern; 2. (MATH) multiplizieren
умножéние *nt O2* 1. Vermehrung *f*, Vergrößerung *f*; 2. (MATH) Multiplikation *f*
у́мный <*kf:* умён, умнá, умнó> *adj* klug, gescheit; **~ не по годáм** altklug
умозаключéние *nt O2* Schlussfolgerung *f*, logischer Schluss *m*
умозри́тельный <*kf:* -лен, -льна> *adj* (PHIL) spekulativ
умоли́ть *vt I pf* (*impf:* умоля́ть) anflehen
умолкáть *vi E impf* (*pf:* умóлкнуть) verstummen
умоля́ть *vt E impf* (*pf:* умоли́ть) anflehen
умонастроéние *nt O2* Geisteshaltung *f*, Geistesrichtung *f*
умопомешáтельство *nt O* Geistesstörung *f*, Umnachtung *f*, Geistesverwirrung *f*

умопомраче́ние *nt O2* geistige Umnachtung *f*, Geistestrübung *f*

у́мысел *m K* **1.** Absicht *f*, Vorhaben *nt*; **2.** (JUR) Vorsatz *m*; **зло́стный ~** böswilliger Vorsatz *m* Arglist *f*; **без у́мысла** ohne Absicht; **с у́мыслом** vorsätzlich

умы́ться <*fut:* умо́юсь, умо́ешься> *vr E8 pf* (*impf:* умыва́ться) sich waschen; **~на ско́рую ру́ку** (*umg*) Katzenwäsche machen

умы́шленный <*kf:* -лен, -ленна> *adj* absichtlich, vorsätzlich, wissentlich

унасле́довать *vt E2 pf* (*impf:* насле́довать) erben

унести́ <*fut:* унесу́, унесёшь, *prät:* унёс. унесла́> *vt E6 pf* (*impf:* уноси́ть) **1.** wegtragen, davontragen; **2.** (*umg*) stehlen

универма́г *akr von* универса́льный магази́н *m* Kaufhaus *nt*

универса́льный <*kf:* -лен, -льна> *adj* **1.** universell; **2.** generell

универса́м *m K* Supermarkt *m*

университе́т *m K* Universität *f*

униже́ние *nt O2* Demütigung *f*, Erniedrigung *f*

уни́зить <*fut:* -ижу, -и́зишь> *vt I pf* (*impf:* унижа́ть) erniedrigen, demütigen

уника́льный <*kf:* -лен, -льна> *adj* einzigartig, einmalig, selten

у́никум *m K* Unikum *nt*, origineller Mensch *m*

унима́ть *vt E impf* (*pf:* уня́ть) beschwichtigen, beruhigen

унита́з *m K* Kloschüssel *f*

унифици́ровать *vt E2 impf/pf* vereinheitlichen

уничтожа́ть *vt E impf* (*pf:* уничто́жить) **1.** vernichten, umbringen; **2.** ausrotten

уничтожа́ющий *adj* vernichtend

уничтоже́ние *nt O2* Vernichtung *f*

уноси́ть <*präs:* -ошу́, -о́сишь> *vt I pf* (*impf:* унести́) **1.** wegtragen, davontragen; **2.** (*umg*) stehlen

уны́лый <*kf:* уны́л> *adj* niedergeschlagen, mutlos, traurig

уня́ть <*fut:* уйму́, уймёшь> *vt E9 pf* (*impf:* унима́ть) beschwichtigen, besänftigen

упа́днический *adj* dekadent

упа́дничество *nt O* Verfall *m*, Dekadenz *f*

упа́док <*gen sg:* -дка> *m K* Niedergang *m*, Verfall *m*, Ruin *m*; **~ сил** Kräfteverfall *m*; **приходи́ть в ~** verfallen

упакова́ть *vt E2 pf* (*impf:* упако́вывать) abpacken, einpacken, verpacken

упако́вка *f A* Verpackung *f*; **~ многора́зового по́льзования** Mehrwegverpackung *f*; **~ ра́зового по́льзования** Einwegverpackung *f*

упа́сть <*fut:* упаду́, упадёшь, *prät:* упа́л> *vi E6a pf* (*impf:* па́дать) fallen, hinfallen, herunterfallen

упира́ться *vr E impf* (*pf:* упере́ться) **1.** sich stützen; **2.** (*umg*) sich weigern

упла́та *f A* **1.** Zahlung *f*; **2.** Bezahlung *f*, Abzahlung *f*; **3.** Entrichtung *f*; **4.** Tilgung *f*; **5.** Berichtigung *f*; **~ в рассро́чку** Ratenzahlung *f*, Teilzahlung *f*; **~ нали́чными** Barzahlung *f*; **~ отсту́пного** Abfindungszahlung *f*; **~ проце́нтов** Zinszahlung *f*

уплати́ть <*fut:* -ачу́, -а́тишь> *vt I pf* (*impf:* упла́чивать) zahlen, bezahlen

уплотни́ть *vt I pf* (*impf:* уплотня́ть) **1.** verdichten, dichter machen; **2.** (*fig*) auslasten, voll nutzen

упое́ние *nt O2* (*восто́рг*) Taumel *m*, Rausch *m*

уполномо́ченный *m wie adj* Bevollmächtigte(r) *m*

уполномо́чивать *vt E impf* (*pf:* уполномо́чить) ermächtigen, bevollmächtigen

упомина́ние *nt O2* Erwähnung *f*; **заслу́живающий упомина́ния** erwähnenswert

упомина́ть *vt E impf* (*pf:* упомяну́ть) erwähnen

упомя́нутый *adj* erwähnt, genannt, besagt

упо́р *m K* **1.** Stütze *f*; **де́лать ~ на чём-ли́бо** etw nachdrücklich betonen, besonders hervorheben *f*; (TECH) Prellbock *m*

упо́рный <*kf:* -рен, -рна> *adj* hartnäckig, beharrlich

упоря́дочение *nt O2* Regulierung *f*

упоря́дочивать *vt E impf* (*pf:* упоря́дочить) ordnen; **~ о́кна на экра́не** (DV) Fenster auf dem Bildschirm anordnen

употреби́тельный <*kf:* -лен, -льна> *adj* gebräuchlich, geläufig

употребле́ние *nt O2* Gebrauch *m*

управдо́м *akr von* управля́ющий до́мом *m* Hausverwalter *m*

управле́ние *nt O2* **1.** Regierung *f*; **2.** Verwaltung *f*, Management *nt*; **3.** Steuerung *f*, Lenkung *f*; **~ в усло́виях кри́зиса** Krisenmanagement *nt*; **~ дела́ми** Geschäftsführung *f*; **~ би́ржи** Börsenaufsicht *f*; **~ иму́ществом** Vermögensverwaltung *f*; **~ ка́драми** Personalleitung *f*; **~ ка́дровой слу́жбой** Personalmanagement *nt*; **~ материа́льными ресу́рсами** Materialmanagement *nt*; **~ нало́говым де́лом** Steuerverwaltung *f*; **~ па́мятью** (DV) Speicherverwaltung *f*; **~ предприя́тием** Betriebsleitung *f*; **~ ры́нка труда́** Arbeitsmarktverwaltung *f*; **~ социа́льного обеспе́чения** Fürsorgeamt *nt*; **~ торго́влей** Verkaufsleitung *f*; **~ чужи́м иму́ществом по поруче́нию довери́теля** Treuhandschaft *f* **4.** Direktion *f*, Verwaltung *f*, Amt *nt*

управля́ть *v + inst E impf* **1.** regieren; **2.** verwalten; **~ свои́м те́лом** seinen Körper beherrschen

управля́ющий *m wie adj* **1.** Verwalter *m*; **2.** Geschäftsführer *m*

упражне́ние *nt O2* Übung *f*

упражня́ться *vr E impf* üben

упразднéние nt O2 Abschaffung f, Aufhebung f, Beseitigung f, Abbau m
упраздни́ть vt I pf (impf: упраздня́ть) abschaffen, auflösen, beseitigen
упра́шивать vt E impf (pf: упроси́ть) durch Bitten bewegen
упрека́ть vt E impf (pf: упрекну́ть) Vorwürfe machen
упрости́ть <fut: упрощу́, упрости́шь> vt I pf (impf: упроща́ть) vereinfachen
упрощéние nt O2 Vereinfachung f
упря́жка f A Gespann nt
упря́мец <gen sg: -мца, gen pl: -мцев> m K Dickkopf m
упря́миться <präs: -я́млюсь, -я́мишься> vr I impf dickköpfig sein, sich stur stellen
упря́мый <kf: -я́м> adj dickköpfig, stur, störrisch, hartnäckig
упусти́ть <fut: -ущу́, -у́стишь> vt I pf (impf: упуска́ть) 1. entwischen lassen; 2. versäumen, verpassen
упущéние nt O2 Versäumnis nt, Unterlassung f
ура́ interj hurra
уравнéние nt O2 1. Gleichstellung f; ~ в права́х мужчи́н и же́нщин Gleichberechtigung (von Mann und Frau) f; 2. (МАТН) Gleichung f; составля́ть ~ eine Gleichung aufstellen
ура́внивание nt O2 1. Ausgleich m; 2. Gleichstellung f
уравнове́шенность f I Ausgeglichenheit f
уравнове́шенный <kf: -шен> adj ausgeglichen
урага́н m K Sturm m, Orkan m
ура́н¹ m K Uran nt
Ура́н² m K (планéта) Uran m
урегули́рование nt O2 Regelung f; ~ конфли́кта Schlichtung f, Beilegung (des Konflikts) f
урезáние nt O2 1. Beschneidung f; 2. Kürzung f, Verringerung f
уре́зать <fut: -е́жу, -е́жешь> vt E4 pf (impf: урезáть) 1. abschneiden; 2. (fig) beschneiden, einschränken; 3. kürzen, verringern
у́рна f A 1. Mülleimer m; 2. Urne f
у́ровень <gen sg: -вня> m K1 1. Stand m, Höhe f; ~ воды́ Wasserstand m; ~ ма́сла Ölstand m; ~ мо́ря Meeresspiegel m; 2. Niveau m, Standard m; ~ автоматиза́ции Automatisierungsgrad m; ~ вы́пуска проду́кции Outputniveau nt; ~ дохо́дов Ertragslage f, Einkommensniveau nt; ~ загру́зки Auslastungsgrad m; ~ за́нятости Beschäftigungsgrad m; ~ за́нятости же́нщин Frauenbeschäftigung f; ~ зарабо́тной пла́ты Lohnniveau nt; ~ изде́ржек Kostenniveau nt; ~ испо́льзования Auslastungsgrad m; ~ ку́рсов Kursniveau nt; ~ ликви́дности Liquiditätsgrad m; ~ обслу́живания Servicegrad m; ~ производи́тельности труда́ Leistungsniveau nt; ~ проце́нта Zinsniveau nt; ~ руково́дства Chefetage f; ~ управлéния Führungsebene f; ~ жи́зни Lebensstandard m; ~ смéртности Sterblichkeitsrate f; ~ цен Preislage f; 3. (fig) Ebene f; встре́ча на вы́сшем у́ровне Treffen auf höchster Ebene, Gipfeltreffen nt, Gipfel m

уро́дство nt O 1. Missbildung f; 2. Häßlichkeit f; 3. (fig) Anormalität f
урожа́й m K2 1. Ernte f; 2. Ertrag m
урожа́йность f I Ergiebigkeit f, Ertragsfähigkeit f; ~ с гекта́ра (AGR) Hektarertrag m
урождённый adj gebürtig
уро́к m K 1. Schulstunde f; у детéй сего́дня нет ~ов die Kinder haben heute frei; ~и английского языка́ Englischunterricht m; ча́стные ~и Nachhilfeunterricht m; Pivatunterricht m 2. (auch fig) Lektion f
уро́лог m K Urologe m
уро́н m K Verlust m, Schaden m; нанести́ ~ Abbruch tun, Schaden zufügen
урча́ть <präs: -чу́, -чи́шь> vi I impf (pf: за-, про-) 1. glucksen; 2. knurren; в животе́ урчи́т der Magen knurrt
усвоéние nt O2 Aneignung f, Erlernen nt; ~ пита́тельных вещéств Nährstoffaufnahme f
усéрдие nt O2 Feuereifer m, Fleiß m
усéрдный <kf: -ден, -дна> adj fleißig, strebsam
усечённый adj abgeschnitten, abgestumpft; ~ ко́нус Stumpfkegel m, Stutzkegel m
уси́дчивый <kf: -ив> adj fleißig, ausdauernd; быть уси́дчивым Sitzfleisch haben
у́сик m K 1. (BIO: meist im pl) Fühler m; 2. Ranke f
усилéние nt O2 1. Verstärkung f; 2. Steigerung f; ~ де́ятельности Aktivierung f
уси́лие nt O2 Anstrengung f, Einsatz m, Bemühung f; дéлать над собо́й ~ sich überwinden; прилага́ть уси́лия sich anstrengen, sich Mühe geben
уси́литель m K1 (TECH) Verstärker m
уси́лить vt I pf (impf: уси́ливать) verstärken
ускольза́ть vi E impf (pf: ускользну́ть) 1. entgleiten; 2. entfliehen, entkommen
ускорéние nt O2 Beschleunigung f
ускори́тель m K1 Beschleuniger m
уско́рить vt I pf (impf: ускоря́ть) beschleunigen
усла́вливаться vr E impf (pf: усло́виться) 1. (с кем-либо о чём-либо) mit jdm übereinkommen (über +akk); 2. etw verabreden (mit +dat)
усло́вие nt O2 1. Bedingung f; ~ догово́ра Vertragsvorbehalt m; ~ прерыва́ния (DV) Abbruchbedingung f; при усло́вии, что vorausgesetzt [o unter

der Bedingung], dass; 2. (*договорённость*) Konvention *f*; 3. (*im pl*) Konditionen *f pl*, Modalitäten *f pl*; **усло́вия конкуре́нции** Wettbewerbsregeln *pl*; **усло́вия платежа́** Zahlungsbedingungen *pl*; **усло́вия платежа́ и поста́вки** Zahlungs- und Lieferungsbedingungen *pl*; **усло́вия поста́вки** Lieferbedingungen *pl*; **усло́вия прода́жи** Verkaufsbedingungen *pl*; **усло́вия ры́нка** Marktbedingungen *pl*; **усло́вия сде́лки** Geschäftsbedingungen *pl*; **усло́вия труда́** Arbeitsbedingungen *pl*

усло́вный <*kf:* -вен, -вна> *adj* bedingt; **усло́вные обозначе́ния** (*на ка́рте*) Legende *f*; **усло́вная поку́пка** Vorbehaltskauf *m*

услу́га *f A* 1. Gefallen *m*; 2. Dienst *m*, Dienstleistung *f*; **оказа́ть услу́гу кому́-ли́бо** jdm einen Dienst erweisen, jdm einen Gefallen tun; **услу́ги ба́нка** Banking *nt*

услу́жливость *f I* Gefälligkeit *f*

услы́шать <*fut:* -шу, -шишь> *vt I pf* (*impf:* слы́шать) 1. vernehmen, hören, wahrnehmen; 2. erfahren

усмеха́ться *vr E impf* (*pf:* усмехну́ться) lächeln, schmunzeln

усмире́ние *nt O2* 1. Zähmung *f*; 2. (-мяте́ж) Niederschlagung *f*

усмири́ть *vt I pf* (*impf:* усмиря́ть) 1. bändigen, zähmen; 2. (*мяте́ж*) niederschlagen

усмотре́ние *nt O2* Ermessen *nt*, Gutdünken *nt*, Belieben *nt*; **по со́бственному усмотре́нию** nach eigenem Ermessen

усоверше́нствование *nt O2* Verbesserung *f*, Vervollkommnung *f*; **ку́рсы усоверше́нствования** Weiterbildungskurs *m*

усоверше́нствовать *vt E2 pf* (*impf:* соверше́нствовать) vollenden, vollbringen

усомни́ться *vr I pf* (*в ком-ли́бо/чём-ли́бо*) zweifeln (an +*dat*)

усо́хнуть <*prät:* усо́х, усо́хла> *vi E1 pf* (*impf:* усыха́ть) ein-, vertrocknen

успева́ть *vi E impf* (*pf:* успе́ть) 1. rechtzeitig kommen; 2. (*в шко́ле*) Fortschritte machen, mitkommen

Успе́ние *nt O2* (REL) Mariä Himmelfahrt *nt*

успе́х *m K* Erfolg *m*; **колосса́льный ~** Riesenerfolg *m*; **пережи́тый ~** Erfolgserlebnis *nt*; **жела́ть ~а кому́-ли́бо** jdm die Daumen drücken; **по́льзующийся ~ом у пу́блики** publikumswirksam; **с таки́м же ~ом** ebensogut; **~ рекла́мы** Werbeerfolg *m*

успе́шный <*kf:* -шен, -шна> *adj* erfolgreich

успока́ивать *vt E impf* (*pf:* успоко́ить) 1. beruhigen; 2. (*боль*) lindern

успокое́ние *nt O2* Beruhigung *f*, Ruhe *f*

успокои́тельный *adj* 1. beruhigend; 2. Beruhigungs-; **успокои́тельное сре́дство** Beruhigungsmittel *nt*

уста́в *m K* 1. Satzung *f*, Statut *nt*; 2. Reglement *nt*; **~ фи́рмы** Geschäftsordnung *f*

устава́ть <*präs:* -таю́, -таёшь> *vi E3 impf* (*pf:* уста́ть) 1. ermüden, müde werden; 2. überdrüssig werden (+*gen*)

уста́лость *f I* Müdigkeit *f*

уста́лый <*kf:* -а́л> *adj* müde, abgespannt; **~ как соба́ка** (*umg*) hundemüde

устана́вливать *vt E impf* (*pf:* установи́ть) 1. aufstellen, installieren; 2. (TECH) einstellen; 3. (*fig*) festlegen, festsetzen, anberaumen; **~ срок** einen Termin ansetzen; **~ це́ну** den Preis festsetzen; 4. (SPORT) aufstellen; **~ мирово́й реко́рд** einen Weltrekord aufstellen

устано́вка *f A* 1. Anlage *f*; **~ для хране́ния и удале́ния отхо́дов** Entsorgungsanlage *f*; 2. (*монта́ж*) Installation *f*; 3. (*fig*) Richtline *f*, Zielsetzung *f*

установле́ние *nt O2* 1. Aufnahme *f*, Herstellung *f*; **~ делови́х свя́зей** Aufnahme *f* von Geschäftsbeziehungen 2. Festlegung *f*, Bestimmung *f*; **~ зало́гового пра́ва** Verpfändung *f*; **~ ку́рсов** Kursfestsetzung *f*; **~ пауша́льной су́ммы** Pauschalierung *f*; **~ очерёдности** Ranking *nt*; **~ твёрдых цен** Preisbindung *f*; **~ цен** Preisfestsetzung *f*

устарева́ние *nt O2* 1. Alterung *f*; 2. Obsolenz *f*

устарева́ть *vi E impf* (*pf:* устаре́ть) veralten

устаре́вший *adj* veraltet, überholt

уста́ть <*fut:* уста́ну, уста́нешь> *vt E9b pf* (*impf:* устава́ть) ermüden

у́стный *adj* mündlich

усто́й *m K2* 1. Pfeiler *m*, Stütze *f*; 2. (*im pl:fig*) Grundsätze *m pl*, Prinzipien *nt pl*

усто́йчивость *f I* Stabilität *f*; **~ цен** Preisstabilität *f*

усто́йчивый <*kf:* -ив> *adj* 1. stabil; 2. (*fig*) standfest

устра́ивать *vt E impf* (*pf:* устро́ить) 1. einrichten, aufbauen, etablieren; 2. veranstalten, bewerkstelligen; **~ заса́ду** einen Hinterhalt legen; **~ пресс-конфере́нцию** eine Pressekonferenz geben; **~ сканда́л** einen Skandal hervorrufen

устра́иваться *vr E impf* (*pf:* устро́иться) 1. sich einrichten; **~ поудо́бнее** es sich bequem machen; 2. sich etablieren; **~ на рабо́ту** Arbeit finden; 3. sich regeln; всё устра́ивается как нельзя́ лу́чше alles fügt sich bestens

устране́ние *nt O2* Beseitigung *f*; **~ дефе́ктов** Mängelbehebung *f*; **~ отхо́дов** Entsorgung *f*; **~ оши́бок** Fehlerberichtigung *f*, Fehlerbehebung *f*

устрани́ть *vt I pf* (*impf:* устраня́ть) beseitigen, aufheben, abschaffen, abbauen, entfernen; **~ недоразуме́ние** ein Missverständnis aus der Welt schaffen; **устраня́ть**

отхо́ды entsorgen
устраше́ние nt O2 Einschüchterung f; **для устраше́ния** zur Abschreckung
устреми́ть <fut: -млю́, -ми́шь> vt I pf (impf: **устремля́ть**) richten, lenken; **~ взгляд на кого́-ли́бо/что́-ли́бо** den Blick richten (auf +akk)
у́стрица f A Aster f
устрои́тель m K1 (организа́тор) Veranstalter m, Ausrichter m, Gastgeber m
устро́ить vt I pf (impf: **устра́ивать**) 1. einrichten, aufbauen; 2. veranstalten
устро́иться vr I pf (impf: **устра́иваться**) 1. sich einrichten; 2. sich etablieren; 3. sich regeln
устро́йство nt O 1. Vorrichtung f, Einrichtung f, Anlage f; **запомина́ющее ~** (DV) Speicher m; **~ обрабо́тки да́нных** Datenverarbeitungsanlage f; **~ пода́чи** (DV) Laufwerk nt 2. (строе́ние) Aufbau m, Struktur f; **обще́ственное ~** Gesellschaftsordnung f; **госуда́рственное ~** (POL) Staatsaufbau m
усту́п m K Abstufung f, Stufe f
уступа́ть vt E impf (pf: **уступи́ть**) 1. nachgeben, einlenken; **~ в цене́** im Preis nachlassen; **~ ме́сто** einen Platz freimachen; 2. (JUR) abtreten
уступи́тельный adj konzessiv
усту́пка f A 1. Zugeständnis nt, Konzession f; 2. Entgegenkommen nt; 3. Vergünstigung f; 4. Nachlass m; **~ в цене́** Preisnachlass m; **идти́ на усту́пки** Konzessionen machen
усту́пчивый <kf: -ив> adj nachgiebig
у́стье <gen pl: -ьев> nt O1 Mündung f
усугуби́ть <fut: -блю́, -би́шь> vt I pf (impf: **усугубля́ть**) 1. verschlimmern, verschlechtern; 2. verstärken, verschärfen
усы́ <gen pl: усо́в> m pl K e Schnauzbart m, Schnurrbart m; **мота́ть себе́ на ус** sich dat hinter die Ohren schreiben
усынови́ть <fut: -влю́, -ви́шь> vt I pf (impf: **усыновля́ть**) adoptieren
усыновле́ние nt O2 Adoption f
усыпи́ть <fut: -плю́, -пи́шь> vt I pf (impf: **усыпля́ть**) 1. (auch fig) einschläfern; 2. betäuben
усыха́ть vi E impf (pf: **усо́хнуть**) eintrocknen
ута́ивать vt E impf (pf: **утаи́ть**) 1. verheimlichen, geheimhalten; 2. hinterziehen
утверди́ть <fut: -ржу́, -рди́шь> vt I pf (impf: **утвержда́ть**) bestätigen; **~ зако́н** ein Gesetz verabschieden
утвержде́ние nt O2 1. Bestätigung f; 2. (JUR) Verabschiedung f; 3. (заявле́ние) Behauptung f, Statement nt; **~ отчёта** Entlastung f
утепли́ть vt I pf (impf: **утепля́ть**) 1. winterfest machen; 2. isolieren
утёс m K Felsen m, Klippe f
уте́чка f A Auslaufen nt, Ausfluss m; **~ де́нег** Geldabfluss m; **~ информа́ции** Informationsverlust m; **~ капита́ла** Kapitalabfluss m; **~ мозго́в** Flucht f der Intelligenz in andere Länder; brain drain m
утеша́ть vt E impf (pf: **уте́шить**) trösten
утеше́ние nt O2 Trost m
утеши́тель, утеши́тельница m K1 / f A Tröster, -in m/f
утеши́тельный <kf: -лен, -льна> adj tröstlich; **~ приз** Trostpreis m
утилиза́ция f A2 1. (ÖKOL) Nutzbarmachung f, Verwertung f; 2. Recycling nt
утили́та f A (DV) Utility nt
утиль m K1 Altstoff m, Alteisen nt; **сбор утиля** Altstoffsammlung f
утильсырьё nt O1 Altstoff m, Altmaterial nt
утиха́ть vi E impf (pf: **ути́хнуть**) 1. sich beruhigen, sich legen; 2. aufhören, verstummen
у́тка f A Ente f; **подса́дная ~** Lockvogel m; **газе́тная ~** Zeitungsente f, Falschmeldung f
утконо́с m K Schnabeltier nt
утоли́ть vt I pf (impf: **утоля́ть**) 1. (жа́жду, го́лод) stillen; 2. (любопы́тство) befriedigen
утоми́тельный <kf: -лен, -льна> adj anstrengend, ermüdend
утоми́ть <fut: -млю́, -ми́шь> vt I pf (impf: **утомля́ть**) ermüden, strapazieren
утомле́ние nt O2 Ermüdung f; **при́знаки утомле́ния** Ermüdungserscheinungen f pl
утомлённый adj ermüdet; **у тебя́ сего́дня ~ вид** du siehst heute müde aus
утону́ть <fut: -ону́, -о́нешь> vi E1 pf (impf: **тону́ть**) ertrinken
утончённый <kf: -ён, -ённа> adj fein, feinsinnig, subtil
утопи́ть <fut: -оплю́, -о́пишь> vt I pf (impf: **топи́ть**) ertränken
утопи́ческий adj utopisch
уто́пия f A2 Utopie f
уточне́ние nt O2 1. Präzisierung f; 2. Richtigstellung f
утра́ивать vt E impf (pf: **утро́ить**) verdreifachen
утра́та f A 1. Verfall m; 2. Verlust m, Einbuße f; **~ тре́бования** Forderungsausfall m
утра́тить <fut: -а́чу, -а́тишь> vt I pf (impf: **утра́чивать**) verlieren
утра́чивать vt E 1. einbüßen; 2. verlieren
у́тренний adj Morgen-; **у́треннее дежу́рство** Frühdienst m; **~ туале́т** Morgentoilette f
утри́ровать vt E2 impf/pf (geh) übertreiben, überspitzen
у́тро nt O Morgen m; **до́брое у́тро!** guten Morgen! **~ ве́чера мудрене́е** der Morgen ist klüger als der Abend; **по утра́м** morgens
утружда́ть vt E impf (pf: **утруди́ть**) zur Last fallen, bemühen; **~ себя́** sich Mühe geben
утрясти́ <fut: -су́, -сёшь, prät: утря́с, утрясла́> vt E6 pf (impf: **утряса́ть**) 1. zusammenschütten; 2. (umg) erledigen, in

утю́г *m K e* Bügeleisen *nt*; **~ с пароувлажни́телем** Dampfbügeleisen *nt*

утю́жить *vt I impf (pf:* от-, вы́-*)* bügeln

уха́ *f A* Fischsuppe *f*

уха́б *m K* Schlagloch *nt*

уха́бистый <*kf:* -ист> *adj* (*umg*) holperig

уха́живать *vi E impf* 1. *(за кем-ли́бо)* pflegen, sorgen (für +*akk*); 2. den Hof machen

у́харский *adj* (*umg*) verwegen, forsch

ухва́т *m K* Topfgabel *f*, Ofengabel *f*

ухмыльну́ться *vr E1 pf (impf:* ухмыля́ться*)* (*umg*) feixen, grinsen

у́хо <*pl:* у́ши, уше́й> *nt O e2* Ohr *nt*

ухо́д¹ *m K* 1. (*арти́ста*) Abgang *m*; 2. Weggang *m*, Weggehen *nt*; 3. (*поли́тика*) Rücktritt *m*; **~ со слу́жбы** [*o* **рабо́ты**] Personalabgang *m*; **~ с до́лжности** Rücktritt *m* 4. (*во́йск*) Rückzug *m*; **~ от действи́тельности** Wirklichkeitsflucht *f*;

ухо́д² *m K* (*забо́та*) Pflege *f*, Wartung *f*, Sorge *f*; **~ за ко́жей** Hautpflege *f*; **~ за те́лом** Körperpflege *f*; **~ за зуба́ми** Zahnpflege *f*; **не тре́бующий осо́бого ~а** pflegeleicht

уходи́ть <*präs:* ухожу́, ухо́дишь> *vi I impf (pf:* уйти́*)* 1. weggehen, davongehen; у него́ все де́ньги ухо́дят на пита́ние er gibt sein ganzes Geld für Essen aus; 2. (*актёр*) abgehen; 3. (*по́езд*) abfahren; **от те́мы** vom Thema abkommen

ухо́женный <*kf:* -ен> *adj* (*umg*) gepflegt, umsorgt

ухудша́ть *vt E impf (pf:* уху́дшить*)* verschlimmern, verschlechtern

ухудше́ние *nt O2* 1. Verschlechterung *f*; 2. Abflauen *nt*; **~ конъюнкту́ры** Konjunkturabschwung *m*

уценённый *adj* verbilligt

уце́нка <*gen pl:* .нок> *f A* 1. (Wert-)minderung *f*; 2. Preisherabsetzung *f*

уча́ствовать *vi E2 impf* 1. (*в чём-ли́бо*) teilnehmen (an +*dat*); 2. mitmachen, partizipieren, sich beteiligen; **~ в управле́нии чем-ли́бо** mitbestimmen

уча́стие *nt O2* 1. Teilnahme *f*; 2. Beteiligung *f*, Mitwirkung *f*, Partizipation *f*; **~ в вы́борах** Wahlbeteiligung *f*; **~ в управле́нии чем-ли́бо** Mitbestimmung *f*; **акти́вное ~** Engagement *nt*; 3. (ÖKON) Anteil *m*; **~ в капита́ле** Kapitalbeteiligung *f*; **~ в оборо́те** Umsatzbeteiligungg *f*; **~ в при́были** Gewinnbeteiligung *f*; **~ в уще́рбе** Verlustbeteiligung *f*; **~ рабо́тников в управле́нии предприя́тием** Mitbestimmung *f*, **минорита́рное уча́стие** Minderheitsbeteiligung *f* 4. (*сочу́вствие*) Anteilnahme *f*

участи́ться <*nur 3. pers:* -и́тся> *vr I pf (impf:* учаща́ться*)* 1. sich häufen; 2. sich beschleunigen

уча́стник, уча́стница *m K / f A* 1. Teilnehmer, -in *m/f*; 2. Beteiligte(r) *mf*; 3. Gesellschafter *m*; **~ автодоро́жного движе́ния** Verkehrsteilnehmer, -in *m/f*; **~ вы́ставки** Aussteller *m*; **~ в со́бственности** Miteigentümer *m*; **~ ма́лого пограни́чного сообще́ния** Grenzgänger *m*; **~ ры́нка** Marktteilnehmer *m*

у́часть *f I* Schicksal *nt*, Geschick *nt*, Los *nt*

учаща́ться *vr E impf (pf:* участи́ться*)* 1. (*слу́чаи*) sich häufen; 2. (*пульс*) sich beschleunigen

учёба *f A* 1. Lernen *nt*; 2. Lehre *f*; 3. Schulung *f*; 4. Studium *nt*; **~ в институ́те** [*o* **ву́зе**] Hochschulstudium *nt*

учебник *m K* Lehrbuch *nt*, Leitfaden *m*; **шко́льный ~** Schulbuch *nt*

уче́бный *adj* Schul-, Lehr-, Studien-; **~ год** Schuljahr *nt*; **уче́бное ме́сто** Lehrstelle *f*, Studienplatz *m*; **уче́бное посо́бие** Lehrwerk *nt*; **уче́бная програ́мма** Lehrplan *m*; **уче́бная тропа́** Lehrpfad *m*

уче́ние *nt O2* Lehre *f*; **~ об эконо́мике предприя́тия** Betriebswirtschaftslehre *f*, BWL *f*

учени́к, учени́ца *m K / f A* 1. Schüler, -in *m/f*; 2. Auszubildende(r) *mf*; 3. Lehrling *m*

учени́ческий *adj* Schüler-, Studierenden-; **учени́ческое удостовере́ние** Schülerausweis *m*

учени́чество *nt O* 1. Lehre *f*; 2. Lehrzeit *f*

учёность *f I* Gelehrtheit *f*

учёный I. <*kf:* -ён> *adj* gelehrt; **учёная сте́пень до́ктора нау́к** Doktortitel *m*; II. *m, wie adj* Gelehrte(r) *mf*

уче́сть <*fut:* учту́, учтёшь> *vt E6a pf (impf:* учи́тывать*)* berücksichtigen, einkalkulieren

учёт *m K* 1. Beachtung *f*, Berücksichtigung *f*, Einkalkulieren *nt*; 2. (ÖKON) Erfassung *f*, Berechnung *f*, Registrierung *f*; **~ векселе́й** Diskontierung *f*; **~ дохо́дов и расхо́дов** Einnahmen-Ausgaben-Rechnung *f*; **~ изде́ржек** Kosternerfassung *f*, Kostenrechnung *f*; **~ изде́ржек по ви́дам** Kostenartenrechnung *f*; **~ капиталовложе́ний** Investitionsrechnung *f*; **~ нали́чия** Inventur *f*; **~ складски́х запа́сов** Lagerbestandsbewertung *f*; **~ за́работной пла́ты** Gehaltsabrechnung *f*

учётный *adj* 1. Berechnungs-, Kontroll-; 2. Diskont-; **учётная опера́ция** Diskontgeschäft *nt*; **учётная поли́тика** Diskontpolitik *f*; **учётная ста́вка** Diskontsatz *m*; **учётная ста́вка по це́нным бума́гам** Effektendiskont *m*; **~ проце́нт** Diskont *m*, Bankrate *f*; **~ банк** Diskontbank *f*

учи́лище *nt O1* Lehranstalt *f*; **музыка́льное ~** Musikfachschule *f*; **профессиона́льно-техни́ческое ~** Berufsschule *f*; **реа́льное ~** Realschule *f*

учи́тель, учи́тельница *m K1 / f A* Lehrer, -in *m/f*; **~ физкульту́ры** Sportleh-

учи́тывать *vt E impf* (*pf:* уче́сть) beachten, berücksichtigen, einkalkulieren, bedenken; **учи́тывая** angesichts; **учи́тываемый ба́нком** bankfähig

учи́ть <*präs:* учу́, у́чишь> *vt I impf* (*pf:* вы́-) 1. lehren; 2. lernen; **~ наизу́сть** auswendig lernen

учи́ться <*präs:* учу́сь, у́чишься> *vr I impf* 1. lernen; 2. studieren

учреди́тель *m K1* Gründer *m*, Stifter *m*

учреди́ть <*fut:* -ежу́, -еди́шь> *vt I pf* (*impf:* учрежда́ть) 1. stiften, gründen; 2. einführen

учрежде́ние *nt O2* 1. Stiften *nt*, Gründung *f*; 2. Institution *f*, Einrichtung *f*, Organisation *f*, Dienststelle *f*, Behörde *f*; **медици́нское ~** Krankenanstalt *f*; **~ по обслу́живанию населе́ния** Versorgungsbetrieb *m*; **~ предприя́тия** Unternehmensgründung *f*; **~ фи́рмы** Firmengründung *f*; **~ социа́льного назначе́ния** soziale Einrichtung *f*

учти́вость *f I* Höflichkeit *f*

учти́вый <*kf:* -и́в> *adj* höflich, respektvoll

у́ши <*pl von:* у́хо, *gen pl:* уше́й> *nt O e1* Ohren; **тебе́ не вида́ть э́того, как со́бственных уше́й** das musst du dir aus dem Kopf schlagen; **притя́гивать за ~** an den Haaren herbeiziehen

уши́б *m K* Quetschung *f*

ушиби́ть <*fut:* -бу́, -бёшь, *prät:* уши́б, уши́бла> *vt E4c pf* (*impf:* ушиба́ть) stoßen, verletzen; **~ себе́ но́гу** sich den Fuß anstoßen

ушко́¹ *nt O e* kleines Ohr *nt*, Öhrlein *nt*

ушко́² *nt O e* 1. Öse *f*, Nadelöhr *nt*; 2. Henkel *m*, Griff *m*; 3. Schlaufe *f*

уще́лье *nt O1* 1. Engpass *m*; 2. Schlucht *f*

ущеми́ть <*fut:* -млю́, -ми́шь> *vt I pf* (*impf:* ущемля́ть) 1. klemmen, quetschen; 2. (*fig*) benachteiligen, schmälern

ущемле́ние *nt O2* 1. Einklemmen *nt*; 2. (*fig*) Benachteiligung *f*, Verletzung *f*; **~ интере́сов** Zurücksetzung *f*

ущемле́ние интере́сов Zurücksetzung *f*

уще́рб *m K* Schaden *m*, Einbuße *f*, Nachteil *m*, Verlust *m*; **~, нанесённый окружа́ющей среде́** Umweltschaden *m*

уще́рбный <*kf:* -бен, -бна> *adj* 1. schwindend; 2. (*fig*) unvollkommen, abnormal

ущипну́ть *vt E1 pf* (*impf:* щипа́ть) 1. zwicken; 2. rupfen

Уэ́лс *m K* Wales *nt*

ую́т *m K* Gemütlichkeit *f*

ую́тный <*kf:* -тен, -тна> *adj* gemütlich, wohnlich, behaglich

уязви́мость *f I* 1. Anfälligkeit *f*; 2. Verwundbarkeit *f*

уязви́мый <*kf:* -и́м> *adj* 1. anfällig; 2. verwundbar; **уязви́мое ме́сто** (*fig*) Schwachstelle *f*

ф, Ф *nt indekl kyrillischer Buchstabe*

фа́брика *f A* Fabrik *f*

фабрика́нт *m K* Fabrikant *m*

фабрика́т *m K* Fabrikat *nt*, Erzeugnis *nt*

фабрикова́ть *vt E2 impf* (*pf:* с-) (*fig*) fabrizieren

фаво́р *m K* Gunst *f*; **быть в ~е** begünstigt werden

фавори́т, фавори́тка *m K / f A* 1. Günstling *m*; 2. Liebling *m*; 3. (SPORT) Favorit, -in *m/f*; **входи́ть в число́ ~ов** zum Favoritenkreis zählen; **счита́ться ~ом** als Favorit gelten

фа́за *f A* 1. Phase *f*; 2. Stadium *nt*; **~ внедре́ния проду́кта на ры́нке** Produkteinführungsphase *f*; **~ конъюнкту́рного ци́кла** Konjunkturphase *f*; **~ плани́рования** Planungsphase *f*; **~ зре́лости** Reifezeit *f*

фаза́н *m K* Fasan *m*

фа́йл *m K* (DV) Datei *f*, File *m*; **диспе́тчер ~ов** Dateimanager *m*

фа́кел *m K* Fackel *f*

факс *m K* 1. Telefax *nt*; 2. Telefaxgerät *nt*; **переда́ть по ~у** faxen

факт *m K* Tatsache *f*, Faktum *nt*

факти́ческий *adj* 1. tatsächlich, faktisch; 2. real, effektiv; **факти́ческая сто́имость** Barwert *m*; **факти́ческие изде́ржки** Istkosten *pl*; **факти́ческие поступле́ния** vereinnahmte Entgelte *pl*; **~ дохо́д от проце́нтов** Effektivverzinsung *f*; **факти́ческое владе́ние ве́щью** Gewahrsam; **факти́ческое иму́щество** Reinvermögen *nt*; **факти́ческое призна́ние** De-facto-Anerkennung *f*; **факти́ческое состоя́ние иму́щества** Vermögensbestand *m*

фа́ктор *m K* Faktor *m*; **~ ри́ска** Risikofaktor *m*; **вре́дный ~** schädlicher Faktor *m*; **~, определя́ющий вы́бор местораспложе́ния** Standortfaktor *m*; **~ произво́дства** Produktionsfaktor *m*

фактори́я *f A2* Handelsniederlassung *f*

факультати́вный <*kf:* -вен, -вна> *adj* fakultativ; **факультати́вная огово́рка** Fakultativklausel *f*; **~ предме́т** Wahlfach *nt*

факульте́т *m K* Fakultät *f*

фальсифика́т *m K* Fälschung *f*

фальсифика́ция *f A2* Fälschung *f*, Verfälschung *f*; **~ (результа́тов) вы́боров** Wahlbetrug *m*; **~ бала́нса** Bilanzfälschung *f*

фальсифици́ровать *vt E2 impf/pf* fälschen, verfälschen

фальста́рт *m K* (SPORT) Fehlstart *m*, Frühstart *m*

фальши́вить <*präs:* -влю, -вишь> *vi I impf* (*pf:* с-) 1. (MUS) falsch spielen, patzen; 2. (*fig*) unaufrichtig sein

фальши́вка <*gen pl:* -вок> *f A* (*umg*)

Fälschung f, Imitation f
фальшивомонéтчик m K Fälscher m, Falschgeldhersteller m
фальши́вый <kf: -и́в> adj 1. falsch, gefälscht; **фальши́вые де́ньги** Falschgeld nt 2. falsch, unaufrichtig
фальшь f / 1. Unaufrichtigkeit f, Betrug m; 2. (MUS) Falschspiel nt
фами́лия f A2 1. Familienname m, Nachname m; **деви́чья ~** Mädchenname m; 2. (род) Geschlecht nt, Familie f
фами́льярный <kf: -рен, -рна> adj familiär
фан m K Fan m
фана́т m K 1. Fanatiker, -in m/f; 2. Fan m; 3. (pej) Fachidiot m
фанати́зм m K Fanatismus m
фана́тик m K Fanatiker, -in m/f, Freak m
фанати́чный <kf: -чен, -чна> adj fanatisch
фане́ра f A 1. Furnier nt; 2. Sperrholz nt
фáн-клу́б m K Fanklub m
фант m K Pfand nt; **игра́ в ~ы** Pfänderspiel nt
фантази́ровать vi E2 impf (pf: с-) 1. phantasieren; 2. (MUS) improvisieren
фанта́зия f A2 Phantasie f, Erfindungsgabe f; **с бе́дной фанта́зией** einfallslos
фанта́стика f A Phantastik f; **нау́чная ~** Science-fiction f
фантасти́ческий adj phantastisch
фанто́м m K (geh) Phantom nt
фанфа́ра f A Fanfare f
фа́ра f A (KFZ) Scheinwerfer m; **противотума́нная ~** Nebelscheinwerfer m
фарао́н m K Pharao m
фарва́тер m K (auch fig) Fahrwasser nt
фармако́лог m K Pharmakologe m
фармаце́втика f A Pharmazie f
фармацевти́ческий adj pharmazeutisch; **фармацевти́ческая промы́шленность** Pharmaindustrie f
фарс m K Farce f; **вы́борный ~** Scheinwahlen pl
фа́ртук m K Schürze f
фарфо́р m K Porzellan nt
фарш m K Hackfleisch m
фаса́д m K 1. Fassade f; 2. Vorderseite f, Front f
фасо́н m K (об оде́жде) Schnitt m, Machart f
фата́ f A e Hochzeitsschleier m
фата́льный <kf: -лен, -льна> adj fatal
фа́уна f A Fauna f, Tierwelt f
фаустпатро́н m K Panzerfaust f
фаши́зм m K Faschismus m
фаши́ст m K Faschist, -in m/f
фаши́стский adj faschistisch
фая́нс m K Steingut nt
февра́ль m K1 Februar m
федерали́зм m K Föderalismus m
федера́льный adj Bundes-, Föderal-; **федера́льная желéзная доро́га** Bundesbahn f; **федера́льное вéдомство** Bundesamt m, Bundesanstalt f; **федера́льное министе́рство** Bundesministerium nt; **федера́льное объедине́ние** Bundesverband m; **федера́льное управле́ние** Bundesamt nt; **федера́льное учрежде́ние** Bundesanstalt f; **федера́льные о́рганы вла́сти** Bund m; **~ бюдже́т** Bundeshaushalt m; **~ сою́з** Bundesverband m; **федера́льная структу́ра** föderalistische Struktur f
федерати́вный adj föderativ, Bundes-
федера́ция f A2 Föderation f, Bund m; **~ профсою́зов** Gewerkschaftsbund m
фейерве́рк m K Feuerwerk nt
фельето́н m K Feuilleton nt
финимизм m K Feminismus m
фемини́стка f A Feministin f, Frauenrechtlerin f
фемини́стский adj feministisch
фен m K Fön m; **суши́ть во́лосы ~ом** Haare föhnen
феноме́н m K Phänomen nt
фе́нхель m K1 Fenchel m
феодали́зм m K Feudalismus m
феода́льный adj feudal
ферзь m K1 (в ша́хматах) Königin f
фе́рма¹ f A Farm f
фе́рма² f A (BAU) Träger m
ферме́нт m K Enzym nt, Ferment nt
фермента́ция f A2 Fermentation f, Gärung f
фе́рмий <präpos sg: -ии> m K2 Fermium nt
фестива́ль m K1 1. Festival nt; 2. Festspiel nt; **~ под откры́тым не́бом** Openairfestival nt
фети́ш m K Fetisch m
фетиши́ст m K Fetischist m
фетр m K Filz m
фе́тровый adj Filz-
фехтова́ть vi E2 impf fechten
фе́я f A2 1. Fee f; 2. Zauberin f
фиа́лка f A Veilchen nt; **альпи́йская ~** Alpenveilchen nt
фиа́ско nt indekl (geh) Fiasko nt; **по́лное ~** totaler Fehlschlag m; **потерпе́ть ~** ein Fiasko erleiden
фигу́ра f A 1. (MATH) geometrische Figur f; 2. Gestalt f; 3. (fig) Person f, prominente Persönlichkeit f; 4. Figur f; **у неё хоро́шая ~** sie hat eine gute Figur; 5. (Schach)Figur f
фигура́льный <kf: -лен, -льна> adj figurativ, bildlich; **фигура́льно выража́ясь** bildlich geprochen
фигури́ровать vi E2 impf 1. fungieren, auftreten; 2. auftauchen, vorkommen
фигу́рный adj Figuren-; **фигу́рное ката́ние** Eiskunstlauf m; **фигу́рная ско́бка** geschweifte Klammer f
фидуциа́рий <präpos sg: -ии> m K2 Treuhänder m
фидуциа́рный adj fiduziarisch;

фидуциа́рная сде́лка Treuhandgeschäft *nt*; **фидуциа́рное о́бщество** Treuhandgesellschaft *f*
фи́зик *m K* Physiker, -in *m/f*
фи́зика *f A* Physik *f*; ~ **а́тома** Atomphysik *f*
физиоло́гия *f A2* Physiologie *f*
физиотерапе́вт *m K* Physiotherapeut *m*
физи́ческий *adj* 1. physisch, körperlich; **физи́ческая бли́зость** körperliche Nähe *f*; **физи́ческое лицо́** natürliche Person *f*; **физи́ческие недоста́тки** körperliche Mängel *pl* 2. physikalisch
фикси́ровать *vt E2 impf (pf:* за-*)* fixieren, festlegen
фикти́вный <*kf:* -вен, -вна> *adj* fiktiv; **фикти́вная при́быль** Scheingewinn *m*; **фикти́вная сде́лка** Scheingeschäft *nt*; **фикти́вная о́бщество** Scheingesellschaft *f*
филармо́ния *f A2* Philharmonie *f*; **музыка́нт филармо́нии** Philharmoniker *m*
филе́ *nt indekl* 1. Filet *nt*; **ры́бное ~** Fischfilet *nt*; 2. Lende *f*
филиа́л *m K* Filiale *f*, Zweigstelle *f*, Niederlassung *f*, Vertretung *f*
филигра́нный <*kf:* -а́нен, -а́нна> *adj* filigran
Филиппи́ны *f pl A* Philippinen *pl*
фило́лог *m K* Philologe *m*
филоло́гия *f A2* Philologie *f*
фило́соф *m K* Philosoph *m*
филосо́фия *f A2* 1. Philosophie *f*; 2. Denkweise *f*; ~ **ма́ркетинга** Marketingkonzept *nt*
филосо́фский *adj* philosophisch
фильм *m K* Film *m*; ~ **у́жаса** Horrorfilm *m*; **мультипликацио́нный ~** Zeichentrickfilm *m*; **ка́ссовый ~** Kassenschlager *m*; **немо́й ~** Stummfilm *m*; **узкоплёночный ~** Schmalfilm *m*; **худо́жественный ~** Spielfilm *m*
фильтр *m K* Filter *m*; ~ **для ко́фе** Kaffeefilter *m*
фильтрова́льный *adj* Filter-; **фильтрова́льная бума́га** Filterpapier *nt*; ~ **вкла́дыш** Filtertüte *f*
фильтрова́ть *vt E2 impf (pf:* от-, про-*)* filtern
фина́л *m K* (SPORT) Finale *nt*, Endspiel *nt*; **вы́йти в ~** sich für das Endspiel qualifizieren, die Endrunde erreichen
фина́льный *adj* Final-, End-; ~ **свисто́к** Abpfiff *m*; ~ **тур соревнова́ний** Endausscheidung *f*
финанси́рование *nt O2* Finanzierung *f*; ~ **вне́шней торго́вли** Außenhandelsfinanzierung *f*; ~ **за счёт привлече́ния средств** Fremdfinanzierung *f*; ~ **посре́дством креди́та** Kreditfinanzierung *f*; ~ **прое́кта** Projektfinanzierung *f*; ~ **э́кспорта** Exportfinanzierung *f*
финанси́ровать *vt E2 impf/pf* finanzieren

финанси́ст *m K* 1. Finanzmann *m*; 2. Finanzbeamte(r), -beamtin *m/f*
фина́нсовый *adj* finanziell, Finanz-; **фина́нсовая инъе́кция** Finanzspritze *f*; **фина́нсовая опера́ция** Finanztransaktion *f*; **фина́нсовая подпи́тка** Finanzspritze *f*; **фина́нсовая поли́тика** Finanzpolitik *f*; **фина́нсовая по́мощь** Finanzhilfe *f*; **фина́нсовая реви́зия на предприя́тии** Betriebsprüfung *f*, **фина́нсовая сде́лка** Finanztransaktion *f*; **фина́нсовая си́ла** Finanzkraft *f*; **фина́нсовая систе́ма** Finanzwesen *nt*; **фина́нсовое ве́домство** Finanzamt *nt*; **фина́нсовое обеспе́чение** Finanzdecke *f*; **фина́нсовое плани́рование** Finanzplanung *f*; **фина́нсовое покры́тие** Finanzdecke *f*; **фина́нсовое положе́ние** Finanzlage *f*; **фина́нсовое счетово́дство** Finanzbuchhaltung *f*; **фина́нсовое управле́ние** Finanzverwaltung *f*; **фина́нсовое хозя́йство** Finanzwirtschaft *f*; **фина́нсовые возмо́жности** Finanzkraft *f*; **фина́нсовые опера́ции** Gebarung *f*; **фина́нсовые резе́рвы** Finanzierungsreserve *f*; **фина́нсовые сре́дства** Finanzmittel *pl*; ~ **акце́пт** Finanzakzept *nt*; ~ **ана́лиз** Finanzanalyse *f*; ~ **ве́ксель** Finanzwechsel *m*; ~ **дефици́т** rote Zahlen *pl*; ~ **кри́зис** Finanzkrise *f*; ~ **ма́клер** Finanzmakler *m*; ~ **отде́л** Finanzabteilung *f*; ~ **отчёт** Abrechnung *f*; ~ **план** Finanzplan *m*, Haushaltsplan *m*; ~ **ры́нок** Finanzmarkt *m*; ~ **учёт** Finanzbuchhaltung *f*
фина́нсы <*gen:* -сов> *pl K* 1. Geldwesen *nt*; 2. Finanzen *pl*, Geldmittel *pl*
фи́ник *m K* Dattel *f*
фи́ниш *m K* (SPORT) Finish *nt*
финиши́рование *nt O2* (SPORT) Einlauf *m*
финиши́ровать *vi E2 impf/pf* einlaufen, am Ziel ankommen, durch die Ziellinie laufen
фи́нка *f A* 1. Finnin *f*; 2. (*Waffe*) Messer *nt*
Финля́ндия *f A2* Finnland *nt*
финн *m K* Finne *m*
фи́нский *adj* finnisch
фиоле́товый *adj* violett
фио́рд, фьорд *m K* Fjord *m*
фи́рма *f A* Firma *f*, Unternehmen *nt*; **~-импортёр** Importfirma *m*; **~-конкуре́нт** Konkurrenzfirma *f*, Konkurrenznehmen *nt*; **~-поставщи́к** Lieferfirma *f*
фирма́ч *m K* (umg) Bezeichnung für westlichen Unternehmer
фи́рменный *adj* 1. firmeneigen, betriebseigen, Firmen-; ~ **диза́йн** Corporate Identity *f*; **фи́рменные материа́лы** Firmenunterlagen *pl*; **фи́рменное наименова́ние** Firmenbezeichnung *f*, Handelsname *m*; **фи́рменное обслу́живание** betriebseigener Kundendienst *m*; ~ **стиль** Corporate Identity *f*; **фи́рменная упако́вка** Originalverpackung *f*; ~ **штамп** Briefkopf *m* 2. Mar-

ken-; **фи́рменные джи́нсы** Markenjeans *f*; ~ **знак** Markenzeichen *nt*; ~ **кни́жный магази́н** Verlagsbuchhandlung *f*; ~ **това́р** Markenartikel *m*

фиск *m K* Fiskus *m*

фити́ль *m K1* **1.** Docht *m*; **2.** Lunte *f*

фи́фти-фи́фти *adv* (*umg*) halbe-halbe

флаг *m K* **1.** Flagge *f*; **2.** Fahne *f*; **трёхцве́тный** ~ Trikolore *f* **3.** Kennzeichnung *f*, Markierung *f*

фла́гман *m K* **1.** Flaggschiff *nt*; **2.** (*fig*) Vorreiter *m*, Leitbetrieb *m*

флако́н *m K* Flakon *m*

флами́нго *m indekl* Flamingo *m*

фланг *m K* Flanke *f*

флане́ль *f I* Flanell *m*

флани́ровать *vi E2 impf* flanieren

флегмати́чный <*kf*: -чен, -чна> *adj* phlegmatisch

фле́йта *f A* Flöte *f*; **попере́чная** ~ Querflöte *f*; **игра́ть на** ~ flöten

фли́гель *m K1* (BAU) Flügel *m*, Gebäudeteil *m*

флирт *m K* **1.** Flirt *m*; **2.** Liebelei *f*

флиртова́ть *vi E2 impf* (**с кем-ли́бо**) flirten (mit +*dat*)

фломастер *m K* Filzstift *m*, Faserschreiber *m*

флоппи-диск *m* (DV) Floppy-Disk *f*

флора *f A* Flora *f*, Pflanzenwelt *f*

флот *m K* Flotte *f*, Marine *f*

флуоресци́ровать *vi E2 impf* fluoreszieren

флю́гер *m K* **1.** Wetterfahne *f*, Windfahne *f*; **2.** (*fig*) Wendehals *m*, Anpasser *m*

флюи́д *m K* Fluidum *nt*, Flair *nt*

флюктуа́ция *f A* Fluktuation *f*

фля́га *f A* Feldflasche *f*

фойе́ *nt indekl* **1.** Foyer *nt*; **2.** Eingangshalle *f*, Lobby *f*

фокстро́т *m K* Foxtrott *m*

фо́кус[1] *m K* **1.** Fokus *m*, Brennpunkt *m*; **2.** (*fig*) Mittelpunkt *m*

фо́кус[2] *m K* Zauberkunststück *nt*, Trick *m*; **пока́зывать ~ы** zaubern, Zauberkunststücke vorführen

фокуси́ровать *vt E2 impf* (*pf*: с-) (PHYS) bündeln, fokussieren

фо́кусник *m K* Zauberkünstler, -in *m/f*

фолиа́нт *m K* (*geh*) Folio *nt*

фольга́ *f I* Alufolie *f*

фолькло́р *m K* Folklore *f*

фон *m K* Hintergrund *m*; **на ~е чего́-ли́бо** angesichts (+*gen*)

фона́рь *m K1* **1.** (**карма́нный фона́рик**) Taschenlampe *f*; **2.** Laterne *f*, Straßenlaterne *f*

фонд *m K* **1.** Fond *m*, Stiftung *f*; **2.** Bestand *m*; ~ **акционе́рного о́бщества** Aktienfonds *m*; ~ **за́работной пла́ты** Lohnfonds *m*; ~ **капиталовложе́ний** Anlagefonds *m*; **кни́жный** ~ Bücherbestand *m*; ~ **недви́жимости** Immobilienfonds *m*; ~ **ре́нтных облига́ций** Rentenfonds *m*; ~ **це́нных бума́г** Wertpapierfonds *m*

фо́ндовая би́ржа *f A* Effektenbörse *f*; **нью-йо́рская фо́ндовая би́ржа** New York Stock Exchange

фоне́тика *f A* Phonetik *f*, Lautlehre *f*

фонети́ческий *adj* phonetisch

фоноза́л *m K* Sprachlabor *nt*

фонт *m K* (DV) Font *m*

фонта́н *m K* Springbrunnen *m*

фо́ра *f A* Wettbewerbsvorteil *m*

форе́ль *f I* Forelle *f*

фо́рма *f A* **1.** Form *f*, Gestalt *f*; **кра́ткая** ~ (LING) Kurzform *f*; **приня́ть другу́ю фо́рму** eine andere Gestalt annehmen; ~ **догово́ра** Vertragsform *f*; ~ **иму́щества** Vermögensart *f*; ~ **капиталовложе́ния** Anlageform *f*; ~ **о́бщества** Gesellschaftsform *f*; ~ **ры́нка** Marktform *f*; ~ **состоя́ния** Vermögensart *f* **2.** (SPORT) Form *f*; **быть в фо́рме** in Form sein; **3.** (**фо́рменная оде́жда**) Uniform *f*; **шко́льная** ~ Schuluniform *f*; **спорти́вная** ~ Sporttrikot *nt*

формали́зм *m K* **1.** (**форма́льный подхо́д**) Förmlichkeit *f*; **2.** Formalismus *m*

формальдеги́д *m K* (CHEM) Formaldehyd *nt*

форма́льность *f I* Formalität *f*

форма́льный <*kf*: -лен, -льна> *adj* **1.** formal; **2.** förmlich

форма́т *m K* Format *nt*; ~**-АСЦИ** (DV) ASCI-Format *nt*; ~ **ДОС** (DV) DOS-Format *nt*; **вертика́льный** ~ Hochformat *nt*; **попере́чный** ~ Querformat *nt*

формати́рование *nt O2* (DV) Formatierung *f*

формати́ровать *vt E2 impf* (DV) formatieren

форма́ция *f A2* Formation *f*

формирова́ние *nt O2* **1.** Formierung *f*, Bildung *f*, Aufstellung *f*; ~ **во́ли** Willensbildung *f*; ~ **иму́щества** Vermögensbildung *f*; ~ **капита́ла** Kapitalbildung *f*; ~ **обще́ственного мне́ния** Meinungsbildung *f* **2.** (MIL) Formation *f*, Verband *m*

формирова́ть *vt E2 impf* (*pf*: с-) **1.** formieren, formen; **2.** bilden; **3.** (*fig*) prägen

фо́рмула *f A* Formel *f*; ~ **рекла́мы АИДА** AIDA-Formel *f*

формулирование Formulierung *f*

формули́ровать *vt E2 impf* (*pf*: с-) formulieren

формулиро́вка *f A* **1.** Formulierung *f*; **2.** Verfassen *m*, Abfassen *nt*

формуля́р *m K* Formular *nt*

форси́рование Ankurbelung *f*

форси́ровать *vt E2 impf/pf* beschleunigen, forcieren, ankurbeln

форс-мажо́р *m K* **1.** (JUR) höhere Gewalt *f*; **2.** zwingende Umstände *m pl*

форсу́нка *f A* Düse *f*

фо́рте *adv* (MUS) forte, laut

фо́рум *m K* Forum *nt*

фосфа́т *m K* Phosphat *nt*

фо́сфор *m K* Phosphor *m*
фосфоресци́ровать *vi E2 impf* phosphoreszieren
фо́то *nt indekl* Foto *nt*
фотоальбо́м *m K* Fotoalbum *nt*
фотоаппара́т *m K* Fotoapparat *m*
фотовспы́шка <*gen pl:* -шек> *f A* Blitzlicht *nt*
фотогени́чный *adj* fotogen
фото́граф *m K* Fotograf *m*
фотографи́ровать *vt E2 impf* (*pf:* с-) fotografieren
фотогра́фия *f A2* Fotografie *f*
фотока́рточка <*gen pl:* -чек> *f A* Lichtbild *nt*
фотоко́пия *f A2* Fotokopie *f*
фотокорреспонде́нт *m K* Fotoreporter *m*
фотомоде́ль *f I* Fotomodell *nt*
фотонабо́р *m K* Lichtsatz *m*
фотопеча́ть *f I* 1. Abzug *m*; 2. (DV) Fotodruck *m*
фотоплёнка *f A* (FOT) Film *m*
фотоси́нтез *m K* Fotosynthese *f*
фотоэкспоно́метр *m K* Belichtungsmesser *m*
фрагме́нт *m K* Fragment *nt*, Bruchstück *nt*
фра́за *f A* Satz *m*, Phrase *f*; **пуста́я ~** Floskel *f*
фразеологи́ческий *adj* phraseologisch; **фразеологи́ческое выраже́ние** idiomatische Wendung *f*
фрак *m K* Frack *m*
фра́кция *f A2* Fraktion *f*
франки́ровать *vt E2 impf/pf* frankieren
фра́нций *m K2* Franzium *nt*
францу́женка *f A* Französin *f*
францу́з *m K* Franzose *m*
францу́зский *adj* französisch; **~ язы́к** Französisch *nt*
фрахт *m K* 1. Fracht *f*, Frachtgut *nt*, Ladung *f*; 2. Frachtkosten *pl*
фрахтова́ть *vt E2 impf* (*pf:* за-) chartern, mieten
ФРГ *abk von* Федерати́вная Респу́блика Герма́ния *f* Bundesrepublik Deutschland *f*
фрега́т *m K* Fregatte *f*
фрезерова́ть *vt E2 impf* (*pf:* от-) fräsen
фре́ска *f A* Fresko *nt*, Freske *f*
фриво́льный <*kf:* -лен, -льна> *adj* frivol
фриги́дность *f I* Frigidität *f*
фриз *m K* Fries *m*
фрикаде́лька *f A* Frikadelle *f*, Fleischklops *m*
фрикассе́ *nt indekl* Frikassee *nt*
фритю́рница *f A* Friteuse *f*; **жа́рить во фритю́рнице** fritieren
фронт *m K* Front *f*
фронта́льный <*kf:* -лен, -льна> *adj* frontal
фронто́н *m K* Giebel *m*
фрукто́вый *adj* Frucht-, Obst-;
фрукто́вое де́рево Obstbaum *m*; **~ пиро́г** Obstkuchen *m*; **~ сад** Obstgarten *m*
фру́кты *m pl K* Früchte *f pl*, Obst *nt*; **сушёные ~** Backobst *nt*
фтор *m K* Fluor *nt*
фто́ристый *adj* Fluor-; **фто́ристые углеводоро́ды** Fluorkohlenwasserstoff *m*
фу! *interj* pfui!
фунда́мент *m K* 1. (BAU) Fundament *nt*; 2. (*fig*) Grundlage *f*, Basis *f*
фундаментали́зм *m K* Fundamentalismus *m*
фундаментали́ст *m K* 1. Fundamentalist *m*; 2. radikaler Politiker *m*
фундамента́льный <*kf:* -лен, -льна> *adj* fundamental; **фундамента́льные иссле́дования** Grundlagenforschung *f*
фунди́рованный *adj* 1. fundiert; 2. (ÖKON) gedeckt
функционе́р *m K* Funktionär *m*
функциони́рование *nt O2* 1. Funktionieren *nt*; 2. Funktionsweise *f*, Funktion *f*, Arbeitsweise *f*; 3. Tätigkeit *f*, Betätigung *f*
функциони́ровать *vt E2 impf* funktionieren
фу́нкция *f A2* Funktion *f*
фунт *m K* Pfund *nt*
фура́жка *f A* Schirmmütze *f*
фу́рия *f A2* (*зло́бная же́нщина*) Furie *f*
фуро́р *m K* Furore *f*; **производи́ть ~** Furore machen
фут *m K* (*Maßeinheit*) Fuß *m*
футбо́л *m K* Fußball *m*
футболи́ст *m K* Fußballspieler *m*, Fußballer *m*
футбо́льный *adj* Fußball-; **~ боле́льщик** Fußballfan *m*; **футбо́льная кома́нда** Fußballmannschaft *f*; **~ матч** Fußballspiel *nt*; **~ стадио́н** Fußballstadion *m*
футеро́вка *f A* (TECH) Verkleidung *f*
футля́р *m K* Etui *nt*, Futteral *nt*
футуристи́ческий *adj* futuristisch
фы́ркать *vi E impf* (*pf:* фы́ркнуть) prusten, schnauben
фьорд *m K* Fjord *m*
фюзеля́ж *m K* Flugzeugrumpf *m*

Х

х, Х *nt indekl kyrillischer Buchstabe*
ха́ккер *m K* Hacker *m*
хала́т *m K* 1. Morgenmantel *m*; **купа́льный ~** Bademantel *m*; 2. Kittel *m*; **больни́чный ~** Arztkittel *m*; **рабо́чий ~** Arbeitskittel *m*
хала́тность *f I* Nachlässigkeit *f*, Schlamperei *f*
хала́тный <*kf:* -тен, -тна> *adj* nachlässig, schlampig
халту́рить *vi I impf* (*pf:* с-) 1. (*umg*) pfuschen; 2. schlampen

халту́рный <kf: -рен, -рна> adj (umg) stümperhaft
халту́рщик m K Stümper m, Pfuscher m
хам, **ха́мка** m K / f A Flegel m, Rüpel m
хамелео́н m K (auch fig) Chamäleon nt
ха́мский adj rüpelhaft, grob
хан m K Khan m
хандра́ f A Schwermut f
ханжа́ <gen pl: -éй> mf A e 1. Heuchler, -in m/f; 2. Scheinheilige(r) mf
ха́ос m K Chaos nt, Wirrwarr nt, Durcheinander nt; **ввергнуть в ~** ins Chaos stürzen
хаоти́чный <kf: -чён, -чна> adj chaotisch, wirr
хара́ктер m K 1. Charakter m; **национа́льный ~** Mentalität f; 2. Eigenschaft f, Beschaffenheit f
характеризова́ть vt E2 impf/pf 1. charakterisieren; 2. kennzeichnen
характери́стика f A Charakterisierung f; **техни́ческие характери́стики** technische Daten pl; **~ проду́кта** Produkteigenschaften pl; **~ рабо́чего ме́ста** Arbeitsplatzbeschreibung f
характе́рный <kf: -рен, -рна> adj charakteristisch, bezeichnend, kennzeichnend
хвалёный adj (ironisch) gepriesen, vielgerühmt
хвали́ть <präs: хвалю́, хва́лишь> vt I impf (pf: по-) loben, preisen
хва́стать v + inst E impf (pf: по-) prahlen, sich rühmen
хвастли́вый <kf: -и́в> adj prahlerisch
хвастовство́ nt O e Prahlerei f, Angeberei f
хвасту́н m K e (umg) Prahlhans m, Großmaul nt
хвата́ть¹ vt E impf (pf: схвати́ть) greifen, ergreifen, fassen, fangen
хвата́ть² vi E nur impf (unpers) ausreichen, genügen; **мне тебя́ о́чень не хвата́ет** ich vermisse dich sehr; **не ~** mangeln, knapp sein
хва́тка f A 1. Griff m; 2. Geschick nt; **у него́ хоро́шая ~** er hat großes Durchsetzungsvermögen
хво́йный adj (вот) Nadel-; **хво́йное де́рево** Nadelbaum m; **~ лес** Nadelwald m
хвора́ть vi E impf krank werden, kränkeln
хво́рост m K 1. Reisig nt; 2. eine Art von frittiertem Gebäck
хворости́на f A Gerte f
хвост m K e Schwanz m, Rute f; **лошади́ный ~** Schweif m; **встава́ть в ~ о́череди** sich hinten anstellen; **плести́сь в ~é** das Schlusslicht bilden; **поджима́ть ~** den Schwanz einziehen
хвостово́й adj Schwanz-, Schluss-; **хвостова́я часть** Heck nt
хедж m K (ЭКОН) Hedging m
хеджи́рование nt O2 (ЭКОН) Hedging nt
хемотерапи́я f A2 Chemotherapie f
хе́ппи-энд m K Happy-End nt

хи́жина f A Hütte f
хи́лый <kf: хил, хила́, хи́ло> adj schmächtig, schwächlich, kränklich
химе́ра f A Chimäre f, Phantasiegebilde nt, Hirngespinst n
хи́мик m K Chemiker, -in m/f
химика́т m K Chemikalie f
химиотерапи́я siehe **хемотерапи́я**
хими́ческий adj chemisch; **хими́ческая ата́ка** Giftgasangriff m; **хими́ческие воло́кна** Chemiefaser f; **хими́ческое ору́жие** C(hemie)-Waffen f pl
хи́мия f A2 1. Chemie f; 2. (umg) medikamentöse Krebsbehandlung f
химчи́стка f A chemische Reinigung f
хи́ппи m indekl Hippie m, Gammler, -in m/f
хире́ть vi E impf (pf: захире́ть) dahinsiechen, verkümmern
хиру́рг m K Chirurg, -in m/f
хирурги́ческий adj chirurgisch; **хирурги́ческое вмеша́тельство** chirurgischer Eingriff m
хирурги́я f A2 Chirurgie f
хитре́ц m K e Schlaukopf m
хи́трость f I List f, Schlauheit f; **пойти́ на ~** zu einer List greifen
хи́трый <kf: хитёр, хитра́, хи́тро́> adj listig, schlau, pfiffig, raffiniert
хихика́ть vi E impf (pf: хихи́кнуть) kichern
хище́ние nt O2 (JUR) Entwendung f
хи́щник m K 1. Raubtier nt; 2. (fig) Räuber m
хи́щнический adj (fig) Raub-; **хи́щническая эксплуата́ция** Raubbau m
хи́щный <kf: -щен, -щна> adj Raub-; **хи́щная пти́ца** Raubvogel m
хладнокро́вие nt O2 Kaltblütigkeit f, Gelassenheit f
хладнокро́вный <kf: -вен, -вна> adj kaltblütig, gelassen
хлам m K Ramsch m, Plunder m, Trödel m
хлеб m K 1. Brot nt; **ржано́й ~** Roggenbrot nt; **чёрный ~** Schwarzbrot nt; 2. (fig) Lebensunterhalt m; **отбива́ть ~ у кого́-ли́бо** jdm die Arbeit wegnehmen; **уйти́ на во́льные ~á** freischaffend werden
хлеба́ть vt E impf (pf: хлебну́ть) 1. löffeln; 2. trinken, schlürfen; 3. (umg) erleben, erleiden
хле́бный adj 1. Brot-; 2. Korn-, Getreide-; **хле́бные зла́ки** Getreidepflanzen f pl 3. (umg) einträglich, Gewinn bringend
хлев <präpos sg: o хле́ве, в хлеву́, pl: -á, -óв> m K ple 1. Stall m; 2. (fig) Saustall m
хлеста́ть <präs: хлещу́, хле́щешь> vt E4 impf (pf: хлестну́ть) 1. peitschen, schlagen; 2. strömen, sprudeln; 3. (umg) viel trinken, saufen
хло́панье nt O1 Knall m; **~ в ладо́ши** Händeklatschen m
хло́пать vt E impf (pf: хло́пнуть) 1. schlagen, klopfen; **~ в ладо́ши** in die Hände

хлопо́к klatschen; **2.** (umg) trinken
хлопо́к <gen sg: -пка́> m K e Klatschen nt
хло́пок <gen sg: -пка> m K Baumwolle f
хлопота́ть <präs: -очу́, -о́чешь> vi E4 impf (pf: по-) **1.** hantieren, beschäftigt sein; **2.** (за кого́-ли́бо) sich bemühen (um +akk); **3.** sich einsetzen (für +akk)
хлопу́шка <gen pl: -шек> f A **1.** Klappe f; **2.** Fliegenklatsche f; **3.** Knallbüchse f
хлор m K Chlor m
хлорофи́лл m K Chlorophyll nt
хлорофо́рм m K Chloroform nt
хлыст m K e Reitpeitsche f
хмель <gen sg: -ля́,-лю> m K1 Hopfen m
хму́риться vr I impf (pf: на-) **1.** die Stirn runzeln; **2.** sich verfinstern
хны́кать <präs: хны́чу, хны́чешь> vi E4 impf (pf: за-) (umg) flennen, jammern
хо́бби nt indekl Hobby nt, Steckenpferd nt
хо́бот m K Rüssel m
ход <gen sg: -а, -у, präpos sg: о хо́де, на/в хо́де/ходу́, pl: ходы́/хода́, хо́дов> m K **1.** Lauf m, Ablauf m, Verlauf m; **идёт свои́м ~ом** es geht seinen Gang; **~ веще́й/собы́тий** Lauf der Dinge/der Ereignisse m; **~ мы́слей** [o **рассужде́ний**] Gedankengang m; **~ перегово́ров** Verhandlungsverlauf m; **идти́ по́лным ~ом** voll im Gange sein; **пуска́ть в ~** anwenden; **2.** (auch fig) Schachzug m
хода́тайство nt O Antrag m, Gesuch nt; **обраща́ться с хода́тайством** beantragen
ходи́ть <präs: хожу́, хо́дишь> vi I unbest (best: идти́) **1.** gehen, laufen; **~ во сне** schlafwandeln; **учи́ться ~** laufen lernen; **2.** (beim (Karten-)Spiel) ausspielen; **вам ~!** Sie sind dran!; **~ с да́мы** die Dame ausspielen; **~ с ко́зыря** einen Trumpf ausspielen; **3.** (за кем-ли́бо/чем-ли́бо) holen; **4.** pflegen
ходово́й adj Lauf-; **~ механи́зм** Laufwerk; **~ това́р** gefragte Ware f; **хохова́я часть** (KFZ) Fahrgestell nt
ходу́ли <gen pl: -лей, -у́ль> f pl A1 Stelzen f pl
хозрасчёт akr von **хозя́йственный расчёт** m **1.** wirtschaftliche Rechnungsführung f; **2.** Rentabilitätsprinzip nt
хозя́ин, хозя́йка <pl m: -я́ева, -я́ев, gen pl f: -я́ек> m U3 / f A **1.** Gastgeber, -in m/f; **2.** Eigentümer, -in m/f, Inhaber, -in m/f; **~ гости́ницы** Gastwirt, -in m/f; **~ до́ма** Hausherr, -in m/f; **~ посто́ялого двора́** Herbergsvater, -mutter m/f; **быть хозя́йном положе́ния** (fig) Herr der Lage sein
хозя́йничать vi E impf **1.** wirtschaften; **2.** sein Unwesen treiben
хозя́йский adj dem Wirt (Eigentümer) gehörend
хозя́йственник m K **1.** Manager m; **2.** Wirtschaftsfunktionär m
хозя́йственный adj **1.** (Person) haushälterisch; **2.** Wirtschafts-, Haushalts-; **хозя́йственная су́мка** Einkaufstasche f;

хозя́йственная де́ятельность Wirtschaftstätigkeit f; **хозя́йственная едини́ца** Wirtschafteinheit f; **хозя́йственная опера́ция** Geschäftsvorfall m; **хозя́йственная поли́тика предприя́тия** Unternehmenspolitik f; **~ се́ктор** Wirtschaftssektor m; **~ год** Geschäftsjahr nt; **~ сою́з** Wirtschaftsverband m; **~ субъе́кт** Wirtschaftssubjekt m; **~ расчёт** wirtschaftliche Rechnungsführung f, Rentabilitätsprinzip nt
хозя́йство nt O **1.** (дома́шнее) Haushalt m; **вести́ ~** den Haushalt führen; **рабо́та по хозя́йству** Hausarbeit f **2.** (эконо́мика) Wirtschaft f, Volkswirtschaft f; **се́льское ~** Landwirtschaft f
хозя́йствование nt O2 Wirtschaftsführung f
хокке́й m K2 Hockey nt; **~ на льду** Eishockey nt
хо́лдинг m K Holding f, Trägergesellschaft f
холдинг-банк Hausbank f
холе́ра f A Cholera f
холе́рик m K Choleriker, -in m/f
холери́ческий adj cholerisch
холестери́н m K Cholesterin nt
холм m K e Hügel m
холми́стый <kf: -и́ст> adj hügelig
хо́лод <gen sg: -а,-у, pl: -а́, -о́в> m K ple Kälte f
холоди́льник m K **1.** Kühlschrank m; **2.** (промы́шленный) Kühlhaus nt
холо́дность f I Gefühlskälte f
холо́дный <kf: хо́лоден, холодна́, хо́лодно, хо́лодны> adj (fig) kalt; **холо́дная война́** kalter Krieg m; **холо́дное вре́мя го́да** kalte Jahreszeit f; **холо́дные заку́ски** kaltes Büfett nt; **~ приём** frostiger Empfang m; **~ фронт** (METEO) Kaltfront f
холо́п m K **1.** (HIST) Leibeigene(r) mf; **2.** Knecht m; **3.** (pej) Kriecher m
холосто́й adj **1.** (челове́к) ledig, unverheiratet; **2.** (TECH) Leer-; **~ ход** Leerlauf m; **~ патро́н** Platzpatrone f
холостя́к m K Junggeselle m
холст m K e **1.** Leinen m; **2.** Leinwand f; **3.** Ölgemälde nt
хомя́к m K e Hamster m
хор m K **1.** Chor m; **2.** Chorlied nt
хора́л m K Choral m
хорва́т m K Kroate m
Хорва́тия f A2 Kroatien nt
хорва́тка f A Kroatin f
хорео́граф m K Choreograf, -in m/f
хореогра́фия f A2 Choreografie f
хорони́ть <präs: -оню́, -о́нишь> vt I impf (pf: по-, с-) **1.** begraben, bestatten; **2.** (fig) zu Grabe tragen
хоро́шенький adj hübsch, lieblich
хоро́шенько adv (umg) ordentlich, gehörig
хоро́ший <kf: -о́ш, -оша́, kompr: лу́чше, super: лу́чший> adj gut; **хоро́шая пого́да**

schönes Wetter nt; **подава́ть ~ приме́р** mit gutem Beispiel vorangehen
хорошо́ adv gut; **тебе́ ~ говори́ть** du hast gut reden; **так же ~** ebensogut
хору́гвь f I Kirchenfahne f
хо́ры m pl K Empore f
хост m K (DV) Host m, Großrechner m
хоте́ть <präs: хочу́, хо́чешь> vt U1 impf 1. wollen, begehren; 2. wünschen; 3. Lust haben (auf +akk)
хотя́ konj obwohl, obgleich
хохоло́к <gen sg: -лка́> m K e (у птиц) Haube f
хо́хот m K 1. Gelächter nt; 2. Lache f
хра́брость f I Kühnheit f, Tapferkeit f; **вы́пить для хра́брости** sich Mut antrinken; **набра́ться ~** Mut aufbringen
хра́брый <kf: храбр, храбра́, хра́бро, храбры́> adj kühn, tapfer
храм m K 1. Gotteshaus nt; 2. (auch fig) Tempel m; **~ нау́ки** Tempel m der Wissenschaft
хране́ние nt O2 Aufbewahrung f, Lagerung f
храни́лище nt O1 Lager nt, Magazin nt, Depot nt; **~ запа́сов** Vorratslager nt; **~ хими́ческого ору́жия** Lagerstätte f für chemische Waffen
храни́тель m K1 1. (в музе́е) Konservator m; 2. (ро́да) Stammhalter m
храни́ть vt I impf 1. aufbewahren, lagern; 2. (от кого́-ли́бо/чего́-ли́бо) behüten, beschützen (vor +dat); 3. (fig) bewahren; **~ в па́мяти** im Gedächtnis bewahren; **~ молча́ние** sich in Schweigen hüllen; **~ на скла́де** lagern
храпе́ть <präs: -плю́, пи́шь> vi I impf (pf: за-, храпну́ть) 1. schnarchen; 2. (о живо́тных) schnauben
хребе́т <gen sg: -бта́> m K e 1. (ANAT) Rückgrat nt; 2. (umg) Rücken m; 3. Bergrücken m; **го́рный ~** Bergrücken m
хрен <gen sg: -а,-у> m K 1. Meerrettich m; 2. Rettich m; **~ ре́дьки не сла́ще** das eine ist nicht besser als das andere; 3. (pej) alter Knacker m
хрено́вый adj 1. Rettich-; 2. (umg) sehr schlimm
хрестома́тия f A2 Lesebuch nt
хризанте́ма f A Chrysantheme f
хрипе́ть <präs: -плю́, -пи́шь> vi I impf (pf: про-) 1. röcheln; 2. (umg) heiser sein
хри́плый <kf: хрипл, хрипла́, хри́пло> adj heiser
хрипота́ f A e Heiserkeit f
христиани́н, христиа́нка <pl m: -а́не, -а́н, gen pl f: -нок> m U2 / f A Christ, -in m/f
христиа́нский adj christlich; **~ мир** Christenheit f
христиа́нство nt O Christentum nt
Христо́с <gen sg: Христа́> m K e Christus m

хром m K Chrom nt
хрома́ть vi E impf 1. hinken; 2. (umg;fig) zurückbleiben, hinterherhinken
хроми́рованный adj verchromt
хромо́й <kf: хром, хрома́, хро́мо> adj lahm
хромосо́ма f A Chromosom nt
хро́ник m K chronisch Kranke(r) m
хро́ника f A Chronik f
хрони́ческий adj chronisch
хронологи́ческий adj chronologisch; **в хрони́ческом поря́дке** in chronologischer Reihenfolge
хроноло́гия f A2 Chronologie f, zeitliche Reihenfolge f
хру́пкий <kf: -пок. -пка́- пко> adj 1. brüchig, zerbrechlich, spröde, mürbe; 2. (fig) zerbrechlich, gebrechlich
хруст m K 1. Knacks m, Knacken m; 2. Knirschen nt
хруста́ль m K1 1. Kristall nt; 2. Kristallglas nt
хрустя́щий adj knusprig
хряк m K e Eber m
хрящ[1] m K e Kies m
хрящ[2] m K e Knorpel m
хрящева́тый adj knorpelig
ху́до[1] nt O Übel nt, Böse nt
ху́до[2] (umg) schlimm, schlecht, übel
худоба́ f A e Magerkeit f
худо́жественный <kf: -вен, -вна> adj künstlerisch; **худо́жественное изде́лие** Kunstwerk nt
худо́жник m K 1. Kunstmaler, -in m/f; 2. Zeichner, -in m/f; 3. Künstler, -in m/f
худо́й[1] <kf: худ, худа́, ху́до, ху́ды, komp: худе́е> adj mager, dürr, hager
худо́й[2] <kf: худ, худа́, ху́до, ху́ды, komp: ху́же, super: ху́дший> adj schlecht, schlimm
худоща́вый <kf: -а́в> adj mager, schmal
ху́дший adj super schlimmste(r, s), schlechteste(r, s); **он измени́лся в ху́дшую сто́рону** er hat sich zu seinem Nachteil verändert; **в ху́дшем слу́чае** schlimmstenfalls
ху́же adj komp schlechtere(r, s), schlimmere(r, s)
хулига́н m K Hooligan m, Rowdy m, Randalierer m

Ц

ц, Ц nt indekl kyrillischer Buchstabe
ца́пля f A1 Reiher m
цара́пать vt E impf (pf: на-, о-, по-) 1. kratzen, ritzen; 2. (fig) kritzeln
цара́пина f A Kratzer m
царе́вич m K1 Zarensohn m
царе́вна <gen pl: -вен> f A Zarentochter f
цари́ца f A 1. Zarin f; 2. Monarchin f
ца́рский adj 1. königlich; 2. Zaren-

ца́рство *nt O* 1. Zarenreich *nt*; 2. Königreich *nt*; ~ **птиц** Vogelparadies *nt*
царь *m K1 e* 1. Zar *m*; 2. Monarch *m*
ЦБР *abk von* Центра́льный Банк Росси́и *f* Zentralbank Russlands
цвести́ <*präs:* цвету́, цветёшь> *vi E6a impf* (*auch fig*) blühen, aufblühen, erblühen
цвет¹ *m K* 1. (*fig*) Blüte *f*; 2. (*im pl*) Blüten *f pl*, Blumen *f pl*
цвет² <*pl:* -á, -óв> *m K ple* Farbe *f*; ~ **ко́жи** Hautfarbe *f*; ~ **лица́** Teint *m*; **национа́льные** ~á Landesfarben *pl*
цветно́й I. *adj* bunt, farbig; ~ **каранда́ш** Farbstift *m*; **цветна́я ле́нта** Farbband *nt*; **цветна́я плёнка** Farbfilm *m*; ~ **телеви́зор** Farbfernseher *m*; **цветна́я фотогра́фия** Farbfoto *nt*; II. *m wie adj* Farbige(r) *m*
цветово́д *m K* Blumenzüchter, -in *m/f*
цветово́й *adj* Farb-
цвето́к <*gen sg:* -тка́, *pl:* цветы́> *m K e* 1. Blume *f*; 2. Blüte *f*
цеде́нт *m K* (ÖKON) Zedent *m*
цеди́ть <*präs:* цежу́, це́дишь> *vt I impf* 1. zapfen; 2. seihen
це́дра *f A* Zitronenschale *f*
це́зий <*präpos sg:* -ии> *m K2* Cäsium *nt*
цезу́ра *f A* Zäsur *f*
целе́бный <*kf:* -бен, бна> *adj* 1. heilsam; 2. Heil-; **целе́бное возде́йствие** therapeutische Wirkung *f*
целево́й *adj* Ziel-; **целева́я гру́ппа** Zielgruppe *f*; **целева́я устано́вка** Zielsetzung *f*; **ма́ркетинг** zielbestimmtes [*o* zielgruppenspezifisches]Marketing *nt*; ~ **ры́нок** Zielmarkt *m*
целенапра́вленный *adj* gezielt
целесообра́зность *f I* Zweckmäßigkeit *f*
целесообра́зный <*kf:* -зен, -зна> *adj* ratsam, sinnvoll, zweckmäßig
целеустремлённый <*kf:* -ён, -ённа> *adj* zielstrebig, zielbewusst
целиба́т *m K* (REL) Zölibat *m*
целико́м *adv* 1. ganz, völlig; 2. pauschal
целина́ *f A e* 1. Neuland *nt*; 2. Brachland *nt*
цели́нник *m K* Neulandsiedler *m*
цели́тельный <*kf:* -лен, -льна> *adj* heilsam
це́лить *vi I impf* (*pf:* на-) (**в кого-ли́бо/что-ли́бо**) zielen (auf +*akk*)
целлофа́н *m K* Zellophan *nt*
целлюло́за *f A* Zellstoff *m*
целова́ть *vt E2 impf* (*pf:* по-) küssen
це́лое *nt wie adj* das Ganze *nt*
целому́дренный <*kf:* -рен, -ренна> *adj* 1. (*auch fig*) unberührt; 2. keusch
це́лостный <*kf:* -тен, -тна> *adj* 1. in sich geschlossen; 2. ungeteilt; 3. einheitlich
це́лый <*kf:* цел, цела́, це́ло> *adj* 1. ganz, voll; ~ **год** das ganze Jahr; 2. (*не разби́тый*) heil, ganz
цель *f I* 1. Ziel *nt*, Zielsetzung *f*, Zweck *m*; **цель опра́вдывает сре́дства** der Zweck heiligt die Mittel; ~ **путеше́ствия** Reiseziel *nt*; **дидакти́ческая** ~ Lernziel *nt*; **основна́я** ~ Hauptanliegen *nt*; **пресле́довать** ~ ein Ziel verfolgen, etw bezwecken; **с це́лью** zwecks; 2. (MIL) Ziel *nt*; **пораза́ть** ~ das Ziel treffen
це́льность *f I* 1. Einheit *f*; 2. Integrität *f*
це́льный <*kf:* -лен, -льна́, -льно> *adj* 1. einheitlich; 2. heil, ganz; 3. (*о челове́ке*) integer
Це́льсий *m K2* Celsius; **20 гра́дусов по Це́льсию** 20 Grad Celsius
цеме́нт <*gen sg:* -а,-у> *m K* Zement *m*
цементи́ровать *vt E2 impf/pf* zementieren
цеме́нтный *adj* Zement-; ~ **бето́н** Zementbeton *m*; ~ **раство́р** Zementmörtel *m*, Speis *m*
цена́ <*akk sg:* це́ну> *f A pls* 1. Preis *m*; 2. Wert *m*; ~ **бру́тто** Bruttopreis *m*; ~ **иска́** Streitwert *m*; ~ **мирово́го ры́нка** Weltmarktpreis *m*; ~ **на но́вые ви́ды проду́кции** Einführungspreis *m*; ~ **не́тто** Nettopreis *m*; ~ **но́вой ве́щи** Neuwert *m*; ~ **опцио́на** Optionspreis *m*; ~ **переку́пки** Rücknahmepreis *m*; ~ **по оце́нке** Taxpreis *m*; ~ **по прейскура́нту** Listenpreis *m*; ~ **потреби́теля** Verbraucherpreis *m*; ~ **предложе́ния** Angebotspreis *m*; ~ **производи́теля** Erzeugerpreis *m*; ~-**спот** Spotpreis *m*; ~ **спро́са** Geldkurs *m*; ~ **теку́щего дня** Tagespreis *m*; ~ **фи́рмы** Firmenwert *m*; ~ **эми́ссии** Ausgabekurs *m*; **це́ны куса́ются** die Preise sind gesalzen; ~ **поку́пки** Einkaufspreis *m*; **бе́шеные** [*o* **ди́кие**]**це́ны** horrende Preise; ~-**прода́жная** ~ Verkaufspreis *m*; **отпуска́ть це́ны** die Preise freigeben; **любо́й цено́й** um jeden Preis; **договорна́я** ~ Vereinbarungspreis *m*; **завы́шенная** ~ überhöhter Preis *m*; **заку́почная** ~ Einkaufspreis *m*, Bezugspreis *m*; **опто́вая** ~ Großhandelsabgabepreis *m*; **отпускна́я** ~ Abgabepreis *m*; **ро́зничная** ~ Einzelhandelsverkaufspreis *m*
цензу́ра *f A* Zensur *f*; **подверга́ть цензу́ре** zensieren
цени́ть <*präs:* ценю́, це́нишь> *vt I impf* schätzen; **высоко́** ~ wertschätzen
це́нник *m K* Preisschild *nt*
це́нность *f I* 1. Wert *m*; 2. Wertgegenstand *m*; **культу́рные** ~ kostbare Kulturgüter 3. (*fig: im pl*) Wertvorstellungen *pl*; **переоце́нка це́нностей** Wertewandel *m*
це́нный <*kf:* це́нен, це́нна> *adj* 1. wertvoll, teuer; **це́нная бума́га** Wertpapier *nt*; **це́нная бума́га фикси́рованными разме́рами дохо́да** Genussschein *m*; **це́нные бума́ги** (ÖKON) Wertpapiere *pl*; 2. bedeutungsvoll, wertvoll
ценово́й *adj* Preis-; **ценова́я борьба́** Preiskampf *m*; **ценова́я карте́ль** Preiskartell *nt*; **ценова́я эласти́чность спро́са** Preiselastizität *f* der Nachfrage; **ценово́е**

давле́ние Preisdruck *m*; **~ дикта́т** Preisdiktat *nt*; **~ механи́зм** Preismechanismus *m*; **ценовы́е рекоменда́ции** Preisempfehlung *f*

ценообразова́ние *nt* O2 (ÖKON) Preisbildung *f*

це́нтнер *m* K Doppelzentner *m*

центр *m* K **1.** Zentrum *nt*, Mitte *f*; **~ го́рода** Stadtmitte *f*; **~ тя́жести** Schwerpunkt *m*; **2.** Zentrum *nt*, Zentrale *f*; **вычисли́тельный ~** Rechenzentrum *nt*; **кру́пный ~** Großstadt *f*; **фина́нсовый ~** Finanzmetropole *f*; **реабилитацио́нный ~** Rehabilitationszentrum *nt*, Reha-Zentrum *nt*; **3.** *(fig)* Zentrum *nt*, Mittelpunkt *m*; **быть в ~е внима́ния** im Mittelpunkt der Aufmerksamkeit stehen; **~ при́были** Profit Center *nt*; **4.** Zentralregierung *f*, Zentralbehörde *f*

централиза́ция *f* A2 Zentralisierung *f*, Zentralisation *f*

централизо́ванный *adj* **1.** zentralistisch; **2.** zentral, zentralisiert; **централизо́ванное управле́ние** Zentralverwaltung *f*

централизова́ть *vt* E2 *impf/pf* zentralisieren

центра́льный <*kf:* -лен, -льна> *adj* zentral, Zentral-; **центра́льная блокиро́вка** (KFZ) Zentralverriegelung *f*; **Центра́льная Евро́па** Mitteleuropa *nt*; **жи́тели** [*о* населе́ние] **Центра́льной Евро́пы** Mitteleuropäer *m*; **центра́льная не́рвная систе́ма** Zentralnervensystem *nt*; **центра́льное отопле́ние** Zentralheizung *f*; **~ проце́ссор** (DV) Zentraleinheit *f*; **~ банк** Zentralbank *f*, Nationalbank *f*

центри́ровать *vt* E2 *impf/pf* zentrieren

центрифу́га *f* A **1.** Zentrifuge *f*; **2.** *(в стира́льной маши́не)* Wäscheschleuder *f*

центрифуги́рование *nt* O2 Zentrifugieren *nt*, Zentrifugierung *f*; **ме́тод центрифуги́рования** Zentrifugierungsverfahren *nt*

центрифу́жный *adj* Zentrifugen-; **центрифу́жная проби́рка** Zentrifugenglas *nt*

центробе́жный *adj* zentrifugal; **центробе́жная си́ла** Zentrifugalkraft *f*; **центробе́жные тенде́нции** (POL) separatistische Bestrebungen *pl*

центростреми́тельный *adj* zentripetal; **центростреми́тельная си́ла** Zentripetalkraft *f*

центрфо́рвард *m* K (SPORT) Mittelstürmer *m*

цепля́ться *vi* E *impf* *(auch fig: за кого-ли́бо/что-ли́бо)* sich klammern (an + *akk*)

цепно́й *adj* Ketten-; **~ пёс** Kettenhund *m*; **цепна́я реа́кция** Kettenreaktion *f*

цепо́чка *f* A **1.** Halskette *f*; **2.** *(auch fig)* Kette *f*; **живая ~** Menschenkette *f*

цепь <*präpos sg:* о це́пи, в/на цепи́> *f* I *ple*1 **1.** *(auch fig)* Kette *f*; **~ магази́нов** Ladenkette *f* **2.** *(го́рная)* Gebirgskette *f*

церемо́ния *f* A2 Zeremonie *f*

це́рий <*präpos sg:* -ии> *m* K2 Zer *nt*

церко́вный *adj* kirchlich, Kirchen-; **~ нало́г** Kirchensteuer *f*; **~ слу́жка** Küster *m*; **~ съезд** Kirchentag *m*

це́рковь <*gen sg:* -кви> *f* I *ple*1 Kirche *f*

цессиона́рий <*präpos sg:* -ии> *m* K2 Zessionar *m*

це́ссия *f* A2 **1.** Zession *f*, Abtretung *f*; **2.** Abtretungsurkunde *f*

цивилиза́ция *f* A2 Zivilisation *f*

цивилизо́ванный *adj* zivilisiert

цикл *m* K Zyklus *m*, Kreislauf *m*

цикли́ческий *adj* zyklisch

цико́рий <*präpos sg:* -ии> *m* K2 Zichorie *f*

цили́ндр *m* K **1.** Zylinder *m*; **2.** Zylinderhut *m*

цилиндри́ческий *adj* zylindrisch

цини́зм *m* K Zynismus *m*

ци́ник *m* K Zyniker, -in *m/f*

цини́чный <*kf:* -чен, -чна> *adj* zynisch

цинк *m* K Zink *nt*

цино́вка *f* A Matte *f*

цирк *m* K Zirkus *m*

цирко́ний <*präpos sg:* -ии> *m* K2 Zirkonium *nt*

ци́ркуль *m* K1 Zirkel *m*

циркуля́р *m* K Rundschreiben *nt*

цита́та *f* A Zitat *nt*; **~ из би́блии** Bibelstelle *f*

цити́ровать *vt* E2 *impf* *(pf:* про-*)* zitieren, anführen

цитоло́гия *f* A2 Zellforschung *f*

ци́трусовый *adj* Zitrus-

ци́фра *f* A **1.** Ziffer *f*; **2.** Zahl *f*

цифрово́й *adj* **1.** Ziffern-, Zahlen-; **2.** digital; **цифрова́я индика́ция** Digitalanzeige *f*; **цифрова́я клавиату́ра** Nummernblock *m* **3.** numerisch; **цифровы́е да́нные** Zahlenmaterial *nt*

цо́коль *m* K1 Sockel *m*

ЦРУ *abk von* Центра́льное разве́дывательное управле́ние *nt* CIA *m*

цугцва́нг *m* K **1.** *(в ша́хматах)* Zugzwang *m*; **2.** *(fig)* Zwangslage *f*

цыга́н, цыга́нка <*pl m:* -а́не, -а́н, *gen pl f:* -нок> *m* U2 / *f* A Zigeuner, -in *m/f*

цыга́не *pl m* U2 Sinti und Roma *pl*

цыплёнок <*gen sg:* -нка, *nom pl:* -я́та> *m* U4 Küken *nt*

Ч

ч, Ч *nt indekl* kyrillischer Buchstabe

чаба́н *m* K e Schäfer *m*

ча́вкать *vi* E *impf* *(pf:* ча́вкнуть*)* **1.** schlürfen; **2.** schmatzen

чад <*gen sg:* -а, -у, *präpos sg:* о ча́де, в

чади́ть <*през:* чажу́, чади́шь> *vi I impf* (*pf:* на-) qualmen
чаду́> *m K* **1.** Dunst *m*; **2.** Qualm *m*; **3.** (*fig*) Verblendung *f*, Rausch *m*
чадра́ *f A e* (*bei moslemischen Frauen*) Schleier *m*
чаевы́е *m pl wie adj* (*umg*) Trinkgeld *nt*
чай <*gen sg:* -я,-ю> *m K2* Tee *m*; ~ **из трав** Kräutertee *m*; **рома́шковый** ~ Kamillentee *m*
ча́йка <*gen pl:* -ча́ек> *f A* Möwe *f*
ча́йник *m K* Teekanne *f*
ча́йный *adj* Tee-; **ча́йная ло́жка** Teelöffel *m*
чан <*präpos sg:* в ча́не, чану́> *m K ple* Bottich *m*, Kübel *m*
чароде́й, **чароде́йка** *m K2 / f A* Zauberer, Zauberin *m/f*
ча́ртерный *adj* Charter-; ~ **рейс** Charterflug *m*; ~ **самолёт** Charterflugzeug *nt*
чару́ющий *adj* bezaubernd
ча́ры *f pl A* **1.** Bann *m*, magische Kraft *f*, Reize *pl*; **2.** (*fig*) Bann *m*, Faszination *f*
час *m K ple* **1.** Stunde *f*; **2.** Uhr *f*; **счастли́вые ~о́в не наблюда́ют** dem Glücklichen schlägt keine Stunde; **два ~á** zwei Uhr; ~ **икс** Stunde Null *f*; **~áми** stundenlang; **~ы́ пик** Hauptverkehrszeit *f*; **~ы́ посеще́ний** Besuchszeit *f*; **в дневны́е ~ы́** tagsüber; **3.** Unterrichtsstunde *f*
часово́й I. *adj* Stunden-, Uhr-; ~ **механи́зм** Uhrwerk *nt*; ~ **по́яс** Zeitzone *f*; **часова́я стре́лка** Uhrzeiger *m*; **по часово́й стре́лке** im Uhrzeigersinn; **II.** *m wie adj* (MIL) Wachmann *m*, Wache *f*
часовщи́к *m K e* Uhrmacher *m*
части́ца *f A* **1.** Teilchen *nt*, Partikel *m*; **2.** (LING) Partikel *m*
части́чно *adv* teilweise, teils
части́чный *adj* teil-, partiell; **части́чная за́нятость** Teilzeitbeschäftigung *f*; **части́чная сто́имость** Teilwert *m*; **части́чная су́мма** Teilbetrag *m*; ~ **ана́лиз** Partialanalyse *f*; ~ **взнос** Abschlag *m*, Rate *f*, Teilbetrag *m*; ~ **расчёт затра́т** Teilkostenrechnung *f*
ча́стник *m K* Privatmann *m*
ча́стное *nt wie adj* Quotient *m*
ча́стность *f I* Einzelheit *f*, Detail *nt*
частнохозя́йственный *adj* privatwirtschaftlich
ча́стный *adj* **1.** besondere(r, s), speziell; ~ **бала́нс** Unterbilanz *f*; ~ **слу́чай** Einzelfall *m*, spezieller Fall *m*; ~ **вопро́с** Teilfrage *f* **2.** privat; **ча́стное де́ло** Privatangelegenheit *f*; **ча́стное лицо́** Privatperson *f*; **ча́стная со́бственность** Privateigentum *nt*; **ча́стное иму́щество** Privatvermögen *nt*; **ча́стное пра́во** Privatrecht *nt*; **ча́стное предприя́тие** Privatunternehmen *nt*; **ча́стное хозя́йство** Privatwirtschaft *f*; ~ **банк** Privatbank *f*; ~ **креди́т** Privatkredit *m*; **находи́ться в ча́стной со́бственности** sich in Privatbesitz befinden
ча́сто *adv* oft; **так же** ~ ebensooft
частота́ *f A pls* **1.** Häufigkeit *f*; **2.** (TECH) Frequenz *f*; ~ **оборо́та** Umschlagshäufigkeit *f*
ча́стый <*kf:* част, часта́, ча́сто> *adj* häufig
часть *f I ple1* **1.** Teil *m*; ~ **предложе́ния** Satzteil *m*; ~ **ре́чи** (LING) Wortart *f*; ~ **све́та** Erdteil *m*; ~ **те́ла** Körperteil *m*; **2.** (MUS) Satz *m*; **3.** (*umg*) Bereich *m*, Fach *nt*
часы́ *m pl K* Uhr *f*; ~ **пу́щены** die Uhr [*o* der Countdown] läuft; ~ **с брасле́том** Armbanduhr *f*; **ква́рцевые** ~ Quarzuhr *f*; **контро́льные** ~ Stechuhr *f*; **песо́чные** ~ Sanduhr *f*; **со́лнечные** ~ Sonnenuhr *f*; **электро́нные** ~ Digitaluhr *f*; **сверя́ть** ~ die Uhren vergleichen
ча́хнуть *vi E1 impf* (*pf:* за-) **1.** verwelken, verkümmern; **2.** (*fig*) dahinsiechen, vergehen
ча́ша *f A* **1.** Schale *f*; **2.** Kelch *m*
ча́шечка *f A* **1.** kleine Tasse *f*, Täßchen *nt*; **2.** (ANAT) Kniescheibe *f*; **3.** (BOT) Blütenkelch *m*
ча́шка *f A* **1.** Tasse *f*; **2.** Untertasse *f*
ча́ща <*gen sg:* -щи, *inst sg:* -щей> *f A* Dickicht *nt*
ча́ще *adv* öfter, häufiger
чва́ниться *v + inst I impf* (*umg*) protzen
чванли́вый <*kf:* -и́в> *adj* **1.** protzig; **2.** selbstgefällig; **3.** hochnäsig, eingebildet
чва́нный <*kf:* -а́нен, -а́нна> *adj* (*umg*) eitel, eingebildet
чей, чья, чьё I. <*gen sg:* чьего́, чьей, чьего́, *pl:* чьи> *pron inter* wessen; **II.** *pron rel* dessen, deren
чек *m K* Scheck *m*; **доро́жный** ~ Reisescheck *m*; **бла́нковый** ~ Blankoscheck *m*; **ка́ссовый** ~ Kassenzettel *m*; ~ **на предъяви́теля** Inhaberscheck *m*; **расчётный** ~ Verrechnungsscheck *m*
чека́нить *vt I impf* (*pf:* вы́-, от-) prägen; ~ **шаг** im Stechschritt marschieren
чека́нка *f A* Prägung *f*
че́ковый *adj* Scheck-; **че́ковая ка́рточка** Scheckkarte *f*; **че́ковая кни́жка** Scheckbuch *nt*
челно́к *m K e* **1.** Kahn *m*, Nachen *m*; **2.** Webschiffchen *nt*; **3.** (*umg*) Grenzgänger, *der (bei schwach funktionierenden Versorgungsmechanismen) Ware im Ausland ankauft, um diese im Inland abzusetzen*; **4.** Raumfähre *f*, Spaceshuttle *m*
челове́к <*nom pl:* лю́ди> *m U3* **1.** Mensch *m*; **2.** Person *f*; ~, **регуля́рно пересека́ющий грна́ицу** Grenzgänger *m*
человеколю́б *m K* Philanthrop *m*, Menschenfreund *m*
человеконави́стник *m K* Misanthrop *m*, Menschenfeind *m*
человеконави́стнический *adj* menschenfeindlich

человеконенави́стничество nt O Menschenverachtung f
челове́ческий adj 1. menschlich; 2. Menschen-; **челове́ческие ресу́рсы** Humankapital nt
челове́чество nt O Menschheit f
челове́чность f I Menschlichkeit f, Humanität f
челове́чный ‹kf: -чен, -чна› adj menschlich, human
че́люсть f I (ANAT) Kiefer m; **ве́рхняя ~** Oberkiefer m; **вставна́я ~** Gebiss nt, Zahnprothese f; **ни́жняя ~** Unterkiefer m
че́лядь f I 1. Gesinde nt; 2. (pej) Gesindel nt
чемода́н m K Koffer m
чемпио́н m K Champion m, Sieger m; **~ Евро́пы** Europameister m; **~ ми́ра** Weltmeister m
чемпиона́т m K Meisterschaft f; **~ Евро́пы** Europameisterschaft f; **~ ми́ра** Weltmeisterschaft f
чепе́ц ‹gen sg: -пца́› m K e Haube f, Häubchen nt
чепуха́ ‹gen sg: -и́› f A e Unsinn m, Blödsinn m
черви́вый ‹kf: -и́в› adj madig, wurmig
червь m K1 e1 (auch fig) Wurm m; **дождево́й ~** Regenwurm m; **кни́жный ~** (fig) Bücherwurm m; **ле́нточный ~** Bandwurm m
черда́к m K e Dachboden m
череда́ ‹gen sg: череды́› m K e 1. Schlange f, Reihe f; 2. Reihenfolge f; **всё идёт свои́м ~ом** alles nimmt seinen Lauf
чередова́ться vi E2 impf sich abwechseln (mit +dat)
че́рез I. präp lok +akk 1. durch (+akk); **идти́ ~ лес** durch den Wald gehen 2. über (+akk); **идти́ ~ у́лицу** über die Straße gehen; II. präp temp +akk 1. nach (+dat); 2. in (+dat); **~ год** nach einem Jahr; **~ час** in einer Stunde
черёмуха f A Faulbeere f, Faulbeerbaum m
черено́к ‹gen sg: -нка́› m K e 1. Griff m, Stiel m; 2. (BOT) Halm m, Stiel m
че́реп ‹pl: -á, -óв› m K ple Schädel m
черепа́ха f A Schildkröte f
черепа́ховый adj 1. Schildpatt-; **~ гребёнь** Schildpattkamm m 2. (из черепа́хи) Schildkröten-; **~ суп** Schildkrötensuppe f
черепа́ший adj Schildkröten-; **~ шаг** (fig) Schneckentempo m
черепи́ца f A Dachziegel m
черепо́к ‹gen sg: -пка́› m K e Scherbe f
чересчу́р adv 1. allzu; 2. zuviel; **э́то уже́ ~** das geht zu weit
чере́шня ‹gen pl: -шен› f A1 1. Süßkirsche f; 2. Kirschbaum m
черни́ка f A 1. Heidelbeere f; 2. Heidelbeerstrauch m
черни́ла ‹gen pl: -и́л› pl A Tinte f

черни́ть vt I impf (pf: за-, на-, о-) 1. schwärzen, schwarz machen; 2. (fig) anschwärzen, schlechtmachen
чёрно-бе́лый adj schwarzweiß
черновиќ m K e 1. Entwurf m, Konzept nt; 2. Schmierzettel m
черноволо́сый ‹kf: -óс› adj dunkelhaarig
черносли́в m K Backpflaume f
чёрный ‹kf: чёрен, черна́, чёрно́› adj (auch fig) schwarz; **~ как смоль** rabenschwarz; **~ ры́нок** Schwarzmarkt m; **~ ход** Hinterausgang m; **~ ю́мор** schwarzer Humor m; **ви́деть в чёрном све́те** schwarzsehen; **попа́сть в ~ спи́сок** auf die schwarze Liste kommen; **напи́сано чёрным по бе́лому** schwarz auf weiß geschrieben sein
чернь f I (pej) Masse f, Pöbel m
черпа́к m K e Schöpflöffel m, Schöpfkelle f
че́рпать vt E impf (pf: че́рпнуть) (auch fig) schöpfen; **~ информа́цию** sich informieren
чёрствый ‹kf: чёрств, черства́, чёрство, чёрствы› adj 1. (хлеб) trocken, hart, altbacken; 2. (fig) lieblos, gefühllos
чёрт ‹pl: че́рти, черте́й, -тя́м, -те́й, -тя́ми, -тя́х› m K ple1 Teufel m; **у ~а на кули́чках** (fig) wo sich Fuchs und Hase gute Nacht sagen
черта́ f A e 1. Strich m; **~ бе́дности** Armutsgrenze f; **жить за черто́й бе́дности** unterhalb der Armutsgrenze leben; **подвести́ черту́ (под чем-л.)** einen Schlussstrich ziehen (unter +akk) 2. (-ка́чество) Zug m; **черты́ лица́** Gesichtszüge pl; **~ хара́ктера** Charakterzug m
чертёж ‹gen sg: чертежа́› m K e 1. Skizze f; 2. (TECH) Zeichnung f
чертёжник, чертёжница m K / f A technischer Zeichner, -in m/f
черти́ть ‹präs: черчу́, че́ртишь› vt I impf (pf: на-) 1. skizzieren, entwerfen; 2. zeichnen
чёрточка f A Bindestrich m
чертыха́ться vi E impf (pf: чертыхну́ться) (umg) fluchen
чеса́ть ‹präs: чешу́, че́шешь› vt E4 impf (pf: по-) 1. kämmen; 2. kratzen; **~ за у́хом** am Ohr kraulen
чесно́к ‹gen sg: -á, -ý› m K e Knoblauch m
че́ствование nt O2 Huldigung f, Ehrung f
че́ствовать vt E2 impf ehren
че́стность f I Ehrlichkeit f, Aufrichtigkeit f
че́стный ‹kf: -тен -тна́ -тно, че́стны› adj rechtschaffen, ehrlich, redlich, fair; **че́стное сло́во** Ehrenwort nt
честолюби́вый ‹kf: -и́в› adj ehrgeizig
честолю́бие nt O2 Ehrgeiz m, Geltungsbedürfnis nt
честь f I Ehre f; **оказа́ть ~** Ehre erweisen; **отдава́ть ~** salutieren
чета́ f A Paar nt, Ehepaar nt
четве́рг m K Donnerstag m; **чи́стый |о**

святой|~ (REL) Gründonnerstag *m*
че́тверо *num sammel* eine Gruppe von vier
четвертова́ть *vt E2 impf/pf* vierteilen
четвёртый *num ord* vierte(r, s); **в четвёртых** viertens
че́тверть *f I* Viertel *nt*; **~ часа́** Viertelstunde *f*
чётки <*gen pl:* -ток> *f pl A* Rosenkranz *m*; **перебира́ть ~** den Rosenkranz beten
чёткий <*kf:* чёток, чётка́/четка́, чётко> *adj* klar, deutlich, eindeutig; **чётко рабо́тать** reibungslos funktionieren
чёткость *f I* Klarheit *f*
чётный *adj* gerade, paarig; **чётное число́** gerade Zahl *f*
четы́ре <*gen:* четырёх> *num* vier; **в ~ ра́за** viermal
четы́реста <*gen:* четырёхсот> *num* vierhundert
четырёхгоди́чный *adj* vierjährig
четырёхкра́тный *adj* vierfach
четырёхуго́льник *m K* Viereck *nt*
четырёхуго́льный *adj* viereckig
четы́рнадцать <*gen:* -ти> *num* vierzehn
чех *m K* Tscheche *m*
Че́хия *f A2* Tschechien *nt*, Tschechische Republik *f*
чехо́л <*gen sg:* -хла́> *m K e* 1. Bezug *m*, Überzug *m* 2. Etui *nt*
чече́нец, чече́нка <*gen pl m:* -чев, *gen pl:* -нок> *m K / f A* Tschetschene, Tschetschenin *m/f*
чече́нский *adj* tschetschenisch; **Чече́нская Респу́блика** Tschetschenische Republik
Чечня́ *f A1* Tschetschenien *nt*, Dieses Wort ist keine offizielle Bezeichnung dieses Territoriums und ist im Unterschied zu der deutschen Übersetzung stark negativ konnotiert.
че́шка *f A* Tschechin *f*
че́шский *adj* tschechisch
Чи́ли *m indekl* Chile *nt*
чин *m K ple* Rang *m*
чини́ть <*präs:* чиню́, чи́нишь> *vt I impf* (*pf:* по-) 1. (*каранда́ш*) schärfen, spitzen; 2. reparieren, instandsetzen; 3. (*оде́жду*) ausbessern, flicken
чино́вник *m K* Beamte(r), Beamtin *m/f*
чип *m K* Chip *m*
чире́й *m K2* Furunkel *m*
чи́сленник *m K* Abreißkalender *m*
чи́сленный *adj* zahlenmäßig; **чи́сленное превосхо́дство** zahlenmäßige Überlegenheit *f*
числи́тельное *nt wie adj* Zahlwort *nt*; **коли́чественное ~** Kardinalzahlwort *nt*; **поря́дковое ~** Ordinalzahlwort *nt*
число́ <*gen pl:* -сел> *nt O pls* 1. (MATH) Zahl *f*; **просто́е ~** Primzahl *f*; 2. (*коли́чество*) Anzahl *f*; **~ оборо́тов** (KFZ) Drehzahl *f*; 3. (LING) Numerus *m*; **еди́нственное ~** Singular *m*; **мно́жественное ~** Plural *m*; 4. (*да́та*) Datum *nt*; **како́е сего́дня ~?** welches Datum haben wir heute?; **в том числе́** darunter
числово́й *adj* numerisch, Zahlen-
чи́стенький *adj* blitzsauber
чисти́лище *nt O1* (REL) Fegefeuer *nt*
чи́стить <*präs:* чи́щу, чи́стишь> *vt I impf* (*pf:* вы́-, о-) säubern, reinigen
чи́стка *f A* 1. Reinigung *f*; **отнести́ костю́м в ~** einen Anzug in die Reinigung bringen; 2. Säuberung *f*, Säuberungsaktion *f*; **этни́ческая ~** ethnische Säuberung *f*
чистови́к *m K* Reinschrift *f*
чистокро́вный <*kf:* -вен, -вна> *adj* reinrassig
чистосерде́чный <*kf:* -чен, -чна> *adj* treuherzig
чистота́ *f A e* Reinheit *f*, Sauberkeit *f*
чи́стый <*kf:* чист, чиста́, чи́сто, чи́сты> *adj* 1. sauber, blank, rein; **экологи́чески ~** umweltfreundlich, unbelastet 2. (*fig*) pur, rein, echt; **чи́стая со́весть** reines Gewissen *nt*; **чи́стое зо́лото** reines Gold *nt*; **чи́стая кра́ска** reine Farbe *f*; **~ хлопо́к** reine Baumwolle *f*; **принима́ть что-либо за чи́стую моне́ту** etw für bare Münze halten 3. netto; **чи́стая вы́ручка** Nettoerlös *m*; **чи́стая задо́лженность** Nettoverschuldung *f*; **чи́стая за́работная пла́та** Nettolohn *m*; **чи́стая при́быль** Nettogewinn *m*, Reingewinn *m*; **чи́стая при́быль с капита́ла** Ertragswert *m*; **чи́стая сбытова́я цена́** Nettoverkaufspreis *m*; **чи́стая цена́** Nettopreis *m*; **чи́стое иму́щество** Reinvermögen *nt*; **чи́стые капиталовложе́ния** Nettoinvestition *f*; **чи́стые поте́ри** Nettoverlust *m*; **чи́стые проце́нты** Nettorendite *f*; **~ аккредити́в** Barakkreditiv *nt*; **~ вес** Nettogewicht *nt*; **~ вну́тренний проду́кт** Nettoinlandsprodukt *nt*; **~ долг** Nettoverschuldung *f*; **~ дохо́д** Nettoeinkommen *nt*; **~ за́работок** Nettoverdienst *m*; **~ оборо́т** Nettoumsatz *m*; **~ социа́льный проду́кт** Nettosozialprodukt *nt*; **~ убы́ток** Reinverlust *m*
чистю́ля *mf A1* (*umg*) Sauberkeitsfanatiker *m*
чита́бельный *adj* lesbar
чита́тель, чита́тельница *m K1 / f A* Leser, -in *m/f*
чита́ть *vt E impf* (*pf:* проче́сть, про-) lesen; **~ вслух** vorlesen; **~ нота́ции** eine Gardinenpredigt halten
чиха́ть *vi E impf* (*pf:* чихну́ть) 1. niesen; 2. (*umg:* **на кого́-либо/что-либо**) pfeifen (auf +*akk*)
член *m K* 1. Mitglied *nt*; **~ наблюда́тельного сове́та** Aufsichtsratsmitglied *nt*; **~ па́ртии** Parteimitglied *nt*; **~ правле́ния** Vorstandsmitglied *nt*; **~ профсою́за** Gewerkschafter, -in *m/f*; **~ семьи́** Familienangehörige(r) *mf*; **почётный ~** Ehrenmitglied *nt*; **~-учреди́тель** Gründungsmitglied *nt* 2.

(ANAT) Körperglied *nt*, Glied *nt*; **полово́й ~** Penis *m* **3.** (*im pl*) Gliedmaßen *pl*; **~ предложе́ния** (LING) Satzglied *nt*
члене́ние *nt* O2 Gliederung *f*
члени́ть *vt* I *impf* (*pf:* рас-) gliedern, unterteilen
членоразде́льный <*kf:* -лен, -льна> *adj* **1.** deutlich, artikuliert; **2.** (*fig*) deutlich
чле́нский *adj* Mitglieds-; **~ взнос** Mitgliedsbeitrag *m*
чле́нство *nt* O Mitgliedschaft *f*
чмо́кать *vi* E *impf* (*pf:* чмо́кнуть) schmatzen
чо́каться *vi* E *impf* (*pf:* чо́кнуться) (*с кем-либо за что-либо*) mit jdm anstoßen (auf +*akk*)
чо́порный <*kf:* -рен, -рна> *adj* **1.** prüde; **2.** affektiert
ЧП *abk von* чрезвыча́йное происше́ствие *nt* Störfall *m*, Zwischenfall *m*
чревовеща́тель *m* K1 Bauchredner *m*
чрезвыча́йный <*kf:* -а́ен, -а́йна> *adj* außerordentlich; **объявля́ть чрезвыча́йное положе́ние** den Ausnahmezustand ausrufen; **предоставля́ть кому́-либо чрезвыча́йные полномо́чия** jdn mit Sondervollmachten ausstatten
чрезме́рный <*kf:* -рен, -рна> *adj* enorm, maßlos, übermäßig, exzessiv; **чрезме́рная цена́** Wucherpreis *m*
чте́ние *nt* O2 **1.** Lesen *nt*, Lektüre *f*; **2.** Lesung *f*; **одо́брить зако́н в пе́рвом чте́нии** das Gesetz in erster Lesung billigen
чтец, чти́ца *m* K / *f* A **1.** Vorleser, -in *mf*, Vortragskünstler, -in *mf*; **2.** (REL) Lektor, -in *mf*
чти́во *nt* O (*umg*) Schmöker *m*
что **I.** <*gen sg:* чего́> *pron inter* was; **II.** *pron rel* der, die, das; **III.** *konj* dass
что́бы *konj* **1.** dass; **2.** damit; **3.** um ... zu ...
Чува́шия *f* A2 Tschuwaschien *nt*
чу́вственность *f* I Sinnlichkeit *f*
чу́вственный <*kf:* -вен, -венна> *adj* sinnlich; **чу́вственное восприя́тие** sinnliche Wahrnehmung *f*
чувстви́тельность *f* I Empfindlichkeit *f*; **уменьша́ть ~** (MED) desensibilisieren
чувстви́тельный <*kf:* -лен, -льна> *adj* **1.** empfindlich; **2.** empfindsam
чу́вство *nt* O Gefühl *nt*; **~ вины́** Schuldgefühl *nt*; **~ вре́мени** Zeitgefühl *nt*; **~ до́лга** Pflichtgefühl *nt*; **~ ме́ры** Augenmaß *nt*; **~ недоуме́ния** Befremden *nt*; **~ отве́тственности** Verantwortungsbewusstsein *nt*; **~ реа́льности** Realitätssinn *m*; **~ самосохране́ния** Selbsterhaltungstrieb *m*; **~ со́бственного досто́инства** Selbstwertgefühl *nt*; **~ солида́рности** Solidaritätsgefühl *nt*; **~ та́кта** Feingefühl *nt*; **~ ю́мора** Sinn *m* für Humor; **~ языка́** Sprachgefühl *nt*; **ста́дное ~** Herdentrieb *m*; **~ уда́чи** Erfolgserlebnis *nt*; **шесто́е ~** sechster Sinn *m*; **продикто́ванный чу́вством** gefühlsmäßig
чу́вствовать *vi* E2 *impf* fühlen, spüren; **~ угрызе́ния со́вести** Gewissensbisse haben
чугу́н *m* K e Gusseisen *nt*
чуда́к *m* K e Eigenbrötler *m*, Sonderling *m*
чуде́сный <*kf:* -сен, -сна> *adj* himmlisch, herrlich, wundervoll
чу́до <*pl:* чудеса́, -е́с, -еса́м> *nt* U3 Wunder *nt*; **~ све́та** Weltwunder *nt*; **экономи́ческое ~** Wirtschaftswunder *nt*; **твори́ть чудеса́** wahre Wunder wirken
чудо́вище *nt* O1 Ungeheuer *nt*, Scheusal *nt*
чудо́вищный <*kf:* -щен, -щна> *adj* ungeheuer, ungeheuerlich
чудоде́й *m* K2 Wundertäter *m*
чу́дом *adv* wie durch ein Wunder
чужа́к *m* K e Fremde(r) *mf*
чужо́й *adj* fremd
чула́н *m* K Rumpelkammer *f*
чуло́к <*gen sg:* -лка́, *gen pl:* -ло́к> *m* K e Strumpf *m*
чума́ *f* A e (MED) Pest *f*
чурба́н *m* K **1.** Klotz *m*, Holzblock *m*; **2.** (*fig*) Tollpatsch *m*, Trottel *m*
чу́рка *f* A Holzblock *m*
чу́ткий <*kf:* -ток, -тка́, -тко> *adj* **1.** hellhörig, feinsinnig; **2.** einfühlsam
чу́ткость *f* I Zartgefühl *nt*, Einfühlungsvermögen *n*
чуть **I.** *adv* **1.** (*umg*) kaum; **2.** fast, beinahe; **II.** *konj* sobald
чутьё *nt* O1 e Gespür *nt*, Spürsinn *m*
чу́чело *nt* O **1.** Vogelscheuche *f*; **2.** Balg *m*, ausgestopftes Tier
чушь *f* I (*umg*) Unsinn *m*, Blödsinn *m*; **нести́ вся́кую ~** herumblödeln, herumalbern
чу́ять <*през:* чу́ю, чу́ешь> *vt* E4 *impf* **1.** wittern, riechen; **2.** (*fig*) spüren, ahnen
чьё *siehe* **чей**
чья *siehe* **чей**

Ш

ш, Ш *nt indekl* kyrillischer Buchstabe
шаба́ш **I.** *m* K Ruhepause *f*; **II.** *part* basta
ша́баш *m* K Hexensabbat *m*
шаба́шка <*gen pl:* -шек> *f* A **1.** (*umg*) Nebenbeschäftigung *f*; **2.** (*umg*) Nebenverdienst *m*
шаба́шник *m* K (*umg*) Bauarbeiter, der (*oft am Feierabend*) Aufträge von privat ausführt
шабло́н *m* K Schablone *f*, Muster *nt*, Vorlage *f*
шабло́нный *adj* **1.** schablonenhaft; **2.** (*fig*) abgedroschen
шаг <*gen sg:* -а, -у, *präpos sg:* о ша́ге, в/на шагу́> *m* K *ple* Schritt *m*; **~ наза́д** (*auch fig*) Rückschritt *m*

ша́йба *f A* **1.** (SPORT) Scheibe *f*, Puck *m*; **2.** (TECH) Scheibe *f*; **~ пружи́ны** (KFZ) Federteller *m*

ша́йка¹ *f A* Bande *f*; **воровска́я ~** Diebesbande *f*; **накры́ть ша́йку** (*umg*) eine Bande stellen

ша́йка² *f A* (для воды) Kübel *m*, Trog *m*

шака́л *m K* Schakal *m*

шаловли́вый <*kf:* -ив> *adj* ausgelassen, übermütig

шалопа́й *m K* Taugenichts *m*, Tagedieb *m*

ша́лость *f I* **1.** Übermut *m*; **2.** Streich *m*

шалфе́й *m K2* Salbei *m*

шампа́нское *nt wie adj* Champagner *m*, Sekt *m*

шампиньо́н *m K* Champignon *m*

шампу́нь *m K1* Shampoo *nt*, Haarwaschmittel *nt*

шанс *m K* Chance *f*, Gelegenheit *f*; **уника́льный ~** einmalige Chance *f*; **упу́щенный ~** verpasste Chance *f*; **~ы на успе́х** Erfolgsaussichten *pl*

шансо́н *m K* Chanson *m*

шанта́ж *m K e* Erpressung *f*

шантажи́ровать *vt E2 impf* erpressen

ша́пка *f A* **1.** Mütze *f*; **~-уша́нка** Pudelmütze *f*; **2.** (у докуме́нта) Kopf *m*; **~ письма́** Briefkopf *m*

шар *m K* **1.** Kugel *f*; **билья́рдный ~** Billardkugel *f*; **2.** Ball *m*; **3.** Ballon *m*; **возду́шный ~** Luftballon *m*

шарж *m K* Karikatur *f*

ша́рить *vi I impf* (*umg*) kramen, herumsuchen

ша́ркать *vi E impf* (*pf:* ша́ркнуть) **1.** scharren; **2.** schlurfen, latschen

шарлата́н *m K* Scharlatan *m*

шарм *m K* Charme *m*

шарма́нка *f A* **1.** Drehorgel *f*; **2.** (*fig*) Leier *f*; **всё та же ~** immer die alte Leier

шарни́р *m K* Scharnier *f*

шарообра́зный <*kf:* -зен, -зна> *adj* kugelförmig

шарф *m K* **1.** Schal *m*; **2.** Schärpe *f*

шасси́ *nt indekl* Fahrgestell *nt*

шата́ться *vi E impf* (*pf:* шатну́ться) taumeln, torkeln; **~ без де́ла** herumlungern

шатёр <*gen sg:* -тра́> *m K e* Zelt *nt*; **пра́здничный ~** Festzelt *nt*

ша́ткий <*kf:* -ток, ша́тка, -тко> *adj* (- стол) wackelig; **2.** (*fig*) schwankend, unsicher

шафра́н *m K* Safran *m*

шах *m K* **1.** Schah *m*; **2.** (в ша́хматах) Schach; **объявля́ть ~** Schach erklären

ша́хматный *adj* Schach-; **ша́хматная фигу́ра** Schachfigur *f*; **в ша́хматном поря́дке** schachbrettartig

ша́хматы <*gen pl:* ша́хмат> *f pl A* Schachspiel *nt*

ша́хта *f A* (BERGB) Grube *f*

шахтёр *m K* Bergarbeiter *m*, Kumpel *m*

ша́шка¹ <*gen pl:* -шек> *f A* Säbel *m*

ша́шка² <*gen pl:* -шек> *f A* **1.** Damestein *m*; **2.** Sprengkörper *m*; **3.** Pflasterstein *m*

ша́шки <*gen pl:* ша́шек> *f pl A* Damespiel *nt*

шашлы́к *m K e* **1.** Schaschlik *nt*; **2.** Grillparty *f*

швартова́ть *vt E2 impf* (*pf:* при-, о-) (MAR) vertäuen, festmachen

швед, шве́дка *m K / f A* Schwede, Schwedin *m/f*

шве́дский *adj* schwedisch

шве́йный *adj* Näh-; **шве́йная маши́на** Nähmaschine *f*

швейца́р *m K* Pförtner *m*

швейца́рец, швейца́рка <*gen sg m:* -рца> *m K / f A* Schweizer, -in *m/f*

Швейца́рия *f A2* Schweiz *f*

швейца́рский *adj* **1.** Schweizer, schweizerisch; **2.** Pförtner-, Portiers-

Шве́ция *f A2* Schweden *nt*

швея́ <*gen pl:* швей> *f A* Näherin *f*

швырну́ть *vt E1 pf* (*impf:* швыря́ть) schmettern, schleudern

шевели́ть *vi I impf* (*pf:* по-) bewegen

шеде́вр *m K* (*geh*) Meisterstück *nt*, Meisterwerk *nt*

шезло́нг *m K* Chaiselongue *f*, Liege *f*

шейх *m K* Scheich *m*

шелесте́ть <*nur 2. und 3. pers:* -ти́шь> *vi I impf* rauschen, säuseln

шёлк <*gen sg:* -а, -у, *präpos sg:* о шёлке, на/вшелку́> *m K* Seide *f*

шелкови́стый *adj* seidig

шёлковый *adj* seiden

шелуха́ *f A e* Pelle *f*, Schale *f*; **снима́ть шелуху́** pellen

шелуши́ться *vi I impf* sich schälen

шельма́ *mf A* **1.** Schelm *m*, Schalk *m*; **2.** Gauner, -in *m/f*, Betrüger, -in *m/f*

шельмова́тый <*kf:* -ат> *adj* spitzbübisch, hämisch

шепеля́вить <*präs:* -влю, -вишь> *vi I impf* lispeln

шёпот *m K* Flüstern *nt*, Geflüster *nt*

шепта́ть <*präs:* шепчу́, ше́пчешь> *vi E4 impf* (*pf:* шепну́ть) flüstern, lispeln, raunen

шерохова́тый <*kf:* -ат> *adj* (*auch fig*) rau, holprig

шерсть *f I ple I* **1.** Fell *nt*, Wolle *f*; **2.** Wolle *f*, Wollgarn *nt*

ше́ршень <*gen sg:* -шня> *m K1* Hornisse *f*

шестерёнка <*gen pl:* -нок> *f A* Zahnrad *nt*

шестерня́ <*gen pl:* -рён> *f A1* Zahnrad *nt*

шестикра́тный *adj* sechsfach

шестиле́тний *adj* sechsjährig

шестнадцатери́чный *adj* Hexadezimal-; **~ код** Hexadezimalkode *m*; **шестнадцатери́чное число́** Hexadezimalzahl *f*

шестна́дцать *num* sechzehn

шесто́й *num ord* sechste(r, s); **шеста́я часть** Sechstel *nt*

шесть *num* sechs; **~ раз** sechsmal
шестьдеся́т <*gen*: шести́десяти, *inst*: шестью́десятью> *num* sechzig
шестьсо́т <*gen*: шестисо́т> *num* sechshundert
шеф *m K* 1. Chef, -in *m/f*; **~-по́вар** Küchenchef *m*; 2. Pate *m*, Schirmherr *m*
ше́я *f A2* Hals *m*, Nacken *m*; **слома́ть себе́ ше́ю** sich den Hals brechen
шизофре́ник *m K* Schizophrene(r) *mf*
шизофрени́ческий *adj* schizophren
шизофрени́я *f A2* Schizophrenie *f*
шика́рный <*kf*: -рен, -рна> *adj* 1. (*umg*) schick; 2. (*umg*) prima, ausgezeichnet
шимпанзе́ *nt indekl* Schimpanse *m*
ши́на *f A* Reifen *m*
шиньо́н *m K* Haarteil *nt*
шип *m K e* 1. Dorn *m*; 2. Kralle *f*
шипе́ть <*präs*: -плю́, -пи́шь> *vi I impf* zischen
шипо́вки <*gen pl*: -вок> *pl K* (SPORT) Spikes *pl*
шипо́вник *m K* 1. Hagebutte *f*; 2. Hagebuttenstrauch *m*
шипу́чий *adj* 1. schäumend, brausend; 2. zischend; **шипу́чее вино́** Schaumwein *m*; **шипу́чие табле́тки** Brausetabletten *pl*
шипу́чка *f A* (*umg*) Brauselimonade *f*
ширина́ *f A e* Breite *f*; **~ диапазо́на** (DV) Bandbreite *f*
широ́кий <*kf*: -о́к, -ока́, -о́ко́> *adj* breit, weit
широкопле́чий <*kf*: -е́ч> *adj* breitschultrig
широта́ *f A pls* 1. (GEOG) Breitengrad *m*; 2. Breite *f*; **~ ассортиме́нта** Sortimentsbreite *f*
ширпотре́б *akr von* широ́кое потребле́ние *nt* Massenware *f*
шить <*präs*: шью, шьёшь> *vt E4c impf* (*pf*: с-) nähen
ши́фер *m K* 1. Schiefer *m*; 2. Dachplatten *f pl*
шифр *m K* Chiffre *f*
ши́шка *f A* 1. Beule *f*; 2. (BOT) Zapfen *m*; **ело́вая ~** Tannenzapfen *m*; 3. (*fig*) hohes Tier *nt*, wichtige Persönlichkeit *f*
шкала́ *f A pls* Skala *f*
шкату́лка *f A* Schatulle *f*, Kästchen *nt*
шкаф *m K* Schrank *m*; **~ для докуме́нтов** Aktenschrank *m*; **ку́хонный ~** Küchenschrank *m*; **несгора́емый ~** Tresor *m*; **платяно́й ~** Kleiderschrank *m*; **стенно́й ~** Wandschrank *m*
шквал *m K* Böe *f*
шква́рки <*gen pl*: -рок> *pl A* Schwarten *pl*
шко́ла *f A* Schule *f*; **~ автодела́** Fahrschule *f*; **~ гости́ничного би́знеса** Hotelfachschule *f*; **~ та́нцев** Tanzschule *f*; **нача́льная ~** Grundschule *f*; **учи́ться в шко́ле** zur Schule gehen
шко́льник, **шко́льница** *m K / f A* Schüler, -in *m/f*
шко́льный *adj* Schul-; **шко́льного во́зраста** schulpflichtig
шку́ра *f A* (*auch fig*) Fell *m*, Haut *f*; **узна́ть на со́бственной шку́ре** am eigenen Leibe erfahren
шку́рка <*gen pl*: -рок> *f A* 1. Häutchen *nt*; 2. (*umg: bei Obst*) Schale *f*; 3. (TECH) Schmirgelpapier *nt*
шлагба́ум *m K* Schlagbaum *m*
шлак *m K* Schlacke *f*; **выводи́ть ~и (из органи́зма)** (MED) entschlacken
шланг *m K* Schlauch *m*
Шле́звиг-Го́льштейн *m K* Schleswig-Holstein *m*
шлейф *m K* Schleppe *f*
шлем *m K* 1. Helm *m*; **стально́й ~** Stahlhelm *m*; 2. Sturzhelm *m*
шлепо́к <*gen sg*: -пка́> *m K e* Klaps *m*
шлифова́льный *adj* Schleif-
шлифова́ние *nt O2* Schliff *m*
шлифова́ть *vt E2 impf* (*pf*: от-) 1. schleifen; 2. (*fig*) feilen (an +*dat*)
шлюз *m K* 1. Schleuse *f*; 2. (DV) Gateway *nt*
шлюзова́ть *vt E2 impf* schleusen
шлю́пка <*gen pl*: -ок> *m K* Boot *nt*; **гребна́я ~** Ruderboot *nt*; **спаса́тельная ~** Rettungsboot *nt*
шлю́ха *f A* (*pej*) Hure *f*, Nutte *f*
шля́гер *m K* Schlager *m*, Hit *m*
шля́па *f A* 1. Hut *m*; **мя́гкая ~** Schlapphut *m*; 2. (*fig*) Versager *m*, Schlappschwanz *m*
шля́пка *f A* 1. Damenhut *m*; 2. (*гвоздя́*) Nagelkopf *m*
шмель *m K1* Hummel *f*
шмо́тки <*gen pl*: -ток> *f pl A* (*umg*) Klamotten *pl*
шмыга́ть *vi E impf* (*pf*: шмыгну́ть) 1. huschen; 2. (*umg*) hin- und hergehen
шнапс *m K* Schnaps *m*
шни́цель *m K1* Schnitzel *nt*
шныря́ть *vi E impf* (*pf*: шмырну́ть) (*umg*) hin- und hereilen
шов <*gen sg*: шва> *m K* Naht *f*, Fuge *f*
шовини́зм *m K* Chauvinismus *m*
шовини́ст *m K* Chauvinist *m*
шовинисти́ческий, **шовини́стский** *adj* chauvinistisch
шок *m K* (*auch fig*) Schock *m*
шоки́ровать *vt E2 impf/pf* schockieren
шо́ковый *adj* 1. schockartig; 2. Schock-; **шо́ковая терапи́я** (*auch fig*) Schocktherapie *f*, Rosskur *f*
шокола́д <*gen pl*: -док> *m K* Schokolade *f*
шокола́дка *f A* Schokoladentafel *f*
шо́рник *m K* Sattler *m*
шо́рты <*gen pl*: шорт/шо́ртов> *f pl A* Shorts *pl*, kurze Hosen *pl*
шо́ры <*gen pl*: шор> *f pl A* Scheuklappen *pl*
шоссе́ *nt indekl* 1. Chaussee *f*; 2. Landstraße *f*
шотла́ндец, **шотла́ндка** <*gen sg m*: -дца, *gen pl f*: -док> *m K / f A* Schotte, Schottin *m/f*
Шотла́ндия *f A2* Schottland *nt*

шотла́ндский *adj* schottisch
шо́у *nt indekl* Show *f*
шоуби́знес *m K* Showbusiness *nt*
шофёр *m K* 1. Kraftfahrer *m*; 2. Chauffeur *m*, Fahrer *m*
шпа́га *f A* Degen *m*
шпага́т *m K* 1. Bindfaden *m*; 2. (SPORT) Spagat *nt*
шпина́т *m K* Spinat *m*
шпио́н *m K* Spion *m*
шпиона́ж *m K* Spionage *f*
шпио́нить *vi I impf* 1. spionieren; 2. (*за кем-ли́бо*) nachspionieren
шприц *m K* Spritze *f*
шрам *m K* Narbe *f*
шрифт *m K* 1. Schrift *f*; 2. Schriftart *f*; 3. Schrifttype *f*; **моноши́ринный ~** Nichtproportionalschrift *f*; **пропорциона́льный ~** Proportionalschrift *f*; **ме́лким шри́фтом** klein gedruckt
штаб *m K* (MIL) Stab *m*
шта́бель *m K1* Stapel *m*; **укла́дывать шта́белями** aufstapeln
штаб-кварти́ра *f A* 1. (MIL) Stabsquartier *nt*, Hauptquartier *nt*; 2. (*па́ртии*) Zentrale *f*, Hauptsitz *m*
штамп *m K* 1. Stempel *m*; 2. (*fig*) Klischee *nt*; 3. (TECH) Stanze *f*
штампова́ть *vt E2 impf* (*pf:* от-, про-) 1. stempeln; 2. stanzen
шта́нга *f A* 1. Metallstange *f*; 2. (SPORT) Hantel *f*; 3. Pfosten *m*, Latte *f*
штани́на *f A* (*umg*) Hosenbein *nt*
штаны́ *pl A* Hose *f*
штат[1] *m K* Personal *nt*, Personalbestand *m*; **быть в ~e** fest angestellt sein; **сокраща́ть ~ы** Personal abbauen
штат[2] *m K* (*администрати́вная едини́ца*) Bundesstaat *m*, Unionsstaat *m*
штати́в *m K* Halter *m*, Stativ *m*
шта́тный *adj* 1. fest angestellt; 2. Stellenplan-; **шта́тная едини́ца** Planstelle *f*; **шта́тная рабо́та** Dauerstellung *f*; **шта́тное расписа́ние** Stellenplan *m*
ште́псель *m K1* (EL) Stecker *m*
штиль *m K1* (MAR) Flaute *f*
што́льня *f A1* (BERGB) Stollen *m*
што́панье *nt O1* 1. Flicken *nt*, Flickerei *f*; 2. Flickzeug *nt*
што́ра *f A* 1. Übergardine *f*; 2. Rollo *nt*
шторм *m K* Seesturm *m*
штраф *m K* Geldstrafe *f*, Bußgeld *nt*; **~ за просро́чку** Pönale *f*; **~ за просро́чку платежа́** Verzugszinsen *pl*
штрафно́й *adj* Straf-; **штрафна́я площа́дка** (SPORT) Strafraum *m*; **~ уда́р** (SPORT) Strafstoß *m*
штрейкбре́хер *m K* Streikbrecher, -in *m/f*
штрих *m K* 1. dünner Strich *m*; 2. (*fig*) Charakterzug *m*
штрихова́ть *vt E2 impf* (*pf:* за-) schraffieren
штукату́рка *f A* 1. Putz *m*; 2. Stuck *m*

штурва́л *m K* (MAR) Steuerruder *nt*
штурм *m K* 1. Attacke *f*; 2. Sturm *m*; **мозгово́й ~** Brainstorming *nt*; **брать ~ом** im Sturm nehmen
шту́рман *m K* 1. Navigationsoffizier *m*; 2. (Co-)Pilot *m*; 3. (*mar*) Steuermann *m*
штурмова́ть *vt E2 impf* (MIL) erstürmen
штурмовщи́на *f A* (*pej*) größte Bemühung, (Plan-)Rückstände aufzuarbeiten
штык *m K* Bajonett *m*
шу́ба *f A* 1. Pelz *m*; 2. Pelzmantel *m*
шум *<gen sg:* -а, -у*> m K* 1. Geräusch *nt*; 2. Lärm *m*, Krach *m*; 3. (*сканда́л*) Eklat *m*
шуме́ть *<präs:* -млю́, -ми́шь*> vi I impf* 1. lärmen; 2. aufbrausen; 3. randalieren
шуми́ха *f A* (*umg*) Aufsehen *nt*, Rummel *m*
шу́мный *<kf:* -мен, -мна́, -мно, шу́мны*> adj* 1. geräuschvoll; 2. lärmend; 3. (*бу́рный*) rauschend; **шу́мная компа́ния** (*umg*) Rasselbande *f*
шу́рин *m K* (*брат жены*) Schwager *m*
шуру́п *m K* Schraube *f*; **крестови́дный ~** Kreuzschlitzschraube *f*
шурша́ть *<präs:* -шу́, -ши́шь*> vi I impf* rascheln
шут *m K e* Narr *m*, Kasper *m*
шути́ть *<präs:* шучу́, шу́тишь*> vi I impf* (*pf:* по-) scherzen, spaßen
шу́тка *f A* 1. Scherz *m*; 2. Streich *m*; **с ним шу́тки пло́хи** mit ihm ist nicht zu spaßen; **зла́я ~** Schabernack *m*; **первоапре́льская ~** Aprilscherz *m*; **обраща́ть в шу́тку** als Scherz abtun; **сыгра́ть с кем-ли́бо злу́ю шу́тку** jdm einen bösen Streich spielen; **шу́тки ра́ди** spaßeshalber; **шу́тки в сто́рону** Spaß beiseite
шутли́вый *<kf:* -и́в*> adj* scherzhaft; **~ вопро́с** Scherzfrage *f*
шутни́к *m K e* Spaßvogel *m*, Witzbold *m*
шутовско́й *adj* Narren-
шу́точный *<kf:* -чен, -чна*> adj* scherzhaft, Scherz-

Щ

щ, Щ *nt indekl* kyrillischer Buchstabe
щади́ть *<präs:* щажу́, щади́шь*> vt I impf* (*pf:* по-) schonen; **~ себя́** kürzertreten
ще́бень *<gen sg:* -бня*> m K1* 1. Schotter *m*; 2. Kies *m*
щ́ебет *m K* Gezwitscher *nt*
щебета́ть *<präs:* -ечу́, -е́чешь*> vi E4 impf* 1. zwitschern; 2. (*fig*) plappern
ще́дрость *f I* Freigebigkeit *f*, Großzügigkeit *f*
ще́дрый *<kf:* щедр, щедра́, ще́дро, ще́дры*> adj* freigebig, großzügig
щека́ *<akk sg:* щёку, *pl:* щёки, щёк, щека́м*> f A e2* Wange *f*, Backe *f*
щекота́ть *<präs:* -очу́, -о́чешь*> vt E4 impf* (*pf:* по-) 1. kitzeln, kribbeln; **у меня́**

щекóчет в носý mir kribbelt es in der Nase; **2.** (*fig*) kitzeln, reizen
щекóтка *f A* **1.** Kitzel *m*; **2.** Kitzeln *nt*
щекотлѝвый <*kf:* -ѝв> *adj* **1.** kitzlig; **2.** (*fig*) heikel; **щекотлѝвое положéние** eine heikle Angelegenheit *f*
щекóтный *adj* kitzlig
щёлкать I. *vt E impf* (*pf:* щёлкнуть) (*орéхи*) knacken; **II.** *vi E* **1.** (*кнут*) knallen; **2.** (*рáдио*) knacken; ~ **языкóм** mit der Zunge schnalzen; ~ **зубáми** mit den Zähnen klappern
щелкýнчик *m K* Nussknacker *m*
щёлочь *f I pleI* **1.** Alkali *nt*; **2.** Lauge *f*
щелчóк <*gen sg:* -чкá> *m K e* **1.** Puff *m*, leichter Stoß *m*; ~ **мы́ши** (DV) Mausklick *m* **2.** (*fig*) Kränkung *f*
щель *f I pleI* Schlitz *m*, Spalt *m*, Ritze *f*
щепетѝльный <*kf:* -лен, -льна> *adj* **1.** heikel, delikat; **2.** pedantisch
щéпки <*gen pl:* -пок> *f pl A* Kleinholz *nt*
щепóтка *f A* (*табакý, сóли*) Prise *f*
щетѝна *f A* **1.** Borste *f*; **2.** (*im pl*) Bartstoppeln *pl*
щётка *f A* Bürste *f*; ~ **для волóс** Haarbürste *f*
щипáть <*präs:* щиплю́, щѝплешь> *vt E4 impf* (*pf:* о-, об-) **1.** rupfen; **2.** (*кóжу*) kneifen; **3.** (*пéрец*) brennen
щипцы́ <*gen pl:* -цóв> *m pl K e* **1.** Kneifzange *f*; **2.** (MED) Geburtszange *f*
щит *m K e* **1.** Schild *m*; **2.** Wappenschild *m*; **3.** Brett *nt*, Tafel *f*; **распределѝтельный ~** (EL) Schaltbrett *nt*
щитовѝдный *adj*; **щитовѝдная железá** Schilddrüse *f*
щитóк <*gen sg:* -ткá> *m K e* **1.** kleine Tafel *f*, kleines Brett *nt*; **2.** (SPORT) Beinschiene *f*
щýка *f A* Hecht *m*
щуп *m K* **1.** Sonde *f*; **2.** (TECH) Sensor *m*, Fühler *m*, Taster *m*
щýпальце *nt O* (*у беспозвонóчных живóтных*) Fühler *m*
щýпать *vt E impf* (*pf:* по-) befühlen, betasten
щýрить *vt I impf* (*pf:* по-) (*глазá*) blinzeln

Ъ

ъ, Ъ *nt indekl* hartes Zeichen

Ы

ы, Ы *nt indekl* kyrillischer Buchstabe

Ь

ь, Ь *nt indekl* weiches Zeichen

Э

э, Э *nt indekl* kyrillischer Buchstabe
эвакуѝровать *vt E2 impf/pf* evakuieren
ЭВМ *abk von* **электрóнно-вычислѝтельная машѝна** *f* Rechner *m*, Computer *m*
эволю́ция *f A2* Evolution *f*
эвтанáзия *f A2* Euthanasie *f*, Sterbehilfe *f*
эвфемѝзм *m K* (LING) Euphemismus *m*
эгѝда *f A* (*geh*) Schirmherrschaft *f*, Leitung *f*; **под эгѝдой** unter der Ägide
эгоѝзм *m K* Egoismus *m*
эгоѝст, эгоѝстка <*gen pl f:* -ток> *m K / f A* exaltiert, -in *m/f*
эгоистѝчный <*kf:* -чен, -чна> *adj* egoistisch
эгоцентрѝчный <*kf:* -чен, -чна> *adj* (*geh*) egozentrisch
эзотéрика *f A* Esoterik *f*
эйнштéйний <*präpos sg:* -ии> *m K2* Einsteinium *nt*
эйфорѝйный *adj* euphorisch
эйфорѝя *f A2* Euphorie *f*, Begeisterung *f*
эквáтор *m K* Äquator *m*
эквивалéнт *m K* Äquivalent *nt*, Entsprechung *f*, Gegenwert *m*
экзальтирóванный <*kf:* -ан, -анна> *adj* exaltiert, verzückt
экзáмен *m K* **1.** Prüfung *f*, Examen *nt*; ~ **по вождéнию** Fahrprüfung *f*; **вступѝтельный** [*o* **приёмный**] ~ Aufnahmeprüfung *f*; **выпускнóй** ~ Abschlussprüfung *f*; **госудáрственный** ~ Staatsexamen *nt*; **2.** (*fig*) Prüfung *f*, Probe *f*
экзаменациóнный *adj* Examens-, Prüfungs-; **экзаменациóнная комѝссия** Prüfungskommission *f*
экзаменýемый *m wie adj* Prüfling *m*
экзекýция *f A2* Exekution *f*, Hinrichtung *f*
экзéма *f A* Ekzem *nt*
экзогéнный *adj* exogen
экологѝческий *adj* ökologisch, Umwelt-; **экологѝческая экспертѝза** Umweltverträglichkeitsprüfung *f*; **экологѝческая проблéма** Umweltproblem *nt*; ~ **ущéрб** Umweltschaden *m*
экологѝчный *adj* umweltfreundlich, umweltschonend
эконóмика *f A* **1.** Wirtschaft *f*, Ökonomie *f*; **2.** Wirtschaftswissenschaft *f*; ~ **предприя́тия** Betriebswirtschaft *f*; ~ **сбы́та** Absatzwirtschaft *f*
экономѝст Volkswirt *m*; ~ **промы́шленного произвóдства** Betriebswirt *m*
экономить <*präs:* -млю, -мишь> *vt I* einsparen, sparen
экономѝческий *adj* Wirtschafts-, wirtschaftlich; ~ **влёт** Prosperität *f*; **экономѝческая дéятельность** Wirtschaftstätigkeit *f*; **экономмѝческая**

едини́ца Wirtschaftseinheit *f*; ~ **кри́зис** Wirtschaftskrise *f*; **экономи́ческие отноше́ния** Wirtschaftsbeziehungen *pl*; **экономи́ческая поли́тика** Wirtschaftspolitik *f*; **экономи́ческая по́мощь** Wirtschaftshilfe *f*; ~ **представи́тель** Wirtschaftsvertreter *m*; **экономи́ческая престу́пность** Wirtschaftskriminalität *f*; **экономи́ческое простра́нство** Wirtschaftsraum *m*; ~ **райо́н** Wirtschaftsraum *m*; ~ **рост** Wirtschaftswachstum *nt*; ~ **се́ктор** Wirtschaftssektor *m*; **экономи́ческая систе́ма** Wirtschaftssystem *nt*; **экономи́ческое соо́бщество** Wirtschaftsgemeinschaft *f*; **экономи́ческое сотру́дничество** wirtschaftliche Zusammenarbeit *f*; ~ **сою́з** Wirtschaftsunion *f*; ~ **спад** Rezession *f*; **экономи́ческое чу́до** Wirtschaftswunder *nt*; ~ **цикл** Wirtschaftskreislauf *m*
экономи́чность *f I* Wirtschaftlichkeit *f*, Sparsamkeit *f*
экономи́чный *adj* rationell, kostenbewusst, wirtschaftlich
эконо́мия *f A2* 1. Sparsamkeit *f*; 2. Einsparung *f*; ~ **вре́мени** Zeitersparnis *f*; ~ **затра́т** Kosteneinsparung *f*; ~ **эне́ргии** Energiesparen *nt*
эконо́мничать *vi E* (*umg*) geizen
эконо́мный <*kf*: -мен, -мна> *adj* sparsam, wirtschaftlich, rationell
экра́н *m K* Bildschirm *m*
экранизи́ровать *vt E2 impf/pf* verfilmen
экрани́ровать *vt E2 impf/pf* abschirmen
экскава́тор *m K* Bagger *m*
эксклюзи́вный *adj* exklusiv
экскреме́нты <*gen pl*: -тов> *m pl K* Kot *m*, Exkremente *pl*
э́кскурс *m K* (*geh*) Exkurs *m*
экскурса́нт *m K* Ausflügler, -in *m/f*
экску́рсия *f A2* Exkursion *f*, Ausflug *m*; ~ **по го́роду** Stadtbesichtigung *f*
экспанси́вный <*kf*: -вен, -вна> *adj* expansiv
экспа́нсия *f A2* Expansion *f*
экспеди́тор *m K* Spediteur *m*
экспеди́ция *f A2* 1. Expedition *f*; **нау́чная** ~ Forschungsreise *f*; 2. Spedition *f*
экспериме́нт *m K* Experiment *nt*, Versuch *m*
эксперимента́льный *adj* Experimental-, Versuchs-, experimentell
эксперименти́ровать *vi E2 impf* experimentieren
экспе́рт *m K* 1. Experte, Expertin *m/f*; 2. Sachverständige(r) *mf*; 3. Gutachter *m*; ~ **по инвести́циям** Anlageberater *m*; ~ **по ры́нку** Marktforscher *m*
эксперти́за *f A* Expertise *f*, Gutachten *nt*, Begutachtung *f*; **подверга́ть эксперти́зе** begutachten
экспе́ртный *adj* Experten-; **экспе́ртная систе́ма** (DV) Expertensystem *nt*;

экспе́ртное заключе́ние Gutachten *nt*
эксплуатацио́нный *adj* Nutzungs-; **эксплуатацио́нная гото́вность** Einsatzbereitschaft *f*, Betriebsbereitschaft *f*; **эксплуатацио́нные материа́лы** Betriebsstoffe *pl*; **эксплуатацио́нные расхо́ды** Betriebskosten *pl*; ~ **пара́метр** Betriebsgröße *f*
эксплуата́ция *f A2* 1. Ausbeutung *f*; 2. (TECH) Nutzung *f*, Betreibung *f*, Betrieb *m*; 3. (BERGB) Abbau *m*
эксплуати́ровать *vt E2 impf* 1. ausbeuten; 2. (TECH) nutzen, betreiben, bewirtschaften; 3. (BERGB) abbauen
экспози́ция *f A2* 1. Ausstellung *f*; 2. (LIT, MUS) Exposition *f*; 3. (FOT) Belichtung *f*
экспона́т *m K* Exponat *nt*, Ausstellungsgegenstand *m*
экспоне́нт *m K* Aussteller *m*
экспони́ровать *vt E2 impf/pf* ausstellen
э́кспорт *m K* Export *m*, Ausfuhr *f*; **идти́ на** ~ exportiert werden
экспортёр *m K* Exporteur *m*
экспорти́ровать *vt E2 impf/pf* 1. (ÖKON) exportieren, ausführen; 2. (DV) exportieren
э́кспортный *adj* Export-, Ausfuhr-; **э́кспортная гара́нтия** Exportgarantie *f*; **э́кспортная дота́ция** Exportsubvention *f*; **э́кспортная кво́та** Exportquote *f*, Ausfuhrquote *f*; **э́кспортная лице́нзия** Ausfuhrgenehmigung *f*; **э́кспортная организа́ция** Exportorganisation *f*; **э́кспортная по́шлина** Ausfuhrzoll *m*; **э́кспортная субси́дия** Exportsubvention *f*; **э́кспортная торго́вля** Exporthandel *m*; **э́кспортное разреше́ние** Ausfuhrbewilligung *f*; **э́кспортные ограниче́ния** Exportbeschränkung *f*; ~ **континге́нт** Ausfuhrkontingent *nt*; ~ **контро́ль** Exportkontrolle *f*; ~ **креди́т** Exportkredit *m*; ~ **отде́л** Exportabteilung *f*; ~ **това́р** Exportartikel *m*
экспре́сс *m K* Schnellzug *m*, Express *m*; ~-**груз** Expressgut *nt*; **скоростно́й** ~ Hochgeschwindigkeitszug *m*
экспрессиони́зм *m K* Expressionismus *m*
экспре́сс-кафе́ *nt indekl* Fast-Food-Restaurant *nt*
экспре́сс-опро́с *m K* Blitzumfrage *f*
экспро́мт *m K* Improvisation *f*
экспро́мтом *adv* aus dem Stegreif
экспроприа́ция *f A2* Enteignung *f*
экспроприи́ровать *vt E2 impf/pf* enteignen
экста́з *m K* Ekstase *f*
экстравага́нтный <*kf*: -тен, -тна> *adj* extravagant
экстра́кт *m K* Extrakt *m*
экстраордина́рный <*kf*: -рен, -рна> *adj* 1. außerordentlich; ~ **профе́ссор** außerordentlicher Professor *m*; 2. außergewöhnlich; **экстраордина́рное собы́тие** außergewöhnliches Ereignis *nt*

экстраполя́ция f A2 Hochrechnung f
экстрасе́нс m K Mensch m mit übersinnlicher Wahrnehmung
экстреми́зм m K Extremismus m; **пра́вый** ~ Rechtsextremismus m
экстреми́ст m K Extremist, in m/f; **пра́вый** ~ Rechtsradikale(r) mf
экстреми́стский adj extremistisch, radikal
э́кстренный <kf: -рен, -ренна> adj **1.** eilig; ~ **вы́зов** Notruf m; ~ **ме́тод** Schnellverfahren nt; **2.** Extra-, Sonder-; ~ **вы́пуск газе́т** Extrablatt nt
эксцентри́ческий adj (MATH) exzentrisch
эксцентри́чный <kf: -чен, -чна> adj exzentrisch, verschroben
эксце́сс m K Exzess m, Ausschweifung f
экумени́ческий adj ökumenisch
эласти́чность Elastizität f; ~ **спро́са** Nachfrageelastizität f
эласти́чный <kf: -чен, -чна> adj elastisch, dehnbar
элега́нтность f I Eleganz f
элега́нтный <kf: -тен, -тна> adj elegant
электризова́ть vt E2 impf elektrisieren
электро́д m K Elektriker m
электри́ческий adj elektrisch
электри́чество nt O Elektrizität f
электро́д m K Elektrode f
электродви́гатель m K1 Elektromotor m
электродре́ль f I Handbohrmaschine f; ~ **уда́рного де́йствия** Schlagbohrmaschine f
электромоби́ль m K1 Elektrofahrzeug nt
электро́н m K Elektron m
электронагрева́тель m K1 Tauchsieder m
электро́ника f A Elektronik f
электро́нный adj elektronisch; **электро́нная ка́рточка** Chipkarte f; **электро́нная обрабо́тка да́нных** Elektronische Datenverarbeitung f, EDV f, DV f; **электро́нный почто́вый я́щик** Mailbox f
электроплита́ f A pls Elektroherd m
электропри́вод m K Elektroantrieb m
электроснабже́ние nt O2 Stromversorgung f
электроте́хника f A Elektrotechnik f
элеме́нт m K **1.** Element m, Bestandteil m; **2.** (pej) Element nt, Subjekt nt; **уголо́вный** ~ Kriminelle(r) m
элемента́рный <kf: -рен, -рна> adj **1.** elementar; **2.** simpel
эле́трик m K Elektriker, -in m/f
эликси́р m K Elixir nt; **зубно́й** ~ Mundwasser m
элимини́ровать vt E2 impf/pf eliminieren
эли́та f A Elite f
элита́рный adj elitär
эли́тный adj Luxus-, erstklassig
э́ллипс m K Ellipse f

Эльза́с m K das Elsass nt
эльф m K Elf, -e m/f
эма́ль f I Email nt; **покрыва́ть эма́лью** emaillieren
эмансипа́ция f A2 Emanzipation f
эмансипе́ nt indekl (pej) Emanze f
эмансипи́рованный adj emanzipiert
эмансипи́ровать vt E2 impf/pf emanzipieren
эмба́рго nt indekl Embargo nt, Liefersperre f; **вводи́ть** ~ ein Embargo verhängen; ~ **на э́кспорт** Ausfuhrsperre f; **экономи́ческое** ~ Handelsembargo f
эмбле́ма f A Emblem nt
эмбрио́н m K Embryo m
эмигра́нт m K / **эмигра́нтка** f A Emigrant, -in m/f
эмигра́ция f A2 Emigration f
эмигри́ровать vi E2 impf/pf emigrieren, auswandern
эми́ссия f A2 (ÖKON) Emission f; ~ **а́кций** Aktienausgabe f; ~ **альпа́ри** Pari-Emission f; ~ **банкно́т** Banknotenausgabe f; ~ **де́нег** Geldschöpfung f
эмите́нт m K Emittent m
эмити́ровать vt E2 impf/pf emittieren
эмотико́н m K (DV) Emotikon nt, Smiley m
эмоциона́льный <kf: -лен, -льна> adj emotional, gefühlsmäßig, gefühlsbetont
эмо́ция f A2 Emotion f, Gemütsbewegung f
эмпири́ческий adj empirisch; **эмпири́ческие да́нные** Erfahrungswerte m pl; **эмпири́ческое пра́вило** Faustregel f
эмули́ровать vt E2 impf/pf emulieren
эмуля́тор m K (DV) Emulator m; **информа́ция для** ~**а** Emulatorinformation f
эмуля́ция f A2 (DV) Emulation f; ~ **устро́йства** [o **оборудования**] Geräteemulation f
энерге́тика f A **1.** Energiewirtschaft f, Energieversorgung f; **2.** (fig) Energetik f, Energie f
энергети́ческий adj Energie-; **энергети́ческие потре́бности** Energiebedarf m; ~ **бала́нс** Energiebilanz f; ~ **кри́зис** Energiekrise f; ~ **се́ктор** Energiesektor m; **энергети́ческое хозя́йство** Energiewirtschaft f
энерги́чный <kf: -чен, -чна> adj energievoll, schneidig
эне́ргия f A2 Energie f
энергобала́нс Energiebilanz f
энергосберега́ющий adj energiesparend; **энергосберега́ющая ла́мпа** Energiesparlampe f
энергоснабже́ние nt O2 Energieversorgung f
энтузиа́зм m K Enthusiasmus m, Begeisterung f
энциклопе́дия f A2 Enzyklopädie f
ЭОД abk von электро́нная обрабо́тка

ЭОИ *abk von* **электро́нная обрабо́тка да́нных** *f* EDV *f*, elektronische Datenverarbeitung *f*

ЭОИ *abk von* **электро́нная обрабо́тка информа́ции** *f* EDV *f*

эпиде́мия *f A2* Epidemie *f*, Seuche *f*

эпизо́д *m K* Episode *f*, Begebenheit *f*

эпизоди́ческий *adj* **1.** zeitweilig, vorübergehend; **2.** episodenhaft

эпиле́псия *f A2* Epilepsie *f*

эпиле́птик *m K* Epileptiker, -in *m/f*

эпило́г *m K* **1.** Epilog *m*; **2.** Nachspiel *nt*

эпи́ческий *adj* episch

э́пос *m K* Epos *nt*

эпо́ха *f A* Epoche *f*

э́ра *f A* **1.** Ära *f*; **2.** Zeitrechnung *f*; **знамену́ющий но́вую э́ру** bahnbrechend

э́рбий <*präpos sg:* -ии> *m K2* Erbium *nt*

эргоно́мика *f A* Ergonomie *f*

эргономи́ческий *adj* ergonomisch

эре́кция *f A2* Erektion *f*

э́ркер *m K* Erker *m*

эроге́нный *adj* erogen

эро́зия *f A2* Erosion *f*

эро́тика *f A* Erotik *f*

эроти́ческий *adj* erotisch

эруди́ция *f A2* Belesenheit *f*, Gelehrsamkeit *f*; **широ́кая ~** umfassende Allgemeinbildung *f*

эска́дра *f A* (MIL) Geschwader *nt*

эскала́тор *m K* Rolltreppe *f*

эскала́ция *f A2* Eskalation *f*, Ausweitung *f*

эскали́ровать *vi E2 impf/pf* eskalieren

эскало́п *m K* Steak *nt*

эскапа́да *f A* Eskapade *f*

эски́з *m K* **1.** Skizze *f*, Studie *f*; **2.** Layout *nt*

эскимо́с *m K* Eskimo *m*

эско́рт *m K* Eskorte *f*, Geleit *nt*

эспа́ндер *m K* Expander *m*

эссе́ *nt indekl* Essay *m*

эссе́нция *f A2* Essenz *f*

эста́мп *m K* **1.** Kupferstich *m*; **2.** Kunstdruck *m*

эстафе́та *f A* **1.** (SPORT) Staffellauf *m*, Stafettenlauf *m*; **2.** Stafette *f*

эстети́ческий *adj* ästhetisch; **~ вкус** Kunstsinn *m*; **эстети́ческое воспита́ние** Kunsterziehung *f*

эстроге́н *m K* Östrogen *nt*

э́та *siehe* **э́тот**

эта́ж *m K e* Etage *f*, Stockwerk *nt*; **ве́рхний ~** Obergeschoss *nt*; **пе́рвый ~** Erdgeschoss *nt*; **черда́чный ~** Dachgeschoss *nt*

этало́н *m K* **1.** Norm *f*; **2.** Eichmaß *nt*; **3.** (*fig*) Inbegriff *m* der Vollkommenheit

эта́п *m K* Etappe *f*; **~ы жи́зни** Lebensstationen *f pl*; **~ зре́лости** Reifezeit *f*

э́тика *f A* Ethik *f*; **профессиона́льная ~** Berufsethos *m*

этике́т *m K* Etikette *f*

этике́тка *f A* Etikett *nt*

этике́т-пистоле́т *m K* Preisauszeichner *m*

этили́рованный *adj* verbleit, bleihaltig

этимоло́гия *f A2* Ethymologie *f*

эти́ческий *adj* ethisch

этни́ческий *adj* ethnisch; **этни́ческая гру́ппа** Volksgruppe *f*

этногра́фия *f A2* Ethnologie *f*, Völkerkunde *f*

э́то *siehe* **э́тот**

этоло́гия *f A2* Verhaltensforschung *f*

э́тот, э́та, э́то <*gen sg:* э́того, э́той, э́того> *pron dem* dieser

этю́д *m K* **1.** Studie *f*; **2.** (MUS) Etüde *f*

Эфио́пия *f A2* Äthiopien *nt*

эфи́р *m K* Äther *m*; **прямо́й ~** Live-Sendung *f*; **выходи́ть в ~** gesendet werden

эффе́кт *m K* Effekt *m*, Wirkung *f*; **э́то рассчи́тано на дешёвые ~ы** das ist billige Effekthascherei

эффекти́вность *f I* **1.** Wirksamkeit *f*; **2.** Effizienz *f*, Effektivität *f*

эффекти́вный <*kf:* -вен, -вна> *adj* effektiv, wirksam

эффе́ктный <*kf:* -тен, тна> *adj* effektvoll

эх *interj* ach

э́хо *nt O* (*auch fig*) Echo *nt*

эшафо́т *m K* Schafott *nt*

эшело́н *m K* **1.** (MIL) Staffel *f*; **2.** Militärzug *m*; **3.** Militärtransport *m*

эшелони́рование *nt O2* Staffelung *f*, Gliederung *f*

эшелони́ровать *vt E2 impf/pf* staffeln

Ю

ю, Ю *nt indekl* kyrillischer Buchstabe

ю́бка *f A* Rock *m*; **ни́жняя ~** Unterrock *m*; **~-брю́ки** Hosenrock *m*

ювели́рный *adj* Juwelier-; **~ магази́н** Juweliergeschäft *nt*

юг *m K* Süden *m*; **на ~** in den Süden; **на ~е** im Süden

ю́го-восто́к *m K* Südosten *m*

Ю́го-восто́чная А́зия *f A2* Südostasien *nt*

ю́го-за́пад *m K* Südwesten *m*

южа́нин, южа́нка <*pl m:* -а́не> *m U2 / f A* Südländer, -in *m/f*

ю́жно-неме́цкий *adj* süddeutsch

ю́жный *adj* südlich; **Ю́жная Аме́рика** Südamerika *nt*; **Ю́жная А́фрика** Südafrika *nt*; **Ю́жная Евро́па** Südeuropa *nt*; **ю́жное мо́ре** Südsee *f*; **Ю́жный по́люс** Südpol *m*; **Ю́жный Тиро́ль** Südtirol *nt*; **ю́жные фру́кты** Südfrüchte *nt pl*

ю́мор *m K* Humor *m*; **лишённый чу́вства ~а** humorlos; **чёрный ~** schwarzer Humor *m*

юмори́ст *m K* Humorist *m*

ю́нга *f A* Schiffsjunge *m*

ю́ный <*kf:* юн, юна́, ю́но> *adj* jung

юриди́ческий *adj* Rechts-; **юриди́ческая консульта́ция** Rechtsberatung f; **юриди́ческое лицо́** juristische Person f; **юриди́ческое призна́ние** De-jure-Anerkennung f; **юриди́ческая фо́рма** Rechtsform f

юриско́нсульт m K Rechtsberater m, Justitiar m

юти́ться <präs: ючу́сь, юти́шься> vr I impf hausen

Я

я, Я [1] nt indekl kyrillischer Buchstabe

я [2] <1.pers sg: меня́, мне, меня́, мной/мно́ю, обо мне> pron pers ich

я́блоко <gen pl: я́блок> nt O Apfel m; **~ раздо́ра** (fig) Zankapfel m; **я́блоку не́где упа́сть** es ist so eng, dass man nicht mehr umfallen kann; **~ от я́блони недалеко́ па́дает** der Apfel fällt nicht weit vom Stamm

я́блочко f A 1. kleiner Apfel m; 2. Mittelpunkt m einer Zielscheibe; **попа́сть в ~** ins Schwarze treffen

я́вка <gen pl: -вок> f A 1. (JUR) Erscheinen nt; **~ с пови́нной** freiwilliges Stellen nt 2. geheime Treffpunkt m

явле́ние nt O2 1. Erscheinen nt, Eintreffen nt; 2. (**феноме́н**) Erscheinung f, Phänomen nt; **э́то сего́дня весьма́ распространённое ~** das ist heute weit verbreitet; **~ приро́ды** Naturphänomen nt; 3. (THEAT) Auftritt m

я́вный <kf: я́вен, я́вна> adj offensichtlich, erkennbar; **~ обма́н** klarer Betrug m

явь f I Realität f, Wirklichkeit f; **стать я́вью** Wirklichkeit werden

ягнёнок <gen sg: -нка, pl: ягня́та, ягня́т> m U4 Lamm nt

я́года f A Beere f; **они́ одного́ по́ля я́годы** (fig) sie sind aus einem Holz geschnitzt

ягоди́ца f A Gesäßbacke f, Gesäß nt

яд <gen sg: -а,-у> m K Gift nt; **змеи́ный ~** Schlangengift nt

я́дерный adj nuklear; **~ взрыв** Kernexplosion f; **я́дерная держа́ва** Atommacht f; **я́дерные испыта́ния** Atomwaffentests m pl; **я́дерное ору́жие** Kernwaffen f pl; **~ си́нтез** Kernfusion f; **я́дерная фи́зика** Kernphysik f; **я́дерная эне́ргия** Kernenergie f

ядови́тый <kf: -и́т> adj giftig; **~ газ** Giftgas nt; **ядови́тая змея́** Giftschlange f; **ядови́тые отхо́ды** Giftmüll m

ядро́ nt O e 1. (BOT) Kern m; 2. (PHYS) Atomkern m; 3. (SPORT) Kugel f; 4. (fig) Kern m, Hauptsache f

я́зва f A 1. (MED) Geschwür nt; **~ желу́дка** Magengeschwür nt; 2. (fig) Geißel f, Gebrechen nt; 3. (umg) Spötter m, Lästermaul m

язви́тельность f I Hohn m, Spott m

язви́тельный <kf: -лен, -льна> adj höhnisch, spöttisch, beißend

язви́ть <präs: -влю́, -ви́шь> vt I impf (pf: съ-) spotten, sticheln

язы́к m K e 1. Zunge f; 2. (LING) Sprache f; **~ же́стов** Zeichensprache f; **госуда́рственный ~** Landessprache f; **иностра́нный ~** Fremdsprache f; **официа́льный ~** Amtssprache f; **рабо́чий ~** Konferenzsprache f; **родно́й ~** Muttersprache f; **держа́ть ~ за зуба́ми** (umg) den Mund halten; **име́ть о́стрый ~** (fig) eine spitze Zunge haben; **с хорошо́ подве́шенным ~о́м** (umg) redegewandt

языкозна́ние nt O2 Sprachwissenschaft f

язы́ческий adj heidnisch

язы́чник, язы́чница m K / f A Heide, Heidin m/f

язычо́к <gen sg: -чка́> m K e 1. kleine Zunge f; 2. (ANAT) Zäpfchen nt, Uvula f; 3. Lasche f

яи́чник m K Eierstock m

яи́чница f A Eierspeise f; **~-болту́нья** Rührei nt; **~-глазу́нья** Spiegelei nt

яйцеви́дный <kf: -ден, -дна> adj eiförmig

яйцекле́тка f A Eizelle f

яйцо́ nt O pls Ei nt; **~, сва́ренное вкруту́ю** hartgekochtes Ei nt; **~, сва́ренное всмя́тку** weichgekochtes Ei nt

я́кобы I. konj dass; II. adv angeblich

я́корь m K1 ple Anker m; **поднима́ть ~** [о **снима́ть с я́коря**] den Anker lichten; **станови́ться на ~** [о **броса́ть ~**] vor Anker gehen; **стоя́ть на я́коре** vor Anker liegen

Яку́тия f A2 Jakutien nt

я́ма f A 1. Loch nt, Grube f; 2. Graben m; **оркестро́вая ~** Orchestergraben m

я́мочка <gen pl: -чек> f A Grübchen nt

янта́рь m K1 e Bernstein m

япо́нец, япо́нка <gen sg m: -нца, gen pl m: -нцев, gen pl f: -нок> m K / f A Japaner, -in m/f

Япо́ния f A2 Japan nt

япо́нский adj japanisch

я́ркий <kf: я́рок, ярка́, я́рко, я́рки> adj 1. hell; **горе́ть я́рким пла́менем** lichterloh brennen; 2. (fig) leuchtend, strahlend; **я́ркая ли́чность** strahlende Persönlichkeit f

я́рко-кра́сный adj knallrot, scharlachrot

я́ркость f I 1. Helligkeit f; **настро́йка я́ркости** Helligkeitseinstellung f 2. (fig) Markante nt

ярлы́к m K e 1. Etikett nt; 2. Logo nt; **снабжа́ть ~о́м** etikettieren; **наве́шивать ~ на кого́-либо** (fig) jdn abstempeln

я́рмарка f A 1. Jahrmarkt m; 2. Messe f; **~ тщесла́вия** Jahrmarkt der Eitelkeit m

я́рмарочный adj 1. Jahrmarkt-; **я́рмарочная пло́щадь** Rummelplatz m 2. Messe-; **~ го́род** Messestadt f; **~ павильо́н** Messehalle f

я́ростный <kf: -тен, -тна> adj 1. grimmig, wütend; 2. rabiat; 3. verbissen

я́рость *f I* Wut *f*, Rage *f*
я́рус *m K* **1.** Etage *f*; **2.** Stufe *f*; **3.** (THEAT) Rang *m*
я́рый <*kf:* яр> *adj* eifrig, leidenschaftlich; **я́рые приве́рженцы** eifrigste Fürsprecher *m pl*
я́сень *m K1* Esche *f*
я́сли <*gen pl:* -ей> *f pl A1* **1.** Futterkrippe *f*; **2.** Kinderkrippe *f*
яснови́дец, яснови́дица <*gen sg m:* -дца> *m K / f A* Hellseher, -in *m/f*
я́сность *f I* **1.** Klarheit *f*; **вноси́ть ~ во что-ли́бо** Klarheit schaffen **2.** Helligkeit *f*
я́сный <*kf:* я́сен, ясна́, я́сно, я́сны́> *adj* klar, deutlich; **я́сно одно́** eins steht fest; **сохраня́ть я́сную го́лову** einen klaren Kopf behalten

я́стреб *m K* Habicht *m*
яче́йка <*gen pl:* -е́ек> *f A* **1.** Zelle *f*; **2.** Element *nt*; **3.** Einheit *f*; **4.** Vertiefung *f*, Delle *f*, Näpfchen *nt*; **5.** (TECH) Steckplatz *m*; **6.** Masche *f*; **~ се́ти** Masche (eines Netzes) *f*
ячме́нь *m K1 e* **1.** (BOT) Gerste *f*; **2.** (MED) Gerstenkorn *nt*
я́щерица *f A* Eidechse *f*
я́щик *m K* **1.** Kasten *m*; **~ с песко́м** Sandkasten *m*; **~ Пандо́ры** die Büchse der Pandorra *f*; **почто́вый ~** Briefkasten *m*; **2.** (*выдвижно́й*) Schublade *f*, Schubfach *nt*; **3.** (*umg*) Fernseher *m*; **откла́дывать что-ли́бо в до́лгий ~** etw auf die lange Bank schieben; **сыгра́ть в ~** (*umg*) abkratzen
я́щур *m K* Maul- und Klauenseuche *f*

январь, m

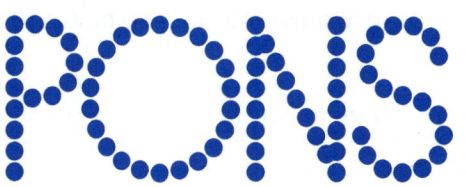

Kompaktwörterbuch für alle Fälle

Deutsch - Russisch

vollständige Neuentwicklung 2002

Ernst Klett Sprachen
Barcelona · Budapest · London · Posen · Sofia · Stuttgart

PONS Kompaktwörterbuch für alle Fälle Deutsch-Russisch

Warenzeichen
Wörter, die unseres Wissens eingetragene Warenzeichen darstellen, sind als solche gekennzeichnet. Es ist jedoch zu beachten, dass weder das Vorhandensein noch das Fehlen derartiger Kennzeichnungen die Rechtslage hinsichtlich eingetragener Warenzeichen berührt.

A

a, A *nt* <-, -> а, А *nt*; **das ~ und O** альфа и омега; **wer ~ sagt, muss auch B sagen** кто сказал А, должен сказать и Б

à *präp*: **~ la Napoleon** а-ля Наполеон; **~ 10 Euro** по 10 евро

AA *abk von* **Auswärtiges Amt** МИД *nt*

Aal *m* <-(e)s, -e> угорь *m*; **sich winden wie ein ~** виться как уж на сковороде

aalen *vr* нежиться *impf*; **sich in der Sonne ~** нежиться на солнышке

aalglatt *adj* (*pej*) скользкий как угорь, изворотливый

a.a.O. *abk von* **am angeführten Ort** 1. в приведённом месте (книги); 2. ссылка в примечании на ранее приведённый источник

Aas *nt* <-es, -e> 1. (*Tierkadaver*) труп *m* животного; 2. (*vulg: Person*) падаль *f*

Aasgeier *m* <-s, -> стервятник *m*

ab I. *präp* +*dat* 1. (*zeitlich*) с, начиная с; 2. (*räumlich*) от; **~ heute** с сегодняшнего дня; **~ Werk** [*o* **Fabrik**] (ÖKON) франко завод-поставщик; **~ Kai** (ÖKON) франко набережная [*o* пристань]; **~ Lager** франко склад продавца; II. *adv* (*fort, weg*) прочь; **~ und zu** время от времени, иногда; **von jetzt ~** с настоящего момента; **Berlin ~ 9.15 Uhr** отправление из Берлина в 9.15.

abändern *vt* слегка изменять, -нить *pf*

Abänderung *f* <-, -en> изменение *nt*

abänderungsfähig *adj* способный к изменениям

abandonnieren *vt* (ÖKON) абандонировать *impf/pf*

abarbeiten I. *vt* (*Pensum, Zeit*) отрабатывать, -ботать *pf*; II. *vr* (*sich abmühen*) изнурять, -рить *pf* себя

Abart *f* <-, -en> разновидность *f*, подвид *m*

abartig *adj* извращённый

Abb. *abk von* **Abbildung** рисунок *m*, изображение *nt*

Abbau *m* <-(e)s, -ten> 1. (*Auseinandernehmen*) разборка *f*, демонтаж *m*; 2. (*Beseitigung*) ликвидация *f*, устранение *nt*; **~ von Handelsschranken** (ÖKON) устранение торговых барьеров; 3. (*Reduzierung*) сокращение *nt*; **~ von Lagerbeständen** уменьшение складских запасов; 4. (BERGB) горная разработка *f*; 5. (CHEM) разложение *nt*, расщепление *nt*

abbauen I. *vt* 1. (*auseinandernehmen*) разбирать, -зобрать *pf*, демонтировать *impf/pf*; 2. (*beseitigen*) устранять, -нить *pf*; 3. (*reduzieren*) сокращать, -кратить *pf*; **die Arbeitslosigkeit ~** уменьшать безработицу; 4. (BERGB) добывать, -быть *pf*; разрабатывать, -ботать *pf*; 5. (CHEM) разлагать, -ложить *pf*, расщеплять, -пить *pf*; II. *vi* (*nachlassen*) слабеть, ослабеть *pf*, сдавать, сдать *pf*

abbeißen *irr vt* откусывать, -сить *pf*

abbekommen *irr vt* 1. (*einen Anteil bekommen*) получать, -чить *pf* долю; 2. (*umg: beschädigt werden*) доставаться *pf*, -ставаться *impf*; **bei der Prügelei hat er bestimmt etw ~** при драке ему явно досталось; **der Wagen hat bei dem Unfall etw ~** при аварии машина получила повреждения

abbestellen *vt* отменять, -нить *pf* заказ; **eine Zeitung ~** отменить [*o* аннулировать] подписку на газету

abbezahlen *vt* выплачивать, выплатить *pf* по частям

abbiegen I. *vi* (*Straße, Fahrzeug*) поворачивать, -вернуть *pf*, сворачивать, свернуть *pf*; II. *vt* (*biegen*) отгибать, отогнуть *pf*

Abbiegespur *f* <-, -en> полоса поворота

Abbiegung *f* <-, -en> поворот *m*

Abbild *nt* <-(e)s, -er> изображение *nt*, отображение *nt*

abbilden *vt* изображать, -бразить *pf*

Abbildung *f* <-, -en> изображение *nt*, рисунок *m*

abbitten *vt* приносить, -нести *pf* извинения

abblasen *irr vt* 1. (*wegblasen*) сдувать, сдуть *pf*; 2. (*umg: absagen*) отменять, -нить *pf*; **eine Maßnahme ~** отменить мероприятие

abblenden *vt* 1. (KFZ) переключать фары с дальнего на ближний свет; 2. (FOT) устанавливать, -новить *pf* диафрагму

Abblenden *nt* <*gen*: -s> (KFZ) переключение на ближний свет

Abblendlicht *nt* <-(e)s, -er> (KFZ) ближний свет *m*

abblocken *vt* блокировать *impf/pf*

Abblocken *nt* <*gen*: -s> блокирование *nt*

abbrechen I. *irr vt* 1. (*Gebäude, Lager*) сносить, снести *pf*; 2. (*Verhandlungen*) прерывать, -рвать *pf*; II. *vi* (*Gespräch*) обрывать, оборвать *pf*

abbremsen *vi* притормозить *pf*, -маживать *impf*

abbrennen I. *irr vt* 1. (*Haus*) сжигать, сжечь *pf*; 2. (*Feuerwerk*) запускать, -пустить *pf*; II. *vi* сгорать, -реть *pf*; **abgebrannt sein** (*umg*) быть на мели

abbringen *irr vt*: **jdn von etw ~** отговаривать кого-л. от чего-л.

abbröckeln *vi* крошиться, рас- *pf*, осыпаться, осыпаться *pf*

Abbruch *m* <-(e)s, Abbrüche> 1. (*Gebäude*) снос *m*; 2. (*Lager*) разборка *f*; 3. (*Beziehungen*) разрыв *m*; 4. (*Verhandlungen*) прекращение *nt*; **einer Sache~ tun** наносить ущерб какому-л. делу

Abbrucharbeit *f* <-, -en> снос *m*
Abbruchfirma *f* <-, -firmen> фирма, специализирующаяся на сносе зданий и прочих строений
abbrühen *vt* ошпаривать, -рить *pf*, обдавать, -дать *pf* кипятком
abbuchen *vt* списывать, -сать *pf* со счёта, снимать, снять *pf* со счёта
Abbuchung *f* списание *nt* со счёта
Abbuchungsauftrag *m* <-(e)s, -aufträge> поручение *nt* банку о списании сумм со счёта
Abc *nt* <gen: -> 1. алфавит *f*; 2. (*fig*) основы *fpl*, азы *pl*
Abchasien *nt* <gen: -s> Абхазия *f*
ABC-Schütze *m* <-n, -n> (*umg*) первоклассник, -ница *m/f*, первоклашка *m/f*
ABC-Waffen *pl* <gen: -> ядерное, биологическое и химическое оружие
abdanken *vi* 1. (*zurücktreten*) уходить, уйти *pf* в отставку; 2. (*König*) отрекаться, -речься *pf* от престола
abdecken *vt* 1. (*Dach*) срывать, сорвать *pf*; 2. (*zudecken*) покрывать, -крыть *pf*; Kosten ~ покрывать издержки; den Tisch ~ убирать со стола
Abdeckung *f* <-, -en> покрытие *nt*, погашение *nt*; ~ der Auslandsschulden погашение внешних долгов
abdichten *vt* уплотнять, -нить *pf*
abdrehen I. *vt* 1. (*Gas*) перекрывать, -крыть *pf*; 2. (*Film*) отснять *pf*; II. *vi* (*Schiff*) менять, по- *pf* курс
abdrosseln *vt* 1. (*TECH*) дросселировать; 2. (*Dampf*) снижать давление; 3. (*Motor*) глушить
Abdruck¹ *m* <-(e)s, Abdrücke> (*Finger, Fuß*) отпечаток *m*
Abdruck² *m* <-(e)s, -e> 1. печатание *f*; 2. перепечатка *f*
abdrucken *vt* печатать, на- *pf*
abdrücken I. *vt* (*zusammendrücken*) сдавить, сдавливать *impf*, сжать *pf*, сжимать *impf*; II. *vi* (*Schusswaffe*) спускать, -стить *pf* курок
Abdruckerlaubnis *f* <-, -se> разрешение *nt* на перепечатку какого-либо текста, защищённого авторским или издательским правом
abebben *vi* утихать, утихнуть *pf*, идти *impf* на убыль
Abend *m* <-s, -e> вечер *m*; guten ~! добрый вечер! zu ~ essen ужинать; heute ~ сегодня вечером
Abendakademie *f* <-, -en> народный университет *m*, вечерние общеобразовательные курсы *mpl*
Abendbrot *nt* <-(e)s, -e> ужин *m*
Abendessen *nt* <-s, -> ужин *m*
abendfüllend *adj*: eine-e Veranstaltung большая вечерняя программа
Abendgottesdienst *m* <-es, -e> (*REL*) вечернее богослужение *nt*
Abendkasse *f* <-, -n> касса для продажи билетов перед началом вечерних спектаклей или концертов
Abendkleid *nt* <-(e)s, -er> вечернее платье *nt*
Abendkurs *m* <-es, -e> вечерние курсы *mpl*
Abendland *nt* <gen: -(e)s> Западная Европа *f*
abendlich *adj* вечерний
Abendmahl *nt* <gen: -(e)s> (*REL*) причастие *nt*
Abendrot *nt* <gen: -s> вечерняя заря *f*
abends *adv* по вечерам
Abendsonne *f* <gen: -> заходящее солнце *nt*
Abendstudium *nt* <gen: -s> вечернее обучение *nt*
Abenteuer *nt* <-s, -> приключение *nt*
abenteuerlich *adj* полный приключений
abenteuerlustig жаждущий приключений *m*
Abenteuerspielplatz *m* <-es, -plätze> детская игровая площадка *f*
Abenteurer, -in *m/f* <-s, -> искатель, -ница *m/f* приключений
aber I. *konj* 1. (*dagegen: Gegensatz, Einwand*) но, а; 2. (*jedoch: Einschränkung, Anknüpfung*) однако; II. *adv* 1. снова, вновь; 2. (*Verstärkung*) и; ~ ja! (да) конечно же! nun ist ~ Schluss ну, теперь уже всё.
Aber: bei der Sache gibt es noch ein großes ~ в этом деле есть ещё большое „но"; ohne Wenn und ~ без всяких „но"
Aberglaube *m* <gen: -ns> суеверие *nt*
abergläubisch *adj* суеверный
aberkennen *irr vt* (*Rechte*) лишать, -шить *pf*
Aberkennung *f* <-, -en> лишение *nt*
abermals *adv* (*geh*) опять, вновь
Aberwitz *m* <gen: -> сумасбродство *nt*
Abessinien *nt* <gen: -s> (*ARCH*) Эфиопия *f*
Abessinier, -in *m/f* <-s, -> (*ARCH*) абиссинец, -нка *m/f*
abessinisch *adj* абиссинский
abfahren I. *irr vi* отправляться, -правиться *pf*, уезжать, уехать *pf*; II. *irr vt* 1. (*fortschaffen*) вывозить, вывезти *pf*; 2. (*Strecke*) объезжать, объехать *pf*; 3. (*Fahrkarte*) использовать *impf/pf*; auf etw ~ (*umg*) балдеть от чего-л.
Abfahrt *f* <-, -en> 1. отправление *nt*; 2. (*eines Schiffes*) отплытие *nt*
Abfahrtslauf *m* <-(e)s, -läufe> скоростной спуск *m* с горы
Abfahrtsstrecke *f* <-, -n> трасса *f* скоростного спуска
Abfahrtstag *m* <-(e)s, -e> день *m* отправления
Abfahrtszeit *f* <-, -en> время *nt* отправления

Abfall m <-(e)s, Abfälle> 1. (*Müll*) отбро́сы mpl, отхо́ды mpl, му́сор m; 2. (*vom Glauben*) отхо́д m (*von* +dat от +gen)
Abfallaufbereitung f <gen: -> (перви́чная) обрабо́тка f отхо́дов
Abfallbehälter m <-s, -> 1. конте́йнер m для му́сора [*o* для отхо́дов]; 2. му́сорный я́щик m
Abfalldeponie f <-, -en> му́сорная сва́лка f
Abfalleimer m <-s, -> му́сорное ведро́ nt
abfallen irr vi 1. отва́ливаться, -ли́ться pf, опада́ть, опа́сть pf, осыпа́ться, -сы́паться pf; 2. (*vom Glauben*) отступа́ть, -пи́ть pf (*von* +dat от +gen); 3. (*Gelände*) уходи́ть, уйти́ pf вниз; 4. (*für jdn als Anteil*) перепада́ть, -па́сть pf кому́-л.
abfallend adj (*Straße, Weg*) веду́щий вниз, поло́гий
abfällig adj (*Bemerkung*) пренебрежи́тельный
Abfallindustrie f <-, -en> промы́шленность f по перерабо́тке втори́чного сырья́
Abfallprodukt nt <-(e)s, -e> изде́лие nt из отхо́дов
Abfallsortierung f <gen: -> сортиро́вка отхо́дов в зави́симости от спо́соба их утилиза́ции
Abfallstoffe pl <gen: -> отхо́ды mpl, отбро́сы mpl
Abfalltonne f <-, -n> конте́йнер m для му́сора
Abfallwirtschaft f <gen: -> утилиза́ция f отхо́дов
abfälschen vt (SPORT: *Ball*) случа́йно измени́ть pf направле́ние полёта (мяча́)
abfangen irr vt 1. перехва́тывать, -хвати́ть pf; 2. (*jdn*) подкарау́ливать, -ли́ть pf
abfärben vi 1. (*Wäsche*) линя́ть, по- pf; 2. (*fig*) ока́зывать, -за́ть pf влия́ние (*auf* + akk на +akk)
abfaulen vi сгнива́ть, -гни́ть pf
abfertigen vt 1. (*Papiere*) оформля́ть, офо́рмить pf; 2. (*Zug*) отправля́ть, -пра́вить pf; **Güter** ~ оформля́ть груз к отправле́нию; **Passagiere** ~ обслу́живать пассажи́ров
Abfertigung f <-, -en> 1. (*am Zoll*) тамо́женная очи́стка f; 2. (*Betreuung*) обслу́живание nt
abfeuern vt (*Schuss*) вы́стрелить pf, -стре́ливать impf
abfinden I. irr vt (*Abfindung geben*) возмеща́ть, -мести́ть pf; II. irr vr мири́ться, при- pf; **sich mit einer Sache** ~ примири́ться с чём-л.; **Gläubiger** ~ (ÖKON) удовлетворя́ть кредито́ров
Abfindung f <-, -en> (*Entschädigung*) возмеще́ние nt

Abfindungserklärung f <-, -en> (JUR) подтвержде́ние nt получе́ния (де́нежной) компенса́ции
Abfindungszahlung f <-, -en> предоставле́ние nt (де́нежной) компенса́ции m
abflauen vi 1. (*Wind*) стиха́ть, сти́хнуть pf; 2. (*Nachfrage*) па́дать, упа́сть pf
Abflauen nt <gen: -s> 1. (*Sinken*) паде́ние nt, пониже́ние nt; ~ **der Börsenkurse** паде́ние би́ржевых ку́рсов; ~ **der Nachfrage** ~ спро́са; 2. (*Verschlechterung*) ослабле́ние nt, спад m; ~ **der Konjunktur** спад конъюнкту́ры
abfliegen irr vi улета́ть, -те́ть pf
abfließen irr vi (*auch fig*) утека́ть, уте́чь pf
Abflug m <-(e)s, Abflüge> отлёт m, вы́лет m
Abflugzeit f <-, -en> вре́мя nt вы́лета
Abfluss m <-es, -flüsse> 1. сток, (водо)сто́чная труба́; 2. отток m, уте́чка f; ~ **von Kapital** уте́чка капита́ла
Abflussrohr nt <-(e)s, -e> сливна́я труба́ f
Abfolge f <-, -n> после́довательность f
Abfuhr: **jdm eine** ~ **erteilen** дать отпо́р кому́-л.
abführen I. vt 1. (*Person*) забира́ть, -бра́ть pf, аресто́вывать, -стова́ть pf; 2. (*Gelder, Steuern*) отчисля́ть, -чи́слить pf; II. vi (MED) очища́ть, очи́стить pf кише́чник; **dieses Arzneimittel führt ab** э́то лека́рство слаби́т
Abführmittel nt <-s, -> слаби́тельное nt
Abfülldatum nt <gen: -s> да́та f разли́ва
abfüllen vt разлива́ть, -ли́ть pf; **die Flaschen mit dem Saft** ~ разлива́ть сок по буты́лкам
Abfüllung f <-, -en> разли́в m (напи́тков)
Abgabe f <-, -n> 1. (*Übergabe*) сда́ча f; ~ **von Angeboten** переда́ча предложе́ний 2. (*Gebühr*) сбор m, нало́г m, по́шлина f; ~n **entrichten** упла́чивать нало́ги; ~ **erheben** взима́ть нало́ги 3. (*Steuern*) нало́г m; 4. (SPORT) пас m
Abgabenbelastung f <-, -en> обложе́ние nt нало́гами
abgabenfrei adj не облага́емый нало́гом
Abgabenordnung f <-, -en> нало́говое законода́тельство n
abgabenpflichtig adj подлежа́щий обложе́нию нало́гом
Abgabenquote f <-, -n> до́ля f нало́говых поступле́ний
Abgabepreis m <-es, -e> отпускна́я цена́ f
Abgabesatz m <-es, -sätze> проце́нтная ста́вка f (центра́льного ба́нка)
Abgabetermin m <-(e)s, -e> срок m сда́чи

Abgang *m* <-(e)s, Abgänge> 1. (*Ausscheiden*) ухо́д *m* (с до́лжности); 2. (THEAT) ухо́д *m*; 3. (*Fehlgeburt*) вы́кидыш *m*

abgängig *adj* (*österr: vermisst*) пропа́вший

Abgangsprüfung *f* <-, -en> выпускно́й экза́мен *m*

Abgas *nt* <-es, -e> выхлопно́й газ *m*, отрабо́тавший газ *m*, ОГ *m*

abgasarm *adj* (*Fahrzeug*) с небольши́м содержа́нием вре́дных веще́ств

Abgasentgiftung *f* <*gen*: -> сниже́ние *nt* токси́чности выхлопно́го га́за

Abgasgrenzwerte *pl* <*gen*: -> преде́льные показа́тели *mpl* токси́чности выхлопно́го га́за

Abgassonderuntersuchung *f* <-, -en> прове́рка выхлопно́го га́за на содержа́ние вре́дных веще́ств

abgeben I. *irr vt* 1. отдава́ть, -да́ть *pf*; 2. (*Erklärung*) де́лать, сде́лать *pf*; 3. (*Wärme, Energie*) отдава́ть, -да́ть *pf*; 4. (SPORT) пасова́ть *impf*; II. *vr* занима́ться, -ня́ться *pf*; **sich mit jdm ~** вози́ться с ке́м-л.; **seine Stimme ~** голосова́ть; **sein Urteil über etw ~** вы́сказать своё мне́ние о чём-л.

abgebrüht *adj* прожжённый

abgedroschen *adj* изби́тый, по́шлый

abgefuckt (*umg*) опусти́вшийся, жа́лкий

abgehärtet *adj* закалённый (*gegen* +*akk* про́тив +*gen*)

abgehen I. *irr vi* 1. (*weggehen*) уходи́ть, уйти́ *pf*; 2. (*abfahren*) отходи́ть, отойти́ *pf*; 3. (*abzweigen*) ответвля́ться, -ви́ться *pf*; 4. (*sich lösen*) отходи́ть, отойти́ *pf*; 5. (*fehlen*) недостава́ть, -ста́ть *pf*, не хвата́ть, -ти́ть *pf*; II. *vt* (*Strecke*) обходи́ть, обойти́ *pf*

abgekartet *adj*: **ein ~es Spiel** втайне [*о* зара́нее] подгото́вленный манёвр

abgeklärt *adj* зре́лый, му́дрый

Abgeklärtheit *f* <*gen*: -> (*geh*) му́дрость *f*, рассуди́тельность *f*

abgelagert *adj* лежа́лый

abgelaufen *adj* исте́кший

Abgeld *nt* <-es, -er> (ÖKON) дизажио *nt*

abgelegen *adj* отдалённый, далёкий

abgemacht *adj* ~! решено́!

abgeneigt *adj* не располо́женный

abgenutzt *adj* изно́шенный

Abgeordnete(r) *mf* <-n, -n> депута́т *m*

Abgeordnetenhaus *nt* <*gen*: -es> пала́та *f* депута́тов

Abgeordnetensitz *m* <-es, -e> депута́тское ме́сто *m*

abgerissen *adj* (*Kleidung*) обо́рванный

abgeschieden *adj* уединённый

abgeschlafft *adj* 1. утомлённый; 2. вя́лый, апати́чный

abgeschlossen *adj* 1. за́мкнутый; 2. (*getrennt*) изоли́рованный; 3. (*beendet*) заверше́нный

abgeschmackt *adj* безвку́сный

Abgeschmacktheit *f* <*gen*: -> по́шлость *f*

abgesichert *adj* (социа́льно) защищённый, застрахо́ванный

abgespannt *adj* утомлённый

abgestanden *adj* 1. вы́дохшийся; 2. (*Luft*) спёртый

abgestorben *adj* омертве́лый, отме́рший

abgestumpft *adj* затупи́вшийся

abgetragen *adj* поно́шенный, изно́шенный

abgewetzt *adj* протёртый, изно́шенный

abgewinnen *irr vt* вы́игрывать, вы́играть *pf*; **einer Sache nichts ~ können** не находи́ть в чём-л. ничего́ привлека́тельного

abgewöhnen *vt* отуча́ть, -чи́ть *pf*; **jdm etw ~** отучи́ть кого́-л. от чего́-л.

abgewrackt *adj* разо́бранный на лом

Abgötterei *f* <*gen*: -> идолопокло́нство *nt*

abgöttisch *adj* (*Liebe*) безу́мный

abgraben *vt* срыва́ть, срыть *pf*

abgrenzen I. *vt* отгора́живать, -роди́ть *pf*; II. *vr* отмежёвываться, -жева́ться *pf*

Abgrund *m* <-(e)s, Abgründe> (*auch fig*) про́пасть *f*

abgrundtief *adj* (*Hass*) глубо́кий

abhacken *vt* отруба́ть, -би́ть *pf*

abhaken *vt* 1. отцепля́ть, -пи́ть *pf*, снима́ть, снять *pf* с крючка́; 2. отмеча́ть, -ме́тить *pf* га́лочкой

abhalten *irr vt* 1. (*Wahlen*) проводи́ть, -вести́ *pf*; 2. (*fernhalten*) уде́рживать, -жа́ть *pf* (*von* +*dat* от +*gen*)

abhandeln *vt* 1. (*Thema*) разраба́тывать, -бо́тать *pf*; 2. (*Ware*) выторго́вывать, вы́торговать *pf*

abhanden *adv*: **~ kommen** пропа́сть

Abhandlung *f* <-, -en> нау́чная статья́ *f*, тракта́т *m*

Abhang *m* <-(e)s, Abhänge> склон *m*, отко́с *m*

abhängen¹ *irr vt* 1. (*Bild*) снима́ть, снять *pf*; 2. (*Verfolger*) оторва́ться *pf*, -рыва́ться *impf*

abhängen² *irr vi* зави́сеть *impf* (*von* +*dat* от +*gen*)

abhängig *adj* зави́симый

Abhängigkeit *f* <, -en> зави́симость *f*; **direkte ~** пряма́я зави́симость; **indirekte ~** ко́свенная зави́симость; **~ der Marktpreise von der Nachfrage** зави́симость ры́ночных цен от спро́са

abhärten *vr* закаля́ться, -ли́ться *pf* (*gegen* +*akk* от +*gen*)

abhauen I. *vt* (*abschlagen*) отруба́ть, -би́ть *pf*; II. *vi* (*umg: sich entfernen*) смыва́ться, смы́ться *pf*

abhäuten *vt* сдира́ть, содра́ть *pf* шку́ру

(с туши животного)

abheben I. *irr vt* 1. (*hochheben*) поднимать, -нять *pf*; 2. (*Geld*) снимать, снять *pf*; 3. (*Karten*) снимать, снять *pf*; II. *vi* (*Flugzeug*) взлетать, -теть *pf*; III. *vr* выделяться, выделиться *pf*; **er hebt sich vorteilhaft von seinen Mitschülern ab** он выгодно отличается от своих одноклассников

Abhebung *f* <-, -en> снятие *nt* (денег) с банковского счёта *m*

abheften *vt* подшивать, -шить *pf*

abheilen *vt* 1. (*Wunde*) заживать, зажить *pf*; 2. (*Ausschlag*) пройти

abhetzen I. *vt* (*Tier*) загнать *pf*, замучить *pf*; II. *vr* маяться *impf*, намаяться *pf*

Abhilfe *f* <gen: -> решение *nt* проблемы, устранение *nt* бедственного положения; ~ **schaffen** оказывать помощь

abholen *vt* забирать, -брать *pf*; **jdn vom Bahnhof** ~ встретить кого-л. на вокзале

Abholmarkt *m* <-(e)s, -märkte> *магазин, в котором покупатели сами забирают товар, обычно доставляемый на дом*

Abholpreis *m* <-es, -e> плата *f* за доставку на дом

abholzen *vt* вырубать, вырубить *pf*

Abholzung *f* <-, -en> вырубка *f* (леса)

Abhöraffäre *f* <-, -n> *незаконное прослушивание телефонных разговоров, сделавшееся достоянием общественности*

abhorchen *vt* (MED) прослушивать, -слушать *pf*

abhörsicher *adj* защищённый от подслушивания

Abitur *nt* <-s, -e> экзамены *mpl* на аттестат зрелости

Abiturient, -in *m/f* <-en, -en> выпускник, -ница *m/f* средней школы

Abturzeugnis *nt* <-ses, -se> аттестат *m* зрелости

abjagen I. *vt* (*Pferd*) загонять, загнать *pf*; II. *vt* отбивать, -бить *pf*; **jdm etw** ~ вырвать у кого-л. что-л

abkanzeln *vt* резко отчитывать, -тать *pf*

abkapseln *vr* 1. изолироваться *impf/pf*, замкнуться *pf*, -мыкаться *impf*; 2. (MED) инкапсулировать *impf/pf*

abkauen *vt* (*Fingernägel*) грызть, обгрызть *pf*

abkaufen *vt* 1. покупать, купить *pf*; 2. скупать, скупить *pf*; 3. (*Anteil*) выкупать, выкупить *pf*; **jdm etw** ~ (*umg*) поверить кому-л.

Abkehr *f* <-, -> отказ *m*, отречение *nt* (*von +dat* от *+gen*)

abkehren *vr* 1. отворачиваться, отвернуться *pf* (*von +dat* от *+gen*); 2. (*fig*) отказываться, отказаться *pf*

abklappen *vi* (*Bordwand*) откидывать, откинуть *pf*

abklappern *vt*: **nach diesem Buch habe ich die ganze Stadt abgeklappert** в поисках этой книги я исходил весь город

Abklatsch *m* <-es, -e> (*pej*) плохая копия *f*, жалкое подобие *nt*

abklingen *irr vi* затихать, -тихнуть *pf*, утихать, утихнуть *pf*

abknöpfen *vt* (*Knöpfe lösen*) отстёгивать, -стегнуть *pf*; **jdm etw** ~ забрать у кого-л. что-л.

abkochen *vt* отваривать, -рить *pf*

abkommandieren *vt* откомандировывать, -ровать *pf*

abkommen *irr vi* отклоняться, -ниться *pf* (*von +dat* от *+gen*); **vom Weg** ~ сбиться с пути; **von einer Idee** ~ отойти от идеи

Abkommen *nt* <-s, -> соглашение *nt*, договор *m*; **bilaterales** ~ двустороннее соглашение; **multilaterales** ~ многостороннее соглашение; **gütliches** ~ мировая сделка; **ein** ~ **brechen** нарушать соглашение; **ein** ~ **für null und nichtig erklären** аннулировать соглашение; **ein** ~ **paraphieren** парафировать соглашение; **ein** ~ **treffen** [*o* **abschließen**] заключать соглашение; **ein** ~ **unterzeichnen** подписывать соглашение

Abkömmling *m* <-s, -e> отпрыск *m*, потомок *m*

abkratzen I. *vt* (*herunterkratzen*) соскабливать, -лить *pf*; II. *vi* (*vulg: sterben*) дохнуть, сдохнуть *pf*, подыхать, -дохнуть *pf*

abkriegen *vt* 1. (*lösen*) стаскивать, стащить *pf*, снимать, снять *pf*; 2. (*bekommen*) получать, -чить *pf*, доставаться, -статься *pf*; **etw** ~ (*Schaden erleiden*) получить повреждения

abkühlen I. *vt* охлаждать, -ладить *pf*; II. *vi* 1. (*Wetter*) холодать, по- *pf*; 2. (*Gefühle*) остывать, -тыть *pf*

abkürzen *vt* 1. (*verkürzen*) укорачивать, -ротить *pf*; 2. (*zeitlich*) сокращать, -кратить *pf*; 3. (*Wort*) сокращать, -кратить *pf*

Abkürzung *f* <-, -en> 1. (*Weg*) короткая дорога *f*; 2. (*Wort*) сокращение *nt*

Abkürzungsverzeichnis *nt* <-ses, -se> список *m* сокращений

abladen *irr vt* сгружать, сгрузить *pf*

Abladeplatz *m* <-es, -plätze> разгрузочная площадка *f*

Ablage *f* <-, -n> 1. склад *m*, архив *m*; 2. (*von Akten*) подшивка *f* документов

ablagern I. *vt* складывать, сложить *pf*; II. *vr* отлагаться, -ложиться *pf*, осаждаться, осадиться *pf*

ablassen I. *irr vt* 1. (*herunterlassen*)

спуска́ть, -сти́ть pf; **2.** (fig: Dampf) выпуска́ть, вы́пустить pf; **II.** vi оставля́ть, -та́вить pf в поко́е (von + dat в + präpos)
Ablativ m <-s, -e> аблати́в m, отложи́тельный паде́ж m
Ablauf m <-(e)s, Abläufe> **1.** (Verlauf) ход m, тече́ние nt; **2.** (Abfolge) после́довательность f; ~ der Arbeit ход рабо́ты **3.** (Vorgang) проце́сс m; **technologischer ~** технологи́ческий проце́сс **4.** (Abfluss) сток m
Ablaufdiagramm nt <-(e)s, -e> гра́фик m после́довательности опера́ций
ablaufen irr vi **1.** (abfließen) стека́ть, сте́чь pf; **2.** (verlaufen) проходи́ть, пройти́ pf; **3.** (Frist) истека́ть, -те́чь pf; **II.** vt **1.** (Strecke) обега́ть, обе́гать pf; **2.** (Sohlen) ста́птывать, стопта́ть pf
Ablauforganisation f <gen: -> организа́ция f рабо́чего проце́сса
ablegen I. vt **1.** (Gewohnheit) оставля́ть pf, -вля́ть impf, броса́ть, бро́сить pf; **2.** (Prüfung) сдава́ть, сдать pf; **3.** (Akten) подшива́ть, -ши́ть pf; **4.** (Kleidung) снима́ть, снять pf; **5.** (DV: Datei) размеща́ть, размести́ть pf; **II.** vi (Schiff) отча́ливать, -ча́лить pf
Ableger m <-s, -> **1.** (Zweigstelle) филиа́л m; **2.** (BOT) отво́док m
ablehnen vt **1.** (zurückweisen) отклоня́ть, -ни́ть pf; **2.** (missbilligen) не признава́ть, -на́ть pf
Ablehnung f <-, -en> отклоне́ние nt, отка́з m
ableisten vt (Wehrdienst) отбыва́ть, -бы́ть pf
ableiten vt **1.** (wegleiten) отводи́ть, -вести́ pf; **2.** (folgern) выводи́ть, вы́вести pf; **3.** (Wort) происходи́ть, -изойти́ pf
Ableitung f <-, -en> **1.** отво́д m; **2.** (LING) произво́дное сло́во nt
ablenken I. vt **1.** (Person) развлека́ть, -вле́чь pf, отвлека́ть, -вле́чь pf; **2.** (Strahlen, Geschoß) отводи́ть, -вести́ pf; **II.** vi: **vom Thema~** отвле́чь от те́мы
Ablenkung f <-, -en> отклоне́ние nt
Ablenkungsmanöver nt <-s, -> отвлека́ющий манёвр m
Ablenkungswinkel m <-s, -> (TECH) у́гол m отклоне́ния
ablesen irr vt **1.** (Rede) чита́ть, проче́сть pf по напи́санному; **2.** (Zählerstand) снима́ть, снять pf показа́ния
abliefern vt сдава́ть, сдать pf, поставля́ть, -ста́вить pf
Ablieferung f <-, -en> сда́ча f, поста́вка f
Ablieferungsbescheinigung f <-, -en> удостовере́ние nt поста́вки
Ablieferungstermin m <-(e)s, -e> срок m поста́вки

ablösbar adj (ÖKON) подлежа́щий погаше́нию, подлежа́щий вы́купу
ablösen vt **1.** (abtrennen) откле́ивать, -кле́ить pf, отделя́ть, -ли́ть pf; **2.** (Vorgänger) сменя́ть, -ни́ть pf; **3.** (ÖKON) погаша́ть, -гаси́ть pf, выкупа́ть, вы́купить pf; **eine Hypothek ~** выкупа́ть закладну́ю
Ablösung f <-, -en> **1.** отделе́ние nt, отсла́ивание nt; **2.** (ÖKON) погаше́ние nt, вы́куп nt
Ablösungssumme f <-, -n> су́мма f вы́купа
Abluft f <gen: -> (TECH) отходя́щий во́здух m
ABM abk von **Arbeitsbeschaffungsmaßnahme** f (госуда́рственная) ме́ра по трудоустро́йству безрабо́тных
abmachen vt **1.** (entfernen) снима́ть, снять pf; **2.** (vereinbaren) догова́риваться, -вори́ться pf
Abmachung f <-, -en> сде́лка f, догово́р m, соглаше́ние nt, договорённость f; **mündliche ~** у́стная договорённость; **vertragliche ~** догово́рное соглаше́ние; **sich an eine ~ halten** приде́рживаться договорённости
abmagern vi худе́ть, по- pf
abmähen vt ска́шивать, скоси́ть pf
Abmahnung f <-, -en> предупрежде́ние nt, предостереже́ние nt
abmalen vt срисо́вывать, -сова́ть pf
Abmarsch m <-(e)s, Abmärsche> выступле́ние nt
abmarschieren vi выступа́ть, вы́ступить pf в похо́д
abmelden I. vt **1.** сообща́ть, -щи́ть pf об отъе́зде; **2.** (Auto) снима́ть, снять pf с учёта; **II.** vr выпи́сываться, вы́писаться pf
Abmeldung f <-, -en> сня́тие nt с учёта, вы́писка f
abmessen irr vt измеря́ть, -ме́рить pf
abmontieren vt демонти́ровать impf/pf
ABM-Stelle f <-, -n> рабо́чее ме́сто, специа́льно со́зданное или субсиди́руемое госуда́рством в ра́мках мер по трудоустро́йству безрабо́тных
abmühen vr неутоми́мо труди́ться impf, стара́ться, по- pf
abnabeln vr перереза́ть, -ре́зать pf пупови́ну
abnagen vt обгла́дывать, -глода́ть pf
Abnäher m <gen: -s> вы́тачка f
Abnahme f <-, -n> **1.** (das Entfernen) сня́тие nt; **2.** (Verringerung) уменьше́ние nt; **3.** (Kauf) поку́пка f; **4.** (Entgegennahme) приёмка f; **die ~ verweigern** отка́зываться от приёмки **5.** (Nachlassen) паде́ние nt, ослабле́ние nt
Abnahmeverpflichtung f <-, -en> обяза́тельство nt по приёмке

abnehmen I. *irr vt* 1. (*herunternehmen*) снимать, снять *pf*; 2. (*Ware*) покупать, купить *pf*; 3. (*Prüfung*) принимать, -нять *pf*; **jdm etw ~** (*umg: jdm etw glauben*) поверить кому-л.; **II.** *vi* 1. (*kleiner werden*) уменьшаться, уменьшиться *pf*; 2. (*an Gewicht*) худеть, по- *pf*

Abnehmer, -in *m/f* <-s, -> 1. покупатель, -ница *m/f*; 2. заказчик, -чица *m/f*

Abnehmerkreis *m* <-es, -e> круг *m* покупателей; **einen neuen ~ erschließen** привлекать новый круг покупателей

Abneigung *f* <-, -en> 1. неприязнь *f*; 2. антипатия *f* (*gegen* +*akk* к +*dat*)

abnorm *adj* ненормальный, аномальный

abnutzbar *adj* изнашиваемый

abnutzen *vt* изнашивать, -носить *pf*

Abnutzung *f* <-, -en> 1. (*Verschleiß*) износ *m*; 2. (*Amortisation*) амортизация *f*

Abo *abk von **Abonnement*** *nt*

Abolition *f* <-, -en> (JUR) приостановка *f* судебного разбирательства

Abolitionismus *m* <*gen:* -> (HIST) аболиционизм *m*

Abonnement *nt* <-s, -s> подписка *f*

Abonnent, -in *m/f* <-en, -en> 1. абонент *m*; 2. подписчик, -чица *m/f*

abonnieren (*Zeitung*) выписывать, выписать *pf*

Abordnung *f* <-, -en> депутация *f*, делегация *f*

abpacken *vt* расфасовывать, -совать *pf*

abpassen *vt* 1. (*Person*) поджидать *impf*; 2. (*Zeitpunkt*) подгадывать, -гадать *pf*

abpfeifen *irr vt* (SPORT) останавливать, -новить *pf* игру

Abpfiff *m* <-(e)s, -e> финальный свисток *m*

abplagen *vr* мучиться, из- *pf* (*mit* +*akk* с +*inst*)

abplatzen *vi* 1. откалываться, -колоться *pf*; 2. (*Knopf*) отлетать, -лететь *pf*

abprallen *vi* отскакивать, -скочить *pf*

abputzen *vt* чистить, по- *pf*

abquälen *vr* мучиться, из- *pf* (*mit* +*akk* с +*inst*)

abrasieren *vt* сбривать, сбрить *pf*

Abrasion *f* <-, -en> 1. соскабливание *m*; 2. (GEOL) абразия *f*; 3. (MED) выскабливание *f*

abraten *irr vi* отсоветовать *pf*

Abraum *m* <-(e)s, -räume> (BERGB) вскрыша *f*

abräumen *vt* (*Tisch*) убирать, убрать *pf* (со стола)

abreagieren I. *vr* разрядиться *pf*, -ряжаться *impf*; **II.** *vt* (*Ärger*) срывать, сорвать *pf* зло

abrechnen I. *vt* (*in Abzug bringen*) вычитать, вычесть *pf*; **II.** *vi* рассчитываться, -таться *pf*; **mit jdm ~** сводить счёты

Abrechnung *f* <-, -en> 1. (*das Abziehen*) очисление *nt*, вычет *m*; 2. расчёт *m*; 3. (*Schlussrechnung*) подведение *nt* итога; **quartalsmäßige ~** квартальный отчёт

Abrechnungsdatum *nt* <-s, -daten> день *m* ликвидации расчётов *m*

Abrechnungskurs *m* <-es, -e> расчётный курс *m*

Abrechnungsperiode *f* <-, -n> отчётный период *m*

Abrechnungsstelle *f* <-, -n> расчётная палата *f*

Abrechnungsverkehr *m* <*gen:* -s> клиринговые операции *pl*

abregen *vr* (*umg: sich beruhigen*) успокаиваться, -коиться *pf*

abreiben *irr vt* стирать, стереть *pf*

Abreibung *f* <-, -en> (*umg: Prügel*) взбучка *f*

Abreise *f* <-, -> отъезд *m*

abreisen *vi* уезжать, уехать *pf*

abreißen *irr vt* 1. отрывать, оторвать *pf*; 2. (*Haus*) сносить, снести *pf*

Abreißkalender *m* <-s, -> отрывной календарь *m*

abrennen *vt* (*umg*) обегать *pf*

abrichten *vt* дрессировать, вы- *pf*

Abrieb *m* <-(e)s, -e> истирание *nt*, износ *m*

abriegeln *vt* 1. запирать, -переть *pf* на засов; 2. (*Gebiet*) блокировать *impf/pf*, оцеплять, -пить *pf*

Abriss *m* <-es, -e> 1. (*Abbruch*) снос *m*; 2. (*Kurzdarstellung*) очерк *m*; 3. (*Zeichnung*) чертёж *m*

abrücken *vi* 1. отодвигаться, -двинуться *pf*; 2. (*fig*) отмежёвываться, -жеваться *pf*

Abruf *m* <*gen:* -(e)s>: **auf ~** по вызову

abrufen *irr vt* 1. (*Person*) вызывать, вызвать *pf*; 2. (*Daten*) производить, -вести *pf* выборку

abrunden *vt* 1. закруглять, -лить *pf*; 2. (*Geschmack*) придавать, -дать *pf* завершённости

abrupt *adj* внезапный

abrüsten *vi* разоружаться, -житься *pf*

Abrüstung *f* <*gen:* -> разоружение *n*

Abrüstungsgespräche *pl* переговоры *pl* о разоружении

Abrüstungskonferenz *f* <-, -en> конференция *f* по разоружению

Abrüstungsverhandlungen *pl* переговоры *pl* о разоружении

abrutschen *vi* сползать, -зти *pf*

ABS *abk von **Antiblockiersystem*** *nt* антиблокировочная система *f*

absacken *vi* 1. (*Flugzeug*) терять, по- *pf* скорость; 2. (*fig: Mensch*) морально опускаться, -ститься *pf*

Absage *f* <-, -n> отказ *m*

absagen I. vt 1. отказывать, -зать pf; 2. (Veranstaltung) отменять, -нить pf; II. vi отказываться, -заться pf

absatteln vi (Pferd) рассёдлывать, -седлать pf

Absatz m <-es, Absätze> 1. (ÖKON) сбыт m, реализация f; **gesicherter ~** гарантированный сбыт; **schleppender ~** медленный сбыт; **den ~ steigern** увеличивать сбыт 2. (von Schuh) каблук m; 3. (Treppenabsatz) ступень f; 4. (Textabschnitt) абзац m; **einen ~ machen** начинать с красной строки

Absatzanalyse f <-, -n> анализ m сбыта

Absatzbeschränkung f <-, -en> ограничения pl сбыта

Absatzchancen pl возможности pl сбыта

Absatzflaute f <-, -n> застой m в сбыте

absatzfördernd adj стимулирующий сбыт

Absatzförderung f <gen: -> стимулирование nt сбыта

Absatzforschung f <gen: -> изучение nt сбыта

Absatzgebiet nt <-(e)s, -e> рынок m сбыта

Absatzgenossenschaft f <-, -en> сбытовой кооператив m

Absatzkanal m <-(e)s, -kanäle> канал m сбыта

Absatzkette f <-, -n> сбытовая цепь f

Absatzkontrolle f <-, -n> контроль m за сбытом

Absatzkosten pl затраты pl на реализацию

Absatzkurve f <-, -n> график m сбыта

Absatzlage f <-, -n> коньюнктура f

Absatzmarkt m <-es, -märkte> рынок m сбыта; **neue Absatzmärkte erschließen** осваивать новые рынки сбыта

Absatzmittler m <-s, -> агент m по сбыту

absatzorientiert adj ориентирующийся на сбыт

Absatzplan m <-(e)s, -pläne> план m сбыта

Absatzplanung f <-, -en> планирование nt сбыта

Absatzplus nt <gen: -> прирост m сбыта

Absatzpolitik f <gen: -> политика f в области сбыта

Absatzprognose f <-, -n> прогноз m сбыта

Absatzrisiko nt <-s, -risiken> торговый риск m

Absatzschwierigkeiten pl затруднения pl со сбытом

Absatzsteigerung f <-, -en> увеличение объёма m сбыта

Absatzvolumen nt <-s, -volumina> объём m сбыта

Absatzweg m <-(e)s, -e> канал m сбыта

Absatzwirtschaft f <gen: -> экономика f сбыта, маркетинг m

Absauganlage f <-, -n> (TECH) вытяжная установка f

abschaben vt соскабливать, -блить pf

abschaffen vt отменять, -нить pf

Abschaffung f <gen: -> отмена f

Abschaltautomatik f <gen: -> автоматическое отключение nt

abschalten I. vt (ausschalten) выключать, выключить pf; II. vi (umg) отключаться, -читься pf

abschätzen vt оценивать, -нить pf

abschätzig adj пренебрежительный

abschauen vt 1. перенимать, -ренять pf (+ dat у +gen); 2. списывать, списать (bei +dat у +gen)

Abschaum m <gen: -(e)s> (pej) отбросы pl общества

Abscheider m <gen: -s> (TECH) сепаратор m

Abscheu m <gen: -(e)s> отвращение nt

abscheulich adj отвратительный

abschicken vt отсылать, отослать pf; **eine E-Mail ~** отправлять сообщение по электронной почте

abschieben irr vt (Person) высылать, выслать pf, выдворять, выдворить pf

Abschiebepraxis f <gen: -> практика f высылки [о выдворения] из страны

Abschiebestopp m <gen: -s> приостановка f действующей практики высылки из страны

Abschiebungshaft f <gen: -> арест m с целью высылки из страны

Abschied m <-(e)s, -e> расставание nt; **~ nehmen** прощаться

Abschiedsabend m <-s, -e> прощальный вечер m

abschießen irr vt 1. выстрелить pf, -стреливать impf; 2. (Flugzeug) сбить pf, сбивать impf

abschirmen vt заслонять, -нить pf

abschlachten vt забивать, -бить pf

Abschlag m <-(e)s, Abschläge> 1. (Preisnachlass) скидка f; 2. (Anzahlung) задаток m; 3. (Vorschuss) аванс m; 4. (SPORT) удар вратаря с руки

abschlagen irr vt 1. отбивать, -бить pf; 2. отсекать, -сечь pf; 3. (Bitte) отказывать, -зать pf

Abschlagszahlung f <-, -en> платёж m в рассрочку

abschleifen irr vt стачивать, сточить pf

Abschleppdienst m <-(e)s, -e> служба f для отбуксировки автомобилей

abschleppen vt отбуксировать pf

Abschleppseil nt <-(e)s, -e> буксировочный трос m

Abschleppstange f <-, -n> (KFZ) буксировочная штанга f

Abschleppwagen m <-s, -> буксировочный автомобиль m

abschließen I. *irr vt* 1. (*Tür*) запира́ть, -пере́ть *pf*; 2. (*beenden*) зака́нчивать, -ко́нчить *pf*; das Geschäftsjahr ~ завершáть фина́нсовый год 3. (*Vertrag*) заключа́ть, -чи́ть *pf*; die Bücher ~ бала́нсировать бухга́лтерские кни́ги; eine Versicherung ~ заключи́ть догово́р о страхова́нии; einen Vertrag ~ заключа́ть догово́р; eine Wette ~ заключа́ть пари́; **II.** *vi* конча́ться, ко́нчиться *pf*; mit einer Sache ~ поко́нчить с каки́м-л. де́лом

Abschluss *m* <-es, Abschlüsse> 1. (*Beendigung*) оконча́ние *nt*; 2. (*eines Vertrags*) заключе́ние *nt*; 3. (*eines Geschäfts*) сде́лка *f*; 4. (*Schlussrechnung*) ито́говый бала́нс *m*

Abschlussbericht *m* <-(e)s, -e> заключи́тельный отчёт *m*

Abschlussbilanz *f* <-, -en> заключи́тельный бала́нс *m*

Abschlussbuchung *f* <-, -en> заключи́тельные бухга́лтерские за́писи *pl*

Abschlusskundgebung *f* <-, -en> заключи́тельный ми́тинг *m*

Abschlussprüfung *f* <-, -en> выпускно́й экза́мен *m*

Abschlussstichtag *m* <-(e)s, -e> (BÖRSE) день *m*, по ку́рсу кото́рого произво́дится расчёт по сде́лке

Abschlusszeugnis *nt* <-ses, -se> свиде́тельство *nt* об оконча́нии уче́бного заведе́ния

abschmecken *vt* 1. (*Speise*) добавля́ть, -ба́вить *pf* по вку́су припра́ву; 2. (*Wein*) дегусти́ровать *impf*

abschmelzen I. *vt* 1. расплавля́ть, -пла́вить *pf*; 2. растопля́ть, -топи́ть *pf*; **II.** *vi* 1. та́ять, *pf*; 2. пла́виться, расплавля́ться

abschmieren *vt* (TECH) сма́зывать, сма́зать *pf*

abschminken *vr* (*Schminke abnehmen*) снима́ть, сня́ть *pf* грим; sich etw ~ können (*umg*) вы́бросить что́-л. из головы́

abschnallen *vt* 1. расстёгивать, -стегну́ть *pf*; 2. (*umg*) отключа́ться, -чи́ться *pf*

abschneiden I. *irr vt* (*wegschneiden*) отреза́ть, -ре́зать *pf*; **II.** *vi* получи́ть *pf*, -ча́ть *impf* результа́т; bei etw gut/schlecht ~ име́ть в чём-л. успе́х/потерпе́ть неуда́чу

Abschnitt *m* <-(e)s, -e> 1. уча́сток *m*; 2. (*Textteil*) разде́л *m*, глава́ *f*; 3. (*Zeit~*) отре́зок *m*; 4. (*Bereich*) се́ктор *m*, уча́сток *m*

abschöpfen *vt* (ÖKON) изыма́ть, изъя́ть *pf*

Abschöpfung *f* <*gen*: -> уменьше́ние *nt*

Abschottung *f* <*gen*: -> замыка́ние *nt*

на себе́, неприя́тие *nt* влия́ний извне́

abschrauben *vt* отви́нчивать, -винти́ть *pf*

abschrecken *vt* 1. (*Person*) отпу́гивать, -пугну́ть *pf*; 2. (*Eier*) бы́стро охлажда́ть, -лади́ть *pf*; 3. (*Nudeln*) обдава́ть, -да́ть *pf* холо́дной водо́й

Abschreckung *f* <-, -en> устраше́ние *nt*

abschreiben *irr vt* 1. перепи́сывать, -са́ть *pf*; 2. (*umg*: *aufgeben*) спи́сывать, -са́ть *pf*, закрыва́ть, -кры́ть *pf*; diese Sache kann man jetzt ~ э́то де́ло мо́жно тепе́рь закры́ть; 3. (ÖKON) спи́сывать, -са́ть *pf*, амортизи́ровать *impf/pf*

Abschreibung *f* <-, -en> амортиза́ция *f*

Abschreibungsbetrag *m* <-(e)s, -beträge> су́мма *f* амортизацио́нных отчисле́ний

Abschreibungsrate *f* <-, -n> но́рма *f* амортиза́ции

Abschreibungszeitraum *m* <-(e)s, -räume> амортизацио́нный пери́од *m*

Abschrift *f* <-, -en> ко́пия *f*

abschürfen *vt* обдира́ть, ободра́ть *pf*

Abschürfung *f* <-, -en> сса́дина *f*

Abschuss *m* <-es, Abschüsse> вы́стрел *m*

abschüssig *adj* круто́й

Abschussrampe *f* <-, -n> (раке́тная) пускова́я устано́вка *f*

abschütteln *vt* 1. стря́хивать, -хну́ть *pf*; 2. (*Person*) отде́латься *pf*, -лыва́ться *impf*; ich habe ihn schon abgeschüttelt я от него́ уже́ отде́лался

Abschweifung *f* <-, -en> отклоне́ние *nt*

abschwellen *irr vi* 1. спада́ть, спа́сть *pf*; 2. (*Lärm*) стиха́ть, сти́хнуть *pf*

abschwirren *vi* (*umg*) уйти́ *pf*, упорхну́ть *pf*

abschwören *vt*: einer Sache ~ отрека́ться от чего́-л.

Abschwung *m* <*gen*: -(e)s> спад *m* конъюнкту́ры

absegnen *vt* 1. благословля́ть, -ви́ть *pf*; 2. (*fig*) одобря́ть, одо́брить *pf*

absehbar *adj* обозри́мый; in ~er Zeit в обозри́мом бу́дущем

absehen I. *irr vt* (*Folgen*) предви́деть *impf*; **II.** *vi* (*nicht berücksichtigen*) не принима́ть, -ня́ть *pf* во внима́ние; es auf etw abgesehen haben ме́тить на что́-л.

abseilen I. *vt* (*an Seil*) спуска́ть, -сти́ть *pf* на кана́те; **II.** *vr* 1. (*an Seil*) спуска́ться, -сти́ться *pf* на кана́те; 2. (*umg*) смыва́ться, смы́ться *pf*

abseits *adv* в стороне́

Abseits *nt* <*gen*: -> (SPORT) положе́ние *nt* вне игры́; im ~ stehen остава́ться в тени́

Abseitsfalle *f* <-, -n> (SPORT) иску́сственное положе́ние *nt* вне игры́

absenden *vt* отсыла́ть, отосла́ть *pf*

Absender, -in *m/f* <-s, -> отправи́тель, -ница *m/f*

Absenkung f <-, -en> (Gelände) снижение nt

absetzbar adj не облагаемый налогом; **steuerlich ~e Beträge** суммы доходов, не облагаемые налогом

absetzen I. vt 1. снимать, снять pf; 2. (Fahrgast) высаживать, высадить pf; 3. (Regierung) свергнуть pf, -гать impf; 4. (Ware) сбывать, сбыть pf; 5. (Fahrtkosten) вычитать impf, вычесть pf; 6. (Medikament) прекращать приём, -кратить pf; II. vr отрываться, оторваться pf от преследователя, скрываться, скрыться pf

Absetzung f <gen: -> (Abzug) вычет m, исключение nt

absichern vt защищать, -щитить pf, предохранять, -нить pf

Absicherung f <-, -en> покрытие nt, обеспечение nt

Absicht f <-, -en> намерение nt

absichtlich adj намеренный, умышленный

Absichtserklärung f <-, -en> заявление nt о намерениях

absitzen I. irr vt (Strafe) отсиживать, -сидеть pf; II. vi (Reiter) спешиваться, -шиться pf

absolut adj абсолютный; **~en Vorrang genießen** имет абсолютное имущество

Absolutismus m <gen: -> абсолютизм m

Absolvent, -in m/f <-en, -en> выпускник, -ница m/f

absolvieren vt оканчивать, окончить pf

absondern I. vt 1. (ausscheiden) выделять, выделить pf; 2. (trennen) отделять, -лить pf, разделять, -лить pf; II. vr уединяться, -ниться pf

Absonderung f <-, -en> 1. (Trennung) отделение nt, разделение nt; 2. (Ausscheidung) выделение nt

absorbieren vt 1. абсорбировать impf/pf; 2. поглощать, -глотить pf

Absorption f <gen: -> поглощение nt

Abspaltung f <-, -en> отщепление nt, откалывание nt

absparen vt экономить, сэкономить pf; **sich etw vom Munde ~** экономить на себе

abspecken vi (umg) сбрасывать, сбросить pf жирок

abspeichern vt (DV) записать pf, -писывать impf в память

abspeisen vt: **jdn ~** отделаться от кого-л.

absperren vt 1. (Tür) запирать, -переть pf; 2. (Gelände) отгораживать, -родить pf

Absperrung f <-, -en> 1. (das Absperren) оцепление nt; 2. (Barriere) ограда f

abspielen I. vt 1. (Schallplatte) проигрывать, -играть pf; 2. (SPORT: Ball) пасовать impf; II. vr происходить, -изойти pf

Absprache f <-, -n> договорённость f

absprechen irr vt договориться pf, -вариваться impf; **jdm etw ~** (aberkennen) не признавать за кем-л. что-л.

abspringen irr vi 1. (herunterspringen) спрыгивать, -гнуть pf; 2. (Lack) облупливаться, -питься pf; 3. (umg: zurücktreten) оставлять, -тавить pf, бросить pf, -сать impf

Absprung m <-(e)s, Absprünge> прыжок m

abspülen vt 1. смывать, смыть pf; 2. (Geschirr) ополаскивать, -лоскать pf

abstammen vi происходить, -изойти pf

Abstammungslehre f <gen: -> учение nt о происхождении видов

Abstand m <-(e)s, Abstände> 1. расстояние nt; 2. (zeitlich) промежуток m; **mit ~** намного; **von etw ~ nehmen** воздержаться от чего-л.

Abstandsgeld nt <-(e)s, -er> (JUR) отступные деньги pl

Abstecher m <-s, -> небольшое отклонение от маршрута путешествия с целью посетить какое-л. место

abstecken vt 1. (Gebiet) размечать, -метить pf; 2. (Kleid) накалывать, -колоть pf

abstehen irr vi находиться impf на расстоянии

absteigen irr vi 1. слезать, слезть pf; 2. (einkehren, übernachten) останавливаться, -новиться pf; 3. выбыть pf в низшую лигу

abstellen vt 1. (hinstellen) ставить, по- pf; 2. (ausschalten) выключать, выключить pf; 3. (Auto) ставить, по- pf; 4. (Missstand) устранять, -нить pf

Abstellgleis nt <-es, -e> запасный путь m

Abstellplatz m <-es, -plätze> место m для стоянки

abstempeln vt 1. (Brief) проштемпелевать pf, штемпелевать impf; 2. (Ausweis) поставить печать pf; 3. (Person) навешивать, -весить pf ярлык

Abstieg m <-(e)s, -e> 1. спуск m; 2. (Niedergang) упадок m; 3. (SPORT) переход m в более низкую лигу

abstimmen I. vt 1. (Farben) подбирать, -добрать pf; 2. (Rede) ориентировать, сориентировать pf; 3. (in Einklang bringen) согласовывать, -совать pf; II. vi голосовать, про- pf

Abstimmung f <-, -en> голосование nt; **geheime ~** тайное голосование; **offene ~** открытое голосование; **Ausgang einer ~** исход голосования

Abstimmungsergebnis nt <-ses, -se> результа́т m голосова́ния
abstinent adj уме́ренный, возде́ржанный
Abstinenz f <gen: -> возде́ржанность f
Abstoß m <-es, Abstöße> (SPORT) отта́лкивание nt, толчо́к m
abstoßen irr vt 1. отта́лкивать, -толкну́ть pf; 2. (verkaufen) сбыва́ть, сбыть pf
abstoßend adj отта́лкивающий
abstrakt adj абстра́ктный
Abstraktion f <-, -en> абстра́кция f
Abstraktionsvermögen nt <gen: -s> спосо́бность f к абстра́ктному мышле́нию
abstrampeln vr (umg) напряга́ться, -пря́чься pf, стара́ться, по- pf
abstreifen vt снима́ть, снять pf, сбра́сывать, сбро́сить pf
abstreiten irr vt оспа́ривать, -по́рить pf
Abstrich m <-(e)s, -e> 1. (Kürzung) сокраще́ние nt, ограниче́ние nt; 2. (MED) мазо́к m
abstufen vt 1. (in Stufen anordnen) располага́ть, -ложи́ть pf уступа́ми; 2. (staffeln) разделя́ть, -дели́ть pf по катего́риям
abstumpfen I. vi тупи́ться, за- pf; II. vt (auch fig) притупля́ть, -пи́ть pf
Absturz m <-es, Abstürze> паде́ние nt
abstürzen vi сорва́ться pf, срыва́ться impf
abstützen vt подпира́ть, -пере́ть pf
absuchen vt обы́скивать, -ка́ть pf
absurd adj абсу́рдный, неле́пый; **das ist ja ~!** э́то же абсу́рд!
Absurdität f <gen: -> абсу́рдность f
Abszess m <-es, -e> нары́в m
Abszisse f <-, -n> абсци́сса f
Abt f <-(e)s, Äbte> абба́т m
abtasten vt ощу́пывать, -пать pf
Abtauvorrichtung f <-, -en> (TECH) размора́живающее устро́йство nt
Abtei f <-, -en> абба́тство nt
Abteil nt <-(e)s, -e> купе́ nt
Abteilservice m <gen: -> обслу́живание в купе́ m
Abteilung f <-, -en> 1. отделе́ние nt; 2. (in Unternehmen) отде́л m, слу́жба f; **kaufmännische ~** комме́рческий отде́л; **eine neue ~ einrichten** открыва́ть но́вый отде́л 3. (im Kaufhaus) отде́л m; 4. (MIL) подразделе́ние nt
Abteilungsleiter, -in m/f <-s, -> нача́льник m отде́ла
Äbtissin f <-, -en> аббати́са f, настоя́тельница f
abtöten vt 1. умерщвля́ть, -ртви́ть pf; 2. (Gefühle) заглуша́ть, -ши́ть pf
abtragen irr vt 1. (einebnen) снима́ть, снять pf слой земли́; 2. (Kleidung) изна́шивать, -носи́ть pf

abträglich adj неблагоприя́тный; **einer Sache ~ sein** быть вре́дным для чего́-л.
Abtransport m <-(e)s, -e> отпра́вка f, отгру́зка f
abtreiben I. irr vi (Boot) дрейфова́ть impf; II. vt 1. (Strömung) сноси́ть, снести́ pf; 2. (MED) де́лать, сде́лать pf або́рт
Abtreibung f <-, -en> або́рт m
Abtreibungsrecht nt <gen: -(e)s> зако́н m об або́ртах
abtrennen vt 1. (lösen) отпа́рывать, -поро́ть pf, отрыва́ть, оторва́ть pf; 2. (abteilen) разделя́ть, -ли́ть pf, отделя́ть, -ли́ть pf
abtreten irr vt 1. (Schuhe) изна́шивать, -носи́ть pf; 2. (überlassen) уступа́ть, -пи́ть pf; **eine Firma ~** уступи́ть [o переда́ть] фи́рму
Abtretung f <-, -en> усту́пка f, це́ссия f; **~ der Rechte** усту́пка прав; **~ einer Forderung** усту́пка тре́бования
abtrocknen I. vt вытира́ть, вы́тереть pf; II. vi высыха́ть, вы́сохнуть pf
abtrünnig adj измени́вший, неве́рный
abtun irr vt отклоня́ть, -ни́ть pf; **er tat die Kritik als unbegründet ab** он отклони́л кри́тику как необосно́ванную
Abverkauf m <-(e)s, -käufe> (österr: Ausverkauf) распрода́жа f
abverlangen vt вы́требовать pf; **jdm etw ~** потре́бовать у кого́-л. что́-л.
abwägen vt 1. взве́шивать, -ве́сить pf; 2. проду́мывать, -ду́мать pf
abwählen vt (Person) не переизбра́ть pf, -бира́ть impf при голосова́нии
abwälzen vt (Schuld, Verantwortung) сва́ливать, -ли́ть pf (auf +akk на +akk)
abwandeln vt варьи́ровать impf, изменя́ть, -ни́ть pf
abwandern vi эмигри́ровать impf/pf, переселя́ться, -ли́ться pf
Abwanderung f <-, -en> переселе́ние nt, эмигра́ция f; **~ der Intelligenz** уте́чка мозго́в
Abwärme f <gen: -> (TECH) отходя́щее тепло́ nt
Abwärmenutzung f <gen: -> (TECH) испо́льзование nt отходя́щего тепла́
Abwart, -in m/f <-s, -e> (CH: Hausmeister) дво́рник m, коменда́нт m зда́ния
abwarten I. vt ждать impf; **das Ende des Gesprächs ~** ждать оконча́ния разгово́ра; **wir müssen das Gewitter ~** мы должны́ пережда́ть грозу́; II. vi подожда́ть pf, повремени́ть pf
abwärts adv вниз; **mit seiner Gesundheit geht es ~** его́ здоро́вье ухудша́ется
Abwasch m <gen: -(e)s> 1. мытьё nt посу́ды; 2. (österr: Abwaschbecken) мо́йка f
abwaschbar adj (Tapeten) мо́ющийся
abwaschen irr vt мыть, вы- pf
Abwaschmaschine f <-, -n> (CH: Ge-

schirrspülmaschine) посудомо́ечная маши́на *f*
Abwaschschüssel *f* <-, -n> та́зик *m* для мытья́ посу́ды
Abwasser *nt* <-s, Abwässer> сто́чные во́ды *pl*
Abwasseraufbereitung *f* <gen: -> очи́стка *f* сто́чных вод
Abwasserentsorgung *f* <gen: -> устране́ние *nt* сто́чных вод
Abwassergebühren *pl* нало́г *m* на сброс сто́чных вод в водоёмы
Abwasserreinigung *f* <gen: -> очи́стка *f* сто́чных вод
abwechseln *vr* чередова́ться *impf* (*mit + dat* с *+inst*)
Abwechslung *f* <-, -en> переме́на *f*, сме́на *f*; **zur ~** для разнообра́зия
abwechslungsreich *adj* разнообра́зный
Abweg *m* <-(e)s, -e> заблужде́ние *nt*; **auf ~e geraten** сби́ться с ве́рного пути́
abwegig *adj* (*Idee, Vorschlag*) неле́пый, ло́жный
Abwehr *f* <gen: -> 1. оборо́на *f*; 2. (SPORT) защи́та *f*
Abwehrdienst *m* <-es, -e> секре́тная слу́жба *f*
abwehren *vt* 1. отража́ть, -рази́ть *pf*; 2. (*zurückweisen*) отклоня́ть, -ни́ть *pf*; 3. (SPORT) отбива́ть, -би́ть *pf*
Abwehrmaßnahme *f* <-, -n> защи́тная ме́ра *f*
Abwehrreaktion *f* <-, -en> (BIOL) защи́тная реа́кция *f*
Abwehrspieler *m* <-s, -> (SPORT) игро́к *m* ли́нии оборо́ны, защи́тник *m*
Abwehrzoll *m* <-(e)s, -zölle> запрети́тельная по́шлина *f*
abweichen *irr vi* 1. (*vom Kurs*) отклоня́ться, -ни́ться *pf*; 2. (*sich unterscheiden*) отлича́ться, -чи́ться *pf*
abweichend *adj* отлича́ющийся, отли́чный
Abweichung *f* <-, -en> отклоне́ние *nt*; **durchschnittliche ~** сре́днее отклоне́ние; **~ vom Muster** отклоне́ние от образца́
Abweichungsanalyse *f* <-, -n> ана́лиз *m* отклоне́ний
abweisen *irr vt* 1. (*Person*) отсыла́ть, отосла́ть *pf*, выпрова́живать, вы́проводить *pf*; 2. (*Antrag*) отклоня́ть, -ни́ть *pf*
abweisend *adj* недружелю́бный, отта́лкивающий
abwenden I. *vt* отвора́чивать, -верну́ть *pf*; II. *vr* отвора́чиваться, -верну́ться *pf*
abwerben *irr vt* перема́нивать, -ни́ть *pf*; **Fachkräfte ~** перема́нивать специали́стов
Abwerber *m* <-, -> охо́тник *m* за мозга́ми
Abwerbung *f* <-, -en> перема́нивание *nt*; **~ von Kunden** перема́нивание покупа́телей
abwerfen *irr vt* 1. сбра́сывать, сбро́сить *pf*; 2. (*Gewinn*) приноси́ть, -нести́ *pf*
abwerten *vt* 1. снижа́ть, сни́зить *pf* це́нность, обесце́нивать, -це́нить *pf*; 2. (*Währung*) девальви́ровать *impf*; **eine Währung ~** обесце́нивать валю́ту
Abwertung *f* <-, -en> девальва́ция *f*, обесце́нение *nt*
abwesend *adj* отсу́тствующий
Abwesenheit *f* <-, -> отсу́тствие *nt*; **durch ~ glänzen** (*umg*) блиста́ть отсу́тствием
abwetzen *vt* обта́чивать, -точи́ть *pf*
abwickeln *vt* 1. (*Faden*) разма́тывать, -мота́ть *pf*; 2. (*erledigen*) выполня́ть, вы́полнить *pf*, исполня́ть, -по́лнить *pf*; **einen Auftrag ~** выполня́ть зака́з; **ein Geschäft ~** осуществля́ть сде́лку
Abwicklung *f* <-, -en> 1. (*Durchführung*) выполне́ние *nt*; **die ~ eines Auftrages** выполне́ние зака́за; 2. (*Liquidation*) ликвида́ция *f*; **~ eines Betriebes** ликвида́ция предприя́тия
Abwicklungsbilanz *f* <-, -en> ликвидацио́нный бала́нс *m*
abwiegen *irr vt* взве́шивать, взве́сить *pf*
abwimmeln *vt* (*umg*) отде́лываться, -ла́ться *pf*
abwinken *vi* отмахну́ться *pf*, -ма́хиваться *impf*
abwischen *vt* 1. (*entfernen*) стира́ть, стере́ть *pf*, вытира́ть, вы́тереть *pf*; 2. (*säubern*) вытира́ть, вы́тереть *pf*
Abwurf *m* <-(e)s, Abwürfe> сбра́сывание *nt*; (SPORT) бросо́к *m* от воро́т
abwürgen *vt* 1. (*umg: Kritik*) подавля́ть, -ви́ть *pf*; 2. (*umg: Auto*) заглуши́ть *pf*, -ша́ть *impf* дви́гатель
abzahlen *vt* 1. (*Schulden*) погаша́ть, -гаси́ть *pf*; 2. (*Raten*) выпла́чивать, вы́платить *pf* в рассро́чку
abzählen *vt* отсчи́тывать, -счита́ть *pf*
Abzahlung *f* <-, -en> 1. (*das Abzahlen*) опла́та *f* в рассро́чку; 2. (*Rückzahlung*) погаше́ние *nt*; **~ eines Kredits** погаше́ние креди́та; **~ von Schulden** погаше́ние до́лга
Abzahlungskredit *m* <-(e)s, -e> креди́т *m* с рассро́чкой платежа́
Abzeichen *nt* <-s, -> знак *m*
abzeichnen I. *vt* 1. (*Bild*) срисо́вывать, -сова́ть *pf*; 2. (*unterschreiben*) подпи́сывать, -са́ть *pf*; II. *vr* намеча́ться, -ме́титься *pf*
Abziehbild *nt* <-(e)s, -er> переводна́я карти́нка *f*
abziehen I. *irr vt* 1. (*herabziehen, wegziehen*) стя́гивать, стяну́ть *pf*; 2. (*Bett*) снима́ть, снять *pf*; 3. (*Fell, Haut*) сдира́ть, содра́ть *pf*; 4. (*Foto, Negativ*)

печа́тать, на- *pf*; **5.** (*subtrahieren*) вычита́ть, вы́честь *pf*; **II.** *vi* **1.** (*Mensch*) уходи́ть, уйти́ *pf*; **2.** (*Rauch*) выходи́ть, вы́йти *pf*
abzielen *vi* ме́тить *impf* (*auf*+*akk* на)
Abzinsung *f* <-, -en> очисле́ние *f* сло́жных проце́нтов
Abzug *m* <-(e)s, Abzüge> **1.** ухо́д *m*; **2.** (*Foto*) отпеча́ток *m*; **3.** (*von Rauch*) вы́тяжка *f*; **4.** (*von Truppen*) вы́вод *m*, отво́д *m*; **5.** (*Verminderung*) вы́чет *m*, удержа́ние *nt*; **nach ~ der Kosten** за вы́четом расхо́дов; **nach ~ der Lohnsteuer** по удержа́нии дохо́дного нало́га
abzüglich *präp* +*gen* за вы́четом
abzugsfähig *adj* (*absetzbar*) не облага́емый нало́гом
abzweigen I. *vi* (*Weg*, *Straße*) ответвля́ться, -ви́ться *pf*; **II.** *vt* (*Geld*) откла́дывать, отложи́ть *pf*
Abzweigung *f* <-, -en> развя́лка *f*
Accessoires *pl* <*gen*: -> аксессуа́ры *pl*
Acetylsalicylsäure *f* <*gen*: -> ацети́лово-салици́ловая кислота́ *f*
ach *interj* ах; **~ was** нева́жно; **~ so** вот как
Ach *nt* <-s, -s>: **mit ~ und Krach** наси́лу
Achillessehne *f* <-, -en> ахи́ллово сухожи́лие *nt*
Achsbruch *m* <-(e)s, -brüche> поло́мка *f* оси
Achse *f* <-, -n> **1.** ось *f*; **2.** (TECH) вал *m*
Achsel *f* <-, -n> плечо́ *nt*; **mit den ~n zucken** пожима́ть плеча́ми
Achselhöhle *f* <-, -n> подмы́шка *f*
Achselzucken *nt* <*gen*: -s> пожима́ние *nt* плеча́ми
Achslager *nt* <-s, -> (TECH) осево́й подши́пник *mf*
acht *num* во́семь
achtbar *adj* почте́нный
achte(r,s) *adj* восьмо́й; **heute ist der ~e August** сего́дня восьмо́е а́вгуста
achteckig *adj* восьмиуго́льный
Achtel *nt* <-s, -> **1.** восьма́я часть *f*; **2.** (MUS) одна́ *f* восьма́я
achten I. *vt* (*Person*) уважа́ть *impf*; **II.** *vi* обраща́ть, -рати́ть *pf* внима́ние (*auf*+*akk* на +*akk*)
Achterbahn *f* <-, -en> ру́сские го́ры *fpl*
achtfach *adj* во́семь раз; **in ~er Ausfertigung** в восьми́ экземпля́рах
Acht geben *irr vi* быть *impf* осторо́жным; **gut auf etw ~** смотре́ть за чём-л.! **gib Acht, dass es nicht kaputtgeht** смотри́, не полома́й
achtgeschossig *adj* восьмиэта́жный
achthundert *num* восемьсо́т
achtjährig *adj* восьмиле́тний
Achtkampf *m* <*gen*: -(e)s> (SPORT) восьмибо́рье *nt*
achtköpfig *adj* состоя́щий из восьми́ челове́к
achtlos *adj* невнима́тельный
achtmal *adv* во́семь раз; **~ so groß wie ...** в во́семь раз бо́льше чем...
achträderig *adj* восьмиколёсный
achtseitig *adj* восьмисторо́нний
achtsitzig *adj* восьмиме́стный
achtstellig *adj* восьмизна́чный
achtstöckig *adj* девятиэта́жный
achtstrophig *adj* восьмистро́фный
achtstündig *adj* восьмичасово́й
achtstündlich *adj* ка́ждые во́семь часо́в
achttägig *adj* восьмидне́вный
achtteilig *adj* состоя́щий из восьми́ часте́й
Achtung *f* <*gen*: -> **1.** внима́ние *nt*; **2.** (*Respekt*) уваже́ние *nt*; **alle ~!** вот э́то да! **~!** осторо́жно!
achtwöchig *adj* восьминеде́льный
achtzehn *num* восемна́дцать
achtzehnhundert *num* ты́сяча восемьсо́т
achtzeilig *adj* восьмистро́чный
achtzig *num* во́семьдесят
achtzigmal *adv* во́семь раз, в во́семь раз
ächzen *vi* кряхте́ть *impf*
Acker *m* <-s, Äcker> по́ле *nt*
Ackerbau *m* <*gen*: -s> земледе́лие *nt*
ackern *vi* паха́ть, вспаха́ть *pf*
Ackerpferd *nt* <-(e)s, -e> рабо́чая ло́шадь *f*
Ackersenf *m* <*gen*: -s> (BOT) горчи́ца *f*
Ackerwinde *f* <-, -n> (BOT) вьюно́к *m*
Acryl *nt* <*gen*: -s> акри́л *m*
Acrylfarben *pl* <*gen*: -> акри́ловые кра́ски *pl*
Actionfilm *m* <-(e)s, -e> остросюже́тный фильм *m*
a.D. *abk von* **außer Dienst**
ADAC *abk von* **Allgemeiner Deutscher Automobil-Club** *m* Всеобщий неме́цкий автоклу́б
Adaptation *f* <*gen*: -> адапта́ция *f*, приспособле́ние *nt*
Adapter *m* <-s, -> ада́птер *m*
adäquat *adj* (*geh*) адеква́тный
addieren *vt* скла́дывать, сложи́ть *pf*
Addition *f* <-, -en> сложе́ние *nt*
Add-On *nt* <-s, -s> дополне́ние *nt*, обновле́ние *nt*
Adel *m* <*gen*: -s> дворя́нство *nt*
adelig *adj* зна́тный
Adenom *nt* <-(e)s, -e> (MED) адено́ма *f*, о́пухоль *f*
Ader *f* <-, -n> **1.** (*Blutgefäß*) арте́рия *f*, ве́на *f*; **2.** (*Erzvorkommen*) жи́ла *f*; **3.** (*fig*: *Neigung*) жи́лка *f*
Adhäsion *f* <*gen*: -> прилипа́ние *nt*
Adjektiv *nt* <-s, -e> и́мя *nt* прилага́тельное
adjektivisch *adj* значе́нии прилага́тельного

Adjunkt *m* <-en, -en> 1. (*österr: niederer Beamtentitel*) мла́дший чино́вник *m*; 2. (*CH: höherer Beamter, enger Mitarbeiter eines leitenden Beamten*) ста́рший чино́вник *m*, замести́тель *m* должностно́го лица́
Adjutant *m* <-en, -en> адъюта́нт *m*
Adler *m* <-s, -> орёл *m*
Administration *f* <-, -en> 1. (*Verwaltungsbehörde*) администра́ция *f*; 2. (*Verwaltungstätigkeit*) управле́ние *nt*, заве́дование *nt*
administrativ *adj* администрати́вный; ~e **Kontrolle** административный надзо́р
Administrator *m* <-s, -en> администра́тор *m*
Admiral *m* <-s, -e> адмира́л *m*
Admiralität *f* <gen: -> адмиралите́йство *nt*
adoptieren *vt* 1. адопти́ровать *impf/pf*; 2. (*Sohn*) усыновля́ть, -ви́ть *pf*; 3. (*Tochter*) удочеря́ть, -ри́ть *pf*
Adoption *f* <-, -en> 1. (*Sohn*) усыновле́ние *nt*; 2. (*Tochter*) удочере́ние *nt*
Adoptiveltern *pl* <gen: -> приёмные роди́тели *pl*
Adoptivkind *nt* <-(e)s, -er> приёмный ребёнок *m*
Adrenalin *nt* <gen: -s> адренали́н *m*
Adressat, -in *m/f* <-en, -en> 1. (*Empfänger*) адреса́т *m*, получа́тель *m*; 2. (*Bezogener eines Wechsels*) трасса́нт *m*
Adressatenkreis *m* <gen: -es> круг *m* адреса́тов
Adressbuch *nt* <-(e)s, -bücher> а́дресная кни́га *f*
Adresse *f* <-, -n> а́дрес *m*
adressieren *vt* адресова́ть *impf/pf*; **ich adressiere den Brief an ihn** я адресую письмо́ ему́
Adresspräfix *nt* <-es, -e> (DV) пре́фикс *m* в а́дресе
Adresszeile *f* <-, -n> (DV) а́дресная строка́ *f*
Adria *f* <gen: -> Адриати́ческое мо́ре *nt*
adstringierend *adj* вя́жущий, стя́гивающий
A-Dur (MUS) ля-мажо́р
Advent *m* <-(e)s, -e> предрожде́ственское вре́мя *nt*
Adventskranz *m* <-es, -kränze> предрожде́ственский вено́к *m*
Adverb *nt* <-s, -ien> наре́чие *nt*
adverbial *adj* адвербиа́льный
Adverbialbestimmung *f* <-, -en> (LING) обстоя́тельство *nt*
Advokat *m* <-en, -en> (*CH, österr: Rechtsanwalt*) адвока́т *m*, защи́тник *m*
aerodynamisch *adj* аэродинами́ческий
Aerosol *nt* <-(e)s, -e> аэрозо́ль *m*
Aerosoltherapie *f* <-, -n> (MED) аэрозо́льная терапи́я *f*
Affäre *f* <-, -n> 1. (*Vorfall*) неприя́тная исто́рия *f*; 2. (*Liebschaft*) любо́вная свя́зь *f*
Affe *m* <-n, -n> 1. (*Tier*) обезья́на *f*; 2. (*Schimpfwort*) дура́к *m*
Affekt *m* <gen: -(e)s> аффе́кт *m*; **im ~ handeln** де́йствовать в состоя́нии си́льного возбужде́ния
Affenbrotbaum *m* <-(e)s, -bäume> баоба́б *m*
Affenliebe *f* <gen: -> (*pej*) безрассу́дная любо́вь *f*
affig *adj* (*pej*) жема́нный
Afghane, Afghanin *m/f* <-n, -n> афга́нец, -ца *m/f*
afghanisch *adj* афга́нский
Afghanistan *nt* <gen: -s> Афганиста́н *m*
Afrika *nt* <gen: -s> А́фрика *f*
Afrikaner, -in *m/f* <-s, -> африка́нец, -ка́нка *m/f*
afrikanisch *adj* африка́нский
Afroamerikaner, -in *m/f* <-s, -> афро-америка́нец *m*, америка́нский негр *m*
afroamerikanisch *adj* афро-американский
After *m* <-s, -> ана́льное отве́рстие *nt*
After Sales Service *m* <gen: -> гаранти́йное обслу́живание *nt*
After-Shave *nt* <-s, -s> сре́дство *nt* по́сле бритья́
AG *abk von* **Aktiengesellschaft** *f* АО *n*
AGB *abk von* **Allgemeine Geschäftsbedingungen** о́бщие усло́вия торго́вых опера́ции
Agenda *f* <gen: -> 1. календа́рь-па́мятка *m*; 2. спи́сок *m* вопро́сов для обсужде́ния; 3. (*fig*) первоочередны́е вопро́сы *mpl* поли́тики
Agent, -in *m/f* <-en, -en> аге́нт *m*
Agentur *f* <-, -en> 1. (*Vermittlungsstelle*) аге́нтство *nt*; 2. (*Geschäftsnebenstelle*) агенту́ра *f*
Agenturmeldung *f* <-, -en> сообще́ние *nt* информацио́нного аге́нтства
Agglomeration *f* <-, -en> агломера́ция *f*
Aggregat *nt* <-(e)s, -e> (TECH) агрега́т *m*
Aggregation *f* <-, -en> агреги́рование *nt*, укрупне́ние *nt*
Aggregatzustand *m* <-(e)s, -zustände> (PHYS, CHEM) агрега́тное состоя́ние *nt*
aggregiert *adj* агреги́рованный
Aggression *f* <-, -en> агре́ссия *f*
aggressiv *adj* агресси́вный
Aggressivität *f* <gen: -> агресси́вность *f*
Aggressor *m* <gen: -s> агре́ссор *m*
agil *adj* прово́рный
Agilität *f* <gen: -> подви́жность *f*
Agio *m* <-s, -> а́жио *inv*, лаж *m*
Agiotage *f* <gen: -> ажиота́ж *m*
Agitation *f* <-, -en> агита́ция *f*
Agitator, -in *m/f* <-s, -en> агита́тор *m*;

sie ist auch ~in она́ то́же агита́тор
agitatorisch *adj* агитацио́нный
Agnostiker *m* <-s, -> агно́стик *m*
Agonie *f* <*gen:* -> аго́ния *f*
Agrarier *m* <-s, -> агра́рный *m*
agrarisch *adj* агра́рный
Agrarland *nt* <-(e)s, -länder> агра́рная страна́ *f*
Agrarmarkt *m* <-(e)s, -märkte> агра́рный ры́нок *m*
Agrarpolitik *f* <*gen:* -> агра́рная поли́тика *f*
Agrarproduktion *f* <*gen:* -> 1. (*Erzeugung*) сельскохозя́йственное произво́дство *nt*; 2. (*Produkte*) проду́кция *f* се́льского хозя́йства
Agrarreform *f* <-, -en> земе́льная рефо́рма *f*
Agrarstaat *m* <-(e)s, -en> агра́рное госуда́рство *nt*
Agrarwissenschaft *f* <*gen:* -> агроно́мия *f*
Agrarzoll *m* <-(e)s, -zölle> агра́рная по́шлина *f*
Agronom, -in *m/f* <-en, -en> агроно́м *m*
Agronomie *f* <*gen:* -> агроно́мия *f*
Ägypten *nt* <*gen:* -s> Еги́пет *m*
Ägyptologie *f* <*gen:* -> египтоло́гия *f*
aha *interj* ~! ага́!
Ahn *m* <-en, -en> пре́док *m*
ahnden *vt* (*geh*) кара́ть, по- *pf*
ähneln *vi:* jdm ~ походи́ть на кого́-л.
ahnen *vt* 1. дога́дываться, -да́ться *pf*; 2. (*Gefahr*) предчу́вствовать *impf*
ähnlich *adj* похо́жий; das sieht ihm ~ э́то на него́ похо́же
Ähnlichkeit *f* <-, -en> схо́дство *nt*
Ahnung *f* <-, -en> 1. (*Vorgefühl*) предчу́вствие *nt*; 2. (*Vermutung*) представле́ние *nt*
ahnungslos *adj* ничего́ не подозрева́ющий
Ahorn *m* <-s, -e> клён *m*
Ähre *f* <-, -n> ко́лос *m*
AIDA-Formel *f* <*gen:* -> (*Werbung*) фо́рмула *f* рекла́мы АИДА *m*
Aids *nt* <*gen:* -> СПИД *m*
Aidserreger *m* <-s, -> (MED) возбуди́тель *m* СПИДа
aidskrank *adj* больно́й СПИ́Дом
Aidskranke(r) *mf* <-n, -n> больно́й, -на́я СПИ́Дом *m/f*
Aidstest *m* <-(e)s, -s> ана́лиз *m* на СПИД
Aids-Übertragung *f* <*gen:* -> (MED) перено́с *m* СПИДа
Airbag *m* <-s, -s> возду́шная поду́шка *f* безопа́сности
Akademie *f* <-, -n> акаде́мия *f*
Akademiker, -in *m/f* <-s, -> челове́к с вы́сшим образова́нием; sie ist ~in у неё есть вы́сшее образова́ние
akademisch *adj* академи́ческий

Akazie *f* <-, -n> ака́ция *f*
akklimatisieren *vr* акклиматизи́роваться *impf/pf*
Akklimatisierung *f* <*gen:* -> акклиматиза́ция *f*
Akkommodation *f* <-, -en> аккомода́ция *f*
Akkord *m* <-(e)s, -e> 1. (*Akkordarbeit*) сде́льная рабо́та *f*; 2. (MUS) акко́рд *m*; im ~ arbeiten рабо́тать сде́льно
Akkordarbeit *f* <*gen:* -> акко́рдная рабо́та *f*
Akkordeon *nt* <-s, -s> аккордео́н *m*
Akkordlohn *m* <-(e)s, -löhne> акко́рдная зарабо́тная пла́та *f*
akkreditieren *vt* 1. аккредити́ровать; 2. (ÖKON) предоставля́ть, -ста́вить *pf* креди́т
Akkreditiv *nt* <-s, -e> аккредити́в *m*
Akkreditiveröffnung *f* <-, -en> откры́тие *nt* аккредити́ва
Akku *akr von Akkumulator m*
Akkumulation *f* <-, -en> аккумуля́ция *f*
Akkumulator *m* <-s, -s> аккумуля́тор *m*
Akkupunktur *f* <*gen:* -> акупункту́ра *f*
akkurat *adj* аккура́тный
Akkusativ *m* <-s, -e> вини́тельный паде́ж *m*
Akkusativobjekt *nt* <-(e)s, -e> прямо́е дополне́ние *nt*
Akne *f* <*gen:* -> угри́ *pl*
akquirieren *vt* привлека́ть покупа́телей
Akquisiteur *m* <-s, -e> аквизи́тор *m*
Akquisition *f* <-, -en> аквизи́ция *f*
akribisch *adj* скрупулёзный, тща́тельный
Akrobat, -in *m/f* <-en, -en> акроба́т, -ка *m/f*
Akrobatik *f* <*gen:* -> акроба́тика *f*
Akronym *nt* <-(e)s, -e> (LING) бу́квенная аббревиату́ра *f*
Akt[1] *m* <-(e)s, -e> 1. (*Handlung*) де́йствие *m*; feierlicher ~ торже́ственный акт; formaler ~ форма́льный акт; gesetzgeberischer ~ законода́тельный акт; juristischer ~ юриди́ческий акт; ein ~ des guten Willens акт до́брой во́ли; 2. (*Theater*) акт *m*, де́йствие *nt*; 3. (KUNST) обнажённая нату́ра *f*
Akt[2] *m* <-(e)s, -e(n)> (*österr: Akte*) акт *m*
Akte *f* <-, -n> акт *m*, докуме́нт *m*; etw zu den ~n legen сдать в архи́в; eine ~ anlegen завести́ де́ло
Aktenkoffer *m* <-s, -> диплома́т *m*
Aktenordner *m* <-s, -> скоросшива́тель *m* для докуме́нтов
Aktenschrank *m* <-(e)s, -schränke> канцеля́рский шкаф *m*
Aktenvermerk *m* <-(e)s, -e> отме́тка *f* в де́ле
Aktenvernichter *m* <-s, -> маши́на *f* для дезинтегра́ции докуме́нтов
Akteur, -in *m/f* <-s, -e> де́ятель *m*

Aktie *f* <-, -n> а́кция *f*; **die ~n steigen/fallen** курс а́кций повыша́ется/па́дает; **junge ~** а́кция но́вого вы́пуска; **stimmberechtigte ~** а́кция, даю́щая пра́во го́лоса; **~ mit mehrfachem Stimmrecht** „многоголо́сая" [*о* плюра́льная] а́кция; **~ ohne Stimmrecht** „безголо́сая" а́кция; **bevorrechtete ~** привилегиро́ванная а́кция; **~ der Spitzenklasse** блю-чип; **~n zum Kurs von 100 US-Dollar** а́кции по ку́рсу 100 америка́нских до́лларов
Aktienanteil *m* <-s, -e> до́ля *f* уча́стия
Aktienausgabe *f* <*gen*: -> вы́пуск *m* а́кций
Aktienbezugsschein *m* <-(e)s, -e> тало́н *m* на пра́во получе́ния а́кций
Aktienbörse *f* <*gen*: -> фо́ндовая би́ржа *f*
Aktienbuch *nt* <-(e)s, -bücher> кни́га *f* а́кций
Aktiendividende *f* <-, -n> дивиде́нд *m* по а́кциям
Aktienemission *f* <-, -en> вы́пуск *m* а́кций
Aktienfond *m* <-s, -s> фонд *m* акционе́рного о́бщества
Aktiengesellschaft *f* <-, -en> акционе́рное о́бщество *nt*
Aktiengesetz *nt* <-es, -e> зако́н *m* об опера́циях с це́нными бума́гами
Aktienhandel *m* <*gen*: -s> торго́вля *f* а́кциями
Aktienindex *m* <*gen*: -> и́ндекс *m* ку́рсов а́кций
Aktieninhaber *m* <-s, -> акционе́р *m*
Aktienkapital *nt* <*gen*: -s> акционе́рный капита́л *m*
Aktienkauf *m* <-(e)s, -käufe> поку́пка *f* а́кций
Aktienkurs *m* <-(e)s, -e> курс *m* а́кций
Aktienmarkt *m* <-(e)s, -märkte> ры́нок *m* а́кций
Aktienmehrheit *f* <-, -en> контро́льный паке́т *m* а́кций
Aktienminderheit *f* <-, -en> меньшинство́ *nt* а́кций
Aktiennotierung *f* <-, -en> котиро́вка *f* а́кций
Aktienpaket *nt* <-(e)s, -e> паке́т *m* а́кций
Aktienportfeuille *nt* <-s, -s> портфе́ль *m* а́кций
Aktienrecht *nt* <*gen*: -(e)s> акционе́рное пра́во *nt*
Aktienverkauf *m* <-(e)s, -verkäufe> прода́жа *f* а́кций
Aktienzertifikat *nt* <-(e)s, -e> акционе́рный сертифика́т *m*
Aktienzusammenlegung *f* <-, -en> перегруппиро́вка *f* а́кций
Aktienzuteilung *f* <-, -en> распределе́ние *nt* а́кций
Aktion *f* <-, -en> 1. (*Handlung*) а́кция *f*, де́йствие *nt*, кампа́ния *f*; 2. (*Tätigsein*) де́йствие *nt*; **in ~** в де́йствии
Aktionär, -in *m/f* <-s, -e> акционе́р *m*; **sie ist ~in dieses Unternehmens** она́ явля́ется акционе́ром э́того предприя́тия
Aktionärsbank *f* <-, -en> акционе́рный банк *m*
Aktionärsbrief *m* <-(e)s, -e> биржево́й бюллете́нь *m*
Aktionärsvereinigung *f* <-, -en> акционе́рное ло́бби *nt*
Aktionsbündnis *nt* <-ses, -se> (*auch* POL) объедине́ние *nt* сил с це́лью совме́стных де́йствий
Aktionsgemeinschaft *f* <-, -en> еди́нство *nt* де́йствий
Aktionsplan *m* <-(e)s, -pläne> план *m* де́йствий
Aktionspreis *m* <-es, -e> льго́тная цена́ *f*
Aktionsradius *m* <*gen*: -> ра́диус *m* де́йствия
aktiv *adj* акти́вный; **~e Handelsbilanz** акти́вный торго́вый бала́нс; **~e Zahlungsbilanz** акти́вный платёжный бала́нс; **~es Mitglied** акти́вный член
Aktiv *nt* <*gen*: -s> (LING) действи́тельный зало́г *m*
Aktiva *pl* <*gen*: -> (ÖKON) акти́вы *m pl*, нали́чность *f*
Aktivbox *f* <-, -en> дина́мик *m*
Aktivforderung *f* <-, -en> долгово́е тре́бование *nt*
Aktivgeschäfte *nt* <*gen*: -> креди́тные опера́ции *pl*
aktivieren *vt* активизи́ровать *impf/pf*
Aktivierung *f* <-, -en> активиза́ция *f*
Aktivist *m* <-en, -en> (HIST: *besonders tüchtiger Arbeiter*) уда́рник *m*
Aktivistenbewegung *f* (HIST) уда́рничество *nt*
Aktivität *f* <-, -en> акти́вность *f*
Aktivkohle *f* <*gen*: -> активи́рованный у́голь *m*
Aktivkonto *nt* <-s, -konten> акти́вный счёт *m*
Aktivlautsprecher *m* <-s, -> дина́мик *m*
Aktivposten *m* <-s, -> акти́вная статья́ *f* бала́нса
Aktivsaldo *m* <-s, -salden> акти́вное са́льдо *nt*
Aktivseite *f* <-, -n> акти́в (бала́нса) *m*, ле́вая сторона́ *f* бала́нса
Aktivtausch *m* <*gen*: -es> акти́вный расчёт *m*
aktualisieren *vt* актуализи́ровать *impf/pf*, обновля́ть, -нови́ть *pf*
Aktualisierung *f* <-, -en> актуализи́рование *nt*, обновле́ние *nt*
Aktualität *f* <*gen*: -> актуа́льность *f*
aktuell *adj* актуа́льный
Akupressur *f* <*gen*: -> акупрессу́ра *f*
Akupunktur *f* <*gen*: -> иглоука́лывание

Akustik *f* <gen: -> акустика *f*
Akustikkoppler *m* <gen: -s> (DV) акустический соединитель *m*
akustisch *adj* акустический
akut *adj* 1. (*Gefahr*) непосредственный, прямой; 2. (*Krankheit*) острый
AKW *abk von* **Atomkraftwerk** *nt*
Akzelerator *m* <-s, -en> акселератор *m*
Akzent *m* <-(e)s, -e> 1. (LING: *Wort~*) ударение *nt*; 2. (*Aussprache*) произношение *nt*; **mit starkem ~ sprechen** говорить с сильным акцентом
akzentuieren *vt* акцентировать
Akzept *nt* <-(e)s, -e> акцепт *m*
akzeptabel *adj* приемлемый
Akzeptant *m* <-en, -en> акцептант *m*
akzeptieren *vt* признавать, -знать *pf*, соглашаться, -гласиться *pf*
Akzeptkredit *m* <-(e)s, -e> акцептный кредит *m*
Akzise *f* <-, -n> акциз *m*
Alarm *m* <-(e)s, -e> тревога *f*, сигнал *m* тревоги; **blinder ~** ложная тревога; **~ schlagen** бить тревогу
Alarmanlage *f* <-, -en> аварийная сигнализация *f*
Alarmbereitschaft *f* <gen: -> боевая готовность *f*; **die Truppen wurden in ~ versetzt** войска были приведены в боевую готовность
alarmieren *vt* поднимать, -нять *pf* по тревоге
Alaska *nt* <gen: -s> Аляска *f*
Alaunstein *m* <gen: -(e)s> квасцовый камень *m*
Albaner, -in *m/f* <-s, -> албанец, -банка *m/f*
Albanien *nt* <gen: -s> Албания *f*
albanisch *adj* албанский
Albatros *m* <-, -se> альбатрос *m*
albern *adj* глупый, дурацкий; **sei nicht ~!** не дури!
Albernheit *f* <gen: -> нелепость *f*
Albino *m* <-s, -s> альбинос *m*
Album *nt* <-s, Alben> 1. (*Foto~*) альбом *m*; 2. (*Schallplatte*) альбом *m*
Alchimie *f* <gen: -> алхимия *f*
Alge *f* <-, -n> водоросль *f*
Algebra *f* <gen: -> алгебра *f*
Algerien *nt* <gen: -s> Алжир *m*
Algerier, -in *m/f* <-s, -> алжирец, -ца *m/f*
algerisch *adj* алжирский
Algorithmus *m* <-, Algorithmen> алгоритм *m*
Alias *nt* <gen: -> (DV) кличка *f*
Alibi *nt* <-s, -s> алиби *nt*; **ein ~ haben** иметь алиби
Alimente *pl* <gen: -> алименты *pl*; **~ zahlen** платить алименты
Alkohol *m* <-s, -e> алкоголь *m*
alkoholarm *adj* с небольшим содержанием алкоголя
Alkoholeinfluss *m* <gen: -es> воздействие *nt* алкоголя; **unter ~ stehen** быть пьяным
alkoholfrei *adj* безалкогольный
Alkoholiker, -in *m/f* <-s, -> алкоголик, -личка *m/f*
alkoholisch *adj* спиртной
Alkoholismus *m* <gen: -> алкоголизм *m*
Alkoholmissbrauch *m* <gen: -(e)s> неумеренное потребление *nt* алкоголя, злоупотребление *nt* алкоголем
Alkoholverbot *nt* <gen: -(e)s> сухой закон *m*
Alkoholvergiftung *f* <-, -en> отравление *nt* алкоголем
Alkoven *m* <gen: -s> (*arch*) альков *m*, ниша *f*
all *pron indef* весь; **mit ~er Kraft** изо всех сил; **~e zwei Tage** каждые два дня
All *nt* <gen: -s> (*Weltraum*) Вселенная *f*
Allah *m* <gen: -s> аллах *m*
alle *adv* (*umg: aus,verbraucht*) (за)кончиться; **~ sein** (*umg: erschöpft sein*) быть без сил
Allee *f* <-, -n> аллея *f*
Allegorie *f* <-, -n> аллегория *f*
allegorisch *adj* аллегорический
allein I. *adj* (*nicht in Gesellschaft anderer*) одинокий; **sie saß ganz ~ da** она сидела там совсем одна; II. *adv* 1. самостоятельно; 2. (*ohne Hilfe*) сам; **das kann ich auch ~** это я могу сделать сам; 3. (*ausschließlich*) только; **das ist ~ meine Sache** это только моё дело.
Alleinanbieter *m* <-s, -> (ÖKON) оферент-монополист *m*, монопольный оферент *m*
Alleineigentümer *m* <-s, -> (JUR) единоличный собственник *m*
Alleinsein *nt* <gen: -s> одиночество *nt*
Alleinverdiener, -in *m/f* единственный работающий член *m* семьи
Alleinvertretung *f* <-, -en> монопольное представительство *nt*
Alleinvertrieb *m* <-(e)s, -e> монопольный сбыт *m*, монопольная продажа *f*
allenfalls *adv* 1. (*zur Not*) в крайнем случае; 2. (*höchstens*) разве только, самое большее
allerdings *adv* 1. (*einschränkend*) однако, правда; 2. (*sicher, gewiss*) конечно
Allergie *f* <-, -n> аллергия *f*
Allergiker, -in *m/f* <-s, -> аллергик *m*; **sie ist ~in** она аллергик
allergisch *adj* аллергический; **auf etw ~ reagieren** (*umg*) не переносить чего-л.
Allergologe, Allergologin *m/f* <-n-, -n> аллерголог *m*
Allergologie *f* <gen: -> аллергология *f*
allerhand *adj*: **das ist ja ~** (*umg*) ничего себе

Allerheiligen *nt* <*gen:* -> пра́здник *m* всех святы́х
allerlei *adj* вся́кий, всевозмо́жный
allerletzte(r,s) *adj* са́мый после́дний
allerliebst *adj* люби́мейший, са́мый люби́мый
allerorten *adv* повсеме́стно, повсю́ду
Allerseelen *nt* <*gen:* -> день *m* поминове́ния усо́пших
allerspätestens *adv* не поздне́е
Allerweltskerl *m* <-(e)s, -e> **1.** тёртый кала́ч *m*; **2.** ма́стер *m* на все ру́ки
alles *pron indef* всё; ~ **aussteigen!** про́сьба освободи́ть (авто́бус, трамва́й...)! ~ **in allem** в ито́ге
allesamt *adv* все вме́сте
Alleskleber *m* <-s, -> универса́льный клей *m*
Allgäu *nt* <*gen:* -s> Алго́й *m*
allgemein *adj* о́бщий; ~**e Geschäftsbedingungen** о́бщие усло́вия заключе́ния торго́вых сде́лок
Allgemeinbefinden *nt* <*gen:* -s> о́бщее состоя́ние *nt*
Allgemeinbildung *f* <*gen:* -> о́бщее образова́ние *nt*
Allgemeingut *nt* <*gen:* -(e)s> о́бщее достоя́ние *nt*
Allgemeinheit *f* <*gen:* -> **1.** (*Öffentlichkeit*) обще́ственность *f*; **2.** (*Unbestimmtheit*) неопределённость *f*, обобщённость *f*; **in dieser ~ kann man das doch nicht sagen** так обобща́ть всё же нельзя́
Allgemeinmedizin *f* <*gen:* -> о́бщая медици́на *f*
Allgemeinwissen *nt* <*gen:* -s> о́бщее образова́ние *nt*
Allgemeinzustand *m* <*gen:* -(e)s> о́бщее состоя́ние *nt*
Alligator *m* <-s, -en> аллига́тор *m*
Alliierte(r) *mf* <-n, -n> сою́зник, -ница *m/f*
Alliteration *f* <-, -en> (ЛТ) аллитера́ция *f*
alljährlich *adj* ежего́дный
allmählich *adj* постепе́нный
Allokation *f* <-, -en> аллока́ция *f*
Allonge *f* <-, -n> алло́нж *m*
Allphasenbesteuerung *f* <-, -en> обложе́ние *nt* многофа́сным нало́гом
Allphasensteuer *f* <-, -n> многофа́зный нало́г *m* с оборо́та
Allradantrieb *m* <-(e)s, -e> при́вод *m* на все колёса
Allroundkünstler, -in *m/f* <-s, -> разносторо́нний арти́ст *m*, арти́ст *m* с разли́чными амплуа́
Alltag *m* <*gen:* -(e)s> бу́дний день *m*, бу́дни *mpl*
alltäglich *adj* **1.** ежедне́вный; **2.** (*gewöhnlich*) обы́денный
Allüren *pl* <*gen:* -> мане́ры *pl*
allwissend *adj* всезна́ющий
allwöchentlich *adj* еженеде́льный

allzu *adv* сли́шком
Alm *f* <-, -en> го́рное па́стбище *nt*
Almanach *m* <-s, -e> альмана́х *m*
Almosen *nt* <-s, -> пода́ние *nt*
Alpaka *nt* <-s, -s> (ZOOL) альпака́ *f*
Alpen *pl* <*gen:* -> А́льпы *pl*
Alpenglühen *nt* <*gen:* -s> розова́тый отсве́т *m* на сне́жных верши́нах гор
Alpenveilchen *nt* <-s, -> цикламе́н *m*
Alphabet *nt* <-(e)s, -e> алфави́т *m*
alphabetisch *adj* алфави́тный
alphabetisieren *vt* **1.** (*Person*) обуча́ть, -чи́ть *pf* гра́моте; **2.** (*alphabetisch ordnen*) располага́ть, -ложи́ть *pf* в алфави́тном поря́дке
alphanumerisch *adj* алфави́тно-цифрово́й
alpin *adj* альпи́йский
Alpinismus *m* <*gen:* -> альпини́зм *m*
Alpinist, -in *m/f* <-en, -en> альпини́ст, -ка *m/f*
Alptraum *m* <-(e)s, -träume> (*auch fig*) кошма́р *m*
Alraun *m* мандраго́ра
als *konj* **1.** (*zeitlich*) когда́; **2.** (*nach komp*) чем; **3.** (*zur Einleitung der näheren Erläuterung*) как, в ка́честве; **schon ~ Kind** ещё бу́дучи ребёнком; ~ **ob** как бу́дто
also I. *konj* (*folglich*) сле́довательно; **II.** *adv* таки́м о́бразом; **na ~** вот ви́дишь; ~ **gut** ну, хорошо́.
alt *adj* **1.** (*von einem Menschen*) ста́рый, пожило́й; **sein Sohn ist zwei Jahre ~** его́ сы́ну два го́да; **ihre Tochter ist schon achtzehn Jahre ~** её до́чери уже́ восемна́дцать лет; **ein drei Jahre ~es Mädchen** трехле́тняя де́вочка; **2.** (*nicht mehr neu*) ста́рый; **ein ~es Haus abreißen** снести́ ста́рый дом
Altar *m* <-(e)s, Altäre> алта́рь *m*
altbacken *adj* чёрствый
Altbauwohnung *f* <-, -en> кварти́ра *f* в ста́ром до́ме
Alte *f* <*gen:* -n> стару́ха *f*
Altenheim *nt* <-(e)s, -e> дом *m* для престаре́лых
Altenhilfe *f* <*gen:* -> финанси́руемая госуда́рством опе́ка не́мощных пожилы́х люде́й
Altenpflege *f* <*gen:* -> профессиона́льный ухо́д за престаре́лыми в дома́х для престаре́лых и на дому́
Altenwohnheim *nt* <-(e)s, -e> общежи́тие для пожилы́х люде́й с отде́льными ма́ленькими кварти́рами
Altenwohnung *f* <-, -en> отде́льная ма́ленькая кварти́ра в общежи́тии для пожилы́х люде́й
Alter *nt* <*gen:* -> во́зраст *m*
altern *vi* старе́ть, по- *pf*; **er ist in den letzten Jahren sehr gealtert** он в

последние годы сильно постарел
alternativ *adj* альтернативный; ~ Energie альтернативная энергия
Alternative *f* <-, -n> альтернатива *f*; dazu gibt es keine ~ этому нет альтернативы
Alternativplanung *f* <-, -en> альтернативное планирование *nt*
Altersgenosse *m* <-n, -n> сверстник *m*
Altersgrenze *f* <gen: -> возрастной предел *m*
Altersheim *nt* <-(e)s, -e> дом *m* престарелых
Altersschwäche *f* <gen: -> дряхлость *f*
Alterssicherung *f* <gen: -> материальное обеспечение *nt* в старости
Altersstufe *f* <-, -n> возрастная группа *f*
Altersunterschied *m* <-(e)s, -e> разница *f* в возрасте
Altersversorgung *f* <-, -en> обеспечение *nt* в старости
Altertum *nt* <gen: -s> древность *f*
altertümlich *adj* древний
Altglascontainer *m* <-s, -s> контейнер *m* для сбора стеклянной посуды
althergebracht *adj* стародавний
Altlasten *pl* <gen: -> (*ungelöste Probleme*) бремя *nt* нерешённых проблем
ältlich *adj* пожилой
altmodisch *adj* старомодный
Altöl *nt* <gen: -(e)s> отработавшее масло *nt*
Altpapier *nt* <gen: -s> макулатура *f*
Altphilologe, -philologin *m/f* <-n, -n> филолог *m* -классик *m*
Altphilologie *f* <gen: -> классическая филология *f*
Altruismus *m* <gen: -> алтруизм *m*
altrussisch *adj* древнерусский
altslawisch *adj* старославянский
Altstadt *f* <gen: -> историческая часть *f* города
Altstimme *f* <-, -n> (MUS) альт *m*
Altstoffsammlung *f* <-, -en> сбор *m* утиля
Altweibersommer *m* <gen: -s> бабье лето *nt*
Alu *akr von* **Aluminium** *nt*
Alufolie *f* <-, -n> алюминиевая фольга *f*
Aluminium *nt* <gen: -s> алюминий *m*
Aluminiumlegierung *f* <-, -en> алюминиевый сплав *m*
Alzheimer-Krankheit *f* <gen: -> болезнь *f* Алцгеймера
Amalgam *nt* <-s, -e> амальгама *f*
Amateur, -in *m/f* <-s, -e> любитель, -ница *m/f*
Amateurfunker, -in *m/f* <-s, -> радиолюбитель *m*
amateurhaft *adj* непрофессиональный
Amateursport *m* <gen: -(e)s> любительский спорт *m*

Amazonas *m* <gen: -> Амазонка *f*
Amazone *f* <-, -n> 1. (SPORT) наездница *f*; 2. (*Kriegerin*) амазонка *f*
Ambiente *nt* <gen: -> (*geh*) атмосфера *f*
Ambiguität *f* <-, -en> (*geh*) двусмысленность *f*
Ambition *f* <-, -en> (*geh*) честолюбие *nt*
ambitioniert *adj* честолюбивый, с амбициями
Ambivalenz *f* <-, -en> 1. противоречивость *f*, двойственность *f*; 2. (PSYCH) амбивалентность *f*
Amboss *m* <-es, -e> наковальня *f*
ambulant *adj* передвижной; ~e Behandlung амбулаторное лечение
Ameise *f* <-, -n> муравей *m*
Ameisenhügel *m* <-s, -> муравейник *m*
amen *interj* аминь
American Football *nt* <gen: -s> американский футбол *m*
Amerika *nt* <gen: -s> Америка *f*
Amerikaner, -in *m/f* <-s, -> американец, -канка *m/f*
amerikanisch *adj* американский
amerikanisieren *vt* американизировать
Amerikanistik *f* <gen: -> американистика *f*
Ami *akr von* **Amerikaner**
Aminosäure *f* <-, -n> аминокислота *f*
Amnestie *f* <-, -n> амнистия *f*
Amöbe *f* <-, -n> амёба *f*
Amok *m* <gen: -(s)> амок *m*; ~ laufen находиться в приступе бешенства
a-Moll *nt* <gen: -s> (MUS) ля минор *m*
amorph *adj* аморфный
Amortisation *f* <-, -en> амортизация *f*, окупаемость *f*; ~ der investierten Mittel окупаемость капиталовложений
Amortisationsdauer *f* <gen: -> срок *m* амортизации
Amortisationsrate *f* <-, -n> норма *f* амортизации
Amortisationsrechnung *f* <-, -en> расчёт *m* амортизации
amortisieren *vt* амортизировать
Ampel *f* <-, -n> светофор *m*
Ampere *nt* (PHYS) ампер *m*
Amperemeter *nt* <-s, -> амперметр *m*
Amphetamin *nt* <-s, -e> амфетамин *m*
Amphibie *f* <-, -n> амфибия *f*
Amphitheater *nt* <-s, -> амфитеатр *m*
Ampulle *f* <-, -n> ампула *f*
amputieren *vt* ампутировать *impf/pf*
Amsel *f* <-, -n> чёрный дрозд *m*
Amt *nt* <-(e)s, Ämter> 1. (*Posten, Stellung*) должность *f*, место *nt*; ein ~ antreten вступать в должность; ein ~ bekleiden занимать должность 2. (*Behörde*) учреждение *nt*
Ämterhäufung *f* <-, -en> исполнение *nt* нескольких должностей
amtlich *adj* официальный, служебный; ~e Meldung официальная

информа́ция; in ~er Angelegenheit по служе́бному де́лу
Amtsantritt m <gen: -(e)s> вступле́ние nt в до́лжность
Amtsentsetzung f <-, -en> (österr: Amtsenthebung) смеще́ние nt с до́лжности, отстране́ние nt от занима́емой до́лжности
Amtsgeheimnis nt <gen: -> служе́бная та́йна f
Amtsgericht nt <-(e)s, -e> участко́вый суд m, суд m ни́зшей инста́нции
Amtshandlung f <-, -en> оффициа́льный акт m
amtsmüde adj о должностно́м лице́, собира́ющемся по истече́нии сро́ка уйти́ с занима́емой до́лжности
Amtsperson f <-, -en> должностно́е лицо́ nt
Amtssitz m <-es, -e> резиде́нция f
Amtssprache f <-, -n> официа́льный язы́к m
Amtsstube f <-, -n> рабо́чий [о служе́бный] кабине́т f
amüsant adj заба́вный
amüsieren I. vr смея́ться impf (über +akk над +inst); II. vt развлека́ть, -вле́чь pf
an I. präp +dat 1. (räumlich) у, о́коло, в, на; das Bild hängt ~ der Wand карти́на виси́т на стене́; 2. (zeitlich) в, по; ~ Feiertagen bleibt unser Geschäft geschlossen в выходны́е дни наш магази́н закры́т; es ist ~ der Zeit пора́; II. präp +akk (räumlich) к, на, о́коло; sich ~ den Tisch setzen сади́ться к столу́; III. adv: von nun ~ с э́того моме́нта; das Licht ist ~ свет включён.
Anabolikum nt <-s, Anabolika> анаболи́ческое сре́дство nt
Anachronismus m <-, Anachronismen> анахрони́зм m
anaerob adj анаэро́бный
Anagramm nt <-(e)s, -e> анагра́мма f
anal adj ана́льный
Analgetikum nt <-s, Analgetika> болеутоля́ющее сре́дство nt
analog adj аналоги́чный
Analogie f <-, -n> анало́гия f
Analogieschluss m <-es, -schlüsse> умозаключе́ние nt по анало́гии
Analphabet, -in m/f <-en, -en> неграмотный, ная m/f
Analverkehr m <gen: -s> полово́е сноше́ние nt через ана́льное отве́рстие, ана́льный секс m
Analyse f <-, -n> ана́лиз m; ~ der Organisationsstruktur ана́лиз организацио́нной структу́ры; ~ der Börsenentwicklunhg ана́лиз движе́ния биржевы́х ку́рсов; einer ~ unterziehen подверга́ть ана́лизу
analysieren vt анализи́ровать impf/pf, про- pf

Analysis f <gen: -> (MATH) ана́лиз m
Analyst, -in m/f <-en, -en> (Börsenanalytiker) анали́ст m
Analytiker, -in m/f <-s, -> анали́тик m
analytisch adj аналити́ческий
Anämie f <gen: -> анеми́я f
Ananas f <-, -> анана́с m
Anapäst m <-(e)s, -e> (LIT) ана́пест m
Anarchie f <-, -n> ана́рхия f
anarchisch adj анархи́чный
Anarchist, -in m/f <-en, -en> анархи́ст, -ка m/f
Anästhesie f <gen: -> анестези́я f
anästhesieren vt анестези́ровать
Anästhesist, -in m/f <-en, -en> анестезио́лог m
Anatom m <-en, -en> ана́том m
Anatomie f <-, -n> анато́мия f
anatomisch adj анатоми́ческий
anbahnen vt: ein Geschäft ~ подгота́вливать сде́лку
anbändeln vi mit jdm ~ (umg) заи́грывать с ке́м-л.
Anbau m <-(e)s, -ten> 1. (Gebäude) пристро́йка f; 2. (das Anpflanzen) разведе́ние nt
anbauen vt 1. (an Haus) пристра́ивать, -ро́ить pf; 2. (anpflanzen) выра́щивать, вы́растить pf
Anbaufläche f <-, -n> посевна́я пло́щадь f
Anbaumöbel nt <-s, -> секцио́нная ме́бель f
anbei adv при сём; ~ senden wir Ihnen... в приложе́нии посыла́ем вам...
anbeißen I. irr vi (Fisch, auch fig) клева́ть, клю́нуть pf; II. vt (von etw abbeißen) надку́сывать, -си́ть pf
anbeten vt 1. (Gott) моли́ться, по- pf; 2. (fig) поклоня́ться
Anbetracht: in ~ von принима́я во внима́ние
anbiedern vr подли́зываться, -за́ться pf, подма́зываться, -ма́заться pf
anbieten I. irr vt предлага́ть, -ложи́ть pf; zum Verkauf ~ предлага́ть на прода́жу; II. vr вызыва́ться, вы́зваться pf, предлага́ть, -ложи́ть pf себя́
Anbieter m <-s, -> оферéнт m, продаве́ц m
Anbietermarkt m <-(e)s, -märkte> ры́нок m продавцо́в
anbinden irr vt привя́зывать, -за́ть pf
Anbindung f <-, -en> тра́нспортная связь f
Anblick m <-(e)s, -e> взгляд m
anblicken vt взгляну́ть pf, взгля́дывать impf
Anbot nt <-(e)s, -e> 1. (österr: Angebot) предложе́ние nt; 2. (ÖKON) офе́рта f; 3. ассортиме́нт m
anbraten irr vt слегка́ обжа́ривать, -рить pf

anbrechen I. *irr vt* 1. надламывать, -ломи́ть *pf*; 2. (*Vorräte*) начина́ть, -ча́ть *pf*; eine angebrochene Schachtel Pralinen нача́тая коро́бка конфе́т; II. *vi* (*Tag, Nacht*) наступа́ть, -пи́ть *pf*

anbrennen *irr vi* 1. загора́ться, -ре́ться *pf*; 2. (*Fleisch*) пригора́ть, -ре́ть *pf*; nichts ~ lassen (*umg*) ничего́ не упуска́ть

anbringen *irr vt* 1. (*festmachen*) приде́лывать, -де́лать *pf*, прикрепля́ть, -пи́ть *pf*; 2. (*umg: Person*) пристра́ивать, -стро́ить *pf*

Anbruch *m* <gen: -(e)s> надло́м *m*; bei ~ der Dunkelheit с наступле́нием темноты́

anbrüllen *vt* рыча́ть *impf*

Andacht *f* <-, -en> 1. благогове́ние *nt*; 2. (*Gottesdienst*) моле́бен *m*

andächtig *adj* благогове́йный

Andalusien *nt* <gen: -s> Андалу́зия *f*

andalusisch *adj* андалу́зский

andauern *vi* продолжа́ться, -до́лжиться *pf*

Anden *pl* <gen: -> А́нды *pl*

Andenken *nt* <-s, -> 1. (*Gedenken*) па́мять *f*; 2. (*Souvenir*) сувени́р *m*

andere(r,s) *pron indef* друго́й; einer nach dem ~n оди́н за други́м

andererseits *adv* с друго́й стороны́

ändern I. *vt* изменя́ть, -ни́ть *pf*; II. *vr* изменя́ться, -ни́ться *pf*

andernfalls *adv* в проти́вном слу́чае

anders *adv* (*fremd, ungewohnt*) ина́че; jemand ~ кто́-нибудь друго́й

Andersdenkende(r) *mf* <-n, -n> инакомы́слящий, -щая *m/f*

anderthalb *num* полтора́

anderthalbfach *num* полу́торный

Änderung *f* <-, -en> измене́ние *nt*

andeuten *vt* 1. (*eine Andeutung machen*) намека́ть, -кну́ть *pf*; 2. (*skizzieren*) намеча́ть, -ме́тить *pf*

Andeutung *f* <-, -en> 1. (*Anzeichen*) при́знак *m*, сла́бый след *m*; 2. (*Anspielung*) намёк *m*

andichten : jdm etw ~ припи́сывать кому́-л. что́-л.

Andienung *f* <-, -en> андинова́ние *nt*

Andockmanöver *nt* <-s, -> стыко́вка *f*

Andorra *nt* <gen: -s> Андо́рра *f*

Andrang *m* <gen: -(e)s> напо́р *m*; an der Kinokasse herrschte großer ~ у ка́ссы кинотеа́тра была́ больша́я толчея́

andrehen *vt*; jdm etw ~ (*umg*) навяза́ть кому́-л. что́-л.

androhen *vt* угрожа́ть *impf*; jdm etw ~ угрожа́ть кому́-л. че́м-л.

anecken *vi* (*umg*) вызыва́ть, вы́звать *pf* недово́льство, производи́ть, -вести́ *pf* неприя́тное впечатле́ние

aneignen *vt*: sich etw ~ (*widerrechtlich*) присва́ивать себе́ что́-л.; sich Kenntnisse über etw ~ усва́ивать что́-л.

aneinander *adv* друг дру́гу, друг с дру́гом

aneinander fügen *vt* соединя́ть, скрепля́ть

aneinander geraten *irr vi* вздо́рить, по- *pf*

aneinander grenzen *vi* грани́чить

aneinander reihen *vt* нани́зывать

Anekdote *f* <-, -n> анекдо́т *m*

anekeln *vt*: das ekelt mich an мне э́то проти́вно

Anemone *f* <-, -n> ве́треница *f*

anerkannt *adj* при́знанный; ein ~er Experte при́знанный экспе́рт

anerkennen *irr vt* 1. (*Person*) признава́ть, -знава́ть *impf*; 2. (*Bemühungen*) одобря́ть, одо́брить *pf*; 3. (*Staat*) признава́ть, -зна́ть *pf*

Anerkennung *f* <-, -en> 1. (*Bestätigung*) призна́ние *nt*; 2. (*Lob*) похвала́ *f*; 3. (*von Staat*) признание *nt*

anfahren I. *irr vt* 1. (*antransportieren*) привози́ть, -везти́ *pf*; 2. (*ansteuern*) направля́ться, -пра́виться *pf*; 3. (*verletzen*) сбить *pf*, сбива́ть *impf*, наезжа́ть, -е́хать *pf*; er wurde von einem LKW angefahren его́ сбил грузови́к; 4. (*zurechtweisen*) набро́ситься *pf*, -бра́сываться *impf*, накрича́ть *pf*; II. *irr vi* (*starten*) отъезжа́ть, -е́хать *pf*

Anfall *m* <-(e)s, Anfälle> припа́док *m*; in einem ~ von Zorn в припа́дке гне́ва

anfallen I. *irr vt* (*angreifen*) напада́ть, -па́сть *pf*; II. *vi* (*Kosten, Arbeit*) возника́ть, -ни́кнуть *pf*

anfällig *adj* восприи́мчивый (*für +akk* к + *dat*)

Anfälligkeit *f* <-, -en> подве́рженность *f*, восприи́мчивость *f*

Anfang *m* <-(e)s, Anfänge> нача́ло *nt*; am ~ в нача́ле

anfangen I. *irr vi* начина́ться, -ча́ться *pf*; II. *vt* начина́ть, -ча́ть *pf*

Anfänger, -in *m/f* <-s, -> начина́ющий, -щая *m/f*, новичо́к *m*

Anfängerkurs *m* <-es, -e> курс *m* для начина́ющих

anfangs *adv* снача́ла

Anfangsbestand *m* <-(e)s, -bestände> нача́льный оста́ток *m*

Anfangsbilanz *f* <-, -en> нача́льный бала́нс *m*

Anfangsbuchstabe *m* <-n, -n> нача́льная бу́ква *f*

Anfangsgeschwindigkeit *f* <-, -en> нача́льная ско́рость *f*

Anfangskapital *nt* <gen: -s> нача́льный капита́л *m*

Anfangsstadium *nt* <gen: -s> нача́льная ста́дия *f*

anfassen I. *vt* (*berühren*) дотра́гиваться, -тро́нуться *pf*; jdn hart ~ гру́бо

обращаться с кем-л.; II. vi (mithelfen) браться, взяться pf; steh hier nicht so rum, fass doch auch mal mit an нечего тут стоять, возьмись-ка, да помоги; eine Sache beim rechten Ende ~ умело взяться за дело
anfechten irr vt оспаривать, -порить pf; einen Vetrag ~ оспаривать договор
Anfechtung f <-, -en> 1. оспаривание nt; 2. (JUR) обжалование nt
anfertigen vt изготовлять, -товить pf
anfeuchten vt увлажнять, -нить pf
anfeuern vt (fig) воодушевлять, -вить pf
anflehen vt умолять, -лить pf
anfliegen irr vt прилетать, -теть pf
Anflug m <-(e)s, Anflüge> прилёт m
anfordern vt требовать, по- pf
Anforderung f <-, -en> 1. (Bestellung) заявка f, требование nt; 2. (Forderung) требования pl
Anforderungsprofil nt <-(e)s, -e> (Arbeitsplatzbeschreibung) описание nt рабочего места
Anfrage f <-, -n> запрос m
anfragen vi запрашивать, -просить pf
anfreunden vr: sich mit jdm ~ подружиться с кем-л.; sich mit etw ~ (Gegebenheit, Gedanke) смириться с чем-л.
anfühlen vt (betasten) ощупывать, -пать pf
anführen vt (vorbringen) приводить, -вести pf; ich möchte ein Beispiel ~ хочу привести пример
Anführer, -in m/f <-s, -> предводитель, -ница m/f
Anführungszeichen nt <-s, -> кавычки fpl
Angabe f <-, -n> 1. (Aussage, Information) сообщение nt, информация f; 2. (SPORT) подача f; 3. (umg: Angeberei) хвастовство nt
angeben I. irr vt 1. (eine Angabe machen) сообщать, -щить pf; 2. (Ton) задавать, -дать pf; II. vi 1. (aufschneiden) хвастаться, по- pf; 2. (SPORT) подавать, -дать pf
Angeber, -in m/f <-s, -> (umg) хвастун, -нья m/f
Angeberei f <-, -en> (umg) хвастовство nt
angeblioh adj мнимый
angeboren adj (Krankheit) врождённый
Angebot nt <-(e)s, -e> предложение nt; freibleibendes ~ свободное предложение; die Nachfrage übersteigt das ~ спрос превышает предложение; ein ~ akzeptieren принимать предложение; ein ~ einholen запрашивать предложение; jdm ein ~ machen предлагать кому-л. что-л.
Angebotsabgabe f <-, -n> 1. подача f предложения; 2. предложение nt цены
Angebotskurs m <-es, -e> курс m продавцов
Angebotskurve f <-, -n> кривая f предложения
Angebotslücke f <-, -n> дефицит m предложения
Angebotspreis m <-es, -e> цена f предложения
angebracht adj уместный; etw für ~ halten считать что-л. уместным
angegilbt adj пожелтевший
angeheitert adj (angetrunken) подвыпивший, навеселе
angehen I. irr vt 1. (betreffen) касаться, коснуться pf; 2. (bitten) просить, по- pf (um +akk о +präpos); II. vi (Licht) зажигаться, -жечься pf; das geht Sie überhaupt nicht an! (umg) это вас совершенно не касается!
angehend adj начинающий; ein ~er Rechtsanwalt начинающий адвокат
angehören vi принадлежать impf
Angehörige(r) mf <-n, -n> близкий родственник, -ица m/f
Angeklagte(r) mf <-n, -n> обвиняемый, -мая m/f
angeknackst adj (Gesundheit) надломленный
Angel f <-, -n> 1. (zum Fischfang) удочка f; 2. (Türangel) петля f
Angelegenheit f <-, -en> дело nt; sich in fremde ~en mischen вмешиваться в чужие дела
angeln I. vt удить impf; II. vi вылавливать, выловить pf
Angelobung f <-, -en> (österr: feierliche Vereidigung) приведение nt к присяге
Angelsachse m <-n, -n> англосакс m
angelsächsisch adj англосаксонский
Angelsport m <gen: -s> рыболовный спорт m
angemessen adj соответствующий, подобающий
angenehm adj приятный
angenommen adj условный
angepasst adj подходящий
angesagt adj (umg) быть в моде; lange Röcke sind wieder ~ длинные юбки снова в моде
angesäuselt adj (umg: angetrunken) подвыпивший
angesichts präp +gen перед лицом, ~ der Tatsache, dass ввиду того, что
angespannt adj напряжённый
angestammt adj родовой
Angestellte(r) mf <-n, -n> служащий, -щая m/f; kaufmännischer ~ торговый служащий; leitender ~ руководящий служащий
Angestelltenversicherung f <-, -en> страхование nt служащих
angestrengt adj напряжённый

angetrunken *adj* подвы́пивший
angewiesen *adj*: **auf jdn ~ sein** зави́сеть от кого́-л.
angewöhnen *vt* приуча́ть, -чи́ть *pf*; **sich/jdm etw ~** приучи́ть себя́/кого́-л. к чему́-л.
Angewohnheit *f* <-, -en> плоха́я привы́чка *f*
angiften *vt* (*umg*) обруга́ть
Angina *f* <-, Anginen> анги́на *f*
angleichen *irr vt* прира́внивать, -ня́ть *pf* (*an +akk*)
Angler, -in *m/f* <-s, -> рыболо́в *m*
anglikanisch *adj* англика́нский
Anglist, -in *m/f* <-en, -en> англи́ст *m*
Anglistik *f* <gen: -> англи́стика *f*
Anglizismus *m* <-, Anglizismen> англици́зм *m*
Angola *nt* <gen: -s> Анго́ла
Angolaner, -in *m/f* <-s, -> анго́лец, -лка
angolanisch *adj* анго́льский
angreifen *irr vt* 1. (*Person*) напада́ть, -па́сть *pf*; 2. (*Vorräte*) начина́ть *pf*, -чина́ть *impf*; 3. (*beschädigen*) пло́хо де́йствовать, по- *pf*
Angreifer, -in *m/f* <-s, -> напада́ющий, -щая *m/f*
Angriff *m* <-(e)s, -e> нападе́ние *nt*; **etw in ~ nehmen** взя́ться за что́-л.
angriffslustig *adj* провокати́вный, задири́стый
Angriffspunkt *m* <-(e)s, -e> уязви́мое ме́сто *nt*
Angst *f* <-, Ängste> страх *m*; **keine ~ !** споко́йно ! **(keine) ~ haben** (не) боя́ться
Angsthase *m* <-n, -n> (*umg*) труси́шка *m*
ängstigen I. *vt* пуга́ть, ис- *pf*; II. *vr* боя́ться, по- *pf*
ängstlich *adj* 1. боязли́вый; 2. (*besorgt*) обеспоко́енный
Ängstlichkeit *f* <gen: -> боязли́вость *f*
angucken *vt* (*umg*) гляде́ть, по- *pf*
Angurtpflicht *f* <gen: -> (KFZ) обяза́тельность *f* испо́льзования ремне́й безопа́сности
anhaben *irr vt* (*Kleidung*) носи́ть *impf*; **er kann mir nichts~** он не мо́жет мне ничего́ сде́лать
anhaften *vi* прилипа́ть, -ли́пнуть *pf*
anhalten I. *irr vt* 1. (*aufhalten*) остана́вливать, -нови́ть *pf*; 2. (*Atem*) зата́ивать, -и́ть *pf*; II. *vi* 1. (*stehen bleiben*) остана́вливаться, -нови́ться *pf*; 2. (*andauern*) продолжа́ться, -до́лжиться *pf*; **ein Kind zur Ehrlichkeit ~** приуча́ть ребёнка к правди́вости
anhaltend *adj* дли́тельный
Anhalter, -in *m/f* <-s, -> е́дущий, -щая *m/f* „автосто́пом"; **per ~ fahren** е́хать „автосто́пом"
Anhaltspunkt *m* <-(e)s, -e> основа́ние *nt*, отправна́я то́чка *f*
Anhang *m* <-(e)s, Anhänge> 1. (*Ergänzung*) дополне́ние *nt*; **~ zu einem Vertrag** дополне́ние к догово́ру 2. (*Angehörige*) бли́зкие *pl*; 3. (*Gefolge*) приве́рженцы *mpl*
anhängen I. *vt* 1. (*an etw hängen*) ве́шать, пове́сить *pf*; **eine Datei an eine E-Mail anhängen** прицепля́ть файл к электро́нному письму́ 2. (*Wagen*) брать, взять *pf* на букси́р, прицепля́ть, -пи́ть *pf*; 3. (*hinzufügen*) прибавля́ть, -ба́вить *pf*; II. *vr* прицепи́ться *pf*, -пля́ться *impf* (*an +akk* к +*dat*); **jdm etw ~** наговори́ть на кого́-л. что́-л.
Anhänger *m* <-s, -> 1. (*Mensch*) приве́рженец *m*; 2. (*Wagen*) прице́п *m*; 3. (*Schmuck*) кулон *m*
Anhängerkupplung *f* <-, -en> (KFZ) сцепно́е устро́йство *nt* (для прице́па)
anhänglich *adj* пре́данный, привя́зчивый
Anhänglichkeit *f* <gen: -> пре́данность *f*, привя́занность *f*
Anhängsel *nt* <-s, -> подве́ска *f*
Anhäufung *f* <-, -en> 1. накопле́ние *nt*; 2. (*fig*) нагроможде́ние *nt*
anheben *irr vt* 1. (*heben*) приподнима́ть, -ня́ть *pf*; 2. (*erhöhen*) повыша́ть, -вы́сить *pf*
Anhebung *f* <-, -en> повыше́ние *nt*, увеличе́ние *nt*; **~ der Gehälter** повыше́ние зарабо́тной платы; **~der Steuern** повыше́ние нало́гов
anherrschen *vi* накрича́ть
Anhieb: **auf ~** одни́м ма́хом
anhimmeln *vt*: **jdn ~** быть без ума́ от кого́-л.
Anhöhe *f* <-, -n> возвы́шенность *f*, приго́рок *m*
anhören I. *vt* вы́слушать *pf*, -слу́шивать *impf*; II. *vr*: **das hörte sich hässlich an** э́то звуча́ло ужа́сно
animalisch *adj* живо́тный
Animateur, -in *m/f* <-s, -e> организа́тор *m* досу́га
Animation *f* <-, -en> анима́ция *f*
animieren *vt* подзадо́ривать, -рить *pf*; **jdn zu etw ~** побужда́ть кого́-л. к чему́-л.
Anis *m* <-(es), -e> ани́с *m*
ankämpfen *vi* боро́ться *impf* (*gegen +akk* с +*inst*)
Ankauf *m* <-(e)s, -käufe> заку́пка *f*, ску́пка *f*
ankaufen *vt* закупа́ть, -пи́ть *pf*
Ankaufskurs *m* <-es, -e> (BÖRSE) курс *m* покупа́телей
Ankaufspreis *m* <-es, -e> заку́почная цена́ *f*
Anker *m* <-s, -> я́корь *m*; **vor ~ liegen** стоя́ть на я́коре
ankern *vi* ста́ть *pf*, станови́ться *impf* на я́корь
Anklage *f* <-, -n> 1. упрёк *m*, обвине́ние

nt; 2. (JUR) обвине́ние *nt*
Anklagebank *f* <*gen:* -> скамья́ *f* подсуди́мых
anklagen *vt* 1. упрека́ть, -кну́ть *pf*; 2. (JUR) обвиня́ть, -ни́ть *pf*
Anklageschrift *f* <-, -en> обвини́тельный акт *m*
Anklagevertreter, -in *m/f* <-s, -> (JUR) представи́тель *m* обвине́ния
Anklang *m* <-(e)s, Anklänge> о́тклик *m*; ~ **finden** находи́ть о́тклик
ankleben *vt* накле́ивать, -ить *pf*
ankleiden *vr* одева́ться, оде́ться *pf*
anklopfen *vi* стуча́ться, по- *pf*
anknüpfen I. *vi* продолжа́ть, -до́лжить *pf*; **an die alte Tradition** ~ продо́лжить ста́рую тради́цию; II. *vt* 1. (*Strick*) привя́зывать, -за́ть *pf*; 2. (*Beziehung*) завя́зывать, -за́ть *pf*
ankommen *irr vi* 1. (*an einem Ort*) прибыва́ть, -бы́ть *pf*; 2. (*von Bedeutung sein*) зави́сеть *impf* (*auf +akk* от *+gen*); **es kommt darauf an, dass ...** всё зави́сит от того́, что...; **es auf etw ~ lassen** не остана́вливаться пе́ред чём-л.; **bei jdm gut ~** (*umg*) быть хорошо́ воспри́нятым кем-л.; **gegen jdn ~** тяга́ться с кем-л.
Ankopplungsmanöver *m* <-s, -> стыко́вка *f*
ankotzen *vt* (*vulg*) тошни́ть, стошни́ть *pf*; **das kotzt mich an** мне э́то отврати́тельно
ankreiden *vt*: **jdm etw ~** ста́вить что́-л. кому́-л. в вину́
ankündigen I. *vt* объявля́ть, -ви́ть *pf*; II. *vr* заявля́ть, -ви́ть *pf* о себе́
Ankündigung *f* <-, -en> объявле́ние *nt*
Ankunft *f* <-, Ankünfte> прибы́тие *nt*
Ankunftszeit *f* <-, -en> вре́мя *nt* прибы́тия
ankurbeln *vt* форси́ровать; **die Konjunktur** ~ оживля́ть конъюнкту́ру
Ankurbelung *f* <-, -en> оживле́ние *nt*, форси́рование *nt*, стимули́рование *nt*
anlächeln *vt* улыба́ться, -бну́ться *pf*
anlachen *vt* смотре́ть, по- *pf* смея́сь
Anlage *f* <-, -n> 1. (*Bau, Gebäude*) сооруже́ние *nt*; **industrielle ~** промы́шленное сооруже́ние 2. (*Park*) парк *m*; 3. (*zu einem Schreiben*) приложе́ние *nt*; **eine Datei als ~ speichern** сохраня́ть приложе́ние как файл [*o* в виде файла] 4. (*Geldanlage*) вложе́ние *nt*, помеще́ние *nt*; ~ **von Geldern** вложе́ние средств 5. (TECH) устро́йство *nt*; 6. (*Begabung*) спосо́бность *f*
Anlageberater, -in *m* <-s, -> консульта́нт *m* по инвести́циям
Anlageberatung *f* <-, -en> консульта́ция *f* по инвести́циям
Anlagefonds *m* <-s, -s> основны́е фо́нды *pl*
Anlageform *f* <-, -en> фо́рма *f* капиталовложе́ния *m*
Anlagegewinn *m* <-(e)s, -e> дохо́ды *pl* от капиталовложе́ний
Anlagegüter *pl* <*gen:* -> основны́е сре́дства *pl*
anlageintensiv *adj* капиталоёмкий
Anlagenbau *m* <*gen:* -(e)s> произво́дство *nt* промы́шленного обору́дования
Anlagenbewertung *f* <-, -en> сто́имостная оце́нка *f* основны́х средств
Anlagenbuchhaltung *f* <-, -en> бухга́лтерский учёт *m* основны́х средств
Anlagespiegel *m* <-s, -> обзо́р *m* основны́х средств
Anlagetipp *m* <-s, -s> подска́зка *f* наибо́лее вы́годного помеще́ния капита́ла
Anlagevermögen *nt* <-s, -> основны́е сре́дства *pl*
Anlass *m* <-es, Anlässe> 1. по́вод *m*; 2. (*Ereignis*) собы́тие *nt*; **keinen ~ sehen** не ви́деть причи́ны для чего́-л.
anlassen I. *irr vt* 1. (*Motor*) запуска́ть, -сти́ть *pf*; 2. (*Kleidung*) остава́ться, -та́ться *pf* в оде́жде; 3. (*Licht*) не выключа́ть, не вы́ключить *pf*; II. *vr*: **etw lässt sich gut/schlecht an** что́-то идёт/не идёт на лад
Anlasser *m* <-s, -> (KFZ) ста́ртер *m*; **elektrischer ~** электри́ческий ста́ртер
anläßlich *präp +gen* по по́воду
Anlauf *m* <-(e)s, Anläufe> 1. (SPORT) разбе́г *m*; 2. (*Versuch*) попы́тка *f*; ~ **nehmen** взять разбе́г; **im** [*o* **beim**] **ersten ~** с пе́рвой попы́тки
anlaufen *irr vi* 1. (*beginnen*) начина́ться, -ча́ться *pf*; 2. (*Metall*) тускне́ть, по- *pf*; 3. (*kommen*) прибега́ть *pf*, -бега́ть *impf*; 4. (SPORT) разбега́ться, -бежа́ться *pf*; **rot ~** покрасне́ть
Anlaufphase *f* <-, -n> пусково́й пери́од *m*
anlegen I. *vt* 1. (*an etw legen*) прикла́дывать, приложи́ть *pf* к груди́; 2. (*erstellen*) составля́ть, -ста́вить *pf*; **ein Verzeichnis ~** составля́ть спи́сок 3. (*Schmuck*) надева́ть, -де́ть *pf*; 4. (*Vorrat*) де́лать, сде́лать *pf*; 5. (*Geld*) вкла́дывать, вложи́ть *pf*; 6. (*Garten*) разбива́ть, -би́ть *pf*; 7. (*Gewehr*) вски́нуть *pf*, вски́дывать *impf*; II. *vi* (*Schiff*) прича́ливать, -лить *pf*
Anleger, -in *m* <-s, -> инве́стор *m*
Anlegestelle *f* <-, -n> (*für Boot*) при́стань *f*, прича́л *m*
anlehnen I. *vt* 1. (*an etw lehnen*) прислоня́ть, -ни́ть *pf*; 2. (*Tür*) притворя́ть, -ри́ть *pf*; II. *vr*

прислоня́ться, -ни́ться *pf*
Anleihe *f* <-, -n> заём *m*; **unverzinsliche ~** беспроце́нтный заём; **kurzfristige ~** краткосро́чный заём; **langfristige ~** долгосро́чный заём; **eine ~ aufnehmen** брать ссу́ду
Anleihegeschäft *nt* <-(e)s, -e> ссу́дные [*o* заёмные] опера́ции *pl*
Anleiheinhaber *m* <-s, -> займодержа́тель *m*
Anleihekurs *m* <-es, -e> ссу́дный [*o* заёмный] курс *m*
Anleihenrückzahlung *f* <-, -en> погаше́ние *nt* за́йма
anleimen *vt* прикле́ивать, -и́ть *pf*
anleiten *vt* руководи́ть *impf*
Anleitung *f* <-, -n> указа́ние *nt*, руково́дство *nt*; **unter ~** под руково́дством
Anliegen *nt* <-s, -> жела́ние *nt*, про́сьба *f*; **ein ~ haben** име́ть де́ло к кому́-л.
Anlieger, -in *m/f* <-s, -> живу́щий в до́ме/на уча́стке, прилега́ющем к доро́ге; **Parken nur für ~** стоя́нка разрешена́ то́лько жи́телям да́нной у́лицы
anlocken *vt* привлека́ть, -ле́чь *pf*
anlügen *vt* лгать, солга́ть *pf*
anmachen *vt* **1.** (*befestigen*) прикрепля́ть, -пи́ть *pf*; **2.** (*Salat*) заправля́ть, -пра́вить *pf*; **3.** (*umg: Frau, Mann*) пристава́ть, -та́ть *pf*, заи́грывать *impf*
anmaßen *vt*: **sich etw ~** позволя́ть себе́ что́-л.; **sich das Recht ~** присва́ивать себе́ пра́во; **jd maßt sich viel an** кто́-л. мно́го на себя́ берёт
anmaßend *adj* высокоме́рный, надме́нный
Anmaßung *f* <-, -en> высокоме́рие *nt*, де́рзость *f*
anmeckern *vt* (*umg*) придира́ться, -дра́ться *pf*
Anmeldeformular *nt* <-(e)s, -e> регистрацио́нный бланк *m*
anmelden I. *vt* **1.** объявля́ть, -ви́ть *pf*; **2.** (*Ansprüche*) заявля́ть, -ви́ть *pf*; **ein Patent ~** заявля́ть притяза́ния **3.** (*Konkurs*) объявля́ть, -ви́ть *pf*; **Waren beim Zoll ~** декларирова́ть това́р в тамо́жне; **den Konkurs ~** объявля́ть себя́ банкро́том; II. *vr* **1.** пропи́сываться, -са́ться *pf*; **2.** (*sich ankündigen*) сообщи́ть *pf*, -ща́ть *impf* о своём прибы́тии
anmeldepflichtig *adj* подлежа́щий регистра́ции
Anmeldung *f* <-, -en> **1.** (*das Anmelden*) пропи́ска *f*; **2.** (*Schalter*) регистрату́ра *f*
anmerken *vt* **1.** (*notieren*) замеча́ть, -ме́тить *pf*; **an dieser Stelle sollte man ~, dass ...** в э́том ме́сте необходи́мо заме́тить, что...; **2.** (*spüren*) замеча́ть, -ме́тить *pf*; **man konnte ihm die Enttäuschung deutlich ~** разочарова́ние бы́ло напи́сано у него́ на лице́; **sich nichts ~ lassen** не пока́зывать ви́ду
Anmerkung *f* <-, -en> **1.** (*Bemerkung*) замеча́ние *nt*; **2.** (*Fußnote*) сно́ска *f*
anmotzen *vt* (*umg*) обру́гивать, обруга́ть *pf*
Anmut *f* <*gen:* -> пре́лесть *f*, изя́щество *nt*
anmutig *adj* преле́стный
annähen *vt* пришива́ть, -ши́ть *pf*
annähernd I. *adv* (*fast*) почти́, приблизи́тельно; II. *adj* приблизи́тельный, приме́рный; **nicht ~** ничего́ похо́жего.
Annäherung *f* <-, -en> **1.** приближе́ние *nt*; **2.** сближе́ние *nt*
Annäherungsprozess *m* <-es, -e> проце́сс *m* сближе́ния
Annäherungsversuch *m* <-(e)s, -e> попы́тка *f* сближе́ния
Annahme *f* <-, -n> **1.** (*Entgegennahme*) приём *m*; **~ eines Angebotes** приня́тие предложе́ния; **~ von Schmiergeldern** приня́тие взя́тки; **~ einer Rechnung** акцепти́рование счёта **2.** (*Vermutung*) предположе́ние *nt*; **in der ~, dass** предполага́я, что
Annahmeerklärung *f* <-, -en> (JUR) заявле́ние *nt* о приня́тии
Annahmeschluss *m* <*gen:* -es> оконча́ние *nt* приёма
Annahmevermerk *m* <-(e)s, -e> отме́тка *f* о приня́тии
Annahmeverweigerung *f* <-, -en> отка́з *m* от акце́пта
Annalen *pl* <*gen:* -> анна́лы *pl*
annehmbar *adj* прие́млемый
annehmen I. *irr vt* **1.** (*entgegennehmen*) принима́ть, -ня́ть *pf*; **2.** (*Gewohnheit*) брать, взять *pf* в привы́чку; **3.** (*vermuten*) предполага́ть, -ложи́ть *pf*; II. *vr*: **sich einer Sache/Person ~** взя́ться за како́е-л. де́ло/кого́-л.
Annehmlichkeit *f* <-, -en> удово́льствие *nt*, удо́бство *f*
annektieren *vt* аннекси́ровать *impf/pf*
Annektierung *f* <-, -en> анне́ксия *f*
Annexion *f* <-, -en> анне́ксия *f*
Annonce *f* <-, -n> ано́нс *m*, объявле́ние *nt*
annoncieren *vi* помеща́ть, -мести́ть *pf* объявле́ние
Annuität *f* <-, -en> аннуите́т *m*
annullieren *vt* отменя́ть, -ни́ть *pf*, аннули́ровать *impf/pf*; **einen Vertrag ~** аннули́ровать догово́р
Anode *f* <-, -n> ано́д *m*
anöden *vt* (*umg*) надоеда́ть, -е́сть *pf*, наску́чивать, -чить *pf*
anomal *adj* анома́льный
anonym *adj* анони́мный
anonymisieren *vt* устраня́ть, -ни́ть *pf*

личные данные
Anonymität *f* <gen: -> анонимность *f*
Anorak *m* <-s, -s> спортивная куртка *f*
anordnen *vt* 1. (*ordnen*) располагать, -ложить *pf*; **Fenster auf dem Bildschirm ~** упорядочивать окна на экране 2. (*befehlen*) приказывать, -зать *pf*
Anordnung *f* <-, -en> 1. расположение *nt*; 2. (*Befehl*) распоряжение *nt*, приказание *nt*
anorganisch *adj* неорганический
anormal *adj* ненормальный
anpacken *vt* 1. схватить *pf*, схватывать *impf*; 2. (*fig*) браться, взяться *pf*
anpassen I. *vt* 1. приспосабливать, -собить *pf*; 2. (*Kleider*) подгонять, -догнать *pf*; II. *vr* приспосабливаться, -собиться *pf*
Anpassung *f* <-, -en> приспособление *nt*, адаптация *f*; **~ der Löhne** выравнивание заработной платы
anpassungsfähig *adj* приспосабливающийся
Anpassungsvermögen *nt* <gen: -s> приспособляемость *f*
Anpfiff *m* <-(e)s, -e> 1. (SPORT) свисток *m* к началу игры; 2. (*umg: Rüge*) нагоняй *m*
Anpflanzung *f* <gen: -> насаждение *nt*
anpflaumen *vt* (*umg*) дразнить *impf*
anpöbeln *vt* грубить, на- *pf*
anprangern *vt* клеймить, за- *pf* позором
anpreisen *irr vt* расхваливать, -лить *pf*
Anprobe *f* <-, -n> примерка *f*
Anproberaum *m* <-(e)s, -räume> примерочная *f*
anprobieren *vt* примерять, -мерить *pf*
anpumpen *vt*: **jdn um 50 Euro ~** скачать у кого-л. 50 евро
Anrainer *m* <-s, -> (*österr: Anlieger*) владелец *m* соседнего участка
anrechenbar *adj* подлежащий учёту
anrechnen *vt* 1. (*in Anrechnung bringen*) засчитывать, -тать *pf*; 2. (*zuschlagen*) начислять, числить *pf*; **Zinsen ~** начислять проценты; **jdm etw hoch ~** ставить что-л. кому-л. в заслугу
Anrechnung *f* <-, -en> зачисление *nt*, зачёт *m*
Anrecht *nt* <-(e)s, -e> право *nt*
Anrede *f* <-, -n> обращение *nt*
anreden *vt* заговаривать, -ворить *pf*; **jdn mit Vornamen ~** обратиться к кому-л. по имени
anregen *vt* 1. (*zu etw bewegen*) побуждать, -будить *pf*; 2. (*Thema*) затрагивать, -тронуть *pf*
anregend *adj* 1. возбуждающий; 2. (*Gespräch*) увлекательный
Anregung *f* <-, -en> 1. побуждение *nt*, толчок *m*; 2. (*Vorschlag*) предложение *nt*, инициатива *f*
anreichern *vt* обогащать, -гатить *pf*

Anreise *f* <-, -n> приезд *m*, заезд *m*
anreisen *vi* приезжать, -éхать *pf*
Anreiz *m* <-es, -e> побуждение *nt*, стимул *m*; **jdm einen ~ zu etw geben** побудить кого-л. к чему-л.; **~e schaffen** стимулировать
Anrichte *f* <-, -n> сервант *m*
anrichten *vt* 1. (*Schaden*) причинить *pf*, -нять *impf*; 2. (*Speisen*) готовить *impf* к подаче на стол
anrüchig *adj* пользующийся дурной славой
Anruf *m* <-(e)s, -e> 1. (*Telefon~*) звонок; 2. (*Zuruf*) оклик *m*
Anrufbeantworter *m* <-s, -> автоответчик *m*
anrufen *irr vt* (*telefonisch*) звонить, по- *pf*
Ansage *f* <-, -n> объявление *nt*
ansagen I. *vt* объявлять, -вить *pf*; II. *vr* извещать, -вестить *pf*
Ansager, -in *m/f* <-s, -> ведущий, -щая *m/f*
Ansammlung *f* <-, -en> 1. (*Anhäufung*) накопление *nt*; 2. (*von Menschen*) скопление *nt*
ansässig *adj* местный
Ansatz *m* <-es, Ansätze> (*Schicht*) налёт *m*
anschaffen *vt* приобретать, -рести *pf*
Anschaffung *f* <-, -en> приобретение *nt*, покупка *f*
Anschaffungskosten *pl* издержки *pl* на приобретение
Anschaffungsnebenkosten *pl* накладные издержки *pl* на приобетение
anschalten *vt* включать, -чить *pf*
anschauen *vt* смотреть, по- *pf*
anschaulich *adj* наглядный
Anschaulichkeit *f* <gen: -> наглядность *f*
Anschauung *f* <-, -en> 1. (*Betrachtungsweise*) взгляд *m*; 2. (*Meditation*) созерцание *nt*; **etw aus eigener ~ kennen** знать что-л. по собственному опыту
Anschein *m* <gen: -(e)s> видимость *f*; **dem/allem ~ nach** по всей видимости
anscheinend *adv* видимо
anschieben *irr vt* придвигать, -винуть *pf*
Anschlag *m* <-(e)s, Anschläge> 1. (*Attentat*) покушение *nt*; 2. (*Aushang*) афиша *f*; 3. (*auf Schreibmaschine, an Klavier*) удар *m*; 4. (*Endpunkt*) упор *m*
anschlagen I. *irr vt* 1. (*aushängen*) вывешивать, вывесить *pf*; 2. (*Tasten*) ударять, ударить *pf*; II. *vi* (*wirken*) действовать, по- *pf*
anschleppen *vt* (*Auto*) подталкивать, -толкнуть *pf*, подтаскивать, -тащить *pf*
anschließen I. *irr vt* 1. (*Fahrrad*) запирать, -переть *pf*; 2. (*Elektrogerät*) подключать, -чить *pf*; II. *vr* (*zustimmen*)

anschließend присоединя́ться, -ни́ться *pf*; **sich der Mehrheit ~** присоедини́ться к большинству́
anschließend I. *adj* **1.** примыка́ющий; **2.** (*zeitlich*) после́дующий; **II.** *adv* всле́д (*an +akk* за *+inst*).
Anschluss *m* <-es, Anschlüsse> **1.** присоедине́ние *nt*, подключе́ние *nt*; **2.** (*Zugverbindung*) возмо́жность *f* переса́дки; **ich muss dann einen halben Tag auf einen ~ warten** мне тогда́ придётся полдня́ ждать переса́дки; **3.** (*Kontakt*) подключе́ние *nt*, конта́кт *m*; **im ~ an** сра́зу же по́сле; **~ eines Druckers** подключе́ние при́нтера
Anschlussauftrag *m* <-(e)s, -aufträge> дополни́тельный зака́з *m*
Anschlusskabel *nt* <-s, -> соедини́тельный ка́бель *m*
anschmiegsam *adj* (*Kleid*) облега́ющий, прилега́ющий
anschnallen I. *vr* пристёгиваться, -стегну́ться *pf*; **II.** *vt* пристёгивать, -стегну́ть *pf* ремнём
anschnauzen *vt* (*umg*) наора́ть *pf*
anschneiden *irr vt* **1.** (*in etw schneiden*) надреза́ть, -ре́зать *pf*; **2.** (*Thema*) затро́нуть *pf*, -тра́гивать *impf*
anschreiben *irr vt* **1.** (*an Tafel*) запи́сывать, -са́ть *pf*; **2.** (*Schulden*) запи́сывать, -са́ть *pf* в креди́т; **bei jdm gut/schlecht angeschrieben sein** бы́ть у кого́-то на хоро́шем/плохо́м счету́
anschreien *irr vt* накрича́ть *pf*
Anschrift *f* <-, -en> а́дрес *m*
anschwärzen *vt* (*umg*) черни́ть, очерни́ть *pf*, клевета́ть, оклевета́ть *pf*
anschwellen *irr vi* **1.** набуха́ть, -бу́хнуть *pf*; **2.** (*Lärm*) уси́ливаться, -ли́ться *pf*
Anschwellung *f* <-, -en> **1.** вздутие *nt*; **2.** о́пухоль *f*, отёк *m*
Anschwemmung *f* <*gen:* -> нано́с *m*
anschwindeln *vt* (*umg*) обма́нывать, -ну́ть *pf*, надува́ть, -ду́ть *pf*
ansehen *irr vt* смотре́ть, по- *pf*, осма́тривать, -мотре́ть *pf*; **jdm etw ~** замеча́ть что́-л. по кому́-л.
Ansehen *nt* <*gen:* -s> авторите́т *m*, уваже́ние *nt*; **großes ~ genießen** по́льзоваться больши́м уваже́нием
ansehnlich *adj* **1.** (*stattlich*) ви́дный; **2.** (*beträchtlich*) значи́тельный
ansein *irr vi* (*umg: angeschaltet sein*) быть *impf* включённым
ansetzen I. *vt* **1.** (*anfügen*) наса́живать, -сади́ть *pf*, присоединя́ть, -ни́ть *pf*; **2.** (*Trinkgefäß*) прикла́дывать, -нести́ *pf*; **3.** (*Termin*) устана́вливать, -нови́ть *pf*; **II.** *vi* (*beginnen*) начина́ть, -ча́ть *pf*
Ansicht *f* <-, -en> **1.** взгля́д *m*; **2.** (*Meinung*) мне́ние *nt*; **meiner ~ nach** по моему́ мне́нию
Ansichtskarte *f* <-, -n> видова́я откры́тка *f*
Ansichtssache: **das ist ~** э́то де́ло вку́са
ANSI-Tabelle *f* <*gen:* -> та́блица *f* АНСИ
Anspannung *f* <-, -en> натяже́ние *nt*
Anspiel *nt* <-(e)s, -e> (SPORT) пода́ча *f*, пас *m*
anspielen I. *vi* намека́ть, -кну́ть *pf* (*auf +akk* на); **II.** *vt* (SPORT) пасова́ть *impf*
Anspielung *f* <-, -en> намёк *m*
Ansporn *m* <*gen:* -(e)s> сти́мул *m*, побужде́ние *nt*
anspornen *vt* **1.** (*Pferd*) пришпо́ривать, -рить *pf*; **2.** (*Person*) подстёгивать, -стегну́ть *pf*
Ansprache *f* <-, -n> (*Rede*) обраще́ние *nt*
ansprechen I. *irr vt* **1.** (*Person*) загова́ривать, -вори́ть *pf*; **ich möchte Sie direkt ~** я хочу́ обрати́ться непосре́дственно к вам; **2.** (*Thema*) обраща́ться, -рати́ться *pf*; **das Thema wurde schon lange nicht mehr angesprochen** к э́той те́ме уже́ давно́ не обраща́лись; **3.** (*gefallen*) нра́виться, по- *pf*; **II.** *irr vi* реаги́ровать, про- *pf* (*auf +akk* на); **auf diese Medizin spricht er nicht an** э́то лека́рство на него́ не де́йствует
ansprechend *adj* привлека́тельный, прия́тный
Ansprechpartner *m* <-s, -> конта́ктное лицо́ *nt*
Ansprechzeit *f* <-, -en> (TECH) вре́мя *f* реаги́рования
anspringen I. *irr vt* (*anfallen*) броса́ться, бро́ситься *pf*, набра́сываться, -бро́ситься *pf*; **II.** *irr vi* (*Motor*) зарабо́тать *pf*
Anspruch *m* <-(e)s, Ansprüche> **1.** (*Forderung*) притяза́ние *nt*, требование *nt*; **2.** (*Anrecht*) пра́во *nt*; **etw in ~ nehmen** воспо́льзоваться чём-л.; **auf etw ~ erheben** претендова́ть на что́-л.; **Ansprüche stellen** быть тре́бовательным; **einen ~ anerkennen** признава́ть тре́бования
anspruchslos *adj* непритяза́тельный
anspruchsvoll *adj* взыска́тельный
anstacheln *vt* побужда́ть, -буди́ть *pf*, подстрека́ть, -стрекну́ть *pf*
Anstalt *f* <-, -en> учрежде́ние *nt*
Anstalten *pl* <*gen:* ->: **~ machen, etw zu tun** гото́виться к чему́-л.
Anstand *m* <*gen:* -(e)s> прили́чие *nt*
anständig *adj* прили́чный
Anständigkeit *f* <-, -en> прили́чие *nt*, поря́дочность *f*
anstandshalber *adv* ра́ди прили́чия
anstandslos *adv* неме́дленно, безогово́рочно
anstarren *vt* уста́виться *pf*, глазе́ть *impf*
anstatt I. *präp +gen* вме́сто, взаме́н; **II.** *konj*: **~ etw zu tun** вме́сто того́, что́бы что́-то сде́лать.

anstechen *irr vt* прока́лывать, -коло́ть *pf*, нака́лывать, -коло́ть *pf*; ein Fass ~ начина́ть бо́чку вина́
anstecken I. *vt* (*mit einer Krankheit*) зарази́ть *pf*, -ража́ть *impf*; **II.** *vr* зарази́ться *pf*, -ража́ться *impf*
ansteckend *adj* зара́зный
Ansteckung *f* <-, -en> зараже́ние *nt*
anstehen *irr vi* стоя́ть *impf* в о́череди
ansteigen *irr vi* 1. (*Gelände*) поднима́ться, -ня́ться *pf*; 2. (*wachsen*) возраста́ть, -расти́ *pf*
anstelle *präp* +*gen* вме́сто
anstellen I. *vt* 1. (*anschalten*) включа́ть, -чи́ть *pf*; 2. (*beschäftigen*) принима́ть, -ня́ть *pf* на рабо́ту; 3. (*Nachforschungen*) производи́ть, -вести́ *pf*; **II.** *vr* стать *pf*, станови́ться *impf* в о́чередь; etw ~ (*umg*) натвори́ть что́-л; stell dich nicht so an (*umg*) не валя́й дурака́
Anstellung *f* <-, -en> приём *m* на рабо́ту
Anstieg *m* <-(e)s, -e> 1. (*Erhöhung*) рост *m*, повыше́ние *nt*; 2. (*Steigen*) подъём *m*; 3. (*Weg*) подъём *m*
anstiften *vt*: jdn ~, etw zu tun подстрека́ть кого́-л. к каки́м-л. де́йствиям
Anstiftung *f* <-, -en> подстрека́тельство *nt*
anstimmen *vt* (*Lied*) запева́ть, -пе́ть *pf*
Anstoß *m* <-es, Anstöße> 1. (*das Anstoßen*) уда́р *m*, толчо́к *m*; 2. (*Antrieb*) по́вод *m*, толчо́к *m*; 3. (SPORT) пе́рвый уда́р *m* по мячу́; an etw ~ nehmen раздража́ться и́з-за чего́-л.
anstoßen I. *irr vi* 1. удари́ться, уда́риться *pf*; 2. (SPORT) нача́ть *pf*, -чина́ть *impf* игру́; **II.** *vt* толка́ть, -кну́ть *pf*; auf etw/jdn ~ пить за что́-л./кого́-л.
anstößig *adj* предосуди́тельный
anstrahlen *vt* 1. освеща́ть, -вети́ть *pf*; 2. (*Person*) смотре́ть, по- *pf* сия́ющими глаза́ми
anstreben *vt* стреми́ться *impf*
anstreichen *irr vt* 1. (*mit Farbe*) кра́сить, по- *pf*; 2. (*markieren*) отмеча́ть, -ме́тить *pf*
Anstreicher, -in *m/f* <-s, -> маля́р *m*
anstrengen I. *vr* напряга́ться, -ря́чься *pf*; **II.** *vt* 1. напряга́ть, -ря́чь *pf*; 2. (*Prozess*) возбужда́ть, -буди́ть *pf*
anstrengend *adj* напряжённый, утоми́тельный
Anstrengung *f* <-, -en> 1. уси́лие *nt*; 2. (*Bemühung*) стара́ние *nt*
Anstrich *m* <-(e)s, -e> 1. (*mit Farbe*) окра́ска *f*; 2. (*fig*) вид *m*, ви́димость *f*
anstürmen *vi* налета́ть, -те́ть *pf*
Ansuchen *nt* <-s, -> (*österr: Gesuch*) хода́тайство *nt*, про́сьба *f*
Antagonismus *m* <-, Antagonismen> (*geh*) антагони́зм *m*
Antagonist *m* <-en, -en> (*geh*) проти́вник *m*

Antarktis *f* <*gen:* -> Анта́рктика *f*
antarktisch *adj* антаркти́ческий
antasten *vt* 1. притра́гиваться, -ро́нуться *pf*; 2. (*fig*) посяга́ть, -гну́ть *pf*
Anteil *m* <-(e)s, -e> 1. (*Quote*) часть *f*, до́ля *f*; 2. (*Beteiligung*) уча́стие *nt*; an etw ~ nehmen принима́ть уча́стие в чём-л.
anteilig *adj* (*dem Anteil entsprechend*) по до́ле уча́стия
Anteilinhaber, -in *m/f* <-s, -> па́йщик *m*, акционе́р *m*
Anteilnahme *f* <*gen:* -> уча́стие *nt*
Anteilpapier *nt* <-(e)s, -e> це́нная бума́га *f*
Anteilschein *m* <-(e)s, -e> це́нная бума́га *f*
Antenne *f* <-, -n> анте́нна *f*
Anthologie *f* <-, -en> антоло́гия *f*
Anthrazit *m* <-s, -e> антраци́т *m*
Anthropologe, Anthropologin *m/f* <-n, -n> антропо́лог *m*
Anthropologie *f* <*gen:* -> антрополо́гия *f*
anthropologisch *adj* антропологи́ческий
Antiasthmatikum *nt* <-s, -asthmatika> сре́дство *nt* про́тив а́стмы *m*
antiautoritär *adj* антиавторита́рный
Antibabypille *f* <-, -n> противозача́точные табле́тки *fpl*
Antibiotikum *nt* <-s, Antibiotika> антибио́тик *m*
Antiblockiersystem *nt* <-(e)s, -e> антиблокиро́вочная систе́ма *f*
Antifaschismus *m* <*gen:* -> антифаши́зм *m*
Antifaschist, -in *m/f* <-en, -en> антифаши́ст *m*
antifaschistisch *adj* антифаши́стский
antiinflationistisch *adj* антиинфляцио́нный
antik *adj* 1. (*die Antike betreffend*) анти́чный; 2. (*alt*) стари́нный
Antike *f* <*gen:* -> анти́чность *f*
Antiklopfmittel *nt* <-s, -> антидетона́тор *m*
Antikörper *m* <-s, -> антите́ло *nt*
Antilope *f* <-, -n> антило́па *f*
Antipathie *f* <-, -n> антипа́тия *f*
Antipode *m* <-n, -n> антипо́д *m*
Antiqua *f* <*gen:* -> анти́ква *f*
Antiquar *m* <*gen:* -s> антиква́р *m*
Antiquariat *nt* <-s, -e> букинисти́ческий магази́н *m*
antiquarisch *adj* антиква́рный
antiquiert *adj* устаре́лый
Antiquität *f* <-, -en> антиква́рная вещь *f*
Antiquitätenhandel *m* <*gen:* -s> торго́вля *f* антиквариа́том
Antiquitätenhändler *m* <*gen:* -s> антиква́р *m*

Antiquitätenhandlung f <gen: -> антикварный магазин m
Antisemit m <-en, -en> антисемит m
antisemitisch adj антисемитский
Antisemitismus m <gen: -> антисемитизм m
Antiseptikum nt <-s, -septika> антисептическое средство nt
antiseptisch adj антисептический
antistatisch adj антистатический
Antiterroreinheit f <-, -en> антитеррористическая оперативная группа f
Antithese f <-, -n> (geh) противопоставление nt, антитеза f
Antitranspirant nt <-s, -s> дезодорант m
Antivirenprogramm nt <-(e)s, -e> (DV) антивирусная программа f
antizipativ adj антиципативный
antizyklisch adj антициклический
Antlitz nt <gen: -es> (geh) лицо nt
antönen vt 1. (CH: andeuten) намекать, -кнуть pf; 2. (skizzieren) намечать, -метить pf
Antonym nt <-s, -e> антоним m
antörnen vt (umg) привлекать, -лечь внимание
Antrag m <-(e)s, Anträge> 1. (allgemein) предложение nt; 2. (Gesuch) заявление nt, ходатайство nt; **einen ~ auf etw stellen** подавать заявление на что-л.
Antragsformular nt <-s, -e> бланк m заявления
Antragsteller m <-s, -> заявитель m, проситель m
Antragstellung f <-, -en> подача f заявления
antreffen irr vt заставать, -стать pf
antreiben I. irr vt 1. (Motor) приводить, -вести pf в действие; 2. (Mensch) подгонять impf, -догнать pf; 3. (Tier) погонять impf; II. vi (herantreiben) приносить, -нести pf течением
antreten I. irr vt 1. (Amt) приступать, -тупить pf к работе; 2. (Reise) отправляться, -правиться pf; 3. (Erbe) вступать, -пить pf во владение; II. irr vi 1. (SPORT) выступать, выступить pf (gegen +akk против +gen); 2. (MIL) строиться, по- pf
Antrieb m <-(e)s, -e> 1. привод m; 2. (fig) побуждение nt, толчок m
Antriebsaggregat nt <-(e)s, -e> привод m
antrinken irr vt отпить pf, -пивать impf; **sich Mut ~** выпить для храбрости
Antritt m <-s, -e> 1. (einer Reise) начало nt; 2. (eines Amtes) вступление nt в должность
Antrittsvorlesung f <-, -en> лекция f по случаю вступления в должность

antun irr vt: **jdm/sich etw ~** причинять кому-л./себе что-л.
Antwort f <-, -en> ответ m
antworten vi отвечать, -ветить pf
Antwortschreiben nt <-s, -> ответное письмо nt
Anus m <-, -> задний проход m
anvertrauen I. vt доверять, -верить pf; **jdm etw ~** доверить кому-л. что-л.; II. vr доверяться, -вериться pf
anwachsen irr vi 1. (sich vermehren) прирастать, -сти pf; 2. (größer werden) возрастать, -сти pf, увеличиваться, -читься pf
Anwalt, Anwältin m/f <-s, Anwälte> адвокат m
Anwandlung f <-, -en> приступ m, припадок m
Anwärter, -in m/f <-s, -> претендент, -ка m/f
Anwartschaft f <-, -en> 1. (Kandidatur) кандидатура f; 2. (Rechtsanspruch) претензия f; 3. (Aussichten) виды pl; **auf ein Amt** виды на занятие должности
anweisen irr vt (zuteilen) предоставлять, -тавить pf; **jdn ~, etw zu tun** поручать кому-л. сделать что-л.
Anweisung f <-, -en> 1. (Befehl) распоряжение nt, приказание nt; 2. (Zahlungs~) перевод m; 3. (Anleitung) руководство nt
anwendbar adj применимый
anwenden vt применять, -нить pf
Anwender, -in m/f <-s, -> пользователь, -ница m/f
Anwendersoftware f <gen: -> прикладное программное обеспечение nt
Anwendung f <-, -en> 1. применение nt; 2. (DV) прикладная программа; 3. (MED: Kuranwendung) физиотерапевтическая процедура f
Anwendungsbereich m <-(e)s, -e> область f применения, сфера f применения
anwerben irr vt вербовать, за- pf
anwesend adj присутствующий
Anwesenheit f <gen: -> присутствие nt
anwidern vt вызывать, вызвать pf отвращение
Anwohner, -in m/f <-s, -> живущий в непосредственной близости от чего-л.
Anzahl f <gen: -> число nt, количество nt
anzahlen vt уплачивать, -латить pf первый взнос
Anzahlung f <-, -en> задаток m
anzapfen vt 1. (Fass) починать, -чать pf бочку; 2. (umg: Telefon) подключаться, -читься pf
Anzeichen nt <-s, -> признак m; **beim**

geringsten ~ von при малейшем признаке чего-л.
Anzeige f <-, -n> 1. (TECH) индикация f; analoge ~ аналоговая индикация; digitale ~ цифровая индикация 2. (JUR) иск m; **gegen jdn ~ erstatten** заявить в кого-л.; 3. (Werbung) объявление nt, анонс m; **eine ~ aufgeben** помещать объявление в газету
anzeigen vt 1. официально сообщать, -щить pf; 2. (JUR) заявлять, -вить pf
Anzeigenwerbung f <-, -en> рубричная реклама f
Anzeiger m <-s, -> индикатор m
anzetteln vt замышлять, -мыслить pf
anziehen I. irr vt 1. (Person) привлекать, -лечь pf; 2. (Kleidung) надевать, -деть pf; 3. (Schraube) подтягивать, -тянуть pf; II. irr vi (Preise) подниматься, -няться pf, расти, вы- pf; III. irr vr одеваться, одеться pf
anziehend adj заманчивый, привлекательный
Anziehung f <-, -en> (Reiz) привлекательность f
Anziehungskraft f <-, -kräfte> сила f притяжения
Anzug m <-(e)s, Anzüge> костюм m
anzüglich adj 1. колкий; 2. (anstößig) неприличный, двусмысленный
Anzüglichkeit f <-, -en> двусмысленность f
anzünden vt зажигать, -жечь pf
Anzünder m <-s, -> зажигалка f
anzweifeln vt сомневаться impf
AOK abk von **Allgemeine Ortskrankenkasse** f общая местная больнично-страховая касса
Äolsharfe f <-, -n> эолова арфа f
Aorta f <gen: -> аорта f
apart adj изысканный, оригинальный
Apartheid f <gen: -> апартейд m
Apartment nt <-s, -s> аппартамент m
Apathie f <-, -n> апатия f
apathisch adj апатичный, безразличный
Apenninen pl Апеннины pl
Aperitif m <-s, -s> аперитив m
Apfel m <-s, Äpfel> яблоко nt; **in den sauren ~ beißen** (fig) смириться с необходимостью
Apfelbaum m <-(e)s, -bäume> яблоня f
Apfelmus nt <gen: -es> яблочное пюре nt
Apfelsaft m <-(e)s, -säfte> яблочный сок m
Apfelsine f <-, -n> апельсин m
Apfelstrudel m <-s, -> яблочный штрудель m
Apfelwein m <-(e)s, -e> яблочное вино nt
Aphorismus m <-, Aphorismen> афоризм m

aphoristisch adj афористический
apodiktisch adj аподиктический
Apokalypse f <gen: -> апокалипсис m
Apologet m <-en, -en> апологет m
Apologie f <gen: -> апология f
Apostel m <-s, -> апостол m
apostolisch adj апостольский
Apostroph m <-s, -e> апостроф m
Apotheke f <-, -n> аптека f
Apotheker, -in m/f <-s, -> аптекарь m
Apotheose f <gen: -> 1. (REL) обожествление nt; 2. (fig) апофеоз m
Apparat m <-(e)s, -e> 1. аппарат m, прибор m; 2. (Telefon) аппарат m; **am ~!** у аппарата!
Appartementhaus nt <-es, -häuser> многоквартирный дом m
Appell m <-s, -e> 1. (Aufruf) призыв m, обращение nt; 2. (MIL) перекличка f
Appellation f <gen: -> апелляция f
appellieren vi апеллировать impf/pf (an +akk к +dat)
Appendix m <gen: -> 1. приложение nt; 2. (ANAT) аппендикс m
Appetit m <-(e)s, -e> аппетит m; **guten ~!** приятного аппетита!
appetitlich adj 1. аппетитный; 2. (fig) привлекательный
Appetitlosigkeit f <gen: -> отсутствие nt аппетита
applaudieren vi аплодировать impf
Applaus m <-es, -e> аплодисменты pl
Applet nt <-s, -s> (DV) апплет m
Applikation f <-, -en> (DV: Anwendung) прикладная программа f
Appoint nt <-s, -s> (ÖKON) дополнительный взнос m
Apport m <-(e)s, -e> апорт m
Apposition f <-, -en> (LING) приложение nt
Appretur f <-, -en> аппретирование nt, отделка f
Approbation f <-, -en> апробация f
Aprikose f <-, -n> абрикос m
April m <-(s), -e> апрель m; **jdn in den ~ schicken** подшутить над кем-л.
Aprilschauer m <-s, -> неожиданный дождь m
Aprilwetter nt <gen: -s> переменчивая погода f
apropos adv кстати
Aquädukt m <-(e)s, -e> акведук m
Aquamarin m аквамарин m
Aquaplaning nt <gen: -s> (KFZ) аквапланирование nt
Aquarell nt <-s, -e> акварель f
Aquarellfarbe f <-, -n> акварельная краска f
Aquarellmaler m <-s, -> акварелист m
Aquarium nt <-s, Aquarien> аквариум m
Äquator m <gen: -(s)> экватор m
äquatorial adj экваториальный
Äquivalent nt <-(e)s, -e> эквивалент m

Ära f <gen: -> э́ра f
Araber, -in m/f <-s, -> ара́б, -ка m/f
arabisch adj ара́бский
Aralsee m <gen: -s> Ара́льское мо́ре
Arbeit f <-, -en> 1. труд m, рабо́та f; **ganze Arbeit** (umg) доброссо́вестная рабо́та; **geistige ~** у́мственный труд; **körperliche ~** физи́ческий труд; **kreative ~** тво́рческая рабо́та; **manuelle ~** ручно́й труд; **die ~ niederlegen** прекраща́ть рабо́ту; **~ vergeben** предоставля́ть рабо́ту 2. (Arbeitsstelle) рабо́та f; 3. (Werk, Erzeugnis) рабо́та f, изде́лие nt; 4. (wissenschaftliche ~) труд m, рабо́та f; 5. (PHYS) рабо́та f
arbeiten vi рабо́тать impf
Arbeiter, -in m/f <-s, -> рабо́чий, -бо́тница m/f, рабо́тник m; **angelernter ~** малоквалифи́цированный рабо́чий
Arbeiterbewegung f <gen: -> рабо́чее движе́ние nt
Arbeiterklasse f <gen: -> рабо́чий класс m
Arbeiterpartei f <-, -en> рабо́чая па́ртия f
Arbeiter-und-Bauern-Staat m рабо́че-крестья́нское госуда́рство nt
Arbeitgeber, -in m/f <-s, -> работода́тель, -ница m/f
Arbeitgeberanteil m <-s, -e> взнос m работода́теля в социа́льное страхова́ние
Arbeitnehmer, -in m/f <-s, -> рабо́тающий, -щая m/f по на́йму, рабо́чий m, слу́жащий m
Arbeitnehmeranteil m <-(e)s, -e> взнос m рабо́тника в социа́льное страхова́ние
Arbeitnehmerfreibetrag m <-(e)s, -beträge> необлага́емый нало́гом ми́нимум m за́работной пла́ты
Arbeitnehmerquote f <-, -n> кво́та f рабо́тающих по на́йму
Arbeitnehmerverband m <-(e)s, -verbände> сою́з m рабо́чих и слу́жащих, профсою́з m
Arbeitnehmervertreter m <-s, -> представи́тель m рабо́чих и слу́жащих
Arbeitsablauf m <-(e)s, -abläufe> 1. трудово́й проце́сс m; 2. технологи́ческий проце́сс m
Arbeitsablaufstudie f <-, -n> иссле́дование nt рабо́чего проце́сса
Arbeitsamt nt <-(e)s, -ämter> би́ржа f труда́
Arbeitsangebot nt <-(e)s, -e> предложе́ние nt рабо́чей си́лы
Arbeitsatmosphäre f <gen: -> рабо́чая атмосфе́ра f
Arbeitsaufwand m <gen: -s> трудовы́е затра́ты pl
Arbeitsausfallzeiten pl поте́ри pl рабо́чего вре́мени
Arbeitsbedingungen pl усло́вия pl труда́
Arbeitsbelastung f <-, -en> 1. рабо́чая [o поле́зная] нагру́зка f; 2. загру́женность рабо́той
Arbeitsbereich m <-(e)s, -e> сфе́ра f де́ятельнсти
Arbeitsbereicherung f <-, -en> обогаще́ние nt содержа́ния трудово́й де́ятельности
Arbeitsbeschaffungsmaßnahmen pl <gen: -> ме́ры pl по обеспе́чению за́нятости [o трудоустро́йству]
Arbeitsbescheinigung f <-, -en> спра́вка f с ме́ста рабо́ты
Arbeitsbewilligung f <-, -en> (ADMIN) разреше́ние nt на трудову́ю де́ятельность
Arbeitsbiene f <-, -n> рабо́чая пчела́ f
Arbeitseinkommen nt <-s, -> за́работок m, дохо́д m
Arbeitseinsatz m <gen: -es> рабо́та f, уча́стие nt в рабо́те
Arbeitsentgelt nt <-(e)s, -e> пла́та f за труд
arbeitsfähig adj трудоспосо́бный
Arbeitsfähigkeit f <gen: -> работоспосо́бность f
Arbeitsgang m <-(e)s, -gänge> произво́дственная опера́ция f
Arbeitsgebiet nt <-(e)s, -e> сфе́ра f де́ятельности
Arbeitsgemeinschaft f <-, -en> кружо́к m, рабо́чая гру́ппа f
Arbeitsgericht nt <-(e)s, -e> трудово́й арбитра́ж m
Arbeitsgesetze pl <gen: -> ко́декс m зако́нов о труде́
arbeitsintensiv adj трудоёмкий
Arbeitskampf m <gen: -(e)s> забасто́вочная борьба́ f
Arbeitsklima nt <-s, -s> рабо́чая атмосфе́ра f
Arbeitskraft f <-, -kräfte> 1. (Arbeiter) рабо́чий m; 2. (Leistung) рабо́чая си́ла f
Arbeitskräftemangel m <gen: -s> нехва́тка f рабо́чей си́лы
Arbeitskräftepotential nt <-(e)s, -e> трудовы́е ресу́рсы pl
Arbeitskreis m <-es, -e> рабо́чая гру́ппа f
Arbeitslohn m <-(e)s, -löhne> за́работная пла́та f
arbeitslos adj безрабо́тный
Arbeitslose(r) mf <-n, -n> безрабо́тный, -ная m/f
Arbeitslosengeld nt <-es, -er> посо́бие nt по безрабо́тице
Arbeitslosenhilfe f <gen: -> по́мощь f по безрабо́тице
Arbeitslosenquote f <-, -n> кво́та f безрабо́тных

Arbeitslosenunterstützung f <gen: -> пособие nt по безработице
Arbeitslosenversicherung f <gen: -> страхование nt по безработице
Arbeitslosenzahl f <-, -en> число nt безработных
Arbeitslosigkeit f <gen: -> безработица f
Arbeitsmarkt m <-es, -märkte> рынок m труда
Arbeitsmittel nt <-s, -> средство nt труда
Arbeitsniederlegung f <-, -en> забастовка f
Arbeitsnormalzeit f <-, -en> норма f рабочего времени
Arbeitsorganisation f <gen: -> организация f труда
Arbeitsplatz m <-es, -plätze> рабочее место nt; gesicherter ~ гарантированное рабочее место; Arbeitsplätze erhalten сохранять рабочие места; neue Arbeitsplätze schaffen создавать новые рабочие места
Arbeitsplatzbeschreibung f <-, -en> описание nt рабочего места
Arbeitsplatzsicherung f <-, -en> обеспечение nt рабочего места
Arbeitsproduktivität f <gen: -> производительность f труда
Arbeitsrecht nt <gen: -(e)s> трудовое право nt
Arbeitsschutz m <gen: -es> охрана f труда
Arbeitsschutzbestimmungen pl положения pl об охране труда
Arbeitsschutzvorschriften pl инструкции pl по технике безопасности
Arbeitsspeicher m <-s, -> (DV) оперативная память f
Arbeitssprache f <-, -n> рабочий язык m
Arbeitssuchende(r) m/f <-n, -n> ищущий m работу
Arbeitstag m <-(e)s, -e> рабочий день m
Arbeitsteilung f <-, -en> разделение nt труда
Arbeitstier nt <-(e)s, -e> 1. рабочее животное nt; 2. (fig) рабочая лошадь f
Arbeitssuche f <gen: -> поиски mpl работы
arbeitsunfähig adj нетрудоспособный
Arbeitsunfähigkeit f <gen: -> неработоспособность f
Arbeitsunfall m <-(e)s, -unfälle> производственная травма f
Arbeitsverhältnis nt <-es, -se> отношения pl, вытекающие из трудового договора; befristetes ~ работа по найму, ограниченная сроком; dauerhaftes ~ работа по найму, не ограниченная сроком

Arbeitsvertrag m <-(e)s, -verträge> трудовой договор m
Arbeitsvorbereitung f <-, -en> подготовка f производства
Arbeitszeit f <-, -en> рабочее время nt; geregelte ~ установленное рабочее время; gleitende ~ скользящий график
Arbeitszeitverkürzung f <-, -en> сокращение nt рабочего дня
Arbeitszeugnis nt <-es, -se> трудовая книжка f
Arbitrage f <-, -n> арбитраж m
Arbitragegeschäft nt <-(e)s, -e> арбитражная сделка f
arbiträr adj (geh) произвольный
archaisch adj архаичный
Archäologe, Archäologin m/f <-n, -n> археолог m
Archäologie f <gen: -> археология f
archäologisch adj археологический
Architekt, -in m/f <-en, -en> архитектор m
Architektur f <-, -en> архитектура f
Archiv nt <-s, -e> архив m
Arena f <gen: -> арена f
arg adj (schlimm) плохой
Argentinien nt <gen: -s> Аргентина f
Argentinier, -in m/f <-s, -> аргентинец, аргентинка m/f
argentinisch adj аргентинский
Ärger m <gen: -s> 1. (Zorn) гнев m; 2. (Scherereien) неприятности pl; mit jdm/etw ~ haben иметь с кем-л./чём-л. неприятности
ärgerlich adj 1. (zornig) сердитый; 2. (lästig) неприятный
ärgern I. vt (Person) злить, разо- pf; II. vr сердиться, рас- pf
Ärgernis nt <-ses, -se>: öffentliches ~ erregen вызывать общественное недовольство
arglos adj 1. (nichtsahnend) простодушный; 2. (harmlos) безобидный
Argument nt <-(e)s, -e> аргумент m
Argumentation f <-, -en> аргументация f
argumentieren vi аргументировать impf/pf
Argwohn m <gen: -(e)s> подозрение nt, недоверие nt
argwöhnisch adj подозрительный, недоверчивый
Arie f <-, -n> ария f
Aristokrat, -in m/f <-en, -en> аристократ, -ка m/f
Aristokratie f <-, -n> аристократия f
aristokratisch adj аристократический
Arithmetik f <gen: -> арифметика f
arithmetisch adj арифметический
Arktis f <gen: -> Арктика f
arktisch adj арктический
arm adj 1. (mittellos) бедный; 2. (bedau-

ernswert) бе́дный, несча́стный
Arm *m* <-(e)s, -e> 1. рука́ *f*; 2. (*eines Flusses*) рука́в *m*; **jdn auf den ~ nehmen** подшути́ть над ке́м-л.
Armatur *f* <-, -en> армату́ра *f*
Armaturenbrett *nt* <-(e)s, -er> прибо́рная доска́ *f*
Armband *nt* <-(e)s, -bänder> брасле́т *m*
Armbanduhr *f* <-, -en> нару́чные часы́ *pl*
Arme(r) *mf* <-n, -n> бедня́к, -ня́чка *m/f*
Armee *f* <-, -n> а́рмия *f*
Armeechef *m* <-s, -s> кома́ндующий *m* а́рмией
Ärmel *m* <-s, -> рука́в *m*; **die ~ hochkrempeln** засучи́ть рукава́
Ärmelkanal *m* <*gen:* -s> проли́в Ла-Ма́нш *m*
Armenien *nt* <*gen:* -s> Арме́ния
Armenier, -in *m/f* <-s, -> армяни́н, армя́нка *m/f*
armenisch *adj* армя́нский
Armlehne *f* <-, -n> (*an Sitz*) подлоко́тник *m*, ру́чка *f* кре́сла
ärmlich *adj* жа́лкий
Armreif *m* <-(e)s, -e> брасле́т *m*
armselig *adj* убо́гий
Armstütze *f* <-, -n> (*an Sitz*) подлоко́тник *m*
Armut *f* <*gen:* -> бе́дность *f*
Armutsgrenze *f* поро́г *m* бе́дности
Armutszeugnis *nt* <-ses, -se> свиде́тельство *nt* о бе́дности; **sich ein ~ ausstellen** расписа́ться в свое́й несостоя́тельности
Aroma *nt* <-s, Aromen> арома́т *m*
Aromastoff *m* <-(e)s, -e> аромати́ческое вещество́ *n*
Aromatherapie *f* <*gen:* -> аромотерапи́я *f*
aromatisch *adj* арома́тный
arrangieren I. *vt* 1. (*gestalten*) оформля́ть, офо́рмить *pf*; 2. (*bewerkstelligen*) устра́ивать, -ро́ить *pf*; II. *vr* договори́ться *pf*, -ва́риваться *impf* (*mit* +*dat* с +*inst*)
Array *m* <-s, -s> (DV) масси́в *m*
Arrest *m* <-(e)s, -e> аре́ст *m*; **unter ~ stehen** находи́ться под аре́стом
arrogant *adj* надме́нный, высокоме́рный
Arroganz *f* <*gen:* -> надме́нность *f*, высокоме́рие *nt*
Arsch *m* <-es, Ärsche> (*vulg*) жо́па *m*
Arsenal *nt* <-s, -e> арсена́л *m*
Art *f* <-, -en> 1. (*Weise*) спо́соб *m*, мане́ра *f*; 2. (*Sorte*) сорт *m*; 3. (BIO) вид *m*; **von der ~ подо́бный; die ~ und Weise** спо́соб; **nach Wiener ~** по-ве́нски
Art. *abk von* **Artikel**
Artenvielfalt *f* <*gen:* -> многообра́зие *nt* ви́дов
Arterie *f* <-, -n> арте́рия *f*
Arterienverkalkung *f* <*gen:* -> артериосклеро́з *m*
artesisch *adj* артезиа́нский; **~er Brunnen** артезиа́нский коло́дец
arthritisch *adj* артрити́ческий
artifiziell *adj* иску́сственный
artig *adj* послу́шный
Artikel *m* <-s, -> 1. (*Text*) статья́ *f*; 2. (*Ware*) това́р *m*, арти́кул *m*; 3. (LING) арти́кль *m*
Artikelnummer *f* <-, -n> това́рный но́мер *m*
artikulieren I. *vt* произноси́ть, -нести́ *pf* членоразде́льно; II. *vr* выража́ться, вы́разиться *pf*
Artischocke *f* <-, -n> артишо́к *m*
Artist, -in *m/f* <-en, -en> арти́ст, -ка *m/f*
artistisch *adj* акробати́ческий
Arznei *f* <-, -en> лека́рство *nt*
Arzneikunde *f* <*gen:* -> фармаколо́гия *f*
Arzneimittel *nt* <-s, -> лека́рство *nt*, медикаме́нт *m*
Arzneipflanze *f* <*gen:* -> лека́рственное расте́ние *nt*
Arzt *m* <-es, Ärzte> врач *m*
Arzthelferin *f* <-, -nen> *сотру́дница ча́стной враче́бной пра́ктики, помога́ющая врачу́ и веду́щая регистра́цию больны́х*
Ärztin *f* <-, -nen> врач *m*, же́нщина-врач *f*; **sie ist eine gute ~** она́ хоро́ший врач
ärztlich *adj* враче́бный
As *nt* <-ses, -se> 1. (*Kartenspiel*) туз *m*; 2. (*umg: Könner*) ас *m*, ма́стер *m*
Asbest *m* <-(e)s, -e> асбе́ст *m*
Asche *f* <-, -n> пе́пел *m*
Aschenbahn *f* <-, -en> га́ревая доро́жка *f*
Aschenbecher *m* <-s, -> пе́пельница *f*
Aschenbrödel *nt* <-s, -> Зо́лушка *f*
Aschermittwoch *m* <*gen:* -s> *пе́рвая среда́ от нача́ла вели́кого поста́*
ASCII-Format *nt* <*gen:* -(e)s> (DV) фо́рмат *m* АСЦИИ
ASCII-Tabelle *f* <*gen:* -> (DV) табли́ца *f* АСЦИИ
Aserbaidschan *m* <*gen:* -s> Азербайджа́н *m*
aserbaidschanisch *adj* азербайджа́нский
Asiat, -in *m/f* <-en, -en> азиа́т, -ка *m/f*
asiatisch *adj* азиа́тский
Asien *nt* <*gen:* -s> А́зия *f*
Askese *f* <*gen:* -> аскети́зм *m*
Asket, -in *m/f* <-en, -en> аске́т *m*
asketisch *adj* аскети́ческий
Äskulapstab *m* <*gen:* -(e)s> же́зл *m* Эскула́па
Asowsches Meer *nt* Азо́вское мо́ре
asozial *adj* асоциа́льный
Aspekt *m* <-(e)s, -e> 1. аспе́кт *m*; 2. (LING) вид *m*
Asphalt *m* <-s, -e> асфа́льт *m*
asphaltieren *vt* асфальти́ровать *impf*/

pf, за- *pf*
Aspirant, -in *m/f* <-en, -en> кандидат *m*, претендент *m* на какую-либо должность
Aspiration *f* <*gen*: -> (LING) придыхание *nt*
aspiriert *adj* (LING) придыхательный
aß *prät von* **essen**
Assekuranz *f* <-, -en> страхование *nt*
Assembler *m* <-s, -> (DV) Ассемблер *m*
Assessment Center *nt* <-s, -s> метод *m* отбора руководящих кадров
Assistent, -in *m/f* <-en, -en> ассистент, -ка *m/f*
Assoziation *f* <-, -en> ассоциация *f*
assoziativ *f* ассоциативный
assoziieren *vt* ассоциировать *impf/pf*; etw mit etw ~ ассоциировать что-л. с чём-л.
Assoziierung *f* <-, -en> ассоциация *f*
Assoziierungsvertrag *m* <-(e)s, -verträge> договор *m* об ассоциации
Ast *m* <-es, Äste> сук *m*, ветка *f*
ASTA *akr von* **Allgemeiner Studentenausschuss**
Aster *f* <-, -n> астра *f*
Ästhetik *f* <*gen*: -> эстетика *f*
ästhetisch *adj* 1. эстетический; 2. (*schön*) красивый, эстетичный
Asthma *nt* <*gen*: -(s)> астма *f*
Asthmatiker, -in *m/f* <-s, -> астматик *m*
astrein *adj* (*umg*) безупречный
Astrologe, Astrologin *m/f* <-n, -n> астролог *m*
Astrologie *f* <*gen*: -> астрология *f*
Astronaut, -in *m/f* <-en, -en> астронавт *m*
Astronom, -in *m/f* <-en, -en> астроном *m*
Astronomie *f* <*gen*: -> астрономия *f*
ASU *akr von* **Abgassonderuntersuchung** *f* анализ выхлопных газов
ASU-Plakette *f* <-, -n> (KFZ) значок анализа выхлопных газов
Asyl *nt* <-s, -e> 1. убежище *nt*; 2. (*Heim*) приют *m*, ночлежка *f*; ~ **beantragen** подавать прошение о предоставлении убежища; ~ **gewähren** предоставить убежище
Asylant, -in *m/f* <-en, -en> беженец, -нка *m/f*
Asylbewerber, -in *m/f* <-s, -> подавший заявление на предоставление убежища
Asylpolitik *f* <*gen*: -> политика *f* убежища
Asylrecht *nt* <*gen*: -(e)s> право *nt* убежища
asymmetrisch *adv* ассиметричный
Asymptote *f* <-, -n> (MATH) асимптота *f*
A.T. *abk von* **Altes Testament** Ветхий завет
Atavismus *m* <-, Atavismen> (BIO) атавизм *m*
Atelier *nt* <-s, -s> ателье *nt*
Atem *m* <*gen*: -s> дыхание *nt*; ~ **holen** перевести дух; **außer ~ sein** запыхаться; **den ~ anhalten** затаить дыхание; **den ~ verschlagen** захватывать дух
atemberaubend *adj* захватывающий дух
atemlos *adj* 1. (*vor Anstrengung*) запыхавшийся; 2. (*gespannt*) напряжённый
Atempause *f* <-, -n> передышка *f*
Atemwege *pl* дыхательные пути *pl*
Atemzug *m* <-(e)s, -züge> вдох *m*
Atheismus *m* <*gen*: -> атеизм *m*
Atheist, -in *m/f* <-en, -en> атеист, -ка *m/f*
atheistisch *adj* атеистический
Athen Афины *pl*
Äther *m* <*gen*: -(s)> эфир *m*
Äthiopien *nt* <*gen*: -s> Эфиопия *f*
Äthiopier, -in *m/f* <-s, -> эфиоп, эфиопка *m/f*
äthiopisch *adj* эфиопский
Athlet, -in *m/f* <-en, -en> атлет *m*
athletisch *adj* атлетический
Athrophie *f* <-, -en> атрофия *f*
Atlantik *m* <*gen*: -s> Атлантический океан *m*
atlantisch *adj* атлантический
Atlas *m* <-ses, Atlanten> географический атлас *m*
atmen I. *vi* дышать *impf*; II. *vt* вдыхать, вдохнуть *pf*
Atmosphäre *f* <*gen*: -> 1. (*Erd~*) атмосфера *f*; 2. (*Stimmung*) атмосфера *f*, обстановка *f*
Atmung *f* <*gen*: -> дыхание *nt*
Atmungsorgane *pl* <*gen*: -> органы *m pl* дыхания
Atoll *nt* <-s, -e> атолл *m*
Atom *nt* <-s, -e> атом *m*
atomar *adj* атомный
Atombombe *f* <-, -n> атомная бомба *f*
Atomenergie *f* <*gen*: -> атомная энергия *f*
Atomkraft *f* <*gen*: -> атомная энергия *f*
Atomkraftwerk *nt* <-(e)s, -e> атомная электростанция *f*
Atomkrieg *m* <-(e)s, -e> атомная война *f*
Atommeiler *m* <-s, -> атомная электростанция *f*
Atommüll *m* <*gen*: -s> радиоактивные отходы *pl*
Atomphysik *f* <*gen*: -> ядерная физика *f*
Atomrakete *f* <-, -n> ракета *f* с ядерной боеголовкой
Atomreaktor *m* <-s, -en> атомный реактор *m*
Atomsperrvertrag *m* <*gen*: -(e)s> договор *m* о нераспространении

я́дерного ору́жия
Atomsprengkopf *m* <-es, -köpfe> я́дерная боеголо́вка *f*
Atom-U-Boot *nt* <-(e)s, -e> подво́дный атомохо́д *m*
Atomuhr *f* <-, -en> а́томные часы́ *mpl*
Atomwaffe *f* <-, -n> а́томное ору́жие *nt*
atomwaffenfrei *adj* безъя́дерный; ~e Zone безъя́дерная зо́на
Atomzeitalter *nt* <gen: -s> а́томный век *m*
atonal *adj* атона́льный
Attachékoffer *m* <-s, -> диплома́т *m*
Attacke *f* <-, -n> ата́ка *f*
attackieren *vt* атакова́ть *impf/pf*
Attentat *nt* <-(e)s, -e> покуше́ние *nt*; ein ~ auf jdn verüben соверши́ть покуше́ние на кого́-л.
Attentäter, -in *m/f* <-s, -> соверши́вший, -шая *m/f* покуше́ние
Attest *nt* <-(e)s, -e> свиде́тельство *nt*
attestieren *vt* свиде́тельствовать, за- *pf*
Attraktion *f* <-, -en> 1. (*Reiz*) привлека́тельность *f*; 2. (*Sehenswürdigkeit*) достопримеча́тельность *f*
attraktiv *adj* 1. эффе́ктный; 2. (*reizvoll*) привлека́тельный
Attrappe *f* <-, -n> бутафо́рия *f*
Attribut *nt* <-(e)s, -e> 1. сво́йство *nt*; 2. (LING) определе́ние *nt*
ätzen *vi* трави́ть, вы́- *pf*
ätzend *adj* 1. (*Substanz*) е́дкий; 2. (*umg: übel*) отврати́тельный, проти́вный
Aubergine *f* <-, -n> баклажа́н *m*
auch *adv* 1. (*ebenso*) та́кже, то́же; 2. (*sogar, selbst*) да́же; 3. (*bestätigend:wirklich*) действи́тельно; ~ das noch то́лько э́того не хвата́ло; wie dem ~ sei как бы то ни́ бы́ло; wo ~ immer где бы то ни́ бы́ло; sowohl als ~ как.., так и...; ohne ~ nur zu fragen да́же не спроси́в
Audienz *f* <-, -en> аудие́нция *f*, прие́м *m*
Audiodatei *f* <-, -en> (DV) аудиофа́йл *m*
Audiokassette *f* <-, -n> (магнитофо́нная) кассе́та *f*
audiovisuell *adj* аудиовизуа́льный
auf I. *präp* lok +dat на, в, по; ~ Grund из-за; ~ Grund der Tatsache, dass на осно́ве того́ фа́кта, что; ~ dem Lande в дере́вне; ~ dem Tisch на столе́; II. *präp* +akk 1. (*Richtung*) на, в; 2. (*zeitlich*) на; er hat ein Taxi ~ 14 Uhr bestellt он заказа́л такси́ на 14 часо́в; ~ Deutsch по-неме́цки; ~ den ersten Blick с пе́рвого взгля́да; ~ diese Weise таки́м о́бразом; von heute ~ morgen с сего́дня на за́втра; alle bis ~ ihn все кро́ме него́; ~ einmal вдруг; III. *adv* откры́то; ~ und ab вверх и вниз; sich ~ und davon machen убежа́ть.
aufarbeiten *vt* доде́лать *pf*, -лывать *impf*

Aufarbeitung *f* <gen: -> перерабо́тка *f*
aufatmen *vi* вздохну́ть *pf*
Aufbau *m* <-(e)s, -ten> 1. (*Errichtung*) сооруже́ние *nt*; 2. (*Struktur*) построе́ние *nt*, структу́ра *f*
aufbauen *vt* 1. (*errichten*) сооружа́ть, -руди́ть *pf*, устана́вливать, -нови́ть *pf*; 2. (*organisieren*) создава́ть, -да́ть *pf*, организо́вывать, -зова́ть *pf*; 3. (*gründen*) бази́роваться *impf*
aufbäumen *vr* 1. (*Pferd*) встава́ть, встать на дыбы́ *pf*; 2. (*fig*) проти́виться, вос- *pf*
Aufbauorganisation *f* <-, -en> структу́рная организа́ция *f*
aufbauschen *vt* 1. надува́ть, -ду́ть *pf*, раздува́ть, -ду́ть *pf*; 2. (*fig*) раздува́ть, -ду́ть *pf*
aufbekommen *irr vt* 1. (*öffnen*) откры́ть *pf*, -крыва́ть *impf*; 2. (*Hausaufgaben*) получи́ть *pf*, -ча́ть *impf*; was habt ihr heute ~? что вам сего́дня зада́ли на́ дом?
aufbereiten *vt* 1. (*Trinkwasser*) очища́ть, очи́стить *pf*; 2. (*Daten*) анализи́ровать *impf/pf*, про- *pf*, оце́нивать, -ни́ть *pf*
aufbessern *vt* (*Gehalt*) повыша́ть, -вы́сить *pf*
aufbewahren *vt* 1. (*Gepäck*) храни́ть *impf*; 2. (*aufheben*) сохраня́ть, -ни́ть *pf*
Aufbewahrung *f* <gen: -> хране́ние *nt*
aufbieten *irr vt* 1. (*Kraft*) напряга́ть, -ря́чь *pf*; 2. (*Einfluss*) употребля́ть, -би́ть *pf*; 3. (*Leute*) мобилизо́вывать, -ва́ть *pf*, призыва́ть, -зва́ть *pf*
aufblähen *vr* вздува́ться, взду́ться *pf*
aufblasbar *adj* надувно́й
aufblasen I. *irr vt* надува́ть, -ду́ть *pf*; II. *vr* (*umg*) пы́житься, на- *pf*, стро́ить *impf* из себя́
aufbleiben *irr vi* 1. (*wach bleiben*) бо́дрствовать *impf*; 2. (*offenbleiben*) остава́ться, -та́ться *pf* откры́тым
aufblenden *vt* (KFZ) включа́ть, -чи́ть *pf* да́льний свет
aufblühen *vi* 1. расцвета́ть, -цвести́ *pf*; 2. (*Mensch*) воспря́нуть *pf* ду́хом
aufbrechen I. *irr vt* взла́мывать, взлома́ть *pf*; II. *vi* 1. вскрыва́ться, вскры́ться *pf*; 2. (*gehen*) отправля́ться, -пра́виться *pf*
aufbringen *irr vt* 1. (*Geld*) достава́ть, -та́ть *pf*; 2. (*öffnen*) открыва́ть, -кры́ть *pf*; 3. (*Mut*) проявля́ть, -ви́ть *pf*; 4. (*neue Mode*) ввести́ *pf*, вводи́ть *impf*
Aufbruch *m* <-(e)s, Aufbrüche> отправле́ние *nt*, выступле́ние *nt*
aufbrühen *vt* зава́ривать, -ри́ть *pf*
aufbürden *vt*: jdm etw ~ взвали́ть на кого́-л. что́-л.
aufdecken *vt* раскрыва́ть, -ры́ть *pf*
aufdrängen I. *vt* навя́зывать, -за́ть *pf*; jdm etw ~ навяза́ть кому́-л. что́-л.; II.

vr **1.** навязываться; **2.** -за́ться *pf*
aufdrehen I. *vt* отверну́ть *pf*, -вёртывать *impf*, открыва́ть, -кры́ть *pf*; II. *vi* (*umg: beschleunigen*) ускоря́ть, -ко́риться *pf*
aufdringlich *adj* назо́йливый
aufeinander *adv* **1.** (*räumlich*) друг на дру́ге; **2.** (*zeitlich*) друг за дру́гом; **3.** (*gegenseitig*) друг дру́га
aufeinander liegen *irr vi* лежа́ть *impf* одно́ на друго́м, лежа́ть *impf* друг на дру́ге
aufeinander treffen *irr vi* встре́титься *pf*, встреча́ться *impf*
Aufenthalt *m* <-(e)s, -e> **1.** пребыва́ние *nt*; **2.** (*eines Zuges*) остано́вка *f*; **3.** (*Verzögerung*) заде́ржка *f*
Aufenthaltsgenehmigung *f* <-, -en> вид *m* на жи́тельство
Aufenthaltsort *m* <-(e)s, -e> местопребыва́ние *nt*
Aufenthaltsrecht *nt* <-s, -e> (JUR) пра́во *nt* прожива́ния
auferlegen *vt* налага́ть, -ложи́ть *pf*
auferstehen *irr vi* воскреса́ть, -кре́снуть *pf*
Auferstehung *f* <-, -en> воскресе́ние *nt*
aufessen *irr vt* съеда́ть, съе́сть *pf*
auffahren *irr vi* **1.** (*anfahren*) наезжа́ть, -е́хать *pf*; **2.** (*dicht heranfahren*) подъезжа́ть, -е́хать *pf*; **3.** (*hochschrecken*) вска́кивать, вскочи́ть *pf*; **4.** (*aufbrausen*) вспыли́ть *pf*
Auffahrt *f* <-, -en> въе́зд *m*
Auffahrunfall *m* <-(e)s, -unfälle> нае́зд *m*
auffallen *irr vi* броса́ться, бро́ситься *pf* в глаза́
auffallend *adj* (*auffällig*) броса́ющийся в глаза́, выделя́ющийся
auffällig *adj* выделя́ющийся, необы́чный
auffangen *irr vt* подхва́тывать, -хвати́ть *pf*
Auffanglager *nt* <-s, -> приёмный ла́герь *m*, перева́лочный ла́герь *m*
auffassen *vt* **1.** понима́ть, -ня́ть *pf*; **2.** (*deuten*) толкова́ть *impf*
Auffassung *f* <-, -en> **1.** (*Meinung*) мне́ние *nt*, то́чка *f* зре́ния; **2.** (*Auslegung*) толкова́ние *nt*
Auffassungsgabe *f* <*gen:* -> сообрази́тельность *f*
auffinden *irr vt* находи́ть, найти́ *pf*, обнару́живать, -жить *pf*
aufflammen *vi* **1.** воспламеня́ться, -ни́ться *pf*; **2.** (*fig*) вспы́хивать, -хнуть *pf*
auffordern *vt* (*zum Tanzen*) приглаша́ть, -гласи́ть *pf*; **jdn ~ etw zu tun** потре́бовать от кого́-л. сде́лать что́-л.
Aufforderung *f* <-, -en> тре́бование *nt*
aufforsten *vt* разводи́ть, -вести́ *pf* лес
Aufforstung *f* <*gen:* -> лесоразведе́ние *nt*
auffrischen I. *vt* (*Kenntnisse*) освежа́ть, -жи́ть *pf*; II. *vi* (*Wind*) крепча́ть, по- *pf*
aufführen I. *vt* **1.** (*Theaterstück*) пока́зывать, -за́ть *pf*; **2.** (*Musik*) исполня́ть, -по́лнить *pf*; **3.** (*nennen*) приводи́ть, -вести́ *pf*; II. *vr* (*umg: sich aufspielen*) вести́ *impf* себя́
Aufführung *f* <-, -en> постано́вка *f*
Aufgabe *f* <-, -n> **1.** (*Auftrag*) зада́ча *f*; **2.** (*Beendigung*) прекраще́ние *nt*; **3.** (*Verzicht*) отка́з *m*; **4.** (*Übung*) зада́ние *nt*
Aufgabenausweitung *f* <-, -en> расшире́ние *nt* сфе́ры трудово́й де́ятельности
Aufgabenbereich *m* <-(e)s, -e> круг *m* зада́ч
Aufgabenschwerpunkt *m* <-(e)s, -e> гла́вная [*o* основна́я] зада́ча *f*
Aufgabensynthese *f* <-, -n> си́нтез *m* зада́ч
Aufgang *m* <-(e)s, Aufgänge> **1.** (*von Sonne, Mond*) восхо́д *m*; **2.** (*Treppen~*) ле́стница *f*
aufgeben I. *irr vt* **1.** (*verzichten auf*) отка́зываться, -за́ться *pf*; **2.** (*Bestellung*) дава́ть, дать *pf*; **3.** (*Paket*) сдава́ть, сда́ть *pf*; **4.** (*Schulaufgaben*) задава́ть, -да́ть *pf*; II. *vi* сдава́ться, сда́ться *pf*
Aufgebot *nt* <-(e)s, -e> **1.** (*Polizeikräfte*) наря́д *m*; **2.** (*Transportmittel*) примене́ние *nt*; **3.** (SPORT) соста́в *m* кома́нды
aufgedreht *adj* (*umg*) возбуждённый
aufgedunsen *adj* распу́хший
aufgehen *irr vi* **1.** (*Sonne*) восходи́ть, взойти́ *pf*; **2.** (*Teig*) поднима́ться, -ня́ться *pf*; **3.** (*Tür*) открыва́ться, -кры́ться *pf*; **in einer Sache ~** по́лностью отдава́ться де́лу
aufgeklärt *adj* просвещённый
aufgekratzt *adj* (*umg*) в припо́днятом настрое́нии
Aufgeld *nt* <-(e)s, -er> а́жио *m*
aufgelegt: **gut/schlecht ~ sein** быть в хоро́шем/плохо́м настрое́нии
aufgeregt *adj* взволно́ванный, возбуждённый
aufgeschlossen *adj* общи́тельный, откры́тый
aufgeschmissen *adv*: **~ sein** (*umg*) быть в безвы́ходном положе́нии
aufgeweckt *adj* смышлёный
aufgreifen *irr vt* **1.** (*Thema*) подхва́тывать, -хвати́ть *pf*; **2.** (*Person*) заде́рживать, -жа́ть *pf*
aufgrund *präp* +*gen* из-за; **~ der Tatsache, dass** на осно́ве того́ фа́кта, что
aufhaben I. *irr vt* **1.** (*Hut*) име́ть *impf* на себе́; **2.** (*Hausaufgaben*) име́ть *impf* зада́ние; II. *vi* (*Läden*) быть *impf* откры́тым

aufhalten I. *irr vt* 1. (*Tür*) держа́ть *impf* откры́тым, приде́рживать, -держа́ть *pf*; 2. (*verzögern*) заде́рживать, -жа́ть *pf*; 3. (*Person*) заде́рживать, -жа́ть *pf*; II. *irr vr* (*sich befinden*) пребыва́ть *impf*, находи́ться *impf*

aufhängen I. *vt* 1. ве́шать, пове́сить *pf*, разве́шивать, -ве́сить *pf*; 2. (*Mensch*) ве́шать, пове́сить *pf*; 3. (*umg*) всу́чивать, -чи́ть *pf*; II. *vr* пове́ситься *pf*, ве́шаться *impf*

Aufhänger *m* <-s, -> 1. ве́шалка *f*; 2. (*fig*) удо́бный слу́чай *m*, по́вод *m*

aufheben *irr vt* 1. поднима́ть, -ня́ть *pf*; 2. (*Urteil*) отменя́ть, -ни́ть *pf*; 3. (*Sitzung*) закрыва́ть, -ры́ть *pf*; 4. (*Verbot*) снима́ть, снять *pf*; 5. (*aufbewahren*) сохраня́ть, -ни́ть *pf*

Aufhebung *f* <-, -en> (*Abschaffung*) отме́на *f*; **~ eines Embargos** отме́на эмба́рго

aufheitern I. *vt* (*Person*) весели́ть, раз- *pf*; II. *vr* (*Himmel*) проясня́ться, -ни́ться *pf*

aufhellen I. *vt* осветля́ть, -ветли́ть *pf*; II. *vr* проясня́ться, -ни́ться *pf*

aufhetzen *vt* подстрека́ть, -кну́ть *pf*

aufholen *vi* догоня́ть, -гна́ть *pf*

aufhorchen *vi* прислу́шиваться, -шаться *pf*

aufhören *vi* перестава́ть, -ста́ть *pf*; **~ , etw zu tun** прекрати́ть де́лать что-л.

Aufkauf *m* <-(e)s, Aufkäufe> ску́пка *f*, заку́пка *f*

aufkaufen *vt* скупа́ть, -пи́ть *pf*

aufklaren *vi* проясня́ться, -ни́ться *pf*

aufklären *vt* 1. (*aufdecken*) раскрыва́ть, -кры́ть *pf*; 2. (*Person*) просвеща́ть, -свети́ть *pf*

aufklärerisch *adj* 1. просвети́тельский; 2. просвети́тельный, образова́тельный

Aufklärung *f* <-, -en> 1. (*Klärung*) выясне́ние *nt*; 2. (*Unterrichtung*) просвеще́ние *nt*; 3. (*Zeitalter*) эпо́ха *f* Просвеще́ния

Aufklärungsflugzeug *nt* <-(e)s, -e> самолёт-разве́дчик *m*

aufkleben *vt* накле́ивать, -ить *pf*

Aufkleber *m* <-s, -> накле́йка *f*

aufkommen *irr vi* 1. (*Wind*) поднима́ться, -ня́ться *pf*; 2. (*Zweifel*) закра́дываться, -ра́сться *pf*; 3. (*Mode*) возника́ть, -ни́кнуть *pf*; **für etw ~** нести́ расхо́ды за что-л.

Aufl. *Abk. von* **Auflage**

aufladen *vt* 1. (*verladen*) нагружа́ть, -грузи́ть *pf*; 2. (*Batterie*) заряжа́ть, -ряди́ть *pf*

Auflage *f* <-, -n> 1. (*eines Buches*) изда́ние *nt*; **jdm etw zur ~ machen** обяза́ть кого́-л. сде́лать что́-л. 2. (*Verpflichtung*) обя́занность *f*; **~n erfüllen** выполня́ть обяза́тельства

auflassen *irr vt* 1. (*Hut*) оста́вить *pf*, -ля́ть *impf* на голове́; 2. (*Fenster*) оста́вить *pf*, -ля́ть *pf* откры́тым

auflauern *vi* подстерега́ть, -ре́чь *pf*; **jdm ~** подкара́уливать кого́-л.

Auflauf *m* <-(e)s, Aufläufe> 1. (*Massen~*) стече́ние *nt*; 2. (*Speise*) запека́нка *f*

auflaufen *irr vi* (*Schiff*) наскочи́ть *pf*, -ка́кивать *impf* на мель; **sich die Füße ~** (*umg*) натере́ть себе́ но́ги

aufleben *vi* ожива́ть, ожи́ть *pf*

auflegen *vt* 1. стели́ть, по- *pf*; 2. (*Telefonhörer*) класть, положи́ть *pf*; 3. (*Buch*) издава́ть, -да́ть *pf*; 4. (*Make-up*) накла́дывать, наложи́ть *pf*

auflehnen *vr* восстава́ть, -ста́ть *pf* (**gegen** +*akk* про́тив +*gen*)

auflesen *irr vt* подбира́ть, -добра́ть *pf*

aufleuchten *vi* вспы́хивать, вспы́хнуть *pf*

auflisten *vt* перечисля́ть, -чи́слить *pf*, де́лать, сде́лать *pf* спи́сок

auflockern I. *vt* 1. разрыхля́ть, -рыхли́ть *pf*; 2. (*Gestaltung*) оживля́ть, -ви́ть *pf*, разнообра́зить *impf*; II. *vr* расслабля́ться, -сла́биться *pf*

auflösen I. *vt* 1. (*in Flüssigkeit*) растворя́ть, -ри́ть *pf*; 2. (*Versammlung*) распуска́ть, -сти́ть *pf*; 3. (*Haushalt*) распрода́ть *pf*, -дава́ть *impf*; II. *vr* растворя́ться, -ри́ться *pf*; **das Problem löste sich in Wohlgefallen auf** пробле́ма разреши́лась ко всео́бщему удовлетворе́нию

Auflösung *f* <-, -en> 1. развя́зывание *nt*; 2. (*Lösung*) разреше́ние *nt*; 3. (DV: *von Bildschirm*) разреше́ние *nt*; **eine hohe ~ des Bildschirms** высо́кое разреше́ние экра́на; **eine niedrige ~ des Bildschirms** ни́зкое разреше́ние экра́на

aufmachen I. *vt* 1. (*Fenster*) открыва́ть, -кры́ть *pf*, раскрыва́ть, -кры́ть *pf*; 2. (*Brief*) вскрыва́ть, вскрыть *pf*; II. *vr* отправля́ться, -пра́виться *pf*

Aufmacher *m* <-s, -> бро́ский заголо́вок *m*

Aufmachung *f* <-, -en> 1. (*Gestaltung*) оформле́ние *nt*; 2. (*Kleidung*) вне́шний вид *m*, наря́д *m*

Aufmarsch *m* <-(e)s, Aufmärsche> пара́д *m*, демонстра́ция *f*

aufmerksam *adj* внима́тельный; **jdn auf etw ~ machen** обрати́ть чье́-л. внима́ние на что́-л.

Aufmerksamkeit *f* <-, -en> 1. внима́ние *nt*; 2. (*Geschenk*) знак *m* внима́ния

aufmuchsen *vi* протестова́ть, за- *pf*

aufmuntern *vt* 1. весели́ть, раз- *pf*; 2. (*ermutigen*) ободря́ть, ободри́ть *pf*

Aufnahme *f* <-, -n> 1. (*Inanspruchnahme*) получе́ние *nt*; **~ eines Kredits** получе́ние креди́та 2. (*Einbeziehung*) приня́тие *nt*; ~ als Mitglied приня́тие в чле́ны; ~ eines Punktes in einen Vertrag включе́ние пу́нкта в догово́р 3. (*Beginn*) нача́ло *nt*, установле́ние *nt*; ~ von Verhandlungen нача́ло переговоров 4. (*Empfang*) приём *m*, приня́тие *nt*; 5. (*eines Krankenhauses*) приёмная *f*; 6. (*des Studiums*) поступле́ние *nt* в вы́сшее уче́бное заведе́ние; 7. (*Foto*) съёмка *f*; 8. (*Aufzeichnung*) за́пись *f*

Aufnahmebedingung *f* <-, -en> усло́вие *nt* приёма

Aufnahmefähigkeit *f* <*gen:* -> вмести́мость *f*

Aufnahmegebühr *f* <-, -en> вступи́тельный взнос *m*

Aufnahmeprüfung *f* <-, -en> вступи́тельный экза́мен *m*

aufnehmen *irr vt* 1. (*in Anspruch nehmen*) получа́ть, -и́ть *pf*; Fremdkapital ~ получа́ть заёмный капита́л 2. поднима́ть, -ня́ть *pf*; 3. (*Tätigkeit*) начина́ть, -ча́ть *pf*, возобновля́ть, -ви́ть *pf*; 4. (*empfangen*) принима́ть, -ня́ть *pf*; 5. (*Kontakt*) устана́вливать, -нови́ть *pf*; 6. (*Kredit*) брать, взять *pf*; 7. (*Foto*) снима́ть, снять *pf*; 8. (*Diktat*) запи́сывать, -са́ть *pf*; 9. (*in Gang bringen*) нала́живать, -ла́дить *pf*; die Produktion ~ нала́живать произво́дство; es mit jdm ~ мочь конкури́ровать с ке́м-л.

aufopfern *vr* же́ртвовать, по- *pf* собо́й

aufpäppeln *vt* вска́рмливать, вскорми́ть *pf*

aufpassen *vi* присма́тривать, -смотре́ть *pf* (*auf +akk* за *+inst*)

aufpolieren *vt* полирова́ть, от- *pf*

Aufprall *m* <*gen:* -(e)s> уда́р *m*

aufprallen *vi* ста́лкиваться, столкну́ться *pf*

Aufpreis *m* <-es, -e> наце́нка *f*, наки́дка *f*

aufpumpen *vt* нака́чивать, -кача́ть *pf*

aufputschen *vt* 1. возбужда́ть, -буди́ть *pf*; 2. (*aufwiegeln*) подстрека́ть, -кну́ть *pf*

Aufputschmittel *m* <-s, -> возбужда́ющее сре́дство *nt*

aufraffen *vr* (*umg*) собира́ться, -бра́ться *pf* с си́лами; sich zu einem Entschluss ~ реши́ться на что́-л.

aufräumen I. *vt* убира́ть, убра́ть *pf*; II. *vi* распра́виться *pf*, -вля́ться *impf* (*mit + dat* с *+inst*)

Aufrechnung *f* <-, -en> компенса́ция *f*

aufrecht *adj* 1. прямо́й; 2. (*fig*) че́стный, поря́дочный

aufrechterhalten *irr vt* подде́рживать, -жа́ть *pf*, сохраня́ть, -ни́ть *pf*

aufregen I. *vr* волнова́ться, взволнова́ться *pf*; II. *vt* волнова́ть, взволнова́ть *pf*

aufregend *adj* захва́тывающий

Aufregung *f* <-, -en> волне́ние *nt*, возбужде́ние *nt*

aufreiben I. *irr vt* (*Gegner*) уничтожа́ть, -что́жить *pf*; II. *irr vr* изнуря́ть, -ри́ть *pf* себя́

aufreibend *adj* изнури́тельный

aufreißen *irr vt* 1. разрыва́ть, -зорва́ть *pf*; 2. (*Tür*) распа́хивать, -хну́ть *pf*; 3. (*Augen*) тара́щить, вы́- *pf*

aufreizen *vt* возбужда́ть, -буди́ть *pf*, раздража́ть *impf*

aufrichten I. *vt* 1. поднима́ть, -ня́ть *pf*; 2. (*ermutigen*) ободря́ть, -дри́ть *pf*; II. *vr* поднима́ться, -ня́ться *pf*

aufrichtig *adj* и́скренний, открове́нный

aufrücken *vi* подвига́ться, -ви́нуться *pf*

Aufruf *m* <-(e)s, -e> 1. вы́зов *m*; 2. (*Appell*) призы́в *m*

aufrufen *irr vt* 1. (*Name*) вызыва́ть, вы́звать *pf*; 2. (DV) вызыва́ть, вы́звать *pf*; die Hilfe ~ вызыва́ть спра́вку *f*; jdn ~, etw zu tun призва́ть кого́-л. к де́йствию

Aufruhr *m* <-s, -e> возмуще́ние *nt* масс, бунт *m*

aufrunden *vt* округля́ть, -ли́ть *pf*

aufrüsten I. *vi* вооружа́ться, -жи́ться *pf*; II. *vt* вооружа́ть, -жи́ть *pf*

Aufrüstung *f* <*gen:* -> вооруже́ние *nt*

aufrütteln *vt* тормоши́ть *impf*, буди́ть, раз- *pf*

aufs *präp +akk*: ~ neue сно́ва; ~ Geratewohl экспро́мтом

aufsagen *vt* расска́зывать, -за́ть *pf* наизу́сть

aufsammeln *vt* подбира́ть, -добра́ть *pf*

aufsässig *adj* упря́мый, непослу́шный

Aufsatz *m* <-es, Aufsätze> 1. наса́дка *f*; 2. (*Text*) сочине́ние *nt*

aufsaugen *vt* впи́тывать, -та́ть *pf*, вса́сывать, всоса́ть *pf*

aufscheuchen *vt* вспу́гивать, -гну́ть *pf*

aufschichten *vt* укла́дывать, уложи́ть *pf* штабеля́ми

aufschieben *irr vt* 1. (*verschieben*) откла́дывать, отложи́ть *pf*, отсро́чивать, -чить *pf*; 2. (*öffnen*) отодвига́ть, -дви́нуть *pf*, открыва́ть, -кры́ть *pf*

Aufschlag *m* <-(e)s, Aufschläge> 1. (*von Preisen*) наце́нка *f*; 2. (*Aufprall*) уда́р *m*; 3. (SPORT) пода́ча *f*

aufschlagen I. *irr vt* 1. (*Ei*) разбива́ть, -би́ть *pf*; 2. (*Buch*) открыва́ть, -кры́ть *pf*; 3. (*Zelt*) разбива́ть, -би́ть *pf*; II. *vi* 1. (*aufprallen*) ударя́ться, уда́риться *pf*; 2. (*Preise*) увели́чиваться, -ли́читься *pf*, расти́, вы́- *pf*

aufschließen I. *irr vt* 1. (*Tür*) отпира́ть, -пере́ть *pf*; 2. (*offenbaren*) открыва́ть, -кры́ть *pf*; 3. (BERGB) вскрыва́ть, -ры́ть

pf; II. *vi* (*aufrücken*) смыкáться, сомкнýться *pf*
Aufschluss *m* <-es, Aufschlüsse>: ~ **geben** давáть разъяснéния
aufschlüsseln *vt* распределя́ть, -дели́ть *pf*; **die Kosten ~** распредели́ть расхо́ды
aufschlussreich *adj* содержа́тельный, информати́вный
aufschneiden I. *irr vt* 1. разреза́ть, -ре́зать *pf*; 2. (*Fleisch*) нареза́ть, -ре́зать *pf*; II. *vi* (*umg*) хва́статься, по- *pf*, преувели́чивать, -чить *pf*
Aufschneiderei *f* <*gen*: -> хвастовство́ *nt*
Aufschnitt *m* <*gen*: -(e)s> наре́занная то́нкими ло́мтиками колбаса́ ра́зных сорто́в
aufschrecken *vi* пуга́ться, ис- *pf*, вска́кивать, вскочи́ть *pf* в испу́ге
Aufschrei *m* <-(e)s, -e> крик *m*, вопль *m*
aufschreien *irr vi* вскри́кивать, вскри́кнуть *pf*
Aufschrift *f* <-, -en> на́дпись *f*
Aufschub *m* <-s, Aufschübe> отсро́чка *f*, продле́ние *nt*; **ein ~ von zwei Wochen** двухнеде́льная отсро́чка; **~ gewähren** предоставля́ть отсро́чку
aufschwatzen *vt* (*umg*) навя́зывать, -за́ть *pf*; **jdm etw ~** навяза́ть кому́-л. что-л.
Aufschwung *m* <-(e)s, Aufschwünge> 1. (*Auftrieb*) толчо́к *m*, и́мпульс *m*; 2. (ÖKON) подъём *m*, расцве́т *m*; **wirtschaftlicher ~** подъём эконо́мики
aufsehen *irr vi* смотре́ть, по- *pf* вверх; **zu jdm ~** уважа́ть кого́-л.
Aufsehen *nt* <*gen*: -s> 1. внима́ние *nt*; 2. всео́бщий интере́с *m*
aufsehenerregend *adj* сенсацио́нный, привлека́ющий внима́ние
Aufseher, -in *m/f* <-s, -> 1. смотри́тель, -ница *m/f*; 2. (*Wächter*) надзира́тель, -ница *m/f*
aufsein *irr vi* 1. (*offen sein*) быть откры́тым; 2. (*Mensch*) не спать *impf*, бо́дрствовать *impf*
aufsetzen I. *vt* 1. (*Hut*) надева́ть, -де́ть *pf*; 2. (*Brief*) писа́ть, на- *pf*; 3. (*Vertrag*) составля́ть, -ста́вить *pf*; **einen Vertrag ~** составля́ть догово́р 4. (*Wasser*) ста́вить, по- *pf* на ого́нь; II. *vi* (*Flugzeug*) приземля́ться, -ли́ться *pf*; III. *vr* приподнима́ться, -ня́ться *pf*
Aufsicht *f* <-, -en> надзо́р *m*, наблюде́ние *nt*
Aufsichtsbehörde *f* <-, -n> контроли́рующий о́рган *m*
Aufsichtsgremium *nt* <-s, -gremien> о́рган *m* надзо́ра
Aufsichtsrat *m* <-(e)s, -räte> наблюда́тельный сове́т *m*
Aufsichtsratsbericht *m* <-(e)s, -e> отчёт *m* наблюда́тельного сове́та
Aufsichtsratschef *m* <-s, -s> председа́тель *m* наблюда́тельного сове́та
Aufsichtsratsmitglied *nt* <-(e)s, -er> член *m* наблюда́тельного сове́та
Aufsichtsratssitzung *f* <-, -en> заседа́ние *nt* наблюда́тельного сове́та
aufsitzen *irr vi* сади́ться, сесть *pf* на коня́
aufspeichern *vt* накопля́ть, -копи́ть *pf*
aufsperren *vt* 1. (*aufschließen*) отпира́ть, -пере́ть *pf*; 2. (*Mund*) разева́ть, -зи́нуть *pf*
aufspießen *vt* нака́лывать, -коло́ть *pf*
aufspringen *irr vi* 1. вска́кивать, вскочи́ть (*auf +akk* в); 2. (*sich öffnen*) распахну́ться *pf*, -па́хиваться *pf*; 3. (*Haut*) тре́скаться, по- *pf*
aufstacheln *vt* подстрека́ть, -кну́ть *pf*
Aufstand *m* <-(e)s, Aufstände> восста́ние *nt*
aufstapeln *vt* скла́дывать, сложи́ть *pf* штабеля́ми
aufstauen I. *vt* пруди́ть, за- *pf*; II. *vr* 1. ска́пливаться, скопи́ться *pf*; 2. (*Gefühle*) накипе́ть *pf*, -па́ть *impf*
aufstechen *irr vt* прока́лывать, -коло́ть *pf*
aufstehen *irr vi* 1. (*sich erheben*) поднима́ться, -ня́ться *pf*; 2. (*offen sein*) быть *impf* откры́тым
aufsteigen *irr vi* 1. (*beruflich, sozial*) продви́нуться *pf*, -дви́гаться *impf*; 2. (*Reiter*) сади́ться, сесть *pf* верхо́м; 3. (*Sonne*) всходи́ть, взойти́ *pf*
aufstellen *vt* 1. расставля́ть, -та́вить *pf*; 2. (*aufreihen*) ста́вить, по- *pf* в ряд; 3. (*nominieren*) выдвига́ть, вы́двинуть *pf*; 4. (*Rechnung*) составля́ть, -та́вить *pf*; 5. (*Rekord*) устана́вливать, -нови́ть *pf*
Aufstellung *f* <-, -en> 1. постано́вка *f*, расстано́вка *f*; 2. (SPORT) расстано́вка *f*
Aufstieg *m* <-(e)s, -e> 1. подъём *m*; 2. (*gesellschaftlich*) расцве́т *m*; 3. (*beruflich*) повыше́ние *nt*
Aufstiegsmöglichkeit *f* <-, -en> возмо́жность *f* продвиже́ния (по слу́жбе)
aufstocken *vt* надстра́ивать, -стро́ить *pf*
Aufstockung *f* <-, -en> увеличе́ние *nt*, пополне́ние *nt*; **~ eines Kredits** увеличе́ние креди́та
Aufstockungsaktie *f* <-, -n> беспла́тная а́кция *f*
aufstoßen I. *irr vt* (*Tür*) открыва́ть, -кры́ть *pf* уда́ром; II. *vi* отрыгну́ть *pf*, -ры́гивать *impf*
Aufstrich *m* <-(e)s, Aufstriche> проду́кты для нама́зывания на хлеб

aufstützen I. *vt* подпира́ть, -пере́ть *pf*; II. *vr* опира́ться, опере́ться *pf*
aufsuchen *vt* 1. навеща́ть, -вести́ть *pf*; 2. (*Arzt*) обрати́ться *pf*, -раща́ться *impf* к врачу́
auftakeln I. *vr* (*umg*) расфуфы́риться *pf*, -риваться *impf*, разоде́ться *pf*; II. *vt* (*Schiff*) оснаща́ть, -насти́ть *pf*
Auftakt *m* <-(e)s, -e> 1. (*Beginn*) нача́ло *nt*, откры́тие *nt*; 2. (MUS) вступле́ние *nt*
auftanken I. *vt* заправля́ть, -пра́вить *pf*; II. *vi* 1. заправля́ться, -пра́виться *pf*; 2. (*fig*) набра́ться *pf*, -бира́ться *impf* сил
auftauchen *vi* 1. (*Taucher*) всплыва́ть, всплы́ть *pf*; 2. (*erscheinen*) появля́ться, -ви́ться *pf*
auftauen I. *vt* отта́ивать, -та́ить *pf*; II. *vi* 1. та́ять, рас- *pf*; 2. (*fig*) оживи́ться *pf*, -вля́ться *impf*, станови́ться, стать *pf* раско́ванным
aufteilen *vt* 1. дели́ть, по- *pf*; 2. (*Raum*) разделя́ть, -ли́ть *pf*
Aufteilung *f* <-, -en> 1. (*Teilung*) разде́л *m*; ~ des Vermögens разде́л иму́щества 2. (*Verteilung*) разделе́ние *nt*; ~ der Funktionen расделе́ние обя́занностей 3. (*Aufgliederung*) расчлене́ние *nt*
auftischen *vt* 1. (*Speisen*) подава́ть, -да́ть *pf*; 2. (*umg: Lügen*) обма́нывать, -ну́ть *pf*
Auftrag *m* <-(e)s, Aufträge> 1. (*Anweisung*) поруче́ние *nt*; **im ~ von** по поруче́нию 2. (*Aufgabe*) зада́ние *nt*; 3. (ÖKON) зака́з *m*; **eingehender ~** поступа́ющий зака́з; **Aufträge in der Höhe von** зака́зы на су́мму; **Vergabe öffentlicher Aufträge** вы́дача госуда́рственных зака́зов; **einen ~ bearbeiten** обраба́тывать зака́з; **etw in ~ geben** заказа́ть что-л.; **einen ~ stornieren** аннули́ровать зака́з; **einen ~ übernehmen** принима́ть зака́з
auftragen *irr vt* 1. (*Farbe*) наноси́ть, -нести́ *pf*; 2. (*Speisen*) подава́ть, -да́ть *pf* на стол; **jdm etw ~** поруча́ть кому́-л. что́-л.
Auftraggeber, -in *m/f* <-s, -> зака́зчик, -чица *m/f*
Auftragnehmer *m* <-s, -> исполни́тель *m* зака́за, подря́дчик *m*
Auftragsbestand *m* <-(e)s, -bestände> портфе́ль *m* зака́зов
Auftragsbestätigung *f* <-, -en> подтвержде́ние *nt* зака́за
Auftragsbuch *nt* <-(e)s, -bücher> кни́га *f* зака́зов
Auftragseingang *m* <-(e)s, -eingänge> поступле́ние *nt* зака́за
Auftragserteilung *f* <-, -en> размеще́ние *nt* зака́за
Auftragsfertigung *f* <-, -en> изготовле́ние *nt* по зака́зу
auftragsgemäß *adj* по зака́зу
Auftragshöhe *f* <-, -n> ра́змер *m* зака́за
Auftragsrückgang *m* <-(e)s, -rückgänge> сокраще́ние *nt* зака́зов
Auftragsvergabe *f* <-, -n> вы́дача *f* зака́зов
auftreiben *irr vt* 1. (*beschaffen*) достава́ть, -ста́ть *pf*; 2. (*aufwirbeln*) поднима́ть, -ня́ть *pf*
auftreten *irr vi* 1. ступа́ть, -пи́ть *pf*; 2. (*vorkommen*) возника́ть, -ни́кнуть *pf*, появля́ться, -ви́ться *pf*; 3. (*sich verhalten*) держа́ться *impf*; 4. (*Schauspieler*) выступа́ть, вы́ступить *pf*
Auftreten *nt* <*gen:* -s> 1. (*Vorkommen*) появле́ние *nt*; 2. (*Verhalten*) поведе́ние *nt*
Auftrieb *m* <*gen:* -(e)s> 1. (PHY) выта́лкивающая си́ла *f*; 2. (*fig*) сти́мул *m*, и́мпульс *m*
Auftritt *m* <-(e)s, -e> 1. (*Schauspieler*) выступле́ние *nt*; 2. (*THEAT:Szene*) сце́на *f*, явле́ние *nt*; 3. (*fig*) сце́на *f*
auftrumpfen *vi* козыря́ть, -рну́ть *pf*
auftun I. *irr vr* 1. (*Möglichkeit*) открыва́ться, -кры́ться *pf*; 2. (*sich öffnen*) раскрыва́ться, -кры́ться *pf*; II. *vt* (*umg*) открыва́ть, -кры́ть *pf*, находи́ть, найти́ *pf*; **er hat in der Nähe ein tolles Weingeschäft aufgetan** он нашёл поблизости отли́чный ви́нный магази́н
aufwachen *vi* просыпа́ться, -сну́ться *pf*
aufwachsen *irr vi* выраста́ть, вы́расти *pf*
Aufwand *m* <*gen:* -(e)s> расхо́ды *mpl*, затра́ты *fpl*; **betrieblicher ~** призво́дственные затра́ты; **finanzieller ~** де́нежные расхо́ды; **indirekter ~** ко́свенные затра́ты; **~ für Investitionen** инвестицио́нные расхо́ды
aufwändig *adj* 1. дорогостоя́щий; 2. (*kostspielig*) расточи́тельный
Aufwandsentschädigung *f* <-, -en> возмеще́ние *nt* расхо́дов
Aufwandskonto *nt* <-s, -konten> расхо́дный счёт *m*
aufwärmen I. *vt* (*Essen*) подогрева́ть, -гре́ть *pf*; II. *vr* 1. согрева́ться, -гре́ться *pf*; 2. (SPORT) де́лать, сде́лать *pf* разми́нку
aufwärts *adv* вверх, наве́рх
Aufwärtsentwicklung *f* <*gen:* -> подъём *m*, прогре́сс *m*
aufwärts gehen *irr vi* улучша́ться, улу́чшиться *pf*; **es geht aufwärts** дела́ иду́т на лад
aufwecken *vt* буди́ть, раз- *pf*
aufweichen *vt* размягча́ть, -чи́ть *pf*, разма́чивать, -мочи́ть *pf*
aufweisen *irr vt* пока́зывать, -за́ть *pf*, ука́зывать, -за́ть *pf*
aufwenden *vt* 1. (*Mühe*) прилага́ть, -ложи́ть *pf*; 2. (*Geld*) тра́тить, ис- *pf*
Aufwendung *f* <-, -en> затра́ты *pl*
aufwerfen *irr vt* 1. (*Frage*) поднима́ть,

-ня́ть *pf*, затра́гивать, -тро́нуть *pf*; **2.** (*Damm*) насыпа́ть, -сы́пать *pf*
aufwerten *vt* **1.** поднима́ть, -ня́ть *pf* прести́ж; **2.** (*Während*) револьви́ровать *impf/pf*
Aufwertung *f* <-, -en> револьва́ция *f*
aufwickeln *vt* **1.** (*Faden*) нама́тывать, -мота́ть *pf*; **2.** (*enthüllen*) развора́чивать, -верну́ть *pf*
aufwiegeln *vt* подстрека́ть, -кну́ть *pf*
Aufwind *m* <-(e)s, -e> **1.** восходя́щий пото́к *m* во́здуха; **2.** (*fig*) сти́мул *m*
aufwirbeln *vt* вздыма́ть *impf*; **Staub** ~ (*fig*) подня́ть шуми́ху
aufwischen *vt* вытира́ть, вы́тереть *pf*
aufwühlen *vt* **1.** разрыва́ть, -ры́ть *pf*; **2.** (*fig*) будора́жить, взбудора́жить *pf*
aufzählen *vt* перечисля́ть, -чи́слить *pf*
Aufzählung *f* <-, -en> перечисле́ние *nt*
aufzehren *vt* **1.** по́лностью израсхо́довать; **2.** изнуря́ть, истоща́ть
aufzeichnen *vt* **1.** (*zeichnen*) черти́ть, на- *pf*, рисова́ть, на- *pf*; **2.** (*aufnehmen*) запи́сывать, -са́ть *pf*; **3.** (*schriftlich*) запи́сывать, -са́ть *pf*
Aufzeichnung *f* <-, -en> **1.** чертёж *m*, набро́сок *m*; **2.** (*schriftlich*) за́пись *f*; **3.** (*Tonaufnahme*) за́пись *f*; **4.** (*Notiz*) заме́тка *f*; **5.** (TV) за́пись *f*
aufzeigen *vt* пока́зывать, -за́ть *pf*
aufziehen *irr vt* **1.** (*Vorhang*) поднима́ть, -ня́ть *pf*; **2.** (*Uhr*) заводи́ть, -вести́ *pf*; **3.** (*Kind*) расти́ть *impf*, воспи́тывать, -та́ть *pf*; **4.** (*jdn necken*) дразни́ть *impf*
Aufzins *m* <-es, -en> лаж *m*, а́жио *nt*
aufzinsen *vt* начисля́ть сло́жные проце́нты
Aufzinsung *f* <-, -en> начисле́ние *nt* сло́жных проце́нтов
Aufzinsungsfaktor *m* <-s, -en> коэффицие́нт *m* нара́щивания сло́жных проце́нтов
Aufzug *m* <-(e)s, Aufzüge> **1.** (*Fahrstuhl*) лифт *m*; **2.** (*Kleidung*) наря́д *m*; **3.** (THEAT) акт *m*, де́йствие *nt*
aufzwingen I. *irr vt* навя́зывать, -за́ть *pf*; **II.** *vr* (*Gedanke*) неотсту́пно пресле́довать *impf*
Auge *nt* <-s, -n> **1.** глаз *m*; **2.** (TECH) ушко́ *nt*; **3.** (*bei Kartenspiel, Würfeln*) очко́ *nt*; **unter vier ~n** с гла́зу на глаз; **seinen ~n nicht trauen** не ве́рить со́бственным глаза́м; **etw nicht aus den ~ lassen** не спуска́ть с чего́-л. глаз; **etw im ~ behalten** не теря́ть что́-л. из ви́ду; **mit einem blauen ~ davonkommen** отде́латься лёгким испу́гом; **jdm etw vor ~n führen** нагля́дно показа́ть кому́-л.что́-л.
Augenarzt, -ärztin *m/f* <-es, -ärzte> окули́ст *m*, глазно́й врач *m*
Augenblick *m* <-(e)s, -e> миг *m*, мгнове́ние *nt*

augenblicklich *adj* **1.** (*momentan*) настоя́щий, тепе́решний; **2.** (*sofortig*) мгнове́нный
Augenbraue *f* <-, -n> бро́вь *f*
Augenfarbe *f* <-, -n> цвет *m* глаз
Augenflimmern *nt* <*gen*: -s> рябь *f* в глаза́х
Augenhöhe : **in** ~ на у́ровне глаз
Augenhöhle *f* <-, -n> глазна́я впа́дина *f*
Augenklinik *f* <-, -en> глазна́я кли́ника *f*
Augenlicht *nt* <*gen*: -(e)s> зре́ние *nt*
Augenmaß *nt* глазоме́р *m*
Augenschein *m* <*gen*: -(e)s> вид *m*, ви́димость *f*; **etw in ~ nehmen** осмотре́ть
Augenweide *f* <*gen*: -> отра́да *f* для глаз
Augenzeuge, -zeugin *m/f* <-en, -en> очеви́дец, -ви́дица *m/f*
augenzwinkernd *adj* подми́гивающий
August *m* <-(e)s, -e> а́вгуст *m*; **im ~** в а́вгусте
Auktion *f* <-, -en> аукцио́н *m*
Auktionator *m* <*gen*: -s> аукциони́ст *m*
Aula *f* <-, Aulen> а́ктовый зал *m*
aus I. *präp +dat* **1.** (*räumlich*) из, с; **2.** (*Grund, Herkunft*) по, из; **3.** (*Material*) из; **~ London** из Ло́ндона; **~ eigener Erfahrung** по со́бственному о́пыту; **~ Freude** от ра́дости; **~ Holz** из де́рева; **II.** *adv* (*vorbei, beendet*) ко́нчено, коне́ц; **von mir ~** как хоти́те; **weder ein noch ~ wissen** не знать, как быть; **bei jdm ein und ~ gehen** ча́сто быва́ть у кого́-л.
ausarbeiten *vt* разраба́тывать, -бо́тать *pf*, составля́ть, -та́вить *pf*
ausarten *vi* переходи́ть, -рейти́ *pf*, превраща́ться, -врати́ться *pf*
ausatmen *vi* выдыха́ть, вы́дохнуть *pf*
ausbaden *vt*: **etw ~ müssen** (*umg*) быть вы́нужденным расхлёбывать что́-л.
Ausbau *m* <*gen*: -(e)s> **1.** (*das Ausbauen*) разбо́рка *f*, демонта́ж *m*; **2.** (*Erweiterung*) расшире́ние *nt*, разви́тие *nt*; **3.** (*Haus~*) отстро́йка *f*
ausbauen *vt* **1.** выбира́ть, -зобра́ть *pf*; **2.** (*erweitern*) расширя́ть, -ши́рить *pf*; **3.** (*Haus*) отстра́ивать, -стро́ить *pf*, достра́ивать, -стро́ить *pf*
ausbaufähig *adj* спосо́бный к разви́тию, спосо́бный к расшире́нию
ausbedingen *vt*: **sich etw ~** огова́ривать своё пра́во на что-л.
ausbeißen *irr vt*: **sich an etw die Zähne ~** (*fig*) облома́ть себе́ на чём-л. зу́бы
ausbessern *vt* исправля́ть, -пра́вить *pf*
Ausbesserung *f* <-, -en> почи́нка *f*
ausbeuten *vt* **1.** (*Person*) эксплуати́ровать *impf*, бессо́вестно испо́льзовать *impf/pf*; **2.** (BERGB) разраба́тывать, -бо́тать *pf*
Ausbeutung *f* <-, -en> **1.** (*von Menschen*) эксплуата́ция *f*; **2.** (*von Rohstoffen*)

разрабо́тка f
ausbilden vt 1. (*Lehrling*) обуча́ть, -чи́ть pf, подгота́вливать, -гото́вить pf; Fachleute ~ гото́вить специали́стов; Führungskräfte ~ гото́вить руководя́щие ка́дры 2. (*Fähigkeiten*) развива́ть, -ви́ть pf
Ausbildung f <-, -en> обуче́ние nt, подгото́вка f; berufliche ~ профессиона́льная подгото́вка; fachliche ~ подгото́вка по специа́льности; kostenlose ~ беспла́тное обуче́ние; ~ von Facharbeitern подгото́вка квалифици́рованных рабо́чих
Ausbildungsdauer f <gen: -> срок m обуче́ния
Ausbildungskosten pl расхо́ды pl на обуче́ние
Ausbildungsprogramm nt <-(e)s, -e> програ́мма f обуче́ния
Ausbildungsstätte f <-, -n> ме́сто nt обуче́ния
ausblasen vt 1. задува́ть, -ду́ть pf; 2. выдува́ть, вы́дуть pf
ausbleiben irr vi не случи́ться pf, -ча́ться impf, не наступа́ть, -пи́ть pf
Ausblick m <-(e)s, -e> 1. (*Aussicht*) вид m; 2. (*Perspektive*) перспекти́ва f
ausbohren vt высве́рливать, вы́сверлить pf
ausborgen vt ода́лживать, одолжи́ть pf; sich etw ~ бра́ть что-л. в долг
ausbrechen I. irr vt (*herausbrechen*) выла́мывать, вы́ломать pf; II. irr vi 1. (*Gefangener*) сбежа́ть pf, сбега́ть impf; 2. (*Schweiß*) выступа́ть, вы́ступить pf; 3. (*Krieg*) разража́ться, -рази́ться pf; in Tränen ~ распла́каться
ausbreiten I. vt 1. (*Decke*) расстила́ть, -стели́ть pf; 2. (*Flügel*) расправля́ть, -пра́вить pf; 3. (*Arme*) простира́ть, -тере́ть pf; II. vr 1. (*Feuer, Seuche, Rauch*) распространя́ть, -ни́ться pf; 2. (*sich über etw verbreiten*) распространя́ться impf, разглаго́льствовать, по- pf; er liebte es, sich über dieses Thema auszubreiten он люби́л поразглаго́льствовать на э́ту те́му
Ausbringung f <-, -en> вы́ход m
Ausbruch m <-(e)s, Ausbrüche> 1. нача́ло nt; 2. (*von Gefangenen*) побе́г m; 3. (*von Gefühlen*) взрыв m; 4. (*Vulkan~*) изверже́ние nt
ausbrüten vt выси́живать, вы́сидеть pf; etw ~ (*fig*) замышля́ть что-л.
ausbügeln vt (*fig*) загла́живать, -гла́дить pf, ула́живать, ула́дить pf
ausbuhen vt освиста́ть pf, -ви́стывать impf
ausbürgern vt лиша́ть, -ши́ть pf гражда́нства
ausbürsten vt чи́стить, вы́- pf щёткой
Ausdauer fsg <gen: -> вы́держка f,

выно́сливость f
ausdauernd adj выно́сливый, терпели́вый
ausdehnen vt 1. (*erweitern*) расширя́ть, -ши́рить pf, растя́гивать, -тяну́ть pf; 2. (*verlängern*) продлева́ть, -дли́ть pf; 3. (*Einfluss*) распространя́ть, -ни́ть pf
ausdenken irr vt выду́мывать, вы́думать pf; sich etw ~ сочиня́ть
ausdiskutieren vt реши́ть, -ша́ть impf в хо́де диску́ссии
ausdörren vt высу́шивать, вы́сушить pf
Ausdruck[1] m <-(e)s, Ausdrücke> 1. выраже́ние nt, проявле́ние nt; 2. (*Wort*) выраже́ние, оборо́т m; etw zum ~ bringen вы́разить
Ausdruck[2] m <-(e)s, -e> (DV) распеча́тка f, твёрдная ко́пия f
ausdrucken vt (DV) распеча́тывать, -ча́тать pf
ausdrücken I. vt 1. (*formulieren*) выража́ть, вы́разить pf; 2. (*zeigen*) изобража́ть, -брази́ть pf; 3. (*Zitrone*) выжима́ть, вы́жать pf; 4. (*Zigarette*) гаси́ть, по- pf; II. vr выража́ться, вы́разиться pf
ausdrücklich adj я́сный, определённый
ausdruckslos adj невырази́тельный
Ausdrucksweise f <gen: -> спо́соб m выраже́ния
auseinander adv врозь, отде́льно друг от дру́га; die beiden Häuser liegen nicht weit ~ о́ба до́ма стоя́т недалеко́ друг от дру́га
auseinander bringen vi 1. разнима́ть, -ня́ть pf; 2. разлуча́ть, -лучи́ть pf
auseinander fallen irr vi распада́ться, -па́сться pf, разва́ливаться, -ли́ться pf
auseinander gehen irr vi 1. расходи́ться, разойти́сь pf; 2. (*Ansichten*) расходи́ться, разойти́сь pf; 3. (*Gegenstand*) разва́ливаться, -ли́ться pf; 4. (*zunehmen*) раздава́ться, -да́ться pf
auseinander halten irr vt различа́ть, -чи́ть pf
auseinander nehmen irr vt разбира́ть, -зобра́ть pf
auseinander reißen irr vt разрыва́ть, -зорва́ть pf
auseinander setzen I. vt расса́живать, -сади́ть pf; jdm etw ~ растолкова́ть кому́-л. что́-л.; II. vr: sich mit etw ~ занима́ться чем-л.; sich mit jdm ~ объясня́ться с кем.-л.
Auseinandersetzung f <-, -en> 1. (*Streit*) спор m, диску́ссия f; 2. (*Beschäftigung*) разбо́р m, рассмотре́ние nt
ausfahren irr vt 1. (*Ausflug machen*) выезжа́ть, вы́ехать pf; 2. (*ausliefern*) вывози́ть, вы́везти pf; 3. (*Fahrgestell*) выпуска́ть, вы́пустить pf
Ausfahrt f <-, -en> 1. (*Tor*) воро́та pl; 2. (*an Autobahn*) вы́езд m; 3. (*Spazierfahrt*)

вы́езд m, прогу́лка f
Ausfall m <-(e)s, Ausfälle> 1. (*das Ausfallen*) выпаде́ние nt; 2. (*Nichtstattfinden*) отме́на f, выпаде́ние nt; 3. (*Verlust*) поте́ря m, у́быль f; 4. (*Versagen*) отка́з m, вы́ход из стро́я m; 5. (*Ausbleiben*) непоступле́ние nt, неполуче́ние nt; ~ **von Zahlungen** непоступле́ние платеже́й
Ausfallbürgschaft f <-, -en> (JUR) поручи́тельство nt, на слу́чай возникнове́ния убы́тков
ausfallen *irr vi* 1. (*Haare*) выпада́ть, вы́пасть *pf*; 2. (*nicht stattfinden*) не состоя́ться *pf*; 3. (*nicht funktionieren*) выходи́ть, вы́йти *pf* из стро́я; 4. (*fehlen*) недостава́ть, -ста́ть *pf*; 5. (*Ergebnis*) получа́ться, -чи́ться *pf*, удава́ться, уда́ться *pf*
ausfallend *adj* на́глый, гру́бый
Ausfallrisiko nt <-s, -risiken> риск m отка́за
ausfertigen *vt* изготавливать, -то́вить *pf*
Ausfertigung f <-, -en> 1. изготовле́ние nt; 2. (*Abschrift*) экземпля́р m; **in doppelter ~** в двух экземпля́рах
ausfindig *adv*: **jdn/etw ~ machen** разы́скивать кого́-л./что́-л.
ausfließen *irr vi* вытека́ть, вы́течь *pf*
ausflippen *vt* (*umg*) выходи́ть, вы́йти *pf* из себя́, сорва́ться *pf*, срыва́ться *impf*
Ausflucht f <-, Ausflüchte> отгово́рка f
Ausflug m <-(e)s, Ausflüge> экску́рсия f, прогу́лка f
Ausflügler, -in m/f <-s, -> экскурса́нт, -ка m/f, прогу́ливающийся, -щаяся m/f
Ausfluss m <-es, Ausflüsse> 1. (*Ausfließen*) вытека́ние nt; 2. (*Stelle*) сток m; 3. (MED: *kein pl*) выделе́ние nt
ausfragen *vt* расспра́шивать, -спроси́ть *pf*
ausfransen *vi* обтрепа́ться *pf*, -трёпываться *impf*
ausfressen *irr vt* 1. (*Futter*) вы́есть *pf*, выеда́ть *impf*; 2. (*zerstören*) разъеда́ть, разъе́сть *pf*; **etw ausgefressen haben** (*umg*) натвори́ть что́-л.
Ausfuhr f <*gen*: -> вы́воз m, э́кспорт m
Ausfuhrabfertigung f <-, -en> тамо́женная очи́стка f э́кспорта
Ausfuhrabgabe f <-, -en> э́кспортная по́шлина f
Ausfuhrartikel m <-s, -> предме́т m э́кспорта
Ausfuhrbescheinigung f <-, -en> вывозно́е свиде́тельство nt
Ausfuhrbeschränkung f <-, -en> ограниче́ние nt э́кспорта
Ausfuhrbewilligung m разреше́ние nt на э́кспорт
ausführen *vt* 1. (*Hund*) выводи́ть, вы́вести *pf*; 2. (*exportieren*) вывози́ть, вы́везти *pf*, экспорти́ровать *impf/pf*; 3. (*darlegen*) излага́ть, -ложи́ть *pf*
Ausfuhrförderung f <-, -en> стимули́рование nt э́кспорта
Ausfuhrgenehmigung f <-, -en> э́кспортная лице́нзия f
Ausfuhrhandel m <*gen*: -s> э́кспортная торго́вля f
Ausfuhrkontingent nt <-(e)s, -e> э́кспортный континге́нт m
Ausfuhrland nt <-(e)s, -länder> страна́ f -экспортёр f
ausführlich *adj* (*detailliert*) подро́бный, обстоя́тельный
Ausfuhrlizenz f <-, -en> э́кспортная лице́нзия f
Ausfuhrquote f <-, -n> э́кспортная кво́та f
Ausfuhrrestriktion f <-, -en> ограниче́ние nt э́кспорта
Ausfuhrsperre f <-, -n> эмба́рго nt на э́кспорт
Ausführung f <-, -en> 1. (*Durchführung*) проведе́ние nt, осуществле́ние nt; 2. (*Typ*) моде́ль f, констру́кция f; 3. (*Darlegung*) изложе́ние nt; **wir folgten gespannt seinen ~en** мы внима́тельно следи́ли за его́ изложе́нием
Ausfuhrverbot nt <-(e)s, -e> эмба́рго nt на э́кспорт
Ausfuhrvolumen nt <-s, -volumina> объём m э́кспорта
Ausfuhrzoll m <-(e)s, -zölle> э́кспортная по́шлина f
ausfüllen *vt* 1. (*vollmachen*) заполня́ть, -по́лнить *pf*, засыпа́ть, -сы́пать *pf*; 2. (*Formular*) заполня́ть, -по́лнить *pf*
Ausgabe f <-, -> 1. (*Aushändigung*) вы́дача f; 2. (*von Geld*) расхо́д m, затра́та f; **laufende ~n** постоя́нные расхо́ды; **die ~n decken** покрыва́ть расхо́ды; **~n von der Steuer absetzen** вычита́ть расхо́ды из су́ммы, облага́емой нало́гом 3. (*eines Buches*) изда́ние nt; 4. (BÖRSE: *von Aktien*) эми́ссия f, вы́пуск m; 5. (*Nummer*) но́мер m, вы́пуск m
Ausgabekurs m <-es, -e> эмиссио́нный курс m
Ausgang m <-(e)s, Ausgänge> 1. (*Ausgangstür*) вы́ход m; 2. (*Ende*) коне́ц m; 3. (*Ergebnis*) результа́т m, исхо́д m; **~ der Verhandlungen** исхо́д перегово́ров; **~ der Wahlen** исхо́д вы́боров
Ausgangsbasis f <*gen*: -> исхо́дный пункт m
Ausgangslage f <-, -n> исхо́дная ситуа́ция f
Ausgangsposition f <-, -en> исхо́дное положе́ние nt
Ausgangspunkt m <-(e)s, -e> исхо́дный пункт m, отправна́я то́чка f

ausgeben *irr vt* 1. (*Geld*) расхо́довать, из- *pf*; 2. (*aushändigen*) выдава́ть, вы́дать *pf*; **Aktien ~** выпуска́ть а́кции
Ausgebot *nt* <-(e)s, -e> объявле́ние *nt* цены́ на торга́х
ausgedehnt *adj* обши́рный
ausgedient *adj* (*Gegenstand*) отслужи́вший, него́дный; **~ haben** отслужи́ть
ausgefallen *adj* необы́чный, исключи́тельный
ausgeglichen *adj* уравнове́шенный
Ausgeglichenheit *f* <gen: -> уравнове́шенность *f*
ausgehen *irr vi* 1. (*herausgehen*) выходи́ть, вы́йти *pf*; 2. (*enden*) конча́ться, ко́нчиться *pf*; 3. (*Licht*) га́снуть, по- *pf*; 4. (*Vorrat*) конча́ться, иссяка́ть, -ся́кнуть *pf*; 5. (*Haare*) выпада́ть, вы́пасть *pf*; **davon ~, dass** исходи́ть из того́, что
ausgehungert *adj* изголода́вшийся
ausgekocht *adj* (*umg*) отъя́вленный
ausgelassen *adj* весёлый, непринуждённый
ausgenommen *konj* кро́ме, за исключе́нием
ausgeprägt *adj* 1. характе́рный; 2. (*deutlich*) ярковы́раженный, я́вный
ausgerechnet *adv* как раз, и́менно; **~ jetzt!** и́менно сейча́с!
ausgeschlossen *adj* исключённый; **~!** э́то исключено́!
ausgesprochen I. *adj* 1. (*unverkennbar*) я́вный, очеви́дный; 2. (*Gauner*) отъя́вленный; II. *adv* (*sehr*) о́чень, исключи́тельно.
Ausgestaltung *f* <-, -en> оформле́ние *nt*
ausgestorben *adj*: **die Stadt ist völlig ~** го́род по́лностью вы́мер
ausgesucht *adj* (*erlesen*) изы́сканный, исключи́тельный
ausgewachsen *adj* вы́росший
ausgewogen *adj* уравнове́шенный, гармони́чный
ausgezeichnet *adj* отли́чный; **~!** превосхо́дно!
ausgiebig *adj* (*reichlich*) оби́льный
Ausgleich *m* <-(e)s, -e> 1. (*das Ausgleichen*) ура́внивание *nt*; 2. (*Entschädigung*) компенса́ция *f*; **zum ~** в ви́де компенса́ции; **den ~ erzielen** (SPORT) сравня́ть счёт; **~ der Zahlungsbilanz** сбаланси́рование платёжного бала́нса
ausgleichen I. *irr vt* компенси́ровать *impf/pf*; **Verluste ~** компенси́ровать убы́тки; II. *irr vi* (SPORT) выра́внивать, вы́ровнять *pf*
Ausgleichsgetriebe *nt* <-s, -> дифференциа́л *m*
Ausgleichssport *m* <gen: -(e)s> компенси́рующий вид *m* спо́рта

Ausgleichszahlung *f* <-, -en> компенсацио́нный платёж *m*
ausgraben *irr vt* выка́пывать, вы́копать *pf*
Ausgrabung *f* <-, -en> раско́пки *fpl*
Ausguss *m* <-es, Ausgüsse> 1. (*Abfluss*) слив *m*, сток *m*; 2. (*Tülle*) но́сик *m* ча́йника
aushaben *irr vi* (*Schule*) зака́нчиваться, -ко́нчиться *pf*; **wir haben um 12 Uhr aus** мы зака́нчиваем в 12 часо́в
aushalten I. *irr vt* 1. (*ertragen*) выде́рживать, вы́держать *pf*, выноси́ть, вы́нести *pf*; 2. (*pej*) содержа́ть *impf*; II. *vi* (*durchhalten*) держа́ться *impf*
aushandeln *vt* выторго́вывать, вы́торговать *pf*
aushändigen *vt* вруча́ть, -чи́ть *pf*, выдава́ть, вы́дать *pf*
Aushang *m* <-(e)s, Aushänge> объявле́ние *nt* на доске́
aushängen I. *vt* 1. (*Anschlag*) выве́шивать, вы́весить *pf*; 2. (*Tür*) снима́ть, снять *pf* с пе́тель; II. *vi* быть *impf* вы́вешенным, висе́ть *impf*
Aushängeschild *nt* <-(e)s, -er> вы́веска *f*
ausharren *vi* терпели́во выжида́ть, выжда́ть *pf*
ausheben *irr vt* 1. (*Grube*) вырыва́ть, вы́рыть *pf*; 2. (*Verbrecher*) брать, взять *pf*
aushecken *vt* (*umg*) выду́мывать, вы́думать *pf*
aushelfen *irr vi* помога́ть, помо́чь *pf* (**mit** + *dat* с +*inst*)
Aushilfe *f* <-, -n> 1. (*das Aushelfen*) по́мощь *f* на вре́мя; 2. (*Mensch*) вре́менный помо́щник *m*
Aushilfskraft *f* <-, -kräfte> вре́менный помо́щник *m*
aushöhlen *vt* 1. выда́лбливать, вы́долбить *pf*; 2. (*Regeln*) выхола́щивать, вы́холостить *pf*
ausholen *vi* зама́хиваться, -хну́ться *pf*
aushorchen *vt* выве́дывать, вы́ведать *pf*; **er möchte mich über etw ~** он хо́чет у меня́ что́-то вы́ведать
aushungern *vt* мори́ть, за- *pf* го́лодом
auskehren *vt* вымета́ть, вы́мести *pf*
auskennen *irr vr* 1. (*in einer Gegend*) ориенти́роваться *impf/pf*, сориенти́роваться *pf*; 2. (*auf einem Gebiet*) разбира́ться, -зобра́ться *pf*
ausklammern *vt* (*Thema*) исключа́ть, -чи́ть *pf*, не затра́гивать, -тро́нуть *pf*
Ausklang *m* <gen: -(e)s> заключи́тельный акко́рд *m*, оконча́ние *nt* музыка́льного произведе́ния; **zum ~** в конце́
auskochen *vt* выва́ривать, вы́варить *pf*
auskommen *irr vi*: **mit etw ~** обходи́ться чем-л.; **mit jdm (gut/schlecht) ~**

ладить/не ладить с кем-л.
auskugeln vt вывихнуть pf; **sich den Arm ~** вывихнуть себе руку
auskühlen vi 1. (Raum) охлаждаться, -диться pf; 2. (Körper) остывать, -тыть pf
auskundschaften vt разузнавать, -знать pf
Auskunft f <-, Auskünfte> 1. справка f; 2. (Schalter) справочное бюро nt; **jdm ~ erteilen** давать кому-л. справку (информацию) 3. (TELKOM) справочная служба f
auskuppeln vi (KFZ) выключать, выключить pf сцепление
auskurieren vt вылечивать, вылечить pf
auslachen vt высмеивать, высмеять pf
ausladen irr vt 1. (aus Fahrzeug) выгружать, выгрузить pf; 2. (Gäste) отменять, -нить pf приглашение
Auslage f <-, -n> витрина f; **~n** (Unkosten) издержки
Ausland nt <gen: -(e)s> зарубежные страны fpl, заграница f; **im ~** за границей; **ins ~** за границу; **Gelder ins ~ transferieren** перевести деньги за границу
Ausländer, -in m/f <-s, -> иностранец, -нка m/f
Ausländeramt nt <gen: -(e)s> ведомство nt по вопросам пребывания иностранцев
ausländerfeindlich adj враждебный к иностранцам
Ausländerfeindlichkeit f <gen: -> враждебность f к иностранцам
ausländisch adj иностранный, заграничный; **Integration ~er Arbeitskräfte** интеграция иностранной рабочей силы
Auslandsabteilung f <-, -en> международный отдел m
Auslandsaktiva pl заграничные активы pl
Auslandsanleihe m внешний заём m
Auslandsfiliale f <-, -n> заграничный филиал m; **eine ~ eröffnen** открывать заграничный филиал
Auslandsflug m <-(e)s, -flüge> международный полёт m
Auslandsgeschäft nt <-(e)s, -e> заграничная операция f (банка)
Auslandsgespräch nt <-(e)s, -e> (TELKOM) международный разговор m
Auslandsinvestition f <-, -en> заграничные [о зарубежные] инвестиции pl
Auslandskapital nt <gen: -s> зарубежный капитал m
Auslandskorrespondent, -in m/f <-en, -en> зарубежный корреспондент, -ная -ка m/f

Auslandskredit m <-(e)s, -e> зарубежный [о иностранный] кредит m
Auslandsmarkt m <-(e)s, -märkte> внешний [о зарубежный] рынок m
Auslandsnachfrage f <-, -n> внешний спрос m
Auslandsniederlassung f <-, -en> заграничный филиал m
Auslandspassiva pl заграничные пассивы pl
Auslandsrisiko nt <-s, -risiken> кредитный риск m
Auslandsschulden pl внешняя задолженность f
Auslandsverbindlichkeiten pl внешняя задолженность f
Auslandsvermögen nt <gen: -s> заграничное имущество nt
Auslandsverschuldung f <-, -en> внешняя задолженность f
Auslandsvertretung f <-, -en> заграничное представительство nt
auslassen I. irr vt 1. (weglassen) выпускать, выпустить pf; 2. (Butter) растапливать, -топить pf; 3. (Wut) вымещать, выместить pf (an +dat на + präpos); II. irr vr: **sich über etw/jdn ~** высказываться о чём-л./ком-л.
Auslassungspunkte pl многоточие nt
auslasten vt загружать, -рузить pf; **Kapazitäten ~** загружать производственные мощности
Auslastung f <-, -en> загрузка f; **~ einer Anlage** загрузка установки
Auslastungsgrad m <-(e)s, -e> степень f загрузки
Auslauf f <-(e)s, Ausläufe> 1. (Bewegung) вытекание nt; 2. (Abfluss) сток m
auslaufen irr vi 1. (Flüssigkeit) вытекать, вытечь pf; 2. (aufhören, enden) кончаться, кончиться pf; 3. (Schiff) отплывать, -плыть pf
Ausläufer m <-s, -> (Gebirgs~) отрог m
Auslaut m <-(e)s, -e> (LING) конечный звук m
ausleeren vt опоражнивать, -рожнить pf
auslegen vt 1. (zur Ansicht) выкладывать, выложить pf; 2. (Geld) вносить, внести pf, платить, за- pf; 3. (deuten) истолковывать, -ковать pf, интерпретировать impf/pf
Auslegung f <-, -en> (Deutung) толкование nt, интерпретация f
ausleiern vi 1. (umg: Mechanismus) разбалтываться pf, -балтываться impf; 2. (Gewinde) стереться pf, стираться impf
Ausleihe f <-, -n> 1. (das Ausleihen) прокат m; 2. (Stelle) пункт m проката
ausleihen irr vt давать, дать pf напрокат
Ausleihungsgeschäft nt <-(e)s, -e>

операции *pl* по вы́даче ссуд *m*
Auslese *f* <-, -n> 1. отбо́р *m*; 2. (*Elite*) эли́та *f*
auslesen *irr vt* 1. отбира́ть, отобра́ть *pf*, сортирова́ть, от- *pf*; 2. (*umg: Buch*) прочи́тывать, -та́ть *pf* до конца́
ausliefern *vt* 1. поставля́ть, -ста́вить *pf*; 2. (*Person*) выдава́ть, вы́дать *pf*; **jdm ausgeliefert sein** быть о́тданным на чей-то произво́л
Auslieferungslager *nt* <-s, -> сбытова́я ба́за *f*
ausliegen *irr vi* быть *impf* вы́ставленным; **in der Bibliothek lagen Zeitungen und Prospekte aus** в библиоте́ке бы́ли вы́ложены газе́ты и проспе́кты
auslöschen *vt* гаси́ть, за- *pf*
auslosen *vt* разы́грывать, -гра́ть *pf*
auslösen *vt* 1. (*in Gang setzen*) запуска́ть, -сти́ть *pf*; 2. (*verursachen*) вызыва́ть, вы́звать *pf*; 3. (*Pfand*) выкупа́ть, вы́купить *pf*
Auslöser *m* <-s, -> (FOT) спуск *m*
ausmachen *vt* 1. (*ausschalten*) выключа́ть, вы́ключить *pf*; 2. (*löschen*) гаси́ть, по- *pf*; 3. (*vereinbaren*) догова́риваться, -вори́ться *pf* (*mit + dat* с + *inst*); 4. (*sichten*) высма́тривать, высмотре́ть *pf*, обнару́живать, -ру́жить *pf*; 5. (*bedeuten*) име́ть *impf* значе́ние; **es macht mir nichts aus** мне э́то не соста́вит труда́
ausmalen *vt* раскра́шивать, -кра́сить *pf*; **sich etw ~** представля́ть себе́ что́-л.
Ausmaß *nt* <-es, -e> разме́р *m*
ausmerzen *vt* 1. искореня́ть, -ни́ть *pf*, уничтожа́ть, -что́жить *pf*; 2. (*Fehler*) устраня́ть, -ни́ть *pf*
ausmessen *irr vt* вымеря́ть, вы́мерить *pf*
ausmisten *vt* 1. (*umg: aufräumen*) наводи́ть, -вести́ *pf* поря́док; 2. (*Stall*) очища́ть, очи́стить *pf* от навоза́
ausmustern *vt* 1. бракова́ть, за- *pf*; 2. (MIL) признава́ть, -на́ть *pf* него́дным к вое́нной слу́жбе; 3. (*Waffen*) снять *pf*, снима́ть *impf* с вооруже́ния
Ausnahme *f* <-, -n> исключе́ние *nt*; **mit ~ von** за исключе́нием; **eine ~ machen** де́лать исключе́ние
Ausnahmegenehmigung *f* <-, -en> специа́льное разреше́ние *nt*
Ausnahmelizenz *f* <-, -en> специа́льная лице́нзия *f*
Ausnahmeregelung *f* <-, -en> специа́льное положе́ние *nt*
Ausnahmezustand *m* <-(e)s, -zustände> чрезвыча́йное положе́ние *nt*
ausnahmslos *adv* без исключе́ния
ausnahmsweise *adv* в ви́де исключе́ния
ausnehmen I. *irr vt* 1. (*Nest*) разоря́ть, -ри́ть *pf*; 2. (*Tier*) потроши́ть, вы́- *pf*; 3. (*umg: Person*) обобра́ть *pf*, обира́ть *impf*; 4. (*ausschließen*) исключа́ть, -чи́ть *pf*; II. *vr* (*wirken*) вы́глядеть *impf*, смотре́ться *impf*
ausnehmend *adv* о́чень, чрезвыча́йно; **~ schön/hässlich** исключи́тельно краси́вый/уро́дливый
ausnutzen *vt* 1. (*nutzbringend verwenden*) по́льзоваться, вос- *pf*; 2. (*Gelegenheit*) испо́льзовать *impf/pf*; 3. (*ausbeuten*) эксплуати́ровать *impf*
auspacken *vt* 1. (*Koffer, Geschenk*) распако́вывать, -кова́ть *pf*; 2. (*fig*) выкла́дывать, вы́ложить *pf*
ausparken *vi* выезжа́ть, вы́ехать *pf* с ме́ста парко́вки
auspfeifen *irr vt* осви́стывать, -ста́ть *pf*; **der Redner wurde vom Publikum ausgepfiffen** ора́тор был осви́стан пу́бликой
ausplaudern *vt* выба́лтывать, вы́болтать *pf*
ausplündern *vt* 1. (*Mensch*) гра́бить, огра́бить *pf*; 2. (*Land*) разгра́бить *pf*, -грабля́ть *impf*
auspressen *vt* выжима́ть, вы́жать *pf*
ausprobieren *vt* про́бовать, по- *pf*, ис- *pf*
Auspuff *m* <-(e)s, -e> вы́хлоп *m*
Auspuffrohr *nt* <-(e)s, -e> выхлопна́я труба́ *f*
Auspufftopf *m* <-es, -töpfe> глуши́тель *m*
auspumpen *vt* 1. выка́чивать, вы́качать *pf*; 2. (*Magen*) промыва́ть, -мы́ть *pf*
ausradieren *vt* стира́ть, стере́ть *pf*
ausrangieren *vt* (*umg*) выки́дывать, вы́кинуть *pf*, спи́сывать, -са́ть *pf*
ausrasten *vi* (*umg: Mensch*) вы́йти *pf*, выходи́ть *impf* из себя́
ausrauben *vt* гра́бить, огра́бить *pf*
ausräumen *vt* 1. (*Zimmer*) освобожда́ть, -боди́ть *pf*; 2. (*Bedenken*) устраня́ть, -ни́ть *pf*
ausrechnen *vt* вычисля́ть, вы́числить *pf*
Ausrede *f* <-, -n> отгово́рка *f*
ausreden I. *vi* 1. конча́ть, ко́нчить *pf* речь; II. *vt* отгова́ривать, -говори́ть *pf*; **jdm etw ~** отгова́ривать кого́-л. от чего́-л.
ausreichen *vi* хвата́ть, -ти́ть *pf*
ausreichend *adj* доста́точный
Ausreise *f* <-, -n> вы́езд *m*
ausreisen *vi* выезжа́ть, вы́ехать *pf*
ausreißen I. *vt* оторва́ться *pf*, -рыва́ться *impf*; II. *vi* 1. (*Unkraut*) выдёргивать, вы́дернуть *pf*, вы́рвать *pf*, -рыва́ть *impf*; 2. (*weglaufen*) удира́ть, удра́ть *pf*
Ausreißer, -in *m/f* <-s, -> бегле́ц, -гля́нка *m/f*
ausrenken *vt* вы́вихнуть *pf*
ausrichten *vt* 1. (*erreichen*) достига́ть, -сти́гнуть *pf*, добива́ться, -би́ться *pf*; 2.

ausrotten (Botschaft) передавать, -дать pf; 3. (Hochzeit) устраивать, -роить pf, справлять, справить pf; 4. (einstellen) ориентировать, сориентировать pf (auf +akk на)

ausrotten vt истреблять, -бить pf, уничтожать, -чтожить pf

ausrücken vi 1. (Feuerwehr) выезжать, выехать pf; 2. (weglaufen) удирать, удрать pf

Ausruf m <-(e)s, -e> восклицание nt

ausrufen I. irr vt 1. (bekanntgeben) объявлять, -вить pf; 2. (Streik, Notstand) объявлять, -вить pf, провозглашать, -гласить pf; II. vi восклицать, -кликнуть pf

Ausrufezeichen nt <-s, -> восклицательный знак m

Ausrufpreis m <-es, -e> (BÖRSE) отправная цена f

ausruhen vr отдыхать, -дохнуть pf

ausrüsten vt снабжать, снабдить pf, оснащать, -настить pf

Ausrüstung f <-, -en> оборудование nt

ausrutschen vi поскользнуться pf, -скальзываться impf

Ausrutscher m <-s, -> (Fauxpas) промах m, бестактность f

Aussage f <-, -n> высказывание nt

aussagen I. vt 1. высказывать, высказать pf; 2. (ausdrücken) выражать, выразить pf; II. vi (JUR) давать, дать pf показания

Aussagesatz m <-es, -sätze> повествовательное предложение nt

ausschalten vt выключать, выключить pf

Ausschank m <gen: -(e)s> 1. (das Ausschenken) продажа f в разлив; 2. (Theke) стойка f

Ausschau f <gen: ->: ~ halten высматривать

ausschauen vi 1. высматривать, высмотреть pf; 2. (aussehen) выглядеть impf

ausscheiden I. irr vt (MED) выделять, выделить pf; II. irr vi (SPORT) выбывать, выбыть pf

Ausscheidungsspiel nt <-(e)s, -e> (SPORT) отборочная игра f

ausschenken vt разливать, -лить pf

ausscheren vi отклоняться, -ниться pf в сторону

ausschimpfen vt ругать, вы- pf

ausschlachten vt 1. разделывать, разделать pf; 2. (Auto) разбирать, -зобрать pf

ausschlafen I. irr vi высыпаться, выспаться pf; II. irr vt: seinen Rausch ~ проспаться pf

Ausschlag m <-(e)s, Ausschläge> 1. (von Zeiger) отклонение nt; 2. (MED) сыпь f; den ~ geben (zu etw) иметь (для чего-л.) решающее значение

ausschlagen I. irr vt 1. (Angebot) отвергать, -вергнуть pf; 2. (Einladung) отказываться, -заться pf; II. irr vi 1. (Pferd) брыкаться, -кнуться pf; 2. (Zeiger) отклоняться, -ниться pf; 3. (Baum) распускаться, -ститься pf

ausschlaggebend adj решающий

ausschließen I. irr vt 1. (Tatsache, Umstand) исключать, -чить pf; 2. (von der Kirche) отлучать, -чить pf; II. vr исключать, исключить pf себя; man kann dieses Risiko nicht ganz ~ этот риск полностью исключить нельзя; das eine schließt das andere nicht aus одно другого не исключает

ausschließlich I. adj (alleinig) исключительный, единственный; II. adv (nur/allein) только, исключительно; III. präp +gen исключая, за исключением.

Ausschluss m <-es, Ausschlüsse> (aus der Partei) исключение nt; unter ~ der Öffentlichkeit при закрытых дверях

ausschmücken vt 1. украшать, украсить pf; 2. (Bericht) приукрашивать, -красить pf

ausschneiden irr vt вырезать, вырезать pf

Ausschnitt m <-(e)s, -e> 1. отрывок m, выдержка f; 2. (am Kleid) вырез m, декольте nt; 3. (Zeitungs~) вырезка f

ausschreiben irr vt 1. (Wort) выписывать, выписать pf; 2. (bekanntgeben) объявлять, -вить pf; die Stelle ist seit dem Januar ausgeschrieben конкурс на это место объявлен в январе

Ausschreibung f <-, -en> тендер m; Vergabe von Aufträgen im Wege einer ~ размещение заказов по результату открытого тендера

Ausschreibungspreis m <-es, -e> премия f на конкурсе

Ausschreitung f <-, -en> беспорядки pl, бесчинства pl

Ausschuss m <-es, Ausschüsse> 1. комитет m, комиссия f; 2. (bei Produktion) брак m; totaler ~ полный брак

Ausschusskosten pl издержки pl по устранению брака

Ausschussvorsitzende(r) mf <-n, -n> председатель m/f комиссии

ausschütten vt высыпать, высыпать pf, выливать, вылить pf

Ausschüttung f <-, -en> распределение nt; ~ von Dividenden распределение дивидендов

ausschweifend adj необузданный, безудержный

Ausschweifung f <-, -en> необузданность f, безудержность f

ausschweigen irr vr отмалчиваться, -молчаться pf; sich über etw ~ молчать

о чём-л.
ausschwenkbar *adj* поворо́тный
ausschwitzen *vt* запоте́ть *pf*, -тева́ть *impf*
aussehen *irr vi* вы́глядеть *impf*; **gut/schlecht ~** хорошо́/пло́хо вы́глядеть; **es sieht nach Regen aus** похо́же, что бу́дет дождь
Aussehen *nt* <*gen:* -s> вне́шний вид *m*
aussein *irr vi* 1. (*zu Ende sein*) око́нчиться *pf*, ока́нчиваться *impf*; 2. (*ausgeschaltet sein*) быть *impf* вы́ключенным; **auf etw ~** стреми́ться к чему́-л.
außen *adv* снару́жи; **von ~** снару́жи; **nach ~** нару́жу
Außenanstrich *m* <-(e)s, -e> нару́жная окра́ска *f* (до́ма)
Außenaufnahmen *pl* 1. выездны́е съёмки *fpl*; 2. натура́льные (кино́) съёмки *fpl*
Außenbeitrag *m* <-(e)s, -beiträge> са́льдо *nt* вне́шней торго́вли
Außenbezirk *m* <-(e)s, -e> окра́ина *f*
Außenbordmotor *m* <-s, -en> подвесно́й мото́р *m*
aussenden *vt* высыла́ть, вы́слать *pf*
Außendienst *m* <*gen:* -(e)s> выездны́е рабо́ты *f*
Außendienstmitarbeiter, -in *m/f* <-s, -e> выездно́й сотру́дник *m*
Außenfinanzierung *f* <-, -en> вне́шнее финанси́рование *nt*
Außenhandel *m* <*gen:* -s> вне́шняя торго́вля *f*
Außenhandelsabteilung *f* <-, -en> отде́л *m* вне́шней торго́вли
Außenhandelsakkreditiv *nt* <-s, -e> документа́рный аккредити́в *m*
Außenhandelsbeziehungen *pl* внешнеторго́вые отноше́ния *pl*
Außenhandelsbilanz *f* <-, -en> внешнеторго́вый бала́нс *m*
Außenhandelsdefizit *nt* <-s, -e> внешнеторго́вый дефици́т *m*
Außenhandelsdokumente *pl* внешнеторго́вая документа́ция *f*
Außenhandelsfinanzierung *f* <-, -en> финанси́рование *nt* вне́шней торго́вли
Außenhandelsgeschäft *nt* <-(e)s, -e> внешнеторго́вая сде́лка *f*
Außenhandelskaufmann *m* <-(e)s, -männer/leute> коммерса́нт *m*, занима́ющийся внешнеторго́выми опера́циями
Außenhandelspolitik *f* <*gen:* -> внешнеторго́вая поли́тика *f*
Außenhandelsquote *f* <-, -n> до́ля *f* вне́шней торго́вли
Außenhandelsstelle *f* <-, -n> торго́вое представи́тельство *nt*
Außenhandelsvolumen *nt* <-s, -volumina> объём *m* вне́шней торго́вли
Außenminister, -in *m/f* <-s, -> мини́стр *m* иностра́нных дел
Außenministerium *nt* <-s, -ien> министе́рство *nt* иностра́нных дел
Außenpolitik *f* <-, -en> вне́шняя поли́тика *f*
Außenseite *f* <-, -n> нару́жная сторона́ *f*
Außenseiter, -in *m/f* <-s, -> аутса́йдер *m*
Außenspiegel *m* <-s, -> (KFZ) нару́жное зе́ркало *nt* за́днего ви́да
Außenstände *pl* дебито́рская задо́лженность *f*
Außenstehende(r) *mf* <-n, -n> посторо́нний, -няя *m/f*
Außenstelle *f* <-, -n> филиа́л *m*, отделе́ние *nt*
Außenwand *f* <-, -wände> нару́жная стена́ *f*
Außenwerbung *f* <-, -en> нару́жная рекла́ма *f*
Außenwirtschaft *f* <*gen:* -> вне́шняя эконо́мика *f*
außenwirtschaftlich *adj* внешнеэкономи́ческий
Außenwirtschaftspolitik *m* <*gen:* -> внешнеэкономи́ческая поли́тика *f*
außer I. *präp* +*dat* 1. вне, за; 2. (*abgesehen von, neben*) кро́ме, поми́мо; **~ Gefahr** вне опа́сности; **~ Betrieb sein** не рабо́тать; **~ Dienst** в отста́вке; **alle ~ einem** все кро́ме одного́; **~ sich sein** быть вне себя́; II. *konj* (*ausgenommen*) кро́ме, ра́зве что; **~ wenn** ра́зве то́лько.
außerbetrieblich *adj* внепроизво́дственный
außerdem *adv* кро́ме того́
Äußere *nt* <*gen:* -n> вне́шность *f*, нару́жность *f*
äußere(r,s) *adj* вне́шний
außerehelich *adj* внебра́чный
außergewöhnlich *adj* необыкнове́нный, чрезвыча́йный
außerhalb I. *präp* +*gen* за, вне; II. *adv* вне, снару́жи.
außerirdisch *adj* внеземно́й
Außerkurssetzung *f* <-, -en> нуллифика́ция *f*
äußerlich *adj* вне́шний, нару́жный; **nur zur ~en Anwendung** то́лько для нару́жного примене́ния
äußern I. *vt* выража́ть, вы́разить *pf*; II. *vr* 1. выска́зываться, вы́сказаться *pf*, 2. (*sich zeigen*) проявля́ться, -ви́ться *pf* (*in* +*dat* в +*präpos*)
außerordentlich *adj* 1. чрезвыча́йный, внеочередно́й; 2. (*besondere(r)*) чрезвыча́йный, исключи́тельный
außerplanmäßig *adj* внепла́новый
äußerst *adv* кра́йне, весьма́
außerstande *adv*: **~** [*o* **außer Stande**]**sein, etw zu tun** быть не в си́лах что́-л.

äußerste сделать
äußerste(r,s) adj 1. (*räumlich*) крайний; 2. (*letztmöglich*) предельный; 3. (*größtmöglich*) максимальный
außertariflich adj внетарифный
Äußerung f <-, -en> 1. проявление nt; 2. (*Bemerkung*) высказывание nt
aussetzen I. vt 1. (*Passagiere*) высаживать, высадить pf; 2. (*Kind*) бросать, бросить pf; 3. (*Belohnung*) назначать, -начить pf; 4. (*Urteil*) откладывать, отложить pf; II. vi 1. (*Mensch*) прерываться, -рваться pf, делать, сделать pf паузу; 2. (*Herz*) останавливаться, -новиться pf, давать, дать pf сбой; **etw auszusetzen haben** находить какие-л. недостатки; **sich der Gefahr ~** подвергать себя опасности
Aussicht f <-, -en> 1. вид m; 2. (*fig*) перспектива f, вид m; **jdm etw in ~ stellen** обещать кому-л. что-л.; **etw in ~ haben** иметь что-л. в перспективе
aussichtslos adj безнадёжный, бесперспективный
Aussichtspunkt m <-(e)s, -e> место, с которого открывается красивый вид
aussieben vt (*fig*) отбирать, отобрать pf, отсеивать, -сеять pf
aussiedeln vt выселять, выселить pf
Aussiedler, -in m/f <-s, -> переселенец, -нка m/f
Aussiedlung f <gen: -> выселение nt
aussöhnen vr мириться, по- pf (*mit +dat* с +*inst*)
Aussöhnung f <-, -en> примирение nt
aussondern vt отделять, -лить pf
aussortieren vt отсортировывать, -ровать pf
ausspannen I. vt (*Pferd*) распрягать, -прячь pf; **er hat ihm die Freundin ausgespannt** он увёл у него девушку; II. vi отдыхать, -дохнуть pf
aussparen vt 1. (*freilassen*) оставлять, -тавить pf свободным; 2. (*Thema*) обходить, обойти pf, опускать, -стить pf
aussperren vt 1. не впускать, -стить pf; 2. (*Arbeiter*) отстранять, -странить pf от работы, увольнять, уволить
Aussperrung f <-, -en> локаут m, увольнение nt
ausspielen vt 1. (*Person*) настраивать, -строить pf (*gegen +akk* против +*gen*); 2. (*Karte*) ходить *impf*
Aussprache f <-, -n> 1. произношение nt; 2. (*klärendes Gespräch*) обмен m мнениями, беседа f
aussprechen I. irr vt 1. произносить, -нести pf; 2. (*äußern*) высказывать, высказать pf; II. irr vi (*ausreden*) договаривать, -ворить pf; III. irr vr высказываться, высказаться; **wie spricht man dieses Wort aus?** как произносится это слово?; **sich für etw/jdn ~** высказываться за что-л./против чего-л.; **sich mit jdm ~** объясниться с кем-л.
Ausspruch m <-(e)s, Aussprüche> изречение nt, высказывание nt
ausspucken I. vt выплёвывать, выплюнуть pf; II. vi плевать, плюнуть pf
ausspülen vt 1. выполаскивать, выполоскать pf; 2. (*Mund*) полоскать, про- pf
Ausstand m <gen: -(e)s> (*Streik*) забастовка f, стачка f
ausstatten vt снабжать, снабдить pf, оборудовать *impf/pf*, оснащать, -натить pf
Ausstattung f <-, -en> 1. снабжение nt, оборудование nt; 2. (*Gestaltung*) оформление nt; 3. (THEAT) декорация f
ausstechen irr vt 1. (*Auge*) выкалывать, выколоть pf; 2. (*Kekse*) вырезать, вырезать pf; 3. (*Person*) превосходить, превзойти pf
ausstehen I. irr vi 1. (*Antwort*) отсутствовать *impf*; 2. (*Zahlung*) не быть *impf* уплаченным; **dieser Betrag steht noch aus** эта сумма ещё не уплачена; II. irr vt (*ertragen*) выносить, вынести pf; **ich kann ihn nicht ~** (*umg*) я его не выношу
ausstehend adj 1. (*nicht bezahlt*) неоплаченный; **~er Betrag** неоплаченная сумма 2. (*nicht geliefert*) непоставленный
aussteigen irr vi 1. выходить, выйти pf, высаживаться, высадиться pf; 2. (*fig*) выходить, выйти pf; **aus einem Geschäft ~** выходить из дела
ausstellen vt 1. (*Kunst*) выставлять, выставить pf; 2. (*Pass, Bescheinigung*) выписывать, выписать pf, выдавать, выдать pf; 3. (*ausschalten*) выключать, выключить pf
Aussteller m <-s, -> 1. (*Unterzeichner*) выставитель m; 2. (*Bezieher eines Wechsels*) векселедатель m, трассант m; 3. (*Messeteilnehmer*) экспонент m
Ausstellung f <-, -en> 1. (*Präsentation*) выставка f; 2. (*Ausfertigung*) выставление nt, выдача f
Ausstellungsdatum nt <-s, -daten> дата f выдачи
Ausstellungshalle f <-, -n> выставочный павильон m
Ausstellungskatalog m <-(e)s, -e> выставочный каталог m
Ausstellungsort m <-(e)s, -e> место nt выставления
Ausstellungsraum m <-(e)s, -räume> выставочный зал m
Ausstellungsstand m <-(e)s, -stände>

выставочный стенд m
aussterben irr vi вымирать, вымереть pf
aussterbend adj вымирающий
Aussteuer f <-, -n> приданое nt
Ausstieg m <-(e)s, -e> выход m
Ausstiegsklausel f <-, -n> оговорка f на случай выхода (из договора)
ausstopfen vt набивать, -бить pf
Ausstoß m <-es, -e> (Produktion pro Zeiteinheit) выработка f
ausstoßen irr vt 1. (Schrei) испускать, -пустить pf; 2. (Rauch) выпускать, выпустить pf; 3. (ausschließen) исключать, -чить pf
ausstrahlen vt 1. излучать impf; 2. (Sendung) передавать, -дать pf; 3. (Ruhe) распространять, -нить pf
Ausstrahlung f <-, -en> (Wirkung) (воз)действие nt
ausstrecken I. vt (Hand) протягивать, -тянуть pf; II. vr растягиваться, -тянуться pf, ложиться, лечь pf
ausstreichen irr vt 1. вычёркивать, вычеркнуть pf; 2. (Falten) разглаживать, -гладить pf
ausstreuen vt 1. рассыпать, -сыпать pf, разбрасывать, -бросать pf; 2. (Gerüchte) распространять, -нить pf, распускать, -пустить pf
ausströmen I. vt (fig) излучать impf; II. vi утекать, утечь pf
aussuchen vt выбирать, выбрать pf
Austausch m <gen: -(e)s> обмен m, замена f
austauschbar adj заменимый
austauschen I. vt 1. обменивать, -менять pf; 2. (Gedanken) обмениваться, -няться pf; II. vr: sich über etw ~ обмениваться мнениями о чём-л.
austeilen vt раздавать, -дать pf
Auster f <-, -n> устрица f
austoben vr (Kinder) разойтись pf, расходиться impf, буйно играть impf
austragen irr vt 1. (Zeitungen) разносить, -нести pf, доставлять, -ставить pf; 2. (Kind) выносить pf, -нашивать impf; 3. (Konflikt) разрешать, -решить pf; 4. (Wettkampf) проводить, -вести pf
Australien nt <gen: -s> Австралия f
Australier, -in m/f <-s, -> австралиец, -лийка m/f
australisch adj австралийский
austreiben irr vt 1. выгонять, выгнать pf; 2. (Teufel) изгонять, -гнать pf; jdm etw ~ отучать кого-л. от чего-л.
austreten I. irr vt 1. (Zigarette) гасить, по- pf; 2. (Pfad) протаптывать, -топтать pf; II. irr vi выходить, выйти pf; aus einem Verein ~ выйти из общества
austricksen vt обставить pf, -ставлять impf, обхитрить pf
austrinken irr vt (Getränk) выпить pf

Austritt m <-(e)s, -e> 1. (Entweichen) утечка f; 2. (aus Partei) выход m
Austrittserklärung f <-, -en> заявление nt о выходе
Austrittswelle f <-, -n> (aus Kirche, Partei) волна f выходов [o уходов]
austrocknen I. vt высушивать, высушить pf; II. vi высыхать, высохнуть pf
ausüben vt 1. (Beruf) работать impf; einen Beruf ~ работать по профессии; ein Gewerbe ~ заниматься ремеслом; ein Amt ~ исполнять должность; Kontrolle ~ осуществлять контроль 2. (Druck) оказывать, -зать pf (auf +akk на); 3. (Recht) осуществлять, -ствить pf
Ausverkauf m <-(e)s, -käufe> распродажа f
ausverkaufen vt распродавать, -продать pf; ausverkauft sein быть (рас)проданным
Auswahl f <gen: -> 1. (Wahl) выбор m; 2. (SPORT) сборная f; 3. (Angebot) выбор m, ассортимент m; 4. (Auslese) элита f, цвет m
auswählen vt выбирать, выбрать pf, подбирать, -добрать pf
Auswahlprüfung f <-, -en> отборочный экзамен m
Auswahlverfahren nt <-s, -> способ m отбора
Auswanderer m <-s, -> 1. переселенец, -нка m/f; 2. эмигрант, -ка m/f
auswandern vi переселяться, -литься pf, эмигрировать impf/pf
Auswanderung f <-, -en> переселение nt, эмиграция f
auswärtig adj иногородний; Auswärtiges Amt Министерство иностранных дел
auswärts adv (nach außen) наружу; ~ essen питаться не дома
Auswärtsschielen nt <gen: -s> косоглазие nt наружу
auswaschen irr vt вымывать, вымыть pf, отмывать, -мыть pf
Auswaschung f <-, -en> 1. вымывание nt; 2. (GEOL) эрозия f
auswechseln vt 1. менять, по- pf; 2. (SPORT) заменять, -нить pf
Ausweg m <-(e)s, -e> выход m
ausweglos adj безвыходный
ausweichen irr vi 1. увёртываться, увернуться pf; 2. (fig) уклоняться, -ниться pf, избегать, -бежать pf
Ausweichgleis nt <-es, -e> запасный путь m
ausweinen vr выплакаться pf, -плакиваться impf
Ausweis m <-es, -e> (Personalausweis) удостоверение nt личности
ausweisen I. irr vt высылать, выслать; II. vr удостоверять, -верить pf свою личность

Ausweispapiere *pl* <gen: -> докуме́нты *pl*
Ausweisung *f* <-, -en> вы́сылка *f*
ausweiten I. *vt* растя́гивать, -тяну́ть *pf*; II. *vr* (*Unruhen*) распространя́ться, -ни́ться *pf*
Ausweitung *f* <-, -en> расшире́ние *nt*
auswendig *adv* наизу́сть, на па́мять; ~ **lernen** учи́ть наизу́сть
auswerten *vt* оце́нивать, -ни́ть *pf*
Auswertung *f* <-, -en> 1. (*Verwertung*) обрабо́тка *f*; 2. (*Analyse*) ана́лиз *m*
auswickeln *vt* развёртывать, -верну́ть *pf*
auswirken *vr* ска́зываться, -за́ться *pf*, отража́ться, -рази́ться *pf*
Auswirkung *f* <-, -en> возде́йствие *nt*, сле́дствие *nt*
Auswuchs *m* <-es, Auswüchse> (*fig*) уро́дство *nt*, извраще́ние *nt*
auswuchten *vt* (*Reifen*) баланси́ровать, сбаланси́ровать *pf*
auszahlen I. *vt* 1. выпла́чивать, вы́платить *pf*; 2. (*Person*) рассчи́тывать, -счита́ть *pf*; II. *vr* (*sich lohnen*) сто́ить *impf*, быть *impf* вы́годным
auszählen *vt* (*Wahlzettel*) подсчи́тывать, -та́ть *pf*
Auszahlung *f* <-, -en> вы́плата *f*, платёж *m*
Auszahlungsbetrag *m* <-(e)s, -beträge> разме́р *m* вы́платы
auszeichnen I. *vt* 1. (*ehren*) отмеча́ть, -ме́тить *pf*, награжда́ть, -гради́ть *pf*; 2. (*Waren*) снабжа́ть, -снабди́ть *pf* це́нником; II. *vr* отлича́ться, -чи́ться *pf*, выделя́ться, вы́делиться *pf*
Auszeichnung *f* <-, -en> 1. (*Auszeichnung*) награжде́ние *nt*; 2. (*Orden*) о́рден *m*, награ́да *f*; 3. (*von Waren*) маркиро́вка *f*; **mit ~** с отли́чием
ausziehen I. *irr vt* 1. (*Tisch*) раздвига́ть, -дви́нуть *pf*; 2. (*Kleidungsstück*) снима́ть, сня́ть *pf*; 3. (*Person*) раздева́ть, -де́ть *pf*; II. *irr vi* съезжа́ться, съе́хать *pf*; III. *irr vr* раздева́ться, -де́ться *pf*
Auszubildende(r) *mf* <-n, -n> учени́к, -ни́ца *m/f* на произво́дстве
Auszug *m* <-(e)s, Auszüge> 1. (*aus Wohnung*) перее́зд *m*; 2. (*Kontoauszug*) вы́писка *f* из счёта; 3. (*Ausschnitt*) вы́держка *f*, фрагме́нт *m*; **eine Rede in Auszügen wiedergeben** передава́ть вы́держки из ре́чи; **~ aus dem Handelsregister** вы́писка из торго́вого рее́стра
auszupfen *vt* (*Haare*) выщи́пывать, вы́щипать *pf*, выдёргивать, вы́дернуть *pf*
Autarkie *f* <gen: -> (ÖKON) автарки́я *f*
authentisch *adj* по́длинный, аутенти́чный

Autismus *m* <gen: -> аути́зм *m*
Auto *nt* <-s, -s> автомоби́ль *m*, маши́на *f*; **~ fahren** води́ть маши́ну
Autoantenne *f* <-, -n> автомоби́льная анте́нна *f*
Autoatlas *m* <-, -atlanten> а́тлас *m* автомоби́льных доро́г
Autobahn *f* <-, -en> автостра́да *f*
Autobahnabschnitt *m* <-(e)s, -e> уча́сток *m* автостра́ды
Autobahnauffahrt *f* <-, -en> въезд *m* на автостра́ду
Autobahnausfahrt *f* <-, -en> съезд *m* с автостра́ды
Autobahngebühr *f* <-, -n> пла́та *f* за по́льзование автостра́дой
Autobahnraststätte *f* <-, -n> автостоя́нка при автостра́де с рестора́ном и заправо́чной ста́нцией
Autobatterie *f* <-, -n> автомоби́льная аккумуля́торная батаре́я *f*
autobiografisch, autobiographisch *adj* автобиографи́ческий
Autobatterie *f* <-, -n> (автомоби́льная) аккумуля́торная батаре́я *f*
Autobranche *f* <gen: -> автомоби́льная промы́шленность *f*
Autobus *m* <-ses, -se> авто́бус *m*
autochthon *adj* (*Volk, Stamm*) ме́стный, коренно́й
Autodidakt, -in *m/f* <-en, -en> самоу́чка *mf*
Autofahrer, -in *m/f* <-s, -> 1. води́тель, -ница *m/f*; 2. шофёр *m*
autogen *adj* автоге́нный; **~es Training** аутоге́нная трениро́вка
Autogramm *nt* <-s, -e> авто́граф *m*; **ein ~ geben** дать авто́граф
Autogrammjäger *m* <-s, -> охо́тник *m* за авто́графами, собира́тель *m* авто́графов
Autohändler *m* <-s, -> торго́вец *m* автомоби́лями, продаве́ц *m* автомоби́лей
Autohaus *nt* <-es, -häuser> абтомоби́льный магази́н *m*
Autohersteller *m* <-, -> производи́тель *m* автомоби́лей
Autoindustrie *f* <gen: -> автомоби́льная промы́шленность *f*
Autokarte *f* <-, -n> ка́рта *f* автодоро́г
Autokonzern *m* <-s, -e> автомоби́льный конце́рн *m*
Automat *m* <-en, -en> автома́т *m*
Automatenverkauf *m* <gen: -(e)s> прода́жа *f* че́рез автома́ты
Automatikgetriebe *nt* <-s, -> автомати́ческая коро́бка *f* переда́ч
Automatikschaltung *f* <-, -en> автомати́ческое включе́ние *nt* (переда́чи)
Automation *f* <gen: -> автоматиза́ция *f*
automatisch *adj* автомати́ческий

Automatisierungsgrad m <-(e)s, -e> сте́пень f автоматиза́ции
Automatisierungstechnik f <gen: -> те́хника f автоматиза́ции
Automobilausstellung f <gen: -> автомоби́льный сало́н m
Automobilbranche f <gen: -> автомоби́льная промы́шленность f
Automobilhersteller m <-s, -> производи́тель m автомоби́лей
Automobilindustrie f <gen: -> автомоби́льная промы́шленность f
Automobilklub m <gen: -s> автомоби́льный клуб m
Automobilmarkt m <gen: -(e)s> ры́нок m абтомоби́лей
autonom adj автоно́мный, незави́симый
Autonome(r) mf <-n, -n> член ле́вой полити́ческой группиро́вки, отверга́ющей госуда́рство и обще́ственные структу́ры и применя́ющей в борьбе́ с ни́ми наси́льственные ме́тоды
Autonomie f <gen: -> автоно́мия f
Autonomiegebiet nt <-(e)s, -e> автоно́мная террито́рия f
Autonomieregierung f <-, -en> прави́тельство nt автоно́мной террито́рии
Autonomieverhandlungen pl <gen: -> перегово́ры pl об автоно́мии
Autonummer f <-, -n> но́мер m автомоби́ля
Autopsie f <-, -n> вскры́тие nt тру́па
Autor, -in m/f <-en, -en> а́втор m
Autoradio nt <-s, -s> автомоби́льный радиоприёмник m
Autoreifen m <-s, -> автомоби́льная ши́на f
Autorenlesung f <-, -en> а́вторское чте́ние nt, а́вторский ве́чер m
Autorennen nt <-s, -> автомоби́льные го́нки fpl, автого́нки fpl
Autorenverzeichnis f <-ses, -se> спи́сок (цити́рованных) а́второв m
Autoreparaturwerkstatt f <-, -stätten> авторемо́нтная мастерска́я f
Autoreverse nt <gen: -> авторе́верс m
autoritär adj авторита́рный
Autorität f <-, -en> 1. (Eigenschaft) авторитот m; 2. (Person) яоритет́т m, авторите́тная ли́чность f
Autoschlosser m <-s, -> автомеха́ник m, автосле́сарь m
Autoschlüssel m <-s, -> ключ m от автомоби́ля
Autostopp m <gen: -s> автосто́п m
Autounfall m <-(e)s, -fälle> автомоби́льная катастро́фа f
Autoverleih m <-(e)s, -e> прока́т m автомоби́лей
Autovermietung f <-, -en> аре́нда f автомоби́лей
Autowaschanlage f <-, -n> пункт m мо́йки автомоби́лей
Autowerkstatt f <-, -stätten> авторемо́нтная мастерска́я f
AV abk von **Audio-Video**
Aval nt <-s, -s> (ÖKON) ава́ль m
Avalkredit m <-(e)s, -e> (ÖKON) ава́льный креди́т m, гаранти́йный креди́т m по поручи́тельству
Avantgarde f <gen: -> аванга́рд m
Avantgardist, -in m/f <-en, -en> авангарди́ст m
Aversion f <-, -en> отвраще́ние nt; eine ~ gegen etw/jdn haben испы́тывать отвраще́ние к чему́-л./кому́-л.
Avis nt ави́зо nt
avisieren vt авизова́ть, извеща́ть, -вести́ть pf
Avocado f <-, -s> авока́до m
Avocadocreme f <-, -s> крем m из авока́до
AWACS abk von **airborne early warning and control system** систе́ма f ра́ннего предупрежде́ния
Axiom nt <-(e)s, -e> (MATH) аксио́ма f
Axt f <-, Äxte> топо́р m
Ayatollah m <-s, -s> аятолла́ m
AZ abk von **Aktenzeichen**
Azeton nt <gen: -s> ацето́н m
Azetylsalizylsäure f <gen: -> ацети́ло-салици́ловая кислота́ f
Azoren <gen: -> Азо́рские острова́ pl
Azteke <gen: -n> ацте́к
Azubi m <-s/-, -s> учени́к, -ни́ца m/f на произво́дстве

B

b, B nt <-, -> б, Б
Baby nt <-s, -s> ма́ленький ребёнок m, младе́нец m
Baby Bond nt <-s, -s> (ÖKON) проце́нтная облига́ция f ме́лкого досто́инства m
Babyausstattung f <-, -en> прида́ное nt для новорождённого
Babyhöschen nt <-s, -> ползунки́ mpl
Babylon m <gen: -s> Вавило́н m
Babynahrung f <gen: -> де́тское пита́ние nt
Babyschuhe pl <gen: -> пине́тки pl
Babysitter, -in m/f <-s, -> ня́ня для дете́й на вре́мя отсу́тствия роди́телей
Babystrich m <gen: -s> (umg) пане́ль f малоле́тних проститу́ток
Babywäsche f <gen: -> бельё nt для новорождённых
Babyzelle f <-, -n> (Batterie) миниатю́рный элеме́нт m пита́ния, батаре́йка f

Bach *m* <-(e)s, Bäche> ручей *m*
Backblech *nt* <-(e)s, -e> противень *m*, лист *m*
Bachstelze *f* <-, -n> трясогузка *f*
backbord *adv* бакборт
Backbord *nt* <gen: -> левый борт *m*
Backe *f* <-, -n> 1. (*Wange*) щека *f*; 2. (*Brems~*) тормозная колодка *f*
backen <backte, gebacken> *vt* печь, ис *pf*, выпекать, выпечь *pf*
Backenbart *m* <-(e)s, -bärte> бакенбарды *fpl*
Backenzahn *m* <-(e)s, -zähne> коренной зуб *m*
Bäcker, -in *m/f* <-s, -> пекарь *m*
Bäckerei *f* <-, -en> пекарня *f*, булочная *f*
Backform *f* <-, -en> форма *f* для выпечки
Backgammon *nt* <gen: -s> триктрак
Background *m* <-s, -s> духовное происхождение *nt*, среда *f*
Backobst *nt* <gen: -(e)s> сушёные фрукты *mpl*
Backofen *m* <-s, -öfen> печь *f*, духовка *f*
Backpflaume *f* <-, -kn> чернослив *m*
Backpulver *nt* <gen: -s> порошковый разрыхлитель *m* теста
Backrohr *nt* духовка *f*
Backslash *m* <gen: -> (DV) обратная косая черта *f*
backstage *adv* за кулисами
Backstein *m* <-(e)s, -e> обожжённый кирпич *m*
backte *prät von* **backen**
Backup *nt* <-s, -s> (DV: *Sicherungskopie*) запасная копия *f*
Backwerk *nt* <gen: -(e)s> печенье *nt*
Bad *nt* <-(e)s, Bäder> 1. (*in Wanne*) ванна *f*; 2. (*Badezimmer*) ванная *f*; 3. (*Schwimmbad*) бассейн *m*; **ein ~ nehmen** принимать ванну
Badeanstalt *f* <-, -en> открытый бассейн *m*
Badeanzug *m* <-(e)s, -anzüge> купальник *m*, купальный костюм *m*
Badehose *f* <-, -n> плавки *mpl*
Badekappe *f* <-, -n> купальная шапочка *f*
Badekur *f* <-, -en> лечение *nt* водами
Bademantel *m* <-s, -mäntel> купальный халат *m*
Bademeister, -in *m/f* <-s, -> дежурный, -ная *m/f* по пляжу
Bademütze *f* <-, -n> купальная шапочка *f*
baden I. *vi* 1. купаться, вы- *pf*; 2. (*in Wanne*) принимать, -нять *pf* ванну; II. *vt* купать, вы- *pf*; **~ gehen** (*umg*) остаться ни с чем
Baden *nt* <gen: -s> Баден *m*
Badenixe *f* <-, -n> (*umg*) купальщица *f*
Baden-Württemberg *nt* <gen: -s> Баден-Вюртемберг *m*
Badeofen *m* <-s, -öfen> водогрейная колонка *f*
Badeort *m* <-(e)s, -e> курорт *m*
Badeschuhe *pl* <gen: -> тапочки *pl*
Badetuch *nt* <-(e)s, -tücher> купальное полотенце *nt*
Badewanne *f* <-, -n> ванна *f*
Badezimmer *nt* <-s, -> ванная *f*
badisch *adj* баденский
Badminton *nt* <gen: -s> бадминтон
Badmintonschläger *m* <-s, -> ракетка *f* для бадминтона
baff *adj*: **~ sein** (*umg*) быть ошарашенным
BAföG *akr von* **Bundesausbildungsförderungsgesetz** *nt* федеральный закон о поощрении обучения
Bagatelle *f* <-, -n> мелочь *f*, пустяк *m*
Bagatellschaden *m* <-s, -schäden> незначительное повреждение *nt*
Bagdad *nt* <gen: -s> Багдад *m*
Bagger *m* <-s, -> экскаватор *m*
baggern *vi* выкопать *pf*, -капывать *impf* экскаватором, копать, вы- *pf*
Baggersee *m* <-s, -n> искусственное озеро *nt*
Baguette *f* <-, -n> французский белый батон *m*
Bahamas *pl* <gen: -> Багамские Острова *pl*
Bahn *f* <-, -en> 1. (*Weg*) дорога *f*, путь *m*; 2. (*Zug*) поезд *m*; 3. (*Straßenbahn*) трамвай *m*; 4. (*Bundesbahn*) железнодорожное ведомство *nt*; 5. (*Kegelbahn*) кегельбан *m*; 6. (*Stoffbahn*) полотнище *nt*, полотно *nt*; **freie ~ haben** иметь „зелёную улицу"; **auf die schiefe ~ geraten** пойти по наклонной плоскости
Bahnanlagen *pl* <gen: -> сооружения *ntpl* и устройства *ntpl* железных дорог
Bahnbeamte(r), -beamtin *m/f* <-n, -n> железнодорожный служащий, -щая *m/f*
bahnbrechend *adj* новаторский, открывающий новые пути
Bahncard *f* <-, -s> своего рода удостоверение личности в форме пластиковой карточки, дающее право на приобретение удешевлённых железнодорожных билетов
Bahndamm *m* <-(e)s, -dämme> железнодорожная насыпь *f*
bahnen *vt*: **sich einen Weg ~** проделывать себе дорогу
Bahnfahrt *f* <-, -en> поездка *f* на поезде
Bahnhof *m* <-(e)s, -höfe> железнодорожный вокзал *m*
Bahnhofsbuchhandlung *f* <-, -en> привокзальный книжный магазин *m*
Bahnhofsmission *f* <gen: -> железнодорожная (христианская)

ми́ссия *f*
Bahnhofswirtschaft *f* <-, -en> вокза́льный рестора́н *m*
Bahnlinie *f* <-, -n> железнодоро́жная ли́ния *f*
Bahnpolizei *f* <gen: -> железнодоро́жная поли́ция *f*
Bahnrennen *nt* <-s, -> (SPORT: *Radsport*) го́нки *pl* на тре́ке
Bahnsteig *m* <-(e)s, -e> перро́н *m*
Bahnstrecke *f* <-n, -n> ли́ния *f*
Bahntransport *m* <-(e)s, -e> перево́зка *f* по желе́зной доро́ге
Bahnüberführung *f* <-, -en> путепрово́д *m* над желе́зной доро́гой
Bahnübergang *m* <-(e)s, -gänge> железнодоро́жный перее́зд *m*
Bahnunterführung *f* <-, -en> путепрово́д *m* под желе́зной доро́гой
Bahnverbindung *f* <-, -en> железнодоро́жное сообще́ние *nt*
Bahre *f* <-, -n> носи́лки *fpl*
Baikalsee *m* <gen: -s> Байка́л
Baikonur Байкону́р
Baisse *f* <gen: -> (BÖRSE) паде́ние *nt* биржевы́х ку́рсов
Baissier *m* <-s, -s> (BÖRSE) биржево́й спекуля́нт *m*, игра́ющий на пониже́ние, „медве́дь" *m*
Bakterie *f* <-, -n> бакте́рия *f*
bakteriell *adj* бактериа́льный
Bakterienkultur *f* <-, -en> культу́ра *f* бакте́рий
Bakteriologe, Bakteriologin *m/f* <-n, -n> бактерио́лог *m*
Bakterizid *nt* <-s, -e> бактерици́д *m*
Balalaika *f* <gen: -> балала́йка *f*
Balance *f* <-, n> равнове́сие *nt*; **die ~ halten** держа́ть равнове́сие
balancieren I. *vi* баланси́ровать, сбаланси́ровать *pf*; II. *vt* уде́рживать, -жа́ть *pf* в равнове́сии
bald *adv* 1. ско́ро, вско́ре; **~ wird es dunkel** ско́ро стемне́ет; 2. (*beinahe*) чуть не; **bis ~!** до ско́рого!
baldig *adj* ско́рый
baldmöglichst *adj* как мо́жно скоре́е
Baldrian *m* <gen: -s> валериа́на *f*
Balearen *pl* <gen: -> Балеа́рские острова́ *pl*
balgen *vr* боро́ться, по- *pf*
Balkan *m* <gen: -s> Балка́ны *fpl*
Balkankrise *f* <-, -n> кри́зис *m* на Балка́нах, балка́нский кри́зис *m*
Balkanstaaten *pl* госуда́рства *ntpl* Балка́нского полуо́строва, балка́нские госуда́рства *ntpl*
Balken *m* <-s, -> ба́лка *f*, бревно́ *nt*
Balkendecke *f* <-, -n> ба́лочное перекры́тие *nt*
Balkon *m* <-s, -e> балко́н *m*
Balkonpflanze *f* <-, -n> балко́нное расте́ние *nt*

Ball *m* <-(e)s, Bälle> 1. (*für Ballspiel*) мяч *m*; 2. (*Tanzveranstaltung*) бал *m*; **am ~ bleiben** продолжа́ть пресле́довать свою́ цель
Ballade *f* <-, -n> балла́да *f*
Ballast *m* <-(e)s, -e> 1. балла́ст *m*; 2. (*fig*) бре́мя *nt*; **~ abwerfen** сбро́сить бре́мя
Ballaststoffe *pl* <gen: -> балла́стные вещества́ *pl*
ballen I. *vt*: **die Faust ~** сжима́ть кула́к; II. *vr* сжима́ться, сжа́ться *pf* в ком
Ballen *m* <-s, -> 1. (*der Hand*) мя́коть *f* ладо́ни; 2. (*von Heu*) тюк *m*; 3. (*von Stoff*) руло́н *m*
Ballett *nt* <-(e)s, -e> бале́т *m*
Ballettkorps *nt* <-s, -s> бале́тная тру́ппа *f*
Ballettmusik *f* <gen: -> бале́тная му́зыка *f*
Ballettschule *f* <gen: -> бале́тная шко́ла *f*
Balletttänzer, Ballett-Tänzer, -in *m/f* <-s, -> арти́ст, -ка *m/f* бале́та, танцо́вщик, -щица *m/f*, балери́на *f*
Ballistik *f* <gen: -> балли́стика *f*
ballistisch *adj* балисти́ческий
Balljunge *m* <-n, -n> (*Tennis*) *ма́льчик, подаю́щий мяч*
Ballon *m* <-s, -e> 1. (*Heißluftballon*) возду́шный шар *m*; 2. (*Glasflasche*) балло́н *m*, буты́ль *f*
Ballonfahrt *f* <-, -en> полёт *m* на возду́шном ша́ре
Ballsaal *m* <gen: -(e)s> ба́льный зал *m*
Ballspiel *nt* <-(e)s, -e> игра́ *f* с мячо́м
Ballung *f* <-, -en> концентра́ция *f*
Ballungsraum *m* <-(e)s, -räume> райо́н *m* высо́кой пло́тности населе́ния
Balsaholz *nt* <gen: -es> ба́льзовое де́рево
Balsam *m* <-s, -e> бальза́м *m*
balsamieren *vt* бальзами́ровать
balsamisch *adj* ласка́ющий
Balte, Baltin *m/f* <-n, -n> жи́тель, -ница *m/f* Приба́лтики
Baltikum *nt* <gen: -s> Приба́лтика *f*
baltisch *adj* прибалти́йский
Balustrade *f* <-, -n> балюстра́да *f*
Bambus *m* <-ses, -se> бамбу́к *m*
Bambusrohr *nt* <-(e)s, -e> ствол *m* бамбу́ка
banal *adj* бана́льный
Banalität *f* <-, -en> 1. бана́льность *f*; 2. (*Abgeschmacktheit*) по́шлость *f*
Banane *f* <-, -n> бана́н *m*
Bananenpflanzung *f* <-, -en> 1. поса́дка *f* бана́нов; 2. (*Plantage*) (небольша́я) бана́новая планта́ция *f*
Bananenplantage *f* <-, -n> бана́новая планта́ция *f*
Bananenstecker *m* <-s, -> (EL) штéпсель *m* с пружи́нящим конта́ктом
Banause *m* <-n, -n> (*pej*) неве́жда *mf*

band *prät von* **binden**

Band[1] *nt* <-(e)s, Bänder> 1. (*aus Stoff*) ле́нта *f*; 2. (*Tonband*) магнитофо́нная плёнка *f*; 3. (*Fließband*) конве́йер *m*; 4. (*Gelenkband*) свя́зка *f*; **am laufenden ~** непреры́вно; **etw auf ~ sprechen** записа́ть что-л. на плёнку

Band[2] *m* <-(e)s, Bände> (*Buch*) том *m*

Bandage *f* <-, -n> банда́ж *m*

bandagieren *vt* ту́го забинто́вывать, -това́ть *pf*

Bandbreite *f* <-, -n> (DV) ширина́ диапазо́на *f*

Bande[1] *f* <-, -n> 1. (*von Jugendlichen*) вата́га *f*; 2. (*Verbrecherbande*) ба́нда *f*

Bande[2] *f* <-, -n> (*Einfassung*) борт *m*

bändigen *vt* 1. (*Tier*) усмиря́ть, -ри́ть *pf*, укроща́ть, -роти́ть *pf*; 2. (*fig*) обу́здывать, -да́ть *pf*

Bandit *m* <-en, -en> банди́т *m*

Bandlaufwerk *nt* <-(e)s, -e> (DV) лентопротя́гивающий механи́зм *m*

Bandscheibe *f* <-, -n> межпозвоно́чный диск *m*

Bandstahl *m* <*gen:* -s> (TECH) полосова́я сталь *f*

Bandwurm *m* <-(e)s, -würmer> солитёр *m*

bange *adj* 1. (*ängstlich*) боязли́вый; **ihm wurde (angst und) ~** ему́ ста́ло стра́шно; 2. (*besorgt*) трево́жный, беспоко́йный; **~ Ruhe erfüllte das Zimmer** трево́жная тишина́ запо́лнила ко́мнату

bangen *vi*: **um jdn/etw ~** трево́житься о ко́м-л./чём-л.

Bangladesch *nt* <*gen:* -> Бангладе́ш *m*

Banjo *nt* <-s, -s> ба́нджо *nt*

Bank[1] *f* <-, Bänke> 1. (*Sitzbank*) скамья́ *f*, ла́вка *f*; 2. (*Sandbank*) песча́ная коса́ *f*, о́тмель *f*; **etw auf die lange ~ schieben** (*umg*) откла́дывать что-л. в до́лгий я́щик

Bank[2] *f* <-, -en> (*Geldinstitut*) банк *m*; **Geld auf der ~ haben** име́ть де́ньги в ба́нке; **Geld durch eine ~ überweisen** переводи́ть де́ньги че́рез банк; **ein Konto bei der ~ haben** име́ть счёт в ба́нке

Bankakzept *nt* <-(e)s, -e> ба́нковский акце́пт *m*

Bankangestellte(r) *mf* <-n, -n> ба́нковский слу́жащий, -кая -щая *m/f*

Bankanleihe *f* <-, -n> облига́ция *f* ба́нка

Bankanweisung *f* <-, -en> ба́нковский перево́д *m*

Bankauskunft *f* <-, -auskünfte> информа́ция *f* ба́нка

Bankausweis *m* <-es, -e> отчёт *m* ба́нка

Bankauszug *m* <-(e)s, -auszüge> вы́писка *f* из счёта

Bankbeamte(r) *mf* <-n, -n> ба́нковский чино́вник, -кая -ница *m/f*

Bankbürgschaft <-, -en> ба́нковская гара́нтия *f*, ба́нковское поручи́тельство *nt*

Bankeinlage *f* <-, -n> депози́т *m*

Bankenaufsicht *f* <-, -en> госуда́рственный ба́нковский контро́ль *m*

Bankenclearing *nt* <-s, -s> ба́нковский кли́ринг *m*

Bankenfusion *f* <-, -en> слия́ние *nt* ба́нков

Bankenkonsortium *nt* <-s, -konsortien> консо́рциум *m* ба́нков

Bankenliquidität *f* <*gen:* -> ликви́дность *f* ба́нков

Bankenprüfer, -in *m/f* <-s, -> ба́нковский ревизо́р *m*

Bankensystem *nt* <-s, -e> ба́нковская систе́ма *f*

Bankett *nt* <-(e)s, -e> (*geh: Festessen*) банке́т *m*

bankfähig *adj* учи́тываемый ба́нком

Bankfiliale *f* <-, -n> филиа́л *m* ба́нка

Bankgarantie *f* <-, -en> ба́нковская гара́нтия *f*

Bankgeheimnis *nt* <*gen:* -ses> ба́нковская та́йна *f*

Bankgeschäfte *pl* <*gen:* -> ба́нковские опера́ции *pl*

Bankguthaben *nt* <-s, -> ба́нковские акти́вы *mpl*

Bankgutschrift *f* <-, -en> за́пись *f* в креди́т ба́нковского счёта

Bankhaftung *f* <-, -en> ба́нковская гара́нтия *f*

Bankier *m* <-s, -s> банки́р *m*

Banking *m* <*gen:* -s> ба́нковские опера́ции *pl*

Bankkonto *nt* <-s, -konten> ба́нковский счёт *m*

Bankkredit *m* <-s, -e> ба́нковский креди́т *m*

Bankleitzahl *f* <-, -en> код *m* ба́нка

Banknote *f* <-, -n> банкно́та *f*

Banknotenausgabe *f* <-, -n> банкно́тная эми́ссия *f*

Banknotendeckung *f* <-, -n> покры́тие *nt* банкно́т, обеспе́чение *nt* банкно́т

Bankobligation *f* <-, -en> облига́ция *f* ба́нка

Bankomat *m* <-en, -en> банкома́т *m*; **Geld vom ~ holen** получа́ть де́ньги из банкома́та

Bankpleite *f* <-, -n> банкро́тство *nt* ба́нка

Bankprovision *f* <-, -en> прови́зия *f*, ба́нковские комиссио́нные *pl*

Bankrate *f* <-, -n> учётный ба́нковский проце́нт *m*

Bankraub *m* <-(e)s, -e> ограбле́ние *nt* ба́нка

bankrott *adj* обанкро́тившийся, неплатёжеспосо́бный

Bankrott *m* <-(e)s, -e> банкро́тство *nt*; **~**

machen/gehen обанкро́титься
Bankschalter *m* <-s, -> око́шечко *nt* в ба́нке для обслу́живания посети́телей
Bankscheck *m* <-s, -s> ба́нковский чек *m*
Bankschließfach *nt* <-(e)s, -fächer> (абонеме́нтный) сейф *m* ба́нка
Bankspesen *pl* сбо́ры *pl* по ба́нковским опера́циям
Banküberfall *m* <-(e)s, -fälle> нападе́ние *nt* на банк
Banküberweisung *f* <-, -en> ба́нковский перево́д *m*, ба́нковское перечисле́ние *nt*
Bankverbindung *f* <-, -en> расчётный счёт *m* в ба́нке
Bankverkehr *m* <*gen:* -s> ба́нковские опера́ции *fpl*
Bankwesen *nt* <*gen:* -s> ба́нковское де́ло *nt*
Bann : jdn in seinen ~ schlagen увле́чь кого́-л.; (ganz) im ~ von etw stehen по́лностью находи́ться под влия́нием чего́-л.
Banner *nt* <-s, -> (*Flagge*) зна́мя *nt*, флаг *m*
Bannfluch *m* <-(e)s, -flüche> ана́фема
Bannwald *m* <-(e)s, -wälder> (*österr: Schutzwald gegen Lawinen*) противолави́нный лес *m*
bar *adj* 1. (*Geld*) нали́чный; ~es Geld нали́чные (де́ньги) 2. (*nackt*) го́лый, непокры́тый; in ~ нали́чными; ~er Unsinn соверше́нная бессмы́слица; ~ jeglichen Sachverstands соверше́нно некомпете́нтный
Bar *f* <-, -s> 1. (*Theke*) сто́йка *f* ба́ра; 2. (*Lokal*) бар *m*
Bär *m* <-en, -en> медве́дь *m*; jdm einen ~ aufbinden (*umg*) ве́шать кому́-л. лапшу́ на́ уши
Baracke *f* <-, -n> бара́к *m*
Barakkreditiv *nt* <-s, -e> де́нежный [о чи́стый] аккредити́в *m*
Barbarei *f* <*gen:* -> ва́рварство *nt*, неве́жество *nt*
barbarisch *adj* ва́рварский, неве́жественный
bärbeißig *adj* серди́тый
Barbestand *m* <-(e)s, -bestände> нали́чность *f*
Barbiturat *nt* <-(e)s, -e> барбитура́т *m*
Bareinlage *f* <-, -n> вклад *m* нали́чными, де́нежный вклад *m*
Barentssee *f* Ба́ренцево мо́ре *nt*
Barett *nt* <-(e)s, -e> бере́т *m*
barfuß *adj* босо́й; ~ gehen идти́ босико́м
barg *prät von* **bergen**
Bargeld *nt* <*gen:* -(e)s> нали́чные *fpl*
bargeldlos *adj* безнали́чный; ~ zahlen плати́ть по безнали́чному расчёту
Bargeschäft *nt* <-(e)s, -e> сде́лка *f* за нали́чный расчёт

Barhocker *m* <-s, -> высо́кий табуре́т *m*
bärig *adj* 1. (*stark*) си́льный, здоро́вый; 2. (*großartig*) замеча́тельный
Bärin *f* <*gen:* -> медве́дица *f*
Bariton *m* <-s, -e> барито́н *m*
Barkauf *m* <-(e)s, -käufe> поку́пка *f* за нали́чные
Barkeeper *m* <-s, -> барме́н *m*
barmherzig *adj* милосе́рдный
Barmherzigkeit *f* <*gen:* -> милосе́рдие *nt*, сострада́ние *nt*
barock *adj* 1. в сти́ле баро́кко; 2. (*umg: üppig*) пы́шный, бу́йный
Barock *nt* <*gen:* -s> баро́кко *nt*
Barockkirche *f* <-, -n> це́рковь *f* в сти́ле баро́кко
Barockmusik *f* <*gen:* -> му́зыка *f* в сти́ле баро́кко
Barren *m* <-s, -> 1. (*Goldbarren*) сли́ток *m*; 2. (SPORT: *Stufenbarren*) паралле́льные бру́сья *pl*
Barreserve *f* <-, -n> запа́с *m* нали́чных средств
Barriere *f* <-, -n> 1. (*Absperrung*) загражде́ние *nt*; 2. (*Hindernis*) барье́р *m*
Barrikade *f* <-, -n> баррика́да *f*; für etw auf die ~n gehen (*umg*) выступа́ть про́тив чего́-л.
barsch *adj* гру́бый, ре́зкий
Barsch *m* <-(e)s, -e> о́кунь *m*
Barscheck *m* <-s, -s> чек *m* на опла́ту нали́чными, ка́ссовый чек *m*
barst *prät von* **bersten**
Bart *m* <-(e)s, Bärte> 1. борода́ *f*; er lässt sich jetzt einen ~ wachsen он сейча́с отпуска́ет себе́ бо́роду; 2. (*des Schlüssels*) боро́дка *f*
Bartergeschäft *nt* <-(e)s, -e> ба́ртерная опера́ция *f*
Barterhandel *m* <*gen:* -s> (ÖKON) ба́ртер *m*
bärtig *adj* борода́тый
Barvermögen *nt* <-s, -> (де́нежная) нали́чность *f*
Barwert *m* <-(e)s, -e> действи́тельная [о факти́ческая] сто́имость *f*
Barzahlung *f* <-, -en> опла́та *f* нали́чными
Basar *m* <-s, -e> ры́нок *m*, база́р *m*
Base *f* <-, -n> (*Kusine*) кузи́на *f*, двою́родная сестра́ *f*
basieren *vi* осно́ва́ться *pf*, осно́вываться *impf* (auf+*dat* на +*präpos*), бази́роваться *impf*
Basilika *f* <-, Basiliken> бази́лика *f*
Basilikum *nt* базили́к *m*
Basis *f* <-, Basen> 1. ба́зис *m*, осно́ва *f*; 2. (POL) ма́ссы *fpl*; **materielle und ökonomische ~** материа́льный и экономи́ческий ба́зис; **auf vertraglicher ~** на догово́рной осно́ве
Basismodell *nt* <-s, -e> ба́зовая моде́ль

f
Basiswissen *nt* <*gen:* -s> основно́е зна́ние *nt*
Baske, Baskin *m/f* <-n, -n> баск, -о́нка *m/f*
Basketball *m* <-(e)s, -bälle> **1.** (*Spiel*) баскетбо́л *m*; **2.** (*Ball*) баскетбо́льный мяч *m*
Basketballer, -in *m/f* <-s, -> баскетболи́ст, -ка *m/f*
baskisch *adj* ба́скский
Bass *m* <-es, Bässe> бас *m*
Bassgitarre *f* <-, -n> гита́ра-бас *m*
Bassin *nt* <-s, -s> бассе́йн *m*, резервуа́р *m*
Bassist, -in *m/f* <-en, -en> контрабаси́ст *m*
Bassschlüssel *m* <-s, -> басо́вый ключ *m*
Bast *m* <-(e)s, -e> лы́ко *nt*
basta *interj* ба́ста; **und damit ~!** и ко́нчено на э́том!
basteln *vt* мастери́ть, смастери́ть *pf*
Bastler, -in *m/f* <-s, -> люби́тель, -ница *m/f* мастери́ть
Bastmatte *f* <-, -n> цино́вка *f*
bat *prät von* **bitten**
Bataillon *nt* <-s, -e> батальо́н *m*
Batchverarbeitung *f* <*gen:* -> (DV) паке́тная обрабо́тка *f*
Batik *f* <-, -en> ба́тик *m*
batiken *vt* печа́тать, на- *pf* ба́тик
Batterie *f* <-, -n> батаре́я *f*
Bau *m* <-(e)s, -ten> **1.** (*das Bauen*) строи́тельство *nt*; **2.** (*Gebäude*) постро́йка *f*, сооруже́ние *nt*; **3.** (*Aufbau*) построе́ние *nt*, структу́ра *f*; **4.** (*Baustelle*) стройплоща́дка *f*; **5.** (*Tierbehausung*) нора́ *f*; **im ~ sein** стро́иться
Bauarbeiten *pl* <*gen:* -> строи́тельные рабо́ты *pl*
Bauarbeiter *m* <-s, -> строи́тель *m*, строи́тельный рабо́чий *m*
Bauart *f* <-, -en> архитекту́рный стиль *m*
Bauaufsicht *f* инспе́кция *f* строи́тельного надзо́ра
Baubaracke *f* <-, -n> строи́тельный бара́к *m*, бара́к *m* для рабо́чих-строи́телей
Baubeginn *m* <*gen:* -(e)s> нача́ло *nt* строи́тельных рабо́т [*о* строи́тельства]
Baubehörde *f* <-, -n> строи́тельное ве́домство *nt*
Bauboom *m* <-s, -> строи́тельный бум *m*
Bauch *m* <-(e)s, Bäuche> живо́т *m*; **einen ~ haben** (*dick sein*) име́ть брюшко́
Bauchfell *nt* <-(e)s, -e> (ANAT) брюши́на *f*
bauchig *adj* пуза́тый, вы́пуклый
bäuchlings *adv* на животе́, живото́м
Bauchnabel *m* <-s, -> пуп *m*, пупо́к *m*
Bauchredner, -in *m/f* <-s, -> чревовеща́тель, -ница *m/f*
Bauchschmerz *m* <-es, -en> боль *f* в животе́
Bauchspeicheldrüse *f* <-, -n> поджелу́дочная железа́ *f*
Bauchspeicheldrüsenkrebs рак *m* поджелу́дочной железы́
Bauchtanz *m* <-es, -tänze> та́нец *m* живота́
Bauchweh *nt* <*gen:* -s> (*umg*) резь *f* в животе́, боль *f* в животе́
Baud *nt* <-, -s> (TECH, DV) бод *m*
Baudezernent, -in *m/f* <-en, -en> заве́дующий *m* строи́тельством
bauen *vt* **1.** стро́ить, по- *pf*; **2.** (*konstruieren*) конструи́ровать, сконструи́ровать *pf*; **auf jdn/etw ~** возлага́ть наде́жды на кого́-л./что́-л.
Bauer *m* <-n, -n> **1.** (*Landwirt*) крестья́нин *m*; **2.** (*Schachfigur*) пе́шка *f*
Bäuerin *f* <-, -nen> крестья́нка *f*
bäuerlich *adj* крестья́нский, се́льский
Bauernbub *m* <-en, -en> (*österr: Bauernjunge*) деревéнский ма́льчик *m*
Bauernfang *m* <*gen:* -(e)s>: **auf ~ ausgehen** (*umg*) рассчи́тывать на простако́в
Bauernhaus *nt* <-es, -häuser> крестья́нский дом *m*
Bauernhof *m* <-(e)s, -höfe> крестья́нская уса́дьба *f*, фе́рма *f*
Bauernkrieg *m* <-(e)s, -e> крестья́нская война́ *f*
Bauernmöbel *pl* крестья́нская ме́бель *f*
Bauernpartei *f* <*gen:* -> крестья́нская па́ртия *f*
Bauernregel *f* <-, -n> наро́дная приме́та *f*
Bauernverband *m* <-(e)s, -verbände> крестья́нское объедине́ние *nt*
baufällig *adj* ве́тхий
Baufirma *f* <-, -firmen> строи́тельная фи́рма *f*
Baugelände *nt* <*gen:* -s> террито́рия *f* стро́йки
Baugenehmigung *f* <-, -en> разреше́ние *nt* на строи́тельство
Baugenossenschaft *f* <-, -en> жили́щно-строи́тельный кооперати́в *m*
Baugewerbe *nt* <*gen:* -s> строи́тельное де́ло *nt*
Bauherr, -in *m/f* <-en, -en> зака́зчик *m* строи́тельных рабо́т, застро́йщик *m*
Bauimperium *nt* <*gen:* -s> (*umg*) строи́тельная импе́рия *f*
Bauingenieur, -in *m/f* <-s, -e> инжене́р-строи́тель *m*
Baujahr *nt* <-(e)s, -e> год *m* постро́йки
Baukasten *m* <-s, -kästen> коро́бка *f* с ку́биками
Bauklötzchen *nt* <-s, -> строи́тельный ку́бик *m*
Baukonjunktur *f* <*gen:* -> строи́тельная конъюнкту́ра *f*

Baukonzern *m* <-s, -e> строительный концерн *m*
Baukran *m* <-(e)s, -kräne> грузоподъёмный кран *m*
Bauland *nt* <gen: -(e)s> строительный участок *m*
baulich *adj* строительный
Baum *m* <-(e)s, Bäume> дерево *nt*; **auf einen ~ klettern** лезть на дерево
Baumaschine *f* <-, -n> строительная машина *f*
Baumaßnahme *f* <-, -en> строительная мера *f*
baumbestanden *adj* засаженный [*o* заросший] деревьями
Baumeister, -in *m/f* <-s, -> мастер *m* строительного дела
baumeln *vi* болтаться *impf*
bäumen *vr* (*Pferd*) становиться, стать *pf* на дыбы
Baumgrenze *f* <gen: -> граница *f* лесов
Baumschule *f* <-, -n> древесный питомник *m*
Baumstamm *m* <-(e)s, -stämme> ствол *m* дерева
Baumsterben *nt* <gen: -s> гибель *f* лесов
Baumstruktur *f* <-, -en> (DV, LING) древовидная структура *f*
Baumstumpf *m* <-(e)s, -stümpfe> пень *m*
Baumwolle *f* <gen: -> хлопок *m*
Baumwollernte *f* <-, -n> сбор хлопка *m*, уборка хлопка *f*
Baumwollpflanzung *f* <-, -en> посадка хлопка *f*
Baumwollspinnerei *f* <-, -en> хлопкопрядильная фабрика *f*
Baumwollstoff *m* <-(e)s, -e> хлопчатобумажная ткань *m*
Bauplan *m* <-(e)s, -pläne> план *m* строительства
Bauplanung *f* <-, -en> строительное планирование *nt*
Bauplatz *m* <-es, -plätze> строительная площадка *f*, стройплощадка *f*
Bauprojekt *nt* <-(e)s, -e> строительный проект *m*
Baureihe *f* <-, -n> (TECH) конструктивный ряд *m*
Bausch *m* <-(e)s, Bäusche> (*von Watte*) тампон *m*; **in ~ und Bogen** всё скопом
Bauschäden *pl* <gen: -> строительные дефекты *mpl*
Bausenator *m* <-s, -en> сенатор *m* по делам строительства и архитектуры
Bauspardarlehen *nt* <-s, -> ссуда для индивидуального жилищного строительства, выдаваемая специальным кредитным учреждением
Bausparkasse *f* <-, -n> кредитное учреждение, выдающее ссуды на индивидуальное строительство

Bausparvertrag *m* <-(e)s, -verträge> договор с банком на накопление средств на жилищное строительство
Bauspekulant *m* <-en, -en> строительный спекулянт *m*
Baustein *m* <-(e)s, -e> 1. (*für Hausbau*) строительный камень *m*; 2. (*fig*) компонент *m*
Baustelle *f* <-, -n> стройка *f*
Baustraße *f* <-, -n> дорога *f* на строительной площадке
Bauteil *nt* <-(e)s, -e> строительная деталь *f*
Bautrupp *m* <-s, -s> стоительный отряд *m*
Bauunternehmer, -in *m/f* <-s, -> строительный подрядчик *m*
Bauverbot *nt* <-(e)s, -e> запрет *m* на строительство
Bauweise *f* <gen: -> метод *m* строительства
Bauwerk *nt* <-(e)s, -e> архитектурное сооружение *nt*
Bauxit *nt* (GEOL) боксит *m*
Bauzaun *m* <-(e)s, -zäune> забор *m* вокруг строительной площадки
bay(e)risch *adj* баварский
Bayer, -in *m/f* <-n, -n> баварец, -варка *m/f*
Bayern *nt* <gen: -s> Бавария *f*
bayrisch *adj* баварский
Bazillus *m* <-, -en> бацилла *f*
B-Dur *nt* <gen: -s> (MUS) си-бемоль мажор *m*
beabsichtigen *vt*: ~ , etw zu tun намереваться что-л. сделать
beachten *vt* 1. (*Person*) обращать, -тить *pf* внимание; 2. (*Vorschrift*) соблюдать, -блюсти *pf*
beachtenswert *adj* заслуживающий внимания
beachtlich *adj* 1. (*groß*) большой; 2. (*wichtig*) значительный
Beachtung *f* <gen: -> внимание *nt*; **jdm/einer Sache (keine) ~ schenken** (не) уделять кому-л./чему-л. внимание
Beachvolleyball *nt* <gen: -s> пляжный волейбол *m*
Beamte(r), Beamtin *m/f* <-n, -n> государственный служащий, -ная -щая *m/f*, должностное лицо *nt*
Beamtenapparat *m* <-(e)s, -e> чиновничий аппарат *m*
Beamtendeutsch *nt* <gen: -> (*pej*) канцелярский немецкий язык *m*
beängstigend *adj* тревожный, пугающий
beanspruchen *vt* 1. (*fordern*) требовать, по- *pf*; 2. (*Aufmerksamkeit*) претендовать *impf*; 3. (*Reifen*) нагружать, -грузить *pf*
beanstanden *vt* критиковать *impf*, считать, по- *pf* неприемлемым

Beanstandung *f* <-, -en> рекламация *f*, жалоба *f*

beantragen *vt* подавать, -дать *pf* заявление, ходатайствовать *impf*

beantworten *vt* (*Frage, Brief*) отвечать, -ветить *pf*

Bear market *m* <-s, -s> (BÖRSE) биржа *f* с тенденцией курса на понижение

bearbeiten *vt* 1. (*Material, Antrag*) обрабатывать, -ботать *pf*; 2. (*Thema*) разрабатывать, -ботать *pf*; 3. (*umg: Person*) обрабатывать, -ботать *pf*

Bearbeitung *f* <-, -en> 1. (*von Material*) обработка *f*; 2. (*eines Antrags*) обработка *f*; 3. (*eines Themas*) разработка *f*; 4. (*Fassung*) редакция *f*

Bearbeitungsgebühr *f* <-, -en> плата *f* за обработку *m*

beatmen *vt* делать, сделать *pf* искусственное дыхание

Beatmungsgerät *nt* <-(e)s, -e> прибор *m* для искусственного дыхания

Beaufortskala *f* <*gen:* -> шкала *f* для измерения силы ветра

beaufsichtigen *vt* 1. (*Arbeiten*) контролировать, про- *pf*; 2. (*Kinder*) присматривать, -смотреть *pf*

beauftragen *vt* поручать, -чить *pf*

Beauftragte(r) *mf* <-n, -n> доверенный *m*

bebauen *vt* 1. застраивать, -строить *pf*; 2. (*Acker*) обрабатывать, -ботать *pf*

beben *vi* 1. дрожать *impf*; 2. (*Erde*) сотрясаться, -стись *pf*

Beben *nt* <-s, -> 1. (*Vibrieren*) дрожание *nt*; 2. (*Erdbeben*) землетрясение *nt*

bebildern *vt* иллюстрировать *impf/pf*

Becher *m* <-s, -> стакан *m*, стаканчик *m*

Bechterewsche Krankheit *f* <*gen:* -> болезнь *f* Бехтерева

Becken *nt* <-s, -> 1. раковина *f*; 2. (ANAT) таз *m*; 3. (MUS) тарелки *fpl*

bedacht *adj* обдуманный, осмотрительный; **auf etw ~ sein** очень заботиться о чём-л.

bedächtig *adj* осмотрительный, осторожный

bedanken *vr* благодарить, по- *pf*; **sich für etw ~** выражать благодарность за что-л.

Bedarf *m* <*gen:* -(e)s> (*Nachfrage*) спрос; **voraussichtlicher ~** ожидаемый спрос; **Güter des gehobenen ~s** товары повышенного спроса; **Güter des täglichen ~s** товары повседневного спроса; **den ~ wecken** стимулировать спрос [*o* потребность]; **bei ~** в случае необходимости; **nach ~** по мере надобности; **den ~ an etw decken** удовлетворить потребность в чём-л.

Bedarfsartikel *m* <-s, -> изделие *nt* повседневного спроса

Bedarfsdeckung *f* <-, -en> удовлетворение потребностей *m*

bedarfsgerecht *adj* отвечающий спросу

bedauerlich *adj* достойный сожаления, прискорбный

bedauern *vt* 1. сожалеть *impf*; 2. (*Person*) жалеть, по- *pf*; **ich bedaure** я сожалею

Bedauern *nt* <*gen:* -s> сожаление *nt*

bedauernswert *adj* 1. (*Mensch*) достойный сожаления; 2. (*Zustand*) досадный

bedecken *vt* покрывать, -крыть *pf*

bedeckt *adj* (*Himmel*) пасмурный

Bedeckung *f* <-, -en> покрытие *nt*

bedenken *irr vt* обдумывать, -думать *pf*; **das habe ich nicht bedacht** об этом я не подумал

Bedenken *nt* <-s, -> 1. (*Zweifel*) сомнение *nt*; 2. (*Nachdenken*) обдумывание *nt*, размышление *nt*; **ohne ~** не раздумывая

bedenkenlos *adj* 1. бесцеремонный, безудержный; 2. (*ohne Bedenken*) без сомнения

bedenklich *adj* сомнительный

Bedenkzeit *f* <*gen:* -> время *nt* на обдумывание; **jdm ~ gewähren** [*o* **geben**] давать кому-л. время на обдумывание

bedeuten *vt* 1. (*besagen*) означать *impf*; **was hat das zu ~?** что это значит?; 2. (*wichtig sein*) быть *impf* важным; **das bedeutet mir viel** это для меня очень важно

bedeutend *adj* 1. (*wichtig*) важный, значительный; 2. (*zur Steigerung*) гораздо, значительно; **ihr geht es schon ~ besser** она чувствует себя гораздо лучше

Bedeutung *f* <-, -en> 1. (*Sinn*) значение *nt*, смысл *m*; 2. (*Wichtigkeit*) значение *nt*, важность *f*; **das ist von großer ~ für mich** для меня это очень важно

bedeutungslos *adj* (*unwichtig*) незначительный, неважный

Bedeutungsumfang *m* <-(e)s, -umfänge> (*eines Wortes*) значение *nt*

bedeutungsvoll *adj* 1. (*vielsagend*) многозначительный; 2. (*folgenschwer*) знаменательный

bedienen I. *vt* 1. (*Maschine*) управлять *impf*; 2. (*Kunden*) обслуживать, -жить *pf*; 3. (*bei Tisch*) обслуживать, -жить *pf*, прислуживать, -жить *pf*; **bedient sein** (*umg*) быть сытым по горло; II. *vr* (*bei Tisch*) угощаться, угоститься *pf*

Bedienerin *f* <-, -nen> (*österr: Aufwartefrau*) приходящая домашняя работница *f*

bedienstet *adj* (*österr: angestellt*) состоящий на службе

Bedienung *f* <-, -en> 1. (*das Bedienen*) обслуживание *nt*; 2. (*Kellner(in)*) официант, -ка *m/f*

Bedienungsanleitung *f* <-, -en>

руково́дство *nt* по эксплуата́ции
Bedienungshebel *m* <-s, -> рукоя́тка *f*
bedingen *vt* 1. (*bewirken*) вызыва́ть, вы́звать *pf*, обусло́вливать, -сло́вить *pf*; 2. (*erfordern*) тре́бовать, по- *pf*
bedingt *adj* усло́вный
Bedingung *f* <-, -en> 1. (*Forderung*) усло́вие *nt*; **unerlässliche ~** непреме́нное усло́вие; **vertragliche ~en** догово́рные усло́вия; **unter der ~** при усло́вии 2. (*Gegebenheit*) обстоя́тельство *nt*; **~en stellen** ста́вить усло́вия; **unter einer ~** при одно́м усло́вии
bedingungslos *adj* безусло́вный
bedrängen *vt* притесня́ть, -ни́ть *pf*
bedrohen *vt* угрожа́ть *impf*
bedrohlich *adj* угрожа́ющий, опа́сный
Bedrohung *f* <-, -en> угро́за *f*
bedrucken *vt* печа́тать, на- *pf*
bedrücken *vt* тяготи́ть *impf*; **es bedrückt mich, dass ...** меня́ тяготи́т, что ...
Bedrücktheit *f* <*gen*: -> пода́вленность *f*, угнетённость *f*
Beduine *m* <-n, -n> бедуи́н *m*
bedürfen *irr vi*: **einer Sache ~** нужда́ться в чём-л.
Bedürfnis *nt* <-ses, -se> 1. (*Anspruch*) потре́бность *f*; **ein ~ befriedigen** удовлетвори́ть потре́бность; **die ~se der Bevölkerung** ну́жды населе́ния; **materielle ~se** материа́льные потре́бности; **steigende ~se** расту́щие потре́бности 2. (*Verlangen*) нужда́ *f*; **dringendes ~** о́страя нужда́
bedürftig *adj* (*arm*) бе́дный, ни́щий
beehren *vt* удосто́ить *pf*, -ста́ивать *impf* че́сти, оказа́ть *pf*, ока́зывать *impf* честь
beeidigen *vt* присяга́ть, -сягну́ть *pf*
beeilen *vr* торопи́ться, по- *pf*, спеши́ть, по- *pf*; **beeile dich!** поторопи́сь!
beeindrucken *vt* производи́ть, -вести́ *pf* впечатле́ние
beeinflussen *vt* ока́зывать, -за́ть *pf* влия́ние
Beeinflussung *f* <-, -en> влия́ние *nt*
beeinträchtigen *vt* вреди́ть, по- *pf*, ока́зывать, -за́ть *pf* отрица́тельное влия́ние
Beeinträchtigung *f* <-, -en> нанесе́ние *nt* вреда́
beenden *vt* ока́нчивать, око́нчить *pf*, заверша́ть, -ши́ть *pf*
Beendung *f* <-, -en> оконча́ние *nt*, прекраще́ние *nt*
beengen *vt* 1. стесня́ть, -ни́ть *pf*; 2. (*fig*) стесня́ть, -ни́ть *pf*, ограни́чивать, -ни́чить *pf*
beerben *vt* насле́довать, унасле́довать *pf*
beerdigen *vt* хорони́ть, по- *pf*
Beerdigung *f* <-, -en> по́хороны *fpl*
Beerdigungsinstitut *nt* <-(e)s, -e> похоро́нное бюро́ *nt*
Beere *f* <-, -n> я́года *f*
Beerenfrüchte *pl* я́годы *pl*
Beerensaft *m* <*gen*: -(e)s> я́годный сок *m*
Beet *nt* <-(e)s, -e> гря́дка *f*, клу́мба *f*
befähigen *vt* де́лать, сде́лать *pf* спосо́бным, *pf*
Befähigung *f* <*gen*: -> спосо́бность *f*, квалифика́ция *f*
Befähigungsnachweis *m* <-es, -e> удостовере́ние *nt* о квалифика́ции
befahl *prät von* **befehlen**
befahrbar *adj* 1. прое́зжий; 2. (*Gewässer*) судохо́дный
befahren *irr vt* 1. е́здить *impf*; 2. (*Gewässer*) пла́вать *impf*
befallen *irr vt* охва́тывать, -ти́ть *pf*, поража́ть, -рази́ть *pf*
befangen *adj* 1. (*unsicher*) смущённый, ско́ванный; 2. (*voreingenommen*) предвзя́тый
Befangenheit *f* <*gen*: -> 1. стеснённость *f*, ско́ванность *f*; 2. (*von Zeuge*) пристра́стность *f*, предубеждённость *f*
befassen *vr*: **sich mit jdm/etw ~** занима́ться кем-л./чем-л.
Befehl *m* <-(e)s, -e> прика́з *m*; 2. (DV) кома́нда *f*, директи́ва *f*
befehlen I. *vt* <befahl, befohlen> прика́зывать, -за́ть *pf*; II. *vi* распоряжа́ться, -ряди́ться *pf*, кома́ндовать *impf*; **jdm etw ~** приказа́ть кому́-л./что́-л.
Befehlsgewalt *f* кома́ндная власть *f*
Befehlsverweigerung *f* <-, -en> отка́з *m* от исполне́ния прика́за
Befehlszeile *f* <-, -n> (DV) кома́ндная строка́ *f*
befestigen *vt* 1. прикрепля́ть, -пи́ть *pf*, закрепля́ть, -пи́ть *pf*; 2. (*Straße*) укрепля́ть, -пи́ть *pf*; 3. (MIL) укрепля́ть, -пи́ть *pf*
Befestigung *f* <-, -en> 1. прикрепле́ние *nt*, закрепле́ние *nt*; 2. (*~sanlage*) укрепле́ние *nt*
befeuchten *vt* увлажня́ть, -ни́ть *pf*
befinden I. *irr vr* 1. (*sein*) находи́ться *impf*; **ihr Zimmer befindet sich im ersten Stock** её ко́мната нахо́дится на второ́м этаже́; 2. (*sich fühlen*) чу́вствовать *impf* себя́; II. *vi* (*geh: beurteilen als*) счита́ть, по- *pf*; **etw für schlecht ~** найти́ что́-л. плохи́м
Befinden *nt* <*gen*: -s> 1. самочу́вствие *nt*; **er erkundigte sich nach ihrem ~** он спра́вился о её здоро́вье; 2. (*geh: Meinung*) мне́ние *nt*
Befindlichkeit *f* <-, -en> состоя́ние *nt*
beflissen *adj* ре́вностный, чересчу́р стара́тельный

Beflissenheit *f <gen: -> *старáние *nt*
beflügeln *vt* 1. (*Schritte*) ускорять, -кóрить *pf*; 2. (*geistig*) окрылять, -лить *pf*
befohlen *part perf von* **befehlen**
befolgen *vt* слéдовать, по- *pf*; **er befolgt strikt die Anweisungen** он стрóго слéдует указáниям
befördern *vt* 1. (*transportieren*) перевозить, -везти *pf*, отправлять, -прáвить *pf*; 2. (*im Rang erhöhen*) повышáть, -выcить *pf*
Beförderung *f <-, -en>* 1. (*das Transportieren*) перевóзка *f*, транспортирóвка *f*; 2. (*Erhöhung im Rang*) повышéние *nt* по слýжбе
Beförderungsmittel *nt <-s, ->* трáнспортное срéдство *nt*
Befrachtung *f <-, -en>* нагрýзка *f*
befragen *vt* спрáшивать, спросить *pf*, опрáшивать, -росить *pf*
Befragung *f <-, -en>* 1. (*Vernehmung*) допрóс *m*; ~ **der Zeugen** допрóс свидéтелей 2. (*Interview*) опрóс *m*
befreien *vt* 1. освобождáть, -бодить *pf*, вызволять, вызволить *pf*; 2. (*von Pflichten*) освобождáть, -бодить *pf*
Befreiung *f <-, -en>* 1. освобождéние *nt*, избавлéние *nt*; 2. (*von Pflichten*) освобождéние *nt*
befremden *vt* вызывáть, вызвать *pf* недоумéние; **sein Verhalten befremdete uns sehr** егó поведéние неприятно поразило нас
Befremden *nt <gen: -s>* недоумéние *nt*
befreunden *vr* подружиться *pf*
befreundet *adj* в дрýжеских отношéниях; **die beiden sind gut miteinander** ~ они большие друзья
befrieden *vt* умиротворять, -творить *pf*
befriedigen I. *vt* удовлетворять, -творить *pf*; II. *vr* (*sexuell*) мастурбировать *impf*
befriedigend *adj* удовлетворительно
Befriedigung *f <gen: ->* удовлетворéние *nt*
befristen *vt* назначáть, -нáчить *pf* срок; **Ihr Aufenthalt hier ist auf 6 Monate befristet** вáше пребывáние здесь ограничено 6 мéсяцами; **einen Arbeitsvertrag ~** ограничивать срóком трудовóй договóр; **befristeter Vertrag** ограниченный срóком договóр
befristet *adj* ограниченный срóком; **~es Angebot** предложéние, ограниченное срóком
befruchten *vt* 1. оплодотворять, -рить *pf*; 2. (*fig*) вдохновлять, -вить *pf*
Befugnis *f <-, -se>* полномóчие *nt*, компетéнция *f*; **dienstliche ~** слýжебные полномóчия
befugt *adj*: ~ **sein, etw zu tun** быть уполномóченным что-л. сдéлать

befühlen *vt* ощýпывать, -пать *pf*
Befund *m <-(e)s, -e>* 1. результáт *m* осмóтра, заключéние *nt*; 2. (MED) (медицинское) заключéние *nt*
befürchten *vt* опасáться *impf*, бояться *impf*; **das Schlimmste ~** опасáться хýдшего
Befürchtung *f <-, -en>* опасéние *nt*
befürworten *vt* поддéрживать, -жáть *pf*
Befürworter, -in *m/f <-s, ->* стóронник, -ница *m/f*
Befürwortung *f <-, -en>* поддéржка *f*
begabt *adj* спосóбный, одарённый
Begabtenförderung *f <gen: ->* поощрéние *nt* спосóбных (студéнтов)
Begabung *f <-, -en>* спосóбность *f*, талáнт *m*
begann *prät von* **beginnen**
Begattung *f <gen: ->* спáривание *nt*
begeben *irr vr* 1. (*räumlich*) отправляться, -прáвиться *pf*; 2. (*geschehen*) случáться, -читься *pf*
Begebenheit *f <-, -en>* слýчай *m*, происшéствие *nt*
Begebung *f <-, -en>* эмиссия *f*, выпуск *m*
begegnen *vi* 1. (*einer Person*) встречáть, встрéтить *pf*; 2. (*widerfahren*) случáться, -читься *pf*; **jdm mit Vorsicht ~** быть сдéржанным по отношéнию к комý-л.
Begegnung *f <-, -en>* (*auch:* SPORT) встрéча *f*
Begegnungsstätte *f <-, -n>* мéсто *nt* встреч
begehen *irr vt* 1. (*Fest*) прáздновать, от- *pf*; 2. (*Verbrechen*) совершить, -шáть *impf*; 3. (*Ort*) обходить, обойти *pf*; **eine Straftat ~** совершить преступлéние
begehren *vt* желáть, по- *pf*, жáждать *impf*
begehrenswert *adj* желáнный
begeistern I. *vt* восторгáть *impf*; II. *vr* восторгáться *impf*
begeistert *adj* востóрженный; **von etw/jdm ~ sein** быть в востóрге от чегó-л./когó-л.
Begeisterung *f <gen: ->* востóрг *m*
Begierde *f <-, -n>* стрáстное желáние *nt*
begierig *adj* жáждущий, стрáстно желáющий
begießen *irr vt* 1. поливáть, -лить *pf*; 2. (*umg: auf etw trinken*) выпивáть, выпить *pf*, обмывáть, -мыть *pf*; **sie wollen seine Einstellung noch heute ~** они хотят ещё сегóдня обмыть егó устрóйство на рабóту
Beginn *m <gen: -(e)s>* начáло *nt*; **zu ~** в начáле
beginnen <begann, begonnen> I. *vt* начинáть, -чáть *pf*; II. *vi* начинáться, -чáться *pf*
beglaubigen *vt* заверять, -вéрить *pf*
Beglaubigung *f <-, -en>* удостоверéние

begleichen / **Behandlungsfehler**

nt, заверéние *nt*
begleichen *vt* оплáчивать, -платúть *pf*; **einen Wechsel ~** уплáчивать по вéкселю; **eine Rechnung ~** оплáчивать счёт; **Schulden ~** погашáть задóлженность
Begleichung *f* <-, -en> уплáта *f*
Begleitbrief *m* <-(e)s, -e> сопроводúтельное письмó *nt*
begleiten *vt* 1. провожáть, -водúть *pf*, сопровождáть, -водúть *pf*; 2. (*musikalisch*) аккомпанúровать *impf*
Begleiter, -in *m/f* <-s, -> 1. сопровождáющий, -щая *m/f*; 2. (*Freund(in)*) спýтник, -ница *m/f*, друг, подрýга *m/f*
Begleiterscheinung *f* <-, -en> сопýтствующее явлéние *nt*
Begleitmusik *f* <*gen:* -> сопровождéние *nt*, аккомпанемéнт *m*
Begleitpapiere *pl* сопроводúтельные докумéнты *pl*
Begleitperson *f* <-, -en> сопровождáющее лицó *nt*
Begleitschreiben *nt* <-s, -> сопроводúтельное письмó *nt*
Begleitung *f* <-, -en> 1. сопровождéние *nt*; 2. (MUS) аккомпанемéнт *m*
beglückwünschen *vt* поздравля́ть, -рáвить *pf* (*zu* + *dat* с + *inst*)
begnadigen *vt* мúловать, по- *pf*
Begnadigung *f* <-, -en> помúлование *nt*, амнúстия *f*
begnügen *vr* довóльствоваться, удовóльствоваться *pf*; **sich mit wenigem ~** довóльствоваться мáлым
Begonie *f* <-, -n> бегóния *f*
begonnen *part perf von* **beginnen**
begraben *irr vt* 1. (*beerdigen*) хоронúть, по- *pf*; 2. (*Hoffnungen*) хоронúть, по- *pf*
Begräbnis *nt* <-ses, -se> пóхороны *fpl*, погребéние *nt*
begradigen *vt* (*Fluss, Straße*) вы́прямить *pf*, -мля́ть *impf*
begreifen *irr vt* понимáть, -ня́ть *pf*, соображáть, -брáзить *pf*
begreiflich *adj* поня́тный, постижúмый; **jdm etw ~ machen** растолковáть комý-л. что́-л.
begrenzen *vt* ограни́чивать, -нúчить *pf*
Begrenztheit *f* <*gen:* -> (*auch fig*) ограни́ченность *f*
Begriff *m* <-(e)s, -e> поня́тие *nt*; **im ~ sein, etw zu tun** собирáться что́-л. дéлать; **sich einen ~ von etw machen** состáвить себé представлéние о чём-л.; **schwer von ~ sein** (*umg*) тýго соображáть
Begriffsbildung *f* <-, -en> формировáние *nt* поня́тий
begriffsstutzig *adj* несообразúтельный
begründen *vt* 1. (*Grund angeben*) обосно́вывать, -сновáть *pf*; 2. (*gründen*)

осно́вывать, основáть *pf*
Begründer, -in *m/f* <-s, -> основáтель, -ница *m/f*
Begründung *f* <-, -en> 1. основáние *nt*; 2. (*Rechtfertigung*) обоснование *nt*
begrünen *vt* озеленя́ть, -зеленúть *pf*, засáживать, -садúть *pf* растéниями
Begrünung *f* <-, -en> озеленéние *nt*
begrüßen *vt* 1. (*Person*) здорóваться, по-*pf*, привéтствовать, по- *pf*; **er begrüßte mich laut** он грóмко со мной поздорóвался; 2. (*Tat, Entwicklung*) привéтствовать *impf*
Begrüßung *f* <-, -en> привéтствие *nt*
Begrüßungsansprache *f* <-, -n> привéтственная речь *f*
begünstigen *vt* 1. (*Person*) покровúтельствовать *impf*; 2. (*Sachverhalt*) содéйствовать, по- *pf*, спосóбствовать, по- *pf*
Begünstigte(r) *mf* <-n, -n> бенефициáр *m*, получáтель *m*
Begünstigung *f* <-, -en> содéйствие *nt*, благоприя́тствование *nt*
begutachten *vt* давáть, дать *pf* заключéние, рецензúровать, от- *pf*
Begutachtung *f* <-, -en> 1. рассмотрéние *nt*, экспертúза *f*; 2. óтзыв *m*
begütert *adj* зажúточный
Behaarung *f* <-, -en> обрастáние *nt* волосáми
behäbig *adj* (*schwerfällig*) неторопли́вый, медли́тельный
Behäbigkeit *f* <*gen:* -> неторопли́вость *f*, медли́тельность *f*
behaftet *adj*: **mit Schulden ~ sein** быть обременённым долгáми; **mit Krankheit ~ sein** быть поражённым болéзнью
behagen *vi*: **jdm behagt etw/jd (nicht)** комý-л. (не)нрáвится что́-л./кто́-л.
Behagen *nt* <*gen:* -s> прия́тность *f*, удовóльствие *nt*
behaglich *adj* прия́тный, ую́тный
Behaglichkeit *f* <*gen:* -> ую́т *m*, удóбство *nt*
behalten *irr vt* 1. оставля́ть, -тáвить *pf*; **sie behielt die Tasche in der Hand** онá не выпускáла сýмку из рук; 2. (*sich merken*) запоминáть, -пóмнить *pf*
Behälter *m* <-s, -> контéйнер *m*, ёмкость *f*
Behältnis *nt* <-ses, -se> сосýд *m*
behandeln *vt* 1. (*Person*) обращáться *impf*, обходи́ться, обойти́сь *pf*; 2. (*Thema*) обсуждáть, обсудúть *pf*, рассмáтривать, -мотрéть *pf*; 3. (*ärztlich*) лечúть *impf*
Behandlung *f* <-, -en> 1. (*das Umgehen mit etw*) обхождéние *nt*, обращéние *nt*; 2. (*eines Themas*) рассмотрéние *nt*; 3. (MED) лечéние *nt*
Behandlungsfehler *m* <-s, -> (MED)

ошибка nt лечения
Behandlungsplan m <-(e)s, -pläne> (MED) планирование nt лечения
beharren vi: **auf etw** ~ настаивать на чём-л.
beharrlich adj упорный, настойчивый
Beharrlichkeit f <gen: -> упорство nt, настойчивость f
behauen vt обтёсывать, обтесать pf
behaupten I. vt 1. (*Behauptung aufstellen*) утверждать impf; 2. (*Stellung*) отстаивать, -стоять pf; II. vr утверждаться, -вердиться pf
Behauptung f <-, -en> утверждение nt; **eine** ~ **aufstellen** утверждать
Behausung f <-, -en> жилище nt
Behaviorismus m <gen: -> бегавиоризм m
beheben irr vt 1. (*Schaden*) устранять, -нить pf; 2. (*österr. auch: abheben, abholen*) снимать, снять pf (деньги), получать, -чить pf (письмо́)
beheimatet adj 1. (*Pflanze*) произрастающий; 2. (*Tier*) обитающий
beheizbar adj отапливаемый
beheizen vt отапливать, отопить pf
Behelf m <-(e)s, -e> вспомогательное средство nt, временное средство nt
behelfen irr vr обходиться, обойтись pf; **sich mit etw** ~ обходиться чём-л.
behelfsmäßig adj 1. вспомогательный; 2. (*vorübergehend*) временный
behelligen vt обременять, -нить pf, беспокоить impf; **ich möchte sie nicht damit** ~ я не хочу вас этим обременять
beherbergen vt давать, дать pf приют
beherrschen I. vt 1. (*Volk*) править impf; 2. (*Sprache*) владеть impf; 3. (*Gefühle*) сдерживать, -жать pf, владеть impf; 4. (*Gedanken*) завладевать, -деть pf; II. vr владеть impf собой
beherrschend adj господствующий
beherrscht adj спокойный, сдержанный
Beherrschung f <gen: -> 1. (*das Beherrschen*) владение nt, господство nt; 2. (*Selbstbeherrschung*) самообладание nt
beherzigen vt принимать, -нять pf во внимание; **diesen Rat sollten Sie** ~ вам следовало бы послушаться этого совета
Beherztheit f <gen: -> смелость f, присутствие nt духа
behilflich adj быть полезным; **kann ich Ihnen** ~ **sein?** чем я могу вам помочь?
behindern vt 1. препятствовать, вос- pf; 2. (*Verkehr*) мешать, по- pf
Behinderte(r) mf <-n, -n> инвалид m
behindertengerecht adj годный для инвалидов
Behindertenparkplatz m <-es, -plätze> стоянка f для инвалидов
Behinderten-WC nt <-s, -s> туалет m для инвалидов

Behinderung f <-, -en> 1. препятствие nt, помеха f; 2. (*körperlich, geistig*) неполноценность f
Behörde f <-, -n> 1. (*Machtorgan*) органы pl власти, инстанция f, власть f; **lokale** ~ местная власть 2. (*Amt*) учреждение nt, ведомство nt; **oberste** ~ высшая инстанция; **staatliche** ~ государственное учреждение
Behördenweg m <gen: -(e)s> (JUR) официальный путь m
behördlich adj ведомственный
behüten vt хранить impf, оберегать impf
behutsam adj осторожный, бережный
Behutsamkeit f <gen: -> осторожность f, бережность f
bei präp +dat 1. (*räumlich*) у, возле, при, под; ~ **München** под Мюнхеном; ~ **den Eltern** у родителей 2. (*zeitlich*) при, во время, на, в; ~ **Beginn** в начале; ~ **Nacht** ночью 3. (*modal*) при, в; ~ **guter Gesundheit sein** быть в добром здравии; ~ **Glatteis** в гололёд; **etw** ~ **sich haben** иметь что-л. при себе
beibehalten irr vt оставлять, -тавить pf; **seine Gewohnheiten** ~ сохранить свои привычки
beibringen irr vt 1. (*lehren*) обучать, -чить pf, прививать, -вить pf; 2. (*Verletzung*) наносить, -нести pf; 3. (*mitteilen*) сообщать, -щить pf (в деликатной форме)
Beichte f <-, -n> исповедь f
beichten I. vi исповедоваться impf/pf; II. vt: **jdm etw schonend** ~ осторожно сообщить кому-л. что-л.
Beichtgeheimnis nt <gen: -ses> тайна f исповеди
Beichtstuhl m <-(e)s, -stühle> исповедальня f
beide(s) pron indef оба, и тот и другой; **wir** ~ мы оба; **alle** ~ оба; **in** ~**n Fällen** в обоих случаях
beiderlei adj двоякий
beiderseitig adj взаимный, обоюдный; **in** ~**em Einverständnis** с обоюдного согласия
beieinander adv друг возле друга, вместе
Beifahrer, -in m/f <-s, -> (*im Auto*) пассажир m
Beifall m <gen: -(e)s> 1. (*Applaus*) аплодисменты mpl; 2. (*Zustimmung*) одобрение nt; ~ **klatschen** аплодировать
Beifallsruf m <-(e)s, -e> возглас m одобрения
beifügen vt прилагать, -ложить pf
beige adj беж, бежевый
Beige f <-, -n> (CH: *Stoß, Stapel*) стопа f (книг), штабель m (дров)
beigeben I. irr vt (*hinzufügen*) добавлять, -бавить pf; II. irr vi: **klein** ~ (*umg*)

уступить

Beigeschmack *m* <gen: -(e)s> привкус *m*; **einen ~ von etw haben** (*umg*) отдавать чём-л.

Beihilfe *f* <-, -n> 1. субсидия *f*; 2. (*zu Straftat*) пособничество *nt*

beikommen *irr vi* 1. (*einer Person*) подступиться *pf*, -паться *impf*; **ihr ist nicht beizukommen** к ней не подступишься; 2. (*einem Problem*) преодолевать, -леть *pf*, справляться, справиться *pf*

Beil *nt* <-(e)s, -e> топор *m*

Beilage *f* <-, -n> 1. (*einer Zeitung*) приложение *nt*; 2. (*Essen*) гарнир *m*

beiläufig *adj* 1. несущественный; **ein paar ~e Fragen wurden gestellt** было задано несколько несущественных вопросов; 2. (*Bemerkung*) вскользь, мимоходом; **etwas ~ erwähnen** заметить что-л. мимоходом

beilegen *vt* 1. (*beifügen*) прилагать, -ложить *pf*; 2. (*Streit*) улаживать, уладить *pf*; 3. (*beimessen*) приписывать, -писать *pf*

Beilegung *f* <-, -en> улаживание *nt*

beileibe *adv*: **~ nicht** ни в коем случае

Beileid *nt* <gen: -(e)s> соболезнование *nt*

Beileidsbekundung *f* <-, -en> выражение *nt* соболезнования

Beileidsschreiben *nt* <-s, -> письмо *nt* с выражением соболезнования

beiliegend *adj* прилагаемый, приложенный

beim *präp* +*dat* при; **~ besten Willen** при всём желании

beimessen *irr vt* приписывать, -сать *pf*; **etw viel/wenig Bedeutung ~** придавать чему-л. большое значение / не придавать чему-л. большого значения

Beimischung *f* <-, -en> примешивание *nt*

Bein *nt* <-(e)s, -e> нога *f*; **jdm ~e machen** (*umg*) подгонять кого-л.; **jdm ein ~ stellen** (*fig*) чинить препятствия кому-л.; **auf eigenen ~en stehen** (*fig*) быть самостоятельным

beinah(e) *adv* чуть не, почти; **~ wäre sie zu spät gekommen** она едва не опоздала; **das ist ~ richtig** это почти правильно

Beinbruch *m* <-(e)s, -brüche> перелом *m* ноги; **das ist doch kein ~** (*umg*) это не катастрофа

beinhalten *vt* содержать *impf*, означать *impf*

Beipackzettel *m* <-s, -> инструкция *f* по применению

beipflichten *vi* соглашаться, -ласиться *pf*; **jdm in etw ~** соглашаться с кем-л. в чём-л.

Beiprogramm *nt* <-(e)s, -e> киножурнал *m*

Beirat *m* <-(e)s, Beiräte> комиссия *f*, комитет *m*

beirren *vt*: **sich (nicht) ~ lassen** (не) давать себя смутить

beisammen *adv* вместе

Beisammensein *nt* <gen: -s> вечеринка *f*, встреча *f*

Beischlaf *m* <gen: -(e)s> половой акт *m*

Beisein *nt* <gen: -s>: **im ~ von** в присутствии

beiseite *adv* в сторону, прочь; **etw ~ legen** отложить что-л.; **~ stehen** быть в стороне

Beisel *nt* <-s, -(n)> (*österr. Kneipe*) кабак *m*

beisetzen *vt* хоронить, по- *pf*

Beisetzung *f* <-, -en> похороны *fpl*

Beispiel *nt* <-s, -e> пример *m*; **zum ~** например; **sich an jdm/etw ein ~ nehmen** брать с кого-л./чего-л. пример

beispielhaft *adj* примерный, образцовый

beispiellos *adj* 1. беспримерный; 2. (*unerhört*) неслыханный

beispielsweise *adv* например, к примеру

beißen <biss, gebissen> I. *vt* кусать, по- *pf*; II. *vi* (*Rauch*) жечь, сжечь *pf*, щипать *impf*; III. *vr* (*umg: Farben*) не гармонировать *impf*

beißend *adj* 1. (*Rauch*) едкий; 2. (*Spott*) колкий

Beißzange *f* <-, -n> кусачки *fpl*

Beistand *m* <gen: -(e)s> помощь *f*, содействие *nt*; **jdm ~ leisten** оказывать кому-л. поддержку

beistehen *irr vi*: **jdm ~** помогать кому-л.

beistellen *vt* (*österr: zur Verfügung stellen*) предоставлять, -вить *pf* (в чьё-л. распоряжение)

beisteuern *vt* вносить, внести *pf* свою долю, жертвовать, по- *pf*

Beitrag *m* <-(e)s, Beiträge> 1. доля *f*, часть *f*; 2. (*Mitgliedsbeitrag*) взнос *m*; 3. (*Veröffentlichung*) статья *f*; **einen ~ zu etw leisten** внести вклад во что-л.

beitragen *irr vt* 1. (*beisteuern*) вносить, внести *pf*; 2. (*mithelfen*) содействовать *impf/pf*, по- *pf*

Beitragsbemessung *f* <-, -en> исчисление *nt* суммы взноса [о взносах]

Beitragserstattung *f* <-, -en> возмещение *nt* взносов

Beitragsgruppe *f* <-, -n> группа *f* обязательных платежей

beitragspflichtig *adj* обязанный платить взносы

Beitragssatz *m* <-es, -sätze> норма *f* взносов

Beitragszahler *m* <-s, -> плательщик, -щица *m/f* взносов

Beitragszeiten *pl* <gen: -> период *m*

уплаты взносов
beitreten *irr vi* вступать, -пить *pf*; **einem Verein ~** вступить в объединение
Beitritt *m* <-(e)s, -e> вступление *nt*
Beitrittsgesuch *nt* <-(e)s, -e> прошение *nt* о вступлении
Beiwagen *m* <-s, -> (*an Motorrad*) боковой прицеп *m*
Beiwagenfahrer *m/f* <-s, -> пассажир *m* бокового прицепа
Beiz *f* (*CH*) пивная *f*
Beize *f* <-, -n> (*Holz~*) краситель *m*
beizeiten *adv* 1. (*rechtzeitig*) своевременно, вовремя; 2. (*frühzeitig*) заблаговременно, заранее
bejahen *vt* 1. (*Frage*) отвечать, -ветить *pf* утвердительно; 2. (*einverstanden sein*) соглашаться, -гласиться *pf*, одобрять, -обрить *pf*
bejubeln *vt* встречать, встретить *pf* с ликованием
bekämpfen *vt* 1. (*Gegner*) бороться *impf*; 2. (*Krankheit*) побороть *pf*, бороться *impf*
Bekämpfung *f* <*gen:* -> борьба *f*, преодоление *nt*
bekannt *adj* 1. (*nicht fremd*) знакомый; 2. (*berühmt, angesehen*) известный; **mit jdm ~ sein** быть знакомым с кем-л.; **jdn mit jdm ~ machen** знакомить кого-л. с кем-л.; **etw kommt jdm ~ vor** что-л. кажется кому-л. знакомым
Bekannte(r) *mf* <-n, -n> знакомый, -мая *m/f*
Bekanntenkreis *m* <*gen:* -> круг *m* знакомых
Bekanntgabe *f* сообщение *nt*
bekannt geben *irr vt* объявлять, -вить *pf*, оглашать, -ласить *pf*
Bekanntheitsgrad *m* <*gen:* -(e)s> степень *f* известности
bekanntlich *adv* известно
bekannt machen *vt* объявлять, -вить *pf*, оповещать, -вестить *pf*
Bekanntmachung *f* <-, -en> объявление *nt*, оповещение *nt*
Bekanntschaft *f* <-, -en> 1. (*das Bekanntsein*) знакомство *nt*; 2. (*Bekanntenkreis*) знакомые *pl*
bekehren I. *vt* обращать, -ратить *pf*; II. *vr* принять *pf*, -нимать *impf* (новую веру), обратиться *pf*, -ращаться *impf* (*zu +dat* в *+akk*)
Bekehrung *f* <-, -en> 1. (*religiös*) обращение *nt* в другую веру; 2. (*umg: zu einer Meinung*) изменение *nt* мнения
bekennen I. *irr vt* 1. признавать, -знать *pf*; 2. (*Glauben*) исповедовать *impf*; II. *vr* признавать, -знать *pf* себя ответственным (*zu +dat* за *+akk*), признавать, -знать *pf* себя сторонником; **sich schuldig ~** признавать себя виновным

Bekenntnis *nt* <-ses, -se> 1. (*Geständnis*) признание *nt*; **ein ~ ablegen** признаться в чём-л. 2. (*Glaubensbekenntnis*) вероисповедание *nt*
beklagen I. *vt* жалеть, по- *pf*; II. *vr* жаловаться, по- *pf* (*über +akk* на); **ich kann mich nicht ~** не могу пожаловаться
beklagenswert *adj* достойный сожаления, прискорбный
bekleben *vt* оклеивать, -ить *pf*
bekleckern I. *vt* запятнать *pf*, запачкать *pf*, пачкать *impf*; II. *vr*: **sich mit etw ~** запачкаться чём-л.
beklecksen *vt* ставить, поставить *pf* кляксу [*o* кляксы], обкапать *pf*
bekleiden *vt* 1. одевать, одеть *pf*; 2. (*Amt*) занимать, -нять *pf* должность
Bekleidung *f* <-, -en> одежда *f*
beklemmen *irr vt* стеснять, -нить *pf*
beklommen *adj* стеснённый, подавленный
Beklommenheit *f* <*gen:* -> подавленность *f*, тоска *f*
Bekloppte(r) *mf* <-n, -n> (*pej*) идиот *m*
bekochen *vt* (*umg*) готовить, варить пищу (для *+gen*)
bekommen I. *irr vt* 1. (*erhalten*) получать, -чить *pf*; **kann ich (noch) etw zu essen ~?** могу ли я (ещё) получить что-нибудь поесть?; **sie hat ein Kind ~** у неё родился ребёнок; **am Dienstag bekamen wir Besuch** во вторник к нам пришли гости; 2. (*Angst*) испугаться *pf*, пугаться *impf*; **etw geschenkt ~** получить что-л. в подарок; II. *vi*: **jdm bekommt etw gut/schlecht** что-л. идёт кому-л. на пользу/во вред
bekömmlich *adj* (*Essen*) полезный, хорошо усваиваемый
Beköstigung *f* <*gen:* -> питание *nt*
bekräftigen *vt* подтверждать, -твердить *pf*
Bekräftigung *f* <*gen:* -> подтверждение *nt*
bekreuzigen *vr* перекреститься *pf*, креститься *impf*
bekritteln *vt* придираться (к *+dat*)
bekümmern *vt* огорчать, -чить *pf*
bekunden *vt* проявлять, -вить *pf*, выражать, выразить *pf*; **Interesse an jdm/etw ~** проявить к кому-л./чему-л. интерес
belächeln *vt* посмеиваться *impf*, потешаться *impf*
beladen *irr vt* нагружать, -грузить *pf*
Belag *m* <-(e)s, Beläge> 1. настил *m*, покрытие *nt*; 2. (*auf Brot*) то, с чем делается бутерброд; 3. (*von Straße*) покрытие *nt*; 4. (*auf Zähnen*) налёт *m*; 5. (*von Bremse*) накладка *f*
belagern *vt* (*auch umg*) осаждать, осадить *pf*

Belagerung f <-, -en> оса́да f
Belang m <-(e)s, -e> 1. (*Angelegenheit*) интере́сы mpl; 2. (*Wichtigkeit*) значе́ние nt; etw ist ohne ~ что́-л. нева́жно; etw ist von ~ что́-л. ва́жно
Belange pl интере́сы mpl, тре́бования mpl; soziale ~ социа́льные ну́жды
belangen vt (JUR) привлека́ть, -вле́чь pf к отве́тственности
belanglos adj незначи́тельный, нева́жный
Belanglosigkeit f <-, -en> незначи́тельность f, нева́жность f
belassen irr vt оставля́ть, -та́вить pf; können wir es dabei ~? мо́жем мы э́то так оста́вить?
Belastbarkeit f <gen: -> 1. (*von Material*) допусти́мая нагру́зка f; 2. (*einer Person*) выно́сливость f
belasten vt 1. (*mit Gewicht: auch fig*) нагружа́ть, -грузи́ть pf; 2. (*Konto*) снима́ть, снять pf со счёта; 3. (JUR) обвиня́ть, -ни́ть pf, улича́ть, -чи́ть pf
belastend adj 1. (JUR) отягча́ющий; 2. изоблича́ющий
belästigen vt надоеда́ть, -е́сть pf, пристава́ть, -ста́ть pf; ~ Sie mich nicht! не пристава́йте ко мне!
Belästigung f <-, -en> надоеда́ние nt, пристава́ние nt
Belastung f <-, -en> 1. (*Beanspruchung*) нагру́зка f, загру́зка f; höchstzulässige ~ максима́льная нагру́зка 2. (*Sorge*) тя́готы pl; 3. (JUR) обвине́ние nt; 4. (*Ausgaben*) расхо́ды pl; finanzielle ~ фина́нсовое бре́мя
Belastungs-EKG nt <-s, -s> (MED) электрокардиогра́мма f (непосре́дственно) по́сле нагру́зки
Belastungsfähigkeit f <gen: -> допусти́мая нагру́зка f
Belastungsgrenze f <-, -n> преде́л m нагру́зки
belaubt adj покры́тый ли́стьями
belaufen irr vr (*Kosten*) составля́ть, -та́вить pf
belauschen vt подслу́шивать, -слу́шать pf
beleben I. vt приводи́ть, -вести́ pf в чу́вство, оживля́ть, -ви́ть pf, стимули́ровать; die Nachfrage ~ стимули́ровать опро́с; II. vr оживля́ться, -ви́ться pf; eine belebte Straße оживлённая у́лица
Belebung f <gen: -> оживле́ние nt
Beleg m <-(e)s, -e> 1. (*Quittung*) квита́нция f, распи́ска f; 2. (*Nachweis*) доказа́тельство nt, оправда́тельный докуме́нт m; 3. (*in Buchhaltung*) бухга́лтерский документ
belegen vt 1. покрыва́ть, -кры́ть pf; 2. (*Brot*) де́лать, сде́лать pf бутербро́д; 3. (*Kurs*) записа́ться pf, -пи́сываться impf на ку́рсы; 4. (*beweisen*) подтвержда́ть, -тверди́ть pf, дока́зывать, -за́ть pf; 5. (*Platz*) заня́ть pf, -ня́ть impf
Belegschaft f <-, -en> персона́л m
Belegung f <-, -en> заня́тие nt
Belegungszeit f <-, -en> станкоёмкость nt зака́за
Belehnung f <-, -en> (HIST) переда́ча f в зало́г
belehren vt поуча́ть impf; jdn eines Besseren ~ вразумля́ть кого́-л.
Belehrung f <-, -en> поуче́ние nt, наставле́ние nt
beleidigen vt оскорбля́ть, -би́ть pf
Beleidigung f <-, -en> оскорбле́ние nt
beleihen vt отдава́ть, отда́ть pf под зало́г, закла́дывать, заложи́ть pf
Beleihung f <-, -en> переда́ча f в зало́г
belesen adj начи́танный
beleuchten vt 1. освеща́ть, -вети́ть pf; 2. (*fig: Sachverhalt*) освеща́ть, -вети́ть pf
Beleuchtung f <gen: -> освеще́ние nt, свет m
Beleuchtungsanlage f <-, -n> освети́тельное устро́йство nt
Belgien nt <gen: -s> Бе́льгия f
Belgier, -in m/f <-s, -> бельги́ец, -ги́йка m/f
belgisch adj бельги́йский
belichten vt (FOT) экспони́ровать impf/pf
Belichtung f <-, -en> (FOT) экспони́рование nt
Belichtungsmesser m <-s, -> (FOT) экспоно́метр m
Belieben nt <gen: -s>: nach ~ по жела́нию
beliebig adj любо́й; in ~er Reihenfolge в любо́й после́довательности
beliebt adj люби́мый, популя́рный; sich bei jdm ~ machen заслужи́ть чье́-л. расположе́ние
Beliebtheit f <gen: -> любо́вь f, расположе́ние nt
Beliebtheitsgrad m <-(e)s, -e> сте́пень f популя́рности
beliefern vt снабжа́ть, снабди́ть pf, поставля́ть, -та́вить pf; jdn mit Obst ~ снабжа́ть кого́-л. фру́ктами
bellen vi ла́ять impf
Belletristik f <gen: -> беллетри́стика f, худо́жественная литерату́ра f
belohnen vt награжда́ть, -гради́ть pf
Belohnung f <-, -en> награ́да f, вознагражде́ние nt
Belüfter m <-s, -> (TECH) вентиля́тор m
Belüftung f <gen: -> вентиля́ция f
Belüftungsschacht m <-(e)s, -schächte> вентиляцио́нный кана́л m
belügen vt лгать, со- pf, обма́нывать, -ну́ть pf
belustigen vt весели́ть, раз- pf
Belustigung f <-, -en> весе́лье nt; zur allgemeinen ~ всем на поте́ху

bemächtigen *vr*: sich einer Person ~ захватить человека; sich einer Sache ~ овладеть вещью

bemalen *vt* раскрашивать, -красить *pf*

bemängeln *vt* находить, найти *pf* недостатки

bemannt *adj*: ~er Raumflug пилотируемый космический полёт

bemerkbar *adj* заметный; die Krise macht sich deutlich ~ кризис становится явно ощутимым

bemerken *vt* 1. замечать, -метить *pf*; 2. (*äußern*) отмечать, -метить *pf*, замечать, -метить *pf*

bemerkenswert *adj* достойный внимания

Bemerkung *f* <-, -en> 1. замечание *nt*; 2. (*Anmerkung*) примечание *nt*; eine ~ fallen lassen обронить замечание

bemessen *irr vt* отмерять, -мерить *pf*; meine Zeit ist knapp ~ у меня мало времени

Bemessungsgrundlage *f* <-, -n> основание *nt* для определения размеров чего-л.

bemitleiden *vt* жалеть, по- *pf*, сочувствовать, по- *pf*; sich selbst ~ напрашиваться на сочувствие

bemitleidenswert *adj* достойный сожаления

bemühen *vr* стараться, по- *pf*, прилагать, -ложить *pf* усилия; sich um jdn ~ заботиться о ком-л.

Bemühung *f* <-, -en> старание *nt*, усилие *nt*; ihre ~en blieben erfolglos её старания остались безрезультатными

bemuttern *vt* проявлять, -вить *pf* материнскую заботу

benachbart *adj* соседний, смежный

benachrichtigen *vt* уведомлять, -мить *pf*, извещать, -вестить *pf*

Benachrichtigung *f* <-, -en> 1. (*Vorgang*) уведомление *nt*, извещение *nt*; 2. (*Schreiben*) уведомительное письмо *nt*

Benachrichtigungsschreiben *nt* <-s, -> уведомительное письмо *nt*

benachteiligen *vt* обделять, -лить *pf*

benachteiligt *adj* обделённый

Benachteiligung *f* <-, -en> 1. (*das Benachteiligen*) обделение *nt*; 2. (*politisch*) ущемление *nt* прав

benebeln *vt* опьянять, -нить *pf*; ich bin von diesem Duft noch ganz benebelt я всё ещё опьянён этим запахом

Benediktiner, -in *m/f* <-s, -> бенедиктинец, -нка *m/f*

Benefizkonzert *nt* <-(e)s, -e> бенефис *m*, благотворительный концерт *m*

Benefizspiel *nt* <-(e)s, -e> (SPORT) благотворительный матч *m*

benehmen *irr vr* вести *impf* себя; benimm dich! веди себя прилично!

Benehmen *nt* <*gen*: -s> поведение *nt*; jd hat kein ~ кто-л. не умеет себя вести

beneiden *vt* завидовать, по- *pf* (*um +akk* в +*präpos*); jd ist nicht zu ~ кому-л. не позавидуешь; jdn um seine Erfolge ~ завидовать чьим-л. успехам

beneidenswert *adj* завидный

Beneluxstaaten *pl* <*gen*: -> государства *pl* Бенелюкса

benennen *irr vt* называть, -звать *pf*

Bengel *m* <-s, -> (*umg*) мальчишка *m*, сорванец *m*

Benimmregeln *pl* (*umg*) правила *ntpl* приличия

benommen *adj* оглушённый, не в себе

benoten *vt* ставить, по- *pf* оценку

benötigen *vt* нуждаться *impf*; er benötigt unsere Hilfe он нуждается в нашей помощи

benutzen *vt* пользоваться, вос- *pf*, использовать *impf/pf*

Benutzer, -in *m/f* <-s, -> 1. пользователь *m*; 2. (DV) пользователь *m*, юзер *m*

benutzerfreundlich *adj* удобный в обращении

Benutzerfreundlichkeit *f* <*gen*: -> удобство *nt* в обращении

Benutzername *m* <-n, -n> (DV) имя пользователя *m*

Benutzeroberfläche *f* <-, -n> (DV) операционная среда *f*; grafische ~ графическая операционная среда

Benutzerschnittstelle *f* <-, -n> (DV) пользовательский интерфейс *m*

Benutzung *f* <*gen*: -> употребление *nt*, использование *nt*; in ~ sein быть в употреблении

Benutzungsgebühr *f* <-, -en> плата *f* за пользование

Benzin *nt* <-s, -e> бензин *m*

Benzinkanister *m* <-s, -> канистра *f* для бензина

Benzinleitung *f* <-, -en> (KFZ) бензопровод *m*

Benzinmotor *m* <-s, -en> бензиновый двигатель *m*

Benzinpreis *m* <-es, -e> цена *f* на бензин

Benzinpumpe *f* <-, -n> (KFZ) бензонасос *m*

Benzintank *m* <-s, -s> бензиновый бак *m*

Benzinuhr *f* <-, -en> счётчик *m* расхода бензина

beobachten *vt* наблюдать *impf*

Beobachter, -in *m/f* <-, -> наблюдатель *m*

Beobachtung *f* <-, -en> наблюдение *nt*; eine ~ machen сделать наблюдение; unter ~ stehen быть под наблюдением; laufende ~ des Marktes текущее наблюдение за рынком

Beobachtungsgabe *f* <*gen*: -> наблюдательность *f*

Beobachtungsstation *f* <-, -en> станция

f наблюдения
bepacken *vt* нагружать, -грузить *pf*
bepflanzen *vt* обсаживать, -садить *pf*, засаживать, -садить *pf*
bequem *adj* 1. удобный, уютный; 2. (*von Person*) тяжёлый на подъём, ленивый
Bequemlichkeit *f* <-, -en> 1. удобство *nt*, уют *m*; 2. (*Faulheit*) склонность *f* к лени
beraten I. *irr vt* 1. (*Person*) помогать, -мочь *pf* советами; 2. (*Angelegenheit*) обсуждать, -судить *pf*; II. *vr* советоваться, по- *pf*, совещаться, по- *pf* (*über* +*akk* о +*präpos*); **mit dieser Reise waren wir gut ~** хорошо, что нам посоветовали эту поездку
Berater, -in *m/f* <-s, -> консультант *m*, советник *m*; **einen wissenschaftlichen ~ hinzuziehen** привлекать научного консультанта
Beratung *f* <-, -en> 1. консультация *f*; 2. (*Besprechung*) совещание *nt*
Beratungsdienst *m* <-(e)s, -e> консультация *f*
Beratungsfirma *f* <-, -firmen> консультационная фирма *f*
Beratungsstelle *f* <-, -n> консультация *f*
berauben *vt* грабить, ограбить *pf*; **jdn seiner Freiheit ~** лишить кого-л. свободы
berauschen I. *vt* 1. опьянять, -нить *pf*; 2. (*fig*) опьянять, -нить *pf*, увлекать, -лечь *pf*; II. *vr* 1. напиваться, -питься *pf*; 2. (*fig*) увлекаться, -лечься *pf*
berechenbar *adj* (*vorhersagbar*) предсказуемый
berechnen *vt* 1. вычислять, вычислить *pf*; 2. (*Kosten*) подсчитывать, -тать *pf*
berechnend *adj* расчётливый
Berechnung *f* <-, -en> 1. (*das Berechnen*) подсчёт *m*, расчёт *m*; 2. (*berechnende Haltung*) расчётливость *f*; **~en anstellen** производить расчёт
Berechnungsgrundlage *f* <-, -n> базис *m* расчётов
berechtigen *vt* (*ermächtigen*) давать, дать *pf* право
berechtigt *adj* правомерный, обоснованный; **~ sein, etw zu tun** быть вправе сделать что-л.
Berechtigung *f* <-, -en> 1. (*offiziell*) право *nt*; 2. (*Richtigkeit*) правомерность *f*
bereden *vt* обсуждать, -судить *pf*; **etw mit jdm ~** обсуждать что-л. с кем-л.
Beredsamkeit *f* <*gen*: -> красноречие *nt*
beredt *adj* разговорчивый, красноречивый
Bereich *m* <-(e)s, -e> 1. (*Abteilung*) отдел *m*; 2. (*räumlich*) район *m*, область *f*; 3. (*Wirkungsfeld*) область *f*, сфера *f*; **im privaten ~** в частной сфере
bereichern I. *vt* обогащать, -гатить *pf*, расширять, -ширить *pf*; II. *vr* обогащаться, -гатиться *pf*, наживаться, -житься *pf*
Bereicherung *f* <*gen*: -> обогащение *nt*
Bereichsleiter, -in *m/f* <-s, -> (*Abteilungsleiter*) руководитель *m* отдела
Bereifung *f* <-, -en> шины *pl*
bereinigen *vt* 1. (*klären*) регулировать, урегулировать *pf*, разрешать, шить *pf*; 2. (*berichtigen*) очищать, очистить *pf*; 3. (*in Ordnung bringen*) улаживать, уладить *pf*, регулировать, у- *pf*
bereisen *vt* объезжать, объехать *pf*; **ein Land ~** путешествовать по стране
bereit *adj* готовый
bereiten *vt* 1. (*Mahl*) готовить, при- *pf*; 2. (*Freude*) доставлять, -ставить *pf*; **die Kinder ~ ihnen einen freudigen Empfang** дети готовят им радостный приём
bereithalten *irr vt* держать *impf* наготове
bereitlegen *vt* приготавливать, -товить *pf*
bereits *adv* уже
Bereitschaft *f* <-, -en> 1. (*das Bereitsein*) готовность *f*; 2. (*Einsatztruppe*) дежурная часть *f*; **in ~ stehen** быть наготове
Bereitschaftsdienst *m* <-(e)s, -e> дежурство *nt*
Bereitschaftszustand *m* <*gen*: -(e)s> состояние *nt* готовности
bereitstehen *irr vi* стоять *impf* наготове
bereitwillig *adj* услужливый, готовый услужить
bereuen *vt* сожалеть *impf*, раскаяться *pf*, -каиваться *impf*
Berg *m* <-(e)s, -e> 1. гора *f*; 2. (*umg: Menge, Haufen*) куча *f*, гора *f*; **über den ~ sein** (*umg*) выйти из затруднения; **jdm stehen die Haare zu ~e** (*umg*) у кого-л. волосы встали дыбом
bergab *adv* под гору; **mit etw geht es ~** что-л. идёт под гору
Bergarbeiter *m* <-s, -> горняк *m*
bergauf *adv* в гору
Bergbahn *f* <-, -en> фуникулёр *m*
Bergbau *m* <*gen*: -(e)s> горное дело *nt*
Bergbauindustrie *f* <*gen*: -> горнодобывающая промышленность *f*
Bergbesteigung *f* <-, -en> восхождение *nt* на гору
Bergdorf *nt* <-(e)s, -dörfer> горная деревня *f*, деревня *f* в горах
bergen *vt* <barg, geborgen> 1. (*retten*) спасать, -сти *pf*; 2. (*geh: enthalten*) таить *impf* в себе, скрывать, скрыть *pf*
Bergetappe *f* <-, -n> (SPORT: *Radsport*) горный этап *m*
Bergführer, -in *m/f* <-s, -> проводник, -ница *m/f*
Berggeist *m* <-(e)s, -er> горный дух *m*
Berggipfel *m* <-s, -> горная вершина *f*
bergig *adj* гористый

Bergkamm *m* <-(e)s, -kämme> гре́бень *m* гор
Bergkette *f* <-, -n> го́рная цепь *f*
Bergmann *m* <-(e)s, -leute> горнорабо́чий *m*
Bergmassiv *nt* <-(e)s, -e> го́рный масси́в *m*
Bergnot *f* <gen: -> опа́сность *f* в гора́х
Bergrennen *nt* <gen: -s> (SPORT: *Motorsport*) го́нка *f* по го́рным доро́гам
Bergrücken *m* <-s, -> го́рный хребе́т *m*
Bergrutsch *m* <-es, -e> о́ползень *m*
Bergschuh *m* <-(e)s, -e> го́рные боти́нки *pl*
Bergsteigen *nt* <gen: -s> альпини́зм *m*
Bergsteiger, -in *m/f* <-s, -> альпини́ст, -ка *m/f*
Bergstraße *f* <-, -n> го́рная доро́га *f*
Bergsturz *m* <-es, -stürze> обва́л *m* в гора́х
Bergtour *f* <-, -en> вы́лазка *f* в го́ры
Bergung *f* <-, -en> (*Rettung*) спасе́ние *nt*
Bergwand *f* <-, -wände> отве́сный склон *m* горы́
Bergwanderung *f* <-, -en> туристи́ческий похо́д *m* в го́ры
Bergwerk *nt* <-(e)s, -e> рудни́к *m*
Bericht *m* <-(e)s, -e> 1. (*auf einer Konferenz*) докла́д *m*; 2. (*Nachrichtenbeitrag*) сообще́ние *nt*; 3. (*Wetterbericht*) сво́дка *f*
berichten *vt* докла́дывать, доложи́ть *pf*
Berichterstatter, -in *m/f* <-s, -> докла́дчик, -чица *m/f*
berichtigen *vt* исправля́ть, -пра́вить *pf*
Berichtigung *f* <-, -en> 1. (*Korrektur*) исправле́ние *nt*, попра́вка *f*, опроверже́ние *nt*; 2. (*das Richtigstellen*) урегули́рование *nt*
BERI-Index *m* и́ндекс *m* БЭРИ
Berlin *nt* <gen: -s> Берли́н *m*
Berliner, -in *m/f* <-s, -> берли́нец, берли́нка *m/f*
berlinerisch *adj* берли́нский
Bermudainseln *pl* <gen: -> Берму́дские острова́ *m pl*
Bermudashorts *pl* <gen: -> берму́ды *pl*
Bernhardiner *m* <-s, -> сенберна́р *m*
Bernstein *m* <-(e)s, -e> янта́рь *m*
bersten *vi* <barst, geborsten> тре́снуть *pf*, -ска́ться *impf*; **vor Ungeduld ~** (*fig*) чуть не ло́пнуть от нетерпе́ния
berüchtigt *adj* пресловутый
berücksichtigen *vt* учи́тывать, уче́сть *pf*
Beruf *m* <-(e)s, -e> профе́ссия *f*, специа́льность *f*; **sie ist Lehrerin von ~** она́ учи́тельница по профе́ссии; **einen ~ ausüben** рабо́тать по специа́льности; **ausgeübter ~** факти́ческая специа́льность; **einen ~ ergreifen** избра́ть профе́ссию; **verwandter ~** сме́жная профе́ссия; **~ mit Aufstiegschancen** профе́ссия с перспекти́вами ро́ста; **den ~ wechseln** смени́ть профе́ссию; **einen ~ erlernen** получи́ть специа́льность
berufen I. *irr vt* (*in Amt*) назнача́ть, -на́чить *pf*; II. *irr vr*: **sich auf jdn/etw ~** ссыла́ться на кого́-л./что́-л.
berufen *adj* при́званный; **zu etw ~ sein** име́ть призва́ние к чему́-л.
beruflich *adj* служе́бный, профессиона́льный; **~er Aufstieg** профессиона́льный рост; **~e Ausbildung** профессиона́льная подгото́вка; **~e Eignung** профессиона́льная квалифика́ция; **~e Laufbahn** профессиона́льная карье́ра; **~er Werdegang** проце́сс профессиона́льного разви́тия
Berufsanfänger, -in *m/f* <-s, -> молодо́й специали́ст, -да́я -ка *m/f*
Berufsausbildung *f* <-, -en> профессиона́льное обуче́ние *nt*
Berufsberater, -in *m/f* <-s, -> консульта́нт *m* по вы́бору профе́ссии
Berufsberatung *f* <gen: -> профориента́ция *f*
Berufsbezeichnung *f* <-, -en> официа́льное обозначе́ние *nt* профе́ссии
Berufsbildungsprojekt *f* прое́кт *m* профессиона́льного обуче́ния
Berufsboxer *m* <-s, -> боксёр-профессиона́л *m*
berufserfahren *adj* име́ющий профессиона́льный о́пыт
Berufserfahrung *f* <gen: -> профессиона́льный о́пыт *m*
Berufsgeheimnis *nt* <-ses, -se> служе́бная та́йна *f*
Berufskleidung *f* <gen: -> спецоде́жда *f*
Berufskrankheit *f* <-, -en> профессиона́льное заболева́ние *nt*
Berufsleben *nt* <gen: -s> трудова́я жизнь *f*
Berufsschule *f* <-, -n> ≈ профессиона́льно-техни́ческое учи́лище *nt*
Berufssoldat, -in *m/f* <-en, -en> ка́дровый вое́нный *m*
berufstätig *adj* рабо́тающий, за́нятый
Berufstätige(r) *mf* <-n, -n> рабо́тающий, -щая *m/f*
Berufsunfall *m* <-(e)s, -unfälle> несча́стный слу́чай *m* на рабо́чем ме́сте
Berufsverkehr *m* <gen: -s> перево́зка *f* рабо́чих и служа́щих к ме́сту рабо́ты и обра́тно
Berufswahl *f* <gen: -> вы́бор *m* профе́ссии
Berufszweig *m* <-(e)s, -e> о́трасль *f* профе́ссии
Berufung *f* <-, -en> 1. (*innerer Ruf*)

Berufungsbeklagte

призва́ние nt; 2. (in Amt) назначе́ние nt на до́лжность; 3. (JUR: Einspruch) апелля́ция f; 4. (Bezugnahme) ссы́лка; ~ **einlegen** подава́ть апелля́цию
Berufungsbeklagte(r) mf <-n, -n> (JUR) отве́тчик m по апелляцио́нной жа́лобе
Berufungskläger, -in m/f <-s, -> пода́вший m апелля́цию, жа́лобщик m
Berufungsrichter, -in m/f <-s, -> апелляцио́нный судья́ m
beruhen vi 1. достава́ть, -ста́ть pf; II. (auf +dat на + präpos); etw beruht auf Gegenseitigkeit что-л. осно́вывается на взаи́мности; etw auf sich ~ lassen оста́вить что-л. как есть
beruhigen I. vt успока́ивать, -ко́ить pf, усмиря́ть, -ри́ть pf; II. vr (Person) успока́иваться, -ко́иться pf
Beruhigung f <gen: -> успокое́ние nt
Beruhigungsmittel nt <-s, -> успока́ивающее сре́дство nt
berühmt adj знамени́тый
berühmt-berüchtigt adj печа́льно знамени́тый
Berühmtheit f <-, -en> 1. изве́стность f; 2. (Person) знамени́тость f
berühren vt 1. каса́ться, косну́ться pf, тро́гать, тро́нуть pf; 2. (fig: emotional) тро́гать, тро́нуть pf, задева́ть, -де́ть pf; 3. (Thema) затра́гивать, -тро́нуть pf, каса́ться, косну́ться pf
Berührung f <-, -en> прикоснове́ние nt; mit jdm/etw in ~ kommen соприкосну́ться с ке́м-л./че́м-л.
Berührungsfläche f <-, -n> пове́рхность f соприкоснове́ния [о конта́кта]
Berührungspunkt m <-(e)s, -e> то́чка f соприкоснове́ния
besagen vt зна́чить impf, означа́ть impf
besagt adj вышеупомя́нутый, ука́занный вы́ше
besamen vt осеменя́ть, -мени́ть pf, оплодотворя́ть, -твори́ть pf
besänftigen vt успока́ивать, -ко́ить pf, смягча́ть, -чи́ть pf
besänftigend adv успока́ивающий, смегча́ющий
Besänftigung f <-, -en> успокое́ние nt, смягче́ние nt
Besanmast m <-(e)s, -en> (MAR) за́дняя ма́чта f
Besatzer m <-s, -> оккупа́нт m
Besatzung f <-, -en> 1. (in einer Festung) гарнизо́н m; 2. (eines Schiffes) экипа́ж m, кома́нда f
Besatzungsgebiet nt <-(e)s, -e> оккупи́рованная террито́рия f
Besatzungsheer nt <-(e)s, -e> оккупацио́нное во́йско nt
Besatzungsmacht f <-, -mächte> оккупацио́нная власть f
Besatzungsmitglied nt <-(e)s, -er> член m экипа́жа
Besatzungsstreitkräfte pl <gen: -> оккупацио́нные войска́ mpl
besaufen irr vr (umg) напива́ться, -пи́ться pf
beschädigen vt повреждать, -вреди́ть pf
beschädigt adj повреждённый
Beschädigung f <-, -en> 1. причине́ние nt вреда́; 2. (beschädigte Stelle) поврежде́ние nt
beschaffen I. vt достава́ть, -ста́ть pf; II. adj име́ющий те и́ли ины́е сво́йства; etw ist so ~, dass... что-л. устро́ено так, что...
Beschaffenheit f <gen: -> 1. сво́йство nt, ка́чество nt; 2. (des Körpers) телосложе́ние nt
Beschaffung f <gen: -> приобрете́ние nt
Beschaffungskosten pl <gen: -> заготови́тельные расхо́ды pl
Beschaffungsmarkt m <-(e)s, -märkte> заготови́тельный ры́нок m
beschäftigen I. vt 1. занима́ть, -ня́ть pf; 2. (beruflich) дава́ть, дать pf рабо́ту; II. vr занима́ться, -ня́ться pf
Beschäftigung f <-, -en> 1. заня́тие nt; 2. (Arbeit) рабо́та f; 3. (mit Thema) заня́тие nt, рабо́та f
Beschäftigungsbewilligung m <-, -en> (JUR) разреше́ние nt на заня́тие трудо́м
Beschäftigungsentwicklung f <gen: -> дина́мика f заня́тости
Beschäftigungsgrad m <-(e)s, -e> (Auslastung) загру́зка f, загру́женность f; ~ eines Betriebes загру́зка предприя́тия
Beschäftigungslage f <-, -n> положе́ние nt с за́нятостью
Beschäftigungsmaßnahme f <-, -n> ме́ра f по обеспе́чению за́нятости
Beschäftigungspolitik f <gen: -> поли́тика f обеспе́чения за́нятости
beschäftigungssichernd adj обеспе́чивающий за́нятость
Beschäftigungssicherung f <gen: -> обеспе́чение nt за́нятости
Beschäftigungstherapie f <gen: -> трудотерапи́я m
Beschäftigungsverhältnis nt <-ses, -se> отноше́ния pl, вытека́ющие из трудово́го догово́ра ntpl
beschämen vt срами́ть, по- pf, ста́вить, по- pf в нело́вкое положе́ние; ~d sein быть посты́дным
beschatten vt 1. затеня́ть, -ни́ть pf; 2. (überwachen) следи́ть impf
beschaulich adj созерца́тельный, заду́мчивый
Bescheid m <-(e)s, -e> 1. (Auskunft) спра́вка f; 2. (Entscheidung) реше́ние nt; 3. (Benachrichtigung) извеще́ние nt; abschlägiger ~ отка́з; amtlicher ~ официа́льное извеще́ние; ~

bekommen получа́ть информа́цию; **positiver ~** положи́тельное реше́ние; **über jdn/etw ~ wissen** быть осведомлённым о ком-л./чём-л.; **jdm ~ geben** сообща́ть кому́-л.
bescheiden *adj* скро́мный
Bescheidenheit *f* <*gen:* -> скро́мность *f*
bescheinen *irr vt* освеща́ть, -вети́ть *pf*
bescheinigen *vt* удостоверя́ть, -ве́рить *pf*; **den Empfang von etw ~** расписа́ться в получе́нии чего́-л.
Bescheinigung *f* <-, -en> 1. удостовере́ние *nt*; 2. (*Quittung*) квита́нция *f*
bescheißen *irr vt* (*umg: betrügen*) оставля́ть, -та́вить *pf* в дурака́х, надува́ть, -ду́ть *pf*
beschenken *vt* ода́ривать, -ри́ть *pf*
bescheren *vt* **jdn ~** ода́ривать кого́-л.
Bescherung *f* <-, -en> разда́ча *f* рожде́ственских пода́рков; **das ist ja eine schöne ~!** (*umg*) вот тебе́ и на́!
bescheuert *adj* (*umg*) глу́пый
Beschichtung *f* <-, -en> 1. (*Vorgang*) нанесе́ние (тонкосло́йного) покры́тия *nt*; 2. (*Schicht*) (тонкосло́йное) покры́тие *nt*
beschimpfen *vt* руга́ть, вы́ругать *pf*
Beschimpfung *f* <-, -en> оскорбле́ние *nt*, руга́тельство *nt*
Beschiss *m* <*gen:* -es> (*umg: Betrug*) обма́н *m*, надува́тельство *nt*
beschissen *adj* (*umg: schlecht*) дерьмо́вый, дрянно́й
Beschlag *m* <-(e)s, Beschläge> 1. (*Schließe*) застёжка *f*; 2. (*trübe Schicht*) налёт *m*; **jdn/etw in ~ nehmen** завладе́ть кем-л./чем-л.
beschlagen *adj* (*Spiegel*) запоте́лый; **in einer Sache/auf einem Gebiet (gut) ~ sein** (хорошо́) разбира́ться в како́м-л. де́ле/в како́й-л. о́бласти
beschlagen[1] I. *irr vt* 1. (*mit Beschlag versehen*) обива́ть, оби́ть *pf*; 2. (*Pferd*) подко́вывать, -кова́ть *pf*; II. *vi* (*Fenster*) запотева́ть, -те́ть *pf*
beschlagen[2] *adj* (*versiert*) све́дущий, подко́ванный
Beschlagenheit *f* <*gen:* -> осведомлённость *f*
beschlagnahmen *vt* конфискова́ть, -кова́ть *pf*
Beschlagnahmung *f* <-, -en> конфиска́ция *f*
beschleunigen I. *vi* развива́ть, -ви́ть *pf* ско́рость; II. *vt* 1. торопи́ть, по- *pf*; 2. (*Schritte*) ускоря́ть, -ко́рить *pf*
Beschleuniger *m* <-s, -> (PHYS) ускори́тель *m*
Beschleunigung *f* <-, -en> 1. ускоре́ние *nt*; 2. (*Beschleunigungsvermögen*) приёмистость *f*
beschließen *irr vt* 1. реша́ть, -ши́ть *pf*, постановля́ть, -ви́ть *pf*; **einstimmig ~** постановля́ть единогла́сно 2. (*beenden*) зака́нчивать, -ко́нчить *pf*; 3. (*billigen*) принима́ть, -ня́ть *pf*; **ein Gesetz ~** приня́ть зако́н
Beschluss *m* <-es, Beschlüsse> реше́ние *nt*, постановле́ние *nt*; **einen ~ anfechten** обжа́ловать реше́ние; **endgültiger ~** оконча́тельное реше́ние; **einen ~ fassen** приня́ть реше́ние; **richterlicher ~** реше́ние суда́
Beschlussfähigkeit *f* <*gen:* -> правомо́чность *f*
beschmieren *vt* 1. обма́зывать, -ма́зать *pf*; 2. па́чкать, за- *pf*
beschmutzen *vt* 1. па́чкать, ис- *pf*; 2. (*fig*) оскверня́ть, -ни́ть *pf*
beschneiden *irr vt* 1. (*Vorhaut*) обреза́ть, -ре́зать *pf*; 2. (*fig: Rechte*) уреза́ть, уре́зать *pf*, ограни́чивать, -чить *pf*
Beschneidung *f* <-, -en> 1. (*Vorhaut*) обреза́ние *nt*; 2. (*Rechte*) ограниче́ние *nt*
beschnuppern *vt* 1. (*Tier*) обню́хивать, -ню́хать *pf*; 2. (*fig*) присма́триваться, -смотре́ться *pf*
beschönigen *vt* приукра́шивать, -кра́сить *pf*
Beschönigung *f* <-, -en> приукра́шивание *nt*
beschränken I. *vt* ограни́чивать, -ни́чить *pf*; II. *vr* ограни́чиваться, -ни́читься *pf*; **sich auf die wichtigsten Punkte ~** ограни́читься са́мыми ва́жными пу́нктами
beschrankt *adj* (*Bahnübergang*) обору́дованный шлагба́умом
beschränkt *adj* 1. ограни́ченный; **~ haftend** ограни́ченно отве́тственный; **~e Steuerpflicht** ограни́ченная обя́занность упла́ты нало́гов 2. (*geistig*) недалёкий
Beschränktheit *f* <*gen:* -> 1. ограни́ченность *f*; 2. (*geistig*) ограни́ченность *f*, недалёкость *f*
Beschränkung *f* <-, -en> ограниче́ние *nt*; **~en auferlegen** установи́ть рестри́кции
beschreibbar *adj* поддаю́щийся описа́нию
beschreiben *irr vt* 1. опи́сывать, -са́ть *pf*; 2. (*Papier*) испи́сывать, -са́ть *pf*
Beschreibung *f* <-, -en> описа́ние *nt*; **etw spottet jeder ~** что́-л. не поддаётся никако́му описа́нию
beschriften *vt* надпи́сывать, -са́ть *pf*
Beschriftung *f* <-, -en> надпи́сывание *nt*
beschuldigen *vt* обвиня́ть, -ни́ть *pf*; **jdn einer Sache ~** обвиня́ть кого́-л. в чём-л.
Beschuldigung *f* <-, -en> обвине́ние *nt*
beschummeln *vt* (*umg*) обма́нывать, -ну́ть *pf*, надува́ть, -ду́ть *pf*
Beschuss *m* <*gen:* -es> (MIL) обстре́л *m*;

unter ~ geraten (*auch fig*) попáсть под обстрéл
beschützen *vt* охранять *impf*, защищáть, -щитить *pf* (*vor +dat* от + *gen*)
Beschützer, -in *m/f* <-s, -> защитник, -ница *m/f*
Beschwerde *f* <-, -n> (*Klage*) жáлоба *f*; ~n (*Leiden*) жáлобы; ~ **gegen jdn/etw führen** жáловаться на когó-л./чтó-л.
beschweren I. *vr* жáловаться, по- *pf* (*über +akk* на); II. *vt* утяжелять, -лить *pf*
beschwerlich *adj* затруднительный, трýдный
beschwichtigen *vt* успокáивать, -кóить *pf*, унимáть, унять *pf*
beschwindeln *vt* (*umg*) надувáть, -дýть *pf*
beschwingt *adj* 1. (*Stimmung*) окрылённый; 2. (*Bewegung*) лёгкий, летящий
beschwipst *adj* (*umg*) навеселé, под хмелькóм
beschwören *vt* 1. (*Person*) заклинáть *impf*; 2. (*Aussage*) давáть, дать *pf* показáния под присягой; 3. (*Geist*) вызывáть, вызвать *pf*
beseelt *adj* 1. одушевлённый; 2. воодушевлённый, вдохновлённый
beseitigen *vt* устранять, -нить *pf*; 2. (*umg: töten*) ликвидировать *impf/pf*, убивáть, убить *pf*
Beseitigung *f* <*gen*: -> устранéние *nt*, ликвидáция *f*
Besen *m* <-s, -> метлá *f*, вéник *m*
Besenstiel *m* <-(e)s, -e> пáлка *f* от метлы́
besessen *adj* одержимый, нейстовый; **er ist von dieser Idee völlig ~** он пóлностью одержим э́той идéей
besetzen *vt* 1. (*Rolle*) распределять, -лить *pf*; 2. (*Stelle*) занимáть, -нять *pf*, замещáть, -местить *pf*; 3. (*Haus, Tisch, Fensterplatz*) занимáть, -нять *pf*; 4. (MIL) занимáть, -нять *pf*, оккупировать *impf/pf*
Besetztzeichen *nt* <-s, -> сигнáл *m* „зáнято"
Besetzung *f* <-, -en> 1. (*eines Hauses*) захвáт *m*; 2. (*einer Rolle*) распределéние *nt*; 3. (*einer Stelle*) определéние *nt*, замещéние *nt*
Besicherungswert *m* <-(e)s, -e> размéр *m* кредитного обеспéчения
besichtigen *vt* осмáтривать, -мотрéть *pf*
Besichtigung *f* <-, -en> осмóтр *m*, экскýрсия *f*
besiedeln *vt* заселять, -лить *pf*; **Deutschland ist dicht besiedelt** Германия гýсто заселенá
Besiedelungsdichte *f* <-, -n> плóтность *f* заселéния
besiegeln *vt* (*fig*) скреплять, -пить *pf*

besiegen *vt* 1. (*Gegner*) побеждáть, -бедить *pf*, одолéть *pf*, -левáть *impf*; 2. (*fig*) преодолéть *pf*, -левáть *impf*
Besiegte(r) *mf* <-n, -n> побеждённый, -ная *m/f*
besinnen *vr* 1. вспоминáть, вспóмнить *pf* (*auf +akk* о +*gen*); 2. (*nachdenken*) размышлять *impf*, раздýмывать *impf*
besinnlich *adj* вдýмчивый, задýмчивый
Besinnung *f* <*gen*: -> 1. (*das Besinnen*) размышлéние *nt*; 2. (*Bewusstsein*) сознáние *nt*; **zur ~ kommen** (*auch fig*) прийти в себя́
besinnungslos *adj* 1. (*bewusstlos*) бессознáтельный; 2. (*außer sich*) вне себя́, потеряв гóлову
Besitz *m* <*gen*: -es> 1. (*das Besitzen*) владéние *nt*, облáдание *nt*; **rechtmäßiger ~** закóнное владéние 2. (*Eigentum*) имýщество *nt*, сóбственность *f*; **von etw ~ ergreifen** завладéть чéм-л.
Besitzeinkommen *nt* <*gen*: -s> дохóд *m* от владéния имýществом
besitzen *irr vt* 1. владéть *impf*; 2. (*Eigenschaft*) имéть *impf*
Besitzer, -in *m/f* <-s, -> владéлец, -лица *m/f*, облáдатель, -ница *m/f*
besitzergreifend *adj* стремящийся завладéть кем-л./чем-л.
Besitzgier *f* <*gen*: -> жáдность *f*
besitzlos *adj* неимýщий
Besitznachweis *m* <-es, -e> доказáтельство *nt* владéния
besoffen *adj* (*umg*) пьяный
besohlen *vt* подбивáть, -бить *pf* подмётки
Besoldung *f* <-, -en> жáлование *nt*, оклáд *m*
besondere(r,s) *adj* 1. осóбый, чáстный; 2. (*außergewöhnlich*) осóбый, необычáйный; **den besonderen Umständen entsprechend** в соотвéтствии с осóбыми обстоятельствами
Besonderheit *f* <-, -en> осóбенность *f*
besonders *adv* 1. осóбо; 2. (*verstärkend*) осóбенно; **das Essen ist heute ~ gut** едá сегóдня осóбенно хорошá
besonnen *adj* рассудительный
Besonnenheit *f* <*gen*: -> рассудительность *f*, благоразýмие *nt*
besorgen *vt* 1. (*beschaffen*) доставáть, -тáть *pf*, покупáть, купить *pf*; 2. (*erledigen*) исполнять, -пóлнить *pf*
Besorgnis *f* <-, -se> опасéние *nt*, тревóга *f*
besorgt *adj* озабóченный, обеспокóенный; **um jdn/etw ~ sein** беспокóиться о кóм-л./чём-л.
Besorgung *f* <-, -en> исполнéние *nt*; ~**en machen** дéлать покýпки
bespielen *vt* (*Tonband*) записывать, -сáть *pf*
bespitzeln *vt* вести *impf* слéжку

besprechen *irr vt* 1. (*Buch, Konzert*) обсуждать, -судить *pf*; 2. (*Tonband*) наговаривать, -ворить *pf*
Besprechung *f* <-, -en> 1. совещание *nt*; 2. (*von Buch*) рецензия *f*
bespritzen *vt* обрызгивать, -рызгать *pf*
besser I. *adj* лучший, более хороший; **um so ~!** тем лучше! II. *adv*: **lass das ~ sein** лучше оставь это; **~gesagt** точнее говоря.
besser gehen *irr vi*: **ihm geht es ~** ему лучше
bessern I. *vt* улучшать, -шить *pf*, поправлять, -равить *pf*; II. *vr* 1. улучшаться, улучшиться *pf*; 2. (*Mensch*) исправляться, -равиться *pf*
Besserung *f* <gen: -> улучшение *nt*; **gute ~!** скорейшего выздоровления!
Besserwisser, -in *m/f* <-s, -> (*pej*) умник *m*
Besserwisserei *f* <gen: -> (*pej*) умничание *nt*
Bestand *m* <-(e)s, Bestände> 1. (*vorhandene Werte*) наличность *f*, состав *m*; **~ der Kasse** кассовая наличность; **~ an Devisen** наличие валюты 2. (*Vorrat*) запас *m*; **~ an Waren** товарные запасы
beständig *adj* 1. (*gleichbleibend*) постоянный, неизменный; 2. (*dauerhaft*) прочный; 3. (*Wetter*) устойчивый
Beständigkeit *f* <gen: -> 1. постоянство *nt*; 2. (*Widerstandsfähigkeit*) стойкость *f*; **~ gegen Korrosion** коррозионная стойкость
Bestandsaufnahme *f* <-, -n> инвентаризация *f*
Bestandskonto *nt* <-s, -konten> инвентарный счёт *m*
Bestandsveränderung *f* <-, -en> изменение *nt* объёма запасов
Bestandsverringerung *f* <-, -en> сокращение *nt* товарных запасов
Bestandteil *m* <-(e)s, -e> составная часть *f*, элемент *m*; **etw in seine ~e zerlegen** разлагать что-л. на составные части
bestärken *vt* утверждать, -вердить *pf*, поддерживать, -жать (*in +dat* в +präpos*)
bestätigen I. *vt* 1. (*bekräftigen*) подтверждать, -вердить *pf*, удостоверять, -верить *pf*; **amtlich ~** официально подтверждать; **das Löschen einer Datei ~** подтверждать удаление файла 2. (*Empfang*) подтверждать, -вердить *pf*; II. *vr* подтверждаться, -вердиться *pf*
Bestätigung *f* <-, -en> 1. утверждение *nt*; 2. (*eines Briefes*) подтверждение *nt*; **~ des Auftrages** подтверждение заказа; **~ eines Vertrages** ратификация договора; **eine ~ ausstellen** выписывать подтверждение

bestatten *vt* хоронить, по- *pf*
Bestattung *f* <-, en> похороны *fpl*
bestäuben *vt* (*Blüte*) опылять, -лить *pf*
beste(r,s) *adj* лучший; **am ~n machst du es gleich** лучше ты сделаешь это сразу; **mein ~r Freund** мой лучший друг
bestechen *vt* 1. подкупать, -пить *pf*; 2. (*fig: überzeugen, beeindrucken*) подкупать, -пить *pf*, располагать, -ложить *pf* к себе; **dieses Kleid besticht durch seine Eleganz** это платье подкупает своей элегантностью
bestechlich *adj* продажный
Bestechlichkeit *f* <gen: -> продажность *f*, подкупность *f*
Bestechung *f* <-, -en> подкуп *m*, взятка *f*
Bestechungsgelder *pl* <gen: -> взятка *f*
Besteck *nt* <-(e)s, -e> 1. (*Essensbesteck*) столовый прибор *m*; 2. (*Arztbesteck*) набор *m* инструментов
bestehen I. *irr vi* 1. (*sein*) существовать *impf*; **es besteht kein Grund zur Beunruhigung** нет повода для беспокойства; 2. (*andauern*) продолжаться, -должиться *pf*; II. *vt* (*Prüfung*) выдержать *pf*, выдерживать *impf*; **auf etw ~** настаивать на чём-л.; **aus etw ~** состоять из чего-л.
bestehen bleiben *irr vi* сохраняться, -ниться *pf*
bestehlen *irr vt* обкрадывать, обокрасть *pf*
besteigen *irr vt* 1. (*Berg*) подниматься, -няться *pf*, всходить, взойти *pf*; 2. (*Pferd*) садиться, сесть *pf*; 3. (*Thron*) вступить *pf*, -пать *impf* на престол
bestellen *vt* 1. (*Ware*) заказывать, -зать *pf*; **telefonisch ~** заказывать по телефону 2. (*Post*) доставлять, -тавить *pf*; 3. (*ernennen*) назначать, -значить *pf*; **jdn zum Vormund bestellen** назначать кого-л. опекуном 4. (*mit Möbel*) уставлять, -тавить *pf*; **jdm etw ~** (*umg: ausrichten*) передавать кому-л. что-л.; **jdn zu sich ~** вызывать кого-л. к себе
Besteller, -in *m/f* <-s, -> заказчик *m*
Bestellerkredit *m* <-(e)s, -e> кредит *m* заказчику
Bestellkarte *f* <-, -n> бланк заказа *m*
Bestellmenge *f* <-, -n> объём *m* заказа
Bestellnummer *f* <-, -n> цифровое обозначение *nt* типа изделия
Bestellschein *m* <-(e)s, -e> бланк *m* заказа
Bestellung *f* <-, -en> (*Auftrag*) заказ *m*; **eine ~ aufgeben** делать заказ; **eingehende ~en** поступающие заказы; **laut ~** согласно заказу; **eine ~ aufnehmen** (*entgegennehmen*) принимать заказ
Bestellwesen *nt* <gen: -s> система *f* заказов

bestenfalls *adv* в лу́чшем слу́чае
bestens *adv* наилу́чшим о́бразом
Bestens-Auftrag *m* <-(e)s, -aufträge> (BÖRSE) поруче́ние купи́ть или прода́ть це́нные бума́ги по наибо́лее вы́годному ку́рсу, „нелимити́рованное поруче́ние"
besteuern *vt* облага́ть, -ложи́ть *pf* нало́гом
Besteuerung *f* <-, -en> обложе́ние *nt* нало́гом; **indirekte ~** ко́свенное налогообложе́ние; **der ~ unterliegen** подлежа́ть обложе́нию нало́гом
Besteuerungsgrundlage *f* <-, -en> основа́ние *nt* для исчисле́ния нало́га
bestialisch *adj* зве́рский
Bestialität *f* <gen: -> зве́рство *nt*
Bestie *f* <-, -n> зверь *m*, хи́щное живо́тное *nt*
bestimmen I. *vt* 1. (*festlegen*) устана́вливать, -нови́ть *pf*, назнача́ть, -на́чить *pf*; 2. (*anordnen*) постановля́ть, -ви́ть *pf*; 3. (*vorsehen*) предназнача́ть, -на́чить *pf* (*für +akk* для *+gen*); II. *vi* располага́ть *impf*, распоряжа́ться, -ряди́ться *pf*; **du kannst über meine Zeit ~** ты мо́жешь распоряжа́ться мои́м вре́менем
bestimmt I. *adj* 1. (*festgelegt*) устано́вленный, назна́ченный; 2. (*gewiss*) определённый; **sie sucht ein ~es Buch** она́ и́щет определённую кни́гу; 3. (LING: *Artikel*) определённый; II. *adv* определённо, то́чно; **das ist ~ richtig** э́то определённо ве́рно; **das weiß ich ~** я э́то твёрдо зна́ю
Bestimmung *m* 1. (*Vorschrift*) предписа́ние *nt*, положе́ние *nt*; **gesetzliche ~en** законоположе́ния; **eine ~ verletzen** наруша́ть предписа́ние 2. (*Festlegung*) определе́ние *nt*, назначе́ние *nt*; 3. (*Zweckbestimmung*) назначе́ние *nt*; 4. (*Verfügung*) постановле́ние *nt*; **obligatorische ~** обяза́тельное постановле́ние
Bestimmungsland *nt* <-(e)s, -länder> страна́ *f* назначе́ния
Bestimmungsort *m* <-(e)s, -e> ме́сто *nt* назначе́ния
bestmöglich *adv* как мо́жно лу́чше
bestrafen *vt* нака́зывать, -каза́ть *pf*, штрафова́ть, оштрафова́ть *pf* (*für +akk* за)
Bestrafung *f* <-, -en> наказа́ние *nt*, штраф *m*
bestrahlen *vt* 1. освеща́ть, -вети́ть *pf*; 2. (MED) облуча́ть, -чи́ть *pf*
Bestrahlung *f* <-, -en> (MED) облуче́ние *nt*
Bestreben *nt* <gen: -s> стремле́ние *nt*, стара́ние *nt*
bestreichen *irr vt* 1. обма́зывать, -ма́зать *pf*; 2. (*Brot*) нама́зывать, -ма́зать *pf*
bestreiken *vt* проводи́ть, -вести́ *pf* забасто́вку; **die Post wurde bestreikt** по́чта была́ охва́чена забасто́вкой
bestreiten *irr vt* 1. (*abstreiten*) оспа́ривать, -по́рить *pf*; 2. (*Kosten*) опла́чивать, -лати́ть *pf*, финанси́ровать *impf/pf*
bestreuen *vt* посыпа́ть, -сы́пать *pf*
Bestseller *m* <-s, -> бестсе́ллер *m*
bestürmen *vt* штурмова́ть *impf*
bestürzen *vt* поража́ть, -рази́ть *pf*
bestürzt *adj* поражённый, ошеломлённый
Bestürzung *f* <gen: -> смуще́ние *nt*; **in ~ versetzen** поверга́ть в смуще́ние
Besuch *m* <-(e)s, -e> 1. (*das Besuchen*) посеще́ние *nt*; 2. (*Besucher(in)*) посети́тель, -ница *m/f*; **~ haben** принима́ть посети́телей; **bei jdm zu ~ sein** быть у кого́-л. в гостя́х
besuchen *vt* 1. посеща́ть, -сети́ть *pf*; 2. (*Schule*) посеща́ть, -сети́ть *pf*, ходи́ть *impf*
Besucher, -in *m/f* <-s, -> посети́тель, -ница *m/f*
Besucherparkplatz *m* <-es, -plätze> автостоя́нка *f* для госте́й [о посети́телей]
Besuchszeit *f* <-, -en> вре́мя *nt* посеще́ний
betagt *adj* пожило́й, ста́рый
betasten *vt* ощу́пывать, -пать *pf*
betätigen I. *vt* 1. (*bedienen*) управля́ть *impf*; 2. (*Gerät*) пуска́ть, -сти́ть *pf* в ход; II. *vr* занима́ться, -ня́ться *pf*; **sich politisch ~** занима́ться полити́ческой де́ятельностью
Betätigung *f* <-, -en> 1. заня́тие *nt*, де́ятельность *f*; 2. (*Bedienung*) управле́ние *nt*; 3. (*eines Gerätes*) включе́ние *nt*, пуск *m*
betäuben *vt* 1. оглуша́ть, -ши́ть *pf*; 2. (MED) обезбо́ливать, -бо́лить *pf*
Betäubungsmittel *nt* <-s, -> обезбо́ливающее сре́дство *nt*, нарко́тик *m*
Betaversion *f* <-, -en> (DV: *einer Software*) бе́та-ве́рсия *f*
beteilen *vt* 1. (*österr: beschenken*) дари́ть, по- *pf*; 2. ода́ривать, -ри́ть *pf*
beteiligen I. *vt* брать, взять *pf* в до́лю; II. *vr* 1. (*teilnehmen*) уча́ствовать *impf* (*an +dat* в *+präpos*); 2. (*finanziell*) принима́ть, -ня́ть *pf* уча́стие (*an +dat* в *+präpos*)
Beteiligte(r) *mf* <-n, -n> уча́стник, -ница *m/f*
Beteiligung *f* <-, -en> 1. уча́стие *nt*; 2. (*Anteil*) до́ля *f*; **~ an anderen Unternehmen** долево́е уча́стие в други́х предприя́тиях; **~ im Ausland** капиталовложе́ния за рубежо́м

Beteiligungsfinanzierung f <-, -en> финансирование nt за счёт долевого участия
Beteiligungsgesellschaft f <-, -en> паевое общество nt, холдинговая компания f
Beteiligungskonzern m <-(e)s, -e> концерн m на паях
Beteiligungspapiere pl <gen: -> ценные бумаги pl на долю участия
Beteiligungsquote f <-, -n> доля f участия
beten vi молиться, по- pf
beteuern vt 1. заявлять, -вить pf, уверять, уверить pf; 2. (Unschuld) клясться, по- pf
Beteuerung f <-, -en> заверение nt, уверение nt
Bethlehem nt <gen: -s> Вифлеем nt
betiteln vt (nennen) озаглавливать, -главить pf
Beton m <gen: -s> бетон m
betonen vt делать, сделать pf ударение
betonieren vt бетонировать impf/pf, за- pf
Betonmischmaschine f <-, -n> бетоносмеситель m
Betonmischfahrzeug, **Betonmischwagen** nt <-(e)s, -e> автобетоносмеситель m
betont adj ударный; **sie gab sich ~ gleichgültig** она вела себя подчёркнуто равнодушно
Betonung f <-, -en> 1. ударение nt; 2. (Nachdruck) подчёркивание nt, акцентирование nt
betören vt обвораживать, -рожить pf, очаровывать, -ровать pf
Betr. abk von **Betreff**
Betracht m <gen: -(e)s> **außer ~ lassen** не принимать во внимание; **etw in ~ ziehen** принимать во внимание
betrachten vt 1. (anschauen) рассматривать, -мотреть pf; 2. (fig) рассматривать, -мотреть pf, анализировать impf/pf, про- pf
Betrachter, -in m/f <-s, -> наблюдатель, -ница m/f
beträchtlich adj значительный
Betrachtung f <-, -en> 1. рассматривание nt, разглядывание nt; 2. (Überlegung) соображения ntpl
Betrag m <-(e)s, Beträge> сумма f; **ausstehender ~** неоплаченная сумма; **steuerpflichtiger ~** облагаемая налогом сумма; **über den ~ von** на сумму; **der ~ beläuft sich auf 2000 Euro** сумма составляет 2000 евро; **einen ~ überweisen** переводить сумму
betragen I. vi составлять, -тавить pf; II. vr вести себя impf
Betragen nt <gen: -s> поведение nt

betrauen vt: **jdn mit etw ~** поручать кому-л. что-л.
Betreff m <-s, -e> 1. (Hinsicht) отношение nt; 2. (Aktenvermerk) предмет m
betreffen irr vt 1. (angehen) касаться, коснуться pf; **was Sie betrifft...** что касается вас...; 2. (bestürzen) поражать, -разить pf; **sie war von dieser Nachricht sehr betroffen** она была очень поражена этой новостью
betreffend adj соответствующий, данный
betreffs präp +gen относительно, по поводу
betreiben irr vt 1. (Gewerbe) заниматься, -няться pf; 2. (Unternehmen) вести impf; 3. (Studien) заниматься, -няться pf; 4. (Maschine) эксплуатировать impf; 5. (vorantreiben) приводить, -вести pf в движение
Betreiben nt <gen: -s>: **auf sein ~** по его настоянию
Betreiber m <-s, -> управляющий m, владелец m
betreten adj растерянный; **~ sah er zu Boden** он смущённо смотрел в пол
betreten irr vt 1. (Haus) входить, войти pf; 2. (Boden) ступать, -пить pf; **Das Betreten der Bahnbrücke ist verboten!** Ходить по железнодорожному мосту запрещается!
betreuen vt 1. (Kinder) заботиться, по- pf; 2. (versorgen) обслуживать, -жить pf; 3. (Touristen) сопровождать, -водить pf
Betrieb m <-(e)s, -e> 1. (Firma) предприятие nt; **exportorientierter ~** предприятие, работающее на экспорт; **handwerklicher ~** кустарное производство; **mit Gewinn arbeitender ~** прибыльное предприятие; **umweltfreundlicher ~** экологически безвредное производство; **verstaatlichter ~** национализированное предприятие 2. (Betriebsamkeit) движение nt, оживление nt; **hier ist immer viel ~** здесь всегда очень оживлённо; 3. (Werk) завод m; 4. (Funktion) работа f, действие nt, эксплуатация f; **außer ~ sein** не работать; **in ~ sein** работать; **störungsfreier ~** бесперебойная работа; **~ rund um die Uhr** круглосуточная работа; **außer ~ setzen** прекращать эксплуатацию; **den ~ aufnehmen** начинать работу
betrieblich adj производственный; ~e **Angelegenheit** производственный вопрос; ~e **Kennzahlen** основные показатели предприятия
Betriebsabrechnung f <-, -en> производственный учёт m
Betriebsabrechnungsbogen m <-s, -bö-

gen> ве́домость *f* произво́дственного учёта

Betriebsanalyse *f* <-, -n> ана́лиз *m* хозя́йственной де́ятельности предприя́тия

Betriebsangehörige *pl* <*gen:* -> персона́л *m* предприя́тия

Betriebsarzt *m* <-(e)s, -ärzte> врач *m* на предприя́тии

Betriebsaufgabe *f* <-, -n> прекраще́ние *nt* де́ятельности предприя́тия

Betriebsaufwand *m* <*gen:* -(e)s> произво́дственные расхо́ды *m*

Betriebsausflug *m* <-(e)s, -ausflüge> *организо́ванная и опла́ченная фи́рмой экску́рсия для сотру́дников*

Betriebsausgaben *pl* **1.** вну́тренние изде́ржки *pl* предприя́тия; **2.** эксплуата́ционные расхо́ды *pl* предприя́тия

Betriebsausstattung *f* <-, -en> произво́дственный инвента́рь *m*

betriebsbereit *adj* гото́вый к эксплуата́ции

Betriebsbereitschaft *f* <*gen:* -> гото́вность *f* к эксплуата́ции

Betriebsbesichtigung *f* <-, -en> экску́рсия *f* на предприя́тии

betriebseigen *adj* принадлежа́щий предприя́тию

Betriebseinnahmen *m* дохо́ды *pl* предприя́тия

Betriebsergebnis *nt* <-ses, -se> результа́ты *pl* хозя́йственной де́ятельности предприя́тия

Betriebserlaubnis *f* <*gen:* -> разреше́ние *nt* на эксплуата́цию

Betriebsferien *pl* отпускно́й пери́од *m* на предприя́тии

Betriebsfest *nt* <-(e)s, -e> ве́чер *m* для рабо́тников предприя́тия

betriebsfremd *adj* непроизво́дственный

Betriebsgeheimnis *nt* <-ses, -se> произво́дственный секре́т *m*, комме́рческая та́йна *f*

Betriebsgelände *nt* <*gen:* -s> (произво́дственные) пло́щади *mpl* предприя́тия

Betriebsgewinn *m* <-(e)s, -e> при́быль *f* предприя́тия

Betriebsgröße *f* <-, -n> разме́ры *mpl* предприя́тия

betriebsintern *adj* вну́тренний

Betriebsklima *nt* <*gen:* -s> атмосфе́ра *f* на предприя́тии

Betriebskosten *pl* <*gen:* -> изде́ржки *pl* произво́дства

Betriebskrankenkasse *f* <-, -n> больни́чная ка́сса *f* на предприя́тии

Betriebskredit *m* <-s, -e> краткосро́чный креди́т *m*

Betriebsleiter, -in *m/f* <-s, -> руководи́тель *m* предприя́тия

Betriebsleitung *f* <-, -en> руково́дство *nt* предприя́тия

Betriebsmaximum *nt* <-s, -maxima> максима́льная сте́пень *f* загру́зки мо́щностей

Betriebsmittel *pl* сре́дства *pl* произво́дства

betriebsnotwendig *adj* необходи́мый для произво́дства

Betriebsoptimum *nt* <*gen:* -s> *оптима́льная сте́пень загру́зки мо́щностей, принося́щая предприя́тию максима́льную при́быль*

Betriebsprüfung *f* <-, -en> фина́нсовая реви́зия *f* на предприя́тии

Betriebsrat *m* <-(e)s, -räte> произво́дственный сове́т *m*

Betriebsratsmitglied *nt* <-(e)s, -er> член *m* произво́дственного сове́та

Betriebsratsvorsitzende(r) *mf* <-n, -n> председа́тель *m* произво́дственного сове́та

Betriebsrente *f* <-, -n> пе́нсия *f* от предприя́тия

Betriebsrisiko *nt* <-s, -risiken> произво́дственный риск *m*

Betriebsschließung *f* <-, -en> закры́тие *nt* предприя́тия

betriebssicher *adj* надёжный в эксплуата́ции

Betriebssicherheit *f* <*gen:* -> эксплуатацио́нная надёжность *f*

Betriebsspannung *f* <*gen:* -> (EL) рабо́чее напряже́ние *nt*

Betriebssperre *f* <-, -n> вре́менное закры́тие *nt* предприя́тия

Betriebsstätte *f* <-, -n> месторасположе́ние *nt* предприя́тия

Betriebsstilllegung *f* <-, -en> **1.** (*Einstellung der Produktion*) прекраще́ние *nt* произво́дства; **2.** (*Unternehmensschließung*) закры́тие *nt* предприя́тия

Betriebsstoffe *pl* эксплуатацио́нные материа́лы *pl*

Betriebsstrom *m* <*gen:* -(e)s> (EL) рабо́чий ток *m*

Betriebssystem *nt* <-s, -e> (DV) операцио́нная систе́ма *f*

Betriebstemperatur *f* <*gen:* -> (TECH) рабо́чая температу́ра *f*

betriebsübergreifend *adj* выходя́щий за преде́лы предприя́тия

Betriebsüberwachung *f* <*gen:* -> (TECH) произво́дственный контро́ль *m*

Betriebsunfähigkeit *f* <*gen:* -> неработоспосо́бность *f*

Betriebsuntersagung *f* <-, -en> предписа́ние *nt* о прекраще́нии де́ятельности предприя́тия

Betriebsurlaub *m* <-(e)s, -e> отпускно́й пери́од *m* на предприя́тии

Betriebsveräußerungsgewinn *m* <-(e)s,

-e> при́быль f от прода́жи предприя́тия
Betriebsvereinbarung f <-, -en> соглаше́ние nt по дела́м предприя́тия
Betriebsvergleich m <-(e)s, -e> сопостави́тельный ана́лиз m де́ятельности однотипных предприя́тий
Betriebsverlust m <-(e)s, -e> убы́тки pl предприя́тия
Betriebsvermögen nt <-s, -> иму́щество nt предприя́тия
Betriebsvermögensvergleich m <-(e)s, -e> сопостави́тельный расчёт m при́былей предприя́тия
Betriebsversammlung f <-, -en> собра́ние nt коллекти́ва предприя́тия
Betriebswert m <-(e)s, -e> сто́имость f эксплуата́ции
Betriebswirt, in m/f <-(e)s, -e> экономи́ст m, специали́ст m по эконо́мике и организа́ции произво́дства
Betriebswirtschaft f <gen: -> организа́ция f произво́дства, эконо́мика f предприя́тия
betriebswirtschaftlich adj произво́дственно-экономи́ческий
Betriebswirtschaftslehre f <gen: -> уче́ние nt об эконо́мике предприя́тия
Betriebswissenschaft f <gen: -> нау́ка f об эконо́мике и организа́ции произво́дства
Betriebszusammenschluss m <gen: -es> 1. (*Fusion*) слия́ние nt предприя́тий; 2. (*Konzentration*) концентра́ция f произво́дства
betrinken irr vr напива́ться, -пи́ться pf
betroffen adj (*erschüttert*) потрясённый, поражённый
betrüben vt печа́лить, опеча́лить pf
betrübt adj опеча́ленный, огорчённый
Betrug m <gen: -(e)s> обма́н m; **einen ~ aufdecken** раскрыва́ть обма́н; **einen ~ begehen** соверши́ть обма́н
betrügen vt 1. обма́нывать, -ну́ть pf; **meine Hoffnung war nicht betrogen worden** я не обману́лась в свои́х наде́ждах; 2. (*Ehepartner(in)*) изменя́ть, -ни́ть pf
Betrüger, -in m/f <-s, -> обма́нщик, -щица m/f
betrügerisch adj обма́нный, моше́ннический; **in ~er Absicht** с наме́рением обману́ть
betrunken adj пья́ный
Betschwester f <-, -n> (*pej*) свято́ша m
Bett nt <-(e)s, -en> 1. (*zum Schlafen*) крова́ть f, посте́ль f; **ins ~ gehen** ложи́ться спать; **das ~ machen** стели́ть посте́ль 2. (*Flussbett*) ру́сло nt
Bettbezug m <-(e)s, -bezüge> пододея́льник m

Bettdecke f <-, -n> одея́ло nt, покрыва́ло nt
bettelarm adj ни́щий
Bettelei f <gen: -> попроша́йничество nt
betteln vi проси́ть, по- pf ми́лостыню, попроша́йничать impf
betten vt укла́дывать, уложи́ть pf (в посте́ль)
Bettfedern pl <gen: -> пери́на
Betthase m <-n, -n> (*umg*) же́нщина f для посте́ли
bettlägerig adj лежа́чий
Bettlägerigkeit f <gen: -> посте́льный режи́м m
Bettlaken nt <-s, -> простыня́ f
Bettler, -in m/f <-, -> ни́щий, -щая m/f
Bettschüssel f <-, -n> су́дно nt (для лежа́чего больно́го)
Bettvorleger m <-s, -> ко́врик m
Bettwäsche f <gen: -> посте́льное бельё nt
Bettzeug nt <gen: -> посте́льные принадле́жности fpl
beugen I. vt 1. сгиба́ть, согну́ть pf; 2. (LING: *Substantiv*) склоня́ть, про- pf; 3. (LING: *Verb*) спряга́ть, про- pf; II. vr 1. сгиба́ться, согну́ться pf; 2. (*fig: nachgeben*) уступа́ть, -пи́ть pf
Beule f <-, -n> 1. (*Schwellung*) ши́шка f; 2. (*an Auto*) вмя́тина f
beunruhigen vt беспоко́ить impf
Beunruhigung f <gen: -> беспоко́йство nt
beurkunden vt удостоверя́ть, -ве́рить pf докуме́нтами
Beurkundung f <-, -en> 1. (*Beglaubigung*) удостовере́ние nt; **notarielle ~** нотариа́льное удостовере́ние 2. (*Erstellung einer Urkunde*) составле́ние nt докуме́нта
beurlauben vt 1. дава́ть, дать pf о́тпуск; 2. (*von Amt entbinden*) освобожда́ть, -боди́ть pf от до́лжности (на вре́мя)
beurteilen vt расце́нивать, -ни́ть pf, суди́ть impf; **etw ist schwer zu ~** о чём-л. тру́дно суди́ть
Beurteilung f <-, -en> 1. (*das Beurteilen*) обсужде́ние nt; 2. (*Bewertung*) оце́нка f; **einseitige ~** однобо́кое сужде́ние
Beurteilungsbogen m <-s, -bögen> послужно́й спи́сок m
Beute f <gen: -> добы́ча f
Beutekunst f <gen: -> трофе́йные произведе́ния ntpl иску́сства
Beutel m <-s, -> мешо́к m, кулёк m
Beutelratte f <-, -n> су́мчатая кры́са f
Beuteltee m чай m в паке́тиках
Beuteltier nt <-(e)s, -e> су́мчатое живо́тное nt
bevölkern vt населя́ть impf
Bevölkerung f <-, -en> населе́ние nt
Bevölkerungsdichte f <gen: -> пло́тность f населе́ния

Bevölkerungsentwicklung *f* <gen: -> развитие *nt* населения
Bevölkerungsexplosion *f* <gen: -> демографический взрыв *m*
Bevölkerungspyramide *f* <gen: -> возрастная структура населения, представленная графически в виде пирамиды
Bevölkerungsrückgang *m* <-(e)s, -gänge> снижение *nt* численности населения
Bevölkerungsstruktur *f* <gen: -> структура *f* населения
Bevölkerungswachstum *nt* <gen: -s> рост *m* населения *m*
bevollmächtigen *vt* уполномочивать, -мочить *pf*
Bevollmächtigte(r) *mf* <-n, -n> 1. уполномоченный, -ная *m/f*; 2. (*Prokurist*) прокурист *m*
Bevollmächtigung *f* <-, -en> предоставление *nt* полномочий
bevor *konj* прежде чем; küss mich, ~ du gehst поцелуй меня перед уходом
bevormunden *vt* опекать *impf*
Bevormundung *f* <gen: -> опека *f*, опекунство *nt*
bevorstehen *irr vi* предстоять *impf*
bevorzugen *vt* 1. предпочитать, -честь *pf*; 2. (*Person*) оказывать, -зать *pf* предпочтение
Bevorzugung *f* <-, -en> предпочтение *nt*
bewachen *vt* охранять *impf*, стеречь *impf*
Bewachung *f* <gen: -> 1. охрана *f*; 2. (*Bewacher*) охранник *m*; unter ~ stehen быть под охраной
bewaffnen *vt* вооружать, -жить *pf*
Bewaffnung *f* <gen: -> (*das Bewaffnen*) вооружение *nt*
bewahren *vt* охранять *impf*, оберегать *impf*
bewähren *vr* 1. (*Mensch*) показать *pf*, -казывать *impf* себя, проявить *pf*, -являть *impf* себя; 2. (*Gegenstand, Methode*) оказаться *pf*, оказываться *impf* пригодным, оправдать *pf*, -равдывать *impf* себя
bewahrheiten *vr* оправдываться, -даться *pf* на деле; es bewahrheitete sich, dass... подтвердилось, что...
bewährt *adj* надёжный; ein ~es Mittel испытанное средство
Bewährung *f* <-, -en> проверка *f*, испытание *nt*; mit ~ условно
Bewährungsfrist *f* <-, -en> срок *m* условного осуждения
Bewährungshelfer, -in *m/f* <-s, -> лицо, оказывающее помощь условно осуждённому
Bewährungsstrafe *f* <-, -n> отсрочка *f* лишения свободы (с целью испытания)
bewaldet *adj* лесистый

Bewaldung *f* <gen: -> облесение *nt*
bewältigen *vt* 1. (*Schwierigkeiten*) преодолевать, -леть *pf*; 2. (*Arbeit*) справляться, справиться *pf*
bewandert *adj* опытный; in einer Sache (gut) ~ sein быть в каком-л. деле (хорошо) сведущим
bewässern *vt* орошать, оросить *pf*
Bewässerung *f* <-, -en> орошение *nt*, ирригация *f*
bewegen I. *vt* 1. двигать, двинуть *pf*; 2. (*rühren*) трогать, тронуть *pf*, волновать, взволновать *pf*; jdn zu etw ~ побудить кого-л. к чему-л.; II. *vr* двигаться, двинуться *pf*
beweglich *adj* 1. (*Gegenstand*) передвижной, движущийся; 2. (*körperlich*) подвижный, гибкий; 3. (*geistig*) живой
bewegt *adj* 1. (*Leben*) бурный; 2. (*gerührt*) взволнованный, тронутый
Bewegung *f* <-, -en> 1. движение *nt*; 2. (*körperlich*) движение *nt*; etw mehr ~ würde dir guttun немного больше движения тебе бы не повредило; 3. (*Rührung*) растроганность *f*, волнение *nt*; 4. (*Massenbewegung*) общественное движение *nt*; sich in ~ setzen приходить в движение
Bewegungsarmut *f* <gen: -> недостаток *m* движения
Bewegungsenergie *f* <gen: -> (PHYS) кинетическая энергия
Bewegungsfreiheit *f* <gen: -> свобода *f* передвижения
bewegungslos *adj* неподвижный
Bewegungstherapie *f* <-, -n> механотерапия *f*
Beweis *m* <-es, -e> 1. (*Nachweis*) доказательство *nt*, довод *m*; 2. (*Zeichen, Ausdruck*) проявление *nt*; zum ~ ihrer Anteilnahme schickten sie Blumen в знак участия они послали цветы; den ~ erbringen привести доказательство; stichhaltige ~e liefern представлять надёжные доказательства
beweisbar *adj* доказуемый
beweisen *irr vt* 1. доказывать, -зать *pf*; 2. (*zeigen*) проявлять, -вить *pf*; was zu ~ war что и требовалось доказать
Beweisgegenstand *m* <-(e)s, -gegenstände> доказательство *nt*
Beweislast *f* <gen: -> (JUR) бремя *nt* доказательств
Beweismittel *nt* доказательство *nt*
bewenden *vt*: es bei etw ~ lassen ограничиваться чём-л.
bewerben *irr vr*: sich um eine Stelle ~ подавать заявление о приёме на работу
Bewerber, -in *m/f* <-s, -> 1. (*Anwärter*) претендент, -ка *m/f*, кандидат *m*; 2.

(*Antragsteller*) заявитель *m*
Bewerbung *f* <-, -en> **1.** (*Bewerbungsschreiben*) заявление *nt* о приёме на работу; **seine ~ einreichen** подать своё заявление о приёме на работу **2.** (*Wettbewerb*) конкурс; **~ um ein Amt** конкурс на замещение должности
Bewerbungsunterlagen *pl* <*gen*: -> документы, прилагаемые к заявлению о приёме на работу *или* учёбу
bewerkstelligen *vt* осуществлять, -вить *pf*, устраивать, -роить *pf*
bewerten *vt* оценивать, -нить *pf*
Bewertung *f* <-, -en> **1.** отзыв *m*; **2.** (*Note*) оценка *f*; **~ nach einem Punktesystem** балльная оценка; **~ von Wertpapieren** котировка ценных бумаг
Bewertungskriterium *nt* <-s, -kriterien> критерий *m* оценки
Bewertungsspielraum *m* <-(e)s, -spielräume> диапазон *m* оценки
bewilligen *vt* разрешать, -шить *pf*, предоставлять, -ставить *pf*; **Gelder ~** ассигновать денежные суммы
Bewilligung *f* <-, -en> **1.** (*Genehmigung*) разрешение *nt*, согласие *nt*; **behördliche ~** разрешение (от) властей **2.** (*Gewährung*) ассигнование *nt*, предоставление *nt*; **~ einer Nachfrist** предоставление отсрочки; **~ eines Kredits** предоставление кредита; **~ zusätzlicher finanzieller Mittel** дополнительное ассигнование
bewirken *vt* вызывать, вызвать *pf*, быть *impf* причиной
bewirten *vt* угощать, угостить *pf*
bewirtschaften *vt* **1.** (*Land*) обрабатывать, -ботать *pf*; **2.** (*Gaststätte*) управлять *impf*
Bewirtung *f* <-, -en> угощение *nt*
Bewirtungskosten *pl* <*gen*: -> (*bei Geschäftsessen*) расходы *pl* на угощение гостей
bewog *prät von* **bewegen**
bewogen *part perf von* **bewegen**
bewohnbar *adj* жилой
bewohnen *vt* **1.** (*Menschen*) населять *impf*; **2.** (*Tiere*) обитать *impf*
Bewohner, -in *m/f* <-s, -> **1.** (*Haus~*) жилец, -лица *m/f*; **2.** (*Einwohner*) житель, -ница *m/f*
bewölken *vr* покрываться, -крыться *pf* облаками
bewölkt *adj* облачный, покрытый облаками
Bewölkung *f* <*gen*: -> облачность *f*
Bewunderer, Bewunderin *m/f* <-s, -> поклонник, -ница *m/f*
bewundern *vt* восхищаться, -хититься *pf*
bewundernswert *adj* достойный восхищения

Bewunderung *f* <*gen*: -> восхищение *nt*, восторг *m*
bewunderungswürdig *adj* достойный восхищения, удивительный
bewusst *adj* **1.** сознательный; **2.** (*besagt*) известный; **sich einer Sache ~ werden** отдавать себе отчёт в чём-л.
bewusstlos *adj* бессознательный
Bewusstlosigkeit *f* <-, -en> беспамятство *nt*, бессознательное состояние *nt*
bewusst machen *vt*: **jdm etw ~** доводить что-л. до чьего-л. сознания
Bewusstsein *nt* <*gen*: -s> сознание *nt*; **das ~ verlieren** терять сознание; **zu ~ kommen** приходить в сознание; **etw kommt jdm zu ~** что-л. становится ясно кому-л.
Bewusstseinsstörung *f* <-, -en> нарушение *nt* сознания
bezahlen *vt* платить, за- *pf*; **bar ~** платить наличными; **auf Heller und Pfennig ~** уплачивать все до копейки; **sich bezahlt machen** окупаться; **das ist nicht mit Geld zu ~** этому цены нет
Bezahlung *f* <-, -en> **1.** (*das Zahlen*) оплата *f*; **2.** (*Entlohnung*) плата *f*, вознаграждение *nt*
Bezahlungssystem *nt* <-(e)s, -e> платёжная система *f*
bezaubern *vt* очаровывать, -вать *pf*
bezeichnen *vt* **1.** (*kennzeichnen*) помечать, -метить *pf*, отмечать, -метить *pf*; **2.** (*nennen*) называть, -звать *pf*
bezeichnend *adj* характерный, показательный; **etw ist ~ für jdn/etw** что-л. является для кого-л./чего-л. характерным
bezeichnenderweise *adv* показательно, характерно
Bezeichnung *f* <-, -en> **1.** (*Ausdruck*) выражение *nt*; **2.** (*Name, Benennung*) название *nt*, обозначение *nt*
bezeugen *vt* свидетельствовать *impf*, подтверждать, -рдить *pf*
bezichtigen *vt* обвинять, -нить *pf*
Bezichtigung *f* <-, -en> обвинение *nt*
beziehen I. *irr vt* **1.** (*Bett*) менять, по- *pf* постель; **2.** (*Wohnung*) въезжать, въехать *pf*; **3.** (*erhalten*) получать, -чить *pf*; **4.** (*Stellung*) занимать, -нять *pf*; **II.** *irr vr* **1.** ссылаться, сослаться *pf* (*auf +akk* на); **2.** (*Himmel*) покрываться, -крыться *pf*, заволакиваться, -лочься *pf*
Beziehung *f* <-, -en> **1.** (*Zusammenhang*) связь *f*; **2.** (*zwischen Menschen*) отношение *nt*; **bilaterale ~en** двусторонние отношения; **geschäftliche ~en anknüpfen** завязывать деловые отношения **3.** (*Liebesverhältnis*) связь *f*; **4.** (*Hinsicht*) отношение *nt*, связь *f*; **in dieser ~ muss ich dir Recht**

geben в э́том отноше́нии я до́лжен с тобо́й согласи́ться
beziehungsweise *konj* 1. (*genauer gesagt*) точне́е говоря́; **Mädchen ~ junge Frauen** де́вушки, верне́е говоря́, молоды́е же́нщины; 2. (*oder*) и́ли; **Männer ~ Frauen** мужчи́ны или же́нщины
Bezirk *m* <-(e)s, -e> райо́н *m*
Bezirksamt *nt* <-(e)s, -ämter> окружно́е ве́домство *nt*
Bezirkschef, -in *m/f* <-s, -s> огружно́й нача́льник *m*
Bezirksebene *f* <*gen*: -> : **auf ~** на у́ровне о́круга, окружно́й
Bezirksleiter, -in *m/f* <-s, -> руководи́тель *m* о́круга
Bezirksleitung *f* <-, -en> окружно́е управле́ние *nt*
Bezirksregierung *f* <-, -en> администра́ция *f* о́круга
Bezirksverwaltung *f* <-, -en> окружно́е правле́ние *nt*
Bezogene(r) *mf* <-n, -n> (*von Wechsel*) трасса́т *m*
bezug *adv*: **in ~ auf** относи́тельно
Bezug[1] *m* <-(e)s, Bezüge> 1. (*Überzug*) оби́вка *f*, чехо́л *m*; 2. (*von Kissen*) на́волочка *f*; 3. (*von Waren*) поку́пка *f*, получе́ние *nt*; **Bezüge** (*Einkommen*) дохо́ды; **auf etw ~ nehmen** ссыла́ться на что-л.
Bezug[2] *m* <-(e)s, Bezüge> 1. (*Einnahmen*) получе́ние *nt* (дохо́да); 2. (*Bestellung*) зака́з *m*, вы́писка *f*; **~ von Waren** зака́з това́ров 3. (*Zusammenhang*) отноше́ние *nt*, ссы́лка *f*; 4. (*Subskription*) подпи́ска *f*; **~ einer Zeitung** подпи́ска на газе́ту
bezüglich *präp* +*gen* относи́тельно, каса́тельно
Bezugsbedingungen *pl* <*gen*: -> усло́вия *ntpl* подпи́ски (на газе́ты и т.п.)
Bezugsberechtigte(r) *mf* <-n, -n> име́ющий пра́во на получе́ние чего́-л.
Bezugsgröße *f* <-, -n> ба́зовая величина́ *f*
Bezugspreis *m* <-es, -e> заку́почная цена́ *f*; **~ für Aktien** подписна́я цена́ на а́кции
Bezugspunkt *m* <-(e)s, -e> исхо́дная то́чка *f*
Bezugsrecht *nt* <-(e)s, -e> пра́во *nt* на получе́ние
Bezugsschein *m* <-(e)s, -e> 1. (*Dividendenschein*) купо́н *m*; 2. (*Zuteilungsschein*) о́рдер *m*, тало́н *m*
bezuschussen *vt* субсиди́ровать *impf/pf*
bezwecken *vt* ста́вить, по- *pf* це́лью, добива́ться, -би́ться *pf*; **was bezweckst du damit?** чего́ ты хо́чешь э́тим доби́ться?
bezweifeln *vt* сомнева́ться *impf*; **das wage ich zu ~** в э́том я позво́лю себе́ усомни́ться
bezwingen *irr vt* 1. (*Gegner*) побежда́ть, -беди́ть *pf*; 2. (*Berg*) покоря́ть *pf*, -ря́ть *impf*; 3. (*sich selbst*) овладе́ть *pf*, -дева́ть *impf* собо́й
Bezwinger, -in *m/f* <-s, -> покори́тель *m*
BGB *abk von* **Bürgerliches Gesetzbuch** *nt* Гражда́нский ко́декс Герма́нии
BH *abk von* **Büstenhalter** *m*
Biathlet, -in *m/f* <-en, -en> биатлони́ст, -ка *m/f*
Biathlon *nt* <-s, -s> биатло́н *m*
Bibel *f* <-, -n> Би́блия *f*
Bibelstelle *f* <-, -n> цита́та *f* из Би́блии
Biber *m* <-s, -> бобр *m*
Bibliographie *f* <-, -n> библиогра́фия *f*
bibliographieren *vi* вноси́ть, внести́ *pf* в спи́сок библиографи́ческие да́нные
bibliographisch *adj* библиографи́ческий; **~e Angaben** библиографи́ческие да́нные
Bibliothek *f* <-, -en> библиоте́ка *f*
Bibliothekar, -in *m* <-s, -e> библиоте́карь *m*
Bibliothekswesen *nt* <*gen*: -s> библиоте́чное де́ло *nt*
Bibliothekswissenschaft *f* <*gen*: -> библиотекове́дение *nt*
biblisch *adj* библе́йский
Bidet *nt* <-s, -s> биде́ *nt*
bieder *adj* 1. че́стный, поря́дочный; 2. (*spießig*) обыва́тельский, меща́нский
Biederkeit *f* <*gen*: -> че́стность *f*, поря́дочность *f*
biegen <*bog, gebogen*> I. *vt* гнуть, со- *pf*; II. *vr* сгиба́ться, согну́ться *pf*; **sich vor Lachen ~** (*umg*) ко́рчиться от сме́ха; III. *vi* повора́чивать, -верну́ть *pf*; **er bog um die Ecke** он сверну́л за́ у́гол
biegsam *adj* ги́бкий, упру́гий
Biegung *f* <-, -en> поворо́т *m*, изги́б *m*
Biene *f* <-, -n> пчела́ *f*
Bienenhonig *m* <-s, -e> пчели́ный мёд *m*
Bienenkönigin *f* <*gen*: -> пчели́ная ма́тка *f*
Bienenstand *m* <-(e)s, -stände> па́сека *f*
Bienenwachs *nt* <-es, -e> пчели́ный воск *m*
Bienenzucht *f* <*gen*: -> пчелово́дство *nt*
Bienenzüchter, -in *m/f* <-s, -> пчелово́д *m*
Bier *nt* <-(e)s, -e> пи́во *nt*; **das ist nicht mein ~** (*umg*) э́то меня́ не интересу́ет; **alkoholfreies ~** безалкого́льное пи́во
Bierbrauer *m* <-s, -> пивова́р *m*
Bierbrauerei *f* <-, -en> пивова́ренный заво́д *m*
Bierdeckel *m* <-s, -> карто́нная подста́вка под кру́жку с пи́вом
Bierdose *f* <-, -n> пивна́я ба́нка *f*
bierernst *adj* сли́шком серьёзный
Bierfass *nt* <-es, -fässer> пивна́я бо́чка *f*

Bierfilz siehe **Bierdeckel**
Bierflasche f <-, -n> пивная бутылка f
Biergarten m <-s, -gärten> пивная со столиками под открытым небом
Bierglas nt <-es, -gläser> пивной бокал m
Bierhefe f <gen: -> пивные дрожжи pl
Bierkasten m <-s, -kästen> ящик m для бутылок с пивом
Bierkneipe f <-, -n> пивная f
Bierkrug m <-(e)s, -krüge> пивная кружка f
Bierlokal nt <-(e)s, -e> пивная f
Biertrinker m <-s, -> любитель m пива
Bierzelt nt <-(e)s, -e> палатка, в которой продаётся пиво (устанавливаемая во время народных гуляний)
Biest nt <-(e)s, -er> 1. (*Tier*) тварь f; 2. (*pej: Mensch*) бестия f, тварь f
bieten <bot, geboten> I. vt 1. предлагать, -ложить pf, давать, дать pf; 2. (*bei Auktion*) предлагать, -ложить pf; 3. (*Anblick*) предоставлять, -ставить pf; 4. (*Hand*) протягивать, -тянуть pf; II. vr (*Gelegenheit*) представляться, -ставиться pf; **das lasse ich mir nicht ~** этого я не потерплю
Bigotterie f <gen: -> ханжество nt
Bikini m <-s, -s> бикини nt
Bilanz f <-, -en> 1. (ÖKON) баланс m; 2. (*fig*) итог m; **doppelte ~** двойной баланс; **genehmigte ~** одобренный баланс; **unausgeglichene ~** неуравновешенный баланс; **vorläufige ~** предварительный итог; **zusammengefasste ~** сводный баланс; **~ der Abrechnungsperiode** отчётный баланс; **~ der vorausgegangenen Periode** смежный баланс; **die ~ aufstellen** составлять [*о* сводить] баланс; **die ~ ausgleichen** балансировать баланс; **die ~ frisieren** приукрашивать баланс; **die ~ prüfen** проверять баланс; **etwas in der ~ ausweisen** показывать что-л. в балансе; **~ ziehen** подвести итоги
Bilanzanalyse f <-, -en> анализ m баланса
Bilanzberichtigung f <-, -en> исправление nt баланса
Bilanzbewertung f <-, -en> балансовая оценка f
Bilanzfälschung f <-, -en> фальсификация f баланса
Bilanzfrisur f <-, -en> подчистка f баланса
Bilanzgewinn m <-(e)s, -e> балансовая прибыль f
Bilanzgliederung f <-, -en> структура f баланса
bilanzieren vt 1. (*die Bilanz abschließen*) балансировать, с- pf; 2. (*das Fazit ziehen*) подводить итог
Bilanzierung f <-, -en> 1. (*Ausgleich*) сбалансирование nt; 2. (*Aufstellen einer Bilanz*) сведение nt баланса
Bilanzierungsgrundsätze pl принципы pl балансирования m
Bilanzkosmetik f <gen: -> подчистка f баланса
Bilanzpolitik f <gen: -> балансовая политика f
Bilanzposten m <-s, -> статья f баланса
Bilanzprüfer, -in m/f <-s, -> ревизор m баланса
Bilanzseite f <-, -n> сторона f баланса
Bilanzstichtag m <-(e)s, -e> день m, на который составляется баланс
Bilanzsumme f <-, -n> балансовый итог m
Bilanzüberschuss m <-es, -schüsse> балансовая прибыль f
Bilanzvergleich m <-(e)s, -e> сопоставление nt балансов
Bilanzverlust m <-es, -e> балансовые убытки pl
Bilanzzahlen pl показатели mpl баланса
bilateral adj (POL: *zweiseitig*) двусторонний; **~e Zusammenarbeit** двустороннее сотрудничество; **~e Vereinbarung** двусторонняя договорённость
Bild nt <-(e)s, -er> 1. картина f, рисунок m; 2. (*Foto*) фотография f; 3. (*Vorstellung*) представление nt, образ m; **sich von jdm/etw ein ~ machen** составить себе о ком-л./чём-л. представление; **über etw im ~e sein** быть в курсе чего-л.
Bildband m <-(e)s, -bände> фотоальбом m
bilden I. vt 1. (*Sätze*) строить, по- pf, образовывать, -зовать pf; 2. (*formen*) создавать, -дать pf; 3. (*Gruppe*) организовывать, -зовать pf; 4. (*Meinung*) формировать, сформировать pf; 5. (*geistig*) образовывать, -зовать pf; II. vr (*geistig*) просвещаться, -светиться pf, развиваться, -виться pf
Bilderbuch nt <-(e)s, -bücher> книга f с картинками
Bilderbuchkarriere f <-, -n> идеальная карьера f
Bildergalerie f <-, -n> картинная галерея f
Bildergeschichte f <-, -n> рассказ m в картинках
Bilderhaken m <-s, -> крючок или гвоздь, на который вешается картина
Bilderrahmen m <-s, -> рама f для картины
Bilderstürmer m <-s, -> поборник m нового, противник m обычаев [*о* взглядов]
Bildfläche f: **von der ~ verschwinden** (*umg*) исчезнуть из поля зрения; **auf der ~ erscheinen** (*umg*) появиться в

поле зрения
Bildgestaltung *f* <-, -en> 1. оформление *nt* изображения; 2. иллюстрирование *nt* печатного издания
bildhaft *adj* картинный, образный
Bildhauer, -in *m/f* <-s, -> скульптор *m*
bildhübsch *adj* красивый, как на картинке; **sie ist ein ~es Mädchen** она писаная красавица
Bildlaufleiste *f* <-, -n> (DV: *Scrollbar*) скроллбар *m*
bildlich *adj* 1. (*mit Hilfe von Bildern*) наглядный; 2. (*Ausdruck*) образный; **sich etw ~ vorstellen** что-л. наглядно себе представить
Bildnis *nt* <-ses, -se> портрет *m*
Bildreportage *f* <-, -n> фоторепортаж *m*
Bildreporter, -in *m* <-s, -> фоторепортёр *m*
Bildschirm *m* <-(e)s, -e> экран *m*
Bildschirmabstrahlung *f* <gen: -> вредное излучение *nt* монитора (компьютера)
Bildschirmschoner *m* <-s, -> (DV) скринсейвер *m*, хранитель *m* „крана", заставка *f*
Bildschirmtext *m* <gen: -(e)s> видеотекст *m*
bildschön *adj* очень красивый
Bildung *f* <gen: -> 1. (*kulturell*) образование *nt*, просвещение *nt*; 2. (*Formung*) формирование *nt*
Bildungsangebot *nt* <-(e)s, -e> выбор *m* учебных заведений
bildungsbeflissen *adj* усердный в образовании
Bildungshunger *m* <gen: -s> жажда *f* образования
Bildungslücke *f* <-, -n> пробел *m* в образовании
Bildungsminister, -in *m/f* <-s, -> министр *m/f* образования
Bildungspolitik *f* <-, -en> политика *f* в области образования
bildungspolitisch *adj* касающийся политики в области образования
Bildungsreform *f* <-, -en> реформа *f* образования *m*
bildungssprachlich *adj* относящийся к литературному языку
Bildungsstätte *f* <-, -n> 1. (*geh*) учебное заведение *nt*; 2. учебный центр *m*
Bildungssystem *nt* <-(e)s, -e> система *f* образования
Bildungsurlaub *m* <-(e)s, -e> отпуск *m* для повышения квалификации
Bildungswesen *nt* <gen: -s> народное образоваие *nt*
Bildwörterbuch *nt* <-(e)s, -bücher> иллюстрированный словарь *m*
bilingual *adj* двуязычный; **~es Wörterbuch** двуязычный словарь

Billard *nt* <gen: -s> бильярд *m*
Billardkugel *f* <-, -n> бильярдный шар *m*
Billardstock *m* <-(e)s, -stöcke> кий *m*
Billet *nt* <-(e)s, -s/ -e> 1. (*CH: Eintrittskarte, Fahrkarte*) билет *m*; 2. (*österr: Glückwunschkarte*) поздравительная открытка *f*
Billeteur, Billeteuse *m/f* <-s, -e> 1. (*CH: Schaffner*) кондуктор *m*, проводник *m* (поезда); 2. (*österr: Platzanweiser*) билетёр *m*
billig *adj* 1. дешёвый, недорогой; 2. (*umg: zu einfach*) примитивный; **eine ~e Ausrede** (*umg*) пустая отговорка; **etw ist recht und ~** что-л. справедливо
billigen *vt* одобрять, одобрить *pf*
Billigflug *m* <-s, -flüge> (*umg*) полёт *m* на самолёте за низкую цену
Billigimport *m* <-(e)s, -e> импорт *m* дешёвых товаров
Billigkräfte *pl* <gen: -> дешёвая рабочая сила *m/f*
Billigmarkt *m* <-(e)s, -märkte> магазин *m* уценённых товаров
Billigung *f* <gen: -> одобрение *nt*; **jds ~ finden** получить чьё-л. одобрение
Billigware *f* <-, -n> (*pej*) дешёвый товар *m*
Billion *f* <-, -en> биллион *m*
Bimmelbahn *f* <-, -en> (*umg*) узкоколейка *f*
bimmeln *vi* звонить *impf*, трезвонить *impf*
Bimsstein *m* <gen: -(e)s> пемза *f*
binär *adj* бинарный, двоичный
Binärdatei *f* <-, -en> (DV) двоичный файл *m*
Binde *f* <-, -n> 1. (*Verband*) повязка *f*, бинт *m*; 2. (*Damen~*) гигиеническая прокладка *f*; 3. (*Augen~*) повязка *f*
Bindegewebe *nt* <gen: -s> соединительная ткань *f*
Bindeglied *nt* <-(e)s, -er> связующее звено *nt*
Bindehaut *f* <-, -häute> конъюнктива *f*
Bindehautentzündung *f* <-, -en> конъюнктивит *m*
binden <band, gebunden> I. *vt* 1. (*festbinden*) связывать, -зать *pf*; 2. (*Krawatte*) завязывать, -зать *pf*; 3. (*Buch*) переплетать, -плести *pf*; 4. (*Soße*) загустить *pf*; 5. (*fig*) связывать, -зать *pf*; II. *vr* обязываться, -заться *pf*, связывать, -зать *pf* себя обязательствами
Bindestrich *m* <-(e)s, -e> чёрточка *f*, дефис *m*
Bindfaden *m* <-s, -fäden> шпагат *m*, верёвка *f*
Bindung *f* <-, -en> 1. (*Verpflichtung*) обязательство *nt*, связанность *f*; **vertragliche ~** договорное обязательство

Bindungsdauer

2. (*von Kapital*) иммобилизация *f*, связывание *nt*; ~ **von Kapital** связывание капитала
Bindungsdauer *f* <*gen*: -> срок *m* замораживания (денежных средств)
binnen *präp* в течение, в; ~ **drei Tagen** в течение трёх дней; ~ **eines Jahres** в течение года
Binnenfischerei *f* <*gen*: -> рыболовство *nt* во внутренних водах
Binnenhafen *m* <-s, -häfen> речной порт *m*, пристань *f*
Binnenhandel *m* <*gen*: -s> внутренняя торговля *f*
Binnenland *nt* <-(e)s, -länder> местность *f*, удалённая от моря, государство *nt*, не имеющее выхода к морю
Binnenmarkt *m* <-(e)s, -märkte> внутренний рынок *m*
Binnenmeer *nt* <-(e)s, -e> внутреннее море *nt*
binnenwirtschaftlich *adj* касающийся внутреннего хозяйства страны
Binom *nt* <-(e)s, -e> (МАТН) бином *m*
Binse *f* <-, -n> тростник *m*; **etw geht in die ~n** (*umg*) что-л. пошло прахом
Binsenweisheit *f* <-, -en> прописная истина *f*
Biochemie *f* <*gen*: -> биохимия *f*
Biochemiker, -in *m/f* <-s, -> биохимик *m*
biochemisch *adj* биохимический
Bioethik *f* <*gen*: -> биоэтика *f*
Biograph, -in *m/f* <-en, -en> биограф *m*
Biographie *f* <-, -n> биография *f*
Biokost *f* <*gen*: -> (*umg*) биологически чистая пища *f*
Bioladen *m* <-s, -läden> магазин, в котором продаются продукты, выращенные без применения химикатов
Biologe, Biologin *m/f* <-n, -n> биолог *m*
Biologie *f* <*gen*: -> биология *f*
biologisch *adj* биологический; ~ **abbaubar** биологически разлагаемый
Biomüll *m* <*gen*: -s> органические (хозяйственные) отходы *pl*
Bionik *f* <*gen*: -> бионика *f*
Bioprodukt *nt* <-(e)s, -e> биологически чистый продукт *m*
Biorhythmus *m* <-, -rhythmen> биоритм *m*
Biosphäre *f* <-, -n> биосфера *f*
biotechnisch *adj* биотехнический
Biotechnologie *f* <*gen*: -> биотехнология *f*
Biotonne *f* <-, -n> мусорный контейнер для органических отходов
Biotop *nt* <-(e)s, -e> биотоп *m*
Birke *f* <-, -n> берёза *f*
Birkenwald *m* <-(e)s, -wälder> березняк *m*
Birkhuhn *nt* <-(e)s, -hühner> тетёрка *f*
Birma *nt* <*gen*: -s> Бирма *f*

Birnbaum *m* <-(e)s, -bäume> груша *f*
Birne *f* <-, -n> **1.** груша *f*; **2.** (*Glühbirne*) электрическая лампочка *f*; **3.** (*umg*: *Kopf*) башка *f*
birnenförmig *adj* грушевидный
bis I. *präp* +*akk* **1.** (*zeitlich*) до; ~ **Freitag** до пятницы; ~ **bald/gleich!** до скорого! **von...~...** с... по... **2.** (*räumlich*) до; ~ **München fahren** ехать до Мюнхена; ~ **hierher und nicht weiter** до сих пор и не дальше; **die Altersgruppe ~ 40** возрастная группа до 40; **II.** *adv* вплоть до, кроме; **alle ~ auf drei** все, за исключением трёх; ~ **auf den letzten Platz** до последнего места; **III.** *konj* пока не; **warte, ~ sie kommt** подожди, пока она не придёт.
Bischof *m* <-s, Bischöfe> епископ *m*
bischöflich *adj* епископский, епископальный
Bischofskonferenz *f* <-, -en> конференция *f* епископов католической церкви (страны)
Bischofssitz *m* <-es, -e> резиденция *f* епископа
bisexuell *adj* бисексуальный
bisher *adv* до сих пор; ~ **hat das noch niemand bemerkt** до сих пор этого никто не заметил
bisherig *adj* прежний, бывший
Biskuit *m* <-s, -s> (*Keks*) бисквит *m*
Biskuitteig *m* <-s, -> бисквитное тесто *nt*
bislang *adv* до сих пор
biss *prät von* **beißen**
Biss *m* <-es, -e> укус *m*
bisschen *pron* ~ немного; **nimm doch noch ein ~** возьми же ещё немножко; **kein ~** ни капельки
Bissen *m* <-s, -> кусок *m*; **sie hat keinen ~ angerührt** она не притронулась к еде
bissig *adj* **1.** (*Tier*) кусающийся, злой; **2.** (*Bemerkung*) колкий, язвительный
Bistro *nt* <-s, -s> бистро *nt*
Bistum *nt* <-s, -tümer> епископство *nt*
Bit *nt* <-(s), -s> (DV) бит *m*; **bits per second** бит в секунду
Bitmap-Grafik *f* <-, -en> (DV) битовая графика *f*
bitte *interj* **1.** пожалуйста, прошу; **2.** (*nach 'danke'*) пожалуйста; ~ **schön/sehr** пожалуйста; **na ~** ну вот
Bitte *f* <-, -n> просьба *f*; **ich habe (nur) eine ~ an Sie** у меня есть к вам (только) одна просьба
bitten *vt* <bat, gebeten> просить, по- *pf*; **jdn um etw ~** просить кого-л. о чём-л.; **wenn ich ~ darf** если позволите; **aber ich bitte Sie!** но помилуйте!
bitter *adj* **1.** (*Geschmack*) горький; **2.** (*fig*) горький; **das ist ~er Ernst!** это крайне серьёзно! **etw ~ nötig haben** очень нуждаться в чём-л.

bitterböse *adj* о́чень серди́тый
Bitterkeit *f* <gen: -> (*auch fig*) го́речь *m*
Bitterstoff *m* <-(e)s, -e> 1. го́рькое вещество́ *nt*; 2. (MED) го́речь *f*
bittersüß *adj* го́рько-сла́дкий
Bittschrift *f* <-, -en> челоби́тная *f*, проше́ние *nt*
Bitumen *nt* <-s, -> би́тум *m*
Biwak *nt* <-s, -s> бива́к *m*
bizarr *adj* необы́чный, своеобра́зный
Bizeps *m* <-(es), -e> би́цепс *m*
Blabla *nt* <gen: -> (*umg: Gerede*) пуста́я болтовня́ *f*
Blache *f* <-, -n> 1. (*CH: Plane*) тент *m*; 2. брезе́нт *m*
blähen I. *vt* (*Segel*) надува́ть, -ду́ть *pf*; II. *vr* (*Segel*) надува́ться, -ду́ться *pf*; III. *vi* пу́чить, вспу́чить *pf*
Blähung *f* <-, -n> вздутие *nt*, метеори́зм *m*
blamabel *adj* позо́рный, посты́дный
Blamage *f* <-, -n> позо́р *m*, срам *m*
blamieren I. *vt* позо́рить, опозо́рить *pf*; II. *vr* позо́риться, опозо́риться *pf*, компромети́ровать, скомпромети́ровать *pf* себя́; **sich unsterblich ~** опозо́риться до́ смерти
blank *adj* 1. (*glänzend*) блестя́щий, сверка́ющий; 2. (*unbedeckt*) го́лый; **~ sein** (*umg*) не име́ть ни гроша́ за душо́й
blanko *adv* чи́стый, незапо́лненный; **einen Scheck ~ unterschreiben** ста́вить бла́нковую по́дпись на чеке
Blankoakzept *nt* <-(e)s, -e> бла́нковый акце́пт *m*
Blankoindossament *nt* <-(e)s, -e> бла́нковый индоссаме́нт *m*
Blankokredit *m* <-s, -e> бла́нковый креди́т *m*
Blankopapiere *pl* бла́нковые це́нные бума́ги *pl*
Blankoscheck *m* <-s, -s> бла́нковый чек *m*
Blankounterschrift *f* бла́нковая по́дпись *f*
Blankowechsel *m* <-s, -> бла́нко-ве́ксель *m*
Bläschen *nt* <-s, -> 1. пузырёк *m*; 2. (*auf Haut*) прыщ *m*
Blase *f* <-, -n> 1. (*allgemein*) пузы́рь *m*; 2. (*am Fuß*) волды́рь *m*; 3. (ANAT) мочево́й пузы́рь *m*
Blasebalg *m* <-(e)s, -bälge> кузне́чные мехи́ *mpl*
blasen <blies, geblasen> I. *vi* дуть *impf*; II. *vt* (*Trompete*) труби́ть, про- *pf*
Blasenkatarrh *m* <gen: -s> цисти́т *m*
Blasenkatheter *m* <-s, -> кате́тер *m* для введе́ния в мочево́й пузы́рь
Blasenkrebs *m* <gen: -es> рак *m* мочево́го пузыря́
Blasenschwäche *f* <gen: -> сла́бость *f* мочево́го пузыря́

blasiert *adj* высокоме́рный, чванли́вый
Blasinstrument *nt* <-e, -e> духово́й инструме́нт *m*
Blaskapelle *f* <-, -n> небольшо́й духово́й орке́стр *m*
Blasmusik *f* <gen: -> духова́я му́зыка *f*
Blasorchester *nt* <-s, -> духово́й орке́стр *m*
Blasphemie *f* <-, -n> богоху́льство *nt*
blass *adj* 1. (*bleich*) бле́дный; 2. (*unscheinbar*) сму́тный; **jd hat von etw keinen ~en Schimmer** (*umg*) кто́-л. не име́ет о чём-л. ни мале́йшего представле́ния
Blässe *f* <gen: -> бле́дность *f*
Blatt *nt* <-(e)s, Blätter> 1. (*von Pflanze*) лист *m*; 2. (*Papier~*) лист *m*, листо́к *m*; 3. (*Zeitung*) газе́та *f*; 4. (*beim Kartenspiel*) ка́рта *f*; **kein ~ vor den Mund nehmen** говори́ть без обиняко́в; **das steht auf einem anderen ~** э́то к де́лу не отно́сится
blättern *vi* листа́ть *impf*; **in etw ~** просма́тривать что́-л.
Blätterteig *m* <-(e)s, -e> слоёное те́сто *nt*
blau *adj* 1. си́ний; 2. (*umg: betrunken*) пья́ный; **ein ~er Fleck** синя́к; **~es Blut** голуба́я кровь
Blau *nt* <-s, -s> си́ний цвет *m*
blauäugig *adj* 1. синеглазый, голубогла́зый; 2. (*naiv*) наи́вный
Blaue *nt* <gen: -n>: **eine Fahrt ins ~** пое́здка без определённой це́ли; **ins ~ hinein** наугад; **jdm das ~ vom Himmel herunterlügen** навра́ть с три ко́роба
Blaulicht *nt* <-(e)s, -er> голубо́й [*o* проблеско́вый] "мая́чок" *m*
blaumachen *vi* (*umg*) прогу́ливать, -ля́ть *pf*
Blauwal *m* <-(e)s, -e> голубо́й кит *m*
Blazer *m* <-s, -> бле́йзер *m*
Blech *nt* <-(e)s, -e> 1. жесть *f*; 2. (*Backblech*) про́тивень *m*; 3. (*umg: Unsinn*) чушь *f*, вздор *m*
Blechdose *f* <-, -n> жестяна́я ба́нка *f*
blechen *vi* (*umg: bezahlen*) раскоше́ливаться, -ли́ться *pf*
Blechschaden *m* <-s, -schäden> поврежде́ние *nt* ку́зова
Bleibe *f* <-, -n> приста́нище *nt*, убе́жище *nt*
bleiben <blieb, geblieben> *vi* остава́ться, -та́ться *pf*; **wo bleibt sie nur?** где она́ то́лько пропада́ет?; **...und dabei bleibt's** и ко́нчено на э́том; **es bleibt zu hoffen, dass...** остаётся наде́яться, что...; **bei der Wahrheit ~** говори́ть пра́вду; **jdm bleibt nichts anderes übrig (als)** кому́-л. не остаётся ничего́ друго́го, (как)
bleiben lassen *irr vt* (*umg*) оставля́ть, -та́вить *pf*; **das solltest du lieber ~!** тебе́ э́то сле́довало бы лу́чше бро́сить!

Bleibergwerk nt <-(e)s, -e> свинцо́вый рудни́к m
bleich adj бле́дный, блёклый
bleichen vt отбе́ливать, -ли́ть pf
bleiern adj 1. свинцо́вый; 2. (fig: Stille) гнету́щий
bleifrei adj без содержа́ния свинца́
bleihaltig adj содержа́щий свине́ц
Bleikristall nt <gen: -s> свинцо́вый хруста́ль m
Bleistift m <-(e)s, -e> каранда́ш m
Bleistiftspitzer m <-s, -> точи́лка f для карандаше́й
Bleistiftzeichnung f <-, -en> рису́нок m карандашо́м
Blende f <-, -n> (FOT) диафра́гма f
blenden vt 1. слепи́ть impf; 2. (fig: beeindrucken) ослепля́ть, -пи́ть pf, очаро́вывать, -рова́ть pf
blendend adj (fig) ослепи́тельный; Sie sehen heute ~ aus! Вы сего́дня великоле́пно вы́глядите!
Blick m <-(e)s, -e> 1. взгля́д m, взор m; 2. (Aussicht) вид m; mit einem ~ мгнове́нно; auf den ersten ~ на пе́рвый взгля́д; jdm einen ~ zuwerfen бро́сить взгляд на кого́-л.; einen ~ für etw haben име́ть на что́-л. намётанный глаз
blicken I. vi смотре́ть, по- pf, гляде́ть, по- pf; II. vr: sich ~ lassen пока́зываться
Blickfang m <-(e)s, Blickfänge> 1. (Schlagzeile) бро́ский заголо́вок m; 2. (Reklameelement) бро́ский элеме́нт m рекла́мы
Blickfeld nt <gen: -(e)s> по́ле nt обзо́ра
blieb prät von **bleiben**
blies prät von **blasen**
blind adj слепо́й; ~er Alarm ло́жная трево́га; ein ~er Passagier безбиле́тный пассажи́р
Blind Date nt <-s, -s> договорённость о чём-л. с незнако́мым лицо́м
Blinddarm m <-(e)s, -därme> слепа́я кишка́ f
Blinddarmentzündung f <-, -en> аппендици́т m
Blinde(r) mf <-n, -n> слепо́й, -па́я m/f; das sieht doch ein Blinder! (umg) э́то и слепо́му ви́дно
Blindekuhspiel nt <-(e)s, -e> игра́ f в жму́рки
Blindenhund m <-(e)s, -e> соба́ка-поводы́рь m
Blindenschrift f <gen: -> шрифт m для слепы́х
blind geboren adj слепо́й от рожде́ния
Blindheit f <gen: -> (auch fig) слепота́ f
blindlings adv сле́по
Blindschuss m <-es, -schüsse> холосто́й вы́стрел m
blinken vi 1. мерца́ть impf; 2. (bei Auto) подава́ть, -да́ть pf световы́е сигна́лы
Blinker m <-s, -> 1. (an Auto) сигна́л m поворо́та; 2. (an Angel) блесна́ f
Blinklicht nt <-(e)s, -er> мига́ющий свет m
blinzeln vi мига́ть, -гну́ть pf, морга́ть, -гну́ть pf
Blitz m <-es, -e> 1. мо́лния f; 2. (FOT) вспы́шка f; wie vom ~ getroffen как гро́мом поражённый
Blitzableiter m <-s, -> молниеотво́д m, громоотво́д m; jdm als ~ dienen (umg) служи́ть громоотво́дом
blitzblank adj сверка́ющий чистото́й, начи́щенный до бле́ска
blitzen vi 1. сверка́ть, -кну́ть pf; 2. (Gedanke) мелька́ть, -кну́ть pf
Blitzgerät nt <-(e)s, -e> (FOT) фотовспы́шка f
Blitzlicht nt <-(e)s, -er> (FOT) фотовспы́шка f
Blitzlichtgerät nt <-(e)s, -e> ла́мпа-вспы́шка f
blitzsauber adj сверка́ющий чистото́й
blitzschnell adj молниено́сный
Blitzumfrage f <-, -n> (in der Marktforschung) экспре́сс-опро́с m
Block m <-(e)s, Blöcke> 1. (Häuserblock) блок m; 2. (Schreibblock) блокно́т m; 3. (aus Stein/Holz) глы́ба f, коло́да f
Blockade f <-, -n> блока́да f
Blockflöte f <-, -n> блокфле́йта f
blockfrei adj (Staat) неприсоедини́вшийся
Blockhandel m <gen: -s> (BÖRSE) торго́вля f паке́тами а́кций
Blockhütte f <-, -n> ру́бленая [о бреве́нчатая] изба́ f
blockieren vt 1. блоки́ровать impf/pf; 2. (Wasserzufuhr) перекрыва́ть, -кры́ть pf
Blocksatz m <gen: -es> бло́чное выра́внивание n
blöd adj глу́пый, тупо́й
blödeln vi (umg) дура́читься impf
Blödheit f <gen: -> глу́пость f
Blödmann m <-(e)s, -männer> (umg) приду́рок m
Blödsinn m <gen: -(e)s> чушь f; was soll der ~? что за бессмы́слица?
blödsinnig adj глу́пый, идио́тский
blond adj светловоло́сый, белоку́рый
blondieren vt обесцве́чивать, -ве́тить pf, осветля́ть, -ли́ть pf
Blondine f <-, -n> (umg) блонди́нка f
bloß I. adj 1. (unbedeckt) го́лый, обнажённый; 2. (allein) оди́н то́лько; der ~e Gedanke daran lässt mich schaudern одна́ то́лько мысль об э́том заставля́ет меня́ содрогну́ться; II. adv (nur) то́лько, лишь; du hast ~ noch eine Stunde Zeit у тебя́ то́лько час вре́мени; hör ~ auf! да прекрати́ же!
Blöße f <-, -n> 1. (Nacktheit) нагота́ f, обнажённость f; 2. (fig) сла́бое ме́сто nt; sich eine ~ geben обнару́жить свою́

bloßstellen vt разоблачать, -блачить pf
Blouson m <-s, -s> блузон m
Bluejeans pl <gen: -> синие джинсы pl
Blues m <gen: -> (MUS) блюз m; **den ~ haben** (umg) впасть в тоску
Bluff m <-s, -s> (umg: Täuschung) блеф m, надувательство nt
bluffen vi блефовать impf
blühen vi 1. (Blume) цвести impf; 2. (gedeihen) процветать impf
Blume f <-, -n> 1. цветок m; 2. (von Bier) пена f; **durch die ~ sprechen** говорить иносказательно
Blumenbeet nt <-(e)s, -e> цветочная клумба f
Blumengeschäft nt <-(e)s, -e> цветочный магазин m
Blumenkohl m <gen: -(e)s> цветная капуста f
Blumentopf m <-(e)s, -töpfe> цветочный горшок m
Blumenzwiebel f <-, -n> цветочная луковица f
blumig adj 1. (Sprache) цветистый; 2. (Duft) цветочный
Blut nt <gen: -(e)s> кровь f; **ruhig ~!** спокойно! **böses ~ schaffen** вызывать сильное раздражение
Blutalkoholspiegel m <-s, -> содержание nt алкоголя в крови
blutarm adj 1. малокровный; 2. (fig) очень бедный
Blutbad nt <-(e)s, -bäder> кровавая расправа f, резня f
Blutbild nt <-(e)s, -er> (MED) картина f крови
blutbildend adj (Medikament) кроветворный
Blutbildung f <gen: -> кроветворение nt
Blutdruck m <gen: -(e)s> кровяное давление nt
Blutdruckmessgerät nt <-(e)s, -e> прибор m для измерения кровяного давления
blutdrucksenkend adj (Medikament) понижающий кровяное давление
Blüte f <-, -n> 1. (von Pflanze) цветок m; 2. (fig) расцвет m, процветание nt; 3. (umg: Falschgeld) фальшивая купюра f
bluten vi кровоточить impf; **jdm blutet das Herz** (umg) у кого-л. сердце кровью обливается
Blütenkelch m <-(e)s, -e> чашечка f
Blütenknospe f <-, -n> цветочная почка f
Blütenstaub m <gen: -(e)s> цветочная пыльца f
blütenweiß adj белоснежный
Bluter m <-s, -> страдающий m гемофилией
Bluterguss m <-es, -ergüsse> кровоизлияние nt

Blutersatzmittel nt <-s, -> (MED) кровезаменитель m
Blütezeit f <-, -en> 1. (von Pflanze) время nt цветения; 2. (fig) эпоха f расцвета
Blutfarbstoff m <-(e)s, -e> гемоглобин m
Blutfettwerte pl <gen: -> содержание nt жира в крови
Blutgefäß nt <-es, -e> кровеносный сосуд m
Blutgruppe f <-, -n> группа f крови
Bluthochdruck m <gen: -(e)s> повышенное кровяное давление nt
blutig adj кровавый, окровавленный; **ein ~er Anfänger** новичок
blutjung adj юный
Blutkonserve f <-, -n> консервированая кровь f
Blutkörperchen nt <-s, -> кровяное тельце nt
Blutkrankheit f <-, -en> заболевание nt крови
Blutkrebs m <gen: -es> рак m крови
Blutkreislauf m <gen: -(e)s> кровообращение nt
Blutniederdruck m <gen: -(e)s> пониженное кровяное давление nt
Blutplasma nt <gen: -s> плазма f крови
Blutprobe f <-, -n> анализ m крови; **eine ~ nehmen** брать анализ крови
Blutrache f <gen: -> кровавая месть f
blutreinigend adj кровоочистительный
blutrot adj кроваво-красный
Blutspender m <-s, -> донор m
Blutspur f <-, -en> кровяной след m
Bluttest m <-(e)s, -s> анализ m крови
Bluttransfusion f <-, -en> переливание nt крови
Blutung f <-, -en> 1. кровотечение nt; 2. (Monats~) менструация f
Blutuntersuchung f <-, -en> анализ m крови
Blutvergiftung f <-, -n> заражение nt крови
Blutwurst f <-, -würste> кровяная колбаса f, кровянка f
Blutzucker m <gen: -s> (MED) сахар m крови
BLZ abk von **Bankleitzahl** f код m банка
BMX-Rad nt <-(e)s, -räder> небольшой велосипед, отличающийся повышенной проходимостью
Bö f <-, -en> шквал m, сильный порыв m ветра
Boa f <-, -s> 1. боа m; 2. (Feder~) боа f
Bob m <-s, -s> сани fpl для бобслея
Bock m <-(e)s, Böcke> 1. (Schafbock) баран m; 2. (Ziegenbock) козёл m; 3. (Ständer, Gestell) подставка f, стойка f; 4. (SPORT) козёл m; **auf etw keinen ~ haben** (umg) не хотеть заниматься чем-л.
bocken vi 1. (Esel) упрямиться impf; 2. (Auto) барахлить impf
bockig adj упрямый, капризный

Bockwurst f <-, -würste> сарде́лька f
Boden m <-s, Böden> 1. (*Erdboden*) земля́ f, по́чва f; 2. (*Fußboden*) пол m; 3. (*Acker*) земля́ f, земе́льный уча́сток m; 4. (*Dachboden*) черда́к m; 5. (*von Gefäß*) дно nt; **goldener ~** золото́е дно; **auf dem ~ (der Tatsachen) bleiben** опира́ться на фа́кты; **den ~ unter den Füßen verlieren** потеря́ть по́чву под нога́ми
Bodendruck m <gen: -(e)s> давле́ние nt на грунт
Bodenerosion f <gen: -> эро́зия f по́чвы
Bodenertrag m <-(e)s, -erträge> плодоро́дие nt по́чвы
Bodenfrost m <-(e)s, -fröste> за́морозки mpl на по́чве
Bodenkunde f <gen: -> почвове́дение nt
bodenlos adj 1. бездо́нный; 2. (*umg: unglaublich*) неимове́рный; **das ist eine ~e Frechheit** неслы́ханная на́глость
Bodennutzung f <gen: -> землепо́льзование nt
Bodenpersonal nt <gen: -s> назе́мный обслу́живающий персона́л m
Bodenreform f <-, -en> земе́льная рефо́рма f
Bodensatz m <-(e)s, -sätze> оса́док m
Bodenschätze mpl <gen: -> поле́зные ископа́емые ntpl
Bodensee m <gen: -s> Бо́денское о́зеро nt
Bodenstation f <-, -en> назе́мная ста́нция f
Bodenstreitkräfte pl назе́мные войска́
Bodenturnen nt <gen: -s> во́льные упражне́ния ntpl
Bodenuntersuchung f <-, -en> ана́лиз m по́чвы
Body m <-s, -s> бо́ди m
Bodybuilding nt <gen: -s> культури́зм m
Bodysuit m <-s, -s> бо́ди m
bog prät von **biegen**
Bogen m <-s, Bögen> 1. дуга́ f; 2. (*von Papier*) лист m бума́ги; 3. (*Waffe*) лук m; 4. (*von Geige*) смычо́к m; **den ~ überspannen** (*umg*) перегиба́ть па́лку; **einen ~ um etw/jdn machen** (*umg*) обходи́ть что-л./кого́-л. стороно́й
Bogenschießen nt <gen: -s> стрельба́ f из лу́ка
Bohle f <-, -n> доска́ f
Böhmen Боге́мия f
böhmisch adj боге́мский
Bohne f <-, -n> 1. боб m; 2. (*weiße ~*) фасо́ль f; 3. (*Kaffee~*) кофе́йное зерно́ nt; **nicht die ~** (*umg*) ни ка́пли
Bohnenkaffee m <-s, -s> ко́фе m в зёрнах
Bohnermaschine f <-, -n> электрополотёр m
bohnern vt натира́ть, -тере́ть pf масти́кой

Bohnerwachs nt <-es, -e> масти́ка f для по́ла
bohren I. vt 1. (*Loch*) сверли́ть, про- pf; 2. (*in Holz*) бура́вить, про- pf; II. vi 1. (*mit dem Bohrer*) сверли́ть, про- pf; 2. (*Blick*) впива́ться, впи́ться pf; (*in der Nase*) ковыря́ться impf; 4. (*Schmerz*) пронза́ть, -зи́ть pf; **~de Fragen stellen** задава́ть мучи́тельные вопро́сы
Bohrer m <-s, -> дрель f
Bohrinsel f <-, -n> морска́я бурова́я устано́вка f
Bohrmaschine f <-, -n> сверли́льный стано́к m
Bohrturm m <-(e)s, -türme> бурова́я вы́шка f
böig adj (*Wind*) поры́вистый, шквали́стый
Boiler m <-s, -> бо́йлер m
Boje f <-, -n> буй m
Bolivianer, -in m/f <-s, -> боливи́ец, боливи́йка m/f
bolivianisch adj боливи́йский
Bolivien nt <gen: -s> Боли́вия f
Bolschewismus m <gen: -> большеви́зм m
Bolzen m <-s, -> болт m
Bombardement nt <-s, -s> бомбардиро́вка f
bombardieren vt бомбардирова́ть impf/pf, бомби́ть impf; **jdn mit Fragen ~** засыпа́ть кого́-л. вопро́сами
Bombe f <-, -n> бо́мба f; **etw schlägt ein wie eine ~** что-л. произво́дит эффе́кт разорва́вшейся бо́мбы
Bombenangriff m <-(e)s, -e> возду́шный налёт m, возду́шная бомбардиро́вка f
Bombenanschlag m <-(e)s, -anschläge> покуше́ние nt с примене́нием бо́мбы
Bombenerfolg m <-(e)s, -e> (*umg*) грандио́зный успе́х m
Bombenstimmung f <gen: -> (*umg*) великоле́пное настрое́ние nt
bombig (*umg*) потряса́ющий, колосса́льный
Bon m <-s, -s> 1. (*Kassenzettel*) чек m; 2. (*Gutschein*) тало́н m
Bonbon nt <-s, -s> караме́льная конфе́та f
Bond m <-s, -s> (ÖKON) проце́нтная облига́ция f
Bonifikation f <-, -en> бонифика́ция f
Bonität f <-, -en> кредитоспосо́бность f; **sich über die ~ einer Firma erkundigen** навести́ спра́вки о кредитоспосо́бности фи́рмы
Bonitätsbewertung f <gen: -> оце́нка f платёжеспосо́бности
Bonsai m <-, -s> бонза́й m
Bonus m <-, -se> бо́нус m, ски́дка f
Bonze m <-n, -n> (*umg: Partei~*) бо́нза m
Bookmark nt <-s, -s> (DV) закла́дка m
Boom m <-s, -s> (*Wirtschafts~*) подъём m;

etw erlebt einen ~ что-л. переживает подъём

Boot nt <-(e)s, -e> лодка f; **im gleichen ~ sitzen** (fig) сидеть в одной лодке

Bootdiskette f <-, -n> (DV) загрузочная дискета f, системная дискета f

Bootsanhänger m <-s, -> (KFZ) прицеп m для перевозки лодки

Bootsverleih m <gen: -s> прокат m лодок

Bord[1] nt <-(e)s, -e> (Wand~) полка f

Bord[2] m <-(e)s, -e>: **an ~** на борту; **etw über ~ werfen** выбросить за борт

Bordcomputer m <-s, -> бортовой компьютер m

Bordelektrik f <gen: -> (KFZ) электрическая бортовая сеть f

Bordell nt <-s, -e> бордель m, публичный дом m

Bordfunker m <-s, -s> бортрадист m

Bordinstrumente pl <gen: -> бортовые инструменты m pl

Bordkarte f <-, -n> (bei Flugreise) посадочный талон m

Bordmechaniker m <-s, -> бортмеханик m

Bordpersonal nt <gen: -s> бортперсонал m

Bordstein m <-(e)s, -e> бордюрный камень m

Bordwand f <-, -wände> борт (грузовика) m

Boretsch m огуречник m

borgen vt: **sich etw (von jdm) ~** занимать что-л. (у кого-л.); **jdm etw ~** одалживать кому-л. что-л.

borniert adj ограниченный, тупой

Börse f <-, -n> 1. (ÖKON) биржа f; **an der ~ spekulieren** спекулировать на бирже; **an die ~ gehen** выпускать на бирже; **die ~ fiebert** биржу лихорадит; **die ~ ist flau** на бирже вялое настроение 2. (Geldbeutel) кошелёк m

Börsenansturm m биржевой бум m

Börsenaufsicht f <gen: -> биржевой надзор m

Börsenauftrag m <-(e)s, -aufträge> поручение nt биржевому маклеру

Börsenbeginn m <gen: -s> открытие nt биржи

Börsenbericht m <-s, -e> биржевой бюллетень m

Börsencrash m крах m биржи

Börseneinführung f <-, -en> допуск m к обращению на бирже

börsenfähig adj котирующийся на бирже

Börsengang m <-(e)s, -gänge> выпуск m акций

Börsengeschäft nt <-(e)s, -e> биржевая сделка f

Börsengesetz nt <-es, -e> (JUR) закон m о биржах и биржевых операциях

Börsengewinn m <-(e)s, -e> прибыль f от биржевых операций

Börsen-Insider m <-s, -> биржевой инсайдер m

Börsenjournal nt <-(e)s, -e> биржевой протокол m

Börsenkrach m <gen: -(e)s> биржевой крах m

Börsenkredit m <-s, -e> биржевой кредит m

Börsenkurs m <-(e)s, -e> курс m на бирже, биржевой курс m

Börsenmakler, -in m/f <-s, -> биржевой маклер m

Börsennotierung f <-, -en> котировка f на бирже

Börsenschluss m <gen: -es> nt закрытие биржи

Börsenspekulant, -in m/f <-en, -en> биржевой спекулянт, -вая -ка m/f

Börsenspekulation f спекуляция f на бирже

Börsenzulassung f <-, -en> допуск m ценных бумаг к обращению на бирже

Borste f <-, -n> щетина f

Borstentier nt <-(e)s, -e> (umg) свинья f

Borte f <-, -n> кайма f, край m

bös adj (schlimm, schlecht) плохой, скверный; **mit uns sieht's aber ~ aus!** плохи наши дела! **etw nicht ~ meinen** говорить без злого умысла

boshaft adj злой, злобный

Bosheit f <-, -en> злость f, злоба f

Bosnien nt <gen: -s> Босния f

Bosporus m <gen: -> Босфор m

Boss m <-es, -e> (umg) босс m

böswillig adj злонамеренный, злостный

bot prät von **bieten**

Botanik f <gen: -> ботаника f

botanisch adj ботанический; **~er Garten** ботанический сад

Bote, Botin m/f <-n, -n> курьер m, посыльный, -ная m/f

Botschaft f <-, -en> 1. весть f, известие nt; 2. (eines Landes) посольство nt

Botschafter, -in m/f <-s, -> посол m

Bottich m <-(e)s, -e> чан m

Bottom-up-Planung f <-, -en> децентрализованное планирование nt

Bouillon f <-, -s> бульон m

Boulevardpresse f <gen: -> бульварная пресса f

Boulevardzeitung f <-, -en> бульварная газета f

Boutique f <-, -n> салон m мод
Bowdenzug m <-(e)s, -züge> (TECH) трос m Боудена
Bowdenzughülle f <-, -n> (TECH) оболочка f троса Боудена
Bowle f <-, -n> крюшон m
Bowling nt <gen: -s> боулинг m
Box f <-, -en> 1. бокс m; 2. (Kasten) ящик m; 3. (Lautsprecher) колонка f, динамик m; 4. (Pferde~) стойло nt
boxen vi боксировать impf
Boxer m <-s, -> боксёр m
Boxermotor m <-s, -en> (KFZ) двигатель m с оппозитным расположением цилиндров
Boxer-Shorts pl боксёрские шорты mpl
Boxhandschuh m <-(e)s, -e> боксёрские перчатки fpl
Boxkampf m <-(e)s, -kämpfe> боксёрский поединок m
Boykott m <-(e)s, -e> бойкот m
boykottieren vt бойкотировать impf/pf
brach prät von **brechen**
Brachfläche f <-, -n> поле nt под паром
brachial adj грубый, насильственный
brachliegen vi 1. (Acker) лежать impf под паром; 2. (fig: Fähigkeiten) быть impf невостребованным
brachte prät von **bringen**
Brain-Drain f <-, -s> утечка f мозгов m
Brainstorming nt <-s, -s> мозговая атака f
Branche f <-, -n> отрасль f
Branchenholding f <-, -s> отраслевой холдинг m
Branchenkenner, -in m/f <-s, -> знаток m отрасли
Branchenkennziffer f <-, -n> показатель m отраслевой производительности
Branchenriese m <-n, -n> гигант m отрасли
Branchenvergleich m <-(e)s, -e> сравнительный анализ m деятельности разных отраслей
Branchenverzeichnis nt <-ses, -se> отраслевой справочник m
Branchenzugehörigkeit f <gen: -> принадлежность f к отрасли
Brand m <-(e)s, Brände> 1. пожар m; 2. (umg: Durst) жажда f; **etw in ~ setzen** поджечь что-л.
branden vi разбиваться, биться pf; бушевать impf; **die Wellen brandeten heftig gegen die Mole** волны с силой разбивались о мол
Brandenburg nt <gen: -s> Бранденбург m
Brandmal nt 1. след m от ожога; 2. клеймо nt
brandmarken vt: **jdn ~ als ...** заклеймить кого-л. как...
Brandsalbe f <-, -n> мазь f от ожогов
Brandsatz m <-es, -sätze> зажигательный состав m
Brandschutz m <gen: -es> пожарная охрана f, противопожарные мероприятия ntpl
Brandstifter, -in m/f <-s, -> поджигатель, -ница m/f
Brandstiftung f <-, -en> поджог m
Brandung f <gen: -> морской прибой m
brannte prät von **brennen**
Branntwein m <-(e)s, -e> водка f, алкогольный напиток m
Brasilianer, -in m/f <-s, -> бразилец, бразилианка m/f
brasilianisch adj бразильский
Brasilien nt <gen: -s> Бразилия f
braten <briet, gebraten> I. vt жарить, за- pf; II. vi жариться, за- pf
Braten m <-s, -> жаркое nt
Bratenfleisch nt <gen: -es> мясо nt для жаркого
Brathuhn nt <-(e)s, -hühner> жареная курица f
Bratkartoffeln fpl <gen: -> жареный картофель m
Bratpfanne f <-, -n> сковорода f
Bratsche f <-, -n> альт m
Bratspieß m <-es, -e> вертел m
Bratwurst f <-, -würste> жареная колбаска f
Brauch m <-(e)s, Bräuche> обычай m; **nach altem ~** по старому обычаю
brauchbar adj 1. (nutzbar) пригодный; 2. (gut) полезный, дельный
brauchen vt 1. (benötigen) нуждаться impf; 2. (verwenden) употреблять, -бить pf; **jd braucht etw nicht zu tun** кому-л. незачем что-л. делать; **etw braucht Zeit** для чего-л. нужно время
brauen vt (Bier) варить, сварить pf пиво
Brauerei f <-, -en> пивоваренный завод m
braun adj 1. коричневый; 2. (sonnengebräunt) смуглый, загорелый
Bräune f <gen: -> 1. коричневый цвет m; 2. (Sonnenbräune) загар m
bräunen I. vt (an Sonne) покрывать, -рыть pf загаром; II. vr (an Sonne) загорать, -реть pf
braungebrannt adj загорелый
Braunkohle f <gen: -> бурый уголь m
Bräunungsstudio nt <-s, -s> салон m искусственного загара
Brause f <-, -n> 1. (Dusche) душ m; 2. (Limonade) лимонад m
Brausekopf m <gen: -es> вспыльчивый человек m
brausen vi бушевать, шуметь
Brausepulver nt <-s, -> порошок m для приготовления лимонада
Braut f <-, Bräute> невеста f
Bräutigam m <-s, -e> жених m
Brautjungfer f <-, -n> подружка f

невесты
Brautkleid nt <-(e)s, -er> подвенечное платье nt
Brautpaar nt <-(e)s, -e> молодые pl
brav adj 1. (Kind) послушный; 2. (ehrlich) честный, порядочный
BRD abk von **Bundesrepublik Deutschland** f ФРГ f
Breakdance m <gen: -> брейк-данс m
Brecheisen nt <-s, -> лом m
brechen <brach, gebrochen> I. vt 1. ломать, раз- pf; 2. (Versprechen) нарушать, -рушить pf; 3. (Herz) разбивать, -бить pf; II. vi 1. ломаться, по- pf, разбиваться, -биться pf; 2. (erbrechen) рвать, вы- pf; III. vr 1. (Licht) прорываться, -рваться pf, бить impf; 2. (Wellen) разбиваться, -биться pf
Brechreiz m <gen: -es> позыв m к рвоте
Brei m <-(e)s, -e> 1. (Speise) каша f, пюре nt; 2. (Masse) месиво nt; **um den heißen ~ herumreden** (umg) говорить вокруг да около
breit adj широкий; **ein Meter ~** шириной в один метр
Breitbandlautsprecher m <-s, -> широкополосный усилитель m
Breitbandnetz nt <-es, -e> (TELKOM) широкополосная сеть f
Breite f <-, -n> ширина f
Breitengrad m <-(e)s, -e> градус m широты
breitschult(e)rig adj широкоплечий
Bremen nt <gen: -s> Бремен m
Bremsbacke f <-, -n> тормозная колодка f
Bremsbelag m <-(e)s, -beläge> тормозная накладка f
Bremse f <-, -n> 1. тормоз m; 2. (Insekt) слепень m; **auf die ~ treten** нажать на тормоз
bremsen I. vi тормозить, за- pf, останавливаться, -новиться pf; II. vt тормозить, за- pf, останавливать, -новить pf; **sie sind nicht zu ~** их не остановишь
Bremsflüssigkeit f <-, -en> тормозная жидкость f
Bremslicht nt <-(e)s, -er> стоп-сигнал m
Bremspedal nt <-(e)s, -e> педаль f тормоза
Bremsschlauch m <-(e)s, -schläuche> тормозной шланг m
Bremsspur f <-, -en> след m торможения, тормозной след m
Bremsweg m <-(e)s, -e> тормозной путь m
brennbar adj горючий
Brenndauer f <gen: -> срок m службы (лампочки)
Brennelement nt <-(e)s, -e> тепловыделяющий элемент m
brennen <brannte, gebrannt> I. vi 1. гореть, сгореть pf, пылать impf; 2. (Licht) гореть impf; **bei den Nachbarn brennt noch Licht** у соседей ещё горит свет; 3. (Wunde) печь impf, жечь impf; II. vt 1. (Ton) обжигать, -жечь pf; 2. (Schnaps) гнать impf; **sich ~d für etw interessieren** очень интересоваться чем-л.
Brennnessel, Brenn-Nessel f <-, -n> крапива f
Brennmaterial nt <-s, -ien> топливо nt, горючее nt
Brennspiritus m <gen: -> денатурированный спирт m
Brennstoff m <-(e)s, -e> топливо nt, горючее nt
Brennstoffzelle f <-, -> топливный элемент nt
brenzlig adj 1. горелый; 2. (umg: gefährlich) сомнительный, опасный
Brett nt <-(e)s, -er> 1. доска f; 2. (für Spiele) игральная доска f; 3. (Regal) полка f; **schwarzes ~** (Anschlagbrett) доска объявлений; **ein ~ vor dem Kopf haben** (umg) быть тупым
Bretterzaun m <-(e)s, -zäune> дощатый забор m
Brettspiel nt <-(e)s, -e> настольная игра f
Brezel f <-, -> крендель m
Brief m <-(e)s, -e> письмо nt; **(un)frankierter Brief** (не)франкированное письмо; **eingehender ~** входящее письмо; **einen ~ absenden** отправлять письмо; **einen ~ datieren** помечать письмо числом; **einen ~ frankieren** наклеивать на письмо почтовую марку; **jdm einen ~ schreiben** писать кому-л. письмо
Briefbeschwerer m <-s, -> пресс-папье nt
Briefblock m <-(e)s, -blöcke> блок m писчей бумаги, блок m бумаги для писем
Briefbogen m <-s, -bögen> лист m почтовой бумаги
briefen vt давать указания, инструктировать
Brieffreund, -in m/f <-(e)s, -e> партнёр, -ша m/f по переписке
Briefing nt <-s, -s> брифинг m
Briefkasten m <-s, -kästen> почтовый ящик m
Briefkastenfirma f <-, -firmen> фиктивная фирма f
Briefkopf m <-(e)s, -köpfe> шапка f официального письма
brieflich adj письменный
Briefmarke f <-, -n> почтовая марка f
Briefmarkenalbum nt <-s, -alben> альбом m для почтовых марок
Briefmarkenautomat m <-(e)s, -en> автомат m по продаже почтовых

марок
Brieföffner m <-s, -> нож m для вскрытия писем
Briefpapier nt <gen: -(e)s> бумага f для писем, писчая бумага f
Briefpartner, -in m/f <-s, -> корреспондент m, партнёр m по переписке
Briefporto nt <gen: -s> почтовый сбор m
Brieftasche f <-, -n> бумажник m
Briefträger, -in m/f <-s, -> почтальон m
Briefumschlag m <-(e)s, -umschläge> конверт m
Briefwahl f <-, -en> письменные выборы mpl
Briefwechsel m <-s, -> переписка f; **mit jdm in ~ stehen** состоять с кем-л. в переписке
brief prät von **braten**
Brigadekommandeur m <-s, -e> командир m бригады
Brikett nt <-s, -s> брикет m
brillant adj блестящий, блистательный; **sie ist eine ~e Rednerin** она великолепный оратор
Brillant m <-en, -en> бриллиант m
Brillantring m <-(e)s, -e> бриллиантовое кольцо nt
Brillanz f <gen: -> блеск m, блестящее исполнение nt
Brille f <-, -n> 1. очки ntpl; 2. (Schutzbrille) защитные очки ntpl; 3. (Klosettbrille) сиденье nt унитаза; **eine ~ tragen** носить очки; **etw durch die rosa ~ sehen** (umg) смотреть на что-л. сквозь розовые очки
Brillenetui nt <-s, -s> футляр m для очков
Brillengestell nt <-(e)s, -e> оправа f
Brillenschlange f <-, -n> очковая змея f
bringen <brachte, gebracht> vt 1. (herbringen) приносить, -нести pf; 2. (fortbringen) относить, -нести pf; **ich bringe dich zum Bahnhof** я провожу тебя на вокзал; 3. (erbringen: Opfer) приносить, -нести pf; 4. (veröffentlichen) публиковать, опубликовать pf; **jdn dazu ~, etw zu tun** заставить кого-л. сделать что-л.; **jdn auf einen Gedanken ~** навести кого-л. на мысль; **etw in Ordnung ~** привести что-л. в порядок; **jdn aus der Fassung ~** вывести кого-л. из себя; **jdn um etw ~** лишить кого-л. чего-л.
Brite, Britin m/f <-n, -n> англичанин, -чанка m/f, британец, -нка m/f
britisch adj британский; **die Britischen Inseln** Британские острова
bröckeln I. vi крошиться, рас- pf; II. vt крошить, рас- pf
Brocken m <-s, -> кусок m, обломок m; **er ist ein harter ~** (umg) он крепкий орешек

brodeln vi кипеть, вскипеть pf, бурлить impf; **vor Wut ~** кипеть от ярости
Broiler m <-s, -> бройлер m
Brokat m <-(e)s, -e> парча f
Broker m <-s, -> брокер m
Brombeere f <-, -n> ежевика f
Bronchien f <gen: -> бронхи mpl
Bronchitis f <gen: -> бронхит m
Bronze f <-, -n> бронза f
bronzefarben цвета бронзы
Bronzemedaille f <-, -n> бронзовая медаль f
Bronzezeit f <gen: -> бронзовый век m
Brosche f <-, -n> брошка f, брошь f
Broschur f <-, -en> брошюровка f
Broschüre f <-, -n> брошюра f
Brösel m <-s, -> крошка f
bröseln I. vi крошиться, рас- pf; II. vt крошить, рас- pf
Brot nt <-(e)s, -e> 1. хлеб m; 2. (~laib) буханка f; 3. (belegtes ~) бутерброд m
Brötchen nt <-s, -> булочка f
Brotkrümel m <-s, -> хлебная крошка f
Brotschneidemaschine f <-, -n> хлеборезка f
Browser m <-s, -> (DV) броузер m
Bruch m <-(e)s, Brüche> 1. ломка f, поломка f; 2. (eines Versprechens) нарушение nt; 3. (eines Gesetzes) нарушение nt; 4. (von Knochen) перелом m, трещина f; 5. (Eingeweidebruch) грыжа f; 6. (MATH) дробь f; **zu ~ gehen** разбиться вдребезги; **in die Brüche gehen** рушиться
Bruchband nt <-(e)s, -bänder> грыжевой бандаж m
Bruchbude f <-, -n> (umgpej) лачуга f
bruchfest adj небьющийся
brüchig adj 1. ломкий; 2. (Stimme) надтреснутый
Bruchlandung f <-, -en> аварийная посадка f
Bruchrechnung f <gen: -> исчисление nt дробей
Bruchstrich m <-(e)s, -e> (MATH) дробная черта f
Bruchstück nt <-(e)s, -e> обломок m
Bruchteil m <-(e)s, -e> частица f; **im ~ einer Sekunde** в доли секунды
Bruchteilsgemeinschaft f <-, -en> общая долевая собственность f
Brücke f <-, -n> 1. мост m; 2. (Teppich) ковровая дорожка f; 3. (Zahnbrücke) мост m; **alle ~n hinter sich abbrechen** сжечь за собой все мосты
Brückenpfeiler m <-s, -> опора f моста
Bruder m <-s, Brüder> брат m
Bruderkrieg m <-(e)s, -e> братоубийственная война f
brüderlich adj братский
Brüderlichkeit f <gen: -> братство nt
Brühe f <-, -n> 1. (Speise) бульон m; 2. (trübe Flüssigkeit) бурда f

brüllen vi 1. (*Löwe*) рычáть *impf*, ревéть *impf*; 2. (*wütender Mensch*) орáть *impf*; 3. (*Baby*) кричáть, по- *pf*, орáть *impf*
brummen vi 1. (*Bär*) рычáть *impf*; 2. (*Mensch*) ворчáть *impf*; 3. (*Insekt*) жужжáть *impf*; 4. (*Motor*) гудéть; **jdm brummt der Kopf** у когó-л. трещи́т головá
brummig *adj* (*schlechtgelaunt*) ворчли́вый
Brunch *m* <*gen*: -> бранч *m*
brünett *adj* темноволóсый
Brunnen *m* <-s, -> 1. колóдец *m*; 2. (*Mineralbrunnen*) минерáльный истóчник *m*; 3. (*Springbrunnen*) фонтáн *m*
brüsk *adj* (*schroff*) крутóй, рéзкий; **er wandte sich ~ von ihr ab** он рéзко отвернýлся от неё
brüskieren *vt* грýбо обращáться *impf*
Brust *f* <-, Brüste> 1. грудь *f*; 2. (*der Frau*) грудь *f*, бюст *m*
Brustbein *nt* <-(e)s, -e> груди́на *f*
brüsten *vr*: **sich mit etw ~** хвáстаться чéм-л.
Brustkrebs *m* <*gen*: -es> рак *m* груди́
Brustlattich *m* <-(e)s, -e> (вот) мать-и-мáчеха *f*
Brustschwimmen *nt* <*gen*: -s> брасс *m*
Brüstung *f* <-, -en> парапéт *m*
Brustwarze *f* <-, -n> сосóк *m* груди́
Brut *f* <-, -en> 1. вы́водок *m*; 2. (*das Brüten*) выси́живание *nt*; 3. (*pej: Kinder*) отрóдье *nt*
brutal *adj* жестóкий, безжáлостный; **ein ~es Verbrechen** звéрское преступлéние
Brutalität *f* <-, -en> жестóкость *f*, безжáлостность *f*
brüten vi выси́живать, вы́сидеть *pf*; **über etw ~** ломáть над чéм-л. гóлову; **~de Hitze** гнетýщая жарá
Brüter *m* <-s, ->: **schneller ~** (*Kernreaktor*) реáктор на бы́стрых нейтрóнах
Brutkasten *m* <-s, -kästen> инкубáтор *m*
brutto *adv* брýтто
Bruttoeinkommen *nt* <-s, -> валовóй дохóд *m*
Bruttoerfolg *m* <-(e)s, -e> результáт *m* брýтто
Bruttoerlös *m* <-es, -e> валовáя вы́ручка *f*, валовóй дохóд *m*
Bruttogehalt *nt* <-(e)s, -gehälter> зарплáта *f* без вы́четов
Bruttogewicht *nt* <-(e)s, -e> óбщий вес *m*
Bruttogewinn *m* <-(e)s, -e> при́быль *f* брýтто
Bruttoinländerprodukt *nt* <-(e)s, -e> валовóй социáльный продýкт *m*
Bruttoinlandsprodukt *nt* <-(e)s, -e> валовóй национáльный продýкт *m*
Bruttolohn *m* <-(e)s, -löhne> óбщая сýмма *f* зарплáты
Bruttonationalprodukt *nt* <-(e)s, -e> валовóй социáльный продýкт *m*
Bruttopreis *m* <-es, -e> ценá *f* брýтто
Bruttoregistertonne *f* <-, -n> брýтто-реги́стровая тóнна *f*
Bruttosozialprodukt *nt* <-(e)s, -e> валовóй национáльный продýкт *m*
Bruttoverdienst *m* <-(e)s, -e> óбщая сýмма *f* зáработка
Bruttoverkaufspreis *m* <-es, -e> ценá *f* брýтто
Bruttoverzinsung *f* <-, -en> дохóд *m* брýтто (со вклáдов)
Bruttozins *m* <-es, -en> валовóй процéнт *m* по креди́ту
BSE *abk von* **bovine spongiforme Enzephalopathie** *f*
Buch *nt* <-(e)s, Bücher> 1. кни́га *f*; 2. (*Drehbuch*) сценáрий *m*; 3. (öкон: *Geschäftsbuch*) бухгáлтерская кни́га *f*; **über etw ~ führen** вести́ учёт чегó-л.
Buchauszug *m* <-(e)s, -züge> вы́писка *f* из бухгáлтерских книг
Buchbinder *m* <-s, -> переплётчик *m*
Buchdruck *m* <*gen*: -(e)s> книгопечáтание *nt*
Buche *f* <-, -n> бук *m*
buchen *vt* 1. (*Reise*) брони́ровать *impf/pf*, за- *pf*; 2. (öкон) запи́сывать, -сáть *pf* в бухгáлтерскую кни́гу
Bücherfreund *m* <-(e)s, -e> библиофи́л *m*
Büchernarr *m* <-s, -en> библиомáн *m*
Bücherregal *nt* <-(e)s, -e> кни́жная пóлка *f*
Bücherstütze *f* <-, -n> подпóрка *f* для книг
Bücherwurm *m* <-(e)s, -würmer> (*umg*) кни́жный червь *m*
Buchführung *f* <-, -en> бухгалтéрия *f*, бухгáлтерский учёт *m*; **doppelte ~** двойнáя систéма бухгáлтерского учёта; **kameralistische ~** камерáльное счетовóдство
Buchführungspflicht *f* <*gen*: -> обя́занность *f* вести́ бухгáлтерсий учёт
Buchführungsrichtlinien *pl* указáния *pl* о поря́дке ведéния бухгáлтерского учёта
Buchgeld *nt* <-(e)s, -er> нали́чные срéдства *pl* на счетáх
Buchhalter, -in *m* <-s, -> бухгáлтер *m*
Buchhaltung *f* <-, -en> бухгалтéрия *f*, бухгáлтерский учёт *m*
Buchhandel *m* <*gen*: -s> кни́жная торгóвля *f*
Buchhändler, -in *f* <-s, -> книготоргóвец *m*, продавéц, -вщи́ца *m/f* в кни́жном магази́не
Buchhandlung *f* <-, -en> кни́жный магази́н *m*
Büchlein *nt* <-s, -> кни́жечка *f*
Buchmarkt *m* <*gen*: -(e)s> кни́жный

рынок m
Buchmesse f <-, -n> книжная ярмарка f
Buchprüfer, -in m/f <-s, -> аудитор m
Buchprüfung f <-, -en> аудиторство nt
Buchschuld f <-, -en> поземельный долг m
Büchse f <-, -n> 1. банка f; 2. (Blechdose) жестянка f; 3. (Gewehr) охотничье ружьё nt
Büchsenfleisch nt <gen: -es> мясные консервы pl
Büchsenmilch f <gen: -> сгущённое молоко nt (без сахара)
Büchsenöffner m <-s, -> консервный нож m
Buchstabe m <-n, -n> буква f
buchstabieren vt диктовать, про- pf по буквам
buchstäblich I. adj (wörtlich) буквальный, дословный; II. adv (sozusagen, geradezu) буквально, прямо-таки; **sein Chef hat ihn ~ herausgeworfen** шеф его буквально вышвырнул.
Bucht f <-, -en> бухта f, залив m
Buchtel f <-, -n> (österr: Hefegebäck) пирог m со сладкой начинкой
Buchung f <-, -en> 1. (ÖKON) бухгалтерская запись f; 2. (einer Reise) бронирование nt
Buchungsbeleg m <-(e)s, -e> отчётный (бухгалтерский) документ m
Buchungsgebühr f <-, -en> сбор m за ведение счёта
Buchweizen m <gen: -s> гречиха f
Buchwert m <-(e)s, -e> балансовая стоимость f
Buckel m <-s, -> 1. горб m; 2. (umg: Rücken) горб m, спина f; 3. (umg: Hügel, Wölbung) возвышенность f, холм m; **etw auf dem ~ haben** (umg) многое иметь за спиной
bücken vr нагибаться, -гнуться pf; **sich nach etw ~** нагибаться за чём-л.
bucklig adj горбатый
Bückling m <-s, -e> 1. (Hering) копчёная сельдь f; 2. (umg: Verbeugung) поклон m
Buddhismus m <gen: -> буддизм m
Bude f <-, -n> лавка f, будка f, палатка f; **jdm die ~ einrennen** (umg) надоедать кому-л. своими посещениями
Budget nt <-s, -s> бюджет m; **das ~ bewilligen** одобрять в бюджет
Budgetabweichung f <-, -en> отклонение nt от принятого бюджета
Budgetausgleich m <-(e)s, -e> сбалансированность f бюджета
Budgetdefizit nt <-s, -e> дефицит m бюджета
Budgetfehlbetrag m <-(e)s, -beträge> дефицит m бюджета
Budgetierung f <-, -en> составление nt бюджета

Budgetpolitik f <gen: -> бюджетная политика f
Budgetüberschuss m <-es, -schüsse> бюджетный остаток m
Büffel m <-s, -> буйвол m
büffeln vi (umg: lernen) интенсивно заниматься impf, учить impf
Büffet nt <-s, -s> 1. (in Küche) буфет m; 2. (Anrichte) буфет m; **ein kaltes ~** холодные закуски
Bug m <-(e)s, -e> (Schiffs~) нос m, носовая часть f
Bug m <-s, -s> (DV: Programmierfehler) ошибка f в программе
Bügel m <-s, -> 1. (Kleiderbügel) плечики pl, вешалка f; 2. (Brillenbügel) дужка f; 3. (Steigbügel) стремя nt
Bügelbrett nt <-(e)s, -er> гладильная доска f
Bügeleisen nt <-s, -> утюг m
Bügelfalte f <-, -n> складка f
bügelfrei adj немнущийся
bügeln vt гладить, по- pf, утюжить, от- pf
Buhmann m <-(e)s, -männer> (umg) козёл m отпущения
Bühne f <-, -n> 1. сцена f; 2. (Dachboden) чердак m; **etw (reibungslos) über die ~ bringen** (umg) успешно провести что-л.
Bühnenanweisung f <-, -en> (THEAT) ремарка f
Bühnenbild nt <-(e)s, -er> декорация f
Bühnenstück nt <-(e)s, -e> пьеса f
Buhruf m <-(e)s, -e> возглас m неодобрения
Bulette f <-, -n> рубленая котлета f
Bulgare, Bulgarin m/f <-n, -n> болгарин, болгарка m/f
Bulgarien nt <gen: -s> Болгария f
bulgarisch adj болгарский
Bulimie f <gen: -> (MED) булемия f
Bull m (BÖRSE) оссист m
Bullauge nt <-s, -n> иллюминатор m
Bulldogge f <-, -n> бульдог m
Bulle m <-n, -n> 1. бык m; 2. (umg: pej: Polizist) милиционер m, мент m; **jd ist ein ~ von Mann** (umg) кто-л. здоров как бык
Bull market m <-s, -s> (BÖRSE) биржа f с тенденцией к повышению
Bumerang m <-s, -s> бумеранг m
Bumerangeffekt m <-(e)s, -e> эффект m бумеранга
Bummel m <-s, -> прогулка f; **wir machen einen kleinen ~ durch die Stadt** мы немного прогуляемся по городу
bummeln vi 1. бродить impf, гулять, по- pf; 2. (trödeln) копаться, за- pf, возиться, за- pf
Bummelstreik m <-(e)s, -s> забастовка, заключающаяся в снижении темпа работы при соблюдении всех инструкций

Bummelzug *m* <-(e)s, -züge> пассажирский поезд *m*
bumsen *vi* 1. (*krachen*) грохнуть *pf*, -хать *impf*; 2. (*umg: miteinander schlafen*) совершать, -шить *pf* половой акт, трахаться, -хнуться *pf*
Bund[1] *m* <-(e)s, Bünde> 1. (*Vereinigung*) союз *m*; 2. (*von Staaten*) союз *m*; 3. (*umg: BRD*) ФРГ *f*; 4. (*umg: Bundeswehr*) бундесвер *m*; 5. (*Hosen~*) пояс *m* брюк; **einen ~ schließen** заключить союз; **den ~ der Ehe eingehen** сочетаться узами брака
Bund[2] *m* <-(e)s, -e> 1. связка *f*, пучок *m*; **bitte einen ~ Möhren** пучок морковки, пожалуйста; 2. (*Schlüssel~*) связка ключей
Bündel *nt* <-s, -> связка *f*, узел *m*
bündeln *vt* 1. связывать, -зать *pf* в узлы; 2. (*Strahlen*) фокусировать, сфокусировать *pf*
Bundes- (*in Zusammensetzungen*) федеративный, федеральный
Bundesamt *nt* <-(e)s, -ämter> федеральное ведомство *nt*
Bundesanleihe *f* <-, -n> государственный заём *m*
Bundesanstalt *f* <-, -n> федеральное ведомство *nt*
Bundesbahn *f* <*gen*: -> (*Deutsche ~*) Железные дороги *fpl* ФРГ
Bundesbank *f* <*gen*: -> (*Deutsche ~*) Федеральный банк *m* Германии
Bundesbankzins *m* <-es, -en> дисконтная ставка *f*
Bundesbehörde *f* <-, -n> федеральное ведомство *nt*
Bundesbürgschaft *f* <-, -en> поручительство *nt* государства
Bundesdeutsche(r) *mf* <-n, -n> гражданин, -данка *m/f* ФРГ
Bundesebene *f* <*gen*: ->: **auf ~** на федеральном уровне
Bundesfinanzhof *m* <*gen*: -(e)s> Федеральный финансовый суд *m* Германии
Bundesgarantie *f* <-, -en> государственная гарантия *f*
Bundesgebiet *nt* <*gen*: -(e)s> территория *f* ФРГ
Bundesgesetz *nt* <-es, -e> федеральный закон *m*
Bundesgrenzschutz *m* <*gen*: -(e)s> федеральная пограничная охрана *f*
Bundeshaushalt *m* <*gen*: -(e)s> федеральный бюджет *m*
Bundesheer *nt* <-(e)s, -e> (*österr: Streitkräfte*) вооружённые силы *pl* Австрии
Bundesinnenminister *m* <-s, -> министр *m* внутренних дел (ФРГ, Австрия)
Bundesinnenministerium *nt* <-s, -s> министерство *nt* внутренних дел (ФРГ, Австрия)

Bundeskanzler, -in *m/f* <-s, -> федеральный канцлер *m* (ФРГ, Австрия)
Bundeskartellamt *nt* <*gen*: -(e)s> федеральное ведомство *nt* государственного надзора за деятельностью картелей
Bundesland *nt* <-(e)s, -länder> федеральная земля *f*
Bundesliga *f* <*gen*: -> (SPORT) бундеслига *f*, высшая лига *f* (ФРГ)
Bundesligaklub *m* <-s, -s> клуб *m* высшей лиги
Bundesligaspiel *nt* <-(e)s, -e> матч *m* высшей лиги
Bundesligaverein *m* <-s, -e> клуб *m* высшей лиги
Bundesminister, -in *m/f* <-s, -> федеральный министр *m* (ФРГ, Австрия)
Bundesministerium *nt* <-s, -ministerien> федеральное министерство *nt* (ФРГ, Австрия)
Bundesobligation *f* <-, -en> государственные облигации *pl*
Bundesparteitag *m* <-(e)s, -e> федеральный партийный съезд *m*
Bundesrepublik *f* <*gen*: -> федеративная республика *f*
Bundesstaat *m* <-(e)s, -e> федеративное государство *nt*
Bundestag *m* <*gen*: -(e)s> бундестаг *m*
Bundestagsabgeordnete(r) *mf* <-n, -n> депутат *m* бундестага
Bundestagsmitglied *nt* <-(e)s, -er> член бундестага *m*
Bundestagswahl *f* <-, -en> выборы *pl* в бундестаг
Bundestagswahlkampf *m* <*gen*: -(e)s> предвыборная борьба *f* за место в бундестаге
Bundesumweltminister *m* <-s, -> министр *m* окружающей среды (ФРГ, Австрия)
Bundesverband *m* <-(e)s, -verbände> федеральный союз *m*; **~ der Deutschen Industrie** Федеральный союз германской промышленности
Bundesverfassungsgericht *nt* <*gen*: -(e)s> Федеральный конституционный суд *m* (ФРГ)
Bundesverwaltungsgericht *nt* <*gen*: -(e)s> Федеральный административный суд *m* (ФРГ)
Bundesvorstand *m* <-(e)s, -vorstände> правление *nt* союза
Bundeswehr *f* <*gen*: -> бундесвер *m*
bündig *adj* (*kurz*) сжатый, лаконичный; **kurz und ~** коротко и ясно
Bündnis *nt* <-ses, -se> союз *m*
Bündnispartner *m* <-s, -> союзник *m*
Bündnispolitik *f* <*gen*: -> союзническая политика *f*

Bungalow m <-s, -s> бунгало nt
Bungee-Jumping nt <gen: -s> прыжки mpl на "резинке"
Bunker m <-s, -> (MIL) бункер m
bunt adj 1. (farbig) цветной; 2. (mehrfarbig) разноцветный; 3. (gemischt) пёстрый; **es wird mir zu ~** это уж слишком
buntkariert adj в пёструю [o в разноцветную] клетку
Buntwäsche f <gen: -> цветное бельё nt
Burg f <-, -en> крепость f
Burganlage f <-, -n> крепостные сооружения ntpl
Bürge m <-n, -n> поручитель m, гарант m
bürgen vi ручаться, поручиться pf (für + akk за)
Bürger, -in m/f <-s, -> гражданин, -данка m/f
Bürgerbeteiligung f <-, -en> участие nt граждан
Bürgerinitiative f <-, -n> гражданская инициатива f
Bürgerkrieg m <-(e)s, -e> гражданская война f
Bürgerkriegsflüchtling m <-s, -e> беженец m из страны, в которой идёт гражданская война
bürgerlich adj 1. гражданский; 2. (spießig) обывательский; **Bürgerliches Gesetzbuch** Гражданский кодекс; **~e Kost** простая домашняя еда
Bürgermeister, -in m/f <-s, -> бургомистр m
bürgernah adj учитывающий потребности граждан
Bürgerrecht nt <gen: -(e)s> гражданские права pl
Bürgerrechtler, -in m/f <-s, -> борец m за гражданские права
Bürgersteig m <-(e)s, -e> тротуар m
Bürgerversammlung f <-, -en> собрание nt граждан
Burggraben m <-s, -gräben> крепостной ров m
Burgruine f <-, -n> развалины крепости
Bürgschaft f <-, -en> поручительство nt; **eine ~ für jdn leisten** поручиться за кого-л.
Büro nt <-s, -s> бюро nt
Büroangestellte(r) mf <-n, -n> служащий, -щая m/f бюро
Bürobedarf m <gen: -(e)s> канцелярские принадлежности fpl
Bürogebäude nt <-s, -> специально спроектированное здание, в котором располагаются исключительно служебные и деловые помещения фирм, организаций, частные бюро и т.п.
Bürokauffrau f <-, -en> служащая частного предприятия, в чью компетенцию входят ведение коммерческих дел и деловая переписка
Büroklammer f <-, -n> канцелярская скрепка f
Bürokommunikation f <gen: -> коммуникация f в бюро
Bürokraft f <-, -kräfte> клерк m
Bürokrat, -in m/f <-en, -en> бюрократ, -ка m/f
Bürokratie f <-, -n> бюрократия f
bürokratisch adj бюрократический
Büromöbel pl <gen: -> офисная [o конторская] мебель f
Büroraum m <-(e)s, -räume> помещение nt под офис
Bursche m <-n, -n> 1. (junger ~) подросток m; 2. (Kerl) парень m, малый m
burschikos adj непринуждённый, назависимый
Bürste f <-, -n> щётка f
bürsten vt чистить, по- pf; **sie bürstet sich das Haar** она расчёсывает себе волосы щёткой
Bürstenschnitt m <-(e)s, -e> стрижка f ёжиком
Bus m <-ses, -se> автобус m
Busbahnhof m <-(e)s, -bahnhöfe> автовокзал m
Busch m <-(e)s, Büsche> 1. куст m, кустарник m; 2. (Urwald) буш m, тропический лес m; **etw ist im ~e** (umg) что-то назревает
Büschel nt <-s, -> пук m, пучок m
buschig adj кустистый; **~e Brauen** густые брови
Busen m <-s, -> 1. женская грудь f; 2. (Meeres~) залив m
Busenfreund, -in m/f <-(e)s, -e> (umg) закадычный друг, -ная подруга m/f
Busfahrer, -in m/f <-s, -> водитель, -ница m/f автобуса
Bushaltestelle f <-, -n> автобусная остановка f
Business m <gen: -> бизнес m
Buß- und Bettag m <-(e)s, -e> (REL) день m покаяния и молитвы
Bussard m <-s, -e> сарыч m
Buße f <-, -n> 1. покаяние nt; 2. (Geldstrafe) штраф m; **jdm eine ~ auferlegen** наложить на кого-л. епитимью
büßen I. vt für etw ... поплатиться за что-л.; II. vt (Sünden) каяться, по- pf
Bußgeld nt <-es, -er> денежный штраф m
Bußgeldverhängung f <-, -en> наложение nt денежного штрафа
Büste f <-, -n> 1. (Statue) бюст m; 2. (Brust) бюст m, женская грудь f
Büstenhalter m <-s, -> бюстгальтер m, лифчик m
Butter f <gen: -> масло nt; **alles in ~!** (umg) всё идёт как по маслу

Butterbrot *nt* <-(e)s, -e> хлеб *m* с маслом
Butterbrotpapier *nt* <-(e)s, -e> жиронепроницаемая бумага *f* для бутербродов
Buttercreme *f* <-, -s> сливочный крем *m*
Buttercremetorte *f* <-, -n> торт *m* со сливочным кремом
Butterkeks *m* <-es, -e> сливочное печенье *nt*
Buttermilch *f* <gen: -> пахта *f*
Button *m* <-s, -s> 1. (*Anstecker*) значок *m*; 2. (DV) кнопка *f*
Bypass *m* (MED) дренаж *m*
Byte *nt* <-s, -s> (DV) байт *m*
byzantinisch *adj* византийский
bzw. *abk von* **beziehungsweise**

C

c, C *nt* <-, -> к, К, ц, Ц, ш, Ш, х, Х
ca. *abk von* **circa**
c/o *abk von* **care of**
Cabrio(let) *nt* <-s, -s> кабриолет *m*
Cache *m* <-s, -s> (DV) кэш *m*
CAD *abk von* **computer-aided design**
CAD-Programm *nt* <-(e)s, -e> система проектирования
Café *nt* <-s, -s> кафе *nt*
Cafeteria *f* <-, -s> кафетерий *m*
Callgirl *nt* <-s, -s> проститутка, работающая по телефонному вызову
Callgirlring *m* <-(e)s, -e> организованная группа проституток, работающих по телефонному вызову
Camembert *m* <gen: -s> камамбер *m*
Camp *nt* <-s, -s> палаточный лагерь *m*
campen *vi* жить *impf* в кемпинге
Camper, -in *m/f* <-s, -> отдыхающий, -щая *m/f* в кемпинге
Campingausrüstung *f* <-, -en> оборудование *nt* для кемпинга
Campingbus *m* <-ses, -se> жилой миниавтобус *m*
Campingplatz *m* <-es, -plätze> кемпинг *m*
Campingstuhl *m* <-(e)s, -stühle> складной стул *m* для кемпинга
Campingtisch *m* <-es, -e> складной стол *m* для кемпинга
Campus *m* <gen: -> территория *f* университета
Cape *nt* <-s, -s> накидка *f*, пелерина *f*
Cappuccino *m* <gen: -s> капучино *nt*
Caravan *m* <-s, -s> 1. (*Kombiwagen*) автомобиль *m* комби; 2. (*Wohnwagen*) жилой миниавтобус *m*
Cartoon *m* <-s, -s> карикатура *f*, сатирический рисунок *m*
Cartoonist, -in *m/f* <-en, -en> карикатурист *m*
Cash Flow *m* <gen: -> (ÖKON) кэш флоу *inv*

catchen *vi* участвовать *impf* в соревнованиях по кетчу
Catcher, -in *m/f* <-s, -> кетчист, -ка *m/f*
Catering *nt* <gen: -s> кетеринг *m*
Catering-Unternehmen *nt* <-s, -> предприятие *nt* кетеринг
CD¹ *abk von* **Corps Diplomatique** *nt* дипломатический корпус *m*
CD² *abk von* **Compact Disc** *f*
CD-Rom цедером *m*
CD-Rom-Laufwerk *nt* <-(e)s, -e> дисковод *m* для цедерома
CD-Spieler *m* <-s, -> проигрыватель *m* для компактных дисков
C-Dur *nt* <gen: -s> (MUS) до мажор *m*
Cellist, -in *m/f* <-en, -en> виолончелист, -ка *m/f*
Cello *nt* <-s, Celli> виолончель *f*
Cellophan® *nt* <gen: -s> целлофан *m*
Celsius *nt* <-, -> Цельсий *m*; **die Wassertemperatur beträgt 17 Grad ~** температура воды составляет 17 градусов по Цельсию
Cent *m* <-s, -s> (*Untereinheit des Euro*) цент *m*
Chamäleon *nt* <-s, -s> хамелеон *m*
Champagner *m* <gen: -s> шампанское *nt*
Champignon *m* <-s, -s> шампиньон *m*
Champion *m* <-s, -s> чемпион *m*
Chance *f* <-, -n> шанс *m*, возможность *f*; **keine ~ haben** не иметь шансов
Chancengleichheit *f* <gen: -> равные шансы *pl*
Chanson *nt* <-s, -s> (MUS) шансон *m*
Chaos *nt* <gen: -> хаос *m*; **auf der Straße herrscht ein ziemliches ~** на улице царит хаос
Chaostheorie *f* <gen: -> (MATH) теория хаоса *f*
Chaot, -in *m/f* <-en, -en> член экстремистской группы
chaotisch *adj* хаотический, хаотичный
Charakter *m* <-s, -e> характер *m*; **einen guten/schwierigen ~ haben** иметь лёгкий/тяжёлый характер
charakterisieren *vt* характеризовать *impf/pf*, охарактеризовать *pf*
charakteristisch *adj* характерный, типичный
charakterlos *adj* бесхарактерный
Charakterlosigkeit *f* <gen: -> бесхарактерность *f*
Charakterschauspieler, -in *m/f* <-s, -> актёр *m* на характерные роли
Charakterschwäche *f* <-, -n> слабость *f* характера
Charakterstärke *f* <-, -n> сила *f* характера
Charakterzug *m* <-(e)s, -züge> черта *f* характера
Chargenfertigung *f* <-, -en>

изготовле́ние *nt* това́ра па́ртиями
charmant *adj* очарова́тельный, восхити́тельный
Charme *m* <gen: -s> шарм *m*, обая́ние *nt*
Charter *m* ча́ртер *m*
Charterflug *m* <-(e)s, -flüge> ча́ртерный рейс *m*
Charterflugzeug *nt* <-s, -e> ча́ртерный самолёт *m*
chartern *vt* фрахтова́ть, за- *pf*
Charterpartie *f* <-, -en> ча́ртер-па́ртия *f*
Chassis *nt* <-, -> шасси́ *nt*
Chat *m* <-s, -s> (DV) бесе́да *f*, чат *m*
Chatserver *m* <-s, -> (DV) чат-се́рвер
Chauffeur, Chauffeuse *m/f* <-s, -e> (CH: Autofahrer) шофёр *m*
Chauvinismus *m* <-, -men> шовини́зм *m*
Chauvinist *m* <-en, -en> шовини́ст *m*
chauvinistisch *adj* шовинисти́ческий
checken *vt* проверя́ть, -ве́рить *pf*, контроли́ровать, про- *pf*
Check-in *m* <-s, -s> (an Flughäfen) оформле́ние *nt* поса́дки на самолёт
Checkliste *f* <-, -n> контро́льный спи́сок *m*
Chef, -in *m/f* <-s, -s> шеф *m*, нача́льник *m*
Chefarzt, -ärztin *m/f* <-es, -ärzte> гла́вный врач *m*
Chefetage *f* <-, -n> (Leitungsebene) руково́дство *nt*
Chefingenieur, -in *m/f* <-s, -e> гла́вный инжене́р *m*
Chefsekretärin *f* <-, -en> секрета́рша *f* нача́льника
Chefunterhändler, -in *m/f* <-s, -> гла́вный посре́дник *m* (при перегово́рах)
Chemie *f* <gen: -> хи́мия *f*
Chemiefaser *f* <-, -n> хими́ческое волокно́ *nt*
Chemiekonzern *m* <-s, -e> хеми́ческий конце́рн *m*
Chemielaborant, -in *m/f* <-en, -en> лабора́нт-хи́мик *m*
Chemiemüll *m* <gen: -s> отхо́ды *pl* хими́ческого произво́дства
Chemieunfall *m* <-(e)s, -unfälle> несча́стный слу́чай *m* на хими́ческом предприя́тии
Chemiewaffe *f* <-, -n> хими́ческое ору́жие *nt*
Chemikalien *pl* <-, -n> химика́лии *pl*
Chemiker, -in *m/f* <-s, -> хи́мик *m*
chemisch *adj* хими́ческий; ~**e Reinigung** химчи́стка
Chemotherapie *f* <-, -en> химиотерапи́я *f*
Chiasmus *m* <-, Chiasmen> (LING) хиа́зм *m*
Chiffre *f* <-, -n> 1. (in einem Code) число́ *nt*, ци́фра *f*; 2. (in Zeitungsannoncen) шифр *m*

Chiffreanzeige *f* <-, -n> шифро́ванное объявле́ние *nt* в газе́те
Chiffriermaschine *f* <-, -n> шифрова́льная маши́на *f*
Chile *nt* <gen: -s> Чи́ли *nt*
Chilene, Chilenin *m/f* <-en, -en> чили́нец, чили́нка *m/f*
chilenisch *adj* чили́йский
Chili-Sauce *f* <-, -n> чи́ли-со́ус *m*
Chimäre *f* <-, -n> химе́ра *f*
China *nt* <gen: -s> Кита́й *m*
Chinese, Chinesin *m/f* <-n, -n> кита́ец, -та́янка *m/f*
chinesisch *adj* кита́йский
Chinin *nt* <gen: -s> хини́н *m*
Chip *m* <-s, -s> 1. (Spielmarke) фи́шка *f*; 2. (DV) чип *m*
Chipkarte *f* <-, -n> электро́нная карто́чка *f*
Chips *pl* <gen: -> (Kartoffel~) чи́псы *pl*
Chirurg, -in *m/f* <-en, -en> хиру́рг *m*
Chirurgie *f* <-, -n> 1. хирурги́я *f*; 2. (umg: chirurgische Abteilung) хирурги́ческое отделе́ние *nt*
chirurgisch *adj* хирурги́ческий; ~**er Eingriff** хирурги́ческое вмеша́тельство
Chlor *nt* <gen: -s> хлор *m*
chlorhaltig *adj* содержа́щий хлор
Chlorid *nt* <gen: -s> хлори́д *m*
Chlorkalk *m* <gen: -(e)s> хло́рная и́звесть *f*
Chloroform *nt* <gen: -s> хлорофо́рм *m*
Chlorophyll *nt* <gen: -s> хлорофи́лл *m*
Chlorwasserstoff *m* <-(e)s, -e> хло́ристый водоро́д *m*
Cholera *f* <gen: -> холе́ра *f*
Choleraepidemie *f* <-, -en> холе́рная эпиде́мия *f*
cholerisch *adj* холери́ческий, вспы́льчивый
Cholesterin *nt* <gen: -s> холестери́н *m*
Chor *m* <-s, Chöre> хор *m*; **im ~ singen** петь в хо́ре
Choral *m* <-s, Choräle> хора́л *m*
Choreograph, -in *m/f* <-en, -en> хореогра́ф *m*
Choreographie *f* <-, -n> хореогра́фия *f*
Christ, -in *m/f* <-en, -en> христиани́н, -а́нка *m/f*
Christbaum *m* <-es, -bäume> рожде́ственская ёлка *f*
Christenheit *f* <gen: -> христиа́нский мир *m*
Christentum *nt* <gen: -s> христиа́нство *nt*
Christkind *nt* <gen: -(e)s> младе́нец Христо́с *m*
christlich *adj* христиа́нский
Christstollen *m* <-s, -> рожде́ственский кекс *m*
Christus *m* <gen: -> Христо́с *m*
Chrom *nt* <gen: -s> хром *m*
Chromosom *nt* <-s, -en> хромосо́ма *f*

Chromstahl *m* <gen: -(e)s> хромистая сталь *f*
Chronik *f* <-, -en> хроника *f*
chronisch *adj* 1. (MED) хронический; 2. (*fig*) хронический, постоянный
Chronologie *f* <-, -n> хронология *f*
chronologisch *adj* хронологический; in ~er Reihenfolge в хронологическом порядке
Chronometer *m* <-s, -> хронометр *m*
Chrysantheme *f* <-, -n> хризантема *f*
Chuzpe *f* <-, -n> (*umg*) наглость *f*, бесстыдство *nt*
ciao *interj* ~! чао!
circa *adv* приблизительно, около
City *f* <-, -s> сити *f*
Clearing *nt* <-s, -s> клиринг *m*
Clearingbank *f* <-, -en> клиринг-банк *m*
Clearingverkehr *m* <gen: -s> клиринговые операции *fpl*
clever *adj* умный
Client *m* <-s, -s> (DV) клиент *m*
Clinch *m* <gen: -es> клинч *m*; mit jdm im ~ liegen войти с кем-л. в клинч
Clique *f* <-, -n> (*pej*) компания *f*, тусовка *f*
Clou *m* <-s, -s> (*umg*) „гвоздь" *m* сезона
Clown *m* <-s, -s> клоун *m*; sich zum ~ machen делать из себя клоуна
Club *m* <-s, -s> клуб *m*
c-Moll *nt* <gen: -s> до минор *m*
Coach *m* <-s, -s> (SPORT) тренер *m*
Cockerspaniel *m* <-s, -s> кокер-спаниэль *m*
Cockpit *nt* <-s, -s> (*Flugzeug, Rennwagen*) кабина *f* пилота
Cocktail *m* <-s, -s> коктейль *m*
Cocktail *m* <-s, -s> коктейль *m*
Cocktailparty *f* <-, -s> коктейль *m*, вечеринка *f*
Code *m* <-s, -s> код *m*; genetischer ~ (BIO) генетический код
Cognac® *m* <-s, -s> коньяк *m*
Coiffeur, Coiffeuse *m/f* <-s, -e> (*CH: Friseur*) парикмахер *m*
Collage *f* <-, -n> коллаж *m*
Collagen *nt* <gen: -s> коллаген *m*
College-Mappe *f* <-, -n> папка *f* для учебных материалов
Comeback *nt* <-s, -s> возвращение *nt*; ein ~ feiern праздновать возвращение
Comic *m* <-s, -s> комикс *m*
Comicheft *nt* <-(e)s, -e> книжка *f* с комиксами *m*
Coming-out *nt* <-s, -s> намеренное разглашение собственной интимной тайны известной личностью
Compact Disc *f* <-, -s> компактный диск *m*
Compiler *m* <-s, -> (DV) компилятор *m*
Computer *m* <-s, -s> компьютер *m*
Computer Aided Design *nt* <gen: -s> автоматизированное проектирование *nt*
Computer Aided Manufacturing *nt* <gen: -s> автоматизированная система *f* управления производством
Computerfachmann *m* <-(e)s, -männer/-leute> компьютерщик *m*
Computerfreak *m* <-s, -s> тот, кто помешан на компьютерах
computergerecht *adj* пригодный для обработки компьютером
computergesteuert *adj* управляемый компьютером
Computergrafik *f* <-, -en> компьютерная графика *f*
computerisieren *vt* компьютеризировать *impf/pf*
Computerkriminalität *f* <gen: -> совокупность уголовных преступлений, совершённых с помощью компьютеров, особенно незаконное использование данных
Computerlinguist, -in *m/f* <-en, -en> специалист *m* по компьютерной лингвистике
Computerlinguistik *f* <gen: -> компьютерная лингвистика *f*
Computernetz *nt* <-es, -e> компьютерная сеть *f*
Computerspiel *nt* <-s, -e> компьютерная игра *f*
Computertechnologie *f* <gen: -> компьютерная технология *f*
Computer-Terminal *nt* <-s, -s> компьютер-терминал *m*
Computertisch *m* <-es, -e> стол *m* для компьютера
Computervirus *m* <-, -viren> компьютерный вирус *m*
Computerzeitschrift *f* <-, -en> компьютерный журнал *m*
Conférencier *m* <-s, -s> конферансье *m*
Consulting *nt* <gen: -s> консалтинг *m*
Consultingfirma *f* <-, -firmen> консалтинговая фирма *f*
Container *m* <-s, -> контейнер *m*
Containerterminal *nt* <-s, -s> контейнерный порт *m*
Controller, -in *m/f* <-s, -> контроллер *m*
Controlling *nt* <gen: -s> контроллинг *m*
Cookie *nt* <-s, -s> (DV) плюшка *f*
cool *adj* 1. (*umg*) спокойный, холодный; ~ bleiben сохранять спокойствие 2. (*Klasse*) классный, шикарный
Copyright *nt* <-s, -s> авторское право *nt*
Cordhose *f* <-, -n> вельветовые брюки *fpl*
Corn-flakes *pl* <gen: -> кукурузные хлопья *pl*
Corporate Design *nt* <-s, -s> фирменный дизайн *m*
Corporate Identity *f* <gen: -> фирменный стиль *m*
Couch *f* <-, -s> кушетка *f*

Countdown *m* <-s, -s> отсчёт *m* времени готóвности
Coupon *m* <-s, -s> купóн *m*
Courage *f* <gen: -> смéлость *f*
Courtage *f* <-, -n> куртáж *m*
Cousin, Cousine *m/f* <-s, -s> кузéн, -зи́на *m/f*
Cover *nt* <-s, -s> 1. (*von Schallplatte/Buch*) конвéрт *m*; 2. (*von Zeitschrift*) облóжка *f*
Coverversion *f* <-, -en> (MUS) интерпретáция музыкáнтом какóй-либо пéсни, áвтором котóрый он не являeтся
Cowboy *m* <-s, -s> ковбóй *m*
Crack *m* <-s, -s> (*Sportler*) спортсмéн *m* высóкого клáсса
Crash-Test *m* <-s, -s> испытáние автомоби́лей на аварийность
Creme, Krem(e) *f* <-, -s> 1. (*kosmetisches Präparat*) крем *m*; 2. (*Süßspeise*) крем *m*
Cremetorte *f* <-, -n> крéмовый торт *m*
Crêpe *nt* <-s, -s> креп *m*
Creuzfeld-Jacob-Krankheit *f* <gen: -> болéзнь *f* Крóйцфельда-Якоба
Crew *f* <-, -s> комáнда *f*
Critical-Path-Method *f* <gen: -> (ÖKON) метóд *m* крити́ческого пути́
Croissant *nt* <-s, -s> рогáлик *m* из слоёного тéста, круассáн *m*
Cross-rate *f* <gen: -> (BÖRSE) крóсс-курс *m*
Curry *nt* <-s, -s> кýрри *m*, пря́ный порошóк *m*
Cursor *m* <-s, -> (DV) курсóр *m*; **blinkender ~** мигáющий курсóр
Cursortaste *f* <-, -n> (DV) клáвиша *f* управлéния курсóром
Cutter, -in *m/f* <-s, -> монтажёр *m*
Cyberspace *m* <gen: -> киберспéйс *m*

D

d, D *nt* <-, -> д, Д
da I. *adv* 1. (*dort*) там; 2. (*hier*) здесь, тут; 3. (*temporal*) тогдá; **hier und~** тут и там; **von ~ an** с тех пор; II. *konj* (*kausal*) так как; **~ das Wetter schlecht war, blieben wir im Haus** так как погóда былá плохáя, мы остáлись дóма.
DAAD *abk von* **Deutscher Akademischer Austauschdienst** *m* слýжба академи́ческих обмéнов Гермáнии
dabehalten *irr vt* задержáть *pf*, -дéрживать *impf*, удержáть *pf*, удéрживать *impf*
dabei *adv* при э́том, при том; **was ist schon ~?** чтó же тут такóго?; **~ bleibt es** решенó; **ich bin gerade ~, es zu tun** я как раз собирáюсь э́то дéлать; **das Seltsame ~ ist ...** сáмое стрáнное при э́том...

dabeihaben *irr vt* имéть *impf* при себé
dabei sein *irr vi* присýтствовать *impf*
dableiben *irr vi* оставáться, -тáться *pf*
Dach *nt* <-(e)s, Dächer> кры́ша *f*; **ein/kein ~ über dem Kopf haben** (*umg*) имéть кры́шу/не имéть кры́ши над головóй ; **etw unter ~ und Fach bringen** закóнчить что-л.
Dachboden *m* <-s, -böden> чердáк *m*
Dachdecker *m* <-s, -> крóвельщик *m*
Dachfirst *m* <-(e)s, -e> конёк *m*
Dachgarten *m* <-s, -gärten> сад *m* на кры́ше
Dachgeschoss *nt* <-geschosses, -geschosse> мансáрдный этáж *m*
Dachgesellschaft *f* <-, -en> (ÖKON) хóлдинг *m*
Dachgleiche *f* <-, -n> (*österr*: *Dachgleichenfeier*) прáздник *m* по слýчаю подведéния дóма под кры́шу
Dachluke *f* <-, -n> слуховóе окнó *nt*
Dachorganisation *f* <-, -en> головнáя организáция *f*
Dachrinne *f* <-, -n> водостóчный жёлоб *m*
Dachs *m* <-es, -e> барсýк *m*
dachte *prät von* **denken**
Dachziegel *m* <-s, -> крóвельная черепи́ца *f*
Dackel *m* <-s, -> тáкса *f*
dadurch *adv* 1. (*da hindurch*) чéрез; 2. (*durch diese Maßnahme*) благодаря́ тому, что; **die Bücher werden sorgfältig verpackt und ~ vor Beschädigung geschützt** кни́ги старáтельно упакóвываются, благодаря́ чемý сохраня́ются от пóрчи; 3. (*infolge*) вслéдствие тогó, что
DaF *abk von* **Deutsch als Fremdsprache** немéцкий язы́к как инострáнный
dafür *adv* за э́то; **ich bin ~, nach Hause zu gehen** я за то, чтóбы идти́ домóй
Dafürhalten <gen: -s>: **nach meinem ~** по моемý мнéнию
DAG *abk von* **Deutsche Angestelltengewerkschaft** *f* Профсою́з немéцких служáщих
dagegen *adv* прóтив э́того; **nichts ~ haben** не имéть ничегó прóтив
daheim *adv* дóма; **~ sein** быть дóма
daher *adv* оттýда; **das kommt ~** э́то происхóдит оттогó
daherbringen *vt* (*österr*: *herbeibringen*) приноси́ть, -нести́ *pf*
dahergelaufen *adj* (*pej*) нéвесть откýда взя́вшийся, пришлый
daherreden *vi* (*pej*) болтáть *impf*; **dumm ~** нести́ вся́кую вся́чину
dahin (*eine Richtung bezeichnend*) тудá; **stelle das Gepäck ~** постáвь багáж тудá; **alles ist ~!** всё пропáло! **das steht mir bis ~** э́тим сыт по гóрло
dahingestellt : **etw ~ sein lassen** оставля́ть вопрóс откры́тым

dahinsiechen vi чáхнуть
dahinter adv сзáди, позадú
dahinter kommen irr vi (umg) разузнáть pf, -знавáть impf
dahinter stecken vi (umg) крыться impf; **es steckt etw dahinter** за этим что́-то кро́ется
Dahlie f <-, -n> георгин m
dalassen irr vt (umg) остáвить pf, -влять impf; **soll ich dir das Buch ~?** остáвить тебе книгу?
Dalmatien nt <gen: -s> Далмáция f
damalig adj тогдáшний; **der ~e Innenminister** тогдáшний министр внутренних дел
damals adv тогдá, в то вре́мя
Damast m <gen: -(e)s> дамáст m, дамáстовая ткань f
Dame f <-, -n> 1. (Frau) дáма f, госпожá f; **eine ältere ~** пожилáя дáма; **meine ~n und Herren!** Дáмы и господá! 2. (kein pl: Brettspiel) шáшки pl; **~ spielen** игрáть в шáшки
Damenbinde f <-, -n> гигиенúческая проклáдка f
Damenfahrrad nt <-es, -fahrräder> дáмский велосипе́д m
damenhaft adj подобáющий дáме, элегáнтный
Damenmannschaft f <-, -en> (SPORT) же́нская комáнда f
Damenmode f <gen: -> же́нская мо́да f
Damenrad nt <-(e)s, -räder> дáмский велосипе́д m
Damenslip m <-s, -s> трусики pl
Damenstrümpfe pl <gen: -> чулки pl
Damentoilette f <-, -n> же́нский туалéт m
Damenwahl f <gen: -> бéлый тáнец m
Damenwäsche f <gen: -> дáмское белье́ nt
Damespiel nt <-(e)s, -e> шáшки pl
damit I. adv э́тим, тем; **was willst du ~ sagen?** что ты э́тим хо́чешь сказáть?; **was soll ich ~ machen?** что мне с э́тим де́лать?; **wie wär's ~, in den Urlaub zu fahren?** как насчёт óтпуска?; **das hat ~ gar nichts zu tun** одно́ к друго́му не име́ет ни мале́йшего отноше́ния; II. konj что́бы, с тем, что́бы; **~ nicht** что́бы не.
dämlich adj (umg: pej) глуповáтый, придуровáтый
Damm m <-(e)s, Dämme> 1. (Wall) дáмба f, вал m; **wieder auf dem ~ sein** (umg) быть снóва бóдрым 2. (ANAT) проме́жность f
dämmerig adj су́меречный
dämmern vi 1. (Morgen werden) рассветáть, -вести́ pf; 2. (Abend werden) смеркáться, -кнуться pf; 3. (umg: jmd klar werden) начинáть, -чáть понимáть pf

Dämmerung f <gen: -> су́мерки; **bei Anbruch der ~** с наступле́нием су́мерек
Dämon m <-s, -en> де́мон m
dämonisch adj демонúческий
Dampf m <-(e)s, Dämpfe> пар m; **~ ablassen** (umg) выпустить пар; **jdm ~ machen** (umg) торопи́ть кого́-л.
Dampfbad nt <-(e)s, -bäder> парнáя бáня f
Dampfbügeleisen nt <-s, -> утю́г m с пáром
dampfen vi испаря́ться, -ри́ться pf
dämpfen vt 1. (Stimme) понижáть, -нúзить pf; 2. (Freude) сде́рживать, -жáть pf; 3. (Gemüse) тушúть, стушúть pf
Dampfer m <-s, -> парохо́д m; **auf dem falschen ~ sein** (umg) быть на ло́жном пути́
Dämpfer m: **jdm einen ~ verpassen** (umg) уме́рить чей-то пыл
Dampfkessel m <-s, -> парови́к m
Dampflokomotive f <-, -n> парово́з m
Dampfmaschine f <-, -n> паровáя маши́на f
Dampfturbine f <-, -n> паровáя турби́на f
Dampfwalze f <-, -n> паровóй като́к m
Dampfwolke f <-, -n> парово́е о́блако nt
danach adv 1. (zeitlich) затéм, по́сле э́того; **erst kaufte er ein, ~ kochte er** сначáла он сде́лал поку́пки, пото́м стал гото́вить; 2. (eine Richtung bezeichnend) за э́тим, за тем; **sie streckte die Hand ~ aus** онá протяну́ла за э́тим ру́ку; 3. (einer Sache entsprechend) в соотве́тствии; **er kennt die Regeln, warum handelt er nicht ~?** он знáет прáвила, почему́ же он не де́йствует в соотве́тствии с ни́ми?
Däne m <-n, -n> датчáнин m
daneben adv ря́дом
danebenbenehmen irr vr плóхо вести́ impf себя́
danebengehen irr vi (umg: missglücken) не удавáться, не удáться pf
danebenhalten vt срáвнивать, сравни́ть pf, сопоставля́ть, сопостáвить pf
danebensein vi (umg) быть в смяте́нии, чу́вствовать себя́ нело́вко
Dänemark nt <gen: -s> Дáния f
daniederliegen irr vi 1. (fig) быть [о лежáть] больны́м; 2. находи́ться в упáдке
Dänin f <-, -en> датчáнка f
dänisch adj дáтский
dank präp +dat благодаря́
Dank m <gen: -(e)s> благодáрность f, признáтельность f; **vielen ~!** большо́е спаси́бо!
dankbar adj благодáрный; **ich wäre Ihnen ~, wenn Sie mir das Geld geben**

könnten я был бы вам очень признателен, если бы вы могли дать мне денег
Dankbarkeit f <gen: -> благодарность f, признательность f
danke interj спасибо
danken vi благодарить, по- pf; dankend annehmen принимать с благодарностью; nichts zu ~! не стоит благодарности!
Dankeschön nt <gen: -s> большое спасибо nt
Danksagung f <-, -en> изъявление nt благодарности
dann adv 1. (eine Reihenfolge bezeichnend) тогда, потом, затем; erst die Arbeit, ~ das Vergnügen сначала работа, а потом развлечения; 2. (eine Folge bezeichnend) в таком случае, то; wenn es regnet, ~ verschieben wir den Ausflug eben если будет идти дождь,то мы перенесём прогулку; 3. (außerdem) кроме того; und ~regnete es auch noch и кроме того шёл дождь; bis ~! пока! ~ und wann порою
Danzig nt <gen: -s> Гданьск m
daran adv к тому, к этому, на этом, на том; ihr liegt viel ~ ей это очень важно; wir arbeiten ~ мы над этим работаем; es liegt ~, dass это объясняется тем, что...
daransetzen vt (einsetzen, aufbieten) употреблять, -бить pf, применять, -нить pf; wenn es regnet, ~ dieses Ziel zu erreichen он сделал всё возможное для достижения этой цели
darauf adv 1. (räumlich) на этом, на том; 2. (im Anschluss daran) затем, после того; die Woche ~ на следующей неделе
darauf folgend adj следующий
daraufhin adv после этого
daraus adv из этого, отсюда; ~ geht hervor, dass ... отсюда следует, что; ich schließe ~, dass из этого я заключаю, что
Darbietung f <-, -en> исполнение nt, выступление nt
darf 1. und 3. pers sg von **dürfen**
darin adv 1. (in dieser Sache) в этом, в том; die Schwierigkeit besteht gerade ~, dass... сложность заключается как раз в том, что...; 2. (räumlich) внутри
darlegen vt (Plan, Theorie, Gründe) излагать, -ложить pf
Darlehen nt <-s, -> ссуда f, заём m; ein ~ aufnehmen взять ссуду; (un)gedecktes ~ (не)обеспеченная ссуда; bares ~ денежный заём; befristetes ~ срочная ссуда; langfristiges ~ долгосрочная ссуда; verzinsliches ~ процентный заём; zweckgebundenes ~ целевая ссуда; ~ mit Rückzahlungsverpflichtung возвратная ссуда; ~ ohne Rückerstattung безвозвратная ссуда; ein ~ gewähren предоставлять ссуду; ein ~ tilgen погашать ссуду
Darlehensgeber m <-s, -> кредитор m
Darlehensnehmer m <-s, -> заёмщик m
Darlehenssicherung f <-en, -en> обеспечение f ссуды
Darlehensverlängerung f <-, -en> пролонгация f заёма
Darlehensvertrag m <-(e)s, -verträge> договор m о заёме
Darlehenswechsel m <-s, -> финансовый вексель m
Darm m <-(e)s, Därme> кишка f
Darmerkrankung f <-, -en> заболевание nt кишечника
Darminfektion f <-, -en> кишечная инфекция f
Darmkrebs m <gen: -es> рак m кишечника
Darmschleimhaut f <gen: -> слизистая оболочка f кишечника
darstellen vt 1. (wiedergeben) изображать, -бразить pf; die Zeichnung stellt ein Haus dar на рисунке изображен дом; 2. (eine Rolle) исполнять, -полнить pf роль; 3. (schildern) представлять, -ставить pf, изображать, -бразить pf; er hat das Geschehen als harmlos dargestellt он представил происшедшее в безобидном свете; 4. (einer Sache gleichkommen) представлять impf собой, являться, явиться pf; diese Erfindung stellt einen großen Fortschritt dar это изобретение является большим прогрессом
Darsteller, -in m/f <-s, -> исполнитель, -ница m/f
Darstellung f <-, -en> изображение nt, изложение nt
Darstellungsweise f <-, -n> способ m изображения [o изложения]
darüber adv 1. (räumlich) над этим, над тем; 2. (über eine Angelegenheit) об этом, о том; hast du mit ihr schon ~ gesprochen? ты с ней уже говорил об этом ?; 3. (mehr) больше, свыше
darüber hinaus adv сверх того, помимо того
darüber stehen irr vi быть impf выше
darum adv 1. (um diese Stelle) вокруг, около; ein Baum mit schönen Sträuchern ~ дерево с красивыми кустами вокруг; 2. (um diese Sache) об этом, о том; er hat sich ~ gekümmert он об этом позаботился; ich würde viel ~ geben, wenn... я многое отдал бы за то, чтобы...
darunter adv 1. (unter einer Sache) под этим, под тем; dort liegt das Buch, der Notizzettel ist ~ там лежит книга, а под ней записка; 2. (unter einem Begriff) под

этим; Linguistik? Was verstehen Sie ~? Лингвистика? Что вы под этим понимаете ?; 3. (*unter verschiedenen Dingen*) среди них, в том числе; sie kaufte gerne Bücher, ~ auch Wörterbücher она с удовольствием покупала книги, в том числе и словари

Darwinismus *m* <gen: -> дарвинизм *m*

das I. *best определённый артикль среднего рода*; II. *pron rel* которое, кто, что; das einzige Fenster, ~ geöffnet war... единственное окно, которое было открыто...; III. *part dem* это, то, оно.

da sein *irr vi* быть *impf* на лицо, присутствовать *impf*; ich bin gleich wieder da я сейчас вернусь; ist noch etw Kaffee ~ da ? есть ещё немного кофе?; ist die Post schon da? почта уже пришла?

Dasein *nt* <gen: -s> 1. (*die Existenz*) бытие *nt*; 2. (*das menschliche Leben*) существование *nt*; der ewige Kampf ums ~ вечная борьба за существование

dass *konj* 1. что, то, что; ~ die Arbeit schon fertig ist, erstaunt mich то, что работа уже завершена, меня удивляет; 2. (*im Konsekutivsatz*) что; er fuhr so schnell, ~ ich Angst bekam он ехал так быстро, что мне стало страшно; 3. (*im Finalsatz*) чтобы; sage das lauter, ~ es alle hören скажи громче, чтобы все услышали

dasselbe *pron* то же самое; das ist genau ~ это точно одно и то же

dastehen *irr vi* 1. (*stehen*) стоять *impf*; er stand da und wartete он стоял и ждал; 2. (*in einer bestimmten Situation sein*) быть *impf* в ситуации, оказываться, -заться *pf*; ohne Mittel ~ остаться без средств

Datei *f* <-, -en> файл *m*

Dateienverwaltung *f* <-, -en> (DV) менеджмент *m* файлов

Dateiformat *nt* <-(e)s, -e> (DV) формат *m* файла

Dateigröße *f* <-, -n> (DV) размер *m* файла

Dateimanager *m* <-s, -> (DV) диспетчер *m* файлов

Dateiname *m* <-ns, -n> (DV) имя *nt* файла

Daten *pl* <gen: -> данные *pl*; technische ~ технические данные; ~ eingeben вводить данные; ~ erfassen собирать данные; ~ verarbeiten обрабатывать информацию

Datenabruf *m* <-(e)s, -e> вывоз данных *m*

Datenaufbereitung *f* <gen: -> обработка *f* данных

Datenausgabe *f* <-, -n> вывод *m* данных

Datenaustausch *m* <gen: -(e)s> обмен данными

Datenautobahn *f* <gen: -> информационная магистраль *m*

Datenbank *f* <-, -en> банк *m* данных

Datenbankverwaltung *f* <-, -en> менеджмент *m* банка данных

Datenbestand *m* <-(e)s, -bestände> массив *m* данных

Dateneingabe *f* <-, -n> ввод *m* данных

Datenerfassung *f* <-, -en> регистрация *f* данных

Datenfernübertragung *f* <-, -en> дистанционная передача *f* данных

Datenfernverarbeitung *f* <-, -en> дистанционная обработка *f* данных

Datenfluss *m* <-es, -flüsse> поток *m* данных

Datenformat *nt* <-(e)s, -e> формат *m* данных

Datennetz *nt* <-es, -e> сеть *f* передачи данных

Datenkomprimierung *f* <-, -en> компрессия *f* данных

Datensatz *m* <-es, -sätze> набор *m* данных

Datenschutz *m* <gen: -es> защита *f* данных

Datenschutzgesetz *nt* <-es, -e> закон *m* о защите данных

Datensicherung *f* <-, -en> защита *f* данных от несанкционированного доступа, безопасность *f* данных

Datenträger *m* <-s, -> носитель *m* данных

Datentransfer *m* передача *f* данных

Datenübermittlung *f* <-, -en> передача *f* данных *m*

Datenübertragung *f* <gen: -> передача *f* данных

Datenverarbeitung *f* <gen: -> обработка *f* данных

Datenverarbeitungsanlage *f* <-, -n> устройство *nt* обработки данных

Datenverkehr *m* <gen: -> трафик *m* данных

datieren I. *vt* датировать *impf/pf*; er datierte den Brief auf den 24. Mai он датировал письмо 24 мая; II. *vi* относиться *impf*; das Manuskript datiert aus dem 19. Jahrhundert рукопись относится к 19 веку

Dativ *m* <-s, -e> дательный падеж *m*

Datowechsel *m* <-s, -> (ÖKON) дата-вексель *m*

Dattel *f* <-, -n> финик *m*

Datum *nt* <-s, Daten> дата *f*; welches ~ haben wir heute? какое у нас сегодня число ?

Dauer *f* <gen: -> 1. (*Fortdauer*) продолжительность *f*; auf die ~ надолго; von kurzer ~ sein быть непродолжительным 2. (*begrenzte Zeitspanne*) срок *m*, период *m*; für die ~ eines Jahres сроком на год

Dauerauftrag *m* <-(e)s, -aufträge>

Dauerfreundin

долгосрочное поручение nt (банку)
Dauerfreundin f <-, -nen> (umg) постоянная подруга f
dauerhaft adj прочный, долговечный
Dauerkrise f <-, -n> затяжной кризис m
Dauerkunde m <-n, -n> постоянный клиент [o покупатель] m
Dauerlauf m <-(e)s, -läufe> бег m на длинную дистанцию
dauern vi продолжаться, -должиться pf, длиться, про- pf; **es wird nicht lange ~** это не продлится долго
dauernd adj продолжительный, постоянный; **das ~e Gemurmel im Publikum störte den Redner** непрерывный шёпот в зале мешал оратору
Dauerregen m <gen: -s> затяжной дождь m
Dauerstellung f <-, -en> постоянная работа f
Dauerstress m <gen: -> постоянный стресс m
Dauerthema nt <-s, -themen> постоянная тема f
Dauerverpflichtung f <-, -en> долгосрочное обязательство nt
Dauerwelle f <-, -n> химическая завивка f
Dauerwurst f <-, -würste> твёрдокопчёная колбаса f
Dauerzustand m <-s, -(e)s> постоянное положение nt, хроническое состояние nt
Daumen m <-s, -> большой палец m руки; **jdm die ~ drücken** желать кому-л. успеха
Daune f <-, -n> пушинка f
Daunendecke f <-, -n> пуховое одеяло nt
davon adv 1. (von einer Stelle entfernt) отсюда; **nur wenige Straßen ~ entfernt** всего через несколько улиц отсюда; 2. (bezüglich einer Angelegenheit) об этом, о том; **~ habe ich noch nie gehört** об этом я ещё никогда не слыхал; 3. (dadurch) из-за, от этого; **~ kann einem ja übel werden** от этого может и поплохеть; **etwas ~ haben** иметь пользу от чего-л.; **das kommt ~ !** всё из-за этого! **abgesehen ~** не учитывая того
davonkommen irr vi спастись pf, спасаться impf; **mit dem Schrecken ~** отделаться испугом
davonlaufen irr vt убежать pf, убегать impf
davontragen irr vt 1. уносить, унести pf; 2. (Schaden, Verletzung) получить pf, -чать impf; 3. (Sieg) одержать pf, одерживать impf
davor adv 1. (räumlich) перед этим, перед тем; 2. (zeitlich) до этого, до того; 3. (bezüglich einer Angelegenheit) перед этим, этого; **~ hat er keine Angst** этого он не боится
DAX abk von Deutscher Aktienindex индекс m курсов акций ФРГ
dazu adv 1. (zu einer Sache) к этому, к тому; 2. (bezüglich einer Angelegenheit) на это, на то; **~ hat er kein Wort gesagt** на это он не сказал ни слова; 3. (zu diesem Zweck) для этого, для того; **~ nimmt man sich besser ausreichend Zeit** для этого нужно лучше запастись временем; 4. (außerdem) сверх того, к тому; **er sieht gut aus und ist ~ auch intelligent** он хорошо выглядит и к тому же ещё умён
dazugehören vi принадлежать impf, относиться impf; **es gehört schon einiges dazu** (bedarf schon einiger Fähigkeiten) это не так-то просто; **das gehört nicht dazu** это сюда не относится
dazugehörig adj принадлежащий, относящийся
dazugesellen vr присоединиться pf
dazukommen irr vi подходить, -дойти pf
dazuverdienen vi подрабатывать, -работать pf
dazwischen adv между этим, между тем
dazwischenkommen irr vi вмешиваться, -шаться pf; **wenn nichts dazwischenkommt** если ничто не помешает
DB abk von Deutsche Bahn AG f Железные дороги pl ФРГ
DDR f <gen: -> (HIST) ГДР f, Германская Демократическая Республика
DDR-Bürger, -in m/f <gen: -> (HIST) гражданин, -данка m/f ГДР
D-Dur nt <gen: -s> (MUS) ре мажор m
dealen vi (umg: mit Rauschgift handeln) торговать impf наркотиками
Dealer m <-s, -> (umg: Rauschgifthändler) торговец m наркотиками
Debakel nt <-s, -> (geh) крушение nt, крах m
Debatte f <-, -en> прения ntpl; **etw steht zur ~** что-л. обсуждается; **etw zur ~ stellen** поставить что-л. на обсуждение
Debet nt дебет m
debil adj дебильный, умственно отсталый
Debitor m <-s, -en> дебитор m
Debüt nt <-s, -s> дебют m
Deck nt <-s, -s> (MAR) палуба f; **alle Mann an ~!** все наверх!
Decke f <-, -n> 1. (Bett~) одеяло nt, покрывало nt; **mit jdm unter einer ~ stecken** (fig) быть с кем-л. заодно 2. (des Zimmers) потолок m; 3. (Tischtuch) скатерть f
Deckel m <-s, -> 1. (von Gefäß) крышка f; 2. (von Buch) твёрдая обложка f

decken vt 1. (*bedecken*) покрывать, -крыть pf; 2. (*Tisch*) накрывать, -крыть pf
Deckenbeleuchtung f <-, -en> потолочное освещение nt
Deckmantel m <gen: -s> предлог m, вид m; **unter dem ~ der Nächstenliebe** под видом любви к ближнему
Deckname m <-ns, -n> псевдоним m
Deckung f <-, -en> 1. (MIL) укрытие nt; **in ~ gehen** уйти в укрытие 2. (*Ausgleich eines Solls*) покрытие nt, обеспечение nt, погашение nt; **~ der Kosten** возмещение издержек; **~ des Haushaltsdefizits** покрытие бюджетного дефицита; **~ einer Schuld** погашение долга; **~ einer Wechselschuld** покрытие долга по векселю; **~ eines Verlustes** возмещение убытка; **zur ~ der Unkosten** на покрытие расходов; **~ eines Schadens durch die Versicherung** покрытие ущерба страхованием 3. (*Befriedigung*) удовлетворение nt; **~ der Nachfrage** удовлетворение спроса; **~ von Bedürfnissen** удовлетворение потребностей; **~ des Notenumlaufs** эмиссионное обеспечение; **~ eines Wechsels** обеспечение векселя; **Schecks ohne ~ ausgeben** выдавать чеки без обеспечения
Deckungsbeitrag m <-(e)s, -beiträge> (ÖKON) величина f покрытия постоянных издержек
Deckungsgrad m <-(e)s, -e> степень f покрытия
Deckungssumme f <-, -n> сумма f покрытия
Deckweiß nt <gen: -es> белая покрывная краска f
deduktiv adj дедуктивный
deduzieren vt дедуцировать impf/pf, делать impf, сделать pf вывод путём дедукции
De-facto-Anerkennung f <gen: -> фактическое признание nt
Default m <gen: -s> (DV) стандарт m
defekt adj дефектный, с изъяном
Defekt m <-(e)s, -e> дефект m, изъян m
defensiv adj оборонительный
Defensive f <-, -n> оборона f; **in der ~ sein** быть в обороне
definieren vt определять, -лить pf, давать, дать pf определение
Definition f <-, -en> определение nt, дефиниция f
definitiv adj 1. (*eindeutig*) дефинитивный; 2. (*endgültig*) определённый, окончательный
Defizit nt <-s, -e> (*Mangel*) дефицит m, нехватка f; **finanzielles ~** финансовый дефицит; **in der Kasse** кассовый дефицит

defizitär adj дефицитный; **~er Betrieb** убыточное предприятие
Deflation f <gen: -> дефляция f
deflationistisch adj дефляционный
Defraudation f <-, -en> (JUR) сокрытие nt
deftig adj 1. (*Mahlzeit*) плотный, питательный; 2. (*derb*) острый, крепкий
Degen m <-s, -> шпага f
degenerieren vi дегенерировать impf/pf
degradieren vt 1. (MIL) разжаловать pf; 2. (*fig*) деградировать impf/pf
Degression f <-, -en> дегрессия f
degressiv adj дегрессивный; **~e Abschreibung** дегрессивная амортизация f; **~e Steuer** дегрессивный налог; **~e Werte** дегрессивные ценности
dehnbar adj растяжимый, эластичный
dehnen I. vt 1. растягивать, -тянуть pf, расширять, -ширить pf; 2. (*Worte*) растягивать, -тянуть pf, тянуть impf; II. vr растягиваться, -тянуться pf, удлиняться, -ниться pf
Dehnung f <-, -en> растяжение nt, удлинение nt
Dehydratation f <gen: -> дегидрирование nt, дегидрогенизация f
Deich m <-(e)s, -e> плотина f
Deichsel f <-, -n> дышло nt
deichseln vt (*umg: fertigbringen*) обтяпать pf, -пывать impf, проворачивать, -вернуть pf
dein pron poss твой, свой
deine(r,s) pron твой
deinerseits adv с твоей стороны, со своей стороны
deinesgleichen pron такой, как ты, подобный тебе
deinetwegen adv 1. (*wegen dir*) из-за тебя; 2. (*dir zuliebe*) ради тебя
Deinstallation f <-, -en> деинсталляция f
Deismus m <gen: -> деизм m
De-jure-Anerkennung f <gen: -> юридическое признание nt
dekadent adj (*geh*) декадентский, упадочный
Dekadenz f <gen: -> (*geh*) декадентство nt, декаданс m
Dekan m <-s, -e> 1. (*einer Kirche*) декан m, настоятель m; 2. (*einer Universität*) декан m
Deklaration f <-, -en> 1. (*feierliche Erklärung*) декларация f, заявление nt; **~ der steuerpflichtigen Einkünfte** декларация доходов, подлежащих налогообложению 2. (*Zollerklärung*) декларация f
deklarieren vt 1. (*feierlich erklären*) декларировать impf/pf,

провозглашáть, -гласи́ть pf; **2.** (am Zoll) деклари́ровать impf/pf; **Einkünfte ~** заявля́ть о дохо́дах; **Waren ~** деклари́ровать товáры
Deklination f <-, -en> склонéние nt
deklinieren vt склоня́ть, про- pf
dekodieren vt дешифровáть impf/pf, декоди́ровать impf/pf
Dekodierprogramm nt <-(e)s, -e> (DV) декоди́рующая прогрáмма f
Dekodierung f <-, -en> декоди́рование nt
Dekolletee, Dekolleté nt <-s, -s> декольтé nt
Dekorateur, -in m/f <-s, -e> декорáтор m
Dekoration f <-, -en> украшéние nt, убрáнство nt
dekorativ adj декорати́вный
dekorieren vt (Schaufenster) декори́ровать impf/pf, украшáть, -рáсить pf
Dekort m (ÖKON) декóрт m, ски́дка f
DEKRA akr von Deutscher Kraftfahrzeug-Überwachungsverein
Dekret nt <-s, -e> декрéт m, укáз m
Delegation f <-, -en> **1.** (Übertragung von Zuständigkeiten) передáча f, делеги́рование nt; **~ von Aufgaben an Mitarbeiter** делеги́рование задáч сотру́дникам; **~ von Rechten** передáча прав; **~ von Verpflichtungen** передáча обя́занностей; **~ der Kompetenz** делеги́рование компетéнции **2.** (Abordnung) делегáция f; **eine ~ empfangen** принимáть делегáцию; **eine ~ entsenden** направля́ть делегáцию; **eine ~ leiten** возглавля́ть делгáцию; **einer ~ angehören** входи́ть в состáв делегáции
Delegationsleiter, -in m/f <-s, -> главá m/f делегáции
delegieren vt делеги́ровать impf/pf, посылáть, -слáть pf; **Aufgaben ~** делеги́ровать задáчи; **Entscheidungen ~** делеги́ровать приня́тие решéний; **Verantwortung ~** передавáть отвéтственность
Delegierte(r) mf <-n, -n> делегáт, -ка m/f
Delfin m <-s, -e> дельфи́н m
delikat adj **1.** (schmackhaft) вкýсный, изы́сканный; **2.** (heikel) щекотли́вый, деликáтный; **eine ~e Angelegenheit** деликáтное дéло
Delikatesse f <-, -n> деликатéс m, лáкомство nt
Delikt nt <-(e)s, -e> деликт m, правонарушéние nt
Deliktsfähigkeit f <gen: -> (JUR) деликтоспосóбность f
Delkredere nt <gen: -> (ÖKON) делькрéдере nt
Delkredererisiko nt <-s, -risiken> риск m

свя́занный с делькрéдере
Delle f <-, -n> углублéние nt, вмя́тина f
delogieren vt (österr: raussetzen) выселя́ть, вы́селить pf из квартúры
Delphi-Methode f <gen: -> (ÖKON: Erstellung von Wirtschaftsprognosen durch unabhängige Experten) мéтод m Дéльфи
Delphin, Delfin m <-s, -e> дельфи́н m
Delta nt <-s, -s> дéльта f
deltaförmig adj дельтави́дный
dem dat von **der**
Demagoge, Demagogin m <-n, -n> демагóг m/f
Demarkationslinie f <-, -n> демаркациóнная ли́ния f
Dementi nt <-s, -s> опровержéние nt
dementieren vt официáльно опровергáть, -вéргнуть pf
dementsprechend adj соотвéтственно
demnach adv соотвéтственно, соглáсно
demnächst adv в скóром врéмени, скóро
Demo f <-, -s> (umg: Demonstration) демонстрáция f
Demokrat, -in m/f <-en, -en> демокрáт, -ка m/f
Demokratie f <-, -n> демокрáтия f
Demokratiebewegung f <-, -en> демократи́ческое движéние nt
Demokratieverständnis nt <gen: -ses> понимáние nt демокрáтии
demokratisch adj демократи́ческий, демократи́ческая; **eine ~e Verfassung** демократи́ческая конститу́ция f
Demokratisierungsprozess m <-es, -e> процéсс m демократизáции
demolieren vt (beschädigen) разрушáть, -рýшить pf, пóртить, ис- pf
Demonetisierung f <-, -en> демонетизáция f
Demonstrant, -in m/f <-en, -en> демонстрáнт, -ка m/f
Demonstration f <-, -en> **1.** (gegen oder für etw) демонстрáция f; **2.** (Vorführung) демонстрáция f, покáз m
Demonstrationsverbot nt <-(e)s, -e> запрéт m на демонстрáции
demonstrativ adj демонстрати́вный
demonstrieren **I.** vt (zeigen) демонстри́ровать impf/pf, про- pf; **II.** vi (gegen Krieg) демонстри́ровать impf/pf, учáствовать impf в демонстрáции; **für etw ~** учáствовать в демонстрáции за что-л.; **gegen etw ~** учáствовать в демонстрáции прóтив чегó-л.
demoralisieren vt деморализовáть impf/pf
Demoskopie f <-, -n> демоскопи́я f
Demoversion f <-, -en> (DV) дéмо-вéрсия f
Demut f <gen: -> смирéние nt, покóрность f

demütig *adj* смире́нный, поко́рный
demütigen *vt* унижа́ть, уни́зить *pf*
Demütigung *f* <-, -en> оскорбле́ние *nt*, униже́ние *nt*
demzufolge *adv* всле́дствие э́того
den *akk von* **der**
denen *dat pl von* **der**
denkbar *adj* мы́слимый, допусти́мый; **das wäre durchaus ~** э́то вполне́ допусти́мо; **das ist ~ einfach** э́то про́ще просто́го
denken *vi* <dachte, gedacht> 1. (*allgemein*) ду́мать, по- *pf*; **an etw ~** ду́мать о чём-л.; **daran ist überhaupt nicht zu ~** об э́том и ду́мать не́чего; **das habe ich mir gleich gedacht!** так я и знал! 2. (*annehmen, vermuten*) воображ́ать, -брази́ть *pf*, предполага́ть, -ложи́ть *pf*; **das Schlimmste ~** предполага́ть са́мое ху́дшее 3. (*von jdm/etw eine bestimmte Meinung haben*) име́ть *impf* мне́ние; **gut/schlecht von jdm ~** быть о ком-л. хоро́шего/плохо́го мне́ния
Denken *nt* <gen: -s> мышле́ние *nt*
Denker, -in *m/f* <-s, -> мысли́тель, -ница *m/f*
Denkfähigkeit *f* <gen: -> спосо́бность *f* мы́слить
Denkfehler *m* <-s, -> оши́бка *f*, просчёт *m*
Denkmal *nt* <-s, Denkmäler> па́мятник *m*; **jdm ein ~ setzen** поста́вить кому́-л. па́мятник
denkmalgeschützt *adj* находя́щийся под охра́ной госуда́рсва (о па́мятнике)
Denkmalschutz *m* <gen: -es> охра́на *f* па́мятников
Denksportaufgabe *f* <-, -n> головоло́мка *f*
denkwürdig *adj* па́мятный, знамена́тельный
Denkzettel *m* <-s, -> па́мятка *f*; **jdm einen ~ verpassen** проучи́ть кого́-л.
denn I. *konj* так как, потому́ что; **es sei ~, ...** ра́зве то́лько, ...; II. *adv* же, ра́зве; **warum ~?** почему́ же ?; **ist er ~ da ?** ра́зве он здесь ?.
dennoch *adv* всё-таки, всё же
Denomination *f* <-, -en> (ÖKON) деномина́ция *f*
Denotat *nt* <-s, -e> (LING) денота́т *m*, означа́емое *nt*
Denunziant, -in *m/f* <-en, -en> доно́счик, -чица *m/f*
denunzieren *vt* доноси́ть, -нести́ *pf*; **jdn bei der Polizei ~** донести́ на кого́-л. в поли́цию
Deo *nt* <-s, -s> дезодора́нт *m*
Deospray *nt* <-s, -s> дезодора́нт в аэрозо́льном балло́нчике
Deostift *m* <-(e)s, -e> ша́риковый дезодора́нт *m*
Departement *nt* <-(e)s, -s/ -e> (*CH: Ministerium beim Bund und in einigen Kantonen*) департа́мент *m*
deplatziert *adj* (*Bemerkung*) неуме́стный
Deponie *f* <-, -n> сва́лка *f*
deponieren *vt* депони́ровать *impf/pf*
deponieren *vt* депони́ровать; **Wertsachen im Safe ~** сдава́ть це́нности на хране́ние в сейф; **Aktien bei einer Bank ~** сдава́ть а́кции на хране́ние в банк
Deportation *f* <-, -en> вы́сылка *f*, депорта́ция *f*
deportieren *vt* высыла́ть, вы́слать *pf*, депорти́ровать *impf/pf*
Depositen *pl* <gen: -> депози́ты *pl*
Depositenbank *f* <-, -en> депози́тный банк *m*
Depot *nt* <-s, -s> 1. (*Bank~*) отде́л *m* се́йфов; 2. (*Lager*) склад *m*
Depotgebühr *f* <-, -en> пла́та *f* за хране́ние це́нных бума́г
Depotschein *m* <-(e)s, -e> депози́тное свиде́тельство *nt*
Depp *m* <-en, -en> (*pej*) о́лух *m*
Depression *f* <-, -en> 1. (PSYCH) депре́ссия *f*, пода́вленность *f*; 2. (ÖKON) депре́ссия *f*
depressiv *adj* депресси́вный, пода́вленный
deprimieren *vt* удруча́ть, -чи́ть *pf*, угнета́ть *impf*
Deputat *nt* <-(e)s, -e> натуропла́та *f*, опла́та *f* труда́ в нату́ре
der I. *best* определённый арти́кль мужско́го ро́да; II. *pron rel* кото́рый; **Mann, den ich gesehen habe** мужчи́на, кото́рого я уви́дел; III. *pron dem* э́тот, тот, он; **~ war's!** э́то был он!
derart *adv* тако́го ро́да, до того́; **~, dass...** таки́м о́бразом, что...
derartig *adj* тако́й, тако́го ро́да
derb *adj* 1. (*kräftig*) твёрдый, кре́пкий; 2. (*grob, rau*) грубый, ре́зкий
Deregulierung *f* <-, -en> дерегули́рование *n*
deren I. *pron dem* 1. (*fem, sg*) э́той, той; 2. (*pl*) э́тих, тех; II. *pron rel* 1. (*fem, sg*) кото́рой; 2. (*pl*) кото́рых.
derivativ *adj* произво́дный
derjenige *pron dem* тот
dermaßen *adv* так, настоль́ко; **~, dass...** насто́лько, что...
Dormatologe, Dermatologin *m/f* <-en, -en> дермато́лог *m*
Dermatologie *f* <gen: -> дерматоло́гия *f*
derselbe *pron dem* тот же са́мый; **es sind immer dieselben!** э́то всё вре́мя одни́ и те́ же!
derzeitig *adj* ны́нешний, тепе́решний
des *gen von* **der**
Desaster *nt* <-s, -> несча́стье *nt*, катастро́фа *f*
Deserteur *m* <-s, -e> дезерти́р *m*
desertieren *vi* дезерти́ровать *impf/pf*

desgleichen adv подобным образом, таким же образом

deshalb adv поэтому, потому; ~ **also!** ах вот почему!

Design nt <-s, -s> дизайн m; **ein neues ~ entwerfen** проектировать новый дизайн

designen vt проектировать impf дизайн

Designer, -in m/f <-s, -> дизайнер m

Designer-Droge f <-, -n> синтетический наркотик m

Designermöbel pl <gen: -> дизайнер-мебель f

Designermode f <gen: -> дизайнер-мода f

desillusionieren vt разочаровывать, -ровать pf

Desinfektion f <-, -en> дезинфекция f

Desinfektionsmittel nt <-s, -> дезинфицирующее средство nt

desinfizieren vt дезинфицировать impf/pf

Desinformationskampagne f <-, -n> кампания f дезинформации

Desintegration f <gen: -> дезинтеграция f

Desinteresse nt <gen: -s> незаинтересованность f, равнодушие nt

Desinvestition f <-, -en> дезинвестиция f

Desktoppublishing, Desktop-Publishing nt <gen: -> настольное издательство nt

desodorieren vi дезодорировать, удалять, удалить pf неприятный запах

desolat adj (geh) безутешный, печальный

desorientiert adj дезориентированный

Despot, -in m/f <-en, -en> деспот m/f

dessen gen von **der**

Dessert nt <-s, -s> десерт m; **zum ~** на десерт

Dessertteller m <-s, -> десертная тарелка f

Dessous f <-, -> (meist pl) женское бельё nt

Destabilisierung f <-, -en> дестабилизация f

destillieren vt дистиллировать impf/pf

Destination f <-, -en> 1. (Zweck) назначение nt; 2. (Bestimmungsort) место nt назначения

desto konj тем; **je größer, ~ besser** чем больше, тем лучше

destruktiv adj (geh) деструктивный, разрушительный

deswegen adv поэтому, по этой причине

Detail nt <-s, -s> деталь f, подробность f; **ins ~ gehen** вдаваться в подробности

Detailhandel m <gen: -s> розничная торговля f

detailliert adj детальный, подробный

Detailplanung f <-, -en> детальное планирование nt

Detektiv, -in m/f <-s, -e> детектив m, сыщик m

Detonation f <-, -en> детонация f, взрыв m

deuten I. vt (interpretieren) истолковывать, -ковать pf, объяснять, -снить pf; **etw falsch ~** неправильно истолковывать что-л.; II. vi (hindeuten) указывать, -зать pf, намекать, -кнуть pf (auf +akk на)

deutlich adj ясный, чёткий

Deutlichkeit f <gen: -> ясность f; **etw in aller ~ sagen** заявить что-л. со всей ясностью

deutsch adj немецкий; **auf gut ~ gesagt** попросту говоря

Deutsch nt <gen: -en> немецкий язык m

Deutsche Demokratische Republik f <gen: -> (HIST) Демократическая Республика f Германия

Deutsche Industrienorm f <gen: -> промышленный стандарт m ФРГ

Deutsche(r) mf <-n, -n> немец, -мка m/f

Deutscher Aktien-Index m <gen: -> индекс m курсов акций ФРГ

Deutschland nt <gen: -s> Германия f

deutschsprachig adj говорящий на немецком языке

Deutung f <-, -en> толкование nt, объяснение nt

Devaluation f <-, -en> девальвация f

Devalvation f <-, -en> девальвация f

Devise f <-, -n> 1. (Wahlspruch) девиз m; 2. (nur pl: ÖKON) валюта f

Devisen pl девизы pl, валюта f; **Umtausch von ~** обмен валюты; **in ~ bezahlen** платить в валюте; **mit ~ kaufen** покупать на валюту

Devisenabkommen nt <-s, -> валютное соглашение nt

Devisenarmut f <gen: -> валютный голод m

Devisenausländer m <-s, -> нерезидент m

Devisenbestand m <-(e)s, -bestände> валютный запас m

Devisenbewirtschaftung f <gen: -> валютное регулирование nt

Devisenbewirtschaftungsgesetz nt <-es, -e> (JUR) закон m о валютном регулировании

Devisenbilanz f <-, -en> валютный баланс m

Devisenbörse f <-, -n> валютная биржа f

Devisenbringer m <-s, -> операция, f обеспечивающая поступления

валю́ты
Devisenbroker *m* <-s, -> бро́кер *m* валю́тной би́ржи
Devisengeschäft *nt* <-(e)s, -e> валю́тная сде́лка *f*
Devisenhandel *m* <*gen:* -s> торго́вля *f* валю́той
Devisenknappheit *f* <*gen:* -> валю́тный дефици́т *m*
Devisenkonto *nt* <-s, -konten> инвалю́тный счёт *m*
Devisenkurs *m* <-es, -e> курс *m* иностра́нной валю́ты
Devisenmarkt *m* <-(e)s, -märkte> валю́тный ры́нок *m*
Devisenreserve *f* <-, -n> валю́тные резе́рвы *pl*
Devisenschieber *m* <-s, -> валю́тчик *m*
Devisentransfer *m* <-s, -s> перево́д *m* иностра́нной валю́ты
Devisenvergehen *nt* <-s, -> наруше́ние *nt* валю́тного законода́тельства
Devisenverkaufskurs *m* <-es, -e> валю́тный курс *m* продавцо́в
Devisenverkehr *m* <*gen:* -s> валю́тное обраще́ние *nt*
Devisenwechsel *m* <-s, -> иностра́нный ве́ксель *m*
Dezember *m* <*gen:* -s> дека́брь *m*
dezent *adj* 1. (*anständig*) прили́чный; 2. (*rücksichtsvoll*) делика́тный
dezentral *adj* децентрализо́ванный
Dezentralisation *f* <-, -en> децентрализа́ция *f*
dezentralisieren *vt* децентрализи́ровать *impf/pf*
Dezernat *nt* <-(e)s, -e> отделе́ние *nt*, отде́л *m*
dezimal *adj* десяти́чный
Dezimalbruch *m* <-(e)s, -brüche> десяти́чная дробь *f*
Dezimalrechnung *f* <*gen:* -> десяти́чное исчисле́ние *nt*
Dezimalstelle *f* <-, -n> десяти́чный знак *m*
Dezimalsystem *nt* <-s, -e> десяти́чная систе́ма *f* исчисле́ния
DFB *abk von* **Deutscher Fußballbund** *m* Герма́нская федера́ция футбо́ла
DGB *abk von* **Deutscher Gewerkschaftsbund** *m* Объедине́ние герма́нских профсою́зов
Dia *nt* <-s, -s> диапозити́в *m*, слайд *m*
Diabetes *f* <*gen:* -> диабе́т *m*
Diabetiker, -in *m/f* <-s, -> больно́й, -на́я *m/f* диабе́том
Diagnose *f* <-, -n> диа́гноз *m*; **eine ~ stellen** поста́вить диа́гноз
diagonal *adj* диагона́льный
Diagonale *f* <-, -n> диагона́ль *f*
Diagramm *nt* <-s, -e> диагра́мма *f*
Dialekt *m* <-(e)s, -e> диале́кт *m*
Dialog *m* <-(e)s, -e> диало́г *m*; **politischer ~** полити́ческий диало́г
Dialogbereitschaft *f* <*gen:* -> гото́вность *f* к диало́гу
dialogfähig *adj* диало́говый
Dialogfähigkeit *f* <*gen:* -> спосо́бность *f* к диало́гу
Dialogfenster *nt* <-s, -> (DV) диало́говое окно́ *nt*
Dialyse *f* <-, -n> диа́лиз *m*
Dialysetechnik *f* <*gen:* -> те́хника *f* иску́сственной по́чки
Diamant *m* <-en, -en> алма́з *m*
Diamantschliff *m* <*gen:* -(e)s> гране́ние *nt* алма́зов
diametral *adj* диаметра́льный
Diapositiv *nt* <-s, -e> (FOT) диапозити́в *m*, слайд *m*
Diaprojektor *m* <-s, -en> диапрое́ктор *m*
Diät *f* <-, -en> дие́та *f*; **~ halten** соблюда́ть дие́ту
Diäten *pl* <*gen:* -> (*von Abgeordneten*) су́точные *pl* для чле́нов парла́мента
Diätenerhöhung *f* <-, -en> увеличе́ние *nt* су́точных для чле́нов парла́мента
diätetisch *adj* диети́ческий
Diätmargarine *f* <-, -n> диети́ческий маргари́н *m*
Diavortrag *m* <-(e)s, -vorträge> докла́д *m*, сопровожда́ющийся пока́зом сла́йдов
dich *pron pers* тебя́
dicht *adj* 1. (*Nebel*) густо́й; 2. (*Gewebe*) пло́тный; 3. (*undurchlässig*) непроница́емый, гермети́чный
dicht bevölkert *adj* густонаселённый
Dichte *f* <*gen:* -> пло́тность *f*, густота́ *f*
dichten I. *vt* (*verfassen*) создава́ть, -да́ть *pf*; II. *vi* (*Gedichte schreiben*) сочиня́ть, -ни́ть *pf*
Dichter, -in *m/f* <-s, -> поэ́т, -е́сса *m/f*
dichterisch *adj* поэти́ческий
Dichterlesung *f* <-, -en> а́вторский ве́чер *m* писа́теля
dichthalten *irr vt* (*umg*) молча́ть *impf*, держа́ть *impf* язы́к за зуба́ми
dichtmachen *vt* (*umg: Laden*) закрыва́ть, -кры́ть *pf*
Dichtung[1] *f* <-, -en> (*Abdichtung*) уплотне́ние *nt*, прокла́дка *f*
Dichtung[2] *f* <-, -en> (*Verskunst*) поэти́ческое произведе́ние *nt*
dick *adj* то́лстый, по́лный; **jdn oder etw ~ haben** (*umg*) быть сы́тым ке́м-л. и́ли че́м-л. по го́рло
Dickdarm *m* <*gen:* -(e)s> то́лстая кишка́ *f*
Dicke *f* <-, -n> 1. толщина́ *f*; 2. (*Beleibtheit*) полнота́ *f*, ту́чность *f*
Dickicht *nt* <-(e)s, -e> ча́ща *f*, гу́ща *f*
Dickkopf *m* <-(e)s, -köpfe> (*umg*) упря́мец *m*; **einen ~ haben** быть упря́мым
Dickmilch *f* <*gen:* -> простоква́ша *f*
Didaktik *f* <-, -en> дида́ктика *f*
didaktisch *adj* дидакти́ческий

die I. *best* определённый артикль женского рода; ~ **Schwester meiner Frau** сестра моей жены; II. *pron rel* которая; **die einzige Frau, ~ er liebt** единственная женщина, которую он любит; III. *pron dem* эта, та, она; ~ **war's!** это была она! IV. (*pl von der, die, das*) они.

Dieb, -in *m/f* <-(e)s, -e> вор, -овка *m/f*; **haltet den ~!** держите вора!

Diebesgut *nt* <-(e)s, -güter> краденое *nt*

diebisch *adj* воровской; **sich ~ freuen** (*umg*) злорадствовать

Diebstahl *m* <-s, -stähle> воровство *nt*, кража *f*

diejenige *pron dem* та

Diele *f* <-, -n> 1. (*Brett*) половица *f*, доска *f* настила; 2. (*Hausflur*) передняя *f*, прихожая *f*

Dielektrikum *nt* <-s, Dielektrika> (EL) диэлектрик *m*

dienen *vi* 1. (*als Diener*) служить, *по- impf*; 2. (*als Soldat*) служить, отслужить *pf*; 3. (*Verwendung finden als*) служить, по- *pf*, быть *impf* пригодным

Diener, -in *m/f* <-s, -> слуга, служанка *m/f*, лакей *m*

Dienst *m* <-es, -e> 1. (*Ausübung der Amtspflicht*) служба *f*, работа *f*; **außer ~** на пенсии; ~ **habend** дежурный; **der ~ habende Arzt** дежурный врач; **im ~** на службе; **jdm mit etw einen schlechten ~ erweisen** оказать кому-л. чём-л. плохую услугу; **den ~ quittieren** оставлять службу; **auswärtiger ~** дипломатическая служба *f*; **öffentlicher ~** государственная служба; **sozialer ~** социальная служба 2. (*Dienstleistung*) обслуживание *nt*, услуга *f*

Dienstag *m* <-(e)s, -e> вторник *m*

dienstags *adv* по вторникам

Dienstalter *nt* <gen: -> старшинство *nt*

Dienstanweisung *f* <-, -en> служебная инструкция *f*

Dienstausweis *m* <-es, -e> служебное удостоверение *nt*

Dienstbote *m* <-n, -n> слуга *m*

Dienstgeber *m* <-s, -> работодатель *m*

Dienstgeheimnis *nt* <-ses, -se> служебная тайна *f*

Dienstgrad *m* <-(e)s, -e> чин *m*, ранг *m*

Dienstherr *m* <-en, -en> хозяин *m*, патрон *m*

Dienstjahre *pl* <gen: -> служебный стаж *m*

Dienstjubiläum *nt* <-s, -jubiläen> служебный юбилей *m*

Dienstleister *m* <-s, -> предприятие *nt* бытового обслуживания

Dienstleistung *f* <-, -en> услуга *f*; **kommerzielle ~en** коммерческие услуги; **kommunale ~en** коммунальные услуги; **persönliche ~en** личные услуги; **unentgeltliche ~en** бесплатные услуги

Dienstleistungsangebot *nt* <-(e)s, -e> предложение *nt* услуг

Dienstleistungsbereich *m* <gen: -(e)s> сфера *f* обслуживания

Dienstleistungsbetrieb *m* <-(e)s, -e> предприятие *nt* бытового обслуживания

Dienstleistungsbilanz *f* <-, -en> баланс *m* услуг

Dienstleistungsgesellschaft *f* <gen: -> общество, в экономике которого доминирует сфера обслуживания

Dienstleistungssektor *m* <gen: -s> сфера *f* обслуживания

Dienstleistungsunternehmen *nt* <-s, -> предприятие *nt* бытового обслуживания

dienstlich *adj* служебный; **ich bin ~ hier** я здесь по служебным делам; **eine ~e Angelegenheit** служебное дело; **ein ~es Schreiben** деловая бумага; **ein ~er Besuch** официальное посещение; ~ **werden** переходить на официальный тон

Dienstnehmer *m* <-s, -> работополучатель *m*

Dienstpersonal *nt* <gen: -s> обслуживающий персонал *m*

Dienstprogramm *nt* <-(e)s, -e> (DV) сервисная программа *f*

Dienstrecht *nt* <gen: -(e)s> (JUR) служебное право *nt*

Dienstreise *f* <-, -n> командировка *f*, служебная поездка *f*

Dienststelle *f* <-, -n> 1. (*Arbeitsstelle*) работа *f*, место *nt* работы; 2. (*Behörde*) учреждение *nt*, ведомство *nt*, орган *m*; **staatliche ~** государственное учреждение; **übergeordnete ~** вышестоящий орган; **zuständige ~** компетентное учреждение

Dienstvertrag *m* <-(e)s, -verträge> (JUR) трудовой договор *m*

Dienstwagen *m* <-s, -> служебная машина *f*

Dienstweg *m* <gen: -(e)s>: **auf dem ~** в служебном [*о* административном] порядке

Dienstwohnung *f* <-, -en> служебная квартира *f*, казённая квартира *f*

Dienstzeit *f* <-, -en> срок *m* службы

diesbezüglich *adj* соответствующий

diese(r,s) *pron dem* эта, этот, это

Diesel *m* <-s, -> 1. (*Kraftstoff*) дизельное топливо *nt*; 2. (*Motor*) дизельный двигатель *m*

dieselbe *pron dem* та же самая

Dieselkraftstoff *m* <gen: -(e)s> дизельное топливо *nt*

Diesellok *f* <-, -s> тепловоз *m*

diesig *adj* туманный, мглистый

diesjährig *adj* этого года

diesmal *adv* на э́тот раз
diesseits I. *präp* по э́ту сто́рону; II. *adv* по э́ту сто́рону.
Dietrich *m* <-s, -e> (*Nachschlüssel*) отмы́чка *f*
diffamieren *vt* поро́чить, опоро́чить *pf*
Differenz *f* <-, -en> 1. (*Unterschied*) ра́зница *f*; 2. (*meist pl: Auseinandersetzung*) разногла́сие *nt*
Differenzbetrag *m* <-(e)s, -beträge> ра́зница *f* ме́жду су́ммами
Differenzgeschäft *nt* <-(e)s, -e> (ÖKON) биржева́я сде́лка *f* на ра́зницу (в ку́рсе це́нных бума́г)
Differenzialrechnung, Differentialrechnung *f* <-, -en> дифференциа́льное исчисле́ние *nt*
differenzieren *vt* дифференци́ровать *impf/pf*, различа́ть, -чи́ть *pf*
Differenzierung *f* <-, -en> дифференциа́ция *f*
diffus *adj* диффу́зный, рассе́янный; ~es Licht рассе́янный свет
Diffusion *f* <-, -en> распростране́ние *nt*
digital *adj* цифрово́й
Digitalanzeige *f* <-, -n> цифрова́я индика́ция *f*
Digitalgerät *nt* <-(e)s, -e> цифрово́е устро́йство *nt*
digitalisieren *vt* представля́ть, -ста́вить *pf* в цифрово́й фо́рме
digitalisiert *adj* оцифро́ванный
Digitalisierung *f* <gen: -> оцифро́вание *nt*
Digitaluhr *f* <-, -en> цифровы́е часы́ *pl*
Diglossie *f* <gen: -> (LING) диглосси́я *f*
Diktat *nt* <-(e)s, -e> дикта́нт *m*; ein ~ schreiben писа́ть дикта́нт
Diktator *m* <-s, -en> дикта́тор *f*
diktatorisch *adj* дикта́торский
Diktatur *f* <-, -en> диктату́ра *f*
diktieren *vt* 1. (*Text*) диктова́ть, про- *pf*; 2. (*vorschreiben*) предпи́сывать, -са́ть *pf*, диктова́ть, про- *pf*; wir lassen uns die Bedingungen nicht ~ мы не позво́лим диктова́ть нам усло́вия
Diktiergerät *nt* <-(e)s, -e> диктофо́н *m*
Diktion *f* <-, -en> ди́кция *f*
Dilemma *nt* <-s, -s> диле́мма *f*
Dilettant, -in *m/f* <-en, -en> (*pej*) дилета́нт *m*, профа́н *m*
dilottantioch *adj* (*pej*) дилета́нтский
Dilettantismus *m* <gen: -> дилетанти́зм *m*
Dill *m* <-(e)s, -e> укро́п *m*
Dimension *f* <-, -en> 1. (PHYS) измере́ние *nt*; 2. (*geh: Ausmaß*) масшта́б *m*
Diminutiv *m* <-s, -e> (LING) уменьши́тельная фо́рма *f*
Dimmer *m* <-s, -> регуля́тор *m* я́ркости све́та
DIN *akr von* **Deutsche Industrienorm** ДИН *m*, Герма́нский промы́шленный станда́рт

Ding *nt* <-(e)s, -e> вещь *f*, предме́т *m*; vor allen ~en пре́жде всего́
dingfest : Verbrecher ~ machen аресто́вать престу́пников
dinglich *adj*: ~es Recht (JUR) ве́щное пра́во
Dingsda *nt* <gen: -> (*umg*) просторе́чное обозначе́ние предме́та и́ли лица́, назва́ние и́ли и́мя кото́рых забы́лось и́ли неизве́стно
Dinkel *m* <gen: -s> (BOT) спе́льта *f*
Dinosaurier *m* <-s, -> диноза́вр *m*
Diode *f* <-, -n> (EL) дио́д *m*
Dioptrie *f* <-, -n> дио́птрия *f*
Diözese *f* <-, -n> епа́рхия *f*
Diphtherie *f* <-, -n> дифтери́я *f*
Diphthong *m* <-s, -e> дифто́нг *m*
Diplom *nt* <-(e)s, -e> 1. дипло́м *m*; 2. свиде́тельство *nt*
Diplomarbeit *f* <-, -en> дипло́мная рабо́та *f*; seine ~ schreiben писа́ть дипло́мную рабо́ту
Diplomat, -in *m/f* <-en, -en> диплома́т *m*
Diplomatenkoffer *m* <-s, -> „диплома́т" *m* (портфе́ль)
Diplomatenlaufbahn *f* <-, -en> карье́ра *f* диплома́та
Diplomatie *f* <gen: -> диплома́тия *f*
diplomatisch *adj* дипломати́ческий
Diplombibliothekar, -in *m/f* <-s, -e> дипломи́рованный библиоте́карь *m*
diplomiert *adj* дипломи́рованный
Diplomierte(r) *mf* <-n, -n> дипломи́рованный специали́ст *m*
Diplomingenieur, -in *m/f* <-s, -e> дипломи́рованный инжене́р *m*
Diplomkaufmann, -kauffrau *m/f* <-(e)s, -männer/-leute> дипломи́рованный коммерса́нт *m*
Direct Mailing *nt* <-s, -s> пряма́я почто́вая рекла́ма *f*
direkt *adj* прямо́й, непосре́дственный; ~e Abschreibung пряма́я амортиза́ция *f*; ~e Folgen прямы́е после́дствия; ~e Kosten прямы́е затра́ты; ~e Steuern прямы́е нало́ги; ~e Verantwortung пряма́я отве́тственность; eine ~e Verbindung прямо́е сообще́ние; ~e Wahlen прямы́е вы́боры
Direktabnehmer *m* непосре́дственный потреби́тель *m*
Direktausfuhr *f* <-, -en> прямо́й э́кспорт *m*
Direkteinfuhr *f* <-, -en> прямо́й и́мпорт *m*
Direktexport *m* <-(e)s, -e> прямо́й э́кспорт *m*
Direktflug *m* <-(e)s, -flüge> беспоса́дочный полёт *m*
Direktimport *m* <-(e)s, -e> прямо́й и́мпорт *m*
Direktimporteur *m* <-s, -e> прямо́й

импортёр *m*
Direktinvestition *f* <-, -en> прямы́е инвести́ции *pl*
Direktion *f* <-, -en> дире́кция *f*
Direktlieferung *f* <-, -en> пряма́я поста́вка *f*
Direktmarketing *nt* <*gen:* -s> прямо́й ма́рketинг *m*
Direktor, -in *m/f* <-s, -en> дире́ктор *m*; geschäftsführender ~ дире́ктор-распоряди́тель; kaufmännischer комме́рческий дире́ктор; stellvertretender ~ замести́тель дире́ктора; technischer ~ техни́ческий дире́ктор
Direktorat *nt* <-(e)s, -e> до́лжность *f* дире́ктора, дире́кторство *nt*
Direktsubvention *f* <-, -en> пряма́я субси́дия *f*
Direktübertragung *f* <-, -en> пряма́я трансля́ция *f*
Direktvertrieb *m* <*gen:* -(e)s> прямо́й сбыт *m*
Direktwahl *f* <-, -en> прямы́е вы́боры *pl*
Direktwerbung *f* <-, -en> пряма́я почто́вая рекла́ма *f*
Direktzugriff *m* <*gen:* -(e)s> прямо́й до́ступ *m*
Direktzugriffsspeicher *m* <-s, -> (DV) па́мять *f* (ЗУ) с прямы́м до́ступом
Dirigent, -in *m/f* <-en, -en> дирижёр *m*
dirigieren *vt* дирижи́ровать *impf*
Dirigismus *m* <*gen:* -> дирижи́зм *m*
dirigistisch *adj* дирижи́стский
Dirndl *nt* <-s, -(n)> (*Kleid*) бава́рский национа́льный же́нский костю́м
Dirne *f* <-, -n> публи́чная де́вка *f*, проститу́тка *f*
Discounter *m* <-s, -> владе́лец *m* магази́на уценённых това́ров
Discount-Geschäft *nt* <-(e)s, -e> магази́н *m* уценённых това́ров
Discountladen *m* <-s, -läden> *магази́н, торгу́ющий в ро́зницу по ни́зким це́нам*
Diskette *f* <-, -n> диске́та *f*
Diskettenbox *f* <-, -en> я́щик *m* для хране́ния диске́т
Diskettenlaufwerk *nt* <-(e)s, -e> дисково́д *m*
Diskjockey *m* <-s, -s> диск-жоке́й *m*
Disko *f* <-, -s> (*umg: Diskothek*) дискоте́ка *f*
Diskont *m* <-s, -e> диско́нт *m*, учётная ста́вка *f*
Diskontbank *f* <-, -en> учётный банк *m*
diskontfähig *adj* принима́емый к учёту
Diskontgeschäft *nt* учётная опера́ция *f*
diskontierbar *adj* учётоспосо́бный
diskontieren *vt* дисконти́ровать
Diskontierung *f* <*gen:* -> дисконти́рование *nt*
Diskontpolitik *f* <*gen:* -> диско́нтная поли́тика *f*
Diskontrate *f* <-, -n> учётная ста́вка *f*
Diskontsatz *m* <-es, -sätze> учётная ста́вка *f*
Diskothek *f* <-, -en> дискоте́ка *f*
Diskrepanz *f* <-, -en> (*geh*) несоотве́тствие *nt*, расхожде́ние *nt*
diskret *adj* 1. (*vertraulich*) конфиденциа́льный; 2. (*taktvoll*) такти́чный, делика́тный
Diskretion *f* <*gen:* -> сде́ржанность *f*, такти́чность *f*
diskriminieren *vt* дискримини́ровать *impf/pf*
Diskriminierung *f* <-, -en> дискримина́ция *f*; wirtschaftliche ~ экономи́ческая дискримина́ция
Diskus *m* <-, -se> диск *m*
Diskussion *f* <-, -en> 1. диску́ссия *f*; eingehende ~ обстоя́тельная диску́ссия; fruchtlose ~ беспло́дная диску́ссия; gegenstandslose ~ беспредме́тная диску́ссия; lebhafte ~ оживлённая диску́ссия; Gegenstand der ~ предме́т обсужде́ния; (nicht) zur ~ stehen (не) стоя́ть на обсужде́нии; ~ um die Fragen диску́ссия по вопро́сам; ~ zu einem Thema диску́ссия на те́му; eine ~ entfachen развёртывать диску́ссию; sich auf eine ~ einlassen вступа́ть в диску́ссию; zur ~ kommen станови́ться предме́том диску́ссии; zur~ stellen ста́вить на обсужде́ние 2. (*öffentliche Debatte*) деба́ты *pl*; ~ en auslösen вы́звать пре́ния
Diskussionsforum *nt* <-s, -foren> публи́чная диску́ссия *f*
Diskussionsrunde *f* <-, -n> дискуссио́нный круг *m*
Diskussionsstoff *m* <-(e)s, -e> материа́л *m* для диску́ссии
diskutieren *vt* дискути́ровать *impf*
disparat *adj* неоднорóдный, разли́чный
Disparität *f* <-, -en> диспропо́рция *f*
Display *nt* <-s, -s> 1. (*Anzeige*) диспле́й *m*; 2. (*Aufsteller*) подста́вка *m*
Disponent *m* <-en, -en> диспоне́нт *m*
disponibel *adj* свобо́дный
Disponierbarkeit *f* <*gen:* -> 1. (*Verfügbarkeit*) нали́чность *f*, нали́чие *nt*; ~ von Geldmitteln нали́чие фина́нсовых средств; ~ von Waren нали́чие това́ров 2. (*Einsetzbarkeit*) возмо́жность *f*
disponieren *vi* располага́ть, -ложи́ть *pf*, размеща́ть, -мести́ть *pf*
Disposition *f* <-, -en> 1. (*Einteilung*) план *m*, размеще́ние *nt*; eine ~ entwerfen намеча́ть план 2. (*Verfügung*) распоряже́ние *nt*; zur ~stehen име́ться в распоряже́нии; ~ über sein Vermögen распоряже́ние свои́м иму́ществом 3. (*Bedarfsermittlung*) определе́ние *nt* потре́бности, диспози́ция *f*

Dispositionskredit m <-(e)s, -e> перерасхо́д m счёта
Disput m <-(e)s, -e> (geh) ди́спут m
disqualifizieren vt дисквалифици́ровать impf/pf
Dissens m <-, -e> расхожде́ния pl
Dissertation f <-, -en> диссерта́ция f
Dissident, -in m <-en, -en> диссиде́нт, -ка m/f
Dissonanz f <-, -en> диссона́нс m
Distanz f <-, -en> диста́нция f, расстоя́ние nt
Distanzgeschäft nt <-(e)s, -e> рассы́лка f това́ров покупа́телям
Distanzhandel m <gen: -s> посы́лочная торго́вля f
distanzieren vr отмежева́ться pf, -жёвываться impf, отходи́ть, отойти́ pf; **sich von etw ~** отмежева́ться от чего́-л.
Distanzierung f <-, -en> отмежева́ние nt
Distanzscheck m <-s, -s> иногоро́дний чек m
Distanzwechsel m <-s, -> иногоро́дний ве́ксель m
Distel f <-, -n> чертополо́х m
distinguiert adj (geh) изя́щный, изы́сканный
Distribution f <-, -en> дистрибу́ция f, распределе́ние nt
Distributionsgrad m <-(e)s, -e> сте́пень f распределе́ния
Distributionskanal m <-(e)s, -kanäle> кана́л m сбы́та
Distributionspolitik f <gen: -> дистрибути́вная поли́тика f
Distributionsspanne f <-, -n> разры́в m ме́жду о́птовой и ро́зничной це́нами
Distributionsweg m <-(e)s, -e> кана́л m сбы́та
distributiv adj дистрибути́вный
Distributor m <-s, -en> дистрибью́тор m
Distrikt m <-(e)s, -e> о́круг m, ди́стрикт m
Disziplin f <-, -en> 1. (Ordnung) дисципли́на f; 2. (Wissenschaftszweig, Fach) дисципли́на f; **~ halten** соблюда́ть дисципли́ну; **es herrscht strenge ~** цари́т стро́гая дисципли́на
Disziplinarverfahren nt <-s, -> дисциплина́рное произво́дство nt
diszipliniert adj дисциплини́рованный
Diszipliniertheit f <gen: -> дисциплини́рованность f
Disziplinierung f <gen: -> приуче́ние nt к дисципли́не
Diva f <-, -s> ди́ва f, примадо́нна f
Divergenz f <-, -en> диверге́нция f
divers adj разли́чный, ра́зный
diversifizieren vt расширя́ть, расши́рить pf номенклату́ру това́ров
Diversifizierung f <-, -en> диверсифика́ция f; **~ des Handels** диверсифика́ция торго́вли; **~ eines Betriebes** диверсифика́ция предприя́тия
Dividende f <-, -n> дивиде́нд m; **die ~ ausfallen lassen** отменя́ть вы́дачу дивиде́ндов; **die ~ kürzen** сокраща́ть дивиде́нды; **eine hohe ~ abwerfen** приноси́ть высо́кий дивиде́нд; **eine ~ ausschütten** выпла́чивать дивиде́нд; **~n festsetzen** устана́вливать разме́ры дивиде́ндов
Dividendenabschlag m <-(e)s, -abschläge> (BÖRSE) пониже́ние nt ку́рса а́кций за счёт предполага́емого дивиде́нда
Dividendenausfall m <-(e)s, -ausfälle> отме́на f вы́платы дивиде́ндов
Dividendenausschüttung f <-, -en> (ÖKON) вы́плата f дивиде́ндов
dividendenberechtigt adj име́ющий пра́во на получе́ние дивиде́ндов
Dividendenpolitik f <gen: -> поли́тика f в о́бласти дивиде́ндов
Dividendenschein m <-(e)s, -e> (BÖRSE) дивиде́ндный купо́н m
dividieren vt дели́ть, раз- pf
Division f <-, -en> 1. (MATH) деле́ние nt; 2. (MIL) диви́зия f; 3. (ÖKON) продукто́вая гру́ппа f
Divisionalisierung f <-, -en> (ÖKON) продукто́вая оргструкту́ра f
DJ abk von **Diskjockey** m
DJH abk von **Deutsches Jugendherbergswerk** Герма́нская федера́ция молодёжного тури́зма
DM abk von **Deutsche Mark** неме́цкая ма́рка f
DNS abk von **Desoxyribonukleinsäure** f 1. ДНК f; 2. дезоксирибонуклеи́новая кислота́
doch I. konj одна́ко; II. adv всё-таки, всё же; **das stimmt nicht! - ~!** э́то не так! - нет, так!
Docht m <-(e)s, -e> фити́ль m
Dock nt <-s, -s> (MAR) док m
Dockarbeiter m <-s, -> до́кер m
Dogge f <-, -n> дог m
Dogma nt <-s, Dogmen> до́гма f
dogmatisch adj догмати́ческий
Dogmatismus m <gen: -> догмати́зм m
Doktor, -in m/f <-s, -en> 1. **~** кандида́т m нау́к; **~ der Philosophie** кандида́т филосо́фских нау́к; **seinen ~ machen** писа́ть кандида́тскую диссерта́цию; 2. (umg: Arzt) до́ктор f
Doktorand, -in m/f <-en, -en> лицо́, занима́ющееся написа́нием кандида́тской диссерта́ции, ≈ аспира́нт, -ка f
Doktorarbeit f <-, -en> ≈ кандида́тская диссерта́ция f
Doktorvater m <-s, -väter> нау́чный руководи́тель m
Dokument nt <-(e)s, -e> докуме́нт m;

abschließendes ~ итоговый документ; gefälschtes ~ поддельный документ; geheimes ~ секретный документ; persönliches ~ личный документ; programmatisches ~ программный документ; Annahme eines ~s принятие документа; seine Unterschrift unter ein ~ setzen ставить свою подпись под документом; ~e vernichten уничтожать документы; ~ e sichten просматривать документы; ~e vorweisen предъявлять документы

Dokumentarfilm m <-(e)s, -e> документальный фильм m

Dokumentarfilmer, -in m/f <-s, -> документалист m

dokumentarisch adj документальный

Dokumentenakkreditiv nt <-s, -e> документарный аккредитив m

Dokumentenmappe f <-, -n> папка f для документов

Dokumententratte f <-, -n> документарная тратта f

dokumentieren vt документировать impf/pf, подтверждать, -твердить pf документами

Dolch m <-(e)s, -e> кинжал m

Dole f <-, -n> уключина f

Dollar m <-s, -s> доллар m

Dollarbond m <-s, -s> долларовая бона f

Dollarkurs m <gen: -es> курс m доллара

Dollarreserve f <-, -n> резервный запас m долларов

dolmetschen I. vt (Gespräch) устно переводить, -вести pf; II. vi переводить, -вести pf; **sie dolmetscht für den Außenminister** она переводит для министра иностранных дел

Dolmetscher, -in m/f <-s, -> переводчик, -чица m/f

Dom m <-(e)s, -e> кафедральный собор m

Domain f <-, -s> (DV) домен m

Domainname m <-ns, -> (DV) имя nt домена

Domäne f <-, -n> 1. (Staatsgut) государственное имение nt; 2. (Spezialgebiet) область f, сфера f

dominant adj доминирующий, преобладающий

dominieren vi 1. (Eigenschaft) доминировать impf, преобладать impf; 2. (Mensch) доминировать impf

Dominikanische Republik f <gen: -> Доминиканская Республика f

Domizil nt <-s, -e> (geh) резиденция f, местожительство nt

Domizilwechsel m <-s, -> домицилированный вексель m

Dompfaff m <-s, -en> снегирь m

Dompteur, Dompteuse m/f <-s, -e> укротитель, -ница m/f

Don m Дон m

Donner m <gen: -s> гром m

donnern vi громыхать, -хнуть pf; **es donnert** гром гремит

Donnerstag m <-(e)s, -e> четверг m

donnerstags adv по четвергам

Donnerwetter nt <-s, -> (umg: Schelte) нагоняй m, взбучка f; ~! (umg) чёрт побери!

doof adj (umg) глупый

Dope nt <gen: -s> (Rauschgift) наркотик m

dopen vr давать, дать pf допинг

Doping nt <-s, -s> допинг m; **zwei Athleten wurden des ~s überführt** двое атлетов были уличены в принятии допинга

Dopingkontrolle f <-, -n> контроль m на допинг

Dopingmittel nt <-s, -> средство nt допинга

Dopingsubstanz f <-, -en> средство nt допинга

Doppel nt <-s, -> 1. (Duplikat) дупликат m; 2. (beim Tennis) парная игра f

Doppelbeschluss m <gen: -es> двойное решение nt

Doppelbesteuerung f <-, -en> двойное налогообложение nt

Doppelbett nt <-(e)s, -en> двуспальная кровать f

Doppeldecker m <-s, -> биплан m

Doppelgänger, -in m/f <-s, -> двойник m

Doppelkinn nt <-(e)s, -e> двойной подбородок m

Doppelklick m <-s, -s> (DV) двойной щелчок m

Doppelpass m <-es, -pässe> (SPORT: Fußball) двойной пас m

Doppelpunkt m <-(e)s, -e> двоеточие nt

doppelt adj двойной, двоякий; ~e **Buchführung** двойная система бухгалтерского учёта

Doppeltür f <-, -en> двойная дверь f

Doppelzimmer nt <-s, -> комната f на двоих

Dopplereffekt m (PHYS) эффект m Доплера

Dorf nt <-(e)s, Dörfer> деревня f, село nt

Dorfbewohner m <-s, -> сельский житель m

Dorfschule f <-, -n> сельская школа f

Dorn m <-(e)s, -en> 1. (an Pflanze) колючка f, шип m; 2. (TECH) шип m; **das ist mir schon lange ein ~ im Auge** это давно для меня как бельмо на глазу

dornig adj тернистый, колючий

dörren vt сушить, вы- pf, вялить, про- pf

Dörrobst nt <gen: -(e)s> сушёные фрукты mpl

Dorsch m <-(e)s, -e> атлантическая треска f

dort adv там; **von ~ aus** оттуда

dorther adv оттуда

dorthin adv туда

dortig *adj* тамошний, местный
Dose *f* <-, -n> 1. (*aus Plastik*) коробка *f*; 2. (*Konservenbüchse*) банка *f*; 3. (*Steckdose*) розетка *f*
dösen *vi* дремать *impf*
Dosenbier *nt* <-(e)s, -e> баночное пиво *nt*
Dosenmilch *f* <*gen*: -> конденсированное молоко *nt*
Dosenöffner *m* <-s, -> консервный нож *m*
Dosensuppe *f* <-, -n> консервированный суп *m*
DOS-Format *nt* <*gen*: -(e)s> (DV) досовский формат *m*
dosieren *vt* дозировать *impf/pf*
Dosierspender *m* <-s, -> дозатор *m*
Dosis *f* <-, Dosen> доза *f*
Dossier *nt* <-s, -s> досье *nt*, дело *nt*
Dotation *f* <-, -en> дотация *f*
dotieren *vt* давать, дать *pf* дотацию
Dotierung *f* <-, -en> дотация *f*
Dotter *m* <-s, -> желток *m*
doubeln *vt* дублировать, про- *pf*
Double *nt* <-s, -s> дублёр *m*
Dow-Jones-Index *m* <*gen*: -> (BÖRSE) индекс *m* Доу-Джонса
down *adv* (*umg*) удручённый
Download *m* <-s, -s> (DV) загрузка
Download-Seite *f* <-, -n> (DV) загрузочная страница *f*
Down-Syndrom *nt* <*gen*: -(e)s> синдром *m* Дауна
Doyen *m* <-s, -s> дуайен *m*, глава *m* дипломатического корпуса
Dozent, -in *m/f* <-en, -en> доцент *m*
Dr. *abk von* **Doktor**
Dr. h.c. *abk von* **doctor honoris causa** почётный доктор *m*
Drache *m* <-n, -n> дракон *m*
Drachen *m* <-s, -> 1. (*Papier~*) бумажный змей *m*; **einen ~ steigen lassen** запустить бумажного змея 2. (*umg: pej: zänkische Frau*) ведьма *f*, карга *f*; 3. (SPORT) дельтаплан *m*
Drachenfliegen *nt* <*gen*: -s> дельтапланеризм *m*
Drachenflieger, -in *m/f* <-s, -> дельтапланерист, -ка *m/f*
Dragee *nt* <-s, -s> драже *nt*
Draht *m* <-(e)s, Drähte> проволока *f*; **auf ~ sein** быть начеку
Drahtesel *m* <-s, -> (*umg: Fahrrad*) драндулет *m*
drahtig *adj* жилистый, мускулистый
Drahtseil *nt* <-(e)s, -e> трос *m*
Drahtzieher *m* <-s, -> 1. волочильщик *m* проволоки; 2. (*fig*) закулисный руководитель *m*
drakonisch *adj* драконовский; **~e Zustände** драконовские порядки
drall *adj* крепкий, плотно сбитый
Drama *nt* <-s, Dramen> 1. (*literarische Gattung*) драма *f*; 2. (*Bühnenstück*) пьеса *f*, сценическое произведение *nt*; 3. (*dramatisches Geschehen*) драма *f*
Dramatiker, -in *m/f* <-s, -> драматург *m*
dramatisch *adj* драматический
dramatisieren *vt* (*etw hochspielen*) драматизировать *impf/pf*
dran *adv* на этом, на том; **wer ist ~?** чья очередь?; **drauf und ~ sein, etw zu tun** быть на грани какого-л. поступка
drang *prät von* **dringen**
Drang *m* <*gen*: -(e)s> натиск *m*, напор *m*
Drängelei *f* <-, -en> толкотня *f*
drängeln *vi* напирать *impf*, теснить, от- *pf*; **jdn zur Seite ~** оттеснить кого-л. в сторону
drängen *vi* 1. (*vordrängen*) напирать, -переть *pf*, теснить, по- *pf*; 2. (*dringend sein*) быть *impf* срочным
Drangsal *f* <*gen*: -> (*geh*) нужда *f*
drangsalieren *vt* 1. (*peinigen*) подвергать, -вергнуть *pf* притеснениям; 2. (*belästigen*) досаждать, -садить *pf*
drankommen *irr vi* (*umg*) быть *impf* на очереди
drastisch *adj* резкий, радикальный, грубоватый; **~e Preiserhöhungen** резкое повышение цен; **~er Personalabbau** резкое сокращение штатов; **zu ~en Sparmaßnahmen greifen** ввести жёсткий режим экономии
drauf *adv*: **~ und dran sein, etw zu tun** собираться сделать что-л.; **jd hat nicht viel ~** (*umg*) кто-л. мало на что способен
Draufgabe *f* <-, -n> 1. (*Mengenzugabe*) скидка *f* за количество; 2. (*Draufgeld*) задаток *m*
Draufgänger, -in *m* <-s, -> сорвиголова *m*, смельчак *m*
draufgehen *irr vi* (*umg: sterben*) погибать, -гибнуть *pf*
drauflos *adv* вперёд
drauflosreden *vi* (*umg*) заговорить *pf* не раздумывая
draufzahlen *vi* (*umg*) приплачивать, -платить *pf*
draußen *adv* снаружи, на дворе
drechseln *vt* точить, вы- *pf*
Dreck *m* <*gen*: -(e)s> 1. грязь *f*; 2. (*umg*) дрянь *f*; **~ am Stecken haben** (*umg*) иметь рыльце в пушку; **jdn/etw durch den ~ ziehen** (*fig*) смешать кого-л./что-л. с грязью
Dreckfink *m* <*gen*: -s> (*umg: pej*) неряха *m/f*
dreckig *adj* грязный; **es geht ihm ~** (*umg*) у него дела плохи
Dreckspatz *m* <-en, -en> (*umg*) грязнуля *m*
Dreharbeiten *pl* <*gen*: -> съёмочные работы *pl*, съёмка *f*

Drehbank *f* <-, -bänke> токарный станок *m*
drehbar *adj* вращающийся
Drehbuch *nt* <-(e)s, -bücher> сценарий *m*
drehen I. *vt* 1. поворачивать, -вернуть *pf*; 2. (*Zigarette*) скручивать, скрутить *pf*; 3. (FILM) снимать, снять *pf*; II. *vr* вертеться *impf*, крутиться *impf*; **um was dreht es sich?** (*umg*) о чём идёт речь?
Dreher *m* <-s, -> токарь *m*
Drehkreuz *nt* <-es, -e> турникет *m*
Drehmoment *nt* <gen: -(e)s> (TECH) крутящий момент *m*
Drehorgel *f* <-, -n> шарманка *f*
Drehorgelspieler *m* <-s, -> шарманщик *m*
Drehschalter *m* <-s, -> поворотный выключатель *m*
Drehstrom *m* (EL) трёхфазный ток *m*
Drehstromgenerator *m* (EL) трёхфазный генератор *m*
Drehstuhl *m* <-(e)s, -stühle> вращающийся стул *m*
Drehtür *f* <-, -en> вращающаяся дверь *f*
Dreh-und Angelpunkt *m* <gen: -(e)s> (*umg*) важная, незаменимая составная часть чего-либо
Drehzahl *f* <-, -en> число *nt* оборотов
Drehzahlmesser *m* <-s, -> тахометр *m*
drei *num* три; **nicht bis ~ zählen können** (*umg*) ничего не смыслить
dreiachsig *adj* трёхосный
dreibändig *adj* трёхтомный
dreibeinig *adj* трёхногий
Dreibettzimmer *nt* <-s, -> номер *m* на троих (в гостинице)
dreidimensional *adj* трёхмерный
Dreieck *nt* <-(e)s, -e> треугольник *m*
dreieckig *adj* треугольный
Dreiecksgeschäft *nt* <-(e)s, -e> трёхсторонняя сделка *f*
Dreieinigkeit *f* <gen: -> троица *f*, триединство *nt*
dreierlei *adj* троякий
dreifach *num* тройной, троекратный
dreifarbig *adj* трёхцветный
Dreiganggetriebe *nt* <-s, -> трёхступенчатая коробка *f* передач
dreigeschossig *adj* трёхэтажный
Dreigestirn *nt* <-(e)s, -e> троица *f*
dreihundert *num* триста
dreijährig *adj* трёхгодичный, трёхлетний
Dreikäsehoch *m* <-s, -s> (*umg: kleiner Junge*) ≈ от горшка два вершка, карапуз *m*
dreiköpfig *adj* из трёх человек (о семье)
dreimal *adv* трижды, три раза
dreimalig *adj* троекратный
Dreimaster *m* <-s, -> (MAR) трёхмачтовый корабль *m*

dreimonatig *adj* трёхмесячный
dreinreden *vi* (*umg*) вмешиваться, -шаться *pf*
Dreiphasenstrom *m* <gen: -(e)s> (EL) трёхфазный ток *m*
Dreipunktgurt *m* <-(e)s, -e> (KFZ) ремень *m* безопасности
Dreirad *nt* <-(e)s, -räder> трёхколёсный велосипед *m*
Drei-Schicht-Betrieb *m* <-(e)s, -e> трёхсменная работа *f*
dreiseitig *adj* трёхсторонний, трёхгранный
dreisitzig *adj* трёхместный
dreispaltig *adj* в три столбца
Dreisprung *m* <gen: -(e)s> тройной прыжок *m*
dreißig *num* тридцать
dreist *adj* дерзкий, бесцеремонный
dreistellig *adj* (*Zahl*) трёхзначный
Dreistigkeit *f* <-, -en> дерзость *f*, бесцеремонность *f*
dreistimmig *adj* трёхголосый, для трёх голосов, в три голоса
dreistöckig *adj* трёхэтажный
dreistrophig *adj* трёхстрофный
dreistufig *adj* трёхступенчатый
dreistündig *adj* трёхчасовой
Dreitagebart *m* <-(e)s, -bärte> дня три не бритая (колючая) борода *m*
dreitägig *adj* трёхдневный
Dreiteiler *m* <-s, -> костюм *m* из трёх частей, телефильм *m* из трёх частей
dreiteilig *adj* из трёх частей
Dreiteilung *f* <gen: -> (раз)деление *nt* на три части
dreiundzwanzig *num* двадцать три
drei viertel *num* три четверти
Dreiviertelstunde *f* <-, -n> три четверти часа
Dreivierteltakt *m* <gen: -(e)s> такт в три четверти
Dreiwege-Katalysator *m* <-s, -en> (KFZ) трёхходовой катализатор *m*
dreiwertig *adj* трёхвалентный
dreiwöchig *adj* трёхнедельный
dreizehn *num* тринадцать
dreizehnjährig *adj* тринадцатилетний
Dreizeiler *m* <-s, -> строфа *f* из трёх строк, стихотворение *nt* из трёх строк
dreizeilig *adj* состоящий из трёх строк
Dreizimmerwohnung *f* <-, -en> трёхкомнатная квартира *f*
dreschen *vt* <drosch, gedroschen> (*Getreide*) молотить *impf*; **Phrasen ~** (*umg pej*) разглагольствовать
Dress *m* <-(es), -e> (*österr auch die; -, -en: Sportbekleidung*) спортивная одежда *f*
dressieren *vt* дрессировать, вы- *pf*
Dressing *nt* <-s, -s> соус *m*
Dribbling *nt* <-s, -s> (SPORT) дриблинг *m*
Drift *f* <gen: -> (MAR) дрейф *m*
drillen *vt* муштровать, вы- *pf*

Drilling m <-s, -e> трёхстволка f
drin siehe **darin**
dringen vi <drang, gedrungen> настаивать, -стоять pf; **auf etw ~** требовать чего-л.
dringend adj срочный, неотложный
dringlich adj спешный, неотложный
Dringlichkeit f <gen: -> неотложность f, срочность f
Drink m <-(s), -s> алкогольный напиток m
drinnen adv внутри
dritte(r,s) num третий; **die Dritte Welt** страны третьего мира
Drittel nt <-s, -> треть f, третья часть f
drittens adv в-третьих
Drittland nt <-(e)s, -länder> третья страна f
Drittschuldner m <-s, -> (JUR) третье обязанное лицо nt
droben adv (geh) там наверху
Droge f <-, -n> наркотик m
drogenabhängig adj: **~ sein** быть наркоманом
Drogenabhängige(r) mf <-n, -n> наркоман, -ка m/f
Drogenberatungsstelle f <-, -n> консультационный пункт m для наркоманов
Drogendealer m <-s, -> торговец m наркотиками
Drogengeschäft nt <-(e)s, -e> (нелегальная) сделка f по поставке наркотиков
Drogenhandel m <-s, -> торговля f наркотиками
Drogenkonsum m <gen: -s> потребление nt наркотиков
Drogenkonsument, -in m/f <-en, -en> потребитель m наркотиков
Drogenmafia f <gen: -> наркомафия f
Drogenmissbrauch m <gen: -(e)s> злоупотребление nt наркотиками
Drogensucht f <gen: -> наркомания f
Drogenszene f <-, -n> среда f наркоманов
Drogentote(r) mf <-n, -n> наркоман, умерший от слишком большой дозы наркотика
Drogerie f <-, -n> магазин m парфюмерно-галантерейных и аптекарских товаров
Drogist, -in m/f <-en, -en> продавец m парфюмерно-галантерейных и аптекарских товаров
drohen vi 1. (Drohung aussprechen) грозить impf; 2. (bevorstehen) грозить impf; **es droht Gefahr** угрожает опасность; **ihr droht die Entlassung** ей грозит увольнение
dröhnen vi 1. (Lautsprecher, Motor) грохотать, про- pf, греметь, про- pf; 2. (widerhallen) гудеть, про- pf

Drohung f <-, -en> угроза f
drollig adj забавный, смешной
Dromedar nt <-s, -e> одногорбый верблюд m
Drop-out m <-s, -s> выбывшее откуда-л. лицо nt
Drops m <-, -> фруктовый леденец m
drosch prät von **dreschen**
Droschke f <-, -n> дрожки pl, пролётка f
Drossel f <-, -n> 1. дрозд m; 2. (TECH) дроссель m
drosseln vt 1. (Motor) глушить, за- pf; 2. (beschränken) ограничивать, -ничить pf; **die Preise ~** ограничивать рост цен; **die Ausgaben ~** сокращать расходы; **die Produktion ~** свёртывать производство
Drosselung f <gen: -> 1. (Beschränkung) ограничение nt; 2. (Reduzierung) сокращение nt
drüben adv там, по ту сторону
drüber siehe **darüber**
Druck[1] m <-(e)s, Drücke> 1. (PHYS) давление nt; **das Gas steht unter sehr hohem ~** газ находится под очень высоким давлением; 2. (Knopf~) нажатие nt; **ein leichter ~ auf die Taste genügt** достаточно легко нажать на клавишу; 3. (Zwang) давление nt, нажим m; **unter ~ stehen** быть под давлением; **jdn unter ~ setzen** оказывать давление на кого-л.; 4. (umg: Heroininjektion) доза f
Druck[2] m <-(e)s, -e> 1. (das Drucken) печать f, печатание nt; **~ von Werbematerial** печатание рекламного материала; **im ~ erscheinen** появляться в печати; **in ~ geben** сдавать в печать; 2. (Kunstdruck) репродукция f; 3. (Zwang) нажим m, давление nt; **wirtschaftlicher ~** экономический нажим; **~ von außen** давление извне; **auf jdn ausüben** оказывать нажим на кого-л.; **unter dem ~ der Verhältnisse** под давлением обстоятельств; **unter ~ handeln** действовать под нажимом
Druckabfall m падение nt давления
Druckanstieg m повышение nt давления
Druckausgleich m уравнивание nt давления
Druckbuchstabe m <-n, -n> печатная буква f
Drückeberger, -in m/f <-s, -> (umg pej) лодырь m
drucken vt печатать, на- pf
drücken I. vi 1. (Druck ausüben) давить impf, нажимать, -жать pf; **sie drückte auf den Knopf** она нажала на кнопку; **den Preis ~** сбивать цены 2. (Schuhe) быть impf тесным, жать impf; II. vr

(*umg*) увиливать, -льну́ть *pf*; **er drückte sich vor dem unangenehmen Gespräch** он увиливал от неприя́тного разгово́ра
Drucker *m* <-s, -> 1. (*Beruf*) печа́тник *m*; 2. (DV) печа́тающее устро́йство *nt*, при́нтер *m*
Drücker *m* <-s, -> 1. (*Türdrücker*) дверна́я ру́чка *f*; 2. (TECH) кно́пка *f*; **am ~ sein** (*umg*) держа́ть все ни́ти в свои́х рука́х
Druckerei *f* <-, -en> типогра́фия *f*
Druckerschwärze *f* <*gen*: -> чёрная типогра́фская кра́ска *f*
Druckertreiber *m* <-s, -> (DV) дра́йвер *m* при́нтера
Druckfehler *m* <-s, -> опеча́тка *f*
druckfertig *adj* гото́вый к печа́ти
Druckformatvorlage *f* <-, -n> (DV) образе́ц *m* печа́тного форма́та
Druckindustrie *f* <*gen*: -> печа́тная промы́шленность *f*
Druckknopf *m* <-(e)s, -knöpfe> кно́пка *f*
Drucklegung *f* <-, -en> сда́ча *f* в печа́ть
Druckluft *f* <*gen*: -> сжа́тый во́здух *m*
Druckmittel *nt* <-s, -> сре́дство *nt* для оказа́ния давле́ния, сре́дство *nt* нажи́ма
Druckregler *m* <-s, -> регуля́тор *m* давле́ния
druckreif *adj* гото́вый к печа́ти
Drucksache *f* <-, -n> печа́тное изда́ние *nt*, бандеро́ль *f*
Druckschrift *f* <-, -en> типогра́фский шрифт *m*
drum *siehe* **darum**
drunten *adv* там внизу́
drunter *siehe* **darunter**
Drüse *f* <-, -n> железа́ *f*
Dschungel *m* <-s, -> джу́нгли *pl*
du *pron pers* ты
Dübel *m* <-s, -> дю́бель *m*
dubios *adj* (*zweifelhaft*) сомни́тельный
ducken I. *vi* (*vor etw*) нагиба́ться, -гну́ться *pf*; II. *vt* (*pej: erniedrigen*) унижа́ть, уни́зить *pf*
Duckmäuser *m* <-s, -> (*pej*) тихо́ня *mf*, трус *m*
Dudelsack *m* <-(e)s, -säcke> волы́нка *f*
Duell *nt* <-s, -e> дуэ́ль *f*
Duett *nt* <-(e)s, -e> дуэ́т *m*
Duft *m* <-(e)s, Düfte> за́пах *m*, арома́т *m*
dufte *adj* (*umg*) отли́чный, шика́рный
duften *vi* па́хнуть *impf*, благоуха́ть *impf*
duftig *adj* души́стый; **ein ~es Sommerkleid** возду́шное ле́тнее пла́тье
dulden I. *vt* (*zulassen*) терпе́ть *impf*, допуска́ть, -пусти́ть *pf*; **das kann ich nicht ~!** э́того я не потерплю́! II. *vi* (*leiden*) терпе́ть *impf*, переноси́ть, -нести́ *pf*
duldsam *adj* терпели́вый

Duma *f* <*gen*: -> ду́ма *f*
dumm *adj* глу́пый; **sich nicht für ~ verkaufen lassen** (*umg*) не дать себя́ одура́чить; **den Dummen machen** прики́дываться дурачко́м; **das ist mir jetzt zu ~** мне э́то надое́ло
dummerweise *adv* к сожале́нию, глу́пым о́бразом
Dummheit *f* <-, -en> глу́пость *f*
Dummkopf *m* <-(e)s, -köpfe> (*pej*) дура́к *m*
dumpf *adj* 1. (*Ton*) глухо́й, приглушённый; 2. (*muffig*) спёртый, за́тхлый
Dumpfheit *f* <*gen*: -> 1. за́тхлость *f*; 2. ту́пость *f*, притупле́ние *nt*
Dumping *nt* <*gen*: -s> де́мпинг *m*
Dumpingpreis *m* <-es, -e> де́мпинговая цена́ *f*
Düne *f* <-, -n> дю́на *f*
düngen *vt* удобря́ть, удо́брить *pf*
Dünger *m* <-s, -> удобре́ние *nt*
dunkel *adj* темно́; **es wird ~** темне́ет
dunkelbraun *adj* тёмно-кори́чневый
dunkelgrün *adj* тёмно-зелёный
dunkelhaarig *adj* черноволо́сый
Dunkelheit *f* <*gen*: -> темнота́ *f*, су́мрак *m*; **bei Einbruch der ~** с наступле́нием темноты́
Dunkelkammer *f* <-, -n> тёмная ко́мната *f*
Dunkelziffer *f* <-, -n> да́нные, не поддаю́щиеся статисти́ческому учёту
dünn *adj* 1. (*von geringem Umfang*) то́нкий; **die Wände sind hier sehr ~** здесь о́чень то́нкие сте́ны; 2. (*Kind*) худо́й; **er ist ~ wie ein Faden** он худо́й как спи́чка; 3. (*Haar*) ре́дкий; 4. (*Kaffee*) жи́дкий
Dünndarm *m* <*gen*: -(e)s> то́нкая кишка́ *f*
dünnflüssig *adj* жи́дкий
dünn gesät *adj* ре́дкий, ску́дный
Dünnpfiff *m* <*gen*: -s> (*umg*) поно́с *m*
Dunst *m* <-(e)s, Dünste> 1. (*Nebel*) ды́мка *f*; 2. (*in der Küche*) чад *m*; **keinen blassen ~ haben** (*umg*) не име́ть ни мале́йшего представле́ния
dünsten *vt* (*Gemüse*) туши́ть, стуши́ть *pf*
dunstig *adj* (*neblig*) тума́нный, па́смурный
Duo *nt* <-s, -s> дуэ́т *m*
Duplikat *nt* <-(e)s, -e> дублика́т *m*
Dur *nt* <*gen*: -> мажо́р *m*, дур *m*
durch I. *präp* че́рез, сквозь; II. *adv*: **~ und ~** наскво́зь; **hier darf man nicht ~** здесь прохо́да нет; **die ganze Nacht ~** всю ночь напроле́т
durcharbeiten I. *vt* (*Aufgabe, Text*) прораба́тывать, -бо́тать *pf*; II. *vi* прорабо́тать *pf*; **sie arbeiteten die ganze Nacht durch** они́ прорабо́тали всю ночь
durchatmen *vi* глубоко́ дыша́ть *impf*
durchaus *adv* совсе́м, вполне́; **es ist ~**

möglich э́то вполне́ возмо́жно
durchbeißen I. *irr vt* перекуса́ть, -куси́ть *pf*, перегрыза́ть, -гры́зть *pf*; II. *vr* (*umg*) пробива́ться, -би́ться *pf*
durchbekommen *irr vt* (*durch eine enge Stelle*) просу́нуть *pf*, -со́вывать *impf*
durchblättern *vt* перели́стывать, -ста́ть *pf*
Durchblick *m* <-(e)s, -e> 1. (*Ausblick*) вид *m*, просве́т *m*; 2. (*umg: Verstehen*) понима́ние *nt*; **keinen ~ haben** не быть в ку́рсе де́ла
durchblicken *vi* 1. смотре́ть, по- *impf*; 2. (*umg: verstehen*) понима́ть, -ня́ть *pf*; **etwas ~ lassen** (*zu erkennen geben*) дать поня́ть что́-л.
Durchblutung *f* <-, -en> кровоснабже́ние *nt*
Durchblutungsstörungen *pl* <*gen:* -> наруше́ние *nt* кровоснабже́ния
durchbohren *vt* 1. просверливать, -ли́ть *pf*; 2. (*mit Blicken*) пронза́ть, -зи́ть *pf*
durchbohrend *adj*: **jdn ~ ansehen** пронзи́тельно взгляну́ть на кого́-ли́бо
durchboxen I. *vt* (*umg*) пробива́ть, -би́ть *pf*; **er hat durchgeboxt, dass...** он доби́лся того́, что́бы...; II. *vr* (*umg*) пробива́ться, -би́ться *pf*; **er musste sich immer allein ~** он всегда́ до́лжен был пробива́ться в одино́чку
durchbrechen[1] I. *irr vt* (*in zwei Teile brechen*) разла́мывать, -лома́ть *pf*; II. *vi* 1. (*Bretterboden*) проломи́ться *pf*, -ла́мываться *impf*; 2. (*Zähne*) проре́зываться, -за́ться *pf*
durchbrechen[2] *irr vt* 1. (*Hindernis*) преодолева́ть, -ле́ть *pf*; **die Demonstranten durchbrachen die Absperrung** демонстра́нты прорва́ли загражде́ние; 2. (*Wand*) прола́мывать, -лома́ть *pf*
durchbrennen *irr vi* 1. (*Sicherung*) перегора́ть, -ре́ть *pf*; 2. (*umg: sich davonmachen*) удира́ть, удра́ть *pf*
durchbringen I. *irr vt* 1. (*umg: verschwenden*) промота́ть *pf*, -ма́тывать *impf*; **die Erben haben das Vermögen in kürzester Zeit durchgebracht** насле́дники промота́ли состоя́ние в кратча́йший срок; 2. (*umg: einen Kranken*) выха́живать *pf*, -ха́живать *impf*; **es ist noch nicht sicher, ob die Ärzte ihn ~ werden** ещё не я́сно, вы́ходят ли его́ врачи́; II. *vr* (*umg*) перебива́ться, -би́ться *pf*; **mit seinem Verdienst kann er sich gerade so ~** на свою́ зарпла́ту он ко́е-как сво́дит концы́ с конца́ми
Durchbruch *m* <-(e)s, -brüche> 1. (*das Durchbrechen*) проло́м *m*, проры́в *m*; 2. (*fig: der Zähne*) проре́зывание *nt*
durchchecken *vt* (*überprüfen*) проверя́ть, -ве́рить *pf*
durchdenken *irr vt* проду́мывать, -ду́мать *pf*
durchdrängeln *vr* проти́скиваться, -ти́снуться *pf*
durchdrehen I. *vt* (*durch eine Maschine laufen lassen*) прокру́чивать, -крути́ть *pf*, пропуска́ть, -сти́ть *pf*; II. *vi* (*umg: die Nerven verlieren*) теря́ть, по- *pf* самооблада́ние; **sie dreht durch** у неё сдаю́т не́рвы
durchdringen[1] *irr vi* 1. проника́ть, -ни́кнуть *pf*; **die Sonnenstrahlen dringen durch die Wolken** со́лнечные лучи́ проника́ют сквозь ту́чи; 2. (*Gerücht*) доходи́ть, дойти́ *pf*
durchdringen[2] *irr vt* (*einen Stoff*) пробива́ть, -би́ть *pf*; **diese Geschosse ~ sogar Stahl** э́ти пу́ли пробива́ют да́же сталь
Durchdringung *f* <*gen:* -> проникнове́ние *nt*
durcheinander *adv* впереме́шку, как попа́ло; **~ sein** быть в замеша́тельстве
Durcheinander *nt* <*gen:* -s> неразбери́ха *f*; **in seinem Zimmer herrschte ein fürchterliches ~** в его́ ко́мнате цари́л ужа́сный беспоря́док
durcheinander bringen *irr vt* спу́тать *pf*, пу́тать *impf*
durcheinander kommen *vi* 1. спу́таться *pf*, перепу́таться *pf*; 2. смеша́ться *pf*
durchfahren[1] *irr vi* проезжа́ть, -е́хать *pf*; **wir fuhren durch München durch** мы прое́хали Мю́нхен
durchfahren[2] *irr vt* объезжа́ть, объе́хать *pf*; **im Urlaub haben wir ganz Deutschland ~** во вре́мя о́тпуска мы объе́хали всю Герма́нию
Durchfahrt *f* <-, -en> прое́зд *m*; **~ verboten!** прое́зд воспрещён!
Durchfall *m* <-(e)s, -fälle> поно́с *m*
durchfallen *irr vi* (*durch Öffnung, im Examen*) провали́ться *pf*, -ва́ливаться *impf*
durchfragen *vr* добира́ться, -бра́ться *pf* до ме́ста, расспра́шивая доро́гу
Durchfuhr *f* <-, -en> транзи́т *m*
Durchführbarkeit *f* <*gen:* -> осуществи́мость *f*
durchführen *vt* 1. (*ausführen*) выполня́ть, вы́полнить *pf*; **eine Aufgabe ~** выполня́ть зада́ние; **ein Programm ~** выполня́ть програ́мму 2. (*veranstalten*) проводи́ть, -вести́ *pf*, выполня́ть, вы́полнить *pf*; **eine Umfrage ~** проводи́ть опро́с; **ein Seminar ~** проводи́ть семина́р 3. (*verwirklichen*) осуществля́ть, -ви́ть *pf*; **einen Plan ~** осуществля́ть план; **in der Praxis ~** осуществля́ть на пра́ктике 4. (*als Transitgut befördern*) первози́ть транзи́том
Durchfuhrgenehmigung *f* <-, -en> разреше́ние *nt* на транзи́т
Durchfuhrland *nt* <-(e)s, -länder>

транзи́тная страна́ *f*
Durchführung *f* <-, -en> 1. (*Erledigung*) проведе́ние *nt*, выполне́ние *nt*; 2. (*Verwirklichung*) осуществле́ние *nt*; ~ **eines Projekts** осуществле́ние прое́кта 3. (*Vollzug*) исполне́ние *nt*; **etwas zur ~ bringen** приводи́ть что-л. в исполне́ние
Durchfuhrverbot *nt* <-(e)s, -e> запреще́ние транзи́тного прово́за *m*, запреще́ние *nt* транзи́та
Durchfuhrzoll *m* <-(e)s, -zölle> транзи́тная по́шлина *f*
Durchgang *m* <-(e)s, -gänge> 1. (*Verbindungsgang*) прохо́д *m*, коридо́р *m*; 2. (*Weg*) прохо́д *m*; ~ **gesperrt!** прохо́д закры́т! **kein ~!** прохо́да нет!
Durchgangsbahnhof *m* <-(e)s, -höfe> вокза́л *m* со сквозны́ми путя́ми
Durchgangslager *nt* <-s, -> ла́герь *m* для вре́менного поселе́ния
Durchgangsposten *m* <-s, -> переходя́щая статья́ *f*
Durchgangsverkehr *m* <*gen*: -s> транзи́тное сообще́ние *nt*
durchgebraten *adj* (*Fleisch*) прожа́ренный
durchgefroren *adj* промёрзлый
durchgehen *irr vi* (*hindurchgehen*) проходи́ть, пройти́ *pf*; **jdm nicht ~ lassen** не дава́ть спу́ску кому́-л.
durchgehend *adj* сплошно́й, сквозно́й; ~ **geöffnet** откры́то без переры́ва на обе́д; ~**er Zug** сквозно́й по́езд
durchgreifen *irr vi* (*einschreiten*) принима́ть, -ня́ть *pf* ме́ры
durchhalten *irr vi* продержа́ться *pf*, вы́держать *pf*, -де́рживать *impf*
durchhängen *irr vi* (*umg*) раски́снуть *pf*, -кисать *impf*
durchkommen *irr vi* 1. (*durchgehen*) проходи́ть, пройти́ *pf*; 2. (*fig: Erfolg haben*) проби́ться *pf*, -бива́ться *impf*
durchkreuzen *vt* (*fig*) расстра́ивать, -ро́ить *pf*, срыва́ть, сорва́ть *pf*; **Pläne ~** расстро́ить пла́ны
durchlassen *irr vt* пропуска́ть, -пусти́ть *pf*
durchlässig *adj* проница́емый
durchlaufen[1] *I. irr vt* (*Schuhe*) изна́шивать, -носи́ть *pf*; *II. vi* 1. (*durchsickern*) проса́чиваться, -сочи́ться *pf*, протека́ть, -те́чь *pf*; 2. (*ohne Unterbrechung laufen*) пробега́ть, -бе́гать *pf*; **wir sind ohne Pause 2 Stunden durchgelaufen** мы пробе́гали без остано́вки 2 часа́
durchlaufen[2] *irr vt* (*Ausbildung*) пройти́ *pf*, проходи́ть *impf*
Durchlauferhitzer *m* <-s, -> прото́чный нагрева́тель *m*
durchleben *vt* пережива́ть, -жи́ть *pf*, испы́тывать, -та́ть *pf*

durchlesen *irr vt* прочи́тывать, -чита́ть *pf*
durchleuchten *vt* 1. (*röntgen*) просве́чивать *impf*; 2. (*fig: untersuchen*) анализи́ровать *impf/pf*, про- *pf*
durchlöchern *vt* продыря́вить *pf*, -вливать *impf*
durchmachen *vt* 1. (*erleben*) испы́тывать, -та́ть *pf*, пережива́ть, -жи́ть *pf*; **sie hat in ihrem Leben viel ~ müssen** ей пришло́сь мно́гое пережи́ть в свое́й жи́зни; 2. (*umg: durchfeiern*) пра́здновать *impf* без переры́ва; **wir haben gestern bis zum frühen Morgen durchgemacht** мы пра́здновали вчера́ до рассве́та
Durchmesser *m* <-s, -> диа́метр *m*
durchnässen *vt* промочи́ть *pf*
durchnehmen *irr vt* (*in der Schule*) проходи́ть, пройти́ *pf*
durchnummerieren *vt* пронумеро́вывать, -рова́ть *pf*
durchqueren *vt* пересека́ть, -се́чь *pf*
Durchreiche *f* <-, -n> разда́точное око́шко *nt*, разда́ча *f*
Durchreise *f* <*gen*: -> прое́зд *m*; **auf der ~ sein** быть прое́здом
durchringen *irr vr*: **sich zu etw ~** реши́ться на что́-л.
durchrosten *vi* проржа́веть *pf*
Durchsage *f* <-, -n> сообще́ние *nt* (по ра́дио, телефо́ну)
durchschauen *vt* ви́деть *impf* наскво́зь, разга́дывать, -да́ть *pf*; **ich habe dich durchschaut!** я тебя́ раскуси́л!
durchscheinen *irr vi* просве́чивать *impf*, видне́ться *impf*
durchscheinend *adj* просве́чивающийся, прозра́чный
durchschlafen *irr vi* проспа́ть *pf* до́лгое вре́мя
Durchschlag *m* <-(e)s, -schläge> (*Schreibmaschinen~*) ко́пия *f*
durchschlagen *I. irr vt* (*Geschoss*) пробива́ть, -би́ть *pf*; **die Kugel durchschlug die Wand** пу́ля проби́ла сте́ну; *II. vr* пробива́ться, -би́ться *pf*; **er hat es nicht leicht, aber er wird sich ~** ему́ нелегко́, но он пробьётся
durchschlagend: **ein ~er Erfolg** грандио́зный успе́х
durchschneiden *irr vt* разреза́ть, -ре́зать *pf*, прореза́ть, -ре́зать *pf*
Durchschnitt *m* <-(e)s, -e> 1. (*das Durchschneiden*) разре́з *m*, проре́з *m*; 2. (*Mittelwert*) сре́днее; **über dem ~ liegen** быть вы́ше сре́днего; **unter dem ~ liegen** быть ни́же сре́днего
durchschnittlich *adj* 1. (*im Mittelwert gerechnet*) сре́дний; ~**e Arbeitsleistung** сре́дняя производи́тельность труда́; ~ **Belastung** сре́дняя нагру́зка; ~**e Dauer des Arbeitstages** сре́дняя

продолжи́тельность рабо́чего дня; ~e Kosten сре́дние изде́ржки 2. (*mittelmäßig*) сре́дний; ~e Fähigkeiten сре́дние спосо́бности; Ware von ~er Qualität това́р сре́днего ка́чества

Durchschnittsbestand *m* <-(e)s, -bestände> сре́дний у́ровень *m* запа́сов

Durchschnittseinkommen *nt* <-s, -> сре́дний дохо́д *m*

Durchschnittsgeschwindigkeit *f* <-, -en> сре́дняя ско́рость *f*

Durchschnittskurs *m* <-es, -e> (BÖRSE) сре́дний курс *m*

Durchschnittspreis *m* <-es, -e> сре́дняя цена́ *f*

Durchschnittstarif *m* <-(e)s, -e> сре́дний тари́ф *m*

Durchschnittstemperatur *f* <-, -en> сре́дняя температу́ра *f*

Durchschnittsverdienst *m* <-(e)s, -e> сре́дний за́работок *m*

Durchschnittswert *m* <-(e)s, -e> сре́днее значе́ние *nt*

Durchschrift *f* <-, -en> ко́пия *f*

durchsehen I. *irr vi* ви́деть, уви́деть *pf*; ich konnte durch den Spalt in der Mauer nicht ~ че́рез щель в стене́ я ничего́ не мог уви́деть; II. *vt* просма́тривать, -тре́ть *pf*; sie sah noch schnell die Unterlagen durch она́ бы́стро просмотре́ла докуме́нты

durch sein *irr vi* 1. (*umg: durchgearbeitet haben*) прорабо́тать *pf*, -ба́тывать *impf*; bis zu den Sommerferien müssen wir mit dem Stoff ~ мы должны́ пройти́ материа́л до ле́тних кани́кул; 2. (*umg: völlig gegart sein*) по́лностью пригото́виться *pf*; nach zwei Stunden müsste das Fleisch ~ че́рез два часа́ мя́со должно́ быть по́лностью гото́во; bei jdm unten ~ (*umg*) попа́сть в опа́лу у кого́-л.

durchsetzbar *adj* осуществи́мый

durchsetzen I. *vt* (*erzwingen*) добива́ться, -би́ться *pf*, наста́ивать, -стоя́ть *pf*; II. *vr* проби́ться *pf*, -бива́ться *impf*

Durchsetzung *f* <*gen:* -> осуществле́ние *nt*

Durchsetzungsvermögen *nt* <*gen:* -s> спосо́бность *f* добива́ться своего́

Durchsicht *f* <-, -en> просмо́тр *m*, прове́рка *f*; ~ der Akten просмо́тр а́ктов; bei genauer ~ при тща́тельном осмо́тре

durchsichtig *adj* прозра́чный

Durchsichtigkeit *f* <*gen:* -> прозра́чность *f*

durchsickern *vi* 1. (*Flüssigkeit*) проса́чиваться, -сочи́ться *pf*; 2. (*Nachrichten*) доходи́ть, дойти́ *pf*, распространя́ться, -ни́ться *pf*

durchsprechen *irr vt* обговори́ть *pf*, -ва́ривать *impf*, обсуди́ть *pf*, -сужда́ть *impf*

durchstehen *irr vt* вы́держать *pf*, -де́рживать *impf*

durchstellen *vt* (*Telefongespräch*) переключа́ть, -чи́ть *pf*

durchstöbern *vt* (*durchsuchen*) обша́рить *pf*, -ривать *impf*

durchstreichen *irr vt* зачёркивать, -черкну́ть *pf*

durchsuchen *vt* обы́скивать, -ска́ть *pf*

Durchsuchungsbefehl *m* <-s, -e> о́рдер *m* на о́быск

durchtrainiert *adj* натрениро́ванный

durchtrieben *adj* (*pej*) продувно́й, проны́рливый

durchwachsen *adj* 1. (*Wetter*) неусто́йчивый, то лу́чше, то ху́же; 2. (*Fleisch*) проро́сший жи́ром

Durchwahl *f* <-, -en> (TELKOM) прямо́й набо́р *m*

durchweg *adv* сплошь, повсю́ду

durchweichen *vt* размягча́ть, -чи́ть *pf*; der Regen hat den Boden durchweicht дождь размочи́л зе́млю

durchzählen I. *vt* (*zählen*) пересчи́тывать, -та́ть *pf*; II. *vi* (MIL, SPORT) рассчита́ться *pf*, рассчи́тываться *impf* по поря́дку номеро́в

durchziehen[1] I. *irr vt* 1. (*ziehen*) протя́гивать, -тяну́ть *pf*; 2. (*umg: erledigen*) прота́скивать, -тащи́ть *pf*; wir müssen das Projekt so schnell wie möglich ~ мы должны́ доде́лать прое́кт как мо́жно скоре́е; II. *vi* 1. сквози́ть *impf*, дуть *impf*; 2. (*durchmarschieren*) проходи́ть, пройти́ *pf*

durchziehen[2] *irr vt* 1. (*durch ein Gebiet ziehen*) проезжа́ть, -е́хать *pf*; 2. (*irgendwo verlaufen*) проре́зать, -за́ть *pf*, проходи́ть, пройти́ *pf*

Durchzug *m* <-(e)s, -züge> 1. (*Zugluft*) сквозня́к *m*; 2. (*Durchmarsch*) прохо́д *m*

dürfen *vi* <durfte, gedurft> 1. (*Modalverb:die Erlaubnis/Berechtigung haben*) мочь, смочь *pf*; das Aufsichtspersonal darf Einsicht in Ihre Papiere verlangen охра́на мо́жет потре́бовать предъявле́ния ва́ших докуме́нтов; 2. (*in der höflichen Bitte*) разреша́ть, -ши́ть *pf*, позволя́ть, -во́лить *pf*; darf ich einmal Ihren Ausweis sehen позво́льте взгляну́ть на ва́ши докуме́нты; 3. (*das Recht haben*) мочь, смочь *pf*, име́ть *impf* пра́во; kein Staat darf die Menschenrechte verletzen ни одно́ госуда́рство не име́ет пра́ва наруша́ть права́ челове́ка; 4. (*wahrscheinlich sein*) вероя́тно, должно́ быть; das dürfte einer der größten Romane der Weltliteratur sein э́то, вероя́тно, оди́н из велича́йших рома́нов мирово́й

литературы; 5. (*Vollverb: die Erlaubnis zu etw haben*) иметь impf разрешение; **ich ~ /darf nicht** мне можно/нельзя
durfte *prät von* **dürfen**
dürftig *adj* 1. (*armselig*) скудный, убогий; 2. (*unzulänglich*) недостаточный
dürr *adj* 1. (*trocken*) сухой, высохший; 2. (*dünn*) тощий, худой
Dürre *f* <-, -n> (*Trockenzeit*) засуха *f*
Durst *m* <*gen:* -(e)s> жажда *f*; **~ haben** хотеть пить; **einen über den ~ trinken** (*umg: sich betrinken*) выпить лишнего
durstig *adj* жаждущий; **er ist ~** он хочет пить
durstlöschend *adj* утоляющий жажду
Dusche *f* <-, -n> душ *m*
duschen *vi* принимать, -нять *pf* душ
Duschgel *nt* <-s, -s> гель *nt* для душа
Duschhaube *f* <-, -n> душевая шапочка *f*
Duschkabine *f* <-, -n> душевая кабина *f*
Duschraum *m* <-(e)s, -räume> душевая *f*
Düse *f* <-, -n> сопло *nt*, насадка *f*
Düsenflugzeug *nt* <-(e)s, -e> реактивный самолёт *m*
Düsenjäger *m* <-s, -> реактивный истребитель *m*
düster *adj* 1. тёмный; 2. (*fig: drohend, finster*) мрачный, угрюмый
Duty-free-Shop *m* <-Shops, -Shops> магазин *m* беспошлинной торговли
Dutzend *nt* <-s, -e> 1. (*zwölf Stück*) дюжина *f*; **Preis pro ~** цена за дюжину 2. (*große Anzahl*) десятки; **zu ~en** десятками
dutzendweise *adv* 1. (*zu zwölf Stück*) дюжинами; 2. (*in großer Zahl*) десятками
duzen *vt* обращаться, -ратиться *pf* на ты
DV *abk von* **Datenverarbeitung**
Dynamik *f* <*gen:* -> 1. (*Kraft, Schwung*) сила *f*, подъём *m*; 2. (PHYS, MUS) динамика *f*
dynamisch *adj* 1. (*bewegt*) динамический; **~e Entwicklung** динамическое развитие *n*; 2. (*tatkräftig*) динамичный; **eine ~e Persönlichkeit** динамичная личнсть
Dynamit *nt* <*gen:* -s> динамит *m*
Dynamo *m* <-s, -s> динамо-машина *f*
Dynastie *f* <-, -n> (*geh*) династия *f*
dynastisch *adj* династический

E

e, E *nt* <-, -> е, Е
EAN *abk von* **europäische Artikelnummerierung**
Eau de Toilette *nt* <-, Eaux de Toilette> туалетная вода *f*

e.V. *abk von* **eingetragener Verein** зарегистрированное общество *nt*
Ebbe *f* <-, -n> отлив *m*; **~ und Flut** отлив и прилив; **in der Kasse herrscht ~** (*umg*) касса пуста
eben I. *adj* (*flach*) плоский; II. *adv* 1. (*gerade erst*) только что; **sie ist ~ erst gekommen** она только что пришла; 2. (*genau*) именно; **das ist ja ~ das Problem !** в этом-то как раз и проблема!
Ebenbild *nt* <-(e)s, -er> (*geh*) подобие *nt*, образ *m*; **das ist ~ seines Vaters** он копия своего отца
ebenbürtig *adj* равный; **ein ~er Gegner** достойный противник
Ebene *f* <-, n> 1. (*Landschaft*) равнина *f*; 2. (MATH) плоскость *f*; 3. (*Niveau*) уровень *m*; **Verhandlungen auf höchster ~** переговоры на высшем уровне
ebenerdig *adj* на уровне земли
ebenfalls *adv* также, тоже; **schönes Wochenende! - Danke, ~!** приятно провести выходные! Спасибо, и вам также!
ebenso *adv* так же, таким же образом
ebenso gut *adv* так же хорошо, с таким же успехом
ebenso oft *adv* так же часто
ebenso viel *pron* так же много
ebenso wenig *pron* так же мало
Eber *m* <-s, -> кабан *m*, хряк *m*
Eberesche *f* <-, -n> рябина *f*
ebnen *vt* выравнивать, выровнять *pf*; **jdm den Weg ~** (*fig*) расчистить кому-л. путь
EC *abk von* **EuroCity** *m* поезд дальнего следования, следующий через границы европейских стран
Echo *nt* <-s, -s> 1. эхо *nt*; 2. (*fig*) отклик *m*; **ein großes/nur ein geringes ~ finden** найти большой отклик/практически не найти отклика
Echse *f* <-, -n> ящер *m*, ящерица *f*
echt I. *adj* 1. (*unverfälscht*) настоящий, подлинный; 2. (*typisch*) типичный; **er ist ein ~er Berliner** он типичный берлинец; 3. (*wirklich, aufrichtig*) искренний; **sein Bedauern war ~** он искренне сожалел; II. *adv* (*umg: wirklich*) по-настоящему, действительно; **dein Haarschnitt ist ~ super!** твоя стрижка действительно класс!
Echtheit *f* <*gen:* -> подлинность *f*, неподдельность *f*
Echtzeit *f* <*gen:* -> реальное время *f*
Echtzeitbetrieb *m* <*gen:* -(e)s> работа *f* в режиме реального времени
Eckball *m* <-(e)s, -bälle> угловой удар *m*
Eckdaten *pl* ориентировочные данные *pl*
Ecke *f* <-, -n> 1. (*eines Raumes*) угол *m*; 2. (*umg: Gegend*) местность *f*; **in dieser ~ kenne ich mich ganz gut aus** в этом

месте я довольно хорошо ориентируюсь; 3. (SPORT) угловой удар *m*

eckig *adj* 1. (*Ecken habend*) с углами; 2. (*Bewegung*) угловатый
Eckkneipe *f* <-, -n> кабак *m*
Eckpunkt *m* <-(e)s, -e> 1. (MATH) вершина *f*; 2. (*fig*) узловой момент *m*
Eckzahn *m* <-(e)s, -zähne> клык *m*
Eckzins *m* <-es, -en> процентная ставка *f* по сберегательным вкладам
E-Commerce *m* <gen: -> интернет-трейдинг *m*
Economyklasse *f* <gen: -> туристский класс *m*
Ecstasy *nt* <gen: -> вызывающий галлюцинации синтетический наркотик
ECU (*HIST: European Currency Unit*) экю *nt*, европейская валютная единица
Ecuador *nt* <gen: -s> Эквадор *m*
Ecuadorianer, -in *m/f* <-s, -> эквадорец *m*
ecuadorianisch *adj* эквадорский
Edamer *m* <-s, -> эдамский сыр *m*
edel *adj* 1. (*vornehm: Gesinnung*) благородный; 2. (*Stein*) драгоценный
Edelgas *nt* <-es, -e> благородный газ *m*
Edelmetall *nt* <-(e)s, -e> благородный металл *m*
Edelmut *m* <gen: -(e)s> благородство *nt*
Edelstahl *m* <gen: -(e)s> высококачественная сталь *f*
Edelstein *m* <-(e)s, -e> драгоценный камень *m*
editieren *vt* (DV) редактировать, от- *pf*
Editor *m* <-s, -en> (DV) редактор *m*
E-Dur *nt* <gen: -> ми-мажор *nt*
Edutainment *nt* <gen: -s> преподавание путём развлечений и игр - с помощью фильмов, телевизионных и компьютерных программ
EDV *abk von* **elektronische Datenverarbeitung** *f*
EDV-Anlage *f* <-, -n> установка *f* для электронной обработки данных
EDV-gerecht *adj* приспособленный для электронной обработки
EEG *abk von* **Elektroenzephalographie** *f* ЭЭГ *f*
Efeu *m* <gen: -s> плющ *m*
Effoff: *etw aus dem* ~ *können* (*umg*) знать что-л. назубок
Effekt *m* <-(e)s, -e> эффект *m*
Effekten *pl* <gen: -> ценные бумаги *pl*; ~ **handeln** торговать ценными бумагами
Effektenbank *f* <-, -en> фондовый банк *m*
Effektenbörse *f* <-, -n> фондовая биржа *f*
Effektenclearing *nt* <-s, -s> клиринг *m*
Effektendepot *nt* <-s, -s> хранение *nt* ценных бумаг

Effektendiskont *m* <-(e)s, -e> учётная ставка *f* по ценным бумагам
Effektengeschäft *nt* <-(e)s, -e> фондовая операция *f*
Effektenhandel *m* <gen: -s> торговля *f* ценными бумагами
Effektenmakler *m* <-s, -> маклер *m* по операциям с ценными бумагами
Effektenmarkt *m* <-(e)s, -märkte> фондовый рынок *m*
Effektenverwahrung *f* <gen: -> (банковское) хранение *nt* ценных бумаг
Effekthascherei *f* <gen: -> (*pej*) погоня *f* за эффектом
effektiv *adj* 1. (*wirkungsvoll*) эффективный, действенный; ~**e Form der Zusammenarbeit** эффективная форма сотрудничества 2. (*umg: wirklich*) на самом деле; **das ist** ~ **dasselbe** это в действительности одно и то же
Effektivgeschäft *nt* <-(e)s, -e> сделка *f* на реальный товар
Effektivität *f* <gen: -> эффективность *f*; **wirtschaftliche** ~ экономическая эффективность; ~ **von Investitionen** эффективность капиталовложений
Effektivverzinsung *f* <-, -en> фактический доход *m* от процентов
Effektivzins *m* <-es, -en> фактический [*o* действительный] процент *m*
effizient *adj* эффективный
Effizienz *f* <gen: -> (экономическая) эффективность *f*; **an** ~ **einbüßen** утратить эффективность
EG *f* <gen: -> (*HIST: Europäische Gemeinschaft*) ЕС *nt*, Европейское Сообщество
egal *adj* безразличный; **ihm ist alles** ~ ему всё безразлично
Egge *f* <-, -n> борона *f*
Egoismus *m* <gen: -> эгоизм *m*
Egoist, -in *m/f* <-en, -en> эгоист, -ка *m/f*
egoistisch *adj* эгоистичный
egozentrisch *adj* эгоцентрический
eh *konj* прежде чем
ehe *konj* прежде чем, раньше чем
Ehe *f* <-, -n> брак *m*, супружество *nt*
eheähnlich *adj* подобный браку; **in einem** ~**en Verhältnis** быть в отношениях, подобных брачным
Eheberater, -in *m/f* <-s, -> консультант *m* по вопросам брака
Ehebruch *m* <-(e)s> нарушение *nt* супружеской верности; ~ **begehen** нарушить супружескую верность
Ehefrau *f* <-, -en> супруга *f*, жена *f*
Ehegatte *m* <-n, -n> 1. (*geh: Ehemann*) супруг *m*; 2. (*nur pl: Eheleute*) супруги *pl*
Ehekrise *f* <-, -n> кризис *m* супружеских отношений
Eheleute *pl* <gen: -> супруги *pl*
ehelich *adj* брачный, супружеский

ehemalig adj бывший
Ehemann m <-(e)s, -männer> супруг m, муж m
Ehename m <-ns, -> фамилия f мужа
Ehepaar nt <-(e)s, -e> супруги pl
eher adv 1. (früher) раньше; **je ~ wir anfangen, desto besser** чем раньше мы начнём, тем лучше; 2. (lieber) лучше
Eherecht nt <gen: -(e)s> брачное право nt
Ehering nt <-(e)s, -e> обручальное кольцо nt
Ehescheidung f <-, -en> расторжение nt брака
Eheschließung f <-, -en> заключение nt брака
eheste(r,s) adj самый ранний; **zum ~n Zeitpunkt** в ближайший срок
Ehevermittlungsinstitut nt <-(e)s, -e> бюро nt знакомств (с целью заключения брака)
ehrbar adj достойный, почтенный
Ehrbarkeit f <gen: -> почтенность f
Ehre f <gen: -> честь f; **jdm die letzte ~ erweisen** отдать кому-л. последний долг; **jdm ~ machen** делать кому-л. честь; **eine hohe ~** высокая честь
ehren vt уважать impf
ehrenamtlich adj почётный, добровольный
Ehrenbürger, -in m/f <-s, -> (einer Stadt) почётный гражданин m
Ehrendoktor m <-s, -en> (einer Universität) почётный доктор m
Ehrengast m <-es, -gäste> почётный гость m
Ehrenmitglied nt <-(e)s, -er> почётный член m
Ehrenplatz m <-es, -plätze> почётное место nt
Ehrensache f <gen: -> дело nt чести
Ehrenwort nt <gen: -(e)s> слово nt чести; **sein ~ geben** дать слово чести
Ehrfurcht f <gen: -> глубокое почтение nt, благоговение nt; **vor jdm/etw ~ haben** благоговеть перед кем-л./чем-л.
Ehrgefühl nt <gen: -(e)s> самолюбие nt
Ehrgeiz m <gen: -es> честолюбие nt, тщеславие nt; **gesunder/übertriebener ~** здоровое/большое честолюбие
ehrgeizig adj (Mensch, Plan) честолюбивый
ehrlich adj честный
Ehrlichkeit f <gen: -> честность f
ehrlos adj бесчестный
Ehrung f <-, -en> чествование nt
ehrwürdig adj достойный, почтенный
Ei nt <-s, -er> 1. (Eizelle) яйцеклетка f; 2. (Hühnerei) яйцо nt
Eichamt nt <-(e)s, -ämter> палата мер и весов f
Eiche f <-, -n> дуб m

Eichel f <-, -n> 1. (Frucht der Eiche) жёлудь m; 2. (ANAT) головка f
Eichelentzündung f <-, -en> воспаление nt головки
eichen vt (Messgeräte) градуировать impf/pf; **auf etw geeicht sein** (fig) хорошо разбираться в чём-л.
Eichenwald m <-(e)s, -wälder> дубняк m
Eichhörnchen nt <-s, -> белка f
Eichmaß nt <gen: -es> эталонная мера f, эталон m
Eid m <-(e)s, -e> клятва f; **einen ~ leisten** давать присягу
Eidechse f <-, -n> ящерица f
eidesstattlich adj (Erklärung) равносильный присяге
Eidgenosse, -genossin m/f <-n, -n> гражданин, -данка m/f Швейцарии
eidlich adj клятвенный
Eidotter nt <-s, -> желток m
Eierbecher m <-s, -> подставка f для яиц
Eierkuchen m <-s, -> омлет m
Eierlöffel m <-s, -> ложечка f для яиц
Eierstock m <-(e)s, -stöcke> яичник m
Eieruhr f <-, -en> маленькие часы f, показывающие время варки яиц
Eifer m <gen: -s> рвение nt, усердие nt
Eiferer m <-s, -> ревнитель m, поборник m
Eifersucht f <gen: -> ревность f
eifersüchtig adj ревнивый
eiförmig adj яйцевидный, овальный
eifrig adj ревностный, усердный
Eigelb nt <gen: -s> желток m
eigen adj 1. (jdm gehörend) собственный; 2. (für jdn typisch) свойственный; **sich etw zu Eigen machen** усваивать что-л.
Eigenart f <-, -en> своеобразие nt
eigenartig adj своеобразный, особенный
Eigenaufkommen nt <-s, -> доля f собственных средств
Eigenbedarf m <gen: -> собственные нужды fpl
Eigenbilanz f <-, -en> самостоятельный баланс m
Eigenbrötler, -in m/f <-s, -> чудак, -дачка m/f
Eigenfinanzierung f <-, -en> самофинансирование nt
Eigengeschäft nt <-(e)s, -e> сделка f за свой счёт
Eigengesellschaft f <-, -en> юридически самостоятельное муниципальное предприятие nt
Eigengewicht nt <-(e)s, -e> собственный вес m
eigenhändig adj собственноручный
Eigenheit f <-, -en> своеобразие nt, особенность f
Eigenkapital nt <gen: -s> собственный капитал m

Eigenkapitalausstattung *f* <-, -en> обеспечение *nt* собственным капиталом
Eigenkapitalquote *f* <-, -n> доля *f* собственного капитала
Eigenkapitalrendite *f* <-, -n> доход *m* от собственного капитала
Eigenkapitalrentabilität *f* <-, -en> рентабельность *f* собственного капитала
Eigenkapitalzinsen *pl* <gen: -> проценты *pl* на собственный капитал
Eigenleistung *f* <-, -en> собственная выработка *f*
Eigenliebe *f* <gen: -> себялюбие *nt*
Eigenlob *nt* <gen: -(e)s> самохвальство *f*
eigenmächtig *adj* самовольный; **sie hat ~ gehandelt** она поступила самовольно
Eigenmächtigkeit *f* <gen: -> самоуправство *nt*
Eigenmittel *pl* собственные средства *pl*
Eigenname *m* <-s, -> имя *nt* собственное
eigens *adv* специально, нарочно
Eigenschaft *f* <-, -en> свойство *nt*, качество *nt*
Eigensinn *m* <gen: -(e)s> своенравие *nt*, упрямство *nt*
eigensinnig *adj* своенравный, упрямый
eigentlich I. *adj* собственный, настоящий; II. *adv* собственно.
Eigentor *nt* <-(e)s, -e> (SPORT) гол *m* в свои ворота; **ein ~ schießen** (*auch fig*) забить гол в свои ворота
Eigentum *nt* <gen: -(e)s> собственность *f*; **(un)bewegliches ~** (не)движимая собственность; **geistiges ~** интеллектуальная собственность; **gemeinsames ~** совместная собственность; **öffentliches ~** государственная собственность; **persönliches ~** личная собственность; **privates ~** частная собственность; **staatliches ~** государственная собственность; **die Ware bleibt bis zu ihrer vollständigen Bezahlung Eigentum des Verkäufers** до выплаты полной стоимости товар остаётся в собственности продавца; **~ an Grund und Boden** собственность на землю; **~ an Produktionsmitteln** собственность на средства производства; **~ erwerben** приобретать право собственности на что-л.
Eigentümer, -in *m/f* <-s, -> собственник, -ница *m/f*
eigentümlich *adj* свойственный, присущий
Eigentümlichkeit *f* <-, -en> своеобразие *nt*, особенность *f*
Eigentumserwerb *m* <gen: -s> приобретение *nt* права собственности

Eigentumsrecht *nt* <-(e)s, -e> право *nt* собственности
Eigentumsverhältnisse *pl* <gen: -> имущественные отношения *pl*
Eigentumswohnung *f* <-, -en> частная квартира *f*
Eigenverbrauch *m* <gen: -(e)s> внутризаводское потребление *nt*
Eigenwechsel *m* <-s, -> соло-вексель *m*
eigenwillig *adj* своевольный, своенравный
eignen I. *vi* (*geh*) быть *impf* присущим; **den Werken dieses Malers eignet eine gewisse Melancholie** произведениям этого художника присуща некоторая меланхоличность; II. *vr* (*geeignet sein*) годиться *impf*, подходить, -дойти *pf*; **diese Wörterbücher ~ sich nicht für Schüler** эти словари не подходят для школьников
Eignung *f* <gen: -> пригодность *f*
Eignungstest *m* <-s, -s> тест *m* на профессиональную пригодность
Eiklar *nt* <-s, -> (*österr: Eiweiß*) белок *m*
Eilbote *m* <-n, -n> нарочный *m*, курьер *m*
Eilbrief *m* <-(e)s, -e> срочное письмо *nt*
Eile *f* <gen: -> поспешность *f*, спешка *f*
eilen *vi* спешить, по- *pf*
eilends *adv* спешно
Eilgut *nt* <gen: -(e)s> груз *m* большой скорости
eilig *adj* спешный
Eilmarsch *m* <-es, -märsche> форсированный марш *m*
Eilzug *m* <-(e)s, -züge> скорый поезд *m*
Eimer *m* <-s, -> ведро *nt*; **etw ist im ~** (*umg*) что-то сорвалось
ein(e) I. *unb*: **die Tochter ~es Lehrers** дочь *m* учителя; II. *num* один, ~ **Glas Bier** один стакан пива; III. *pron indef* кто-то, что-то, кто-либо, что-либо; **es wird kaum ~er auf die Idee kommen** едва ли это кому-либо придёт в голову
einander *pron refl* друг друга; **sie lieben ~ sehr** они очень любят друг друга
einarbeiten I. *vt* знакомить, о- *pf* с работой, вводить, ввести *pf* в курс дела; II. *vr* втягиваться, втянуться *pf* в работу; **der neue Kollege muss sich erst ~** новый коллега должен сначала войти в курс дела
einarmig *adj* однорукий
einatmen I. *vt* вдыхать, вдохнуть *pf*; II. *vi* дышать *impf*
einäugig *adj* одноглазый
Ein-Aus-Schalter *m* <-s, -> однопозиционный выключатель *m*
Einbahnstraße *f* <-, -n> дорога *f* с односторонним движением
Einband *m* <-(e)s, Einbände> переплёт *m*
einbändig *adj* (*in einem Band*) однотомный

Einbau *m* <*gen:* -s> устано́вка *f*, встро́йка *f*

einbauen *vt* **1.** встра́ивать, -ро́ить *pf*; **in das Auto wird ein neues Getriebe eingebaut** в автомоби́ль бу́дет встро́ена но́вая коро́бка переда́ч; **2.** (*fig: einfügen*) вставля́ть, вста́вить *pf*; **sein Aufsatz begeistert durch geschickt eingebaute Zitate** его́ сочине́ние восторга́ет благодаря́ уда́чно вста́вленным цита́там

Einbauküche *f* <-, -n> встро́енное ку́хонное обору́дование *nt*

Einbaumöbel *nt* <-s, -> встро́енная ме́бель *f*

Einbauschrank *m* <-(e)s, -schränke> встро́енный шкаф *m*

einbehalten *vt* уде́рживать, -жа́ть *pf*; **Steuern ~** уде́рживать нало́ги *pf*; **vom Lohn ~** уде́рживать из зарабо́тной пла́ты; **~er Gewinn** нераспределённая при́быль

einbeinig *adj* одноно́гий

einberufen *irr vt* **1.** (MIL) призыва́ть, -зва́ть *pf*; **2.** (*Versammlung*) созыва́ть, -зва́ть *pf*; **den Aufsichtsrat ~** созыва́ть наблюда́тельный сове́т; **eine Versammlung ~** созыва́ть собра́ние

Einberufung *f* <-, -en> (MIL) призы́в *m*

Einbettzimmer *nt* <-s, -> одноме́стный но́мер *m*

einbeziehen *irr vt* включа́ть, -чи́ть *pf*; **alle wichtigen Faktoren in einen Plan ~** ввести́ в план все ва́жные фа́кторы

einbiegen *irr vi* свора́чивать, сверну́ть *pf*

einbilden *vr* вообража́ть, -брази́ть *pf*; **sich viel ~** возомни́ть о себе́

Einbildung *f* <-, -en> **1.** (*in der Vorstellung*) воображе́ние *nt*, фанта́зия *f*; **2.** (*Arroganz*) высокоме́рие *nt*

Einbildungskraft *f* <*gen:* -> си́ла *f* воображе́ния

einbinden *irr vt* **1.** (*verletztes Körperteil*) забинто́вывать, -това́ть *pf*; **2.** (*in ein Konzept*) включа́ть, -чи́ть *pf*

Einblick *m* <-(e)s, -e> взгляд *m*, ознакомле́ние *nt*; **jdm einen ~ in etw geben** ознако́мить кого́-л. с чем-л.

einbrechen *irr vi* **1.** (*in eine Wohnung*) вла́мываться, -мо́ться *pf*; **2.** (*beginnen: Dunkelheit*) (внеза́пно) наступа́ть, -пи́ть *pf*

Einbrecher *m* <-s, -e> взло́мщик *m*

einbringen *irr vt* **1.** (*Gewinn*) приноси́ть, -нести́ *pf*; **2.** (*Ernte*) убира́ть, убра́ть *pf*; **3.** (*Gesetz*) вноси́ть, внести́ *pf*; **4.** (*beitragen*) вкла́дывать; **Geld in ein Unternehmen ~** вкла́дывать де́ньги в предприя́тие

einbrocken *vt* (*Brot*) кроши́ть, на- *pf*; **da haben sie sich aber etw eingebrockt!** ну и натвори́ли они́ дел!

Einbruch *m* <-(e)s, Einbrüche> **1.** (*in ein Gebäude*) взлом *m*; **2.** (*Schwächeneinbruch*) при́ступ *m*; **3.** (*das Hereinbrechen*) обруше́ние *nt*; **bei ~ der Dunkelheit** с наступле́нием темноты́

einbruchssicher *adj* защищённый от взло́ма

einbürgern I. *vt* (*zu Bürgern machen*) дава́ть, дать *pf* гражда́нства; **II.** *vr* (*sich verbreiten*) укореня́ться, -ни́ться *pf*; **hier haben sich ganz neue Sitten eingebürgert** здесь укорени́лись соверше́нно но́вые обы́чаи

Einbuße *f* <-, -n> поте́ря *f*, убы́ток *m*; **mit finanziellen ~n rechnen** ожида́ть фина́нсовых убы́тков

einbüßen *vt* теря́ть, по- *pf*, лиша́ться, -ши́ться *pf*; **das gesamte Vermögen ~** лиши́ться всего́ иму́щества; **an Wert ~** потеря́ть це́нность; **sein Ansehen ~** (по)теря́ть авторите́т

einchecken *vi* (*am Flughafen*) проходи́ть, пройти́ *pf* регистра́цию

eincremen I. *vt* нама́зывать, -зать *pf* кре́мом; **II.** *vr* нама́зываться, -заться *pf* кре́мом

eindecken *vr* запаса́ться, -сти́сь *pf*; **sich mit Brot ~** запасти́сь хле́бом; **sich mit Waren ~** запаса́ться това́рами

eindeutig *adj* я́сный, недвусмы́сленный

eindringen *irr vi* проника́ть, -ни́кнуть *pf*, вторга́ться, вто́ргнуться *pf*

eindringlich *adj* насто́йчивый, настоя́тельный

Eindringling *m* <-s, -e> захва́тчик *m*

Eindruck *m* <-(e)s, Eindrücke> **1.** (*Spur*) след *m*; **2.** (*Vorstellung*) впечатле́ние *nt*; **auf jdn ~ machen** производи́ть впечатле́ние

eindrucksvoll *adj* впечатля́ющий

eine(r,s) *siehe* **ein(e)**

eineiig *adj* (*Zwillinge*) однояйцо́вый

einengen *vt* стесня́ть, -сни́ть *pf*

einerlei *adj* одина́ковый

Einerlei *nt* <*gen:* -s> однообра́зие *nt*

einerseits *adv* с одно́й стороны́; **~ bin ich müde, andererseits habe ich Lust, ins Kino zu gehen** с одно́й стороны́ я уста́л, с друго́й стороны́ мне хо́чется пойти́ в кино́

einfach *adj* **1.** (*leicht verständlich*) просто́й, несло́жный; **2.** (*nicht doppelt: Fahrkarte*) в оди́н коне́ц

Einfachheit *f* <*gen:* -> простота́ *f*

einfädeln *vt* (*Faden*) вдева́ть, вдеть *pf*

einfahren I. *irr vt* (*Fahrzeug*) обка́тывать, -та́ть *pf*; **II.** *irr vi* (*Zug*) прибыва́ть, -бы́ть *pf*

Einfahrt *f* <-, -en> **1.** (*Weg*) въезд *m*, подъе́зд *m*; **2.** (*das Einfahren*) въезд *m*

Einfall *m* <-(e)s, Einfälle> мысль *f*, иде́я *f*; **einen ~ haben** приду́мать что́-л.

einfallen *irr vi* **1.** (*in den Sinn kommen*)

приходи́ть, прийти́ *pf* на ум; **da fällt mir gerade ein, dass ...** мне как раз пришло́ в го́лову, что...; **was fällt Ihnen ein !** как вы сме́ете ! **2.** (*einstürzen*) обру́шиваться, -ши́ться *pf*; **3.** (*gewaltsam eindringen*) вторга́ться, вто́ргнуться *pf*
einfallslos *adj* лишённый фанта́зии
einfallsreich *adj* изобрета́тельный
einfältig *adj* простоду́шный, простова́тый
Einfamilienhaus *nt* <-es, -häuser> особня́к *m*
einfangen *irr vt* лови́ть, пойма́ть *pf*
einfarbig *adj* одноцве́тный
einfassen *vt* вставля́ть, вста́вить *pf* в опра́ву
einfetten *vt* сма́зывать, -зать *pf* (жи́ром)
einfinden *irr vr* яви́ться *pf*, явля́ться *impf*, объяви́ться *pf*, -вля́ться *impf*
einfließen *irr vi* втека́ть, втечь *pf*, влива́ться, вли́ться *pf*
einflößen *vt* **1.** (*Flüssigkeit*) влива́ть, влить *pf*; **2.** (*fig: Angst*) внуша́ть, -ши́ть *pf*
Einfluss *m* <-es, Einflüsse> **1.** (*Wirkung*) влия́ние *nt*; **2.** (*kein pl: Ansehen*) авторите́т *m*; **sie besitzt großen ~** она́ име́ет большо́й авторите́т; **auf jdn ~ ausüben** ока́зывать влия́ние на кого́-л.; **unter dem ~ von jdm stehen** находи́ться под чьи́м-л. влия́нием
Einflussbereich *m* <-(e)s, -e> сфе́ра *f* влия́ния
einflussreich *adj* влия́тельный
einförmig *adj* однообра́зный, моното́нный
Einförmigkeit *f* <*gen:* -> однообра́зие *nt*, моното́нность *f*
einfrieren **I.** *irr vt* **1.** (*Lebensmittel*) замора́живать, -ро́зить *pf*; **2.** (*fig: Beziehungen*) замора́живать, -ро́зить *pf*, приостана́вливать, -нови́ть *pf*; **Löhne ~** замора́живать за́работную пла́ту; **Preise ~** замора́живать це́ны; **II.** *irr vi* (*Leitungsrohr*) замерза́ть, -мёрзнуть *pf*
Einfügemarke *f* <-, -n> (DV: *Cursor*) курсо́р *m*
einfügen **I.** *vt* вставля́ть, вста́вить *pf*, вкла́дывать, вложи́ть *pf*; **II.** *vr* включа́ться, -чи́ться *pf*; **sie hat sich nur langsam in das Leben dieser Gesellschaft ~ können** она́ лишь с трудо́м смогла́ включи́ться в жизнь э́того о́бщества
einfühlsam *adj* чу́ткий, сострада́тельный
Einfühlungsvermögen *nt* <*gen:* -s> интуи́ция *f*
Einfuhr *f* <*gen:* -> ввоз *m*, и́мпорт *m*
Einfuhrabgabe *f* <-, -n> нало́г *m* на и́мпортные това́ры
Einfuhrbescheinigung *f* <-, -en> ввозно́е [*о* и́мпортное] свиде́тельство *nt*
Einfuhrbeschränkung *f* <-, -en> ограниче́ние *nt* на и́мпорт
Einfuhrbestimmungen *pl* <*gen:* -> положе́ния *pl*, регламенти́рующие и́мпорт
Einfuhrdeklaration *f* <-, -en> деклара́ция *f* и́мпортных това́ров
einführen *vt* **1.** (*etw in eine Öffnung*) вводи́ть, ввести́ *pf*; **2.** (*Güter*) ввози́ть, ввезти́ *pf*, импорти́ровать *impf/pf*; **Güter ~** ввози́ть това́ры **3.** (*Sitten, Regeln*) вводи́ть, ввести́ *pf*; **eine Mode ~** вводи́ть мо́ду; **neue Steuern ~** вводи́ть но́вые нало́ги; **ein neues System der Kundenbetreuung ~** вводи́ть но́вый поря́док обслу́живания клие́нтов **4.** (*einweisen*) вводи́ть, ввести́ *pf*; **einen neuen Mitarbeiter ~** вводи́ть но́вого сотру́дника в курс де́ла
Einfuhrerklärung *f* <-, -en> и́мпортная деклара́ция *f*
Einfuhrgenehmigung *f* <-, -en> разреше́ние *nt* на ввоз; **eine ~ erteilen** выдава́ть разреше́ние на ввоз; **eine ~ beantragen** запра́шивать разреше́ние на ввоз
Einfuhrkontingent *nt* <-(e)s, -e> и́мпортный континге́нт *m*
Einfuhrland *nt* <-(e)s, -länder> страна́ *f* - импортёр *m*
Einfuhrlizenz *f* <-, -en> и́мпортная лице́нзия *f*
Einfuhrrestriktion *f* <-, -en> рестри́кция *f* вво́за
Einfuhrsteuer *f* <-, -n> нало́г *m* на ввози́мые това́ры
Einfuhrumsatzsteuer *f* <-, -n> нало́г *m* с оборо́та и́мпорта
Einführung *f* <-, -en> **1.** (*das Einführen*) введе́ние *nt*, ввод *m*; **2.** (*in ein Sachgebiet*) введе́ние *nt*, вступле́ние *nt*
Einführungskurs *m* <-es, -e> **1.** (BÖRSE) эмиссио́нный курс *m* це́нных бума́г; **2.** (*einführender Kurs*) вво́дный курс *m*
Einführungsphase *f* <-, -n> (*von Produkt*) эта́п *m* внедре́ния но́вых това́ров на ры́нок
Einführungspreis *m* <-es, -e> цена́ *f* на но́вые ви́ды проду́кции
Einfuhrverbot *nt* <-(e)s, -e> запреще́ние *nt* на ввоз
Einfuhrverfahren *nt* <-s, -> поря́док *m* проведе́ния и́мпортных опера́ций
Einfuhrvolumen *nt* <-s, -volumina> объём *m* и́мпорта
Einfuhrzoll *m* <-(e)s, -zölle> и́мпортная по́шлина *f*
Eingabe *f* <-, -n> **1.** (DV) ввод *m*; **von Text** ввод те́кста; **parallele ~** паралле́льный ввод; **serielle ~** после́довательный ввод; **~ über**

Tastatur ввод с клавиату́ры **2.** (*an eine Behörde*) заявле́ние *nt*; **eine ~ bearbeiten** рассма́тривать заявле́ние; **eine ~ machen** подава́ть заявле́ние
Eingabeaufforderung *f* <-, -en> (DV) приглаше́ние *nt*
Eingabetaste *f* <-, -n> (DV) кла́виша *f* вво́да
Eingang *m* <-(e)s, Eingänge> **1.** вход *m*; **2.** (*Erhalt*) получе́ние *nt*; **~ einer Bestellung** поступле́ние зака́за; **~ einer Zahlung** поступле́ние платежа́; **in etw ~ finden** найти́ в чём-л. выраже́ние; **~ an Aufträgen** прито́к зака́зов; **Eingänge an Geldern** де́нежные поступле́ния
eingangs *adv* снача́ла; **~ erwähnt** упомя́нутый внача́ле
Eingangsbescheinigung *f* <-, -en> спра́вка *f* о поступле́нии зая́вки
Eingangshalle *f* <-, -n> вестибю́ль *m*, холл *m*
Eingangsrechnung *f* <-, -en> счёт *m* - факту́ра *f*
Eingangstür *f* <-, -en> входна́я дверь *f*
Eingangsvermerk *m* <-(e)s, -e> отме́тка *f* о поступле́нии
eingeben *irr vt* **1.** (DV) вводи́ть, ввести́ *pf*; **2.** (*Idee*) внуша́ть, -ши́ть *pf*
eingebildet *adj* **1.** (*von sich eingenommen*) вообража́ющий о себе́; **2.** (*nur in der Einbildung existierend*) вообража́емый, мни́мый
Eingeborene *mf* <-n, -n> ме́стный уроже́нец *m*
Eingebung *f* <-, -en> (внеза́пная) мысль *f*, иде́я *f*; **einer ~ folgend** по наи́тию
eingefallen *adj* **1.** (*Haus*) провали́вшийся; **2.** (*Gesicht, Wangen*) впа́лый, ввали́вшийся
eingefleischt *adj* (*Junggeselle*) закорене́лый, отъя́вленный
eingehen *irr vi* **1.** (*Eingang finden*) входи́ть, войти́ *pf*, вступа́ть, -пи́ть *pf*; **in die Geschichte ~** войти́ в исто́рию *pf*; **2.** (*Pflanzen, Tiere*) ги́бнуть, по- *pf*; **ohne Wasser werden Pflanzen ~** без воды́ расте́ния поги́бнут; **3.** (*Kleidungsstücke*) сади́ться, сесть *pf*; **die neuen Hemden sind in der Wäsche eingegangen** но́вые руба́шки се́ли при сти́рке
eingehend *adj* обстоя́тельный, подро́бный
Eingemachte *nt* <*gen:* -n> консерви́рованные фру́кты *pl*
eingenommen *adj* располо́женный (к кому́-л./чему́-л.); **für jdn ~ sein** пита́ть симпа́тию к кому́-л.; **gegen jdn ~ sein** пита́ть неприя́знь к кому́-л.; **sehr von sich ~ sein** быть о себе́ высо́кого мне́ния
eingerostet *adj* заржа́вевший, ржа́вый
eingeschnappt *adj* (*umg: beleidigt*) оби́женный
eingeschneit *adj* занесённый сне́гом
eingeschossig *adj* одноэта́жный
eingestehen *irr vt* (*Schuld, Fehler*) признава́ть, -зна́ть *pf*
Eingeweide *pl* <*gen:* -> вну́тренности *pl*
Eingeweihte *mf* <-n, -n> посвящённый, -ная *m/f*
eingewöhnen *vr* свыка́ться, свы́кнуться *pf*, осва́иваться, -во́иться *pf*
eingießen *irr vt* налива́ть, -ли́ть *pf*, влива́ть, влить *pf*
eingleisig *adj* одноколе́йный, однопу́тный
eingraben *irr vt* зака́пывать, -копа́ть *pf*
eingreifen *irr vi* вме́шиваться, -ша́ться *pf*; **in einen Konflikt ~** вмеша́ться в конфли́кт
Eingreiftruppe *f* <-, -n> отря́д *m* бы́строго реаги́рования
Eingriff *m* <-(e)s, -e> **1.** (*das Eingreifen*) вмеша́тельство *nt*; **2.** (*Operation*) вмеша́тельство *nt*, опера́ция *f*
einhaken **I.** *vt* закрыва́ть, -кры́ть *pf* (на крючо́к); **II.** *vr* брать, взять *pf* по́д руку; **sich bei jdm ~** брать кого́-л. по́д руку
Einhalt *m* <*gen:* -(e)s>: **einer Sache ~ gebieten** положи́ть коне́ц чему́-л.
einhalten *irr vt* **1.** (*Versprechen*) сде́ржать *pf*, сде́рживать *impf*; **2.** (*Plan*) вы́полнить *pf*, выполня́ть *impf*; **3.** (*Bestimmungen*) соблюда́ть, -блюсти́ *pf*; **die Vertragsbedingungen strikt ~** стро́го соблюда́ть усло́вия контра́кта; **die Vorschriften ~** приде́рживаться инстру́кций
Einhaltung *f* <-, -en> соблюде́ние *nt*; **~ einer Frist** соблюде́ние сро́ка
einhandeln **I.** *vt* (*Waren*) скупа́ть, -пи́ть *pf*, закупа́ть, -пи́ть *pf*; **II.** *vr* (*umg: Nachteile*) схлопота́ть *pf*, зарабо́тать *pf*, -ба́тывать *impf*
einhändig *adj* одноруќий
einhängen **I.** *vt* **1.** наве́шивать, -ве́сить *pf*; **2.** (*Hörer*) ве́шать, пове́сить *pf*; **II.** *vr* брать, взять *pf* по́д руку
einheimisch *adj* оте́чественный, ме́стный
Einheimische *mf* <-n, -n> ме́стный жи́тель *m*
Einheit *f* <-, -en> **1.** (MIL) подразделе́ние *nt*; **2.** (*physikalische Einheit*) едини́ца *f*; **3.** (*Ganzheit*) еди́нство *nt*; **nationale ~** национа́льное еди́нство
einheitlich *adj* еди́ный; **~er Preis** еди́ная цена́; **~er Tarifsatz** еди́ная тари́фная ста́вка; **~es Formular** станда́ртный бланк; **~es System** еди́ная систе́ма
Einheitsgröße *f* <-, -n> станда́ртная величина́ *f*
Einheitskurs *m* <-es, -e> (BÖRSE) еди́ный

курс *m*
Einheitsliste *f* <-, -n> еди́ный спи́сок *m*
Einheitspartei *f* <-, -en> еди́ная па́ртия *f*
Einheitspreis *m* <-es, -e> еди́ная цена́ *f*
Einheitstarif *m* <-(e)s, -e> еди́ный тари́ф *m*
einheizen *vt* 1. (*Ofen*) затопи́ть *pf*, -та́пливать *impf*; 2. (*umg*) руга́ть, отруга́ть *pf*; **jdm ~** зада́ть кому́-л. жа́ру
einhellig *adj* единогла́сный
einholen *vt* 1. (*Person*) догоня́ть, -гна́ть *pf*; 2. (*Fahne*) спуска́ть, -сти́ть *pf*; 3. (*Genehmigung*) испроси́ть *pf*, испра́шивать *impf*
Einhorn *nt* <-(e)s, Einhörner> единоро́г *m*
einhüllen I. *vt* уку́тывать, -тать *pf*, заверну́ть *pf*, -вёртывать *impf*; II. *vr* уку́тываться, -таться *pf*, заку́тываться, -ку́таться *pf*
einhundert *num* сто, одна́ со́тня
einig *adj* сплочённый, единоду́шный; **wir sind uns in diesem Punkt ~** в э́том пу́нкте мы еди́ны
einige(r,s) *pron indef* не́сколько, не́которые; **das wird noch ~ Probleme bereiten** и́з-за э́того ещё возни́кнут не́которые пробле́мы; **er besitzt ~ hundert Schallplatten** у него́ есть не́сколько со́тен пласти́нок
einige Mal *adv* не́сколько раз
einigen *vr* договори́ться *pf*, -ва́риваться *impf*; **sich auf etw ~** сойти́сь на чём-л.
einigermaßen *adv* бо́лее и́ли ме́нее, терпи́мо
Einigkeit *f* <gen: -> единоду́шие *nt*, согла́сие *nt*
Einigung *f* <-, -en> 1. (*Übereinkunft*) согла́сие *nt*, соглаше́ние *nt*; **gerichtliche ~** мирово́е соглаше́ние; **gütliche ~** полюбо́вное соглаше́ние; **zu einer ~ kommen** прийти́ к соглаше́нию 2. (*Zusammenschluss*) едине́ние *nt*; **politische ~** полити́ческое объедине́ние; **die ~ Europas** едине́ние Евро́пы
Einigungsprozess *m* <-es, -e> проце́сс *m* едине́ния
einjährig *adj* годово́й
einkalkulieren *vt* включи́ть *pf*, -ча́ть *impf* в калькуля́цию, учи́тывать, уче́сть *pf*
Einkauf *m* <-(e)s, Einkäufe> 1. (*das Einkaufen*) заку́пка *f*, поку́пка *f*; **~ im Einzelhandel** ро́зничная заку́пка; **~ im Großhandel** оптова́я заку́пка; **Einkäufe machen** де́лать заку́пки 2. (*die eingekauften Waren*) поку́пка *f*; **Lieferung von Einkäufen frei Haus** поста́вка поку́пок на дом; **für den ~ bezahlen** плати́ть за поку́пку
einkaufen *vt* закупа́ть, -пи́ть *pf*, покупа́ть, купи́ть *pf*; **~ gehen** идти́ за поку́пками; **preisgünstig ~** вы́годно закупа́ть; **sich in ein Unternehmen einkaufen** покупа́ть до́лю [*o* пай] предприя́тия
Einkäufer, -in *m* <-s, -> заку́пщик *m*
Einkaufsbruttopreis *m* <-es, -e> валова́я заку́почная цена́ *f*
Einkaufsbummel *m* <gen: -s> прогу́лка *f* по магази́нам; **einen ~ machen** пройти́сь по магази́нам
Einkaufsgenossenschaft *f* <-, -en> заку́почный кооперати́в *m*
Einkaufsgremium *nt* <-s, -gremien> коми́ссия *f* по заку́пкам
Einkaufsmeile *f* <-, -n> (*umg*) торго́вая у́лица в це́нтре го́рода, как пра́вило закры́тая для движе́ния тра́нспорта
Einkaufspassage *f* <-, -n> кры́тая галере́я *f* с магази́нами
Einkaufspreis *m* <gen: -(e)s> заку́почная цена́ *f*; **Waren zum ~ beziehen** приобрета́ть това́ры по заку́почным це́нам
Einkaufstasche *f* <-, -n> су́мка *f* для поку́пок, хозя́йственная су́мка *f*
Einkaufsvorteil *m* <-s, -e> вы́года *f* (при поку́пке)
Einkaufswagen *m* <-s, -wägen> теле́жка *f* для поку́пок
Einkaufszentrum *nt* <-s, -zentren> торго́вый центр *m*
einkehren *vi* заезжа́ть, -е́хать *pf*; **in ein Gasthaus ~** зае́хать в гости́ницу
einklagen *vt* предъявля́ть, -ви́ть *pf*
einklammern *vt* заключа́ть, -чи́ть *pf* в ско́бки
Einklang *m* <gen: -(e)s> согла́сие *nt*; **mit etw im ~ stehen** находи́ться в соотве́тствии с чем-л.
einkleiden I. *vt* одева́ть, оде́ть *pf*; II. *vr* одева́ться, оде́ться *pf*
einklemmen *vt* прищемля́ть, -ми́ть *pf*, защемля́ть, -ми́ть *pf*
einkochen *vt* (*Obst*) консерви́ровать, за- *pf*
Einkommen *nt* <-s, -> дохо́д *m*, за́работок *m*; **garantiertes ~** гаранти́рованный дохо́д; **jährliches ~** годово́й дохо́д; **ohne ständiges ~** без постоя́нного дохо́да; **reguläres ~** регуля́рный дохо́д; **steuerfreies ~** дохо́д, не облага́емый нало́гом; **zu versteuerndes ~** дохо́д, облага́емый нало́гом; **ein hohes/niedriges ~ haben** име́ть высо́кий/ни́зкий дохо́д
Einkommensbezieher *m* <-s, -> (JUR) получа́тель *m* дохо́дов
Einkommensermittlung *f* <-, -en> определе́ние *nt* дохо́дов
Einkommensgefälle *nt* <-s, -> ра́зница *f* в дохо́дах
Einkommensgrenze *f* <-, -n> преде́л *m* дохо́да
Einkommensgruppe *f* <-, -n> гру́ппа *f*

доходов
Einkommensnachweis m <-es, -e> справка f о доходах
Einkommensniveau nt <-s, -s> уровень m доходов
Einkommenspolitik f <gen: -> политика f в области доходов
Einkommensschere f <-, -n> разрыв m в уровне доходов
Einkommenssteuer f <gen: -> подоходный налог m
Einkommenssteuererklärung f <-, -en> налоговая декларация f о размерах доходов
Einkommenssteuer-Freibetrag m <-(e)s, -beträge> часть f дохода, необлагаемая подоходным налогом
Einkommenssteuergesetz m <-, -e> закон m о подоходном налоге
Einkommensumverteilung f <-, -en> перераспределение nt доходов
Einkommensverhältnisse pl имущественное положение nt
Einkommensverteilung f <gen: -> распределение nt доходов
einkreisen vt окружать, -жить pf
einkriegen vr (umg) догнать pf, -гонять impf; **krieg dich ein!** возьми себя в руки!
Einkünfte pl <gen: -> доходы pl; **sonstige ~** прочие доходы; **~ aus Grundbesitz** доходы от земельного владения; **~ aus Kapitalvermögen** доходы от вложенного капитала; **~ aus unselbstständiger Arbeit** доходы от наёмного труда
Einkunftsarten pl виды pl доходов
einladen[1] irr vt (Gegenstände) грузить, по- pf
einladen[2] irr vt (Personen) приглашать, -гласить pf; **darf ich Sie auf ein Bier ~?** позвольте пригласить вас на кружку пива?; **jdn zum Essen ~** пригласить кого-л. на обед (или ужин)
Einladung f <-, -en> приглашение nt; **einer ~ folgen** принять приглашение
Einlage f <-, n> 1. (für Schuh) супинатор m; 2. (in Suppe) заправка f; 3. (Spareinlage) вклад m; **befristete ~** срочный вклад; **kurzfristige ~** краткосрочный вклад; **langfristige ~** долгосрочный вклад; **verzinsliche ~** процентный вклад; **~ bei einer Bank** банковский вклад; **~ bei einer Sparkasse** сберегательный вклад; **stille ~** негласный вклад
Einlagengeschäft nt <-(e)s, -e> операции fpl по вкладам, депозитные операции fpl
Einlagensicherung f <-, -en> обеспечение nt вкладов
einlagern vt складывать, сложить pf (на хранение, в подвал)

einlangen vi (österr: eintreffen) прибывать, прибыть pf
Einlass m <gen: -es> вход m
einlassen irr vt 1. (Personen) впускать, -стить pf; 2. (Bad) набрать pf, -бирать impf
Einlauf m <-(e)s, Einläufe> 1. (SPORT) финиш m; 2. (MED) клизма f; 3. (TECH) впуск m
einlaufen irr vi 1. (SPORT) выбегать, выбежать pf; 2. (Wäsche) сесть pf, садиться impf
einleben vr свыкаться, свыкнуться pf, приживаться, -житься pf; **haben Sie sich schon in Hamburg eingelebt?** вы уже освоились в Гамбурге?
einlegen vt 1. (hineinlegen) вкладывать, вложить pf; 2. (Rückwärtsgang) включать, -чить pf; 3. (Pause) делать, сделать pf; 4. (JUR: Berufung) подавать, -дать pf; 5. (Einlage bei einer Bank) вкладывать, вложить pf; **für jdn ein gutes Wort ~** замолвить за кого-л. словечко; **Geld in ein Unternehmen ~** вкладывать средства в предприятие; **Berufung ~** подавать апелляцию; **Beschwerde ~** подавать жалобу; **Protest ~** заявлять протест
Einleger m <-s, -> (von Geld bei einer Bank) вкладчик m
Einlegerschutz m <gen: -es> (im Bankwesen) защита f вкладчика
Einlegesohle f <-, -n> стелька f
einleiten vt 1. (in die Wege leiten) начинать, -чать pf, подготавливать, -товить pf; 2. (Prozess) возбуждать, -будить pf
Einleitung f <-, -en> (einleitender Abschnitt) введение nt
einlenken vi 1. сворачивать, свернуть pf; 2. идти, пойти pf на уступки
einleuchten vi становиться, стать pf ясным; **das leuchtet mir ein** (umg) это меня убеждает
einliefern vt помещать, -местить pf; **er wurde in eine Klinik eingeliefert** его поместили в больницу
Einliegerwohnung f <-, -en> пристройка f для квартиранта
einloggen vr (DV) входить, войти pf в систему (обработки данных)
einlösen vt 1. (Scheck) обналичивать, -чить pf; 2. (Pfand) выкупать, выкупить pf; **einen Wechsel ~** выкупать вексель; **ein Pfand ~** выкупать из залога; **einen Gutschein ~** обменивать бону 3. (Versprechen) сдержать pf, сдерживать impf
Einlösungsgarantie f <-, -en> гарантия f выкупа
einmachen vt (Obst) консервировать, за- pf
Einmachglas nt <es, -gläser> стеклянная

ба́нка *f* (для консерви́рования)
einmal *adv* **1.** (*nicht mehrmals*) оди́н раз;
2. (*in der Zukunft*) когда́-нибудь, одна́жды; **du wirst es ~ selbst sehen** когда́-нибу́дь ты сам э́то уви́дишь; **3.** (*irgendwann*) тогда́-то; **komme doch einfach ~ vorbei!** зайди́ про́сто как-нибу́дь!
Einmalaufwendungen *pl* ра́зовые расхо́ды *mpl*
Einmaleins *nt* <*gen:* -> табли́ца *f* умноже́ния
einmalig *adj* **1.** (*nur einmal notwendig*) единовре́менный, ра́зовый; **dies ist eine ~e Investition** э́то ра́зовая инвести́ция; **2.** (*sehr gut*) исключи́тельный, неповтори́мый
Einmaligkeit *f* <*gen:* -> однокра́тность *f*
Einmannbetrieb *m* <-(e)s, -e> предприя́тие (мастерска́я и́ли ла́вка), где рабо́тает то́лько оди́н челове́к
Einmarkstück *nt* <-(e)s, -e> (*HIST*) моне́та *f* в одну́ ма́рку
Einmarsch *m* <*gen:* -es> вступле́ние *nt* (войск)
einmarschieren *vi* вступа́ть, -пи́ть *pf*, выходи́ть, вы́йти *pf*
einmassieren *vt* втира́ть, втере́ть *pf*
einmischen *vr* вме́шиваться, -ша́ться *pf*
Einmischung *f* <-, -en> вмеша́тельство *nt*
einmummen *vr* тепло́ заку́таться *pf*
einmünden *vi* **1.** (*Fluss*) впада́ть *impf* (*in + akk* в); **2.** (*Straße*) выходи́ть *impf*
einmütig *adj* единоду́шный
Einnahme *f* <-, -n> **1.** (*Einkünfte*) прихо́д *m*, поступле́ние *nt*, дохо́д *m*; **öffentliche ~n** госуда́рственные дохо́ды; **zusätzliche ~** дополни́тельный дохо́д; **~n eines Betriebes** дохо́ды предприя́тия; **~n und Ausgaben** дохо́ды и расхо́ды; **Gegenüberstellung von ~n und Ausgaben** сопоставле́ние дохо́дов и расхо́дов; **Buch führen über ~n und Ausgaben** вести́ учёт дохо́дов и расхо́дов **2.** (*von Medikament*) приём *m*
Einnahmen-Ausgabenrechnung *f* <-, -en> учёт *m* дохо́дов и расхо́дов
Einnahmequelle *f* <-, -n> исто́чник *m* дохо́да
Einnahmeüberschuss *m* <-es, -überschüsse> превыше́ние *nt* дохо́дов над расхо́дами
einnehmen *irr vt* **1.** (*Geld*) получа́ть, -чи́ть *pf*; **2.** (*Medikament*) принима́ть, -ня́ть *pf*; **3.** (*Festung*) занима́ть, -ня́ть *pf*, брать, взять *pf*; **4.** (*Platz*) занима́ть, -ня́ть *pf*; **mit seinem Charme hat er alle für sich eingenommen** благодаря́ своему́ ша́рму, он расположи́л всех к себе́; **von sich eingenommen sein** быть самодово́льным
einnicken *vi* задрема́ть *pf*

einnisten *vr* **1.** (*pej*) посели́ться *pf*, -ля́ться *impf* без приглаше́ния; **2.** (*Vögel*) гнезди́ться *impf*
Einöde *f* <-, -n> глушь *f*, пусты́ня *f*
einordnen **I.** *vt* располага́ть, -ложи́ть *pf*; **II.** *vr* **1.** (*in eine Gruppe*) войти́ *pf*, входи́ть *impf*; **2.** (*im Straßenverkehr*) перестро́иться *pf*, -стра́иваться *impf*
einpacken *vt* укла́дывать, уложи́ть *pf*, упако́вывать, -кова́ть *pf*; **pack ein!** (*umg*) прова́ливай!
einparken *vi* паркова́ть, при- *pf*
einpauken *vt* (*umg*)ната́скивать, -ска́ть *pf*
einpendeln *vr* стабилизи́роваться *impf/pf*
einpferchen *vt* загоня́ть, -гна́ть *pf*
einpflanzen *vt* **1.** (*Pflanze*) сажа́ть, посади́ть *pf*; **2.** (*MED*) переса́живать, -сади́ть *pf*, импланти́ровать *impf/pf*
einphasig *adj* однофа́зный
einplanen *vt* плани́ровать, за- *pf*
einprägen **I.** *vt* выдави́ть *pf*, выда́вливать *impf*, вы́бить *pf*, выбива́ть *impf*; **II.** *vr* запечатле́ться *pf*, -тлева́ться *impf*, запо́мниться *pf*, -мина́ться *impf*
einprägsam *adj* запомина́ющийся
einquartieren *vt* расквартиро́вывать, -рова́ть *pf*
Einrad *nt* <-(e)s, -räder> одноколёсный велосипе́д *m*
einrahmen *vt* вставля́ть, вста́вить *pf* в ра́мку, обрамля́ть, обра́мить *pf*
einrasten *vi* заска́кивать, -скочи́ть *pf*, запада́ть, -па́сть *pf*
einräumen *vt* **1.** (*in einen Schrank*) убира́ть, убра́ть *pf*; **2.** (*zugestehen*) допуска́ть, -сти́ть *pf*; **er räumt ein, dass das stimmt, aber ...** он допуска́ет, что э́то пра́вда, но...
einrechnen *vt* засчи́тывать, -та́ть *pf*
einreden **I.** *vt* внуша́ть, -ши́ть *pf*; **II.** *vr* убежда́ть, убеди́ть *pf* себя́
einregnen *vr* заряди́ть *pf*; **es hat sich eingeregnet** дождь заряди́л надо́лго
Einreibemittel *nt* <-s, -> сре́дство *nt* для втира́ния
einreiben *irr vt* втира́ть, втере́ть *pf*
Einreibung *f* <-, -en> втира́ние *nt*
einreichen *vt* подава́ть, -да́ть *pf*; **einen Antrag bei einer Behörde ~** пода́ть заявле́ние в учрежде́ние; **eine Beschwerde ~** пода́ть жа́лобу; **einen Antrag ~** внести́ предложе́ние; **einen Patentantrag ~** пода́ть зая́вку на пате́нт; **seine Versetzung einreichen** пода́ть заявле́ние о перево́де (на другу́ю рабо́ту)
einreihen *vr* станови́ться, стать *pf* (в ряд, в о́чередь)
einreihig *adj* однобо́ртный
Einreise *f* <*gen:* -> въезд *m*

Einreisebestimmungen pl <gen: -> положения ntpl, регулирующие въезд в страну

Einreisegenehmigung f <-, -en> разрешение nt на въезд; jdm die ~ erteilen/verweigern разрешить/запретить кому-л. въезд

einreisen vi въезжать, въехать; in ein Land ~ въезжать в страну

Einreiseverbot nt <-(e)s, -e> запрещение nt на въезд

einreißen irr vi 1. (Stoff, Papier) надрывать, -дорвать pf; 2. (Unsitten) распространяться, -ниться pf

einrenken vt 1. вправлять, вправить pf; 2. (fig) улаживать, уладить pf; das wird sich schon wieder ~ всё уладится

einrichten I. vt (Wohnung) обставлять, -ставить pf; II. vr (sich einstellen) настраиваться, -роиться pf (auf +akk на)

Einrichtung f <-, -en> 1. (Möbel) обстановка f; 2. (Anlage) устройство nt; 3. (staatliche) учреждение nt

einrosten vi (auch fig) ржаветь, за- pf

einrücken vt 1. (MIL) вступать, -пить pf; 2. (Inserat) помещать, -местить pf; 3. (Zeile) отступать, -пить pf

eins num 1. один; 2. (beim Zählen) раз; ~ zum anderen одно к одному

einsam adj одинокий

Einsamkeit f <gen: -> одиночество nt, уединённость f

einsammeln vt собирать, -брать pf

Einsatz m <-es, Einsätze> 1. (beim Glücksspiel) ставка f; 2. (das Einsetzen) применение nt, использование nt; ~ moderner Technik использование современной техники; unter ~ der EDV с использованием электронной обработки данных; zum ~ kommen находить применение; unter ~ aller Kräfte напрягая все силы 3. (persönlicher ~) участие nt; zum ~ kommen вступать в действие

einsatzbereit adj в полной готовности

Einsatzbereitschaft f <gen: -> эксплуатационная готовность f

Einsatzfreude f <gen: -> радостная готовность f к выполнению задания

einscannen vt (DV) сканировать, со- pf

einschalten I. vt (Gerät, Licht) включать, -чить pf; II. vr (sich einmischen) подключаться, -читься pf, вмешиваться, -шаться pf

Einschaltquote f <-, -n> процент m включений

einschätzen vt оценивать, -нить pf; etw richtig/falsch ~ верно/неверно оценивать что-л.; die Ergebnisse ~ оценивать результаты; die Lage richtig ~ правильно оценить положение

Einschätzung f <-, -en> оценка f; nach ~ von Experten по оценкам экспертов

einschenken vt (Getränk) наливать, -лить pf

einschicken vt посылать, -слать pf

einschieben irr vt 1. (hineinschieben) вдвигать, вдвинуть pf; 2. (einfügen) вставлять, вставить pf

einschiffen I. vt (Güter) грузить, по- pf; II. vr (sich einstellen) садиться, сесть pf на судно

einschlafen irr vi 1. засыпать, -снуть pf; 2. (fig: Bemühungen) постепенно прекращаться, -кратиться pf

einschläfern vt (Tier) усыплять, -пить pf

Einschlafstörungen pl <gen: -> нарушения ntpl сна

Einschlag m <-(e)s, Einschläge> 1. (von Blitz) попадание nt; 2. (Nuance) оттенок m, налёт m

einschlagen I. vt 1. (Nagel) забивать, -бить pf; 2. (einwickeln) завёртывать, -вернуть pf; II. vi 1. (Geschoss) попадать, -пасть pf; 2. (umg: Erfolg haben) иметь impf успех

einschlägig adj соответствующий; dies steht in der ~en Fachliteratur об этом написано в соответствующей специальной литературе

einschleichen irr vr 1. прокрадываться, -красться pf; 2. (fig) вкрадываться, вкрасться pf; da hat sich wohl ein Fehler eingeschlichen тут, по-видимому, вкралась ошибка

einschließen irr vt 1. (verschließen) запирать, -переть pf; 2. (umgeben) окружать, -жить pf; 3. (miteinbeziehen) включать, -чить pf

einschließlich präp 1. (das Letztgenannte eingeschlossen) включительно; 2. (inklusive) включая; ~ sechs Kilogramm Verpackung шесть килограммов включая тару; ~ Porto включая почтовые расходы

einschmeicheln vr подольститься pf, -дольщаться impf; sich bei jdm ~ подольститься к кому-л.

einschnappen vi 1. (Schloss) защёлкнуться pf, -киваться impf; 2. (umg: beleidigt sein) обижаться, обидеться pf

einschneidend adj (Veränderung, Maßnahme) решительный, радикальный

Einschnitt m <-(e)s, -e> 1. (Stelle, an der etw eingeschnitten ist) надрез m, разрез m; 2. (Umbruch) перелом m; das kann zu einem wichtigen ~ in seinem Leben werden это может стать переломным моментом в его жизни

einschränken I. vt 1. (einengen) ограничивать, -ничить pf; 2. (reduzieren) сокращать, -кратить pf; II. vr (sparsam sein) ограничиваться, -читься pf

Einschränkung f <-, -en> 1. (Begrenzung)

ограниче́ние *nt*; ~ der persönlichen Freiheit ограниче́ние свобо́ды ли́чности; ohne ~ без ограниче́ния; ~ der Ausgaben сокраще́ние расхо́дов; ~ des Konsums сокраще́ние потребле́ния; ~ des Marktes сокраще́ние ры́нка; ~ des Sortiments суже́ние ассортиме́нта; ~ von Kapazitäten сокраще́ние мо́щностей; ~ von Krediten сокраще́ние креди́тов 2. (*Vorbehalt*) огово́рка *f*; ohne ~en без огово́рок; ~en machen де́лать огово́рку

Einschreibebrief *m* <-(e)s, -e> заказно́е письмо́ *nt*

einschreiben I. *irr vt* (*eintragen*) запи́сывать, -са́ть *pf*, впи́сывать, -са́ть *pf*; II. *vr* (*an Hochschule*) записа́ться *pf*, -пи́сываться *impf*

Einschreiben *nt* <-s, -> заказно́е *nt*; einen Brief als ~ schicken посла́ть письмо́ заказны́м

Einschreibesendung *f* <-, -en> заказно́е отправле́ние *nt*

einschreiten *irr vi* принима́ть, -ня́ть *pf* ме́ры; gegen etw ~ принима́ть про́тив чего́-л. ме́ры

Einschub *m* <-(e)s, Einschübe> вста́вка *f*

einschüchtern *vt* запу́гивать, -пуга́ть *pf*; sich nicht ~ lassen не дать себя́ запуга́ть

einsehen *irr vt* 1. (*hineinsehen*) загля́дывать, -гляну́ть *pf*; 2. (*Einblick nehmen*) просма́тривать, -смотре́ть *pf*; 3. (*verstehen*) признава́ть, -зна́ть *pf*

Einsehen *nt* <*gen*: -s>: ein ~ haben входи́ть в чьё-л. положе́ние

einseifen *vt* намы́ливать, -лить *pf*

einseitig *adj* 1. (*nur eine Seite betreffend*) односторо́нний; ~ gelähmt односторо́нний парали́ч; 2. (*nur von einer Seite ausgehend*) односторо́нний; ~e Bemühungen односторо́нние уси́лия; 3. (*nicht vielseitig*) ограни́ченный, односторо́нний; seine Interessen sind sehr ~ у него́ о́чень односторо́нние интере́сы

Einseitigkeit *f* <*gen*: -> односторо́нность *f*, ограни́ченность *f*

einsenden *vt* присыла́ть, -сла́ть *pf*

Einsender, -in *m/f* <-s, -> отправи́тель, -ница *m/f*

Einsendeschluss *m* <*gen*: -schlusses> коне́чная да́та *f* отправле́ния; ~ ist der 30. Oktober коне́чная да́та отправле́ния 30 октября́

Einsendung *f* <-, -en> присы́лка *f*

einsetzen I. *vt* 1. (*einfügen*) вставля́ть, -ста́вить *pf*; 2. (*verwenden*) применя́ть, -ни́ть *pf*; Führungskräfte effizient ~ эффекти́вно испо́льзовать руководя́щие ка́дры; neue Technik ~ применя́ть но́вую те́хнику 3. (*beim Glücksspiel*) ста́вить, по- *pf*; 4. (*ernennen*) назнача́ть, -чи́ть *pf*; einen Ausschuss ~ назна́чить коми́ссию; jdn in ein Amt ~ назна́чить кого́-л. на до́лжность 5. (*aufbieten*) мобилизова́ть; alle Mittel ~ мобилизова́ть все сре́дства; II. *vr* (*sich anstrengen*) прилага́ть, -ложи́ть *pf* уси́лия; sich bei jdm für etw ~ вступи́ться пе́ред ке́м-л. за что́-л.

Einsicht *f* <-, -en> 1. (*das Hineinsehen*) просмо́тр *m*, ознакомле́ние *nt*; 2. (*das Verstehen*) понима́ние *nt*; zu der Einsicht kommen приходи́ть к понима́нию чего́-л.

einsichtig *adj* рассуди́тельный, благоразу́мный

Einsiedler, -in *m/f* <-s, -> отше́льник, -ница *m/f*

einsilbig *adj* 1. (*Wort*) односло́жный; 2. (*Mensch*) неразгово́рчивый, молчали́вый

einsinken *irr vi* вя́знуть, у- *pf*

Einsitzer *m* <-s, -> (*Fahrzeug*) одноме́стный автомоби́ль *m*

einsitzig *adj* одноме́стный; ein ~er Rennwagen одноме́стный го́ночный автомоби́ль

einspannen *vt* 1. (*Pferde*) впряга́ть, впрячь *pf*; 2. (*in eine Halterung*) зажима́ть, -жа́ть *pf*; 3. (*umg: heranziehen*) впряга́ть, впрячь *pf*; jdn für eine Arbeit ~ впря́чь кого́-л. в рабо́ту

Einspänner *m*. I. *m* <-s, -> однокон́ный экипа́ж *m*; II. (*österr: Mokka mit Schlagsahne*) чёрный ко́фе *m* со взби́тыми сли́вками

einsparen *vt* (*Kosten*) эконо́мить, сэконо́мить *pf*; Arbeitskräfte ~ эконо́мить рабо́чую си́лу; Energie ~ эконо́мить электроэне́ргию; Material ~ эконо́мить материа́лы; unnötige Kosten ~ эконо́мить на ли́шних расхо́дах

Einsparung *f* <-, -en> 1. (*Ersparnis*) эконо́мия *f*; ~ an Arbeitszeit эконо́мия рабо́чего вре́мени; ~ von Geldmitteln эконо́мия де́нежных средств; ~ von Kosten эконо́мия на изде́ржках; ~en bei Löhnen und Gehältern эконо́мия зарабо́тной пла́ты; ~en bei den Ausgaben эконо́мия расхо́дов 2. (*Reduzierung*) сокраще́ние *nt*; ~ von Planstellen сокраще́ние шта́тов; ~en beim Budget сокраще́ние бюдже́та

einsperren *vt* запира́ть, -пере́ть *pf*

einspielen I. *vt* 1. (*Schallplatte*) записа́ть *pf*, -пи́сывать *impf*; 2. (*Geld*) окупи́ть *pf*, -па́ть *impf*; II. *vr* 1. (*sich harmonisieren*) нала́живаться, -ла́диться *pf*; 2. (sport) сыгра́ться *pf*, сы́грываться *impf*; die Mannschaft muss sich erst noch ~ кома́нда должна́ снача́ла ещё сыгра́ться

einsprachig *adj* одноязы́чный; **ein ~es Wörterbuch** одноязы́чный слова́рь
einspringen *irr vi* (бы́стро) замени́ть, -ня́ть *impf*; **für jdn ~** замени́ть кого́-л.
einspritzen *vt* (MED) впры́скивать, -сну́ть *pf*
Einspritzmotor *m* <-s, -en> дви́гатель *m* с впры́ском то́плива
Einspritzpumpe *f* <-, -n> то́пливный насо́с *m* высо́кого давле́ния
Einspruch *m* <gen: -(e)s> 1. возраже́ние *nt*, проте́ст *m*; 2. (JUR) проте́ст *m*; **gegen etw ~ erheben** заяви́ть проте́ст про́тив чего́-л.; **den ~ zurückweisen** отклони́ть проте́ст
Einspruchsfrist *f* <-, -en> (JUR) срок *m* принесе́ния проте́ста
Einspruchsrecht *nt* <gen: -(e)s> пра́во *nt* проте́ста
einsprühen *vt* хорошо́ опры́скать
einspurig *adj* (Straße) однопу́тный, однополо́сный
einst *adv* 1. (geh: in der Vergangenheit) когда́-то; **der Park gehörte ~ zu einem Schloss** когда́-то парк относи́лся к за́мку; 2. (geh: in der Zukunft) когда́-нибудь; **sie werden uns ~ dafür dankbar sein** они́ когда́-нибудь ска́жут нам за э́то спаси́бо
Einstand *m* <gen: -(e)s>: **seinen ~ geben** угоща́ть колле́г по по́воду устро́йства на рабо́ту
Einstandspreis *m* <-es, -e> заку́почная цена́ *f*
Einstandswert *m* <-(e)s, -e> покупна́я сто́имость *f*
einstecken *vt* 1. (hineinstecken) втыка́ть, воткну́ть *pf*; 2. (in die Tasche stecken) вкла́дывать, вложи́ть *pf*; 3. (hinnehmen) сноси́ть *pf*, сноси́ть *impf*
einstehen *irr vi* руча́ться, поручи́ться *pf*; **für etw ~** поручи́ться за что́-л.
einsteigen *irr vi* 1. (in ein Fahrzeug) сади́ться, сесть *pf*, 2. (umg: mit etw beginnen) начина́ть, -ча́ть *pf*; **die Firma will sehr bald in diesen Markt ~** фи́рма собира́ется в ско́ром вре́мени вы́йти на э́тот ры́нок
einstellbar *adj* регули́руемый
einstellen I. *vt* 1. (an seinen Platz stellen) ста́вить, по- *pf*, помеща́ть, -мести́ть *pf*; 2. (anstellen) принима́ть, -ня́ть *pf*, брать, взять *pf* на рабо́ту; 3. (regulieren) регули́ровать, от- *pf*; 4. (beenden) прекраща́ть, -ти́ть *pf*, приостана́вливать, -останови́ть *pf*; **das Gerichtsverfahren ~** приостана́вливать суде́бный проце́сс; **die Arbeit ~** приостана́вливать рабо́ту; **die Bauarbeiten ~** приостана́вливать строи́тельные рабо́ты; **die Gewährung von Krediten ~** приостана́вливать кредитова́ние; **die Lieferungen ~** приостана́вливать поста́вки; **die Produktion ~** прекраща́ть произво́дство; II. *vr* 1. (auftreten) явля́ться, яви́ться *pf*; 2. (sich vorbereiten) настра́иваться, -стро́иться *pf*; **sich auf eine Situation ~** настро́иться на ситуа́цию; **sich auf neue Arbeitsmethoden ~** приспоса́бливаться к но́вым ме́тодам рабо́ты
Einstellung *f* <-, -en> 1. (das Einstellen) регулиро́вка *f*, настро́йка *f*; 2. (Haltung, Ansicht) пози́ция *f*, отноше́ние *nt*; **nachlässige ~ zur Arbeit** хала́тное отноше́ние к рабо́те; **positive ~ gegenüber den Mitarbeitern** положи́тельное отноше́ние к сотру́дникам 3. (Beendigung) прекраще́ние *nt*; **~ der Lieferungen** прекраще́ние поста́вок; **~ des Verfahrens** (JUR) прекраще́ние суде́бного де́ла; **~ der Zahlungen** приостано́вка платеже́й 4. (Anstellung) приём *m*; **~ eines neuen Mitarbeiters** приём но́вого сотру́дника
Einstellungsgespräch *nt* <-(e)s, -e> интервью́ *nt*
Einstieg *m* <-(e)s, -e> (Tür) вход *m*, входна́я дверь *f*
einstig *adj* бы́вший, пре́жний
einstimmen I. *vt* (Instrument, Personen) настра́ивать, -стро́ить *pf*; II. *vi* (in Gesang) подпева́ть, -пе́ть *pf*, подхва́тывать, -хвати́ть *pf*; III. *vr* настра́иваться, -стро́иться *pf*
einstimmig *adj* (Beschluss) единогла́сный
Einstimmigkeit *f* <gen: -> единогла́сие *nt*
einstöckig *adj* двухэта́жный
Einstrahlung *f* <-, -en> облуче́ние *nt*
einströmen *vi* втека́ть, втечь *pf*, затека́ть, -те́чь *pf*
einstudieren *vt* зау́чивать, -чи́ть *pf*
einstufen *vt* 1. (einteilen) распределя́ть, -ли́ть *pf* (по катего́риям, кла́ссам); 2. (einordnen) относи́ть, -нести́ *pf*; **ein Unternehmen als gewinnträchtig ~** относи́ть предприя́тие к числу́ рента́бельных
Einstufung *f* <-, -en> 1. (Klassifizierung) классифика́ция *f*, распределе́ние *nt*; 2. (Lohneinstufung) тарифика́ция *f*; **~ der Arbeit** тарифика́ция труда́
einstündig *adj* одночасово́й
einstürmen *vi* набро́ситься *pf*, -бра́сываться *impf*; **auf jdn ~** наки́нуться на кого́-л.
Einsturz *m* <gen: -es> обва́л *m*
einstürzen *vi* обру́шиваться, -шиться *pf*
Einsturzgefahr *f* <gen: -> угро́за *f* обва́ла; **es besteht ~** существу́ет угро́за обва́ла
einstweilen *adv* пока́, тем вре́менем
einstweilig *adj* вре́менный; **~e**

Anordnung временное распоряжение
eintägig *adj* однодневный
eintauchen I. *vt* обмакивать, -кнуть *pf*; II. *vi* нырять, -рнуть *pf*
eintauschen *vt* обменивать, -нять *pf*; **etw gegen etw ~** обменять что-л. на что-л.
eintausend *num* одна тысяча
einteilen *vt* 1. (*in Teile gliedern*) разделять, -лить *pf*; 2. (*Geld, Zeit*) распределять, -лить *pf*
Einteiler *m* <-s, -> „монокини" *nt* (женский купальный костюм)
einteilig *adj* нераздельный, цельный
Einteilung *f* <-, -en> разделение *nt*, распределение *nt*
eintönig *adj* монотонный, однообразный
Eintönigkeit *f* <*gen*: -> монотонность *f*, однообразие *nt*
Eintopf *m* <*gen*: -(e)s> густой суп, заменяющий первое и второе
Eintracht *f* <*gen*: -> единодушие *nt*, согласие *nt*
einträchtig *adj* единодушный, дружный
Eintrag *m* <-(e)s, Einträge> (*in einer Liste*) запись *f*
eintragen *irr vt* 1. (*hineinschreiben, -zeichnen*) записывать, -писать *pf*, вносить, внести *pf* в список; **eingetragenes Warenzeichen** зарегистрированный товарный знак; **einen Termin im Notizbuch ~** записывать дату в записную книжку; **sich in eine Liste ~** записываться в список 2. (*einbringen*) приносить, -нести *pf*; **das Geschäft trägt viel ein** дело приносит большую прибыль
einträglich *adj* доходный, прибыльный
Eintragung *f* <-, -en> запись *f*, регистрация *f*; **~ einer Firma in das Handelsregister** занесение фирмы в торговый реестр; **eine ~ löschen** аннулировать запись; **eine ~ vornehmen** регистрировать, заносить
eintreffen *irr vi* 1. (*ankommen*) прибывать, -быть *pf*; 2. (*Wirklichkeit werden*) сбываться, сбыться *pf*; **was alle befürchtet hatten, traf ein** то, чего все боялись, случилось
eintreiben *irr vt* (*Geld*) взыскивать, -скать *pf*; **Außenstände ~** взыскивать долги; **Steuern ~** взыскивать налоги
Eintritt *m* <-(e)s, -e> 1. (*das Eintreten*) вход *m*; **~ frei!** вход свободный! **~ für Unbefugte verboten!** посторонним вход воспрещён! 2. (*Beitritt*) поступление *nt*; **~ in den europäischen Markt** присоединение к общеевропейскому рынку; **~ in einen Betrieb** поступление на предприятие; **~ in einen Verein** вступление в объединение; **~ in einen Vertrag** присоединение к договору; **~ ins Berufsleben** поступление на работу 3. (*Beginn*) наступление *nt*
Eintrittsgeld *nt* <-(e)s, -er> входная плата *f*
Eintrittskarte *f* <-, -n> входной билет *m*
Eintrittspreis *m* <-es, -e> входная плата *f*
eintrocknen *vi* засыхать, -сохнуть *pf*
eintrudeln *vi* (*umg*) приходить, прийти *pf*, (за)являться, (за)явиться *pf*
einüben *vt* разучивать, -чить *pf*, заучивать, -чить *pf*
einverleiben *vt* (*umg*) есть, съесть *pf*; **die Kinder haben sich den ganzen Kuchen einverleibt** дети съели весь торт
Einvernahme *f* <-, -n> (*CH, österr: Verhör*) допрос *m*
Einvernehmen *nt* <*gen*: -s> согласие *nt*; **im besten ~ stehen** быть в добром согласии
einverstanden *adj* согласный; **mit ew ~ sein** быть согласным с чем-л.; **~!** согласен!
Einverständnis *nt* <*gen*: -ses> 1. согласие *nt*; 2. соглашение *nt*; **jdm sein ~ zu etw geben** дать кому-л. на что-л. своё согласие; **nach beiderseitigem ~** по обоюдному согласию
Einwand *m* <-(e)s, Einwände> возражение *nt*
Einwanderer *m* <-s, -> переселенец *m*, иммигрант *m*
einwandern *vi* переселяться, -литься *pf*, иммигрировать *impf/pf*
Einwanderung *f* <-, -en> иммиграция *f*
Einwanderungsland *nt* <-(e)s, -länder> страна с большим притоком иммигрантов
einwandfrei *adj* 1. (*makellos*) безупречный, безукоризненный; **~er Ruf** безупречная репутация; **~e Qualität verlangen** требовать безупречного качества 2. (*störungsfrei*) безотказно; **die Maschine arbeitet ~** машина работает безотказно
einwärts *adv* внутрь
einwecken *vt* консервировать, за- *pf*
Einwegflasche *f* <-, -en> бутылка *f* разового употребления
Einweggeschirr *nt* <*gen*: -(e)s> посуда *f* разового употребления
Einwegrasierer *m* <-s, -> одноразовая бритва *f*
Einwegspritze *f* <-, -n> одноразовый шприц *m*
Einwegverpackung *f* <-, -en> разовая упаковка *f*
einweichen *vt* размачивать, -мочить *pf*
einweihen *vt* 1. (*feierlich eröffnen*) (торжественно) открывать, -крыть *pf*; 2. (*jdn über Pläne/Geheimnisse informieren*) посвящать, -святить *pf*
Einweihung *f* <-, -en> (торжественное)

открытие *nt*
einweisen *irr vt* **1.** (*in Klinik, Heim*) направлять, -править *pf*; **2.** (*instruieren*) инструктировать *impf/pf*, про- *pf*
Einweisung *f* <-, -en> инструктаж *m*
einwenden *vt* возражать, -разить *pf*; **nichts einzuwenden haben** не иметь никаких возражений
einwerfen *irr vt* **1.** (*hineinwerfen*) бросать, бросить *pf*; **2.** (*Fensterscheibe*) выбивать, выбить *pf*; **3.** (*Brief*) опускать, -стить *pf*; **4.** (SPORT) вбрасывать, вбросить *pf*
einwertig *adj* одновалентный
einwickeln *vt* завёртывать, -вернуть *pf*
einwilligen *vi* соглашаться, -гласиться *pf*; **in etw ~** согласиться на что-л.
Einwilligung *f* <-, -en> согласие *nt*
einwirken *vi* **1.** (*beeinflussen*) влиять, по- *pf*, воздействовать *impf/pf*; **2.** (*Wirkung entfalten*) действовать, по- *pf*; **man muss diese Salbe 10 Minuten ~ lassen** этой мази необходимо дать 10 минут подействовать
einwöchig *adj* однонедельный
Einwohner, -in *m/f* <-s, -> житель, -ница *m/f*
Einwohnermeldeamt *nt* <-(e)s, -ämter> стол *m* прописки
Einwurf *m* <-(e)s, Einwürfe> **1.** (*am Briefkasten*) разрез *m*, щель *f*; **2.** (*Einwand*) возражение *nt*; **3.** (SPORT) вбрасывание *nt*
Einzahl *f* <gen: -> единственное число *nt*
einzahlen *vt* платить, уплатить *pf*; **Geld auf ein Konto ~** внести деньги на счёт
Einzahlung *f* <-, -en> платёж *m*, взнос *m*; **eine ~ leisten** делать взнос; **~en gehen auf ein Konto** платежи поступают на счёт
Einzahlungsbestätigung *f* <-, -en> (*Kassenbeleg*) приходный кассовый ордер *m*
Einzahlungsfrist *f* <-, -en> срок *m* платежа
einzäunen *vt* обносить, -нести *pf* забором
Einzelbett *nt* <-(e)s, -en> односпальная постель *f*
Einzelblatteinzug *m* <gen: -(e)s> втяжка *f* по одному листу
Einzelfahrschein *m* <-(e)s, -e> разовый проездной билет *m*
Einzelfall *m* <-(e)s, -fälle> единичный случай *m*
Einzelfertigung *f* <-, -en> единичное производство *nt*
Einzelgänger, -in *m/f* <-s, -> одиночка *m/f*
Einzelhaft *f* <gen: -> одиночное заключение *nt*
Einzelhandel *m* <gen: -s> розничная торговля *f*

Einzelhandelskaufmann *m* <-(e)s, -leute> коммерсант *m*, занимающийся розничной торговлей
Einzelhandelspreis *m* <-es, -e> розничная цена *f*
Einzelhandelsspanne *f* <-, -n> торговая наценка *f*
Einzelhändler *m* <-s, -> торговец *m*
Einzelheit *f* <-, -en> подробность *f*, деталь *f*; **in allen ~en** во всех подробностях
Einzelkind *nt* <-(e)s, -er> единственный ребёнок *m*
Einzelleitung *f* <-, -en> единоличное руководство *nt*
einzeln *adj* отдельный
Einzelproduktion *f* <-, -en> единичное производство *nt*
Einzelprokura *f* <gen: -> (ÖKON) индивидуальная прокура *f*
Einzelteil *nt* <-(e)s, -e> деталь *f*
Einzelunternehmen *nt* <-s, -> единоличное предприятие *nt*
Einzelvollmacht *f* <-, -en> разовая доверенность *f*
Einzelzeitfahren *nt* <-s, -> (SPORT: Radsport) время *nt* заезда одного велосипедиста
Einzelzimmer *nt* <-s, -> номер *m* на одного человека
einziehen *irr vt* **1.** (*Faden*) продевать, -деть *pf*; **2.** (*Kabel*) протягивать, -тянуть *pf*; **3.** (*Fahne*) спускать, -стить *pf*; **4.** (*zum Militär*) призывать, -звать *pf*; **Erkundigungen ~** наводить справки; **Steuern ~** взимать налоги; **einen Wechsel ~** инкассировать вексель *m*; **jds Vermögen einziehen** конфисковать чьё-л. имущество
Einziehung *f* <gen: -> **1.** (*Inkasso*) инкассо *inv*; **2.** (*Eintreibung*) взимание *nt*, взыскание *nt*; **3.** (*Konfiskation*) конфискация *f*
Einziehungsverfahren *nt* <-s, -> способ *m* инкассации
einzig *adj* единственный
einzigartig *adj* единственный в своём роде, особенный
Einzug *m* <-(e)s, Einzüge> **1.** (*Inkasso*) инкассо *inv*; **2.** (*Eintreibung*) взимание *nt*; **3.** (*in eine Wohnung*) въезд *m*
Einzugsgebiet *nt* <-(e)s, -e> зона *f* обслуживания
Einzugswechsel *m* <-s, -> инкассовый вексель *m*
Eis *nt* <gen: -es> **1.** лёд *m*; **2.** (*Speise~*) мороженое *nt*; **etw auf ~ legen** заморозить что-л.; **das ~ ist gebrochen** (*fig*) лёд тронулся
Eisbahn *f* <-, -en> каток *m*
Eisbär *m* <-en, -en> белый медведь *m*
Eisbecher *m* <-s, -> стаканчик *m* для мороженого

Eisbein nt <gen: -(e)s> свиная ножка f
Eisberg m <-(e)s, -e> айсберг m
Eiscafé nt <-s, -s> кафе nt -мороженое nt
Eiscreme f <gen: -> мороженое nt
Eisdecke f <-, -n> ледяной покров m
Eisdiele f <-, -n> кафе nt -мороженое nt
Eisen nt <-s, -> железо nt; **ein heißes ~** (fig) щекотливое дело
Eisenbahn f <-, -en> железная дорога f
Eisenbahnbrücke f <-, -n> железнодорожный мост m
Eisenbahndirektion f <gen: -> дирекция f железной дороги
Eisenbahner, -in m/f <-s, -> железнодорожник, -жница m/f
Eisenbahngesellschaft f <-, -en> железнодорожная компания f
Eisenbahnknotenpunkt m <-(e)s, -e> железнодорожный узел m
Eisenbahnnetz nt <-es, -e> железнодорожная сеть f
Eisenbahnschiene f <-, -n> рельс m
Eisenbahnschranke f <-, -n> шлагбаум m
Eisenbahntunnel m <-s, -> железнодорожный туннель m
Eisenbahnübergang m <-(e)s, -übergänge> железнодорожный переезд m; **beschrankter ~** железнодорожный переезд со шлагбаумом; **unbeschrankter ~** железнодорожный переезд без шлагбаума
Eisenbahnunglück nt <-(e)s, -e> крушение nt поезда
Eisenbahnverbindung f <-, -en> железнодорожное сообщение nt
Eisenbahnwagen m <-s, -> железнодорожный вагон m
Eisenblech nt <-(e)s, -e> листовое железо nt
Eisendraht m <-(e)s, -drähte> железная проволока f
Eisenerz nt <-es, -e> железная руда f
Eisengitter nt <-s, -> железная решётка f
eisenhaltig adj железистый
Eisenhüttenwerk nt <-(e)s, -e> металлургический завод m
Eisenoxyd nt <-s, -e> окись f железа
Eisenträger m <-s, -> железная балка f
eisern adj (auch fig) железный
Eisfach nt <-(e)s, -fächer> морозильная камера f
eisfrei adj свободный ото льда
eisgekühlt adj охлаждённый на льду
Eisglätte f <gen: -> гололёд m
Eisheiligen pl <gen: ->: **die ~** заморозки в мае
Eishockey nt <gen: -s> хоккей m на льду
eisig adj (auch fig) ледяной
eiskalt adj (sehr kalt; auch fig) холодный как лёд
Eiskruste f <-, -n> ледяная корка f, наст m
Eiskunstlauf m <gen: -(e)s> фигурное катание nt
Eis laufen vi кататься impf на коньках
Eisläufer, -in m/f <-s, -> конькобежец m
Eismeer nt <gen: -(e)s> полярное море nt
Eisschießen nt <gen: -s> кёрлинг m
Eistanz m <gen: -es> (SPORT) танцы pl на льду
Eiswaffel f <-, -n> вафля f к мороженому
Eiswürfel m <-s, -> кубик m льда
Eiszapfen m <-s, -> сосулька f
Eiszeit f <-, -en> ледниковый период m
eitel adj тщеславный, самовлюблённый
Eitelkeit f <gen: -> тщеславие nt, самовлюблённость f
Eiter m <gen: -s> гной m
Eiterbildung f <gen: -> нагноение nt
eitern vi нагноиться pf, -гнаиваться impf, гноиться impf
eitrig adj гнойный
Eiweiß nt <-es, -e> белок m
eiweißhaltig adj содержащий белок
eiweißreich adj богатый белками
Eizelle f <-, -n> яйцевая клетка f, яйцеклетка f
Ekel m <gen: -s> 1. (Abscheu) отвращение nt; **~ erregend** отвратительный 2. (umg: Person) мерзкий человек m
ekelerregend adj отвратительный, омерзительный
ekelhaft adj отвратительный, мерзкий
ekelig adj мерзкий, гадкий
ekeln vr испытывать, -тать pf отвращение; **sich vor etw ~** испытывать к чему-л. отвращение
EKG abk von **Elektrokardiogramm** nt ЭКГ f
Eklat m <-s, -s> скандал m
Ekstase f <-, -n> экстаз m, восторг m; **in ~ geraten** прийти в экстаз
Ekzem nt <-s, -e> экзема f
Elan m <gen: -s> (geh) подъём m, воодушевление nt
elastisch adj эластичный
Elastizität f <gen: -> эластичность f, упругость f; **~ der Preise** (ÖKON) гибкость цен; **~ der Nachfrage** (ÖKON) гибкость спроса
Elch m <-s, -e> лось m
Elchtest m <gen: -s> (KFZ) тест на безопасность вождения, при котором проверяется способность автомобиля к манёвру расхождения без задействования тормозов
Electronic Commerce m продажа f товаров и услуг через интернет
Elefant m <-en, -en> слон m
elegant adj элегантный, изящный
Eleganz f <gen: -> элегантность f, изящество nt

Elektriker, -in *m/f* <-s, -> электрик *m*
elektrisch *adj* электрический
elektrisieren *vt* (*begeistern, erregen*) возбуждать, -будить *pf*
Elektrizität *f* <*gen:* -> электричество *nt*
Elektrizitätswerk *nt* <-(e)s, -e> электростанция *f*
Elektroantrieb *m* <*gen:* -(e)s> (TECH) электрический привод *m*
Elektroauto *nt* <-s, -s> электромобиль *m*
Elektrode *f* <-, -n> электрод *m*
Elektrofahrzeug *nt* <-(e)s, -e> электромобиль *m*
Elektrogeschäft *nt* <-(e)s, -e> магазин *m* электротоваров
Elektroherd *m* <-(e)s, -e> электрическая плита *f*
Elektroinstallateur, -in *m/f* <-s, -e> электромонтёр *m*
Elektrokardiogramm *nt* <-(e)s, -e> (MED) электрокардиограмма *f*
Elektrolyt *m* <-en, -e> электролит *m*
Elektromechanik *f* <*gen:* -> электромеханика *f*
Elektromotor *m* <-s, -en> электродвигатель *m*
Elektron *nt* <-s, -en> электрон *m*
Elektronenmikroskop *nt* <-s, -e> электронный микроскоп *m*
Elektronik *f* <*gen:* -> электроника *f*
Elektronikindustrie *f* <*gen:* -> электронная промышленность *f*
Elektronikingenieur *m* <-s, -e> радиоинженер *m*
elektronisch *adj* электронный
Elektrorasierer *m* <-s, -> (*umg*) электробритва *f*
Elektrosmog *m* <*gen:* -s> (*umg*) электромагнитное излучение *nt*
Elektrotechnik *f* <*gen:* -> электротехника *f*
Element *nt* <-s, -e> 1. (*Bestandteil*) элемент *m*, составная часть *f*; 2. (CHEM) элемент *m*
elementar *adj* элементарный
Elementarteilchen *nt* <-s, -> (PHYS) элементарная частица *f*
elend *adj* жалкий, несчастный
Elend *nt* <*gen:* -s> беда *f*, бедствие *nt*
Elendsviertel *nt* <-s, -> нищенский квартал *m*
elf *num* одиннадцать
Elf *f* <*gen:* -> (*Fußballmannschaft*) футбольная команда *f*
Elfe *f* <-, -n> эльф *m*
Elfenbein *nt* <*gen:* -s> слоновая кость *f*
Elfenbeinküste *f* <*gen:* -> Берег *m* Слоновой кости
Elfenbeinturm *m* <*gen:* -s>: **im ~ sitzen** быть не от мира сего
Elfmeter *m* <-s, -> одиннадцатиметровый удар *m*

elftausend *num* одиннадцать тысяч
eliminieren *vt* (*geh*) исключать, -чить *pf*, устранять, -нить *pf*
elitär *adj* элитарный
Elite *f* <-, -n> элита *f*
Eliteeinheit *f* <-, -n> (MIL) элитное войско *nt*
Elixier *nt* <-s, -e> эликсир *m*, настой *m*
Ellbogen *m* <-s, -> локоть *m*; **seine ~ gebrauchen** (*fig*) прокладывать себе дорогу локтями
Elle *f* <-, -n> локтевая кость *f*
Ellenbogen *m* <-s, -> локоть *m*
Ellenbogengesellschaft *f* <*gen:* -> (*pej*) общество, в котором преобладает индивидуализм и беззастенчивое стремление к личному успеху, подкреплённые соответствующей идеологией
Ellipse *f* <-, -n> эллипс *m*
Eloquenz *f* <*gen:* -> красноречие *nt*
Elsass *nt* <*gen:* -/-es> Эльзас *m*
Elster *f* <-, -n> сорока *f*; **eine diebische ~** (*fig*) сорока-воровка
elterlich *adj* родительский
Eltern *pl* <*gen:* -> родители *pl*
Elternabend *m* <-s, -e> родительское собрание *nt*
Elternbeirat *m* <*gen:* -(e)s> родительский совет *m*
Elternhaus *nt* <-es, -häuser> родительский дом *m*
elternlos *adj* не имеющий родителей
Elternsprechtag *m* <-(e)s, -e> приёмный день *m* в школе для родителей учащихся
Email *nt* <-s, -s> эмаль *f*
E-Mail *f* <-, -s> электронная почта *f*; **Absenden einer ~** отправка сообщения по электронной почте; **Empfangen einer ~** получение сообщения по электронной почте
E-Mail-Adresse *f* <-, -n> адрес *m* электронной почты
Emailleschicht *f* <-, -n> слой *m* эмали
emaillieren *vt* эмалировать *impf*
Emanzipation *f* <-, *gen:* -> эмансипация *f*
Emanzipationsbewegung *f* <*gen:* -> движение *nt* за эмансипацию
emanzipatorisch *adj* направленный на эмансипацию
emanzipieren *vr* эмансипироваться *impf/pf*
emanzipiert *adj* эмансипированный
Emballage *m* упаковка *f*, тара *f*
Embargo *nt* <-s, -s> эмбарго *nt*
Embolie *f* <-, -n> (MED) эмболия *f*
Embryo *m* <-s, Embryonen, Embryos> 1. эмбрион *m*; 2. зародыш *m*
embryonal *adj* эмбриональный
Embryonenschutzgesetz *nt* <*gen:* -es> закон, запрещающий использование человеческих эмбрионов для

естественнонаучных испытаний
Emigrant, -in *m/f* <-en, -en> эмигрант, -ка *m/f*
Emigration *f* <-, -en> эмиграция *f*
emigrieren *vi* эмигрировать *impf/pf*
eminent *adj* (*geh*) выдающийся, видный
Emission *f* <-, -en> 1. (*Luftverunreinigung*) выброс *m* вредных веществ; 2. (PHYS) эмиссия *f*; 3. (ÖKON) выпуск *m* в обращение, эмиссия *f*; ~ **von Aktien** эмиссия акций; ~ **von Banknoten** выпуск банкнот; ~ **von Papiergeld** выпуск бумажных денег; ~ **von Wertpapieren** эмиссия ценных бумаг
Emissionsbank *f* <-, -en> эмиссионный банк *m*
Emissionskonsortium *nt* <-s, -konsortien> консорциум *m* банков для реализация эмиссии
Emissionskurs *m* <-es, -e> эмиссионный курс *m*
Emittent *m* <-en, -en> эмитент *m*
emittieren *vt* эмитировать
e-Moll *nt* <*gen*: -s> (MUS) ми мнор *m*
Emoticon *nt* <-s, -s> (DV) эмотикон *m*
emotional *adj* эмоциональный
empfahl *prät von* **empfehlen**
empfand *prät von* **empfinden**
Empfang *m* <-(e)s, Empfänge> 1. (*das Empfangen*) приём *m*, приёмка *f*; 2. (*offizieller ~*) приём *m*, встреча *f*; 3. (*Rundfunkempfang*) приём *m*; 4. (*Rezeption*) приёмная *f*
empfangen *vt* 1. (*Sender*) принимать *impf*; 2. (*Person*) принимать, -нять *pf*, встречать, встретить *pf*; **eine E-Mail ~** получить сообщение по электронной почте
Empfänger, -in *m/f* <-s, -> 1. (*Adressat*) получатель, -ница *m/f*, адресат *m*; ~ **eines Briefes** получатель письма; ~ **einer Zahlungsanweisung** получатель денежного перевода; ~ **verzogen** адресат выбыл 2. (*Abnehmer*) приёмщик *m*; ~ **einer Ware** приёмщик товара
empfänglich *adj* восприимчивый; **für etw ~ sein** быть восприимчивым к чему-л.
Empfängnis *f* <*gen*: -> зачатие *nt*
Empfängnisverhütung *f* <*gen*: -> предупреждение *nt* беремонности
Empfängnisverhütungsmittel *nt* <-s, -> противозачаточное средство *nt*
Empfangsberechtigte(r) *mf* <-n, -n> лицо *nt*, имеющее право на получение чего-л.
Empfangsbestätigung *f* <-, -en> расписка *f* в получении
Empfangschef, -in *m/f* <-s, -s> администратор *m*
empfehlen *vt* <empfahl, empfohlen> рекомендовать *impf/pf*, по- *pf*

empfehlenswert *adj* достойный рекомендации
Empfehlung *f* <-, -en> рекомендация *f*; **auf jds ~ hin** по чьей-л. рекомендации
Empfehlungsschreiben *nt* <-s, -> рекомендательное письмо *nt*
empfinden *vt* чувствовать *impf*; **etw als kränkend ~** воспринимать что-л. как оскорбление
empfindlich *adj* чувствительный, восприимчивый
Empfindlichkeit *f* <*gen*: -> чувствительность *f*, восприимчивость *f*
empfindsam *adj* чувствительный, сентиментальный
empfing *prät von* **empfangen**
empfohlen *part perf von* **empfehlen**
empfunden *part perf von* **empfinden**
empirisch *adj* (*geh*) эмпирический, опытный
empor *adv* вверх, кверху
Empore *f* <-, -n> хоры *pl*
empören I. *vt* возмущать, -мутить *pf*; II. *vr* возмущаться, -мутиться *pf*; **sich über etw ~** возмущаться по поводу чего-л.
empörend *adj* возмутительно
Emporkömmling *m* <-s, -e> (*pej*) выскочка *mf*
emporkommen *vi* всходить, взойти *pf*
Empörung *f* <-, -en> возмущение *nt*
emsig *adj* усердный, старательный
Emulation *f* <-, -en> (DV) эмуляция *f*
Emulgator *m* <-s, -en> эмульгатор *m*
en masse *adv* массами, во множестве
End- (*in Zusammensetzungen*) конечный
Endabnehmer *m* <-s, -> конечный получатель *m*
Endausscheidung *f* <-, -en> финальный тур *m* (соревнования)
Endbahnhof *m* <-(e)s, -bahnhöfe> конечная станция *f*
Endbenutzer *m* <-s, -> конечный пользователь *m*
Endbestand *m* <-(e)s, -bestände> переходящий остаток *m*; ~ **eines Bankkontos** переходящий остаток банковского счёта
Ende *nt* <-s, -n> 1. (*räumlich*) конец *m*, край *m*; 2. (*zeitlich*) конец *m*, исход *m*; ~ **des Monats** конец месяца; **das ~ vom Lied war...** (*fig*) закончилось том, что ; **zu ~ gehen** подходить к концу; **zu ~ sein** кончиться
Endeffekt *m* <*gen*: -s>: **im ~** в конечном итоге
endemisch *adj* (BOT, ZOOL, MED) эндемический, местный
enden *vi* кончаться, кончиться *pf*
Endergebnis *nt* <-ses, -se> конечный результат *m*
Endfertigung *m* доработка *f*

Endgeschwindigkeit f конечная скорость f
endgültig adj окончательный
Endinspektion siehe **Endkontrolle**
Endkampf m <-(e)s, -kämpfe> (SPORT) финал m
Endkontrolle f <-, -n> заключительная проверка f
Endkosten pl конечная стоимость f
Endkostenträger m <-s, -> (ÖKON) конечный носитель m затрат
Endlagerung f <-, -en> захоронение nt; ~ von Atommüll захоронение ядерных отходов
endlich I. adj конечный; II. adv наконец; da kommt er ja ~! вот он наконец-то идёт!
endlos adj бесконечный
Endlosigkeit f <gen: -> бесконечность f
Endlospapier nt <-(e)s, -e> бесконечный рулон m
Endokrinologie f <gen: -> (MED) эндокринология f
Endoskopie f <gen: -> (MED) ендоскопия f
Endprodukt nt <-(e)s, -e> конечный продукт m
Endspiel nt <-(e)s, -e> (SPORT) финальная игра f
Endspurt m <gen: -(e)s> (SPORT) финишный рывок m
Endstand m <-(e)s, -stände> итоговая ситуация f
Endstation f <-, -en> конечная станция f
Endverbraucher m <-s, -> конечный потребитель m; etw direkt an den ~ liefern поставлять что-л. непосредственно конечному потребителю
Endverbraucherpreis m <-es, -e> розничная цена f
Energie f <-, -n> 1. (körperlich, geistig) энергия f; 2. (PHYS) энергия f
Energieabgabe f <-, -n> 1. (Steuer) налог на энергоносители m; 2. (Nutzeffekt) отдача f энергии
Energiebedarf m <gen: -(e)s> потребность f в энергии
Energiebilanz f <-, -en> энергобаланс m
Energieeinsparung f <-, -en> экономия f энергии
Energieerzeugung f <gen: -> производство nt энергии
Energiegewinnung f <gen: -> добыча f энергии
Energiekrise f <-, -n> энергетический кризис m
Energielieferant m <-en, -en> источник энергии m
Energielücke f <-, -n> дефицит m энергоснабжения
Energiequelle f <-, -n> источник m энергии

Energierückgewinnung f <gen: -> рекуперация f энергии
Energiesektor m <gen: -s> область f энергетики
Energiesparen nt <gen: -s> экономия f энергии
energiesparend adj энергосберегающий
Energiesparmaßnahme f <-, -n> мера f по экономии энергии
Energieträger nt <-s, -> энергоноситель m
Energieverbrauch m <gen: -(e)s> расход m энергии
Energieverschwendung f <-, -en> расточительство nt энергии
Energieversorgung f <gen: -> энергоснабжение nt
Energieversorgungsunternehmen nt <-s, -> предприятие nt энергоснабжения
Energiewirtschaft f <gen: -> энергетика f
Energiezufuhr f <gen: -> снабжение nt энергией
energisch adj энергичный
eng adj 1. узкий; 2. (räumlich) тесный; ~ste Verhältnisse теснота 3. (Freundschaft) тесный, близкий; ~e Beziehungen близкие отношения 4. (eingeschränkt) ограничительный; im ~eren Kreis на узком кругу; einen ~en Horizont haben иметь узкий кругозор; ~e Beziehungen тесные связи
Engagement nt <-s, -s> 1. (Einsatz) участие nt, активность f; das ~ der Bürger fördern поднимать активность граждан; hohes persönliches ~ заинтересованное личное участие 2. (am Theater) ангажемент m, приглашение nt на работу; 3. (Verpflichtung) обязательство nt; ein ~ eingehen принимать на себя обязательство
engagieren I. vt (Schauspieler) ангажировать impf/pf, принимать, -нять pf на работу; II. vr участвовать impf; sich für etw ~ активно участвовать в чём-л.
Enge f <gen: -> теснота f; jdn in die ~ treiben загнать кого-л. в угол
Engel m <-s, -> (REL: auch fig) ангел m
Engelsgeduld f <gen: -> ангельское терпение nt
England nt <gen: -s> Англия f
Engländer, -in m/f <-s, -> англичанин, -чанка m/f
englisch adj английский
Englisch nt <gen: -(s)> английский язык m
englischsprachig adj говорящий на английском языке, англоязычный
Englischunterricht m <gen: -s> урок m английского языка

Engpass *m* <-es, -pässe> 1. недоста́ча *f*, недоста́ток *m*, дефици́т *m*; **es treten Engpässe in der Versorgung auf** возника́ют перебо́и со снабже́нием; **finanzieller ~** недоста́ток фина́нсовых средств; **personeller ~** нехва́тка рабо́чей си́лы; **materieller ~** дефици́т материа́лов 2. (*beschränkte Kapazität*) у́зкое ме́сто *nt*
engstirnig *adj* узколо́бый, недалёкий
Engstirnigkeit *f* <*gen:* -> усколо́бость *f*, ограни́ченность *f*
Enkel, -in *m/f* <-s, -> внук, вну́чка *m/f*
Enkelkind *nt* <-(e)s, -er> внук *m*, вну́чка *f*
enorm *adj* огро́мный, чрезме́рный
Enquete *f* <-, -n> 1. (ARCH) обсле́дование *nt*; 2. анкети́рование *nt*; 3. (*österr: Arbeitstagung*) рабо́чее совеща́ние *nt*
Ensemble *nt* <-s, -s> анса́мбль *m*
entbehren *vt* быть *impf* лишённым, обходи́ться, обойти́сь *pf*; **ich kann das Warmwasser nicht länger ~** я не могу́ бо́льше обходи́ться без горя́чей воды́; **jdn ~** не мочь обходи́ться без кого́-л.
entbehrlich *adj* 1. нену́жный; 2. (из)ли́шний
Entbehrung *f* <-, -en> нужда́ *f*; **~en auf sich nehmen** подверга́ться лише́ниям
entbinden *irr vt* 1. (*befreien*) освобожда́ть, -боди́ть *pf*; **jdn von seinen Pflichten ~** освободи́ть кого́-л. от его́ обя́занностей 2. (*Geburtshilfe leisten*) принима́ть, -ня́ть *pf* ро́ды; **sie ist von einem gesunden Mädchen entbunden worden** она́ разреши́лась здоро́вой де́вочкой; II. *irr vi* (*ein Kind zur Welt bringen*) разреша́ться, -ша́ться *impf* от бре́мени, рожа́ть, роди́ть *pf*; **meine Frau hat gestern entbunden** моя́ жена́ вчера́ родила́
Entbindung *f* <-, -en> освобожде́ние *nt*
entblößen *vt* обнажа́ть, -жи́ть *pf*
entbürokratisieren *vt* освобожда́ть от бюрократи́ческой волоки́ты
entdecken *vt* открыва́ть, -кры́ть *pf*, обнару́живать, -жить *pf*
Entdecker, -in *m/f* <-s, -> (*einer Insel*) первооткрыва́тель, -ница *m/f*
Entdeckung *f* <-, -en> откры́тие *nt*
Ente *f* <-, -n> у́тка *f*
entehren *vt* позо́рить, о- *pf*
Entehrung *f* <-, -en> бесче́стие *nt*
enteignen *vt* экспроприи́ровать *impf/pf*
Enteignung *f* <-, -en> экспроприа́ция *f*, отчужде́ние *nt*; **zwangsweise ~** принуди́тельное отчужде́ние
enterben *vt* лиша́ть, -ши́ть *pf* насле́дства
entfachen *vt* (*auch fig*) раздува́ть, -ду́ть *pf*, разжига́ть, -же́чь *pf*
entfallen *irr vi* 1. (*aus der Erinnerung*) вы́пасть *pf*, -пада́ть *impf*; **die Namen sind mir leider ~** к сожале́нию, имена́ вы́пали у меня́ из головы́; 2. (*jdm als Anteil zukommen*) достава́ться, -ста́ться *pf*, выпада́ть, вы́пасть *pf*; **auf jede Person ~ 100 Mark** на до́лю ка́ждого выпада́ет 100 ма́рок; 3. (*ausfallen*) не состоя́ться *pf*; **die Veranstaltung entfällt** мероприя́тие не состои́тся
entfalten I. *vt* (*auseinanderfalten*) расправля́ть, -пра́вить *pf*; II. *vr* 1. распуска́ться, -пусти́ться *pf*; 2. (*Fallschirm*) раскрыва́ться, -ры́ться *pf*; 3. (*fig*) развива́ться, -ви́ться *pf*
entfernen I. *vt* удаля́ть, -ли́ть *pf*; **Rotweinflecken lassen sich nur schwer ~** пя́тна от кра́сного вина́ удали́ть о́чень сло́жно; II. *vr* удаля́ться, -ли́ться *pf*; **das Boot hatte sich schon weit vom Ufer entfernt** ло́дка уже́ намно́го отдали́лась от бе́рега
entfernt *adj* 1. (*fern*) отдалённый, да́льний; 2. (*nicht nah verwandt*) да́льний; **eine ~e Verwandte** да́льняя ро́дственница 3. (*gering*) сла́бый, незначи́тельный; **eine ~e Ähnlichkeit** отдалённое схо́дство; **nicht im Entferntesten** ничу́ть
Entfernung *f* <-, -en> расстоя́ние *nt*
entfesseln *vt* (*Krieg*) развя́зывать, -за́ть *pf*
entflechten *vt* (ÖKON) декартелизи́ровать
Entflechtung *f* <-, -en> декартелиза́ция *f*; **~ von Konzernen** разукрупне́ние конце́рнов
entfliehen *irr vi* бежа́ть, убежа́ть *pf*, спаса́ться, -сти́сь *pf* бе́гством
entfremden *vt* отчужда́ть *impf*
Entfremdung *f* <*gen:* -> отчужде́ние *nt*
entfrosten *vt* отта́ивать, -та́ять *pf*
entführen *vt* похища́ть, -хи́тить *pf*
Entführer, -in *m/f* <-s, -> похити́тель, -ница *m/f*
Entführung *f* <-, -en> 1. похище́ние *nt*; 2. (*eines Flugzeugs*) уго́н *m*
entgegen I. *präp* про́тив, вопреки́; II. *adv* 1. (*in Richtung auf*) навстре́чу; **dem Ziel ~** навстре́чу це́ли 2. (*zuwider*) вопреки́, про́тив.
entgegenbringen *irr vt* 1. (*Gefühle*) проявля́ть, -ви́ть *pf*; 2. относи́ться, -нести́сь *pf*; **jdm Vertrauen ~** отнести́сь к кому́-л. с дове́рием
entgegengehen *irr vi* идти́ *impf* навстре́чу
entgegengesetzt *adj* противополо́жный
entgegenhalten *irr vt* 1. (*darbieten*) подава́ть, -да́ть *pf*; 2. (*einwenden*) противопоставля́ть, -ста́вить *pf*
entgegenkommen *irr vi* идти́ *impf* навстре́чу
Entgegenkommen *nt* <*gen:* -s> предупреди́тельность *f*

entgegenkommend *adj* предупредительный

entgegennehmen *irr vt* принимать, -нять *pf*

entgegensehen *irr vi* ожидать *impf*

entgegentreten *irr vi* выступать, выступить *pf* против, заступать, -пить *pf* дорогу

entgegnen *vi* возражать, -разить *pf*

Entgegnung *f* <-, -en> возражение *nt*, ответ *m*

entgehen *irr vi* (*jds Aufmerksamkeit*) уходить, уйти *pf*, ускользать, -знуть *pf*; **seinem Blick entgeht nichts** от его взгляда ничто не ускользает; **entgangener Gewinn** упущенная прибыль; **sich eine günstige Gelegenheit nicht ~ lassen** не упускать благоприятного случая

entgeistert *adj* ошеломлённый; **jdn ~ ansehen** ошеломлённо смотреть на кого-л.

Entgelt *nt* <-(e)s, -e> оплата *f*; **gegen ~** за плату; **ein ~ vereinbaren** договариваться об оплате; **für ein geringes ~ arbeiten** работать за низкую плату

entgelten *irr vt* платиться, по- *pf*

Entgiftung *f* <-, -en> дегазация *f*, освобождение *nt* от ядовитых газов

entgleisen *vi* сходить, сойти *pf* с рельсов

Entgleisung *f* <-, -en> 1. (*von Zug*) крушение *nt*; 2. (*Geschmacklosigkeit*) бестактность *f*

entgleiten *irr vi* выскальзывать, выскользнуть *pf*

entgräten *vt* удалять, -лить *pf* кости (из рыбы)

Enthaarungscreme *f* <-, -s> крем *m* для удаления волос

Enthaarungsmittel *nt* <-s, -> средство *nt* для удаления волос

enthalten I. *vt* содержать *impf*; II. *vr* воздерживаться, -держаться *pf*; **sich der Stimme ~** воздержаться от голосования

enthaltsam *adj* умеренный, воздержанный

Enthaltsamkeit *f* <gen: -> умеренность *f*, воздержание *nt*

Enthaltung *f* <-, -en> отказ *m*, воздержание *nt*; **mit einer ~** (*Wahlergebnis*) при одном воздержавшемся

enthemmt *adj* безудержный, ничем не сдерживаемый

enthüllen *vt* 1. (*geh: die Hülle entfernen*) снимать, снять *pf* покров; **ein Denkmal ~** открывать памятник 2. (*entlarven*) разоблачать, -чить *pf*

Enthusiasmus *m* <gen: -> энтузиазм *m*

enthusiastisch *adj* полный энтузиазма, восторженный

entkleiden I. *vt* раздевать, -деть *pf*; II. *vr* раздеваться, -деться *pf*

entkoffeiniert *adj* со сниженным содержанием кофеина (о кофе)

entkommen *irr vi* убежать *pf*, убегать *impf*; **einer Gefahr ~** уйти от опасности

Entkomprimieren *nt* <gen: -s> (DV) распаковка *f*

entkorken *vt* откупоривать, -купорить *pf*

entkräften *vt* обессиливать, -лить *pf*

entladen I. *irr vt* разгружать, -грузить *pf*; **einen Lastwagen ~** разгружать грузовик; **ein Schiff ~** разгружать судно; II. *vr* разрядиться *pf*, -ряжаться *impf*; **die Hitze des Tages entlud sich in einem Gewitter** дневная жара разрядилась в бурю

entlang *adv* вдоль

entlangfahren *irr vi* ехать *impf* вдоль

entlarven *vt* разоблачать, -чить *pf*; **jdn als Lügner ~** разоблачить кого-л. как обманщика

entlassen *irr vt* 1. (*Gefangenen*) освобождать, -бодить *pf*; **jdn gegen Kaution ~** освобождать кого-л. под залог 2. (*Angestellten*) увольнять, уволить *pf*

Entlassung *f* <-, -en> 1. освобождение *nt*; 2. (*von Angestellten*) увольнение *nt*

entlasten *vt* разгружать, -грузить *pf*, освобождать, -бодить *pf* (от работы)

Entlastung *f* <-, -en> 1. (*Befreiung von etwas*) разгрузка *f*, освобождение *nt*; **~ von Verpflichtungen** освобождение от обязанностей 2. (*Erleichterung*) уменьшение *nt* нагрузки; **steuerliche ~** уменьшение налогового бремени

Entlastungszeuge, -zeugin *m/f* <-n, -n> свидетель, -ница *m/f* защиты

entlaufen *irr vi* убежать *pf*, убегать *impf*; **Katze ~!** кошка сбежала!

entlausen *vt* производить, произвести *pf* дизенсекцию, уничтожать, уничтожить *pf* вшей

entledigen *vr* избавляться, -бавиться *pf*; **sich einer Sache ~** избавиться от чего-л.

entleeren *vt* опорожнивать, -рожнить *pf*

entlegen *adj* отдалённый, удалённый

entleihen *vt* брать, взять взаймы

entlocken *vt* выманивать, выманить *pf*

Entlohnung *f* <-, -en> оплата *f*; **leistungsgerechte ~** оплата по труду

entlüften *vt* проветривать, -рить *pf*

entmachten *vt* лишать, -шить *pf* власти

entmenschen *vt* лишать, -шить *pf* кого-л. человеческого образа

entmilitarisieren *vt* демилитаризовать *impf/pf*

entmündigen *vt* брать, взять *pf* под опеку

entmutigen vt лишать, -шить pf мужества

Entnahme f <-, -n> взятие nt, изъятие nt; ~ **einer Stichprobe** взятие образца

Entnazifizierung f <gen: -> денацификация f

entnehmen irr vt 1. (herausnehmen) брать, взять pf; 2. (aus etw schließen) заключать, -чить pf (из чего-л.)

entpuppen vr оказаться pf, оказываться impf; **sich als Schwindler ~** оказаться обманщиком

entreißen irr vt вырывать, вырвать pf, выхватывать, выхватить pf

entrichten vt вносить, внести pf, уплачивать, -латить pf

Entrinnen nt <gen: -s> 1. утечка f; 2. уход m (от кого-л./чего-л.)

entrosten vt удалять, -лить pf ржавчину

entrüsten vr возмущаться, -мутиться pf; **sich über etw ~** возмущаться чём-л.

Entrüstung f <gen: -> возмущение nt, негодование nt

entsagen vi отказываться, -заться pf; **einer Sache ~** отказаться от чего-л.

Entsagung f <gen: -> отказ m

entschädigen vt возмещать, -местить pf; **jdn für etw ~** возместить кому-л. что-л.

Entschädigung f <-, -en> компенсация f, возмещение nt убытков; **Anspruch auf ~** право на возмещение

entschärfen vt (Bombe: auch fig) разряжать, -рядить pf

Entscheid m <-(e)s, -e> решение nt

entscheiden I. irr vt (Angelegenheit) решать, -шить pf; **über einen Antrag ~** принимать решение по предложению; II. irr vr решаться, -шиться pf; **sich für etw ~** решиться на что-л.; **sich nicht ~ können** не мочь решиться; **sich für einen Beruf ~** выбрать профессию

entscheidend adj решающий; **im ~en Moment** в решающий момент

Entscheidung f <-, -en> 1. решение nt; **inakzeptable ~** неприемлемое решение; **unüberlegte ~** непродуманное решение; **verantwortungsbewusste ~** ответственное решение; **eine ~ von größter Tragweite** решение огромной важности; **eine strategische ~ treffen** принимать стратегическое решение; **eine ~ fällen** выносить решение; **eine ~ herbeiführen** добиваться решения; **eine ~ hinausschieben** оттягивать принятие решения; **sich die ~ vorbehalten** оставлять за собой право принять решение; **sich vor einer ~ drücken** уходить от решения 2. (JUR) постановление nt; **gerichtliche ~** судебное постановление

Entscheidungsbaum m <-(e)s, -bäume> структура f принятия решений

Entscheidungsbefugnis f <-, -se> право nt самостоятельного принятия решений

entscheidungsfreudig adj решительный

Entscheidungsprozess m <-es, -e> процесс m принятия решения; **einen ~ beschleunigen** ускорить процесс принятия решения

Entscheidungsspiel nt <-(e)s, -e> (SPORT) решающая игра f

Entscheidungsspielraum m <-(e)s, -räume> простор m для принятия решения

entschieden adj решительный; **ein ~er Gegner von etw** решительный противник чего-л.

Entschiedenheit f <gen: -> решительность f; **etw mit aller ~ ablehnen** отвергнуть что-л. со всей решительностью

entschlacken vt выводить, вывести pf шлаки

Entschlackung f <gen: -> выведение nt шлаков

entschließen irr vr решаться, -шиться pf; **sich zu einer Sache ~** решиться на какое-л. дело

Entschließung f <-, -en> (JUR) резолюция f

entschlossen adj решительный

Entschlossenheit f <gen: -> решительность f

Entschluss m <-es, Entschlüsse> решение nt

Entschlüsselung f <-, -en> декодирование nt

Entschlußfreudigkeit f <gen: -> решимость f

entschuldbar adj (Fehler) простительный

entschulden vt ликвидировать задолженность

entschuldigen I. vt извинять, -нить pf; II. vr извиняться, -ниться pf; **sich für etw/jdn ~** извиняться за что-л./кого-л.; **sich bei jdm ~** извиниться перед кем-л.

Entschuldigung f <-, -en> извинение nt; **~!** прошу прощения!

Entschuldigungsgrund m <-(e)s, -gründe> причина f для оправдания

entschwefeln vt обессеривать, -рить pf

Entschwefelung f <gen: -> обессеривание nt, удаление nt серы, десульфация f

entsenden vt посылать, -слать pf; **jdn als Boten ~** направить кого-л. послом

entsetzen I. vt ужасать, -снуть pf; II. vr ужасаться, -снуться pf; **sich über etw ~** быть в ужасе от чего-л.

Entsetzen nt <gen: -s> ужас m

entsetzlich *adj* ужа́сный
entsetzt *adj* в у́жасе, объя́тый у́жасом
entsichern *vt* (*Waffe*) снять *pf*, снима́ть *impf* с предохрани́теля
entsinnen *irr vr* (*geh*) припомина́ть, -по́мнить *pf*; **ich kann mich der Sache nicht mehr entsinnen** я не могу́ э́того вспо́мнить
entsorgen *vt* устраня́ть, -ни́ть *pf* отхо́ды
Entsorgung *f* <*gen*: -> устране́ние *nt* отхо́дов
Entsorgungsanlage *f* <-, -n> устано́вка *f* для хране́ния и удале́ния отхо́дов
Entsorgungsunternehmen *nt* <-s, -> предприя́тие *nt* по устране́нию отхо́дов
entspannen *vr* отдыха́ть, -дохну́ть *pf*, расслабля́ться, -сла́биться *pf*
Entspannung *f* <*gen*: -> о́тдых *m*, разря́дка *f*
Entspannungsmethode *f* <-, -n> ме́тод *m* разря́дки
Entspannungspolitik *f* <*gen*: -> поли́тика *f* разря́дки
Entspannungstechnik *f* <-, -en> те́хника *f* сня́тия напряже́ния
Entspannungsübungen *pl* <*gen*: -> упражне́ния *ntpl* для сня́тия напряже́ния
entsprechen *irr vi* соотве́тствовать *impf*; **das entspricht nicht meinem Geschmack** э́то не соотве́тствует моему́ вку́су; **dem Zweck ~** отвеча́ть назначе́нию; **den Bedürfnissen ~** отвеча́ть потре́бностям; **den strengsten Anforderungen ~** отвеча́ть са́мым стро́гим тре́бованиям
entsprechend I. *präp* в соотве́тствии, согла́сно; **~ seinen Weisungen** согла́сно его́ указа́ниям; II. *adj* соотве́тственно, соотве́тствующим о́бразом; **du kennst ihn doch, also verhalte dich ~** ты же его́ зна́ешь, так что веди́ себя́ соотве́тственно; **dem Alter ~** соотве́тственно во́зрасту; **~ der neuen Verordnung** согла́сно но́вому распоряже́нию; **Ihrem Wunsch ~** по ва́шему жела́нию
entspringen *irr vi* (*Fluss*) брать, взять *pf* нача́ло, течь *impf*
entstaatlichen *vt* денационализи́ровать *impf/pf*
Entstaatlichung *f* <-, -en> разгосуда́рствление *nt*
entstehen *irr vi* (*aus etwas hervorgehen*) возника́ть, -ни́кнуть *pf*; **es entstand ein Gedränge** образова́лась да́вка
Entstehung *f* <-, -en> возникнове́ние *nt*
entstellen *vt* обезобра́живать, -зобра́зить *pf*; **die Narbe entstellt ihr Gesicht** шрам обезобра́живает её лицо́
entstellend *adj* обезобра́живающий, искажа́ющий

entstören *vt* устраня́ть, -ни́ть *pf* поме́хи
enttäuschen *vt* разочаро́вывать, -рова́ть *pf*
Enttäuschung *f* <-, -en> разочарова́ние *nt*; **über eine ~ hinwegkommen** пережи́ть разочарова́ние
entwaffnen *vt* 1. (*die Waffen abnehmen*) разоружа́ть, -жи́ть *pf*; 2. (*durch Charme*) обезору́живать, -жить *pf*; **ein ~des Lächeln** обезору́живающая улы́бка
Entwarnung *f* <-, -en> отбо́й *m*; **~ geben** дать отбо́й
entwässern *vt* осуша́ть, -ши́ть *pf*, отводи́ть, -вести́ *pf* во́ду
Entwässerung *f* <*gen*: -> осуше́ние *nt*, обезво́живание *nt*
entweder *konj* и́ли, ли́бо; **~ A oder B** ли́бо А, ли́бо Б
entweichen *irr vi* скрыва́ться, скры́ться *pf*
entweihen *vt* оскверня́ть, -ни́ть *pf*
Entweihung *f* <*gen*: -> оскверне́ние *nt*
entwenden *vt* (*geh*) похища́ть, -хи́тить *pf*; **Dokumente ~** похища́ть докуме́нты; **Geld aus der Kasse ~** укра́сть де́ньги из ка́ссы; **jdm die Brieftasche ~** укра́сть у кого́-л. бума́жник
entwerfen *irr vt* (*Plan*) набра́сывать, -броса́ть *pf*
entwerten *vt* 1. (*den Wert mindern*) обесце́нивать, -нить *pf*; **ein Grundstück ~** обесце́нивать земе́льный уча́сток 2. (*ungültig machen*) погаша́ть, -гаси́ть *pf*, компости́ровать, про- *pf*; **einen Fahrschein ~** компости́ровать биле́т
Entwerter *m* <-s, -> (*für Fahrkarten*) компо́стер *m*
Entwertung *f* <-, -en> 1. (*Wertminderung*) обесце́нивание *nt*; **~ einer Währung** обесце́нивание валю́ты; **~ von Kapital** обесце́нивание капита́ла 2. (*Stempelung*) погаше́ние *nt*, компости́рование *nt*; **~ eines Straßenbahnfahrscheins** компости́рование трамва́йного биле́та; **~ von Postwertzeichen** погаше́ние почто́вых ма́рок
entwickeln I. *vt* 1. развива́ть, -ви́ть *pf*; **eine Konzeption ~** развива́ть конце́пцию; **eine neue Technologie ~** разрабо́тать но́вую техноло́гию; **lebhafte Tätigkeit ~** прояви́ть акти́вность 2. (ФОТ) проявля́ть, -ви́ть *pf*; II. *vr* развива́ться, -ви́ться *pf*
Entwicklung *f* <-, -en> разви́тие *nt*, разрабо́тка *f*; **konjunkturelle ~** разви́тие конъюнкту́ры; **rückläufige ~** регресси́вное разви́тие; **~ einer Strategie** разрабо́тка страте́гии; **~ eines neuen Produktes** разрабо́тка но́вого проду́кта; **Abteilung für Forschung und ~** нау́чно-иссле́довательский отде́л; **die ~ am Weltmarkt verfolgen**

наблюдать за развитием мирового рынка; die ~ bremsen тормозить развитие; die ~ fördern способствовать развитию; die ~ hemmen препятствовать развитию

Entwicklungsbank f <-, -en> 1. банк m (экономического) развития; 2. банк m, финансирующий развивающиеся страны

Entwicklungsdienst m <gen: -(e)s> добровольная служба в развивающихся странах

entwicklungsgeschichtlich adj касающийся истории развития

Entwicklungshilfe f <gen: -> помощь f развивающимся странам

Entwicklungskosten pl расходы pl на проведение исследовательских работ

Entwicklungsland nt <-es, -länder> развивающаяся страна f

Entwicklungsstadium nt <-s, -stadien> стадия f развития

entwirren vt (Fäden) распутывать, -тать pf

entwischen vi убежать pf, убегать impf, улизнуть pf

entwöhnen vt отвыкать, -выкнуть pf

Entwöhnung f <gen: -> отказ m (от вредной привычки)

entwürdigen vt унижать, унизить pf

Entwurf m <-(e)s, Entwürfe> набросок m, эскиз m, проект m; ~ zu einem Vertrag проект договора; einen ~ abändern изменять проект; einen ~ ablehnen отвергать проект; einen ~ einbringen выдвигать проект; einen ~ überarbeiten редактировать проект

entwurzeln vt (Bäume) вырывать, вырвать pf с корнем

entziehen I. irr vt (wegnehmen) отнимать, -нять pf, лишать, -шить pf; jdm die Lebensgrundlage ~ лишать кого-л. средств к существованию; jdm das Vertrauen ~ лишить кого-л. доверия; jdm das Wort entziehen лишить кого-л. слова; jdm die Konzession ~ лишить кого-л. лицензии; jdm die bürgerlichen Rechte ~ лишить кого-л. гражданских прав; II. vr (etwas umgehen) уклоняться, -иться pf; sich der Diskussion ~ уклоняться от дискуссии; sich seinen Verpflichtungen ~ уклоняться от своих занностей; sich seiner Verantwortung ~ уклоняться от ответственности

Entziehung f <gen: -> лишение nt; ~ der Staatsbürgerschaft лишение гражданства; ~ der Vollmachten лишение полномочий; ~ von Vergünstigungen лишение льгот

Entziehungskur f <-, -en> 1. (bei Alkoholismus) лечение nt от алкоголизма; 2. (bei Drogenabhängigkeit) лечение nt от наркомании

entziffern vt расшифровывать, -фровать pf

entzücken vt восхищать, -хитить pf

Entzücken nt <gen: -s> восторг m, восхищение nt

entzückend adj восхитительный

Entzug m <gen: -(e)s> лишение nt

Entzugssymptome pl симптомы, вызванные прекращением приёма наркотических или лекарственных средств, к которым привык организм

entzünden I. vt зажигать, -жечь pf; II. vr (Wunde) воспаляться, -литься pf

Entzündung f <-, -en> воспаление nt

entzündungshemmend adj противовоспалительный

entzwei adj надвое, пополам

entzweibrechen irr vi разламываться, -ломаться pf

entzweien vt ссорить, по- pf

entzweigehen irr vi разбиваться, -биться pf

Enzyklopädie f <-, -n> энциклопедия f

Epidemie f <-, -n> эпидемия f

Epilepsie f <-, -n> () эпилепсия f

Epileptiker, -in m/f <-s, -> эпилептик m

Epilog m <-(e)s, -e> эпилог m

episch adj эпический

Episode f <-, -n> эпизод m

Epoche f <-, -n> эпоха f, период m

Epos nt <-, Epen> эпос m

Equalizer m <-s, -> эквалайзер m

er pron pers он

erachten vt считать impf, etw als wichtig ~ считать что-л. важным

Erachten nt <gen: -s> усмотрение nt, мнение nt; meines ~s по моему мнению

Erarbeitung f <gen: -> выработка f, разработка f

erbarmen I. vt вызывать, вызвать pf жалость; II. vr (geh) сжалиться pf; sich eines Menschen ~ сжалиться над человеком

Erbarmen nt <gen: -s> жалость f, сострадание nt; kein ~ kennen не знать жалости

erbärmlich adj жалкий, плачевный

erbarmungslos adj безжалостный, беспощадный

Erbarmungslosigkeit f <gen: -> безжалостность f

erbauen I. vt строить, по- pf; II. vr (geh) испытывать, -тать pf наслаждение; sich an Gedichten ~ наслаждаться стихами

Erbauer, -in m/f <-s, -> строитель m, архитектор m

erbaulich adj духовно обогащающий, возвышающий

Erbauung f <gen: -> духовный подъём m, укрепление nt духа

Erbe, Erbin m/f <-n, -n> наследник, -ница m/f

erben vt (*Vermögen: auch fig*) насле́довать *impf/pf*, унасле́довать *pf*
erbeuten vt захвати́ть *pf*, -хва́тывать *impf*
Erbgut nt <gen: -(e)s> насле́дственный материа́л *m*
Erbgutschäden pl <gen: -> поврежде́ние *nt* насле́дственного материа́ла
erbittert adj ожесточённый
Erbkrankheit f <-, -en> насле́дственная боле́знь f
erblassen vi бледне́ть, по- *pf*; **vor Wut ~** (*umg*) побеле́ть от зло́сти
Erblasser m <-s, -> (JUR) завеща́тель *m*
erbleichen vi бледне́ть, по- *pf*
erblich adj 1. (*Adel, Titel*) родово́й; 2. (*Krankheit*) насле́дственный
erblicken vt уви́деть *pf*, ви́деть *impf*; **das Licht der Welt ~** (*umg*) появи́ться на свет
erbost adj серди́тый, рассе́рженный
erbrechen I. *irr* vt (*Briefe*) вскрыва́ть, вскрыть *pf*; II. *irr* vr рвать, вы- *pf*; **sich ~ müssen** тошни́ть; **jnd erbricht sich** кого́-л. рвёт
erbringen vt 1. (*beschaffen*) добыва́ть, -бы́ть *pf*; 2. (*leisten*) предоставля́ть, -ста́вить *pf*; **Dienstleistungen ~** предоставля́ть услу́ги; **den Beweis ~** привести́ доказа́тельство; **wirtschaftlichen Nutzen ~** дать экономи́ческий эффе́кт
Erbschaft f <-, -en> насле́дство *nt*; **eine ~ machen** получи́ть насле́дство
Erbschleicher, -in m/f <-s, -> лицо́ *nt*, пыта́ющееся обма́нным путём получи́ть насле́дство
Erbschleicherei f <gen: -> попы́тки *fpl* обма́нным путём получи́ть насле́дство
Erbse f <-, -n> горо́х *m*
Erbstück nt <-(e)s, -e> вещь, доста́вшаяся по насле́дству; **der Schrank ist ein ~ meiner Großmutter** шкаф - э́то ба́бушкино насле́дство
Erbteil nt <-(e)s, -e> до́ля f насле́дства
Erdbeben nt <-s, -> землетрясе́ние *nt*
Erdbeere f <-, -n> 1. клубни́ка f; 2. (*Wald~*) земляни́ка f
Erdbeschleunigung f <gen: -> ускоре́ние *nt* си́лы тя́жести
Erdbevölkerung f <gen: -> населе́ние f земли́
Erdboden m <gen: -s> земля́ f; **eine Stadt dem ~ gleich machen** сравня́ть го́род с землёй
Erde f <gen: -> 1. (*der Planet*) Земля́ f; 2. (*Erdreich*) земля́ f, по́чва f
erden vt (EL) заземля́ть, -мли́ть *pf*
erdenklich adj мы́слимый; **sich alle ~e Mühe geben** прилага́ть все возмо́жные уси́лия

Erdgas nt <gen: -es> приро́дный газ *m*
Erdgeschoss nt <-geschosses, -geschosse> пе́рвый эта́ж *m*
erdig adj земляно́й
Erdkunde f <gen: -> геогра́фия f
Erdmagnetismus m <gen: -> геомагнети́зм *m*
Erdmittelpunkt m <gen: -(e)s> центр *m* Земли́
Erdnuss f <-, -nüsse> ара́хис *m*
Erdoberfläche f <gen: -> пове́рхность f земли́
Erdöl nt <gen: -(e)s> нефть f; **~ exportierend** экспорти́рующий нефть
Erdölembargo nt <-s, -s> нефтяно́е эмба́рго *nt*
Erdöl exportierend adj экспорти́рующий нефть
Erdölförderindustrie f <gen: -> нефтедобыва́ющая промы́шленность f
Erdölförderland nt <-(e)s, -länder> нефтедобыва́ющая страна́ f
Erdölgeschäft nt <-(e)s, -e> нефтяно́й би́знес *m*
Erdölgesellschaft f <-, -en> нефтяна́я компа́ния f
Erdölraffinerie f <-, -en> нефтеперераба́тывающий заво́д *m*
Erdölvorkommen nt <-s, -> нефтяно́е месторожде́ние *nt*
erdreisten vr (*geh*) осме́ливаться, -литься *pf*
erdrosseln vt удави́ть *pf*, уда́вливать *impf*, души́ть, за- *pf*
erdrücken vt дави́ть, раз- *pf*, за- *pf*
Erdrutsch m <-(e)s, -e> о́ползень *m*
Erdteil m <-(e)s, -e> часть f све́та
Erdtrabant m <-(e)s, -en> спу́тник *m* земли́
erdulden vt выноси́ть, вы́нести *pf*
Erdumsegelung f <-, -en> кругосве́тное пла́вание *nt*
ereifern vr горячи́ться, по- *pf*; **sich wegen [o über] etw ~** горячи́ться по по́воду чего́-л.
ereignen vr происходи́ть, -изойти́ *pf*; **in den letzten Wochen hat sich viel ereignet** за после́дние неде́ли мно́гое произошло́
Ereignis nt <-ses, -se> собы́тие *nt*, происше́ствие *nt*; **die ~se überstürzen sich** происше́ствия сле́довали одно́ за други́м
ereignisreich adj бога́тый собы́тиями
Erektion f <-, -en> эре́кция f
Erektionsstörung f <-, -en> наруше́ние *nt* эре́кции
Eremit m <-en, -en> отше́льник *m*
Eremitage f <gen: -> Эрмита́ж *m*
erfahren I. *irr* vt 1. узнава́ть, -на́ть *pf*; **ich habe das erst heute ~** я об э́том то́лько сего́дня узна́л; 2. (*geh: die Erfahrung von*

etw machen) испы́тывать, испыта́ть *pf*; **er hat im Leben viel Ungerechtigkeit ~** он испыта́л в жи́зни мно́го несправедли́вости; II. *vi* узнава́ть, -на́ть *pf* (*von* +*dat* o +*gen*); **er hat rechtzeitig von diesem Angebot ~** он во́время узна́л об э́том предложе́нии; III. *adj* о́пытный, све́дущий.

Erfahrung *f* <-, -en> 1. (*einzelnes Erlebnis*) о́пыт *m*; **schlechte ~en machen** име́ть печа́льный о́пыт; **aus eigener ~ lernen** учи́ться на со́бственном о́пыте; **~en austauschen** обме́ниваться о́пытом 2. (*Summe der persönlichen Erfahrungen*) о́пыт *m*; **viel ~ besitzen** име́ть большо́й о́пыт

Erfahrungsaustausch *m* <*gen*: -es> обме́н *m* о́пытом

erfahrungsgemäß *adv* на осно́ве о́пыта, по о́пыту

erfassen *vt* 1. (*verstehen, begreifen*) понима́ть, -ня́ть *pf*, схва́тывать, -ти́ть *pf*; **sie kann alles sehr schnell ~** она́ всё схва́тывает на лету́; 2. (*registrieren*) регистри́ровать, за- *pf*; 3. (*überkommen*) охва́тывать, -ти́ть *pf*; **Verzweiflung erfasste sie** её охвати́ло отча́яние; 4. (*berücksichtigen*) включа́ть, -чи́ть *pf*, охва́тывать, -ти́ть *pf*; **diese Untersuchung erfasst auch kleinste Details** э́то иссле́дование охва́тывает всё до мельча́йших дета́лей; 5. (*mit Gewalt mitreißen*) сбива́ть, сбить *pf*; **der Mann wurde von der Lokomotive erfasst** мужчи́на был сбит локомоти́вом

Erfassung *f* <-, -en> (*Evidenz*) учёт *m*; **buchhalterische ~** бухга́лтерский учёт; **stichprobenartige ~** вы́борочный учёт; **laufende ~** теку́щий учёт; **~ von Daten** (DV) сбор да́нных

erfinden *irr vt* 1. (*eine Erfindung machen*) изобрета́ть, -брести́ *pf*; 2. (*sich ausdenken*) приду́мывать, -дума́ть *pf*; **diese Geschichte hat er doch nur erfunden** э́ту исто́рию он про́сто вы́думал

Erfinder, -in *m/f* <-s, -> изобрета́тель, -ница *m/f*

erfinderisch *adj* изобрета́тельный

Erfindung *f* <-, -en> изобрете́ние *nt*; **eine ~ machen** сде́лать изобрете́ние

Erfindungsgeist *m* <*gen*: -(e)s> тво́рческий ум *m*

Erfindungsreichtum *m* <*gen*: -s> изобрета́тельность *f*

Erfolg *m* <-(e)s, -e> 1. (*positives Ergebnis*) успе́х *m*, уда́ча *f*; **~ haben** име́ть успе́х; **~ versprechend** обеща́ющий успе́х; **viel ~!** успе́хов! **mit durchschlagendem ~** с огро́мным успе́хом; **von ~ gekrönt** уве́нчанный успе́хом; **einen ~ verzeichnen** име́ть успе́х; **jdm zu seinem ~ gratulieren** поздравля́ть кого́-л. с успе́хом 2. (*als Ergebnis der wirtschaftlichen Tätigkeit*) при́быль *m*; **negativer ~** отрица́тельный результа́т

erfolgen *vi* сле́довать, по- *pf*

erfolglos *adj* безуспе́шный, безрезульта́тный; **~ an der Börse spekulieren** неуда́чно спекули́ровать на би́рже; **~es Unternehmen** нерента́бельное предприя́тие

Erfolglosigkeit *f* <*gen*: -> безуспе́шность *f*

erfolgreich *adj* успе́шный, уда́чный

Erfolgsanalyse *f* <-, -n> ана́лиз *m* результати́вности

Erfolgsaussicht *f* <-, -en> шанс *m* на успе́х

Erfolgsbilanz *f* <-, -en> результати́вный бала́нс *m*

Erfolgserlebnis *nt* <-ses, -se> ощуще́ние *nt* уда́чи

Erfolgskonto *nt* <-s, -konten> результати́вный счёт *m*

Erfolgskontrolle *f* <-, -n> контро́ль *m* результа́та

Erfolgskurve *f* <-, -n> гра́фик *m* результа́тов де́ятельности

erfolgsorientiert *adj* ориенти́рующийся

Erfolgsrezept *nt* <-(e)s, -e> реце́пт *m* успе́ха

erfolgversprechend *adj* обеща́ющий успе́х

erforderlich *adj* необходи́мый

erfordern *vt* (*notwendig machen*) тре́бовать, по- *pf*; **diese Arbeit erfordert ein Höchstmaß an Konzentration** э́та рабо́та тре́бует высоча́йшей концентра́ции

Erfordernis *nt* <-ses, -se> тре́бование *nt*, потре́бность *f*

erforschen *vt* иссле́довать *impf/pf*

Erforschung *f* <*gen*: -> иссле́дование *nt*

erfragen *vt* расспра́шивать, -спроси́ть *pf*; **den Weg ~** расспроси́ть доро́гу

erfreuen I. *vt* ра́довать, об- *pf*; II. *vr* ра́доваться, об- *pf*; **sich an etw ~** обра́доваться чему́-л.

erfreulich *adj* ра́достный, отра́дный

erfreulicherweise *adv* к сча́стью

erfrieren *irr vi* 1. (*ein Körperteil*) обмора́живать, -ро́зить *pf*; 2. (*an Erfrierung sterben*) замерза́ть, -мёрзнуть *pf*

Erfrierung *f* <-, -en> обмороже́ние *nt*

erfrischen I. *vt* освежа́ть, -жи́ть *pf*; II. *vr* освежа́ться, -жи́ться *pf*

Erfrischung *f* <-, -en> 1. (*das Erfrischen*) освеже́ние *nt*; 2. (*Getränk, Speise*) прохлади́тельный напи́ток *m*, освежа́ющий напи́ток *m*; **darf ich Ihnen eine ~ anbieten?** позво́льте предложи́ть вам что́-нибудь освежа́ющее?

Erfrischungstuch *nt* <-(e)s, -tücher> освежа́ющая салфе́тка *f*

erfüllen I. *vt* 1. (*einen Raum ausfüllen*)

наполня́ть, -по́лнить *pf*; eine Stehlampe erfüllte den Raum mit einem warmen Licht торше́р наполня́л ко́мнату тёплым све́том; **2.** (*jdn innerlich beanspruchen*) быть *impf* по́лным; alle Mitarbeiter waren von ehrgeizigen Hoffnungen erfüllt все сотру́дники бы́ли полны́ честолюби́вых наде́жд; **3.** (*Vertrag, Pflicht*) выполня́ть, вы́полнить *pf*; **er erfüllte immer seine Aufgaben** он всегда́ выполня́л свои́ зада́чи; **II.** *vr* (*in Erfüllung gehen*) сбыва́ться, сбы́ться *pf*, исполня́ться, -по́лниться *pf*; **seine Wünsche sollten sich erst sehr viel später ~** его́ мечта́м суждено́ бы́ло испо́лниться мно́го по́зже

Erfüllung *f* <gen: -> исполне́ние *nt*, выполне́ние *nt*; **in ~ gehen** испо́лниться; **termingerechte ~ eines Auftrags** выполне́ние зака́за в срок; **~ einer Bedingung** исполне́ние усло́вия; **die ~ von Verbindlichkeiten** исполне́ние обяза́тельств

Erfüllungsgehilfe *m* <-n, -n> (JUR) помо́щник *m* должника́ при исполне́нии обяза́тельств

erfüllungshalber *adv* с це́лью исполне́ния

Erfüllungsort *m* <-(e)s, -e> (JUR) ме́сто *nt* исполне́ния (обяза́тельства)

ergänzen **I.** *vt* дополня́ть, -по́лнить *pf*, добавля́ть, -ба́вить *pf*; **verbesserte und ergänzte Ausgabe** испра́вленное и допо́лненное изда́ние; **die Lagerbestände ~** дополня́ть складски́е запа́сы; **einen Betrag ~** дополня́ть су́мму; **II.** *vt* дополня́ть, -по́лнить *pf* друг дру́га

Ergänzung *f* <-, -en> **1.** (*Nachtrag*) дополне́ние *nt*, добавле́ние *nt*; **Anmerkungen und ~en** примеча́ния и добавле́ния **2.** (*Komplettierung*) дополне́ние *nt*; **~ des Sortiments** дополне́ние ассортиме́нта

Ergänzungsband *m* <-(e)s, -bände> дополни́тельный том *m*

Ergänzungsbilanz *f* <-, -en> (ÖKON) дополни́тельный бала́нс *m*

ergattern *vt* (*umg*) раздобы́ть *pf*, -быва́ть *impf*

ergeben **I.** *irr vt* составля́ть, -та́вить *pf*, дава́ть, дать *pf*; **die Berechnung ergibt folgendes Ergebnis ...** подсчёт даёт сле́дующий результа́т ...; **II.** *irr vr* ока́зываться, -за́ться *pf*; **es hatte sich ~, dass ...** оказа́лось, что ...; **III.** *adj* пре́данный, ве́рный.

Ergebenheit *f* <gen: -> пре́данность *f*

Ergebnis *nt* <-ses, -se> **1.** (*Auswirkung*) после́дствие *nt*; **2.** (*einer Rechnung*) результа́т *m*; **angenähertes ~** приближённый результа́т; **dürftiges ~** неубеди́тельный результа́т; **die ~se** auswerten оцени́ть и обобщи́ть результа́ты

ergebnislos *adj* безрезульта́тный; **die Suche nach den Vermissten verlief ~** по́иски пропа́вших зако́нчились безрезульта́тно

Ergebnisprognose *f* <-, -n> прогно́з *m* результа́тов

Ergebnisverbesserung *f* <-, -en> улучше́ние *nt* результа́та

ergehen **I.** *irr vi* жи́ться *impf*; **jdm ergeht es gut/schlecht** кому́-л. живётся хорошо́/пло́хо; **II.** *irr vr* (*geh*) вдава́ться, вда́ться *pf*; **er erging sich in weitschweifigen Erklärungen** он углуби́лся в простра́нные разъясне́ния

ergiebig *adj* **1.** оби́льный; **diese Ernte war besonders ~** э́тот урожа́й был осо́бенно оби́льным; **2.** плодотво́рный; **seine Nachforschungen waren nicht sonderlich ~** его́ иссле́дования оказа́лись не осо́бенно плодотво́рными; **3.** (*Waschmittel*) эконо́мный

Ergometer *nt* <-s, -> эргоме́тр *m*

Ergonomie *f* <gen: -> эргоно́мика *f*

ergonomisch *adj* эргономи́ческий

ergötzen *vt* (*geh*) доставля́ть, -ста́вить *pf* наслажде́ние; **sich an etw ~** наслажда́ться чем-л.

ergreifen *irr vt* **1.** (*eine Sache*) хвата́ть, схвати́ть *pf*; **2.** (*das Wort*) брать, взять *pf*; **3.** (*die Macht*) захвати́ть *pf*, -хва́тывать *impf*

ergriffen *adj* взволно́ванный, тро́нутый

Erguss *m* <-es, Ergüsse> **1.** (*Bluterguss*) излия́ние *nt*; **2.** (*Samenerguss*) эякуля́ция *f*

erhaben *adj* **1.** (*erhebend*) возвыша́ющий; **ein ~es Kunstwerk** вели́кое произведе́ние иску́сства **2.** (*über den Dingen stehend*) быть вы́ше; **über jeden Zweifel ~** вне вся́кого сомне́ния; **über jeden Verdacht ~ sein** быть вы́ше вся́ких подозре́ний **3.** (*aus einer Fläche herausragend*) вы́пуклый, релье́фный

erhalten *irr vt* **1.** (*bekommen*) получа́ть, -чи́ть *pf*; **das Geld am Schalter ~** получа́ть де́ньги в ка́ссе; **eine Chance ~** получи́ть возмо́жность; **eine Mitteilung per Fax ~** получи́ть сообще́ние по фа́ксу; **einen abschlägigen Bescheid ~** получи́ть отка́з; **etwas als Geschenk ~** получи́ть что-л. в пода́рок; **etwas zugeschickt erhalten** получи́ть что-л. по по́чте **2.** (*bewahren*) сохраня́ть, -ни́ть *pf*; **gut ~e Kleidungsstücke** хорошо́ сохрани́вшаяся оде́жда; **Lebensmittel frisch ~** сохраня́ть проду́кты све́жими **3.** (*den Lebensunterhalt sichern*) содержа́ть *impf*; **wie soll er von dem Gehalt seine Familie ~?** как ему́ на э́ту зарпла́ту содержа́ть семью́?

erhältlich *adj* который можно получить; **nur auf Rezept** ~ можно получить только по рецепту
Erhaltung *f <gen: ->* сохранение *nt*, содержание *nt*
Erhaltungsaufwand *m <gen: -(e)s>* издержки *pl* по поддержанию в исправности
Erhaltungsmaßnahme *f <-, -n>* мера *f* по поддержанию в исправности
erhängen I. *vt* вешать, повесить *pf*; II. *vr* повеситься *pf*, вешаться *impf*
erhärten *vt* (*Verdacht*) подтверждать, -твердить *pf*
erheben I. *irr vt* 1. (*heben*) поднимать, -нять *pf*; **wer dafür ist, möge jetzt den Arm** ~ кто „за" - просьба поднять руку; 2. (*einziehen*) взыскивать, взыскать *pf*, собирать, -брать *pf*; **Daten** ~ собирать данные; **von jdm Steuern** ~ взыскивать налоги с кого-л.; **etwas zum Prinzip** ~ возвести в принцип что-л.; **zum Gesetz** ~ возвести в закон 3. (*vorbringen*) заявлять, -ить *pf*; **Ansprüche** ~ заявлять претензии; **Einspruch** ~ заявлять возражение; **Protest** ~ заявлять протест; II. *irr vr* (*aufstehen*) подниматься, -няться *pf*; **Einspruch** ~ заявлять протест
erheblich *adj* значительный
Erhebung *f <-, -en>* 1. (*Erfassung*) сбор *m*, учёт *m*; **repräsentative** ~ выборочный учёт; **statistische** ~ сбор статистических данных, статистическая перепись 2. (*Einziehung*) взимание *nt*; ~ **von Zöllen** взимание таможенной пошлины
Erhebungsstichtag *m <-(e)s, -e>* дата *f* переписи
erheitern *vt* веселить, развеселить *pf*
erheiternd *adj* смешной, забавный
Erheiterung *f <gen: ->* развлечение *nt*, увеселение *nt*
erhellen *vt* (*auch fig*) освещать, -ветить *pf*
erhitzen I. *vt* нагревать, -греть *pf*; II. *vr* нагреваться, -греться *pf*
erhoffen *vr* ожидать *impf*; **er erhoffte sich viel vom Leben** он многого ждал от жизни
erhöhen *vt* (*um einen Betrag/Prozentsatz*) повышать, выосить *pf*; **die Preise drastisch** ~ резко повысить цены; **die Steuern** ~ повышать налоги; **erhöhtes Risiko** повышенный риск
Erhöhung *f <-, -en>* (*das Steigern*) повышение *nt*; ~ **des Diskontsatzes** повышение процентной ставки; ~ **des Nutzeffekts** повышение эффективности
erholen *vr* отдыхать, -дохнуть *pf*; **sich von etw** ~ отдохнуть от чего-л.
erholsam *adj* способствующий отдыху

Erholung *f <gen: f>* отдых *m*
erholungsbedürftig *adj* нуждающийся в отдыхе
Erholungsgebiet *nt <-(e)s, -e>* зона *f* отдыха
Erholungsheim *nt <-(e)s, -e>* дом *m* отдыха
Erholungskur *f <-, -en>* лечебный отдых *m*
erhören *vt* слышать, услышать *pf*
erinnern I. *vt* напоминать, -помнить *pf*; **jdn an etw** ~ напомнить кому-л. о чём-л.; II. *vr* 1. помнить *impf*; 2. вспоминать, вспомнить *pf*; **sich an etw** ~ вспомнить что-л.
Erinnerung *f <-, -en>* 1. (*erinnerter Eindruck*) воспоминание *nt*; 2. (*Gedächtnis*) память *f*; **zur** ~ **an ...** на память о...
Erinnerungswerbung *f <-, -en>* напоминающая реклама *f*
erkälten *vr* простужаться, -студиться *pf*
Erkältung *f <-, -en>* простуда *f*
erkennbar *adj* заметный, узнаваемый
erkennen *irr vt* 1. (*sehen*) видеть, увидеть *pf*; **am Horizont konnte man ein Schiff** ~ на горизонте можно было различить корабль; 2. (*identifizieren*) узнавать, -нать *pf*, распознавать, -знать *pf* (*an +akk* по *+dat*); **man erkennt seine Bilder gleich an den prachtvollen Farben** его картины можно сразу узнать по великолепным краскам
erkenntlich : **sich** ~ **zeigen** отблагодарить кого-л.
Erkenntnis *f <-, -se>* осознание *nt*; **zu einer** ~ **gelangen** осознать
Erkennung *f <gen: ->* узнавание *nt*, опознание *nt*
Erkennungsmarke *f <-, -n>* личный знак *m* (солдата)
Erkennungszeichen *nt <-s, ->* опознавательный знак *m*; **als** ~ **sollte er eine Zeitung in der Hand halten** в качестве опознавательного знака он должен держать в руках газету
Erker *m <-s, ->* эркер *m*
erklärbar *adj* объяснимый, понятный
erklären I. *vt* 1. (*eine Erklärung von etw geben*) объяснять, -нить *pf*; **er erklärte uns diesen Zusammenhang** он объяснил нам эту взаимосвязь; **die neue Theorie erklärte alle diese Phänomene** новая теория объяснила все эти феномены; **das erklärt alles!** этим всё объясняется! 2. (*auf einer Versammlung*) заявлять, -вить *pf*; **er wurde vermisst erklärt** он был объявлен пропавшим; **sein Einverständnis** ~ заявлять о своём согласии; **sich mit jdm solidarisch** ~ заявлять о своей солидарности с кем-л.; II. *vr* объясняться, -ниться *pf*; **das erklärt sich wohl von selbst** само по

erklärlich *adj* себе́ поня́тно поня́тный, объясни́мый

Erklärung *f* <-, -en> **1.** (*Erläuterung*) объясне́ние *nt*; **ich schulde Dir eine ~** я до́лжен тебе́ ко́е-что объясни́ть; **2.** (*bindende Äußerung*) заявле́ние *nt*; **gemeinsame ~** совме́стное заявле́ние; **mündliche ~** у́стное заявле́ние; **öffentliche ~** публи́чное заявле́ние; **offizielle ~** официа́льное заявле́ние; **programmatische ~** програ́ммное заявле́ние; **schriftliche ~** пи́сьменное заявле́ние; **eine ~ abgeben** де́лать заявле́ние

Erklärungsbedarf *m* <gen: -(e)s> потре́бность *f* в объясне́нии

Erklärungstag *m* <-(e)s, -e> (BÖRSE) день *m* обьявле́ния репо́рта

erklingen *irr vi* зазвене́ть *pf*, зазвуча́ть *pf*

erkranken *vi* заболе́ть *pf*, -лева́ть *impf*; **an etw ~** заболе́ть чём-л.

Erkrankung *f* <-, -en> заболева́ние *nt*

erkunden *vt* разве́дывать, -дать *pf*

erkundigen *vr* справля́ться, спра́виться *pf*, узнава́ть, -на́ть *pf*; **sich nach dem Weg ~** узнава́ть доро́гу

Erkundigung *f* <-, -en> спра́вка *f*; **~en einziehen** наводи́ть спра́вки

Erlagsschein *m* <-(e)s, -e> (*Überweisungsformular*) бланк *m* де́нежного перево́да

erlahmen *vi* **1.** (*lahm werden*) отнима́ться, -ня́ться *pf*; **2.** (*geh: nachlassen*) ослабева́ть, -бе́ть *pf*; **das Interesse erlahmte sehr rasch** интере́с бы́стро ослабе́л

erlangen *vt* достига́ть, -сти́чь *pf*, получа́ть, -чи́ть *pf*

Erlass *m* <-es, -e> **1.** (*Verordnung*) ука́з *m*, предписа́ние *nt*; **einen ~ verabschieden** издава́ть ука́з **2.** (*Herausgabe*) изда́ние *nt*; **~ eines Gesetzes** изда́ние зако́на **3.** (*Aufhebung*) освобожде́ние *nt*, отме́на *f*; **~ einer Strafe** отме́на наказа́ния **4.** (*Herabsetzung*) уменьше́ние *nt*; **~ der Steuern** уменьше́ние нало́гов

erlassen *irr vt* **1.** (*Verordnung*) издава́ть, -да́ть *pf*; **2.** (*Schulden*) проща́ть, прости́ть *pf*; **jdm eine Strafe ~** освободи́ть кого́-л. от наказа́ния

erlauben I. *vt* разреша́ть, -ши́ть *pf*; **jdm etw ~** разреши́ть кому́-л. что́-л.; **II.** *vr* позволя́ть, -во́лить *pf*; **es ist ungeheuerlich, was die sich in letzter Zeit ~** невероя́тно, что они́ себе́ позволя́ют в после́днее вре́мя

Erlaubnis *f* <-, -se> разреше́ние *nt*, позволе́ние *nt*; **jdm eine ~ geben** разреши́ть кому́-л.

erläutern *vt* поясня́ть, -сни́ть *pf*, объясня́ть, -ни́ть *pf*

Erläuterung *f* <-, -en> поясне́ние *nt*, объясне́ние *nt*

Erle *f* <-, -n> ольха́ *f*

erleben *vt* **1.** (*die Erfahrung von etw machen*) пережива́ть, -жи́ть *pf*; **er erlebte mit ihr den schönsten Urlaub seines Lebens** он провёл с ней лу́чший о́тпуск свое́й жи́зни; **ich möchte einmal ~, dass du pünktlich bist** я хочу́ оди́н раз ви́деть, как ты придёшь во́время; **2.** (*jdn in einer bestimmten Weise erfahren*) ви́деть, уви́деть *pf*; **man musste ihn einmal erlebt haben** его́ ну́жно бы́ло оди́н раз уви́деть; **3.** (*noch am Leben sein*) дожива́ть, -жи́ть *pf*; **die Hochzeit seiner Tochter hat er leider nicht mehr erlebt** до сва́дьбы свое́й до́чери он к сожале́нию не дожи́л

Erlebensfallversicherung *f* <-, -en> страхова́ние *nt* на дожи́тие

Erlebnis *nt* <-ses, -se> собы́тие *nt*; **zum ~ werden** стать больши́м собы́тием

erledigen *vt* **1.** (*ausführen*) выполня́ть, вы́полнить *pf*, исполня́ть, -по́лнить *pf*; **das Problem ist erledigt** пробле́ма решена́; **Botengänge ~** исполня́ть поруче́ния; **eine Arbeit gewissenhaft ~** добросо́вестно вы́полнить рабо́ту; **notwendige Einkäufe ~** де́лать необходи́мые поку́пки **2.** (*bearbeiten*) обраба́тывать, -рабо́тать *pf*; **die Post ~** обраба́тывать корреспонде́нцию

Erledigung *f* <-, -en> **1.** (*Durchführung*) исполне́ние *nt*, оконча́ние *nt*; **2.** (*Tilgung*) ликвида́ция *f*, погаше́ние *nt*

erlegen *vt* (*Tier*) убива́ть, уби́ть *pf*

erleichtern *vt* **1.** (*etw einfacher machen*) облегча́ть, -чи́ть *pf*; **dieses Computerprogramm erleichtert die Arbeit ungemein** э́та компью́терная програ́мма чрезвыча́йно облегча́ет рабо́ту; **2.** (*von Sorge befreien*) успока́ивать, -ко́ить *pf*; **nach dem Geständnis wirkte er sichtlich erleichtert** по́сле призна́ния он вы́глядел я́вно успоко́енным; **3.** (*umg: bestehlen*) обкра́дывать, обокра́сть *pf*; **die Diebe haben ihn um 1000 Euro erleichtert** во́ры обокра́ли его́ на 1000 е́вро

Erleichterung *f* <-, -en> облегче́ние *nt*; **das Medikament verschaffte dem Kranken ~** лека́рство принесло́ больно́му облегче́ние

erleiden *irr vt* терпе́ть, по- *pf*; **sie haben eine Niederlage erlitten** они́ потерпе́ли пораже́ние

erlernbar *adj* поддаю́щийся изуче́нию

erlernen *vt* изуча́ть, -чи́ть *pf*

erlesen *adj* отбо́рный, и́збранный

erleuchten *vt* **1.** (*mit Licht*) освеща́ть, -вети́ть *pf*; **der Saal war von Kronleuchtern festlich erleuchtet** зал был пра́зднично освещён лю́страми; **2.** (*geh: geistig, spirituell*) озаря́ть, -ри́ть *pf*

Erleuchtung *f* <gen: -> просветле́ние *nt*,

озаре́ние nt
erlitt prät von **erleiden**
erlogen adj ло́жный, лжи́вый
Erlös m <-es, -e> вы́ручка f; ~e aus Lizenzen вы́ручка от реализа́ции лице́нзий; den ~ maximieren добива́ться максима́льной вы́ручки
Erlösberichtigung f <-, -en> (ÖKON) корректиро́вка f объёма вы́ручки
erlosch prät von **erlöschen**
erloschen adj (Vulkan) поту́хший
erlöschen vi <erlosch, erloschen> га́снуть, по- pf, ту́хнуть, по- pf
Erlöschen nt <gen: -s> 1. (Beendigung) прекраще́ние nt; ~ des Vertrages прекраще́ние де́йствия догово́ра; ~ einer Firma прекраще́ние существова́ния фи́рмы; ~ einer Versicherung прекраще́ние страхова́ния; ~ der Vollmacht прекраще́ние де́йствия дове́ренности 2. (Ablauf) истече́ние nt; nach ~ der Frist по истече́нии сро́ка 3. (Tilgung) погаше́ние nt; ~ einer Schuld погаше́ние до́лга; ~ durch Verjährung погаше́ние за да́вностью 4. (Verfall) поте́ря f; ~ des Anspruchs поте́ря пра́ва притяза́ния
erlösen vt избавля́ть, -ба́вить pf; jdn von etw ~ спасти́ кого́-л. от чего́-л.
Erlöskonto nt <-s, -konten> счёт m на дохо́д
Erlösschmälerung f <-, -en> уменьше́ние nt вы́ручки
Erlösung f <gen: -> избавле́ние nt, спасе́ние nt; der Tod stellte für den Kranken eine ~ dar смерть была́ для больно́го избавле́нием
ermächtigen vt уполномо́чивать, -чить pf (zu +akk на)
Ermächtigung f <-, -en> полномо́чие nt
Ermächtigung f <-, -en> полномо́чие nt; jdm die ~erteilen дава́ть кому́-л. полномо́чия
ermahnen vt предостерега́ть, -ре́чь pf
Ermahnung f <-, -en> предостереже́ние nt, предупрежде́ние nt
ermäßigen vt уменьша́ть, уме́ньшить pf, снижа́ть, сни́зить pf
Ermäßigung f <-, -en> 1. (Rabatt) ски́дка f, льго́та f; Kinder unter 10 Jahren erhalten ~ де́ти до 10 лет получа́ют ски́дку; 2. (Verringerung) пониже́ние nt; ~ des Preises пониже́ние цены́
ermattet adj изнурённый
ermessen irr vt измеря́ть, -ме́рить pf; das Ausmaß der Katastrophe kann man noch nicht ~ масшта́б катастро́фы ещё нельзя́ определи́ть
Ermessen nt <gen: -s> мне́ние nt, усмотре́ние nt; nach menschlichem ~ наско́лько мо́жно суди́ть; nach freiem ~ по со́бственному усмотре́нию

Ermessensfrage f <-, -n> вопро́с m на чьё-ли́бо усмотре́ние
ermitteln vt выясня́ть, вы́яснить pf, рассле́довать impf/pf; die Polizei ermittelt bereits in diesem Fall поли́ция занима́ется рассле́дованием э́того слу́чая
Ermittlung f <-, -en> рассле́дование nt; die Polizei hat ihre ~en eingestellt поли́ция прекрати́ла рассле́дование
Ermittlungsbehörde f <-, -n> сле́дственный о́рган m
ermöglichen vt де́лать, сде́лать pf возмо́жным
ermorden vt убива́ть, уби́ть pf
Ermordung f <-, -en> уби́йство nt
ermüden I. vt утомля́ть, -ми́ть pf; das Training hat die Sportler ermüdet трениро́вка утоми́ла спортсме́нов; II. vi устава́ть, уста́ть pf
Ermüdung f <gen: -> утомле́ние nt, уста́лость f
Ermüdungserscheinung f <-, -en> при́знак m уста́лости
ermuntern vt ободря́ть, -дри́ть pf
ermutigen vt ободря́ть, -дри́ть pf; jdn zu etw ~ воодушеви́ть кого́-л. на что́-л.
ernähren I. vt 1. (Nahrung geben) корми́ть, на- pf; zuletzt musste er künstlich ernährt werden в конце́ он до́лжен был получа́ть иску́сственное пита́ние; 2. (den Lebensunterhalt sichern) содержа́ть impf; von dem Gehalt kann er kaum seine Familie ~ на зарпла́ту он едва́ мо́жет содержа́ть семью́; II. vr пита́ться impf; sich von etw ~ пита́ться че́м-л.
Ernährer, -in m/f <-s, -> корми́лец, -лица m/f
Ernährung f <gen: -> пита́ние nt; ausgewogene/einseitige ~ уравнове́шенное/односторо́ннее пита́ние
Ernährungsgewohnheiten pl <gen: -> привы́чки fpl пита́ния
Ernährungswissenschaft f <gen: -> диетоло́гия f
Ernährungswissenschaftler, -in m/f <-s, -> дието́лог m
ernennen irr vt назнача́ть, -на́чить pf, производи́ть, -вести́ pf; er wurde zum Oberbefehlshaber der Truppen ernannt он был произведён в главнокома́ндующие войска́ми
Ernennung f <-, -en> назначе́ние nt (на до́лжность), произво́дство nt (в офице́ры)
Ernennungsurkunde f <-, -n> вери́тельная гра́мота f
erneuern I. vt 1. (auswechseln) обновля́ть, -ви́ть pf, заменя́ть, -мени́ть pf; 2. (wieder aufleben lassen) возобновля́ть, -ви́ть pf; eine Freund-

schaft ~ возобновить дружбу; II. vr (nachwachsen) обновляться, -виться pf
Erneuerung f <-, -en> обновление nt
erneut adj обновлённый, новый
erniedrigen vt унижать, унизить pf
ernst adj 1. (Mensch, Lage) серьёзный; 2. (wichtig) важный
Ernst m <gen: -es> серьёзность f; **im ~!** серьёзно! **~ gemeint** серьёзный; **der ~ des Lebens** проза жизни
Ernstfall m <-(e)s, -fälle>: **im ~** в случае реальной опасности
ernst gemeint adj серьёзный
ernsthaft adj серьёзный, настоятельный
ernstlich adj серьёзный, настоятельный
Ernte f <-, -n> урожай m
Erntedankfest nt <gen: -(e)s> праздник m урожая
ernten vt 1. убирать, убрать pf урожай; 2. (fig) пожинать, -жать pf (славу)
Ernteverluste pl <gen: -> потери fpl при уборке урожая
Ernüchterung f <-, -en> отрезвление nt
Eroberer m <-s, -> завоеватель m
erobern vt завоёвывать, -воевать pf, захватывать, -тить pf
Eroberung f <-, -en> завоевание nt, захват m
eröffnen I. vt 1. (Geschäft) открывать, -крыть pf; **hier eröffnet nächsten Monat ein Kaufhaus** в следующем месяце здесь откроется универмаг; 2. (offenbaren) открывать, -крыть pf, сообщать, -щить pf; **er sagte, er habe mir etw zu ~** он сказал, что должен сообщить мне что-то; 3. (beginnen) открывать, -крыть pf, начинать, -чать pf; **die Ansprache mit einer Begrüßung ~** начинать речь с приветствия; **eine Sitzung ~** открывать заседание; **ein Akkreditiv ~** открывать аккредитив; **ein Büro ~** открывать офис; **ein Konto ~** открывать счёт 4. (amtlich öffnen) вскывать, вскрыть pf; **ein Testament ~** вскрывать завещание; II. vr открываться, -крыться pf; **der Medizin ~ sich ganz neue Möglichkeiten** медицине открываются совершенно новые возможности
Eröffnung f <-, -en> 1. (eines Geschäfts) открытие nt; 2. (Mitteilung) сообщение nt; **diese ~ traf sie hart** это сообщение страшно подействовало на неё
Eröffnungsbank f <-, -en> банк m, открывший аккредитив
Eröffnungsbilanz f <-, -en> начальный баланс m; **eine ~ erstellen** составлять начальный баланс
Eröffnungsbuchungen pl вступительное занесение nt на счёт
Eröffnungsfeier f <-, -n> церемония f открытия

Eröffnungskurs m <-es, -e> (BÖRSE) курс m при открытии биржи
erogen: **die ~en Zonen** эрогенные зоны
erörtern vt обсуждать, -судить pf, разбирать, -зобрать pf
Erörterung f <-, -en> обсуждение nt, разбор m
Erosion f <-, -en> эрозия f
Erosionsschutz nt <gen: -es> защита f от эрозии
Erotik f <gen: -> эротика f
erotisch adj эротический
erpicht: **auf etw ~sein** быть падким на что-л.
erpressen vt шантажировать impf; **jd versuchte, sie mit Fotos zu ~** кто-то пытался её шантажировать фотографиями
Erpresser, -in m/f <-s, -> шантажист, -ка m/f
Erpresserbrief m <-(e)s, -e> письмо nt с целью шантажа
Erpressung f <-, -en> шантаж m, вымогательство nt
erproben vt испытывать, -тать pf
Erprobung f <-, -en> испытание nt
erraten irr vt разгадывать, -дать pf
errechnen vt рассчитывать, -считать; **den Prozentsatz ~** вычислять процент
erregbar adj возбудимый
Erregbarkeit f <gen: -> возбудимость f, раздражительность f
erregen vt 1. (aufregen) возбуждать, -будить pf, вызывать, вызвать pf возбуждение; 2. (sexuell) возбуждать, -будить pf; 3. (Aufmerksamkeit) привлекать, -влечь pf внимание
Erreger m <-s, -> (MED) возбудитель m
Erregung f <gen: -> возбуждение nt, волнение nt
erreichbar adj досягаемый, достижимый; **das Hotel ist gut mit öffentlichen Verkehrsmitteln ~** до гостиницы можно легко добраться общественным транспортом
Erreichbarkeit f <gen: -> 1. (Durchführbarkeit) достижимость f; **~ des gestellten Ziels** достижимость поставленной цели 2. (Zugänglichkeit) доступность f
erreichen vt 1. (ein Zielort gelangen) достигать, -стигнуть pf; **die Expedition erreichte nach einem Monat den Südpol** спустя один месяц экспедиция достигла южного полюса; **die Volljährigkeit ~** достигнуть совершеннолетия; **im Leben etwas ~** добиться чего-л. в жизни; **etwas durch Zähigkeit ~** добиться чего-л. упорством 2. (telefonisch) заставать, -стать pf; **er ist tagsüber nur schwer zu ~** его очень трудно застать в течение дня; 3. (etwas durchsetzen) достигать, -стичь pf, добиваться, -биться pf

errichten *vt* 1. (*bauen*) сооружа́ть, -руди́ть *pf*; 2. (*gründen*) осно́вывать, основа́ть *pf*; **eine Niederlassung ~** откры́ть филиа́л
erringen *vt* добива́ться, -би́ться *pf*
erröten *vi* красне́ть, по- *pf*
Errungenschaft *f* <-, en> 1. (*technisch, kulturell*) достиже́ние *nt*; **eine ~ der modernen Medizin** достиже́ние совреме́нной медици́ны 2. (*umg: Anschaffung*) приобрете́ние *nt*
Ersatz *m* <*gen:* -es> 1. (*das, was als Ersatz dient*) заме́на *f*; 2. (*Entschädigung*) возмеще́ние *nt*; **gegen ~ der Spesen** с компенса́цией расхо́дов 3. (*Ersetzung*) замеще́ние *nt*, заме́на *f*; **~ von Arbeitskräften** замеще́ние рабо́чей си́лы
Ersatzdienst *m* <*gen:* -es> альтернати́вная слу́жба *f* (в а́рмии)
Ersatzdroge *f* <-, -n> фармаколоѓический препара́т, прописываемый наркома́нам, чтобы помо́чь им отвы́кнуть от опа́сного нарко́тика
Ersatzleistung *f* <-, en> возмеще́ние *nt*, вознагражде́ние *nt*; **~ seitens des Versicherers** страхово́е вознагражде́ние
ersatzlos *adj* не име́ющий заме́ны
Ersatzkandidat *m* <-en, -en> резе́рвный кандида́т *m*
Ersatzmann *m* <-es, -männer *o* -leute> замести́тель *m*
Ersatzreifen *m* <-s, -> запасна́я покры́шка *f*
Ersatzspieler *m* <-s, -> (SPORT) запасно́й игро́к *m*
Ersatzteil *nt* <-(e)s, -e> запасна́я часть *f*
Ersatzteillager *nt* <-s, -> склад *m* запа́сных часте́й
Ersatzteilversorgung *f* <*gen:* -> снабже́ние *nt* запа́сными частя́ми
ersaufen *irr vi* (*umg*) утону́ть *pf*, тону́ть *impf*
ersäufen *vt* утопи́ть *pf*, топи́ть *impf*
erschaffen *irr vt* (*geh*) создава́ть, -да́ть *pf*; **Gott hat die Welt ~** бог созда́л мир
erscheinen *irr vi* 1. (*sichtbar werden*) появля́ться, -ви́ться *pf*, возника́ть, -ни́кнуть *pf*; **auf dem Bildschirm erschien ein Zeichen** на экра́не появи́лся знак; 2. (*im Traum*) явля́ться, яви́ться *pf*; **im Traum erschien ihm sein Bruder** во сне́ ему́ яви́лся брат; 3. (*Buch, Zeitung*) выходи́ть, вы́йти *pf*; **das Magazin erscheint vierteljährlich** журна́л выхо́дит раз в кварта́л
Erscheinung *f* <-, -en> 1. (*das Erscheinen*) появле́ние *nt*; **in ~ treten** появи́ться 2. (*Persönlichkeit*) вне́шность *f*, о́блик *m*; **eine stattliche ~** представи́тельная вне́шность

erschießen *irr vt* застрели́ть *pf*, -стре́ливать *impf*
Erschießung *f* <*gen:* -> расстре́л *m*
erschlaffen *vi* ослабева́ть, -бе́ть *pf*
Erschlaffung *f* <*gen:* -> сла́бость *m*, изнеможе́ние *nt*
erschlagen *irr vt* убива́ть, уби́ть *pf*
erschleichen *irr vr* (*pej*) выма́нивать, вы́манить *pf*, приобрета́ть, -брести́ *pf* нече́стным путём; **sich jds Vertrauen ~** втере́ться в чьё-л. дове́рие
erschließen *irr vt* 1. (*aus etw schließen*) заключа́ть, -чи́ть *impf*, де́лать, сде́лать *pf* вы́вод; 2. (*Erdölvorkommen ~*) вскрыва́ть, вскрыть *pf*, осва́ивать, -во́ить *pf*
Erschließung *f* <-, -en> 1. (*von neuem Gebiet*) освое́ние *nt*, откры́тие *nt*; **~ eines neuen Marktes** освое́ние но́вого ры́нка 2. (*Auffinden*) изыска́ние *nt*; **~ neuer Energiequellen** освое́ние но́вых исто́чников эне́ргии
Erschließungskosten *pl* <*gen:* -> затра́ты *pl* на освое́ние
erschöpfen *vt* исчерпа́ть *pf*, -че́рпывать *impf*
erschöpft *adj* изнурённый, без сил, уста́лый
Erschöpfung *f* <*gen:* -> изнеможе́ние *nt*, истоще́ние *nt*
erschrecken I. *vt* пуга́ть, ис- *pf*; II. *vi* <erschrak, erschrocken> пуга́ться, ис- *pf*
erschrocken *adj* испу́ганный
erschüttern *vt* 1. сотряса́ть, -сти́ *pf*; 2. (*auch fig*) потряса́ть, -сти́ *pf*
Erschütterung *f* <-, -en> 1. сотрясе́ние *nt*; 2. (*seelisch*) потрясе́ние *nt*
erschweren *vt* затрудня́ть, -ни́ть *pf*, осложня́ть, -ни́ть *pf*
Erschwerniszulage *f* <-, -n> надба́вка *f* за тру́дные усло́вия
erschwinglich *adj* досту́пный (по цене́)
ersetzbar *adj* замени́мый
ersetzen *vt* 1. заменя́ть, -ни́ть *pf*; **etw durch etw ~** замени́ть что-л. чем-л. 2. (*erstatten*) возмеща́ть, -мести́ть *pf*; **Reisekosten ~** возмести́ть командиро́вочные расхо́ды; **einen Schaden ~** возмести́ть уще́рб
ersichtlich *adj* ви́димый, ви́дный; **daraus ist ~** отсю́да я́вствует
Ersitzung *f* <-, -en> приобрете́ние *nt* пра́ва со́бственности по да́вности владе́ния
ersparen *vt* 1. (*Geld*) копи́ть, на- *pf*, эконо́мить, сэконо́мить *pf*; 2. (*jdn mit etw verschonen*) избавля́ть, -ба́вить *pf*; **ich versuche, ihm unnötige Arbeit zu ~** я постара́юсь изба́вить его́ от нену́жной рабо́ты
Ersparnis *f* <-, -se> 1. (*Minderverbrauch*) эконо́мия *f*; **~ an Arbeit** эконо́мия в рабо́те; **~ an Brennstoff** эконо́мия

то́плива; ~ an Kosten эконо́мия в расхо́дах 2. (*Spargeld*) сбереже́ние *nt*; auf ~se zurückgreifen испо́льзовать сбереже́ния

erstarren *vi* затвердева́ть, -де́ть *pf*, застыва́ть, -сты́ть *pf*

Erstarrung *f* <gen: -> оцепене́ние *nt*

erstatten *vt* возврати́ть *pf*, -враща́ть *impf*, верну́ть *pf*

Erstattung *f* <-, -en> 1. (*Ersetzung*) возмеще́ние *nt*; ~ der Unkosten возмеще́ние накладны́х расхо́дов 2. (*Rückzahlung*) возвра́т *m*

Erstaufführung *f* <-, -en> премье́ра *f*

erstaunen *vt* удивля́ть, -ви́ть *pf*, изумля́ть, -ми́ть *pf*

Erstaunen *nt* <gen: -s> удивле́ние *nt*, изумле́ние *nt*; zu meinem ~ к моему́ удивле́нию; jdn in ~ versetzen поверга́ть кого́-л. в изумле́ние

erstaunlich *adj* удиви́тельный, порази́тельный

erstaunlicherweise *adv* удиви́тельным о́бразом

erstbeste(r,s) *adj* любо́й, пе́рвый попа́вшийся

erste(r,s) *num* (*Ordinalzahl zu eins*) пе́рвый; du bist der Erste, der das bemerkt ты пе́рвый, кто э́то заме́тил; es war Liebe auf den ~n Blick э́то была́ любо́вь с пе́рвого взгля́да

erstechen *irr vt* заколо́ть *pf*, -ка́лывать *impf*

erstehen I. *irr vi* (*geh: das alte Schloss ersteht in neuem Glanz*) возрожда́ться, -роди́ться *pf*; **II.** *vt* (*kaufen*) приобрета́ть, -брести́ *pf*

Erste-Hilfe-Kasten *m* <-s, -kästen> апте́чка *f* самопо́мощи

ersteigern *vt* покупа́ть, купи́ть *pf* на аукцио́не

erstellen *vt* сооружа́ть, -руди́ть *pf*, возводи́ть, -вести́ *pf*

Erstellung *f* <-, -en> созда́ние *nt*

Erstellungsdatum *nt* <-s, -daten> (DV) да́та созда́ния

erste Mal *adv*: das erste Mal (в) пе́рвый раз

erstens *num* во-пе́рвых

erstere(r,s) *adj* пе́рвый (из двух); ~..., letzterer ... пе́рвый..., после́дний...

erstgeboren *adj* пе́рвый, ста́рший (о ребёнке)

ersticken I. *vt* 1. (*Menschen*) души́ть, за- *pf*; 2. (*Feuer*) туши́ть, по- *pf*, за- *pf*; **II.** *vi* дави́ться, по- *pf*, задохну́ться *pf*, -дыха́ться *impf*; er wäre fast an einer Gräte erstickt он чу́ть не подави́лся ры́бной ко́сточкой

Erstickungsanfall *m* <-(e)s, -anfälle> при́ступ *m* удушья

erst *adv* 1. (*als erstes*) сперва́, пре́жде; 2. (*nicht früher*) то́лько, лишь; sie ist ~ jetzt gekommen она́ то́лько сейча́с пришла́; 3. (*am Anfang*) снача́ла; ~ waren sie begeistert, dann enttäuscht снача́ла они́ бы́ли в восто́рге, пото́м разочарова́лись; 4. (*nur*) то́лько, лишь; ich habe ~ die Hälfte der Arbeit erledigt я сде́лал лишь полови́ну рабо́ты

erstklassig *adj* первокла́ссный

Erstkommunion *f* <gen: -> (REL) пе́рвое прича́стие *nt*

erstmalig *adj* пе́рвый

erstmals *adv* впервы́е

erstrebenswert *adj* жела́емый, жела́нный

erstrecken *vr* простира́ться, -стере́ться *pf*; sich nach Norden nach Süden ~ простира́ться с се́вера на юг

Erstschlag *m* <-es, -schläge> (MIL) пе́рвый уда́р *m*

Erstsemester *nt* <-s, -> первоку́рсник, -ница *m/f*

ersuchen *vt* проси́ть, по- *pf*; jdn um etw ~ обрати́ться к кому́-л. с про́сьбой о чём-л.

ertappen *vt* пойма́ть *pf*, лови́ть *impf*; jdn bei etw ~ засти́чь кого́-л. за чём-л.

erteilen *vt* 1. дава́ть, дать *pf*; 2. (*Verweis*) де́лать, сде́лать *pf*; 3. (*Unterricht*) дава́ть, дать *pf*

Erteilung *f* <-, -en> вы́дача *f*, присужде́ние *nt*

ertönen *vi* звуча́ть, за- *pf*, раздава́ться, -да́ться *pf*

Ertrag *m* <-(e)s, Erträge> 1. (*Gewinn*) дохо́д *m*, вы́ручка *f*; neutraler ~ нейтра́льный дохо́д; ~ aus Beteiligungen дохо́д от уча́стия в предприя́тиях; ~ abwerfen дава́ть дохо́д; Erträge erwirtschaften получа́ть при́быль 2. (*Ernteertrag*) урожа́й *m*; ~ je Hektar урожа́й с гекта́ра

ertragen *irr vt* терпе́ть, вы- *pf*, переноси́ть, -нести́ *pf*

erträglich *adj* терпи́мый, сно́сный

ertragreich *adj* дохо́дный

Ertragsberechnung *f* <-, -en> исчисле́ние *nt* дохо́дов

Ertragskraft *f* <gen: -> дохо́дность *f*

Ertragslage *f* <-, -n> у́ровень *m* дохо́дов

Ertragssteigerung *f* <-, -en> рост *m* дохо́дов

Ertragsteuer *f* <-, -n> нало́г *m* на при́быль

Ertragswert *m* <-(e)s, -e> чи́стая при́быль *f* с капита́ла

Ertragszuwachs *m* <-es, -zuwächse> рост *m* дохо́дов

ertränken *vt* топи́ть, утопи́ть *pf*

erträumen *vr* вообража́ть, -брази́ть *pf*, представля́ть, -ста́вить *pf* себе́

ertrinken *irr vi* тону́ть, утону́ть *pf*

erübrigen I. *vt* (*übrigbehalten*) сберега́ть, -ре́чь *pf*; Zeit für jdn/etw ~ удели́ть

кому́-л./чему́-л. вре́мя; II. *vr* быть *impf* изли́шним; **damit erübrigt sich jeder weitere Versuch** э́то де́лает изли́шним любы́е дальне́йшие попы́тки
eruieren *vt* (*geh*) устана́вливать, -нови́ть *pf*
erwachen *vi* просыпа́ться, -сну́ться *pf*
erwachsen *adj* взро́слый
erwachsen *vi* возника́ть, -ни́кнуть *pf*; **aus diesen Rechten ~ bestimmte Pflichten** из э́тих прав вытека́ют определённые обя́занности
Erwachsene(r) *mf* <-n, -n> взро́слый *m*
Erwachsenenbildung *f* <*gen*: -> обуче́ние *nt* взро́слых
erwägen *vt* взве́шивать, взве́сить *pf*, обду́мывать, -мать *pf*
Erwägung *f* <-, -en> соображе́ние *nt*; **etw in ~ ziehen** принима́ть что́-л. во внима́ние; **sachliche ~en** деловы́е соображе́ния; **aus taktischen ~en** по такти́ческим соображе́ниям
erwähnen *vt* упомина́ть, -мяну́ть *pf*
erwähnenswert *adj* досто́йный упомина́ния
Erwähnung *f* <-, -en> упомина́ние *nt*
erwärmen I. *vt* греть *impf*, согрева́ть, -греть *pf*; II. *vr* согрева́ться, -гре́ться *pf*; **sich für jdn/etw ~** (*umg*) заинтересова́ться кем-л./чем-л.
Erwärmung *f* <-, -en> нагрева́ние *nt*
erwarten *vt* 1. (*auf jdn warten*) ожида́ть *impf*, ждать *impf*; **ich erwarte Sie morgen früh in meinem Büro** я жду вас за́втра у́тром в моём бюро́; **es kaum noch ~ können** не мочь дожда́ться чего́-л. 2. (*eine Erwartung an jdn/etw haben*) ожида́ть *impf*, ждать *impf*; **er erwartet viel von seinem Sohn** он мно́гого ждёт от своего́ сы́на; **ein Kind ~** ждать ребёнка
Erwartung *f* <-, -en> ожида́ние *nt*
erwartungsgemäß *adv* как и сле́довало ожида́ть
Erwartungshaltung *f* <-, -en> ожида́ние *nt*
erwartungsvoll *adj* по́лный наде́жды, по́лный ожида́ний
erwecken *vt* (*Gefühle*) буди́ть, про- *pf*
erwehren *vr* сопротивля́ться *impf*; **er konnte sich des Gedankens nicht ~, dass ...** он не мог отде́латься от мы́сли, что...
erweichen *vt* 1. размягча́ть, -чи́ть *pf*; 2. (*auch fig*) смягча́ть, -чи́ть *pf*
erweisen *irr vt* ока́зывать, -за́ть *pf*; **jdm einen Gefallen ~** сде́лать кому́-л. одолже́ние; **es ist erwiesen, dass** дока́зано, что; **jdm einen Dienst ~** ока́зывать кому́-л. услу́гу; **jdm einen Gefallen ~** делать кому́-л. одолже́ние
erweitern *vt* расширя́ть, -ши́рить *pf*; **das Warensortiment ~** расширя́ть

ассортиме́нт това́ров; **die Wirtschaftsbeziehungen ~** расширя́ть экономи́ческие свя́зи; **einen Geschäftsbereich ~** расширя́ть сфе́ру де́ятельности
Erweiterung *f* <-, -en> расшире́ние *nt*; **~ der Einflusssphäre** расшире́ние влия́ния; **~ der Geschäftstätigkeit** расшире́ние комме́рческой де́ятельности; **~ der Kapazitäten** расшире́ние произво́дственных мо́щностей; **~ der Produktion** расшире́ние произво́дства
Erweiterungsbau *m* <*gen*: -s> пристро́йка *f*
Erweiterungsinvestition *f* <-, -en> экстенси́вные капиталовложе́ния *pl*
Erwerb *m* <*gen*: -(e)s> 1. (*Tätigkeit*) рабо́та *f*, про́мысел *m*; 2. (*eines Grundstücks*) приобрете́ние *nt*, поку́пка *f*; **~ von Aktien** приобрете́ние а́кций; **~ von Eigentum** приобрете́ние пра́ва со́бственности; **~ von Kenntnissen** приобрете́ние зна́ний; **~ der Staatsbürgerschaft** приобрете́ние гражда́нства 3. (*Verdienst*) за́работок *m*, дохо́д *m*
erwerben *irr vt* 1. (*Kenntnisse*) приобрета́ть, -брести́ *pf*; **Fertigkeiten ~** приобрета́ть навыки; **erworbene Rechte** (благо)приобретённые права́; **etwas käuflich ~** приобрета́ть что-л. путём поку́пки; **neue Erkenntnisse ~** приобрета́ть но́вые позна́ния; **sich Ansehen ~** приобрета́ть авторите́т 2. (*kaufen*) покупа́ть, купи́ть *pf*; 3. (*durch Arbeit*) зараба́тывать, -бо́тать *pf*
Erwerbsarbeit *f* <*gen*: -> рабо́та *f*
Erwerbsbevölkerung *f* <*gen*: -> рабо́тающее [*o* экономи́чески акти́вное] населе́ние *nt*
Erwerbseinkommen *nt* <-s, -> трудово́й дохо́д *m*
erwerbsfähig *adj* трудоспосо́бный
Erwerbsgesellschaft *f* <*gen*: -> (JUR) комме́рческое о́бщество *nt*
erwerbslos *adj* безрабо́тный
erwerbstätig *adj* рабо́тающий
Erwerbstätige(r) *mf* <-n, -n> лицо́ *nt*, име́ющее за́работок
erwerbsunfähig *adj* нетрудоспосо́бный
Erwerbszweig *m* <-(e)s, -e> о́трасль *f* эконо́мики
erwidern *vt* 1. (*antworten*) отвеча́ть, -ве́тить *pf*; 2. (*Gruß*) отвеча́ть, -ве́тить *pf*; 3. (*Gefühle*) отвеча́ть, -ве́тить *pf* (взаи́мностью)
erwirtschaften *vt* дости́гнуть *pf* (в результа́те хозя́йственной де́ятельности); **einen Gewinn ~** получи́ть при́быль
erwischen *vt* 1. (*umg: ertappen*) пойма́ть *pf*, лови́ть *impf*; 2. (*umg: erreichen*)

erwog заставáть, -стáть *pf*; sie wollte ihn noch unbedingt heute ~ онá непремéнно хотéла застáть егó ещё сегóдня; sie hat gerade noch die Straßenbahn erwischt онá едвá успéла на трамвáй

erwog *imperf von* **erwägen**

erwünscht *adj* желáтельный; seine Einmischung war nicht ~ егó вмешáтельство бы́ло нежелáтельно

erwürgen *vt* души́ть, за- *pf*

Erz *nt* <-es, -e> рудá *f*

Erzabbau *f* <gen: -(e)s> (BERGB) отбóйка *f* руды́, разрабóтка *f* рýдного месторождéния

erzählen *vt* расскáзывать, -зáть *pf*

Erzähler, -in *m/f* <-s, -> расскáзчик, -чица *m/f*

erzählerisch *adj*: ein ~es Talent талáнт расскáзчика

Erzählung *f* <-, -en> 1. (*das Erzählen*) расскáз *m*; 2. (*literarisches Werk*) расскáз *m*

Erzbischof *m* <-(e)s, -bischöfe> архиепи́скоп *m*

Erzengel *m* <-s, -> архáнгел *m*

erzeugen *vt* производи́ть, -вести́ *pf*, изготовля́ть, -тóвить *pf*

Erzeugergemeinschaft *f* <-, -en> соóбщество *nt* изготови́телей

Erzeugerland *nt* <-(e)s, -länder> странá *f* -изготови́тель *m*

Erzeugerpreis *m* <-es, -e> ценá *f* производи́теля

Erzeugnis *nt* <-ses, -se> 1. (*Produkt*) издéлие *nt*, продýкт *m*; **ausländisches ~** и́мпортное издéлие; **erstklassiges ~** высококáчественное издéлие; **fabrikmäßig hergestelltes ~** фабри́чное издéлие; **fertiges ~** готóвое издéлие; **genormtes ~** стандáртное издéлие; **inländisches ~** издéлие дáннной страны́; **qualitativ hochwertiges ~** высококáчественное издéлие; **schwer absetzbares ~** трýдно реализýемое издéлие; **umsatzintensives ~** издéлие повы́шенного спрóса; **weltmarktfähiges ~** издéлие мировóго стандáрта; **~ aus heimischer Produktion** издéлие мéстного произвóдства 2. (*Erzeugnisse*) продýкция *f*; **nicht absetzbare ~se** нехóдовая продýкция

Erzeugung *f* <gen: -> 1. (*Herstellung*) изготовлéние *nt*, произвóдство *nt*; 2. (*Produktionsausstoß*) вы́пуск *m* (продýкции), вы́работка *f*

Erzfeind, -in *mf* <-(e)s, -e> закля́тый враг *m*

erziehen *irr vt* воспи́тывать, -тáть *pf*; **Kinder zur Ordnung ~** приучáть детéй к поря́дку

Erzieher, -in *m/f* <-s, -> воспитáтель, -ница *m/f*

Erziehung *f* <gen: -> воспитáние *nt*

Erziehungsberechtigte(r) *mf* <-, -n> 1. роди́тели и ли́ца, их заменя́ющие (*рóдственники, опекуны́*); 2. опекýн, -ша *m/f*

Erziehungsheim *nt* <-(e)s, -e> интернáт *m* для трýдновоспи́туемых

erzielen *vt* 1. (*erreichen*) добивáться, -би́ться *pf*, достигáть, -сти́чь *pf*; **ein gutes Ergebnis ~** доби́ться хорóшего результáта; **einen guten Preis für etwas ~** доби́ться хорóшей цены́ на что-л. 2. (*herausholen*) извлекáть, -влéчь *pf*; **einen hohen Gewinn ~** извлекáть большýю при́быль

erzwingen *vt* вынуждáть, вы́нудить *pf*

es *pron pers* онó; **das Fahrrad ist fast neu - ~ ist keine drei Wochen alt** велосипéд почти́ нóвый - емý нет и трёх недéль; **du kannst doch sorgfältig arbeiten - dann tue ~ auch** ты же мóжешь аккурáтно рабóтать - так дéлай э́то; **~ ist schön, dass ihr mitkommt** хорошó, что вы тóже идёте; **~ regnet** идёт дождь; **sie ist ~!** э́то онá! **Peter war ~, der das gemacht hat** э́то сдéлал Пéтер

ESA *akr von* **European Space Agency**

Esche *f* <-, -n> я́сень *m*

Esel *m* <-s, -> осёл *m*

Eselsbrücke *f* <gen: -> ключевóе слóво *nt*, подскáзка *f*

Eselsohr *nt* <-(e)s, -en> зáгнутый ýгол *m* страни́цы (в тетрáди)

Eskalation *f* <-, -en> эскалáция *f*

eskalieren *vi* эскали́ровать *impf*, обостря́ть, -стри́ть *pf*

Eskapade *f* <-, -n> эскапáда *f*

Eskimo *m* <-s, -s> эскимóс *m*

Eskimofrau *f* <-, -en> эскимóска *f*

Eskorte *f* <-, -n> эскóрт *m*

Esperanto *nt* эсперáнто *f*

Espresso *m* <-(s), -s> крéпкий кóфе *m*

Esprit *m* <gen: -s> (*geh*) остроýмие *nt*

Essay *m* <-s, -s> эссé *nt*, óчерк *m*

essbar *adj* съедóбный

Essbesteck *nt* <-(e)s, -e> столóвый прибóр *m*

Ess-Brech-Sucht *f* <gen: -> (MED) булеми́я *n*

essen *vt* <aß, gegessen> есть, по- *pf*, съесть *pf*; **mit großem Appetit ~** есть с больши́м аппети́том; **den Teller leer ~** съесть всю тарéлку

Essen *nt* <-s, -> 1. (*die Nahrungsaufnahme*) едá *f*; 2. (*die Mahlzeit*) едá *f*, пи́ща *f*; **beim ~** во врéмя еды́ 3. (*die Speise*) блю́до *nt*

Essensmarke *f* <-, -n> талóнчик *m* на обéд (зáвтрак и́ли ýжин)

Essenszeit *f* <-, -en> врéмя *nt* обéда

essentiell *adj* существенный

Essenz *f* <-, -en> 1. (*der Kern*) сýщность *f*; 2. (*Duftessenz*) эссéнция *f*

essenziell *adj* существенный

Eßgewohnheiten pl <gen: -> привы́чки fpl пита́ния
Essig m <gen: -s> у́ксус m
Essiggurke f <-, -n> марино́ванный огу́рчик m
Esskastanie f <-, -n> кашта́н m посевно́й
Esskultur f <-, -en> культу́ра f пита́ния
Esslöffel m <-s, -> столо́вая ло́жка f
Esslokal nt <-(e)s, -e> (einfaches) столо́вая f
Essstörung f <-, -en> наруше́ние nt норма́льного пита́ния
Esstisch m <-(e)s, -e> обе́денный стол m
Esszimmer nt <-s, -> столо́вая f (ко́мната)
Este, Estin m/f <-n, -n> эсто́нец m
Estland nt <gen: -s> Эсто́ния f
estnisch adj эсто́нский
etablieren I. vt (gründen) осно́вывать, -ва́ть pf; eine Firma ~ открыва́ть фи́рму; II. vr (sich einen festen Platz verschaffen) обосно́вываться, -снова́ться pf
Etage f <-, -n> эта́ж m
Etagenheizung f <-, -en> эта́жное отопле́ние nt
Etagenwohnung f <-, -en> кварти́ра f (в многокварти́рном до́ме)
Etappe f <-, -n> 1. (SPORT: auch fig) эта́п m; 2. (Abschnitt) отре́зок m
Etappenrennen nt <-s, -> (многодне́вная) велого́нка f
Etappensieg m <-(e)s, -e> (SPORT) эта́пная побе́да f
Etat m <-s, -s> 1. (Haushaltsplan) бюдже́т m; den ~ überschreiten превыша́ть бюдже́т; den ~ genehmigen утвержда́ть бюдже́т 2. (Stellenplan) штат m
etc. abk von et cetera и т.д.
etepetete adj (umgpej) чо́порный
ETH abk von Eidgenössisch-technische Hochschule
Ethik f <-, -en> э́тика f
ethisch adj эти́ческий
ethnisch adj этни́ческий
Ethnologe, Ethnologin m <-n, -> этноло́г m
Ethnologie f <gen: -> этноло́гия f
Etikett nt <-(e)s, en o -s> этике́тка f, ярлы́к m; ~ mit Strichkode этике́тка со штрихо́вым ко́дом
Etikette f <gen: -> этике́т m
etikettieren vt этикети́ровать impf
etlich .. pron indef не́который
Etui nt <-s, -s> футля́р m
etwa adv (ungefähr) приме́рно, о́коло; ~ hundert Mitarbeiter о́коло ста сотру́дников; in ~ приблизи́тельно
etwaig adj возмо́жный
etwas pron indef 1. (eine unbestimmte Größe bezeichnend) что́-нибудь, что́-то; da bewegt sich doch ~ там всё-таки что́-то дви́жется; niemand hat dir ~ getan тебе́ никто́ ничего́ не сде́лал; hast du gerade mal ~ zum Schreiben? у тебя́ есть что́-нибудь пи́шущее?; 2. (einen unbestimmten Teil von etw bezeichnend) немно́го; ich möchte auch ~ von dem Kuchen я то́же хочу́ пиро́жного; 3. (ein wenig) чу́точку, чуть; sie fühlt sich jetzt ~ besser она́ чу́вствует себя́ тепе́рь чу́точку лу́чше; in den letzten Tagen ist es ~ wärmer geworden в после́дние дни ста́ло чуть тепле́е
Etwas nt не́что; das gewisse ~ не́что осо́бенное
Etymologie f <-, -n> этимоло́гия f
EU f ЕС (Европе́йский Сою́з)
EU-Behörde f <-, -n> о́рган m-управле́ния ЕС (Европе́йского Сою́за)
EU-Beitritt m <-(e)s, -e> вступле́ние nt в ЕС (Европе́йский Сою́з)
EU-Bürger, -in m/f <-s, -> граждани́н m ЕС (Европе́йского Сою́за)
EU-Bürgerschaft f <gen: -> гражда́нство nt ЕС (Европе́йского Сою́за)
euch pron pers вам; das muss ~ klar sein э́то вам должно́ быть поня́тно; ich habe ~ gewarnt я вас предупрежда́л; ihr macht ~ was vor вы себя́ обма́нываете
euer pron poss ваш, свой; alles Liebe, ~ Peter всего́ хоро́шего, ваш Петер
euere(r,s) siehe euer
EU-Führerschein m <-(e)s, -e> води́тельские права́ pl по станда́рту ЕС (Европе́йского Сою́за)
EU-Kommissar, -in m/f <-s, -e> комисса́р m ЕС (Европе́йского Сою́за)
EU-Kommission f <-, -en> коми́ссия f ЕС (Европе́йского Сою́за)
Eule f <-, -n> сова́ f; ~n nach Athen tragen (geh) лить во́ду в коло́дец
EU-Ministerrat m <gen: -(e)s> сове́т m мини́стров ЕС (Европе́йского Сою́за)
EU-Mitgliedsland nt <-(e)s, -länder> страна́ f -член m ЕС (Европе́йского Сою́за)
EU-Norm f <-, -en> но́рма f ЕС (Европе́йского Сою́за)
Euphemismus m <-, Euphemismen> эвфеми́зм m
Euphorie f <-, -n> эйфори́я f
euphorisch adj эйфори́ческий
eure(r,s) pron poss ваш, свой
eurerseits adv с ва́шей стороны́
euresgleichen pron тако́й как вы, подо́бный вам
euretwegen adv и́з-за вас, ра́ди вас
Euro m <-(s), -(s)> е́вро m
Eurocheque m <-s, -s> еврочёк m
Eurocity-Zug m <-(e)s, -züge> по́езд да́льнего сле́дования, сле́дующий че́рез грани́цы европе́йских стран

Eurodevisenmarkt *m* <gen: -(e)s> рынок *m* евровалют
Euroeinführung *f* <gen: -> введение *nt* евро
Eurokurs *m* <gen: -es> (BÖRSE) курс *m* евро
Euroland *nt* <-(e)s, -länder> 1. государство *nt* - член европейского валютного союза; 2. совокупность *f* государств - членов европейского валютного союза
Euromarkt *m* <gen: -(e)s> еврорынок *m*
Euromünze *f* <-, -n> европейская монета *f*
Europa *nt* <gen: -s> Европа *f*
Europacup *m* <-s, -s> кубок *m* Европы
Europäer, -in *m/f* <-s, -> европеец, -пейка *m/f*
europäisch *adj* европейский
Europäische Artikelnummer *f* <gen: -> Европейский товарный код *m*
Europameister, -in *m/f* <-s, -> чемпион, -ка *m/f* Европы
Europameisterschaft *f* <-, -en> чемпионат *m* Европы
Europapatent *nt* <-(e)s, -e> европейский патент *m*
Europapolitik *f* <gen: -> европейская политика *f*
Euroscheck *m* <-s, -s> еврочек *m*
Euroumstellung *f* <gen: -> переход *m* на евро
Eurovision *f* <gen: -> Евровидение *nt*
Eurowährung *f* <gen: -> (единая) европейская валюта *f*
Euter *nt* <-s, -> вымя *nt*
Euthanasie *f* <gen: -> евтаназия *f*, лёгкая смерть *f*
e.V. *abk von* **eingetragener Verein** *m* зарегистрированное общество
evakuieren *vt* эвакуировать *impf/pf*
evaluieren *vt* оценивать, оценить *pf*
evangelisch *adj* евангелический
Evangelium *nt* <-s, Evangelien> евангелие *nt*
eventuell I. *adj* возможный; II. *adv* может быть, возможно.
Evidenz *f* <-, -en> (*Verzeichnis*) регистрация *f*, учёт *m*
Evolution *f* <gen: -> эволюция *f*
Evolutionstheorie *f* <gen: -> теория *f* эволюции
EWG *abk von* **Europäische Wirtschaftsgemeinschaft** *f* ЕЭС *nt*
ewig *adj* 1. (*unendlich*) вечный; **an das ~e Leben glauben** верить в загробную жизнь 2. (*umg: sehr lange*) вечный, бесконечный; **das dauert ja ~** это продолжается целую вечность
Ewigkeit *f* <gen: -> (*auch fig*) вечность *f*
ex *präp*: **~ Bezugsrecht** (BÖRSE) без права на закупку; **~ Dividende** (BÖRSE) экс-дивиденд; **~ factory** (ÖKON) франко фабрика; **~ ship** (ÖKON) франко судно; **~ works** (ÖKON) франко завод; **~ Zinsen** (ÖKON) без процентов
exakt *adj* точный
Examen *nt* <-s, -o Examina> экзамен *m*; **~ machen** сдавать экзамен
Examensangst *f* <gen: -> срах *m* перед экзаменом
Examensarbeit *f* <-, -en> экзаменационная работа *f*
exekutieren *vt* (*hinrichten*) казнить *impf/pf*
Exekution *f* <-, -en> казнь *f*
Exekutive *f* <-, -n> исполнительная власть *f*
Exempel *nt* <-s, -> пример *m*; **die Probe aufs ~ machen** проверить на деле
Exemplar *nt* <-s, -e> экземпляр *m*
exemplarisch *adj* примерный, образцовый
exerzieren *vi* заниматься, -няться *pf* строевой подготовкой
Exhibitionist *m* <-en, -en> (PSYCH) эксгибиционист *m*
Exil *nt* <gen: -(e)s> изгнание *nt*, эмиграция *f*; **ins ~ gehen** эмигрировать; **im ~ leben** жить в изгнании
Existenz *f* <-, -en> 1. (*das Existieren*) существование *nt*, наличие *nt*; **Kernphysiker hatten die ~ dieser Teilchen vorhergesagt** физики-ядерщики предсказали существование этих частиц; **eine kümmerliche ~ fristen** влачить нищенское существование 2. (*das menschliche Leben*) существование *nt*; 3. (*Auskommen*) средства *pl* к существованию; **eine sichere ~ haben** иметь достаточно средств к существованию; 4. (PHIL) бытие *nt*; **eine verkrachte ~** неудачник
Existenzangst *f* <-, -ängste> страх *m* перед существованием
Existenzberechtigung *f* <gen: -> право *nt* на существование
Existenzgrundlage *f* <-, -n> основа *f* существования
Existenzkampf *m* <gen: -(e)s> борьба *f* за существование
Existenzminimum *nt* <gen: -s> прожиточный минимум *m*; **am ~ leben** жить на грани бедности
existieren *vi* существовать *impf*
Exklusionsvertrag *m* <-(e)s, -verträge> (JUR) монопольный договор *m*
exklusiv *adj* исключительный, изысканный
Exklusivität *f* <gen: -> исключительность *f*
Exklusivrecht *nt* <-(e)s, -e> (JUR) исключительное право *nt*
Exklusivvertrag *m* <-(e)s, -verträge> (JUR) договор *m* о предоставлении исключительных прав

Exklusivvertrieb *m* <-(e)s, -e> монопо́льный сбыт *m*
Ekremente *pl* <*gen:* -> испражне́ния *ntpl*, экскреме́нты *mpl*
Ekkurs *m* <-es, -e> (*geh*) э́кскурс *m*
Exkursion *f* <-, -en> экску́рсия *f*
exmatrikulieren *vt* исключа́ть, -чи́ть *pf* из соста́ва студе́нтов
exogen *adj* экзоге́нный, вне́шнего происхожде́ния
Exorzismus *m* <*gen:* -> (REL) изгна́ние бе́са *nt*
exotisch *adj* экзоти́ческий
Expander *m* <-s, -> экспа́ндер *m*
expandieren *vi* расширя́ться, -ши́риться *pf*, разрасти́сь *pf*, -та́ться *impf*
Expansion *f* <*gen:* -> экспа́нсия *f*, распростране́ние *nt*; **wirtschaftliche ~** экономи́ческая экспа́нсия
expansiv *adj* экспанси́вный
Expedition *f* <-, -en> экспеди́ция *f*
Experiment *nt* <-(e)s, -e> экспериме́нт *m*
experimentell *adj* эксперимента́льный, о́пытный
experimentieren *vi* эксперименти́ровать *impf*
Experte, Expertin *m/f* <-en, -en> экспе́рт *m*; **ein ~ auf diesem Gebiet** экспе́рт в э́той о́бласти; **einen ~en zu Rate ziehen** консульти́роваться с экспе́ртом; **~ auf wirtschaftlichem Gebiet** эспе́рт в о́бласти эконо́мики
Expertensystem *nt* <-s, -e> (DV) экспе́ртная систе́ма *f*
Expertise *f* <-, -n> эксперти́за *f*; **eine ~ erstellen lassen** подверга́ть эксперти́зе
explodieren *vi* взрыва́ться, взорва́ться *pf*
Explosion *f* <-, -en> взрыв *m*
explosiv *adj* 1. взры́вчатый; 2. (*auch fig*) взрывно́й
Exponat *nt* <-(e)s, -e> экспона́т *m*
Exponent *m* <-en, -en> 1. (*Vertreter eines Gebiets*) представи́тель *m*; **~ unseres Wirtschaftssystems** представи́тель на́шей экономи́ческой систе́мы 2. (MATH) показа́тель *m*
exponiert *adj* откры́тый, незащищённый
Export *m* <-(e)s, -e> э́кспорт *m*, вы́воз *m*; **direkter ~** прямо́й э́кспорт; **indirekter ~** ко́свенный э́кспорт; **den ~ ausweiten** расширя́ть э́кспорт; **den ~ steigern** форси́ровать э́кспорт; **für den ~ produzieren** рабо́тать на э́кспорт; **~e staatlich stützen** субсиди́ровать э́кспорт
Exportabgabe *f* <-, -n> нало́г *m* на экспорти́руемые това́ры
Exportabteilung *f* <-, -en> э́кспортный отде́л *m*
Exportanteil *m* <-s, -e> до́ля *f* э́кспорта

Exportartikel *m* <-s, -> э́кспортный това́р *m*
Exportbeschränkung *f* <-, -en> ограниче́ние *nt* э́кспорта
Exportbestimmung *f* <-, -en> постановле́ния и предписа́ния *ntpl*, регламенти́рующие э́кспорт
Exporteur, -in *m/f* <-s, -e> экспортёр *m*
Exportfinanzierung *f* <-, -en> финанси́рование *nt* э́кспорта
Exportfirma *f* <-, -firmen> фи́рма *f* -экспортёр *m*
Exportförderung *f* <-, -en> стимули́рование *nt* э́кспорта
Exportgarantie *f* <-, -en> э́кспортная гара́нтия *f*
Exportgenehmigung *f* <-, -en> э́кспортная лице́нзия *f*
Exporthandel *m* <*gen:* -s> э́кспортная торго́вля *f*
exportieren *vt* экспорти́ровать *impf/pf*, вывози́ть, вы́везти *pf*
Export-Importbilanz *f* <-, -en> э́кспортно-и́мпортный бала́нс *m*
Exportkontrolle *f* <-, -n> э́кспортный контро́ль *m*
Exportkredit *m* <-s, -e> э́кспортный креди́т *m*
Exportland *nt* <-(e)s, -länder> экспорти́рующая страна́ *f*
Exportlizenz *f* <-, -en> э́кспортная лице́нзия *f*
Exportmarkt *m* <-(e)s, -märkte> вне́шний ры́нок *m*
Exportorganisation *f* <-, -en> э́кспортная организа́ция *f*
Exportquote *f* <-, -n> э́кспортная кво́та *f*
Exportselbstbeschränkungsabkommen *nt* <-s, -> соглаше́ние *nt* о доброво́льном ограниче́нии э́кспорта
Exportsubvention *f* <-, -en> э́кспортная субси́дия *f*
Exportüberschuss *m* <-es, -überschüsse> превыше́ние *nt* э́кспорта над и́мпортом
Exportverbot *nt* <-(e)s, -> запре́т *m* на э́кспорт
Exportware *f* <-, -n> э́кспортный това́р *m*
Expressgut *nt* <-(e)s, -güter> груз *m* большо́й ско́рости
Expressionismus *m* <*gen:* -> экспрессиони́зм *m*
exquisit *adj* изы́сканный, люкс
Extension *f* <-, -en> (DV: *von Datei*) код *m* фа́йла
extensiv *adj* экстенси́вный
extern *adj* вне́шний, нару́жный
extra *adv* отде́льно, дополни́тельно
Extra *nt* <-s, -s> дополне́ние *nt*, дополни́тельная часть *f*
Extrablatt *nt* <*gen:* -(e)s> э́кстренный

выпуск m газеты
Extrakt nt <-(e)s, -e> экстра́кт m, вы́тяжка f
extravagant adj экстравага́нтный
extrem adj кра́йний
Extrem nt <-(e)s, -e> кра́йность f; **von einem ~ ins andere fallen** броса́ться из одно́й кра́йности в другу́ю
Extremismus m <gen: -> экстреми́зм m
extremistisch adj экстреми́стский
Extremität f <-, -en> кра́йность f
Extremsportart f <-, -en> экстрема́льный спорт m
extrovertiert adj экстраве́ртный
exzellent adj превосхо́дный, великоле́пный
Exzellenz f <-, -en> превосходи́тельство nt
Exzenter m <-s, -> (TECH) эксце́нтрик m
exzentrisch adj 1. (Mensch) эксцентри́чный; 2. (MATH) эксцентри́ческий
Exzess m <Exzesses, Exzesse> эксце́сс m
exzessiv adj чрезме́рный
Eyeliner m <-s, -> ко́нтурный каранда́ш m (ки́сточка) для глаз

F

f, F nt <-, -> ф, Ф
F-Dur nt <gen: -s> (MUS) фа мажо́р m
Fabel f <-, -n> 1. (Tierfabel) ба́сня f; 2. (erdichtete Geschichte) вы́мысел m
fabelhaft adj 1. баснословный; **sie ist ~reich** она́ баснословно бога́та; 2. (umg: sehr gut) чуде́сный, потряса́ющий; **der Hut steht dir ~** шля́па потряса́юще тебе́ идёт
Fabrik f <-, -en> фа́брика f, заво́д m; **eine ~ in Betrieb setzen** пуска́ть фа́брику в эксплуата́цию; **eine ~ schließen** закрыва́ть фа́брику; **eine Stelle in einer ~ antreten** поступи́ть на фа́брику
Fabrikant, -in m/f <-en, -en> 1. (Hersteller) изготови́тель m; 2. (Besitzer) фабрика́нт m
Fabrikarbeiter, -in m/f <-s, -> рабо́чий, -бо́тница m/f
Fabrikat nt <-(e)s, -e> фабрика́т m
Fabrikation f <-, -en> произво́дство nt, изготовле́ние nt
Fabrikationsfehler m <-s, -> дефе́кт m изготовле́ния
Fabrikgebäude nt <-s, -> фабри́чное зда́ние nt, заводско́е зда́ние nt
Fabrikgelände nt <-s, -> террито́рия f фа́брики, террито́рия f заво́да
Fabrikhalle f <-, -n> цех m
Fabrikkverkauf m <gen: -(e)s> прода́жа f това́ров потреби́телям непосре́дственно с фа́брики
fabrikneu adj соверше́нно но́вый
Fabriknummer f <-, -n> заводско́й но́мер m
fabrizieren vt 1. (herstellen) изготовля́ть, -то́вить pf; 2. (umg) натвори́ть pf, наде́лать pf
Fach nt <-(e)s, Fächer> 1. по́лка f; 2. (Schublade) я́щик m; 3. (Fachgebiet) о́бласть f; 4. (Unterrichtsfach) предме́т m; **er ist vom ~** он специали́ст
Facharbeiter, -in m/f <-s, -> квалифици́рованный рабо́чий, -ная -бо́тница m/f; **hochqualifizierter ~** высококвалифици́рованный рабо́чий; **Ausbildung von ~n** подгото́вка квалифици́рованных рабо́чих; **~ im Maschinenbau** рабо́чий-специали́ст по машинострое́нию
Facharzt, -ärztin m/f <-es, -ärzte> врач-специали́ст m
Fachausdruck m <-(e)s, -ausdrücke> специа́льный те́рмин m
Fachbereich m <-(e)s, -e> 1. (Fachgebiet) специа́льность f; 2. (Branche) о́трасль f; 3. (an Universität) факульте́т m
Fächer m <-s, -> ве́ер m
fächerübergreifend adj охва́тывающий не́сколько специа́льностей
Fachgebiet nt <-(e)s, -e> специа́льность f, о́трасль f
fachgerecht adj со зна́нием де́ла, квалифици́рованный; **sie hat den Wasserhahn ~ repariert** она́ квалифици́рованно отремонти́ровала кран
Fachgeschäft nt <-(e)s, -e> специализи́рованный магази́н m
Fachhändler m <-s, -> специализи́рованный торго́вец m
Fachhochschule f <-, -n> институ́т m
Fachkenntnisse pl <gen: -> специа́льные зна́ния ntpl; **diese Aufgabe erfordert umfassende ~** э́та рабо́та тре́бует глубо́кого зна́ния предме́та
Fachkraft f <-, -kräfte> специали́ст m
fachkundig adj 1. (bewandert) зна́ющий де́ло; 2. (Fachkenntnis besitzend) квалифици́рованный; **Mangel an ~em Personal** нехва́тка квалифици́рованного персона́ла; **jdn ~ beraten** дава́ть кому́-л. квалифици́рованную консульта́цию
fachlich adj специа́льный, профессиона́льный; **jd ist ~ (gut) versiert** кто́-л. хорошо́ подко́ван по специа́льности; **~e Eignung** профессиона́льная приго́дность f; **~es Können** профессиона́льные на́выки; **~es Wissen** специа́льные зна́ния
Fachliteratur f <gen: -> специа́льная литерату́ра f
Fachmann, -frau m/f <-(e)s, -leute>

fachmännisch специалист, -ка *m/f*, знаток *m*, эксперт *m*; **erfahrener ~** опытный специалист; **Abwanderung von Fachleuten** утечка мозгов; **einen ~ hinzuziehen** привлекать специалиста; **~ auf einem Gebiet sein** быть специалистом в какой-л. области

fachmännisch *adj* квалифицированный

Fachmesse *f* <-, -n> специализированная ярмарка *f*

Fachschule *f* <-, -n> профессионально-техническое училище *nt*, ПТУ *nt*

fachsimpeln *vi* (*umg*) много и подробно обсуждать узкопрофессиональные темы

Fachsprache *f* <-, -n> профессиональный язык *m*

Fachtext *m* <-(e)s, -e> спецтекст *m*

Fachverband *m* <-(e)s, -verbände> отраслевое объединение *nt*

Fachwerk *nt* <gen: -(e)s> (BAU) фахверк *m*

Fachwerkstatt *f* <gen: -> специализированная мастерская *f*

Fackel *f* <-, -n> факел *m*

fade *adj* 1. (*Geschmack*) безвкусный; 2. (*langweilig*) скучный, пустой

Faden *m* <-s, Fäden> нить *f*, нитка *f*; **den ~ verlieren** (*fig*) потерять нить; **sich wie ein roter ~ durchziehen** (*fig*) проходить красной нитью

fadenscheinig *adj* 1. (*pej: durchschaubar*) шаткий, слабый (о доводах и т.п.); **fadenscheinige Ausreden** неубедительные отговорки 2. (*Stoff*) потёртый, изношенный

Fadheit *f* <gen: -> 1. пресный вкус *m*; 2. (*fig*) безвкусица *f*, пошлость *f*

fähig *adj* (*begabt*) способный, талантливый; **zu etw ~ sein** быть способным к чему-л.; **zu allem ~ sein** быть способным на всё

Fähigkeit *f* <-, -en> 1. способность *f*; 2. (*Begabung*) одарённость *f*

fahnden *vt*: **nach jdm ~** разыскивать кого-л.

Fahnder *m* <-s, -> сотрудник *m* службы розыска

Fahndung *f* <-, -en> преследование *nt*, розыск *m*

Fahndungsfoto *nt* <-s, -s> фотография *f* разыскиваемого лица

Fahndungsliste *f* <-, -n> список *m* разыскиваемых (лиц)

Fahne *f* <-, -n> 1. знамя *f*, флаг *m*; 2. (*umg: Alkoholgeruch*) запах спиртного изо рта

Fahnenflucht *f* <gen: -> дезертирство *nt*

Fahrausweis *m* <-es, -e> проездной билет *m*; **die ~e, bitte!** предъявите, пожалуйста, проездные билеты!

Fahrausweisautomat *m* <-en, -en> автомат *m* по продаже билетов

Fahrbahn *f* <-, -en> проезжая часть *f*

Fahrbahnverengung *f* <-, -en> сужение *nt* проезжей части дороги

fahrbar *adj* передвижной; **~er Untersatz** (*umg*) тачка

Fähre *f* <-, -n> паром *m*

fahren <fuhr, gefahren> I. *vt* 1. (*Auto*) водить *impf*; 2. (*befördern*) везти *impf*, возить *impf*; **jdn nach Hause ~** отвезти кого-л. домой; II. *vi* 1. (*mit Auto, mit Zug*) ехать *impf*; 2. (*abfahren*) отправляться, -правиться *pf*; **wann fährt Ihr Zug?** когда отходит ваш поезд?; **mit dem Bus/Zug ~** ехать автобусом/поездом; **mit der Hand über etw ~** провести рукой по чему-л.; **was ist nur in sie gefahren?** что это на неё нашло?

Fahrer, -in *m/f* <-s, -> водитель, -ница *m/f*, шофёр *m*

Fahrerflucht *f* <gen: -> бегство *nt* водителя с места происшествия; **begehen** совершить побег с места аварии

Fahrerhaus *nt* <gen: -es> (KFZ) кабина *f*

Fahrersitz *m* <-es, -e> сиденье *nt* водителя

Fahrgast *m* <-(e)s, -gäste> пассажир *m*

Fahrgastinformationssystem *nt* <-(e)s, -e> (*in Eisenbahnzügen*) система *f* информации для пассажиров

Fahrgeld *nt* <-es, -er> плата *f* за проезд

Fahrgemeinschaft *f* <-, -en> группа *f* людей, организующаяся для совместного проезда на работу

Fahrgestell *nt* <-(e)s, -e> 1. (*von Auto, von Flugzeug*) шасси *nt*; 2. (*umg: Beine*) ноги *pl*

Fahrgestellnummer *f* <-, -n> (KFZ) номер *m* шасси

fahrig *adj* 1. (*Bewegung*) нервный, торопливый; 2. (*unkonzentriert*) рассеянный, несобранный

Fahrkarte *f* <-, -n> проездной билет *m*

Fahrkartenautomat *m* <-en, -en> автомат *m* для продажи проездных билетов

Fahrkartenschalter *m* <-s, -> билетная касса *f*

fahrlässig *adj* халатный; **~e Tötung** (JUR) убийство по неосторожности

Fahrlässigkeit *f* <-, -en> халатность *f*, небрежность *f*; **grobe ~** (JUR) грубая небрежность; **leichte ~** (JUR) лёгкая неосторожность; **aus ~ einen Unfall verschulden** быть виновником аварии по неосторожности

Fahrlehrer, -in *m/f* <-s, -> инструктор *m* по вождению

Fahrplan *m* <-(e)s, -pläne> расписание *nt* движения (транспорта)

fahrplanmäßig *adj* по расписанию; **~e**

Fahrpraxis

Ankunft/Abfahrt 14 Uhr прибытие/отбытие по графику в 14 часов

Fahrpraxis *f* <gen: -> практика *f* вождения

Fahrpreis *m* <-(e)s, -e> стоимость *f* проезда

Fahrpreisermäßigung *f* <-, -en> льготный тариф *m* (при оплате проезда)

Fahrprüfung *f* <-, -en> экзамен *m* по вождению

Fahrrad *nt* <-(e)s, -räder> велосипед *m*; ~ mit Hilfsmotor мотовелосипед

Fahrraddynamo *m* <-s, -s> велосипедный генератор *m*

Fahrradfahrer, -in *m/f* <-s, -> велосипедист, -ка *m/f*

Fahrradglocke *f* <-, -n> велосипедный звонок

Fahrradkette *f* <-, -n> велосипедная цепь *f*

Fahrradklingel *f* <-, -n> велосипедный звонок *m*

Fahrradkurier *m* <-s, -e> почтальон *m* -велосепедист *m*

Fahrradpumpe *f* <-, -n> велосипедный насос *m*

Fahrradweg *m* <-(e)s, -e> велосипедная дорожка *f*

Fahrschule *f* <-, -n> автошкола *f*

Fahrschüler, -in *m/f* <-s, -> слушатель, -ница *m/f* автошколы

Fahrschulwagen *m* <-s, -> учебный автомобиль *m*

Fahrsimulator *m* <-s, -en> тренажёр *m* для обучения управлению автомобилем

Fahrstuhl *m* <-(e)s, -stühle> лифт *m*

Fahrt *f* <-, -en> 1. (*mit dem Auto*) езда *f*; 2. (*Reise*) поездка *f*; 3. (*Fahrtgeschwindigkeit*) скорость *f*, ход *m*; in ~ kommen (*umg*) войти в раж; in voller ~ полным ходом

Fährte *f* <-, -n> след *m*; auf der falschen ~ sein (*fig*) быть на ложном пути

Fahrtkosten *fpl* <gen: -> стоимость *f* проезда

Fahrtrichtung *f* <-, -en> направление *nt* движения; in ~ по направлению движения

Fahrtroute *f* <-, -n> маршрут *m*

Fahrtschreiber *m* <-s, -> (KFZ) спидограф *m*, тахоспидограф *m*

Fahrtüchtigkeit *f* <gen: -> пригодность *f* к управлению транспортным средством

Fahrtwind *m* <gen: -(e)s> воздушный поток *m*

Fahrverbot *nt* <gen: -(e)s> запрещение *nt* движения

Fahrwerk *nt* <-(e)s, -e> шасси *nt*

Fahrzeug *nt* <-(e)s, -e> транспортное средство *nt*

Fahrzeugbrief *m* <-(e)s, -e> (KFZ) (технический) паспорт *m* транспортного средства

Fahrzeugeigentümer *siehe* **Fahrzeughalter**

Fahrzeughalter, -in *m/f* <-s, -> владелец, -лица *m/f* автомобиля

Fahrzeuginsasse *m* <-n, -n> пассажир *m*

Fahrzeugkategorie *f* <-, -n> категория *f* транспортного средство

Fahrzeugkolonne *f* <-, -n> колонна *f* автомобилей

Fahrzeugpark *m* <-s, -s> парк *m* транспортных средств

Fahrzeugtyp *m* <-s, -en> тип *m* транспортных средств

Faible *nt* <-s, -s>: ein ~ für etw/jdn haben питать слабость к чему-л./кому-л.

fair *adj* 1. (*ehrlich*) порядочный, честный; das ist nicht ~ von dir! это непорядочно с твоей стороны; nicht ~ handeln поступать нечестно 2. (*gerecht*) справедливый; sich jdm gegenüber ~ verhalten справедливо относиться к кому-л.

Fairness *f* <gen: -> порядочность *f*

faktisch *adj* (*tatsächlich*) фактический, действительный

Faktor *m* <-s, -en> 1. (*Einflussgröße*) фактор *m*; stabilisierender ~ стабилизирующий фактор 2. (MATH) множитель *m*

Faktum *nt* <-s, Fakten> факт *m*

Faktura *f* <gen: -> (ÖKON) фактура *f*; eine ~ ausstellen выписывать фактуру

fakturieren *vt* фактурировать; fakturierte Lieferungen отфактурированные поставки

Fakultät *f* <-, -en> факультет *m*

fakultativ *adj* факультативный; ~es Fach факультативная дисциплина

Fakultativklausel *f* <-, -n> факультативная оговорка *f*

Falke *m* <-n, -n> сокол *m*

Fall *m* <-(e)s, Fälle> 1. (*das Fallen*) падение *nt*; 2. (*Sachverhalt*) случай *m*; das ist nicht der ~ это не так; 3. (JUR) уголовное дело *nt*; 4. (LING) падеж *m*; auf jeden ~ в любом случае; im schlimmsten ~ в худшем случае; auf alle Fälle на всякий случай; für den ~, dass в случае, если; er ist nicht mein ~ (*umg*) он не в моём вкусе

Falle *f* <-, -n> ловушка *f*; jdm eine ~ stellen (*fig*) расставить кому-л. ловушку

fallen <fiel, gefallen> *vi* 1. падать, упасть *pf*; 2. (*sinken*) опускаться, -ститься *pf*, понижаться, -низиться *pf*; ~de Preise понижающиеся цены; ~er Bedarf падающий спрос; die Aktien ~ курсы акций падают; die Waren ~ im Preis цены на товары падают 3. (*Bemerkung*) высказывать, высказать *pf*; **4.** (*Soldat*) пасть *pf*, погибать, -гибнуть *pf*; **5.** (*Schuss*) раздаться *pf*, -даваться *impf*; **6.** (*Verdacht, Blick*) падать, упасть *pf* (*auf + akk* на); **die Wahl fällt auf jdn** выбор падает на кого-л. **7.** (*Termin*) прийтись *pf*, -ходиться *impf* (*auf + akk* на); **jdm in die Rede ~** перебить кого-л.; **etw fällt (nicht) ins Gewicht** что-л. играет важную роль (не играет роли); **jdm in die Arme ~** броситься кому-л. в объятия; **durch eine Prüfung ~** провалиться на экзамене

fällen *vt* **1.** (*Baum*) валить, по- *pf*; **2.** (*Urteil*) выносить, вынести *pf*; **3.** (*Entscheidung*) принимать, -нять *pf*

fallen lassen *irr vt* **1.** (*Bemerkung*) обронить *pf*; **2.** (*aufgeben*) отказываться, -казаться *pf*; **diesen Plan habe ich längst ~** от этого плана я давно отказался

Fallensteller *m* <-s, -> капканщик *m*

Fallgeschwindigkeit *f* <-, -en> скорость *f* падения

Fallgesetz *nt* <*gen*: -es> (PHYS) закон *m* падения

fällig *adj* подлежащий уплате, подлежащий исполнению; **~e Forderung** требование, подлежащее оплате; **etwas wird ~** наступает срок платежа чего-л.; **~e Rechnungen begleichen** оплачивать счета в срок

Fälligkeit *f* <*gen*: -> истечение *nt* срока платежа, наступление *nt* срока исполнения; **~ der Steuer** срок уплаты налога; **~ einer Forderung** наступление срока исполнения обязательства; **bei ~** по наступлении срока

Fälligkeitsdatum *nt* <-s, -daten> срок *m* платежа; **~ eines Wechsels** срок платежа по векселю; **Überschreitung des ~s** несоблюдение срока платежа

Fallobst *nt* <*gen*: -(e)s> падалица *f*

Fallout *m* <-s, -s> (PHYS: *radioaktiver Niederschlag*) радиоактивный осадок *m*

falls *konj* (в случае,) если; **~ du Lust hast, komme bei mir mal vorbei** если хочешь, зайди ко мне как-нибудь

Fallschirm *m* <-(e)s, -e> парашют *m*

Fallschirmspringen *nt* <*gen*: -s> парашютизм *m*

Fallschirmspringer, -in *m/f* <-s, -> парашютист, -ка *m/f*

Fallstudie *f* <-, -n> единичное исследование *nt*

falsch *adj* **1.** неправильный; **meine Uhr geht ~** мои часы идут неправильно; **2.** (*fehlerhaft*) ошибочный, неверный; **dieses Wort ist ~ geschrieben** это слово написано неверно; **3.** (*nachgemacht: Zähne*) искусственный; **~ liegen** заблуждаться **4.** (*Geld, Pass*) фальшивый; **5.** (*hinterhältig*) двуличный, коварный; **6.** (*unangemessen: Bescheidenheit*) ложный

fälschen *vt* (*Kunstwerk*) подделывать, -делать *pf*; **gefälschtes Geld** фальшивые деньги

Fälscher, -in *m/f* <-s, -> фальсификатор *m*

Falschfahrer, -in *m/f* <-s, -> водитель, выехавший на встречную полосу движения

Falschgeld *nt* <*gen*: -es> фальшивые деньги *fpl*

Falschheit *f* <*gen*: -> **1.** (*von Mensch*) лживость *f*, неискренность *f*; **2.** (*Unrichtigkeit*) ложность *f*, неверность *f*

fälschlich *adj* ошибочный

fälschlicherweise *adv* по ошибке

Falschlieferung *f* <-, -en> ошибочная поставка *f*

falsch liegen *vi* (*umg*) заблуждаться

Fälschung *f* <-, -en> **1.** (*das Fälschen*) подлог *m*, фальсификация *f*; **~ der Bilanz** фальсификация баланса; **~ einer Unterschrift** подлог подписи; **~ von Dokumenten** подлог документов **2.** (*etw Gefälschtes*) подделка *f*, фальшивка *f*; **dieses Bild ist eine ~** эта картина является подделкой

Faltblatt *nt* <-(e)s, -blätter> буклет *m*

Falte *f* <-, -n> **1.** складка *f*; **2.** (*der Haut*) морщина *f*; **3.** (*an Rock*) складка *f*, сборка *f*

falten *vt* **1.** складывать, сложить *pf*, сгибать, согнуть *pf*; **2.** (*zusammenlegen*) складывать, сложить *pf*; **die Hände ~** сложить руки

faltenfrei *adj* без складок

Faltengebirge *nt* <-s, -> складчатые горы *pl*

Faltenrock *m* <-(e)s, -röcke> юбка *f* в складку

Faltenwurf *m* <*gen*: -(e)s> драпировка *f*

Falter *m* <-s, -> мотылёк *m*

faltig *adj* **1.** (*Stoff*) в складках; **2.** (*Haut*) морщинистый

familiär *adj* **1.** семейный; **2.** (*vertraulich*) непринуждённый; **dort herrschte eine ~e Atmosphäre** там царила непринуждённая атмосфера

Familie *f* <-, -n> **1.** семья *f*; **er kommt aus guter ~** он из хорошей семьи; **2.** (BIO) семейство *nt*

Familienähnlichkeit *f* <-, -en> семейное сходство *nt*

Familienangehörige(r) *mf* <-n, -n> член *m* семьи

Familienanschluss *m* <*gen*: -es>: **bei jdm ~ haben** жить у кого-л. на правах члена семьи

Familienbetrieb *m* <-(e)s, -e> семейное предприятие *nt*; **landwirtschaftlicher ~** семейное хозяйство *nt*

Familienfeier *f* <-, -n> семейный

праздник m
Familienkreis m <gen: -es> круг m семьи; **im engsten ~** в узком семейном кругу
Familienlastenausgleich m <gen: -(e)s> (JUR) пособие nt по многодетности
Familienname m <-n, -n> фамилия f
Familienplanung f <gen: -> планирование nt рождаемости
Familienstand m <gen: -(e)s> семейное положение nt
Familientragödie f <-, -n> семейная трагедия f
Familienunternehmen nt <-s, -> семейное предприятие nt
Familienvater m <-s, -väter> отец m семейства
famos adj (umg) отличный, чудный
Fan m <-s, -s> болельщик m, страстный поклонник m
Fanatiker, -in m/f <-s, -> фанатик, -тичка m/f
fanatisch adj фанатический, фанатичный
Fanatismus m <gen: -> фанатизм m; **blinder ~** слепой фанатизм
Fanclub m <-s, -s> клуб m болельщиков, клуб m поклонников
fand prät von **finden**
Fanfare f <-, -n> фанфара f
Fang m <-(e)s, Fänge> 1. (das Fangen) ловля f; 2. (Beute: auch fig) добыча f; **das ist ein guter ~** это хороший результат!; 3. (Tierzähne) клыки mpl
fangen <fing, gefangen> I. vt ловить, поймать pf; II. vr 1. -паться pf, попадаться impf, попаться pf, ловиться impf; 2. (seelisch) овладевать, -деть pf собой; **er hat sich wieder gefangen** он снова взял себя в руки
Fangfrage f <-, -n> провокационный вопрос m
Fangprämie f <-, -n> награда f за поимку магазинных воров
Fanklub m <-s, -s> клуб m болельщиков, клуб m поклонников
Fanzine nt <-s, -s> (Magazin für Fans) газета f болельщиков
FAQ abk von **frequently asked questions** часто задаваемые вопросы
Farbabzug m <-(e)s, -abzüge> цветной фотоснимок m
Farbband nt <-(e)s, -bänder> красящая лента f
Farbbildschirm m <-(e)s, -e> экран m с цветным изображением
Farbdruck m <gen: -(e)s> цветная печать f
Farbe f <-, -n> 1. цвет m; 2. (Wandanstrich) краска f; 3. (Gesichtsfarbe) цвет m лица; **~ bekennen** раскрыть свои карты
Farbechtheit f <gen: -> невыцветаемость f, нелиняемость f

färben I. vt (Haar, Stoff) красить, выкрасить pf; II. vr окрашиваться, -раситься pf
farbenblind adj не различающий цвета
Farbenblindheit f <gen: -> 1. цветовая слепота f; 2. дальтонизм m
farbenfroh adj пёстрый, яркий
Farbenlehre f <gen: -> учение nt о цветах
Farbenreichtum m <gen: -s> богатство nt красок
Farbfernseher m <-s, -> цветной телевизор m
Farbfilm m <-(e)s, -e> цветной фильм m
Farbfoto nt <-s, -s> цветная фотография f
Farbfotografie f <-, -en> цветная фотография f
Farbgebung f <-, -en> расцветка f
farbig adj 1. цветной, пёстрый; 2. (fig) яркий, образный
Farbige(r) mf <-n, -n> цветной, -ная m/f
Farbkasten m <-s, -kästen> коробка f с красками
Farbkopierer m <-s, -> цветной ксерокс m
farblos adj 1. бесцветный, прозрачный; 2. (fig) бесцветный, невыразительный
Farbmonitor m <-s, -e> (DV) цветной монитор m
Farbskala f <gen: -> цветовая гамма f
Farbstift m <-(e)s, -e> цветной карандаш m
Farbstoff m <-(e)s, -e> краситель m; **natürlicher/künstlicher ~** натуральный/искусственный краситель
Farbton m <-(e)s, -töne> оттенок m
Färbung f <-, -en> 1. (das Färben) крашение nt, окраска f; 2. (Farbe) оттенок m, окраска f; 3. (auch fig: Einschlag, Tendenz) тон m, окраска f
Farce f <-, -n> (auch fig) фарс m
Farm f <-, -en> ферма f
Farn m <-(e)s, -e> папоротник m
Fasan m <-(e)s, -e> фазан m
Fasanerie f <-, -en> фазаний двор m
Faschierte(s) nt (österr: Hackfleisch) мясной фарш m, рубленое мясо nt
Fasching m <-s, -e/-s> масленица f, карнавал m
Faschismus m <gen: -> фашизм m
Faschist, -in m/f <-en, -en> фашист, -ка m/f
faschistisch adj фашистский
faseln vi (umg) пустословить impf; **was faselst du für dummes Zeug?** что за чепуху ты несёшь?
Faser f <-, -n> 1. жилка f, волокно nt; 2. (Muskelfaser) мышечное волокно nt
faserig adj (Gemüse, Fleisch) волокнистый
Fass nt <-es, Fässer> бочка f, бочонок m;

ein ~ ohne Boden sein быть бездо́нной бо́чкой; Bier vom ~ бо́чковое пи́во
Fassade f <-, -n> 1. (von Gebäude) фаса́д m; 2. (fig) фаса́д m, вне́шняя сторона́ f
fassbar adj (begreiflich) поня́тный, постижи́мый
Fassbier nt <-(e)s, -e> бо́чковое пи́во nt, пи́во nt пря́мо из бо́чки
fassen I. vt 1. (ergreifen) хвата́ть, схвати́ть pf, бра́ться, взя́ться pf; 2. (Dieb) схвати́ть pf, хвата́ть impf, арестова́ть pf, -сто́вывать impf; 3. (verstehen) понима́ть, -ня́ть pf, постига́ть, -сти́чь pf; das ist nicht zu ~! э́то непостижи́мо! 4. (Entschluss) приня́ть pf, -нима́ть impf; 5. (Edelstein) вставля́ть, вста́вить pf в опра́ву; II. vi (greifen: Schraube) держа́ться impf, схвати́ться, -ти́ть pf; III. vr успоко́иться pf, -ка́иваться impf; etw in Worte ~ сформули́ровать что-л.; sich kurz ~ быть кра́тким; (zu jdm) Vertrauen ~ почу́вствовать дове́рие к кому́-л.
Fassung f <-, -en> 1. (von Brille/Edelstein) опра́ва f; 2. (einer Lampe) патро́н m; 3. (Bearbeitung) обрабо́тка f, отде́лка f; 4. (sprachliche Form) формулиро́вка f, реда́кция f; 5. (Beherrschung) самооблада́ние nt; jdn aus der ~ bringen вы́вести кого́-л. из себя́; etw mit ~ tragen переноси́ть что-л. с досто́инством; eine vorläufige ~ вре́менная реда́кция
fassungslos adj вне себя́, потеря́вший самооблада́ние
Fassungsvermögen nt <gen: -s> 1. сообрази́тельность f; das übersteigt mein ~ э́то вы́ше моего́ понима́ния; 2. (eines Tanks) вмести́мость f
fast adv почти́; das Essen ist ~ fertig еда́ почти́ гото́ва
Fastfood, Fast Food nt <gen: -s> фаст-фу́д m
fasten vi пости́ться impf
Fasten nt <gen: -s> пост m, голода́ние nt
Fastenzeit f <gen: -> пост m, вре́мя nt поста́
Fast-Food-Restaurant nt <-s, -s> рестора́н m -заку́сочная f
Fastnacht f <gen: -> кану́н m вели́кого поста́
faszinieren vt очаро́вывать, -рова́ть pf; von etw/jdm fasziniert sein быть очаро́ванным чем-л./кем-л.
Fata Morgana f <-, -s> фа́та f -морга́на f, мира́ж m
fatal adj фата́льный, роково́й; der Unfall hatte ~e Folgen несча́стный слу́чай име́л роковы́е после́дствия
Fatalismus m <gen: -> фатали́зм m
fatalistisch adj фаталисти́ческий
faul adj 1. (verdorben) гнило́й, ту́хлый; 2. (Mensch) подозри́тельный, не вызыва́ющий дове́рия; 3. (Ausrede) пусто́й; das mit der Sache ist etw ~ тут что́-то нела́дно; auf der ~en Haut liegen (umg) безде́льничать; ein ~er Witz (umg) глу́пая шу́тка
Fäule f <gen: -> гние́ние nt
faulen vi гнить, сгнить pf
faulenzen vi лента́йничать impf
Faulenzer, -in m/f <-s, -> (pej) лента́й, -ка m/f
Faulheit f <gen: -> лень f, ле́ность f
faulig adj подгни́вший
Fäulnis f <gen: -> гние́ние nt
Fäulnisprozess m <-es, -e> проце́сс m разложе́ния
Faulpelz m <-es, -e> (umg) лента́й m
Fauna f <-, Faunen> фа́уна f
Faust f <-, Fäuste> кула́к m; die ~ ballen сжима́ть кулаки́; auf eigene ~ самостоя́тельно; etw passt wie die ~ aufs Auge (umg) что-л. идёт как коро́ве седло́
faustdick adj: er hat es ~ hinter den Ohren (umg) он себе́ на уме́
Fausthandschuh m <-(e)s, -e> рукави́ца f
Faustregel f <-, -n> просто́е пра́вило nt
favorisieren vt (vorziehen) отдава́ть, -да́ть pf предпочте́ние
Favorit, -in m/f <-en, -en> 1. (Liebling) люби́мец, -мица m/f, фавори́т, -ка m/f; 2. (SPORT) фавори́т m
Fax m телефа́кс m
faxen vt передава́ть, -да́ть pf по фа́ксу
Faxen pl <gen: -> 1. (Grimasse) грима́са f; 2. (Unsinn) дура́чество nt; mach keine ~! не валя́й дурака́!
Faxgerät nt <-(e)s, -e> факс m
Fazit nt <-s, -s> ито́г m, вы́вод m; das ~ aus etw ziehen де́лать вы́вод из чего́-л.
FCKW abk von *Fluorkohlenwasserstoff(e)* m фторхлоруглеводоро́ды (фрео́ны) mpl
FCKW-frei adj не содержа́щий фторхлоруглеводоро́дов
FDP abk von *Freie Demokratische Partei* 1. СвДП f; 2. Свобо́дная демократи́ческая па́ртия
F-Dur nt <gen: -> (MUS) фа мажо́р m
Feasibility-Studie f <-, -n> те́хнико-экономи́ческое обоснова́ние nt, ТЭО nt
Feber m <-s, -> (österr: Februar) февра́ль m
Februar m <-(s), -e> февра́ль m
fechten <focht, gefochten> vi 1. фехтова́ть impf; 2. (kämpfen) боро́ться impf (mit +dat с +inst)
Fechtsaal m <gen: -(e)s> зал m для фехтова́ния
Fechtsport m <gen: -(e)s> фехтова́ние nt
Feder f <-, -n> 1. (Vogelfeder, Schreibfeder) перо́ nt; 2. (TECH) пружи́на f, рессо́ра f

Federball *m* <-(e)s, -bälle> 1. волáн *m*, волáнчик *m*; 2. (*~spiel*) бадминтóн *m*
Federballschläger *m* <-s, -> ракéтка *f* бадминтóна
Federbett *nt* <-(e)s, -en> перѝна *f*
Federboa *f* <-, -s> боá *nt* из пéрьев
federführend *adj* (*zuständig*) отвéтственный, компетéнтный
Federhalter *m* <-s, -> чернѝльная рýчка *f*
federleicht *adj* лёгкий как пёрышко
federn *vi* 1. (*elastisch sein*) быть *impf* эластѝчным; 2. (*nachgeben*) пружѝнить *impf*
Federung *f* <-, -en> рессóры *fpl*, пружѝны *fpl*
Fee *f* <-, -n> фéя *f*
Feed-back, Feedback *nt* <-s, -s> (*Rückmeldung*) обрáтная связь *f*, óтклик *m*
Fegefeuer *nt* <*gen:* -s> чистѝлище *nt*
fegen I. *vt* мести́, под- *pf*; II. *vi* (*umg: rasen*) нести́сь *impf*, мчáться *impf*; **er kam um die Ecke gefegt** он вы́бежал и́з-за углá
fehl *adv*: ~ **am Platz(e) sein** быть неумéстным
Fehlbestand *m* <-(e)s, -bestände> нехвáтка *f*
Fehlbetrag *m* <-(e)s, -beträge> недостáча *f*, мáнко *indeklnt*
Fehleinschätzung *f* <-, -en> ошѝбочная оцéнка *f*
fehlen *vi* 1. (*abwesend sein*) отсýтствовать *impf*; 2. (*mangeln*) недоставáть, -стáть *pf*, не хватáть, -тѝть *pf*; **jdm fehlt etw** комý-л. не хватáет чегó-л.; **was fehlt dir?** что с тобóй?; **jdm ~ die Worte** комý-л. не хватáет слов; **das hat gerade noch gefehlt** (*umg*) э́того тóлько не хватáло
Fehlentscheidung *f* <-, -en> ошѝбочное решéние *nt*
Fehlentwicklung *f* <-, -en> непрáвильная тендéнция *f* развѝтия
Fehler *m* <-s, -> 1. ошѝбка *f*, погрéшность *f*, недостáток *m*; **das war (nicht) mein ~** э́то была́ (не) моя́ ошѝбка; 2. (*Mangel*) недостáток *m*, дефéкт *m*; ~ **machen** [*o* **begehen**] дéлать ошѝбки; **versteckter ~** внýтренний дефéкт; ~ **in der Konstruktion** недостáток констрýкции; **jdm seine ~ vorhalten** укáзывать комý-л. на егó недостáтки; ~ **beheben** устранять дефéкт; **taktischer ~** тактѝческая ошѝбка; **unverzeihlicher ~ in der Berechnung** ошѝбка в расчёте; ~ **erkennen** замечáть ошѝбки; **aus den ~n lernen** учѝться на ошѝбках; ~ **begehen** совершѝть ошѝбку
fehlerfrei *adj* безошѝбочный, безукорѝзненный

fehlerhaft *adj* 1. (*unrichtig*) ошѝбочный, непрáвильный; 2. (*mangelhaft*) недоброкáчественный; ~**es Produkt** бракóванное издéлие
Fehlermeldung *f* <-, -en> (DV) сообщéние *nt* об ошѝбке
Fehlerquote *f* <-, -n> дóля *f* ошѝбок
Fehlersuchprogramm *nt* <-(e)s, -e> (DV) прогрáмма *f* обнаружéния ошѝбок
Fehlertoleranz *f* <-, -en> терпѝмость *f* к ошѝбкам
Fehlfunktion *f* <-, -en> неисправность *f*
Fehlgeburt *f* <-, -en> вы́кидыш *m*
fehlgehen *irr vi* 1. (*Schuss*) промахнýться *pf*, -мáхиваться *impf*; 2. (*sich irren*) ошибáться, -бѝться *pf*; **Sie gehen fehl in der Annahme, dass** вы ошибáетесь, предполагáя, что
Fehlgriff *m* <-(e)s, -e> прóмах *m*; **einen ~ tun** совершѝть прóмах
Fehlinformation *f* <-, -en> дезинформáция *f*
Fehlinvestition *f* <-, -en> ошѝбочная инвестѝция *f*
Fehlkalkulation *f* <-, -en> непрáвильная калькуляция *f*
Fehlkonstruktion *f* <-, -en> неудáчная констрýкция *f*
Fehlmenge *f* <-, -n> недостáча *f*
Fehlpass *m* <-es, -pässe> неточная передáча *f*
Fehlschlag *m* <-(e)s, -schläge> прóмах *m*, неудáча *f*; **einen ~ erleiden** потерпéть неудáчу
fehlschlagen *irr vi* не удавáться, -дáться *pf*, не сбывáться, не сбы́ться *pf*
Fehlschluss *m* <-es, -schlüsse> ошѝбочное заключéние *nt*
Fehlspekulation *f* <-, -en> неудáчная спекуляция *f*
Fehlstart *m* <-(e)s, -s> 1. фальстáрт *m*; 2. (*von Rakete*) неудáчный зáпуск *m*
Fehltritt *m* <-(e)s, -e> невéрный шаг *m*
Fehlzeit *f* <-, -en> (*Ausfallzeit*) простóй *m*
Fehlzündung *f* <-, -en> откáз *m* зажигáния
Feier *f* <-, -n> прáзднество *nt*, торжествó *nt*; **zur ~ des Tages** в честь сегóдняшнего прáздника
Feierabend *m* <-(e)s, -e> конéц *m* рабóчего дня; **wann macht ihr heute ~?** когдá вы сегóдня закáнчиваете рабóту?; **was machst du nach ~?** что ты дéлаешь пóсле рабóты?
feierlich *adj* торжéственный, прáздничный; **ein ~es Versprechen** торжéственное обещáние
feiern I. *vt* 1. (*Fest*) прáздновать, от- *pf*, отмечáть, -мéтить *pf*; 2. (*Person*) чéствовать *impf*; II. *vi* не рабóтать *impf*, бездéйствовать *impf*
Feiertag *m* <-(e)s, -e> прáздник *m*

feiertags *adv* по пра́здникам
feig(e) *adj* трусли́вый, малоду́шный
Feige *f* <-, -n> инжи́р *m*
Feigheit *f* <*gen*: -> тру́сость *f*, малоду́шие *nt*
Feigling *m* <-s, -e> трус *m*
Feile *f* <-, -n> 1. напи́льник *m*; 2. (*Nagelfeile*) пи́лочка *f* для ногте́й
feilen I. *vt* опи́ливать, -ли́ть *pf*, подпи́ливать, -ли́ть *pf*; II. *vi* шлифова́ть, от- *pf*; **an dieser Formulierung hat sie lange gefeilt** э́ту формулиро́вку она́ до́лго шлифова́ла
feilschen *vi* торгова́ться *impf* (*um* +*akk* из-за +*gen*); **mit jdm um den Preis ~** торгова́ться с кем-л. из-за цены́
Feilspäne *pl* <*gen*: -> металли́ческие опи́лки *fpl*
fein *adj* 1. (*nicht grob*) ме́лкий; 2. (*zart*) то́нкий, не́жный; 3. (*auserlesen*) изы́сканный, и́збранный; 4. (*feinsinnig*) утончённый; 5. (*Gehör*) то́нкий; 6. (*vornehm*) зна́тный, благоро́дный; 7. (*umg*: *erfreulich*) прекра́сный, отли́чный; **das ist aber ~!** вот э́то здо́рово! **sich ~ machen** наряжа́ться; **~ heraussein** (*umg*) уда́чно устро́иться
Feinabstimmung *f* <-, -en> уточня́ющее согласо́вывание *nt*
Feind *m* <-(e)s, -e> враг *m*; **sich (mit etw) ~e machen** нажива́ть себе́ (чём-л.) враго́в
Feindbild *nt* <-(e)s, -er> о́браз *m* врага́
feindlich *adj* вра́жеский; **jdm ~ gesonnen sein** быть вражде́бно настро́енным к кому́-л.
Feindschaft *f* <-, -en> вражда́ *f*, неприя́знь *f*
feindselig *adj* вражде́бный, неприя́зненный
Feindseligkeit *f* <-, -en> вражде́бность *f*, неприя́знь *f*; **die ~en einstellen/eröffnen** прекраща́ть/начина́ть вое́нные де́йствия
Feineinstellung *f* <-, -en> 1. то́чная устано́вка *f*, то́чное регули́рование *nt*; 2. (*Radio*) то́чная настро́йка *f*
feinfühlig *adj* делика́тный, чу́ткий
Feingefühl *nt* <*gen*: -(e)s> делика́тность *f*, такт *m*
Feinheit *f* <-, -en> 1. (*Einzelheit*) дета́ль *f*, нюа́нс *m*; 2. (*Dünne*) то́нкость *f*; 3. (*Zartheit*) не́жность *f*; 4. (*Feinsinnigkeit*) утончённость *f*, изы́сканность *f*; **~en** то́нкости
Feinkost *f* <*gen*: -> делика́тес *m*
Feinkostgeschäft *nt* <-(e)s, -e> гастроно́м *m*
feinmaschig *adj* (*Netz, Gewebe*) мелкоячеи́стый
Feinmechanik *f* <*gen*: -> то́чная меха́ника *f*

Feinplanung *f* <-, -en> дета́льное плани́рование *nt*
Feinschmecker, -in *m/f* <-s, -> гурма́н *m*
Feinstrumpfhose *f* <-, -n> то́нкие колго́тки *fpl*
Feinunze *f* <-, -n> едини́ца ве́са чи́стого зо́лота и чи́стого серебра́, составля́ющая 31,10 грамм.
Feinwaschmittel *nt* <-s, -> мя́гкое мо́ющее сре́дство *nt*
feist *adj* жи́рный; **~ grinsen** (*umg*) на́гло ухмыля́ться
feixen *vi* (*umg*: *grinsen*) ухмыля́ться, -мыльну́ться *pf*
Feld *nt* <-(e)s, -er> 1. (*Acker*) по́ле *nt*, па́шня *f*; 2. (*Spielfeld*) игрово́е по́ле *nt*; 3. (*Bereich*) о́бласть *f*; 4. (*beim Schach*) ша́хматное по́ле *nt*; 5. (*Schlachtfeld*) по́ле *nt* би́твы; 6. (SPORT) гла́вная гру́ппа *f*; **das ~ räumen** отступи́ть
Feldbett *nt* <-(e)s, -en> похо́дная крова́ть *f*
Feldblume *f* <-, -n> полево́й цвето́к *m*
Feldflasche *f* <-, -n> похо́дная фля́га *f*
Feldforschung *f* <-, -en> анке́тный опро́с *m* на места́х
Feldgeistliche(r) *m* <-n, -n> полево́й свяще́нник *m*
Feldherr *m* <-en, -en> полково́дец *m*
Feldstecher *m* <-s, -> полево́й бино́кль *m*
Feldwebel *m* <-s, -> фельдфе́бель *m*
Feldweg *m* <-(e)s, -e> просёлочная доро́га *f*
Feldzug *m* <-(e)s, -züge> 1. похо́д *m*; 2. (*fig*) кампа́ния *f*
Felge *f* <-, -n> о́бод *m* (колеса́)
Fels *m* <-en, -en> скала́ *f*, утёс *m*
felsenfest *adj* твёрдый как скала́; **von etw ~ überzeugt sein** быть в чём-л. твёрдо убеждённым
felsig *adj* скали́стый
Felsmassiv *nt* <-(e)s, -e> отве́сная скала́ *f*
Felsspalte *f* <-, -n> рассе́лина *f* в скале́
Felsvorsprung *m* <-(e)s, -vorsprünge> вы́ступ *m* скалы́
Felswand *f* <-, -wände> отве́сная скала́ *f*
feminin *adj* 1. (*weiblich*) же́нственный; 2. (LING) же́нского ро́да
Feminismus *m* <*gen*: -> feminи́зм *m*
Feminist, -in *m/f* <-en, -en> феминист, -ка *m/f*
feministisch *adj* феминисти́ческий
Fenchel *m* <*gen*: -s> фе́нхель *m*
Fenster *nt* <-s, -> 1. окно́ *nt*; 2. (DV) окно́ *nt*; **aktives ~** акти́вное окно́; **weg vom ~ sein** (*umg*) потеря́ть актуа́льность
Fensterbank *f* <-, -bänke> подоко́нник *m*
Fensterbrett *nt* <-(e)s, -er> подоко́нник *m*
Fensterkitt *m* <*gen*: -(e)s> око́нная зама́зка *f*
Fensterkurbel *f* <-, -n> рукоя́дка *f*

стеклоподъёмника
Fensterladen *m* <-s, -läden> ста́вень *m*
Fensterplatz *m* <-es, -plätze> ме́сто *nt* у окна́
Fensterrahmen *m* <-s, -> ра́ма *f* окна́
Fensterscheibe *f* <-, -n> око́нное стекло́ *nt*; **getönte ~** тони́рованное око́нное стекло́
Fenstersims *m* <-es, -e> око́нный карни́з *m*
Ferien *pl* <*gen*: -> 1. (*Schulferien*) кани́кулы *pl*; 2. (*Urlaub*) о́тпуск *m*; **~ haben** быть в о́тпуске
Ferienanlage *f* <-, -n> тури́сткая ба́за *f*
Ferienhaus *nt* <-es, -häuser> дом *m* о́тдыха, да́ча *f*
Ferienheim *nt* <-(e)s, -e> дом *m* о́тдыха
Ferienkurs *m* <-es, -e> ле́тние ку́рсы *mpl*
Ferienreise *f* <-, -n> каникуля́рная пое́здка *f*
Ferienwohnung *f* <-, -en> кварти́ра *f* в за́городном до́ме
Ferkel *nt* <-s, -> 1. поросёнок *m*; 2. (*umg: unsauberer Mensch*) грязну́ля *m*, поросёнок *m*
fern *adj* 1. (*zeitlich*) далёкий; 2. (*weit fort*) да́льний; **von ~** и́здали
Fernbedienung *f* <-, -en> дистанцио́нное управле́ние *nt*
fernbleiben *vi* отсу́тствовать *impf*; **jdm/einer Sache ~** держа́ться от кого́-л./чего́-л. в стороне́
Fernbleiben *nt* <*gen*: -s> нея́вка *f*
Ferne *f* <*gen*: -> (*räumlich*) даль *f*; **etw liegt in weiter ~** до чего́-л. ещё далеко́
ferner I. *adv* (*weiter*) в дальне́йшем; **ich werde auch ~ meine Meinung äußern** я и в дальне́йшем бу́ду выска́зывать своё мне́ние; II. *konj* (*außerdem*) кро́ме того́, ещё.
Fernfahrer, -in *m/f* <-s, -> води́тель, -ница *m/f* на да́льних ре́йсах
Ferngespräch *nt* <-(e)s, -e> междугоро́дный разгово́р *m*
ferngesteuert *adj* с дистанцио́нным управле́нием
Fernglas *nt* <-es, -gläser> бино́кль *m*
fern halten I. *irr vt* уберега́ть, -ре́чь *pf*, оберега́ть, -ре́чь *pf* (*von* +*dat* от +*gen*); II. *irr vr* сторони́ться *impf*
Fernheizung *f* <-, -en> центра́льное отопле́ние *nt*
Fernkopie *f* <-, -n> 1. (*Fax*) *ко́пия, полу́ченная по фа́ксу*; 2. (*umg*) факс *m*
fernkopieren *vt* (*faxen*) передава́ть по фа́ксу
Fernkopierer *m* <-s, -> аппара́т *m* факсими́льной свя́зи, фа́кс *m*
Fernlaster, Fernlastkraftwagen *m* <-s, -> грузово́й автомоби́ль *m* для междугоро́дных перево́зок
Fernleihe *f* <*gen*: -> межбиблиоте́чный абонеме́нт *m*

Fernlicht *nt* <-(e)s, -er> (*beim Fahrzeug*) да́льний свет *m*
fern liegen *irr vi* быть чу́ждым; **jdm liegt etw fern** что́-л. чу́ждо кому́-л.
Fernmeldeamt *nt* <-(e)s, -ämter> у́зел *m* телефо́нной свя́зи
Fernmeldeturm *m* <-(e)s, -türme> ба́шня *f* свя́зи
Fernmeldewesen *nt* <*gen*: -s> связь *f*
Fernreisebus *m* <-ses, -se> тури́сткий авто́бус *m*
Fernrohr *nt* <-(e)s, -e> телеско́п *m*
Fernschreiben *nt* <-s, -> те́лекс *m*
Fernschreiber *m* <-s, -> телета́йп *m*
Fernsehansager, -in *m/f* <-s, -> ди́ктор *m* телеви́дения
Fernsehantenne *f* <-, -n> телевизио́нная анте́нна *f*
Fernsehapparat *m* <-(e)s, -e> телеви́зор *m*
Fernsehbild *nt* <-(e)s, -er> телевизио́нное изображе́ние *nt*
fernsehen *irr vi* смотре́ть, по- *pf* телеви́зор
Fernsehen *nt* <*gen*: -s> телеви́дение *nt*; **was kommt heute im ~?** что бу́дет сего́дня по телеви́зору?
Fernseher *m* <-s, -> телеви́зор *m*; **den ~ einschalten** включи́ть телеви́зор
Fernsehfilm *m* <-(e)s, -e> телевизио́нный фильм *m*
Fernsehgebühren *pl* <*gen*: -> абоне́нтная пла́та *f* за по́льзование телеви́дением
Fernsehgesellschaft *f* <-, -en> телевизио́нная компа́ния *f*
Fernsehinterview *nt* <-s, -s> интервью́ *nt* по телеви́дению
Fernsehkanal *m* <-(e)s, -kanäle> телевизио́нный кана́л *m*
Fernsehnachrichten *pl* <*gen*: -> телевизио́нные но́вости *pl*
Fernsehsatellit *m* <-n, -n> спу́тник *m* -ретрансля́тор *m*
Fernsehserie *f* <-, -n> телесериа́л *m*
Fernsehstudio *nt* <-s, -s> телесту́дия *f*
Fernsehteam *nt* <-s, -s> съёмочная гру́ппа *f* телеви́дения
Fernsehtechniker, -in *m/f* <-s, -> рабо́тник *m* телеателье́
Fernsehteilnehmer, -in *m/f* <-s, -> абоне́нт *m* се́ти телевизио́нного веща́ния, владе́лец *m* телеви́зора
Fernsehübertragung *f* <-, -en> телевизио́нная переда́ча *f*
Fernsehübertragungswagen *m* <-s, -> автомоби́ль *m* с устано́вкой для телевизио́нных переда́ч
Fernsehwerbung *f* <*gen*: -> телевизио́нная рекла́ма *f*
Fernsehzeitschrift *f* <-, -en> *журна́л, содержа́щий програ́ммы теле- и радиовеща́ния на ближа́йшие неде́ли*

Fernsicht *f* перспекти́ва *f*
Fernsprecher *m* <-s, -> (*Telefon*) телефо́н *m*
Fernsprechgebühr *f* <-, -en> пла́та *f* за телефо́н
Fernsteuerung *f* <-, -en> дистанцио́нное управле́ние *nt*
Fernstudium *nt* <*gen:* -s> зао́чное обуче́ние *nt*
Fernverkehr *m* <*gen:* -s> да́льнее сле́дование *nt*
Fernwärmeversorgung *f* <*gen:* -> снабже́ние *nt* тепло́м от систе́мы
Fernweh *nt* <*gen:* -s> тя́га *f* к путеше́ствиям
Ferse *f* <-, -n> пя́тка *f*; **jdm auf den ~n sein** гна́ться за ке́м-л. по пята́м
fertig *adj* 1. (*bereit*) гото́вый; 2. (*beendet, vollendet*) гото́вый, зако́нченный; 3. (*umg: erschöpft*) без сил; **mit etw werden** спра́виться с че́м-л.; **mit jdm ~ sein** поко́нчить с ке́м-л.
Fertigbauweise *f* <*gen:* -> строи́тельство *nt* сбо́рными констру́кциями
fertig bringen *irr vt* 1. (*zustande bringen*) справля́ться, спра́виться *pf*, суме́ть *pf*; 2. (*beenden*) зака́нчивать, -ко́нчить *pf*, доводи́ть, -вести́ *pf* до конца́
fertigen *vt* изготовля́ть, -то́вить *pf*; **fabrikmäßig ~** изготовля́ть фабри́чным спо́собом
Fertigerzeugnisse *pl* <*gen:* -> гото́вая проду́кция *f*
Fertigfabrikat *nt* <-(e)s, -e> гото́вое изде́лие *nt*
Fertiggericht *nt* <-(e)s, -e> (быстрозаморо́женное) гото́вое блю́до *nt*
Fertighaus *nt* <-es, -häuser> сбо́рный дом *m*
Fertigkeit *f* <-, -en> 1. (*Geschick*) ло́вкость *f*, мастерство́ *nt*; 2. (*Können*) на́вык *m*, уме́ние *nt*
fertig machen *vt* 1. (*beenden*) зака́нчивать, -ко́нчить *pf*, доде́лывать, -де́лать *pf*; 2. (*bereitmachen*) подгота́вливать, -то́вить *pf*; **sie machten sich zum Ausgehen fertig** они́ гото́вились к вы́ходу; 3. (*umg: zermürben*) измота́ть *pf*, -ма́тывать *impf*
fertig stellen *vt* зака́нчивать, -ко́нчить *pf*, заверша́ть, -ши́ть *pf*
Fertigteil *nt* <-(e)s, -e> 1. (*fertiges Werkstück*) гото́вая дета́ль *f*; 2. (*vorgefertigtes Bauteil*) гото́вый блок *m*
Fertigung *f* <*gen:* -> изготовле́ние *nt*, произво́дство *nt*; **automatische ~** автоматизи́рованное произво́дство; **rechnergestützte ~** компью́теризи́рованное произво́дство; **serienmäßige** сери́йное произво́дство
Fertigungsauftrag *m* <-(e)s, -aufträge> зака́з *m* -наря́д *m* на изготовле́ние
Fertigungseinzelkosten *pl* прямы́е изде́ржки *pl* произво́дсва
Fertigungsgemeinkosten *pl* о́бщие [*o* накладны́е] произво́дственные расхо́ды *pl*
Fertigungskontrolle *f* <-, -n> призво́дственный контро́ль *m*
Fertigungskosten *pl* <*gen:* -> произво́дственные расхо́ды *pl*
Fertigungslohn *m* <-(e)s, -löhne> зарабо́тная пла́та *f* за произво́дственную рабо́ту
Fertigungsmaterial *nt* <-s, -ien> произво́дственный материа́л *m*
Fertigungspräzision *f* <*gen:* -> (*in der industriellen Produktion*) (высо́кая) то́чность *f* изготовле́ния
Fertigungsstandort *m* <-(e)s, -e> ме́сто *nt* размеще́ния произво́дства
Fessel[1] *f* <-, -n> 1. (ANAT: *beim Menschen*) лоды́жка *f*; 2. (ANAT: *beim Pferd*) ба́бка *f*
Fessel[2] *f* <-, -n> кандалы́ *mpl*
fesseln *vt* 1. зако́вывать, -кова́ть *pf* в кандалы́, свя́зывать, -за́ть *pf*; 2. (*fig*) привя́зывать, -за́ть *pf*, прико́вывать, -кова́ть *pf*; **durch eine Krankheit ans Bett gefesselt werden** быть прико́ванным к посте́ли
fest *adj* 1. (*hart*) твёрдый; 2. (*straff, kräftig*) кре́пкий, про́чный; 3. (*dicht*) пло́тный; 4. (*sicher*) обяза́тельный; **~ angestellt** быть приня́тым шта́тно 5. (*Schlaf*) глубо́кий; 6. (*Wohnsitz*) постоя́нный; **~ bei etw bleiben** не отступа́ть от чего́-л.; **zu etw ~ entschlossen sein** быть реши́тельно настро́енным на что́-л.; **etw ~ versprechen** твёрдо обеща́ть что́-л.
Fest *nt* <-(e)s, -e> (*Feier*) пра́здник *m*, пра́зднество *nt*
fest angestellt *adj* быть зачи́сленным шта́тно; **~e Mitarbeiter** шта́тные сотру́дники
Festbeleuchtung *f* <*gen:* -> пра́здничная иллюмина́ция *f*
festbinden *irr vt* привя́зывать, -за́ть *pf* (*an +dat* к *+dat*)
Festessen *nt* <-s, -> зва́ный обе́д *m*, банке́т *m*; **ein ~ geben** дава́ть банке́т
festfahren *irr vr* 1. (*mit Fahrzeug*) застря́ть *pf*, -стрева́ть *impf*; 2. (*fig*) запу́таться *pf*, -тываться *impf*, заходи́ть, зайти́ *pf* в тупи́к
festgefahren *adj* застря́вший (на мёртвой то́чке), заше́дший в тупи́к
Festgeld *nt* <-(e)s, -er> сро́чный вклад *m*
festhalten I. *irr vt* 1. держа́ть *impf*, уде́рживать, -жа́ть *pf*; 2. (*aufzeichnen*) запечатле́ть *pf*, -лева́ть *impf*; II. *vr* кре́пко держа́ться (*an +dat* за *+ akk*); **halt dich gut ~!** держи́сь кре́пко! III. *vi* приде́рживаться *impf*; **an etw ~**

придерживаться чего-л.
Festhypothek f <-, -en> ипотека f с твёрдым сроком выкупа
festigen I. vt укреплять, -пить pf; II. vr укрепляться, -питься pf
Festigkeit f <gen: -> 1. крепость f, твёрдость f; 2. (*Entschlossenheit*) непоколебимость f
Festival nt <-s, -s> фестиваль m
festklammern vr крепко ухватиться pf, - ватываться impf (*an +dat* за +akk)
Festland nt <gen: -(e)s> материк m, суша f
festlegen I. vt 1. (*festsetzen*) устанавливать, -новить pf; **den Ablauf von etwas bestimmen** устанавливать порядок чего-л.; **Preise ~ bestimmen** устанавливать цены; **Quoten ~** устанавливать квоты; **Ziele ~** устанавливать цели; **in der festgelegten Zeit** на установленный срок 2. (*vorschreiben*) определять, -лить pf; II. vr связывать, -зать pf себя; **ich möchte mich auf keinen Termin ~** я не хочу связывать себя какими-л. сроками
Festlegung f <-, -en> установление nt; **~ eines Limits** установление лимита
festlich adj 1. торжественный, праздничный; 2. (*Kleidung*) праздничный
festmachen vt 1. (*befestigen*) прикреплять, -пить pf, закреплять, -пить pf; 2. (*vereinbaren*) договариваться, -вориться pf
Festmahl nt <-(e)s, -e> банкет m, званый обед m
festnageln vt прибивать, -бить pf гвоздями; **jdn auf etw ~** (*umg*) поймать кого-л. на слове
Festnahme f <-, -n> задержание nt, арест m
festnehmen irr vt задерживать, -жать pf, арестовывать, -стовать pf
Festnetz nt (TELKOM) постоянная телекоммуникационная сеть f
Festplatte f <-, -n> (DV) жёсткий диск m
Festpreis m <-es, -e> твёрдая цена f
festsetzen I. vt 1. (*festlegen*) устанавливать, -новить pf; **Löhne ~** устанавливать тарифные ставки; **behördlich festgesetzter Preis** официально установленная цена f; **einen Termin ~** назначить дату; **die Versicherungssumme ~** назначать страховую сумму 2. (*Person*) сажать, посадить pf в тюрьму; II. vr 1. (*Schmutz, Staub*) скапливаться, скопиться pf, оседать, осесть pf; 2. (*Überzeugung*) утверждаться, -вердиться pf
festsitzen irr vi 1. (*befestigt sein*) прочно держаться impf; 2. (*nicht weiterkommen*) завязнуть pf, вязнуть impf, застрять pf, -стревать impf

Festspiel nt <-(e)s, -e> (*meist pl*) фестиваль m
feststehen irr vi 1. (*sicher sein*) быть impf решённым; **also eines steht fest: ..** итак, одно решено точно:...; 2. (*Termin*) быть impf установленным
feststellen vt 1. (*herausfinden*) устанавливать, -новить pf, констатировать impf/pf; **wir mussten leider ~, dass ..** к сожалению, мы вынуждены были констатировать, что...; 2. (*Personalien*) устанавливать, -новить pf
Feststellung f <-, -en> 1. (*das Feststellen*) установление nt; 2. (*Aussage*) заключение nt, констатация f
Feststellungsbescheid m <-(e)s, -e> (JUR) уведомление nt об установлении основы исчисления налога
Festtag m <-(e)s, -e> праздник m, праздничный день m
Festung f <-, -en> крепость f
festverzinslich adj (*Wertpapier*) с твёрдым процентом
Festwert m <-(e)s, -e> постоянная стоимость f
Festwoche f <-, -n> 1. праздничная неделя f; 2. неделя f (чего-либо)
Festzins m <-es, -en> твёрдая процентная ставка f
Fete f <-, -n> (*umg*) пирушка f, вечеринка f
Fetisch m <-s, -e> фетиш m
Fetischismus m <gen: -> фетишизм m
Fetischist, -in m <-en, -en> фетишист, -ка m/f
fett adj 1. (*Essen*) жирный; 2. (*Erde*) тучный
Fett nt <-(e)s, -e> 1. жир m; **pflanzliches ~** растительный жир 2. (*Talg*) сало nt; 3. (*Speisefett*) столовый жир m; 4. (*Schmierfett*) консистентная смазка f; **sein ~abkriegen** (*umg*) получить нагоняй
fettarm adj нежирный
fetten I. vt (*ein~*) смазывать, -зать pf жиром; II. vi маслиться impf
Fettfleck m <-(e)s, -en> жирное пятно nt
Fettgehalt m <-(e)s, -e> содержание nt жира
fettig adj 1. жирный, сальный; 2. (*Haut, Haar*) жирный
Fettnäpfchen nt: **(bei jdm) ins ~ treten** (*umg*) наступить кому-л. на любимую мозоль
Fettpresse f <-, -n> (TECH) смазочный шприц m
Fettwanst m <-(e)s, -wänste> (*umg: pej*) толстяк m
Fetzen m <-s, -> 1. (*von Stoff, Papier*) лоскут m, клочок m; 2. (*Lumpen*) тряпьё nt; 3. (*Gesprächsfetzen*) обрывок m (разговора)

fetzig *adj* (*umg*) кла́ссный
feucht *adj* 1. (*Luft*) вла́жный; 2. (*Augen*) вла́жный
feuchtfröhlich *adj* (*umg*) навеселе́
Feuchtgebiet *nt* <-(e)s, -e> вла́жная среда́ *m*
Feuchtigkeit *f* <*gen:* -> 1. сы́рость *f*; 2. (*der Luft*) вла́жность *f*
Feuchtigkeitscreme, Feuchtigkeitskreme *f* <-, -s> увлажня́ющий крем *m*
feudal *adj* 1. феода́льный; 2. (*umg: prachtvoll*) великоле́пный, шика́рный
Feudalismus *m* <*gen:* -> феодали́зм *m*
Feuer *nt* <-s, -> 1. (*in Herd/Kamin*) ого́нь *m*, пла́мя *nt*; 2. (*offen*) пожа́р *m*; 3. (MIL) оруди́йный ого́нь *m*, стрельба́ *f*; 4. (*fig: Leidenschaft*) страсть *f*, пыл *m*; ~ (**an etw**) **legen** поджига́ть что-л.; **das ~ eröffnen** откры́ть ого́нь; ~ **fangen** загоре́ться; ~ **und Flamme für etw sein** (*umg*) стра́стно увле́чься чем-л.; **jdm ~ geben** дать кому́-л. прикури́ть
Feueralarm *m* <-(e)s, -e> пожа́рная трево́га *f*
Feuerbestattung *f* <-, -en> крема́ция *f*
Feuereifer *m* <*gen:* -s> пыл *m*, усе́рдие *nt*
feuerfest *adj* 1. огнесто́йкий; 2. (*Gefäß*) жаросто́йкий
Feuergefahr *f* <*gen:* -> опа́сность *f* пожа́ра
feuergefährlich *adj* огнеопа́сный
Feuergefährlichkeit *f* <*gen:* -> огнеопа́сность *f*
Feuergefecht *nt* <-(e)s, -e> бой *m* с испо́льзованием огнестре́льного ору́жия
Feuergeschwindigkeit *f* <-, -en> скоростре́льность *f*
Feuerkraft *f* <*gen:* -> огнева́я мощь *f*
Feuerleiter *f* <-, -n> пожа́рная ле́стница *f*
Feuerlöscher *m* <-s, -> огнетуши́тель *m*
Feuerlöschfahrzeug *nt* <-(e)s, -e> пожа́рный автомоби́ль *m*
Feuerlöschmannschaft *f* <-, -en> пожа́рная кома́нда *f*
Feuermelder *m* <-s, -> пожа́рный извеща́тель *m*
feuern I. *vt* 1. (*umg: entlassen*) увольня́ть, уво́лить *pf*; 2. (*umg: schleudern*) швыря́ть, швырну́ть *pf*; **verärgert feuerte er seine Jacke aufs Sofa** он раздражённо швырну́л свою́ ку́ртку на софу́; II. *vi* (*schießen*) стреля́ть *impf*, пали́ть, вы́- *pf* (*auf +akk* по *+dat*)
feuerrot *adj* о́гненно-кра́сный
Feuerschlucker, -in *m/f* <-s, -> глота́тель *m* огня́
feuersicher *adj* огнесто́йкий, невоспламеня́ющийся
Feuerstein *m* <-(e)s, -e> креме́нь *m*
Feuertaufe *f* <-, -n> боево́е креще́ние *nt*

Feuerverzinkung *f* <*gen:* -> (TECH) горя́чее цинкова́ние *nt*
Feuerwaffe *f* <-, -n> огнестре́льное ору́жие *nt*
Feuerwehr *f* <-, -en> пожа́рная кома́нда *f*
Feuerwehrleiter *f* <-, -n> пожа́рная ле́стница *f*
Feuerwehrmann, -frau *m/f* <-(e)s, -leute> пожа́рный *m*
Feuerwehrschlauch *m* <-(e)s, -schläuche> пожа́рный рука́в *m*
Feuerwerk *nt* <-(e)s, -e> фейерве́рк *m*
Feuerzeug *nt* <-(e)s, -e> зажига́лка *f*
Feuilleton *nt* <-s, -s> фельето́н *m*
Feuilletonist, -in *m/f* <-en, -en> фельетони́ст *m*
feurig *adj* 1. о́гненный; 2. (*Liebhaber(in)*) стра́стный, пы́лкий
ff. *abk von* **(und) folgende (Seiten)** и на сле́дующих страни́цах
FH *f* <-, -s> (*Fachhochschule*) специа́льное вы́сшее уче́бное заведе́ние *nt*
Fiaker *m* <-s, -> 1. (*österr: Pferdedroschke; Kutscher*) фиа́кр *m*; 2. изво́зчик *m*
Fiasko *nt* <-s, -s> фиа́ско *nt*; **ein ~ erleben** потерпе́ть фиа́ско
Fiberglas *nt* стеклопла́стик *m*
Fibrose *f* <-, -n> (MED) фибро́з *m*
Fichte *f* <-, -n> ель *f*
ficken *vt* (*vulg*) тра́хать, -хнуть *pf*
fidel *adj* (*umg*) весёлый, живо́й
Fidschiinseln *pl* <*gen:* -> острова́ *mpl* Фи́джи
Fiduziar *m* <-s, -e> (JUR) дове́ренный *m*
fiduziarisch *adj* (JUR) фидуциа́рный; **~es Eigentum** фидуциа́рная со́бственность; **~es Rechtsgeschäft** фидуциа́рная сде́лка
fieb(e)rig *adj* 1. лихора́дочный; 2. (*aufgeregt*) не́рвный, возбуждённый
Fieber *nt* <*gen:* -s> горя́чка *f*, жар *m*, температу́ра *f*; **er hat hohes ~** у него́ высо́кая температу́ра; **(jdm das) ~ messen** измеря́ть кому́-л. температу́ру
Fieberanfall *m* <-(e)s, -anfälle> при́ступ *m* лихора́дки
fieberfrei *adj* без (повы́шенной) температу́ры
fieberhaft *adj* (*eilig, hektisch*) лихора́дочный
fiebern *vi* 1. лихора́дить *impf*; 2. (*gespannt sein*) быть *impf* в возбужде́нии
Fieberphantasie *f* <-, -en> лихора́дочный бред *m*
fiebersenkend *adj* (*Medikament*) жаропонижа́ющий
Fieberthermometer *nt* <-s, -> гра́дусник *m*
fiel *prät von* **fallen**
fies *adj* 1. (*umg: gemein*) га́дкий; **das war aber ~ von dir!** э́то га́дко с твое́й стороны́! 2. (*ekelhaft*) ме́рзкий

FIFA *akr von Fédération Internationale de Football Association* f ФИФА f, Международная федерация футбола

FIFO-Verfahren nt <gen: -s> (ÖKON) складской учёт m по методу ФИФО

fifty-fifty adv: **(mit jdm) ~ machen** (umg) разделить что-л. (с кем-л.) поровну

Fight m <-s, -s> (SPORT: *Wettkampf*) состязание nt, соревнование nt

fighten vi бороться impf; **der Läufer fightete verbissen um seinen Vorsprung** бегун упорно боролся за своё преимущество

Figur f <-, -en> 1. фигура f; **er hat wirklich eine gute ~** y него действительно хорошая фигура; 2. (*Roman~*) персонаж m; 3. (*Spiel~*) фигура f; **eine gute/schlechte ~ machen** производить хорошее/плохое впечатление

figürlich adj 1. (*Darstellung*) фигурный; 2. (LING: *übertragen*) переносный, фигуральный

fiktiv adj фиктивный

File m <-s, -s> (DV: *Datei*) файл m

File-Server m <-s, -> (DV) файловый сервер m

Filet nt <-s, -s> филе nt

Filiale f <-, -n> филиал m

Filialklausel f <-, -n> (JUR) оговорка f об ограничении прокуры на ведение дел филиала

Filialnetz nt <-es, -e> сеть f филиалов

Filialprokura f <gen: -> (JUR) прокура f на управление филиалом

filigran adj (*kunstvoll, zart gearbeitet*) филигранный

Film m <-(e)s, -e> 1. (*Beschichtung, Belag*) плёнка f; 2. (*in Fernsehen und Kino*) фильм m, кинофильм m; 3. (*Filmbranche*) кинематография f, кино nt; 4. (FOT) плёнка f; **ich muss einen neuen ~ einlegen** я должен вложить новую плёнку; **einen ~ drehen** снимать (кино) фильм

Filmaufnahme f <-, -n> киносъёмка f

Filmemacher, -in m/f <-s, -> автор m фильмов

filmen I. vt производить, -вести pf киносъёмку, снимать, снять pf на плёнку; II. vi (*Schauspieler*) сниматься, сняться pf в кино

Filmfestival nt <-s, -s> кинофестиваль m

Filmfestspiele pl <gen: -> кинофестиваль m

Filmgeschichte f <gen: -> история f кино

Filmindustrie f <gen: -> кинопромышленность f

Filmkamera f <-, -s> кинокамера f

Filmmusik f <-, -en> музыка f к фильму

Filmpreis m <gen: -es> приз m за работу над фильмом

Filmschauspieler, -in m/f <-s, -> киноактёр, -триса m/f, актёр, -триса m/f кино

Filmstar m <-s, -s> кинозвезда f

Filter m <-s, -> фильтр m

Filteranlage f <-, -n> (TECH) фильтрующее устройство nt

Filtereinsatz m <-es, -einsätze> патрон m фильтра

filterlos adj (*Zigarette*) без фильтра

filtern vt фильтровать, про- pf

Filterpapier nt <gen: -s> фильтровальная бумага f

Filterung f <gen: -> фильтрование nt

Filterzigarette f <-, -n> сигарета f с фильтром

Filz m <-es, -e> (*Stoff*) войлок m, фетр m

filzen I. vt (umg: *durchsuchen*) обыскивать, -скать pf; II. vi (*Wolle*) сваливаться, -ляться pf

Filzhut m <-(e)s, -hüte> фетровая шляпа f

Filzstift m <-(e)s, -e> фломастер m

Fimmel m <-s, -> (umg) пунктик m; **was Pferde angeht, hat er einen~!** он просто помешан на лошадях!

Finale nt <-s, -(s)> (SPORT) финал m

Finanzabteilung f <-, -en> финансовый отдел m

Finanzakzept nt <-(e)s, -e> финансовый акцепт m

Finanzamt nt <-(e)s, -ämter> налоговое ведомство nt

Finanzanalyse f <-, -n> анализ m финансового положения

Finanzanlage f <-, -n> основной финансовый капитал m

Finanzausgleich m <gen: -(e)s> бюджетное регулирование nt

Finanzbeamte(r) m <-n, -n> служащий, -щая m/f налогового ведомства

Finanzbedarf m <gen: -(e)s> потребности pl в финансовых средствах

Finanzberater, -in m/f <-s, -> консультант m по финансовым вопросам

Finanzbuchhaltung f <-, -en> ведение nt финансовой документации

Finanzdecke f <gen: -> финансовое покрытие nt

Finanzen pl <gen: -> финансы pl, бюджет m

Finanzexperte, -expertin m/f <-n, -n> эксперт m/f по финансовым вопросам

Finanzgesellschaft f <-, -en> финансирующее общество nt

Finanzhilfe f <-, -n> финансовая помощь f

Finanzhoheit f <gen: -> финансовый суверенитет m

finanziell adj финансовый, денежный; **~e Hilfe** финансовая помощь; **~e**

Unterstützung финáнсовая поддéржка; Ausstattung mit ~en Mitteln обеспéченность финáнсовыми срéдствами; aus ~en Gründen из финáнсовых соображéний; in ~en Schwierigkeiten sein быть в затруднительном финáнсовом положéнии; in ~er Hinsicht в дéнежном отношéнии
finanzieren vt финансировать impf/pf; ein Projekt ~ финансировать проéкт
Finanzierung f <-, -en> 1. (das Finanzieren) финансирование nt; ~aus dem Haushalt бюджéтное финансирование; ~ des Wohnungsbaus финансирование жилищного строительства; ~ durch eine Bank бáнковское финансирование; ~ über Leasing лизинговое финансирование; ~ über Kredite кредитное финансирование 2. (Kreditgewährung) кредитование nt; kurzfristige ~ краткосрóчное кредитование; langfristige ~ долгосрóчное кредитование
Finanzierungsgesellschaft f <-, -en> финансирующее óбщество nt
Finanzierungskennzahl f <-, -en> показáтель m финáнсового положéния
Finanzierungsrisiko nt <-s, -risiken> риск m, связанный с финансированием
Finanzierungsschwierigkeiten pl трýдности pl финансирования
Finanzkraft f <gen: -> финáнсовая сила f
finanzkräftig adj состоятельный
Finanzkrise f <-, -n> финáнсовый кризис m; eine ~ verursachen вызвать финáнсовый кризис; einem Land aus der ~ helfen помогáть странé выйти из финáнсового кризиса; in einer ~ stecken переживáть финáнсовый кризис
Finanzlage f <-, -n> 1. (Vermögenslage) финáнсовое состояние nt; ~ eines Unternehmens финáнсовое состояние предприятия 2. (finanzielle Situation) финáнсовое положéние nt; sich in einer schwierigen ~ befinden нахóдиться в слóжном финáнсовом положéнии
Finanzmakler m <-s, -> финáнсовый мáклер m
Finanzmann m <-(e)s, -männer/-leute> 1. (Finanzfachmann) финансист m; 2. (Geldgeber) инвéстор m, спóнсор m
Finanzmarkt m <-(e)s, -märkte> финáнсовый рынок m; Instabilität des internationalen Finanzmarktes нестабильность международного финáнсового рынка; Trend zur Internationalisierung der Finanzmärkte тендéнция к интернационализации финáнсовых рынков

Finanzminister, -in m/f <-s, -> министр m финáнсов
Finanzmittel pl финáнсовые срéдства pl; ~ beantragen подавáть заявлéние на предоставлéние финáнсовых средств
Finanzplan m <-(e)s, -pläne> финáнсовый план m, смéта f; einen detaillierten ~ erstellen составлять детáльную смéту; endgültiger ~ окончáтельная смéта; vorläufiger ~ предварительная смéта; ~ einer Dienststelle вéдомственная смéта
Finanzplanung f <-, -en> финáнсовое планирование nt
Finanzpolitik f <gen: -> финáнсовая политика f
Finanztransaktion f <-, -en> финáнсовая операция f; eine ~ durchführen осуществлять финáнсовые операции
Finanzverwaltung f <-, -en> финáнсовое управлéние nt
Finanzwechsel m <-s, -> финáнсовый вéксель m
Finanzwesen nt <gen: -s> финáнсовое дéло nt
Finanzwirtschaft f <gen: -> финáнсовое хозяйство nt
finden <fand, gefunden> I. vt 1. отыскивать, -кáть pf; 2. (Verwendung) находить, найти pf; 3. (meinen, halten für) считáть impf, найти pf; er hat recht - ~ Sie nicht? он прав, не так ли?; II. vr (sich wieder finden) находить, найти pf себя, обретáть, -рести pf себя; Gefallen an etw/jdm ~ получáть удовóльствие от чегó-л./когó-л.; das wird sich ~ всё образýется
Finder, -in m/f <-s, -> нашéдший, -шая m/f
Finderlohn m <gen: -(e)s> вознаграждéние nt за нахóдку
findig adj нахóдчивый
fing prät von **fangen**
Finger m <-s, -> пáлец m; ~ weg! рýки прочь! die ~ von etw lassen (umg) не вмéшиваться во чтó-л.; jdn um den kleinen ~ wickeln (umg) обвести когó-л. вокрýг пáльца; sich etw aus den ~n saugen (umg pej) высóсать (чтó-л.) из пáльца
Fingerabdruck m <-(e)s, -abdrücke> отпечáток m пáльцев
Fingerhut m <-(e)s, -hüte> 1. (beim Nähen) напёрсток m; 2. (Pflanze) наперстянка f
Fingernagel m <-s, -nägel> нóготь m (пáльца руки)
Fingerspitze f <-, -n> кóнчик m пáльца
Fingerspitzengefühl nt <gen: -s> чутьё nt; etw verlangt (viel) ~ для чегó-л. трéбуется осóбое чутьё

Fingerzeig *m* <gen: -s> знак *m*, намёк *m*; **jdm einen ~ geben** подáть комý-л. знак
fingieren *vt* (*vortäuschen*) симулировать *impf/pf*, дéлать, сдéлать *pf* вид; **fingiert** фиктивный
Finish *nt* <-s, -s> финиш *m*
Finite-Elemente-Methode *f* <gen: -> (MATH) мéтод *m* конéчных элемéнтов
Fink *m* <-en, -en> зяблик *m*
Finne *m* <-n, -n> финн *m*
Finnin *f* <-, -en> финка *f*
finnisch *adj* финский
Finnland *nt* <gen: -s> Финляндия *f*
finster *adj* 1. (*dunkel*) тёмный, сýмрачный; 2. (*unheimlich*) зловéщий, жýткий; 3. (*Miene*) угрюмый, мрáчный; **er sah mich ~ an** он угрюмо посмотрéл на меня
Finsterling *m* <-s, -e> (*umg*) обскурáнт *m*, мракобéс *m*
Finsternis *f* <gen: -> темнотá *f*, мрак *m*
Finte *f* <-, -n> 1. уловка *f*; 2. (SPORT) финт *m*
Firewall *m* <-s, -s> (DV) брандмаýэр *m*
Firlefanz *m* <gen: -es> 1. (*umg: Kram*) барахло́ *nt*; 2. (*umg: Albernheit*) дурáчество *nt*
firm *adj*: **in etw ~ sein** в совершéнстве владéть чем-л.
Firma *f* <-, Firmen> 1. (*kaufmännisches Unternehmen*) фирма *f*; **eingetragene ~** зарегистрированная фирма; **konkurrierende ~** конкурирующая фирма; **leistungsfähige ~** продуктивная фирма; **marktbeherrschende ~** доминирующая фирма; **renommierte ~** фирма с хорóшей репутáцией; **sichere ~** надёжная фирма; **Bonität einer ~** солидность фирмы; **die ~ arbeitet mit Verlust** фирма несёт убытки; **die ~ beschäftigt 100 Personen** на фирме работает 100 человек; **eine ~ gründen** осно́вывать фирму; **eine ~ ins Handelsregister eintragen** внести фирму в торго́вый реги́стр; **eine ~ leiten** руководить фирмой; **für eine ~ zeichen** подписывать от имени фирмы 2. (*Geschäftsname*) назвáние фирмы; **die ~ ändern** изменять наименовáние фирмы
Firmenansehen *nt* <gen: -s> 1. (*Prestige*) престиж *m* фирмы; 2. (*Bonität*) солидность *f* фирмы
Firmenauflösung *f* <-, -en> ликвидáция *f* фирмы
Firmenbezeichnung *f* <-, -en> наименовáние *nt* фирмы
firmeneigen *adj* принадлежáщий фирме
Firmengründung *f* <-, -en> основáние *nt* фирмы
Firmenimage *nt* <gen: -> имидж *nt* фирмы

Firmeninhaber, -in *m/f* <-s, -> владéлец *m* фирмы
Firmenkern *m* <-(e)s, -e> основно́е назвáние *nt* фирмы
Firmenmantel *m* <gen: -s> (JUR) совокýпные правá *pl* акционéрной компáнии на учáстие
Firmenmarke *f* <-, -n> (торго́вая) мáрка *f* фирмы
Firmenname *m* <-n, -n> наименовáние *nt* фирмы
Firmenschild *nt* <-(e)s, -er> табличка *f* фирмы
Firmensitz *m* <-es, -e> местонахождéние *nt* фирмы
Firmenwert *m* <-(e)s, -e> 1. (*Geschäftswert*) стóимость *f* репутáции фирмы; 2. (*Ertragswert*) стóимость *f* фирмы
Firmenzeichen *nt* <-s, -> фирменный знак *m*
Firmenzusatz *m* <-es, -zusätze> дополнéние *nt* к наименовáнию фирмы
Firmung *f* <-, -en> конфирмáция *f*
Firnis *m* <-ses, -se> (*Lack*) лак *m*
First *m* <-(e)s, -e> (*Dachfirst*) конёк *m* (крыши)
First Lady *f* <-, First Ladies> пéрвая лéди *f*
Fisch *m* <-(e)s, -e> (ASTR) Рыбы; **weder ~ noch Fleisch** (*umg: fig*) ни рыба ни мясо; **kleine ~e** (*umg*) пустяки
fischen *vt* 1. (*Fische fangen*) рыбáчить *impf*, ловить, поймáть *pf* рыбу; 2. (*umg*) выпáвливать, выловить *pf*; **er fischte ein Blatt Papier aus dem Stapel** он вытащил из стóпки лист бумáги
Fischer, -in *m/f* <-s, -> рыбáк, -бáчка *m/f*
Fischerei *f* <gen: -> рыболо́вство *nt*
Fischereischiff *nt* <-(e)s, -e> рыболо́вное сýдно *n*
Fischfang *m* <gen: -(e)s> рыболо́вство *nt*, рыбная ловля *f*
Fischfilet *nt* <-s, -s> рыбное филé *nt*
Fischgeschäft *nt* <-(e)s, -e> рыбный магазин *m*
Fischkonserve *f* <-, -n> рыбные консéрвы *pl*
Fischkutter *m* <-s, -> рыболо́вный кáтер *m*
Fischmesser *nt* <-s, -> нож *m* для рыбы
fischreich *adj* богáтый рыбой
Fischschwarm *m* <-(e)s, -schwärme> косяк *m* рыбы
Fischstäbchen *nt* <-s, -> рыбная пáлочка *f*, панирóванная рыба в фóрме пáлочки
Fischsuppe *f* <-, -n> рыбный суп *m*
Fischvergiftung *f* <-, -en> отравлéние *nt* рыбой
fiskalisch *adj* фискáльный
Fiskaljahr *nt* <-(e)s, -e> фискáльный год *m*
Fiskalpolitik *f* <gen: -> фискáльная [о

нало́говая| поли́тика f
Fiskus m <gen: -> фиск m, (госуда́рственная казна́) f; **Eigentum des ~** со́бственность (госуда́рственной казны́); **in den ~ fließen** поступа́ть в казну́
Fisole f <-, -n> (österr: grüne Gartenbohne) фасо́ль f
fit adj в хоро́шей фо́рме, хорошо́ трениро́ванный; **in etw ~ sein** (umg: etw gut beherrschen) хорошо́ разбира́ться в чём-л.
Fitness f <gen: -> хоро́шая спорти́вная фо́рма f
Fitnesscenter nt <-s, -> центр m заня́тий спо́ртом, спортцентр m
Fitnessraum m <-(e)s, -räume> трениро́вочное помеще́ние nt
Fitnessstudio nt <-s, -s> спорти́вная сту́дия f
Fitnesstraining nt <gen: -s> физи́ческая трениро́вка f (для подде́ржания хоро́шей фо́рмы)
fix adj твёрдый, постоя́нный; **~e Preise** твёрдые це́ны; **~es Gehalt** твёрдый окла́д m; **~e Kosten** постоя́нные расхо́ды; **~er Ertrag** твёрдый дохо́д; **~er Wechselkurs** твёрдый обме́нный курс
fixen vi 1. (Jargon: Drogen spritzen) впры́скивать, -сну́ть pf; 2. (BÖRSE) соверша́ть сро́чные сде́лки, игра́ть на срок
Fixer, -in m <-s, -> 1. (Jargon: Rauschgiftsüchtige(r)) наркома́н, -ка m/f; 2. (BÖRSE) бланки́ст m
Fixgeschäft nt <-(e)s, -e> (BÖRSE) твёрдая сде́лка f (на срок)
Fixierbad nt <-(e)s, -bäder> (FOT) фикса́ж m
fixieren vt 1. (festhalten) фикси́ровать, за- pf; 2. (jdn mustern) при́стально смотре́ть, по- pf
Fixiermittel nt <-s, -> закрепи́тель m
Fixkosten pl постоя́нные изде́ржки pl
Fixkostendegression f <-, -en> (ÖKON) уменьше́ние nt постоя́нных затра́т
Fixtermin m <-(e)s, -e> твёрдый срок m
Fixum nt <gen: -s> твёрдый окла́д m
Fjord m <-(e)s, -e> фьорд m
FKK abk von **Freikörperkultur** f нуди́зм
FKK-Strand m < (e)s, stränds> плпж m нуди́стов
flach adj 1. (Gelände) равни́нный, ни́зменный; 2. (Wasser) ме́лкий, неглубо́кий; 3. (Schuhe) на ни́зком каблуке́; 4. (fig: seicht) пло́ский; **sich ~ auf den Boden legen** распласта́ться на полу́; **die ~e Hand** ладо́нь
Flachbildschirm m <-(e)s, -e> пло́ский экра́н m
Flachdach nt <-(e)s, -dächer> пло́ская кры́ша f

Fläche f <-, -n> 1. пло́щадь f, террито́рия f; 2. (Ober-) пове́рхность f; 3. (Ebene) пло́скость f, равни́на f
Flächeninhalt m <-(e)s, -e> пло́щадь f
Flächenmaß nt <-es, -e> ме́ра f пло́щади
Flächennutzungsplan m <-(e)s, -pläne> план m застро́йки
flachfallen vi (umg: ausfallen) не состоя́ться pf; **bei Regen fällt das Picknick flach** при дожде́ пикни́к отпада́ет
Flachland nt <gen: -(e)s> равни́на f
Flachs m <gen: -es> 1. лён m; 2. (umg: Neckerei) ша́лость f, шу́тка f; **ohne ~!** кро́ме шу́ток!
flachsen vi (umg) дура́читься impf
flackern vi 1. (Licht) мерца́ть impf, мига́ть impf; 2. (Augen) горе́ть impf
Flagge f <-, -n> флаг m; **die ~ streichen** (fig) призна́ть себя́ побеждённым
Flair nt <gen: -s> отте́нок m, налёт m
Flak akr von **Flug(zeug)abwehrkanone** f зени́тное ору́дие
Flakon nt <-s, -s> (Fläschchen) флако́н m
flambieren vt обли́ть блю́до спи́ртом и заже́чь
Flamingo m <-s, -s> флами́нго m
flämisch adj флама́ндский
Flamme f <-, -n> 1. пла́мя nt, ого́нь m; 2. (umg: Geliebte) любо́вь f; **sie ist seine alte ~** ока́ его́ ста́рая любо́вь; **etw steht in (hellen) ~n** что-л. гори́т я́сным пла́менем
Flammpunkt m <gen: -(e)s> (TECH) температу́ра f вспы́шки
Flanell m <-s, -e> флане́ль f
flanieren vi фланйровать impf, прогу́ливаться, -ля́ться pf
Flanke f <-, -n> 1. (Seite) бок m; 2. (MIL) фланг m
flankieren vt идти́ impf, стоя́ть impf сбо́ку (от кого́-л.); **~de Maßnahmen** дополни́тельные мероприя́тия
flapsig adj (umg) гру́бый, неотёсанный
Flasche f <-, -n> 1. (Behältnis) буты́лка f, фля́жка f; 2. (umg: Versager) неуда́чник m; **einem Kind die ~ geben** дать ребёнку буты́лочку
Flaschenbier nt <-(e)s, -e> буты́лочное пи́во nt
Flaschenöffner m <-s, -> ключ m для открыва́ния буты́лок
Flaschenpfand nt <gen: -(e)s> зало́г m за буты́лку
Flaschenpost f <gen: -> буты́лочная по́чта f
flatterhaft adj ве́треный, легкомы́сленный
flattern vi 1. (Vogel) порха́ть impf; 2. (Blatt) кружи́ться impf; **ihr Haar flatterte im Wind** её во́лосы развева́лись на ветру́; 3. (Herz) трепета́ть impf, дрожа́ть impf
flau adj (schwach) сла́бый, вя́лый; **die**

Flauheit Nachfrage ist derzeit eher ~ спрос в настоящее время скорее слабый; die Geschäfte gehen ~ дела идут вяло; der Markt ist ~ конъюнктура рынка вялая; jdm ist (ganz) ~ кому́-л. не по себе́; ~e Börse (ÖKON) неожи́вленная би́ржа

Flauheit f <gen: -> 1. сла́бость f, вя́лость f; 2. засто́й m

Flaum m <gen: -(e)s> пух m, пушо́к m

Flaumfeder f <-, -n> пуши́нка f

Flausen fpl <gen: ->: jd hat (nur) ~ im Kopf (umg) у кого́-л. то́лько глу́пости на уме́

Flaute f <-, -n> 1. (Windstille) безве́трие nt, зати́шье nt; 2. (Wirtschaftstief) засто́й m, сла́бость f; die ~ setzt ein наступа́ет засто́й; ~ im Handel засто́й в торго́вле

Flechte f <-, -n> 1. (Pflanze) лиша́йник m; 2. (Geflochtenes) коса́ f; 3. (Hauterkrankung) лиша́й m

flechten <flocht, geflochten> vt 1. (Haare) заплета́ть, -плести́ pf; 2. (Kranz) вить, свить pf; 3. (Korb) плести́, сплести́ pf

Fleck m <-(e)s, -en> 1. (Schmutzfleck) пятно́ nt; 2. (Stelle) ме́сто nt; vom ~ weg неме́дленно; nicht vom ~ kommen не дви́гаться с ме́ста

Fleckenentferner m <-s, -> пятновыводи́тель m

fleckenlos adj 1. (völlig rein) без пя́тен; 2. (Ruf) безупре́чный, безукори́зненный

Fleckenwasser nt <gen: -s> пятновыводи́тель m

Fleckerl nt <-s, -> (österr: quadratisch geschnittenes Nudelteigstück als Suppeneinlage) лапша́ f в фо́рме квадра́тиков

Fleckerlteppich m <-s, -e> (österr: Flickenteppich) ко́врик m из лоскуто́в

fleckig adj 1. (gefleckt) пятни́стый; 2. (von Schmutz) в пя́тнах

Fledermaus f <-, -mäuse> лету́чая мышь f

Flegel m <-s, -> грубия́н m

flegelhaft adj неве́жливый, гру́бый; ~es Benehmen ха́мское поведе́ние

Flegeljahre pl <gen: -> перехо́дный во́зраст m; er kommt jetzt in die ~ у него́ сейча́с начина́ется перехо́дный во́зраст

flehen vi умоля́ть, -ли́ть pf, моли́ть impf (um +akk о +präpos)

flehentlich adj умоля́ющий; jdn ~ um etw bitten умоля́ть кого́-л. о чём-л.

Fleisch nt <gen: -(e)s> 1. (Speise) мя́со nt; 2. (von Lebewesen) те́ло nt; ~ fressend (Pflanze, Tier) плотоя́дный; sich (mit etw) ins eigene ~ schneiden навреди́ть (чем-л.) самому́ себе́; etw ist jdm in ~ und Blut übergegangen что́-л. вошло́ кому́-л. в плоть и кровь

Fleischbrühe f <-, -n> бульо́н m

Fleischeinwaage f <-, -n> вес m мя́са (в консе́рвах)

Fleischer, -in m/f <-s, -> мясни́к m

Fleischerei f <-, -en> мясна́я ла́вка f

fleisch fressend adj (Pflanze, Tier) плотоя́дный

fleischlos adj 1. худо́й; 2. (vegetarisch) вегетариа́нский, без мя́са

Fleischspieß m <-es, -e> шашлы́к m

Fleischwolf m <-(e)s, -wölfe> мясору́бка f

Fleiß m <gen: -es> стара́ние nt, усе́рдие nt

fleißig adj стара́тельный, приле́жный

flektieren vt 1. (LING: Substantiv) склоня́ть, про- pf; 2. (LING: Verb) спряга́ть, про- pf

flennen vi (umg: pej) реве́ть impf

fletschen vt: die Zähne ~ ска́лить зу́бы

flexibel adj 1. (anpassungsfähig) ги́бкий, эласти́чный; flexible Planung эласти́чное плани́рование; flexible Politik ги́бкая поли́тика; ~ auf Veränderungen des Marktes reagieren ги́бко реаги́ровать на измене́ния на ры́нке 2. (BÖRSE) свобо́дный; flexibler Wechselkurs свобо́дный валю́тный курс 3. (gleitend) скользя́щий; flexible Arbeitszeit скользя́щее расписа́ние рабо́чего вре́мени

flexibilisieren vt сде́лать ги́бким

Flexibilität f <gen: -> ги́бкость f

flicken vt штопать, за- pf, лата́ть, за- pf

Flicken m <-s, -> запла́та f

Flickzeug nt <-(e)s, -e> 1. (zum Nähen) швейные принадле́жности pl; 2. (für Reifen) принадле́жности pl для ремо́нта шин

Flieder m <-s, -> сире́нь f

Fliege f <-, -n> 1. му́ха f; 2. (Schleife) ба́бочка f; zwei ~n mit einer Klappe schlagen (umg) одни́м вы́стрелом двух за́йцев уби́ть

fliegen <flog, geflogen> I. vi 1. лета́ть impf, лете́ть, по- pf; 2. (umg: entlassen werden) вы́лететь pf; II. vt (Flugzeug) води́ть impf, вести́ impf; durch eine Prüfung ~ (umg) провали́ться на экза́мене

Fliegenpatsche f <-, -n> мухобо́йка f

Fliegenpilz m <-es, -e> мухомо́р m

Flieger, -in m/f <-s, -> лётчик, -чица m/f, пило́т m

Fliegeralarm m <-(e)s, -e> возду́шная трево́га f

Fliegerei f <gen: -> лётное де́ло nt

Fliegerstaffel f <-, -n> авиацио́нная эскадри́лья f

fliehen <floh, geflohen> I. vi бежа́ть impf, убега́ть, убежа́ть pf (vor +dat от +gen); II. vt (geh: meiden) избега́ть, -бежа́ть pf

Fliehkraft f <gen: -> (PHYS) центробе́жная си́ла f

Fliese f <-, -n> (керами́ческая) пли́тка f; ~n legen класть пли́тку

Fliesenboden m <-s, -böden> пол m, покры́тый керами́ческой пли́ткой

Fließband *nt* <-(e)s, -bänder> конве́йер *m*; **am ~ stehen** рабо́тать на конве́йере
Fließbandarbeit *f* <gen: -> рабо́та *f* на конве́йере
Fließbandfertigung *f* <gen: -> конве́йерное произво́дство *nt*
Fließbandproduktion *f* <gen: -> пото́чное произво́дство *nt*
fließen <floss, geflossen> *vi* 1. (*Flüssigkeit*) ли́ться *impf*, струи́ться *impf*; 2. (*ins Meer*) впада́ть *impf*
fließend *adj* 1. теку́щий; 2. (*Sprache*) бе́глый; **sie spricht ~ Deutsch** она́ бе́гло говори́т по-неме́цки; 3. (*Übergänge*) расплы́вчатый, нечёткий
flimmern *vi* 1. (*einmal*) сверка́ть, сверкну́ть *pf*, мерца́ть *impf*; 2. (*Bildschirm*) мига́ть *impf*, мигну́ть *pf*; **jdm flimmert es vor den Augen** у кого́-л. рябит в глаза́х
flink *adj* прово́рный, ло́вкий
Flinte *f* <-, -n> ружьё *nt*; **man darf nicht gleich die ~ ins Korn werfen** нельзя́ так бы́стро сдава́ться
Flipchart, Flip-Chart *nt* <-s, -s> доска́ *f* с блоќом
Flipperautomat *m* <-en, -en> игра́льный автома́т, в кото́ром шар до́лжен как мо́жно до́льше уде́рживаться на пока́том игрово́м по́ле
flippig *adj* (*umg*) бро́ский, необы́чный
Flirt *m* <-s, -s> флирт *m*
flirten *vi* флиртова́ть *impf*; **mit jdm ~** флиртова́ть с кем-л.
Flitterwochen *fpl* <gen: -> медо́вый ме́сяц *m*; **in die ~ fahren** отпра́виться в сва́дебное путеше́ствие
flitzen *vi* (*umg*) стреми́тельно нести́сь *impf*
flocht *prät von* **flechten**
Flocke *f* <-, -n> 1. (*Schnee~*) снежи́нка *f*; 2. (*Woll~*) клочо́к *m*
flockig *adj* хлопья́ми, пуши́стый
flog *prät von* **fliegen**
floh *prät von* **fliehen**
Floh *m* <-(e)s, Flöhe> блоха́ *f*; **wer hat dir denn diesen ~ ins Ohr gesetzt?** кто зарази́л тебя́ э́той иде́ей?
Flohmarkt *m* <-(e)s, -märkte> толку́чка *f*, барахо́лка *f*
Flop *m* <-s, -s> 1. (*Misserfolg*) пусто́й но́мер *m*, неуда́ча *f*; **das Konzert war ein echter ~** конце́рт не уда́лся; 2. (*erfolgloses Produkt*) неуда́чный това́р *m*
Floppydisk, Floppy Disk *f* <-, -s> (DV) фло́ппи-диск *m*, ги́бкий диск *m*
Flora *f* <-, Floren> (*Pflanzenwelt*) фло́ра *f*
Florett *nt* <-(e)s, -e> рапи́ра *f*
Florettfechten *nt* <gen: -s> фехтова́ние *f* на рапи́рах
florieren *vi* процвета́ть, -цвести́ *pf*
Florist, -in *m/f* <-en, -en> цветово́д *m*
Floskel *f* <-, -n> пуста́я фра́за *f*

floss *prät von* **fließen**
Floß *nt* <-es, -e> плот *m*
Flosse *f* <-, -n> 1. плавни́к *m*; 2. (*Taucher~*) ла́сты *mpl*; 3. (*umg: Hand*) ла́па *f*; **~n weg!** убери́ ла́пы!
Flöte *f* <-, -n> фле́йта *f*
flöten *vi* 1. (*auf Flöte*) игра́ть, сыгра́ть *pf*; 2. (*umg: schmeichelnd reden*) говори́ть, сказа́ть *pf* еле́йным го́лосом
flöten gehen *irr vi* (*umg: verlorengehen*) пропа́сть *pf*, -пада́ть *impf*; **mir ging die gute Laune flöten** у меня́ пропа́ло всё настрое́ние
flott *adj* 1. (*schnell*) бы́стрый, расторо́пный; **bisschen ~, wenn's geht!** немно́го быстре́е, е́сли мо́жно; 2. (*Kleidung*) мо́дный, эффе́ктный; 3. (*Schiff*) на плаву́
Flotte *f* <-, -n> флот *m*
flottmachen *vt* 1. (*Schiff*) снять *pf*, снима́ть *impf* кора́бль с ме́ли; 2. (*umg: Fahrzeug*) ремонти́ровать, от- *pf*
Fluch *m* <-(e)s, Flüche> 1. руга́тельство *nt*; 2. (*Verwünschung*) прокля́тие *nt*; **auf etw liegt ein ~** на чём-то лежи́т прокля́тие
fluchen *vi* руга́ться, вы- *impf*, брани́ться, вы- *pf*
Flucht *f* <-, -en> 1. (*das Fliehen*) бе́гство *nt*, побе́г *m*; 2. (*Häuser~*) верени́ца *f* домо́в; **die ~ ergreifen** обрати́ться в бе́гство; **jdn in die ~ schlagen** обрати́ть кого́-л. в бе́гство
fluchtartig *adj* о́чень бы́стро; **~ verließ er das Haus** он стремгла́в вы́бежал из до́ма
flüchten *vi* бежа́ть *impf*, убежа́ть *pf*, убега́ть *impf*
Fluchthelfer, -in *m/f* <-s, -> лицо́, помо́гшее осуществи́ть побе́г
flüchtig *adj* 1. (*auf Flucht*) бе́глый; 2. (*oberflächlich*) мимолётный, пове́рхностный; **ich kenne ihn nur ~** я знако́м с ним пове́рхностно; 3. (*kurz, eilig*) коро́ткий, бе́глый; **sie warf einen ~en Blick darauf** она́ окинула э́то бе́глым взгля́дом; 4. (хем) лету́чий
Flüchtigkeit *f* <-, -en> 1. (*Oberflächlichkeit*) пове́рхностность *f*; 2. (*Kürze, Eile*) поспе́шность *f*; 3. (*Vergänglichkeit*) быстроте́чность *f*; 4. (хем) лету́честь *f*
Flüchtigkeitsfehler *m* <-s, -> оши́бка *f* из-за невнима́тельности
Flüchtling *m* <-s, -e> 1. бегле́ц *m*; 2. (*Vertriebener*) бе́женец *m*
Flüchtlingsheim *nt* <-(e)s, -e> общежи́тие *nt* для бе́женцев
Flüchtlingshilfswerk *nt* <-(e)s, -e> организа́ция *f* по оказа́нию по́мощи бе́женцам
Flüchtlingslager *nt* <-s, -> ла́герь *m* бе́женцев

Flüchtlingsstrom m <-(e)s, -ströme> поток m беженцев
Flug m <-(e)s, Flüge> полёт m; **die Zeit vergeht wie im ~e** время летит; **einen ~ buchen** забронировать билет на самолёт
Flugabwehr f <gen: -> противовоздушная оборона f
Flugabwehrrakete f <-, -n> противовоздушная ракета f
Flugantritt m <gen: -(e)s> начало nt полёта, вылет m
Flugbahn f <-, -en> траектория f (полёта)
Flugbenzin nt <gen: -s> авиационный бензин m
Flugblatt nt <-(e)s, -blätter> листовка f
Flugdrachen m <-s, -> (SPORT) дельтаплан m
Flügel m <-s, -> 1. (von Vogel) крыло nt; 2. (Gebäudeteil) крыло nt здания; 3. (von Fenster/Tür) створка f; **die ~ hängen lassen** (umg) опустить крылья
Flügelschraube f <-, -n> винт m с головкой в виде „барашка"
Fluggast m <-(e)s, -gäste> авиапассажир m
flügge adj 1. (Vogel) оперившийся; 2. (fig: Kinder) самостоятельный
Fluggeschwindigkeit f <-, -en> скорость f полёта
Fluggesellschaft f <-, -en> авиакомпания f
Flughafen m <-s, -häfen> аэропорт m
Flughafenbus m <-ses, -se> автобус m для перевозки пассажиров по аэродрому
Flugkapitän m <-s, -e> капитан m корабля
Fluglotse, -lotsin m/f <-n, -n> авиадиспетчер m
Flugnummer f <-, -n> номер m полёта
Flugplatz m <-es, -plätze> аэродром m
Flugreise f <-, -> путешествие nt на самолёте
Flugroute f <-, -n> авиарейс m
flugs adv мигом, мгновенно
Flugsicherheit f <gen: -> безопасность f полёта
Flugsimulator m <-s, -en> полётный тренажёр m
Flugverbot nt <-(e)s, -e> запрещение nt полёта
Flugverbotszone f <-, -n> (воздушная) зона f, в которой запрещены полёты
Flugverkehr m <gen: -s> воздушное сообщение nt
Flugwesen nt <gen: -s> авиационное дело nt, авиация f
Flugzettel m <-s, -> (österr: Flugblatt) листовка f, прокламация f
Flugzeug nt <-(e)s, -e> самолёт m
Flugzeugabsturz m <-es, -abstürze> авиакатастрофа f
Flugzeugbau m самолётостроение nt
Flugzeugbesatzung f <-, -en> команда f самолёта
Flugzeugentführung f <-, -en> угон m самолёта
Flugzeugfabrik f <-, -en> авиационный завод m
Flugzeugführer, -in m/f <-s, -> пилот m
Flugzeugindustrie f <gen: -> авиационная промышленность f
Flugzeugmodell nt <-(e)s, -e> модель f самолёта
Flugzeugträger m <-s, -> авианосец m
Flugzeugtyp m <-s, -en> тип m самолёта
Fluktuation f <-, -en> (Schwankung, Austausch) текучесть f, колебание nt, флуктуация f; **~ der Arbeitskräfte** текучесть рабочей силы
flunkern vi (umg) врать, со- pf, приврать pf, -вирать impf
Fluor m <gen: -s> фтор m
fluoreszieren vi флуоресцировать impf, светиться impf
fluoreszierend adj флуоресцирующий
Fluorkohlenwasserstoff m <-(e)s, -e> фтороводород m
Flur¹ m <-(e)s, -e> 1. (Hausflur) лестничная площадка f, коридор m; 2. (in Wohnung) прихожая f, передняя f
Flur² f <-, -en> 1. (Feld) поле nt; 2. (Acker) нива f
Flurbereinigung f <-, -en> землеустройство nt
Flurschaden m <-s, -schäden> потрава f полей
Fluss m <-es, Flüsse> 1. река f; 2. (das Fließen) течение nt, ход m; **etw in ~ bringen** возобновить что-л.
flussabwärts adv вниз по течению
flussaufwärts adv вверх по течению
Flussbegradigung f <-, -en> спрямление nt русла реки
Flussbett nt <-(e)s, -en> русло nt реки
flüssig adj 1. (nicht fest) жидкий, текучий; 2. (nicht stockend) плавный; **das Kind liest schon recht ~** уже вполне свободно читает; 3. (liquide) свободный, ликвидный; **~ sein** (umg: Geld haben) быть при деньгах; **Beschaffung ~er Mittel** мобилизация ликвидных средств
Flüssiggas nt <gen: -> сжиженный газ m
Flüssigkeit f <-, -en> жидкость f
Flüssigkristallanzeige f <-, -n> индикация f с помощью жидких кристаллов
Flüssigseife f <gen: -> жидкое мыло nt
Flüssigseifenspender m <-s, -> дозатор m для жидкого мыла
Flusslauf m <-(e)s, -läufe> речной поток m
Flussniederung f <-, -en> пойма f реки

Flusspferd *nt* <-(e)s, -e> бегемо́т *m*
Flussregulierung *f* <-, -en> регули́рование *nt* пото́ка
Flussschiffahrt, Fluss-Schifffahrt *f* <*gen*: -> речно́е судохо́дство *nt*
Flussufer *nt* <-s, -> бе́рег *m* реки́
flüstern I. *vt* шепта́ть *impf*; jdm etw ins Ohr ~ шепну́ть кому́-л. что́-л. на у́хо; II. *vi* шепта́ться *impf*
Flut *f* <-, -en> 1. (*nicht Ebbe*) прили́в *m*; 2. (*Wassermasse*) пото́п *m*, наводне́ние *nt*; eine ~ von (*fig*) пото́к чего́-л.
Flutkatastrophe *f* <-, -n> наводне́ние *nt*
Flutlicht *nt* <-(e)s, -er> свет *m* прожекторо́в
flutschen *vi* 1. (*umg: gleiten*) скользи́ть *impf*, вы́скользнуть *pf*, -ска́льзывать *impf*; mir ist die Seife aus der Hand geflutscht у меня́ вы́скользнуло мы́ло из рук; 2. (*umg: leicht gehen*) ла́диться *impf*; heute flutscht die Arbeit nur so сего́дня рабо́та спо́риться
focht *prät von* **fechten**
Focksegel *nt* <-s, -> (MAR) фок *m*
föderal *adj* федера́льный
Föderalismus *m* <*gen*: -> федерали́зм *m*
Föderation *f* <-, -en> федера́ция *f*
Fohlen *nt* <-s, -> жеребёнок *m*
Föhn *m* <-(e)s, -e> 1. (*warmer Fallwind*) фён *m*; 2. (*Haartrockner*) фен
föhnen *vt* суши́ть, вы́- *pf* фе́ном; er fönt sich das Haar он су́шит во́лосы фе́ном
Föhre *f* <-, -n> сосна́ *f*
Folge *f* <-, -n> 1. (*Auswirkung*) после́дствие *nt*, сле́дствие *nt*; 2. (*Aufeinanderfolge*) после́довательность *f*; 3. (*Reihenfolge*) очерёдность *f*; 4. (*Fortsetzung*) продолже́ние *nt*; 5. (*Reihe*) ряд *m*, се́рия *f*; die ~n (von etw) tragen отвеча́ть за после́дствия; einer Einladung ~ leisten приня́ть приглаше́ние; zur ~ haben повле́чь за собо́й
Folgeauftrag *m* <-(e)s, -aufträge> дополни́тельный зака́з *m*
Folgeinvestition *f* <-, -en> сопряжённые капиталовложе́ния *pl*
Folgekosten *pl* после́дующие затра́ты *fpl*
folgen *vi* 1. сле́довать, по- *pf*; 2. (*einem Gespräch*) следи́ть *impf*; können Sie mir ~? вы меня́ понима́ете?; 3. (*gehorchen*) слу́шаться, по- *pf*; 4. (*aufeinander folgen*) сле́довать, по- *pf*; daraus folgt, dass ... из э́того сле́дует, что...; einem Rat ~ после́довать сове́ту; Fortsetzung folgt продолже́ние сле́дует
folgendermaßen *adv* сле́дующим о́бразом
folgenreich *adj* име́ющий больши́е после́дствия
folgenschwer *adj* чрева́тый после́дствиями

folgerichtig *adj* после́довательный, логи́чный
folgern I. *vt* заключа́ть, -чи́ть *pf* (*aus + dat* из *+gen*); daraus lässt sich ~ отсю́да мо́жно заключи́ть; II. *vi* сле́довать *impf*
Folgerung *f* <-, -en> заключе́ние *nt*, вы́вод *m*
Folgeschaden *m* <-s, -schäden> (JUR) ко́свенный уще́рб *m*
folglich *adv* сле́довательно, поэ́тому
folgsam *adj* послу́шный
Folie *f* <-, -n> 1. фольга́ *f*; 2. полиэтиле́новая плёнка *f*
Folklore *f* <*gen*: -> фолькло́р *m*
Folkloremusik *f* <*gen*: -> наро́дная му́зыка *f*
Folter *f* <-, -n> 1. пы́тка *f*, истяза́ние *nt*; 2. (*etw Unangenehmes*) муче́ние *nt*; jdn auf die ~ spannen (*fig*) му́чить кого́-л.
foltern *vt* пыта́ть *impf*, подверга́ть, -ве́ргнуть *pf* пы́ткам
Fön ® *m* <-(e)s, -e> фен *m*
Fonds *m* <-, -s> 1. (*zweckgebundener Geldmittelbestand*) фонд *m*; Bildung von ~ образова́ние фо́ндов; einen ~ einrichten учрежда́ть фонд; zweckgebundener ~ целево́й фонд; ~ für Löhne und Gehälter фонд зарабо́тной пла́ты; ~ für soziale Fürsorge фонд социа́льного обеспече́ния; ~ zur Ankurbelung der Wirtschaft фонд экономи́ческого стимули́рования; ~ zur Marktstabilisierung фонд стабилиза́ции ры́нка; ~ für Investitionen инвестицио́нный фонд 2. (*Geld- bzw. Wertpaiervorrat*) фо́нды *mpl*; die ~ sperren замора́живать фо́нды
Fondsanteilsschein *m* <-(e)s, -e> а́кция *f* инвестицио́нной компа́нии
Fondshandel *m* <*gen*: -s> (BÖRSE) фо́ндовые опера́ции *pl*
Font *m* <-s, -s> (*Schriftart*) фонт *m*
Fontäne *f* <-, -n> фонта́н *m*
foppen *vt* (*umg*) дура́чить, одура́чить *pf*
Force-majeure-Klausel *f* <-, -n> (JUR) форс-мажо́рная огово́рка *f*
forcieren *vt* (*vorantreiben*) форси́ровать *impf/pf*, ускоря́ть, -ко́рить *pf*
Förderanlage *f* <-, -n> (BERGB) подъёмная устано́вка *f*
Förderband *nt* <-(e)s, -bänder> ле́нточный транспортёр *m*, конве́йер *m*
Förderkorb *m* <-(e)s, -körbe> подъёмная клеть *f*
förderlich *adj* поле́зный; das ist der Arbeit nicht gerade ~ э́то не о́чень спосо́бствует рабо́те
fordern *vt* 1. (*verlangen*) тре́бовать, по- *pf*; eine Lohnerhöhung ~ тре́бовать повыше́ния зарпла́ты; einen hohen Preis ~ тре́бовать высо́кую це́ну; von jdm Rechenschaft fordern тре́бовать от

кого-л. отчёта; **Rechte ~** требовать прав; **jdn vor Gericht ~** (JUR) вызывать кого-л. в суд 2. (*heraus-*) вызывать, вызвать *pf*

fördern *vt* 1. (*begünstigen*) способствовать, по- *pf*, содействовать *impf/pf*, по- *pf*; 2. (*anregen*) стимулировать; **Investitionen ~** стимулировать капиталовложения; **den Export ~** стимулировать экспорт 3. (*unterstützen*) поддерживать, -держать *pf*; 4. (*Person*) поддерживать, -жать *pf*, покровительствовать *impf*; 5. (BERGB) добывать, добыть *pf*

Forderung *f* <-, -en> 1. (*Anspruch, Verlangen*) претензия *f*, притязание *nt*; 2. (ÖKON) требование *nt*; **dringliche ~** настоятельное требование; **strittige ~** спорное требование; **auf seiner ~ beharren** настаивать на своём требовании; **den ~en entsprechen** отвечать требованиям; **die ~en der Gläubiger befriedigen** удовлетворять требования кредиторов; **~ en stellen** предъявлять требования; **eine ~ ablehnen** отклонить требование; **eine ~ abtreten** уступить требование; **eine ~ erfüllen** выполнить требование; **an jdn ~en stellen** предъявлять требования к кому-л.; **seine ~en durchsetzen** добиваться выполнения своих требований; **von seinen ~en Abstand nehmen** отказываться от своих требований; **offene ~en** дебиторская задолженность 3. (JUR) иск *m*; **eine ~ begründen** обосновывать иск; **eine ~ bestreiten** оспаривать иск; **eine ~ zulassen** принимать иск

Förderung *f* <-, -en> 1. поощрение *nt*, содействие *nt*; 2. (*Unterstützung*) поддержка *f*, помощь *f*; 3. (BERGB) добыча *f*

Forderungsabtretung *f* <-, -en> (JUR) цессия *f*, уступка *f* требования

Forderungsausfall *m* <-(e)s, -ausfälle> утрата *f* требования

Forderungseingang *m* <-(e)s, -eingänge> поступление *nt* требования

Förderungsmaßnahmen *pl* <*gen*: -> мероприятия *ntpl* по повышению квалификации (персонала)

Forderungsübertragung *f* <-, -en> цессия *f*

Forderungsverrechnung *f* <-, -en> взаимный зачёт *m* требований

Forelle *f* <-, -n> форель *f*

Forfaitierung *f* <-, -en> (ÖKON) форфейтинг *m*

Form *f* <-, -en> 1. форма *f*, вид *m*; 2. (*Gestalt*) образ *m*; 3. (*Back~*) форма *f* для выпечки; 4. (*Guss~*) шаблон *m*; **gut/schlecht in ~ sein** быть в хорошей/плохой форме; **die ~ wahren** соблюдать правила приличия; **in ~ von** в виде; **feste ~ en annehmen** конкретизироваться

formal *adj* формальный; **~ gesehen, bist du im Recht** формально ты прав

Formaldehyd *nt* <*gen*: -s> формальдегид *m*

Formalität *f* <-, -en> формальность *f*; **eine bloße ~** пустая формальность; **die ~en beim Zoll erledigen** исполнять таможенные формальности; **die ~en einhalten** соблюдать формальности; **die ~en erfüllen** выполнять формальности

Format *nt* <-(e)s, -e> 1. формат *m*, размер *m*; **~ eines Briefes** формат письма 2. (*Bedeutung, Größe*) значительность *f*; **von ~** значительный

formatieren *vt* (DV) форматировать, от- *pf*

Formatierung *f* <-, -en> (DV) форматирование *nt*

Formation *f* <-, -en> (*Aufstellung*) формирование *nt*

Formatvorlage *f* <-, -n> (DV) стиль *m*

Formel *f* <-, -n> 1. (MATH) формула *f*; 2. (*Spruch, Formulierung*) выражение *nt*, формулировка *f*; **etw auf die ~ bringen** сформулировать

formell *adj* формальный; **~es Recht** формальное право

Formelsammlung *f* <-, -en> (MATH, PHYS) справочник *m* формул

formen *vt* 1. (*Charakter*) формировать, сформировать *pf*; 2. (*in Ton*) лепить, вы- *pf*

Formfehler *m* <-s, -> (JUR) формальная ошибка *f*

formieren I. *vr* образовываться, -зоваться *pf*, формироваться, с- *pf*; II. *vt* образовывать, -зовать *pf*, формировать, с- *pf*

Formkrise *f* <-, -n> (*von Sportler*) спад *m* (спортивной) формы

förmlich I. *adj* формальный; II. *adv* (*wirklich, geradezu*) буквально, прямо-таки; **er strahlte ~ vor Freude** он прямо-таки сиял от счастья.

Förmlichkeit *f* <-, -en> формальность *f*

formlos *adj* 1. бесформенный; 2. (*Benehmen*) раскованный, непринуждённый; 3. (*Antrag*) в свободной форме; **ein ~er Antrag genügt** достаточно заявления в свободной форме

Formular *nt* <-s, -e> формуляр *m*, бланк *m*; **bitte füllen Sie das ~ aus** заполните, пожалуйста, бланк; **vorgedrucktes ~** печатный бланк

formulieren *vt* формулировать, сформулировать *pf*; **anders formuliert** иными словами

Formulierung *f* <-, -en>

формули́рование *nt*, формулиро́вка *f*; **(un)präzise** ~ (не)то́чная формулиро́вка; **eine neue** ~ **prägen** дава́ть но́вую формулиро́вку; **klare** ~ я́сная формулиро́вка; **knappe** ~ кра́ткая формулиро́вка; **treffende** ~ чёткая формулиро́вка; **verschwommene** ~**en** расплы́вчатые формулиро́вки

Formzwang *m* <-(e)s, -zwänge> (JUR) обяза́тельность *f* определённой фо́рмы

forsch *adj* 1. реши́тельный; 2. (*allzu energisch*) залихва́тский, у́харский

forschen *vi* 1. (*wissenschaftlich*) иссле́довать *impf/pf*, изуча́ть, -чи́ть *pf*; 2. (*suchen*) иска́ть *impf*; **nach der Wahrheit** ~ иска́ть и́стину; **sie blickte ihn** ~**d an** она́ испыту́юще посмотре́ла на него́

Forscher, -in *m/f* <-s, -> иссле́дователь, -ница *m/f*

Forschung *f* <-, -en> иссле́дование *nt*, изыска́ние *nt*; ~ **und Entwicklung** иссле́дования и разрабо́тки; **Abteilung für** ~ **und Enwicklung** слу́жба нау́чно-иссле́довательских и о́пытно-констру́кторских разрабо́ток (НИОКР)

Forschungsanstalt *f* <-, -en> иссле́довательское учрежде́ние *nt*

Forschungsarbeit *f* <*gen:* -> иссле́довательская рабо́та *f*

Forschungsinstitut *f* <-(e)s, -e> иссле́довательский институ́т *m*

Forschungslabor *nt* <-s, -s> нау́чно-иссле́довательская лаборато́рия *f*

Forschungspolitik *f* <*gen:* -> поли́тика *f* в о́бласти нау́ки и иссле́дований

Forschungsreaktor *m* <-s, -en> (PHYS) эксперимента́льный реа́ктор *m*

Forschungssatellit *m* <-en, -en> иссле́довательский спу́тник *m*

Forschungsstation *f* <-, -en> нау́чно-иссле́довательская ста́нция *f*

Forschungsvorhaben *nt* <-s, -> иссле́довательское наме́рение *nt*

Forschungszentrum *nt* <-s, -zentren> иссле́довательский центр *m*

Forst *m* <-(e)s, -e> лес *m*

Forstarbeiter *m* <-s, -> рабо́чий *m* -лесово́д *m*

Forstaufseher *m* <-s, -> лесни́чный *m*

Förster, -in *m* <-s, -> лесни́чий *m*

Forstwirtschaft *f* <*gen:* -> лесно́е хозя́йство *nt*

fort *adv* 1. прочь; **er ist schon** ~ он уже́ ушёл; **mein Schlüssel ist** ~ мой ключ пропа́л; 2. (*weiter*) да́льше; **in einem** ~ беспреры́вно; **und so** ~ и так да́лее

Fortbestand *m* <*gen:* -(e)s> дальне́йшее существова́ние *nt*

fortbestehen *irr vi* продолжа́ть, -до́лжить *pf* существова́ть

fortbewegen I. *vr* дви́гаться, дви́нуться *pf* вперёд; II. *vt* сдвига́ть, сдви́нуть *pf* с ме́ста

fortbilden *vr* повыша́ть, -вы́сить *pf* свою́ квалифика́цию, соверше́нствоваться, усоверше́нствоваться *pf*

Fortbildung *f* <-, -en> повыше́ние *nt* квалифика́ции

fortbleiben *irr vi* отсу́тствовать *impf*

Fortdauer *f* <*gen:* -> продолже́ние *nt*, продолжи́тельность *f*

forte *adv* (MUS) фо́рте

fortfahren *irr vi* 1. (*wegfahren*) уезжа́ть, уе́хать *pf*; 2. (*weitermachen*) продолжа́ть, -до́лжить *pf*; **bitte fahren Sie fort!** продолжа́йте, пожа́луйста!

fortführen *vt* (*fortsetzen*) продолжа́ть, -до́лжить *pf*

fortgehen *irr vi* уходи́ть, уйти́ *pf*

fortgeschritten *adj* 1. продви́нутый; 2. уже́ име́ющий не́которые зна́ния (в како́й-л. о́бласти); **im** ~**en Alter** в преклонном во́зрасте

fortkommen *irr vi* 1. (*wegkommen*) уходи́ть, уйти́ *pf*; **mach, dass du fortkommst!** убира́йся отсю́да! 2. (*vorankommen*) продвига́ться, -дви́нуться *pf* вперёд

fortlaufen *irr vi* убега́ть, убежа́ть *pf*

fortpflanzen *vr* 1. размножа́ться, -мно́житься *pf*; 2. (*Schall, Bewegung*) распространя́ться, -ни́ться *pf*

Fortpflanzung *f* <*gen:* -> 1. размноже́ние *nt*; 2. (*von Schall, Bewegung*) распростране́ние *nt*

fortschreiten *irr vi* идти́ *impf* вперёд; **mit der Zeit** ~ идти́ в но́гу со вре́менем

Fortschritt *m* <-(e)s, -e> прогре́сс *m*; ~**e machen** *vt* де́лать успе́хи; **technischer** ~ техни́ческий прогре́сс; **ein** ~ **in der Entwicklung der Wissenschaften** прогре́сс в разви́тии нау́к

fortschrittlich *adj* прогресси́вный, передово́й; **er ist sehr** ~ **eingestellt** он о́чень прогресси́вно настро́ен

fortschrittsfeindlich *adj* вражде́бный прогре́ссу

fortschrittsgläubig *adj* ве́рящий в прогре́сс

fortsetzen I. *vt* продолжа́ть, -до́лжить *pf*; II. *vr* продолжа́ться, -до́лжиться *pf*

Fortsetzung *f* <-, -en> продолже́ние *nt*; ~ **folgt** продолже́ние сле́дует

Fortsetzungsgeschichte *f* <-, -n> расска́з *m* с продолже́нием

fortwährend *adj* беспреры́вный, постоя́нный

fortziehen I. *irr vi* (*umziehen*) уезжа́ть, уе́хать *pf*, переселя́ться, -ли́ться *pf*; II. *irr vt* отта́скивать, -тащи́ть *pf*

Fossil *nt* <-s, -ien> ископа́емое *nt*

Foto *nt* <-s, -s> фотогра́фия *f*

Fotoalbum nt <-s, -alben> фотоальбóм m
Fotoamateur, -in m/f <-s, -e> фотолюби́тель m
Fotoapparat m <-(e)s, -e> фотоаппара́т m
Fotoausstellung f <-, -en> фотовы́ставка f
fotogen adj фотогени́чный
Fotogeschäft nt <-(e)s, -e> магази́н m фототова́ров
Fotograf, -in m/f <-en, -en> фотóграф m
Fotografie f <-, -n> 1. фотогрáфия f; 2. (Foto) фотогрáфия f, фотосни́мок m
fotografieren vt фотографи́ровать, сфотографи́ровать pf, снимáть, снять pf
Fotokopie f <-, -n> фотокóпия f
fotokopieren vt снимáть, снять pf фотокóпию
Fotokopierer m <-s, -> фотокопировáльное устрóйство nt
Fotokopiergerät nt <-(e)s, -e> ксéрокс m, фотокопировáльный аппарáт m
Fotomodell nt <-s, -e> фотомодéль f
Foul nt <-s, -s> фол m, нарушéние nt прáвил
foulen vt нарушáть, -рýшить pf прáвила
Foulspiel nt <-s, -e> (SPORT) грýбая игрá f
Foxtrott m <-s, -s> фокстрóт m
Fracht f <-, -en> 1. (Bahn~) груз m; 2. (Schiffs~) фрахт m; 3. (Kosten) фрахт m, плáта f за провóз; **Fracht zahlt der Empfänger** фрахт уплáчивает получáтель
Frachtbrief m <-(e)s, -e> накладнáя m; **internationaler ~** междунарóдная накладнáя; **~ für Eisenbahntransport** железнодорóжная накладнáя; **~ für LKW-Transport** автодорóжная накладнáя; **~ für Lufttransport** авианакладнáя; **einen ~ ausstellen** составлять накладнýю
Frachtbriefdoppel nt <-s, -> дубликáт m трáнспортной накладнóй [о коносамéнта]
Frachter m <-s, -> грузовóе сýдно nt
Frachtflugzeug nt <-(e)s, -e> грузовóй самолёт m
Frachtführer m <-s, -> фрахтóвщик m
Frachtgut nt <-(e)s, -güter> груз m
Frachtkosten pl <gen: -> издéржки pl по перевóзке (грýзов)
Frack m <-(e)s, Fräcke> фрак m
Frage f <-, -n> 1. вопрóс m; **haben Sie noch ~n?** у вас есть ещё вопрóсы?; 2. (Problem) проблéма f, вопрóс m; **jdm eine ~ stellen** задáть комý-л. вопрóс; **das kommt nicht in ~** об этом не мóжет быть и рéчи; **etw in ~ stellen** стáвить чтó-л. под сомнéние
Fragebogen m <-s, -bögen> анкéта f, вопрóсник m
fragen vt спрáшивать, спроси́ть pf, справлéться, спрáвиться pf (nach +dat о +präpos); **wenn ich ~ darf** позвóльте спроси́ть; **es fragt sich (noch)** это ещё вопрóс; **ich frage nicht danach** это меня не интересýет
Fragepronomen nt <-s, -pronomina> (LING) вопроси́тельное местоимéние nt
Fragerei f <gen: -> (pej) расспрóсы pl
Fragesatz m <-es, -sätze> (LING) вопроси́тельное предложéние nt
Fragestellung f <-, -en> постанóвка f вопрóса
Fragezeichen nt <-s, -> вопроси́тельный знак m
fraglich adj 1. (unklar, zweifelhaft) сомни́тельный, спóрный; 2. (in Frage stehend) имéющийся ввидý, соотвéтствующий
fraglos adj бесспóрный, несомнéнный
Fragment nt <-(e)s, -e> фрагмéнт m, отры́вок m
fragwürdig adj сомни́тельный, спóрный
Fraktion f <-, -en> (in Parlament) фрáкция f
Fraktionschef, -in m/f <-s, -s> председáтель m фрáкции
Fraktur f <-, -en> (MED: Bruch) перелóм m кóсти
Franchise nt <gen: -> франши́за f
Franchising m <-s, -s> (ÖKON) франчáйзинг m
frankieren vt оплáчивать, -лати́ть pf почтóвый сбор, наклéивать, -ить pf мáрку, франки́ровать impf/pf; **der Brief ist ungenügend frankiert** письмó недостáточно франки́ровано
Frankreich nt <gen: -s> Фрáнция f
Franse f <-, -n> бахромá f
Franzbranntwein m <gen: -(e)s> францýзская вóдка f
Franzose[1] m <-n, -n> францýз m
Franzose[2] m <-n, -n> (TECH) разводнóй ключ m
Französin f <-, -nen> францýженка f
französisch adj францýзский
fräsen vt фрезеровáть, от- pf
fraß prät von **fressen**
Fratze f <-, -n> гримáса f; **~n schneiden** гримáсничать
Frau f <-, -en> 1. жéнщина f; 2. (Ehefrau) женá f; 3. (Anrede) госпожá f, фрáу f; **jdn zur ~ nehmen** взять когó-л. в жёны
Frauenanteil m <-(e)s, -e> дóля f жéнщин
Frauenarzt, -ärztin m/f <-es, -ärzte> гинекóлог m
Frauenbeschäftigung m 1. (Beschäftigungsgrad) дóля жéнщин в óбщей чи́сленности зáнятых m, ýровень m зáнятости жéнщин; 2. (Tätigkeit) жéнский труд m
Frauenbetrieb m <-(e)s, -e> предприя́тие nt, на котóром рабóтают

преиму́щественно же́нщины
Frauenbewegung *f* <*gen:* -en> же́нское движе́ние *nt*
Frauenförderung *f* <*gen:* -> поощре́ние *nt* же́нщин
Frauenklinik *f* <-, -en> гинекологи́ческая кли́ника *f*
Frauenzeitschrift *f* <-, -en> журна́л *m* для же́нщин
Fräulein *nt* <-s, -s> 1. де́вушка *f*, ба́рышня *f*; 2. (*Anrede*) госпожа́ *f*
fraulich *adj* же́нственный
Freak *m* <-s, -s> 1. (*umg*) чуда́к; 2. (*Fan*) люби́тель *m*, фана́т *m*
freakig *adj* сби́вшийся с пути́
frech *adj* 1. (*Kind*) де́рзкий; 2. (*unverschämt*) наха́льный, на́глый; werde nicht ~! не нагле́й!
Frechdachs *m* <-es, -e> (*umg*) наха́л *m*
Frechheit *f* <-, -en> 1. (*Eigenschaft*) на́глость *f*, наха́льство *f*; 2. (*Äußerung*) де́рзость *f*; die ~ besitzen, etw zu tun име́ть на́глость, что́-л. де́лать
Fregatte *f* <-, -n> (MAR) фрега́т *m*
Fregattenkapitän *m* <-s, -e> капита́н *m* второ́го ра́нга
frei *adj* 1. свобо́дный; 2. (*unabhängig*) незави́симый; ~e Berufswahl свобо́дный вы́бор профе́ссии; ~e Marktwirtschaft свобо́дная ры́ночная эконо́мика свобо́дное ры́ночное хозя́йство; ~e Meinungsäußerung свобо́дное выраже́ние мне́ний; ~er Beruf свобо́дная профе́ссия; ~er Markt свобо́дный ры́нок; ~er Verkauf свобо́дная прода́жа; ~er Wettbewerb свобо́дная конкуре́нция; ~er Zutritt свобо́дбый до́ступ; ~ konvertierbare Währung свобо́дно конверти́руемая валю́та 3. (*unbesetzt: Stelle*) свобо́дный, вака́нтный; ist dieser Platz noch ~? э́то ме́сто ещё свобо́дно?; ~e Stelle вака́нтное ме́сто 4. (*kostenlos*) беспла́тно, да́ром; 5. (*Rede*) открове́нный; 6. (*Beruf*) свобо́дный; einen ~en Tag haben име́ть выходно́й день; Eintritt ~ вход беспла́тный; im Freien на приро́де; ~ von etw sein быть свобо́дным от чего́-л.; jdn auf ~en Fuß setzen освободи́ть кого́-л.
Freibad *nt* <-(e)s, -bäder> откры́тый бассе́йн *m*
freibekommen *irr vt* (*Gefangene*) вызволя́ть, вы́зволить *pf*
Freiberufler, -in *m/f* <-s, -> лицо́ *nt* свобо́дной профе́ссии
freiberuflich *adj* на гонора́рной осно́ве, на договорно́й осно́ве; er ist ~ tätig он рабо́тает не по на́йму
Freibetrag *m* <-(e)s, -beträge> (*steuerlicher*) часть *f* дохо́да, не облага́емая нало́гом
Freibier *nt* <*gen:* -s> угоще́ние *nt* пи́вом

freibleibend *adj* без обяза́тельства; Preis ~ цена́ мо́жет быть изменена́
Freiexemplar *nt* <-s, -e> беспла́тный экземпля́р *m*
Freifahrt *f* <-, -en> беспла́тный прое́зд *m*
Freigabe *f* <*gen:* -> 1. (*Aufhebung einer Beschränkung*) отме́на *f* регули́рования, освобожде́ние *nt*; ~ der Preise либерализа́ция цен; ~ von Wechselkursen либерализа́ция обме́нных ку́рсов; ~ von beschlagnahmtem Vermögen освобожде́ние иму́щества из-под аре́ста 2. (*Genehmigung*) разреше́ние *nt*; ~ zum Verkauf разреше́ние на прода́жу; ~ zum Versand разреше́ние на отпра́вку 3. (*Aushändigung*) вы́дача *f*; ~ einer Ware durch die Zollstelle вы́дача това́ра с тамо́жни
freigeben *irr vt* 1. (*Gefangene*) освобожда́ть, -боди́ть *pf*; 2. (*Akten*) предоставля́ть, -ста́вить *pf* в распоряже́ние; etw zum Verkauf ~ пусти́ть что́-л. в прода́жу; jdm einen Tag ~ отпусти́ть кого́-л. на день
freigebig *adj* ще́дрый
Freigebigkeit *f* <*gen:* -> ще́дрость *f*
Freigelassene(r) *mf* <-n, -n> (HIST) вольноотпу́щенник *m*
freihaben *irr vi* (*umg*) быть *impf* свобо́дным
Freihafen *m* <-s, -häfen> свобо́дная га́вань *f*
freihalten *irr vt* 1. оставля́ть, -та́вить *pf* свобо́дным; ich habe dir einen Platz freigehalten я держа́л для тебя́ ме́сто; 2. (*Person*) угоща́ть, угости́ть *pf*; Einfahrt ~! въезд не перекрыва́ть!
Freihandel *m* <*gen:* -s> свобо́дная торго́вля *f*
Freihandelsabkommen *nt* <-s, -> соглаше́ние *nt* о свобо́дной торго́вле
Freihandelszone *f* <-, -n> зо́на *f* свобо́дной торго́вли
freihändig *adj* 1. от руки́, вручну́ю; 2. (*Rad fahren*) без рук
Freiheit *f* <-, -en> 1. свобо́да *f*; 2. (*Unabhängigkeit*) незави́симость *f*; sich die ~ nehmen, etw zu tun позво́лить себе́ сде́лать что́-л.; künstlerische ~ худо́жественная во́льность; jdm die ~ schenken освобожда́ть кого́-л.; sich ~en herausnehmen мно́гое себе́ позволя́ть
freiheitlich *adj* свободолюби́вый
Freiheitsdrang *m* <*gen:* -(e)s> стремле́ние *nt* к свобо́де
Freiheitskampf *m* <-(e)s, -kämpfe> борьба́ *f* за свобо́ду
Freiheitsstrafe *f* <-, -n> наказа́ние *nt* лише́нием свобо́ды
Freikarte *f* <-, -n> беспла́тный биле́т *m*, контрама́рка *f*

freikommen *irr vi* выходи́ть, вы́йти *pf* на во́лю, освобожда́ться, -боди́ться *pf*

Freilager *nt* <-s, -> **1.** (*Zollfreilager*) свобо́дный склад *m*; **2.** (*offener Lagerplatz*) откры́тый склад *m*

freilassen *irr vt* **1.** выпуска́ть, вы́пустить *pf*; **2.** (*aus Gefängnis*) освобожда́ть, -боди́ть *pf*

freilich *adv* **1.** (*gewiss*) коне́чно, разуме́ется; **ja ~!** ну коне́чно! **2.** (*zwar*) пра́вда

Freilichtbühne *f* <-, -n> откры́тая сце́на *f*, ле́тний теа́тр *m*

Freilichtmuseum *nt* <gen: -s> музе́й *m* под откры́тым не́бом

freimachen I. *vt* **1.** (*Weg*) освобожда́ть, -боди́ть *pf*; **2.** (*Brief*) опла́чивать, -лати́ть *pf* почто́вый сбор; **II.** *vr* (*sich entkleiden*) раздева́ться, -де́ться *pf*

freimütig *adj* открове́нный, прямоду́шный

freinehmen *irr vt*: **sich einen Tag ~** взять свобо́дный день

Freiraum *m* <-(e)s, -räume> простра́нство *nt*; **sich Freiräume schaffen** обеспе́чить себе́ возмо́жность; **Freiräume (für etw) lassen** оставля́ть возмо́жность (для чего́-л.)

freischaffend *adj*: **~e Künstlerin** свобо́дная худо́жница

freisprechen *irr vt* опра́вдывать, -равда́ть *pf*

Freispruch *m* <-(e)s, -sprüche> оправда́тельный пригово́р *m*, оправда́ние *nt*

freistehen *irr vi* (*leerstehen*) быть *impf* неза́нятым, пустова́ть *impf*; **es steht Ihnen frei zu wählen** вам предоста́влена возмо́жность выбира́ть

freistellen *vt* освобожда́ть *impf*, освободи́ть *pf*; **jdm etw ~** предоставля́ть кому́-л. что́-л.; **jdn von seinen früheren Obliegenheiten freistellen** освободи́ть кого́-л. от пре́жних обяза́тельств

Freistellung *f* <-, -en> освобожде́ние *nt*

Freistoß *m* <-es, -stöße> (*Fußball*) штрафно́й уда́р *m*

Freitag *m* <-(e)s, -e> пя́тница *f*

freitags *adv* по пя́тницам

freiwillig *adj* доброво́льный; **~e Sozialleistungen** льго́ты и посо́бия, доброво́льно предоставля́емые работода́телями рабо́чим и слу́жащим предприя́тий; **~e Spende** доброво́льное поже́ртвование; **~e Versicherung** доброво́льное страхова́ние

Freiwillige(r) *mf* <-n, -n> доброво́лец *m*

Freizeit *f* <-, -en> **1.** (*freie Zeit*) свобо́дное вре́мя *nt*, досу́г *m*; **2.** (*Jugendlager*) (де́тский) ла́герь *m*

Freizeitbekleidung *f* <gen: -> оде́жда *f* спорти́вного ти́па

Freizeitgestaltung *f* <gen: -> организа́ция *f* досу́га, проведе́ние *nt* свобо́дного вре́мени

Freizeitindustrie *f* <gen: -> промы́шленность, ориенти́рующаяся на ну́жды организа́ции досу́га

Freizeitpark *m* <-s, -s> парк *m* культу́ры и о́тдыха

Freizone *f* <-, -n> свобо́дная га́вань *f*

freizügig *adj* **1.** (*offen, liberal*) свобо́дный, откры́тый; **2.** (*großzügig*) ще́дрый

fremd *adj* **1.** (*nicht vertraut*) чужо́й, посторо́нний; **2.** (*unbekannt*) незнако́мый, неизве́стный; **das ist mir ~** э́то мне чу́ждо; **3.** (*ausländisch*) иностра́нный, иноземный; **etw ist nicht für ~e Ohren bestimmt** что́-л. не предназна́чено для чужи́х уше́й

fremdartig *adj* стра́нный, необы́чный

fremdbestimmt *adj* зави́симый от влия́ний извне́

Fremde(r) *mf* <-n, -n> **1.** (*Unbekannter*) незнако́мец, -мка *m/f*; **2.** (*Ausländer*) иностра́нец, -нка *m/f*

Fremdenführer, -in *m/f* <-s, -> гид *m*

Fremdenhass *m* <gen: -es> ксенофо́бия *f*

Fremdenlegion *f* <gen: -> иностра́нный легио́н *m*

Fremdenverkehr *m* <gen: -s> (иностра́нный) тури́зм *m*; **Förderung des ~s** стимули́рование тури́зма; **im ~ arbeiten** рабо́тать в сфе́ре обслу́живания тури́стов

Fremdenzimmer *nt* <-s, -> но́мер *m* для прие́зжих

fremdgehen *irr vi* изменя́ть, -ни́ть *pf* му́жу/жене́ (*mit* +*dat* с +*inst*)

Fremdinvestition *f* <-, -en> вложе́ние *nt* капита́ла в други́е предприя́тия

Fremdkapital *nt* <gen: -s> заёмный капита́л *m*

Fremdkapitalfinanzierung *f* <-, -en> финанси́рование *nt* за счёт заёмных средств

Fremdkörper *m* <-s, -> иноро́дное те́ло *nt*

fremdländisch *adj* иностра́нный

Fremdmittelbeschaffung *f* <-, -en> рефинанси́рование *nt*

Fremdsprache *f* <-, -n> иностра́нный язы́к *m*

Fremdsprachenkorrespondentin *f* <-, -en> комме́рческая слу́жащая *f* со зна́нием иностра́нных языко́в

fremdsprachlich *adj* относя́щийся к иностра́нному языку́

Fremdwährung *f* <-, -en> иностра́нная валю́та *f*

Fremdwährungskonto *m* счёт *m* в иностра́нной валю́те

Fremdwährungskredit *m* <-(e)s, -e> валю́тный креди́т *m*

Fremdwort *nt* <-(e)s, -wörter> иностра́нное сло́во *nt*; **Höflichkeit ist für ihn ein ~** он не зна́ет, что зна́чит быть ве́жливым

frenetisch *adj*: **~er Beifall** бу́рные ова́ции

Frequenz *f* <-, -en> 1. (*Häufigkeit*) частота́ *f*; 2. (*bei Radio*) частота́ *f*

Frequenzanalyse *f* <-, -n> часто́тный ана́лиз *m*

Fresko *nt* <-s, Fresken> фре́ска *f*

fressen <fraß, gefressen> I. *vt* 1. (*Tier*) есть, съесть *pf*; 2. (*umg: Mensch*) ло́пать, сло́пать *pf*; II. *vr* (*Rost, Säure*) разъеда́ть, -е́сть *pf*; **jdn gefressen haben** (*umg*) не перева́ривать кого́-л.

Fressnapf *m* <-(e)s, -näpfe> ми́ска *f* для ко́рма

Fresssack, Fress-Sack *m* <-(e)s, -säcke> (*pej*) обжо́ра *mf*

Freude *f* <-, -n> 1. ра́дость *f*, весе́лье *nt*; 2. (*Vergnügen*) удово́льствие *nt*; **jdm eine ~ machen** доста́вить кому́-л. удово́льствие; **vor ~ strahlen** сия́ть от ра́дости; **an jdm/etw seine ~ haben** получа́ть удово́льствие от кого́-л./чего́-л.; **mit ~n** с ра́достью

Freudenhaus *nt* <-es, -häuser> бордель *m*, публи́чный дом *m*

Freudenmädchen *nt* <-s, -> проститу́тка *f*

freudestrahlend *adj* сия́ющий от ра́дости

freudig *adj* 1. (*Stimmung*) весёлый; 2. (*Nachricht*) ра́достный

freudlos *adj* безра́достный, безотра́дный

Freudlosigkeit *f* <*gen*: -> безра́достность *f*

freuen I. *vr*: **sich auf etw/jdn ~** ра́доваться чему́-л./кому́-л.; **sich seines Lebens ~** ра́доваться жи́зни; II. *vt* ра́довать, об- *pf*; **das wird sie ~!** э́то её обра́дует! **es freut mich zu hören, dass es dir besser geht** я рад слы́шать, что тебе́ ста́ло лу́чше

Freund, -in *m/f* <-(e)s, -e> 1. друг, подру́га *m/f*, прия́тель, -ница *m/f*; **er ist ein guter ~ von mir** он мой хоро́ший друг; 2. (*Partner(in)*) партнёр, -ша *m/f*, друг, подру́га *m/f*; **sie hat schon den dritten ~** у неё уже́ тре́тий партнёр; **er kommt mit seiner Freundin ~** он придёт со свое́й де́вушкой; 3. (*von Kunst, Musik*) люби́тель, -ница *m/f*; **(k)ein ~ von etw sein** (не) быть люби́телем чего́-л.

Freundeskreis *m* <-es, -e> круг *m* друзе́й

freundlich *adj* 1. (*nett*) ми́ло; **sehr ~ von Ihnen!** о́чень ми́ло с ва́шей стороны́! 2. (*freundschaftlich*) дру́жеский; 3. (*Einrichtung*) приве́тливый; **mit ~en Grüßen** с дру́жеским приве́том

freundlicherweise *adv* любе́зно

Freundlichkeit *f* <*gen*: -> 1. приве́тливость *f*, раду́шие *nt*; 2. (*Gefälligkeit*) любе́зность *f*

Freundschaft *f* <-, -en> дру́жба *f*; **mit jdm ~ schließen** подружи́ться с ке́м-л.

freundschaftlich *adj* дру́жественный, дру́жеский

Freundschaftsbesuch *m* <-(e)s, -e> визи́т *m* дру́жбы

Frevel *m* <-s, -> преступле́ние *nt*, злодея́ние *nt*

freveln *vi* соверша́ть, -ши́ть *pf* преступле́ние

Frieden *m* <-s, -> мир *m*, согла́сие *nt*; **(mit jdm) ~ schließen** заключи́ть (с ке́м-л.) мир; **jdn mit etw in ~ lassen** (*umg*) оста́вить кого́-л. с чем-л. в поко́е

Friedensabkommen *nt* <-s, -> заключе́ние *nt* ми́рного догово́ра

Friedensbemühungen *pl* уси́лия *ntpl* к установле́нию [*o* поддержа́нию] ми́ра

Friedensbewegung *f* <*gen*: -> движе́ние *nt* в защи́ту ми́ра

Friedensnobelpreis *m* <*gen*: -es> Но́белевская пре́мия *f* ми́ра

Friedensverhandlungen *pl* <*gen*: -> ми́рные перегово́ры *pl*

Friedensvertrag *m* <-(e)s, -verträge> ми́рный догово́р *m*

friedfertig *adj* миролюби́вый

Friedhof *m* <-(e)s, -höfe> кла́дбище *nt*

friedlich *adj* 1. ми́рный; 2. (*ruhig*) споко́йный; **sei ~!** (*umg*) споко́йно!

frieren <fror, gefroren> I. *vi* 1. (*Mensch, Tier*) мёрзнуть, за- *pf*, зя́бнуть, озя́бнуть *pf*; 2. (*Wasser*) замерза́ть *impf*; II. *vt*: **jdn friert (es)** кому́-л. хо́лодно

Fries *m* <-es, -e> фриз *m*

Frikadelle *f* <-, -n> фрикаде́лька *f*, тефте́лька *f*

Frikassee *nt* <-s, -s> фрикасе́ *nt*

frisch *adj* 1. све́жий; 2. (*kühl*) све́жий, прохла́дный; **es ist noch ~ draußen** снару́жи ещё свежо́; 3. (*Gesichtsfarbe*) здоро́вый, све́жий; **~es Gemüse/Obst** све́жие о́вощи/фру́кты; **~es Brot** све́жий хлеб; **an der ~en Luft** на све́жем во́здухе; **~ gestrichen** свежепокра́шенный

Frische *f* <*gen*: -> 1. све́жесть *f*, бо́дрость *f*; 2. (*Kühle*) све́жесть *f*, прохла́да *f*

Frischhaltebox *f* <-, -en> (пластма́ссовая) гермети́ческая коро́бка *f* для хране́ния проду́ктов

Frischhaltefolie *f* <-, -n> фольга́ *f* для хране́ния проду́ктов, полиэтиле́новая плёнка *f* для хране́ния проду́ктов

Frischhaltepackung *f* <-, -en> гермети́ческая упако́вка *f*

Frischkäse *m* <*gen*: -s> изгото́вленный

из ки́слого молока́ сыр бе́лого цве́та и мя́гкой консисте́нции, не проше́дший проце́сса созрева́ния

Frischluft *f* <gen: -> све́жий во́здух *m*
Frischmilch *f* <gen: -> све́жее молоко́ *nt*
Friseur, -in *m/f* <-s, -e> парикма́хер *m*
Friseursalon *m* <-s, -s> парикма́херская *f*
Friseuse *f* <-, -n> парикма́хер *m*
frisieren I. *vt* 1. (*Haar*) причёсывать, -чеса́ть *pf*, укла́дывать, уложи́ть *pf*; 2. (*umg: Motor*) переде́лывать, -лать *pf*, соверше́нствовать, усоверше́нствовать *pf*; 3. (*umg: Abrechnung*) приукра́шивать, -ра́сить *pf*; II. *vr* причёсываться, -чеса́ться *pf*
Frist *f* <-, -en> 1. (*Zeitraum*) срок *m*, вре́мя *nt*; 2. (*Zeitpunkt*) срок *m*; **abgelaufene ~** исте́кший срок; **Bemessung einer ~** исчисле́ние сро́ка; **auf eine ~ von 10 Tagen** сро́ком на 10 дней; **nach Ablauf der ~** по исте́чении сро́ка; **eine angemessene ~ setzen** устана́вливать соразме́рный срок; **jdm eine ~ setzen** установи́ть кому́-л. срок; **eine ~ einhalten** уложи́ться в срок; **eine ~ gewähren** предоставля́ть срок; **eine ~ überschreiten** превыша́ть срок; **eine ~ verkürzen** сокраща́ть срок; **eine ~ verlängern** продлева́ть срок; **eine ~ versäumen** пропусти́ть срок; **eine ~ von einem Monat einräumen** дава́ть срок в оди́н ме́сяц
fristgemäß *adj* в срок
fristgerecht *adj* в срок; **etwas ~ liefern** поставля́ть что-л. в срок; **~ Beschwerde einlegen** пода́ть жа́лобу в устано́вленный срок
Fristigkeit *f* <-, -en> сро́чность *f*
fristlos *adj* бессро́чный; **jdn ~ entlassen** уво́лить кого́-л. без предупрежде́ния; **~e Kündigung** (*Vertragsauflösung*) неме́дленное расторже́ние (догово́ра); **~ Kündigung** (*Entlassung*) увольне́ние без предупрежде́ния
Fristversäumnis *nt* <-ses, -se> (JUR) просро́чка *f*
Frisur *f* <-, -en> причёска *f*
Fritteuse *f* <-, -n> фритю́рница *f*
frivol *adj* фриво́льный, легкомы́сленный
froh *adj* 1. весёлый, дово́льный; 2. (*Nachricht*) ра́достный; **über etw ~ sein** ра́доваться чему́-л.; **seines Lebens nicht mehr ~ werden** утра́тить интере́с к жи́зни
fröhlich *adj* весёлый, ра́достный
Fröhlichkeit *f* <gen: -> весёлость *f*, весе́лье *nt*
frohlocken *vi* (*geh*) ликова́ть *impf*
Frohnatur *f* <-, -en> весёлый нрав *m*
Frohsinn *m* <gen: -(e)s> весёлое настрое́ние *nt*

fromm *adj* (*gläubig*) на́божный, благочести́вый; **ein ~er Wunsch** (*umg*) благо́е наме́рение
Frömmelei *f* <-, -en> (*pej*) ха́нжество *nt*, фарисе́йство *nt*
Frömmigkeit *f* <gen: -> на́божность *f*, благоче́стие *nt*
Frömmler, -in *m/f* <-s-, -> (*pej*) ханжа́ *m/f*, свято́ша *m/f*
frönen *vi*: **einer Sache ~** предава́ться чему́-л.
Fronleichnam *m* <gen: -(e)s> (REL) пра́здник *m* те́ла Христо́ва
Front *f* <-, -n> 1. (*Vorder~*) фаса́д *m*; 2. (*gegnerische ~*) фронт *m*; **in vorderster ~** в пе́рвых ряда́х; **gegen jdn/etw ~ machen** выступа́ть про́тив кого́-л./чего́-л.
frontal *adj* фронта́льный
Frontalzusammenstoß *m* <-es, -zusammenstöße> (KFZ) лобово́е столкнове́ние *nt*
Frontantrieb *m* <-(e)s, -e> (KFZ) при́вод *m* на пере́дние колёса, пере́дний при́вод *m*
Frontmotor *m* <-s, -en> (KFZ) дви́гатель *m*, устано́вленный в пере́дней ча́сти автомоби́ля
Frontscheibe *f* <-, -n> (KFZ) ветрово́е стекло́ *nt*
Frontscheibenwischer *m* <-s, -> (KFZ) стеклоочисти́тель *m* ветрово́го стекла́
Frontspoiler *m* <-s, -> (KFZ) пере́дний спо́йлер *m*
fror *prät von* **frieren**
Frosch *m* <-(e)s, Frösche> лягу́шка *f*; **sei kein ~!** (*umg*) не валя́й дурака́!; **einen ~ im Hals haben** (*umg*) хрипе́ть
Froschmann *m* <-(e)s, -männer> (*Taucher*) аквалангист *m*
Frost *m* <-(e)s, Fröste> моро́з *m*, сту́жа *f*
Frostbeule *f* <-, -n> обморо́женное ме́сто *nt*
frösteln I. *vi* зя́бнуть, озя́бнуть *pf*; **sie fröstelt schon vor Kälte** она́ уже́ зя́бнет от хо́лода; II. *vt*: **jdn fröstelt (es)** у кого́-л. озно́б
frostig *adj* 1. (*kalt*) моро́зный; 2. (*Empfang*) ледяно́й, холо́дный
Frostschutzmittel *nt* <-s, -> (KFZ) антифри́з *m*
Frottee, Frotté *nt* <-(s), -s> (*Stoff*) махро́вая ткань *f*
Frotteehandtuch, Frottéhandtuch *nt* <-(e)s, -tücher> махро́вое полоте́нце *nt* для рук
frottieren *vt* растира́ть, -тере́ть *pf* полоте́нцем
Frottierhandtuch *nt* <-(e)s, -tücher> полоте́нце *nt*
frotzeln *vi* (*umg*) дразни́ть *impf*
Frucht *f* <-, Früchte> 1. плод *m*; 2. (*Obst*)

fruchtbar фрукт m; 3. (fig: Ergebnis) плод m, результа́т m; Früchte tragen плодоно́сить

fruchtbar adj 1. плодоро́дный, урожа́йный; 2. (nützlich) плодотво́рный

Fruchtbarkeit f <gen: -> плодоро́дие nt, плодоро́дность f

fruchten vi плодоно́сить impf; das fruchtet nichts! э́то бесполе́зно!

Fruchtfleisch nt <gen: -(e)s> мя́коть f пло́да

fruchtig adj фрукто́вый

fruchtlos adj беспло́дный; ihre Bemühungen blieben ~ их уси́лия бы́ли тще́тными

Fruchtlosigkeit f <gen: -> беспло́дность f, бесполе́зность f

Fruchtsaft m <-(e)s, -säfte> фрукто́вый сок m

Fruchtwasser nt <gen: -> (MED) околопло́дные во́ды pl

früh adj ра́нний; am ~en Morgen ра́нним у́тром; heute/morgen ~ сего́дня/за́втра у́тром; von ~ bis spät с ра́ннего утра́ до по́зднего ве́чера

Frühaufsteher, -in m/f <-s, -> челове́к, привы́кший ра́но встава́ть

Frühbörse f <-, -n> (BÖRSE) у́тренная би́ржа f

frühchristlich adj раннехристиа́нский

Frühdienst m <gen: -(e)s> у́тренная слу́жба f

Frühe f <gen: -> рань f; in aller ~ чуть свет

früher I. adj 1. бо́лее ра́нний; 2. (ehemalig) бы́вший, пре́жний; sie ist meine ~e Frau она́ моя́ бы́вшая жена́; II. adv ра́ньше, пре́жде; ~ oder später ра́но и́ли по́здно.

frühestens adv не ра́ньше чем, са́мое ра́ннее

Frühgeburt f <-, -en> 1. (Vorgang) преждевре́менные ро́ды pl; 2. (Kind) недоно́шенный ребёнок m, недоно́сок m

Frühjahr nt <-(e)s, -e> весна́ f

Frühjahrsmüdigkeit f <gen: -> весе́нняя сла́бость f

Frühkartoffel f ра́нний карто́фель m

Frühling m <-s, -e> весна́ f

Frühlingsanfang m нача́ло nt весны́

Frühlingsgefühle pl <gen: > (umg) весе́ннее настрое́ние nt

Frühpensionierung f <-, -en> досро́чная отпра́вка f на пе́нсию

frühreif adj не по во́зрасту развито́й

Frührentner, -in m/f <-s, -> пенсионе́р m по нетрудоспосо́бности

Frühschicht f <-, -en> у́тренняя сме́на f

Frühstart m <-(e)s, -s> (SPORT) фальста́рт m

Frühstück nt <-s, -e> за́втрак m; möchtest du ein Ei zum ~? хо́чешь на за́втрак яйцо́?

frühstücken vi за́втракать, по- pf

Frühstückskartell nt <-(e)s, -e> (ÖKON) карте́ль m на осно́ве джентельме́нского соглаше́ния

Frühstücksraum m <-s, -räume> (im Hotel) помеще́ние nt для за́втрака

Frühwarnsystem nt <-(e)s, -e> (MIL) систе́ма f ра́ннего предупрежде́ния

Frühwerk nt <gen: -(e)s> (eines Künstlers) ра́ннее тво́рчество nt

frühzeitig adj 1. ра́нний; 2. (vorzeitig) преждевре́менный, ра́нний

Frust m <gen: -(e)s> (umg) неудовлетворённость f

frusten vt (umg) не удовлетворя́ть, -ри́ть pf; mein Job frustet mich total моя́ рабо́та меня́ совсе́м не удовлетворя́ет

Frustration f <-, -en> фрустра́ция f, раздраже́ние nt, чу́вство nt неудовлетворённости

frustrieren vt не удовлетворя́ть, -ри́ть pf, раздража́ть impf

frustrierend adj разочаро́вывающий

frustriert adj фрустри́рованный, разочаро́ванный

FTP nt (DV) протоко́л m переда́чи фа́йлов

Fuchs m <-es, Füchse> 1. лиси́ца f, лиса́ f; 2. (umg: schlauer Mensch) лиса́ f, хитре́ц m

fuchsig adj (umg: wütend) разъярённый, свире́пый

Füchsin f <-, -nen> лиси́ца f (са́мка)

Fuchsjagd f охо́та f на лис

fuchsteufelswild adj (umg) взбешённый, рассвирепе́вший

Fuchtel f <gen: ->: unter jds ~ stehen (umg) находи́ться под стро́гим надзо́ром; jdn unter der ~ haben (umg) держа́ть кого́-л. в ежо́вых рукави́цах

fuchteln vi маха́ть impf; mit den Händen ~ разма́хивать рука́ми

Fuge f <-, -n> 1. стык m; 2. (MUS) фу́га f; aus den ~n geraten расшата́ться

fügen vr 1. прикла́дываться, приложи́ться pf; sich ineinander ~ вкла́дываться одно́ в друго́е 2. (nachgeben) покоря́ться, -ри́ться pf, смиря́ться, -ри́ться pf; sich der Forderung des Tages ~ подчини́ться тре́бованиям вре́мени 3. (passen) подходи́ть, -дойти́ pf; 4. (schicksalhaft geschehen) скла́дываться, сложи́ться pf, устра́иваться, -тро́иться pf; die Umstände ~ sich so, dass... обстоя́тельства скла́дываются таки́м о́бразом, что...

fügsam adj покла́дистый, послу́шный

Fügsamkeit f <gen: -> поко́рность f

fühlbar adj 1. (merklich) заме́тный; 2. (spürbar) осяза́емый, ощути́мый

fühlen I. *vt* чу́вствовать, по- *pf*, ощуща́ть *impf*, ощути́ть *pf*; II. *vi* иска́ть *impf* о́щупью; III. *vr* чу́вствовать, по- *pf* себя́; wie ~ Sie sich? как вы себя́ чу́вствуете?; sich verpflichtet ~ счита́ть себя́ обя́занным; jdm den Puls ~ щу́пать у кого́-л. пульс

Fühler *m* <-s, -> щу́пальце *nt*, у́сик *m*; seine ~ nach etw ausstrecken (*umg*) прощу́пывать по́чву

fuhr *prät von* **fahren**

führen I. *vt* 1. (*Führer sein*) руководи́ть *impf*; Mitarbeiter ~ руководи́ть сотру́дниками; ein Unternehmen ~ руководи́ть предприя́тием 2. (*Touristen*) води́ть *impf*; 3. (*Name*) носи́ть *impf*; einen Titel ~ име́ть ти́тул 4. (*Ware*) держа́ть *impf*, име́ть *impf* в прода́же; ~ Sie Kinderkleidung? есть ли у вас в прода́же де́тская оде́жда?; 5. (*Gespräch*) вести́ *impf*; 6. (*Geschäft*) руководи́ть *impf*, управля́ть *impf*; ein Geschäft ~ заве́довать магази́ном 7. (*Fahrzeug*) води́ть *impf*, управля́ть *impf*; 8. (*in bestimmten Wendungen*); einen Prozess (gegen jdn) ~ вести́ суде́бное де́ло (про́тив кого́-л.); zu nichts ~ ни к чему́ не привести́; jdn hinters Licht ~ (*umg*) провести́ кого́-л.; Buch ~ вести́ бухга́лтерские кни́ги; Protokoll ~ вести́ протоко́л; Verhandlungen ~ вести́ перегово́ры; den Haushalt ~ вести́ хозя́йство; den Vorsitz ~ вести́ собра́ние; die Korrespondenz ~ вести́ перепи́ску; einen Dialog ~ вести́ диало́г; II. *vi* (SPORT: *in Führung liegen*) вести́ *impf*, лиди́ровать *impf*; III. *vr* вести́ *impf* себя́

Führer, -in *m/f* <-s, -> 1. (*An~*) вождь *m*, ли́дер *m*; 2. (*Reise~*) проводни́к, -ни́ца *m/f*; 3. (*Buch*) путеводи́тель *m*; 4. (*eines Fahrzeugs*) води́тель, -ница *m/f*

Führerschein *m* <-(e)s, -e> води́тельские права́ *pl*; den ~ machen (*die Fahrprüfung bestehen*) получи́ть води́тельские права́

Führerscheinprüfung *f* <-, -en> экза́мен *m* на пра́во управле́ния тра́нспортным сре́дством

Führerstand *m* <-(e)s, -stände> (*an Maschine*) пост *m* управле́ния

Fuhrmann *m* <-(e)s, -leute> изво́зчик *m*

Fuhrpark *m* <-s, -s> парк *m* грузовы́х автомоби́лей

Führung *f* <-, -en> 1. (*das Anführen*) предводи́тельство *nt*; 2. (*von Unternehmen*) руково́дство *nt*, управле́ние *nt*; ~ eines Betriebes управле́ние предприя́тием; ~ von Mitarbeitern руково́дство сотру́дниками; unter der ~ von jdm под руково́дством кого́-л.; jdm die ~ von etw übertragen поруча́ть кому́-л. руково́дство чем-л. 3. (*Vorsprung*) ли́дерство *nt*; 4. (*Besichtigung*) экску́рсия *f* с экскурсово́дом; 5. (*Verhalten*) поведе́ние *nt*, о́браз *m* де́йствий; die Mannschaft geht mit 3:2 in ~ кома́нда ведёт со счётом 3:2; 6. (*laufende Durchführung*) веде́ние *nt*; die ~ der Bücher веде́ние книг; ~ der Geschäfte веде́ние дел; ~ einer Sitzung веде́ние заседа́ния; ~ eines Prozesses веде́ние суде́бного де́ла; ~ von Konten веде́ние счето́в; ~ von Personalakten веде́ние ли́чных дел; ~von Verhandlungen веде́ние перегово́ров; die ~ übernehmen вы́йти вперёд 7. (*leitende Personen*) руково́дство *nt*; auf Beschluss der ~ по реше́нию руково́дства; ein Wechsel in der ~ сме́на руково́дства; die ~ kritisieren критикова́ть руково́дство

Führungsaufgabe *f* <-, -n> руководя́щая фу́нкция *f*, зада́ча *f* управле́ния

Führungsebene *f* <-, -n> у́ровень *m* управле́ния

Führungshierarchie *f* <-, -en> иера́рхия *f* управле́ния

Führungskonzept *nt* <-(e)s, -e> конце́пция *f* управле́ния

Führungskraft *f* <-, -kräfte> руководя́щий рабо́тник *m*; Führungskräfte ausbilden гото́вить руководя́щие ка́дры

Führungsnachwuchs *m* <*gen:* -es> молодо́е поколе́ние *nt* руководя́щих ка́дров

Führungsposition *f* <-, -en> руководя́щая до́лжность *f*

Führungsstil *m* <-(e)s, -e> стиль *m* руково́дства

Führungszeugnis *nt* <-ses, -se> свиде́тельство *nt* о поведе́нии

Fuhrwerk *nt* <-(e)s, -e> пово́зка *f*

Fülle *f* <*gen:* -> 1. (*Menge*) изоби́лие *nt*, избы́ток *m*; 2. (*Körper~*) полнота́ *f*, ту́чность *f*; in Hülle und ~ в изоби́лии

füllen I. *vt* наполня́ть, -по́лнить *pf*, заполня́ть, -по́лнить *pf*; II. *vr* наполня́ться, -по́лниться *pf*; seine Augen füllten sich mit Tränen его́ глаза́ напо́лнились слеза́ми; eine Lücke ~ заполни́ть пробе́л

Füller *m* <-s, -> (*umg*) авторучка *f*

Füllfederhalter *m* <-s, -> авторучка *f*

Fulltimejob, Full-Time-Job *m* <-s, -s> рабо́та *f* на по́лный рабо́чий день

Füllung *f* <-, -en> 1. наполне́ние *nt*; 2. (*Zahn~*) пло́мба *f*

Fund *m* <-(e)s, -e> 1. (*das Finden*) откры́тие *nt*; 2. (*Gefundenes*) нахо́дка *f*

Fundament *nt* <-(e)s, -e> 1. (*Grundlage*) осно́ва *f*; 2. (*von Gebäude*) фунда́мент *m*, основа́ние *nt*

fundamental *adj* фундамента́льный,

основа́тельный
Fundamentalismus *m* <*gen:* -> фундаментали́зм *m*
Fundamentalist, -in *m/f* <-en, -en> фундаментали́ст *m*
Fundbüro *nt* <-s, -s> бюро́ *nt* нахо́док
Fundgrube *f* <-, -n> сокро́вищница *f*
fundiert *adj* 1. (*Kenntnisse*) глубо́кий; 2. (*begründet*) обосно́ванный; ~es Bewertungskriterium обосно́ванный крите́рий оце́нки
fündig *adj:* ~ werden натолкну́ться на что́-л.
Fundstück *nt* <-(e)s, -e> нахо́дка *f*
fünf *num* пять, пя́теро; ~ gerade sein lassen (*umg*) смотре́ть сквозь па́льцы на ме́лкие погре́шности
Fünfeck *nt* пятиуго́льник *m*
fünffach *adj* пятикра́тный
fünfhundert *num* пятьсо́т
Fünfjahresplan *m* <-(e)s, -pläne> пятиле́тка *f*, пятиле́тний план *m*
fünfjährig *adj* пятиле́тний
Fünfkampf *m* (SPORT) пятибо́рье *nt*
fünfmal *adv* пять раз
Fünfmarkstück *nt* <-(e)s, -e> моне́та *f* в пять ма́рок
fünfstellig *adj* (*Zahl*) пятизна́чный
fünfstöckig *adj* пятиэта́жный
fünfstündig *adj* пятичасово́й
Fünftagewoche *f* <*gen:* -> пятидне́вная рабо́чая неде́ля *f*
fünftägig *adj* пятидне́вный
fünfte(r,s) *num* пя́тый; sie steht an ~r Stelle она́ стои́т на пя́том ме́сте
fünfteilig *adj* 1. состоя́щий из пяти́ часте́й, пятича́стный; 2. пятисери́йный
Fünftel *nt* <-s, -> пя́тая часть *f*
fünftens *adv* в-пя́тых
fünfwöchig *adj* пятинеде́льный
fünfzehn *num* пятна́дцать
fünfzeilig *adj* пятистро́чный
fünfzig *num* пятьдеся́т
Fünfzimmerwohnung *f* <-, -en> пятико́мнатная кварти́ра *f*
fungieren *vi*: als etw ~ исполня́ть обя́занности кого́-л.
Funk *m* <*gen:* -s> 1. ра́дио *nt*; 2. (*Rund~*) радиовеща́ние *nt*
Funke *m* <-ns, -n> и́скра *f*; ich habe keinen ~n Hoffnung у меня́ нет ни мале́йшей наде́жды; elektrischer ~ электри́ческая и́скра
funkeln *vi* 1. (*Augen*) сверка́ть, -кну́ть *pf*; 2. (*Edelstein*) искри́ться *impf*
funkelnagelneu *adj* (*umg*) но́венький, с иго́лочки
Funkempfang *m* <*gen:* -(e)> радиоприём *m*
funken *vt* передава́ть, -да́ть *pf* по ра́дио, ради́ровать *impf/pf*; bei ihm hat es gefunkt (*umg*) до него́ дошло́

Funker, -in *m/f* <-s, -> ради́ст, -ка *m/f*
Funkgerät *nt* <-(e)s, -e> ра́ция *f*
Funkhaus *nt* <-es, -häuser> радиосту́дия *f*
Funksignal *nt* <-(e)s, -e> радиосигна́л *m*
Funksprechverkehr *m* <*gen:* -s> радиотелефо́нная свя́зь *f*
Funkspruch *m* <-(e)s, -sprüche> радиогра́мма *f*
Funkstille *f* <*gen:* -> радиомолча́ние *nt*; bei jdm herrscht ~ (*umg*) от кого́-л. не слы́шно ни сло́ва
Funkstörungen *pl* <*gen:* -> радиопоме́хи *pl*
Funktaxi *nt* <-s, -s> такси́ *nt* с радиопереговорным устро́йством
Funktion *f* <-, -en> 1. (*Aufgabe*) фу́нкция *f*, зада́ча *f*; dienstliche ~en служе́бные фу́нкции; eine ~ ausüben выполня́ть фу́нкцию; ~en ausgliedern выделя́ть фу́нкции 2. (*Stellung*) до́лжность *f*, рабо́та *f*; eine ~ bekleiden занима́ть до́лжность; eine leitende ~ innehaben занима́ть руководя́щий пост; in seiner ~ als Abteilungsleiter выполня́я фу́нкцию руководи́теля отде́ла 3. (MATH) фу́нкция *f*; 4. (*Funktionieren*) функциони́рование *nt*; die störungsfreie ~ einer Apparatur garantieren гаранти́ровать безотка́зное де́йствие аппарату́ры
Funktionär, -in *m/f* <-s, -e> (парти́йный) рабо́тник *m*, аппара́тчик *m*
funktionieren *vi* функциони́ровать *impf*; wie funktioniert dieses Gerät? как функциони́рует э́тот прибо́р ?
Funktionsprinzip *nt* <-s, -prinzipien> при́нцип де́йствия
Funktionsprüfung *f* <-, -en> (TECH) прове́рка *f* де́йствия
Funktionsstörung *f* <-, -en> неиспра́вность *f*
Funktionstaste *f* <-, -n> (DV) функциона́льная кла́виша *f*
Funktionsverb *nt* <-s, -en> (LING) вспомога́тельный глаго́л *m*
Funktionsweise *f* <*gen:* -> при́нцип де́йствия
für *präp* +*akk* для; ~ heute на сего́дня; was ~ (ein) что за ?; an und ~ sich само́ по себе́; das ist eine Sache ~ sich э́то осо́бая статья́; ein ~ allemal ! раз и навсегда́ ! das Für und Wider за и про́тив; Tag ~ Tag день за днём
Fürbitte *f* <-, -n> хода́тайство *nt*, про́сьба *f*
Furche *f* <-, -n> борозда́ *f*; eine ~ ziehen проводи́ть борозду́
Furcht *f* <*gen:* -> страх *m*, боя́знь *f*; ~ vor etw/jdm haben боя́ться чего́-л./кого́-л.; jdm ~ einflößen внуша́ть кому́-л. страх
furchtbar I. *adj* ужа́сный, стра́шный; II.

fürchten *adv* (*umg: sehr*) о́чень, ужа́сно; **das ist ~ nett von Ihnen** э́то ужа́сно ми́ло с ва́шей стороны́.

fürchten I. *vt* боя́ться *impf*; **ich fürchte, wir kommen zu spät** бою́сь, что мы опозда́ем; II. *vi* боя́ться *impf*, опаса́ться *impf* (*um +akk* за); III. *vr* боя́ться, опаса́ться; **sie brauchen vor ihm nichts zu ~** вам не́чего его́ боя́ться

fürchterlich *adj* 1. стра́шный, ужа́сный; 2. (*umg: sehr*) ужа́сно, о́чень; **er hat sich ~ darüber aufgeregt** он ужа́сно разволнова́лся из-за э́того

furchtlos *adj* бесстра́шный, неустраши́мый

furchtsam *adj* боязли́вый, трусли́вый

füreinander *adv* друг для дру́га

Furie *f* <-, -n> фу́рия *f*

Furnier *nt* <-s, -e> фане́ра *f*

Furore *f* <*gen*: ->: **~ machen** произвести́ фуро́р

Fürsorge *f* <*gen*: -> 1. забо́та *f*; 2. (*umg: Sozialhilfe*) социа́льная по́мощь *f*; **er lebt von der ~** он живёт на социа́льную по́мощь

Fürsorger, -in *m/f* <-s, -> сотру́дник, -ница *m/f* отде́ла социа́льного обеспе́чения, социа́льный рабо́тник *m*

Fürsprache *f* <-, -n> хода́тайство *nt*; **bei jdm ~ einlegen** хода́тайствовать за кого́-л.

Fürsprecher, -in *m/f* <-s, -> засту́пник, -ница *m/f*, защи́тник, -ница *m/f*

Fürst, -in *m/f* <-en, -en> князь, княжна́ *m/f*

Fürstentum *nt* <-s, -tümer> кня́жество *nt*

fürstlich *adj* 1. кня́жеский; 2. (*großzügig*) роско́шный, ца́рский

Furt *f* <-, -en> брод *m*

Furz *m* <-es, Fürze> (*umg*) га́зы *pl*

furzen *vi* (*umg*) пу́кать, пу́кнуть *pf*

Fusel *m* <*gen*: -s> (*umg: pej*) сиву́ха *f*

Fusion *f* <-, -en> 1. (*Vereinigung*) слия́ние *nt*; **~ von Banken** слия́ние ба́нков; **~ von Industriebetrieben** слия́ние промы́шленных предприя́тий; **eine ~ vorantreiben** активизи́ровать слия́ние 2. (PHYS, BIO) си́нтез *m*

fusionieren *vi* (*von Unternehmen*) слива́ться, сли́ться *pf*

Fusionsbilanz *f* <-, -en> объедини́тельный бала́нс *m*

Fusionskontrolle *f* <-, -n> (госуда́рственный) контро́ль *m* за слия́нием компа́ний

Fusionsreaktor *m* <-s, -en> (PHYS) термоя́дерный реа́ктор *m*

Fuß *m* <-es, Füße> 1. нога́ *f*, ступня́ *f*; 2. (*von Möbeln*) но́жка *f*; 3. (*Sockel*) цо́коль *m*; **~ fassen** обоснова́ться; **zu ~** пешко́м; **auf großem ~ leben** жить на широ́кую но́гу

Fußbad *nt* <*gen*: -(e)s> ножна́я ва́нна *f*

Fußball *m* <-(e)s, -bälle> 1. (*Fußballspiel: kein pl*) футбо́л *m*; 2. (*Ball*) футбо́льный мяч *m*

Fußballclub *m* <-s, -> футбо́льный клуб *m*

Fußballer, -in *m/f* <-s, -> (*umg*) футболи́ст, -ка *m/f*

Fußballfan *m* <-s, -s> футбо́льный боле́льщик *m*

Fußballmannschaft *f* <-, -en> футбо́льная кома́нда *f*

Fußballplatz *m* <-es, -plätze> футбо́льное по́ле *nt*

Fußballspiel *nt* <-(e)s, -e> футбо́льный матч *m*

Fußballspieler, -in *m/f* <-s, -> футболи́ст, -ка *m/f*

Fußballstadion *nt* <-s, -stadien> футбо́льное по́ле *nt*

Fußballweltmeisterschaft *f* <-, -en> чемпиона́т *m* ми́ра по футбо́лу

Fußbank *f* <-, -bänke> скаме́ечка *f* для ног

Fußboden *m* <-s, -böden> пол *m*

Fußbodenbelag *m* <-(e)s, -beläge> насти́л *m* (для) по́ла

Fussel *f* <-, -n> ворси́нка *f*

Fußgänger, -in *m/f* <-s, -> пешехо́д *m*

Fußgängerbrücke *f* <-, -n> пешехо́дный мост *m*

Fußgängerstreifen *m* <-s, -> (*CH: Fußgängerüberweg*) пешехо́дный перехо́д *m*

Fußgängerübergang *m* <-(e)s, -gänge> пешехо́дный перехо́д *m*

Fußgängerüberweg *m* <-(e)s, -e> пешехо́дный перехо́д *m*

Fußgängerzone *f* <-, -n> пешехо́дная зо́на *f*

Fußmarsch *m* <-(e)s, -märsche> пе́ший похо́д *m*

Fußnagel *m* <-s, -nägel> но́готь *m*

Fußnote *f* <-, -n> сно́ска *f*

Fußpumpe *f* <-, -n> насо́с *m* с ножны́м (педа́льным) приво́дом

Fußsohle *f* <-, -n> подо́шва *f*

Fußspur *f* <-, -en> след *m* ноги́

Fußstapfen *pl* <*gen*: -> следы́ *pl* ног; **in jds ~ treten** пойти́ по чьим-л. стопа́м

Fußtritt *m* <-(e)s, -e> пино́к *m*

Fußweg *m* <-(e)s, -e> пешехо́дная доро́жка *f*

futsch *adj* (*umg: verloren*) пропа́вший; **der Tag ist ~** день пропа́л

Futter *nt* <*gen*: -s> 1. (*für Tier*) корм *m*; 2. (*von Kleidung*) подкла́дка *f*

Futteral *nt* <-s, -e> футля́р *m*

füttern *vt* 1. (*Tier*) дава́ть, дать *pf* корм, корми́ть, по- *pf*; 2. (*mit Stoff*) подшива́ть, -ши́ть *pf* подкла́дку

Futterrübe *f* <-, -n> кормова́я свёкла *f*

Futur *nt* <-s, -e> (LING) бу́дущее вре́мя *nt*, футу́рум *m*

Futures *pl* <*gen*: -> (BÖRSE) фью́черские

сделки *pl*
Futures-Markt *m* <gen: -(e)s> (BÖRSE) фьючерский рынок *m*
Futurismus *m* <gen: -> футуризм *m*
futuristisch *adj* футуристический

G

G,g *nt* <-, -> г, Г
gab *prät von* **geben**
Gabe *f* <-, -n> 1. (*Geschenk*) дар *m*, подарок *m*; 2. (*Begabung*) дар *m*; **eine milde ~** подаяние
Gabel *f* <-, -n> 1. (*zum Essen:*) вилка *f*; 2. (*Heu~*) вилы *fpl*; 3. (TECH) вилка *f*
Gabelkopf *m* <-(e)s, -köpfe> (TECH) головка *f* вилки
gabeln *vr* раздваиваться, -двоиться *pf*
Gabelscheiden *pl* <gen: -> (TECH) перья *pl* передней вилки
Gabelstapler *m* <-s, -> вилочный автопогрузчик *m*
Gabelung *f* <-, -en> разветвление *nt*, развилка *f*
gackern *vi* кудахтать *impf*
gaffen *vi* (*pej*) глазеть *impf*, глядеть, по- *pf* разинув рот
Gag *m* <-s, -s> эффектный трюк *m*, остроумная находка *f*
Gage *f* <-, -n> гонорар *m*
gähnen *vi* зевать *impf*, зевнуть *pf*
Gala *f* <-, -s> (*Festkleidung*) парадная одежда *f*, нарядное платье *nt*
Galaabend *m* <-s, -e> торжественный концерт *m*, торжественный приём *m*
galant *adj* галантный, учтивый
Galaxie *f* <-, -en> галактика *f*
Galerie *f* <-, -en> галерея *f*
Galerist, -in *m/f* <-en, -en> галерист *m*
Galgen *m* <-s, -> виселица *f*; **am ~ enden** плохо кончить
Galgenfrist *f* <gen: -> отсрочка *f* на короткое время
Galgenhumor *m* <gen: -s> мрачный юмор *m*, юмор *m* висельника
Galle *f* <-, -n> жёлчный пузырь *m*; **jdm läuft die ~ über** (*umg*) кто-л. приходит в ярость
Gallenblasenoperation *f* <-, -en> операция *f* на жёлчном пузыре
Galopp *m* <-s, -s> галоп *m*; **im ~** галопом
galoppieren *vi* галопировать *impf*, скакать *impf* галопом
galt *prät von* **gelten**
Galvanisation *f* <-, -en> (MED) гальванизация *f*
Galvanometer *nt* <-s, -> гальванометр *m*
Gameboy *m* <-s, -s> ручной электронный прибор для определённых игр наподобие компьютерных, требующих быстроты и ловкости
Gameshow *f* <-, -s> (TV) телеигра *f*, телевикторина *f*
Gammastrahlung *f* <gen: -> (PHYS) гамма-лучи *pl*
gammeln *vi* (*umg*) портиться, ис- *pf*
Gammler, -in *m/f* <-s, -> хиппи *m*
Gams *m* <-, -> (*österr: Gämse*) серна *f*
Gämse *f* <-, -n> серна *f*
Gang[1] *m* <-s, Gänge> 1. (*von Personen*) походка *f*; 2. (*von Pferden*) ход *m*; 3. (*Spazier~*) прогулка *f*; 4. (*Visite*) поход *m*, визит *m*; 5. (*Flur*) коридор *m*; 6. (*im Zug*) проход *m*; 7. (*beim Essen*) блюдо *nt*; **etw in ~ bringen** привести что-л. в действие; **seinen ~ gehen** идти своим порядком; **der letzte ~** последний путь
Gang[2] *f* <-, -s> (*Bande*) банда *f*, шайка *f*
gängeln *vt* (*излишне*) опекать *impf*
gängig *adj* 1. (*gebräuchlich*) общеупотребительный, общепринятый; 2. (*leicht verkäuflich*) ходовой; **~er Artikel** ходовой товар
Gangschaltung *f* <-, -en> переключение *nt* передач
Gangster *m* <-s, -> гангстер *m*, бандит *m*
Gangway *f* <-, -s> передвижной трап *m*
Ganove *m* <-n, -n> (*umg*) мошенник *m*, жулик *m*
Gans *f* <-, Gänse> гусь *m*; **dumme ~!** дура
Gänseblümchen *nt* <-s, -> маргаритка *f*
Gänsefüßchen *pl* <-, -> кавычки *pl*
Gänsehaut *f* <gen: -> гусиная кожа *f*
Gänsemarsch *m* <gen: -es>: **im ~** гуськом
ganz *adj* 1. (*vollständig*) весь, целый; 2. (*umg: heil*) целый, невредимый; **~ und gar** совсем; **im Großen und Ganzen** в общем и целом
Ganze *nt* <gen: -n> целое *nt*, совокупность *f*; **nichts ~s und nichts Halbes** ни два ни полтора; **aufs ~ gehen** идти на всё
Ganzjahresreifen *m* <-s, -> (KFZ) всесезонная шина *f*
ganzseitig *adj* (*Anzeige*) на целую страницу, размером в целую страницу
gar[1] *adj* (*Speisen*) готовый, сваренный
gar[2] *adv* (*sogar*) даже; **~ nicht** вовсе не
Garage *f* <-, -n> гараж *m*
garagieren *vt* (*CH, österr: Wagen einstellen*) ставить, по- *pf* в гараж
Garant *m* <-en, -en> гарант *m*; **als ~ für etwas auftreten** выступать гарантом чего-л.
Garantie *f* <-, -n> 1. (*Bürgschaft*) гарантия *f*; **etw hat noch ~** что-л. ещё на гарантии; **~ gewähren** предоставлять гарантию; **auf etw ein Jahr ~ geben** давать на что-л. один год гарантии; **~ läuft ab** срок гарантии истекает; **mehrjährige ~** гарантия на несколько лет 2.

(*Gewährleistung*) гарантийная ответственность
Garantieanspruch *m* <-(e)s, -ansprüche> претензия *f* по данной гарантии
Garantiebestimmung *f* <-, -en> положение *nt* о гарантии
Garantiedauer *f* <*gen*: -> гарантийный срок *m*
Garantieerklärung *f* <-, -en> гарантийное обязательство *nt*
Garantiefrist *f* <-, -en> срок *m* предъявления претензий по гарантии
Garantieleistung *f* <-, -en> 1. (*Gewährung*) предоставление *nt* гарантии; 2. (*Durchführung*) гарантийные работы *pl*
Garantielohn *m* <-(e)s, -löhne> гарантированный минимум *m* заработной платы
garantieren *vt* (*gewährleisten*) гарантировать *impf/pf*; ich kann dir für nichts ~ я тебе ничего не могу гарантировать; ein einwandfreies Funktionieren ~ гарантировать безупречную работу; eine bestimmte Qualität ~ гарантировать определённое качество; für termingerechte Ausführung ~ гарантировать своевременное исполнение работ; für die Zuverlässigkeit der Anlage ~ гарантировать надёжность установки
Garantiesumme *f* <-, -n> гарантийная сумма *f*
Garantievereinbarung *f* <-, -en> гарантийное соглашение *nt*
Garantieverpflichtung *f* <-, -en> гарантийное обязательство *nt*
Garantievertrag *m* <-(e)s, -verträge> гарантийный договор *m*
Garantiezeit *f* <-, -en> гарантийный срок *m*
Garaus : jdm den ~ machen прикончить кого-л.
Garbe *f* <-, -n> (BOT) тысячелистник *m*
Garderobe *f* <-, -n> 1. (*Kleiderablage*) гардероб *m*; 2. (*Raum*) гардероб *m*, раздевалка *f*; 3. (*Kleidung*) гардероб *m*
Gardine *f* <-, -n> гардина *f*, занавеска *f*
Gardinenstange *f* <-, -n> палка *f* для гардин
gären *vi* <gor, gegoren> бродить *impf*
Garn *nt* <-(e)s, -e> 1. нитки *fpl*; 2. (*Woll~*) пряжа *f*
Garnele *f* <-, -n> креветка *f*
garnieren *vt* украшать, -расить *pf*
Garnison *f* <-, -en> гарнизон *m*
Garnitur *f* <-, -en> 1. (*Satz*) набор *m*, комплект *m*; die erste ~ лучшие силы 2. (*Wäsche*) гарнитур *m*
Garten *m* <-s, Gärten> сад *m*; zoologischer ~ зоологический сад; botanischer ~ ботанический сад
Gartenbau *m* <*gen*: -s> садоводство *nt*
Gartenfest *nt* <-(e)s, -e> праздник *m* в саду
Gartenhag *m* <-s, -häge> (*CH: Gartenzaun*) садовая изгородь *f*
Gartenhaus *nt* <-es, -häuser> 1. (*Gartenlaube*) летний домик *m*; 2. (*Geräteschuppen*) сарай *m*
Gartenschau *f* <*gen*: -> публичная садоводческая выставка, на которой представлены клумбы с декоративными растениями в сочетании с образцами разбивки сада
Gartenschere *f* <-, -n> садовые ножницы *pl*
Gartentor *nt* <-(e)s, -> садовая калитка *f*
Gartentraktor *m* <-s, -en> садовый трактор *m*
Gartenwirtschaft *f* <-, -en> (*Gartenlokal*) кафе-ресторан *m* со столиками под открытым небом
Gartenzaun *m* <-(e)s, -zäune> садовая изгородь *f*, забор *m*
Gärtner, -in *m/f* <-s, -> садовник, -ница *m/f*
Gärtnerei *f* <-, -en> садовое хозяйство *nt*
Gärung *f* <-, -en> брожение *nt*
Garzeit *f* <-, -en> время *nt* готовки
Gas *nt* <-es, -e> газ *m*; ~ geben дать газ; das ~ wegnehmen сбрасывать газ
Gasabscheider *m* <-s, -> (TECH) газоотделитель *m*
Gasanalysator *m* <-s, -en> (TECH) газоанализатор *m*
Gasanalyse *f* <-, -n> (TECH) газовый анализ *m*
Gasbehälter *m* <-s, -> 1. газгольдер *m*; 2. газометр *m*
Gasbetrieb *m* <*gen*: -(e)s> работа *f* на газе
Gasbrenner *m* <-s, -> газовая горелка *f*, газовый рожок *m*
Gasflamme *f* <-, -n> газовое пламя *nt*
Gasflasche *f* <-, -n> газовый баллон *m*
Gasgemisch *nt* газовая смесь *f*
Gasheizung *f* <-, -en> газовое отопление *nt*
Gasherd *m* <-(e)s, -e> газовая плита *f*
Gaskammer *f* <-, -n> газовая камера *f*
Gaskocher *m* <-s, -> газовая плитка *f*
Gaslampe *f* <-, -n> газовая лампа *f*
Gasleitung *f* <-, -en> газопровод *m*
Gasmaske *f* <-, -n> противогаз *m*
Gasolin *nt* газовый бензин *m*
Gaspedal *nt* <-s, -e> педаль *m* газа
Gasprüfer *m* <-s, -> газоанализатор *m*
Gasrohr *nt* <-es, -e> газопровод *m*
Gasse *f* <-, -n> переулок *m*, улочка *f*
Gassenjunge *m* <-n, -n> (*pej*) уличный мальчишка *m*
Gassi : einen Hund Gassi führen (*umg*) гулять с собакой
Gast *m* <-es, Gäste> 1. гость *m*; bei jdm zu

Gastarbeiter

~ sein быть у кого-л. в гостях 2. (SPORT: *Gastmannschaft*) команда f гостей
Gastarbeiter, -in *m/f* <-s, -> рабочий *m* -иностра́нец *m*
Gastdozent, -in *m/f* <-en, -en> доце́нт, приглашённый на рабо́ту в иногоро́дний и́ли иностра́нный вуз
Gästebuch *nt* <-(e)s, -bücher> кни́га *f* отзывов посети́телей
gastfreundlich *adj* гостеприи́мный, раду́шный
Gastfreundschaft *f* <*gen*: -> гостеприи́мство *nt*, раду́шие *nt*
Gastgeber, -in *m/f* <-s, -> хозя́ин, -зя́йка *m/f* до́ма
Gastgewerbe *nt* <*gen*: -s> гости́нично-рестора́нный се́ктор *m*; **im ~ tätig sein** рабо́тать в гости́нично-рестора́нном се́кторе
Gasthaus *nt* <-es, -häuser> (небольша́я) гости́ница *f*
Gasthof *m* <-(e)s, -höfe> гости́ница *f* в дере́вне
gastieren *vi* гастроли́ровать *impf*
gastlich *adj* гостеприи́мный, хлебосо́льный
Gastmannschaft *f* <-, -en> (SPORT) кома́нда *f* гостей
Gastprofessor, -in *m/f* <-s, -en> профе́ссор, приглашённый на рабо́ту в иногоро́дний и́ли иностра́нный вуз
Gastritis *f* <*gen*: -> гастри́т *m*
Gastronomie *f* <*gen*: -> рестора́нное де́ло *nt*
gastronomisch *adj* гастрономи́ческий
Gastspiel *nt* <-s, -e> гастро́ль *f*
Gaststätte *f* <-, -n> рестора́н *m*
Gasturbine *f* <-, -n> га́зовая турби́на *f*
Gasturbinenanlage *f* <-, -n> газотурби́нная устано́вка *f*
Gastwirt, -in *m/f* <-(e)s, -e> владе́лец, -лица *m/f* рестора́на
Gastwirtschaft *f* <-, -en> (небольша́я) гости́ница *f*
Gastzimmer *nt* <-s, -> ко́мната *f* для госте́й
Gaswerk *nt* <-s, -e> га́зовый заво́д *m*
Gaszähler *m* <-s, -> га́зовый счётчик *m*
Gate *nt* <-s, -s> (EL) управля́ющий электро́д *m*
Gateway *m* <-s, -s> (DV) шлюз *m*
Gatte *m* <-n, -n> (*geh*) супру́г *m*
Gatter *nt* <-s, -> решётчатое загражде́ние *nt*
Gattin *f* <-, -nen> (*geh*) супру́га *f*
Gattung *f* <-, -en> 1. (*Art*) вид *m*; 2. (ZOOL) род *m*; 3. (*Rasse*) поро́да *f*; 4. (*Sorte*) сорт *m*
GAU *akr von* **größter anzunehmender Unfall**
Gaucho *m* <-s, -s> га́учо *m*, ю́жно-америка́нский пасту́х *m*
Gaudi *f* <-, -s> (*umg*) весе́лье *nt*, поте́ха *f*

gebirgig

Gaukler *m* <-s, -> фо́кусник *m*
Gaul *m* <-(e)s, Gäule> (*umg*) кля́ча *f*
Gaumen *m* <-s, -> нёбо *nt*
Gaumenfreuden *pl* <*gen*: -> ла́комства *ntpl*
Gauner, -in *m/f* <-s, -> 1. (*Betrüger*) моше́нник *m*; 2. (*umg*: *Schlaukopf*) ловка́ч *m*
Gaunerei *f* <-, -en> моше́нничество *nt*, жу́льничество *nt*
Gazelle *f* <-, -n> газе́ль *f*
Gazette *f* <-, -n> (*pej*) газетёнка *f*
G-Dur *nt* <*gen*: -> (MUS) соль мажо́р *m*
geb. *abk von* **geborene** урождённая
Gebäck *nt* <-(e)s, -e> пече́нье *nt*
Gebälk *nt* <*gen*: -(e)s> ба́лки *fpl*, перекры́тие *nt*
gebar *prät von* **gebären**
Gebärde *f* <-, -n> жест *m*
gebärden *vr* вести́ *impf* себя́
Gebärdensprache *f* <-, -n> язы́к *m* же́стов
gebären *vt* <gebar, geboren> роди́ть *impf/pf*, рожа́ть *impf*
Gebärmutter *f* <-, -n> (ANAT) ма́тка *f*
Gebärmutterkrebs *m* <*gen*: -es> рак *m* ма́тки
Gebärmutterschleimhaut *f* <*gen*: -> сли́зистая оболо́чка *f* ма́тки
Gebäude *nt* <-s, -> зда́ние *nt*, сооруже́ние *nt*
Gebeine *pl* <*gen*: -> оста́нки *pl*
Gebell *nt* <*gen*: -(e)s> лай *m*
geben *vt* <gab, gegeben> 1. дава́ть, дать *pf*; 2. (*ein Konzert*) дава́ть, дать *pf*; 3. (*Karten*) сдава́ть, сдать *pf*; 4. (*Beispiel*) подава́ть, -да́ть *pf*; **so was gibt's nicht** тако́го не быва́ет; **was gibt's?** что тако́е?; **sich etw ~ lassen** попроси́ть дать себе́ что́-л.
Geber *m* <-s, -> (TECH) да́тчик *m*
Gebet *nt* <-(e)s, -e> моли́тва *f*
gebeten *part perf von* **bitten**
Gebiet *nt* <-(e)s, -e> 1. о́бласть *f*, райо́н *m*; 2. (*fig*) о́бласть *f*, сфе́ра *f*
gebieten *vt* <gebot, geboten> прика́зывать, -за́ть *pf*, повелева́ть, -ле́ть *pf*
gebieterisch *adj* повели́тельный
Gebietskörperschaft *f* <-, -en> (JUR) территориа́льная публи́чно-правова́я корпора́ция *f*
Gebietsvertretung *f* <-, -en> торго́вое представи́тельство *nt* определённой террито́рии
Gebilde *nt* <-s, -> 1. (*Ding*) образова́ние *nt*; **ein ~ der Phantasie** плод воображе́ния 2. (*Konstruktion*) структу́ра *f*, строе́ние *nt*
gebildet *adj* (*kultiviert*) образо́ванный, культу́рный
Gebirge *nt* <-s, -> го́ры *fpl*
gebirgig *adj* гори́стый

Gebirgsdorf nt <-(e)s, -dörfer> го́рная дере́вня f
Gebirgskette f <-, -n> го́рная цепь f
Gebirgsstraße f <-, -n> го́рная доро́га f
Gebiss nt <-es, -e> 1. (Zähne) че́люсть f, зу́бы mpl; 2. (künstliches) зубно́й проте́з m, иску́сственные зу́бы mpl
gebissen part perf von **beißen**
Gebläse nt <-s, -> вентиля́тор m
geblasen part perf von **blasen**
geblieben part perf von **bleiben**
geblümt adj в цвета́х
gebogen adj криво́й
geboren part perf von **gebären**
geborgen I. part perf von **bergen**; II. adj укры́тый, находя́щийся в безопа́сности.
Geborgenheit f <gen: -> защищённость f, безопа́сность f
geborsten part perf von **bersten**
Gebot nt <-(e)s, -e> 1. (religiöses Gesetz) за́поведь f; **die Zehn ~e** де́сять за́поведей f. 2. (Vorschrift) предписа́ние nt, приказа́ние nt; 3. (Grundsatz) при́нцип m; **ein ~ der Stunde** тре́бование моме́нта
geboten[1] part perf von **bieten**
geboten[2] part perf von **gebieten**
gebracht part perf von **bringen**
gebrannt part perf von **brennen**
gebraten part perf von **braten**
Gebrauch m <-(e)s, Gebräuche> 1. (Anwendung) испо́льзование nt, примене́ние nt; 2. (Gepflogenheit) обы́чай m; **von etw ~ machen** воспо́льзоваться чем-л.
gebrauchen vt 1. (benutzen) употребля́ть, -би́ть pf, по́льзоваться, вос- pf; 2. (anwenden) применя́ть, -ни́ть pf; **etw gebraucht kaufen** купи́ть что-л., бы́вшее в употребле́нии
gebräuchlich adj употреби́тельный; **das ist nicht mehr ~** э́то вы́шло из употребле́ния
Gebrauchsanweisung f <-, -en> руково́дство nt по эксплуата́ции
Gebrauchsartikel m <-s, -> това́р m широ́кого потребле́ния
gebrauchsfertig adj гото́вый к употребле́нию
Gebrauchsgegenstand m <-(e)s, -stände> предме́т m обихо́да
Gebrauchsgut nt <-(e)s, -güter> потреби́тельский това́р m
Gebrauchstüchtigkeit f <gen: -> работоспосо́бность f
Gebrauchswert m <gen: -(e)s> эксплуатацио́нный показа́тель m
Gebrauchtwagen m <-s, -wägen> поде́ржанный автомоби́ль m
Gebrauchtware f <-, -n> поде́ржанная вещь f
Gebrechen nt <-s, -> физи́ческий недоста́ток m, поро́к m
gebrechlich adj сла́бый, хи́лый; **alt und ~ sein** быть ста́рым и немощны́м
gebrochen I. part perf von **brechen**; II. adj сло́манный; **in ~em Russisch** на ло́маном ру́сском.
Gebrüll nt <gen: -(e)s> 1. (von Menschen) рёв m; 2. (von Tieren) рыча́ние nt, рык m
Gebühr f <-, -en> 1. сбор m, по́шлина f, пла́та f; **amtliche ~** госуда́рственная пла́та; **eine ~ entrichten** вноси́ть пла́ту; **eine ~ erheben** взима́ть сбор 2. (Beitrag) взнос m; **nach ~** по заслу́гам
gebühren vi подоба́ть impf, надлежа́ть impf; **wie es sich gebührt** как сле́дует
gebührend adj до́лжный, надлежа́щий
Gebührenerhöhung f <-, -en> повыше́ние nt пла́ты
gebührenfrei adj свобо́дный от опла́ты, беспо́шлинный
gebührenpflichtig adj подлежа́щий опла́те, облага́емый по́шлиной
gebunden part perf von **binden**
Geburt f <-, -en> рожде́ние nt; **von ~ an** с рожде́ния
Geburtenkontrolle fsg <gen: -> контро́ль m за рожда́емостью
Geburtenrate f <-, -n> рожда́емость f
geburtenstark adj: **ein ~er Jahrgang** год повы́шенной рожда́емости
gebürtig adj (aus) урождённый, ро́дом; **sie ist ~ aus Moskau** она́ ро́дом из Москвы́
Geburtsdatum nt <-s, -daten> да́та f рожде́ния
Geburtseinleitung f <-, -en> (MED) стимуля́ция f ро́дов
Geburtshilfe fsg <gen: -> акуше́рство nt
Geburtsort m <-(e)s, -e> ме́сто nt рожде́ния
Geburtsstunde f <-, -n> час m рожде́ния
Geburtstag m <-(e)s, -e> день m рожде́ния; **herzlichen Glückwunsch zum ~** серде́чно поздравля́ю с днём рожде́ния
Geburtstagsgeschenk nt <-(e)s, -e> пода́рок m ко дню рожде́ния
Geburtstagskarte f <-, -n> поздрави́тельная откры́тка f ко дню рожде́ния
Geburtstagsüberraschung f <-, -en> сюрпри́з m ко дню рожде́ния
Geburtsurkunde f <-, -n> свиде́тельство nt о рожде́нии
Geburtsvorbereitung f <-, -en> подгото́вка f к ро́дам
Geburtswehen pl <gen: -> родовы́е схва́тки fpl
Gebüsch nt <-es, -e> куста́рник m
gedacht part perf von **denken**
Gedächtnis nt <-ses, -se> па́мять f; **sich**

etw ins ~ rufen воскресить что-л. в памяти; ein gutes ~ haben иметь хорошую память

Gedächtnisstütze *f* <-, -n> мнемонический приём *m*, опора *f* для памяти

Gedächtnisverlust *m* <gen: -(e)s> потеря *f* памяти

gedämpft *adj* 1. пареный, тушёный; 2. приглушённый, заглушённый

Gedanke *m* <-n, -n> 1. мысль *f*; 2. (*Idee*) идея *f*; sich über etw ~n machen беспокоиться из-за чего-л.; auf andere ~n kommen переключиться на другое; ~n lesen читать мысли

Gedankenaustausch *m* <gen: -(e)s> обмен *m* мыслями

Gedankenblitz *m* <-es, -e> внезапная блестящая мысль *f*, озарение *nt*

Gedankengang *m* <-(e)s, -gänge> ход *m* мыслей

gedankenlos *adj* 1. (*unüberlegt*) необдуманный; 2. (*zerstreut*) рассеянный

Gedankenlosigkeit *f* <-, -en> 1. (*Unüberlegtheit*) необдуманность *f*, недомыслие *nt*; 2. (*Zerstreutheit*) рассеянность *f*

Gedankenstrich *m* <-(e)s, -e> тире *nt*

Gedankenübertragung *f* <-, -en> передача *f* мыслей на расстояние

Gedankenwelt *f* <gen: -> мир *m* идей

gedanklich *adj* мысленный

Gedeck *nt* <-(e)s, -e> (столовый) прибор *m*

gedeihen *vi* <gedieh, gediehen> расти, *vy-pf*, развиваться, -виться *pf*; wie weit sind die Vorbereitungen gediehen? как продвигаются приготовления?

gedenken *vi* <gedachte, gedacht> 1. (*denken an*) помнить *impf*; 2. (*geh: beabsichtigen*) намереваться *impf*, собираться, -браться *pf*; ich gedenke, Urlaub zu machen я намереваюсь отправиться в отпуск

Gedenkminute *f* <-, -n> минута *f* молчания

Gedenkstätte *f* <-, -n> памятное место *nt*

Gedenkveranstaltung *f* <-, -en> митинг *m* памяти

Gedicht *nt* <-(e)s, -e> стихотворение *nt*

Gedichtsammlung *f* <-, -en> сборник *m* стихов

gediegen *adj* добротный, солидный

gedieh *prät von* **gedeihen**

gediehen *part perf von* **gedeihen**

Gedränge *nt* <gen: -s> 1. (*Menschenmenge*) толпа *f*; 2. (*Drängelei*) толкотня *f*, давка *f*; ins ~ geraten попасть в давку

gedroschen *part perf von* **dreschen**

gedrungen *adj* (*Körperbau*) приземистый, коренастый

Geduld *f* <gen: -> терпение *nt*; ich verliere gleich die ~! моё терпение сейчас лопнет!

gedulden *vr* иметь *impf* терпение

geduldig *adj* терпеливый

Geduldsprobe *f* <-, -n> испытание *nt* терпения

gedurft *part perf von* **dürfen**

geeignet *adj* (при)годный, подходящий; im ~en Moment в удобный момент

Gefahr *f* <-, -en> 1. опасность *f*; 2. (*Risiko*) риск *m*; auf eigene ~ на свой страх и риск; in ~ schweben находиться в опасности; es besteht die ~, dass... существует опасность, что...

gefährden *vt* угрожать *impf*, подвергать, -вергнуть *pf* опасности

gefahren *part perf von* **fahren**

Gefahrenquelle *f* <-, -n> источник *m* опасности

Gefahrenübergang *m* <-(e)s, -übergänge> (JUR) переход *m* риска

Gefahrenzulage *f* <-, -n> надбавка *f* за работу в опасных условиях

Gefahrguttransport *m* <-(e)s, -e> перевозка *f* опасных грузов

Gefahrklasse *f* <-, -n> (TRANSP) класс *m* опасности

gefährlich *adj* опасный

Gefährt *nt* <gen: -s> транспортное средство *nt*, повозка *f*

Gefährte, Gefährtin *m/f* <-n, -n> спутник, -ница *m/f*

Gefälle *nt* <-s, -> (*Abhang*) склон *m*

gefallen *irr vi* нравиться *impf*, быть *impf* по вкусу

Gefallen *m* <-s, -> 1. любезность *f*, одолжение *nt*; 2. (*Vergnügen*) удовольствие *nt*; jdn um einen ~ bitten попросить кого-л. об одолжении; jdm (mit etw) einen ~ tun сделать кому-л. одолжение; an etw ~ finden находить в чём-л. удовольствие

Gefälligkeit *f* <-, -en> 1. (*Gefallen*) любезность *f*, одолжение *nt*; 2. (*Hilfsbereitschaft*) услужливость *f*; jdm eine ~ erweisen оказать кому-л. любезность; etw nur aus ~ tun (с)делать что-л. лишь из вежливости

gefälscht *adj* поддельный, подложный, фальшивый

gefangen *part perf von* **fangen**

Gefangene(r) *m* <-n, -n> пленный *m*

gefangen nehmen *irr vt* брать, взять *pf* в плен

Gefangenschaft *f* <gen: -> плен *m*, неволя *f*; in ~ geraten попасть в плен

Gefängnis *nt* <-ses, -se> тюрьма *f*; im ~ sitzen сидеть в тюрьме

Gefängnishof *m* <gen: -(e)s> тюремный двор *m*

Gefängnisseelsorge *f* <gen: -> психологическая помощь

заключённым в тюрьме, осуществляемая духовным лицом или психологом

Gefängnisstrafe f <-, -n> тюремное заключение nt

Gefasel nt <gen: -s> (pej: unsinniges Gerede) болтовня f

Gefäß nt <-es, -e> 1. (Behälter) сосуд m, посудина f; 2. (ANAT) сосуд m

gefasst adj спокойный, сохраняющий самообладание; **sich auf etw ~ machen** приготовиться к чему-л.

Gefecht nt <-(e)s, -e> бой m; **jdn außer ~ setzen** вывести кого-л. из строя

Gefechtsfahrzeug nt <-(e)s, -e> (MIL) армейское транспортное средство nt

gefeit adj неуязвимый; **gegen etw ~ sein** быть неуязвимым в каком-л. отношении

Gefieder nt <-s, -> оперение nt

gefinkelt adj (österr: schlau, durchtrieben) хитрый, пронырливый

gefirnisst adj лакированный

gefleckt adj пятнистый, в пятнах

geflochten part perf von **flechten**

geflogen part perf von **fliegen**

geflohen part perf von **fliehen**

geflossen part perf von **fließen**

Geflügel nt <gen: -s> домашняя птица f

Geflügelschere f <-, -n> ножницы pl для разделки птицы

geflügelt adj крылатый; **~e Worte** крылатые слова

Geflügelzucht f <gen: -> птицеводство nt

gefochten part perf von **fechten**

gefragt adj пользующийся спросом

gefräßig adj прожорливый

Gefreite m <-n, -n> ефрейтор m

gefressen part perf von **fressen**

gefrieren vi <gefror, gefroren> замерзать, -мёрзнуть pf

Gefrierfach nt <-(e)s, -fächer> морозильная камера f, морозилка f

gefriergetrocknet adj высушенный в замороженном состоянии

Gefrierpunkt m <-es, -e> точка f замерзания; **unter dem ~** ниже нуля

Gefriertruhe f <-, -n> морозильная камера f

gefroren¹ part perf von **frieren**

gefroren² part perf von **gefrieren**

Gefüge nt <-s, -> строение nt, структура f

gefügig adj сговорчивый, уступчивый; **jdn ~ machen** сделать кого-л. уступчивым

Gefühl nt <-s, -e> чувство nt; **gemischte ~e** смешанные чувства; **etw im ~ haben** инстинктивно чувствовать что-л.

gefühllos adj 1. (herzlos) бессердечный, бесчувственный; 2. (Körperteil) онемевший, нечувствительный

Gefühllosigkeit f <-, -en> бесчувственность f, чёрствость f

gefühlsbetont adj эмоциональный

Gefühlsduselei f <-, -en> (umg) сентиментальничанье

gefühlsmäßig adj эмоциональный, интуитивный

Gefühlssache f <gen: -> дело nt чувств

gefühlvoll adj глубоко чувствующий

gefunden part perf von **finden**

gefüttert adj (Kleidungsstück) на подкладке

gegangen part perf von **gehen**

gegeben part perf von **geben**

gegebenenfalls adv в случае, если

gegen präp 1. (Gegenteil von: für) против; 2. (etwa) около; 3. (etwa: zeitlich) около, к; **~ etw sein** быть против чего-л.; **gut ~ Kopfschmerzen** помогает от головной боли; **~ fünf Uhr** около пяти часов

Gegenargument nt <-(e)s, -e> контраргумент m

Gegenbeweis m <-es, -e> доказательство nt противоположного

Gegenbuchung f <-, -en> 1. (doppelte Buchung) контрольная запись f; 2. (Storno) сторнирующая запись f

Gegend f <-, -en> местность f; **eine schöne ~** красивая местность

Gegendemonstration f <-, -en> ответная демонстрация f

Gegendruck m <gen: -(e)s> 1. противодействие nt, отпор m; 2. (TECH) противодавление nt, реакция f опоры

gegeneinander adv друг против друга; **etw ~ haben** не ладить между собой

Gegenfahrbahn f <-, -en> встречная полоса f

Gegenfrage f <-, -n> встречный вопрос m

Gegengeschäft nt <-(e)s, -e> (Tauschgeschäft von Ware gegen Ware) компенсационная сделка f

Gegengewicht nt <gen: -(e)s> противовес m

Gegengift nt <-(e)s, -e> противоядие nt

Gegenkandidat m <-en, -en> кандидат m от оппозиции

Gegenkonto nt <-s, -konten> двойной счёт m

Gegenleistung f <-, -en> ответная услуга f; **als ~ für** в качестве ответной услуги

Gegenliebe f <gen: -> взаимная любовь f, взаимность f; **ihr Vorschlag fand wenig ~** её предложение не встретило сочувствия

Gegenmaßnahme f <-, -n> контрмера f, ответная мера f; **wirksame ~n** эффективные контрмеры

Gegenmutter f <-, -n> (TECH) контргайка f

Gegenpol m <-(e)s, -e>

противополо́жный по́люс *m*
Gegenrede *f* <-, -n> отве́тная речь *f*
Gegensatz *m* <-es, -sätze> противополо́жность *f*; **im ~ zu** в отли́чие
gegensätzlich *adj* противополо́жный; **~e Meinungen vertreten** приде́рживаться противополо́жных мне́ний
Gegenschlag *m* <-(e)s, -schläge> (MIL) контруда́р *m*; **einen ~ planen** плани́ровать отве́тный уда́р
Gegenseite *f* <-, -n> противополо́жная сторона́ *f*
gegenseitig *adj* взаи́мный, обою́дный
Gegenseitigkeit *f* <*gen*: -> взаи́мность *f*; **das beruht auf ~** э́то осно́вывается на взаи́мности
Gegenseitigkeitsgeschäft *nt* <-(e)s, -e> взаи́мная внешнеторго́вая сде́лка *f*
Gegenspieler, -in *m/f* <-s, -> проти́вник, -ница *m/f*
Gegenstand *m* <-(e)s, -stände> 1. (*Ding*) предме́т *m*, вещь *f*; 2. (*fig: Thema*) предме́т *m*, те́ма *f*
gegenstandslos *adj* беспредме́тный; **etw als ~ betrachten** счита́ть что-л. необосно́ванным
Gegenstimme *f* <-, -n> го́лос *m* про́тив (при голосова́нии)
Gegenströmung *f* <-, -en> 1. встре́чное тече́ние *nt*; 2. (*fig*) оппози́ция *f*
Gegenteil *nt* <*gen*: -s> противополо́жность *f*; **im ~** напро́тив; **ins ~ umschlagen** преврати́ться в свою́ противополо́жность
gegenteilig *adj* противополо́жный
Gegentor *nt* <-(e)s, -e> (SPORT) отве́тный гол *m*
gegenüber I. *adv* напро́тив; II. *präp* (*in Bezug auf*) в отноше́нии; **anderen ~ ist er höflich** по отноше́нию к други́м он ве́жлив.
gegenüberliegen *irr vi* лежа́ть *impf* напро́тив, быть *impf* располо́женным напро́тив
gegenüberstehen *irr vi* стоя́ть напро́тив
gegenüberstellen *vt* 1. противопоста́вить *pf*, -вля́ть *impf*; 2. (*vergleichen*) сопоста́вить *pf*, -вля́ть *impf*
Gegenverkehr *m* <*gen*: -s> встре́чное движе́ние *nt*
Gegenvorschlag *m* <-(e)s, -vorschläge> встре́чное предложе́ние *nt*
Gegenwart *f* <*gen*: -> 1. (*Anwesenheit*) прису́тствие *nt*; 2. (*Jetztzeit*) настоя́щее *nt*, совреме́нность *f*; **in jds ~** в чьём-л. прису́тствии
gegenwärtig *adj* настоя́щий, совреме́нный
Gegenwehr *f* <*gen*: -> оборо́на *f*, сопротивле́ние *nt*; **~ leisten** ока́зывать сопротивле́ние
Gegenwert *m* <*gen*: -(e)s> эквивале́нт *m*; **~ einer Leistung** эквивале́нт услу́ги; **Ware im ~ von ...** това́ры по эквивале́нту ...
Gegenwind *m* <*gen*: -(e)s> встре́чный ве́тер *m*
gegenzeichnen *vt* ста́вить, по- *pf* втору́ю по́дпись
gegessen *part perf von* **essen**
geglichen *part perf von* **gleichen**
geglitten *part perf von* **gleiten**
geglommen *part perf von* **glimmen**
Gegner, -in *m/f* <-s, -> 1. проти́вник, -ница *f*; 2. (*Feind*) враг *m*, неприя́тель *m*
gegnerisch *adj* (*feindlich*) вражде́бный
gegolten *part perf von* **gelten**
gegoren *part perf von* **gären**
gegossen *part perf von* **gießen**
gegraben *part perf von* **graben**
gegriffen *part perf von* **greifen**
gehabt *part perf von* **haben**
Gehalt¹ *nt* <-(e)s, Gehälter> (*Entlohnung*) за́работная пла́та *f*, окла́д *m*; **~ beziehen** получа́ть за́работную пла́ту; **ein fixes ~ beziehen** получа́ть твёрдый окла́д; **das ~ erhöhen** повыша́ть за́работную пла́ту слу́жащих; **sie hat ein gutes ~** у неё хоро́шая зарпла́та
Gehalt² *m* <-(e)s, -e> (*Anteil*) содержа́ние *nt*
gehalten *adj* степе́нный, сде́ржанный
Gehaltsanspruch *m* <-(e)s, -ansprüche> тре́буемый окла́д *m*
Gehaltsempfänger, -in *m/f* <-s, -> получа́тель, -ница *m/f* за́работной пла́ты
Gehaltserhöhung *f* <-, -en> повыше́ние *nt* за́работной пла́ты
Gehaltsfortzahlung *f* <-, -en> непреры́вная вы́плата *f* за́работной пла́ты
Gehaltskonto *nt* <-s, -konten> счёт *m* за́работной пла́ты
Gehaltskürzung *f* <-, -en> сокраще́ние *nt*
Gehaltspfändung *m* наложе́ние *nt* аре́ста на окла́д
Gehaltsvorschuss *m* <-es, -vorschüsse> ава́нс *m*
gehaltvoll *adj* содержа́тельный; **ein ~es Buch** содержа́тельная кни́га
gehandikapt *adj*: **durch die Verletzung ~, wurde er heute nur fünfter** из-за тра́вмы он оказа́лся сего́дня лишь пя́тым
gehangen *part perf von* **hängen**
gehässig *adj* зло́бный, язви́тельный
Gehässigkeit *f* <-, -en> вражде́бность *f*, неприя́зненность *f*
gehauen *part perf von* **hauen**
Gehäuse *nt* <-s, -> 1. (TECH) ко́рпус *m*; 2. (*Obst~*) сердцеви́на *f*

Gehäuseboden *m* <-s, -böden> (*von Gerät*) дно *nt* ко́рпуса

Gehäusedeckel *m* <-s, -> (*von Gerät*) кры́шка *f* ко́жуха

gehbehindert *adj*: ~ **sein** передвига́ться с трудо́м

Gehege *nt* <-s, -> 1. огоро́женное ме́сто *nt*, запове́дник *m*; 2. (*im Zoo*) вольер *m*; **jdm ins ~ kommen** вме́шиваться в чужи́е дела́

geheim *adj* та́йный; **das bleibt ~** э́то оста́нется в та́йне

Geheimagent, -in *m/f* <-en, -en> секре́тный аге́нт *m*

Geheimdienst *m* <-es, -e> секре́тная слу́жба *f*

Geheimdienstchef *m* <-s, -s> нача́льник *m* секре́тной слу́жбы

geheimdienstlich *adj* каса́ющийся секре́тной слу́жбы, относя́щийся к секре́тной слу́жбе

geheim halten *irr vt* держа́ть *impf* в та́йне, скрыва́ть, скрыть *pf*

Geheimhaltungspflicht *f* <*gen:* -> обя́занность *f* не разглаша́ть та́йну

Geheimnis *nt* <-ses, -se> та́йна *f*, секре́т *m*; **aus etw ein ~ machen** де́лать из чего́-л. секре́т

Geheimniskrämerei *f* <-, -en> (*pej*) секре́тничанье *f*

geheimnisvoll *adj* таи́нственный, зага́дочный

geheißen *part perf von* **heißen**

gehemmt *adj* стесни́тельный, с ко́мплексами

gehen *vi* <ging, gegangen> идти́ *impf*, ходи́ть *impf*; **wie geht es dir?** как ты пожива́ешь?; **über die Straße ~** переходи́ть че́рез у́лицу; **das geht zu weit** э́то захо́дит сли́шком далеко́; **es geht um...** речь идёт о...

gehen lassen *irr vr* дава́ть, дать *pf* себе́ во́лю; **er hat sich ziemlich ~** он дово́льно-таки распусти́лся

geheuer *adj*: **das ist mir nicht (ganz) ~** здесь что́-то нела́дно

Geheul *nt* <*gen:* -(e)s> вой *m*, плач *m*

Gehilfe *m* <-n, -n> 1. (*Helfer*) помо́щник *m*, ассисте́нт *m*; 2. (JUR) посо́бник *m*

Gehilfin *f* <-, -nen> помо́щница *f*, ассисте́нтка *f*

Gehirn *nt* <-(e)s, -e> мозг *m*

Gehirnerschütterung *f* <-, -en> сотрясе́ние *nt* мо́зга

Gehirnhautentzündung *f* <-, -en> менинги́т *m*

Gehirnprellung *f* <-, -en> уши́б *m* головно́го мо́зга

Gehirnschlag *m* <-(e)s, -schläge> апоплекси́ческий уда́р *m*

Gehirnwäsche *f* <-, -n> „промы́вка" *f* мозго́в, идеологи́ческая обрабо́тка *f*

gehoben I. *part perf von* **heben**; II. *adj* 1. (*Stimmung*) припо́днятый; 2. (*Stil*) высо́кий.

geholfen *part perf von* **helfen**

Gehör *nt* <*gen:* -(e)s> слух *m*; **sich ~ verschaffen** доби́ться внима́ния; **~ finden** быть вы́слушанным; **jdm ~ schenken** вы́слушать кого́-л.

gehorchen *vi* слу́шаться, по- *pf*, повинова́ться *impf*

gehören *vi* 1. (*Eigentum sein*) принадлежа́ть *impf*; 2. (*erfordern*) тре́боваться, по- *pf*, быть *impf* ну́жным; 3. (*ein Teil von etw sein*) относи́ться *impf*, принадлежа́ть *impf*; **wem gehört das?** кому́ э́то принадлежи́т?; **wie es sich gehört** как полага́ется

gehörig *adj* 1. (*gebührend*) надлежа́щий, до́лжный; 2. (*umg: beträchtlich*) поря́дочный, изря́дный; **er hat eine ~e Tracht Prügel verdient** он заслужи́л поря́дочную взбу́чку

gehorsam *adj* послу́шный

Gehorsam *m* <*gen:* -s> послуша́ние *nt*, повинове́ние *nt*

Gehörschaden *m* <-s, -schäden> наруше́ние *nt* слу́ха

Gehörschutz *m* <*gen:* -es> прибо́р в ви́де нау́шников, кото́рый надева́ется для защи́ты слу́ха от шу́ма при определённых рабо́тах

Gehweg *m* <-s, -e> 1. (*Bürgersteig*) тротуа́р *m*; 2. (*Fußweg*) пешехо́дная доро́жка *f*

Geier *m* <-s, -> ко́ршун *m*

geifern *vi* пуска́ть, пусти́ть *pf* слюну́

Geige *f* <-, -n> скри́пка *f*; **die erste ~ spielen** (*umg*) игра́ть пе́рвую скри́пку

Geigerzähler *m* <-s, -> (PHYS) счётчик *m* Ге́йгера

geil *adj* 1. (*lüstern*) похотли́вый; 2. (*umg: toll*) кла́ссный, балдёжный

Geisel *f* <-, -n> зало́жник, -ница *m/f*; **jdn als ~ nehmen** взять кого́-л. в ка́честве зало́жника

Geiselnahme *f* <-, -n> захва́т *m* зало́жников

Geiselnehmer, -in *m/f* <-s, -> террори́ст, -ка *m/f*

geißeln *vt* (*auch fig:*) бичева́ть *impf*

Geist[1] *m* <*gen:* -(e)s> 1. (*Intellekt*) ум *m*; 2. (*Gesinnung*) дух *m*, душа́ *f*; **etw gibt den ~ auf** (*umg*) что́-л. лома́ется; **du gehst mir auf den ~** (*umg*) ты мне де́йствуешь на не́рвы; **von allen guten ~ern verlassen sein** (*umg*) быть не в своём уме́; **im ~e** мы́сленно

Geist[2] *m* <-(e)s, -er> (*Gespenst*) дух *m*, привиде́ние *nt*

Geisterbahn *f* <-, -en> пеще́ра *f* у́жасов

Geisterfahrer *siehe* **Falschfahrer**

geisterhaft *adj* при́зрачный

geistern *vi* блужда́ть *impf*, броди́ть *impf*

geistesabwesend *adj* отсу́тствующий, рассе́янный
Geistesblitz *m* <-es, -e> блестя́щая иде́я *f*
Geistesgegenwart *f* <gen: -> прису́тствие *nt* ду́ха
Geistesgeschichte *f* <gen: -> исто́рия *f* ду́ха [*о* иде́й]
Geistesgröße *f* <gen: -> 1. гениа́льность *m*; 2. ге́ний *m*
geisteskrank *adj* душевнобольно́й; **du bist wohl ~**! ты не в своём уме́!
Geisteskranke(r) *mf* <-n, -n> душевнобольно́й *m*
Geistesleben *nt* <gen: -s> у́мственная жизнь *f*, духо́вная жизнь *f*
Geisteswissenschaft *f* <-, -en> гуманита́рная нау́ка *f*
Geisteszustand *m* <gen: -(e)s> душе́вное состоя́ние *nt*
geistig *adj* 1. (*seelisch*) духо́вный; 2. (*intellektuell*) у́мственный; **~ behindert** у́мственно отста́лый; **~e Arbeit** у́мственный труд
geistlich *adj* религио́зный, духо́вный
Geistliche(r) *m* <-n, -n> духо́вное лицо́ *nt*
geistlos *adj* 1. (*langweilig*) ску́чный; 2. (*dumm*) глу́пый, пусто́й
geistreich *adj* остроу́мный
Geiz *m* <gen: -es> жа́дность *f*, ску́пость *f*
geizen *vi* скупи́ться, по- *pf*; **mit etw ~** скупи́ться на что́-л.
Geizhals *m* <-es, -hälse> скря́га *mf*
geizig *adj* скупо́й, жа́дный
Geizkragen *m* <-s, -krägen> скря́га *mf*; **was für ein alter ~**! что за ста́рый скупердя́й!
Gejammer *nt* <gen: -s> во́пли *mpl*, плач *m*
gekannt *part perf von* **kennen**
gekapselt *adj* (ТЕСН) помещённый в ко́жух, брони́рованный
Gekläffe *nt* <gen: -s> (*pej*) тя́вканье *nt*
Geklapper *nt* <gen: -s> стук *m*, стукотня́ *f*
Geklirr *nt* <gen: -(e)s> (*Gläser*) дребезжа́ние *nt*
geklont *adj* клони́рованный
geklungen *part perf von* **klingen**
geknickt *adj* (*umg*) удручённый, пода́вленный; **einen ~en Eindruck machen** производи́ть уны́лое впечатле́ние
gekniffen *part perf von* **kneifen**
gekommen *part perf von* **kommen**
gekonnt *adj* уме́лый; **das war ~**! э́то бы́ло ма́стерски сде́лано!
Gekritzel *nt* <gen: -s> кара́кули *pl*, неразбо́рчивый по́черк *m*
gekrochen *part perf von* **kriechen**
gekünstelt *adj* 1. неесте́ственный, напускно́й; 2. (*geziert*) мане́рный, жема́нный

Gel *nt* <-s, -e> гель *m*
Gelaber *nt* <gen: -s> (*umg*) пусто́й трёп *m*, пуста́я болтовня́ *f*
Gelächter *nt* <-s, -> смех *m*, хо́хот *m*; **er brach in schallendes ~ aus** он разрази́лся гро́мким хо́хотом
geladen I. *part perf von* **laden**; II. *adj* (*Gast*) зва́ный, приглашённый.
Gelage *nt* <-s, -> пир *m*, пи́ршество *nt*
gelähmt *adj* парализо́ванный
Gelände *nt* <-s, -> 1. (*Grundstück*) уча́сток *m* земли́; 2. (*freies Land*) террито́рия *f*, ме́стность *f*
Geländefahrzeug *nt* <-(e)s, -e> вездехо́д *m*
geländegängig *adj* (*Fahrzeug*) вездехо́дный
Geländer *nt* <-s, -> 1. (*Treppen~*) пери́ла *ntpl*; 2. (*als Begrenzung*) парапе́т *m*
Geländewagen *m* <-s, -wägen> автомоби́ль *m* повы́шенной проходи́мости
gelang *prät von* **gelingen**
gelangen *vi* попада́ть, -па́сть *pf*; **ans Ziel ~** дости́гнуть це́ли; **zu der Überzeugung ~, dass...** прийти́ к убежде́нию, что...
gelassen *adj* споко́йный; **~ bleiben** остава́ться невозмути́мым
Gelassenheit *f* <gen: -> споко́йствие *nt*, невозмути́мость *f*
Gelatine *f* <gen: -> желати́н *m*
gelaufen *part perf von* **laufen**
geläufig *adj* употреби́тельный, привы́чный; **das ist mir ~** э́то мне знако́мо
gelaunt *adj* настро́енный; **gut/schlecht ~ sein** быть в хоро́шем/плохо́м настрое́нии
Geläut *nt* звон *m*, трезво́н *m*
gelb *adj* жёлтый; **Gelbe Seiten** а́дресный спра́вочник
gelbbraun *adj* жёлто-кори́чневый
gelblich *adj* желтова́тый
Gelbsucht *f* <gen: -> желту́ха *f*
Geld *nt* <-es, -er> де́ньги *fpl*; **bares ~** нали́чные де́ньги; **etw zu ~ machen** (*umg*) прода́ть; **öffentliche ~er** обще́ственные де́ньги; **~ abheben** снима́ть де́ньги со счёта; **~ anlegen** вкла́дывать де́ньги; **~ aufbringen** достава́ть сре́дства; **~ausleihen** брать де́ньги в долг; **~ beschaffen** мобилизова́ть де́ньги; **wie Heu haben** (*umg*) име́ть у́йму де́нег; **~ investieren** инвести́ровать де́ньги; **~ auf ein Konto einzahlen** вноси́ть де́ньги на счёт; **das ist rausgeschmissenes ~**! (*umg*) э́то вы́брошенные де́ньги! **im ~ schwimmen** (*umg*) купа́ться в деньга́х; **~ überweisen** переводи́ть де́ньги; **~ unterschlagen** соверша́ть растра́ту; **~ verdienen** зараба́тывать де́ньги; **~**

Geldangelegenheiten pl <gen: -> финансовые дела pl

Geldanlage f <-, -n> помещение nt денег, вложение nt денег

Geldautomat m <-en, -en> банкомат m, банковский автомат для выдачи денег

Geldbetrag m <-(e)s, -beträge> денежная сумма f

Geldbeutel m <-s, -> кошелёк m

Geldbuße f <-, -n> денежный штраф m

Geldeinlage f <-, -n> (ÖKON) депозит m

Geldentwertung f <gen: -> девальвация f

Geldgeber, -in m/f <-s, -> кредитор m

geldgierig adj алчный, жадный до денег

Geldinstitut nt <-(e)s, -e> (Bank) банк m

Geldkreislauf m <-(e)s, -kreisläufe> денежное обращение nt

Geldkurs m <-es, -e> (BÖRSE) курс m спроса

Geldmarkt m <-(e)s, -märkte> денежный рынок m

Geldmenge f <-, -n> денежная масса f

Geldmittel pl денежные средства pl

Geldnachfrage f <-, -n> спрос m на деньги

Geldpolitik f <gen: -> денежная политика f

Geldschein m <-(e)s, -e> (Banknote) банкнота f, денежный знак m

Geldschrank m <-(e)s, -schränke> (Tresor) сейф m

Geldstrafe f <-, -n> денежный штраф m; **über jdn eine ~ verhängen** налагать денежный штраф на кого-л.; **~ für Zahlungsverzug** штраф за просрочку платежа

Geldstück nt <-(e)s, -e> (Münze) монета f

Geldverschwendung f <gen: -> расточительство nt, мотовство nt

Gelee nt <-s, -s> желе nt

gelegen I. part perf von **liegen**; II. adj 1. (örtlich) расположенный; 2. (günstig) удобный; **das kommt mir ~** это мне кстати; **daran ist mir wenig ~** это для меня не очень важно

Gelegenheit f <-, -en> 1. (Anlass) повод m; 2. (günstiger Zeitpunkt) удобный случай m; **die ~ nutzen** воспользоваться возможностью, что-л. сделать; **wenn sich die ~ ergibt** если предоставится возможность

Gelegenheitsarbeit f <-, -en> случайная работа f

Gelegenheitsarbeiter, -in m/f <-s, -> рабочий m, живущий на случайный заработок

Gelegenheitsdieb, -in m/f <-s, -e> вор от случая к случаю

Gelegenheitskauf m <-(e)s, -käufe> случайная покупка f

gelegentlich adj (zeitweise) иногда, от случая к случаю

gelehrig adj способный, понятливый

gelehrt adj учёный

Gelehrte(r) mf <-n, -n> учёный

Gelehrtheit f <gen: -> учёность f

Geleit nt <-(e)s, -e> 1. (Begleitung) сопровождение nt; 2. (MIL) охрана f, конвой m; **jdm das ~ geben** сопровождать кого-л.

geleiten vt сопровождать, -водить pf

Geleitschutz m <gen: -es> конвоирование nt

Geleitwort nt <-(e)s, -e> предисловие nt

Geleitzug m <-(e)s, -züge> (MIL) конвой m судов

Gelenk nt <-(e)s, -e> 1. (ANAT) сустав m; 2. (TECH) шарнир m

Gelenkbus m <-ses, -se> сочленённый автобус m

gelenkig adj 1. (geschmeidig) гибкий; 2. (agil) подвижный, проворный

gelesen part perf von **lesen**

Geliebte(r) m <-n, -n> любовник m

geliehen part perf von **leihen**

gelingen vi <gelang, gelungen> удаваться, удаться pf; **es gelingt mir nicht** мне это не удаётся

gelitten part perf von **leiden**

gellen vi резко звучать impf; **in den Ohren ~** звенеть в ушах

geloben vt торжественно обещать impf/pf; **ewige Treue ~** клясться в вечной верности

gelogen part perf von **lügen**

Gelse f <-, -n> (österr Stechmücke) комар m

gelten vi <galt, gegolten> быть impf действительным; **etw nicht ~ lassen** не признавать чего-л.; **das gilt auch für dich** это и тебя касается

Geltung f <gen: -> 1. (Gültigkeit) действие nt, сила f; 2. (Ansehen) значимость f, авторитет m; **sich ~ verschaffen** приобрести влияние; **etw kommt zur ~** что-л. проявляется; **etw zur ~ bringen** выставлять что-л. в выгодном свете

Geltungsbedürfnis nt <gen: -ses> желание nt проявить себя в чём-л., честолюбие nt

Geltungsbereich m <-(e)s, -e> 1. (Anwendungsbereich) сфера f применения; 2. (Wirkungsbereich) сфера f действия; **~ einer Verordnung** сфера действия постановления

Geltungsdauer f <gen: -> срок m действия; **~ eines Vertrages** срок действия договора

Gelübde nt <-s, -> обет m; **ein ~ ablegen** дать обет

gelungen I. *part perf von* **gelingen**; II. *adj* удáчный; das war ein ~er Abend э́то был замечáтельный вéчер.
gemächlich *adj* споко́йный, мéдленный; ~e Schritte неторопли́вые шаги́
Gemahl *m* <-(e)s, -e> супру́г *m*
Gemahlin *f* <-, -nen> супру́га *f*
Gemälde *nt* <-s, -> карти́на *f*
Gemäldegalerie *f* <-, -en> карти́нная галерéя *f*
Gemäldesammlung *f* <-, -en> собрáние *nt* карти́н
gemäß I. *präp* соглáсно, в соотвéтствии; II. *adj* (*angemessen*) соотвéтствующий.
gemäßigt *adj* умéренный; ~es Klima умéренный климáт
gemein *adj* 1. (*bösartig*) по́длый, ни́зкий; 2. (*gemeinsam*) о́бщий; das ist eine ~e Lüge э́то по́длая ложь; etw ~ haben mit имéть что́-то о́бщее
Gemeinde *f* <-, -n> 1. (*städtische*) общи́на *f*; ländliche ~ сéльская общи́на 2. (REL) прихо́д *m*
Gemeinderat *m* <-(e)s, -räte> 1. (*Körperschaft*) совéт *m* общи́ны, коммунáльный совéт *m*; 2. (*Person*) член *m* совéта общи́ны
Gemeindewahl *f* <-, -en> коммунáльные вы́боры *pl*
gemeingefährlich *adj* социáльно опáсный, угрожáющий обще́ственной безопáсности
Gemeingut *nt* <*gen:* -(e)s> о́бщее достоя́ние *nt*, о́бщая со́бственность *f*
Gemeinheit *f* <-, -en> ни́зость *f*, по́длость *f*
Gemeinkosten *pl* <*gen:* -> о́бщие издéржки *pl*, наклáдные расхо́ды *pl*
gemeinnützig *adj* обще́ственно поле́зный
Gemeinnützigkeit *f* <*gen:* -> обще́ственная по́льза *f*
gemeinsam I. *adj* о́бщий; mit jdm ~e Sache machen дéлать с кéм-л. о́бщее дéло; der Gemeinsame Markt О́бщий ры́нок; II. *adv* (*zusammen*) вмéсте.
Gemeinsamkeit *f* <-, -en> схо́дство *nt*
Gemeinschaft *f* <-, -en> 1. (*soziale*) о́бщность *f*; 2. (*Gemeinde*) общи́на *f*; 3. (*Bündnis*) соо́бщество *nt*
Gemeinschaft Unabhängiger Staaten *f* <*gen:* -> Содру́жество *nt* незави́симых госудáрств, СНГ *nt*
gemeinschaftlich *adj* о́бщий, коллекти́вный
Gemeinschaftspraxis *f* <-, -praxen> коллекти́вная врачéбная прáктика *f*
Gemeinschaftsprojekt *nt* <-(e)s, -e> совмéстный проéкт *m*
Gemeinschaftsunternehmen *nt* <-s, -> совмéстное предприя́тие *nt*
Gemeinwohl *nt* <*gen:* -(e)s> о́бщее блáго *nt*
gemessen I. *part perf von* **messen**; II. *adj* размéренный, мéрный; ~en Schrittes (*geh*) размéренным шáгом.
Gemetzel *nt* <-s, -> резня́ *f*, бо́йня *f*
gemieden *part perf von* **meiden**
Gemisch *nt* <-(e)s, -e> смесь *f*
gemischt *adj* смéшанный
gemocht *part perf von* **mögen**
gemolken *part perf von* **melken**
Gemotze *nt* <*gen:* -> (*pej*) ворчáние *nt*, брюзжáние *nt*
Gemunkel *nt* <*gen:* -s> слу́хи *pl*
Gemurmel *nt* <*gen:* -s> бормотáнье *nt*, шёпот *m*
Gemüse *nt* <-s, -> о́вощи *mpl*
Gemüseanbau *m* <*gen:* -s> овощево́дство *nt*
Gemüsegarten *m* <-s, -gärten> огоро́д *m*
Gemüsesaft *m* <-(e)s, -säfte> овощно́й сок *m*
Gemüsesuppe *f* <-, -n> овощно́й суп *m*
gemusst *part perf von* **müssen**
Gemüt *nt* <-(e)s, -er> нрав *m*, харáктер *m*; sich etw zu ~e führen слéдовать совéту; sie hat ein fröhliches ~ у неё весёлый нрав
gemütlich *adj* 1. (*bequem*) удо́бный, ую́тный; 2. (*gelassen*) споко́йный, невозмути́мый; es sich ~ machen устро́иться поудо́бней; ein ~er Mensch доброду́шный человéк
Gemütlichkeit *f* <*gen:* -> споко́йствие *nt*, неторопли́вость *f*; in aller ~ не спеша́
Gemütsbewegung *f* <-, -en> пережива́ние *nt*, душéвное волнéние *nt*
Gemütsmensch *m* <-en, -en> невозмути́мый человéк *m*
Gemütsruhe *f* <*gen:* -> 1. душéвный поко́й *m*; 2. невозмути́мость *f*
Gen *nt* <-s, -e> ген *m*
genannt *part perf von* **nennen**
genas *prät von* **genesen**
genau I. *adj* 1. (*exakt*) то́чный; 2. (*detailliert*) подро́бный; II. *adv* то́чно; es mit etw (nicht so) ~ nehmen относи́ться к чему́-л. (не) о́чень серьёзно; ~ genommen то́чнее говоря́; die Uhr geht ~ часы́ иду́т то́чно.
Genauigkeit *f* <-, -en> то́чность *f*
genauso *adv* то́чно так же
Genealogie *f* <-, -n> генеало́гия *f*
genehmigen *vt* (ADMIN) разрешáть, -ши́ть *pf*, санкциони́ровать *impf/pf*; **genehmigt** утверждено́, разрешено́; **genehmigter Antrag** утверждённое заявлéние
Genehmigung *f* <-, -en> (ADMIN) разрешéние *nt*; **behördliche ~** разрешéние властéй; **ministerielle ~** разрешéние министéрства; **nachträgli-**

che ~ последующее разрешение; eine ~ einholen получить разрешение; eine ~ erteilen дать разрешение

genehmigungspflichtig adj требующий разрешения

Genehmigungsverfahren nt <-s, -> (JUR) порядок m получения разрешений

geneigt adj 1. (aufgelegt zu) склонный, расположенный; 2. (wohlwollend) благосклонный; zu etw ~ sein (geh) быть склонным к чему-л.

General m <-s, -e> генерал m

Generalbevollmächtigte(r) mf (JUR) генеральный доверенный m

Generaldirektor, -in m/f <-s, -en> генеральный директор m

generalisieren vi (verallgemeinern) обобщать, -щить pf

Generalklausel f <-, -n> (JUR) генеральная оговорка f

Generalprobe f <-, -n> генеральная репетиция f

Generalsekretär, -in m/f <-s, -e> генеральный секретарь m

Generalstaatsanwaltschaft f <gen: -> генеральная прокуратура f

Generalstabschef m <-s, -s> начальник m генерального штаба

Generalstreik m <-s, -s> всеобщая забастовка f

Generalüberholung f <-, -en> капитальный ремонт m

Generalversammlung f <-, -en> общее собрание nt; die ~ einberufen созвать общее собрание

Generalvertreter, -in m <-s, -> генеральный представитель m

Generalvertretung f <-, -en> генеральное представительство nt

Generalvollmacht f <-, -en> генеральная доверенность f

Generation f <-, -en> поколение nt, генерация f

Generationskonflikt m <-(e)s, -e> конфликт m поколений

generativ adj: ~e Grammatik (LING) генеративная грамматика

Generator m <-s, -en> генератор m

generell adj (все)общий

genervt adj (umg) раздражённый

genesen vi <genas, genesen> выздоравливать, выздороветь pf

Genetik f <gen: -> генетика f

Genetiker, -in m/f <-s, -> генетик m

genetisch adj генетический

Genf nt <gen: -s> Женева f

Genfer See m <gen: -s> Женевское озеро nt

genial adj 1. гениальный; 2. (umg: hervorragend) прекрасный; das ist ein ~er Einfall это прекрасная идея

Genick nt <-(e)s, -e> затылок m; das hat ihm das ~ gebrochen (umg) это его

погубило

Genie nt <-s, -s> гений m

genieren vr стесняться, по- pf; du brauchst dich nicht zu ~ тебе нечего стесняться

genießbar adj (Speisen) съедобный; nicht sein (umg: schlecht gelaunt sein) быть в плохом настроении

genießen vt <genoß, genossen> 1. (das Essen) есть, поесть pf; 2. (das Leben) наслаждаться, -сладиться pf; das Leben in vollen Zügen ~ наслаждаться жизнью

Genießer, -in m/f <-s, -> 1. жуир m; 2. (Feinschmecker) гурман m

genießerisch adj с наслаждением

Genitalbereich m <gen: -s> область f половых органов

Genitalien pl <gen: -> половые органы pl

Genitiv m <-s, -e> родительный падеж m

Genlebensmittel pl <gen: -> (umg) продукты mpl, произведённые путём генной инженерии

Genmanipulation f <-, -en> генная манипуляция f

genmanipuliert adj с искусственно изменённым генетическим материалом

Genom nt <gen: -(e)s> геном m

Genomanalyse f <gen: -> анализ m генома

genommen part perf von **nehmen**

genormt adj 1. нормированный, установленный; 2. унифицированный

genoss prät von **genießen**

Genosse m <-n, -n> 1. (Kamerad) товарищ m, приятель m; 2. (POL) товарищ m

genossen part perf von **genießen**

Genossenschaft f <-, -en> товарищество nt, кооператив m; eingetragene ~ зарегистрированный кооператив

Genossin f <-, -nen> товарищ m

Genre nt <-s, -s> 1. жанр m; 2. (Gattung, Art) род m

Gentechnik f <gen: -> генная инженерия f

Gentechnologie f <gen: -> генная технология f

Gentleman m <-s, -men> джентльмен m

Gentransfer m <-s, -s> передача f генов

genug adv достаточно, довольно; mehr als ~ более чем достаточно

genügen vi хватать, -тить pf, быть impf достаточным

genügsam adj непритязательный

Genügsamkeit f <gen: -> непритязательность f, нетребовательность f

Genugtuung f <-, -en> удовлетворение nt

genuin *adj* (*geh*) первозда́нный, настоя́щий
Genus *nt* <-, Genera> (LING) род *m*
Genuss *m* <-es, Genüsse> 1. (*Vergnügen*) удово́льствие *nt*, наслажде́ние *nt*; 2. (*Konsum*) потребле́ние *nt*; **in den ~ von etw kommen** по́льзоваться чем-л.
genüsslich *adj* наслажда́ющийся, с наслажде́нием
Genussmensch *m* <-en, -en> челове́к *m*, предаю́щийся наслажде́ниям
genussvoll *adj* 1. преиспо́лненный удово́льствия; 2. смаку́ющий
geöffnet *adj* откры́тый
Geograph, Geograf, -in *m/f* <-en, -en> гео́граф *m*
Geographie, Geografie *f* <*gen*: -> геогра́фия *f*
geographisch, geografisch *adj* географи́ческий
Geologe, Geologin *m* <-n, -n> гео́лог *m*
Geologie *f* <*gen*: -> геоло́гия *f*
Geometrie *f* <*gen*: -> геоме́трия *f*
geometrisch *adj* геометри́ческий
Gepäck I. *nt* <*gen*: -(e)s> бага́ж *m*; **sein ~ aufgeben** сдать бага́ж **Gepäckabfertigung** II. *f* <-, -en> бага́жное отделе́ние *nt*
Gepäckablage *f* <-, -n> по́лка *f* для багажа́
Gepäckaufbewahrung *f* <-, -en> ка́мера *f* хране́ния
Gepäckaufbewahrungsschein *m* <-(e)s, -e> распи́ска [*o* квита́нция] *f* о сда́че багажа́ в ка́меру хране́ния
Gepäckaufgabe *f* <*gen*: -> сда́ча *f* багажа́
Gepäckaufkleber *m* <-s, -> бага́жная накле́йка *f*
Gepäckfach *nt* <-(e)s, -fächer> се́кция *f* бага́жника
Gepäcknetz *nt* <-es, -e> бага́жная се́тка *f*
Gepäckraum *m* <*gen*: -(e)s> бага́жное отделе́ние *nt*
Gepäckschein *m* <-s, -e> бага́жная квита́нция *f*
Gepäckschließfach *nt* <-(e)s, -fächer> ячейка *f* ка́меры хране́ния *m*
Gepäckträger *m* <-s, -> 1. (*Person*) носи́льщик *m*; 2. (*am Fahrrad*) бага́жник *m*
Gepäckwagen *m* <-s, -wägen> бага́жный ваго́н *m*
gepanzert *adj* брони́рованный
Gepard *m* <-s, -e> гепа́рд *m*
gepfeffert *adj* сли́шком высо́кий, о́чень дорого́й; **~e Preise** (*umg*) басносло́вные це́ны
gepfiffen *part perf von* **pfeifen**
gepflegt *adj* 1. (*Rasen, Haus*) ухо́женный; 2. (*Person*) ухо́женный, холёный; **eine ~e Unterhaltung** изы́сканная бесе́да;

~es Aussehen элега́нтный вид
Gepflegtheit *f* <*gen*: -> вы́холенность *f*
Gepflogenheiten *pl* <*gen*: -> обы́чаи *pl*; **diplomatische ~** дипломати́ческие обы́чаи; **geschäftliche ~** уза́нсы; **~ des Handels** торго́вые обы́чаи
Geplänkel *nt* <-s, -> (*harmlose Auseinandersetzung*) сты́чка *f*, перебра́нка *f*
Geplapper *nt* <*gen*: -s> болтовня́ *f*
gepriesen *part perf von* **preisen**
Gequatsche *nt* <*gen*: -s> (*pej*) болтовня́ *f*, вздор *m*
gequollen *part perf von* **quellen**
gerade I. *adj* прямо́й; II. *adv* (*eben*) пря́мо, и́менно; **warum ~ er?** почему́ и́менно он?; **~ das meine ich ja** и́менно э́то я и име́ю в виду́; **~ Zahl** чётное число́.
Gerade *f* <-n, -n> пряма́я *f*
geradeaus *adv* пря́мо, напрями́к
gerade biegen *vt* разогну́ть *pf*, разгиба́ть *impf*, распрями́ть *pf*, -мля́ть *impf*
geradeheraus *adv* без обиняко́в, напрями́к
gerädert *adj* разби́тый, изму́ченный; **wie ~ sein** быть соверше́нно изму́ченным
gerade stehen *vi* стоя́ть *impf* пря́мо; **für etw ~** нести́ за что-л. отве́тственность
geradewegs *adv* пря́мо
geradezu *adv* 1. (*beinahe*) почти́; 2. (*geradeheraus*) без обиняко́в, напрями́к; **das ist ~ unglaublich** э́то про́сто невероя́тно
Geradlinigkeit *f* <*gen*: -> прямолине́йность *f*
gerammelt *adv*: **~ voll** битко́м наби́тый
Geranie *f* <-, -n> гера́нь *f*
gerannt *part perf von* **rennen**
Gerät *nt* <-(e)s, -e> прибо́р *m*, аппара́т *m*
geraten *vi* <geriet, geraten> 1. (*gelangen*) попа́сть *pf*, -па́дать *impf*, очути́ться *pf*; 2. (*fig: ausfallen*) выходи́ть, вы́йти *pf*, получа́ться, -чи́ться *pf*; **eine gut ~e Arbeit** хорошо́ уда́вшаяся рабо́та; **außer sich ~** вы́йти из себя́
Geräteturnen *nt* <*gen*: -s> гимна́стика *f* на снаря́дах
Geratewohl *nt*: **aufs ~** на аво́сь
geraum *adj* до́лгий, продолжи́тельный; **vor ~er Zeit** дав до́лго
geräumig *adj* просто́рный
Geräusch *nt* <-(e)s, -e> шо́рох *m*, шум *m*
geräuscharm *adj* бесшу́мный
Geräuschdämmung *f* <*gen*: -> звукоизоля́ция *f*
Geräuschkulisse *f* <-, -n> шумово́й фон *m*, звуково́й фон *m*
geräuschlos *adj* бесшу́мный, ти́хий
geräuschvoll *adj* шу́мный
gerben *vt* (*Leder*) дуби́ть, вы́- *pf*
Gerberei *f* <-, -en> 1. (*Betrieb*) дуби́льня *f*;

2. (*das Gerben*) дубле́ние *nt*
gerecht *adj* справедли́вый; **jdm/einer Sache ~ werden** оцени́ть по досто́инству кого́-л./что́-л.
Gerechtigkeit *f* <*gen:* -> справедли́вость *f*
Gerede *nt* <*gen:* -s> болтовня́ *f*; **ins ~ kommen** стать предме́том то́лков; **was für ein dummes ~!** что за глу́пая болтовня́!
geregelt *adj* урегули́рованный; **ein ~es Leben führen** вести́ упоря́доченный о́браз жи́зни
gereift *adj* зре́лый
gereizt *adj* раздражённый
Gericht¹ *nt* <-(e)s, -e> (*Speise*) блю́до *nt*
Gericht² *nt* <-(e)s, -e> (JUR) суд *m*; **zuständiges ~** компете́нтный суд; **dem ~ übergeben** подава́ть в суд; **jdn vor ~ bringen** привле́чь кого́-л. к суду́; **über jdn ~ halten** суди́ть кого́-л.; **das Jüngste ~** Стра́шный суд; **vor ~ stehen** представа́ть перед судо́м
gerichtlich *adj* суде́бный; **gegen jdn ~ vorgehen** пода́ть в суд на кого́-л.
Gerichtsbarkeit *f* <*gen:* -> подсу́дность *f*, юрисди́кция *f*
Gerichtsbeschluss *m* <-es, -beschlüsse> постановле́ние *nt* суда́
Gerichtsgutachten *nt* <-s, -> суде́бная эксперти́за *f*
Gerichtshof *m* <-(e)s, -höfe> суд *m*
Gerichtskosten *pl* <*gen:* -> суде́бные изде́ржки *pl*
Gerichtsmedizin *f* <*gen:* -> суде́бная медици́на *f*
Gerichtssaal *m* <-(e)s, -säle> зал *m* суда́
Gerichtsstand *m* <*gen:* -(e)s> (JUR) подсу́дность *f*; **allgemeiner ~** о́бщая подсу́дность *f*; **vertraglich vereinbarter ~** догово́рная подсу́дность *f*
Gerichtsurteil *nt* <-(e)s, -e> пригово́р *m*
Gerichtsverfahren *nt* <-s, -> суде́бное произво́дство *nt*
Gerichtsverhandlung *f* <-, -en> суде́бное заседа́ние *nt*, суде́бное разбира́тельство *nt*
Gerichtsvollzieher *m* <-s, -> суде́бный исполни́тель *m*
Gerichtsweg *m* <*gen:* -(e)s> суде́бный поря́док *m*
gerieben *part perf von* **reiben**
geriet *prät von* **geraten**
gering *adj* **1.** (*niedrig*) ни́зкий; **2.** (*klein*) ма́лый, незначи́тельный; **eine ~e Menge** незначи́тельное коли́чество
geringfügig *adj* **1.** (*klein*) небольшо́й; **2.** (*unwichtig*) незначи́тельный, малова́жный; **~e Unterschiede** незначи́тельные разли́чия
gering schätzen *vt* **1.** (*gering einschätzen*) пренебрега́ть, -бре́чь *pf*; **2.** (*verachten*) презира́ть *impf*

geringschätzig *adj* пренебрежи́тельный, презри́тельный
gerinnen *vi* <geronn, geronnen> (*Milch*) сверну́ться *pf*, свёртываться *impf*
Gerippe *nt* <-s, -> (*Skelett*) скеле́т *m*
gerissen **I.** *part perf von* **reißen**; **II.** *adj* (*schlau*) продувно́й, у́шлый.
geritten *part perf von* **reiten**
Germanist, -in *m/f* <-en, -en> германи́ст *m*
Germanistik *f* <*gen:* -> германи́стика *f*
gern *adv* охо́тно; **jdn ~ haben** хорошо́ относи́ться к кому́-л.; **~ geschehen!** не сто́ит благода́рности!
gerochen *part perf von* **riechen**
geronnen¹ *part perf von* **gerinnen**
geronnen² *part perf von* **rinnen**
Gerontologie *f* <*gen:* -> геронтоло́гия *f*
Gerste *f* <*gen:* -> ячме́нь *m*
Gerte *f* <-, -n> прут *m*
gertenschlank *adj* то́нкий как трости́нка
Geruch *m* <-(e)s, Gerüche> за́пах *m*
geruchlos *adj* без за́паха
Geruchssinn *m* <*gen:* -(e)s> обоня́ние *nt*
Gerücht *nt* <-(e)s, -e> слух *m*; **es kursiert das ~, dass ...** хо́дят слу́хи, что...
gerufen *part perf von* **rufen**
geruhen *vi* (*geh*) соизво́лить *pf*, -ля́ть *impf*; **~, etw zu tun** соблаговоли́ть сде́лать что́-л.
geruhsam *adj* неторопли́вый, споко́йный
Gerümpel *nt* <*gen:* -s> ру́хлядь *f*
gerungen *part perf von* **ringen**
Gerüst *nt* <-(e)s, -e> леса́ *pl*
gesalzen *adj* (*unfreundlich, grob*) гру́бый, ре́зкий; **ein ~er Brief** (*umg*) письмо́ в ре́зком то́не
gesamt *adj* весь, це́лый; **die ~e Rechnung** о́бщий счёт
Gesamtausgabe *f* <-, -n> по́лное собра́ние *nt* сочине́ний
Gesamtbetrag *m* <-(e)s, -beträge> о́бщая су́мма *f*
Gesamtbetriebsrat *m* <-(e)s, -betriebsräte> *производственный сове́т гру́ппы предприя́тий, принадлежа́щих одно́й фи́рме*
Gesamtbevölkerung *f* <-, -en> всё населе́ние *nt*
Gesamtbilanz *f* <-, -en> сво́дный бала́нс *m*
gesamtdeutsch *adj* общегерма́нский
Gesamtdeutschland *nt* <*gen:* -s> Герма́ния как це́лое *nt*
Gesamteindruck *m* <*gen:* -(e)s> о́бщее впечатле́ние *nt*
Gesamtergebnis *nt* <-ses, -se> о́бщий результа́т *m*
Gesamterlös *m* <-es, -e> о́бщая вы́ручка *f*
gesamteuropäisch *adj*

общеевропе́йский
Gesamtgewicht *nt* <*gen:* -(e)s> по́лная ма́сса *f*
Gesamtheit *f* <*gen:* -> совоку́пность *f*; **das Volk in seiner ~** наро́д в це́лом
Gesamtkapazität *f* <-, -en> о́бщая мо́щность *f*
Gesamtklassement *nt* <-s, -s> (SPORT: *Radsport*) о́бщий зачёт *m*
Gesamtkonzept *nt* <-(e)s, -e> о́бщий план *m*
Gesamtkosten *pl* <*gen:* -> о́бщие изде́ржки *pl*
Gesamtleitung *f* <*gen:* -> о́бщее руково́дство *nt*
Gesamtprokura *f* <*gen:* -> (JUR) о́бщая дове́ренность *f*
Gesamtschaden *m* <*gen:* -s> о́бщий уще́рб *m*
Gesamtsumme *f* <-, -n> о́бщая су́мма *f*
Gesamtübersicht *f* <-, -en> о́бщий обзо́р *m*, о́бщее впечатле́ние *nt*
Gesamtumsatz *m* <-es, -umsätze> о́бщий оборо́т *m*
Gesamtvermögen *nt* <-s, -> о́бщее иму́щество *nt*
Gesamtvolumen *nt* <*gen:* -s> о́бщий объём *m*
gesamtwirtschaftlich *adj* народнохозя́йственный; **~e Nachfrage** народнохозя́йственный спрос на това́ры; **~es Gleichgewicht** народнохозя́йственное равнове́сие
Gesamtzahl *f* <-, -en> о́бщая су́мма *f*
Gesamtzusammenhang *m* <*gen:* -s> о́бщая связь *f*
gesandt *part perf von* **senden**
Gesandte(r) *m* <-n, -n> посла́нник *m*
Gesandtschaft *f* <-, -en> ми́ссия *f*
Gesang *m* <-(e)s, -Gesänge> 1. (*das Singen*) пе́ние *nt*; 2. (*Lied*) пе́сня *f*; 3. (*Choral*) церко́вное песнопе́ние *nt*
Gesangbuch *nt* <-(e)s, -bücher> сбо́рник *m* церко́вных песнопе́ний
Gesanglehrer, -in *m/f* <-s, -> учи́тель *m* пе́ния
Gesangverein *m* <-s, -e> о́бщество *nt* люби́телей пе́ния, пе́вческий кружо́к *m*
Gesäß *nt* <-es, -e> я́годицы *pl*
geschaffen *part perf von* **schaffen**¹
geschafft *part perf von* **schaffen**²
Geschäft *nt* <-(e)s, -e> 1. (*Laden*) магази́н *m*; **ein ~ eröffnen** открыва́ть магази́н 2. (*Gewerbe*) фи́рма, де́ло *nt*; **gut gehendes ~** процвета́ющая фи́рма; **ein ~ führen** вести́ дела́ фи́рмы 3. (*Handel*) сде́лка *f*; **ein ~ abschließen** заключи́ть сде́лку; **ein ~ abwickeln** производи́ть опера́цию; **ein gutes ~ machen** заключа́ть вы́годную сде́лку; **laufendes ~** теку́щая сде́лка; **ein ~ rückgängig machen** аннули́ровать сде́лку 4. (*Geschäftsleben*) би́знес *m*; **mit jdm ~e machen** заключа́ть с ке́м-л. сде́лки; **ins ~ gehen** идти́ на слу́жбу
Geschäftemacher, -in *m/f* <-s, -> (*pej*) деле́ц *m*
geschäftig *adj* де́ятельный, делово́й
Geschäftigkeit *f* <*gen:* -> делови́тость *f*, де́ятельность *f*
geschäftlich I. *adj* делово́й, служе́бный; **er war ~ verhindert** его́ задержа́ли дела́; **~e Angelegenheiten** служе́бные дела́; II. *adv* по де́лу, по слу́жбе.
Geschäftsabschluss *m* <-es, -abschlüsse> заключе́ние *nt* сде́лки
Geschäftsbank *f* <-, -en> комме́рческий банк *m*
Geschäftsbedingungen *pl* усло́вия *pl* сде́лки
Geschäftsbereich *m* <-(e)s, -e> 1. (*Tätigkeitsbereich*) круг *m* де́ятельности; 2. (*Unternehmensabteilung*) отде́л *m*; 3. (*Verantwortungsbereich*) компете́нция *f*
Geschäftsbeziehungen *pl* <*gen:* -> комме́рческие свя́зи *pl*
Geschäftsbrief *m* <-(e)s, -e> делово́е письмо́ *nt*
Geschäftseröffnung *f* <-, -en> откры́тие *nt* магази́на
Geschäftsessen *nt* <-s, -> делово́й обе́д *m*
geschäftsfähig *adj* дееспосо́бный
Geschäftsfähigkeit *f* <*gen:* -> дееспосо́бность *f*
Geschäftsfeld *nt* <*gen:* -er> сфе́ра *f* де́ятельности
Geschäftsfrau *f* <-, -en> же́нщина *f* -бизнесме́н *m*
Geschäftsführer, -in *m/f* <-s, -> управля́ющий, -ая *m/f*, заве́дующий, -щая *m/f*
Geschäftsführung *f* <-, -en> (*Tätigkeit*) управле́ние *nt* дела́ми
Geschäftsinhaber, -in *m/f* <-s, -> владе́лец *m* предприя́тия
Geschäftsinteresse *nt* <-s, -n> делово́й [o комме́рческий] интере́с *m*
Geschäftsjahr *nt* <-(e)s, -e> хозя́йственный год *m*; **laufendes ~** теку́щий хозя́йственный год; **ein ~ abschließen** заверши́ть хозя́йственный год
Geschäftslage *f* <*gen:* -> положе́ние *nt* дел
Geschäftsleben *nt* <*gen:* -s> делова́я жизнь *f*
Geschäftsleitung *f* <-, -en> руково́дство *nt* предприя́тием
Geschäftsmann *m* <-(e)s, -leute> делово́й челове́к *m*, бизнесме́н *m*
geschäftsmäßig *adj* делово́й
Geschäftsmethoden *pl* <*gen:* -> ме́тоды *mpl* веде́ния дел

Geschäftspartner *m* <-s, -> деловой партнёр *m*

Geschäftsreise *f* <-, -n> деловая поездка *f*, командировка *f*

Geschäftsrisiko *nt* <-s, -risiken> деловой риск *m*

Geschäftsschluss *m* <gen: -es> окончание *nt* работы; nach ~ после работы

Geschäftsstelle *f* <-, -n> 1. бюро *nt*, контора *f*; 2. (*Zweigstelle*) отделение *nt*

Geschäftsstraße *f* <-, -n> торговая улица *f*

Geschäftstätigkeit *f* <-, -en> деловая активность *f*; **die ~ aufnehmen** начинать коммерческую деятельность

geschäftstüchtig *adj* деловой

Geschäftsübernahme *f* <-, -n> (JUR) вступление *nt* во владение предприятием

Geschäftswelt *f* <gen: -> деловой мир *m*

geschah *prät von* **geschehen**

geschehen *vi* <geschah, geschehen> произойти *pf*, -исходить *impf*, случиться *pf*, -чаться *impf*; **geschieht dir recht** так тебе и надо; **es war um ihn ~** он пропал

Geschehen *nt* <gen: -s> событие *nt*, происшествие *nt*

gescheit *adj* умный, разумный

gescheitert *adj* потерпевший крушение [*о неудачу*]

Geschenk *nt* <-(e)s, -e> подарок *m*, дар *m*

Geschenkboutique *f* <-, -n> сувенирный магазин *m*

Geschenkgutschein *m* <-(e)s, -e> чек *m* на получение подарка

Geschenkpapier *nt* <gen: -(e)s> упаковочная бумага *f* для подарков

Geschichte *f* <-, -n> 1. (*Erzählung*) рассказ *m*, история *f*; 2. (*der Menschheit*) история *f*; 3. (*Angelegenheit*) история *f*; **eine schöne ~!** хорошенькое дело!

geschichtlich *adj* исторический; **ein ~ bedeutsames Ereignis** событие исторического значения

Geschichtsbewusstsein *nt* <gen: -s> историческое сознание *nt*

Geschichtsbuch *nt* <-(e)s, -bücher> учебник *m* истории

Geschichtsschreibung *f* <gen: -> историография *f*

Geschick *nt* <-(e)s, -e> 1. (*Schicksal*) судьба *f*, рок *m*; 2. (*Fertigkeit*) мастерство *nt*, сноровка *f*

Geschicklichkeit *f* <gen: -> мастерство *nt*, умение *nt*

geschickt *adj* ловкий, искусный

geschieden *adj* разведённый

geschienen *part perf von* **scheinen**

geschirmt *adj* (TECH) экранированный

Geschirr *nt* <-(e)s, -e> 1. (*Küchen~*) посуда *f*; 2. (*Geschirrstück*) посудина *f*

Geschirrspülmaschine *f* <-, -n> посудомоечная машина *f*

Geschirrspülmittel *nt* <-s, -> посудомоечное средство *nt*

Geschirrtuch *nt* <-(e)s, -tücher> кухонное полотенце *nt*

geschissen *part perf von* **scheißen**

geschlafen *part perf von* **schlafen**

geschlagen *part perf von* **schlagen**

Geschlecht *nt* <-(e)s, -er> 1. (*menschliches Geschlecht*) род *m*; **das schöne ~** [*o* **schwache ~**] прекрасный пол [*o* слабый пол]; 2. (LING) род *m*; 3. (*Familie*) род *m*, семья *f*

geschlechtlich *adj* половой

Geschlechtsakt *m* <gen: -(e)s> сексуальный акт *m*

Geschlechtskrankheit *f* <-, -en> венерическая болезнь *f*

geschlechtslos *adj* (BIO) бесполый

Geschlechtsorgan *nt* <-(e)s, -e> половой орган *m*

Geschlechtsreife *f* <gen: -> половая зрелость *f*

geschlechtsspezifisch *adj* имеющий половую специфику

Geschlechtsteil *nt* <-s, -e> половой орган *m*

Geschlechtsverkehr *m* <gen: -s> половое сношение *nt*

Geschlechtswort *nt* <-(e)s, -wörter> артикль *m*

geschlichen *part perf von* **schleichen**

geschliffen I. *part perf von* **schleifen**; II. *adj* 1. (*Glas*) шлифованный; 2. (*fig*) отточенный

geschlossen I. *part perf von* **schließen**; II. *adj* (*verschlossen*) закрытый; **vorübergehend ~** временно закрыто

geschlungen *part perf von* **schlingen**[1]

Geschmack *m* <-(e)s, Geschmäcke> вкус *m*; **an etw ~ finden** находить удовольствие в чём-л.

geschmacklos *adj* безвкусный

Geschmacklosigkeit *f* <-, -en> безвкусица *f*

Geschmacksnerv *m* <-s, -en> вкусовой нерв *m*

Geschmackssache *f* <gen: ->: **das ist ~** это дело вкуса

Geschmackssinn *m* <gen: -(e)s> чувство *nt* вкуса

geschmackvoll *adj* со вкусом; **~ gekleidet sein** быть одетым со вкусом

geschmeidig *adj* 1. (*weich*) мягкий; 2. (*fig: Bewegungen*) гибкий, плавный; 3. (*fig: Körper*) гибкий, упругий

Geschmier *nt* <gen: -(e)s> (*pej*) пачкотня *f*, мазня *f*

geschmissen *part perf von* **schmeißen**
geschmolzen *part perf von* **schmelzen**
geschnitten *part perf von* **schneiden**
geschoben *part perf von* **schieben**
gescholten *part perf von* **schelten**
Geschöpf *nt* <-(e)s, -e> существо́ *nt*
geschoren *part perf von* **scheren**
Geschoss[1] *nt* <-es, -e> 1. (*Rakete*) раке́та *f*; 2. (*Kugel*) пу́ля *f*
Geschoss[2] *nt* <-es, -e> (*eines Hauses*) эта́ж *m*
geschossen *part perf von* **schießen**
Geschrei *nt* <*gen*: -s> крик *m*, вопль *m*; **ein großes ~ über etw machen** подня́ть большо́й шум вокру́г чего́-л.
geschrieben *part perf von* **schreiben**
geschrien *part perf von* **schreien**
geschritten *part perf von* **schreiten**
geschunden *part perf von* **schinden**
Geschütz *nt* <-es, -e> ору́дие *f*; **schweres ~ auffahren** пусти́ть в ход тяжёлую артилле́рию
Geschützturm *m* <-(e)s, -türme> (*Panzer, Schiff*) ба́шня *f*
Geschwader *nt* <-s, -> (MIL) эска́дра *f*
Geschwätz *nt* <*gen*: -es> 1. (*umg: Unsinn*) болтовня́ *f*; 2. (*Klatsch*) спле́тни *pl*
geschwätzig *adj* болтли́вый
geschweige *konj* не говоря́; **er mag grundsätzlich keine Rockmusik, ~ denn Hard Rock** он вообще́ не лю́бит рок-му́зыки, не говоря́ уже́ о тяжёлом ро́ке
geschwiegen *part perf von* **schweigen**
geschwind *adj* бы́стрый, ско́рый
Geschwindigkeit *f* <-, -en> ско́рость *f*; **mit einer ~ von ...** со ско́ростью ...; **relative ~** относи́тельная ско́рость
Geschwindigkeitsabfall *m* <*gen*: -(e)s> наде́ние *nt* ско́рости
Geschwindigkeitsbeschränkung *f* <-, -en> ограниче́ние *nt* ско́рости
Geschwindigkeitsmesser *m* <-s, -> спидо́метр *m*
Geschwindigkeitsrekord *m* <-(e)s, -e> реко́рд *m* ско́рости
Geschwister *pl* <*gen*: -> брат и сестра́; **haben sie noch ~?** есть ли у вас ещё бра́тья и сёстры?
geschwollen I. *part perf von* **schwellen**; II. *adj* опу́хший.
geschwommen *part perf von* **schwimmen**
geschworen I. *part perf von* **schwören**; II. *adj* (*Feind*) закля́тый.
Geschworene(r) *m* <-n, -n> прися́жный заседа́тель *m*
Geschwulst *f* <-, Geschwülste> о́пухоль *f*
geschwunden *part perf von* **schwinden**
geschwungen I. *part perf von* **schwingen**; II. *adj* изо́гнутый.
Geschwür *nt* <-(e)s, -e> нары́в *m*, гнойни́к *m*

gesehen *part perf von* **sehen**
Geselchte(s) *nt* (*österr: Rauchfleisch*) копчёное мя́со *nt*
Geselle *m* <-n, -n> 1. (*Handwerks~*) подмасте́рье *m*; 2. (*Kamerad*) това́рищ *m*; **ein guter ~** [*o* **treuer ~**] хоро́ший това́рищ [*o* ве́рный това́рищ] 3. (*Bursche, Kerl*) па́рень *m*, ма́лый *m*
gesellen *vt* присоединя́ться, -ни́ться *pf*; **sich zu jdm ~** присоедини́ться к кому́-л.
gesellig *adj* общи́тельный, конта́ктный
Geselligkeit *f* <*gen*: -> общи́тельность *f*
Gesellschaft *f* <-, -en> 1. о́бщество *nt*; 2. (ÖKON) компа́ния *f*, това́рищество *nt*; **eine ~ gründen** учрежда́ть о́бщество; **~ mit beschränkter Haftung** о́бщество с ограни́ченной отве́тственностью; **~ mit unbeschränkter Haftung** о́бщество с неограни́ченной отве́тственностью; **stille ~** комманди́тное това́рищество 3. (*Begleitung*) компа́ния *f*; **jdm ~ leisten** соста́вить кому́-л. компа́нию; **geladene ~** и́збранное о́бщество; **eine ~ geben** устро́ить зва́ный ве́чер
Gesellschafter *m* <-s, -> (JUR) уча́стник *m*, компаньо́н *m*; **stiller ~** негла́сный компаньо́н
Gesellschafterversammlung *f* <-, -en> собра́ние *nt* уча́стников о́бщества
gesellschaftlich *adj* обще́ственный
Gesellschaftsanzug *m* <-(e)s, -anzüge> мужско́й вече́рний [*o* выходно́й] костю́м *m*
Gesellschaftsform *f* <-, -en> (JUR) фо́рма *f* о́бщества
Gesellschaftsordnung *f* <-, -en> обще́ственный строй *m*
Gesellschaftsschicht *f* <-, -en> слой *m* о́бщества
Gesellschaftsspiel *nt* <-(e)s, -e> насто́льная игра́ *f*
Gesellschaftssystem *nt* <-(e)s, -e> обще́ственный строй *m*
gesessen *part perf von* **sitzen**
Gesetz *nt* <-es, -e> 1. (*Recht*) зако́н *m*; **~ von Angebot und Nachfrage** зако́н спро́са и предложе́ния; **ein ~ beschließen** принима́ть зако́н; **ein ~ einbringen** вноси́ть законопрое́кт; **ein ~ erlassen** издава́ть зако́н; **geltendes ~** де́йствующий зако́н; **kraft ~es** в си́лу зако́на; **nach dem ~** по зако́ну; **strenges ~** стро́гий зако́н; **das ~ übertreten** наруша́ть зако́н; **ein ungeschriebenes ~** непи́санный зако́н 2. (*~esvorlage*) законопрое́кт *m*; **ein ~ erlassen** [*o* **verabschieden**] изда́ть зако́н [*o* приня́ть зако́н]
Gesetzbuch *nt* <-(e)s, -bücher> ко́декс *m*, свод *m* зако́нов
Gesetzentwurf *m* <-(e)s, -entwürfe> 1. прое́кт *m* зако́на; 2. законопрое́кт *m*

Gesetzesänderung f <-, -en> изменéние nt закóна
Gesetzesentwurf m <-(e)s, -entwürfe> законопроéкт m
Gesetzeslücke f <-, -n> (JUR) пробéл m в закóне
Gesetzesvorlage f <-, -n> проéкт m закóна, законопроéкт m
gesetzgebend adj законодáтельный
Gesetzgeber m <-s, -> законодáтель m
Gesetzgebung f <-, -en> законодáтельство nt
gesetzlich adj закóнный; ~ **geschützt** охраняемый закóном; ~**er Feiertag** госудáрственный прáздник; ~**er Vertreter** закóнный представитель; ~ **vorgeschrieben** устанáвливаемый закóном; ~**e Vorschrift** предписáние закóна; ~**es Zahlungsmittel** закóнное платёжное срéдство
Gesetzlosigkeit f <gen: -> беззакóние nt
gesetzmäßig adj 1. закономéрный; 2. (rechtmäßig) закóнный
gesetzt adj степéнный; **ein ~er älterer Herr** степéнный пожилóй человéк
Gesetztheit f <gen: -> степéнность f, солидность f
gesetzwidrig adj противозакóнный; ~**es Verhalten** противозакóнное поведéние
Gesicht nt <-(e)s, -er> 1. лицó nt; **sein wahres ~ zeigen** показáть своё истинное лицó; **etw zu ~ bekommen** увидеть чтó-л. 2. (Erscheinung) вид m, óблик m
Gesichtsausdruck m <-(e)s, -ausdrücke> выражéние nt лицá
Gesichtsfarbe f <-, -n> цвет m лицá
Gesichtspunkt m <-(e)s, -e> тóчка f зрéния
Gesichtswasser nt <-s, -wässer> туалéтная водá f
Gesichtszüge pl <gen: -> чертый pl лицá
Gesindel nt <gen: -s> (pej) сброд m, отрéбье nt
gesinnt adj настрóенный; **jdm freundlich/übel ~ sein** быть дружелюбно/враждéбно настрóенным по отношéнию к комý-л.
Gesinnung f <-, -en> убеждéния ntpl; **politische ~** политические убеждéния
Gesinnungsgenosse m <-n, -n> сторóнник m
Gesinnungswandel m <gen: -s> изменéние nt убеждéний
gesittet adj благовоспитанный, благонрáвный
gesoffen part perf von **saufen**
gesogen part perf von **saugen**
gesonnen adj: ~ **sein, etw zu tun** намеревáться сдéлать чтó-л.
gesotten part perf von **sieden**
Gespann nt <-(e)s, -e> (von Zugtieren) упряжка f
gespannt adj 1. (erwartungsvoll) пóлный нетерпéния, нетерпеливый; **auf etw ~ sein** с нетерпéнием ожидáть чегó-л. 2. (neugierig) пóлный любопытства; 3. (straff) натянутый; 4. (fig: belastet) напряжённый, натянутый; **es herrschte eine ~e Stimmung** царила напряжённая атмосфéра
Gespanntheit f <gen: -> напряжённость f
Gespenst nt <-(e)s, -er> привидéние nt; **du siehst doch ~er!** (umg) тебé показáлось!
gespenstisch adj 1. (Aussehen) жýткий; 2. (fig: schauerlich) зловéщий, жýткий
gesponnen part perf von **spinnen**
Gespött nt <gen: -(e)s> насмéшка f; **sich zum ~ machen** сдéлаться посмéшищем
Gespräch nt <-(e)s, -e> 1. разговóр m, бесéда f; **mit jdm ins ~ kommen** завязáть с кéм-л. бесéду 2. (Telefon~) телефóнный разговóр m; **ein ~ anmelden** заказáть телефóнный разговóр
gesprächig adj разговóрчивый, словоохóтливый
Gesprächsgebühr f <-, -en> (TELKOM) плáта m за телефóнный разговóр
Gesprächskreis m <-es, -e> круг m собесéдников
Gesprächsnotiz f <-, -en> 1. замéтка f по хóду разговóра; 2. замéтка f в преддвéрии разговóра
Gesprächspartner, -in m/f <-s, -> собесéдник, -ница m/f
Gesprächsrunde f <-, -n> 1. бесéда f за круглым столóм; 2. тур m переговóров
Gesprächsstoff m <-(e)s, -e> предмéт m разговóра
Gesprächsthema nt <-s, -themen> тéма f разговóра
gesprochen part perf von **sprechen**
gesprungen part perf von **springen**
Gespür nt <gen: -s> чутьё nt, нюх m
gestaffelt adj: **eine progressiv ~e Besteuerung** прогрессивное налогообложéние
Gestalt f <-, -en> 1. (Form) фóрма f, вид m; ~ **annehmen** приобретáть ясные очертáния 2. (Körperbau) фигýра f; 3. (literarische Figur) óбраз m, персонáж m
gestalten vt оформлять, офóрмить pf
Gestaltlosigkeit f <gen: -> бесфóрменность f, амóрфность f
Gestaltung f <-, -en> оформлéние nt
gestanden part perf von **gestehen**
geständig adj сознáвшийся; ~ **sein** признáть себя винóвным
Geständnis nt <-ses, -se> признáние nt; **ein ~ ablegen** сознáться (в чём-л.)
Gestank m <gen: -(e)s> вонь f, смрад m
gestatten I. vt разрешáть, -шить pf,

позволя́ть, -во́лить *pf*; jdm etw ~ позво́лить кому́-л. что́-л; ~ sie? вы позво́лите?; II. *vr* разреша́ть, -ши́ть *pf* себе́; sich ~, etw zu tun позво́лить себе́, сде́лать что́-л.
Geste *f* <-, -n> жест *m*
gestehen *vt* <gestand, gestanden> сознава́ть, -зна́ть *pf*, признава́ть, -зна́ть *pf*; ich muss ~, dass ... до́лжен призна́ться, что...; offen gestanden открове́нно говоря́
Gestein *nt* <-(e)s, -e> го́рная поро́да *f*
Gestell *nt* <-(e)s, -e> 1. (*Unterbau*) основа́ние *nt*, ра́ма *f*; 2. (*für Bücher*) по́лка *f*, стелла́ж *m*
gestern *adv* вчера́; nicht von ~ sein не быть старомо́дным; ~ Abend вчера́ ве́чером
gestiegen *part perf von* **steigen**
gestikulieren *vi* жестикули́ровать *impf*
Gestirn *nt* <-(e)s, -e> 1. (*Himmelskörper*) небе́сное те́ло *nt*; 2. (*Sternbild*) созве́здие *nt*
gestochen I. *part perf von* **stechen**; II. *adj* чёткий, ре́зкий; eine ~ scharfe Schrift чёткий по́черк.
gestohlen *part perf von* **stehlen**
gestorben *part perf von* **sterben**
gestoßen *part perf von* **stoßen**
Gesträuch *nt* <-(e)s, -e> куста́рник *m*
gestreift *adj* полоса́тый
gestresst *adj* находя́щийся в состоя́нии стре́сса
gestrichelt *adj* заштрихо́ванный
gestrichen *part perf von* **streichen**
gestrig *adj* вчера́шний; die ~e Zeitung вчера́шняя газе́та
gestritten *part perf von* **streiten**
Gestrüpp *nt* <-(e)s, -e> густы́е за́росли *pl*
gestunken *part perf von* **stinken**
Gestüt *nt* <-(e)s, -e> ко́нный заво́д *m*
Gesuch *nt* <-(e)s, -e> 1. проше́ние *nt*; 2. (*Antrag*) заявле́ние *nt*, хода́тайство *nt*; ein ~ ablehnen отклоня́ть хода́тайство; ein ~ bewilligen удовлетворя́ть хода́тайство; ein ~ einreichen обраща́ться с хода́тайством
gesund *adj* 1. (*körperlich*) здоро́вый; er ist immer noch ~ und munter он по-пре́жнему бодр и здоро́в 2. (*fig*) поле́зный; Gemüse ist ~ о́вощи поле́зны; ~er Menschenverstand здра́вый смысл
gesunden *vi* выздора́вливать, вы́здороветь *pf*, поправля́ться, -пра́виться *pf*
Gesundheit *f* <*gen*: -> (*körperliches Wohlbefinden*) здоро́вье *nt*; auf deine ~! твоё здоро́вье! Gesundheit! бу́дьте здоро́вы!
gesundheitlich *adj* относя́щийся к здоро́вью; ~er Zustand состоя́ние здоро́вья
Gesundheitsamt *nt* <-(e)s, -ämter> отде́л *m* здравоохране́ния
gesundheitsbewusst *adj* забо́тящийся о своём здоро́вье
Gesundheitsbewusstsein *nt* <*gen*: -s> забо́та *f* о со́бственном здоро́вье
gesundheitsschädlich *adj* вре́дный для здоро́вья; Zigaretten sind ~ сигаре́ты вредны́ для здоро́вья
Gesundheitssystem *nt* <-(e)s, -e> здравоохране́ние *nt*
Gesundheitswesen *nt* <*gen*: -s> здравоохране́ние *nt*
Gesundheitszustand *m* <-(e)s, -zustände> состоя́ние *nt* здоро́вья
gesungen *part perf von* **singen**
gesunken *part perf von* **sinken**
getan *part perf von* **tun**
getarnt *adj* замаскиро́ванный
Getöse *nt* <*gen*: -s> бушева́ние *nt*
getragen I. *part perf von* **tragen**; II. *adj* поно́шенный
Getränk *nt* <-(e)s, -e> напи́ток *m*
Getränkeautomat *m* <-en, -en> автома́т *m* для прода́жи напи́тков
getrauen *vr* осме́ливаться, -ли́ться *pf*
Getreide *nt* <-s, -> 1. зла́ки *pl*, зерновы́е культу́ры *pl*; 2. (*geh*) хлеба́ *pl*
Getreideernte *f* <-, -n> убо́рка *f* хлеба́
Getreidemühle *f* <-, -n> зернова́я ме́льница *f*
getrennt *adj* разде́льный, отде́льный; ~ leben жить отде́льно; ~ bezahlen плати́ть отде́льно
getreten *part perf von* **treten**
getreu *adj* 1. ве́рный, пре́данный; 2. (*genau entsprechend*) ве́рный, то́чный; ~ seinem Vorsatz handeln де́йствовать как бы́ло наме́чено
Getriebe *nt* <-s, -> 1. (TECH) переда́точный механи́зм *m*; 2. (KFZ) коро́бка *f* переда́ч
getrieben *part perf von* **treiben**
Getriebeöl *nt* <*gen*: -(e)s> трансмиссио́нное ма́сло *nt*
getroffen *part perf von* **treffen**
getrogen *part perf von* **trügen**
getrost I. *adj* споко́йный, уве́ренный; II. *adv* споко́йно; du kannst dich ~ auf mich verlassen ты мо́жешь споко́йно на меня́ положи́ться
getrunken *part perf von* **trinken**
Getue *nt* <*gen*: -s> (*pej*) суета́ *f*, возня́ *f*
Getümmel *nt* <*gen*: -s> 1. (*Volksmenge*) толчея́ *f*, сутолока *f*; 2. (*Durcheinander*) сумато́ха *f*
geübt *adj* 1. (*erfahren*) о́пытный; ein ~es Auge намётанный глаз 2. (*fähig*) спосо́бный
Gewächs *nt* <-es, -e> расте́ние *nt*
Gewächshaus *nt* <-es, -häuser> (*Treibhaus*) тепли́ца *f*

gewagt *adj* рискованный, опасный
gewählt *adj* 1. (POL) избранный; 2. (*fig: ausgewählt*) изысканный; **sich ~ ausdrücken** выражаться изысканно
Gewähr *f* <*gen:* -> гарантия *f*, ручательство *nt*; **ohne ~** без гарантии
gewähren *vt* 1. (*Bitte*) удовлетворять, -рить *pf*; 2. (*bewilligen*) давать, дать *pf* согласие; 3. (*gestatten*) позволять, -волить *pf*; **jdn ~ lassen** предоставить кому-л. свободу действий
gewährleisten *vt* (*sicherstellen*) обеспечивать, -чить *pf*
Gewahrsam *m* <*gen:* -s> хранение *nt*; **jdn in ~ nehmen** взять кого-л. под стражу
Gewalt *f* <-, -en> 1. (*Gewaltanwendung*) насилие *nt*; **~ anwenden** применить силу 2. (*Macht*) власть *f*; **höhere ~** непреодолимые обстоятельства 3. (*Wucht*) сила *f*; **mit aller ~** изо всех сил
Gewaltanwendung *f* <*gen:* -> применение *nt* силы
gewaltbereit *adj* готовый к применению силы
gewaltfrei *adj* ненасильственный
Gewaltherrschaft *f* <-, -en> деспотизм *m*
gewaltig *adj* 1. (*eindrucksvoll*) впечатляющий; 2. (*stark*) сильный; **da täuschst du dich aber ~!** (*umg*) тут ты сильно ошибаешься! 3. (*riesig*) огромный, мощный
gewaltlos I. *adj* ненасильственный; II. *adv* ненасильственно.
Gewaltmonopol *nt* <*gen:* -s> монополия *f* на применение силы
gewaltsam I. *adj* насильственный; **ein ~er Tod** насильственная смерть; II. *adv* насильно; **~ die Tür öffnen** выломать дверь.
gewalttätig *adj* грубый, жестокий
Gewaltverherrlichung *f* <*gen:* -> прославление *nt* силы
Gewand *nt* <-(e)s, Gewänder> одеяние *nt*
gewandt *adj* 1. (*flink*) проворный; 2. (*geschickt*) ловкий
gewann *prät von* **gewinnen**
gewaschen *part perf von* **waschen**
Gewässer *nt* <-s, -> воды *pl*
Gewässerschutz *m* <*gen:* -es> охрана *f* водоёмов
Gewebe *nt* <-s, -> 1. (BIO) ткань *f*; 2. (*Stoff*) ткань *f*
Gewehr *nt* <-(e)s, -e> ружьё *nt*, винтовка *f*
Gewehrkolben *m* <-s, -> приклад *m* ружья
Gewehrkugel *f* <-, -n> ружейная [*o* винтовочная] пуля *f*
Gewehrlauf *m* <-(e)s, -läufe> ствол *m* ружья
Geweih *nt* <-(e)s, -e> оленьи рога *mpl*

Gewerbe *nt* <-s, -> промысел *m*, ремесло *nt*; **ein ~ anmelden** подавать заявку на занятие промыслом; **ein ~ ausüben** заниматься промыслом
Gewerbeanmeldung *f* <-, -en> (JUR) заявление *nt* о занятии промысловой деятельностью
Gewerbegebiet *nt* <-(e)s, -e> индустриальный район *m*
Gewerbeordnung *f* <-, -en> (JUR) положение о промыслах и ремёслах *m*
Gewerbepark *m* <-s, -s> промысловый парк *m*
Gewerbeschein *m* <-(e)s, -e> промысловое свидетельство *nt*
Gewerbesteuer *f* <-, -n> налог *m* на промысловую деятельность
gewerbetreibend *adj* занимающийся промыслом
Gewerbetreibende(r) *mf* ремесленник *m*
gewerblich *adj* 1. промысловый, ремесленный; 2. (*industriell*) промышленный, индустриальный
Gewerkschaft *f* <-, -en> профессиональный союз *m*, профсоюз *m*; **der ~ beitreten** вступать в профсоюз
Gewerkschafter, -in *m/f* <-s, -> член *m* профсоюза
gewerkschaftlich *adj* профсоюзный
Gewerkschaftsbund *m* <-(e)s> объединение *nt* профсоюзов
Gewerkschaftsfunktionär, -in *m/f* <-s, -e> профсоюзный аппаратчик *m*
gewesen *part perf von* **sein**[1]
gewichen *part perf von* **weichen**
Gewicht *nt* <-(e)s, -e> 1. вес *m*, тяжесть *f*; 2. (*Wichtigkeit*) важность *f*; **ins ~ fallen** иметь значение; **~ legen auf** придавать значение; **spezifisches ~** (PHYS) удельный вес
Gewichtheben *nt* <*gen:* -s> тяжёлая атлетика *f*
gewichtig *adj* увесистый
gewieft *adj* (*umg*) ушлый, хитрый
gewiesen *part perf von* **weisen**
gewillt *adj*: **~ sein, etw zu tun** (*geh*) намереваться сделать что-л.
Gewinde *nt* <-s, -> резьба *f*
Gewinn *m* <-(e)s, -e> 1. (ÖKON) прибыль *f*; **~ abwerfen** давать прибыль; **~ bringend** прибыльный; **entgangener ~** недополученная прибыль; **einen ~ erzielen** получить прибыль; **~ machen** иметь прибыль; **~ nach Steuer** прибыль после вычета налогов; **steuerpflichtiger ~** прибыль, облагаемая налогом; **~ vor Steuer** прибыль до вычета налогов; **~ versteuern** облагать прибыль налогом; **~e verteilen** распределять прибыль 2. (*Spiel~*) выигрыш *m*

Gewinnanteilschein *m* <-(e)s, -e> дивиде́ндный купо́н *m*
Gewinnausschüttung *f* <-, -en> распределе́ние при́были *m*
Gewinnbeteiligung *f* <-, -en> уча́стие *nt* в при́были
gewinnbringend *adj* при́быльный, дохо́дный; **~es Geschäft** при́быльное де́ло вы́годная сде́лка; **Geld ~ anlegen** вы́годно вложи́ть де́ньги
Gewinneinbuße *f* <-, -n> поте́ря *f* при́были
gewinnen *vt* <gewann, gewonnen> 1. выи́грывать, вы́играть *pf*; **Zeit ~** вы́играть вре́мя 2. (*Bodenschätze*) добыва́ть, -бы́ть *pf*
gewinnend *adj* прия́тный, располага́ющий
Gewinner, -in *m/f* <-s, -> победи́тель, -ница *m/f*
Gewinnmaximierung *f* <gen: -> максимиза́ция *f* при́были
Gewinnschwelle *f* <gen: -> поро́г *m* при́были
Gewinnspanne *f* <-, -n> ра́зница *f* ме́жду дохо́дами и расхо́дами
Gewinnstreben *nt* <gen: -s> стремле́ние *nt* к при́были
gewinnträchtig *adj* обеща́ющий при́быль
Gewinnung *f* <gen: -> добы́ча *f*
gewinnversprechend *adj* обеща́ющий при́быль
Gewinnverteilung *f* <gen: -> распределе́ние *nt* при́были
Gewinnzone *f* <-, -n> зо́на *f* при́былей
Gewirr *nt* <gen: -(e)s> пу́таница *f*
gewiss I. *adj* (*bestimmt*) не́кий, определённый; **ein ~er Herr Meier** не́кий господи́н Ма́йер; II. *adv* (*sicher*) несомне́нно, коне́чно; **aber ~ doch!** ну коне́чно!
Gewissen *nt* <-s, -> со́весть *f*; **etw auf dem ~ haben** име́ть что́-л. на со́вести; **jdm ins ~ reden** взыва́ть к чье́й-л. со́вести
gewissenhaft *adj* добросо́вестный
Gewissenhaftigkeit *f* <gen: -> добросо́вестность *f*
gewissenlos *adj* бессо́вестный
Gewissenlosigkeit *f* <gen: -> бессо́вестность *f*
Gewissensbisse *pl* <gen: -> угрызе́ния *pl* со́вести
Gewissensfrage *f* <-, -n> вопро́с *m* со́вести
Gewissensfreiheit *f* <gen: -> свобо́да *f* со́вести
Gewissenskonflikt *m* <-(e)s, -e> конфли́кт *m* со свое́й со́вестью
gewissermaßen *adv* в изве́стной сте́пени, в не́которой сте́пени
Gewissheit *f* <-, -en> уве́ренность *f*; **sich ~ über etw verschaffen** удостове́риться в чём-л.
Gewitter *nt* <-s, -> гроза́ *f*
Gewitterstimmung *f* <-, -en> предгрозово́е состоя́ние *nt* пого́ды
gewittrig *adj* грозово́й
gewitzt *adj* (*geschickt, schlau*) ло́вкий, хи́трый
gewoben *part perf von* **weben**
gewogen I. *part perf von* **wiegen**; II. *adj* доброжела́тельный; **jdm ~ sein** быть располо́женным к кому́-л.
gewöhnen I. *vt* приуча́ть, -чи́ть *pf*; **jdn an etw ~** приучи́ть кого́-л. к чему́-л.; **etw gewöhnt sein** быть привы́чным к чему́-л.; II. *vr* привыка́ть, -вы́кнуть *pf*; **sich an etw ~** привы́кнуть к чему́-л.
Gewohnheit *f* <-, -en> привы́чка *f*; **zur ~ werden** войти́ в привы́чку; **die Macht der ~** си́ла привы́чки
Gewohnheitsrecht *nt* <gen: -(e)s> обы́чное пра́во *nt*
gewöhnlich *adj* 1. (*üblich*) обы́чный; 2. (*pej: unfein*) обыкнове́нный, зауря́дный; **ein ziemlich ~er Mensch** дово́льно зауря́дный челове́к
gewohnt *adj* привы́чный; **etw ~ sein** быть приу́ченным к чему́-л.
Gewöhnung *f* <gen: -> (*Anpassung*) привыка́ние *nt*
Gewölbe *nt* <-s, -> свод *m*
gewölbt *adj* сво́дчатый
gewonnen *part perf von* **gewinnen**
geworben *part perf von* **werben**
geworden *part perf von* **werden**
geworfen *part perf von* **werfen**
gewrungen *part perf von* **wringen**
Gewühl *nt* <gen: -(e)s> 1. (*Menschen~*) да́вка *f*, толчея́ *f*; 2. (*Wühlen*) копа́ние *nt*
gewunden *part perf von* **winden**
Gewürz *nt* <-es, -e> пря́ность *f*, припра́ва *f*
Gewürzgurke *f* <-, -n> марино́ванный огуре́ц *m*
Gewürzkraut *nt* <-(e)s, -kräuter> пря́ность *f*, пря́ная зе́лень *f*
gewusst *part perf von* **wissen**
Gezeiten *pl* <gen: -> прили́вы и отли́вы
Gezeitenkraftwerk *nt* <-(e)s, -e> прили́вная гидроэлектроста́нция *f*
Gezeter *nt* <gen: -s> кри́ки *mpl*; **mach nicht so ein ~!** не поднима́й тако́й крик!
gezielt *adj* целенапра́вленный; **~e Fragen** целенапра́вленные вопро́сы; **~e Kritik** целенапра́вленная кри́тика
gezogen *part perf von* **ziehen**
Gezwitscher *nt* <gen: -s> щебета́ние *nt*, щёбет *m*
gezwungen I. *part perf von* **zwingen**; II. *adj* (*unnatürlich, gekünstelt*) натя́нутый, принуждённый.
gezwungenermaßen *adv* понево́ле

Ghetto *nt* <-s, -s> гéтто *nt*
Gicht *f* <gen: -> подáгра *f*
Gichtanfall *m* <-(e)s, -anfälle> подагрический припáдок *m*
Giebel *m* <-s, -> фронтóн *m*
Gier *f* <gen: -> жáдность *f*, áлчность *f*
gierig *adj* (*nach*) жáдный, áлчный (до чегó-л)
gießen I. *vt* <goss, gegossen> 1. (*in ein Gefäß*) лить *impf*; 2. (*in ein Glas*) наливáть, -лить *pf*; 3. (*verschütten*) проливáть, -лить *pf*; 4. (*Blumen*) поливáть, -лить *pf*; II. *vi* (*umg: regnen*) лить *impf*; **es gießt in Strömen** льёт как из ведрá
Gießerei *f* <-, -en> литéйный цех *m*
Gießform *f* <-, -en> литéйная фóрма *f*
Gießkanne *f* <-, -en> лéйка *f*
Gift *nt* <-(e)s, -e> 1. (*zubereitetes Gift*) отрáва *f*, яд *m*; 2. (*von Tier oder Pflanze*) яд *m*; **auf etw ~ nehmen können** (*umg*) давáть гóлову на отсечéние
Giftgas *nt* <gen: -es> ядовитый газ *m*
giftig *adj* 1. (*vergiftet*) отрáвленный; 2. (ZOOL) ядовитый; 3. (BOT, MED) токсичный; 4. (*boshaft*) язвительный, ядовитый
Giftigkeit *f* <gen: -> токсичность *f*
Giftmüll *m* <gen: -(e)s> ядовитые отхóды *pl*
Giftmülldeponie *f* <-, -n> храни́лище *nt* токсичных отхóдов
Giftmüllexport *m* <-(e)s, -e> экспорт *m* ядовитых отхóдов
Giftmüllverbrennungsanlage *f* <-, -n> устанóвка *f* для сожжéния ядовитых отхóдов
Giftschlange *f* <-, -n> ядовитая змея *f*
Gigabyte *nt* <-s, -s> (DV) гигабáйт *m*
Gigant *m* <-en, -en> гигáнт *m*, великáн *m*
gigantisch *adj* гигáнтский
Gilde *f* <-, -n> ги́льдия *f*
Gin *m* <-s, -s> джин *m*
ging *prät von* **gehen**
Ginseng *m* <-s, -s> женьшéнь *m*
Gipfel *m* <-s, -> 1. верши́на *f*; **einen ~ besteigen** [*o* **erzwingen**] подня́ться на верши́ну [*o* покори́ть верши́ну] 2. (*fig*) апогéй *m*
gipfeln *vi* достигáть, -сти́гнуть *pf* вы́сшей тóчки
Gipfeltreffen *nt* <-s, -> (POL) встрéча *f* в верхáх
Gips *m* <-es, -e> гипс *m*
Gipsbein *nt* <-(e)s, -e> ногá *f* в ги́псе
gipsen *vt* 1. гипсовáть, за- *pf*; 2. (MED) наложи́ть *pf* ги́псовую повя́зку
Gipsverband *m* <-(e)s, -verbände> ги́псовая повя́зка *f*
Giraffe *f* <-, -n> жирáф *m*
Girlande *f* <-, -n> гирля́нда *f*
Giroguthaben *nt* <-s, -> сýммы *pl* на жиросчёте
Girokonto *nt* <-s, -konten> текýщий счёт *m*, жиросчёт *m*
Giroverkehr *m* <gen: -s> жирооборóт *m*
Gischt *f* <gen: -> пéна *f*
Gitarre *f* <-, -n> гитáра *f*
Gitarrist, -in *m/f* <-en, -en> гитари́ст, -ка *m/f*
Gitter *nt* <-s, -> решётка *f*; **jdn hinter ~ bringen** (*umg*) посади́ть когó-л. за решётку
Gladiole *f* <-, -n> гладиóлус *m*
Glanz *m* <gen: -es> 1. (*von Gegenständen*) блеск *m*; 2. (*Schein*) сия́ние *nt*; **sich im ~ des Ruhmes sonnen** грéться в лучáх сóбственной слáвы
glänzen *vi* 1. блестéть *impf*; 2. (*glitzern*) сверкáть *impf*; 3. (*vor Fett*) лосни́ться *impf*; 4. (*fig*) блистáть *impf*; **durch Abwesenheit ~** блистáть отсýтствием
glänzend *adj* 1. блестя́щий; 2. (*glitzernd*) сверкáющий; 3. (*fig*) блестя́щий
Glanzleistung *f* <-, -en> отли́чная рабóта *f*
glanzlos *adj* 1. мáтовый, тýсклый; 2. (*fig*) бесцвéтный
Glanzrolle *f* <-, -n> корóнная роль *f*
Glanzzeit *f* <-, -en> пери́од *m* расцвéта
Glas *nt* <-es, Gläser> 1. (*Trink~*) стеклó *nt*; 2. (*Fern~*) бинóкль *m*; 3. (*Brillen~*) стеклó *nt* для очкóв; **ein ~ Bier** стакáн пи́ва
Glasauge *nt* <-s, -n> искýсственный глаз *m*
Glaser, -in *m/f* <-s, -> стекóльщик, -щица *m/f*
Glaserei *f* <-, -en> стекóльная мастерскáя *f*
gläsern *adj* 1. (*aus Glas*) стекля́нный; 2. (*fig: starr*) стекля́нный, застывший
Glasfaserkabel *nt* <-s, -> волокóнно-опти́ческий кáбель *m*
Glashütte *f* <-, -n> стекóльный завóд *m*
glasieren *vt* (*Gebäck, Keramik*) глазуровáть *impf/pf*, покрывáть, -крыть *pf* глазýрью
glasig *adj* 1. (*Zwiebeln*) прозрáчный; 2. (*fig: Blick*) стекля́нный, застывший
Glasnost *f* <gen: -> глáсность *f*
Glasperle *f* <-, -n> би́серина *f*
Glasscherbe *f* <-, -n> оскóлок *m* стеклá
Glastür *f* <-, -en> застеклённая дверь *f*
Glasur *f* <-, -en> глазýрь *f*
glatt I. *adj* 1. (*eben*) рóвный; 2. (*rutschig*) скóльзкий; 3. (*Stoff*) глáдкий; II. *adv* 1. (*eben*) глáдко, рóвно; 2. (*direkt*) пря́мо; **er hat mir ~ ins Gesicht gesagt, dass ...** он мне пря́мо в лицó сказáл, что...
Glätte *f* <gen: -> 1. (*Ebenheit*) рóвность *f*, глáдкость *f*; 2. (*Schlüpfrigkeit*) скóльзкость *f*
Glatteis *nt* <gen: -es> гололéдица *f*, гололёд *m*; **jdn aufs ~ führen** (*fig*) сбить когó-л. с тóлку
Glatteisgefahr *f* <gen: -> возмóжность *f*

оледенéния (дорóг)

glätten I. *vt* (*glatt machen*) разглáживать, -глáдить *pf*; II. *vr* (*fig*) сглáживать, сглáдить *pf*

Glatze *f* <-, -n> лы́сина *f*; **eine ~ bekommen** облысéть

Glaube *m* <*gen:* -ns> 1. (REL) вéра *f*; 2. (*Gewissheit, Überzeugung*) убеждённость *f*; **den ~n an etw verlieren** потерять вéру во что-л.

glauben *vt* 1. (*meinen*) полагáть *impf*, дýмать, по- *pf*; **glaubst du?** ты полагáешь? 2. (*für wahr halten*) вéрить, по- *pf*; **ob du es glaubst oder nicht** вéришь ты э́тому и́ли нет; **das ist kaum zu ~** э́тому невозмóжно повéрить

Glaubensbekenntnis *nt* <-ses, -se> вероисповéдание *nt*

Glaubenskrieg *m* <-es, -e> религиóзная войнá *f*

glaubhaft *adj* 1. (*zu glauben*) правдоподóбный; **jdm etw ~ machen** предстáвить комý-л. что-л. в правдоподóбном ви́де 2. (*überzeugend*) убеди́тельный

gläubig *adj* вéрующий

Gläubige(r) *m* <-n, -n> вéрующий *m*; **die ~n** вéрующие

Gläubiger, -in *m/f* <-s, -> кредитóр *m*, заимодáвец *m*

Gläubigerversammlung *f* <-, -en> óбщее собрáние *nt* кредитóров

glaubwürdig *adj* 1. (*Person*) заслýживающий довéрия; 2. (*Information*) достовéрный, правди́вый

glazial *adj* гляциáльный, леднико́вый

gleich I. *adj* 1. (*identisch, übereinstimmend*) одинáковый, такóй же; **auf die ~e Weise** таки́м же óбразом 2. (*vergleichbar*) сравни́мый, подóбный; **sie hat die ~e Figur wie ihre Mutter** у неё тá же фигýра, что и у мáтери; **sie sind ~ alt** они́ одногó вóзраста 3. (*gleichgültig*) безразли́чный; **das ist ihm ~** емý э́то всё равнó; II. *adv* 1. (*sofort*) сейчáс; **ich komme ~** сейчáс придý; 2. (*in identischer Weise*) таки́м же óбразом; **~ gesinnt** одни́х взглядов.

gleichaltrig *adj* одного́ возраста

gleichartig *adj* однорóдный

gleichbedeutend *adj* равнознáчный, равноси́льный; **~ mit etw sein** быть равнознáчным чему́-л.

gleichberechtigt *adj* равнопрáвный; **~ sein** быть равнопрáвным

Gleichberechtigung *f* <*gen:* -> равнопрáвие *nt*

gleich bleiben I. *irr vi* (*unverändert bleiben*) не изменя́ться, -ни́ться *pf*, оставáться, -тáться *pf* неизмéнным; II. *vr* изменя́ться, -тáться *pf* неизмéнным; **das bleibt sich doch gleich** э́то же всё равнó

gleichen *vi* <glich, geglichen> походи́ть *impf*; **sie gleicht ganz ihrer Mutter** онá вся в мать

gleichermaßen *adv* (*in gleicher Weise*) рáвным óбразом

gleichfalls *adv* тáкже, тóже; **danke, ~!** спаси́бо, и вам тогó же!

Gleichförmigkeit *f* <*gen:* -> однообрáзность *f*

gleich gesinnt *adj* одни́х взгля́дов, одни́х убеждéний

gleich gestellt *adj* равнопрáвный, прирáвненный

Gleichgewicht *nt* <*gen:* -(e)s> равновéсие *nt*, сбаланси́рованность *f*; **das ~ aufrechterhalten** сохраня́ть равновéсие; **das ~ verlieren** теря́ть равновéсие

gleichgültig *adj* 1. (*uninteressiert*) равноду́шный, безразли́чный; **jdm gegenüber ~ sein** быть к комý-л. равноду́шным. 2. (*belanglos, unwichtig*) несущéственный; **über ~e Dinge sprechen** говори́ть о несущéственном; **das ist mir ~** мне э́то безразли́чно

Gleichgültigkeit *f* <*gen:* -> безразли́чие *nt*, равноду́шие *nt*

Gleichheitsgrundsatz *m* <*gen:* -es> (JUR) при́нцип *m* рáвенства

Gleichheitszeichen *nt* <-s, -> знак *m* рáвенства

gleichkommen *irr vi* равня́ться *impf*; **jdm ~ an** быть рáвным комý-л. в чём-л.

gleichmäßig *adj* 1. (*ebenmäßig*) равномéрный; 2. (*fig: ausgeglichen*) уравновéшенный

Gleichnis *nt* <-ses, -se> (REL) при́тча *f*

gleichrangig *adj* рáвный по значéнию

Gleichrichter *m* <-s, -> (EL) выпрями́тель *m*

Gleichrichterdiode *f* <-, -n> (EL) диóд *m* выпрями́теля

gleichschenkelig *adj* (*Dreieck*) равнобéдренный

gleichsehen *irr vi* походи́ть *impf*, быть *impf* похóжим; **das sieht ihm gleich** э́то на негó похóже

gleichseitig *adj* равностороний

gleichsetzen *vt* 1. (*vergleichen*) прирáвнивать, -равня́ть *pf*; 2. (*als gleichwertig betrachten*) отождествля́ть, -стви́ть *pf*

Gleichsetzung *f* <-, -en> отождествлéние *nt*, прирáвнивание *nt*

Gleichspannung *f* <*gen:* -> (EL) постоя́нное напряжéние *nt*

Gleichstand *m* <*gen:* -(e)s> рóвный счёт *m*

Gleichstellung *f* <-, -en> урáвнивание *nt*

Gleichstrom *m* <*gen:* -(e)s> (EL) постоя́нный ток *m*

gleichtun *vt*: **es jdm ~** подражáть

кому-л.
Gleichung f <-, -en> уравнение nt
gleichwertig adj 1. равноценный; 2. (CHEM) с одинаковой валентностью
gleichzeitig I. adv одновременно, разом; II. adj одновременный.
Gleis nt <-es, -e> железнодорожный путь m; jdn aus dem ~ bringen (fig) выбить кого-л. из колеи
gleißend adj блестящий, сияющий
gleiten vi <glitt, geglitten> 1. (über das Eis) скользить impf; 2. (Blicke) скользить impf; die Blicke ~ lassen окидывать взглядом
Gleitflugzeug nt <-(e)s, -e> планёр m
Gleitzeit f <gen: -> скользящий график m
Gletscher m <-s, -> ледник m, глетчер m
Gletscherspalte f <-, -n> ледниковая трещина f
glich prät von **gleichen**
Glied nt <-(e)s, -er> 1. (Körperteil) член m, конечность f; an allen ~ern zittern дрожать всем телом 2. (Penis) мужской половой член m; 3. (Ketten~) звено nt
gliedern I. vt (unterteilen) подразделять, -лить pf, разделять, -лить pf; II. vr подразделяться impf
Gliederschmerzen pl <gen: -> боли pl в конечностях
Gliederung f <-, -en> (Aufbau, Einteilung) разделение nt, деление nt, разбивка f
Gliedmaßen pl <gen: -> конечности pl
glimmen vi <glomm, geglommen> 1. тлеть impf; 2. (fig) тлеть impf, тепличься impf
glimpflich adj благополучный, без больших потерь; er war noch einmal ~ davongekommen он снова легко отделался
glitschig adj скользкий
glitt prät von **gleiten**
glitzern vi 1. блестеть impf; 2. (Sterne) сверкать impf
global adj глобальный, мировой
Globalplayer, Global Player m <-s, -> предприятие nt мирового значения
Globalisierung f <gen: -> глобализация f
Globus m <-, Globen> глобус m
Glocke f <-, -n> 1. (Turmglocke) колокол m; 2. (Klingel) звонок m; etw an die große ~ hängen (umg) трезвонить о чём-л. повсюду
Glockenspiel nt <-(e)s, -e> куранты pl
glomm prät von **glimmen**
Glossar nt <-s, -e> глоссарий m
Glosse f <-, -n> 1. ироническое замечание nt; 2. краткий комментарий m
glotzen vi глазеть impf, уставиться pf
Glück nt <gen: -(e)s> 1. счастье nt; auf gut ~ наудачу; ~ bringend приносящий счастье; zum ~ к счастью; jd hat ~ кому-л. везёт 2. (Glücksfall) удача f; was für ein ~! что за удача! du kannst von ~ sagen считай, что тебе повезло; ein ~, dass ... счастье, что...
glückbringend adj приносящий счастье
glücken vi удаться pf, удаваться impf; ein geglückter Versuch удачная попытка
gluckern vi (Wasser) булькать impf
glücklich adj 1. (froh) счастливый; 2. (erfolgreich) успешный, удачный
glücklicherweise adv к счастью
Glückseligkeit f <gen: -> блаженство nt
Glücksfall m <-(e)s, -fälle> счастливый случай m
Glückspilz m <-es, -e> (umg) счастливчик m
Glücksspiel nt <-(e)s, -e> азартная игра f
Glücksspieler, -in m/f <-s, -> игрок m
Glückssträhne f <-, -n> полоса f удачи
glückstrahlend adj сияющий от счастья
glücksverheißend adj сулящий счастье
Glückwunsch m <-es, -wünsche> поздравление nt; herzlichen ~ zum Geburtstag! сердечно поздравляю с днём рождения!
Glühbirne f <-, -n> электрическая лампочка f
glühen vi 1. гореть impf; 2. (Herdplatte) накаляться, -литься pf; er glühte vor Wut он пылал гневом
Glühfaden m <-s, -fäden> (EL) нить f накала
Glühwein m <-(e)s, -e> глинтвейн m
Glühwürmchen nt <-s, -> светлячок m
Glut f <-, -en> 1. (Sonnenglut) зной m, жар m; 2. (glühende Masse) жар m
glutrot adj багровый
GmbH abk von **Gesellschaft mit beschränkter Haftung** f <-, -s> ГмбХ nt, общество с ограниченной ответственностью
g-Moll nt <gen: -> (MUS) соль минор m
Gnade f <-, -n> 1. (Erbarmen) милость f; 2. (Schonung) пощада f; ~ vor Recht ergehen lassen смиловаться; um ~ bitten просить пощады
Gnadenfrist f <gen: -> отсрочка f; jdm eine ~ geben [o gewähren] дать кому-л. отсрочку [o предоставить кому-л. отсрочку]
Gnadengesuch nt <-(e)s, -e> прошение nt о помиловании; ein ~ einreichen подать прошение о помиловании
gnadenlos adj беспощадный, безжалостный
gnädig adj 1. (barmherzig) милостивый; 2. (herablassend) снисходительный
Gobelin m <-s, -e> гобелен m
Gold nt <gen: -(e)s> золото nt
Goldanleihe f <-, -n> золотой заём m

Goldbestand *m* <-(e)s, -bestände> золотой запас *m*

Golddeckung *f* <-, -en> (ÖKON) золотое покрытие *nt* банкнот

golden *adj* золотой; **~er Schnitt** золотое сечение; **die ~e Mitte wählen** выбрать золотую середину

Goldfasan *m* <-(e)s, -en> (ZOOL) золотистый фазан *m*

Goldfisch *m* <gen: -(e)s> золотая рыбка *f*

Goldgrube *f* <-, -n> золотое дно *f*

goldig *adj* (*fig*) прелестный

Goldmedaille *f* <-, -n> золотая медаль *f*

Goldmünze *f* <-, -n> золотая монета *f*

Goldnotierung *f* <-, -en> котировка *f* золота

Goldplombe *f* <-, -n> золотая пломба *f*

Goldschmied, -in *m/f* <-(e)s, -e> ювелир *m*

Goldschmiedekunst *f* <gen: -> ювелирное искусство *nt*

Goldsucher *m* <-s, -> золотоискатель *m*, старатель *m*

Goldwährung *f* <gen: -> золотая валюта *f*

Golf[1] *m* <-(e)s, -e> (GEOG) морской залив *m*

Golf[2] *m* <gen: -s> (SPORT) гольф *m*

Golfkrieg *m* <gen: -(e)s> (*HIST*) война *f* в Персидском заливе (1991)

Golfplatz *m* <-es, -plätze> площадка *f* для игры в гольф

Golfschläger *m* <-s, -> клюшка *f*

Golfspieler, -in *m/f* <-s, -> игрок *m* в гольф

Golfstaat *m* <-(e)s, -en> государство *nt* Персидского залива

Golfstrom *m* <gen: -(e)s> гольфстрим *m*

Gondel *f* <-, -n> 1. (*Boot*) гондола *f*; 2. (*Seilbahnkabine*) кабина *f*

Gong *m* <-s, -s> гонг *m*

gönnen I. *vt* удостаивать, -стоить *pf*; **sie gönnt ihm keinen Blick** она не удостаивает его взглядом; II. *vr* позволять, -волить *pf*, разрешать, -шить *pf*; **sich einige Tage Ruhe ~** позволить себе несколько дней отдыха

Gönner, -in *m/f* <-s, -> покровитель, -ница *m/f*

gönnerhaft *adj* покровительственный

gor *prät von* **gären**

Gorilla *m* <-s, -s> горилла *f*

Gospelsong *m* <-s, -s> госпел *m*

goss *prät von* **gießen**

Gosse *f* <-, -n> водосточный жёлоб *m*, сточная канава *f*

Gotik *f* <gen: -> готика *f*

gotisch *adj* готический

Gott *m* <-es, Götter> бог *m*; **mein ~!** о боже! **~ sei Dank!** слава богу! **es ist, weiß ~, schon spät** видит бог, уже поздно; **an ~ glauben** верить в бога

Gottesdienst *m* <-(e)s, -e> богослужение *nt*, служба *f*

Gottesfurcht *f* <gen: -> богобоязненность *f*, страх *m* божий

Gotteshaus *nt* <-es, -häuser> дом *m* господень

Gottheit *f* <-, -en> 1. (*Göttlichkeit*) божественность *f*; 2. (*ein Gott*) божество *nt*

Göttin *f* <-, -nen> богиня *f*

göttlich *adj* божий, божеский

gottlob *adv* слава богу; **~ ist es nicht mehr weit** слава богу, теперь недалеко

gottlos *adj* безбожный

Gottlosigkeit *f* <gen: -> безбожие *nt*

Gottvertrauen *nt* <gen: -s> уверенность *f* в божьем промысле

Götze *m* <-n, -n> 1. идол *m*; 2. (*pej*) истукан *m*

Gourmet *m* <-s, -s> гурман *m*

Grab *nt* <-(e)s, Gräber> могила *f*; **jdn zu ~e tragen** хоронить кого-л.; **jdn ins ~ bringen** свести кого-л. в могилу; **ein Geheimnis mit ins ~ nehmen** унести тайну в могилу; **dein Vater würde sich im ~ umdrehen, wenn ...** твой отец перевернулся бы в гробу, если бы...

graben *vt* <grub, gegraben> копать, вы-*pf*, рыть, вы-*pf*

Graben *m* <-s, Gräben> 1. ров *m*, канава *f*; 2. (MIL) окоп *m*, траншея *f*

Grabmal *nt* <-s, -mäler> надгробный памятник *m*

Grabrede *f* <-, -n> надгробное слово *nt*, надгробная речь *f*

Grabschänder *m* <-s, -> осквернитель *m* могил(ы)

Grabstein *m* <-(e)s, -e> надгробный камень *m*

Grad *m* <-(e)s, -e> 1. (*bei Temperaturangaben*) градус *m*; **es ist 10 ~ über/unter Null** 10 градусов выше/ниже нуля; **zu einem gewissen ~** до определённой степени 2. (*Stufe, Ausmaß*) степень *f*

Graf *m* <-en, -en> граф *m*

Graffito *nt* <-s, Graffiti> граффити *nt*

Grafik, Graphik *f* <-, -en> (*Kunstwerk, Gewerbe*) графика *f*

Grafikdatei *f* <-, -en> (DV) графический файл *m*

Grafiker, -in *m/f* <-s, -> график *m*

Grafikmodus *m* <gen: -> (DV) графический модус *m*

Grafikprogramm *nt* <-(e)s, -e> (DV) графический редактор *m*

Gräfin *f* <-, -nen> графиня *f*

grafisch *adj* графический; **~e Darstellung** графическое изображение

Grafschaft *f* <-, -en> графство *nt*

grämen *vr* горевать, по-*pf*; **sich über jdn ~** тосковать по кому-л.

Gramm nt <-s, (-e)> грамм m
Grammatik f <-, -en> грамматика m
grammatisch adj грамматический
Granate f <-, -n> граната f
Granatfeuer nt <gen: -s> разрывы mpl гранат
grandios adj грандиозный
Granit m <-s, -e> гранит m
grantig adj (übelgelaunt, ärgerlich) раздражённый, не в духе
Grapefruit f <-, -s> грейпфрукт m
Grapefruitsaft m <gen: -(e)s> грейпфрутовый сок m
Graphik f <-, -en> (Kunstwerk, Gewerbe) графика f
Graphiker, -in m/f <-s, -> график m
graphisch adj графический
Graphit, Grafit m <-(e)s, -e> графит m
Graphologe, Grafologe, -in m/f <-n, -n> графолог m
grapschen vt цапать, сцапать pf, хватать, схватить pf
Gras nt <-es, Gräser> трава f; **ins ~ beißen** (umg) протянуть ноги
Grasdecke f <gen: -> травяной покров m, газон m
grasen vi пастись impf
Grashalm m <-(e)s, -e> стебель m травы, травинка f
grassieren vi (Seuche) свирепствовать impf
grässlich adj 1. (grauenvoll) ужасный; 2. (widerlich) отвратительный, омерзительный; 3. (furchtbar) страшный; **ein ~er Kerl** отвратительный тип; **ein ~es Verbrechen** ужасное преступление
Grat m <-(e)s, -e> 1. (Berg~) горный хребет m; 2. (TECH) ребро nt, грань f
Gräte f <-, -n> рыбья кость f
Gratifikation f <-, -en> денежная награда f
gratis adv бесплатно, даром; **~ anbieten** предлагать даром
Gratisangebot nt <-(e)s, -e> бесплатное предложение nt товара
Gratisprobe f <-, -n> бесплатная проба f
Gratulant, -in m/f <-en, -en> поздравитель m
Gratulation f <-, -en> поздравление nt
gratulieren vi поздравлять, -равить pf; **jdm zum Geburtstag ~** поздравить кого-л. с днём рождения
grau adj серый; **~e Haare bekommen** седеть; **alles ~ in ~ sehen** (umg) видеть всё в мрачном свете; **dem ~en Alltag entfliehen** сбежать от серых будней
graubraun adj серо-бурый
Gräuel m <-s, -> 1. (Grauen) ужас m; etw **ist jdm ein ~** кто-л. терпеть не может чего-л. 2. (~tat) злодеяние nt, зверство nt

grauen vi светать impf; **der Morgen fängt an zu ~** начинает светать
Grauen nt <gen: -s> (Entsetzen) ужас m
grauenhaft adj ужасный, страшный
Grauer Star m <gen: -> бельмо nt
grauhaarig adj седой, седоволосый
Graupel f <-, -n> мелкий град m
grausam adj 1. (brutal) жестокий; **ein ~er Mensch** жестокий человек 2. (fig:) ужасный, страшный; **eine ~e Enttäuschung** страшное разочарование
Grausamkeit f <-, -en> жестокость f, зверство nt
grausen vr (vor) очень бояться impf
grausig adj ужасный, страшный
gravieren vt гравировать, вы- pf
gravierend adj (schwerwiegend) веский
Gravitation f <gen: -> гравитация f, тяготение nt
Gravitationskraft f <gen: -> гравитация f
grazil adj грациозный, изящный
greifbar adj (zur Verfügung stehend) имеющийся в распоряжении; **in ~er Nähe** в непосредственной близости
greifen vt <griff, gegriffen> 1. (ergreifen) брать, взять pf; **nach etw ~** браться за что-л. 2. (fangen) хватать, схватить pf
Greis m <-es, -e> старик m, старец m
grell adj 1. (Stimme) резкий; 2. (Sonne) яркий; 3. (Farben) кричащий
Gremium nt <-s, Gremien> комиссия f, совет m; **ein ~ einberufen** созывать комиссию
Grenzbezirk m <-(e)s, -e> пограничный район m
Grenze f <-, -n> 1. (von Staatsgebiet) граница f; 2. (Trennungslinie) граница f, рубеж m; 3. (fig) предел m; **alles hat seine ~n** всему есть предел
grenzen vi граничить impf
grenzenlos adj безграничный, бескрайний
Grenzfall m <-(e)s, -fälle> пограничный случай m
Grenzgänger, -in m/f <-s, -> человек m, регулярно пересекающий границу
Grenzgebiet nt <-(e)s, -e> пограничная область f
Grenzkontrolle f <-, -n> пограничный контроль m
Grenzkostenrechnung f <-, -en> (ÖKON) расчёт m предельных издержек
Grenzposten m <-s, -> пограничный пост m
Grenzschutz m <gen: -es> охрана f границ
Grenzsituation f <-, -en> крайняя ситуация f
Grenzstadt f <-, -städte> пограничный город m
Grenzsteuersatz m <-es, -sätze>

предельная налоговая ставка f
Grenzstreitigkeiten pl <gen: -> споры mpl о границе
Grenzübergang m <-(e)s, -übergänge> переход m через границу
Grenzübertritt m <-(e)s, -e> переход m границы
Grenzwert m <-(e)s, -e> предельное значение nt
Greuel alte Schreibung für **Gräuel**
Grieche m <-n, -n> грек m
Griechenland nt <gen: -s> Греция f
Griechin f <-, -nen> гречанка f
griechisch adj греческий
griesgrämig adj (unfreundlich, mürrisch) угрюмый
Grieß m <gen: -es> манная крупа f
griff prät von **greifen**
Griff m <-(e)s, -e> 1. (Greifen, Zugriff) хватание nt, схватывание nt; 2. (Stiel) ручка f; 3. (von Pistole) рукоятка f; 4. (Türgriff) ручка f; 5. (Handgriff) приём m; etw im ~ haben (Situation) контролировать ситуацию; etw in den ~ bekommen справиться с чём-л.
griffbereit adj под рукой
Grill m <-s, -s> 1. (für Speisen) гриль m; 2. (KFZ: Kühler~) решётка f радиатора
Grille f <-, -n> сверчок m
grillen vt поджаривать, -жарить pf на гриле
Grimasse f <-, -n> гримаса m; ~n schneiden делать гримасы
grimmig adj 1. (zornig) гневный; ein ~es Gesicht machen сделать свирепое лицо 2. (übermäßig) чрезвычайно сильный; ~e Kälte лютый мороз
grinsen vi ухмыляться, -льнуться pf
Grippe f <-, -n> грипп m
Grippe-Impfstoff m <-(e)s, -e> вакцина f против гриппа
Grippemittel nt <-s, -> средство nt от гриппа
Grippeschutzimpfung f <-, -en> прививка f против гриппа
Grippevirus m <-, -viren> возбудитель m гриппа
Grips m <gen: -es> (umg) ум m, смекалка f; streng mal deinen ~ an! ну-ка, подумай как следует!
grob adj 1. (derb, rau) грубый; 2. (ungefähr) приблизительный; 3. (barsch, unhöflich) грубый, невежливый; ein ~er Mensch грубый человек
Grobheit f <gen: -> грубость f; jdm ~en ins Gesicht sagen грубить кому-л. в лицо
Grobian m <-(e)s, -e> грубиян m
Grobplanung f <-, -en> предварительный план m
Grog m <-s, -s> грог m
groggy adj (umg: erschöpft) усталый, измотанный, в изнеможении

grölen vi орать impf
Groll m <gen: -(e)s> (geh) затаённая злоба f, злость f; einen ~ gegen jdn hegen затаить на кого-л. злобу
grollen vi 1. (jdm ~) сердиться, рас- pf; 2. (Donner) греметь, про- pf, громыхать, про- pf
Grönland nt <gen: -s> Гренландия f
Groschenroman m <-(e)s, -e> (pej) бульварный роман m
groß adj 1. (bedeutend) значительный; ein ~er Schriftsteller великий писатель 2. (räumlich) большой, крупный; ein ~es Grundstück большой участок 3. (umfangreich) большой, обширный; eine ~e Zuhörerschaft обширный круг слушателей 4. (riesig) огромный; 5. (hochgewachsen) высокий; das Kind ist sehr ~ für sein Alter ребёнок очень крупный для своего возраста 6. (großartig) бесподобный, великолепный; ~ dastehen (umg: Erfolg haben) преуспевать 7. (Fläche) большой; 8. (sehr) очень; wir haben nicht ~ darauf geachtet (umg) мы не очень на это обращали внимания; ~e Lust auf etw haben очень хотеть чего-л.; im Großen und Ganzen в общем и целом; ~e Kälte сильные холода; ~e Hitze сильная жара
Großabnehmer m <-s, -> крупный покупатель m
Großaktion f <-, -en> крупное мероприятие nt, крупная акция f
Großaktionär m <-s, -e> крупный акционер m
gross angelegt adj широкомасштабный
Großangriff m <-(e)s, -e> (MIL) крупная наступательная операция f, массированный налёт m
großartig adj 1. (wunderbar) чудесный, великолепный; 2. (ausgezeichnet) отличный, превосходный
Großaufnahme f <-, -n> съёмка f крупным планом
Großauftrag m <-(e)s, -aufträge> крупный заказ m
Großbetrieb m <-(e)s, -e> крупное предприятие nt; landwirtschaftlicher ~ крупное сельскохозяйственное предприятие
Großbritannien nt <gen: -s> Великобритания f
Großbuchstabe m <-ns/-n, -n> большая буква f, заглавная буква f
großbürgerlich adj крупнобуржуазный
Großbürgertum nt <gen: -(e)s> крупная буржуазия f
Großcomputer m <-s, -> мощный компьютер m
Großdemonstration f <-, -en> массовая демонстрация f
Größe f <-, -n> 1. (Umfang, Format, Num-

mer) разме́р *m*; 2. (*Höhe*) высота́ *f*; 3. (PHYS) величина́ *f*; **unbekannte ~** неизве́стная величина́ 4. (*Bedeutsamkeit*) значи́тельность *f*, вели́чие *nt*; **die ~ des Augenblicks** (*geh*) вели́чие моме́нта

Großeltern *pl* <*gen:* -> де́душка *m* и ба́бушка *f*

Größenordnung *f* <-, -en> поря́док *m*; **in der ~ von** поря́дка

Größenwahn *m* <*gen:* -(e)s> ма́ния *f* вели́чия

größenwahnsinnig *adj* страда́ющий ма́нией вели́чия

Großereignis *nt* <-ses, -se> кру́пное собы́тие *nt*

Großflughafen *m* <-s, -häfen> кру́пный аэродро́м *m*

Großgrundbesitz *m* <-es, -e> кру́пное землевладе́ние *nt*

Großhandel *m* <*gen:* -s> опто́вая торго́вля *f*

Großhandelspreis *m* <-es, -e> опто́вая цена́ *f*

Großhandelsrabatt *m* <-(e)s, -e> опто́вая ски́дка *f*

Großhandelsspanne *f* <-, -n> опто́вая наце́нка *f*

Großhändler *m* <-s, -> опто́вый торго́вец *m*, оптови́к *m*

Großkapitalist *m* <-en, -en> кру́пный капитали́ст *m*

Großkind *nt* <-(e)s, -er> (*CH: Enkelkind*) внук *m*, вну́чка *f*

Großkonzern *m* <-s, -e> кру́пный конце́рн *m*

Großkunde *m* <-n, -n> кру́пный покупа́тель *m*

Großmacht *f* <-, -mächte> вели́кая держа́ва *f*

Großmarkt *m* <-(e)s, -märkte> опто́вый ры́нок *m*

Großmaul *nt* <-(e)s, -mäuler> (*pej*) хвасту́н *m*

Großmutter *f* <-, -mütter> ба́бушка *f*

Großoffensive *f* <-, -n> (MIL) кру́пное наступле́ние *nt*

Großprojekt *nt* <-(e)s, -e> кру́пный прое́кт *m*

Großraum *m* <-(e)s, -räume> кру́пный райо́н *m*; **im ~ München** в райо́не Мю́нхена

Großraumwagen *m* <-s, -wägen> пассажи́рский ваго́н *с* о́бщим сало́ном

Großreinemachen *nt* <*gen:* -s> генера́льная убо́рка *f*

Großschreibung *f* <*gen:* -> написа́ние *nt* с большо́й бу́квы

großspurig *adj* кичли́вый, высокоме́рный

Großstadt *f* <-, -städte> большо́й го́род *m*

größtmöglich *adj* са́мый большо́й, максима́льно возмо́жный

Großtuerei *f* <*gen:* -> (*pej*) хвастовство́ *nt*

Großunternehmen *nt* <-s, -> кру́пное предприя́тие *nt*

Großvater *m* <-s, -väter> де́душка *m*

Großveranstaltung *f* <-, -en> ма́ссовое мероприя́тие *nt*

Großwetterlage *f* <-, -n> макросиноптическая ситуа́ция *f*; **die politische ~** (*fig*) актуа́льная полити́ческая ситуа́ция

großziehen *irr vt* выра́щивать, вы́растить *pf*

großzügig *adj* 1. (*tolerant*) великоду́шный; 2. (*spendabel*) ще́дрый; 3. (*weiträumig*) просто́рный

Großzügigkeit *f* <*gen:* -> 1. (*Freigebigkeit*) ще́дрость *f*; 2. (*räumlich*) масшта́бность *f*

grotesk *adj* гроте́скный

Grotte *f* <-, -n> грот *m*

grub *prät von* **graben**

Grübchen *nt* <-s, -> я́мочка *f*

Grube *f* <-, -n> 1. (*Vertiefung im Boden*) я́ма *f*; 2. (BERGB) ша́хта *f*; **wer anderen eine ~ gräbt, fällt selbst hinein** не рой друго́му я́му, сам в неё попадёшь

grübeln *vi* (*über*) размышля́ть *impf*; **erfolglos über eine Frage ~** безуспе́шно лома́ть себе́ го́лову над вопро́сом

Grubenarbeiter *m* <-s, -> горня́к *m*

Grubenexplosion *f* <-, -en> рудни́чный взрыв *m*

Grubenlampe *f* <-, -n> рудни́чная ла́мпа *f*

Grubenunglück *nt* <-(e)s, -e> рудни́чная катастро́фа *f*

grüezi *interj* (*CH: Grußformel*) приве́т!, салю́т!

Gruft *f* <-, Grüfte> 1. (*Grabgewölbe*) склеп *m*; 2. (*Grabmal*) надгро́бный па́мятник *m*

grün *adj* зелёный; **das ist dasselbe in ~** (*umg*) э́то то же са́мое; **jdm nicht ~ sein** (*umg*) недолю́бливать кого́-л.; **sich ~ und blau ärgern** (*umg*) позелене́ть от зло́сти; **jdm ~es Licht geben** дать кому́-л. зелёную у́лицу

Grünanlage *f* <-, -n> зелёные насажде́ния *pl*, сквер *m*

grünblau *adj* зеленова́то-голубо́й

Grund *m* <-(e)s, Gründe> 1. (*Ursache*) причи́на *f*, основа́ние *nt*; **einen ~ zum Feiern haben** име́ть по́вод для пра́зднования 2. (*Boden eines Gewässers*) дно *nt*; **einer Sache auf den ~ gehen** глубоко́ вни́кнуть в суть како́го-л. де́ла; **von ~ auf** коренны́м о́бразом; **im ~e** в су́щности 3. (*Grundlage*) осно́ва *f*, основа́ние *nt*; **den ~ zu etw legen** (*die Voraussetzung für etw schaffen*) созда́ть

предпосы́лки для чего́-л.
Grundausbildung *f* <*gen*: -> (MIL) первонача́льная подгото́вка *f*
Grundausführung *f* <*gen*: -> ба́зовая моде́ль *f*
Grundausstattung *f* <-, -en> основно́е обору́дование *nt*
Grundbedeutung *f* <-, -en> основно́е значе́ние *nt*
Grundbedingung *f* <-, -en> основно́е усло́вие *nt*
Grundbedürfnis *nt* <-ses, -se> основна́я потре́бность *f*
Grundbegriff *m* <-(e)s, -e> основно́е поня́тие *nt*
Grundbesitz *m* <-es, -e> земе́льная со́бственность *f*
Grundbestandteil *m* <-(e)s, -e> основно́й компоне́нт *m*
Grundbuch *nt* <-(e)s, -bücher> поземе́льная кни́га *f*
Grundbucheintragung *m* <-, -en> регистра́ция *f* в земе́льном када́стре
gründen *vt* осно́вывать, -нова́ть *pf*, учрежда́ть, -реди́ть *pf*; **sich auf etw** ~ осно́вываться на чём-л.
Gründer, -in *m/f* <-s, -> основа́тель, -ница *m/f*
Gründergeneration *f* <-, -en> поколе́ние *nt* основа́телей
Grundfarbe *f* <-, -n> 1. основна́я кра́ска *f*; 2. грунтова́я кра́ска *f*
Grundforderung *f* <-, -en> основно́е тре́бование *nt*
Grundfrage *f* <-, -n> основно́й вопро́с *m*
Grundgebühr *f* <-, -en> основно́й тари́ф *m*, основна́я та́кса *f*
Grundgedanke *m* <-n, -n> основна́я мысль *f*
Grundgesetz *nt* <*gen*: -es> конститу́ция *f*
Grundidee *f* <-, -n> основна́я иде́я *f*
Grundierfarbe *f* <-, -n> грунто́вка *f*
Grundierung *f* <*gen*: -> грунтова́ние *nt*
Grundkapital *nt* <*gen*: -s> уставно́й капита́л *m*
Grundkenntnisse *pl* <*gen*: -> осно́вы *pl* нау́к
Grundlage *f* <-, -n> осно́ва *f*, основа́ние *nt*; **die ~n für etw schaffen** созда́ть осно́ву для чего́-л.
Grundlagenabkommen *nt* <-s, -> (POL) догово́р *m* об осно́вах отноше́ний
Grundlagenforschung *f* <-, -en> фундамента́льные иссле́дования *pl*
grundlegend *adj* (*für*) основополага́ющий, основно́й
gründlich *adj* основа́тельный, тща́тельный
Grundlohn *m* <-(e)s, -löhne> основна́я за́работная пла́та *f*
grundlos *adj* 1. (*unbegründet*) беспричи́нный; 2. (*sehr tief*) бездо́нный

Grundmauer *f* <-, -n> фунда́ментная стена́ *f*
Grundnahrungsmittel *nt* <-s, -> основно́й проду́кт *m* пита́ния
Gründonnerstag *m* свято́й четве́рг *m*
Grundprinzip *nt* <-s, -ien> основно́й при́нцип *nt*
Grundrecht *nt* <-(e)s, -e> основно́е пра́во *nt*
Grundregel *f* <-, -n> основно́е пра́вило *nt*
Grundriss *m* <-es, -e> (*eines Hauses*) горизонта́льная прое́кция *f*
Grundsatz *m* <-es, -sätze> при́нцип *m*; **an seinen Grundsätzen festhalten** твёрдо отста́ивать свои́ при́нципы
Grundsatzfrage *f* <-, -n> принципиа́льный вопро́с *m*
grundsätzlich *adj* 1. принципиа́льный; 2. (*im Allgemeinen*) в о́бщем; ~ **zu etw bereit sein** быть в при́нципе к чему́-л. гото́вым
Grundsatzpapier *nt* <-(e)s, -e> програ́ммный докуме́нт *m*
Grundsatzprogramm *nt* <-(e)s, -e> основна́я програ́мма *f*
Grundsatzvereinbarung *f* <-, -en> основно́е соглаше́ние *nt*
Grundschuld *f* <*gen*: -> (JUR) ипоте́чный долг *m*
Grundschule *f* <-, -n> нача́льная шко́ла *f*
Grundsteinlegung *f* <-, -en> закла́дка *f* (зда́ния)
Grundsteuer *f* <-, -n> поземе́льный нало́г *m*
Grundstimmung *f* <-, -en> основно́е настрое́ние *nt*
Grundstoffindustrie *f* <-, -n> ба́зисные о́трасли *pl* тяжёлой промы́шленности
Grundstück *nt* <-(e)s, -e> земе́льный уча́сток *m*
Grundstücksbesitzer *m/f* <-s, -> владе́лец *m* земе́льных уча́стков *m*
Grundstücksmakler, -in *m/f* <-s, -> ма́клер *m* по прода́же земе́льных уча́стков
Grundstückspreis *m* <-es, -e> (*meist pl*) цена́ *f* земе́льного уча́стка
Grundübel *nt* <*gen*: -s> основно́е зло *nt*
Gründung *f* <-, -en> основа́ние *nt*, учрежде́ние *nt*
Gründungsbilanz *f* <-, -en> учреди́тельный бала́нс *m*
Gründungsmitglied *nt* <-(e)s, -er> член *m* -учреди́тель *m*
Grundversorgung *f* <*gen*: -> основно́е снабже́ние *nt*
Grundwasser *nt* <*gen*: -s> грунто́вые во́ды *pl*
Grundwehrdienst *m* <*gen*: -(e)s> обяза́тельная вое́нная слу́жба *f*
Grundwortschatz *m* <*gen*: -es>

основно́й запа́с m слов

Grüne(r) m <-n, -n> (POL) „зелёный" m; **die ~n** Па́ртия зелёных

Grunge m <gen: -> (Stilart der Rockmusik) гранж m

Grünland nt <gen: -(e)s> кормовы́е уго́дья ntpl

grünstichig adj с зелёным отте́нком

Grünstreifen m <-s, -> раздели́тельная полоса́ f с зелёными насажде́ниями

Gruppe f <-, -n> 1. гру́ппа f; 2. (Arbeits~) рабо́чая гру́ппа f; **in ~n einteilen** группирова́ть

Gruppenarbeit f <-, -en> коллекти́вная рабо́та f

Gruppenaufnahme f <-, -n> группово́й сни́мок m

Gruppenbildung f <-, -en> формирова́ние nt групп

Gruppendynamik f <gen: -> (PSYCH) дина́мика f групп

Gruppenfoto nt <-s, -s> группово́й сни́мок m

Gruppentherapie f <-, -en> (PSYCH) группова́я терапи́я f

gruselig adj жу́ткий, стра́шный

Gruß m <-es, Grüße> приве́т m; **jdm einen ~ ausrichten** переда́ть кому́-л. приве́т; **viele Grüße, euer ...** (am Briefende) всем приве́т, ваш...

grüßen vt приве́тствовать, по- pf; **grüß dich!** приве́тствую!; **jdn ~ lassen** переда́ть кому́-л. приве́т кому́-л.

Grütze f <gen: -> ка́ша f

Guatemala nt <gen: -s> Гватема́ла f

gucken vi гляде́ть, по- pf; **durchs Schlüsselloch ~** смотре́ть сквозь замо́чную сква́жину

Guerillakämpfer, -in m/f <-s, -> партиза́н m

Guerillakrieg m <-(e)s, -e> партиза́нская война́ f

Gulasch nt <-(e)s, -e> гуля́ш m

gültig adj действи́тельный; **wie lange ist dein Angebot noch ~?** как до́лго твоё предложе́ние остаётся в си́ле?; **ein ~er Ausweis** действи́тельное удостовере́ние; **der Fahrplan ist ab 1. Januar ~** расписа́ние движе́ния действи́тельно с 1 января́; **ein ~er Vertrag** де́йствующий догово́р

Gültigkeit f <gen: -> (das Gültigsein) де́йственность f, зако́нность f

Gültigkeitsdauer f <gen: -> срок m де́йствия

Gummi nt <-s, -s> 1. рези́на f; 2. (Radiergummi) рези́нка f; 3. (umg: Präservativ) презервати́в m

Gummiband nt <-(e)s, -bänder> (für Kleider) рези́нка f

Gummihandschuh m <-es, -e> рези́новая перча́тка f

Gummiknüppel m <-s, -> рези́новая дуби́нка f

Gummireifen m <-s, -> рези́новая ши́на f

Gummiring m <-(e)s, -e> рези́новое кольцо́ nt, рези́новая прокла́дка f

Gummisohle f <-, -n> рези́новая подо́шва f

Gummistiefel m <-s, -> рези́новый сапо́г m

Gunst f <gen: -> благоскло́нность f, расположе́ние nt; **sich jds ~ erwerben** завоева́ть чьё-л. расположе́ние; **zu jds ~en** в чью́-л. по́льзу

günstig adj удо́бный, вы́годный; **~es Angebot** вы́годное предложе́ние; **im ~sten Falle** в лу́чшем слу́чае; **etw ~ kaufen** вы́годно купи́ть что́-л.; **in ~er Lage** в вы́годном положе́нии; **ein ~er Standort** благоприя́тное местоположе́ние

Gurgel f <-, -n> го́рло nt, гло́тка f; **jdn an der ~ packen** взять кого́-л. за го́рло

gurgeln vi (mit Mundwasser) полоска́ть, про- pf

Gurke f <-, -n> 1. огуре́ц m; 2. (Essig~) марино́ванный огуре́ц m

Gurt m <-(e)s, -e> 1. (Riemen) реме́нь m; 2. (Gürtel) по́яс m, реме́нь m

Gürtel m <-s, -> 1. (Hosen~) по́яс m; 2. (Streifen, Zone) полоса́ f, зо́на f

Gurtmuffel m <-s, -> (umg) автомобили́ст, не пристёгивающийся при езде́

Guru m <-s, -s> гу́ру m

GUS f <gen: -> Содру́жество nt незави́симых госуда́рств

Guss m <-es, Güsse> 1. (das Gießen) литьё nt; 2. (Erzeugnis) лито́е изде́лие nt; 3. (Wasser~) облива́ние nt, душ m; 4. (Regen~) ли́вень m; 5. (Zucker~) глазу́рь f; **wie aus einem ~** (fig: einheitlich) це́льный

Gusseisen nt <-s, -> чугу́н m

Gussstahl m <gen: -(e)s> лита́я сталь f

gut I. adj хоро́ший, до́брый; **wie ~, dass ... !** как хорошо́, что...; **das ist ja alles schön und ~, aber ...** всё э́то чуде́сно, но...; **~e Besserung!** поправля́йтесь! **~en Morgen!** до́брое у́тро! II. adv хорошо́; **~ aussehend** привлека́тельный; **~ gemacht!** отли́чно срабо́тано! **~ situiert** обеспе́ченный; **so ~ wie** почти́; **du hast ~ lachen** тебе́ хорошо́ смея́ться

Gut nt <-(e)s, Güter> 1. (Landgut) име́ние nt; 2. (ÖKON: Handelsgüter) това́р m, груз m

Gutachten nt <-s, -> о́тзыв m, заключе́ние nt, эксперти́за f; **ein ~ abgeben** дать заключе́ние; **ein ~ einholen** запра́шивать заключе́ние; **gerichtliches ~** суде́бное заключе́ние

Gutachter, -in m/f <-s, -> экспе́рт m

gutartig adj (MED: Geschwulst)

gut aussehend доброкачественный
gut aussehend *adj* привлекательный, с приятной внешностью
gutbürgerlich *adj* об образе жизни, традициях или поведении, принятых в буржуазных слоях общества
Güte *f* <*gen:* -> 1. (*Freundlichkeit*) доброта *f*; 2. (ÖKON: *Qualität*) доброкачественность *f*, качество *nt*; **ach du meine ~!** боже мой!
Güteklasse *f* <-, -n> класс *m*, степень *f* качества
Güterabfertigung *f* <-, -en> отправка *f* грузов
Güterangebot *nt* <*gen:* -(e)s> предложение *nt* товаров
Güterbahnhof *m* <-s, -bahnhöfe> товарная станция *f*
Güterbeförderung *f* <*gen:* -> перевозка *f* грузов
Güterbeschaffenheit *f* <*gen:* -> (*Qualität*) качество *nt* товара
Güterfernverkehr *m* <*gen:* -s> дальние грузовые перевозки *fpl*
Güterknappheit *f* <*gen:* -> недостаток *m* товаров
Gütertrennung *f* <*gen:* -> раздел *m* имущества
Güterumschlag *m* <*gen:* -(e)s> грузооборот *m*
Güterversorgung *f* <*gen:* -> снабжение *nt* товарами
Güterwagen *m* <-s, -> товарный вагон *m*
Güterzug *m* <-(e)s, -züge> товарный поезд *m*
Gütezeichen *nt* <-s, -> знак *m* качества
gut gelaunt *adj* весёлый, в хорошем настроении
gut gemeint *adj* доброжелательный
gutgläubig *adj* (*leichtgläubig*) легковерный; **du bist viel zu ~** ты слишком доверчив
Guthaben *nt* <-s, -> актив *m*; **er hat noch ein ~ von 500 Euro** у него на банковском счету ещё 500 евро
gutheißen *irr vt* (*etw*) одобрять, одобрить *pf*
gütig *adj* 1. (*freundlich*) любезный; 2. (*voller Güte*) добрый, добросердечный
gut leserlich *adj* разборчивый (почерк)
gütlich *adj* полюбовный; **sich an etw ~ tun** (*mit Genuss etw verzehren*) лакомиться чем-л.
gutmütig *adj* добродушный
Gutmütigkeit *f* <*gen:* -> добродушие *nt*
Gutschein *m* <-s, -e> 1. (*als Zahlungsmittel*) банковский чек *m*; 2. (*für umgetauschte Waren*) чек *m*, талон *m*
gutschreiben *vt* заносить, -нести *pf*; **einen Betrag auf einem Konto ~** кредитовать счёт какой-л. суммой; **einen Betrag ~** оприходовать сумму

Gutschrift *f* <-, -en> 1. (*Bescheinigung, Gutschein*) квитанция *f* на сумму кредита; 2. (*Betrag*) кредит *m*; 3. (*Vorgang*) кредитование *nt*
Gutsherr, -in *m/f* <-n, -n> помещик, -щица *m/f*, барин *m*
Gutshof *m* <-(e)s, -höfe> помещичья усадьба *f*
gut situiert *adj* обеспеченный, состоятельный
gut tun *irr vi* хорошо действовать, по- *pf*, приносить, -нести *pf* пользу; **der Urlaub wird dir ~** отпуск будет тебе полезен
Gymnasiast, -in *m/f* <-en, -en> гимназист, -ка *m/f*
Gymnasium *nt* <-s, Gymnasien> гимназия *f*
Gymnastik *f* <*gen:* -> гимнастика *f*; **~ machen** делать гимнастику
Gymnastikanzug *m* <-(e)s, -anzüge> спортивный костюм *m*
Gynäkologe, Gynäkologin *m* <-n, -n> гинеколог *m*
Gynäkologie *f* <*gen:* -> гинекология *f*

h, H *nt* <-, -> 1. х, Х; 2. (*vor allem bei Eigennamen*) г, Г
Haar *nt* <-(e)s, -e> волос *m*; **sie wusch sich die ~e** она мыла голову; **ihm standen die ~e zu Berge** у него волосы встали дыбом; **um ein ~** (*umg*) на волосок; **etw an den ~en herbeiziehen** (*umg*) притянуть что-л. за волосы
Haarausfall *m* <*gen:* -(e)s> выпадение *nt* волос
Haarband *nt* <-(e)s, -bänder> лента *f* для волос
Haarbürste *f* <-, -n> щётка *f* для волос
haaren *vi* (*bei Tieren*) линять *impf*
Haaresbreite: **um ~** на волосок
Haarfestiger *m* <-s, -> фиксатор *m* для волос
haargenau *adj* (*umg*) точь-в-точь
haarig *adj* 1. (*behaart*) волосатый; 2. (*umg: schwierig, heikel*) сложный, щекотливый
Haarlack *m* <-(e)s, -e> лак *m* для волос
Haarnadel *f* <-, -n> шпилька *f* для волос
Haarnadelkurve *f* <-, -n> крутой поворот *m*
Haarnetz *nt* <-es, -e> сетка *f* для волос
Haarpflegemittel *nt* <-s, -> средство *nt* для ухода за волосами
haarscharf *adj* 1. (*beobachten*) очень точный; 2. (*sehr nah, dicht*) очень близкий; **der Schuss ging an seinem Kopf ~ vorbei** выстрел прошёл на волосок от его головы

Haarschnitt *m* <-(e)s, -e> стри́жка *f*

Haarspalterei *f* <-, -en> (*pej*) ме́лочность *f*

Haarspange *f* <-, -n> зако́лка *f* для воло́с

Haarspray *nt* <-s, -s> лак *m* для воло́с

haarsträubend *adj* (*grauenhaft*) ужа́сный, ужаса́ющий

Haarteil *nt* <-(e)s, -e> шиньо́н *m*

Haartrockner *m* <-s, -> автома́т *m* для су́шки воло́с

Haarwaschmittel *nt* <-s, -> сре́дство *nt* для мытья́ воло́с, шампу́нь *m*

Habe *f* <gen: -> (*geh*) иму́щество *nt*; seine gesamte ~ passt in einen Koffer всё его́ добро́ помеща́ется в оди́н чемода́н

haben I. *vt* <hatte, gehabt> 1. (*besitzen*) име́ть *impf*, владе́ть *impf*; ein eigenes Haus~ име́ть со́бственный до́м 2. (*über etw verfügen*) име́ть *impf*, располага́ть *impf*; keine Zeit ~ не име́ть вре́мени; Angst ~ боя́ться; Hunger ~ проголода́ться; kann ich mal ihre Zeitung ~? мо́жно взгляну́ть на ва́шу газе́ту?; II. *vr*: hab dich nicht so! не будь таки́м!

Haben *nt* <gen: -s> (*eines Kontos*) креди́т *m* (счёта); Soll und ~ де́бет и креди́т

Habenseite *f* <-, -n> пра́вая сторона́ *f* счёта

Habenzinsen *pl* <gen: -> проце́нты *pl* на ба́нковские вкла́ды и креди́ты

Habgier *f* <gen: -> (*pej*) жа́дность *f*, а́лчность *f*

habgierig *adj* (*pej*) жа́дный, а́лчный

Habicht *m* <-s, -e> я́стреб *m*

Habilitation *f* <-, -en> защи́та *f* до́кторской диссерта́ции

habilitieren *vr* защити́ть *pf*, -щища́ть *impf* до́кторскую диссерта́цию

habilitiert *adj* име́ющий сте́пень до́ктора нау́к

Habitus *m* <gen: -> вне́шний о́блик *m*, нару́жность *f*

Habseligkeiten *pl* <gen: -> пожи́тки *pl*

Hackbraten *m* <gen: -s> бифште́кс *m*

Hacke *f* <-, -n> пя́тка *f*

hacken I. *vt* 1. (*Boden, Feld*) вска́пывать, вскопа́ть *pf*; 2. (*in kleine Stücke*) ме́лко наре́зать *pf*, -за́ть *impf*; II. *vi* (*Vogel*) клева́ть, по- *pf*

Hacker *m* <-s, -> ха́ккер *m*; ~ sind in das Computersystem einer Bank eingedrungen ха́ккеры прони́кли в компью́терную систе́му ба́нка

Hackfleisch *nt* <gen: -(e)s> ру́бленое мя́со *nt*, фарш *m*

hadern *vi* ссо́риться, по- *pf* (*mit + dat* с + *inst*); er haderte schwer mit seinem Schicksal он си́льно ропта́л на судьбу́

Hafen *m* <-s, Häfen> 1. порт *m*, га́вань *f*; 2. (*fig: sicherer Ort*) га́вань *f*, прибе́жище *nt*; einen ~ anlaufen заходи́ть в порт

Hafenarbeiter, -in *m/f* <-s, -> порто́вый рабо́чий *m*, до́кер *m*

Hafenbecken *nt* <-s, -> аквато́рия *f* по́рта

Hafengebiet *nt* <-(e)s, -e> террито́рия *f* по́рта

Hafengebühren *pl* <gen: -> порто́вые сбо́ры *pl*

Hafenstadt *f* <-, -städte> порто́вый го́род *m*

Hafenverwaltung *f* <-, -en> администра́ция *f* по́рта

Hafer *m* <gen: -s> овёс *m*; ihn sticht der ~ (*umg*) он с жи́ру бе́сится

Haferflocken *pl* <gen: -> овся́ные хло́пья *pl*

Haft *f* <gen: -> аре́ст *m*; jdn in ~ nehmen арестова́ть кого́-л.

Haftanstalt *f* <-, -en> ме́сто *nt* заключе́ния, тюрьма́ *f*

haftbar *adj*: jdn für etw ~ machen возлага́ть на кого́-л. отве́тственность за что́-л.

Haftbefehl *m* <-(e)s, -e> прика́з *m* об аре́сте, о́рдер *m* на аре́ст

haften[1] *vi*: für etw/jdn ~ (*haftbar sein*) нести́ отве́тственность за что́-л./кого́-л.

haften[2] *vi* (*kleben, bleiben*) прилипа́ть, -ли́пнуть *pf*, пристава́ть, -ста́ть *pf* (*an + dat* к); Rauchgeruch haftete an ihren Kleidern за́пах ды́ма приста́л к её оде́жде

haften bleiben *vi* 1. пристава́ть, -ста́ть *pf*, прилипа́ть, -ли́пнуть *pf*; 2. (*im Gedächtnis*) остава́ться, -та́ться *pf* в па́мяти, запо́мниться *pf*, -мина́ться *impf*; von dem Buch ist mir nichts haften geblieben из кни́ги мне ничего́ не запо́мнилось

Haftkraft *f* <gen: -> (TECH) адгезио́ная си́ла *f*

Häftling *m* <-s, -e> заключённый *m*, ареста́нт *m*

Haftpflicht *f* <gen: -> отве́тственность *f*

Haftpflichtversicherung *f* <-, -en> страхова́ние *nt* отве́тственности за причине́ние вреда́

Haftschale *f* <-, -n> (*Kontaktlinse*) конта́ктная ли́нза *f*

Haftung[1] *f* <gen: -> (JUR) отве́тственность *f*; dafür übernehme ich keine ~ за э́то я не несу́ отве́тственности

Haftung[2] *f* <-, -en> (*das Festhaften*) конта́кт *m*

Haftungsbeschränkung *f* <-, -en> ограниче́ние *nt* отве́тственности

Haftungsfreistellung *f* <-, -en> освобожде́ние *nt* от отве́тственности

Haftungsübernahme *f* <-, -en> гара́нтия *f*

Haftverkürzung *f* <-, -en> сокращéние *nt* срóка заключéния
Hagebutte *f* <-, -n> шипóвник *m*
Hagel *m* <gen: -s> 1. град *m*; 2. (von Vorwürfen) потóк *m*, град *m*; 3. (von Geschossen) град *m*
hageln I. *vi*: es hagelt идёт град; II. *vt*: es hagelt etw (Vorwürfe) чтó-л. сы́плется грáдом
hager *adj* худóй, тóщий
Häher *m* <-s, -> сóйка *f*
Hahn[1] *m* <-(e)s, Hähne> (Vogel) петýх *m*; nach etw kräht kein ~ (umg) о чём-л. и дýмать забы́ли
Hahn[2] *m* <-(e)s, Hähne> (Wasserhahn) кран *m*; der ~ tropft кран течёт; einen ~ auf-/abdrehen откры́ть/закры́ть кран
Hähnchen *nt* <-s, -> (Brathähnchen) жáреная кýрочка *f*
Hai *m* <-(e)s, -e> акýла *f*
Häkelarbeit *f* <-, -en> вязáние *nt* крючкóм
häkeln I. *vt* вязáть, связáть *pf* крючкóм; II. *vr* подтрýнивать, -ни́ть *pf* друг над дрýгом
Häkelnadel *f* <-, -n> вязáльный крючóк *m*
haken *vt* 1. (ein~) зацепи́ть *pf*, -плять *impf* крючкóм; 2. (klemmen: auch fig) застря́ть *pf*, -стревáть *impf*; wo hakt`s? в чём задéржка?
Haken *m* <-s, -> 1. (zum Aufhängen) крючóк *m*; 2. (Zeichen) гáлочка *f*, пти́чка *f*; 3. (Boxhieb) боковóй удáр *m*, хук *m*; 4. (umg: Schwierigkeit, Problem) загвóздка *f*; die Sache hat einen ~ в дéле есть однá загвóздка; einen ~ schlagen петля́ть
Hakenkreuz *nt* <-es, -e> свáстика *f*
Hakennase *f* <-, -n> нос *m* крючкóм
halb I. *adj* полови́нный; es ist ~ fünf сейчáс полпя́того; eine ~e Stunde полчасá *f*; die ~e Wahrheit полупрáвда *f*; II. *adv* 1. (zur Hälfte) наполови́ну; ~ offen полуоткры́тый; ~ so alt вдвóе молóже 2. (beinahe) почти́; sie hat sich schon ~ beruhigt онá ужé почти́ успокóилась; es ist ~ so schlimm (umg) всё не так стрáшно.
halbautomatisch *adj* полуавтамати́ческий
Halbedelstein *m* <-(e)s, -e> полудрагоцéнный кáмень *m*
halber *präp* (wegen) рáди, и́з-за; der Ehrlichkeit ~ muss ich zugeben, dass .. прáвды рáди дóлжен признáться, что...
Halbfabrikat *nt* <-(e)s, -e> полуфабрикáт *m*
Halbfinale *nt* <-s, -> (SPORT) полуфинáл *m*
halbflüssig *adj* полужи́дкий
halbherzig *adj* неохóтный

halbieren *vt* дели́ть, по- *pf* пополáм
Halbinsel *f* <-, -n> полуóстров *m*
Halbjahr *nt* <-(e)s, -e> полугóдие *nt*; im ersten ~ 2002 в пéрвом полугóдии 2002
Halbjahresbericht *m* <-(e)s, -e> отчёт *m* за полгóда
Halbjahreszahlung *f* <-, -en> полугодовáя плáта *f*
halbjährlich *adj* полугодовóй, полугоди́чный
Halbkreis *m* <-es, -e> полукрýг *m*
halbkreisförmig *adj* полукрýглый
Halbkugel *f* <-, -n> полушáрие *nt*
halbkugelförmig *adj* полусфери́ческий
Halbleiter *m* <-s, -> () полупровóдник *m*
Halbleiterbauelement *nt* <-(e)s, -e> полупроводникóвый элемéнт *m*
Halbmesser *m* <-s, -> (Radius) рáдиус *m*
Halbmond *m* <-(e)s, -e> полумéсяц *m*
halbmondförmig *adj* сегмéнтный
halb offen *adj* полуоткры́тый; die Tür steht ~ дверь полуоткры́та
Halbpension *f* неполный пансиóн *m*
Halbschlaf *m* <gen: -(e)s> полусóн *m*; im ~ в полуснé
Halbschuh *m* <-(e)s, -e> полуботи́нок *m*
halbstaatlich *adj* полугосудáрственный
Halbstarke(r) *mf* <-n, -n> (umg: pej) хулигáн *m*
halbstündig *adj* получасовóй
halbtags *adv* в течéние полови́ны дня; ~ arbeiten рабóтать до полдня́
Halbtagsbeschäftigung *f* <-, -en> рабóта *f* на полстáвки, рабóта *f* неполный рабóчий день
Halbtagskraft *f* <-, -kräfte> слýжащий *m* на полстáвки
Halbton *m* <-(e)s, -töne> (MUS) полутóн *m*
halbtrocken *adj* (Wein, Sekt) полусухóй
Halbwelt *f* <gen: -(e)s> (pej) полусвéт *m*
Halbwertszeit *f* <-, -en> (PHYS) перóд *m* полураспáда
Halbwüchsige(r) *mf* <-n, -n> подрóсток *m*
Halbzeit *f* <-, -en> (SPORT) тайм *m*
Halde *f* <-, -n> отлóгость *f*, откóс *m*
half *prät von* **helfen**
Hälfte *f* <-, -n> полови́на *f*; bis zur ~ наполови́ну
Halfter *nt* <-s, -> 1. (von Pferd) недоýздок *m*; 2. (für Pistole) кобурá *f*
Halle *f* <-, -n> 1. зал *m*, 2. (Fabrikhalle) цех *m*; 3. (Sporthalle) зал *m*; im Winter spielen wir in der ~ зимóй мы игрáем в зáле
hallen *vi* 1. звучáть *impf*; 2. (widerhallen) раздавáться, раздáться *pf*; das Echo hallte von den Bergen в горáх раздалóсь эхо
Hallenbad *nt* <-(e)s, -bäder> закры́тый плáвательный бассéйн *m*
Hallenplan *m* <gen: -(e)s> (von Messegelände) схéма *f* павильóнов
Hallensport *m* <gen: -s> заня́тия *ntpl*

спо́ртом в за́ле
hallo *interj* приве́т; ~, wie geht`s? приве́т, как дела́?
Halluzination *f* <-, -en> галлюцина́ция *f*
Halm *m* <-(e)s, -e> 1. *(von Gras)* сте́бель *m*; 2. *(Trinkhalm)* соло́минка *f*
Halogen *nt* <-s, -e> галоге́н *m*
Halogenleuchte *f* <-, -n> галоге́нный свети́льник *m*
Hals *m* <-es, Hälse> 1. ше́я *f*; 2. *(Kehle)* гло́тка *f*; 3. *(einer Flasche)* го́рлышко *f*; aus vollem ~(e) во всё го́рло; jdm um den ~ fallen бро́ситься кому́-л. на ше́ю; ~ über Kopf *(umg)* сломя́ го́лову; etw hängt jdm zum ~(e) heraus *(umg)* что́-л. осточерте́ло кому́-л.; jdm den ~ umdrehen *(umg)* оторва́ть кому́-л. го́лову; jdm mit etw vom ~(e) bleiben *(umg)* не пристава́ть к кому́-л. с чем-л.
Halsband *nt* <-(e)s, -bänder> *(für Hund)* оше́йник *m*
halsbrecherisch *adj*: mit ~er Geschwindigkeit на сумасше́дшей ско́рости
Halsentzündung *f* <-, -en> анги́на *f*
Halskette *f* <-, -n> ожере́лье *nt*
Hals-Nasen-Ohren-Arzt, -Ärztin *m/f* <-es, -Ärzte> 1. врач *m* у́хо-го́рло-нос; 2. отоларинго́лог *m*
Halsschmerzen *pl* <gen: -> боль *f* в го́рле
halsstarrig *adj* 1. *(hartnäckig)* упо́рный, упря́мый; 2. *(stur)* твердоло́бый
Halstuch *nt* <-(e)s, -tücher> ше́йный плато́к *m*
Halsweh *nt* <gen: -s> *(umg)* боль *f* в го́рле
halt I. *interj*: ~! стой!; du musst ~ sagen, wenn du genug hast ты до́лжен сказа́ть „стоп", когда́ бу́дет доста́точно; II. *part abtönend (nun einmal, eben)* та́к уж; es ist ~ so та́к уж оно́ есть.
Halt *m* <-(e)s, -e/-s> 1. *(Stütze)* подде́ржка *f*, опо́ра *f*; sie ist zur Zeit sein einziger ~ она́ сейча́с его́ еди́нственная опо́ра; 2. *(innerer ~)* опо́ра *f*; den ~ verlieren *(auch fig)* потеря́ть то́чку опо́ры 3. *(das Anhalten, Verweilen)* остано́вка *f*, стоя́нка *f*; lass uns hier ~ machen дава́й сде́лаем здесь остано́вку.
haltbar *adj* 1. *(belastbar, dauerhaft)* про́чный; 2. *(Lebensmittel)* го́дный для хране́ния; 3. *(Behauptung)* прие́млемый; diese Annahme ist kaum ~ э́то предположе́ние едва́ ли прие́млемо
Haltbarkeit *f* <gen: -> про́чность *f*
Haltbarmachung *f* <gen: -> предохране́ние *nt* от по́рчи, консерви́рование *nt*
halten <hielt, gehalten> I. *vt* 1. держа́ть *impf*; 2. *(festhalten)* уде́рживать, -жа́ть *pf*, заде́рживать, -жа́ть *pf*; 3. *(einhalten, erfüllen: Versprechen)* сде́рживать, -жа́ть *pf*, выполня́ть, вы́полнить *pf*; 4. *(beibehalten: Kurs)* сохраня́ть, -ни́ть *pf*, держа́ть *impf*; eine Rede ~ произноси́ть речь; den Mund ~ молча́ть; ein Tier ~ держа́ть живо́тное; Hochzeit ~ *(geh)* справля́ть сва́дьбу; etw für falsch/richtig ~ счита́ть что́-л. непра́вильным/пра́вильным; sein Wort ~ сдержа́ть сло́во; II. *vi* 1. *(haltbar sein)* храни́ться *impf*, сохраня́ться, -ни́ться *pf*; 2. *(an~)* остана́вливаться, -нови́ться *pf*; an sich ~ владе́ть собо́й; III. *vr* 1. *(frisch bleiben)* сохраня́ться, -ни́ться *pf*; 2. *(sich behaupten)* держа́ться *impf*; sich für sich ~ держа́ться особняко́м; sich an etw ~ приде́рживаться чего́-л.
Halter, -in *m/f* <-s, -> *(eines Fahrzeugs)* владе́лец, -лица *m/f*
Halterung *f* <-, -en> держа́тель *m*, крепле́ние *nt*
Haltesignal *nt* <-(e)s, -e> сигна́л *m* остано́вки
Haltestelle *f* <-, -n> остано́вка *f*, ме́сто *nt* остано́вки
Haltestellenschild *nt* <-(e)s, -er> указа́тель *m* остано́вки
Halteverbot *nt* <gen: -(e)s>: ~! остано́вка запрещена́!
haltlos *adj* 1. *(Mensch)* мора́льно неусто́йчивый; 2. *(Behauptung)* необосно́ванный, безоснова́тельный
Halt machen *vi* остана́вливаться, -нови́ться *pf*; vor etw nicht ~ не остана́вливаться перед чем-л.
Haltung *f* <-, -en> 1. *(des Körpers)* оса́нка *f*; 2. *(Einstellung)* пози́ция *f*; 3. *(Fassung)* самооблада́ние *nt*; ~ bewahren сохраня́ть самооблада́ние; eine ~ (zu etw) einnehmen заня́ть каку́ю-л. пози́цию (в отноше́нии чего́-л.)
Haltungsschäden *pl* <gen: -> нарушения *ntpl* оса́нки
Halunke *m* <-n, -n> *(pej)* мерза́вец *m*
Hämatom *nt* <-(e)s, -e> (MED) гемато́м *m*
Hamburg *nt* <gen: -s> Га́мбург *m*
Hamburger *m* <-s, -> *(Bulette)* га́мбургер *m*
hämisch *adj* зло́бный, злора́дный; er grinste ~ он злора́дно усмехну́лся
Hammel *m* <-s, -> 1. *(Tier)* (кастри́рованный) бара́н *m*; 2. *(Fleisch)* бара́нина *f*; 3. *(umg: Dummkopf)* бара́н *m*
Hammer *m* <-s, Hämmer> 1. мо́лот *m*, молото́к *m*; 2. (SPORT) мо́лот *m*
hämmern *vi* стуча́ть, по- *pf*
Hammerwerfen *nt* <gen: -s> мета́ние *nt* мо́лота
Hämorrhoiden, Hämorriden *pl* <gen: -> геморро́й *m*
Hampelmann *m* <-(e)s, -männer> *(umg: lenkbarer Mensch)* марионе́тка *f*,

безво́льный челове́к *m*
Hamster *m* <-s, -> хомя́к *m*
Hamsterkäufe *pl* <*gen:* -> ску́пка *f* проду́ктов (из-за боя́зни подорожа́ния)
hamstern I. *vt* (*horten*) де́лать, сде́лать *pf* запа́сы проду́ктов; **II.** *vi* выме́нивать, выменя́ть *pf* проду́кты
Hand *f* <-, Hände> рука́ *f*; ~ und Fuß haben (*fig*) быть обосно́ванным; jdm die ~ schütteln пожа́ть кому́-л. ру́ку; bei etw die ~ im Spiel haben (*fig*) быть в чём-л. заме́шанным; jdm freie ~ geben (*fig*) предоста́вить кому́-л. свобо́ду де́йствий; die Hände in den Schoß legen (*fig*) сложи́ть ру́ки; zwei linke Hände haben (*umg*) быть безру́ким; etw aus erster/zweiter ~ kaufen покупа́ть что́-л. но́вым/бы́вшим в употребле́нии; in guten Händen sein быть в хоро́ших рука́х; mit leeren Händen (*fig*) с пусты́ми рука́ми; von der ~ in den Mund leben (*fig*) едва́ своди́ть концы́ с конца́ми
Handarbeit *f* <-, -en> **1.** (*von Hand hergestellt*) ручна́я рабо́та *f*; diese Decke ist echte ~ э́то покрыва́ло настоя́щей ручно́й рабо́ты; **2.** (*Stricken, Nähen*) рукоде́лие *nt*
Handball *m* <-(e)s, -bälle> **1.** (*Spiel: kein pl*) гандбо́л *m*; **2.** (*Ball*) гандбо́льный мяч *m*
Handballer, -in *m* <-s, -> гандболи́ст *m*
Handbesen *m* <-s, -> небольша́я метёлка *f*
Handbewegung *f* <-, -en> **1.** движе́ние *nt* руко́й; **2.** (*Geste*) жест *m*
Handbremse *f* <-, -n> ручно́й то́рмоз *m*
Handbuch *nt* <-(e)s, -bücher> спра́вочник *m*, руково́дство *nt*
Handcreme, Handkrem(e) *f* <-, -s> крем *m* для рук
Händedruck *m* <-(e)s, -drücke> рукопожа́тие *nt*
Handel *m* <*gen:* -s> **1.** торго́вля *f*; **2.** (*Geschäft*) магази́н *m*; einen ~ abschließen заключа́ть сде́лку; in den ~ bringen пуска́ть что́-л. в прода́жу; im ~ erhältlich име́ться в прода́же; internationaler ~ междунаро́дная торго́вля; ~ treiben вести́ торго́влю
handeln I. *vi* **1.** (*aktiv sein*) де́йствовать *impf*; wir müssen endlich ~! мы должны́ наконе́ц де́йствовать! **2.** (*Handel treiben*) торгова́ть *impf*; mit Aktien ~ торгова́ть а́кциями **3.** (*feilschen*) торгова́ться (*um* +*akk* о +*präpos*); von etw ~ (*Erzählung*) говори́ться (о чём-л.); **II.** *vr*: worum handelt es sich? о чём идёт речь?
Handelsabkommen *nt* <-s, -> торго́вое соглаше́ние *nt*
Handelsagentur *f* <-, -en> торго́вое аге́нтство *nt*
Handelsakademie *f* <-, -n> (*österr: höhere Handelsschule*) комме́рческое учи́лище *nt*
Handelsattache *m* <-s, -s> торго́вый атташе́ *m*
Handelsbank *f* <-, -en> торго́вый банк *m*
Handelsbetrieb *m* <-(e)s, -e> торго́вое предприя́тие *nt*
Handelsbeziehungen *pl* <*gen:* -> торго́вые отноше́ния *pl*
Handelsbilanz *f* <-, -en> торго́вый бала́нс *m*; aktive/passive ~ акти́вный/пасси́вный торго́вый бала́нс
Handelsdefizit *nt* <-(e)s, -e> торго́вый дефици́т *m*
Handelsdelegation *f* <-, -en> торго́вая делега́ция *f*
Handelsembargo *nt* <-s, -s> торго́вое эмба́рго *nt*
Handelsfirma *f* <-, -firmen> торго́вая фи́рма *f*
Handelsflotte *f* <-, -n> торго́вый флот *m*
Handelsgericht *nt* <-(e)s, -e> комме́рческий суд *m*
Handelsgeschäft *nt* <-(e)s, -e> торго́вое предприя́тие *nt*; offene ~ откры́тое торго́вое о́бщество
Handelsgesetzbuch *nt* <*gen:* -(e)s> торго́вый ко́декс *m*
Handelsgewerbe *nt* <*gen:* -s> торго́вля *f*, торго́вый про́мысел *m*
Handelshaus *nt* <-es, -häuser> торго́вый дом *m*
Handelskammer *f* <-, -n> торго́вая пала́та *f*
Handelskaufmann *m* <-(e)s, -männer/-leute> торго́вец *m*, коммерса́нт *m*
Handelskette *f* <-, -n> торго́вая сеть *f*
Handelskonzern *m* <-(e)s, -e> торго́вый конце́рн *m*
Handelsmarke *f* <-, -n> торго́вая ма́рка *f*
Handelsmonopol *nt* <-s, -e> монопо́лия *f* торго́вли, торго́вая монопо́лия *f*
Handelsname *m* <-ns, -n> (*Markenname*) фи́рменное наименова́ние *nt* (това́ра)
Handelsniederlassung *f* <-, -en> филиа́л *m* торго́вого предприя́тия
Handelsorganisation *f* <-, -en> торго́вая организа́ция *f*
Handelspartner *m* <-s, -> торго́вый партнёр *m*
Handelsrecht *nt* <*gen:* -(e)s> торго́вое пра́во *nt*
Handelsregister *nt* <*gen:* -s> рее́стр *m* торго́вых фирм
Handelsschiff *nt* <-(e)s, -e> торго́вое су́дно *nt*
Handelsschranke *f* <-n, -n> торго́вый барье́р *m*; ~n abbauen устраня́ть торго́вые барье́ры
Handelsschule *f* <-, -n> торго́вая шко́ла *f*
Handelsspanne *f* <-, -n> торго́вая

накидка *f*
Handelsüberschuss *m* <-es, -überschüsse> торговая прибыль *f*
handelsüblich *adj* принятый в торговле; **~e Bezeichnung** стандартное обозначение
Handelsunternehmen *nt* <-s, -> торговое предприятие *nt*
Handelsusancen *pl* <*gen*: -> узанс *m*
Handelsvertrag *m* <-(e)s, -verträge> торговый договор *m*
Handelsvertreter, -in *m/f* <-s, -> торговый агент *m*, торговый представитель *m*
Handelsvertretung *f* <-, -en> торговое представительство *nt*
Handelsvolumen *nt* <-s, -volumina> объём *m* торговли
Handelsware *f* <-, -n> товар *m*
Handelswechsel *m* <-s, -> коммерческий вексель *m*
Handelszentrum *nt* <-s, -zentren> торговый центр *m*
Handelszweig *m* <-(e)s, -e> отрасль *f* торговли
Handel Treibende(r) *mf* <-n, -n> торговец *m*
Handfeger *m* <-s, -> небольшая метёлка *f*
handfest *adj* 1. (*Mensch*) крепкий, дюжий; 2. (*deutlich: Beweis*) веский, явный; **er machte mir ein ~es Angebot** он сделал мне конкретное предложение; 3. (*stark, kräftig: Prügelei*) сильный
Handfunkgerät *nt* <-(e)s, -e> рация *f*
handgearbeitet *adj* ручной работы
Handgelenk *nt* <-(e)s, -e> запястье *nt*; **etw aus dem ~ schütteln** (*umg*) сделать что-л. играючи
handgemacht *adj* сделанный вручную; **dieser Pullover ist ~** этот пуловер ручной работы
handgemalt *adj* ручной росписи, расписанный вручную
Handgemenge *nt* <*gen*: -s> потасовка *f*, драка *f*
Handgepäck *nt* <*gen*: -s> ручной багаж *m*
Handgranate *f* <-, -n> ручная граната *f*
handgreiflich *adj*: **~ werden** давать волю рукам
Handgreiflichkeiten *pl* рукопашная *fsg*
Handgriff *m* <-(e)s, -e> 1. приём *m*; **das kann mit einem ~ erledigt werden** это можно сделать одним махом; 2. (*Griff zum Festhalten*) ручка *f*, рукоятка *f*
handhaben *vt* 1. (*Gerät, Werkzeug*) обращаться *impf*, управлять *impf*; 2. (*Vorschriften*) применять, -нить *pf*
Handicap *nt* <-s, -s> 1. (*Nachteil*) недостаток *m*; 2. (*Behinderung*) препятствие *nt*; 3. (SPORT) фора *f*

händisch *adj* (*österr: manuell*) ручной
Handkarren *m* <-s, -> ручная тележка *f*
Handkuss *m* <-es, -küsse> поцелуй *m* руки; **etw mit ~ nehmen** (*umg: sehr gern nehmen*) принять что-л. с большим удовольствием
Handlanger, -in *m/f* <-s, -> 1. (*Hilfsarbeiter(in)*) подсобный рабочий *m*; 2. (*abwertend*) прислужник *m*, -ница *m/f*
Händler, -in *m/f* <-s, -> 1. (*allgemein*) торговец, -говка *m/f*; 2. (*Einzelhändler*) мелкий торговец, -кая -говка *m/f*
Händlernetz *nt* <-es, -e> сеть *f* торговцев
Händlerrabatt *m* <-(e)s, -e> торговая скидка *f*
handlich *adj* удобный в обращении
Handlung *f* <-, -en> 1. (*das Tun*) действие *nt*, поступок *m*; 2. (*Ablauf, Geschehen*) действие *nt*; **kennst du die ~ des Films?** ты знаешь сюжет фильма?
Handlungsbevollmächtigte(r) *mf* <-n, -n> торговый уполномоченный *m* фирмы
Handlungsfähigkeit *f* <*gen*: -> дееспособность *f*; **beschränkte ~** ограниченная дееспособность
Handlungsmöglichkeit *f* <-, -en> возможность *f* действий
Handlungsspielraum *m* <-(e)s, -räume> свобода *f* действий
Hand-out, Handout *nt* <-s, -s> (*bei Referat*) информационный материал, раздаваемый участникам конференции, семинара и т.п.
Handpuppe *f* <-, -n> бибабо *m*, кукла, надеваемая на руку
Handrücken *m* <-s, -> тыльная сторона *f* кисти руки
Handschelle *f* <-, -n> наручник *m*; **jdn in ~n legen** надеть кому-л. наручники
Handschlag *m* <*gen*: -(e)s> рукопожатие *nt*; **jdn mit ~ begrüßen** приветствовать кого-л. рукопожатием; **keinen ~ tun** (*umg*) ничего не делать
Handschrift *f* <-, -en> 1. почерк *m*; 2. (*Text, Manuskript*) рукопись *f*, манускрипт *m*
Handschuh *m* <-(e)s, -e> перчатка *f*
Handschuhfach *nt* <-(e)s, -fächer> (KFZ) ящик *m* для вещей (в автомобиле)
Handspiegel *m* <-s, -> ручное зеркало *nt*, зеркальце *nt*
Handsprechfunkgerät *nt* <-(e)s, -e> портативное радиопереговорное устройство *nt*
Handstand *m* <-(e)s, -stände> стойка *f* на руках
Handsteuerung *f* <*gen*: -> (TECH) ручное управление *nt*
Handtasche *f* <-, -n> дамская сумочка *f*
Handtuch *nt* <-(e)s, -tücher> полотенце *f*; **das ~ schmeißen** (*umg*) признать себя

побеждённым
Handumdrehen *nt*: im ~ в мгнове́ние о́ка
Hand voll *f* <*gen:* ->: nur eine ~ Besucher kam zur Vorstellung всего́ не́сколько посети́телей пришли́ на представле́ние
Handwagen *m* <*gen:* -s> ручна́я теле́жка *f*
Handwäsche *f* <*gen:* -> ручна́я сти́рка *f*
Handwerk *nt* <*gen:* -(e)s> ремесло́ *nt*; ein ~ ausüben занима́ться ремесло́м; jdm das ~ legen положи́ть коне́ц чьим-л. про́искам; sein ~ verstehen быть знатоко́м своего́ де́ла
Handwerker, -in *m/f* <-s, -> реме́сленник *m*
Handwerksbetrieb *m* <-(e)s, -e> реме́сленное предприя́тие *nt*
Handwerkskammer *f* <-, -n> реме́сленная пала́та *f*
Handwerksmeister *m* <-s, -> 1. куста́рь *m*, реме́сленник *m*; 2. хозя́ин *m* мастерско́й
Handwerkzeug *nt* <*gen:* -(e)s> (*Werkzeug*) набо́р *m* инструме́нтов
Handy *nt* <-s, -s> моби́льный телефо́н *m*
Handzeichnung *f* <-, -en> 1. а́вторский рису́нок *m*; 2. набро́сок *m*
Hanf *m* <*gen:* -(e)s> 1. (*Pflanze*) конопля́ *f*; 2. (*Faser*) пенька́ *f*
Hang *m* <-(e)s, Hänge> 1. (*Berghang, Abhang*) отко́с *m*, склон *m*; 2. (*fig: Neigung*) скло́нность *f*; er hat einen ~ zur Übertreibung у него́ есть скло́нность к преувеличе́нию
Hangar *m* <-s, -s> анга́р *m*
Hängebrücke *f* <-, -n> вися́чий мост *f*
Hängelampe *f* <-, -n> вися́чая ла́мпа *f*, подвесно́й свети́льник *m*
Hängematte *f* <-, -n> гама́к *m*
hängen <hing, gehangen> I. *vi* висе́ть *impf*; an der Wand hing ein Bild на стене́ висе́ла карти́на; II. *vt* (*Menschen*) быть *impf* привя́занным; an etw/jdm ~ люби́ть что́-л./быть привя́занным к кому́-л.; sich an jdn ~ (*fig*) приста́ть к кому́-л.
hängen bleiben *irr vi* 1. застря́ть *pf*, -стрева́ть *impf*; 2. (*festsitzen, bestehen bleiben*) остава́ться, -та́ться *pf*; der Verdacht ist an Ihr hängengeblieben на ней оста́лось подозре́ние
hängen lassen I. *irr vt* 1. оста́вить *pf*, -вля́ть *impf* висе́ть; 2. (*im Stich lassen*) бро́сить *pf*, -са́ть *impf*; deine Freunde haben dich ganz schön ~ твои́ друзья́ бро́сили тебя́ на произво́л судьбы́; II. *vr* уныва́ть *impf*; lass dich nicht so hängen не па́дай ду́хом
Hängeschrank *m* <-(e)s, -schränke> насте́нный шка́фчик *m*
Hänselei *f* <-, -en> насме́шничество *nt*, подтру́нивание *nt*
hänseln *vt* дразни́ть *impf*, насмеха́ться *impf*
Hantel *f* <-, -n> ганте́ль *f*
hantieren *vi*: mit etw ~ (*umg*) ору́довать чем-л.
hapern *vi*: es hapert an etw чего́-л. не хвата́ет
Happen *m* <-s, -> (*umg*) небольшо́е коли́чество еды́; möchtest du einen ~ essen? хо́чешь слегка́ перекуси́ть?
Happening *nt* <-s, -s> хе́ппенинг *m*
happig *adj* (*umg*) немы́слимый; die Preise sind ganz schön ~ це́ны про́сто безбо́жные
Happy-End *nt* <-(s), -s> хе́ппи-э́нд *m*, счастли́вый коне́ц *m*
Hard Rock *m* <*gen:* -> тяжёлый рок *m*
Hardcover *nt* <-s, -> (*Buch*) кни́га *m* с твёрдой кры́шкой переплёта
Harddisk *f* <-s, -s> (DV) жёсткий диск *m*
Hardware *f* <-, -s> (DV) техни́ческое обеспе́чение *n*
Hardwareanforderungen *pl* <*gen:* -> (DV) тре́бования *pl* к компью́терным ресу́рсам
Häresie *f* <-, -n> е́ресь *f*
Harfe *f* <-, -n> а́рфа *f*
Harke *f* <-, -n> гра́бли *pl*; ich zeige dir, was eine ~ ist (*umg*) я тебе́ покажу́, где ра́ки зиму́ют
harken *vi* разра́внивать, -ня́ть *pf* гра́блями
harmlos *adj* 1. безоби́дный; 2. неви́нный
Harmlosigkeit *f* <-, -en> 1. безоби́дность *f*; 2. неви́нность *f*; in aller ~ неви́нно
Harmonie *f* <-, -n> 1. гармо́ния *f*, согла́сие *nt*; 2. (MUS) гармо́ния *f*
harmonieren *vi* гармони́ровать *impf* (*mit +dat* с +*inst*)
harmonisch *adj* гармони́чный; sie führen eine ~e Ehe они́ живу́т в согла́сии
Harn *m* <-(e)s, -e> моча́ *f*
Harnblase *f* <-, -n> мочево́й пузы́рь *m*
Harnisch *m* <-s, -e> (HIST) ла́ты *fpl*, доспе́хи *mpl*; jdn in ~ bringen привести́ кого́-л. в я́рость
Harnröhre *f* <-, -n> (ANAT) мочето́чник *m*
Harpune *f* <-, -n> гарпу́н *m*
harren *vi*: einer Sache ~ ожида́ть чего́-л.
harsch *adj* 1. покры́тый ледяно́й ко́ркой; 2. ре́зкий (о ве́тре); 3. (*fig*) гру́бый
hart *adj* 1. твёрдый; 2. (*schwer, anstrengend*) тяжёлый, тру́дный; sein Tod hat uns ~ getroffen мы тяжело́ пережива́ли его́ смерть; 3. (*streng*) суро́вый; das Urteil ist sehr ~ ausgefallen пригово́р оказа́лся о́чень суро́вым; ~ bleiben остава́ться непрекло́нным; hart gekocht (*Ei*) сва́ренный вкруту́ю
Härte *f* <-, -n> 1. твёрдость *f*, жёсткость

f; **2.** (*Strenge*) стро́гость *f*, суро́вость *f*; **3.** (*Unbill*) несправедли́вость *f*
härten I. *vt* (*Metall*) зака́ливать, -ли́ть *pf*; II. *vi* (*Beton*) схвати́ться *pf*, схва́тываться *impf*
hartherzig *adj* жёстокосе́рдный, бессерде́чный
hartnäckig *adj* **1.** насто́йчивый, упо́рный; **sie leistete ~ Widerstand** она́ упо́рно ока́зывала сопротивле́ние; **2.** (*Krankheit*) упо́рный, затяжно́й
Harz *nt* <-es, -e> смола́ *f*
haschen[1] *vi*: **nach Beifall ~** гна́ться за успе́хом
haschen[2] *vi* (*umg: Haschisch rauchen*) кури́ть *impf* гаши́ш
Haschisch *nt* <*gen*: -(s)> гаши́ш *m*
Hase *m* <-n, -n> за́яц *m*; **ein alter ~** (*umg*) быва́лый челове́к
Haselnuss *f* <-, -nüsse> лесно́й оре́х *m*
Haselnussstrauch *m* <-(e)s, -sträucher> лещи́на *f*
Hasenscharte *f* <-, -n> за́ячья губа́ *f*
Hass *m* <*gen*: -es> **1.** не́нависть *f*; **2.** (*umg: Wut, Ärger*) злость *f*; **ich kriege einen ~, wenn ich das sehe** я злюсь, когда́ ви́жу э́то; **blinder ~** слепа́я не́нависть
hassen *vt* **1.** ненави́деть *impf*; **2.** (*nicht mögen*) не люби́ть *impf*; **ich hasse Unpünktlichkeit** терпе́ть не могу́ непунктуа́льность
hasserfüllt *adj* испо́лненный не́нависти; **sie sah ihn ~ an** она́ смотре́ла на него́ ненави́дящим взгля́дом
hässlich *adj* **1.** (*nicht schön*) некраси́вый, уро́дливый; **2.** (*scheußlich*) отврати́тельный; **sie hatte ein ~es Erlebnis** с ней случи́лось не́что отврати́тельное; **3.** (*gemein*) по́длый; **du bist immer so ~ zu ihr** ты с ней всегда́ так ужа́сно обраща́ешься
Hässlichkeit *f* <-, -en> **1.** некраси́вость *f*, безобра́зие *nt*; **2.** (*gemeine Bemerkung*) гну́сность *f*
Hassliebe *f* <*gen*: -> любо́вь *f* -не́нависть *f*
Hast *f* <*gen*: -> спе́шка *f*, го́нка *f*
hasten *vi* **1.** торопи́ться, по- *pf*; **2.** спеши́ть, по- *pf*
hastig *adj* тороплй́вый, бы́стрый
hatte *prät von* **haben**
Haube I. *f* <-, -n> **1.** чё́пчик *m*; **2.** (KFZ) ко́рпус *m*; **unter die ~ kommen** (*umg*) вы́йти за́муж **Hauch** II. *m* <*gen*: -(e)s> **1.** (*Atem~*) дыха́ние *nt*; **2.** (*Luft~*) дунове́ние *nt*; **3.** (*fig: Spur*) след *m*
hauchdünn *adj* тонча́йший; **er gewann die Wahl mit ~er Mehrheit** он победи́л на вы́борах с незначи́тельным переве́сом
hauchen I. *vi* **1.** ти́хо дыша́ть *impf*; **2.** (*einmal*) дыхну́ть *pf*; II. *vt* (*flüstern*) шепта́ть *impf*

hauen <haute/hieb, gehauen> I. *vt* **1.** (*Holz*) коло́ть *impf*, руби́ть *impf*; **2.** (*umg: schlagen*) ударя́ть, уда́рить *pf*, бить, по- *pf*; II. *vr* (*umg: sich prügeln*) дра́ться, по- *pf*; **sich aufs Ohr ~** (*umg*) отпра́виться на бокову́ю
häufen *vr* нагроможда́ться, -мозди́ться *pf*
Haufen *m* <-s, -> **1.** гру́да *f*; **2.** (*umg: große Menge*) ку́ча *f*; **der Anzug hat einen ~ Geld gekostet** костю́м сто́ил ку́чу де́нег; **etw über den ~ werfen** (*umg*) сорва́ть что-л.; **jdn über den ~ rennen** (*umg*) наскочи́ть на кого́-л.
haufenweise *adv* (*umg*) ку́чей
häufig *adj* ча́стый; **dieser Fehler wird ~ gemacht** э́та оши́бка допуска́ется ча́сто
Häufigkeitsverteilung *f* <-, -en> статисти́ческое распределе́ние *nt*
Häuflein *nt* <-s, -> ку́чка *f*
Haupt *nt* <-(e)s, Häupter> **1.** (*geh: Kopf*) голова́ *f*; **2.** (*Oberhaupt*) глава́ *f*, шеф *m*; **mit bloßem ~** с непокры́той голово́й; **das ~ neigen** склоня́ть го́лову
Hauptabnehmer *m* <-s, -> основно́й покупа́тель *m*
Hauptabsatzmarkt *m* <-(e)s, -märkte> основно́й ры́нок *m* сбы́та
Hauptakteur *m* <-s, -e> гла́вное де́йствующее лицо́ *nt*
Hauptaktionär *m* <-s, -e> гла́вный акционе́р *m*
hauptamtlich *adj* шта́тный
Hauptanbieter *m* <-s, -> основно́й оферѐнт *m*
Hauptanliegen *nt* <*gen*: -s> основно́е жела́ние *nt*, гла́вная цель *f*
Hauptargument *nt* <-s, -e> гла́вный аргуме́нт *m*
Hauptaufgabe *f* <-, -n> гла́вная зада́ча *f*
Hauptaufgabenbereich *m* <-(e)s, -e> основна́я сфе́ра *f* де́ятельности
Hauptaugenmerk *nt* <*gen*: -s> основно́е внима́ние *nt*
Hauptausschuss *m* <-es, -ausschüsse> гла́вный комите́т *m*
Hauptbahnhof *m* <-(e)s, -höfe> центра́льный вокза́л *m*
Hauptbedingung *f* <-, -en> основно́е усло́вие *nt*
Hauptberuf *m* <-(e)s, -e> основна́я профе́ссия *f*, основна́я специа́льность *f*
hauptberuflich *adj* по основно́й профе́ссии
Hauptbestandteil *m* <-(e)s, -e> основна́я составна́я часть *f*, основно́й компоне́нт *m*
Hauptdarsteller, -in *m/f* <-s, -> исполни́тель, -ница *m/f* гла́вной ро́ли
Haupteingang *m* <-(e)s, -eingänge> гла́вный вход *m*

Haupteinnahmequelle f <-, -n> основнóй истóчник m дохóдов
Hauptfach nt <-(e)s, -fächer> основнóй учéбный предмéт m
Hauptfigur f <-, -en> глáвная фигýра f
Hauptforderung f <-, -en> основнóе трéбование nt
Hauptfriedhof m <-(e)s, -friedhöfe> глáвное клáдбище nt (гóрода)
Hauptgebäude nt <-s, -> глáвный кóрпус m
Hauptgericht m <-(e)s, -e> (beim Essen) глáвное nt блю́до, второ́е nt
Hauptgeschäftsführer, -in m/f <-s, -> глáвный управля́ющий m, глáвный администрáтор m
Hauptgeschäftsstelle f <-, -n> глáвная контóра f, глáвный óфис m
Hauptgeschäftsstraße f <-, -n> глáвная торгóвая ýлица f
Hauptgesellschafter m <-s, -> глáвный компаньóн m
Hauptgewinn m <-(e)s, -e> глáвный вы́игрыш m
Hauptgläubige(r) m <-n, -n> глáвный кредитóр m
Hauptgrund m <gen: -(e)s> глáвная причи́на f
Hauptinformant m <-en, -en> глáвный информáнт m
Hauptkommissar, -in m/f <-s, -e> глáвный комиссáр m
Hauptkostenstelle f <-, -n> основнáя статья́ f расхóдов
Hauptkunde m <-n, -n> основнóй покупáтель m
Hauptleitung f <-, -en> (TECH) магистрáльная ли́ния f
Hauptlichtschalter m <-s, -> центрáльный переключáтель m свéта
Hauptlieferant m <-en, -en> глáвный поставщи́к m
Häuptling m <-s, -e> вождь m
Hauptmahlzeit f <-, -en> обéд m
Hauptmann m <-(e)s, -leute> капитáн m
Hauptmerkmal nt <-(e)s, -e> глáвный при́знак m
Hauptnahrungsmittel nt <-s, -> основны́е продýкты mpl питáния
Hauptperson f <-, -en> 1. пéрвое лицó nt; **sie will immer die ~ sein** онá всегдá хóчет быть глáвной; 2. (in Roman, Drama) глáвный герóй m
Hauptpostamt nt <-(e)s, -ämter> глáвный почтáмт m
Hauptproblem nt <-(e)s, -e> глáвная проблéма f
Hauptquartier nt <-s, -e> штаб-квартѝра f
Hauptrolle f <-, -n> глáвная роль f
Hauptsache f <gen: -> глáвное nt; **~, es geht dir gut** глáвное, у тебя́ всё в поря́дке; **das ist die ~** э́то сáмое глáвное; **in der ~** в основнóм
hauptsächlich I. adj глáвный, важнéйший; II. adv (vor allem) прéжде всегó, глáвным óбразом; **er ist ~ im Verkauf beschäftigt** он зáнят глáвным óбразом в сфéре сбы́та.
Hauptsaison f <gen: -> разгáр m сезóна; **in der ~** в разгáр сезóна
Hauptsatz m <-es, -sätze> глáвное предложéние nt
Hauptschlagader f <-, -n> аóрта f
Hauptschule f <-, -> общеобразовáтельная шкóла f
Hauptschwierigkeit f <-, -en> основнáя трýдность f
Hauptsendezeit f <-, -en> (TV) основнóе врéмя nt телепередáч
Hauptsicherung f <-, -en> (EL) основнóй предохрани́тель m
Hauptsitz m <-es, -e> штаб-квартѝра f
Hauptspeicher m <-s, -> (DV) основнóе запоминáющее устрóйство nt
Hauptspeise f <-, -n> глáвное блю́до nt
Hauptsponsor m <-s, -en> глáвный спóнсор m
Hauptstadt f <-, -städte> столи́ца f
hauptstädtisch adj столи́чный
Hauptstraße f <-, -n> глáвная ýлица f
Haupttäter m, in m/f <-s, -> глáвный престýпник m, глáвный винóвник m
Hauptthema nt <-s, -themen> глáвная тéма f
Hauptursache f <-, -n> основнáя причи́на f
hauptverantwortlich adj несýщий глáвную отвéтственность
Hauptverband m <-(e)s, -verbände> основнóе óбщество nt
Hauptverfahren nt <-s, -> (JUR) основнóй процéсс m
Hauptverkehrszeit f <-, -n> час m пик; **zur ~** в час пик
Hauptversammlung f <-, -en> óбщее собрáние nt
Hauptverwaltung f <-, -en> глáвное управлéние nt
Hauptvorstand m <-(e)s, -vorstände> глáвное правлéние nt
Hauptwerk nt <-(e)s, -e> глáвное произведéние nt (писáтеля)
Hauptwort nt <-(e)s, -wörter> и́мя nt существи́тельное
Hauptziel nt <-(e)s, -e> глáвная [о основнáя] цель f
Hauptzollamt nt <-(e)s, -ämter> глáвная тамóжня f
Haus nt <-es, Häuser> 1. (Wohnhaus) дом m; 2. (Gebäude) здáние nt; 3. (Fürstengeschlecht) род m; **nach ~e** домóй; **zu ~e** дóма; **das ~ hüten** сидéть дóма; **fühlen Sie sich wie zu ~e!** чýвствуйте себя́ как дóма!
Hausapotheke f <-, -n> домáшняя

аптéчка f
Hausarbeit f <-, -en> 1. (*im Haushalt*) рабóта f по дóму; 2. (*schriftliche ~*) домáшняя рабóта f
Hausarrest m <-(e)s, -e> домáшний арéст m; **sie steht unter ~** онá нахóдится под домáшним арéстом
Hausarzt, -ärztin m/f <-(e)s, -ärzte> домáшний врач m
Hausaufgabe f <-, -n> домáшнее задáние nt; **hast du deine ~n schon gemacht?** ты ужé сдéлал своё домáшнее задáние?
Hausaufgabenhilfe f <gen: -> (плáтная) пóмощь f в выполнéнии домáшних задáний
Hausbank f <-, -en> основнóй банк m фи́рмы
Hausbesitzer, -in m/f <-s, -> домовладéлец, -лица m/f
Hausbesuch m <-(e)s, -e> посещéние nt на домý
Hausboot nt <-(e)s, -e> сýдно, испóльзуемое для жильЯ́
Hausbrand m <-(e)s, -bränden> тóпливо nt для домáшнего отоплéния
Häuschen nt <-s, -> дóмик m; **aus dem ~ sein** (*umg*) быть вне себя́
Hausdiener, -in m/f <-s, -> слугá m, лакéй m
Hausdurchsuchungsbefehl m <-(e)s, -e> óрдер на домашний óбыск m
Hauseinfahrt f <-, -en> подъезднáя дорóга f к домý
hausen vi 1. (*umg: pej: wohnen*) прозябáть *impf*, юти́ться *impf*; 2. (*umg: verwüsten*) свирéпствовать *impf*
Häuserblock m <-(e)s, -s> кварта́л m
Häusermakler, -in m/f <-s, -> мáклер m по продáже домóв
Hausflur m <-(e)s, -e> подъéзд m, лéстничная клéтка f
Hausfrau f <-, -en> домáшняя хозя́йка f
Hausfriedensbruch m <gen: -(e)s> наруше́ние nt неприкосновéнности жили́ща
Hausgehilfin f <-, -nen> домрабóтница f
hausgemacht adj домáшнего приготовлéния
Haushalt m <-(e)s, -e> 1. (*Privathaushalt*) домáшнее хозя́йство nt; 2. (*Staatshaushalt*) бюджéт m; **ausgeglichener ~** сбаланси́рованный бюджéт m; **jdm den ~ führen** вести́ комý-л. домáшнее хозя́йство; **öffentlicher ~** госудáрственный бюджéт
haushalten vi: **mit etw ~** дорожи́ть чем-л.; **mit seinen Kräften ~** бере́чь си́лы
Haushälterin f <-, -nen> экономка f
Haushaltsabfall m <-(e)s, -abfälle> бытовы́е отхóды pl
Haushaltsartikel m <-s, -> предмéт m домáшнего обихóда
Haushaltsausschuss m <-es, -ausschüsse> комитéт m по бюджéтным делáм
Haushaltsdebatte f <-, -n> дебáты pl о бюджéте
Haushaltsdefizit nt <-(e)s, -e> бюджéтный дефици́т m
Haushaltsentwurf m <-(e)s, -entwürfe> проéкт m бюджéта
Haushaltsexperte, -expertin m/f <-n, -n> экспéрт m/f по бюджéту
Haushaltsgeld nt <-es, -er> дéньги fpl на ведéние хозя́йства
Haushaltsgerät nt <-(e)s, -e> электроприбóр m
Haushaltslage f <gen: -> состоя́ние nt бюджéта
Haushaltsplan m <-(e)s, -pläne> бюджéтный план m; **den ~ verabschieden** утверждáть проéкт бюджéта; **den ~ vorlegen** представля́ть проéкт бюджéта
haushaltspolitisch adj касáющийся бюджéтной поли́тики
Haushaltsreiniger m <-s, -> срéдство nt для чи́стки
Haushaltssanierung f <-, -en> санáция f бюджéта, оздоровлéние nt бюджéта
Haushaltswarengeschäft nt <-(e)s, -e> магази́н m хозя́йственных товáров
Hausherr, -in m/f <-(e)n, -en> хозя́ин, -зя́йка m/f дóма
haushoch adj (*sehr hoch*) огрóмный
hausieren vi торговáть *impf* вразнóс; **mit etw ~ gehen** разноси́ть что-л. по домáм
Hausierer, -in m/f <-s, -> торгóвец вразнóс
hausintern adj внýтренний (о делáх, отношéниях)
Hauskatze f <-, -n> домáшняя кóшка f
Hauskonzert nt <-(e)s, -e> домáшний концéрт m
häuslich adj 1. домáшний; 2. (*gemütlich*) ую́тный; **sich (bei jdm/an einem Ort) ~ niederlassen** (*umg*) посели́ться (у когó-л./в какóм-л. мéсте)
Hausmädchen nt <-s, -> домрабóтница f, гóрничная f
Hausmannskost f <gen: -> простáя пи́ща f
Hausmeister, -in m/f <-s, -> двóрник m
Hausmittel nt <-s, -> домáшнее срéдство nt; **dagegen gibt es ein altes ~** прóтив э́того есть однó стáрое домáшнее срéдство
Hausnummer f <-, -n> нóмер m дóма
Hausordnung f <-, -en> правúла f внýтреннего распорЯ́дка
Hausputz m <gen: -es> генерáльная убóрка f
Hausrat m <gen: -(e)s> домáшняя ýтварь f, обстанóвка f дóма

Hausratversicherung f <-, -en> страхование nt домашнего имущества
Hausschlüssel m <-s, -> ключ m от дома
Hausschuh m <-(e)s, -e> домашний тапочек m
Hausse f <gen: -> (BÖRSE) повышение nt биржевых курсов
Haussegen m: bei jdm hängt der ~ schief (umg) в семье нелады
Haussier m <-s, -s> оссист m, спекулянт m, играющий на повышение
Haussuchung f <-, -en> домашний обыск m
Haustier nt <-(e)s, -e> домашнее животное nt; ein ~ halten держать домашнее животное
Haustür f <-, -en> входная дверь f
Hausverbot nt <-(e)s, -e> отказ m от дома; jdm ~ erteilen отказать кому-л. от дома
Hausverwalter, -in m/f <-s, -> домоуправляющий m
Hauswand f <-, -wände> (внешняя) стена f здания
Hauswirt, -in m/f <-(e)s, -e> хозяин, -зяйка m/f дома
Hauswirtschaft f <gen: -> домашнее хозяйство nt
Haut f <-, Häute> 1. (von Mensch) кожа f; 2. (von Tier) шкура f, кожа f; 3. (auf Flüssigkeit) плёнка f, пенка f; sich seiner ~ wehren (umg) постоять за себя; aus der ~ fahren (umg) выйти из себя; etw geht jdm unter die ~ (umg) что-л. задевает кого-л. за живое; nicht in jds ~ stecken wollen (umg) не хотеть оказаться в чьей-л. шкуре
Hautabschürfung f <-, -en> ссадина f
Hautarzt, -ärztin m/f <-(e)s, -ärzte> дерматолог m
Hautausschlag m <-(e)s, -ausschläge> сыпь f, высыпание nt на коже
Hautcreme, Hautkrem(e) f <-, -s> крем m для кожи
häuten I. vt снимать, снять pf шкуру; II. vr (Schlange) сбрасывать, сбросить pf кожу, линять impf
hauteng adj плотно облегающий
Hautfarbe f <-, -n> цвет m кожи
hautfreundlich adj (Creme, Stoff) приятный для кожи
Hautkrankheit f <-, cn> кожная болезнь f
Hautkrebs m <gen: -es> рак m кожи
Hautpflege f <gen: -> уход m за кожей
hautschonend adj щадящий кожу
Havarie f <-, -n> авария f
Hbf. abk von **Hauptbahnhof** m главный железнодорожный вокзал
H-Bombe f <-, -n> (Wasserstoffbombe) водородная бомба f
HD abk von **high density** (DV) высокой плотности

HDCD abk von **High Definition CD**
H-Dur nt <gen: -s> (MUS) си мажор m
Headhunter m <-s, -s> охотник m за мозгами
Hearing nt <-s, -s> (Anhörung) слушание nt
Heavy metal nt <gen: - -s> тяжёлый металл m
Hebamme f <-, -n> акушерка f
Hebebühne f <-, -n> автомобильный подъёмник m с платформой
Hebel m <-s, -> 1. (Bedienungselement) рычаг m, рукоятка f; 2. (PHYS) рычаг m; alle ~ in Bewegung setzen (fig) задействовать все рычаги
Hebelwirkung f <-, -en> эффект m рычага
heben <hob, gehoben> I. vt 1. (hochheben) поднимать, -нять pf; sie hob die Hand zum Gruß она подняла руку в приветствии; 2. (Rang, Niveau) повышать, -высить pf; 3. (Schatz) найти pf, находить impf; II. vr (sich verbessern: Stimmung) повышаться, -выситься pf, подниматься, -няться pf
hecheln vi (Hund) тяжело дышать impf
Hecht m <-(e)s, -e> щука f
Heck nt <-(e)s, -e> 1. (eines Flugzeugs) хвост m; 2. (eines Schiffes) корма f
Heckantrieb m <gen: -(e)s> (KFZ) задний привод m
Hecke f <-, -n> живая изгородь f
Heckenschere f <-, -n> садовые ножницы pl
Heckklappe f <-, -n> (KFZ) задняя дверь f
Heckscheibe f <-, -n> (KFZ) заднее стекло nt; beheizbare ~ обогреваемое заднее стекло
Heckspoiler m <-s, -> (KFZ) задний спойлер m
Hedgegeschäft nt <-(e)s, -e> (BÖRSE) сделка f по хеджированию
Heer nt <-(e)s, -e> 1. армия f; 2. (große Menge) масса f; ein ~ von Mücken plagte uns полчища мошкары мучили нас
Heeresleitung f <gen: -> главное командование nt армией
Hefe f <-, -n> дрожжи fpl
Hefeteig m <-(e)s, -e> дрожжевое тесто nt
Heft[1] nt <-(e)s, -e> (von Messer) рукоять f; das ~ in der Hand behalten (fig) держать в руках бразды правления
Heft[2] nt <-(e)s, -e> 1. (Schreibheft) тетрадь f; 2. (von Zeitschrift) выпуск m, номер m; wann erscheint das nächste ~? когда выходит следующий номер?
heften I. vt 1. прикреплять, -пить pf; er heftete einen Zettel an ihre Tür он прикрепил записку к её двери; 2. (nähen) сшивать, сшить pf; (Buch) сшивать, сшить pf; II. vr: sich an jds Fersen ~ преследовать кого-л.; seinen

Blick auf etw/jdn ~ прикова́ть свой взгляд к чему́-л./кому́-л.
Hefter *m* <-s, -> *(für Dokumente)* скоросшива́тель *m*
heftig *adj* 1. *(stark, ungestüm)* си́льный; **es regnete ~en Widerstand** она́ ока́зывала ожесточённое сопротивле́ние; 2. *(unbeherrscht)* вспы́льчивый, горя́чий; **sie antwortete eine Spur zu ~** она́ отве́тила не́сколько несде́ржанно
Heftklammer *f* <-, -n> 1. тетра́дная ско́бка *f*; 2. ско́бка *f* для сшива́ния бума́г
Heftklammernentferner *m* <-s, -> прибо́р *m* для удале́ния ско́бок
Heftpflaster *nt* <-s, -> пла́стырь *m*
Hegemonie *f* <-, -n> гегемо́ния *f*
hegen *vt* 1. *(pflegen)* уха́живать *impf*, леле́ять *impf*; 2. *(Abneigung)* таи́ть *impf*
Hehl *m*: **kein(en) ~ aus etw machen** не де́лать та́йны из чего́-л.
Hehler, -in *m/f* <-s, -> ску́пщик, -щица *m/f* кра́деного, укрыва́тель, -ница *m/f* кра́деного
Hehlerei *f* <-, -en> укрыва́тельство *nt*
Heide[1] *m* <-n, -n> (REL) язы́чник *m*
Heide[2] *f* <-, -n> *(Landschaft)* пу́стошь *f*
Heidelbeere *f* <-, -n> черни́ка *f*
Heidenangst *f* <gen: -> *(umg)* у́жас *m*
Heidenarbeit *f* <gen: -> *(umg)* непоме́рная рабо́та *f*
Heidengeld *nt* <gen: -(e)s> *(umg)* бе́шеные де́ньги *pl*
Heidenlärm *m* <gen: -(e)s> *(umg)* гвалт *m*, шум и гам *m*
Heidenspaß *m* <gen: -es> *(umg)* огро́мное удово́льствие *nt*; **wir hatten einen ~ daran** нам это доставля́ло ди́кое удово́льствие
Heidin *f* <-, -nen> язы́чница *f*
heidnisch *adj* язы́ческий; **~e Bräuche** язы́ческие обы́чаи
heikel *adj* 1. *(Sache, Thema)* щекотли́вый; 2. *(Person)* взыска́тельный; **in diesem Punkt ist sie sehr ~** в э́том пу́нкте она́ о́чень разбо́рчива
heil *adj* 1. *(gesund, unverletzt)* це́лый, невреди́мый; **hoffentlich kommen wir hier ~ heraus!** наде́юсь, мы вы́беремся отсю́да це́лыми и невреди́мыми! 2. *(geheilt)* вы́здоровевший
Heil *nt* <gen: -s> 1. *(Wohl)* бла́го *nt*, сча́стье *nt*; 2. *(Seelenheil)* спасе́ние *nt* души́; **sein ~ in der Flucht suchen** иска́ть спасе́ния в бе́гстве
Heiland *m* <gen: -(e)s> спаси́тель *m*
Heilbad *nt* <-(e)s, -bäder> 1. лече́бные во́ды *pl*; 2. *(Badeort)* куро́рт *m*
heilbar *adj* *(Krankheit)* излечи́мый
heilen I. *vt* лечи́ть *impf*, исцеля́ть, -ли́ть *pf*; II. *vi* выле́чиваться, вы́лечиться *pf*; **davon ist er jetzt geheilt** *(umg)* э́тим он сыт тепе́рь по го́рло
heilfroh *adj* рад-раде́хонек
heilig *adj* свято́й; **jdm etw hoch und ~ versprechen** *(umg)* свя́то обеща́ть кому́-л. что́-л.
Heiligabend *m* <-s, -e> рожде́ственский соче́льник *m*
Heilige(r) *mf* <-n, -n> свято́й
Heiligenschein *m* <-(e)s, -e> нимб *m*
Heiligtum *nt* <-s, -tümer> 1. *(Ort)* святи́лище *nt*; 2. *(Gegenstand)* святы́ня *f*
Heilkräuter *pl* <gen: -> лека́рственные тра́вы *pl*
heillos *adj* 1. *(ungeheuer)* ужа́сный, жу́ткий; **er richtete eine ~ Unordnung an** он устро́ил жу́ткий беспоря́док; 2. *(hoffnungslos)* безнадёжный
Heilmittel *nt* <-s, -> лече́бное сре́дство *nt*
Heilpraktiker, -in *m/f* <-s, -> ле́карь, практику́ющий нетрадицио́нные ме́тоды лече́ния
Heilquelle *f* <-, -n> лече́бный исто́чник *m*
heilsam *adj* поле́зный; **der Schreck war ~** испу́г пошёл на по́льзу
Heilsarmee *f* <gen: -> А́рмия *f* спасе́ния
Heilung *f* <-, -en> 1. *(einer Wunde)* заживле́ние *nt*; 2. *(von Krankheit)* исцеле́ние *nt*, излече́ние *nt*; 3. *(fig: von Schmerz)* исцеле́ние *nt*
heim *adv* домо́й
Heim *nt* <-(e)s, -e> 1. родно́й дом *m*, дома́шний оча́г *m*; 2. *(Kinderheim)* де́тский дом *m*
Heimarbeit *f* <gen: -> рабо́та *f* на дому́
Heimarbeiter, -in *m/f* <-s, -> надо́мник, надо́мница *m/f*
Heimat *f* <gen: -> ро́дина *f*; **geistige ~** духо́вная ро́дина; **Augsburg ist seine zweite ~** А́угсбург - его́ втора́я ро́дина
Heimatdichter, -in *m/f* <-s, -> писа́тель *m* -„областни́к" *m*
Heimatdorf *nt* <-(e)s, -dörfer> родно́е село́ *nt*
Heimatland *nt* <-(e)s, -länder> ро́дина *f*, отчи́зна *f*
heimatlich *adj* родно́й
heimatlos *adj* без ро́дины
Heimatort *m* <-(e)s, -e> родно́й го́род *m*
Heimatstadt *f* <-, -städte> родно́й го́род *m*
Heimatvertriebene(r) *mf* <-n, -n> изгна́нник *m* ро́дины
heimbegleiten *vt* сопровожда́ть, -води́ть *pf* домо́й, провожа́ть, -води́ть *pf* домо́й
Heimbewohner, -in *m/f* <-s, -> живу́щий *m* в общежи́тии
heimbringen *irr vt* приводи́ть, -вести́ *pf* домо́й, провожа́ть, -води́ть *pf* домо́й; **ich kann dich nachher ~** я могу́ тебя́

потóм проводи́ть домóй

Heimcomputer *m* <-s, -> дома́шний компью́тер *m*

heimelig *adj* дома́шний, ую́тный; der Kamin verbreitet eine ~e Wärme ками́н распространя́ет дома́шнее тепло́

heimfahren I. *irr vt* отвози́ть, -везти́ *pf* домо́й; II. *vi* е́хать *impf* домо́й, возвраща́ться, -врати́ться *pf* домо́й

Heimfahrt *f* <-, -en> пое́здка *f* домо́й, возвраще́ние *nt*; sie machen sich auf die ~ они́ отправля́ются домо́й; auf der ~ sein быть на пути́ домо́й

heimgehen *irr vi* идти́ *pf* по дома́м

heimisch *adj* 1. (*einheimisch*) ме́стный; 2. (*vertraut*) бли́зкий, родно́й

Heimkehr *f* <gen: -> возвраще́ние *nt* домо́й

heimkehren *vi* возвраща́ться, -врати́ться *pf* домо́й

Heimkino *nt* <gen: -s> дома́шний теа́тр *m*

heimlich *adj* 1. (*geheim*) та́йный, секре́тный; sie trafen sich ~ они́ встреча́лись тайко́м; 2. (*verborgen*) укра́дкой, исподтишка́; sie lächelte ~ она́ улыбну́лась укра́дкой

Heimniederlage *f* <-, -n> (SPORT) пораже́ние *nt* на своём по́ле

Heimreise *f* <-, -n> возвраще́ние *nt* домо́й; auf der ~ по пути́ домо́й

heimreisen *vi* возвраща́ться, -врати́ться *pf* домо́й

Heimsieg *m* <-(e)s, -e> (SPORT) побе́да *f* на своём по́ле

Heimspiel *nt* <-(e)s, -e> (SPORT) игра́ *f* на своём по́ле

heimsuchen *vt* постига́ть, пости́чь *pf*, обру́шиваться, -ши́ться *pf*

heimtückisch *adj* 1. (*Mensch*) вероло́мный, кова́рный; 2. (*Krankheit*) кова́рный

heimwärts *adv* домо́й; ~ ziehen е́хать домо́й

Heimweg *m* <-(e)s, -e> доро́га *f* домо́й; ich bin schon auf dem ~ я уже́ на пути́ домо́й; sich auf den ~ machen отправля́ться домо́й

Heimweh *nt* <gen: -s> тоска́ *f* по ро́дине; sie hat großes ~ она́ о́чень тоску́ет по ро́дине

Heimwerker, -ln *m/f* <-s, -> реме́сленник, рабо́тающий на дому́

heimzahlen *vt* отплати́ть *pf*, -пла́чивать *impf*, расквита́ться *pf*; das zahle ich dir heim! я с тобо́й за э́то расквита́юсь!

Heirat *f* <-, -en> 1. брак *m*; 2. (*einer Frau*) заму́жество *nt*; 3. (*eines Mannes*) жени́тьба *f*

heiraten I. *vt* 1. (*eine Frau*) жени́ться *impf/pf*; 2. (*einen Mann*) выходи́ть, вы́йти *pf* за́муж; II. *vi* жени́ться *impf/ pf*, по- *pf*; in zwei Monaten ~ sie че́рез два ме́сяца они́ же́нятся

Heiratsanzeige *f* <-, -n> сообще́ние *nt* о бракосочета́нии

Heiratsvermittlung *f* <-, -en> слу́жба *f* знако́мств

heiser *adj* хри́плый, охри́пший; mit ~er Stimme охри́пшим го́лосом

Heiserkeit *f* <gen: -> хрипота́ *f*

heiß *adj* 1. жа́ркий; mir ist ~ мне жа́рко; 2. (*Liebe*) горя́чий; 3. (*Kampf*) жа́ркий; ein ~er Wunsch стра́стное жела́ние; ~ geliebt горячо́ люби́мый; eine ~e Spur (*umg*) све́жий след; etw ist ein ~es Eisen (*umg*) что-л. явля́ется о́чень опа́сным

heißen I. *vi* <hieß, geheißen> 1. (*sich nennen*) называ́ться, -зва́ться *pf*; wie heißt du/ ~ Sie? как тебя́/вас зову́т?; 2. (*bedeuten*) означа́ть *impf*; was heißt das auf Russisch? как э́то бу́дет по-ру́сски?; II. *vt* (*geh: nennen*) называ́ть, -зва́ть *pf*; sie hieß ihn einen Lügner она́ назвала́ его́ лгуно́м; jdn ~, etw zu tun веле́ть кому́-л. сде́лать что-л.; jdn willkommen ~ приве́тствовать кого́-л.; das heißt, ... э́то зна́чит, ...; was soll das ~? что э́то зна́чит?; das will nichts ~ э́то ничего́ не означа́ет

heiß geliebt *adj* горячо́ люби́мый

heiß laufen, heißlaufen *irr vi* (*auch fig*) перегрева́ться, -гре́ться *pf*; bei uns läuft das Telefon heiß наш телефо́н перегрева́ется

Heißluft *f* <gen: -> горя́чий во́здух *m*

heiter *adj* 1. (*fröhlich*) весёлый, ра́достный; 2. (*Wetter, Farben*) я́сный, све́тлый; wie der Blitz aus ~em Himmel как гром среди́ я́сного не́ба; das kann ja noch ~ werden (*umg*) весёленькое де́ло

Heiterkeit *f* <gen: -> 1. (*Fröhlichkeit*) весёлость *f*; 2. (*Erheiterung, Gelächter*) весе́лье *nt*; seine Bemerkung erregte allgemeine ~ его́ замеча́ние вы́звало всео́бщее весе́лье; etw sorgt für ~ что-л. обеспе́чивает весе́лье

heizbar *adj* 1. (*Raum*) ота́пливаемый; 2. (*Heckscheibe*) с обогре́вом

Heizdecke *f* <-, -n> электрооде́яло *nt*

heizen I. *vt* 1. (*Raum*) ота́пливать, отопи́ть *pf*; 2. (*Ofen*) топи́ть *impf*, натопи́ть, -та́пливать *impf*; II. *vi* топи́ть *impf*; sie heizt mit Kohle она́ то́пит углём

Heizgerät *nt* <-(e)s, -e> отопи́тель *m*

Heizkessel *m* <-s, -> отопи́тельный котёл *m*

Heizkörper *m* <-s, -> батаре́я *f* центра́льного отопле́ния, радиа́тор *m*

Heizkraftwerk *nt* <-(e)s, -e> теплоэлектроцентра́ль *f*

Heizlüfter *m* <-s, -> тепловентиля́тор *m*

Heizmaterial *nt* <gen: -s> то́пливо *nt*

Heizöl *nt* <-(e)s, -e> жи́дкое то́пливо *nt*

Heizstrahler *m* <-s, -> электрока́мин *m*
Heizung *f* <-, -en> отопле́ние *nt*; **die ~ anstellen/abstellen** включи́ть/вы́ключить отопле́ние
Heizungskeller *m* <-s, -> коте́льная *f*
Heizungsradiator *m* <-s, -en> радиа́тор *m* отопи́теля
Heizwendel *f* <-, -n> (*in Glühbirne*) спира́ль *f*
Hektar *nt* <-s, -e> гекта́р *m*
Hektik *f* <gen: -> спе́шка *f*; **nur keine ~!** то́лько без спе́шки!
hektisch *adj* торопли́вый, лихора́дочный
Held *m* <-en, -en> 1. геро́й *m*; 2. (*im Roman*) геро́й *m*; **~ des Tages** геро́й дня
Heldengedicht *nt* <-(e)s, -e> герои́ческий э́пос *m*
Heldin *f* <-, -nen> 1. герои́ня *f*; 2. (*im Roman*) герои́ня *f*
helfen <half, geholfen> *vi* помога́ть, -мо́чь *pf*; **jdm bei etw ~** помога́ть кому́-л. в чём-л.; **sich zu ~ wissen** уме́ть находи́ть вы́ход из сло́жных ситуа́ций; **jdm ist nicht (mehr) zu ~** кому́-л. ничём уже́ нельзя́ помо́чь; **ich kann mir nicht ~, aber ...** ничего́ не могу́ с собо́й поде́лать, но...
Helfer, -in *m/f* <-s, -> помо́щник, -ница *m/f*
Helfershelfer *m* <-s, -> (*pej*) соо́бщник *m*
Helikopter *m* <-s, -s> вертолёт *m*, геликопте́р *m*
Helium *nt* <gen: -s> ге́лий *m*
hell *adj* 1. све́тлый; **draußen wird es schon ~** на дворе́ уже́ света́ет; 2. (*Farbe*) све́тлый; **an etw/jdm seine ~e Freude haben** (*umg*) не нара́доваться на что-л./кого́-л.; **ein ~er Kopf** (*umg*) све́тлая голова́
hellblau све́тло-си́ний
hellblond *adj* белоку́рый
Helldunkel *nt* <gen: -s> светоте́нь *f*
hellhörig *adj* (*Wohnung*) звукопроница́емый; **~ werden** следи́ть за чем-л. с осо́бым внима́нием
Helligkeit *f* <gen: -> 1. я́ркость *f*, я́сность *f*; 2. (*von Beleuchtung*) я́ркость *f*
Hellseher, -in *m/f* <-s, -> яснови́дец, -дица *m/f*, яснови́дящий, -щая *m/f*
Hellseherei *f* <gen: -> яснови́дение *nt*
Helm *m* <-(e)s, -e> шлем *m*
Hemd *nt* <-(e)s, -en> 1. соро́чка *f*, руба́шка *f*; 2. (*Unter~*) ма́йка *f*
Hemisphäre *f* <-, -n> 1. (*Erdhalbkugel*) полуша́рие *nt*; **die nördliche/südliche ~** се́верное/ю́жное полуша́рие 2. (MED: *des Gehirns*) полуша́рие *nt*
hemmen *vt* 1. заде́рживать, -жа́ть *pf*, сде́рживать, -жа́ть *pf*; 2. (*seelisch, geistig*) тормози́ть, за- *pf*, препя́тствовать, вос- *pf*
Hemmung *f* <-, -en> 1. заде́ржка *f*; 2. (*seelisch, geistig*) ко́мплекс *m*; **nur keine ~en!** то́лько без ко́мплексов!
hemmungslos *adj* безу́держный, необу́зданный; **er betrank sich ~** он безу́держно напива́лся
Hendel *nt* <-s, -n> 1. (*österr: Brathuhn; junges Huhn*) жа́реная ку́рица *f*; 2. молода́я ку́рица *f*
Hengst *m* <-(e)s, -e> жеребе́ц *m*
Henkel *m* <-s, -> ру́чка *f*
Henker *m* <-s, -> пала́ч *m*; **scher dich zum ~!** (*pej*) убира́йся к чёрту!
Henne *f* <-, -n> ку́рица *f*
Hepatitis *f* <gen: -> гепати́т *m*
her *adv* (*räumlich*) сюда́; **komm ~** иди́ сюда́; **von außen ~** снару́жи; **er kommt von weit ~** он пришёл издалека́; **das ist schon lange ~** э́то бы́ло давны́м давно́; **das ist drei Wochen ~** э́то бы́ло три неде́ли тому́ наза́д; **hinter jdm ~ sein** пресле́довать кого́-л.
herab *adv* вниз; **von oben ~** (*fig*) свысока́
herabblicken *vi* смотре́ть, по- *pf* вниз (*auf +akk* на); **auf jdn ~** смотре́ть на кого́-л. свысока́
herablassen I. *irr vr*: **sich ~, etw zu tun** соблаговоли́ть сде́лать что́-л.; II. *irr vt* спуска́ть, -сти́ть *pf*; **er ließ die Strickleiter herab** он спусти́л верёвочную ле́стницу
Herablassung *f* <gen: -> надме́нность *f*
herabsetzen *vt* 1. (*Verdienste einer Person*) принижа́ть, -ни́зить *pf*; 2. (*Preis*) понижа́ть, -ни́зить *pf*; **die Ware ist stark herabgesetzt** това́р ре́зко подешеве́л
Herabsetzung *f* <-, -en> 1. (*von Verdiensten*) сниже́ние *nt*; 2. (*von Preisen*) сниже́ние *nt*
herabwürdigen *vt* унижа́ть, уни́зить *pf*
Heraldik *f* <gen: -> гера́льдика *f*
heran *adv* сюда́
Herangehensweise *f* <-, -n> подхо́д *m* (к реше́нию пробле́мы)
herankommen *irr vi* 1. (*sich nähern*) подходи́ть, -дойти́ *pf* побли́же; 2. (*erreichen*) приближа́ться, -бли́зиться *pf* (*an +akk* к +*dat*); **er kommt nicht an seinen Vorgänger heran** ему́ не приблизи́ться к у́ровню его́ предше́ственника; **nichts an sich ~ lassen** (*umg*) ничего́ не принима́ть бли́зко к се́рдцу
heranmachen *vi*: **sich an jdn ~** (*umg*) пристава́ть к кому́-л.; **sich an etw ~** (*umg*) принима́ться за что-л.
herantreten *irr vi* 1. (*sich nähern*) подходи́ть, -дойти́ *pf*; 2. (*sich wenden an*) обраща́ться, -рати́ться *pf*; **er trat mit einer Bitte an sie heran** он обрати́лся к ней с про́сьбой
heranwachsen *irr vi* подраста́ть, -расти́ *pf*
Heranwachsende(r) *mf* <-n, -n>

подро́сток m
heranwagen vr 1. рискну́ть прибли́зиться pf; 2. (an Aufgabe) рискну́ть взя́ться pf, бра́ться impf (an + akk за)
heranziehen irr vt 1. приближа́ть, -бли́зиться pf; 2. (aufziehen) выра́щивать, вы́растить pf; 3. (berücksichtigen) принима́ть, -ня́ть pf во внима́ние; jdn zu etw ~ привле́чь кого́-л. к чему́-л.
herauf adv вверх; **von unten ~** сни́зу вверх
heraufbeschwören irr vt 1. (wachrufen) воскреша́ть, -кре́сить pf в па́мяти; 2. (verursachen) провоци́ровать impf/pf, спровоци́ровать pf; **sie wird noch ein Unglück ~** она́ ещё накли́чет беду́
heraus adv нару́жу; **~ mit der Sprache!** (umg) выкла́дывай! **der Artikel ist noch nicht ~** (umg) статья́ ещё не опублико́вана
herausarbeiten vt (sichtbar machen, hervorheben) выраба́тывать, вы́работать pf, устана́вливать, -нови́ть pf
herausbekommen irr vt 1. выве́дать pf, -ве́дывать impf; **wie hast du das ~?** как ты до э́того докопа́лся?; 2. (Geld) получа́ть, -чи́ть pf сда́чу; **Sie bekommen noch 5 Euro heraus** вы получа́ете ещё 5 е́вро сда́чи; 3. (Fleck) вы́вести pf, выводи́ть impf
herausfinden I. irr vt выясня́ть, вы́яснить pf; **hast du herausgefunden, wann der Bus abfährt?** ты вы́яснил вре́мя отправле́ния авто́буса?; II. vi выпу́тываться, вы́путаться pf
herausfordern vt 1. (Person) вызыва́ть, вы́звать pf; 2. (Schicksal) испы́тывать, -та́ть pf
Herausforderung f <-, -en> 1. (Aufforderung) вы́зов m; 2. (SPORT) вы́зов претенде́нтом облада́теля ти́тула; **eine ~ annehmen** приня́ть pf вы́зов
herausgeben irr vt 1. выдава́ть, вы́дать pf; 2. (zurückgeben) возвраща́ть, -врати́ть pf; 3. (Wechselgeld) дава́ть, дать pf сда́чу; 4. (Buch) издава́ть, -да́ть pf
Herausgeber, -in m/f <-s, -> изда́тель, -ница m/f
herausgehen irr vi 1. выходи́ть, вы́йти pf; 2. (Fleck) выводи́ться, вы́вестись pf; **aus sich ~** вы́йти из себя́
heraushaben irr vt (umg: verstanden haben) поня́ть pf, -нима́ть impf
heraushalten irr vt держа́ться impf в стороне́, не вме́шиваться, -ша́ться pf (aus +dat в +akk); **aus der Sache halte ich mich heraus** в э́то де́ло я не вме́шиваюсь
herausholen vt 1. выта́скивать, вы́тащить pf; 2. (abgewinnen) выжима́ть, вы́жать pf (aus +dat из +gen); **sie hatte alles aus sich herausgeholt** она́ вы́ложилась по́лностью
herauskehren vt выпя́чивать, вы́пятить pf, подчёркивать, -черкну́ть pf
herausnehmen irr vt вынима́ть, вы́нуть pf; **sich (jdm gegenüber) zuviel ~** мно́го себе́ позво́лить (по отноше́нию к кому́-л.)
herausplatzen vi: **mit etw ~** (umg) вы́палить что́-л.
herausputzen vr наряди́ться pf, -ряжа́ться impf
herausreden vr опра́вдываться, -да́ться pf, выгора́живать, вы́городить pf себя́
herausreißen irr vt вырыва́ть, вы́рвать pf; **das reißt es auch nicht mehr heraus** (umg) э́тим ситуа́цию уже́ то́же не спасёшь
herausrücken I. vi говори́ть, сказа́ть pf, выкла́дывать, вы́ложить pf; **nun rücke schon heraus damit** ну, выкла́дывай, что там; II. vt (umg: hergeben) отдава́ть, -да́ть pf
herausrutschen vi выскользну́ть pf, -ска́льзывать impf; **das ist mir nur so herausgerutscht** у меня́ э́то про́сто вы́рвалось
herausschlagen irr vt 1. выбива́ть, вы́бить pf; 2. (Vorteil) извлека́ть, -вле́чь pf; **etw für sich ~** извле́чь что́-л. для себя́
herausspringen irr vi выска́кивать, вы́скочить pf
herausstellen I. vr оказа́ться pf, ока́зываться impf; **wie sich herausgestellt hat** как оказа́лось; II. vt (Person) выставля́ть, вы́ставить pf
heraussuchen vt выи́скивать, вы́искать pf, подбира́ть, -добра́ть pf
herauswachsen irr vi вы́расти pf, выраста́ть impf
herausziehen irr vt выдёргивать, вы́дернуть pf
herb adj 1. (Geschmack) те́рпкий; 2. (Empfindung) го́рький, суро́вый; **eine ~e Enttäuschung** го́рькое разочарова́ние
herbei adv сюда́
herbeiführen vt 1. (bewirken) вызыва́ть, вы́звать pf; 2. (verursachen) явля́ться, яви́ться pf причи́ной
Herberge f <-, -n> 1. постоя́лый двор m; 2. (Jugendherberge) турба́за f
Herbergsmutter f <-, -mütter> заве́дующая f турба́зой
Herbergsvater m <-s, -väter> заве́дующий m турба́зой
herbestellen vt вызыва́ть, вы́звать pf; **ich habe ihn für 14 Uhr herbestellt** я вы́звал его́ на 14.00 часо́в
Herbizid nt <-(e)s, -e> гербици́д m
Herbst m <-(e)s, -e> о́сень f; **im ~** о́сенью

herbstlich *adj* осе́нний
Herd *m* <-(e)s, -e> 1. плита́ *f*; **am ~ stehen** гото́вить еду́; **am heimischen ~** у дома́шнего очага́ 2. (MED, GEOL) оча́г *m*; **der ~ eines Erdbebens** оча́г землетрясе́ния
Herde *f* <-, -n> ста́до *nt*
herein *adv* сюда́; **~!** входи́те! **von draußen ~** снару́жи внутрь
hereinbitten *irr vt* проси́ть, по- *pf* войти́; **darf ich Sie ~?** позво́льте пригласи́ть вас войти́?
hereinbrechen *irr vi* (*Nacht, Dämmerung*) наступа́ть, -ступи́ть *pf*; **etw bricht über jdn herein** что-л. обру́шивается на кого́-л.
hereinbringen *irr vt* 1. вноси́ть, внести́ *pf*; 2. (*Verlust*) приноси́ть, -нести́ *pf*; **die Kosten müssen wieder hereingebracht werden** затра́ты должны́ быть оку́плены
hereinfallen *irr vi* 1. свали́ться *pf*, сва́ливаться *impf*; 2. попа́сться *pf*, -пада́ться *impf*; **auf etw ~** пове́рить чему́-л.
hereinkommen *irr vi* входи́ть, войти́ *pf*
hereinlassen *irr vt* (*umg*) впуска́ть, -сти́ть *pf*
hereinlegen *vt* (*umg: Person*) обма́нывать, -ну́ть *pf*, наду́ть *pf*, -дува́ть *impf*
hereinplatzen *vi* (*umg*) ввали́ться *pf*, сва́ливаться *impf*
hereinschauen *vi* (*umg*) загляну́ть *pf*, -гля́дывать *impf*; **ich wollte nur kurz bei dir ~** я хоте́л то́лько на мину́тку загляну́ть к тебе́
hereinschneien *vi* (*umg: unerwartet kommen*) внеза́пно прийти́ *pf*, приходи́ть *impf*, заяви́ться, -вля́ться *impf*
Herfahrt *f* <-, -en> пое́здка *f* сюда́; **auf der ~** по доро́ге сюда́
herfallen *irr vi*: **über jdn ~** (*jdn angreifen*) напа́сть на кого́-л.; **mit etw über jdn ~** (*mit Fragen, Wünschen*) обру́шиться на кого́-л. с чём-л.; **über etw ~** набро́ситься на что́-л.
Hergang *m* <gen: -(e)s> ход *m*, тече́ние *nt*; **bitte schildern Sie den ~ des Unfalls** опиши́те, пожа́луйста, как произошёл несча́стный слу́чай
hergeben *irr vt* отдава́ть, -да́ть *pf*, подава́ть, -да́ть *pf*; **sich zu etw ~** соглаша́ться на что́-л.
hergehen *irr vi*: **vor/neben/hinter jdm ~** идти́ пе́ред/ря́дом с/за ке́м-л.; **hier geht es hoch her** (*umg*) здесь тако́е твори́тся
herhalten *vt*: **für etw ~ (müssen)** (быть вы́нужденным) отдува́ться; **als Vorwand ~** служи́ть предло́гом
herhören *vi* слу́шать, по- *pf*; **bitte ~!** пожа́луйста, внима́ние!

Hering *m* <-s, -e> 1. (*Fisch*) сельдь *f*, селёдка *f*; 2. (*Zeltpflock*) ко́лышек *m*
herkommen *irr vi* 1. подойти́ *pf*, подходи́ть *impf*; **kannst du bitte mal ~?** мо́жешь, пожа́луйста, подойти́?; 2. (*stammen aus*) происходи́ть, -изойти́ *pf*; **wo kommen Sie her?** отку́да вы ро́дом?
herkömmlich *adj* обы́чный; **auf ~e Art** по обыкнове́нию
Herkunft *f* <gen: -> 1. (*soziale Herkunft*) происхожде́ние *nt*; **er ist (von) einfacher ~** он из просты́х; 2. (*Ursprung*) исто́к *m*; **die ~ dieses Brauchs ist unbekannt** исто́ки э́того обы́чая неизве́стны
Herkunftsland *nt* <-(e)s, -länder> страна́ *f* происхожде́ния това́ра
herlaufen *irr vi*: **vor/neben/hinter jdm ~** бежа́ть пе́ред/ря́дом с/за ке́м-л.
hermachen *vt*: **sich über etw ~** бра́ться за что́-л.; **wenig ~** не производи́ть осо́бого впечатле́ния
Hermelin *nt* <-s, -e> горноста́й *m*
hermetisch *adj* ((*luft*)*dicht*) гермети́чный, воздухонепроница́емый
Heroin *nt* <gen: -s> герои́н *m*
heroisch *adj* (*heldenhaft*) герои́ческий
Herpes *m* <gen: -> ге́рпес *m*
Herr *m* <-en, -en> 1. (*Mann*) мужчи́на *m*; 2. (*Gebieter*) господи́н, повели́тель *m*; 3. (*Anrede*) господи́н *m*; **sehr geehrter ~ Müller** глубокоуважа́емый господи́н Мю́ллер; **meine Damen und ~en** да́мы и господа́; 4. (*arch*) суда́рь *m*; **sein eigener ~ sein** быть самому́ себе́ хозя́ином; **~ der Lage sein** быть хозя́ином положе́ния; **meine ~en!** господа́!
Herrchen *nt* <-s, -> (*von Hund*) хозя́ин *m*
Herrenfahrrad *nt* <-(e)s, -räder> мужско́й велосипе́д *m*
herrenlos *adj* 1. (*Gegenstand*) ниче́й, бесхо́зный; 2. (*Tier*) бро́шенный
Herrenmagazin *nt* <-(e)s, -e> мужска́я газе́та *f*
Herrenmode *f* <gen: -> мужска́я мо́да *f*
Herrentoilette *f* <-, -n> мужско́й туале́т *m*
Herrenwitz *m* <-es, -e> непристо́йная шу́тка *f* (в компа́нии мужчи́н)
herrichten I. *vt* пригота́вливать, -то́вить *pf*; **ich habe dir etw zum Essen hergerichtet** я пригото́вил тебе́ ко́е-что пое́сть; II. *vr* (*sich fein machen*) наряжа́ться, -ряди́ться *pf*
Herrin *f* <-, -nen> хозя́йка *f*
herrisch *adj* 1. (*gebieterisch*) повели́тельный; 2. (*hochmütig*) высокоме́рный
herrlich *adj* великоле́пный, прекра́сный; **heute ist ~es Wetter** сего́дня великоле́пная пого́да
Herrlichkeit *f* <-, -en> (*Schönheit, Größe*) великоле́пие *nt*, вели́чие *nt*; **die ~ des**

Lebens прéлести жи́зни
Herrschaft *f* <-, -en> 1. (POL) госпо́дство *nt*; 2. (*Steuerung, Gewalt*) управлéние *nt*, власть *f*; **die ~ über etw verlieren** потеря́ть власть над чéм-л. 3. (*nur pl: Damen und Herren*) господá *pl*
herrschen *vi* 1. госпо́дствовать *impf*; 2. (*vor~*) преобладáть *impf*; **laut ~der Meinung** .. согла́сно распространённому мнéнию...; 3. (*sein, bestehen*) цари́ть *impf*; **es herrschte Stille** цари́ла тишинá
Herrscher, -in *m/f* <-s, -> 1. власти́тель, -ница *m/f*; 2. (*Fürst(in)*) госудáрь, -ры́ня *m/f*
Herrschsucht *f* <*gen:* -> жáжда *f* влáсти
herrühren *vi* происходи́ть, -изойти́ (*von +dat* от *+akk*)
herrücken *vt* 1. приближáться, -бли́зиться *pf*; 2. сади́ться, сесть *pf* побли́же
hersehen *irr vi* смотрéть, по- *pf* сюдá; **sieh mal her!** посмотри́-ка сюдá!
herstellen *vt* 1. (*erzeugen*) производи́ть, -вести́ *pf*, изготовля́ть, -тóвить *pf*; **manuell ~** изготовля́ть вручну́ю; **Produkte ~** выпускáть проду́кцию 2. (*Verbindung*) устанáвливать, -нови́ть *pf*
Hersteller, -in *m/f* <-s, -> производи́тель, -ница *m/f*, изготови́тель, -ница *m/f*, продуцéнт *m*
Herstellergarantie *f* <-, -en> гарáнтия *f* изготови́теля
Herstellerhaftung *f* <*gen:* -> (JUR) отвéтственность *f* изготови́теля
Herstellkosten *pl* <*gen:* -> издéржки *pl* произво́дства
Herstellung *f* <*gen:* -> произво́дство *nt*, изготовлéние *nt*
Herstellungskosten *pl* <*gen:* -> издéржки *pl* произво́дства
Herstellungstechnologie *f* <*gen:* -> технолóгия *f* изготовлéния
Hertz *nt* <-, -> (PHYS) герц *m*
herüber *adv* сюдá, на э́ту стóрону
herum *adv* вокру́г; **um etw ~** вокру́г чегó-л.; **um ... ~** (*umg: ungefähr*) óколо
herumärgern *vr* ссóриться, по- *pf* (*mit + dat* с *+inst*)
herumführen *vt* води́ть *impf*; **sie führte ihn in der Stadt herum** онá води́ла егó по гóроду; **um etw ~** обводи́ть вокру́г чегó-л.
herumgehen *irr vi* (*umg*) обходи́ть, обойти́ *pf*; **um etw ~** обойти́ чтó-л.
herumhacken *vi*: **auf jdm ~** (*umg*) ругáть когó-л.
herumkommandieren *vt* (*umg*) комáндовать *impf*, хозя́йничать *impf*
herumkommen *irr vi* мнóго éздить *impf*; **er ist weit herumgekommen** он мнóго путешéствовал; **um etw (nicht) ~** (не) избежáть чегó-л.
herumkriegen *vt* 1. (*umg: Person*) уговори́ть *pf*, -вáривать *impf*; 2. (*umg: Zeit*) коротáть, скоротáть *pf*; **ich muss noch eine Stunde bis zur Abfahrt ~** я дóлжен скоротáть ещё час до отправлéния
herumlungern *vi* (*umg*) шля́ться *impf*, шатáться *impf*
herumschlagen *irr vr*: **sich mit jdm/etw ~** (*umg: abmühen*) би́ться с кéм-л./над чéм-л.
herumsitzen *irr vi* (*umg*) бездéльничать *impf*; **willst du den ganzen Tag ~?** ты собирáешься весь день сидéть сложá ру́ки?
herumsprechen *irr vr* распространя́ться, -ни́ться *pf*; **es hat sich überall herumgesprochen, dass ...** всем стáло извéстно, что...
herumsuchen *vi* разы́скивать *impf*
herumtreiben *irr vr* (*umg*) слоня́ться *impf*, шля́ться *impf*; **wo hast du dich wieder herumgetrieben?** где ты опя́ть шля́лся?
herunten *adv* (*österr: hier unten*) здесь внизу́
herunter *adv* вниз; **von oben ~** свéрху вниз; **~ damit!** долóй!
heruntergekommen *adj* 1. (*Person*) опусти́вшийся; 2. (*Gebäude*) запу́щенный
heruntergewirtschaftet *adj* пришéдший в упáдок, развали́вшийся (о хозя́йстве)
herunterkommen *irr vi* 1. (*nach unten kommen*) спускáться, -сти́ться *pf*; 2. (*nachlassen, verkommen*) опускáться, -сти́ться *pf*
heruntermachen *vt* 1. (*entfernen*) снимáть, снять *pf*; **sie macht den Vorhang herunter** онá снимáет занавéски; 2. (*umg: zurechtweisen*) отчи́тывать, -читáть *pf*
herunterspielen *vt* (*umg*) умаля́ть, -ли́ть *pf* значéние
hervor *adv* нару́жу, вперёд
hervorbringen *irr vt* 1. породи́ть *pf*, -рождáть *impf*; 2. (*äußern*) произноси́ть, -нести́ *pf*
hervorgehen *irr vi* 1. выходи́ть, вы́йти *pf*; **er ist als Sieger aus dem Kampf hervorgegangen** он вы́шел из бóя победи́телем; 2. (*sich ergeben, sich zeigen*) слéдовать, по- *pf*; **das geht aus seinem Bericht nicht hervor** э́то не вытекáет из егó доклáда; 3. (*stammen*) происходи́ть, -изойти́ *pf* (*aus +dat* из *+akk*)
hervorheben *irr vt* подчёркивать, -черкну́ть *pf*, осóбо отмечáть, -мéтить *pf*
hervorragend *adj* 1. выдаю́щийся; **das ist eine ~e Leistung** э́то выдаю́щееся достижéние; 2. (*vorstehend*)

hervorrufen *irr vt* вызва́ть, вы́звать *pf*; **ihr Auftritt rief Begeisterung hervor** её выступле́ние вы́звало восто́рг

hervortreten *irr vi* 1. выступа́ть, вы́ступить *pf* вперёд; 2. (*vorstehen*) выдава́ться, вы́даться *pf* вперёд

hervortun *irr vr* выделя́ться, вы́делиться *pf*; **sie hat sich als ausgezeichnete Tänzerin hervorgetan** она́ отлича́лась великоле́пным уме́нием танцева́ть

Herz *nt* <-ens, -en> 1. се́рдце *nt*; 2. (*bei Spielkarten*) че́рви *fpl*; **schweren ~ens** с тяжёлым се́рдцем; **ein ~ und eine Seele sein** жить душа́ в ду́шу; **jdm sein ~ ausschütten** изли́ть кому́-л. ду́шу; **jdn in sein ~ schließen** привяза́ться к кому́-л.

Herzanfall *m* <-(e)s, -fälle> серде́чный при́ступ *m*

Herzensgüte *f* <gen: -> доброта́ *f*

Herzenslust *f* <gen: ->: **nach ~** вво́лю

Herzenswunsch *m* <-(e)s, -wünsche> и́скреннее жела́ние *nt*

herzerfrischend *adj* ра́дующий се́рдце [о душу́]

herzergreifend *adj* тро́гательный

Herzfehler *m* <-s, -> поро́к *m* се́рдца

Herzflattern *nt* <gen: -s> серде́чный тре́пет *m*

herzhaft *adj* 1. (*kräftig*) кре́пкий, си́льный; 2. (*Essen*) сы́тный, пло́тный; **sie nahmen ein ~es Mahl zu sich** они́ пло́тно пое́ли

Herzinfarkt *m* <-(e)s, -e> инфа́ркт *m* миока́рда

Herzklopfen *nt* <gen: -s> сердцебие́ние *nt*; **~ haben** (*sich fürchten*) боя́ться

Herz-Kreislauf-Erkrankung *f* <-, -en> серде́чно-сосу́дистое заболева́ние *nt*

Herz-Kreislauf-System *nt* <-(e)s, -e> серде́чно-сосу́дистая систе́ма *f*

herzleidend *adj* страда́ющий боле́знью се́рдца

herzlich I. *adj* (*Begrüßung*) серде́чный; **~ lachen** смея́ться от души́; **~en Dank!** серде́чное спаси́бо! **~en Glückwunsch!** от души́ поздравля́ю! II. *adv* (*sehr, äußerst*) о́чень; **~ gern** с больши́м удово́льствием; **~ wenig** о́чень ма́ло.

Herzlichkeit *f* <gen: -> серде́чность *f*, задуше́вность *f*

herzlos *adj* бессерде́чный, безду́шный

Herz-Lungen-Maschine *f* <-, -n> аппара́т *m* „се́рдце-лёгкие"

Herzmittel *nt* <-s, -> (*umg*) серде́чное сре́дство *nt* (лека́рство)

Herzog, -in *m/f* <-s, Herzöge> ге́рцог, -и́ня *m/f*

Herzogtum *nt* <-s, -tümer> ге́рцогство *nt*

Herzoperation *f* <-, -en> опера́ция *f* на се́рдце

Herzrasen *nt* <gen: -s> си́льное сердцебие́ние *nt*

Herzschlag *m* <gen: -(e)s> 1. бие́ние *nt* се́рдца, сердцебие́ние *nt*; 2. (*Herzanfall*) парали́ч *m* се́рдца

Herzschrittmacher *m* электростимуля́тор *m* се́рдца

Herzspezialist *m* <-en, -en> специали́ст *m* по боле́зням се́рдца

Herztransplantation *f* <-, -en> переса́дка *f* се́рдца

Herzversagen *nt* <gen: -s> прекраще́ние *nt* серде́чной де́ятельности

herzzerreißend *adj* душераздира́ющий

Hessen *nt* <gen: -s> Ге́ссен *m*

heterogen *adj* (*uneinheitlich*) гетероге́нный, неодноро́дный

Heterogenität *f* <gen: -> гетероге́нность *f*, неодноро́дность *f*

Heterosexualität *f* <gen: -> гетеросексуали́зм *m*

heterosexuell *adj* гетеросексуа́льный

Hetze *f* <gen: -> 1. (*Eile*) спе́шка *f*; 2. (*gegen jdn*) тра́вля *f*

hetzen I. *vt* 1. (*antreiben*) подгоня́ть, -догна́ть *pf*, торопи́ть, по- *pf*; 2. (*jagen*) трави́ть, за- *pf*; **die Hunde hetzten einen Hasen** соба́ки тра́вят за́йца; II. *vi* вести́ *impf* кампа́нию тра́вли (*gegen +akk* про́тив +*gen*)

Hetzkampagne *f* <-, -n> тра́вля *f*

Heu *nt* <gen: -(e)s> се́но *nt*; **~ machen** коси́ть се́но; **jd hat Geld wie ~** (*umg*) у кого́-л. де́нег ку́ры не клюю́т

Heuchelei *f* <-, -en> лицеме́рие *nt*

heucheln I. *vt* (*vorgeben*) притворя́ться, -ри́ться *pf*; **er heuchelte Mitleid** он изобража́л сочу́вствие; II. *vi* лицеме́рить *impf*

Heuchler, -in *m/f* <-s, -> лицеме́р, -ка *m/f*, притво́рщик, -щица *m/f*

heuchlerisch *adj* лицеме́рный, притво́рный

heuer *adv* (*CH, österr: in diesem Jahr*) в э́том году́, ны́нче

Heuhaufen *m* <-s, -> копна́ *f* се́на

heulen *vi* 1. (*umgpej: weinen*) реве́ть *impf*, рыда́ть *impf*; 2. (*Wolf*) выть *impf*; 3. (*Sirene*) выть *impf*; **das ist doch zum Heulen** (*umg*) э́то про́сто уже́сно; **das ~de Elend** (*umg*) вопию́щая убо́гость

Heulsuse *f* <-, -n> (*pej*) пла́кса *mf*

Heuschnupfen *m* <gen: -s> сенно́й на́сморк *m*

Heuschrecke *f* <-, -n> саранча́ *f*

heute *adv* сего́дня; **~ Morgen** сего́дня у́тром; **~ Abend** сего́дня ве́чером; **~ in acht Tagen** че́рез во́семь дней; **der wievielte ist ~?** како́е сего́дня число́?; **lieber ~ als morgen** лу́чше сего́дня, чем за́втра

heutig *adj* 1. сего́дняшний; 2. (*derzeitig*) совреме́нный

heutzutage *adv* в на́ше вре́мя, ны́нче

Hexe *f* <-, -n> ве́дьма *f*, колду́нья *f*
hexen *vi* 1. (*zaubern*) колдова́ть *impf*; 2. (*Wunder vollbringen*) твори́ть чудеса́, *sopf* чу́до; **ich kann auch nicht ~!** я же не волше́бник!
Hexenschuss *m* <*gen*: -es> простре́л *m*, люмба́го *nt*
Hexerei *f* <*gen*: -> колдовство́ *nt*, волшебство́ *nt*; **das ist keine ~** э́то не мудрено́ сде́лать
HGB *nt* <*gen*: -> (*Handelsgesetzbuch*) торго́вый ко́декс *m*
hieb *prät von* **hauen**
Hieb *m* <-(e)s, -e> уда́р *m*; **~e bekommen** (*umg*) получи́ть взбу́чку
hielt *prät von* **halten**
hier *adv* здесь; **was machst du denn ~?** что ты здесь де́лаешь?; **sind Sie von ~?** вы ме́стный?; **~ und da** там и сям; **von ~ aus** отсю́да
hieran *adv* на э́том ме́сте, здесь; **~ zeigt sich ..** из э́того ви́дно
Hierarchie *f* <-, -n> иера́рхия *f*
hierarchisch *adj* иерархи́ческий; **~er Aufbau** иерархи́ческое построе́ние
hierauf *adv* 1. (*auf diese Äußerung/diesen Sachverhalt*) на э́то; **~ kenne ich keine Antwort** на э́то у меня́ нет отве́та; 2. (*daraufhin*) зате́м, по́сле э́того; **~ gingen wir nach Hause** зате́м мы пошли́ домо́й
hieraus *adv* из э́того, отсю́да; **~ folgt, dass ..** отсю́да сле́дует, что...
hier behalten *irr vt* оставля́ть, -та́вить *pf* у себя́
hierbei *adv* при э́том, здесь; **~ geht es um ..** при э́том речь идёт о...
hier bleiben *irr vi* остава́ться, -та́ться *pf* здесь
hierdurch *adv* 1. (*infolgedessen*) в результа́те э́того, таки́м о́бразом; **~ kam es zu dem Unfall** таки́м о́бразом де́ло дошло́ до несча́стного слу́чая; 2. (*örtlich*) сюда́
hierfür *adv* за э́то, на э́то
hierher *adv* сюда́; **bis ~ und nicht weiter** до сих пор и не да́льше
hierhin *adv* сюда́
hier lassen *irr vt* оставля́ть, -та́вить *pf* здесь; **ich lasse dir den Regenschirm hier** я оставля́ю тебе́ зо́нтик здесь
hiermit *adv* э́тим, настоя́щим
hiernach *adv* по э́тому, соотве́тственно э́тому
Hieroglyphe *f* <-, -n> иеро́глиф *m*
hiervon *adv* 1. об э́том; **~ höre ich heute zum ersten Mal** об э́том я слы́шу сего́дня впервы́е; 2. (*von diesem*) э́того, из э́того; **bitte geben Sie mir ~ 100 g** э́того да́йте мне, пожа́луйста, 100г; 3. (*örtlich*) от э́того, отсю́да
hierzu *adv* к э́тому; **~ gehört ein herber Rotwein** к э́тому полага́ется сухо́е кра́сное вино́; **~ kann ich Ihnen nur raten** по э́тому по́воду я могу́ вам то́лько посове́товать
hierzulande *adv* в э́той стране́, здесь
hiesig *adj* ме́стный, зде́шний
hieß *prät von* **heißen**
Hi-Fi-Anlage *f* <-, -n> высокока́чественная акусти́ческая систе́ма *f*
high *adj* (*umg: von Drogen*) одурма́ненный
Highsociety, High Society *f* <*gen*: -> вы́сший свет *m*
Hightech, High Tech *f* <*gen*: -> высокото́чная те́хника *f*
Hilfe *f* <-, -n> 1. по́мощь *f*; **finanzielle ~** фина́нсовая по́мощь; **gegenseitige ~** взаи́мная по́мощь; **materielle ~** материа́льная по́мощь; **staatliche finanzielle ~** госуда́рственная субси́дия 2. (*Unterstützung*) подде́ржка *f*; 3. (*Hilfskraft*) помо́щник *m*; **~!** на по́мощь! **mit ~ von** с по́мощью; **jdm ~ leisten** ока́зывать кому́-л. по́мощь; **etw zur ~ nehmen** прибе́гнуть к по́мощи чего́-л.; **um ~ rufen** звать на по́мощь; **erste ~** пе́рвая по́мощь
hilflos *adj* беспо́мощный
Hilflosigkeit *f* <*gen*: -> беспо́мощность *f*
hilfreich *adj* 1. гото́вый помо́чь; 2. (*nützlich*) поле́зный; **deine Kenntnisse wären sehr ~** твои́ зна́ния бы́ли бы о́чень поле́зны
Hilfsaktion *f* <-, -en> а́кция *f* по оказа́нию по́мощи
Hilfsarbeiter, -in *m/f* <-s, -> подсо́бный рабо́чий *m*
hilfsbedürftig *adj* нужда́ющийся в по́мощи
hilfsbereit *adv* гото́вый помо́чь
Hilfsbereitschaft *f* <*gen*: -> гото́вность *f* помо́чь
Hilfsdienst *m* <-(e)s, -e> вспомога́тельная слу́жба *f*
Hilfskraft *f* <-, -kräfte> вспомога́тельная рабо́чая си́ла *f*, подсо́бная рабо́чая си́ла *f*
Hilfsmittel *nt* <-s, -> вспомога́тельное сре́дство *nt*; **als ~ dienen** служи́ть вспомога́тельным сре́дством
Hilfsmotor *m* <-s, -en> вспомога́тельный дви́гатель *m*
Hilfsorganisation *f* <-, -en> организа́ция *f* по оказа́нию по́мощи
Hilfsprogramm *nt* <-(e)s, -e> (DV)ути́лита *f*
Hilfsverb *nt* <-s, -en> (LING) вспомога́тельный глаго́л *m*
Himbeere *f* <-, -n> мали́на *f*
Himbeersaft *m* <*gen*: -(e)s> мали́новый сок *m*
Himbeersirup *m* <-s, -s> мали́новый сиро́п *m*
Himmel *m* <*gen*: -s> 1. не́бо *nt*; **am ~**

himmelblau   **Hingabe**

steht keine Wolke на не́бе ни о́блачка;
2. (REL) небеса́ *pl*; **aus heiterem ~** с
я́сного не́ба; **um ~s willen!** ра́ди бо́га!
3. (KFZ) оби́вка *f* кры́ши
himmelblau *adj* небе́сно-голубо́й,
лазу́рный
Himmelfahrt *f* <*gen:* -> вознесе́ние *nt*
himmelschreiend *adj* 1. (*empörend*)
вопию́щий; **das ist eine ~e
Ungerechtigkeit!** э́то вопию́щая
несправедли́вость! 2. (*groß, äußerst*)
чрезвыча́йно, ужа́сно
Himmelskörper *m* <-s, -> небе́сное те́ло
nt
Himmelsrichtung *f* <-, -en> сторона́ *f*
све́та
himmlisch *adj* 1. небе́сный; 2. (*großartig,
wunderbar*) восхити́тельный, ди́вный;
ein ~es Vergnügen боже́ственное
удово́льствие
hin *adv* (*dorthin*) туда́, по направле́нию
к; **~ und her** туда́-сюда́; **~ und wieder**
вре́мя от вре́мени; **alles ist ~** всё
пропа́ло; **auf jds Rat ~** по чьему́-л.
сове́ту; **auf die Gefahr ~, ...** с риско́м...
hinab *adv* вниз, вниз
hinarbeiten *vi*: **auf etw ~** добива́ться
чего́-л.
hinauf *adv* вверх, наве́рх
hinaufgehen *irr vi* поднима́ться, -ня́ться
pf
hinaufsteigen *irr vi* 1. всходи́ть, взойти́
pf; 2. (*Treppe*) поднима́ться, -ня́ться *pf*
hinaus *adv* нару́жу, из; **~ mit dir!**
убира́йся вон! **darüber ~** сверх того́;
über Jahre ~ че́рез го́ды
hinausbefördern *vt* вы́вести *pf*, -води́ть
impf
hinausblicken *vi* выгля́дывать,
вы́глянуть *pf*; **sie blickte zum Fenster
hinaus** она́ вы́глянула из окна́
hinausgehen *irr vi* 1. выходи́ть, вы́йти
pf; 2. (*ausgerichtet sein*) выходи́ть *impf*;
mein Fenster geht auf den Hof hinaus
моё окно́ выхо́дит во двор; **über etw ~**
выходи́ть за преде́лы чего́-л.
hinauslaufen *irr vi* выбега́ть, вы́бежать
pf; **auf etw ~** своди́ться к чему́-л.
hinausschieben *irr vt* (*verzögern*)
отсро́чивать, -чить *pf*, откла́дывать,
отложи́ть *pf*
hinauswerfen *irr vt* 1. (*wegwerfen*)
выбра́сывать, вы́бросить *pf*; 2. (*Person*)
прогоня́ть, -гна́ть *pf*; **Geld zum Fenster
~** (*umg*) выбра́сывать де́ньги из окна́
hinauswollen *vi*: **auf etw ~** клони́ть к
чему́-л.; **hoch ~** высоко́ ме́тить
hinausziehen *irr vr* (*sich hinziehen*)
затя́гиваться, -тяну́ться *pf*
hinauszögern I. *vt* оття́гивать, -тяну́ть
pf; **er zögerte den Abschied noch hinaus**
он всё ещё оття́гивал проща́нье; II. *vr*
отсро́чиваться, -сро́читься *pf*,

откла́дываться, отложи́ться *pf*
Hinblick *m*: **im ~ auf** ввиду́ чего́-л.
hinderlich *adj* 1. затрудни́тельный; 2.
(*im Wege*) меша́ющий; **jdm ~ sein** быть
кому́-л. поме́хой
hindern *vt* (*aufhalten, hemmen*)
препя́тствовать, вос- *pf*; **jdn daran ~,
etw zu tun** (*von etw abhalten*) не дать
кому́-л. сде́лать что-л.
Hindernis *nt* <-ses, -se> 1. препя́тствие
nt, поме́ха *f*; **das soll kein ~ sein** э́то не
должно́ быть поме́хой; 2. (SPORT)
препя́тствие *nt*; **ein ~ nehmen** взять
препя́тствие; **jdm ~se in den Weg legen**
(*fig*) чини́ть кому́-л. препя́тствия
hindeuten *vi* ука́зывать, -за́ть *pf* (*auf +
akk* на); **alle Anzeichen deuten darauf
hin, dass ..** все при́знаки
свиде́тельствуют о том, что...
Hinduismus *m* <*gen:* -> индуи́зм *m*
hindurch *adv* 1. (*räumlich*) че́рез, сквозь;
2. (*zeitlich*) в тече́ние; **das ganze Jahr ~** в
тече́ние всего́ го́да
hinein *adv* 1. (*räumlich*) в, внутрь; **in das
Zimmer ~** в ко́мнату; 2. (*zeitlich*) вплоть
до; **er arbeitete bis tief in die Nacht ~** он
рабо́тал до по́здней но́чи
hineindenken *irr vr* вду́мываться,
-маться *pf* (*in +akk* в)
hineinfallen *irr vi* па́дать, упа́сть *pf*
hineingehen *irr vi* 1. входи́ть, войти́ *pf*;
2. (*hineinpassen*) входи́ть, войти́ *pf*,
вмеща́ться, вмести́ться *pf*; **in den Ei-
mer gehen fünf Liter hinein** в ведро́
вхо́дит пять ли́тров
hineingeraten *irr vi* попа́сть *pf*, -пада́ть
impf
hineinpassen *vi* входи́ть, войти́ *pf*,
вмеща́ться, вмести́ться *pf* (*in +akk* в)
hineinreden *vi* (*in Angelegenheiten*)
вме́шиваться, -ша́ться *pf*; **da lass ich
mir nicht ~!** здесь я не позво́лю
вме́шиваться!
hineinriechen *vi* (*umg*) ме́льком
ознако́миться *pf* (с чем-ли́бо)
hineinschlittern *vi* (*umg*) вли́пнуть *pf*,
-па́ть *impf*
hineinsehen *irr vi* загля́дывать,
-гляну́ть *pf*
hineinversetzen *vt*: **sich in jdn ~**
предста́вить себя́ на чьём-л. ме́сте
hineinwachsen *irr vi* враста́ть, -сти́ *pf*
(*in +akk* в)
hinfahren I. *irr vt* отвози́ть, -везти́ *pf*;
soll ich dich ~? отвезти́ тебя́?; II. *vi*
съе́здить *pf*
Hinfahrt *f* <-, -en> пое́здка *f* туда́; **auf
der ~** по доро́ге туда́
hinfallen *irr vi* па́дать, упа́сть *pf*
hinfällig *adj* 1. недействи́тельный; 2.
(*schwach*) слабы́й, дря́хлый
hing *prät von* **hängen**
Hingabe *f* <*gen:* -> увлечённость *f*,

hingeben отда́ча f; mit ~ hörte sie Musik она увлечённо слу́шала му́зыку
hingeben irr vr: sich einer Sache ~ отдава́ться кому́-л. де́лу; sich jdm ~ отдава́ться кому́-л.
hingehen vi идти́ impf; wo gehst du hin? куда́ ты идёшь?
hingehören vi принадлежа́ть impf; das gehört hier nicht hin э́то сюда́ не отно́сится
hinhalten irr vt 1. подава́ть, -да́ть pf, протя́гивать, -тяну́ть pf; 2. (Person) заде́рживать, -жа́ть pf
hinken vi хрома́ть impf; der Vergleich hinkt сравне́ние хрома́ет
hinkriegen vt (umg: fertigbringen) удава́ться, уда́ться pf; das werde ich nie ~! мне э́то никогда́ не уда́стся!
hinlegen I. vt 1. класть, положи́ть pf; 2. (umg: gekonnt ausführen) исполня́ть, -по́лнить pf; 3. (umg: bezahlen) раскошёливаться, -шёлиться pf; für einen Mercedes musst du schon was ~ на мерседес тебе́ придётся как сле́дует раскошёлиться; II. vr ложи́ться, лечь pf
hinnehmbar adj терпи́мый, сно́сный
hinnehmen irr vt принима́ть, -ня́ть pf; etw als selbstverständlich ~ воспринима́ть что-л. как само́ собо́й разуме́ющееся
hinreichend adj (ausreichend) доста́точный
Hinreise f <-, -n> пое́здка f туда́; auf der ~ по доро́ге туда́
hinreißen irr vt увлека́ть, -ле́чь pf; er lauschte hingerissen ihrem Gesang он увлечённо слу́шал её пе́ние; sich (von jdm/etw) zu etw ~ lassen дать (кому́-л./чему́-л.) увле́чь себя́ чём-л.
hinrichten vt казни́ть impf/pf
Hinrichtung f <-, -en> казнь f
hinsagen vt (umg) говори́ть, сказа́ть pf про́сто так, ля́пнуть pf; das hat er nur so hingesagt э́то он про́сто так ля́пнул
hinsehen irr vi взгляну́ть pf, взгля́дывать impf; vor sich ~ смотре́ть пе́ред собо́й
hinsetzen vr сади́ться, сесть pf, уса́живаться, усе́сться pf
Hinsicht f: in dieser ~ в э́том отноше́нии; in jeder ~ с любо́й то́чки зре́ния; in ~ auf относи́тельно чего́-л.
hinsichtlich präp +gen относи́тельно, в отноше́нии
hinstellen I. vt 1. ста́вить, по- pf; 2. (parken) припарко́вывать, -кова́ть pf; II. vr стать pf, станови́ться impf; jdn als Vorbild ~ ста́вить кого́-л. в приме́р
hinten adv сза́ди; nach ~ наза́д; von ~ сза́ди; weit ~ далеко́ позади́; etw reicht ~ und vorne nicht (umg) чего́-л. однозна́чно не хвата́ет

hintenherum adv 1. око́льным путём; 2. (umg: heimlich, auf Umwegen) тайко́м, исподтишка́
hinter präp за; unser Garten liegt ~ dem Haus наш сад нахо́дится за до́мом; sie stellte sich ~ die Säule она́ вста́ла за коло́нну; ~ ... her за; jds Rücken за чьей-л. спино́й; etw ~ sich bringen заверши́ть что-л.; etw kommen раскры́ть что-л.; ~jdm her sein пресле́довать кого́-л.; etw ~ sich haben пережи́ть что-л.
Hinterausgang m <-(e)s, -gänge> чёрный ход m, вход m со двора́
Hinterbliebene(r) mf <-n, -n> бли́зкий ро́дственник, -кая -ница m/f поко́йного
hintere(r,s) adj 1. за́дний; 2. после́дний
hintereinander adv 1. (räumlich) оди́н за други́м; bitte stellt euch ~ auf! пожа́луйста, постро́йтесь друг за дру́гом! 2. (zeitlich) подря́д; er fehlte drei Tage ~ он отсу́тствовал три дня подря́д
hinterfragen vt расспра́шивать, -проси́ть pf
Hintergedanke m <-n, -n> за́дняя мысль f; ohne ~n без за́дних мы́слей
hintergehen irr vt обма́нывать, -ману́ть pf
Hintergrund m <-(e)s, -gründe> 1. за́дний план m, фон m; 2. (fig) за́дний план m; in den ~ treten отойти́ на за́дний план
Hintergrundmusik f <gen: -> му́зыка f, служа́щая фо́ном
Hinterhalt m <-(e)s, -e> заса́да f
hinterhältig adj кова́рный, вероло́мный
hinterher adv 1. (räumlich) позади́, сза́ди; 2. (zeitlich) пото́м, зате́м
hinterherlaufen irr vi бежа́ть impf вслед; jdm ~ (umg) бе́гать за ке́м-л.
hinterher sein irr vi пресле́довать impf; hinter jdm her sein гна́ться за ке́м-л.; mit etw ~ (umg: zurückliegen) отста́ть в чём-л.; hinter etw her sein (müssen) (umg: auf etw achten) (быть вы́нужденным) внима́тельно следи́ть за чём-л.
Hinterhof m <-(e)s, -höfe> за́дний двор m
Hinterkopf m <-(e)s, -köpfe> заты́лок m
hinterlassen irr vt 1. оставля́ть, -та́вить pf; ich hinterlasse dir eine Nachricht я оста́влю тебе́ запи́ску; 2. (vererben) завеща́ть impf
hinterlegen vt сдава́ть, сдать pf, отдава́ть, -да́ть pf на хране́ние
Hinterlist f <-, -en> 1. кова́рство nt, вероло́мство nt; 2. (List, Trick) хи́трость f, уло́вка f
hinterlistig adj кова́рный, хи́трый
Hintermann m <-(e)s, -männer> (in einer Reihe) стоя́щий m позади́
Hintern m <-, -> (umg) зад m, за́дница f;

sich auf den ~ setzen (*hinfallen*) упа́сть
Hinterrad *nt* <-(e)s, -räder> за́днее колесо́ *nt*
Hinterradantrieb *m* <-(e)s, -e> при́вод *m* на за́днее колёса
hinterrücks *adv* (*heimtückisch*) вероло́мно, кова́рно
Hinterteil *nt* <-(e)s, -e> (*umg: Gesäß*) зад *m*
Hintertreffen: **ins ~ geraten** попа́сть в невы́годное положе́ние
Hintertür *f* <-, -en> чёрный ход *m*; **sich eine ~ offenhalten** (*fig*) обеспе́чить себе́ путь к отступле́нию
hinterziehen *vt* уклоня́ться, -ни́ться *pf*, ута́ивать, -таи́ть *pf*; **Geld ~** ута́ивать де́ньги; **Steuern ~** уклоня́ться от упла́ты нало́гов
hinüber *adv* на ту сто́рону, туда́; **bringen sie es ~** отнеси́те э́то туда́
hinunter *adv* вниз; **die Straße ~** вниз по у́лице
hinunterbringen *irr vt* 1. сноси́ть, снести́ *pf*; 2. (*umg: schlucken*) с трудо́м прогла́тывать, -глоти́ть *pf*; 3. глота́ть *impf*
hinuntergehen *irr vi* сходи́ть, сойти́ *pf*, спуска́ться, -сти́ться *pf*
hinunterschlucken *vt* 1. глота́ть; 2. (*einmal*) глотну́ть *pf*; 3. (*Vorwurf, Gefühl*) прогла́тывать, -глоти́ть *pf*; **er schluckte seine Tränen hinunter** он глота́л слёзы
Hinweg *m* <-(e)s, -e> 1. доро́га *f* туда́; 2. путь *m* туда́; **auf dem ~** по пути́ туда́
hinwegkommen *irr vi*: **über etw ~** пережи́ть что-л.
hinwegsehen *irr vi*: **über etw ~** закрыва́ть глаза́ на что-л.; **über jdn ~** не замеча́ть кого́-л.
hinwegsetzen *vr*: **sich über etw ~** не принима́ть что-л. бли́зко к се́рдцу; **sich über jdn ~** не обраща́ть внима́ния на кого́-л.
Hinweis *m* <-es, -e> 1. указа́ние *nt*, замеча́ние *nt*; 2. (*Andeutung, Rat*) намёк *m*, замеча́ние *nt*; **wenn ich mir den ~ erlauben darf...** е́сли позво́лите заме́тить...; 3. (*Verweis, Anweisung*) указа́ние *nt*, ссы́лка *f*; **jdm einen ~ geben** дать кому́-л. указа́ние
hinweisen I. *irr vt*: **jdn auf etw ~** указа́ть кому́-л. на что-л.; II. *vi* 1. (*zeigen*) ука́зывать, -за́ть *pf*, пока́зывать, -за́ть *pf* (*auf +akk* на); 2. (*verweisen*) ссыла́ться, сосла́ться *pf*, ука́зывать, -за́ть *pf* (*auf +akk* на)
hinzufügen *vt* добавля́ть, -ба́вить *pf*; **dem möchte ich etw ~** к э́тому я хочу́ ко́е-что доба́вить
hinzuziehen *vt* привлека́ть, -вле́чь *pf*; **einen Sachverständigen ~** привлека́ть экспе́рта
Hip-Hop *m* <*gen*: -s> хип-хоп *m*

Hirn *nt* <-(e)s, -e> 1. головно́й мозг *m*; 2. (*umg: Verstand*) соображе́ние *nt*; **streng mal dein ~ an!** напряги́ свой мозги́
Hirngespinst *nt* <-(e)s, -e> химе́ра *f*, игра́ *f* больно́го воображе́ния
Hirnhautentzündung *f* <-, -en> менинги́т *m*
Hirnschlag *m* <-(e)s, -schläge> кровоизлия́ние *nt* в мозг
hirnverbrannt *adj* (*umg*) сумасбро́дный; **du bist ja völlig ~!** ты совсе́м с ума́ сошёл!
Hirsch *m* <-(e)s, -e> оле́нь *m*
Hirse *f* <*gen*: -> пшено́ *nt*
Hirt *m* <-en, -en> пасту́х *m*
Hispanist, -in *m/f* <-en, -en> испани́ст *m*
Hispanistik *f* <*gen*: -> испани́стика *f*
hissen *vt* (*Flagge*) поднима́ть, -ня́ть *pf*
Historie *f* <-, -n> (всеми́рная) исто́рия *f*
Historiker, -in *m/f* <-s, -> исто́рик *m*
historisch *adj* 1. истори́ческий; 2. (*bedeutsam*) значи́тельный; **ein ~er Augenblick** истори́ческий моме́нт
Hit *m* <-s, -s> (*umg: Schlager*) хит *m*, шля́гер *m*
Hitparade *f* <-, -n> хит-пара́д *m*
Hitze *f* <*gen*: -> жара́ *f*; **eine ~ ist das heute!** ну сего́дня и жара́! **in ~ geraten** разгоряча́ться, -чи́ться *pf*; **in der ~ des Gefechts** в пылу́ сраже́ния
hitzebeständig *adj* жаросто́йкий
Hitzebläschen *nt* <-s, -> потни́ца *f*
hitzeempfindlich *adj* нежаросто́йкий
hitzefrei *adj* (*von Schule, Arbeit*) свобо́дный от заня́тий в шко́ле, от рабо́ты и́з-за жары́
Hitzewallungen *pl* <*gen*: -> (MED) прили́вы *mpl*
Hitzewelle *f* <-, -n> пери́од *m* жары́
hitzig *adj* 1. (*aufbrausend*) вспы́льчивый; 2. (*Wortstreit, Gefecht*) горя́чий
Hitzkopf *m* <-(e)s, -köpfe> (*umg*) вспы́льчивый челове́к *m*
Hitzschlag *m* <-(e)s, -schläge> теплово́й уда́р *m*
HIV *abk von* **human immune (deficiency) virus** *m* ВИЧ *m*, возбуди́тель СПИ́Да
HIV-negativ *adj* (*nicht HIV-befallen*) отрица́тельный ВИЧ
HIV-positiv *adj* (*HIV-befallen*) положи́тельный ВИЧ
HIV-Test *m* <-s, -s> тест *m* на содержа́ния в кро́ви ВИЧ
H-Milch *f* <*gen*: -> гомогенизи́рованное молоко́ *nt*
hob *prät von* **heben**
Hobby *nt* <-s, -s> хо́бби *nt*; **ein ~ haben** име́ть хо́бби
Hobel *m* <-s, -> руба́нок *m*
hobeln *vi* строга́ть, вы́- *pf*
hoch *adj* 1. высо́кий; 2. (*Preis*) высо́кий; **sie musste eine hohe Strafe zahlen** она́ должна́ была́ заплати́ть большо́й

штраф; 3. (*Ehre*) высо́кий; 4. (*Fieber*) си́льный; er hat hohes Fieber у него́ си́льный жар; ~ hinauswollen высоко́ ме́тить; wenn es ~ kommt от си́лы; das ist mir zu ~ (*umg*) э́то вы́ше моего́ понима́ния

Hoch *nt* <-s, -s> 1. (*Hochdruckgebiet*) о́бласть *f* высо́кого давле́ния; 2. (*Hochruf*) ура́; ein dreifaches ~ auf dich! троекра́тное ура́ в твою́ честь!

Hochachtung *f* <*gen*: -> глубо́кое уваже́ние *nt*; meine ~! моё почте́ние!

hochachtungsvoll *adv* (*im Brief*) с глубо́ким уваже́нием

hoch angereichert *adj* обогащённый [*o* насы́щенный] значи́тельным коли́чеством чего́-либо

hochanständig *adj* в вы́сшей сте́пени поря́дочный; das war ~ von ihm э́то бы́ло в вы́сшей сте́пени поря́дочно с его́ стороны́

hochauflösend *adj* (*Bildschirm*) с высо́кой разреша́ющей спосо́бностью

Hochbau *m* <-(e)s, -ten> 1. (*Gebäude*) надзе́мное сооруже́ние *nt*; 2. (*die Bautätigkeit*) надзе́мное строи́тельство *nt*

hochbegabt, hoch begabt *adj* высокоодарённый

Hochbetrieb *m* <*gen*: -(e)s> напряжённая рабо́та *f*, максима́льная нагру́зка *f*

hoch bezahlt *adj* высокоопла́чиваемый

hochbrisant *adj* исключи́тельно взрывоопа́сный; die Angelegenheit ist ~ де́ло исключи́тельно взрывоопа́сно

Hochburg *f* <-, -en> цитаде́ль *f*, опло́т *m*

hochdeutsch *adj* литерату́рный неме́цкий

Hochdeutsch *nt* <*gen*: -n> неме́цкий литерату́рный язы́к *m*

Hochdruck *m* <*gen*: -(e)s> (*Wetter, Blut*) высо́кое давле́ние *nt*; mit ~ arbeiten (*umg*) напряжённо рабо́тать

hocherfreut *adj* о́чень обра́дованный, восхищённый

Hochform *f* <*gen*: -> наилу́чшая фо́рма *f*; in ~ sein быть в наилу́чшей фо́рме

Hochformat *nt* <-(e)s, -e> (*von Bild*) вертика́льный форма́т *m*

Hochgebirge *nt* <-s, -> высокого́рный масси́в *m*, высокого́рье *nt*

hoch geschätzt *adj* высокоуважа́емый, глубокоуважа́емый

Hochgeschwindigkeitsstrecke *f* <-, -n> скоростна́я доро́га *f*

Hochgeschwindigkeitszug *m* <-(e)s, -züge> скоростно́й по́езд *m*

hoch gespannt *adj* 1. высо́кого напряже́ния, высо́кого давле́ния; 2. (*fig*) неопра́вданно большо́й (о наде́ждах, ожида́ниях)

hoch gesteckt *adj* (*Ziele*) честолюби́вый

hochgiftig *adj* высокотокси́чный

Hochglanz *m* <*gen*: -es>: etw auf ~bringen довести́ что́-л. до бле́ска

hochgradig *adj* си́льный, чрезвыча́йный; sie war ~verwirrt она́ была́ чрезвыча́йно смущена́

hochhalten *vt* 1. высоко́ держа́ть *impf*; 2. (*ehren, achten*) дорожи́ть *impf*; er hielt das Andenken seines Vaters hoch она́ дорожи́т па́мятью о своём отце́

Hochhaus *nt* <-es, -häuser> высо́тный дом *m*

hochheben *vt* высоко́ поднима́ть, -ня́ть *pf*

hochintelligent *adj* о́чень у́мный

hochklassig *adj* высококла́ссный

hochkompliziert *adj* чрезвыча́йно сло́жный

Hochkonjunktur *f* <*gen*: -> высо́кая конъюнкту́ра *f*, бум *m*; etw hat ~ (*umg*: ist in Mode*) что́-л. в мо́де

Hochland *nt* <-(e)s, -länder> плоского́рье *nt*, наго́рье *nt*; das schottische ~ го́рная Шотла́ндия

hochleben *vt*: jd/etw lebe hoch! да здра́вствует кто́-л./что́-л.! jdn/etw ~ lassen провозглаша́ть тост в честь кого́-л./чего́-л.

Hochleistungschip *m* <-s, -s> (DV) чип *m* большо́й мо́щности

Hochleistungsmotor *m* <-s, -en> (TECH) дви́гатель *m* большо́й мо́щности

Hochleistungssport *m* <*gen*: -(e)s> большо́й спорт *m*, спорт *m* высо́ких достиже́ний

Hochmut *m* <*gen*: -(e)s> высокоме́рие *nt*, надме́нность *f*

hochmütig *adj* высокоме́рный, надме́нный

hochnäsig *adj* (*umg*) зано́счивый

Hochofen *m* <-s, -öfen> до́менная печь *f*

hochoktanig *adj* (KFZ: *Kraftstoff*) высокоокта́новый

hochprozentig *adj* (*Alkohol*) высокопроце́нтный

hochqualifiziert *adj* высококвалифици́рованный

hochradioaktiv *adj* с повы́шенной радиоакти́вностью

hochrangig *adj* име́ющий большо́е значе́ние

Hochrechnung *f* <-, -en> экстраполя́ция *f*

Hochrelief *nt* <-s, -s> горелье́ф *m*

hochrentabel *adj* высокорента́бельный

Hochsaison *f* <*gen*: -> (*Hauptsaison*) разга́р *m* сезо́на

Hochschulabschluss *m* <-es, -schlüsse> свиде́тельство *nt* об оконча́нии вы́сшего уче́бного заведе́ния

Hochschulabsolvent, -in *m/f* <-en, -en> выпускни́к *m* ву́за

Hochschule *f* <-, -n> вы́сшее уче́бное заведе́ние *nt*

Hochschulreife *f* <gen: -> аттеста́т *m* об оконча́нии сре́днего уче́бного заведе́ния, *пра́во на обуче́ние в вы́сшем уче́бном заведе́нии*

Hochschulstudium *nt* <gen: -s> учёба *f* в вы́сшем уче́бном заведе́нии

Hochschulwesen *nt* <gen: -s> вы́сшая шко́ла *f* (как сфе́ра де́ятельности)

Hochschulzulassung *f* <-, -en> до́пуск *m* к учёбе в ву́зе

hochschwanger *adj* на после́дних неде́лях бере́менности

Hochseefischerei *f* <gen: -> морско́е рыболо́вство *nt*, рыболо́вство *nt* в откры́том мо́ре

Hochsicherheitstrakt *m* <-(e)s, -e> тюре́мный тракт, возмо́жность побе́га из кото́рого благодаря́ повы́шенным ме́рам предосторо́жности практи́чески исключена́.

Hochsommer *m* <gen: -s> разга́р *m* ле́та

Hochspannung *f* <gen: -> (PHYS) высо́кое напряже́ние *nt*

Hochspannungsleitung *f* <-, -en> высоково́льтная ли́ния *f* электропереда́чи

Hochsprung *m* <gen: -(e)s> прыжки́ *pl* в высоту́

höchst *adv* (*äußerst*) чрезвыча́йно, исключи́тельно; *das ist ~ unangenehm* э́то чрезвыча́йно неприя́тно

Hochstapler, -in *m/f* <-, -> (*Betrüger*) афери́ст, -ка *m/f*, моше́нник, -ница *m/f*

Höchstbelastung *f* <-, -en> максима́льная нагру́зка *f*

höchste(r,s) *adj* 1. са́мый высо́кий; 2. (*größte*) са́мый большо́й; 3. (*äußerste*) исключи́тельный, чрезвыча́йный; *höchste Zeit* са́мое вре́мя; *im höchsten Fall* в кра́йнем слу́чае

höchstens *adv* 1. са́мое бо́льшее, ма́ксимум; 2. (*bestenfalls*) в лу́чшем слу́чае; *ich kann ~ nachkommen* я могу́ в лу́чшем слу́чае прийти́ позже; 3. (*nicht mehr als*) не бо́лее чем; *das kostet ~ 50 Euro* э́то сто́ит не доро́же 50 е́вро

Höchstgebot *nt* <-(e)s, -e> (*bei Auktion*) наивы́сшее предложе́ние *nt*

Höchstgeschwindigkeit *f* <-, -en> максима́льная ско́рость *f*; *zulässige ~* максима́льно допусти́мая ско́рость

Höchstgrenze *f* <-, -n> лими́т *m*

Höchstlast *f* <-, -en> максима́льный груз *m*

höchstpersönlich *adj* самоли́чно, со́бственной персо́ной

Hochstraße *f* <-, -n> городска́я автомоби́льная доро́га *f*

Höchstspannung *f* <-, -en> (EL) максима́льное напряже́ние *nt*

Höchstsatz *m* <-s, -sätze> вы́сший тари́ф *m*, вы́сшая ста́вка *f*; *der steuerliche ~ liegt bei ... Prozent* вы́сшая нало́говая ста́вка составля́ет ...проце́нтов

Höchsttemperatur *f* <-, -en> максима́льная температу́ра *f*

höchstwahrscheinlich *adv* вероя́тнее всего́, по всей вероя́тности; *~ komme ich spät nach Hause* по всей вероя́тности я верну́сь домо́й по́здно

Hochtouren: *auf ~ laufen* (*umg*) идти́ по́лным хо́дом

hochtrabend *adj* высокопа́рный

Hochverrat *m* <gen: -(e)s> госуда́рственная изме́на *f*; *er ist des ~s schuldig* он вино́вен в госуда́рственной изме́не

hochverzinslich *adj* под высо́кие проце́нты

Hochwasser *nt* <-s, -> 1. (*Flut*) прили́в *m*; 2. (*Überschwemmung*) наводне́ние *nt*

Hochwassergefahr *f* <gen: -> опа́сность *f* наводне́ния

hochwertig *adj* высокока́чественный

Hochzeit *f* <-, -en> сва́дьба *f*; *~ halten* справля́ть сва́дьбу; *goldene/silberne ~* золота́я/сере́бряная сва́дьба

Hochzeitsfeier *f* <-, -n> сва́дебный пир *m*

Hochzeitsgast *m* <-(e)s, -gäste> сва́дебный гость *m*

Hochzeitsgeschenk *nt* <-(e)s, -e> сва́дебный пода́рок *m*

Hochzeitskleid *nt* <-(e)s, -er> сва́дебное пла́тье *nt*

Hochzeitsreise *f* <-, -n> сва́дебное путеше́ствие *nt*

Hochzeitstag *m* <gen: -(e)s> день *m* сва́дьбы; *sie feiern ihren zwanzigsten ~* они́ пра́зднуют двадца́тую годовщи́ну сва́дьбы

Hochzinspolitik *f* <gen: -> поли́тика *f* высо́ких проце́нтов

hocken *vi* 1. сиде́ть *impf* на ко́рточках; 2. (*umg*) торча́ть *impf*; *zu Hause ~* торча́ть до́ма

Hocker *m* <-s, -> (*Schemel*) табуре́тка *f*

Höcker *m* <-s, -> (*von Kamel*) горб *m*

Hockey *nt* <gen: -s> хокке́й *m* на траве́

Hockeyschläger *m* <-s, -> клю́шка *f*

Hoden *m* <-s, -> (семенно́е) яи́чко *nt*

Hodensack *m* <-(e)s, -säcke> мошо́нка *f*

Hof *m* <-(e)s, Höfe> 1. двор *m*; 2. (*Bauernhof*) крестья́нский двор *m*; 3. (*Hinterhof*) за́дний двор *m*; 4. (*Königshof*) двор *m*; *einem Mädchen den ~ machen* уха́живать за де́вушкой

Hofdame *f* <-, -n> (HIST) придво́рная да́ма *f*

hoffähig *adj* 1. име́ющий до́ступ ко двору́; 2. име́ющий до́ступ вы́сшее о́бщество

hoffen I. *vi* наде́яться, по- *pf* (*auf + akk* на); II. *vt* наде́яться, по- *pf*; *das hoffe ich*

auch я тóже на э́то надéюсь; das Beste ~ надéяться на лу́чшее
hoffentlich *adv* нáдо надéяться; ~ geht es ihm bald besser нáдо надéяться, что ему́ скóро стáнет лу́чше
Hoffnung *f* <-, -en> надéжда *f* (auf + *akk* на); er ist meine letzte ~ он - моя́ послéдняя надéжда; sich (keine) ~en auf etw machen (не) надéяться на что́-л.; die ~ verlieren/aufgeben терять/оставля́ть надéжду
hoffnungsfroh *adj* испóлненный надéжды
hoffnungslos *adj* безнадёжный; es ist ein ~er Fall э́то безнадёжный слу́чай
Hoffnungslosigkeit *f* <*gen:* -> безнадёжность *f*, безысхóдность *f*
hoffnungsvoll *adj* 1. пóлный надéжд; 2. (*vielversprechend*) многообещáющий
höflich *adj* 1. вéжливый; 2. (*aufmerksam*) внимáтельный, учти́вый
Höflichkeit *f* <-, -en> вéжливость *f*, учти́вость *f*; ~en austauschen обменя́ться любéзностями
Höflichkeitsfloskel *f* <-, -> (*pej*) избитая вéжливая фрáза *f*, пустáя вéжливость *f*
Höhe *f* <-, -n> 1. высотá *f*; 2. (*Ausmaß, Niveau*) у́ровень *m*; 3. (*Anhöhe*) возвы́шенность *f*, холм *m*; 4. (*Tonhöhe*) высотá *f* тóна; 5. (*geografische Höhe*) широтá *f*; das ist doch die ~! (*umg*) э́то уж сли́шком! auf der ~ sein быть на высотé положéния; in die ~ steigen поднимáться вверх
Hoheit *f* <-, -en> 1. (*eines Staats*) суверенитéт *m*; 2. (*Titel*) высóчество *nt*; Eure (königliche) ~! вáше (королéвское) высóчество!
Hoheitsgebiet *nt* <-(e)s, -e> суверéнная территóрия *f*
Hoheitsgewässer *pl* <*gen:* -> территориáльные вóды *pl*
Höhenkrankheit *f* <*gen:* -> высóтная болéзнь *f*
Höhenluft *f* <*gen:* -> гóрный вóздух *m*
Höhenmesser *m* <-s, -> высотомéр *m*
Höhensonne *f* <-, -n> (*Lampe*) квáрцевая лáмпа *f*
Höhenunterschied *m* <-(e)s, -e> рáзность *f* высóт
Höhenzug *m* <-(e)s, -züge> гóрная цепь *f*
Höhepunkt *m* <-(e)s, -e> вы́сшая тóчка *f*, кульминацио́нный момéнт *m*
höher *komp von* **hoch**
hohl *adj* 1. пусто́й, пóлый; 2. (*Stimme*) глухо́й; 3. (*inhaltsleer*) пусто́й; das ist ~es Geschwätz э́то пусты́е разгово́ры
Höhle *f* <-, -n> 1. пещéра *f*; 2. (*Tierbau*) норá *f*
Höhlenmalerei *f* <-, -en> пещéрная жи́вопись *f*, наскáльные рису́нки *pl*
Hohlmaß *nt* <-es, -e> мéра *f* ёмкости

Hohlraum *m* <*gen:* -(e)s> пóлость *f*
Hohlraumversiegelung *f* <*gen:* -> (KFZ) заполнéние *nt* полостéй антикоррозио́нными срéдствами
Hohn *m* <*gen:* -(e)s> (*Spott*) насмéшка *f*, издéвка *f*; das ist der blanke ~! (*umg*) э́то настоя́щее издевáтельство! für etw nur Spott und ~ ernten пожинáть за что́-л. лишь насмéшки и издевáтельства
höhnen *vt* издевáться *impf*
höhnisch *adj* издевáтельский, язви́тельный; er lächelte ~ он язви́тельно усмехну́лся
Holding *f* <-, -> (ÖKON) хóлдинг *m*
Holdinggesellschaft *f* <-, -en> (ÖKON) хóлдинговая компáния *f*
holen *vt* 1. приноси́ть, -нести́ *pf*; ich gehe es ~ пойду́, принесу́ э́то; 2. (*Person*) приводи́ть, -вести́ *pf*; Atem ~ перевести́ дух; sich bei jdm Rat ~ обрати́ться к кому́-л. за совéтом; jdn lassen посылáть за кéм-л.; sich etw ~ (*umg: Krankheit*) подцепи́ть что́-л.
Holland *nt* <*gen:* -s> Голлáндия *f*
Holländer, -in *m/f* <-s, -> голлáндец, -ндка *m/f*
holländisch *adj* голлáндский
Hölle *f* <*gen:* -> ад *m*, преиспóдняя *f*; dort ist die ~ los (*umg*) там су́щий ад; jdm das Leben zur ~ machen преврати́ть чью́-л. жизнь в ад
Höllenlärm *m* <*gen:* -s> (*umg*) áдский [*o* ди́кий] шум *m*
höllisch *adj* 1. áдский; 2. (*umg: sehr, äußerst*) дья́вольский, чертóвский; es tut ~ weh э́то áдская боль; vor etw/jdm ~e Angst haben (*umg*) боя́ться чего́-л./кого́-л. как огня́
Holocaust *m* <*gen:* -s> мáссовое уничтожéние *nt*
Holographie, Holografie *f* <-, -n> голографи́я *f*
holographisch, holografisch *adj* голографи́ческий
holperig *adj* 1. (*Weg*) ухáбистый; 2. (*Rede, Stil*) нерóвный
holpern *vi* трясти́сь *impf*; unser Wagen holperte den Feldweg hinab нáша маши́на трясла́сь вниз по просёлочной дорóге
Holunder *m* <-s, -> бузинá *f*
Holunderbaum *m* <-(e)s, -bäume> бузинá *f* (дéрево)
Holz *nt* <-es, Hölzer> 1. дéрево *nt*; der Tisch ist aus massivem ~ стол из масси́вного дéрева; 2. (*Bauholz, Nutzholz*) древеси́на *f*
hölzern *adj* 1. (*aus Holz*) деревя́нный; 2. (*nicht gewandt, steif*) деревя́нный, нелóвкий
Holzfäller *m* <-s, -> дровосéк *m*, лесору́б *m*

holzfrei adj (Papier) без содержа́ния древеси́ны
Holzgas nt древе́сный газ m
Holzhaus nt <-es, -häuser> деревя́нный дом m
holzig adj деревяни́стый
Holzindustrie f <gen: -> лесопромы́шленность f
Holzkohle f <-, -n> древе́сный у́голь m
Holzlager nt <-s, -> лесоскла́д m
Holzmehl nt <gen: -s> древе́сная мука́ f
Holzscheit m <-(e)s, -e> поле́но nt
Holzschnitt m <-(e)s, -e> гравю́ра f на де́реве
Holzschnitzer, -in m/f <-s, -> ре́зчик, -чица m/f по де́реву
Holzschnitzerei f <-, -en> резьба́ f по де́реву
Holzschutzmittel nt <-s, -> консерва́нт m для древеси́ны
Holzsplitter m <-s, -> зано́за f
Holzweg: auf dem ~ sein (umg) быть на ло́жном пути́
Holzwurm m <-(e)s, -würmer> древото́чец m
Homebanking, Home-Banking nt <gen: -s> телеба́нкинг m
Homepage f <-, -s> (DV) дома́шняя страни́ца f, „хомя́к" m
Hometrainer, Home-Trainer m <-s, -> дома́шний тренажёр m
Hommage f <-, -n> (Huldigung) че́ствование n
Homoehe f <gen: -> (umg) брак m ме́жду гомосексуали́стами
homogen adj (einheitlich) гомоге́нный, одноро́дный
homogenisiert adj гомогенизи́рованный
Homogenität f <gen: -> гомоге́нность f, одноро́дность f
Homologation f <gen: -> (SPORT: Motorsport) омологация f
homonym adj (LING) омоними́ческий
Homöopathie f <gen: -> гомеопа́тия f
homöopathisch adj гомеопати́ческий
Homosexualität f <gen: -> гомосексуали́зм m
homosexuell adj гомосексуа́льный
Homosexuelle(r) mf <-n, -n> гомосексуали́ст m
Hongkong nt <gen: -s> Гонко́нг
Honig m <-s, -e> мёд m; jdm ~ ums Maul schmieren (umg) умасливать кого́-л.
Honigmelone f <-, -n> ды́ня f
Honorar nt <-s, -e> гонора́р m; gegen angemessenes ~ за соотве́тствующее вознагражде́ние
honorieren vt 1. (würdigen) вознагражда́ть, -гради́ть pf; seine Bemühungen wurden nicht honoriert его́ уси́лия не́ были вознаграждены́; 2. (mit Geld) опла́чивать, -плати́ть pf

Hopfen m <gen: -s> хмель m; da ist ~ und Malz verloren (umg) э́то де́ло пропа́щее
hopsen vi (umg) подпры́гивать, -гнуть pf
hörbar adj 1. слы́шный, слы́шимый; 2. (geräuschvoll) гро́мкий; er schluckte ~ он гро́мко сглотну́л
horchen vi 1. (hören) прислу́шиваться, -слу́шаться pf; 2. (lauschen) подслу́шивать, -слу́шать pf; er horchte an der Tür он подслу́шивал под две́рью; horch! ш-ш!
Horde f <-, -n> орда́ f
hören I. vt 1. слы́шать impf; 2. (hinhören, anhören) слу́шать, по- pf; sie hört gerne Musik она́ с удово́льствием слу́шает му́зыку; 3. (erfahren) слы́шать, услы́шать pf; hast du etw Neues von ihm gehört? ты слы́шал что́-нибудь но́венькое о нём?; II. vi 1. слы́шать, по- pf; 2. слу́шать, по- pf; auf jdn ~ слу́шаться кого́-л.; etw von sich ~ lassen дава́ть о себе́ знать; von etw nichts ~ wollen не жела́ть слы́шать о чём-л.
Hörensagen: etw/jdn vom ~ kennen знать что́-л./кого́-л. понаслы́шке
Hörer[1] m <-s, -> 1. (von Telefon) тру́бка f; sie nahm den ~ ab und wählte она́ сняла́ тру́бку и набрала́ но́мер; 2. (Kopfhörer) нау́шник m
Hörer[2], **-in** m/f <-s, -> слу́шатель, -ница m/f
Hörerschaft f <gen: -> аудито́рия f, слу́шатели mpl
Hörfunk m <gen: -s> ра́дио nt
Hörgerät nt <-(e)s, -e> слухово́й аппара́т m; er trägt ein ~ он но́сит слухово́й аппара́т
Horizont m <-(e)s, -e> 1. горизо́нт m; 2. (geistiger) кругозо́р m; etw geht über jds ~ что́-л. вы́ше чьего́-л. понима́ния
horizontal adj (waagrecht) горизонта́льный
Hormon nt <-s, -e> гормо́н m
Hormonhaushalt m <gen: -(e)s> взаимоде́йствие nt всех гормо́нов в органи́зме
Hormonpräparat nt <-(e)s, -e> гормона́льный препара́т m
Horn nt <-(e)s, Hörner> 1. рог m; 2. (MUS) горн m; 3. (als Signal) звуково́й сигна́л m
Hörnchen nt <-s, -> рога́лик m
Hornhaut f <-, -häute> 1. ороговевшая ко́жа f; 2. (des Auges) рогова́я оболо́чка f
Hornisse f <-, -n> ше́ршень m
Horoskop nt <-s, -e> гороско́п m; jdm ein ~ (er)stellen соста́вить кому́-л. гороско́п
horrend adj (unglaublich hoch, groß) грома́дный, невероя́тный; das ist eine ~e Summe э́то невероя́тная су́мма

Horror *m* <gen: -s> у́жас *m*
Horrorfilm *m* <-(e)s, -e> фильм *m* у́жасов
Horrorvision *f* <-, -en> ужа́сное виде́ние *nt*, ужа́сное представле́ние *nt*
Hörsaal *m* <-(e)s, -säle> лекцио́нный зал *m*
Hörspiel *nt* <-(e)s, -e> радиоспекта́кль *m*
Hort *m* <-(e)s, -e> 1. (*Kinderhort*) гру́ппа *f* продлённого дня́; 2. (*Schutzraum*) прибе́жище *nt*
horten *vt* копи́ть, на- *pf*
Höschen *nt* <-s, -> тру́сики *pl*
Hose *f* <-, -n> 1. брю́ки *fpl*; 2. (*kurze Hose*) шо́рты *pl*; 3. (*Unterhose*) трусы́ *pl*; **etw ist in die ~ gegangen** (*umg*) что-л. потерпе́ло прова́л; **die ~(n) voll haben** (*umg: sich fürchten*) наложи́ть в штаны́
Hosenanzug *m* <-(e)s, -anzüge> же́нский брю́чный костю́м *m*
Hosenbein *nt* <-(e)s, -e> брючи́на *f*, штани́на *f*
Hosenbund *m* <gen: -(e)s> по́яс *m* брюк
Hosenrock *m* <-(e)s, -röcke> ю́бка-брю́ки *fpl*
Hosensack *m* <-(e)s, -säcke> (*CH, österr: Hosentasche*) карма́н *m* брюк
Hosentasche *f* <-, -n> карма́н *m* брюк
Hosenträger *pl* <-s, -> подтя́жки *pl*
Hospital *nt* <-s, -e/-täler> больни́ца *f*
Host *m* <-s, -s> (DV) хост *m*
Hostess *f* <-, Hostessen> 1. хосте́сса *f*; 2. сопровожда́ющая и информи́рующая госте́й на вы́ставках, я́рмарках и т. п.
Hostie *f* <-, -n> (REL) го́стия *f*, обла́тка *f*
Hotel *nt* <-s, -s> гости́ница *f*; **sie übernachten im ~** они́ ночу́ют в гости́нице
Hotelbett *nt* <-(e)s, -en> ме́сто *nt* в гости́нице
Hotelfachschule *f* <-, -n> шко́ла *f* гости́ничного хозя́йства
Hotelgast *m* <-es, -gäste> прожива́ющий *m* в гости́нице
Hotelier *m* <-s, -s> хозя́ин *m* гисти́ницы
Hotelkette *f* <-, -n> ряд одноти́пных оте́лей, принадлежа́щих одному́ и тому́ же владе́льцу
Hotelrechnung *f* <-, -en> гости́ничный счёт *m*
Hotelzimmer *nt* <-s, -> гости́ничный но́мер *m*
Hotkey *m* <-s, -s> (DV) горя́чая кла́виша *f*
Hotline *f* <-, -s> горя́чая ли́ния *f*
Hovercraft *m* <-s, -s> (*Luftkissenboot*) ка́тер *m* на возду́шной поду́шке
Hrsg. *abk von* **Herausgeber(in)**
HTML-Code *m* <gen: -s> (DV) код *m* гиперте́кста
HTML-Datei *f* <-, -en> (DV) файл *m* с гиперте́кстом
HTML-Format *nt* <gen: -(e)s> (DV) форма́т *m* гиперте́кста
Hubraum *m* <gen: -(e)s> рабо́чий объём *m*
Hubraumbegrenzung *f* <gen: -> ограниче́ние *nt* рабо́чего объёма
hübsch *adj* 1. (*gut aussehend*) краси́вый; 2. (*gefällig, nett*) ми́лый, симпати́чный; **sie hat ihre Wohnung ~ eingerichtet** она́ краси́во обста́вила свою́ кварти́ру; 3. (*umg: beträchtlich, groß*) большо́й, прили́чный; **das ist eine ~e Summe** э́то прили́чная су́мма; **sich ~ machen** прихора́шиваться
Hubschrauber *m* <-s, -> вертолёт *m*
Hubschrauberlandeplatz *m* <-es, -plätze> вертодро́м *m*
hudeln *vi* (*umg*) рабо́тать *impf* в спе́шке, халту́рить, халтурну́ть *pf*; **nur nicht ~!** то́лько не халту́рить!
Huf *m* <-(e)s, -e> копы́то *nt*
Hufeisen *nt* <-s, -> подко́ва *f*
Hüfte *f* <-, -n> бедро́ *nt*; **die Arme in die ~ stemmen** упере́ть ру́ки в бо́ки
Hüftgelenk *nt* <-(e)s, -e> тазобе́дренный суста́в *m*
Hügel *m* <-s, -> холм *m*, буго́р *m*
hügelig *adj* (*Gelände*) холми́стый
Huhn *nt* <-(e)s, Hühner> 1. (*Henne*) ку́рица *f*; 2. (*Fleisch*) куря́тина *f*; **da lachen ja die Hühner** (*umg*) э́то ку́рам на́ смех
Hühnerauge *nt* <-s, -n> мозо́ль *f*
Hühnerbouillon *f* <-, -s> кури́ный бульо́н *m*
Hühnerleiter *f* <-, -n> насе́ст *f* (для кур)
Hühnersuppe *f* <-, -n> кури́ный суп *m*
huldigen *vt*: **jdm ~** почита́ть кого́-л.; **einer Anschauung ~** быть приве́рженцем како́го-л. воззре́ния
Huldigung *f* <-, -en> почита́ние *nt*
Hülle *f* <-, -n> 1. оболо́чка *f*; 2. (*von Schallplatte*) конве́рт *m*; 3. (*von Ausweis*) обло́жка *f*; **in ~ und Fülle** в изоби́лии; **die sterbliche ~** (*geh*) бре́нные оста́нки
hüllen *vt* заку́тывать, -тать *pf* (*in +akk* в); **sie hüllte sich in eine Decke** она́ заку́талась в покрыва́ло; **sich in Schweigen ~** храни́ть молча́ние
Hülse *f* <-, -n> 1. футля́р *m*; 2. (*Frucht~*) стручо́к *m*
Hülsenfrucht *f* <-, -früchte> бобо́вый плод *m*
human *adj* гума́нный, челове́чный
Humanismus *m* <gen: -> гумани́зм *m*
humanistisch *adj* гуманисти́ческий; **ein ~es Gymnasium** класси́ческая гимна́зия
humanitär *adj* гуманита́рный; **aus ~en Gründen** из гуманита́рных соображе́ний
Humbug *m*: **etw ist reiner ~** (*umg*) что́-л. явля́ется чисте́йшим шарлата́нством; **jd redet lauter ~** (*umg*) кто́-л. несёт сплошну́ю чушь
Hummel *f* <-, -n> шмель *m*
Hummer *m* <-s, -> ома́р *m*

Humor *m* <gen: -s> юмор *m*; **Sinn für ~ haben** иметь чувство юмора; **den ~nicht verlieren** не терять чувства юмора

Humorist, -in *m/f* <-en, -en> юморист, -ка *m/f*

humorlos *adj* без чувства юмора

humorvoll *adj* остроумный

humpeln *vi* прихрамывать *impf*, слегка хромать *impf*

Humus *m* <gen: -> гумус *m*, перегной *m*

Hund *m* <-(e)s, -e> 1. собака *f*, пёс *m*; **er nahm den ~ an die Leine** он взял собаку на поводок; 2. (*Jagdhund*) охотничья собака *f*; 3. (*Schimpfwort*) собака *f*, пёс *m*; **Warnung vor dem ~e!** осторожно, злая собака! **das ist ein dicker ~!** (*umg*) это невиданная наглость! **auf den ~ kommen** (*umg*) обнищать; **jd ist bekannt wie ein bunter ~** (*umg*) кого-л. каждая собака знает

Hundefutter *nt* <gen: -s> корм *m* для собак

Hundehalter *m* <-s, -> владелец *m* собаки

Hundehütte *f* <-, -n> 1. собачья будка *f*, собачья конура *f*; 2. (*umg: kleines Haus*) конура

Hundekuchen *m* <-s, -> галета *f* для собак

Hundeleine *f* <-, -n> поводок *m*

hundemüde *adj* (*umg*) уставший как собака; **ich bin wirklich ~** я действительно устал как собака

hundert *num* сто

hundertfach I. *adj* стократный; II. *adv* в сто раз

hundertjährig *adj* 1. (*Alter*) столетний; 2. (*Dauer, Bestehen*) вековой, столетний

hundertmal *num* 1. сто раз; 2. (*umg: sehr oft*) сто раз; **ich hab es dir doch schon ~ gesagt** я же тебе это уже сто раз говорил!

hundertprozentig *adj* 1. стопроцентный; 2. (*umg: völlig*) полный, стопроцентный; **ich bin mir ~ sicher** я уверен на сто процентов; **~e Sicherheit** стопроцентная уверенность

Hundertstel *nt* <-s, -> сотая часть *f*

Hundertstelsekunde *f* <-, -n> сотая доля секунды

Hundesteuer *f* <-, -n> налог *m* на содержание собак

Hüne *m* <-n, -n> богатырь *m*; **er ist ein ~ von Mann** он настоящий богатырь

Hunger *m* <gen: -> 1. голод *m*; 2. (*Verlangen, Sehnsucht*) жажда *f*; **~ haben** быть голодным; **~ leiden** голодать; **~ stillen** утолить голод

Hungerkur *f* <-en, -en> (*umg*) голодная диета *f*

Hungerlohn *m* <-(e)s, -löhne> нищенская зарплата *f*; **sie arbeitet für einen ~** она работает за гроши

hungern *vi* 1. голодать *impf*; 2. (*fasten*) поститься *impf*

Hungersnot *f* <-, -nöte> голод *m*

Hungerstreik *m* <-s, -s> голодовка *f*

hungrig *adj* голодный; **ich bin ~ wie ein Wolf** я голоден как волк

Hupe *f* <-, -n> звуковой сигнал *m*, клаксон *m*; **auf die ~ drücken** нажать на клаксон

hupen *vi* сигналить, по- *pf*

hüpfen *vi* 1. скакать, по- *pf*; **der Vogel hüpfte vom Ast** птичка спрыгнула с ветки; 2. (*Ball*) прыгать, -гнуть *pf*

Hupkonzert *nt* <-(e)s, -e> (*umg*) частые автомобильные сигналы

Hupsignal *nt* <-(e)s, -e> звуковой сигнал *m*

Hürde *f* <-, -n> 1. (SPORT) барьер *m*; 2. (*Hindernis*) препятствие *nt*; 3. (*für Schafe*) загон *m*; **eine ~ nehmen** преодолеть препятствие

Hürdenlauf *m* <-(e)s, -läufe> бег *m* с препятствиями

Hürdenläufer, -in *m/f* <-s, -> барьерист *m*

Hure *f* <-, -n> (*pej*) шлюха *f*

hurra! *interj* ура!

Hurrapatriotismus *m* <gen: -> (*pej*) ура-патриотизм *m*

huschen *vi* промелькнуть *pf*, проскользнуть *pf*; **ein Lächeln huschte über seine Lippen** улыбка проскользнула по его губам

husten I. *vi* кашлять *impf*; II. *vt*: **dir werde ich was ~** (*umg*) чихал я на тебя

Husten *m* <gen: -s> кашель *m*; **schwerer ~** тяжёлый кашель

Hustenanfall *m* <-(e)s, -anfälle> приступ *m* кашля

Hustenbonbon *nt* <-s, -s> леденец *f* от кашля

Hustensaft *m* <-(e)s, -säfte> микстура *f* от кашля

Hut¹ : **auf der ~ sein** быть настороже

Hut² *m* <-(e)s, Hüte> шляпа *f*; **~ ab!** (*umg*) шапки долой! **etw ist ein alter ~** (*umg*) что-л. старо; **unter einen ~ bringen** (*umg*) объединить

hüten I. *vt* 1. охранять, -нить *pf*; 2. (*Vieh*) пасти *impf*; II. *vr* остерегаться, -речься *pf*; **ich werde mich ~!** и не подумаю!; **das Bett ~** болеть; **seine Zunge ~** держать язык за зубами; **sich vor jdm/etw ~** остерегаться кого-л./чего-л.

Hutsche *f* <-, -n> (*österr: Schaukel*) качели *pl*

Hütte *f* <-, -n> хижина *f*

hutzelig *adj* 1. (*umg: faltig*) морщинистый; 2. (*umg: Apfel*) сморщенный

Hyäne *f* <-, -n> гиена *f*

Hyazinthe *f* <-, -n> гиацинт *m*

hybrid *adj* гибри́дный
Hybridantrieb *m* <-(e)s, -e> (TECH) комбини́рованный приво́д *m*
Hybridversion *f* <-, -en> (DV) гибри́дная ве́рсия *f*
Hydraulikbremse *f* <-, -n> то́рмозная систе́ма *f* с гидравли́ческим приво́дом
hydraulisch *adj* гидравли́ческий
Hydrokultur *f* <-, -en> гидропо́ника *f*
hydrostatisch *adj* гидростати́ческий
Hygiene *f* <gen: -> гигие́на *f*
hygienisch *adj* гигиени́чный, гигиени́ческий
Hymne *f* <-, -n> гимн *m*; **eine ~ auf etw/jdn** гимн чему́-л./кому́-л.
hymnisch *adj* в сти́ле ги́мна
Hyperinflation <gen: -> гиперифля́ция *f*
hyperkorrekt *adj* сверхкорре́ктный, сверхпра́вильный
Hyperlink *m* <-s, -s> (DV) гиперссы́лка *f*
Hypertext *m* <gen: -(e)s> (DV) гиперте́кст *m*
Hypnose *f* <gen: -> гипно́з *m*; **unter ~ stehen** находи́ться под гипно́зом
hypnotisieren *vt* гипнотизи́ровать, за- *pf*
Hypochonder, -in *m/f* <-s, -> ипохо́ндрик *m*
Hypochondrie *f* <gen: -> ипохо́нрия *f*
Hypothek *f* <-, -en> ипоте́ка *f*; **mit einer ~ belasten** закла́дывать иму́щество под ипоте́ку; **frei von ~en** свобо́дный от ипоте́ки
Hypothekenbank *f* <-, -en> ипоте́чный банк *m*
Hypothekendarlehen *nt* <-s, -> ипоте́чная ссу́да *f*, ссу́да *f* под недви́жимое иму́щество
Hypothekeneintragung *f* <-, -en> за́пись *f* в ипоте́чную кни́гу, ипоте́чная за́пись *f*
hypothekenfrei *adj* свобо́дный от ипоте́ки, незало́женный
Hypothekengläubiger *m* <-s, -> ипотекодержа́тель *m*
Hypothekenpfandbrief *m* <-(e)s, -e> ипоте́чный [о закладно́й] лист *m*
Hypothekenregister *nt* <-s, -> ипоте́чная кни́га *f*
Hypothekenschuld *f* <-, -en> ипоте́чная задо́лженность *f*, ипоте́чный долг *m*
Hypothese *f* <-, -n> гипо́теза *f*; **eine ~ aufstellen** вы́двинуть гипо́тезу
hypothetisch *adj* гипотети́ческий; **rein ~ könntest du Recht haben** чи́сто гипотети́чески ты мог бы быть прав
Hypotonie *f* <gen: -> гипотони́я *f*
Hysterie *f* <gen: -> истери́я *f*
hysterisch *adj* истери́чный, истери́ческий; **nun werde nicht gleich ~** не устра́ивай тут же исте́рику

I

i, I *nt* <-, -> и, И, ы, Ы
i.A. *abk von* **im Auftrag**
IC *abk von* **Intercity**
ICE *abk von* **Intercity-Express** *m* скоростно́й осо́бо комфорта́бельный по́езд
ich *pron pers* я; **~ bin es** э́то я; **~ nicht** не я; **~ Dummkopf!** я ду́рень!
Icherzählung, Ich-Erzählung *f* <-, -en> 1. расска́з *m* от пе́рвого лица́; 2. повествова́ние *nt* от пе́рвого лица́
Icon *nt* <-s, -s> (DV) ико́на *f*
ideal *adj* идеа́льный; **wir haben ~e Voraussetzungen** у нас идеа́льные предпосы́лки
Ideal *nt* <-s, -e> идеа́л *m*; **ein unerreichbares ~** недостижи́мый идеа́л
idealerweise *adv* при идеа́льных обстоя́тельствах
Idealgewicht *nt* <-(e)s, -e> идеа́льный вес *m*; **~ haben** име́ть идеа́льный вес
idealisieren *vt* идеализи́ровать *impf/pf*
Idealismus *m* <gen: -> идеали́зм *m*
Idealist, -in *m/f* <-en, -en> идеали́ст, -ка *m/f*
idealistisch *adj* 1. идеалисти́ческий; 2. (*weltfremd*) ото́рванный от ми́ра
Ideallösung *f* <-, -en> идеа́льное реше́ние *nt*
Idee *f* <-, -n> 1. иде́я *f*; 2. (*Einfall*) иде́я *f*, мысль *f*; **ich habe eine gute ~** у меня́ есть хоро́шая иде́я; **wie kommst du auf die ~?** как тебе́ э́то в го́лову пришло́?; **eine fixe ~** иде́я фикс
identifizieren I. *vt* идентифици́ровать *impf/pf*, отождествля́ть, -ви́ть *pf*; II. *vr*: **die Schauspielerin identifizierte sich mit der Rolle** актри́са вжила́сь в роль
identisch *adj* иденти́чный
Identität *f* <gen: -> то́ждество *nt*, иденти́чность *f*
Identitätskrise *f* <-, -n> кри́зис *m* иденти́чности
Identitätsnachweis *m* <-es, -e> удостовере́ние *nt* ли́чности
Identitätsverlust *m* <-es, -e> утра́та *f* иденти́чности
Ideologie *f* <-, -n> идеоло́гия *f*
Ideologiekritik *f* <gen: -> (SOZIOL) вскры́тие *nt* материа́льной обусло́вленности идеоло́гии
ideologisch *adj* идеологи́ческий
Idiom *nt* <-s, -e> идио́ма *f*
Idiomatik *f* <gen: -> (LING) идиома́тика *f*
idiomatisch *adj* идиомати́ческий
Idiot, -in *m/f* <-en, -en> (*umg: pej*) идио́т, -ка *m/f*
idiotisch *adj* (*umg: pej*) идио́тский; **eine ~e Idee** идио́тская иде́я
Idol *nt* <-s, -e> и́дол *m*, куми́р *m*

idyllisch *adj* идиллический
IG *abk von* **Industriegewerkschaft**
Igel *m* <-s, -> ёж *m*
Ignoranz *f* <gen: -> (*Unkenntnis*) невежество *nt*
ignorieren *vt* игнорировать *impf/pf*, про- *pf*; **sie ignorierte seinen Gruß** она проигнорировала его приветствие
IHK *abk von* **Industrie- und Handelskammer**
ihm¹ *dat von* **er**
ihm² *dat von* **es**
ihn *akk von* **er**
ihnen *dat von* **sie**
Ihnen *dat sg und pl von* **Sie**
ihr I. *dat sie*; II. *pron pers* (2. pers nom pl) вы; **~ könnt das auch anders machen** вы могли бы сделать это по-другому; III. *pron poss* 1. (3. pers f sg) её; **das ist ~ Geld** это её деньги; 2. (3. pers pl) их.
Ihr *pron poss zu* **Sie**
ihre(r,s) *pron poss* 1. (3. pers f sg) её; **wessen Buch ist das? - ihres** чья это книга? - её; 2. (3. pers pl) их; **wessen Bücher sind das? - ihre** чьи это книги? - их
Ihre(r,s) *pron poss* (2. pers) ваши
ihrerseits *adv* 1. (*bezüglich sie: f sg*) с её стороны, со своей стороны; **sie ~ hält nichts davon** с её стороны, со своей стороны, невысокого мнения об этом; 2. (*bezüglich sie: pl*) с их стороны, со своей стороны; **sie ~ halten nichts davon** они, со своей стороны, невысокого мнения об этом
ihresgleichen *pron* 1. (*f sg*) такой как она; **für ~ habe ich kein Verständnis** таких как она я не понимаю; 2. (*pl*) такой как они
ihretwegen *adv* 1. (*wegen ihr*) из-за неё; 2. (*ihr zuliebe*) ради неё; **~ sind wir zu Hause geblieben** ради неё мы остались дома; 3. (*wegen ihnen*) из-за вас; **~ kommen wir zu spät** из-за вас мы опаздываем; 4. (*ihnen zuliebe*) ради вас
Ikone *f* <-, -n> икона *f*, образ *m*
Ikonenmalerei *f* <gen: -> иконопись *f*
illegal *adj* нелегальный, незаконный; **der Handel mit Drogen ist ~** торговля наркотиками противозаконна; **~e Beschäftigung** нелегальное занятие
illegitim *adj* незаконный, неправомерный
Illusion *f* <-, -en> иллюзия *f*; **sich (über etw) ~en machen** строить себе (по поводу чего-л.) иллюзии
illusorisch *adj* иллюзорный, обманчивый; **die Hoffnung war ~** надежда была иллюзорна
Illustration *f* <-, -en> иллюстрация *f*
illustrieren *vt* 1. (*bebildern*) иллюстрировать *impf/pf*, про- *pf*; 2. (*erläutern*) иллюстрировать *impf/pf*, про- *pf*; **das möchte ich an einem Beispiel ~** я хочу проиллюстрировать это примером
Illustrierte *f* <-, -n> иллюстрированный журнал *m*
Iltis *m* <-ses, -se> хорёк *m*
im *präp* +*dat* (*in dem*) в; **sie ist ~ Garten** она в саду; **~ Gegenteil** напротив; **im ersten Stock** на втором этаже; **~ Alter von...** в возрасте...
Image *nt* <-(s), -s> имидж *m*, престижность *f*, репутация *f*; **das ~ eines Produktes aufbauen** создавать имидж продукта; **gutes/schlechtes ~** хороший/плохой имидж; **sein ~ pflegen** заботиться о своём имидже
Imagepflege *f* <gen: -> поддержание *nt* имиджа
Imagetransfer *m* <-s, -s> перенос *m* имиджа
Imageverlust *m* <-es, -e> потеря *f* имиджа
imaginär *adj* мнимый, воображаемый
Imbiss *m* <-es, -e> 1. (*Speise*) закуска *f*; 2. (*Imbissbude*) буфетная стойка *f*; **einen ~ einnehmen** перекусить
Imbissstube, Imbiss-Stube *f* <-, -n> закусочная *f*
Imitat *nt* <-(e)s, -e> имитация *f*
Imitation *f* <-, -en> имитация *f*, подражание *nt*
imitieren *vt* имитировать *impf/pf*, симитировать *pf*, подражать *impf*
Imker, -in *m/f* <-s, -> пчеловод *m*
Imkerei *f* пчельник *m*
immanent *adj* имманентный
Immanenz *f* <gen: -> имманентность *f*
Immatrikulation *f* <-, -en> приём *m* в высшее учебное заведение, зачисление *nt* в высшее учебное заведение
immatrikulieren *vr* 1. принимать, -нять *pf*; 2. зачислять, -числить *pf*
immens *adj* огромный, необъятный; **~e Kosten kommen auf uns zu** нам предстоят огромные расходы
immer I. *adv* 1. всегда, постоянно; **er ist ~ schlecht gelaunt** он всегда в плохом настроении; 2. (*jedes Mal*) постоянно, каждый раз; **~ wenn ich anrufe, ist besetzt** каждый раз, когда я звоню, занято; II. *part* (*in zunehmendem Maße*) всё; **die Musik wird ~ lauter** музыка становится всё громче; **~ noch** всё ещё; **~ mehr** всё больше; **wer/was auch ~** кто/что бы ни.
immerhin *adv* 1. (*wenigstens*) по крайней мере; **~ hat er sich bemüht** по крайней мере он старался; 2. (*schließlich*) всё-же, всё-таки; **~ ist sie dafür verantwortlich** всё-же ответственность за это несёт она
Immigrant, -in *m* <-en, -en> иммигрант,

-ка *m/f*
Immission *f* <-, -en> (*von Schadstoffen*) выброс *m*, эми́ссия *f*
Immissionsschutz *m* <gen: -es> (устано́вленная зако́ном) охра́на *f* среды́ от вы́бросов вре́дных веще́ств
Immobilie *f* <-, -n> недви́жимое иму́щество *nt*; **mit ~n handeln** торгова́ть недви́жимостью
Immobiliengesellschaft *f* <-, -en> комме́рческое о́бщество *nt*, торгу́ющее недви́жимостью
Immobilienhandel *m* <gen: -s> торго́вля *f* недви́жимостью
Immobilienmakler, -in *m/f* <-s, -> ма́клер *m* по недви́жимости, риэ́лтер *m*
Immobilienmarkt *m* <-(e)s, -märkte> ры́нок *m* недви́жимости
immun *adj* 1. (MED) имму́нный, невосприи́мчивый; 2. (JUR, POL: *Abgeordnete*) по́льзующийся пра́вом неприкоснове́нности; **gegen etw ~ sein** (*umg: fig*) быть невосприи́мчивым к чему́-л.
Immundefekt *m* <-(e)s, -e> (врождённое и́ли приобретённое) наруше́ние *nt* иммуните́та
Immunität *f* <gen: -> 1. (MED) иммуните́т *m*, невосприи́мчивость *f*; 2. (JUR, POL: *von Abgeordneten*) неприкоснове́нность *f*, иммуните́т *m*; **~ genießen** по́льзоваться иммуните́том
immunologisch *adj* иммунологи́ческий
Immunschwächekrankheit *f* <-, -en> боле́знь *f*, вы́званная ослабле́нием иммуните́та
Immunsystem *nt* <-s, -e> имму́нная систе́ма *f*
Impedanz *f* <-, -en> (EL) по́лное сопротивле́ние *nt*
Imperativ *m* <-s, -e> (LING) повели́тельное наклоне́ние *nt*, императи́в *m*
Imperfekt *nt* <-s, -e> (LING) имперфе́кт *m*
Imperialismus *m* <gen: -> империали́зм *m*
imperialistisch *adj* империалисти́ческий
Imperium *nt* <-s, Imperien> импе́рия *f*
Impfausweis *m* <-es, -e> свиде́тельство *nt* о приви́вке
impfen *vt* привива́ть, -ви́ть *pf* (**gegen** + *akk* про́тив +*gen*)
Impfschein *m* <-(e)s, -e> свиде́тельство *nt* о приви́вке
Impfung *f* <-, -en> приви́вка *f*
Implantation *f* <-, -en> имплантация *f*
implementieren *vt* (DV) вста́вить, встро́ить
implizieren *vt* (*geh: mit beinhalten, zur Folge haben*) предполага́ть *impf*, подразумева́ть *impf*

implizit *adj* имплици́тный
imponieren *vi* импони́ровать *impf*; **das hat mir besonders imponiert** э́то мне осо́бенно импони́ровало
Import *m* <-(e)s, -e> 1. (*Gütereinfuhr*) и́мпорт *m*, ввоз *m*; 2. (*importierte Ware*) и́мпортный това́р *m*; **das Angebot an ~en** предложе́ние и́мпортных това́ров; **von Getreide** и́мпорт зерна́
Importabgabe *f* <-, -n> нало́г *m* на и́мпортные това́ры
Importbeschränkung *f* <-, -en> ограниче́ние *nt* на и́мпорт
Importbewilligung *m* и́мпортная лице́нзия *f*
Importeur *m* <-s, -e> импортёр *m*
Importfahrzeug *nt* <-(e)s, -e> и́мпортный автомоби́ль *m*
Importfinanzierung *f* <gen: -> финанси́рование *nt* и́мпорта
Importfirma *f* <-, -firmen> фи́рма *f* -импортёр *m*
Importgüter *pl* <gen: -> и́мпортные това́ры *mpl*
importieren *vt* импорти́ровать *impf/pf*, ввози́ть, ввезти́ *pf*
Importland *nt* <-(e)s, -länder> страна́ *f* -импортёр *m*
importlastig *adj* с переве́сом и́мпорта (над э́кспортом)
Importlizenz *f* <-, -en> и́мпортная лице́нзия *f*
Importquote *f* <-, -n> и́мпортная кво́та *f*
Importrestriktion *f* <-, -en> ограниче́ние *nt* и́мпорта
Importsteuer *f* <-, -n> и́мпортный нало́г *m*
Importverbot *nt* <-(e)s, -e> запреще́ние *nt* и́мпорта
Importvolumen *nt* <-s, -volumina> объём *m* и́мпорта
Importware *f* <-, -n> и́мпортный това́р *m*
Importzertifikat *nt* <-(e)s, -e> и́мпортный сертифика́т *m*
Importzoll *m* <-(e)s, -zölle> и́мпортная тамо́женная по́шлина *f*
imposant *adj* импоза́нтный; **das Gebäude ist eine ~e Erscheinung** у зда́ния импоза́нтный вид
impotent *adj* импоте́нтный
Impotenz *f* <gen: -> импоте́нция *f*, полово́е бесси́лие *nt*
imprägnieren *vt* (*wasserdicht machen*) пропи́тывать, -та́ть *pf*
Imprägnierung *f* <gen: -> импрегни́рование *nt*
Impressionismus *m* <gen: -> импрессиони́зм *m*
Improvisation *f* <-, -en> 1. импровиза́ция *f*, экспро́мт *m*; 2. (MUS) импровиза́ция *f*
improvisieren *vt* 1. импровизи́ровать

Impuls *impf/pf*, сымпровизи́ровать *pf*, говори́ть, сказа́ть *pf* экспро́мтом; 2. (MUS) импровизи́ровать *impf/pf*, с- *pf*

Impuls *m* <-es, -e> и́мпульс *m*; **einen ~ geben** дать толчо́к

Impulsgeber *m* <-s, -> (TECH) генера́тор *m* и́мпульсов

impulsiv *adj* импульси́вный; **sie ist immer sehr ~** она́ всегда́ о́чень импульси́вна

Impulskauf *m* <-(e)s, -käufe> (*Spontankauf*) необду́манная поку́пка *f*

imstande, im Stande *adv*: **~** [*o im Stande*]**sein, etw zu tun** (*fähig sein*) быть в состоя́нии сде́лать что-л.; **zu etw ~ sein** (*in der Lage sein*) быть спосо́бным на что-л.; **jd ist ~** [*o im Stande*]**und kann etw tun** кто-л. вполне́ мо́жет что-л. сде́лать

in¹ *präp* 1. (*räumlich*) в; **~ der Kanne ist noch etw Tee** в ча́йнике есть ещё немно́го ча́я; 2. (*in ... hinein*) в; **sie stellte das Buch ~ den Schrank** она́ поста́вила кни́гу в шкаф; 3. (*zeitlich*) че́рез; **~ einer Stunde fährt mein Zug** мой по́езд отхо́дит че́рез час; 4. (*innerhalb*) за, в; **~ einer Woche muss das fertig werden** за неде́лю э́то должно́ быть гото́во; **~ Berlin** в Берли́не; **~ der Nacht** но́чью; **~ der Stadt** в го́роде; **~ Schwierigkeiten sein** быть в тру́дном положе́нии; **~ die Schule gehen** ходи́ть в шко́лу

in² *adj*: **~ sein** (*umg*) быть в мо́де

inaktiv *adj* неакти́вный

Inaktivität *f* <*gen*: -> пасси́вность *f*, отсу́тствие *nt* инициати́вы

inakzeptabel *adj* неприе́млемый; **dieser Vorschlag ist ~** э́то предложе́ние неприе́млемо

Inbegriff *m* <-(e)s, -e> воплоще́ние *nt*; **er ist der ~ von Sturheit** он воплоще́ние упря́мства

inbegriffen *adj* включа́я, включи́тельно; **Frühstück im Preis ~** за́втрак включён в це́ну

Inbetriebnahme *f* <-, -n> пуск *m* в эксплуата́цию; **die ~ des Werkes erfolgte im Juli** пуск заво́да в эксплуата́цию произошёл в ию́ле

Incentive *nt* <-s, -s> побужде́ние *nt*, сти́мул *m*; **~ für die Mitarbeiter** мотива́ция сотру́дников

Indefinitpronomen *nt* <-s, -pronomina> (LING) неопределённое местоиме́ние *nt*

indem *konj* 1. (*dadurch, dass*) тем что; **er half uns, ~ er umsonst arbeitete** он помо́г нам тем, что рабо́тал беспла́тно; 2. (*während*) тем вре́менем, ме́жду тем

Inder, -in *m/f* <-s, -> инди́ец, -диа́нка *m/f*

Index *m* <-(es), -e/Indices> 1. (*Messwert*) и́ндекс *m*; 2. (*Verzeichnis*) оглавле́ние *nt*, и́ндекс *m*, рее́стр *m*; **auf dem ~ stehen** (*verboten sein: Buch*) быть в спи́ске запрещённых книг

Indianer, -in *m/f* <-s, -> инде́ец, -диа́нка *m/f*

Indianerstamm *m* <-(e)s, -stämme> инде́йское пле́мя *nt*

indianisch *adj* инде́йский

Indices *pl von* **Index**

Indien *nt* <*gen*: -s> И́ндия *f*

Indifferenz *f* <*gen*: -> индифферентность *f*, безразли́чие *nt*

indigniert *adj* (*geh*) возмущённый

Indikation *f* <-, -en> индика́ция *f*, показа́ние *nt*

Indikativ *m* <-s, -e> (LING) изъяви́тельное наклоне́ние *nt*, индикати́в *m*

Indikator *m* <-s, -en> индика́тор *m*

indirekt *adj* ко́свенный, непрямо́й; **~e Rede** (LING) ко́свенная речь

indisch *adj* инди́йский

indiskret *adj* нескро́мный, беста́ктный

Indiskretion *f* <-, -en> нескро́мность *f*, беста́ктность *f*; **gezielte ~** наме́ренное разглаше́ние та́йны

indiskutabel *adj* не подлежа́щий обсужде́нию, недискуссио́нный; **dieser Vorschlag ist ~** э́то предложе́ние не подлежи́т обсужде́нию

Individualeinkommen *nt* <-s, -> индивидуа́льный дохо́д *m*

Individualismus *m* <*gen*: -> индивидуали́зм *m*

Individualist, -in *m/f* <-en, -en> индивидуали́ст, -ка *m/f*

Individualität *f* <*gen*: -> индивидуа́льность *f*

Individualverkehr *m* <*gen*: -s> тра́нспорт *m* ли́чного по́льзования

individuell *adj* индивидуа́льный; **einen ~en Stil haben** име́ть свой стиль

Individuum *nt* <-s, Individuen> индиви́д *m*

Indiz *nt* <-es, -ien> 1. (*Hinweis*) при́знак *m*; 2. (JUR) ули́ка *f*

Indizienprozess *m* <-es, -e> (JUR) суде́бное разбира́тельство, постро́енное на ко́свенных ули́ках

Indogermanistik *f* <*gen*: -> индоевропеи́стика *f*

Indonesien *nt* <*gen*: -s> Индоне́зия *f*

indonesisch *adj* индонези́йский

Induktionsmotor *m* <-s, -en> (EL) асинхро́нный электродви́гатель *m*

Induktionsspannung *f* <-, -en> (EL) индукти́рованное напряже́ние *nt*

Induktionsstrom *m* <-(e)s, -ströme> (EL) индукти́рованный ток *m*

industrialisieren *vt* индустриализи́ровать *impf/pf*

Industrialisierung *f* <*gen*: -> индустриализа́ция *f*

Industrie *f* <-, -n> индустри́я *f*, промы́шленность *f*; **verarbeitende ~** обраба́тывающая промы́шленность;

heimische ~ местная промышленность
Industrie- und Handelskammer f <-, -n> Торгово-промышленная палата f
Industrieabwässer pl <gen: -> промышленные стоки mpl, сточные воды fpl
Industrieanlage f <-, -n> промышленная установка f
Industriebetrieb m <-(e)s, -e> промышленное предприятие nt
Industrieerzeugnis nt <-ses, -se> промышленное изделие nt
Industriegebiet nt <-(e)s, -e> промышленный район m
Industriegesellschaft f <-, -en> индустриальное общество nt
Industriegewerkschaft f <-, en> промышленный профсоюз m
Industriegut nt <-(e)s, -güter> промышленный товар m
Industrieland nt <-(e)s, -länder> индустриальная страна f
industriell adj индустриальный, промышленный; **~e Anlagen** промышленные установки; **~e Entwicklung** промышленное развитие; **~ gefertigt** промышленного изготовления
Industrielle(r) mf <-n, -n> промышленник m
Industrienorm f <-, -en> промышленная норма f
Industriepark m <-s, -s> промышленный [о индустриальный] район m
Industrieproduktion f <gen: -> промышленное производство nt
Industrieroboter m <-s, -> промышленный робот m
Industriespionage f <gen: -> промышленный шпионаж m
Industriestadt f <-, -städte> промышленный город m
Industriezentrum nt <-s, -zentren> промышленный центр m
Industriezweig m <-(e)s, -e> отрасль f промышленности
ineffizient adj 1. (Arbeitsweise, Methode) неэффективный; 2. (unwirtschaftlich) нерентабельный
Ineffizienz f <gen: -> 1. (Unwirtschaftlichkeit) бесхозяйственность f, нерентабельность f; 2. (Unwirksamkeit) неспособность f деятельности; **die ~ des Mittels ist nachgewiesen** непригодность средства доказана
ineinander adv 1. (etwas) одно в другое; 2. (jemand) друг в друга
infam adj (übel, bösartig) подлый, гнусный; **das ist eine ~e Lüge** это гнусная ложь
Infanterie f <-, -n> пехота f
Infanterieregiment nt <-(e)s, -er> пехотный полк m

infantil adj (kindisch) инфантильный
Infarkt m <-(e)s, -e> (MED) инфаркт m
Infektion f <-, -en> инфекция f, заражение nt
Infektionskrankheit f <-, -en> инфекционное заболевание nt
Inferno nt <gen: -> ад m, преисподняя f
Infinitiv m <-s, -e> инфинитив m, неопределённая форма f глагола
infizieren I. vt инфицировать impf/pf, заразить pf, -ражать impf; II. vr заразиться pf, -ражаться impf; **er hat sich mit einer Grippe infiziert** он заразился гриппом
Inflation f <gen: -> инфляция f; **die ~ bekämpfen** преодолевать инфляцию; **galoppierende ~** галопирующая инфляция; **~ importieren** импортировать инфляцию; **schleichende ~** ползучая инфляция
inflationär adj инфляционный
inflationsbereinigt с учётом инфляции
Inflationsniveau nt <-s, -s> уровень m инфляции
Inflationsrate f <-, -n> процент m инфляции
Influenzavirus nt <-, -viren> вирус m гриппа
Info abk von **Information**
infolge I. präp +gen вследствие; **~ dieser Vorfälle musste der Minister abdanken** вследствие этих инцидентов министр был вынужден уйти в отставку; II. adv: **~ von** в связи с.
infolgedessen adv вследствие этого, поэтому
Informant, -in m/f <-en, -en> 1. информатор m; 2. информант m
Informatik f <gen: -> информатика f
Informatiker, -in m/f <-s, -> информатик m
Information f <-, -en> информация f; **zu jds ~** к чьему-л. сведению; **~en austauschen** обмениваться информацией
Informationsfluss m <-es, -flüsse> поток m информации
Informationsflut f <gen: -> 1. лавина f информации; 2. информационный взрыв m
Informationsgesellschaft f <gen: -> информационное общество nt
Informationsgewinnung f <gen: -> получение nt информации
Informationsmaterial nt <-s, -ien> информационный материал m
Informationstechnologie f <-, -en> информационная технология m
Informationsveranstaltung f <-, -en> информационное мероприятие nt
Informationsverarbeitung f <gen: -> обработка f информации
Informationsvorsprung m <-(e)s, -vor-

informieren sprünge> владе́ние *nt* бо́льшей информа́цией

informieren I. *vt* информи́ровать *impf/pf*, про- *pf* (*über* +*akk* о +*präpos*); **sie wurden eingehend informiert** они́ были подро́бно проинформи́рованы; II. *vr* осведомля́ться, -ми́ться *pf* (*über* +*akk* о +*präpos*)

infrage, in Frage: **etwas ~ stellen** ста́вить что́-л. под сомне́ние

infrarot *adj* инфракра́сный

Infrarotstrahlung *f* <*gen*: -> инфракра́сное излуче́ние *nt*

Infrastruktur *f* <*gen*: -> инфраструкту́ра *f*

Infusion *f* <-, -en> влива́ние *f*

Ing. *abk von* **Ingenieur**

Ingenieur, -in *m/f* <-s, -e> инжене́р *m*

Ingenieurbüro *nt* <-s, -s> констру́кторское бюро́ *nt*

Ingwer *m* <*gen*: -s> имби́рь *m*

Inhaber, -in *m/f* <-s, -> 1. (*von Geschäft oder Firma*) владе́лец, -лица *m/f*; 2. (*Besitzer*) облада́тель, -ница *m/f*; 3. (*von Konto, Titel*) владе́лец, -лица *m/f*; **~ von Wertpapieren** держа́тель це́нных бума́г

Inhaberaktie *f* <-, -n> а́кция *f* на предъяви́теля

Inhaberpapier *nt* <-(e)s, -e> це́нная бума́га *f* на предъяви́теля

Inhabercheck *m* <-s, -s> чек *m* на предъяви́теля

Inhaberschuldverschreibung *f* <-, -en> долгово́е обяза́тельство *nt* на предъяви́теля

inhaftieren *vt* арестова́ть *pf*, -сто́вывать *impf*

Inhalation *f* <*gen*: -> ингаля́ция *f*

inhalieren *vt* ингали́ровать *impf*

Inhalt *m* <-(e)s, -e> 1. (*eines Buchs, Films*) содержа́ние *nt*; **ich gebe kurz den ~ des Gesprächs wieder** я ко́ротко переда́м содержа́ние разгово́ра; 2. (*Flächeninhalt*) пло́щадь *f*; 3. (*einer Flasche*) содержи́мое *nt*

Inhaltsangabe *f* <-, -n> переда́ча *f* содержа́ния

inhaltslos *adj* 1. (*leer*) пусто́й; 2. (*gehaltlos*) бессодержа́тельный

inhaltsreich *adj* содержа́тельный

Inhaltsstoff *m* <-(e)s, -e> ингредие́нт *m*

Inhaltsübersicht *f* <-, -en> конспе́кт *m*

Inhaltsverzeichnis *nt* <-ses, -se> оглавле́ние *nt*, содержа́ние *nt*

inhuman *adj* негума́нный, бесчелове́чный

initialisieren *vt* инициализи́ровать

Initialisierung *f* <-, -en> посвяще́ние *nt* во что-ли́бо

Initiationsritus *m* <-, -riten> ритуа́л *m* посвяще́ния

Initiative *f* <-, -n> инициати́ва *f*; **die ~ ergreifen** взять инициати́ву; **aus eigener ~** по со́бственной инициати́ве

Initiator, -in *m/f* <-s, -en> инициа́тор *m*

Injektion *f* <-, -en> инъе́кция *f*

Injektionsnadel *f* <-, -n> игла́ *f* для инъе́кций

Injektionsspritze *f* <-, -n> шприц *m* для инъе́кций

Inkarnation *f* <-, -en> инкарна́ция *f*

Inkasso *nt* <*gen*: -> 1. инка́ссо *nt*; 2. инкасса́ция *f*

inklusive I. *präp* +*gen* включа́я; II. *adv* включи́тельно; **bitte lesen Sie bis Seite 30 ~** прочти́те, пожа́луйста, до стр. 30 включи́тельно; **alles ~** включа́я всё; **Porto ~** включа́я почто́вый сбор; **im Preis ~ sein** входи́ть в цену́; **~ Verpackung** включа́я упако́вку.

inkognito *adv* инко́гнито; **der Präsident reist ~** президе́нт путеше́ствует инко́гнито

inkohärent *adj* несвя́занный, бессвя́зный

Inkohärenz *f* <*gen*: -> несвя́занность *f*, бессвя́зность *f*

inkompatibel *adj* (*unvereinbar, unpassend*) несовмести́мый

Inkompatibilität *f* <-, -en> несовмести́мость *f*; **~ politischer Ziele** несовмести́мость полити́ческих це́лей; **~ zweier Computersysteme** несовмести́мость двух компью́терных систе́м

inkompetent *adj* некомпете́нтный

inkonsequent *adj* непосле́довательный

inkonsistent *adj* непосле́довательный, противоречи́вый

Inkonsistenz *f* <-, -en> непосле́довательность *f*, противоречи́вость *f*

Inkontinenz *f* <*gen*: -> (MED) недержа́ние *nt*

Inkraftsetzung *f* <-, -en> введе́ние *nt* в де́йствие

Inkrafttreten *nt* <*gen*: -s> вступле́ние *nt* в си́лу

Inkubationszeit *f* <-, -en> (MED) инкубацио́нный пери́од *m*

Inland *nt* <*gen*: -(e)s> страна́ *f*; **die Autoproduktion des ~es** оте́чественная автопроду́кция

Inländer *m* <-s, -> граждани́н *m*

inländisch *adj* оте́чественный, вну́тренний; **die ~ Autoproduktion** оте́чественная автопроду́кция

Inlandsbedarf *m* <*gen*: -(e)s> потре́бность *f* вну́треннего ры́нка

Inlandsflug *m* <-(e)s, -flüge> вну́тренний полёт *m*

Inlandsmarkt *m* <-(e)s, -märkte> национа́льный ры́нок *m*

Inlandsporto *nt* <-s, -porti> почто́вый сбор *m* внутри́ страны́

Inline-Skates *pl* <*gen*: -> ро́ликовые

боти́нки *m pl*
inmitten I. *präp +gen* среди́, в кругу́; **sie saß ~ ihrer Schüler** она́ сиде́ла в кругу́ свои́х ученико́в; II. *adv*: **~ von** посреди́.
innehaben *vt* име́ть *impf*, занима́ть, -ня́ть *pf*; **er hat ein wichtiges Amt inne** он занима́ет ва́жную до́лжность
innen *adv* 1. внутрь; 2. (*im Haus*) внутри́; **~ ist es wärmer** внутри́ тепле́е; **von ~** изнутри́; **nach ~** внутрь; **~ und außen** внутри́ и снару́жи
Innenarchitekt, -in *m/f* <-en, -en> архите́ктор *m* по интерье́ру
Innenausstattung *f* <-, -en> вну́треннее оформле́ние *nt*, вну́тренняя отде́лка *f*
Inneneinrichtung *f* <*gen*: -> обстано́вка *f*, вну́треннее убра́нство *nt*
Innenhof *m* <-(e)s, -höfe> вну́тренний двор *m*
Innenminister, -in *m/f* <-s, -> мини́стр *m* вну́тренних дел
Innenministerium *nt* <-, -ien> министе́рство *nt* вну́тренних дел
Innenohr *nt* <*gen*: -(e)s> вну́треннее у́хо *nt*
Innenpolitik *f* <*gen*: -> вну́тренняя поли́тика *f*
Innensechskantschlüssel *m* <-s, -> торцо́вый шестигра́нный ключ *m*
Innenseite *f* <-, -n> вну́тренняя сторона́ *f*
Innenspiegel *m* <-s, -> (KFZ) зе́ркало *nt* за́днего ви́да
Innenstadt *f* <-, -städte> центр *m* го́рода
innerbetrieblich *adj* вну́тренний; **~e Kommunikationswege** вну́тренняя систе́ма информа́ции
Innere *nt* <*gen*: -n> 1. вну́тренность *f*, вну́тренняя часть *f*; 2. (*fig: eines Menschen*) вну́тренний мир *m*; **sie war im tiefsten ~n berührt** она́ была́ тро́нута до глубины́ души́; **im ~n des Landes** внутри́ страны́; **Minister des ~n** мини́стр вну́тренних дел
innere(r,s) *adj* вну́тренний; **innere Verletzungen** вну́тренние ране́ния; **innere Angelegenheiten** вну́тренние дела́; **innere Stimme** вну́тренний го́лос
Innereien *pl* <*gen*: -> 1. вну́тренности *pl*; 2. (*von Schlachttieren*) потроха́ *pl*
innerhalb I. *präp +gen* 1. внутри́; 2. (*zeitlich*) за, в тече́ние; **Sie sollten ~ der nächsten zwei Tage fertigwerden** вы должны́ бы́ли бы зако́нчить в тече́ние двух после́дующих дней; II. *adv*: **~ von** в тече́ние.
innerlich *adj* 1. вну́тренний; 2. (*geistig, seelisch*) душе́вный; **~e Ruhe** душе́вный поко́й
Innerlichkeit *f* <*gen*: -> вну́тренняя су́щность *f*, вну́тренняя жизнь *f*
innerparteilich *adj* внутрипарти́йный
innerstädtisch *adj* внутригородско́й

innert *präp +gen* (*CH, österr: innerhalb, binnen*) в тече́ние
innig *adj* 1. и́скренний, серде́чный; **er umarmte sie ~** он серде́чно обня́л её; 2. (*sehr nah, eng*) бли́зкий, те́сный; **sie waren ~ befreundet** они́ бы́ли бли́зкими друзья́ми; **eine ~e Beziehung** те́сная дру́жба
Innovation *f* <-, -en> иннова́ция *f*
innovationsfreundlich *adj* приве́тствующий нововведе́ния
Innovationskraft *f* <*gen*: -> си́ла *f* нова́торства
innovativ *adj* нова́торский
Innung *f* <-, -en> ги́льдия *f*, корпора́ция *f*
inoffiziell *adj* неофициа́льный
Input *m* <-s, -s> (DV) ввод *m* информа́ции
ins *präp +akk* в; **ich gehe ~ Bett** я ложу́сь в посте́ль; **etw ~ Leben rufen** вы́звать что́-л. к жи́зни
Insasse *m* <-n, -n> 1. (*von Fahrzeug*) пассажи́р *m*; 2. (*in Gefängnis*) заключённый *m*
insbesondere *adv* осо́бенно, в осо́бенности; **sie liebt Tiere, ~ Bären** она́ лю́бит звере́й, осо́бенно медве́дей
Inschrift *f* <-, -en> на́дпись *f*
Insekt *nt* <-s, -en> насеко́мое *nt*
Insektenbekämpfungsmittel *nt* <-s, -> сре́дство *nt* для борьбы́ с (вре́дными) насеко́мыми
Insektenstich *m* <-(e)s, -e> уку́с *m* насеко́мого
Insektenvertilgungsmittel *nt* <-s, -> инсектици́д *m*
Insektizid *nt* <-s, -e> инсектици́д *m*, сре́дство *nt* от насеко́мых
Insel *f* <-, -n> о́стров *m*
Inselgruppe *f* <-, -n> архипела́г *m*
Inserat *nt* <-(e)s, -e> объявле́ние *nt* в газе́те; **ein ~ aufgeben** дать объявле́ние
Inserent, -in *m/f* <-en, -en> помеща́ющий, -щая *m/f* объявле́ние в газе́те
inserieren *vi* помеща́ть, -мести́ть *pf* объявле́ние, дава́ть, дать *pf* объявле́ние
insgeheim *adv* вта́йне, тайко́м; **aber ~ dachte er an etw ganz anderes** но вта́йне он ду́мал о чём-то совсе́м друго́м
insgesamt *adv* в це́лом, в о́бщей сло́жности; **wir hatten ~ 200 Euro** у нас бы́ло всего́ 200 е́вро
Insider, -in *m/f* <-s, -> посвящённый *m*, инса́йдер *m*
Insider-Tipp *m* <-s, -s> сове́т *m* инса́йдера
insofern I. *konj* (*falls, wenn*) е́сли, пока́; II. *adv* (*was dies betrifft*) в э́том отноше́нии; **~ gebe ich dir recht** в э́том

insolvent

отношении ты прав; ~ ..., als ... постольку, поскольку...
insolvent *adj* неплатёжеспособный; ~es Unternehmen неплатёжеспособная фирма
Insolvenz *f* <gen: -> неплатёжеспособность *f*, банкротство *nt*
Inspektion *f* <-, -en> 1. инспекция *f*; 2. (*beim Auto*) техосмотр *m*, проверка *f*
Inspektor, -in *m/f* <-s, -en> (*Beamte(r)*) инспектор *m*
Inspiration *f* <-, -en> вдохновение *nt*; heute fehlt es mir an ~ сегодня мне не хватает вдохновения
inspirieren *vt* вдохновлять, -вить *pf*; Italien hat Goethe inspiriert Италия вдохновила Гёте
inspizieren *vt* инспектировать, про- *pf*
Instabilität *f* <-, -en> нестабильность *f*
Installateur, -in *m/f* <-s, -e> монтёр *m*
Installation *f* <-, -en> 1. (*das Installieren*) установка *f*, монтаж *m*; 2. (*technische Einrichtung*) устройство *nt*, оборудование *nt*
Installationsanweisung *f* <-, -en> инструкция *f* по инсталляции
Installationsdiskette *f* <-, -n> (DV) инсталляционная дискета *f*
Installationsprogramm *nt* <-(e)s, -e> (DV) программа *f* инсталляции
installieren *vt* устанавливать, -новить *pf*, монтировать, смонтировать *pf*; sie hat ihre neue Stereoanlage installiert она установила свою новую стереоустановку
Instandhaltung *f* <gen: -> уход *m*, техобслуживание *nt*
Instandhaltungskosten *pl* <gen: -> расходы *pl* на техническое обслуживание и ремонт
inständig *adj* настоятельный, настойчивый; ich wünsche ~, dass er kommt я очень хочу, чтобы он пришёл; ~ (um etw) bitten настоятельно просить (о чём-л.)
Instandsetzung *f* <-, -en> ремонт *m*, починка *f*
Instandsetzugsarbeiten *pl* <gen: -> ремонтные работы *pl*
Instantkaffee *m* <gen: -s> порошковый экстракт *m* кофе
Instanz *f* <-, -en> инстанция *f*; höhere ~ вышестоящая инстанция; alle ~en durchlaufen проходить все инстанции; in letzter ~ entscheiden решать в последней инстанции
Instinkt *m* <-(e)s, -e> 1. инстинкт *m*; 2. (*Gespür*) чутьё *nt*; er hat einen feinen ~ dafür у него на это тонкое чутьё
instinktiv *adj* инстинктивно; ~ (richtig) handeln поступать инстинктивно (правильно)

Intellektuelle

Institut *nt* <-(e)s, -e> институт *m*
Institution *f* <-, -en> учреждение *nt*
instruieren *vt* 1. (*anweisen*) инструктировать *impf/pf*, про- *pf*; 2. (*in Kenntnis setzen*) ставить, по- *pf* в известность
Instruktion *f* <-, -en> (*Anweisung*) инструкция *f*, указание *nt*; sie hat genaue ~en erhalten она получила точные указания
instruktiv *adj* инструктивный
Instrument *nt* <-(e)s, -e> 1. (*Gerät, Werkzeug*) прибор *m*, инструмент *m*; 2. (*Mittel*) орудие *nt*; 3. (MUS) инструмент *m*; ein ~ spielen играть на музыкальном инструменте; sich jds/einer Sache als ~ bedienen использовать кого-л./что-л. в качестве инструмента
instrumental *adj* 1. инструментальный; 2. (MUS: *ohne Gesang*) инструментальный
Instrumentalist, -in *m/f* <-en, -en> музыкант *m* (оркестра)
Instrumentalmusik *f* <gen: -> инструментальная музыка *f*
Instrumentalstück *nt* <-(e)s, -e> инструментальное произведение *nt*
Insuffizienz *f* <-, -en> несостоятельность *f*
Insulin *nt* <gen: -s> инсулин *m*
inszenieren *vt* 1. (*Theaterstück*) инсценировать *impf/pf*, ставить *impf*, по- *pf*; 2. (*fig: veranstalten*) инсценировать *impf/pf*
Inszenierung *f* <-, -en> инсценировка *f*; mir hat diese ~ von Hamlet nicht gefallen эта инсценировка „Гамлета" мне не понравилась
intakt *adj* целый, невредимый; er hat eine ~e Familie у него хорошая семья
Intarsie *f* <-, -n> инкрустация *f*
Integralhelm *m* <-(e)s, -e> мотоциклетный шлем *m*
Integralrechnung *f* <-, -en> (MATH) интегральное исчисление *nt*
Integrated Services Digital Network (TELKOM: *ISDN*) интегрированная сеть *f* передачи данных
Integration *f* <-, -en> интеграция *f*, слияние *nt*; die politische ~ Europas политическая интеграция Европы; die ~ von Minderheiten интеграция меньшинств
Integrationsprozess *m* <-es, -e> интеграционный процесс *m*, процесс *m* интеграции
integrieren *vt* интегрировать *impf/pf*; ein integrierter Bestandteil (von) составная часть (чего-л.)
Intellekt *m* <gen: -(e)s> интеллект *m*, разум *m*
intellektuell *adj* интеллектуальный
Intellektuelle(r) *mf* <-n, -n> работник *m* умственного труда

intelligent *adj* умный, разумный
Intelligenz *f* <gen: -> 1. ум *m*, интеллект *m*; 2. (*soziale Schicht*) интеллигенция *f*; Künstliche ~ (DV) искусственный интеллект
Intelligenzquotient *m* <-en, -en> коэффициент *m* интеллекта
Intendant, -in *m/f* <-en, -en> управляющий *m*, интендант *m*
Intensität *f* <gen: -> интенсивность *f*
Intensitätsgrad *m* <gen: -(e)s> степень *f* интенсивности
intensiv *adj* 1. (*Arbeit, Gespräch*) интенсивный; sie führten ~e Gespräche darüber они вели об этом напряжённые разговоры; 2. (*Schmerz*) сильный; ihr Kleid war von ~em Rot её платье было насыщенного красного цвета
intensivieren *vt* интенсифицировать *impf/pf*; wir werden unsere Anstrengungen ~ мы будем интенсифицировать наши усилия
Intensivmedizin *f* <gen: -> интенсивные методы *mpl* лечения
Intensivstation *f* <-, -en> отделение *nt* реанимации
Intention *f* <-, -en> (*Absicht*) намерение *nt*
Interaktion *f* <-, -en> интеракция *f*
interaktiv *adj* интерактивный
Interaktivität *f* <gen: -> интерактивность *f*
Interbankgeschäft *nt* <-(e)s, -e> сделка *f* между банками
Intercity *m* <-s, -s> комфортабельный скорый поезд *m*
Interdependenz *f* <-, -en> взаимозависимость *f*
interdisziplinär *adj* межотраслевой; ~e Zusammenarbeit сотрудничество специалистов из разных отраслей
interessant *adj* интересный, занятный; was soll daran ~ sein? и что в этом интересного?; sie ist ein ~r Mensch она интересный человек
Interesse *nt* <-s, -n> интерес *m*, заинтересованность *f*; haben Sie ~ daran? вас это интересует?; für etw ~ zeigen проявлять к чему-л. интерес; in jds ~ liegen быть в чьих-л. интересах; seine/jds ~n verfolgen преследовать свои/чьи-л. интересы
interessehalber *adv* из интереса
Interesselosigkeit *f* <gen: -> отсутствие *nt* интереса
Interessengebiet *nt* <-(e)s, -e> круг *m* интересов; das fällt nicht in mein ~ это не входит в круг моих интересов
Interessengemeinschaft *f* <-, -en> 1. кружок *m*; 2. (ÖKON) объединение *nt*
Interessenskonflikt *m* <-(e)s, -e> конфликт *m* интересов

Interessent, -in *m/f* <-en, -en> заинтересованное лицо *nt*, заинтересованная сторона *f*
Interessenverband *m* <-(e)s, -verbände> объединение *nt*, союз *m*
Interessenvertretung *f* <-, -en> представление *nt* чьих-л. интересов
interessieren I. *vt* интересовать *impf*; der Film interessiert mich nicht фильм меня не интересует; II. *vr* интересоваться *impf*; sie interessiert sich für ihn она им интересуется; sie interessiert sich für Literatur она интересуется литературой
interessiert *adj* заинтересованный; ~ folgte er dem Gespräch он с интересом следил за разговором
Interface *nt* <-, -s> (DV) интерфейс *m*
Interimslösung *f* <-, -en> временное решение *nt*
Interjektion *f* <-, -en> (LING) междометие *nt*
Interkontinentalrakete *f* <-, -n> межконтинентальная ракета *f*
interkulturell *adj* межкультурный
intern *adj* внутренний
Internat *nt* <-(e)s, -e> интернат *m*
international *adj* интернациональный, международный
Internationalisierung *f* <gen: -> интернационализация *f*
Internet *nt* <gen: -> Интернет *m*
Internet-Adresse *f* <-, -n> адрес *m* в Интернете
Internetanschluss *m* <-es, -anschlüsse> доступ *m* к Интернету
Internet-Café *nt* <-s, -s> кафе, в котором в распоряжении посетителей имеются компьютеры, подключённые к Интернету
Internet-Chat *m* <-s, -s> беседа *f*, чат *m* через Интернет
Internet-Provider *m* <-s, -> провайдер *m* услуг Интернета
Internet-Seite *f* <-, -n> страница *f* в Интернете
Internetverbindung *f* <-, -en> связь *m* с Интернетом
Internetzugang *m* <-(e)s, -zugänge> доступ *m* к Интернету
internieren *vt* интернировать *impf/pf*
Internist, -in *m/f* <-en, -en> терапевт *m*, врач *m* по внутренним болезням
Interpol *f* <gen: -> Интерпол *m*
Interpret, -in *m/f* <-en, -en> (*in Musik, Tanz*) исполнитель, -ница *m/f*
Interpretation *f* <-, -en> интерпретация *f*, истолкование *nt*
interpretieren *vt* интерпретировать *impf/pf*, толковать *impf*; wie darf ich Ihre Äußerung ~? как понимать ваше высказывание?
Interpunktion *f* <gen: -> (LING)

пунктуа́ция f
Interrogativpronomen nt <-s, -nomina> (LING) вопроси́тельное местоиме́ние nt
Intervall nt <-s, -e> (*zeitlicher Abstand*) интерва́л m
intervenieren vi предпринима́ть интерве́нцию
Intervention f <-, -en> (POL) интерве́нция f; **militärische ~en** вое́нные интерве́нции
Interview nt <-s, -s> интервью́ nt; **ein ~ (mit jdm) führen** брать у кого́-л. интервью́; **ein ~ geben** дава́ть интервью́; **ein ~ in der Zeitung veröffentlichen** опубликова́ть интервью́ в газе́те
interviewen vt интервьюи́ровать impf/pf, про- pf
intim adj инти́мный, ли́чный; **darf ich Ihnen eine ~e Frage stellen?** позво́льте зада́ть вам ли́чный вопро́с?; **mit jdm ~ sein** быть с ке́м-л. в инти́мных отноше́ниях; **ein ~er Kenner von etw sein** быть то́нким знатоко́м чего́-л.
Intimbereich m <-(e)s, -e> 1. инти́мная сфе́ра f; 2. полова́я сфе́ра f
Intimität f <gen: -> инти́мность f, бли́зость f; **~en** инти́мности
Intimsphäre f <-, -n> инти́мная сфе́ра f; **in jds ~ eindringen** вторга́ться в чью́-л. инти́мную жизнь
intolerant adj нетерпи́мый; **jdm/einer Sache gegenüber ~ sein** быть нетерпи́мым по отноше́нию к кому́-л./чему́-л.
Intoleranz f <gen: -> нетерпи́мость f
Intonation f <-, -en> интона́ция f
Intranet nt <-s, -s> (DV) интрасе́ть f
intransitiv adj (LING) непереходный; **ein ~es Verb** непереходный глагол
intravenös adj внутриве́нный
Intrige f <-, -n> интри́га f; **eine ~ spinnen** плести́ интри́гу
introvertiert adj интровертированный
Intuition f <-, -en> интуи́ция f
intuitiv adj интуити́вный; **etw ~ spüren** интуити́вно чу́вствовать что́-л.
Invalide m/f <-n, -n> инвали́д m
Invasion f <-, -en> вторже́ние nt
Inventar nt <-s, -e> 1. (*Einrichtung*) инвента́рь m; 2. (*Inventarliste*) инвента́рный спи́сок m; **lebendes/totes ~** живо́й/мёртвый инвента́рь
Inventur f <-, -en> инвентариза́ция f; **wegen ~ geschlossen** закры́то на учёт; **jährliche ~** ежего́дная инвентариза́ция; **laufende ~** теку́щая инвентариза́ция; **~ machen** проводи́ть инвентариза́цию
investieren vt 1. (ÖKON) инвести́ровать impf/pf, вкла́дывать, вложи́ть pf (*in + akk* в); 2. (*Mühe, Zeit*) вкла́дывать, вложи́ть pf (*in +akk* в); **er investiert viel Zeit in sein Hobby** он отдаёт мно́го вре́мени своему́ хо́бби
Investition f <-, -en> инвести́ция f, инвести́рование nt, капиталовложе́ние nt; **(in)direkte ~** (ко́свенное) прямо́е капиталовложе́ние; **staatliche ~** госуда́рственное инвести́рование; **eine ~ tätigen** осуществля́ть инвести́рование
Investitionsanreiz m <-es, -e> стимули́рование nt капиталовложе́ний
Investitionsboom m <-s, -s> инвестицио́нный бум m
investitionsfreudig adj скло́нный к инвести́рованию
Investor m <-s, -en> инве́стор m
involvieren vt 1. (*geh: verwickeln*) заме́шивать, -ша́ть pf; **sie ist in diese Affäre nicht involviert** она́ не заме́шана в э́том сканда́ле; 2. (*mit einschließen*) включа́ть, -чи́ть pf в себя́
inwiefern I. konj в како́й ме́ре, наско́лько; **es ist unklar, ~ uns das betrifft** нея́сно, в како́й ме́ре э́то каса́ется нас; II. adv в како́й ме́ре, наско́лько; **~ trifft seine Behauptung zu?** наско́лько его́ утвержде́ние соотве́тствует действи́тельности?.
Inzest m <-(e)s, -e> инце́ст m, кровосмеше́ние nt
Inzucht f <-, -en> инцу́хт m, близкоро́дственное размноже́ние nt
inzwischen adv ме́жду тем, тем вре́менем; **~ war es dunkel geworden** тем вре́менем ста́ло темно́
IOK abk von *Internationales Olympisches Komitee* nt МОК m, Междунаро́дный олимпи́йский комите́т
Ion nt <-s, -en> ио́н m
IQ abk von *Intelligenzquotient* m
i.R. abk. von *im Ruhestand* на пе́нсии
Irak m <gen: -s> Ира́к m
Iran m <gen: -s> Ира́н m
irdisch adj земно́й; **~e Freuden** земны́е ра́дости
Ire m <-n, -n> ирла́ндец m
irgend adv то́лько; **wenn es~ möglich wird, komme ich** е́сли то́лько бу́дет возмо́жно, я приду́
irgendein(e,s) pron како́й-нибудь, како́й-либо; **aus ~m Grund ist sie nicht gekommen** по како́й-то причи́не она́ не пришла́
irgendetwas pron кто-нибу́дь, кто-ли́бо
irgendjemand pron кто́-нибудь
irgendwann adv когда́-нибудь, когда́-либо; **hast du ~ Zeit für mich?** бу́дет у тебя́ для меня́ когда́-нибудь вре́мя?
irgendwas pron (umg) что́-нибудь, что́-либо; **~ stimmt da nicht** что́-то там

не так
irgendwer pron (umg) кто́-нибудь, кто́-либо; geht ~ mit mir ins Kino? кто́-нибудь пойдёт со мной в кино́?
irgendwie adv ка́к-нибудь, ка́к-либо; ~ gefällt es mir nicht мне э́то ка́к-то не нра́вится
irgendwo adv где́-нибудь, где́-либо; hast du ~ meine Schlüssel gesehen? ты ви́дел где́-нибудь мои́ ключи́?; ~ hat sie recht где́-то она́ права́
Irin f <-, -nen> ирла́ндка f
Iris f <-, -> 1. (Pflanze) и́рис m; 2. (des Auges) ра́дужная оболо́чка f гла́за
irisch adj ирла́ндский
Irland nt <gen: -s> Ирла́ндия f
Ironie f <gen: -> иро́ния f; mit feiner ~ с то́нкой иро́нией; etw ist eine ~ des Schicksals что́-л. явля́ется иро́нией судьбы́
ironisch adj ирони́ческий, насме́шливый
irr(e) adj 1. (verrückt) сумасше́дший; du machst mich noch ganz ~ ты меня́ совсе́м собьёшь с то́лку; 2. (umg: unglaublich, toll) невероя́тный; das ist doch ~ э́то же невероя́тно; ~ gut (umg) о́чень хорошо́!
irrational adj иррациона́льный
Irre f: in die ~ führen вводи́ть в заблужде́ние
Irre(r) mf <-n, -n> (umg) сумасше́дший m, поме́шанный m; ein armer Irrer (umg) бедня́га
irreführen vt сбива́ть, сбить pf с то́лку, вводи́ть, ввести́ pf в заблужде́ние; lass dich davon nicht ~ не дава́й себя́ э́тим ввести́ в заблужде́ние
irregulär adj нерегуля́рный, непра́вильный
Irregularität f <-, -en> 1. нерегуля́рность f; 2. отклоне́ние nt от пра́вила
irrelevant adj нева́жный, не име́ющий значе́ния
irren I. vr ошиба́ться, -би́ться pf (in +dat в +präpos); ich habe mich in ihr geirrt я в ней оши́бся; ich habe mich in der Nummer geirrt я оши́бся но́мером; II. vi блужда́ть impf; durch den Wald ~ блужда́ть по́ лесу
irreparabel adj непоправи́мый; irreparable Schäden непоправи́мые повреждéния
irreversibel adj необрати́мый
Irrglaube m <-n, -n> 1. е́ресь f, заблужде́ние nt; 2. ло́жное мне́ние nt
irrig adj оши́бочный; in der ~en Annahme в оши́бочном предположе́нии
Irritation f <-, -en> раздраже́ние nt
irritieren vt 1. (beirren, stören) отвлека́ть, -вле́чь pf, меша́ть, по- pf; die Unruhe im Publikum irritierte den Redner волне́ние пу́блики меша́ло ора́тору; 2. (ärgern) раздража́ть, -жи́ть pf
irrsinnig adj 1. (wahnsinnig) безу́мный; 2. (umg: sehr, äußerst groß) ужа́сный; die Arbeit ist ~ anstrengend рабо́та ужа́сно напряжённая
Irrtum m <-s, Irrtümer> 1. заблужде́ние nt; 2. (Fehler) оши́бка f; hier muss ein ~ vorliegen здесь должно́ быть кака́я-то оши́бка; im ~ sein/sich im ~ befinden заблужда́ться/пребыва́ть в заблужде́нии
irrtümlich adj оши́бочный
ISBN abk von Internationale Standardbuchnummer
Ischias m <gen: -> (MED) и́шиас m
ISDN nt <gen: -> Интегри́рованная слу́жба f цифрово́й се́ти
ISDN-Anschluss m <-es, -anschlüsse> подключе́ние nt к цифрово́й се́ти
Islam m <gen: -> исла́м m
islamisch adj исла́мский
Island nt <gen: -s> Исла́ндия f
Isländer, -in m/f <-s, -> исла́ндец, -дка m/f
isländisch adj исла́ндский
ISO abk von International Standardization Organisation Междунаро́дная организа́ция f по стандартиза́ции, ИСО
Isolation f <-, -en> 1. изоля́ция f; 2. (TECH) изоля́ция f, изоляцио́нный материа́л m
isolationistisch adj (POL) изоляциони́стский
Isolator m <-s, -en> изоля́тор m
Isolierband nt <-(e)s, -bänder> изоляцио́нная ле́нта f
Isolierstoff m <-(e)s, -e> 1. изоляцио́нный материа́л m; 2. (EL) диэле́ктрик m
isolieren I. vt 1. (Person) изоли́ровать impf/pf, обосо́бить pf, -сабля́ть impf; man soll ihn von anderen ~ его́ ну́жно изоли́ровать от други́х; 2. (TECH) изоли́ровать impf/pf; II. vr обосо́биться pf, -сабля́ться impf, изоли́роваться impf/pf; er hat sich selbst isoliert он сам себя́ изоли́ровал
ISO-Norm f <-, -en> но́рма f ИСО
Isotherme f <-, -n> изоте́рма f
Isotop nt <-s, -e> изото́п m
Israel nt <gen: s> Изра́иль m
Israeli mf <-(s), -(s)> израильтя́нин, -тя́нка m/f
ISS abk von International Space Station
Istwert, Ist-Wert m <-(e)s, -e> действи́тельное значе́ние nt, реа́льное значе́ние nt
IT abk von Information Technology f обрабо́тка f да́нных
Italien nt <gen: -s> Ита́лия f
Italiener, -in m/f <-s, -> италья́нец, -нка m/f

italienisch *adj* итальянский

J

j, J *nt* <-, -> й, Й, ь, Б
ja *adv* 1. (*zustimmend*) да; 2. (*feststellend*) безусловно; **aber** ~ ну конечно 3. (*fragend: wirklich?*) правда; ~? да? 4. (*unbedingt*) обязательно; **er soll ~ seine Hausaufgaben machen** он должен обязательно сделать домашнее задание 5. (*allerdings*) конечно; ~, **das waren Zeiten** да, это были времена; **komm ~ nicht zu spät** только не приходи слишком поздно; **wir sehen uns dann morgen,** ~? мы увидимся завтра, да?
Jacht *f* <-, -en> яхта *f*
Jacke *f* <-, -n> 1. жакет *m*, куртка *f*; 2. (*Strickjacke*) кофта *f*
Jackett *nt* <-(e)s, -e/-s> пиджак *m*
Jackpot *m* <-s, -s> значительная сумма возможного денежного выигрыша в лотерее, образовавшаяся благодаря тому, что в предыдущих розыгрышах не было победителей
Jade *f* <*gen:* -> (*Schmuckstein*) нефрит *m*
Jagd *f* <-, -en> 1. (*fig: Verfolgung*) погоня *f*, преследование *nt*; 2. (*das Jagen*) охота *f*; **auf die ~ gehen** идти на охоту
Jagdbeute *f* <-, -n> охотничья добыча *f*
Jagdgewehr *nt* <-(e)s, -e> охотничье ружьё *nt*
Jagdhütte *f* <-, -n> охотничий домик *m*
Jagdrevier *nt* <-(e)s, -e> охотничье угодье *nt*
Jagdschein *m* <-(e)s, -e> свидетельство *nt* на право охоты
Jagdtasche *f* <-, -n> ягдташ *m*, охотничья сумка *f*
jagen I. *vt* 1. (*Tiere, auch Menschen*) охотиться *impf*; 2. (*verfolgen*) преследовать *impf*; **damit kannst du mich ~** (*umg*) я этого терпеть не могу; II. *vi* 1. (*auf die Jagd gehen*) охотиться *impf*; 2. (*fig: rasen, eilen*) мчаться, про- *pf*
Jäger *m* <-s, -> охотник *m*
Jägerei *f* <*gen:* -> спешка *f*, суета *f*
Jaguar *m* <-s, -e> ягуар *m*
jäh *adj* 1. (*steil*) обрывистый, отвесный; 2. (*plötzlich*) внезапный; 3. (*unvermittelt*) неожиданный; 4. (*überstürzt*) быстрый, стремительный; **das Gespräch wurde ~ abgebrochen** разговор был внезапно прерван
Jahr *nt* <-(e)s, -e> год *m*; **nach ~ und Tag** когда-то; **in den besten ~en** в расцвете лет; **ein halbes ~** полгода; **alle drei ~e** каждые три года; **~ für ~** год за годом; **im ~e 2002** в 2002 году; **im Dezember vorigen ~es** в декабре прошлого года; **übers ~** через год; **von ~ zu ~** из года в год
Jahrbuch *nt* <-(e)s, -bücher> ежегодник *m*
jahrelang *adj* многолетний
jähren *vr* (*geh*) наступать, -пить *pf*; **heute jährt sich sein Todestag zum dritten Mal** сегодня исполняется третья годовщина его смерти
Jahresabonnement *nt* <-s, -s> подписка *f* на год
Jahresabrechnung *f* <-, -en> годовой отчёт *m*
Jahresabschluss *m* <-es, -abschlüsse> годовой баланс *m*
Jahresabschlussbuchung *f* <-, -en> подведение *nt* годового баланса
Jahresabschlussprämie *f* <-, -n> премия *f* по итогам года
Jahresabschlussprüfung проверка *f* заключительного баланса
Jahresbeginn *m* <*gen:* -(e)s> начало *f* года; **zu ~** к началу года
Jahresbericht *m* <-(e)s, -e> годовой отчёт *m*
Jahresbilanz *f* <-, -en> годовой баланс *m*
Jahresbudget *nt* <-s, -s> годовой бюджет *m*
Jahresdurchschnitt *m* <-(e)s, -e> среднегодовой показатель *m*
Jahreseinkommen *nt* <-s, -> годовой доход *m*
Jahresende *nt* <*gen:* -s> конец *m* года
Jahresgehalt *nt* <-(e)s, -gehälter> годовой оклад *m*
Jahresgewinn *m* <-(e)s, -e> прибыль *f* за год
Jahreshauptversammlung *f* <-, -en> ежегодное общее собрание *nt* (акционеров)
Jahreskarte *f* <-, -n> 1. (*für Verkehrsmittel*) годовой билет *m*; 2. (*für Eintritt*) годовой абонемент *m*
Jahresring *m* <-(e)s, -e> годичное кольцо *nt*
Jahrestag *m* <-(e)s, -e> годовщина *f*
Jahrestagung *f* <-, -en> ежегодная конференция *f*, ежегодный съезд *m*
Jahresumsatz *m* <-es, -umsätze> годовой оборот *m*; **den ~ verdoppeln** удваивать годовой оборот
Jahresurlaub *m* <*gen:* -s> ежегодный отпуск *m*
Jahresverdienst *m* <-(e)s, -e> годовой заработок *m*
Jahreswechsel *m* <-s, -> (*Neujahr*) новый год *m*
Jahreswende *f* <-, -n> наступающий новый год *m*, канун *m* нового года
Jahreszeit *f* <-, -en> время *nt* года
jahreszeitlich *adj* сезонный, по сезону
Jahrgang *m* <-(e)s, -gänge> 1. (*selbe Altersstufe*) год *m* рождения; 2. (*einer Zeit-*

Jahrhundert *schrift*) год *m* выпуска, год *m* издания; **3.** (*von Wein*) урожай *m*; ~1998 урожая 1998 года

Jahrhundert *nt* <-s, -e> век *m*, столетие *nt*

jährlich *adj* ежегодный, годичный; ~es **Einkommen** годовой доход

Jahrmarkt *m* <-(e)s, -märkte> ярмарка *f*

Jahrzehnt *nt* <-(e)s, -e> десятилетие *nt*

Jähzorn *m* <*gen*: -(e)s> внезапная вспышка *f* гнева

jähzornig *adj* вспыльчивый

Jalousie *f* <-, -n> жалюзи *nt*

Jambus *m* <-, Jamben> ямб *m*

Jammer *m* <*gen*: -s> **1.** (*Klage*) плач *m*, вопли *pl*; **2.** (*Elend*) горе *nt*, несчастье *nt*; **welch ein** ~ как жалко; **ein Bild des** ~**s bieten** иметь несчастный вид

jämmerlich *adj* **1.** (*elend*) жалкий, плачевный; **einen** ~**en Eindruck machen** производить жалкое впечатление; ~ **aussehen** иметь плачевный вид **2.** (*verachtenswert*) ничтожный; **ein** ~**er Feigling** жалкий трус

jammern *vi* (*über*) громко плакать *impf*, вопить *impf*

Janker *m* <-s, -> (*österr: wollene Trachtenjacke*) куртка *f*

Jänner *m* <-(s), -> (*CH, österr: Januar*) январь *m*

Januar *m* <-, -e> январь *m*

Japan *nt* <*gen*: -s> Япония *f*

Japaner, -in *m/f* <-s, -> японец, -нка *m/f*

japanisch *adj* японский

japsen *vi* (*stoßweise atmen*) прерывисто дышать *impf*

Jargon *m* <-s, -s> жаргон *m*

jäten *vt* (*Unkraut*) полоть, вы- *pf*

Jauche *f* <-, -n> навозная жижа *f*

Jauchegrube *f* <-, -n> жижеприёмник *m*, навозно-жижевая яма *f*

jauchzen *vi* ликовать *impf*; **vor Freude** ~ ликовать от радости

jaulen *vi* выть *impf*, завывать *impf*

jawohl *adv* совершенно верно, да; **haben Sie alles verstanden?** - ~**, Herr Leutnant** Вы всё поняли? - так точно, господин лейтенант

Jazz *m* <*gen*: -> джазовая музыка *f*, джаз *m*

Jazzband *f* <-, -s> джаз-банд *m*, джазовый ансамбль *m*

Jazzgymnastik *f* <*gen*: -> джазовая гимнастика *f*

Jazzkonzert *nt* <-(e)s, -e> джазовый концерт *m*

Jazzmusiker, -in *m/f* <-s, -> джазовый исполнитель, -вая -ница *m/f*

je I. *präp* +*akk* (*pro*) по; **der Eintritt kostet 5 Euro ~ Person** вход стоит по 5 евро с человека; ~ **ein Exemplar** по одному экземпляру; **II.** *adv temp* (*jemals*) когда-нибудь, когда-либо; **wer hätte das ~ gedacht** кто бы мог когда-л. подумать; **III.** *konj* : ~ **... desto...** чем... тем...; ~ **nachdem** смотря по.

Jeans *pl* <-, -> джинсы *pl*

Jeansanzug *m* <-(e)s, -anzüge> джинсовый костюм *m*

Jeanshose *f* <-, -n> джинсовые брюки *pl*

Jeansjacke *f* <-, -n> джинсовая куртка *f*

Jeansrock *m* <-(e)s, -röcke> джинсовая юбка *f*

jede(r,s) *pron indef* **1.** (*jeder Einzelne*) каждый; ~**r Einzelne** каждый в отдельности **2.** (*jegliche(r,s), jedwede(r,s)*) любой; **um jeden Preis** любой ценой; **jeder beliebige** первый встречный; **jede halbe Stunde schaut er auf die Uhr** он смотрит каждые полчаса на часы

jedenfalls *adv* **1.** (*auf jeden Fall*) в любом случае, непременно; **2.** (*zumindest*) по меньшей мере

jedermann *pron indef* **1.** (*ein jeder*) каждый; **das ist nicht** ~**s Sache** это не каждый сможет **2.** (*jeder beliebige*) любой

jederzeit *adv* **1.** (*zu jeder Zeit*) в любое время; **ein ~ gern gesehener Gast** всегда желанный гость **2.** (*ständig, in jedem Augenblick*) всегда, постоянно; ~ **auf etw gefasst sein** постоянно быть готовым к чему-л.

jedes Mal *adv* каждый раз; ~**, wenn** всякий раз, когда

jedoch *konj* однако, тем не менее

Jeep® *m* <-s, -s> джип *m*

jeher *adv*: **von** ~ с давних пор

jemals *adv* когда-нибудь, когда-либо

jemand *pron indef* кто-нибудь, кто-либо; **sonst noch** ~? ещё кто-нибудь?; **das wird kaum** ~ **wollen** едва ли кто-либо этого захочет

jene(r,s) *pron* тот; **dieses und jenes** всякая всячина

jenseits *präp* +*gen* по ту сторону; ~ **des Meeres** за морем; ~ **von Gut und Böse sein** быть за пределами добра и зла

Jenseits *nt* <*gen*: -> потусторонний мир *m*; **jdn ins** ~ **befördern** (*umg*) отправить кого-л. на тот свет

Jesuitenorden *m* <*gen*: -s> орден *m* иезуитов

Jet *m* <-s, -s> (*Düsenflugzeug*) реактивный самолёт *m*

Jetset: **zum** ~ **gehören** принадлежать к избранному обществу

jetzig *adj* нынешний, теперешний

jetzt *adv* теперь, сейчас; **bis** ~ до сих пор; **von** ~ **an** с этого момента; ~ **oder nie** теперь или никогда

jeweilig *adj* соответствующий, данный; **der ~en Mode entsprechend** соответствующий данной моде

jeweils *adv* **1.** (*jedesmal*) каждый раз; **die**

Nachrichten kommen ~ um 20 Uhr но́вости передаю́тся всегда́ в 20 часо́в 2. *(jeder einzelne)* в ка́ждом слу́чае, ка́ждый

Jh. *abk von* **Jahrhundert** *nt* в.

Job *m* <-s, -s> *(umg: Beschäftigung)* рабо́та *f*, заня́тие *nt*, де́ло *nt*; **ein gut bezahlter ~** хорошо́ опла́чиваемая рабо́та; **einen ~ für die Ferien finden** находи́ть рабо́ту на вре́мя кани́кул

Job rotation *f* <gen: -> рота́ция *f* персона́ла

jobben *vi (umg)* рабо́тать *impf*

Jobhopper *m* <gen: -s> гастролёр *m*, летýн *m*

Jobsharing *nt* <gen: -s> разделе́ние рабо́чего ме́ста ме́жду не́сколькими сотру́дниками

Jobsuche *f* <gen: -> по́иски *mpl* рабо́ты

Joch *nt* <-(e)s, -e> 1. хому́т *m*; 2. *(fig)* ярмо́ *nt*, бре́мя *nt*; **ein schweres ~ tragen** *(geh)* нести́ тя́жкое бре́мя

Jockey *m* <-s, -s> жоке́й *m*

Jod *nt* <gen: -(e)s> йод *m*

jodhaltig *adj* йодосодержа́щий

Jodmangel *m* <gen: -s> недоста́ток *m* йо́да

Jodsalz *nt* <gen: -es> йодосодержа́щая соль *f*

Jodtinktur *f* <gen: -> насто́йка *f* йо́да

Joga *m* <gen: -(s)> йо́га *f*

joggen *vi* бе́гать *impf* трусцо́й

Jogging *nt* <gen: -s> бег *m* трусцо́й

Jogginganzug *m* <-(e)s, -anzüge> трениро́вочный костю́м *m*

Joghurt, Jogurt *m* <-s, -s> йо́гурт *m*

Joghurtbecher, Jogurtbecher *m* <-s, -> (пла́стиковый) стака́нчик *m* с йо́гуртом

Johannisbeere *f* <-, -n> сморо́дина *f*; **Rote ~** кра́сная сморо́дина; **Schwarze ~** чёрная сморо́дина

Johannisbeerstrauch *m* <-(e)s, -sträucher> куст *m* сморо́дины

johlen *vi (grölen)* горла́нить *impf*

Joint *m* <-s, -s> сигаре́та *f* с гаши́шем

Joint-venture *nt* <-(s), -s> () совме́стное предприя́тие *nt*

Joker *m* <-s, -> *(im Kartenspiel)* джо́кер *m*

Jongleur, -in *m/f* <-s, -e> жонглёр *m*

jonglieren *vi* жонгли́ровать *impf*

Joule *nt* <-(s), -> джо́уль *m*

Journal *nt* <-(e)s, -e> журна́л *m*

Journalismus *m* <gen: -> журнали́стика *f*

Journalist, -in *m/f* <-en, -en> журнали́ст, -ка *m/f*

jovial *adj (wohlwollend)* доброжела́тельный

Joystick *m* <-s, -s> джо́йстик *m*

Jubel *m* <gen: -s> ликова́ние *nt*, весе́лье *nt*

jubeln *vi* ликова́ть *impf*, весели́ться *impf*

Jubilar, -in *m/f* <-s, -e> юбиля́р *m*

Jubiläum *nt* <-s, -läen> юбиле́й *m*

jucken *vi* чеса́ться *impf*; **das juckt mich nicht** *(umg)* меня́ э́то не чешет; **mir juckt die Haut** у меня́ че́шется ко́жа

Juckreiz *m* <-es, -e> зуд *m*

Jude *m* <-n, -n> евре́й *m*

Judentum *nt* <gen: -s> евре́йство *nt*

Judenverfolgung *f* <-, -en> пресле́дование *nt* евре́ев

Jüdin *f* <-, -nen> евре́йка *f*

jüdisch *adj* евре́йский

Judo *nt* <gen: -(s)> дзюдо́ *nt*

Jugend *f* <gen: -> 1. *(Jugendzeit)* мо́лодость *f*, ю́ность *f*; **in meiner frühen ~** во времена́ мое́й ра́нней мо́лодости; **von ~ an** смо́лоду 2. *(Jugendlichkeit)* мо́лодость *f*; 3. *(junge Menschen)* молодёжь *f*; **die heutige ~** совреме́нная молодёжь

Jugendamt *nt* <-(e)s, -ämter> управле́ние *nt* по дела́м молодёжи

Jugendarbeitslosigkeit *f* <gen: -> безрабо́тица *f* среди́ молодёжи

Jugendaustausch *m* <gen: -es> молодёжный обме́н *m*

jugendfrei *adj (Film)* допу́щенный к просмо́тру детьми́ до 16 лет

Jugendfreund, -in *m/f* <-(e)s, -e> друг, подру́га *m/f* ю́ности

Jugendgruppe *f* <-, -n> молодёжная гру́ппа *f*

Jugendherberge *f* <-, -n> молодёжная турба́за *f*

jugendlich *adj* 1. *(jung)* молодо́й; 2. *(jung wirkend)* моложа́вый; 3. (JUR) несовершенноле́тний

Jugendliche(r) *m* <-n, -n> 1. подро́сток *m*; 2. *(Minderjährige(r))* несовершенноле́тний

Jugendliebe *f* <gen: -> ю́ношеская любо́вь *f*

Jugendstil *m* <gen: -s> стиль *m* моде́рн

Jugendstraftäter, -in *m/f* <-s, -> малоле́тний престу́пник *m*

Jugendsünde *f* <-, -n> грех *m* мо́лодости

Jugendtraum *m* <-(e)s, -träume> мечта́ *f* ю́ности

Jugendzentrum *nt* <-s, -zentren> де́тско-ю́ношеский центр *m*

Jugoslawe *m* <-n, -n> югосла́в *m*

Jugoslawien *nt* <gen: -s> Югосла́вия *f*

Jugoslawin *f* <-, -nen> югосла́вка *f*

jugoslawisch *adj* югосла́вский

Juli *m* <-(s), -s> ию́ль *m*

jung *adj* 1. *(an Lebensjahren)* молодо́й, ю́ный; **ein ~er Mann** молодо́й челове́к 2. *(frisch)* све́жий; **~es Gemüse** све́жие о́вощи 3. *(noch nicht lange bestehend)* неда́вний; **ein ~es Paar** молодожёны

Junge *m* <-n, -n(s)> ма́льчик *m*; **~,~!** ну и ну! **Tag, alter ~** приве́т, старина́

Junge(s) nt <-n, -n> 1. (ZOOL) детёныш m; 2. (vom Hund) щенок m; 3. (von der Katze) котёнок m; 4. (vom Vogel) птенец m
Jünger, -in m/f <-s, -> приверженец, -нка m/f, последователь, -ница m/f
Jungfer f <-, -n> дева f, девица f; **alte ~** старая дева
Jungfernfahrt f <-, -en> первый рейс m, первое плаванье nt
Jungfrau f <-, -en> 1. (unberührtes Mädchen) девственница f; 2. (ASTR) Дева f
Junggeselle m <-n, -n> холостяк m; **ein eingefleischter ~** закоренелый холостяк
Jüngling m <-s, -e> (geh) юноша m
jüngste(r,s) adj 1. самый младший; **nicht mehr der Jüngste sein** быть не первой молодости 2. (letzte(r,s)) последний; **der Jüngste Tag** День Страшного Суда; **die jüngsten Ereignisse** последние события; **sein jüngster Roman** его последний роман
jungverheiratet adj: **die Jungverheirateten** молодожёны
Juni m <-(s), -s> июнь m
junior adj (nur nachgestellt) младший
Junior, -in m/f <-s, -en> юниор m
Juniorchef, -in m/f <-s, -s> работающий в фирме сын владельца
Junkie m <-s, -s> наркоман m
Jupe m <-s, -s> (CH: Frauenrock) юбка f
Jura nt юриспруденция f, право nt; **~ studieren** изучать право
Jurist, -in m/f <-en, -en> юрист m
Juristerei f <gen: -> (umg) (юридическая) казуистика f
juristisch adj юридический; **die ~e Fakultät** юридический факультет; **~e Person** юридическое лицо; **der ~e Beistand** юридическая поддержка
Jurte f <-, -n> юрта f
Jury f <-, -s> жюри nt
Jus nt (CH, österr: Jura, Rechtswissenschaft) юриспруденция f
JIT abk von **Just In Time** технология доставки грузов без промежуточного складирования
Justiz f <gen: -> юстиция f, правосудие nt; **jdn der ~ überantworten** передать кого-л. органам правосудия
Justizirrtum m <-s, -irrtümer> судебная ошибка f
Jute f <gen: -> (tropische Pflanze) джут m
Juwel nt <-s, -en> драгоценный камень m, драгоценность f
Juwelier m <-s, -e> ювелир m
Juwelierladen m <-s, -läden> ювелирный магазин m
Jux m <-es, -e> (umg: Scherz, Spaß) шутка f; **sich einen ~ aus etw machen** обратить что-л. в шутку; **das war doch nur ein ~** это же была только шутка; **aus lauter ~ und Tollerei** ради смеха

K

k, K nt <-, -> к, К
Kabarett nt <-s, -s> 1. (Kleinkunst(bühne)) театр m миниатюр; 2. (Programm) сатирическая программа f; **politisches ~** политическая эстрада; **literarisches ~** литературная эстрада
Kabarettist, -in m/f <-en, -en> эстрадный артист(-сатирик) m
Kabel nt <-s, -> 1. (EL) кабель m; 2. (TV) кабельное телевидение nt; 3. (Drahtseil) трос m
Kabelanschluss m <-es, -anschlüsse> подключение nt провода
Kabelfernsehen nt <gen: -s> кабельное телевидение nt
Kabeljau m <-s, -e> треска f
Kabelkanal m <-s, -kanäle> (TV) кабельный канал m
Kabelklemme f <-, -n> (EL) клемма f провода
Kabelquerschnitt m <-(e)s, -e> поперечное сечение nt провода
Kabelrolle f <-, -n> кабельный барабан m
Kabine f <-, -n> 1. (Umkleidekabine) примерочная f; 2. (MAR) каюта f; 3. (Duschkabine) кабина f
Kabinett nt <-s, -e> 1. кабинет m; 2. (POL) кабинет m (министров)
Kabinettsbeschluss m <-es, -beschlüsse> решение nt кабинета (министров)
Kabinettschef m <-s, -s> глава f кабинета (министров)
Kabinettsmitglied nt <-(e)s, -er> член m кабинета
Kabinettssitzung f <-, -en> заседание nt кабинета
Kabinettsumbildung f <-, -en> переформирование nt кабинета
Kachel f <-, -n> кафельная плитка f, изразец m
Kachelofen m <-s, -öfen> изразцовая печь f
Kacke f <gen: -> (vulg) дерьмо nt
Kadaver m <-s, -> труп m
Kadmium nt <gen: -s> кадмий m
Käfer m <-s, -> жук m
Kaff nt <-(e)s, Käffer> (umgpej: kleiner Ort) захолустье nt
Kaffee m <gen: -s> 1. (Pflanze, Strauch) кофе m; 2. (Getränk) кофе m; 3. (Milchkaffee) кофе m с молоком; **das ist doch alles kalter ~** (umg: fig) да это всё давным-давно известно; **einen ~, bitte** кофе, пожалуйста
Kaffeeautomat m <-en, -en> автомат m по продаже кофе
Kaffeebohne f <-, -n> кофейное зерно nt
Kaffeefahrt f <-, -en> прогулка или

экскурсия после обеда с обязательным кофепитием
Kaffeefilter *m* <-s, -> кофейный фильтр *m*
Kaffeehaus *nt* <-es, -häuser> кофейня *f*
Kaffeekanne *f* <-, -n> кофейник *m*
Kaffeeklatsch *m* <gen: -(e)s> непринуждённая беседа за кофе с пирожным
Kaffeekränzchen *nt* <-s, -> дамское общество *nt*
Kaffeemaschine *f* <-, -n> кофеварка *f*
Kaffeemühle *f* <-, -n> кофемолка *f*
Kaffeepause *f* <-, -n> перерыв *m* на кофе
Kaffeeplantage *f* <-, -n> плантация *f* кофе
Kaffeesatz *m* <gen: -es> кофейная гуща *f*
Kaffeetrinker *f* <-, -n> любитель *m* кофе
Käfig *m* <-s, -e> клетка *f*
kahl *adj* 1. (*Bäume*) голый; 2. (*Landschaft*) лишённый растительности; 3. (*Mensch*) лысый
kahl scheren *vt* стричь, остричь *pf* наголо
Kahn *m* <-(e)s, Kähne> 1. лодка *f*; 2. (*Lastkahn*) баржа *f*; ~ fahren кататься на лодке
Kai *m* <-s, -e/ -s> набережная *f*
Kaimauer *f* <-, -n> стенка *f* набережной
Kairo *m* <-s, -s> Каир *m*
Kaiser, -in *m/f* <-s, -> император, -трица *m/f*
kaiserlich *adj* императорский
Kaiserreich *nt* <-(e)s, -e> империя *f*
Kaiserschnitt *m* <-(e)s, -e> (MED) кесарево сечение *nt*
Kajak *m* <-s, -s> байдарка *f*
Kajalstift *m* <-(e)s, -e> контурный карандаш *m* для глаз
Kajüte *f* <-, -n> каюта *f*
Kakao *m* <gen: -s> какао *nt*; jdn/etw durch den ~ ziehen (*umg*) высмеять кого-л./что-л.
Kakaobutter *f* <gen: -> какаовое масло *nt*
Kaktus *m* <-, Kakteen> кактус *m*
Kalamitäten *pl* <gen: -> трудности *pl*
Kalauer *m* <-s, -> незатейливая шутка *f*, плоская шутка *f*
Kalb *nt* <-(e)s, Kälber> телёнок *m*
Kalbfleisch *nt* <gen: -(e)s> телятина *f*
Kaleidoskop *nt* <gen: -(e)s> калейдоскоп *m*
Kalender *m* <-s, -> 1. (*Wandkalender*) настенный календарь *m*; 2. (*Taschenkalender*) карманный календарь *m*
Kalenderjahr *nt* <-(e)s, -e> календарный год *m*
Kalenderwoche *f* <-, -n> календарная неделя *f*

Kali *nt* калий *m*
Kaliber *nt* <-s, -> калибр *m*
Kalifornien *nt* <gen: -s> Калифорния *f*
Kalilauge *f* <-, -n> раствор *m* едкого кали
Kalium *nt* <gen: -s> калий *m*
kaliumhaltig *adj* содержащий калий
Kalk *m* <-(e)s, -e> известь *f*; gebrannter ~ негашёная известь; gelöschter ~ гашёная известь
Kalkablagerung *f* <-, -en> отложение *nt* извести
Kalksandstein *m* <gen: -(e)s> силикатный кирпич *m*
Kalkstein *m* <-(e)s, -e> известняк *m*
Kalkulation *f* <-, -en> 1. (*Berechnung*) калькуляция *f*, расчёт *m*; eine ~ erstellen производить калькуляцию 2. (*Kostenvoranschlag*) предварительный расчёт *m* затрат
kalkulierbar *adj* предсказуемый
kalkulieren *vt* калькулировать, скалькулировать *pf*; das Risiko ~ принимать в расчёт риск
Kalorie *f* <-, -n> (*meist pl*) калория *f*
kalorienarm *adj* малокалорийный
Kalorienbedarf *m* <gen: -(e)s> потребность *f* в калориях
Kaloriengehalt *m* <-(e)s, -e> калорийность *f*
kalt *adj* 1. холодный; 2. (*gefühllos*) бесчувственный, холодный; ~e Füße haben (*umg*) дрожать от страха; ~e Platte холодные закуски; ~er Schweiß brach ihm aus у него выступил холодный пот; der Kalte Krieg холодная война 3. (*nüchtern*) трезвый, холодный; das lässt mich ~ это меня не волнует; mit ~er Berechnung хладнокровно 4. (*abweisend*) пренебрежительный; jdm die ~e Schulter zeigen повернуться к кому-л. спиной
kaltblütig *adj* 1. (*fig*) хладнокровный; 2. (*lässig, gelassen*) спокойный
Kaltblütigkeit *f* <gen: -> (*fig*) хладнокровие *nt*
Kälte *f* <gen: -> 1. холод *m*, мороз *m*; fünf Grad ~ пять градусов мороза 2. (*fig*) холодность *f*
kältebeständig холодостойкий
Kälteeinbruch *m* <-(e)s, -einbrüche> внезапное понижение *nt* температуры
kälteempfindlich *adj* неморозостойкий
Kälteperiode *f* <-, -n> период *m* холодов
Kälteschutzmittel *nt* <-s, -> средство *nt* защиты от холода
Kaltfront *f* <-, -en> холодный фронт *m*
Kaltmiete *f* <-, -n> квартплата *f* без надбавки за отопление
Kaltschale *f* <-, -n> холодный суп *m*

Kaltstart f <-(e)s, -s> холо́дный за́пуск m (дви́гателя)
Kalzium nt <gen: -s> ка́льций m
Kalziummangel m <gen: -s> недоста́ток m ка́льция
kam prät von **kommen**
Kambodscha nt <gen: -s> Камбо́джа f
Kambodschaner, -in m/f <-s, -> камбоджи́ец, камбоджи́йка m/f
kambodschanisch adj камбоджи́йский
Kamel nt <-(e)s, -e> верблю́д m
Kamera f <-, -s> ка́мера f
Kamerad, -in m/f <-en, -en> 1. (MIL) това́рищ m; 2. (umg: Freund) прия́тель m
Kameradschaft f <gen: -> това́рищеские отноше́ния ntpl
kameradschaftlich adj това́рищеский
Kameraführung f <gen: -> рабо́та f опера́тора, управле́ние nt ка́мерой
Kameramann m <-(e)s, -männer/ -leute> опера́тор m
Kamerateam nt <-s, -s> съёмочная гру́ппа f
Kamille f <-, -n> рома́шка f
Kamillentee m <-s, -s> рома́шковый чай m
Kamin m <-s, -e> 1. (Schornstein) дымова́я труба́ f; 2. (im Zimmer) ками́н m
Kaminkehrer m <-s, -> трубочи́ст m
Kamm m <-(e)s, Kämme> 1. (für Haar) расчёска f, гребёнка f; 2. (Wellenkamm) гребе́нь m; 3. (Bergkamm) гребе́нь m, хребе́т m; **alles über einen ~ scheren** (fig) стричь всё под одну́ гребёнку
kämmen I. vt 1. (Haare) расчёсывать, -чеса́ть pf; 2. (Wolle) чеса́ть impf; II. vr расчёсываться, -чеса́ться pf
Kammer f <-, -n> 1. (kleiner Raum) ко́мнатка f, камо́рка f; 2. (fig: Behörde) пала́та f; 3. (Ärztekammer) пала́та f
Kammerdiener m <-s, -> камерди́нер m
Kammerkonzert nt <-(e)s, -e> ка́мерный конце́рт m
Kammermusik f <gen: -> ка́мерная му́зыка f
Kampagne f <-, -n> кампа́ния f
Kampf m <-(e)s, Kämpfe> 1. борьба́ f, бой m; **einer Sache den ~ ansagen** (fig) объяви́ть бой чему́-л.; **~ auf Leben und Tod** борьба́ не на жизнь, а на́ смерть; **~ ums Dasein** борьба́ за существова́ние 2. (MIL: Schlacht) бой m, би́тва f; **er ist im ~ gefallen** он пал в бою́; 3. (Wettkampf) состяза́ние nt
kämpfen vi боро́ться impf, сража́ться, срази́ться pf; **um die Freiheit ~** боро́ться за свобо́ду; **mit den Tränen ~** сде́рживать слёзы
Kämpfer, -in m/f <-s, -> 1. боре́ц m; 2. (Krieger) бое́ц m
kämpferisch adj боево́й, вои́нственный

Kämpfernatur f <-, -en> бойцо́вская нату́ра f
kampferprobt adj (Truppen) испы́танный в боя́х
Kampfflugzeug nt <-(e)s, -e> боево́й самолёт m
Kampfgewühl nt <gen: -(e)s> неразбери́ха f боя́
Kampfhandlungen pl <-, -en> боевы́е де́йствия pl
kampflos adj без бо́я, без борьбы́; **sich ~ ergeben** сда́ться без бо́я
Kampfpanzer m <-s, -> танк m
Kampfpause f <-, -n> (SPORT) переры́в m ме́жду ра́ундами, переры́в m ме́жду пери́одами
Kampfpreis m <-es, -e> агресси́вная [о де́мпинговая] цена́ f
Kampfrichter m <-s, -> арби́тр m
Kampfsport m <gen: -(e)s> спорти́вное единобо́рство nt
Kampftruppe f <-, -n> (MIL) боева́я часть f
Kampfverband m <-(e)s, -verbände> (MIL) боево́е подразделе́ние nt
kampieren vi разби́ть, -бива́ть impf пала́тку, расположи́ться pf, -лага́ться impf в пала́тке
Kanada nt <gen: -s> Кана́да f
Kanadier, -in m/f <-s, -> кана́дец, -дка m/f
kanadisch adj кана́дский
Kanal m <-s, Kanäle> 1. (für Schiffe) кана́л m; 2. (für Abwasser) кана́л m; 3. (TV) кана́л m
Kanaldeckel m <-s, -> кры́шка f кана́ла
Kanalisation f <-, -en> канализа́ция f
kanalisieren vt 1. (mit einer Kanalisation versehen) канализи́ровать impf/pf; 2. (schiffbar machen) шлюзова́ть impf/pf; 3. (fig: Energie, Gefühle) направля́ть, -пра́вить pf
Kanaltunnel m <gen: -s> железнодоро́жный кана́л m под Ла-Ма́ншем
Kanarienvogel m <-s, -vögel> канаре́йка f
Kandidat, -in m/f <-en, -en> 1. (Bewerber) кандида́т m; 2. (Anwärter) претенде́нт m
Kandidatenliste f <-, -n> спи́сок m кандида́тов
Kandidatur f <-, -en> кандидату́ра f
kandieren vt заса́харивать
Kandiszucker m <gen: -s> крупнокристалли́ческий са́хар m
Känguru nt <-s, -s> кенгуру́ m
Kaninchen nt <-s, -> кро́лик m
Kanister m <-s, -> кани́стра f
Kännchen nt <-s, -> 1. (für Milch) моло́чник m; 2. (für Kaffee) кофе́йничек m
Kanne f <-, -n> 1. (für Milch) бидо́н m; 2.

(*für Kaffee*) кофе́йник *m*; **3.** (*für Tee*) ча́йник *m*
Kannibale *m* <-n, -n> каннибáл *m*, людое́д *m*
Kannibalismus *m* <gen: -> каннибали́зм *m*
kannte *prät von* **kennen**
Kanon *m* <-s, -s> **1.** (*Lied mit mehreren Stimmen*) кано́н *m*; **2.** (*von Regeln*) кано́н *m*, пра́вило *nt*
Kanone *f* <-, -n> **1.** пу́шка *f*; **2.** (*umg: Könner*) специали́ст *m*; **das ist unter aller ~** (*umg*) э́то ни́же вся́кой кри́тики
Kante *f* <-, -n> **1.** (*Rand*) край *m*; **2.** (*eines Gegenstandes, einer Fläche*) кант *m*, край *m*; **Geld auf der hohen ~ haben** (*umg*) име́ть сбереже́ния
Kantine *f* <-, -n> произво́дственная столо́вая *f*
Kanton *m* <-s, -e> кантóн *m*
Kanu *nt* <-s, -s> кано́э *nt*
Kanüle *f* <-, -n> каню́ля *f*
Kanuslalom *m* <gen: -s> (SPORT) сла́лом *m* на кано́э
Kanute *m* <-n, -n> канои́ст *m*
Kanzel *f* <-, -n> **1.** (REL) церко́вная ка́федра *f*; **von der ~ herab predigen** пропове́довать с ка́федры **2.** (*Flugzeug~*) каби́на *f* пило́та
Kanzlei *f* <-, -en> **1.** (*Dienststelle*) канцеля́рия *f*; **2.** (*von Rechtsanwalt*) бюро́ *nt*, канцеля́рия *f*
Kanzler *m* <-s, -> ка́нцлер *m*
Kanzleramt *nt* <gen: -(e)s> пост *m* ка́нцлера
Kanzlerkandidat *m* <-en, -en> кандида́т *m* на пост ка́нцлера
Kap *nt* <-s, -s> мыс *m*
Kapaun *m* <-(e)s, -e> каплу́н *m*
Kapazität *f* <-, -en> **1.** (*Volumen*) ёмкость *f*, вмести́мость *f*; **2.** (*umg: Experte*) экспе́рт *m*, кру́пный специали́ст *m*; **3.** (*Produktionsmöglichkeiten*) произво́дственная мо́щность *f*; **die ~ erweitern** расширя́ть произво́дственные мо́щности
Kapazitätsauslastung *f* <-, -en> загру́зка *f* произво́дственных мо́щностей
Kapazitätsausweitung *f* <-, -en> расшире́ние *nt* произво́дственных мо́щностей
Kapazitätsengpass *m* <-es, -engpässe> дефици́т *m* произво́дственных мо́щностей
Kapazitätsgrenze *f* <-, -n> преде́л *m* произво́дственных мо́щностей
Kapazitätsreserve *f* <-, -n> резе́рв *m* произво́дственных мо́щностей
Kapelle *f* <-, -n> **1.** (*Musikgruppe*) капе́лла *f*; **2.** (*kleine Kirche*) часо́вня *f*
kapern *vt* (*Schiff*) захвати́ть *pf*, -хва́тывать *impf*

kapieren *vt* (*umg*) понима́ть, -ня́ть *pf*; **er kapiert aber auch gar nichts** он же абсолю́тно ничего́ не понима́ет
Kapillargefäß *nt* <-es, -e> капилля́р *m*
Kapital *nt* <-s, -e/ -ien> **1.** (ÖKON) капита́л *m*; **~ anlegen** помеща́ть капита́л; **~ aufbringen** достава́ть капита́л; **~ aufnehmen** получа́ть капита́л; **ausländisches ~** иностра́нный капита́л; **~ aus etw schlagen** (*fig*) извлека́ть при́быль из чего́-л.; **~ beschaffen** привлека́ть капита́л; **brachliegendes ~** мёртвый капита́л; **gebundenes ~** свя́занный капита́л; **~ in ein Projekt investieren** вкла́дывать капита́л в прое́кт; **~ in ein Unternehmen einbringen** вкла́дывать капита́л в предприя́тие; **~ ins Ausland transferieren** переводи́ть капита́л за грани́цу **2.** (*fig*) капита́л *m*, бага́ж *m*; **das geistige ~** духо́вный капита́л
Kapitalabfluss *m* <-es, -abflüsse> уте́чка *f* капита́ла
Kapitalabwanderung *f* <-, -en> уте́чка *f* капита́ла
Kapitalanlage *f* <-, -n> капиталовложе́ние *nt*, помеще́ние *nt* капита́ла
Kapitalanlagegesellschaft *f* <-en, -en> инвестме́нт-трест *m*
Kapitalanleger *m* <-s, -> инве́стор *m*
Kapitalanteil *m* <-(e)s, -e> до́ля *f* в капита́ле
Kapitalaufstockung *f* <-, -en> увеличе́ние *nt* основно́го капита́ла
Kapitalausfuhr *f* <-, -en> э́кспорт *m* капита́ла
Kapitalausstattung *f* <-, -en> капиталовооружённость *f*
Kapitalbedarf *m* <gen: -(e)s> потре́бность *f* в капита́ле
Kapitalbeschaffung *f* <gen: -> привлече́ние *nt* капита́ла
Kapitalbeteiligung *f* <-, -en> уча́стие *nt* в капита́ле
Kapitalbewegung *f* <-, -en> движе́ние *nt* капита́ла
Kapitalbilanz *f* <-, -en> бала́нс *m* оборо́та капита́ла
Kapitalbildung *f* <gen: -> образова́ние *nt* капита́ла
Kapitaldecke *f* <-, -n> покры́тие *f* капита́ла
Kapitaleinfuhr *f* <-, -en> и́мпорт *m* капита́ла
Kapitaleinkünfte *pl* дохо́ды *pl* с капита́ла
Kapitalertrag *m* <-(e)s, -erträge> дохо́д *m* с капита́ла
Kapitalertragssteuer *f* <-, -n> нало́г *m* на дохо́д с капита́ла
Kapitalgesellschaft *f* <-, -en> о́бщество *nt*
kapitalintensiv *adj* капиталоёмкий

Kapitalismus *m* <gen: -> капитали́зм *m*
Kapitalist, -in *m/f* <-en, -en> капитали́ст *m*
kapitalistisch *adj* капиталисти́ческий
Kapitalmangel недоста́ток *m* капита́ла
Kapitalmarkt *m* <-(e)s, -märkte> ры́нок *m* (ссу́дных) капита́лов
Kapitalrendite *f* <-, -n> дохо́д *m* с капита́ла
Kapitalreserve *f* <-, -n> резе́рв *m* капита́ла
Kapitalspritze *f* <-, -n> влива́ние *nt* капита́ла
Kapitalverbrechen *nt* <-s, -> тя́жкое уголо́вное преступле́ние *nt*
Kapitän, -in *m/f* <-s, -e> капита́н *m*
Kapitel *nt* <-s, -> глава́ *f*; **das ist ein ~ für sich** (*fig*) э́то осо́бая статья́
Kapitelüberschrift *f* <-, -en> заголо́вок *m*, назва́ние *nt* главы́
Kapitulation *f* <gen: -> капитуля́ция *f*
kapitulieren *vi* капитули́ровать *impf/pf*
Kappe *f* <-, -n> 1. (*Mütze*) ша́пка *f*; 2. (*von Flaschen*) кры́шка *f*; **etw auf seine eigene ~ nehmen** (*umg: die Verantwortung für etw übernehmen*) брать что́-л. на свою́ отве́тственность
kappen *vt* отруба́ть, -би́ть *pf*
Kapsel *f* <-, -n> ка́псула *f*
kaputt *adj* 1. (*zerbrochen*) разби́тый, сло́манный; 2. (*umg: erschöpft*) разби́тый, уста́лый; **gestern war ich völlig ~** вчера́ я был соверше́нно разби́т; 3. (*Gesundheit*) испо́рченный, загу́бленный; **mach dich doch nicht so ~** не доводи́ себя́ до тако́го состоя́ния
kaputtgehen *irr vi* 1. (*entzweigehen*) разбива́ться *pf*, -би́ваться *impf*, разла́мываться, -лома́ться *pf*; 2. (*Geräte etc*) по́ртиться, ис- *pf*, лома́ться, слома́ться *pf*
kaputtlachen *vr* (*umg*) смея́ться *impf* до упа́ду
kaputtmachen *vt* лома́ть, по- *pf*, по́ртить, ис- *pf*; **musst du denn immer alles ~?** тебе́ обяза́тельно ну́жно всё всегда́ испо́ртить?
Kapuze *f* <-, -n> капюшо́н *m*
Karaffe *f* <-, -n> графи́н *m*
Karambolage *f* <-, -n> (*Auto*) столкнове́ние *nt*
Karamell *m* <gen: -s> караме́ль *f*
Karaoke *nt* <gen: -> пра́здничное мероприя́тие, на кото́ром люби́тели эстра́дной пе́сни исполня́ют како́й-либо шля́гер в сопровожде́нии запи́санной на плёнку мело́дии
Karat *nt* <-(e)s, -e> кара́т *m*
Karate *nt* <gen: -(s)> карата́ *nt*
Karawane *f* <-, -n> карава́н *m*
Kardangelenk *nt* <-(e)s, -e> карда́нный шарни́р *m*

Kardangetriebe *nt* <-s, -> карда́нная переда́ча *f*
Kardanwelle *f* <-, -n> карда́нный вал *m*
Kardinal *m* <-s, Kardinäle> кардина́л *m*
Kardinalzahl *f* <-, -en> коли́чественное числи́тельное *nt*
Kardiologie *f* <gen: -> кардиоло́гия *f*
Karfreitag *m* страстна́я пя́тница *f*
karg *adj* 1. (*spärlich*) ску́дный, убо́гий; 2. (*unfruchtbar*) неплодоро́дный
Karibik *f* <gen: -> Кари́бское мо́ре *nt*
kariert *adj* 1. (*Stoff*) кле́тчатый; 2. (*Papier*) в кле́точку
Karies *f* <gen: -> ка́риес *m*
kariesfördernd *adj* спосо́бствующий возникнове́нию ка́риеса
Karikatur *f* <-, -en> карикату́ра *f*
Karikaturist, -in *m/f* <-en, -en> карикатури́ст *m*
karikieren *vt* представля́ть, -ста́вить *pf* в карикату́рном ви́де
Karneval *m* <-s, -e> карнава́л *m*
Karo *nt* <-s, -s> 1. (*Quadrat*) квадра́т *m*; 2. (*Raute*) ромб *m*; 3. (*quadratisches Stoffmuster*) кле́тка *f*, кле́точка *f*; 4. (*Kartenfarbe*) бу́бны *pl*
Karosserie *f* <-, -n> ку́зов *m*
Karotin *nt* <gen: -s> кароти́н *m*
Karotte *f* <-, -n> морко́вь *f*
Karpfen *m* <-s, -> карп *m*
Karpfenzucht *f* <gen: -> разведе́ние *nt* ка́рпов
Karren *m* <-s, -> 1. (*Schubkarren*) теле́жка *f*; 2. (*umg: Auto*) та́чка *f*; **den ~ aus dem Dreck ziehen** (*fig*) нала́дить де́ло; **den ~ laufen lassen** (*fig*) пусти́ть де́ло на самотёк
Karriere *f* <-, -n> карье́ра *f*; **~ machen** де́лать карье́ру
Karst *m* <-(e)s, -e> (GEOG) карст *m*
Karstlandschaft *f* <-, -en> ка́рстовый ландша́фт *m*
Karte *f* <-, -n> 1. (*Postkarte*) откры́тка *f*; 2. (*Landkarte*) ка́рта *f*; 3. (*Fahrkarte*) проездно́й биле́т *m*; 4. (*Theater-/Kinokarte*) биле́т *m*; 5. (*Spielkarte*) игра́льная ка́рта *f*; **~n spielen** игра́ть в ка́рты 6. (*Speisekarte*) меню́ *nt*; **die gelbe ~** (SPORT) жёлтая ка́рточка; **die rote ~** (SPORT) кра́сная ка́рточка; **alles auf eine ~ setzen** (*fig*) поста́вить всё на одну́ ка́рту
Kartei *f* <-, -en> картоте́ка *f*
Karteikarte *f* <-, -n> ка́рточка *f*
Kartell *nt* <-s, -e> карте́ль *f*; **ein ~ auflösen** распуска́ть карте́ль
Kartellamt *nt* <gen: -(e)s> ве́домство *nt* по контро́лю за карте́лями
Kartellgesetz *nt* <gen: -es> карте́льное законода́тельство *nt*
Kartenspiel *nt* <-(e)s, -e> 1. (*das Spielen mit Karten*) игра́ *f* в ка́рты; 2. (*einzelnes Spiel*) ка́рточная игра́ *f*; 3. (*die Karten*) ка́рты *pl*

Kartentelefon nt <-s, -e> карточный телефон m
Kartenvorverkauf m <gen: -s> предварительная продажа f билетов
Kartenvorverkaufsstelle f <-, -n> касса f предварительной продажи билетов
Kartoffel f <-, -n> картофель m, картошка f; **~n schälen** чистить картошку
Kartoffelbrei m <gen: -(e)s> картофельное пюре nt
Kartoffelernte f <-, -n> уборка f картофеля
Kartoffelkäfer m <-s, -> колорадский жук m
Kartoffelpuffer m <-s, -> картофельная оладья f
Kartoffelsalat m <gen: -(e)s> картофельный салат m
Kartoffelschäler m <-s, -> картофелечистка f
Kartoffelstock m <gen: -(e)s> (CH: Kartoffelbrei) картофельное пюре nt
Karton m <-s, -s> 1. (Pappe) картон m; 2. (Schachtel) картонная коробка f
Karussell nt <-s, -s> карусель f
Karwoche f страстная неделя f
Karzinom nt <-s, -e> (MED) карцинома f
kasachisch adj казахский
Kasachstan nt <gen: -s> Казахстан
kaschieren vt 1. прятать, спрятать pf, маскировать, за- pf; 2. (Bucheinband) кашировать impf
Kaschmir m <-s, -e> кашемир m
Käse m <-s, -> 1. (Milchprodukt) сыр m; 2. (umg: Unsinn) ерунда f, чепуха f
Käsebrot nt <-s, -e> бутерброд m с сыром
Käseglocke f <-, -n> колпак m для сыра
Käsekuchen m <-s, -> творожник m, пирог m с творогом
Kaserne f <-, -n> казарма f
käsig adj 1. (käseartig) сырный, как сыр; 2. (blass) желтовато-бледный
Kasino nt <-s, -s> 1. (Spielkasino) казино nt; 2. (Offizierskasino) офицерский клуб m
Kaskoversicherung f <gen: -> страхование nt транспортного средства
Kasper m <-s, -> шут m
Kasperletheater nt кукольный театр m
Kasse f <-, -n> 1. (Geldkasten) касса f, контейнер m с деньгами; 2. (im Laden) касса f; **zahlen Sie bitte an der ~** заплатите, пожалуйста, в кассу; 3. (im Theater) касса f; **jdn zur ~ bitten** (fig) требовать деньги с кого-л.; **gut/schlecht bei ~ sein** (umg) быть при/не при деньгах
Kassenarzt m <-es, -ärzte> врач, обслуживающий пациентов - членов больничной кассы
Kassenbeleg m <-(e)s, -e> кассовая квитанция f
Kassenbestand m <-(e)s, -bestände> кассовая наличность f
Kassenpatient, -in m/f <-en, -en> пациент-член больничной кассы
Kassensturz m <gen: -es> ревизия f кассы
Kassenzettel m <-s, -> кассовый чек m
Kassette f <-, -n> 1. (Kästchen) коробка f, ящичек m; 2. (Buchkasten) футляр m; 3. (für Musik/Video) кассета f
Kassettenfach nt <-(e)s, -fächer> место nt для кассеты
Kassettenrecorder m <-s, -> кассетный магнитофон m
kassieren vt 1. (Betrag einziehen, einnehmen) получать, -чить pf; **die Miete ~** получать квартплату 2. (wegnehmen, beschlagnahmen) отбирать, отобрать pf; 3. (gefangennehmen) схватить pf, хватать impf
Kassierer, -in m/f <-s, -> кассир, -ша m/f
Kastagnetten pl <gen: -> кастаньеты pl
Kastanie f <-, -n> каштан m; **für jdn die ~n aus dem Feuer holen** (fig) таскать для кого-л. каштаны из огня
Kastanienbaum m <-(e)s, -bäume> каштан m
Kästchen nt <-s, -> 1. (kleiner Kasten) ящичек m; 2. (auf Papier) клетка f, клеточка f
Kasten m <-s, Kästen> 1. (Kiste) ящик m; 2. (Truhe) сундук m; 3. (umg: pej: Gerät) ящик m; 4. (Turngerät) гимнастический плинт m; (fig: hässliches Gebäude) коробка f; **etw auf dem ~ haben** (fig) хорошо соображать
Kastration f <-, -en> кастрация f
kastrieren vt кастрировать impf/pf
Kasus m <-, -> 1. (geh: Fall) (редкий) случай m, казус m; 2. (LING) падеж m; **einen ~ regieren** управлять падежом
Kat akr von Katalysator
Katakombe f <-, -n> катакомба f
Katalog m <-(e)s, -e> каталог m; **einen ~ anfordern** спрашивать каталог; **Preis laut ~** цена согласно каталогу; **~e versenden** рассылать каталоги; **einen ~ zusammenstellen** составлять каталог
katalogisieren vt каталогизировать impf/pf
Katalysator m <-s, -en> (CHEM, KFZ) катализатор m
Katarr m <-s, -e> катар m
katastrophal adj катастрофичный, катастрофический
Katastrophe f <-, -n> катастрофа f
Katastrophengebiet nt <-(e)s, -e> район m катастрофы
Katastrophenopfer nt <-s, -> жертва f катасрофы
Kategorie f <-, -n> категория f

kategorisch *adj* категори́ческий, категори́чный; etw ~ ablehnen категори́чески отверга́ть что-л.
kategorisieren *vt* категоризи́ровать *impf/pf*
Kater *m* <-s, -> 1. (*männliche Katze*) кот *m*; 2. (*umg: Unwohlsein nach übertriebenem Alkoholgenuss*) похме́лье *nt*
Kathedrale *f* <-, -n> кафедра́льный собо́р *m*
Kathete *f* <-, -n> ка́тет *m*
Katheter *m* <-s, -> (MED) кате́тер *m*; einen ~ anlegen ста́вить кате́тер
Kathode *f* <-, -n> (EL) като́д *m*
Katholik, -in *m/f* <-en, -en> като́лик, -ли́чка *m/f*
katholisch *adj* католи́ческий
Katholizismus *m* <gen: -> католици́зм *m*
Kätzchen *nt* <-s, -> ко́шечка *f*
Katze *f* <-, -n> ко́шка *f*; für die Katz sein (*umg: umsonst sein*) пойти́ коту́ под хвост; die ~ im Sack kaufen (*fig*) купи́ть кота́ в мешке́; die ~ aus dem Sack lassen (*fig*) разгласи́ть та́йну; wie die ~ um den heißen Brei herumschleichen (*umg*) ходи́ть вокру́г да о́коло
Katzenauge *nt* <-s, -n> световозвраща́тель *m*
Katzensprung: es ist nur ein ~ э́то в двух шага́х
Katz-und-Maus-Spiel *nt* <gen: -(e)s-> игра́ *f* в ко́шки-мы́шки
Kauderwelsch *nt* <gen: -(e)s> 1. (*Sprachgemisch*) смесь *f* языко́в; 2. (*unverständliche Ausdrucksweise*) тараба́рщина *f*, неразбери́ха *f*
kauen I. *vt* жева́ть *impf*; daran wird sie noch zu ~ haben (*fig*) над э́тим ей ещё придётся повози́ться; II. *vi* грызть *impf*
kauern I. *vi* сиде́ть *impf* на ко́рточках; II. *vr* притаи́ться *pf*, -та́иваться *impf*, сади́ться, сесть *pf* скорчившись
Kauf *m* <-(e)s, Käufe> 1. (*das Einkaufen*) ку́пля *f*, поку́пка *f*; einen ~ abschließen заключа́ть сде́лку ку́пли-прода́жи; etw zum ~ anbieten предлага́ть что-л. на прода́жу; ~ aus erster Hand поку́пка из пе́рвых рук; ~ auf Kredit поку́пка в креди́т; ~ ab Lager поку́пка со скла́да; einen ~ rückgängig machen аннули́ровать сде́лку ку́пли-прода́жи; ~ mit Umtauschrecht поку́пка с пра́вом обме́на 2. (*das Eingekaufte*) поку́пка *f*; einen guten ~ machen сде́лать хоро́шую поку́пку; etw in ~ nehmen пойти́ на что-л.
kaufen I. *vt* 1. (*erwerben*) купи́ть *pf*, покупа́ть *impf*; den kaufe ich mir noch (*umg: den stelle ich noch zur Rede*) я до него́ ещё доберу́сь 2. (*umg: bestechen*) подкупа́ть, -пи́ть *pf*; jdn ~ подкупи́ть кого́-л.; II. *vi* (*ein~*) де́лать, сде́лать *pf* заку́пки

Kaufentscheidung *f* <-, -en> реше́ние *nt* о поку́пке
Käufer, -in *m/f* <-s, -> 1. покупа́тель, -ница *m/f*; 2. (*Kunde*) клие́нт, -ка *m/f*
Käufermarkt *m* <-(e)s, -märkte> покупа́тельский ры́нок *m*
Kauffrau *f* <-, -en> коммерса́нтка *f*, специали́стка *m* по торго́вле
Kaufhaus *nt* <-es, -häuser> универма́г *m*
Kaufhausdetektiv *m* <-(e)s, -e> охра́нник *m* в универма́ге
Kaufkraft *f* <gen: -> покупа́тельная спосо́бность *f*
käuflich *adj* 1. (*erhältlich*) име́ющийся в прода́же; etw ~ erwerben приобрести́ что-л. путём поку́пки 2. (*fig: bestechlich*) прода́жный
Kaufmann *m* <-(e)s, -leute> 1. (*Einzelhandels~*) продаве́ц *m*; 2. (*Händler*) торго́вец *m*; 3. (*Geschäftsmann*) коммерса́нт *m*, деле́ц *m*
kaufmännisch *adj* 1. торго́вый; 2. (*geschäftsmäßig*) комме́рческий; ~er Angestellter комме́рческий слу́жащий
Kaufpreis *m* <-es, -e> (поку́пная) цена́ *f*
Kaufrausch *m* <gen: -(e)s> уси́ленный покупа́тельский спрос *m*
Kaufvertrag *m* <-(e)s, -verträge> догово́р *m* о ку́пле-прода́же
Kaugummi *nt* <-s, -s> жева́тельная рези́нка *f*
Kaukasier, -in *m/f* <-s, -> кавка́зец, кавка́зка *m/f*
kaukasisch *adj* кавка́зский
Kaukasus *m* <gen: -> Кавка́з *m*
Kaulquappe *f* <-, -n> голова́стик *m*
kaum I. *adv* 1. (*mit Mühe*) с трудо́м, наси́лу; 2. (*wahrscheinlich nicht*) едва́ ли, вряд ли; er wird wohl ~ wiederkommen он едва́ ли придёт ещё раз; II. *konj* то́лько; ~ war er gegangen, als ... то́лько он ушёл, как...
kausal *adj* причи́нный
Kausalsatz *m* <-es, -sätze> (LING) прида́точное предложе́ние *nt* причи́ны
Kautabak *m* <gen: -s> жева́тельный таба́к *m*
Kaution *f* <-, -en> (де́нежный) зало́г *m*, (иму́щественное) поручи́тельство *nt*
Kautschuk *m* <-s, -e> каучу́к *m*
Kavalier *m* <-s, -e> кавале́р *m*
Kavaliersdelikt *nt* незначи́тельное наруше́ние *nt*
Kavallerie *f* <-, -n> кавале́рия *f*
Kaverne *f* <-, -n> каве́рна *f*
Kaviar *m* <-s, -e> икра́ *f*; roter ~ ке́товая икра́
KB (DV) килоба́йт *m*
Kcal *abk von Kilokalorie f* ккал *f*
keck *adj* 1. (*frech*) де́рзкий; 2. (*kühn*) отва́жный; 3. (*flott*) мо́дный

Keckheit f <gen: -> сме́лость f
Kegel m <-s, -> (Figur beim Kegeln) ке́гля f
Kegelbahn f <-, -en> кегельба́н m
kegeln vi игра́ть, сыгра́ть pf в ке́гли
Kegelschnitt m <gen: -(e)s> кони́ческое сече́ние nt
Kehle f <-, -n> го́рло nt, гло́тка f; jdm das Messer an die ~ setzen приста́вить кому́-л. нож к го́рлу; jdm die ~ durchschneiden перере́зать кому́-л. гло́тку; eine trockene ~ haben хоте́ть пить; aus voller ~ во всё го́рло
Kehlkopf m <-(e)s, -köpfe> горта́нь f
Kehlkopfentzündung f <-, -en> ларинги́т m
Kehrbesen m <-s, -> метла́ f
Kehre f <-, -n> 1. (Kurve) поворо́т m; 2. (SPORT) соско́к m с поворо́том
kehren[1] I. vt 1. повора́чивать, -верну́ть pf; 2. (drehen, wenden) развора́чивать, -верну́ть pf; jdm den Rücken ~ отверну́ться от кого́-л.; in sich gekehrt sein быть углублённым в себя́; II. vi повора́чиваться, -верну́ться pf; III. vr 1. (sich drehen, wenden) развора́чиваться, -верну́ться pf; 2. (sich kümmern) беспоко́иться impf
kehren[2] vt (fegen) подмета́ть, -мести́ pf
Kehricht m <gen: -s> (CH: Müll) му́сор m
Kehrmaschine f <-, -n> подмета́льная маши́на f
Kehrreim m <-(e)s, -e> припе́в m
Kehrschaufel f <-, -n> сово́к m (для му́сора)
Kehrseite f <-, -n> 1. (Rückseite) обра́тная сторона́ f, изна́нка f; das ist die ~ der Medaille (fig) э́то обра́тная сторона́ меда́ли 2. (Rücken) спина́ f
kehrtmachen vi 1. (MIL) повора́чиваться, -верну́ться pf кру́гом; 2. (umkehren) повора́чивать, поверну́ть pf обра́тно
keifen vi (böse zanken) брани́ться, по- pf, руга́ться, по- pf
Keil m <-(e)s, -e> клин m
Keilriemen m <-s, -> клиново́й реме́нь m
Keilriemenantrieb m <-(e)s, -e> клиноремённый приво́д m
Keim m <-(e)s, -e> 1. (Krankheitserreger) микро́б m; 2. (Sprössling) росто́к m; 3. (MED) заро́дыш m; 4. (fig) заро́дыш m, зача́ток m; etw im ~ ersticken (fig) уничто́жить что́-л. в заро́дыше
keimen vi 1. (BOT) прораста́ть, -расти́ pf; 2. (fig: von Verdacht etc) зарожда́ться, -роди́ться pf
keimfrei adj стери́льный, стерилизо́ванный
Keimzelle f <-, -n> 1. заро́дышевая кле́тка f; 2. (fig) перви́чная ячейка f
kein pron indef (nicht ein) ни оди́н, никто́; ~e Arbeit finden не находи́ть рабо́ты; ~ Wort mehr! ни сло́ва бо́льше! ~ bisschen ничу́ть; ~ einziges Mal ни ра́зу; ~ Geld haben быть без де́нег
keine(r,s) pron indef 1. (niemand) никто́; keiner rührte sich никто́ не пошевели́лся 2. ((überhaupt) nicht) никако́й; Post ist heute keine da сего́дня нет никако́й по́чты
keinesfalls adv ни в ко́ем слу́чае, никои́м о́бразом
keineswegs adv (nicht im Geringsten) ничу́ть, нима́ло; sie ist ~ dumm она́ отню́дь не глупа́
keinmal adv (nicht ein einziges Mal) ни ра́зу; er hat dieses Turnier noch ~ gewonnen он ни ра́зу не выи́грывал э́тот турни́р
Keks m <-(e)s, -e> пече́нье nt, кекс m; das geht mir aber gewaltig auf den ~ (umg) э́то мне ужа́сно де́йствует на не́рвы
Kelch m <-(e)s, -e> 1. (Becher) бока́л m; 2. (von Blüte) ча́шечка f; 3. (REL) ча́ша f
Kelle f <-, -n> 1. (Schöpfkelle) разлива́тельная ло́жка f; 2. (Maurerkelle) мастеро́к m; 3. (Signalkelle) сигна́льный диск m
Keller m <-s, -> по́греб m
Kellerei f <-, -en> ви́нные погреба́ mpl
Kellerfenster nt <-s, -> подва́льное окно́ nt
Kellergeschoss nt <gen: -es> подва́льный эта́ж m
Kellner, -in m/f <-s, -> официа́нт, -ка m/f, ке́льнер m
Kelter f <-, -n> виногра́дный пресс m
Kenia nt <gen: -s> Ке́ния f
Kenianer, -in m/f <-s, -> кени́ец, кени́йка m/f
kenianisch adj кени́йский
kennen vt <kannte, gekannt> 1. (Person) знать impf; ich kenne ihn schon lange я зна́ю его́ уже́ давно́; 2. (Sachverhalt) быть impf знако́мым; ich kenne diese Methode я знако́м с э́тим ме́тодом; sich vor Wut nicht mehr ~ (außer sich sein vor Wut) быть вне себя́ от я́рости
kennen lernen vt 1. знако́миться, по- pf; 2. (zum ersten Mal sehen) узнава́ть, -на́ть pf; du wirst mich noch ~ (umg) ты меня́ ещё узна́ешь
Kenner, -in m/f <-s, -> 1. (Kundiger) знато́к m; 2. (Experte) экспе́рт m
kenntlich adj 1. (erkennbar) заме́тный; etw ~ machen сде́лать что́-л. заме́тным 2. (unterscheidbar) различи́мый
Kenntnis f <-, -se> зна́ние nt; etw zur ~ nehmen приня́ть что́-л. к све́дению; jdn von etw in ~ setzen поста́вить кого́-л. о чём-л. в изве́стность; jdm etw zur ~ bringen довести́ что́-л. до чьего́-л. све́дения
Kennwort nt <-(e)s, -wörter> 1. (Chiffre)

шифр *m*; 2. (DV) код *m*; 3. (MIL) пароль *m*
Kennzahl *f* <-, -en> показатель *m*
Kennzeichen *nt* <-s, -> 1. (*Charakteristikum*) характерная черта *f*; 2. (MED: *Anzeichen*) симптом *m*; 3. (*Markierung*) маркировка *f*; 4. (KFZ) номерной знак *m*
kennzeichnen *vt* 1. (*markieren: als*) маркировать *impf/pf*; 2. (*charakterisieren*) характеризовать *impf/pf*, охарактеризовать *pf*
Kennziffer *f* <-, -n> (*bei Chiffreanzeigen*) шифр *m*
kentern *vi* опрокидываться, -кинуться *pf*
Keramik *f* <-, -en> 1. (*Tonwaren*) керамика *f*, керамическое изделие *nt*; 2. (*Kunst*) керамика *f*
Kerbe *f* <-, -n> зарубка *f*; **in die gleiche ~ schlagen** (*fig*) действовать заодно
Kerbholz : **etw auf dem ~ haben** (*umg*) иметь что-л. на совести
Kerker *m* <-s, -> тюрьма *f*
Kerl *m* <-(e)s, -e> парень *m*, малый *m*; **er ist ein ganzer ~** он славный малый; **sie ist ein feiner ~** она просто душа-человек
Kern *m* <-(e)s, -e> 1. (*von Obst*) косточка *f*; 2. (*Atomkern*) ядро *nt*; 3. (*Stadtkern*) центр *m*; 4. (*fig: Hauptsache*) суть *f*; **der ~ der Frage** сущность вопроса
Kernbrennstoff *m* <*gen*: -(e)s> ядерное топливо *nt*
Kernenergie *f* <*gen*: -> ядерная энергия *f*
Kernenergieausstieg *m* <*gen*: -(e)s> отказ *m* от производства и использования ядерной энергии
Kernforschungszentrum *nt* <-s, -zentren> центр *m* ядерных исследований
Kernfusion *f* <-, -en> ядерный синтез *m*
Kerngehäuse *nt* <-s, -> сердцевина *f* плода
kerngesund *adj* совершенно здоровый
Kernkraftwerk *nt* <-(e)s, -e> атомная электростанция *f*
Kernphysik *f* <*gen*: -> ядерная физика *f*
Kernproblem *nt* <-s, -e> основная проблема *f*
Kernreaktion *f* <-, -en> ядерная реакция *f*
Kernseife *f* <-, -n> ядровое мыло *nt*
Kernspaltung *f* <*gen*: -> расщепление ядра *f*
Kernwaffe *f* <-, -n> атомное оружие *nt*
Kerze *f* <-, -n> 1. (*Wachskerze*) свеча *f*; 2. (KFZ: *Zündkerze*) свеча *f*
kerzengerade *adj* прямой
Kerzenlicht *nt* <-(e)s, -er> свет *m* от свечи
Kerzenständer *m* <-s, -> подсвечник *m*
kess *adj* 1. (*frech, vorlaut*) дерзкий, наглый; 2. (*fesch*) шикарный, модный

Kessel *m* <-s, -> 1. (*Teekessel*) чайник *m*; 2. (*Wasserkessel*) котёл *m*; 3. (*Talkessel*) котловина *f*
Kesselstein *m* <*gen*: -s> накипь *f*
Ketchup *nt* <*gen*: -s> кетчуп *m*
Kette *f* <-, -n> 1. цепь *f*; **einen Hund an die ~ legen** посадить собаку на цепь 2. (*Halskette*) цепочка *f*; 3. (*Bergkette*) цепь *f*; 4. (*Serie*) ряд *m*, цепь *f*; 5. (*von Kettenfahrzeug*) гусеница *f*
Kettenfahrzeug *nt* <-(e)s, -e> гусеничная машина *f*
Kettenglied *nt* <-(e)s, -er> звено *nt* цепи
Kettenraucher, -in *m/f* <-s, -> заядлый курильщик, -лая -щица *m/f*
Kettenreaktion *f* <-, -en> (PHYS) цепная реакция *f*
Kettenschloss *nt* <-es, -schlösser> (TECH) соединительное звено *nt* цепи
Ketzer, -in *m/f* <-s, -> еретик, -тичка *m/f*
Ketzerei *f* <-, -en> ересь *f*
ketzerisch *adj* еретический
keuchen *vi* задыхаться, -дохнуться *pf*, тяжело дышать *impf*
Keuchhusten *m* <*gen*: -s> коклюш *m*
Keule *f* <-, -n> 1. (*Schlagwaffe*) дубина *f*; 2. (*Fleischstück*) ляжка *f*, ножка *f*
keusch *adj* целомудренный, девственный
Keyboard *nt* <-s, -s> киборд *m*
Kfz *abk von* **Kraftfahrzeug** авт. *m*
kg *abk von* **Kilogramm** кг *m*
kichern *vi* хихикать *impf*
kicken *vi* (*umg*) играть, сыграть *pf* в футбол; **er kickt für Bayern München** (*umg*) он играет за Баварию Мюнхен
Kicker *m* <-s, -> (*umg: Fußballer*) футболист *m*
kidnappen *vt* похищать, -хитить *pf*
Kidnapper *m* <-s, -> похититель *m*
Kidnapping *nt* <*gen*: -s> похищение *nt*
Kiefer[1] *m* <-s, -> (ANAT) челюсть *f*
Kiefer[2] *f* <-, -n> (BOT) сосна *f*
Kiel *m* <-(e)s, -e> 1. (*von Feder*) ствол *m*; 2. (MAR) киль *m*
Kielwasser *nt* <*gen*: -s> кильватер *m*
Kieme *f* <-, -n> жабра *f*
Kies *m* <-es, -(e)> гравий *m*
Kiesgrube *f* <-, -n> гравийный карьер *m*
Kiesweg *m* <-(e)s, -e> гравийная дорожка *f*
kiffen *vi* (*umg: Haschisch rauchen*) курить *impf* гашиш
Kikeriki *nt* <-s, -s> кукареку *nt*
killen *vt* (*umg: umbringen*) убивать, убить *pf*
Killer *m* <-s, -> убийца *f*
Kilo *nt* <-s, -s> кило *nt*
Kilobyte *nt* <-(s), -(s)> килобайт *m*
Kilogramm *nt* <-s, -(s)> килограмм *m*
Kilojoule *nt* <-(s), -> килоджоуль *m*
Kilokalorie *f* <-, -n> килокалория *f*
Kilometer *m* <-s, -> километр *m*

Kilometerfresser m <-s, -> (umg) тот, кто быстро и без остановок проезжает на машине длинные отрезки пути

Kilometerpreis m <-es, -e> (TRANSP) стоимость f километра

Kilometerstand m <-(e)s, -stände> пройденное число nt километров

Kilometerstein m <-(e)s, -e> километровый указатель m

Kilometerzähler m <-s, -> счётчик m километража

Kind nt <-(e)s, -er> ребёнок m, дитя nt; **von ~ an** с детства; **ein ~ erwarten** ждать ребёнка; **mit ~ und Kegel** (umg) со всеми пожитками; **das ~ mit dem Bade ausschütten** (fig) вместе с водой выплеснуть и ребёнка; **ein ~ der Liebe** дитя любви; **jdn an ~es Statt annehmen** адаптировать кого-л.; **das ~ beim (rechten) Namen nennen** (fig) называть вещи своими именами

Kinderarzt m <-es, -ärzte> педиатр m, детский врач m

Kinderbetreuung f <gen: -> обслуживание nt детей

Kinderbett nt <-(e)s, -en> детская кровать f

Kinderbuch nt <-(e)s, -bücher> детская книга f

Kinderei f <-, -en> ребячество nt; **hör doch endlich auf mit den ~en** прекрати наконец это ребячество

Kinderfreibetrag m <-(e)s, -beträge> зависящая от количества детей часть дохода, не облагаемая налогом

Kinderfahrkarte f <-, -n> детский билет m

Kindergarten m <-s, -gärten> детский сад m

Kindergartenplatz m <-es, -plätze> место nt в детском саду

Kindergärtnerin f <-, -nen> воспитательница f детского сада

Kindergeld nt <gen: -es> пособие nt на ребёнка

Kindergeschrei nt <gen: -s> детский рёв m

Kinderheim nt <-(e)s, -e> детский дом m

Kinderhort m <-(e)s, -e> группа f продлённого дня

Kinderkanal f (TV) канал m для детей

Kinderkrankheit f <-, -en> детская болезнь f

Kinderlähmung f <gen: -> полиомиелит m

kinderleicht adj очень лёгкий

kinderlieb adj любящий детей

kinderlos adj бездетный

Kindernarr m <-en, -en> тот, кто очень любит возиться с детьми

Kinderpornographie f <gen: -> детская порнография f

Kinderprogramm nt <-(e)s, -e> (TV) телепрограмма f для детей

kinderreich adj многодетный

Kinderschänder m <-s, -> насильник, жертвами которого становятся дети

Kinderschuh m <-(e)s, -e> детский ботинок m; **noch in den ~en stecken** (fig) находиться в начальной стадии развития

Kindersitz m <-es, -e> (im Auto) сиденье nt для ребёнка

Kinderspiel nt <-(e)s, -e> 1. (Spiel für Kinder) детская игра f; 2. (fig) сущий пустяк m; **das ist doch ein ~** да это же плёвое дело

Kinderspielplatz m <-es, -plätze> детская площадка f

Kindertagesstätte f <-, -n> детский сад m

Kinderteller m <-s, -> (im Restaurant) детская порция f

Kinderwagen m <-s, -wägen> детская коляска f

Kinderzimmer nt <-s, -> детская f

Kindesmissbrauch m <gen: -(e)s> изнасилование nt ребёнка

Kindheit f <gen: -> детство nt

Kindheitserlebnis nt <-ses, -se> пережитое nt в детстве

kindisch adj (pej) ребячливый, несерьёзный

kindlich adj детский, наивный

Kinn nt <-(e)s, -e> подбородок m

Kinnhaken m <-s, -> боковой удар m в челюсть

Kino nt <-s, -s> кино nt; **ins ~ gehen** идти в кино

Kinokarte f <-, -n> билет m в кино

Kinovorstellung f <-, -en> киносеанс m

Kiosk m <-(e)s, -e> киоск m

Kipferl nt <-s, -n> (österr: Hörnchen) рогулька f

Kippe[1] f <-, -n> (Müll~) свалка f; **etw steht auf der ~** (fig) что-л. находится в критическом положении

Kippe[2] f (umg: Zigarettenkippe) окурок m

kippen I. vt 1. (umkippen) опрокидывать, -кинуть pf, переворачивать, -вернуть pf; 2. (Getränk) опрокидывать, -кинуть; **einen Schnaps ~** опрокинуть рюмку водки; II. vi терять, по- pf равновесие, качаться impf

Kippschalter m <-s, -> перекидной выключатель m

Kirche f <-, -n> церковь f; **in die ~ gehen** ходить в церковь

Kirchenfenster nt <-s, -> окно nt церкви (из цветного мозаичного стекла) f

Kirchenkonzert nt <-(e)s, -e> концерт m церковной музыки

Kirchenlied nt <-(e)s, -er> церковный хорал m

Kirchenmaus : **arm sein wie eine ~** (umg) быть бедным как церковная мышь

Kirchenspaltung *f* <-, -en> (HIST) схи́зма *f*, раско́л *m*

Kirchensteuer *f* <-, -n> церко́вный нало́г *m*

Kirchentag *m* <-(e)s, -e> съезд *m* евангели́ческой це́ркви

kirchlich *adj* 1. (*die Kirche betreffend*) церко́вный; ~**er Feiertag** церко́вный пра́здник 2. (*religiös*) религио́зный

Kirchturm *m* <-(e)s, -türme> колоко́льня *f*

Kirgisien *nt* <*gen*: -s> Кирги́зия *f*

Kirsche *f* <-, -n> ви́шня *f*

Kirschkern *m* <-s, -e> вишнёвая ко́сточка *f*

Kirschlikör *m* <-s, -e> вишнёвка *f*

Kirschsaft *m* <*gen*: -(e)s> вишнёвый сок *m*

Kirschwasser *nt* <*gen*: -s> вишнёвая во́дка *f*

Kissen *nt* <-s, -> поду́шка *f*

Kissenbezug *m* <-(e)s, -bezüge> на́волочка *f*

Kiste *f* <-, -n> 1. (*Behälter*) я́щик *m*; 2. (*Truhe*) сунду́к *m*; 3. (*Weinkiste*) я́щик *m*; 4. (*umg: Auto*) драндуле́т *m*; 5. (*umg: Fernseher*) я́щик *m*

Kitsch *m* <*gen*: -(e)s> кич *m*

kitschig *adj* безвку́сный

Kitt *m* <-(e)s, -e> зама́зка *f*

Kittchen *nt* <-s, -> (*umg: Gefängnis*) катала́жка *f*; **ins ~ kommen** (*umg*) попа́сть за решётку

Kittel *m* <-s, -> 1. (*Arbeitskittel*) рабо́чий хала́т *m*; 2. (*Arztkittel*) враче́бный хала́т *m*

kitten *vt* 1. скле́ивать, скле́ить *pf*; 2. (*Fenster*) вставля́ть, вста́вить *pf* стекло́

Kitz *nt* <-es, -e> 1. (*Zicklein*) козлёнок *m*; 2. (*Rehkitz*) оленёнок *m*

Kitzel *m* <-s, -> щеко́тка *f*

kitzeln *vt* щекота́ть, по- *pf*

Kitzler *m* <-s, -> кли́тор *m*

kitzlig *adj* щекотли́вый

Kiwi *f* <-, -s> ки́ви *m*

KKW *abk von* **Kernkraftwerk** АЭС *f*

klaffen *vi* зия́ть *impf*

kläffen *vi* (*pej*) та́вкать *impf*, ла́ять *impf*

Kläffer *m* <-s, -> (*pej*) брехли́вая соба́ка *f*

Klage *f* <-, -n> 1. (*Beschwerde*) жа́лоба *f*; 2. (*Wehklage*) плач *m*; 3. (JUR) жа́лоба *f*, иск *m*; **eine ~ abweisen** отка́зывать в и́ске; **eine ~ einreichen** пода́ть жа́лобу в суд; **eine ~ gegen jdn erheben** предъявля́ть иск к кому́-л.; **~ auf Schadenersatz** иск о возмеще́нии убы́тков; **einer ~ stattgeben** удовлетворя́ть иск; **eine ~ zurückweisen** отклоня́ть иск

klagen I. *vi* 1. (*sich beklagen*) жа́ловаться, по- *pf* (*über* +*akk* на); 2. (*wehklagen*) опла́кивать, -кать *pf*; **er klagt über den Tod seines Freundes** он опла́кивает смерть своего́ дру́га; 3. (*trauern*) скорбе́ть *impf*; 4. (JUR) подава́ть, -да́ть *pf* в суд; **auf Schadenersatz** ~ пода́ть иск о возмеще́нии убы́тка; II. *vt* жа́ловаться, по- *pf*; **jdm sein Leid ~** изли́ть кому́-л. свою́ печа́ль

Kläger, -in *m/f* <-s, -> исте́ц, -ти́ца *m/f*

kläglich I. *adj* 1. (*mitleiderregend*) жа́лобный; 2. (*minderwertig*) ничто́жный, незначи́тельный; **ein ~es Ergebnis** ничто́жный результа́т 3. (*jämmerlich*) жа́лкий, плаче́вный; II. *adv* (*in jämmerlicher Weise*) плаче́вно; **er ist ~ gescheitert** он ко́нчил плаче́вно

Klamauk *m* <*gen*: -s> (*umg: pej*) шум *m*, гром *m*

klamm *adj* 1. (*feuchtkalt*) сыро́й; 2. (*starr*) окочене́вший

Klammer *f* <-, -n> 1. (*für Haar*) зако́лка *f*; 2. (*Büroklammer*) скре́пка *f*; 3. (*Wäscheklammer*) прище́пка *f*; 4. (*Satzzeichen*) ско́бка *f*

Klammeraffe *m* <*gen*: -n> (DV: *at-sign*) комме́рческое ат, „соба́чка" *f*

klammern I. *vt* 1. (*Wäsche*) прикрепля́ть, -пи́ть *pf* прище́пкой; 2. (*Papier*) скрепля́ть, -пи́ть *pf* скре́пкой; II. *vi* (SPORT) захва́тывать, -ти́ть *pf*; III. *vr* (*auch fig*) цепля́ться *impf* (*an* +*akk* за)

klammheimlich *adj* (*umg*) та́йно

Klamotten *pl* <*gen*: -> (*umg*) шмо́тки *pl*, тря́пки *pl*

klang *prät von* **klingen**

Klang *m* <-(e)s, Klänge> 1. звук *m*; 2. (MUS: *Tonqualität*) звук *m*, звуча́ние *nt*

Klangregler *m* <-s, -> регуля́тор *m* cву́ка

klangvoll *adj* 1. звучный, полнозву́чный; 2. (*fig: Namen*) звучный

Klappe *f* <-, -n> 1. (*Deckel*) кры́шка *f*; 2. (MUS: *von Blasinstrumenten*) кла́пан *m*; 3. (*Herzklappe*) кла́пан *m*; 4. (*umg: Mund*) рот *m*; **halt die ~!** заткни́сь! **zwei Fliegen mit einer ~ schlagen** (*fig*) одни́м вы́стрелом двух за́йцев уби́ть

klappen 1. *vi* 1. хло́пать, -пнуть *pf*; 2. (*umg: gut gehen*) ла́диться *impf*; **es klappt wie am Schnürchen** всё идёт как по ма́слу; II. *vt* 1. (*herauf~*) отки́нуть *pf*, -ки́дывать *impf*; 2. (*herunter~*) опуска́ть, -сти́ть *pf*

Klappentext *m* <-s, -e> (*von Buch*) текст *m* на суперобло́жке кни́ги

klapperig *adj* 1. (*fig: Auto*) дребезжа́щий; 2. (*fig: Mensch*) дря́хлый

klappern *vi* 1. греме́ть, про- *pf*, шуме́ть *impf*; 2. (*mit den Zähnen*) стуча́ть, по- *pf*

Klapperschlange *f* <-, -n> грему́чая змея́ *f*

Klappmesser *nt* <-s, -> складно́й нож *m*

Klapprad *nt* <-(e)s, -räder> складно́й велосипе́д *m*

Klappsitz *m* <-es, -e> откидное сиденье *nt*
Klappstuhl *m* <-(e)s, -stühle> складной стул *m*
Klapptisch *m* <-es, -e> складной стол *m*
Klaps *m* <-es, -e> шлепок *m*; jdm einen ~ geben дать кому-л. шлепок
klar *adj* 1. (*durchsichtig*) прозрачный; 2. (*wolkenlos*) ясный; 3. (*offensichtlich*) ясный; 4. (*eindeutig*) понятный, внятный; sich ~ ausdrücken понятно выражаться; ~es Wasser прозрачная вода; ein ~er Himmel ясное небо; es ist völlig ~, dass ... совершенно ясно, что...
Kläranlage *f* <-, -n> очистная установка *f*
Klärbecken *nt* <-s, -> отстойный бассейн *m*, отстойник *m*
klären I. *vt* 1. (*Problem*) выяснять, выяснить *pf*; 2. (*Abwässer*) очищать, очистить *pf*; II. *vr* (*Himmel*) проясняться, -ниться *pf*
Klarheit *f* <-, -en> 1. (*Reinheit, Schärfe*) ясность *f*; 2. (*fig: Deutlichkeit*) ясность *f*, внятность *f*; jdm etw in aller ~ zu verstehen geben дать кому-л. со всей ясностью понять что-л.; sich über etw ~ verschaffen прояснить для себя что-л.
Klarinette *f* <-, -n> кларнет *m*
klarkommen *irr vi* справляться, справиться *pf*; mit jdm ~ справляться с кем-л.
Klarlack *m* <gen: -(e)s> прозрачный лак *m*
klarmachen *vt* 1. (*erklären*) объяснять, -нить *pf*; jdm etw ~ объяснять кому-л. что-л. 2. (MAR) подготавливать, -товить *pf* к отплытию
klarsehen *irr vi* (*verstehen*) ясно видеть, увидеть *pf*, понимать, -нять *pf*
Klarsichtfolie *f* <-, -n> прозрачная плёнка *f*
klarstellen *vt* (*klären*) прояснять, -нить *pf*, уточнять, -нить *pf*
Klärung *f* <-, -en> 1. (*Beseitigung von Missverständnissen*) выяснение *nt*; 2. (*Reinigung*) очистка *f*; die ~ der Abwässer очистка сточных вод
Klasse *f* <-, -n> 1. (*Kategorie*) класс *m*; 2. (*Schul-*) класс *m*; 3. (*Gesellschaftsschicht*) класс *m*; 4. (*Güteklasse*) сорт *m*
klasse *interj* класс! das ist ja ~! это просто класс!
Klassenarbeit *f* <-, -en> классная работа *f*
Klassenbewusstsein *nt* классовое (само)сознание *nt*
Klassenkamerad, -in *m/f* <-en, -en> одноклассник, -ница *m/f*
Klassenkampf *m* <gen: -(e)s> классовая борьба *f*
Klassenlehrer, -in *m/f* <-s, -> классный руководитель, -ная ница *m/f*
Klassentreffen *nt* <-s, -> встреча *f* одноклассников
Klassenzimmer *nt* <-s, -> класс *m*, классная комната *f*
Klassenzugehörigkeit *f* <-, -en> классовая принадлежность *f*
Klassifikation *f* <-, -en> классификация *f*
klassifizieren *vt* классифицировать *impf/pf*, рас- *pf*
Klassik *f* <gen: -> 1. классика *f*; 2. (*klassische Musik*) классическая музыка *f*, классика *f*
Klassiker *m* <-s, -> классик *m*
klassisch *adj* 1. (*die Klassik betreffend*) классический; 2. (*zeitlos*) классический; ein ~es Kostüm классический костюм 3. (*typisch*) типичный, классический; ein ~er Fall типичный случай
Klassizismus *m* <gen: -> классицизм *m*
klassizistisch *adj* классицистский
Klatsch *m* <-(e)s, (-e)> 1. (*klatschendes Geräusch*) хлопок *m*, шлепок *m*; 2. (*umg: pej: Gerede*) сплетни *pl*, разговоры *pl*
Klatschbase *f* <-, -n> (*pej*) сплетница *f*, болтунья *f*
klatschen I. *vt* 1. (*Takt, Beifall*) хлопать *impf*; 2. (*knallen, schlagen*) стучать, по- *pf*, бить, по- *pf*; II. *vi* 1. (*mit den Händen*) хлопать *impf*; 2. (*platschen, spritzen*) стучать, по- *pf*; 3. (*umg: tratschen*) болтать *impf*, сплетничать *impf*; jdm Beifall ~ аплодировать кому-л.; Regen klatschte an das Fenster дождь стучал в окно
klatschnass *adj* (*umg*) промокший до нитки
klauben *vt* 1. (*ernten: Kartoffeln, Beeren*) выбирать, выбрать *pf*, собирать, -брать *pf*; 2. (*verlesen: Erbsen*) перебирать, -брать *pf*, отбирать, отобрать *pf*
Klaue *f* <-, -n> 1. (*von Raubtier*) лапа *f* с когтями; 2. (*umg: unleserliche Schrift*) плохой почерк *m*
klauen *vt* (*umg: stehlen*) тащить, стащить *pf*, стянуть *pf*
Klausel *f* <-, -n> (*Bedingung*) условие *nt*, оговорка *f*; einen Vertrag mit einer ~ versehen вносить в договор пункт
Klaustrophobie *f* <gen: -> клаустрофобия *f*
Klausur *f* <-, -en> 1. (*schriftliche Arbeit*) контрольная работа *f*; 2. (*Abgeschlossenheit*) затворничество *nt*
Klavier *nt* <-s, -e> пианино *nt*, фортепьяно *nt*; ~ spielen играть на пианино
Klavierlehrer, -in *m/f* <-s, -> учитель *m* игры на фортепьяно
Klaviertaste *f* <-, -n> клавиша *f*

Klebeband nt <-(e)s, -bänder> клейкая лента f
Klebefolie f <-, -n> клейкая плёнка f
kleben I. vt клеить, склеить pf; **jdm eine ~ geben** (umg: jdn ohrfeigen) влепить кому-л. пощёчину; II. vi 1. (anhaften) приклеиваться, -клеиться pf, клеиться impf; 2. (fig: festhalten: an) быть impf привязанным
klebrig adj клейкий, липкий
Klebstoff m <-(e)s, -e> клей m
kleckern vi (beim Essen) пачкать, за- pf
Klecks m <-es, -e> 1. (Tintenfleck) клякса f; 2. (Farbfleck) пятно nt
klecksen vt 1. сажать, посадить pf пятна; 2. (fig: schlecht malen) пачкать impf, малевать, на- pf
Klee m <gen: -s> клевер m; **jdn über den grünen ~ loben** (umg) превозносить кого-л. до небес
Kleeblatt nt <-(e)s, -blätte> лист m клевера
Kleid nt <-(e)s, -er> 1. платье nt; 2. (Kleidung) одежда f; **~er machen Leute** по одёжке встречают
kleiden I. vt 1. (mit Kleidern ausstatten) одевать, одеть pf; 2. (kleidsam sein) быть impf к лицу; **der Mantel kleidet ihn gut** пальто ему к лицу; II. vr (sich anziehen) одеваться, одеться pf
Kleiderbügel m <-s, -> плечики pl, вешалка f
Kleiderbürste f <-, -n> платяная щётка f
Kleiderhaken m <-s, -> крючок m
Kleiderkasten m <-s, Kästen> (CH, österr: Kleiderschrank) платяной шкаф m
Kleiderschrank m <-(e)s, -schränke> платяной шкаф m
Kleiderständer m <-s, -> (стоячая) вешалка f
Kleidung f <gen: -> одежда f
Kleidungsstück nt <-(e)s, -e> предмет m одежды
Kleie f <-, -n> отруби fpl
klein adj 1. (nicht groß) маленький, небольшой; 2. (geringfügig) незначительный, маловажный; 3. (unbedeutend) несущественный, незначительный; 4. (Kind) маленький; **ihr ~er Bruder** её младший брат; **von ~ auf** с детства; **~, aber oho** маленький, да удаленький; **~ beigeben** уступить; **~ anfangen** начинать с малого; **bis ins ~ste** до мельчайших подробностей; **ein ~ wenig** чуть-чуть; **ein ~er Beamter** скромный служащий; **ein ~er Fehler** незначительная ошибка; **die ~en Leute** простые люди
Kleinaktionär, -in m/f <-s, -e> мелкий акционер m
Kleinanzeige f <-, -n> маленькое объявление nt
Kleinasien nt <gen: -s> Малая Азия f

Kleinbetrieb m <-(e)s, -e> мелкое предприятие nt
Kleinbuchstabe m <-n, -n> строчная буква f
Kleinbürgertum nt <gen: -s> мелкая буржуазия f
Kleinbus m <-s, -se> микроавтобус m
Kleine(r,s) m/f <-n, -n> (kleiner Junge, kleines Mädchen) малыш, -ка m/f
Kleingeld nt <gen: -(e)s> мелочь f; **das nötige ~ haben** (umg) располагать деньгами
Kleinhirn nt <-(e)s, -e> мозжечок m
Kleinholz nt <gen: -es> щепки pl; **aus etw ~ machen** (umg) перебить что-л.
Kleinigkeit f <-, -en> 1. (kleine Sache) мелочь f; 2. (leichte Aufgabe, Angelegenheit) пустяк m; 3. (ein bisschen) малость f; 4. (Bagatelle) пустяк m, мелочь f; **sich nicht mit ~en abgeben** не размениваться по пустякам; **eine ~ essen** немного поесть; **das war doch eine ~ für mich** это был для меня пустяк; **ich muss noch eine ~ einkaufen** я должен ещё купить кое-какую мелочь; **das hat nur eine ~ gekostet** это почти ничего не стоило; **wegen jeder ~ begannen sie zu streiten** они начинали ссориться по каждому пустяку
kleinkariert adj 1. (mit kleinen Karos gemustert) в мелкую клетку; 2. (umg: engstirnig) узколобый, твердолобый
Kleinkind nt <-(e)s, -er> маленький ребёнок m
Kleinkram m <gen: -s> (umg) мелочи pl
Kleinkrieg m <-(e)s, -e> ссора f; **sie führen einen ständigen ~ miteinander** у них постоянные ссоры
Kleinkunst f <gen: -> искусство nt малых форм
kleinlich adj 1. (pedantisch) придирчивый; 2. (engstirnig) ограниченный; 3. (knauserig) мелочный
kleinschneiden vt мелко нарезать, -резать pf
Kleinstadt f <-, -städte> маленький городок m
Kleinunternehmer, -in m <-s, -> мелкий предприниматель m
Kleinwagen m <-s, -wägen> малолитражный автомобиль m
Kleister m <-s, -> клейстер m
Klemme f <-, -n> 1. (Klammer) зажим m; 2. (schwierige Situation) затруднительная ситуация f; **in der ~ sitzen** быть в затруднительном положении; **in eine ~ geraten** попасть в затруднительную ситуацию 3. (TECH) клемма f
klemmen I. vt 1. (Draht etc) прищемлять, -мить pf; 2. (festklemmen) сжимать, сжать pf, зажимать, -жать pf; II. vi (Tür etc) заедать pf, -едать impf; III. vr

прищемля́ться, -ми́ться *pf*, защемля́ться, -ми́ться *pf*; **sich hinter etw ~** (*umg*) форси́ровать что́-л.
Klempner *m* <-s, -> жестя́нщик *m*
Kleptomanie *f* <*gen*: -> () клептома́ния *f*
Klerus *m* <*gen*: -> духове́нство *nt*
Klette *f* <-, -n> репе́й *m*; **wie eine ~ an jdm hängen** приста́ть к кому́-л. как репе́й
Kletterer *m* <-s, -> скалола́з *m*
klettern *vi* ла́зить, сла́зить *pf*, взбира́ться, взобра́ться *pf*
Kletterpflanze *f* <-, -n> вью́щееся расте́ние *nt*
Klettverschluss *m* <-es, -verschlüsse> липу́чая застёжка *f*, "липу́чка" *f*
Klick *m* <-s, -s> (*mit Computermaus*) щелчо́к *m*
klicken *vi* щёлкнуть *pf*, щёлкать *impf*; **klicken Sie mit der Maus auf ...** (DV) щёлкните мы́шью...
Klient, -in *m/f* <-en, -en> клие́нт, -ка *m/f*
Klientel *f* <*gen*: -> клиенту́ра *f*
Klima *nt* <-s, -s/ -ta> кли́мат *m*
Klimaanlage *f* кондиционе́р *m*
Klimakterium *nt* <*gen*: -s> кли́макс *m*, климакте́рий *m*
Klimaschutz *m* <*gen*: -es> защи́та *f* от атмосфе́рных возде́йствий
klimatisch *adj* климати́ческий
klimatisieren *vt* кондициони́ровать *impf/pf* во́здух
klimatisiert *adj* кондициони́рованный
Klimatisierung *f* <*gen*: -> кондициони́роваие *nt*
Klimaveränderung *f* <-, -en> измене́ние *nt* кли́мата
Klimawechsel *m* переме́на *f* кли́мата
Klimmzug *m* <-(e)s, -züge> подтя́гивание *nt* на рука́х
klimpern *vi* 1. (*Kleingeld*) звене́ть, про- *pf*; 2. (*auf der Gitarre*) бренча́ть, по- *pf*
Klinge *f* <-, -n> ле́звие *nt*
Klingel *f* <-, -n> звоно́к *m*
klingeln *vi* (*läuten*) звони́ть, по- *pf*; **das Telefon klingelt** телефо́н звони́т
klingen *vi* <klang, geklungen> 1. (*tönen, sich anhören*) звуча́ть *impf*; **sie klang lustig** её го́лос звуча́л ве́село 2. (*Glocke*) звони́ть, про- *pf*
Klinik *f* <-, -en> кли́ника *f*
klinisch *adj* клини́ческий; **~er Tod** клини́ческая смерть
Klinke *f* <-, -n> ру́чка *f*
klipp: **jdm etw ~ und klar sagen** (*umg*) сказа́ть кому́-л. что́-л. ко́ротко и я́сно
Klippe *f* <-, -n> 1. (*am Steilufer*) скала́ *f*, утёс *m*; 2. (*im Meer*) подво́дный ка́мень *m*, риф *m*; 3. (*fig: Hindernis*) подво́дный ка́мень *m*, скры́тое препя́тствие *nt*
klirren *vi* 1. (*Waffen*) бряца́ть, про- *pf*; 2. (*Ketten*) звене́ть, про- *pf*; 3. (*Glas*) дребезжа́ть *impf*, звене́ть, про- *pf*

Klischee *nt* <-s, -s> клише́ *nt*
Klitoris *f* <*gen*: -> кли́тор *m*
Klo *nt* <-s, -s> (*umg*) клозе́т *m*
Kloake *f* <-, -n> (*Abwasserkanal*) клоа́ка *f*
klobig *adj* 1. (*unförmig: Stiefel etc*) гру́бый, бесфо́рменный; 2. (*plump: Mensch*) гру́бый, неотёсанный
Klobrille *f* <-, -n> (*umg*) туале́тное очко́ *nt*
Klobürste *f* <-, -n> щётка *f* для чи́стки унита́за
Klodeckel *m* <-s, -> кры́шка *f* унита́за
Klonierung *f* <-, -en> клони́рование *nt*
Klonschaf *nt* <-s, -e> (*umg*) клони́рованная овца́ *f*
klopfen I. *vi* 1. (*an der Tür etc*) стуча́ть, по- *pf*; **es hat geklopft** в дверь постуча́ли 2. (*Herz*) би́ться *impf*; 3. (*Motor*) стуча́ть, по- *pf*; II. *vt* 1. (*Teppich*) выбива́ть, вы́бить *pf*; 2. (*Takt*) отбива́ть, -би́ть *pf*
Klops *m* <-es, -e> бито́к *m*
Klosett *nt* <-s, -s> клозе́т *m*, убо́рная *f*
Klosettpapier *nt* <*gen*: -s> туале́тная бума́га *f*
Kloß *m* <-es, Klöße> 1. (*Knödel*) клёцка *f*; 2. (*Fleischkloß*) фрикаде́лька *f*; 3. (*Erdklumpen*) ком *m*
Kloster *nt* <-s, Klöster> монасты́рь *m*
Klosterkirche *f* <-, -n> монасты́рская це́рковь *f*
klösterlich *adj* монасты́рский
Klotz *m* <-es, Klötze> 1. (*Holzklotz*) коло́да *f*, чурба́н *m*; 2. (*grober Mensch*) чурба́н *m*; 3. (*fig: hässliches Gebäude*) коро́бка *f*; **jdm ein ~ am Bein sein** (*fig*) быть кому́-л. в тя́гость
Klub *m* <-s, -s> клуб *m*
Kluft[1] *f* <-, Klüfte> 1. (*Schlucht*) уще́лье *nt*; 2. (*Felsspalte*) рассе́лина *f*; 3. (*Abgrund*) про́пасть *f*; 4. (*fig: großer Gegensatz*) про́пасть *f*; **zwischen ihnen besteht eine tiefe ~** между ни́ми существу́ет огро́мная про́пасть
Kluft[2] *f* <-, -en> (*Kleidung für einen bestimmten Zweck*) фо́рменная оде́жда *f*, специа́льная оде́жда *f*
klug *adj* 1. (*intelligent*) у́мный; 2. (*gebildet, gelehrt*) образо́ванный; 3. (*geschickt, schlau*) смышлёный, толко́вый; **aus jdm nicht ~ werden** не мочь разгада́ть кого́-л.
Klugheit *f* <*gen*: -> 1. (*Intelligenz*) ум *m*; 2. (*Vernunft*) благоразу́мие *nt*
Klümpchen *nt* <-s, -> ком *m*, комо́к *m*
Klumpen *m* <-s, -> 1. (*aus Erde*) ком *m*; 2. (*von Gold*) саморо́док *m*
Klüngel *m* <-s, -> (*pej*) кли́ка *f*
km *abk von Kilometer* км *m*
km/h *abk von Stundenkilometer* км/ч *m*
knabbern *vt* грызть, по- *pf*; **an etw zu ~ haben** (*umg*) име́ть над чем поломать го́лову

Knabe *m* <-n, -n> (*geh*) ма́льчик *m*, о́трок *m*

knabenhaft *adj* мальчи́шеский

Knäckebrot *nt* <-(e)s, -e> хрустя́щий хле́бец *m*

knacken I. *vi* (*Gebälk*) треща́ть *impf*, хрусте́ть *impf*; II. *vt* 1. (*umg: Auto, Tresor*) взла́мывать *impf*, взлома́ть *pf*; 2. (*Nüsse*) щёлкать, -кну́ть *pf*; 3. (*fig: Rätsel*) реша́ть, -ши́ть *pf*

knackig *adj* 1. (*fest, knusprig*) кре́пкий, хрустя́щий; 2. (*jugendlich frisch*) све́жий, аппети́тный

Knacks *m* <-es, -e> 1. (*umg: Riss/Sprung*) тре́щина *f*; **die Tasse hat einen ~** на ча́шке тре́щина 2. (*umg: Defekt*) тре́щина *f*; **ihre Beziehung hat einen ~ bekommen** (*fig*) их отноше́ния да́ли тре́щину

Knall *m* <-(e)s, -(e)> 1. (*einer Peitsche*) щелчо́к *m*; 2. (*einer Tür*) гро́хот *m*, треск *m*; 3. (*Krach*) шум *m*; **~ auf Fall** (*umg: plötzlich, unvermittelt*) внеза́пно

knallen I. *vt* влепи́ть *pf*, -пля́ть *impf*; **jdm eine ~** (*jdn ohrfeigen*) влепи́ть кому́-л. пощёчину; II. *vi* 1. (*Peitsche*) щёлкать, -кну́ть *pf*; 2. (*Tür*) хло́пать, -пнуть *pf*; 3. (*Sektkorken*) хло́пать, -пнуть *pf*; 4. (*umg: Sonne*) жа́рить *impf*

Knallgas *nt* <*gen*: -es> грему́чий газ *m*

knallrot *adj* (*umg*) я́рко-кра́сный

knapp *adj* 1. (*spärlich*) ску́дный; 2. (*kurz, eng*) у́зкий, те́сный; 3. (*Geld*) ограни́ченный; 4. (*nicht ganz, kaum*) непо́лный; 5. (*kurz, gerafft*) сжа́тый, кра́ткий; **eine ~e Mitteilung** кра́ткое сообще́ние; **vor ~ einer Stunde** о́коло ча́су тому́ наза́д; **der Kaffee wird ~** ко́фе зака́нчивается; **~ sitzende Hosen** пло́тно сидя́щие брю́ки; **~ bei Kasse sein** быть ограни́ченным в де́ньгах

Knappheit *f* <*gen*: -> 1. (*an Mittel*) недоста́ток *m*, ограни́ченность *f*; 2. (*an Zeit*) недоста́ток *m*; **~ an Waren** това́рный дефици́т

knarren *vi* треща́ть *impf*

Knast *m* <-(e)s, -e> (*umg: Gefängnis*) тюрьма́ *f*; **im ~ sitzen** (*umg*) сиде́ть в тюрьме́

knattern *vi* 1. (*rattern*) треща́ть *impf*; 2. (KFZ) тарахте́ть *impf*

Knäuel *nt* <-s, -> (*Garn~*) клубо́к *m*, мото́к *m*

Knauf *m* <-(e)s, Knäufe> 1. (*von Tür*) кру́глая дверна́я ру́чка *f*; 2. (*von Degen*) голо́вка *f*

knauserig *adj* скупо́й, ска́редный

knausern *vi* скупи́ться, по- *pf* (*mit + akk* на)

Knautschzone *f* <-, -n> зо́на *f* деформа́ции

Knebel *m* <-s, -> кляп *m*

knebeln *vt* затыка́ть, -ткну́ть *pf* кля́пом

Knecht *m* <-(e)s, -e> 1. (*auf Bauernhof*) рабо́тник *m*, батра́к *m*; 2. (*Diener*) слуга́ *m*

knechten *vt* порабоща́ть, -боти́ть *pf*

Knechtschaft *f* <*gen*: -> ра́бство *nt*

kneifen I. *vt* <kniff, gekniffen> щипа́ть, ущипну́ть *pf*; **jdm in die Backe ~** ущипну́ть кого́-л. за щеку́; II. *vi* 1. (*Hose, Gummiband*) жа́ть *impf*; 2. (*umg: sich vor etw drücken*) увиля́ть, -льну́ть *pf*

Kneifzange *f* <-, -n> (*Beißzange*) куса́чки *fpl*

Kneipe *f* <-, -n> каба́к *m*, пивна́я *f*

Kneippkur *f* <-, -en> водолече́ние *nt*

kneten *vt* меси́ть, смеси́ть *pf*

Knetmasse *f* <-, -n> пластели́н *m*

Knick *m* <-(e)s, -e> 1. (*Biegung*) изги́б *m*; 2. (*Falte*) скла́дка *f*

knicken I. *vt* разла́мывать, -ломи́ть *pf*; II. *vi* сгиба́ться, согну́ться *pf*

knickerig *adj* (*umg: geizig*) скупо́й

Knicks *m* <-es, -e> кни́ксен *m*; **vor jdm einen ~ machen** сде́лать пе́ред ке́м-л. кни́ксен

Knie *nt* <-s, -> 1. (ANAT) коле́но *nt*; 2. (*Flussbiegung*) изги́б *m*; 3. (TECH: *von Rohr etc*) коле́но *nt*; **etw übers ~ brechen** (*umg*) де́лать что́-л. на́спех; **ein Kind übers ~ legen** вы́пороть ребёнка; **jdn in die ~ zwingen** (*fig*) поста́вить кого́-л. на коле́ни; **weiche ~ bekommen** (*umg*) о́чень испуга́ться

Kniebeuge *f* <-, -n> присе́д *m*

Kniekehle *f* <-, -n> подколе́нная впа́дина *f*

knien I. *vi* (*vor*) стоя́ть *impf* на коле́нях; II. *vr* станови́ться, стать *pf* на коле́ни

Kniescheibe *f* <-, -n> коле́нная ча́шечка *f*

Knieschützer *m* <-s, -> (SPORT) наколе́нник *m*

Kniestrumpf *m* <-(e)s, -strümpfe> гольф *m*

kniff *prät von* **kneifen**

Kniff *m* <-(e)s, -e> 1. (*Kneifen*) щипо́к *m*; 2. (*Knick, Falte*) сгиб *m*, скла́дка *f*; 3. (*Trick*) уло́вка *f*, трюк *m*

kniffelig *adj* 1. мудрёный; 2. (*heikel*) щекотли́вый

knipsen I. *vt* 1. (*umg*: FOT) щёлкать, -кну́ть *pf*; 2. (*lochen: Fahrkarte*) компости́ровать, за- *pf*; II. *vi* (*umg*: FOT) щёлкать, -кну́ть *pf*

Knirps *m* <-es, -e> (*kleiner Junge*) карапу́з *m*

knirschen *vi* (*Schnee*) скрипе́ть *impf*; **mit den Zähnen ~** скрежета́ть зуба́ми

knistern *vi* 1. (*Feuer*) потре́скивать *impf*; 2. (*Papier, Seide*) шурша́ть *impf*, шелесте́ть *impf*

knittern I. *vi* (*Stoff*) мя́ться, по- *pf*; II. *vt* мять, из- *pf*; **ein Papier ~** мять бума́гу

Knoblauch *m* <*gen*: -(e)s> чесно́к *m*

Knöchel *m* <-s, -> 1. (*des Fußes*) лодыжка *f*; 2. (*der Hand*) сгиб *m* пальцев, костяшка *f*
Knochen *m* <-s, -> кость *f*; **nass bis auf die ~ sein** промокнуть до нитки; **bis in die ~** до мозга костей
Knochenbau *m* <*gen:* -(e)s> строение *nt* костей
Knochenbruch *m* <-(e)s, -brüche> перелом *m* кости
Knochenmark *nt* <*gen:* -(e)s> костный мозг *m*
knochig *adj* костлявый
Knödel *m* <-s, -> клёцка *f*
Knolle *f* <-, -n> клубень *m*
Knollengemüse *nt* <*gen:* -s> (BOT) клубневые (овощи) *mpl*
Knopf *m* <-(e)s, Knöpfe> 1. (*an Kleidern*) пуговица *f*; 2. (*an Geräten*) кнопка *f*; **auf den ~ drücken** нажать на кнопку
knöpfen *vt* застёгивать, -стегнуть *pf*
Knopfloch *nt* <-(e)s, -löcher> петля *f*
Knorpel *m* <-s, -> хрящ *m*
knorpelig *adj* хрящевидный
knorrig *adj* 1. (*Holz*) суковатый; 2. (*Baum*) корявый; **eine ~e Eiche** корявый дуб
Knospe *f* <-, -n> почка *f*
knoten *vt* (*Schnürsenkel etc*) завязывать, -зать *pf* узлом
Knoten *m* <-s, -> 1. узел *m*; **der Gordische ~** гордиев узел; **einen ~ lösen** развязать узел 2. (*Haarknoten*) узелок *m*; 3. (BOT) узел *m*; 4. (MED) нарост *m*; 5. (MAR) узел *m*; **das Schiff fährt mit 20 ~** корабль делает 20 узлов 6. (*Knotenpunkt*) узловой пункт *m*
Know-how *nt* <*gen:* -(s)> „ноу-хау" *nt*
Knüller *m* <-s, -> (*umg: Sensation*) сенсация *f*
knüpfen I. *vt* 1. (*Knoten, Band*) завязывать, -вязать *pf*, связывать, -зать *pf*; 2. (*Netz*) плести, сплести *pf*; 3. (*Freundschaft*) завязывать, -вязать *pf*; **große Hoffnungen an etw ~** связывать с чем-л. большие надежды; II. *vr* (*mit etw verbunden sein*) быть *impf* связанным
Knüppel *m* <-s, -> 1. (*dicker Stock*) дубина *f*; 2. (*Schlagstock*) дубинка *f*; 3. (*Steuerknüppel*) ручка *f* управления; **jdm einen ~ zwischen die Beine werfen** (*fig*) вставлять кому-л. палки в колёса
knurren *vi* 1. (*Hund*) ворчать, рычать *impf*; 2. (*fig: murren*) ворчать *impf*, урчать *impf*; **jdm knurrt der Magen** у кого-л. урчит в животе
knusprig *adj* (*Brot, Braten etc*) хрустящий
knutschen I. *vi* (*umg*) тискать *impf*, обнимать, -нять *pf*; II. *vr* (*umg*) тискаться *impf*, обниматься, -няться *pf*
k.o. *adv* 1. (SPORT) kampfunfähig, besiegt) в нокауте; **der Boxer wurde ~ geschlagen** боксёр был нокаутирован 2. (*umg: erschöpft*) в нокауте, без сил
K.o. *m* <-, -> (SPORT: *Knockout*) нокаут *m*
Koagulation *f* <*gen:* -> коагуляция *f*, свёртывание *nt*
Koalition *f* <-, -en> коалиция *f*; **eine ~ mit jdm eingehen** вступить в коалицию с кем-л.
Koalitionsparteien *pl* <*gen:* -> партии *fpl*-члены *mpl* коалиции
Koaxialkabel *nt* <-s, -> (EL) коаксиальный кабель *m*
Kobalt *m* <*gen:* -s> кобальт *m*
Kobold *m* <-(e)s, -e> домовой *m*
Koch *m* <-(e)s, Köche> повар *m*; **Hunger ist der beste ~** голод - лучший повар
Kochbuch *nt* <-(e)s, -bücher> поваренная книга *f*
kochen I. *vi* 1. (*Wasser*) кипеть, вскипеть *pf*; **vor Wut ~** (*fig*) кипеть от злости 2. (*Essen*) вариться, свариться *pf*; II. *vt* 1. (*Kaffee*) варить, сварить *pf*; 2. (*Essen*) готовить, сготовить *pf*
kochend *adj* кипучий
Kocher *m* <-s, -> (*Campingkocher*) примус *m*, плитка *f*
Köcher *m* <-s, -> колчан *m*
Kochgelegenheit: **ein Zimmer mit ~** комната с кухонной нишей
Köchin *f* <-, -nen> повариха *f*
Kochlöffel *m* <-s, -> поварская ложка *f*
Kochplatte *f* <-, -n> электрическая комфорка *f*
Kochsalz *nt* <*gen:* -es> поваренная соль *f*
Kochsalzlösung *f* <-, -en> раствор *m* поваренной соли
Kochtopf *m* <-(e)s, -töpfe> кастрюля *f*
Kochwäsche *f* <*gen:* -> бельё, которое можно кипятить
Köder *m* <-s, -> приманка *f*
ködern *vt* 1. приманивать, -нить *pf*; 2. (*fig*) завлекать, -лечь *pf*; **sich ~ lassen** (*fig*) дать себя заманить
kodieren *vt* кодировать, закодировать *pf*
Kodierung *f* <-, -en> кодировка *f*
Koeffizient *m* <-en, -en> коэффициент *m*
Koffein *nt* <*gen:* -s> кофеин *m*
koffeinfrei *adj* без содержания кофеина, не содержащий кофеин
koffeinhaltig *adj* содержащий кофеин
Koffer *m* <-s, -> чемодан *m*; **die ~ packen** паковать чемоданы; **aus dem ~ leben** всё время быть в разъездах
Kofferkuli *m* <-s, -s> тележка для перевозки чемоданов на территории вокзала
Kofferradio *nt* <-s, -s> портативный радиоприёмник *m*
Kofferraum *m* <-(e)s, -räume> багажник *m*

Kofferraumdeckel *m* <-s, -> крышка *f* багажника

Kognak *m* <-s, -s> коньяк *m*

kohärent *adj* связный

Kohäsion *f* <*gen*: -> (PHYS) когезия *f*, сцепление *nt*

Kohl *m* <*gen*: -(e)s> 1. (*Gemüse*) капуста *f*; 2. (*umg: Unsinn*) вздор *m*; **das macht den ~ auch nicht mehr fett** (*umg*) это дело не улучшит

Kohldampf *m* сильный голод *m*; **~ haben** (*Hunger haben*) быть голодным

Kohle *f* <-, -n> 1. (*Steinkohle*) каменный уголь *m*; 2. (*Brennmaterial für Öfen, Herde etc*) уголь *m*; **wie auf glühenden ~n sitzen** (*umg*) сидеть как на углях 3. (*umg: Geld*) капуста *f*, бабки *pl*

Kohlehydrat *nt* углевод *m*

Kohlenabbau *m* <*gen*: -s> 1. добыча *f* угля; 2. разработка *f* угольного месторождения

Kohlendioxid *nt* <*gen*: -(e)s> диоксид *m* углерода

Kohlenflöz *nt* <-es, -e> угольный пласт *m*

Kohlenhydrat *nt* <*gen*: -(e)s> углеводы *pl*

Kohlenkeller *f* <-, -n> подвал *m* для хранения угля

Kohlensäure *f* <*gen*: -> углекислота *f*

Kohlenstoff *m* <*gen*: -(e)s> углерод *m*

Kohlenvorkommen *nt* <-s, -> залежи *pl* угля

Kohlenwasserstoff *m* <*gen*: -(e)s> углеводород *m*

Kohlepapier *nt* <*gen*: -s> копировальная бумага *f*

Kohlmeise *f* <-, -n> большая синица *f*

kohlrabenschwarz *adj* (*umg*) чёрный как уголь

Kohlrabi *m* <-(s), -(s)> кольраби *f*

Kohlroulade *f* <-, -n> голубец *m*

Kohlweißling *m* <-s, -e> капустница *f*

Koitus *m* <*gen*: -> коитус *m*; **~ interruptus** прерванное половое сношение

Koje *f* <-, -n> 1. (MAR) койка *f*; 2. (*umg: Bett*) койка *f*; **sich in die ~ hauen** (*umg*) упасть в койку

Kokain *nt* <*gen*: -s> кокаин *m*

kokett *adj* кокетливый

kokettieren *vi* кокетничать *impf*

Kokosnuss *f* <-, -nüsse> кокосовый орех *m*

Koks[1] *m* <*gen*: -es> (*Brennstoff*) кокс *m*

Koks[2] *m* <*gen*: -es> (*umg: Kokain*) кокаин *m*

Kolchose *f* <-, -n> колхоз *m*

Kolibri *m* <-s, -s> колибри *m*

Kolik *f* <-, -en> колики *pl*

Kollaps *m* <-es, -e> коллапс *m*

Kollege *m* <-n, -n> 1. коллега *m*; 2. (*am Arbeitsplatz*) сослуживец *m*, коллега *m*

kollegial *adj* 1. коллегиальный; 2. (*hilfsbereit*) товарищеский

Kollegin *f* <-, -nen> коллега *f*

Kollegium *nt* <-s, Kollegien> (*Lehrer, Ärzte*) коллегия *f*

Kollekte *f* <-, -n> сбор пожертвований во время или после богослужения

kollektiv *adj* коллективный

Kollektiv *nt* <-(e)s, -e> коллектив *m*

Kollektiveigentum *nt* <*gen*: -(e)s> коллективная собственность *f*

kollidieren *vi* 1. сталкиваться, столкнуться *pf* (*mit +dat* с *+inst*); 2. (*zeitlich*) совпадать, -пасть *pf*

Kollision *f* <-, -en> 1. коллизия *f*; 2. (*zwischen Autos*) столкновение *nt*; 3. (*zeitlich*) совпадение *nt*

Kollokation *f* <-, -en> (LING) коллокация *f*

Kolonialherrschaft *f* <*gen*: -> колониальное господство *nt*

Kolonialismus *m* <*gen*: -> колониализм *m*

Kolonialmacht *f* <-, -mächte> колониальная держава *f*

Kolonie *f* <-, -n> колония *f*

Kolonisation *f* <-, -en> колонизация *f*

Kolonne *f* <-, -n> 1. (MIL) колонна *f*; 2. (*von Autos*) колонна *f*; 3. (*von Arbeitern*) колонна *f*, группа *f*

kolorieren *vt* раскрашивать, -красить *pf*

Koloss *m* <-es, -e> колосс *m*

kolossal I. *adj* 1. колоссальный; 2. (*umg: sehr groß*) гигантский; II. *adv* грандиозно.

Kolumbianer, -in *m/f* <-s, ->, -bijka *m/f*

kolumbianisch *adj* колумбийский

Kolumbien *nt* <*gen*: -s> Колумбия *f*

Kolumne *f* <-, -n> 1. полоса *f*, колонка *f*

Koma *nt* <-s, -s/ -ta> кома *f*; **im ~ liegen** лежать в коме

Kombination *f* <-, -en> 1. (*Verbindung*) соединение *nt*, комбинация *f*; 2. (*Schach*) комбинация *f*; 3. (*von Kleidung*) сочетание *nt*, комбинация *f*

kombinieren *vt* комбинировать, скомбинировать *pf*

Kombiwagen *m* <-s, -wägen> автомобиль *m* «комби»

Komet *m* <-en, -en> комета *f*

Kometenschweif *m* <-(e)s, -e> хвост *m* кометы

Komfort *m* <*gen*: -s> 1. (*Luxus*) комфорт *m*; 2. (*Bequemlichkeiten*) удобства *f*

komfortabel *adj* 1. (*mit Komfort*) комфортабельный; 2. (*bequem*) удобный

Komik *f* <*gen*: -> комизм *m*, комичность *f*; **unfreiwillige ~** невольная комичность

Komiker, -in *m/f* <-s, -> комик *m*

komisch *adj* 1. (*spaßig, lächerlich*)

коми́чный, заба́вный; **etw irrsinnig ~ finden** находи́ть что́-л. ужа́сно заба́вным; **eine ~e Figur machen** име́ть коми́чный вид **2.** (*merkwürdig*) стра́нный; **das kommt mir ~ vor** мне э́то ка́жется стра́нным

Komitee *nt* <-s, -s> комите́т *m*

Komma *nt* <-s, -s/ -ta> запята́я *f*; **ein~ setzen** поста́вить запяту́ю

Kommandant, -in *m/f* <-en, -en> коменда́нт *m*

Kommandeur, -in *m/f* <-s, -e> команди́р *m*

kommandieren I. *vt* **1.** (*Truppen*) кома́ндовать *impf*; **2.** (*entsenden*) командирова́ть *impf/pf*; **II.** *vi* **1.** (*Kommandeur sein*) быть команди́ром *impf*; **2.** (*Befehle erteilen*) дава́ть, дать *pf* прика́з; **3.** (*befehlen*) прика́зывать, -за́ть *pf*, кома́ндовать, скома́ндовать *pf*

Kommanditgesellschaft *f* <-, -en> кoммaнди́тнoe тoвápищeствo *nt*

Kommando *nt* <-s, -s> **1.** (*Befehl*) кома́нда *f*, прика́з *m*; **2.** (*Befehlsgewalt: über*) кома́ндование *nt*; **3.** (MIL: *Abteilung*) кома́нда *f*

kommen *vi* <kam, gekommen> **1.** приходи́ть, прийти́ *pf*, идти́ *impf* (сюда́); **2.** (*ankommen*) прибыва́ть, -бы́ть *pf*, приходи́ть, прийти́ *pf*; **3.** (*herkommen*) быть *impf* ро́дом; **4.** (*von der Arbeit*) приходи́ть, прийти́, возвраща́ться, верну́ться *pf*; **5.** (*gelangen, hinkommen*) попада́ть, -па́сть *pf*, проходи́ть, пройти́ *pf*; **wie komme ich hier zum Bahnhof?** как мне попа́сть на вокза́л?; **von der Arbeit ~** возвраща́ться с рабо́ты; **aus Deutschland ~** быть ро́дом из Герма́нии; **der nächste Zug kommt in einer halben Stunde** сле́дующий по́езд прибу́дет че́рез полчаса́; **ich komme gleich** я сейча́с иду́; **kommst du?** ты идёшь?; **auf etw zu sprechen ~** заговори́ть о чём-л.; **auf einen Gedanken ~** прийти́ к мы́сли; **auf jdn nichts ~ lassen** не дава́ть сказа́ть о ком-л. дурно́го сло́ва; **komme, was da wolle** будь, что бу́дет; **wie kommt es, dass ...** как получи́лось, что...; **wer kommt als nächstes?** кто сле́дующий?; **so musste es ~** так и должно́ бы́ло случи́ться; **los, komm' schon!** ну, дава́й!; **das kommt mir sehr gelegen** э́то для меня́ о́чень кста́ти; **komm' mir doch nicht schon wieder damit!** не пристава́й ко мне с э́тим сно́ва!; **einen Arzt ~ lassen** вы́звать врача́; **auf seine Kosten ~** окупи́ть свои́ расхо́ды; **in die Schule ~** идти́ в шко́лу; **ums Leben ~** поги́бнуть; **hinter etw ~** разгада́ть что́-л.; **zu etw ~** прийти́ к чему́-л.; **ich bin noch nicht dazu gekommen** я ещё до э́того не дошёл; **zu sich ~** прийти́ в себя́; **zu spät ~** опозда́ть

Kommentar *m* <-s, -e> коммента́рий *m*

kommentarlos *adv* без коммента́риев

Kommentator, -in *m/f* <-s, -en> коммента́тор *m*

kommentieren *vt* комменти́ровать *impf/pf*, про- *pf*

Kommerz *m* <*gen:* -> торго́вля *f*, комме́рция *f*

kommerziell *adj* комме́рческий

Kommilitone *m* <-n, -n> соку́рсник *m*, това́рищ *m* по учёбе

Kommilitonin *f* <-, -nen> соку́рсница *f*

Kommissar, -in *m/f* <-s, -e> комисса́р *m*

Kommissär *m* <-s, -e> (CH, österr: *Kommissar*) комисса́р *m*

kommissarisch *adj* (*vorübergehend*) вре́менный; **der ~e Leiter einer Dienststelle** исполня́ющий обя́занности руководи́теля учрежде́ния

Kommission *f* <-, -en> **1.** (*Komitee*) коми́ссия *f*; **2.** (*Untersuchungsausschuss*) коми́ссия *f*; **3.** (ÖKON) коми́ссия *f*; **etw in ~ geben** сдава́ть что́-л. на коми́ссию

Kommode *f* <-, -n> комо́д *m*

Kommunalpolitik *f* <*gen:* -> коммуна́льная поли́тика *f*

Kommunalpolitiker, -in *m/f* <-s, -> де́ятель *m* о́рганов ме́стного самоуправле́ния

Kommunalsteuern *pl* <*gen:* -> коммуна́льный нало́г *m*

Kommunalwahl *f* <-, -en> коммуна́льные вы́боры *pl*

Kommune *f* <-, -n> **1.** (*Gemeinde, Ortschaft*) общи́на *f*; **2.** (*Wohngemeinschaft*) комму́на *f*

Kommunikation *f* <-, -en> коммуника́ция *f*

kommunikativ *adj* **1.** (*die Kommunikation betreffend*) коммуникацио́нный; **2.** (*mitteilsam*) общи́тельный

Kommunikee *nt* <-s, -s> коммюнике́ *nt*

Kommunion *f* <-, -en> прича́стие *nt*

Kommuniqué, Kommunikee *nt* <-s, -s> коммюнике́ *nt*

Kommunismus *m* <*gen:* -> коммуни́зм *m*

Kommunist, -in *m/f* <-en, -en> коммуни́ст, -ка *m/f*

kommunistisch *adj* коммунисти́ческий; **das Kommunistische Manifest** Коммунисти́ческий манифе́ст

kommunizieren *vi* **1.** (*in Verbindung stehen*) сообща́ться *impf*; **2.** (*geh: sich verständigen*) обща́ться *impf*; **mit jdm ~** обща́ться с ке́м-л. **3.** (REL: *zur Kommunion gehen*) причаща́ться, -части́ться *pf*

Komödiant, -in *m/f* <-en, -en> комедиа́нт, -ка *m/f*

Komödie *f* <-, -n> **1.** (THEAT) коме́дия *f*; **2.**

(*fig*) комéдия *f*; ~ **spielen** (*fig*) разы́грывать комéдию
Kompagnon *m* <-s, -s> компаньóн *m*
kompakt *adj* кампáктный
Kompanie *f* <-, -n> рóта *f*
Komparativ *m* <-s, -e> (LING) сравни́тельная стéпень *f*
Kompass *m* <-es, -e> кóмпас *m*; **nach dem ~ marschieren** идти́ по кóмпасу
kompatibel *adj* (DV) совмести́мый
Kompatibilität *f* <*gen:* -> совмести́мость *f*
Kompensation *f* <-, -en> компенсáция *f*
Kompensationsgeschäft *nt* <-(e)s, -e> компенсациóнная сдéлка *f*
kompensieren *vt* компенси́ровать *impf/pf*, возмещáть, -мести́ть *pf*
kompetent *adj* 1. (*sachverständig, befähigt*) компетéнтный, свéдущий; 2. (*zuständig, befugt*) компетéнтный
Kompetenz[1] *f* <*gen:* -> (*Sachverstand, Fähigkeit*) компетéнтность *f*; **fachliche ~** профессионáльная компетéнтность
Kompetenz[2] *f* <-, -en> (JUR: *Zuständigkeit*) компетéнция *f*, полномóчия *pl*; **seine ~en überschreiten** превы́сить свои́ полномóчия
Kompetenzbereich *m* <-(e)s, -e> сфéра *f* компетéнции
Kompetenzüberschreitung *f* <-, -en> превышéние *nt* полномóчий
komplett *adj* комплéктный, пóлный
komplex *adj* кóмплексный
Komplex *m* <-es, -e> 1. (*von Fragen, /Gebäuden*) кóмплекс *m*; 2. (*Minderwertigkeitsgefühl*) кóмплекс *m*; **~e haben** имéть кóмплексы
Komplexität *f* <*gen:* -> кóмплексность *f*
Komplikation *f* <-, -en> (MED) осложнéние *nt*
Kompliment *nt* <-(e)s, -e> комплимéнт *m*; **jdm für etw ~e machen** сдéлать комý-л. за чтó-л. комплимéнт; **mein ~!** мой комплимéнт!
Komplize *m* <-n, -n> сообщник *m*
kompliziert *adj* слóжный
Komplizin *f* <-, -nen> сообщница *f*
Komplott *nt* <-(e)s, -e> зáговор *m*; **ein ~ schmieden** готóвить зáговор
Komponente *f* <-, -n> 1. (*Bestandteil*) компонéнт *m*, составнáя часть *f*; 2. (*Teilkraft*) составлящая *f*
komponieren *vt* 1. (*Musik*) сочинять, -ни́ть *pf*; 2. (*Farben*) компоновáть, скомпоновáть *pf*
Komponist, -in *m/f* <-en, -en> композитор *m*
Komposition *f* <-, -en> 1. (MUS) музыкáльное произведéние *nt*; 2. (*geh: eines Romans*) построéние *nt*; 3. (*eines Parfums*) композиция *f*
Kompositum *nt* <-s, Komposita> (LING) слóжное слóво *nt*

Kompost *m* <-(e)s, -e> компóст *m*
kompostierbar *adj* приго́дный для компóста
Kompostierung *f* <*gen:* -> компости́рование *nt*
Kompott *nt* <-(e)s, -e> компóт *m*
Kompresse *f* <-, -n> компрéсс *m*
Kompression *f* <*gen:* -> компрéссия *f*
Kompressor *m* <-s, -en> компрéссор *m*
Komprimierung *f* <-, -en> (DV) упакóвка *f*
Kompromiss *m* <-es, -e> компроми́сс *m*; **einen ~ schließen** приня́ть компроми́ссное решéние
kompromissbereit *adj* готóвый к компроми́ссу
Kompromisslösung *f* <-, -en> компроми́ссное решéние *nt*
Kompromissvorschlag *m* <-(e)s, -vorschläge> компроми́ссное предложéние *nt*
kompromittieren I. *vt* компромети́ровать, скомпромети́ровать *pf*; II. *vr* компромети́ровать, скомпромети́ровать *pf* себя́
kondensieren *vt* коденси́ровать *impf/pf*
Kondensmilch *f* <*gen:* -> сгущённое молокó *nt*
Kondensstreifen *m* <-s, -> конденсациóнный след *m*
Kondenswasser *nt* <*gen:* -s> конденсáт *m*
Kondition *f* <-, -en> 1. (SPORT: *kein pl*) физи́ческая фóрма *f*; 2. (*Bedingung*) услóвие *nt*
Konditional *m* <-s, -e> услóвное наклонéние *nt*
Konditionstraining *nt* <*gen:* -s> óбщая физи́ческая подготóвка *f*
Konditor, -in *m/f* <-s, -en> конди́тер *m*
Konditorei *f* <-, -en> конди́терская *f*
kondolieren *vi* (*jdm sein Beileid aussprechen*) выражáть, вы́разить *pf* соболéзнования
Kondom *nt* <-s, -e> презервати́в *m*
Kondukteur *m* <-s, -e> (CH: *Schaffner*) кондýктор *m*, проводни́к *m* (пóезда)
Konfekt *nt* <-(e)s, -e> конфéты *pl*
Konfektionsgröße *f* <-, -n> размéр *m* одéжды
Konferenz *f* <-, -en> 1. конферéнция *f*; 2. (*Zusammenkunft*) заседáние *nt*, собрáние *nt*; **eine ~ abhalten** проводи́ть собрáние
Konferenzraum *m* <-(e)s, -räume> конферéнц-зáл *m*
Konfession *f* <-, -en> вероисповéдание *nt*; **einer ~ angehören** исповéдовать какýю-л. рели́гию
konfessionell *adj* конфессионáльный
konfessionslos *adj* не принадлежáщий ни к какóму вероисповéданию

Konfetti *nt* <*gen*: -(s)> конфетти́ *nt*
Konfiguration *f* <-, -en> конфигура́ция *f*
Konfirmand, -in *m/f* <-en, -en> конфирма́нд *m*, конфирму́ющийся, -щаяся *m/f*
Konfirmation *f* <*gen*: -> конфирма́ция *f*
konfirmieren *vt* конфирмова́ть *impf/pf*
Konfitüre *f* <-, -n> конфитю́р *m*
Konflikt *m* <-(e)s, -e> конфли́кт *m*
Konfliktlösung *f* <-, -en> разреше́ние *nt* конфли́кта
Konfliktpartei *f* <-, -en> конфликту́ющая сторона́ *f*
konform *adj* одина́ковый, совпада́ющий; **mit jds Ansichten ~ gehen** быть одного́ мне́ния с ке́м-л.
Konformismus *m* <*gen*: -> (*geh*) конформи́зм *m*
Konfrontation *f* <-, -en> конфронта́ция *f*
konfrontieren *vt* ста́лкиваться, столкну́ться *pf* (*mit +akk* с *+inst*)
konfus *adj* смущённый, расте́рянный; **~es Zeug reden** говори́ть не поня́тно что
Konfusion *f* <-, -en> замеша́тельство *nt*
kongenial *adj* гениа́льный
Konglomerat *nt* <-(e)s, -e> конгломера́т *m*
Kongress *m* <-es, -e> 1. (POL) парла́мент *m*; 2. (*Fachtagung*) конгре́сс *m*
Kongressteilnehmer, -in *m/f* <-s, -> уча́стник *m* конгре́сса
Kongresszentrum *nt* <-s, -zentren> ко́мплекс сооруже́ний для проведе́ния конгре́ссов
kongruent *adj* (MATH) конгруэ́нтный
Kongruenz *f* <-, -en> (MATH) конгруэ́нция *f*
König, -in *m/f* <-s, -e> коро́ль, -ле́ва *m/f*
königlich *adj* короле́вский; **sich ~ amüsieren** весели́ться вовсю́
Königreich *nt* <-(e)s, -e> короле́вство *nt*
konisch *adj* кони́ческий
Konjugation *f* <-, -en> (LING) спряже́ние *nt*
konjugieren *vt* (LING) спряга́ть, про- *pf*
Konjunktion *f* <-, -en> (LING) сою́з *m*
Konjunktiv *m* <-s, -e> (LING) ко́нъюнктив *m*, сослага́тельное наклоне́ние *nt*
Konjunktur *f* <-, -en> (*Wirtschaftslage*) экономи́ческое положе́ние *nt*, конъюнкту́ра *f*; **die ~ beleben** оживля́ть конъюнкту́ру; **die ~ dämpfen** сде́рживать конъюнкту́ру; **günstige ~** благоприя́тная конъюнкту́ра; **stabile ~** усто́йчивая конъюнкту́ра; **steigende ~** улучша́ющаяся конъюнкту́ра
Konjunkturabschwung *m* <*gen*: -> наде́ние *nt* коньюнкту́ры
Konjunkturaufschwung *m* <-(e)s, -aufschwünge> повыше́ние *nt* конъюнкту́ры
konjunkturbedingt *adj* обусло́вленный коньюнкту́рой
Konjunkturbelebung *f* <-, -en> оживле́ние *nt* конъюнкту́ры
Konjunktureinbruch *m* <-(e)s, -einbrüche> ре́зкое паде́ние *nt* конъюнкту́ры
konjunkturell *adj* конъюнкту́рный; **~ bedingt** обусло́вленный конъюнкту́рой
Konjunkturlage *f* <-, -n> состоя́ние *nt* конъюнкту́ры
Konjunkturschwankung *f* <-, -en> колеба́ние *nt* конъюнкту́ры
Konjunkturtief *nt* <-s, -s> ни́зкая конъюнкту́ра *f*
konkav *adj* (*nach innen gewölbt*) во́гнутый
konkret *adj* конкре́тный
Konkurrent, -in *m/f* <-en, -en> 1. (ÖKON) конкуре́нт, -ка *m/f*; 2. (*Rivale*) сопе́рник, -ница *m/f*
Konkurrenz *f* <*gen*: -> 1. (ÖKON: *Wettbewerb*) конкуре́нция *f*; **die ~ ausschalten** исключи́ть конкуре́нцию; **harte ~** жёсткая конкуре́нция; **scharfe ~** о́страя конкуре́нция; **die ~ vom Markt verdrängen** вы́теснить конкуре́нта с ры́нка 2. (*Rivalität*) сопе́рничество *nt*; 3. (*die Konkurrenten*) конкуре́нция *f*; **jdm ~ machen** конкури́ровать с ке́м-л.; **außer ~** вне конкуре́нции
Konkurrenzanalyse *f* <-, -n> ана́лиз *m* конкуре́нции
Konkurrenzangebot *nt* <-(e)s, -e> конкуре́нтное предложе́ние *nt*
Konkurrenzdruck *m* <*gen*: -(e)s> давле́ние *nt* конкуре́нции
konkurrenzfähig *adj* конкурентоспосо́бный
Konkurrenzfähigkeit *f* <*gen*: -> конкурентоспосо́бность *f*
Konkurrenzkampf *m* конкуре́нтная борьба́ *f*
konkurrenzlos *adj* вне конкуре́нции, вне ко́нкурса
Konkurrenzprodukt *nt* <-(e)s, -e> конкури́рующее изде́лие *nt*
Konkurrenzunternehmen *nt* <-s, -> конкури́рующее предприя́тие *nt*
konkurrieren *vi* 1. конкури́ровать *impf* (*mit +dat* с *+inst*); 2. сопе́рничать *impf* (*mit +dat* с *+inst*)
Konkurs *m* <-es, -e> банкро́тство *nt*; **den ~ abwenden** предотвраща́ть банкро́тство; **~ anmelden** объяви́ть о банкро́тстве; **~ eröffnen** открыва́ть ко́нкурсное произво́дство; **in ~ geraten** обанкро́титься
Konkurseröffnung *f* <-, -en> откры́тие *f* ко́нкурса
konkursgefährdet *adv* находя́щийся под угро́зой банкро́тства
Konkursgläubiger *m* <-s, -> ко́нкурсный кредито́р *m*
Konkursmasse *f* <-, -n> ко́нкурсная

ма́сса f
Konkursverfahren nt <-s, -> ко́нкурсное произво́дство nt
können I. vt <konnte, gekonnt> 1. (*vermögen*) мочь, смочь pf, быть impf в состоя́нии; 2. (*beherrschen, verstehen*) уме́ть, суме́ть pf, знать impf; 3. (*dürfen*) мочь, смочь pf; **kann ich jetzt gehen?** могу́ я тепе́рь идти́?; **er kann gut Russisch** он хорошо́ зна́ет ру́сский; **Auto fahren ~** мочь води́ть маши́ну; **kannst du mir eine Antwort geben?** ты мо́жешь мне дать отве́т?; **jdm etw erklären ~** мочь объясни́ть кому́-л. что́-л.; **kann ich das Fenster öffnen?** могу́ я откры́ть окно́?; **jd kann nichts dafür** кто́-л. ни при чём; **das kann nicht wahr sein!** э́того не мо́жет быть! **das kann schon sein** э́то вполне́ мо́жет быть; **du kannst mich mal!** (*vulg*) поцелу́й меня́ в зад! II. vi мочь, смочь pf; **nicht mehr ~** не мочь бо́льше

Können nt <gen: -s> 1. (*Fähigkeit*) уме́ние nt; 2. (*Kenntnisse*) зна́ние nt

Könner, -in m/f <-s, -> специали́ст, -ка m/f, уме́лец -лица m/f

Konnotation f <-, -en> (LING) коннота́ция f

konnte *prät von* können

Konsekutivdolmetschen nt <gen: -s> после́довательный перево́д m

Konsens m <gen: -es> (*Zustimmung*) согла́сие nt, консе́нсус m

konsequent adj после́довательный; **etw ~ einhalten** после́довательно соблюда́ть что́-л.

Konsequenz f <-, -en> 1. (*Folgerichtigkeit*) после́довательность f; 2. (*Härte, Strenge*) упо́рство f, твёрдость f; 3. (*Folge*) сле́дствие nt, после́дствие nt; **ernste ~en haben** име́ть серьёзные после́дствия; **aus etw die ~en ziehen** сде́лать вы́воды из чего́-л.

konservativ adj 1. (*Behandlung*) консервати́вный; 2. (*politisch*) консервати́вный

Konserve f <-, -n> (*Konservenbüchse*) ба́нка f консе́рвов; **von ~n leben** пита́ться консе́рвами

Konservenbüchse f <-, -n> консе́рвная ба́нка f

konservieren vt консерви́ровать, за- pf

Konservierungsmittel nt <-s, -> консерви́рующее сре́дство nt, консерва́нт m

Konsole f <-, -n> консо́ль f

Konsolidierung f <gen: -> консолида́ция f

Konsonant m <-en, -en> согла́сный звук m

konsonantisch adj консона́нтный

Konsortium nt <-s, Konsortien> консо́рциум m

konstant adj постоя́нный
Konstante f <-, -n> конста́нта f, постоя́нная величина́ f
Konstellation f <-, -en> 1. (*geh: Gesamtlage*) положе́ние nt дел; **eine ungünstige politische ~** невы́годная полити́ческая ситуа́ция 2. (ASTR) положе́ние nt звёзд

konsterniert adj (*geh*) ошеломлённый

Konstitution f <-, -en> 1. (MED) телосложе́ние nt, конститу́ция f; 2. (POL: *Verfassung, Satzung*) конститу́ция f

konstitutionell adj 1. (MED) физи́ческий, органи́ческий; 2. (POL) конституцио́нный

konstruieren vt (*entwerfen*) конструи́ровать, сконструи́ровать pf

Konstrukt nt <-(e)s, -e> рабо́чая гипо́теза f, мысли́тельная констру́кция f

Konstrukteur, -in m/f <-s, -e> констру́ктор m

Konstruktion f <-, -en> 1. (*Entwurf, Bauweise*) констру́кция f, прое́кт m; 2. (*fig*) построе́ние nt

Konstruktionsfehler m <-s, -> конструкти́вный недоста́ток m

Konstruktionsmerkmal nt <-(e)s, -e> отличи́тельный конструкти́вный при́знак m

konstruktiv adj конструкти́вный

Konstruktivismus m <gen: -> конструктиви́зм m

Konsul, -in m/f <-s, -n> ко́нсул m

Konsulat nt <-(e)s, -e> ко́нсульство nt

konsultieren vt консульти́роваться, про- pf

Konsum m <gen: -s> (*Verbrauch*) потребле́ние nt

Konsument, -in m/f <-en, -en> потреби́тель, -ница m/f

Konsumgesellschaft f <-, -en> о́бщество nt потребле́ния

Konsumgüter pl това́ры pl широ́кого потребле́ния

Konsumgüterindustrie f <gen: -> промы́шленность f това́ров широ́кого потребле́ния

Konsumgütermarkt m <gen: -> ры́нок m потреби́тельских това́ров

konsumieren vt потребля́ть, -би́ть pf

konsumorientiert adj ориенти́рованный на потребле́ние

Konsumorientiertheit f <gen: -> ориента́ция f на потребле́ние

Konsumverhalten nt <gen: -s> поведе́ние nt потреби́телей, привы́чки fpl потреби́телей

Kontakt m <-(e)s, -e> 1. конта́кт m; **mit jdm in ~ kommen** войти́ в конта́кт с ке́м-л.; **~ herstellen** установи́ть конта́кт m; 2. (EL) конта́кт m

kontaktarm adj необщи́тельный

Kontaktarmut *f* <gen: -> некоммуника́бельность *f*
Kontaktaufnahme *f* <-, -n> установле́ние *nt* конта́кта
kontaktfreudig *adj* общи́тельный
kontaktieren *vt* обща́ться *impf*, контакти́ровать *impf*
Kontaktlinse *f* <-, -n> конта́ктная ли́нза *f*
Kontaktperson *f* <-, -en> челове́к, име́вший конта́кт с зара́зным больны́м
kontern *vt* контратакова́ть *impf/pf*
Kontext *m* <-(e)s, -e> 1. (LING) конте́кст *m*; 2. (*Zusammenhang*) конте́кст *m*, связь *f*
Kontinent *m* <-(e)s, -e> контине́нт *m*, матери́к *m*
Kontinentalklima *nt* <gen: -s> континента́льный кли́мат *m*
Kontingent *nt* <-(e)s, -e> 1. (ÖKON) часть *f*, до́ля *f*; 2. (MIL: *von Truppen*) континге́нт *m*
Kontingentierung *f* <gen: -> контингенти́рование *nt*, установле́ние *nt* континге́нта
kontinuierlich *adj* непреры́вный
Kontinuität *f* <gen: -> непреры́вность *f*
Konto *nt* <-s, Konten> счёт *m*; **Geld auf ein ~ einzahlen** вноси́ть де́ньги на счёт; **ein ~eröffnen** открыва́ть счёт; **das geht auf mein ~** (*umg: das ist meine Schuld*) это моя́ вина́; **etw auf dem ~ haben** (*etw auf dem Gewissen haben*) име́ть что́-то на со́вести; **ein ~ sperren** блоки́ровать счёт; **eine Summe auf ein ~ überweisen** переводи́ть де́ньги на счёт; **einen Betrag auf einem ~ verbuchen** учи́тывать су́мму в счёте
Kontoauszug *m* <-(e)s, -auszüge> вы́писка *f* из счёта
Kontoführungsgebühr *f* <-, -en> пла́та *f* за веде́ние счёта
Kontoinhaber, -in *m/f* <-s, -> владе́лец, -лица *m/f* счёта
Kontonummer *f* <-, -n> но́мер *m* счёта
Kontostand *m* <gen: -(e)s> состоя́ние *nt* счёта
Kontoüberziehung *f* <-, -en> перекры́тие *nt* счёта
Kontovollmacht *f* <gen: -> дове́ренность *f* на веде́ние счёта
kontra I. *präp +akk* (*gegen, wider*) про́тив; II. *adv* (*dagegen, entgegengesetzt*) про́тив; **er ist immer ~** он всегда́ про́тив.
Kontrabass *m* <-basses, -bässe> контраба́с *m*
Kontrahent, -in *m/f* <-en, -en> 1. (*Gegenspieler*) сопе́рник, -ница *m/f*; 2. (ÖKON: JUR: *Vertragspartner*) контраге́нт *m*, догова́ривающаяся сторона́ *f*
kontraindiziert *adj* (MED) противопока́занный

Kontrakt *m* <-(e)s, -e> догово́р *m*, контра́кт *m*
Kontraktion *f* <-, -en> 1. (MED) стя́гивание *nt*, сокраще́ние *nt*; 2. (PHYS) сжа́тие *nt*, суже́ние *nt*
konträr *adj* противополо́жный
Kontrast *m* <-(e)s, -e> 1. (*Gegensatz*) противополо́жность *f*; 2. (FOT, TV) контра́стность *f*
Kontrazeptivum *nt* <-s, Kontrazeptiva> противозача́точное сре́дство *nt*
Kontrolle *f* <-, -n> 1. (*Überprüfung*) прове́рка *f*, контро́ль *m*; **ausüben** контроли́ровать; **der ~ unterziehen** подверга́ть контро́лю; **die ~n verschärfen** уси́лить контро́ль 2. (*Kontrollstelle*) контро́льный пункт *m*; 3. (*Kontrolleur(in)*) контролёр *m*; 4. (*Herrschaft, Gewalt*) контро́ль *m*; **etw unter ~ haben** держа́ть что́-л. под контро́лем; **die ~ verlieren** потеря́ть контро́ль; **außer ~ geraten** вы́йти и́з-под контро́ля
Kontrolleur, -in *m/f* <-s, -e> контролёр *m*
kontrollieren *vt* 1. (*nachprüfen*) проверя́ть, -ве́рить *pf*; 2. (*überwachen*) контроли́ровать, про- *pf*, следи́ть, про- *pf*; 3. (*beherrschen, lenken*) контроли́ровать, про- *pf*, управля́ть *impf*
Kontrolllampe, Kontroll-Lampe *f* <-, -n> сигнализа́тор *m*
kontrovers *adj* (*strittig, umstritten*) спо́рный
Kontroverse *f* <-, -n> разногла́сие *nt*
Kontur *f* <-, -en> ко́нтур *m*
Konvention *f* <-, -en> 1. (*Zusammenkunft*) конве́нция *f*; 2. (*Übereinkunft*) соглаше́ние *nt*
Konventionalstrafe *f* <-, -n> (JUR) конвенциона́льный штраф *m*
konventionell *adj* общепри́нятый
Konversation *f* <-, -en> разгово́р *m*, бесе́да *f*
Konversion *f* <-, -en> конве́рсия *f*
konvertierbar *adj* конверти́руемый
Konvertierbarkeit *f* <gen: -> конверти́руемость *f*
konvertieren I. *vt* (ÖKON: DV) конверти́ровать *impf/pf*; II. *vi* (REL) переходи́ть, -рейти́ *pf* в другу́ю ве́ру
Konvertierung *f* <-, -en> конверти́рование *nt*
konvex *adj* (*nach außen gewölbt*) вы́пуклый
Konvoi *m* <-s, -s> конво́й *m*; **im ~ fahren** е́хать коло́нной
Konzentrat *nt* <-(e)s, -e> концентра́т *m*
Konzentration *f* <gen: -> концентра́ция *f* (*auf +akk* на +*präpos*)
Konzentrationsfähigkeit *f* <gen: -> спосо́бность *f* сосредото́чиваться
Konzentrationslager *nt* <-s, ->

Konzentrationsschwäche

концентрацио́нный ла́герь *m*
Konzentrationsschwäche *f* <*gen:* -> пони́женная спосо́бность *f* к сосредото́чению
konzentrieren I. *vt* концентри́ровать *impf*; II. *vr* концентри́роваться, сконцентри́роваться *pf*, сосредото́чиваться, -то́читься *pf* (*auf* + *akk* на +*präpos*)
konzentrisch *adj* концентри́ческий; **~e Kreise** концентри́ческие окру́жности
Konzept *nt* <-(e)s, -e> 1. (*stichwortartiger Textentwurf*) план *m*, конспе́кт *m*; **aus dem ~ geraten** прийти́ в замеша́тельство; **jdn aus dem ~ bringen** сбить кого́-л. с то́лку 2. (*Begriff, Vorstellung*) представле́ние *nt*; **etw passt jdm nicht ins ~** что́-л. не подхо́дит кому́-л. 3. (*Konzeption*) конце́пт *m*, конце́пция *f*; **ein ~ umsetzen** предворя́ть в жизнь пла́ны
Konzeption *f* <-, -en> конце́пция *f*
Konzeptionsphase *f* <-, -n> фа́за *f* разрабо́тки конце́пции
Konzern *m* <-s, -e> конце́рн *m*; **internationaler ~** междунаро́дный конце́рн
Konzernabschluss *m* <-es, -abschlüsse> сво́дный бала́нс *m* конце́рна
Konzernbilanz *f* <-, -en> бала́нс *m* конце́рна
Konzernführung *f* <-, -en> руково́дство *nt* конце́рна
Konzernspitze *f* <-, -n> руково́дство *nt* конце́рна
Konzerntochter *f* <-, -töchter> доче́рнее предприя́тие *nt* конце́рна
Konzernunternehmen *pl* <*gen:* -> предприя́тия *pl* конце́рна
Konzernzentrale *f* <-, -n> центра́льное руково́дство *nt* конце́рна
Konzert *nt* <-(e)s, -e> 1. (*einzelne Aufführung*) представле́ние *nt*, конце́рт *m*; 2. (*musikalische Gattung*) конце́рт *m*
Konzession *f* <-, -en> 1. (*Zugeständnis*) усту́пка *f*; **zu ~en bereit sein** быть гото́вым идти́ на усту́пки 2. (*Lizenz*) конце́ссия *f*, лице́нзия *f*; **eine ~ beantragen** запра́шивать конце́ссию; **eine ~ entziehen** лиша́ть конце́ссии; **eine ~ erteilen** предоставля́ть конце́ссию
konzessiv *adj* уступи́тельный
Konzil *nt* <-(e)s, -e> собо́р *m*
konzipieren *vt* составля́ть, -та́вить *pf* конце́пцию, набра́сывать, -броса́ть *pf* план
Kooperation *f* <-, -en> коопера́ция *f*, сотру́дничество *nt*
Kooperationspartner *m* <-s, -> коопери́рующее предприя́тие *nt*
Kooperationsvertrag *m* <-(e)s, -verträge> догово́р *m* о коопера́ции
kooperativ *adj* кооперати́вный; **~er**

Kopfsteinpflaster

Führungsstil коллегиа́льный стиль руково́дства
Koordinate *f* <-, -n> координа́та *f*
Koordinatensystem *nt* <*gen:* -s> систе́ма *f* координа́т
Koordination *f* <-, -> координа́ция *f*
koordinieren *vt* координи́ровать, скоордини́ровать *pf*
Kopf *m* <-(e)s, Köpfe> 1. голова́ *f*; 2. (*leitende Persönlichkeit*) руководи́тель *m*; 3. (*einzelner Mensch*) голова́ *f*; 4. (*Briefkopf*) ша́пка *f*; 5. (*fig: Verstand*) ум *m*, голова́ *f*; **ein heller ~** све́тлая голова́; **pro ~** на го́лову; **er ist der ~ dieser Bewegung** он стои́т во главе́ э́того движе́ния; **nicht wissen, wo einem der ~ steht** не знать, с како́го кра́я нача́ть; **den ~ hängen lassen** пове́сить го́лову; **der Wein stieg ihm in den ~** вино́ уда́рило ему́ в го́лову; **sich etw in den ~ setzen** вбить что́-л. себе́ в го́лову; **sich etw durch den ~ gehen lassen** ду́мать над че́м-л.; **sich über etw den ~ zerbrechen** лома́ть себе́ над че́м-л. го́лову; **sich etw aus dem ~ schlagen** вы́бить себе́ что́-л. из головы́; **Hals über ~** стремгла́в; **~ und Kragen riskieren** рискова́ть жи́знью; **es will ihm nicht in den ~, dass ...** у него́ не укла́дывается в голове́, что...; **jdn vor den ~ stoßen** неприя́тно порази́ть кого́-л.; **jdm den ~ verdrehen** свести́ кого́-л. с ума́; **etw auf den ~ stellen** переверну́ть что́-л. с ног на го́лову; **den ~ verlieren** потеря́ть го́лову
Kopfbahnhof *m* <-(e)s, -bahnhöfe> тупико́вая ста́нция *f*
Kopfball *m* <-(e)s, -bälle> гол, заби́тый голово́й
Kopfbewegung *f* <-, -en> движе́ние *nt* головы́
köpfen *vt* 1. (*hinrichten*) обезгла́вливать, -вить *pf*; 2. (*umg: Flasche*) открыва́ть, -ры́ть *pf*; 3. (*Fußball*) игра́ть, сыгра́ть *pf* голово́й
Kopfhörer *m* <-s, -> нау́шник *m*
Kopfhörerbuchse *f* <-, -n> гнездо́ *nt* нау́шника
Kopfkissen *nt* <-s, -> поду́шка *f*
kopflos *adj* (*fig*) безмо́зглый; **er hat ~ gehandelt** он поступи́л безрассу́дно
kopfrechnen *vi* счита́ть, по- *pf* в уме́
Kopfsalat *m* коча́нный сала́т *m*
Kopfschmerz *m* <-es, -en> головна́я боль *f*; **sie hat starke ~en** у неё стра́шные головны́е бо́ли
Kopfschmerztablette *f* <-, -n> табле́тка *f* от головно́й бо́ли
Kopfsprung *m* <-(e)s, -sprünge> вход *m* в во́ду голово́й
Kopfstand *m* <-(e)s, -stände> сто́йка *f* на голове́
Kopfsteinpflaster *nt* <-s, -> булы́жная мостова́я *f*

Kopfstütze f <-, -n> подголо́вник m
Kopftuch nt <-(e)s, -tücher> плато́к m
Kopfzerbrechen : etw bereitet jdm ~ кому́-л. придётся лома́ть го́лову над чем-л.; **sich über etw ~ machen** лома́ть го́лову над чем-л.
Kopie f <-, -n> 1. (*Fotokopie*) ко́пия f; 2. (*Durchschlag*) ко́пия f; 3. (*Imitation*) имита́ция f, дублика́т m
kopieren vt 1. копи́ровать, скопи́ровать pf, де́лать, сде́лать pf ко́пию; 2. (*imitieren*) имити́ровать, сымити́ровать pf
Kopierer m <-s, -> копирова́льный аппара́т m
Kopiergerät nt <-(e)s, -e> копирова́льный аппара́т m
koppeln vt 1. (*Pferde*) трено́жить, стрено́жить pf; 2. (*Hunde*) брать соба́к на сво́ру; 3. (*verbinden*) свя́зывать, -за́ть pf; 4. (*Raumschiffe*) производи́ть, -вести́ pf стыко́вку
Kopplung f <-, -en> 1. (*Pferde*) стрено́живание nt; 2. (*Verbindung*) связь f; 3. (*Raumschiffe*) стыко́вка f
Koralle f <-, -n> кора́лл m
Korallenriff nt <-(e)s, -e> кора́лловый риф m
Koran m <gen: -s> кора́н m
Korb m <-(e)s, Körbe> 1. корзи́на f; 2. корзи́нка f; 3. (BERGB: *Förderkorb*) подъёмная клеть f; **jdm einen ~ geben** (*fig*) отказа́ть кому́-л.; **einen ~ bekommen** (*fig*) получи́ть отка́з
Korbmöbel pl плетёная (да́чная) ме́бель fsg
Kordel f <-, -n> шнур m
Korea nt <gen: -s> Коре́я f
Koreaner, -in m/f <-s, -> коре́ец, корея́нка m/f
koreanisch adj коре́йский
Kork m <-(e)s, -e> про́бка f
Korken m <-s, -> 1. буты́лочная про́бка f; 2. (*aus Plastik*) пла́стиковая про́бка f
Korkenzieher m <-s, -> што́пор m
Kormoran m <-(e)s, -e> большо́й бакла́н m
Korn nt <-(e)s, Körner> 1. (*Samenkorn*) семенно́е зерно́ nt; 2. (*von Salz/ Sand*) крупи́нка f; 3. (*Getreide*) зерно́ nt, жи́то nt; 4. (*Kornbranntwein*) хле́бная во́дка f; 5. (*am Gewehr*) му́шка f; **jdn aufs ~ nehmen** (*fig*) взять кого́-л. на приме́ту; **die Flinte ins ~ werfen** (*fig*) бы́стро пасова́ть пе́ред тру́дностями
Kornblume f <-, -n> василёк m
Kornbranntwein m <gen: -(e)s> хле́бная во́дка f
Kornkammer f <-, -n> жи́тница f
Körper m <-s, -> 1. те́ло nt, ту́ловище nt; 2. (*geometrisches Gebilde*) геометри́ческая фигу́ра f
Körperbau m <gen: -(e)s> телосложе́ние nt

körpereigen adj (*Substanz*) аутоге́нный
Körpergewicht nt <gen: -(e)s> вес m те́ла
Körpergröße f <-, -n> рост m челове́ка
körperlich adj физи́ческий, теле́сный
Körperlotion f <-, -en> лосьо́н m для те́ла
Körperpflege f <gen: -> гигие́на f те́ла
Körperschaft f <-, -en> о́рган m
Körperteil m <-(e)s, -e> часть f те́ла
Körperverletzung f <-, -en> теле́сные поврежде́ния pl
Korps nt <-, -> ко́рпус m
korpulent adj по́лный, доро́дный
Korpulenz f <gen: -> доро́дность f
korrekt adj корре́ктный, пра́вильный
Korrektur f <-, -en> 1. (*Berichtigung*) попра́вка f, исправле́ние nt; 2. (*Korrekturlesen*) чте́ние nt корректу́ры; 3. (*Korrekturfahne*) гра́нка f; **~ lesen** чита́ть корректу́ру
Korrespondent, -in m/f <-en, -en> корреспонде́нт, -ка m/f
Korrespondenz f <-, -en> корреспонде́нция f, перепи́ска f; **mit jdm in ~ stehen** состоя́ть с кем-л. в перепи́ске
Korridor m <-s, -e> коридо́р m
korrigieren vt 1. (*berichtigen*) исправля́ть, -пра́вить pf; 2. (*Aufsätze*) проверя́ть, -ве́рить pf
Korrosion f <-, -en> корро́зия f
korrosionsanfällig adj подве́рженный корро́зии
korrosionsbeständig adj коррозионносто́йкий
Korrosionsbeständigkeit f <gen: -> коррозио́нная сто́йкость f
Korrosionsschutz m <gen: -es> защи́та f от корро́зии
Korrosionsschutzmittel nt <-s, -> антикоррозио́нное сре́дство nt
korrumpieren vt (*geh: pej*) коррумпи́ровать impf/pf
korrupt adj (*pej*) коррумпи́рованный
Korruption f <-, -en> (*pej*) корру́пция f
Korsett nt <-s, -s> корсе́т m
Kortison nt <gen: -s> кортизо́н m
Kosakenführer m (HIST) ге́тман m
Kosename m <-n, -n> ласка́тельное и́мя nt
Kosewort nt <-(e)s, -wörter> ласка́тельное сло́во nt
Kosinus m <-, -/ -se> (MATH) ко́синус m
Kosmetik f <gen: -> (*Körperpflege*) косме́тика f
Kosmetiker, -in m/f <-s, -> космето́лог m, космети́чка f
Kosmetiksalon m <-(e)s, -e> космети́ческий сало́н m
Kosmetikum nt <-s, Kosmetika> космети́ческое сре́дство nt
kosmetisch adj космети́ческий

kosmisch *adj* космический
Kosmologie *f* <gen: -> космология *f*
Kosmonaut, -in *m/f* <-en, -en> космонавт *m*
Kosmopolit, -in *m/f* <-en, -en> космополит *m*
Kosmos *m* <gen: -> космос *m*
Kosovo *nt* <gen: -s> Ко́сово *nt*
Kost *f* <gen: -> 1. (*Essen, Nahrung*) пища *f*, питание *nt*; **magere ~** по́стная пи́ща; **leichte ~** лёгкая пи́ща 2. (*Verköstigung, Pension*) стол *m*, питание *nt*
kostbar *adj* 1. (*wertvoll*) драгоценный; 2. (*kostspielig, luxuriös*) дорогостоящий
Kostbarkeit *f* <-, -en> 1. (*die Eigenschaft*) высо́кая це́нность *f*; 2. (*kostbarer Gegenstand*) драгоце́нность *f*
Kosten *pl* <gen: -> 1. (*Ausgaben*) расхо́ды *pl*; 2. (*Auslagen*) изде́ржки *pl*; **auf jds ~** за чей-л. счёт; **das geht auf ~ der Gesundheit** это вреди́т здоро́вью; **auf seine ~ kommen** (*fig*) не оста́ться внакла́де; **keine ~ scheuen** не остана́вливаться пе́ред расхо́дами; **die ~ für etw tragen** нести́ расхо́ды на что́-л.; **veranschlagte ~** сме́тные изде́ржки; **zusätzliche ~** добавочные расхо́ды
kosten[1] *vt* 1. сто́ить *impf*; 2. (*erfordern*) сто́ить *impf*, тре́бовать, по- *pf*; **Zeit und Mühe ~** сто́ить вре́мени и уси́лий; **was kostet das?** ско́лько э́то сто́ит?; **das kostet mich meine ganze Kraft** э́то сто́ит всех мои́х сил; **koste es, was es wolle** чего́ бы э́то не сто́ило
kosten[2] *vt* (*probieren*) про́бовать, по- *pf*
Kostenart *f* <-, -en> вид *m* изде́ржек
kostenbewusst *adj* экономи́чный; **~ wirtschaften** эконо́мно вести́ хозя́йство
Kosteneinsparung *f* <-, -en> эконо́мия *f* на изде́ржках, эконо́мия *f* затра́т
Kostenfrage *f* <gen: -> вопро́с *m* о затра́тах
kostengünstig *adj* тре́бующий ме́ньших затра́т
kostenlos *adj* беспла́тный
Kostenniveau *nt* <-s, -s> у́ровень *m* изде́ржек
Kostenstelle *f* <-, -n> ме́сто *nt* возникнове́ния затра́т
Kostenvoranschlag *m* <-(e)s, -schläge> предвари́тельная сме́та *f* расхо́дов
köstlich *adj* 1. (*schmackhaft*) о́чень вку́сный, ла́комый; 2. (*erlesen*) изы́сканный; 3. (*amüsant*) великоле́пный; **sich ~ amüsieren** великоле́пно весели́ться
Kostprobe *f* <-, -n> (*auch fig*) про́ба *f*
kostspielig *adj* дорогостоя́щий, разори́тельный
Kostüm *nt* <-s, -> (*Jackenkleid*) костю́м *m*
kostümieren I. *vt* (*als*) переодева́ть, -де́ть *pf*, наряжа́ть, -ряди́ть *pf*; **sie hat ihn als Clown kostümiert** она́ его́ наряди́ла кло́уном; II. *vr* переодева́ться, -де́ться *pf*, наряжа́ться, -ряди́ться *pf*
Kot *m* <gen: -(e)s> кал *m*
Kotelett *nt* <-(e)s, -s> отбивна́я котле́та *f*
Koteletten *pl* <gen: -> бакенба́рды *pl*
Köter *m* <-s, -> (*pej*) пёс *m*
Kotflügel *m* <-s, -> крыло́ *nt* ку́зова
kotzen *vi* (*vulg*) рвать, вы- *pf*; **das ist zum Kotzen!** это проти́вно!
Krabbe *f* <-, -n> краб *m*
krabbeln *vi* по́лзать *impf*
Krach *m* <-(e)s, Kräche> 1. (*Lärm*) шум *m*; **~ machen** поднима́ть шум 2. (*umg: Streit*) ссо́ра *f*, сканда́л *m*; **mit jdm ~ bekommen** поссо́риться с ке́м-л. 3. (*Krawall, Aufruhr*) волне́ние *nt*, беспоря́дки *pl*
krachen *vi* 1. (*Krach machen*) шуме́ть *impf*, треща́ть *impf*; 2. (*Schuss*) греме́ть, про- *pf*, тре́снуть, -скать *impf*
krächzen *vi* ка́ркать *impf*
kraft *präp* в си́лу; **~ seines Amtes** по до́лгу слу́жбы; **~ des Vertrages** в си́лу догово́ра
Kraft *f* <-, Kräfte> 1. (*Körperkraft*) си́ла *f*; 2. (PHYS) си́ла *f*; **aus eigener ~** свои́ми си́лами; **wieder zu Kräften kommen** набра́ться сил; **am Ende seiner Kräfte sein** вы́биться из сил; **noch bei Kräften sein** быть ещё по́лным сил; **die treibende ~** дви́жущая си́ла; **etw tritt in ~** что́-л. вступа́ет в си́лу; **etw außer ~ setzen** отмени́ть что́-л.
Kraftaufwand *m* <gen: -s> затра́та *f* сил, затра́та *f* эне́ргии
Kraftausdruck *m* <-(e)s, -ausdrücke> кре́пкое выраже́ние *nt*
Kraftfahrzeug *nt* <-(e)s, -e> автомаши́на *f*, автомоби́ль *m*
Kraftfahrzeugbau *m* <gen: -s> автомобилестрое́ние *nt*
Kraftfahrzeugbrief *m* <-(e)s, -e> па́спорт *m* автомоби́ля
Kraftfahrzeugelektrik *f* <gen: -> электрооборудование *nt* автомоби́ля
Kraftfahrzeugelektronik *f* <gen: -> автомоби́льная электро́ника *f*
Kraftfahrzeugkennzeichen *nt* <-s, -> но́мер *m* автомоби́ля
Kraftfahrzeugpapiere *pl* <gen: -> докуме́нты *mpl* на автомоби́ль
Kraftfahrzeugsteuer *f* <gen: -> нало́г *m* на автомоби́ль
Kraftfahrzeugversicherung *f* <gen: -> страхова́ние *nt* автомоби́ля
kräftig I. *adj* 1. (*kraftvoll*) си́льный, кре́пкий; 2. (*Essen*) пита́тельный; 3. (*Händedruck*) кре́пкий; **eine ~e Tracht Prügel erhalten** получи́ть кре́пкую взбу́чку; II. *adv* си́льно, кре́пко.

kraftlos adj (schwach) бесси́льный, нéмощный

Kraftmeierei f <gen: -> (pej) хваста́ние nt своéй си́лой

Kraftprobe f <-, -n> про́ба f сил

Kraftstoff m <gen: -(e)s> то́пливо nt; **flüssiger ~** жи́дкое то́пливо; **~ für Arktisbetrieb** аркти́ческое то́пливо; **gasförmiger ~** газообра́зное то́пливо; **verbleiter ~** этили́рованный бензи́н

Kraftstoffleitung f <-, -en> топливопрово́д m

Kraftstoffpumpe f <-, -n> то́пливный насо́с m

Kraftübertragung f <-, -en> трансми́ссия f

kraftvoll adj по́лный сил

Kraftwerk nt <-(e)s, -e> электроста́нция f

Kragen m <-s, Krägen> воротни́к m; **jdm an den ~ wollen** пыта́ться взять кого́-л. за го́рло; **es geht um Kopf und ~** речь идёт о жи́зни и сме́рти; **jetzt platzt mir gleich der ~** (umg) моему́ терпе́нию сейча́с придёт коне́ц; **das wird ihm den ~ kosten** э́то бу́дет сто́ить ему́ головы́

Krähe f <-, -n> воро́на f

krähen vi крича́ть impf кукареку́

krakeelen vi <krakeelte, krakeelt> ора́ть impf, сканда́лить, на- pf

Kralle f <-, -n> ко́готь m; **jdm die ~n zeigen** (fig) показа́ть кому́-л. ко́гти

krallen I. vt впи́ться pf, впива́ться impf; **jdn ~** схвати́ть кого́-л.; II. vr цепля́ться impf

Kram m <gen: -s> 1. (umg: pej: Gegenstände) барахло́ nt; 2. (umg: pej: Angelegenheiten) дела́ pl; **das passt mir gar nicht in den ~** э́то меня́ соверше́нно не устра́ивает

kramen I. vi ры́ться impf (in +akk в +präpos); II. vt достава́ть, -ста́ть pf; **alte Sachen aus dem Keller ~** доста́ть ста́рые ве́щи из по́греба

Krampen m <-s, -> (österr: Spitzhacke) моты́га f

Krampf m <-(e)s, Krämpfe> 1. (MED) спазм m, су́дорога f; 2. (umg: pej: Blödsinn) бессмы́слица f

Krampfader f <-, -n> расши́ренная ве́на f

krampfhaft adj 1. (krampfartig) су́дорожный; 2. (angestrengt) напряжённый

Kran m <-(e)s, Kräne> кран m

Kranich m <-s, -e> жура́вль m

krank adj 1. (körperlich) больно́й; 2. (geistig) душевнобольно́й; **~ werden** заболе́ть; **jdn ~ schreiben** вы́писать кому́-л. больни́чный лист; **sich ~ lachen** (umg) хохота́ть до упа́ду

Kranke(r) m/f <-n, -n> больно́й, -на́я m/f

kränkeln vi хвора́ть impf

kranken vi боле́ть impf; **an Asthma ~** боле́ть а́стмой

kränken vt обижа́ть, оби́деть pf, оскорбля́ть, -би́ть pf; **tief gekränkt sein** быть глубоко́ оскорблённым; **jdn in seiner Ehre ~** заде́ть чью-л. честь

Krankengeld nt <gen: -(e)s> посо́бие nt по боле́зни

Krankengymnast, -in m/f <-en, -en> специали́ст, -ка m/f по лече́бной физкульту́ре

Krankengymnastik f <gen: -> лече́бная физкульту́ра f

Krankenhaus nt <-es, -häuser> больни́ца f; **im ~ liegen** лежа́ть в больни́це; **jdn in ein ~ einliefern** помести́ть кого́-л. в больни́цу; **jdn aus dem ~ entlassen** вы́писать кого́-л. из больни́цы

Krankenkasse f <-, -n> больни́чная ка́сса f

Krankenpfleger, -in m/f <-s, -> санита́р, -ка m/f

Krankenschein m <-(e)s, -e> свидéтельство о члéнстве в больни́чной ка́ссе

Krankenschwester f <-, -n> медсестра́ f

Krankentransport m <-(e)s, -e> санита́рный тра́нспорт m, санита́рные перево́зки

Krankentransportwagen m <-s, -> санита́рный автомоби́ль m

Krankenversicherung f <-, -en> страхова́ние на слу́чай боле́зни

Krankenwagen m <-s, -wägen> маши́на f „ско́рой по́мощи"

krankhaft adj 1. (pathologisch) боле́зненный, патологи́ческий; 2. (nicht normal) боле́зненный; **~e Eifersucht** боле́зненная ре́вность

Krankheit f <-, -en> боле́знь f, заболева́ние nt; **ansteckende ~** зара́зная боле́знь; **eine ~ durchmachen** переболе́ть; **sich eine ~ zuziehen** подцепи́ть боле́знь; **einer ~ vorbeugen** предупрежда́ть заболева́ние; **von einer ~ genesen** выздора́вливать

Krankheitserreger m <-s, -> возбуди́тель m боле́зни

Krankheitsverlauf m <-(e)s, -verläufe> тече́ние nt боле́зни

kränklich adj боле́зненный, хи́лый

Krankmeldung f <-, -en> сообще́ние nt о заболева́нии

krankschreiben vt вы́дать pf, -дава́ть impf больни́чный лист

Kranwagen m <-s, -> автомоби́льный кран m

Kranz m <-es, Kränze> вено́к m; **Zweige zu einem ~ binden** сплета́ть ве́тки в вено́к

Krapfen m <-s, -> ола́дья f

krass adj (auffallend) я́ркий, броса́ющийся в глаза́

Krater *m* <-s, -> кра́тер *m*
kratzbürstig *adj* (*widerspenstig*) стропти́вый, ко́лкий
kratzen I. *vt* 1. цара́пать, по- *pf*; 2. (*ab~*) соска́бливать, -бли́ть *pf*; **das kratzt mich nicht** (*umg*) меня́ э́то не волну́ет; II. *vi* цара́паться, по- *pf*; **der Pulli kratzt** пуло́вер куса́ется; III. *vr* чеса́ться, по- *pf*; **sich hinterm Ohr ~** чеса́ть за у́хом
Kratzer *m* <-s, -> (*Schramme*) цара́пина *f*
Kraul *nt* <*gen*: -s> (*Kraulschwimmen*) кроль *m*
kraulen[1] *vi* (SPORT) плыть *impf* кро́лем
kraulen[2] *vt* (*liebkosen*) гла́дить, по- *pf*, почёсывать *impf*
kraus *adj* 1. запу́танный; 2. (*Haar*) кудря́вый; 3. (*Stirn*) смо́рщенный; **die Stirn ~ ziehen** помо́рщить лоб
Krause *f* <-, -n> 1. (*Kragen*) жабо́ *nt*; 2. (*von Haar*) завито́к *m*
kräuseln I. *vt* (*Haar*) завива́ть, -ви́ть; II. *vr* 1. (*Haar*) завива́ться, -ви́ться *pf*; 2. (*Wasser*) ряби́ть *impf*; 3. (*Rauch*) ви́ться *impf*
Kraut *nt* <-(e)s, Kräuter> 1. трава́ *f*; 2. (*Kohlgemüse*) капу́ста *f*; 3. (*umg: pej: Tabak*) зе́лье *nt*; **wie ~ und Rüben** (*umg*) как попа́ло; **dagegen ist kein ~ gewachsen** (*umg*) про́тив э́того нет сре́дства
Kräutertee *m* <-s, -s> чай *m* из трав, травяно́й чай *m*
Krautkopf *m* <-(e)s, -köpfe> (*österr: Kohlkopf*) коча́н *m* капу́сты
Krawall *m* <-s, -e> 1. (*Aufruhr*) волне́ния *pl*, беспоря́дки *pl*; 2. (*Krach, Lärm*) шум *m*; **~ machen** буя́нить
Krawatte *f* <-, -n> га́лстук *m*
Krawattennadel *f* <-, -n> була́вка *f* для га́лстука
kreativ *adj* тво́рческий
Kreativität *f* <*gen*: -> тво́рчество *nt*
Kreatur *f* <-, -en> 1. (*geh: Geschöpf*) созда́ние *nt*, творе́ние *nt*; 2. (*pej*) тварь *f*
Krebs[1] *m* <-es, -e> (*Flusskrebs*) рак *m*
Krebs[2] *m* 1. (ASTR) рак *m*; 2. (MED) рак *m*
Krebsdiagnose *f* констата́ция *nt* заболева́ния ра́ком
Krebserkrankung *f* <-, -en> заболева́ние *nt* ра́ком
Krebsforschung *f* <*gen*: -> изуче́ние *nt* ра́ка, онколо́гия *f*
Krebsfrüherkennung *f* <*gen*: -> ра́ннее выявле́ние *nt* ра́ка
Krebsoperation *f* <-, -en> опера́ция *f* по удале́нию ра́ка
Krebsvorsorge *f* <*gen*: -> мероприя́тия *f* по ра́ннему выявле́нию ра́ка
Kredit *m* <-(e)s, -e> 1. (*Anleihe, Darlehen*) креди́т *m*; **einen ~ aufnehmen** брать креди́т; **befristeter ~** сро́чный креди́т; **begrenzter ~** ограни́ченный креди́т; **jdm einen ~ gewähren** предоставля́ть кому́-л. креди́т; **kurzfristiger ~** краткосро́чный креди́т; **langfristiger ~** долгосро́чный креди́т; **einen ~ sperren** блоки́ровать креди́т; **einen ~ tilgen** погаша́ть креди́т; **einen ~ überziehen** перерасхо́довать креди́т; **unbefristeter ~** бессро́чный креди́т; **einen ~ verlängern** продлева́ть креди́т; **ein zinsloser ~** беспроце́нтный креди́т; **einen ~ zurückzahlen** погаша́ть креди́т 2. (*Zahlungsaufschub*) креди́т *m*; **auf ~ kaufen** покупа́ть в креди́т 3. (ÖKON: *Vertrauen in die Kreditwürdigkeit*) комме́рческое дове́рие *nt*, ве́ра *f* в кредитоспосо́бность
Kreditfähigkeit *f* <*gen*: -> кредитоспосо́бность *f*
Kredithai *m* <-s, -e> ростовщи́к *m*
Kreditinstitut *nt* <-(e)s, -e> креди́тный институ́т *m*
Kreditkarte *f* <-, -n> креди́тная ка́рточка *f*
Kreditlaufzeit *f* <-, -en> срок *f* креди́та
Kreditwürdigkeit *f* <*gen*: -> кредитоспосо́бность *f*
Kreditzinsen *pl* <*gen*: -> проце́нты *pl* за креди́т
Kreide *f* <-, -n> 1. (*zum Schreiben*) мел *m*, мело́к *m*; 2. (GEOL) мел *m*; **bei jdm tief in der ~ stehen** (*umg*: *bei jdm viele Schulden haben*) кре́пко задолжа́ть кому́-л.
kreidebleich *adj* бе́лый как мел
Kreidezeit *f* <*gen*: -> (GEOL) мелова́я форма́ция *f*, мелово́й пери́од *m*
kreieren *vt* создава́ть, -да́ть *pf*
Kreis *m* <-es, -e> 1. (*geometrische Figur*) круг *m*; 2. (*Landkreis*) райо́н *m*; 3. (*nur pl: gesellschaftliche ~e*) обще́ственные круги́ *pl*; 4. (EL: *Stromkreis*) цепь *f*; 5. (*geh: Personenkreis*) круг *m* лиц; **weite ~e der Bevölkerung** широ́кие круги́ населе́ния; **sich im ~ bewegen** (*fig*) дви́гаться по кру́гу
kreischen *vi* визжа́ть *impf*
Kreisel *m* <-s, -> 1. (*Spielzeug*) юла́ *f*; 2. (PHYS) гироско́п *m*
kreisen *vi* 1. кружи́ть *impf*, кружи́ться *impf*; **seine Gedanken kreisten dauernd um dieses Thema** его́ мы́сли постоя́нно кружи́лись вокру́г э́той те́мы; 2. (*Satellit*) враща́ться *impf*
Kreislauf *m* <*gen*: -(e)s> 1. циркуля́ция *f*; 2. (*Blutkreislauf*) кровообраще́ние *nt*
Kreislaufkollaps *m* <-es, -e> сосу́дистый ко́ллапс *m*
Kreislaufstörung *f* <-, -en> наруше́ние *nt* кровообраще́ния
Kreissäge *f* <-, -n> ди́сковая пила́ *f*
Kreißsaal *m* <-(e)s, -säle> роди́льная пала́та *f*
Kreisstadt *f* <-, -städte> райо́нный центр *m*
Kreisverkehr *m* <*gen*: -s> кругово́е

движе́ние *nt*
Krematorium *nt* <-s, Krematorien> кремато́рий *m*
Kreme *f* <*gen:* -> крем *m*
Kreml *m* <*gen:* -(s)> 1. кремль *m*; 2. Кремль *m* (в Москве́)
Krempe *f* <-, -n> поля́ *ntpl* шля́пы
Krempel *m* <*gen:* -s> (*pej*) хлам *m*
krepieren *vi* (*verenden*) околева́ть, -ле́ть *pf*
Krepp *m* <-s, -s/ -e> креп *m*
Krepppapier, Krepp-Papier *nt* <*gen:* -(e)s> кре́повая бума́га *f*
Kresse *f* <*gen:* -> клопо́вник *m*
Kreta Крит; **auf ~** на Кри́те
Kreuz *nt* <-es, -e> 1. крест *m*; 2. (*Kartenfarbe*) тре́фы *fpl*; 3. (ANAT) крестец *m*, поясни́ца *f*; **jdn aufs ~ legen** (*fig*) положи́ть кого́-л. на лопа́тки; **das ~ des Südens** Южный Крест; **sein ~ tragen** нести́ свой крест 4. (MUS) дие́з *m*
kreuzen I. *vt* 1. скре́щивать, скрести́ть *pf*; **die Klingen mit jdm ~** скрести́ть с кем-л. шпа́ги 2. (BIO) скре́щивать, скрести́ть *pf*; II. *vr* (*Wege*) пересека́ть, -се́чься *pf*; III. *vi* (MAR) крейси́ровать *impf*
Kreuzfahrt *f* <-, -en> 1. (*Kreuzzug*) кресто́вый похо́д *m*; 2. (MAR) круи́з *m*
Kreuzfahrtschiff *nt* <-(e)s, -e> парохо́д *m*, предназна́ченный для круи́зов
Kreuzfeuer *nt* <*gen:* -s> перекрёстный ого́нь *m*; **ins ~ der Kritik geraten** попа́сть под перекрёстный ого́нь кри́тики
kreuzigen *vt* распя́ть *pf*, -пина́ть *impf*
Kreuzigung *f* <-, -en> распя́тие *nt*
Kreuzotter *f* <-, -n> гадю́ка *f* обыкнове́нная
Kreuzreim *m* <-(e)s, -e> (LIT) перекрёстная ри́фма *f*
Kreuzung *f* <-, -en> 1. (*von Straßen*) перекрёсток *m*; 2. (BIO: *Vorgang*) скре́щивание *nt*; 3. (BIO: *Ergebnis*) гибри́д *m*
Kreuzungspunkt *m* <-(e)s, -e> ме́сто *nt* пересече́ния
Kreuzworträtsel *nt* <-s, -> кроссво́рд *m*
Kreuzzug *m* <-(e)s, -züge> кресто́вый похо́д *m*
kribbeln *vi* (*jucken*) зуде́ть *impf*, чеса́ться *impf*
kriechen *vi* <kroch, gekrochen> 1. по́лзать *impf*; 2. (*umg: unterwürfig sein*) пресмыка́ться *impf* (**vor** +*dat* пе́ред +*inst*)
Kriecher *m* <-s, -> (*umg: pej*) подхали́м *m*, лизоблю́д *m*
Kriechspur *f* <-, -en> (*auf Autobahnen*) полоса́ *f* заме́дленного движе́ния
Krieg *m* <-(e)s, -e> война́ *f*; **mit jdm ~ führen** вести́ войну́ с кем-л.; **sich mit jdm im ~ befinden** быть в войне́ с кем-л.
kriegen *vt* (*umg*) получа́ть, -чи́ть *pf*
kriegerisch *adj* вои́нственный; **~e Auseinandersetzung** вое́нный конфли́кт
Kriegsdienstverweigerer *m* <-s, -> отка́зывающийся *m* от вое́нной слу́жбы
Kriegsflüchtling *m* <-s, -e> бе́женец *m* войны́
Kriegsfuss : mit jdm auf ~ stehen (*umg*) враждова́ть с кем-л.
Kriegsgefangene(r) *m* <-n, -n> военнопле́нный *m*
Kriegsgefangenschaft *f* <*gen:* -> плен *m*; **in ~ geraten** попа́сть в плен
Kriegsgericht *nt* <-(e)s, -e> вое́нный трибуна́л *m*; **jdn wegen etw vors ~ stellen** отпра́вить кого́-л. за что́-л. под трибуна́л
Kriegspartei *f* <-, -en> вою́ющая сторона́ *f*
Kriegsschauplatz *m* <-es, -plätze> теа́тр *m* вое́нных де́йствий
Kriegsschiff *nt* <-(e)s, -e> вое́нный кора́бль *m*
Kriegsverbrechen *nt* <-s, -> вое́нное преступле́ние *nt*
Kriegsverbrecher *m* <-s, -> вое́нный престу́пник *m*
Kriegsversehrte(r) *m* <-n, -n> инвали́д *m* войны́
Kriegsveteran *m* <-en, -en> ветера́н *m* войны́
Krim *f* <*gen:* -> Крым *m*
Krimi *m* <-s, -s> (*umg*) детекти́в *m*
Kriminalbeamte(r) *m* <-n, -n> сотру́дник *m* уголо́вного ро́зыска
Kriminalistik *f* <*gen:* -> криминали́стика *f*
Kriminalität *f* <*gen:* -> 1. (*Verbrechertum*) престу́пность *f*; 2. (*Verbrechensrate*) у́ровень *m* престу́пности
Kriminalpolizei *f* <*gen:* -> уголо́вный ро́зыск *m*
Kriminalroman *m* <-s, -e> детекти́в *m*, детекти́вный рома́н *m*
kriminell *adj* кримина́льный, уголо́вный
Kriminelle(r) *m* <-n, -n> уголо́вный престу́пник *m*
Kripo *akr von* **Kriminalpolizei** *f* УГРО *m*
Krippe *f* <-, -n> (*Kinderkrippe, Futterkrippe*) я́сли *mpl*
Krise *f* <-, -n> кри́зис *m*; **allgemeine ~** о́бщий кри́зис; **gravierende ~** тяжёлый кри́зис; **eine ~ heraufbeschwören** вызыва́ть кри́зис; **in eine ~ hineinschlittern** ска́тываться в кри́зис; **eine ~ überstehen** выде́рживать кри́зис
kriseln : **es kriselte heftig** (*umg*) был си́льный кри́зис
krisenanfällig *adj* подве́рженный кри́зисам

Krisengebiet nt <-(e)s, -e> район m кризиса
Krisenmanagement nt <gen: -s> управле́ние nt в усло́виях кри́зиса
Krisensitzung f <-, -en> заседа́ние nt в связи́ с кри́зисом
Krisenstab m <-(e)s, -stäbe> штаб m по преодоле́нию кри́зиса
Kristall m <-(e)s, -e> криста́лл m
Kriterium nt <-s, Kriterien> 1. крите́рий m; 2. (SPORT) крите́риум m
Kritik f <-, -en> 1. кри́тика f; 2. (Rezension) рецензия f; 3. (die Kritiker) кри́тики pl; ins Kreuzfeuer der ~ geraten попа́сть под перекрёстный ого́нь кри́тики; unter aller ~ (umg) ни́же вся́кой кри́тики
Kritiker, -in m/f <-s, -> кри́тик m
kritiklos adj некрити́ческий, некрити́чный
kritisch adj 1. крити́ческий; unsere Lage ist ~ на́ше положе́ние крити́ческое; 2. крити́ческий, крити́чный; etw ~ prüfen проверя́ть что-л. крити́чески; ~e Bemerkungen крити́ческие замеча́ния
kritisieren I. vt (Bücher) рецензи́ровать, про- pf; II. vi критикова́ть impf
kritzeln I. vt цара́пать, на- pf, писа́ть, на- pf неразбо́рчиво; II. vi цара́пать, на- pf
Kroate m <-n, -n> хорва́т m
Kroatien nt <gen: -s> Хорва́тия f
Kroatin f <-, -nen> хорва́тка f
kroch prät von **kriechen**
Krokodil nt <-s, -e> крокоди́л m
Krokus m <-, -se> кро́кус m
Krone f <-, -n> 1. (des Königs) коро́на f; 2. (Zahnkrone) коро́нка f; 3. (eines Baumes) кро́на f; das setzt doch wirklich allem die ~ auf! э́то уже́ выхо́дит за вся́кие грани́цы! einen in der ~ haben (umg: angetrunken sein) быть под му́хой
krönen vt коронова́ть impf/pf; jdn zum König ~ коронова́ть кого́-л. на ца́рство; vom Erfolg gekrönt sein (fig) увенча́ться успе́хом
Kronkorken m <-s, -> кро́нчатый колпачо́к m
Kronleuchter m <-s, -> лю́стра f
Kronprinz m <-en, -en> насле́дный при́нц m
Kronprinzessin f <-, -nen> супру́га f кронпри́нца
Krönung f <-, -en> 1. (eines Königs) коронова́ние nt, корона́ция f; 2. (fig: Höhepunkt) вене́ц m
Kronzeuge m <-n, -n> гла́вный свиде́тель m; als ~ auftreten выступа́ть в ка́честве гла́вного свиде́теля
Kropf m <-(e)s, Kröpfe> 1. (einer Taube) зоб m; 2. (MED) базе́дова боле́знь f, зоб m
Kröte f <-, -n> жа́ба f; ~n де́ньги
Krücke f <-, -n> (Gehhilfe) клюка́ f, па́лка f

Krug m <-(e)s, Krüge> 1. кувши́н m; 2. (Bier~) кру́жка f
Krümel m <-s, -> кро́шка f
krümeln vi 1. кроши́ться, рас- pf; 2. (beim Essen) кроши́ть, на- pf, сори́ть, на- pf
krumm adj 1. криво́й; keinen Finger für jdn ~ machen (umg) не пошевели́ть па́льцем ра́ди кого́-л.; sich ~ und schief lachen (umg) смея́ться до упа́ду 2. (verbogen) изо́гнутый; 3. (unrechtmäßig) нече́стный; etw auf die ~e Tour machen (umg) де́лать что-л. нече́стным путём
krümmen I. vt сгиба́ть, согну́ть pf; II. vr 1. (Straße, Fluss) извива́ться impf, петля́ть impf; 2. (Wurm) извива́ться impf; sich vor Schmerzen ~ ко́рчиться от бо́ли
krumm nehmen vt (umg) обижа́ться, оби́деться pf; jdm etw ~ оби́деться на кого́-л. за что́-л.
Krümmung f <-, -en> (Biegung) изги́б m, поворо́т m
Krüppel m <-s, -> кале́ка mf; jdn zum ~ schlagen искале́чить кого́-л.
Kruste f <-, -n> 1. ко́рка f; 2. (des Bratens) ко́рочка f; 3. (MED) струп m
Kruzifix nt <-es, -e> распя́тие nt
Krypta f <gen: -> кри́пта f
KSZE abk für **Konferenz für Sicherheit und Zusammenarbeit in Europa** f 1. СБСЕ nt; 2. Совеща́ние по безопа́сности и сотру́дничеству в Евро́пе
Kuba nt <gen: -s> Ку́ба f
Kubaner, -in m/f <-s, -> куби́нец, куби́нка m/f
kubanisch adj куби́нский
Kübel m <-s, -> (Eimer) ведро́ nt, бадья́ f; es gießt wie aus ~n льёт как из ведра́
Kubikzentimeter m <-s, -> куби́ческий сантиме́тр m
Kubismus m <gen: -> куби́зм m
kubistisch adj куби́стский
Küche f <-, -n> 1. (Raum) ку́хня f; 2. (Kochkunst) ку́хня f; 3. (fig: Essen, Speisen) пи́ща f, еда́ f
Kuchen m <-s, -> пиро́жное nt, пиро́г m
Küchenchef m <-s, -s> шеф m -по́вар m
Kuchenform f <-, -en> фо́рма f для выпечки пирого́в
Küchenmaschine f <-, -n> ку́хонный комба́йн m
Küchenmesser nt <-s, -> ку́хонный нож m
Küchenschrank m <-(e)s, -schränke> ку́хонный буфе́т m
Kuckuck m <-s, -e> 1. куку́шка f; 2. (umg: Pfandsiegel) печа́ть f суде́бного исполни́теля; zum ~ noch mal! (umg) чёрт побери́! (das) weiß der ~ (umg) чёрт его́ зна́ет
Kufe f <-, -n> (des Schlittens) по́лоз m,

полозья *pl*
Kugel *f* <-, -n> 1. шар *m*; 2. (*Geschoss*) пуля *f*; **sich eine ~ durch den Kopf jagen** пустить себе пулю в лоб; **eine ruhige ~ schieben** (*umg*) работать не напрягаясь
Kugelhagel *m* <*gen:* -s> град *m* пуль
Kugelkopfschreibmaschine *f* <-, -n> пишущая машинка *f* с шаровой головкой
Kugellager *nt* <-s, -> шарикоподшипник *m*
kugelrund *adj* 1. круглый как шар; 2. (*wohlgenährt und dick*) полный, толстый
Kugelschreiber *m* <-s, -> шариковая ручка *f*
Kugelschreibermine *f* <-, -n> стержень *m* для шариковой ручки
kugelsicher *adj* пуленепробиваемый
Kugelstoßen *nt* <*gen:* -s> толкание *nt* ядра
Kuh *f* <-, Kühe> корова *f*; **heilige ~** святая корова
Kuhhaut : **das geht auf keine ~** (*umg*) это уму не постижимо
kühl *adj* 1. прохладный, холодный; **für die Jahreszeit ist es zu ~** для этого времени года это слишком прохладно 2. (*fig*) трёзвый, холодный; 3. (*abweisend*) сдержанный, холодный
Kühlanlage *f* <-, -n> холодильная установка *f*
Kühle *f* <*gen:* -> 1. прохлада *f*, свежесть *f*; 2. (*Abweisung*) сдержанность *f*, холодность *f*
kühlen I. *vt* охлаждать, -ладить *pf*; **Sekt ~** охладить шампанское; II. *vi* (*Kühle verbreiten*) холодить *impf*; **das Wasser kühlt** вода холодит
kühlend *adj* охлаждающий, холодящий
Kühler *m* <-s, -> радиатор *m*
Kühlergrill решётка *f* радиатора
Kühlerhaube *f* <-, -n> капот *m* радиатора
Kühlflüssigkeit *f* <-, -en> охлаждающая жидкость *f*
Kühlhaus *nt* <-es, -häuser> холодильник *m*
Kühlrippen *pl* (TECH) рёбра охлаждения *pl*
Kühlschrank *m* <-(e)s, -schränke> холодильник *m*
Kühlsystem *nt* <-s, -e> система *f* охлаждения
Kühltasche *f* <-, -n> сумка-холодильник *f*
Kühlturm *m* <-(e)s, -türme> градирня *f*
Kühlung *f* <*gen:* gen> охлаждение *nt*
Kühlwagen *m* <-s, -> автомобиль *m* -рефрижератор *m*
Kühlwasser *nt* <*gen:* -s> охлаждающая вода *f*
kühn *adj* смелый, рискованный; **das habe ich in meinen ~sten Träumen nicht zu hoffen gewagt** я не смел на это надеяться даже в своих самых смелых мечтах
Kühnheit *f* <*gen:* -> смелость *f*
Kuhstall *m* <-(e)s, -ställe> коровник *m*
Küken *nt* <-s, -> цыплёнок *m*
kulant *adj* любезный, предупредительный, обходительный
Kulanz *f* <*gen:* -> обходительность *f*, услужливость *f*
Kuli[1] *m* <-s, -s> (*Lastträger*) кули *m*
Kuli[2] *m* <-s, -s> (*umg: Kugelschreiber*) шарик *m*
kulinarisch *adj* кулинарный
Kulisse *f* <-, -n> (THEAT) кулисы *pl*; **einen Blick hinter die ~n werfen** (*fig*) заглянуть за кулисы
kullern *vi* (*Tränen*) катиться *impf*, по- *pf*
Kult *m* <-(e)s, -e> культ *m*
Kultfigur *f* <-, -en> известная личность *f*, в которой многие видят яркое выражение собственного мироощущения, собственных желаний и представлений
kultisch *adj* культовый
kultivieren *vt* культивировать *impf*
kultiviert *adj* 1. культивированный; 2. (*verfeinert, anspruchsvoll*) изысканный, утончённый
Kultur *f* <-, -en> 1. культура *f*; 2. (*von Bakterien, Pilzen etc*) культура *f*
Kulturbeutel *m* <-s, -> сумочка *f* для туалетных принадлежностей
Kulturdenkmal *nt* <-s, -denkmäler> памятник *m* культуры
Kulturgeschichte *f* <*gen:* -> история *f* культуры
kulturell *adj* культурный
Kulturlandschaft *f* <-, -en> культурный ландшафт *m*
Kulturpflanze *f* <-, -n> культурное растение *nt*
Kulturwissenschaft *f* <-, -en> культуроведение *nt*
Kulturzentrum *nt* <-s, -zentren> культурный центр *m*
Kultusminister, -in *m/f* <-s, -> министр *m* культуры
Kultusministerium *nt* <-s, -ministerien> министерство *nt* культуры
Kümmel *m* <-s, -> 1. (*Gewürz*) тмин *m*; 2. (*Kümmelbranntwein*) тминная водка *f*
Kummer *m* <*gen:* -s> 1. (*Betrübnis*) огорчение *nt*, печаль *f*; **vor ~ nicht schlafen können** не мочь спать от горя 2. (*Ärger*) огорчение *nt*; **jdm ~ bereiten** доставить кому-л. огорчение
kümmerlich *adj* 1. (*karg, armselig*) жалкий, убогий; 2. (*schwächlich*) хилый; **eine ~e Gestalt** хилая фигура 3. (*ungenügend*) недостаточный; **ein ~es Ergebnis** плохой результат; **ein ~er Rest** скудный остаток

kümmern I. *vt* (*betreffen*) касаться, коснуться *pf*; **das kümmert mich nicht** это меня не касается; II. *vr* 1. (*sorgen*) беспокоиться, по- *pf*, заботиться, по- *pf*; **sich um jdn ~** заботиться о ком-л. 2. (*sich befassen*) заниматься, -няться *pf*; **~ Sie sich um Ihre eigenen Angelegenheiten** занимайтесь своими делами; **sich darum ~, dass ...** позаботиться о том, что...

Kümmernis *nt* <-ses, -se> 1. (*geh*) забота *f*; 2. огорчение *nt*

Kumpan *m* <-s, -e> соучастник *m*

Kumpel *m* <-s, -(s)> 1. (*umg: Freund*) приятель *m*; 2. (BERGB) горняк *m*

Kumys, Kumyss *m* <*gen:* -> (*Getränk aus gegorener Stutenmilch*) кумыс *m*

Kunde *m* <-n, -n> клиент *m*; **~n abwerben** переманивать клиентов; **~n gewinnen** привлекать клиентов; **um ~ werben** бороться за клиентов

Kundenberater, -in *m/f* <-s, -> продавец *m* -консультант *m*

Kundendienst *m* <*gen:* -es> 1. (*Service*) сервис *m*; 2. (*Abteilung*) служба *f* сервиса

Kundenkredit *m* <*gen:* -(e)s> потребительский кредит *m*

Kundenkreis *m* <-es, -e> клиентура *f*, круг *m* покупателей

Kundennummer *f* <-, -n> личный номер *m* клиента (фирмы посылочной торговли)

Kundenstock *m* <*gen:* -(e)s> (*österr: Kundenkreis*) клиентура *f*, круг *m* покупателей

Kundenwerbung *f* <*gen:* -> привлечение *nt* клиентов

Kundgebung *f* <-, -en> манифестация *f*, демонстрация *f*

kündigen I. *vt* 1. (*Vertrag*) расторгать, -торгнуть *pf*; 2. (*bei einer Mitgliedschaft*) прекращать, -кратить *pf*; II. *vi* 1. (*vom Arbeitnehmer*) увольняться, уволиться *pf*; 2. (*vom Mieter*) отказаться, -казываться *pf* от квартиры; 3. (*vom Arbeitgeber aus*) увольнять, уволить *pf*; 4. (*vom Vermieter aus*) отказать *pf*, -казывать *impf* квартиранту; 5. (*bei einer Mitgliedschaft*) прекращаться, -кратиться *pf*

Kündigung *f* <-, -en> 1. (*von Stellung*) увольнение *nt*; **fristlose ~** увольнение без предварительного предупреждения 2. (*von Vertrag*) расторжение *nt*

Kündigungsfrist *f* <-, -en> 1. (*von Stellung*) срок *m* для увольнения с работы; 2. (*von Vertrag*) срок *m* для расторжения договора

Kündigungsgrund *m* <-(e)s, -gründe> основание *nt* для расторжения трудового договора

Kündigungsschreiben *nt* <-s, -> извещение *nt* об увольнении

Kündigungsschutz *m* <*gen:* -es> защита *f* от необоснованного увольнения

Kundin *f* <-, -nen> клиентка *f*

Kundschaft *f* <-, -en> 1. (*von Dienstleistungsbetrieb*) клиентура *f*, заказчики *mpl*; 2. (*Nachricht*) информация *f*, сообщение *nt*

künftig I. *adj* будущий; II. *adv* в будущем.

Kunst *f* <-, Künste> 1. искусство *nt*; 2. (*Geschick*) искусство *nt*, мастерство *nt*; **die ärztliche ~** врачебное мастерство; **die schönen Künste** изящные искусства; **die bildenden Künste** изобразительные искусства; **eine brotlose ~** неблагодарное занятие; **das ist keine ~** это ничего не стоит; **mit seiner ~ am Ende sein** быть бессильным

Kunstakademie *f* <-, -n> Академия *f* искусств

Kunstdruck *m* <-(e)s, -e> художественная печать *f*

Kunstdünger *m* <-s, -> минеральное удобрение *nt*

Kunstfaser *f* <-, -n> искусственное волокно *nt*

Kunstfehler *m* <-s, -> врачебная ошибка *f*

Kunstgegenstand *m* <-(e)s, -gegenstände> предмет *m* искусства

Kunstgeschichte *f* <*gen:* -> история *f* искусства

Kunstgewerbe *nt* <*gen:* -s> прикладное искусство *nt*

Kunstharz *nt* <*gen:* -es> синтетическая смола *f*

Kunsthistoriker, -in *m/f* <-s, -> искусствовед *m*

Kunsthochschule *f* <-, -n> высшее художественное учебное заведение *nt*

Kunstleder *nt* <*gen:* -s> искусственная кожа *f*

Künstler, -in *m/f* <-s, -> 1. (*Kunstschaffende(r)*) артист, -ка *m/f*, художник, -ница *m/f*; 2. (*fig: Könner*) умелец, -лица *m/f*

künstlerisch *adj* художественный

künstlich *adj* 1. искусственный; 2. (*synthetisch*) синтетический; 3. (*Haar, Zähne*) искусственный; **sich ~ aufregen** (*umg*) деланно волноваться; **~e Befruchtung** искусственное оплодотворение; **jdn ~ ernähren** искусственно питать кого-л.

Kunststoff *m* <-(e)s, -e> пластмасса *f*

Kunststück *nt* <-(e)s, -e> трюк *m*, фокус *m*

Kunstturnen *nt* <*gen:* -s> спортивная гимнастика *f*

kunstvoll *adj* искусный

Kunstwerk *nt* <-(e)s, -e> произведение *nt* искусства

kunterbunt *adj* 1. (*vielfarbig*) пёстрый; 2. (*abwechslungsreich*) разнообразный

Kupfer *nt* <gen: -s> медь *f*

Kupferdraht *m* <-(e)s, -drähte> медная проволока *f*

kupfern *adj* медный

Kupferstich *m* <-(e)s, -e> 1. (*das Kupferstechen*) гравирование *nt* на меди; 2. (*~karte etc*) гравюра *f* на меди, эстамп *m*

Kuppe *f* <-, -n> 1. (*Berg~*) закруглённая вершина *f*; 2. (*Finger~*) кончик *m* пальца

Kuppel *f* <-, -n> купол *m*

Kuppelei *f* <-, -> (JUR) сводничество *nt*

kuppeln I. *vi* 1. (*sich als Kuppler(in) betätigen*) сводить, свести *pf*, сводничать *impf*; 2. (JUR) сводничать *impf*; 3. (KFZ) нажимать, -жать *pf* на сцепление; 4. (TECH: *verbinden*) сцеплять, -пить *pf*, стыковывать, -ковать *impf/pf*

Kuppler, -in *m/f* <-s, -> сводник, -ница *m/f*

Kupplung *f* <-, -en> 1. (*das Koppeln*) стыковка *f*; 2. (KFZ) сцепление *nt*; **die ~ treten** нажать на сцепление; **die ~ lösen** выключать сцепление 3. (TECH) соединение *nt*, муфта *f*

Kur *f* <-, -en> 1. (MED) лечение *nt*; 2. (*für Haar*) средство *nt* для лечения

Kür *f* <-, -en> произвольная программа *f*

Kurbel *f* <-, -n> рукоятка *f*, ручка *f*

Kurbelwelle *f* <-, -n> (KFZ) коленчатый вал *m*

Kürbis *m* <-ses, -se> тыква *f*

Kurde, Kurdin *m/f* <-n, -n> курд *m*

kurdisch *adj* курдский

Kurdistan *nt* <gen: -s> Курдистан *m*

Kurgast *m* <-es, -gäste> курортник *m*

Kurhotel *nt* <-s, -e> санаторий *m*

Kurier *m* <-s, -e> курьер *m*

kurieren *vt* лечить *impf*

kurios *adj* (*seltsam*) странный

Kuriosität *f* <-, -en> 1. (*einzelner Gegenstand*) редкость *f*; 2. (*Merkwürdigkeit*) странность *f*

Kurort *m* <-(e)s, -e> курорт *m*

Kurpfuscher, -in *m/f* <-s, -> (*pej*) шарлатан, -ка *m/f*

Kurs *m* <-es, -e> 1. (MAR) курс *m*; 2. (POL) курс *m*; **einen harten ~ verfolgen** следовать жёсткому курсу 3. (*Wechselkurs*) курс *m*; 4. (*Aktienkurs*) курс *m*; **amtlicher ~** официальный курс; **den ~ drücken** понижать курс; **fallender ~** падающий курс; **fester ~** твёрдый курс; **nomineller ~** номинальный курс; **notierter ~** котированный курс; **offizieller ~** официальный курс; **steigender ~** повышающийся курс; **den ~ stützen** поддерживать курс; **den ~ herabsetzen** понижать курс 5. (*Lehrgang*) курс *m*; **einen ~ besuchen** посещать курсы; **vom ~ abkommen** отклониться от курса; **~ nehmen auf** взять курс на; **den ~ wechseln** сменить курс

Kursanstieg *m* <-(e)s, -e> повышение *nt* курса

Kursbuch *nt* <-(e)s, -bücher> железнодорожный справочник *m*

Kursdifferenz *f* <-, -en> (BÖRSE) разница *f* в курсах

Kurseinbruch *m* <-es, -einbrüche> внезапное падение *nt* курса

Kursentwicklung *f* <-, -en> движение *nt* биржевых курсов

Kursgewinn *m* <-(e)s, -e> курсовая прибыль *f*; **einen ~ verzeichnen** иметь курсовую прибыль

kursieren *vi* курсировать *impf*

kursiv *adj* курсивный; **etw ~ schreiben** написать что-л. курсивом

Kursnotierung *f* <-, -en> котировка *f* курсов

Kursschwankung *f* <-, -en> колебание *nt* курса

Kursteilnehmer, -in *m/f* <-s, -> слушатель *m* курсов

Kursverfall *m* <gen: -> падение *nt* курсов

Kursverlust *m* <-es, -e> потери *pl* от колебания курсов

Kurtaxe *f* <-, -n> курортный сбор *m*

Kurve *f* <-, -n> 1. (*von Straße*) поворот *m*; **die ~ schneiden** срезать угол на повороте; 2. (MATH) кривая *f*; **die ~ kratzen** (*umg*) смыться

kurz I. *adj* 1. (*räumlich und zeitlich*) короткий; 2. (*rasch*) быстрый; **ich gehe ~ noch in die Stadt etw einkaufen** я схожу ещё быстро в город за покупками; II. *adv* 1. (*nicht lang, nicht weit*) коротко; 2. (*für kurze Zeit*) ненадолго; 3. (*bündig*) краткий; **mach's ~!** будь краток!; **~ und bündig** коротко и ясно; **zu ~ kommen** быть в убытке; **sich ~ fassen** говорить кратко; **~ und gut** короче говоря; **binnen ~em** в скором времени; **vor ~em** недавно; **vor ~er Zeit** недавно; **seit ~em** с недавних пор; **über ~ oder lang** рано или поздно; **~ und gut** короче говоря; **etw ~ und klein schlagen** разнести что-л. на мелкие кусочки.

Kurzarbeit *f* <gen: -> неполный рабочий день *m*

kurzärmelig *adj* с короткими рукавами

Kürze *f* <-, -n> 1. непродолжительность *f*; **in ~** (*bald, demnächst*) вскоре 2. (*von Aufsatz, Bericht etc*) краткость *f*, сжатость *f*; 3. (*Bündigkeit*) краткость *f*; **in aller ~** очень кратко; **in der ~ liegt die Würze** краткость - сестра таланта

kürzen *vt* 1. (*kürzer machen*) укорачивать, -ротить *pf*; 2. (*Text*) сокращать, -кратить *pf*

kurzerhand *adv* 1. (*ohne Umschweife*) без лишних церемоний; 2. (*auf der Stelle*) сразу, немедленно
Kurzform *f* <-, -en> краткая форма *f*
kurzfristig I. *adj* краткосрочный; II. *adv* 1. (*ohne Ankündigung*) внезапный; 2. (*für kurze Zeit*) непродолжительный; ~e **Planung** краткосрочное планирование; ~er **Kredit** краткосрочный кредит.
Kurzgeschichte *f* <-, -n> короткий рассказ *m*
kurzhalten *vt* не давать, не дать *pf* свободы действий, держать *impf* в строгости
kurzlebig *adj* недолговечный
kürzlich *adv* недавно
Kurzschluss *m* <-schlusses, -schlüsse> короткое замыкание *nt*
Kurzschlusshandlung *f* <-, -en> (PSYCH) действие *nt* в состоянии аффекта
kurzsichtig *adj* близорукий
Kurzsichtigkeit *f* <-, -en> 1. (*schlechte Sehfähigkeit*) близорукость *f*; 2. (*kurzsichtiges Denken, Handeln*) недальновидность *f*
Kurzurlaub *m* <-(e)s, -e> кратковременный отпуск *m*
Kurzwaren *pl* <gen: -> галантерейные товары *pl*
kurzweilig *adj* занимательный, развлекательный
Kurzwelle *f* <-, -n> короткие волны *fpl*
Kurzzeitversuch *m* <-(e)s, -e> кратковременное испытание *nt*
kuscheln *vi* прижиматься, -жаться *pf*, ласкаться, при- *pf*; **sich an jdn ~** прильнуть к кому-л.
Kuscheltier *nt* <-(e)s, -e> мягкая игрушка *f*
Kusine *f* <-, -n> кузина *f*
Kuss *m* <-es, Küsse> поцелуй *m*; **jdm einen ~ geben** поцеловать кого-л.
küssen I. *vt* целовать, по- *pf*; II. *vr* целоваться, по- *pf*
Küste *f* <-, -n> побережье *nt*
Küster *m* <-s, -> церковный служка *m*
Kutsche *f* <-, -n> 1. карета *f*; 2. (*umg: Auto*) колымага *f*
Kutscher *m* <-s, -> кучер *m*
Kutte *f* <-, -n> ряса *f*
Kutteln *pl* требуха *f*
Kutter *m* <-s, -> (MAR) катер *m*
Kuwait *nt* <gen: -s> Кувейт *m*
Kuwaiter, -in *m/f* <-s, -> житель *m* Кувейта
kuwaitisch *adj* кувейтский
kV *abk von Kilovolt* кВ *m*
kW *abk von Kilowatt* кВт *m*
Kwass *m* квас *m*
Kybernetik *f* <gen: -> кибернетика *f*
kybernetisch *adj* кибернетический
kyrillisch : ~e **Schrift** кириллица *f*
KZ *abk von Konzentrationslager*

L

l, L *nt* <-s, -> л, Л
Label *nt* <-s, -s> этикетка *f*, наклейка *f*
labial *adj* (LING: *als Laut mit den Lippen gebildet*) губной
labil *adj* неустойчивый
Labilität *f* <gen: -> лабильность *f*
Labor *nt* <-s, -s> лаборатория *f*
Laborant, -in *m/f* <-en, -en> лаборант, -ка *m/f*
Laboratorium *nt* <-s, Laboratorien> лаборатория *f*
Laborversuch *m* <-(e)s, -> лабораторный опыт *m*, лабораторное испытание *nt*
Labyrinth *nt* <-(e)s, -e> лабиринт *m*
Lache *f* <-, -n> (*Pfütze*) лужа *f*
lächeln *vi* улыбаться, улыбнуться *pf*
lachen *vt* смеяться, по- *pf* (*über* +akk над +inst); **er hat nichts zu ~** ему не до смеха; **du hast gut ~** тебе легко говорить; **wer zuletzt lacht, lacht am besten** хорошо смеётся тот, кто смеётся последним
lächerlich *adj* 1. (*komisch*) смешной; 2. (*minimal, gering*) смехотворный; **ein ~er Preis** смехотворная цена; **sich vor jdm ~ machen** выставлять себя на посмешище кому-л.; **jdn ~ machen** поднимать на смех кого-л.
lachhaft *adj* смешной
Lachs *m* <-es, -e> лосось *m*
Lack *m* <-(e)s, -e> лак *m*; **farbloser ~** бесцветный лак
Lackabbeizmittel *nt* <-s, -> растворитель *m* лака
Lackel *m* <-s, -> (*österr: unbeholfener, tölpelhafter Mensch*) болван *m*, неуклюжий человек *m*
lackieren *vt* лакировать, от- *pf*
Lackleder *nt* <gen: -s> лакированная кожа *f*
Lackmuspapier *nt* <gen: -(e)s> (CHEM) лакмусовая бумага *f*
Lackschuh *m* <-es, -e> 1. лакированная туфля *f*; 2. лакированный ботинок *m*
Ladefläche *f* <gen: -> погрузочная площадка *f*
Ladegerät *nt* <-(e)s, -e> (EL) зарядное устройство *nt*
Ladekran *m* <-(e)s, -kräne> погрузочный кран *m*
laden *vt* <lud, geladen> 1. (*Gäste*) приглашать, -гласить *pf*; 2. (JUR) вызывать, вызвать *pf*; 3. (*mit etw beladen*) грузить, по- *pf*; 4. (EL, PHYS, auch Feuerwaffe) заряжать, -рядить *pf*; **Schuld auf sich ~** взять вину на себя
Laden *m* <-s, -Läden> 1. (*Fensterladen*) ставень *m*; 2. (*Geschäft*) магазин *m*; **den ~ dichtmachen** (*umg*) прикрыть лавочку *f*
Ladenhüter *m* <-s, -> залежавшийся

товáр m
Ladenkette f <-, -n> цепь f магазинов
Ladenöffnungszeiten pl <gen: -> врéмя nt рабóты магазина
Ladenpreis m <-es, -e> магазинная ценá f
Ladenschluss m <gen: -es> врéмя nt закрытия магазина
Ladentisch m <-(e)s, -e> прилáвок m
Laderampe f <-, -n> погрýзочная платфóрма f
lädieren vt (beschädigen) повреждáть, -вредить pf
Ladung f <-, -en> 1. груз m; 2. (JUR: Vorladung) повéстка f в суд; 3. (von Sprengstoff) заряд m
lag prät von **liegen**
Lage f <-, -n> 1. (Situation) положéние nt, ситуáция f; 2. (Schicht) слой m; 3. (örtliche Verhältnisse) расположéние nt; **Herr der ~ sein** быть хозяином положéния; **die ~ der Dinge** положéние вещéй; **jdn in die ~ versetzen, etw zu tun** дать комý-л. возмóжность сдéлать чтó-л.; **dazu bin ich nicht in der ~** я не в состоянии сдéлать это (этого); **ein Haus in günstiger ~** удáчно располóженный дом; **in ruhiger ~ wohnen** жить в тихом мéсте
Lagebericht m <-(e)s, -e> отчёт m о состоянии дел
Lagebeurteilung f <-, -en> оцéнка f обстанóвки
Lager nt <-s, -> 1. (Unterkunft, POL: Partei) лáгерь m; 2. (Lagerhaus) склад m; **das ~ abbauen** сокращáть склáдские запáсы; **das ~ auffüllen** пополнять склáдские запáсы; **auf ~ halten** имéть на склáде; **auf ~ legen** помещáть на склад; **auf ~ produzieren** производить на склад; **das ~ räumen** освобождáть склад; **ab ~ verkaufen** продавáть со склáда 3. (Vorrat) запáс m; 4. (KFZ, TECH) подшипник m; **etw auf ~ haben** (fig) имéть что-л. в запáсе; **ein ~ aufschlagen** разбить лáгерь; **das ~ abbrechen** сняться со лáгеря
Lagerabbau m <gen: -s> сокращéние nt склáдских запáсов
Lagerabgang m <-(e)s, -abgänge> изменéние nt склáдских запáсов
Lagerbestand m <-(e)s, -bestände> складскóй запáс m
Lagerfähigkeit f <gen: -> (TRANSP) сохраняемость f
Lagerfeuer nt <-s, -> костёр m
Lagerhaltung f <gen: -> складирование nt
Lagerhaltungskosten pl <gen: -> издéржки pl на складирование
Lagerhaus nt <-es, -häuser> склад m, пакгáуз m
Lagerkosten pl <gen: -> издéржки pl на складирование
lagern I. vt 1. (hinlegen) склáдывать, сложить pf; 2. (ÖKON: auf Lager haben) хранить impf (на склáде); II. vi (ÖKON: im Lager sein) хранить impf (на склáде)
Lagerplatz m <-es, -plätze> 1. мéсто nt для разбивки лáгеря; 2. открытый склад m, складскáя плóщадка f
Lagerproduktion f <gen: -> изготовлéние nt на склад
Lagerschein m <-(e)s, -scheine> складскáя распискa f
Lagerstätte f <-, -n> (von Bodenschätzen) месторождéние nt
Lagerung f <-, -en> хранéние nt на склáде
Lagune f <-, -n> лагýна f
lahm adj 1. (gelähmt) парализóванный; 2. (am Bein) хромóй; 3. (fig) вялый
lähmen vt парализовáть pf; **vor Schreck wie gelähmt sein** онемéть от ýжаса
lahm legen vt парализовáть impf
Lähmung f <-, -en> парáлич m
Laib m <-(e)s, -e> буханка f (хлéба)
Laich m <-(e)s, -e> икрá f
laichen vi нерестить impf, метáть impf икрý
Laichplatz m <-es, -plätze> нерестилище nt
Laie m <-n, -n> 1. любитель m; 2. (pej) дилетáнт m; **er ist in dieser Hinsicht ein völliger ~** он в этом отношéнии полнéйший профáн
Laiendarsteller m <-s, -> актёр-любитель m
Laienspiel nt <gen: -s> драматическая худóжественная самодéятельность f
Laken nt <-s, -> (Betttuch) простыня f
lakonisch adj лаконичный; **eine ~e Antwort** лаконичный отвéт
Lakritze f <gen: -> лакрица f
lallen I. vt лепетáть, про- pf; II. vi лепетáть, про- pf; **der Betrunkene lallt** у пьяного язык заплетáется
Lama nt <-s, -s> лáма f
Lamelle f <-, -n> 1. (BOT) споронóсный слой m (грибá); 2. (TECH) тóнкая пластина f, ламéль f
lamentieren vi (jammern) жáловаться, по- pf
Lametta nt <gen: -s> серéбряный дождь m
Lamm nt <-(e)s, Lämmer> ягнёнок m
Lammfell nt мерлýшка f
lammfromm adj крóткий как овéчка
Lampe f <-, -n> 1. лáмпа f; 2. (Glühbirne) (электрическая) лáмпочка f
Lampenschirm m <-(e)s, -e> абажýр m
Lampion m <-s, -s> лампиóн m
LAN nt <-s, -s> (DV) локáльная вычислительная сеть f, ЛВС f
Land nt <-(e)s, Länder> 1. (Staat) странá f; 2. (im Gegensatz zur Stadt) дерéвня f,

сéльская мéстность f; **3.** (Bundesland) землЯ f; **4.** (Festland) сýша f; **auf dem ~ wohnen** жить в дерéвне; **am Wochenende aufs ~ fahren** поéхать на выходны́е зá город
Landbesitzer m <-s, -> землевладéлец m
Landbevölkerung f <gen: -> сéльское населéние nt
Landeanflug m <gen: -(e)s> захóд m на посáдку
Landebahn f <-, -en> взлётно-посáдочная полосá f
Landeerlaubnis f <gen: -> разрешéние nt на посáдку
landen vi **1.** приземлЯ́ться, -ли́ться pf, совершáть, -ши́ть pf посáдку; **2.** (fig: enden) окáзываться, -зáться pf; **im Gefängnis** ~ оказáться в тюрьмé
Länderabkommen f <gen: -s> междунарóдное соглашéние nt
Länderspiel nt <-(e)s, -e> междунарóдный матч m
Landesfachverband m <-(e)s, -verbände> земéльное отраслевóе объединéние nt
Landesfarben fpl (einer Nation) национáльные цветá mpl
Landeskunde f <gen: -> странове́дение nt
Landesregierung f <-, -en> (in der Bundesrepublik und Österreich) прави́тельство nt земли́
Landessprache f <-, -n> национáльный язы́к m
Landestrauer f <gen: -> национáльный трáур m
landesüblich adj (обще)при́нятый в (дáнной) странé
Landesverrat m <gen: -s> **1.** изменá f рóдине; **2.** шпионáж m
Landesverteidigung f <gen: -> оборóна f страны́
Landeswährung f <-, -en> национáльная валю́та f
landesweit adj **1.** в масштáбах страны́; **2.** в масштáбах федерáльной земли́
Landeszentralbank f <-, -en> центрáльный банк m федерáльной земли́
Landflucht f <gen: -> (мáссовое) переселéние nt из дерéвни в гóрод
Landhaus nt <-es, -häuser> загорóдный дом m, дáча f
Landjugend f <gen: -> сéльская молодёжь f
Landkarte f <-, -n> географи́ческая кáрта f
Landkreis m <-es, -e> райóн m
Ländler m <-s, -> (österr: Volkstanz) лéндлер m (нарóдный австри́йский тáнец)
Landleute pl <gen: -> сéльские жи́тели mpl

ländlich adj сéльский, дереве́нский
Landmaschinen pl <gen: -> сельскохозя́йственные маши́ны fpl
Landmine f <-, -n> противопехóтная ми́на f
Landschaft f <-, -en> **1.** (ländliche Gegend) ландшáфт m; **2.** (auf Fotos oder Gemälden) пейзáж m
Landschaftsmaler m <-s, -> пейзажи́ст m
Landschaftsschutzgebiet nt <-(e)s, -e> ландшáфтный запове́дник m
Landsknecht m <-(e)s, -e> (HIST) ландскнéхт m
Landsmann m <-(e)s, -leute/ (-männer)> соотéчественник m
Landstraße f <-, -n> шоссé nt
Landstreicher m <-s, -> бродя́га mf
Landtag m <-(e)s, -e> ландтáг m
Landung f <-, -en> посáдка f; **zur ~ ansetzen** приступи́ть к посáдке; **weiche ~** мя́гкая посáдка
Landvermessung f <gen: -> топографи́ческая съёмка f
Landwirtschaft f <gen: -> сéльское хозя́йство nt
landwirtschaftlich adj сельскохозя́йственный
lang I. adj дли́нный; **seit ~em** ужé давнó; **auf ~e Sicht** в долговре́менной перспекти́ве; **ein ~es Gesicht machen** (umg) сдéлать ки́слое лицó; **etw auf die ~e Bank schieben** (umg: fig) отложи́ть что-л. в дóлгий я́щик; II. adv дóлго; **über kurz oder ~** рáно и́ли пóздно; **zehn Jahre ~** в течéние десяти́ лет; **~ anhaltend** дли́тельный, продолжи́тельный
langärmelig adj с дли́нными рукавáми
langatmig adj продолжи́тельный
lange adv дóлго; **das ist schon ~ her** прошлó ужé мнóго врéмени; **es ist noch gar nicht so ~ her, dass ...** прошлó ещё совсéм не мнóго врéмени с тех пор, как...
Länge f <-, -n> **1.** (räumlich) длинá f; **2.** (ASTR, GEOG) долготá f; **westlicher ~** зáпадной долготы́; **3.** (zeitlich) продолжи́тельность f; **sich in die ~ ziehen** затя́гиваться
langen I. vt (reichen) брать, взять pf; **jdm eine ~** (umg: jdn ohrfeigen) дать кому́-л. пощёчину; II. vi (umg: genügen) хватáть, -ти́ть pf; **jetzt langt's mir aber!** хвáтит с меня́!
Längeneinheit f <-, -en> едини́ца f длины́
Längengrad m <-(e)s, -e> грáдус m долготы́
Längenmaß nt <-es, -e> мéра f длины́
Langeweile f <gen: -> скýка f; **~ haben** скучáть
langfristig I. adj долгосрóчный; II. adv

Langlauf долгосро́чно; ~ **investieren** де́лать долгосро́чные капиталовложе́ния; ~**er Kredit** долгосро́чный креди́т; ~**e Planung** долгосро́чное плани́рование; ~**e Verbindlichkeiten** долгосро́чные обяза́тельства; ~**e Ziele** долгосро́чные це́ли.

Langlauf *m* <*gen*: -(e)s> лы́жная го́нка *f*
Langlaufloipe *f* <-, -n> тра́сса *f* для лы́жной го́нки
langlebig *adj* (*haltbar*) долголе́тний, живу́чий
Langlebigkeit *f* <*gen*: -> долгове́чность *f*
länglich *adj* продолгова́тый, удлинённый
längs I. *präp* вдоль (+ *gen*); II. *adv* вдоль, в длину́.
Längsachse *f* <-, -n> продо́льная ось *f*
langsam I. *adj* ме́дленный; II. *adv* 1. ме́дленно; 2. (*umg: allmählich, endlich*) постепе́нно; **es reicht mir aber!** (*umg*) постепе́нно мне э́то начина́ет надоеда́ть! **es wird ~ Zeit, dass ...** пора́ уже́...; ~ **könnten wir dann mal anfangen** мы уже́ могли́ бы постепе́нно начина́ть; **fahr bitte ~** е́дь, пожа́луйста, поме́дленнее.
Langsamkeit *f* <*gen*: -> ме́дленность *f*
Langschläfer, -in *m/f* <-s, -> со́ня *m/f*
Langspielplatte *f* <-, -n> долгоигра́ющая пласти́нка *f*
längst *adv* (*schon lange*) давно́; **er wusste schon ~, dass ...** он уже́ давно́ знал, что...; **der Zug war schon ~ weg** по́езд уже́ давны́м-давно́ ушёл
längste(r,s) *adj* са́мый дли́нный, са́мый до́лгий
Langstreckenrakete *f* <-, -n> раке́та *f* да́льнего ра́диуса де́йствия
Languste *f* <-, -n> лангу́ст *m*
langweilen I. *vt* быть, стать *pf* ску́чным; **das langweilt mich** мне от э́того стано́вится ску́чно; II. *vr* скуча́ть, соску́читься *pf*
langweilig *adj* ску́чный
Langwelle *f* <*gen*: -> дли́нные во́лны *fpl*
langwierig *adj* дли́тельный, затяжно́й
Langzeitarbeitslosigkeit *f* <*gen*: -> дли́тельная безрабо́тица *f*
Langzeitstudie *f* <-, -n> дли́тельное иссле́дование *nt*
Lanze *f* <-, -n> копьё *nt*, пи́ка *f*; **für jdn eine ~ brechen** (*für jdn eintreten, jdn verteidigen*) вступи́ться за кого́-л.
lapidar *adj* лапида́рный
Lappalie *f* <-, -n> пустя́к *m*
Lappe, Lappin *m/f* <-n, -n> лапла́ндец, лапла́ндка *m/f*
Lappen *m* <-s, -> тря́пка *f*; **jdm durch die ~ gehen** (*umg: jdm entkommen*) улизну́ть от кого́-л.
lappig *adj* мя́гкий, дря́блый

lappisch *adj* лапла́ндский
läppisch *adj* 1. (*albern*) глу́пый, неле́пый; 2. (*lächerlich gering*) смешно́й, незначи́тельный; **eine ~e Summe** смешна́я су́мма
Lappland *nt* <*gen*: -s> Лапла́ндия *f*
Lapsus *m* <-, -> ля́псус *m*
Laptop *m* <-s, -s> лэ́птоп *m*
Lärche *f* <-, -n> ли́ственница *f*
Lärm *m* <*gen*: -(e)s> шум *m*; **viel ~ um nichts machen** (*umg*) де́лать мно́го шу́му из ничего́
Lärmbelästigung *f* <-, -en> вре́дное возде́йствие *nt* шу́ма
lärmen *vi* шуме́ть, по- *pf*
lärmend *adj* шу́мный
Lärmschutz *m* <*gen*: -es> шумозащи́та *f*
Larve *f* <-, -n> 1. (ZOOL) личи́нка *f*; 2. (*Maske*) ма́ска *f*
las *prät von* **lesen**
lasch *adj* вя́лый, лени́вый
Lasche *f* <-, -n> 1. (*an Schuh*) язычо́к *m* (обуви); 2. (*Schlaufe*) пе́тля *f*
Laser *m* <-s, -> ла́зер *m*
Laserdrucker *m* <-s, -> ла́зерный при́нтер *m*
Lasermedizin *f* <*gen*: -> лече́ние *nt* ла́зером
Laserstrahl *m* <-(e)s, -en> ла́зерный луч *m*
Laserwaffe *f* <-, -n> ла́зерное ору́жие *nt*
lassen I. *vt* (ließ, gelassen) 1. (*zulassen, erlauben*) позво́лить, -во́лить *pf*; 2. (*veranlassen*) веле́ть, по- *pf*; **lasst uns gehen** пойдём; ~ **Sie uns gehen!** пойдёмте!; **sich etw schicken ~** заказа́ть что-л.; **jdn kommen ~** вы́звать кого́-л.; **sich von jdm scheiden ~** развести́сь с ке́м-л.; **etw reparieren ~** отда́ть что-л. в ремо́нт; **sich die Haare schneiden ~** подстри́чься; ~ **wir das für heute!** хва́тит на сего́дня! **dann ~ wir's eben!** оста́вим э́то! ~ **wir es dabei bewenden!** оста́вим э́то как бы́ло! **lass mich in Ruhe!** оста́вь меня́ в поко́е! **das lässt sich machen!** э́то возмо́жно сде́лать! **lass mal mich machen!** дай мне! II. *vi* (*ab~, aufgeben*) броса́ть, бро́сить *pf*
lässig *adj* 1. (*nachlässig*) небре́жный, неря́шливый; 2. (*ungezwungen*) непринуждённый, свобо́дный
Lässigkeit *f* <*gen*: -> непринуждённость *f*
Lasso *nt* <-s, -s> ласо́ *nt*, арка́н *m*
Last *f* <-, -en> 1. груз *m*; 2. (*geh*) бре́мя *nt*; **jdm zur ~ fallen** быть кому́-л. в тя́гость; **jdm etw zur ~ legen** обвиня́ть кого́-л. в чём-л.
Lastaufzug *m* <-(e)s, -aufzüge> грузово́й лифт *m*
Lastenheft *nt* <-(e)s, -e> те́ндерная документа́ция *f*
Laster *nt* <-s, -> () поро́к *m*

lasterhaft *adj* порочный, испорченный
lästerlich *adj* 1. гнусный, подлый; 2. кощунственный
Lästermaul *nt* <-(e)s, -mäuler> (*umg*) клеветник *m*
lästern I. *vt* (*Gott*) богохульствовать *impf*; II. *vi* злословить *impf* (*über* +*akk* o +*präpos*)
Lästerung *f* <-, -en> 1. кощунство *nt*; 2. клевета *f*, злословие *nt*
lästig *adj* 1. (*Mensch*) надоедливый, назойливый; jdm ~ fallen надоедать кому-л.; er wird langsam ~ он постепенно надоедает мне 2. (*Pflicht*) обременительный
Lastschrift *f* <-, -en> запись *f* в дебет счёта
Lasttier *nt* <-(e)s, -e> вьючное животное *nt*
Lastträger *m* <-s, -> грузчик *m*, носильщик *m*
Lastwagen *m* <-s, -wägen> грузовик *m*
Lastzug *m* <-(e)s, -züge> (грузовой) автопоезд *m*
Latein *nt* <*gen*: -s> латынь *f*, латинский язык *m*; mit seinem ~ am Ende sein не знать, что делать дальше
Lateinamerika *nt* <*gen*: -s> Латинская Америка *f*
lateinamerikanisch *adj* латиноамериканский
lateinisch I. *adj* латинский; II. *adv* по-латински
latent *adj* скрытый
lateral *adj* латеральный
Laterne *f* <-, -n> фонарь *m*
Latte *f* <-, -n> 1. (*Brett*) планка *f*, рейка *f*; 2. (SPORT: *beim Hochsprung*) планка *f*; 3. (SPORT: *beim Fußball*) верхняя штанга (ворот) *f*, перекладина *f*
Lattenrost *m* <-(e)s, -e> деревянная решётка *f*
Latz *m* <-es, Lätze> 1. (*an Kleidern*) нагрудник *m*; 2. (*für Baby*) детский нагрудничек *m*
lau *adj* тепловатый, тёплый
Laub *nt* <*gen*: -s> листва *f*
Laubbaum *m* <-(e)s, -bäume> лиственное дерево *nt*
Laube *f* <-, -n> 1. беседка *f*; 2. (*Gartenhäuschen*) садовый домик *m*
Laubfrosch *m* <-(e)s, -frösche> обыкновенная квакша *f*
Laubsäge *f* <-, -n> лобзик *m*
Laubwald *m* <-es, -wälder> лиственный лес *m*
Lauch *m* <-(e)s, -e> зелёный лук *m*
Lauer : auf der ~ liegen подстерегать кого-л.
lauern *vi* подстерегать, -речь *pf*; die Löwin lauert auf ihre Beute львица подстерегает свою добычу
Lauf *m* <-(e)s, Läufe> 1. (*schneller Schritt*) бег *m*; 2. (SPORT: *Wettlauf*) бег *m*, забег *m*; 3. (*des Gewehrs*) ствол *m*; 4. (*Flusslauf*) русло *nt*; 5. (*Bein von Tieren*) нога *f*, лапа *f*; 6. (ASTR: *der Gestirne*) движение *nt*; 7. (*fig: Verlauf von Ereignissen*) ход *m*; etw nimmt seinen ~ что-л. идёт своим ходом; seinen Gefühlen freien ~ lassen дать волю своим чувствам; der ~ der Dinge ход вещей; im ~ der Zeit с течением времени
Laufbahn *f* <-, -en> карьера *f*
laufen I. *vi* <lief, gelaufen> 1. (*zu Fuß gehen*) бежать, по- *pf*, про- *pf*, бегать, по- *pf*, про- *pf*; 2. (*funktionieren*) работать *impf*; 3. (*undicht sein, lecken*) протекать, -течь *pf*; 4. (*fig: im Gange sein*) идти, пойти *pf*; 5. (*Weg*) проходить, пройти *pf*; 6. (FILM) идти *impf*; II. *vt* кататься, по- *pf*; Ski/Rollschuh ~ кататься на лыжах/роликах; Gefahr ~, etw zu tun рисковать чем-л. [*o* сделать что-л.]
laufend I. *adj* 1. (*ständig*) постоянный; 2. (*Monat, Jahr*) текущий; ~es Geschäftsjahr текущий хозяйственный год; auf dem ~en sein быть в курсе событий; jdn auf dem ~en halten держать кого-л. в курсе событий; II. *adv* постоянно.
laufen lassen *irr vt* отпускать, -пустить *pf*
Läufer, -in *m/f* <-s, -> 1. (SPORT) бегун *m*; 2. (*beim Schach*) слон *m*; 3. (*Teppich*) дорожка *f*, коврик *m*
Lauferei *f* <*gen*: -> (*umg*) беготня *f*
Laufkunde *m* <-n, -n> разовый покупатель *m*
Laufkundschaft *f* <*gen*: -> случайные покупатели *mpl*
Laufmasche *f* <-, -n> спустившаяся петля *f*
Laufrichtung *f* <-, -en> (TECH) направление *nt* вращения
Laufschritt : im ~ бегом
Laufsteg *m* <-(e)s, -e> помост *m* (для демонстраций моделей одежды)
Laufwerk *nt* <-(e)s, -e> (DV) дисковод *m*
Laufzeit *f* <-, -en> срок *m* действия; ~ eines Kredites срок действия кредита; die ~ verlängern продлевать срок действия
Lauge *f* <-, -n> щёлок *m*, щёлочь *f*, щелочной раствор *m*
Laune *f* <-, -n> 1. (*Stimmung*) настроение *nt*; 2. (*Einfall*) каприз *m*, причуда *f*; guter ~ sein быть в хорошем настроении; schlechter ~ sein быть в плохом настроении; aus einer ~ heraus из-за своего каприза
launig *adj* забавный
launisch *adj* капризный
Laus *f* <-, Läuse> вошь *f*; ihm ist eine ~ über die Leber gelaufen (*umg: er hat schlechte Laune*) его муха укусила
Lausbub *m* <-en, -en> (*umg*) озорник *m*,

постре́л m
lauschen vi 1. (heimlich mithören) подслу́шивать, -шать pf; 2. (zuhören) внима́тельно слу́шать impf
lauschig adj (gemütlich) ти́хий, ую́тный; ein ~es Plätzchen укро́мное месте́чко
lausig adj 1. (schlecht, unangenehm) дрянно́й; 2. (schäbig, geringfügig, unbedeutend) жа́лкий; 3. (umg: sehr (groß)) зве́рский; eine ~e Kälte зве́рский хо́лод
Laut m <-(e)s, -e> звук m; keinen ~ von sich geben не издава́ть ни зву́ка
laut[1] adj 1. гро́мкий; 2. (lärmend) шу́мный; mit ~er Stimme гро́мким го́лосом; das Radio ~ er stellen включи́ть ра́дио погро́мче
laut[2] präp +gen согла́сно (+ dat)
lauten vi гласи́ть impf; das Urteil lautet auf drei Jahre Gefängnis пригово́р гласи́т: три го́да тюре́много заключе́ния; die Antwort lautet... отве́т звучи́т сле́дующим о́бразом...; der Reisepass lautet auf seinen Namen заграни́чный па́спорт вы́писан на его́ и́мя
läuten vi звони́ть, по- pf, за- pf; es hat geläutet был звоно́к; an der Tür ~ звони́ть в дверь
lauter I. adj (geh: rein) чи́стый; ~e Wahrheit чи́стая пра́вда; II. adv то́лько, сплошь, исключи́тельно; ~ Lügen сплошна́я ложь.
lauthals adv гро́мко
lautlos adj беззву́чный, бесшу́мный
lautmalerisch adj звукоподража́тельный
Lautschrift f <gen: -> фонети́ческая транскри́пция f
Lautsprecher m <-s, -> громкоговори́тель m
Lautsprecherdurchsage f <-, -n> сообще́ние nt через громкоговори́тель
lautstark adj о́чень гро́мкий, шумли́вый
Lautstärke f <-, -n> гро́мкость f
Lautstärkeregler m <-s, -> регуля́тор m гро́мкости
lauwarm adj теплова́тый
Lava f <gen: -> ла́ва f
Lavabo nt <-(s), -s> (CH: Waschbecken) умыва́льник m
Lavendel m <-s, -> лава́нда f
Lawine f <-, -n> лави́на f
Layout nt <-s, -s> маке́т m
Lazarett nt <-(e)s, -e> (вое́нный) го́спиталь m
leasen vt брать, взять pf в аре́нду, арендова́ть
Leasing nt <-s, -s> ли́зинг m
Leasinggeber m <-s, -> лизингода́тель m
Leasingnehmer m <-s, -> лизингополуча́тель m
Leasingrate f <-, -n> аре́ндная ста́вка f
Leasingvertrag m <-(e)s, -verträge> аре́ндный догово́р m
Lebemann m <-(e)s, -männer> бонвиви́н m
leben I. vt жить, прожи́ть pf; II. vi жить, прожи́ть pf; in bescheidenen Verhältnissen ~ скро́мно жить; sie lebt in Berlin она́ живёт в Берли́не; in den Tag hinein ~ жить одни́м днём
Leben nt <-s, -> 1. жизнь f; sein ~ aufs Spiel setzen рискова́ть свое́й жи́знью; nie im ~ (umg: niemals) никогда́ в жи́зни; ein Kampf auf ~ und Tod борьба́ не на жизнь, а на́ смерть; am ~ bleiben оста́ться в живы́х; ums ~ kommen поги́бнуть; jdn ums ~ bringen уби́ть кого́-л. 2. (Lebhaftigkeit, Betriebsamkeit) оживле́ние nt, оживлённость f
lebend gebärend adj живородя́щий (о живо́тном)
lebendig adj 1. (nicht tot) живо́й; 2. (fig: lebhaft) живо́й, оживлённый; 3. (Erinnerungen etc) живо́й
Lebendigkeit f <gen: -> (fig) жи́вость f, оживлённость f
Lebensarbeit f <gen: -> 1. рабо́та f, выполня́емая за го́ды жи́зни; 2. де́ло nt всей жи́зни
Lebensart f <-, -en> 1. (Lebensweise) о́браз m жи́зни; 2. (gute Umgangsformen) воспи́танность f
Lebensaufgabe f <-, -n> цель f жи́зни
lebensbedrohend adj опа́сный для жи́зни, несу́щий угро́зу жи́зни
Lebensbereich m <-(e)s, -e> сфе́ра f жи́зни
Lebensdauer f <gen: -> 1. продолжи́тельность f жи́зни; 2. (TECH) срок m слу́жбы
Lebenserfahrung f <gen: -> жи́зненный о́пыт m
lebenserhaltend adj необходи́мый для жизнеобеспе́чения
Lebenserwartung f <gen: -> предполога́емая продолжи́тельность f жи́зни
Lebensfreude f <gen: -> жизнера́достность f
lebensfroh adj жизнера́достный
Lebensgefahr f <gen: -> опа́сность f для жи́зни; unter ~ рискуя́ (свое́й) жи́знью
lebensgefährlich adj опа́сный для жи́зни
Lebensgefährte m <-n, -n> спу́тник m жи́зни
Lebensgefährtin f <-, -nen> спу́тница f жи́зни
Lebensgrundlage f <gen: -> (материа́льная) осно́ва f жи́зни
Lebenshaltungskosten pl сто́имость f жи́зни

Lebenshilfe f <gen: -> психологическая помощь f в житейских вопросах
Lebensjahr nt <-(e)s, -e> год m жизни
Lebenslage f <-, -n> жизненная ситуация f; **sich in jeder ~ zurechtfinden** находить выход из любого положения
lebenslänglich adj (auch Haftstrafe) пожизненный
Lebenslauf m <-(e)s, -läufe> биография f
lebenslustig adj жизнерадостный
Lebensmittel nt <-s, -> 1. продукт m; 2. (im pl auch) продовольствие nt
Lebensmittelallergie f <-, -en> пищевая аллергия f
Lebensmittelchemiker, -in m/f <-s, -> специалист, дающий заключение о химических свойствах продуктов питания
Lebensmittelversorgung f <gen: -> снабжение nt продовольствием
Lebensmittelvorrat m <-(e)s, -vorräte> запас m продовольствия
lebensmüde adj уставший от жизни
lebensnah adj жизненный, связанный с жизнью
Lebensretter m <-s, -> спаситель m
Lebenssituation f <-, -en> жизненная ситуация f
Lebensstandard m <-s, -s> жизненный уровень m
Lebensstil m <-(e)s, -e> стиль m жизни
Lebensunterhalt m <gen: -(e)s> пропитание nt; **sich seinen ~ verdienen** зарабатывать (себе) на жизнь
Lebensversicherung f <-, -en> страхование nt жизни
Lebenswandel m <gen: -s> 1. образ m жизни; 2. поведение nt; **er hat einen lockeren ~** он ведёт лёгкий образ жизни
lebenswichtig adj жизненно важный
Lebenswille m <gen: -ns> воля f к жизни
Lebenszeichen nt <-s, -> признаки mpl жизни; **kein ~ von sich geben** не подавать признаков жизни
Lebensziel nt <-(e)s, -e> цель f жизни
Leber f <gen: -> печень f; **frisch von der ~ weg reden** (umg: ohne Hemmungen sprechen) говорить не стесняясь
Leberentzündung f <-, -en> воспаление nt печени
Leberfleck m <-(e)s, -e> родимое пятно nt
Leberkrankheit f <-, -en> болезнь f печени
Leberkrebs m <gen: -es> рак m печени
Lebertransplantation f <-, -en> пересадка f печени
Leberversagen nt <gen: -s> нарушение nt функции печени
Leberwurst f <-, -würste> ливерная колбаса f; **die beleidigte ~ spielen** (umg) разыгрывать оскорблённую невинность
Leberzirrhose f <-, -n> цирроз m печени
Lebewesen nt <-s, -> 1. живое существо nt; 2. живой организм m
lebhaft adj оживлённый, живой; **~er Beifall** оживлённые аплодисменты; **~e Phantasie** живая фантазия; **ich bedaure lebhaft, dass...** мне очень жаль, что...
Lebhaftigkeit f <gen: -> 1. (Lebendigkeit) оживлённость f; 2. (der Phantasie) живость f
Lebkuchen m <-s, -> пряник m
leblos adj 1. (ohne Leben) безжизненный; 2. (fig) неподвижный
Lebzeiten pl: **zu ~** при жизни
lechzen vi жаждать impf; **nach etw ~** жаждать чего-л.
Leck nt <-(e)s, -s> пробоина f, течь f
lecken I. vt (schlecken) лизать, -знуть pf; **sich die Finger nach etw ~** облизывать пальчики в предвкушении чего-л.; **leck mich am Arsch!** (vulg) иди ты в жопу! II. vi (undicht sein) течь impf
lecker adj () вкусный
Leckerbissen m <-s, -> () лакомый кусочек m
Leder nt <-s, -> кожа f
Ledereinband m <-(e)s, -einbände> кожаный переплёт m
Lederhandschuh m <-es, -e> кожаная перчатка f
Lederjacke f <-, -n> кожаная куртка f
Ledermantel m <-s, -mäntel> кожаное пальто nt
ledern adj кожаный
Lederpolsterung f <gen: -> кожаная обивка f
Lederriemen m <-s, -> кожаный ремень m
Ledersohle f <-, -n> кожаная подмётка f
Lederwaren pl изделия ntpl из кожи
ledig adj 1. (unverheiratet: Mann) холостой; **er ist immer noch ~** он всё ещё не женат; 2. (unverheiratet: Frau) незамужняя; **sie ist immer noch ~** она всё ещё не замужем; 3. (frei von) свободный
lediglich adv только, лишь
Lee f <gen: -> подветренная сторона f
leer adj 1. пустой; **~ ausgehen** уйти с пустыми руками; **~e Worte** пустые слова; **~ stehen** пустовать 2. (unbeschrieben) чистый; **~e Versprechungen machen** делать пустые обещания
Leere f <gen: -> пустота f; **gähnende ~** зияющая пустота
leeren vt опорожнять, -нить pf
Leerfahrt f <-, -en> (TRANSP) пробег m без груза
Leergewicht nt <gen: -(e)s> (TRANSP) собственная масса f
Leergut nt <gen: -(e)s> тара f
Leerkassette f <-, -n> чистая кассета f

Leerlauf m <gen: -(e)s> холостой ход m
Leertaste f <-, -n> клавиша f пробела
Leerung f <-, -en> (Briefkasten) выемка f писем из почтового ящика
Leerzeichen nt <-s, -> знак m пробела
Leerzeile f <-, -n> пустая строка f
legal adj легальный, законный
legalisieren vt легализовать impf/pf, узаконивать, -нить pf
Legalisierung f <-, -en> легализация f
Legalität f <gen: -> легальность f, законность f
legen I. vt класть impf, положить pf; etw beiseite ~ отложить что-л. в сторону; Wert auf etw ~ дорожить чем-л.; einen Brand ~ поджечь что-л.; Eier ~ нести яйца; II. vr 1. ложиться, лечь pf; 2. (aufhören, abklingen) улечься pf; das Fieber hat sich gelegt температура спала; sich ins Bett ~ лечь в постель; sich in die Sonne ~ лечь на солнце
legendär adj 1. (nach Art der Legende) легендарный; 2. (unwahrscheinlich, unglaublich) невероятный
Legende f <-, -n> легенда f, предание nt
leger adj лёгкий, непринуждённый
Leggins pl <gen: -> дольчики mpl
Legierung f <-, -en> сплав m
Legislative f <-, -n> законодательная власть f
Legislaturperiode f <-, -n> период m деятельности законодательного органа
legitim adj законный
Legitimation f <-, -en> узаконение nt, признание nt
legitimieren I. vt (legitim machen) узаконивать, -нить pf; II. vr (sich ausweisen) удостоверять, -верить pf свою личность
Lehm m <-(e)s, -e> глина f
Lehmgrube f <-, -n> глиняный карьер m
lehmig adj глинистый
Lehne f <-, -n> 1. (Rückenlehne) спинка f; 2. (Armlehne) подлокотник m
lehnen I. vt прислонять, -нить pf (an + akk к +dat); II. vi прислоняться, -ниться pf, быть impf прислонённым (an +dat к +dat); III. vr прислоняться, -ниться pf; sich aus dem Fenster ~ высунуться из окна
Lehnsessel m <-s, -> кресло nt
Lehnwort nt <-(e)s, -wörter> заимствованное слово nt
Lehramt nt <gen: -(e)s> должность f учителя
Lehrbuch nt <-(e)s, -bücher> учебник m
Lehre f <-, -n> 1. (Lektion) урок m; 2. (Lehrmeinung) учение nt, теория f, доктрина f; 3. (Theorie) теория f; 4. (Berufsausbildung) обучение nt, учёба f; eine ~ machen быть в учениках у мастера

lehren vt 1. учить impf; 2. (an einer Universität, Schule) преподавать impf; sie lehrt in Oxford она преподаёт в Оксфорде; (jdn) Geschichte ~ преподавать (кому-л.) историю
Lehrer, -in m/f <-s, -> 1. учитель, -ница m/f; 2. (Fahr~) инструктор m по вождению
Lehrerschaft f <gen: -> учительство nt
Lehrerzimmer nt <-s, -> учительская f
Lehrgang m <-(e)s, -gänge> курсы mpl; einen ~ besuchen участвовать в курсах
Lehrgangsteilnehmer, -in m/f <-s, -> слушатель m курсов
Lehrjahr nt <-(e)s, -e> учебный год m
Lehrkörper m <-s, -> (профессорско-) преподавательский состав m
Lehrkraft f <-, -kräfte> преподаватель m
Lehrling m <-s, -e> ученик, ученица m/f
Lehrplan m <-(e)s, -pläne> учебная программа f
lehrreich adj () поучительный, назидательный
Lehrsatz m <-es, -sätze> (MATH) теорема f
Lehrstelle f <-, -n> место nt ученика
Lehrstuhl m <-(e)s, -stühle> кафедра f; ein ~ für etw кафедра чего-л.
Lehrwerkstatt f <gen: -> учебная мастерская f
Lehrzeit f <gen: -> время nt обучения
Leib m <-(e)s, -er> () тело nt; mit ~ und Seele всей душой; etw am eigenen ~ erfahren испытать что-л. на собственной шкуре; jdm auf den ~ rücken добраться до кого-л.; sich jdn vom ~e halten держаться подальше от кого-л.
Leibeigenschaft f <gen: -> (HIST) крепостное право nt
Leibesvisitation f <gen: -> личный обыск m
Leibgericht nt <-(e)s, -e> любимое блюдо nt
leibhaftig adj живой
leiblich adj 1. (körperlich) физический; 2. (Mutter, Vater) родной
Leibwächter m <-s, -> телохранитель m
Leiche f <-, -n> труп m; über ~n gehen шагать через трупы; nur über meine ~! (umg) только через мой труп!
Leichenhalle f <-, -n> морг m
Leichenstarre f <gen: -> трупное окоченение nt
Leichenverbrennung f <-, -en> кремация f
Leichenwagen m <-s, -> катафалк m
Leichnam m <-(e)s, -e> труп m
leicht adj 1. (von geringem Gewicht) лёгкий; 2. (einfach) лёгкий, простой; ~ verständlich легко воспринимаемый; ~ verdaulich легко перевариваемый 3. (geringfügig) лёгкий, небольшой; eine ~e Grippe лёгкий грип; ~ verwundet

легкора́неный; etw auf die ~e Schulter nehmen (*umg*) не придава́ть чему́-л. большо́го значе́ния; das wird nicht so ~ sein э́то бу́дет не так про́сто; mit etw/ jdm ~es Spiel haben без труда́ спра́виться с кем-л./чем-л.; das ist ~er gesagt als getan ле́гче сказа́ть, чем сде́лать

Leichtathlet, -in *m/f* <-en, -en> легкоатле́т *m*

Leichtathletik *f* <*gen:* -> лёгкая атле́тика *f*

Leichtbau *m* <*gen:* -s> (TECH) лёгкая констру́кция *f*

leicht fallen *vi* легко́ дава́ться, да́ться *pf*; diese Entscheidung ist uns nicht leicht gefallen э́то реше́ние дало́сь нам не легко́

leichtfertig *adj* 1. легкомы́сленный; 2. необду́манный

Leichtfertigkeit *f* <*gen:* -> необду́манность *f*

Leichtgängigkeit *f* <*gen:* -> лёгкость *f* хо́да

leichtgläubig *adj* легкове́рный

Leichtgläubigkeit *f* <*gen:* -> легкове́рие *nt*

Leichtigkeit *f* <*gen:* -> (*fig: Mühelosigkeit*) лёгкость *f*; mit ~ с лёгкостью

Leichtkraftrad *nt* <-(e)s-, -krafträder> лёгкий мотоци́кл *m*

Leichtkraftstoff *m* <*gen:* -(e)s> лёгкое то́пливо *nt*

leichtlebig *adj* беззабо́тный

leicht machen *vt* облегча́ть, -чи́ть *pf*

Leichtmetall *nt* <-s, -e> лёгкий мета́лл *m*

leicht nehmen *vt* легко́ относи́ться, -нести́сь *pf* (к +*dat*); die Dinge ~ не принима́ть ничего́ бли́зко к се́рдцу

Leichtsinn *m* <*gen:* -(e)s> 1. легкомы́слие *nt*; 2. беспе́чность *f*

leichtsinnig *adj* легкомы́сленный

Leid *nt* <*gen:* -(e)s> го́ре *nt*; jdm sein ~ klagen подели́ться с кем-л. свои́м го́рем; jdm ein ~ antun причини́ть кому́-л. го́ре; das tut mir ~ мне жаль; er tut mir ~ мне его́ жаль

leiden I. *vt* <litt, gelitten> страда́ть *impf*; Not ~ страда́ть от нужды́; ich kann ihn nicht ~ я не выношу́ его́; jdn gern ~ können люби́ть кого́-л.; II. *vi* страда́ть, по- *pf* (*an* +*dat* от +*gen*)

Leidenschaft *f* <-, -en> страсть *f*

leidenschaftlich *adj* стра́стный, пы́лкий

leidenschaftslos *adj* бесстра́стный

Leidensmiene *f* <*gen:* -> ско́рбная ми́на *f*, страда́льческое выраже́ние *nt* лица́

leider *adv* к сожале́нию; ~ muss ich jetzt gehen к сожале́нию, я сейча́с до́лжен уйти́

leidig *adj* неприя́тный

leidlich *adj* сно́сный, терпи́мый

Leier *f* <-, -n> ли́ра *f*; immer die alte ~! (*umg*) всё та́ же са́мая пе́сня!

Leihbibliothek *f* <-, -en> ча́стная пла́тная библиоте́ка *f*

leihen *vt* <lieh, geliehen> 1. (*jdm etw ausborgen*) дава́ть, дать *pf* в долг; 2. ода́лживать, одолжи́ть *pf*; 3. (*von jdm etw entleihen*) брать, взять *pf* в долг; ich werde mir das Geld von der Bank ~ я возьму́ в ба́нке креди́т

Leihgebühr *f* <-, -en> пла́та *f* за прока́т

Leihwagen *m* <-s, -wägen> автомоби́ль *m*, взя́тый на прока́т

leihweise *adv* напрока́т

Leim *m* <-(e)s, -e> клей *m*; jdm auf den ~ gehen попа́сться кому́-л. на у́дочку

leimen *vt* (*zusammenkleben*) кле́ить *impf*, скле́ить *pf*

Leine *f* <-, -n> 1. (*für Wäsche*) верёвка *f*; 2. (*für Hund*) поводо́к *m*

Leinen *nt* <-s, -> холст *m*, полотно́ *nt*

Leinwand *f* <-, -wände> 1. (*für Zelte etc*) полотно́ *nt*; 2. (FILM) экра́н *m*

leise *adj* 1. (*still*) ти́хий; mach bitte das Radio ~r! сде́лай, пожа́луйста, поти́ше ра́дио! 2. (*schwach, gering*) лёгкий, сла́бый; ich habe nicht die ~ste Ahnung у меня́ нет ни мале́йшего поня́тия

Leiste *f* <-, -n> 1. (*Holz-*) пла́нка *f*, ре́йка *f*; 2. (ANAT) пах *m*

leisten *vt* 1. (*tun*) ока́зывать, -за́ть *pf*; jdm einen Dienst ~ оказа́ть кому́-л. услу́гу; jdm Hilfe ~ оказа́ть кому́-л.; gute Arbeit ~ проде́лать хоро́шую рабо́ту; jdm Gesellschaft ~ соста́вить компа́нию кому́-л. 2. (*vollbringen*) соверша́ть, -ши́ть *pf*; 3. (*gönnen*) позволя́ть, позво́лить *pf*; sich etw ~ können позво́лить себе́ что́-л.

Leistenbruch *m* <-(e)s, -brüche> (MED) паховая́ гры́жа *f*

Leistung *f* <-, -en> 1. (*Geleistetes*) достиже́ние *nt*, результа́т *m* 2. (*geleistete Arbeit*) рабо́та *f*; Entlohnung nach ~ опла́та по результа́там; die geforderte ~ erbringen выполня́ть за́данную рабо́ту; überdurchschnittliche ~ превыша́ющая но́рму вы́работка 3. (*Leistungsfähigkeit*) работоспосо́бность *f*, производи́тельность *f*, мо́щность *f*; 4. (*Zahlung durch Versicherung, Krankenkasse*) платёж *m*; soziale ~en социа́льные посо́бия 5. (*betriebliche Leistung, Ausstoß*) производи́тельность *f*; 6. (KFZ) мо́щность *f*.

Leistungsabfall *m* <*gen:* -(e)s> паде́ние *nt* мо́щности

Leistungsabgabe *f* <*gen:* -> (TECH) отда́ча *f* мо́щности

Leistungsanreiz *m* <-es, -e> стимули́рование *nt* труда́

Leistungsaufnahme *f* <*gen:* -> (TECH) потребле́ние *nt* мо́щности

Leistungsbereitschaft f <gen: -> работоспособность f
leistungsbezogen adj зависящий от результатов труда
Leistungsbilanz f <-, -en> 1. (ÖKON) платёжный баланс m по текущим операциям; 2. (TECH) баланс m мощности
leistungsfähig adj производительный, работоспособный
Leistungsfähigkeit f <gen: -> работоспособность f
Leistungsklasse f <-, -n> класс m по мощности
Leistungskurve f <-, -n> кривая f мощности
Leistungsmessung f <-, -en> измерение nt мощности
Leistungsnachweis m <-es, -e> справка f об успеваемости
Leistungsniveau nt <-s, -s> уровень m производительности труда
leistungsorientiert adj ориентированный на результат
Leistungsprinzip nt <gen: -s> принцип m оплаты по результатам труда
leistungsschwach adj слабый (по успеваемости)
Leistungssport m <gen: -(e)s> большой спорт m
leistungsstark adj мощный
Leistungssteigerung f <-, -en> (Produktivitätssteigerung) повышение nt производительности труда
Leistungsvermögen nt <gen: -s> мощность f
Leitartikel m <-s, -> передовая статья f
leiten vt 1. (eine Versammlung) вести, po-pf; 2. (ÖKON: als Manager) руководить impf; **einen Betrieb ~** руководить предприятием; **eine Abteilung ~** руководить отделом 3. (PHYS, EL) проводить impf; **sich von etw ~ lassen** руководствоваться чем-л.
leitend adj 1. (führend) руководящий; 2. (PHYS, EL) ведущий; 3. (Stellung) ведущий; **der ~e Ingenieur** ведущий инженер
Leiter[1] m <-s, -> 1. (Chef) руководитель m, директор m, заведующий m; **kaufmännischer ~** коммерческий директор; **technischer ~** технический директор 2. (einer Schule) директор m (школы); 3. (PHYS, EL) проводник m
Leiter[2] f <-, -n> лестница f
Leitfaden m <-s, -fäden> руководство nt
Leitfähigkeit f <gen: -> (PHYS, EL) проводимость f
Leitgedanke m <-n, -n> основная мысль f
Leitlinie f <-, -n> основная [o направляющая] линия f
Leitmotiv nt <-s, -e> лейтмотив m

Leittier nt <-(e)s, -e> (BIO) вожак m
Leitung f <-, -en> 1. (das Führen) ведение nt; 2. (fig: das Lenken, Steuern) управление nt; 3. (Vorsitz) руководство nt; **die ~ übernehmen** принимать руководство 4. (leitende Personen, Leiter) руководство nt; 5. (für Telefon/ Strom) провод m; 6. (für Gas) газопровод m; 7. (für Wasser) водопровод m; 8. (telefonische Verbindung) линия f; **er hat eine lange ~** (umg) он медленно соображает
Leitungsnetz nt <-es, -e> (EL) электросеть m
Leitungswasser nt <gen: -s> водопроводная вода f
Leitungswiderstand m <-(e)s, -widerstände> (EL) сопротивление nt в проводке
Leitwährung f <gen: -> основная валюта f
Leitzins m <-es, -en> учётная ставка f (центрального банка)
Leitzinsanhebung f повышение nt учётной ставки
Lektion f <-, -en> урок m; **jdm eine ~ erteilen** (fig) проучить кого-л.
Lektor, -in m/f <-s, -en> редактор m
Lektorat nt <-(e)s, -e> редакция f
Lektüre f <-, -n> 1. (das Lesen) чтение nt; 2. (Lesestoff) литература f
Lende f <-, -n> (geh) бедро nt, поясница f
Lendengegend f <gen: -> поясничная область f
Lendenwirbelsäule поясничный отдел m позвоночника
Leninismus f <gen: -> ленинизм m
leninistisch adj ленинский
lenken vt 1. (führen, leiten, Fahrzeuge etc steuern) управлять impf; **ein Auto ~** управлять автомобилем; 2. (fig: Schritte, Gedanken, Gespräch) направлять, -править pf; **die Aufmerksamkeit auf etw ~** обратить внимание на что-л.
Lenker m <-s, -> 1. (Fahrer) водитель m; 2. (fig: Führer) руководитель m
Lenkflugkörper m управляемый летательный аппарат m
Lenkgeschoss nt <-es, -e> управляемая ракета f, управляемый снаряд m
Lenkrad nt <-(e)s, -räder> (KFZ) руль m
Lenksamkeit f <gen: -> 1. податливость f; 2. уступчивость f
Lenkung f <-, -en> 1. (das Leiten, Führen) управление nt; 2. (KFZ: Lenkvorrichtung) рулевое управление f
Leopard m <-en, -en> леопард m
Lepra f <gen: -> проказа f
Leprastation f <-, -en> отделение nt для больных проказой
Lerche f <-, -n> жаворонок m
lernbegierig adj любознательный
Lerneifer m <gen: -> прилежание nt в учёбе
lerneifrig adj прилежный

lernen I. vt 1. учи́ть, вы́- pf; 2. учи́ться, на- pf; kennen ~ знако́миться; lesen ~ учи́ться чита́ть; etw ~ учи́ть что-л. [o учи́ться чему́-л.]; das werde ich nie ~ э́тому я никогда́ не научу́сь; einen Beruf ~ обуча́ться како́й-л. профе́ссии, учи́ться на кого́-л.; II. vi (sich Wissen aneignen) учи́ться

Lernsoftware f <gen: -> обуча́ющая програ́мма f

Lernziel nt <-(e)s, -e> уче́бная цель f

Lesart f <-, -en> вариа́нт m те́кста

lesbar adj (leserlich) разбо́рчивый

Lesbarkeit f <gen: -> чёткость f, разбо́рчивость f, чита́бельность f

Lesbe f <-, -nen> (umg) лесбия́нка f

lesbisch adj лесби́йский

Lese f <-, -n> (Weinlese) сбор m урожа́я

Lesebuch nt <-(e)s, -bücher> кни́га f для чте́ния

lesen I. vt <las, gelesen> (Buch etc) чита́ть, про- pf; II. vr чита́ться, про- pf; dieser Roman liest sich gut э́тот рома́н хорошо́ чита́ется

Leseprobe f <-, -n> 1. (THEAT) чи́тка, застольная репети́ция f; 2. отры́вок m из худо́жественного произведе́ния

Leser, -in m/f <-s, -> чита́тель, -ница m/f

Leserbrief m <-(e)s, -e> письмо́ nt чита́теля

Leserkreis m <-es, -e> круг m чита́телей

leserlich adj разбо́рчивый

Lesestoff m <-(e)s, -e> материа́л m для чте́ния

Lesezeichen nt <-s, -> (in einem Buch) закла́дка f (для кни́ги)

Lesung f <-, -en> 1. (eines Schriftstellers) а́вторский ве́чер m; 2. (POL) чте́ние nt

letal adj (MED) смерте́льный

Lethargie f <gen: -> летарги́я f

Lette m <-n, -n> латы́ш m

Lettin f <-, -nen> латы́шка f

lettisch adj латы́шский

Lettland nt <gen: -s> Ла́твия f

letzte(r,s) adj после́дний; er ging als Letzter он ушёл после́дним; in letzter Zeit в после́днее вре́мя

letztlich adv в коне́чном счёте

letztmalig adj после́дний (по вре́мени), (име́вший ме́сто) в после́дний раз

Leuchtbake f <-, -n> (MAR) светя́щийся буй m

Leuchtbombe f <-, -n> светя́щая авиабо́мба f

leuchten vi 1. (glänzen, scheinen) свети́ть, по- pf; 2. свети́ться, по- pf, сия́ть, по- pf; mit einer Lampe ~ свети́ть ла́мпой

Leuchtfeuer nt <gen: -s> сигна́льный ого́нь m

Leuchtgas nt <gen: -es> свети́льный газ m

Leuchtkraft f <gen: -> си́ла f све́та

Leuchtsignal nt <-(e)s, -e> световой сигна́л m

Leuchtstofflampe f <-, -n> люминесце́нтная ла́мпа f

Leuchtstoffröhre f <-, -n> люминесце́нтная тру́бка f

Leuchtturm m <-(e)s, -türme> мая́к m

Leuchtturmwärter m <-s, -> смотри́тель m маяка́

leugnen I. vt отрица́ть impf, оспа́ривать, -по́рить pf; II. vi отрица́ть impf; ich kann nicht ~, dass ... я не отрица́ю, что...

Leukämie f <gen: -> лейкеми́я f

Leumund m <gen: -(e)s> репута́ция f

Leute pl <gen: -> лю́ди pl

Leutnant m <-s, -s> лейтена́нт m

leutselig adj приве́тливый, общи́тельный

Level m <-s, -s> (Niveau, Rang) у́ровень m

Lexik f <gen: -> ле́ксика f

lexikalisch adj лекси́ческий

Lexikograph, Lexikograf, -in m/f <-en, -en> лексико́граф m, составитель m словаре́й

Lexikographie, Lexikografie f <gen: -> лексикогра́фия f

lexikographisch, lexikografisch adj лексикографи́ческий

Lexikologie f <gen: -> лексиколо́гия f

Lexikon nt <-s, Lexika> энциклопе́дия f

Liane f <-, -n> лиа́на f

Libanese, Libanesin m/f <-n, -n> лива́нец, лива́нка m/f

libanesisch adj лива́нский

Libanon m <gen: -s> Лива́н m

Libelle f <-, -n> стрекоза́ f

liberal adj либера́льный

liberalisieren vt либерализова́ть impf/pf

Liberalisierung f <-, -en> либерализа́ция f

Liberalismus m <gen: -> либерали́зм m

Liberalität f <gen: -> 1. либера́льность f, свободомы́слие nt; 2. терпи́мость f

Liberia nt <gen: -s> Либе́рия f

Liberianer, -in m/f <-s, -> либери́ец, либери́йка f

liberianisch adj либери́йский

Libero m <-s, -s> свобо́дный защи́тник m

Libido f <gen: -> либи́до nt

Libyen nt <gen: -s> Ли́вия f

Libyer, -in m/f <-s, -> ливи́ец, ливи́йка m/f

libysch adj ливи́йский

Licht nt <-(e)s, -er> свет m; einer Sache grünes ~ geben (fig) дать зелёный свет чему́-л.; jdn hinters ~ führen обману́ть кого́-л.

Lichtanlage f <-, -n> освети́тльная устано́вка f

Lichtbild nt <-(e)s, -er> фотогра́фия f

Lichtblick m <-(e)s, -e> све́тлый моме́нт

Lichtbogenschweißen *nt* <gen: -s> дуговая сварка *f*
Lichtbündel *nt* <-s, -> световой пучок *m*
Lichtdurchlässigkeit *f* <gen: -> светопропускание *nt*
Lichteinfall *m* <gen: -(e)s> падение *nt* света
Lichteinwirkung *f* <gen: -> воздействие *nt* света
lichtelektrisch *adj* фотоэлектрический
lichtempfindlich *adj* (*Film*) светочувствительный
Lichtempfindlichkeit *f* <gen: -> (*von Film*) светочувствительность *f*
lichten I. *vt* (*Anker*) поднимать, -нять *pf*; II. *vr* 1. (*spärlicher werden*) редеть, по- *pf*; 2. (*Wolken, Nebel*) рассеиваться, рассеяться *pf*
lichterloh *adj*: ~ **brennen** гореть ярким пламенем
Lichtgeschwindigkeit *f* <gen: -> скорость *f* света
Lichtgriffel *m* <-s, -> (DV) световое перо *nt*
Lichthauptschalter *m* <-s, -> центральный переключатель *m* света
Lichthupe *f* <-, -n> световой сигнал *m*
Lichtjahr *nt* <-(e)s, -e> световой год *m*
Lichtkegel *m* <-s, -> световой конус *m*
Lichtmaschine *f* <-, -n> генератор *m*
Lichtorgel *f* <-, -n> световые эффекты *mpl* в дискотеке
Lichtschalter *m* <-s, -> выключатель *m* (света)
Lichtsignal *nt* <-(e)s, -e> световой сигнал *m*
Lichtsignalanlage *f* <-, -n> светосигнальное устройство *nt*
Lichtstärke *f* <gen: -> сила *f* света
Lichtstrahl *m* <-(e)s, -en> луч *m* света, световой луч *m*
Lichtung *f* <-, -en> поляна *f*
Lichtzeichen *nt* <-s, -> световой сигнал *m*
Lid *nt* <-(e)s, -er> веко *nt*
Lidschatten *m* <-s, -> тени *fpl* для век
lieb *adj* 1. (*teuer, geschätzt*) дорогой; 2. (*angenehm*) милый; 3. (*nett*) симпатичный; 4. (*liebenswürdig*) милый; 5. (*artig, brav*) послушный; **ich würde ~er noch damit warten** я лучше бы подождал с этим; **am ~sten würde ich ... охотнее всего я...**
liebäugeln *vi* кокетничать, по- *pf*; **mit dem Gedanken ~, etw zu tun** носиться с мыслью сделать что-л.
Liebe *f* <gen: -> любовь *f*; ~ **auf den ersten Blick** любовь с первого взгляда; ~ **macht blind** любовь слепа
Liebelei *f* <-, -en> флирт *m*
lieben *vt* любить *impf*
liebenswürdig *adj* любезный; **das ist sehr ~ von Ihnen** это очень любезно с Вашей стороны
Liebenswürdigkeit *f* <-, -en> любезность *f*
lieber I. *adj* (*Komparativ*) дороже, милее; II. *adv* (*eher, besser*) лучше; **ich möchte ~ nach Hause gehen** я лучше пойду домой.
Liebesbrief *m* <-(e)s, -e> любовное письмо *nt*
Liebeserklärung *f* <-, -en> объяснение *nt* в любви; **jdm eine ~ machen** объясниться кому-л. в любви
Liebesfilm *m* <-(e)s, -e> фильм *m* о любви
Liebesgabe *f* <-, -n> (*geh*) подарок *m*
Liebesgedicht *nt* <-(e)s, -e> любовное стихотворение *nt*
Liebeskummer *m* <gen: -s> любовная тоска *f*
Liebesleben *nt* <gen: -s> интимная жизнь *f*
Liebeslied *nt* <-(e)s, -er> любовная песня *f*
Liebespaar *nt* <-(e)s, -e> влюблённая пара *f*
Liebesroman *m* <-(e)s, -e> (LIT) любовный роман *m*
liebevoll *adj* ласковый, нежный
lieb haben *vt* любить, по- *pf*
Liebhaber, -in *m/f* <-s, -> 1. (*Geliebte(r)*) любовник, -ница *m/f*; 2. (*Kenner(in)*) любитель, -ница *m/f*
Liebhaberei *f* <-, -en> (*fig: Steckenpferd*) любимое занятие *nt*
liebkosen *vt* <liebkoste, liebkost> ласкать, по- *pf*
lieblich *adj* миловидный, хорошенький, прелестный
Liebling *m* <-s, -e> 1. (*Geliebte(r)*) любимый, -мая; 2. (*Günstling*) любимец, -мица *m/f*
Lieblings - (*in Zusammensetzungen*) любимый
Lieblingsbeschäftigung *f* <-, -en> любимое занятие *nt*
Lieblingsplatz *m* <-es, -plätze> любимое место *nt*
lieblos *adj* бессердечный, чёрствый
Liechtenstein *nt* <gen: -s> Лихтенштейн *m*
Lied *nt* <-(e)s, -er> песня *f*
Liederbuch *nt* <-(e)s, -bücher> песенник *m*
liederlich *adj* 1. (*schlampig*) неряшливый, безалаберный; 2. (*unmoralisch*) распутный
Liederlichkeit *f* <gen: -> безалаберность *f*, неряшливость *f*, небрежность *f*
Liedermacher, -in *m/f* <-s, -> автор *m* и исполнитель *m* собственных песен
lief *prät von* **laufen**

Lieferant m <-en, -en> поставщи́к m
Lieferantenkredit m <-(e)s, -e> креди́т m, предоставля́емый поставщико́м
Lieferauftrag m <-(e)s, -aufträge> зака́з m на поста́вку
lieferbar adj (vorrätig) гото́вый к поста́вке, име́ющийся на скла́де; **die Ware ist zur Zeit nicht ~** мы не мо́жем в настоя́щее вре́мя поста́вить э́тот това́р
Lieferbedingungen pl <gen: -> усло́вия pl поста́вки
Lieferbereitschaft f <gen: -> гото́вность f к поста́вке
Lieferboykott m <-(e)s, -s> бойко́т m поста́вок
Lieferdatum nt <-s, -ten> да́та f поста́вки
Lieferengpass m <-es, -pässe> дефици́т m поста́вок
Lieferfirma f <-, -firmen> фи́рма f -поставщи́к m
Lieferfrist f <-, -en> срок m поста́вки
Liefergarantie f <-, -n> гара́нтия f поста́вки
liefern vt 1. (versorgen mit) поставля́ть, -ста́вить pf; 2. (erzeugen) выпуска́ть, вы́пустить pf; **einen Beweis ~** предста́вить доказа́тельство чего́-л.; **termingrecht ~** поставля́ть в срок
Lieferrückstand m <-(e)s, -stände> заде́ржка f поста́вки
Lieferschein m <-(e)s, -e> накладна́я f
Liefersperre f <-, -n> запре́т m на поста́вки
Liefertermin m <-s, -e> срок m поста́вки
Lieferung f <-, -en> поста́вка f; **~ auf Abruf** поста́вка по тре́бованию; **~ frei Haus** поста́вка с доста́вкой на́ дом; **prompte ~** сро́чная поста́вка; **verspätete ~** просро́ченная поста́вка; **zahlbar bei ~** опла́та при поста́вке
Lieferungsverzug m заде́ржка f поста́вки
Lieferwagen m <-s, -> автофурго́н m, пика́п m
Liege f <-, -n> тахта́ f
liegen vi <lag, gelegen> 1. лежа́ть, про- pf, по- pf; 2. (sich befinden) находи́ться impf, быть impf располо́женным; 3. (von jdm abhängen) зави́сеть impf; 4. (jdm zusagen, entsprechen) подходи́ть impf; **in der Sonne ~** загора́ть (на со́лнце); **mir liegt viel daran** мне э́то о́чень ва́жно; **daran liegt mir überhaupt nichts** мне э́то соверше́нно не ва́жно; **die Verantwortung liegt bei dir** (fällt dir zu) отве́тственность лежи́т на тебе́; **das liegt nicht an mir** я здесь ни при чём; **woran liegt es?** в чём причи́на?; **die Arbeit liegt ihm nicht** э́та рабо́та ему́ не подхо́дит
liegen bleiben irr vi 1. (nicht aufstehen) остава́ться, оста́ться pf лежа́ть; 2. (unerledigt bleiben: Arbeit) стоя́ть impf; **die ganze Arbeit bleibt liegen** вся рабо́та стои́т; 3. (steckenbleiben: Auto, Zug) застрева́ть, застря́ть pf; 4. (vergessen werden) остава́ться, оста́ться pf
liegen lassen irr vt 1. (vergessen) забыва́ть, -бы́ть pf, оставля́ть, оста́вить pf; 2. (unerledigt lassen: Arbeit) оставля́ть, оста́вить pf; **jdn links ~** игнори́ровать кого́-л.
Liegenschaft f <-, -en> недви́жимость f, недви́жимое иму́щество nt (земе́льный уча́сток)
Liegenschaftsamt nt земе́льное управле́ние nt, земе́льный отде́л m
Liegesitz m <-es, -e> сиде́нье nt с откидно́й спи́нкой
Liegestuhl m <-(e)s, -stühle> шезло́нг m
Liegestütz m упо́р m лёжа; **fünfzig ~e machen** сде́лать пятьдеся́т отжима́ний
Liegewagen m <-s, -> ваго́н m со спа́льными места́ми
lieh prät von **leihen**
ließ prät von **lassen**
Lifestyle m стиль m жи́зни
Lift m <-(e)s, -e> лифт m
light adj (Lebensmittel) о пищево́м проду́кте со сни́женным содержа́нием вре́дных для здоро́вья веще́ств
Light-Produkt nt <-(e)s, -e> пищево́й проду́кт со сни́женным содержа́нием вре́дных для здоро́вья веще́ств
Lightshow f <-, -s> шо́у m со световы́ми эффе́ктами
Likör m <-s, -e> ликёр m
lila adj лило́вый
Lilie f <-, -n> ли́лия f
Liliputaner, -in m/f <-s, -> лилипу́т m
Limes m <gen: -> 1. (мат) преде́л m; 2. (römischer) Ли́мес m
Limit nt <-s, -s> ограниче́ние nt, преде́л m, лими́т m; **ein bestimmtes ~ überschreiten** превыша́ть лими́т
limitieren vt лимити́ровать, ограни́чивать, ограни́чить pf
Limonade f <-, -n> лимона́д m
Limousine f <-, -n> лимузи́н m
Linde f <-, -n> ли́па f
Lindenbaum m <-(e)s, -bäume> (geh) ли́па f
lindern vt облегча́ть, -чи́ть pf; **die Schmerzen ~** облегчи́ть боль
Linderung f <gen: -> 1. (Erleichterung) облегче́ние nt; 2. (Milderung) смягче́ние nt
Lineal nt <-s, -e> лине́йка f
linear adj лине́йный
Linguist, -in m/f <-en, -en> лингви́ст m
Linguistik f <gen: -> лингви́стика f
linguistisch adj лингвисти́ческий

Linie *f* <-, -n> 1. ли́ния *f*, черта́ *f*; **in erster ~ achten** (*umg*) следи́ть за фигу́рой 2. (*von Straßenbahn/Bus*) но́мер *m*, маршру́т *m* трамва́я, авто́буса; **welche ~ führt zum Bahnhof?** како́й трамва́й идёт до вокза́ла?
Linienbus *m* <-ses, -se> маршру́тный авто́бус *m*
Linienmaschine *f* <-, -n> ре́йсовый самолёт *m*
Linienrichter *m* <-s, -> судья́ *m* на ли́нии
Linienschiff *nt* <-(e)s, -e> 1. лине́йный кора́бль *m*, линко́р *m*; 2. ре́йсовое су́дно *nt*
linientreu *adj* ве́рный ли́нии
Link *m* <-s, -s> (DV) ссы́лка *f*
Linke *f* <-n, -n> 1. (*Hand*) ле́вая рука́ *f*; 2. (*Seite*) ле́вая сторона́ *f*; 3. (POL) ле́вые *pl*; **zur ~n sehen Sie den Dom** с ле́вой стороны́ Вы ви́дите собо́р
linke(r,s) *adj* 1. ле́вый; **linke Seite** ле́вая сторона́ *f*; **linker Hand** сле́ва; **linke Masche** (*beim Stricken*) изна́ночная пе́тля 2. (POL) ле́вый; **der linke Flügel** ле́вое крыло́
linkisch *adj* (*ungeschickt*) неуклю́жий
links *adv* 1. сле́ва, с ле́вой стороны́; **das mach' ich mit ~** (*umg*) э́то я сде́лаю одно́й ле́вой; **sich ~ einordnen** (*im Verkehr*) встать в ле́вый ряд; **~ von etw** сле́ва от чего́-л. 2. (POL) ле́вый
Linksaußen *m* ле́вый кра́йний *m*
Linksdrehung *f* <-, -en> ле́вое враще́ние *nt*
linksextrem *adj* левоэкстреми́стский
Linksextremismus *m* <gen: -> ле́вый экстреми́зм *m*
Linkshänder, -in *m/f* <-s, -> левша́ *m/f*
Linkskurve *f* <-, -n> поворо́т *m* (доро́ги) нале́во
linksradikal *adj* леворадика́льный
Linksverkehr *m* <gen: -s> левосторо́ннее движе́ние *nt*
Linoleum *nt* <gen: -s> лино́леум *m*
Linse *f* <-, -n> 1. (BOT) чечеви́ца *f*; 2. (PHYS) ли́нза *f*; 3. (ANAT) хруста́лик *m*
linsenförmig *adj* ова́льный
Linsensuppe *f* <-, -n> чечеви́чная похлёбка *f*
Lippe *f* <-, -n> губа́ *f*; **kein Wort über die ~n bringen** не промо́лвить ни сло́ва
Lippenstift *m* <-(e)s, -e> губна́я пома́да *f*
liquid *adj* ликви́дный; **~e Mittel** ликви́дные сре́дства
Liquidation *f* <gen: -> ликвида́ция *f*
liquidieren *vt* 1. (*töten*) уничтожа́ть, -то́жить *pf*; 2. (ÖKON) ликвиди́ровать *impf/pf*
Liquidierung *f* <gen: -> ликвида́ция *f*
Liquidität *f* <gen: -> ликви́дность *f*
Liquiditätsengpass *m* <-(e)s, -pässe> дефици́т *m* ликви́дных средств

lispeln *vi* (*Zischlaute fehlerhaft aussprechen*) шепеля́вить *impf*
List *f* <-, -en> 1. (*Schlauheit, Verschlagenheit*) хи́трость *f*, лука́вство *nt*; 2. (*Trick, Kunstgriff*) хи́трость *f*, уло́вка *f*
Liste *f* <-, -n> спи́сок *m*; **sich in eine ~ eintragen** занести́ себя́ в спи́сок; **eine ~ aufstellen** соста́вить спи́сок
Listenpreis *m* <-(e)s, -e> прейскура́нтная цена́ *f*
listig *adj* хи́трый, лука́вый
Listigkeit *f* <gen: -> хи́трость *f*, лука́вство *nt*
Litanei *f* <-, -en> (REL) лита́ния *f*
Litauen *nt* <gen: -s> Литва́ *f*
Litauer, -in *m/f* <-s, -> лито́вец, -вка *m/f*
litauisch I. *adj* лито́вский; II. *adv* по-лито́вски.
Liter *m* <-s, -> литр *m*
literarisch *adj* литерату́рный
Literatur *f* <-, -en> литерату́ра *f*
Literaturangaben *pl* <gen: -> спи́сок *m* испо́льзованной литерату́ры
Literaturgeschichte *f* <-, -n> исто́рия *f* литерату́ры
Literaturkritik *f* <gen: -> литерату́рная кри́тика *f*
Literaturkritiker, -in *m* <-s, -> литерату́рный кри́тик *m*
Literaturverzeichnis *nt* <-ses, -se> указа́тель *m* литерату́ры, спи́сок *m* литерату́ры
Literaturwissenschaft *f* <gen: -> литературове́дение *nt*
Literaturwissenschaftler, -in *m/f* <-s, -> литературове́д *m*
literaturwissenschaftlich *adj* литературове́дческий
literweise *adv* ли́трами
Lithographie, Lithografie *f* <-, -n> литогра́фия
litt *prät von* **leiden**
Liturgie *f* <-, -n> литурги́я *f*
Liveaufzeichnung, Live-Aufzeichnung *f* <-, -en> оригина́льная за́пись *f*
Livekonzert, Live-Konzert *nt* <-(e)s, -e> живо́й конце́рт *m*
Livemusik, Live-Musik *f* <gen: -> музыка́льное сопровожде́ние *nt*
Liveübertragung, Live-Übertragung *f* <-, -en> прямая трансля́ция *f*
Livree *f* <-, -n> ливре́я *f*
Lizenz *f* <-, -en> (*Genehmigung*) лице́нзия *f*; **eine ~ ausstellen** оформля́ть лизе́нзию; **Entzug einer ~** лише́ние кого́-л. лице́нзии; **jdm eine ~ erteilen** вы́дать кому́-л. лице́нзию; **eine ~ erwerben** приобрести́ лице́нзию; **in ~ herstellen** производи́ть по лице́нзии; **eine ~ vergeben** выдава́ть лизе́нзию; **eine ~ verkaufen** продава́ть лице́нзию
Lizenzfertigung *f* <gen: -> произво́дство *nt* по лице́нзии

Lizenzgeber m <-s, -> лицензиа́р m
Lizenzgebühr f <-, -en> лицензио́нный сбор m
Lizenznehmer m <-s, -> лицензиа́т m
Lizenzvergabe f <-, -n> вы́дача f лице́нзий
Lizenzvertrag m <-(e)s, -verträge> лицензио́нный догово́р m
Lob nt <gen: -(e)s> похвала́ f
Lobby f <-, Lobbies> ло́бби nt
Lobbyismus m <gen: -> лоббиз́м m
Lobbyist m <-es, -en> лобби́ст m
loben vt хвали́ть, по- pf
lobenswert adj досто́йный похвалы́
löblich adj похва́льный
Lobredner m <-s, -> выступа́ющий m с хвале́бной ре́чью
Local Area Network m (DV) лока́льная вычисли́тельная сеть f
Loch nt <-(e)s, Löcher> 1. дыра́ f, ды́рка f; **saufen wie ein ~** (vulg) пить как сапо́жник 2. (fig: schlechte Wohnung) конура́ f
lochen vt 1. (Fahrkarte) пробива́ть, -би́ть pf, компости́ровать, про- pf; 2. (perforieren) перфори́ровать impf/pf
Locher m <-s, -> дыроко́л m
löcherig adj дыря́вый
Lochkarte f <-, -n> перфока́рта f
Locke f <-, -n> ку́дри pl
locken I. vt 1. зама́нивать, -мани́ть pf; **jdn in einen Hinterhalt ~** замани́ть кого́-л. в западню́; **jdn von irgendwo heraus~** вы́манить кого́-л. отку́да-л. 2. (drehen, in Locken legen) завива́ть, завить pf; II. vr (kräuseln, sich in Locken legen) ви́ться impf
Lockenwickler m <-s, -> бигуди́ pl
locker adj 1. (lose) расша́танный; **etw ~ machen** осла́бить что́-л.; **Geld ~ machen** раскоше́литься 2. (Schnee) ры́хлый; 3. (fig: gelöst, entspannt) рассла́бленный; 4. (unmoralisch) легкомы́сленный, беспу́тный; **er hat einen ~en Lebenswandel** он ведёт распу́тный о́браз жи́зни
lockerlassen vi: **nicht ~** не уступа́ть
lockern I. vt (locker machen) расслабля́ть, -сла́бить pf; II. vr 1. (SPORT) расслабля́ться, -сла́биться pf; 2. (locker werden) ослабева́ть, -бе́ть pf
lookig adj кудря́вый
Lockung прима́нка f, собла́зн m
Lockvogelangebot nt <-(e)s, -e> осо́бо выгодное предложе́ние nt
lodern vi пыла́ть impf
Löffel m <-s, -> 1. (Teil des Bestecks) ло́жка f; 2. (Hasenohr) у́хо nt за́йца; 3. (TECH: von Bagger) ковш m
Löffelbagger одноковшо́вый экскава́тор m
löffeln vt хлеба́ть, по- pf
log prät von **lügen**

Logarithmus m <-, Logarithmen> логари́фм m
Logbuch nt <-(e)s, -bücher> ва́хтенный журна́л m
Loge f <-, -n> 1. (THEAT) ло́жа f; 2. (des Pförtners) швейца́рская f; 3. (Freimaurerloge) ло́жа f
Logenplatz m <-es, -plätze> ме́сто nt в ло́же
Loggia f <-gen: -> ло́джия f
Logik f <gen: -> ло́гика f; **das verstößt gegen jegliche ~** э́то противоре́чит вся́кой ло́гике
logisch adj 1. логи́чный; 2. (MATH) логи́ческий
Logistik f <gen: -> логи́стика f
Logo nt <-s, -s> логоти́п m, эмбле́ма f
Logopäde m <-n, -n> логопе́д m
Lohn m <-(e)s, Löhne> 1. (Arbeitsentgelt) зарпла́та f; 2. (fig: Belohnung) вознагражде́ние nt, награ́да f
Lohn- und Gehaltskonto nt <-s, -konten> счёт m зарабо́тной пла́ты
Lohnabbau m <gen: -(e)s> сниже́ние nt зарабо́тной пла́ты
Lohnabrechnung f <gen: -> расчёт m зарабо́тной пла́ты
Lohnabrechnungsliste f <-, -n> платёжная ве́домость f
Lohnabzüge pl <gen: -> вы́четы pl из зарабо́тной пла́ты
Lohnarbeit f <-, -en> наёмный труд m
Lohnausgleich m <gen: -(e)s> компенсацио́нные вы́платы pl по вре́менной нетрудоспосо́бности
Lohnbezieher m <-s, -> рабо́тник m
Lohnbuch nt <gen: -(e)s> расчётная кни́жка f
Lohnbüro nt <-s, -s> отде́л m зарабо́тной пла́ты
Lohndumping nt <gen: -s> де́мпинг m, обусло́вливаемый ни́зким у́ровнем зарабо́тной пла́ты
Lohneinkommen nt <gen: -s> трудово́й дохо́д m
Lohnempfänger m <-s, -> рабо́тник m
lohnen I. vt 1. (belohnen) вознагражда́ть, -гради́ть pf; **jdm seine Hilfe ~** вознагради́ть кого́-л. за по́мощь 2. (wert sein) окупа́ть, -пи́ть pf; II. vr 1. (vor allem finanziell) окупа́ться, -пи́ться pf; 2. (allgemein) опра́вдываться, оправда́ться pf; **das lohnt sich nicht** э́то не окупа́ется; **unsere Mühe hat sich gelohnt** на́ши уси́лия оправда́лись
Lohnentwicklung f <gen: -> разви́тие nt зарабо́тной пла́ты
Lohnerhöhung f <-, -en> повыше́ние nt зарабо́тной пла́ты
Lohnforderungen pl <gen: -> тре́бования pl повыше́ния зарабо́тной пла́ты
Lohnfortzahlung f <-, -en> непреры́вная

Lohngruppe f <-, -n> тарифный разряд m
Lohnheft nt <-(e)s, -e> расчётная книжка f
Lohnkarte f <-, -n> расчётная карточка f
Lohnkonto nt <-s, -konten> счёт m заработной платы
Lohnkosten pl <gen: -> расходы pl по заработной плате
Lohnkürzung f <-, -en> сокращение nt заработной платы
Lohnliste f <gen: -> платёжная ведомость f
Lohnnebenkosten pl <gen: -> побочные [o косвенные] издержки pl на заработную плату
Lohnniveau nt <-s, -s> уровень m заработной платы
Lohnpolitik f <gen: -> политика f в области заработной платы
Lohn-Preis-Spirale f <gen: -> инфляционная спираль f
Lohnrunde f <-, -n> переговоры pl о ставках заработной платы
Lohnsatz m <-es, -sätze> тарифная ставка f
Lohnsperre f <-, -n> замораживание nt заработной платы
Lohnsteuer f <gen: -> подоходный налог m
Lohnsteueranmeldung f <-, -en> декларация f о налогах на заработную плату
Lohnsteuerermäßigung f <-, -en> льготы pl по налогу на заработную плату
Lohnsteuerfreibetrag m <-(e)s, -beträge> необлагаемый налогом минимум m заработной платы
Lohnsteuerjahresausgleich m <-(e)s, -e> ежегодный перерасчёт m налоговых удержаний
Lohnsteuerkarte f <-, -n> налоговая карточка f
Lohnsteuerklasse f <-, -n> разряд m налогообложения
Lohnstopp m <-s, -s> замораживание nt заработной платы
Lohnstückkosten pl <gen: -> расходы m по заработной плате в расчёте на человека
Lohntarif m <-(e)s, -e> тарифная сетка f
Lohnvereinbarung f <-, -en> соглашение nt по вопросам заработной платы
Lohnverhandlungen pl <gen: -> переговоры pl о ставках заработной платы [o тарифах]
Lohnzettel m <-s, -> расчётный лист m
Lohnzulage f <-, -n> доплата f к заработной плате
Lohnzuschlag m <-(e)s, -zuschläge> доплата f к заработной плате
Loipe f <-, -n> лыжня f
Lok abk von **Lokomotive**
lokal adj местный
Lokal nt <-(e)s, -e> ресторан m, кафе nt
Lokalaugenschein m <-s, -e> (österr: Lokaltermin) выездное судебное заседание nt
Lokalbahn f <-, -en> (TRANS) локальная железная дорога f
Lokalblatt nt <-(e)s, -blätter> местная газета f
lokalisieren vt локализовать impf/pf
Lokalnetz nt <-es, -e> (DV) локальная сеть f
Lokalseite f <-, -n> местная хроника f (в газете)
Lokalsender m <-s, -> местная радиостанция f
Lokativ m <gen: -s> (LING) местный падеж m
Lokomotive f <-, -n> локомотив m
Lokomotivführer m <-s, -> машинист m (локомотива)
Lokomotivschuppen m <-s, -> паровозное депо nt
Lokus m <-, -se> (umg) уборная f, туалет m
Lolli m <-, -s> (umg) леденец m на палочке
Lombard m <gen: -s> ломбард m
Lombarddarlehen nt <-s, -> ломбардная ссуда f
Lombardei f <gen: -> Ломбардия f
Lombardgeschäft nt <-(e)s, -e> ломбардная сделка f
Lombardkredit m <-(e)s, -e> ломбардный кредит m
Lombardlinie f <-, -n> ломбардный предел m
Lombardpolitik f <gen: -> ломбардная политика f
Lombardsatz m <gen: -es> ломбардная ставка f
Longitudinalschwingung f <gen: -> (PHYS) продольное колебание nt
Look m <-s, -s> 1. (Aussehen) (внешний) вид m; 2. (Moderichtung) мода f
Lorbeer m <-s, -en> (Gewürz) лавр m; sich auf seinen ~en ausruhen (fig) почить на лаврах
Lord m <-s, -s> лорд m
los I. adj (locker, gelöst) свободный; was ist ~? что случилось?; was ist denn mit dir ~? что с тобой случилось?; II. adv: ~! давай! warum wollt ihr erst morgen ~? (losfahren) почему вы хотите выехать [o поехать]только завтра?.
Los nt <-es, -e> 1. (Schicksal) участь f, судьба f; 2. (der Lotterie) лотерейный билет m; etw durch das ~ entscheiden разыграть что-л.

lösbar *adj* 1. растворимый; 2. разборный; 3. (*fig*) разрешимый
losbinden *irr vt* (*von*) отвязывать, -вязать *pf*
löschen *vt* 1. (*Feuer, Licht*) тушить, по- *pf*, гасить, по- *pf*; 2. (*Durst*) утолять, -лить *pf*; 3. (*Daten, Tonband*) стирать, стереть *pf*; 4. (*Konto*) закрывать, -крыть *pf*
Löschfahrzeug *nt* <-(e)s, -e> пожарная машина *f*, пожарный автомобиль *m*
Löschgerät *nt* <-(e)s, -e> огнетушитель *m*
Löschkalk *m* <*gen*: -(e)s> гашёная известь *f*
Löschpapier *nt* <-(e)s, -e> промокательная бумага *f*
Löschtrupp *m* <-s, -s> пожарная команда *f*
lose *adj* 1. (*Lebenswandel*) распущенный; 2. (*locker*) свободный, незакреплённый; 3. (*unverpackt*) неупакованный; **ein ~s Mundwerk haben** быть дерзким
Loseblattsammlung *f* <-, -en> выпуск *m* (журнала) несшитыми листами
Lösegeld *nt* <-(e)s, -er> выкуп *m*
Lösegeldforderung *f* <-, -en> требование *nt* выкупа
losen *vi* бросать, бросить *pf* жребий
lösen I. *vt* 1. (*losmachen, entfernen*) снимать, снять *pf* (*von* +*dat* с +*gen*), отделять, -лить *pf* (*von* +*dat* от +*gen*); 2. (*Rätsel*) разгадывать, -гадать *pf*; 3. (*Problem*) решать, -шить *pf*; 4. (*Fahrkarte*) покупать, купить *pf*; 5. (CHEM) растворять, -рить *pf* (*in* +*dat* в +*präpos*); II. *vr* 1. (*sich losmachen*) освобождаться, -бодиться *pf* (*von* +*dat* от +*gen*), отделяться, -литься *pf* (*von* +*dat* от + *gen*); 2. (*fig: sich trennen*) расставаться, расстаться *pf* (*von* +*dat* с +*inst*); 3. (*sich aufklären, auflösen: Problem*) решаться, -шиться *pf*; 4. (CHEM) растворяться, -риться *pf*; **Salz löst sich in Wasser** соль растворяется в воде
losfahren *irr vi* выезжать, выехать *pf*
losgehen *irr vi* 1. (*sich lösen, abgehen*) отрываться, оторваться *pf*; 2. (*umg: anfangen*) начинаться, -чаться *pf*; **der Film geht erst in einer Stunde los** фильм начнётся только через час
loskaufen *vt* (*einen Entführten*) выкупать, выкупить *pf*
loskommen *irr vi* избавляться, избавиться *pf* (*von* +*dat* от +*gen*)
loslassen *irr vt* отпускать, -пустить *pf*
löslich *adj* растворимый
losmachen *vt* (*eine Leine*) отвязывать, -вязать *pf*
Losnummer *f* <-, -n> номер *m* лотерейного билета
lossagen *vr*: **sich von jdm/etw ~** отречься от кого-л./чего-л.

Losung *f* <-, -en> 1. (MIL) пароль *m*; 2. (*Devise*) лозунг *m*
Lösung *f* <-, -en> 1. решение *nt*; **~ eines Problems** решение проблемы 2. (*Annulierung*) расторжение *nt*; **~ von Geschäftsbeziehungen** расторжение деловых отношений 3. (PHYS, CHEM) раствор *m*
Lösungsmittel *nt* <-s, -> растворитель *m*
loswerden *vt* избавляться, избавиться *pf*; **ein altes Auto ~** избавиться от старой машины
Lot *nt* <-(e)s, -e> 1. (*Senkblei*) грузило *nt*, лот *m*; 2. (MATH) перпендикуляр *m*
löten *vt* паять *impf*, запаивать, -паять *pf*
Lotion *f* <-, -en> лосьон *m*
Lötkolben *m* <-s, -> паяльник *m*
Lotosblume *f* <-, -n> лотос *m*
Lotse *m* <-n, -n> лоцман *m*
lotsen *vt* проводить, -вести *pf* (корабль)
Lotterie *f* <-, -n> лотерея *f*
Lotterielos *nt* <-s, -e> лотерейный билет *m*
Lotto *nt* <-s, -s> лото *nt*
Lottogewinn *m* <-(e)s, -e> выигрыш *m* в лото
Lottozahlen *pl* <*gen*: -> выигравшие числа *ntpl* цифрового лото
Loveparade *f* <*gen*: -> проходящий ежегодно в Берлине парад любителей техномузыки
Löwe *m* <-n, -n> 1. лев *m*; 2. (ASTR) Лев *m*
Löwenanteil *m* <*gen*: -(e)s> (*fig*) львиная доля *f*
Löwenkäfig *m* <-(e)s, -e> клетка *f* для львов
Löwenzahn *m* <*gen*: -(e)s> одуванчик *m*
Löwin *f* <-, -nen> львица *f*
loyal *adj* лояльный
Loyalität *f* <-, (-en)> лояльность *f*
LP *abk von* **Langspielplatte**
LSD *abk von* **Lysergsäurediäthylamid** *nt* ЛСД *m*
Luchs *m* <-es, -e> рысь *f*
Lücke *f* <-, -n> 1. пустое место *nt*; 2. (*Gesetzeslücke, Schlupfloch*) лазейка *f*
Lückenbüßer *m* <-s, -> затычка *f*
lückenhaft *adj* 1. (*voller Lücken*) с пробелами; 2. (*fig: unvollständig*) неполный
lückenlos *adj* (*vollständig*) полный; **ein ~er Lebenslauf** подробная биография
lud *prät von* **laden**
Luder *nt* <-s, -> (*pej: Biest*) стерва *f*
Luft *f* <-, Lüfte> воздух *m*; **etw ist aus der ~ gegriffen** что-л. взято с потолка; **~ für jdn sein** (*fig: von jdm nicht beachtet werden*) не существовать для кого-л.; **jdn wie ~ behandeln** (*fig: jdn nicht beachten*) игнорировать кого-л.; **~ holen** перевести дыхание; **die ~ anhalten** задержать дыхание; **frische ~**

Luft- und Raumfahrtindustrie schnappen подышáть свéжим вóздухом; etw in die ~ sprengen взорвáть что-л.

Luft- und Raumfahrtindustrie *f* <gen: -> авиациóнно-космическая промышленность *f*

Luftabwehrgeschoss *nt* <-es, -e> зенитная ракéта *f*

Luftangriff *m* <-(e)s, -e> бомбардирóвка *f*

Luftballon *m* <-s, -s> воздýшный [*o* надувнóй] шар(ик) *m*

Luftbefeuchter *m* <-s, -> увлажнитель *m* вóздуха

Luftbild *nt* <-(e)s, -er> аэрофотоснимок *m*

Luftbrücke *f* <-, -n> воздýшный мост *m*

Luftdruck *m* <gen: -(e)s> атмосфéрное давлéние *nt*, давлéние *nt* вóздуха

lüften *vt* 1. (*mit Luft versorgen*) провéтривать, -вéтрить *pf*; 2. (*hochheben*) приподнимáть, -нять *pf*

Luftdruckanstieg *m* <gen: -(e)s> повышéние *nt* давлéния вóздуха

Lüfter *m* <-s, -> вентилятор *m*

Luftfahrtgesellschaft *f* <-, -en> (*Fluggesellschaft*) авиакомпáния *f*

Luftfahrtindustrie *f* <-, -n> авиациóнная промышленность *f*

Luftfeuchtigkeit *f* <gen: -> влáжность *f* вóздуха

Luftfilter *m* <-s, -> воздýшный фильтр *m*

Luftflotte *f* <gen: -> воздýшный флот *m*

Luftfracht *f* <gen: -> авиациóнный груз *m*

Luftfrachtbrief *m* <-(e)s, -e> авиациóнная накладнáя *f*

luftgetrocknet *adj* воздушносухóй

Lufthülle *f* <-, -n> воздýшная оболóчка *f*, атмосфéра *f* Земли

luftig *adj* 1. лёгкий; 2. (*luftdurchlässig, dünn*) воздýшный

Luftikus *m* <gen: -> (*umg*) вéтреник *m*

Luftkisssen *nt* <-, -> воздýшная подýшка *f*

Luftkissenboot *nt* <-(e)s, -e> сýдно *nt* на воздýшной подýшке

Luftklappe *f* <-, -n> воздýшный клáпан *m*

Luftkühlung *f* <gen: -> воздýшное охлаждéние *nt*

Luftkurort *m* <-(e)s, -e> климатический курóрт *m*

Luftlandetruppen *pl* <gen: -> воздушнодесáнтные войскá

Luftlandung *f* <gen: -> десантировáние *nt*

luftleer *adj* безвоздýшный; ~er Raum безвоздýшное прострáнство

Luftlinie *f* <gen: -> прямáя линия *f*

Luftmatratze *f* <-, -n> надувнóй матрáц *m*

Luftzirkulation

Luftmine *f* <-, -n> авиамина *f*

Luftpirat *m* <-en, -en> воздýшный пирáт *m*

Luftpost *f* <gen: -> авиапóчта *f*; per ~ versenden отправлять авиапóчтой

Luftpostbrief *m* <-(e)s, -e> авиаписьмó *nt*

Luftpumpe *f* <-, -n> воздýшный насóс *m*

Luftraum *m* <gen: -(e)s> воздýшное прострáнство *nt*

Luftröhre *f* <-, -n> трахéя *f*

Luftschadstoffe *pl* <gen: -> врéдные веществá *m*, содержáщиеся в вóздухе

Luftschall *m* <gen: -s> воздýшный звук *m*

Luftschiff *nt* <-(e)s, -e> дирижáбль *m*

Luftschifffahrt *f* <gen: -> воздухоплáвание *nt*

Luftschleuse *f* <-, -n> шлюзовóй отсéк *m*

Luftschutzbunker *m* <-s, -> бомбоубéжище *nt*

Luftschutzkeller *m* <-s, -> бомбоубéжище *nt*

Luftstrom *m* <gen: -(e)s> воздýшный потóк *m*

Lufttaxi *nt* <-s, -s> 1. „воздýшное такси" *m*, небольшóй самолёт, котóрый мóжно зафрахтовáть; 2. самолёт *m* для мéстных авиалиний

Lufttemperatur *f* <-, -en> температýра *f* вóздуха

Lufttransport *m* <-(e)s, -e> авиатрáнспорт *m*

Lufttrocknung *f* <gen: -> сýшка *f* на вóздухе

luftundurchlässig *adj* воздухопроницáемый

Lüftung *f* <-, -en> 1. провéтривание *nt*; 2. (*Be~, Ventilation*) вентиляция *f*

Lüftungskanal *m* <-(e)s, -kanäle> вентиляциóнный канáл *m*

Lüftungsklappe *f* <-, -n> вентиляциóнный люк *m*

Lüftungsschacht *m* <-(e)s, -schächte> вентиляциóнная шáхта *f*

Luftventil *nt* <-s, -e> воздýшный клáпан *m*

Luftverkehrskontrolle *f* <-, -n> контрóль *m* воздýшного сообщéния

Luftverschmutzung *f* <-, -en> загрязнéние *nt* вóздуха

Luftverteidigung *f* <gen: -> противовоздýшная оборóна *f*

luftverunreinigend *adj* загрязняющий вóздух

Luftwaffe *f* <-, -n> воéнно-воздýшные силы *fpl*

Luftwiderstand *m* <gen: -(e)s> сопротивлéние *nt* вóздуха

Luftzirkulation *f* <gen: -> циркуляция *f* вóздуха

Luftzufuhr f <gen: -> подача f воздуха
Luftzug m <-(e)s, -züge> сквозняк m
Lüge f <-, -n> ложь f; **~n haben kurze Beine** (Sprichwort) у лжи короткие ноги
lügen vi <log, gelogen> лгать, со- pf, врать, со- pf; **wie gedruckt ~** (umg) врать как по-писаному
Lügner, -in m/f <-s, -> врун m, лгун m
Luke f <-, -n> люк m
lukrativ adj прибыльный; **~es Nebengeschäft** доходное побочное занятие
Lümmel m <-s, -> (Flegel) олух m
lümmeln vr валяться impf, развалиться pf; **er lümmelt sich den ganzen Tag nur auf dem Sofa** он весь день валяется на тахте
Lump m <-en, -en> подлец m
Lumpen m <-s, -> тряпка f
Lumpengesindel nt <gen: -s> (pej) сброд m
lumpig adj 1. (zerlumpt) дрянной; 2. (pej: gering, unbedeutend) подлый
Lunge f <-, -n> лёгкое nt; **sich die ~ aus dem Hals schreien** (umg) кричать до изнеможения
Lungenabszess m <-es, -e> абсцесс m лёгких
Lungenarterie f <-, -n> лёгочная артерия f
Lungenbraten m <-s, -> жаркое nt из говяжьего филе
Lungenentzündung f <-, -en> воспаление nt лёгких
Lungenfell nt <-s, -e> оболочка f лёгких
Lungenfellentzündung f <-, -en> воспаление nt лёгочной оболочки
Lungenflügel m <-s, -> лёгкое nt
Lungenkrebs m <gen: -es> рак m лёгких
Lungenödem nt <-s, -e> отёк m лёгких
Lungentuberkulose f <gen: -> туберкулёз m лёгких
Lunte f <-, -n> 1. (Zündschnur) фитиль m; 2. (Schwanz des Fuchses) хвост m; **~ riechen** (umg) пронюхать что-л.
Lupe f <-, -n> лупа f; **etw unter die ~ nehmen** (fig) присмотреться поближе к чему-л.
Lust f <-, Lüste> 1. (kein pl: Freude) радость f, удовольствие nt; 2. (Neigung, Verlangen) желание nt, охота f; **~ haben, etw zu tun** хотеть сделать что-л.; 3. (kein pl: sinnliche Begierde) страсть f
Luster m <-s, -> (österr: Kronleuchter) люстра f
lüstern adj похотливый; **ein ~er Kerl** похотливый мужик
lustig adj 1. (vergnügt, fröhlich) весёлый; 2. (komisch) смешной; **sich über etw/jdn ~ machen** смеяться над чем-л./кем-л.
lustlos adj 1. (ohne Antrieb) неохотный; 2. (ÖKON: Markt, Börse) вялый
Lustmangel m <gen: -s> отсутствие nt желания
lutschen vt сосать, по- pf; **an etw ~** сосать что-л.
Lutscher m <-s, -> леденец m (на палочке)
Luv f <gen: -s> (MAR) наветренная сторона f
Luxemburg nt <gen: -s> Люксембург m
Luxemburger, -in m/f <-s, -> люксембуржец, люксембуржка m/f
luxemburgisch adj люксембургский
luxuriös adj роскошный; **eine ~e Wohnung** роскошная квартира
Luxus m <gen: -> роскошь f, люкс m
Luxusartikel m <-s, -> предмет m роскоши
Luxushotel nt <-s, -s> гостиница-люкс f, первоклассный отель m
Luxussteuer f <gen: -> налог m на предметы роскоши
Luxusvilla f <-, -villen> роскошная вилла f
Lymphdrainage f <-, -n> (MED) дренаж m лимфы
Lymphe f <-, -n> лимфа f
Lymphknoten m <-s, -> лимфатический узел m
Lymphsystem nt <-s, -e> лимфатическая система f
lynchen vt линчевать impf/pf
Lyrik f <gen: -> лирика f
Lyriker, -in m/f <-s, -> лирик m
lyrisch adj лирический
Lyzeum nt <gen: -s> лицей m

M

m, M nt <-, -> м, М
M.A. abk von **Magister Artium**
Machart f <-, -en> фасон m
machbar adj (realisierbar) осуществимый
Machbarkeitsstudie f <-, -n> технико-экономическое обоснование nt
Mache f <gen: -> (umg: pej Täuschung) уловка f
machen vt (tun) делать, сделать pf; **was machst du da?** что ты здесь делаешь?; **großen Eindruck auf jdn ~** произвести большое впечатление на кого-л.; **macht nichts!** (umg) ничего! **sich aus etw nichts ~** не придавать чему-л. большого значения; **ich kann da leider nichts ~** здесь я ничем не могу помочь; **mach's gut!** (umg) пока!
Machenschaften pl <gen: -> махинации pl
Macher m <-s, -> (umg) делец m
Macht f <gen: -> (Herrschaft) власть f; **~ ausüben** властвовать; **an die ~ gelangen**

прийти к власти; **die ~ des Geldes** власть денег; **~ über jdn haben** обладать властью над кем-л.; **an die ~ kommen** прийти к власти; **Missbrauch der ~** злоупотребление властью; **an der ~ sein** быть у власти; **nach der ~ streben** стремиться к власти

Machtbereich *m* <-(e)s, -e> сфера *f* власти

Machtfrage *f* <-, -n> вопрос *m* о власти

Machthaber *m* <-s, -> властитель *m*

mächtig *adj* 1. (*gewaltig*) могущественный; 2. (*umg: sehr groß*) огромный

Machtkampf *m* <-(e)s, -kämpfe> борьба *f* за власть

machtlos *adj* бессильный

Machtmissbrauch *m* <*gen*: -(e)s> злоупотребление *nt* властью

Machtprobe *f* <-, -n> проба *f* сил

Machtverhältnis *nt* <-ses, -se> соотношение *nt* сил

machtvoll *adj* могущественный, мощный

Machtwort : **ein ~ sprechen** сказать решающее слово

Machwerk *nt* <-(e)s, -e> 1. (*pej*) халтура *f*; 2. фальшивка *f*

MAD *m* <*gen*: -> военная разведка ФРГ

Madagaskar *nt* <*gen*: -s> Мадагаскар *m*

Madagasse, Madagassin *m/f* <-n, -n> мадагасиец, мадагасийцы *m/f*

madagassisch *adj* мадагасийский

Mädchen *nt* <-s, -> 1. девочка *f*; 2. (*Teenager*) девушка *f*; **~ für alles** (*umg*) мальчик на побегушках

mädchenhaft *adj* девичий

Mädchenname *m* <-ns, -n> 1. (*Vorname*) женское имя *nt*; 2. (*einer verheirateten Frau*) девичья фамилия *f*

Made *f* <-, -n> личинка *f*; **wie die ~ im Speck leben** кататься как сыр в масле

Madenschraube *f* <-, -n> винт *m* без головки

madig *adj* червивый

Madrigal *nt* <-(e)s, -e> (MUS) мадригал *m*

Mafia *f* <-, -s> мафия *f*

Magazin *nt* <-s, -e> 1. (*Zeitschrift*) журнал *m*; 2. (*Lager*) склад *m*; 3. (MIL: *von Feuerwaffe*) магазин *m*

Magd *f* <-, Mägde> служанка *f*

Magen *m* <-s, Mägen> желудок *m*; **auf nüchternen ~** на голодный желудок

Magen-Darmentzündung *f* <-, -en> гастроэнтерит *m*

Magendurchbruch *m* <-(e)s, -brüche> перфорирование *nt* стенки желудка

Magengeschwür *nt* <-(e)s, -e> язва *f* желудка

Magenkrankheit *f* <-, -en> болезнь *f* желудка

Magenkrebs *m* <*gen*: -es> рак *m* желудка

Magenleiden *nt* <-s, -> желудочное заболевание *nt*

magenleidend *adj* страдающий заболеванием желудка

Magenmittel *nt* <-s, -> желудочное средство *nt*

Magenoperation *f* <-, -en> операция *f* на желудке

Magensäure *f* <*gen*: -> желудочная кислота *f*

Magenspiegelung *f* <-, -en> гастроскопия *f*

Magenspülung *f* <-en, -en> промывание *nt* желудка

Magenverstimmung *f* <-, -en> расстройство *nt* желудка

mager *adj* 1. (*dünn*) худой; 2. (*fig: dürftig*) скудный; 3. (*Fleisch*) постный

Magerkeit *f* <*gen*: -> худоба *f*

Magermilch *f* <*gen*: -> снятое молоко *nt*

Magerquark *m* <*gen*: -s> обезжиренный творог *m*

Magersucht *f* <*gen*: -> истощение *nt* (вследствие болезненного стремления к худобе)

magersüchtig *adj* склонный к болезненному исхуданию

Magie *f* <*gen*: -> магия *f*

Magier *m* <-s, -> волшебник *m*

magisch *adj* магический; **~e Anziehungskraft auf jdn haben** оказывать на кого-л. магическое действие

Magister *m* <-s, -> (*akademischer Titel*) магистр *m*

Magisterarbeit *f* <-, -en> работа на получение учёной степени магистра, присуждаемой в сфере гуманитарных наук и равнозначной дипломy

Magnesium *nt* <*gen*: -s> магний *m*

Magnesiummangel *m* <*gen*: -s> недостаток *m* магния

Magnet *m* <-en, -en> магнит *m*

Magnetband *nt* <-(e)s, -bänder> магнитная лента *f*

Magneteisenstein *m* <*gen*: -(e)s> магнетит *m*, магнитный железняк *m*

Magnetfeld *nt* <-(e)s, -er> магнитное поле *nt*

Magnetfluss *m* <*gen*: -es> магнитный поток *m*

magnetisch *adj* магнитный

Magnetismus *m* <*gen*: -> магнетизм *m*

Magnetspule *f* <-, -n> катушка *f* возбуждения

Mahagoni *nt* <*gen*: s> красное дерево *nt*

Mähdrescher *m* <-s, -> зерновой комбайн *m*

mähen *vt* косить, с- *pf*

Mahl *nt* <-(e)s, -e/ (Mähler)> (*geh*) обед *m*, трапеза *f*

mahlen *vt* (*Korn*) молоть, по- *pf*

Mahlzeit *f* <-, -en> еда *f*; **~!** (*am Esstisch*)

Приятного аппетита!
Mähne *f* <-, -n> грива *f*
mahnen *vt* 1. (*erinnern, auch wegen Schulden*) напоминать, -помнить *pf*; **jdn an etw/wegen etw** ~ напоминать кому-л. о чём-л.; 2. (*aufrufen*) призывать, -звать *pf* (*zu +dat* к *+dat*); 3. (*warnen*) предостерегать, предостеречь *pf*
Mahngebühr *f* <-, -en> сбор *m* за вынесение предупреждения
Mahnmal *nt* <-(e)s, -e/ (-mäler)> мемориал *m*
Mahnschreiben *nt* <-s, -> письменное напоминание *nt*
Mahnung *f* <-, -en> 1. (*Ermahnung*) предостережение *nt*, призыв *m*; 2. (*Mahnbrief*) напоминание *nt*
Mahnverfahren *nt* <-s, -> (JUR) предупреждение *nt* должника через суд
Mai *m* <*gen*: -(e)s> май *m*; **der Erste** ~ Первое мая
Maibaum *m* <-(e)s, -bäume> майское деревце *nt*
Maiglöckchen *nt* <-s, -> ландыш *m*
Maikäfer *m* <-s, -> майский жук *m*
Mailand *nt* <*gen*: -s> Милан *m*
Mailbox *f* <-, -en> (DV) электронный почтовый ящик *m*
Mailing *nt* <-s, -s> (ÖKON) рассылка *f* рекламного материала по почте
Mailserver *m* <-s, -> (DV) почтовый сервер *m*
Mainframe *m* <-s, -s> (DV) центральный процессор *m*
Mais *m* <-es, (-e)> кукуруза *f*
Maiskolben *m* <-s, -> початок *m* кукурузы
Maismehl *nt* <*gen*: -s> кукурузная мука *f*
Maisonettewohnung *f* <-, -en> двухэтажная квартира *f*
Majestät *f* <*gen*: -> величие *nt*, величественность *f*; **Seine** ~ Его Величество
majestätisch *adj* величественный
Major *m* <-s, -e> майор *m*
Majoran *m* <-s, -e> майоран *m*
Majorität *f* <-, -en> большинство *nt*
makaber *adj* мрачный
Makadam *m* <*gen*: -s> макадам *m*
Makel *m* <-s, > 1. (*fig: Fehler, Mangel*) недостаток *m*; 2. (*fehlerhafte Beschaffenheit*) позор *m*
makellos *adj* безупречный
mäkeln *vi* придираться, -драться *pf* (*an +dat* к *+dat*)
Make-up *nt* <-s, -s> макияж *m*
Makkaroni *mpl* <*gen*: -> макароны *fpl*
Makler, -in *m/f* <-s, -> 1. (*Wohnungsmakler*) маклер *m*; 2. (*Börsenmakler*) брокер *m*
Maklerfirma *f* <-, -firmen> брокерская фирма *f*
Maklergebühr *f* <-, -en> маклерская ставка *f*, куртаж *m*
Makrele *f* <-, -n> скумбрия *f*
Makro *nt* <-s, -s> (DV) макрос *m*
Makroklima *nt* <*gen*: -s> макроклимат *m*, климат *m* обширных областей
Makrokosmos *m* <*gen*: -> макрокосмос *m*
Makrone *f* <-, -n> миндальное пирожное *nt*
Makroökonomie *f* <*gen*: -> макроэкономика *f*
makroökonomisch *adj* макроэкономический
mal *adv* (*umg: einmal*) раз; **komm** ~ **her!** подойди-ка сюда! **sag** ~, ... скажи-ка,...
Mal[1] *nt* <-(e)s, -e> раз *m*; **das letzte** ~ последний раз; **ein für alle** ~ раз и навсегда; **ein einziges** ~ единственный раз
Mal[2] *nt* <-(e)s, -e/ Mäler> 1. (*Zeichen*) пятно *nt*; 2. (*Mahnmal*) монумент *m*
Malaria *f* <*gen*: -> малярия *f*
Malariamittel *nt* <-s, -> средство *nt* от малярии
Malaysia *nt* <*gen*: -s> Малайзия *f*
Malaysier, -in *m/f* <-s, -> житель *m* Малайзии
malen *vt* 1. (*mit Farbe*) красить, по- *pf*; 2. (*zeichnen*) рисовать, на- *pf*
Maler, -in *m/f* <-s, -> 1. художник, -ница *m/f*; 2. (*Anstreicher*) маляр *m*
Malerei *f* <-, -en> 1. (*Kunst*) живопись *f*; 2. (*Gemälde*) картина *f*
malerisch *adj* живописный
Malermeister *m* <-s, -s> маляр *m*
Malheur *nt* <-s, -s> (*umg: Unglück*) неудача *f*
Malkasten *m* <-s, -kästen> ящик *m* с красками
Mallorca *nt* <*gen*: -s> Майорка *f*
Malta *nt* <*gen*: -s> Мальта *f*
malträtieren *vt* (*misshandeln*) третировать *impf*
Malz *nt* <*gen*: -es> солод *m*
Mama *f* <-, -s> (*umg*) мама *f*
Mami *f* <-, -s> (*umg*) мамочка *f*
Mammut *nt* <-s, -s> мамонт *m*
Mammutveranstaltung *f* <-, -en> (*umg*) гигантское мероприятие *nt*
man *pron indef* ~ **kann...** можно...; ~ **sagt, dass ...** говорят, что...; ~ **nehme ...** (*in Kochrezepten*) возьмите...
Management *nt* <-s, -s> менеджмент *m*
Managementebene *f* <-, -n> уровень *m* управления; **mittlere** ~ средний уровень управления; **obere** ~ верхний уровень управления
Management-Informationssystem *nt* <-(e)s, -s> информационная система *f* управления
Managementkonzept *nt* <-(e)s, -e>

концепция f менеджмента

managen vt управлять, руководить; **ein Unternehmen ~** руководить предприятием

Manager, -in m/f <-s, -> 1. (*in Unternehmen*) менеджер m, руководитель m; 2. (*Betreuer von Künstlern*) антрепренёр m

manche(r,s) pron indef некоторый

mancherlei adj разный, различный

manchmal adv иногда

Mandant, -in m/f <-en, -en> мандант m, клиент m

Mandarine f <-, -n> мандарин m

Mandat nt <-(e)s, -e> 1. мандат m; 2. (*Parlamentssitz*) депутатский [*o* парламентский] мандат m; **sein ~ niederlegen** сложить с себя свои депутатские полномочия

Mandatsgebiet nt <-(e)s, -e> подмандатная территория nt (страна)

Mandel f <-, -n> 1. (*Frucht*) миндаль f; 2. (ANAT: *Drüse*) миндалина f

Mandelentzündung f <-, -en> воспаление nt миндалин

Mandeloperation f <-, -en> удаление nt миндалин

Mandoline f <-, -n> мандолина f

Mandschurei f <gen: -> Маньчжурия f

Manege f <-, -n> манеж m

Mangan nt <gen: -s> марганец m

Mangel¹ f <-, -n> каток m для белья; **jdn in die ~ nehmen** (*fig*) взять кого-л. в оборот

Mangel² m <-s, Mängel> 1. (*Fehlen, Knappheit*) недостаток m, дефицит m, нехватка f; **aus ~ an etw** из-за нехватки чего-л.; **~ an qualifizierten Facharbeitern** нехватка квалифицированных кадров; **~ an Rohstoffen** недостаток сырья f; 2. (*Fehler*) дефект m, неисправность f; **einen ~ beheben** устранять дефект; **einen ~ feststellen** обнаруживать дефект; **für ~ haften** нести ответственность за дефект; **offener ~** очевидный дефект; **technische Mängel** технические дефекты; **verborgener ~** скрытый дефект

mangelhaft adj 1. (*unzureichend*) недостаточный; 2. (*Schulnote*) неудовлетворительный

Mängelhaftung f <gen: -> (JUR) ответственность f за качество товара

mangeln vi (*fehlen*) недоставать impf; **es mangelt ihnen an nichts** у них всего вдоволь; **es mangelte ihm an Geld** ему недоставало денег

mangels präp +gen за недостатком (+ gen)

Mangelware f <gen: -> дефицит m

Mangelwirtschaft f <gen: -> дефицитная экономика f

Mango f <-, -s> манго nt

Mangrovenbaum m <-(e)s, -bäume> мангровое дерево nt

Mangrovenwald m <-(e)s, -wälder> мангровый лес m

Manie f <-, -n> мания f

Manier f <-, -en> манера f

manierlich adj 1. (*Kind*) благовоспитанный; 2. (*Aussehen etc*) приличный; **sich ~ benehmen** вести себя прилично

Manifest nt <-(e)s, -e> манифест m

Manifestant m <-en, -en> (CH: *Demonstrant*) манифестант m

Maniküre f <-, -n> 1. (*Hand- und Nagelpflege*) маникюр m; 2. (*Person*) маникюрша f

maniküren vt <maniküre, maniküre> делать, с- pf маникюр

Manipulation f <-, -en> (*das Manipulieren*) манипуляция f; **betrügerische ~en** преступные махинации

manipulieren vt манипулировать impf (+ inst); **die öffentliche Meinung ~** манипулировать общественным мнением

manisch-depressiv adj маниакально-депрессивный

Manko nt <-s, -s> 1. (*fig: Fehler*) недостаток m; 2. (ÖKON: *Fehlbetrag*) недочёт m, манко nt; **ein ~ in der Kasse entdecken** обнаруживать недостачу в кассе

Mann m <-(e)s, Männer> 1. мужчина m; 2. (*Gatte*) муж m; **seinen ~ stehen** не ударить лицом в грязь; **etw an den ~ bringen** (*umg*) продать что-л.

Männchen nt <-s, -> 1. (*kleiner Mann*) человечек m; 2. (ZOOL: *Tier~*) самец m

Mannequin nt <-s, -s> манекенщица f

Männerarbeit f <gen: -> мужское дело nt

Männergesellschaft f <gen: -> мужское общество nt

Männerkrankheit f <-, -en> мужская болезнь f

männerlastig adj с (численным) перевесом мужчин

männlich adj 1. мужской; 2. (*fig: mannhaft*) мужественный

Männlichkeit f <gen: -> (*fig: Mannhaftigkeit*) мужественность f

Mannschaft f <-, -en> 1. (SPORT) команда f; 2. (MAR) экипаж m

Mannschaftskapitän m <-(e)s, -e> (SPORT) капитан m команды

Mannschaftswertung f <-, -en> (SPORT) командный зачёт m

Manöver nt <-s, -> 1. (MIL) манёвры mpl; **ein ~ abhalten** проводить манёвры 2. (*pej: List*) уловка f

manövrieren vt маневрировать, с- pf

Manövrierfähigkeit f <gen: -> манёвренность f

Mansarde f <-, -n> мансарда f
Mansardenwohnung f <-, -en> мансардная квартира f
Manschette f <-, -n> (am Hemd) манжета f; **~n haben** (umg: Angst haben) трепетать перед кем-л.
Manschettenknopf m <-(e)s, -knöpfe> запонка f
Mantel m <-s, Mäntel> 1. (Kleidungsstück) пальто nt; **den ~ nach dem Wind hängen** (fig) держать нос по ветру 2. (TECH: Rohr~) оболочка f; 3. (des Reifens) покрышка f
Manteltasche f <-, -n> карман m пальто
manuell I. adj ручной; II. adv вручную
Manufaktur f <-, -en> мануфактура f
Manuskript nt <-(e)s, -e> рукопись f, манускрипт m
Mappe f <-, -n> 1. (Aktenmappe) портфель m; 2. (Hefter) папка f
Maracuja f <-, -s> плод пассифлоры, из которого добывается приятный на вкус сок
Marathonlauf m <-(e)s, -läufe> марафонский бег m
Märchen nt <-s, -> 1. сказка f; 2. (fig) небылица f
Märchenbuch nt <-(e)s, -bücher> книга f сказок
Märchenfigur f <-, -en> сказочный персонаж m
märchenhaft adj сказочный
Marder m <-s, -> куница f
Margarine f <gen: -> маргарин m
Marge f <-, -n> маржа f
Margerite f <-, -n> маргаритка f
marginal adj маргинальный
Marienkäfer m <-s, -> божья коровка f
Marihuana nt <gen: -s> марихуана f
Marinade f <-, -n> маринад m
Marine f <-, -n> (военно-) морской флот m
Marineinfanterie f <gen: -> морская пехота f
Marineoffizier m <-s, -e> морской офицер m
Marinestützpunkt m <-(e)s, -e> военно-морская база f
Marionette f <-, -n> марионетка f
Marionettentheater nt <gen: -s> театр m марионеток
maritim adj морской
Mark nt <gen: -(e)s> 1. (Knochenmark) костный мозг m; 2. (Währungseinheit) марка f
markant adj (ausgeprägt) характерный; **~e Gesichtszüge** характерные черты лица
Marke f <-, -n> 1. (Warensorte) марка f; **eine weltbekannte ~** всемирно известная марка 2. (Briefmarke) (почтовая) марка f; 3. (Essensmarke) талон m

Markenartikel m <-s, -> фирменное изделие nt, марочный товар m
Markenartikler m <-s, -> 1. изготовитель m марочных изделий [о фирменного товара]; 2. продавец m марочных изделий
Markenimage nt <gen: -> имидж m марки
Markenpiraterie f <gen: -> незаконное использование nt чужих фирменных знаков
Markenschutz m <gen: -es> охрана f товарного [о фирменного] знака
Markentreue f <gen: -> приверженность f марке
Markenware f <-, -n> марочный товар m
Markenzeichen nt <-s, -> марочный знак m
Marker m <-s, -> (цветной) маркировочный фломастер m
markerschütternd adj пронзительный, резкий (о звуке)
Marketing nt <gen: -s> маркетинг m
Marketingabteilung f <-, -en> отдел m маркетинга
Marketingforschung f <gen: -> маркетинговые исследования pl
Marketinginstrument nt <-(e)s, -e> инструмент m маркетинга
Marketingkonzept nt <-(e)s, -e> концепция f маркетинга
Marketingmanagement nt <gen: -s> менеджмент m маркетинга
Marketing-Mix m <gen: -> маркетинг m -микс m
Marketingstrategie f <-, -en> стратегия f маркетинга
markig adj (Worte) решительный
markieren vt (mit einer Markierung versehen) маркировать impf; **den Dummen ~** притворяться дураком
Markierstift m <-(e)s, -e> маркировочный фломастер m
Markierung f <-, -en> маркировка f; **eine ~ anbringen** маркировать
Markise f <-, -n> маркиза f
Markt m <-(e)s, Märkte> рынок m; **den ~ beherrschen** господствовать на рынке; **einen ~beobachten** наблюдать за рынком; **ein Produkt neu auf den ~ bringen** поставлять на рынок новый продукт; **einen ~ erschließen** осваивать рынок; **freier ~** свободны рынок; **auf den ~ gehen** пойти на рынок; **gesättigter ~** насыщенный рынок; **inländischer ~** внутренний рынок; **sich aus einem ~zurückziehen** уходить с рынка
Marktanalyse f <-, -n> анализ m рынка
Marktangebot nt <-(e)s, -e> рыночное предложение nt
Marktanteil m <-(e)s, -e> доля на рынке

f; **~e verteidigen** защищать долю на рынке
Marktaufteilung *f* <-, -en> разделение *nt* рынка
Marktbedingungen *pl* <gen: -> рыночные условия *pl*
Marktbeherrschung *f* <gen: -> господство *nt* на рынке
Marktbeobachtung *f* <gen: -> наблюдение *nt* за рынком
Marktbericht *m* <-(e)s, -e> обзор *m* состояния конъюнктуры рынка
Marktbude *f* <-, -n> рыночная палатка *f*
Marktchancen *pl* <gen: -> рыночные возможности *pl*
Marktdaten *pl* <gen: -> данные *pl* рынка
Markteinführung *f* <-, -en> внедрение *nt* на рынок
Markteintritt *m* <-(e)s, -e> выход *m* на рынок
Marktentwicklung *f* <-, -en> развитие *nt* рынка
Markterfolg *m* <-(e)s, -e> успех *m* на рынке
marktfähig *adj* конкурентноспособный; **~es Produkt** конкурентноспособный продукт
Marktflecken *m* <-s, -> (HIST) село, имеющее право устраивать рынки
Marktforscher, -in *m/f* <-s, -> исследователь *m* рынка
Marktforschung *f* <gen: -> анализ *nt* конъюнктуры рынка
Marktforschungsinstitut *nt* <-(e)s, -e> институт *m* рыночных исследований
marktführend *adj* ведущий на рынке
Marktführer *m* <-s, -> лидер *m* рынка
Marktlage *f* <gen: -> положение *nt* на рынке
Marktmechanismus *m* <-, -mechanismen> рыночный механизм *m*
Marktnachfrage *f* <gen: -> рыночный спрос *m*
Marktnische *f* <-, -n> рыночная ниша *f*
marktorientiert *adj* ориентирующийся на рынок
Marktorientierung *f* <gen: -> ориентирование *nt* на рынок
Marktplatz *m* <-(e)s, -plätze> рыночная площадь *f*
Marktposition *f* <-, -en> позиция *f* на рынке
Marktpotenzial *nt* <-(e)s, -e> рыночный потенциал *m*
Marktpreis *m* <-es, e> рыночная цена *f*
Marktprognose *f* <-, -n> рыночный прогноз *m*
Marktsättigung *f* <gen: -> насыщение *nt* рынка
marktschreierisch *adj* (*pej*) назойливо расхваливающийся, крикливый (о рекламе)
Marktschwankungen *pl* <gen: -> колебания *ntpl* конъюнктуры рынка
Marktsegment *nt* <-(e)s, -e> сегмент *m* рынка
Marktsegmentierung *f* <-, -en> сегментировнаие *nt* рынка
Marktstellung *f* <gen: -> позиция *f* на рынке
Marktstrategie *f* <-, -en> рыночная стратегия *f*
Marktstruktur *f* <-, -en> структура *f* рынка
Marktstudie *f* <-, -n> рыночное исследование *nt*
Markttag *m* <-(e)s, -e> базарный день *m*
Marktteilnehmer *m* <-s, -> участник *m* рынка
Markttendenz *f* <-, -en> рыночная тенденция *f*
Markttest *m* <-(e)s, -s> рыночный тест *m*
Markttrend *m* <-s, -s> тенденция *f* развития конъюнктуры рынка
Marktübersicht *f* <gen: -> обзор *m* рынка
marktüblich *adj* общепринятый на рынке
Marktuntersuchung *f* <-, -en> исследование *nt* рынка
Marktverhältnisse *pl* <gen: -> условия *ntpl* рынка
Marktvolumen *nt* <-s, -volumina> ёмкость *f* рынка
Marktwachstum *nt* <-s, -s> рост *m* рынка
Marktwert *m* <gen: -(e)s> рыночная стоимость *f*
Marktwirtschaft *f* <gen: -> рыночная экомомика *f*; **soziale ~** социальная рыночная экономика
marktwirtschaftlich *adj* рыночный
Marmelade *f* <-, -n> джем *m*, повидло *nt*
Marmeladenbrot *nt* <-(e)s, -e> хлеб *m* с повидлом
Marmor *m* <-s, -e> мрамор *m*
Marmorierung *f* <-, -en> крапление *nt*, окраска *f* под мрамор
marmorn *adj* мраморный
Marmorplatte *f* <-, -n> мраморная плита *f*
Marmorsäule *f* <-, -n> мраморная колонна *f*
Marokko *nt* <gen: -s> Марокко *nt*
Marone *f* <-, -n> (*Esskastanie*) (съедобный) каштан *m*
Marotte *f* <-, -n> (*schrullige Eigenart*) причуда *f*
Mars *m* <gen: -> Марс *m*
marsch *interj* марш!
Marsch *m* <-(e)s, Märsche> 1. (MIL) марш *m*, поход *m*; 2. (MUS) марш *m*
Marschbefehl *m* <gen: -(e)s> (MIL) приказ *m* на марш
marschbereit *adj* готовый к маршу

Marschflugkörper *m* <-s, -> (MIL) крылатая ракета *f*
marschieren *vi* маршировать *impf*
Marschkolonne *f* <-, -n> походная колонна *f*
Marschordnung *f* <-, -en> походный строй *m*
Marschpause *f* <-, -n> пердышка *f* в походе
Marschroute *f* <-, -n> маршрут *m*
Marsflug *m* <-(e)s, -flüge> полёт *m* на Марс
Martinshorn *nt* <gen: -s> сирена *f*
Märtyrer, -in *m/f* <-s, -> мученик, -ница *m/f*
Märtyrertum *nt* <gen: -s> мученичество *nt*, мученическая смерть *f*
Marxismus *m* <gen: -> марксизм *m*
Marxist, -in *m/f* <-en, -en> марксист, -ка *m/f*
marxistisch *adj* марксистский
März *m* <-(e)s, -e> март *m*
Marzipan *nt* <-s, -e> марципан *m*
Masche *f* <-, -n> 1. (*beim Stricken*) петля *f*; 2. (*Netzschlinge*) ячея *f*; 3. (*umg*) трюк *m*; **immer die gleiche ~!** всё тот же самый трюк!
Maschine *f* <-, -n> 1. (TECH) машина *f*, станок *m*; 2. (*Flugzeug*) самолёт *m*; 3. (*Schreibmaschine*) печатная машинка *f*
maschinegeschrieben *adj* напечатанный на пишущей машинке
maschinell *adj* машинный
Maschinenbau *m* <gen: -(e)s> машиностроение *nt*
Maschinenbauer *m* <-s, -> машиностроитель *m*
Maschinenbauingenieur, -in *m/f* <-s, -e> инженер *m* -машиностроитель *m*
Maschineneinsatz *m* <gen: -(e)s> механизация *f*
Maschinenfabrik *f* <-, -en> машиностроительный завод *m*
Maschinengewehr *nt* <-(e)s, -e> пулемёт *m*
maschinenlesbar *adj* (DV) машино-читаемый
Maschinenöl *nt* <gen: -(e)s> индустриальное масло *nt*
Maschinenpark *m* <gen: -s> машинный парк *m*
Maschinenpistole *f* <-, -n> автомат *m*
Maschinenschlosser, -in *m/f* <-s, -> слесарь-сборщик *m*
maschinenschriftlich *adj* машинописный
Maschine schreiben *vi* печатать, на- *pf* на машинке
Maschinist, -in *m/f* <-en, -en> машинист, -ка *m/f*
Masern *pl* корь *f*
Maserung *f* <-, -en> текстура *f*
Maske *f* <-, -n> маска *f*

Maskenball *m* <-(e)s, -bälle> бал-маскарад *m*
Maskerade *f* <-, -n> (*Verkleidung*) маскарад *m*
maskieren I. *vt* маскировать, за- *pf*; II. *vr* маскироваться, за- *pf*
Maskottchen *nt* <-s, -> талисман *m*
maskulin *adj* 1. (*männlich*) мужской; 2. (LING) мужского рода
Masochismus *m* <gen: -> мазохизм *m*
masochistisch *adj* мазохистский
maß *prät von* **messen**
Maß *nt* <-es, -e> 1. (*Maßeinheit*) мера *f*, единица *f* измерения; 2. (*Maßband*) метр *m*; 3. (*gemessene Größe*) размер *m*; 4. (*Ausmaß*) размер *m*; **mit zweierlei ~ messen** подходить к чему-л. с различными мерками; **in höchstem ~e** в высшей степени
Massage *f* <-, -n> массаж *m*
Massagebürste *f* <-, -n> щётка *f* для массажа
Massageöl *nt* <-(e)s, -e> (растительное) масло *nt* для массажа
Massaker *nt* <-s, -> (*Blutbad*) бойня *f*, резня *f*; **ein ~ anrichten** устроить бойню
Maßangabe *f* <-, -n> указание *nt* размера
Maßanzug *m* <-(e)s, -anzüge> костюм *m* на заказ
Maßarbeit *f* <-, -en> работа *f* на заказ
Maßband *nt* <-(e)s, -bänder> сантиметровая лента *f*
Masse *f* <-, -n> 1. (*ungeformter Stoff*) масса *f*; 2. (*Menge*) масса *f*, большое количество *nt*; 3. (*Menschenmenge*) масса *f*, толпа *f*; **die breiten ~n** широкие массы
Masseanschluss *m* (EL) соединение *nt* с корпусом
Massegläubiger *m* <-s, -> (JUR) кредитор *m* конкурсной массы
Massenarbeitslosigkeit *f* <gen: -> массовая безработица *f*
Massenartikel *m* <-s, -> товар *m* массового потребления
Massenbewegung *f* <gen: -> массовое движение *nt*
Massenentlassung *f* <-, -en> массовое увольнение *nt*
Massenfertigung *f* <gen: -> массовое производство *nt*
Massenfließfertigung *f* <gen: -> массовое поточное производство *nt*
Massenflucht *f* <gen: -> массовое бегство *nt*
Massengrab *nt* <-(e)s, -gräber> братская могила *f*
Massengüter *pl* <gen: -> товар *m* массового потребления
Massengüterbeförderung *f* <gen: -> (TRANSP) перевозка *f* массовых грузов

massenhaft I. *adj* ма́ссовый; II. *adv* (*umg: sehr viel*) в большо́м коли́честве.
Massenhysterie *f* <-, -n> ма́ссовая истери́я *f*
Massenkarambolage *f* <-, -n> ма́ссовое столкнове́ние *nt* автомоби́лей
Massenkundgebung *f* <-, -en> ма́ссовый ми́тинг *m*
Massenmedium *nt* <-s, -medien> сре́дство *nt* ма́ссовой информа́ции
Massenmensch *m* <-en, -en> (*pej*) челове́к *m* толпы́
Massenproduktion *f* <gen: -> ма́ссовое произво́дство *nt*
Massenpsychologie *f* <gen: -> психоло́гия *f* масс
Massensterben *nt* <gen: -s> ма́ссовый падёж *m*, ма́ссовая ги́бель *f* (живо́тных)
Massentourismus *m* <gen: -> ма́ссовый тури́зм *m*
Massenvernichtungsmittel *nt* <-s, -> ору́жие *nt* ма́ссового уничтоже́ния
Massenware *f* <-, -n> ма́ссовый това́р *m*
massenweise *adv* ма́ссами
Masseur, -in *m/f* <-s, -e> массажи́ст, -ка *m/f*
maßgebend *adj* 1. (*Person*) авторите́тный; 2. (*Entscheidung*) реша́ющий; **sein Urteil ist für mich nicht ~** его́ сужде́ние не игра́ет для меня́ большо́й ро́ли
maßgerecht *adj* то́чно по разме́ру, по ме́рке
maßgeschneidert *adj* сде́ланный на зака́з
massieren *vt* масси́ровать, по- *pf*
massig I. *adj* масси́вный; II. *adv* (*umg: massenhaft*) о́чень мно́го.
mäßig *adj* 1. (*gemäßigt*) уме́ренный; 2. (*mittel~*) посре́дственный; 3. (*gering*) небольшо́й
mäßigen *vt* (*mindern*) сде́рживать, сдержа́ть *pf*
massiv *adj* (*fest, stabil*) масси́вный, про́чный
Massiv *nt* <-s, -e> масси́в *m*
Maßkleidung *f* <gen: -> ччч *m*
maßlos I. *adj* чрезме́рный, кра́йний; II. *adv* (*äußerst, außerordentlich*) кра́йне.
Maßnahme *f* <-, -n> ме́ра *f*, мероприя́тие *nt*; **diskriminierende ~** дискриминацио́нная ме́ра; **einschneidende ~** реша́ющая ме́ра; **~n ergreifen** принима́ть ме́ры; **flankierende ~n** сопу́тствующие ме́ры; **gerichtliche ~** суде́бная ме́ра; **operative ~** операти́вная ме́ра; **provisorische ~** вре́менная ме́ра; **restriktive ~** рестрикцио́нная ме́ра; **taktische ~** такти́ческая ме́ра; **~n treffen** [*o* **ergreifen**] принима́ть ме́ры; **vorbeugende ~** превенти́вная ме́ра; **wirtschaftspolitische ~n** мероприя́тия экономи́ческой поли́тики
maßschneidern *vt* шить по индивидуа́льному зака́зу
Maßstab *m* <-(e)s, -stäbe> 1. (*fig: Richtlinie*) крите́рий *m*; 2. (*Zollstock*) метр *m*; 3. (*maßstäbliches Verhältnis*) масшта́б *m*
maßvoll *adj* уме́ренный
Mast¹ *m* <-(e)s, -en/ (-e)> 1. (EL: *für Stromleitung*) столб *m*; 2. (MAR) ма́чта *f*
Mast² *f* <-, -en> (*das Mästen*) отко́рм *m* (скота́)
Mastbaum *m* <-(e)s, -bäume> (MAR) ма́чта *f*
Mastdarm *m* <gen: -(e)s> (ANAT) пряма́я кишка́ *f*
mästen *vt* отка́рмливать, -корми́ть *pf*
Mastfutter *nt* <gen: -s> концентри́рованный корм *m*
Mastgans *f* <-, -gänse> отко́рмочный гусь *m*
Mastschwein *nt* <-(e)s, -e> отко́рмочная свинья́ *f*
Masturbation *f* <gen: -> мастурба́ция *f*
masturbieren *vi* мастурби́ровать *impf*
Match *nt* <-es, -s> матч *m*
Material *nt* <-s, -ien> материа́л *m*; **Lagerung von ~** хране́ние материа́лов на скла́де; **~ sparen** эконо́мить материа́л; **Verschwendung von ~** перерасхо́д материа́ла
Materialaufwand *m* <gen: -(e)s> расхо́д *m* материа́ла
Materialbedarf *m* <gen: -(e)s> потре́бность *f* в материа́лах
Materialbeschaffung *f* <gen: -> обеспе́чение *nt* материа́лами, материа́льно-техни́ческое снабже́ние *nt*
Materialbestand *m* <-(e)s, -bestände> материа́льные запа́сы *mpl*
Materialfehler *m* <-s, -> дефе́кт *m* материа́ла
Materialismus *m* <gen: -> материали́зм *m*
Materialist, -in *m/f* <-en, -en> материали́ст, -ка *m/f*
materialistisch *adj* материалисти́ческий
Materialkontrolle *f* <-, -n> контро́ль *f* за ка́чеством материа́лов
Materialverbrauch *m* <gen: -(e)s> расхо́д *m* сырья́ и материа́лов
Materialwert *m* <gen: -(e)s> сто́имость *f* материа́ла
Materialwirtschaft *f* <gen: -> материа́льно-техни́ческое снабже́ние *nt*
Materie *f* <-, -n> 1. мате́рия *f*; 2. (*Gegenstand, Thema*) те́ма *f*
materiell *adj* 1. (*die Materie betreffend*) материа́льный; 2. (*geldlich*) материа́льный, экономи́ческий

Mathematik f <gen: -> математика f
Mathematiker, -in m/f <-s, -> математик m
mathematisch adj математический
Matratze f <-, -n> матрас m
Matrix f <-, Matrizen> матрица f
Matrixorganisation f <gen: -> матричная организация f
Matrize f <-, -n> (*Schablone*) матрица f
Matrose m <-n, -n> матрос m
Matsch m <gen: -(e)s> слякоть f
matschig adj 1. (*breiig*) вязкий; 2. (*Schnee*) слякотный
matt adj 1. (*glanzlos*) матовый; 2. (*schwach*) вялый; 3. (*müde*) усталый; jdn ~ **setzen** (Schach) объявить мат кому-л.
Matte f <-, -n> 1. (*Fußmatte*) коврик m, циновка f; 2. (SPORT) ковёр m
Mattglanz m <gen: -> матовый блеск m
Mattlack m <-(e)s, -e> матовый лак m
Mattscheibe f <-, -n> (*umg: Fernsehbildschirm*) экран m телевизора
mau adj: **mir ist ~** (*umg*) мне нездоровится; **die Geschäfte gehen ~** (*umg*) дела идут плохо
Mauer f <-, -n> стена f
mauern vt строить, по- pf из кирпича
Mauerschütze m <-n, -n> (HIST) солдат Национальной народной армии ГДР, стрелявший в граждан, приближавшихся к Берлинской стене в попытке бегства в Западную Германию.
Mauervorsprung m <-(e)s, -vorsprünge> выступ m (каменной, кирпичной) стены
Maul nt <-(e)s, Mäuler> пасть f, морда f; **halt's ~!** (*vulg*) заткнись! **ein großes ~ haben** (*vulg: prahlerisch reden*) любить хвастаться
Maulbeerbaum m <-(e)s, -bäume> шелковица f
Maulkorb m <-(e)s, -körbe> намордник m
Maultier nt <-(e)s, -e> мул m
Maul- und Klauenseuche f <gen: -> ящур m
Maulwurf m <-(e)s, Maulwürfe> крот m
Maulwurfshaufen m <-s, -> кучка f земли, насыпанная кротом
Maulwurfshügel m <-s, -> (земляной) холмик m, насыпанный кротом
Maurer, -in m/f <-s, -> каменщик, -щица m/f
Maurermeister m <-s, -> каменщик m (мастер)
Maurerpolier m <-s, -e> каменщик m (мастер)
Mauretanien nt <gen: -s> Мавретания f
Mauretanier, -in m/f <-s, -> мавретанец m
mauretanisch adj мавретанский
Maus f <-, Mäuse> (ZOOL, DV) мышь f
Mausefalle f <-, -n> мышеловка f

Mauser f <gen: -> (ZOOL) линька f
mausern vr (*von Vögeln*) линять, по- pf
Mausklick m <-s, -s> щелчок мыши
Mausoleum nt <-s, Mausoleen> (*Grabmal*) мавзолей m
Maut f <-, -en> дорожная пошлина f, дорожный сбор m
maximal adj максимальный
Maximalgewinn m <-(e)s, -e> максимальная прибыль f
Maximalkapazität f <-, -en> максимальная мощность f
Maximalwert m <-(e)s, -e> максимальное величина f, максимальное значение nt
maximieren vt максимировать
Maximum nt <-s, Maxima> максимум m; **ein ~ an Gewinn erwirtschaften** получить максимум прибыли
Mayonnaise f <-, -n> майонез m
Mazedonien nt <gen: -s> Македония f
Mazedonier, -in m/f <-s, -> македонец, -донца m/f
Mäzen, -in m/f <-s, -e> меценат m
MB nt <-s, -> (DV: *Megabyte*) мегабайт m
Mechanik f <-, -en> 1. механика f; 2. (*fig*) механизм m
Mechaniker, -in m/f <-s, -> механик m
mechanisch adj механический
mechanisieren vt механизировать
Mechanisierung f <gen: -> механизация f
Mechanisierungsprozess m <-es, -e> процесс m механизации
Mechanismus m <-, Mechanismen> механизм m
Meckerer m <-s, -> (*pej*) нытик m
meckern vi 1. (*Ziege*) блеять *impf*; 2. (*umg: nörgeln*) ныть *impf*
Mecklenburg nt <gen: -s> Мекленбург m
Mecklenburg-Vorpommern nt <gen: -s> Мекленбург m - Передняя Померания f
Medaille f <-, -n> медаль f
Medaillengewinner, -in m/f <-s, -> призёр m
Medaillon nt <-s, -s> медальон m
Medien pl <gen: -> средства pl массовой информации
Medienberichterstattung f <gen: -> сообщение nt средств массовой информации
Medienereignis nt <-ses, -se> сенсационное событие, длительное время находящееся в центре внимания средств массовой информации
Medienkonzentration f <gen: -> концентрация различных средств массовой информации в одних руках
Medienkonzern m <-(e)s, -e> концерн, объединяющий несколько

предприя́тий, специализи́рующихся на ма́ссовой информа́ции

Medienlandschaft *f* <gen: -> (*umg*) совоку́пность средств ма́ссовой информа́ции в их многообра́зии

Medienpolitik *f* <gen: -> поли́тика *f* средств ма́ссовой информа́ции

Medienriese *m* <-n, -n> (*umg*) предприя́тие-гига́нт в сфе́ре средств ма́ссовой информа́ции

Medienunternehmen *nt* <-, -> предприя́тие *nt*, рабо́тающее в сфе́ре средств информа́ции

Medikament *nt* <-(e)s, -e> лека́рство *nt*

Medikamentensucht *f* <gen: -> боле́зненное пристра́стие *nt* к лека́рствам

Mediogeschäft *nt* <-(e)s, -e> (ÖKON) сде́лка *f* на ме́дио

Meditation *f* <-, -en> медита́ция *f*

meditativ *adj* медитати́вный

mediterran *adj* средиземномо́рский

meditieren *vi* медити́ровать *impf*

Medium *nt* <-s, Medien> 1. сре́дство *nt*, посре́дник *m*; 2. (*Einrichtung für die Vermittlung von Meinungen*) сре́дство *nt* коммуника́ции

Medizin *f* <-, -en> 1. (*Arznei*) лека́рство *nt*; 2. (*Wissenschaft*) медици́на *f*

Medizinalassistent, -in *m/f* <-en, -en> медици́нский помо́щник *m*

Medizinball *m* <-(e)s, -bälle> медици́нбол *m*

Mediziner, -in *m/f* <-s, -> 1. (*Arzt*) врач *m*; 2. (*Medizinstudent*) студе́нт *m*-ме́дик *m*

medizinisch *adj* медици́нский

Medizinstudent, -in *m/f* <-en, -en> студе́нт *m*-ме́дик *m*

Medizintechnik *f* <gen: -> медици́нская те́хника *f*

Meer *nt* <-(e)s, -e> 1. мо́ре *nt*; **im ~ baden** купа́ться в мо́ре 2. (*große Anzahl, Fülle*) мо́ре *nt*

Meerenge *f* <-, -n> проли́в *m*

Meeresalge *f* <-, -n> морска́я во́доросль *f*

Meeresbiologie *f* <gen: -> биоло́гия *f* мо́ря

Meeresküste *f* <-, -n> морско́й бе́рег *m*, взмо́рье *nt*

Meeresluft *f* <gen: -> морско́й во́здух *m*

Meeresspiegel *m* <gen: -s> у́ровень *m* мо́ря; **über/unter dem ~** над у́ровнем/ни́же у́ровня мо́ря

Meerestier *nt* <-(e)s, -e> морско́е живо́тное *nt*

Meeresverschmutzung *f* <gen: -> загрязне́ние *nt* мо́ря

Meerrettich *m* <gen: -s> хрен *m*

Meerschweinchen *nt* <-s, -> морска́я сви́нка *f*

Meeting *nt* <-s, -s> (*Zusammenkunft, Besprechung*) собра́ние *nt*, ми́тинг *m*; **ein ~ abhalten** проводи́ть ми́тинг; **ein ~ einberufen** созыва́ть ми́тинг

Megabyte *nt* <-(s), -(s)> мегаба́йт *m*

Megahertz *nt* (PHYS) мегаге́рц

Megaphon, Megafon *nt* <-(e)s, -e> мегафо́н *m*

Mehl *nt* <-(e)s, -e> 1. (*Getreide~*) мука́ *f*; 2. (*Pulver*) порошо́к *m*

mehlig *adj* 1. (*mehlbestäubt*) обсы́панный муко́й; 2. (*Früchte*) несо́чный

Mehlwurm *m* <-(e)s, -würmer> мучно́й червя́к *m*

mehr I. *pron indef* бо́льше, бо́лее; **~ oder minder** бо́лее или ме́нее; **nicht ~ und nicht weniger** не бо́лее и не ме́нее; **immer ~** всё бо́льше; **noch ~** ещё бо́льше; II. *adv* бо́льше; **ich kann nicht ~!** (*umg*) я бо́льше не могу́.

mehrachsig *adj* (*Fahrzeug*) многоо́сный

Mehrarbeit *f* <gen: -> дополни́тельная рабо́та *f*; **~ leisten** выполня́ть дополни́тельную рабо́ту

Mehraufwand *m* <gen: -(e)s> (*Mehrkosten*) дополни́тельные [*o* внепла́новые] затра́ты *pl*

Mehraufwendungen *pl* <gen: -> дополни́ельные затра́ты *m*

mehrbändig *adj* многото́мный

Mehrbedarf *m* <gen: -(e)s> дополни́тельные [*o* сверхпла́новые] потре́бности *pl*

Mehrbelastung *f* <-, -en> перегру́зка *f*

Mehrbereichsöl *nt* <-(e)s, -e> ма́сло *nt* многоцелево́го назначе́ния

Mehrbetrag *m* <-(e)s, -beträge> изли́шек *m*

Mehrbettzimmer *nt* <-s, -> многоме́стная ко́мната *f*

mehrdeutig *adj* многозна́чный

mehrdimensional *adj* многоме́рный

Mehreinnahme *f* <-, -n> дополни́тельный дохо́д *m*

mehrere *pron indef* 1. (*einige, etliche*) не́сколько (+ *gen*), не́которые; 2. (*verschiedene*) разли́чные

mehreres *adv* не́которое

Mehrerlös *m* <gen: -es> дополни́тельная вы́ручка *f*

Mehrertrag *m* <-(e)s, -erträge> дополни́тельная вы́ручка *f*

Mehrfachbesteuerung *f* <-, -en> многокра́тное налогообложе́ние *nt*

Mehrfachfahrschein *m* <-(e)s, -e> проездно́й биле́т *m* на не́сколько пое́здок

Mehrfachimpfstoff *m* <-(e)s, -e> вакци́на *f* про́тив не́скольких заболева́ний

Mehrfachstecker *m* <-s, -> многоконта́ктный штёпсель *m*

Mehrfamilienhaus *nt* <-es, -häuser> многокварти́рный дом *m*

mehrfarbig adj многоцветный
mehrgeschossig adj многоэтажный
Mehrgewicht nt <gen: -(e)s> излишний вес m
mehrgleisig adj многопутный
Mehrheit f <-, -en> большинство nt; **absolute ~** абсолютное большинство; **in der ~ sein** быть в большинстве; **knappe ~** незначительное большинство; **schweigende ~** молчаливое большинство
Mehrheitsaktionär m <-s, -e> держатель m контрольного пакета акций
Mehrheitsbeschluss m <-es, -beschlüsse> решение nt большинства
Mehrheitsbeteiligung f <-, -en> владение nt большей частью капитала
Mehrheitsentscheidung f <-, -en> решение nt большинства
mehrheitsfähig adj могущий получить большинство голосов
Mehrheitswahl f <-, -en> мажортарные выборы pl
mehrjährig adj многолетний
Mehrkammermotor m <-s, -en> многосекционный двигатель m
Mehrkampf m <gen: -(e)s> (SPORT) многоборье nt
Mehrkonsum m <gen: -(e)s> дополнительное потребление nt
Mehrkosten pl <gen: -(e)s> дополнительные расходы pl
Mehrling m <-s, -e> один m из нескольких близнецов
Mehrlingsgeburt f <-, -en> рождение nt нескольких близнецов
Mehrlingsschwangerschaft f <-, -en> вынашивание nt нескольких детей одновременно
mehrmalig adj многократный
mehrmals adv неоднократно, не раз
mehrmotorig adj многомоторный
Mehrphasensteuer f <-, -n> многофазный налог m с оборота
mehrphasig adj многофазный
mehrplatzfähig adj рассчитанный на несколько мест
Mehrplatzrechner m <-s, -> компьютер m, рассчитанный на несколько мест
mehrpolig adj многополюсный
Mehrpreis m <-es, -e> наценка f, надбавка f к цене
Mehrschichtbetrieb m <gen: -(e)s> многосменное предприятие nt
mehrsilbig adj многосложный
mehrstellig adj (Zahl) многозначный
mehrstimmig adj многоголосый
Mehrstimmrechtsaktie f <-, -n> многоголосая акция f
Mehrstufenrakete f <-, -n> многоступенчатая ракета f

mehrstufig adj многоступенчатый
mehrtägig adj многодневный
mehrteilig adj 1. состоящий из нескольких частей, составной; 2. многосекционный; 3. многосерийный
Mehrung f <-, -en> увеличение nt, повышение nt
Mehrverbrauch m <gen: -(e)s> дополнительный расход m, перерасход m
Mehrverdienst m <-(e)s, -e> дополнительный заработок m
Mehrwegflasche f <-, -n> возвратная бутылка f
Mehrwegverpackung f <-, -en> многооборотная тара f
Mehrwert m <-(e)s, -e> добавленная стоимость f
mehrwertig adj (CHEM, LING) многовалентный
Mehrwertsteuer f <gen: -> налог m на добавленную стоимость
Mehrwertsteuerrückvergütung f <-, -en> возмещение nt суммы налога на добавленную стоимость
Mehrzahl f <gen: -> 1. (LING) множественное число nt; 2. (Mehrheit) большинство nt
Mehrzweckfahrzeug nt <-(e)s, -e> многоцелевое транспортное средство nt
meiden vt <mied, gemieden> избегать, -бежать pf (+ inst)
Meile f <-, -n> миля f
Meilenstein m <-(e)s, -e> (fig) веха f
meilenweit adj (fig) очень далеко
mein pron poss мой, свой
Meineid m <-(e)s, -e> лжесвидетельство nt, ложное показание nt под присягой; **einen ~ leisten** давать ложные показания под присягой
meinen vt 1. (denken, glauben) думать impf, meine ich impf; **das meine ich auch** я тоже так считаю 2. (sagen wollen) иметь impf в виду; **was ~ Sie?** что Вы имеете в виду?
meinerseits adv с моей стороны
meinesgleichen pron такой, как я
meinetwegen adv 1. (umg: von mir aus) по мне; **~ kannst du gehen** я не возражаю, если ты уйдёшь 2. (um meinetwillen) ради меня
Meinung f <-, -en> мнение nt; **meiner ~ nach** по моему мнению
Meinungsbildung f <gen: -> формирование nt общественного мнения
Meinungsforschung f <-, -en> изучение nt общественного мнения
Meinungsforschungsinstitut nt <-(e)s, -e> институт m по изучению общественного мнения
Meinungsfreiheit f <gen: -> свобода f

Meinungsführer *m* <-s, -> носи́тель *m* обще́ственного мне́ния
Meinungsumfrage *f* <-, -n> опро́с *m* обще́ственного мне́ния
Meinungsumschwung *m* <-(e)s, -umschwünge> поворо́т *m* в обще́ственном мне́нии
Meinungsverschiedenheit *f* <-, -en> разногла́сие *nt*
Meise *f* <-, -n> сини́ца *f*; **eine ~ haben** (*umg: nicht recht bei Verstand sein*) у него́ не все до́ма
Meißel *m* <-s, -> резе́ц *m*
meißeln *vt* высека́ть, вы́сечь *pf*
meist *adv* (*meistens*) ча́ще всего́, в основно́м
Meistbietende(r) *mf* <-n, -n> предлага́ющий *m* наибо́лее высо́кую це́ну
meiste(r,s) *pron indef* бо́льший, са́мый большо́й; **die meisten Briefe** большинство́ пи́сем; **am meisten** бо́льше всего́
meistens *adv* ча́ще всего́, в основно́м
Meister, -in *m/f* <-s, -> ма́стер *m*; **es ist noch kein ~ vom Himmel gefallen** (*Sprichwort*) не бо́ги горшки́ обжига́ют
meisterhaft I. *adj* ма́стерский, превосхо́дный; II. *adv* ма́стерски.
meistern *vt* справля́ться, спра́виться *pf*; **Schwierigkeiten ~** спра́виться с тру́дностями
Meisterschaft *f* <-, -en> 1. (*meisterliches Können*) мастерство́ *nt*; 2. (SPORT) чемпиона́т *m*, пе́рвенство *nt*
Meisterwerk *nt* <-(e)s, -e> шеде́вр *m*
Melancholie *f* <gen: -> меланхо́лия *f*
melancholisch *adj* меланхоли́чный
Melasse *f* <gen: -> мела́сса *f*, кормова́я па́тока *f*
melden I. *vt* сообща́ть, -щи́ть *pf*; **mir wurde gemeldet, dass ...** мне бы́ло сообщено́, что...; **jdm etw ~** сообщи́ть кому́-л. о чём-л.; II. *vr* 1. (*in der Schule*) поднима́ть, -ня́ть *pf* ру́ку; 2. (*von sich hören lassen*) дава́ть, дать *pf* знать о себе́; 3. (*kommen*) прийти́ *pf*; 4. (*am Telefon*) отвеча́ть, -ве́тить *pf* (по телефо́ну); **er versprach, sich telefonisch zu ~** он обеща́л позвони́ть
Meldepflicht *f* <gen: -> обяза́тельная регистра́ция *f*
meldepflichtig *adj* подлежа́щий регистра́ции
Meldestelle *f* <-, -n> стол *m* пропи́ски
Meldung *f* <-, -en> 1. (RUNDF, TV) сообще́ние *nt*; 2. (SPORT) зая́вка *f*; 3. (*dienstliche Mitteilung*) докла́д *m*
Melisse *f* <gen: -> (BOT) мели́сса *f*
melken *vt* дои́ть, по- *pf*
Melkmaschine *f* <-, -n> дои́льная маши́на *f*

Melodie *f* <-, -n> мело́дия *f*
melodisch *adj* мелоди́чный
Melodrama *nt* <-s, -dramen> мелодра́ма *f*
Melone *f* <-, -n> 1. (*Wasser-*) арбу́з *m*; 2. (*Honig~*) ды́ня *f*; 3. (*Hut*) котело́к *m*
Membran *f* <-, -en> 1. (TECH) мембра́на *f*; 2. (ANAT) перепо́нка *f*
Memoiren *pl* <gen: -> мемуа́ры *pl*
Menagerie *f* <-, -n> звери́нец *m*, балага́н *m*, где пока́зывают звере́й
Menge *f* <-, -n> 1. (*bestimmte Anzahl*) большо́е коли́чество *nt*; **jede ~** (*umg: sehr viel*) ско́лько хо́чешь 2. (*Menschen~*) толпа́ *f*; 3. (MATH) мно́жество *nt*
mengen *vt* сме́шивать, смеша́ть *pf*
Mengenabweichung *f* <-, -en> коли́чественная ра́зница *f*
Mengenlehre *f* <gen: -> (MATH) тео́рия *f* мно́жеств
mengenmäßig *adj* коли́чественный; **~e Beschränkung** коли́чественное ограниче́ние
Mengenrabatt *m* <-(e)s, -e> ски́дка *f* с цены́ за коли́чество това́ра
Mengenzoll *m* <-(e)s, -zölle> по́шлина *f* на коли́чество
Meniskus *m* <-, Menisken> мени́ск *m*
Menopause *f* <gen: -> климактери́ческий пери́од *m*
Mensa *f* <-, -s/ Mensen> студе́нческая столо́вая *f*
Mensch *m* <-en, -en> 1. (*menschliches Wesen*) челове́к *m*; **kein ~** (*niemand*) никто́ 2. (*pl: Leute*) лю́ди *pl*; **der Saal war voller ~en** зал был по́лон люде́й
Menschenbild *nt* <-(e)s, -er> о́блик *m* челове́ка
menschenfeindlich *adj* человеконенави́стнический
Menschenhandel *m* <gen: -s> 1. (HIST) работорго́вля *f*; 2. торго́вля *f* людьми́
Menschenhändler *m* <-s, -> 1. работорго́вец *m*; 2. торго́вец *m* людьми́
Menschenkenntnis *f* <gen: -> зна́ние *nt* люде́й
menschenleer *adj* безлю́дный
Menschenliebe *f* <gen: -> филантро́пия *f*
Menschenmenge *f* <-, -n> толпа́ *f* люде́й
Menschenopfer *nt* <-s, -> челове́ческие же́ртвы *pl*
Menschenrechte *pl* <gen: -> права́ *pl* челове́ка
Menschenrechtler, -in *m* <-s, -> боре́ц *m* за права́ челове́ка, правозащи́тник *m*
Menschenrechtsbeauftragte(r) *mf* <-n, -n> уполномо́ченный *m* по права́м челове́ка
Menschenrechtserklärung *f* <-, -en> Деклара́ция *f* прав челове́ка
Menschenrechtskommission *f* <-, -en>

комиссия *f* ООН по правам человека
Menschenrechtslage *f* <*gen:* -> состояние *nt* прав человека
Menschenrechtsorganisation *f* <-, -en> организация *f* по правам человека
Menschenrechtsverletzung *f* <-, -en> нарушение *nt* прав человека
menschenscheu *adj* необщительный
menschenwürdig *adj* достойный человека
Menschheit *f* <*gen:* -> человечество *nt*
menschlich *adj* 1. (*den Menschen betreffend*) человеческий; 2. (*human*) человечный
Menschlichkeit *f* <-, -en> человечность *f*, гуманность *f*
Menschwerdung *f* <*gen:* -> очеловечение *nt*, антропогенез *m*
Menstruation *f* <-, -en> менструация *f*
Menstruationsbeschwerden *pl* <*gen:* -> менструальные боли *pl*
Mentalität *f* <-, -en> (*Geistesart, Gemütsart*) склад *m* ума
Menthol *nt* <*gen:* -s> ментол *m*
Mentor *m* <-s, -en> ментор *m*
Menü *nt* <-s, -s> 1. (*Speisenfolge*) стандартный обед *m*; 2. (*DV*) меню *nt*
menügesteuert *adj* (*DV*) управляемый с помощью меню
Menüleiste *f* <-, -n> заставка *f* меню, рейка *f* меню
Menüzeile *f* <-, -n> строчка *f* меню
Merchandising *nt* <*gen:* -s> (*ÖKON*) мерчандайзинг *m*
merci *interj* (*CH: Danke*) спасибо
Merkantilismus *m* <*gen:* -> меркантилизм *m*
Merkblatt *nt* <-(e)s, -blätter> памятка *f*
merken I. *vt* 1. (*wahrnehmen*) замечать, -метить *pf*; 2. (*spüren*) чувствовать, по-*pf*; II. *vr* (*im Gedächtnis behalten*) запоминать, -помнить *pf*; merk dir das! запомни это!
merklich *adj* заметный
Merkmal *nt* <-s, -e> признак *m*
Merksatz *m* <-es, -sätze> памятное изречение *nt*, сентенция *f*
merkwürdig *adj* (*seltsam*) странный
Messanodnung *f* <-, -en> измерительное устройство *nt*
messbar *adj* измеримый
Messbcohor *m* <-s, -> мерный стакан *m*
Messbereich *m* <-s, -e> диапазон *m* измеренний
Messdaten *pl* <*gen:* -> данные *ntpl* измерений, результаты *mpl* измерений
Messe[1] *f* <-, -n> (*REL*) богослужение *nt*, месса *f*
Messe[2] *f* <-, -n> (*ÖKON: Ausstellung*) ярмарка *f*; **auf der ~ getätigte Abschlüsse** сделки, заключённые на ярмарке; **auf einer ~ ausstellen** выставлять на ярмарке; **eine ~ besuchen** посещать ярмарку; **internationale ~** международная ярмарка; **eine ~ veranstalten** организовать ярмарку
Messeausweis *m* <-es, -e> пропуск *m* на ярмарку
Messegelände *nt* <*gen:* -s> территория *f* ярмарки
Messehalle *f* <-, -n> (выставочный) павильон *m*
messen *vt* <maß, gemessen> мерить, по-*pf*, измерять, -мерить *pf*; **Fieber ~** измерить температуру; II. *vr* мериться, по- (силами) *pf* (*mit +dat* с + *inst*)
Messeneuheit *f* <-, -en> новинка *f* ярмарки
Messer *nt* <-s, -> нож *m*
Messerklinge *f* <-, -n> лезвие *nt* ножа
Messerstecherei *f* <-, -en> поножовщина *f*
Messestadt *f* <-, -städte> город *m* ярмарок
Messestand *m* <-(e)s, -stände> ярмарочный стенд *m*
Messgenauigkeit *f* <*gen:* -> точность *f* измерения
Messgerät *nt* <-(e)s, -e> измерительный прибор *m*
Messing *nt* <*gen:* -s> латунь *f*
Messinstrument *nt* <-(e)s, -e> измерительный инструмент *m*, измерительный прибор *m*
Messlatte *f* <-, -n> мерная рейка *f*
Messopfer *nt* <-s, -> (*REL*) дароприношение *nt*
Messtechnik *f* <*gen:* -> измерительная техника *f*
Messtisch *m* <-es, -e> мезула *f*
Messung *f* <-, -en> измерение *nt*
Messvorrichtung *f* <-, -en> измерительное устройство *nt*
Messwagen *m* <-s, -> автомобиль *m* с измерительным оборудованием
Messwert *m* <-(e)s, -e> измеряемая величина *f*
Messzylinder *m* <-s, -> (*CHEM*) мерный цилиндр *m*
Metall *nt* <-s, -e> металл *m*
Metallarbeiter *m* <-s, -> металлист *m*
Metallbearbeitung *f* <*gen:* -> обработка *f* металла
Metallindustrie *f* <-, -n> металлообрабатывающая промышленность *f*
metallisch *adj* (*aus Metall*) металлический
metallverarbeitend *adj* металлообрабатывающий
Metallverarbeitung *f* <*gen:* -> обработка *f* металлов
Metamorphose *f* <-, -n> метаморфоза *f*

Metaorganisation f <-, en> метаорганизация f
Metapher f <-, -n> метафора f
Metaphysik f <gen: -> метафизика f
metaphysisch adj метафизический
Metastase f <-, -n> (MED) метастаз m
Meteor m <-s, -e> метеор m
Meteorologe m <-n, -n> метеоролог m
Meteorologie f <gen: -> метеорология f
meteorologisch adj метеорологический
Meter m <-s, -> метр m
Metermaß nt <-es, -e> (Zollstock) метр m
Methangas nt <gen: -es> метановый газ m
Methanol nt <gen: -s> метанол m, метиловый спирт m
Methode f <-, -n> метод m
Methodik f <gen: -> методика f
methodisch adj методический
Methodologie f <-, -n> методология f
Methyl nt <gen: -s> метил m
Me-Too-Produkt nt <-(e)s, -e> (ÖKON) товар m -имитатор m
Metrik f <gen: -> метрика f
metrisch adj метрический
Metronom nt <-(e)s, -e> (MUS) метроном m
Metropole f <-, -n> столица f
Metrum nt <-s, -Metren> стопа f, размер m стиха
Mettwurst f <-, -würste> итальянская колбаса f
Metzelei f <-, -en> резня f
Metzgerei f <-, -en> мясной магазин m
meucheln vt (geh) убивать, убить pf из-за угла
meuchlerisch adj (geh) злодейский, предательский
Meuterei f <-, -en> бунт m
meutern vi поднимать, -нять бунт pf
Mexikaner, -in m/f <-s, -> мексиканец, мексиканка m/f
mexikanisch adj мексиканский
Mexiko nt <gen: -s> Мексика f
MEZ abk von *mitteleuropäische Zeit* f среднеевропейское время nt
miauen vi мяукать, -укнуть pf
mich pron pers меня
mied prät von meiden
Mieder nt <-s, -> корсаж m
Miene f <-, -n> (Gesichtsausdruck) мина f; gute ~ zum bösen Spiel machen делать хорошую мину при плохой игре
Mienenspiel nt <gen: -(e)s> мимика f
mies adj (umg: schlecht) скверный
mies machen vt (umg) портить, ис- pf; er muss immer alles ~ он всегда всё должен испортить
Miesmuschel f <-, -n> мидия f
Mietauto nt <-s, -s> легковой автомобиль m, взятый на прокат
Miete f <-, -n> квартплата f; die ~ erhöhen повышать арендную плату; zur ~ wohnen снимать квартиру; ~zahlen вносить плату за аренду
Mieteinnahme f <-, -n> доход m от сдачи внаём [о в аренду]
mieten vt брать, взять pf напрокат, снимать, снять pf
Mieter, -in m/f <-s, -> квартиросъёмщик, -щица m/f
Mieterhöhung f <-, -en> повышение nt арендной платы
Mieterschutz m <gen: -es> охрана f прав арендатора [о квартиросъёмщика]
Mietertrag m <-(e)s, -erträge> доход m от сдачи внаём [о в аренду]
Mietgebühr f <-, -en> 1. арендная плата f, плата f за наём; 2. квартирная плата f
Mietpreis m <-es, -e> размер m арендной платы
Mietrückstand m <-(e)s, -rückstände> задолженность f по квартирной плате
Mietverhältnis nt <-es, -e> отношения pl, вытекающие из договора найма [о аренды] помещения
Mietvertrag m <-(e)s, -verträge> договор m о найме [о об аренде] помещения
Mietwagen m <-s, -> прокатный абтомобиль m
Mietwohnung f <-, -en> сдаваемая внаём квартира f
Mietwucher m <gen: -s> взвинчивание nt квартирной платы
Mietzins m <gen: -es> 1. арендная плата f, плата f за наём; 2. рента f с домов
Migräne f <-, -n> мигрень f
Migränemittel nt <-s, -> средство nt от мигрени
Migration f <-, -en> миграция f
Mikrobe f <-, -n> микроб m
Mikrobiologe f <gen: -> микробиология f
mikrobiologisch adj микробиологический
Mikrochirugie f <gen: -> микрохирургия f
Mikrocomputer m <-s, -> микрокомпьютер m
Mikroelektronik f <gen: -> микроэлектроника f
Mikrofaser f <-, -n> особо тонко структурированное, воздухопроницаемое волокно полиэфира, используемое для тканей верхней одежды
Mikrofilm m <-s, -e> микрофильм m
Mikroklima nt <gen: -s> микроклимат m
Mikrokosmos m <gen: -> микрокосм m
Mikrometer m <gen: -s> микрометр m
Mikroökonomie f <gen: -> микроэкономика f
mikroökonomisch adj

микроэкономический
Mikrophon *nt* <-s, -e> микрофо́н *m*
Mikroprozessor *m* <-s, -en> микропроце́ссор *m*
Mikroschalter *m* <-s, -> микровыключа́тель *m*
Mikroskop *nt* <-s, -e> микроско́п *m*
Mikroskopie *f* <*gen:* -> микроскопи́я *f*
mikroskopieren *vi* наблюда́ть *impf* с по́мощью микроско́па
mikroskopisch *adj* микроскопи́ческий
Mikrowelle *f* <-, -n> микрово́лны *fpl*
Mikrowellenherd *m* <-(e)s, -e> микроволно́вая печь *f*
Milch *f* <*gen:* -> молоко́ *nt*
Milchbart *m* <-(e)s, -bärte> (*umg*) молокосо́с *m*
Milchbrötchen *nt* <-s, -> плю́шка *f*
Milchdrüse *f* <-, -n> моло́чная железа́ *f*
Milcherzeugnisse *pl* <*gen:* -> моло́чные проду́кты *mpl*
Milchflasche *f* <-, -n> моло́чная буты́лка *f*
Milchgeschäft *nt* <-(e)s, -e> моло́чный магази́н *m*, моло́чная *f*
Milchglas *nt* моло́чное стекло́ *nt*
milchig *adj* моло́чный
Milchkaffee *m* <-s, -s> ко́фе *nt* с молоко́м
Milchkännchen *nt* <-s, -> моло́чник *m* (посу́да)
Milchkanne *f* <-, -n> 1. кувши́н *m* для молока́; 2. (*aus Metall*) бидо́н *m* для молока́
Milchprodukt *nt* <-(e)s, -e> моло́чный проду́кт *m*
Milchpulver *nt* <*gen:* -s> сухо́е молоко́ *nt*
Milchsäure *f* <*gen:* -> моло́чная кислота́ *f*
Milchschokolade *f* <*gen:* -> моло́чный шокола́д *m*
Milchspeise *f* <-, -n> моло́чное блю́до *nt*
Milchstraße *f* <*gen:* -> Мле́чный Путь *m*
Milchsuppe *f* <*gen:* -> моло́чный суп *m*
Milchwirtschaft *f* <*gen:* -> моло́чное хозя́йство *nt*
Milchzahn *m* <-(e)s, -zähne> моло́чный зуб *m*
Milchzucker *m* <*gen:* -s> моло́чный са́хар *m*
mild *adj* 1. (*sanft*) мя́гкий; 2. (*nachsichtig*) до́брый
Milde *f* <*gen:* -> 1. (*Sanftheit*) мя́гкость *f*; 2. (*Nachsicht*) доброта́ *f*
mildern *vt* 1. смягча́ть, -чи́ть *pf*; 2. (*Schmerzen*) облегча́ть, -чи́ть *pf*
Milderung *f* <*gen:* -> смягче́ние *nt*, ослабле́ние *nt*
Mildtätigkeit *f* <*gen:* -> благотвори́тельность *f*
Milieu *nt* <-s, -s> (*soziales Umfeld*) среда́ *f*
milieugeschädigt *adj* испо́рченный средо́й
militant *adj* во́инствующий
Militär *nt* <*gen:* -s> а́рмия *f*, вооружённые си́лы *pl*; **beim ~ sein** служи́ть в а́рмии
Militärakademie *f* <-, -n> вое́нная акаде́мия *f*
Militärarzt *m* <-es, -ärzte> вое́нный врач *m*
Militärdienst *m* <*gen:* -es> вое́нная слу́жба *f*
Militärdiktatur *f* <-, -en> вое́нная диктату́ра *f*
Militärfahrzeug *nt* <-(e)s, -e> арме́йское тра́нспортное сре́дство *nt*
Militärlastwagen *m* <-s, -> арме́йский грузово́й автомоби́ль *m*
militärisch *adj* вое́нный
Militarisierung *f* <*gen:* -> милитариза́ция *f*
Militarismus *m* <*gen:* -> милитари́зм *m*
militaristisch *adj* милитаристи́ческий, милитари́стский
Militärjunta *f* <-, -s> вое́нная ху́нта *f*
Militärparade *f* <-, -n> вое́нный пара́д *m*
Militärputsch *m* <-es, -e> вое́нный путч *m*
Militärregierung *f* <-, -en> 1. вое́нное прави́тельство *nt*; 2. вое́нная оккупа́ция *f*
Militärregime *nt* <-s, -s> вое́нный режи́м *m*
Militärstützpunkt *m* <-(e)s, -e> вое́нная ба́за *f*
Miliz *f* <-, -en> мили́ция *f*
Milizionär *m* <-s, -e> милиционе́р *m*
Milliardär, -in *m/f* <-s, -e> миллиарде́р, -ша *m/f*
Milliarde *f* <-, -n> миллиа́рд *m*
Milligramm *nt* <*gen:* -(e)s> миллигра́мм *m*
Million *f* <-, -en> миллио́н *m*; **fünf ~en Menschen** пять миллио́нов челове́к
Millionär, -in *m/f* <-s, -e> миллионе́р, -ша *m/f*
Millionenauftrag *m* <-(e)s, -aufträge> зака́з *m*, сто́ящий миллио́ны
Millionenbetrag *m* <-(e)s, -beträge> су́мма *f* в разме́ре миллио́нов
Millionengeschäft *nt* <-(e)s, -e> миллио́нная сде́лка *f*
millionenschwer *adj*: **ein ~er Industrieller** промы́шленник-миллионе́р
Milz *f* <*gen:* -> селезёнка *f*
Mimik *f* <*gen:* -> ми́мика *f*
mimisch *adj* мими́ческий
Mimose *f* <-, -n> 1. мимо́за *f*; 2. (*umg*) недотро́га *mf*
Minarett *nt* <-s, -e> минаре́т *m*
minderbegabt *adj* со сре́дними спосо́бностями, малоодарённый
mindere(r,s) *adj* (*geringere(r, s): Qualität*)

Mindereinnahme f <-, -n> недобо́р m, недоста́ча f

Minderheit f <-, -en> меньшинство́ nt; **in der ~ sein** быть в меньшинстве́; **eine verschwindend kleine ~** ничто́жное меньшинство́

Minderheitenfrage f <-, -n> пробле́ма f национа́льных меньши́нств, национа́льный вопро́с m

Minderheitensprache f <-, -n> язы́к m национа́льного меньшинства́

Minderheitsrecht nt <-(e)s, -e> (JUR) пра́во nt меньшинства́

minderjährig adj несовершенноле́тний

Minderjährige(r) mf <-n, -n> несовершенноле́тний, -няя m/f

Minderkaufmann m <-(e)s, -kaufleute> ме́лкий торго́вец m

mindern I. vt уменьша́ть, уме́ньшить pf, умаля́ть, -ли́ть pf; II. vr (sich verringern) уменьша́ться, уме́ньшиться pf

Minderqualität f <gen: -> пони́женное ка́чество nt

Minderung f <-, -en> уце́нка f

Minderwertigkeitskomplex m <-es, -e> ко́мплекс m неполноце́нности

Mindestabnahme f <-, -n> поку́пка f минима́льного коли́чества

Mindestanforderung f <-, -en> минима́льное тре́бование nt

Mindestbestand m <-(e)s, -bestände> ми́нимум m складски́х запа́сов

Mindestbesteuerung f <-, -en> минима́льное налогообложе́ние nt

Mindestbetrag m <-(e)s, -beträge> наиме́ньшая [o минима́льная] су́мма f

Mindestdividende f <-, -n> гаранти́рованный ми́ниум m дивиде́ндов

mindeste(r,s) I. adj мале́йший, минима́льный, са́мый ме́ньший; II. adv минима́льно; **nicht im Mindesten** (überhaupt nicht) ничу́ть.

Mindesteinkommen nt <-s, -> минима́льный дохо́д m

Mindesteinlage f <-, -n> минима́льный вклад m

mindestens adv по кра́йней ме́ре, ми́нимум

Mindestgehalt m <-(e)s, -e> минима́льная зарпла́та f (слу́жащих)

Mindestgewicht nt <-(e)s, -e> минима́льная ма́сса f

Mindesthaltbarkeitsdatum nt <-s, -daten> минима́льный срок m хране́ния

Mindestkapazität f <-, -en> минима́льная мо́щность f

Mindestkapital nt <gen: -s> минима́льный разме́р m капита́ла

Mindestlohn m <-(e)s, -löhne> минима́льная за́работная пла́та f

Mindestmaß nt <gen: -es> ми́нимум m, минима́льный разме́р m

Mindestpreis m <-es, -e> минима́льная цена́ f

Mindestrendite f <-, -n> минима́льный проце́нт m дохо́да

Mindestrente f <-, -n> минима́льная ре́нта f

Mindestreserve f <-, -n> минима́льный резе́рв m

Mindestspannung f <gen: -> (EL) минима́льное напряже́ние nt

Mindestumtausch m <gen: -es> обяза́тельный ми́нимум m обме́на валю́ты

Mindestverzinsung f <-, -en> минима́льное начисле́ние nt проце́нтов

Mindestwortschatz m <gen: -es> минима́льный лекси́ческий запа́с m

Mine f <-, -n> 1. (BERGB) рудни́к m; 2. (Sprengkörper) ми́на f; 3. (des Bleistiftes) графи́т m; 4. (des Kugelschreibers) сте́ржень m

Minenräumboot nt <-(e)s, -e> ка́терный тра́льщик m

Minensuchboot nt <-(e)s, -e> (MAR) тра́льщик m -иска́тель m

Minensuchgerät nt <-(e)s, -e> миноиска́тель m

Minenwerfer m <-s, -> миномёт m

Mineral nt <-s, -e/ -ien> минера́л m

Mineralbad nt <-(e)s, -bäder> минера́льная ва́нна f

Mineralogie f <gen: -> минерало́гия f

Mineralöl nt <gen: -s> минера́льное ма́сло nt

Mineralölsteuer f <-, -n> нало́г m на нефтяны́е проду́кты

Mineralstoffe pl <gen: -> минера́льные вещества́ ntpl

Mineralwasser nt <-s, -> минера́льная вода́ f

Minigolf nt <gen: -(e)s> ми́ни-гольф m

Minikleid nt <-(e)s, -er> ми́ни-пла́тье nt, пла́тье nt ми́ни

minimal adj минима́льный

Minimalforderung f <-, -en> минима́льное тре́бование nt

Minimalkapazität f <-, -en> минима́льная мо́щность f

Minimalwert m <-(e)s, -e> 1. минима́льная сто́имость f; 2. минима́льное значе́ние nt

minimieren vt миними́ровать

Minimum nt <-s, -ma> ми́нимум m; **ein ~ an Kenntnissen** ми́нимум зна́ний; **auf ein ~ reduzieren** своди́ть до ми́нимума; **auf ein ~ schrumpfen** сокраща́ться до ми́нимума

Minirock m <-(e)s, -röcke> ми́ни-ю́бка f

Minister, -in m/f <-s, -> мини́стр m

Ministeramt nt <-(e)s, -ämter> до́лжность

f мини́стра
Ministerialrat *m* <-(e)s, -räte> мини́стерский сове́тник *m*
Ministerium *nt* <-s, Ministerien> министе́рство *nt*
Ministerkonferenz *f* <-, -en> конфере́нция *f* мини́стров
Ministerpräsident, -in *m/f* <-en, -en> премье́р-мини́стр *m*
Ministerrat *m* <-(e)s, -räte> сове́т *m* мини́стров
Minorität *f* <-, -en> меньшинство́ *nt*
minus *konj* (MATH) ми́нус
Minus *nt* <gen: -> 1. (*Fehlbetrag*) дефици́т *m*; 2. (*fig: Nachteil*) ми́нус *m*
Minuspol *m* <-s, -e> отрица́тельный по́люс *m*
Minuszeichen *nt* <-s, -> знак *m* ми́нуса
Minute *f* <-, -n> мину́та *f*; **es ist zehn ~n nach zwölf** сейча́с де́сять мину́т пе́рвого; **zwanzig ~n vor acht** без двадцати́ мину́т во́семь; **er kam in letzter ~** он пришёл в после́днюю мину́ту
Minutenzeiger *m* <-s, -> мину́тная стре́лка *f*
Minze *f* <gen: -> мя́та *f*
mir *pron* мне; **von ~ aus!** (*umg*) я не про́тив!; **das ist ein Freund von ~** э́то мой друг
Mischbatterie *f* <-, -n> смеси́тель *m*
Mischehe *f* <-, -n> сме́шанный брак *m*
mischen I. *vt* 1. (*vermengen*) сме́шивать, смеша́ть *pf*, меша́ть, по- *pf*; 2. (*Karten*) тасова́ть, пере- *pf*; II. *vr* 1. (*sich mit etw ver~*) сме́шиваться, смеша́ться *pf*; 2. (*sich ein~*) вме́шиваться, вмеша́ться *pf*; **sich in fremde Angelegenheiten ~** вме́шиваться в чужи́е дела́
Mischer *m* <-s, -> (TECH) смеси́тель *m*
Mischfinanzierung *f* <-, -en> сме́шанное финанси́рование *nt*
Mischfutter *nt* <gen: -s> комбико́рм *m*
Mischgemüse *nt* <gen: -s> овощно́е ассорти́ *nt*
Mischgewebe *nt* <gen: -s> мела́нжевая ткань *f*
Mischhaut *f* <gen: -> ко́жа *f* сме́шанного ти́па
Mischkonzern *m* <-s, -e> сме́шанный конце́рн *m*
Mischling *m* <-s, -e> 1. (*Tier*) по́месь *f*; 2. (*Mensch*) мети́с *m*
Mischlingskind *nt* <-(e)s, -er> ребёнок *m* -мети́с *m*
Mischung *f* <-, -en> смесь *f*
Mischwald *m* <-(e)s, -wälder> сме́шанный лес *m*
miserabel *adj* 1. (*schlecht*) скве́рный; 2. (*gemein*) по́длый
Misere *f* <-, -n> беда́ *f*
misogyn *adj* женоненави́стнический
Misogynie *f* <gen: -> женоненави́стничество *nt*
missachten *vt* 1. (*nicht beachten*) не соблюда́ть, не соблюсти́ *pf*; **Vorschriften ~** не соблюда́ть инстру́кции 2. (*jdn/etw nicht achten*) не уважа́ть *impf*
Mißachtung *f* <-, -en> 1. (*Verachtung*) презре́ние *nt*; 2. (*Geringschätzung*) пренебреже́ние *nt*
Missbildung *f* <-, -en> уро́дство *nt*
missbilligen *vt* отверга́ть, -ве́ргнуть *pf*
Missbilligung *f* <gen: -> неодобре́ние *nt*
Missbrauch *m* <-(e)s, -bräuche> злоупотребле́ние *nt*; **der ~ von Medikamenten** злоупотребле́ние лека́рствами
missbrauchen *vt* злоупотребля́ть, -би́ть *pf*; **sein Amt ~** злоупотребля́ть свои́м служе́бным положе́нием
Misserfolg *m* <-(e)s, -e> неуда́ча *f*; **einen ~ haben** терпе́ть неуда́чу
Missfallensäußerung *f* <-, -en> выраже́ние *nt* неудово́льствия
Missgeburt *f* <-, -en> 1. (MED) уро́д *m*; 2. (*pej: unsympathischer Mensch*) ублю́док *m*
Missgeschick *nt* <-(e)s, -e> несча́стье *nt*; **ihm ist ein ~ passiert** у него́ случи́лось несча́стье
missgestaltet *adj* уро́дливый, обезобра́женный
missgestimmt *adj* недово́льный, находя́щийся в дурно́м настрое́нии
missglückt *adj* безуспе́шный, неуда́вшийся
missgünstig *adj* недоброжела́тельный
misshandeln *vt* (*auch* JUR) жесто́ко обраща́ться *impf* (с +*inst*), истяза́ть *impf*
Misshandlung *f* <-, -en> жесто́кое обраще́ние *nt*, истяза́ние *nt*
Mission *f* <-, -en> 1. (*geh: Auftrag, Sendung*) ми́ссия *f*; **in geheimer ~** с та́йной ми́ссией 2. (*Verbreitung einer religiösen Lehre*) ми́ссия *f*
Missionar, -in *m/f* <-s, -e> миссионе́р *f*
missionieren *vt* занима́ться миссионе́рской де́ятельностью
Missklang *m* <-(e)s, -klänge> 1. (MUS: *Dissonanz*) неблагозву́чие *nt*; 2. (*fig: Unstimmigkeit*) разла́д *m*
Misskredit *m* недове́рие *nt*; **etw in ~ bringen** дискредити́ровать что-л.
misslang *prät von* **misslingen**
missliebig *adj* нелюби́мый
misslingen *vi* <mißlang, mißlungen> не удава́ться, не уда́ться *pf*
Missmut *m* <gen: -(e)s> доса́да *f*
missmutig *adj* угрю́мый
Missstand *m* <-(e)s, -stände> плохо́е состоя́ние *nt*, безобра́зие *nt*
misstrauen *vi* не доверя́ть *impf*
Misstrauen *nt* <gen: -s> недове́рие *nt*; **~ gegen jdn hegen** пита́ть недове́рие к

кому-л.

Misstrauensvotum *nt* <gen: -s> (POL) вотум *m* недоверия

misstrauisch *adj* недоверчивый

missvergnügt *adj* недовольный

Missverhältnis *nt* <-ses, -se> несоразмерность *f*

Missverständnis *nt* <-ses, -se> 1. (*falsche Deutung einer Aussage*) недоразумение *nt*; 2. (*Meinungsverschiedenheit*) недоразумение *nt*

missverstehen *vt* неправильно понимать, понять *pf*

Misswirtschaft *f* <gen: -> безхозяйственность *f*

Mist *m* <gen: -(e)s> 1. (*Dünger*) навоз *m*; 2. (*umg: Unsinn*) чушь; **er redet wirklich nur ~** (*umg*) он говорит только одну чушь; **~ bauen** (*umg: einen Fehler machen*) наделать глупостей

Mistbeet *nt* <-(e)s, -e> парник *m*

Mistfink *m* <-s, -e> (*umg*) неряха *m/f*, грязнуля *m/f*

Mistgabel *f* <-, -n> навозные вилы *pl*

Mistkäfer *m* <-s, -> навозник *m*

mit I. *präp* +*dat* с (+ *inst*), вместе с (+ *inst*); **willst du ~ uns essen?** будешь с нами есть?; **~ dem Zug fahren** ехать на поезде, **komm' ~!** пойдём со мной! II. *adv* (*ebenfalls, auch*) также, тоже.

Mitarbeit *f* <gen: -> 1. сотрудничество *nt*; 2. (*Beteiligung*) участие *nt*

mitarbeiten *vi* принимать, -нять *pf* участие в работе, сотрудничать *impf*; **wir haben an diesem Projekt auch mitgearbeitet** мы также принимали участие в работе над этим проектом

Mitarbeiter, -in *m/f* <-s, -> (*Angestellter*) сотрудник, -ница *m/f*; **neue ~ einstellen** набирать новых сотрудников; **~ motivieren** стимулировать сотрудников

Mitarbeiteraktien *fpl* <gen: -> акции *pl* сотрудников

Mitarbeiterbeurteilung *f* <gen: -> оценка *f* деятельности персонала

Mitarbeitermotivation *f* <gen: -> стимулирование *nt* сотрудников

Mitarbeiterstab *m* <-(e)s, -stäbe> группа *f* сотрудников

Mitautor, -in *m/f* <-s, -en> соавтор *m*

mitbekommen *irr vt* (*hören, wahrnehmen*) понять *pf*; **ich habe vor Müdigkeit nur die Hälfte ~** я от усталости понял только половину

mitbestimmen *vi* принимать, -нять *pf* участие в решении (какого-л. вопроса)

Mitbestimmung *f* <gen: -> участие *nt* в принятии решений

Mitbestimmungsgesetz *nt* <-es, -e> закон *m* об участии в решении хозяйственных вопросов

Mitbewerber *m* <-s, -> конкурент *m*, соперник *m*

mitbringen *irr vt* 1. (*Geschenk*) приносить, принести *pf* с собой; 2. (*als Voraussetzung haben, besitzen*) обладать *impf* (+ *inst*)

Mitbringsel *nt* <-s, -> (*Geschenk*) подарочек *m*

Mitbürger, -in *m/f* <-s, -> согражданин, -данка *m/f*

Mitbürgschaft *f* <-, -en> (JUR) совместное поручительство *nt*

Miteigentum *nt* <gen: -s> общая собственность *f*

Miteigentümer, -in *m/f* <-s, -> совладелец чего-л.

miteinander *adv* 1. друг с другом; 2. (*gemeinsam*) вместе; **alle ~** все вместе

miteinbeziehen *vt* включать, включить *pf* (кого/что-л. во что-л.)

miterleben *vt* пережить *pf*, быть, стать *pf* свидетелем чего-л.

Mitesser *m* <-s, -> (*Hautunreinheit*) кожный угорь *m*

mitgeben *irr vt* давать, дать *pf* с собой

Mitgefühl *nt* <gen: -(e)s> сочувствие *nt*

mitgehen *irr vi* (*mit jdm fortgehen*) идти, пойти *pf* вместе с кем-л.

mitgenommen *adj* 1. измотанный, изнурённый, усталый; 2. пострадавший

mitgestalten *vt* участвовать в организации чего-л.

Mitgift *f* <-, -en> приданое *nt*

Mitglied *nt* <-(e)s, -er> член *m*; **ordentliches ~** действительный член; **ständiges ~** постоянный член

Mitgliederbefragung *f* <-, -en> опрос *m* членов

Mitgliederversammlung *f* <-, -en> собрание *nt* членов

Mitgliederzahl *f* <-, -en> количество *nt* членов

Mitgliedsbeitrag *m* <-(e)s, -beiträge> членский взнос *m*

Mitgliedschaft *f* <-, -en> членство *nt*

Mitgliedsland *nt* <-(e)s, -länder> страна *f* -участница *f*

Mithaftung *f* <-, -en> участие *nt* в ответственности

mithalten *irr vi* не отставать, не отстать *pf* от других

Mithilfe *f* <gen: -> помощь *f*

Mitinhaber, -in *m/f* <-s, -> совладелец *m*

Mitkläger, -in *m/f* <-s, -> соистец *m*

mitkommen *irr vi* 1. (*begleiten*) провожать, -водить *pf*, идти, пойти *pf* вместе (*mit* +*dat* с + *inst*); **kommst du mit zum Bahnhof?** ты проводишь меня до вокзала?; 2. (*fig: geistig folgen*) понимать, -нять *pf*; **da komme ich nicht mit** (*umg*) я больше ничего не понимаю

Mitleid nt <gen: -(e)s> сострадание nt; mit jdm ~ haben сочувствовать кому-л.

Mitleidenschaft f; etw in ~ ziehen повредить что-л. [о нанести ущерб чему-л.]

Mitleid erregend adj вызывающий сострадание

mitleidig adj сострадательный

mitmachen vt принимать, -нять pf участие (в +präpos)

Mitmensch m <-en, -en> ближний m

Mitnahmemarkt m <-(e)s, -märkte> (мебельный) магазин, из которого покупатели сами вывозят купленные крупные предметы

Mitnahmepreis m <-es, -e> сниженная цена за крупный предмет (мебели), вывозимый самим покупателем

mitnehmen irr vt (mit sich nehmen) брать, взять pf с собой

mitreißen irr vt 1. (fortreißen) уносить, унести pf с собой; 2. (fig: begeistern) увлекать, увлечь pf

mitschicken vt посылать вместе [o одновременно] с чем-л.

Mitschuld f <gen: -> соучастие nt (an +dat в +präpos)

mitschuldig adj причастный (an +dat к +dat)

Mitschuldner, -in m/f <-s, -> (JUR) задолжник m

mitspielen vi участвовать impf в игре; jdm übel ~ (schlimm mit jdm umgehen) сыграть с кем-л. злую шутку

Mittag m <-s, -e> полдень m; zu ~ essen обедать

Mittagessen nt <gen: -s> обед m; beim ~ sitzen обедать

mittags adv в полдень, днём

Mittagspause f <-, -n> обеденный перерыв m

Mitte f <gen: -> середина f; die goldene ~ золотая середина; er ist ~ Zwanzig ему около двадцати пяти лет; ~ des Jahres в середине года; ~ Mai в середине мая

mitteilen vt сообщать, -щить pf; jdm etw ~ сообщить кому-л. о чём-л.; ich muss Ihnen leider ~, dass ... я должен, к сожалению, сообщить Вам,что...

Mitteilung f <-, -en> сообщение nt; dienstliche ~ служебное уведомление; offizielle ~ официальное сообщение; vertrauliche ~ доверительное сообщение

Mitteilungsblatt nt <-(e)s, -blätter> информационный бюллетень m

Mittel nt <-s, -> 1. (Methode, Hilfsmittel, Präparat) средство nt; etw mit allen ~n versuchen испробовать все средства; ein ~ gegen Ungeziefer средство против вредителей; 2. (Medikament) лекарство nt; 3. (Durchschnittswert) средняя величина f; das arithmetische ~ среднее арифметическое; das statistische Mittel средняя статистическая величина; 4. (pl: Geldmittel) финансовые средства ntpl; ~ aufbringen мобилизовать средства; ~ bereitstellen предоставлять средства; ~ beschaffen доставать средства; etw aus eigenen ~n bezahlen оплатить что-л. за собственный счёт; fremde ~ заёмные средства; liquide ~ ликвидные средства; öffentliche ~ государственные средства; öffentliche ~ kürzen сокращать средства из государственного бюджета; verfügbare ~ имеющиеся средства

Mittelalter nt <gen: -s> средневековье nt, средние века mpl

mittelalterlich adj средневековый

Mittelamerika nt <gen: -s> Центральная Америка f

Mittelaufbringung f <gen: -> мобилизация средств m

Mittelbetrieb m <-(e)s, -e> среднее предприятие nt

mitteldeutsch adj 1. среднегерманский; 2. (LING) средненемецкий

Mitteleuropa nt <gen: -s> Центральная Европа f

mitteleuropäisch adj среднеевропейский

Mittelfeld nt <gen: -(e)s> (SPORT) центр m поля

Mittelfeldspieler, -in m/f <-s, -> игрок m средней линии (в футболе)

Mittelfinger m <-s, -> средний палец m

mittelfristig adj среднесрочный; ~er Kredit среднесрочный кредит; ~e Planung среднесрочное планирование; ~es Ziel среднесрочная цель

Mittelgebirge nt <-s, -> горы fpl средней высоты

mittelgroß adj среднего роста

mittelhochdeutsch adj средневерхненемецкий

Mittelkurs m <-es, -e> (ÖKON) средний курс

mittellos adj неимущий

Mittellosigkeit f <gen: -> отсутствие nt средств

mittelmäßig adj заурядный

Mittelmeer nt <gen: -(e)s> Средиземное море m

Mittelohrentzündung f <-, -en> воспаление nt среднего уха

Mittelpunkt m <-(e)s, -e> центр m; im ~ stehen (fig) находиться в центре внимания

mittels präp +gen при помощи (+ gen), с помощью (+ gen)

Mittelstand m <gen: -(e)s> средний слой m (общества)

mittelständisch *adj* относя́щийся к сре́днему сло́ю о́бщества
Mittelständler *m* <-s, -> сре́дний предпринима́тель *m*
Mittelstellung *f* <gen: -> сре́днее положе́ние *nt*
Mittelstrecke *f* <gen: -> (SPORT) сре́дняя диста́нция *f*
Mittelstreckenlauf *m* <gen: -(e)s> бег *m* на сре́дние диста́нции
Mittelstreckenrakete *f* <-, -n> раке́та *f* сре́дней да́льности
Mittelstufe *f* <gen: -> кла́ссы *mpl* сре́дней ступе́ни
Mittelstürmer *m* <-s, -> (Fußball) центра́льный напада́ющий *m*
Mittelverwendung *f* <-, -en> испо́льзование *nt* средств
Mittelwelle *f* <gen: -> сре́дние во́лны *fpl*
Mittelwert *m* <-(e)s, -e> сре́дняя величина́ *f*
mitten *adv* среди́, посреди́; ~ **in der Nacht** среди́ но́чи; ~ **auf der Straße** посреди́ у́лицы
Mitternacht *f* <gen: -> по́лночь *f*
mitternächtlich *adj* полу́ночный
Mitternachtssonne *f* <gen: -> полу́ночное со́лнце *nt*
Mittler, -in *m/f* <-s, -> посре́дник *m*
mittlere(r,s) *adj* (in der Mitte befindlich) сре́дний; **das mittlere Fenster** сре́днее окно́; **ein mittleres Unternehmen** сре́днее предприя́тие
mittlerweile *adv* ме́жду тем
mittragen *vi* нести́ вме́сте с кем-л.
Mittwoch *m* <-(e)s, -e> среда́ *f*; **am** ~ в сре́ду
mittwochs *adv* по сре́дам
Mitverantwortung *f* <gen: -> коллекти́вная отве́тственность *f*
Mitwelt *f* <gen: -> совреме́нники *pl*
mitwirken *vi* 1. (mitarbeiten) принима́ть, -ня́ть *pf* уча́стие (an, bei +dat в +präpos); 2. (mitspielen) игра́ть, сыгра́ть *pf*
Mitwirkende(r) *mf* <-n, -n> принима́ющий
Mitwirkung *f* <gen: -> уча́стие *nt*
Mitwissen *nt* <gen: -s> посвящённость *f*
Mixer *m* <-s, -> 1. (Barmixer) барме́н *m*; 2. (Mixgerät) ми́ксер *m*
Mixtur *f* <-, -en> миксту́ра *f*
mm *abk von* **Millimeter**
Mnemotechnik *f* <gen: -> мнемоте́хника *f*
Mobbing *nt* <gen: -s> психологи́ческий терро́р *m* на рабо́чем ме́сте, мо́ббинг *m*
Möbel *nt* <-s, -> ме́бель *f*
Möbelgeschäft *nt* <-(e)s, -e> ме́бельный магази́н *m*
Möbelpolitur *f* <-, -en> полиро́вка *f* ме́бели

Möbelwagen *m* <-s, -wägen> ме́бельный автофурго́н *m*
mobil *adj* подви́жный, моби́льный; ~ **machen** мобилизова́ть
Mobilfunk *m* <gen: -s> моби́льная ра́ция *f*
Mobiliar *nt* <-s, -e> ме́бель *f*
Mobiliarkredit *m* <-(e)s, -e> креди́т *m* под зало́г дви́жимого иму́щества
mobilisieren *vt* 1. (MIL: mobil machen) объяви́ть *pf* мобилиза́цию; 2. (fig: aktivieren) мобилизова́ть *impf/pf*
Mobilisierung *f* <gen: -> мобилиза́ция *f*
Mobilität *f* <gen: -> моби́льность *f*; **berufliche** ~ профессиона́льная моби́льность; **fachliche** ~ квалификацио́нная моби́льность
Mobilkommunikation *f* <gen: -> моби́льная коммуника́ция *f*, коммуника́ция *f* с по́мощью переносны́х средств
mobilmachen *vi* (MIL) объявля́ть, объяви́ть *pf* мобилиза́цию
Mobilmachung *f* <gen: -> мобилиза́ция *f*
Mobilnetz *nt* (TELKOM) сеть *f* моби́льной телефо́нной свя́зи
Mobiltelefon *nt* <-s, -e> моби́льный телефо́н *m*
möblieren *vt* меблирова́ть *impf/pf*; **ein möbliertes Zimmer** меблиро́ванная ко́мната
mochte *prät von* **mögen**
Möchtegern *m* <-s, -s> (pej) хвасту́н *m*
modal *adj* (LING) мода́льный
Modalität *m* <-, -en> спо́соб *m*, усло́вие *nt*; ~**en klären** вы́яснить усло́вия
Modalverb *nt* <-s, -en> (LING) мода́льный глаго́л *m*
Mode *f* <-, -n> мо́да *f*; **die neueste** ~ **tragen** одева́ться по после́дней мо́де; **lange Röcke sind gerade große** ~ дли́нные ю́бки сейча́с в большо́й мо́де
Modeartikel *m* <-s, -> мо́дный това́р *m*
Modeausdruck *m* <-(e)s, -ausdrücke> мо́дное выраже́ние *nt*
Modedesigner, -in *m/f* <-s, -> модельер *m*
Modefarbe *f* <-, -n> мо́дный цвет *m*
Modegeschäft *nt* <-(e)s, -e> магази́н *m* мо́дной оде́жды
Modeheft *nt* <-(e)s, -e> журна́л *m* мод
Modejournal *nt* <-s, -e> журна́л *m* мод
Modell *nt* <-s, -e> (Entwurf, Muster) моде́ль *f*, образе́ц *m*; **jdm** ~ **stehen** пози́ровать для кого́-л.
Modelleisenbahn *f* <-, -en> миниатю́рная желе́зная доро́га *f*
Modellflugzeug *nt* <-(e)s, -e> моде́ль *f* самолёта
Modellversuch *m* <-(e)s, -e> испыта́ние *nt* на моде́ли
Modem *nt* <-s, -s> мо́дем *m*

Modemacher *m* <-s, -> (*umg*) модельер *m*

Modenschau *f* <-, -en> демонстрация *f* мод

moderat *adj* умеренный

Moderator, -in *m/f* <-s, -en> ведущий, -щая *m/f* передачи

Modergeruch *m* <*gen*: -(e)s> затхлый запах *m*, запах *m* гнили

moderieren *vt* вести *impf* передачу

modern *adj* 1. (*zeitgemäß*) современный; 2. (*modisch*) модный

Moderne *f* <*gen*: -> современность *f*

modernisieren *vt* модернизировать *impf/pf*; **die Anlagen ~** модернизировать оборудование; **einen Betrieb ~** модернизировать предприятие

Modernisierung *f* <-, -en> модернизация *f*, обновление *nt*

Modernität *f* <*gen*: -> 1. новизна *f*, новое веяние *nt*; 2. новшество *nt*

Modesalon *m* <-s, -s> салон *m* мод

Modeschmuck *m* <*gen*: -s> бижутерия *f*

Modetrend *m* <-s, -s> направление *nt* моды

Modewort *nt* <-(e)s, -wörter> модное слово *nt*

Modezeitschrift *f* <-, -en> журнал *m* мод

modifizieren *vt* (*umgestalten, abwandeln*) модифицировать *impf/pf*

modisch *adj* модный

modular *adj* модульный

Modultechnik *f* <*gen*: -> модульная техника *f*

Modus *m* <-, Modi> 1. (*Verfahrensweise*) способ *m*; 2. (LING) наклонение *nt*

Mofa *nt* <-s, -s> мопед *m*

Mofafahrer, -in *m/f* <-s, -> мотовелосипедист *m*

mogeln *vi* мошенничать, с- *pf*

mögen I. *vt* <mochte, gemocht> (*gern haben*) любить, по- *pf*; **sie mag klassische Musik** она любит классическую музыку; II. *vi* 1. (*können*) мочь *impf*; **was mag das bedeuten?** что это могло бы означать?; 2. (*den Wunsch haben, wollen*) хотеть *impf*; **ich möchte gerne ins Kino gehen** я хотел бы пойти в кино

möglich *adj* (*erreichbar, zu verwirklichen*) возможный; **das ist doch nicht ~!** этого не может быть! **ist alles** ~ всё возможно

möglicherweise *adv* быть может, возможно

Möglichkeit *f* <-, -en> 1. (*das Mögliche*) возможность *f*; **nach ~** (*wenn möglich*) по возможности 2. (*Gelegenheit, Chance*) возможность *f*; **die ~ haben, etw zu tun** иметь возможность сделать что-л.; **die ~ nutzen** воспользоваться возможностью; **es besteht die ~, dass ...** есть возможность...

möglichst *adv* по возможности

Mohn *m* <-(e)s, -(e)> 1. (*Pflanze*) мак *m*; 2. (*Samen*) мак *m*

Mohnblume *f* <-, -n> маковый цветок *m*

Mohnkuchen *m* <-s, -> маковник *m*, пирог *m* с маком

Möhre *f* <-, -n> морковь *f*

Mohrenkopf *m* <-(e)s, -köpfe> шоколадное пирожное *nt* с кремом

Möhrensaft *m* <*gen*: -(e)s> морковный сок *m*

Mokka *m* <-s, -s> 1. мокко *nt*; 2. очень крепкий кофе *m*

Molch *m* <-(e)s, -e> тритон *m*

Moldawien *nt* <*gen*: -s> Молдова *f*

Mole *f* <-, -n> волнорез *m*

Molekül *nt* <-s, -e> молекула *f*

Molekularbiologie *f* <*gen*: -> молекулярная биология *f*

Molekulargewicht *nt* <-(e)s, -e> молекулярный вес *m*

Molekularphysik *f* <*gen*: -> молекулярная физика *f*

Molkerei *f* <-, -en> молочный завод *m*

Moll *nt* <*gen*: -> минор *m*

mollig *adj* 1. (*behaglich warm*) уютный; 2. (*rundlich*) полный

Moment *m* <-(e)s, -e> (*Augenblick*) момент *m*; **~ mal!** (*umg*) одну минутку! **im ersten ~** в первый момент

momentan I. *adj* настоящий; II. *adv* в данный момент; **was tust du ~?** что ты делаешь в настоящий момент?.

Momentaufnahme *f* <-, -n> моментальный снимок *m*

Monaco *nt* <*gen*: -s> Монако *nt*

Monarch, -in *m/f* <-en, -en> монарх *m*

Monarchie *f* <-, -n> монархия *f*

Monat *m* <-(e)s, -e> месяц *m*; **vor zwei ~en** два месяца тому назад; **sie ist im vierten ~** (*umg*) она на четвёртом месяце

monatlich *adj* месячный

Monatsbinde *f* <-, -n> гигиенический пояс *m*

Monatseinkommen *nt* <-s, -> месячный доход *m*

Monatsgehalt *nt* <-(e)s, -gehälter> месячный заработок *m*

Monatskarte *f* <-, -n> 1. (*Fahrkarte*) месячный проездной билет *m*; 2. (*für mehrere Verkehrsmittel gültig*) единый проездной билет *m*; 3. (*umg*) единый *m*

Monatslohn *m* <-(e)s, -löhne> месячная заработная плата *f*

Mönch *m* <-(e)s, -e> монах *m*

Mönchskloster *nt* <-s, -klöster> мужской монастырь *m*

Mönchsorden *m* <-s, -> монашеский орден *m*

Mond *m* <-(e)s, -e> 1. (*der Erde*) луна *f*;

hinter dem ~ leben (*umg: nicht auf dem Laufenden sein*) быть отсталым человеком 2. (ASTR) луна *f*
mondän *adj* (*extravagant*) светский
Mondbahn *f* <gen: -> орбита *f* Луны
Mondfinsternis *f* <-, -se-> лунное затмение *nt*
mondhell *adj*: **eine ~e Nacht** лунная ночь
Mondrakete *f* <-, -n> (*umg*) лунник *m*, ракета для полёта на Луну
monegassisch *adj* монакский
monetär *adj* денежный, монетарный; **~er Gegenwert** денежный эквивалент; **~e Maßnahmen** мероприятия монетарного характера; **~e Planung** монетарное планирование
Monitor *m* <-s, -en> монитор *m*
monogam *adj* моногамный
Monogamie *f* <-, -n> моногамия *f*
Monokultur *f* <-, -en> монокультура *f*
monolingual *adj* одноязычный; **~es Wörterbuch** одноязычный словарь
Monolog *m* <-(e)s, -e> монолог *m*; **einen ~ sprechen** читать монолог
Monopol *nt* <-s, -e> монополия *f*; **ein ~ ausüben** обладать монополией
monopolisieren *vt* монополизировать
Monopolist *m* <-en, -en> монополист *m*
monopolistisch *adj* монополистический, монопольный; **~er Markt** монопольный рынок
Monopolpreis *m* <-es, -e> монопольная цена *f*
Monotheismus *m* <gen: -> монотеизм *m*
monoton *adj* монотонный
Monotonie *f* <gen: -> монотонность *f*
Monster *nt* <-s, -> монстр *m*
Monsun *m* <-s, -e> муссон *m*
Monstranz *f* <-, -en> дароносица *f*
Montag *m* <-(e)s, -e> понедельник *m*
Montage *f* <-, -n> монтаж *m*, сборка *f*
Montagefehler *m* <-s, -> ошибка *f* при монтаже
Montagegestell *nt* <-(e)s, -e> монтажный стенд *m*
Montagehalle *f* <-, -n> сборочный цех *m*
Montagehinweis *m* <-es, -e> инструкция *f* по монтажу
Montagekosten *pl* <gen: -> расходы *pl* на монтаж
Montageständer *m* <-s, -> монтажная стойка *f*
Montageungenauigkeit *f* <-, -en> неточность *f* монтажа
Montagevertrag *m* <-(e)s, -verträge> договор *m* о монтаже
Montagewerk *nt* <-(e)s, -e> монтажный завод *m*
Montagewerkstatt *f* сборочная мастерская *f*
montags *adv* по понедельникам
Monteur, -in *m/f* <-s, -e> 1. (KFZ) механик-монтёр *m*; 2. (EL) монтёр *m*; 3. (*für beides auch*) сборщик *m*
montieren *vt* 1. (*aufbauen*) монтировать, с- *pf*; 2. (*befestigen*) укреплять, -пить *pf*
Monument *nt* <-(e)s, -e> памятник *m*
monumental *adj* монументальный
Monumentalfilm *m* <-(e)s, -e> монументальный фильм *m*, фильм *m* -гигант *m*
Moor *nt* <-(e)s, -e> болото *nt*
Moorpackung *f* <-, -en> (MED) грязевое укутывание *nt*
Moos *nt* <-es, -e> мох *m*
moosbedeckt *adj* поросший мхом, обомшелый
Moped *nt* <-s, -s> мопед *m*
Mops *m* <-es, Möpse> мопс *m*
Moral *f* <gen: -> мораль *f*, нравственность *f*; **eine doppelte ~** двойная мораль
moralisch *adj* моральный, нравственный
Moralvorstellung *f* <-, -en> представление *nt* о моральных нормах
Moräne *f* <-, -n> морена *f*
Morast *m* <-(e)s, -e/ Moräste> болото *nt*
Moratorium *nt* <-s, Moratorien> мораторий *m*
Mord *m* <-(e)s, -e> убийство *nt*; **einen ~ begehen** совершить убийство
Mordanschlag *m* <-(e)s, -anschläge> покушение *nt* на убийство; **einen ~ auf jdn verüben** совершить покушение на кого-л.
Mörder, -in *m/f* <-s, -> убийца *mf*
mörderisch *adj* 1. (*grausam*) убийственный; 2. (*umg: furchtbar*) страшный; 3. (*umg: heftig, gewaltig*) ужасный
Mordkommission *f* <-, -en> комиссия *f* по расследованию убийства
Mordprozess *m* <-es, -e> судебное расследование *nt* убийства
Mordsglück *nt* <gen: -s> (*umg*) ужасное [*o* чертовское] везение *nt*
Mordshunger *m* <gen: -s> (*umg*) зверский голод *m*
Mordskrach *m* <gen: -(e)s> (*umg*) ужасный [*o* адский] шум *m*
Mordslärm *m* <gen: -(e)s> (*umg*) ужасный [*o* адский] шум *m*
Mordsschrecken *m* <gen: -s> (*umg*) ужасный испуг *m*
Mordsspaß *m* <gen: -es> (*umg*) умора *f*
Mordversuch *m* <-(e)s, -e> покушение *nt* на убийство
Mordwaffe *f* <-, -n> оружие *nt* убийства
morgen *adv* 1. (*am folgenden Tag*) завтра; 2. (*am Morgen*) утром
Morgen *m* <-s, -> (*Tageszeit*) утро *nt*; **guten ~!** доброе утро! **früh am ~** рано утром; **am nächsten ~** на следующее утро; **heute ~** сегодня утром

Morgenausgabe f <gen: -> утренний выпуск m
Morgenessen nt <-, -> (CH: Frühstück) завтрак m
Morgengymnastik f <gen: -> утренняя гимнастика f
morgens adv утром, по утрам
Morgenstern m <gen: -(e)s> утренняя звезда f, Венера f
Morgenzug m <-(e)s, -züge> утренний поезд m
morgig adj завтрашний
Morphem nt <-s, -e> морфема f
Morphinismus m <gen: -> морфинизм m
Morphium nt <gen: -s> морфий m
Morphologie f <gen: -> морфология f
morsch adj гнилой
Morsealphabet nt <gen: -(e)s> азбука f Морзе
Morsezeichen nt <-s, -> знак m Морзе
Mörtel m <gen: -s> строительный раствор m
Mörtelkelle f <-, -n> мастерок m
Mosaik nt <-s, -en> мозаика f
Mosaikfußboden m <-s, -böden> мозаичный пол m
Mosambik nt <gen: -s> Мозамбик m
Mosambikaner, -in m/f <-s, -> мозамбикец m
mosambikanisch adj мозамбикский
Moschee f <-, -n> мечеть f
Möse f <-, -n> (vulg: Vulva) женский половой орган
Moskau nt <gen: -s> Москва f
Moskauer, -in m/f <-s, -> москвич, -ка m/f
Moskauer I. adj московский; II. adv по-московски.
Moskito m <-s, -s> москит m
Moskitonetz nt <-es, -e> москитная сетка f
Moslem m <-s, -s> мусульманин m
moslemisch I. adj мусульманский; II. adv по-мусульмански.
Moslime f <-, -n> мусульманка f
Motel nt <-s, -s> мотель m
Motette f <-, -n> мотет m
Motiv nt <-s, -e> 1. (Beweggrund) мотив m, повод m; 2. (LIT: allgemeines Thema) сюжет m; 3. (MUS) мотив m
Motivation f <-, -en> мотивация f
Motivforschung f <gen: -> мотивационный анализ m
motivieren vt 1. (anregen) поощрять, -рить pf, стимулировать; jdn zur Arbeit ~ поощрять к работе кого-л. 2. (begründen) мотивировать impf/pf
Motocross, Moto-Cross nt <gen: -> мотокросс m
Motor m <-s, -en> двигатель m, мотор m; den ~ abstellen останавливать двигатель; abgestellter ~ остановленный двигатель
Motorboot nt <-(e)s, -e> моторная лодка f
Motorenbau m <gen: -s> моторостроение n
Motorgeräusch nt шум m двигателя
Motorhaube f <-, -n> капот m
motorisch adj моторный
Motorisierung f <gen: -> моторизация f
Motorleistung f <-, -en> мощность f двигателя
Motoröl nt <-(e)s, -e> масло nt для мотора
Motorpanne f <-, -n> повреждение nt двигателя
Motorrad nt <-(e)s, -räder> мотоцикл m
Motorradsport m <gen: -s> мотоциклетный спорт m
Motorroller m <-s, -> мотороллер m
Motorschlitten m <-s, -> мотосани pl
Motorsegler m <-s, -> 1. планёр m с винтовым двигателем; 2. яхта f с двигателем
Motorsport m <gen: -(e)s> мотоспорт m
Motorstörung f <-, -en> неисправность f двигателя
Motte f <-, -n> моль f
Mottenfraß m <gen: -es>: Schutzmittel gegen ~ средство от моли
Mottenpulver nt <gen: -s> порошок m от моли
mottenzerfressen adj изъеденный молью
Motto nt <-s, -s> 1. девиз m; 2. лозунг m
Mountainbike, Mountain-Bike nt <-s, -s> горный велосипед m
Mountainbiker, Mountain-Biker, -in m/f <-s, -> горный велосипедист m
Mousepad nt <-s, -s> (DV) коврик m для мыши
Möwe f <-, -n> чайка f
MTA abk von medizinisch-technische(r) Assistent(in)
Mücke f <-, -n> комар m; aus einer ~ einen Elefanten machen (umg) делать из мухи слона
Mückenschutzsalbe f <-, -n> мазь f от камариных укусов
Mückenstich m <-(e)s, -e> комариный укус m
müde adj усталый, утомлённый
Müdigkeit f <gen: -> усталость f
Muffe f <-, -n> муфта f
Muffel m <-, -n> (umg) ворчун m
muffig adj 1. (Geruch) затхлый; 2. (mürrisch) ворчливый
Mühe f <-, -n> труд m, усилия ntpl; sich ~ geben постараться; mit Müh und Not с грехом пополам; sich die ~ machen, etw zu tun постараться сделать что-л.; machen Sie sich bitte keine ~ не беспокойтесь
mühelos adj лёгкий

mühevoll adj трудный
Mühle f <-, -n> мельница f
Mühlrad nt <-(e)s, -räder> мельничное колесо nt
Mühlstein m <-(e)s, -e> мельничный жёрнов m
Mühlwerk nt <-(e)s, -e> мельничный механизм m
mühsam I. adj трудный, утомительный; II. adv трудно.
Mulatte m <-n, -n> мулат m
Mulattin f <-, -nen> мулатка f
Mulde f <-, -n> лощина f
Mull m <gen: -(e)s> (leichtes Baumwollgewebe) марля f
Müll m <gen: -s> мусор m; **radioaktiver ~** радиоактивные отходы
Müllabfuhr f <gen: -> вывоз m мусора
Müllabfuhrgebühr f <-, -en> плата m за вывоз мусора
Müllabladeplatz m <-es, -plätze> мусорная свалка f
Müllaufbereitung f <gen: -> переработка f мусора
Müllaufbereitungsanlage f <-, -n> установка f для переработки мусора
Müllbeseitigung f <gen: -> ликвидация f мусора
Müllbeutel m <-s, -> мусорный мешок m
Mullbinde f <-, -n> марлевый бинт m
Müllcontainer m <-s, -> мусорный контейнер m
Mülldeponie f <-, -n> мусорная свалка f
Mülleimer m <-s, -> мусорное ведро nt
Müllgrube f <-, -n> помойка m, выгребная мусорная яма f
Müllhalde f <-, -n> свалка f мусора
Müllkompostierung f <gen: -> компостирование nt мусора, переработка f мусора в компост
Müllofen m <-s, -öfen> печь f для сжигания мусора
Müllschlucker m <-s, -> мусоропровод m
Müllsortieranlage f <-, -n> установка f для сортировки мусора
Mülltonne f <-, -n> мусорный бак m
Mülltrennung f <gen: -> сортировка f мусора
Mülltrennungssystem nt <-(e)s, -e> система m сортировки мусора (по способу утилизации)
Müllverbrennung f <gen: -> сжигание nt мусора
Müllverkippung f <gen: -> сваливание nt мусора
Müllverwertung f <gen: -> утилизация f мусора
Müllverwertungsanlage f <-, -n> установка f для утилизации мусора
Müllvolumen nt <-s, -volumina> объём m мусора
Müllwagen m <-s, -> мусоровоз m

Multi m <-s, -s> (umg: multinationaler Konzern) транснациональный концерн m
multikulturell adj мультикультурный
multilateral adj (mehrseitig) многосторонний; **ein ~es Abkommen** (POL) многостороннее соглашение
Multimedia pl мультимедиа pl
multimedial adj мультимедиальный
Multimedia-Netzwerk nt <-(e)s, -e> мультимедиальная сеть f
Multimedia-PC f мультимедиальный компьютер m
Multimediasystem nt <-(e)s, -e> мультимедиальная система f
multinational adj транснациональный; **-er Konzern** транснациональный концерн
multipel adj: **multiple Sklerose** рассеянный склероз
Multiplikation f <-, -en> умножение nt
multiplizieren vt умножать, -ножить pf (mit +dat на +akk)
Multitalent nt <-s, -e> (umg) человек m со многими талантами
Multivitaminpräparat nt <-(e)s, -e> мультивитаминный препарат m
Mumps m <gen: -> свинка f
München nt <gen: -s> Мюнхен m
Mund m <-(e)s, Münder> рот m; **halt den ~!** (umg) закрой рот!; **sie ist nicht auf den ~ gefallen** (umg) она за словом в карман не лезет; **jdm den ~ verbieten** не давать сказать кому-л.; **jdm nach dem ~ reden** льстить кому-л.
Mundart f <-, -en> диалект nt, наречие nt
Mundartdichter, -in m/f <-s, -> писатель m, пишущий на диалекте
mundartlich adj диалектный
münden vi (Wasserlauf) впадать impf (in +akk в +akk)
mundfaul adj (umg) неразговорчивый
Mundgeruch m <gen: -(e)s> запах m изо рта
Mundharmonika f <gen: -> губная гармоника f
Mundhygiene f <gen: -> гигиена m рта
mündig adj совершеннолетний
Mündigkeit f <gen: -> совершеннолетие nt
mündlich adj устный
Mundpflege f <gen: -> уход m за зубами
Mundraub m <gen: -(e)s> кража незначительного количества продуктов питания для немедленного употребления
Mundschleimhaut f <-, -häute> слизистая оболочка f рта
M-und-S-Reifen m <-s, -> особые автомобильные шины для езды по мокрому или рыхлому снегу
Mundstück nt <-(e)s, -e> 1. (einer Zigarette, Pfeife) мундштук m; 2. (an Blasinstrumen-

ten) мундштук *m*
Mündung *f* <-, -en> 1. (*von Fluss*) устье *nt*; 2. (*von Schusswaffe*) дуло *nt*
Mündungsarm *m* <-(e)s, -e> устьевой рукав *m* реки
Mundwasser *nt* <*gen*: -s> зубной элексир *m*
Munition *f* <*gen*: -> боеприпасы *mpl*
Munitionsfabrik *f* <-, -en> завод *m* боеприпасов
Munitionslager *nt* <-s, -> склад *m* боеприпасов
Munitionsnachschub *m* <*gen*: -(e)s> подвоз *m* боеприпасов
munkeln *vi* (*umg*) поговаривать *impf*; **es wird gemunkelt, dass ...** поговаривают, что...
Mun-Sekte *f* <*gen*: -> секта *f* Муна
munter *adj* 1. (*lebhaft*) живой; 2. (*lustig*) весёлый; 3. (*wach*) бодрый
Munterkeit *f* <*gen*: -> (*Lebhaftigkeit*) бодрость *f*
Münze *f* <-, -n> монета *f*; **etw für bare ~ nehmen** (*umg*) принимать что-л. за чистую монету
Münzeinwurf *m* <*gen*: -(e)s> щель *f* для монет (в автомате)
Münzfernsprecher *m* <-s, -> телефон *m*-автомат *m*
Münzgeld *nt* <*gen*: -(e)s> металлические деньги *pl*
Münzprägung *f* <*gen*: -> чеканка *f* монет
Münzsammler, -in *m/f* <-s, -> собиратель *m* монет и медалей, нумизмат *m*
Münzstätte *f* <-, -n> монетный двор *m*
Münzwechsler *m* <-s, -> автомат *m* для размена монет
mürb(e) *adj* 1. (*krümelig*) хрупкий; 2. (*brüchig*) ломкий
murmeln *vi* бормотать, про- *pf*
Murmeltier *nt* <-(e)s, -e> сурок *m*; **wie ein ~ schlafen** (*umg*) спать как сурок
murren *vi* ворчать *impf*
mürrisch *adj* 1. (*übelgelaunt*) ворчливый; 2. (*abweisend*) угрюмый
Mus *nt* <-es, -e> пюре *nt*
Muschel *f* <-, -n> раковина *f*
muschelförmig *adj* в форме ракушки
Muschelkalk *m* <*gen*: -(e)s> ракушечный известняк *m*, ракушечник *m*
Muschi *f* <-, -s> (*vulg: Vulva*) женский половой орган *m*
Muse *f* <-, -n> муза *f*
museal *adj* музейный
Museum *nt* <-s, Museen> музей *m*
Museumsdirektor, -in *m/f* <-s, -en> директор *m* музея
Museumsführer, -in *m/f* <-s, -> 1. экскурсовод *m* в музее; 2. путеводитель *m* по музею
Museumsschiff *nt* <-(e)s, -e> корабль *m*-музей *m*
Museumswärter, -in *m/f* <-s, -> смотритель *m* в музее
Musical *nt* <-s, -s> мюзикл *m*
Musik *f* <-, -en> музыка *f*
musikalisch *adj* музыкальный
Musikalität *f* <*gen*: -> музыкальность *f*
Musikant, -in *m/f* <-en, -en> музыкант *m*
Musikdirektor, -in *m/f* <-s, -en> музык-директор *m*, *почётное звание дирижёра или хормейстера*
Musiker, -in *m/f* <-s, -> музыкант *m*
Musikfreund *m* <-(e)s, -e> любитель *m* музыки
Musikinstrument *nt* <-(e)s, -e> музыкальный инструмент *m*
Musiklehrer, -in *m/f* <-s, -> учитель *m* музыки
Musikschule *f* <-, -n> музыкальная школа *f*
Musikunterricht *m* <*gen*: -(e)s> уроки *mpl* музыки
Musikwissenschaft *f* <*gen*: -> музыковедение *nt*
Musikwissenschaftler, -in *m/f* <-s, -> музыковед *m*
musizieren *vi* заниматься *impf* музыкой
Muskat *m* <-(e)s, -e> мускат *m*
Muskatnuss *f* <-, -nüsse> мускатный орех *m*
Muskel *m* <-s, -n> мускул *m*, мышца *f*
Muskelentzündung *f* <-, -en> (болезненное) воспаление *nt* мышц
Muskelfaserriss *m* <-es, -e> разрыв *m* мышц
Muskelkater *m* <*gen*: -s> мышечная боль *f*
Muskelschwäche *f* <*gen*: -> слабость *f* мышц
Muskelzerrung *f* <-, -en> растяжение *nt* мышц
Muskulatur *f* <-, -en> мускулатура *f*
muskulös *adj* мускулистый
Muße *f* <*gen*: -> досуг *m*
müssen *vi* <musste, gemusst> (*gezwungen sein*) быть должным; **ich muss jetzt gehen** я должен сейчас уйти; **ich muss dringend in die Stadt** мне нужно срочно в город; **ich hätte es tun ~** мне следовало бы это сделать
Mußestunde *f* <-, -n> (*geh: meist pl*) досуг *m*
müßig *adj* 1. (*untätig*) праздный; 2. (*überflüssig*) бесполезный
Müßiggang *m* <*gen*: -(e)s> (*geh*) безделье *nt*
musste *prät von* **müssen**
Muster *nt* <-s, -> 1. (*Probestück*) образец *m*; **unverkäufliches ~** непродающийся образец 2. (*fig: Vorbild*) пример *m*
Musterbeispiel *nt* <-(e)s, -e> показательный пример *m*
Musterbetrieb *m* <-(e)s, -e> образцовое

предприя́тие nt
Musterbrief m <-(e)s, -e> образе́ц m письма́
Musterbuch nt <-(e)s, -bücher> альбо́м m образцо́в
mustergültig adj образцо́вый
Musterhaus nt <-es, -häuser> дом m образцо́вого содержа́ния
Musterkollektion f <-, -en> колле́кция f образцо́в
mustern vt 1. (kritisch betrachten) осма́тривать, -мотре́ть pf; 2. (MIL) проводи́ть, -вести́ pf медици́нское освиде́тельствование
Musterung f <-, -en> 1. (Durchsicht) осмо́тр m; 2. (MIL) медици́нское освиде́тельствование nt
Musterungsbescheid m <-(e)s, -e> заключе́ние nt об осмо́тре
Mustervertrag m <-(e)s, -verträge> (JUR) типово́й догово́р m
Musterwohnung f <-, -en> образцо́вая кварти́ра f
Mut m <gen: -(e)s> сме́лость f, му́жество nt; **den ~ verlieren** пасть ду́хом
Mutation f <-, -en> мута́ция f
mutig adj сме́лый
mutlos adj пода́вленный
mutmaßlich adj предполага́емый; **der ~e Täter** предполага́емый престу́пник
Mutter[1] f <-, Mütter> (Elternteil) мать f
Mutter[2] f <-, -n> (TECH) ра́йка f
Mütterberatungsstelle f <-, -n> же́нская консульта́ция m, консультацио́нный пункт для молоды́х матере́й
Mutterfirma f <-, -firmen> головна́я фи́рма f
Mütter-Genesungswerk nt <gen: -(e)s> оздорови́тельный профилакто́рий m для молоды́х матере́й
Muttergesellschaft f <-, -en> головно́е о́бщество nt
Muttergottes f <gen: -> богома́терь f
Mutterholding f <-, -s> головна́я хо́лдинг-компа́ния f
Mutterkuchen m <gen: -s> (ANAT) плаце́нта f
Mutterinstinkt m <gen: -(e)s> матери́нский инсти́нкт m
Mutter-Kind-Pass m <-es, -pässe> враче́бное удостовере́ние о состоя́нии молодо́й ма́тери во вре́мя бере́менности, ро́дов и в послеродово́й пери́од
mütterlich adj матери́нский
mütterlicherseits adv со стороны́ ма́тери
Mutterliebe f <gen: -> матери́нская любо́вь f
Muttermal nt <-(e)s, -e> роди́мое пятно́ nt
Muttermilch f <gen: -> матери́нское молоко́ nt
Mutterrolle f <gen: -> матери́нская роль f
Mutterschaft f <gen: -> матери́нство nt
Mutterschaftsurlaub m <-(e)s, -e> декре́тный о́тпуск m
Mutterschiff nt <-(e)s, -e> су́дно nt -ба́за f
Mutterschutz m <gen: -es> охра́на f матери́нства
Muttersöhnchen nt <-s, -> (pej) ма́менькин сыно́к m
Muttersprache f <-, -n> родно́й язы́к m
Muttersprachler, -in m/f <-s, -> носи́тель m языка́
Mutterwitz m <gen: -es> приро́дный ум m, приро́дная смека́лка f
Mutti f <-, -s> (umg) ма́мочка f, ма́ма f
mutwillig adj 1. (aus böser Absicht) преднаме́ренный; 2. (übermütig, leichtsinnig) озорно́й
Mütze f <-, -n> ша́пка f; **eins auf die ~ bekommen** (umg) получи́ть по ша́пке
MwSt. abk von **Mehrwertsteuer**
Mykose f <-, -n> (MED) мико́з m
Myom nt <-(e)s, -e> (MED) мио́ма f
mysteriös adj таи́нственный
Mystifizierung f <-, -en> мистифика́ция f
Mystik f <gen: -> ми́стика f
Mystiker, -in m/f <-s, -> ми́стик m
mystisch adj мисти́ческий
mythisch adj мифи́ческий
Mythologie f <-, -n> мифоло́гия f
Mythos m <-, Mythen> (Sage) миф m

N

n, N nt <-, -> н, Н
n. Chr. abk von **nach Christus** н. э. (но́вой э́ры), от рождества́ Христо́ва
na interj (umg) ну; **~ und?** ну и что?; **~ also!** ну вот, ви́дите!
Nabe f <-, -n> (von Rad) ступи́ца f, вту́лка f
Nabel m <-s, -> (Bauch~) пупо́к m; **der ~ der Welt** (geh) пуп земли́
Nabelbinde f <-, -n> 1. лигату́ра f пупови́ны; 2. повя́зка f на пупо́к новорождённого
Nabelbruch m <-(e)s, -brüche> пупо́чная гры́жа f
Nabelschnur f <-, -schnüre> пупови́на f
nach I. präp +dat 1. (Richtung) в (+ akk), на (+ akk); **wir fahren ~ Berlin** мы е́дем в Берли́н; **~ Westen** на за́пад 2. (entsprechend, gemäß) по (+ dat); **meiner Meinung ~** по моему́ мне́нию; 3. (nach Beendigung einer Handlung) по́сле (+ gen); **~ der Arbeit** по́сле рабо́ты; 4. (nach einem anderen Menschen) по́сле (+ gen), за (+

inst); **ich bin ~dir dran** я (иду) после тебя; **einer ~ dem anderen** один за другим; **5.** (*nach einem bestimmten Zeitraum*) через (+ *akk*); **er ist ~ drei Tagen zurückgekommen** он вернулся через три дня; **6.** (*als Zielsetzung*) за (+ *inst*); **~ jdm/etw schicken** послать за кем-л./чем-л.; **II.** *adv* (*hinterher*) (вслед) за; **wir müssen ihm ~** мы должны идти вслед за ним; **~ wie vor** по-прежнему.

nachahmen *vt* подражать *impf*; **den großen Komponisten ~** подражать великому композитору

Nachahmung *f* <-, -en> подражание *nt*

Nachahmungstrieb *m* <*gen:* -(e)s> инстинкт *m* подражания

Nachbar, -in *m/f* <-n, -n> сосед, -ка *m/f*

Nachbarhaus *nt* <-es, -häuser> соседний дом *m*

Nachbarland *nt* <-(e)s, -länder> соседняя страна *f*

Nachbarschaft *f* <*gen:* -> соседи *mpl*; **sie wohnt in der ~** она живёт по соседству

Nachbarstaat *m* <-(e)s, -staaten> соседнее государство *nt*

Nachbeben *nt* <-s, -> повторные толчки *mpl* (после землятрясения)

Nachbesserung *f* <-, -en> устранение *nt* дефектов

nachbestellen *vt* заказывать дополнительно

Nachbestellung *f* <-, -en> дополнительный заказ *m*

nachbilden *vt* воссоздавать, -дать *pf*

Nachbildung *f* <-, -en> копия *f*

nachdatieren *vt* помечать задним числом; **ein Schreiben ~** датировать письмо задним числом

nachdem *konj* (*zeitlich*) после того как; **~ er Moskau besucht hatte, flog er weiter auf die Krim** после того как он побывал в Москве, он полетел в Крым; **je ~** смотря по обстоятельствам

nachdenken *irr vi* думать, по- *pf*; **über etw ~** думать о чём-л./над чем-л.

nachdenklich *adj* задумчивый

Nachdruck *m* <*gen:* -(e)s> (*Tatkraft, Energie*) упорство *nt*; **mit ~** настойчиво

nachdrücklich *adj* настоятельный, убедительный

nachellen *vi* спешить, по- *pf*

nacheinander *adv* один за другим, друг за другом

Nacherzählung *f* <-, -en> изложение *nt*

Nachfahre, Nachfahrin *m* <-n, -n> потомок *m/f*

Nachfeier *f* <-, -n> день *m* после праздника

Nachfolge *f* <-, -n> преемственность *f*; **die/jds ~ antreten** стать преемником кого-л.

Nachfolgemodell *nt* <-(e)s, -e> последующая модель *f*

Nachfolger, -in *m/f* <-s, -> преемник, -ница *m/f*

Nachfolgestaat *m* <-(e)s, -en> государство *nt* -правопреемник *m*

nachforschen *vi* расследовать *impf/pf*

Nachforschung *f* <-, -en> расследование *nt*

Nachfrage *f* <-, -n> **1.** запрос *m*; **2.** спрос *m*; **gesteigerte ~** повышенный спрос; **(un)elastische ~** (не)эластичный спрос

Nachfrageausfall *m* <-(e)s, -ausfälle> потеря *f* спроса

Nachfragebelebung *f* <-, -en> оживление *nt* спроса

Nachfrageboom *m* <-s, -s> бум *m* спроса

Nachfragedefizit *nt* <-s, -e> недостаток *m* спроса

Nachfrageelastizität *f* <*gen:* -> эластичность *f* спроса

Nachfrageinflation *f* <*gen:* -> инфляция *f* спроса

nachfragen *vi* обращаться, -ратиться *pf* с запросом

Nachfrager *m* <-s, -> покупатель *m*, потребитель *m*

Nachfragerückgang *m* <-s, -rückgänge> сокращение *nt* спроса

Nachfragesteigerung *f* <-, -en> повышение *nt* спроса

Nachfrageüberhang *m* <-(e)s, -hänge> превышение *nt* спроса

Nachfrist *f* <-, -en> дополнительный срок *m*

nachfüllen *vt* доливать, -лить *pf*

nachgeben *irr vi* (*einlenken*) уступать, -пить *pf*

nachgehen *irr vi* **1.** (*folgen*) следовать, по- (за +*inst*); **2.** (*Uhr*) отставать, -стать *pf*; **die Uhr geht 5 Minuten nach** часы отстают на пять минут; **einer Sache ~** (*erforschen*) выяснять что-л.; **seinen Geschäften ~** (*ausüben*) заниматься своими делами

Nachgeschmack *m* <*gen:* -(e)s> привкус *m*

nachgewiesenermaßen *adv* как было доказано

nachgiebig *adj* податливый, сговорчивый

nachhallen *vi* продолжаться длительное время

nachhaltig *adj* продолжительный; **sie hat mich ~ beeindruckt** она произвела на меня глубокое впечатление

Nachhaltigkeit *f* <*gen:* -> продолжительность *f*

nachher *adv* потом, после этого, позднее; **bis ~!** до скорого!

Nachhilfestunde *f* <-, -n> дополнительный урок *m*; **~ n geben** давать дополнительные уроки,

репети́торствовать
nachholen vt 1. (*von Versäumtem*) навёрстывать, наверста́ть pf; 2. (*später holen*) забира́ть, -бра́ть pf
Nachkomme m <-n, -n> пото́мок m
nachkommen irr vi 1. (*später kommen*) приходи́ть, прийти́ pf поздне́е; 2. (*mitkommen, Schritt halten*) успева́ть, -пе́ть pf
Nachkriegsdeutschland nt <gen: -s> послевое́нная Герма́ния f
Nachkriegsgeschichte f <gen: -> послевое́нная исто́рия f
Nachkriegszeit f <gen: -> послевое́нное вре́мя nt
Nachlass m <Nachlasses, Nachlasse o Nachlässe> 1. (*von Preis*) ски́дка f; 2. (*Erbe*) насле́дство nt
nachlassen I. irr vi 1. ослабева́ть, -бе́ть pf; 2. (*sich verschlechtern*) ухудша́ться, уху́дшиться pf; II. vt (*Nachlass gewähren*) предоставля́ть ски́дку
nachlässig adj небре́жный, хала́тный
Nachlässigkeit f <-, -en> небре́жность f
Nachlassverwalter, -in m/f <-s, -> управля́ющий m насле́дством
Nachlieferung f <-, -en> дополни́тельная доста́вка f
Nachlösegebühr f <-, -en> (дополни́тельная) пла́та m за поку́пку биле́та в по́езде
nachmachen vt 1. (*nachahmen*) подража́ть impf; **Peter macht seinem großen Bruder alles nach** Пе́тер во всём подража́ет своему́ ста́ршему бра́ту; 2. (*fälschen*) подде́лывать, подде́лать pf
Nachmittag m <-s, -e> втора́я полови́на f дня; **am ~** во второ́й полови́не дня; **am ~** (*umg*) по́сле обе́да; **heute ~** сего́дня во второ́й полови́не дня
nachmittags adv во второ́й полови́не дня
Nachmittagsvorstellung f <-, -en> дневно́е представле́ние nt
Nachnahme f: **per ~** нало́женным платежо́м
Nachname m <-n, -n> фами́лия f
nachprüfen vt 1. (*überprüfen*) проверя́ть, -ве́рить pf; 2. (*nochmals prüfen*) перепроверя́ть, -ве́рить pf
nachrechnen vt пересчи́тывать, -счита́ть pf
Nachricht f <-, -en> 1. изве́стие nt; 2. (*Mitteilung*) сообще́ние nt; **~en** (*TV, Radio*) но́вости f
Nachrichtenagentur f <-, -en> информацио́нное аге́нтство nt
Nachrichtendienst m <-(e)s, -e> 1. (*für TV, Zeitung, Radio*) информацио́нное бюро́ nt; 2. (POL) слу́жба f разве́дки, разве́дка f
nachrichtendienstlich adj каса́ющийся слу́жбы разве́дки

Nachrichtensatellit m <-en, -en> спу́тник m свя́зи
Nachrichtensendung f <-, -en> переда́ча f изве́стий
Nachrichtentechnik f <gen: -> те́хника f свя́зи
Nachrichtenwesen nt <gen: -s> 1. слу́жба f свя́зи, связь f; 2. информацио́нная слу́жба f разве́дки
Nachruf m <-(e)s, -e> некроло́г m
Nachrüstung f <gen: -> 1. (*von Gerät, Auto*) оснаще́ние nt дополни́тельным обору́дованием; 2. (MIL) довооруже́ние nt
nachsagen vt (*nachsprechen*) повторя́ть, -ри́ть pf; **jdm etw ~** (*von jdm etw behaupten*) говори́ть о ком-л. что-л.
Nachsaison f <gen: -> послесезо́нный пери́од m
nachschicken vt посыла́ть, -сла́ть pf вслед; **jdm etw ~** посла́ть что-л. вслед кому́-л.
Nachschlag m <gen: -(e)s> (*von Essen*) доба́вка f
nachschlagen irr vt: **das Wort muss ich ~** я до́лжен посмотре́ть [o найти́] э́то сло́во в словаре́
Nachschlagewerk nt <-(e)s, -e> спра́вочник m
Nachschlüssel m <-s, -> подо́бранный ключ m
Nachschöpfung f <-, -en> воссозда́ние nt
Nachschrift f <-, -en> 1. припи́ска f, постскри́птум nt; 2. за́пись f на слух, конспе́кт m
Nachschub m <gen: -(e)s> 1. снабже́ние nt; 2. (MIL) подво́з m
nachschwätzen vt (*pej*) бессмы́сленно повторя́ть всё за кем-л.
Nachsendeantrag m <-(e)s, -anträge> заявле́ние бы́вшего адреса́та с про́сьбой о пересы́лке корреспонде́нции на его́ но́вый а́дрес
nachsenden vt посыла́ть, -сла́ть pf вслед
Nachsicht f <gen: -> снисхожде́ние nt; **~ üben/haben** идти́ навстре́чу кому́-л.
nachsichtig adj снисходи́тельный
Nachsichtigkeit f <gen: -> снисходи́тельность f
Nachsilbe f <-, -n> су́ффикс m
Nachspeise f <-, -n> десе́рт m
Nachspiel nt <-(e)s, -e> 1. (THEAT) эпило́г m; 2. (MUS) постлю́дия f; 3. (*fig*) после́дствия ntpl
nächste(r,s) adj 1. (*folgend*) сле́дующая, -щий, -щее; 2. (*nächstgelegen*) ближа́йший
Nächste(r) mf <-n, -n> 1. (*in einer Reihe*) сле́дующий, -щая m, f; **der Nächste, bitte!** сле́дующий, пожа́луйста!; 2. (*Mitmensch*) бли́жний, -няя m/f

Nachstellschraube f <-, -n> регулировочный финт m

Nachstellung f <-, -en> преследование nt

Nächstenliebe m <gen: -> любовь f к ближнему

nächstens adv (bald) в ближайшее время

Nächstliegende nt <gen: -n> первое nt, самое простое nt

Nacht f <-, Nächte> ночь f; **gute ~!** спокойной ночи!; **bei ~** ночью; **über ~** (auf einmal) за ночь

Nachtarbeit f <gen: -> ночная работа f

Nachtblindheit f <gen: -> куриная слепота f

Nachtdienst m <-(e)s, -e> ночное дежурство nt

Nachteil m <-(e)s, -e> 1. недостаток m; 2. (Schaden) ущерб m; **beträchtlicher ~** значительный ущерб; **wirtschaftlicher ~** экономический ущерб; **ein technischer ~** технический недостаток

Nachtessen nt <-s, -> (CH: Abendessen) ужин m

Nachtfalter m <-s, -> ночная бабочка f

Nachtfrost m <gen: -(e)s> ночной мороз m

Nachthemd nt <-(e)s, -en> ночная рубашка f

Nachtigall f <-, -en> соловей m

Nachtklub m <-s, -s> ночной клуб m

nächtlich adj ночной

Nachtlokal nt <-s, -e> ночной ресторан m

Nachtportier m <-s, -s> ночной портье m

Nachtquartier nt <-(e)s, -e> ночлег m

Nachtrag m <-(e)s, -träge> добавление nt, дополнение nt; **ein ~ zu einem Bericht** приложение к отчёту; **ein ~ zum Vertrag** дополнение к договору

nachtragen irr vt (hinzufügen) добавлять, -бавить pf

nachts adv ночью, по ночам

Nachtschalter m <-s, -s> ночная (билетная) касса f

Nachtschicht f <-, -en> ночная смена f

nachtschlafend adj поздний, ночной

Nachtschwärmer m <-s, -> полуночник m

Nachtschwester f <-, -n> ночная медсестра f

Nachttisch m <-(e)s, -e> ночной столик m

Nachttischlampe f <-, -n> ночная настольная лампа f

Nachttopf m <-(e)s, -töpfe> ночной горшок m

Nachttresor m <-s, -e> ночной сейф m

Nacht-und-Nebel-Aktion f <-, -en> полицейская акция, проведённая тайно в ночное время, часто в обход некоторых законов

Nachtvorstellung f <-, -en> ночное представление nt

Nachtwächter m <-s, -> ночной сторож m

Nachuntersuchung f <-, -en> (MED) обследование nt после болезни

Nachversteuerung f <-, -en> дополнительное налогообложение nt

Nachweis m <-(e)s, -e> 1. (Beweis) доказательство nt; 2. (Bescheinigung) справка f

nachweisen irr vt (beweisen) доказывать, -казать pf; **jdm etw ~** доказать кому-л. что-л.

nachweislich adj доказуемый

nachweispflichtig adj требующий подтверждения [o доказательства]

Nachwelt f <gen: -> потомки pl

Nachwort nt <-(e)s, -e> послесловие nt

Nachwuchs m <gen: -(e)s> 1. потомство nt; 2. (beruflicher Nachwuchs) смена f

Nachwuchsbedarf m <gen: -(e)s> потребность f в молодых кадрах

Nachwuchskräfte pl <gen: -> молодые кадры pl

Nachwuchstalent nt <-(e)s, -e> молодой талантливый артист m

nachzahlen vi 1. (mehr zahlen) доплачивать, -платить pf; 2. (später zahlen) оплачивать, оплатить pf задним числом [o позднее]

nachzählen vt пересчитывать, -считать pf

Nachzahlung f <-, -en> дополнительная оплата f

Nachzügler, -in m/f <-s, -> 1. опоздавший, -шая m/f; 2. (Kind) последыш m

Nacken m <-s, -> затылок m

Nackenschmerz m <-es, -en> боль f в затылке

Nackenstütze f <-, -en> подголовник m

nackt adj 1. (unbekleidet) голый, обнажённый; 2. (bloß, bar) голый

nacktbaden vi купаться без купального костюма

Nacktbadestrand m <-(e)s, -strände> пляж m нудистов

Nacktfoto nt <-s, -s> эротическая фотография f, фотография f голого человека

Nackttänzer, -in m/f <-s, -> обнажённый танцовщик m, исполнитель стриптиза m

Nadel f <-, -n> 1. (allgemein) игла f; 2. (umg: Nähnadel) иголка f; 3. (Stecknadel) булавка f; 4. (Zeiger) стрелка f; 5. (BOT) игла f

Nadelbaum m <-(e)s, -bäume> хвойное дерево nt

Nadelkissen nt <-s, -> игольник m

Nadellager nt <-s, -> игольчатый

подши́пник *m*
Nadelöhr *nt* <-(e)s, -e> иго́льное ушко́ *nt*
Nadelwald *m* <-(e)s, -wälder> хво́йный лес *m*
Nagel *m* <-s, Nägel> 1. гвоздь *m*; 2. (*Zehennagel, Fingernagel*) но́готь *m*; **er schnitt sich die Nägel** он подстри́г себе́ но́гти; **etw an den ~ hängen** (*umg*) бро́сить что-л.
Nagelbürste *f* <-, -n> щётка *f* для ногте́й
Nagelfeile *f* <-, -n> пи́лка *f* для ногте́й
Nagelhautentferner *m* <-s, -> инструме́нт *m* для удале́ния ко́жного наро́ста на ногтя́х
Nagellack *m* <-(e)s, -e> лак *m* для ногте́й
nageln *vt* прибива́ть, -би́ть *pf* гвоздя́ми
nagelneu *adj* (*umg*) с иго́лочки
Nagelpflege *f* <*gen*: -> ухо́д *m* за ногтя́ми
Nagelschere *f* <-, -n> но́жницы *fpl* для ногте́й
nagen *vi* 1. грызть *impf*, обгрыза́ть, -гры́зть *pf*; **der Hund nagt an seinem Knochen** соба́ка грызёт свою́ кость; 2. (*fig: Zweifel*) грызть *impf*
Nagetier *nt* <-(e)s, -e> грызу́н *m*
nahe I. *adj* бли́зкий, недалёкий; **in ~r Zukunft** в недалёком бу́дущем; **~ liegend** поня́тный; **der Nahe Osten** Бли́жний Восто́к; II. *präp* +*dat* во́зле (+ *gen*), близ (+ *gen*); **er war den Tränen ~** он был гото́в распла́каться.
Nähe *f* <*gen*: -> бли́зость *f*; **in der ~ von etw** побли́зости от чего́-л.
nahe gelegen *adj* близлежа́щий
nahe legen *vt*: **jdm etw ~** навести́ кого́-л. на мысль о чём-л.
nahe liegen *irr vi* напра́шиваться *impf*
nahe liegend *adj* поня́тный
nahen *vi* приближа́ться, -бли́зиться *pf*
nähen *vt* 1. шить, с- *pf*; 2. (MED) зашива́ть, -ши́ть *pf*
nähere(r,s) *adj* бо́лее бли́зкая, -кий, -кое
Naherholungsgebiet *nt* <-(e)s, -e> зо́на *f* о́тдыха
Näherin *f* <-, -nen> швея́ *f*
nähern *vr* приближа́ться, -бли́зиться *pf*; **sich jdm/etw ~** прибли́зиться к кому́-л./чему́-л.
nahe stehen *vi*: **sie steht mir sehr nahe** она́ о́чень близка́ мне
nahe stehend *adj* бо́лее бли́зкий
nahezu *adv* почти́ (что)
Nähgarn *nt* <-(e)s, -e> (шве́йные) ни́тки *fpl*
Nahkampf *m* <*gen*: -(e)s> (MIL) рукопа́шный бой *m*
Nähkasten *m* <-s, -kästen> я́щик *m* с принадле́жностями для шитья́
nahm *prät von* **nehmen**
Nähmaschine *f* <-, -n> шве́йная маши́на *f*

Nähnadel *f* <-, -n> иго́лка *f*
nähren *vt* 1. (*ernähren*) корми́ть, по- *pf*; 2. (*geh: Zweifel, Bedenken, Hoffnung*) пита́ть *impf*
nahrhaft *adj* пита́тельный
Nährsalz *nt* <-es, -e> минера́льная соль *f* для пита́ния расте́ний
Nährstoff *m* <-(e)s, -e> пита́тельное вещество́ *nt*
nährstoffarm *adj* бе́дный пита́тельными вещества́ми
nährstoffreich *adj* бога́тый пита́тельными вещества́ми
Nahrung *f* <-, -en> пита́ние *nt*
Nahrungsbiotop *nt* <-(e)s, -e> (BIO) биото́п *m*, обеспе́чивающий пита́ние
Nahrungsmittel *nt* <-s, -> проду́кт *m* пита́ния
Nahrungsmittelallergie *f* <-, -n> пищева́я аллерги́я *f*
Nahrungsmittelchemie *f* <*gen*: -> нау́ка о хими́ческих сво́йсвах проду́ктов пита́ния
Nahrungsmittelchemiker, -in *m/f* <-s, -> экспе́рт, даю́щий заключе́ние о хими́ческих сво́йствах проду́ктов пита́ния
Nahrungsmittelindustrie *f* <-, -n> пищева́я промы́шленность *f*
Nahrungsverweigerung *f* <*gen*: -> отка́з *m* от пи́щи
Nährwert *m* <-(e)s, -e> пита́тельность *f*
Nähseide *f* <*gen*: -> шве́йные шёлковые ни́тки *fpl*
Naht *f* <-, Nähte> шов *m*
nahtlos *adj* бесшо́вный; **ein ~er Übergang** пла́вный перехо́д
Nahverkehr *m* <*gen*: -s> при́городное [*o* ме́стное] сообще́ние *nt*
Nahverkehrszug *m* <-(e)s, -züge> 1. по́езд *m* при́городного сообще́ния; 2. (*umg*) электри́чка *f*
naiv *adj* наи́вный
Naivität *f* <*gen*: -> наи́вность *f*
Name *m* <-n, -n> и́мя *nt*; **im ~n von** от и́мени кого́-л./чего́-л.; **sich einen ~ machen** приобрести́ изве́стность
namens *adv* по фами́лии, по и́мени
Namensaktie *f* <-, -n> имённая а́кция *f*
Namensgebung *f* <-, -en> присвое́ние *nt* и́мени
Namensgedächtnis *nt* <*gen*: -> па́мять *f* на имена́
Namenspapier *nt* <-(e)s, -e> (BÖRSE) имённая це́нная бума́га *f*
Namenstag *m* <-(e)s, -e> имени́ны *fpl*
namentlich *adj* поимённый
namhaft *adj* 1. (*berühmt*) изве́стный; 2. (*groß, beträchtlich*) значи́тельный
nämlich *adv* 1. (*und zwar*) а и́менно; 2. (*begründend*) так как
nannte *prät von* **nennen**
Napf *m* <-(e)s, Näpfe> ми́ска *f*

Nappaleder nt <gen: -s> наппа-кожа f
Narbe f <-, -n> шрам m, рубец m
Narbung f <-, -en> (Leder) тиснение nt (кожи)
Narkose f <-, -n> наркоз m; **unter ~** под наркозом
Narkosemittel nt <-s, -> наркозное средство nt
narkotisieren vt наркотизировать
Narr m <-en, -en> 1. дурак m; 2. (Hofnarr) шут m; **jdn zum ~en halten** считать кого-л. дураком
Narretei f <-, -en> глупость f, сумасбродство nt
Närrin f <-, -nen> дура f
närrisch adj дурацкий
Narzisse f <-, -n> нарцисс m
narzisstisch adj самовлюблённый
NASA abk von **National Aeronautics and Space Administration** f НАСА
nasal adj носовой
nasalieren vt ччч
naschen I. vi любить impf сладкое; II. vt лакомиться, по- pf (+ inst)
Naschhaftigkeit f <gen: -> пристрастие nt к сладостям [o лакомством]
Naschkatze f <-, -n> (umg) лакомка f
Nase f <-, -n> нос m; **pro ~** (umg) на нос; **jdn an der ~ herumführen** (umg) водить кого-л. за нос
Nasenbein nt <-(e)s, -e> носовая кость f
Nasenbluten nt <gen: -s> кровотечение nt из носа
Nasenloch nt <-(e)s, -löcher> ноздря f
Nasensalbe f <-, -n> мазь f для носа
Nasenspitze f <-, -n> кончик m носа
Nasenwurzel f <gen: -> переносица m, корень m носа
Naseweis m <-es, -e> (pej) всезнайка m/f
Nashorn nt <-(e)s, -hörner> носорог m
nass adj мокрый; **sie ist ~ bis auf die Haut** она промокла до нитки
Nässe f <gen: -> сырость f
nasskalt adj промозглый
Nastuch nt <-(e)s, -tücher> (CH: Taschentuch) носовой платок m
Nation f <-, -en> нация f
national adj национальный
Nationalbank f <-, -en> Центральный эмисионный банк (государства) m
Nationalbewusstsein nt <gen: -s> национальное самосознание nt
Nationalelf f <-, -s> (SPORT) сборная команда f страны по футболу, национальная футбольная команда f
Nationalfeiertag m <-(e)s, -e> национальный праздник m
Nationalflagge f <-, -n> национальный (государственный) флаг m
Nationalgalerie f <-, -n> национальная галерея f
Nationalgericht nt <-(e)s, -e> национальное блюдо nt
Nationalgetränk nt <-(e)s, -e> национальный напиток m
Nationalhymne f <-, -n> национальный гимн m
Nationalisierung f <-, -en> национализация f
Nationalismus m <gen: -> национализм m
Nationalität f <-, -en> национальность f; **welcher ~ sind Sie?** кто Вы по национальности?
Nationalitätskennzeichen nt <-s, -> международный опознавательный знак m
Nationalkongress m <-es, -e> национальный конгресс m
Nationalmannschaft f <-, -en> национальная сборная f
Nationalökonomie f <-, -en> народное хозяйство nt
Nationalpark m <-s, -s> национальный парк m (заповедник)
Nationalprodukt nt <-(e)s, -e> (ÖKON) социальный продукт m
Nationalrat m <-(e)s, -räte> 1. (CH, österr: Volksvertretungen; deren Mitglied) Национальный совет m; 2. депутат m Национального совета
Nationalsozialismus m <gen: -> национал-социализм m
Nationalsozialist, -in m/f <-en, -en> национал-социалист, -ка m/f
nationalsozialistisch adj национал-социалистический
Nationalstaat m <-(e)s, -en> национальное государство nt
Nationaltheater nt <-s, -> национальный театр m
Nationaltracht f национальная одежда f
Nationaltrainer, -in m/f <-s, -s> тренер m национальной (сборной) команды
NATO akr von **North Atlantic Treaty Organization** f НАТО (Организация f Североатлантического договора)
Natrium nt <gen: -s> натрий m
natriumarm adj с небольшим содержанием натрия
Natriumchlorid nt <gen: -s> хлорид m натрия
Natur f <gen: -> природа f; **von ~ aus** от природы
Naturaleinkommen nt <-s, -s> натуральный доход m
Naturalismus m <gen: -> натурализм m
Naturalleistung f <-, -en> платёж m натурой, платёж m в натуральной форме
Naturallohn m <-(e)s, -löhne> заработная плата f натурой
Naturalrabatt m <-(e)s, -e> скидка f за количество в форме бесплатной поставки части товара

Naturalwirtschaft f <gen: -> натуральное хозяйство nt
Naturboden m <-s, -böden> натуральная (без химических удобрений) почва f
Naturdünger m <-s, -> органическое удобрение nt
Naturell nt <-s, -e> характер m
Naturfaser f <-, -n> натуральное волокно nt
naturgegeben adj данный от природы, природный
naturgemäß I. adj естественный; II. adv естественным образом.
Naturgesetz nt <-(e)s, -e> закон m природы
Naturhaushalt m <gen: -(e)s> природная среда f
Naturheilmethode f <-, -n> естественный метод m лечения
Naturheilmittel nt <-s, -> естественное лечебное средство nt
Naturkatastrophe f <-, -n> стихийное бедствие nt
Naturkosmetik f <gen: -> натуральная косметика f
Naturkost f <gen: -> натуральная пища f
Naturkostladen m <-s, -läden> магазин m натуральной пищи
Naturkreislauf m <-(e)s, -kreisläufe> круговорот m природы
Naturlandschaft f <-, -en> естественный ландшафт m
natürlich I. adj естественный; II. adv (selbstverständlich) конечно, естественно.
Natürlichkeit f <gen: -> естественность f
naturnah adj близкий к природе
Naturprodukt nt <-(e)s, -e> натуральный продукт m
Naturrecht nt <gen: -(e)s> естественное право nt
Naturschönheit f <gen: -> красота m природного явления
Naturschutz m <gen: -es> охрана f природы
Naturschutzbeauftragte(r) mf <-n, -n> уполномоченный m по охране природы
Naturschutzbehörde f <-, -n> ведомство nt охраны природы
Naturschutzbewegung f <gen: -> движение nt за охрану природы
Naturschützer, -in m/f <-s, -> защитник m природы
Naturschutzgebiet nt <-(e)s, -e> природный заповедник m
Naturseide f <gen: -> натуральный шёлк m
Naturtalent nt <-(e)s, -e> самобытный [o природный] талант m
Naturverbundenheit f <gen: -> любовь f к природе
Naturvernichtung f <gen: -> уничтожение природы m
naturverträglich adj уживающийся с природой
Naturwissenschaft f <-, -en> естествознание nt; **die ~en** естественные науки
Naturwissenschaftler, -in m/f <-s, -> естественник m
naturwissenschaftlich adj естественно-научный
Nautik f <gen: -> навигация f
nautisch adj навигационный
Navigation f <gen: -> навигация f
Navigationshilfe f <-, -n> навигационная поддержка f
Navigationssatellit m <-en, -en> навигационный сателлит m
Navigationssystem nt <-(e)s, -e> навигационная система f
Nazi akr von **Nationalsozialist/-in**
Neapel nt <gen: -s> Неаполь m
Nebel m <-s, -> туман m; **dichter ~** густой туман
Nebelscheinwerfer m <-s, -> противотуманная фара f
Nebelwand f <gen: -> стена f тумана
Nebelschlussleuchte f <-, -n> задняя противотуманная фара f
neben präp 1. (örtlich) рядом с (+ inst), около (+ gen); **sie setzte sich ~ mich** она села рядом со мной; 2. (außer) кроме (+ gen), наряду с (+ inst); 3. (verglichen mit) по сравнению с (+ inst)
Nebenabgabe f <-, -n> дополнительный сбор m
Nebenabrede f <-, -n> дополнительная договорённость f
nebenan adv рядом
Nebenanschluss m <-es, -anschlüsse> (TELEKOM) параллельный телефон m
Nebenausgabe f <-, -n> дополнительный расход m, побочный расход m
Nebenbedeutung f <-, -en> побочное значение nt
nebenbei adv попутно, между прочим, параллельно; **sie studiert und arbeitet ~als Bedienung** она учится и одновременно работает официанткой
Nebenbemerkung f <-, -en> побочное замечание nt, второстепенное замечание nt
Nebenberuf m <-(e)s, -e> побочная работа f, работа f по совместительству
nebenberuflich adj по совместительству
Nebenbuhler m <-s, -> соперник m
nebeneinander adv рядом друг с другом
nebeneinander legen vt класть,

положи́ть pf ря́дом
nebeneinander setzen vr сади́ть, по- pf ря́дом
nebeneinander stellen vr ста́вить, поста́вить pf ря́дом
Nebeneinnahme f <-, -n> дополни́тельный дохо́д m
Nebengeschäft nt <-(e)s, -e> побо́чная сде́лка f
Nebenhandlung f <-, -en> (in Roman) побо́чное де́йствие nt
Nebenkosten pl <gen: -> дополни́тельные расхо́ды pl, коммуна́льные платежи́ pl
Nebenniere f <-, .> (ANAT) надпо́чечник m
Nebenprodukt nt <-(e)s, -e> побо́чный проду́кт m
Nebensatz m <-es, -sätze> (LING) прида́точное предложе́ние nt
Nebenstellenanlage f <-, -n> (TELKOM) учрежде́нческая АТС f, телефо́нная подста́ция f
Nebenstraße f <-, -n> боковая у́лица f
Nebentätigkeit f <-, -en> побо́чная де́ятельность f
Nebenverdienst m <-es, -e> побо́чный дохо́д m
Nebenwirkung f <-, -en> побо́чное де́йствие nt
Nebenzimmer nt <-s, -> сосе́дняя ко́мната
necken vt дразни́ть impf
neckisch adj задо́рный, лука́вый
Neffe m <-n, -n> племя́нник m
negativ adj отрица́тельный, негати́вный
Negativ nt <-s, -e> негати́в m
Neger, -in m/f <-s, -> негр, -итя́нка f
negoziabel adj 1. могу́щий быть предме́том сде́лки [о торго́вли], могу́щий быть предме́том прода́жи; 2. спосо́бный к обраще́нию; 3. могу́щий быть опла́ченным
nehmen <nahm, genommen> vt брать, взять pf; etw auf sich ~ взять что-л. на себя́; jdn ernst ~ принима́ть кого́-л. всерьёз; etw in Betrieb ~ ввести́ что-л. в эксплуата́цию; ein Hindernis ~ взять препя́тствие; eine Sache in die Hand ~ взя́ться за что-л.; wie man`s nimmt как посмотре́ть; jdm die Hoffnung ~ лиши́ть кого́-л. наде́жды; ein Taxi ~ взять такси́; einen Zug ~ пое́хать на по́езде; ein Flugzeug ~ полете́ть на самолёте; ein Doppelzimmer ~ снять двухме́стный но́мер
Neid m <gen: -(e)s> за́висть; aus ~ из за́висти
Neider m <-s, -> зави́стник m
neidisch adj зави́стливый; auf jdn ~ sein зави́довать кому́-л.
neidlos adj без за́висти
Neige : zur ~ gehen конча́ться

neigen I. vt наклоня́ть, -ни́ть pf; II. vi: zu etw ~ быть скло́нным к чему́-л.; III. vr наклоня́ться, -ни́ться pf
Neigung f <-, -en> 1. (Vorliebe) скло́нность f; 2. (Gefälle) накло́н m
Neigungswinkel m <-s, -> у́гол m накло́на
nein adv нет
Nekrophilie f <gen: -> некрофили́я f
Nektar m <gen: -s> некта́р m
Nelke f <-, -n> (auch Gewürz) гвозди́ка f
Nennbetrag m <-(e)s, -beträge> номина́льная сто́имость f
nennen <nannte, genannt> I. vt называ́ть, -зва́ть pf; wie willst du deine Tochter ~? как ты хо́чешь назва́ть свою́ дочь?; II. vr называ́ться, -зва́ться pf
nennenswert adj суще́ственный, заме́тный
Nenner m <-s, -> (MATH) знамена́тель m; etw auf einen gemeinsamen ~ bringen привести́ что-л. к о́бщему знамена́телю
Nennleistung f <-, -en> номина́льная мо́щность f
Nennwert m <-(e)s, -e> номина́льная сто́имость f
Neofaschismus m <gen: -> неофаши́зм m
neoliberal adj неолибера́льный
Neon nt <gen: -s> нео́н m
Neonazi m <-s, -s> неонаци́ст m
Neonazismus m <gen: -> неонаци́зм m
Neonlicht nt <-(e)s, -er> нео́новый свет m
Neonreklame f <-, -n> нео́новая рекла́ма f
Neonröhre f <-, -n> нео́новая тру́бка f
Nepp m <gen: -s> обдира́тельство nt
Nerv m <-s, -en> нерв m; jdm auf die ~en gehen (umg) нерви́ровать кого́-л.
Nervenbahn f <-, -en> не́рвный тракт m
Nervenentzündung f <-, -en> неври́т m, воспале́ние nt не́рва [о не́рвов]
Nervenheilanstalt f <-, -en> невропатологи́ческая лече́бница f
Nervenkitzel m <gen: -s> (umg) о́стрые ощуще́ния ntpl
Nervenkrankheit f <-, -en> не́рвная боле́знь f
Nervenleiden nt <-s, -> не́рвная боле́знь f
nervenschwach adj неврастени́ческий
Nervenzelle f <-, -n> не́рвная кле́тка f
Nervenzusammenbruch m <-(e)s, -brüche> истоще́ние nt не́рвной систе́мы
nervlich adj не́рвный
nervös adj не́рвный
Nervosität f <gen: -> не́рвность f, нервозность f
Nerz m <-es, -e> (Tier, Pelz) но́рка f
Nerzmantel m <-s, -mäntel> но́рковое пальто́ nt

Nessel f <-, -n> крапи́ва f
Nest nt <-(e)s, -er> 1. гнездо́ nt; 2. (umg: Kleinstadt, Dorf) глушь f
Nestbau m <gen: -(e)s> витьё [o свива́ние] nt гнёзд
Nesthocker m <-s, -> птенцо́вая пти́ца f
nett adj 1. ми́лый; 2. (hübsch) милови́дный; 3. (freundlich) симпати́чный; **das ist sehr ~ von Ihnen** э́то о́чень ми́ло с Ва́шей стороны́
netto adv не́тто
Nettobetrag m <-(e)s, -beträge> су́мма f не́тто
Nettobilanz f <-, -en> не́тто-бала́нс m
Nettodividende f <-, -n> дивиде́нд не́тто m
Nettoeinkaufspreis m <-es, -e> заку́почная цена́ f не́тто
Nettoeinkommen nt <-s, -> чи́стый дохо́д m
Nettoerlös m <-es, -e> вы́ручка f не́тто
Nettoertrag m <-(e)s, -erträge> дохо́д m не́тто
Nettogewicht nt <-(e)s, -e> вес m не́тто
Nettogewinn m <-(e)s, -e> чи́стая при́быль f
Nettoinlandsprodukt nt <-(e)s, -e> чи́стый вну́тренний проду́кт m
Nettoinvestition f <-, -en> капиталовложе́ния pl не́тто
Nettolohn m <-(e)s, -löhne> чи́стая за́работная пла́та f
Nettopreis m <-es, -e> цена́ f не́тто
Nettoregistertonne f <-, -n> не́тто-реги́стровая то́нна f
Nettorendite f <-, -n> дохо́д m не́тто
Nettosozialprodukt nt <-(e)s, -e> чи́стый социа́льный проду́кт m
Nettoumsatz m <-es, -umsätze> оборо́т m не́тто
Nettoverdienst m <-(e)s, -e> за́работок m не́тто
Nettoverkaufspreis m <-es, -e> чи́стая сбытова́я цена́ f
Nettovermögen nt <-s, -> факти́ческое иму́щество nt
Nettoverschuldung f <-, -en> чи́стая задо́лженность f
Netz nt <-es, -e> 1. сеть f; 2. (Computernetz, Verkehrsnetz, Telefonnetz) сеть f; 3. (von Spinne) паути́на f; 4. (Sport) се́тка f; **jdm ins ~ gehen** (umg) попа́сться в чьи-л. се́ти
Netzanschluss m <-es, -anschlüsse> подключе́ние nt к се́ти
netzartig adj сетча́тый
Netzempfänger m <-s, -> сетево́й (ра́дио)приёмник m
Netzgerät nt <-(e)s, -e> (EL) сетево́й прибо́р m
Netzhaut f <gen: -> (ANAT) сетча́тка f
Netzkabel nt <-s, -> про́вод m для присоедине́ния к се́ти

Netzplan m <-(e)s, -pläne> сетево́й гра́фик m
Netzplantechnik f <gen: -> сетева́я те́хника f
Netzserver m <-s, -> (DV) сетево́й се́рвер m
Netzspannung f <-, -en> сетево́е напряже́ние nt
Netzstecker m <-s, -> штепсельная ви́лка f
Netzstrümpfe pl <gen: -> ажу́рные чулки́ pl
Netzteil nt <-(e)s, -e> (EL) блок m пита́ния от сце́ти
Netzwerk nt <-(e)s, -e> (DV) сеть m; **lokales ~** лока́льная сеть
Netzwerkadministrator, -in m <-s, -en> (DV) администра́тор m се́ти
neu adj 1. (noch ungebraucht) но́вый; **er hat ein ~es Fahrrad** у него́ но́вый велосипе́д; 2. (erst kürzlich entstanden) но́вый; 3. (in einer Gemeinschaft) но́вый; **mein ~er Kollege** мой но́вый колле́га
Neuanlage f <gen: -> но́вое капиталовложе́ние nt
Neuanschaffung f <-, -en> новоприобрете́ние nt
neuartig adj но́вый
Neubau m <-(e)s, -ten> новостро́йка f
Neubaugebiet nt <-(e)s, -e> но́вый райо́н m
Neubauwohnung f <-, -en> кварти́ра f в но́вом до́ме
Neubearbeitung f <-, -en> перерабо́тка f, но́вая обрабо́тка f
Neubewertung f <-, -en> переоце́нка f
Neudruck m <-(e)s, -e> стереоти́пное изда́ние nt
Neueinstellung f <-, -en> приём m но́вого рабо́тника
Neuentwicklung f <-, -en> но́вая констру́кция f
neuerdings adv с неда́вних пор
Neuerscheinung f <-, -en> (кни́жная) нови́нка f
Neuerung f <-, -en> но́вшество nt
Neuerwerbung f <-, -en> но́вое приобрете́ние nt
Neufassung f <-, -en> но́вая реда́кция (те́кста) f, но́вая формулиро́вка f
Neufundland nt <gen: -s> Ньюфаундле́нд m
Neugestaltung f <-, -en> 1. перестро́йка f, преобразова́ние nt; 2. но́вое оформле́ние nt
Neugier(de) f <gen: -> любопы́тство nt; **aus ~** из любопы́тства
neugierig adj любопы́тный
Neugriechisch nt <gen: -en> новогре́ческий язы́к m
Neuguinea nt <gen: -s> Но́вая Гвине́я f
Neuheit f <-, -en> 1. (das Neusein) новизна́ f; **die ~ einer Erfindung**

новизна́ откры́тия 2. (*neues Produkt*) новинка *f*; die ~ der Saison новинка сезо́на
Neuhochdeutsch *nt* <*gen*: -en> ььь *m*
Neuigkeit *f* <-, -en> но́вость *f*
Neujahr *nt* <-s, -e> Но́вый год *m*
Neujahrsabend *m* <-s, -e> ччч *m*
Neujahrstag *m* <-(e)s, -e> нововерхненеме́цкий язы́к *m*
Neuland *nt* <*gen*: -(e)s> целина́ *f*
Neulandgewinnung *f* <-, -en> освое́ние *nt* целины́
neulich *adv* неда́вно
Neuling *m* <-s, -e> новичо́к *m*
Neumond *m* <-(e)s, -e> новолу́ние *nt*
neun *num* де́вять
neuneinhalb *num* де́вять с полови́ной
neunfach *num* девятикра́тный
neunhundert *num* девятьсо́т
neunjährig *adj* девятиле́тний
neunmal *num* де́вять раз
neunstellig *adj* девятизна́чный
neunstöckig *adj* девятиэта́жный
neunstündig *adj* девятичасово́й (о сро́ке)
neuntägig *adj* девятидне́вный
neunte(r,s) *num* девя́тая, -тый, -тое
neunteilig *adj* девятича́стный
Neuntel *nt* <-s, -> девя́тая часть
neuntens *adv* в-девя́тых
neunzehn *num* девятна́дцать
neunzig *num* девяно́сто
Neunzigstel *nt* <*gen*: -s> девяно́стая часть *f*
Neuorganisation *f* <-, -en> реорганиза́ция *f*
Neuphilologe, -philologin *m/f* <-n, -n> специали́щт *m* по но́вым языка́м
neureich *adj* бы́стро разбогате́вший, нажи́вшийся
Neurochirurg, -in *m/f* <-s, -en> неврохиру́рг *m*
Neurodermitis *f* <*gen*: -> ччч *m*
Neurologe, Neurologin *m* <-n, -n> невро́лог *m*
Neurologie *f* <*gen*: -> невроло́гия *f*
Neurose *f* <-, -n> невро́з *m*
Neurotiker, -in *m/f* <-s, -> невро́тик, -вроти́чка *m/f*
neurotisch *adj* невроти́ческий
Neuseeland *nt* <*gen*: -s> Но́вая Зела́ндин *f*
Neuseeländer, -in *m/f* <-s, -> новозела́ндец *m*
neuseeländisch *adj* новозела́ндский
Neustart *m* <-s, -s> (*von Computer*) перезагру́зка *f*
neutral *adj* нейтра́льный; ein ~er Staat нейтра́льное госуда́рство
Neutralisation *f* <*gen*: -> нейтрализа́ция *f*
neutralisieren *vt* нейтрализова́ть *impf/pf*

Neutron *nt* <-s, -en> нейтро́н *m*
Neutronenstrahlung *f* <*gen*: -> нейтро́нное излуче́ние *nt*
Neutronenwaffe *f* <-, -n> нейтро́нное ору́жие *nt*
Neutrum *nt* <-s, -tra/-tren> (LING) сре́дний род *m*
Neuverschuldung *f* <-, -en> но́вая задо́лженность *f*
Neuwagen *m* <-s, -> но́вый автомоби́ль *m*
neuwertig *adj* как но́вый
Neuzeit *f* <*gen*: -> но́вое вре́мя *nt*
neuzeitlich *adj* совреме́нный
Neuzugang *m* <-(e)s, -zugänge> но́вое поступле́ние *nt*
New York *nt* <*gen*: -s> Нью-Йо́рк
Newcomer *m* <-s, -> новичо́к *m*
Newsgroup *f* <-, -s> гру́ппа *f* новосте́й
Nicaragua *nt* <*gen*: -s> Никара́гуа *nt*
Nicaraguaner, -in *m/f* <-s, -> никарагу́анец *m*
nicaraguanisch *adj* никарагуа́нский
nicht *adv* не; noch ~ ещё нет; ~ wahr? не так ли?; besser ~ лу́чше не на́до
Nichtanerkennung *f* <*gen*: -> непризна́ние *nt*
Nichtberechtigte(r) *mf* <-n, -n> непроавомо́чный
Nichte *f* <-, -n> племя́нница *f*
nichtehelich *adj* внебра́чный
Nichteinhaltung *f* <*gen*: -> несоблюде́ние *nt*, наруше́ние *nt*
Nichterfüllung *f* <*gen*: -> (JUR) невыполне́ние *nt*; ~ eines Vertrages невыполе́ние усло́вий догово́ра
Nichterscheinen *nt* <*gen*: -s> (*Person*) нея́вка *f*
nichtig *adj* 1. (JUR: *ungültig*) недействи́тельный; für null und ~ erklären аннули́ровать 2. (*unbedeutend*) незначи́тельный
Nichtigkeit *f* <*gen*: -> недействи́тельность *f*
Nichtkonvertibilität *f* <*gen*: -> неконверти́руемость *f*
Nichtmitglied *nt* <-(e)s, -er> нечле́н *m*
Nichtproportionalschrift *f* <-, -en> моноши́ринный шрифт *m*
Nichtraucher, -in *m/f* <-s, -> некуря́щий, -щая *m/f*
Nichtraucherabteil *nt* <-(e)s, -e> купе́ *nt* длр некуря́щих
nichtrostend *adj* нержаве́ющий, некорроди́рующий
nichts *pron* ничто́, ничего́; sie wusste ~ davon она́ ничего́ не зна́ла об э́том; ~ zu machen! ничего́ не поде́лаешь! ~ zu danken! не́ за что! ~ sagend ничего́ не говоря́щий
Nichts *nt* <*gen*: -> 1. ничто́; 2. (*unbedeutender Mensch*) ничто́жество *nt*; er ist ein ~ он - ничто́жество

nichts sagend adj 1. ничего не говорящий; 2. (ausdruckslos) бессодержательный
Nichtstuer m <-s, -> (pej) бездельник m
nichtswürdig adj (pej) недостойный, мерзкий, подлый
nicken vi кивать, кивнуть pf
nie adv никогда; **das schaffst du ~ bis morgen** этого ты до завтра ни за что не успеешь; **fast ~** практически никогда; **~ wieder** больше никогда; **jetzt oder ~** теперь или никогда
nieder I. adj низкий; II. adv вниз; **auf und ~** вверх и вниз.
Niederdruck m низкое давление nt
niederfallen vi (geh) ччч
Niederfrequenz f (EL) низкая частота f
Niedergang m <gen: -(e)s> (Verfall) упадок m, спад m; **sich im ~ befinden** находиться в состоянии упадка; **~ der Wirtschaft** экономический спад
niedergeschlagen adj удручённый
Niedergeschlagenheit f <gen: -> удручённость f
niederkommen vi (geh) разрешаться, разрешиться pf от бремени
Niederkunft f <gen: -> роды pl
Niederlage f <-, -n> поражение nt; **eine schwere ~** тяжёлое поражение; **eine ~ erleiden** потерпеть поражение
Niederlande pl <gen: -> Нидерланды mpl
Niederländer, -in m/f <-s, -> нидерландец [o нидерландка] m/f
niederländisch adj нидерландский
niederlassen irr vr 1. (hinsetzen) опускаться, опуститься pf; 2. (an einem Ort) селиться, по- pf; 3. (eine Praxis eröffnen) открывать, -крыть pf практику
Niederlassung f <-, -en> 1. поселение nt; 2. (Geschäfts~) отделение nt, филиал m
Niederlassungsfreiheit f <gen: -> свобода f поселения
niederlegen vt 1. класть, положить pf; 2. (Amt) слагать, сложить pf с себя; **die Arbeit ~** прекратить работу
niedermachen vt убивать, убить pf, пристреливать, пристрелить pf
Niederrhein m <gen: -s> Нижний Рейн m
Niedersachsen nt <gen: -s> Нижняя Саксония f
Niederschlag m <-(e)s, -schläge> 1. (Regen, Schnee) осадок m; 2. (Ausdruck, Ergebnis) выражение nt; **etw findet seinen ~ (in etw)** что-то находит своё выражение (в чём-л.)
niederschlagen I. irr vt 1. (Person) сбивать, сбить pf с ног; 2. (Aufstand) подавлять, -вить pf; II. vi осаждаться, осесть pf
niederschmetternd adj ошеломляющий
Niederspannung f <gen: -> (EL) низкое напряжение nt
niederstrecken vt сражать, сразить pf, укладывать, уложить pf на месте
niedertourig adj малооборотный
niederträchtig adj низкий, подлый; **das ist eine ~e Lüge** это низкая ложь
niedertreten vt топтать, затоптать pf
Niederung f <-, -en> (Senkung) низменность f
niederwalzen vt 1. (MIL) уничтожать, уничтожить pf гусеницами; 2. уничтожать, уничтожить pf, ликвидировать impf/pf
Niederwerfung f <-, -en> подавление nt (восстания)
niedlich adj миловидный
Niednagel m <gen: -s> заусеница f
niedrig adj 1. низкий; 2. (Einstellung) низкий, подлый
Niedrigkeit f <gen: -> низость f, подлость f
Niedriglohnland nt <-(e)s, -länder> страна f с низкой оплатой труда
Niedrigpreisverkauf m <gen: -(e)s> продажа f по демпинговой цене
niemals adv никогда
niemand pron никто; **das weiß ~** этого никто не знает
Niere f <-, -n> почка f
Nierenbecken nt <-s, -> почечная лоханка f
Nierenkolik f <-, -en> почечная колика f
Nierenleiden nt <-s, -> заболевание nt почек
Nierenstein m <-(e)s, -e> почечный камень m
Nierentee m <-s, -s> мочегонный чай m
Nierentransplantation f <-, -en> пересадка f почки
Nierenversagen nt <gen: -s> почечная недостаточность f
nieseln vi моросить impf; **es nieselt** моросит (дождь)
Nieselregen m <gen: -s> мелкий дождь m
niesen vi чихать, -хнуть pf
Nießbraucher, -in m/f <-s, -> временный владелец m
Niete f <-, -n> 1. (Los) пустой (лотерейный) билет m; 2. (umg: Versager/-in) ничтожество nt; **eine ~ ziehen** вытянуть пустой билет
Nigeria nt <gen: -s> Нигерия f
Nigerianer, -in m/f <-s, -> нигериец, нигерийца m/f
nigerianisch adj нигерийский
Nihilismus m <gen: -> нигилизм m
nihilistisch adj нигилистский
Nikotin nt <gen: -s> никотин m
nikotinarm adj содержащий мало никотина
nikotinfrei adj без никотина
Nilpferd nt <-(e)s, -e> бегемот m

Nippes *pl* <gen: -> безделу́шки *fpl*
Nippsachen *pl* <gen: -> изя́щные безделу́шки *pl*
nirgends *adv* нигде́
nirgendswo *adv* нигде́
Nische *f* <-, -n> ни́ша *f*
nisten *vi* (*von Vögeln*) гнезди́ться *impf*
Nistkasten *m* <-s, -kästen> скворе́чник *m*
Nitrat *nt* <-(e)s, -e> нитра́т *m*
Nitrit *nt* <-s, -e> нитри́т *m*
Nitrosamin *nt* <-s, -e> нитрозами́н *m*, *азо́тистое соедине́ние, образу́ющееся при копче́нии, жа́ренье и т.п., спосо́бствующее возникнове́нию ра́ка*
Niveau *nt* <-s, -s> у́ровень *m*
niveaulos *adj* зауря́дный, ни́зкого у́ровня
nivellieren *vt* нивели́ровать
Nixe *f* <-, -n> руса́лка *f*
nobel *adj* 1. (*von Person*) благоро́дный; 2. (*teuer, vornehm*) шика́рный
Nobelpreis *m* <-es, -e> Но́белевская пре́мия *f*
Nobelpreisträger, -in *m/f* <-s, -> лауреа́т *m* Но́белевской пре́мии
noch I. *konj* ни; **weder ... ~ ...** ни... , ни...; II. *adv* 1. ещё; **~ hast du Zeit** у тебя́ ещё есть вре́мя; 2. (*außerdem, sonst ~*) ещё; 3. (*irgendwann ~*) ещё; **sie wird schon ~ sehen** она́ ещё уви́дит; **~ nicht** ещё нет; **~ einmal** ещё раз; **~ vor zwei Tagen** ещё позавчера́.
nochmalig *adj* повто́рный
nochmals *adv* ещё раз
Nockenwelle *f* <-, -n> распредели́тельный вал *m*
Nomade, Nomadin *m/f* <-n, -n> коче́вник, -ница *m/f*
Nomadenleben *nt* <gen: -> кочево́й о́браз *m* жи́зни
nomadisch *adj* кочево́й
nomadisieren *vi* кочева́ть
Nomen *nt* <-s, Nomina> и́мя *nt*
nominal *adj* номина́льный
Nominalbetrag *m* <-(e)s, -beträge> номина́льная су́мма *f*
Nominaleinkommen *nt* <-s, -> номина́льный дохо́д *m*
Nominalkapital *nt* <gen: -s> номина́льный капита́л *m*
Nominallohn *m* <-(e)s, -löhne> номина́льная за́работная пла́та *f*
Nominalwert *m* <-(e)s, -e> номина́льная сто́имость *f*
Nominalzins *m* <gen: -es> номина́льный проце́нт *m*
Nominativ *m* <-s, -e> имени́тельный паде́ж *m*
nominell *adj* номина́льный
Nominierung *f* <-, -en> выдвиже́ние *nt*
Nonameprodukt, No-Name-Produkt *nt* <-(e)s, -e> нефи́рменное изде́лие *nt*

Nonkonformismus *m* <gen: -> нонконформи́зм *m*
Nonne *f* <-, -n> мона́хиня *f*
Nonprofit-Organisation *f* <-, -en> некомме́рческая организа́ция *f*
Nonstopflug, Non-Stop-Flug *m* <-(e)s, -flüge> беспоса́дочный перелёт *m*
Nordamerika *nt* <gen: -s> Се́верная Аме́рика *f*
nordamerikanisch *adj* североамерика́нский
Nordatlantik *m* <gen: -s> Се́верная Атла́нтика *f*
nordatlantisch *adj* североатланти́ческий
Nordatlantisches Verteidigungsbündnis *nt* <gen: -ses> Североатланти́ческий оборони́тельный сою́з *m* (НАТО)
norddeutsch *adj* северонеме́цкий, северогерма́нский
Norddeutsche(r) *m/f* <-n, -n> се́верный не́мец *m*
Norddeutschland *nt* <gen: -s> Се́верная Герма́ния *f*
Norden *m* <gen: -s> се́вер *m*; **nach/von ~** на се́вер/с се́вера; **der hohe ~** Кра́йний Се́вер
Nordeuropa *nt* <gen: -s> Се́верная Евро́па *f*
nordeuropäisch *adj* североевропе́йский
Nordhang *m* <-(e)s, -hänge> се́верный склон *m* (горы́)
Nordirland *nt* <gen: -s> Се́верная Ирла́ндия *f*
nordisch *adj* се́верный
nördlich I. *adj* се́верный; **~ von** на се́вере от; II. *präp* +*gen* к се́веру от (+ *gen*).
Nordlicht *nt* <gen: -> се́верное сия́ние *nt*
Nordosten *m* <gen: -s> се́веро-восто́к *m*
Nordpol *m* <gen: -s> Се́верный по́люс *m*
Nordrhein-Westfalen *nt* <gen: -s> Се́верный Рейн *m*-Вестфа́лия *f*
Nordsee *f* <gen: -> Се́верное мо́ре *nt*
Nord-Süd-Dialog *m* <gen: -(e)s> диало́г *m* ме́жду Се́вером и Ю́гом
Nordwesten *m* <gen: -s> се́веро-за́пад *m*
Nordwind *m* <gen: -(e)s> се́верный ве́тер *m*
nörgeln *vi* придира́ться, -дра́ться *pf*; **sie nörgelte über das Essen** она́ придира́лась к еде́
Nörgler, -in *m/f* <-s, -> приди́ра *m/f*
Norm *f* <-, -en> но́рма *f*, пра́вило *nt*; **von der ~ abweichen** отклоня́ться от станда́рта; **eine ~ einhalten** приде́рживаться но́рмы; **der ~ entsprechen** соотве́тствовать но́рме; **eine ~ erfüllen** выполня́ть но́рму; **eine ~**

festsetzen устанáвливать нóрму; **über der ~ liegen** быть сверх нóрмы
normal adj 1. нормáльный; 2. (umg: ~erweise) обы́чно
Normalbeschäftigung f <gen: -> срéдняя загрýзка f
Normalgewicht nt <gen: -(e)s> нормáльный вес m
Normalgröße f <gen: -> нормáльный размéр m
normalisieren I. vr нормализовáться impf/pf; **die Lage hat sich normalisiert** положéние нормализовáлось; II. vt нормализовáть impf/pf
Normalisierung f <gen: -> нормализáция f
Normalkosten pl <gen: -> срéдние издéржки pl
Normalpreis m <-es, -e> обы́чная ценá f
Normalsichtigkeit f <gen: -> нормáльная ви́димость f
Normalsteuersatz m <-es, -sätze> обы́чная налóговая стáвка f
Normalverbraucher m <gen: -, -> срéдний потреби́тель m
Normalzeit f <gen: -> срéднее врéмя nt
Normalzustand m <gen: -(e)s> нормáльное состоя́ние nt
normativ adj норматúвный
Normgröße f <-, -n> нормáльный размéр m
Normierung f <-, -en> стандартизáция f
Normteil nt <-(e)s, -e> стандáртная детáль f
Normung f <-, -en> стандартизáция f
Norwegen nt <gen: -s> Норвéгия f
Norweger m <-s, -> норвéжец, норвéжка m/f
norwegisch adj норвéжский
Nostalgie f <gen: -> ностальги́я f
nostalgisch adj ностальги́ческий
Nostalgiewelle f <gen: -> ностальги́ческая волнá f, мóда f на старинý
Not f <-, Nöte> 1. (Mangel, Elend) нуждá f, бéдственное положéние nt, бедá f; 2. (Zwang, Notwendigkeit) необходи́мость f, нуждá f; **aus ~** по необходи́мости; **zur ~** в крáйнем слýчае; **~ leiden** испы́тывать нуждý
Notadresse f <-, -n> запаснóй áдрес m
Notanker m <-s, -> 1. запаснóй я́корь m; 2. (fig) я́корь m спасéния
Notar, -in m/f <-s, -e> нотáриус m; **einen ~ beim Notar hinterlegen** сдавáть договóр на хранéние нотáриусу; **öffentlicher ~** официáльный нотáриус
Notariat nt <-(e)s, -e> нотариáт m
notariell adj нотариáльный; **etw ~ beglaubigen lassen** завéрить что-л. у нотáриуса [o в нотариáльной контóре]
Notarzt, -ärztin m/f <-(e)s, -ärzte> дежýрный врач m
Notaufnahme f <-, -n> приём m бéженцев
Notausgang m <-(e)s, -gänge> запáсный вы́ход m
Notbehelf m <-(e)s, -e> врéменная мéра f
Notbeleuchtung f <-, -en> аварúйное освещéние nt
Notbremse f <-, -n> экстренный тóрмоз m
notdürftig adj бéдный
Note f <-, -n> 1. (Schul~) оцéнка f; **er hat gute ~n** у негó хорóшие оцéнки; 2. (MUS) нóта f; 3. (Eigenart) оттéнок m
Notebook nt <-s, -s> (DV) миниатю́рный портати́вный компью́тер m
Notenbank f <-, -en> эмиссиóнный банк m
Notendeckung f <gen: -> обеспéчение nt банкнóт
Notenpapier nt <gen: -(e)s> нóтная бумáга f
Notenschlüssel m <-s, -> ключ m
Notenschrift f <gen: -> (MUS) нóтное письмó nt
Notenständer m <-s, -> пюпи́тр m для нот
Notensystem nt <-(e)s, -e> (in der Schule) систéма f оцéнок
Notenumlauf m <gen: -(e)s> банкнóтное обращéние nt
Notfall m <-(e)s, -fälle> крáйний слýчай m; **im ~** в крáйнем слýчае
Notfalldienst m <-es, -e> слýжба f экстренной пóмощи
notfalls adv в крáйнем слýчае
notgedrungen adv поневóле
notieren vt 1. (eine Notiz machen) запи́сывать, -сáть pf; **er notierte sich ihre Adresse** он записáл себé её áдрес; 2. (BÖRSE) коти́ровать
Notierung f <-, -en> (BÖRSE) котирóвка f
nötig adj нýжный
nötigen vt (zwingen) принуждáть, -нýдить pf
Nötigungstatbestand m <-(e)s, -bestände> (JUR) факти́ческое принуждéние nt
Notiz f <-, -en> зáпись f; **sich ~en machen** дéлать себé замéтки; **von jdm/etw ~ nehmen** обращáть внимáние на когó-л./чтó-л.
Notizbuch nt <-(e)s, -bücher> записнáя кни́жка f
Notlage f <-, -n> бéдственное положéние nt; **in einer ~ sein** находи́ться в бéдственном положéнии
notlanden vi совершáть, -ши́ть pf вы́нужденную посáдку
Notlandung f <-, -en> вы́нужденная посáдка f
Notlösung f <-, -en> врéменное решéние nt

Notlüge f <-, -n> вынужденная ложь f
notorisch adj закоренелый
Notruf m <-(e)s, -e> экстренный вызов m
Notsitz m <-es, -e> дополнительное сиденье n
Notstand m <gen: -(e)s> 1. бедствие nt; 2. (POL) чрезвычайное положение nt; **den ~ ausrufen** объявить чрезвычайное положение
Notstandsgesetz nt <-es, -e> закон m о чрезвычайном положении
Notstromversorgung f <gen: -> аварийное электроснабжение nt
Nottaufe f <-, -n> обряд крещения в спешном порядке, без соблюдения обычных формальностей
Notverband m <-(e)s, -verbände> временная повязка f
Notverkauf m <-(e)s, -verkäufe> вынужденная продажа f
Notwasserung f <gen: -> (Flugzeug) вынужденная посадка f на воду
Notwehr f <gen: -> самооборона f
notwendig adj необходимый
Notwendigkeit f <-, -en> необходимость f
Novelle f <-, -n> 1. (Erzählung) новелла f; 2. (JUR: Gesetzes~) изменение nt закона, новелла f; **eine ~ verabschieden** утверждать новеллу
Novellierung f <-, -en> изменение nt в законе, внесение nt изменения в законодательство
November m <-(s), -> ноябрь m
Novität f <-, -en> новинка f
N.T. abk von **Neues Testament** Новый завет
Nuance f <-, -n> нюанс m
nuancieren vt нюансировать, оттенять
nüchtern adj 1. трёзвый; 2. (zweckmäßig, vernünftig) рассудительный; 3. (Magen) пустой; **auf ~en Magen** на пустой желудок
Nüchternheit f <gen: -> 1. трёзвость f; 2. (Zweckmäßigkeit, Vernunft) рассудительность f
Nuckelflasche f <-, -n> бутылочка m с соской
Nudel f <-, -n> вермишель f
Nudelholz nt <-es, -hölzer> скалка f
nuklear adj ядерный
Nuklearindustrie f <-, -en> ядерная промышленность f
Nuklearmedizin f <gen: -> лечение nt с применением радиоактивных веществ
Nuklearphysik f <gen: -> ядерная физика f
Nukleartest m <-s, -s> ядерный тест m
Nuklearwaffe f <-, -n> ядерное оружие nt
null num ноль; **~ und nichtig** ничтожный
Null f <-, -en> 1. (Ziffer) ноль m; 2. (umg: Versager/-in) ничтожество nt
Nullmeridian m <gen: -(e)s> нулевой меридиан m
Nullpunkt m <gen: -(e)s> 1. нулевая точка f; 2. (Gefrierpunkt) нуль m
Nullsummenspiel, Null-Summen-Spiel nt <-(e)s, -e> игра f с нулевой суммой
Nulltarif m <gen: -s> бесплатная услуга; **zum ~** бесплатно
Nullwachstum nt <gen: -s> нулевой рост m
Numerale nt <gen: -> (LING) числительное nt
numerisch adj числовой, численный
Numerus m <gen: -> (LING) число nt
Numerus clausus m <gen: -> количественно ограниченный набор m студентов
Nummer f <-, -n> 1. номер m; 2. (Kabarett~, Zirkus~) выступление nt
nummerieren vt нумеровать, про- pf
Nummernblock m <-(e)s, -blöcke> (der PC-Tastatur) цифровая клавиатура f
Nummernkonto nt <-s, -konten> анонимный счёт m
Nummernschild nt <-(e)s, -er> табличка f с номерным знаком, номерной знак m
nun I. adv (jetzt) теперь; **von ~ an** отныне; **was ~?** что теперь?; II. part ну, так.
nur I. adv только, лишь; **nicht ~ ..., sondern auch ne** только, но и; II. part только; **was hat sie ~?** что же с ней?; **warte ~!** подожди-ка!
Nuss f <-, Nüsse> орех m
Nussbaum m <-(e)s, -bäume> орех m грецкий
Nussöl nt <-(e)s, -e> ореховое масло nt
Nüster f <-, -n> ноздря f
Nusstorte f <-, -> ореховый торт m
Nut f <gen: -> жёлоб m
Nutte f <-, -n> (pej) шлюха f, проститутка f
Nutzbarmachung f <-, -en> 1. использование nt, утилизация f (отходов); 2. освоение nt (природных богатств)
nutzen vt использовать impf/pf; **die Gelegenheit ~** воспользоваться возможностью
nützen vi приносить, -нести pf пользу; **wem soll das ~?** кому это нужно?
Nutzen m <gen: -s> 1. польза f; 2. (Vorteil) выгода f; **beiderseitiger ~** взаимная выгода; **~ bringen** приносить пользу; **erwarteter ~** ожидаемая полезность; **der ~ eines Produkts** полезность продукта; **volkswirtschaftlicher ~** народнохозяйственный эффект; **~ aus etw ziehen** извлечь выгоду [о пользу] из чего-л.
Nutzenmaximierung f <gen: ->

Nutzer, -in *m/f* <-s, -> пользователь *m*
Nutzlast *f* <-, -en> 1. полéзный груз *m*; 2. (TECH) полéзная нагрýзка *f*
Nutzleistung *f* <-, -en> (TECH, EL) полéзная [*o* эффектúвная] мóщность *f*
nützlich *adj* (*nutzbringend*) полéзный
Nützlichkeit *f* <*gen:* -> полéзность *f*
Nützlichkeitsdenken *nt* <*gen:* -s> прагматúзм *m*, утилитáрное мышлéние *nt*
nutzlos *adj* бесполéзный
Nutzlosigkeit *f* <*gen:* -> бесполéзность *f*
Nutzpflanze *f* <-, -n> полéзное растéние *nt*
Nutztier *nt* <-(e)s, -e> полéзное живóтное *nt*
Nutzung *f* <-, -en> (*Be- oder Ausnutzung*) испóльзование *nt*; **(un)befristete ~** (бес)срóчное пóльзование; **(un)entgeltliche ~** (бес)плáтное пóльзование; **~ auf Mietbasis** арéндное пóльзование; **~ der Produktivkräfte** испóльзование произвóдственных сил; **~ von Produktionsmitteln** испóльзование срéдств произвóдства; **~ von Rohstoffen** испóльзование сырья
Nutzungsdauer *f* <*gen:* -> срок *m* слýжбы
Nutzungsrecht *nt* <-(e)s, -e> прáво *nt* пóльзования
Nutzwert *m* <-(e)s, -e> полéзность *f*
Nutzwertanalyse *f* <-, -n> анáлиз *m* полéзности
NVA *abk von* **Nationale Volksarmee** *f* ННА (Национáльная нарóдная áрмия *f* ГДР)
Nylon *nt* <*gen:* -s> нейлóн *m*
nymphomanisch *adj* нимфомáнский

O

o, O *nt* <-, -> о, О
ÖAMTC *abk von* **Österreichischer Automobil-, Motorrad- und Touringclub**
Oase *f* <-, -n> оáзис *m*
ob *konj* ли; **als ~** как бýдто; **und ~!** ещё как!
ÖBB *abk von* **Österreichische Bundesbahnen**
Obdach *nt* <*gen:* -(e)s> приют *m*
obdachlos *adj* бездóмный
Obdachlose(r) *mf* <-n, -n> бездóмный, -ная *m/f*
Obduktion *f* <-, -en> вскрытие *nt*
obduzieren *vt* вскрывáть
O-Beine *pl* <*gen:* -> нóги *pl* колесóм
Obelisk *m* <-en, -en> обелúск *m*
oben *adv* наверхý, ввéрху, свéрху; **das Bad ist ~** вáнная нахóдится наверхý; **nach ~** наве́рх; **von ~** свéрху; **von ~ bis unten** свéрху дóнизу; **von ~ herab** (*fig*) свысокá; **~ genannt** вышеупомянутый
obendrein *adv* (*noch dazu*) крóме тогó
Ober *m* <-s, -> официáнт *m*
Oberarm *m* <-(e)s, -e> плечó *nt*
Oberarzt, -ärztin *m/f* <-es, -ärzte> завéдующий, -щая *m/f* отделéнием (в больнúце)
Oberaufsicht *f* глáвный надзóр *m*
Oberbefehl *m* <*gen:* -(e)s> глáвное комáндование *nt*
Oberbefehlshaber, -in *m/f* <-s, -> главнокомáндующий *m*
Oberbegriff *m* <-(e)s, -e> óбщее понятие *nt*
Oberbekleidung *f* <*gen:* -> вéрхняя одéжда *f*
Oberbürgermeister *m* <*gen:* -s> óбер-бургомúстр *m*
obere(r,s) *adj* вéрхняя, -ний, -нее; **die oberen Zehntausend** (*umg*) верхýшка óбщества
oberdeutsch *adj* южнонемéцкий
Oberfeldwebel *m* <-s, -> óбер-фельдфéбель *m*
Oberfläche *f* <-, -n> повéрхность *f*
Oberflächenstruktur *f* <-, -en> (LING) повéрхностная структýра *f*
oberflächlich *adj* (*auch von Person*) повéрхностный
Obergesellschaft *f* <-, -en> (ÖKON) материнская компáния *f*
Obergrenze *f* <-, -n> вéрхний предéл *m*, вéрхная границa *f*
oberhalb I. *adv* повéрх, выше; II. *präp* + *gen* выше (+ *gen*).
Oberhaupt *nt* <-(e)s, -häupter> главá *f*
Oberhaus *nt* <*gen:* -es> вéрхняя палáта *f* (парлáмента)
Oberhaut *f* <*gen:* -> (ANAT) вéрхний слой *m* кóжи, эпидéрмис *m*
Oberhemd *nt* <-(e)s, -en> вéрхняя рубáшка *f*
Oberin *f* <-, -nen> 1. (*im Kloster*) настоя́тельница *f* монастыря; 2. (*im Krankenhaus*) стáршая сестрá *f* (в больнúце)
Oberkiefer *m* <-s, -> вéрхняя чéлюсть *f*
Oberkörper *m* <-s, -> вéрхняя часть *f* тýловища
Oberleitung *f* <-, -en> контáктный прóвод *m*
Oberleitungsomnibus *m* <-ses, -se> троллéйбус *m*
Oberleutnant *m* <-s, -s> стáрший лейтенáнт *m*
Oberlippe *f* <-, -n> вéрхняя губá *f*
Obermaterial *nt* <*gen:* -s> верх *m*, вéрхняя часть *f* óбуви
Oberrhein *m* <*gen:* -s> Вéрхний Рейн *m*
Oberschenkel *m* <-s, -> бедрó *nt*
Oberschenkelhalsbruch *m* <-(e)s, -brüche> перелóм *m* шéйки бéдренной

кости
Oberschenkelknochen *m* <-s, -> (ANAT) бе́дренная кость *f*
Oberschicht *f* <-, -en> (gesellschaftlich) ве́рхний слой *m* (о́бщества)
Oberschwester *f* <-, -n> ста́ршая сестра́ *f*
Oberst *m* <-en, -en> полко́вник *m*
oberste(r,s) *adj* вы́сшая, -ший, -шее
Oberteil *nt* <-(e)s, -e> ве́рхняя часть *f*
Oberton *m* <-(e)s, -töne> (PHYS, MUS) оберто́н *m*
Oberverwaltungsgericht *nt* <-(e)s, -e> верхо́вный административный суд *m*
Oberweite *f* <-, -n> объём *m* груди́
Obhut *f* <gen: -> надзо́р *m*
Objekt *nt* <-s, -e> (auch LING) объе́кт *m*
objektiv *adj* объекти́вный; **eine ~ Darstellung** объекти́вное изложе́ние
Objektiv *nt* <-s, -e> объекти́в *m*
objektivieren *vt* объективи́ровать *impf/pf*, опредме́чивать, опредме́тить *pf*
Objektivität *f* <gen: -> объекти́вность *f*
objektorientiert *adj* (DV) объе́ктно-ориенти́рованный
Objektsatz *m* <-es, -sätze> (LING) прида́точное дополни́тельное предложе́ние *nt*
Objektsteuer *f* <-, -n> реа́льный нало́г *m*
Obligation *f* <-, -en> (Schuldverschreibung) облига́ция *f*; **auf den Inhaber lautende ~** предъяви́тельская облига́ция; **kündbare ~** погаша́емая облига́ция; **staatliche ~** госуда́рственная облига́ция; **unverzinsliche ~** беспроце́нтная облига́ция
obligatorisch *adj* обяза́тельный
Oboe *f* <-, -n> гобо́й *m*
obsessiv *adj* (PSYCH) навя́зчивый
obskur *adj* (seltsam, fragwürdig) подозри́тельный
Obst *nt* <gen: -(e)s> фру́кты *mpl*; **ein Stück ~** фрукт
Obstanbau *m* <gen: -s> плодово́дство *nt*, садово́дство *nt*
Obstbaum *m* <-(e)s, -bäume> плодо́вое де́рево *nt*
Obsternte *f* <-, -n> сбор *m* фру́ктов
Obstgarten *m* <-s, -gärten> фрукто́вый сад *m*
Obsthändler *m* <-s, -> торго́вец *m* фру́ктами, продаве́ц *m* фру́ктов
Obstkuchen *m* <-s, -> фрукто́вый пиро́г *m*
Obstplantage *f* <-, -n> фрукто́вая планта́ция *f*
Obstsaft *m* <-es, -säfte> фрукто́вый сок *m*
Obstsalat *m* <(e)s-, -e> сала́т *m* из фру́ктов
Obstschale *f* <-, -n> ва́за *f* для фру́ктов
Obsttorte *f* <-, -n> фрукто́вый торт *m*
obszön *adj* скабрёзный
Obszönität *f* <-, -en> скабрёзность *f*
obwohl *konj* хотя́, несмотря́ на то что
Ochse *m* <-n, -n> 1. вол *m*; 2. (umg: Dummkopf) болва́н *m*; **wie der ~ vorm Berg stehen** (umg) уста́виться как бара́н на но́вые воро́та
ochsen *vi* (umg) зубри́ть *impf*
Ode *f* <-, -n> о́да *f*
öd(e) *adj* 1. пусты́нный; 2. (umg: langweilig) ску́чный
Öde *f* <gen: -> 1. (Gegend) пусты́нная ме́стность *f*; 2. (Langweiligkeit, Leere) безысхо́дность *f*
Ödem *nt* <-s, -en> (MED) отёк *m*
oder *konj* и́ли; **entweder ... ~ ...** и́ли... и́ли...
Oeuvre *nt* <-s, -s> (geh) тво́рчество *nt*, тво́рческое насле́дие *nt* (худо́жника)
Ofen *m* <-s, Öfen> 1. печь *f*; 2. (umg) пе́чка *f*
Ofenrohr *nt* <-s, -e> печна́я труба́ *f*
offen *adj* 1. (unverschlossen, aufrichtig) откры́тый; **~ gesagt** открове́нно говоря́; **auf ~er See** в откры́том мо́ре 2. (unbeglichen: Rechnung) откры́тый, неопла́ченный; **eine ~e Rechnung begleichen** погаша́ть неопла́ченный счёт 3. (offensichtlich: Fehler, Mangel) очеви́дный, я́вный; **~er Mangel** очеви́дный недоста́ток; **~er Staatsbankrott** я́вное банкро́тство госуда́рства 4. (vakant: Stelle) вака́нтный; **eine ~e Stelle ausschreiben** объявля́ть ко́нкурс на замеще́ние вака́нтной до́лжности; **eine ~e Stelle nachbesetzen** занима́ть вака́нтное ме́сто 5. (frei zugänglich) откры́тый; **~e Handelsgesellschaft** откры́тое торго́вое това́рищество; **ein ~er Markt für neue Anbieter** ры́нок, откры́тый для но́вых оферентов
offenbar I. *adj* очеви́дный; II. *adv* очеви́дно.
offenbaren I. *vt* признава́ться, -зна́ться *pf*; II. *vr* обнару́живаться, -житься *pf*; **sich jdm ~** доверя́ться кому́-л.
Offenbarung *f* <-, -en> (auch REL) открове́ние *nt*
offen bleiben *irr vi* остава́ться, оста́ться *pf* откры́тым
offen halten *irr vt* держа́ть *impf* откры́тым
Offenheit *f* <gen: -> откры́тость *f*
offenherzig *adj* чистосерде́чный
offen lassen *irr vt* оставля́ть, оста́вить *pf* откры́тым
Offenlegung *f* <-, -en> представле́ние *nt* документа́льных да́нных
Offenmarktgeschäfte *pl* <gen: -> (BÖRSE) опера́ции *pl* на откры́том ры́нке
offensichtlich *adj* очеви́дный
offensiv *adj* наступа́тельный

Offensive f <-, -n> наступление nt; **in die ~ gehen** начать наступление

offen stehen vi (Tür, Fenster, Rechnung) быть impf открытым; **jdm steht offen, etw zu tun** иметь возможность выбора: делать или не делать что-л.

öffentlich adj общественный; **die ~e Meinung** общественное мнение; **~es Recht** (JUR) публичное право; **die ~en Verkehrsmittel** общественный транспорт

Öffentlichkeit f <gen: -> 1. (Allgemeinheit) общественность f; **in aller ~** гласно 2. (Zugänglichkeit) публичность f, гласность f

Öffentlichkeitsarbeit f <gen: -> 1. информирование nt широкой общественности, работа f с общественностью 2. рекламно-информационная деятельность f

offerieren vt оферировать

Offerte f <-, -n> (Angebot) предложение nt, оферта f

offiziell adj официальный

Offizier m <-s, -e> офицер m

Offizierslaufbahn f <-, -en> офицерская карьера f

offline adj (DV) óф-лайн

Off-line-Betrieb m <gen: -s> (DV) режим m работы óф-лайн

öffnen I. vt открывать, -крыть pf; **sie öffnete ihm die Tür** она открыла ему дверь; II. vr открываться, -крыться pf

Öffnung f <-, -en> 1. (das Öffnen) открытие nt; 2. (offene Stelle) отверстие nt

Öffnungszeit f <-, -en> часы mpl работы

Off-Shore-Zentrum nt <-s, -zentren> офшорный центр m

oft adv часто

öfter adj частый

öfters adv часто

ÖGB abk von *Österreichischer Gewerkschaftsbund*

ohne I. präp +akk без (+ gen); **~ weiteres** сразу; II. konj без того, чтобы; **~ zu klopfen trat sie ein** она вошла не постучав; **er ging, ~ dass sie es bemerkte** он ушёл незаметно для неё.

ohnehin adv и без того

Ohnmacht f <-, -en> обморок m; **in ~ fallen** упасть в обморок

ohnmächtig adj без сознания

Ohr nt <-(e)s, -en> ухо nt; **jdn übers ~ hauen** (umg) надуть кого-л.; **sich etw hinter die ~en schreiben** (umg) намотать себе что-л. на ус

Ohrenarzt, -ärztin m/f <-es, -ärzte> ушник m (о враче)

Ohrenschützer m <-s, -> наушник m

Ohrentropfen pl <gen: -> ушные капли pl

Ohrfeige f <-, -n> пощёчина f; **jdm eine ~ geben** дать кому-л. пощёчину

Ohrläppchen nt <-s, -> ушная мочка f

Ohrring m <-(e)s, -e> серьга f

o.k. siehe *okay*

okay I. adj: **~ sein** быть в (полном) порядке; **sie ist ~** с ней всё в порядке; II. adv окей, хорошо, ладно; **~, ich komme gleich** окей, я сейчас приду.

Okkultismus m <gen: -> оккультизм m

Okkupation f <-, -en> оккупация f

okkupieren vt оккупировать

Ökobauer m <-n, -n> крестьянин, производящий экологически чистые продукты питания

Öko-Gütesiegel nt <-s, -> знак качества на продуктах питания, удостоверяющий их экологически чистое происхождение

Ökologe, -login m/f <-n, -n> эколог m

Ökologie f <gen: -> экология f

Ökologiebewegung f <gen: -> экологическое движение nt

ökologisch adj экологический; **das ~e Gleichgewicht** экологическое равновесие

Ökonometrie f <gen: -> эконометрия f, эконометрика f

Ökonomie f <-, -n> 1. (Wirtschaft) экономика f; 2. (Sparsamkeit) экономия f

ökonomisch adj 1. (wirtschaftlich) экономический; 2. (sparsam: Motor, Verfahren) экономичный; 3. (sparsam: Mensch, Haushalt) экономный

Ökopartei f <-, -en> экологическая партия f

Öko-Siegel nt <-s, -> экологический знак m качества

Öko-Steuer f <-, -n> налог на материалы и энергоносители, загрязняющие окружающую среду

Ökosystem nt <-s, -e> экосистема f

Ökotrophologe, -login m/f <-n, -n> диетолог m

Oktanzahl f <-, -en> октановое число nt

Oktave f <-, -n> октава f

Oktober m <-(s), -> октябрь m

Oktoberrevolution f <gen: -> Октябрьская революция f

ökumenisch adj экуменический

Öl nt <-(e)s, -e> 1. (Speiseöl) растительное масло nt; 2. (Heizöl) мазут m; 3. (Erdöl) нефть f; **nach ~ bohren** бурить в поисках нефти

Ölabscheider m <-s, -> маслоотделитель m

Öldruck m давление m масла

Oldtimer m <-s, -> автоветеран m

Ölfilter m <-s, -> (KFZ) масляный фильтр m

ölen vt смазывать, -зать pf маслом

Ölexporteur m <-s, -e> экспортёр m

нефти
Ölfarbe *f* <-, -n> масляная краска *f*
Ölfeld *nt* <-(e)s, -er> нефтяное месторождение *nt*
Ölfilm *m* <-s, -e> нефтяная плёнка *f* (на воде, земле)
Ölfleck *m* <-s, -e> нефтяное пятно *nt*
Ölförderland *nt* <-(e)s, -länder> нефтедобывающая страна *f*
Ölförderung *f* <gen: -> нефтедобывающая страна *f*
Ölgesellschaft *f* <-, -en> нефтяная компания *f*
Ölgewinnung *f* <gen: -> добыча *f* нефти
Ölhafen *m* <-s, -häfen> нефтяной порт *m*
ölhaltig *adj* маслосодержащий
Ölheizung *f* <-, -en> мазутное отопление *nt*
ölig *adj* 1. масляный; 2. (*salbungsvoll, glatt*) елейный
Oligarchie *f* <gen: -> олигархия *f*
Olive *f* <-, -n> маслина *f*
Olivenbaum *m* <-(e)s, -bäume> маслина *f*
olivgrün *adj* оливковый
Öljacke *f* <-, -n> непромокаемая куртка *f* (у моряков, рыбаков)
Ölkanister *m* <-s, -> канистра *f* для масла
Ölkanne *f* <-, -n> ручная маслёнка *f*
Ölkonzern *m* <-s, -e> нефтяной концерн *m*
Öllache *f* <-, -n> нефтяная лужа *f*
Öllager *nt* <-s, -> нефтехранилище *nt*
Ölleitung *f* <-, -en> нефтепровод *m*
Ölmalerei *f* <gen: -> живопись *f* маслом
Ölpest *f* <gen: -> загрязнение *nt* нефтью
Ölpresse *f* <-, -n> маслоэкстракционный пресс *m*
Ölpumpe *f* <-, -n> масляный насос *m*
Ölquelle *f* <-, -n> нефтяной источник *m*
Ölraffinerie *f* <-, -en> нефтеперегонный завод *m*
Ölsardinen *pl* <gen: -> сардины *pl* в масле
Ölschiefer *m* <gen: -s> горючий сланец *m*
Ölstand *m* <-(e)s, -stände> (KFZ) уровень *m* масла; den ~ messen измерить уровень масла
Ölstandsmesser *m* <-s, -> прибор *m* для измерения уровня масла (в автомобиле)
Öltanker *m* <-s, -> нефтяной танкер *m*
Ölverbrauch *m* <gen: -(e)s> расход *m* масла
Ölverlust *m* <gen: -(e)s> утечка *f* масла
Ölversorgung *f* <gen: -> нефтеснабжение *nt*
Ölvorkommen *nt* <-s, -> нефтяное месторождение *nt*
Ölvorrat *m* <-(e)s, -vorräte> запас *m* масла

Ölwechsel *m* <-s, -> смена *f* масла
Olympiade *f* <-, -n> олимпиада *f*
Olympiamannschaft *f* <-, -en> олимпийская сборная *f*
Olympiasieger, -in *m/f* <-s, -> олимпийский чемпион, олимпийская чемпионка *m/f*
olympisch *adj* олимпийский; die Olympischen Spiele Олимпийские игры
Oma *f* <-, -s> 1. (*umg: Großmutter*) бабушка *f*; 2. (*umg: ältere Frau*) бабуля *f*
Omelett *nt* <-(e)s, -e/-s> омлет *m*
Omen *nt* <-s, -> (*geh*) предзнаменование *nt*
Omnibus *m* <-ses, -se> автобус *m*; mit dem ~ fahren ехать на автобусе
Omnibusbahnhof *m* <-(e)s, -bahnhöfe> автобусный вокзал *m*, автовокзал *m*
Omnibusbefragung *f* <-, -en> (*Marktforschung*) сквозной опрос *m*
Omnibushaltestelle *f* <-, -n> автобусная станция *f*
Omnibuslinie *f* <-, -n> автобусный маршрут *m*
Omnibusverkehr *m* <gen: -s> автобусное движение *nt*
Onanie *f* <gen: -> мастурбация *f*, онанизм *m*
onanieren *vi* мастурбировать *impf*
Onkel *m* <-s, -> дядя *m*
onkelhaft *adv* отеческий
online *adj* (DV) он-лайн
Online-Betrieb *m* <gen: -s> (DV) режим *m* работы он-лайн
Onlinebuchhandlung *f* <-, -en> бухгалтерия *f* он-лайн
Onlinedatenbankdienst *m* <-(e)s, -e> информационная служба *m* он-лайн
Onlinedienst *m* <-(e)s, -e> служба *f* он-лайн
Onyx *m* оникс *m*
OP *abk von* **Operationssaal**
Opa *m* <-s, -s> 1. (*umg: Großvater*) дедушка *m*; 2. (*umg: älterer Mann*) дедушка *m*
opak *adj* 1. полупрозрачный, просвечивающийся; 2. непрозрачный
OPEC *akr von* **Organization of the Petroleum Exporting Countries** *f* ОПЕК *m* (Организация *f* стран-экспортёров нефти)
Oper *f* <-, -n> 1. (MUS) опера *f*; 2. (*Gebäude*) оперный театр *m*; in die ~ gehen пойти в оперу
Operation *f* <-, -en> операция *f*
Operationssaal *m* <-(e)s, -säle> операционный зал *m*
Operationstisch *m* <-es, -e> операционный стол *m*
operativ *adj* оперативный
Operette *f* <-, -n> оперетта *f*
operieren I. *vt* (MED) оперировать, про- *pf*; sich ~ lassen оперироваться; II. *vi*

оперировать *impf*; **mit etw ~** оперировать чем-л.
Opernball *m* <-(e)s, -bälle> бал *m* в оперном театре
Opernführer *m* <-s, -> справочник *m* -путеводитель *m* по оперным произведениям
Opernglas *nt* <-es, -gläser> театральный бинокль *m*
Opernhaus *nt* <-es, -häuser> оперный театр *m*
Opernsänger, -in *m/f* <-s, -> оперный певец *m*, оперная певица *f*
Opfer *nt* <-s, -> жертва *f*; **(für etw/jdn) ein ~ bringen** пожертвовать чем-л. (для чего-л./кого-л.); **jdm/etw zum ~ fallen** стать жертвой кого-л./чего-л.
opfern I. *vt* жертвовать, по- *pf* (+ *inst*); II. *vr* (*sich auf~*) жертвовать, по- *pf* собой
Opinion Leader *m* <gen: -s> лидер *m* общественного мнения
Opium *nt* <gen: -s> опиум *m*
Opossum *nt* <-s, -s> (ZOOL) опоссум *m*
opponieren *vi* оппонировать
Opportunismus *m* <gen: -> оппортунизм *m*
Opportunist, -in *m/f* <-en, -en> оппортунист, -ка *m/f*
Opposition *f* <-, -en> оппозиция *f*; **in ~ zu etw stehen** находиться в оппозиции к чему-л.
oppositionell *adj* оппозиционный
Oppositionspartei *f* <-, -en> оппозиционная партия *f*
OP-Schwester *f* <-, -n> медицинская сестра *f* операционной
Optik *f* <gen: -> оптика *f*
Optiker, -in *m/f* <-s, -> оптик *m*
optimal *adj* оптимальный
Optimalkapazität *f* <-, -en> оптимальная мощность *f*
optimieren *vt* оптимизировать *impf/pf*; **den Arbeitsprozess ~** оптимизировать рабочий процесс
Optimierung *f* <-, -en> оптимизация *f*
Optimierungsverfahren *nt* <-s, -> метод *m* оптимизации
Optimismus *m* <gen: -> оптимизм *m*
Optimist, -in *m/f* <-en, -en> оптимист, -ка *m/f*
optimistisch *adj* оптимистический
Optimum *nt* <-s, Optima> оптимум *m*
Option *f* <-, -en> 1. опция *f*; 2. (BÖRSE) опцион *m*
Optionsanleihe *f* <-, -n> (BÖRSE) опционированная облигация *f*
Optionsgeschäft *nt* <-(e)s, -e> (BÖRSE) сделка *f* с опционом
Optionsschein *m* <-(e)s, -e> (BÖRSE) варрант *m*, опцион *m*
optisch *adj* оптический; **eine ~e Täuschung** оптический обман

orange *adj* оранжевый
Orange *f* <-, -en> апельсин *m*
orangefarben *adj* оранжевый
Orangenbaum *m* <-(e)s, -bäume> апельсиновое дерево *nt*
Orangenblüte *f* <gen: -> 1. апельсиновый цвет *m* (цветки); 2. период *m* цветения апельсиновых деревьев
Orangenhaut *f* <gen: -> кожа *m*, напоминающая апельсиновую корку
Orangenmarmelade *f* <gen: -> апельсиновый джем *m*
Orangensaft *m* <gen: -(e)s> апельсиновый сок *m*
Orangenschale *f* <-, -n> апельсиновая кожура *f*, апельсиновая корка *f*
Orang-Utan *m* <-s, -s> орангутанг *m*
Oratorium *nt* <-s, Oratorien> оратория *f*
Orchester *nt* <-s, -> оркестр *m*
Orchesterbegleitung *f* <gen: -> оркестровое сопровождение *nt*
Orchestergraben *m* <gen: -s> оркестровая яма *f*
Orchestermusik *f* <gen: -> оркестровая музыка *f*
orchestrieren *vt* оркестровать
Orchidee *f* <-, -n> орхидея *f*
Orden *m* <-s, -> (*Auszeichnung, Ordensgemeinschaft*) орден *m*; **jdm für etw einen ~ verleihen** наградить кого-л. за что-л. орденом
Ordensgeistliche(r) *m* <-n, -n> священник *m* - член *m* монашеского ордена
Ordensträger *m* <-s, -> орденоносец *m*, кавалер *m* ордена
ordentlich *adj* 1. аккуратный; 2. (*anständig*) приличный; 3. (*umg: gehörig, tüchtig*) здоровый, приличный
Order *f* <-, -n> 1. (*dienstliche Anweisung*) ордер *m*, поручение *nt*, распоряжение *nt*; **eine ~ erteilen** отдавать распоряжение 2. (*Bestellung*) заказ *m*; **eine ~ telefonisch durchgeben** делать заказ по телефону
ordern *vt* 1. (*veranlassen*) поручать, -ить *pf*, распоряжаться, -порядиться *pf*; **eine Bestellung ~** распоряжаться о заказе 2. (*bestellen*) заказывать, -казать *pf*
Ordervolumen *nt* <-s, -volumina> объём *m* заказа
Ordinalzahl *f* <-, -en> порядковое числительное *nt*
ordinär *adj* (*gewöhnlich*) обычный
Ordinarius *m* <-, Ordinarien> ординарный профессор *m*
ordnen *vt* 1. располагать, -ложить *pf*; 2. (*regeln*) приводить, -вести *pf* в порядок
Ordner *m* <-s, -> 1. (*Aufpasser*) распорядитель *m*; 2. (*Aktenordner*) скоросшиватель *m*; 3. (DV) директория

f
Ordnung *f* <-, -en> 1. поря́док *m*; 2. (*das Ordnen*) упоря́дочение *nt*; 3. (*Regelung*) урегули́рование *nt*; 4. (*Rang, auch BIO*) строй *m*; ~ **halten** соблюда́ть поря́док; **jdn zur ~ rufen** призва́ть кого́-л. к поря́дку; **der ~ halber** ра́ди поря́дка; **in ~ sein** (*umg*) быть в поря́дке; **etw in ~ bringen** (*umg*) привести́ что-л. в поря́док
Ordnungsliebe *f* <*gen:* -> любо́вь *f* к поря́дку
Ordnungsstrafe *f* <-, -n> дисциплина́рное взыска́ние *nt*
Oregano *nt* <*gen:* -s> припра́ва *f* из сухи́х ли́стьев души́цы [*о* майора́на]
Organ *nt* <-s, -e> 1. (ANAT, Behörde, Stelle, Zeitung) о́рган *m*; **ausführendes ~ beratendes ~** исполни́тельный о́рган; **beratendes ~** совеща́тельный о́рган; **gesetzgebendes ~** законода́тельный о́рган; **staatliches ~** о́рган госуда́рственной вла́сти 2. (*umg: Stimme*) го́лос *m*; **sie hat ein lautes ~** у неё гро́мкий го́лос
Organbank *f* <-, -en> ме́сто *nt* хране́ния и вы́дачи о́рганов для транспланта́ции
Organentnahme *f* <-, -n> (операти́вное) удале́ние *nt* о́ргана
Organhandel *m* <*gen:* -s> торго́вля *f* челове́ческими о́рганами
Organigramm *nt* <-(e)s, -e> органигра́мма *f*, схе́ма *f* оргструкту́ры
Organisation *f* <-, -en> 1. (*das Organisieren*) организа́ция *f*, организацио́нная рабо́та *f*; **die ~ des Marketings nach geografischen Kriterien** организа́ция ма́ркетинга по географи́ческому при́знаку; **die ~ einer Veranstaltung** организа́ция мероприя́тия; **für die ~ verantwortlich sein** отвеча́ть за организа́цию 2. (*Aufbau*) организа́ция *f*, структу́ра *f*; **die ~ der Finanzen** структу́ра фина́нсов; **die ~ eines Unternehmens** (организацио́нная) структу́ра предприя́тия 3. (*Vereinigung*) организа́ция *f*, учрежде́ние *nt*; **eine ~ aufbauen** создава́ть организа́цию; **internationale ~** междунаро́дная организа́ция; **karitative ~** благотвори́тельная организа́ция
Organisationseinheit *f* <-, -en> организацио́нная едини́ца *f*
Organisationsentwicklung *f* <*gen:* -> страте́гия *f* организацио́нного разви́тия
Organisationskomitee *nt* <-s, -s> организацио́нный комите́т *m*
Organisationskultur *f* <*gen:* -> организацио́нная культу́ра *f*
Organisationsstruktur *f* <-, -en> организацио́нная структу́ра *f*
Organisationstalent *nt* <*gen:* -(e)s> организа́торский тала́нт *m*
Organisator, -in *m/f* <-s, -en> организа́тор *m*
organisatorisch *adj* 1. (*die Organisation betreffend*) организацио́нный; **~e Umstellung** организацио́нная перестро́йка 2. (*das Organisieren betreffend*) организа́торский; **~es Talent** организа́торский тала́нт
organisch *adj* органи́ческий
organisieren I. *vt* организова́ть *impf/pf*; **einen Streik ~** организова́ть забасто́вку; II. *vr* организова́ться *impf/pf*; **das organisierte Verbrechen** организо́ванная престу́пность
Organismus *m* <-, -men> органи́зм *m*
Organist, -in *m/f* <-en, -en> органи́ст, -ка *m/f*
Organspende *f* <-, -n> до́норство *nt*
Organspender, -in *m/f* <-s, -> до́нор *m*
Organtransplantation *f* <-, -en> транспланта́ция *f* о́ргана
Orgasmus *m* <-, -men> орга́зм *m*
Orgel *f* <-, -n> орга́н *m*
Orgelkonzert *nt* <-(e)s, -e> орга́нный конце́рт *m*
Orgelmusik *f* <*gen:* -> орга́нная му́зыка *f*
Orgelspieler, -in *m/f* <-s, -> органи́ст *m*
Orgie *f* <-, -n> о́ргия *f*, попо́йка *f*; **~n feiern** устра́ивать о́ргии
Orient *m* <*gen:* -s> Восто́к *m*
orientalisch I. *adj* восто́чный; II. *adv* по-восто́чному.
Orientalistik *f* <*gen:* -> востокове́дение *nt*
orientieren I. *vr* ориенти́роваться, с- *pf* (**an** +*akk* на +*gen*); II. *vt*: **jdn über etw ~** проинформи́ровать кого́-л. о чём-л.
Orientierung *f* <*gen:* -> ориенти́рование *nt*, ориентиро́вка *f*; **die ~ verlieren** потеря́ть ориентиро́вку
Orientierungshilfe *f* <-, -n> ориенти́р *m*
original *adj* оригина́льный
Original *nt* <-s, -e> 1. оригина́л *m*; 2. (*umg: origineller Mensch*) чуда́к *m*, оригина́л *m*; **Homer im ~ lesen** чита́ть Гоме́ра в оригина́ле
Originalfassung *f* <-, -en> (*von literarischem Werk*) первонача́льный текст *m*
Originalität *f* <*gen:* -> 1. оригина́льность *f*; 2. (*Echtheit*) по́длинность
Originalpackung *f* <-, -en> фи́рменная [*о* фабри́чная] упако́вка *f*
Originalrechnung *f* <-, -en> оригина́л *m* счёта
Originalverpackung *f* <-, -en> фи́рменная [*о* фабри́чная] упако́вка *f*
originell *adj* оригина́льный
Orkan *m* <-(e)s, -e> урага́н *m*
orkanartig *adj* урага́нный
Ornament *nt* <-(e)s, -e> орна́мент *m*
Ornithologe, -login *m/f* <-n, -n>

орнито́лог *m*
Ornithologie *f* <gen: -> орнитоло́гия *f*
Ort *m* <-(e)s, e> 1. ме́сто *nt*; 2. (~schaft) населённый пункт *m*; **an- und Stelle** на ме́сте
orten *vt* обнару́живать, -жить *pf*
orthodox I. *adj* 1. (strenggläubig) ортодокса́льный; 2. (griechisch-orthodox) правосла́вный; II. *adv* 1. (strenggläubig) ортодокса́льно; 2. (griechisch-orthodox) по-правосла́вному.
Orthographie, Orthografie *f* <gen: -> орфогра́фия *f*
orthographisch, orthografisch *adj* орфографи́ческий
Orthopäde *m* <-n, -n> ортопе́д *m*
Orthopädie *f* <gen: -> ортопеди́я *f*
Orthopädin *f* <-, -nen> ортопе́д *m*
orthopädisch *adj* ортопеди́ческий
örtlich *adj* ме́стный; **~e Betäubung** (MED) ме́стная анастезия
Ortsausgang *m* <gen: -s> вы́езд *m* из населённого пункта
Ortsbeirat *m* <-(e)s, -beiräte> ме́стный сове́т *m*, ме́стная коми́ссия *f*
Ortsbesichtigung *f* <-, -en> осмо́тр ме́стности *m*, экску́рсия *f* по населённому пункту
Ortsbestimmung *f* <-, -en> определе́ние *nt* местонахожде́ния [*o* координа́т]
Ortschaft *f* <-, -en> посёлок *m*, населённый пункт *m*
Ortseingang *m* <gen: -s> въезд *m* в населённый пункт
ortsfremd *adj* прие́зжий
Ortsgespräch *nt* <-(e)s, -e> (TELKOM) (телефо́нный) разгово́р *m* в преде́лах населённого пункта
Ortsnetz *nt* <-es, -e> (TELKOM) ме́стная телефо́нная сеть *f*
Ortsteil *m* <-(e)s, -e> райо́н *m* (го́рода, населённого пункта)
Ortsverein *m* <-(e)s, -e> ме́стное объедине́ние *nt*
Ortsvorsteher, -in *m/f* <-s, -> ме́стный нача́льник *m*, глава́ *m/f* ме́стной администра́ции
Ortswechsel *m* <gen: -s> переме́на *f* ме́ста
Ortszeit *f* <-, -en> ме́стное вре́мя *nt*; **um 6 Uhr ~** в шесть часо́в по ме́стному вре́мени
Ortszuschlag *m* <-(e)s, -zuschläge> ме́стная надба́вка *f* (к за́работной пла́те)
O-Saft *siehe* **Orangensaft**
Öse *f* <-, -n> ушко́ *nt*
Ostblock *m* <gen: -(e)s> стра́ны *fpl* Восто́чного бло́ка
Ostblockstaat *m* <-(e)s, -en> госуда́рство *nt* Восто́чного бло́ка
ostdeutsch *adj* восточногерма́нский
Ostdeutschland *nt* <gen: -s> Восто́чная Герма́ния *f*
Osten *m* <gen: -s> восто́к *m*; **nach/von ~** на восто́к/с восто́ка; **der Ferne ~** Да́льний Восто́к; **der Nahe ~** Бли́жний Восто́к
ostentativ *adj* демонстрати́вный
Osterei *nt* <-(e)s, -er> пасха́льное яйцо́ *nt*
Ostermarsch *m* <-es, -märsche> пасха́льный похо́д проти́вников а́томного вооруже́ния
Ostermontag *m* <-(e)s, -e> второ́й день *m* Па́схи
Ostern *nt* <-, -> Па́сха *f*; **zu ~** на Па́сху
Österreich *nt* <gen: -s> А́встрия *f*
Österreicher, -in *m/f* <-s, -> австри́ец, -ри́йка *m/f*
österreichisch I. *adj* австри́йский; II. *adv* по-австри́йски.
Ostersonntag *m* <-s, -e> пе́рвый день *m* Па́схи
Osterweiterung *f* <gen: -> (der NATO) расшире́ние *m* НАТО на восто́к
Osteuropa *nt* <gen: -s> Восто́чная Евро́па *f*
osteuropäisch *adj* восточноевропе́йский
Ostfriese, Ostfriesin *m/f* <-n, -n> жи́тель *m* Восто́чной Фрисла́ндии
ostfriesisch *adj* восточнофри́зский
Ostfriesland *nt* <gen: -s> Восто́чная Фрисла́ндия *f*
Ostgeschäft *nt* <gen: -(e)s> торго́вые сде́лки *pl* с восточноевропе́йскими партнёрами
Osthandel *m* <gen: -s> торго́вля с восточноевропе́йскими стра́нами *m*
östlich I. *adj* восто́чный; **~ von** к восто́ку от; II. *präp* +gen восто́чнее (+ *gen*), на восто́ке от (+ *gen*).
oströmisch *adj* (HIST) восточнори́мский
Ostsee *f* <gen: -> Балти́йское мо́ре *nt*
Ostseite *f* <gen: -> восто́чная сторона́ *f*
ostslawisch *adj* восточнославя́нский
Ostteil *m* <gen: -(e)s> восто́чная часть *f*
ostwärts *adv* на восто́к
Ost-West-Beziehungen *pl* <gen: -> отноше́ния *pl* ме́жду Восто́ком и За́падом
Ost-West-Handel *m* <gen: -s> торго́вля *f* ме́жду Восто́ком и За́падом
Ostwind *m* <gen: -(e)s> восто́чный ве́тер *m*
Oszillograph, Oszillograf *m* <-s, -en> осцилло́граф *m*
oszillieren *vi* колеба́ться
Otter[1] *m* <-s, -> (Fisch~) вы́дра *f*
Otter[2] *f* <-, -n> (Schlange) гадю́ка *f*
outen *vr* 1. публи́чно заяви́ть *pf* о в свои́х гомосексуа́льных скло́нностях; 2. (*fig*) признава́ться, призна́ться *pf* в чём-л.
Output *m* <-s, -s> 1. вы́пуск *m*; 2. (DV) вы́ход *m*; **~ von Daten** вы́ход да́нных

Outsider *m* <-s, -> аутса́йдер *m*
Outsourcing *nt* <gen:-> переда́ча второстепе́нных фу́нкций фи́рмы специализи́рованным предприя́тиям обслу́живания
Ouvertüre *f* <-, -n> увертю́ра *f*
oval *adj* ова́льный
Ovation *f* <-, -en> (*meist pl*) ова́ция *f*
Overall *m* <-s, -s> комбинезо́н *m*
Overhead-Projektor *m* <-s, -en> прое́ктор *m*
Oxid *nt* <-(e)s, -e> окси́д *m*, о́кись *f*
oxidieren *vi* окисля́ться, оки́слиться *pf*
Oxyd *nt* <-s, -e> окси́д *m*, о́кись *f*
Ozean *m* <-s, -e> океа́н *m*
Ozeanien *nt* <gen:-s> Океа́ния *f*
ozeanisch *adj* океа́нский
Ozon *nt* <gen:-s> озо́н *m*
Ozonloch *nt* <gen:-(e)s> озо́новая дыра́ *f*
Ozonschicht *f* <gen:-> озо́новый слой *m*

P

p, P *nt* <-, -> п, П
paar *adj* не́сколько; **warte noch ~ Minuten** подожди́ ещё па́ру мину́т; **ein ~** не́сколько
Paar *nt* <-(e)s, -e> па́ра *f*; **ein ~ Schuhe** па́ра боти́нок
paaren I. *vt* (*Tiere*) спа́ривать, -рить *pf*; II. *vr* (*Tiere*) спа́риваться, -риться *pf* (*mit +dat* с *+inst*)
Paarhufer *m* <-s, -> (ZOOL) парноко́пытные *ntpl*
Paarlaufen *nt* <gen:-s> (SPORT) па́рное фигу́рное ката́ние *nt*
Paarung *f* <-, -en> (*von Tieren*) спа́ривание *nt*
paarweise *adv* па́рами
Pacht *f* <gen:-> 1. (*Pachtverhältnis*) аре́нда *f*; 2. (*Pachtsumme*) аре́ндная пла́та *f*; **etw in ~ nehmen** брать что-л. в аре́нду; **~ zahlen** плати́ть за аре́нду
pachten *vt* арендова́ть *impf/pf*
Pächter, -in *m/f* <-s, -> аренда́тор *m*
Pachtung *f* <gen:-> взя́тие *nt* в аре́нду
Pachtvertrag *m* <-(e)s, -verträge> аре́ндный догово́р *m*
Pack *m* <gen:-(e)s> (*umg: pej: Gesindel*) шпана́ *f*, сброд *m*
Päckchen *nt* <-s, -> 1. (*Postsendung*) бандеро́ль *f*; 2. (*von Zigaretten*) па́чка *f*
Packeis *nt* <gen:-es> па́ковый лёд *m*
packeln *vi* (*österr: heimlich paktieren*) та́йно догова́риваться, -вори́ться *pf*
packen I. *vt* 1. (*greifen, fassen*) хвата́ть, схвати́ть *pf*; **jdn am Kragen ~ schvatít'** кого́-л. за ши́ворот 2. (*Koffer, Gepäck*) пакова́ть, у- *pf*, упако́вывать *impf*; II. *vr*: **pack dich!** (*umg: geh fort!*) прова́ливай!
packend *adj* захва́тывающий, увлека́тельный
Packliste *f* <-, -n> упако́вочный лист *m*
Packpapier *nt* <-s, -e> упако́вочная бума́га *f*
Packung *f* <-, -en> 1. упако́вка *f*; 2. (MED) обёртывание *nt*
Packwagen *m* <-s, -> бага́жный ваго́н *m*
Pädagoge *m* <-n, -n> педаго́г *m*
Pädagogik *f* <gen:-> педаго́гика *f*
Pädagogin *f* <-, -nen> педаго́г *m*
pädagogisch *adj* педагоги́ческий
Paddel *nt* <-s, -> байда́рочное весло́ *nt*
Paddelboot *nt* <-(e)s, -e> байда́рка *f*
paddeln *vi* грести́ *impf*
Päderast *m* <-en, -en> педера́ст *m*
Pädiatrie *f* <gen:-> педиатри́я *f*
Paella *f* <-, -s> паэ́лья *f* (испа́нское блю́до)
paffen *vt* (*umg*) дыми́ть *impf*
Page *m* <-n, -n> (*in Hotel*) посы́льный *m*
Pager *m* <-s, -> (TELKOM) пе́йджер *m*
Paginierung *f* <-, -en> нумера́ция *f* страни́ц
Pagode *f* <-, -n> па́года *f*
Paillette *f* <-, -n> мишура́ *f*
Paket *nt* <-(e)s, -e> 1. (*Postsendung*) посы́лка *f*; 2. (*fig*) паке́т *m*
Pakethandel *m* <gen:-s> (BÖRSE) торго́вля *f* паке́тами а́кций
Paketzustellung *f* <gen:-> доста́вка *f* посы́лок на дом
Pakistan *nt* <gen:-s> Пакиста́н *m*
pakistanisch *adj* пакиста́нский
Pakt *m* <-(e)s, -e> пакт *m*; (**mit jdm**) **einen ~ schließen** заключи́ть пакт (с кем-л.)
Paläozoikum *nt* <gen:-s> палеозо́й *m*
Palast *m* <-(e)s, Paläste> дворе́ц *m*
Palästina *nt* <gen:-s> Палести́на *f*
Palästinenser, -in *m/f* <-s, -> палести́нец, -нка *m/f*
palästinensisch *adj* палести́нский
palatal *adj* палата́льный
Palette *f* <-, -n> 1. (*für Farben*) пали́тра *f*; 2. (*Ladepalette*) поддо́н *m*; 3. (*Angebotsspektrum*) ассортиме́нт *m*, пали́тра *f*
palettieren *vt* укла́дывать, уложи́ть *pf* на поддо́ны
Palme *f* <-, -n> па́льма *f*; **etw bringt jdn auf die ~** (*umg*) вы́вести кого́-л. из себя́
Palmenhain *m* <-(e)s, -e> па́льмовая ро́ща *f*
Palmenwedel *m* <-s, -> па́льмовое опаха́ло *nt*
Palmenzweig *m* <-(e)s, -e> ветвь *f* па́льмы, па́льмовая ветвь *f*
Palmöl *nt* <gen:-(e)s> па́льмовое ма́сло *nt*
Palmsonntag *m* <gen:-s> (REL) ве́рбное воскресе́нье *nt*
Pampelmuse *f* <-, -n> грейпфру́т *m*

Panama nt Панама f (государство и столица)
Panamaer, -in m/f <-s, -> панамец m
Panamahut m <-(e)s, -hüte> панама f
panamaisch adj панамский
Panel nt <-s, -s> (Marktforschung) панель f
Panelstudie f <-, -n> панельное исследование nt
panieren vt панировать impf/pf
Panik f <gen: -> паника f; **in ~ geraten** впасть в панику; **nur keine ~!** только без паники!
panikartig adj панический
Panikkauf m <-(e)s, -käufe> панические закупки pl
Panikmache f <gen: -> паникёрство nt
Panikstimmung f <-, -en> паническое настроение nt
panisch adj панический
Panne f <-, -n> 1. (technischer Schaden) неисправность f; 2. (für eine größere Panne auch) авария f; **sie hatte unterwegs eine ~** у неё по пути сломалась машина
Pannendienst m <gen: -(e)s> аварийная служба f
Panorama nt <-s, Panoramen> панорама f
Panoramascheibe f <-, -n> панорамное стекло nt
Panther, Panter m <-s, -> пантера f
Pantoffel m <-s, -n> тапок m; **unter dem ~ stehen** (umg) быть под башмаком у кого-л.
Pantomime f <-, -n> пантомима f
Panzer m <-s, -> 1. (von Tieren) панцирь m; 2. (MIL) танк m
Panzerabwehr- adj противотанковый
Panzerfaust f <-, -fäuste> фаустпатрон m, ручной противотанковый гранатомёт m
Panzerglas nt <gen: -es> пуленепробиваемое стекло nt
Panzergranate f <-, -n> 1. бронебойный снаряд m; 2. противотанковая граната f
Panzerkreuzer m <-s, -> тяжёлый [o бронированный] крейсер m
Panzerschrank m <-(e)s, -schränke> несгораемый шкаф m, сейф m
Panzersperre f <-, -n> противотанковое заграждение nt
Panzerwagen m <-s, -> бронемашина f, броневик m
Papa m <-s, -s> (umg) папа m
Papagei m <-en/-s, -en> попугай m
Papageienkrankheit f <gen: -> (MED) пситтакоз m
Paperback nt <-s, -s> книга f в мягком (бумажном) переплёте
Papier nt <-s, -e> 1. бумага f; 2. (Schriftstück) документ m; 3. (Wertpapier) ценная бумага f; **~e** (Ausweisdokumente) документы; **ein Blatt ~** лист бумаги

Papiereinzug m <gen: -(e)s> втяжка f бумаги
papieren adj 1. бумажный; 2. (fig) казённый, канцелярский
Papierfabrik f <-, -en> бумажная фабрика f
Papierformat nt <-(e)s, -e> формат m бумажных листов
Papiergeld nt <gen: -es> бумажные деньги pl
Papierhandtuch nt <-(e)s, -tücher> бумажное полотенце nt
Papierkorb m <-(e)s, -körbe> 1. корзина f для бумаг; 2. (DV) корзина f
Papierkrieg m <-(e)s, -e> (umg) бумажная волокита f
Papierschnitzel nt <-s, -> бумажные обрезки pl
Papierstau m <-(e)s, -s> зажим m бумаги (в принтере)
Papiertaschentuch nt <-(e)s, -tücher> бумажный носовой платок m
Papiertüte f <-, -n> бумажный пакет m
Papiervorschub m <gen: -s> 1. продвижение nt бумаги (в принтере); 2. подающий механизм m (в принтере)
Papierwaren pl <gen: -> бумажные изделия pl
Pappbecher m <-s, -> бумажный стакан m
Pappe f <-, -n> картон m
Pappeinband m <-(e)s, -einbände> картонный переплёт m
Pappel f <-, -n> тополь m
Pappnase f <-, -n> картонный нос m
Pappteller m <-s, -> картонная тарелка f
Paprika f <-, -s> 1. (Frucht) перец m; 2. (Gewürz) красный молотый перец m
Papst m <-(e)s, Päpste> папа римский m
päpstlich adj папский
Papsttum nt <gen: -(e)s> папство nt
Parabel f <-, -n> 1. (Gleichnis) парабола f; 2. (MATH) парабола f
Parabolantenne f <-, -n> параболическая антенна f
Parabolspiegel m <-s, -> параболическое зеркало nt
Parade f <-, -n> 1. (MIL) парад m; **eine ~ abnehmen** принимать парад 2. (SPORT: Abwehr) защита f
Paradeiser m <-s, -> (österr: Tomate) помидор m
Paradeschritt m <gen: -s> строевой шаг m
Paradeuniform f <-, -en> (MIL) парадная форма f одежды
paradieren vi (MIL) проходить, пройти pf торжественным маршем
Paradies nt <-es, -e> 1. (REL) рай m; 2. (fig: schöner Ort) райское место nt
paradiesisch adj райский
Paradigma nt <-s, Paradigmen>

парадигма *f*
paradox *adj* (*widersprüchlich*) парадоксальний
Paraffinöl *nt* <-(e)s, -e> парафінове масло *nt*
Paragraph, Paragraf *m* <-en, -en> 1. (*Textabschnitt*) параграф *m*; 2. (*Gesetzesabschnitt*) стаття *f*
Paragraphendschungel, Paragrafendschungel *m* <gen: -s> (*umg*) лабиринт *m* параграфов
Paraguay *nt* <gen: -s> Парагвай *m*
Paraguayer, -in *m/f* <-s, -> парагваец *m*
paraguayisch *adj* парагвайский
parallel *adj* параллельный
Parallelbetrieb *m* <gen: -s> параллельная работа *f*
Parallele *f* <-, -n> (MATH, *ähnlicher Fall*) паралель *f*; **eine ~ zu etw ziehen** провести паралель к чему-л.
Parallelgeschäft *nt* <-(e)s, -e> компенсационная сделка *f*
Parallelität *f* <gen: -> параллельность *f*
Parallelogramm *nt* <-s, -e> параллелограмм *m*
Parallelrechner *m* <-s, -> параллельный компьютер *m*
Parallelschaltung *f* <-, -en> параллельное включение *nt*, параллельное соединение *nt*
Parallelstraße *f* <-, -n> параллельная улица *f*
Parallelverarbeitung *f* <gen: -> (DV) параллельная обработка *f*
Parallelzugriff *m* <gen: -(e)s> параллельный доступ *m*
Parameter *m* <-s, -> параметр *m*
Paranuss *f* <-, -nüsse> южно-американский орех *m*
paraphieren *vt* парафировать
paraphrasieren *vt* парафразировать *impf/pf*
Parasit *m* <-en, -en> паразит *m*
Parasitenbefall *m* <gen: -(e)s> поражение *nt* вредителями
parat *adj* готовый; **etw ~ haben** держать что-л. наготове
Parfüm *nt* <-s, -e> духи *pl*
Parfümerie *f* <-, -n> парфюмерия *f*
Parfümfläschchen *nt* <-s, -> флакон *m* духов
Paria *m* <-s, -s> парип *m*
parieren *vi* (*gehorchen*) слушаться, по- *pf*
Paris *nt* Париж *m*
Parität *f* <-, -en> паритет *m*
paritätisch *adj* паритетный
Park *m* <-s, -s> парк *m*
Park-and-Ride-System *nt* <-(e)s, -e> регламентация, согласно которой водители должны при въезде в город оставлять свои автомобили на стоянках и (бесплатно) следовать дальше на общественном транспорте

Parkausweis *m* <-es, -e> официальное удостоверение, дающее право жителям какой-либо улицы парковаться на одной из соседних улиц
Parkbank *f* <-, -bänke> скамья *f* в парке [*о* в сквере]
parken I. *vt* парковать, при- *pf*; II. *vi* парковаться, при- *pf*; **Parken verboten!** стоянка запрещена!
Parkett *nt* <-(e)s, -e/-s> паркет *m*
Parkettsitz *m* <-es, -e> (THEAT) место *nt* в партере
Parkfläche *f* <-, -n> место *nt* стоянки, стоянка *f*
Parkhaus- *nt* <-es, -häuser> платный многоэтажный подземный или наземный гараж-автостоянка
Parkinson-Krankheit *f* <gen: -> (MED) паркинсонизм *m*
Parklicht *nt* стояночный огонь *m*
Parklücke *f* <-, -n> свободное место *nt* на автостоянке
Parkmöglichkeit *f* <-, -en> место *nt* для стоянки
Parkplatz *m* <-es, -plätze> автостоянка *f*
Parkplatznot *f* <gen: -> нехватка *f* мест для стоянки, трудности *fpl* с парковкой
Parkstreifen *m* <-s, -s> полоса *f* парковки
Parkuhr *f* <-, -en> счётчик *m* времени (на автостоянке)
Parkverbot *nt* стоянка запрещена
Parkwächter *m* <-s, -> сторож *m* на стоянке
Parkzeit *f* время *nt* стоянки
Parlament *nt* <-(e)s, -e> парламент *m*
Parlamentarier, -in *m/f* <-s, -> член *m* парламента
parlamentarisch *adj* парламентский
Parlamentarismus *m* <gen: -> парламентаризм *m*
Parlamentsausschuss *m* <-es, -ausschüsse> парламентская комиссия *f*
Parlamentsbeschluss *m* <-es, -beschlüsse> решение *nt* парламента
Parlamentsdebatte *f* <-, -n> парламентские дебаты *pl*
Parlamentsferien *pl* <gen: -> парламентские каникулы *pl*
Parlamentsgebäude *nt* <-s, -> здание *nt* парламента
Parlamentspräsident, -in *m/f* <-en, -en> председатель *m* парламента
Parlamentsreform *f* <-, -en> реформа *f* парламента
Parlamentssitz *m* <-es, e-> место *nt* в парламенте
Parlamentssitzung *f* <-, -en> заседание *nt* парламента
Parlamentswahl *f* <-, -en> парламентские выборы *pl*

Parmesan *m* <*gen:* -s> пармезан *m*, итальянский твёрдый сыр, используемый в виде порошка для спагетти и т.п.
Parodie *f* <-, -n> пародия *f*; **eine ~ auf jdn/etw** пародия на кого-л./что-л.
parodieren *vt* пародировать *impf*
Parodontose *f* <-, -n> (MED) пародонтоз *m*
Parole *f* <-, -n> 1. (*Leitsatz*) лозунг *m*; 2. (*Passwort*) пароль *m*
Parser *m* <-s, -> (DV) синтаксический анализатор *m*
Parsing *nt* <*gen:* -s> (DV) синтаксический анализ *m*
Partei *f* <-, -en> партия *f*; (**für jdn/etw**) **~ ergreifen** встать на сторону (кого-л./чего-л.)
Parteiapparat *m* <-(e)s, -e> партийный аппарат *m*
Parteibeschluss *m* <-es, -beschlüsse> решение *nt* партии
Parteiführung *f* <-, -en> партийное руководство *nt*
Parteifunktionär, -in *m/f* <-s, -e> партработник *m*
Parteigenosse, -genossin *m/f* <-n, -n> товарищ *m* по партии
parteiisch *adj* пристрастный
Parteikasse *f* <-, -n> партийная касса *f*
Parteikongress *m* <-es, -e> съезд *m* партии
Parteiorgan *nt* <-(e)s, -e> 1. партийный орган *m*; 2. орган *m* печати партии
Parteisekretär, -in *m/f* <-s, -e> ответственный партийный работник *m*
Parteispendenaffäre *f* <-, -n> политический скандал в связи с незаконными финансовыми пожертвованиями в пользу какой-л. партии или подкупом отдельных партийных деятелей
Parteispitze *f* <-, -n> партийная верхушка *f*
Parteisprecher, -in *m/f* <-s, -> пресс-секретарь *m* партии
Parteitag *m* <-(e)s, -e> партийный съезд *m*
Parteitagsbeschluss *m* <-es, -beschlüsse> решение *nt* партийного съезда
Parteivorstand *m* <-(e)s, -vorstände> правление *nt* партии
Parterre *nt* <-s, -s> (*Erdgeschoss*) первый этаж *m*; **im ~ wohnen** жить на первом этаже
Parterrewohnung *f* <-, -en> квартира *f* на первом этаже
Partie *f* <-, -n> (*Spiel, Sport, von Waren*) партия *f*
partiell *adj* частичный
Partikel *f* <-, -n> (*auch* LING) частица *f*
Partisan, -in *m/f* <-s/-en, -en> партизан, -ка *m/f*
Partisanenkrieg *m* <*gen:* -(e)s> партизанская война *f*
Partitur *f* <-, -en> партитура *f*
Partizip *nt* <-s, -ien> (LING) причастие *nt*
Partizipation *f* <*gen:* -> участие *nt*
partizipieren *vi* (*geh*) участвовать *impf*, принимать *impf* участие
Partner, -in *m/f* <-s, -> 1. (*allgemein*) партнёр, -ша *m/f*; 2. (*Teilhaber*) компаньон *m*; 3. (*Vertragsseite*) сторона *f*, контрагент *m*
Partnerlook одежда, специально предназначенная для пар
Partnerschaft *f* <-, -en> партнёрство *nt*, соучастие *nt*
partnerschaftlich *adj* партнёрский
Partnerschaftsunternehmen *m* <-s, -> совместное предприятие *nt*, СП
Partnerstadt *f* <-, -städte> город *m* -побратим *m*
Partnerwahl *f* <*gen:* -> выбор *m* спутника жизни
Party *f* <-, -s> 1. вечеринка *f*; 2. компания *f*
Partydroge *f* <-, -n> наркотик, потребляемый преимущественно на дискотеках и частных вечерах
Party-Service *m* <-s, -s> предприятие, специализирующееся на поставках блюд и напитков на закрытые торжества
Parzelle *f* <-, -n> (*Landstück*) участок *m* (земли)
Parzellierung *f* <*gen:* -> раздел *m* земли
Pascha *m* <*gen:* -s> (*umg*) барин *m*
Pass *m* <-es, Pässe> 1. (*Ausweis*) паспорт *m*; 2. (*Gebirgspass*) горный перевал *m*; 3. (SPORT) передача *f*
passabel *adj* сносный
Passage *f* <-, -n> 1. (*Durchfahrt*) пассаж *m*; 2. (*Textausschnitt*) отрывок *m*
Passagier *m* <-s, -e> пассажир *m*; **ein blinder ~** «заяц»
Passagierbeförderung *f* перевозка *f* пассажиров
Passagierdampfer *m* <-s, -> пассажирский пароход *m*
Passagierflugzeug *nt* <-(e)s, -e> пассажирский самолёт *m*
Passagierjet *m* <-s, -s> пассажирский реактивный самолёт *m*
Passagierliste *f* <-, -n> список *m* пассажиров
Passagierschiff *nt* <-(e)s, -e> пассажирский корабль *m*
Passant, -in *m/f* <-en, -en> прохожий, -жая *m/f*, пешеход *m*
Passat *m* <*gen:* -s> пассат *m* (ветер)
Passbild *nt* <-(e)s, -er> фотография *f* для паспорта
passé *adj*: **das ist ~** это прошло, это неактуально

passen *vi* подходи́ть, подойти́ *pf* (*zu + dat* к +*dat*); **die Farben ~ gut zueinander** э́ти цвета́ хорошо́ подхо́дят друг к дру́гу; **jdm passt etw/jd (nicht)** кому́-л. (не) подхо́дит что-л./кто-л.; **passend sein** (*angemessen sein*) быть подходя́щим; **wann würde es dir ~?** когда́ тебе́ бы́ло бы удо́бно?

passieren I. *vi* 1. случа́ться, -чи́ться *pf* (*mit* +*dat* с +*inst*); 2. происходи́ть, произойти́ *pf* (*mit* +*dat* с +*inst*); **was ist denn passiert?** что случи́лось?; II. *vt* пересека́ть, -се́чь *pf*; **wir konnten ungehindert die Grenze ~** мы смогли́ беспрепя́тственно пересе́чь грани́цу

Passion *f* <-, -en> страсть *f*
passioniert *adj* стра́стный
passiv *adj* пасси́вный
Passiv *nt* <-s, -e> (LING) страда́тельный зало́г *m*
Passiva *pl* <*gen*: -> (ÖKON) пасси́вы *mpl*
Passivität *f* <*gen*: -> пасси́вность *f*
Passivkonto *nt* <-s, -konten> счёт *m* пасси́ва
Passivposten *m* <-s, -> пасси́вная статья́ *f* бала́нса
Passivseite *f* <-, -n> пра́вая сторона́ *f*, пасси́в *nt*
Passkontrolle *f* <-, -n> па́спортный контро́ль *m*
Passus *m* <-, -> пункт *m*
Passwortsperre *f* <-, -n> (DV) блокиро́вка *f* паро́ля
Pastell *nt* <-(e)s, -e> пасте́ль *f*
Pastellstift *m* <-(e)s, -e> пасте́льный каранда́ш *m*
Pastete *f* <-, -n> паште́т *m*
Pastor, -in *m/f* <-s, -en> па́стор *m*
Patch *m* (DV) патч *m*
Pate *m* <-n, -n> крёстный оте́ц *m*
Patenkind *nt* <-(e)s, -er> крёстный ребёнок *m*
Patenschaft *f* шéфство *nt*
Patent *nt* <-(e)s, -e> пате́нт *m*; **ein ~ einreichen** пода́ть зая́вку на пате́нт; **ohne ~** беспате́нтный
Patentamt *nt* <-(e)s, -ämter> пате́нтное ве́домство *nt*
Patentanmeldung *f* <-, -en> регистра́ция *f* на пате́нт
patentieren *vt* патентова́ть, за- *pf*
Patentierungskosten *pl* <*gen*: -> расхо́ды *pl* на приобрете́ние пате́нта
Patentinhaber, -in *m/f* <-s, -> облада́тель *m* пате́нта
Patentrecht *nt* <*gen*: -(e)s> (JUR) пате́нтное пра́во *nt*
patentrechtlich *adj*: **~ geschützt** защищённый пате́нтными права́ми
Patentregister *nt* <-s, -> пате́нтный реги́стр *m*
Patentschutz *m* <*gen*: -es> охра́на *f* пате́нтных прав

Patentstelle *f* <-, -n> пате́нтное ве́домство *nt*
Patentverletzung *f* <-, -en> наруше́ние *nt* пате́нтных прав
Pater *m* <-s, -> па́тер *m*
Paternoster *m* <-s, -> патерно́стер *m*
pathetisch *adj* патети́ческий
pathogen *adj* патоге́нный, болезнетво́рный
Pathologie *f* <*gen*: -> патоло́гия *f*
pathologisch *adj* патологи́ческий
Pathos *nt* <*gen*: -> па́фос *m*
Patient, -in *m/f* <-en, -en> пацие́нт, -ка *m/f*, больно́й, -на́я *m/f*
Patientenkartei *f* <-, -en> картоте́ка *f* находя́щихся на учёте пацие́нтов
Patin *f* <-, -nen> крёстная мать *f*
Patriarch *m* <-en, -en> патриа́рх *m*
patriarchalisch *adj* патриарха́льный
Patriot, -in *m/f* <-en, -en> патрио́т, -ка *m/f*
patriotisch *adj* патриоти́ческий
Patriotismus *m* <*gen*: -> патриоти́зм *m*
Patrone *f* <-, -n> 1. (*Tintenbehältnis*) балло́нчик *m* с черни́лами; 2. (*für Schusswaffe*) патро́н *m*
Patronengurt *m* <-(e)s, -e> патро́нная ле́нта *f*
Patrouille *f* <-, -n> патру́ль *m*
Patrouillenboot *nt* <-(e)s, -e> патру́льный [*o* дозо́рный] ка́тер *m*
patrouillieren *vi* патрули́ровать *impf*
patschnass *adj* (*umg*) промо́кший до ни́тки [*o* наскво́зь]
Pattsituation *f* <-, -en> па́товая ситуа́ция *f*
patzig *adj* (*umg*) де́рзкий
Pauke *f* <-, -n> лита́вры *pl*
pauken I. *vi* (*umg*: *lernen*) зубри́ть *impf*; II. *vt* (*umg*: *lernen*) зубри́ть, вы́зубрить *pf*
Paukenwirbel *m* <-s, -> звуча́ние *nt* лита́вр
pausbäckig *adj* толстощёкий
pauschal I. *adj* о́бщий, паушáльный; **~e Entschädigung** паушáльное возмеще́ние; II. *adv* всё вме́сте, в о́бщем и це́лом
Pauschalabschreibung *f* <-, -en> о́бщая амортиза́ция *f*
Pauschalbetrag *m* <-(e)s, -beträge> о́бщая су́мма *f*
Pauschalbewertung *f* <-, -en> о́бщая оце́нка *f*
Pauschale *f* <-, -n> о́бщая [*o* паушáльная] су́мма *f*
pauschalieren *vt* устана́вливать, установи́ть *pf* паушáльную су́мму
Pauschalierung *f* <-, -en> установле́ние *nt* паушáльной су́ммы
Pauschalpreis *m* <-es, -e> паушáльная цена́ *f*
Pauschalsteuer *f* <-, -n> паушáльный

нало́г *m*

Pauschalurlaub *m* <gen: -s> пое́здка в о́тпуск при посре́дничестве бюро́ путеше́ствий с о́бщей опла́той доро́ги, прожива́ния, пита́ния и т.д.

Pause *f* <-, -n> 1. (*Erholungspause, Innehalten*) па́уза *f*; 2. (MUS) па́уза *f*; 3. (THEAT) антра́кт *m*; **eine ~ machen** сде́лать па́узу; **die große ~** (*in der Schule*) больша́я переме́на

Pausenbrot *nt* <-(e)s, -e> бутербро́д *m*, съеда́емый во вре́мя переме́ны и́ли переры́ва в рабо́те

pausenlos *adj* беспреры́вный

Pausenpfiff *m* <-(e)s, -e> сигна́л *m* о нача́ле и́ли конце́ переры́ва

Pausenstand *m* <gen: -(e)s> (SPORT) счёт *m* ма́тча по́сле пе́рвой ча́сти встре́чи

Pavian *m* <-s, -e> павиа́н *m*

Pavillon *m* <-s, -s> павильо́н *m*

Pay-TV *nt* <gen: -> програ́мма ча́стной телеста́нции, кото́рую мо́жно принима́ть за определённую пла́ту и при нали́чии дополни́тельного деко́дера

Pazifik *m* <gen: -s> Ти́хий океа́н *m*

pazifisch *adj* тихоокеа́нский

Pazifist, -in *m/f* <-en, -en> пацифи́ст, -ка *m/f*

pazifistisch *adj* пацифи́стский

PC *m* <-, -s> персона́льный компью́тер *m*

Peanuts *pl* <gen: -> (*als nicht nennenswert betrachteter Geldbetrag*) ничто́жная су́мма *f* (де́нег), су́мма *f*, недосто́йная упомина́ния

Pech *nt* <gen: -s> 1. смола́ *f*; 2. (*Missgeschick*) неуда́ча *f*; **wir haben ~ gehabt** нам не повезло́

pechrabenschwarz *adj* чёрный как смоль

Pechsträhne *f* <-, -n> (*umg*) полоса́ *f* неуда́ч

Pechvogel *m* <-s, -vögel> (*umg*) неуда́чник *m*

Pedal *nt* <-s, -e> педа́ль *f*

Pedant, -in *m/f* <-en, -en> педа́нт, -ка *m/f*

Pedanterie *f* <gen: -> педанти́зм *m*

pedantisch *adj* педанти́чный

Pediküre *f* <gen: -> педикю́р *m*

Pegel *m* <-s, -> 1. (*Maß*) водоме́рная ре́йка *f*; 2. (*Wasserstand*) у́ровень *m* воды́

Peilanlage *f* <-, -n> пеленга́торная устано́вка *f*

peilen *vt* (MAR: *Standort*) пеленгова́ть, за- *pf*; **über den Daumen gepeilt** (*umg*) прики́нуть на глаз [*о* глазо́к]

Peilfunk *m* <gen: -s> пеленга́торное ра́дио *nt*

Peilgerät *nt* <-(e)s, -e> пеленга́торный радиоприёмник *m*

Pein *f* <gen: -> (*geh*) муче́ние *nt*

peinigen *vt* му́чить, за- *pf*

peinlich *adj* неприя́тный, нело́вкий; **es war ihm furchtbar ~** ему́ бы́ло ужа́сно нело́вко

Peinlichkeit *f* <-, -en> тя́гостное положе́ние *nt*

Peitsche *f* <-, -n> бич *m*

peitschen I. *vt* хлеста́ть, хлестну́ть *pf*; II. *vi* (*Wind, Regen*) хлеста́ть, хлестну́ть *pf*

pekuniär *adj* де́нежный, фина́нсовый

Pelerine *f* <-, -n> пелери́на *f*

Pelikan *m* <-s, -e> пелика́н *m*

Pelle *f* <-, -n> шелуха́ *f*

Pellkartoffel *f* <-, -n> карто́фель *m* в мунди́ре

Pelz *m* <-es, -e> 1. (*Pelzmantel*) шу́ба *f*; 2. (*an lebendem Tier, als Bekleidungsmaterial*) мех *m*, шку́ра *f*

pelzbesetzt *adj* с меховой опу́шкой [*о* оторо́чкой]

pelzgefüttert *adj* на меху́, подби́тый ме́хом

Pelzhandel *m* <gen: -s> торго́вля *f* пушны́м това́ром [*о* пушни́ной]

Pelzhändler *m* <-s, -> торго́вец *m* пушни́ной

Pelzimitation *f* <gen: -> имита́ция *f* ме́ха

Pelzjacke *f* <-, -n> мехова́я ку́ртка *f*

Pelzkragen *m* <-s, -krägen> меховой воротни́к *m*

Pelzmantel *m* <-s, -mäntel> шу́ба *f*

Pelzmütze *f* <-, -n> мехова́я ша́пка *f*

PEN-Club *m* <gen: -s> Пен-клу́б *m*, междунаро́дная организа́ция писа́телей

Pendel *nt* <-s, -> ма́ятник *m*

Pendelbewegung *f* <-, -en> колеба́тельное движе́ние *nt*

pendeln *vi* 1. кача́ться, качну́ться *pf*; 2. (*zwischen zwei Orten*) курси́ровать *impf*

Pendelzug *m* <-(e)s, -züge> по́езд *m* ме́стного [*о* при́городного] сообще́ния

Pendler, Pendlerin *m/f* <-s, -> лицо́, регуля́рно приезжа́ющее на рабо́ту из отдалённого ме́ста жи́тельства

penetrant *adj* 1. (*pej: Verhalten*) навя́зчивый; 2. (*Geruch*) ре́зкий, тяжёлый

Penetration *f* <-, -en> пенетра́ция *f*

penibel *adj* (*genau*) педанти́чный

Penis *m* <-, -se> пе́нис *m*

Penizillin *nt* <-s, -e> пеницилли́н *m*

Pennbruder *m* <-s, -brüder> (*pej*) бродя́га *m*

Pension *f* <-, -en> 1. (*Gästehaus*) пансио́н *m*; 2. (*Ruhestand, Ruhegehalt*) пе́нсия *f*; **eine ~ beziehen** получа́ть пе́нсию; **in ~ gehen** уйти́ на пе́нсию

Pensionär, -in *m/f* <-s, -e> пенсионе́р, -ка *m/f*

pensionieren vt увольнять, уволить pf на пенсию
Pensionsgast m <-es, -gäste> проживающий m в пансионе
Pensum nt <-s, -sen/-sa> нагрузка f, задание nt
Penthaus nt <-es, -häuser> эксклюзивный аппартамент на крыше высотного дома
per präp +akk по (+ dat); **~ annum** ежегодно, в год; **per prokura** по доверенности; **~ Post** по почте
Perestroika f <gen: -> перестройка f
perfekt adj 1. совершенный; 2. (besiegelt, abgemacht) окончательный; **der Vertrag ist ~** договор заключён окончательно
Perfekt nt <-s, -e> (LING) перфект m
Perfektion f <gen: -> совершенство nt; **etw (bis) zur ~ bringen** довести что-л. до совершенства
Perfektionist, -in m/f <-en, -en> перфекционист, -ка m/f
perfide adj коварный
Perfidie f <gen: -> коварство nt, подлость f
Performanz f <gen: -> (LING) словоупотребление nt в определённой ситуации
Pergament nt <-(e)s, -e> пергамент m
Pergamentpapier nt <gen: -(e)s> пергаментная бумага f
Periode f <-, -n> 1. (Zeitraum) период m; 2. (Menstruation) менструация f; 3. (MATH) период m
Periodikum nt <-s, Periodika> периодический журнал m
periodisch adj периодический
Peripherie f <-, -n> 1. периферия f; 2. (einer Stadt) окраина f; 3. (DV) периферия f
Peripheriegeräte pl <gen: -> (DV) периферийные устройства pl
Periskop nt <-(e)s, -e> перископ m
Peristaltik f <gen: -> перистальтика f
Perle f <-, -n> 1. (von Auster) жемчужина f; 2. (aus Glas/Holz) бисеринка f; 3. (Schweißtropfen) капля f пота
perlen vi 1. (von Tropfen) капать impf; 2. (von Blasen) пузыриться impf
Perlenkette f <-, -n> жемчужное ожерелье nt, нитка f жемчуга
Perlhuhn nt <-(e)s, -hühner> цесарка f
Perlmutt nt <gen: -s> перламутр m
perlmuttern adj перламутровый
permanent adj постоянный; **er ist ~ unzufrieden** он постоянно недоволен; **~e Inventur** (ÖKON) перманентная инвентаризация
perplex adj (umg) озадаченный
Person f <-, -en> 1. человек m; 2. (FILM, THEAT) действующее лицо nt; 3. (LING, offiziell) лицо nt; **einflussreiche ~** влиятельное лицо; **juristische ~** юридическое лицо; **natürliche ~** физическое лицо

Personal nt <gen: -s> персонал m, штат m, кадры pl, личный состав m; **leitendes ~** руководящий состав
Personalabbau m <gen: -s> сокращение nt штатов
Personalabteilung f <-, -en> отдел m кадров
Personalausweis m <-es, -e> удостоверение nt личности
Personalbedarf m <gen: -(e)s> потребность f в кадрах
Personalberatung f <-, -en> консультационная фирма f по кадровым вопросам
Personalbeschaffung f <gen: -> привлечение nt рабочей силы
Personalbüro nt <-s, -s> отдел m кадров
Personalchef, -in m/f <-s, -s> начальник m отдела кадров
Personalcomputer, Personal Computer m <-s, -> персональный компьютер m
Personalentwicklung f <gen: -> динамика f профессионального роста кадров
Personalfreisetzung f <gen: -> сокращение nt штатов
Personalführung f <gen: -> руководство nt кадрами
Personalien pl <gen: -> данные ntpl (о личности); **seine ~ angeben** указать свои данные
Personalkosten pl <gen: -> расходы pl на зарплату и социальное обеспечение
Personal-Leasing nt <gen: -> лизинг m персонала
Personalleiter, -in m/f <-s, -> начальник, -ница m/f отдела кадров
Personalmanagement nt <gen: -s> управление nt кадрами
Personalmangel m <gen: -s> нехватка f рабочей силы
Personalnebenkosten pl <gen: -> накладные расходы pl по содержанию персонала
Personalplanung f <-, -en> планирование nt рабочей силы
Personalpolitik f <gen: -> кадровая политика f
Personalpronomen nt <-s, -nomina> (LING) личное местоимение nt
Personalrecht nt <gen: -(e)s> (JUR) личное право nt
Personalrekrutierung f <gen: -> привлечение nt рабочей силы
Personaltransfer m <-s, -s> перемещение nt рабочей силы
Personalvertreter m <-s, -> представитель m рабочих и служащих

Personalwesen nt <gen: -s> управле́ние nt кадра́ми, персона́л-ме́неджмент m
personell adj ли́чный, персона́льный
Personenbeschreibung f <-, -en> описа́ние nt приме́т ли́чности
Personengesellschaft f <-, -en> (ÖKON) това́рищество nt
Personenkreis m <-es, -e> круг m лиц
Personenstandsregister nt <gen: -s> за́пись f а́ктов гражда́нского состоя́ния
Personensteuer f <gen: -> ли́чный нало́г m
Personenverkehr m <gen: -s> пассажи́рский тра́нспорт m
Personenwagen m <-s, -> 1. легкова́я маши́на f; 2. (Eisenbahn) пасcажи́рский ваго́н m
Personenzug m <-(e)s, -züge> пассажи́рский по́езд m
persönlich adj ли́чный; ~e Ausgaben ли́чные потреби́тельские расхо́ды; ~es Eigentum ли́чная со́бственность; ~es Einkommen индивидуа́льный дохо́д; ~e Haftung ли́чная отве́тственность
Persönlichkeit f <-, -en> 1. (eines Menschen) ли́чность f; 2. (bekannter Mensch) (высокопоста́вленное) лицо́ nt
Persönlichkeitsentfaltung f <gen: -> разви́тие nt ли́чности
Persönlichkeitsmerkmal nt <-s, -e> осо́бая приме́та f ли́чности
Persönlichkeitsrecht nt <-(e)s, -e> ли́чное пра́во nt
Persönlichkeitsschutz m <gen: -es> защи́та f (неиму́щественных) прав ли́чности
Persönlichkeitsstörung f <-, -en> (PSYCH) расстро́йство nt ли́чности
Persönlichkeitswahl f <gen: -> голосова́ние nt по отде́льным кандида́там
Perspektive f <-, -n> 1. (einer Zeichnung) перспекти́ва f; 2. (Sichtweise) то́чка f зрния; aus jds ~ с то́чки зре́ния кого́-л. 3. (Aussichten) перспекти́ва f
perspektivisch adj перспекти́вный
perspektivlos adj бесперспекти́вный
Perspektivlosigkeit f <gen: -> бесперспекти́вность f
Peru nt <gen: -s> Пе́ру nt
Peruaner, -in m/f <-s, -> перуа́нец, перуа́нка m/f
peruanisch adj перуа́нский
Perücke f <-, -n> пари́к m
pervers adj (abartig) извращённый
Perversität f <-, -en> извращённость f
pesen vi (umg: schnell laufen) мча́ться
Pessimismus m <gen: -> пессими́зм m
Pessimist, -in m/f <-en, -en> пессими́ст, -ка m/f
pessimistisch adj пессимисти́ческий

Pest f <gen: -> чума́ f
Pestizid nt <-s, -e> пестици́д m
Peterli m <gen: -s> (CH: Petersilie) петру́шка f
Petersilie f <gen: -> петру́шка f
Petition f <-, -en> пети́ция f
petrochemisch adj нефтехими́ческий
Petrodollar m <-s, -s> нефтяно́й до́ллар m
Petroleum nt <gen: -s> кероси́н m
Petroleumlampe f <-, -n> кероси́новая ла́мпа f
Pfad m <-(e)s, -e> 1. тропа́ f; 2. (DV) путь m до́ступа
Pfadfinder, -in m/f <-s, -> бойска́ут m
Pfaffe m <-n, -n> (pej) поп m
Pfahl m <-(e)s, Pfähle> столб m
Pfand nt <-(e)s, Pfänder> (auch im Spiel) зало́г m, закла́д m; ein ~ einlösen выкупа́ть зало́г; als ~ geben дава́ть в зало́г; gegen ~ под зало́г; als ~ nehmen принима́ть в зало́г
pfändbar adj подлежа́щий наложе́нию аре́ста
Pfandbrief m <-(e)s, -e> закладно́й лист m
pfänden vt опи́сывать, описа́ть pf иму́щество
Pfänderspiel nt <-(e)s, -e> игра́ f в фа́нты
Pfandgeld nt <-(e)s, -er> де́ньги pl за сда́нную (поро́жнюю) та́ру
Pfandhaus nt <-es, -häuser> ломба́рд m
Pfandkredit m <-(e)s, -e> креди́т m под зало́г
Pfandleihe f <gen: -> 1. (gewerbsmäßiges Leihen von Geld gegen Pfand) вы́дача f ссуд под зало́г; 2. (Leihhaus) ломба́рд m
Pfandrecht nt <gen: -(e)s> (JUR) зало́говое пра́во nt
Pfandschein m <-(e)s, -e> ломба́рдная квита́нция f, закладна́я f
Pfändung f <-, -en> наложе́ние nt аре́ста на иму́щество
Pfandvertrag m <-(e)s, -verträge> (JUR) догово́р m о переда́че иму́щества под зало́г
Pfanne f <-, -n> 1. сковорода́ f; 2. (CH: Kochtopf) кастрю́ля f; 3. (ANAT: von Gelenk) я́мка f; jdn in die ~ hauen (umg) стере́ть кого́-л. в порошо́к
Pfannkuchen m <-s, -> 1. ола́дья f; 2. (flacher) блин m; 3. (gefüllter) по́нчик m
Pfarramt nt <-(e)s, -ämter> до́лжность f па́стора
Pfarrbezirk m <-(e)s, -e> прихо́д m
Pfarrei f <-, -en> 1. (Pfarrhaus) дом m свяще́нника; 2. (Gemeinde) церко́вная общи́на f
Pfarrer, -in m/f <-s, -> па́стор m, свяще́нник m
Pfarrhaus nt <-es, -häuser> прихо́дский

дом *m*
Pfarrkirche *f* <-, -n> прихо́дская це́рковь *f*
Pfau *m* <-(e)s, -en> павли́н *m*
Pfauenfeder *f* <-, -n> павли́нье перо́ *nt*
Pfeffer *m* <gen: -s> пе́рец *m*; **bleiben, wo der ~ wächst** (*umg*) убира́ться к чёрту
Pfefferminzbonbon *m* <-s, -s> мя́тная конфе́т(к)а *f*
Pfefferminze *f* <gen: -> мя́та *f*
Pfefferminzgeschmack *m* <gen: -(e)s> вкус мя́ты *m*
Pfefferminztee *m* <gen: -s> чай *m* из мя́ты
pfeffern *vt* (*mit Pfeffer würzen*) перчи́ть, по- *pf*
Pfeife *f* <-, -n> 1. (*Instrument*) свисто́к *m*; 2. (*Tabaks~*) тру́бка *f*; **nach jds ~ tanzen** (*umg*) пляса́ть под чью-л. ду́дку
pfeifen <pfiff, gepfiffen> I. *vi* свисте́ть, по-*pf*, свисну́ть *pf*; II. *vt* (*Melodie*) насви́стывать *impf*; **auf etw ~** (*umg*) чиха́ть на что-л.
Pfeil *m* <-(e)s, -e> 1. стрела́ *f*; 2. (*als Zeichen*) стре́лка *f*
Pfeiler *m* <-s, -> 1. столб *m*; 2. (*fig: Stütze*) опо́ра *f*
pfeilgerade *adj* прямо́й как стрела́
Pfeilrichtung *f* направле́ние *nt* стре́лки
pfeilschnell *adj* бы́стрый как стрела́
Pfennig *m* <-s, -e> пфе́нниг *m*
pfenniggroß *adj* разме́ром в пфе́нниг
Pferch *m* <-(e)s, -e> заго́н *m*
Pferd *nt* <-(e)s, -e> 1. (*weiblichen Geschlechts*) ло́шадь *f*; 2. (*männlichen Geschlechts*) конь *m*; 3. (SPORT) конь *m*; 4. (*beim Schach*) конь *m*; **das ~ beim** [*o am*]- **Schwanz aufzäumen** (*umg*) запряга́ть ло́шадь позади́ теле́ги
Pferdefleisch *nt* <gen: -es> кони́на *f*
Pferdefuhrwerk *nt* <-(e)s, -e> ко́нная пово́зка *f*
Pferderennen *nt* <-s, -> ска́чки *fpl*
Pferderennsport *m* <gen: -s> ко́нный спорт *m*, скаковы́е испыта́ния *ntpl*
Pferdeschwanz *nt* <-es, -schwänze> (*Frisur*) ко́нский хвост *m*
Pferdestall *m* <-(e)s, -ställe> коню́шня *f*
Pferdestärke *f* <-, -n> лошади́ная си́ла *f*
Pferdewagen *m* <-s, -> теле́га *m*
pfiff *prät von* **pfeifen**
Pfiff *m* <-(e)s, -e> свисто́к *m*
Pfifferling *m* <-s, -e> (*Pilz*) лиси́чка *f*
pfiffig *adj* ло́вкий
Pfiffikus *m* <-, -se> плут *m*, пройдо́ха *m*
Pfingsten *nt* <-, -> (REL) Тро́ица *f*
Pfirsich *m* <-s, -e> пе́рсик *m*
Pfirsichbaum *m* <-(e)s, -bäume> пе́рсик *m* (де́рево)
Pflanze *f* <-, -n> расте́ние *nt*
pflanzen *vt* сажа́ть, посади́ть *pf*
Pflanzenbestand *m* <-(e)s, -bestände> расти́тельные насажде́ния *pl*
Pflanzenextrakt *nt* <-(e)s, -e> расти́тельный экстра́кт *m*
Pflanzengift *nt* <-(e)s, -e> расти́тельный яд *m*
Pflanzenkunde *f* <gen: -> бота́ника *f*
Pflanzenöl *nt* <-(e)s, -e> расти́тельное ма́сло *nt*
Pflanzenreich *nt* <gen: -(e)s> расти́тельный мир *m*
Pflanzenschädling *m* <-s, -e> вреди́тель *m* расте́ний
Pflanzenschutzmittel *nt* <-s, -> сре́дство *nt* для защи́ты расте́ний
pflanzlich *adj* расти́тельный
Pflanzung *f* <-, -en> (*Plantage*) планта́ция *f*
Pflaster *nt* <-s, -> 1. (*der Straße*) мостова́я *f*; 2. (*Wundpflaster*) пла́стырь *m*
Pflasterstein *m* <-(e)s, -e> булы́жник *m*
Pflaume *f* <-, -n> 1. сли́ва *f*; 2. (*umg: pej*) растя́па *mf*
Pflaumenbaum *m* <-(e)s, -bäume> сли́ва *f*
Pflaumenkuchen *m* <-s, -> пиро́г *m* со сли́вами
Pflaumenmus *nt* <gen: -es> пови́дло *nt* из слив
Pflege *f* <gen: -> (*das Pflegen*) ухо́д *m* (за ке́м-л.)
Pflegedienst *m* <-es, -e> слу́жба *m* по ухо́ду за автомоби́лями (на запра́вочных ста́нциях)
Pflegeeltern *pl* <gen: -> приёмные роди́тели *pl*
Pflegeheim *nt* <-(e)s, -e> дом *m* инвали́дов
Pflegekind *nt* <-(e)s, -er> приёмный ребёнок *m*
Pflegekosten *pl* <gen: -> пла́та *f* за попече́ние
pflegen I. *vt* 1. уха́живать *impf* (за +*inst*), забо́титься *impf* (о +*präpos*); 2. (*Idee, Beziehung*) подде́рживать *impf*; II. *vi*: **etw zu tun ~** име́ть привы́чку де́лать что-л.
Pflegepersonal *nt* <gen: -s> обслу́живающий медици́нский персона́л *m*
Pflegeserie *f* <-, -n> (*Kosmetika*) се́рия *f* космети́ческих средств
Pflegespülung *f* <-, -en> (*für Haar*) сре́дство *nt* для полоска́ния воло́с
Pflegeversicherung *f* <gen: -> медици́нская страхо́вка *f*, в слу́чае необходи́мости обеспе́чивающая ухо́д за больны́м
pfleglich *adj* стара́тельный
Pflicht *f* <-, -en> 1. долг *m*, обя́занность *f*; **seine ~ erfüllen** исполня́ть свой обя́занности; **Rechte und ~en** права́ и обя́занности 2. (SPORT) обяза́тельная програ́мма *f*; **seine ~ (jdm/etw gegenüber) erfüllen** вы́полнить свой долг (по отноше́нию к кому́-л./чему́-л.)

Pflichtbeitrag *m* <-(e)s, -beiträge> обязательный взнос *m*
pflichtbewusst *adj* сознательный
Pflichtbewusstsein *nt* <gen: -s> чувство *nt* долга
Pflichtenheft *nt* <-(e)s, -e> свод *m* требований
Pflichtmitgliedschaft *f* <-, -en> обязательное членство *nt*
pflichtvergessen *adj* не выполняющий своего долга [*o* своих обязанностей]
Pflichtversicherung *f* <-, -en> обязательное страхование *nt*
Pflock *m* <-(e)s, Pflöcke> колышек *m*
pflog *prät von* **pflegen**
pflücken *vt* рвать, сорвать *pf*, срывать *impf*, собирать, собрать *pf*
Pflug *m* <-(e)s, Pflüge> плуг *m*
pflügen *vt* пахать, вспахать *pf*
Pforte *f* <-, -n> ворота *pl*
Pförtner, -in *m/f* <-s, -> сторож *m*
Pfosten *m* <-s, -> 1. (*der Tür*) косяк *m*; 2. (*des Fußballtors*) подпорка *f*
Pfote *f* <-, -n> 1. лапа *f*; 2. (*umg: Hand*) лапа *f*
Pfropfen *m* <-s, -> пробка *f*
pfui *interj* (*angeekelt*) тьфу!, фу!
Pfund *nt* <-(e)s, -e> полкило *nt*; **ich möchte ein ~ Tomaten** я хотел бы полкило помидоров; **~ Sterling** фунт стерлингов
pfundig *adj* (*umg*) отличный, замечательный
pfundweise *adv* фунтами
pfuschen *vi* (*umg*) халтурить, с- *pf*; **jdm ins Handwerk ~** (*umg*) совать свой нос в чужие дела
Pfuscher *m* <-s, -> (*pej*) халтурщик *m*
Pfuscherei *f* <-, -en> (*pej*) халтура *f*
Pfütze *f* <-, -n> лужа *f*
PH *abk von* **Pädagogische Hochschule**
Phalanx *f* <gen: -> фаланга *f*
phallisch *adj* фаллический
Phallus *m* <gen: -> фаллус *m*
Phänomen *nt* <-s, -e> 1. (*Erscheinung*) феномен *m*; 2. (*umg: Person*) явление *nt*
Phantasie *f* <gen: -> фантазия *f*
Phantasiepreis *m* <-es, -e> (*umg: stark überzogener Preis*) баснословная цена *f*
phantasieren *vi* фантазировать, по- *pf*
phantastisch *adj* 1. фантастический; 2. (*umg: hervorragend, toll*) поразительный
Phantom *nt* <-(e)s, -e> фантом *m*
Pharisäer *m* <-s, -> (*auch fig*) фарисей *m*
Pharmaindustrie *f* <gen: -> фармацевтическая промышленность *f*
Pharmakologe, Pharmakologin *m/f* <-n, -n> фармаколог *m*
Pharmakologie *f* <gen: -> фармакология *f*
pharmazeutisch *adj* фармацевтический

Pharmazie *f* <gen: -> фармацевтика *f*
Phase *f* <-, -n> (PHYS, *Abschnitt*) фаза *f*; **~n der Konjunktur** фазы конъюнктурного цикла; **konzeptionelle Phase** фаза разработки концепции
philanthropisch *adj* филантропический
Philatelie *f* <gen: -> филателия *f*
Philatelist *m* <-en, -en> филателист *m*
Philharmonie *f* <gen: -> филармония *f*
Philippinen *pl* <gen: -> Филиппины *pl*
philippinisch *adj* филиппинский
philisterhaft *adj* филистерский
Philodendron *m* <gen: -s> (BOT) филодендрон *m*
Philologe, Philologin *m* <-n, -n> филолог *m*
Philologie *f* <-, -n> филология *f*
Philosoph, -in *m/f* <-en, -en> философ *m*
Philosophie *f* <-, -n> философия *f*
philosophieren *vi* философствовать
philosophisch I. *adj* философский; II. *adv* по-философски, с точки зрения философии.
Phlegma *nt* <gen: -s> флегма *f*
Phlegmatiker, -in *m/f* <-s, -> флегматик *m*
phlegmatisch *adj* флегматичный
Phobie *f* <gen: -> (MED) фобия *f*, страх *m*
Phonetik, Fonetik *f* <gen: -> фонетика *f*
phonetisch, fonetisch *adj* фонетический
Phonologie, Fonologie *f* <gen: -> фонология *f*
Phosphat *nt* <-(e)s, -e> фосфат *m*
Phosphatdünger *m* <gen: -s> фосфатное удобрение *nt*
phosphatfrei *adj* не содержащий фосфорной кислоты
phosphathaltig *adj* содержащий фосфорную кислоту
Phosphor *m* <gen: -s> фосфор *m*
Phosphoreszenz *f* <gen: -> фосфоресценция *f*
phosphoreszieren *vi* фосфоресцировать
Photo *siehe* **Foto**
Photoapparat *siehe* **Fotoapparat**
Photographie *siehe* **Fotografie**
Phrase *f* <-, -n> фраза *f*; **~n dreschen** (*umg*) молоть языком
Phrasendrescher, -in *m/f* <-s, -> (*pej*) фразёр *m*
Physik *f* <gen: -> физика *f*
physikalisch *adj* физический
Physiker, -in *m/f* <-s, -> физик *m*
Physiogeographie *f* <gen: -> физическая география *f*
Physiologie *f* <gen: -> физиология *f*
physiologisch *adj* физиологический
Physiotherapeut, -in *m/f* <-en, -en> физиотерапевт *m*
Physiotherapie *f* <gen: ->

физиотерапи́я f
physisch adj физи́ческий
Pianist, -in m/f <-en, -en> пиани́ст, -ка m/f
piano adv пиа́но
Pickel[1] m <-s, -> (Werkzeug) ледору́б m
Pickel[2] m <-s, -> (Pustel) прыщ m
picken vt клева́ть, клю́нуть pf
Picknick nt <-s, -s/-e> пикни́к m
piekfein adj (umg) чши́карный
piepsig adj (Stimme) пискля́вый
piercen vt прока́лывать и́ли просве́рливать ко́жу для вдева́ния украше́ний
Piercing nt <-s, -s> прока́лывание и́ли просве́рливание ко́жи для вдева́ния украше́ний
pieseln vi (umg: urinieren) пи́сать, по- pf, на- pf
Pietät f <gen: -> пиете́т m
pietätlos adj непочти́тельный
pietätvoll adj почти́тельный, почита́ющий ста́рших
Pietismus m <gen: -> пиети́зм m
Pigment nt <-(e)s, -e> пигме́нт m
Pik nt <-s, -> пи́ки pl
pikant adj пика́нтный
Pikkoloflöte f <-, -n> фле́йта f -пи́кколо f
Pilger, -in m/f <-s, -> пало́мник, -ница m/f
pilgern vi соверша́ть, -ши́ть pf пало́мничество
Pille f <-, -n> 1. пилю́ля f; 2. (Antibabypille) противозача́точная табле́тка f; eine bittere ~ (umg) го́рькая пилю́ля
Pillenknick m <gen: -s> (umg) спад рожда́емости из-за ма́ссового приёма противозача́точных табле́ток
Pilot, -in m/f <-en, -en> лётчик, -чица m/f, пило́т m
Pilotanlage f <-, -n> о́пытная устано́вка f
Pilotenkanzel f <-, -n> 1. (застеклённая) каби́на m лётчика; 2. (застеклённая) каби́на f экипа́жа
Pilotfilm m <-(e)s, -e> пе́рвый фильм f телесериа́ла
Pilotprojekt nt <-(e)s, -e> пило́тный прое́кт m
Pilotstudie f <-, -n> пило́тное иссле́дование nt
Pils nt <-, -> пи́льзенское пи́во nt
Pilz m <-es, -e> 1. гриб m; **sie gehen ~e sammeln** они́ иду́т собира́ть грибы́; 2. (Hauterkrankung) грибо́к m
Pilzsammler m <-s, -> сбо́рщик m грибо́в
Pilzvergiftung f <-, -en> отравле́ние nt граба́ми
Pingpong nt <gen: -s> (umg) пинг-понг m
Pinguin m <-s, -e> пингви́н m
Pinie f <-, -n> пи́ния f

Pinienkern m <-(e)s, -e> семенно́е зерно́ пи́нии m (употребля́емое в пи́щу)
pink adj ро́зовый
Pinke f <gen: -> (umg) деньжа́та pl
pinkeln vi (umg) пи́сать, по- pf, на- pf
pinkfarben adj я́рко-ро́зовый
Pin-Nadel f <-, -n> була́вка f
Pinsel m <-s, -> кисть f
Pin-up-Girl nt <-s, -s> фотогра́фия полуобнажённой краси́вой де́вушки в журна́ле (для прикрепле́ния на сте́ну)
Pinzette f <-, -n> пинце́т m
Pionier, -in m/f <-s, -e> 1. (MIL) сапёр m; 2. (Vorkämpfer, auch Mitglied einer kommunistischen Kinderorganisation) пионе́р, -ка m/f
Pionierarbeit f <-, -en> нова́торская рабо́та f
Pipeline f <-, -s> нефтепрово́д m
Pipette f <-, -n> пипе́тка f
Pirat, -in m/f <-en, -en> пира́т, -ка m/f
Pirouette f <-, -n> пируэ́т m
Pistazienbaum m <-(e)s, -bäume> фиста́шка f
Piste f <-, -n> 1. (Rennbahn) трек m; 2. (Rollbahn) лётная полоса́ f; 3. (Skipiste) тра́сса f скоростно́го спу́ска
Pistenraupe f <-, -n> бульдо́зер m для выра́внивания тра́ссы скоростно́го спу́ска (в горнолы́жном спо́рте)
Pistole f <-, -n> пистоле́т m
Pixel nt <-s, -s> (DV) пи́ксель m
Pizza f <-, -s/Pizzen> пи́цца f
Pkw akr von *Personenkraftwagen*
Placebo nt <-s, -s> подде́льный медикаме́нт m (лишь вне́шне и на вкус соотве́тствующий оригина́лу)
Plache f <-, -n> 1. (österr: Plane) тент m; 2. брезе́нт m
plädieren vi (geh) выступа́ть, вы́ступить pf (für +akk за +akk)
Plage f <-, -n> муче́ние nt
plagen I. vt му́чить, из- pf; II. vr му́читься, из- pf (mit +dat с +inst)
Plagiat nt <-(e)s, -e> плагиа́т m
Plakat nt <-(e)s, -e> плака́т m
plakatieren vt раскле́ивать плака́ты
plakativ adj плака́тный
Plakatwand f <-, -wände> стена́ m для плака́тов
Plakatwerbung f <gen: -> плака́тная рекла́ма f
Plakette f <-, -n> тало́н m
plan adj пло́ский
Plan m <-(e)s, Pläne> 1. план m; **hast du schon Pläne für die Ferien?** у тебя́ уже́ есть пла́ны на кани́кулы; **einen ~ durchführen** осуществля́ть план; **den ~ erfüllen** выполня́ть план; **einen ~ erstellen** составля́ть план; **kurzfristiger ~** краткосро́чный план; **langfristiger ~** долгосро́чный план 2. (Zeitplan, Stun-

denplan) график *m*; **3.** (*Bauplan*) проект *m*; **4.** (*Stadtplan*) план *m*; **5.** (*Schema*) график *m*

Planbeschäftigung *f* <gen: -> плановая занятость *f*

Plane *f* <-, -n> брезент *m*

planen *vt* планировать, за- *pf*; **was hast du für heute geplant?** что ты запланировал на сегодня?; **strategisch ~** заниматься стратегическим планированием

Planet *m* <-en, -en> планета *f*

planetarisch *adj* планетный

Planetarium *nt* <-s, -ien> планетарий *m*

Planetenbahn *f* <-, -en> орбита *f* планеты

Planetensystem *nt* <-(e)s, -e> планетная система *f*

planieren *vt* выравнивать, выровнять *pf*

Planierraupe *f* <-, -n> бульдозер *m*

Planke *f* <-, -n> доска *f*

Plänkelei *f* <-, -en> перебранка *f*

Plankosten *pl* <gen: -> плановые затраты *pl*

Plankton *nt* <gen: -s> планктон *m*

planlos *adj* бесплановый

planmäßig I. *adj* плановый; II. *adv* по плану.

Planmäßigkeit *f* <gen: -> планомерность *f*

Planmenge *f* <-, -n> запланированный объём *m*

Plansoll *nt* <-s, -s> плановое задание *nt*

Planstelle *f* <-, -n> штатная должность *f*

Plantage *f* <-, -n> плантация *f*

Planung *f* <-, -en> планирование *nt*; **flexible ~** гибкое планирование; **in ~ sein** планироваться; **starre ~** жёсткое планирование; **strategische ~** стратегическое планирование; **taktische ~** тактическое планирование

Planungsausschuss *m* <-es, -ausschüsse> комитет *m* по планированию

Planungsdaten *pl* <gen: -> данные *pl* планирования

Planungshorizont *m* <-(e)s, -e> плановый период *m*

Planungsperiode *f* <-, -n> плановый период *m*

Planungsphase *f* <-, -n> фаза *f* планирования

Planungssicherheit *f* <gen: -> надёжность *f* планирования

Planungszeitraum *m* <-(e)s, -zeiträume> плановый период *m*

planvoll *adj* **1.** плановый, планомерный; **2.** обдуманный

Planwirtschaft *f* <-, -en> плановая экономика *f*, плановое хозяйство *nt*

Planziel *nt* <-(e)s, -e> плановое задание *nt*

Plappermaul *nt* <-(e)s, -mäuler> (*umg*) болтун *m*, трещётка *f*

plappern *vi* (*umg*) болтать *impf*

Plasma *nt* <-s, Plasmen> плазма *f*

Plastik [1] *f* <-, -en> (*Skulptur*) скульптура *f*

Plastik [2] *nt* <gen: -s> (*Kunststoff*) пластмасса *f*, пластик *m*

Plastikbecher *m* <-s, -> стаканчик *m* из пластика

Plastikbeutel *m* <-s, -> пластиковый пакет *m*

Plastikfolie *f* <-, -n> пластиковая плёнка *f*

Plastikgeld *nt* <gen: -(e)s> пластмассовые деньги *pl*

Plastiksprengstoff *m* <-(e)s, -e> пластическая взрывчатка *f*

Plastiktüte *f* <-, -n> пластиковый пакет *m*

Plastilin *nt* <gen: -(e)s> пластилин *m*

plastisch *adj* **1.** (*anschaulich*) выразительный; **2.** (*bildhauerisch*) скульптурный; **3.** (MED) пластический; **~e Chirurgie** пластическая хирургия

Plastizität *f* <gen: -> пластичность *f*

Platane *f* <-, -n> платан *m*, чинара *f*

Plateau *nt* <-s, -s> плато *nt*

Plateausohle *f* <-, -n> основание *nt* плоскогорья

Platin *nt* <gen: -s> платина *f*

platonisch : **~e Liebe** платоническая любовь

platt *adj* (*flach, auch geistlos, nichtssagend*) плоский; **ein ~er Witz** плоская шутка

plattdeutsch *adj* нижненемецкий

Platte *f* <-, -n> **1.** (*von Tisch*) доска *f*; **2.** (*von Herd*) плитка *f*; **3.** (*Schallplatte*) пластинка *f*; **eine ~ auflegen** поставить пластинку **4.** (*Fliese*) плитка *f*; **kalte ~** холодная закуска

Plätteisen *nt* <-s, -> утюг *m*

Plattenbau *m* <-s, -bauten> панельное здание *nt*, панельное сооружение *nt*

Plattencover *nt* <-s, -> конверт *m* для грампластинки

Plattenfirma *f* <-, -firmen> фирма *f*, выпускающая грампластинки

Plattenlabel *nt* <-s, -> этикетка *f* грампластинки

Plattenspieler *m* <-s, -> проигрыватель *m*

Plattform *f* <-, -en> площадка *f*, платформа *f*

Plattfuß *m* <-es, -füße> плоскостопие *nt*

Plattheit *f* <gen: -> (*Banalität*) пошлость *f*

Platz *m* <-es, Plätze> **1.** (*Raum*) место *nt*; **der Schrank braucht viel ~** шкаф занимает много места; **2.** (*öffentlicher Platz*) площадь *f*; **3.** (*Sitzplatz*) место *nt*; **ist bei Ihnen noch ein ~ frei?** у Вас ещё есть свободное место?; **~ nehmen** садиться; **(jdm) ~ machen** освободить место (кому-л.)

Platzangst *f* <gen: -> клаустрофобия *f*

Plätzchen *nt* <-s, -> (*Keks*) печéнье *nt*
Platzdeckchen *nt* <-s, -> подстилка *f* для столóвого прибóра
platzen *vi* лóпаться, лóпнуть *pf*; **vor Lachen ~** умерéть со́ смеху
platzieren I. *vt* (*an eine Stelle*) помещáть, -местить *pf*; II. *vr* (*sich auf-/hinstellen*) размещáться, -меститься *pf*
Platzmangel *m* <*gen:* -s> недостáток *m* мéста
Platzpatrone *f* <-, -n> холостóй патрóн *m*
Platzreservierung *f* <-, -en> бронирование *nt* мéста
Platzwart *m* <*gen:* -(e)s> стóрож *m* спортплощáдки
Platzwunde *f* <-, -n> рвáная рáна *f*
plaudern *vi* болтáть, по- (*mit* +*dat* с + *inst*)
Plauderstündchen *nt* <-s, -> лёгкая бесéда *f*
plausibel *adj* понятный
Playback *nt* <-s, -s> исполнéние *nt* под фоногрáмму
Playboy *m* <-s, -s> плейбóй *m*
Plazenta *f* <-, Plazenten> плацéнта *f*
plazieren *alte Schreibung für* **platzieren**
plebejisch *adj* плебéйский
pleite *adv*: **~ gehen** обанкрóтиться
Pleite *f* <-, -n> 1. (*umg: Bankrott*) банкрóтство *nt*, крах *m*; **~ machen** потерпéть крах обанкрóтиться 2. (*umg: Reinfall*) неудáча *f*
Plenarsitzung *f* <-, -en> пленáрное заседáние *nt*
Plenum *nt* <-s, Plenen> плéнум *m*
Pleonasmus *m* <-, Pleonasmen> плеонáзм *m*
Pleuelstange *f* <-, -n> шатýн *m*
Plexiglas, Wz *nt* <*gen:* -es> плексиглáс *m*
PLO *abk von* **Palestine Liberation Organization** *f* ООП (Организáция *f* Освобождéния Палестины)
Plombe *f* <-, -n> плóмба *f*
plombieren *vt* 1. пломбировáть, о- *pf*; 2. (*Zahn*) пломбировáть, за- *pf*
Plotter *m* <-s, -> (DV) плóттер *m*
plötzlich *adj* внезáпный, неожи́данный
plump *adj* (*Bewegung*) неуклю́жий, нелóвкий
Plumpheit *f* <*gen:* > нелóвкость *f*
Plumpsklo *nt* <-s, -s> (*umg*) убóрная *f* над ямой (без смывнóй систéмы)
Plunder *m* <*gen:* -s> (*umg: pej*) барахлó *nt*, хлам *m*
Plünderer *m* <-s, -> грабитель *m*
plündern *vt* (*auch fig*) грáбить, раз- *pf*
Plünderung *f* <-, -en> грабёж *m*, мародёрство *nt*
Plural *m* <*gen:* -s> мнóжественное числó *nt*
Pluralismus *m* <*gen:* -> плюрализм *m*

plus I. *präp* +*gen* (*zuzüglich*) плюс (+ *nom*); II. *adv* плюс; **wir haben ~ 3 Grad** у нас три грáдуса теплá; III. *konj* (MATH) плюс.
Plus *nt* <*gen:* -> 1. (*Pluspunkt*) преимýщество *nt*, плюс *m*; 2. (*Gewinn*) прибыль *f*
Plüsch *m* <*gen:* -(e)s> плюш *m*
Plüschtier *nt* <-(e)s, -e> плюшевый зверёк *m* (игрýшка)
Pluspol *m* <-s, -e> (EL) положи́тельный пóлюс *m*
Plusquamperfekt *nt* <*gen:* -s> (LING) плюсквамперфéкт *m*
Pluszeichen *nt* <-s, -> знак *m* сложéния
Plutonium *nt* <*gen:* -s> плутóний *m*
PLZ *abk von* **Postleitzahl**
Pneu *m* <-s, -s> (*CH: Reifen*) шина *f*
Po *m* <-s, -s> (*umg*) пóпа *f*, пóпка *f*
Pöbel *m* <*gen:* -s> (*pej*) сброд *m*
pochen *vi* 1. стучáть, по- *pf* (*an* +*akk* в + *akk*); 2. (*Herz*) стучáться *impf*; **auf sein Recht ~** настáивать на своём прáве
Pocken *fpl* <*gen:* -> óспа *f*
Pockenimpfung *f* <-, -en> оспоприви́вание *nt*, противоóспенная прививка *f*
Podium *nt* <-s, -ien> трибýна *f*
Poesie *f* <*gen:* -> поэ́зия *f*
Poet, -in *m/f* <-en, -en> поэ́т, поэтéсса *m/f*
poetisch *adj* поэти́ческий
Pogrom *nt* <-s, -e> погрóм *m*
Point of Sale *m* <*gen:* -> торгóвая тóчка *f*
Pointe *f* <-, -n> остротá *f*
Pokal *m* <-s, -e> кýбок *m*
Pokalsieger *m* <-s, -> победи́тель *m* игр на кýбок
Pokalspiel *nt* <-(e)s, -e> игрá *f* на кýбок
Pökelfleisch *nt* <*gen:* -es> солони́на *f*
Pol *m* <-s, -e> пóлюс *m*
polar *adj* поля́рный
Polareis *nt* <*gen:* -es> поля́рный лёд *m*
Polarexpedition *f* <-, -en> поля́рная экспедиция *f*
Polarforscher, -in *m/f* <-s, -> поля́рник *m*
Polarfront *f* <*gen:* -> (METEO) поля́рный фронт *m*
Polargebiet *nt* <-(e)s, -e> поля́рные стрáны *pl*
Polarisation *f* <-, -en> поляризáция *f*
Polarität *f* <-, -en> поля́рность *f*
Polarkreis *m* <-s, -e> поля́рный круг *m*
Polarlicht *nt* <*gen:* -(e)s> поля́рное сияние *nt*
Polarstation *f* <-, -en> поля́рная стáнция *f*
Polarstern *m* <*gen:* -(e)s> Поля́рная звездá *f*
Pole *m* <-n, -n> поля́к *m*
Polemik *f* <-, -en> полéмика *f*

polemisch *adj* полеми́ческий
Polen *nt* <gen: -s> По́льша *f*
Police *f* <gen: -> (*Versicherungsschein*) (страхово́й) по́лис *m*
polieren *vt* полирова́ть, от- *pf*
Poliermittel *nt* <-s, -> полиру́ющий соста́в *m*
Polierpaste *f* <-, -n> полирово́чная па́ста *f*
Polierscheibe *f* <-, -n> полирова́льный диск *m*
Poliklinik *f* <-, -en> поликли́ника *f*
Polin *f* <-, -nen> по́лька *f*
Politbüro *nt* <gen: -s> политбюро́ *nt*
Political correctness *f* <gen: -> принципиа́льное несогла́сие с любы́ми проявле́ниями нетерпи́мости в отноше́нии этни́ческой, полово́й и социа́льной принадле́жности, а та́кже физи́ческих и у́мственных недоста́тков и́ли сексуа́льных скло́нностей; политкорре́ктность
Politik *f* <-, -en> поли́тика *f*; **eine ~ betreiben** проводи́ть поли́тику
Politiker, in *m/f* <-s, -> поли́тик *m*
Politikverdrossenheit *f* <gen: -> (ма́ссовое) разочарова́ние *nt* в поли́тике
Politikwissenschaft *f* <gen: -> политоло́гия *f*
politisch *adj* полити́ческий; **eine ~e Entscheidung** полити́ческое реше́ние
Politisierung *f* <gen: -> политиза́ция *f* (слоёв о́бщества)
Politologe, Politologin *m/f* <-n, -n> полито́лог *m*
Polizei *f* <-, -en> поли́ция *f*; **die ~ rufen** вы́звать поли́цию
Polizeiaktion *f* <-, -en> полице́йская а́кция *f*, вмеша́тельство *nt* поли́ции
Polizeiaufgebot *nt* <-(e)s, -e> отря́д *m* поли́ции
Polizeibeamte(r) *mf* <-n, -n> полице́йский чино́вник *m*
Polizeidienststelle *f* <-, -n> полице́йская инста́нция *f*
Polizeidirektion *f* <-, -en> полице́йское управле́ние *nt*
Polizeifahrzeug *nt* <-s, -e> полице́йский автомоби́ль *m*
Polizeigewahrsam *nt* <gen: -s> аре́ст *m*, заключе́ние *nt* под стра́жу
Polizeihubschrauber *m* <-s, -> полице́йский вертолёт *m*
Polizeikommissar, -in *m/f* <-s, -e> комисса́р *m* поли́ции
polizeilich *adj* полице́йский
Polizeipräsenz *f* <gen: -> прису́тствие *nt* поли́ции
Polizeipräsident, -in *m/f* <-en, -en> нача́льник *m* полице́йского управле́ния (в большо́м го́роде)
Polizeipräsidium *nt* <-s, -ien> управле́ние *nt* поли́ции
Polizeirevier *nt* <-(e)s, -e> полице́йский уча́сток *m*
Polizeispitzel *m* <-s, -> сы́щик *m*, шпик *m*
Polizeisprecher, -in *m/f* <-s, -> представи́тель *m* полице́йских о́рганов
Polizeistaat *m* <-(e)s, -en> полице́йское госуда́рство *nt*
Polizeistreife *f* <-, -n> полице́йский патру́ль *m*
Polizeistunde *f* <gen: -> полице́йский час *m*
Polizeiwache *f* <-, -n> полице́йский уча́сток *m*
Polizist, -in *m/f* <-en, -en> полице́йский *m*
Polka *f* <-, -s> по́лька *f*
Polklemme *f* <-, -n> (EL) по́люсная кле́мма *f*
Pollen *m* <-s, -> пыльца́ *f*
Pollenallergie *f* <-, -n> аллерги́я *f* на пыльцу́
Pollenflug *m* <gen: -(e)s> перелёт *m* пыльцы́
polnisch I. *adj* по́льский; II. *adv* по-по́льски.
Polster *nt* <-s, -> 1. мя́гкая оби́вка *f*; 2. (*fig*) запа́сы *mpl*
Polstergarnitur *f* <-, -en> гарниту́р *m* мя́гкой ме́бели
polstern *vt* (*Möbel*) обива́ть, оби́ть *pf*
Polstersessel *m* <-s, -> мя́гкое кре́сло *nt*
poltern *vi* (*Geräusch erzeugen*) громыха́ть, -хну́ть *pf*
Polyamid *nt* <-(e)s, -e> полиами́д *m*
Polyester *m* <-s, -> полиэфи́р *m*
Polymer *nt* <-s, -e> полиме́р *m*
Polymerisierung *f* <gen: -> (CHEM) полимериза́ция *f*
Polysemie *f* <-, -n> (LING) полисе́мия *m*
Polytheismus *m* <gen: -> политеи́зм *m*, многобо́жие *nt*
Polyurethan *nt* <gen: -> полиурета́н *m*
Polyvinylchlorid *nt* <gen: -s> поливинилхлори́д *m*
Pomade *f* <-, -n> пома́да *f*
Pommern *nt* <gen: -s> Помера́ния *f*
Pommes frites *fpl* <gen: -> карто́фель *m* фри
Pomp *m* <gen: -(e)s> пы́шность *f*
pompös *adj* пы́шный, помпе́зный
Pontifikat *nt* <-(e)s, -e> пребыва́ние *nt* в до́лжности па́пы ри́мского и́ли епи́скопа
Ponton *m* <-s, -e> понто́н *m*
Pontonbrücke *f* <-, -n> понто́нный мост *m*
Pony[1] *nt* <-s, -s> (*kleines Pferd*) по́ни *m*
Pony[2] *m* <-s, -s> (*Frisur*) чёлка *f*
Ponyfrisur *f* <-, -en> стри́жка *f* с чёлкой

Pool *m* <-s, -s> **1.** (*Schwimmbecken*) пла́вательный бассе́йн; **2.** (*Zusammenfassung von gemeinsamen Interessen*) пул *m*

Pop *m* <gen: -s> поп *m*

Pope *m* <-n, -n> поп *m*

Popfestival *nt* <-s, -s> поп-фестива́ль *m*

Popgruppe *f* <-, -n> поп-гру́ппа *f*

Popkonzert *nt* <-(e)s, -e> поп-конце́рт *m*

Popmusik *f* <gen: -> поп-му́зыка *f*

Popo *m* <-s, -s> по́па *f*

poppig *adj* (*bunt, knallig*) бро́ский

Popsänger, -in *m/f* <-s, -> эстра́дный певе́ц *m*

Popstar *m* <-s, -s> звезда́ *f* эстра́ды

Popszene *f* <gen: -> среда́ *f* эстра́дных исполни́телей

populär *adj* популя́рный

popularisieren *vt* популяризова́ть

Popularität *f* <gen: -> популя́рность *f*

populärwissenschaftlich *adj* нау́чно-популя́рный

Pore *f* <-, -n> по́ра *f*

Pornofilm *m* <-(e)s, -e> порнографи́ческий фильм *m*

Pornografie, Pornographie *f* <gen: -> порногра́фия *f*

pornografisch, pornographisch *adj* порнографи́ческий

Pornoheft *nt* <-(e)s, -e> порнографи́ческая газете́нка *f*

porös *adj* по́ристый

Port *m* <-s, -s> (DV) порт *m*

Portable *nt* <-s, -s> (*tragbarer Computer*) портати́вная ЭВМ *f*

Portal *nt* <-s, -e> **1.** (*Tor*) порта́л *m*; **2.** (DV: *Internet*) порта́л

Portefeuille *nt* <-s, -s> портфо́лио *nt*

Portfolioanalyse *f* <-, -n> ана́лиз *m* портфе́ля

Portfoliomanagement *nt* <gen: -s> портфо́лио-ме́неджмент *m*

Portier *m* <-s, -s> швейца́р *m*

Portion *f* <-, -en> **1.** по́рция *f*; **2.** (*umg: Anteil*) до́ля *f*

Portmonee, Portemonnaie *nt* <-s, -s> кошелёк *m*

Porto *nt* <-s, -s> почто́вый сбор *m*

portofrei *adj* не облага́емый почто́вым сбо́ром

portopflichtig *adj* облага́емый по'|то́вым обо́ром

Portrait *nt* <-s, -s> портре́т *m*

portraitieren *vt* писа́ть, написа́ть *pf* портре́т

Porträt *nt* <-s, -s> портре́т *m*

Porträtmaler *m* <-s, -s> портрети́ст *m*

Portugal *nt* <gen: -s> Португа́лия *f*

Portugiese *m* <-n, -n> португа́лец *m*

Portugiesin *f* <-, -nen> португа́лка *f*

portugiesisch **I.** *adj* португа́льский; **II.** *adv* по-португа́льски.

Portwein *m* <-(e)s, -e> портве́йн *m*

Porzellan *nt* <-s, -e> **1.** фарфо́р *m*; **2.** (*Geschirr*) фарфо́ровая посу́да *f*

Porzellanerde *f* <gen: -> каоли́н *m*

Porzellanmanufaktur *f* <-, -en> фарфо́ровая мануфакту́ра *f*

Porzellanschale *f* <-, -n> фарфо́ровая ча́ша *f*

Porzellanwaren *pl* <gen: -> фарфо́ровые изде́лия *pl*

Posaune *f* <-, -n> тромбо́н *m*

Posaunist *m* <-en, -en> тромбони́ст *m*

Pose *f* <-, -n> по́за *f*; **sich in ~ werfen** встать в по́зу

Position *f* <-, -en> **1.** (*Standpunkt*) пози́ция *f*, то́чка *f* зре́ния; **2.** (*berufliche Stellung*) пост *m*, до́лжность *f*; **3.** (*Standort*) пози́ция *f*, расположе́ние *nt*

Positionslicht *nt* <-(e)s, -er> стоя́ночный ого́нь *m*

positiv *adj* положи́тельный

Posse *f* <-, -n> (THEAT) фарс *m*

Possessivpronomen *nt* <-s, -nomina> (LING) притяжа́тельное местоиме́ние *nt*

possierlich *adj* (*Tier*) заба́вный

Post *f* <gen: -> по́чта *f*; **ein Paket auf die** [*o* **zur**] **~ bringen** отнести́ посы́лку на по́чту; **etw mit der ~ schicken** посла́ть что-л. по по́чте

postalisch *adj* почто́вый

Postamt *nt* <-(e)s, -ämter> по́чта *f*

Postanweisung *f* <-, -en> (*Geldüberweisung per Post*) почто́вый (де́нежный) перево́д *m*

Postbeförderung *f* <gen: -> перево́зка *f* по́чты

Postbote *m* <-n, -n> почтальо́н *m*

Postbotin *f* <-, -nen> почтальо́н *m*

Posten *m* <-s, -> **1.** (*Arbeitsstelle*) пост *m*, до́лжность *f*; **2.** (*auf Liste*) статья́ *f*; **3.** (ÖKON: *Menge*) па́ртия *f* това́ра; **4.** (MIL) пост *m*; **5.** (*Rechnungswesen*) статья́ *f*, пози́ция *f*; **ein ~ auf der Aktivseite/Passivseite** статья́ акти́ва/пасси́ва; **ungedeckter ~** непокры́тая статья́; **einen ~ verbuchen** заноси́ть статью́ в счёт

Postfach *nt* <-(e)s, -fächer> абонеме́нтный почто́вый я́щик *m*

Postgeheimnis *nt* <gen: -ses> та́йна *f* почто́вой перепи́ски

Postgewerkschaft *f* <gen: -en> профсою́з *m* почто́вых рабо́тников

postindustriell *adj* (*Gesellschaft*) постиндустриа́льный

Postkarte *f* <-, -n> (почто́вая) откры́тка *f*

postlagernd *adj* до востре́бования

Postleitzahl *f* <-, -en> почто́вый и́ндекс *m*

Postminister, -in *m/f* <-s, -> мини́стр *m* свя́зи

Postmoderne *f* <gen: -> постмоде́рн *m*

Postomnibus *m* почто́вый авто́бус *m*

Postpaket nt <-(e)s, -e> почто́вая посы́лка f
Postscheck m <-s, -s> почто́во-переводно́й чек m
Postscheckamt nt <-(e)s, -ämter> центр m почто́во-че́ковых расчётов
Postscheckkonto nt <-s, -konten> теку́щий счёт m
Postsendung f <-, -en> почто́вое отправле́ние nt
Postskriptum nt <gen: -s> постскри́птум m, припи́ска f
Postsortieranlage f <-, -n> маши́на f для сортиро́вки по́чты
Poststelle f <-n, -n> 1. пункт m свя́зи; 2. (небольшо́е) почто́вое отделе́ние nt
Poststempel m <-s, -> почто́вый штамп m
Postüberweisung f <-, -en> почто́вый де́нежный перево́д m
Postulat nt <-(e)s, -e> постула́т m
postwendend adj обра́тной по́чтой
Postwertzeichen nt <-s, -> знак m почто́вой опла́ты
Postzahlungsverkehr m <gen: -s> почто́вый платёжный оборо́т m
potent adj поте́нтный
Potenz f <-, -en> 1. (sexuelle ~) поте́нция f; 2. (MATH) сте́пень f; **in höchster ~** (umg) в вы́сшей сте́пени
Potenzial, Potential nt <-s, -e> потенциа́л m; **geistiges ~** духо́вный потенциа́л; **wirtschaftliches ~** экономи́ческий потенциа́л; **wissenschaftlich-technisches ~** нау́чно-техни́ческий потенциа́л
potenziell, potentiell adj потенциа́льный; **ein ~er Kunde** потенциа́льный покупа́тель
Potenzpille f <-, -n> (umg) табле́тка f, уси́ливающая поте́нцию
Potenzstörung f <-, -en> наруше́ние nt поте́нции
Pottwal m <-(e)s, -e> кашало́т m
Poulet nt <-s, -s> (CH: Huhn als Speise) куря́тина f
Power-Prozessor m <-s, -en> проце́ссор m большо́й мо́щности
PR abk von **Public Relations**
Präambel f <-, -n> преа́мбула f
PR-Abteilung f <-, -en> отде́л m по связя́м с обще́ственностью
Pracht f <gen: -> великоле́пие nt
Prachtausgabe f <-, -n> роско́шное изда́ние nt
prächtig adj великоле́пный, прекра́сный
prädestiniert adj (geh: vorbestimmt) предназна́ченный
Prädikat nt <-(e)s, -e> 1. (LING) сказу́емое nt, предика́т m; 2. (Bewertung) оце́нка f
prädikativ adj (LING) предикати́вный
Präfekt m <-en, -en> префе́кт m

Präfektur f <-, -en> префекту́ра f
Präferenz f <-, -en> 1. (Vergünstigung) префере́нция f; 2. (Vorliebe) предпочте́ние nt; 3. (Vorrang) приорите́т m, преиму́щество nt
Präfix nt <-es, -e> (LING) приста́вка f
prägen vt 1. (Münze) чека́нить, от- pf; 2. (Menschen) формирова́ть, с- pf; **die Kriegszeit hat ihn geprägt** война́ наложи́ла на него́ свой отпеча́ток
Pragmatik f <-, -en> прагма́тика f
Pragmatiker, -in m/f <-s, -> прагма́тик m
pragmatisch adj прагмати́ческий
Pragmatismus m <gen: -> прагмати́зм m
prägnant adj ме́ткий, то́чный
Prägnanz f <gen: -> ме́ткость f, то́чность f
Prägung f <-, -en> 1. (von Münzen) чека́нка f; 2. (Ausprägung) ка́чество nt; 3. (von Begriffen) образова́ние nt
prähistorisch adj доистори́ческий
prahlen vi хвали́ться, по- pf; хва́статься, по- pf; **er prahlt mit seinem neuen Auot** он хва́стается свои́м но́выми автомоби́лем
Prahlerei f <-, -en> хвастовство́ nt
Praktikant, -in m/f <-en, -en> практика́нт, -ка f, стажёр m
Praktikum nt <-s, -ka> пра́ктика f, практи́ческое заня́тие nt
praktisch adj 1. (zweckmäßig) практи́чный; 2. (auf die Praxis bezogen) практи́ческий
praktizieren I. vt практикова́ть, по- pf; II. vi (Arzt, Anwalt) практикова́ть impf
Prälat m <-en, -en> прела́т m
Praline f <-, -n> шокола́дная конфе́та f
prall adj (straff) упру́гий, туго́й
prallen vi 1. наска́кивать, -скочи́ть pf (gegen +akk на +akk); 2. (mit dem Auto) наезжа́ть, -е́хать pf (gegen +akk на + akk)
Präludium nt <-s, Präludien> прелю́дия f
prämi(i)eren vt премирова́ть impf/pf
Prämie f <-, -n> 1. пре́мия f; 2. (Versicherungs-~) (страхова́я) пре́мия f; **eine ~ für etw aussetzen** назна́чить пре́мию за что-л.
Prämiensparen nt <gen: -s> премиа́льный вклад m
prämieren vt премирова́ть
Prämierung f <-, -en> премирова́ние nt
Prämisse f <-, -n> предпосы́лка f
Pranger m: **jdn/etw an den ~ stellen** (fig) заклейми́ть кого́-л. (позо́ром)
Präparat nt <-(e)s, -e> препара́т m
Präposition f <-, -en> (LING) предло́г m
Präpositiv m <gen: -s> (LING) предло́жный паде́ж m
Präsens nt <gen: -s> (LING) настоя́щее вре́мя nt

Präsentation *f* <-, -en> презентация *f*

präsentieren I. *vt* (*schenken, anbieten*) преподносить, -нести *pf*; II. *vr* представлять, -ставить *pf* себя; **er präsentierte sich im günstigsten Licht** он представил себя в лучшем свете

Präsentkorb *m* <-(e)s, -körbe> подарочная корзина *f*

Präservativ *nt* <-s, -e> презерватив *m*

Präsident, -in *m/f* <-en, -en> президент *m*

Präsidentenamt *nt* <-(e)s, -ämter> должность *f* президента

Präsidentenwahl *f* <-, -en> президентские выборы *pl*

Präsidentschaft *f* <*gen:* -> президентство *nt*

Präsidentschaftskandidat, -in *m/f* <-en, -en> кандидат, -ка *m/f* в президенты

Präsidium *nt* <-s, -ien> (*Vorsitz*) президиум *m*

Präsidiumsmitglied *nt* <-(e)s, -er> член *m* президиума

prätentiös *adj* (*pej*) претенциозный

Präteritum *nt* <*gen:* -s> (LING) претерит *m*

Prävention *f* <-, -en> профилактика *f*

Präventivmaßnahme *f* <-, -n> превентивная мера *f*

Praxis *f* <-, Praxen> 1. (*praktische Durchführung*) практика *f*; **jahrelange ~** многолетняя практика; **etwas in die ~ umsetzen** применять на практике 2. (*von Arzt*) практика *f*

praxisfern *adj* далёкий от практики

praxisnah *adj* связанный с практикой

Präzedenzfall *m* <-(e)s, -fälle> прецедент *m*; **einen ~ schaffen** создать прецедент

präzis(e) *adj* точный

Präzision *f* <*gen:* -> точность *f*

Präzisionsarbeit *f* <*gen:* -> точная работа *f*

Präzisionsinstrument *nt* <-(e)s, -e> точный прибор *m*

predigen I. *vt* проповедовать *impf*; II. *vi* читать, про- *pf* проповедь

Prediger, -in *m/f* <-s, -> проповедник *m*

Predigt *f* <-, -en> проповедь *f*

Preis *m* <-es, -e> 1. (*Kaufpreis*) цена *f*; **die ~e sind gestiegen** цены повысились; **amtlicher ~** государственная цена; **im ~ anziehen** подниматься в цене; **durchschnittlicher ~** средняя цена; **~e einfrieren** замораживать цены; **erschwinglicher ~** доступная цена; **die ~e freigeben** освобождать цены; **gestützter ~** дотационная цена; **hoher ~** высокая цена; **konstanter ~** постоянная цена; **niedriger ~** низкая цена; **ortsüblicher ~** местная цена; **den ~ reduzieren** снижать цену; **staatlich festgesetzter ~** государственная цена; **stabiler ~** стабильная цена; **steigender ~** растущая цена; **überhöhter ~** завышенная цена; **den ~ unterbieten** сбивать цену; **zu fixen ~en** по твёрдой цене; **zu üblichen ~en** по обычной цене; **zum ~ von 50 Euro** по цене (в) 50 евро; **zum halben ~** за полцены 2. (*in einem Wettbewerb*) приз *m*, премия *f*, награда *f*; **sie hat den ersten ~ bekommen** она получила первое место; **einen ~ aussetzen** назначить приз; **einen ~ gewinnen** выигрывать приз; **um jeden ~** любой ценой; **um keinen ~** ни за что; **einen ~ stiften** учреждать премию; **einen ~ für etwas überreichen** вручать премию

Preisabschlag *m* <-(e)s, -abschläge> скидка *f* с цены

Preisabsprache *f* <-, -n> соглашение *nt* о ценах

Preisaggressivität *f* <*gen:* -> агрессивный рост *m* цен

Preisänderung *f* <-, -en> изменение *nt* цен

Preisangabe *f* <-, -n> указание *nt* цены

Preisanstieg *m* <-(e)s, -e> рост *m* цен

Preisaufschlag *m* <-(e)s, -aufschläge> надбавка *f* к цене

Preisausschreiben *nt* <-s, -> конкурс *m*

Preisauszeichnung *f* <-, -en> обозначение *nt* цены

Preisbehörde *f* <-, -n> служба *f* контроля над ценами

Preisbereinigung *f* <-, -en> пересчёт *m* цен

preisbewusst *adj* экономично рассуждающий

Preisbildung *f* <*gen:* -> ценообразование *nt*

Preisbindung *f* <-, -en> фиксирование *nt* цен

Preisdiktat *nt* <*gen:* -(e)s> ценовой диктат *m*

Preisdruck *m* <-(e)s> ценовое давление *nt*

Preisdumping *nt* <*gen:* -s> демпинг *m*

Preiseinbruch *m* <-(e)s, -einbrüche> падение *nt* цен

Preiselbeere *f* <-, -n> брусника *f*

Preisempfehlung *f* <-, -en> ценовые рекомендации *pl*

preisen <pries, gepriesen> *vt* (*geh*) восхвалять, -лить *pf*

Preisentwicklung *f* <-, -en> динамика *f* цен

Preiserhöhung *f* <-, -en> повышение *nt* цен

Preisfestsetzung *f* <-, -en> установление *nt* цен

Preisfixierung *f* <-, -en> установление *nt* цен

Preisfreigabe *f* <*gen:* -> либерализация *f* цен

Preisführer *m* <-s, -> (ÖKON)

монопо́льный ли́дер m в о́бласти цен
Preisführerschaft f <gen: -> (ÖKON) лиди́рование nt в о́бласти цен
Preisgarantie f <-, -en> гара́нтия f в отноше́нии цены́
preisgeben vt 1. (aussetzen, ausliefern) броса́ть, бро́сить pf на произво́л (судьбы́); 2. (Geheimnis) выдава́ть, вы́дать pf
Preisgefüge nt <gen: -s> структу́ра f цен
preisgekrönt adj отме́ченный награ́дами, награждённый
Preisgeld nt <-es, -er> де́нежный приз m, приз m в ви́де де́нежной су́ммы
Preisgericht nt <-(e)s, -e> жюри́ nt
Preisgestaltung f <-, -en> ценообразова́ние nt
Preisgrenze f <-, -n> преде́л m цен
preisgünstig adj недорого́й
Preisindex m <gen: -> и́ндекс m цен
Preiskampf m <-(e)s, -kämpfe> борьба́ f в о́бласти цен
Preiskartell nt <-s, -e> карте́льное соглаше́ние nt о це́нах
Preiskontrolle f <-, -n> контро́ль m над це́нами
Preiskonvention f <-, -en> конве́нция f в о́бласти цен
Preislage f <-, -n> у́ровень m цен
Preis-Leistungs-Verhältnis nt <gen: -ses> соотноше́ние nt цены́ к ка́честву
Preislimit nt <-s, -s> преде́л m цен
Preisliste f <-, -n> катало́г m цен, прейскура́нт m
Preismechanismus m <-, -mechanismen> механи́зм m цен
Preisnachlass m <-es, -nachlässe> ски́дка f с цены́
Preisniveau nt <-s, -s> у́ровень m цен
Preisnotierung f <-, -en> (BÖRSE) котиро́вка f цен
Preisobergrenze f <-, -n> ве́рхний преде́л m цены́
Preispolitik f <gen: -> поли́тика f в о́бласти цен
Preisrätsel nt <-s, -> зага́дка f на приз
Preisregulierung f <-, -en> регули́рование nt цен
Preisrückgang m <-(e)s, -rückgänge> паде́ние nt цен
Preisschere f <-, -n> но́жницы pl цен
Preisschild nt <-(e)s, -er> це́нник m
Preisschlager m <-s, -> това́р m по баснословно ни́зкой цене́
Preisschwankung f <-, -en> колеба́ние nt цен
Preissenkung f <-, -en> сниже́ние nt цен
Preisspanne f <-, -n> ра́зница f в у́ровнях цен, разры́в m в це́нах
Preisstabilität f <gen: -> стаби́льность f цен
Preissteigerung f <-, -en> повыше́ние nt цен
Preisstopp m <-s, -s> заморо́живание nt цен
Preissturz m <-es, -stürze> паде́ние nt цен
Preisstützung f <-, -en> субсиди́рование nt цен
Preisträger, -in m/f <-s, -> лауреа́т m, -ка m/f
Preistreiberei f <gen: -> завыше́ние nt цен
Preisüberwachung f <gen: -> контро́ль m цен
Preisunterbietung f <gen: .-> сбива́ние nt цен
Preisuntergrenze f <-, -n> ни́жний преде́л m цены́
Preisunterschied m <-(e)s, -e> ра́зница f в цене́
Preisverfall m <gen: -(e)s> паде́ние nt цен
Preisvergleich m <-(e)s, -e> сопоставле́ние nt цен
preiswert adj недорого́й
Prellbock m <-(e)s, -böcke> тупико́вый упо́р m
prellen vt 1. ушиби́ть pf; 2. (betrügen) обма́нывать, -ману́ть pf (um +akk на +akk)
Prellung f <-, -en> уши́б m
Premiere f <-, -n> премье́ра f
Premierminister, in m/f <-s, -> премье́р-мини́стр m
Presse f <-, -n> 1. (Obstpresse) пресс m; 2. (Druckerpresse) печа́тный стано́к m; die ~ (die Zeitungen) печа́ть
Presseagentur nt <-, -en> аге́нтство nt печа́ти
Pressedienst m <-es, -e> пресс-слу́жба f
Presseerklärung f <-, -en> заявле́ние nt для печа́ти
Pressefreiheit f <gen: -> свобо́да f печа́ти
Pressekonferenz f <-, -en> пресс-конфере́нция f
Pressemeldung f <-, -en> сообще́ние nt печа́ти
pressen vt 1. (TECH) прессова́ть, с- pf; 2. (drücken) жать, с- pf, сжима́ть impf; 3. (Saft) выжима́ть, вы́жать pf
Pressenotiz f <-, -en> газе́тная заме́тка f
Presserecht nt <-(e)s, -e> законода́тельство nt о печа́ти
Presseschau f <gen: -> обзо́р m печа́ти
Pressesprecher, -in m/f <-s, -> пресс-секрета́рь m
Pressestelle f <-, -n> пресс-бюро́ nt, отде́л m печа́ти
Pressevertreter m <-s, -> представи́тель m печа́ти
Pressewesen nt <gen: -s> журнали́стика f
Pressezensur f <gen: -> цензу́ра f

печа́ти
Pressezentrum nt <-s, -zentren> пресс-центр m
Pression f <-, -en> давле́ние nt
Presskohle f <gen: -> у́гольный брике́т m
Pressluft f сжа́тый во́здух m
Pressluftflasche f <-, -n> балло́н m со сжа́тым во́здухом
Presslufthammer m <-s, -hämmer> пневмати́ческий молото́к m
Prestige nt <gen: -s> прести́ж m, прести́жность f
Prestigedenken nt <gen: -s> мышле́ние nt, ориенти́рованное на прести́ж
Prestigegewinn m <-s, -e> увеличе́ние nt прести́жа
Prestigeobjekt nt <-(e)s, -e> предме́т nt прести́жа
Prestigeverlust m <-es, -e> поте́ря f прести́жа
prickeln vi 1. пока́лывать impf; 2. (Sekt) пузыри́ться impf
pries prät von **preisen**
Priester, -in m/f <-s, -> свяще́нник m
Priesteramt nt <gen: -es> до́лжность f свяще́нника
Priestergewand nt <-es, -gewänder> одея́ние nt свяще́нника
prima adj (umg: sehr gut) прекра́сный, замеча́тельный
primär adj перви́чный
Primärkosten pl <gen: -> перви́чные затра́ты pl
Primel f <-, -n> первоцве́т m
primitiv adj 1. (Kultur, Stamm) примити́вный, первобы́тный; 2. (pej: Mensch) примити́вный, незамыслова́тый
Primzahl f <-, -en> (MATH) просто́е число́ nt
Printmedien pl <gen: -> печа́тные сре́дства pl информа́ции
Prinz m <-en, -en> принц m
Prinzessin f <-, -nen> принце́сса f
Prinzip nt <-s, -ien> при́нцип m; **im** ~ в при́нципе; **aus** ~ из при́нципа
prinzipiell adj принципиа́льный
Prinzipienreiter, -in m/f <-s, -> (pej) педа́нт m, буквое́д m
prinzipientreu adj ве́рный при́нципам, принципиа́льный
Priorität f <-, -en> приорите́т m
Prise f <-, -n> щепо́тка f; **eine** ~ **Salz** щепо́тка со́ли
Prisma nt <-s, Prismen> при́зма f
privat adj 1. (persönlich) ли́чный; 2. (nicht öffentlich) ча́стный; **sie geht auf eine ~e Schule** она́ хо́дит в ча́стную шко́лу
Privatadresse f <-, -n> ча́стный а́дрес m
Privatangelegenheit f <-, -en> ли́чное де́ло nt
Privatanschrift f <-, -en> ча́стный а́дрес m

Privataudienz f <-, -en> ча́стная аудие́нция f
Privatbank f <-, -en> ча́стный банк m
Privatbesitz m <gen: -es> ча́стная со́бственность f
Privateigentum nt <gen: -s> ча́стная со́бственность f; ~ **an Grund und Boden** ча́стная со́бственность на зе́млю
Privatfernsehen nt <gen: -s> ча́стное телеви́дение nt
Privatgespräch nt <-(e)s, -e> ли́чный разгово́р m
Privatgrundstück nt <-(e)s, -e> ча́стный земе́льный уча́сток m
Privatinitiative f <-, -n> ча́стная инициати́ва f
privatisieren vt (POL, ÖKON: von Eigentum) приватизи́ровать impf/pf
Privatisierung f <gen: -> (POL, ÖKON) приватиза́ция f
Privatklage f <-, -n> (JUR) ча́стное обвине́ние nt
Privatkonto nt <-s, -konten> ли́чный счёт m
Privatkredit m <-s, -e> ча́стный креди́т m
Privatkunde m <-n, -n> ча́стный клие́нт m
Privatleben nt <gen: -s> ли́чная жизнь f
Privatlehrer, -in m/f <-s, -> учи́тель m, даю́щий ча́стные уро́ки
Privatnummer f <-, -n> (TELKOM) но́мер m дома́шнего телефо́на
Privatperson f <-, -en> ча́стное лицо́ nt
Privatrecht nt <gen: -(e)s> (JUR) ча́стное пра́во n
Privatsache f <-, -n> ли́чное де́ло nt
Privatschule f <-, -n> ча́стная шко́ла f
Privatsekretär, -in m/f <-s, -e> ли́чный секрета́рь m
Privatsender m <-s, -> ча́стная радиоста́нция f
Privatsphäre f <gen: -> ли́чная сфе́ра f
Privatunternehmen nt <-s, -> ча́стное предприя́тие nt
Privatvermögen nt <-s, -> ча́стное иму́щество nt
Privatversicherung f <-, -en> ли́чное страхова́ние nt
Privatwirtschaft f <gen: -> ча́стное хозя́йство nt
Privileg nt <-s, -ien> привиле́гия f; ~**ien genießen** име́ть привиле́гии
pro I. präp +akk на (+ akk), в (+ akk), за (+ akk); **50 km** ~ **Stunde** 50 км в час; ~ **Kopf** (umg) на челове́ка; ~ **Stück** за шту́ку; II. adv (für) за.
Proband, -in m/f <-en, -en> испыту́емый
Probe f <-, -n> 1. прове́рка f, про́ба f, тест m, испыта́ние nt; 2. (THEAT, MUS) репети́ция f; 3. (CHEM) про́ба f
Probeabzug m <-(e)s, -abzüge> про́бный

óттиск m
Probealarm m <gen: -(e)s> учéбная тревóга f
Probeaufnahme f <-, -n> прóбная зáпись f
Probebohrung f <-, -en> прóбное бурéние nt
Probeentnahme f <-, -n> прóбное взя́тие nt
Probefahrt f <-, -en> прóбная поéздка f
Probelauf m <-(e)s, -läufe> (TECH) прóбный пуск m
proben vt репети́ровать, от- pf
Probeseite f <-, -n> 1. прóбная страни́ца f; 2. прóбная полосá f
probeweise adv для прóбы
Probezeit f <-, -en> испытáтельный срок m
probieren vt прóбовать, по- pf
Problem nt <-s, -e> (*schwierige Angelegenheit*) проблéма f; **ein ~ einschätzen** оцéнивать проблéму; **finanzielles ~** финáнсовая проблéма; **komplexes ~** кóмплексная проблéма; **ein ~ lösen** решáть проблéму; **organisatorisches ~** организациóнная проблéма; **sich einem ~ stellen** занимáться проблéмой
Problematik f <-, -en> проблемáтика f
problematisch adj проблемати́чный
Problemkreis m <-es, -e> круг m проблéм; **den ~ einschränken** ограни́чивать круг проблéм
problemlos adj благополýчный
Procedere f <gen: -> процедýра f
Product Placement nt <-, -s> скры́тая реклáма f
Produkt nt <-(e)s, -e> продýкт m, издéлие m, товáр m; **ein ausgereiftes ~** совершéнный продýкт; **ausländisches ~** инострáнный продýкт; **ein ~ eliminieren** исключáть продýкт из ассортимéнта; **fertiges ~** готóвый продýкт; **hochwertiges ~** высококáчественное издéлие; **inländisches ~** отéчественное издéлие; **ein ~ ins Sortiment aufnehmen** включáть издéлие в ассортимéнт; **ein ~ verkaufen** продавáть продýкт
Produktdifferenzierung f <-, -en> дифференциáция f издéлий
Produkteigenschaften pl <gen: -> характери́стика f продýкта
Produkteinführungsphase f <-, -n> фáза f внедрéния продýкта на ры́нке
Produktelimination f <-, -en> элиминáция f издéлия
Produktfamilie f <-, -n> ассортмéнтная грýппа f
Produktgestaltung f <-, -en> оформлéние nt товáра
Produktgruppe f <-, -n> товáрная грýппа f
Produkthaftung f <gen: -> отвéтственность f за продýкцию
Produktinnovation f <-, -en> разрабóтка f нóвого издéлия
Produktion f <gen: -> продýкция f, произвóдство nt; **arbeitsintensive ~** трудоёмкое произвóдство; **die ~ einstellen** останáвливать произвóдство; **energieintensive ~** энергоёмкое произвóдство; **industrielle ~** промы́шленное произвóдство; **laufende ~** текýщее произвóдство; **die ~ planen** плани́ровать произвóдство; **die ~ umstellen** перестрáивать предприя́тие; **umweltfreundliche ~** экологи́чески чи́стое произвóдство; **aus der ~ ziehen** снимáть с произвóдства
Produktionsablauf m <-(e)s, -abläufe> произвóдственный процéсс m
Produktionsanlage f <-, -n> промы́шленная устанóвка f; **Ausfall einer ~** вы́ход из стрóя промы́шленной устанóвки; **eine ~ stilllegen** выводи́ть из рабóты промы́шленную устанóвку
Produktionsausfall m <-(e)s, -ausfälle> останóвка f произвóдства, сбой m в произвóдстве
Produktionsbetrieb m <-(e)s, -e> произвóдственное предприя́тие nt
Produktionselastizität f <gen: -> эласти́чность f произвóдства
Produktionsengpass m <-es, -engpässe> ýзкое мéсто nt произвóдства
Produktionsergebnis nt <-ses, -se> результáт m произвóдства
Produktionsfaktor m <-s, -en> фáктор m произвóдства
Produktionsfehler m <-s, -> произвóдственный дефéкт m
Produktionskosten pl <gen: -> издéржки pl произвóдства
Produktionsmittel pl <gen: -> срéдства pl произвóдства
Produktionsorganisation f <gen: -> организáция f произвóдства
Produktionsplanung f <-, -en> плани́рование nt произвóдства
Produktionspotenzial nt <-(e)s, -e> произвóдственный потенциáл m
Produktionsprogramm nt <-(e)s, -e> произвóдственная прогрáмма f
Produktionsprozess m <-es, -e> произвóдственный процéсс m
Produktionsrückgang m <-(e)s, -rückgänge> сокращéние nt произвóдства
Produktionsrückstände pl <gen: -> произвóдственные отхóды pl
Produktionsstandort m <-(e)s, -e> местонахождéние nt произвóдства
Produktionsstätte f <-, -n> местонахождéние nt произвóдства
Produktionssteigerung f <-, -en> повышéние nt произвóдства

Produktionsstufe *f* <-, -n> стáдия *f* произвóдства
Produktionsumstellung *f* <-, -en> перестрóйка *f* произвóдства
Produktionsverfahren *nt* <-s, -> спóсоб *m* произвóдства
Produktionszahlen *pl* <gen: -> произвóдственные показáтели *pl*
Produktionszweig *m* <-(e)s, -e> óтрасль *f* произвóдства
produktiv *adj* продуктивный
Produktivität *f* <gen: -> продуктивность *f*
Produktivitätssteigerung *f* <-, -en> повышéние *nt* производительности
Produktivkräfte *pl* <gen: -> производительные силы *pl*
Produktlebensdauer *f* <gen: -> срок *m* существовáния продýкта
Produktlebenszyklus *m* <-, -zyklen> жизненный цикл *m* продýкта
Produktlinie *f* <-, -n> товáрная сéрия *f*
Produktmanager, -in *m/f* <-s, -> мéнеджер *m* по продýктам *m*
Produkt-Mix *m* <gen: -> продýкт-микс *m*
Produktpalette *f* <-, -n> ассортимéнт *m* продýктов
Produktpiraten *pl* <gen: -> поддéльщики *m* фирменных изделий
Produktpiraterie *f* <gen: -> поддéлка *f* фирменных изделий
Produktplanung *f* <-, -en> планирование *nt* выпуска изделий
Produktpolitik *f* <gen: -> политика *f* в отношéнии продýкта
Produktreifung *f* <gen: -> достижéние *nt* зрéлости продýкта
Produkttiefe *f* <gen: -> глубинá *f* ассортимéнта продýкта
Produzent, -in *m/f* <-en, -en> 1. (*Hersteller*) производитель *m*; 2. (FILM) продюсер *m*
produzieren *vt* производить, -вести *pf*, выпускáть, выпустить *pf*
Prof. *Abkürzung von* **Professor**
Professionalität *f* <gen: -> профессионализм *m*
professionell *adj* профессионáльный
Professor, -in *m/f* <-s, -en> профéссор *m*; **er ist ~ für Physik** он профéссор физики
Professur *f* <-, -en> профессýра *f*
Profi *m* <-s, -s> (*umg*) профессионáл *m*
Profil *nt* <-s, -e> прóфиль *m*; **~ eines Unternehmens** прóфиль предприятия
Profilierung *f* <gen: -> профилирование *nt*
Profillosigkeit *f* <gen: -> отсýтствие *nt* прóфиля
Profit *m* <-(e)s, -e> прибыль *f*, выгода *f*; **mit ~ arbeiten** рабóтать с прибылью; **hohen ~ abwerfen** приносить высóкую прибыль; **~ einstreichen** получáть прибыль; **~ erwirtschaften** получáть прибыль
Profitgier *f* <gen: -> жáжда *f* нажи́вы
profitieren *vi* получáть, -чи́ть *pf* пóльзу [*o* выгоду] (*von* +dat *o* +gen)
Prognose *f* <-, -n> прогнóз *m*, прогнозирование *nt*; **eine düstere ~** мрáчный прогнóз; **kurzfristige ~** краткосрóчное прогнозирование; **langfristige ~** долгосрóчное прогнозирование; **optimistische ~** оптимистический прогнóз; **vorsichtige ~** осторóжный прогнóз
Programm *nt* <-s, -e> прогрáмма *f*; **auf dem ~ stehen** стоять в прогрáмме
Programmänderung *f* <-, -en> изменéние *nt* в прогрáмме
programmatisch *adj* прогрáммый
Programmdirektor, -in *m/f* <-s, -en> дирéктор *m* прогрáммы
Programmdokumentation *f* <-, -en> (DV) прогрáммная документáция *f*
Programmfehler *m* <-s, -> (DV) оши́бка *f* в прогрáмме
Programmgestaltung *f* <-, -en> составлéние *nt* прогрáммы
Programmheft *nt* <-(e)s, -e> прогрáмма *f* (спектáкля и т.п.)
Programmhinweis *m* <-es, -e> *крáткий анóнс нéкоторых теле- или радиопередáч, предстоящих в ближáйшие часы или дни*
programmierbar *adj* программи́руемый, поддающийся программи́рованию
programmieren *vt* (DV) программи́ровать *impf*
Programmierer, -in *m/f* <-s, -> программи́ст *m*
Programmmanager *m* <-s, -> (DV) диспéтчер *m* прогрáмм
Programmpaket *nt* <-(e)s, -e> (DV) пакéт *m* прогрáммного обеспéчения ЭВМ
Programmpunkt *m* <-(e)s, -e> пункт *m* прогрáммы
Programmsteuerung *f* <-, -en> прогрáммное управлéние *nt*
Programmvorschau *f* <-, -en> прогрáмма *f* передáч (спектáклей и т.п) на ближáйшее врéмя
Progression *f* <-, -en> прогрéссия *f*
progressiv *adj* прогресси́вный; **~e Abschreibung** ускóренная амортизáция; **~e Steuer** прогресси́вный налóг
Prohibition *f* <gen: -> 1. запрéт *m*; 2. сухой закóн *m*
Prohibitivzoll *m* <-(e)s, -zölle> запрети́тельная пóшлина *f*
Projekt *nt* <-(e)s, -e> проéкт *m*; **ein ~ ablehnen** отклонять проéкт; **ein ~ abwickeln** рабóтать над проéктом; **ein ~ durchführen** осуществлять проéкт;

ein ~ fallen lassen отвергáть проéкт; ein ~ finanzieren финансировать проéкт; ein ~ zurückstellen отклонять проéкт

Projektfinanzierung f <-, -en> финансирование nt проéкта

Projektgruppe f <-, -n> проéктная группа f

projektieren vt проектировать impf/pf

Projektierungskosten pl <gen: -> расхóды pl по проектированию

Projektionsapparat m <-(e)s, -e> лекциóнный проéктор m

Projektionsfläche f <-, -n> пóле nt проéкции, плóскость f проéкции

Projektionsgerät nt <-(e)s, -e> проéктор m

Projektkosten pl <gen: -> затрáты pl на проéкт

Projektleiter, -in m/f <-s, -> руководитель, -тельница m/f проéкта

Projektleitung f <-, -en> руковóдство nt проéктом

Projektmanagement nt <gen: -s> проéктный мéнеджмент m, управлéние nt проéктами

Projektor m <-s, -en> проéктор m

Projektorganisation f <-, -en> организáция f проéкта

Projektplanung f <-, -en> проектирование nt

projizieren vt проецировать, с- pf (auf + akk на +akk)

Proklamation f <-, -en> прокламáция f

Pro-Kopf-Einkommen nt <-s, -> дохóд m на дýшу населéния

Pro-Kopf-Verbrauch m <gen: -(e)s> потреблéние nt на дýшу населéния

Prokura f <gen: -> прокýра f, óбщая довéренность f; ~ erteilen выдавáть óбщую довéренность, предоставлять полномóчия

Prokurist, -in m/f <-en, -en> прокурист m, довéренный торгóвой фирмы

Proletariat nt <gen: -(e)s> пролетариáт m

Proletarier, -in m/f <-s, -> пролетáрий m

porletarisch adj пролетáрский

Prolog m <-(e)s, -e> пролóг m

Prolongation f <-, -en> продлéние nt, пролонгáция f; ~ einer Kreditfrist продлéние кредита

prolongieren vt продлевáть, -лить pf; einen Wechsel ~ продлевáть вéксель

Promille f <-(s), -> тысячная дóля f

Promillemesser m <-s, -> прибóр m для измерéния содержáния алкогóля в крови

prominent adj видный, знаменитый

Prominenz f <gen: -> знаменитости fpl

Promiskuität f <gen: -> промискуитéт m, чáстая и лёгкая смéна f половых партнёров

promoten vt рекламировать

Promotion f <-, -en> 1. (zum Doktortitel) защита f кандидáтской диссертáции; 2. (ÖKON: von Produkt) стимулирование nt сбыта

promovieren vi защищáть, защитить pf кандидáтскую диссертáцию (über +akk о +dat)

promoviert adj имéющий учёную стéпень кандидáта наýк

Pronomen nt <-s, -nomina> местоимéние nt

Propaganda f <gen: -> пропагáнда f

Propagandafeldzug m <-(e)s, -feldzüge> пропагандистская кампáния f

propagieren vt пропагандировать impf

Propangas nt <gen: -es> пропáн m

Propeller m <-s, -> пропéллер m

Prophet, -in m/f <-en, -en> прорóк m

prophetisch adj прорóчный

prophezeien vt пророчить impf, предскáзывать, -скáзáть pf

Prophezeiung f <-, -en> прорóчество nt

prophylaktisch adj (geh) профилактический

Proportion f <-, -en> пропóрция f

proportional adj пропорционáльный; ~ zu etw sein быть пропорционáльным чему-л.

Proportionalschrift f <-, -en> пропорционáльный шрифт m

Prosa f <gen: -> прóза f

prosaisch adj прозаичный

prosit interj за твоё [o Вáше] здорóвье !

Prospekt m <-(e)s, -e> проспéкт m

Prosperität f <gen: -> процветáние nt, высóкая конъюнктýра f

Prostata f <-, Prostatae> (ANAT) простáта f

Prostatakrebs m <gen: -es> рак m предстáтельной железы

Prostatavergrößerung f <-, -en> увеличéние nt простáты

Prostituierte f <-, -n> проститýтка f

Prostitution f <gen: -> проституция f

Protein nt <-s, -e> протеин m

Protektionismus m <gen: -> протекционизм m

Protektor m <-s, -en> протéктор m

Protest m <-(e)s, -e> протéст m, возражéние nt; aus ~ из протéста; ~ einlegen [o erheben] заявлять протéст

Protestaktion f <-, -en> áкция f протéста

Protestant, -in m/f <-en, -en> протестáнт, -ка m/f

protestantisch adj протестáнтский

Protestbewegung f <-, -en> движéние nt протéста

protestieren vi протестовáть impf (gegen +akk прóтив +gen)

Protestkundgebung f <-, -en> демонстрáция f протéста

Protestmarsch m <-es, -märsche> марш m протéста

Protestnote f <-, -n> нóта f протéста
Protestschreiben nt <-s, -> письмó nt с выражéнием протéста
Protestsong m <-s, -s> пéсня f протéста
Protestwelle f <-, -n> волнá f протéста [о протéстов]
Prothese f <-, -n> протéз m
Protokoll nt <-s, -e> протокóл m, акт m; ~ **führen** вестú протокóл; **zu ~ nehmen** заносúть в протокóл
protokollarisch adj протокóльный
Proton m <-s, -en> протóн m
Prototyp m <-s, -en> прототúп m
protzen vi (umg) хвалúться, по- pf (+ inst)
protzig adj (umg) чванлúвый
Proviant m <gen: -s> провиáнт m
Provider m <-s, -> (DV) провáйдер m
Provinz f <-, -en> провúнция f
Provinzialismus m <gen: -> провинциалúзм m
provinziell adj провинциáльный
Provinzler, -in m/f <-s, -> (pej) провинциáл m
Provinzstadt f <-, -städte> провинциáльный гóрод m
Provision f <-, -en> комиссиóнные pl
provisorisch adj врéменный
Provokation f <-, -en> провокáция f
provozieren vt провоцúровать, с- pf
Proxy-Server m <-s, -> (DV) прóкси-сéрвер m
Prozedur f <-, -en> процедýра f
Prozent nt <-(e)s, -e> 1. процéнт m; 2. (nur pl:Preisnachlass) скúдка f
Prozentrechnen nt <gen: -s> вычислéние nt процéнтов
Prozentsatz m <-(e)s, -sätze> процéнт m, процéнтная стáвка f
prozentual adj процéнтный
Prozess m <-es, -e> 1. (Vorgang) процéсс m; 2. (JUR) процéсс m, судéбное дéло nt; **gegen jdn einen ~ führen** вестú процéсс прóтив когó-л.
Prozessakten pl <gen: -> судéбные делá pl
Prozessgegner m <-s, -> протúвники mpl на судé
Prozession f <-, -en> процéссия f
Prozesskosten pl <gen: -> судéбные издéржки pl
Prozessor m <-s, -en> процéссор m
Prozessrechner m <-s, -> (DV) процéссор m
Prozessrecht nt <gen: -(e)s> (JUR) процессуáльное прáво nt
prüde adj чóпорный
Prüderie f <gen: -> чóпорность f
Prüfbericht m <-(e)s, -e> отчёт m о провéрке
prüfen vt 1. (erproben) испытывать, -пытáть pf; 2. (überprüfen) контролúровать impf, проверять,

-рúть pf
Prüfer, -in m/f <-s, -> 1. (allgemein) контролёр m; 2. (Wirtschaftsprüfer) аудúтор m, бухгáлтер m -ревизóр m
Prüfgerät nt <-(e)s, -e> испытáтельный прибóр m
Prüfingenieur m <-s, -e> инженéр m -испытáтель m
Prüfplakette f <-, -n> талóн m о прохождéнии технúческого осмóтра
Prüfprogramm nt <-(e)s, -e> прогрáмма f испытáний
Prüfstand m (TECH) испытáтельный стенд m
Prüfung f <-, -en> 1. (Versuch, Erprobung) испытáние nt; 2. (Überprüfung) провéрка f
Prüfungsergebnis nt <-ses, -se> результáт m экзáмена
Prüfungskommission f <-, -en> эзаменациóнная комúссия f
Prüfungsvermerk m <-(e)s, -e> отмéтка f о провéрке
Prüfungszeugnis f <-ses, -se> (TECH) акт m испытáния
Prüfverfahren nt <-s, -> спóсоб m испытáния
Prügel m <-s, -> (Schläge) побóи mpl; **eine Tracht ~ bekommen** (umg) получúть по шéе
Prügelei f <-, -en> дрáка f
prügeln I. vt бить, по- pf, избивáть, -бúть pf; II. vr дрáться, по- pf (mit +dat с +inst)
Prunk m <gen: -(e)s> рóскошь f
Prunkstück nt <-(e)s, -e> роскóяная вещь f
prunkvoll adj роскóшный
PS abk von **Pferdestärke**
Psalm m <-s, -en> псалóм m
Pseudonym nt <-s, -e> псевдонúм m; **sie schrieb unter einem ~** онá писáла под псевдонúмом
pst! interj тс!
Psyche f <-, -n> псúхика f
Psychiater, -in m/f <-s, -> психиáтр m
Psychiatrie f <-, -n> 1. психиатрúя f; 2. (umg: psychiatrische Abteilung) психиатрúческое отделéние nt
psychisch adj психúческий
Psychoanalyse f <-, -n> психоанáлиз m
Psychologe m <-n, -n> психóлог m
Psychopath m <-en, -en> психопáт m
Psychopharmaka pl <gen: -> психотрóпные срéдства pl
Psychose f <-, -n> психóз m
Psychotherapeut, -in m/f <-en, -en> психотерапéвт m
Psychotherapie f <gen: -> психотерапúя f
Pubertät f <gen: -> половóе созревáние nt
Public Relations, Publicrelations pl

свя́зи с обще́ственностью
Publikation f <-, -en> публика́ция f
Publikum nt <gen: -s> 1. пу́блика f, зри́тели pl; 2. (Zuhörer) слу́шатели pl; 3. (Zuschauer) зри́тели pl; **ein breites ~** широ́кая пу́блика
Publikumsmagnet m <-en, -en> популя́рный исполни́тель m (в шо́у-би́знесе)
publikumswirksam adj де́йствующий [o влия́ющий] на пу́блику
Publizieren nt <gen: -s> изда́тельство m; **elektronisches ~** электро́нное изда́тельство
Publizist, -in m/f <-en, -en> публици́ст m
Publizistik f <-> публици́стика f
Puck m <-s, -s> (SPORT) ша́йба f
Pudding m <-s, -e> пу́динг m
Puddingpulver nt <gen: -> порошо́к m для пу́динга
Pudel m <-s, -> пу́дель m; **wie ein begossener ~** (umg) как поби́тая соба́ка
pudelnackt adj (umg) соверше́нно го́лый, в чём мать родила́
Puder m <-s, -> пу́дра f
pudern vt пу́дрить, на- pf
Puderzucker m <gen: -s> са́харная пу́дра f
Puff m <-s, -s> (umg: Bordell) публи́чный дом m, борде́ль m
Puffärmel m <-s, -> рука́в m с бу́фами
Puffer m <-s, -> бу́фер m
Pufferzone f <-, -n> (POL) бу́ферная зо́на f
Pullover m <-s, -> сви́тер m, пуло́вер m
Puls m <-es, -e> пульс m
Pulsader f <-, -n> арте́рия f
pulsieren vi пульси́ровать
Pulsschlag m <-(e)s, -schläge> бие́ние nt пу́льса
Pulswärmer m <-s, -> напу́льсник m
Pult nt <-(e)s, -e> пульт m, ка́федра f
Pulver nt <-s, -> 1. порошо́к m; 2. (Schießpulver) по́рох m
Pulverfass nt бо́чка f с по́рохом; **auf einem ~ sitzen** (fig) сиде́ть на бо́чке с по́рохом
pulverig adj порошкообра́зный
Pulverkaffee m раствори́мый ко́фе m
Pulverschnee m <gen: -s> ры́хлый снег m
Puma m <-s, -s> пу́ма f
pummelig adj пу́хленький
Pumpe f <-, -n> насо́с m
pumpen vt кача́ть impf, выка́чивать impf (насо́сом)
Pumpenanlage f <-, -n> насо́сная устано́вка f
Pumps pl <gen: -> ло́дочки pl
Punk m <-s, -s> панк m
Punkt m <-(e)s, -e> 1. то́чка f; 2. (Einzelheit) пункт m; 3. (Wertungspunkt) очко́ nt; 4. (Satzzeichen) то́чка f

pünktlich adj пунктуа́льный
Pünktlichkeit f <gen: -> пунктуа́льность f, то́чность f
Punktsieg m <-(e)s, -e> (SPORT) побе́да f по очка́м
Punktsieger, -in m/f <-s, -> (SPORT) победи́тель m по очка́м
Punktspiel nt <-(e)s, -e> (SPORT) игра́ f на пе́рвенство
punktuell adj пункт за пу́нктом
Punktwertung f <-, -en> (SPORT) оце́нка f по очка́м
Punktzahl f <-, -en> коли́чество nt очко́в
Pupille f <-, -n> зрачо́к m
Puppe f <-, -n> 1. ку́кла f; 2. (ZOOL: von Insekt) ку́колка f
Puppenhaus nt <-es, -häuser> ку́кольный дом m
Puppenspiel nt <-(e)s, -e> ку́кольное представле́ние nt
Puppenwagen m <-, -> коля́ска f для ку́клы
pur adj (Getränk) без при́меси, чи́стый
Püree nt <-s, -s> пюре́ nt
pürieren vt де́лать пюре́
Pürierstab m <-(e)s, -stäbe> ма́лка f
Purismus m <gen: -> пури́зм m
Puritanismus m <gen: -> пурита́нство nt
Purzelbaum m <-(e)s, -bäume> (umg) кувыро́к m; **einen ~ schlagen** кувырка́ться
Puste f <gen: -> (umg) дыха́ние nt
Pustel f <-, -n> пу́стула f
pusten vt (umg) дуть, ду́нуть pf
Pute f <-, -n> инде́йка f
Putenfleisch nt <gen: -es> мя́со nt инде́йки
Puter m <-s, -> индю́к m
Putsch m <-(e)s, -e> путч m
Putschist, -in m/f <-en, -en> путчи́ст, -ка m/f
Putz m <gen: -es> штукату́рка f; **auf den ~ hauen** (umg) гульну́ть на широ́кую но́гу
putzen vt чи́стить, по- pf
Putzfrau f <-, -en> убо́рщица f
putzig adj умори́тельный
Puzzle nt <-s, -s> игра́ f -головоло́мка f
Pyjama m <-s, -s> пижа́ма f
Pyramide f <-, -n> пирами́да f
Pyrenäen pl <gen: -> Пирене́и pl
Pyrotechnik f <gen: -> пироте́хника f
Python f <-, -s> пито́н m

Q

q, Q nt <-, -> кв, КВ
Quacksalber, -in m <-s, -> (pej) шарлата́н m
Quaderstein m <-(e)s, -e> тёсаный

ка́мень *m*
Quadrat *nt* <-(e)s, -e> квадра́т *m*
quadratisch *adj* квадра́тный
Quadratkilometer *m* <-s, -> квадра́тный киломе́тр *m*
Quadratmeter *m* <-s, -> квадра́тный метр *m*
Quadratmeterpreis *m* <-es, -e> цена́ *f* за квадра́тный метр
Quadratwurzel *f* <-, -n> квадра́тный ко́рень *m*
Quadratzentimeter *m* <-s, -> квадра́тный сантиме́тр *m*
quadrofon *adj* квадрофо́нный
quaken *vi* 1. (*Frosch*) ква́кать, ква́кнуть *pf*; 2. (*Ente*) кря́кать, кря́кнуть *pf*
Quäker *m* <-s, -> ква́кер *m*
Qual *f* <-, -en> муче́ние *nt*, му́ка *f*
quälen I. *vt* му́чить, из- *pf*; II. *vr* му́читься, из- *pf* (*mit +dat* с *+inst*)
Quälerei *f* <-, -en> (*umg: Mühe*) муче́ние *nt*, му́ка *f*
Qualifikation *f* <-, -en> квалифика́ция *f*; **fachliche ~** профессиона́льная квалифика́ция
qualifizieren *vt* квалифици́ровать *impf/pf*
Qualifizierung *f* <*gen:* -> квалифика́ция *f*
Qualität *f* <-, -en> ка́чество *nt*; **von guter/schlechter ~ sein** быть хоро́шего/плохо́го ка́чества; **mindere ~** пони́женное ка́чество
qualitativ *adj* ка́чественный
Qualitätsarbeit *f* <*gen:* -> 1. рабо́та *f* отли́чного ка́чества, квалифици́рованная рабо́та *f*; 2. изде́лие *nt* высо́кого ка́чества
Qualitätserzeugnis *nt* <-ses, -se> ка́чественное изде́лие *nt*
Qualitätskontrolle *f* <*gen:* -> контро́ль *m* ка́чества
Qualitätsmerkmal *nt* <-(e)s, -e> при́знак *m* ка́чества
Qualitätssicherung *f* <*gen:* -> обеспе́чение *nt* ка́чества
Qualitätssiegel *nt* <-s, -> знак *m* ка́чества
Qualitätssteigerung *f* <-, -en> повыше́ние *nt* ка́чества
Qualitätsware *f* <-, -n> ка́чественный това́р *m*
Qualitätszertifikat *nt* <-(e)s, -e> сертифика́т *m* ка́чества
Qualle *f* <-, -n> меду́за *f*
Qualm *m* <*gen*, -(e)s> дым *m*, чад *m*
qualmen *vi* (*umg: rauchen*) дыми́ть, на- *pf*, чади́ть, на- *pf*
qualvoll *adj* мучи́тельный
Quantenmechanik *f* <*gen:* -> (PHYS) ква́нтовая меха́ника *f*
Quantenphysik *f* <*gen:* -> ква́нтовая фи́зика *f*

Quantentheorie *f* <*gen:* -> (PHYS) ква́нтовая тео́рия *f*
Quantität *f* <*gen:* -> коли́чество *nt*
quantitativ *adj* 1. коли́чественный; 2. в коли́чественном отноше́нии
Quarantäne *f* <-, -n> каранти́н *m*; **unter ~ stehen** находи́ться на каранти́не
Quark *m* <*gen:* -s> 1. творо́г *m*; 2. (*umg: Unsinn*) чепуха́ *f*
Quarkspeise *f* <-, -n> блю́до *nt* из творо́га, творо́жное блю́до *nt*
Quartal *nt* <-s, -e> кварта́л *m*
Quartett *nt* <-(e)s, -e> кварте́т *m*
Quarz *m* <-es, -e> кварц *m*
Quarzsand *m* <*gen:* -(e)s> ква́рцевый песо́к *m*
Quarzuhr *f* <-, -en> ква́рцевые часы́ *pl*
Quasselstrippe *f* <-, -n> (*umg*) телефо́н *m*
Quaste *f* <-, -n> кисть *f*
Quatsch *m* <*gen:* -(e)s> ерунда́ *f*, глу́пость *f*
quatschen *vi* (*umg: reden*) болта́ть, по- *pf* (*mit +dat* с *+inst*)
Quatschkopf *m* <-(e)s, -köpfe> (*umg*) болту́н *m*
Quecksilber *nt* <*gen:* -s> ртуть *f*
Quecksilbersäule *f* <-, -n> столб *m* рту́ти
Quecksilberthermometer *f* <-s, -> рту́тный гра́дусник *m*
Quecksilbervergiftung *f* <-, -en> отравле́ние *nt* рту́тью
Quellcode *m* <-s, -s> (DV) исхо́дный текст *m*
Quelle *f* <-, -n> (*auch fig*) исто́чник *m*; **Informationen aus verlässlicher ~** информа́ция из достове́рного исто́чника; **neue finanzielle ~n erschließen** открыва́ть но́вые фина́нсовые исто́чники
quellen <quoll, gequollen> *vi* 1. (*hervorquellen*) вылива́ться, вы́литься *pf*, ли́ться *impf* ручьём; 2. (*aufquellen*) разбуха́ть, -бу́хнуть *pf*, набуха́ть, -бу́хнуть *pf*
Quellenangabe *f* <-, -n> пе́речень *m* цити́руемых исто́чников
Quellenforschung *f* <*gen:* -> иссле́дование *nt* (перво)исто́чника [*о* (перво)исто́чников]
Quellensteuer *f* <*gen:* > нало́г *m* на исто́чники дохо́дов
Quellenstudium *nt* <-s, -studien> изуче́ние *nt* (перво)исто́чников
Quellentext *m* <-(e)s, -e> текст *m* первоисто́чника
Quellgebiet *nt* <-(e)s, -e> ме́стность *f* с минера́льными исто́чниками
quenglig *adj* ною́щий, ве́чно недово́льный
quer *adv* поперёк; **kreuz und ~** вдоль и поперёк

Querachse f <-, -n> поперечная ось f
Querdenker m <-s, -> (umg) оригинал m, нестандартно мыслящий человек m
Quere f: der ~ nach поперёк; jdm in die ~ kommen (umg) стать кому-л. поперёк дороги
Querfeldeinrennen nt <-s, -> (Radsport) велокросс m
Querflöte f <-, -n> поперечная флейта f
Querschläger m <-s, -> рикошет m
Querstraße f <-, -n> поперечная улица f
Quersumme f <-, -n> сумма f цифр числа
quetschen I. vt 1. (etw/jdn gegen etw) приплюснуть pf (gegen +akk к +dat); 2. (etw in etw) засовывать, -сунуть pf (in +akk в +akk); 3. (Körperteil) прищемлять, -мить pf; II. vr (umg: sich zwängen) втискиваться, втиснуться pf
Quetschung f <-, -en> ущемление nt
Quetschwunde f <-, -n> рана f от ушиба
Quintessenz f квинтэссенция f
Quintett nt <-(e)s, -e> квинтет m
Quirl m <-(e)s, -e> мешалка f
quitt adj: mit jdm ~ sein (umg) расквитаться с кем-л.
Quitte f <-, -n> айва f
quittieren vt 1. (Empfang) расписываться, -писаться pf в получении чего-л.; 2. (wahrnehmen, beantworten) отвечать, -ветить
Quittung f <-, -en> квитанция f; gegen ~ под расписку; eine ~ ausstellen выписать квитанцию
Quizmaster m <-s, -> ведущий викторину
quoll prät von **quellen**
Quote f <-, -n> квота f
Quotenfrau f <-, -en> женщина, занимающая какую-л. должность на основе регламентации, предусматривающей определённую долю женщин в общем числе занятых
Quotensystem nt <-(e)s, -e> система f квот
Quotient m <-en, -en> (MATH) частное nt
quotieren vt (ÖKON) котировать impf/pf
Quotierung f <-, -en> (ÖKON) котировка f; amtliche ~ официальная котировка

R

r, R nt <-, -> р, Р
Rabatt m <-(e)s, -e> скидка f; bei Barzahlung erhalten Sie 3 % — при платеже наличными Вы получите скидку в 3 %; jdm auf etw ~ geben [o gewähren] дать/предоставить кому-л. скидку на что-л.
rabattieren vt предоставлять, -ставить pf скидку

Rabattmarke f <-, -n> талон m, дающий право на скидку
Rabe m <-n, -n> ворон m
rabiat adj бесцеремонный
Rache f <gen:> месть f; an jdm (für etw) ~ nehmen отомстить кому-л. (за что-л.)
Rachedurst m <gen: -(e)s> мстительность f
rächen I. vr мстить, отомстить pf; er wollte sich an ihr für ihren Verrat ~ он хотел отомстить ей за её предательство; II. vt мстить, отомстить pf; einen Mord an jdm ~ отомстить кому-л. за убийство
Rachen m <-s, -> 1. (Tier) пасть f; 2. (ANAT) глотка f
Rachenschleimhaut f <gen: -> слизистая оболочка f зева
Rachgier f <gen: -> мстительность f
rachgierig adj мстительный
Rachitis f <gen: -> рахит m
rachsüchtig adj мстительный
Rackerei f <gen: -> (pej) каторга f, каторжный труд m
Rad nt <-(e)s, Räder> 1. колесо nt; ein ~ wechseln поменять колесо 2. (SPORT: Turnen) колесо nt; ein ~ schlagen делать колесо
Radachse f <-, -n> ось f, вал m
Radar m <-s, -e> радар m
Radarbild nt <-(e)s, -er> радарное изображение nt
Radarnavigation f <gen: -> радарная навигация f
Radarstation f <-, -en> радарная станция f
Radau m <gen: -s> (umg) шум m, скандал m
Radaubruder m <-s, -brüder> (pej) буян m
Radaufhängung f <-, -en> подвеска f колеса [о колёс]
Radball m (SPORT) велобол m
Rädelsführer m <-s, -> зачинщик m
Rad fahren vi ездить impf, ехать, по- pf на велосипеде
Radfahrer, -in m/f <-s, -> велосипедист, -ка m/f
Radfahrweg m <-(e)s, -e> велосипедная дорожка f
Radfelge f <-, -n> обод m колеса
Radi m <-s, -s> (umg) редька f
radial adj радиальный
Radialreifen m <-s, -> радиальная шина f
Radiator m <-s, -en> радиатор m
radieren vi 1. (weg-) стирать, стереть pf; 2. (in Kunst) гравировать impf
Radiergummi m <-s, -s> резинка f, ластик m
Radierung f <-, -en> (Graphik) офорт m
Radieschen nt <-s, -> редиска f
radikal adj радикальный

Radikalität f <gen: -> радикáльность f
Radio nt <-s, -s> рáдио nt; ~ **hören** слýшать рáдио
radioaktiv adj радиоактúвный; **~er Niederschlag** радиоактúвные осáдки; **~er Müll** радиоактúвные отхóды
Radioaktivität f <gen: -> радиоактúвность f
Radioapparat m <-(e)s, -e> радиоприёмник m
Radioastronomie f <gen: -> радиоастронóмия f
Radio-Carbon-Methode f <gen: -> радиоуглерóдный мéтод m определéния вóзраста, мéтод m радиоуглерóдного анáлиза
Radiofrequenz f <-, -en> радиочастотá f
Radiogerät nt <-(e)s, -e> радиоприёмник m
Radiologe, Radiologin m/f <-n, -n> радиóлог m
Radiorecorder m <-s, -> радиомагнитофóн m
Radiosender m <-s, -> радиостáнция f
Radiosonde f <-, -n> радиозóнд m
Radiotechnik f <gen: -> радиотéхника f
Radioteleskop nt <-(e)s, -e> радиотелескóп m
Radium nt <gen: -s> рáдий m
Radius m <-, Radien> рáдиус m
Radkappe f <-, -n> колпáк m колесá
Radlager nt <-s, -> склад m колёс
Radler m <-s, -> велосипедúст m
Radnabe f <-, -n> стýпица f
Radrennbahn f <-, -en> велодрóм m
Radrennen nt <-s, -> велогóнки fpl
Radrennfahrer, -in m/f <-s, -> велогóнщик m
Radrennsport m <gen: -(e)s> велоспóрт m
Radsport m <gen: -(e)s> велоспóрт m
Radtour f <-, -en> велосипéдная прогýлка f
Radwanderung f <-, -en> туристúческий похóд m на велосипéдах
Radweg m <-(e)s, -e> велосипéдная дорóжка f
Radweltmeisterschaft f <-, -en> чемпионáт m мúра по велоспóрту
raffen vt хватáть, схватúть pf
Raffinerie f <gen: -> нефтеперегóнный завóд m
raffiniert adj 1. изыскaнный, утончённый; 2. (schlau) хúтрый, ковáрный
Raffsucht f <gen: -> (pej) жáдность f
raffsüchtig adj жáдный
Rafting nt <gen: -s> (SPORT) рáфтинг m
Rage f <gen: -> (umg) я́рость f
ragen vi возвышáться, -выситься pf
Ragout nt <-s, -s> рагý nt
Rahe f <-, -n> (MAR) рéя f
Rahm m <gen: -(e)s> слúвки pl

Rahmen m <-s, -> 1. (von Bild, Fenster, Tür, Fahrrad) рáма f; 2. (kleiner Rahmen) рáмка f; 3. (fig) предéл m
Rahmenbedingung f <-, -en> óбщее услóвие nt
Rahmenerzählung f <-, -en> обрамля́ющее повествовáние nt
Rahmengesetz nt <-es, -e> óбщий закóн m, оснóва f законодáтельства
Rahmenplanung f <-, -en> óбщее планúрование nt
Rahmenprogramm nt <-(e)s, -e> худóжественная часть f
Rahmenrichtlinien pl <gen: -> óбщие директúвы fpl
Rahmentarifvertrag m <-(e)s, -verträge> типовóе тарúфное соглашéние nt
Rahmenvertrag m <-(e)s, -verträge> типовóй договóр m
Rahmsoße f <-, -n> слúвочный сóус m
Rakete f <-, -n> ракéта f; **eine ~ abfeuern** выпустить ракéту
Raketenabschussbasis f <-, -basen> ракéтная бáза f
Raketenabschussrampe f <-, -n> пусковáя устанóвка f
Raketenabwehrsystem nt <-s, -e> систéма f противоракéтной оборóны
Raketenbasis f ракéтная бáза f
raketenbestückt adj оснащённый ракéтами
Raketenflugzeug nt <-(e)s, -e> самолёт m -ракетонóсец m
Raketenstufe f <-, -n> ступéнь f ракéты-носúтеля
Raketenstützpunkt m <-(e)s, -e> ракéтная бáза f
Raketentransportfahrzeug nt <gen: -s> автомобúль m для перевóзки ракéт
Raketentriebwerk nt <-(e)s, -e> ракéтный двúгатель m
Raketenversuchsgelände nt <-s, -> ракéтный полигóн m, райóн m испытáний ракéт
Raketenwerfer m <-s, -> пусковáя ракéтная устанóвка f
Raketenzeitalter nt <gen: -s> век m ракéтной тéхники
Rallye f <-, -s> (áвто)рáлли nt
RAM nt <-, -s> (DV) оперативная пáмять f
Rambazamba nt <gen: -> (umg) возбуждéние nt, переполóх m
rammen vt 1. вбивáть, вбить pf (in +akk в +akk); 2. (Fahrzeug) врéзаться, врéзаться pf (в +akk)
Rampe f <-, -n> 1. (Laderampe) наклóнный въезд m; 2. (THEAT) рáмпа f; 3. (MIL: Abschussrampe) (ракéтная) пусковáя устанóвка f
Ramsch m <gen: -(e)s> (pej) барахлó nt
Rand m <-(e)s, Ränder> 1. край m; 2. (von Gefäß) край m; 3. (auf Papier) пóле nt; **mit etw/jdm (nicht) zu ~e kommen**

(*umg*) (не) спра́виться с чем-л./кем-л.
randalieren *vi* устра́ивать, -ро́ить *pf* беспоря́дки, хулига́нить *impf*
Randalierer, -in *m/f* <-s, -> хулига́н *m*, наруши́тель *m* поря́дка, сканда́лист *m*
Randgruppe *f* <-, -n> маргина́льная гру́ппа *f*
Randproblem *nt* <-(e)s, -e> второстепе́нная пробле́ма *f*
Randstein *m* <-(e)s, -e> бордю́рный ка́мень *m*
Randstreifen *m* <-s, -> обо́чина *f* (доро́ги)
rang *prät von* **ringen**
Rang *m* <-(e)s, Ränge> 1. сте́пень *f*, значе́ние *nt*; 2. (THEAT) я́рус *m*; 3. (MIL) зва́ние *nt*, ранг *m*
Rangfolge *f* <-, (-n)> очерёдность *f*
rangieren I. *vt* (*Eisenbahnzug*) формирова́ть, с- *pf*; II. *vi* (*in Rangordnung*) занима́ть, -ня́ть *pf* ме́сто; **an erster Stelle ~** занима́ть пе́рвое ме́сто; лиди́ровать
Ranke *f* <-, -n> у́сик *m*
Ranking *nt* <-s, -s> установле́ние *nt* поря́дка очерёдности, ранжи́рование *nt*
rann *prät von* **rinnen**
rannte *prät von* **rennen**
Ranzen *m* <-s, -> 1. (*Schultasche*) ра́нец *m*; 2. (*umg: Bauch*) брю́хо *nt*
ranzig *adj* прого́рклый
rapid(e) *adj* бы́стрый
Rappe *m* <-n, -n> (*geh*) вороно́й *m*
Raps *m* <-es, -e> рапс *m*
rar *adj* ре́дкий, дефици́тный
Rarität *f* <-, -en> ре́дкость *f*, ре́дкая вещь *f*
rasch *adj* бы́стрый, ско́рый
rascheln *vi* шурша́ть, по- *pf*
rasen *vi* 1. (*vor Wut*) бу́йствовать *impf*; 2. (*umg: schnell fahren, laufen*) нести́сь, про- *pf*
Rasen *m* <-s, -> газо́н *m*
Rasenmäher *m* <-s, -> газоноко́силка *f*
Raserei *f* <*gen:* -> 1. (*Toben*) бе́шенство *nt*; 2. (*mit Auto*) лиха́чество *nt*
Rasierapparat *m* <-(e)s, -e> (электро)бри́тва *f*
Rasiercreme *f* <-, -s> крем *m* для бритья́ *m*
rasieren I. *vt* брить, по- *pf*; II. *vi* бри́ться, по- *pf*
Rasierklinge *f* <-, -n> ле́звие *nt* (безопа́сной) бри́твы
Rasiermesser *nt* <-s, -> бри́тва *f*
Rasierpinsel *m* <-s, -> помазо́к *m*
Rasierschaum *m* <*gen:* -(e)s> пе́на *f* для бритья́
Rasierseife *f* <*gen:* -> мы́ло *nt* для бритья́
Rasierwasser *nt* <-s, -> туале́тная вода́ *f*

Rasierzeug *nt* <*gen:* -s> бри́твенный прибо́р *m*
Rasse *f* <-, -n> 1. (*bei Menschen*) ра́са *f*; 2. (*bei Tieren*) поро́да *f*
Rassehund *m* <-(e)s, -e> поро́дистая соба́ка *f*
Rassel *f* <-, -n> трещо́тка *f*
Rasselbande *f* <*gen:* -> (*umg*) шу́мная де́тская компа́ния *f*
rasseln *vi* 1. греме́ть, про- *pf*; 2. (*von höheren Tönen*) звене́ть, про- *pf*; **durch eine Prüfung ~** (*umg*) провали́ться с тре́ском на экза́мене
Rassendiskriminierung *f* <*gen:* -> ра́совая дискримина́ция *f*
Rassenhass *m* <*gen:* -hasses> ра́совая не́нависть *f*
Rassenkonflikt *m* <-(e)s, -e> ра́совый конфли́кт *m*, столкнове́ние *nt* на ра́совой по́чве
Rassenkrawall *m* <-(e)s, -e> ра́совые беспоря́дки *pl*, ра́совые волне́ния *pl*
Rassentrennung *f* <*gen:* -> ра́совая сегрега́ция *f*
Rassenunruhen *fpl* <*gen:* -> ра́совые беспоря́дки *pl*
Rassismus *m* <*gen:* -> раси́зм *m*
Rassist, -in *m/f* <-en, -en> раси́ст, -ка *m/f*
rassistisch *adj* раси́стский
Rast *f* <-, -en> о́тдых *m*, переды́шка *f*
rasten *vi* остана́вливаться, -нови́ться *pf* на о́тдых, де́лать, с- *pf* прива́л
Raster *nt* <-s, -> 1. (TV) растр *m*; 2. (*Rahmen, Muster*) систе́ма *f*, схе́ма *f*
Rasterelektronenmikroskop *nt* <-(e)s, -e> ра́стровый электро́нный микроско́п *m*
Rasthaus *nt* <-es, -häuser> рестора́н, располо́женный о́коло автомагистра́ли
rastlos *adj* неутоми́мый
Rastplatz *m* <-es, -plätze> 1. ме́сто *nt* для о́тдыха; 2. (*an einer Autobahn*) площа́дка *f* для о́тдыха (во́зле автомагистра́ли), (а́вто)стоя́нка *f*
Rasur *f* <-, -en> бритьё *nt*
Rat *m* <-(e)s, Räte> (*Ratschlag*) сове́т *m*; **jdn um ~ fragen** попроси́ть сове́та у кого́-л.; **jdm einen ~ geben** дать сове́т кому́-л.
Rate *f* <-, -n> 1. (*Geldbetrag*) платёжный взнос *m*, части́чный платёж *m*; **auf ~n kaufen** покупа́ть в рассро́чку; **in monatlichen ~n zahlbar** с рассро́чкой (платежа́) поме́сячно; **in ~n zahlen** плати́ть в рассро́чку 2. (*Prozentzahl*) у́ровень *m*, показа́тель *m*
raten <riet, geraten> *vt* 1. (*einen Rat geben*) сове́товать, по- *pf*; **ich habe ihm zur Vorsicht geraten** я посове́товал ему́ быть осторо́жным; 2. (*erraten*) гада́ть, от- *pf*

Ratenkauf *m* <-(e)s, -käufe> покупка *f* в рассрочку
Ratenzahlung *f* <-, -en> уплата *f* в рассрочку
Rathaus *nt* <-es, -häuser> ратуша *f*
ratifizieren *vt* (*Vertrag*) ратифицировать *impf/pf*; **ein Abkommen ~** ратифицировать соглашение
Rating *nt* <-s, -s> (*Bewertung*) рейтинг *m*, оценка *f*
Ration *f* <-, -en> 1. рацион *m*; 2. (*umg*) паёк *m*; **die eiserne ~** неприкосновенный запас
rational *adj* рациональный
rationalisieren I. *vt* рационализировать *impf/pf*; **den Arbeitsablauf ~** рационализировать рабочий процесс; **die Produktion ~** рационализировать производство; **einen Wirtschaftsbereich ~** рационализировать отрасль экономики; II. *vi* проводить, -вести *pf* рационализацию
Rationalisierung *f* <-, -en> рационализация *f*
Rationalisierungsmaßnahme *f* <-, -n> мероприятие *nt* по рационализации
Rationalismus *m* <*gen*: -> рационализм *m*
Rationalität *f* <*gen*: -> рациональность *f*
rationell *adj* 1. (*zweckmäßig*) рациональный, целесообразный; **eine ~e Arbeitsweise** рациональный способ работы; **der ~e Einsatz von Geldmitteln** рациональное использование денежных средств 2. (*wirtschaftlich*) экономный, экономичный
rationieren *vt* (*zuteilen*) рационировать *impf/pf*; **Nahrungsmittel ~** вводить карточки на продукты питания
Rationierung *f* <-, -en> рационирование *nt*, нормирование *nt*
Rationierungssystem *nt* <-(e)s, -e> карточная система *f*
ratlos *adj* растерянный, беспомощный
Ratlosigkeit *f* <*gen*: -> растерянность *f*
ratsam *adj* благоразумный
Rätsel *nt* <-s, -> загадка *f*; **jdm ein ~ aufgeben** задать загадку кому-л.
rätselhaft *adj* загадочный; **es ist mir ~, ...** я не понимаю, ...
Ratsherr *m* <-en, -en> член *m* городского совета
Ratssitzung *f* <-, -en> заседание *nt* совета
Ratsversammlung *f* <-, -en> собрание *nt* совета
Ratte *f* <-, -n> крыса *f*
rattern *vi* трещать, про- *pf*
ratzekahl *adv* начисто
rau *adj* 1. (*Oberfläche*) шероховатый; 2. (*Hals*) воспалённый; 3. (*Stimme*) хриплый; 4. (*Klima*) суровый; 5. (*Umgangston*) грубый

Raub *m* <*gen*: -(e)s> 1. (*das Rauben*) разбой *m*, грабёж *m*, ограбление *nt*; 2. (*das Geraubte*) награбленное *nt*
Raubdruck *m* <-(e)s, -e> незаконная перепечатка *f*
rauben I. *vt* отнимать, -нять *pf*, похищать, -хитить *pf*; **jdm etw ~** похитить [*o* отнять] у кого-л. что-л.; II. *vi* грабить *impf*, разбойничать *impf*
Räuber, -in *m/f* <-s, -> разбойник, -ница *m/f*
Räuberbande *f* <-, -n> шайка *f* разбойников
räuberisch *adj* грабительский
Raubgier *f* <*gen*: -> хищность *f*
raubgierig *adj* хищный
Raubkopie *f* <-, -n> (*von Software*) пиратская копия *f*
Raubtier *nt* <-(e)s, -e> хищный зверь *m*
Raubüberfall *m* <-(e)s, -fälle> разбойное нападение *nt*
Raubvogel *m* <-s, -vögel> хищная птица *f*
Rauch *m* <*gen*: -(e)s> дым *m*
Rauchabzug *m* <-(e)s, -abzüge> дымоход *m*
Rauchbombe *f* <-, -n> дымовая бомба *f*
rauchen I. *vi* курить, по- *pf*; **wie ein Schlot** дымить как паровоз; II. *vt* курить, вы- *pf*, по- *pf*; **ich gehe eine ~** пойду покурю
Rauchentwicklung *f* <*gen*: -> дымообразование *nt*
Raucher, -in *m/f* <-s, -> курильщик, -щица *m/f*
Räucherfisch *m* <-es, -e> копчёная рыба *f*
räuchern *vt* коптить *impf*
Räucherschinken *m* <*gen*: -s> копчёная ветчина *f*
Rauchfleisch *nt* <*gen*: -(e)s> копчёное мясо *nt*
Rauchglas *nt* <*gen*: -es> дымчатое стекло *nt*
rauchig *adj* 1. дымный; 2. (*Stimme*) хриплый
Rauchmelder *m* <-s, -> сигнализатор *m* дыма
Rauchsäule *f* <-, -n> столб *m* дыма
Rauchschwaden *pl* <*gen*: -> клуб *m* дыма, клубы *pl* дыма
Rauchsignal *nt* <-(e)s, -e> дымовой сигнал *m*
Rauchzeichen *pl* <*gen*: -> дымовой сигнал *m*
raufen I. *vi* драться, по- *pf* (*mit +dat* с + *inst*); II. *vt*: **sich die Haare ~** рвать на себе волосы
Rauferei *f* <-, -en> драка *f*
Raum *m* <-(e)s, Räume> 1. пространство *nt*; **die Bücher nehmen zuviel ~ ein** книги занимают слишком много места; 2. (*Zimmer*) помещение *nt*; 3. (*Gebiet*) район *m*, регион *m*

Raumakustik f <gen: -> архитектурная акустика f
Raumanzug m <-(e)s, -anzüge> космический скафандр m
Raumaufteilung f <gen: -> планировка f помещений
Räumboot nt <-(e)s, -e> (MAR) тральщик m
räumen vt 1. (wegstellen) убирать, убрать pf; 2. (Saal, Ort) освобождать, -бодить pf; **Schnee ~** убирать снег; **jdn aus dem Weg ~** (umg) убрать кого-л. с дороги
Raumersparnis f <gen: -> экономия f места
Raumfahrt f <gen: -> космонавтика f
Raumfahrtbehörde f <-, -n> ведомство nt по делам космонавтики
Raumfahrtzentrum nt <-s, -zentren> космоцентр m
Raumflug m <-(e)s, -flüge> космический полёт m
Raumforschung f <gen: -> исследование nt космоса
Rauminhalt m <-(e)s, -e> ёмкость f
Raumklima nt <gen: -s> микроклимат m (помещения)
Räumkommando nt <-s, -s> бригада f по уборке [o расчистке]
räumlich adj пространственный
Räumlichkeiten pl <gen: -> помещения pl
Raummangel m <gen: -s> недостаток m места
Raumordnung f <gen: -> региональное планирование nt, территориальное планирование nt
Raumpfleger, -in m/f <-s, -> уборщик, уборщица m/f
Raumschiff nt <-(e)s, -e> космический корабль m
Raumsonde f <-, -n> космический сонд m
raumsparend adj компактный
Raumstation f <-, -en> орбитальная станция f; **der Bau der internationalen ~** строительство международной орбитальной станции
Raumteiler m <-s, -> перегородка f
Räumung f <-, -en> 1. (von Wohnung, Haus) освобождение nt; 2. (von Straßen) уборка f
Räumungsarbeiten pl <gen: -> работы pl по освобождению помещения
Räumungsverkauf m <-(e)s, -käufe> окончательная распродажа f
Raupe f <-, -n> (des Schmetterlings, auch Kettenraupe) гусеница f
Raureif m <-(e)s> изморозь f, иней m
rausbekommen vt (umg) (с трудом) вытащить pf
rausbringen vt (umg) вынести pf
Rausch m <-(e)s, Räusche> 1. опьянение

nt; 2. (fig) упоение nt
rauschen vi 1. (Meer, Wind) шуметь impf; 2. (Bach) журчать impf
Rauschgift nt <-(e)s, -e> наркотик m; **~ nehmen** употреблять наркотики
Rauschgiftdezernat nt <-(e)s, -e> отдел m полиции по борьбе с продажей наркотиков
Rauschgifthandel m <gen: -s> торговля f наркотиками
Rauschgiftring m <-(e)s, -e> банда f торговцев наркотиками
Rauschgiftsucht f <gen: -> наркомания f
rauschgiftsüchtig adj страдающий наркоманией
Rauschgiftsüchtige(r) m/f <-n, -n> наркоман, -ка m/f
rausdrängen vt (umg) вытеснять, вытеснить pf, выталкивать, вытолкнуть pf
rausgeben vt (umg) давать, дать pf сдачу
rausgehen vi (umg) выходить, выйти pf
rauskommen vi (umg) получаться, получиться pf, выходить, выйти pf
rausnehmen vt (umg) вынимать, вынуть pf
räuspern vr откашливаться, -ляться pf
rausrücken vt (umg) выдвигать, выдвинуть pf
Raute f <-, -n> ромб m
rautenförmig adj ромбовидный
Rave m <-s, -s> (umg) пирушка f
Razzia f <-, Razzien> облава f
Read Only Memory nt <gen: -> (DV) постоянная память f
Reagenzglas nt <-es, -gläser> пробирка f
Reagenzpapier nt <-(e)s, -e> (CHEM) индикаторная бумага f
reagieren vi 1. реагировать, про-/от- pf (auf +akk на +akk); 2. (CHEM) вступать, -пить pf в (химическую) реакцию (mit + dat с +inst)
Reaktion f <-, -en> реакция f
reaktionär adj (POL) реакционный
Reaktionsgeschwindigkeit f <-, -en> скорость f реакции
Reaktionsvermögen nt <gen: -s> способность f к реакции
Reaktor m <-s, -en> реактор m
Reaktorblock m <-(e)s, -blöcke> реакторный блок m
Reaktorkern m <-(e)s, -e> главная часть f реактора
Reaktorsicherheit f <gen: -> безопасность f реактора
Reaktorunglück nt <-(e)s, -e> авария f на реакторе
real adj реальный, фактический; **das ~e Einkommen** реальный доход; **die ~e Kaufkraft des Geldes** реальная покупательная сила денег; **~e Lohnquote** реальная норма

заработной платы; ~e Zuwachsrate реальный процент прироста
Realeinkommen nt <-s, -> реальный доход m
Realinvestition f <-, -en> реальная инвестиция f
Realisation f <gen: -> реализация f, осуществление nt; ~ **eines Programms** осуществление программы; ~ **eines Projekts** осуществление [o реализация] проекта
realisieren I. vt (verwirklichen) реализовать impf/pf; II. vi реализоваться impf/pf
Realisierung f <-, -en> реализация f, осуществление nt; ~ **eines Programms** осуществление программы; ~ **eines Projekts** осуществление [o реализация] проекта
Realisierungschance f <-, -n> шанс m на осуществление
Realismus m <gen: -> 1. (Orientierung an Tatsachen) реализм m; 2. (Kunstrichtung) реализм m; **sozialistischer ~** социалистический реализм [o соцреализм]
Realist, -in m/f <-en, -en> реалист, -ка m/f
realistisch I. adj реалистический; II. adv реально.
Realität f <gen: -> реальность f, действительность f; **virtuelle ~** виртуальная реальность
realitätsfern adj далёкий от действительности
realitätsnah adj близкий к действительности
Reality-TV nt <gen: -> развлекательные телепередачи, в которых в прямом эфире или в инсценировке показываются несчастные случаи и катастрофы, имевшие место в действительности
Realkapital nt <gen: -s> реальный капитал m
Reallohn m <-(e)s, -löhne> реальный заработок m
Realwert m <-(e)s, -e> реальная [o фактическая] стоимость f
Reassekuranz f <-, -en> перестрахование nt
Rebe f <-, -n> 1. (Weinranke) (виноградная) лоза f; 2. (Weinstock) виноград m
Rebell, -in m/f <-en, -en> мятежник m
rebellieren vi бунтовать, взбунтоваться pf (gegen +akk против +gen)
Rebellion f <-, -en> мятеж m
rebellisch adj 1. мятежный; 2. (widerspenstig) строптивый
Rebhuhn nt <-(e)s, -hühner> куропатка f
Receiver m <-s, -> ресивер m
Rechen m <-s, -> грабли fpl

Rechenaufgabe f <-, -n> арифметическая задача f
Rechenbuch nt <-(e)s, -bücher> учебник m арифметики
Rechenfehler m <-s, -> арифметическая ошибка f
Rechenmaschine f <-, -n> счётная машина f
Rechenschaft f <gen: -> отчёт m; **jdn zur ~ ziehen** привлечь к ответу кого-л.; **über etw ~ ablegen** отчитаться о чём-л.
Recherche f <-, -n> расследование nt, поиск m
recherchieren I. vi собирать impf информацию; II. vt расследовать impf/pf
rechnen I. vt считать, по- pf; II. vi: **mit etw/jdm ~** считаться с чем-л./кем-л. [o принимать в расчёт что-л.]; **auf etw/jdn ~** полагаться [o рассчитывать] на что-л./кого-л.; **jdn/etw zu jdm/etw ~** считать кого-л./что-л. кем-л./чем-л.
Rechner m <-s, -> (Computer) электронно-вычислительная машина f, ЭВМ f, компьютер m
rechnergesteuert adj управляемый ЭВМ, с управлением от ЭВМ
rechnergestützt adj компьютеризированный, с использованием ЭВМ
Rechnersimulation f <-, -en> компьютерная симуляция f
Rechnung f <-, -en> 1. (Rechnungsdokument) счёт m; **eine ~ ausstellen** выставлять счёт; **eine ~ begleichen** платить по счёту; **eingehende ~en** поступающие счета; **eine ~ über gelieferte Waren** счёт на поставленные товары; **eine offene ~ bezahlen** оплачивать открытый счёт; **quittierte ~** счёт с распиской; **etwas in ~ stellen** ставить кому-л. в счёт 2. (umg: Einschätzung) расчёт m; **einer Sache ~ tragen** учитывать что-л.
Rechnungsbetrag m <-(e)s, -beträge> сумма f счёта, фактурная сумма f
Rechnungseingang m <gen: -(e)s> поступление nt счёта
Rechnungsführung f <gen: -> счетоводство nt, бухгалтерия f
Rechnungshof m <-(e)s, -höfe> счётная палата f
Rechnungsjahr nt <-(e)s, -e> отчётный год m
Rechnungslegung f <gen: -> отчётность f
Rechnungsperiode f <-, -n> отчётный период m
Rechnungsprüfung f <-, -en> проверка f отчётности
Rechnungswesen nt <gen: -s> бухгалтерский учёт m
recht I. adj (passend) подходящий; II. adv

1. (*richtig*) пра́вильно; **2.** (*ganz, ziemlich*) дово́льно; **etw ist jdm ~** что-л. подхо́дит кому́-л.

Recht *nt* <-(e)s, -e> пра́во *nt*; **sein ~ in Anspruch nehmen** по́льзоваться свои́ми права́ми; **jdm ~ geben** призна́ть чью-л. правоту́; **~ haben** быть пра́вым; **ein ~ auf etwas haben** име́ть пра́во на что-л.; **legitimes ~** зако́нное пра́во; **~e und Pflichten aus dem Vertrag** права́ и обя́занности по догово́ру; **~ sprechen** верши́ть правосу́дие; **nicht übertragbares ~** не передава́емое пра́во; **ein verbrieftes Recht** зафикси́рованное пра́во; **alle ~e vorbehalten** все права́ сохранены́; **von ~s wegen** по пра́ву; **zu ~** по пра́ву

Rechte *f* <-n, -n> **1.** (*Hand*) пра́вая рука́ *f*; **2.** (*Seite*) пра́вая сторона́ *f*; **er saß zu ihrer ~n** он сиде́л спра́ва от неё; **3.** (POL) пра́вые *pl*

rechte(r, s) *adj* пра́вая, -вый, -вое; **ein rechter Winkel** (MATH) прямо́й у́гол; **jds rechte Hand sein** (*fig*) быть пра́вой руко́й кого́-л.

Rechteck *nt* <-s, -e> прямоуго́льник *m*
rechteckig *adj* прямоуго́льный
rechtfertigen **I.** *vt* опра́вдывать, оправда́ть *pf*; **II.** *vr* опра́вдываться, оправда́ться *pf* (*vor* + *dat* пе́ред + *inst*)
Rechtfertigung *f* <gen: -> (*Verteidigung*) оправда́ние *nt*
Rechtgläubigkeit *f* <gen: -> (REL) правосла́вие *nt*
rechthaberisch *adj* несгово́рчивый
rechtlich *adj* зако́нный
rechtmäßig **I.** *adj* зако́нный; **II.** *adv* по зако́ну, в соотве́тствии с зако́ном.
Rechtmäßigkeit *f* <gen: -> зако́нность *f*
rechts **I.** *adv* напра́во; **nach ~** напра́во; **~ von jdm/etw** спра́ва от кого́-л./чего́-л.; **II.** *präp* +*gen* спра́ва от (+ *gen*).
Rechtsabteilung *f* <-, -en> юриди́ческий отде́л *m* (на предприя́тии)
Rechtsabtretung *f* <-, -en> переда́ча *f* прав
Rechtsanspruch *m* <-(e)s, -ansprüche> зако́нное притяза́ние *nt*
Rechtsanwalt, -anwältin *m/f* <-(e)s, -anwälte> адвока́т *m*; **sich einen ~ nehmen** наня́ть адвока́та
Rechtsauskunft *f* <-, -auskünfte> юриди́ческая спра́вка *m*, юриди́ческая консульта́ция *f*
Rechtsausschuss *m* <-es, -ausschüsse> коми́ссия *f* по правовы́м вопро́сам
Rechtsaußen *m* <-(s), -> (SPORT) пра́вый кра́йний напада́ющий *m*
Rechtsberater, -in *m/f* <-s, -> юрисконсу́льт *m*
Rechtsberatung *f* <gen: -> юриди́ческая консульта́ция *f*
Rechtschreibfehler *m* <-s, -> орфографи́ческая оши́бка *f*
Rechtschreibreform *f* <-, -en> рефо́рма *f* правописа́ния
Rechtschreibung *f* <gen: -> правописа́ние *nt*, орфогра́фия *f*
rechtsextrem *adj* правоэкстреми́стский
Rechtsextremismus *m* <gen: -> пра́вый радикали́зм *m*
Rechtsextremist, -in *m/f* <-en, -en> пра́вый радика́л *m*, пра́вая радика́лка *m/f*
rechtsextremistisch *adj* правоэкстреми́стский
rechtsfähig *adj* правоспосо́бный
Rechtsfähigkeit *f* <gen: -> правоспосо́бность *f*
Rechtsfall *m* <-(e)s, -fälle> суде́бное де́ло *m*
Rechtsform *f* <-, -en> (JUR) правова́я фо́рма *f*
Rechtsfrage *f* <-, -n> юриди́ческий вопро́с *m*
Rechtsgeschäft *nt* <-(e)s, -e> (JUR) юриди́ческая сде́лка *f*
Rechtsgrundlage *f* <-, -n> правова́я осно́ва *f*
rechtsgültig *adj* зако́нный
Rechtsgültigkeit *f* <gen: -> зако́нность *f*
Rechtsgutachten *nt* <-s, -> правова́я экспертиза *f*, юриди́ческое заключе́ние *nt*
Rechtshänder, -in *m/f* <-s, -> правша́ *m/f*
Rechtshilfe *f* <gen: -> юриди́ческая по́мощь *f*
rechtskräftig *adj* име́ющий зако́нную си́лу
Rechtskurve *f* <-, -n> поворо́т *m* напра́во
Rechtslage *f* <gen: -> правово́е положе́ние *nt*
Rechtslücke *f* <-, -n> пробе́л *m* в законода́тельстве
Rechtsmangel *m* <-s, -mängel> недоста́ток *m* законода́тельства
Rechtsmittel *nt* <-s, -> обжа́лование *nt*
Rechtsnachfolge *f* <gen: -> правопрее́мственность *f*
Rechtsnorm *f* <-, -en> правова́я но́рма *f*
Rechtsprechung *f* <gen: -> **1.** (*Gerichtsbarkeit*) юрисди́кция *f*, судопроизво́дство *nt*; **2.** (*Rechtspraxis*) суде́бная пра́ктика
rechtsradikal *adj* (POL) праворадика́льный
Rechtsradikalismus *m* <gen: -> (POL) пра́вый радикали́зм *m*
Rechtsschutz *m* <gen: -es> **1.** (*Schutz durch Gerichte*) правова́я [o юриди́ческая] защи́та *f*; **2.** (*Wahrung der Rechte*) правова́я охра́на *f*
Rechtsschutzversicherung *f* <-, -en>

страхова́ние nt на слу́чай правовы́х спо́ров

Rechtssicherheit f <gen: -> правовы́е гара́нтии fpl, обеспе́чение nt правопоря́дка

Rechtsstaatlichkeit f <gen: -> правова́я госуда́рственность f

Rechtsstreit m <gen: -(e)s> правово́й спор m, тя́жба f

Rechtssystem nt <-(e)s, -e> правова́я систе́ма f

Rechtsverhältnis nt <-ses, -se> (JUR) правоотноше́ние nt

Rechtsverletzung f <-, -en> правонаруше́ние nt

Rechtsweg m <gen: -(e)s> суде́бный поря́док m; **auf dem ~** че́рез суд, в суде́бном поря́дке

rechtswidrig adj противозако́нный

Rechtswidrigkeit f <-, -en> противопра́вность f, противозако́нность f

rechtwinklig adj прямоуго́льный; **ein ~es Dreieck** прямоуго́льный треуго́льник

rechtzeitig adj своевре́менный

Reck nt <-(e)s, -e> перекла́дина f

recken I. vr вытя́гиваться, вы́тянуться pf; II. vt вытя́гивать, вы́тянуть pf

Recorder m <-s, -> 1. (Kassettenrecorder) магнитофо́н m; 2. (Videorecorder) видеомагнитофо́н m

recyclen vt утилизи́ровать

Recycling nt <gen: -s> перерабо́тка f и втори́чное испо́льзование nt промы́шленных и хозя́йственных отхо́дов, реса́йклинг m

Recyclingcomputerpapier nt <gen: -(e)s> бума́га f для при́нтера, изгото́вленная из макулату́ры

Recyclingkopierpapier nt <gen: -(e)s> бума́га f для ксе́рокса, изгото́вленная из макулату́ры

Redakteur, -in m/f <-s, -e> реда́ктор m

Redaktion f <-, -en> 1. (die Redakteure) реда́кция f; 2. (das Redigieren) редакти́рование nt

redaktionell adj редакцио́нный

Redaktionsschluss m <gen: -es> подписа́ние nt в печа́ть

Rede f <-, -n> речь f; **davon war nicht die ~** речь шла не об э́том; **davon kann gar keine ~ sein** об э́том не мо́жет быть и ре́чи; **eine ~ halten** выступа́ть с ре́чью

redegewandt adj красноречи́вый

Redegewandtheit f <gen: -> красноре́чие nt

Redekunst f <gen: -> красноре́чие nt, ора́торское иску́сство nt

reden I. vi говори́ть, по- pf, разгова́ривать impf (über +akk о +präpos); **mit ihr kann man nicht ~** с ней невозмо́жно разгова́ривать; II. vt говори́ть impf; **du redest Unsinn** ты говори́шь чушь; **er hat gut ~** (umg) ему́ легко́ говори́ть

Redeschwall m <gen: -(e)s> пото́к m слов

Redeverbot nt <-(e)s, -e> запреще́ние nt публи́чных выступле́ний

Redeweise f <-, -n> мане́ра f говори́ть, слог m

Redewendung f <-, -en> оборо́т m ре́чи

Redezeit f <-, -en> вре́мя nt на выступле́ние, регла́мент m

Rediskont m <gen: -(e)s> переучёт m

Rediskontsatz m <-es, -sätze> ста́вка f переучёта векселе́й

redlich adj добросо́вестный

Redlichkeit f <gen: -> добросо́вестность f

Redner, -in m/f <-s, -> ора́тор m

Rednerpult nt <-(e)s, -e> ка́федра f

redselig adj словоохо́тливый

Reduktion f <-, -en> (Verminderung) сокраще́ние nt, сниже́ние nt

Reduktionsmittel nt <-s, -> (CHEM) восстанови́ель nt

redundant adj избы́точный

Redundanz f <-, -en> избы́точность f

reduzieren vt сокраща́ть, -крати́ть pf (auf +akk до +gen); **wir konnten den Verbrauch um ein Drittel ~** мы смогли́ сократи́ть потребле́ние на одну́ треть

Reede f <-, -n> рейд m; **auf ~ liegen** стоя́ть на ре́йде

Reeder, -in m/f <-s, -> судовладе́лец m

Reederei f <-, -en> судохо́дная компа́ния f

reell adj 1. (wirklich) реа́льный; 2. (solide, ehrlich) надёжный, че́стный

Reexport m <-(e)s, -e> рези́кспорт m

Referat nt <-(e)s, -e> (Vortrag, Abhandlung) рефера́т m, докла́д m

Referent, -in m/f <-en, -en> докла́дчик, -чица m/f

Referenz f <-, -en> 1. (Empfehlung) рекоменда́ция f; **~en einholen** запра́шивать рефере́нцию f; **gute ~en haben** име́ть хоро́шую рекоменда́цию 2. (Auskunftsperson) лицо́ nt, даю́щее рекоменда́цию

Refinanzierung f <gen: -> рефинанси́рование nt

Reflation f <gen: -> рефля́ция f

reflektieren vt (Licht) рефлекти́ровать impf/pf

Reflektor m <-s, -en> рефле́ктор m

Reflex m <-es, -e> рефле́кс m

Reflexbewegung f <-, -en> рефлекто́рное движе́ние nt

Reflexion f <-, -en> 1. (Widerspiegelung) отраже́ние nt; 2. (das Überdenken) рефле́ксия f

reflexiv adj (LING) возвра́тный

Reflexivpronomen nt <-s, -nomina> (LING)

возвра́тное местоиме́ние nt
Reform f <-, -en> рефо́рма f; **~en in Angriff nehmen** начина́ть осуществле́ние рефо́рм; **eine ~anstreben** стреми́ться к рефо́рме; **eine ~ durchführen** производи́ть рефо́рму; **für eine ~eintreten** выступа́ть за рефо́рмы; **gemäßigte ~** уме́ренная рефо́рма; **radikale ~** радика́льная рефо́рма
Reformation f <gen: -> Реформа́ция f
reformatorisch adj реформа́торский
reformbedürftig adj нужда́ющийся в рефо́рмах
Reformbestrebungen pl <gen: -> реформи́стские стремле́ния pl; **die ~ unterstützen** подде́рживать реформи́стские стремле́ния
reformfreudig adj стремя́щийся к рефо́рмам
reformieren vt реформи́ровать impf/pf; **die Rentenversicherung ~** реформи́ровать систе́му пенсио́нного обеспе́чения; **das Steuersystem ~** произвести́ рефо́рму нало́говой систе́мы
Reformismus m <gen: -> реформи́зм m
reformistisch adj реформи́стский
Reformpaket nt <-(e)s, -e> паке́т m рефо́рм
Reformpolitik f <gen: -> поли́тика f рефо́рм
Reformprozess m <-es, -e> проце́сс m рефо́рм
Refrain m <-s, -s> (Kehrreim) припе́в m
Regal nt <-s, -e> по́лка f; **etw ins ~ stellen** поста́вить что-л. на по́лку; **im ~ stehen** стоя́ть на по́лке
Regatta f <-, Regatten> рега́та f
rege adj 1. (betriebsam, aktiv) оживлённый; 2. (wach, munter) живо́й
Regel f <-, -n> 1. (Konvention) пра́вило; 2. (Monatsblutung) менструа́ция f; **in der ~** как пра́вило
Regelblutung f <-, -en> менструа́ция f
Regelkreis m <-es, -e> (TECH) ко́нтур m регули́рования
regellos adj нерегуля́рный
regelmäßig adj регуля́рный
Regelmäßigkeit f <gen: -> регуля́рность f
regeln I. vt регули́ровать, от- pf; II. vr: **etw regelt sich von selbst** что-л. ула́дится само́ собо́й
Regelung f <-, -en> 1. (das Regeln) урегули́рование nt; **die ~einer Angelegenheit** урегули́рование де́ла; **eine friedliche ~** ми́рное урегули́рование; **gesetzliche ~** правово́е урегули́рование; **eine gütliche ~** полюбо́вное урегули́рование; **eine politische ~** полити́ческое урегули́рование; **die ~ von Streitfragen** урегули́рование спо́рных вопро́сов; **vertragliche ~** догово́рное урегули́рование 2. (Vorschrift) положе́ние nt, пра́вило nt; **laut der neuen ~** по но́вому положе́нию; **~en treffen** устана́вливать
Regelungstechnik f <gen: -> те́хника f (автомати́ческого) регули́рования
Regelwerk nt <-(e)s, -e> свод m пра́вил
regelwidrig adj непра́вильный
regen vr шевели́ться, по- pf
Regen m <gen: -s> дождь m; **saurer ~** ки́слый дождь
Regenböe f <-, -n> си́льный поры́в m ве́тра с дождём
Regeneration f <gen: -> (Wiederherstellung) регенера́ция f
regenerieren vr (sich erholen, wiederherstellen) восстана́вливаться, -станови́ться pf
Regenfront f <-, -en> (METEO) дождево́й фронт m
Regengebiet nt <-(e)s, -e> (METEO) зо́на f дожде́й
Regenmantel m <-s, -mäntel> плащ m
Regenrinne f <-, -n> водосто́чный жёлоб m
Regenschauer m <-s, -> кратковре́менный дождь m
Regenschirm m <-(e)s, -e> 1. зонт m; 2. (umg) зо́нтик m
Regentag m <-(e)s, -e> дождли́вый день m
Regentropfen m <-s, -> дождева́я ка́пля f
Regenwald m <-(e)s, -wälder> вла́жный тропи́ческий лес m
Regenwasser nt <gen: -s> дождева́я вода́
Regenwetter nt <gen: -s> дождли́вая пого́да f
Regenwurm m <-(e)s, -würmer> дождево́й червь m
Regenzeit f <-, -en> сезо́н m дожде́й
Regie f <-, -n> режиссу́ра f, постано́вка f
regieren I. vt пра́вить impf (+ inst), управля́ть impf (+ inst); II. vi пра́вить impf
Regierung f <-, -en> 1. прави́тельство nt; 2. (Herrschaft) правле́ние nt
Regierungsabkommen nt <-s, -> межправи́тельственное соглаше́ние nt
Regierungsantritt m <gen: -(e)s> прихо́д m к вла́сти
Regierungsbildung f <gen: -> формирова́ние nt прави́тельства
Regierungschef, -in m/f <-s, -s> глава́ f прави́тельства
regierungsfähig adj: **~e Mehrheit** парла́ментское большинство́
regierungsfeindlich adj антиправи́тельственный

Regierungsform *f* <-, -en> фо́рма *f* правительства
regierungsfreundlich *adj* подде́рживающий прави́тельство
Regierungsgeschäfte *pl* <*gen:* -> правительственные дела *pl*
Regierungskoalition *f* <-, -en> пра́вящая коали́ция *f*
Regierungskrise *f* <-, -n> прави́тельственный кри́зис *m*
Regierungsmitglied *nt* <-(e)s, -er> член *m* прави́тельства
Regierungsprogramm *nt* <-(e)s, -e> програ́мма *m* прави́тельства
Regierungspropaganda *f* <*gen:* -> прави́тельственная пропага́нда *f*
Regierungssprecher, -in *m/f* <-s, -> представи́тель *m* прави́тельства, уполномо́ченный *m* прави́тельства (по свя́зям с обще́ственностью)
Regierungstruppen *pl* <*gen:* -> прави́тельственные войска́ *ntpl*
Regierungsumbildung *f* <*gen:* -> реорганиза́ция *f* прави́тельства
Regierungsvertreter *m* <-s, -> представи́тель *m* прави́тельства
Regierungsviertel *nt* <*gen:* -s> часть *f* го́рода, в кото́рой располо́жены прави́тельственные зда́ния
Regierungswechsel *m* <-s, -> сме́на *f* прави́тельства
Regime *nt* <-s, -(s)> режи́м *m*
Regimegegner, -in *m/f* <-s, -> проти́вник *m* режи́ма
Regiment *nt* <-(e)s, -er> полк *m*
Region *f* <-, -en> регио́н *m*, о́бласть *f*, райо́н *m*
regional *adj* региона́льный; **~e Unterschiede** региона́льные разли́чия
Regionalverkehr *m* <*gen:* -s> ме́стное сообще́ние *nt*
Regisseur, -in *m/f* <-s, -e> режиссёр *m*
Register *nt* <-s, -> 1. (*Verzeichnis*) реги́стр *m*, спи́сок *m*, рее́стр *m*; 2. (*in einem Buch*) алфави́тный указа́тель *m*; 3. (*einer Orgel*) реги́стр *m*
Registertonne *f* <-, -n> (MAR) реги́стровая то́нна *f*
Registratur *f* <-, -en> регистрату́ра *f*
registrieren *vt* регистри́ровать, за- *pf*
Registrierung *f* <-, -en> регистра́ция *f*
Reglor *m* <-s, -> регуля́тор *m*
Reglosigkeit *f* <*gen:* -> неподви́жность *f*
regnen *vi*: **es regnet** идёт дождь
regnerisch *adj* дождли́вый
Regress *m* <-es, -e> (JUR) регре́сс *m*
Regression *f* <-, -en> регре́ссия *f*; **wirtschaftliche ~** экономи́ческая регре́ссия
regressiv *adj* регресси́вный; **die ~e Tendenz** регресси́вная тенде́нция
Regresspflicht *f* <*gen:* -> (JUR) обя́занность *f* возмеще́ния
regsam *adj* 1. живо́й, подви́жный; 2. де́ятельный, акти́вный
Regsamkeit *f* <*gen:* -> 1. жи́вость *f*, подви́жность *f*; 2. акти́вность *f*
regulär *adj* станда́ртный, обы́чный; **~e Öffnungszeit** обы́чные часы́ рабо́ты; **~er Preis** станда́ртная цена́
Regulator *m* <-s, -en> регуля́тор *m*
regulieren *vt* регули́ровать, от- *pf*
Regulierung *f* <-, -en> регули́рование *nt*; **staatliche ~** госуда́рственное регули́рование
Regung *f* <-, -en> 1. (*gefühlsmäßig*) поры́в *m*, побужде́ние *nt*; 2. (*Bewegung*) движе́ние *nt*
regungslos *adj* неподви́жный
Reh *nt* <-(e)s, -e> косу́ля *f*
Rehabilitation *f* <*gen:* -> реабилита́ция *f*
Rehabilitationszentrum *nt* <-s, -zentren> реабилитацио́нный центр *m*
rehabilitieren *vt* (*bezüglich Ruf, Ansehen*) реабилити́ровать *impf/pf*
Rehbock *m* <-(e), -böcke> саме́ц *m* косу́ли
Rehbraten *m* <*gen:* -s> жарко́е *nt* из косу́ли
Rehkeule *f* <-, -n> о́корок *m* косу́ли
Rehkitz *nt* <-es, e> косулёнок *m*
Reibe *f* <-, -n> (*Küchen~*) тёрка *f*
Reibeisen *nt* <-s, -> тёрка *f*
reiben <rieb, gerieben> *vt* тере́ть, на- *pf*, натира́ть *impf*; **Käse ~** натере́ть сыр; **sich die Augen ~** протира́ть глаза́; **sich die Hände ~** потира́ть ру́ки; **der Schuh reibt** боти́нок трёт; **sich etw wund ~** натере́ть себе́ что-л. (до кро́ви)
Reiberei *f* <-, -en> тре́ния *ntpl*
Reibfläche *f* <*gen:* -> пове́рхность *f* тре́ния
Reibung *f* <-, -en> тре́ние *nt*
Reibungselektrizität *f* <*gen:* -> трибоэлектри́чество *nt*
Reibungskoeffizient *m* <-en, -en> (PHYS) коэффицие́нт *m* тре́ния
Reibungskraft *f* <-, -kräfte> си́ла *f* тре́ния
reibungslos *adj* беспрепя́тственный
Reibungsverlust *m* <-es, -e> поте́ря *m* на тре́ние
Reibungswiderstand *m* <*gen:* -(e)s> сопротивле́ние *nt* тре́ния
reich *adj* бога́тый; **~ an etw sein** быть бога́тым чем-л.
Reich *nt* <-(e)s, -e> 1. (*König~*) госуда́рство *nt*, импе́рия *f*; 2. (*Bereich*) ца́рство *nt*, мир *m*
reichen I. *vt* (*geben*) протя́гивать, -тяну́ть *pf*; II. *vi* (*genügen*) хвата́ть, хвати́ть *pf*; **das Brot muss bis morgen ~** хле́ба должно́ хвати́ть до за́втра; **danke, das reicht** (э́того) хва́тит, спаси́бо; **jetzt reicht's mir aber!** (*umg*) с меня́ хва́тит! **die Leiter reichte bis zum**

reichhaltig — **Reisevorbereitungen**

zweiten Stock лестница доходи́ла [о достава́ла] до тре́тьего этажа́
reichhaltig adj бога́тый, оби́льный
Reichtum m <-s, -tümer> бога́тство nt
Reichweite f <-, -n> да́льность f де́йствия; **in/außer ~ sein** быть в преде́лах/вне досяга́емости
reif adj 1. (Früchte) спе́лый; 2. (innerlich) зре́лый
Reif m <gen: -(e)s> (Niederschlag) и́ней m
Reife f <gen: -> 1. (von Früchten) спе́лость f; 2. (Gereiftsein) зре́лость f
reifen vi (auch von Menschen) созрева́ть, -зре́ть pf, зреть impf
Reifen m <-s, -> ши́на f
Reifendruck m <gen: -(e)s> давле́ние nt в ши́нах
Reifenpanne f <-, -n> поврежде́ние nt шины
Reifezeit f <gen: f> вре́мя f созрева́ния
Reihe f <-, -n> 1. (Anordnung, Anzahl) ряд m; 2. (von Menschen) ряд m, шере́нга f; 3. (Anzahl) ряд m; **der ~ nach** по о́череди; **du bist an der ~** твоя́ о́чередь
Reihenfolge f <-, -n> после́довательность f; **in alphabetischer ~** по алфави́ту
Reihenhaus nt <-es, -häuser> дом m рядово́й застро́йки
Reihenhaussiedlung f <-, -en> населённый пункт m с дома́ми рядово́й застро́йки
Reiher m <-s, -> ца́пля f
Reim m <-(e)s, -e> (im Vers) ри́фма f
reimen I. vr рифмова́ться impf (auf +akk с +inst); II. vt рифмова́ть (auf +akk с +inst)
rein I. adj (sauber, klar, pur) чи́стый; II. adv (alleinig, lediglich) чи́сто; **~ zufällig** чи́сто случа́йно
Reinemachefrau f <-, -en> убо́рщица f
reinemachen vi де́лать убо́рку
Reinerlös m <-es, -e> чи́стая вы́ручка f
Reinertrag m <-(e)s, -erträge> чи́стый дохо́д m
Reinfall m <-(e)s, -fälle> (umg) прова́л m, неуда́ча f
Reingewinn m <-(e)s, -e> чи́стая при́быль f
Reinhaltung f <gen: -> санита́рная охра́на f (водоёмов)
reinhauen vi (umg) нанести́ pf уда́р
Reinheit f <gen: -> чистота́ f
Reinheitsgrad m <-(e)s, -e> сте́пень f чистоты́
reinigen vt чи́стить, о- pf, очища́ть impf (von +dat от +gen)
Reiniger m <-s, -> сре́дство nt для чи́стки, чи́стящее сре́дство nt
Reinigung f <-, -en> 1. (das Reinigen) очище́ние nt; 2. (Reinigungsbetrieb) химчи́стка f
Reinigungsmilch f <gen: ->
косметическое молочко́ nt
reinlich adj чи́стый, чистопло́тный
Reinlichkeit f <gen: -> чистопло́тность f
reinrassig adj поро́дистый
reinschneien vi (umg) внеза́пно появи́ться pf, свали́ться pf как снег на го́лову
Reinvermögen nt <-s, -> факти́ческое иму́щество nt
Reinvestition f <-, -en> реинвести́ция f
reinwürgen vt (umg) с трудо́м глота́ть, запи́хивать в себя́
Reis m <gen: -es> рис m
Reisbau m <gen: -s> рисово́дство nt
Reisbrei m <gen: -s> ри́совая ка́ша f
Reise f <-, -n> пое́здка f, путеше́ствие nt; **eine ~ antreten** отпра́виться в пое́здку; **gute ~!** счастли́вого пути́!
Reiseandenken nt <-s, -> сувени́р m
Reiseapotheke f <-, -n> доро́жная апте́чка f
Reisebüro nt <-s, -s> туристи́ческое бюро́ nt, бюро́ nt путеше́ствий
Reisebus m <-ses, -se> туристи́ческий авто́бус m
Reiseführer m <-s, -> путеводи́тель m
Reisegefährte, -gefährtin m/f <-n, -n> спу́тник m
Reisegepäck nt <gen: -(e)s> бага́ж m
Reisegruppe f <-, -n> туристи́ческая гру́ппа f
Reisekosten pl <gen: -> доро́жные расхо́ды pl
Reiseleiter, -in m/f <-s, -> руководи́тель, -ница m/f туристи́ческой гру́ппы
Reisemitbringsel nt <-s, -> сувени́р m
reisen vi путеше́ствовать impf, е́хать, по- pf, е́здить impf (nach +dat в +akk); **sie reiste mit dem Zug nach Italien** она́ пое́хала на по́езде в Ита́лию
Reisende(r) m/f <-n, -n> путеше́ственник, -нница m/f
Reisepass m <-es, -pässe> заграни́чный па́спорт m
Reiseprospekt m <-(e)s, -e> туристи́ческий проспе́кт m
Reiseproviant m <gen: -(e)s> доро́жнай провиа́нт m
Reiseroute f <-, -n> маршру́т m
Reiseruf m <-(e)s, -e> сро́чное сообще́ние, передава́емое автомоби́льными клуба́ми по ра́дио для находя́щихся в пути́ води́телей
Reisescheck m <-s, -s> доро́жный чек m
Reiseschreibmaschine f <-, -n> доро́жная печа́тная маши́нка f
Reisetasche f <-, -n> доро́жная су́мка f
Reiseveranstalter, -in m/f <-s, -> организа́тор m туристи́ческой пое́здки
Reiseverkehr m <gen: -s> пассажи́рское движе́ние nt
Reisevorbereitungen pl <gen: ->

приготовле́ния *pl* к пое́здке
Reisewecker *m* <-s, -> доро́жный буди́льник *m*
Reisewelle *f* <-, -n> пик *m* туристи́ческого сезо́на
Reisezeit *f* <*gen:* -> туристи́ческий сезо́н *m*
Reiseziel *nt* <-(e)s, -e> цель *f* пое́здки, пункт *m* назначе́ния
Reisfeld *nt* <-(e)s, -er> ри́совое по́ле *nt*
Reisig *nt* <*gen:* -s> хво́рост *m*
Reisigbesen *m* <-s, -> ве́ник *m* из хво́роста
Reisigbündel *nt* <-s, -> вяза́нка *f* хво́роста
Reißbrett *nt* <-(e)s, -er> чертёжная доска́ *f*
reißen <riss, gerissen> I. *vt* 1. (*entreißen*) вырыва́ть, вы́рвать *pf*; 2. (*zerreißen*) разрыва́ть, разорва́ть *pf*; II. *vr*: sich um etw ~ (*umg*) дра́ться из-за чего́-л.
reißend *adj* бы́стрый, бу́рный
Reißnagel *m* <-s, -nägel> (канцеля́рская) кно́пка *f*
Reissuppe *f* <*gen:* -> ри́совый суп *m*
Reißverschluss *m* <-es, -verschlüsse> 1. застёжка *f*-мо́лния *f*; 2. (*umg*) мо́лния *f*
Reißzahn *m* <-(e)s, -zähne> клык *m*
Reißzwecke *f* <-, -n> (канцеля́рская) кно́пка *f*
Reitbahn *f* <-, -en> мане́ж *m*
reiten <ritt, geritten> *vi* е́здить *impf* верхо́м [*o* на ло́шади], е́хать *impf*, по-*pf* верхо́м [*o* на ло́шади], скака́ть, по-*pf*; auf einem Kamel ~ е́хать на верблю́де
Reiter, -in *m/f* <-s, -> нае́здник, -ница *m/f*, вса́дник, -ница *m/f*
Reitgerte *f* <-, -n> хлыст *m*
Reithose *f* <-, -n> бри́джи *pl*
Reitpeitsche *f* <-, -n> хлыст *m*
Reitpferd *nt* <-(e)s, -e> верхова́я ло́шадь *f*
Reitsport *m* <*gen:* -s> ко́нный спорт *m*
Reitstiefel *m* <-s, -> сапо́г *m* для верхово́й езды́
Reitturnier *nt* <s, -e> конноспорти́вные соревнова́ния *pl*
Reitweg *m* <-(e)s, -e> доро́жка *f* для верхово́й езды́
Reiz *m* <-es, -e> (*Anziehung*) привлека́тельность *f*
reizbar *adj* раздражи́тельный, оби́дчивый
Reizbarkeit *f* <*gen:* -> раздражи́тельность *f*
reizen *vt* 1. (*ärgern, angreifen*) раздража́ть *impf*; 2. (*herausfordern*) побужда́ть, -буди́ть *pf*; 3. (*sexuell*) возбужда́ть, -буди́ть *pf*
reizend *adj* очарова́тельный
reizlos *adj* непривлека́тельный
Reizschwelle *f* <-, -n> поро́г *m* раздраже́ния
Reizstoff *m* <-(e)s, -e> раздража́ющее вещество́ *nt*
Reiztherapie *f* <*gen:* -> (MED) терапи́я *f* раздраже́нием
Reizung *f* <-, -en> (MED) раздраже́ние *nt*
reizvoll *adj* привлека́тельный
Reizwäsche *f* <*gen:* -> эроти́ческое ни́жнее бельё *nt*
Reklamation *f* <-, -en> реклама́ция *f*, прете́нзия *f*; eine ~ ablehnen отклоня́ть реклама́цию; eine ~ anerkennen признава́ть реклама́цию; eine ~ geltend machen заявля́ть реклама́цию
Reklame *f* <-, -n> рекла́ма *f*; für etw ~ machen реклами́ровать что-л.; marktschreierische ~ крикли́вая рекла́ма; wirkungsvolle ~ де́йственная рекла́ма
Reklamefeldzug *m* <-(e)s, -züge> рекла́мная кампа́ния *f*
Reklameschild *nt* <-(e)s, -er> рекла́мный щит *m*
reklamieren *vt* (*Beschwerde führen*) де́лать *impf* реклама́цию
rekonstruieren *vt* реконструи́ровать *impf/pf*
Rekonstruktion *f* <-, -en> реконстру́кция *f*
Rekord *m* <-(e)s, -e> реко́рд *m*; einen ~ aufstellen установи́ть реко́рд
Rekordhalter, -in *m/f* <-s, -> (SPORT) рекордсме́н *m*
Rekordinhaber, -in *m/f* <-s, -> рекордсме́н *m*
Rekordverschuldung *f* <-, -en> реко́рдная задо́лженность *f*
Rekrut, -in *m/f* <-en, -en> ре́крут *m*
rekrutieren *vr* рекрути́ровать *impf/pf* (*aus +dat* из +*gen*)
Rektion *f* <-, -en> (LING) управле́ние *nt*
Rektor, -in *m/f* <-en, -en> 1. (*einer Schule*) дире́ктор *m*; 2. (*einer Universität*) ре́ктор *m*
Rekultivierung *f* <*gen:* -> рекультива́ция *f*
Relais *nt* <-, -> реле́ *nt*
Relation *f* <-, -en> (*Verhältnis*) отноше́ние *nt*
relativ *adj* 1. (*im Verhältnis zu etwas*) относи́тельный; im Winter ist es hier ~ warm зимо́й здесь относи́тельно тепло́; ~ Mehrheit относи́тельное большинство́ 2. (*vergleichsweise*) сравни́тельно; ~ billig сравни́тельно недорого́; eine ~ kurze Frist сравни́тельно небольшо́й срок
Relativität *f* <*gen:* -> относи́тельность *f*
Relativitätstheorie *f* <*gen:* -> (PHYS) тео́рия *f* относи́тельности
Relativsatz *m* <-es, -sätze> (LING) относи́тельное прида́точное предложе́ние *nt*

Relaunch *m* <*gen:* -es> (ÖKON) обновление *nt* продукта
relaxen *vi* (*umg*) расслабляться, -слабиться *pf*
relevant *adj* (*geh*) значимый, существенный
Relief *nt* <-s, -s> рельеф *m*
Religion *f* <-, -en> 1. религия *f*; 2. (*Schulfach*) закон *m* божий
Religionsfreiheit *f* <*gen*: -> свобода *f* вероисповедания
religionslos *adj* 1. без религии; 2. неверующий; 3. атеистический
Religionsstifter *m* <-s, -> основатель *m* религии
Religionsunterricht *m* <*gen:* -s> преподавание *nt* закона божьего
Religionszugehörigkeit *f* <-, -en> вероисповедание *nt*
religiös *adj* религиозный
Reling *f* <*gen:* -> поручень *m*
Reliquie *f* <-, -n> мощи *pl*
Reliquienschrein *m* <-(e)s, -e> ларец *m* для реликвий
Remittende *f* <-, -n> повреждённое или содержащее ошибки печатное издание, возвращённое в издательство
Remouladensoße *f* <*gen:* -> ремуладный соус *m*
Renaissance *f* <*gen:* -> Ренессанс *m*
Rendezvous *nt* <-, -> свидание *nt*
Rendite *f* <-, -n> проценты *mpl*, доход *m* (с ценных бумаг); ~ **abwerfen** приносить доход
Rennbahn *f* <-, -en> 1. (*Pferderennen*) ипподром *m*; 2. (*Radrennen*) велодром *m*; 3. (*Autorennen*) автодром *m*
rennen <rannte, gerannt> *vi* бежать, по- *pf*, мчаться, по- *pf*
Rennen *nt* <-s, -> 1. (*Pferde*) скачки *fpl*, бега *mpl*; 2. (*Auto*) гонки *fpl*
Renner *m* <-s, -> (*umg: Produkt, das sich gut verkauft*) бестселлер *m*
Rennfahrer, -in *m/f* <-s, -> гонщик *m*
Rennrad *nt* <-(e)s, -räder> гоночный велосипед *m*
Rennmotorrad *nt* <-(e)s, -motorräder> гоночный мотоцикл *m*
Rennstall *m* <-(e)s, -ställe> 1. беговая конюшня *f*; 2. команда *f* велогонщиков [*o* мотогонщиков] (выступающая за какую-либо фирму)
Rennwagen *m* <-s, -> гоночный автомобиль *m*
renovieren *vt* ремонтировать, от- *pf*
Renovierung *f* <-, -en> ремонт *m*
rentabel *adj* рентабельный; **ein rentabler Betrieb** рентабельное предприятие; **ein rentables Geschäft** рентабельная сделка
Rentabilität *f* <*gen:* -> рентабельность *f*, доходность *f*

Rentabilitätsrechnung *f* <-, -en> расчёт *m* рентабельности
Rente *f* <-, -n> 1. (*der Ruhestand, die Geldbezüge*) пенсия *f*; ~ **beziehen** получать пенсию; **in ~ gehen** выйдить на пенсию; **von einer kleinen ~ leben** жить на низкую пенсию; **in ~ sein** быть на пенсии 2. (*Einkommen aus Vermögen*) рента *f*
Rentenalter *nt* <*gen:* -s> пенсионный возраст *m*
Rentenanpassung *f* <-, -en> предусмотренная законом подгонка пенсии к уровню заработной платы в определённом соотношении
Rentenanspruch *m* <-(e), -ansprüche> право *nt* на получение пенсии
Rentenbemessungsgrundlage *f* <*gen:* -> основа *f* исчисления пенсий
Rentendynamik *f* <*gen:* -> пенсионная динамика *f*
Rentenmarkt *m* <*gen:* -(e)s> рынок *m* ценных бумаг с твёрдым процентом
Rentenversicherung *f* <*gen:* -> пенсионное страхование *nt*
Rentier *nt* <-(e)s, -e> (*северный*) олень *m*
Rentner, -in *m/f* <-s, -> пенсионер, -ка *m/f*
Reorganisation *f* <*gen:* -> реорганизация *f*, перестройка *f*; ~ **der Verwaltung** реорганизация управления
Reparationen *pl* <*gen:* -> репарации *pl*
Reparatur *f* <-, -en> ремонт *m*, починка *f*; **etw in ~ geben** отдать что-л. в ремонт; **laufende ~** текущий ремонт
Reparaturarbeiten *pl* ремонтные работы
Reparaturwerkstatt *f* <-, -stätten> ремонтная мастерская *f*
reparieren *vt* чинить, по- *pf*, ремонтировать, от- *pf*
Repertoire *nt* <-s, -s> репертуар *m*
Report *m* <-s, -s> репорт *m*
Reportage *f* <-, -n> репортаж *m*
Reporter, -in *m/f* <-s, -> корреспондент, -ка *m/f*, репортёр *m*
Repräsentant, -in *m/f* <-en, -en> 1. (*Vertreter*) представитель, -ница *m/f*; ~ **einer Firma** представитель фирмы; ~ **eines Handelshauses** представитель торгового дома; ~ **der Staatsmacht** представитель власти 2. (*Abgeordneter*) депутат *m*
Repräsentanz *f* <-, -en> представительство *nt*, филиал *m*
Repräsentation *f* <*gen:* -> 1. репрезентация *f*; 2. представительство *nt*; 3. репрезентативность *f*
Repräsentationskosten *pl* <*gen:* -> представительские расходы *pl*
repräsentativ *adj* представительный
Repräsentativerhebung *f* <-, -en>

выборочное обследование *nt*, выборочный опрос *m*
repräsentieren *vt* 1. (*vertreten*) представлять, -ставить *pf*; **ein Land ~** представлять страну 2. (*einen Wert darstellen*) составлять, -ствить *pf*; **das Objekt repräsentiert einen Wert von mehreren tausend Dollar** стоимость объекта составляет несколько тысяч долларов
Repressalien *pl* <*gen:* -> репрессия *f*
Repression *f* <*gen:* -> репрессия *f*
repressiv *adj* репрессивный
Reprint *m* <-s, -s> 1. перепечатка *f*; 2. репринтное издание *nt*
reprivatisieren *vt* реприватизировать
Reprivatisierung *f* <-, -en> реприватизация *f*
Reproduktion *f* <-, -en> 1. (*stetige Erneuerung*) воспроизводство *nt*; **~ der Arbeitskraft** воспроизводство рабочей силы; **gesellschaftliche ~** общественное воспроизводство 2. (*Wiedergabe*) репродукция *f*
Reptil *nt* <-s, -ien> пресмыкающееся *nt*
Republik *f* <-, -en> республика *f*
Republikaner, -in *m/f* <-s, -> республиканец, -нка *m/f*
republikanisch *adj* республиканский
Requiem *nt* <-s, -s> реквием *m*
Requisiten *pl* <*gen:* -> (THEAT) реквизит *m*
resch *adj* хрустящий
Reservat *nt* <-(e)s, -e> резерват *m*
Reserve *f* <-, -n> запас *m*, резерв *m*; **~n ausschöpfen** использовать резервы; **eiserne ~** неприкосновенный запас; **finanzielle ~n** финансовые резервы; **etw in ~ haben** иметь что-л. в запасе; **personelle ~n** резервы рабочей силы; **stille ~n** скрытые резервы; **strategische ~n** стратегические запасы; **über große ~n verfügen** располагать большими резервами
Reservekanister *m* <-s, -> запасная канистра *f*
Reserveoffizier *m* <-s, -e> офицер *m* запаса
Reserverad *nt* <-(e)s, -räder> запасное колесо *nt*
Reservespieler, -in *m/f* <-s, -> (SPORT) запасной игрок *m*
reservieren *vt* резервировать, за- *pf*; **ich lasse uns einen Tisch ~** я закажу для нас стол; **ein Zimmer im Hotel ~ lassen** забронировать номер в отеле
reserviert *adj* сдержанный
Reservist, -in *m/f* <-en, -en> резервист, -ка *m/f*
Reservoir *nt* <*gen:* -s> резервуар *m*
Residenz *f* <-, -en> резиденция *f*
Residualeinkommen *nt* <-s, -> предпринимательский доход *m*

Resignation *f* <*gen:* -> разочарованность *f*, покорность *f*, пессимизм *m*
resignieren *vi* смиряться, -риться *pf* со своим положением
resistent *adj* стойкий
Resistenz *f* <*gen:* -> стойкость *f*
resolut *adj* решительный
Resonanz *f* <-, -en> резонанс *m*; **~ finden** получить резонанс
Respekt *m* <*gen:* -(e)s> уважение *nt*, почтение *nt*
respektabel *adj* почтенный
respektieren *vt* уважать *impf*
respektlos *adj* неуважительный
Respektlosigkeit *f* <*gen:* -> неуважительность *f*
respektvoll *adj* почтительный
Ressentiment *nt* <-s, -s> (*geh*) враждёбность *f*
Ressort *nt* <-s, -s> 1. (*Aufgabenbereich*) сфера *f* деятельности; 2. (*Amt*) ведомство *nt*; 3. (*Abteilung*) отдел *m*
Ressortleiter *m* <-s, -> руководитель *m* ведомства
Ressource *f* <-, -n> ресурсы *mpl*; **begrenzte ~n** ограниченные ресурсы; **betriebliche ~n** производственные ресурсы; **finanzielle ~n** финансовые ресурсы; **natürliche ~n** природные ресурсы; **~n rationell einsetzen** рационально использовать ресурсы
Rest *m* <-(e)s, -e> остаток *m*; **der ~ von** остаток чего-л.
Restaurant *nt* <-s, -s> ресторан *m*
Restauration *f* <*gen:* -> реставрация *f*
restaurieren *vt* реставрировать
Restaurierung *f* <*gen:* -> реставрирование *nt*
Restbestand *m* <-(e)s, -bestände> остаток *m*, сальдо *nt*
Restbetrag *m* <-(e)s, -beträge> остаток *m*, сальдо *nt*
restlich *adj* остающийся, остальной
Restposten *m* <-s, -> товарные остатки *pl*
Restriktion *f* <-, -en> рестрикция *f*, ограничение *nt*
restriktiv *adj* (*geh*) ограничительный
Restrukturierung *f* <-, -en> перестройка *f*, реорганизация *f*
Resultante *f* <-, -n> (MATH) равнодействующая *f*
Resultat *nt* <-(e)s, -e> результат *m*
Resümee *nt* <-s, -s> резюме *nt*
Retorte *f* <-, -n> реторта *f*; **aus der ~** (*umg: pej*) из пробирки
Retourbillet *nt* <-(e)s, -e> (*CH: Rückfahrkarte*) обратный билет *m*
Retourgeld *nt* <-(e)s, -er> 1. (*CH: Wechselgeld*) сдача *f*; 2. мелочь *f*, разменные деньги *pl*
Retoursendung *f* <-, -en> возвращение

nt това́ра
Retourwechsel *m* <-s, -> ретра́тта *f*
retrospektiv *adj* ретроспекти́вный
Retrospektive *f* <-, -n> ретроспекти́ва *f*
retten I. *vt* спаса́ть, спасти́ *pf* (*vor* +*dat* от +*gen*); II. *vr* спаса́ться, спасти́сь *pf* (*vor* +*dat* от +*gen*)
Retter, -in *m/f* <-s, -> спаси́тель, -ница *m/f*
Rettich *m* <-s, -e> ре́дька *f*
Rettung *f* <-, -en> спасе́ние *nt*
Rettungsaktion *f* <-, -en> спаса́тельная опера́ция *f*
Rettungsboot *nt* <-(e)s, -e> спаса́тельная шлю́пка *f*
Rettungsdienst *m* <-es, -e> спаса́тельная слу́жба *f*
Rettungsflugzeug *nt* <-(e)s, -e> самолёт *m* спаса́тельной слу́жбы
Rettungshubschrauber *m* <-s, -> спаса́тельный вертолёт *m*
Rettungsmannschaft *f* <-, -en> спаса́тельная кома́нда *f*
Rettungsring *m* <-(e)s, -e> спаса́тельный круг *m*
Rettungssanitäter *m* <-s, -> 1. санита́р *m* ско́рой по́мощи; 2. санита́р *m* спаса́тельной слу́жбы
Rettungsschwimmer, -in *m/f* <-s, -> пловец *m* -спаса́тель *m*
Rettungsweste *f* <-, -n> спаса́тельный жиле́т *m*
Reue *f* <*gen*: -> раска́яние *nt*
reuen *vt* раска́иваться, -ка́яться *pf*; **seine Tat reute ihn** он раска́ивался в своём посту́пке
reuevoll *adj* по́лный раска́яния
reuig *adj* раска́ивающийся
Reuse *f* <-, -n> ве́рша *f*
Revanche *f* <-, -n> рева́нш *m*
Revanchepartie *f* <-, -n> (SPORT) матч *m* -рева́нш *m*
Revanchespiel *nt* <-(e)s, -e> матч *m* -рева́нш *m*, отве́тная встре́ча *f*
revidieren *vt* 1. (*Einstellung, Meinung*) пересма́тривать, -смотре́ть *pf*; 2. (JUR) обжа́ловать *impf/pf*
Revier *nt* <-s, -e> 1. (*von Tieren*) уча́сток *m*; 2. (*Polizeirevier*) полице́йский уча́сток *m*; 3. (*Jagdrevier*) террито́рия *f*
Revision *f* <-, -en> 1. (*Neubearbeitung*) реви́зия *f*, прове́рка *f*; 2. (JUR) пересмо́тр *m*, обжа́лование *nt*
Revisor, -in *m/f* <-s, -en> ревизо́р *m*
Revolte *f* <-, -n> бунт *m*, мяте́ж *m*
revoltieren *vi* бунтова́ть
Revolution *f* <-, -en> револю́ция *f*
revolutionär *adj* революцио́нный
Revolutionär, -in *m/f* <-s, -e> революционе́р, -ка *m/f*
Revolver *m* <-s, -> револьве́р *m*
Rezensent, -in *m/f* <-en, -en> рецензе́нт *m*

rezensieren *vt* (*Buch, Film, Aufführung*) рецензи́ровать, от- *pf*
Rezension *f* <-, -en> реце́нзия *f*
Rezept *nt* <-(e)s, -e> (MED, *Kochrezept*) реце́пт *m*; **auf ~** по реце́пту
Rezeptblock *m* <-(e)s, -blöcke> блокно́т *m* для за́писи реце́птов
rezeptfrei I. *adj* (*Medikament*) отпуска́емый без реце́пта; II. *adv* без реце́пта.
Rezeption *f* <-, -en> (*im Hotel*) бюро́ *nt* регистра́ции
Rezeptor *m* <-s, -en> реце́птор *m*
rezeptpflichtig *adj* (*Medikament*) отпуска́емый то́лько по реце́пту
Rezeptur *f* <-, -en> 1. рецепту́ра *f*; 2. рецепту́рный отде́л *m* (апте́ки)
Rezession *f* <-, -en> экономи́ческий спад *m*, реце́ссия *f*
rezessionsbedingt *adj* обусло́вленный экономи́ческим спа́дом
rezessiv *adj* рецесси́вный
Rezipient *m* <-en, -en> реципие́нт *m*
reziprok *adj* (MATH) взаи́мный
rezitieren *vt* деклами́ровать
Rhabarber *m* <*gen*: -s> реве́нь *m*
Rhein *m* <*gen*: -(e)s> Рейн *m*
rheinisch *adj* ре́йнский
Rheinland *nt* <*gen*: -s> Ре́йнская о́бласть *f*
Rheinland-Pfalz *nt* <*gen*: -> Ре́йнланд-Пфальц *m*
Rhesusfaktor *m* <-s, -en> ре́зус-фа́ктор *m*
Rhesusunverträglichkeit *f* <*gen*: -> (MED) несовмести́мость *f* ре́зус-фа́кторов
Rhetorik *f* <*gen*: -> рито́рика *f*
rhetorisch *adj* ритори́ческий; **eine ~e Frage** ритори́ческий вопро́с
Rheuma *nt* <*gen*: -s> ревмати́зм *m*
Rheumamittel *nt* <-s, -> сре́дство *nt* про́тив ревмати́зма
Rheumawäsche *f* <*gen*: -> противоревмати́ческое ни́жнее бельё *nt*
rheumatisch *adj* ревмати́ческий
Rheumatismus *m* <*gen*: -> ревмати́зм *m*
Rhinozeros *nt* <-(ses), -se> 1. носоро́г *m*; 2. (*fig*) дура́к *m*
Rhododendron *m* <*gen*: -s> рододе́ндрон *m*
Rhönrad *nt* <-(e)s, -räder> ре́нское колесо́ *nt*
rhythmisch *adj* ритми́ческий
Rhythmus *m* <-, Rhythmen> ритм *m*
Richtantenne *f* <-, -n> напра́вленная анте́нна *f*
richten I. *vt* 1. (*lenken*) направля́ть, -пра́вить *pf* (*auf* +*akk* на +*akk*); 2. (*zielen*) наце́ливать, -це́лить *pf* (*auf* +*akk* на +*akk*); II. *vr* быть *impf* напра́вленным (*auf* +*akk* на +*akk*); **sich nach jdm/etw ~**

следовать кому́-л./чему́-л.
Richter, -in *m/f* <-s, -> судья́ *m*
richterlich *adj* суде́йский
Richterspruch *m* <-(e)s, -sprüche> реше́ние *nt* суда́
Richtfunk *m* <*gen:* -s> радиореле́йная связь *f*
Richtgeschwindigkeit *f* <-, -en> (*im Verkehr*) рекомендо́ванная ско́рость *f*
richtig I. *adj* пра́вильный; II. *adv* 1. пра́вильно; 2. (*wirklich, tatsächlich*) по-настоя́щему.
Richtlinie *f* <-, -en> директи́ва *f*
Richtpreis *m* <-es, -e> ориентиро́вочная [*o* рекоменду́емая] цена́ *f*
Richtsatz *m* <-es, -sätze> 1. (*Richtgröße*) нормати́в *m*; 2. (*Richtlinie*) директи́ва *f*
Richtstrahler *m* <-s, -> напра́веленая анте́нна *f*
Richtung *f* <-, -en> направле́ние *nt*; **du gehst in die falsche ~** ты идёшь в непра́вильном направле́нии
Richtwert *m* <-(e)s, -e> нормати́вный показа́тель *m*
Richtzeit *f* <-, -en> заплани́рованное вре́мя *nt*
Ricke *f* <-, -n> косу́ля *f*
rieb *prät von* **reiben**
riechen <roch, gerochen> I. *vi* (*einen bestimmten Geruch verbreiten*) па́хнуть *impf*; **nach etw ~** па́хнуть чем-л.; II. *vt* (*einen bestimmten Geruch wahrnehmen*) ню́хать, по- *pf*; **an etw ~** обню́хивать что-л.
rief *prät von* **rufen**
Riegel *m* <-s, -> (*von Schloss*) задви́жка *f*
Riemen *m* <-s, -> реме́нь *m*
Riemenantrieb *m* <*gen:* -(e)s> (TECH) реме́нный при́вод *m*
Riese *m* <-n, -n> велика́н *m*
rieseln *vi* 1. (*Sand*) струи́ться *impf*; 2. (*Flüssigkeit*) журча́ть *impf*
riesengroß *adj* (*umg*) гига́нтский
Riesenrad *nt* <-(e)s, -räder> колесо́ *nt* обозре́ния
Riesenschlange *f* <-, -n> уда́в *m*
Riesenslalom *m* (SPORT) гига́нтский сла́лом *m*
riesig I. *adj* (*sehr groß*) колосса́льный; II. *adv* (*umg: sehr*) ужа́сно.
Riesling *m* ри́слинг *m*
riet *prät von* **raten**
Riff *nt* <-(e)s, -e> риф *m*
rigoros *adj* стро́гий, категори́чный
Rille *f* <-, -n> желобо́к *m*
Rind *nt* <-(e)s, -er> 1. (*weibliches Tier*) коро́ва *f*; 2. (*männliches Tier*) бык *m*; 3. (*pl: Rinder*) кру́пный рога́тый скот *m*; 4. (*Fleisch*) говя́дина *f*
Rinde *f* <-, -n> 1. (*von Baum*) кора́ *f*; 2. (*von Brot*) ко́рка *f*
Rinderbraten *m* <-s, -> жарко́е *nt* из говя́дины
Rinderfilet *nt* <-s, -s> филе́йная часть *f* (говя́жей ту́ши)
Rinderwahnsinn *m* <*gen:* -s> коро́вье бе́шенство *nt*
Rindfleisch *nt* <*gen:* -(e)s> говя́дина *f*
Rindvieh *nt* <*gen:* -(e)s> (*umg: Schimpfwort*) скоти́на *f*
Ring *m* <-(e)s, -e> 1. (*am Finger*) кольцо́ *nt*; 2. (SPORT: *Boxen*) ринг *m*
Ringbuch *nt* <-(e)s, -bücher> записна́я кни́жка *f* на ко́льцах
Ringbucheinlage *f* <-, -n> вкла́дыш *m* в записну́ю кни́жку на ко́льцах
Ringelnatter *f* <-, -n> уж *m* обыкнове́нный
ringen <rang, gerungen> *vi* боро́ться *impf* (*mit* +*dat* с +*inst*)
Ringer, -in *m/f* <-s, -> боре́ц *m*
Ringfinger *m* <-s, -> безымя́нный па́лец *m*
Ringkampf *m* <-(e)s, -kämpfe> борьба́ *f*
Ringrichter, -in *m/f* <-s, -> судья́ *m* на ри́нге
ringsherum *adv* вокру́г, круго́м
Rinne *f* <-, -n> жёлоб *m*, кана́вка *f*
rinnen <rann, geronnen> *vi* течь *impf*
Rinnstein *m* <-(e)s, -e> сто́чная кана́ва *f*
Rippe *f* <-, -n> ребро́ *nt*
Rippenfell *nt* (ANAT) плевра́ *f*
Rippenfellentzündung *f* <-, -en> плеври́т *m*
Risiko *nt* <-s, Risiken> риск *m*; **ein ~ eingehen** идти́ на риск; **etw auf eigenes ~ tun** *pf*; де́лать что-л. на со́бственный риск
Risikoanalyse *f* <-, -n> ана́лиз *m* ри́ска
risikobereit *adj* гото́вый пойти́ на риск
Risikofaktor *m* <-s, -en> фа́ктор *m* ри́ска
Risikokapital *nt* <*gen:* -s> ри́сковый капита́л *m*
Risikoprämie *f* <-, -n> пре́мия *f* за риск
risikoreich *adj* риско́ванный
Risikoschwangerschaft *f* <-, -en> бере́менность *f*, сопряжённая с ри́ском
Risikostreuung *f* <*gen:* -> распределе́ние *nt* ри́ска
Risikoteilung *f* <*gen:* -> дробле́ние ри́сков *m*
Risikoübernahme *f* <*gen:* -> взя́тие *nt* ри́ска на себя́
riskant *adj* риско́ванный
riskieren *vt* рискова́ть, рискну́ть *pf*; **etw~** рискова́ть чем-л.
riss *prät von* **reißen**
Riss *m* <-es, -e> тре́щина *f*, щель *f*
rissig *adj* потре́скавшийся
ritt *prät von* **reiten**
Ritt *m* <-(e)s, -e> пое́здка *f* верхо́м
Ritter *m* <-s, -> ры́царь *m*
Ritterburg *f* <-, -en> кре́пость *f*
ritterlich I. *adj* ры́царский; II. *adv* по-ры́царски.

Ritterlichkeit f <gen: -> рыцарское поведение nt
Ritterroman m <-s, -e> (LIT) рыцарский роман m
Ritterrüstung f <-, -en> доспехи pl
rittlings adv верхóм
Ritual nt <-s, -e/-ien> обряд m, ритуал m
rituell adj ритуальный
Ritze f <-, -n> щель f
ritzen vt (einritzen) царапать, на- pf (in + akk на +akk)
Rivale m <-n, -n> соперник m
Rivalin f <-, -nen> соперница f
rivalisieren vi соперничать impf (mit + dat с +inst)
Rivalität f <-, -en> соперничество nt
Rizinusöl nt <gen: -(e)s> касторка f
Roadster m <-s, -> (KFZ) ро́дстер m
Roastbeef nt ростбиф m
Robbe f <-, -n> тюлень m
Roboter m <-s, -> робот m
Robotertechnik f <gen: -> робототехника f
robust adj (kräftig) крепкий
roch prät von **riechen**
Rochade f <-, -n> (Schach) рокировка f
röcheln vi хрипеть, про- pf
Rochen m <-s, -> скат m
Rock[1] m <-(e)s, Röcke> (Damenkleidung) юбка f
Rock[2] m <gen: -s> (Rockmusik) рок m
Rockband f <-, -s> рок-группа f
Rocker m <-s, -> рокер m
Rockerbande f <-, -n> банда f рокеров
Rockerbraut f <-, -bräute> подруга f рокера
Rockfestival nt <-s, -s> фестиваль m рок-музыки
Rockgruppe f <-, -n> рок-группа f
rockig adj ро́ковый
Rockkonzert nt <-(e)s, -e> концерт m рок-музыки
Rockmusik f <gen: -> рок-музыка f
rodeln vi кататься, по- pf на санях [о на санках]
roden vt (Wald, Land) корчевать, выкорчевать pf
Rodung f <-, -en> 1. (das Roden) корчевание nt; 2. (gerodete Fläche) раскорчёванный участок m
Roggen m <-s, -> рожь f
Roggenbrot nt <-(e)s, -e> ржаной хлеб m
Roggenmehl nt <gen: -s> ржаная мука f
roh adj 1. (grob, brutal) грубый; 2. (unbearbeitet) сырой, необработанный
Rohbau m <-(e)s, -ten> неотделанная постройка f
Rohbilanz f <-, -en> предварительный баланс m
Roheisen nt <gen: -s> чугун m
Rohertrag m <-(e)s, -erträge> доход m брутто
Rohfell nt <-(e)s, -e> сырая шкура f, кожевенное сырьё nt
Rohkost f <gen: -> сырая растительная пища f
Rohmaterial nt <gen: -s> сырьевой материал m
Rohmetall nt <-(e)s, -e> неочищенный металл m
Rohöl nt <gen: -(e)s> сырая нефть f
Rohr nt <-(e)s, -e> труба f
Rohrbruch m <-(e)s, -brüche> разрыв m трубопровода
Röhre f <-, -n> 1. (Rohr) трубка f; 2. (EL) вакуумная лампа f; **in die ~ schauen** (umg) остаться с носом
röhrenförmig adj трубчатый
Rohrleger m <-s, -> прокладчик m
Rohrleitung f <-, -en> трубопровод m
Rohrnetz nt <-es, -e> трубная сеть f
Rohrzange f <-, -n> трубный ключ m
Rohrzucker m <gen: -s> тростниковый сахар m
Rohseide f <gen: -> шёлк-сырец m
Rohstoff m <-(e)s, -e> сырьё nt; **das Land ist arm / reich an ~en** страна бедна / богата сырьём; **~e ausführen** вывозить сырьё; **Bedarf an ~en** потребность в сырье; **~e einführen** ввозить сырьё; **Einsparung von ~en** экономия сырья; **pflanzlicher ~** растительное сырьё
Rohstoffbörse f <gen: -> товарно-сырьевая биржа f
Rohstoffmangel m <gen: -s> недостаток m сырья
Rohstoffreserven pl <gen: -> резервы pl сырья
Rohstoffverknappung f <gen: -> нехватка f сырья
Rohvermögen nt <gen: -s> валовое имущество nt
Rohwolle f <gen: -> немытая шерсть f
Rohzucker m <gen: -s> сахар m -сырец
Rokoko nt <gen: -s> рококо nt
Rolladen m <-s, -läden> жалюзи fpl
Rolle f <-, -n> 1. (von Garn, Kabel) катушка f; 2. (Rad) ролик m; 3. (THEAT) роль f; 4. (SPORT) кувырок m; **etw spielt keine ~** что-л. не играет роли
rollen I. vt катать impf, катить, по- pf; II. vi катиться, по- pf, кататься impf; **etw ins Rollen bringen** (umg) сдвинуть что-л. с мёртвой точки
Rollenbesetzung f <gen: -> распределение nt ролей
Rollenbild nt <-(e)s, -er> представление nt о роли
Rollenklischee nt <-s, -s> ролевой стереотип m
Rollenkonflikt m <-(e)s, -e> (SOZIOL) ролевой конфликт m
Rollenspiel nt <-(e)s, -e> (SOZIOL) подражание f ролевому поведению

Rollentausch *m* <gen: -es> обмен *m* ролями
Rollenverhalten *nt* <gen: -s> (SOZIOL) ролевое поведение *nt*
Rollenverteilung *f* <gen: -s> распределение *nt* ролей
Roller *m* <-s, -> 1. (*Motor~*) мотороллер *m*; 2. (*Kinder~*) самокат *m*
Rollfeld *nt* <-(e)s, -er> лётное поле *nt*
Rollkragenpullover *m* <-s, -s> 1. свитер *m* с высоким воротником; 2. (*umg*) водолазка *f*
Rollschuh *m* <-(e)s, -e> роликовый конёк *m*
Rollstuhl *m* <-(e)s, -stühle> инвалидная коляска *f*
Rolltreppe *f* <-, -n> эскалатор *m*
ROM *nt* <-s, -s> (DV) постоянная память *m*
Roman *m* <-s, -e> роман *m*
romanhaft *adj* романический
Romanik *f* <gen: -> (*Epoche*) романская эпоха *f*
romanisch *adj* романский; ~e Sprachen романские языки
Romanist, -in *m/f* <-en, -en> романист *m*
Romanistik *f* <gen: -> романистика *f*
Romanschriftsteller, -in *m/f* <-s, -> романист *m*
Romantik *f* <gen: -> (*Epoche*) романтическая эпоха *f*
Romantiker, -in *m/f* <-s, -> романтик *m*
romantisch *adj* романтический
Romanze *f* <-, -n> романс *m*
Römer, -in *m/f* <-s, -> римлянин, -лянка *m/f*
römisch *adj* римский
römisch-katholisch *adj* римско-католический
Rondo *nt* <-s, -s> рондо *nt*
röntgen *vt* делать, с- *pf* рентгеновский снимок
Röntgenarzt, -ärztin *m/f* <-es, -ärzte> врач *m* -рентгенолог *m*
Röntgenaufnahme *f* <-, -n> рентгеновский снимок *m*
Röntgenbild *nt* <-(e)s, -er> рентгеновский снимок *m*
Röntgenstrahlen *mpl* <gen: -> рентгеновское излучение *nt*
Röntgentherapie *f* <-, -n> рентгенотерапия *f*
Röntgenuntersuchung *f* <-, -en> рентгеновское обследование *nt*
rosa *adj* розовый
Rose *f* <-, -n> роза *f*
Rosenkohl *m* <gen: -(e)s> брюссельская капуста *f*
Rosenkranz *m* <-es, -kränze> чётки *fpl*
Rosenstock *m* <-(e)s, -stöcke> куст *m* розы, розовый куст *m*
Rosenstrauch *m* <-(e)s, -sträucher> куст *m* розы

Rosenzucht *f* <gen: -> разведение *nt* роз
Rosette *f* <-, -n> розетка *f*
rosig *adj* розовый
Rosine *f* <-, -n> изюминка *f*
Rost¹ *m* <-(e)s, -e> (*Gitter*) решётка *f*
Rost² *m* <gen: -(e)s> (*an Metall*) ржавчина *f*
Röstbrot *nt* <-(e)s, -e> 1. тост *m*, гренок *m*; 2. гренки *pl*
rosten *vi* ржаветь, за- *pf*
rösten *vt* жарить, под- *pf*
rostfrei *adj* нержавеющий
rostig *adj* ржавый
Rostschutz *m* <gen: -es> (*Farbe, Anstrich*) антикоррозионное покрытие *nt*
rot *adj* красный; ~ werden покраснеть; ~e Zahlen финансовый дефицит, долги; eine Firma aus den ~en Zahlen führen ликвидировать убыточность фирмы; in die ~en Zahlen geraten влезть в долги; in den ~en Zahlen stecken быть в долгах
Rotationsmaschine *f* <-, -n> ротационная печатная машина *f*
Rotationsprinzip *nt* <gen: -s> (POL) принцип *m* ротации
rotblond *adj* рыжеватый
Röte *f* <gen: -> краснота *f*
Röteln *fpl* <gen: -> краснуха *f*
röten *vr* краснеть, по- *pf*
rotgrün, rot-grün *adj* о правительственной коалиции Социал-демократической партии и партии „Зелёных" в Германии
rothaarig *adj* рыжий
Rothirsch *m* <-es, -e> благородный олень *m*
rotieren *vi* вращаться *impf*
Rotkäppchen *nt* <gen: -s> Красная Шапочка *f*
Rotkehlchen *nt* <-s, -> малиновка *f*
Rotkohl *m* <gen: -s> краснокочанная капуста *f*
rötlich *adj* красноватый
Rotlichtviertel *nt* <-s, -> район города, в котором сосредоточены развлекательные заведения, бары, бордели и т.п.
Rotor *m* <-s, -en> ротор *m*
Rotstich *m* <gen: -s> (FOT) преобладание *nt* красного оттенка
rotstichig *adj* с преобладанием красного оттенка
Rotunde *f* <-, -n> ротонда *f*
Rotwein *m* <-(e)s, -e> красное вино *nt*
Rotz *m* <gen: -es> (*umg*) сопля *f*
Rouge *nt* <gen: -s> румяна *fpl*; ~ auflegen наложить румяна
Roulade *f* <-, -n> рулет *m*
Roulette *nt* <-s, -s> рулетка *f*
Route *f* <-, -n> маршрут *m*
Routine *f* <gen: -> 1. (*Fertigkeit*) навык *m*,

сноро́вка *f*; ~ **bekommen** приобрета́ть сноро́вку **2.** (*Erfahrung*) о́пыт *m*; **3.** (*Gewohnheit*) рути́на *f*; **4.** (DV) станда́ртная програ́мма *f*
Routinearbeit *f* <-, -en> рути́нная рабо́та *f*
Routineuntersuchung *f* <-, -en> очередно́е обсле́дование *nt*
routiniert *adj* о́пытный, ло́вкий
Rowdy *m* <-s, -s> (*pej*) хулига́н *m*
Rowdytum *nt* хулига́нство *nt*
Rübe *f* <-, -n> **1.** (*rote*) свёкла *f*; **2.** (*gelbe*) морко́вь *f*; **3.** (*weiße*) ре́па *f*; **4.** (*umg: Kopf*) башка́ *f*
Rubel *m* <-s, -> рубль *m*; **der** ~ **rollt** (*umg*) де́нежные дела́ иду́т вовсю́
Rübenzucker *m* <*gen:* -s> свекло́вичный са́хар *m*
Rubin *m* <-s, -e> руби́н *m*
rubinrot *adj* руби́новый
Rubrik *f* <-, -en> ру́брика *f*
Ruck *m* <-(e)s, -e> толчо́к *m*
ruckartig *adv* толчко́м, рывко́м
rückbezüglich *adj* возвра́тный
rückblickend *adj* ретроспекти́вный
Rücken *m* <-s, -> **1.** спина́ *f*; **2.** (*von Buch*) корешо́к *m*; **3.** (*Bergrücken*) хребе́т *m*
Rückenlehne *f* <-, -n> спи́нка *f*
Rückenmark *nt* <*gen:* -(e)s> спинно́й мозг *m*
Rückennummer *f* <-, -n> (SPORT) но́мер *m* на спине́
Rückenmarkverletzung *f* <-, -en> поврежде́ние *nt* спинно́го мо́зга
Rückenschmerzen *mpl* <*gen:* -> боль *f* в спине́
Rückenschwimmen *nt* <*gen:* -s> пла́вание *nt* на спине́
Rückenwind *m* <*gen:* -(e)s> попу́тный ве́тер *m*
Rückerstattung *f* <-, -n> возмеще́ние *nt*; ~ **der Auslagen** возмеще́ние изде́ржек; ~ **von Steuern** возвра́т нало́гов
Rückfahrkarte *f* <-, -n> обра́тный биле́т *m*
Rückfahrscheinwerfer *m* <-s, -> (KFZ) фа́ра *m* за́днего хо́да
Rückfahrt *f* <-, -en> обра́тный путь *m*
Rückfall *m* <-(e)s, -fälle> рециди́в *m*
rückfällig *adj* повто́рный
Rückfenster *nt* <-s, -> за́днее окно́ *nt*
Rückflug *m* <-(e)s, -flüge> обра́тный полёт *m*
Rückflugticket *nt* <-s, -s> обра́тный биле́т *m* на самолёт
Rückfrage *f* <-, -/-n> переспро́с *m*
Rückgabe *f* <-, -n> возвра́т *m*
Rückgang *m* <-(e)s, -gänge> **1.** (*Verringerung*) сниже́ние *nt*, сокраще́ние *nt*, уменьше́ние *nt*, пониже́ние *nt*; ~ **der Arbeitslosigkeit** уменьше́ние безрабо́тицы; ~ **der Bevölkerung** уменьше́ние населе́ния; ~ **der Börsenkurse** пониже́ние биржевы́х ку́рсов; ~ **des Exports** паде́ние э́кспорта; ~ **der Mitgliederzahl** уменьше́ние числа́ чле́нов; ~ **der Qualität** пониже́ние ка́чества **2.** (*Abschwächung*) спад *m*, упа́док *m*; ~ **der Geschäftstätigkeit** спад делово́й акти́вности; ~**der Produktion** спад произво́дства
rückgängig *adj* обра́тный; **etw** ~ **machen** отменя́ть что-л.
Rückgrat *nt* <-(e)s, -e> позвоно́чник *m*
Rückgriff *m* <-(e)s, -e> регре́сс *m*
Rückhalt *m* <*gen:* -(e)s> подде́ржка *f*, опо́ра *f*; (**bei jdm**) ~ **finden** найти́ в ком-л. опо́ру
Rückkauf *m* <-(e)s, -käufe> вы́куп *m*
Rückkehr *f* <*gen:* -> возвраще́ние *nt*
Rückkehrer, -in *m/f* репатриа́нт *m*
Rückkopplung *f* <-, -en> обра́тная связь *f*
Rücklagen *pl* <*gen:* -> резе́рвы *pl*; **gesetzliche ~n** обяза́тельные отчисле́ния в резе́рв
Rücklauf *m* <-(e)s, -läufe> обра́тный ход *m*
Rücklauftaste *f* <-, -n> **1.** кно́пка *f* обра́тного хо́да; **2.** кно́пка *f* уско́ренной перемо́тки (магнитофо́нной ле́нты)
Rücklicht *nt* <-(e)s, -er> (*an Auto*) за́дний свет *m*
rücklings *adv* на́взничь
Rückmarsch *m* <-es, -märsche> обра́тный путь *m* (при движе́нии пешко́м)
Rückmeldung *f* <-, -en> **1.** докла́д *m* о возвраще́нии; **2.** за́пись *f* студе́нтов на сле́дующий семе́стр
Rücknahme *f* (*Zurückziehung*) отме́на *f*, отка́з *m*; ~ **einer Klage** отка́з от и́ска; ~ **eines Verbotes** отме́на запре́та
Rückreise *f* <-, -n> обра́тный путь *m*
Rückreisewelle *f* <-, -n> волна́ *f* возвраще́ний
Rückruf *m* <-(e)s, -e> (*telefonisch*) отве́тный звоно́к *m*
Rucksack *m* <-(e)s, -säcke> рюкза́к *m*
Rückschau ретроспекти́ва *f*
Rückschlag *m* <-(e)s, -schläge> прова́л *m*, неуда́ча *f*
Rückschlagventil *nt* <-(e)s, -e> (TECH) обра́тный кла́пан *m*
Rückschluss *m* <-es, -schlüsse> заключе́ние *nt*
Rückschritt *m* <-(e)s, -e> регре́сс *m*
Rückseite *f* <-, -n> обра́тная сторона́ *f*
Rücksicht *f* <*gen:* -> внима́ние *nt*, уваже́ние *nt*; **auf jdn/etw** ~ **nehmen** учи́тывать интере́сы кого́-л./чего́-л.
rücksichtslos *adj* бесцеремо́нный
Rücksichtslosigkeit *f* <-, -en> бесцеремо́нность *f*

rücksichtsvoll adj внимательный
Rücksitz m <-es, -e> заднее сиденье nt
Rückspiegel m <-s, -> зеркало nt заднего вида
Rückstand m <-(e)s, -stände> 1. (das Zurückliegen) отставание nt; die Mannschaft ist mit drei Toren im ~ команда отстаёт на три очка; 2. (Verschuldung) задолженность f; in ~ geraten допускать задолженность; mit den Zahlungen in ~ sein иметь задолженность (по платежам) 3. (Abfälle) отходы pl, остатки pl; Wiederverwertung von Rückständen утилизация отходов
rückständig adj отсталый
Rückstufung f <-, -en> перевод m в более низкую категорию
Rücktransport m <gen: -(e)s> 1. обратная доставка f; 2. (FOT) обратная перемотка f
Rücktritt m <-(e)s, -e> 1. (von Amt) отставка f; seinen ~einreichen подавать в отставку; seinen ~ erklären заявлять о своей отставке 2. (von Vertrag) отказ m; ~ vom Vertrag отказ от договора
Rücktrittbremse f <-, -n> педальный тормоз m
Rücktrittsgesuch nt <-(e)s, -e> заявление nt об отставке
Rückübersetzung f <-, -en> обратный перевод m (текста)
Rückvergütung f <-, -en> 1. (Erstattung) возмещение nt; 2. (Bonifikation) бонификация f
Rückversicherung f <gen: -> перестрахование nt
rückwärts adv обратно, назад
Rückwärtsgang m <-(e)s, -gänge> задний ход m
Rückweg m <-(e)s, -e> обратный путь m
ruckweise adv толчками
Rückzahlung f <-, -en> 1. (Rückerstattung) возврат m денег; 2. (Tilgung) погашение nt; ~eines Kredits in Raten погашение кредита в рассрочку; ~ der Schulden погашение долгов
Rückzug m <gen: -(e)s> отступление nt; auf dem ~ sein отступать
Rückzugsgefecht nt <-(e)s, -e> арьергардный бой m
Rud(r)erin f <-, -nen> гребец, гребчиха m/f
Rüde m <-n, -n> кобель m
Rudel nt <-s, -> стая f, стадо nt
Ruder nt <-s, -> весло nt
Ruderboot nt <-(e)s, -e> гребная лодка f
rudern vi грести impf
Rudersport m <gen: -(e)s> гребной спорт m
rudimentär adj рудиментарный
Rüebli nt <-s, -> (CH: Karotte) морковь f

Ruf m <-(e)s, -e> 1. (das Rufen) крик m; 2. (Ansehen) репутация f; einen guten ~ haben пользоваться хорошей репутацией 3. (Berufung eines Professors) приглашение nt
rufen <rief, gerufen> vt кричать, крикнуть pf, звать, позвать pf; um Hilfe ~ звать на помощь; nach jdm ~ звать кого-л.
Rufmord m <-(e)s, -e> злонамеренная клевета f
Rufname m <-n, -n> имя nt
Rufnummer f <-, -n> номер m телефона
Rufschädigung f <-, -en> нанесение nt ущерба репутации, злонамеренная клевета f
Rugby nt <gen: -(s)> регби nt
Rüge f <-, -n> выговор m
rügen vt делать, с- pf выговор (wegen + gen из-за +gen)
Ruhe f <gen: -> 1. (Stille) тишина f, покой f; 2. (Gelassenheit) спокойствие nt; 3. (Erholung) отдых m; ~, bitte! прошу тишины, пожалуйста! jdn in ~ lassen оставить кого-л. в покое; keine ~ geben (umg) не давать покоя
ruhebedürftig adj нуждающийся в отдыхе [о покое]
Ruhegeld m <-es, -er> пенсия f
ruhelos adj беспокойный
ruhen vi 1. (liegen) отдыхать, отдохнуть pf; 2. (nicht in Betrieb sein) бездействовать impf
Ruhepause f <-, -n> передышка f
Ruhestand m <gen: -(e)s> пенсия f; in den ~ gehen уйти на пенсию
Ruheständler, -in m/f <-s, -> пенсионер m (бывший чиновник)
Ruhestörung f <-, -en> нарушение nt тишины
Ruhetag m <-(e)s, -e> выходной день m
ruhig I. adj спокойный; II. part (umg) спокойно.
ruhig stellen vt (MED) фиксировать, за- pf, иммобилизовать impf/pf
Ruhm m <gen: -(e)s> слава f
rühmen I. vt прославлять, -славить pf; II. vr: sich einer Sache ~ хвалиться чем-л.
ruhmlos adj бесславный
ruhmvoll adj славный, прославленный
Ruhr f <gen: -> (MED) дизентерия f
Rührei nt <-(e)s, -er> яичница f
rühren I. vt 1. (umrühren) мешать, по- pf; 2. (innerlich) трогать, тронуть pf; II. vr (sich bewegen) шевелиться, по- pf
rührend adj трогательный
Ruhrgebiet nt <gen: -(e)s> Рурская область f
rührig adj предприимчивый
Rührteig m <-(e)s, -e> сдобное тесто nt
Rührung f <gen: -> умиление nt
Ruin m <gen: -s> 1. (Zusammenbruch) разорение nt, крах m; dem ~

Ruine f <-, -n> развалины fpl
ruinieren I. vt 1. разорять, разорить pf; 2. (Gesundheit) губить, по- pf; II. vr разоряться, разориться pf
Rum m <-s, -s> ром m
Rumäne m <-n, -n> румын m
Rumänien nt <gen: -s> Румыния f
Rumänin f <-, -nen> румынка f
rumänisch I. adj румынский; II. adv по-румынски.
Rummel m <gen: -s> (Jahrmarkt) ярмарка f
Rumpf m <-(e)s, Rümpfe> 1. (von Mensch, Tier) туловище nt; 2. (von Schiff, Flugzeug) корпус m; 3. (von Flugzeug auch) фюзеляж m
rümpfen: über etw die Nase~ воротить нос от чего-л.
Rumpsteak nt <-s, -s> ромштекс
Rumtopf m фрукты pl консервированный в роме
Rumtreiber, -in m/f <-s, -> (pej) бездельник m, тунеядец m
Run m <-, -s> наплыв m покупателей
rund adj круглый
Rundblick m <-(e)s, -e> круговой обзор m, панорама f
Runde f <-, -n> 1. (von Personen) компания f, круг m; 2. (in Wettkampf, Verhandlungen) раунд m
runden I. vt (Zahl, Summe) округлять, -лить pf; II. vr (rund werden) округляться, -литься pf
Rundfahrt f <-, -en> экскурсия f, турне nt
Rundfunk m <gen: -s> радиовещание nt
Rundfunkempfänger m <-s, -> радиоприёмник m
Rundfunkgebühr f <gen: -> абонентная плата f за радио
Rundfunkhörer m <-s, -> радиослушатель m
Rundfunkprogramm nt <-(e)s, -e> радиопрограмма f
Rundfunksender m <-s, -> радиостанция f
Rundfunksendung f <-, -en> радиопередача f
Rundfunksprecher, -in m/f <-s, -> диктор m
Rundfunkübertragung f <-, -en> радиопередача f
Rundfunkwerbung f <gen: -> реклама f по радио
Rundgang m <-(e)s, -gänge> обход m
rundlich adj полный
Rundschreiben nt <-s, -> циркуляр m
Rundstreckenrennen nt <-s, -> кольцевая гонка f
Rune f <-, -n> руна f
Runenschrift f <gen: -> руническое письмо nt
Runzel f <-, -n> морщина f
runzelig adj морщинистый
runzeln: die Stirn ~ морщить лоб
Rüpel m <-s, -> (pej) хам m
rüpelhaft adj (pej) хамский
rupfen vt (Federn) щипать, о- pf, ощипывать impf
ruppig adj (Benehmen) нахальный
Rüsche f <-, -n> рюш m
Ruß m <gen: -es> сажа f
Russe m <-n, -n> русский m
Rüssel m <-s, -> хобот m
rußen vi коптить impf
russifizieren vt русифицировать
rußig adj закоптелый
Russin f <-, -nen> русская f
russisch I. adj русский; ~e Gastfreundschaft русское гостеприимство; **ein ~er** Geschäftspartner российский деловой партнёр m; II. adv по-русски.
Russisch nt <gen: -(s)> русский язык m
Russischlehrer, -in m/f <-s, -> учитель m русского языка
Russist, -in m/f <-en, -en> русист m
Russistik f <gen: -> русистика f
Russland nt <gen: -s> Россия f
rüsten vi (MIL) вооружаться, -житься pf
rüstig adj бодрый, крепкий
Rüstung f <-, -en> 1. (MIL) вооружение nt; 2. (von Ritter) доспехи pl
Rüstungsauftrag m <-(e)s, -träge> (MIL) военный заказ m
Rüstungsbegrenzung f <gen: -> (MIL, POL) ограничение nt вооружений
Rüstungsbetrieb m <-(e)s, -e> военный завод m
Rüstungsexport m <-s, -s> экспорт m вооружений
Rüstungsgegner m <-s, -s> противник m вооружений
Rüstungskontrolle f <gen: -> (MIL, POL) контроль m над вооружениями
Rüstungskontrollverhandlungen pl <gen: -> переговоры pl о контроле над вооружениями
Rüstungsunternehmen nt <-s, -> военный завод m
Rute f <-, -n> 1. (Stock) прут m; 2. (Angelrute) удочка f; 3. (Tierschwanz) хвост m
Rutsch m: guten ~! (umg: Neujahrsgruß) с Новым годом!
Rutschbahn f <-, -en> горка f для катания
rutschen vi 1. сползать, сползти pf; seine Hose rutscht у него брюки

сползают; 2. (gleiten) скользить impf
Rutschgefahr f <gen: -> (KFZ) опасность f буксования [o заноса]
rutschig adj скользкий
rutschsicher adj нескользящий (о шинах)
Rutschpartie f <gen: -> (umg) катание nt с горы
rütteln vi трясти, по- pf; **an etw ist nicht zu ~** здесь ничего не поделаешь
Rüttelsieb nt <-(e)s, -e> вибросито nt, виброгрохот m

S

s, S nt <-, -> 1. с, С; 2. з, З
Saal m <-(e)s, Säle> зал m
Saaltochter f <gen: -> (CH: Kellnerin) официантка f
Saarland nt <gen: -(e)s> Саар m
Saat f <-, -(en)> 1. (die Aussaat) сев m; 2. (das Ausgesäte) семена ntpl
Saatfeld nt <-(e)s, -er> засеянное поле nt, нива f
Saatgut nt <gen: -(e)s> посевное зерно nt
Saatzucht f <gen: -> 1. селекция f растений; 2. семеноводство nt
Sabbat m <-s, -e> (REL) суббота f
Sabbatjahr nt <-(e)s, -e> годовой отпуск m
Säbel m <-s, -> сабля f
Sabotage f <-, -n> саботаж m
Saboteur m <-s, -e> саботажник m
sabotieren vt саботировать impf
SACD abk von **Super Audio CD** f
Sachanlagevermögen nt <gen: -s> (ÖKON) капиталовложение nt в вещественной форме
Sachaufwendungen pl <gen: -> материальные затраты pl
Sachbezüge pl <gen: -> натуральная оплата f
sachdienlich adj соответствующий
Sache f <-, -n> 1. (Gegenstand) вещь f; 2. (Umstand, Angelegenheit) дело nt; **zur ~ kommen** перейти к делу; **das ist meine ~** (umg) это моё дело 3. (umg, nur pl: Kleidungsstücke) вещи fpl
Sachenrecht nt <gen: -s> (JUR) вещное право nt
Sachgebiet nt <-(e)s, -e> отрасль f, область f, раздел m
sachgemäß adj правильный
Sachinvestition f <-, -en> предметная инвестиция f
Sachkapital nt <gen: -s> основной [o реальный] капитал m
Sachkenntnis f <gen: -> знание nt дела
Sachkosten pl <gen: -> материальные затраты pl

sachkundig adj компетентный
Sachlage f <gen: -> положение nt, обстоятельства pl
sachlich adj (nüchtern, objektiv) деловой
sächlich adj среднего рода
Sachmangel m <-s, -mängel> дефект m изделия
Sachschaden m <-s, -schäden> материальный ущерб m
Sachsen nt <gen: -s> Саксония f
Sachsen-Anhalt nt <gen: -s> Саксония f-Анхальт m
sacht adj тихий, медленный, осторожный
Sachverhalt m <-(e)s, -e> обстоятельства ntpl дела
Sachvermögen nt <gen: -s> имущество nt
Sachversicherung f <-, -en> имущественное страхование nt
Sachverstand m <gen: -(e)s> знание nt дела
Sachverständige(r) mf <-n, -n> эксперт m; **juristischer ~** эксперт-юрист; **öffentlich bestellter ~** официально назначенный эксперт
Sachverständigengutachten nt <-s, -> заключение nt эксперта
Sachverständigenrat m <-(e)s, -räte> совет m экспертов
Sachwalter, -in m/f <-s, -> поверенный m, управляющий m делами
Sachwert m <-(e)s, -e> реальная стоимость f
Sachzwang m <-(e)s, -zwänge> объективная необходимость f
Sack m <-(e)s, Säcke> мешок m; **die Katze im ~ kaufen** (umg) купить кота в мешке; **mit ~ und Pack** со всеми пожитками
Sackbahnhof m <-(e)s, -bahnhöfe> тупиковая станция f
Säckchen nt <-s, -> мешочек m
Sackgasse f <-, -n> тупик m; **in einer ~ stecken** (fig) оказаться в тупике
Sacktuch nt <-(e)s, -tücher> (österr: Taschentuch) носовой платок m
Sadismus m <gen: -> садизм m
Sadist, -in m/f <-en, -en> садист m
sadistisch adj садистский
säen vt сеять, по- pf
Safe m <-s, -s> сейф m
Safran m <gen: -s> шафран m
Saft m <-(e)s, Säfte> сок m
Saftpresse f <-, -n> соковыжималка f
saftig adj сочный
Sage f <-, -n> сказание nt, легенда f
Säge f <-, -n> пила f
Sägeblatt nt <-(e)s, -blätter> пильное полотно nt
Sägebock m <-(e)s, -böcke> козлы pl
Sägefisch m <-es, -e> пила f -рыба f
Sägemehl nt <gen: -(e)s> опилки fpl
sagen vt 1. (äußern, aussprechen) говорить

sägen *vi* (*Holz*) пили́ть, рас- *pf*
sagenhaft *adj* (*legendär*) легенда́рный
Sägespäne *pl* <*gen*: -> опи́лки *pl*
Sägewerk *nt* <-(e)s, -e> лесопи́льный заво́д *m*
sah *prät von* **sehen**
Sahara *f* <*gen*: -> Саха́ра *f*
Sahne *f* <*gen*: -> (*süße*) сли́вки *fpl*; **saure ~** смета́на
Sahneeis *nt* сли́вочное моро́жоное *nt*
Sahnekännchen *nt* <-s, -> сли́вочник *m*
Sahnetorte *f* <-, -n> сли́вочный торт *m*
sahnig *adj* сли́вочный
Saison *f* <-, -s> сезо́н *m*
Saisonarbeiter, -in *m/f* <-s, -> сезо́нный рабо́чий *m*
Saisonbeschäftigte *pl* <*gen*: -n> за́нятые *pl* на сезо́нных рабо́тах
Saisonbeschäftigung *f* <*gen*: -> за́нятость *f* на сезо́нных рабо́тах
Saisonende *nt* <*gen*: -s> коне́ц *m* сезо́на
saisongerecht *adj* по сезо́ну
Saisonware *f* <-, -n> сезо́ный това́р *m*
Saite *f* <-, -n> струна́ *f*
Saiteninstrument *nt* <-(e)s, -e> стру́нный инструме́нт *m*
Sakko *m* <-s, -s> пиджа́к *m*
sakral *adj* (*heilig*) сакра́льный
Sakrament *nt* <-(e)s, -e> та́инство *nt*; **das heilige ~** свято́е причасти́е
Sakrileg *nt* <-(e)s, -e> 1. оскверне́ние *nt* святы́ни; 2. (*fig*) святота́тство *nt*
Sakristei *f* <-, -en> ри́зница *f*
säkular *adj* све́тский
Salami *f* <-, -(s)> саля́ми *f*
Salat *m* <-(e)s, -e> 1. (*Speise*) сала́т *m*; 2. (*Pflanze*) сала́т *m*
Salatbesteck *nt* <-(e)s, -e> столо́вый прибо́р *m* для сала́та
Salatgurke *f* <-, -n> огуре́ц *m* (осо́бенно подходя́щий для сала́та)
Salatkopf *m* <-(e)s, -köpfe> коча́н *m* сала́та
Salatplatte *f* <-, -n> блю́до *nt* с ра́зными сала́тами, блю́до *nt* с сала́тным ассорти́
Salatschüssel *f* <-, -n> сала́тница *f*
Salatsoße *f* <-, -n> сала́тный со́ус *m*
Salbe *f* <-, -n> мазь *f*
Salbei *m* <*gen*: -s> шалфе́й *m*
salbungsvoll *adj* еле́йный
Saldenbilanz *f* <-, -en> не́тто-бала́нс *m*
saldieren *vt* сальди́ровать *impf/pf*, выводи́ть, вы́вести *pf* са́льдо
Saldo *m* <-s, Salden> са́льдо *nt*, оста́ток *m*; **einen ~ aufweisen** пока́зывать са́льдо; **den ~ ermitteln** выводи́ть са́льдо; **offener ~** откры́тое са́льдо; **einen ~ übertragen** переноси́ть са́льдо
Saldobetrag *m* <-(e)s, -beträge> са́льдо *nt*, оста́ток *m*
Salmiak *m* <*gen*: -s> нашаты́рь *m*
Salmiakgeist *m* <*gen*: -(e)s> нашаты́рный спирт *m*
Salmonelle <-, -n> (BIO) сальмоне́лла *f*
Salmonellenvergiftung *f* <-, -en> сальмонеллёз *m*
salomonisch *adj*: **~es Urteil** саломо́ново реше́ние
Salon *m* <-s, -s> сало́н *m*
salonfähig *adj* прили́чный
Salonlöwe *m* <-n, -n> (*pej*) све́тский лев *m*
salopp *adj* 1. (*Kleidung*) свобо́дного покро́я; 2. (*unbekümmert, zwanglos*) непринуждённый, фамилья́рный
Salpeter *m* <*gen*: -s> сели́тра *f*
Salpetersäure *f* <*gen*: -> азо́тная кислота́ *f*
SALT-Vertrag *m* <*gen*: -(e)s> (HIST: *Strategic Arms Limitation Talks*) Догово́р ОСВ, догово́р об ограниче́нии стратеги́ческих вооруже́ний
Salto *m* <-s, -s> са́льто *nt*; **einen ~ machen** сде́лать са́льто
salutieren *vi* отдава́ть, -да́ть *pf* честь
Salvadorianer, -in *m/f* <-s, -> сальвадо́рец *m*
salvadorianisch *adj* сальвадо́рский
Salve *f* <-, -n> залп *m*; **eine ~ abschießen** дать залп
Salz *nt* <-es, -e> соль *f*
salzarm *adj* содержа́щий ма́ло со́ли
Salzbergwerk *nt* <-(e)s, -e> соляна́я копь *f*
salzen *vt* соли́ть, по- *pf*
Salzgehalt *m* <-(e)s, -e> содержа́ние *nt* со́ли [*o* соле́й]
Salzgebäck *nt* <*gen*: -s> солёное пече́нье *nt*
Salzgurke *f* <-, -n> солёный огуре́ц *m*
Salzhering *m* <-s, -e> солёная селёдка *f*
salzig *adj* солёный
Salzkartoffeln *fpl* <-, -n> отварно́й карто́фель *m*
Salzlagerstätte *f* <-, -n> соляно́е месторожде́ние *nt*
Salzsäure *f* <*gen*: -> соля́ная кислота́ *f*
Salzstreuer *m* <-s, -> соло́нка *f*
Salzwasser *nt* <*gen*: -s> солёная вода́ *f*
Samen *m* <-s, -> 1. (*von Pflanzen*) се́мя *nt*; 2. (*Sperma*) сперматозо́ид *m*
Samenbank *f* <-, -en> (MED) устро́йство *nt* для консерва́ции спе́рмы
Samenerguss *m* <-es, -ergüsse> семяизверже́ние *nt*
Samenstrang *m* <-(e)s, -stränge> сперматозо́ид *m*, семянна́я нить *f*
Sämischleder *nt* <*gen*: -s> за́мша *f*
Sammelband *m* <-(e)s, -bände> сбо́рник

m
Sammelbehälter *m* <-s, -> (TECH) сбóрник *m*
Sammelfahrschein *m* <-(e)s, -e> группово́й биле́т *m*
sammeln I. *vt* собира́ть, -бра́ть *pf*, коллекциони́ровать *impf*; II. *vr* собира́ться, -бра́ться *pf*
Sammelpunkt *m* <-(e)s, -e> ме́сто *nt* сбо́ра, сбо́рный пункт *m*
Sammelstelle *f* <-, -n> сбо́рный пункт *m*
Sammler, -in *m/f* <-s, -> коллекционе́р *m*
Sammlerstück *nt* <-(e)s, -e> предме́т *m* колле́кции
Sammlerwert *m* <-(e)s, -e> коллекцио́нная сто́имость *f*
Sammlung *f* <-, -en> 1. (*das Sammeln*) сбор *m*; 2. (*Gesamtheit gesammelter Gegenstände*) колле́кция *f*, собра́ние *nt*; eine ~ von Briefmarken колле́кция почто́вых ма́рок 3. (*Anthologie*) сбо́рник *m*
Samowar *m* <*gen:* -s> самова́р *m*
Sample *nt* <-s, -s> 1. (*Stichprobe*) вы́борка *mf*; 2. (*Muster*) рекла́мный образе́ц *m*
Samstag *m* <-(e)s, -e> суббо́та *f*
samstags *adv* по суббо́там
Samt *m* <-(e)s, -e> ба́рхат *m*
sämtliche *pron indef* (*alle*) все; ~ Anwesenden все прису́тствующие
Sanatorium *nt* <-s, Sanatorien> санато́рий *m*
Sand *m* <*gen:* -(e)s> песо́к *m*; etw in den ~ setzen (*umg*) потерпе́ть неуда́чу; jdm ~ in die Augen streuen (*fig*) пуска́ть кому́-л. пыль в глаза́; im ~e verlaufen (*fig*) заглóхнуть
Sandale *f* <-, -n> санда́лия *f*
Sandbank *f* <-, -bänke> мель *f*
Sandhaufen *m* <*gen:* -s> ку́ча *f* песка́
sandig *adj* песча́ный
Sandkasten *m* <-s, -kästen> песо́чница *f*
Sandkastenfreund, -in *m/f* <-(e)s, -e> (*umg*) това́рищ *m* по песо́чнице
Sandmann *m* <-(e)s, -männer> *ска́зочный челове́чек, сы́плющий де́тям в глаза́ песо́к, что́бы они́ заснýли*
Sandpapier *nt* <*gen:* -s> (*Schleifpapier*) нажда́чная бума́га *f*
Sandstein *m* <*gen:* -s> песча́ник *m*
Sandstrand *m* <-(e)s, -strände> песча́ный пляж *m*
sandte *prät von* **senden**
Sanduhr *f* <-, -en> песо́чные часы́ *mpl*
Sandwich *nt* <-(e)s, -(e)s> сэ́ндвич *m*
sanft *adj* 1. мя́гкий, не́жный; 2. (*Mensch*) кро́ткий
Sänfte *f* <-, -n> 1. паланки́н *m*; 2. портше́з *m*
sang *prät von* **singen**
Sänger, -in *m/f* <-s, -> певе́ц, певи́ца *m/f*
sanieren *vt* сани́ровать *impf/pf*; einen Betrieb ~ оздоровля́ть предприя́тие
Sanierung *f* <-, -en> (*eines Stadtgebietes*) сана́ция *f*, сани́рование *nt*; ~ maroder Unternehmen сани́рование экономи́чески сла́бых предприя́тий
Sanierungskonzept *nt* <-(e)s, -e> план *f* сана́ции
Sanierungsmaßnahme *f* <-, -n> мероприя́тие *nt* по оздоровле́нию; harte ~n durchziehen принима́ть жёсткие ме́ры по оздоровле́нию
Sanierungsprogramm *nt* <-(e)s, -e> програ́мма *f* сана́ции
sanitär *adj* санита́рный; ~e Anlagen сантехни́ческое обору́дование
Sanitäter, -in *m/f* <-s, -> санита́р, -ка *m/f*
Sanitätswesen *nt* <*gen:* -> санита́рная слу́жба *f*
sank *prät von* **sinken**
Sanktion *f* <-, -en> (*meist pl*) са́нкция *f*; ~en aufheben отменя́ть са́нкции; mit ~en belegen накла́дывать са́нкции; ~en gegen jdn verhängen объяви́ть са́нкции про́тив кого́-л.; umfassende ~en широ́кие са́нкции; ~en verhängen применя́ть са́нкции; wirtschaftliche ~en экономи́ческие са́нкции
sanktionieren *vt* санкциони́ровать *impf/pf*
Sanskrit *nt* санскри́т *m*
Saphir *m* <-s, -e> сапфи́р *m*
Sardelle *f* <-, -n> анчо́ус *m*
Sardine *f* <-, -n> сарди́на *f*
Sardinenbüchse *f* <-, -n> ба́нка *f* сарди́н
Sardinien *nt* <*gen:* -s> Сарди́ния *f*
Sarg *m* <-(e)s, Särge> гроб *m*
Sarkasmus *m* <*gen:* -> сарка́зм *m*
sarkastisch *adj* саркасти́ческий
Sarkom *nt* <-(e)s, -e> (MED) сарко́ма *f*
Sarkophag *m* <-s, -e> саркофа́г *m*
saß *prät von* **sitzen**
Satan *m* <*gen:* -s> сатана́ *m*
Satellit *m* <-en, -en> спу́тник *m*, сателли́т *m*
Satellitenfernsehen *nt* <*gen:* -s> спу́тниковое телеви́дение *nt*
Satellitenfoto *nt* <-s, -s> сни́мок *m* со спу́тника
Satellitenkommunikation *f* <*gen:* -> спу́тниковая связь *f*
Satellitenstaat *m* <-(e)s, -en> госуда́рство *nt* -сателли́т *m*
Satellitenumlaufbahn *f* <-, -en> орби́та *f* спу́тника
Satin *m* <-s, -s> сати́н *m*
Satire *f* <-, -n> сати́ра *f* (*auf* +*akk* на +*akk*)
satirisch *adj* сатири́ческий
satt *adj* 1. (*gesättigt*) сы́тый; ich habe ihn ~ он мне надое́л; 2. (*kräftig, intensiv*) со́чный
Sattel *m* <-s, Sättel> седло́ *nt*
satteln *vt* седла́ть, о- *pf*

sättigen vt 1. (*Nahrungsmittel*) накормить pf досыта, насытить pf; 2. (ÖKON) насыщать, -сытить pf (рынок товарами и т.п.), удовлетворять, -рить pf (потребности населения и т.п.)

Sättigung f <-, -en> насыщение nt; ~ des Marktes насыщение рынка

Sättigungsgrad m <gen: -(e)s> степень f насыщения, насыщенность f

Saturn m <gen: -s> Сатурн m

Satz m <-es, Sätze> 1. (LING) предложение nt; 2. (SPORT: *Tennis*) сет m; 3. (*Sprung*) прыжок m; 4. (*festgelegter Betrag, Tarif*) тариф m; 5. (MUS) часть f

Satzbau m <gen: -s> (LING) структура f предложения

Satzgefüge nt <-s, -> (LING) структура f предложения

Satzlehre f <gen: -> синтаксис m

Satzspiegel m <gen: -s> зеркало nt набора

Satzung f <-, -en> (JUR) устав m; die ~ des Vereins ändern изменить устав объединения

Satzzeichen nt <-s, -> (LING) знак m препинания

Sau f <-, Säue> (*Tier, auch Schimpfwort*) свинья f

sauber adj чистый

Sauberkeit f <gen: -> чистота f

säuberlich adj опрятный, аккуратный

säubern vt чистить, по- pf

Säuberung f <-, -en> (*Reinigung, auch fig*) чистка f

Sauce f <-, -n> соус m

Sauciere f соусник m

Saudi-Arabien nt <gen: -s> Саудовская Аравия f

sauer adj (*nicht süß*) кислый; saure Gurken маринованные огурцы; auf jdn ~ sein обижаться на кого-л.; saurer Regen кислотный дождь

Sauerei f <-, -en> (*pej*) свинство nt

Sauerkraut nt <gen: -(e)s> кислая [o квашеная] капуста f

säuerlich adj кисловатый

Sauerrahm m <gen: -(e)s> сметана f

Sauerstoff m <gen: -(e)s> кислород m

Sauerstoffapparat m <-(e)s, -e> (*von Taucher*) акваланг m

Sauerstoffflasche, Sauerstoff-Flasche f <-, -n> кислородный баллон m

Sauerstoffmangel m <gen: -s> 1. недостаток m кислорода, кислородная недостаточность f; 2. (MED) гипоксия f

Sauerstoffversorgung f <gen: -> снабжение nt кислородом

Sauerstoffzelt nt <-s, -e> (MED) кислородная палатка f

saufen I. vt <soff, gesoffen> (*von Tieren*) пить, по- pf; II. vi (*pej: gewohnheitsmäßig viel Alkohol trinken*) пьянствовать impf; saufen wie ein ~ (*vulg*) пить как сапожник

Säufer, -in m/f <-s, -> (*pej*) пьяница mf

Sauferei f <-, -en> (*pej*) пьянство nt

saugen I. vi <sog, gesogen> (*einsaugen*) сосать, по- pf; II. vt сосать, по- pf, всасывать, всосать pf

säugen vt кормить, по- pf

Sauger m <-s, -> (*an einer Flasche*) соска f

Säugetier nt <-(e)s, -e> млекопитающее nt

Saugflasche f <-, -n> бутылочка f с соской

Säugling m <-s, -e> грудной ребёнок m

Säuglingsnahrung f <gen: -> питание nt для грудных детей, детское питание nt

Säuglingspflege f <gen: -> уход m за грудным ребёнком

Säuglingsstation f <-, -en> отделение nt для грудных детей

Säule f <-, -n> колонна f

Säulengang m <-(e)s, -gänge> колоннада f

Säulenhalle f <-, -n> портик m

Saum m <-(e)s, Säume> (*beim Nähen*) кайма f, кромка f

säumen vt 1. нашить pf, нашивать impf кайму; 2. подшить pf, подшивать impf; 3. (*geh*) окаймлять impf, обрамлять impf

säumig adj 1. ленивый, нерадивый; 2. медлительный

Sauna f <-, -s> сауна f

saunieren vi париться в сауне

Säure f <-, -n> кислота f

säurebeständig adj кислотостойкий

säurehaltig adj кислотосодержащий, кислотный

Saurier m <-s, -> ящер m

Saus : in ~ und Braus leben жить в своё удовольствие

sausen vi 1. (*eilen*) нестись, про- pf; 2. (*Wind, Sturm*) шуметь impf

Saxophon nt <-s, -e> саксофон m

Saxophonist, -in m/f <-en, -en> саксофонист m

S-Bahn f <-, -en> (городская) электричка f

S-Bahnhof m <-(e)s, -bahnhöfe> станция f городской железной дороги

SBB abk von *Schweizerische Bundesbahnen*

SB-Tankstelle f <-, -n> автозаправочная станция f

Scanner m <-s, -> (DV) сканнер m

Schabe f <-, -n> таракан m

schaben vt скрести, по-, скоблить, по- pf

schäbig adj убогий

Schablone f <-, -n> (*auch fig*) шаблон

Schach nt <-s, -s> 1. (*Brettspiel*) шахматы fpl; 2. (*Spielstellung*) шах m; ~ spielen

играть в шахматы
Schachbrett nt <-(e)s, -er> шахматная доска f
Schachcomputer m <-s, -> компьютер m с шахматной программой (для игры в шахматы)
Schachfigur f <-, -en> шахматная фигура f
Schachmeisterschaft f <-, -en> первенство nt по шахматам
Schachpartie f <-, -n> партия f в шахматы, шахматная партия f
Schachspiel nt <gen: -(e)s> шахматы pl
Schachspieler, -in m/f <-s, -> шахматист m
Schacht m <-(e)s, Schächte> шахта f
Schachtel f <-, -n> коробка f; alte ~! (Schimpfwort) старая карга! eine ~ Zigaretten пачка сигарет
Schachturnier nt <-(e)s, -e> шахматный турнир m
Schachuhr f <-, -en> шахматные часы pl
Schachweltmeister m <-s, -> чемпион m мира по шахматам
Schachzug m 1. шахматный ход m; 2. (fig) ход m; **ein geschickter ~** ловкий ход
schade adj 1. жаль; 2. (umg) жалко; **das ist aber ~** очень жаль [o жалко]; **es ist ~ um ihn** жаль [o жалко] его
Schädel m <-s, -> череп m
Schädelbasisbruch m перелом m основания черепа
schaden vi вредить, на- pf; **Rauchen schadet der Gesundheit** курение вредит здоровью
Schaden m <-s, Schäden> 1. (materiell und finanziell) ущерб m, вред m, убыток m; **einen ~ abwenden** избежать ущерба; **~ anrichten** нанести вред [o ущерб]; **einen ~ erleiden** терпеть убытки; **einen ~ ersetzen** возмещать убытки; **irreparabler ~** непоправимый ущерб; **materieller ~** материальный ущерб; **einen ~ verursachen** причинить ущерб; **volkswirtschaftlicher ~** народнохозяйственный ущерб 2. (Beschädigung, auch MED) повреждение nt; 3. (TECH) неисправность f; **jdm ~ zufügen** причинить кому-л. ущерб [o вред]
Schadenersatz m <gen: -(e)s> возмещение nt ущерба; **einen Anspruch auf ~ geltend machen** предъявлять претензии на возмещение ущерба; **~ fordern** требовать возмещение ущерба; **~ leisten** возмещать ущерб; **jdn auf ~ verklagen** подавать иск в суд о возмещении ущерба
schadenersatzpflichtig adj обязанный возместить ущерб [o убытки]
Schadenfreude f <gen: -> злорадство nt
schadenfroh adj злорадный

Schadensbegrenzung f <gen: -> ограничение nt размера ущерба
Schadenshöhe f <gen: -> размер m ущерба
Schadensverhütung f <gen: -> предотвращение nt ущерба [o убытков]
Schadenversicherung f <-, -en> страхование nt от убытков
schadhaft adj (beschädigt) повреждённый
schädigen vt повреждать, -вредить pf
Schädigung f <-, -en> причинение nt вреда
schädlich adj вредный (für +akk для +gen)
Schädling m <-s, -e> вредитель m
Schädlingsbekämpfungsmittel nt <-s, -> средство nt для борьбы с вредителями
Schadstoff m <-(e)s, -e> вредное вещество n
Schadstoffausstoß m <gen: -es> выброс m вредных веществ
Schadstoffemission f <-, -en> выброс m вредных веществ
schadstoffhaltig adj содержащий вредные вещества
Schaf nt <-(e)s, -e> овца f
Schafbock m <-(e)s, -böcke> баран m
Schäfchen nt <-s, -> овечка f
Schäfer, -in m/f <-s, -> пастух m, чабан m
Schäferdichtung f <gen: -> (LIT) пасторальная поэзия f
Schäferhund m <-(e)s, -e> овчарка f
Schaffell nt <-(e)s, -e> овчина f
Schaffen nt <gen: -s> творчество nt, деятельность f
schaffen[1] vt <schuf, geschaffen> (erzeugen, kreieren) создавать, -дать pf
schaffen[2] vt <schaffte, geschafft> 1. (erreichen, bewältigen) справляться, справиться pf, успевать, -петь pf; **schaffst du das?** ты справишься с этим?; **den Zug ~** успеть на поезд 2. (bringen) убирать, убрать pf; 3. (süddeutsch: arbeiten) работать impf
Schaffner, -in m/f <-s, -> кондуктор m
Schafherde f <-, -n> стадо nt овец
Schafskäse m брынза f
Schafstall m <-(e)s, -ställe> овчарня f
Schaft m <-(e)s, Schäfte> 1. (eines Stiefels) голенище nt; 2. (eines Gewehrs) ложе nt; 3. (BOT) стебель m
Schafzucht f <gen: -> овцеводство nt
Schah m <-s, -s> шах m
Schakal m <-s, -e> шакал m
Schal m <-s, -s> шарф m
Schale f <-, -n> 1. (Gefäß) чаша f; 2. (kleinere) чашка f; 3. (Teetasse ohne Henkel) пиала f; 4. (von Ei/Nuss) скорлупа f; 5. (von Banane/Kartoffel etc) кожура f

schälen I. *vt* (*Obst*) чи́стить, о- *pf*, снима́ть, снять *pf* кожуру́; II. *vr* (*Haut*) шелуши́ться *impf*
Schall *m* <-(e)s, -e/ Schälle> звук *m*
Schalldämmung *f* <gen: -> звукоизоля́ция *f*
Schalldämpfer *m* <-s, -> глуши́тель *m*
schalldicht *adj* звуконепроница́емый
Schalldruck *m* <gen: -(e)s> звуково́е давле́ние *nt*
schallen *vi* (*tönen*) звуча́ть, про- *pf*, раздава́ться, -да́ться *pf*
Schallgeschwindigkeit *f* <gen: -> ско́рость *f* зву́ка
Schallisolierung *f* <gen: -> звукоизоля́ция *f*
Schallmauer *f* <gen: -> звуково́й барье́р *m*
Schallpegel *m* <-s, -> у́ровень *m* гро́мкости
Schallplatte *f* <-, -n> (грам)пласти́нка *f*
Schallplattensammlung *f* <-, -en> колле́кция *f* грампласти́нок
schallschluckend *adj* звукопоглоща́ющий
Schallschutz *m* <gen: -es> защи́та *f* от шу́ма, звукоизоля́ция *f*
schalt *prät von* **schelten**
Schaltanlage *f* <-, -n> (EL) распредели́тельное устро́йство *nt*
Schaltbrett *nt* <-(e)s, -er> (EL) распредели́тельный щит *m*
schalten *vi* 1. (*einschalten*) включа́ть, -чи́ть *pf*; 2. (*umschalten*) переключа́ть, -чи́ть *pf*; **in den dritten Gang ~** включи́ть тре́тью переда́чу
Schalter *m* <-s, -> 1. (EL) переключа́тель *m*, включа́тель *m*; 2. (*in Bahnhof, Bank*) око́шечко *nt*, ка́сса *f*
Schalterraum *m* <-(e)s, -räume> ка́ссовый зал *m*
Schaltgetriebe *nt* <-s, -> (KFZ) коро́бка *f* переда́ч
Schalthebel *m* <-s, -> 1. руби́льник *m*; 2. (KFZ) рыча́г *m* переключе́ния скоросте́й
Schaltjahr *nt* <-(e)s, -e> високо́сный год *m*
Schalttafel *f* <-, -n> (EL) распредели́тельный щит *m*
Schaltung *f* <-, -en> 1. (*Gangschaltung*) переключе́ние *nt* переда́ч; 2. (EL) схе́ма *f*
Scham *f* <gen: -> 1. (*Schamgefühl*) стыд *m*; **vor ~ erröten** покрасне́ть от стыда́ 2. (*Schamgegend*) сра́мная о́бласть *f*
Schambein *nt* <-(e)s, -e> (ANAT) лобко́вая кость *f*
schämen *vr* стыди́ться *impf*; **du solltest dich was ~** (*umg*) постыди́лся бы
Schamgefühl *nt* <gen: -(e)s> чу́вство *nt* стыда́
Schamgegend *f* <gen: -> сра́мная о́бласть *f*
Schamhaar *nt* <-(e)s, -e> сра́мные во́лосы *mpl*
schamhaft *adj* (*voller Scham*) стыдли́вый
Schamlippen *pl* <gen: -> сра́мные гу́бы *m*
schamlos *adj* (*skrupellos, gewissenlos*) бессты́дный
Schamlosigkeit *f* <gen: -> бессты́дство *nt*
Schamröte *f* <gen: -> кра́ска *f* стыда́
Schande *f* <gen: -> позо́р *m*
schänden *vt* 1. опозо́рить, позо́рить *impf*, обесче́стить, бесче́стить *impf*; 2. оскверни́ть, -ня́ть *impf*; 3. изнаси́ловать, наси́ловать *impf*
schändlich *adj* позо́рный
Schändlichkeit *f* <gen: -> ме́рзость *f*
Schanze *f* <-, -n> 1. (MIL) око́п *m*; 2. (SPORT: *Sprung-*) трампли́н *m*
Schar *f* <-, -en> (*Menge*) толпа́ *f*; **in ~en** (*in großer Menge*) то́лпами
scharen *vr* толпи́ться, с- *pf*; **sich um jdn ~** столпи́ться вокру́г кого́-л.
scharf *adj* 1. (*schneidend, stark gewürzt*) о́стрый; 2. (*fig: bissig*) злой; **ein ~er Hund** зла́я соба́ка 3. (*fig: deutlich, klar*) чёткий, я́сный; 4. (*streng, unnachsichtig*) стро́гий; 5. (*umg: vom Sexualtrieb beherrscht*) похотли́вый; **~ auf jdn sein** (*von Verlangen nach jdm erfüllt sein*) хоте́ть кого́-л.
Schärfe *f* <-, -n> 1. (*einer Klinge*) острота́ *f*; 2. (*fig: unnachsichtige Strenge*) стро́гость *f*; 3. (*Deutlichkeit, Klarheit*) ре́зкость *f*
schärfen *vt* точи́ть, на- *pf*
Schärfeneinstellung *f* <-, -en> (FOT) устано́вка *f* ре́зкости
scharfkantig *adj* с о́стрыми края́ми [о рёбрами]
scharf machen *vt* (*umg*) натра́вливать, -трави́ть *pf*
Scharfschütze *m* <-n, -n> сна́йпер *m*
scharfsichtig *adj* 1. с о́стрым зре́нием; 2. дальнови́дный, проница́тельный
Scharfsinn *m* <gen: -(e)s> проница́тельность *f*
scharfsinnig *adj* проница́тельный
Scharlach *m* <gen: -s> (*Scharlachfieber*) скарлати́на *f*
Scharlatan *m* <-s, -e> (*pej*) шарлата́н *m*
Scharnier *nt* <-s, -e> шарни́р *m*
Scharte *f* <-, -n> зазу́брина *f*, вы́боина *f*; **eine ~ auswetzen** искупи́ть вину́ *pf*
Schaschlik *m* <-s, -s> шашлы́к *m*
Schatten *m* <-s, -> тень *f*; **jdn in den ~ stellen** (*fig*) затми́ть кого́-л.; **es hat 30 Grad im ~** 30 гра́дусов в тени́
schattenhaft *adj* тени́стый
Schattenseite *f* <gen: -> (*auch fig*) теневая́ сторона́ *f*
Schattenwirtschaft *f* <gen: -> теневая́

экономика *f*
schattieren *vt* оттенять, -нить *pf*
Schattierung *f* <-, -en> оттéнок *m*
schattig *adj* тенистый
Schatulle *f* <-, -n> шкатулка *f*
Schatz *m* <-es, Schätze> сокровище *nt*
Schatzanweisung *f* <-, -en> казначéйские обязательства *pl*
Schatzbrief *m* <-(e)s, -e> казначéйский документ *m*
schätzen *vt* 1. (*hochachten*) ценить, о- *pf*; 2. (*abschätzen*) оцéнивать, оценить *pf*; 3. (*umg: annehmen, vermuten*) думать *impf*
Schatzgräber *m* <-s, -> кладоискáтель *m*
Schätzung *f* <-, -en> оцéнка *f*
schätzungsweise *adv* приблизительно
Schau *f* <-, -en> (*Vorführung*) показ *m*, демонстрáция *f*; etw zur ~ stellen демонстрировать что-л.; выставлять что-л. напоказ, афишировать что-л.
Schauder *m* <-s, -> дрожь *f*, озноб *m*
schauderhaft *adj* (*widerlich, scheußlich*) жуткий, ужáсный
schaudern *vi* ужасáться, ужаснуться *pf*
schauen *vi* смотрéть, по- *pf*, глядéть, по- *pf*; **schau mal** (*umg*) посмотри-ка
Schauer *m* <-s, -> 1. (*Schauder*) дрожь *f*; 2. (*Regenguss*) ливень *m*
schauerlich *adj* ужáсный
Schaufel *f* <-, -n> (совкóвая) лопáта *f*
schaufeln *vt* 1. (*Schnee*) грести, раз- *pf*; 2. (*Kohle*) кидáть *impf*; 3. (*einen Graben*) копáть, вы- *pf*
Schaufenster *nt* <-s, -> витрина *f*
Schaufensterauslage *f* <-, -n> товáры *pl* на [о в] витрине
Schaufensterdekorateur, -in *m/f* <-s, -e> оформитель *m* витрин
Schaufensterpuppe *f* <-, -n> манекéн *m*
Schaufensterwerbung *f* <gen: -> витринная реклáма *f*
Schaukel *f* <-, -n> качéли *fpl*
schaukeln I. *vt* качáть, по- *pf*; II. *vi* 1. (*auf einer Schaukel*) качáться, по- *pf* на качéлях; 2. (*Boote auf dem Wasser*) качáться, по- *pf*
Schaukelstuhl *m* <-(e)s, -stühle> крéсло *nt* -качáлка *f*
Schaulustige(r) *mf* <-n, -n> зевáка *m/f*
Schaum *m* <gen: -(e)s> пéна *f*
schäumen *vi* пéниться *impf*
Schaumgummi *m* <gen: -s> пенорезина *f*
schaumig *adj* пéнистый
Schaumschläger, -in *m/f* <-s, -> (*pej*) очковтирáтель *m*
Schaumstoff *m* <-(e)s, -e> пеноплáст *m*
Schaumwein *m* <-(e)s, -e> игристое вино *nt*
Schauplatz *m* <-es, -plätze> мéсто *nt* дéйствия

Schauprozess *m* <-es, -e> показáтельный процéсс *m*
Schauraum *m* <-(e)s, -räume> выставочный зал *m*
schaurig *adj* (*unheimlich*) жуткий, зловéщий
Schauspiel *nt* <-(e)s, -e> 1. (*Bühnenstück*) пьéса *f*; 2. (*fig: Anblick*) зрéлище *nt*
Schauspieler, -in *m/f* <-s, -> актёр, актриса *m/f*
Schauspielhaus *nt* <-es, -häuser> драматический теáтр *m*
Schauspielkunst *f* <gen: -> драматическое искусство *nt*
Schauspielschule *f* <-, -n> театрáльное училище *nt*
Scheck *m* <-s, -s/ -e> чек *m*; einen ~ ausstellen выписать чек; mit einem ~ bezahlen распла́чиваться чéком; einen ~ einlösen получить деньги по чéку; gedeckter ~ покрытый чек; einen ~ sperren lassen блокировать чек; ein ~ über 10000 Euro чек на (сумму в) 10000 éвро; ungedeckter ~ непокрытый чек
Scheckbetrug *m* <gen: -(e)s> выдача *f* непокрытых чéков
Scheckbuch *nt* <-(e)s, -bücher> чéковая книжка *f*
Scheckbürgschaft *f* <gen: -> поручительство *nt* по чéку
Scheckeinzug *m* <gen: -(e)s> инкассирование *nt* чéка
Scheckheft *nt* <-(e)s, -e> чéковая книжка *f*
scheckig *adj* (*Pferd*) пéгий
Scheckkarte *f* <-, -n> чéковая кáрточка *f*
Schecksperre *f* <-, -n> запрещéние *nt* платежá по чéку
Scheckverkehr *m* <gen: -> чéковый оборóт *m*
Scheibe *f* <-, -n> 1. (*Glasscheibe*) стекло *nt*; 2. (*Schnitte*) кусóк *m*, лóмтик *m*; 3. (TECH) шáйба *f*, диск *m*
Scheibenbremse *f* <-, -n> дисковый тóрмоз *m*
Scheibengardine *f* <-, -n> окóнная занавéска *f*
Scheibenwaschanlage *f* <-, -n> омывáтель *m* стёкол
Scheibenwischer *m* <-s, -> 1. стеклоочиститель *m*; 2. (*umg*) двóрник *m*
Scheich *m* <-s, -s/ -e> шейх *m*
Scheide *f* <-, -n> 1. (*eines Schwerts*) нóжны *fpl*; 2. (*Vagina*) влагáлище *nt*
scheiden *vt* <schied, geschieden> (*Ehe*) расторгáть, растóргнуть *pf*; sich von jdm ~ lassen развестись с кем-л.
Scheidenkrampf *m* <-(e)s, -krämpfe> спазм *m* вагины
Scheidenzäpfchen *nt* <-s, -> вагинáльная свéчка *f*

Scheidewand f <-, -wände> перегородка f

Scheidung f <-, -en> развод m; **die ~ einreichen** подать на развод

Scheidungsklage f <-, -n> иск m о разводе

Scheidungsprozess m <-es, -e> бракоразводный процесс m

Schein m <-(e)s, -e> 1. (*Geldschein*) купюра f, банкнота f; 2. (*Anschein*) видимость f; **der ~ trügt** внешность обманчива; **zum ~** для вида 3. (*Lichtschein*) свет m; 4. (*Dokument*) свидетельство nt

scheinbar adj 1. (*umg: anscheinend*) видимый; 2. (*vorgeblich*) мнимый

scheinen vi <schien, geschienen> 1. (*leuchten*) светить, по- pf; 2. (*den Anschein haben*) казаться, по- pf; **es scheint mir, dass ...** мне кажется, что...; **wie es scheint ...** как кажется...

Scheingeschäft nt <-(e)s, -e> фиктивная сделка f

Scheingesellschaft f <-, -en> (*Briefkastenfirma*) фиктивное общество nt

Scheingewinn m <-(e)s, -e> фиктивная прибыль f

Scheinwerfer m <-s, -> 1. (*am Auto*) фара f; 2. (*zur Beleuchtung*) прожектор m

Scheiße f <gen: -> (*vulg*) говно nt, дерьмо nt

scheißen vi <schiss, geschissen> (*vulg*) срать, на- pf

Scheitel m <-s, -> пробор m

Scheiterhaufen m <-s, -> костёр m

scheitern vi терпеть, по- pf неудачу; **er ist mit allen seinen Plänen gescheitert** он потерпел неудачу со всеми своими планами

Schellack m <gen: -s> (TECH) шеллак m

Schelmenroman m <-s, -e> (LIT) плутовской роман m

schelten vt <schalt, gescholten> ругать, от- pf

Schema nt <-s, -s/ Schemata> схема f; **alles in ein ~ pressen** укладывать всё в единую схему; **nach bewährtem ~ vorgehen** действовать по накатанной схеме

schematisch adj схематический, схематичный

Schemel m <-s, -> маленькая табуретка f

Schenkel m <-s, -> 1. (ANAT) бедро nt; 2. (MATH) сторона f угла

schenken vt дарить, по- pf

Schenkung f <-, -en> (JUR) дарение nt, дар m

Schenkungssteuer f <-, -n> налог m на дарения

Scherbe f <-, -n> осколок m

Schere f <-, -n> 1. (*Werkzeug*) ножницы fpl; 2. (*eines Krebses*) клешня f

scheren I. vt <schor, geschoren> (*schneiden*) стричь, по- pf; II. vr: **das schert mich nicht** (*umg*) меня это не колышит; **scher dich zum Teufel!** (*vulg*) пошёл к чёрту!

Scherenschnitt m резной силуэт m

Scherereien pl <gen: -> (*umg*) хлопоты pl

Scherz m <-es, -e> шутка f

scherzhaft adj шутливый

scheu adj робкий, застенчивый

Scheu f <gen: -> боязнь f, робость f

scheuchen vt спугивать, спугнуть pf

scheuen I. vt бояться impf; **sich vor niemandem ~** никого не бояться; **keine Arbeit ~** не бояться работы; II. vi (*Pferde*) испугаться pf (+ gen)

Scheuerbürste f <-, -n> половая щётка f

Scheuerlappen m <-s, -> половая тряпка f

scheuern vt 1. (*putzen*) тереть, по- pf; 2. (*reiben*) тереть, на- pf, натирать impf

Scheuklappe f <-, -n> 1. наглазник m; 2. (pl) шоры fpl; **~n haben** (*fig: keinen Weitblick haben*) быть зашоренным

Scheune f <-, -n> сарай m

Scheusal nt <-s, -e> (*pej*) чудовище nt, изверг m

scheußlich adj ужасный

Scheußlichkeit f <-, -en> чудовищность f, ужас m

Schi siehe **Ski**

Schicht f <-, -en> 1. (*Gestein, Farbe, einer Gesellschaft*) слой m; 2. (*eines Arbeitstages*) смена f; **~ arbeiten** работать посменно; **in zwei ~en arbeiten** работать в две смены

Schichtarbeit f <gen: -> посменная работа f

schichten vt (*Blätter Papier, Wäsche*) укладывать, уложить pf друг на друга, класть, положить pf в стопку

Schichtung f <gen: -> 1. слой m, наслоение nt; 2. (GEOL) напластование nt; 3. (*der Gesellschaft*) расслоение nt, дифференциация f

schichtweise adv 1. слоями, пластами; 2. посменно

schick adj шикарный

schicken vt посылать, -слать pf

Schicksal nt <-(e)s, -e> судьба f; **jdn seinem ~ überlassen** бросить кого-л. на произвол судьбы

Schiebedach nt <-(e)s, -dächer> люк m, сдвижная крыша f

schieben vt <schob, geschoben> 1. двигать, двинуть pf; 2. (*wegschieben*) отодвигать, -двинуть pf; 3. (*näher an etw schieben*) пододвигать, -двинуть pf; **die Verantwortung auf jdn ~** свалить ответственность на кого-л.; **ein Fahrrad ~** вести велосипед m; **ein Auto ~** толкать машину

Schieber *m* <-s, -> (*umg*) спекуля́нт *m*
Schiebetür *f* <-, -en> раздвижна́я дверь *f*
schied *prät von* **scheiden**
Schiedsgericht *nt* <-(e)s, -e> арбитра́ж *m*, трете́йский суд *m*
schiedsgerichtlich *adv* арбитра́жный
Schiedsklausel *f* <-, -n> (JUR) арбитра́жная огово́рка *f*
Schiedsrichter, -in *m/f* <-s, -> **1.** (*Angehöriger des Schiedsgerichts*) трете́йский судья́ *m*; **2.** (SPORT) арби́тр *m*, судья́ *m*
Schiedsspruch *m* <-(e)s, -sprüche> реше́ние *nt* арбитра́жа
schief *adj* (*geneigt, nicht gerade*) криво́й, косо́й
Schiefer *m* <*gen:* -s> ши́фер *m*
Schieferdach *nt* <-(e)s, -dächer> ши́ферная кры́ша *f*
Schiefertafel *f* <-, -n> гри́фельная доска́ *f*
schief gehen *irr vi* (*umg*) не удава́ться, не уда́ться *pf*
Schieflage *f* <*gen:* -> крити́ческая ситуа́ция *f*, кри́зис *m*
schief liegen *vi* (*umg*) заблужда́ться *impf*, ошиба́ться *impf*
schielen *vi* коси́ть *impf*
schien *prät von* **scheinen**
Schienbein *nt* <*gen:* -(e)s> го́лень *f*
Schiene *f* <-, -n> **1.** (*Eisenbahnschiene*) рельс *m*; **2.** (MED: *Stütze*) ши́на *f*
schienen *vt* (MED) накла́дывать, наложи́ть *pf* ши́ну
Schienenbus *m* <-ses, -se> автомотри́са *f*
Schienenfahrzeug *nt* <-(e)s, -e> сре́дство *nt* ре́льсового тра́нспорта
schier *adv* (*nahezu, fast*) почти́ (что)
Schießausbildung *f* <*gen:* -> (MIL) обуче́ние *nt* стрельбе́, стрелко́вая подгото́вка *f*
Schießbefehl *m* прика́з *m* стреля́ть, прика́з *m* откры́ть ого́нь
Schießbude *f* <-, -n> тир *m*
schießen I. *vt* <schoss, geschossen> **1.** (*Kugel*) вы́стрелить *pf*; **2.** (SPORT: *Tor*) забива́ть, -би́ть *pf*; **II.** *vi* **1.** стреля́ть, вы́стрелить *pf* (*auf, nach* в +*akk*); **2.** (*sich rasch bewegen*) нести́сь, про- *pf*; **in die Höhe ~** выма́хать
Schießerei *f* <-, cn> стрельба́ *f*, перестре́лка *f*
Schießplatz *m* <-(e)s, -plätze> стре́льбище *nt*
Schießpulver *nt* <*gen:* -s> по́рох *m*
Schießscharte *f* <-, -n> амбразу́ра *f*, бойни́ца *f*
Schießscheibe *f* <-, -n> мише́нь *f*
Schießstand *m* <-(e)s, -stände> тир *m*
Schiff *nt* <-(e)s, -e> кора́бль *m*, су́дно *nt*; **an Bord eines ~es gehen** сесть на кора́бль

Schiffbau *m* <*gen:* -s> судострое́ние *nt*
Schiffbruch *m* <*gen:* -(e)s> кораблекруше́ние *nt*
Schifffahrt *f* <-, -en> судохо́дство *nt*
Schifffahrtsgesellschaft *f* <-, -en> судохо́дная компа́ния *f*
Schifffahrtsunternehmer *m* <-s, -> судовладе́лец *m*
Schiffsbesatzung *f* <-, -en> экипа́ж *m* корабля́
Schiffsjunge *m* <-n, -n> ю́нга *m*
Schiffsladung *f* <-, -en> судово́й груз *m*; **eine ~ löschen** разгружа́ть судово́й груз
Schiffspapiere *pl* <*gen:* -> судовы́е докуме́нты *pl*
Schiffsrumpf *m* <-(e)s, -rümpfe> ко́рпус *m* су́дна
Schiffsschraube *f* <-, -n> гребно́й винт *m*
Schiffsverkehr *m* <*gen:* -s> судохо́дство *nt*
Schiit *m* <-en, -en> шии́т *m*
schiitisch *adj* шии́тский
Schikane *f* <-, -n> приди́рка *f*, издева́тельство *nt*
schikanieren *vt* (*tyrannisieren*) издева́ться *impf* (над +*inst*), придира́ться, -дра́ться *pf* (к +*dat*)
Schild [1] *m* <-(e)s, -e> (HIST) щит *m*
Schild [2] *nt* <-(e)s, -er> **1.** (*Türschild*) табли́чка *f*; **2.** (*Reklameschild*) вы́веска *f*, щит *m*; **3.** (*Etikett*) этике́тка *f*; **4.** (*Preisschild*) це́нник *m*
Schilddrüse *f* <-, -n> щитови́дная железа́ *f*
Schilddrüsenkrebs *m* <*gen:* -es> рак *m* щитови́дной железы́
Schilddrüsenüberfunktion *f* <*gen:* -> повы́шенная де́ятельность *f* щитови́дной железы́, гиперфу́нкция *f* щитови́дной железы́
Schilddrüsenunterfunktion *f* <*gen:* -> гипофу́нкция *f* щитови́дной железы́
schildern *vt* изобража́ть, -брази́ть *pf*
Schilderung *f* <-, -en> (*Beschreibung*) изображе́ние *nt*, описа́ние *nt*
Schildknappe *m* <-n, -n> (HIST) оружено́сец *m*
Schildkröte *f* <-, -n> черепа́ха *f*
Schilf *nt* <*gen:* -(e)s> камы́ш *m*
schillern *vi* **1.** перелива́ться *impf* (ра́зными цвета́ми); **2.** (*fig*) быть тру́дно определи́мым
Schilling *m* <-s, -e> ши́ллинг *m*
Schimmel *m* <-s, -> **1.** (*weißes Pferd*) бе́лая ло́шадь *f*; **2.** (*Schimmelpilz*) пле́сень *f*
schimmelig *adj* заплесневе́лый
schimmeln *vi* плесневе́ть, за- *pf*
Schimmelpilz *m* плесневой грибо́к *m*
Schimmer *m* <*gen:* -s> блеск *m*, мерца́ние *nt*; **keinen blassen ~ von etw**

haben (*umg:* überhaupt nichts von etw verstehen) не име́ть о чём-л. ни мале́йшего поня́тия
schimmern *vi* блесте́ть, -сну́ть *pf*, мерца́ть *impf*
Schimpanse *m* <-n, -n> шимпанзе́ *m*
schimpfen *vi:* **über jdn ~** руга́ть кого́-л.; **laut ~** гро́мко руга́ться
Schimpfwort *nt* <-(e)s, -wörter> руга́тельство *nt*
schinden I. *vt* <schund, geschunden> (*peinigen, quälen*) му́чить, из- *pf*; II. *vr* (*sich abquälen*) му́читься, из- *pf*
Schinderei *f* <-, -en> (*pej:* Plackerei, Strapaze) издева́тельство *nt*, муче́ние *nt*
Schinken *m* <-s, -> ветчина́ *f*, о́корок *m*; **gekochter ~** варёный о́корок; **geräucherter ~** копчёная ветчина́
Schintoismus *m* <gen: -> синтои́зм *m*
Schirm *m* <-(e)s, -e> 1. (*Regenschirm, Sonnenschirm*) зонт *m*; 2. (*umg*) зо́нтик *m*; 3. (*Bildschirm*) экра́н *m*
Schirmherr, -in *m/f* <-en, -en> спо́нсор *m*
Schirmherrschaft *f* <gen: -> покрови́тельство *nt*; **unter der ~ von ...** под покрови́тельством кого́-л.
Schirmmütze *f* <-, -n> фура́жка *f*
schiss *prät von* **scheißen**
schizophren *adj* шизофрени́ческий
Schlacht *f* <-, -en> би́тва *f*; **die ~ bei ...** би́тва под...
schlachten *vt* забива́ть, -бить *pf*
Schlachtfeld *nt* <gen: -(e)s> по́ле *nt* би́твы
Schlachthaus *nt* <gen: -es> скотобо́йня *f*
Schlachthof *m* <-(e)s, -höfe> скотобо́йня *f*
Schlachtung *f* <-, -en> убо́й *m* скота́
Schlachtvieh *nt* <gen: -(e)s> убо́йный скот *m*
Schlacke *f* <-, -n> шлак *m*
Schlaf *m* <gen: -(e)s> сон *m*
Schlafanzug *m* <-(e)s, -anzüge> пижа́ма *f*
Schlafcouch *f* <gen: -> дива́н *m* -крова́ть *f*
Schläfe *f* <-, -n> висо́к *m*
schlafen *vi* <schlief, geschlafen> спать, по- *pf*; **~ gehen** идти́ спать; **mit jdm ~** спать с кем-л.; **bei jdm ~** ночева́ть у кого́-л.
Schläfenbein *nt* <gen: -(e)s> (ANAT) височная кость *f*
Schlafenszeit *f* <gen: -> вре́мя *nt* спать
schlaff *adj* 1. (*locker hängend*) прови́сший, обви́сший; 2. (*schlapp, kraftlos*) сла́бый
Schlaffheit *f* <gen: -> вя́лость *f*
Schlafkrankheit *f* <gen: -> со́нная боле́знь *f*
schlaflos *adj* бессо́нный
Schlaflosigkeit *f* <gen: -> бессо́нница *f*
Schlafmittel *nt* <-s, -> снотво́рное *nt*
schläfrig *adj* со́нный
Schlafsack *m* <-(e)s, -säcke> спа́льный мешо́к *m*
Schlafstelle *f* <-, -n> посте́ль *m*
Schlafstörung *f* <-, -en> расстро́йство *nt* сна
Schlaftablette *f* <-, -n> снотво́рное *nt*, табле́тка *f* снотво́рного
schlaftrunken *adj* со́нный
Schlafwagen *m* <-s, -wägen> спа́льный ваго́н *m*
Schlafwagenplatz *m* <-es, -plätze> ме́сто *m* в спа́льном ваго́не
Schlafwandeln *nt* <gen: -s> лунати́зм *m*
schlafwandlerisch *adj* лунати́ческий, сомнабули́ческий
Schlafzimmer *nt* <-s, -> спа́льня *f*
Schlag *m* <-(e)s, Schläge> 1. уда́р *m*; 2. (*des Herzens*) бие́ние *nt*; 3. (*Stromschlag*) уда́р *m*; **mit einem ~** (*umg:*) одни́м уда́ром; **jdm einen ~ versetzen** (*fig:* jdn hart treffen) нанести́ кому́-л. уда́р
Schlagader *f* <-, -n> арте́рия *f*
Schlaganfall *m* <-(e)s, -anfälle> (апоплекси́ческий) уда́р *m*
Schlagbaum *m* <-(e)s, -bäume> шлагба́ум *m*
schlagen I. *vt* <schlug, geschlagen> 1. (*jdm Schläge versetzen*) бить, по- *pf*, уда́рить *pf*; 2. (*mit Werkzeug*) забива́ть, -би́ть *pf*; 3. (*besiegen*) выи́грывать, вы́играть *pf*; **jdn im Tennis ~** вы́играть у кого́-л в те́ннис; **einen Nagel in die Wand ~** заби́ть гвоздь в сте́ну; **jdm auf den Kopf ~** бить кого́-л. по голове́; **jdn ins Gesicht ~** уда́рить кого́-л. в лицо́; II. *vi* 1. (*Herz*) би́ться *impf*; 2. (*Turmuhr*) бить, проби́ть *pf*; III. *vr* (*sich prügeln*) дра́ться, по- *pf* (с +*inst*)
schlagend *adj* ме́ткий
Schlager *m* <-s, -> 1. (*Lied*) шля́гер *m*; 2. (*Buch*) бестсе́ллер *m*; 3. (*Theaterstück, Modegegenstand*) гвоздь *m* сезо́на
Schläger *m* <-s, -> 1. (SPORT) раке́тка *f*; 2. (*brutaler Mann*) драчу́н *m*
Schlägerei *f* <-, -en> дра́ка *f*
Schlagerfestival *nt* <-s, -s> фестива́ль *m* эстра́дной пе́сни
Schlagersänger, -in *m/f* <-s, -> исполни́тель *m* шля́геров
schlagfertig *adj* (*Mensch*) нахо́дчивый; **eine ~e Antwort** ме́ткий отве́т
Schlagfertigkeit *f* <gen: -> нахо́дчивость *f*
Schlaginstrument *nt* <-(e)s, -e> уда́рный инструме́нт *m*
Schlagloch *nt* <-(e)s, -löcher> вы́боина *f*
Schlagobers *nt* <gen: -> (*österr: Schlagsahne*) сли́вки *pl*
Schlagrahm *m* <gen: -(e)s> (*CH: Schlagsahne*) сли́вки *pl*
Schlagring *m* <-(e)s, -e> кастет *m*
Schlagsahne *f* <gen: -> сби́тые сли́вки *fpl*
Schlagwort *nt* <-(e)s, -wörter> ключево́е

слово nt
Schlagzeile f <-, -n> крупный заголовок m
Schlagzeug nt <-(e)s, -e> ударные инструменты mpl
Schlagzeuger, -in m/f <-s, -> ударник, -ница m/f
Schlamm m <gen: -(e)s> тина f, ил m
schlammig adj илистый
Schlammpackung f <-, -en> грязевое укутывание nt
Schlammschlacht f <-, -en> (pej) забрасывание nt грязью (политических оппонентов)
Schlampe f <-, -> (pej) неряха (о женщине) f, грязная баба f
Schlamper, -in m <-s, -> (umg) неряха mf
Schlamperei f <-, -en> 1. (umg: Nachlässigkeit) небрежность f; 2. (umg: Unordnung) неряшливость f
schlampig adj 1. (unordentlich) неряшливый; 2. (nachlässig) небрежный
schlang prät von **schlingen**¹
Schlange f <-, -n> 1. (Reptil) змея f; 2. (von Wartenden) очередь f; ~ **stehen** стоять в очереди
schlängeln vr (auch fig) извиваться impf
Schlangenmensch m <-en, -en> (umg) „гуттаперчивый человек" m (об акробате)
schlank adj стройный
Schlankheit f стройность f
Schlankheitskur f <-, -en> (umg) лечение nt от ожирения
schlapp adj 1. (erschöpft) слабый; 2. (umg: ohne Energie) вялый
Schlappe f <-, -n> (umg: Niederlage) неудача f
schlau adj 1. (verschlagen) хитрый; 2. (klug) умный; **aus etw nicht ~ werden** не понимать чего-л.
Schlauch m <-(e)s, Schläuche> 1. (für Wasser) шланг m; 2. (eines Reifens) камера f
Schlauchboot nt <-(e)s, -e> надувная лодка f
Schläue f <gen: -> хитрость f
Schlaukopf m <-(e)s, -köpfe> (umg) хитрец m
schlecht adj (nicht gut) плохой; **mir ist ~** мне плохо
schlechterdings adv безусловно, решительно, положительно
schlechthin adv 1. (an sich, als solche(r)) как таковой; 2. (geradezu) просто; **das ist ~ unmöglich** это просто невозможно
schlecht machen vt (umg: jdn verächtlich machen) чернить, о- pf
Schleckermaul nt <-s, -mäuler> лакомка m/f
Schlehdorn m <gen: -s> тёрн m
schleichen I. vi <schlich, geschlichen> (langsam gehen) ползти impf; II. vr красться, про- pf

Schleichwerbung f <gen: -> косвенная реклама f
Schleier m <-s, -> вуаль f, фата f
Schleiereule f <-, -n> сипуха f
schleierhaft I. adj (umg: rätselhaft) туманный, таинственный; II. adv непонятно.
Schleife f <-, -n> (zur Zierde) бант m
schleifen I. vt <schliff, geschliffen> 1. (schärfen) точить, на- pf; 2. (ziehen) тащить impf; **die Kupplung ~ lassen** держать сцепление; II. vi (Kupplung) проворачиваться impf
Schleiflack m шлифовальный лак m
Schleifmaschine f <-, -n> шлифовальный станок m
Schleifpapier nt <gen: -(e)s> наждачная бумага f
Schleifstein m <-(e)s, -e> точильный камень m
Schleim m <gen: -(e)s> 1. слизь f; 2. (Husten) мокрота f
Schleimer, -in m/f <-s, -> (pej) льстец m, лизоблюд m
Schleimhaut f <-, -häute> слизистая оболочка f
schleimig adj слизистый
Schleimscheißer m <-s, -> (vulg) подлипала m
Schlemmer m <-s, -> кутила m
Schlemmerei f <gen: -> кутёж m, разгул m
schlendern vi бродить impf
Schleppe f <-, -n> шлейф m
schleppen I. vt 1. (schwer tragen,) тащить, по- pf, таскать impf; 2. (hinter sich herziehen) тащить, по- pf, волочить, по- pf; II. vr 1. (sich hinziehen) тянуться impf; 2. (sich mühsam fortbewegen) тащиться, до- pf
schleppend adj (schwerfällig, mühsam) медленный
Schlepper m <-s, -> 1. (Schleppschiff) буксир m; 2. (Traktor) трактор m
Schleppfischerei f <gen: -> траловый лов m
Schleppnetz nt <-es, -e> трал m
Schleswig-Holstein nt <gen: -s> Шлезвиг-Гольштейн m
Schleuder f <-, -n> 1. (Steinschleuder) рогатка f; 2. (Wäscheschleuder) центробежная сушилка f
Schleudergefahr f <gen: -> опасность f заноса
schleudern I. vt 1. (schwungvoll werfen) метать, метнуть pf; 2. (Wäsche) отжимать, -жать pf (в центрифуге); II. vi: **in der Kurve begann der Wagen plötzlich zu ~** на повороте машину неожиданно начало заносить
Schleuderpreis m <-es, -e> (umg) бросовая цена f; **zu ~en** по бросовым ценам

Schleudersitz *m* <-es, -e> катапультируемое кресло *nt*
schleunigst *adv* как можно скорее
Schleuse *f* <-, -n> шлюз *m*
Schleusenkammer *f* <-, -n> шлюзная камера *f*
Schleusenwärter *m* <-s, -> сторож *m* при шлюзе
schlich *prät von* **schleichen**
Schlich *m* <-(e)s, -e> (*meist pl*) уловка *f*
schlicht *adj* простой, скромный
schlichten *vt* (*Streit*) улаживать, уладить *pf*
Schlichtheit *f* <*gen*: -> простота *f*
Schlichtung *f* <-, -en> улаживание *nt*, урегулирование *nt*
Schlichtungsabkommen *nt* <-s, -> соглашение *nt* об урегулировании
Schlichtungsausschuss *m* <-es, -ausschüsse> комиссия *f* по урегулированию
Schlick *m* <*gen*: -(e)s> ил *m*
schlief *prät von* **schlafen**
schließen I. *vt* <schloss, geschlossen> 1. (*zumachen*) закрывать, -крыть *pf*; 2. (*Vertrag, Frieden*) заключать, -чить *pf*; II. *vi* 1. (*Geschäft*) закрываться, закрыться *pf*; **die Geschäfte ~ um sechs Uhr** магазины закрываются в шесть часов; 2. (*schlussfolgern*) делать, с- *pf* вывод; 3. (*sich schließen lassen*) закрываться, -крыться *pf*
Schließfach *nt* <-(e)s, -fächer> 1. (*für Gepäck*) камера *f* хранения; 2. (*Postfach*) абонементный ящик *m*
schließlich *adv* 1. (*endlich*) наконец; 2. (*immerhin*) всё-таки
Schließmuskel *m* <*gen*: -s> (ANAT) сфинктер *m*
Schließung *f* <-, -en> 1. закрытие *nt* (предприятия); 2. конец *m* (заседания)
schliff *prät von* **schleifen**
Schliff *m* <*gen*: -(e)s> 1. шлифовка *f*; 2. (*Messer*) заточка *f*; 3. (*Maniere*) отточенность *f*, изысканность *f*
schlimm *adj* 1. плохой, дурной, скверный; **es ist alles halb so ~** (*umg*) это не беда!; **ein ~er Fehler** грубая ошибка; **das Schlimmste ist, dass ...** самое ужасное заключается в том, что...; **es hätte ~er kommen können** (*umg*) могло бы быть и хуже 2. (*böse*) злой
schlimmstenfalls *adv* в худшем случае
Schlinge *f* <-, -n> петля *f*
schlingen ¹ I. *vt* <schlang, geschlungen> 1. (*binden*) обматывать, -мотать *pf*; 2. (*umschlingen*) обхватывать, -хватить *pf*; II. *vr* виться, об- *pf*; **sich um etw ~** обвиваться вокруг чего-л.
schlingen ² *vt* <schlang, geschlungen> (*Essen*) проглатывать, -глотить *pf*

Schlingpflanze *f* <-, -n> вьющееся растение *nt*
Schlips *m* <-es, -e> (*umg*: *Krawatte*) галстук *m*
Schlitten *m* <-s, -> 1. сани *fpl*; 2. (*Kinder-~*) санки *fpl*; 3. (*umg*: *Wagen*) тачка *f*; **~ fahren** кататься на санках [*o* санях]
Schlittenfahrt *f* <-, -en> катание *nt* на санях
Schlittenhund *m* <-(e)s, -e> лайка *f*
schlittern *vi* (*auf einer Eisfläche rutschen*) скользить, про- *pf*
Schlittschuh *m* <-(e)s, -e> конёк *m*
Schlittschuhbahn *f* <-, -en> (SPORT) конькобежная дорожка *f*
Schlittschuhläufer, -in *m/f* <-s, -> конькобежец, -жка *m/f*
Schlitz *m* <-es, -e> разрез *m*
schloss *prät von* **schließen**
Schloss *nt* <-es, Schlösser> 1. (*Burg*) замок *m*; 2. (*einer Tür*) замок *m*
Schlosser, -in *m/f* <-s, -> слесарь *m*
Schlossherr, -in *m/f* <-en, -en> владелец *m* и обитатель *m* замка
Schlot *m* <-es, -e> (*Fabrikschornstein*) труба *f*; **rauchen wie ein ~** (*umg*) дымить как паровоз
schlottrig *adj* небрежный
Schlucht *f* <-, -en> ущелье *nt*
schluchzen *vi* рыдать *impf*
Schluck *m* <-(e)s, -e> глоток *m*; **ein ~ Kaffee** глоток кофе
Schluckauf *m* <*gen*: -s> икота *f*; **einen ~ haben** икать
Schluckbeschwerden *pl* <*gen*: -> затруднённое глотание *nt*
schlucken *vt* глотать, проглотить *pf*
Schluckimpfung *f* <-, -en> пероральная вакцинация *f*
Schluderei *f* <*gen*: -> (*pej*) халтура *f*
schludern *vi* (*umg*) халтурить *impf*
schlug *prät von* **schlagen**
Schlummer *m* <*gen*: -s> (*geh*) дремота *f*
schlummern *vi* (*geh*) дремать, по- *pf*
Schlund *m* <-(e)s, Schlünde> 1. пасть *f*, глотка *f*; 2. (*fig*) жерло *nt*
schlüpfen *vi* 1. проскальзывать, -скользнуть *pf*; 2. (*Jungvögel*) вылупляться, вылупиться *pf*; 3. (*umg*) ускользать, -знуть *pf*; **in die Kleider ~** быстро надеть [*o* накинуть] одежду; **unter die Decke ~** нырнуть под одеяло
Schlüpfer *m* <-s, -> трусики *mpl*
Schlupfloch *nt* <-(e)s, -löcher> (*Durchschlupf*) лазейка *f*
schlüpfrig *adj* 1. (*glatt*) скользкий; 2. (*fig*: *anstößig*) скабрёзный
schlurfen *vi* шаркать *impf*
schlürfen I. *vt* 1. (*einen Wein*) потягивать *impf*, попивать *impf*; 2. (*eine Suppe*) хлебать, по- *pf*; II. *vi* чавкать, -кнуть *pf*
Schluss *m* <-es, Schlüsse> 1. (*Ende*) конец *m*; 2. (*Folgerung, Ableitung, Abschluss*)

вывод m; ~ für heute! хватит на сегодня! ~ machen (umg: Feierabend machen) заканчивать (работу); mit etw ~ machen (mit etw aufhören) закончить что-л.; wir sind zu dem ~ gekommen, dass ... мы пришли к выводу, что...
Schlussabrechnung f <-, -en> окончательный расчёт m
Schlussbericht m <-(e)s, -e> заключительный отчёт m
Schlussbilanz f <-, -en> заключительный баланс m
Schlussdividende f <-, -n> финальный дивиденд m
Schlüssel m <-s, -> 1. (zu einem Schloss, Schrauben) ключ m; 2. (MUS) ключ m
Schlüsselanhänger m <-s, -> брелок m
Schlüsselbegriff m <-(e)s, -e> ключевое понятие nt
Schlüsselbein nt <-(e)s, -e> (ANAT) ключица f
Schlüsselblume f <-, -n> первоцвет m
Schlüsselbund m <-(e)s, -e> связка f ключей
Schlüsselerlebnis nt <-ses, -se> (PSYCH) ключевое переживание nt
schlüsselfertig adv: ~ bauen строить под ключ
Schlüsselindustrie f <-, -n> ключевая отрасль f промышленности
Schlüsselloch nt <-(e)s, -löcher> замочная скважина f
Schlüsselposition f <-, -en> ключевая позиция f
Schlüsselrolle f <-, -n> ключевая роль f
Schlüsseltechnologie f <-, -en> ключевая технология f
Schlussfolgerung f <-, -en> вывод m, заключение nt; aus etw ~en ziehen делать выводы из чего-л.
schlüssig adj убедительный
Schlusskurs m <-es, -e> (BÖRSE) заключительный курс m
Schlusslicht nt <-(e)s, -er> (an Fahrzeug) задний свет m, стоп-сигнал m
Schlusspfiff m <gen: -s> (SPORT) заключительный свисток m
Schlusspunkt : den ~ unter eine Sache setzen поставить точку на чём-л. (неприятном)
Schlussrunde f <-, -n> (SPORT) финал m
Schlusssatz m <-es, -sätze> 1. (letzter Satz) заключительное предложение nt (текста); 2. (MUS) заключительная часть f, финал m
Schlussstrich m (fig) итог m; einen ~ unter etw ziehen покончить с каким-л. делом
Schlussverkauf m <gen: -(e)s> сезонная распродажа f
Schlusswort nt <-(e)s, -e> заключительное слово nt
Schmach f <gen: -> (geh) позор m
schmachtend adj (Blick) томный
schmächtig adj щуплый, худощавый
schmackhaft adj вкусный
schmählich adj (geh: schändlich) позорный
schmal adj 1. (eng) узкий; 2. (schlank) тонкий; ~e Hände тонкие руки
schmälern vt (herabsetzen) умалять, -лить pf; jdn in seinen Rechten ~ ущемлять чьи-л. права
Schmalfilm m <-(e)s, -e> узкая плёнка f
Schmalz m <gen: -es> топлёное сало nt, смалец m
Schmankerl nt <-s, -> (особое) лакомство nt
schmarotzen vi <schmarotzte, schmarotzt> паразитировать impf (bei за счёт +gen)
Schmarotzer, -in m/f <-s, -> 1. (fig: Mensch) паразит, -ка m/f; 2. (BOT, ZOOL) паразит m
schmatzen vi чавкать impf
schmecken I. vi нравиться, по- pf; быть impf вкусным; das schmeckt nicht это невкусно; das Essen schmeckt nach nichts это безвкусная еда; wie schmeckt's? (umg) вкусно?; II. vt пробовать, по- pf
Schmeichelei f <-, -en> лесть f
schmeicheln vi льстить, по- pf; jdm ~ льстить кому-л.; sich geschmeichelt fühlen чувствовать себя польщённым; es schmeichelt mir, dass ... мне льстит, что...
Schmeichler, -in m/f <-s, -> льстец m
schmeißen vt <schmiss, geschmissen> 1. (umg: werfen, aufgeben) бросать, бросить pf; etw auf den Boden ~ сбросить что-л. на пол; 2. (etw sicher bewältigen) справляться, справиться pf (с +inst)
Schmelz m <-es, -e> 1. (glänzender Überzug, Email) эмаль f; 2. (Zahnschmelz) зубная эмаль f
schmelzen I. vt <schmolz, geschmolzen> 1. плавить, рас- pf; 2. (Schnee, Butter) топить, рас- pf; II. vi 1. плавиться, рас- pf; 2. (Schnee, Eis, Butter) таять, рас- pf
Schmelzhütte f <-, -n> чугуноплавильный завод m
Schmelzkäse m <gen: -s> плавленый сыр m
Schmelzofen m <-s, -öfen> плавильная печь f
Schmelzpunkt m <gen: -(e)s> точка f плавления
Schmelztiegel m <-s, -> (fig) плавильный тигель m
Schmelzwasser nt <gen: -s> талая вода f
Schmerz m <-es, -en> боль f; hast du noch ~en? у тебя ещё что-то болит?
schmerzempfindlich adj чувствительный к боли
schmerzen vi (weh tun) болеть impf

Schmerzensgeld nt <-es, -er> денежное возмещение nt за причинённый нематериальный ущерб
schmerzhaft adj болезненный
schmerzlich adj (Kummer verursachend) мучительный, болезненный
schmerzlos adj безболезненный
schmerzstillend adj болеутоляющий; ein ~es Mittel болеутоляющее средство
Schmerztherapie f <-, -n> болевая терапия f
Schmetterling m <-s, -e> 1. (Falter) бабочка f; 2. (SPORT: Schwimmstil) баттерфляй m
schmettern vt (heftig werfen) швырять, швырнуть pf
Schmied, -in m/f <-(e)s, -e> кузнец m
Schmiedeeisen nt <-s, -> кованое железо nt
schmieden vt ковать, вы- pf
schmiegen vr 1. прижиматься, -жаться pf (an к +dat); sich an jdn ~ прильнуть к кому-л. 2. (Kleidung) облегать impf; 3. (Haar) плотно прилегать impf
schmiegsam adj гибкий, податливый
Schmiere f <-, -n> мазь f, смазка f; ~ stehen (umg) стоять на стрёме
schmieren I. vt 1. (auftragen) намазывать, -зать pf; 2. (Maschinen) смазывать, -зать pf; jdn ~ (umg: jdn bestechen) дать взятку кому-л.; II. vi (pej: unsauber schreiben) пачкать, на- pf; das läuft ja wie geschmiert! (umg) всё идёт как по маслу
Schmierfett nt <-(e)s, -e> консистентная смазка f
Schmiergeld nt <-(e)s, -er> (umg: Bestechungsgeld) взятка f; ~er nehmen брать взятки
schmierig adj 1. (klebrig, unangenehm freundlich) скользкий, липкий; 2. (unappetitlich, schmutzig) грязный
Schmiermittel nt <-s, -> смазочный материал m
Schmierseife f <gen: -> жидкое мыло nt
Schmierstoff m <-(e)s, -e> смазочный материал m
Schmierzettel m <-s, -> (umg) черновик m
Schminke f <-, -n> грим m, косметика f
schminken I. vt 1. красить, на- pf; 2. (THEAT) гримировать, за- pf; II. vr краситься, на- pf
Schmirgelpapier nt <-(e)s, -e> наждачная бумага f
schmiss prät von **schmeißen**
Schmollecke: sich in die ~ zurückziehen надуться, обидеться
schmollen vi дуться, на- pf; mit jdm ~ дуться на кого-л.
schmolz prät von **schmelzen**
Schmorbraten m <-s, -> тушёное мясо nt

schmoren I. vt тушить, по- pf; II. vi тушиться, по- pf
Schmuck m <gen: -(e)s> 1. (Schmuckstück(e)) украшения ntpl, драгоценности fpl; 2. (Dekoration, Zierde) украшение nt
schmücken vt украшать, -расить pf
schmucklos adj (einfach, schlicht) скромный
Schmucklosigkeit f <gen: -> отсутствие nt украшений, простота f
Schmuckkästchen nt <-s, -> шкатулка f для драгоценностей
Schmuckstück nt <-(e)s, -e> 1. украшение nt; 2. (fig) жемчужина f
schmudd(e)lig adj (umg) грязный, испачканный
Schmuddelkind nt <-(e)s, -er> грязнуля m
schmuddlig adj 1. несвежий (о белье); 2. неопрятный, грязный
Schmuggel m <gen: -s> (das Schmuggeln) контрабанда f
schmuggeln I. vt провозить, -везти pf контрабандой; II. vi заниматься, -няться pf контрабандой
Schmuggler, -in m/f <-s, -> контрабандист, -ка m/f
schmunzeln vi улыбаться, -бнуться pf, усмехаться, -хнуться pf
Schmus m <gen: -> (pej) пустая болтовня f, вздор m
schmusen vi (umg) ласкаться impf (mit + dat с +inst)
Schmutz m <gen: -es> грязь f
schmutzen vi (schmutzig werden) пачкаться, ис- pf
Schmutzfleck m <-s, -e> грязное пятно nt
schmutzig adj грязный; etw ~ machen испачкать что-л.
Schmutzschicht f <-, -en> слой m грязи
Schnabel m <-s, Schnäbel> 1. (eines Vogels) клюв m; 2. (umg: Mund) рот m; 3. (einer Kanne) носик m
Schnabeltier nt <-(e)s, -e> утконос m
Schnake f <-, -n> комар m
Schnalle f <-, -n> пряжка f, застёжка f
schnallen vt пристёгивать, -стегнуть pf; den Gürtel enger ~ затянуть потуже пояс; einen Rucksack auf den Rücken ~ надеть рюкзак на спину
schnalzen vi (mit der Zunge, den Fingern) щёлкать, -кнуть pf (языком, пальцами) pf
Schnäppchenjäger m <-s, -> (umg) охотник m за удешевлёнными (фирменными) изделиями
schnappen I. vt (umg: etw ergreifen, erwischen, jdn festnehmen) хватать, схватить pf; II. vi: nach etw ~ хотеть схватить что-л.; nach Luft ~ тяжело

дышать
Schnappschuss *m* <-es, -schüsse> (*umg*) моментальный снимок *m*
Schnaps *m* <-es, Schnäpse> шнапс *m*
Schnapsbrennerei *f* <*gen:* -> спиртоводочный завод *m*
Schnapsglas *nt* <-es, -gläser> рюмка *f*
Schnapsnase *f* <-, -n> (*umg*) красный нос *m* (у пьяницы)
Schnapszahl *f* <*gen:* -> (*umg*) число *nt*, состоящее из одинаковых цифр
schnarchen *vi* храпеть *impf*
schnarren *vi* (*knarren*) трещать *impf*
schnattern *vi* 1. (*Gänse*) гоготать *impf*; 2. (*Enten*) крякать, крякнуть *pf*; 3. (*umg: hastig durcheinanderreden*) трещать *impf*
schnauben *vi* 1. (*Pferd*) фыркать, -кнуть *pf*; 2. (*Mensch*) сопеть *impf*
schnaufen *vi* пыхтеть *impf*
Schnauzbart *m* <-(e)s, -bärte> усы *mpl*
Schnauze *f* <-, -n> 1. (*eines Tieres*) морда *f*; 2. (*vulg: Mund*) рот *m*; **halt die ~!** (*vulg*) заткнись! **eine große ~ haben** (*umg*) иметь длинный язык
schnäuzen *vr* сморкаться, вы- *pf*
Schnecke *f* <-, -n> улитка *f*; **jdn zur ~ machen** (*umg*) расчихвостить кого-л.
schneckenförmig *adj* улиткообразный
Schneckenhaus *nt* <-es, -häuser> раковина *f* улитки
Schneckentempo *nt* <*gen:* -s> (*umg*) черепаший темп *m*
Schnee *m* <*gen:* -s> снег *m*; **~ schippen** разгребать [*o* убирать] снег
Schneeanzug *m* <-(e)s, -anzüge> (MIL) белый маскировочный халат *m*
Schneeball *m* <-(e)s, -bälle> снежок *m*
Schneeballeffekt *m* <*gen:* -(e)s> (*fig*) эффект *m* снежного кома
Schneebesen *m* <-s, -> сбивалка *f* (для белка)
Schneeflocke *f* <-, -n> снежинка *f*
Schneegestöber *nt* <*gen:* -s> метель *f*, вьюга *f*
Schneeglöckchen *nt* <-s, -> подснежник *m*
Schneehuhn *nt* <-(e)s, -hühner> белая куропатка *f*
Schneekette *f* <-, -n> цепь *f* противоскольжения
Schneemann *m* <-(e)s, -männer> снежная баба *f*
Schneepflug *m* <-(e)s, -pflüge> плужный снегоочиститель *m*
Schneeräumgerät *nt* <-(e)s, -e> снегоочиститель *m*
Schneeraupe *f* <-, -n> гусеница *f* для движения по снегу
Schneeschauer *m* <-s, -> снегопад *m*
Schneeschaufel *f* <-, -n> лопата *f* для уборки снега
Schneeschippe *f* <-, -n> лопата *f* для уборки снега

Schneeschmelze *f* <*gen:* -> оттепель *f*
Schneeschuh *m* <-(e)s, -e> лыжа *f*
Schneeverwehung *f* <*gen:* -> снежный перемёт *m*
Schneewehe *f* <-, -n> сугроб *m*
schneeweiß *adj* белоснежный
Schneewittchen *nt* Белоснежка *f*
Schneezaun *m* <-(e)s, -zäune> снегозадерживающие щиты *pl*
Schneide *f* <-, -n> (*Klinge*) лезвие *nt*
Schneidemaschine *f* <-, -n> резальная машина *f*
Schneidemesser *nt* <-s, -> резец *m*
schneiden I. *vt* <schnitt, geschnitten> резать, от- *pf*; **Brot ~** нарезать хлеб; **sich die Nägel ~** подстричь себе ногти; **sich die Haare ~ lassen** подстричься; II. *vr* 1. порезаться *pf*; **sich in den Finger ~** порезать себе палец 2. (МАТН: *Linien*) пересекаться, -сечься *pf*
schneidend *adj* (*fig: durchdringend*) пронизывающий
Schneider, -in *m/f* <-s, -> портной, портниха *m/f*
schneidern *vt* шить, с- *pf*
Schneiderpuppe *f* <-, -n> манекен *m*
Schneidezahn *m* <-(e)s, -zähne> резец *m*
schneien *vi* **es schneit** идёт снег; **draußen hat es geschneit** (на улице) выпал снег
Schneise *f* <-, -n> просека *f*
schnell *adj* быстрый; **so ~ wie möglich** как можно быстрее; **ich muss noch ~ etw einkaufen** я должен ещё быстро кое-что купить
Schnellbauweise *f* <*gen:* -> скоростное строительство *nt*
Schnellboot *nt* <-(e)s, -e> катер *m*
Schnelleingreiftruppe *f* <-, -n> войско *nt* быстрого реагирования
Schnellfeuerwaffe *f* <-, -n> скорострельное оружие *nt*
Schnellhefter *m* <-s, -> скоросшиватель *m*
Schnelligkeit *f* <*gen:* -> скорость *f*, быстрота *f*
Schnellkochtopf *m* <-(e)s, -kochtöpfe> скороварка *f*
Schnellreinigung *f* <*gen:* -> срочная химчистка *f*
schnellsten *adv* (*unverzüglich*) как можно скорее
schnellstmöglich *adv* скорейший
Schnellstraße *f* <-, -n> скоростная (авто)магистраль *f*
schnelltrocknend *adj* быстросохнущий
Schnellzug *m* <-(e)s, -züge> скоростной поезд *m*
schneuzen *alte Schreibung für* **schnäuzen**
Schnickschnack *m* <*gen:* -s> 1. (*Dinge*) безделушки *pl*; 2. (*Worte*) ерунда *f*, галиматья *f*
schnippisch *adj* задорный,

насмéшливый
Schnipsel *m* <-s, -> обрéзок *m*
schnitt *prät von* **schneiden**
Schnitt *m* <-(e)s, -e> 1. (*Kleidung*) покрóй *m*; 2. (*Einschnitt*) разрéз *m*; 3. (*Längsschnitt, Querschnitt*) разрéз *m*, сечéние *nt*; 4. (*Schnittmuster*) вы́кройка *f*; **der Mantel hat einen lässigen ~** у э́того пальтó свобóдный покрóй; 5. (*umg: Durchschnittswert*) срéдняя величинá *f*; **er raucht im ~ 3 Zigarren am Tag** он кýрит в срéднем три сигарéты в день
Schnittblume *f* <-, -n> срéзанный для продáжи цветóк
Schnittfläche *f* <*gen:* -> повéрхность *f* срéза
Schnittlauch *m* <*gen:* -s> зелёный лук *m*
Schnittlinie *f* <-, -n> 1. ли́ния *f* разрéза; 2. ли́ния *f* пересечéния
Schnittmuster *nt* <-s, -> вы́кройка *f*
Schnittpunkt *m* <-(e)s, -e> тóчка *f* пересечéния
Schnittstelle *f* <-, -n> (*DV*) интерфéйс *m*
Schnittverletzung *f* <-, -en> рéзаное ранéние *nt*
Schnittwunde *f* <-, -n> рéзаная рáна *f*
Schnitzel *nt* <-s, -> 1. (*Papierfetzen*) обры́вок *m*; 2. (*Fleischgericht*) шни́цель *m*; **Wiener ~** шни́цель по-вéнски
schnitzen *vt* рéзать, вы́- *pf*, вырезáть *impf* (по дéреву, кóсти)
Schnitzer *m* <-s, -> 1. (*Künstler*) рéзчик *m*; 2. (*Fehler*) оши́бка *f*
Schnitzerei *f* <-, -en> резьбá *f* (по дéреву, кóсти)
Schnorchel *m* <-s, -> дыхáтельная трýбка *f*
Schnörkel *m* <-s, -> завитóк *m*
schnörkellos *adj* без завитков, невы́чурный
schnorren I. *vt*: **bei jdm etw ~** стрельнýть у когó-л. чтó-л.; II. *vi* попрошáйничать *impf*
schnüffeln *vi* 1. (*schnuppern*) обню́хивать, -хать *pf*; **an jdm/etw ~** обню́хивать когó-л./чтó-л. 2. (*in fremden Angelegenheiten*) выню́хивать, вы́нюхать *pf*; 3. (*Lösungsmittel inhalieren*) ню́хать *impf*
Schnüffler *m* <-s, -> 1. (*pej: in fremden Angelegenheiten*) шпик *m*; 2. (*von Lösungsmitteln*) нюхáч *m*
Schnuller *m* <-s, -> сóска *f*
Schnulzensänger, -in *m/f* <-s, -> исполни́тель *m* сентиментáльных пéсен
Schnupfen *m* <*gen:* -s> нáсморк *m*; **ich habe ~** у меня́ нáсморк
Schnupfenmittel *nt* <-s, -> срéдство *nt* от нáсморка
Schnupftabak *m* <*gen:* -s> ню́хательный табáк *m*

Schnupperkurs *m* <-es, -e> ознакоми́тельный курс *m*
Schnur *f* <-, Schnüre> 1. верёвка *f*; 2. (*umg: elektrisches Kabel*) шнур *m*
Schnürband *nt* <-(e)s, -bänder> шнурóк *m*
schnüren *vt* шнуровáть, за- *pf*
Schnurrbart *m* <-(e)s, -bärte> усы́ *mpl*
schnurren *vt* (*Katze*) мурлы́кать *impf*
Schnürschuh *m* <-(e)s, -e> боти́нок *m* со шнуркáми
Schnürsenkel *m* <-s, -> шнурóк *m*
schnurstracks *adv* (*umg: auf dem kürzesten Weg*) пря́мо
schob *prät von* **schieben**
Schober *m* <-s, -> 1. стог *m*, скирдá *f*; 2. сеновáл *m*, сарáй *m*
Schock *m* <-s, -s> шок *m*
schockieren *vt* шоки́ровать *impf/pf*
Schockwelle *f* <-, -n> удáрная волнá *f*
Schockwirkung *f* <-, -en> (MED) шóковое дéйствие *nt*, воздéйствие *nt* шóка
Schöffe *m* <-n, -n> (судéбный) заседáтель *m*
Schöffin *f* <-, -nen> (судéбный) заседáтель *m*
schoflig *adj* мéрзкий
Schokolade *f* <*gen:* -> 1. шоколáд *m*; 2. (*umg: eine ~*) шоколáдка *f*
Schokoladeneis *nt* шоколáдное морóженое *nt*
Schokoladenpudding *m* шоколáдный пýдинг *m*
Schokoladenriegel *m* <-s, -> шоколáдный батóнчик *m*
Schokoladenseite: **sich von seiner ~ zeigen** (*umg*) показáть себя́ с лýчшей стороны́
Schokoladentafel *f* <-, -n> пли́тка *f* шоколáда
scholl *prät von* **schallen**
Scholle *f* <-, -n> 1. (*Stück Erde*) ком *m*, глы́ба *f*; 2. (*Fisch*) (морскáя) кáмбала *f*
schon *adv* (*bereits*) ужé; **er kommt ~ heute** он придёт ужé [*o* ещё] сегóдня; **ich kenne das ~** э́то я ужé знáю; **mach ~!** (*umg: komm endlich!*) давáй же! **wem nützt das ~?** комý (же) э́то нýжно?
schön *adj* 1. (*hübsch*) краси́вый; **~e Augen** краси́вые глазá 2. (*angenehm*) прекрáсный, хорóший; **~es Wetter** хорóшая погóда; **~ der Reihe nach!** (*umg*) стрóго по поря́дку!
Schonbezug *m* <-(e)s, -bezüge> чехóл *m*
schonen I. *vt* берéчь, по- *pf*, щади́ть, по- *pf*; II. *vi* берéчься, по- *pf*
Schongang *m* <*gen:* -s> 1. (TECH) щадя́щий ход *m*; 2. (*fig*) щадя́щий режи́м *m*
Schönheit *f* <*gen:* -> 1. красотá *f*; 2. (*schöne Frau*) красáвица *f*
Schönheitskönigin *f* <-, -nen> королéва *f* красоты́
Schönheitsoperation *f* <-, -en>

Schönheitspflege косметическая операция f
Schönheitspflege f <gen: -> косметика f
Schönheitsreparatur f <-, -en> косметический ремонт m
Schonung f <gen: -> 1. (das Schonen) пощада f; 2. (Jungwald) молодняк m
schonungslos adj беспощадный
Schonungslosigkeit f <gen: -> беспощадность f
Schonzeit f <-, -en> запретное время nt для охоты
schöpfen vt черпать impf (aus из +gen); **neuen Mut ~** (fig) воспрянуть духом
Schöpfer, -in m/f <-s, -> создатель, -ница m/f, творец m
schöpferisch adj творческий
Schöpflöffel m <-s, -> разливательная ложка f, поварёшка f
Schöpfung f <-, -en> 1. (von Gott erschaffene Welt) сотворение nt; 2. (geh: Kunstwerk) творение nt
Schöps m <-es, -e> (österr: Hammel) баран m
schor prät von **scheren**
Schorf m <-(e)s, -e> (von Wunde) струп m
Schorle nt <-s, -s> вино nt с газированной водой
Schornstein m <-s, -e> труба f
Schornsteinfeger, -in m/f <-s, -> трубочист m
schoss prät von **schießen**
Schoß m <-es, Schöße> колени ntpl
Schoßhund m <-(e)s, -e> комнатная собака f
Schote f <-, -n> стручок m
Schotte m <-n, -n> шотландец m
Schotter m <gen: -s> щебень m
Schottin f <-, -nen> шотландка f
schottisch I. adj шотландский; II. adv по-шотландски.
Schottland nt <gen: -s> Шотландия f
schraffieren vt штриховать
Schraffierung f штриховка f
schräg adj 1. косой, наклонный; 2. (diagonal) по диагонали
Schräge f <-, -n> наклон m
Schrägstrich m <-(e)s, -e> косая черта f
Schramme f <-, -n> царапина f
Schrank m <-(e)s, Schränke> шкаф m; **etw in den ~ hängen** повесить что-л. в шкаф
Schrankbett nt <-s, -en> встроенная в шкаф кровать f (откидываемая кверху)
Schranke f <-, -n> 1. заграждение nt; 2. (Schlagbaum) шлагбаум m
Schranktür f <-, -en> дверь f шкафа
Schrankwand f <-, -wände> стенка f
Schraube f <-, -n> винт m, шуруп m, болт m; **bei dir ist wohl eine ~ locker** (umg) у тебя, кажется, крыша поехала
schrauben vt вкручивать, вкрутить pf, ввинчивать, ввинтить pf
Schraubenmutter f <-, -n> гайка f
Schraubenschlüssel m <-s, -> гаечный ключ m
Schraubenzieher m <-s, -> отвёртка f
Schraubstock m <-(e)s, -stöcke> тиски mpl
Schraubzwinge f <-, -n> (TECH) струбцин(к)а f
Schreck m <-(e)s, -e> испуг m; **einen ~ bekommen** испугаться
schreckhaft adj пугливый, боязливый
schrecklich adj ужасный, страшный
Schreckschusspistole f <-, -n> пугач m
Schrecksekunde f <gen: -> момент m испуга
Schrei m <-(e)s, -e> крик m; **einen ~ ausstoßen** издать крик; **der letzte ~** (umg: die neueste Mode) последний крик моды
Schreibblock m <-(e)s, -blöcke> блокнот m
schreiben vt <schrieb, geschrieben> писать, на- pf; **einen Brief ~** написать письмо; **wie schreibt man das?** как это пишется?; **jdm ~** написать кому-л.
Schreiben nt <-s, -> (официальное) письмо nt
Schreiberling m <-(e)s, -e> (pej) писака m
Schreibfehler m <-s, -> описка f
Schreibkraft f <-, -kräfte> машинистка f
Schreibmappe f <-, -n> папка f для писчей бумаги
Schreibmaschine f <-, -n> печатная машинка f; **~ schreiben** печатать на машинке
Schreibpapier nt <gen: -(e)s> писчая бумага f
Schreibpult nt <-(e)s, -e> бюро nt
Schreibschrift f <gen: -> рукописный шрифт m
Schreibtisch m <-(e)s, -e> письменный стол m
Schreibtischlampe f <-, -n> настольная лампа f
Schreibtischleuchte f <-, -n> настольная лампа f
Schreibwaren pl <gen: -> канцелярские товары pl
Schreibwarengeschäft nt <-(e)s, -e> магазин m канцтоваров
schreien vi <schrie, geschrie(e)n> 1. кричать; 2. крикнуть pf; **um Hilfe ~** звать на помощь
Schreiner, -in m/f <-s, -> столяр m
Schreinerei f <-, -en> столярная мастерская f
schreiten vi <schritt, geschritten> (geh) шагать, шагнуть pf, ступать, -пить pf
schrie prät von **schreien**
schrieb prät von **schreiben**
Schrift f <-, -en> 1. шрифт m; 2. (Hand-

schrift) по́черк *m*; 3. (*schriftliche Darstellung*) сочине́ние *nt*
Schriftart *m* <-, -en> разме́р шри́фта
Schriftgröße *f* <-, -n> ра́змер *m* шрифта́
Schriftgut *nt* <*gen*: -es> делова́я документа́ция *f*
schriftlich I. *adj* пи́сьменный; eine ~e Prüfung пи́сьменный экза́мен; ein ~er Vertrag zwischen zwei Partnern пи́сьменный догово́р между двумя́ партнёрами; **II.** *adv* пи́сьменно.
Schriftsprache *f* <*gen*: -> литерату́рный язы́к *m*
Schriftsteller, -in *m/f* <-s, -> писа́тель, -ница *m/f*
Schriftstellerverband *m* <-(e)s, -verbände> сою́з *m* писа́телей
Schriftstück *nt* <-(e)s, -e> пи́сьменный докуме́нт *m*
Schriftverkehr *m* <*gen*: -s> корреспонде́нция *f*, перепи́ска *f*
schrill *adj* ре́зкий, пронзи́тельный
schritt *prät von* **schreiten**
Schritt *m* <-(e)s, -e> 1. (*beim Gehen*) шаг *m*; **auf ~ und Tritt** на ка́ждом шагу́; **mit jdm ~ halten** идти́ в но́гу с кем-л. 2. (*Art zu gehen*) похо́дка *f*; 3. (*fig: Maßnahme*) шаг *m*; **den ersten ~ tun** (*den Anfang machen*) сде́лать пе́рвый шаг; **~ für ~** (*allmählich*) шаг за ша́гом
Schrittgeschwindigkeit *f* ско́рость *f* пешехо́да
Schrittmacher *m* <-s, -> 1. (MED) кардиостимуля́тор *m*; 2. (SPORT) ли́дер *m*; 3. (*fig*) нова́тор *m*
schrittweise *adv* постепе́нно, шаг за ша́гом
schroff *adj* 1. (*steil abfallend*) круто́й; 2. (*fig: ablehnend*) ре́зкий, жёсткий
Schroffheit *f* <*gen*: -> ре́зкость *f*, жёсткость *f*
Schrot *nt* <*gen*: -(e)s> 1. (*Getreide*) крупа́ *f* гру́бого помо́ла; 2. (*Munition*) дробь *f*; **mit ~ schießen** стреля́ть дро́бью
Schrotflinte *f* <-, -n> дробови́к *m*
Schrott *m* <*gen*: -(e)s> металлоло́м *m*
Schrotthalde *f* <-, -n> скра́пный двор *m*
Schrottsammlung *f* <-, -n> сбор *m* металлоло́ма
Schrottwert *m* <*gen*: -(e)s> ликвидацио́нная сто́имость *f*
Schrubber *m* <-s, -> швабра *f*, щётка *f*
Schrulle *f* <-, -n> (*umg*) капри́з *m*
schrullig *adj* (*umg*) капри́зный
schrumpfen *vi* 1. (*sich zusammenziehen*) смо́рщиваться, -щиться *pf*; 2. (*fig: abnehmen*) сокраща́ться, -крати́ться *pf*
Schub *m* <-(e)s, Schübe> 1. (*Stoß*) толчо́к *m*; 2. (PHYS) тя́га *f*
Schubkarre *f* <-, -n> та́чка *f*
Schubkasten *m* <-s, -kästen> выдвижно́й я́щик *m*
Schublade *f* <-, -n> (выдвижно́й) я́щик *m*

Schublehre *f* <-, -n> раздвижно́й кали́бр *m*
Schubs *m* <-es, -e> (*umg*) толчо́к *m*
schubsen *vt* толка́ть *impf*, толкну́ть *pf*
schubweise *adv* па́ртиями
schüchtern *adj* ро́бкий
Schüchternheit *f* <*gen*: -> ро́бость *f*
schuf *prät von* **schaffen**¹
Schuft *m* <-(e)s, -e> подле́ц *m*
schuften *vi* (*umg*) вка́лывать *impf*
schuftig *adj* по́длый
Schuftigkeit *f* <*gen*: -> по́длость *f*
Schuh *m* <-(e)s, -e> 1. боти́нок *m*; 2. (*für Damen*) ту́фля *f*; 3. (*als Sammelbegriff im pl*) о́бувь *f*; **jdm etw in die ~e schieben** (*umg*) свали́ть вину́ на кого́-л.
Schuhband *nt* <-(e)s, -bänder> шнуро́к *m*
Schuhbürste *f* <-, -n> сапо́жная щётка *f*
Schuhcreme *f* <-, -s> крем *m* для о́буви
Schuhgeschäft *nt* <-(e)s, -e> обувно́й магази́н *m*
Schuhgröße *f* <-, -n> разме́р *m* о́буви
Schuhlöffel *m* <-s, -> рожо́к *m*
Schuhmacher, -in *m/f* <-s, -> сапо́жник *m*
Schuhmacherei *f* <-, -en> обувна́я мастерска́я *f*
Schuhputzzeug *nt* <*gen*: -s> принадле́жности *pl* для чи́стки о́буви
Schuhspanner *m* <-s, -> растя́гивающая коло́дка *f* для о́буви
Schuhwerk *nt* <*gen*: -s> о́бувь *m*
Schulabschluss *m* <-es, -abschlüsse> сре́днее (специа́льное) образова́ние *nt*
Schularbeiten *pl* <*gen*: -> уро́ки *pl* на́ дом, дома́шнее зада́ние *nt*
Schulaufgabe *f* <-, -n> уро́к *m* на́ дом
Schulausflug *m* <-, -ausflüge> шко́льная экску́рсия *f*
Schulbuch *nt* <-(e)s, -bücher> шко́льный уче́бник *m*
Schuld *f* <-, -en> 1. (*moralische*) вина́ *f*; 2. (*Geldschuld*) долг *m*; **die ~ an etw haben** быть винова́тым в чём-л.; **die ~ auf sich nehmen** взять вину́ на себя́; **~en machen** наде́лать долго́в; **jdm eine ~ erlassen** списа́ть кому́-л. долг; **seine ~en begleichen** погаси́ть свои́ долги́
Schuldbrief *m* <-(e)s, -e> заёмное письмо́ *nt*
schulden *vt* быть *impf* до́лжным, задолжа́ть *pf*; **er schuldet mir 10000 Rubel** он до́лжен мне де́сять ты́сяч рубле́й
Schulden *pl* <*gen*: -> долги́ *pl*; **~ abzahlen** упла́чивать долги́; **~ begleichen** распла́чиваться с долга́ми; **~ einfordern** взы́скивать долги́; **~ einklagen** предъявля́ть иск за неупла́ту долго́в; **jdm die ~ erlassen** освобожда́ть кого́-л. от упла́ты

долгов; **fällige ~** срочные долги; **~haben** иметь долги; **für ~ haften** нести ответственность за долги; **~ machen** делать долги; **offene ~** открытые долги; **öffentliche ~** государственные долги; **~ tilgen** погашать долги; **verjährte ~** просроченные долги

Schuldenabtragung *f <gen: ->* погашение *nt* долгов

Schuldenbegrenzung *f <gen: ->* ограничение *nt* долгов

Schuldenberg *m <gen: -(e)s>* куча *f* долгов

Schuldenbewertung *f <gen: ->* оценка *f* долгов

Schuldendeckung *f <gen: ->* покрытие *nt* долгов

Schuldenerlass *m <gen: -es>* освобождение *nt* от долгов

Schuldenhaftung *f <gen: ->* (JUR) ответственность *f* по задолженности

Schuldenkrise *f <gen: ->* долговой кризис *m*

Schuldenlast *f <gen: ->* бремя *nt* долгов

Schuldenpolitik *f <gen: ->* политика *f* в отношении долгов

Schuldenstundung *f <gen: ->* отсрочка *f* погашения долгов

Schuldenswap *m <-s, -s>* долговой своп *m*

Schuldentilgung *f <gen: ->* погашение *nt* долгов

Schuldenumwandlung *f <gen: ->* новация *f* долговых обязательств

Schuldienst *m <gen: -(e)s>* работа *f* в школе

schuldig *adj* 1. (*Schuld habend*) виноватый; 2. (JUR) виновный; 3. (*verpflichtet, etw zu geben*) должный; **was bin ich Ihnen ~?** сколько я Вам должен?

Schuldirektor, -in *m/f <-s, -en>* директор *m* школы

schuldlos *adj* невиновный, невинный

Schuldlosigkeit *f <gen: ->* невиновность *f*

Schuldner, -in *m/f <-s, ->* должник, -ница *m/f*, дебитор *m*; **persönlich haftender ~** лично ответственный дебитор; **ein säumiger ~** неисправный должник; **zahlungsunfähiger ~** неплатёжеспособный дебитор

Schuldnerstaat *m <-(e)s, -en>* государство *nt* -должник *m*

Schuldrecht *nt <gen: -(e)s>* (JUR) обязательственное [о долговое] право *nt*

Schuldschein *m <-(e)s, -e>* долговое обязательство *nt*

Schuldspruch *m <-(e)s, -sprüche>* обвинительный приговор *m*

Schuldübernahme *f <gen: ->* перевод *m* долга, принятие *nt* на себя долга другого лица

Schuldverhältnis *nt <gen: -ses>* обязательственное отношения *pl*

Schuldverschreibung *f <-, -en>* долговое обязательство *nt*

Schuldwechsel *m <-s, ->* тратта *f*

Schule *f <-, -n>* школа *f*; **in die ~ gehen** ходить в школу

schulen *vt* обучать, -чить *pf*

Schüler, -in *m/f <-s, ->* ученик, -ница *m/f*

Schülerkarte *f <-, -n>* льготный проездной билет *m* для учащихся

Schülerzahl *f <-, -en>* число *nt* учеников

Schulferien *pl <gen: ->* школьные каникулы *pl*

Schulflugzeug *nt <-(e)s, -e>* учебный самолёт *m*

Schuljahr *nt <-(e)s, -e>* учебный год *m*

Schulkenntnisse *pl <gen: ->* школьные знания *pl*

Schullehrer, -in *m/f <-s, ->* учитель *m*

Schulleiter, -in *m/f <-s, ->* директор *m* школы

schulmeisterlich *adj* 1. поучающий, менторский; 2. педантичный

Schulpflicht *f <gen: ->* обязательное обучение *nt*

schulpflichtig *adj* школьного возраста

Schulranzen *m <-s, ->* школьный ранец *m*

Schulreform *f <-, -en>* школьная реформа *f*

Schulspeisung *f <-, -en>* школьное питание *nt*

Schulstunde *f <-, -n>* школьный урок *m*

Schulsystem *nt <-(e)s, -e>* школьная ситема *f*

Schultasche *f <-, -n>* школьный портфель *m*

Schulter *f <-, -n>* плечо *nt*; **etw auf die leichte ~ nehmen** (*etw nicht ernst nehmen*) не принимать что-л. всерьёз; **mit den ~n zucken** пожимать плечами; **jdm auf die ~ klopfen** похлопать кого-л. по плечу

Schulterblatt *nt <-(e)s, -blätter>* лопатка *f*

Schulterklappe *f <-, -n>* погон *m*

Schulterriemen *m <-s, ->* (MIL) плечевой ремень *m*, портупея *f*

Schulung *f <-, -en>* (специальное) обучение *nt*

Schulweg *m <gen: -(e)s>* дорога *f* в школу

Schulweisheit *f <-, -en>* школьная премудрость *f*

Schulwesen *nt <gen: -s>* школьное дело *nt*

Schulzentrum *nt <-s, -zentren>* школьный центр *m*

Schundroman *m <-(e)s, -e>* (*pej*) бульварный роман *m*

Schuppe *f <-, -n>* 1. (*von Fisch*) чешуйка *f*; 2. (*im pl auch*) чешуя *f*; 3. (*pl: am Kopf*)

перхоть *f*; **es fiel mir wie ~n von den Augen** (*fig*) у меня словно пелена с глаз упала
Schuppen *m* <-s, -> сарай *m*
schuppig *adj* чешуйчатый
schüren *vt* (*Feuer, Streit*) раздувать, -дуть *pf*, разжигать, -жечь *pf*
Schürfwunde *f* <-, -n> ссадина *f*
Schurke *m* <-n, -n> подлец *m*
Schurkenstreich *m* <-(e)s, -e> подлый поступок *m*
Schurwolle *f* <*gen:* -> натуральная шерсть *f*
Schürze *f* <-, -n> фартук *m*, передник *m*
Schuss *m* <-es, Schüsse> **1.** (*einer Feuerwaffe*) выстрел *m*; **2.** (*beim Fuß-/Handball*) удар *m*; **3.** (*umg: Heroininjektion*) доза *f*; **sich einen ~ setzen** (*umg*) кольнуться *pf*; **der goldene ~** (*umg*) смертельная доза наркотика
Schüssel *f* <-, -n> миска *f*
Schussverletzung *f* <-, -en> огнестрельная рана *f*
Schusswaffe *f* <-, -n> огнестрельное оружие *nt*
Schusswaffengebrauch *m* <*gen:* -(e)s> применение *nt* огнестрельного оружия
Schuster *m* <-s, -> сапожник *m*
Schutt *m* <*gen:* -(e)s> **1.** (*Bau~*) мусор *m*; **2.** (GEOL) щебень *m*
Schuttplatz *m* <-es, -plätze> свалка *f*
Schüttelfrost *m* <*gen:* -(e)s> озноб *m*
schütteln **I.** *vt* трясти, по- *pf*; **jdm die Hand ~** пожать кому-л. руку; **II.** *vi* трястись *impf*; **sich vor Lachen ~** трястись от смеха
schütten *vt* (*gießen*) лить, на- *pf*
Schüttgut *nt* (TRANS) навалочный груз *m*
Schutz *m* <*gen:* -es> защита *f*, охрана *f* (*gegen* +*akk* от +*gen*); **sich in jds ~ begeben** встать под чью-л. защиту; **~ bieten** предоставлять защиту; **jdn in ~ nehmen** взять кого-л. под свою защиту; **patentrechtlicher ~** охрана патентных прав; **strafrechtlicher ~** уголовно-правовая защита
Schutzanzug *m* <-(e)s, -anzüge> защитный костюм *m*
Schutzblech *nt* <-(e)s, -e> брызговик *m*
Schutzbrille *f* <-, -n> защитные очки *mpl*
Schütze *m* <-n, -n> **1.** стрелок *m*; **2.** (ASTR) Стрелец *m*
schützen **I.** *vt* защищать, защитить *pf* (*gegen* от +*gen*); **II.** *vi* защищаться, защититься *pf* (*vor, gegen* от +*gen*); **sich vor Ansteckung ~** предохраняться от заражения
Schutzengel *m* <-s, -> ангел *m*-хранитель *m*
Schützenpanzer *m* <-s, -> бронетранспортёр *m*

Schutzfrist *f* <-, -en> (JUR) срок *m* охраны
Schutzgasschweißen *nt* <*gen:* -s> сварка *f* в среде защитного газа
Schutzgebiet *nt* <-(e)s, -e> заповедник *m*, заказник *m*
Schutzgeld *nt* <-(e)s, -er> денежная сумма, которую владелец ресторана или бара регулярно платит преступной группировке под угрозой применения силы
Schutzgelderpressung *f* <-, -en> вымогательство *nt* денег с помощью угрозы применения силы
Schutzgitter *nt* <-s, -> предохранительная решётка *f*
Schutzgitter *nt* <-s, -> защитная решётка *f*
Schutzhaft *f* <*gen:* -> арест *m* подозреваемого как мера пресечения
Schutzhandschuh *m* <-(e)s, -e> защитная перчатка *f*
Schutzheilige(r) *mf* <-n, -n> святой *m* -заступник *m*, покровитель *m*
Schutzhelm *m* <-(e)s, -e> защитный шлем *m*
Schutzhülle *f* <-, -n> защитная оболочка *f*
Schutzhütte *f* <-, -n> приют *m*
Schutzimpfung *f* <-, -en> предохранительная прививка *f*
Schutzkappe *f* <-, -n> защитный чехол *m*, защитная крышка *f*
Schutzklausel *f* <-, -n> протекционистская оговорка *f*
schutzlos *adj* беззащитный
Schutzmaßnahme *f* <-, -n> мера *f* защиты; **~n treffen** принимать профилактические меры
Schutzmittel *nt* <-s, -> (MED) предохранительное средство *nt*
Schutzpatron, -in *m/f* <-(e)s, -e> (REL) покровитель *m*
Schutzschicht *f* <-, -en> защитный слой *m*
Schutzumschlag *m* <-(e)s, -umschläge> (*eines Buches*) суперобложка *f*
Schutzvorrichtung *f* <-, -en> (TECH) предохранительное устройство *nt*
Schutzweg *m* <-(e)s, -e> (*österr: Fußgängerüberweg*) пешеходный переход *m*
Schutzzoll *m* <-(e)s, -zölle> протекционистская пошлина *f*
Schutzzollpolitik *f* <*gen:* -> протекционистская политика *f*
schwach *adj* слабый, хилый; **der Kaffee ist zu ~** кофе слишком слабый
Schwäche *f* <-, -n> **1.** слабость *f*, бессилие *nt*; **er hat eine ~ für Frauen** женщины - его слабость; **2.** (*im pl auch*) слабые стороны *fpl*
schwächen *vt* ослаблять, ослабить *pf*
Schwachheit *f* <*gen:* -> слабость *f*
Schwachkopf *m* <-(e)s, -köpfe> тупица

mf
Schwächlichkeit *f* <*gen:* -> хи́лость *f*, боле́зненность *f*
Schwächling *m* <-s, -e> (*pej*) сла́бый челове́к *m*, слаба́к *m*
Schwachpunkt *m* <-(e)s, -e> сла́бое ме́сто *nt*
Schwachsinn *m* <*gen:* -s> 1. (MED) слабоу́мие *nt*; 2. (*umg: Blödsinn*) бред *m*
schwachsinnig *adj* 1. (MED) слабоу́мный; 2. (*umg*) бредо́вый
Schwachstelle *f* <-, -n> сла́бое ме́сто *nt*
Schwachstrom *m* <*gen:* -(e)s> (EL) ток *m* ни́зкого напряже́ния
Schwächung *f* <-, -en> ослабле́ние *nt*
Schwachwährung *f* <-, -en> сла́бая валю́та *f*
Schwadron *f* <-, -en> (MIL) эскадро́н *m*
schwadronieren *vi* (*pej*) бахва́литься
Schwager *m* <-s, Schwäger> 1. (*Bruder des Ehemannes*) де́верь *m*; 2. (*Bruder der Ehefrau*) шу́рин *m*; 3. (*Ehemann der Schwester*) зять *m*; 4. (*Ehemann der Schwester der Ehefrau*) своя́к *m*
Schwägerin *f* <-, -nen> 1. (*Schwester des Ehemanns*) золо́вка *f*; 2. (*Ehefrau des Bruders*) неве́стка *f*; 3. (*Schwester der Ehefrau*) своя́чница *f*
Schwalbe *f* <-, -n> ла́сточка *f*; **eine ~ macht noch keinen Sommer** одна́ ла́сточка весны́ не де́лает
Schwalbennest *nt* <-(e)s, -er> ла́сточкино гнездо́ *nt*
Schwall *m* <*gen:* -(e)s> пото́к *m*; **ein ~ Wasser** пото́к воды́; **ein ~ von Worten** (*fig*) пото́к слов
schwamm *prät von* **schwimmen**
Schwamm *m* <-(e)s, Schwämme> гу́бка *f*; **~ d(a)rüber!** (*umg: reden wir nicht mehr davon!*) забу́дем это!
schwammig *adj* 1. (*weich und porös*) гу́бчатый, по́ристый; 2. (*aufgedunsen*) разду́тый; 3. (*vage, nicht klar und eindeutig*) расплы́вчатый
Schwan *m* <-(e)s, Schwäne> ле́бедь *m*
schwand *prät von* **schwinden**
schwang *prät von* **schwingen**
schwanger *adj* бере́менная; **~ werden** забере́менеть
schwängern *vt:* **er hat sie geschwängert** (*umg*) он сде́лал ей ребёнка
Schwangerschaft *f* <-, -en> бере́менность *f*
Schwangerschaftsabbruch *m* <-(e)s, -abbrüche> або́рт *m*
Schwangerschaftsgymnastik *f* <*gen:* -> гимна́стика *f* для бере́менных
Schwangerschaftstest *m* <-s, -s> прове́рка *f* на бере́менность
Schwangerschaftsunterbrechung *f* <-, -en> прерыва́ние *nt* бере́менности
Schwangerschaftsurlaub *m* <-(e)s, -e> декре́тнай о́тпуск *m*, о́тпуск *m* по бере́менности

schwanken *vi* колеба́ться, по- *pf*
Schwankung *f* <-, -en> колеба́ние *nt*
Schwankungsbreite *f* <-, -n> диапазо́н *m* колеба́ний
Schwanz *m* <-es, Schwänze> 1. (*eines Tieres*) хвост *m*; 2. (*vulg: Penis*) хуй *m*; **kein ~** (*umg: niemand*) ни оди́н чёрт!
schwänzen *vt* (*umg*) прогу́ливать, -гуля́ть *pf*, дина́мить, про- *pf*
Schwanzflosse *f* <-, -n> хвостово́й плавни́к *m*
Schwarm *m* <-(e)s, Schwärme> 1. (*Vögel*) ста́я *f*; 2. (*Fische*) кося́к *m*; 3. (*Bienen*) рой *m*
schwärmen *vi* 1. (*Bienen*) ро́иться *impf*; 2. (*verehren*) восхища́ться *impf*; **für jdn ~** восхища́ться кем-л.
Schwärmer *m* <-s, -> 1. (*schwärmerischer Mensch*) мечта́тель *m*; 2. (*Schmetterling*) ночна́я ба́бочка *f*
schwärmerisch *adj* мечта́тельный
schwarz *adj* чёрный; **eine ~e Katze** чёрная ко́шка
Schwarzafrikaner, -in *m/f* <-s, -> чернокожий африка́нец *m*
Schwarzarbeit *f* <*gen:* -> чёрная [*o* нелега́льная] рабо́та *f*
Schwarzbrot *nt* <*gen:* -(e)s> чёрный хлеб *m*
Schwarzerde *f* <*gen:* -> чернозём *m*
schwarzfahren *irr vi* е́здить, пое́хать *pf* за́йцем
Schwarzfahrer, -in *m/f* <-s, -> за́яц *m*
Schwarzgeld *nt* <*gen:* -(e)s> „ле́вые" де́ньги *pl*
Schwarzhandel *m* <*gen:* -s> нелега́льная торго́вля *f*
Schwarzmalerei *f* <*gen:* -> (*pej*) пессими́зм *m*
Schwarzmarkt *m* <-(e)s, -märkte> чёрный ры́нок *m*
Schwarzseher *m* <-s, -> пессими́ст *m*
Schwarzsender *m* <-s, -> (*umg*) „пира́тская" радиоста́нция *f*
Schwarzwald *m* <*gen:* -(e)s> Шва́рцвальд *m*
schwarz-weiß, schwarzweiß *adj* чёрно-бе́лый
Schwarz-Weiß-Film, Schwarzweißfilm *m* чёрно-бе́лая плёнка *f*
schwatzen *vi* болта́ть, по- *pf*
Schwätzer, -in *m/f* <-s, -> болту́н, -ту́шка *m/f*
schwatzhaft *adj* болтли́вый
Schwebebahn *f* <-, -en> подвесна́я доро́га *f*
Schwebebalken *m* <-s, -> бревно́ *nt*
schweben *vi* пари́ть *impf*
Schwebezustand *m* <*gen:* -(e)s> 1. (*fig*) неопределённое состоя́ние *nt*; 2. (PHYS) взве́шенное состоя́ние *nt*
Schwebstoff *m* <-(e)s, -e> (PHYS, CHEM)

взвéшенное веществó nt
Schwede m <-n, -n> швед m
Schweden nt <gen: -s> Швéция f
Schwedin f <-, -nen> швéдка f
schwedisch I. adj швéдский; II. adv по-швéдски.
Schwefel m <gen: -s> céра f
Schwefeldioxid nt <gen: -s> диоксúд m céры
schwefelhaltig adj содержáщий céру
Schwefelsäure f <gen: -> céрная кислотá f
Schweif m хвост m
Schweigegeld nt <-(e)s, -er> (JUR) дéньги pl, уплáченные комý-л. за умолчáние какóго-л. фáкта
Schweigeminute f <-, -n> минýта f молчáния
schweigen vi <schwieg, geschwiegen> молчáть, по- pf (über, zu о +präpos); **ganz zu ~ von ...** не говорá уже о...
Schweigen nt <gen: -s> молчáние nt, тишинá f
Schweigepflicht f: **ärztliche ~** врачéбная тáйна
schweigsam adj молчалúвый
Schweigsamkeit f <gen: -> молчалúвость f
Schwein nt <-(e)s, -e> свиньá f
Schweinefleisch nt <gen: -(e)s> свинúна f
Schweinefutter nt <gen: -s> корм m для свинéй
Schweinekotelett nt <-s, -s> свинáя отбивнáя f
Schweinerei f <-, -en> 1. (pej: Unordnung) бардáк m; 2. (Gemeinheit) свúнство nt
Schweineschmalz nt <gen: -es> свинóе сáло nt
Schweinestall m <-(e)s, -ställe> свинáрник m
Schweinezucht f <gen: -> свиновóдство nt
Schweinezüchter m <-s, -> свиновóд m
schweinisch adj 1. (schmutzig) свúнский; 2. (unanständig) сáльный
Schweiß m <gen: -es> пот m; **sich den ~ trocknen** вы́тереть пот
Schweißbrenner m <-s, -> свáрочная горéлка f
schweißen vt 1. (TECH) свáривать, -рúть pf; 2. (Wild) истекáт impf крóвью
Schweißer m <-s, -> свáрщик m
Schweißfuß m <-es, -füße> (meist pl) потлúвые нóги fpl
schweißgebadet adj покры́тый пóтом
Schweissnaht f свáрнóй шов m
schweißtreibend adj потогóнный
Schweißtropfen m <-s, -> кáпля f пóта
Schweissverbindung f <-, -en> сварнóе соединéние nt
Schweiz f <gen: -> Швейцáрия f
Schweizer, -in m/f <-s, -> швейцáрец, -рка m/f
Schweizerdeutsch nt <gen: -> швейцáрский вариáнт m немéцкого языкá
schweizerisch adj швейцáрский
schwelen vi (auch fig) тлеть impf
schwelgen vt: **in Erinnerungen ~** предавáться воспоминáниям
Schwelle f <-, -n> 1. (einer Tür) порóг m; **an der ~ stehen** (fig: am Beginn stehen) стоáть на порóге 2. (der Eisenbahn) шпáла f
schwellen vi <schwoll, geschwollen> 1. (Knospen) набухáть, -бýхнуть pf; 2. (Fuß) опухáть, опýхнуть pf; **geschwollene Mandeln** увелúченные миндáлины 3. (Wasser) прибывáть impf
Schwellung f <-, -en> 1. (Prozess) распухáние nt, опухáние nt; 2. (angeschwollene Stelle) óпухоль f
Schwemmland nt <gen: -(e)s> наносная земля f
Schwengel m <-s, -> (von Pumpe) коромы́сло nt
schwenken I. vt (schwingen) махáть, махнýть pf; II. vi (einbiegen) повoрáчивать, повернýть pf
schwer I. adj 1. (von großem Gewicht) тяжёлый; **~ beladen** тяжелó нагрýженный 2. (schwierig) слóжный, трýдный; **es ist ~ zu sagen, ob ...** трýдно сказáть, ...; **~ erziehbar** трудновоспитýемый; **~ verdaulich** труднопереварúваемый 3. (schwerwiegend) тяжёлый, серьёзный; **~ krank** тяжелобольнóй; **~ verletzt** тяжелó рáненый; II. adv (umg: sehr) óчень.
Schwerathlet m <-en, -en> (SPORT) тяжелоатлéт m
Schwerathletik f <gen: -> (SPORT) тяжелоатлéтика f
Schwerbeschädigte(r) mf <-n, -n> инвалúд m
Schwere f <gen: -> 1. (Gewicht) тáжесть f; 2. (Schwierigkeitsgrad) трýдность f
schwerelos adj невесóмый
Schwerelosigkeit f <gen: -> невесóмость f
schwer fallen irr vi быть impf тяжёлым [o трýдным]; **es fällt mir schwer, dir zu glauben** мне нелегкó повéрить тебé
schwerfällig adj неуклю́жий, неповорóтливый
Schwerfälligkeit f <gen: -> неповорóтливость f
Schwergewicht nt <gen: -(e)s> (SPORT: höchste Körpergewichtsklasse) тяжёлый вес m; **das ~ auf etw legen** уделáть чемý-л. основнóе внимáние
schwerhörig adj глуховáтый
Schwerindustrie f <gen: -> тяжёлая промы́шленность f
Schwerkraft f <gen: -> тяготéние nt

schwerlich *adv* вряд ли
schwer machen *vt* осложня́ть, -ни́ть *pf*
Schwermetall *nt* <-s, -e> тяжёлый мета́лл *m*
Schwermut *f* <gen: -> тоска́ *f*
schwermütig *adj* уны́лый, тоскли́вый
Schwerpunkt *m* <-(e)s, -e> 1. (PHYS) центр *m* тя́жести; 2. (*Hauptgewicht*) основно́й моме́нт *m*
Schwerpunktthema *nt* <-s, -themen> важне́йшая те́ма *f*
Schwert *nt* <-(e)s, -er> 1. (*Waffe*) меч *m*; 2. (MAR) шверт *m*
Schwertfisch *m* <-es, -e> меч *m* -ры́ба *f*
Schwerverbrecher, -in *m/f* <-s, -> опа́сный престу́пник *m*
schwerwiegend *adj* 1. (*Fehler, Folgen*) серьёзный; 2. (*Argument*) ве́ский
Schwester *f* <-, -n> 1. сестра́ *f*; 2. (*im Krankenhaus*) медсестра́ *f*
Schwesterfirma *f* <-, -firmen> (ÖKON) однотипная фи́рма *f*
Schwestergesellschaft *f* <-, -en> (ÖKON) однотипная компа́ния *f*
schwesterlich *adj* се́стринский
schwieg *prät von* **schweigen**
Schwiegereltern *fpl* 1. (*Eltern des Ehemannes*) свёкор *m* и свекро́вь *f*; 2. (*Eltern der Ehefrau*) тесть *m* и тёща *f*
Schwiegermutter *f* <-, -mütter> 1. (*Mutter des Ehemannes*) свекро́вь *f*; 2. (*Mutter der Ehefrau*) тёща *f*
Schwiegersohn *m* <-(e)s, -söhne> зять *m*
Schwiegertochter *f* <-, -töchter> невестка *f*
Schwiegervater *m* <-s, -väter> 1. (*Vater des Ehemannes*) свёкор *m*; 2. (*Vater der Ehefrau*) тесть *m*
Schwiele *f* <-, -n> мозо́ль *f*
schwielig *adj* мозо́листый
schwierig *adj* тру́дный, сло́жный
Schwierigkeit *f* <-, -en> тру́дность *f*, сло́жность *f*; **die ~ liegt darin, dass ...** сло́жность заключа́ется в том, что...
Schwierigkeitsgrad *m* <-(e)s, -e> сте́пень *f* тру́дности
Schwimmbad *nt* <-(e)s, -bäder> пла́вательный бассе́йн *m*
Schwimmbassin *nt* <-s, -> пла́вательный бассе́йн *m*
Schwimmbecken *nt* <-s, -> пла́вательный бассе́йн *m*
Schwimmdock *nt* <-s, -s> плаву́чий док *m*
schwimmen *vi* <schwomm, geschwommen> (*auch fig*) пла́вать, по- *pf*, плыть, про- *pf*; **~ gehen** пойти́ купа́ться
Schwimmen *nt* <gen: -s> пла́вание *nt*
Schwimmer, -in *m/f* <-s, -> 1. пловец, пловчи́ха *m/f*; 2. (TECH) поплаво́к *m*
Schwimmflosse *f* <-, -n> ла́ста *f*
Schwimmgürtel *m* <-s, -> спаса́тельный по́яс *m*

Schwimmhalle *mf* <-, -n> закры́тый бассе́йн *m*
Schwimmlehrer, -in *m/f* <-s, -> инстру́ктор *m* по пла́ванию
Schwimmring *m* <-(e)s, -e> пла́вательный круг *m*
Schwimmsport *m* <gen: -s> пла́вание *nt*
Schwimmweste *f* <-, -n> спаса́тельный жиле́т *m*
Schwindel *m* <gen: -s> 1. (*Schwindelgefühl*) головокруже́ние *nt*; 2. (*umg: Täuschung, Betrug*) обма́н *m*, надува́тельство *nt*
Schwindelanfall *m* <-(e)s, -anfälle> при́ступ *m* головокруже́ния
Schwindelei *f* <gen: -> обма́н *m*
schwindelfrei *adj* с усто́йчивым вестибуля́рным аппара́том
schwindeln *vi*: **mir schwindelt** у меня́ кру́жится голова́
schwinden *vi* <schwand, geschwunden> (*geh: weniger werden*) исчеза́ть, -че́знуть *pf*
Schwindler, -in *m/f* <-s, -> (*pej*) обма́нщик, -щица *m/f*, моше́нник, -нница *m/f*
schwindlig *adj*: **mir ist ~** у меня́ кру́жится голова́
schwingen I. *vt* <schwang, geschwungen> разма́хивать *impf*; **eine Fahne ~** разма́хивать зна́менем; **II.** *vi* (*Pendel*) раска́чиваться *impf*, колеба́ться *impf*; **III.** *vr*: **sich in den Sattel ~** вскочи́ть в седло́
Schwingsieb *m* <-(e)s, -> (TECH) виброгро́хот *m*
Schwingung *f* <-, -en> 1. (*Vibration*) вибра́ция *f*; 2. (PHYS) колеба́ние *nt*
Schwips *m* <-es, -e> (*umg: leichter Rausch*) лёгкое опьяне́ние *nt*; **einen ~ haben** быть навеселе́
schwirren : **Mücken ~ durch die Luft** ком жужжи́т в во́здухе; **mir schwirrt der Kopf** у меня́ кру́жится голова́
schwitzen *vi* поте́ть, вс- *pf*
Schwitzwasser *nt* <gen: -s> конденса́т *m*
schwoll *prät von* **schwellen**
schwor *prät von* **schwören**
schwören *vt* <schwor, geschworen> 1. кля́сться, по- *pf*; 2. (*geh*) присяга́ть, -гну́ть *pf*; **einen Eid ~** дать кля́тву; **ich schwöre dir, dass...** я кляну́сь тебе́, что...; **auf etw ~** присягну́ть на чём-л.
schwul *adj* (*umg*) „голубо́й"
schwül *adj* ду́шный; **heute ist es sehr ~** сего́дня о́чень ду́шно
Schwüle *f* <gen: -> духота́ *f*
Schwule(r) *m* <-n, -n> (*umg*) „голубо́й" *m*, го́мик *m*
schwülstig *adj* вы́чурный
Schwund *m* <gen: -(e)s> (*das Schwinden*) уменьше́ние *nt*, сокраще́ние *nt*

Schwung *m* <*gen:* -(e)s> **1.** (*kraftvolle Bewegung*) взмах *m*; **2.** (*Elan*) воодушевление *nt*; **etw in ~ bringen** (*umg: etw in Gang bringen*) вдохнуть (новую) жизнь во что-л.; **in ~ sein** (*umg: gut funktionieren*) быть на подъёме
Schwungrad *nt* <-(e)s, -räder> маховик *m*
schwungvoll *adj* темпераментный, воодушевлённый
Schwur *m* <-(e)s, Schwüre> клятва *f*; **einen ~ leisten** дать клятву
Schwurgericht *nt* <-(e)s, -e> суд *m* присяжных
Science-Fiction, Sciencefiction *f* <*gen:* -> научная фантастика *f*
Science-Fiction-Film, Sciencefiction-film *m* <-(e)s, -e> научно-фантастический фильм *m*
Science-Fiction-Roman, Sciencefictionroman *m* <-(e)s, -e> научно-фантастический роман *m*
Scientologe, Scientologin *m/f* <-n, -n> представитель религиозной секты „сайентологи", усматривающей в определённых методах психотерапевтического воздействия ключ к достижению абсолютного духовного и психического здоровья
Scrollbar *m* <-s, -s> (DV: *Bildlaufleiste*) скроллбар *m*
sechs *num* шесть
sechseckig *adj* шестиугольный
Sechserpack *nt* <-s, -s> упаковка, содержащая шесть штук какого-либо товара
sechsfach *num* шестикратный
sechshundert *num* шестьсот
sechsjährig *adj* шестилетний
sechsköpfig *adj* из шести человек
sechsmal *adv* шесть раз
sechsseitig *adj* шестисторонний, шестигранный
sechsstellig *adj* шестизначный
sechsstöckig *adj* семиэтажный
sechsstündig *adj* шестичасовой
sechstägig *adj* шестидневный
Sechstagerennen *nt* <-s, -> (SPORT) шестидневные велогонки *pl*
sechste(r, s) *num* шестая, -той, -тое
sechsteilig *adj* состоящий из шести частей
Sechstel *nt* <-s, -> шестая часть *f*
sechswöchentlich *adj* каждые шесть недель
sechswöchig *adj* шестинедельный
sechszeilig *adj* шестистрочный
sechzehn *num* шестнадцать
Sechzehntel *nt* <-s, -> одна *f* шестнадцатая
Sechzehntelnote *f* <-, -n> (MUS) шестнадцатая нота *f*
sechzig *num* шестьдесят
Sechzigstel *nt* <-s, -> одна *f* шестидесятая
Secondhandladen *m* <-s, -läden> комиссионный магазин *m*
Sedativum *nt* <-s, Sedativa> (MED) седативное средство *nt*
See[1] *m* <-s, -n> (*Binnengewässer*) озеро *nt*
See[2] *f* <*gen:* -> (*Meer*) море *nt*; **auf hoher ~** в открытом море
Seeadler *m* <-s, -> орлан *m* -белохвост *m*
Seebad *nt* <-(e)s, -bäder> морской курорт *m*
Seefahrer *m* <-s, -> мореплаватель *m*, мореход *m*
Seefahrt *f* <-, (-en)> морское судоходство *nt*
Seefracht *f* <-, -en> морской груз [*o* фрахт] *m*
Seefrachtbrief *m* <-(e)s, -e> коносамент *m*
Seegang *m* <*gen:* -(e)s> волнение *nt* на море
Seegras *nt* <*gen:* -es> (BOT) взморник *m*
Seehafen *m* <*gen:* -s> морской порт *m*
Seehund *m* <-(e)s, -e> тюлень *m*
seekrank *adj* страдающий морской болезнью
Seekrankheit *f* <-, -> морская болезнь *f*
Seekrieg *m* <-(e)s, -> война *f* на море
Seekuh *f* <-, -kühe> морская корова *f*
Seelachs *m* <-es, -e> сайда *f*
Seele *f* <-, -n> душа *f*; **mit Leib und ~** со всей душой
Seelenmassage *f* <*gen:* -> (*umg*) ловкая манипуляция *f* чужой волей
Seeleute *pl* <*gen:* -> моряки *mpl*
seelisch *adj* душевный, психический
Seelöwe *m* <-n, -n> морской лев *m*
Seemacht *f* <-, -mächte> морская держава *f*
Seemann *m* <-(e)s, -leute> моряк *m*
seemännisch *adj* моряцкий
Seemeile *f* <-, -n> морская миля *f*
Seenot *f* <*gen:* -> бедствие *nt* на море; **in ~ geraten** потерпеть бедствие (на море)
Seenotruf *m* <-(e)s, -e> сигнал *m* бедствия на море
Seepferdchen *nt* <-s, -> морской конёк *m*
Seeräuber *m* <-s, -> пират *m*
Seereise *f* <-, -n> морская поездка *f*
Seerose *f* <-, -n> кувшинка *f*
Seeschlacht *f* <*gen:* -> морское сражение *nt*
Seeschlange *f* <-, -n> морская змея *f*
Seestern *m* <-(e)s, -e> морская звезда *f*
Seestreitkräfte *pl* <*gen:* -> военно-морские силы *pl*
Seetang *m* <*gen:* -(e)s> (BOT) фукус *m*
Seeteufel *m* <-s, -> (ZOOL) морской чёрт *m*

Seevogel m <-s, -vögel> морская птица f
Seeweg m <gen: -(e)s> морской путь m
Segel nt <-s, -> парус m
Segelboot nt <-(e)s, -e> парусная лодка f
Segelflieger, -in m/f <-s, -> планерист, -ка m/f
Segelflugzeug nt <-(e)s, -e> планер m
Segelklub m <-s, -s> яхт-клуб m
segeln vi ходить impf под парусом [o парусами]
Segelohren pl <gen: -> (umg) оттопыренные уши mpl
Segelregatta f <gen: -> парусная регата f
Segelschiff nt <-(e)s, -e> парусник m
Segelsport m <gen: -(e)s> парусный спорт m
Segeltuch nt <-(e)s, -e> парусина f
Segen m <gen: -s> 1. (des Priesters) благословение nt; 2. (Glück, Glücksfall) счастье nt
Segler, -in m/f <-s, -> яхтсмен, -ка m/f
Segment nt <-(e)s, -e> сегмент m
Segmentierung f <-, -en> сегментация f; demografische ~ демографическая сегментация; geografische ~ географическая сегментация
segnen vt благословлять, -словить pf
Segregation f <gen: -> сегрегация f
Sehbehinderte(r) mf <-n, -n> инвалид m по зрению
sehen vt <sah, gesehen> видеть, у- pf, смотреть, по- pf; aus dem Fenster ~ посмотреть из окна; auf die Uhr ~ посмотреть на часы; sieh mal! смотри-ка! wie ich sehe, ist alles in Ordnung как я вижу, всё в порядке; ihr werdet schon noch ~ вы ещё увидите; wir werden ja ~, wer recht hat мы ещё увидим, кто прав; ich sehe schlecht я плохо вижу
sehenswert adj достопримечательный
Sehenswürdigkeit f <-, -en> достопримечательность f; die ~en einer Stadt besichtigen осматривать достопримечательности города
Sehkraft f <gen: -> зрение nt
Sehne f <-, -n> 1. (ANAT) сухожилие nt; 2. (des Bogens) тетива f; 3. (MATH) хорда f
sehnen vr тосковать impf; sich nach jdm/etw ~ тосковать по кому-л./чему-л.
Sehnenscheidenentzündung f <-, -en> тендовагинит m
Sehnenzerrung f <-, -en> растяжение nt сухожилий
Sehnerv m (ANAT) зрительный нерв m
sehnig adj жилистый
sehnlichst adv заветный
Sehnsucht f <-, Sehnsüchte> тоска f, томление nt (nach по +dat)
sehnsüchtig adj страстный

sehr adv очень; danke ~! большое спасибо! ich bin ~ müde я очень устал
Sehrohr nt <-(e)s, -e> перископ nt
Sehweise f <-, -n> точка f зрения, представление nt
seicht adj 1. (nicht tief) мелкий; 2. (fig: banal) поверхностный
Seide f <-, -n> шёлк m
Seidel nt <-s, -> кружка f
seiden adj шёлковый; ~e Unterwäsche шёлковое бельё
Seidenkleid nt <-(e)s, -er> шёлковое платье nt
Seidenpapier nt <gen: -(e)s> шёлковая бумага f
Seidenraupe f <-, -n> шелковичный червь m
Seidenstoff m <-(e)s, -e> шёлковая ткань f
seidig adj шелковистый
Seife f <-, -n> мыло nt; ein Stück ~ кусок мыла
Seifenfabrik f <-, -en> мыловаренный завод m
Seifenoper f <-, -n> (umg) мыльная опера f
Seifenschaum m <gen: -(e)s> мыльная пена f
Seifenwasser nt <gen: -s> мыльная вода f
seifig adj (voller Seife) мыльный
Seil nt <-(e)s, -e> канат m
Seilbahn f <-, -en> канатная дорога f
Seilwinde f <-, -n> лебёдка f
sein[1] vi <war, gewesen> быть; was ist los? что случилось?; was ist das? что это?; ich bin's (umg) это я; das wär's (umg) вот, пожалуй, и всё; wie dem auch sei (wie immer es sich auch verhält) как бы то ни было; das kann schon ~ это вполне возможно; sei doch so nett und bringe mir bitte die Zeitung будь так любезен, принеси мне, пожалуйста, газету; das ist schwer zu verstehen это сложно понять; die Sitzung ist am Freitag заседание будет в пятницу
sein[2] pron poss его, свой; das ist ~ Buch это его книга; er hat ~ Buch vor kurzem veröffentlicht он недавно опубликовал свою книгу
seinerseits adv со своей стороны, с его стороны
seinerzeit adv в своё время
seinesgleichen pron подобный себе; jdn wie ~ behandeln общаться с кем-л. как с равным
seinetwegen adv из-за него
Seismograph, Seismograf m <-en, -en> сейсмограф m
seit I. präp +dat 1. (seit einem bestimmten Zeitpunkt) с (+ gen); 2. (im Laufe einer bestimmten Zeit) уже; ~ drei Wochen/fünf Tagen уже три недели/пять дней; ~

seitdem langem (уже́) давно́; ~ **kurzem** неда́вно; ~ **gestern** со вчера́шнего дня; ~ **Montag** с понеде́льника; ~ **wann seid Ihr wieder da?** когда́ вы верну́лись?; II. *konj* с тех пор как.

seitdem I. *adv* (*von da an*) с тех пор, с того́ вре́мени; II. *konj* (*seit*) с тех пор как, с того́ вре́мени как.

Seite *f* <-, -n> 1. сторона́ *f*; 2. (*Körperpartie*) бок *m*; 3. (*von Buch, Zeitung*) страни́ца *f*; 4. (*Richtung, Partei*) сторона́ *f*; **von allen ~n** со всех сторо́н; **auf ~ 20 на двадца́той страни́це; etw zur ~ legen** отложи́ть что-л. в сто́рону; **zur ~ treten** отойти́ в сто́рону; **jdn auf seine ~ ziehen** (*jdn für seine Pläne gewinnen*) перетяну́ть кого́-л. на свою́ сто́рону

Seitenansicht *f* <-, -en> вид *m* с бо́ку
Seitenarm *m* <-(e)s, -e> боково́й рука́в *m* (реки́)
Seitenausgang *m* <-(e)s, -ausgänge> боково́й вы́ход *m*
Seitenblick : jdm einen ~ zuwerfen посмотре́ть на кого́-л. и́скоса
Seiteneingang *m* <-(e)s, -eingänge> боково́й вход *m*
Seitenflügel *m* <-s, -> крыло́ *nt* (зда́ния)
Seitengang *m* <-(e)s, -gänge> боково́й прохо́д *m* (в ваго́не)
Seitengebäude *nt* <-s, -> крыло́ *nt* зда́ния
Seitenlinie *f* <-, -n> бокова́я ли́ния *f* (родства́)
Seitenruder *nt* <-s, -> руль *m* направле́ния
seitens *präp* +*gen* (*auf, von seiten*) со стороны́ (+ *gen*)
Seitenscheitel *m* <-s, -> косо́й пробо́р *m*
Seitenschiff *nt* <-(e)s, -e> (*von Kirche*) боково́й неф *m*
Seitensprung *m* <-(e)s, -sprünge> изме́на *f*; **einen ~ machen** (*fig*) измени́ть кому́-л.
seitenverkehrt *adj* зерка́льный
Seitenwagen *m* <-s, -> (*von Motorrad*) боково́й прице́п *m*
Seitenwand *f* <-, -wände> бокова́я сте́нка *f*
Seitenwechsel *m* <*gen*: -s> (SPORT) переме́на *f* сторо́н
Seitenweg *m* <-(e)s, -e> бокова́я доро́га *f*
Seitenwind *m* боково́й ве́тер *m*
Seitenzahl *f* <-, -en> число́ *nt* страни́ц
seither *adv* с тех пор
seitlich I. *adj* боково́й; II. *präp* +*gen* сбо́ку от (+ *gen*).
seitwärts I. *adv* в стороне́, в сто́рону, сбо́ку; II. *präp* +*gen* в стороне́ от (+ *gen*).
Sek. *abk von* **Sekunde**
Sekretär *m* <-s, -e> 1. (*Möbelstück*) секрете́р *m*; 2. (*einer Partei*) секрета́рь *m*
Sekretariat *nt* <-(e)s, -e> секретариа́т *m*
Sekretärin *f* <-, -en> секрета́рша *f*
Sekt *m* <-(e)s, -e> шампа́нское *nt*
Sekte *f* <-, -n> се́кта *f*
Sektenführer, -in *m/f* <-s, -> предводи́тель *m* се́кты
Sektfrühstück *nt* <*gen*: -s> за́втрак *m* с шампа́нским
Sektglas *nt* <-es, -gläser> бока́л *m* для шампа́нского
sektiererisch *adj* секта́нтский
Sektkelch *m* <-(e)s, -e> бока́л *m* для шампа́нского *m*
Sektkühler *m* <-s, -> ведёрко *nt* со льдо́м для шампа́нского
Sektor *m* <-s, -en> 1. (*Gebiet*) се́ктор *m*; 2. (ÖKON) се́ктор *m*, о́трасль *f*; **öffentlicher ~** госуда́рственный се́ктор; **privater ~** ча́стный се́ктор
sekundär *adj* второстепе́нный
Sekundärliteratur *f* <*gen*: -> крити́ческая литерату́ра *f*
Sekundärrohstoff *m* <-(e)s, -e> втори́чное сырьё *nt*
Sekunde *f* <-, -n> секу́нда *f*
Sekundenzeiger *m* <-s, -> секу́ндная стре́лка *f*
selbst I. *pron dem* 1. (*m*) сам; 2. (*f*) сама́; 3. (*nt*) само́; 4. (*pl*) са́ми; **sie muss immer alles ~ machen** ей прихо́дится всё де́лать само́й; **~ gemacht** самоде́льный; **~ gestrickt** со́бственной вя́зки; **das versteht sich von ~** э́то само́ собо́й разуме́ется; II. *adv* (*sogar, auch*) да́же.
Selbstachtung *f* <*gen*: -> чу́вство *nt* со́бственного досто́инства
selbständig, selbstständig *adj* самостоя́тельный; **sich ~ machen** откры́ть со́бственное де́ло
Selbständigkeit, Selbstständigkeit *f* <*gen*: -> самостоя́тельность *f*
Selbstauslöser *m* <-s, -> (FOT) автоспу́ск *m*
Selbstbedienung *f* <*gen*: -> самообслу́живание *nt*
Selbstbedienungsgeschäft *nt* <-(e)s, -e> магази́н *m* самообслу́живания
Selbstbedingungsrestaurant *nt* <-s, -s> рестора́н *m* самообслу́живания
Selbstbefriedigung *f* <*gen*: -> мастурба́ция *f*
Selbstbeherrschung *f* <*gen*: -> самооблада́ние *nt*
Selbstbestimmung *f* <*gen*: -> самоопределе́ние *nt*
Selbstbetrug *m* <*gen*: -(e)s> самообма́н *m*
selbstbewusst *adj* уве́ренный в себе́, самоуве́ренный
Selbstbewusstsein *nt* <*gen*: -s> чу́вство *nt* со́бственного досто́инства

Selbstbildnis nt автопортрет m
Selbstdisziplin f <gen: -> самодисциплина f
Selbstentzündung f <-, -en> самовозгорание nt
Selbsterkenntnis f <gen: -> самопознание nt
Selbstfinanzierung f <gen: -> самофинансирование nt
Selbstfindung f <gen: -> познание nt собственной личности
selbstgefällig adj самодовольный
selbst gemacht adj самодельный
Selbstgespräch nt <-(e)s, -e> монолог m
Selbstironie f <gen: -> самоирония f
Selbstklebeetikett nt <-s, -en> самоклеющаяся этикетка f
Selbstkontrolle f <gen: -> самоконтроль m
Selbstkosten pl <gen: -> себестоимость f
Selbstkostendeckung f <gen: -> покрытие nt себестоимости
Selbstkostenpreis m <gen: -es> цена f по себестоимости; **etw zum ~ abgeben** продать что-л. по себестоимости
Selbstkritik f <gen: -> самокритика f
selbstkritisch adj самокритичный
selbstlos adj бескорыстный
Selbstlosigkeit f <gen: -> самоотверженность f
Selbstmitleid nt <gen: -s> (pej) жалость f к самому себе
Selbstmord m <-(e)s, -e> самоубийство nt; **~ begehen** покончить с собой
Selbstmörder, -in m/f <-s, -> самоубийца mf
selbstmörderisch adj самоубийственный
Selbstmordkandidat, -in m/f <-en, -en> кандидат m в самоубийцы
Selbstporträt nt <-s, -s> автопортрет m
selbstredend adv конечно
Selbstregulierung f <gen: -> саморегулирование nt
Selbstschussanlage f <-, -n> самострельное устройство nt
Selbstschutz m самозащита f
selbstsicher adj уверенный в себе
selbstständig adj самостоятельный; **sich ~ machen** (ein Unternehmen gründen) открыть собственное дело
Selbststudium nt <gen: -s> самостоятельное изучение nt
Selbstsucht f <gen: -> эгоизм m
selbstsüchtig adj себялюбивый
Selbsttäuschung f <gen: -> самообман m
Selbstversorgung f <gen: -> самообеспечение nt
selbstverständlich I. adj само собой разумеющийся; II. adv само собой разумеется.

Selbstverteidigung f <gen: -> самооборона f
Selbstvertrauen nt <gen: -s> уверенность f в себе, самоуверенность f
Selbstverwaltung f <gen: -> самоуправление nt
Selbstzweck m <gen: -(e)s> самоцель f
Selbstzweifel m <-s, -> неуверенность в себе nt
selektiv adj (geh) избирательный
selig adj 1. блаженный; 2. (glücklich) счастливый
Seligkeit f <-, -en> блаженство nt
Sellerie m <-s, -(s)> сельдерей m
selten adj редкий
Seltenheit f <-, -en> редкость f
seltsam adj странный; **ein ~er Mensch** странный человек
seltsamerweise adv как ни странно, странным образом
Seltsamkeit f <-, -en> странность f
Semester nt <-s, -> семестр m; **er ist im dritten ~** он на третьем семестре
Semantik f <gen: -> семантика f
semantisch adj семантический
semiotisch adj семиотический
Semikolon nt <-s, -s> точка f с запятой
Seminar nt <-s, -e> 1. (Fakultätsabteilung) отделение nt; **das germanistische ~** отделение германистики 2. (Lehrveranstaltung) семинар m
Semiotik f <gen: -> семиотика f
Semmel f <-, -n> булочка f
Senat m <-(e)s, -e> сенат m
Senatsausschuss m <-es, -ausschüsse> комиссия f сената
Sendeanlage f <-, -> передатчик m
Sendeantenne f <-, -n> передающая антенна f
senden I. vt <sandte/sendete, gesandt/gesendet> (geh: schicken) посылать, -слать, направлять, -править pf; II. vi (RUNDF, TV: ausstrahlen) транслировать impf
Sender m <-s, -> 1. (Anlage) передатчик m, радиостанция f; 2. (Kanal) радиостанция f
Sendereihe f <-, -n> серия f передач
Sendung f <-, -en> 1. (von Waren) посылка f; 2. (in Rundfunk und Fernsehen) передача f
Sendungsbewusstsein nt <gen: -s> сознание nt своей миссии
Senegal m <gen: -s> Сенегал m
Senegalese, Senegalesin m/f <-n, -n> сенегалец, сенегалка m/f
senegalesisch adj сенегальский
Senfkorn nt <-(e)s, -körner> горчичное зерно nt
Senfpflaster nt <-s, -> горчичник m
Senf m <-(e)s, -e> горчица f
sengen vi (Sonne, Hitze) палить impf
senil adj (pej) старческий

senior *adj* (*nur nachgestellt*) ста́рший; **Walter Müller ~** Ва́льтер Мю́ллер ста́рший

Seniorenheim *nt* <-(e)s, -e> дом для пожилы́х люде́й со специа́льно обору́дованными для них небольши́ми кварти́рами

Seniorenkarte *f* <-, -n> (проездно́й) биле́т *m* для пожилы́х люде́й

Senkblei *nt* <*gen*: -s> (MAR) лот *m*

Senke *f* <-, -n> низи́на *f*

senken I. *vt* снижа́ть, сни́зить *pf*; **den Kopf ~** опусти́ть го́лову; II. *vi* опуска́ться, опусти́ться *pf*; **der Boden hat sich gesenkt** по́чва осе́ла

senkrecht *adj* вертика́льный, отве́сный

Senkrechte *f* <-, -n> перпендикуля́р *m*

Senkrechtstarter *m* <-s, -> **1.** вертика́льно взлета́ющий самолёт *m*; **2.** (*fig*) челове́к *m*, де́лающий головокружи́тельную карье́ру

Senkung *f* <-, -en> сниже́ние *nt*, пониже́ние *nt*

Sennhütte *f* <-, -n> хи́жина *f* альпи́йского пастуха́

Sensation *f* <-, -en> сенса́ция *f*

sensationell *adj* сенсацио́нный

Sensationsblatt *nt* <-(e)s, -blätter> (*pej*) бульва́рная газе́та *f*

Sensationsgier *f* <*gen*: -> (*pej*) жа́жда *f* сенса́ций

Sensationsnachricht *f* <-, -en> (*pej*) сенсацио́нное изве́стие *nt*

Sense *f* <-, -n> коса́ *f*

sensibel *adj* чувстви́тельный, впечатли́тельный

Sensibilität *f* <*gen*: -> впечатли́тельность *f*

Sensor *m* <-s, -en> (*Messfühler*) да́тчик *m*

Sensortaste *f* <-, -n> (TECH) се́нсорный выключа́тель *m*

sentimental *adj* сентимента́льный

Sentimentalität *f* <*gen*: -> сентимента́льность *f*

separat *adj* отде́льный; **ein ~es Zimmer** отде́льная ко́мната

Separatismus *m* <*gen*: -> сепарати́зм *m*

separatistisch *adj* сепарати́стский

September *m* <-(s), -> сентя́брь *m*

Sequenz *f* <-, -en> секве́нция *f*

Serbe *m* <-n, -n> серб *m*

Serbien *nt* <*gen*: -s> Се́рбия *f*

Serbin *f* <-, -nen> се́рбка *f*

serbisch I. *adj* се́рбский; II. *adv* по-се́рбски.

Serie *f* <-, -n> се́рия *f*

Serienfertigung *f* <-, -en> сери́йный вы́пуск *m*

Seriennummer *f* <-, -n> но́мер *m* се́рии

Serienproduktion *f* <*gen*: -> сери́йное произво́дство *nt*

seriös *adj* соли́дный

Seriosität *f* <*gen*: -> соли́дность *f*

Serpentine *f* <-, -n> серпенти́н *m*

Serum *nt* <-s, Seren/ Sera> сы́воротка *f*

Service[1] *nt* <-(s), -> (*Geschirr*) серви́з *m*

Service[2] *m* <-, -s> (*Betreuung, Bedienung*) обслу́живание *nt*, се́рвис *m*

Servicezentrum *nt* <-s, -zentren> центр *m* техобслу́живания

servieren *vt* сервирова́ть *impf/pf*

Serviertochter *f* <-, -Töchter> (*CH*: *Serviererin*) официа́нтка *f*

Servierwagen *m* сервиро́вочный сто́лик *m*

Serviette *f* <-, -n> салфе́тка *f*

servus *interj* приве́т

Servolenkung *f* <-, -en> (KFZ) сервоуправле́ние *nt*

Servomotor *m* <-s, -en> (KFZ) серводви́гатель *m*

Sessel *m* <-s, -> кре́сло *nt*

Sessellift *m* <-(e)s, -e> кре́сельный кана́тный подъёмник *m*

sesshaft *adj* осе́длый; **sich ~ machen** осе́сть

Set *nt* <-(s), -s> (*zusammengehörende Gegenstände*) набо́р *m*, компле́кт *m*

setzen I. *vt* сажа́ть, посади́ть *pf*; **Kartoffeln ~** сажа́ть карто́фель; **jdm eine Frist ~** дать кому́-л. срок; **sich ein Ziel ~** поста́вить пе́ред собо́й каку́ю-л. цель; II. *vi* **1.** (*springen*) перепры́гивать, -пры́гнуть (*über* +*akk* через +*akk*); **2.** (*beim Wetten*) ста́вить, по- *pf* (*auf* +*akk* на +*akk*); III. *vr* **1.** сади́ться, сесть *pf*; **sich an den Tisch ~** сесть за стол; **setz dich!** сади́сь! **2.** (CHEM: *Giftstoffe*) оседа́ть, -се́сть *pf*

Setzer, -in *m/f* <-s, -> (*Schriftsetzer(in)*) набо́рщик, -щица *m/f*

Setzerei *f* <-, -en> набо́рный цех *m*

Seuche *f* <-, -n> эпиде́мия *f*

Seuchenbekämpfung *f* <*gen*: -> борьба́ *f* с эпидеми́ческими заболева́ниями

Seuchenerreger *m* <-s, -> возбуди́тель *m* инфе́кции

Seuchengefahr *f* <*gen*: -> опа́сность *f* эпиде́мии

seufzen *vi* вздыха́ть, вздохну́ть *pf*

Seufzer *m* <-s, -> вздох *m*

Sex *m* <*gen*: -(es)> секс *m*

Sexappeal, Sex-Appeal *m* сексуа́льная привлека́тельность *f*

Sexbombe *f* <-, -n> (*umg*) секс-бо́мба *f*

Sexfilm *m* <-(e)s, -e> порнографи́ческий фильм *m*

Sexist *m* <-en, -en> сексист *m*

sexistisch *adj* сексистский

Sexmagazin *nt* <-(e)s, -e> порнографи́ческая газетёнка *f*

Sexshop *m* <-s, -s> секс-шо́п *m*

Sextourismus *m* <*gen*: -s> секс-тури́зм *m*

Sexualerziehung *f* <*gen*: -> сексуа́льное воспита́ние *nt*

Sexualforscher, -in *m/f* <-s, -> сексолог *m*
Sexualforschung *f* <*gen:* -> сексология *f*
Sexualhormon *nt* <-s, -e> половой гормон *m*
Sexualität *f* <*gen:* -> сексуальность *f*
Sexualleben *nt* <*gen:* -s> половая жизнь *f*
Sexualmord *m* <-(e)s, -e> убийство *nt* на сексуальной почве
Sexualtrieb *m* <-(e)s, -e> половой инстинкт *m*
Sexualverbrechen *nt* <-s, -> половое преступление *nt*
Sexualwissenschaft *f* <*gen:* -> сексология *f*
sexuell *adj* сексуальный; **jdn ~ missbrauchen** изнасиловать кого-л.
sexy *adj* (*umg*) сексуальный, сексапильный
Sezessionskrieg *m* <-(e)s, -e> гражданская война *f* в США (1861-1865)
sezieren *vt* вскрывать, вскрыть
Shampoo *nt* <-(s), -s> шампунь *m*
shampoonieren *vt* мыть (голову) шампунем
Shop *m* <-s, -s> магазин *m*
Shortcut *m* <-s, -s> (DV) сокращение *nt*
Shorts *pl* <*gen:* -> шорты *fpl*
Show *f* <-, -s> (*Schau*) шоу *nt*; **eine ~ abziehen** (*umg*) устроить шоу
Showbusiness, Show-Business *nt* <*gen:* -> шоу-бизнес *m*
Sibirien *nt* <*gen:* -s> Сибирь *f*
sibirisch *adj* сибирский
sich *pron refl* 1. (*dat*) себе; 2. (*akk*) себя; **an ~** сам по себе; **wieder zu ~ kommen** прийти в себя; **außer ~ sein** быть вне себя
Sichel *f* <-, -n> 1. серп *m*; 2. (*Mond~*) серп *m* луны
sichelförmig *adj* сепровидный
sicher I. *adj* 1. (*ungefährdet*) безопасный; **sich ~ fühlen** чувствовать себя в безопасности 2. (*zuverlässig*) надёжный; 3. (*gewiss, selbstbewusst*) уверенный; **ich bin ~, dass ...** я уверен в том, что ...; **ich bin mir da nicht so ~** я в этом не очень уверен; II. *adv* (*höchstwahrscheinlich*) наверняка, конечно.
Sicherheit *f* <*gen:* -> 1. (*Schutz vor Gefahr*) безопасность *f*; **äußere/innere ~** внешняя/внутренняя безопасность; **öffentliche ~** общественная безопасность; **persönliche ~** личная безопасность; **Gewährleistung der sozialen ~** обеспечение социальной безопасности 2. (*Gewissheit*) уверенность *f*; 3. (*Zuverlässigkeit*) надёжность *f*; 4. (*Garantie*) поручительство *nt*, обеспечение *nt*, гарантия *f*; **~en fordern** требовать гарантии; **~ für einen Kredit** кредитное обеспечение; **~en stellen** предоставлять гарантии 5. (*Kaution*) залог *m*; **~ einer ~** внесение залога
Sicherheitsabstand *m* <-(e)s, -abstände> безопасная дистанция *f*
Sicherheitsausschuss *m* <-es, -ausschüsse> комиссия *f* по безопасности
Sicherheitsberater, -in *m/f* <-s, -> советник *m* по безопасности
Sicherheitsbestimmung *f* <-, -en> (*meist pl*) правило *nt* техники безопасности
Sicherheitsdienst *m* <-(e)s, -e> служба *f* безопасности
Sicherheitsglas *nt* <-es, -gläser> безопасное стекло *nt*
Sicherheitsgurt *m* <-(e)s, -e> ремень *m* безопасности
Sicherheitsleistung *f* <-, -en> (JUR) поручительство *nt*
Sicherheitsmaßnahme *f* <-, -n> мера *f* предосторожности
Sicherheitsnadel *f* <-, -n> булавка *f*
Sicherheitspolitik *f* <*gen:* -> политика *f* безопасности
Sicherheitsrat *m* <-(e)s, -räte> (*Organ der UNO*) Совет *m* Безопасности
Sicherheitssystem *nt* <-(e)s, -e> система *f* безопасности
Sicherheitsvorkehrung *f* <-, -en> мера *f* предосторожности
sicherlich *adv* (*ganz gewiß*) обязательно
sichern I. *vt* 1. (*vor Gefahr schützen*) защищать, защитить *pf*; 2. (*garantieren*) обеспечивать, -печить *pf*; 3. (*Gewehr*) ставить, по- *pf* на предохранитель; II. *vr* (*sich schützen, auch beim Bergsteigen*) страховаться, за- *pf* (*gegen* +*akk* от + *gen*)
Sicherung *f* <-, -en> 1. (*das Sicherstellen*) обеспечение *nt*; **die ~ der Arbeitsplätze** обеспечение рабочими местами 2. (EL) предохранитель *m*; **die ~ ist durchgebrannt** предохранитель перегорел
Sicherungskopie *f* <-, -n> (DV) запасная копия *f*
Sicherungssystem *nt* <-(e)s, -e> система *f* предосторожности
Sicht *f* <*gen:* -> 1. (*Sichtverhältnisse*) видимость *f*; 2. (*Sichtweite*) видимость *f*, вид *m*, 3. (*Betrachtungsweise, Anschauung*) точка *f* зрения; **aus meiner ~** с моей точки зрения; **auf lange ~** (*für lange Zeit*) на долгий срок
sichtbar *adj* (*erkennbar, auch fig*) видимый
sichten *vt* 1. (*erspähen*) обнаруживать, -жить *pf*; 2. (*durchsehen und ordnen*) просматривать, -смотреть *pf*
Sichtfenster *nt* <-s, -> смотровое стекло *nt*
Sichtgrenze *f* <*gen:* -> предел *f*

ви́димости
sichtlich adj (offenkundig, merklich) я́вный, очеви́дный
Sichtverhältnisse fpl ви́димость f
Sichtwechsel m <-s, -> (ÖKON) ве́ксель f на предъяви́теля
Sichtweise f <-, -n> то́чка f зре́ния
Sichtweite f <-, -n> 1. по́ле nt ви́димости; 2. (fig) кругозо́р m
sickern vi сочи́ться, про- pf
Sideboard nt <-s, -s> сервиро́вочный стол m
sie pron 1. (f sg) она́; 2. (pl) они́; ~ kommt heute nicht она́ не придёт сего́дня; ~ wollen heiraten они́ хотя́т пожени́ться
Sie pron Вы; was wollen ~? что Вы хоти́те?
Sieb nt <-(e)s, -e> 1. си́то nt, решето́ nt; 2. (für Tee) си́течко nt
Siebdruck m <gen: -(e)s> трафаре́тная печа́ть f
sieben[1] vt 1. просе́ивать, -се́ить pf; 2. (fig: aussortieren) отсе́ивать, -се́ить pf
sieben[2] num семь
siebeneckig adj семиуго́льный
siebenfach adj семикра́тный
siebenhundert num семьсо́т
siebenjährig adj семиле́тний
siebenmal adv семь раз
Siebenschläfer m со́ня f
siebenstellig adj семизна́чный
siebenstöckig adj восьмиэта́жный
siebenstrophig adj семистро́фный
siebenstündig adj семичасово́й
siebenstündlich adv ка́ждые семь часо́в
siebentägig adj семидне́вный
siebenteilig adj семича́стный
siebenzeilig adj семистро́чный
siebte(r, s) adj седьма́я, -мо́й, -мо́е
Siebtel седьма́я часть f
Siebtel nt <-s, -> седьма́я часть f
siebzehn num семна́дцать
Siebzehntel nt <-s, -> семна́дцатая часть f
siebzig num се́мьдесят
sieden vi кипе́ть, вс- pf
Siedepunkt m <-(e)s, -e> то́чка f кипе́ния
Siedewasserreaktor m <-s, -en> (PHYS) кипя́щий реа́ктор m
Siedler, -in m/f <-s, -> поселе́нец, -нка m/f
Siedlung f <-, -en> поселе́ние nt
Siedlungsgebiet nt <-(e)s, -e> райо́н m поселе́ния
Sieg m <-(e)s, -e> побе́да f (über +akk над +inst); einen ~ erringen [o davontragen] одержа́ть побе́ду
Siegel nt <-s, -> печа́ть f
siegen vi побежда́ть, -беди́ть pf; über jdn ~ победи́ть кого́-л.
Sieger, -in m/f <-s, -> победи́тель, -ница m/f
Siegermacht f <-, -mächte> держа́ва f -победи́тельница f
Siegerpose f <-, -n> по́за f победи́теля
Siegesfreude f <gen: -> ра́дость f побе́ды
siegessicher adj уве́ренный в побе́де
Siegeszug m триумфа́льное ше́ствие nt
siegreich adj победоно́сный
Signal nt <-s, -e> сигна́л m
Signalanlage f <-, -n> сигна́льная устано́вка f
Signalflagge f <-, -n> сигна́льный флаг m
signalisieren vt сигнализи́ровать impf
Signalpistole f <-, -n> сигна́льный пистоле́т m
Signatur f <-, -en> 1. (Unterschrift) по́дпись f; 2. (Bibliotheksmarkierung) шифр m
Signifikanz f <gen: -> зна́чимость f
Silbe f <-, -n> слог m
Silbenkreuzworträtsel nt <-s, -> кроссво́рд m -шара́да f
Silbentrennung f <gen: -> перено́с m слова́ по слога́м
Silber nt <gen: -s> (Metall) серебро́ nt
Silberbarren m <-s, -> сли́ток m серебра́
Silberbesteck nt <-s, -e> сере́бряный прибо́р m
Silbergehalt m <gen: -(e)s> содержа́ние nt серебра́
Silbergeschirr nt <gen: -(e)s> сере́бряная посу́да f
silberhaltig adj содержа́щий серебро́
silberhell adj (Klang, Stimme) серебри́стый, зво́нкий как серебро́
Silbermedaille f <-, -n> сере́бряная меда́ль f
Silbermünze f <-, -n> сере́бряная моне́та f
silbern adj сере́бряный
Silberpapier nt станио́ль m
Silhouette f <-, -n> силуэ́т m
Silizium nt <gen: -s> кре́мний m
Silo m <-s, -s> си́лосное сооруже́ние nt
Silvester nt <-s, -> нового́дний ве́чер m
Silvesterparty f <gen: -> нового́дняя вечери́нка f
simpel adj 1. (einfach) просто́й; 2. (pej: einfältig) простоду́шный
Simpel m <-s, -> (pej) простофи́ля m
Sims m <-es, -e> карни́з m
Simulation f <-, -en> симуля́ция f
Simulator m <-s, -en> (TECH) тренажёр m
simulieren vt 1. (vortäuschen) симули́ровать impf/pf; 2. (modellhaft nachbilden) имити́ровать impf/pf
simultan adj (gleichzeitig) синхро́нный
Simultandolmetschen nt <gen: -s> синхро́нный перево́д m
Simultandolmetscher, -in m/f <-s, ->

синхро́нный перево́дчик *m*
Sinfonie *f* <-, -n> симфо́ния *f*
Sinfoniekonzert *nt* <-(e)s, -e> симфони́ческий конце́рт *m*
Sinfonieorchester *nt* <-s, -> синфони́ческий орке́стр *m*
sinfonisch *adj* симфони́ческий
singen *vt* (sang, gesungen) петь, с- *pf*; **im Chor ~** петь в хо́ре
Single *m* <-(s), -s> сингл *m*; **als ~ leben** жить си́нглом
Singular *m* <-s, -e> еди́нственное число́ *nt*
Singvogel *m* <-s, -vögel> пе́вчая пти́ца *f*
sinken *vi* <sank, gesunken> 1. (*nieder~*) опуска́ться, опусти́ться *pf*; 2. (*abnehmen*) снижа́ться, сни́зиться *pf*, па́дать, упа́сть *pf*
Sinn *m* <-(e)s, -e> 1. (*Empfindung der Sinnesorgane*) чу́вство *nt*; 2. (*Bedeutung*) смысл *m*; **das macht keinen ~** (*umg*) э́то не име́ет смы́сла; **der ~ des Lebens** смысл жи́зни; **es hat keinen ~, noch lange zu warten** не име́ет смы́сла ждать да́льше
Sinnbild *nt* <gen: -(e)s> си́мвол *m*
sinnbildlich *adj* символи́ческий
sinnentleert *adj* лишённый смы́сла
Sinnesorgan *nt* <-s, -e> о́рган *m* чувств
Sinnestäuschung *f* <-, -en> обма́н *m* чувств
Sinneswahrnehmung *f* <-, -en> восприя́тие *nt* о́рганами чувств
sinnfällig *adj* я́сный
sinngemäß *adj* по смы́слу
sinngetreu *adj* то́чный по смы́слу
Sinnkrise *f* <-, -n> утра́та *f* смы́сла жи́зни
sinnlich *adj* чу́вственный; **ein ~er Mensch** чу́вственный челове́к
Sinnlichkeit *f* <gen: -> чу́вственность *f*
sinnlos *adj* бессмы́сленный
Sinnlosigkeit *f* <gen: -> бессмы́сленность *f*
sinnreich *adj* остроу́мный
sinnvoll *adj* разу́мный, целесообра́зный; **es wäre ~ das zu tun** э́то бы́ло бы разу́мно
sinnwidrig *adj* абсу́рдный
Sinologe, Sinologin *m/f* <-n, -n> сино́лог *m*, китаеве́д *m*
Sinologie *f* <gen: -> китаеве́дение *nt*
Sintflut *f* <gen: -> пото́п *m*; **nach mir die ~** по́сле меня́ хоть пото́п
Sinus *m* <-, -> си́нус *m*
Siphon *m* <-s, -s> сифо́н *m*
Sippe *f* <-, -n> клан *m*
Sirene *f* <-, -n> сире́на *f*
Sirup *m* <gen: -s> сиро́п *m*
Sitemap *f* <-, -s> (DV) ка́рта *f* са́йта
Sitte *f* <-, -n> обы́чай *m*, нра́вы *pl*; **gegen die guten ~n verstoßen** наруша́ть до́брые нра́вы

sittenlos *adj* безнра́вственный
Sittenlosigkeit *f* <gen: -> безнра́вственность *f*
Sittenpolizei *f* <gen: -> поли́ция *f* нра́вов
sittenstreng *adj* высоконра́вственный
Sittenverfall *m* <gen: -(e)s> упа́док *m* нра́вственности
sittenwidrig *adj* амора́льный
sittlich *adj* нра́вственный
Sittlichkeit *f* <gen: -> нра́вственность *f*
Sittlichkeitsverbrechen *nt* <-s, -> полово́е преступле́ние *nt*
sittsam *adj* благонра́вный
Sittsamkeit *f* <gen: -> благонра́вие *nt*
Situation *f* <-, -en> положе́ние *nt*, ситуа́ция *f*
Sitz *m* <-es, -e> 1. (*Sitzgelegenheit*) сиде́нье *nt*; **ein gepolsterter ~** мя́гкое сиде́нье 2. (*Platz*) ме́сто *nt*; 3. (*Wohnsitz*) местонахожде́ние *nt*, резиде́нция *f*; **der ~ eines Unternehmens** резиде́нция предприя́тия
Sitzblockade *f* <-, -n> сидя́чая а́кция проте́ста, при кото́рой демонстра́нты прегражда́ют собо́й прохо́д и́ли прое́зд к чему́-л.
Sitzecke *f* <-, -n> дива́нный уго́л *m*
sitzen *vi* <saß, gesessen> 1. сиде́ть, по- *pf*; 2. (*umg: im Gefängnis sein*) сиде́ть, от- *pf*; **beim Kaffee ~** сиде́ть за ча́шкой ко́фе; **der Anzug sitzt schlecht** костю́м пло́хо сиди́т
sitzen bleiben *vi* (*umg: in der Schule*) остава́ться, оста́ться *pf* на второ́й год
sitzend *adj* сидя́чий
Sitzgelegenheit *f* <-, -en> сиде́нье *nt*
Sitzordnung *f* <-, -en> поря́док *m* размеще́ния (за столо́м и т.п.)
Sitzplatz *m* <-es, -plätze> сидя́чее ме́сто *nt*
Sitzstreik *m* <-s, -s> сидя́чая забасто́вка *f*
Sitzung *f* <-, -en> заседа́ние *nt*
Sitzungsbericht *m* <-(e)s, -e> отчёт *m* о заседа́нии
Sitzungssaal *m* <gen: -(e)s> зал *m* заседа́ний
Sizilianer, -in *m/f* <-s, -> сицилиа́нец, сицилиа́нка *m/f*
sizilianisch *adj* сицилиа́нский
Sizilien *nt* <gen: -s> Сици́лия *f*
Skala *f* <-, Skalen> шкала́ *f*
Skaleneinteilung *f* <-, -en> деле́ние *nt* шкалы́
Skalpell *nt* <-s, -e> ска́льпель *m*
Skandal *m* <-s, -e> сканда́л *m*; **einen ~ verursachen** устро́ить сканда́л
skandalös *adj* сканда́льный
skandalträchtig *adj* чрева́тый сканда́лом
skandieren *vt* сканди́ровать
Skandinavien *nt* <gen: -s> Скандина́вия

Skandinavier, -in *m/f* <-s, -> скандина́вец, скандина́вка *m/f*
Skat *m* <-(e)s, -e/ -s> скат *m*
Skateboard *nt* <-s, -s> ро́ликовая доска́ *f*
Skater, -in *m/f* <-s, -> скейтбордист *m*
Skelett *nt* <-(e)s, -e> скеле́т *m*
Skepsis *f* <*gen:* -> ске́псис *m*
skeptisch *adj* скепти́ческий
Skeptizismus *m* <*gen:* -> скептици́зм *m*
Sketch *m* <-es, -e> скетч *m*
Ski *m* <-s, -er> лы́жа *f*; ~ **fahren** [*o* **laufen**] ката́ться на лы́жах
Skianzug *m* <-(e)s, -anzüge> лы́жный костю́м *m*
Skiausrüstung *f* <-en, -en> лы́жное снаряжение *nt*
Skibindung *f* <-, -en> лы́жное крепле́ние *nt*
Skibrille *f* <-, -n> лы́жные очки́ *mpl*
Skifahrer, -in *m/f* <-s, -> лы́жник, -ница *m/f*
Skigymnastik *f* <*gen:* -> гимнсти́ческая трениро́вка *f* лы́жников
Skihose *f* <-, -n> лы́жные брю́ки *pl*
Skikurs *m* <-es, -e> уро́ки *pl* ката́ния на лы́жах
Skilanglauf *m* <*gen:* -es> бег *m* на лы́жах на дли́нные диста́нции
Skilaufen *nt* <*gen:* -s> ката́ние *nt* на лы́жах
Skilehrer *m* <-s, -> инстру́ктор *m* по ката́нию на лы́жах
Skipiste *f* <-, -n> горнолы́жная тра́сса *f*
Skischule *f* <-, -n> лы́жная шко́ла *f*
Skisport *m* <*gen:* -(e)s> лы́жный спорт *m*
Skispringen *nt* <-s, -> прыжки́ *mpl* на лы́жах (с трампли́на)
Skistiefel *m* <-s, -> лы́жный боти́нок *m*
Skistock *m* <-(e)s, -stöcke> лы́жная па́лка *f*
Skiwandern *nt* <*gen:* -s> лы́жный тури́зм *m*
Skizze *f* <-, -n> эски́з *m*
skizzieren *vt* (*als Skizze zeichnen*) де́лать, с- *pf* эски́з
Sklave *m* <-n, -n> раб *m*
Sklavenhalter *m* <-s, -> рабовладе́лец *m*
Sklaverei *f* <*gen:* -> ра́бство *nt*
Sklavin *f* <-, -nen> рабы́ня *f*
sklavisch *adj* ра́бский
Sklerose *f* <-, -n> (MED) склеро́з *m*
Skonto *nt* <-s, -s> (ÖKON) ски́дка *f*, ско́нто *nt*; ~ **abziehen** вычита́ть ско́нто; ~ **bei Barzahlung** ско́нто при расчёте нали́чными; ~ **in Anspruch nehmen** по́льзоваться ско́нто
Skontosatz *m* <-es, -sätze> разме́р *m* ски́дки
Skorbut *m* <*gen:* -(e)s> цинга́ *f*
Skorpion *m* <-s, -e> 1. скорпио́н *m*; 2. (ASTR) Скорпио́н *m*
Skript *nt* <-(e)s, -en/ -s> за́пись *f*
Skrupel *m* <-s, -> 1. сомне́ния *ntpl*; 2. угрызе́ния со́вести *ntpl*
skrupellos *adj* бессо́вестный
Skrupellosigkeit *f* <*gen:* -> бессо́вестность *f*
Skulptur *f* <-, -en> скульпту́ра *f*
Slalom *m* <-s, -s> сла́лом *m*
Slang *m* <*gen:* -s> сленг *m*
Slash *m* (DV) ко́сая черта́ *f*
Slawe, Slawin *m/f* <-n, -n> славяни́н, славя́нка *m/f*
slawisch I. *adj* славя́нский; II. *adv* по-славя́нски.
Slawist, -in *m/f* <-en, -en> слави́ст *m*
Slawistik *f* <*gen:* -> слави́стика *f*
Slip *m* <-s, -s> тру́сики *mpl*
Slipeinlage *f* <-, -n> то́нкая гигиени́ческая прокла́дка *f*
Slogan *m* <-s, -s> ло́зунг *m*, рекла́мный деви́з *m*, сло́ган *m*
Slowake, Slowakin *m/f* <-n, -n> слова́к, слова́чка *m/f*
Slowakei *f* <*gen:* -> Слова́кия *f*
Slowene, Slowenin *m/f* <-n, -n> слове́нец, слове́нка *m/f*
Slowenien *nt* <*gen:* -s> Слове́ния *f*
slowenisch *adj* слове́нский
Slum *m* <-s, -s> (*meist pl*) трущо́ба *f*
Smaragd *m* <-(e)s, -e> изумру́д *m*
Smog *m* <*gen:* -s> смог *m*
Smoking *m* <-s, -s> смо́кинг *m*
Snob *m* <-s, -s> (*pej*) сноб *m*
Snowboard *nt* <-s, -s> (SPORT) сноубо́рд *m*
Snowboarding *nt* <*gen:* -s> (SPORT) сноубо́рдинг *m*
so I. *adv* (*auf diese Art*) так, таки́м о́бразом; **gut** ~ хорошо́; ~ **oder** ~ (*in jedem Fall*) так и́ли ина́че; **ach** ~ вот как; ~ **viel** ско́лько; ~ **wie möglich** как мо́жно бо́льше; ~ **ein Zufall** вот так слу́чай; ~ **wenig** так ма́ло, как и; II. *konj* : ~ **dass** так что; III. *part* так; ~ **höre doch endlich auf!** так прекрати́ же!
sobald *konj* как то́лько
Socke *f* <-, -n> носо́к *m*
Sockel *m* <-s, -> цо́коль *m*
Sodbrennen *nt* <*gen:* -s> изжо́га *f*
soeben *adv* то́лько что
Sofa *nt* <-s, -s> дива́н *f*
sofern *konj* поско́льку
soff *prät von* **saufen**
sofort *adv* сейча́с, неме́дленно
sofortig *adj* неме́дленный
Sofortlieferung *f* <-, -en> сро́чная поста́вка *f*
Sofortmaßnahme *f* <-, -n> сро́чная ме́ра *f*
Sofortprogramm *nt* <-(e)s, -e> програ́мма *f* неме́дленных де́йствий
Sofortwirkung *f* <*gen:* -> неме́дленное де́йствие *nt*

Soft-Eis nt <gen: -> мороженое nt -суфле nt
Software f <-, -s> программное обеспечение nt
Softwarepaket nt <-(e)s, -e> пакет m компьютерных программ
sog prät von **saugen**
sog. abk von **sogenannt**
sogar adv даже; **er ist ~ selbst gekommen** он даже пришёл сам
sogenannt adj так называемый
sogleich adv тотчас
Sohle f <-, -n> 1. (Schuh~) подошва f; 2. (Fuß~) ступня f
Sohn m <-(e)s, -Söhne> сын m; **der verlorene ~** (geh) блудный сын
Soja f <gen: -> соя f
Sojamehl nt <gen: -s> соевая мука f
Sojaöl nt <gen: -(e)s> соевое масло nt
solang(e) konj пока
solar adj солнечный
Solaranlage f <-, -n> солнечная установка f
Solarenergie f <gen: -> солнечная энергия f
Solarium nt <-s, Solarien> солярий m
Solarkraftwerk nt <-(e)s, -e> солнечная энергостанция f
Solartechnik f <gen: -> солнечная техника f
Solarzelle f <-, -n> элемент m солнечной батареи
solch pron den такой
Soldat, -in m/f <-en, -en> солдат, -ка m/f
Soldateska f солдатня f
soldatisch adj солдатский
Söldner, -in m/f <-s, -> наёмник, -ница m/f
Solidarhaftung f <gen: -> (JUR) солидарная ответственность f
solidarisch adj солидарный
solidarisieren vr быть impf солидарным (mit +dat с +inst)
Solidarität f <gen: -> солидарность f
Solidaritätsbeitrag m <-(e)s, -beiträge> взнос m в фонд солидарности
Solidaritätsgefühl nt <gen: -(e)s> чувство nt солидарности
Solidaritätszuschlag m <-(e)s, -zuschläge> надбавка n к подоходному налогу и налогу, которым облагаются корпорации, с целью получения дополнительных средств для покрытия расходов, связанных с объединением Германии
Solidarkasse f <-, -n> касса f взаимопомощи
Solidarpakt m <-(e)s, -e> соглашение между правительством, союзами предпринимателей и профсоюзами с целью социально приемлемого распределения налоговых тягот, вызванных необходимостью финансирования специальных программ
solide adj солидный, надёжный
Solist, -in m/f <-en, -en> солист, -ка m/f
Soll nt <-(s), -(s)> 1. (fin) дебет m; 2. (ÖKON: Plansoll) плановое задание nt; **~ und Haben** дебет и кредит; **im ~ buchen** занести в дебет
sollen vi (als Modalverb) быть impf должным; **was soll's?** (umg) в чём дело?; **was soll ich tun?** что я должен делать?; **was soll ich da?** что я там буду делать?; **soll ich dir helfen?** мне помочь тебе?; **sollte er anrufen ...** если он вдруг позвонит, то ...; **er soll verreist sein** говорят, что он уехал
Sollgröße, Soll-Größe f <-, -n> заданная величина f
Sollkosten, Soll-Kosten pl <gen: -> бюджетные издержки pl
Sollsaldo, Soll-Saldo m <gen: -s> активное сальдо nt
Sollsteuern, Soll-Steuern pl <gen: -> плановые налоги pl
Sollwert, Soll-Wert m <-(e)s, -e> заданная величина f
solo adj 1. (MUS) соло; 2. (umg: allein) один
Solo nt <-s, -s/ Soli> соло nt
Solvenz f <gen: -> платёжеспособность f
Somalia nt <gen: -s> Сомали nt
Somalier, -in m/f <-s, -> сомалиец m
somalisch adj сомалийский
somit adv (folglich, also) таким образом
Sommer m <-s, -> лето nt; **den ~ über** всё лето
Sommeranfang m начало nt лета
Sommerfahrplan m <-(e)s, -pläne> летнее расписание nt движения поездов
Sommerferien fpl летние каникулы fpl
Sommerfest nt <-(e)s, -e> летний праздник m
Sommerkleid nt <gen: -(e)s> летнее платье nt
sommerlich adj летний; **es ist ~ warm** по-летнему тепло
Sommermonat m <-(e)s, -e> летний месяц m
Sommerschlussverkauf m <gen: -(e)s> распродажа f товаров летнего сезона
Sommersmog m <gen: -s> летний смог m
Sommersonnenwende f <gen: -> летнее солнцестояние nt
Sommersprosse f <-, -n> (meist pl) веснушка f
Sommerzeit f <gen: -> летнее время nt
Sonate f <-, -n> соната f
Sonde f <-, -n> 1. (MED) зонд m; 2. (Raumfahrt) космический сонд m
Sonderabgaben pl <gen: -> особые сборы pl

Sonderanfertigung f <-en, -en> изготовление nt по специальному заказу
Sonderangebot nt <-(e)s, -e> распродажа f товаров
Sonderausführung f <-, -en> специальное исполнение nt
Sonderausgaben pl <gen: -> особые расходы pl
sonderbar adj странный
Sonderbeauftragte(r) m/f <-n, -n> специально уполномоченный m
Sonderbeilage f <-, -n> специальное приложение nt
Sonderdruck m <-(e)s, -e> специальный выпуск m
Sonderermittler, -in m/f <-s, -> следователь m по особому поручению
Sonderfahrt f (Hinweis auf Bus) заказной
Sonderfall m <-(e)s, -fälle> особый случай m
Sonderkommando nt <-s, -s> отряд m особого назначения
Sonderkommission f <-, -en> специальная комиссия f
Sonderkonto nt <-s, -konten> спецсчёт m в банке
sonderlich adj (besonders) особенный
Sonderling m <-s, -e> чудак m
Sondermüll m <gen: -(e)s> опасный мусор m
Sondermülldeponie f <-, -n> хранилище nt особо опасных (ядовитых) отходов
sondern konj но, а; **nicht ich bin schuld daran, ~ du** не я виноват в этом, а ты; **nicht nur ..., ~ auch ...** не только ..., но и ...
Sondernummer f <-, -n> (von Zeitschrift) специальный выпуск m
Sonderparteitag m <-(e)s, -e> чрезвычайный съезд m партии
Sonderpreis m <-es, -e> льготная цена f
Sonderrabatt m <-(e)s, -e> специальная скидка f
Sonderrechte pl <gen: -> особые права pl
Sonderschule f <-, -n> специальная школа f (для детей-инвалидов)
Sondersitzung f <-, -en> чрезвычайное заседание nt
Sondervollmacht f <-, -en> особые полномочия pl
Sonderweg m <-(e)s, -e> особый путь m, особый способ m
Sonderwunsch m <-es, -wünsche> особое желание nt
Sonderzeichen nt <-s, -> (DV) специальный символ m
Sonderzug m <-(e)s, -züge> поезд m особого назначения
sondieren vt зондировать, про- pf
Sondierung f <gen: -> зондирование nt

Sonett nt <-(e)s, -e> сонет m
Sonnabend m <-s, -e> суббота f
sonnabends adv по субботам
Sonne f <-, -n> солнце nt; **in der ~ liegen** загорать
sonnen vr (auch fig) загорать, -реть pf
Sonnenaufgang m <-s, -aufgänge> восход m солнца
sonnenbeschienen adj освещённый солнцем
Sonnenbestrahlung f <gen: -> инсоляция f
Sonnenblume f <-, -n> подсолнечник m
Sonnenbrand m <-(e)s, -brände> солнечный ожог m
Sonnenbrille f <-, -n> тёмные очки mpl
Sonnencreme, Sonnenkreme f <-, -s> защитный крем m от солнца
Sonnendach nt <-(e)s, -dächer> маркиза f
Sonneneinstrahlung f <gen: -> инсоляция f
Sonnenenergie f <gen: -> солнечная энергия f
Sonnenfinsternis f <-, -se> солнечное затмение nt
sonnenhungrig adj (umg) тоскующий по солнцу
Sonnenlicht nt <gen: -(e)s> солнечный свет m
Sonnenmilch f <gen: -> молочко nt для защиты кожи от солнца
Sonnenöl nt <-(e)s, -e> масло nt для защиты кожи от солнца
Sonnenschirm m <-(e)s, -e> зонтик m от солнца
Sonnenschutzfaktor m <-s, -en> степень f защиты кожи от солнца
Sonnenschutzmittel nt <-s, -> средство nt для защиты от солнца
Sonnenstich m <-(e)s, -e> солнечный удар m
Sonnenstrahl m <-(e)s, -en> солнечный луч m
Sonnenuhr f <-, -en> солнечные часы mpl
Sonnenuntergang m <-(e)s, -untergänge> закат m солнца
Sonnenwende f <gen: -> солнцестояние nt
sonnig adj солнечный
Sonntag m <-s, -e> воскресенье nt
Sonntagabend m <-s, -e> воскресный вечер m
Sonntagnachmittag m <-s, -e> воскресенье nt после полудня
sonntags adv по воскресеньям
Sonntagsarbeit f <gen: -> работа f в воскресенье
Sonntagsausflug m <-(e)s, -ausflüge> воскресная прогулка f
Sonntagsstaat m <gen: -(e)s> праздничный наряд m
Sonntagszeitung f <-, -en> воскресная

газе́та f
Sonographie f <gen: -> (MED) звукова́я диагно́стика f
sonst adv 1. (andernfalls) ина́че, а то́; 2. (außerdem) ещё; **~ noch was?** ещё что́-нибудь?; **wie ~** как всегда́; **besser als ~** лу́чше чем обы́чно
sonstig adj остально́й, про́чий; **~e Einkünfte** про́чие поступле́ния; **~e Forderungen** про́чие тре́бования; **~e Verbindlichkeiten** про́чие обяза́тельства
sooft konj (jedesmal wenn, immer wenn) ка́ждый раз, когда́
Sopran m <-s, -e> сопра́но nt
Sorbe, Sorbin m/f <-n, -n> лужича́нин, лужича́нка m/f
sorbisch adj лу́жицкий
Sorge f <-, -n> (Unruhe, Angst) забо́та f, беспоко́йство nt; **keine ~!** не волну́йся! **sich um jdn ~n machen** беспоко́иться о ком-л.
sorgen I. vt (sich um jdn kümmern) забо́титься, по- pf; **für jdn/etw ~** забо́титься о ком-л./чём-л.; II. vr беспоко́иться impf; **sich um jdn ~** беспоко́иться о ком-л.
sorgenfrei adj беззабо́тный
sorgenvoll adj озабо́ченный
Sorgerecht nt <gen: -(e)s> роди́тельские права́ ntpl; **jdm das Sorgerecht entziehen** лиши́ть кого́-л. роди́тельских прав
Sorgfalt f <gen: -> тща́тельность f
sorgfältig adj тща́тельный
sorglos adj беззабо́тный
Sorglosigkeit f <gen: -> (Achtlosigkeit) беззабо́тность f
sorgsam adj забо́тливый
Sorte f <-, -n> сорт m
sortieren vt сортирова́ть, рас- pf
Sortiermaschine f <-, -n> сортиро́вка f
Sortiment nt <-(e)s, -e> (ÖKON) ассортиме́нт m; **das ~ bereinigen** упоря́дочивать ассортиме́нт; **breites ~** широ́кий ассортиме́нт; **das ~ erweitern** расширя́ть ассортиме́нт; **das ~ optimieren** оптимизи́ровать ассортиме́нт; **tiefes ~** по́лный ассортиме́нт; **das ~ umstellen** измени́ть ассортиме́нт
Sortimentsbreite f <gen: -> (ÖKON) широта́ f ассортиме́нта
Sortimentstiefe f <gen: -> (ÖKON) полнота́ f ассортиме́нта
sosehr konj как бы ни...
Soße f <-, -n> со́ус m
Souffleur m <-s, -e> суфлёр m
Sound m <gen: -s> (MUS) характе́рное звуча́ние nt
Soundkarte f <-, -n> (von PC) звукова́я ка́рта f
Soundtrack m <-s, -s> му́зыка f к фи́льму
Souvenir nt <-s, -s> сувени́р m
Souvenirladen m <-s, -läden> сувени́рный магази́н m
souverän adj сувере́нный; **ein ~er Staat** сувере́нное госуда́рство
Souveränität f <gen: -> суверените́т m
soviel konj наско́лько
Sowchose f <-, -n> совхо́з m
soweit konj наско́лько
sowenig konj как ни ма́ло
sowie konj 1. (und auch) а та́кже; 2. (sobald) как то́лько
sowieso adv (ohnehin) так и́ли ина́че, всё равно́
Sowjetbürger, -in m/f <-s, -> (HIST) сове́тский граждани́н m
sowjetisch adj (HIST) сове́тский
Sowjetrepublik f <-, -en> (HIST) Сове́тская респу́блика f
Sowjetunion f <gen: -> (HIST) Сове́тский Сою́з m
Sowjetzeit f <gen: -> сове́тское вре́мя nt
sowohl konj : **~ ... als auch** как ..., так и ...
sozial adj социа́льный; **~e Einrichtungen** учрежде́ния социа́льного назначе́ния; **~e Marktwirtschaft** социа́льная ры́ночная эконо́мика
Sozialabgaben fpl <gen: -> расхо́ды mpl на социа́льное страхова́ние со стороны́ работода́теля
Sozialamt nt <-(e)s, -ämter> ве́домство nt по социа́льному обеспе́чению
Sozialarbeit f <gen: -> социа́льная рабо́та f
Sozialarbeiter, -in m <-s, -> социа́льный рабо́тник, -ная -ница m/f
Sozialausgaben pl <gen: -> расхо́ды pl на социа́льные ну́жды
Sozialausschuss m <-es, -ausschüsse> комите́т m по социа́льным вопро́сам
Sozialbehörde f <-, -n> ве́домство nt социа́льного обеспе́чения
Sozialdemokrat, -in m/f <-en, -en> социа́л-демокра́т, -ка m/f
sozialdemokratisch adj социа́л-демократи́ческий
Sozialdezernent, -in m/f <-en, -en> референт m по вопро́сам социа́льного обеспе́чения
Sozialexperte, -expertin m/f <-en, -en> экспе́рт m по вопро́сам соцобеспе́чения
Sozialforschung f <gen: -> социа́льные иссле́дования pl
Sozialgeschichte f <gen: -> социа́льная исто́рия f
Sozialgesetzbuch nt <gen: -(e)s> социа́льное законода́тельство nt
Sozialhilfe f <gen: -> посо́бие nt по ли́нии соцобеспе́чения
Sozialhilfeempfänger, -in m/f <-s, ->

Sozialismus получа́ющий *m* посо́бие по ли́нии соцобеспе́чения
Sozialismus *m* <gen: -> социали́зм *m*
Sozialist, -in *m/f* <-en, -en> социали́ст, -ка *m/f*
sozialistisch I. *adj* социалисти́ческий; II. *adv* по-социалисти́чески.
Sozialkosten *pl* <gen: -> (*Lohnnebenkosten*) расхо́ды работода́теля *pl* на социа́льное страхова́ние
Sozialleistungen *pl* <gen: -> посо́бия *pl* и услу́ги *pl* социа́льного хара́ктера
sozialliberal *adj* социа́льно-либера́льный
sozialkritisch *adj* социа́льно-крити́ческий
Sozialminister, -in *m/f* <-s, -> мини́стр *m* социа́льного обеспе́чения
Sozialministerium *nt* <gen: -s> министе́рство *nt* социа́льного обеспе́чения
sozialpädagogisch *adj* социа́льно-педагоги́ческий
Sozialpartner *m* <-s, -> социа́льный партнёр *m*
Sozialplan *m* <-(e)s, -pläne> план *m* социа́льного разви́тия
Sozialpolitik *f* <gen: -> социа́льная поли́тика *f*
sozialpolitisch *adj* социа́льно-полити́ческий, в о́бласти социа́льной поли́тики
Sozialprodukt *nt* <-(e)s, -e> социа́льный проду́кт *m*
sozialschwach *adj* нужда́ющийся в социа́льной защи́те
Sozialstaat *m* <gen: -(e)s> демократи́ческое госуда́рство с ра́звитой систе́мой социа́льной защи́ты гра́ждан
Sozialstation *f* <-, -en> (MED) отделе́ние *m* амбулато́рного ухо́да
Sozialsystem *nt* <-(e)s, -e> социа́льная систе́ма *f*
Sozialversicherung *f* <-, -en> социа́льное страхова́ние *nt*
Sozialversicherungsbeitrag *m* <-(e)s, -beiträge> взнос *m* на социа́льное страхова́ние
Sozialversicherungsträger *m* <-s, -> учрежде́ние *nt* социа́льного страхова́ния
sozialverträglich *adj* социа́льно прие́млемый
Sozialwesen *nt* <gen: -s> систе́ма *f* социа́льного обеспе́чения
Sozialwissenschaften *fpl* социа́льные нау́ки *fpl*
Sozialwissenschaftler, -in *m/f* <-s, -> обще́ственные нау́ки *fpl*
sozialwissenschaftlich *adj* общественнонау́чный
Sozialwohnung *f* <-, -en> кварти́ра *f* для малоиму́щих
Soziolekt *m* <-(e)s, -e> (LING) социоле́кт *m*
soziolinguistisch *adj* (LING) социолингвисти́ческий
Soziologe, -in *m* <-n, -n> социо́лог *m*
Soziologie *f* <gen: -> социоло́гия *f*
soziologisch *adj* социологи́ческий
sozioökonomisch *adj* социа́льно-экономи́ческий
sozusagen *adv* так сказа́ть
Spaceshuttle *nt* <gen: -s> Ша́ттл *m*
Spachtel *m* <-s, -> 1. (*Werkzeug*) шпа́тель *m*; 2. (*~kitt*) шпаклёвка *f*
Spaghetti, Spagetti *pl* спаге́тти *pl*
Spalt *m* <-(e)s, -e> (*schmale Öffnung*) щель *f*
spaltbar *adj* 1. (*Holz*) легко́ раска́лывающийся; 2. (PHYS) расщепля́емый
Spalte *f* <-, -n> 1. (*in einer Mauer*) тре́щина *f*; 2. (*im Druckwesen*) столбе́ц *m*
spalten I. *vt* 1. (*Holz*) коло́ть, на- *pf*; 2. (CHEM, PHYS) расщепля́ть, -пи́ть *pf*; II. *vr* 1. (*sich teilen, trennen*) раска́лываться, -коло́ться *pf*; 2. (CHEM, PHYS) расщепля́ться, -пи́ться *pf*
Spaltprodukt *nt* <-(e)s, -e> (PHYS) проду́кт *m* деле́ния
Spaltung *f* <-, -en> 1. (PHYS) расщепле́ние *nt*; 2. (*das Gespaltensein*) раско́л *m*; 3. (*Zwist*) разногла́сие *nt*
Span *m* <-(e)s, Späne> 1. (*Holz*) ще́пка *f*; 2. (*Metall*) стру́жка *f*
Spange *f* <-, -n> 1. (*für Haar*) зако́лка *f*; 2. (*an Arm*) браслет *m*; 3. (*an Schuh*) пря́жка *f*; 4. (*für Zähne*) пласти́на *f*
Spanien *nt* <gen: -s> Испа́ния *f*
Spanier, -in *m/f* <-s, -> испа́нец, -нка *m/f*
spanisch I. *adj* испа́нский; II. *adv* по-испа́нски.
spanischsprachig *adj* испаноязы́чный
spann *prät von* **spinnen**
Spanne *f* <-, -n> 1. (*Zeitspanne*) промежу́ток *m* вре́мени; 2. (*Preisspanne*) ра́зница *f*
spannen I. *vt* (*strecken, dehnen*) натя́гивать, -тяну́ть *pf*; **ein Netz ~** натяну́ть сеть; II. *vi* (*zu eng sein*) жать *impf*, тяну́ть *impf*
spannend *adj* (*fesselnd*) увлека́тельный; **ein ~er Roman** увлека́тельный рома́н
Spannung *f* <-, -en> 1. (*erregte Erwartung*) напряже́ние; **politische ~en** полити́ческая напряжённость 2. (EL) напряже́ние *nt*
Spannungsmesser *m* <-s, -> (EL) вольтме́тр *m*
Spannweite *f* <-, -n> 1. (*von Flügeln*) разма́х *m*; 2. (*von Brücken*) пролёт *m*
Spanplatte *f* <-, -n> древесностру́жечная плита́ *f*

Sparbrief *m* <-(e)s, -e> сберегательная грамота *f*
Sparbuch *nt* <-(e)s, -bücher> 1. сберегательная книга *f*; 2. (*umg*) сберегательная книжка *f*
Spardose *f* <-, -n> копилка *f*
Spareinlage *f* <-, -n> сберегательный вклад *m*
sparen *vt* копить, на- *pf*, экономить, с- *pf*; **Geld für ein Auto ~** копить деньги на машину; **Zeit ~** экономить время; **am Essen ~** экономить на еде
Sparförderung *f* <gen: -> стимулирование *nt* сбережений
Spargel *m* <-s, -> спаржа *f*
Sparkasse *f* <-, -n> сберкасса *f*
Sparkonto *nt* <-s, -s/ -konten> лицевой счёт *m* в сберкассе
spärlich *adj* скудный, бедный
Sparmaßnahme *f* <-, -n> мероприятие *nt* в целях экономии
Sparpaket *nt* <-(e)s, -e> пакет *m* мер по экономии средств
Sparprämie *f* <-, -n> премия *f* за сберегательный вклад
Sparringspartner *m* <-s, -> (SPORT: *Boxen*) партнёр *m* по спаррингу
sparsam *adj* бережливый, экономный; **ein ~es Auto** экономичная машина
Sparsamkeit *f* <gen: -> бережливость *f*, экономность *f*
Sparte *f* <-, -n> 1. (*einer Zeitung*) рубрика *f*; 2. (*Zweig*) отрасль *f*; 3. (*Fachgebiet*) раздел *m*
Sparzinsen *pl* <gen: -> проценты *pl* на сберегательный вклад
Spaß *m* <-es, Späße> 1. (*Scherz*) шутка *f*; **das war doch nur ein ~** я же только пошутил 2. (*kein pl: Freude, Vergnügen*) удовольствие *nt*; **viel ~!** желаю приятно провести время!
spaßen *vi* шутить, по- *pf*
spaßeshalber *adv* (*umg*) в шутку
spaßig *adj* 1. (*zum Lachen reizend*) смешной, забавный; 2. (*humorvoll*) шутливый
Spaßvogel *m* <-s, -vögel> шутник, -ница *m/f*
spät *adj* поздний; **es ist schon ziemlich ~** уже довольно поздно; **wie ~ ist es?** сколько сейчас времени?
spätabends *adv* поздно вечером
Spätdienst *m* <-(e)s, -e> вечернее дежурство *nt*
Spaten *m* <-s, -> (штыковая) лопата *f*
später I. *adj* более поздний; II. *adv* позднее, позже; **früher oder ~** рано или поздно.
spätestens *adv* самое позднее
Spätfolge *f* <-, -n> (MED) отдалённое последствие *nt*
Spätgotik *f* <gen: -> поздняя готика *f*
Spätherbst *m* поздняя осень *f*

Spätschaden *m* <-s, -schäden> (MED) отдалённое последствие *nt*
Spätschicht *f* <-, -en> поздняя смена *f*
Spätstadium *nt* <gen: -s> поздняя стадия *f*
Spätwerk *nt* <-(e)s, -e> позднее творчество *nt*
Spatz *m* <-es/ -en, -en> воробей *m*
Spätzünder *m* <-s, -> (*umg: pej*) тугодум *m*
spazieren *vi* (*schlendern*) гулять, по- *pf*
spazieren gehen *irr vi* гулять, по- *pf*
Spaziergang *m* <-(e)s, -gänge> прогулка *f*; **einen ~ machen** прогуляться
Spazierweg *m* <-(e)s, -e> дорога *f* для прогулки
SPD *akr von* **Sozialdemokratische Partei Deutschlands** *f* СДПГ (Социал-демократическая партия *f* Германии)
Specht *m* <-(e)s, -e> дятел *m*
Speck *m* <gen: -(e)s> 1. (*Schweinespeck*) сало *nt*; **geräucherter ~** копчёное сало 2. (*umg: Fettpolster*) жир *m*; **~ ansetzen** (*umg*) обрасти жиром
Speckstein *m* <gen: -(e)s> стеатит *m*
Spediteur *m* <-s, -e> экспедитор *m*
Spedition *f* <-, -en> транспортно-экспедиционное агентство *nt*
Speditionskosten *pl* <gen: -> экспедиционные расходы *pl*
Speed *nt* <gen: -s> (SPORT) высокая скорость *f*
Speer *m* <-(e)s, -e> копьё *nt*
Speiche *f* <-, -n> 1. (*am Rad*) спица *f*; 2. (ANAT) лучевая кость *f*
Speichel *m* <gen: -s> слюна *f*
Speichelfluss *m* <gen: -es> слюнотечение *nt*
Speichelleckerei *f* <gen: -> (*pej*) подхалимство *nt*
Speichenbein *nt* <-(e)s, -e> (ANAT) лучевая кость *f*
Speicher *m* <-s, -> 1. (*Lager*) склад *m*; 2. (*Dachboden*) чердак *m*; 3. (*für Wasser*) водохранилище *nt*; 4. (DV) память *f*, блок *m* памяти
Speicherkapazität *f* <-, -en> (DV) ёмкость *f* памяти
speichern *vt* 1. (*Waren etc*) хранить, со- *pf*, складывать *impf*; 2. (*fig: Wissen, Kenntnisse*) накапливать, -копить *pf*; 3. (DV) собирать, собрать *pf*, накапливать, -копить *pf*; 4. (EL) аккумулировать, с- *pf*
Speicherplatz *m* <gen: -es> (DV) ячейка *f* памяти
Speise *f* <-, -n> 1. (*Nahrung*) пища *f*; 2. (*Gericht*) блюдо *nt*
Speiseeis *nt* <gen: -es> мороженое *nt*
Speisekarte *f* <-, -n> меню *nt*
Speisenfolge *f* <-, -n> меню *nt*

Speiseöl *nt* <-(e)s, -e> пищевое растительное масло *nt*
Speiserestaurant *nt* <-s, -s> ресторан *m*
Speiseröhre *f* <-, -n> пищевод *m*
Speisesalz *nt* <gen: -es> пищевая соль *f*
Speisewagen *m* <-s, -> вагон *m* -ресторан *m*
Speisung *f* <gen: -> (TECH) питание *nt*
Spektakel *nt* <-s, -> (*Lärm, Krach*) шум *m*; **ein großes ~ machen** (на)делать много шума
spektakulär *adj* сенсационный
Spektralanalyse *f* <-, -n> (PHYS) спектральный анализ *m*
Spektrum *nt* <-s, Spektren> 1. (PHYS) спектр *m*; 2. (*fig*) разнообразие *nt*
Spekulant, -in *m/f* <-en, -en> спекулянт, -ка *m/f*
Spekulation *f* <-, -en> спекуляция *f*
Spekulationsgeschäft *nt* <-(e)s, -e> спекуляция *f*, спекулятивная сделка *f*
Spekulationsgewinn *m* <-(e)s, -e> прибыль *f* от спекуляции
spekulieren *vi* 1. (*umg: auf etw rechnen*) рассчитывать *pf* (*auf +akk* на *+akk*); 2. (*durch Spekulation Gewinne machen wollen*) спекулировать *impf*; **an der Börse ~** спекулировать на бирже
Spende *f* <-, -en> пожертвование *nt*
spenden *vt* пожертвовать *pf* (*für +akk* на *+akk*); **Blut ~** сдавать кровь
Spendengeld *nt* <gen: -(e)s> денежные пожертвования *pl*
Spendenkonto *nt* <-s, -konten> счёт *m* для внесения пожертвований
Spender, -in *m/f* <-s, -> донор *m*
Spenderausweis *m* <-(e)s, -e> донорское удостоверение *nt*
Spenderbox *f* <-, -en> ящик *m* для пожертвований
Sperma *nt* <-s, Spermen/Spermata> сперма *f*
spermizid *adj* (MED) спермицидный
sperrangelweit *adv* настежь
Sperrdepot *nt* <-s, -s> (ÖKON) блокированный депозит *m*
Sperre *f* <-, -n> 1. заграждение *nt*, преграда *f*; 2. (*Verbot*) запрет *m*
sperren *vt* 1. (*versperren*) перегораживать, -городить *pf*; **eine Straße für den Verkehr ~** закрыть улицу для движения; **das Gas/Telefon ~** отключить газ/телефон; **ein Konto ~** заморозить счёт; **den Handel ~** наложить эмбарго на торговлю 2. (*einsperren*) закрывать, -крыть *pf*
Sperrfeuer *nt* <gen: -(e)s> (MIL) заградительный огонь *m*
Sperrholz *nt* <gen: -es> фанера *f*
sperrig *adj* громоздкий
Sperrminorität *f* <-, -en> (POL) блокирующее меньшинство *nt*
Sperrmüll *m* <gen: -(e)s> крупногабаритный мусор *m*
Sperrstunde *f* <gen: -> комендантский час *m*
Sperrvermerk *m* <-(e)s, -e> запретительная надпись *f*
Sperrzone *f* <-, -n> запретная зона *f*
Spesen *pl* <gen: -> издержки *pl*, накладные расходы *pl*
Spesenabrechnung *f* <-, -en> расчёт *m* по накладным расходам
Spesenvergütung *f* <-, -en> возмещение *nt* накладных расходов
Spezialausbildung *f* <-, -en> специальная подготовка *f*
Spezialeinheit *f* <-, -en> (MIL) специальное подразделение *nt*
spezialisieren *vr* специализироваться *pf* (*auf +dat* на *+präpos*)
Spezialisierung *f* <-, -en> специализация *f*; **~ auf einen bestimmten Bereich** специализация в определённой сфере
Spezialist, -in *m/f* <-en, -en> специалист, -ка *m/f*
Spezialität *f* <-, -en> специальность *f*
Spezialvollmacht *f* <gen: -> специальное полномочие *nt*
speziell I. *adj* (*besonders*) специальный, особенный; II. *adv* специально
Spezifikation *f* <-, -en> спецификация *f*
spezifisch *adj* специфический, специфичный; **das ~e Gewicht** (PHYS) удельный вес
spezifizieren *vt* указывать по отдельности
Sphäre *f* <-, -n> сфера *f*
spicken *vt* (*Braten, auch fig*) шпиговать, на- *pf*
Spickzettel *m* <-s, -> (*umg*) шпаргалка *f*
Spiegel *m* <-s, -> 1. зеркало *nt*; 2. (*Wasserstand*) уровень *m*
Spiegelbild *nt* <-(e)s, -er> отражение *nt*
Spiegelei *nt* <-(e)s, -er> яичница *f*
spiegeln I. *vt* (*widerspiegeln*) отражать, -разить *pf*; II. *vi* (*sich widerspiegeln*) отражаться, -разиться *pf*
Spiegelreflexkamera *f* <-, -s> зеркальный фотоаппарат *m*
Spiegelschrank *m* <-(e)s, -schränke> шкаф *m* с зеркалом
Spiegelteleskop *nt* <-(e)s, -e> зеркальный телескоп *m*
Spiegelung *f* <-, -en> (*das Spiegeln*) отражение *nt*
spiegelverkehrt *adj* в зеркальном отражении
Spiel *nt* <-(e)s, -e> 1. игра *f*; **etw aufs ~ setzen** (*etw in Gefahr bringen*) поставить что-л. на карту; **etw steht auf dem ~** (*gefährdet sein*) что-л. поставлено на карту 2. (TECH) зазор *m*
Spielautomat *m* <-en, -en> игральный автомат *m*

Spielbank f <-, -en> игорный дом m
Spielbrett nt <-(e)s, -er> (Schach) шахматная доска f
Spieleifer m <gen: -s> азарт m
Spieleinsatz m <-es, -einsätze> ставка f
spielen vt 1. играть, сыграть pf, поиграть pf; 2. (vortäuschen) разыгрывать, разыграть pf; mit jds Gefühlen ~ играть чьими-л. чувствами; jdn ~ (THEAT) играть кого-л.; heute wird im Theater ... gespielt сегодня в театре идёт ...; die Handlung spielt in ... действие происходит в ...; Fußball ~ играть в футбол; Gitarre ~ играть на гитаре
spielend adj (mühelos) играючи
Spieler, -in m/f <-s, -> (Spielteilnehmer(in), Glücksspieler) игрок m
Spielerei f <-, -en> баловство nt, забава f
Spielfeld nt <-(e)s, -er> (игровое) поле nt
Spielfilm m <-(e)s, -e> художественный фильм m
Spielhalle f <-, -n> игорный дом m
Spielmarke f <-, -n> марка f
Spielothek f <-, -n> игротека f
Spielplan m <-(e)s, -pläne> (THEAT) репертуар m
Spielplatz m <-es, -plätze> детская площадка f
Spielraum m <gen: -(e)s> возможности pl, свобода f действий
Spielregel f <-, -n> правило игры
Spielsachen pl <gen: -> игрушки fpl
Spielstätte f <-, -n> место nt для игр(ы)
Spielsüchtige(r) mf <-n, -n> азартный игрок m
Spieltheorie f <gen: -> (MATH) игр теория f
Spieltrieb m <gen: -(e)s> удовольствие nt от игры
Spielwaren pl <gen: -> игрушки pl
Spielwarengeschäft nt <-(e)s, -e> магазин m игрушек
Spielweise f <gen: -> способ m игры
Spielzeug nt <gen: -(e)s> игрушка f
Spielzeugauto nt <-s, -s> игрушечный автомобиль m
Spieß m <-es, -e> 1. (Waffe) копьё nt; 2. (Bratspieß) вертел m
Spießbürger, -in m/f <-s, -> (pej) обыватель, -ница m/f, мещанин, -щанка m/f
spießig adj (pej) обывательский, мещанский
Spillover-Effekt m <gen: -(e)s> (Marketing) сопредельный эффект m
Spinat m <gen: -(e)s> шпинат m
Spind m шкаф m
Spindel f <-, -n> 1. (am Spinnrad) веретено nt; 2. (TECH) шпиндель m
Spinne f <-, -n> паук m
spinnen I. vt <sponn, gesponnen> 1. (Garn, Wolle) прясть impf; 2. (Spinne, auch fig) плести, с- pf; II. vi (umg: nicht ganz bei Verstand sein) быть impf не в своём уме; spinnst du? ты что, рехнулся?
Spinnerei f <-, -en> 1. (Betrieb) прядильная фабрика f; 2. (umg: wunderlicher Gedanke) бред m
Spinnmaschine f <-, -n> прядильная машина f
Spinnrocken m <-s, -> прялка f
Spinnwebe f <-, -n> паутина f
Spion, -in m/f <-s, -e> 1. шпион, -ка m/f; 2. (Guckloch an der Tür) глазок m
Spionage f <gen: -> шпионаж m
Spionageabwehr f <gen: -> контрразведка f
Spionagenetz nt <-es, -e> шпионская сеть f
spionieren vi 1. (als Spion tätig sein) заниматься, -няться pf шпионажем; 2. (fig: herumsuchen) шпионить impf
Spiralblock m <-(e)s, -blöcke> блокнот m на спирали
Spirale f <-, -n> спираль f
Spiralfeder f <-, -n> (TECH) спиральная пружина f
spiralförmig adj спиральный
Spiralhefter m <-s, -> спиральный скоросшиватель m
Spiritismus m <gen: -> спиритизм m
spiritistisch adj спиритический
spirituell adj духовный
Spirituose f <-, -n> спиртной напиток m
Spiritus m <gen: -> спирт m
Spiritusbrenner m <-s, -> спиртовка f
Spirituslampe f <-, -n> спиртовая лампа f
Spital nt <-s, Spitäler> (CH, österr: Krankenhaus) больница f, госпиталь m
spitz adj 1. острый; 2. (stichelnd) колкий
Spitz m <-es, -e> (Hunderasse) шпиц m
Spitzbube m <-n, -n> (pej: Betrüger) мошенник m, жулик m
Spitze f <-, -n> 1. (von Gegenständen) кончик m, остриё nt; 2. (Fingerspitze) кончик m; 3. (von Baum) верхушка f; 4. (von Berg) вершина f; 5. (Anfang) голова f; an der ~ der Kolonne в голове колонны; an der ~ von etw stehen (die höchste Position innehaben) стоять во главе чего-л. 6. (fig: Höchstmaß, Gipfel) крайность f; das ist einsame (umg) это высший класс
Spitzel m <-s, -> 1. (Schnüffler) шпик m; 2. (der Polizei) сыщик m
spitzen vt (anspitzen) точить, на- pf; einen Bleistift ~ наточить карандаш; die Ohren ~ навострить уши
Spitzenerzeugnis nt <-es, -e> изделие nt высшего качества
Spitzengeschwindigkeit f <-, -en> максимальная скорость f
Spitzengespräch nt <-(e)s, -e> (POL)

беседа f в верхах
Spitzengruppe f <-, -n> (SPORT) головная группа f
Spitzenkandidat m <-en, -en> главный [o основной] кандидат m
Spitzenlohn m <-(e)s, -löhne> максимальная заработная плата f
Spitzenmanagement nt <gen: -s> топ-менеджмент m
Spitzenmanager, -in m/f <-s, -> топ-менеджер m
Spitzenplatz m <-es, -plätze> (SPORT) ведущее место nt
Spitzenpolitiker, -in m/f <-s, -> ведущий политический деятель m
Spitzenspiel nt <-(e)s, -e> (SPORT) встреча f команд экстра-класса
Spitzensportler, -in m/f <-s, -> спортсмен, -ка экстракласса
Spitzensteuersatz m <-es, -sätze> максимальная ставка f налогообложения
Spitzentechnologie f <-, -n> высокая технология f
Spitzenverband m <-(e)s, -verbände> (ÖKON) головное объединение nt
Spitzenverdiener, -in m/f <-s, -> лицо nt, имеющее самый высокий заработок
Spitzenverdienst m <-(e)s, -e> самый высокий заработок m
Spitzenwert m <-(e)s, -e> предельная величина f, максимум m
spitzfindig adj хитроумный
Spitzfindigkeit f <gen: -> хитроумие nt
Spitzname f <-ns, -n> прозвище nt
spitzwinklig adj остроугольный
Splitter m <-s, -> 1. (Holz~) заноза f; 2. (Glas~, Granaten~) осколок m
Splittergruppe f <-, -n> мелкая группировка f
splittern vi раскалываться, -колоться pf
splitternackt adj (umg) совершенно голый
Splitting nt <-s, -s> дробление nt
Spoiler m <-s, -> спойлер m
Sponsor m <-s, -en> спонсор m
Sponsoring nt <gen: -s> спонсорство nt
spontan adj стихийный, спонтанный
Spontaneität f <gen: -> стихийность f, спонтанность f
Spore f <-, -> (BOT) спора f
Sport m <gen: -(e)s> спорт m; ~ **treiben** заниматься спортом
Sportanlage f <-, -n> спортивное сооружение nt
Sportanzug m <-(e)s, -anzüge> спортивный костюм m
Sportartikelgeschäft nt <-(e)s, -e> магазин m спорттоваров
Sportarzt m <-es, -ärzte> спортивный врач m

Sportclub m <-s, -s> спортивный клуб m
Sportflugzeug nt <-(e)s, -e> спортивный самолёт m
Sportgerät nt <-(e)s, -e> спортивный прибор m
Sportgetränk nt <-(e)s, -e> спортивный напиток m
Sporthalle f <-, -n> спортивный зал m
Sportkleidung f <gen: -> спортивная одежда f
Sportlehrer, -in m/f <-s, -> преподаватель, -ница m/f физкультуры
Sportler, -in m/f <-s, -> спортсмен, -ка m/f
sportlich adj спортивный
Sportmedizin f <gen: -> спортивная медицина f
Sportmeldung f <-, -en> (in Zeitung) краткое спортивное сообщение nt
Sportnahrung f <gen: -> спортивное питание nt
Sportplatz m <-es, -plätze> спортивная площадка f
Sportschuh m <-(e)s, -e> кроссовки pl
Sportschule f <-, -n> спортивная школа f
Sportunterricht m <gen: -(e)s> урок m физкультуры
Sportveranstaltung f спортивное мероприятие nt
Sportverein m <-s, -e> спортивное общество nt
Sportwagen m <-s, -> 1. (Auto) спортивная машина f; 2. (Kinderwagen) прогулочная коляска f
Sportzeitung f <-, -en> спортивная газета f
Spot m <-s, -s> (Werbekurzfilm) рекламный ролик m
Spotgeschäft nt <-(e)s, -e> (BÖRSE) кассовая сделка f
Spott m <gen: -(e)s> насмешка f
spotten vi насмехаться impf (über +akk над +inst)
spöttisch adj насмешливый
sprach prät von **sprechen**
sprachbegabt adj способный к изучению языков
Sprache f <-, -n> 1. язык m; 2. (Sprechweise) речь f; **zur ~ kommen** стать предметом разговора; **mehrere ~n beherrschen** владеть многими языками
Sprachenschule f <-, -n> курсы mpl иностранных языков
Sprachfamilie f <-, -n> (LING) семья f языков
Sprachfehler m <-s, -> дефект m речи
Sprachführer m <-s, -> разговорник m
Sprachgrenze f <-, -n> языковая граница f
Sprachkompetenz f <gen: -> (глубокое)

знáние nt языкá
Sprachkurs m <-es, -e> кýрсы mpl инострáнных языкóв
Sprachlabor nt <-s, -s/ -e> лингафóнный кабинéт m
Sprachlehrer, -in m <-s, -> учи́тель m языкá
sprachlich I. adj языковóй; II. adv в языковóм плáне.
sprachlos adj онемéвший; **vor Staunen ~ sein** онемéть от удивлéния
Sprachraum m <-(e)s, -räume> óбласть f распространéния языкá
Sprachreise f <-, -n> поéздка f в странý изучáемого языкá
Sprachrohr nt <-(e)s, -e> (fig) рýпор m
Sprachstörung f <-, -en> дефéкт m рéчи
Sprachsystem nt <gen: -(e)s> систéма f языкá
Sprachtechnologie f <gen: -> электрóнная обрабóтка f языкá
Sprachwandel m <gen: -s> (LING) развúтие nt языкá
Sprachwissenschaft f <gen: -> языкознáние nt
Sprachwissenschaftler, -in m/f <-s, -> языковéд m
sprachwissenschaftlich adj языковéдческий
sprang prät von **springen**
Spray m <-s, -s> аэрозóль m
Sprechanlage f <-, -n> переговóрное устрóйство nt
sprechen vt <sprach, gesprochen> 1. говорúть, по- pf, разговáривать impf; 2. (eine Rede halten) выступáть, выступить; **wann kann ich ihn ~?** когдá я смогý поговорúть с ним?; **mehrere Sprachen ~** он говорúт на мнóгих языкáх; **miteinander ~** говорúть друг с дрýгом; **Deutsch/Russisch ~** говорúть по-немéцки/по-рýсски
Sprecher, -in m/f <-s, -> 1. (Redner) орáтор m; 2. (der Regierung) представúтель, -ница m/f; 3. (im Radio) ди́ктор m
Sprecherziehung f <gen: -> развúтие nt рéчи
Sprechfunkgerät nt <gen: -(e)s> радиотелефóн m
Sprechstunde f <-, n> 1. приём m; 2. (pl) часы́ mpl приёма
Sprechweise f <-, -n> манéра f говорúть
Sprechzimmer nt <-s, -> приёмная f
spreizen vt растопы́ривать, -пы́рить pf
sprengen vt (mit Sprengstoff zerstören) взрывáть, взорвáть pf
Sprengkopf m <-(e)s, -köpfe> боеголóвка f
Sprengkörper m <-s, -> подрывнáя шáшка f
Sprengstoff m <gen: -(e)s> 1. взрывчáтое веществó nt; 2. (umg) взрывчáтка f
Sprengwagen m <-s, -> поливóчная маши́на f
Sprichwort nt <-(e)s, -wörter> послóвица f
Springbrunnen m <-s, -> фонтáн m
springen vi <sprang, gesprungen> пры́гать, пры́гнуть pf; **ins Wasser ~** пры́гнуть в вóду
Springer, -in m/f <-s, -> 1. (SPORT) прыгýн m; 2. (Schachfigur) конь m
Sprinkler m <-s, -> дождевáтель m
Sprint m <-s, -s> спринт m
Sprinter, -in m/f <-s, -> (SPORT) спри́нтер m
Sprit m <gen: -(e)s> 1. (umg: Benzin) бензи́н m; 2. (umg: Schnaps) спирт m
Spritze f <-, -n> 1. (Injektionsspritze) шприц m; 2. (Injektion) укóл m; **jdm eine ~ geben** сдéлать комý-л. укóл 3. (Feuer~) пожáрный насóс m
spritzen vt 1. (injizieren) впры́скивать, -снуть pf, дéлать, с- pf инъéкцию; 2. (verspritzen) бры́згать, -знуть pf; **etw ~ бры́згать чем-л.** 3. (Baum etc) опры́скивать, -снуть
Spritzer m <-s, -> бры́зги mpl
spritzig adj игри́стый; **ein ~er Wein** игри́стое винó
Spritzkuchen m <-s, -> пóнчик m
spröde adj 1. (brüchig) хрýпкий, лóмкий; **~ Haut** сухáя кóжа 2. (fig: verschlossen) чóпорный
Sprödigkeit f <gen: -> хрýпкость f, лóмкость f
Spross m <-es, -e o -en> побéг m
Sprosse f <-, -n> (an Leiter) переклáдина f
Sprossenwand f <-, -wände> (SPORT) гимнасти́ческая стéнка f
Sprössling m <-s, -e> óтпрыск m
Spruch m <-(e)s, Sprüche> 1. (einprägsamer Satz) изречéние nt; 2. (JUR: Urteilsspruch) пригóвор m
Sprudel m <-s, -> (Mineralwasser) минерáльная водá f
sprudeln vi 1. (herausfließen) бить impf ключóм; 2. (vor Kohlensäure etc) пузы́риться impf, бурли́ть impf
Sprühdose f <-, -n> аэрозóльный баллóнчик m
sprühen I. vi 1. (Flüssigkeit) бры́згать, -знуть pf; 2. (Funken) разлетáться, -летéться pf; II. vt (zerstäuben) бры́згать, по- pf; **Wasser auf die Blätter ~** опры́скивать листья водóй
Sprühflasche f <-, -n> аэрозóльная ёмкость f
Sprühregen m <gen: -s> и́зморось f
Sprung m <-(e)s, -Sprünge> прыжóк m; **jdn auf einen ~ besuchen** забежáть к комý-л. на минýтку

sprungbereit *adj* гото́вый к прыжку́
Sprungbrett *nt* <-(e)s, -er> 1. гимнасти́ческий мо́стик *m*; 2. подкидна́я доска́ *f*
Sprunggelenk *nt* <-(e)s, -e> (ANAT) голеносто́пный суста́в *m*
sprunghaft *adj* 1. (*unstetig*) неуравнове́шенный; 2. (*rasch*) ре́зкий
Spucke *f* <gen: -> (*umg: Speichel*) слюна́ *f*
spucken *vi* (*speien*) плева́ть, плю́нуть *pf*
Spuk *m* <gen: -(e)s> привиде́ние *nt*
spuken *vi*: in dem Schloss soll es noch ~ говоря́т, что в э́том за́мке всё ещё во́дятся привиде́ния
Spule *f* <-, -n> (*auch* EL) кату́шка *f*
Spüle *f* <-, -n> мо́йка *f*
spülen I. *vt* 1. (*Geschirr*) мыть, по- *pf*; 2. (*auswaschen*) полоска́ть, про- *pf*; II. *vi* (*Wasserspülung betätigen*) спуска́ть, спусти́ть *pf* во́ду
Spüllappen *m* <-s, -> тря́пка *f* для мытья́ посу́ды
Spülmaschine *f* <-, -n> посудомо́йная маши́на *f*
Spülmittel *nt* <-s, -> сре́дство *nt* для мытья́ посу́ды
Spülung *f* <-, -en> 1. (*der Toilette*) смыв *m*; 2. (MED: *das Durchspülen*) промыва́ние *nt*
Spur *f* <-, -en> 1. (*Bodenabdruck*) след *m*; seine ~en verwischen замести́ следы́; jdm auf die ~ kommen напа́сть на след кого́-л. 2. (*Fahr~*) полоса́ *f*, ряд *m*; die ~ wechseln встать в друго́й ряд
spürbar *adj* ощути́мый
Spurbreite *f* <-, -n> ширина́ *f* коле́й
spüren *vt* (*fühlen*) чу́вствовать, по- *pf*
Spurenelement *nt* <-(e)s, -e> микроэлеме́нт *m*
Spurensicherung *f* <gen: -> фикса́ция *f* следо́в
Spurensuche *f* <gen: ->: auf der Spurensuche по следа́м чего́-л.
spurlos *adj* бессле́дный; ~ verschwinden бессле́дно исче́знуть
Spürsinn *m* <gen: -(e)s> чутьё *nt*
Spurt *m* <-(e)s, -s> рыво́к *m*
Spurweite *f* <-, -n> ширина́ *f* коле́й
Sputnik *m* спу́тник *m*
Squash *nt* сквош *m*
Sri Lanka *f* <gen: -s> Шри Ла́нка *f*
SSV *abk von Sommerschlussverkauf*
Staat *m* <-(e)s, -en> госуда́рство *nt*; ein benachbarter ~ сосе́днее госуда́рство; ein neutraler ~ нейтра́льное госуда́рство
Staatenbund *m* <-es, -bünde> конфедера́ция *f*
Staatengemeinschaft *f* <-, -en> содру́жество *nt* стран
staatenlos *adj* не име́ющий гражда́нства
staatenübergreifend *adj* охва́тывающий разли́чные госуда́рства
staatlich *adj* госуда́рственный; ~er Eingriff вмеша́тельство госуда́рства; ~es Monopol госуда́рственная монопо́лия; ~e Schuldenpolitik госуда́рственная долгова́я поли́тика; ~es Unternehmen госуда́рственное предприя́тие
staatlicherseits *adv* со стороны́ госуда́рства
Staatsangehörigkeit *f* <-, -en> гражда́нство *nt*, по́дданство *nt*; die deutsche ~ annehmen приня́ть неме́цкое гражда́нство
Staatsanleihen *pl* <gen: -> госуда́рственные за́ймы *pl*
Staatsanwalt *m* <-(e)s, -anwälte> прокуро́р *m*
Staatsanwältin *f* <-, -nen> прокуро́р *m*
Staatsanwaltschaft *f* <gen: -> прокурату́ра *f*
Staatsausgaben *pl* <gen: -> госуда́рственные расхо́ды *pl*
Staatsbank *f* <-, -en> госуда́рственный банк *m*
Staatsbankrott *m* <gen: -s> банкро́тство *nt* госуда́рства
Staatsbetrieb *m* <-(e)s, -e> госуда́рственное предприя́тие *nt*
Staatsbibliothek *f* <-, -en> госуда́рственная библиоте́ка *f*
Staatsbürger, -in *m/f* <-s, -> граждани́н, -да́нка *m/f* госуда́рства
Staatsbürgerschaft *f* <-, -en> гражда́нство *nt*
Staatsdiener *m* <-s, -> лицо́ *nt*, находя́щееся на госуда́рственной слу́жбе
Staatsduma *f* <gen: -> Госуда́рственная ду́ма *f*
Staatseigentum *nt* <gen: -(e)s> госуда́рственная со́бственность *f*
Staatseinnahmen *pl* <gen: -> дохо́ды *pl* госуда́рства
Staatsetat *m* <gen: -s> госуда́рственный бюдже́т *m*
Staatsexamen *nt* <-s, -/ -examina> 1. госуда́рственный экза́мен *m*; 2. (*umg*) госэкза́мен *m*
Staatsfeind *m* <-(e), -e> враг *m* госуда́рства
staatsfeindlich *adj* антигосуда́рственный
Staatsform *f* <-, -en> госуда́рственная фо́рма *f*
Staatsgeheimnis *nt* госуда́рственная та́йна *f*
Staatsgrenze *f* <-, -n> госуда́рственная грани́ца *f*
Staatshaftung *f* <gen: -> отве́тственность *f* госуда́рства
Staatshaushalt *m* <gen: -(e)s> госуда́рственный бюдже́т *m*

Staatskirche *f* <*gen:* -> государственная церковь *f*
Staatsmacht *f* <*gen:* -> государственная власть *f*
Staatsmann *m* <-(e)s, -männer> государственный деятель *m*
Staatsoberhaupt *nt* <-(e)s, -oberhäupter> глава *f* государства
Staatsoper *f* <*gen:* -> государственная опера *f*
Staatspolizei *f* <*gen:* -> полиция *f*, состоящая на политической службе
Staatspräsident, -in *m/f* <-en, -en> президент *m* государства
Staatsrat *m* <*gen:* -(e)s> государственный совет *m*
Staatsratsvorsitzende *m* <-n, -n> председатель *m* государственного совета
Staatsrecht <*gen:* -(e)s> государственное право *nt*
Staatsschulden *pl* <*gen:* -> долги *pl* государства
Staatssekretär, -in *m/f* <-s, -e> государственный секретарь *m*
Staatssicherheit *f* <*gen:* -> государственная безопасность *f*
Staatssicherheitsdienst *m* <*gen:* -(e)s> служба *f* государственной безопасности
Staatssicherheitsgericht *nt* <*gen:* -(e)s> суд *m* по делам государственной безопасности
Staatsstreich *m* <-(e)s, -e> государственный переворот *m*, путч *m*
Staatstätigkeit *f* <-, -en> государственная деятельность *f*
Staatstheater *nt* <*gen:* -s> государственный театр *m*
Staatstrauer *f* <*gen:* -> национальный траур *m*
Staatsunternehmen *nt* <-s, -> государственное предприятие *nt*
Staatsverschuldung *f* <*gen:* -> государственная задолженность *f*
Staatsvertrag *m* <-(e)s, -verträge> государственный договор *m*
Staatswirtschaft *f* <*gen:* -> государственное хозяйство *nt*
Stab *m* <-(e)s, Stäbe> 1. (*Stock*) палка *f*; 2. (*leitende Gruppe*) штаб *m*
Stäbchen *nt* <-s, -> палочка *f*
Stabhochspringer *m* <-s, -> шестовик *m*
Stabhochsprung *m* <*gen:* -(e)s> прыжки *mpl* с шестом
stabil *adj* стабильный, устойчивый
Stabilisator *m* <-s, -en> стабилизатор *m*
stabilisieren *vt* стабилизировать *impf/pf*
Stabilisierung *f* <*gen:* -> стабилизация *f*
Stabilität *f* <*gen:* -> стабильность *f*, устойчивость *f*; **die wirtschaftliche ~ aufrechterhalten** поддерживать экономическую стабильность
Stabilitätspolitik *f* <*gen:* -> политика *f* стабилизации
Stablampe *f* <-, -n> софитная лампа *f*
Stabsfeldwebel *m* <-s, -> штаб-фельдфебель *m*
Stabsstelle *f* <-, -n> штаб *m*
Stabwechsel *m* <-s, -> (SPORT: *bei Staffellauf*) передача *f* эстафетной палочки
stach *prät von* **stechen**
Stachel *m* <-s, -> 1. (*Dorn*) шип *m*; 2. (*von Insekten*) жало *nt*; 3. (*von Igel*) колючка *f*
Stachelbeere *f* <-, -n> крыжовник *m*
Stachelbeerstrauch *m* <-(e)s, -sträucher> крыжовник *m*
Stacheldraht *m* <*gen:* -(e)s> колючая проволока *f*
Stacheldrahtverhau *m* <*gen:* -s> проволочное заграждение *nt*
Stacheldrahtzaun *m* <-(e)s, -zäune> проволочный забор *m*
stachelig *adj* колючий
Stadel *m* <-s, -/ Städel> 1. (*CH, österr: Scheune*) сарай *m*, амбар *m*; 2. сеновал *m*
Stadion *nt* <-s, Stadien> стадион *m*
Stadium *nt* <-s, Stadien> стадия *f*
Stadt *f* <-, Städte> город *m*
Stadtarchiv *nt* <-(e)s, -e> городской архив *m*
Stadtautobahn *f* <-, -en> городская автомагистраль *f*
Stadtbahn *f* <-, -en> городская электричка *f*
Stadtbevölkerung *f* <*gen:* -> городское население *nt*
Stadtbewohner, -in *m/f* <-s, -> городской житель *m*
Stadtbibliothek *f* <-, -en> городская библиотека *f*
Stadtbücherei *f* <-, -en> городская библиотека *f*
Stadtentwicklung *f* <*gen:* -> развитие *nt* города
Stadtführer *m* <-s, -> 1. экскурсовод *m* по городу; 2. путеводитель *m* по городу
Stadtgeschichte *f* <*gen:* -> история *f* города
Stadthalle *f* <-, -n> *большой зал или здание в городе для проведения публичных мероприятий, концертов, выставок и т.п.*
städtisch *adj* городской
Stadtmauer *f* <-, -n> городская стена *f*
Stadtmitte *f* центр *f* города
Stadtmuseum *nt* <*gen:* -s> городской музей *m*
Stadtplan *m* <-(e)s, -pläne> план *m* города
Stadtplanung *f* <*gen:* -> планирование

Stadtrat *nt* го́рода
Stadtrat *m* <-(e)s, -räte> муниципалите́т *m*
Stadtreinigung *f* <*gen:* -> чи́стка *f* го́рода
Stadtrundfahrt *f* <-, -en> экску́рсия *f* по го́роду
Stadtsparkasse *f* <-, -n> городска́я сберега́тельная ка́сса *f*
Stadtstaat *m* <-(e)s, -en> го́род *m*--госуда́рство *nt*
Stadtverkehr *m* <*gen:* -s> городско́е движе́ние *nt*
Stadtverwaltung *f* <-, -en> городско́е управле́ние *nt*, мэ́рия *f*
Stadtviertel *nt* <-s, -> городско́й райо́н *m*
Stadtzentrum *nt* <*gen:* -s> центр *m* го́рода
Staffel *f* <-, -n> 1. (SPORT) эстафе́та *f*; 2. (MIL: *Flug~*) эскадри́лья *f*
Staffellauf *m* <-s, -läufe> (SPORT) эстафе́та *f*
Staffelrabatt *m* <-(e)s, -e> (ÖKON) дифференци́рованная ски́дка *f* с цены́
Stagflation *f* <*gen:* -> (ÖKON) стагфля́ция *f*
Stagnation *f* <-, -en> засто́й *m*, стагна́ция *f*
stahl *prät von* **stehlen**
Stahl *m* <-(e)s, Stähle/ -e> сталь *f*
Stahlarbeiter *m* <-s, -> сталелите́йщик *m*
Stahlbeton *m* <*gen:* -s> железобето́н *m*
Stahlblech *nt* <*gen:* -s> листова́я сталь *f*
Stahlfeder *f* <-, -n> стальна́я пружи́на *f*
Stahlgerüst *nt* <-(e)s, -e> стально́й карка́с *m*
Stahlindustrie *f* <*gen:* -> сталелите́йная промы́шленность *f*
stak *prät von* **stecken**
Stalagmit *m* <-s/ -en, -e(n)> сталагми́т *m*
Stalaktit *m* <-s/ -en, -e(n)> сталакти́т *m*
Stall *m* <-(e)s, Ställe> 1. (*Kuh~*) коро́вник *m*; 2. (*Schweine~*) свина́рник *m*; 3. (*Pferde~*) коню́шня *f*
Stalldünger *m* <*gen:* -s> наво́з *m*
Stallknecht *m* <-(e)s, -e> (*arch*) ко́нюх *m*
Stamm *m* <-(e)s, Stämme> 1. (*Baum~*) ствол *m*; 2. (*Volks~*) пле́мя *nt*
Stammaktie *f* <-, -n> обыкнове́нная а́кция *f*
Stammbaum *m* <-(e)s, -bäume> (*Ahnentafel*) родосло́вное де́рево *nt*
stammeln *vt* лепета́ть, про- *pf*
stammen *vi* (*abstammen*) происходи́ть, произойти́ *pf* (*aus* из +*gen*); **er stammt aus Smolensk** он ро́дом из Смоле́нска; **die Information stammt von ihm** э́та информа́ция полу́чена от него́
Stammgast *m* <-(e)s, -gäste> постоя́нный клие́нт

stämmig *adj* (*kräftig*) корена́стый
Stammkapital *nt* <*gen:* -s> основно́й капита́л *m*
Stammkneipe *f* <-, -n> постоя́нно посеща́емая пивна́я *f*
Stammkunde *m* <-n, -n> постоя́нный клие́нт [*o* покупа́тель] *m*
Stammkundschaft *f* <*gen:* -> постоя́нные покупа́тели *pl*
Stammlokal *nt* <-(e)s, -e> постоя́нный рестора́н *m*
Stammvokal *m* <-(e)s, -e> (LING) гла́сный *m* осно́вы
stampfen I. *vi* (*fest auftreten*) то́пать, по- *pf*; **mit den Füßen auf dem Boden ~** то́пать нога́ми по́ полу; II. *vt* (*pressen*) трамбова́ть, у- *pf*
Stand *m* <-(e)s, Stände> 1. (*das Stehen*) расположе́ние *nt*; **aus dem ~ heraus** (*umg*) с ме́ста 2. (*Marktstand*) стенд *m*; 3. (*erreichte Stufe*) положе́ние *nt*; **der ~ der Dinge** положе́ние *nt*; 4. (*Wasserstand*) у́ровень *m*; 5. (SPORT: *Spielstand*) счёт *m*; 6. (*soziale Stellung*) сосло́вие *nt*
Standard *m* <-s, -s> станда́рт *m*; **vom ~ abweichen** отклоня́ться от станда́рта; **den ~ halten** приде́рживаться станда́рта; **einen ~ setzen** устана́вливать станда́рт
Standardausführung *f* <-, -en> станда́ртное исполне́ние *nt*
Standardisierung *f* <*gen:* -> стандартиза́ция *f*
Standardkosten *pl* <*gen:* -> пла́новые расхо́ды *pl*
Standardwerk *nt* <-(e)s, -e> фундамента́льный труд *m*
Standbein *nt* <*gen:* -(e)s> опо́ра *f*; **sich ein zweites ~ schaffen** приобрести́ дополни́тельную опо́ру
Stand-by-Betrieb *m* <*gen:* -s> дистанцио́нный режи́м *m* управле́ния
Ständer *m* <-s, -> 1. (*für Kleidung*) ве́шалка *f*; 2. (*für Noten*) пюпи́тр *m*
Standesamt *nt* <-(e)s, -ämter> загс *m*
Standgeld *nt* <*gen:* -(e)s> (*auf Messen*) пла́та *f* за стенд
standhaft *adj* упо́рный, сто́йкий
standhalten *vi* (*fig: widerstehen*) устоя́ть *pf*; **der Versuchung ~** устоя́ть пе́ред искуше́нием
ständig *adj* (*andauernd*) постоя́нный
Standlicht *nt* <-(e)s, -er> стоя́ночный свет *m*
Standort *m* <-(e)s, -e> (*Ort des Aufenthalts*) местоположе́ние *nt*, ме́сто *nt* размеще́ния; **den ~ verlegen** переноси́ть месторасположе́ние
Standortpolitik *f* <*gen:* -> поли́тика *f* размеще́ния произво́дства
Standortwahl *f* <*gen:* -> вы́бор *m* ме́ста размеще́ния
Standpunkt *m* <-(e)s, -e> 1. (*Beobach-*

tungspunkt) ме́сто *nt*; **2.** (*fig: Ansicht*) то́чка *f* зре́ния; **auf dem ~ stehen, dass ...** счита́ть, что ...
Stange *f* <-, -n> (*Stab*) шест *m*, сте́ржень *m*; **eine ~ Zigaretten** блок сигаре́т
Stängel *m* <-s, -> сте́бель *m*
stank *prät von* **stinken**
Stanniolpapier *nt* <*gen*: -(e)s> станио́ль *m*
stanzen *vt* (*ausstanzen*) штампова́ть *impf*
Stapel *m* <-s, -> (*Haufen*) сто́пка *f*, шта́бель *m*; **vom ~ laufen** (*Schiff*) сойти́ со ста́пеля
Stapellauf *m* спуск *m* со ста́пеля
stapeln I. *vt* **1.** (*Bücher, Wäsche*) скла́дывать, сложи́ть *pf* в сто́пку; **2.** (*Holz etc*) укла́дывать, уложи́ть *pf* штабеля́ми; II. *vr* нака́пливаться, -копи́ться *pf*
Star *m* <-s, -s> **1.** (*Vogel*) скворе́ц *m*; **2.** (*fig*) звезда́ *f*; **3.** (MED) катара́кта *f*; **grüner ~** глауко́ма
Starallüren *pl* <*gen*: -> зама́шки *pl* (кино) звезды́
Staranwalt *m* <-(e)s, -anwälte> мо́дный адвока́т *m*
starb *prät von* **sterben**
stark I. *adj* си́льный; **~er Kaffee** кре́пкий ко́фе; II. *adv* (*sehr*) си́льно.
Starkbier *nt* <-(e)s, -e> кре́пкое пи́во *nt*
Stärke *f* <-, -n> **1.** (*Kraft, Macht*) си́ла *f*, мощь *f*; **2.** (*vorteilhafte Eigenschaft*) си́льная сторона́ *f*; **3.** (*Intensität*) у́ровень *m*, интенси́вность *f*; **4.** (*Breite*) толщина́ *f*; **5.** (*Anzahl*) чи́сленность *f*; **6.** (*von einem Getränk*) кре́пость *f*; **7.** (*Speisestärke*) крахма́л *m*
stärken I. *vt* **1.** (*kräftigen*) укрепля́ть, -пи́ть *pf*; **2.** (*Wäsche*) крахма́лить, на- *pf*; II. *vr* (*essen*) подкрепля́ться, -крепи́ться *pf*
Starkstrom *m* <*gen*: -(e)s> (EL) ток *m* высо́кого напряже́ния
Starkstromleitung *f* <-, -en> сильното́чная ли́ния *f*
Stärkung *f* <-, -en> (*Kräftigung*) укрепле́ние *nt*
Stärkungsmittel *nt* <-s, -> укрепля́ющее сре́дство *nt*
Staroperation *f* <-, -en> (MED) опера́ция *f* по удале́нию катара́кты
starr *adj* **1.** засты́вший; **2.** (*starrköpfig*) упря́мый
starren *vi* (*starr blicken*) уста́виться *pf* (*auf* +*akk* на +*akk*)
Starrkopf *m* <-(e)s, -köpfe> (*umg: pej*) упря́мец *m*
starrköpfig *adj* (*pej*) упря́мый
Starrsinn *m* <*gen*: -(e)s> упря́мство *nt*
Start *m* <-(e)s, -s> старт *m*
Startautomatik *f* <-, -en> пускова́я автома́тика *f*
Startbahn *f* <-, -en> взлётная полоса́ *f*

Startdividende *f* <-, -n> (ÖKON) ста́ртовый дивиде́нд *m*
starten I. *vi* стартова́ть *impf/pf*; II. *vt* (*Rakete*) запуска́ть, -пусти́ть *pf*
Starthilfe *f* <*gen*: -> по́мощь *f* на нача́льном эта́пе
Startkapital *nt* <*gen*: -s> ста́ртовый капита́л *m*
Startlinie *f* <*gen*: -> (SPORT) ли́ния *f* ста́рта
Startnummer *f* <-, -n> но́мер *m* на ста́рте
Startrampe *f* <*gen*: -> (*von Rakete*) пускова́я устано́вка *f*
Startsignal *nt* <-(e)s, -e> (SPORT) ста́ртовый сигна́л *m*
Startzeichen *nt* <-s, -> (SPORT) сигна́л *m* к ста́рту
Stasi *akr von* **Staatssicherheitsdienst**
Statik *f* <*gen*: -> ста́тика *f*
Station *f* <-, -en> **1.** (*Haltestelle*) остано́вка *f*; **2.** (*von U-Bahn*) ста́нция *f*; **3.** (*Krankenhausabteilung*) отделе́ние *nt*
stationär *adj* (MED) стациона́рный
stationieren *vt* **1.** (*Raketen*) устана́вливать, -нови́ть *pf*; **2.** (*Truppen*) размеща́ть, -мести́ть *pf*
statisch *adj* стати́чный
Statist, -in *m/f* <-en, -en> стати́ст, -ка *m/f*
Statistik *f* <-, -en> стати́стика *f*
statistisch *adj* статисти́ческий
Stativ *nt* <-s, -e> штати́в *m*
statt I. *konj* (*an Stelle von*) вме́сто того́ что́бы; II. *präp* +*gen* (*an Stelle*) вме́сто (+*gen*).
stattdessen *adv* так же ма́ло, как и
Stätte *f* <-, -n> (*geh*) ме́сто *nt*
stattfinden *vi* состоя́ться *pf*, быть *impf*
stattgeben *vi* (*geh: Bitte*) удовлетвори́ть *pf*
statthaff *adj* допусти́мый
Statthalter *m* <-s, -> наме́стник *m*
stattlich *adj* **1.** (*von kräftiger Statur*) ста́тный; **2.** (*ansehnlich*) соли́дный
Statue *f* <-, -n> ста́туя *f*
Statur *f* <-, -en> телосложе́ние *nt*
Status *m* <*gen*: -> ста́тус *m*; **~ eines Unternehmens** ста́тус предприя́тия; **sozialer ~** социа́льное положе́ние
Statussymbol *nt* <-(e)s, -e> си́мвол *m*, подчёркивающий чьё-л. обще́ственное положе́ние
Statut *nt* <-(e)s, -en> уста́в *m*
Stau *m* <-(e)s, -s/ -e> **1.** (*des Verkehrs*) про́бка *f*; **2.** (*allgemein*) засто́й *m*
Staub *m* <*gen*: -(e)s> пыль *f*; **~ wischen** вы́тереть пыль
Staubfänger *m* <-s, -> (*pej*) легко́ пыля́щийся предме́т *m* (обстано́вки), слу́жащий для украше́ния
staubig *adj* пы́льный
staubsaugen *vi* пылесо́сить, про- *pf*

Staubsauger m <-s, -> пылесо́с m
staubtrocken adj соверше́нно сухо́й
stauchen vt уда́рить pf, ушиби́ть pf
Staudamm m <-(e)s, -dämme> плоти́на f
stauen I. vt (Wasser) запру́живать, -пруди́ть pf; II. vr (sich ansammeln) нака́пливаться, -копи́ться pf
staunen vi удивля́ться, -ви́ться pf; **ich muss wirklich über dich ~** я про́сто удивля́юсь тебе́
Staupe f <gen: -> (ZOOL) чу́мка f
Stauraum m <gen: -(e)s> 1. водохрани́лище nt; 2. ме́сто nt для хране́ния
Stausee m <-s, -n> водохрани́лище nt
Stauung f <-, -en> 1. (Verkehrsstau) про́бка f; 2. (MED) засто́й m
Std. abk von **Stunde**
Steak nt <-s, -s> натура́льный бифште́кс m, антреко́т m
Stearin nt <gen: -s> стеари́н m
stechen I. vt <stach, gestochen> 1. (mit einem spitzen Gegenstand) коло́ть, у- pf; 2. (von Insekten) куса́ть, укуси́ть pf; 3. (mit einem Messer) ударя́ть, уда́рить pf; II. vi коло́ться impf; III. vr уколо́ться pf; **ich habe mich in den Finger gestochen** я уколо́л себе́ па́лец
stechend adj 1. (Schmerz, Blick) пронзи́тельный; 2. (Geruch) ре́зкий
Stechuhr f <-, -en> контро́льные часы́ mpl
Steckdose f <-, -n> розе́тка f
stecken I. vt (hineinstecken) втыка́ть, воткну́ть pf, засо́вывать, -су́нуть pf; **einen Ring an den Finger ~** наде́ть кольцо́ на па́лец; II. vi торча́ть impf; **wo hast du denn gesteckt?** (umg) где ты пропада́л?
stecken bleiben irr vi застрева́ть, застря́ть pf
Steckenpferd nt хо́бби nt
Stecker m <-s, -> ште́псель m, ви́лка f
Steckkarte f <-, -n> (DV) сме́нная пла́та f
Steckkontakt m <-(e)s, -e> ште́псельный конта́кт m
Steckling m <-s, -e> черено́к m
Stecknadel f <-, -n> була́вка f
Steckverbindung f <-, -en> ште́керное соедине́ние nt
Steg m <-(e)s, -e> 1. (schmale Brücke) мо́стик m; 2. (Bootsanlegestelle) прича́л m
Stegreif : **aus dem ~** без подгото́вки
Stehcafé nt <-s, -s> кафе́ nt со сто́йками
stehen vi <stand, gestanden> стоя́ть impf; **wie stehst du dazu?** как ты к э́тому отно́сишься?; **der Hut steht dir gut** э́та шля́па тебе́ идёт
stehen bleiben irr vi остана́вливаться, -нови́ться pf
Steherrennen nt <-s, -> (SPORT: Radsport) го́нка f за ли́дером

stehlen vt <stahl, gestohlen> красть, укра́сть pf
Stehplatz m <-(e)s, -plätze> стоя́чее ме́сто nt
steif adj 1. (starr) жёсткий; 2. (fig: förmlich) натя́нутый; **ein ~er Empfang** подчёркнуто официа́льный приём
Steifheit f <gen: -> жёсткость f
Steigbügel m <-s, -> стре́мя nt
Steigeisen nt <-s, -> ко́шки pl
steigen vi <stieg, gestiegen> (sich nach oben bewegen, anwachsen) поднима́ться, -ня́ться pf; **auf einen Turm ~** подня́ться на ба́шню; **aufs Fahrrad ~** сесть на велосипе́д; **vom Fahrrad ~** слезть с велосипе́да; **in den Bus/ Zug/ins Auto ~** сесть в автобу́с/на по́езд/в маши́ну; **aus dem Zug/Bus ~** вы́йти из по́езда/автобу́са; **die Temperatur ist auf 30 Grad/um 5 Grad gestiegen** температу́ра подняла́сь до тридцати́ гра́дусов/на пять гра́дусов; **die Aktien sind gestiegen** а́кции подняли́сь (в цене́)
Steiger m <-s, -> (BERGB) го́рный ма́стер m
steigern I. vt (vergrößern) увели́чивать, -чить pf; II. vr (sich intensivieren) увели́чиваться, усиливаться pf
Steigerung f <-, -en> 1. повыше́ние nt, увеличе́ние nt; 2. (LING: des Adjektivs) сте́пень f сравне́ния
Steigerungsrate f <-, -n> те́мпы pl увеличе́ния
Steigung f <-, -en> подъём m, накло́н m
steil adj круто́й
Steilheit f <gen: -> крутизна́ f
Steilküste f <-, -n> круто́й бе́рег m
Steilpass m <-es, -pässe> (SPORT) высо́кий пас m, навесна́я переда́ча f
Steilufer nt <-s, -> круто́й бе́рег m
Stein m <-(e)s, -e> 1. ка́мень m; 2. (Spielstein) ша́шка f; 3. (MED) ка́мень m
Steinadler m <-s, -> бе́ркут m
Steinbock m <-(e)s, -böcke> 1. (Tier) го́рный козёл m; 2. (ASTR) Козеро́г m
Steinbruch m <-(e)s, -brüche> каменоло́мня f
steinern adj (aus Stein, auch fig) ка́менный
Steinfrucht f <-, -früchte> ко́сточковый плод m
Steingut nt <gen: -(e)s> фая́нс m
steinhart adj твёрдый как ка́мень
steinig adj камени́стый
Steinkohle f <gen: -> ка́менный у́голь m
Steinkohlenbergbau m <gen: -s> каменноу́гольная промы́шленность f
Steinkohlenbergwerk nt <-(e)s, -e> каменноу́гольная ша́хта f
Steinmarder m <-s, -> ка́менная куни́ца f
Steinmetz m <-en, -en> каменотёс m
Steinobst nt <gen: -(e)s> ко́сточковый

плод m
Steinzeit f <gen: -> ка́менный век m
Steißbein nt <-(e)s, -e> ко́пчик m
Steißlage f <gen: -> (MED) я́годичное предлежа́ние nt (утро́бного плода́)
Stele f <-, -n> сте́ла f
Stelle f <-, -n> 1. (Ort) ме́сто nt; an deiner ~ ... на твоём ме́сте ...; an erster ~ в пе́рвую о́чередь; an Ort und ~ sein быть на ме́сте; an ~ von etw/jdm вме́сто чего́-л./кого́-л.; auf der ~ (sofort) неме́дленно 2. (Arbeitsstelle) рабо́та f, до́лжность f; eine ~ ausschreiben объявля́ть ко́нкурс на замеще́ние вака́нтной до́лжности; eine freie ~ nachbesetzen замеща́ть вака́нтное ме́сто; eine ~ suchen иска́ть рабо́ту 3. (Dienststelle) инста́нция f, учрежде́ние nt; 4. (Textstelle) отры́вок m
stellen I. vt 1. (hinstellen) ста́вить, по- pf; 2. (erstellen) составля́ть, -ста́вить pf; 3. (Personen) аресто́вывать, -това́ть pf; II. vr 1. (einen Zustand vortäuschen) притворя́ться, притвори́ться pf; 2. (sich hinstellen) станови́ться, встать pf; 3. (sich freiwillig melden) явля́ться, яви́ться pf с пови́нной; sich ans Fenster ~ встать к окну́; sich krank ~ притворя́ться больны́м
Stellenabbau m <gen: -s> сокраще́ние nt рабо́чих мест
Stellenangebot nt <-(e)s, -e> предложе́ние nt рабо́ты
Stellenanzeige f <-, -n> объявле́ние nt о вака́нтной до́лжности
Stellenbeschreibung f <-, -en> характери́стика f рабо́чего ме́ста
Stellengesuch nt <-(e)s, -e> заявле́ние nt о предоставле́нии рабо́ты
Stellenplan m <-(e)s, -pläne> шта́тное расписа́ние nt
Stellensuche f <gen: -> по́иск m рабо́ты
stellungslos adj безрабо́тный
Stellungssuchende(r) mf <-n, -n> и́щущий m рабо́ту
stellvertretend adj замеща́ющий; der ~e Vorsitzende замести́тель председа́теля
Stellvertreter, -in m/f <-s, -> замести́тель, -ница m/f
Stellvertretung f <-, -en> замести́тольство nt; in ~ des Direktors исполня́ющий обя́занности дире́ктора
Stelze f <-, -n> ходуля́ f; ~n laufen ходи́ть на ходу́лях
Stemmbogen m <-s, -bögen> (SPORT: Ski) поворо́т m полуплу́гом
stemmen I. vt (in die Höhe) поднима́ть, -ня́ть pf; II. vr упира́ться, упере́ться pf (gegen +akk в +akk)
Stempel m <-s, -> 1. (Gerät, Abdruck) печа́ть f, штамп m; 2. (BOT) пе́стик m; 3. (Poststempel) ште́мпель m

Stempelkissen nt <-s, -> штемпельная поду́шка f
stempeln vt ста́вить, по- pf печа́ть
Stengel alte Schreibung für **Stängel**
Stenoblock m <-(e)s, -blöcke> блокно́т m стенографи́ста
Stenografie, Stenographie f <gen: -> стеногра́фия f
stenografieren, stenographieren vt стенографи́ровать, за- pf
Steppdecke f <-, -n> стёганое одея́ло nt
Steppe f <-, -n> степь f
sterben vi <starb, gestorben> умира́ть, умере́ть pf (an +dat от +gen)
Sterberate f <-, -n> сме́ртность f
Sterbeskramente pl <gen: -> (REL) после́днее прича́стие nt
sterblich adj сме́ртный; ~e Überreste (geh) бре́нные оста́нки pl
Sterblichkeit f <gen: -> сме́ртность f
Sterblichkeitsziffer f <-, -n> число́ nt уме́рших, да́нные pl о сме́ртности
stereo adj стереофони́ческий
Stereoanlage f <-, -n> стереофони́ческая устано́вка f, стереоустано́вка f
stereotyp adj стереоти́пный
steril adj 1. (keimfrei) стери́льный; 2. (MED: unfruchtbar) беспло́дный
Sterilisation f <-, -en> стерилиза́ция f
sterilisieren vt стерилизова́ть impf/pf
Sterilisierung f <gen: -> стерилиза́ция f
Sterilität f <gen: -> стери́льность f
Stern m <-(e)s, -e> звезда́ f
Sternbild nt <-(e)s, -er> созве́здие nt
sternenklar adj звёздный
Sternkunde f <gen: -> астроно́мия f
Sternschnuppe f <-, -n> па́дающая звезда́ f
Sternwarte f <-, -n> обсервато́рия f
Sternzeichen nt <-s, -> знак m Зодиа́ка
Steroid nt <-(e)s, -e> стеро́ид m
stetig adj постоя́нный
Stetigkeit f <gen: -> постоя́нство nt
stets adv всегда́
Steuer[1] nt <-s, -> 1. (Lenkrad) руль m; 2. (Ruder) штурва́л m
Steuer[2] f <-, -n> (Abgabe) нало́г m; ~n abführen плати́ть нало́ги; etwas von der ~ absetzen вы́считать из нало́га; nach Abzug der ~ за вы́четом нало́га; etwas mit einer ~ belegen облага́ть нало́гом; direkte ~ прямо́й нало́г; ~n erheben взима́ть нало́ги; die ~ erhöhen повыша́ть нало́г; gestaffelte ~ дифференци́рованный нало́г; Gewinn vor ~n при́быль без вы́чета нало́гов; ~n hinterziehen укрыва́ться от упла́ты нало́гов; indirekte ~ ко́свенный нало́г; örtliche ~ ме́стный нало́г; progressive ~ прогресси́вный нало́г; die ~ senken снижа́ть нало́ги; die ~ umgehen уклоня́ться от упла́ты нало́гов; der ~

unterliegen подлежа́ть налогообложе́нию; **die ~ veranlagen** устана́вливать разме́р нало́га
Steuerabwälzung f <gen: -> перекла́дывание nt нало́га
Steuerabzug m <-(e)s, -abzüge> удержа́ние nt нало́га из зарпла́ты
Steueramnestie f <gen: -> нало́говая амни́стия f
Steueraufkommen nt <-s, -> нало́говые поступле́ния pl
Steuerausfall m <-(e)s, -ausfälle> нало́говая недои́мка f
Steuerbefehl m <-(e)s, -e> (DV) кома́нда f управле́ния
steuerbefreit adj освобождённый от упла́ты нало́гов
Steuerbefreiung f <-, -en> освобожде́ние nt от упла́ты нало́гов
steuerbegünstigt adj по́льзующийся нало́говыми льго́тами
Steuerbehörde f <-, -n> нало́говое управле́ние nt
Steuerbelastung f <gen: -> нало́говое обложе́ние nt, налогообложе́ние nt
Steuerbemessungsgrundlage f <gen: -> ба́зис m нало́говых расчётов
Steuerberater, -in m/f <-s, -> консульта́нт m по нало́говым вопро́сам
Steuerbescheid m <-(e)s, -e> платёжное извеще́ние nt нало́гового управле́ния
Steuerbetrag m <-(e)s, -beträge> су́мма f нало́га
Steuerbilanz f <-, -en> нало́говый бала́нс m
Steuerbord nt <gen: -(e)s> пра́вый борт m
Steuereinnahmen pl <gen: -> дохо́ды pl от нало́гов
Steuererklärung f <-, -en> нало́говая деклара́ция f
Steuererlass m <gen: -es> освобожде́ние nt от упла́ты нало́га
Steuererleichterung f <-, -en> сниже́ние nt нало́га
Steuerermäßigung f <-, -en> уменьше́ние nt нало́гов
Steuererstattung f <-, -en> возвраще́ние nt нало́гов
Steuerfachgehilfe, -gehilfin m/f <-n, -> помо́щник m консульта́нта по нало́говым дела́м
Steuerflucht f <gen: -> уклоне́ние nt от упла́ты нало́га
Steuerformular nt <-s, -e> нало́говая деклара́ция f (формуля́р)
Steuerfreibetrag m <-(e)s, -beträge> су́мма f, не облага́емая нало́гом
Steuerfreistellung f <-, -en> освобожде́ние nt от налогообложе́ния
Steuergerechtigkeit f <gen: -> справедли́вое налогообложе́ние nt
Steuergesetze pl <gen: -> нало́говое законода́тельство nt
Steuerhinterziehung f <-, -en> уклоне́ние nt от упла́ты нало́гов
Steuerklasse f <-, -n> класс m налогообложе́ния
Steuerlast f <gen: -> бре́мя nt нало́гов
Steuerlehre f <gen: -> тео́рия f налогообложе́ния
steuerlich adj нало́говый
Steuermannspatent nt <-(e)s, -e> (MAR) штурма́нское свиде́тельство nt
steuern vt управля́ть impf; **etw ~** управля́ть чем-л.
Steuernachlass m <gen: -es> нало́говая ски́дка f
Steueroase f <-, -n> нало́говый „о́азис" m
Steuerparadies nt <-es, -e> (umg) нало́говый „о́азис" m
Steuerpflicht f <gen: -> нало́говая обя́занность f
steuerpflichtig adj облага́емый нало́гом; **~es Einkommen** дохо́д, облага́емый нало́гами; **~er Gewinn** при́быль, облага́емая нало́гами
Steuerpflichtige(r) mf <-n, -n> налогообя́занное лицо́ nt
Steuerpolitik f <gen: -> поли́тика f налогообложе́ния
Steuerprogression f <gen: -> нало́говая прогре́ссия f
Steuerquelle f <-, -n> нало́говый исто́чник m
Steuerquote f <-, -n> до́ля f нало́говых поступле́ний
Steuerreform f <-, -en> рефо́рма f нало́говой систе́мы
Steuerrückerstattung f <-, -en> возвра́т m нало́гов
Steuersatz m <-es, -sätze> ста́вка f налогообложе́ния
Steuerschraube f <-, -n> нало́говый пресс m; **die ~ anziehen** увели́чить бре́мя нало́гов
Steuerschuld f <gen: -> задо́лженность f по нало́гу
Steuerschuldner m <-s, -> нало́говый должни́к m
Steuersignal nt <-(e)s, -e> (TECH) управля́ющий сигна́л m
Steuerstundung f <-, -en> отсро́чка f упла́ты нало́гов
Steuersubjekt nt <gen: -(e)s> субъе́кт m налогообложе́ния
Steuersünder m <-s, -> (umg) лицо́ nt, уви́ливающее от нало́гов
Steuersystem nt <-(e)s, -e> систе́ма f налогообложе́ния
Steuertarif m <-(e)s, -e> тари́ф m налогообложе́ния
Steuerüberwälzung f <gen: ->

перекладывание nt налога
Steuerung f <-, -en> 1. (TECH: das Steuern) управление f; ~ eines Produktionsprozesses управление производственным процессом; ~ eines Unternehmens управление фирмой 2. (Steuergerät) управляющее устройство nt
Steuerungselektronik f <gen: -> электронная система f управления
Steuerveranlagung f <-, -en> определение nt суммы налогов
Steuervergünstigung f <-, -en> налоговая привилегия f
Steuervergütung f <-, -en> возврат m (части) уплаченных налогов
Steuervermeidung f <gen: -> уклонение nt от уплаты налогов
Steuerverwaltung f <gen: -> налогово-финансовое управление nt
Steuerzahler, -in m/f <-s, -> налогоплательщик, -щица m/f
Steuerzeichen nt <-s, -> (DV) метка f, маркер m
Steward m <-s, -s> стюард m
Stewardess f <-, Stewardessen> стюардесса f
Stich m <-(e)s, -e> 1. (einer Nadel, eines Dornes) укол m; 2. (eines Messers) удар m; 3. (eines Insekts) укус m; 4. (stechender Schmerz) колющая боль m; 5. (Kupferstich) гравюра f; **jdn im ~ lassen** бросить кого-л. на произвол судьбы
Stichelei f <-, en> колкости pl
stichhaltig adj убедительный, основательный
Stichhaltigkeit f <gen: -> основательность f
Stichling m <-s, -e> колюшка f
Stichprobe f <-, -n> выборочный контроль m; **~n machen** проверять на выборку, подвергать выборочному контролю
Stichpunkt m <-(e)s, -e> ключевой тезис m
Stichtag m <-(e)s, -e> день m выполнения, день m платежа
Stichwort nt <-(e)s, -wörter> 1. (im Wörterbuch) заглавное слово nt, словарная статья f; 2. (Wort als Gedächtnisstütze) ключевое слово nt
sticken vt вышивать, вышить pf
Stickerei f <-, -en> вышивка f
stickhältig adj 1. (österr: stichhaltig) основательный; 2. обоснованный
stickig adj (muffig) душный
Stickstoff m <gen: -(e)s> азот m
Stickstoffdünger m <gen: -s> азотистое удобрение nt
Stiefbruder m <-s, -brüder> сводный брат m
Stiefel m <-s, -> сапог m
Stiefkind nt <-(e)s, -er> неродной ребёнок m
Stiefmutter f <-, -mütter> мачеха f
Stiefschwester f <-, -n> сводная сестра f
Stiefvater m <-s, -väter> отчим m
stieg prät von **steigen**
Stiegenhaus nt <-es, -häuser> (österr: Treppenhaus) лестничная клетка f
Stiel m <-(e)s, -e> 1. (BOT: Stängel) стебель m; 2. (eines Besens) ручка f
stieläugig adj выпучивший глаза
Stier m <-(e)s, -e> 1. (Bulle) бык m; 2. (ASTR) Телец m
Stierkampf m бой m быков
stieß prät von **stoßen**
Stift m <-(e)s, -e> 1. (zur Befestigung) штифт m, штырь m; 2. (Schreib-/Zeichenstift) карандаш m
stiften vt 1. (Preis) учреждать, -редить pf; 2. (gründen) основывать, -новать pf; **Verwirrung ~** вызвать замешательство; **Frieden ~** установить мир
Stiftung f <-, -en> 1. (JUR: Schenkung) пожертвование nt; 2. (Institution) фонд m; 3. (Prozess) основание f, учреждение nt
Stil m <-(e)s, -e> стиль m
Stilbruch m <-(e)s, -brüche> нарушение nt стиля
Stilgefühl nt <gen: -(e)s> чувство nt стиля, вкус m
stilgetreu adj соответствующий (определённому) стилю
stilisieren vt стилизовать
Stilistik f <gen: -> стилистика f
stilistisch adj стилистический
still adj 1. (ruhig, leise) тихий; 2. (reglos) спокойный; **im ~en** (unbemerkt) тайком; **sei doch endlich ~** замолчи же наконец
Stille f <gen: -> (Ruhe) тишина f, спокойствие nt
Stillleben nt <gen: -s> натюрморт m
stilllegen vt (Betrieb) закрывать, -крыть pf
stillen vt 1. (Säugling) кормить, по- pf грудью; 2. (Hunger, Durst) утолять, -лить pf
Stilllegung f <-, -en> закрытие nt; **~ eines Betriebes** закрытие предприятия; **~ einer Maschine** остановка станка
Stillschweigen nt <gen: -s> молчание nt
stillschweigend adj молчаливый
Stillstand m <gen: -(e)s> 1. застой m; 2. (TECH) простой m
stillvergnügt adj удовлетворённый
Stilmöbel nt <-s, -> стильная мебель f
Stimmband nt <-(e)s, -bänder> голосовая связка f
Stimmbandentzündung f <-, -en> воспаление nt голосовых связок
stimmberechtigt adj имеющий право голоса

Stimme f <-, -n> го́лос m; **jdm seine ~ geben** (*jdn wählen*) отда́ть за кого́-л. свой го́лос
stimmen I. vi 1. (*richtig sein*) быть *impf* пра́вильным; **stimmt das?** пра́вильно?; **stimmt so!** (*beim Geben von Trinkgeld*) без сда́чи! 2. (*bei einer Wahl*) голосова́ть, про- *pf* (*für* за +*akk*); II. vt (*Instrument*) настра́ивать, -стро́ить *pf*
Stimmenabgabe f <-, -n> голосова́ние nt
Stimmenauszählung f <gen: -> подсчёт m голосо́в
Stimmengewinn m <gen: -s> увеличе́ние nt числа́ голосо́в
Stimmengewirr nt <gen: -s> гул m голосо́в
Stimmenmehrheit f <gen: -> большинство́ nt голосо́в
Stimmenverlust m <-(e)s, -e> поте́ря f голосо́в
stimmhaft adj зво́нкий
Stimmigkeit f <gen: -> соотве́тствие nt, согласо́ванность nt
stimmlich adj (MUS) голосово́й
stimmlos adj (*Laut*) глухо́й
Stimmrecht nt <gen: -(e)s> избира́тельное пра́во nt, пра́во nt го́лоса; **eine Aktie ohne ~** безголо́сая а́кция; **von seinem ~ Gebrauch machen** по́льзоваться пра́вом го́лоса
Stimmrechtsaktie f <-, -n> многоголо́сая а́кция f
Stimmritze f <-, -n> (ANAT) голосова́я щель f
Stimmung f <-, -en> (*Gemütsverfassung*) настрое́ние nt; **in ~ sein** (*in guter Laune sein*) быть в хоро́шем настрое́нии
Stimmungswandel m <gen: -s> измене́ние nt настрое́ния
Stimmverlust m <-(e)s, -e> поте́ря f го́лоса
Stimmzettel m <-s, -> избира́тельный бюллете́нь m
stimulieren vt стимули́ровать *impf*
Stimulus m <-, Stimuli> сти́мул m
stinken vi <stank, gestunken> воня́ть *impf*; **hier stinkt es** здесь воня́ет
stinkfaul (*umg*) ужа́сно лени́вый
stinklangweilig adj (*umg*) ужа́сно ску́чный
stinksauer adj (*umg*) ужа́сно недово́льный
Stipendiat m <-en, -en> стипендиа́т m
Stipendium nt <-s, Stipendien> стипе́ндия f
Stirn f <-, -en> лоб m; **die ~ runzeln** мо́рщить лоб
Stirnbein nt <-(e)s, -e> (ANAT) ло́бная кость f
Stirnhöhlenentzündung f <-, -en> воспале́ние nt ло́бной па́зухи
stöbern vi ры́ться *impf* (*nach* в по́исках +gen)
stochern vi ковыря́ть *impf* (*in* +*dat* в + *präpos*)
Stock m <-(e)s, Stöcke> 1. па́лка f; 2. (*Blumenstock*) куст m; 3. (*Spazierstock*) па́лка f, трость f; 4. (*Stockwerk*) эта́ж m; **er wohnt im vierten ~** он живёт на пя́том этаже́ 5. (CH: *Kartoffelbrei*) карто́фельное пюре́ nt
stockbesoffen adj (*umg*) вдрызг пья́ный
Stockdividende f <-, -n> (BÖRSE) дивиде́нд m в фо́рме а́кций
stockdumm adj (*umg*) глу́пый как пень
Stöckelschuh m <-(e)s, -e> ту́фля f на высо́ком каблуке́
stocken vi 1. (*aussetzen*) замира́ть, -ме́реть *pf*; 2. (*beim Sprechen innehalten*) запина́ться, запну́ться *pf*
stockfinster adj соверше́нно тёмный
Stockfisch m копчёная треска́ f
stockkonservativ adj (*umg*) соверше́нно консервати́вный
Stockschirm m <-(e)s, -e> 1. нескладно́й зонт m; 2. трость f со вде́ланным в неё зонто́м
stocktaub adj (*umg*) соверше́нно глухо́й
Stockwerk nt <-(e)s, -e> эта́ж m
Stoff m <-(e)s, -e> 1. (*Gewebe*) ткань f; 2. (*Materie, Substanz*) вещество́ nt, материа́л m; 3. (*Inhalt, Grundlage*) материа́л m, те́ма f; 4. (*umg: Rauschgift*) нарко́тики pl
Stoffbahn f <-, -en> отре́з m тка́ни
Stoffel m <-s, -> (*pej*) о́лух m
stofflich adj материа́льный
Stoffrest m <-(e)s, -e> оста́ток m тка́ни
Stoffwechsel m <gen: -s> обме́н m веще́ств
Stoffwechselprodukt nt <-(e)s, -e> проду́кт m обме́на веще́ств
stöhnen vi стона́ть, за- *pf*
Stollen m <-s, -> (BERGB) што́льня f
stolpern vi (*auch fig*) спотыка́ться, споткну́ться *pf* (*über* +*akk* о +*akk*)
stolz adj го́рдый; **ich bin ~ auf dich** я горжу́сь тобо́й
Stolz m <gen: -es> го́рдость f
stopfen vt 1. (*Strümpfe*) што́пать, за- *pf*; **etw in die Tasche ~** запихну́ть что-л. в су́мку; **etw mit etw ~** набива́ть что-л. чем-л. 2. (*zustopfen*) затыка́ть, заткну́ть *pf*
Stopfgarn nt што́пка f
stopp interj (*umg: halt!*) стоп!
Stoppel f <-, -n> 1. (*meist pl: von Getreide*) жнивьё nt; 2. (*meist pl: des Bartes*) щети́на f
Stoppelfeld nt <-(e)s, -er> жнивьё nt (по́ле)
stoppen I. vt (*anhalten*) остана́вливать, -нови́ть *pf*; II. vi (*innehalten*) остана́вливаться, -нови́ться *pf*
Stoppschild nt <-(e)s, -er> знак m

обязательной остановки
Stoppuhr *f* <-, -en> секундомер *m*
Stöpsel *m* <-s, -> 1. пробка *f*; 2. штепсель *m*
Storch *m* <-(e)s, Störche> аист *m*
Stör *m* <-(e)s, -e> осётр *m*
stören *vt* мешать, по- *pf*; jdn bei der Arbeit ~ мешать кому-л. работать; störe ich? я мешаю?
Störenfried *m* <-(e)s, -e> нарушитель *m* спокойствия
stornieren *vt* сторнировать; einen Auftrag ~ аннулировать заказ; eine Rechnung ~ сторнировать счёт
Storno *nt* <-s, Storni> (ÖKON) сторно *nt*, аннулирование *nt*
störrisch *adj* упрямый
Störung *f* <-, -en> 1. (Ordnung, Frieden) нарушение *nt*; 2. (Arbeit) помеха *f*; 3. (RUNDF) помеха *f*; 4. (TECH) сбой *m*, неисправность *f*; eine ~ beheben устранить неисправность
störungsfrei *adj* безотказный
Störungsstelle *f* <-, -n> (TELKOM) служба *f* ремонта телефонов
Stoß *m* <-es, Stöße> 1. (Schlag) толчок *m*, удар *m*; 2. (Stapel) стопка *f*
Stoßdämpfer *m* <-s, -> амортизатор *m*
Stößel *m* <-s, -> пестик *m*
stoßen I. *vt* <stieß, gestoßen> (einen Stoß geben) толкать, -кнуть *pf*; jdn in die Seite ~ толкнуть кого-л. в бок; jdn ins Wasser ~ столкнуть кого-л. в воду; II. *vi* (auf etw treffen) натыкаться, наткнуться *pf* (auf +akk на +akk); III. *vr* (sich wehtun) ударяться, удариться *pf*
Stoßstange *f* <-, -n> бампер *m*
stoßweise *adv* толчками
Stoßzahn *m* <-(e)s, -zähne> клык *m*
stottern *vi* (Mensch) заикаться *impf*
Str. *abk von Straße*
Strafandrohung *f* <-, -en> угроза *f* наказания
Strafanstalt *f* <-, -en> место *nt* заключения
Strafanzeige *f* <-, -n> заявление *nt* о совершённом преступлении
Strafaufschub *m* <gen: -(e)s> отсрочка *f* наказания
Strafaussetzung *f* <gen: -> условное осуждение *nt*
strafbar *adj* наказуемый
Strafbarkeit *f* <gen: -> наказуемость *f*
Strafbefehl *m* <gen: -(e)s> (JUR) распоряжение *nt* суда о наложении взыскания
Strafe *f* <-, -n> 1. (Bestrafung) наказание *nt*; eine ~ androhen угрожать наказанием; eine harte ~ суровое наказание; eine milde ~ мягкое наказание; (un)gerechte ~ (не)справедливое наказание 2. (Geldbuße) штраф *m*; ~ zahlen платить штраф

strafen *vt* наказывать, -казать *pf*; jdn Lügen ~ уличить кого-л. во лжи
Strafentlassene(r) *m/f* <-n, -n> отбывший *m* наказание
straff *adj* (gespannt) тугой, натянутый
straffällig *adj*: ~ werden нарушить закон
Straffheit *f* <gen: -> тугость *f*
Strafgefangene(r) *m/f* <-n, -n> заключённый, -нная *m/f*
Strafgesetzbuch *nt* <gen: -(e)s> уголовный кодекс *m*
Strafkammer *f* <gen: -> уголовная палата *f*
sträflich *adj* непростительный; das war ~er Leichtsinn преступное легкомыслие
Sträfling *m* <-s, -e> заключённый
straflos *adj* безнаказанный
Strafmaß *nt* <gen: -es> мера *f* наказания
Strafmilderung смягчение *nt* наказания
strafmündig *adj* (JUR) достаточно взрослый для привлечения к ответственности
Strafporto *nt* <gen: -s> почтовая доплата *f*
Strafprozess *m* <-es, -e> уголовный процесс *m*
Strafprozessordnung *f* <-, -en> (JUR) уголовно-процессуальный кодекс *m*
Strafraum *m* <-(e)s> (Fußball) штрафная площадка *f*
Strafrecht *nt* <gen: -(e)s> уголовное право *nt*
strafrechtlich *adj* уголовно-правовой
Strafstoß *m* <-es, -stöße> (Fußball) пенальти *nt*
Straftat *f* <-, -en> преступление *nt*
Strafverfahren *nt* <gen: -s> уголовное производство *nt*
Strafvollzug <gen: -(e)s> исполнение *nt* наказания
Strafwurf *m* <-(e)s, -würfe> (SPORT) штрафной бросок *m*
Strahl *m* <-(e)s, -en> 1. (von Licht) луч *m*; 2. (von Wasser) струя *f*
Strahlemann *m* <-(e)s, -männer> (umg) постоянно улыбающийся *m*
strahlen *vi* (leuchten, auch fig) сиять *impf*; Plutonium strahlt плутоний излучает радиоактивность
Strahlenbehandlung *f* <-, -en> лучевая терапия *f*
Strahlenbelastung *f* <gen: -> доза *f* облучения
Strahlenbiologie *f* <gen: -> радиационная биология *f*
Strahlenbrechung *f* <gen: -> (PHYS) лучепреломление *nt*
Strahlendosis *f* <gen: -> доза *f* излучения
strahlenförmig *adj* лучевидный

Strahlenkrankheit *f* <-, -en> лучева́я боле́знь *f*
Strahlenschäden *pl* <gen: -> уще́рб *m* здоро́вью, нанесённый радиоакти́вным излуче́нием
Strahlenschutz *m* <gen: -es> радиацио́нная защи́та *f*
Strahlung *f* <-, -en> 1. излуче́ние *nt*; 2. (PHYS) радиа́ция *f*
strahlungsarm *adj* (Computermonitor) со сла́бым излуче́нием
Strahlungsenergie *f* <gen: -> лучева́я эне́ргия *f*
Strahlungsintensität *f* <gen: -> интенси́вность *f* радиа́ции
Strahlungswärme *f* <gen: -> теплота́ *f* излуче́ния
Strähne *f* <-, -n> прядь *f*
stramm *adj* 1. (straff) пло́тно натя́нутый; 2. (kraftvoll aussehend) кре́пкий
Strampelanzug *m* <-(e)s, -anzüge> ползунки́ *nt*
strampeln *vi* бара́хтаться, по- *pf*
Strand *m* <-(e)s, Strände> пляж *m*; **am ~ liegen** лежа́ть на пля́же
Strandcafé *nt* <-s, -s> кафе́ *nt* на пля́же
stranden *vi* (auf Grund laufen) сади́ться, сесть *pf* на мель
Strandkorb *m* <-(e)s, -körbe> шезло́нг *m*
Strang *m* <-(e)s, Stränge> (Strick) верёвка *f*
Strapaze *f* <-, -n> тру́дность *f*
strapazenreich *adj* утоми́тельный
strapazieren *vt* 1. (abnützen) изна́шивать, -носи́ть *pf*; 2. (in Anspruch nehmen) изма́тывать, измота́ть *pf*, утомля́ть, -ми́ть *pf*
strapazierfähig *adj* про́чный; **~es Material** про́чный материа́л
Straße *f* <-, -n> 1. у́лица *f*, доро́га *f*; 2. (Meerenge) проли́в *m*; **die ~ von Gibraltar** Гибралта́рский проли́в; **auf die ~ gehen** (umg: demonstrieren) вы́йти на у́лицу; **in einer ruhigen ~ wohnen** жить на ти́хой у́лице; **jdn auf der ~ treffen** встре́тить кого́-л. на у́лице
Straßenarbeiter *m* <-s, -> доро́жный рабо́чий *m*
Straßenbahn *f* <-, -en> трамва́й *m*; **mit der ~ fahren** е́здить на трамва́е
Straßenbahnhaltestelle *f* <-, -n> остано́вка *f* трамва́я
Straßenbahnschienen *pl* <gen: -> трамва́йные пути́
Straßenbahnwagen *m* <-s, -> трамва́йный ваго́н *m*
Straßenbau *m* <gen: -s> доро́жное строи́тельство *nt*
Straßenbelag *m* доро́жная оде́жда *f*
Straßenbeleuchtung *f* <gen: -> у́личное освеще́ние *nt*
Straßenbrücke *f* <-, -n> мост *m* на доро́ге

Straßenecke *f* <-, -n> у́гол *m* у́лицы
Straßenfest *nt* <-(e)s, -e> у́личный пра́здник *m*
Straßenführung *f* <-, -en> направле́ние *nt* у́лицы
Straßenhandel *m* <gen: -s> у́личная торго́вля *f*
Straßenjunge *m* <-n, -n> у́личный мальчи́шка *m*
Straßenkehrmaschine *f* <-, -n> подмета́льно-убо́рочная маши́на *f*
Straßenkreuzung *f* <-, -en> перекрёсток *m*
Straßenlärm *m* <gen: -s> у́личный шум *m*
Straßenlaterne *f* <-, -n> у́личный фона́рь *m*
Straßennetz *nt* <-es, -e> сеть *f* доро́г
Straßenrennen *nt* <-s, -> (SPORT) шоссе́йная го́нка *f*
Straßenschlacht *f* <-, -en> у́личный бой *m*
Straßenseite *f* <-, -n> сторона́ *f* у́лицы
Straßensperre *f* <-, -n> загражде́ние *nt* на доро́ге
Straßentunnel *m* <-s, -> доро́жный тунне́ль *m*
Straßenüberführung *f* <-, -en> виаду́к *m*, путепрово́д *m*
Straßenunterführung *f* <-, -en> тонне́ль *m* (под пересека́емой доро́гой)
Straßenverhältnisse *pl* <gen: -> 1. доро́жные усло́вия *pl*; 2. состоя́ние *nt* доро́г
Straßenverkehr *m* <gen: -(e)s> у́личное движе́ние *nt*
Straßenverkehrsordnung *f* <gen: -> пра́вила *ntpl* доро́жного движе́ния
Straßenzug *m* <-(e)s, -züge> тра́сса *f* доро́ги
Straßenzustand *m* <gen: -(e)s> состоя́ние *nt* доро́ги
Straßenzustandsbericht *m* <-(e)s, -e> сво́дка *f* о состоя́нии доро́г
Strategie *f* <-, -n> страте́гия *f*; **eine ~ entwickeln** разраба́тывать страте́гию; **eine ~ verfolgen** приде́рживаться страте́гии
strategisch *adj* стратеги́ческий; **~es Geschäftsfeld** стратеги́ческое по́ле де́ятельности; **~e Planung** стратеги́ческое плани́рование; **~e Unternehmensführung** стратеги́ческий ме́неджмент
Stratosphäre *f* <gen: -> стратосфе́ра *f*
Stratosphärenflug *m* <-(e)s, -flüge> полёт *m* в стратосфе́ру
sträuben *vi* 1. (Haare) топо́рщиться *impf*; 2. (sich widersetzen) проти́виться *impf*; **sich gegen etw ~** проти́виться чему́-л.
Strauch *m* <-(e)s, Sträucher> куст *m*
Strauss[1] *m* <-es, Sträuße> (von Blumen) буке́т *m*

Strauß² *m* <-es, -e> (*Vogel*) страус *m*
Straußenei *nt* <-s, -er> страусовое яйцо *nt*
streben *vi* (*sich um etw bemühen*) стремиться *impf* (*nach* +*dat* к +*dat*)
Streber, -in *m/f* <-s, -> (*pej*) карьерист, -ка *m/f*
Streberei *f* <*gen*: -> (*pej*) карьеризм *m*
streberhaft *adj* карьеристский
Strebertum *nt* <*gen*: -s> (*pej*) карьеризм *m*
strebsam *adj* усердный
Strecke *f* <-, -n> 1. (*Wegabschnitt*) расстояние *nt*; 2. (*Eisenbahnstrecke*) линия *f*; 3. (SPORT: *Rennstrecke*) дистанция *f*; 4. (MATH) отрезок *m*
strecken I. *vt* (*ausstrecken*) вытягивать, вытянуть *pf*; II. *vr* (*sich ausgestreckt hinlegen*) вытягиваться, вытянуться *pf*
Streckenarbeiter *m* <-s, -> путевой рабочий *m*
Streckennetz *nt* <-es, -e> дорожная сеть *f*
Streckverband *m* <-(e)s, -verbände> перевязка *f* с постоянным натяжением
Streich *m* <-(e)s, -e> шутка *f*; **jdm einen ~ spielen** сыграть с кем-л. шутку
Streicheleinheiten *pl* <*gen*: -> (*umg*) проявления *pl* любви, нежности, одобрения и т.п.
streicheln *vt* (*liebkosen*) гладить, по- *pf*
streichen I. *vt* <strich, gestrichen> 1. (*über etw hinfahren*) гладить, по- *pf*; 2. (*Butter*) намазывать, -мазать *pf*; 3. (*anstreichen*) красить, по- *pf*; 4. (*ausstreichen*) зачёркивать, -черкнуть *pf*; 5. (*Segel*) спускать, спустить *pf*; II. *vi* (*umhergehen*) бродить *impf*
streichfähig *adj* намазываемый (на хлеб)
Streichholz *nt* <-es, -hölzer> спичка *f*
Streichinstrument *nt* <-(e)s, -e> струнный инструмент *m*
Streichquartett *nt* струнный квартет *m*
Streifband *nt* бандероль *f*
Streife *f* <-, -n> патруль *m*; **~ gehen** патрулировать
streifen I. *vt* касаться, коснуться; **jdn am Arm ~** коснуться чей-л. руки; **ein Thema nur am Rande ~** коснуться вкратце какой-н. темы; II. *vi* (*umherstreifen*) бродить *impf*
Streifen *m* <-s, -> полоса *f*; **ein ~ Papier** полоска бумаги
Streifenwagen *m* <-s, -> патрульная машина *f*
Streiflicht *nt* <*gen*: -(e)s> скользящий свет *m*
Streik *m* <-(e)s, -s> забастовка *f*; **einen ~ abbrechen** прекращать забастовку; **einen ~ abwenden** предотвращать забастовку; **allgemeiner ~** всеобщая забастовка; **zum ~ aufrufen** призывать к забастовке; **den ~ ausrufen** объявлять забастовку; **ein ~ lähmt die Wirtschaft** забастовка парализует экономику; **in den ~ treten** начать забастовку; **wilder ~** стихийная забастовка
Streikbrecher, -in *m/f* <-s, -> штрейкбрехер *m*
streiken *vi* (*Arbeitnehmer*) бастовать, за- *pf*
Streikender *m* забастовщик *m*
Streikkasse *f* <-, -n> стачечная касса *f*
Streikposten *m* <-s, -> стачечный пикет *m*
Streikwelle *f* <-, -n> волна *f* забастовок
Streit *m* <-(e)s, -e> ссора *f*; **~ miteinander bekommen** поссориться друг с другом
streitbar *adj* склонный
streiten *vi* <stritt, gestritten> 1. (*zanken*) ссориться, по- *pf*; 2. (*heftig diskutieren*) спорить, по- *pf* (*über* +*akk* о +*präpos*); **sie ~ sich wegen jeder Kleinigkeit** они ссорятся из-за каждой мелочи
Streitfall *m* <-(e)s, -fälle> спорный случай *m*
Streitfrage *f* <-, -n> спорный вопрос *m*
Streitigkeit *f* <-, -en> (*meist pl*) ссоры *pl*
Streitkräfte *fpl* войска *ntpl*, вооружённые силы *fpl*
Streitpunkt *m* <-(e)s, -e> спорный пункт *m*
Streitschrift *f* <-, -en> полемическое сочинение *nt*
Streitwert *m* <-(e)s, -e> (JUR) цена *f* иска
streng *adj* 1. (*unnachsichtig, strikt*) строгий; **im ~en Sinne** строго говоря 2. (*herb*) суровый; 3. (*rau*) суровый; **ein ~er Winter** суровая зима
strenggenommen *adv* собственно говоря
strenggläubig *adj* ортодоксальный
strengstens *adv* строжайше
Stress *m* <*gen*: -es> стресс *m*
stressig *adj* (*umg*) напряжённый; **die Arbeit ist sehr ~** работа очень нервная
Stresssituation, Stress-Situation *f* <-, -en> напряжённая ситуация *f*
Stretching *nt* <*gen*: -s> (SPORT) стретчинг *m*
streuen *vt* сыпать, на- *pf*
Streusand *m* <*gen*: -s> песок *m* для посыпки дорог
strich *prät von* **streichen**
Strich *m* <-(e)s, -e> 1. (*Linie*) черта *f*; 2. (*umg*: *Prostitution auf der Straße*) панель *f*; **auf den ~ gehen** пойти на панель; **unter dem ~** (*fig*: *insgesamt*) в результате
Strichjunge *m* <-n, -n> 1. гомосексуальная проститутка *f*; 2. (*umg*) мальчик *m*
Strichkode *m* <-s, -s> штриховой код *m* (на товарах)

Strichliste *f* <-, -n> спи́сок *m* прису́тствующих
Strichmädchen *nt* <-s, -> проститу́тка *f*
Strichpunkt *m* <-(e)s, -e> то́чка *f* с запято́й
strichweise *adv* места́ми
Strick *m* <-(e)s, -e> верёвка *f*; **wenn alle Stricke reißen** (*fig*) на худо́й коне́ц
stricken *vt* вяза́ть, с- *pf*
Strickgarn *nt* <-(e)s, -e> пря́жа *f* для вяза́ния
Strickjacke *f* <-, -n> вя́заная ко́фта *f*
Strickleiter *f* <-, -n> верёвочная ле́стница *f*
Stricknadel *f* <-, -n> (вяза́льная) спи́ца *f*
Strickwaren *pl* <*gen*: -> трикота́ж *m*
Strickweste *f* <-, -n> вя́заная ко́фта *f*
strikt *adj* то́чный
stringent *adj* логи́чески после́довательный, убеди́тельный
Striptease *m* <*gen*: -> стрипти́з *m*
Stripteaselokal *nt* <-(e)s, -e> бар *m* со стрипти́зом
stritt *prät von* **streiten**
strittig *adj* спо́рный
Stroboskop *nt* <-(e)s, -e> стробоско́п *m*
Stroh *nt* <*gen*: -(e)s> соло́ма *f*
Strohballen *m* <-s, -> тюк *m* из соло́мы
Strohhalm *m* <-(e)s, -e> соло́минка *f*
Strohkopf *m* <*gen*: -s> (*pej*) дура́к *m*
Strohmann *m* <-(e)s, -männer> подставно́е лицо́ *nt*
Strohwitwer *m* <-s, -> (*umg*) соло́менный вдове́ц *m*
Strolch *m* <-(e)s, -e> бродя́га *m*
Strom *m* <-(e)s, Ströme> 1. пото́к *m*; 2. (*Fluss*) (больша́я) река́ *f*; 3. (EL) (электри́ческий) ток *m*, электри́чество *nt*, электроэне́ргия *f*; **ein ~ von etw** (*auch fig*) пото́к чего́-л.; **mit dem ~ schwimmen** (*fig*) плыть по тече́нию
Stromabschaltung *f* <-, -en> отключе́ние *nt* то́ка
stromabwärts *adv* вниз по тече́нию
Stromaufnahme *f* <*gen*: -> (EL) потребле́ние *nt* то́ка
stromaufwärts *adv* вверх по тече́нию
Stromausfall *m* <-(e)s, -ausfälle> отключе́ние *nt* электросе́ти
strömen *vi* течь, по- *pf*
Stromerzeuger *m* <-s, -> генера́тор *m*
Stromerzeugung *f* <*gen*: -> произво́дство *nt* электроэне́ргии
Stromkreis *m* <-es, -e> электри́ческая цепь *f*
Stromleitung *f* <-, -en> электропрово́дка *f*
stromlinienförmig *adj* обтека́емый
Stromnetz *nt* <*gen*: -es> электросе́ть *f*
Stromrechnung *f* <-, -en> счёт *m* за по́льзование электроэне́ргией
Stromschnelle *f* <-, -n> стремни́на *f*
Stromstoß *m* <-es, -stöße> и́мпульс *m* то́ка
Strömung *f* <-, -en> (*auch fig*) тече́ние *nt*
Stromverbrauch *m* <*gen*: -(e)s> потребле́ние *nt* то́ка
Stromversorgung *f* <*gen*: -> электроснабже́ние *nt*
Stromzähler *m* <-s, -> электри́ческий счётчик *m*
Strontium *nt* стро́нций *m*
Strophe *f* <-, -n> строфа́ *f*
Strudel *m* <-s, -> (*auch fig*) водоворо́т *m*
Struktur *f* <-, -en> структу́ра *f*
Strukturalismus *m* <*gen*: -> структурали́зм *m*
strukturell *adj* структу́рный
Strukturkrise *f* <-, -n> структу́рный кри́зис *m*
Strukturpolitik *f* <*gen*: -> структу́рная поли́тика *f*
Strukturwandel *m* <*gen*: -s> структу́рное измене́ние *nt*
Strumpf *m* <-(e)s, Strümpfe> чуло́к *m*
Strumpfhose *f* <-, -n> колго́тки *pl*
Strumpfwaren *pl* <*gen*: -> чуло́чные изде́лия *pl*
Strunk *m* <-(e)s, Strünke> 1. (*von Salat*) сте́бель *m*; 2. (*von Baum*) кочеры́жка *f*
struppig *adj* растрёпанный
Stube *f* <-, -n> ко́мната *f*
Stubengelehrte *m* <-n, -n> (*pej*) кабине́тный учёный *m*
Stubenhocker, -in *m/f* <-s, -> (*umg*) домосе́д, -ка *m/f*
stubenrein *adj* чи́стый
Stuck *m* <*gen*: -(e)s> лепни́на *f*, штукату́рка *f*
Stück *nt* <-(e)s, -e> 1. кусо́к *m*; **ein ~ Kuchen** кусо́к пирога́; **ein ~** (*ein bisschen*) немно́го 2. (*Theaterstück*) пье́са *f*; 3. (*Musikstück*) (музыка́льное) произведе́ние *nt*; 4. (*Exemplar*) шту́ка *f*
Stückchen *nt* <-s, -> кусо́чек *m*
Stückgut *nt* <*gen*: -(e)s> шту́чный това́р [*о* груз] *m*
Stückkosten *pl* <*gen*: -> изде́ржки *pl* в расчёте на едини́цу проду́кции
Stückliste *f* <-, -n> специфика́ция *f*
Stücklohn *m* <*gen*: -(e)s> сде́льная опла́та *f*
Stückpreis *m* <-es, -e> шту́чная цена́ *f*
stückweise *adv* пошту́чно
Stückzahl *f* <*gen*: -> коли́чество *nt* экземпля́ров
Student, -in *m/f* <-en, -en> студе́нт, -ка *m/f*
Studentenausweis *m* <-es, -e> студе́нческий биле́т *m*
Studentenwohnheim *nt* <-(e)s, -e> студе́нческое общежи́тие *nt*
Studie *f* <-, -n> 1. (*skizzenhafter Entwurf*) эски́з *m*; 2. (*wissenschaftliche Untersuchung*) иссле́дование *nt*

Studienaufenthalt *m* <-(e)s, -e> стажировка *f*
Studienbewerber *m* <-s, -> абитуриент *m*
Studienfach *nt* <-(e)s, -fächer> учебная дисциплина *f*, (учебный) предмет *m*
Studiengang *m* <-(e)s, -gänge> полный учебный курс *m* в вузе
Studiengebühr *f* <-, -en> плата *f* за обучение в вузе
studienhalber *adv* с учебной целью
Studienjahr *nt* <-(e)s, -e> учебный год *m*
Studienrefendar, -in *m/f* <-s, -e> студент-стажёр *m*
studieren I. *vi* учиться *impf* (в университете, институте); II. *vt* 1. изучать *impf*; Jura ~ изучать право 2. (*genau untersuchen*) изучать, -чить *pf*
Studio *nt* <-s, -> ателье *nt*
Studiosus *m* <*gen*: -> (*umg*) студент *m*
Studium *nt* <-s, Studien> учёба *f* в вузе
Stufe *f* <-, -n> 1. (*einer Treppe*) ступень *f*, ступенька *f*; 2. (*fig: Entwicklungsstadium*) ступень *f*, уровень *m*; 3. (*fig: Rang*) уровень *m*; 4. (*einer Rakete*) ступень *f*
stufenartig *adj* ступенчатый
stufen *vt* располагать уступами, различать степени (чего-л.)
Stufenbarren *m* <-s, -> параллельные брусья *pl*
stufenförmig *adj* ступенчатый
stufenlos *adj* бесступенчатый
stufenweise *adv* постепенно
Stuhl *m* <-(e)s, Stühle> (*auch MED*) стул *m*; fast vom ~ fallen (*umg: sehr überrascht sein*) чуть не упасть со стула
Stuhlgang *m* <*gen*: -(e)s> стул *m*
Stulle *f* <-, -n> бутерброд *m*
stumm *adj* немой
Stummel *m* <-s, -> окурок *m*
Stummfilm *m* <-(e)s, -e> немой фильм *m*
Stümper, -in *m/f* <-s, -> (*pej*) халтурщик *m*
Stümperei *f* <*gen*: -> (*pej*) халтура *f*
stumpf *adj* 1. тупой; 2. (*matt, glanzlos*) матовый; 3. (MATH: *Winkel*) тупой; ein ~er Blick тупой взгляд
Stumpf *m* <-(e)s, Stümpfe> 1. (*allgemein*) кончик *m*, остаток *m*; 2. (*von Kerze*) огарок *m*; 3. (*von Baum*) пень *m*
Stumpfheit 1. тупость *f*; 2. тупоумие *nt*
Stumpfsinn *m* <*gen*: -(e)s> тупость *f*
stumpfsinnig *adj* тупой
stumpfwinklig *adj* тупоугольный
Stunde *f* <-, -n> 1. час *m*; 2. (*Unterrichtseinheit*) урок *m*; eine halbe ~ полчаса; eine geschlagene ~ warten ждать битый час
stunden *vt* отсрочивать, отсрочить *pf*
Stundenkilometer километров в час, км/ч
stundenlang *adj* часами
Stundenlohn *m* <-(e)s, -löhne> почасовая оплата *f*
Stundenplan *m* <-(e)s, -pläne> расписание *nt*
Stundensatz *m* <-es, -sätze> почасовая ставка *f* (оплаты)
Stundentarif *m* <-(e)s, -e> почасовой тариф *m*
stündlich *adv* каждый час, ежечасно
Stundung *f* <-, -en> отсрочка *f*, пролонгация *f*, мораторий *m*
Stupsnase *f* <-, -n> курносый нос *m*
stur *adj* упрямый
Sturm *m* <-(e)s, Stürme> 1. (*Wind*) буря *f*; 2. (*Angriff*) штурм *m*; 3. (SPORT: *Gesamtheit der Stürmer*) нападающие *mpl*
Sturmangriff *m* <-(e)s, -e> (MIL) штурм *m*, атака *f*
stürmen *vt* (*etw im Sturm nehmen*) штурмовать *impf*
Stürmer, -in *m/f* <-s, -> нападающий, -щая *m/f*
Sturmflut *f* <-, -en> штормовой прилив *m*
stürmisch *adj* (*auch fig*) бурный
Sturmschäden *pl* <*gen*: -> повреждения *pl*, причинённые штормом
Sturmwarnung *f* <-, -en> штормовое предупреждение *nt*
Sturz *m* <-es, Stürze> (*Fall, auch fig*) падение *nt*; den ~ einer Regierung planen планировать свержение правительства
stürzen I. *vt* (*fig: Regierung*) свергать, свергнуть *pf*; II. *vi* 1. (*fallen*) падать, упасть *pf*; 2. (*eilen*) ринуться *pf*; aus dem Fenster ~ упасть из окна; sich aus dem Fenster ~ выброситься из окна; III. *vr* (*über jdn herfallen*) бросаться, броситься *pf*; sich auf jdn ~ наброситься на кого-л.
Sturzflug *m* <-(e)s, -flüge> пикирующий полёт *m*
Sturzhelm *m* <-(e)s, -e> защитный шлем *m*
Stute *f* <-, -n> кобыла *f*
Stütze *f* <-, -n> 1. подпорка *f*; 2. (*Pfosten, Pfeiler*) столб *m*; 3. (*fig: Hilfe, Halt*) опора *f*
stutzen *vt* (*beschneiden*) подрезать, -резать *pf*
stützen I. *vt* (*durch eine Stütze*) подпирать, -переть *pf*; die Hände in die Seiten ~ подбочениться; II. *vr* (*sich aufstützen*) упираться, опереться *pf*; sich auf einen Stock ~ опираться на палку
stutzig *adj* озадаченный; jdn ~ machen озадачить кого-л.; ~ werden озадачиться
Stützmauer *f* <-, -n> подпорная стенка *f*
Stützpunkt *m* <-(e)s, -e> (MIL) военная база *f*
Stützstrumpf *m* <-(e)s, -strümpfe> лечебный чулок *m*

Stützungskauf *m* <-(e)s, -käufe> (ÖKON) покупка *f* с целью поддержания курса акций

s.u. *abk von siehe unten* см. ниже

Subjekt *nt* <-(e)s, -e> **1.** (LING) подлежащее; **2.** (*pej: verachtenswerter Mensch*) субъект *m*

subjektiv *adj* субъективный

Subkultur *f* <-, -en> субкультура *f*

subkutan *adj* (MED) подкожный

Sublimation *f* <*gen:* -> сублимация *f*

Subskription *f* <*gen:* -> подписка *f* на ценные бумаги

Substantiv *nt* <-s, -e> существительное *nt*

Substanz *f* <-, -en> **1.** (*Stoff*) вещество *nt*; **2.** (*innerer Gehalt*) сущность *f*

substanziell *adj* сущностный

Substituierbarkeit *f* <*gen:* -> заменимость *f*

substituieren *vt* заменять, замещать

Substitution *f* <-, -en> замена *f*

subtil *adj* **1.** (*differenziert*) тонкий; **2.** (*schwierig*) сложный

Subtilität *f* <*gen:* -> субтильность *f*

Subunternehmer *m* <-s, -> субподрядчик *m*

Subvention *f* <-, -en> субсидия *f*, субвенция *f*; **~en streichen** лишать субсидии; **~en vergeben** выделять субсидии

subventionieren *vt* субсидировать *impf*

Subventionierung *f* <*gen:* -> субсидирование *nt*

subversiv *adj* (*geh*) подрывной

Subwoofer *m* <-s, -> сабвуфер *m*

Suche *f* <-, (-n)> поиск *m*; **sich auf die ~ nach etw machen** отправиться на поиск чего-л.

suchen *vt* искать *impf*; **eine Wohnung ~** искать квартиру

Sucher *m* <-s, -> (FOT) видоискатель *m*

Suchfunktion *f* <-, -en> (DV) функция *f* поиска

Suchhund *m* <-(e)s, -e> ищейка *f*

Suchmaschine *f* <-, -n> (*für Internet*) поисковая система *f*

Sucht *f* <-, Süchte> **1.** страсть *f*, (болезненное) влечение *nt*, мания *f* (*nach +dat* к *+dat*); **2.** (*Drogen~*) наркомания *f*

suchterzeugend *adj* вызывающий наркоманию

Suchtgefahr *f* <-, -en> опасность *f* привыкания (к наркотику, медикаменту)

süchtig *adj*: **er ist ~** (*drogen~*) он наркоман; **sie ist ~** (*arbeits~*) она работоголик

Suchtkranke(r) *mf* <-n, -n> страдающий *m* наркоманией

Sud *m* <*gen:* -(e)s> отвар *m*

Südafrika *nt* <*gen:* -s>

Южно-Африканская Республика *f* (ЮАР)

Südamerika *nt* <*gen:* -s> Южная Америка *f*

Sudan *m* <*gen:* -s> Судан *m*

Sudanese, Sudanesin *f* <-n, -n> суданец, суданка *m/f*

sudanesisch *adj* суданский

süddeutsch *adj* южнонемецкий

Süddeutsche(r) *mf* <-n, -n> южный немец *m*

Süddeutschland *nt* <*gen:* -s> Южная Германия *f*

Sudelei *f* <-, -en> (*pej*) пачкотня *f*, мазня *f*

Süden *m* <*gen:* -s> юг *m*; **von ~** с юга; **im ~** на юге

Südeuropa *nt* <*gen:* -s> Южная Европа *f*

Südeuropäer, -in *m/f* <-s, -> житель, -ница *m/f* Южной Европы

Südfrucht *f* <-, -früchte> субтропический плод *m*

Südhang *m* <-(e)s, -hänge> южный склон *m*

südlich **I.** *adj* южный; **II.** *präp +gen* к югу от (*+ gen*), южнее (*+ gen*).

Südostasien *nt* <*gen:* -s> Юго-Восточная Азия *f*

Südosten *m* <*gen:* -s> юго-восток *m*

Südpol *m* <*gen:* -s> Южный полюс *m*

Südpolargebiet *nt* <*gen:* -(e)s> область *f* Южного полюса

südslawisch *adj* южнославянский

Südtirol *nt* <*gen:* -s> Южный Тироль *m*

Südwesten *m* <*gen:* -s> юго-запад *m*

Suffix *nt* <-es, -e> (LING) суффикс *m*

suggerieren *vt* (PSYCH) внушать, внушить *pf*

Suggestivfrage *f* <-, -n> наводящий вопрос *m*

Sühne *f* <*gen:* -> (*geh*) искупление *nt*, расплата *f*

sühnen *vt* искупать, искупить *pf*

Suite *f* <-, -n> **1.** (*Hotelsuite*) номер люкс (в гостинице); **2.** (MUS) сюита *f*

sukzessiv *adv* постепенно, последовательно

Sultan *m* <-s, -e> султан *m*

Sultanine *f* <-, -n> кишмиш *m*

Sülze *f* <-, -n> студень *f*

summarisch *adj* суммарный

Summe *f* <-, -n> сумма *f*

summen *vi* (*Insekten*) жужжать, по- *pf*

Summenbilanz *f* <-, -en> суммарный баланс *m*

Summer *m* <-s, -> зуммовой сигнализатор *m*, зуммер *m*

summieren *vt* суммировать *impf/pf*

Summton *m* <-(e)s, -töne> зуммер *m*

Sumpf *m* <-(e)s, Sümpfe> болото *nt*

Sumpffieber *nt* <*gen:* -s> болотная лихорадка *f*

Sumpfgebiet *nt* <-(e)s, -e> болотистая

местность f
sumpfig adj болотистый
Sünde f <-, -n> грех m; **eine ~ begehen** совершить грех
Sündenbock m <-(e)s, -böcke> козёл m отпущения
Sünder, -in m/f <-s, -> грешник, -ница m/f
sündigen vi грешить, со- pf
Sunnit m <-en, -en> суннит m
super adj (umg) классный, супер
Superbenzin nt <gen: -s> супербензин m
Superlativ m <-s, -e> превосходная степень f
Supermarkt m <-(e)s, -märkte> супермаркет m, универсам m
Supertanker m <-s, -> супертанкер m
Suppe f <-, -n> суп m
Suppenkelle f <-, -n> половник m, поварёшка f
Suppenküche f <-, -n> благотворительная кухня f, предлагающая обеды нуждающимся
Suppenlöffel m <-s, -> столовая ложка f
Suppenschüssel f <-, -n> супова́я миска f
Suppenteller m <-s, -> глубокая тарелка f
Suppenterrine f <-, -n> супова́я миска m
Support m <gen: -s> 1. поддержка f; 2. (TECH) суппорт m
supraleitend adj (PHYS) сверхпроводящий
Surfbrett nt <-(e)s, -er> доска f для сёрфинга
surfen vi (SPORT) заниматься, -няться pf сёрфингом
Surfing nt <gen: -s> сёрфинг m
surreal adj сюрреальный
Surrealismus m <gen: -> сюрреализм m
surren vi гудеть, по- pf
suspekt adj подозрительный
suspendieren vt (jdn) (временно) отстранять, -нить pf от должности
Suspendierung f <-, -en> (временное) отстранение nt от должности
süß adj 1. (nicht sauer) сладкий; 2. (umg: lieb) милый, сладкий
Süßigkeit f <-, -en> сладость f
süßlich adj сладковатый
süßsauer, süß-sauer adj (Speise) кисло-сладкий
Süßspeise f <-, -n> сладкое nt
Süßstoff m <-(e)s, -e> сахарин m
Süßstofftablette f <-, -n> таблетка f сахарина
Süßungsmittel nt <-s, -> средство nt для подсла́щивания
Süßwaren pl <gen: -> кондитерские изделия ntpl

Süßwarengeschäft nt <-(e)s, -e> кондитерская f
Süßwasser nt <gen: -s> пресная вода f
Süßwasserfisch m <-es, -e> пресноводная рыба f
Süßwein m <-(e)s, -e> сладкое вино nt
Sweatshirt nt <-s, -s> футболка f с длинными рукавами
Swimmingpool, Swimming-Pool m <-s, -s> плавательный бассейн m
Swing m <gen: -s> свинг m
Symbiose f <-, -n> симбиоз m
Symbol nt <-s, -e> символ m
Symbolik f <gen: -> символика f
symbolisch adj 1. символический; 2. (für etw/jdn) символичный (für +akk для + gen)
symbolisieren vt символизировать impf
Symbolismus m <gen: -> символизм m
Symmetrie f <-, -n> симметрия f
Symmetrieachse f <-, -n> (MATH) ось f симметрии
symmetrisch adj симмметрический, симметричный
Sympathie f <-, -n> симпатия f
Sympathiebekundung f <-, -en> выражение nt симпатии
Sympathisantenszene f <gen: -> (POL) среда f сочувствующих
sympathisch adj симпатичный; **er ist mir sehr ~** он мне очень симпатичен
sympathisieren vi симпатизировать impf; **mit jdm ~** симпатизировать кому-л.
Symposium nt <-s, Symposien> симпозиум m
Symptom nt <-s, -e> симптом m
Synagoge f <-, -n> синагога f
synchron adj (gleichzeitig) синхронный
synchronisieren vt (FILM) синхронизировать impf/pf
Synchronisierung f <-, -en> синхронизация f
Syndikat nt <-(e)s, -e> синдикат m
Syndrom nt <-s, -e> синдром m
Synergie f <-, -n> синергия f
synonym adj синонимический
Synonym nt <-s, -e> синоним m
Syntax f <gen: -> синтаксис m
Syntaxfehler m <gen: -> (DV: in Programm) синтактическая ошибка f
Synthese f <-, -n> синтез m
Synthesizer m <-s, -> синтезатор m
Synthetik nt <gen: -s> (Kunstfaser) синтетика f
synthetisch adj синтетический
synthetisieren vt синтезировать
Syphilis f <gen: -> сифилис m
Syrien nt <gen: -s> Сирия f
Syrier, -in m/f <-s, -> сириец, сирийка m/f
System nt <-s, -e> система f
Systemadministrator, -in m <-s, -en>

(DV) системный администратор *m*
Systematik *f* <-, -en> системaтика *f*
systematisch *adj* систематический
systematisieren *vt* систематизировать *impf/pf*
systembedingt *adj* обусловленный каким-л. системой
Systemdatei *f* <-, -en> (DV) системный файл *m*
Systemkomponente *f* <-, -n> компонент *m* системы
Systemsoftware *f* <gen: -> (DV) системная программа *f*
Systemtechnik *f* <gen: -> системная техника *f*
Systemzwang *m* <-(e)s, -zwänge> ограничение *nt* свободы действий в рамках системы
systolisch *adj* систолический
Szenario *nt* <-s, Szenarien> сценарий *m*
Szene *f* <-, -n> сцена *f*
Szenenwechsel *m* <-s, -> перемена *f* декораций
szenisch *adj* сценичный
Szepter *nt* <-s, -> скипетр *m*

T

t, T *nt* <-, -> т, Т
Tabakbau *m* <gen: -s> табаководство *nt*
Tabakindustrie *f* <-, -en> табачная промышленность *f*
Tabakgeschäft *nt* <-(e)s, -e> табачный магазин *m*
Tabakplantage *f* <-, -n> табачная плантация *f*
Tabakpfeife *f* <-n, -n> трубка *f*
Tabakwaren *pl* <gen: -> табачные изделия *pl*
tabellarisch *adj* в виде таблицы [*o* схемы]
Tabelle *f* <-, -n> таблица *f*
Tabellenführer *m* <-s, -> (SPORT) лидер *m* соревнований
Tabellenkalkulation *f* <-, -en> (DV) табличная форма *f* калькуляции
Tabellenplatz *m* <-es, -plätze> (SPORT) место *nt* в турнирной таблице
Tablett *nt* <-(e)s, -e/-s> поднос *m*
Tablette *f* <-, -n> таблетка *f*
Tablettenmissbrauch *m* <gen: -(e)s> злоупотребление *nt* таблетками
tabu *adj* запрещённый
Tabulator *m* <-s, -en> табулятор *m*
Tabuthema *nt* <-s, -themen> запретная тема *f*
Tachometer *m* <-s, -> спидометр *m*
Tachometerstand *m* <gen: -(e)s> (TECH) показание *nt* спидометра
Tadel *m* <-s, -> выговор *m*
tadellos *adj* безупречный

tadeln *vt* бранить *impf* (*für* +*akk* за +*akk*)
tadelnswert *adj* достойный порицания
Tadschikistan *nt* <gen: -s> Таджикистан *m*
Tafel *f* <-, -n> 1. (*Schultafel*) доска *f*; 2. (*Schokoladentafel*) плитка *f*; 3. (*Schaubild*) таблица *f*; 4. (*Gedenktafel*) плита *f*; 5. (*geh: festlich gedeckter Tisch*) (обеденный) стол *m*
tafelfertig *adj* готовый к употреблению
Tafelobst *nt* <gen: -(e)s> фрукты *pl*, подаваемые на десерт
Tafelsilber *nt* <gen: -s> столовое серебро *nt*
Tag *m* <-(e)s, -e> день *m*; welcher ~ ist heute? какой сегодня день?; guten ~! здравствуйте! eines ~es однажды; in drei ~en через три дня; ~ für ~ день за днём; sie hat ihre ~e у неё месячные
tagaus *adv*: ~, **tagein** изо дня в день
Tagebuch *nt* <-(e)s, -bücher> дневник *m*
Tagedieb *m* <-(e)s, -e> (*pej*) лодырь *m*
Tagegeld *nt* <gen: -(e)s> суточные (деньги) *pl*
tagelang *adj* днями
Tagesanbruch *m* <-(e)s, -anbrüche> рассвет *m*; **bei** ~ на рассвете
Tagesausflug *m* <-(e)s, -ausflüge> однодневная экскурсия *f*
Tageseinnahme *f* <-, -n> дневная выручка *f*
Tagesfahrt *f* <-, -en> однодневная поездка *f*
Tagesgericht *nt* <-(e)s, -e> (*in Restaurant*) дежурное блюдо *nt*
Tagesgeschehen *nt* <gen: -s> события *ntpl* дня
Tageskurs *m* <-es, -e> (BÖRSE) курс *m* дня
Tageslicht *nt* <gen: -(e)s> дневной свет *m*
Tageslichtprojektor *m* <-s, -en> лекционный проектор *m*
Tagesnachrichten *pl* <gen: -> новости дня *fpl*
Tagesordnung *f* <gen: -> повестка *f* дня; **etw ist an der** ~ что-л. стоит на повестке дня
Tagesordnungspunkt *m* <-(e)s, -e> пункт *m* повестки дня; **als** ~ **ansetzen** включать пункт в повестку дня
Tagespreis *m* <-es, -e> цена *f* текущего дня
Tagesproduktion *f* <-, -en> дневная выработка *f* продукции
Tagesration *f* <-, -en> суточный паёк *m*
Tagesumsatz *m* <-es, -umsätze> дневной [*o* суточный] оборот *m*
Tagesverbrauch *m* <gen: -(e)s> суточный расход *m*
Tageszeit *f* <-, -en> время *nt* дня
Tageszeitung *f* <-, -en> ежедневная газета *f*
Tagfalter *m* <-s, -> булавоусая бабочка

täglich *adj* ежедневный
Tagschicht *f* <-, -en> дневная смена *f*
tagsüber *adv* днём
Tagung *f* <-, -en> заседание *nt*
Tagungsort *m* <-(e)s, -e> место *nt* заседания
Tagungsteilnehmer, -in *m/f* <-s, -> участник *m* заседания
Taiga *f* <gen: -> тайга *f*
Taille *f* <-, -n> талия *f*
Taillenweite *f* <-, -n> объём *m* талии
Taiwan Тайвань *m*
taiwanisch *adj* тайваньский
Takeover *m* <gen: -> (ÖKON: *Unternehmensübernahme*) аквизиция *f*
Takt *m* <-(e)s, -e> (MUS, *auch Taktgefühl*) такт *m*
Taktik *f* <-, -en> тактика *f*
taktisch *adj* тактический
taktlos *adj* бестактный
Taktlosigkeit *f* <-, -en> бестактность *f*
taktvoll *adj* тактичный, деликатный
Tal *nt* <-(e)s, Täler> долина *f*
Talar *m* <-s, -e> ряса *f*
Talent *nt* <-(e)s, -e> талант *m*; **er hat ~ dazu** у него к этому талант
talentiert *adj* талантливый
Talfahrt *f* <-, -en> (*fig*) (экономический) спад *m*; **gestern setzten die Aktienkurse ihre ~ fort** вчера продолжалось падение курса акций
Talg *m* <-(e)s, -e> сало *nt*, жир *m*
Talisman *m* <-s, -e> талисман *m*
Talkessel *m* <-s, -> котловина *f*
Talkshow, Talk-Show *f* <-, -s> ток-шоу *nt*
Talmigold *nt* <gen: -(e)s> французское золото *nt*, имитация *f* золота
Talmulde *f* <-, -n> котловина *f*
Talsperre *f* <-, -n> 1. (*Staudamm*) плотина *f*; 2. (*Stausee*) водохранилище *nt*
Talstation *f* <-, -en> нижняя станция *f*
talwärts *adv* по направлению к долине
Tampon *m* <-s, -s> тампон *m*
Tändelei *f* <gen: -> 1. занятие *nt* пустяками; 2. флирт *m*
Tandem *nt* <-s, -s> тандем *m*
Tang *m* <-(e)s, -e> водоросль *f*
Tanga *m* <-s, -s> узкое бикини *nt*
Tangente *f* <-, -n> (MATH) касательная *f*
tangential *adj* касательный
Tank *m* <-s, -s> бак *m*
tanken *vi* заправляться, -правиться *pf*; **40 Liter Benzin/Diesel ~** заправить сорок литров бензина/дизеля
Tanker *m* <-s, -> танкер *m*
Tankflugzeug *nt* <-(e)s, -e> самолёт-заправщик *m*
Tanklager *nt* <-s, -> бензосклад *m*
Tankstelle *f* <-, -n> 1. заправочная станция *f*; 2. (*umg*) заправка *f*
Tankwagen *m* <-s, -> автоцистерна *f*
Tankzug *m* <-(e)s, -züge> поезд *m* с вагонами-цистернами
Tanne *f* <-, -n> пихта *f*, ель *f*
Tannenbaum *m* <-(e)s, -bäume> ёлка *m*
Tannenholz *nt* <gen: -es> пихтовое дерево *nt* (древесина)
Tannennadel *f* <-, -n> пихтовая игла *f*
Tannenwald *m* <-(e)s, -wälder> пихтовый лес *m*, пихтарник *m*
Tannenzapfen *m* <-s, -> пихтовая шишка *f*
Tante *f* <-, -n> тётя *f*
Tantieme *f* <-, -n> (ÖKON) тантьема *f*
Tanz *m* <-es, Tänze> танец *m*; **jdn zum ~ auffordern** пригласить кого-л. на танец
tanzen *vt* танцевать, по- *pf*
Tänzer, -in *m/f* <-s, -> танцовщик, -щица *m/f*, танцор *m*
Tanzkapelle *f* <-, -n> танцевальный оркестр *m*
Tanzkurs *m* <-es, -e> танцевальные курсы *pl*
Tanzlehrer, -in *m/f* <-s, -> учитель *m* танцев
Tanzmusik *f* <gen: -> танцевальная музыка *f*
Tanzschritt *m* <-(e)s, -e> шаг *m* (в танцах)
Tanzschule *f* <-, -en> школа *f* танцев
Tanztee *m* <-s, -s> танцы *mpl* в послеобеденное время
Tanzturnier *nt* <-(e)s, -e> конкурс *m* бальных танцев
Tapete *f* <-, -n> обои *m*
Tapetenmuster *nt* <-s, -> узор *m* на обоях
Tapetentür *f* <-, -en> скрытая обоями дверь *f*
tapezieren *vt* оклеивать, -леить *pf* обоями
Tapeziertisch *m* <-(e)s, -e> обойный стол *m*
tapfer *adj* мужественный, смелый
Tapferkeit *f* <gen: -> мужество *f*, смелость *f*
Tapferkeitsmedaille *f* <-, -n> медаль *f* за мужество
täppisch *adj* неловкий
Tara *nt* <gen: -s> (*Verpackung*) тара *f*, упаковка *f*
Tarif *m* <-s, -e> тариф *m*; **Erhöhung des ~s** повышение тарифной ставки; **einheitlicher ~** единый тариф; **ermäßigter ~** льготный тариф; **gestaffelter ~** дифференцированный тариф
Tarifgehalt *nt* <-(e)s, -gehälter> тарифный оклад *m*, тарифная ставка *f*
Tarifgruppe *f* <-, -n> тарифный разряд *m*
Tarifkommission *f* <-, -en> тарифная комиссия *f*
Tarifkonflikt *m* <-(e)s, -e> тарифный конфликт *m*
Tariflohn *m* <-(e)s, -löhne> заработная

плáта f, устанóвленная по тарифу
Tarifpartner pl <gen: -> стóроны pl в тарифном договóре
Tarifpolitik f <gen: -> тарифная полùтика f
Tarifsatz m <-es, -sätze> тарифная стáвка f
Tarifverhandlungen pl <gen: -> переговóры pl по тарифным стáвкам
Tarifvertrag m <-(e)s, -verträge> тарифное соглашéние nt; **die Aushandlung eines neuen ~es** достижéние нóвого тарифного соглашéния
Tarifzone f <-, -n> тарифный пóяс m
Tarnanzug m <-(e)s, -anzüge> маскирóвочный костюм m
tarnen vt маскировáть, за- pf
Tarnfarbe f <-, -n> защитная крáска f
Tarnkappe f шáпка f -невидимка f
Tarnung f <-, -en> маскирóвка f
Tasche f <-, -n> 1. (an Kleidungsstück) кармáн m; 2. (Gepäckstück) сýмка f
Taschendieb m <-(e)s, -e> кармáнный вор m, вор-кармáнник m
Taschengeld nt <gen: -es> кармáнные дéньги fpl
Taschenkalender m <-s, -> кармáнный календáрь m
Taschenlampe f <-, -n> кармáнный фонáрик m
Taschenmesser nt <-s, -> перочинный нож m
Taschenrechner m <-s, -> микрокалькулятор m
Taschenschirm m <-(e)s, -e> кармáнный зóнтик m
Taschenspieler m <-s, -> фóкусник m
Taschentuch nt <-(e)s, -tücher> носовóй платóк m
Taschenuhr f <-, -en> кармáнные часы pl
Taschenwörterbuch nt <-(e)s, -bücher> кармáнный словáрик m
TASS f <gen: -> Телегрáфное агéнтство Совéтского Сою́за (1925 - 1991)
Tasse f <-, -n> чáшка f; **eine ~ Tee/Kaffee** чáшка чáя/кóфе
tassenfertig adj (Suppe) о супово́м поро́шке, предназна́ченном для зава́рки кипятко́м в ча́шке
Tastatur f <-, -en> клавиатýра f
Tastaturanschluss m <-es, -anschlüsse> подсоединéние nt тастатýры
Taste f <-, -n> клáвиша f
tasten vi искáть impf óщупью [о на óщупь]; **er tastete nach dem Lichtschalter** он искáл на óщупь выключáтель
Tastenkombination f <-, -en> (DV) комбинáция f клáвиш
Tastentelefon nt <-s, -e> кнóпочный телефóн m
Tastsinn m <gen: -(e)s> осязáние nt
tat prät von **tun**

Tat f <-, -en> поступок m; **in der ~** в действительности
Tataren pl <gen: -> татáры pl
Tatbestand m <-(e)s, -bestände> 1. фáкты mpl; 2. (JUR) состáв m преступлéния
Tatendrang m <gen: -(e)s> (geh) жáжда f дéятельности
tatenlos adj бездéятельный
Täter, -in m/f <-s, -> престýпник, -ница m/f
tätig adj: **sie ist als Lehrerin ~** онá рабóтает учительницей
tätigen vt осуществить pf, совершить pf
Tätigkeit f <-, -en> дéятельность f
Tätigkeitswort nt <-(e)s, -wörter> глагóл m
tatkräftig adj энергичный
Tätlichkeit f <-, -en> (JUR) оскорблéние nt дéйствием
Tatmotiv nt <-(e)s, -e> мотив m преступлéния
Tatort m <-(e)s, -e> мéсто nt происшéствия
tätowieren vt татуировать
Tätowierung f <-, -en> татуирóвка f
Tatsache f <-, -n> факт m
tatsächlich I. adj фактический; II. adv фактически, на сáмом дéле
Tattergreis m <-es, -e> (pej) развáлина m, дря́хлый старик m
Tatumstände pl <gen: -> обстоя́тельства ntpl совершéния преступлéния
Tatverdacht m <gen: -(e)s> подозрéние nt в совершéнии преступлéния
Tatze f <-, -n> лáпа f
Tatzeuge, -in m/f <-n, -n> свидéтель m преступлéния
Tau¹ nt <-(e)s, -e> (Seil) канáт m
Tau² m <gen: -(e)s> росá f
taub adj 1. глухóй; 2. (betäubt) онемéлый
Taube f <-, -n> (Vogel) гóлубь m
taubstumm adj глухонемóй
Taubstummensprache f <gen: -> язык m глухонемы́х
tauchen I. vi нырять, нырнýть pf (nach + dat за +inst); II. vt погружáть, -грузить pf
Taucher, -in m/f <-s, -> 1. ныря́льщик, -щица m/f; 2. (mit Taucherausrüstung) водолáз m, аквалангист, -ка m/f
Taucheranzug m <-(e)s, -anzüge> водолáзный костю́м m, скафáндр m
Taucherausrüstung f <-, -en> водолáзное снаряжéние nt
Taucherkrankheit f <gen: -> кессóнная болéзнь f
Tauchsieder m <-s, -> кипятильник m
Tauchtiefe f <-, -n> глубинá f ныря́ния (водолáза)
tauen vi (Eis, Schnee) тáять, рас- pf; **es taut** тáет (снег)

Taufbecken *nt* <-s, -> купе́ль *f*
Taufe *f* <-, -n> креще́ние *nt*
taufen *vt* крести́ть, о- *pf*
Taufgeschenk *nt* <-(e)s, -e> пода́рок *m* на крести́ны
Täufling *m* <-s, -e> крёстник *m*
Taufschein *m* <-(e)s, -e> свиде́тельство *nt* о креще́нии
Taufstein *m* <-(e)s, -e> купе́ль *m*
taugen *vi* годи́ться *impf* (*zu +dat* к +*dat*); etw taugt nichts э́то никуда́ не годи́тся
Taugenichts *m* <-(es), -e> (*pej*) безде́льник *m*
tauglich *adj* 1. приго́дный; 2. (MIL) го́дный к вое́нной слу́жбе
taumeln *vi* шата́ться, пошатну́ться *pf*
Tausch *m* <-(e)s, -e> обме́н *m*
Tauschbörse *f* <-, -n> би́ржа *f* обме́на
tauschen *vt* меня́ть, об- *pf*; mit jdm etw ~ поменя́ться с кем-л. чем-л.; etw gegen etw ~ обменя́ть что-л. на что-л.; Plätze ~ поменя́ться места́ми
täuschen I. *vt* обма́нывать, -ну́ть *pf*; II. *vi* обма́нываться, -ману́ться *pf*; sich in jdm ~ ошиби́ться в ком-л.
täuschend *adj* обма́нчивый
Tauschgeschäft *nt* <-(e)s, -e> ба́ртерная [*o* менова́я] сде́лка *f*
Tauschhandel *m* <*gen:* -s> ба́ртерная [*o* менова́я] торго́вля *f*
Tauschobjekt *nt* <-(e)s, -e> предме́т *m* обме́на
Täuschung *f* <-, -en> (*das Täuschen*) обма́н *m*; optische ~ опти́ческий обма́н
Tauschverhältnis *nt* <*gen:* -es> меновы́е отноше́ния *pl*, отноше́ния *pl* обме́на
Tauschwert *m* <*gen:* -s> менова́я сто́имость *f*
tausend *num* ты́сяча
tausendfach I. *adj* тысячекра́тный; II. *adv* в ты́сячу раз.
Tausendfüßler *m* <-s, -> многоно́жка *f*
Tausendsassa *m* <-s, -s> (*umg*) бедо́вый па́рень *m*
tausendste(r) *adj* ты́сячный
Tautologie *f* тавтоло́гия *f*
tautologisch *adj* тавтологи́ческий
Tauwasser *nt* <*gen:* -s> та́лая вода́ *f*
Tauwetter *nt* <*gen:* -s> о́ттепель *f*
Taverne *f* <-, -n> таве́рна *f*
Taxi *nt* <-s, -s> такси́ *nt*; ein ~ nehmen взять такси́; ein ~ rufen вы́звать такси́
Taxifahrer, -in *m/f* <-s, -> такси́ст *m*
Taxistand *m* <-(e)s, -stände> стоя́нка *f* такси́
Team *nt* <-s, -s> 1. (SPORT) кома́нда *f*; 2. (allgemein) коллекти́в *m*
Teamarbeit *f* <*gen:* -> коллекти́вная рабо́та *f*
teamfähig *adj* спосо́бный к рабо́те в коллекти́ве; ein ~er Mitarbeiter сотру́дник *m*, спосо́бный к рабо́те в коллекти́ве

Teamwork *nt* <*gen:* -s> рабо́та *f* в коллекти́ве, коллекти́вная рабо́та *f*
Technik *f* <-, -en> те́хника *f*
technikbesessen *adj* одержи́мый те́хникой
Techniker, -in *m/f* <-s, -> те́хник *m*
technikfeindlich *adj* враждéбно относя́щийся к те́хнике
technisch *adj* техни́ческий
Techno *m* <*gen:* -> (*Technomusik*) му́зыка *f* в сти́ле „те́хно"
technokratisch *adj* технократи́ческий
Technologie *f* <-, -n> техноло́гия *f*
Technologieberatung *f* <*gen:* -> консульта́ция *f* по вопро́сам техноло́гии
Technologietransfer *m* <-s, -s> переда́ча *f* техноло́гии
Technologieunternehmen *nt* <-s, -> технологи́ческий заво́д *m*
Technologieverständnis *nt* <*gen:* -ses> понима́ние *nt* техноло́гии
Technologiezentrum *nt* <-s, -zentren> центр *m* техноло́гий
technologisch *adj* технологи́ческий; eine ~e Lücke технологи́ческий разры́в
Teddybär *m* <-en, -en> (плю́шевый) медве́дь *m* ми́шка *m*
Tee *m* <-s, -s> чай *m*; schwarzer ~ чёрный чай; ~ mit Zitrone чай с лимо́ном
Teeanbau *m* <*gen:* -s> чаево́дство *nt*
Teebeutel *m* <-s, -s> па́кетик *m* с ча́ем
Teedose *f* <-, -n> ча́йница *f*
Tee-Ei *nt* закры́тое си́течко *nt* для зава́рки чая
Teefilter *m* <-s, -> (бума́жный) фильтр *m* для зава́рки чая
Teekanne *f* <-, -n> ча́йник *m*
Teelöffel *m* <-s, -> ча́йная ло́жка *f*
Teenager *m* <-s, -> подро́сток *m*
Teer *m* <-(e)s, -e> смола́ *f*, гудро́н *m*
Teestrauch *m* <-(e)s, -sträucher> ча́йный куст *m*
Teflon *nt* тефло́н
Teich *m* <-(e)s, -e> пруд *m*
Teig *m* <-(e)s, -e> те́сто *nt*
Teigwaren *pl* <*gen:* -> макаро́нные изде́лия *nt pl*
Teil[1] *m* <-(e)s, -e> 1. часть *f*; 2. (*Anteil*) до́ля *f*; zum ~ части́чно
Teil[2] *nt* <-(e)s, -e> (*Einzelteil, Bauteil*) дета́ль *f*
Teilabschnitt *m* <-(e)s, -e> разде́л *m*
Teilansicht *f* <-, -en> части́чный вид *m*
Teilauflage *f* <-, -n> части́чный тира́ж *m*
teilbar *adj* дели́мый
Teilbarkeit *f* <*gen:* -> дели́мость *f*
Teilbereich *m* <-(e)s, -e> (TECH) поддиапазо́н *m*
teilbeschäftigt *adj* части́чно за́нятый
Teilbetrag *m* <-(e)s, -beträge> части́чная су́мма *f*, части́чный платёж *m*
Teilbetriebsergebnis *nt* <-ses, -se> 1.

части́чные да́нные *pl* рента́бельности предприя́тия; **2.** части́чный бала́нс *pl* предприя́тия

Teilchen *nt* <-s, -> (PHYS) части́ца *f*

teilen I. *vt* дели́ть, раз- *pf* (*in* +*akk* на + *akk*); **etw mit jdm ~** подели́ться чем-л. с кем-л.; **jds Meinung ~** разделя́ть чьё-л. мне́ние; **II.** *vi* **1.** (*Weg, Fluss*) разветвля́ться, -ви́ться *pf*; **2.** (*Auffassung*) разделя́ться, -ли́ться *pf*

Teilerfolg *m* <-(e)s, -e> части́чный успе́х *m*

Teilergebnis *nt* <-ses, -se> части́чный результа́т *m*

teilhaben *vi* **1.** (*am Gewinn*) уча́ствовать *impf* (в +*präpos*); **2.** (*an der Freude*) разделя́ть, -ли́ть *pf*

Teilhaber, -in *m/f* <-s, -> (ÖKON) компаньо́н *m*, совладе́лец *m*; **stiller ~** негла́сный компаньо́н

Teilmenge *f* <-, -n> части́чный сет *m*

teilmöbliert *adj* части́чно меблиро́ванный

Teilnahme *f* <*gen*: -> уча́стие *nt* (*an* +*dat* в +*präpos*)

Teilnahmebedingung *f* <-, -en> усло́вие *nt* уча́стия

teilnahmeberechtigt *adj* допу́щенный к уча́стию

teilnahmslos *adj* равноду́шный

teilnahmsvoll *adj* уча́стливый

teilnehmen *vi* принима́ть, -ня́ть *pf* уча́стие (*an* +*dat* в +*präpos*)

Teilnehmer, -in *m/f* <-s, -> уча́стник, -ница *m/f*

teils *adv* отча́сти

Teilschuldner *m* <-s, -> долево́й должни́к *m*

Teilsendung *f* <-, -en> части́чная посы́лка *f*

Teilstrecke *f* <-, -n> эта́п *m*

Teilung *f* <-, -en> разделе́ние *nt*

teilweise *adv* отча́сти, части́чно

Teilzahlung *f* <-, -en> упла́та *f* в рассро́чку

Teilzahlungsbetrag *m* <-(e)s, -beträge> разме́р *m* части́чного платежа́ *f*

Teilzeitbeschäftigung *f* <-, -en> части́чная за́нятость *f*

Teilzeitkraft *f* <-, -kräfte> рабо́тник *m*, за́нятый непо́лный рабо́чий день

Teint *m* <-s, -s> цвет *m* лица́

tektonisch *adj* тектони́ческий

Tel. *abk von* **Telefonnummer**

Telearbeit *f* <*gen*: -> рабо́та на дому́, при кото́рой рабо́тник свя́зан с работода́телем посре́дством электро́нного сре́дства коммуника́ции

Telefax *nt* <-, -(e)> телефа́кс *m*

Telefon *nt* <-s, -e> телефо́н *m*; **ans ~ gehen** подойти́ к телефо́ну

Telefonanschluss *m* <-es, -anschlüsse> подключе́ние *nt* к телефо́нной се́ти

Telefonat *nt* <-(e)s, -e> телефо́нный разгово́р *m*

Telefonauskunft *f* <*gen*: -> спра́вочная слу́жба *f*

Telefonbanking *nt* <*gen*: -s> ула́живание *nt* ли́чных ба́нковских дел по телефо́ну

Telefonbuch *nt* <-(e)s, -bücher> телефо́нный спра́вочник *m*

Telefonhörer *m* <-s, -> телефо́нная тру́бка *f*

telefonieren *vi* разгова́ривать *impf* по телефо́ну, говори́ть, по- *pf* по телефо́ну (*mit* +*dat* с +*inst*), звони́ть, по- *pf* (+ *dat*)

telefonisch *adj* телефо́нный

Telefonist, -in *m/f* <-en, -en> телефони́ст, -ка *m/f*

Telefonkabel *nt* <-s, -> телефо́нный ка́бель *m*

Telefonkarte *f* <-, -n> телефо́нная ка́рточка *f*

Telefonmarketing *nt* <-s, -> телема́ркетинг *m*

Telefonnummer *f* <-, -n> но́мер *m* телефо́на

Telefonverzeichnis *nt* <-ses, -se> телефо́нный спра́вочник *m*

Telefonzelle *f* <-, -n> телефо́нная бу́дка *f*

Telefonzentrale *f* <-, -n> телефо́нный коммута́тор *m*

Telegrafenleitung *f* <-, -en> телегра́фный столб *m*

Telegrafenmast *m* <-(e)s, -e> телегра́фный столб *m*

Telegrafie *f* <*gen*: -> телеграфи́рование *nt*

Telegramm *nt* <-s, -e> телегра́мма *f*; **ein ~ aufgeben** отпра́вить телегра́мму

Telekinese *f* <*gen*: -> телекине́з *m*

Telekommunikation *f* <*gen*: -> телекоммуника́ция *f*

Telekommunikationsmarkt *m* <*gen*: -(e)s> ры́нок *m* телекоммуникацио́нных услу́г

Telekommunikationsnetz *nt* <-es, -e> телекоммуникацио́нная сеть *f*

Telekonferenz *f* <-, -en> телеконфере́нция *f*

Telematik *f* <*gen*: -> телема́тика *f*

Teleobjektiv *nt* <-s, -e> телеобъекти́в *m*

Telepathie *f* <*gen*: -> телепа́тия *f*

Teleskop *nt* <-s, -e> телеско́п *m*

Teleskopantenne *f* <-, -n> телескопи́ческая анте́нна *f*

Teleskopgabel *f* <-, -n> телескопи́ческая ви́лка *f*

Telex *nt* <-, -(e)> те́лекс *m*

Telexanschluss *m* <-es, -anschlüsse> подключе́ние *nt* к се́ти те́лексной свя́зи

Teller m <-s, -> таре́лка f; **flacher ~** ме́лкая таре́лка; **tiefer ~** глубо́кая таре́лка
Tellergericht nt <-(e)s, -e> просто́е блю́до nt (в столо́вой)
Tellermine f <-, -n> ди́сковая ми́на f
Tempel m <-s, -> храм m
Temperafarbe f <gen: -> те́мпера f
Temperament nt <-(e)s, -e> темпера́мент m
Temperamentssache f <gen: -> де́ло nt темпера́мента
temperamentvoll adj темпера́ментный
Temperatur f <-, -en> 1. (Wärme) температу́ра f; 2. (leichtes Fieber) (повы́шенная) температу́ра f
Temperaturfühler m <-s, -> термода́тчик m
Temperatursturz m <-es, -stürze> ре́зкое паде́ние nt температу́ры
Tempo nt <-s, -s/Tempi> 1. ско́рость f, темп m; 2. (MUS) темп m
Tempolimit nt <-s, -s> ограниче́ние nt ско́рости
Temposünder m <-s, -> (umg) води́тель m, не соблюда́ющий ограниче́ния ско́рости
Tempotaschentuch ® nt <-(e)s, -tücher> бума́жный носово́й плато́к
Tendenz f <-, -en> тенде́нция f; **die ~ an der Börse** тенде́нция биржевы́х ку́рсов; **fallende ~** тенде́нция к пониже́нию; **kurzfristige ~** кратковре́менная тенде́нция; **steigende ~** тенде́нция к повыше́нию
Tendenzwende f <-, -n> переме́на f тенде́нции
Tender m <-s, -> (BÖRSE) те́ндер m
tendieren vi име́ть тенде́нцию impf, склоня́ться impf (zu +akk к +dat)
Tenne f <gen: -> ток m
Tennis nt <gen: -> те́ннис m
Tennisarm m <-(e)s, -e> (MED) воспале́ние nt локтево́го суста́ва (у тенниси́стов)
tennisball m <-(e)s, -bälle> те́ннисный мяч m
Tennisklub m <-s, -s> те́ннисный клуб m
Tennisplatz m <-es, -plätze> те́ннисная площа́дка f
Tennisschläger m <-s, -> те́ннисная раке́тка f
Tennisspieler, -in m/f <-s, -> теннисси́ст, -ка m/f
Tennisturnier nt <-(e)s, -e> соревнова́ния pl по те́ннису
Tenor m <-s, Tenöre> (MUS) те́нор m (певе́ц)
Tenorstimme f <gen: -> те́нор m
Tensiometer nt <-s, -> тензио́метр m
Teppich m <-s, -e> ковёр m
Teppichboden m <-s, -böden> ковро́вое покры́тие nt
Teppichreiniger m <-s, -> сре́дство nt для чи́стки ковро́в

Termin m <-s, -e> 1. (Zeitpunkt) срок m, да́та f; **zum festgesetzten ~** к уста́вленному сро́ку; **letztmöglicher ~** кра́йний (преде́льный) срок m; 2. (Frist) срок m; 3. (Treffen) встре́ча f; **einen ~ vereinbaren** догова́риваться о встре́че 4. (Arzttermin etc) приём m, вре́мя nt приёма; **bei jdm einen ~ bekommen** записа́ться к кому́-л. на приём
Terminal nt <-s, -s> 1. (am Flughafen) аэровокза́л m; 2. (DV) термина́л m; 3. (Umschlagplatz für Frachtgut) перева́лочный пункт m
Terminbörse f <-, -n> (BÖRSE) би́ржа f сро́чных сде́лок
Termin-Clearing nt <gen: -s> сро́чный кли́ринг m
Termindruck m <gen: -(e)s> штурмовщи́на f
termingemäß adj своевре́менный, испо́лненный в ука́занный срок
Termingeschäft nt <-(e)s, -e> сро́чная сде́лка f
Terminhandel m <gen: -s> сро́чная сде́лка f
Terminkalender m <-s, -> календа́рь m -па́мятка f
Terminkurs m <-es, -e> (BÖRSE) курс m при би́ржевых сде́лках на срок
Terminmarkt m <gen: -(e)s> ры́нок m сро́чных сде́лок
Terminologie f <-, -n> терминоло́гия f
terminologisch adj терминологи́ческий
Terminplan m <-(e)s, -pläne> календа́рный план m, план m -гра́фик m
Terminplanung f <-, -en> плани́рование nt сро́ка
Terminschwierigkeiten pl <gen: -> тру́дности pl с соблюде́нием сро́ков
Terpentin nt <-s, -e> терпенти́н m
Terrasse f <-, -n> терра́са f
terrestrisch adj назе́мный
Terrier m <-s, -> терье́р m
territorial adj территориа́льный
Territorium nt <-s, -rien> террито́рия f
Terror m <gen: -s> терро́р m
Terrorakt m <-(e)s, -e> террористи́ческий акт m
Terroranschlag m <-(e)s, -anschläge> террористи́ческое покуше́ние nt
terrorisieren vt терроризи́ровать impf
Terrorismus m <gen: -> террори́зм m
Terrorismusbekämpfung f <-, -en> борьба́ f с террори́змом
Terrorist, -in m/f <-en, -en> террори́ст, -ка m/f
tertiär adj (GEOL) тре́тичный
Tesafilm ® m <-(e)s, -e> кле́ющая ле́нта f, „скотч" m
Test m <-(e)s, -s/-e> испыта́ние nt, тест m

Testament *nt* <-(e)s, -e> завещáние *nt*; **altes ~** (REL) Вéтхий завéт; **neues ~** (REL) Нóвый завéт
testen *vt* испы́тывать, -пытáть *pf*
Testergebnis *nt* <-ses, -se> результáт *m* испытáния
Testflug *m* <-(e)s, -flüge> испытáтельный полёт *m*
Testmarkt *m* <-(e)s, -märkte> прóбный ры́нок *m*
Testmethode *f* <-, -n> мéтод *m* испытáния
Teststrecke *f* <-, -n> испытáтельный трек *m*
Testverfahren *nt* <-s, -> мéтод *m* тéстов
Tetanus *m* <gen: -> столбня́к *m*
Tetanusschutzimpfung *f* <-, -en> противостолбня́чная привúвка *f*
teuer *adj* дорогóй
Teuerung *f* <-, -en> дорожáние *nt*; **die ~ ist überdurchschnittlich hoch** подорожáние вы́ше срéднего
Teuerungsrate *f* <-, -n> темп *m* рóста дороговúзны
Teufel *m* <-s, -> чёрт *m*
Teufelsaustreibung *f* <-, -en> (REL) экзорцúзм *m*
Teufelskerl *m* <-s, -e> (*umg*) бедóвый пáрень *m*
Teufelskreis *m* <-es, -e> заколдóванный круг *m*
teuflisch *adj* чертóвский
Text *m* <-(e)s, -e> текст *m*
textil *adj* текстúльный
Textilarbeiter, -in *m/f* <-s, -> текстúльщик *m*
Textilfabrik *f* <-, -en> текстúльный завóд *m*
Textilien *pl* <gen: -> текстúльные издéлия *ntpl*
Textilindustrie *f* <gen: -> текстúльная промы́шленность *f*
Textlinguistik *f* <gen: -> лингвистúческое исслéдование *nt* тéкста
Textmarker *m* <-s, -> цветнóй фломáстер *m* для маркирóвки тéкста
Textverarbeitung *f* <-, -en> 1. (*Textverarbeitungsprogramm*) текстовóй процéссор *m*; 2. (*die Verarbeitung von Text mit dem Computer*) обрабóтка *f* тéкста
Textverarbeitungsprogramm *nt* <-(e)s, -e> (DV) прогрáмма *f* обрабóтки тéкстов
TH *abk von* **Technische Hochschule**
Thailand Таилáнд
Thailänder, -in *m/f* <-s, -> таилáндец, таилáндка *m/f*
thailändisch *adj* таилáндский
Theater *nt* <-s, -> теáтр *m*; **ins ~ gehen** пойтú в теáтр
Theaterbesuch *m* <-(e)s, -e> посещéние *nt* теáтра

Theaterbesucher, -in *m/f* <-s, -> театрáльный зрúтель *m*
Theaterdirektor, -in *m/f* <-s, -en> дирéктор *m* теáтра
Theaterkarte *f* <-, -n> билéт *m* в теáтр
Theaterpublikum *nt* <gen: -s> театрáльная пýблика *f*
Theaterregisseur, -in *m/f* <-s, -e> режиссёр *m* теáтра
Theaterstück *nt* <-(e)s, -e> пьéса *f*
Theatervorstellung *f* <-, -en> театрáльное представлéние *nt*
Theaterwissenschaft *f* <gen: -> театровéдение *nt*
theatralisch *adj* театрáльный
Theke *f* <-, -n> 1. (*eines Lokals*) стóйка *f*; 2. (*eines Ladens*) прилáвок *m*
Thema *nt* <-s, Themen> тéма *f*
Thematik *f* <-, -en> темáтика *f*
Theologe *m* <-n, -n> богослóв *m*
Theologie *f* <gen: -> богослóвие
theologisch *adj* богослóвский
theoretisch *adj* теоретúческий
Theorie *f* <-, -n> теóрия *f*
Therapeut, -in *m* <-en, -en> терапéвт *m*
therapeutisch *adj* терапевтúческий
Therapie *f* <-, -n> терапúя *f*
therapieren *vt* подвергáть, -вéргнуть *pf* терапúи
Thermalbecken *nt* <-s, -> термáльный бассéйн *m*
Thermodynamik *f* <gen: -> термодинáмика *f*
thermodynamisch *adj* термодинамúческий
thermoelektrisch *adj* термоэлектрúческий
Thermometer *nt* <-s, -> термóметр *m*
Thermometerstand *m* <gen: -s> показáние *nt* термóметра
Thermosflasche ® *f* <-, -n> тéрмос *m*
Thermostat *m* <-(e)s, -e(n)> термостáт *m*
These *f* <-, -n> тéзис *m*
Thesenpapier *nt* <-s, -e> бумáга *f* с тéзисами
Thrombose *f* <-, -n> тромбóз *m*
Thron *m* <-(e)s, -e> престóл *m*, трон *m*
Thronbesteigung *f* <-, -en> вступлéние *nt* на престóл
Thronerbe *m* <-n, -n> престолонаслéдник *m*
Thronfolge *f* <gen: -> престолонаслéдие *nt*
Thronsaal *m* <-(e)s, -säle> трóнный зал *m*
Thüringen *nt* <gen: -s> Тюрúнгия *f*
thüringisch *adj* тюрúнгенский
Thymian *m* <-s, -e> (BOT) тимья́н *m*
Tibet Тибéт
Tibeter, -in *m/f* <-s, -> тибéтец, тибéтка *m/f*
tibetisch *adj* тибéтский
ticken *vi* (*Uhr*) тúкать *impf*
tief *adj* 1. глубóкий; **~ betrübt** глубокó

опеча́ленный; ~ **bewegt** глубоко́ взволно́ванный **2.** (*niedrig*) ни́зкий; **3.** (*Schlaf*) глубо́кий; **10 Meter** ~ глубино́й в де́сять ме́тров; **bis** ~ **in die Nacht** до глубо́кой но́чи

Tief *nt* <-s, -s> **1.** (*Wetter*) о́бласть *f* ни́зкого давле́ния; **2.** (ÖKON) спад *m*

Tiefbau *m* <*gen:* -(e)s> подзе́мное строи́тельство *nt*

Tiefdruck *m* <*gen:* -(e)s> **1.** глубо́кая печа́ть *m*; **2.** (METEO) ни́зкое давле́ние *nt*

Tiefe *f* <-, -n> глубина́ *f*

Tiefebene *f* <-, -n> ни́зменность *f*

Tiefenpsychologie *f* <*gen:* -> (PSYCH) психоло́гия *f* подсозна́тельного

Tiefenstruktur *f* <-, -en> (LING) глуби́нная структу́ра *f*

tiefgekühlt *adj* заморо́женный

Tiefkühlfach *nt* <-(e)s, -fächer> морози́льная ка́мера *f*

Tiefpunkt *m* <-(e)s, -e> ни́зшая то́чка *f*

Tiefsee *f* <*gen:* -> морска́я глубина́ *f*

Tiefseefauna *f* <*gen:* -> фа́уна *f* морски́х [*о* океа́нских] глуби́н

Tiefseeforschung *f* <*gen:* -> иссле́дование *nt* морски́х [*о* океа́нских] глуби́н

Tiefseegraben *m* <*gen:* -s> глубоково́дная впа́дина *f*

Tiefseekabel *nt* <-s, -> глубоково́дный ка́бель *m*

Tiefseetaucher *m* <-s, -> водола́з *m* -глубоково́дник *m*

Tiefsinn *m* <*gen:* -(e)s> глубокомы́слие *nt*

tiefsinnig *adj* глубо́кий

Tiefststand *m* <-(e)s, -stände> преде́льно ни́зкий у́ровень *m*

Tier *nt* <-(e)s, -e> живо́тное *nt*, зверь *m*; **ein hohes** ~ (*umg*) ва́жная пти́ца

Tierart *f* <-, -en> вид *m* живо́тных, поро́да *f* живо́тных

Tierarzt, -ärztin *m/f* <-es, -ärzte> ветерина́р *m*

tierärztlich *adj* ветерина́рный

Tiergarten *m* <-s, -gärten> зоопа́рк *m*

Tierheim *nt* <-(e)s, -e> прию́т *m* для живо́тных

tierisch *adj* **1.** (*von Tieren stammend*) живо́тный, звери́ный; **2.** (*umg: äußerst, groß*) зве́рский; ~**e und pflanzliche Fette** живо́тные и расти́тельные масла́

Tierklinik *f* <-, -en> ветера́нная кли́ника *f*

tierliebend *adj* лю́бящий живо́тных

Tiermedizin *f* <*gen:* -> ветерина́рия *f*

Tiermehl *nt* <*gen:* -s> мя́со-ко́стная мука́ *f*

Tiernahrung *f* <*gen:* -> корм *m*

Tierpark *m* <-s, -s> зоопа́рк *m*

Tierquälerei *f* <-, -en> живодёрство *nt*

Tierreich *nt* <*gen:* -(e)s> живо́тный мир *m*

Tierschutz *m* <*gen:* -es> охра́на *f* живо́тных

Tierwelt *f* <*gen:* -> живо́тный мир *m*, фа́уна *f*

Tierzucht *f* <*gen:* -> животново́дство *nt*

Tiger *m* <-s, -> тигр *m*

tilgen *vt* (*Schulden*) погаша́ть, -гаси́ть *pf*

Tilgung *f* <-, -en> (*von Schulden*) погаше́ние; **langfristige** ~ **der Kredite** долгосро́чное погаше́ние креди́тов

Tilgungsrate *f* <-, -n> проце́нт *m* погаше́ния; **jährliche** ~ аннуите́т

Timing *nt* <*gen:* -s>: **präzises** ~ то́чный вы́бор сро́ка

Tinktur *f* <-, -en> насто́йка *f*

Tinte *f* <-, -n> черни́ла *ntpl*

Tintenfisch *m* <-(e)s, -e> карака́тица *f*

Tip *alte Schreibung für* **Tipp**

Tipp *m* <-s, -s> (*umg*) сове́т *m*; **jdm einen** ~ **geben** дать кому́-л. сове́т

Tippelbruder *m* бродя́га *m*

tippen **I.** *vi* ста́вить, по- *pf* (*auf +akk* на + *akk*); **II.** *vt* **1.** (*auf der Schreibmaschine*) печа́тать, на- *pf*; **2.** (*leicht berühren*) постуча́ть *pf* (*auf +akk* по +*dat*)

Tippfehler *m* <-s, -> опеча́тка *f*

Tisch *m* <-(e)s, -e> стол *m*; **den** ~ **decken** накрыва́ть на стол

Tischbein *nt* <-(e)s, -e> но́жка *f* стола́

Tischdame *f* <-, -n> сосе́дка *f* спра́ва (за столо́м)

Tischdecke *f* <-, -n> ска́терть *f*

Tischende *nt* <-s, -n> коне́ц *m* стола́

Tischfußball *m* <*gen:* -(e)s> насто́льный футбо́л *m*

Tischgebet *nt* <-(e)s, -e> моли́тва *f* пе́ред тра́пезой

Tischgespräch *nt* <-(e)s, -e> засто́льная бесе́да *f*

Tischkante *f* <-, -n> край *m* стола́

Tischler, -in *m/f* <-s, -> столя́р *m*

Tischlerei *f* <-, -en> столя́рная мастерска́я *f*

Tischleuchte *f* <-, -n> насто́льная ла́мпа *f*

Tischmanieren *pl* <*gen:* -> поведе́ние *nt* за столо́м

Tischnachbar, -in *m/f* <-n, -n> сосе́д *m* по столу́

Tischplatte *f* <-, -n> кры́шка *f* стола́

Tischsitten *pl* <*gen:* -> поведе́ние *nt* за столо́м

Tischtennis *nt* <*gen:* -> насто́льный те́ннис *m*

Tischtennisschläger *m* <-s, -> раке́тка *f* для насто́льного те́нниса

Titan *nt* <*gen:* -s> (CHEM) тита́н *m*

Titel *m* <-s, -> **1.** (*Buch*) назва́ние *nt*; **2.** (*Ehrentitel*) зва́ние *nt*, ти́тул *m*

Titelanwärter, -in *m/f* <-s, -> претенде́нт *m* на зва́ние чемпио́на

Titelseite *f* <-, -n> ти́тульный лист *m*

Titte f <-, -n> (vulg) сосок m
Toast m <-s, -s> 1. (Brot) поджареный кусок m хлеба; 2. (Trinkspruch) тост m
Toaster m <-s, -> тостер m
toben vi (herumtoben) беситься impf
tobsüchtig adj бешеный
Tochter f <-, Töchter> дочь f
Tochtergesellschaft f <-, -en> дочернее общество nt, дочерняя компания f
Tochterunternehmen nt <-s, -> дочернее предприятие nt
Tod m <-(e)s, -e> смерть f; jdn zum ~e verurteilen приговорить кого-л. к смерти
todbringend adj смертоносный
todernst adj чрезвычайно серьёзный
Todesangst f <-, -ängste> смертельный страх m
Todesanzeige f <-, -n> извещение nt о чьей-л. смерти
Todesfall m <-(e)s, -fälle> смертельный случай m
Todesgefahr f <-, -en> смертельная опасность f
Todesopfer nt <-s, -> 1. погибший, -шая m/f; 2. (im pl auch) человеческие жертвы fpl
Todesstrafe f <gen: -> смертная казнь f; die ~ vollstrecken приводить в исполнение смертный приговор
Todestag m <gen: -(e)s> день m смерти
Todesurteil nt <-s, -e> смертный приговор m
todkrank adj смертельно больной
todlangweilig adj (umg) ужасно скучный
tödlich adj смертельный; sie hatte einen ~en Unfall она погибла в аварии
todmüde adj (umg) смертельно усталый
Todsünde f <-, -n> смертный грех m
todtraurig adj глубоко несчастный
Toilette f <-, -n> туалет m
Toilettenpapier nt <gen: -s> туалетная бумага f
tolerant adj терпимый
Toleranz f <-, -en> 1. терпимость f; 2. (TECH) допуск m
Toleranzbereich m <-(e)s, -e> (TECH) предел m отклонения от нормы
toll adj (umg) классный, потрясающий
Tolle f <-, -n> (umg) вихор m
tollkühn adj отчаянный
Tollpatsch m <-(e)s, -e> (umg) растяпа mf
Tollpatsch alte Schreibung für **Tollpatsch**
Tomate f <-, -n> помидор m
Tomatenketschup, Tomatenketchup nt <-s, -s> томатный кетчуп m
Tomatenmark nt <gen: -(e)s> томатная паста f
Tomatensalat m <-(e)s, -e> салат m из помидоров
Tomatensoße f <-, -n> томатный соус m
Tomatensuppe f <-, -n> томатный суп m

Tombola f <-, -len/-s> вещевая лотерея f
Ton[1] m <-(e)s, -e> (Tonerde) глина f
Ton[2] m <-(e)s, Töne> 1. (Klang) звук m; 2. (Redeweise, Farbton, in der Musik) тон m; der gute ~ хороший тон; den ~ angeben задавать тон
Tonabnehmer m <-s, -> звукосниматель m
Tonarchiv nt <-(e)s, -e> фонотека f
Tonarm m <-(e)s, -e> (von Plattenspieler) тонарм m, рычаг m звукоснимателя
Tonart f <-, -en> тональность f
Tonaufnahme f <-, -n> звукозапись f
Tonband nt <-(e)s, -bänder> магнитофонная плёнка f
Tonbandgerät nt <-(e)s, -e> магнитофон m
tönen I. vi (erklingen) звучать, про- pf; II. vt (färben) подкрашивать, -красить pf
Tonfall m <-(e)s> интонация f
Tonfilm m <gen: -(e)s> звуковой фильм m
Tongefäß nt <-es, -e> глиняный сосуд m
Tonhöhe f <-, -n> высота f звука
Toningenieur, -in m/f <-s, -e> инженер m звукозаписи
Tonkrug m <-(e), -e> глиняный кувшин m
Tonleiter f <-, -n> гамма f
tonlos adj (Stimme) беззвучный
Tonne f <-, -n> 1. (Behälter) бочка f; 2. (Gewichtsmaß) тонна f
tonnenweise adv (umg) бочками, тоннами
Tonregler m <-s, -> регулятор m звука
Tonspur f <-, -en> звуковая дорожка m
Tonstudio nt <-s, -s> студия f звукозаписи
Tönung f <-, -en> 1. оттенок m, тональность f; 2. подкрашивание nt волос
Tonwiedergabe f <gen: -> звуковоспроизведение nt
Tool nt <-s, -s> (DV) сервисная программа f
topaktuell adj самый актуальный
Topas m топаз m
Top-Down-Methode f <-, -n> нисходящий метод m
Topf m <-(e)s, Töpfe> 1. (Kochtopf) кастрюля f; 2. (Blumentopf) горшок m
Topfen m <gen: -s> (österr: Quark) творог m
Töpfer, -in m/f <-s, -> гончар m
Töpferei f <-, -en> 1. гончарная мастерская f; 2. (umg) гончарная f
Töpferwaren pl <gen: -> гончарные изделия pl
Topfgucker m <-s, -> (umg) тот m, кто всюду суёт свой нос
topfit adj (umg) в отличной форме
Topflappen m <-s, -> кухонная тряпка f
Topform f <gen: -> der Athlet befindet sich in ~ атлет находится в лучшей

спортивной форме
Topinambur *m* <gen: -s> топинамбур *m*, земляная груша *f*
Topmanagement *nt* <gen: -s> высшее звено *nt* менеджмента
Topmodell *nt* <-(e)s, -e> топ-модель *f*
topographisch, topografisch *adj* топографический
Topologie *f* <gen: -> топология *f*
Tor *nt* <-(e)s, -e> 1. (*Portal*) ворота *ntpl*; 2. (SPORT: *Torgestell*) ворота *ntpl*; 3. (SPORT: *Treffer*) гол *m*; **ein ~ schießen** забить гол
Torero *m* <-s, -s> тореадор *m*
Torf *m* <gen: -(e)s> торф *m*
Torfgewinnung *f* <gen: -> добыча *f* торфа
Torheit *f* <-, -en> глупость *f*
Torhüter, -in *m/f* <-s, -> вратарь *m*
töricht *adj* безумный
Torjäger, -in *m/f* <-s, -> бомбардир *m*
Tornister *m* <-s, -> ранец *m*
torpedieren *vt* торпедировать *pf*
Torpedo *m* <-s, -s> торпеда *f*
Torraum *m* <gen: -(e)s> (SPORT) вратарская площадка *f*
Torschütze *m* <-n, -n> (SPORT) автор *m* гола
Torsion *f* <gen: -> (TECH) кручение *nt*
Torso *m* <-s, -s> торс *m*
Törtchen *nt* <-s, -> пирожное *nt*
Torte *f* <-, -n> торт *m*
Tortenguss *m* <gen: -es> глазировка *f* торта
Tortur *f* <-, -en> пытка *f*
Torwart *m* <gen: -s> (SPORT) вратарь *m*
tot *adj* мёртвый
total *adj* полный, тотальный
Totalausverkauf *m* <-(e)s, -verkäufe> полная распродажа *f*
totalitär *adj* (*Staat*) тоталитарный
Totalität *f* <gen: -> 1. цельность *m*; 2. совокупность *f*
totarbeiten *vr* (*umg*) измучить *pf* себя работой
Tote(r) *mf* <-n, -n> 1. покойник, -ница *m/f*; 2. (*bei einem Unfall, Krieg*) погибший, -шая *m/f*; 3. (*im Krieg auch*) убитый, -тая *m/f*
töten *vt* убивать, убить *pf*
Totenhemd *nt* <-s, -en> саван *m*
Totenstarre *f* <gen: -> трупное окоченение *nt*
Totpunkt *m* <gen: -(e)s> (TECH) мёртвая точка *n*
Totschlag *m* <gen: -(e)s> убийство *nt*
tottreten *vt* затоптать насмерть
Tötungsabsicht *f* <gen: -> замышление *nt* убийства
Tötungsversuch *m* <-(e)s, -e> попытка *f* убийства
Toupet *nt* <-s, -s> парик *m*
Tour *f* <-, -en> 1. (*Rundfahrt*) поездка *f*; 2. (*Umdrehung*) оборот *m*

Tourenrad *nt* <-(e)s, -räder> дорожный велосипед *m*
Tourismus *m* <gen: -> туризм *m*
Tourist, -in *m/f* <-en, -en> турист, -ка *m/f*
Touristenführer, -in *m/f* <-s, -> гид *m*
Touristenvisum *nt* <-s, -visa> туристская виза *f*
Touristenzentrum *nt* <-s, -zentren> туристический центр *m*
Touristik *f* <gen: -> туризм *m*
Touristikbranche *f* <gen: -> сфера *f* туризма
touristisch *adj* туристический
Tournee *f* <-, -n> турне *nt*; **auf ~ gehen** совершать турне
toxisch *adj* токсичный
Toxizität *f* <gen: -> токсичность *f*
Trab *m* <gen: -(e)s> рысь *f*
Trabant *m* <-en, -en> (ASTR) спутник *m*
Trabantenstadt *f* <-, -städte> город *m* -спутник *m*
Tracht *f* <-, -en> национальный костюм *m*
trächtig *adj* беременная (о самке)
tradieren *vt* передавать из поколения в поколение
Tradition *f* <-, -en> традиция *f*
Traditionalismus *m* <gen: -> традиционализм *m*
Traditionalist, -in *m/f* <-en, -en> приверженец *m* традиций
traditionell *adj* традиционный
traditionsgemäß *adj* по традиции, согласно традиции
traf *prät von* **treffen**
Trafo *akr von* **Transformator**
Tragbahre *f* <-, -n> носилки *fpl*
tragbar *adj* 1. (*Gerät*) портативный; 2. (*annehmbar*) приемлимый
träge *adj* вялый, инертный; **~ Masse** (PHYS) инертная масса
tragen <trug, getragen> I. *vt* 1. нести, по- *pf*, носить *impf*; 2. (*Kleidung*) носить *impf*; **er trägt eine graue Hose** он носит серые брюки; 3. (*Kosten, Verantwortung*) нести, по- *pf*; II. *vi* (*Eis*) держать *impf*; III. *vi* (*Kleidung*) носиться *impf*
Träger[1] *m* <-s, -> 1. (*an Kleidung*) лямка *f*; 2. (*tragendes Bauelement*) (несущая) балка *f*; 3. (*von Veranstaltungen, Einrichtungen*) организатор *m*
Träger[2], **-in** *m/f* <-s, -> (*Lastenträger*) носильщик, -щица *m/f*
trägerlos *adj* (*Kleid*) без бретелек
Trägerrakete *f* <-, -n> ракета *f* -носитель *f*
Tragfähigkeit *f* <gen: -> грузоподъёмность *f*
Tragfläche *f* <-, -n> несущая поверхность *f*
Tragflügelboot *nt* <-(e)s, -e> судно *nt* на подводных крыльях
Trägheit *f* <gen: -> 1. (*Faulheit*)

инéртность f; 2. (PHYS) инéрция f
Trägheitsgesetz nt <gen: -es> закóн m инéрции
Trägheitsmoment nt <gen: -(e)s> момéнт m инéрции
Tragik f <gen: -> трагúзм m
tragisch adj трагúческий
Tragkraft f <gen: -> грузоподъéмность f
Tragödie f <-, -n> (auch fig) трагéдия f
Tragweite f <-, -n> 1. (Bedeutung) значéние nt; 2. (MIL: von Waffe) рáдиус m дéйствия
Trailer m <-s, -> трéйлер m
Trainee m <-s, -s> стажёр m на фúрме
Trainer, -in m/f <-s, -> (SPORT) трéнер m
trainieren I. vi тренировáться, по- pf; II. vt тренировáть, по- pf
Training nt <-s, -s> тренирóвка f; ~ **on the Job** (ÖKON) практúческое обучéние на рабóчем мéсте
Trainingsanzug m <-(e)s, -anzüge> спортúвный костюм m
Trainingsmethodik f <gen: -> (SPORT) метóдика f тренирóвки
Traktor m <-s, -en> трáктор m
Traktorenführer m <-s, -> тракторúст m
Tram¹ f <-, -s> (CH, österr: Straßenbahn) трамвáй m
Tram² m <-(e)s, -e/ Träme> (österr: Balken) бáлка f
Trambahn f <-, -en> трамвáй m
trampeln vi тóпать, по- pf (ногáми)
trampen vi путешéствовать impf автостóпом
Tramper, -in m/f <-s, -> путешéствующий, -щая m/f автостóпом
Trampolin nt <-s, -e> батýт m
Tran m <-(e)s, -e> рыбий жир m
Trance f <gen: -> транс m
Tranchierbesteck nt <-(e)s, -e> прибóр m для нарезáния жаркóго
Tranchiermesser nt <-s, -> большóй нож m для нарезáния жаркóго
Träne f <-, -n> слезá f
tränen vi слезúться impf
Tränendrüse f <-, -n> (ANAT) слёзная железá f
Tränengas nt <-es, -e> слезоточúвый газ m
trank prät von **trinken**
Tränke f <-, -n> водопóй m
tränken vt пропúтывать, -питáть pf; **etw mit etw ~** пропитáть pf за-л. чем-л.
Transaktion f <-, -en> сдéлка f, операция f
Transaktionsvolumen nt <-s, -volumina> объём m сдéлок
Transatlantikflug m <-(e)s, -flüge> трансатлантúческое полёт m
Transfer m <-s, -s> 1. (ÖKON) трансфéр m, трансфéрт m, перевóд m; ~ **von Gewinnen** трансфéрт прúбылей; **internationaler** ~ междунарóдный трансфéрт 2. (Beförderung von Personen oder Gepäck) провóз m
Transfereinkommen nt <-s, -> трансфéртный дохóд m
transferierbar adj могýщий быть перечúсленным за гранúцу
transferieren vt перечислять, перечúслить pf за гранúцу
Transferzahlungen pl <gen: -> трансфéртные платежú pl
Transformation f <-, -en> трансформáция f
Transformator m <-s, -en> трансформáтор m
Transformatorenhäuschen nt <-s, -> трансформáторная бýдка f
transformieren vt трансформúровать
Transfusion f <-, -en> переливáние nt крóви
Transistor m <-s, -en> транзúстор m
Transistorradio nt <-s, -> транзúсторный приёмник f
Transit m <-s, -e> транзúт m
Transitabkommen nt <-s, -> транзúтное соглашéние nt
Transitgüter pl <gen: -> транзúтные грýзы mpl
Transithandel m <gen: -s> транзúтная торгóвля f
transitiv adj перехóдный
Transitreisende(r) mf <-n, -n> транзúтный пассажúр m
Transitverkehr m <gen: -s> транзúтное сообщéние nt; **Abkommen über den** ~ соглашéние о транзúтных перевóзках
Transitvisum nt <-s, -visa> транзúтная вúза f
Transitzoll m <-(e)s, -zölle> транзúтная пóшлина f
Transkription f <-, -en> транскрúпция f
Transliteration f <-, -en> (LING) транслитерáция f
transliterieren vt (LING) транслитерúровать
Transmission f <gen: -> (TECH) трансмúссия f
transparent adj прозрáчный
Transparent nt <-(e)s, -e> транспарáнт m
Transparenz f <gen: -> 1. (Überschaubarkeit) прозрáчность f; **fehlende** ~ недостáточная прозрáчность; **hohe** ~ шúрокая прозрáчность 2. (Offenheit) глáсность f, открытость f
Transplantation f <-, -en> пересáдка f
Transport m <-(e)s, -e> перевóзка f, трáнспорт m, транспортирóвка f, транспортúрование nt
Transportfähigkeit f <gen: -> транспортáбельность f
Transporter m <-s, -> грузовóй автомобúль m
transportieren vt перевозúть, -везтú pf

Transportkosten *pl* <*gen:* -> тра́нспортные изде́ржки *pl*
Transportmittel *nt* <-s, -> тра́нспортное сре́дство *nt*
Transportpapiere *pl* <*gen:* -> тра́нспортные докуме́нты *pl*
Transportschaden *m* <-s, -schäden> 1. повреждéние *nt* грýза при перевóзке; 2. убы́тки *pl*, понесённые при перевóзке грýза
Transportunternehmen *nt* <-s, -> тра́нспортное предприя́тие *nt*
Transportversicherung *f* <-, -en> страхова́ние *nt* на тра́нспорте
Transvestit *m* <-en, -en> трансвести́т *m*
transzendent *adj* (PHIL, MATH) трансценде́нтный
Transzendenz *f* <*gen:* -> (PHIL) трансценде́нтность *f*
Trapez *nt* <-es, -e> (SPORT, MATH) трапе́ция *f*
trat *prät von* **treten**
Tratte *f* <-, -n> тра́тта *f*, переводнóй ве́ксель *m*
Traube *f* <-, -n> 1. (*einzelne Frucht*) виногра́дина *f*; 2. (*pl*) виногра́д *m*; 3. (*Fruchtstand*) гроздь *f* (виногра́да)
Traubenlese *f* <-, -n> сбор *m* виногра́да
Traubensaft *m* <*gen:* -(e)s> виногра́дный сок *m*
Traubenzucker *m* <*gen:* -s> глюкóза *f*
trauen I. *vi* (*vertrauen*) доверя́ть, -ве́рить *pf*; II. *vr* боя́ться *impf* сде́лать *pf*; **er traute sich nicht aus dem Haus** он боя́лся вы́йти из дóма; III. *vt* 1. (*kirchlich*) венча́ть, по- *pf*; **sich ~ lassen** повенча́ться 2. (*auf dem Standesamt*) регистри́ровать, за- *pf* брак; **sie wurden auf dem Standesamt getraut** они расписа́лись в за́гсе
Trauer *f* <*gen:* -> 1. печа́ль *f*; 2. (*um Toten*) тра́ур *m*
Trauerflor *m* <*gen:* -(e)s> тра́урная повя́зка *f*
Trauergottesdienst тра́урное богослуже́ние *nt*
Trauerjahr *nt* <*gen:* -(e)s> год *m* тра́ура
trauern *vi* скорбе́ть *impf* (*um* +*akk* о + *präpos*)
Trauerspiel *nt* <-(e)s, -e> траге́дия *f*
Traufe: **vom Regen in die ~** (*umg*) попа́сть из огня́ да в по́лымя
träufeln *vt* ка́пать, на- *pf*
Traum *m* <-(e)s, Träume> 1. (*während des Schlafs*) сон *m*; 2. (*Wunsch*) мечта́ *f*
Trauma *nt* <-s, -ta> (MED, PSYCH) тра́вма *f*
Traumberuf *m* <-(e)s, -e> профе́ссия *f*, о котóрой мнóгие мечта́ют
Traumdeutung *f* <*gen:* -> толкова́ние *nt* снов
träumen *vi* мечта́ть *impf* (*von* +*dat* о + *präpos*); **sie hat etw Schönes geträumt** ей присни́лось чтó-то хорóшее
Träumer, -in *m/f* <-s, -> мечта́тель, -ница *m/f*
Träumerei *f* <-, -en> мечта́ния *ntpl*
träumerisch *adj* мечта́тельный
traumhaft *adj* (*umg*) ска́зочный
Traumpaar *nt* <-(e)s, -e> идеа́льная па́ра *f*
Traumtänzer *m* <-s, -> (*pej*) отóрванный от жи́зни мечта́тель *m*
traurig *adj* грýстный; **er ist sehr ~ darüber** емý э́того óчень жаль
Traurigkeit *f* <*gen:* -> печа́ль *f*
Trauschein *m* <-(e)s, -e> свиде́тельство *nt* о заключéнии бра́ка
Trauung *f* <-, -en> бракосочета́ние *nt*
Travellerscheck *m* <-s, -s> дорóжный чек *m*
Trawler *m* <-s, -> тра́улер *m*
Trecker *m* <-s, -> тра́ктор *m*
treffen <traf, getroffen> I. *vt* 1. (*begegnen*) встреча́ть, встре́тить *pf*; 2. (*verletzen*) задева́ть, -де́ть *pf*; II. *vi* попада́ть, попа́сть *pf*; **sie hat ins Schwarze getroffen** она́ попа́ла в са́мую тóчку; III. *vr* встреча́ться, встре́титься *pf* (*mit* +*dat* с +*inst*); **Maßnahmen ~** принима́ть ме́ры; **es trifft sich gut, dass ...** óчень кста́ти, что ...
Treffen *nt* <-s, -> встре́ча *f*
treffend *adj* мéткий
Treffer *m* <-s, -> 1. попада́ние *nt*; 2. (*Los*) вы́игрыш *m*; 3. (SPORT: *Tor*) гол *m*
Treffgenauigkeit *f* <*gen:* -> тóчность *f* попада́ния
trefflich *adj* превосхóдный, отли́чный
Treffpunkt *m* <-(e)s, -e> ме́сто *nt* встре́чи
treiben <trieb, getrieben> I. *vt* (*Kuh etc*) гнать, по- *pf*; **Sport ~** занима́ться спóртом; **Handel ~** вести́ торгóвлю; II. *vi* (*auf dem Wasser*) дрейфова́ть *impf*; **jdn zum Wahnsinn ~** (*umg*) довести́ когó-л. до сумасше́ствия; **es zu weit ~** (*umg*) зайти́ сли́шком далекó
Treiber *m* <-s, -> (DV) дра́йвер *m*
Treibhaus *nt* <-es, -häuser> тепли́ца *f*
Treibmittel *nt* <-s, -s> хими́ческий разрыхли́тель *m* (те́ста)
Treibsatz *m* <-es, -sätze> заря́д *m* твёрдого тóплива (раке́ты)
Treibstoff *m* <-(e)s, -e> тóпливо *nt*
Treidel *m* <*gen:* -s> бичева́ *f* (для тя́ги судóв)
Trend *m* <-s, -s> тенде́нция *f*; **kurzfristiger ~** кратковрéменная тенде́нция; **langfristiger ~** продолжи́тельная тенде́нция; **ein ~ der Zeit** тенде́нция настоя́щего врéмени
Trendsetter *m* <-s, -s> популя́рная ли́чность, ввéдшая мóду на что-л.
trennen I. *vt* 1. отделя́ть, -ли́ть *pf* (*von* + *dat* от +*gen*); 2. (*Familie*) разъединя́ть, -ни́ть *pf*; 3. (*Naht, Knopf*) отпа́рывать, -порóть *pf*; II. *vr* (*auseinandergehen, auch*

Trennlinie   **473**   **Trog**

fig) расходи́ться, разойти́сь *pf*; **sich von etw/jdm ~** расста́ться с кем-л./чем-л.
Trennlinie *f* <-, -n> раздели́тельная ли́ния *f*
Trennung *f* <-, -en> 1. (*das Trennen*) отделе́ние *nt*, разделе́ние *nt*; 2. (*Abschied*) разлу́ка *f*; 3. (*Scheidung*) разво́д *m*
Treppe *f* <-, -n> ле́стница *f*; **die ~ hinauf-/hinuntergehen** подня́ться/спусти́ться по ле́стнице
Treppenhaus *nt* <-es, -häuser> ле́стничная кле́тка *f*
Tresor *m* <-s, -e> сейф *m*
Tretboot *nt* <-(e)s, -e> во́дный велосипе́д *m*
treten <trat, getreten> *vi* наступа́ть, -пи́ть *pf* (*auf* +*akk* на +*akk*); **sie trat zur Seite** она́ отошла́ с сто́рону; **ins Zimmer ~** войти́ в ко́мнату; **in den Streik ~** нача́ть забасто́вку; **mit jdm in Verbindung ~** вступи́ть в конта́кт с кем-л.
Tretmine *f* <-, -n> фуга́с *m*
treu *adj* ве́рный; **jdm ~ sein** быть ве́рным кому́-л.
Treubruch *m* изме́на *f*
Treue *f* <gen: -> ве́рность *f*
Treueid прися́га *f* в ве́рности
Treuepflicht *f* <gen: -> (JUR) долг *m* ве́рности
Treuhänder *m* <-s, -> (JUR) дове́ренное лицо́ *nt*
Treuhandgeschäft *nt* <-(e), -e> фидуциа́рная сде́лка *f*, довери́тельная опера́ция *f*
Treuhandkonto *nt* <-s, -konten> счёт *m*, управля́емый по дове́ренности
treuherzig *adj* дове́рчивый
treulos *adj* неве́рный
Trial *nt* <gen: -s> (Sport: *Motorradsport*) мотокро́сс *m*
Triathlon *nt* <-s, -s> триатло́н *m*
Tribüne *f* <-, -n> трибу́на *f*
Trichter *m* <-s, -> воро́нка *f*
Trick *m* <-s, -s> трюк *m*
Trickaufnahme *f* <-, -n> трю́ковая съёмка *f*
Trickfilm *m* <-(e)s, -e> мультфи́льм *m*
trieb *prät von* **treiben**
Trieb *m* <-(e)s, -e> 1. инсти́нкт *m*; 2. (BOT) побе́г *m*
Triebfeder *f* <-, -kräfte> 1. приводна́я пружи́на *f*; 2. (*fig*) побуди́тельная причи́на *f*
Triebkraft *f* <-, -kräfte> (*fig*) дви́жущая си́ла *f*
Triebwagen *m* <-s, -> мото́рный ваго́н *m*
Triebwerk *nt* <-(e)s, -e> 1. дви́гатель *m*; 2. приводно́й механи́зм *m*
triftig *adj*: **ein ~er Grund** уважи́тельная причи́на
Trigonometrie *f* <gen: -> тригономе́трия *f*

Trikot *nt* <-s, -s> ма́йка *f*
Trikotwerbung *f* <gen: -> рекла́ма на ма́йках спортсме́нов
Triller *m* <-s, -> трель *f*
Trillerpfeife *f* <-, -n> сигна́льный свисто́к *m*
Trimm *m* <gen: -(e)s> (MAR) диффере́нт *m*
trinken <trank, getrunken> *vt* (*auch alkoholsüchtig sein*) пить, вы- *pf*; **er trinkt viel** он мно́го пьёт
Trinker, -in *m/f* <-s, -> (*Alkoholsüchtige(r)*) пья́ница *mf*
Trinkerheilanstalt *f* <-, -en> лече́бное заведе́ние *nt* для алкого́ликов
Trinkgelage *nt* <-s, -> попо́йка *f*
Trinkgeld *nt* <-es, -er> чаевы́е *pl*; **ein ~ geben** дать чаевы́е
Trinkspruch *m* <-(e)s, -sprüche> тост *m*
Trinkwasser *nt* <gen: -s> питьева́я вода́ *f*
Trinkwasseraufbereitung *nt* <gen: -> очи́стка *f* питьево́й воды́
Trinkwasseraufbereitungsanlage *f* <-, -n> устано́вка *f* по очи́стке питьево́й воды́
Trinkwasserknappheit *f* <gen: -> недоста́ток *m* питьево́й воды́
Trinkwasserversorgung *f* <gen: -> снабже́ние *nt* питьево́й водо́й
Trio *nt* <-s, -s> (MUS) три́о *nt*
Trip *m* <-s, -s> (*umg: Kurzreise*) пое́здка *f*
Tritt *m* <-(e)s, -e> 1. (*Fußtritt*) пино́к *m*; 2. (*Stufe*) ступе́нька *f*
Trittbrett *nt* <-(e)s, -er> подно́жка *f*
Triumph *m* <-es, -e> триу́мф *m*
triumphal *adj* триумфа́льный
Triumphator *m* <-s, -en> триумфа́тор *m*
Triumphbogen *m* <-s, -bögen> триумфа́льная а́рка [*o* воро́та] *f*
Triumphzug *m* <gen: -(e)s> триумфа́льное ше́ствие *nt*
trivial *adj* тривиа́льный
Trivialität *f* <gen: -> тривиа́льность *f*
Trivialliteratur *f* <gen: -> развлека́тельная литерату́ра *f*
trocken *adj* сухо́й; **~ sein** (*umg: von Alkoholiker*) быть тре́звым
Trockenanlage *f* <-, -en> суши́лка *f*
Trockeneis *nt* <gen: -es> сухо́й лёд *m*
Trockenheit *f* <-, -en> 1. су́хость *f*; 2. (*Dürre*) за́суха *f*
trockenlegen *vt* (*Sumpf*) осуша́ть, -ши́ть *pf*
Trockenmilch *f* <gen: -> сухо́е молоко́ *nt*
trockenreiben *vt* на́сухо вы́тереть
trocknen I. *vt* суши́ть, вы́сушить *pf*; II. *vi* 1. (*Wäsche auf der Leine*) суши́ться *impf*; 2. (*trocken werden*) со́хнуть, вы́сохнуть *pf*
Trockner *m* <-s, -> суши́лка *f*
Trödelmarkt *m* <-(e)s, -märkte> толку́чка *f* барахо́лка
trog *prät von* **trügen**
Trog *m* <-(e)s, Tröge> коры́то *nt*

Trommel f <-, -n> барабан m
Trommelbremse f <-, -n> барабанный тормоз m
Trommelfell nt <-(e)s, -e> барабанная перепонка f
Trommelfeuer nt <gen: -s> ураганный огонь m
trommeln vi барабанить, по- pf
Trommelwirbel m <-s, -> барабанная дробь f
Trommler, -in m/f <-s, -> барабанщик, -щица m/f
Trompete f <-, -n> труба f
Trompeter, -in m/f <-s, -> трубач m
Tropen pl <gen: -> тропики pl
Tropf m <-(e)s, -e> (MED) капельница f
tropfen vi капать, на- pf
Tropfen m <-s, -> капля f
Tropfsteinhöhle f <-, -n> сталактитовая пещера f
Trophäe f <-, -n> трофей m
tropisch adj тропический
Trosse f <-, -n> канат m
Trost m <gen: -(e)s> утешение nt
trösten I. vt утешать, утешить pf; II. vr (sich) утешаться, утешиться pf
tröstlich adj утешительный
trostlos adj (Gegend, Umgebung) унылый
trostreich adj отрадный, утешительный
Trottel m <-s, -> (umgpej) простофиля m
Trottoir nt <-s, -s/-e> (CH: Bürgersteig) тротуар m
trotz präp +gen несмотря на (+ akk)
Trotz m <gen: -es> упрямство nt; **jdm zum ~** назло кому-л.
trotzdem I. adv несмотря на это; II. konj (obgleich) несмотря на что, хотя.
trotzig adj упрямый
Trotzkopf m <-(e)s, -köpfe> упрямец m
trüb(e) adj 1. мутный; 2. (Wetter) пасмурный; 3. (Stimmung) мрачный
Trubel m <gen: -s> суматоха f
trüben vt 1. (Flüssigkeit) мутить, за- pf; 2. (Stimmung) омрачать, -чить pf
Trübsal f <gen: -> (geh) уныние nt; **~ blasen** (umg) поддаваться унынию
trübselig adj печальный
trübsinnig adj унылый
Trüffel m <-, -n> трюфель m
trug prät von **tragen**
trügen <trog, getrogen> vt обманывать, обмануть pf; **der Schein trügt** внешность обманчива
trügerisch adj обманчивый
Trugschluss m <-es, Trugschlüsse> ложный вывод m
Truhe f <-, -n> сундук m
Trümmer fpl <gen: -> развалины fpl
Trümmerfeld nt <-(e)s, -er> груды pl развалин
Trümmerfrauen pl <gen: -> женщины, работавшие после второй мировой войны на расчистке городов от развалин

Trumpf m <-(e)s, Trümpfe> козырь m
Truppe f <-, -n> 1. (MIL) воинская часть f; 2. (Schauspieltruppe) труппа f
Truppenabbau m <gen: -s> сокращение nt вооружённых сил
Truppenkontingent nt <-(e)s, -e> контингент m войск
Truppenparade f <-, -n> парад m войск
Truppenstärke f <gen: -> численность nt войск
Truppenübung f <-, -en> тактическое учение nt
Truppenverschiebung f <-, -en> переброска f войск
Trust m <-s, -s> (ÖKON) трест m
Truthahn m <-(e)s, -hähne> индюк m
Tscheche m <-n, -n> чех m
Tschechien nt <gen: -> Чехия f
Tschechin f <-, -nen> чешка f
tschechisch I. adj чешский; II. adv по-чешски
tschüs interj (umg) пока
T-Shirt nt <-s, -s> футболка f
T-Stück nt <-(e)s, -e> (TECH) тройник m
TU akr von **Technische Universität**
Tube f <-, -n> тюбик m
Tuberkulose f <-, -n> туберкулёз m
Tuch nt <-(e)s, Tücher> 1. (Hals-/Kopftuch) платок m; 2. (Stoff, Textil) сукно nt
tüchtig adj прилежный
Tüchtigkeit f <gen: -> прилежность f
Tücke f <-, -n> коварство nt
tückisch adj коварный
Tugend f <-, -en> добродетель f
tugendhaft adj добродетельный
Tüll m <-s, -e> тюль m
Tulpe f <-, -n> тюльпан m
tummeln vr возиться impf
Tumor m <-s, -e(n)> опухоль f
Tumult m <-(e)s, -e> шум m
tun <tat, getan> vt 1. делать, с- pf; 2. (legen, stellen) класть, положить pf, ставить, по- pf; **ich habe viel zu ~** у меня много дел; **mit etw/jdm nichts zu ~ haben** не иметь с чем-л./кем-л. ничего общего; **so ~, als ob** делать вид, как будто ...
Tuner m <-s, -> блок m настройки
Tunesien nt <gen: -s> Тунис m
Tunfisch m <-(e)s, -e> тунец m
Tunnel m <-s, -(s)> туннель m
Tupfen m <-s, -> точка f
Tupfer m <-s, -> тампон m
Tür f <-, -en> дверь f
Turban m <gen: -s> чалма f
Turbine f <-, -n> турбина f
Turbinenanlage f <-, -n> турбинная установка f
Turbinenantrieb m <-(e)s, -e> турбинный привод m
Turbolader m <-s, -> турбонагнетатель m

Turbomotor *m* <-s, -en> газотурбинный двигатель *m*

turbulent *adj* бурный

Türgriff *m* <-(e)s, -e> дверная ручка *f*

Türke *m* <-n, -n> турок *m*

Türkei *f* <*gen:* -> Турция *f*

Türkin *f* <-, -nen> турчанка *f*

türkis *adj* бирюзовый

Türkis *m* <-es, -e> бирюза *f*

türkisch I. *adj* турецкий; II. *adv* по-турецки.

Türklinke *f* <-, -n> дверная ручка *f*

Turkmenien *nt* <*gen:* -s> Туркмения *f*

Turm *m* <-(e)s, Türme> 1. (*Bauwerk*) башня *f*; 2. (*Schachfigur*) ладья *f*

turmhoch *adj* высотой с башню

turnen *vi* заниматься, заняться *pf* гимнастикой

Turnen *nt* <*gen:* -s> спортивная гимнастика *f*

Turner, -in *m/f* <-s, -> гимнаст, -ка *m/f*

Turnhalle *f* <-, -n> спортзал *m*

Turnier *nt* <-es, -e> турнир *m*

Turnschuh *m* <-(e)s, -e> кроссовок *m*

Turnstunde *f* <-, -n> урок *m* физкультуры

Türriegel *m* <-s, -> дверной засов *m*

Türschwelle *f* <-, -n> порог *m* двери

Türsteher *m* <-s, -> (*in Diskothek*) швейцар *m*

Tusche *f* <-, -n> тушь *f*

Tuschezeichnung *siehe* **Tuschzeichnung**

tuscheln *vi* шушукаться, по- *pf*

Tuschkasten *m* <-s, -kästen> коробка *f* красок

Tuschzeichnung *f* <-, -en> рисунок *m* тушью

Tussie *f* <-, -s> (*umg*) чувиха *m*

Tüte *f* <-, -n> пакет *m*

tuten *vi* гудеть, про- *pf*

TÜV *abk von* **Technischer Überwachungsverein** *f* технического надзора

TV-Moderator, -in *m/f* <-s, -en> ведущий *m* телепередачи

Typ *m* <-s, -en> 1. тип *m*; 2. (*umg: Kerl*) тип *m*

Type *f* <-, -n> (*von Schreibmaschine*) литера *f*

Typenbezeichnung *f* <-, -en> (TECH) обозначение *nt* типа

Typenrad *nt* <-(e)s, -räder> печатающее колёсико *nt* „ромашка" *f*

Typenvielfalt *f* <*gen:* -> разнотипность *f*

Typhus *m* <*gen:* -> тиф *m*

typisch *adj* типичный

typisieren *vt* типизировать

Typisierung *f* <-, -en> типизация *f*

Typologie *f* <-, -n> типология *f*

typologisch *adj* типологический

Tyrann, -in *m/f* <-en, -en> тиран *m*

tyrannisch *adj* тиранический

U

u, U *nt* <-, -> у, У

u.a. *abk von* **unter anderem** в том числе, в частности

UB *abk von* **Universitätsbibliothek** *f* университетская библиотека *f*

U-Bahn *f* <-, -bahnen> метро *nt*; **mit der ~ fahren** ездить на метро

U-Bahn-Netz *nt* <-es, -e> сеть *f* метрополитена

U-Bahn-Station *f* <-, -en> станция *f* метро

übel *adj* дурной, плохой; **ihm wurde plötzlich ~** ему неожиданно стало плохо

Übel *nt* <-s, -> зло *nt*

Übelkeit *f* <*gen:* -> тошнота *f*

übel nehmen *irr vt*: **jdm etw ~** обидеться на кого-л. за что-л.

Übelstand *m* <-(e)s, -stände> беспорядок *m*

Übeltat *f* <-, -en> злодеяние *nt*, преступление *nt*

üben I. *vi* тренироваться, по- *pf*, упражняться, по- *pf*; **sich in etw ~** упражняться в чём-л.; II. *vt* 1. тренировать, по- *pf*; 2. (*Musikstück, Theaterstück*) разучивать, -учить *pf*; **Kritik an jdm/etw ~** критиковать кого-л./что-л.; **Nachsicht ~** быть снисходительным

über I. *präp* 1. (*räumlich oder eine Richtung angebend*) над (+ *inst*); 2. (*das Überqueren bezeichnend*) через (+ *akk*); **~ Smolensk nach Moskau fahren** ехать через Смоленск в Москву 3. (*bei Temperaturangaben*) выше (+ *gen*); **zwei Grad ~ Null** два градуса выше нуля; II. *adv* больше, свыше; **~ zwei Stunden** больше двух часов.

überall *adv* везде

überaltert *adj*: **eine ~e Bevölkerung** население, состоящее преимущественно из людей пожилого возраста

Überangebot *nt* <-(e)s, -e> избыточное предложение *nt*

überanstrengen I. *vr* перенапрягать, -напрячь *pf*; II. *vr* переутомляться, -утомиться *pf*

überarbeiten I. *vt* перерабатывать, -работать *pf*; II. *vt* переработаться *pf*

überaus *adv* весьма

Überbau *m* <*gen:* -s> надстройка *f*

überbacken *adj* (*Speise*) запечённый

Überbeanspruchung *f* <*gen:* -> перенапряжение *nt*

Überbelastung *f* <*gen:* -> перегрузка *f*

überbelegt *adj* перенаселённый (о квартире)

überbevölkert *adj* перенаселённый

überbewerten vt переоце́нивать impf, переоцени́ть pf
Überbewertung f <gen: -> переоце́нка f
Überbezahlung f <gen: -> перепла́та f
überbieten irr vt (Leistung, Rekord) превосходи́ть, превзойти́ pf
Überbleibsel nt <-s, -> оста́ток m
überblenden vt дава́ть наплы́в
Überblick m обзо́р m
überblicken vt обозрева́ть, -зре́ть pf
überbringen irr vt (Botschaft) передава́ть, -да́ть pf
Überbringer, -in m/f <-s, -> предъяви́тель m
Überbringerscheck m <-s, -s> чек m на предъяви́теля
überbrücken vt преодолева́ть, -ле́ть pf
Überbrückungskredit m <-(e)s, -e> краткосро́чный креди́т m
überdenken irr vt проду́мывать, -ду́мать pf
überdies adv (noch dazu) прито́м
überdosieren vt передози́ровать
Überdosis f <gen: -> сверхдо́за f
Überdruck m <gen: -(e)s> избы́точное давле́ние nt
Überdruss m <gen: -es> пресыще́ние nt
Übereignung f <-, -en> (JUR) переда́ча f (пра́ва со́бственности)
übereinander adv 1. (räumlich) друг над дру́гом; 2. (Richtung angebend) друг на дру́га; 3. (in Bezug auf) друг о дру́ге
übereinkommen irr vi догова́риваться, -вори́ться pf
Übereinkommen nt <-s, -> договорённость f
Übereinkunft f <-, -künfte> соглаше́ние nt, договорённость f; **eine stille ~** молчали́вое соглаше́ние; **eine ~ treffen** прийти́ к договорённости
übereinstimmen vi 1. (die gleiche Meinung haben) быть impf согла́сным; **in diesem Punkt stimme ich voll mit Ihnen überein** в э́том пу́нкте я по́лностью с ва́ми согла́сен; 2. (gleichartig sein) совпада́ть, -па́сть pf
Übereinstimmung f <gen: -> согла́сие nt; **in ~ mit etw** в соотве́тствии с чем-л.
überempfindlich adj сверхчувстви́тельный
überfahren irr vt (Mensch, Tier) переезжа́ть, перее́хать pf
Überfall m <-(e)s, Überfälle> нападе́ние nt
überfallen irr vt напада́ть, -па́сть pf (на + akk)
überfällig adj просро́ченный
überfliegen irr vt (flüchtig lesen) просма́тривать, -смотре́ть pf
Überflieger m <-s, -> (umg) челове́к m обнару́живающий незауря́дные спосо́бности
Überfluss m <gen: Überflusses> изоби́лие nt; **im ~** в изоби́лии
Überflussgesellschaft f <gen: -> о́бщество nt изоби́лия
überflüssig adj ли́шний
überfordert adj: **ich bin damit überfordert** мне э́то не по плечу́
überfrachten vt перегружа́ть, перегрузи́ть pf
überfressen vr (umg) обжира́ться, обожра́ться pf
überfrieren vi (Nässe) подмерза́ть, подмёрзнуть pf
überführen[1] vt (einen Verbrecher) изоблича́ть, -чи́ть pf; **jdn eines Verbrechens ~** уличи́ть кого́-л. в преступле́нии
überführen[2] vt 1. (transportieren) перевози́ть, -везти́ pf; 2. (einen Gefangenen, Kranken auch) переводи́ть, -вести́ pf (in +akk и +akk)
Überführung f <-, -en> 1. (Transportieren etc) перево́зка f, перево́д m; 2. (eines Verbrechers) изобличе́ние nt; 3. (Brücke) путепрово́д m
Überfülle f <gen: -> изоби́лие nt
Überfüllung f <gen: -> переполне́ние nt
überfüttern vt перека́рмливать, перекорми́ть pf
Übergabe f <-, -> 1. (Aushändigung) переда́ча f, вы́дача f; **die ~ von Dokumenten** 2. (Übertragung) переда́ча f, делеги́рование nt
Übergang m <gen: -(e)s> перехо́д m
Übergangsbestimmung f <-, -en> вре́менное распоряже́ние nt
Übergangserscheinung f <-, -en> перехо́дное явле́ние nt
Übergangsfrist f <-, -en> перехо́дный пери́од m
Übergangslösung f <-, -en> вре́менное реше́ние nt
Übergangsmantel m <-s, -mäntel> демисезо́нное пальто́ nt
Übergangsregelung f <-, -en> перехо́дное регули́рование nt
Übergangsstadium nt <-s, -stadien> перехо́дная ста́дия f
Übergangszeit f <-, -en> перехо́дный пери́од m
Übergardine f <-, -n> портье́ра f
übergeben I. irr vt (jdm geben) передава́ть, -да́ть pf; II. irr vr: **sie musste sich ~** (sich erbrechen) её вы́рвало
übergehen I. irr vt (absichtlich übersehen) обходи́ть, обойти́ pf; II. irr vi переходи́ть, перейти́ pf (zu +dat к +dat)
Übergepäck nt <gen: -s> опла́чиваемый бага́ж m
Übergewicht nt <gen: -(e)s> избы́точный вес m
übergreifend adj охва́тывающий что-л.
überhäufen vt засыпа́ть, -сы́пать pf; **jdn**

überhaupt   **477**   **überschreiben**

mit Geschenken ~ засыпа́ть кого́-л. пода́рками
überhaupt *adv* вообще́
überheblich *adj* надме́нный
Überheblichkeit *f* <gen: -> надме́нность *f*
überholen *vt* 1. (*Gerät*) ремонти́ровать, от- *pf*; 2. (*schneller laufen/fahren*) обгоня́ть, обогна́ть *pf*
Überholmanöver *nt* <-s, -> (KFZ) обго́н *m*
Überholspur *f* <gen: -> полоса́ *f* обго́на
überholt *adj* (*veraltet*) устаре́вший
überirdisch *adj* сверхъесте́ственный
Überkapazität *f* <-, -en> избы́точные произво́дственные мо́щности *pl*
überkreuzen *vt* 1. пересека́ть, пересе́чь *pf*; 2. скре́щивать, скрести́ть *pf*
Überlagerung *f* <gen: -> наслое́ние *nt*
Überlandbus *m* <-ses, -se> междугоро́дный авто́бус *m*
Überlandleitung *f* <-, -en> электропрово́дка *f*
überlassen *irr vt* (*Entscheidung*) предоставля́ть, -ста́вить *pf*; **jdn sich selbst ~** предоста́вить кого́-л. самому́ себе́
Überlassung *f* <-, -en> (JUR) усту́пка *f*; **die unentgeltliche ~ einer Ware** беспла́тная усту́пка това́ра
überlasten *vi* перегружа́ть, -грузи́ть *pf*
überlaufen *vi* 1. (*Flüssigkeit*) перелива́ться, -ли́ться *pf* че́рез край; 2. (*Milch*) убега́ть, убежа́ть *pf*; 3. (*zur gegnerischen Seite*) перебега́ть, -бежа́ть *pf* (к +*dat*)
überleben I. *vt* пережи́ть *pf*; II. *vi* выжива́ть, вы́жить *pf*
Überlebenschance *f* <-, -n> шанс *m* оста́ться в живы́х
Überlebenskampf *m* <gen: -(e)s> борьба́ *f* за выжива́ние
überlegen I. *vr* ду́мать, по- *pf* (о +*präpos*), обду́мывать, -мать *pf*; **er hat es sich anders überlegt** он переду́мал; II. *adj*; **jdm ~ sein** превосходи́ть кого́-л.
Überlegenheit *f* <gen: -> превосхо́дство *nt*
Überlegung *f* <-, -en> соображе́ние *nt pl*
Überleitung *f* <-, -en> перехо́д *m*
Überlieferung *f* <-, -en> преда́ние *nt*
Übermacht *f* <gen: -> превосхо́дство *nt*
übermächtig *adj* превосходя́щий
übermalen *vt* закра́шивать
Übermaß *nt* <gen: -es> избы́ток *m*
übermäßig *adj* чрезме́рный
übermenschlich *adj* сверхчелове́ческий
übermitteln *vt* (*Informationen*) передава́ть, -да́ть *pf*
übermorgen *adv* послеза́втра
Übermüdung *f* <gen: -> переутомле́ние *nt*
Übermut *m* <gen: -(e)s> озорство́ *nt*

übermütig *adj* озорно́й
übernachten *vi* переночева́ть *pf*
Übernachtung *f* <-, -en> ночёвка *f*
Übernahme *f* <gen: -> 1. (*Entgegennahme*) приёмка *f*; **~ einer Lieferung** приёмка това́ров 2. (*Annahme*) приня́тие *nt*; **die ~ eines Amtes** вступле́ние в до́лжность; **die ~ eines Auftrages** приня́тие зака́за; **die ~einer Funktion** приня́тие на себя́ фу́нкции; **~ des Risikos** приня́тие на себя́ ри́ска
übernatürlich *adj* сверхъесте́ственный
übernehmen I. *irr vt* 1. (*als Nachfolger*) перенима́ть, -ня́ть *pf*; 2. (*annehmen*) брать, взять *pf* на себя́; II. *vr* брать, взять *pf* на себя́ сли́шком мно́го
überparteilich *adj* внепарти́йный
überproportional *adj* чрезме́рный
überprüfen *vt* проверя́ть, -ве́рить *pf*
Überprüfung *f* <-, -en> прове́рка *f*, контро́ль *m*; **die laufende ~ der Anlagen** теку́щее обсле́дование обору́дования; **stichprobenartige ~** вы́борочный контро́ль; **einer ~ unterziehen** подве́ргнуть прове́рке
Überqualifikation *f* <gen: -> сте́пень квалифика́ции *f*, превыша́ющий спрос
überqueren *vt* пересека́ть, -се́чь *pf*
Überquerung *f* <gen: -> пересече́ние *nt*
überraschen *vt* удивля́ть, -ви́ть *pf*; **jdn mit etw ~** удиви́ть кого́-л. чем-л.
Überraschung *f* <-, -en> 1. (*Verwunderung*) удивле́ние *nt*; 2. (*etw Schönes oder Unangenehmes*) сюрпри́з *m*
Überraschungsmoment *m* <gen: -(e)s> фа́ктор *m* внеза́пности
überreden *vt* угова́ривать, уговори́ть *pf*
überreichen *vt* вруча́ть, -чи́ть *pf*
Überreizung *f* <gen: -> чрезме́рное раздраже́ние *nt*
Überreste *pl* <gen: -> оста́тки *pl*
übersättigt *adj* пресы́щенный
Übersättigung *f* <gen: -> перенасыще́ние *nt*; **die ~ des Marktes** перенасыще́ние ры́нка
Überschallflug *m* <-(e)s, -flüge> сверхзвуково́й полёт *m*
Überschallflugzeug *nt* <-(e)s, -e> сверхзвуково́й самолёт *m*
Überschallgeschwindigkeit *f* <gen: -> сверхзвукова́я ско́рость *f*
überschätzen I. *vt* переоце́нивать, -цени́ть *pf*; II. *vr* переоце́нивать, -цени́ть *pf* себя́
überschaubar *adj* обозри́мый
Überschlag *m* <-(e)s, -schläge> ориентиро́вочная сме́та *f*
überschlagen *vr* переверты́ваться, переверну́ться *pf*
überschnappen *vi* (*umg*) спя́тить *pf*
überschneiden *irr vr* пересека́ться, -се́чься *pf*
überschreiben *vt* (*von Datei*)

перезапи́сывать, -за́писать *pf*
überschreiten *irr vt* 1. (*Grenze*) переходи́ть, перейти́ *pf*; 2. (*Gesetz*) наруша́ть, -ру́шить *pf*; 3. (*Befugnisse, Frist, Tempolimit*) превыша́ть, -вы́сить *pf*
Überschrift *f* <-, -en> заголо́вок *m*
Überschuldung *f* <*gen*: -> чрезме́рная задо́лженность *f*
Überschuss *m* <-es, Überschüsse> чи́стая при́быль *f*
überschüssig *adj* избы́точный
Überschusskapazität *f* <-, -en> избы́точные произво́дственные мо́щности *pl*
Überschussnachfrage *f* <*gen*: -> избы́точный спрос *m*
Überschussprodukte *pl* <*gen*: -> изли́шки проду́ктов *pl*
überschütten *vt* (*auch fig*) засыпа́ть, -сы́пать *pf*
überschwänglich *adj* чрезме́рный
überschwemmen *vt* наводня́ть, -водни́ть *pf*
Überschwemmung *f* <-, -en> наводне́ние *nt*, пото́п *m*
Überschwemmungskatastrophe *f* <-, -n> си́льное наводне́ние *nt*
Übersee : **in ~** за океа́ном
Überseedampfer *m* <-s, -> океа́нский парохо́д *m*
Überseehafen *m* <-s, -häfen> океа́нский порт *m*
Überseehandel *m* <*gen*: -s> океа́нская торго́вля *f*
übersehen *vt* 1. (*Gegend*) обозрева́ть, -зре́ть *pf*; 2. (*Fehler*) не замеча́ть, не заме́тить *pf*
übersenden *vt* посыла́ть, посла́ть *pf*
übersetzen¹ I. *vi* (*ans andere Ufer*) переправля́ться, -пра́виться *pf* (на друго́й бе́рег); II. *vt* переправля́ть, -пра́вить *pf* (на друго́й бе́рег)
übersetzen² *vt* (*in eine andere Sprache*) переводи́ть, -вести́ *pf*; **aus dem Deutschen ins Russische ~** переводи́ть с неме́цкого на ру́сский
Übersetzer, -in *m/f* <-s, -> перево́дчик, -чица *m/f*
Übersetzung *f* <-, -en> 1. (*von Text*) перево́д *m*; 2. (TECH: *Vorrichtung*) переда́ча *f*; 3. (TECH: *Übersetzungsverhältnis*) передато́чное отноше́ние *nt*
Übersetzungsbüro *nt* <-s, -s> бюро́ *nt* перево́дов
Übersetzungsfehler *m* <-s, -> оши́бка *f* в перево́де
Übersicht *f* <*gen*: -> обзо́р *m*
übersichtlich *adj* нагля́дный
Übersichtlichkeit *f* <*gen*: -> нагля́дность *f*
Überspannung *f* <-, -en> (EL) перенапряже́ние *nt*
überspielen *vt* 1. (*über etw hinwegtäuschen*) скрыва́ть, скрыть *pf*; 2. (*aufnehmen*) перепи́сывать, -писа́ть *pf* (*auf* + *akk* на + *akk*)
überspitzt *adj* утри́рованный
überspringen *irr vt* (*Hindernis, Hürde, auch fig*) перепры́гивать, -пры́гнуть *pf*
überstehen *irr vt* (*Strapazen*) выноси́ть, вы́нести *pf*
übersteigen *irr vt* превосходи́ть, превзойти́ *pf*
übersteigert *adj* завы́шенный
überstrahlen *vt* 1. освеща́ть, освети́ть *pf*; 2. (*fig*) затмева́ть, затми́ть *pf*
Überstunde *f* <-, -n> сверхуро́чная рабо́та *f*; **~n ausbezahlen** опла́чивать сверхуро́чные часы́; **~n machen** рабо́тать сверхуро́чно; **~n vergüten** возмеща́ть сверхуро́чные часы́
Überstundenabbau *m* <*gen*: -s> сокраще́ние *nt* сверхуро́чной рабо́ты
überstürzen *vt* поторопи́ться *pf* (с + *inst*)
Übertrag *m* <-(e)s, Überträge> перено́с *m*
übertragbar *adj*: **nicht ~** (*Ausweis*) без пра́ва переда́чи
übertragen *irr vt* 1. (*Sichtweise, Methode*) переноси́ть, -нести́ *pf* (*auf* + *akk* на + *akk*); 2. (*im Fernsehen/Rundfunk*) передава́ть, -да́ть *pf*
Übertragung *f* <-f, -en> 1. (*das Übertragen*) перево́д *m*; 2. (*in Fernsehen und Rundfunk*) переда́ча *f*
Übertragungsfehler *m* <-s, -> оши́бка *f* в перево́де
Übertragungsgeschwindigkeit *f* <-, -en> ско́рость *f* переда́ч
übertreffen *irr vt* превосходи́ть, превзойти́ *pf* (*in* + *dat* в + *präpos*)
übertreiben *irr vt* преувели́чивать, -чить *pf*
Übertreibung *f* преувеличе́ние *nt*
übertrieben *adj* чрезме́рный, преувели́ченный
überversichert *adj* застрахо́ванный на су́мму, превыша́ющую со́бственную сто́имость
Übervölkerung *f* <*gen*: -> перенаселе́ние *nt*
überwachen *vt* следи́ть *impf* (за + *inst*)
Überwachung *f* <-, -en> надзо́р *m* (над + *inst*)
Überwachungssystem *nt* <-(e)s, -e> систе́ма *f* надзо́ра
überwältigen *vt* 1. (*Verbrecher*) обезвре́живать, -вре́дить *pf*; 2. (*Gefühl, Schlaf*) овладева́ть, -де́ть *pf*; 3. (*Ansicht*) потряса́ть, -трясти́ *pf*
überwältigend *adj* (*Ansicht*) потряса́ющий; **die ~e Mehrheit** подавля́ющее большинство́
überweisen *irr vt* 1. (*Geld auf ein Konto*) переводи́ть, -вести́ *pf* (*auf* + *akk* на + *akk*); 2. (*einen Patienten zum Facharzt*) направля́ть, -пра́вить *pf* (*zu* + *dat* к + *dat*)

Überweisung f <-, -en> 1. (*von Geld*) перевóд m; **die ~ eines Betrages auf ein Konto** перечислéние сýммы на счёт 2. (MED: *an einen Arzt*) направлéние nt
Überweisungsauftrag m <-(e)s, -aufträge> поручéние nt перевóда
Überweisungsverkehr m <gen: -s> жирооборóт m, безналичный расчёт m
überwiegend adj преобладáющий; **die ~e Mehrheit der Bevölkerung** преобладáющее большинствó населéния
überwinden *irr vt* (*Schwierigkeiten, Widerstand*) преодолевáть, -лéть pf
Überwindung f <gen: -> 1. (*das Überwinden*) преодолéние nt; 2. (*Anstrengung*) усилие nt
überwintern vi зимовáть *impf*
Überzahl f <gen: -> большинствó nt; **in der ~ sein** составля́ть большинствó
überzählig adj лишний
überzeugen I. vt убеждáть, убедить pf (*von* +dat **в** +präpos); II. vr убеждáться, убедиться pf (*von* +dat **в** +präpos)
überzeugend adj убедительный
Überzeugung f <f, -en> убеждéние nt
Überzeugungskraft f <gen: -> сила убеждéния f, убедительность f
überziehen *irr vt* 1. (*mit einem Bezug versehen*) покрывáть, -крыть pf; **etw mit etw ~** покры́ть что-л. чем-л.; 2. (*Konto*) перерасхóдовать pf
Überziehung f <-, -en> перерасхóд m; **~eines Kredits** превышéние лимита кредита
Überziehungskredit m <-(e)s, -e> овердрáфт m
Überzug m <-(e)s, -züge> нáволочка f
üblich adj общепри́нятый
U-Boot nt <-(e)s, -e> подвóдная лóдка f
U-Boot-Flotte f <-, -n> подвóдный флот m
U-Boot-Krieg m <gen: -(e)s> подвóдная войнá f
übrig adj остальнóй
übrig bleiben *irr vi* оставáться, остáться pf
übrigens adv мéжду прóчим
Übung f <-, -en> упражнéние nt
UdSSR abk von ***Union der Sozialistischen Sowjetrepubliken*** f СССР m (Сою́з m Совéтских Социалистических Респу́блик)
Ufer nt <-s, -> бéрег m
Uferbefestigung f <-, -en> берегоукрепи́тельное сооружéние nt
Uferpromenade f <-, -n> нáбережная f
Ufo akr von ***unbekanntes Flugobjekt*** nt НЛО m (неопóзнанный летáющий объéкт m)
U-förmig adj в фóрме подкóвы
Uganda Угáнда
Ugander, -in m/f <-s, -> угандиец, уганди́йка m/f
ugandisch adj угáдский
Uhr f <-, -en> часы́ mpl
Uhrenindustrie f <gen: -> часовáя промы́шленность f
Uhrenvergleich m <gen: -s> свéрка f часóв
Uhrmacher, -in m/f <-s, -> часовщи́к, -щи́ца m/f
Uhrwerk nt <-(e)s, -e> часовóй механи́зм m
Uhrzeiger m <-s, -> часовáя стрéлка f
Uhrzeigersinn : **im ~** по часовóй стрéлке; **entgegen dem ~** прóтив часовóй стрéлки
Uhu m <-s, -s> фи́лин m
Ukraine f <gen: -> Украи́на f; **in der ~** на [о в] Украи́не
Ukrainer, -in m/f <-s, -> украи́нец, -нка m/f
ukrainisch adj украи́нский
UKW abk von ***Ultrakurzwelle*** f УКВ (ультракорóткие вóлны fpl)
ulkig adj (umg) потéшный
Ulme f <-, -n> вяз m
Ultimatum nt <gen: -s> ультимáтум m
Ultimogeschäft nt <-(e)s, -e> (BÖRSE) сдéлка f на у́льтимо
Ultimokurs m <-es, -e> (BÖRSE) курс m по сдéлкам на у́льтимо
Ultrakurzwelle f <gen: -> ультракорóткие вóлны fpl
Ultraschall m <gen: -(e)s> ультразву́к m
Ultraschallbehandlung f <gen: -> лечéние nt ультразву́ком
Ultraschallgerät nt <-(e)s, -e> ультразвуковóй прибóр m
Ultraschallwelle f <-, -n> ультразвуковáя волнá f
um *präp* +akk вокру́г (+ gen)
umarmen vt обнимáть, -ня́ть pf
Umbau m <-(e)s, -bauten> перестрóйка f
umbauen vt (*auch fig*) перестрáивать, -стрóить pf
umbenennen *irr vt* переимен́вывать, -новáть pf; **eine Datei ~** переименовáть файл
umbilden vt преобразóвывать, преобразовáть pf
umblättern vt перевёртывать, -вернýть pf страни́цу
umbringen I. *irr vt* убивáть, убить pf; II. vr покóнчить pf с собóй
Umbruch[1] m <gen: -(e)s> (*Umwälzung*) перелóм m
Umbruch[2] m <gen: -(e)s> (*Seiten~*) вёрстка f
Umbuchung f <-, -en> перечислéние nt на другóй счёт
umdrehen I. vt 1. (*von oben nach unten*) перевёртывать, -верну́ть pf; 2. (*horizontal, auch technische Vorrichtung, Schlüssel*) повора́чивать, поверну́ть pf; II. vr

1. поворáчиваться, повернýться *pf*; 2. (TECH) вращáться *impf*
Umdrehung *f* <-, -en> (*Motor*) оборóт *m*
Umdrehungszahl *f* <-, -en> частотá *f* вращéния
umerziehen *vt* перевоспи́тывать, перевоспитáть *pf*
umfallen *irr vi* пáдать, упáсть *pf*; tot ~ упáсть зáмертво
Umfang *m* <-(e)s, Umfänge> объём *m*
umfangreich *adj* объёмный
umfassen *vt* (*enthalten*) охвáтывать, охвати́ть *pf*
umfassend *adj* обши́рный
Umfeld *nt* <gen: -(e)s> окружéние *nt*
Umfinanzierung *f* <gen: -> новáция *f* долгóв
umformen *vt* преобразóвывать, -зовáть *pf*
Umformer *m* <-s, -> преобразовáтель *m*
umformulieren *vt* переформули́ровать
Umformung *f* <-, -en> 1. (EL) трансформáция *f*; 2. (*allgemein*) преобразовáние *nt*
Umfrage *f* <-, -n> опрóс *m*; eine ~ durchführen проводи́ть опрóс
umfüllen *vt* перелива́ть, -ли́ть *pf*
Umgang *m* <gen: -(e)s> общéние *nt*; der ~ mit Menschen общéние с людьми́; der ~ mit einem Gerät обращéние с прибóром
umgänglich *adj* общи́тельный
Umgangsformen *pl* <gen: -> манéры *fpl*
Umgangssprache *f* <gen: -> разговóрный язы́к *m*
Umgangston *m* <gen: -(e)s> манéра *f* общéния
umgeben *irr vt* окружáть, -жи́ть *pf*
Umgebung *f* <-, -en> 1. (*Natur*) окрéстность *f*; 2. (*fig*) окружéние *nt*
umgehen *irr vt* обходи́ть, обойти́ *pf*
umgehend *adv* срóчно
Umgehung *f* <gen: -> обхóд *m*; unter ~ der Vereinbarung в обхóд договорённости; unter ~ der Vorschriften в обхóд предписáний
Umgehungsstraße *f* <-, -n> объéзд *m*
umgekehrt I. *adj* обрáтный; II. *adv* наоборóт.
Umgestaltung *f* <-, -en> перестрóйка *f*, преобразовáние *nt*
umgraben *irr vt* перекáпывать, -копáть *pf*
Umgründung *f* <-, -en> (JUR) изменéние *nt* правовóй фóрмы предприя́тия
umhaben *vt* имéть на себé
Umhang *m* <-(e)s, Umhänge> наки́дка *f*
Umhängetasche *f* <-, -n> наплéчная сýмка *f*
umher *adv* вокрýг
umherblicken *vi* осмáтриваться (по сторонáм)
umherliegen *vi* быть разбрóсанным, валя́ться
umherschlendern *vi* слоня́ться, ходи́ть без дéла
umhören *vr* расспрáшивать, расспроси́ть *pf* людéй
umkehren *vi* поворáчивать, поверну́ть *pf* назáд
Umkehrfilm *m* <-(e)s, -e> обрати́мая плёнка *f*
Umkehrfunktion *f* <-, -en> (MATH) обрáтная фýнкция *f*
umklappen I. *vt* отки́дывать, -ки́нуть *pf*; II. *vi* упáсть *pf* в обмороклись
Umkleideraum *m* <-(e)s, -räume> раздевáлка *f*
umkommen *irr vi* погибáть, поги́бнуть *pf*
Umkreis *m* <gen: -es> окрýга *f*; im ~ von 50 Kilometern на пятьдеся́т киломéтров вокрýг [*o* в рáдиусе пяти́десяти киломéтров]
umkreisen *vt* (ASTR) вращáться *impf* вокрýг (+ *gen*)
umkrempeln *vt* (*Ärmel*) подворáчивать, подверну́ть *pf*
Umladekran *m* <gen: -(e)s> перегрýзочный кран *m*
umladen *irr vt* перегружáть, -грузи́ть *pf*
Umlage *f* <-, -n> (*Aufteilung*) расклáдка *f*, распределéние *nt*
Umlageverfahren *nt* <-s, -> мéтод *m* распределéния взнóсов
Umlauf *m* <gen: -(e)s> обращéние *nt*, оборóт *m*; in ~ bringen пускáть в обращéние; aus dem ~ ziehen изымáть из обращéния
Umlaufbahn *f* <-, -en> орби́та *f*
Umlaufgeschwindigkeit *f* <-, -en> скóрость *f* обращéния, обращáемость *f*
Umlaufvermögen *nt* <gen: -s> оборóтный капитáл *m*
Umlaut *m* <-(e)s, -e> умля́ут *m*
Umleitung *f* <-, -en> объéзд *m*
umliegend *adj* окрéстный
ummanteln *vt* наклáдывать, наложи́ть *pf* оболóчку (на кáбель)
ummodeln *vt* (*umg*) передéлывать, передéлать *pf*
umpacken *vt* 1. переклáдывать, -ложи́ть *pf* вéщи (в другóй чемодáн и т.п.); 2. зáново паковáть
umpolen *vt* (EL) меня́ть, перемени́ть *pf* поля́рность
umrechnen *vt* пересчи́тывать, -считáть *pf*; umgerechnet in ... в пересчёте на ...
Umrechnung *f* <gen: -> пересчёт *m*
Umrechnungskurs *m* <-es, -e> перерасчётный курс *m*
Umrechnungssatz *m* <-es, -sätze> курс *m* пересчёта
umreißen *irr vt* (*skizzieren*) обрисóвывать, -совáть *pf*
umringen *vt* окружáть, -жи́ть *pf*

Umriss *m* <-es, -e> очерта́ние *nt*
umrühren *vt* переме́шивать, -меша́ть *pf*
umrunden *vt* 1. объезжа́ть, объе́хать *pf*; 2. соверша́ть, соверши́ть *pf* облёт
Umrüstung *f* <gen: -> переобору́дование *nt*
Umsatz *m* <-es, Umsätze> 1. (*Warenumsatz*) (товаро)оборо́т *m*; **den ~ ausweiten** расширя́ть товарооборо́т; **eine Steigerung des ~es** рост оборо́та 2. (*Umsatzerlös*) оборо́т *m*, вы́ручка *f* с оборо́та
Umsatzbeteiligung *f* <-, -en> (долево́е) уча́стие *nt* в оборо́те
Umsatzgewinn *m* <-(e)s, -e> при́быль *f* с оборо́та
Umsatzminderung *f* <-, -en> сокраще́ние *nt* оборо́та
Umsatzrendite *f* <-, -n> рента́бельность *f* оборо́та
Umsatzrentabilität *f* <gen: -> рента́бельность *f* оборо́та
Umsatzrückgang *m* <-(e)s, -rückgänge> сокраще́ние *nt* оборо́та
Umsatzschwankungen *pl* <gen: -> колеба́ния *pl* оборо́та
Umsatzstatistik *f* <-, -en> стати́стика *f* (товаро)оборо́та
Umsatzsteigerung *f* <-, -en> повыше́ние *nt* оборо́та
Umsatzsteuer *f* <gen: -> нало́г *m* с оборо́та; **die ~ erhöhen** повыша́ть нало́г с оборо́та
Umsatzsteuererklärung *f* <-, -en> деклара́ция *f* на упла́ту нало́га с оборо́та
Umsatzzuwachs *m* <-es, -zuwächse> повыше́ние *nt* оборо́та
umschalten *vt* переключа́ть, -чи́ть *pf*
Umschau *f* <gen: -> осмо́тр *m*; **~ halten** осма́триваться
umschauen *vr* осма́триваться, осмотре́ться *pf*
Umschichtung *f* <-, -en> 1. измене́ние *nt* (структу́ры); 2. перераспределе́ние *nt*
Umschlag *m* <-(e)s, Umschläge> 1. (*von Brief*) конве́рт *m*; 2. (*von Buch*) обло́жка *f*; 3. (*kein pl:von Gütern*) оборо́т *m*
Umschlagbahnhof *m* <-(e)s, -bahnhöfe> перева́лочная ста́нция *f*
Umschlaghafen *m* <-s, -häfen> перева́лочный порт *m*
Umschlagplatz *m* <-es, -plätze> ме́сто *nt* перева́лки
Umschlagsdauer *f* <gen: -> пери́од *f* реализа́ции това́ра
Umschlagsgeschwindigkeit *f* <-, -en> ско́рость *f* обраще́ния
Umschlagshäufigkeit *f* <gen: -> частота́ *f* оборо́та
umschreiben[1] *irr vi* (*einen Text*) перепи́сывать, -писа́ть *pf*
umschreiben[2] *irr vi* (*beschreiben*) опи́сывать, описа́ть *pf*

Umschuldung *f* <-, -en> конве́рсия *f* долго́в
umschulen I. *vt* переквалифици́ровать *impf/pf*; II. *vi* переквалифици́роваться *impf/pf*
Umschulung *f* <-, -en> переобуче́ние *nt*, переквалифика́ция *f*
Umschulungskurs *m* <-es, -e> ку́рсы *pl* переквалифика́ции
umschütten *vt* пересыпа́ть, -сы́пать, перелива́ть, -ли́ть
Umschweife: **ohne ~** напрями́к
umschwirren *vt* рои́ться вокру́г чего́-л.
Umschwung *m* <gen: -(e)s> 1. (*Entwicklung*) поворо́т *m*; 2. (*Stimmung*) сме́на *f*; 3. (SPORT) оборо́т *m*
umsetzen *vt* 1. (*Person*) переводи́ть *impf*, перевести́ (на другу́ю рабо́ту) *pf*; 2. (*etw in etw*) преобразо́вывать *impf*, преобразова́ть *pf* (в +*akk*)
Umsetzung *f* <-, -en> 1. перемеще́ние *nt*; 2. превраще́ние *nt*
Umsicht *f* <gen: -> осмотри́тельность *f*
umsichtig *adj* осмотри́тельный
umsiedeln I. *vt* переселя́ть, -ли́ть *pf*; II. *vi* переселя́ться, -ли́ться *pf*
Umsiedlung *f* <gen: -> переселе́ние *nt*
umsonst *adv* напра́сно
Umspannstation *f* <-, -en> (EL) трансформа́торная ста́нция *f*
Umstand *m* <-(e)s, Umstände> обстоя́тельство *nt*; **unter diesen Umständen** при таки́х обстоя́тельствах
umständlich *adj* простра́нный
Umstandskleidung *f* <gen: -> оде́жда *f* для бере́менных
Umstandswort *nt* <-(e)s, -wörter> наре́чие *nt*
umsteigen *irr vi* (*in einen Zug*) переса́живаться, пересе́сть *pf* (*in* +*akk* на +*akk*)
umstellen I. *vt* 1. (*an eine andere Stelle*) переставля́ть, -ста́вить *pf*; 2. (*Produktion, Uhr*) переводи́ть, -вести́ *pf*, переключа́ть, -и́ть *pf* (*auf* +*akk* на +*akk*); **Rüstungsbetriebe auf zivile Produktion ~** переводи́ть предприя́тия вое́нной промы́шленности на произво́дство гражда́нской проду́кции; II. *vr* перестра́иваться, -стро́иться *pf* (*auf* +*akk* на +*akk*)
Umstellung *f* <-, -en> 1. (*Produktion*) перехо́д *m*, перево́д *m*, переключе́ние *nt*; 2. (*Anpassung*) адапта́ция *f*
Umstellungsinvestition *f* <-, -en> капиталовложе́ния *pl* на конве́рсию произво́дства
umstimmen *vt* (*jdn*) переубежда́ть, -убеди́ть *pf*
umstritten *adj* спо́рный
Umsturz *m* <-es, Umstürze> сверже́ние *nt*, переворо́т *m*

Umtausch *m* <*gen:* -es> обмéн *m*, замéна *f*; **Kauf auf ~** покýпка с прáвом обмéна
umtauschen *vt* обмéнивать, -меня́ть *pf*
umtopfen *vt* переса́живать, пересади́ть *pf* из горшка́ в горшо́к
Umverteilung *f* <*gen:* -> перераспределéние *nt*
umwälzend *adj* революцио́нный
umwandeln *vt* превраща́ть, -врати́ть *pf* (*in* +*akk* в +*akk*)
Umwandlung *f* <-, -en> преобразова́ние *nt*, превращéние *nt*, конвéрсия *f*
Umweg *m* <-(e)s, -e> объéзд *m*, обхо́д *m*
Umwelt *f* <*gen:* -> окружа́ющая среда́ *f*; **die ~ schädigen** наноси́ть ущéрб окружа́ющей средé
Umweltabgabe *f* <*gen:* -> нало́г *m* за загрязнéние окружа́ющей среды́
Umweltauflage *f* <*gen:* -> запрéты *pl* в интерéсах охра́ны окружа́ющей среды́
Umweltausschuss *m* <-es, -ausschüsse> коми́ссия *f* по охра́не окружа́ющей среды́
Umweltbeauftragte(r) *m/f* <-n, -n> уполномо́ченный *m* по охра́не окружа́ющей среды́
Umweltbehörde *f* <-, -n> вéдомство *nt* охра́ны окружа́ющей среды́
umweltbelastend *adj* отрица́тельно воздéйствующий на окружа́ющую срéду
Umweltbelastung *f* <-, -en> отрица́тельное воздéйствие *nt* на окружа́ющу срéду; **Erhöhung der ~** рост воздéйствия на окружа́ющу срéду; **zunehmende ~** возраста́ющая нагру́зка на окружа́ющую срéду
umweltbewusst *adj* созна́тельно относя́щийся к окружа́ющей средé
Umweltbewusstsein *nt* <*gen:* -s> экологи́ческое созна́ние *nt*
Umweltdezernent, -in *m/f* <-en, -en> референт *m* по вопро́сам охра́ны окружа́ющей среды́
Umwelteinfluss *m* <-es, -einflüsse> влия́ние *nt* среды́
umweltfeindlich *adj* причиня́ющий вред окружа́ющей средé
umweltfreundlich *adj* не нанося́щий уще́рба окружа́ющей средé
Umweltgefahr *f* <-, -en> угро́за *f* окружа́ющей средé, экологи́ческая угро́за *f*
umweltgefährdend *adj* угрожа́ющий окружа́ющей средé, представля́ющий экологи́ческую угро́зу
Umweltgefährdung *f* <*gen:* -> угро́за *f* окружа́ющей средé, экологи́ческая угро́за *f*
umweltgerecht *adj* соотвéтствующий усло́виям окружа́ющей среды́

Umweltkatastrophe *f* <-, -n> экологи́ческая катастро́фа *f*
Umweltminister, -in *m/f* <-s, -> мини́стр *m* охра́ны окружа́ющей среды́
Umweltministerium *nt* <-s, -ministerien> министéрство *nt* охра́ны окружа́ющей среды́
Umweltorganisation *f* <-, -en> экологи́ческая организа́ция *f*
Umweltpolitik *f* <*gen:* -> поли́тика *f* охра́ны окружа́ющей среды́ *m*
Umweltproblem *nt* <-(e)s, -e> экологи́ческая проблéма *f*; **das ernsthafte ~** серьёзная экологи́ческая проблéма; **mit ~en konfrontiert sein** ста́лкиваться с проблéмами окружа́ющей среды́
Umweltprogramm *nt* <-(e)s, -e> програ́мма *f* охра́ны окружа́ющей среды́
Umweltqualität *f* <*gen:* -> ка́чество *nt* окружа́ющей среды́
Umweltschaden *m* <-s, -schäden> экологи́ческий ущéрб *m*
Umweltschutz *m* <*gen:* -es> охра́на *f* окружа́ющей среды́; **den ~ fördern** спосо́бствовать охра́не окружа́ющей среды́; **die Kosten für den ~** изде́ржки на охра́ну окружа́ющей среды́
Umweltschutzbewegung *f* <-, -en> движéние *nt* за охра́ну окружа́ющей среды́
Umweltschutzorganisation *f* <-, -en> организа́ция *f* по охра́не окружа́ющей среды́
Umweltschutzpapier *nt* <*gen:* -s> бума́га *f*, изгото́вленная из макулату́ры *f*
Umweltvergehen *nt* <-s, -> экологи́ческое преступлéние *nt*
Umweltvergiftung *f* <*gen:* -> отравлéние *nt* окружа́ющей среды́
Umweltverschmutzung *f* <*gen:* -> загрязнéние *nt* окружа́ющей среды́; **~ vermeiden** избега́ть загрязнéние окружа́ющей среды́; **~ verursachen** вызыва́ть загрязнéние окружа́ющей среды́
umweltverträglich *adj* экологи́чески приéмлемый, совмести́мый с усло́виями окружа́ющей среды́
Umweltverträglichkeit *f* <*gen:* -> совмести́мость *f* с усло́виями окружа́ющей среды́
umziehen I. *irr vi* (*in eine andere Wohnung*) переезжа́ть, переéхать *pf* (*in* +*akk* в +*akk*); II. *vr* (*die Kleidung wechseln*) переодева́ться, -дéться *pf*; III. *vt* (*Kind*) переодева́ть, -дéть *pf*
Umzug *m* <-(e)s, Umzüge> переéзд *m*
Umzugskosten *pl* <*gen:* -> расхо́ды *pl* по переéзду
unabänderlich *adj* 1. (*Entscheidung*)

неизме́нный; 2. (*Tatsache*) непрело́жный
unabhängig *adj* незави́симый
Unabhängigkeit *f* <gen: -> незави́симость *f*; **unter der Bedingung völliger ~** при усло́вии по́лной незави́симости; **seine ~verlieren** теря́ть незави́симость; **seine ~wahren** сохраня́ть свою́ незави́симость; **die wirtschaftliche ~** экономи́ческая незави́симость
Unabhängigkeitskrieg *m* <-(e)s, -e> война́ *f* за незави́симость
unablässig *adj* беспреры́вный
unabsehbar *adj* необозри́мый
unabsichtlich *adj* неумы́шленный
unachtsam *adj* невнима́тельный
Unähnlichkeit *f* <gen: -> непохо́жесть *f*
ungebracht *adj* неуме́стный
unangenehm *adj* неприя́тный; **etw ist jdm ~** что-л. кому́-л. неприя́тно
ungepasst *adj* 1. не жела́ющий приспоса́бливаться; 2. нонконформи́стский
Unannehmlichkeit *f* <-, -en> (*meist pl*) неприя́тность *f*
unansehnlich *adj* невзра́чный
unanständig *adj* неприли́чный
unappetitlich *adj* неаппети́тный
Unart *f* <-, -en> дурна́я привы́чка *f*
unartig *adj* непослу́шный
unauffällig *adj* незаме́тный
unaufgefordert *adj* по со́бственной инициати́ве
unaufhaltsam *adj* неудержи́мый
unaufhörlich *adj* беспреры́вный
unaufmerksam *adj* невнима́тельный
unaufrichtig *adj* нейскренний
unausgeglichen *adj* неуравнове́шенный
unauslöschlich *adj* неизгла́димый
unaussprechbar 1. непроизноси́мый; 2. тру́дно произноси́мый
unaussprechlich *adj* невырази́мый
unausstehlich *adj* невыноси́мый
unausweichlich *adj* неизбе́жный
unbändig *adj* неукроти́мый
unbarmherzig *adj* немилосе́рдный
unbeabsichtigt *adj* неумы́шленный, непреднаме́ренный
unbeachtet *adj* незаме́ченный
unbearbeitet *adj* необрабо́танный
unbeaufsichtigt *adj* безнадзо́рный
unbedeckt *adj* непокры́тый
unbedenklich *adj* не вызыва́ющий сомне́ний
unbedeutend *adj* незначи́тельный
unbedingt *adj* обяза́тельно
unbefangen *adj* непринуждённый
Unbefangenheit *f* <gen: -> непринуждённость *f*
unbefleckt *adj* незапя́тнанный, непоро́чный

unbefriedigend *adj* неудовлетвори́тельный
unbefristet *adj* бессро́чный; **~er Aufenthalt** пребыва́ние, не ограни́ченное сро́ком; **ein ~er Mietvertrag** бессро́чный догово́р о на́йме [*o* об аре́нде]
unbefugt *adj* не име́ющий пра́ва на что-л.; **Unbefugten Zutritt verboten!** посторо́нним вход воспрещён!
unbegehbar *adj* непроходи́мый (о доро́ге)
unbeglichen неопла́ченный (о счёте)
unbegreiflich *adj* непостижи́мый
unbegrenzt *adj* неограни́ченный
unbegründet *adj* необосно́ванный
Unbehagen *nt* <gen: -s> неприя́тное чу́вство *nt*
unbehaglich *adj* неприя́тный
unbeholfen *adj* нело́вкий
unbekannt *adj* неизве́стный
unbekümmert *adj* беззабо́тный
unbeliebt *adj* непопуля́рный
unbemittelt *adj* несостоя́тельный, неиму́щий
unbequem *adj* неудо́бный
unberechenbar *adj* непредсказу́емый
unberechtigt *adj* неопра́вданный
unbeschäftigt *adj* ниче́м не за́нятый, незагру́женный
unbeschädigt *adj* неповреждённый
unbescholten *adj* безупре́чный
unbeschreiblich *adj* невырази́мый
unbeschwert *adj* беззабо́тный
unbesetzt *adj* 1. неза́нятый, свобо́дный; 2. вака́нтный
unbesonnen *adj* безрассу́дный
unbeständig *adj* 1. (*Wetter*) неусто́йчивый; 2. (*Mensch*) непостоя́нный
unbestimmt *adj* неопределённый
Unbestimmtheit *f* <gen: -> неопределённость *f*
unbeteiligt *adj* неприча́стный
unbeugsam *adj* непрекло́нный
unbeweglich *adj* неподви́жный
Unbeweglichkeit *f* <gen: -> неподви́жность *f*
unbewusst *adj* бессозна́тельный
unbrauchbar *adj* непригодный
unbürokratisch *adj* небюрократи́ческий
und *konj* и; **~ so weiter** и так да́лее
Undank *m* <gen: -(e)s> неблагода́рность *f*
undankbar *adj* неблагода́рный
undenkbar *adj* невообрази́мый
undeutlich *adj* нея́сный
undicht *adj* непло́тный
undifferenziert *adj* недифференци́рованный
undiszipliniert *adj* недисциплини́рованный

undogmatisch *adj* недогматический
undurchlässig *adj* непромокаемый
undurchsichtig *adj* 1. (*nicht durchsichtig*) непрозрачный; 2. (*umg: unseriös*) тёмный
unecht *adj* 1. (*gefälscht*) поддельный; 2. (*künstlich*) искусственный
unehelich *adj* внебрачный
unehrlich *adj* нечестный
uneigennützig *adj* бескорыстный
uneingeschränkt *adj* неограниченный
uneinheitlich *adj* неединый
uneinheitlich *adj* разобщённый
uneinig *adj*: **sich ~ sein** расходиться во мнениях
uneinsichtig *adj* неблагоразумный
unempfindlich *adj* нечувствительный
unendlich *adj* бесконечный
Unendlichkeit *f* <*gen:* -> бесконечность *f*
unentbehrlich *adj* необходимый
unentgeltlich *adj* бесплатный
unentrinnbar *adj* (*geh*) неминуемый
unentschieden *adj* (SPORT) вничью
unentschlossen *adj* нерешительный
unentwirrbar *adj* неразрешимый, крайне запутанный
unerbittlich *adj* неумолимый
unerfahren *adj* неопытный
unerfreulich *adj* неприятный
Unerfüllbarkeit *m* <*gen:* -> (JUR) неисполнимость *f*
unergründlich *adj* непостижимый
unerhört *adj* неслыханный
unerlässlich *adj* необходимый
unerlaubt *adj* запретный, недозволенный; **~e Werbung** запрещённая реклама
unermüdlich *adj* неутомимый
unersättlich *adj* ненасытный
unerschlossen *adj* неосвоенный
unerschöpflich *adj* неисчерпаемый
unerschütterlich *adj* незыблемый
unerschwinglich *adj* недоступный
unerträglich *adj* невыносимый
unerwartet *adj* неожиданный
unerwidert *adj* (*Gefühl, Liebe*) безответный
unerwünscht *adj* нежелательный
unfähig *adj* некомпетентный
Unfähigkeit *f* <*gen:* -> некомпетентность *f*
unfair *adj* нечестный
Unfall *m* <-(e)s, Unfälle> несчастный случай *m*, авария *f*
Unfallarzt *m* <-es, -ärzte> врач *m*, оказывающий помощь при несчастных случаях
Unfallchirurgie *f* <*gen:* -> хирургическая помощь *f* при несчастных случаях
Unfallfolgen *pl* <*gen:* -> последствия *pl* несчастного случая

Unfallgefahr *f* <*gen:* -> опасность *f* аварии, опасность *f* катастрофы
Unfallklinik *f* <-, -en> клиника *f* скорой помощи
Unfallquote *f* <-, -n> количество *nt* несчастных случаев
Unfallrente *f* <-, -n> пенсия *f* по инвалидности
Unfallschutz *m* <*gen:* -es> предупреждение *nt* несчастных случаев, техника *f* безопасности
unfallsicher *adj* безопасный
Unfallsicherheit *f* <*gen:* -> безопасность *f*
Unfallstatistik *f* <-, -en> статистика *f* производственного травматизма, статистика *f* дорожного травматизма
Unfallursache *f* <-, -n> причина *f* несчастного случая
Unfallverhütung *f* <*gen:* -> предупреждение *nt* несчастных случаев
Unfallversicherung *f* <*gen:* -> страхование *nt* от несчастных случаев
Unfallwagen *m* <-s, -> 1. автомашина *f*, попавшая в аварию; 2. машина *f* скорой помощи
unfassbar *adj* немыслимый
unfehlbar *adj* непогрешимый
Unfehlbarkeit *f* <*gen:* -> непогрешимость *f*
unfein *adj* 1. невежливый; 2. грубый (о вкусе)
unflätig *adj* непристойный
unförmig *adj* бесформенный
unfrankiert *adj* неоплаченный
unfreiwillig *adj* вынужденный
unfreundlich *adj* неприветливый
Unfreundlichkeit *f* <*gen:* -> неприветливость *f*
Unfriede(n) *m* <*gen:* -s> раздор *m*; **Unfrieden stiften** сеять раздор
unfruchtbar *adj* бесплодный
Unfug *m* <*gen:* -(e)s> безобразие *nt*
Ungar, -in *m/f* венгр, венгерка *m/f*
ungarisch I. *adj* венгерский; II. *adv* по-венгерски.
Ungarn *nt* Венгрия *f*
ungeachtet *präp* +*gen* (*geh*) несмотря на (+ *akk*)
ungeahnt *adj* непредвиденный
ungebeten *adj* незваный
ungebildet *adj* необразованный
ungebräuchlich *adj* неупотребительный
ungedeckt *adj* (*Scheck*) непокрытый
Ungeduld *f* <*gen:* -> нетерпение *nt*
ungeduldig *adj* нетерпеливый
ungeeignet *adj* неподходящий
ungeerdet *adj* (EL) незаземлённый
ungefähr I. *adj* приблизительный; II. *adv* около (+ *gen*), приблизительно.

ungefährlich *adj* безопа́сный
ungehalten *adj* рассе́рженный
ungeheuer *adj* чудо́вищный
Ungeheuer *nt* <-s, -> чудо́вище *nt*
ungeheuerlich *adj* возмути́тельный
ungehobelt *adj* 1. (*Holz*) необстру́ганный, неотёсанный; 2. (*pej: Mensch, Manieren*) неотёсанный
ungehörig *adj* неподоба́ющий
ungehorsam *adj* непослу́шный
Ungehorsam *m* <*gen:* -s> непослу́шность *f*
ungekünstelt безыску́ственный, непринуждённый
ungelegen: etw kommt jdm ~ что-л. кому́-л. некста́ти
ungelehrig неспосо́бный
ungemütlich *adj* неую́тный
ungenau *adj* нето́чный
ungeniert *adj* непринуждённый
ungenießbar *adj* (*nicht essbar*) несъедо́бный
ungenügend *adj* недоста́точный
ungepflegt *adj* неухо́женный
ungerade *adj* нечётный
ungerecht *adj* несправедли́вый
ungerechtfertigt *adj* необосно́ванный
Ungerechtigkeit *f* <-, -en> несправедли́вость *f*
ungern *adv* неохо́тно
ungeschickt *adj* нело́вкий
ungeschlacht *adj* неуклю́жий, неотёсанный
ungeschlagen *adj* непобеждённый
ungeschlechtlich беспо́лый
ungeschminkt *adj* 1. (*Gesicht*) ненакра́шенный; 2. (*fig*) неприкра́шенный
ungeschützt *adj* незащищённый
ungesetzlich *adj* незако́нный
ungespritzt *adj* (*Obst*) не обрабо́танный химика́тами
ungestillt *adj* (*Hunger, Verlangen*) неутолённый
ungestört *adj* споко́йный
ungestraft *adj* безнака́занный
ungestüm *adj* пы́лкий
ungesund *adj* вре́дный, нездоро́вый
ungetrübt *adj* безмяте́жный
ungewiss *adj* неопределённый
Ungewissheit *f* <*gen:* -> неопределённость *f*
ungewöhnlich *adj* необы́чный
ungewohnt *adj* непривы́чный
ungezählt *adj* бесчи́сленный, несчётный
Ungeziefer *nt* <*gen:* -s> парази́ты *mpl*
ungezogen *adj* (*Kind, Verhalten*) невоспи́танный
ungezwungen *adj* непринуждённый
ungiftig *adj* нетокси́чный
ungläubig *adj* скепти́ческий
unglaublich *adj* невероя́тный

unglaubwürdig *adj* недостове́рный
ungleich *adj* нера́вный
Ungleichgewicht *nt* <*gen:* -(e)s> неравнове́сие *nt*
ungleichmäßig *adj* неравноме́рный
Unglück *nt* <*gen:* -(e)s> 1. несча́стье *nt*; 2. (*Unfall*) несча́стный слу́чай *m*
unglücklich *adj* несча́стный
unglücklicherweise *adv* к несча́стью
unglückselig 1. несча́стный, досто́йный сожале́ния; 2. злосча́стный
ungültig *adj* недействи́тельный
ungünstig *adj* неблагоприя́тный
unharmonisch негармони́чный
Unheil *nt* <*gen:* -(e)s> беда́ *f*
unheilvoll *adj* па́губный
unheimlich *adj* стра́шный, жу́ткий
unhöflich *adj* неве́жливый
unhygienisch *adj* негигиени́чный
Uni *abk von* **Universität**
Uniform *f* <-, -en> фо́рменная оде́жда *f*, фо́рма *f*
uniformiert *adj* в фо́рме
uninteressant *adj* неинтере́сный
Union *f* <-, -en> сою́з *m*; die Europäische ~ Европе́йский Сою́з
universal *adj* универса́льный
Universalgenie *nt* <-s, -s> челове́к *m*, гениа́льно одарённый во мно́гих областя́х
Universalienforschung *f* <*gen:* -> (LING) иссле́дование *nt* универса́лий
Universalkleber *m* <-s, -> универса́льный клей *m*
Universalmittel *nt* <-s, -> универса́льное сре́дство *nt*
universitär *adj* университе́тский
Universität *f* <-, -en> университе́т *m*
Universitätsabschluss *m* <-es, -abschlüsse> оконча́ние *nt* университе́та; ~ haben име́ть зако́нченное университе́тское образова́ние
Universitätsklinik *f* <-, -en> кли́ника *f* при университе́те
Universitätsprofessor, -in *m/f* <-s, -en> профе́ссор *m* университе́та
Universum *nt* <*gen:* -s> вселе́нная *f*
unkenntlich *adj* неузнава́емый
Unkenntnis *f* <*gen:* -> незна́ние *nt*
unklar *adj* нея́сный
Unklarheit *f* <*gen:* -> нея́сность *f*
unklug *adj* неразу́мный
unkonventionell *adj* нетрадицио́нный
unkonzentriert несосредото́ченный
Unkosten *pl* <*gen:* -> изде́ржки *fpl*, расхо́ды *pl*; die ~ decken покрыва́ть расхо́ды
Unkraut *nt* <*gen:* -(e)s> сорня́к *m*
Unkrautvernichtungsmittel *nt* <-s, -> гербици́д *m*
unlängst *adv* неда́вно
unleserlich *adj* неразбо́рчивый

unlogisch *adj* нелогичный
unlösbar *adj* нерешимый
unlöslich нерастворимый
unmanierlich *adj* неотёсанный, с дурными манерами
unmännlich *adj* немужской
unmäßig *adj* неумеренный
Unmenge *f* <-, -n> масса *f*
Unmensch *m* <gen: -en> (*pej*) изверг *m*
unmenschlich *adj* бесчеловечный
unmerklich *adj* незаметный
unmissverständlich *adj* недвусмысленный
unmittelbar I. *adj* непосредственный, прямой; **die ~en Folgen** прямые последствия; II. *adv* прямо.
unmöglich *adj* невозможный
Unmöglichkeit *f* <gen: -> (JUR) невозможность *f*; **die ~ der Erfüllung eines Vertrages** невозможность исполнения договора
unmoralisch *adj* безнравственный
Unmündigkeit *f* <gen: -> несовершеннолетие *nt*
Unmut *m* <gen: -(e)s> раздражение *nt*
unnachahmlich *adj* неподражаемый
unnachgiebig *adj* неуступчивый
unnahbar *adj* неприступный
unnötig *adj* ненужный
unnütz *adj* ненужный
UNO *akr von* **Organisation der Vereinten Nationen** *f* ООН *f* (Организация *f* Объединённых Наций)
unökonomisch *adj* неэкономичный
unordentlich *adj* неряшливый
Unordnung *f* <gen: -> беспорядок *m*
unparteiisch *adj* беспристрастный
unpassend *adj* неуместный
Unpäßlichkeit *f* <-, -en> недомогание *nt*
unplanmäßig *adj* неплановый; **eine ~e Verzögerung** неплановая задержка
unpopulär *adj* непопулярный
unpraktisch *adj* непрактичный
unproblematisch *adj* непроблематичный
unproduktiv *adj* непроизводительный
unpünktlich *adj* непунктуальный, неточный
unqualifiziert *adj* неквалифицированный
Unrast *f* <gen: -> беспокойство *nt*, нервозность *f*
unrationell *adj* нерациональный
Unrecht *nt* <gen: -(e)s> несправедливость *f*; **im ~ sein** быть неправым
unrechtmäßig *adj* незаконный
unredlich *adj* нечестный
unregelmäßig *adj* нерегулярный
unreif *adj* незрелый
unrentabel *adj* нерентабельный
unrichtig *adj* неправильный
Unruhe *f* <-, -n> беспокойство *nt*

Unruhestifter, -in *m/f* <-s, -> (*pej*) возмутитель *m* спокойствия
unruhig *adj* беспокойный
unrund *adj* некруглый
uns *pron* 1. (*dat*) нам; 2. (*akk*) нас
unsachlich *adj* неделовой
unsagbar *adj* невыразимый
unsanft *adj* неделикатный
unsauber *adj* грязный
unschädlich *adj* безвредный; **jdn ~ machen** (*umg*) обезвредить кого-л.
unscharf *adj* нерезкий
unschätzbar *adj* бесценный
unscheinbar *adj* невзрачный
unschicklich *adj* неприличный
unschlüssig *adj* нерешительный
unschön *adj* некрасивый
Unschuld *f* <gen: -> 1. невинность *f*; 2. (JUR) невиновность *f*
unschuldig *adj* 1. невинный; 2. (JUR) невиновный
unselbstständig *adj* несамостоятельный
unser *pron* наш; **~e Wohnung** наша квартира
unsere(r, s) *adj* наша, наш, наше
unsererseits *adv* с нашей стороны
unseretwegen *adv* ради нас, из-за нас
unsicher *adj* 1. (*nicht gesichert*) небезопасный, ненадёжный; 2. (*Auftreten*) неуверенный
Unsicherheit *f* <gen: -> неуверенность *f*
unsichtbar *adj* невидимый
Unsinn *m* <gen: -(e)s> вздор *m*
unsinnig *adj* бессмысленный
Unsitte *f* <-, -n> дурная привычка *f*
unsittlich *adj* безнравственный
unspektakulär *adj* несенсационный
unsportlich *adj* неспортивный
unsterblich *adj* бессмертный
Unstimmigkeit *f* <-, -en> разногласие *nt*
Unsumme *f* <-, -n> (*meist pl*) громадная сумма *f*
unsymmetrisch *adj* несимметричный
unsympathisch *adj* несимпатичный
untätig *adj* бездеятельный
untauglich *adj* непригодный
unteilbar *adj* неделимый
Unteilbarkeit *f* <gen: -> неделимость *f*, целостность *f*
unten *adv* (*räumlich*) внизу; **nach ~** вниз; **von ~** снизу
unter *präp* 1. (*räumlich*) под (+ *inst*); 2. (*bei Richtungsangaben*) под (+ *akk*); 3. (*bei Temperaturangaben*) ниже; 4. (*bei Altersangaben*) моложе (+ *gen*); 5. (*einen Begriff bezeichnend*) под (+ *inst*); 6. (*zwischen*) между (+ *inst*), среди (+ *gen*); **~ Freunden** среди друзей; **drei Grad ~ Null** три градуса ниже нуля; **~ sich** между собой; **~ der Voraussetzung, dass ...** при условии, что ...
Unterabteilung *f* <-, -en> подотдел *m*

Unterarm *m* <-(e)s, -e> предплечье *nt*
unterbelichtet *adj* (FOT) недодержанный
Unterbeschäftigung *f* <gen: -> неполная занятость *f*
unterbesetzt *adj* имеющий вакантные должности [*o* нехватку персонала]
unterbewerten *vt* недооценивать, -ценить *pf*
Unterbewertung *f* <gen: -> заниженная оценка *f*
unterbewusst *adj* подсознательный
Unterbewusstsein *nt* <gen: -s> подсознание *nt*
unterbieten *vt* сбивать, сбить *pf* цену
Unterbietung *f* <gen: -> сбивание *nt* цен
Unterbilanz *f* <gen: -> пассивный баланс *m*
unterbinden *vt* пресекать, -сечь *pf*
unterbrechen *vt* (*Arbeit, Menschen*) прерывать, прервать *pf*
Unterbrechung *f* <-, -en> перерыв *m*; **ohne ~** без перерыва
unterbringen *irr vt* (*Gegenstände, Gäste*) размещать, -местить *pf*
Unterbringung *f* <gen: -> размещение *nt*
unterdessen *adv* между тем
Unterdruck *m* <gen: -(e)s> разрежение *nt*
unterdrücken *vt* 1. (*Bedürfnisse*) подавлять, -вить *pf*; 2. (*Menschen*) угнетать *impf*
Unterdrückung *f* <gen: -> угнетение *nt*
untere(r, s) *adj* нижняя, нижний, нижнее
untereinander *adv* между собой
unterentwickelt *adj* недоразвитый
unterernährt *adj* истощённый
Unterernährung *f* <gen: -> недоедание *nt*
Unterführung *f* <-, -en> подземный переход *m*
Untergang *m* <-(e)s, Untergänge> закат *m*
Untergebene(r) *mf* <-n, -n> подчинённый, -ная *m/f*
untergehen *irr vi* 1. (*Sonne*) заходить, зайти *pf*; 2. (*Schiff*) тонуть, за- *pf*
Untergesellschaft *f* <-, -en> (JUR) дочернее общество *nt*
Untergewicht *nt* <gen: -(e)s> вес *m* ниже нормы
untergliedern *vt* подразделять, -лить *pf*
Untergrund *m* <gen: -(e)s> 1. (*Erdreich*) подпочва *f*; 2. (*fig: politischer ~*) подполье *nt*; **in den ~ gehen** уйти в подполье
Untergrundbahn *f* <-, -en> метро *nt*
Untergrundbewegung *f* <gen: -> подпольное движение *nt*
Untergrundorganisation *f* <-, -en> подпольная организация *f*
unterhalb *präp +gen* 1. (*räumlich*) под (+ *inst*), ниже (+ *gen*); 2. (*eines Vergleichswerts*) ниже (+ *gen*)

Unterhalt *m* <gen: -(e)s> содержание *nt*; **für den ~ sorgen** обеспечивать содержание
unterhalten I. *vt* 1. (*betreiben und finanzieren*) содержать *impf*; 2. (*Beziehungen*) поддерживать, поддержать *pf*; 3. (*amüsieren*) развлекать, -влечь *pf*; II. *vr* 1. (*im Gespräch*) беседовать, по- *pf* (*über* +*akk* о +*präpos*); 2. (*sich amüsieren*) развлекаться, -влечься *pf*
unterhaltsam *adj* развлекательный
Unterhaltsanspruch *m* <-(e)s, -ansprüche> (JUR) претензия *f* на содержание, претензия *f* на алименты
Unterhaltsgeld *nt* <gen: -(e)s> алименты *pl*
Unterhaltspflicht *f* <gen: -> обязанность *nt* содержать детей
Unterhaltszahlung *f* <-, -en> алименты *pl*; **~en leisten** платить алименты
Unterhaltung *f* <-, -en> 1. (*Gespräch*) разговор *m*, беседа *f*; 2. (*Zeitvertreib*) развлечение *nt*; 3. (*Unterhalt*) содержание *nt*
Unterhaltungselektronik *f* <gen: -> аудиотехника *f*
Unterhaltungsindustrie *f* <gen: -> отрасль промышленности, специализирующаяся на производстве аудио- и видеотехники
Unterhaltungsliteratur *f* <gen: -> развлекательная литература *f*
Unterhaltungsmusik *f* <gen: -> лёгкая музыка *f*
Unterhemd *nt* <-(e)s, -en> майка *f*
Unterhose *f* <-, -n> трусы *mpl*
unterirdisch *adj* подземный
Unterjochung *f* <gen: -> порабощение *nt*
unterkellert *adj* имеющий подвал
Unterkiefer *m* <-s, -> нижняя челюсть *f*
unterkommen *vi* 1. устраиваться, устроиться *pf*, находить, найти *pf* пристанище; **für die erste Zeit bin ich bei meiner Schwester untergekommen** на первое время она пристроилась у моей сестры; 2. (*von jdm erfahren/erlebt werden: meist mit Negation*) встречаться, встретиться *pf*
Unterkunft *f* <-, Unterkünfte> жильё *nt*, пристанище *nt*
Unterlage *f* <-, -n> 1. (*etw zum Unterlegen*) подстилка *f*, подкладка *f*; 2. (*schriftliche ~*) документ *m*; **~n aufbewahren** хранить документы; **~n übergeben** передавать документы; **einen Antrag mit den nötigen ~n versehen** прилагать к заявлению соответствующие документы
unterlassen *vt* упускать, упустить *pf*
Unterlassungsanspruch *m* <-(e)s, -ansprüche> (JUR) требование *nt* о прекращении противозаконных действий

unterlaufen vi (Fehler) вкра́дываться, вкра́сться pf

unterlegen I. vt подкла́дывать, подложи́ть pf; **II.** adj: jdm ~ sein уступа́ть кому́-л. в чём-л.

Unterlegscheibe f <-, -n> подкладна́я ша́йба f

Unterleib m <gen: -(e)s> ни́жняя часть f живота́

unterliegen vi 1. (eine Niederlage erleiden) прои́грывать, -игра́ть pf; 2. (Gesetzmäßigkeiten) подчиня́ться, -ни́ться pf

Unterlippe f <-, -n> ни́жняя губа́ f

Untermenü nt <-s, -s> (DV) подменю́ nt

Untermiete f <gen: -> поднаём m жило́й пло́щади

Untermieter, -in m/f поднанима́тель, -ница m/f жило́й пло́щади

unternehmen irr vt предпринима́ть, -ня́ть pf

Unternehmen nt <-s, -> (Firma, Vorhaben) предприя́тие nt; **ein erfolgreiches ~** успе́шно рабо́тающее предприя́тие; **ein expandierendes ~** расширя́ющееся предприя́тие; **ein gefährliches ~** опа́сное предприя́тие; **ein ~ gründen** учрежда́ть предприя́тие; **ein ~ internationalisieren** интернационализи́ровать предприя́тие; **ein ~ leiten** руководи́ть предприя́тием; **ein marodes ~** нерента́бельное предприя́тие; **ein mittelständisches ~** сре́днее предприя́тие; **ein ~ modernisieren** модернизи́ровать предприя́тие; **ein profitträchtiges ~** предприя́тие, обеща́ющее при́быль; **ein profitables ~** при́быльное предприя́тие; **ein rentables ~** рента́бельное предприя́тие; **ein risikoreiches ~** риско́ванное предприя́тие; **ein ~ zugrunde richten** разори́ть предприя́тие

Unternehmensanteil m <-(e)s, -e> долево́е уча́стие nt в предприя́тии

Unternehmensaufspaltung f <-, -en> разде́л m предприя́тия

Unternehmensberatung f <-, -en> конса́лтинг m по вопро́сам хозя́йственной де́ятельности предприя́тия

Unternehmensbereich m <-(e)s, -e> отде́л m предприя́тия

Unternehmensbewertung f <gen: -> оце́нка f предприя́тия

Unternehmensergebnis nt <-ses, -se> результа́т m де́ятельности предприя́тия; **ausgeglichenes ~** сбаланси́рованный результа́т де́ятельности предприя́тия; **positives ~** положи́тельный результа́т де́ятельности предприя́тия; **schlechtes ~** негати́вный результа́т де́ятельности предприя́тия

unternehmensextern adj несвя́занный с предприя́тием; **ein ~er Berater** приглашённый на предприя́тие консульта́нт

Unternehmensform f <-, -en> (JUR) организацио́нно-правова́я фо́рма f предприя́тия

Unternehmensführung f <gen: -> 1. (die Führungskräfte) руководи́тели pl предприя́тия; 2. (die Tätigkeit) руково́дство nt, ме́неджмент m; **die ~ ergreift harte Sanierungsmaßnahmen** руково́дство принима́ет жёсткие ме́ры по оздоровле́нию предприя́тия; **effektive ~** эффекти́вное руково́дство предприя́тия

Unternehmensfusion f <-, -en> слия́ние nt предприя́тий

Unternehmensgliederung f <-, -en> организацио́нная структу́ра f предприя́тия

Unternehmensgründung f <-, -en> учрежде́ние nt предприя́тия

Unternehmensgruppe f <-, -n> гру́ппа f предприя́тий

Unternehmenshierarchie f <gen: -> иерархи́ческая структу́ра f предприя́тия; **eine flache ~** горизонта́льная структу́ра произво́дственной иера́рхии

unternehmensintern adj внутрифи́рменный

Unternehmenskonzept nt <-(e)s, -e> конце́пция f предприя́тия; **ein neues ~ vorlegen** предста́вить но́вую конце́пцую предприя́тия

Unternehmenskultur f <gen: -> культу́ра f предприя́тия

Unternehmensleitbild nt <-(e)s, -er> конце́пция f предприя́тия

Unternehmensleitung f <gen: -> руково́дство nt предприя́тия

Unternehmensplanspiel nt <-(e)s, -e> делова́я игра́ f

Unternehmensplanung f <gen: -> плани́рование nt предприя́тия

Unternehmenspolitik f <gen: -> хозя́йственная поли́тика f предприя́тия

Unternehmensspitze f <gen: -> руково́дство nt предприя́тия

Unternehmensverband m <-(e)s, -verbände> объедине́ние nt предприя́тий

Unternehmenswert m <gen: -(e)s> сто́имость f предприя́тия

Unternehmensziel nt <-(e)s, -e> це́ли pl предприя́тия

Unternehmer, -in m/f <-s, -> предпринима́тель, -ница m/f; **ein innovativer ~** инновати́вный предпринима́тель; **ein risikofreudiger ~** риску́ющий предпринима́тель

Unternehmereinkommen nt <-s, ->

доход *m* предпринимателя
Unternehmerlohn *m* <-(e)s, -löhne> заработок *m* предпринимателя
Unternehmerrisiko *nt* <gen: -s> предпринимательский риск *m*
Unternehmerunion *f* <gen: -> союз *m* предпринимателей
Unternehmerverband *m* <-(e)s, -verbände> союз *m* предпринимателей
Unternehmerwagnis *nt* <gen: -> предпринимательский риск *m*
unternehmungslustig *adj* предприимчивый
unterordnen I. *vt* подчинять, -нить *pf*; II. *vr* подчиняться, -ниться *pf*
unterprivilegiert *adj* имеющий ограниченные возможности, ограниченный в правах
Unterpunkt *m* <-(e)s, -e> подпункт *m*
Unterredung *f* <-, -en> беседа *f*
Unterricht *m* <gen: -(e)s> 1. (*das Unterrichten*) обучение *nt*; 2. (*Unterrichtsstunde*) занятие *nt*
unterrichten *vt* преподавать *impf*; **jdn in etw ~** преподавать кому-л. что-л.
Unterrichtserfahrung *f* <gen: -> опыт *m* в преподавании
Unterrichtsstoff *m* <-(e)s, -e> учебный материал *m*
Unterrock *m* <-(e)s, -röcke> нижняя юбка *f*
untersagen *vt* запрещать, -претить *pf*
unterschätzen *vt* недооценивать, -ценить *pf*
Unterschätzung *f* <gen: -> недооценка *f*
unterscheiden I. *irr vt* отличать, -чить *pf* (*von +dat* от +gen); **man unterscheidet zwischen Tieren und Pflanzen** принято различать между животными и растениями; II. *irr vr* (*Unterschiede aufweisen*) отличаться, -читься *pf*
Unterschied *m* <m, -e> разница *f*; **einen ~ zwischen etw/jdm machen** делать разницу между чем-л./кем-л.; **im ~ zu jdm/etw** в отличие от кого-л./чего-л.
unterschiedlich *adj* различный, разный
unterschlagen *irr vt* (*Geld*) растрачивать, -тратить *pf*
Unterschlagung *f* <-, -en> растрата *f*
Unterschlupf *m* <gen: -(e)s> убежище *nt*
unterschreiben *irr vt* подписывать, -писать *pf*
Unterschrift *f* <-, -en> подпись *f*; **eigenhändige ~** собственноручная подпись; **gefälschte ~** подложная подпись; **seine ~ unter etw setzen** поставить свою подпись под чем-л.; **die ~ unter den Vertrag setzen** подписывать договор; **zur ~ vorlegen** представлять на подпись
unterschriftsberechtigt *adj* имеющий право подписи
Unterseeboot *nt* <-(e)s, -e> подводная лодка *f*
Unterseekabel *nt* <-s, -> подводный кабель *m*
Unterseite *f* <-, -n> нижняя сторона *f*
Untersetzer *m* <-s, -> подставка *f*
untersetzt *adj* коренастый
Untersetzung *f* <-, -en> (TECH) редукция *f*
unterste(r, s) *adj* самая нижняя, - -ний, - -нее
unterstehen *irr vi* (*unterstellt sein*) подчиняться *impf*
unterstellen¹ I. *vr* (*bei Regen*) спрятаться *pf* (под +inst); II. *vt* (*unter etw*) подставлять, подставить *pf* (под +akk)
unterstellen² *vt* (*unterordnen*) подчинять, -нить *pf*; **jdm etw ~** (*Böses*) приписывать кому-л. что-л.
unterstreichen *irr vt* (*auch fig*) подчёркивать, -черкнуть *pf*
Unterstufe *f* <gen: -> младшие классы *pl*
unterstützen *vt* поддерживать, поддержать *pf*; **ein Anliegen ~** поддержать просьбу; **einen Vorsschlag ~** поддерживать предложение
Unterstützung *f* <-, -en> поддержка *f*, помощь *f*; **finanzielle ~** финансовая поддержка; **geistige ~** моральная поддержка; **materielle ~** материальная поддержка; **notwendige ~** необходимая поддержка; **seine ~ zusichern** заверять в поддержке
untersuchen *vt* 1. (*ärztlich*) обследовать *impf/pf*; 2. (*wissenschaftlich*) исследовать *impf/pf*
Untersuchung *f* <-, -en> 1. (*ärztliche*) обследование *nt*; 2. (*wissenschaftliche*) исследование *nt*
Untersuchungsergebnis *nt* <-ses, -se> результат *m* исследования
Untersuchungshaft *f* <gen: -> предварительное заключение *nt*
Untersuchungskommission *f* <-, -en> комиссия *f* по расследованию
untertänig *adj* покорный
Untertasse *f* <-, -n> блюдце *nt*
Unterteil *nt* <-(e)s, -e> нижняя часть *f*
Untertitel *m* <-s, -> подзаголовок *m*
Untertunnelung *f* <-, -en> 1. строительство *nt* подземного [*o* подводного] тоннеля; 2. подземный [*o* подводный] тоннель *m*
Unterverzeichnis *nt* <-es, -se> (DV) поддиректория *f*
Unterwäsche *f* <gen: -> нижнее бельё *nt*
Unterwasserkamera *f* <-, -s> подводная кинокамера *f*, фотоаппарат *m* для подводного фотографирования
unterwegs *adv* по дороге
unterweisen *vt* давать *impf* инструкции
Unterwelt *f* <gen: -> (*Mythologie*) преисподняя *f*
unterwerfen I. *irr vt* покорять, -рить *pf*; II. *vr* покоряться, -риться *pf*

unterwürfig *adj* покóрный
unterzeichnen *vt* подпи́сывать, -писа́ть *pf*; **ein Abkommen ~** подписа́ть соглаше́ние; **einen Vertrag ~** подписа́ть догово́р
Unterzeichnete *m/f* <-n, -n> лицó *nt*, подписа́вшее докумéнт
Unterzeichnung *f* <-, -en> пóдпись *f*
unterziehen *irr vt* подверга́ть, -вéргнуть *pf*; **sich einer Behandlung ~** пройти́ лечéние
untreu *adj* невéрный
untröstlich *adj* безутéшный
unüberlegt *adj* необду́манный
unübersehbar *adj* необозри́мый
unumgänglich *adj* неизбéжный
ununterbrochen *adj* непреры́вный
unveränderlich *adj* неизмéнный
unverantwortlich *adj* безотвéтственный
unverarbeitet *adj* 1. необрабóтанный; 2. (PSYCH) неосмы́сленный
unveräußerlich *adj* непродáжный
unverbesserlich *adj* неисправи́мый
unverbindlich *adj* необяза́тельный; **ein ~es Angebot** предложéние без обяза́тельства
unverbleit *adj* (*Benzin*) неэтили́рованный
unverblümt *adj* откровéнный
unverdorben *adj* неиспóрченный
unvereinbar *adj* несовмести́мый
unverfroren *adj* на́глый
unvergesslich *adj* незабыва́емый
unverhofft *adj* неожи́данный
unverhüllt *adj* я́вный, нескрыва́емый
unverkäuflich *adj* непродáжный; **ein ~es Warenmuster** непродава́емый товáрный образéц
unverkennbar *adj* несомнéнный
unverletzt *adj* невреди́мый
unvermeidlich *adj* неизбéжный
unvermutet *adj* внезáпный
Unvernunft *f* <gen: -> безрассу́дство *nt*
unvernünftig *adj* неразу́мный
unverrückbar *adj* (*geh*) непоколеби́мый, твёрдый
unverschämt *adj* на́глый
Unverschämtheit *f* <-, -en> на́глость *f*
unverschuldet *adj* 1. не по своéй винé; 2. не бу́дучи винова́тым
unversehrt *adj* неповреждённый; **in ~em Zustand** в неповреждённом ви́де
unversöhnlich *adj* непримири́мый
unverständlich *adj* непоня́тный
unversteuert *adj* не облагáемый налóгом
unverträglich *adj* 1. невыноси́мый; 2. (*Meinungen*) несовмести́мый; 3. (MED: *Medikamente*) непереноси́мый
unverwechselbar *adj* неповтори́мый
unverwertbar *adj* непригóдный
unverwundbar *adj* неуязви́мый

unverwüstlich *adj* прóчный
unverzeihlich *adj* непрости́тельный
unverzinslich *adj* беспроцéнтный; **~e Wertpapiere** беспроцéнтные цéнные бумáги
unverzollt *adj* беспóшлинный, не оплáченный пóшлиной
unverzüglich *adj* немéдленный
unvollkommen *adj* несовершéнный
unvollständig *adj* непóлный
unvorbereitet *adj* неподготóвленный
unvoreingenommen *adj* непредвзя́тый
unvorhergesehen *adj* непредви́денный
Unvorhersehbarkeit *f* <gen: -> непредви́денность *f*
unvorsichtig *adj* неосторóжный
unvorstellbar *adj* невообрази́мый
unvorteilhaft *adj* невы́годный
unwahr *adj* невéрный
Unwahrheit *f* <-, -en> непрáвда *f*
unwahrscheinlich *adj* невероя́тный
Unwahrscheinlichkeit *f* <gen: -> невероя́тность *f*
unwandelbar *adj* неизмéнный, прóчный
unweit *adv* недалекó
Unwesen *nt*: **sein ~ treiben** бесчи́нствовать
Unwetter *nt* <-s, -> непогóда *f*
unwichtig *adj* невáжный
unwiderlegbar *adj* неопровержи́мый
unwiderruflich *adj* безотзы́вный
unwiderstehlich *adj* неодоли́мый
unwiederbringlich *adj* безвозврáтный
Unwillen *m* <gen: -s> негодовáние *nt*, досáда *f*
unwillig *adj* недовóльный
unwillkürlich *adj* невóльный
unwirklich *adj* нереáльный
unwirksam *adj* неэффекти́вный
unwirsch *adj* рéзкий
unwirtlich *adj* неую́тный
unwirtschaftlich *adj* нерентáбельный
Unwirtschaftlichkeit *f* <gen: -> бесхозя́йственность *f*, нерентáбельность *f*
unwissend *adj* невéжественный
Unwissenheit *f* <gen: -> невéжество *nt*
unwohl *adj*: **ich fühle mich ~** я плóхо себя́ чу́вствую
Unwohlsein *nt* <gen: -s> недомогáние *nt*
unwürdig *adj* недостóйный
unzählbar *adj* бесчи́сленный
unzählig *adj* бесчи́сленный
Unze *f* <-, -n> у́нция *f*
unzeitgemäß *adj* несоврéменный
unzerstörbar *adj* неруши́мый, несокруши́мый
unzertrennlich *adj* неразлу́чный
Unzucht *f* <gen: -> разврáт *m*
unzüchtig *adj* разврáтный
unzufrieden *adj* недовóльный; **er ist damit sehr ~** он э́тим óчень недовóлен
Unzufriedenheit *f* <gen: ->

unzugänglich adj недоступный
unzulänglich adj недостаточный
unzulässig adj недопустимый
unzumutbar adj 1. неприемлемый; 2. недопустимый, возмутительный
unzurechnungsfähig adj невменяемый
unzureichend adj недостаточный
unzusammenhängend adj бессвязный
unzutreffend adj несоответствующий
unzuverlässig adj ненадёжный
Update m <-s, -s> (DV) расширенная версия f
Upgrade m <-s, -s> расширение nt аппаратных средств
üppig adj пышный
Urabstimmung f <-, -en> всеобщее голосование nt; ~ **über einen Streik** общее голосование о проведении забастовки
Ural m Урал
uralt adj древний
Uran m <-en, -en> уран m
Uranvorkommen nt <-s, -> месторождение nt урана
Uraufführung f <-, -en> премьера f
Urbanität f <gen: -> 1. образованность f, светскость f; 2. городская атмосфера f
Urbild nt <-(e)s, -er> прообраз m, прототип m
Ureinwohner, -in m/f <-s, -> коренной житель, коренная жительница m/f
Urenkel, -in m/f <-s, -> правнук, -внучка m/f
Urgeschichte f <gen: -> история f первобытного общества
Urgesellschaft f <gen: -> первобытное общество nt
Urgroßmutter f <-, -mütter> прабабушка f
Urgroßvater m <-s, -väter> прадедушка m
Urheber, -in m/f <-s, -> автор m; **eine Verletzung des ~e** нарушение авторского права
Urheberrecht nt <-(e)s, -e> авторское право nt
Urin m <gen: -s> моча f
urinieren vi мочиться
Urinuntersuchung f <-, -en> (MED) анализ f мочи
Urkunde f <-, -n> документ m, свидетельство nt; **eine amtliche ~** официальный документ; **eine ausstellen** оформлять документ; **eine notariell beglaubigte ~** нотариально заверенный документ
Urkundenfälschung f <-, -en> подделка f документов
URL abk von **Uniform Resource Locator** f (DV) унифицированный локатор m ресурсов

Urlaub m <-(e)s, -e> отпуск m; **bezahlter ~** оплаченный отпуск; **in den ~ fahren** поехать в отпуск; **jährlicher ~** ежегодный отпуск; **im ~ sein** быть в отпуске
Urlauber, -in m/f <-s, -> отпускник, -ница m/f
Urlaubsanspruch m <gen: -(e)s> право nt на отпуск
Urlaubsgeld nt <gen: -es> 1. отпускные деньги fpl; 2. (umg) отпускные fpl
Urlaubsvertretung f <-, -en> 1. замещение nt на время отпуска; 2. заместитель m на время отпуска
Urne f <-, -n> урна f
Urologe m <-n, -n> уролог m
Ursache f <-, -n> причина f
Ursprung m <-(e)s, -> происхождение nt
ursprünglich adj первоначальный
Ursprungsland nt <-(e)s, -länder> страна f происхождения
Urteil nt <-(e)s, -e> 1. (Gerichtsurteil) приговор m; **ein ~ über jdn fällen** вынести кому-л. приговор 2. (Einschätzung) мнение nt
urteilen vi судить impf (über +akk о + präpos)
Urteilsbegründung f <-, -en> изложение nt мотивов суда при вынесении приговора
Urteilskraft f <gen: -> умственные способности pl
Urteilsspruch m <-(e)s, -sprüche> приговор m
Urteilsverkündung f <-, -en> объявление nt приговора
Urteilsvollstreckung f <-, -en> приведение nt приговора в исполнение
Ururenkel m <-s, -> прапраправнук m
Ururgroßeltern pl <gen: -> прапрадед m и прапрабабка f
Ururgroßmutter f <-, -mütter> прапрабабушка f
Ururgroßvater m <-s, -väter> прапрадедушка m
Urviech nt <-(e)s, -er> (umg) оригинал m
Urwald m <-(e)s, -wälder> джунгли pl
urwüchsig adj самобытный
USA abk von **United States of America** f США pl (Соединённые Штаты mpl Америки)
Usance f <-, -n> узанс m
Usbeke, Usbekin m/f <-n, -n> узбек, узбечка m/f
usbekisch adj узбекский
Usbekistan nt <gen: -s> Узбекистан m
User m <-s, -s> (DV) пользователь m; **User-ID** идентификатор пользователя
USt abk von **Umsatzsteuer**
usw. abk von **und so weiter** и т. д. (и так далее)
Utensilien pl <gen: -> принадлежности pl

Utilitarismus *m* <gen: -> утилитаризм *m*
utilitaristisch *adj* утилитаристский
Utility *nt* (DV: *Hilfsprogramm*) утилита *f*, служебная программа *f*
Utopie *f* <-, -n> утопия *f*
utopisch *adj* утопический
UV *abk von* **ultraviolett**
UV-Strahlung *f* <gen: -> ультрафиолетовое излучение *nt*

V

v, V *nt* <-, -> 1. в, В; 2. ф, Ф
Vagabund *m* <-en, -en> бродяга *m*
vagabundieren *vi* бродяжничать
vage *adj* смутный
Vagina *f* <-, Vaginen> влагалище *nt*
vaginal *adj* вагинальный
Vakuum *nt* <-s, -en> вакуум *m*
Vakuumröhre *f* <-, -n> вакуумная лампа *f*
Valenz *f* <-, -en> (CHEM, LING) валентность *f*
Validität *f* <gen: -> действительность *f*
Valoren *pl* <gen: -> 1. (ÖKON) ценности *pl*; 2. ценные бумаги *pl*
Valuta *f* <gen: -> валюта *f*
Valutageschäft *nt* <-(e)s, -e> валютная сделка *f*
Valutakonto *nt* <-s, -konten> валютный счёт *m*
Valutakredit *m* <-(e)s, -e> валютный кредит *m*
Valutapreis *m* <gen: -es> цена *f* в иностранной валюте
Vampir *m* <-s, -e> вампир *m*
Vanille *f* <gen: -> ваниль *f*
Vanillesauce *f* <gen: -> ванильный соус *m*
variabel *adj* переменный; **variable Kosten** переменные затраты; **variabler Kurs** (BÖRSE) переменный курс
Variable *f* <-n, -n> (MATH, PHYS) переменная *f* (величина *f*)
Variante *f* <-, -n> (geh) вариант *m*
Varianz *f* <gen: -> (MATH) дисперсия *f*
Varietät *f* <-, -en> (BIO) разновидность *f*
Varietee, Varieté *nt* <-s, -s> варьете *nt*
Vase *f* <-, -n> ваза *f*
Vater *m* <-s, Väter> отец *m*
Vaterland *nt* <-(e)s, -länder> отечество *nt*
Vaterlandsliebe *f* <gen: -> патриотизм *m*, любовь *f* к отечеству
Vaterlandsverräter *m* <-s, -> предатель *m* родины
väterlich *adj* отеческий
Vaterschaftsklage *f* <-, -n> иск *m* на установление отцовства
Vaterunser *nt* <-s, -> молитва *f* „Отче наш"
Vatikan *m* <gen: -s> Ватикан *m*
V-Ausschnitt *m* <-(e)s, -e> треугольный вырез *m*
v.Chr. *abk von* **vor Christus** до рождества Христова
Vegetarier, -in *m/f* <-s, -> вегетарианец, -нка *m/f*
vegetarisch *adj* вегетарианский
Veilchen *nt* <-s, -> фиалка *f*
veilchenblau *adj* фиолетовый
Vektor *m* <-s, -en> (MATH) вектор *m*
Vektorrechnung *f* <gen: -> (MATH) векторное исчисление *nt*
Velo *nt* <-, -> (*CH: Fahrrad*) велосипед *m*
Velours *m* велюр *m*
Vene *f* <-, -n> вена *f*
Ventil *nt* <-s, -e> 1. (TECH) клапан *m*; 2. (*fig*) отдушина *f*
Ventilator *m* <-s, -en> вентилятор *m*
Venus *f* <gen: -> Венера *f*
verabreden I. *vr* договариваться, договориться *pf*; **wir haben uns in einem Restaurant verabredet** мы договорились встретиться в ресторане; II. *vt* договариваться, договориться *pf*; **aber wir hatten doch verabredet, dass ...** но мы же договорилсью том, что ...
Verabredung *f* <-, -en> 1. (*Treffen*) встреча *f*; **ich habe um fünf eine ~ mit ihr** договорился в пять часов встретиться с ней; 2. (*Vereinbarung*) договорённость *f*
verabschieden I. *vr* (*Abschied nehmen*) прощаться, проститься *pf* (**von** +*dat* с + *inst*); II. *vt* (*Gesetz, Richtlinien*) принимать, принять *pf*
Verabschiedung *f* <-, -en> 1. (*Abschied*) прощание *nt*; 2. (*eines Gesetzes*) принятие *nt*
verabsolutieren *vt* абсолютизировать *impf/pf*, возводить, возвести *pf* в абсолют
verachten *vt* презирать, презреть *pf*
Verachtung *f* <gen: -> презрение *nt*
verallgemeinern *vt* обобщать, -щить *pf*
Verallgemeinerung *f* <-, -en> обобщение *nt*
veralten *vi* устаревать, -реть *pf*; **diese Technik ist völlig veraltet** эта техника полностью устарела
veraltet *adj* устарелый
veränderlich *adj* изменчивый
verändern I. *vt* изменять, -нить *pf*; II. *vr* изменяться, -ниться *pf*; **du hast dich in letzter Zeit sehr stark verändert** ты в последнее время очень сильно изменился
Veränderung *f* <-, -en> изменение *nt*
verängstigt *adj* запуганный
verankern *vt* закреплять, закрепить *pf* (**in** +*dat* в +*präpos*)
veranlagt *adj* предрасположенный
Veranlagung *f* <-, -en> 1. (*Neigung*) склонность *f*, способность *f*; 2. (*zu einer Steuer*) начисление *nt* налога

Veranlagungszeitraum *m* <-(e)s, -räume> (*Steuer*) срок *m* внесения обязательных налогов

veranlassen *vt* распоряжаться, -рядиться *pf* (o +*präpos*); jdn ~, etw zu tun побудить кого-л. сделать что-л.

Veranlassung *f* <-, -en> 1. (*das Veranlassen*) побуждение *nt*; 2. (*Grund*) повод *m*

veranschaulichen *vt* наглядно объяснять, -нить *pf*

veranschlagen *vt* (*Kosten*) оценивать, оценить *pf*, калькулировать; Kosten ~ составлять смету расходов

veranschlagen *vt* составлять смету, калькулировать

veranstalten *vt* (*organisieren, ausrichten*) организовать *impf/pf*; einen Kongress ~ проводить конгресс

Veranstalter, -in *m/f* <-s, -> организатор *m*, устроитель *m*

Veranstaltung *f* <-, -en> 1. (*Durchführung*) проведение *nt*; 2. (*Feier*) мероприятие *nt*

Veranstaltungskalender *m* <-s, -> план *m* мероприятий

Veranstaltungsreihe *f* <-, -n> ряд *m* мероприятий

verantworten I. *vt* нести, по- *impf* ответственность (за +*akk*), брать, взять *pf* на себя ответственность (за +*akk*); II. *vr* отвечать, ответить *pf* (für +*akk* за +*akk*)

verantwortlich *adj* ответственный (für +*akk* за +*akk*)

Verantwortlichkeit *f* <-, -en> ответственность *f*

Verantwortung *f* <*gen:* -> ответственность *f*; auf eigene ~ на свою ответственность; jdm ~ aufbürden возлагать на кого-л. ответственность; sich der ~ entziehen уклоняться от ответственности; die volle ~ tragen нести полную ответственность; jdn zur ~ ziehen привлечь кого-л. к ответственности

verantwortungsbewusst *adj* ответственный

verantwortungslos *adj* безответственный

verarbeiten *vt* перерабатывать, -ботать *pf*

Verarbeitung *f* <-, -en> 1. (*das Verarbeiten*) переработка *f*; 2. (*Art der Verarbeitung*) качество *nt*

verärgern *vt* разозлить *pf*

verarmen *vi* 1. беднеть, о- *pf*; 2. нищать, об- *pf*

Verästelung *f* <-, -en> разветвление *nt*

Verätzung *f* <-, -en> (MED) прижигание *nt* (химическими веществами), ожог *m* (вызванный химическими веществами)

veräußern *vt* 1. продавать, -дать *pf*; 2. (JUR) отчуждать

Veräußerung *f* <-, -en> отчуждение *nt*

Veräußerungsgewinn *m* <-(e)s, -e> прибыль *f* от реализации

Veräußerungswert *m* <-(e)s, -e> цена *f* продажи

Verb *nt* <-s, -en> глагол *m*

verbal *adj* 1. устный, словесный, вербальный; 2. глагольный

Verband *m* <-(e)s, Verbände> 1. (*Wundverband*) повязка *f*; er legte ihr einen ~ an он наложил ей повязку; 2. (*Vereinigung*) общество *nt*, объединение *nt*, союз *m*; in einem ~ organisiert sein входить в союз; einem ~ beitreten вступать в союз; einen ~ gründen основать союз; sich zu einem ~ zusammenschließen объединиться в союз; 3. (MIL: *Truppenverband*) формирование *nt*

Verband(s)zeug *nt* <*gen:* -s> перевязочный материал *m*

Verbandpflaster *nt* <-s, -> перевязочный пластырь *m*

Verbandsmull *m* <*gen:* -(e)s> бинты *pl* для перевязки

Verbandsstoff *m* <-(e)s, -e> (MED) перевязочный материал *m*

Verbandswatte *f* <*gen:* -> вата *f* для перевязки

verbeamten *vt* производить, -вести кого-л. в чиновники

verbessern *vt* исправлять, -править *pf*

Verbesserung *f* <-, -en> улучшение *nt*

verbeult *adj* с вмятинами, мятый

verbieten *vt* запрещать, -претить *pf*

verbindlich *adj* обязательный; eine ~e Zusage гарантия

Verbindlichkeit *f* <-, -en> обязательство *nt*, обязательность *f*; die ~ eines Abkommens обязательный характер соглашения; eine ~ eingehen брать на себя обязательство; ~en обязательства; ~ gegen jdn haben иметь обязательства по отношению к кому-л.; ~en gegenüber einer Bank erfüllen выполнять обязательства перед банком

Verbindung *f* <-, -en> 1. (*allgemein*) связь *f*; 2. (TELKOM) связь *f*

Verbindungsaufbau *m* <*gen:* -s> (DV) установка *f* связи

Verbindungsglied *nt* <-(e)s, -er> соединительное звено *nt*

Verbindungskabel *nt* <-s, -> соединительный кабель *m*

Verbindungsleitung *f* <-, -en> соединительный трубопровод *m*

Verbindungsmuffe *f* <-, -n> соединительная муфта *f*

Verbindungsstück *nt* <-(e)s, -e> соединительная деталь *f*

Verbindungstür *f* <-, -en> дверь *f*, соединяющая два помещения

verbleien vt (*Benzin*) этилировать
verblichen adj 1. блёклый, потускневший; 2. (*fig*) поме́ркший
verblüffend adj порази́тельный
verborgen adj 1. скры́тый; 2. та́йный, сокрове́нный
Verbot nt <-(e)s, -e> запреще́ние nt, запре́т m; **ein ~ aufheben** снима́ть запре́т; **ausdrückliches ~** прямо́й запре́т; **sich an ein ~ halten** соблюда́ть запре́т; **ein vorläufiges ~ verhängen** налага́ть вре́менный запре́т; **ein ~ verletzen** наруша́ть запре́т
Verbotszeichen nt <-s, -> запреща́ющий знак m
Verbrauch m <gen: -(e)s> потребле́ние nt; **sparsamer ~** эконо́мный расхо́д
verbrauchen vt потребля́ть pf, расхо́довать, из- pf; **die Vorräte gänzlich ~** по́лностью израсхо́довать запа́сы
Verbraucher, -in m/f <-s, -> потреби́тель, -ница f
Verbraucherbefragung f <-, -en> анкети́рование nt потреби́телей
Verbraucherberatung f <gen: -> 1. консульти́рование nt потреби́телей; 2. консультацио́нный пункт m для потреби́телей
Verbrauchermarkt m <gen: -(e)s> потреби́тельский ры́нок m
Verbraucherpreis m <gen: -es> потреби́тельская цена́ f
Verbraucherschutz m <gen: -es> охра́на f интере́сов потреби́телей
Verbraucherverband m <-(e)s, -verbände> сою́з m потреби́телей
Verbrauchssteuer f <-, -n> нало́г m на предме́ты потребле́ния, акци́з m
verbraucht adj 1. (*Mensch*) разби́тый; 2. (*Luft*) спёртый
Verbrechen nt <-s, -> преступле́ние nt; **ein ~ begehen** соверши́ть преступле́ние
Verbrechensbekämpfung f <gen: -> борьба́ f с престу́пностью
Verbrecher, -in m/f <-s, -> престу́пник, -ница m/f
Verbrecherbande f <-, -n> ба́нда f
verbrecherisch adj престу́пный
verbreiten I. vt распространя́ть, -ни́ть pf; II. vr распространя́ться, -ни́ться pf
Verbreitung f <-, -en> распростране́ние nt; **die ~ eines Markenartikels** распростране́ние ма́рочного това́ра
Verbreitungsgebiet nt <-(e)s, -e> о́бласть f распростране́ния
Verbreitungsgrad m <-(e)s, -e> сте́пень f распростране́ния
verbrennen I. irr vt сжига́ть, сжечь pf; II. irr vi сгора́ть, -ре́ть pf; III. irr vr обжига́ться, -жёчься pf (*an +dat* о *+akk*)
Verbrennung f <-, -en> 1. (*das Verbrennen*) сгора́ние nt; 2. (*~ von etw*) сжига́ние nt; 3. (MED) ожо́г m; **~en zweiten Grades** (MED) ожо́г второ́й сте́пени
Verbrennungsmotor m <-s, -en> дви́гатель m вну́треннего сгора́ния
Verbrennungsprodukte pl <gen: -> проду́кты pl сгора́ния
Verbrennungswärme f <gen: -> тепло́ nt, образу́ющееся при сгора́нии
verbriefen vt гаранти́ровать; **verbrieftes Recht** фикси́рованное пра́во
verbringen irr vt проводи́ть, -вести́ pf
Verbund m <gen: -(e)s> объедине́ние nt, сою́з m
verbunden : **jdm ~ sein** быть обя́занным кому́-л.; **Sie sind falsch ~** Вы не туда́ попа́ли
verbünden vr объединя́ться, -ни́ться pf (*mit +dat* с *+inst*)
Verbündete(r) mf <-n, -n> сою́зник, -ница m/f
Verbundglas nt <gen: -es> (TECH) многосло́йное стекло́ nt
Verbundstein m <gen: -(e)s> соедини́тельный булы́жник m (мостово́й)
Verbundwerbung f <gen: -> совме́стная рекла́мная де́ятельность f (не́скольких предприя́тий)
Verbundwerkstoff m <-(e)s, -e> композицио́нный материа́л m, компози́т m
Verbundwirtschaft f <gen: -> объединённая эконо́мика f
verchromt adj хроми́рованный
Verdachtsmoment nt <-s, -e> (JUR) факт m, даю́щий основа́ние для подозре́ния
verdammenswert adj предосуди́тельный
Verdampfung f <gen: -> испаре́ние nt
Verdauungsstörungen pl <gen: -> расстро́йство nt пищеваре́ния
Verdauungstrakt m <-(e)s, -e> пищевари́тельный тракт m
Verdeck nt <-(e)s, -e> тент m
Verdichtung f <-, -en> сжа́тие nt, уплотне́ние nt
verdienen vt 1. (*Geld*) зараба́тывать, -бо́тать pf; 2. (*das Recht auf etw erwerben*) заслу́живать, -жи́ть pf; **sein Mut verdient Bewunderung** его́ му́жество досто́йно восхище́ния
Verdienst m <-(e)s, -e> зарабо́ток m; **effektiver ~** реа́льный зарабо́ток; **zusätzlicher ~** дополни́тельный зарабо́ток
Verdienstausfall m <-(e)s, -fälle> уменьше́ние f зарабо́тка (в связи́ с просто́ем, боле́знью и т.п.)
Verdienstspanne f <-, -n> ра́зница f в у́ровне зарпла́т
verdrahten vt соединя́ть про́водом [о провода́ми]

verdrängen vt вытесня́ть, вы́теснить
Verdrängung f <-, -en> 1. (MAR: *eines Schiffes*) водоизмеще́ние nt; 2. (PSYCH) вытесне́ние nt
Verdrängungswettbewerb m <gen: -s> (ÖKON) конкуре́нтная борьба́ f на вытесне́ние
verdrehen vt (*Tatsachen*) искажа́ть, -зи́ть pf; **jdm den Kopf ~** (*umg*) вскружи́ть кому́-л. го́лову
verdreifachen I. vt утра́ивать, утро́ить pf; II. vr утра́иваться, утро́иться pf
verdrossen adj угрю́мый, недово́льный
Verdruss m <gen: Verdrusses> огорче́ние nt; **zu jds ~** к огорче́нию кого́-л.
Verdunk(e)lung f <gen, -> (*auch fig*) затемне́ние nt
verdunkeln I. vt (*Zimmer, Haus, Tatsachen*) затемня́ть, -ни́ть pf; II. vr (*Himmel*) темне́ть, по- pf
verdünnen vt разбавля́ть, -ба́вить pf; **sie verdünnte ihren Kaffee mit Wasser** она́ разба́вила свой ко́фе водо́й
Verdünnungsmittel nt <-s, -> разбави́тель m
verdunsten vi испаря́ться, -ри́ться pf
Verdunstung f <gen: -> испаре́ние nt
verdursten vi умира́ть, умере́ть pf от жа́жды
verdutzt adj озада́ченный
Veredelung f <gen: -> облагора́живание nt
verehren vt почита́ть impf
Verehrer, -in m/f <-s, -> (*einer Person, Sache*) покло́нник, -ннца m/f
verehrt adj (*in Anrede*) уважа́емый
Verehrung f <gen: -> почита́ние nt, почте́ние nt
vereidigen vt приводи́ть, -вести́ pf к прися́ге
Vereidigung f <gen, -> принесе́ние nt прися́ги
Verein m <-(e)s, -e> о́бщество nt, сою́з m, организа́ция f, объедине́ние nt; **einen ~ auflösen** распусти́ть сою́з; **einem ~ beitreten** вступи́ть в сою́з; **eingetragener ~** зарегистри́рованное объедине́ние; **einen ~ gründen** основа́ть сою́з; **einen ~ unterstützen** подде́рживать сою́з
vereinbar adj совмести́мый (*mit +dat* с + *inst*)
vereinbaren vt 1. (*ausmachen*) догова́риваться, -вори́ться pf (*о +präpos*); 2. (*in Einklang bringen*) согласо́вывать, -сова́ть pf (*mit +dat* с + *inst*)
Vereinbarkeit f <gen: -> совмести́мость f; **die ~ von Zielen** совмести́мость це́лей
Vereinbarung f <-, -en> соглаше́ние nt, договорённость f; **eine internationale ~ treffen** заключа́ть междунаро́дное соглаше́ние; **eine mündliche ~** у́стная договорённость; **nur nach ~** то́лько по договорённости; **Preis laut ~** цена́ по договорённости; **eine schriftliche ~** пи́сьменное соглаше́ние; **eine stillschweigende ~** молчали́вое согла́сие; **eine ~ treffen** заключи́ть соглаше́ние
vereinfachen vt упроща́ть, упрости́ть pf
Vereinfachung f <-, -en> упроще́ние nt; **die ~ der Zollabwicklung** упроще́ние тамо́женного оформле́ния
vereinigen I. vt (*eine Einheit herstellen*) объединя́ть, -ни́ть pf; II. vr объединя́ться, -ни́ться pf
Vereinigung f <-, -en> 1. (*das Vereinigen*) объедине́ние nt; 2. (*Organisation*) сою́з m, объедине́ние nt
Vereinnahmung f <gen: -> получе́ние nt
vereinsamen vi станови́ться impf всё бо́лее одино́ким
vereinsamt adj одино́кий
Vereinsmitglied nt <-(e)s, -er> член m сою́за
vereint adj объединённый
Verelendung f <gen: -> обнища́ние nt
vererben I. vt 1. оставля́ть, оста́вить pf в насле́дство; 2. (BIO, MED) передава́ть, -да́ть pf по насле́дству; II. vr (BIO, MED) передава́ться, -да́ться pf по насле́дству
Vererbung f <gen: -> (BIO, MED) насле́дственность f
verewigen vt (*Person*) увекове́чивать, -чить pf
verfahren irr vi (*vorgehen*) де́йствовать impf
Verfahren nt <-s, -> 1. (*Vorgehen*) спо́соб m, ме́тод m; **ein neues ~ anwenden** применя́ть но́вый ме́тод 2. (*Gerichtsverfahren*) де́ло nt; 3. (JUR) проце́сс m, произво́дство nt; **das ~ einstellen** прекраща́ть произво́дство по де́лу; **ein gerichtliches ~ gegen jdn einleiten** возбужда́ть судебое де́ло про́тив кого́-л.
Verfahrensmangel m <-s, -mängel> (JUR) процессуа́льная оши́бка f
Verfahrensrecht nt <gen: -(e)s> процессуа́льное законода́тельство nt
Verfahrenstechnik f <gen: -> техноло́гия f
Verfall m <gen: -(e)s> 1. упа́док m; 2. (*Zerfall*) разруше́ние nt
verfallen irr vi (*zerfallen*) приходи́ть, прийти́ pf в упа́док
Verfallserscheinung f <-, -en> при́знак m упа́дка
Verfallstag m <gen: -(e)s> срок m платежа́ по ве́кселю
verfälschen vt подде́лывать, подде́лать pf
verfärben I. vr (*Wäsche*) окра́шиваться, окра́ситься pf в друго́й цвет; II. vt

(*Wäsche*) окра́шивать, окра́сить *pf*
Verfasser, -in *m/f* <-s, -> состави́тель, -ница *m/f*, а́втор *m*
Verfassung *f* <-, -en> 1. (*Zustand*) состоя́ние *nt*; 2. (*Staatsverfassung*) конститу́ция *f*
verfassunggebend *adj* учреди́тельный
Verfassungsgericht *nt* <-(e)s, -e> коституцио́нный суд *m*
Verfassungsklage *f* <-, -n> иск *m* в связи́ с наруше́нием конститу́ции
Verfassungsrecht *nt* <*gen*: -(e)s> конституцио́нное пра́во *nt*
verfassungsrechtlich *adj* конституцио́нно-правово́й
Verfassungsreform *f* <-, -en> конституцио́нная рефо́рма *f*
Verfassungsrichter, -in *m/f* <-s, -> судья́ *m* конституцио́нного суда́
Verfassungsschützer *m* <-s, -> сотру́дник *m* Федера́льного ве́домства по охра́не конститу́ции (ФРГ)
verfaulen *vi* прогнива́ть, -гни́ть *pf*
verfehlen *vt*: **das Thema ~** непра́вильно раскры́ть те́му; **das Ziel ~** промахну́ться, -хну́ться *pf*; **seinen Beruf ~** ошиби́ться в вы́боре профе́ссии; **sich ~** (*sich nicht treffen*) размину́ться
verfeinert *adj* 1. уточнённый; 2. усовершенствованный
verfilmen *vt* (*Roman*) экранизи́ровать *impf/pf*
verflachen *vi* выра́внивать, вы́ровнять
Verflechtung *f* <-, -en> сплете́ние *nt*
verfliegen *irr vi* (*Duft, Zeit*) улету́чиваться, -читься *pf*
verfluchen *vt* проклина́ть, -кля́сть *pf*
verflüchtigen *vr* (*Duft, Aroma, auch fig*) улету́чиваться, -читься *pf*
verfolgen *vt* 1. (*Person, Ziel, politisch, gerichtlich*) пресле́довать *impf*; 2. (*gedanklich*) сле́довать *impf*
Verfolger, -in *m/f* <-s, -> пресле́дователь *m*
Verfolgung *f* <-, -en> пресле́дование *nt*
Verfolgungskampagne *f* <-, -n> кампа́ния *f* пресле́дования
Verfolgungswahn *m* <*gen*: -(e)s> ма́ния *f* пресле́дования
Verformung *f* <*gen*: -> деформа́ция *f*
verfrachten *vt* (*befördern*) перевози́ть, -вести́ *pf*
Verfremdung *f* <-, -en> отчужде́ние *nt*
Verfremdungseffekt *m* <-(e)s, -e> эффе́кт *m* отчужде́ния
verfrüht *adj* преждевре́менный
verfügbar *adj* име́ющийся в нали́чии
verfügen I. *vt* (*behördlich anordnen*) распоряжа́ться, -ряди́ться *pf* (о +*präpos*); II. *vi*: **über etw ~** (*zur Verfügung haben*) име́ть что-л. в своём распоряже́нии

Verfügung *f* <-, -en> распоряже́ние *nt*; **zur freien ~** в свобо́дном распоряже́нии; **zur ~ stehen** находи́ться в чьём-л. распоряже́нии; **jdm etw zur ~ stellen** предоста́вить что-л. кому́-л.
Verfügungsberechtigte(r) *mf* <-n, -n> (JUR) распоряди́тель *m*
verführen *vt* 1. склоня́ть, -ни́ть *pf* (*zu* + *dat* к +*dat*); 2. (*sexuell*) соблазня́ть, -ни́ть *pf*
verführerisch *adj* соблазни́тельный
Verführung *f* <-, -en> 1. (*etw Verführerisches*) собла́зн *m*; 2. (*das Verführen*) соблазне́ние *nt*
Vergabe *f* <-, -n> размеще́ние *nt*, выдача *f*; **~ einer Lizenz** вы́дача лице́нзии; **~ von öffentlichen Aufträgen** размеще́ние госуда́рственных зака́зов; **~ von Subventionen** вы́дача субси́дий
vergaloppieren *vr* (*umg*) зарапортова́ться
vergammelt *adj* 1. испо́рченный; 2. потра́ченный впусту́ю (о вре́мени)
vergangen *adj* про́шлый
Vergangenheit *f* <-, -en> 1. про́шлое *nt*; 2. (LING) проше́дшее вре́мя *nt*
vergänglich *adj* бре́нный
Vergaser *m* <-s, -> карбюра́тор *m*
vergaß *prät von* **vergessen**
vergeben *irr vt* 1. (*verzeihen*) проща́ть, прости́ть *pf*; 2. (*Auftrag*) дава́ть, дать *pf*, выдава́ть, вы́дать *pf*
vergebens *adv* напра́сно
vergeblich *adj* напра́сный
Vergebung *f* <*gen*: -> проще́ние *nt*; **um ~ bitten** проси́ть проще́ния
vergehen I. *irr vi* (*verstreichen, verschwinden*) проходи́ть, пройти́ *pf*; II. *vr* (*sexuell*) наси́ловать, из- *pf*; **er hatte sich an dem Mädchen vergangen** он изнаси́ловал де́вушку
Vergehen *nt* <-s, -> преступле́ние *nt*
vergeigen *vt* 1. (*umg*) испо́ртить *pf*; 2. проигра́ть *pf*
vergelten *vt* вознагражда́ть, -гради́ть *pf*
Vergeltung *f* <*gen*: -> возме́здие *nt*
vergessen <vergaß, vergessen> *vt* забыва́ть, -бы́ть *pf*
Vergessenheit : **in ~ geraten** быть пре́данным забве́нию
vergesslich *adj* забы́вчивый
Vergesslichkeit *f* <*gen*: -> забы́вчивость *f*
vergeuden *vt* расточа́ть *impf*; **wir ~ hier nur unsere Zeit** мы зря теря́ем здесь на́ше вре́мя
vergewaltigen *vt* (*sexuell*) наси́ловать, из- *pf*
Vergewaltigung *f* <-, -en> изнаси́лование *nt*
vergewissern *vr* удостоверя́ться,

-вериться; **sich einer Sache ~** удостовериться в чём-л.
vergießen *irr vt* проливать, -лить *pf*
vergiften *vt* (*auch fig*) отравлять, -вить *pf*
Vergiftung *f* <-, -en> отравление *nt*
vergilbt *adj* пожелтевший
Vergissmeinnicht *nt* <-(e)s, -(e)> незабудка *f*
Vergleich *m* <-(e)s, -e> 1. (*das Vergleichen*) сравнение *nt*; **im ~ zu** в сравнении с; **einem ~ standhalten** выдерживать сравнение; **einen ~ ziehen** проводить сравнение. 2. (JUR) соглашение *nt*; **außergerichtlicher ~** внесудебная мировая сделка; **einen ~schließen** заключать мировую сделку
vergleichen I. *irr vt* сравнивать, сравнить *pf* (*mit* +*dat* с +*inst*); II. *irr vr* сравниваться, сравниться *pf* (*mit* +*dat* с +*inst*); **sich mit der Konkurrenz ~** сравнивать себя с конкурентами; **~de Werbung** (ÖKON) сравнительная реклама
Vergleichsmaßstab *m* <-(e)s, -maßstäbe> масштаб *m* для сравнения
vergleichsweise *adv* относительно
Vergleichswert *m* <-(e)s, -e> сравнительная величина *f*; **~e** сравнительные данные
Vergleichszeitraum *m* <-(e)s, -räume> срок *m* проведения сравнительного анализа
vergnügen *vr* развлекаться, развлечься *pf* (*mit* +*dat* с +*inst*)
Vergnügen *nt* <*gen*: -s> удовольствие *nt*; **mit ~!** с удовольствием!
vergnügt *adj* весёлый
Vergnügung *f* <-, -en> развлечение *nt*
Vergnügungspark *m* <-s, -s> парк *m* с аттракционами
Vergnügungsreise *f* <-, -n> увеселительная поездка *f*
vergolden *vt* покрывать, -крыть *pf* позолотой
vergöttern *vt* обожествлять, -вить *pf*
vergraben *irr vt* (*eingraben*) закапывать, -копать *pf*
vergriffen *adj* (*Ware*) распроданный; **dieses Buch ist leider ~** эта книга, к сожалению, распродана
vergrößern I. *vt* увеличивать, -чить *pf*; II. *vr* (*größer werden*) увеличиваться, -читься *pf*
Vergrößerung *f* <-, -en> увеличение *nt*
Vergrößerungsglas *nt* <-es, -gläser> увеличительное стекло *nt*, лупа *f*
vergucken *vr* (*umg*) влюбиться (*in* +*akk* в +*akk*)
vergünstigt *adj* льготный
Vergünstigung *f* <-, -en> льгота *f*, уступка *f*; **steuerliche ~** налоговая льгота
vergüten *vt* 1. (*erstatten*) возмещать,

-местить *pf*; 2. (*Arbeitsleistung*) оплачивать, оплатить *pf*
Vergütung *f* <-, -en> 1. (*Erstattung*) возмещение *nt*; 2. (*für Arbeit*) оплата *f*
verhaften *vt* арестовывать, -товать *pf*
Verhaftung *f* <-, -en> арест *m*
Verhaftungswelle *f* <-, -n> волна *f* арестов
verhaken *vr* сцеплять, -пить *pf*
verhalten *irr vr* 1. (*ein bestimmtes Verhalten zeigen*) вести *impf* себя (*gegenüber* +*dat*) по отношению к +*dat*); **es verhält sich genau umgekehrt** дела обстоят совсем иначе; 2. (*auch* MATH) относиться *impf* (*zu* +*dat* к +*dat*)
Verhalten *nt* <*gen*: -s> поведение *nt*
Verhaltensforschung *f* <*gen*: -> этология *f*
Verhaltensmaßregel *f* <-, -n> правило *nt* поведения
Verhaltensmuster *nt* <-s, -> образец *m* поведения
Verhaltensstörung *f* <-, -en> (PSYCH) нарушение *nt* нормального поведения
Verhältnis *nt* <-ses, -se> 1. (*zu einer Person*) отношения *ntpl*; 2. (*Bedingungen*) условия *ntpl*; 3. (*Liebesbeziehung*) роман *m*; 4. (*Relation*) соотношение *nt*
verhältnismäßig *adj* (*vergleichsweise*) сравнительно
Verhältnismäßigkeit *f* <*gen*: -> относительность *f*
Verhältniswahl *f* <-, -en> пропорциональные выборы *mpl*
verhandeln *vi* 1. вести, про- *pf* переговоры (*über* +*akk* о +*präpos*); 2. (JUR) слушать, вы- *pf* дело
Verhandlung *f* <-, -en> 1. переговоры *mpl*; 2. (JUR) судебное заседание *nt*
Verhandlungsgeschick *nt* <*gen*: -(e)s> умение *nt* вести переговоры
Verhandlungspartner *m* <-s, -> партнёр *m* по переговорам
Verhandlungsrunde *f* <-, -n> тур *m* переговоров
Verhandlungssprache *f* <-, -n> рабочий язык *m* переговоров
Verhandlungstisch *m* стол *m* переговоров
verhandlungswillig *adj* готовый вести переговоры
verhängen *vt* 1. (*abdecken*) завешивать, -весить *pf*; 2. (*Strafe*) приговаривать, -говорить *pf*; **über jdn eine Strafe ~** приговорить кого-л. к наказанию; **den Ausnahmezustand ~** объявить чрезвычайное положение
Verhängnis *nt* <*gen*: -ses> рок *m*
verhängnisvoll *adj* роковой
verharmlosen *vt* преуменьшать, -меньшить *pf* серьёзность чего-л.
Verharmlosung *f* <*gen*: -> преуменьшение *nt* серьёзности

чего-л.
verharren vi настаивать *impf* (*auf* +*dat* на +*präpos*)
verhasst *adj* ненавистный
verheben vr надорваться *pf*
verheerend *adj* (*umg: schlimm*) опустошительный
verheilen vi заживать, -жить *pf*
verheimlichen vt скрывать, скрыть *pf* (*vor* +*dat* от +*gen*)
verheiraten vr 1. (*mit einer Frau*) жениться *impf/pf* (на +*präpos*); 2. (*mit einem Mann*) выходить, выйти *pf* замуж (за +*akk*); **verheiratet sein** быть женатым/замужем
verheißen *irr* vt (*geh*) предвещать *impf*
verherrlichen vt прославлять, -славить *pf*
verhindern vt 1. (*Entscheidung etc.*) препятствовать, вос- *pf*; 2. (*abwenden: Krieg, Unfall*) предотвращать, -вратить *pf*; **Herr Müller ist im Augenblick leider verhindert** господин Мюллер в настоящий момент, к сожалению, занят; **jds Heirat ~** воспрепятствовать чьему-л. браку
Verhinderung *f* <*gen:* -> предотвращение *nt*, срыв *m*
verhöhnen vt издеваться *impf* (над +*inst*)
Verhör *nt* <-(e)s, -e> допрос *m*; **jdn einem ~ unterziehen** подвергнуть кого-л. допросу
verhören I. vt (*ein Verhör durchführen*) допрашивать, -просить *pf*; II. vr (*falsch hören*) ослышаться *pf*
verhüllend *adj* (LING) эвфемистический
verhungern vi умирать, умереть *pf* с голоду
verhüten vt 1. (*verhindern*) предотвращать, -отвратить *pf*; 2. (*Empfängis*) предупреждать, предупредить *pf*
Verhütung *f* <*gen:* -> 1. (*das Verhüten*) предотвращение *nt*; 2. (*Empfängnisverhütung*) предупреждение *nt* беременности
Verhütungsmittel *nt* <-s, -> противозачаточное средство *nt*
Verifikation *f* <*gen:* -> верификация *f*
verifizieren vt верифицировать *impf/pf*
Verifizierung *f* <*gen:* -> верификация *f*
verirren vr заблудиться *pf*
verjagen vt прогонять, -гнать *pf*
verjähren vi (*Straftat, Schulden*) терять, по- *pf* силу за давностью
verjährt *adj* просроченный
Verjährung *f* <*gen:* -> давность *f*
Verjüngung *f* омоложение *nt*
verkabeln vt (*an das Netz des Kabelfernsehens anschließen*) присоединять, -нить *pf* к сети кабельного телевидения
verkalkulieren vr ошибаться, -биться *pf*

в расчёте
verkatert *adj* разбитый
Verkauf *m* <-(e)s, Verkäufe> 1. (*das Verkaufen*) продажа *f*; **den ~ ankurbeln** наращивать сбыт; **zum ~ bestimmt** предназначенный для продажи; **~ an Lager** продажа со склада 2. (*Verkaufsabteilung*) отдел *m* сбыта
verkaufen I. vt продавать, -дать *pf*; **gewinnbringend ~** прибыльно продавать; **etwas unter der Hand ~** продавать незаконно [*o* из-под полы]; **zu ~** на продажу; II. vr покупаться *impf*
Verkäufer, -in *m/f* <-s, -> продавец, -вщица *m/f*
Verkäufermarkt *m* <*gen:* -(e)s> рынок *m* продавцов
Verkäuferschulung *f* <*gen:* -> коммерческая подготовка *f*
verkäuflich *adj* продажный; **das Haus ist nicht ~** дом не продаётся
Verkaufsabteilung *f* <-, -en> отдел *m* сбыта
Verkaufsargument *nt* <-(e)s, -e> консультирование *nt* покупателя продавцом (относительно качества товара)
Verkaufsausstellung *f* <-, -en> выставка *f* -продажа *f*
Verkaufserlös *m* <-es, -e> выручка *f* от продажи
Verkaufsfläche *f* <-, -n> торговый зал *m*
Verkaufsförderung *f* <*gen:* -> стимулирование *nt* сбыта
Verkaufsgespräch *nt* <-(e)s, -e> переговоры *pl* о продаже
Verkaufsleiter, -in *m/f* <-s, -> коммерческий директор *m*
Verkaufsleitung *f* <*gen:* -> коммерческое руководство *nt*
Verkaufspreis *m* <-es, -e> продажная [*o* розничная] цена *f*
Verkaufsprovision *f* <-, -en> комиссия *f* с оборота
Verkaufsschlager *m* <-s, -> товар *m* -фаворит *m*
Verkaufsstelle *f* <-, -n> магазин *m*
Verkaufstraining *nt* <*gen:* -s> коммерческое обучение *nt*
Verkaufszahlen *pl* <*gen:* -> торговые показатели *pl*
Verkehr *m* <*gen:* -(e)s> 1. (*Straßenverkehr*) движение *nt*; 2. (*Geschlechtsverkehr*) половое сношение *nt*; **etw aus dem ~ ziehen** изъять что-л. из обращения
verkehren I. vi 1. (*Bus, Straßenbahn, Zug*) ходить *impf*; 2. (*Fähre*) курсировать *impf*; 3. (*an einem Ort*) вращаться *impf*, бывать *impf*; II. vt (*Sinn*) извращать, -вратить *pf*
Verkehrsader *f* <-, -n> автомагистраль *f*
Verkehrsampel *f* <-, -n> светофор *m*
verkehrsarm *adj* без большого

движе́ния, ти́хий
Verkehrsaufkommen *nt* <-s, -> ожида́емый объём *m* перево́зок
Verkehrsbetrieb *m* <-(e)s, -e> тра́нспортное предприя́тие *nt*
Verkehrschaos *nt* <gen: -> ха́ос *m* на доро́гах, наруше́ние *nt* движе́ния тра́нспорта
Verkehrsdichte *f* <-, -n> пло́тность *f* движе́ния
Verkehrserziehung *f* <gen: -> обуче́ние *nt* пра́вилам у́личного движе́ния
Verkehrsflugzeug *nt* <-(e)s, -e> пассажи́рский самолёт *m*
Verkehrsführung *f* <gen: -> регули́рование *nt* движе́ния
Verkehrsinsel *f* <-, -n> острово́к *m* безопа́сности
Verkehrsknotenpunkt *m* <-(e)s, -e> тра́нспортный у́зел *m*
Verkehrslärm *m* <gen: -s> тра́нспортный шум *m*
Verkehrsleitsystem *nt* <-s, -e> систе́ма *f* управле́ния тра́нспортом
Verkehrsleittechnik *f* <gen: -> те́хника *f* управле́ния тра́нспортом
Verkehrsmittel *nt* <-s, -> тра́нспортное сре́дство *nt*; **die öffentlichen ~** обще́ственный тра́нспорт
Verkehrsnetz *nt* <-es, -e> сеть *f* доро́г
Verkehrsopfer *nt* <-s, -> же́ртва *f* доро́жно-тра́нспортного происше́ствия
Verkehrsordnung *f* <gen: -> поря́док *m* движе́ния
Verkehrsplanung *f* <gen: -> плани́рование *nt* движе́ния
Verkehrspolizei *f* <gen: -> доро́жная поли́ция *f*
Verkehrsregeln *pl* пра́вила *nt pl* у́личного движе́ния
Verkehrsschild *nt* <-(e)s, -er> доро́жный знак *m*
verkehrssicher *adj* удовлетворя́ющий тре́бованиям безопа́сности движе́ния
Verkehrssicherheit *f* <gen: -> безопа́сность *f* движе́ния
Verkehrssituation *f* <-, -en> доро́жная ситуа́ция *f*
Verkehrsstauung *f* <-, -en> зато́р *m* (на доро́ге), про́бка *f*
Verkehrsstockung *f* <-, -en> зато́р *m* (на доро́ге)
Verkehrsstreife *f* <-, -n> доро́жный патру́ль *m*
Verkehrstote *pl* <gen: -n> поги́бший *m* при доро́жной ава́рии (в статисти́ческих да́нных)
Verkehrstüchtigkeit *f* <gen: -> (KFZ) техни́ческая испра́вность *f*
Verkehrsunfall *m* <-(e)s, -unfälle> доро́жно-тра́нспортное происше́ствие *nt*, ДТП

Verkehrsverbot *nt* <gen: -(e)s> запреще́ние *nt* движе́ния
Verkehrswesen *nt* <gen: -s> тра́нспорт *m*
Verkehrszeichen *nt* <-s, -> доро́жный знак *m*
verkehrt *adj* непра́вильный
verkennen *vt* (geh) не пра́вильно понима́ть, -ня́ть *pf*; **ihre Ziele sind nicht zu ~** её цель очеви́дна; **ein verkanntes Genie** (umg) непри́знанный ге́ний
verklagen *vt*: **jdn wegen etw ~** пода́ть на кого́-л. (жа́лобу) в суд; **jdn auf etw ~** предъявля́ть кому́-л. иск о чём-л.
verklärt *adj* просветлённый
verkleckern *vt* (umg) па́чкать, за- *pf*
verkleiden I. *vr* (sich kostümieren) переодева́ться, -де́ться *pf* (als +nom в +akk); II. *vt* 1. (kostümieren) переодева́ть, -де́ть *pf*; 2. (Flächen mit einer Verkleidung überziehen) облицо́вывать, -цева́ть; **Wände mit Holz ~** обива́ть сте́ны де́ревом
Verkleidung *f* <-, -en> 1. (Kostüm) маскиро́вка *f*; 2. (von Flächen) облицо́вка *f*
verkleinern I. *vt* 1. (kleiner machen) уменьша́ть, уме́ньшить *pf*; 2. (verringern) сокраща́ть, -крати́ть *pf*; II. *vi* (Linse) уменьша́ть *impf*; III. *vr* 1. (kleiner werden) уменьша́ться, уме́ньшиться *pf*; 2. (sich verringern) сокраща́ться, -крати́ться *pf*
Verkleinerungsform *f* <-, -en> уменьши́тельная фо́рма *f*
verklemmt *adj* (Person) ско́ванный
verklingen *irr vi* затиха́ть, -ти́хнуть *pf*
Verknappung *f* <-, -en> уменьше́ние *nt*; **die ~ von Rohstoffen** сокраще́ние коли́чества сырья́
verkneifen *vt*: **sich eine Bemerkung ~** (umg) с трудо́м уде́рживаться от замеча́ния
verkniffen *adj* (Gesicht) ки́слый
verknittern *vt* ко́мкать, с- *pf*
verknüpfen *vt* свя́зывать, связа́ть *pf* (mit +dat с +inst)
Verknüpfung *f* <-, -en> (DV) сочета́ние *nt*
verkommen *vi* 1. (verwahrlosen) приходи́ть, прийти́ *pf* в упа́док; 2. (Lebensmittel) пропада́ть, пропа́сть *pf*; 3. (Mensch) опуска́ться, опусти́ться *pf*
verkomplizieren *vt* усложня́ть
verkorkst *adj* (umg) испо́рченный
verkörpern *vt* (Rolle) воплоща́ть, -плоти́ть *pf*
Verkörperung *f* <-, -en> воплоще́ние *nt*
verkraften *vt* справля́ться, спра́виться *pf* (с +inst)
verkrampfen *vr* (Muskel) су́дорожно сжима́ться, сжа́ться *pf*
verkrümmt *adj* искривлённый
verkrüppelt *adj* искале́ченный

verkrusten *vi* покрываться, -крыться *pf* коркой

verkümmern *vi* чахнуть, за- *pf*

verkünden *vt* 1. (*bekannt geben*) заявлять, -вить *pf* (о +*präpos*); 2. (*Urteil*) объявлять, -вить *pf*

Verkündung *f* <*gen:* -> провозглашение *nt*, обнародование *nt*

verkupfern *vt* покрывать, -крыть *pf* медью

verkürzen I. *vt* 1. (*kürzer machen*) укорачивать, -ротить *pf* (*um* +*akk* на +*akk*); 2. (*zeitlich*) сокращать, -кратить *pf* (*um* +*akk* на +*akk*); II. *vr* 1. (*kürzer werden*) уменьшаться, уменьшиться *pf* (*um* +*akk* на +*akk*); 2. (*zeitlich*) сокращаться, -кратиться *pf* (*um* +*akk* на +*akk*)

Verladebahnhof *m* <-(e)s, -bahnhöfe> погрузочная железнодорожная станция *f*

Verladebrücke *f* <-, -n> погрузочная эстакада *f*

verladen *irr vt* (*Gütern*) грузить, по- *pf* (*auf* +*akk* на +*akk*)

Verladung *f* <*gen:* -> погрузка *f*

Verlag *m* <-(e)s, -e> издательство *nt*

verlagern I. *vt* (*den Schwerpunkt verschieben*) переносить, -нести *pf* (*auf* +*akk* на +*akk*); II. *vr* (*sich von irgendwo wegbewegen*) перемещаться, -меститься *pf*

Verlagerung *f* <-, -en> перемещение *nt*

Verlagsbuchhandlung *f* <-, -en> книжный магазин *m* издательства

Verlagshaus *nt* <-es, -häuser> издательство *nt*

Verlagskatalog *m* <-(e)s, -e> каталог *m* издательства

Verlagskaufmann, -kauffrau *m/f* <-(e)s, -leute> коммерческий сотрудник *m* издательства

Verlagsleiter, -in *m/f* <-s, -> директор *m* издательства

Verlagsrecht *nt* <*gen:* -(e)s> право *nt* издания

Verlagsredakteur, -in *m/f* <-s, -e> лектор *m*

Verlagsvertreter, -in *m/f* <-s, -> представитель *m* издательства

Verlagswesen *nt* <*gen:* -s> издательское дело *nt*

verlangen *vt* (*fordern, erfordern*) требовать, по- *pf*

Verlangen *nt* <*gen:* -s> 1. (*Bedürfnis*) желание *nt*, потребность *f*; 2. (*Forderung*) требование *nt*; **auf ~** по требованию

verlängern I. *vt* 1. (*länger machen*) удлинять, -нить *pf* (*um* +*akk* на +*akk*); 2. (*zeitlich*) продлевать, -лить *pf* (*um* +*akk* на +*akk*); **eine Frist ~** продлевать срок; **einen Vertrag ~** продлевать договор; II. *vr* 1. (*länger werden*) удлиняться, -ниться *pf* (*um* +*akk* на +*akk*); 2. (*zeitlich*) продлеваться, -длиться *pf* (*um* +*akk* на +*akk*)

Verlängerung *f* <-, -en> 1. (*das Längerwerden, auch zeitlich*) продление *nt*; **eine ~ beantragen** заявлять о продлении срока; **~ der Laufzeit** продление срока действия 2. (SPORT) дополнительное время *nt*

Verlängerungsschnur *f* <-, -schnüre> (*Verlängerungskabel*) удлинитель *m*

verlangsamen I. *vt* (*langsamer machen*) замедлять, -медлить *pf*; II. *vr* (*langsamer werden*) замедляться, -медлиться *pf*

Verlass *m*: **auf jdn ist (kein) ~** на кого-л. можно/нельзя положиться

verlassen I. *irr vr* (*auf jds Handeln oder auf etw vertrauen*) полагаться, положиться *pf* (*auf* +*akk* на +*akk*); II. *irr vt* 1. (*Ort*) покидать, -кинуть *pf*; 2. (*jdn*) бросать, бросить *pf*; **eine ~e Gegend** заброшенная местность

Verlassenheit *f* <*gen:* -> одиночество *nt*

verlässlich *adj* надёжный

Verlauf *m* <-(e)s, Verläufe> 1. (*der Zeit*) течение *nt*; **im ~ der Woche** в течение недели 2. (*das Ablaufen*) ход *m*; **im ~ des Seminars** в ходе семинара

verlaufen I. *irr vr* (*sich verirren*) заблудиться *pf*; II. *irr vi* (*Zeit, Verhandlungen, Straße*) проходить, пройти *pf*

verleben *vt* провести *pf*; **verlebte Jahre** прожитые годы

verlegen[1] *vt* 1. (*verschieben*) переносить, -нести *pf* (*auf* +*akk* на +*akk*); 2. (*Buch*) издавать, -дать *pf*; **ich habe meinen Schlüssel verlegt** я куда-то дел свой ключ

verlegen[2] *adj* смущённый; **~ blickte er zur Seite** он смущённо отвёл глаза в сторону

Verlegenheit *f*: **jdn in ~ bringen** смутить кого-л.

Verlegenheitslösung *f* <-, -en> выход *m* из затруднительного положения

Verleger, -in *m/f* <-s, -> издатель, -ница *m/f*

Verleih *m* <-(e)s, -e> прокат *m*

verleihen *irr vt* 1. давать, дать *pf* напрокат; 2. (*Titel*) присваивать, своить *pf*; 3. (*Preis*) присуждать, -судить *pf*; 4. (*verschaffen*) придавать, -дать *pf*; **jdm einen Orden ~** наградить кого-л. орденом

Verleihung *f* <-, -en> 1. (*von Preis*) присуждение *nt*; 2. (*von Titel*) присвоение *nt*; 3. (*eines Ordens*) награждение *nt*

verleiten *vt*: **jdn zu etw ~** склонять кого-л. к чему-л.

verlernen *vt*: **eine Fremdsprache ~** забыть иностранный язык

verlesen *irr vt* зачи́тывать, зачита́ть *pf*
verletzen I. *vt* 1. (*körperlich*) поврежда́ть, -вреди́ть *pf*; 2. (*gefühlsmäßig*) задева́ть, -де́ть *pf*; 3. (*Gesetz*) наруша́ть, -ру́шить *pf*; II. *vr* пора́ниться *pf*
verletzend *adj* оскорби́тельный
Verletzte(r) *mf* <-n, -n> ра́неный *m*, ра́неная *f*
Verletzung *f* <-, -en> 1. (*körperlich*) ране́ние *nt*; 2. (*von Gefühlen*) оскорбле́ние *nt*
Verletzungsgefahr *f* <*gen*: -> опа́сность *f* получе́ния тра́вмы [*o* ране́ния]
verleugnen *vt* отрица́ть *impf*
verleumden *vt* оклевета́ть *pf*
verleumderisch *adj* клеветни́ческий
Verleumdung *f* <-, -en> (*Äußerung*) клевета́ *f*
Verleumdungskampagne *f* <-, -n> клеветни́ческая кампа́ния *f*
Verleumdungsklage *f* <-, -n> (JUR) иск *f* по по́воду клеветы́
verlieben *vr* влюбля́ться, -би́ться *pf* (*in* +*akk* в +*akk*); **bis über beide Ohren in jdn verliebt sein** (*umg*) быть по́ уши влюблённым в кого́-л.
Verliebtheit *f* <-, -en> влюблённость *f*
verlieren <verlor, verloren> I. *vt* теря́ть, по- *pf*; II. *vi* (*in Sport, Spiel*) прои́грывать, -игра́ть *pf*; III. *vr* (*verschwinden, abschweifen*) теря́ться, по- *pf*; **die Geduld ~** потеря́ть терпе́ние; **den Faden ~** (*fig*) сби́ться с мы́сли
Verlierer, -in *m/f* <-s, -> проигра́вший, -шая *m/f*
verloben *vr* помо́лвиться *pf* (*mit* +*dat* с +*inst*)
Verlobte(r) *mf* <-n, -n> жени́х, неве́ста *m/f*
Verlobung *f* <-, -en> помо́лвка *f*
verlockend *adj* соблазни́тельный
Verlockung *f* <-, -en> собла́зн *m*
verlogen *adj* лжи́вый
Verlogenheit *f* <*gen*: -> лжи́вость *f*
verlor *prät von* **verlieren**
verloren *adj* (*ausgeliefert, hilflos*) поте́рянный
verloren gehen *vi* теря́ться, по- *pf*
verlosen *vt* разы́грывать, разыгра́ть *pf* (в лотере́е)
Verlosung *f* <-, -en> ро́зыгрыш *m* (в лотере́е)
verlottert *adj* опусти́вшийся (о челове́ке)
Verlust *m* <-(e)s, -e> 1. (*das Verlieren*) поте́ря *f*; **~ des Arbeitsplatzes** поте́ря рабо́чего ме́ста; **~ eines Kunden** поте́ря клие́нтов 2. (*finanziell*) убы́ток *m*; **mit ~ arbeiten** рабо́тать с убы́тками; **einen ~ ausgleichen** компенси́ровать уще́рб 3. (MIL: *meist pl*) поте́ря *f*
Verlustausgleich *m* <*gen*: -(e)s> возмеще́ние *nt* понесённого убы́тка

Verlustbeteiligung *f* <-, -en> уча́стие *nt* в убы́тках
Verlustbetrieb *m* <-(e)s, -e> убы́точное предприя́тие *nt*
verlustbringend *adj* убы́точный
Verlustkonto *nt* <-s, -konten>: **auf ~** безвозвра́тно
Verlustmeldung *f* <-, -en> заявле́ние *nt* о поте́ре (докуме́нта и т.п.)
verlustreich *adj* с больши́ми поте́рями
vermachen *vt* завеща́ть *impf/pf*
Vermächtnis *nt* <-ses, -se> 1. (*Erbe*) завеща́ние *nt*; 2. (*Testament*) заве́т *m*
vermählen *vt* 1. (*geh: Frau*) выдава́ть *impf*, вы́дать *pf* за́муж; 2. (*geh: Mann*) жени́ть *impf/pf*
vermarkten *vt* продава́ть, -да́ть *pf*; **eine Idee ~** продава́ть иде́ю; **ein Produkt ~** продава́ть проду́кт
Vermarktung *f* <*gen*: -> прода́жа *f*
Vermarktungsgesellschaft *f* <-, -en> сбытово́е предприя́тие *nt*
vermehren I. *vr* (*fortpflanzen*) размножа́ться, -мно́житься *pf*; II. *vt* умножа́ть, умно́жить *pf*
Vermehrung *f* <*gen*: -> 1. (*das Vermehren*) увеличе́ние *nt*, умноже́ние *nt*; 2. (*Fortpflanzung*) размноже́ние *nt*
vermeiden *irr vt* избега́ть, -бежа́ть *pf*; **etw ~** избега́ть чего́-л.
vermeintlich *adj* мни́мый
Vermerk *m* <-(e)s, -e> заме́тка *f*
vermerken *vt* (*schriftlich*) отмеча́ть, -ме́тить *pf*
Vermessung *f* <-, -en> измере́ние *nt*
vermieten *vt* сдава́ть, сдать *pf* (внаём); **Zimmer zu ~** сдаётся ко́мната
Vermieter, -in *m/f* <-s, -> хозя́ин, хозя́йка *m/f* кварти́ры
Vermietung *f* <*gen*: -> сда́ча *f* в аре́нду
vermindern I. *vt* (*geringer machen*) снижа́ть, сни́зить *pf*; II. *vr* (*geringer werden*) уменьша́ться, уме́ньшиться *pf*
Verminderung *f* <-, -en> уменьше́ние *nt*
vermischen I. *vt* сме́шивать, смеша́ть *pf* (*mit* +*dat* с +*inst*); II. *vr* сме́шиваться, смеша́ться *pf*
vermissen *vt*: **ich werde dich sehr ~** мне тебя́ бу́дет о́чень недостава́ть [*o* не хвата́ть]
vermisst *adj*: **~ werden** пропа́сть бе́з вести
Vermisste(r) *mf* <-n, -n> пропа́вший, -шая *m/f* бе́з вести
vermitteln I. *vt* (*Wissen*) передава́ть, -да́ть *pf*; **sie konnte ihm eine Stelle ~** она́ помогла́ ему́ устро́иться на рабо́ту; **Aufträge ~** поставля́ть зака́зы; II. *vi* (*als Mittler agieren*) посре́дничать *impf*
Vermittler, -in *m/f* <-s, -> посре́дник, -ница *m/f*
Vermittlerfirma *f* <-, -firmen>

Vermittlung посредническая фирма *f*
Vermittlung *f* <-, -en> 1. посредничество *nt*; 2. (TELKOM) центральная телефонная станция *f*
Vermittlungsausschuss *m* <-es, -ausschüsse> комиссия по улаживанию законодательных разногласий между бундестагом и бундесратом (ФРГ)
Vermittlungsversuch *m* <-(e)s, -e> попытка *f* примирения
vermöbeln *vt* (*umg: verprügeln*) дубасить, от- *pf*
Vermögen *nt* <-s, -> 1. (*Besitz*) состояние *nt*, имущество *nt*; **das ~ beschlagnahmen** налагать арест на имущество; **mit dem persönlichen ~ haften** отвечать личным имуществом; **ein ~ mit Immobilien machen** делать состояние на недвижимости; **~ umschichten** перераспределять состояние; **~ übertragen** передавать имущество 2. (*Fähigkeit*) умение *nt*
vermögend *adj* состоятельный
Vermögensabgabe *f* <-, -n> налог *m* на имущество
Vermögensanlage *f* <-, -n> капиталовложение *nt*
Vermögensart *f* <-, -en> вид *m* имущества
Vermögensberater, -in *m* <-s, -> консультант *m* по вопросам инвестиций
Vermögensbeteiligung *f* <-, -en> имущественное участие *nt*
Vermögensbilanz *f* <-, -en> баланс *m* имущественного состояния
Vermögensbildung *f* <*gen:* -> образование *nt* собственности и имущества
Vermögenseinkommen *nt* <*gen:* -> доход *m* от имущества
Vermögenslage *f* <*gen:* -> имущественное положение *nt*
Vermögenssteuer *f* <*gen:* -> налог *m* на имущество
Vermögenstransfer *m* <-s, -s> имущественный трансфер *m*
Vermögensverwaltung *f* <*gen:* -> управление *nt* имуществом
vermummt *adj* 1. закутанный; 2. замаскированный
vermurksen *vt* (*umg*) сделать *pf* из рук вон плохо
vermuten *vt* предполагать, -ложить *pf*; **ich habe sie hier vermutet** я думал, что она здесь; **man vermutet eine defekte Gasleitung als Brandursache** предполагают, что причиной пожара явился неисправный газопровод
vermutlich I. *adj* предполагаемый; II. *adv* наверно, предположительно.
Vermutung *f* <-, -en> предположение *nt*
vernachlässigen *vt* 1. (*Pflichten, Arbeit*) небрежно относиться, отнестись *pf* (к +*dat*); 2. (*Äußeres, Haus*) запускать, -пустить *pf*
vernagelt *adj* (*umg*) бестолковый
vernarben *vi* зарубцовываться, -цеваться *pf*
vernarrt *adj* влюблённый до безумия
vernaschen *vt* (*umg*) слопать *pf*
vernehmen *vt* (JUR: *Zeugen*) допрашивать, -просить *pf*
Vernehmung *f* <-, -en> допрос *m*
vernehmungsunfähig *adj* не годный для допроса (по состоянию здоровья)
verneinen *vt* отрицать *impf/pf*
Verneinung *f* <-, -en> отрицание *nt*
vernetzen *vt* (DV) включать в сеть
Vernetzung *f* <*gen:* -> (DV) включение *nt* в сеть
vernichten *vt* уничтожать, -тожить *pf*
Vernichtung *f* <*gen:* -> уничтожение *nt*
Vernichtungswaffe *f* <-, -n> оружие *nt* массового поражения
Vernunft *f* <*gen:* -> разум *m*; **zur ~ kommen** образумиться
vernünftig *adj* разумный
vernunftorientiert *adj* руководствующийся разумом
veröffentlichen *vt* публиковать, о- *pf*
Veröffentlichung *f* <-, -en> опубликование *nt*
verordnen *vt* 1. предписывать, предписать *pf*; 2. постановлять, постановить *pf*
Verordnung *f* <-, -en> распоряжение *nt*
verpachten *vt* сдавать в аренду
Verpachtung *f* <*gen:* -> сдача *f* в аренду
verpacken *vt* упаковывать, упаковать *pf*
Verpackung *f* <-, -en> упаковка *f*; **eine ansprechende ~** привлекательная упаковка; **eine luxuriöse ~** роскошная упаковка
verpackungsarm *adj* с минимумом упаковки
Verpackungsgewicht *nt* <*gen:* -(e)s> вес *m* упаковки
Verpackungsindustrie *f* <*gen:* -> упаковочная промышленность *f*
Verpackungsmaterial *nt* <*gen:* -s> упаковочный материал *m*
verpfänden *vt* закладывать, -ложить *pf*
Verpfändung *f* <*gen:* -> передача *f* в залог
verpflegen *vt* обеспечивать, -печить *pf* питанием
Verpflegung *f* <*gen:* -> питание *nt*
Verpflegungskosten *pl* <*gen:* -> расходы *pl* на питание
verpflichten *vt* обязывать, обязать *pf*; **sich vertraglich zu etwas ~** обязываться по договору
Verpflichtung *f* <-, -en> обязанность *f*, обязательство *nt*; **~ aus einem Vertrag**

договорное обязательство; **eine geschäftliche ~ eingehen** брать на себя деловые обязательства; **einer ~ nachkommen** выполнять обязательство; **vertragliche ~en erfüllen** выполнять договорные обязательства
verplaudern *vr* (*umg*) проболтаться
verprügeln *vt* избивать, -бить *pf*
Verputz *m* <*gen*: -es> штукатурка *f*
verputzen *vt* (*Wand*) штукатурить, от- *pf*
verqualmt *adj* 1. задымлённый; 2. (*umg*) накуренный
verquatschen *vr* (*umg*) проболтаться
Verramschung *f* <*gen*: -> продажа *f* по заниженной цене
Verrat *m* <*gen*: -(e)s> измена *f*, предательство *nt*
verraten I. *irr vt* 1. (*Geheimnis, Person*) выдавать, выдать *pf*; 2. (*Person, Vaterland*) предавать, -дать *pf*; II. *irr vr* выдавать, выдать *pf* себя
Verräter, -in *m/f* <-s, -> предатель *m*, -ница *m/f*
verräterisch *adj* предательский
verräuchert *adj* прокуренный
verrechnen I. *vt* 1. (*Kosten*) ставить, поставить *pf* в счёт; 2. (*Scheck*) перечислять, -числить *pf*; II. *vr* (*falsch rechnen*) обсчитываться, -считаться *pf*
Verrechnung *f* <*gen*: -> 1. (*Abrechnung*) расчёт *m*; 2. (*Clearing*) клиринг *m*
Verrechnungseinheit *f* <-, -en> единица *f* расчётов
Verrechnungskonto *nt* <-s, -konten> расчётный счёт *m*
Verrechnungsscheck *m* <-s, -s> расчётный чек *m*
verregnet *adj* не удавшийся [*о* испорченный] из-за дождя
verreisen *vi* уезжать, уехать *pf*; **sie ist verreist** она уехала
verrenken *vt* вывихнуть *pf*
Verrenkung *f* <-, -en> вывих *m*
verriegeln *vt* запирать, -переть *pf*
verringern I. *vt* уменьшать, уменьшить *pf*; II. *vr* уменьшаться, уменьшиться *pf*
Verringerung *f* <*gen*: -> снижение *nt*, уменьшение *nt*
verrosten *vi* ржаветь, за- *pf*
verrostet *adj* ржавый, заржавленный
verrottet *adj* истлевший
verrückt *adj* сумасшедший; **jdn ~ machen** (*umg*) свести кого-л. с ума; **bist du ~ geworden?** (*umg*) ты с ума сошёл?
Verrückte(r) *mf* <-n, -n> сумасшедший, -дшая *m/f*
Verruf *m*: **jdn in ~ bringen** дискредитировать кого-л.; **in ~ geraten** потерять репутацию
verrußt *adj* покрытый копотью
Vers *m* <-es, -e> 1. стихотворная строка *f*; 2. (*pl*) стихи *mpl*

versagen *vi* 1. (*Mensch*) терпеть, по- *pf* провал; 2. (*Maschine*) отказывать, -казать *pf* (в работе)
Versager *m* <-s, -> (*pej*) неудачник *m*
versalzen *vt* (*Essen*) пересаливать, -солить *pf*
versammeln I. *vt* собирать, собрать *pf*; II. *vr* собираться, собраться *pf*
Versammlung *f* <-, -en> собрание *nt*; **eine ~ abhalten** проводить собрание; **eine ~ einberufen** созывать собрание
Versammlungsfreiheit *f* <*gen*: -> свобода *f* митингов и собраний
Versammlungsverbot *nt* <*gen*: -(e)s> запрет *m* на митинги и собрания
Versand *m* <*gen*: -(e)s> (*das Versenden*) отправка *f*, посылка *f*
Versandabteilung *f* <-, -en> экспедиция *f*
Versandhandel *m* <*gen*: -s> посылочная торговля *f*
Versandhaus *nt* <-es, -häuser> предприятие *nt* посылочной торговли
Versandhauskatalog *m* <-(e)s, -e> каталог *m* посылочной фирмы
Versandkosten *pl* <*gen*: -> расходы *pl* на отправку, стоимость *f* посылки
Versandpapiere *pl* <*gen*: -> отгрузочные документы *pl*
versäumen *vt* 1. (*Unterricht*) пропускать, -пустить *pf*; 2. (*Zeit, Bus*) упускать, упустить *pf*
Versäumnis *nt* <-ses, -se> упущение *nt*
verschämt *adj* застенчивый
verschärfen I. *vt* 1. (*strenger machen*) ужесточать, -чить *pf*; 2. (*verschlimmern, erschweren*) обострять, -рить *pf*; II. *vr* (*sich steigern*) обостряться, -риться *pf*
verscheuchen *vt* спугивать, спугнуть *pf*
verschicken *vt* рассылать, разослать *pf*
verschiebbar *adj* передвижной, смещаемый
Verschiebebahnhof *m* <-(e)s, -höfe> сортировочная станция *f*
verschieben I. *irr vt* 1. (*an eine andere Stelle schieben*) передвигать, -двинуть *pf*; 2. (*zeitlich*) переносить, -нести *pf*; II. *irr vr* (*zeitlich*) переноситься, -нестись *pf*
verschieden *adj* (*unterschiedlich*) различный, разный
verschiedenartig *adj* разнообразный
Verschiedenartigkeit *f* <*gen*: -> разнообразие *nt*
Verschiedenheit *f* <-, -en> различие *nt*
verschimmeln *vi* плесневеть, за- *pf*
verschlafen *irr vt* (*umg: versäumen*) просыпать, -спать *pf*
verschlampen *vt* (*umg*) утерять *pf*, забыть *pf*
verschlechtern I. *vt* ухудшать, ухудшить *pf*; II. *vr* ухудшаться, ухудшиться *pf*
Verschlechterung *f* <*gen*: -> ухудшение

nt
verschleiern vt 1. (mit einem Schleier verhüllen) закрывáть, -крыть pf вуáлью; 2. (vertuschen) скрывáть, скрыть pf
Verschleierungstaktik f <gen: -> тáктика f завуали́рования
Verschleiß m <gen: -es> изно́с m
Verschleißerscheinung f <-, -en> при́знак m изно́са
Verschleißfestigkeit f <gen: -> износосто́йкость f
verschleppen vt (Menschen) угоня́ть, угна́ть pf; **eine verschleppte Krankheit** запу́щенная боле́знь
Verschleppungstaktik f <gen: -> тáктика f затя́гивания
verschließen irr vt (abschließen) закрывáть, -крыть pf
verschlossen adj (Mensch) зáмкнутый
verschlucken I. vt (hinunterschlucken) глотáть, проглоти́ть pf; II. vr дави́ться, по- pf
verschludern vt (umg) разбазáривать, -зáрить pf
Verschluss m <-es, Verschlüsse> 1. (von Flasche) про́бка f; 2. (von Glas) кры́шка f; 3. (von Halskette) застёжка f
Verschlussdeckel m <-s, -s> колпачо́к m
verschlüsseln vt коди́ровать, за- pf
Verschlusskappe f <-, -n> колпачо́к m
Verschmelzung f <gen: -> слия́ние nt
verschmitzt adj хи́трый
Verschmitztheit f <gen: -> хи́трость f, лукáвство nt
verschmutzen I. vt загрязня́ть, -ни́ть pf; II. vi пáчкаться, ис- pf; **die Umwelt (mit etw) ~** загрязня́ть (чем-л.) окружáющую среду́
verschmutzt adj загрязнённый, испáчканный
verschneit adj заснéженный
verschnörkelt adj вы́чурный
Verschnürung f <-, -en> перевя́зывание nt (верёвкой)
verschollen adj пропáвший бéз вести
Verschollene mf <-n, -n> пропáвший m бéз вести
verschonen vt щади́ть, по- pf
verschönern vt 1. украшáть, -крáсить pf; 2. (fig) приукрашáть, -крáсить pf
verschossen adj вы́цветший
verschränken vt (Arme, Beine) перекрéщивать, -крести́ть pf
verschrecken vt пугáть чем-л.
verschreiben I. irr vt (MED: Medikament) пропи́сывать, -писáть pf; II. irr vr (falsch schreiben) допусти́ть pf опи́ску
verschrotten vt пускáть, пусти́ть pf на лом
verschrumpelt adj смо́рщенный, вы́сохший
verschulden I. vt (die Schuld an etw haben) быть винова́тым (в +präpos); II. vr

(Schulden machen) задолжáть pf, влезáть, влезть pf в долги́
Verschulden nt <-s, -> (JUR) винá f, вино́вность f
verschuldet adj имéющий долги́
Verschuldung f <gen: -> задо́лженность f, долг m; **~ der öffentlichen Hand** госудáрственная задо́лженность
verschütten vt (unter sich begraben) засыпáть, -сы́пать pf
verschweigen irr vt скрывáть, скрыть pf
verschweißen vt свáривать, свари́ть pf
verschwenden vt растрáчивать, -трáтить pf
Verschwender, -in m/f <-s, -> расточи́тель, -ница m/f
verschwenderisch adj расточи́тельный
Verschwendung f <gen: -> расточи́тельство nt
verschwiegen adj скры́тный
Verschwiegenheit f <gen: -> молчали́вость f
verschwimmen vi расплывáться, -плы́ться pf
verschwinden irr vi исчезáть, -чéзнуть pf
verschwitzt adj вспотéвший, пропотéвший
verschwören vr составля́ть, -стáвить pf зáговор (gegen +akk про́тив +gen)
verschwörerisch adj заговóрщицкий
Verschwörung f <-, -en> зáговор m
versehen irr vt (mit etw ausstatten) снабжáть, -бди́ть pf
Versehen nt <-s, -> оши́бка f; **aus ~** по оши́бке
versehentlich I. adv по оши́бке, оши́бочно; II. adj оши́бочный.
Versehrte mf <-n, -n> рáненый m, инвали́д m
Versehrtenrente f <-, -n> пéнсия f по инвали́дности
verselbstständigen, verselbständigen vr стать pf самостоя́тельным, отдели́ться pf
versenden vt рассылáть, разослáть pf
Versender m <-s, -> экспеди́тор m, отправи́тель m
Versendung f <gen: -> отпрáвка f
versenken I. vt (Schiff) потопля́ть, потопи́ть pf; II. vr (sich konzentrieren auf) погружáться, -грузи́ться pf (tn +akk в +akk)
versessen adj: **auf etw/jdn ~ sein** помешáться на чём-л./ком-л.
versetzen vt 1. (an einen anderen Punkt setzen) перемещáть, -мести́ть pf; 2. (in der Schule, dienstlich) переводи́ть, -вести́ pf
Versetzung f <-, -en> перево́д m, перемещéние nt
verseuchen vt заражáть, -рази́ть pf
Versicherer m <-s, -> страхо́вщик m

versichern I. *vt* 1. *(eine Versicherung abschließen)* страхова́ть, за- *pf*; **die wertvollen Geräte sind hoch versichert** всё це́нное обору́дование застрахо́вано на большу́ю су́мму де́нег; 2. *(beteuern, bestätigen)* уверя́ть, уве́рить *pf*; **sie hat es mir ausdrücklich versichert** она́ кля́твенно меня́ в э́том заве́рила; II. *vr (durch eine Versicherung)* страхова́ться, за- *pf*

Versicherung *f* <-, -en> 1. *(Versichern)* страхова́ние *nt*; **eine ~ abschließen** заключи́ть догово́р страхова́ния; **freiwillige ~** доброво́льное страхова́ние; **gesetzliche ~** обяза́тельное страхова́ние; **eine ~ kündigen** расторга́ть догово́р страхова́ния; **eine ~ läuft ab** страхово́й догово́р истека́ет 2. *(Bestätigung, Erklärung)* увере́ние *nt*; 3. *(Versicherungsunternehmen)* страхова́я компа́ния *f*; 4. *(Versicherungsvertrag)* страхово́й догово́р *m*; 5. *(umg)* страхо́вка *f*; **eine ~ abschließen** заключи́ть догово́р о страхова́нии

Versicherungsagent *m* <-en, -en> страхово́й аге́нт *m*

Versicherungsausweis *m* <-es, -e> страхово́е свиде́тельство *nt*

Versicherungsbeitrag *m* <-(e)s, -beiträge> страхово́й взнос *m*

Versicherungsbetrug *m* <gen: -(e)s> страхово́й подло́г *m*

Versicherungskarte *f* <-, -n> страхова́я ка́рточка *f*

Versicherungsnummer *f* <-, -n> страхово́й но́мер *m*

Versicherungspflicht *f* <gen: -> обяза́тельное страхова́ние *nt*

versicherungspflichtig *adj* подлежа́щий обяза́тельному страхова́нию

Versicherungspolice *f* <-, -n> страхово́й по́лис *m*

Versicherungsprämie *f* <-, -n> страхова́я пре́мия *f*

Versicherungsschein *m* <-(e)s, -e> страхово́й по́лис *m*

Versicherungsschutz *m* <gen: -es> страхово́е обеспе́чение *nt*

Versicherungssumme *f* <-, -n> страхова́я су́мма *f*

Versicherungsvertrag *m* <-(e)s, -verträge> догово́р *m* о страхова́нии

Versicherungsvertreter *m* <-s, -> страхово́й аге́нт *m*

Versicherungswesen *nt* <gen: -s> страхова́ние *nt*, страхово́е де́ло *nt*

versiegeln *vt* 1. *(Brief)* запеча́тывать, -ча́тать *pf*; 2. *(Tür)* опеча́тывать, -ча́тать *pf*

versiegen *vi (Quelle, Gespräch)* иссяка́ть, исся́кнуть *pf*

versiert *adj* о́пытный

versinken *irr vi (untergehen)* тону́ть, у- *pf*; **in Gedanken versunken sein** погрузи́ться в свои́ мы́сли

Version *f* <-, -en> ве́рсия *f*; **aktuelle ~** актуа́льный вариа́нт; **letzte ~** после́дняя ве́рсия

Verslehre *f* <-, -n> ме́трика *f*

versöhnen I. *vt* примиря́ть, -мири́ть *pf (mit +dat* с +*inst)*; II. *vr* примиря́ться, -мири́ться *pf (mit +dat* с +*inst)*

versöhnlich *adj* примири́тельный

Versöhnung *f* <-, -en> примире́ние *nt*

Versöhnungsgeste *f* <-, -n> жест *m* примире́ния

versorgen *vt* 1. *(beliefern)* снабжа́ть, -бди́ть *pf*; **das Kernkraftwerk versorgt das ganze Gebiet mit Strom** а́томная электроста́нция снабжа́ет всю э́ту о́бласть электроэне́ргией; 2. *(Familie)* содержа́ть *impf*; 3. *(verschaffen)* обеспе́чивать, -чить *pf*; **das Management mit aktuellen Informationen ~** обеспе́чивать ме́неджмент актуа́льной информа́цией

Versorgung *f* <gen: -> *(das Beliefern)* снабже́ние *nt*, обеспе́чение *nt*, обслу́живание *nt*; **ärztliche ~** медици́нское обслу́живание; **die ~ aufrechterhalten** подде́рживать снабже́ние; **die ~ der Bevölkerung mit Medikamenten** обеспе́чение населе́ния медикаме́нтами; **die ~ garantieren** гаранти́ровать снабже́ние

Versorgungsbetrieb *m* <-(e)s, -e> предприя́тие *nt* коммуна́льно-бытово́е обслу́живания

Versorgungslage *f* <gen: -> состоя́ние *nt* снабже́ния

Versorgungsleitung *f* <-, -en> коммуна́льная прово́дка *f*

Versorgungslücke *f* <-, -n> дефици́т *m*

Versorgungsspannung *f* <gen: -> (EL) напряже́ние *nt* пита́ния

verspachteln *vt* шпаклева́ть

verspäten *vr* опа́здывать, опозда́ть *pf*

Verspätung *f* <-, -en> опозда́ние *nt*; **ihr Flug hatte 30 Minuten ~** её рейс был заде́ржан на три́дцать мину́т

versperren *vt* загора́живать, -городи́ть *pf*; **die Zufahrt war mit Holzbalken versperrt** подъе́зд был загоро́жен деревя́нными ба́лками

verspielen *vt (Geld)* прои́грывать, -игра́ть *pf*

verspotten *vt* издева́ться *impf (над + inst)*

versprechen I. *irr vt (ein Versprechen geben)* обеща́ть *impf/pf*; II. *vr (beim Sprechen)* огова́риваться, -вори́ться *pf*

Versprechen *nt* <-s, -> обеща́ние *nt*; **jdm ein ~ geben** дать кому́-л. обеща́ние; **jdm ein ~ abnehmen** взять с кого́-л. обеща́ние; **ein ~ halten** сдержа́ть

обещание
verstaatlichen *vt* национализировать, обращать в государственную собственность; **verstaatlichte Industrie** национализированная промышленность; **ein Unternehmen ~** национализировать предприятие
Verstaatlichung *f <gen: ->* национализация *f*, огосударствление *nt*
Verstädterung *f <gen: ->* урбанизация *f*
Verstand *m <gen: -(e)s>* разум *m*; **den ~ verlieren** потерять рассудок
verstandesmäßig *adj* разумный
verständigen *vr* 1. (*jdm etw mitteilen*) объясняться, -ниться *pf* (*mit +dat* с + *inst*); 2. (*sich einig werden*) договариваться, -вориться *pf* (*über + akk* о +*präpos*)
Verständigung *f <gen: ->* 1. (*Kommunikation*) коммуникация *f*, общение *nt*; 2. (*Einigung*) соглашение *nt*
verständigungsbereit *adj* готовый к переговорам, готовый к заключению соглашения
verständlich *adj* понятный
Verständnis *nt <gen: -ses>* понимание *nt*
verständnislos *adj* непонятливый
Verständnislosigkeit *f <gen: ->* непонятливость *f*
verständnisvoll *adj* понимающий
verstärken I. *vt* усиливать, усилить *pf*; **seine Bemühungen verstärken** наращивать свои усилия; II. *vr* (*stärker werden*) усиливаться, усилиться *pf*
Verstärker *m <-s, ->* усилитель *m*
Verstärkung *f <-, -en>* 1. (*das Verstärken*) усиление *nt*; 2. (*zahlenmäßig*) поддержка *f*
verstauchen *vt* растягивать, -тянуть *pf*
Verstauchung *f <-, -en>* растяжение *nt*
Versteck *nt <-(e)s, -e>* укрытие *nt*; **~ spielen** играть в прятки
verstecken I. *vt* прятать, с- *pf* (*vor +dat* от +*gen*); II. *vr* прятаться, с- *pf*
versteckt *adj* скрытый
verstehen I. *irr vt* (*hören können, begreifen*) понимать, -нять *pf*; **er versteht sein Handwerk** он хорошо знает своё дело; II. *irr v* 1. (*Sachkenntnis haben*) разбираться (*von +akk* в +*präpos*); 2. (*unter cincm Begriff*) понимать *impf* (*unter +akk* под +*inst*); III. *vr*: **ich verstehe mich gut mit ihr** мы хорошо понимаем друг друга
versteifen *vr* 1. (*Gelenk*) онеметь *pf*; 2. (*Penis*) становиться, стать *pf* твёрдым
versteigern *vt* продавать, -дать с аукциона [о с торгов]
Versteigerung *f <-, -en>* аукцион *m*, торги *mpl*; **eine öffentliche ~** публичные торги
verstellbar *adj* регулируемый

verstellen *vt* 1. (*anders einstellen*) переставлять, -ставить *pf*, регулировать, от- *pf* (*in +dat* по +*dat*); 2. (*versperren*) заставлять, -ставить *pf*; 3. (*Stimme, Handschrift*) изменять, -нить *pf*
Verstellschraube *f <-, -n>* (TECH) смещаемый винт *m*
versteppen *vi* превратиться в степь
Versteppung *f <gen: ->* превращение *nt* в степь
versteuern *vt* платить, за- *pf* налог (на + *akk*)
verstockt *adj* упрямый
verstopfen *vt* 1. (*etw zustopfen*) затыкать, заткнуть *pf*; 2. (*unpassierbar machen*) засорять, -рить *pf*; **die Kanalisation ist völlig verstopft** канализация полностью засорилась; **meine Nase ist verstopft** у меня забит нос
Verstopfung *f <-, -en>* 1. засор *m*; 2. запор *m*
verstorben *adj* покойный
verstört *adj* растерянный
Verstoß *m <-es, Verstöße>* нарушение *nt*; **~ gegen das Gesetz** нарушение закона; **~ gegen die guten Sitten** нарушение правил приличия
verstoßen I. *irr vi* нарушать, -рушить *pf*; **gegen das Gesetz ~** нарушать закон; II. *vt* (*verbannen*) изгонять, изгнать *pf*
verstrahlt *adj* подвергшийся действию радиации
Verstrebung *f <-, -en>* укрепление *nt* распорками
verstümmeln *vt* изуродовать *pf*
verstummen *vi* (*Mensch, Geräusch*) умолкать, умолкнуть *pf*
Versuch *m <-(e)s, -e>* 1. (*wissenschaftliches Experiment*) опыт *m*; **einen ~ durchführen** проводить опыт [о эксперимент]; 2. (*das Versuchen*) попытка *f*; **~ der Steuerhinterziehung** попытка уклониться от уплаты налогов
versuchen *vt* (*einen Versuch machen, etw zu tun*) пробовать, по- *pf*; **wir haben alles versucht** мы уже всё перепробовали; **versuche es nochmal** попробуй ещё раз
Versuchsanlage *f <-, -n>* экспериментальная установка *f*
Versuchsanordnung *f <-, -en>* совокупность *f* условий, специально созданных для проведения испытания
Versuchsbohrung *f <-, -en>* пробное бурение *nt*
Versuchsergebnis *nt <-ses, -se>* результат *m* эксперимента [о испытания]
Versuchsgelände *nt <gen: -s>* испытательный полигон *m*
Versuchskaninchen *nt <-s, ->* (*umg*)

подо́пытный кро́лик m
Versuchslabor nt <-s, -e> иссле́доватeльская лаборато́рия f
versuchsweise adv в ка́честве экспериме́нта
Versuchung f <-, -en> искуше́ние nt
versüßen vt: jdm/sich etw ~ скра́сить кому́-л./себе́ что-л.
vertagen vt (zeitlich verschieben) переноси́ть, -нести́ pf; eine Sitzung ~ откла́дывать заседа́ние; ein Treffen ~ перенести́ встре́чу на друго́й срок
Vertagung f <gen: -> отсро́чка f, перенесе́ние nt на друго́й срок; ~ auf unbestimmte Zeit отсро́чка на неопределённое вре́мя
vertauschen vt (verwechseln) перепу́тывать, -пу́тать pf
verteidigen I. vt 1. (vor Angreifern, vor Gericht) защища́ть, защити́ть pf (gegen + akk от +gen); jdn vor Gericht ~ защища́ть кого́-л. в суде́; Marktanteile ~ защища́ть ры́ночную до́лю; seine Rechte verteidigen отста́ивать свои́ права́ 2. (MIL) оборона́ть impf, оборони́ть pf; II. vr защища́ться, защити́ться pf (gegen +akk от +gen)
Verteidiger, -in m/f <-s, -> (auch vor Gericht) защи́тник, -ница m/f
Verteidigung f <-, -en> 1. (auch vor Gericht) защи́та f; 2. (MIL) оборо́на f
verteidigungsfähig adj обороноспосо́бный
Verteidigungsfähigkeit f <gen: -> обороноспосо́бность f
Verteidigungskrieg m <-(e)s, -e> оборони́тельная война́ f
Verteidigungsminister m <-s, -> мини́стр m оборо́ны
verteilen I. vt (an verschiedene Personen, räumlich aufteilen) распределя́ть, -ли́ть pf (an +akk среди́ +gen); Gewinne ~ распределя́ть при́быль; Prüfungsaufgaben ~ раздава́ть экзаменацио́нные зада́ния; II. vr (Menschen) распределя́ться, -ли́ться pf
Verteiler m <-s, -> (EL) распредели́тель m
Verteilerkasten m <-s, -kästen> (EL) распредели́тельная коро́бка f
Verteilung f <-, -en> распределе́ние nt, разда́ча f; ~ von Informationen an alle Abteilungen распределе́ние информа́ции по всем отде́лам; statistische ~ статисти́ческое распределе́ние
vertelefonieren vt (umg) израсхо́довать pf на телефо́нные разгово́ры
verteuern I. vt приводи́ть, -вести́ к подорожа́нию (+ gen); II. vr дорожа́ть, по- pf
Verteuerung f <-, -en> подорожа́ние nt
vertiefen I. vt (tiefer machen, auch Kentnisse) углубля́ть, -би́ть pf; II. vr (sich auf etw konzentrieren) углубля́ться, -би́ться pf

Vertiefung f <-, -en> углубле́ние nt
vertikal adj вертика́льный
vertilgen vt (Unkraut) уничтожа́ть, уничто́жить pf
Vertrag m <-(e)s, Verträge> догово́р m, контра́кт m; einen ~ abschließen заключа́ть догово́р; einen ~ ändern изменя́ть догово́р; einen ~ anfechten оспа́ривать догово́р; einen ~ annulieren аннули́ровать догово́р; einen ~ aufsetzen составля́ть догово́р; einen ~ aushandeln добива́ться заключе́ния догово́ра; befristeter ~ догово́р с ограни́ченным сро́ком де́йствия; einen ~ einhalten соблюда́ть догово́р; einen ~ erfüllen выполня́ть догово́р; an einem ~ gebunden sein быть свя́занным догово́ром; gültiger ~ де́йствующий догово́р; einen ~ beim Notar hinterlegen сдава́ть догово́р на хране́ние нота́риусу; kraft des ~es в си́лу догово́ра; einen ~ kündigen растoрга́ть догово́р; ein ~ läuft ab догово́р истека́ет; einen ~ mit jdm über etw schließen заключи́ть с кем-л. догово́р о чём-л.; ein schriftlicher ~ zwischen zwei Partnern пи́сьменный догово́р ме́жду двумя́ партнёрами; ~ sui generis (JUR) свобо́дный догово́р; unbefristeter ~ бессро́чный догово́р; ein ~ verstößt gegen das Gesetz догово́р противоре́чит зако́ну; einen ~ unterzeichnen подпи́сывать догово́р
vertragen I. irr vt (aushalten) выноси́ть, вы́нести pf; er verträgt keine Kritik он не выно́сит кри́тики; II. vr (umg: vereinbar sein) сочета́ться pf (mit +dat c +inst)
vertraglich adj догово́рный, по догово́ру; ~ absichern гаранти́ровать в догово́ре; ~e Frist догово́рный срок; ~e Haftung догово́рная отве́тственность; ~e Regelung догово́рное урегули́рование; ~ vereinbaren согласо́вывать в догово́ре
verträglich adj 1. (Mensch) ужи́вчивый; 2. (Speise) хорошо́ усва́иваемый
Vertragsabschluss m <-es, -abschlüsse> подписа́ние nt догово́ра
Vertragsbestandteil m <-(e)s, -e> составна́я часть f догово́ра
Vertragsbruch m <-(e)s, -brüche> наруше́ние nt догово́ра; einen ~ begehen нару́шить догово́р
vertragschließend adj догова́ривающийся (о сторона́х)
Vertragsentwurf m <-(e)s, -entwürfe> прое́кт m догово́ра
Vertragsform f <-, -en> фо́рма f догово́ра
Vertragsgegenstand m <-(e)s, -gegenstände> предме́т m догово́ра
Vertragspartner, -in m/f <-s, -> догова́ривающаяся сторона́ f

Vertragsrecht *nt* <*gen:* -(e)s> (JUR) договорное право *nt*
Vertragsrücktritt *m* <*gen:* -(e)s> аннулирование *nt* договора
Vertragsstrafe *f* <-, -n> конвенциональный штраф *m*
Vertragsverletzung *f* <-, -en> нарушение *nt* договора
Vertragswerkstatt *f* <-, -werkstätten> мастерская *f* гарантийного ремонта
vertragswidrig *adj* противоречащий договору
vertrauen *vi:* jdm/etw ~ доверять кому-л./чему-л.; **auf jdn/etw** ~ полагаться на кого-л./что-л.
Vertrauen *nt* <*gen:* -s> доверие *nt*; **zu jdm** ~ **haben** доверять кому-л.; ~ **erweckend** вызывающий доверие
Vertrauensbasis *f* <*gen:* -> основа *f* доверия
vertrauensbildend *adj* создающий атмосферу доверия
Vertrauensperson *f* <-, -en> доверенное лицо *nt*
Vertrauensstellung *f* <*gen:* -> ответственная должность *f*
vertrauensvoll *adj* доверительный
vertrauenswürdig *adj* достойный доверия
vertraulich *adj* конфиденциальный
Vertraulichkeit *f* <-, -en> 1. доверчивость *f*; 2. (*von Mitteilung*) конфиденциальность *f*; ~**en** (*Zudringlichkeit*) фамильярность
verträumt *adj* мечтательный
vertraut *adj* (*wohlbekannt*) хорошо знакомый; **sich mit etw** ~ **machen** ознакомиться с чем-л.
vertreiben *irr vt* (*Menschen*) прогонять, -гнать *pf*; **sich die Zeit** ~ проводить время
Vertreibung *f* <-, -en> изгнание *nt*
vertretbar *adj* допустимый
vertreten *irr vt* 1. (*Person*) замещать, -местить *pf*; 2. (*Firma, Gruppe, Interessen*) представлять *impf*
Vertreter, -in *m/f* <-s, -> 1. (*Stellvertreter*) заместитель, -ница *m/f*; **gesetzlicher** ~ законный заместитель 2. (*einer bestimmten Sache, eines Unternehmens*) представитель, -ница *m/f*; **führende** ~ **der Wirtschaft** ведущие представители экономики 3. (*Handelsvertreter*) торговый агент *m*
Vertreterprovision *f* <-, -en> комиссионное вознаграждение *nt*
Vertretung *f* <-, -en> 1. (*das Vertreten*) замещение *nt*; 2. (*einer Firma*) представительство *nt*, филиал *m*; **die** ~ **für eine weltbekannte Marke** представительство всемирно известной фирмы; **die** ~ **übernehmen** брать на себя представительство

Vertrieb *m* <*gen:* -(e)s> 1. (*das Vertreiben, Verkaufen*) сбыт *m*; 2. (*Vertriebsabteilung*) отдел *m* сбыта; **einen** ~ **aufbauen** налаживать сбыт
Vertriebene(r) *mf* <-n, -n> изгнанный, -нная *m/f*
Vertriebsabteilung *f* <-, -en> служба *f* сбыта
Vertriebsgesellschaft *f* <-, -en> дистрибьютерская компания *f*, дистрибьютер *m*
Vertriebskosten *pl* <*gen:* -> расходы *pl* на сбыт
Vertriebsleiter, -in *m/f* <-s, -> руководитель *m* отдела сбыта
Vertriebsnetz *nt* <-es, -> сеть *f* сбыта
Vertriebsorganisation *f* <*gen:* -> сбытовая организация *f*
Vertriebspolitik *f* <*gen:* -> дистрибьютерная политика *f*
Vertriebssystem *nt* <-(e)s, -e> система *f* сбыта
Vertriebsweg *m* <-(e)s, -e> канал *m* сбыта
Vertriebszentrum *nt* <-s, -zentren> сбытовой центр *m*
vertrinken *vt* (*pej*) пропивать, пропить *pf*
vertrocknen *vi* 1. засыхать, -сохнуть *pf*; 2. (*Fluss*) высыхать, высохнуть *pf*
vertrotteln *vi* тупеть, отупеть *pf*
vertuschen *vt* заминать, -мять *pf*
Vertuschung *f* <*gen:* -> старание *nt* замять (дело)
verüben *vt* (*Anschlag, Verbrechen, Selbstmord*) совершать, -шить *pf*
verulken *vt* подшучивать
verunglücken *vi* (*mit dem Auto*) попадать, попасть *pf* в аварию; **tödlich** ~ погибнуть во время аварии [*о несчастном случая*]
verunreinigen *vt* загрязнять, -нить *pf*
verunsichern *vt* вселять, -лить *pf* неуверенность (в +*akk*); **ein verunsicherter Mensch** неуверенный человек
verunstalten *vt* изуродовать *pf*
veruntreuen *vt* (*Geld*) растрачивать, -тратить *pf*; **Gelder** ~ растрачивать деньги
Veruntreuung *f* <*gen:* -> растрата *f*
verursachen *vt* вызывать, вызвать *pf*
Verursacher *m* <-s, -> виновник *m*
verurteilen *vt* 1. (*jdn/ etw negativ beurteilen*) осуждать, осудить *pf*; 2. (JUR) приговаривать, -говорить *pf* (*zu* +*dat* к +*dat*); **er wurde zu drei Jahren Haft verurteilt** он был приговорён к трём годам лишения свободы
Verurteilung *f* <-, -en> (*auch JUR*) осуждение *nt*
vervielfältigen *vt* размножать, -множить *pf*
Vervielfältigung *f* <*gen:* -> размножение *nt*

vervollkommnen I. *vt* совершенствовать, у- *pf*; II. *vr* совершенствоваться, у- *pf*
vervollständigen *vt* дополнять, -полнить *pf*
verwählen *vr* (*am Telefon*) неправильно набирать, неправильно набрать *pf* номер (телефона)
verwahren I. *vt* хранить *impf*; II. *vr*: **sich gegen einen Vorwurf ~** протестовать против обвинения
verwahrlosen *vi* приходить, прийти *pf* в упадок
Verwahrung *f <gen: ->* хранение *nt*
verwaist *adj* осиротелый
verwalten *vt* (*Besitz, Vermögen, Nachlass*) управлять *impf*; **das Vermögen seines Bruders ~** управлять имуществом своего брата
Verwalter, -in *m/f <-s, ->* администратор *m*
Verwaltung *f <-, -en>* управление *nt*, администрация *f*; **die ~ arbeitet unrationell** управление работает нерационально; **Sitz der ~** местонахождение управления
Verwaltungsapparat *m <-(e)s, -e>* управленческий аппарат *m*
Verwaltungsbeamte *m <-n, -n>* чиновник *m* администрации
Verwaltungsbehörde *f <-, -n>* административное [*o* государственное] учреждение *nt*
Verwaltungsbezirk *m <-(e)s, -e>* административный округ *m*
Verwaltungseinheit *f <-, -en>* административная единица *f*
Verwaltungskosten *pl <gen: ->* управленческие расходы *pl*
Verwaltungsrecht *nt <gen: -(e)s>* (JUR) административное право *nt*
Verwaltungsreform *f <-, -en>* реформа *f* управления
verwandeln I. *vt* 1. (*verändern*) преображать, -образить *pf*; **sie war wie verwandelt** её как будто бы подменили; 2. (*umwandeln*) превращать, -вратить *pf* (*in +akk* в *+akk*); II. *vr* (*zu einem anderen Wesen werden*) превращаться, -вратиться *pf* (*in +akk* в *+akk*)
Verwandlung *f <-, -en>* превращение *nt*
verwandt¹ *part perf von* **verwenden**
verwandt² *adj* 1. (*von gleicher Abstammung*) родственный; 2. (*ähnlich, nahe*) схожий
Verwandte(r) *mf <-n, -n>* родственник, -ннница *m/f*
Verwandtschaft *f <gen: ->* 1. (*das Verwandtsein*) родство *nt*; 2. (*die Verwandten*) родственники *mpl*; 3. (*Nähe, Ähnlichkeit*) родство *nt*
Verwandtschaftsgrad *m <-(e)s, -e>* степень *f* родства

verwanzt *adj* 1. кишащий клопами; 2. снабжённый миниатюрным подслушивающим устройством
verwarnen *vt* делать, с- *pf* предупреждение (*+ dat*)
Verwarnung *f <-, -en>* предупреждение *nt*; **eine gebührenpflichtige ~** предупреждение, облагаемое сбором
verwechseln *vt* (*etw für etw anderes halten, vertauschen*) путать, пере- *pf* (*mit +dat* с *+inst*)
Verwechselung, Verwechslung *f <-, -en>* путаница *f*
verwegen *adj* дерзкий
Verwegenheit *f <gen: ->* дерзость *f*
verweichlicht *adj* изнеженный
Verweigerer *m <-s, ->* военнообязанный *m*, отказывающийся от воинской службы
verweigern *vt* отказывать, -казать *pf*; **ihm wurde das Visum verweigert** ему было отказано в визе; **er hat den Wehrdienst verweigert** он отказался нести воинскую службу
Verweigerung *f <-, -en>* отказ *m*
Verweis *m <-es, -e>* 1. (*strenger Tadel*) выговор *m*; 2. (*Hinweis*) ссылка *f* (*auf + akk* на *+akk*)
verweisen *irr vt*: **jdn auf etw ~** указать кому-л. на что-л.; **jdn des Landes ~** выслать кого-л. из страны
verwelken *vi* вянуть, за- *pf*
verwenden <verwendete/verwandte, verwendet/verwandt> *vt* применять, -нить *pf*; **viel Zeit auf etw verwenden** потратить много времени на что-л.
Verwendung *f <gen: ->* применение *nt*; **~ finden** находить применение
Verwendungszweck *m <-(e)s, -e>* назначение *nt*
verwerfen *irr vt* (*fallen lassen, aufgeben*) бросать, бросить *pf*
verwerflich *adj* недостойный
verwerten *vt* (*Erfindung*) применять, -нить *pf*; **Abfall ~** перерабатывать отходы
Verwertung *f <-, -en>* использование *nt*; **die kommerzielle ~ einer Erfindung** коммерческое использование изобретения
Verwertungsgesellschaft *f <-, en>* общество *nt* по охране авторских прав
verwesen *vi* разлагаться, -ложиться *pf*
verwickeln I. *vr* запутываться, -путаться *pf* (*in +akk* в *+präpos*); II. *vt* вовлекать, -лечь *pf* (*in +akk* в *+akk*)
Verwicklung *f <-, -en>* осложнение *nt* (ситуации)
verwildert *adj* 1. одичалый; 2. заросший (о саде)
verwinden *irr vt* преодолевать, -леть *pf*
verwirklichen I. *vt* осуществлять, -вить *pf*; II. *vr* 1. (*Wirklichkeit werden*)

осуществля́ться, -ви́ться *pf*; **2.** (*seinen Neigungen gemäß leben*) реализова́ть *impf/pf* себя́
Verwirklichung *f* <*gen:* -> осуществле́ние *nt*, реализа́ция *f*
verwirren *vt* пу́тать, за- *pf*
verwirrend *adj* свива́ющий с то́лку
Verwirrspiel *nt* <-(e)s, -e> наме́ренное привиде́ние *nt* в замеша́тельство
Verwirrung *f* <*gen:* -> смуще́ние *nt*; **jdn in ~ bringen** смути́ть кого́-л.
verwischen I. *vt* (*unscharf machen*) стира́ть, стере́ть *pf*; **II.** *vr* (*unscharf werden*) стира́ться, стере́ться *pf*
verwittert *adj* ве́тхий, тро́нутый вре́менем
verwitwet *adj* овдове́вший
verwöhnen *vt* ба́ловать, из- *pf*
Verworfenheit *f* <*gen:* -> поро́чность *f*
verworren *adj* запу́танный
verwundbar *adj* рани́мый
verwunden *vt* ра́нить *pf*
verwunderlich *adj* удиви́тельный
Verwunderung *f* <*gen:* -> удивле́ние *nt*; **zu jds ~** к чьему́-л. удивле́нию
Verwundete(r) *mf* <-n, -n> ра́неный, ра́неная *m/f*
Verwundung *f* <-, -en> ране́ние *nt*
verwüsten *vt* опустоша́ть, -ши́ть *pf*
Verwüstung *f* <-, -en> опустоше́ние *nt*
Verzahnung *f* <*gen:* -> (TECH) зубча́тое зацепле́ние *nt*
verzaubern *vt* заколдо́вывать, -дова́ть *pf* (*in +akk* в +*akk*)
Verzauberung *f* <*gen:* -> колдовство́ *nt*
verzeichnen *vt* (*schriftlich aufzeichnen*) запи́сывать, -писа́ть *pf*
Verzeichnis *nt* <-ses, -se> **1.** (*Liste*) спи́сок *m*; **2.** (*Register*) указа́тель *m*
verzeihen <verzieh, verziehen> **I.** *vt* проща́ть, прости́ть *pf*; **bitte ~ Sie die Störung!** прости́те за беспоко́йство! **II.** *vi:* **~ Sie!** извини́те!
Verzeihung *f* <*gen:* -> проще́ние *nt*; **~!** извини́те! **jdn um ~ bitten** проси́ть у кого́-л. проще́ния
verzerren *vt* (*verziehen, auch fig*) искажа́ть, -кази́ть *pf*
Verzicht *m* <-(e)s, -e> отка́з *m*; **freiwilliger ~** доброво́льный отка́з; **~ leisten** отка́зываться
verzichten *vi* отка́зываться, -каза́ться (*auf +akk* от +*gen*)
Verzichtserklärung *f* <-, -en> (JUR) заявле́ние *nt* об отка́зе
verzieh *prät von* **verzeihen**
verziehen I. *irr vt* (*Kind*) избало́вывать *pf*; **ein verzogenes Mädchen** избало́ванная де́вочка; **II.** *irr vi:* **Empfänger verzogen** адреса́т перее́хал; **III.** *irr vr* (*Wolken*) рассе́иваться, рассе́яться *pf*
verzieren *vt* украша́ть, -ра́сить *pf*
Verzierung *f* <-, -en> украше́ние *nt*

verzinkt *adj* оцинко́ванный
verzinsen *vt:* **das Kapital ist mit 6% verzinst** капита́л прино́сит шесть проце́нтов годовы́х
Verzinsung *f* <-, -en> начисле́ние *nt* проце́нтов
verzögern I. *vt* затя́гивать, -тяну́ть *pf*; **II.** *vr* заде́рживаться, -держа́ться *pf* (*um +akk* на +*akk*)
Verzögerung *f* <-, -en> замедле́ние *nt*, заде́ржка *f*, просро́чка *f*
verzollen *vt* плати́ть, за- *pf* по́шлину (*za +akk*); **haben Sie etw zu ~?** у Вас есть ве́щи, подлежа́щие обложе́нию тамо́женной по́шлиной?
Verzollung *f* <*gen:* -> опла́та *f* тамо́женной по́шлины
verzückt *adj* восто́рженный
Verzückung *f* <*gen:* -> восхище́ние *nt*; **über etw in ~ geraten** восхища́ться чем-л.
Verzug *m* <*gen:* -(e)s>: **ohne ~** неме́дленно
verzweifeln *vi* отча́иваться, -ча́яться *pf*
verzweifelt *adj* **1.** отча́явшийся; **2.** (*aussichtslos*) безвы́ходный
Verzweiflung *f* <*gen:* -> отча́яние *nt*; **aus ~** от отча́яния; **jdn zur ~ bringen** привести́ кого́-л. в отча́яние
Verzweiflungstat *f* <-, -en> посту́пок *m*, совершённый в отча́янии
verzwickt *adj* (*umg*) запу́танный
Vesper *f* <-s, -> (REL) вече́рня *f*
Veteran, -in *m* <-en, -en> ветера́н *m*
Veterinärmedizin *f* <*gen:* -> ветерина́рия *f*
veterinärmedizinisch *adj* ветерина́рный
Veto *nt* <-s, -s> ве́то *nt*; **(gegen etw) sein ~ einlegen** наложи́ть ве́то (на что-л.)
Vetter *m* <-s, -n> двою́родный брат *m*
Vetternwirtschaft *f* <*gen:* -> (*umg pej*) кумовство́ *nt*
vgl. *abk von* **vergleiche**
VHS *abk von* **Volkshochschule**
Vibration *f* <-, -en> вибра́ция *f*
vibrationsfrei *adj* вибросто́йкий
Vibrator *m* <-s, -en> вибра́тор *m*
vibrieren *vi* вибри́ровать *impf*
Video *nt* <-s, -s> ви́део *nt*
Videoaufzeichnung *f* <-, -en> видеоза́пись *f*
Videofilm *m* <-(e)s, -e> видеофи́льм *m*
Videokamera *f* <-, -s> видеока́мера *f*
Videokassette *f* <-, -n> видеокассе́та *f*
Videokonferenz *f* <-, -en> конфере́нция *f*, проводи́мая посре́дством видеосвя́зи
Videorecorder *m* <-s, -> видеомагнитофо́н *m*
Videothek *f* <-, -s> видеоте́ка *f*
Vieh *nt* <*gen:* -(e)s> скот *m*
Viehbestand *m* <-(e)s, -bestände>

поголо́вье nt
Viehhalter m <-s, -> содержа́тель m ско́та́
Viehhaltung f <gen: -> содержа́ние nt ско́та́
Viehhandel m <gen: -> торго́вля f ското́м
Viehhändler m <-s, -> скотопромы́шленник m
Viehherde f <-, -n> ста́до nt
Viehseuche f <-, -n> эпизоо́тия f
Viehstall m <-(e)s, -ställe> хлев m
Viehtränke f <-, -n> по́йло nt
Viehtransport m <-(e)s, -e> перево́зка f ско́та
viel I. pron indef мно́го; **er hat ~ Zeit** у него́ мно́го вре́мени; **zu ~** сли́шком мно́го; II. adv мно́го; **mir geht es schon ~ besser** мне уже́ гора́здо лу́чше; **er geht ~ spazieren** он мно́го гуля́ет.
viele pron indef мно́гие
Vielehe f <-, -n> многобра́чие nt
vielerlei pron indef разли́чный
vieles pron indef мно́гое
vielfach adj многокра́тный, многочи́сленный
Vielfalt f <gen: -> разнообра́зие nt
vielfältig adj разносторо́нний
viel gekauft adj хорошо́ продаю́щийся, по́льзующийся больши́м спро́сом
viel geliebt adj возлю́бленный
vielleicht adv мо́жет быть, возмо́жно
vielmals adv многокра́тно
vielmehr adv скоре́е
vielsagend, viel sagend adj многозначи́тельный
vielschichtig adj многосло́йный
vielseitig adj разносторо́нний
vielstimmig adj многоголо́сый
vielversprechend, viel versprechend adj многообеща́ющий; **das hört sich ~ an** э́то звучи́т зама́нчиво
Vielzahl f <gen: -> большо́е коли́чество nt
vielzellig adj (BIO) многокле́точный
vier num четы́ре; **auf allen ~en** (umg) на четвере́ньках
Viereck nt <-(e)s, -e> четырёхуго́льник m
viereckig adj четырёхуго́льный
vierfach num четырёхкра́тный
Vierfüßler m <-s, -> (ZOOL) четвероно́гие pl
vierhundert num четы́реста
vierjährig adj четырёхле́тний
Vierkampf m <gen: -(e)s> (SPORT) же́нское многобо́рье nt
Vierkant m <-(e)s, -e> (TECH) четырёхгра́нник m
Vierlinge pl <gen: -> четверня́ f (близнецы́)
Viermächteabkommen nt <gen: -s> четырёхсторо́ннее соглаше́ние по За́падному Берли́ну (1971)

viermonatig adj четырёхме́сячный
vierphasig adj четырёхфа́зный
Vierspänner m <-s, -> четвёрка f (лошаде́й)
vierspännig adj запряжённый четвёркой лошаде́й
vierspurig adj четырёхря́дный
Viersternehotel nt <-s, -s> четырёхзвёздочная гости́ница f
vierstufig adj четырёхступе́нчатый
Viertaktmotor m <-s, -en> четырёхта́ктный дви́гатель m
vierte(r, s) num четвёртая, -тый, -тое
Viertel nt <-s, -s> 1. (vierter Teil von etw) четвёртая часть f, че́тверть f; 2. (Stadtteil) кварта́л m; **~ nach zehn** че́тверть оди́ннадцатого; **~ vor zehn** без че́тверти де́сять
Vierteljahr nt <-(e)s, -e> кварта́л m
Viertelstunde f <-, -n> че́тверть f часа́
viertens num в-четвёртых
vierzehn num четы́рнадцать
vierzig num со́рок
Vikar, -in m/f <-s, -e> (REL) вика́рий m
Villa f <-, Villen> ви́лла f, особня́к m
Villenviertel nt <-s, -> фешене́бельный кварта́л m
violett adj фиоле́товый
Violine f <-, -n> скри́пка f
Violinschlüssel m <-s, -> скрипи́чный ключ m
Violoncello nt <-s, -celli/-s> виолонче́ль f
VIP akr von **very important person** ва́жное лицо́ nt
Viper f <-, -n> гадю́ка f
Virologie f <gen: -> вирусоло́гия f
virologisch adj вирусологи́ческий
virtuell adj виртуа́льный; **~e Realität** (DV) виртуа́льная реа́льность
Virus nt <-, Viren> ви́рус m
Virusgrippe f <-, -n> ви́русный грипп m
Virusinfektion f <-, -en> ви́русная инфе́кция f
Visier nt <-s, -e> 1. (von Helm) забра́ло nt; 2. (von Waffe) прице́л m
Vision f <-, -en> виде́ние nt
visionär adj 1. при́зрачный; 2. провиди́ческий
Visite f <-, -n> обхо́д m
Visitenkarte f <-, -n> визи́тная ка́рточка f
Viskose f <gen: -> виско́за f
Viskosität f <gen: -> (PHYS, CHEM) вя́зкость f
visuell adj зри́тельный
Visum nt <-s, Visa/Visen> ви́за f; **ein ~ beantragen** пода́ть заявле́ние на получе́ние ви́зы; **ein ~ ausstellen** вы́дать ви́зу
vitalisieren vt придава́ть, прида́ть pf жи́зненные си́лы
Vitamin nt <-s, -e> витами́н m
Vitamingehalt m <gen: -(e)s>

содержа́ние *nt* витами́нов
Vitaminmangel *m* <gen: -s> недоста́ток *m* витами́нов
Vitaminpräparat *nt* <-(e)s, -e> витами́нный препара́т *m*
Vitrine *f* <-, -n> витри́на *f*
Vizekanzler *m* <-s, -> ви́це-ка́нцлер *m*
Vizepräsident, -in *m/f* <-en, -en> ви́це-президе́нт *m*
Vogel *m* <-s, Vögel> пти́ца *f*
Vogelbauer *nt* <-s, -> кле́тка *f* для птиц
Vogelbeerbaum *m* <-(e)s, -bäume> ряби́на *f*
Vogelei *nt* <-s, -er> (*pej*) ча́стые половы́е сноше́ния *ntpl*
Vogelhäuschen *nt* <-s, -> пти́чник *m*, скворе́чник *m*
vögeln *vi* (*vulg*) спа́риваться (о лю́дях)
Vogelscheuche *f* <-, -n> пу́гало *nt*
Vogelschutzgebiet *nt* <-(e)s, -e> пти́чий запове́дник *m*
Vogelschwarm *m* <-(e)s, -schwärme> ста́я *f*
Vokabel *f* <-, -n> сло́во *nt*
Vokabular *nt* <-s, -e> запа́с *m* слов
Vokal *m* <-s, -e> гла́сный
Voliere *f* <gen: -> вольёр *m* (для птиц)
Volk *nt* <-(e)s, Völker> наро́д *m*
Völkergemeinschaft *f* <gen: -> содру́жество *nt* наро́дов
Völkerkunde *f* <gen: -> этногра́фия *f*
Völkerkundemuseum *nt* <-s, -museen> этнографи́ческий музе́й *m*
Völkerkundler, -in *m/f* <-s, -> этно́граф *m*
Völkerrecht *nt* <gen: -(e)s> междунаро́дное пра́во *nt*
völkerrechtlich *adj* междунаро́дно-правово́й
Völkerverständigung *f* <gen: -> взаимопонима́ние *nt* ме́жду наро́дами
Völkerwanderung *f* <gen: -> вели́кое переселе́ние *nt* (наро́дов)
Volksdemokratie *f* <-, -n> 1. наро́дная демокра́тия *f*; 2. страна́ *f* наро́дной демокра́тии
volkseigen *adj*: **~er Betrieb** наро́дное предприя́тие
Volkseinkommen *nt* <-s, -> национа́льный дохо́д *m*
Volksentscheid *m* <-(e)s, -e> референдум *m*
Volksetymologie *f* <-, -n> (LING) наро́дная этимоло́гия *f*
Volksglaube *m* <gen: -ns> пове́рье *nt*
Volksgruppe *f* <-, -n> наро́дность *f*
Volkskunst *f* <gen: -> наро́дное тво́рчество *nt*
Volkslied *nt* <-(e)s, -er> наро́дная пе́сня *f*
Volksmärchen *nt* <-s, -> наро́ная ска́зка *f*
Volksmenge *f* <gen: -> толпа́ *f*
Volksmund *m* <gen: -(e)s> наро́дная му́дрость *f*
Volksmusik *f* <gen: -> наро́дная му́зыка *f*
Volkspartei *f* <-, -en> наро́дная па́ртия *f*
Volksrepublik *f* <-, -en> наро́дная респу́блика *f*
Volksstück *nt* <-(e)s, -e> (THEAT) наро́дная пье́са *f*
Volkstanz *m* <-es, -tänze> наро́дный та́нец *m*
volkstümlich *adj* наро́дный
volksverbunden *adj* те́сно свя́занный с наро́дом
Volksverdummung *f* <gen: -> (*umg*) оболва́нивание *nt* масс
Volkswirt, -in *m/f* <-s, -e> экономи́ст *m*
Volkswirtschaft *f* <-, -en> наро́дное хозя́йство *nt*
volkswirtschaftlich *adj* народнохозя́йственный; **~er Nutzen** народнохозя́йственная по́льза; **~er Schaden** народнохозя́йственный уще́рб
Volkszählung *f* <-, -en> пе́репись *f* населе́ния
voll *adj* 1. (*gefüllt*) по́лный, напо́лненный; **er brachte einen Krug ~ Milch** он принёс по́лный кувши́н молока́; 2. (*ganz*) весь, це́лый; **~ und ganz** целико́м и по́лностью; **er ist ~** (*umg: betrunken*) он здо́рово набра́лся; **sich ~ fressen** нажра́ться; **~ pfropfen** наби́ть до отка́за; **~ gestopft** битко́м наби́тый
vollabern *vt* (*pej*) соверше́нно глу́пый
vollauf *adv* вполне́, доста́точно
vollautomatisch *adj* по́лностью автоматизи́рованный; **~e Fertigung** (по́лностью) автоматизи́рованниое произво́дство
Vollbeschäftigung *f* <gen: -> по́лная за́нятость *f*
Vollblutpferd *nt* <-(e)s, -e> чистокро́вная ло́шадь *f*
vollbringen *vt* соверша́ть, -ши́ть *pf*
Völlegefühl *nt* <gen: -s> ощуще́ние *nt* тя́жести в желу́дке
vollenden I. *vt* (*fertig machen*) заверша́ть, -ши́ть *pf*; II. *vr* (*vervollkommnen*) соверше́нствовать, у- *pf*
vollends *adv* по́лностью
Vollendung *f* <gen: -> заверше́ние *nt*
Völlerei *f* <gen: -> (*pej*) набива́ние *nt* желу́дка
Volleyball *m* <-(e)s, -bälle> 1. (*Spiel*) волейбо́л *m*; 2. (*Ball*) волейбо́льный мяч *m*
vollführen *vt* 1. соверша́ть, соверши́ть *pf*; 2. устра́ивать, устро́ить *pf*
Vollgas *nt*: **mit ~** на по́лном газу́
völlig *adj* по́лный; **~ nass** соверше́нно мо́крый
volljährig *adj* совершенноле́тний
voll jammern *vt*: **jdm die Ohren ~** (*umg*)

прожужжа́ть кому́-л. все у́ши
Vollkaskoversicherung *f* <-, -en>
страхова́ние *nt* автомоби́ля от всех ри́сков
Vollkaufmann *m* <-(e)s, -männer/-leute> (JUR) полноправный коммерса́нт *m*
vollkommen *adj* 1. (*völlig*) по́лный; **er war ~ durcheinander** он соверше́нно сби́лся с мы́сли; 2. (*vollendet*) соверше́нный
Vollkommenheit *f* <gen: ->
соверше́нство *nt*
Vollkornbrot *nt* <-(e)s, -e> хлеб *m* из муки́ гру́бого помо́ла
Vollkosten *pl* <gen: -> совоку́пные изде́ржки *pl*
Vollkostenrechnung *f* <-, -en> расчёт *m* совоку́пных изде́ржек
Vollmacht *f* <-, -en> 1. (*Befugnis*) полномо́чие; **alle ~en haben** име́ть все полномо́чия; **beschränkte ~** ограни́ченные полномо́чия; **eine ~ erteilen** предоста́вить полномо́чия; **uneingeschränkte ~** неограни́ченные полномо́чия; **eine ~ unterschreiben** подписа́ть дове́ренность 2. (*Dokument*) дове́ренность *f*
Vollmatrose *m* <-n, -n> матро́с *m* пе́рвого кла́сса
Vollmitglied *nt* <-(e)s, -er>
полнопра́вный член *m*
Vollmitgliedschaft *f* <gen: -> по́лное чле́нство *nt*
Vollmond *m* <-(e)s, -e> полнолу́ние *nt*
Vollpension *f* <gen: -> по́лный пансио́н *m*
voll pumpen *vt* накача́ть (насо́сом) до отка́за
voll schmieren *vt* 1. измара́ть *pf*; 2. исписа́ть *pf*
vollständig I. *adj* по́лный; II. *adv* соверше́нно, по́лностью
vollstrecken *vt* приводи́ть, -вести́ *pf* в исполне́ние
voll tanken *vi* заправля́ть, запра́вить *pf* по́лный бак
Volltreffer *m* <-s, -> 1. (*MIL*) прямо́е попада́ние *nt*; 2. (*fig*) уда́ча *f*
Vollversammlung *f* <-, -en> о́бщее собра́ние *nt*
Vollwertkost *f* <gen: -> биологи́чески полноце́нная пи́ща *f*
vollzählig *adj* в по́лном соста́ве
vollziehen I. *irr vt* выполня́ть, вы́полнить *pf*; II. *irr vr* происходи́ть, произойти́ *pf*
Volontär, -in *m/f* <-s, -e> стажёр *m*
Volt *nt* <-/-(e)s, -> вольт *m*
Voltmeter *nt* <-s, -> (EL) вольтме́тр *m*
Volumen *nt* <-s, -/-mina> объём *m*
voluminös *adj* объёмистый
von *präp +dat*: **~ oben/unten** све́рху/сни́зу; **~ Wladiwostok nach Cha-** barowsk fahren е́хать из Владивосто́ка в Хаба́ровск; **~ Moskau bis Scheremetjewo sind es 30 Kilometer** от Москвы́ до Шереме́тьево три́дцать киломе́тров; **~ morgen an** начина́я с за́втрашнего дня; **~ Montag bis Freitag** с понеде́льника по пя́тницу; **die Zeitung vom 3. Mai** газе́та от тре́тьего ма́я; **~ der Arbeit kommen** прийти́ с рабо́ты; **ein Freund ~ mir** мой друг; **ein Bild ~ Kandinsky** карти́на Канди́нского; **~ selbst** само́ по себе́; **~ mir aus** (*umg*) я не про́тив; **im Abstand ~ 5 Metern** на расстоя́нии пяти́ ме́тров; **~ etw ausgehen** исходи́ть из чего́-л.; **~ jdm/etw sprechen** говори́ть о ком-л./чём-л.
voneinander *adv* друг от дру́га
vor *präp* 1. (*räumlich, Richtung anweisend, vor einer Handlung*) пе́ред (+ *inst*); 2. (*ursächlich*) от (+ *gen*); ~ **allem** пре́жде всего́; ~ **drei Tagen** три дня тому́ наза́д; ~ **dem Essen** пе́ред едо́й; **fünf Minuten ~ zwölf** без пяти́ мину́т двена́дцать; ~ **Wut/Freude** от гне́ва/ра́дости
Vorabend *m* <-s, -e> кану́н *m*; **am ~ von etw** накану́не чего́-л.
Vorabinformation *f* <-, -en>
предвари́тельная информа́ция *f*
voran *adv* (*vorwärts*) вперёд
vorangehen *irr vi* 1. (*an der Spitze gehen*) идти́, пойти́ *pf* впереди́; 2. (*vorankommen*) продвига́ться, -дви́нуться *pf*; **einer Sache ~** (*zeitlich*) предше́ствовать чему́-л.
Vorankündigung *f* <-, -en>
предвари́тельное оповеще́ние *nt*, ано́нс *m*
Voranmeldung *f* <-, -en>
предвари́тельная зая́вка *f*
vorantreiben *vt* ускоря́ть *impf*, форси́ровать *impf*
voraus *adv* впереди́; **im ~** зара́нее; **seiner Zeit ~ sein** ра́ньше своего́ вре́мени
vorausahnen *vt* предчу́вствовать
vorauseilen *vt* спеши́ть вперёд
vorausgehen *irr vi* идти́, пойти́ *pf* вперёд; **einer Sache ~** предше́ствовать чему́-л.
voraushaben *irr vt*: **jdm etw ~** превосходи́ть кого́-л. в чём-л.
Voraussage *f* <-, -en> прогно́з *m*
voraussagen *vt* предска́зывать, -сказа́ть *pf*
voraussehen *vt* предви́деть
voraussetzen *vt* 1. (*Fähigkeiten*) предусма́тривать *impf*; 2. (*von etw ausgehen*) исходи́ть *impf* (из +*gen*); **vorausgesetzt, dass ...** при усло́вии, е́сли...
Voraussetzung *f* <-, -en> усло́вие *nt*, предпосы́лка *f*; **jegliche ~en fehlen** нет никаки́х предпосы́лок; **von falschen ~en ausgehen** исходи́ть из ло́жных предпосы́лок

Voraussicht f <gen: -> предвидение nt
voraussichtlich adj предполагаемый
vorauszahlen vt платить за что-л. вперёд
Vorauszahlung f <-, -en> аванс m
Vorbehalt m <-(e)s, -e> оговорка f; **einem Projekt ohne ~ zustimmen** согласиться с проектом без оговорок; **unter dem ~, dass ...** с той оговоркой, что ...
vorbehalten irr vt: **sich/jdm etw ~** оставить за собой/кем-л. право на что-л.; **jdm ~ sein** принадлежать кому-л. [о является правом кого-л.]
vorbehaltlos adj безоговорочный
Vorbehandlung f <gen: -> предварительная обработка f
vorbei adv: **~ an etw/jdm** мимо чего-л./кого-л.; **das ist alles längst ~** всё это уже давно прошло [о позади]
vorbeigehen irr vi проходить, пройти pf (**an** +dat мимо +gen)
vorbeimarschieren vi проходить impf торжественным маршем
vorbereiten I. vt подготавливать, -готовить pf (**auf** +akk к +dat); II. vr подготавливаться, -готовиться pf (**auf** +akk к +dat)
Vorbereitung f <-, -en> подготовка f
Vorbesitzer m <-s, -> прежний владелец m
Vorbestimmung f <gen: -> предопределение nt, предназначение nt
vorbestraft adj имеющий судимость
vorbeugen I. vr наклоняться, -клониться pf вперёд; II. vi предупреждать, -предить pf; **einer Sache ~** предупреждать что-л.
vorbeugend adj предупредительный
Vorbeugung f <gen: -> предупреждение nt
Vorbeugungsmaßnahme f <-, -n> предупредительная мера f
Vorbild nt <-(e)s, -er> пример m; **sich jdn zum ~ nehmen** брать с кого-л. пример
vorbildlich adj примерный
vorbringen irr vt выдвигать, выдвинуть pf
vorchristlich adj дохристианский
Vordatierung f <gen: -> датирование nt будущим числом
Vorderachse f <-, -n> передний мост m
Vorderasien nt <gen: -s> Передняя Азия f
vordere(r, s) adj передняя, -ний, -нее
Vordergrund m <-(e)s, -gründe> передний план m; **im ~** на переднем плане
Vorderrad nt <-(e)s, -räder> переднее колесо nt
Vorderradantrieb m <-(e)s, -e> (KFZ) привод m на передние колёса
Vorderseite f <-, -n> передняя сторона f
Vordruck m <-(e)s, -e> бланк m, формуляр m
voreilig adj поспешный
voreingenommen adj предвзятый
Voreingenommenheit f <gen: -> предвзятость f
vorenthalten irr vt: **jdm etw ~** лишать кого-л. чего-л.
Vorentscheidung f <-, -en> предварительное решение nt
vorerst adv пока
vorexerzieren vt демонстрировать, про- pf на примере
Vorfahr, -in m/f <-en, -en> предок m
vorfahren irr vi подъезжать, -ехать pf; **sie fuhr mit dem Taxi vor** она подъехала на такси
Vorfahrt f <gen: -> право nt преимущественного проезда; **jdm die ~ lassen** уступить кому-л. дорогу
vorfahrtsberechtigt adj имеющий право преимущественного проезда
Vorfahrtsregel f <gen: -> правило nt преимущественного проезда
Vorfall m <-(e)s, -fälle> случай m
Vorfinanzierung f <gen: -> предоставление nt краткосрочного кредита
vorfinden irr vt заставать, -стать pf, видеть, у- pf
Vorform f <-, -en> первоначальная форма f
vorführen vt (Film, Person, Auto) показывать, -казать pf
Vorführgerät nt <-(e)s, -e> 1. проектор m; 2. демонстрационный экземпляр m
Vorführung f <-, -en> 1. (Filmvorführung) показ m; 2. (Vorstellung) представление nt
Vorgabe f <-, -n> заданный показатель m; **~ von Umsatzzielen** заданный показатель оборота; **gesetzte ~n erreichen** достигнуть поставленной цели
Vorgang m <-(e)s, -gänge> 1. (Hergang) процесс m; 2. (Vorfall) событие nt; 3. (Aktenvorgang) дело nt
Vorgänger, -in m/f <-s, -> предшественник, -нница m/f
vorgeben irr vt 1. (angeben) приводить, -вести pf в качестве предлога; 2. (SPORT) давать, дать pf фору; 3. (festlegen) задавать, -дать pf
vorgefertigt adj заводского изготовления
Vorgefühl nt <gen: -(e)s> предчувствие nt
vorgehen irr vi 1. (nach vorn gehen) выходить, выйти pf (вперёд) (an +akk к +dat); 2. (Uhr) спешить impf; 3. (geschehen) происходить, произойти pf; 4. (handeln) действовать, поступать, -ступить pf
Vorgehen nt <gen: -s> действия pl; ge-

meinsames ~ совме́стные де́йствия; planmäßiges ~ планоме́рные де́йствия
Vorgehensweise f <-, -n> о́браз m де́йствий
Vorgeschichte f <-, -n> предысто́рия f
vorgeschichtlich adj доистори́ческий
Vorgeschmack m <gen: -(e)s> предвкуше́ние nt
Vorgesetzte(r) mf <-n, -n> нача́льник, -ница m/f, руководи́тель m
Vorgespräch nt <-(e)s, -e> предвари́тельные перегово́ры pl
vorgestern adv позавчера́
vorhaben irr vt собира́ться, собра́ться pf сде́лать что-л.; was hast du damit vor? что ты собира́ешься с э́тим де́лать?; was hast du für heute vor? что ты заплани́ровал на сего́дня?
Vorhaben nt <-s, -> наме́рение nt; ein ~ umsetzen осуществи́ть наме́рение
vorhanden adj име́ющийся (в нали́чии); es sind noch drei Bücher ~ оста́лись ещё три кни́ги
Vorhandensein nt <gen: -s> нали́чие nt
Vorhang m <-(e)s, Vorhänge> 1. занаве́ска f; 2. (Theater) за́навес m
Vorhängeschloss nt <-es, -schlösser> вися́чий замо́к m
Vorhaut f <-, -häute> кра́йняя плоть f
vorher adv зара́нее; drei Tage ~ за три дня до э́того
vorherbestimmt adj предопределённый
Vorherbestimmung f <gen: -> предопределе́ние nt
vorhergehen irr vi: etw geht einer Sache vorher чего́-л. предше́ствует чему́-л.
vorherig adj пре́жний
Vorherrschaft f <gen: -> госпо́дство nt
Vorherrschaft m госпо́дство nt, госпо́дствующее положе́ние nt
vorherrschen vi преоблада́ть impf
Vorhersage f <-, -n> прогно́з m
vorhersagen vt предска́зывать, -сказа́ть pf
vorhersehbar adj предсказу́емый
vorhersehen irr vt предви́деть impf
vorheucheln vt лицеме́рно уверя́ть
vorhin adv то́лько что
Vorhinein adv: im ~ зара́нее
vorig adj про́шлый
Vorjahr nt <-(e)s, -e> про́шлый год m
Vorjahresvergleich m <gen: -(e)s> сравне́ние nt с предыду́щим го́дом
Vorjahreszeitraum m <gen: -(e)s> соотве́тствующий пери́од m про́шлого го́да
Vorkehrung f <-, -en> (meist pl) ме́ра f предосторо́жности
Vorkenntnisse pl <gen: -> предвари́тельные зна́ния pl
vorkommen vi 1. (auftreten) встреча́ться, встре́титься pf; 2. (geschehen) случа́ться, случи́ться pf; sie kommt mir bekannt vor мне ка́жется, что я её зна́ю
Vorkommen nt <-s, -> (von Bodenschätzen) месторожде́ние nt
Vorkommnis nt <-ses, -se> происше́ствие nt
Vorladung f <-, -en> вы́зов m в суд
Vorlage f <-, -n> 1. (das Vorlegen) предъявле́ние nt; 2. (Muster, Vorbild) образе́ц m; 3. (Gesetzesvorlage) прое́кт m
vorläufig adj вре́менный; ~es Ergebnis предвари́тельный результа́т; ~e Verfügung вре́менное распоряже́ние
vorlaut adj де́рзкий
vorlegen vt 1. (vorzeigen) предъявля́ть, -ви́ть pf; Pläne der Öffentlichkeit ~ предста́вить пла́ны обще́ственности; einen Vertrag zur Unterschrift ~ представля́ть догово́р на по́дпись 2. (Entwurf) представля́ть, -ста́вить pf
Vorleistung f <-, -en> ава́нс m
vorlesen irr vt чита́ть, про- pf вслух
Vorlesung f <-, -en> ле́кция f; eine ~ halten чита́ть ле́кцию
Vorlesungsverzeichnis nt <-ses, -se> расписа́ние nt заня́тий
vorletzte(r, s) adj предпосле́дняя, -ний, -нее
Vorliebe f <-, -n> пристра́стие nt; eine ~ für etw/jdn haben име́ть пристра́стие к чему́-л./кому́-л.
vorliegen irr vi (existieren, dasein) име́ться impf; hier muss ein Irrtum ~ здесь произошла́ оши́бка
vorliegend adj да́нный; im ~en Fall в да́нном слу́чае
Vormachtstellung f <gen: -> госпо́дствующее положе́ние nt
vormerken vt запи́сывать, -писа́ть pf; sich für etw ~ lassen записа́ться на что-л.
Vormittag m <-s, -e> пе́рвая полови́на f дня
vormittags adv в пе́рвой полови́не дня, до обе́да
Vormonat m <gen: -s> предыду́щий ме́сяц m
Vormund m <-(e)s, -e> опеку́н m
vorn(e) adv впереди́; nach ~ вперёд; von ~ спе́реди; von ~ anfangen начина́ть снача́ла
Vorname m <-n, -n> и́мя nt
vornehm adj изы́сканный
vornehmen irr vr (etw anpacken, auch sich jdn ~) бра́ться, взя́ться pf (за +akk); sich dat ~, etw zu tun реши́ть сде́лать что-л.; eine Reparatur ~ провести́ ремо́нт
vornehmlich adv пре́жде всего́
vorneigen vr наклони́ться pf вперёд
vornherein adv: von ~ с са́мого нача́ла

Vorort *m* <-(e)s, -e> при́город *m*
Vorortzug *m* <-(e)s, -züge> электри́чка *f*
vorpreschen *vi* посеща́ть, посети́ть *pf* (кого́-л. по де́лу)
vorprogrammiert *adj* (*auch fig*) запрограмми́рованный
Vorprüfung *f* <-, -en> экза́мены в ву́зе по заверше́нии нача́льного эта́па учёбы с це́лью отбо́ра лу́чших студе́нтов для основно́го эта́па учёбы
Vorrang *m* <*gen*: -(e)s> преиму́щество *nt*; **absoluten ~ genießen** име́ть абсолю́тное преиму́щество; (**vor etw/jdm**) **den ~ haben** име́ть преиму́щество (пе́ред чем-л./кем-л.)
vorrangig *adj* первоочередно́й, преиму́щественный
Vorrat *m* <-(e)s, Vorräte> запа́с *m*; **einen ~ anlegen** создава́ть запа́сы; **die Vorräte aufstocken** пополня́ть запа́сы; **solange der ~reicht** пока́ хвата́ет запа́сов; **die Vorräte werden knapp** запа́сы конча́ются
vorrätig *adj* име́ющийся (в запа́се)
Vorratsbehälter *m* <-s, -> ёмкость *f* для хране́ния припа́сов
Vorratslager *nt* <-s, -> склад *m*
Vorraum *m* <-(e)s, -räume> пере́дняя *f*
Vorrecht *nt* <-(e)s, -e> привиле́гия *f*, преиму́щество *nt*; **ein ~ haben** име́ть привиле́гию
Vorrichtung *f* <-, -en> устро́йство *nt*
vorsagen *vt*: **jdm etw ~** подска́зывать кому́-л. что-л.
Vorsaison *f* <*gen*: -> предсезо́нный пери́од *m*
Vorsatz *m* <-es, -sätze> наме́рение *nt*
vorsätzlich *adj* преднаме́ренный
Vorschein *m*: **zum ~ kommen** появи́ться
vorschicken *vt* отправля́ть, отпра́вить *pf* зара́нее
vorschieben *irr vt* (*nach vorn schieben*) подвига́ть, -ви́нуть *pf* вперёд; **den Riegel ~** задви́нуть засо́в
Vorschlag *m* <-(e)s, Vorschläge> предложе́ние *nt*; **alternative Vorschläge ausarbeiten** разраба́тывать альтернати́вные предложе́ния; **auf jds ~ hin** по предложе́нию кого́-л.; **einen ~ machen** сде́лать предложе́ние; **ein vernünftiger ~** разу́мное предложе́ние; **ein undurchführbarer ~** неосуществи́мый прое́кт
vorschlagen *irr vt* предлага́ть, -ложи́ть *pf*
vorschnell *adj* опроме́тчивый
vorschreiben *irr vt* предпи́сывать, -писа́ть *pf*
Vorschrift *f* <-, -en> инстру́кция *f*; **Dienst nach ~** слу́жба по предписа́ниям; **gesetzliche ~en verletzen** наруша́ть законода́тельные положе́ния
vorschriftsmäßig *adj* согла́сно инстру́кции
Vorschub *m*: **einer Sache ~ leisten** соде́йствовать чему́-л.
Vorschulerziehung *f* <*gen*: -> дошко́льное воспита́ние *nt*
Vorschuss *m* <-es, Vorschüsse> зада́ток *m*, ава́нс *m*
vorschweben *vi* представля́ться, предста́виться *pf*
vorsehen I. *irr vt* **1.** (*nach vorn sehen*) выгля́дывать, вы́глянуть *pf* (*hinter +dat* из-за́ +*gen*); **2.** (*angeben, einplanen*) предусма́тривать, -мотре́ть *pf*; **II.** *irr vr* быть *impf* осторо́жным (*mit* с +*inst*)
Vorsehung *f* <*gen*: -> провиде́ние *nt*
Vorsicht *f* <*gen*: -> осторо́жность *f*; **~!** осторо́жно!
vorsichtig *adj* осторо́жный; **mit etw ~ sein** быть осторо́жным с чем-л.
Vorsichtsmaßnahme *f* <-, -n> ме́ра *f* предосторо́жности
Vorsilbe *f* <-, -n> приста́вка *f*
Vorsitz *m* <*gen*: -es> председа́тельство *nt*; **den ~ führen** председа́тельствовать
Vorsitzende(r) *mf* <-n, -n> председа́тель, -ница *m/f*
Vorsorge *f* <*gen*: -> ме́ра *f* предосторо́жности
Vorsorgeuntersuchung *f* <-, -en> профилакти́ческий осмо́тр *m*
vorsorglich *adj* забо́тливый
Vorspeise *f* <-, -n> заку́ска *f*
Vorspiel *nt* <-(e)s, -e> **1.** (MUS) прелю́дия *f*; **2.** (*sexuell*) предвари́тельные ла́ски *fpl*
vorspielen *vt* (*auf Instrument*) исполня́ть, испо́лнить *pf*
vorsprechen I. *irr vt* (*einen Text*) произноси́ть, произнести́ *pf*; **II.** *irr vi* зайти́ *pf*; **bei einer Behörde/bei jdm ~** зайти́ в како́е-л. учрежде́ние/к кому́-л.
Vorsprung *m* <-(e)s, Vorsprünge> **1.** (*vorstehender Teil*) вы́ступ *m*; **2.** (*Voraussein*) преиму́щество *nt*; **einen ~ vor jdm haben** име́ть преиму́щество пе́ред кем-л.
Vorstadium *nt* <-s, -stadien> ра́нняя ста́дия *f*
Vorstadt *f* <-, -städte> при́город *m*
Vorstand *m* <-(e)s, -stände> **1.** (*von Unternehmen*) правле́ние *nt*; **der ~ tagt** правле́ние заседа́ет; **2.** (*Vorstandsmitglied*) член *m* правле́ния
Vorstandschef *m* <-s, -s> дире́ктор *m* правле́ния
Vorstandsetage *f* <-, -n> эта́ж *m*, на кото́ром размещено́ правле́ние
Vorstandsmitglied *nt* <-(e)s, -er> член *m* правле́ния
Vorstandssprecher, -in *m/f* <-s, -> представи́тель *m*, выступа́ющий от и́мени правле́ния

Vorstandsvorsitzende *m* <-n, -n> председа́тель *m* правле́ния
vorstehen *irr vi* (*nach vorn ragen*) выступа́ть *impf* (*aus +dat* из *+gen*)
vorstehend *adj* выступа́ющий, выделя́ющийся
Vorsteherdrüse *f* <-, -n> (t) проста́та *f*
vorstellbar *adj* постижи́мый
vorstellen I. *vt* 1. (*Person, Gegenstand*) представля́ть, -ста́вить *pf*; 2. (*Uhr*) ста́вить, по- *pf* вперёд (*um +akk* на *+akk*); 3. (*darstellen*) представля́ть *impf* из себя́; II. *vr* (*eine Vorstellung von etw haben*) представля́ть, -ста́вить *pf* себе́
Vorstellung *f* <-, -en> 1. (*das Vorstellen*) представле́ние *nt*; 2. (*Theater*) спекта́кль *m*; 3. (*Kino*) сеа́нс *m*; 4. (*Gedanke*) представле́ние *nt*
Vorstoß *m* <-es, Vorstöße> 1. (MIL) проры́в *m*, уда́р *m*, ата́ка *f*; 2. (SPORT) рыво́к *m*
vorstoßen *vi* 1. проника́ть, -ни́кнуть *pf* (*in +akk* в *+akk*); 2. (MIL) прорыва́ться, прорва́ться *pf*
vorstrecken *vt* (*Hand, Kopf*) выта́гивать, вы́тянуть *pf* вперёд
Vorstufe *f* <-, -n> предвари́тельный эта́п *m*
vortäuschen *vt* симули́ровать *impf*
Vorteil *m* <-(e)s, -e> преиму́щество *nt*; **entscheidender ~** реша́ющее преиму́щество; **nur den eigenen ~ im Auge haben** пресле́довать то́лько свою́ вы́году; (**für jdn**) **von ~ sein** быть вы́годным кому́-л.
vorteilhaft *adj* вы́годный
Vortrag *m* <-(e)s, -träge> докла́д *m*; **einen ~ halten** выступа́ть с докла́дом
vortragen *irr vt* 1. (*Gedicht*) чита́ть, про- *pf*; 2. (*Meinung*) излага́ть, -ложи́ть *pf*
Vortragsabend *m* <-s, -e> темати́ческий ве́чер *m*
vortrefflich *adj* превосхо́дный
Vortritt : **jdm ~ gewähren** пропусти́ть кого́-л. вперёд
vorüber *adv* ми́мо
vorübergehen *irr vi* (*vorbeigehen*) проходи́ть, пройти́ *pf* ми́мо (*an +dat* ми́мо *+gen*)
vorübergehend *adj* вре́менный
Voruntersuchung *f* <-, -en> (JUR) предвари́тельное сле́дствие *nt*
Vorurteil *nt* <-s, -e> предрассу́док *m*
vorurteilsfrei *adj* свобо́дный от предрассу́дков
Vorverhandlung *f* <-, -en> (JUR) предвари́тельное слу́шание *nt*
Vorverkauf *m* <*gen*: -(e)s> предвари́тельная прода́жа *f*
vorverlegen *vt* переноси́ть, перенести́ *pf* на бо́лее ра́нний срок
Vorvertrag *m* <-(e)s, -verträge> предвари́тельный догово́р *m*
vorvorletzte *adj* тре́тий от конца́

Vorwahl *f* <-, -en> (TELKOM) (телефо́нный) код *m* (населённого пу́нкта)
Vorwand *m* <-(e)s, -wände> предло́г *m*; **unter einem ~** под каки́м-л. предло́гом
vorwärts *adv* вперёд
Vorwärtsgang *m* <-(e)s, -gänge> переда́ча *f* пере́днего хо́да
vorwärts gehen *vi*: **mit etw geht es vorwärts** (*umg*) что-л. продвига́ется
Vorwäsche *f* <*gen*: -> предвари́тельная сти́рка *f*
vorweg *adv* (*im voraus*) зара́нее
vorweisen *irr vt* (*vorzeigen*) предъявля́ть, -ви́ть *pf*; **sie kann sehr gute Qualifikationen ~** у неё о́чень хоро́шая квалифика́ция
vorwerfen *vt*: **jdm etw ~** упрека́ть кого́-л. в чём-л.
vorwiegend *adv* в основно́м, преиму́щественно
Vorwissen *nt* <*gen*: -s> предвари́тельная подгото́вка *f*
vorwitzig *adj* 1. (*keck, frech*) нескро́мный; 2. (*neugierig*) любопы́тный
Vorwort *nt* <-(e)s, -e> предисло́вие *nt*
Vorwurf *m* <-(e)s, -würfe> упрёк *m*
vorwurfsvoll *adj* укори́зненный
Vorzeichen *nt* <-s, -> 1. (*Omen*) предзнаменова́ние *nt*; 2. (MATH) знак *m*
vorzeigen *vt* предъявля́ть, -ви́ть *pf*
vorzeitig *adj* преждевре́менный
vorziehen *irr vt* 1. (*Vorhänge*) заде́ргивать, -дёрнуть *pf*; 2. (*lieber mögen*) предпочита́ть, -че́сть *pf*; **jdn (einem anderen) ~** предпочита́ть кого́-л. (кому́-л. друго́му)
Vorzimmer *nt* <-s, -> приёмная *f*
Vorzimmerdame *f* <-, -n> секрета́рша *m*
Vorzug *m* <-(e)s, -züge> 1. (*Vorrang*) предпочте́ние *nt*; 2. (*positive Eigenschaft*) преиму́щество *nt*; **einer Sache den ~ geben** отда́ть чему́-л. предпочте́ние
vorzüglich *adj* великоле́пный
Vorzugsaktie *f* <-, -n> (BÖRSE) привилегиро́ванная а́кция *f*
Vorzugspreis *m* <-es, -e> льго́тная цена́ *f*
Vorzugsrecht *nt* <-(e)s, -e> (JUR) преиму́щественное пра́во *nt*
Votum *nt* <-s, Voten> (*geh*) во́тум *m*
VR[1] *abk von* **Volksrepublik**
VR[2] (DV) *abk von* **virtuelle Realität**
vulgär *adj* вульга́рный
Vulkan *m* <-s, -e> вулка́н *m*
Vulva *f* <*gen*: -> ву́льва *f*

W

w, W *nt* <-, -> в, В *nt*
waag(e)recht *adj* горизонта́льный
Waage *f* <-, -n> 1. весы́ *mpl*; 2. (ASTR) Весы́ *mpl*

wabb(e)lig *adj* (*umg*) дряблый
Wabe *f* <-, -n> сот *m*
wach *adj* (*rege*) бодрый; **~ werden** проснуться; **~ sein** не спать
Wachablösung *f* <-, -en> смена *f* караула
Wache *f* <-, -n> 1. (*Wachperson*) караульный *m*; 2. (*Wachdienst*) караул *m*
wachen *vi* 1. (*geh: wach sein*) бодрствовать *impf*; 2. (*auf etw aufpassen*) следить *impf* (*über +akk* за +*inst*)
Wacholder *m* <-s, -> можжевельник *m*
Wachs *nt* <*gen:* -es> воск *m*
wachsam *adj* бдительный
Wachsamkeit *f* <*gen:* -> бдительность *f*
wachsartig *adj* воскообразный
wachsen *vi* <wuchs, gewachsen> (*an Größe zunehmen, sich verstärken*) расти, вырасти *pf*; **die Umsätze sind um 5% gewachsen** оборот вырос на 5%; **jmd ist einer Sache gewachsen** что-л. кому-л. по плечу
Wachsfigur *f* <-, -en> восковая фигура *f*
Wachskerze *f* <-, -n> восковая свеча *f*
Wachstum *nt* <*gen:* -s> рост *m*, развитие *nt*; **stetes wirtschaftliches ~** постоянный экономический рост; **überdurchschnittliches ~** опережающий рост
wachstumsfördernd *adj* стимулирующий рост
Wachstumsförderung *f* <*gen:* -> стимулирование *nt* роста
Wachstumsgrenze *f* <*gen:* -> граница *f* роста
wachstumshemmend *adj* задерживающий рост
Wachstumshormon *nt* <-(e)s, -e> гормон *m* роста
wachstumsorientiert *adj* ориентированный на (экономический) рост
Wachstumsprognose *f* <-, -n> прогноз *m* роста
Wachstumsrate *f* <-, -n> процент *m* роста
Wachstumsstörung *f* <-, -en> нарушение *nt* роста
Wachstumstempo *nt* <*gen:* -s> темпы *pl* роста
wachsweich *adj* (*pej*) податливый
Wächter, -in *m/f* <-s, -> сторож *m*
Wachtmeister, -in *m/f* <-s, -> полицейский *m*
Wachturm *m* <-(e)s, -türme> сторожевая вышка *f*
Wachzustand *m* <*gen:* -(e)s> состояние *nt* бодрствования
wackelig *adj* шаткий
Wackelkontakt *m* <-(e)s, -e> неплотный контакт *m*
wackeln *vi* (*schwanken*) шататься *impf*
wacker *adj* 1. честный; 2. славный

Wade *f* <-, -n> икра *f*
Wadenwickel *m* <-s, -> компресс *m* для икры
Waffe *f* <-, -n> оружие *nt*
Waffel *f* <-, -n> вафля *f*
Waffeleisen *nt* <-s, -> вафельница *f*
Waffenembargo *nt* <-s, -s> эмбарго *nt* на ввоз оружия
Waffenhandel *m* <*gen:* -s> торговля *f* оружием
Waffenhändler *m* <-s, -> торговец *m* оружием
Waffenkammer *f* <-, -n> (MIL) помещение *nt* для хранения оружия
Waffenlager *nt* <-s, -> склад *m* оружия
Waffenlieferung *f* <-, -en> поставка *f* вооружения
Waffenschmuggel *m* <*gen:* -s> контрабанда *f* оружия
Waffenstillstand *m* <-(e)s, -stände> перемирие *nt*
Waffenstillstandsverhandlungen *pl* <*gen:* -> переговоры *pl* о перемирии
wagehalsig *adj* 1. отчаянный; 2. рискованный
Wagemut *m* <*gen:* -(e)s> отвага *f*
wagemutig *adj* отважный
wagen *vt* осмеливаться, -литься *pf*; **er wagte nicht, sie anzusprechen** он не осмелился с ней заговорить
Wagen *m* <-s, -> 1. (*Auto*) машина *f*, автомобиль *m*; 2. (*Eisenbahnwagen*) вагон *m*; 3. (*Handwagen*) тележка *f*
Wagendach *nt* <*gen:* -(e)s> крыша *f* автомобиля, крыша *f* вагона
Wagenheber *m* <-s, -> домкрат *m*
Wagenkolonne *f* <-, -n> автоколонна *f*
Waggon *m* <-s, -s> вагон *m*
Waggonladung *f* <-, -en> повагонный груз *m*
waggonweise *adv* (целыми) вагонами
wagehalsig *adj* 1. отчаянный; 2. рискованный
Wagnis *nt* <-ses, -se> риск *m*
Wahl *f* <-, -en> 1. (*zwischen Alternativen*) выбор *m*; **keine andere ~ haben** не иметь другого выбора 2. (*politische Wahl*) выборы *mpl*; **die ~ gewinnen** победить на выборах; **die ~ verlieren** проиграть на выборах
Wahlaufruf *m* <-(e)s, -e> предвыборное обращение *nt*
Wahlausgang *m* <*gen:* -(e)s> исход *m* выборов
Wahlausschuss *m* <-es, -ausschüsse> избирательная комиссия *f*
Wählbarkeit *f* <*gen:* -> выборность *f*
wahlberechtigt *adj* имеющий право голоса
Wahlberechtigte(r) *mf* <-n, -n> гражданин *m*, имеющий право голоса
Wahlberechtigung *f* <*gen:* -> право *nt* участия в выборах

Wahlbeteiligung f <gen: -> участие nt в выборах

Wahlbetrug m <gen: -> обман m на выборах

Wahlbezirk m <-(e)s, -e> исбирательный округ m

Wahlbündnis nt <-ses, -se> избирательный блок m

wählen vt 1. (zwischen Alternativen, seine Stimme abgeben) выбирать, выбрать pf; **Sie können unter drei verschiedenen Menüs ~** Вы можете выбрать одно из трёх меню; 2. (am Telefon) набирать, набрать pf

Wähler, -in m/f <-s, -> избиратель, -ница m/f

Wahlerfolg m <-(e)s, -e> успех m на выборах

Wahlergebnis nt <-ses, -se> результат m выборов

wählerisch adj разборчивый

Wählerschaft f <gen: -> избиратели pl

Wahlfälschung f <-, -en> фальсификация f результатов выборов

Wahlgang m <-(e)s, -gänge> тур m выборов

Wahlgeheimnis nt <gen: -ses> тайность f голосования

Wahlkabine f <-, -en> избирательная кабина f

Wahlkampf m <-(e)s, -kämpfe> предвыборная кампания f

Wahlkampfthema nt <-s, -themen> тема f предвыборной борьбы

Wahlkreis m <-es, -e> избирательный округ m

Wahllokal nt <-(e)s, -e> избирательный участок m

Wahlmöglichkeit f <-, -en> свобода выбора f

Wahlniederlage f <-, -n> поражение nt на выборах

Wahlpflicht f <gen: -> обязанность f участия в выборах

Wahlplakat nt <-(e)s, -e> предвыборный плакат m

Wahlpropaganda f <gen: -> предвыборная пропаганда f

Wahlrecht nt <gen: -(e)s> избирательное право nt

Wahlrede f <-, -n> предвыборная речь f

Wählscheibe f <-, -n> диск m телефона

Wahlsieger m <-s, -> победитель m на выборах

Wahlspruch m девиз m

Wahlsystem nt <-(e)s, -e> ибирательная система f

Wahltag m <gen: -(e)s> день m выборов

Wahlversprechen nt <-s, -> предвыборное обещание nt

wahlweise adv по выбору, на выбор

Wahn m <gen: -(e)s> бред m

Wahnsinn m <gen: -s> 1. (Geistesgestörtheit) помешательство nt; 2. (unvernünftiges Handeln) безумие nt

wahnsinnig adj 1. (geistesgestört) сумасшедший; 2. (umg: sehr, stark) ужасный; ~ **interessant** безумно интересно

wahr adj 1. (richtig, nicht falsch) верный, правильный; 2. (eigentlich) истинный; 3. (wirklich) настоящий; **nicht ~?** не так ли?

wahren vt 1. (Geheimnis) сохранять, -нить pf; 2. (verteidigen) защищать, защитить pf

während I. konj (zeitlich) пока, в то время как; II. präp +gen во время (+gen).

wahrhaftig I. adj (geh) истинный; II. adv действительно.

Wahrheit f <gen: -> правда f, истина f; **er sagt die ~** он говорит правду; **das ist die reine ~** это чистая правда

wahrheitsgemäß adj соответствующий действительности, достоверный

wahrnehmen irr vt 1. (mit den Sinnen) воспринимать, -нять pf; 2. (Pflichten) исполнять, исполнить pf

Wahrnehmung f <gen: -> восприятие nt

wahrsagen vt **jdm die Zukunft ~** предсказывать кому-л. будущее; **aus dem Kaffeesatz ~** гадать на кофейной гуще

Wahrsager, -in m/f <-s, -> предсказатель, -ница m/f

Wahrsagerei f <gen: -> гадание nt

wahrscheinlich I. adj вероятный, возможный; II. adv вероятно, возможно.

Wahrscheinlichkeit f <gen: -> вероятность f, возможность f; **mit großer ~** с большой вероятностью; **statistische ~** статистическая вероятность

Wahrscheinlichkeitsgrad m <-(e)s, -e> степень f вероятности

Wahrscheinlichkeitsrechnung f <gen: -> (MATH) теория f вероятностей

Währung f <-, -en> валюта f; **ausländische ~** иностранная валюта; **harte ~** твёрдная валюта; **nicht konvertierbare ~** неконвертируемая валюта

Währungsabkommen nt <-s, -> валютное соглашение nt

Währungsabwertung f <gen: -> девальвация f

Währungsanleihe f <-, -n> валютный заём m

Währungsaufwertung f <-, -en> ревальвация f

Währungseinheit f <-, -en> валютная единица f

Währungsfonds m <-, -> валютный фонд m

Währungsgebiet nt <-(e)s, -e> валютная

зóна f
Währungskrise f <-, -n> валю́тный кри́зис m
Währungsparität f <gen: -> валю́тный парите́т m
Währungspolitik f <gen: -> валю́тная поли́тика f
Währungsschwankungen pl <gen: -> колеба́ния pl ку́рсов валю́т
Währungsstabilität f <gen: -> усто́йчивость f валю́ты
Währungssystem nt <-(e)s, -e> валю́тная систе́ма f
Währungsunion f <gen: -> валю́тный сою́з m
Wahrzeichen nt <-s, -> си́мвол m
Waise m/f <-, -n> сирота́ mf
Wal m <-(e)s, -e> кит m
Wald m <-(e)s, -e> лес m
Wäldchen nt <-s, -> лесо́к m
waldig adj леси́стый
Waldlehrpfad m <-(e)s, -e> уче́бная тро́па f в лесу́ (для практи́ческих заня́тий по природове́дению)
waldreich adj леси́стый
Waldschaden m <-s, -schäden> уще́рб m, нанесённый экологи́ческой систе́ме ле́са
Waldwirtschaft f <-, -en> лесно́е хозя́йство nt
Wales nt <gen: -> Уэ́льс m
Walfang m <gen: -s> китобо́йный про́мысел m
Walfänger m <-s, -> (Schiff) китобо́ец m
Walkie-Talkie nt <-s, -s> портати́вная ра́ция f
Walkman m <-, Walkmen> пле́йер m
Wall m <-(e)s, Wälle> вал m
Wallfahrt f <-, -en> пало́мничество nt
Wallfahrtsort m <-(e)s, -e> ме́сто nt пало́мничества
Wallone, -in m/f <-n, -n> валло́н m
Walnuss f <-, Walnüsse> гре́цкий оре́х m
Walross nt <-es, -e> морж m
Walze f <-, -n> 1. (Straßenwalze) като́к m; 2. (TECH) вал m
walzen vt (Stahl) прока́тывать impf
wälzen I. vt кати́ть, по- pf; II. vr переворáчиваться, переверну́ться pf; **sich schlaflos im Bett ~** воро́читься в посте́ли от бессо́нницы
walzenförmig adj цилиндри́ческий
Walzer m <-s, -> вальс m
Walzstraße f <-, -n> прока́тный стан m
Walzwerk nt <-(e)s, -e> прока́тный заво́д m
WAN nt <-s, -s> (DV: Wide Area Network) глоба́льная сеть m
wand prät von **winden**
Wand f <-, Wände> стена́ f
Wandel m <gen: -s> переме́на f
wandelbar adj переме́нчивый
wandeln vr (sich verändern) изменя́ться,

-ни́ться pf
Wanderarbeiter m <-s, -> рабо́чий m -отхо́дник m
Wanderausstellung f <-, en> передвижна́я вы́ставка f
Wanderer m <-s, -> тури́ст m
Wanderfalke m <-n, -n> со́кол m -сапса́н m
Wanderheuschrecke f <-, -n> (ZOOL) саранча́ f перелётная
Wanderkarte f <-, -n> тури́стская ка́рта f
wandern vi 1. (eine Wanderung machen) ходи́ть, пойти́ pf в похо́д; 2. (Nomaden, auch fig) кочева́ть, пере- pf
Wanderprediger m <-s, -> стра́нствующий пропове́дник m
Wandersmann m <-(e)s, -männer> (arch) пу́тник m, стра́нник m
Wandertag m <-(e)s, -e> экскурсио́нный день m (в шко́ле)
Wanderung f <-, en> похо́д m; **eine ~ machen** пойти́ в похо́д
Wanderverein m <-(e)s, -e> туристи́ческий клуб m
Wanderweg m <-(e)s, -e> тури́стская тропа́ f
Wanderzirkus m <gen: -> 1. шапито́ m; 2. (arch) бродя́чий цирк m
Wandlung f <-, -en> переме́на f
Wandmalerei f <-, -en> насте́нная жи́вопись f
Wandschrank m <-(e)s, -schränke> стенно́й шкаф m
Wandspiegel m <-s, -> зе́ркало nt
Wandtafel f <-, -n> стенна́я доска́ f
wandte prät von **wenden**
Wandteller m <-s, -> стенна́я таре́лка f
Wandteppich m <-s, -e> гобеле́н m
Wandzeitung f <-, -en> стенгазе́та f
Wange f <-, -n> щека́ f
Wankelmotor m <-s, -en> дви́гатель m Ва́нкеля
wankelmütig adj нереши́тельный
wanken vi кача́ться, покачну́ться pf
wann adv 1. (nach einem Zeitpunkt fragend) когда́; 2. (in Verbindung mit "immer" : jederzeit) всегда́, когда́ ...
Wanne f <-, -n> ва́нна f
Wanst m <gen: -(e)s> (pej) брю́хо nt
Wanze f <-, -n> 1. (Tier) клоп m; 2. (umg: Abhörgerät) жучо́к m
Wappen nt <-s, -> герб m
Wappenkunde f <gen: -> гербове́дение nt, гера́льдика f
war prät von **sein**[1]
warb prät von **werben**
Ware f <-, -n> това́р m; **fehlerhafte ~** дефе́ктный това́р; **hochwertige ~** высококачéственный това́р; **importierte ~** и́мпортный това́р; **minderwertige ~** низкокачéственный това́р; **~ des täglichen Bedarfs** това́р повседне́вного спро́са

Warenangebot nt <gen: -(e)s> предложе́ние nt това́ров
Warenausfuhr f <gen: -> э́кспорт m това́ров
Warenaustausch m <gen: -(e)s> товарообме́н m
Warenbestand m <-(e)s, -bestände> това́рные запа́сы pl
Wareneinfuhr f <gen: -> и́мпорт m това́ров
Warenexport m <-(e)s, -e> э́кспорт m това́ров
Warenhandel m <gen: -s> торго́вля f това́рами
Warenhaus nt <-es, -häuser> универма́г m
Warenhauskette f <-, -n> сеть f универма́гов
Warenimport m <-(e)s, -e> и́мпорт m това́ров
Warenkorb m <gen: -(e)s> потреби́тельская корзи́на f
Warenknappheit f <gen: -> дефици́т m това́ров
Warenlager nt <-s, -> това́рный склад m
Warenlieferung f <-, -en> поста́вка f това́ров
Warenmuster nt <-s, -> това́рный образе́ц m
Warenprobe f <-, -n> образе́ц m това́ра
Warenrücksendung f <-, -en> возвра́т m това́ра
Warensendung f <-, -n> па́ртия f това́ра
Warentermingeschäft nt <-(e)s, -e> сро́чная това́рная сде́лка f, фью́черсная това́рная сде́лка f
Warenüberangebot nt <gen: -(e)s> избы́ток m това́ров
Warenumsatzsteuer f <gen: -> нало́г m с товарооборо́та
Warenverkehr m <gen: -s> товарооборо́т m
Warenzeichen nt <-s, -> това́рный знак m; **eingetragenes ~** зарегистри́рованный това́рный знак
warf prät von **werfen**
warm adj тёплый; **jdm ist es~** кому́-л. тепло́
Wärme f <gen: -> **1.** (*Temperatur*) тепло́ nt; **2.** (*Warmherzigkeit*) теплота́ f
Wärmeableitung f <gen: -> (TECH) отво́д m тепла́
Wärmebehandlung f <gen: -> (TECH) терми́ческая обрабо́тка f
wärmebeständig adj теплосто́йкий
wärmedämmend adj теплоизоли́рующий
wärmeempfindlich adj чувстви́тельный к теплу́
Wärmeenergie f <gen: -> теплова́я эне́ргия f
Wärmehaushalt m <gen: -(e)s> теплово́й бала́нс m
Wärmeisolierung f <-, -en> теплова́я изоля́ция f

Wärmekraftwerk nt <-(e)s, -e> теплоэлектроста́нция f
Wärmelehre f <gen: -> (PHYS) термодина́мика f
Wärmeleiter m <gen: -s> проводни́к m тепла́
wärmen vt греть, на- pf; **der Pullover wärmt gut** сви́тер хорошо́ гре́ет
Wärmequelle f <-, -n> исто́чник m тепла́
Wärmeverlust m <-(e)s, -e> поте́ря f тепла́
Wärmflasche f <-, -n> гре́лка f
warmherzig adj серде́чный
Warmwasserheizung f <-, -en> водяно́е отопле́ние nt
Warmwasserversorgung f <gen: -> снабже́ние nt горя́чей водо́й
Warnanlage f <-, -n> сигна́льная устано́вка f
Warnblinker m <-s, -> авари́йная сигнализа́ция f
Warndreieck nt <-(e)s, -e> предупреди́тельный треуго́льник m
warnen vt предупрежда́ть, предупреди́ть pf (*vor +dat* о +*präpos*)
Warnleuchte f <-, -n> (предупрежда́ющая) сигна́льная ла́мпа m
Warnlicht nt <gen: -s> предупреди́тельный светово́й сигна́л m
Warnruf m <-(e)s, -e> предостерега́ющий о́крик m
Warnstreik m <-(e)s, -s> предупреди́тельная забасто́вка f
Warnton m <-(e)s, -töne> (предупрежда́ющая) сигна́льная сире́на f
Warnung f <-, -en> предупрежде́ние nt
warten I. vi ждать, подо- pf; **wir ~ schon seit einer Stunde auf dich** мы ждём тебя́ уже́ це́лый час; **II.** vt (*Maschinen, Geräte*) проводи́ть, -вести́ pf техни́ческое обслу́живание (+ *gen*); **der Motor muss regelmäßig gewartet werden** дви́гатель до́лжен регуля́рно проходи́ть техни́ческое обслу́живание
Wärter, -in m/f <-s, -> сто́рож m
Wartesaal m <-(e)s, -säle> зал m ожида́ния
Warteschlange f <-, -n> о́чередь f
Wartezimmer nt <-s, -> приёмная f
Wartung f <gen: -> техни́ческое обслу́живание nt
wartungsfrei adj необслу́живаемый
warum adv почему́
Warze f <-, -n> борода́вка f
was I. *pron inter* что; **II.** *pron rel* что; **III.** *adv* (*umg: warum*) что; **IV.** *pron indef* что́-то, ко́е-что́; **da muss man doch ~ tun** на́до же что́-то де́лать; **ich weiß ~ Besseres** я зна́ю ко́е-что́ полу́чше.
Waschanlage f <f, -en> мо́ечная

установка f
Waschanleitung f <-, -en> (an Textilien) указания pl по стирке (текстильных изделий)
Waschbär m <-en, -en> енот m
Waschbecken nt <-s, -> умывальник m
Waschbenzin nt <gen: -s> промывочный бензин m
Wäsche f <gen: -> 1. (Kleidungsstücke) бельё nt; 2. (das Waschen) стирка f
waschecht adj 1. не линяющий при стирке; 2. (umg: echt, typisch) настоящий
Wäscheklammer f <-, -n> прищепка f
Wäscheleine f <-, -n> бельевая верёвка f
waschen I. vt <wusch, gewaschen> 1. (Hände, Auto etc) мыть, по- pf; 2. (Wäsche) стирать, по- pf; II. vr 1. мыться, по- pf; 2. (sich Gesicht/Hände waschen) умываться, умыться pf
Wäscherei f <-, -en> прачечная f
Wäscheschleuder f <-, -n> центрифуга f
Wäschetrockner m <-s, -> сушилка f для белья
Wäschetruhe f <-, -n> бельевой сундук m
Waschhandschuh m <-(e)s, -e> рукавичка f для мытья
Waschküche f <-, -n> 1. (für Wäsche) прачечная f; 2. (umg: kein pl: dichter Nebel) густой туман m
Waschlappen m <-s, -> 1. (zum Waschen) мочалка f; 2. (umg pej) мямля mf
Waschmaschine f <-, -n> стиральная машина f
Waschmittel nt <-s, -> 1. моющее средство nt; 2. (Pulver) стиральный порошок m
Waschwanne f <-, -n> лохань f
Wasser nt <gen: -s> вода f; destilliertes ~ дистиллированная вода; ~ abweisend водоотталкивающий; hartes ~ [o kalkhaltiges] жёсткая вода; strömendes ~ проточная вода; weiches ~ мягкая вода
wasserabweisend adj водоотталкивающий
Wasserader f <-, -n> водоносная жила f
Wasseraufbereitungsanlage f <-, -n> водоочистительное устройство nt
Wasserball (SPORT) водное поло nt
Wasserbecken nt <-s, -> водный бассейн m
Wasserbehälter m <-s, -> резервуар m для воды, бак m для воды
wasserdicht adj водонепроницаемый
Wasserdruck m <gen: -(e)s> давление nt воды
wasserdurchlässig adj водопроницаемый
Wassereimer m <-s, -> ведро nt для воды

Wasserfall m <-(e)s, -fälle> водопад m
Wasserfarbe f <-, -n> акварельная краска f
Wasserhahn m <-(e)s, -hähne> кран m
Wasserhaushalt m <gen: -(e)s> водный баланс m
Wasserkanister m <-s, -> бак m для воды
Wasserkessel m <-s, -> чайник m (для кипятка)
Wasserkraftwerk nt <-(e)s, -e> гидроэлектростанция f
Wasserleitung f <-, -en> водопровод m
Wasserlilie f <-, -n> белая кувшинка f
Wassermann m <gen: -(e)s> (ASTR) Водолей m
Wassermelone f <-, -en> арбуз m
Wasserpflanze f <-, -n> водяное растение nt
Wasserrad nt <-(e)s, -räder> водяное колесо nt
Wasserscheide f <-, -n> водораздел m
Wasserschutzgebiet nt <-(e)s, -e> водный заповедник m
Wasserski m <-, -> водные лыжи fpl
Wasserstand m <-(e)s, -stände> уровень m воды
Wasserstandsmeldung f <-, -en> извещение nt об уровне воды
Wasserstoff m <gen: -(e)s> водород m
Wasserstoffbombe f <-, -n> водородная бомба f
Wasserstoffsuperoxid nt <gen: -s> перекись f водорода
Wassertank m <-s, -s> водяная цистерна f
Wassertemperatur f <-, -en> температура f воды
Wasserturm m <-(e)s, -türme> водонапорная башня f
Wasseruhr f <-, -en> водомер m
Wasserverbrauch m <gen: -(e)s> потребление nt воды
Wasserverdrängung f <-, -en> (von Schiff) водоизмещение nt
Wasserverschmutzung f <gen: -> загрязнение nt воды
Wasserversorgung f <gen: -> водоснабжение nt
Wasservogel m <-s, -vögel> водоплавающая птица f
Wasserwaage f <-, -n> ватерпас m
Wasserwerfer m <-s, -> водомёт m
Wasserwerk nt <-(e)s, -e> водопроводная станция f
Wasserzeichen nt <-s, -> водяной знак m
Watt nt <gen: -(e)s> 1. ватты mpl; 2. (PHYS) ватт m
Watte f <gen: -> вата f
Wattestäbchen nt <-s, -> ватная палочка f
weben vt <wob, gewoben> ткать, со- pf
Weberei f <gen: -> ткачество nt

Web-Seite f <-, -n> (DV) сайт m, страни́ца f в Интерне́те
Webstuhl m <-(e)s, -stühle> тка́цкий стано́к m
Wechsel m <-s, -> 1. (das Wechseln) сме́на f; 2. (Bank) ве́ксель m; abgelaufener ~ просро́ченный ве́ксель; einen ~ akzeptieren акцептова́ть ве́ксель; diskontfähiger ~ дисконти́руемый ве́ксель; einen ~ diskontieren дисконти́ровать ве́ксель; einen ~ einlösen вы́купить ве́ксель; fälliger ~ сро́чный ве́ксель; gedeckter ~ покры́тый ве́ксль; geplatzter ~ опротесто́ванный ве́ксель; gezogener ~ тра́тта; einen ~ girieren индосси́ровать ве́ксель; indossierter ~ индосси́рованный ве́ксель; Not leidender ~ неопла́ченный ве́ксель; ungedeckter ~ непокры́тый ве́ксель 3. (Geldwechsel) обме́н m, разме́н m; ~ von Dollar in Rubel обме́н до́лларов на рубли́ 4. (Veränderung) заме́на f, переме́на f; ein ~ in der Führungsebene заме́на в руково́дстве
Wechselbeziehung f <-, -en> взаимоотноше́ние nt
Wechselgeld nt <-es, -er> разме́нные де́ньги fpl
Wechselgeschäft nt <-(e)s, -> ве́ксельная сде́лка f
wechselhaft adj переме́нчивый
Wechseljahre fpl <gen: -> кли́макс m
Wechselkurs m <-es, -e> курс m обме́на валю́ты; amtlicher ~ официа́льный обме́нный курс; fester ~ твёрдый обме́нный курс; flexibler ~ ги́бкий обме́нный курс; freier ~ свобо́дный обме́нный курс
wechselkursbedingt adj обусло́вленный валю́тным ку́рсом
Wechselkursrisiko nt <-s, -risiken> риск m при обме́не валю́ты
Wechselkursschwankungen pl <gen: -> колеба́ния pl валю́тного ку́рса
wechseln I. vt меня́ть, по- pf, смени́ть pf; 100 Euro in Rubel ~ поменя́ть сто е́вро на рубли́; 1000 Rubel ~ (in kleinere Rubelbanknoten) разменя́ть ты́сячу рубле́й; II. vi меня́ться, по- pf, смени́ться pf
wechselseitig adj взаи́мный
Wechselstrom m <gen: -(e)s> переме́нный ток m
Wechselstube f <-, -n> меня́льная конто́ра f
wechselvoll adj бога́тый переме́нами
Wechselwirkung f <-, -en> взаимоде́йствие nt
wecken vt (Schlafenden, Gefühle) буди́ть, раз- pf
Wecker m <-s, -> буди́льник m; den ~ auf sechs Uhr stellen поста́вить буди́льник на шесть часо́в
wedeln vi: mit dem Schwanz ~ виля́ть хвосто́м
weder konj ни; ~ ... noch ни..., ни...
weg adv: am anderen Tag waren die Schmerzen wieder ~ на друго́й день боль прошла́; geh ~! уходи́! sie ist schon längst ~ она́ уже́ давно́ ушла́; er wohnt weit ~ von hier он живёт далеко́ отсю́да; alle waren ganz ~ vor Begeisterung (umg) все бы́ли восхищены́ до безу́мия
Weg m <-(e)s, -e> 1. (zum Gehen oder Fahren) доро́га f; 2. (fig) путь m; nach dem ~ fragen спроси́ть доро́гу
wegbleiben irr vi (fernbleiben) не возвраща́ться, не возврати́ться pf; vom Unterricht ~ (umg) не яви́ться на заня́тие
wegdrehen vr отвора́чиваться, отверну́ться pf
wegen präp +gen из-за́ (+ gen)
wegessen vt: jdm etw ~ съесть что-л. у кого́-л. (не оста́вив хозя́ину)
Wegezoll m <-(e)s, -zölle> доро́жный сбор m
wegfahren irr vi уезжа́ть, уе́хать pf
Wegfall m <gen: -s> отме́на f
wegfallen irr vi (entfallen) отпада́ть, -па́сть pf
wegfegen vt смета́ть, смести́ pf
weggehen irr vi уходи́ть, уйти́ pf
weghängen vt переве́шивать, -ве́сить pf (в друго́е ме́сто)
wegholen vt уноси́ть, унести́ pf
weghören vi (наме́ренно) не слу́шать
weglassen irr vt 1. (jdn irgendwohin gehen lassen) отпуска́ть, -пусти́ть pf; 2. (fortlassen) выпуска́ть, вы́пустить pf
weglaufen irr vi убега́ть, убежа́ть pf
wegmüssen irr vt: ich muss ~ я до́лжен уйти́
wegnehmen irr vt (wegräumen) убира́ть, убра́ть pf; jdm etw ~ отня́ть у кого́-л. что-л.
wegräumen vt убира́ть, убра́ть pf
wegscheren vt убира́ться, убра́ться pf (восвоя́си)
wegschieben vt отодвига́ть, -дви́нуть pf
wegstehlen vt укра́сть pf, стащи́ть pf
wegsterben irr vi вымира́ть, вы́мереть pf
wegstoßen vt отта́лкивать, оттолкну́ть pf
Wegstrecke f <-, -n> отре́зок m пути́
Wegweiser m <-s, -> доро́жный указа́тель m
wegwerfen irr vt выки́дывать, вы́кинуть pf
Wegwerfflasche f <-, -n> невозвра́тная буты́ка f
Wegwerfpackung f <-, -en> ра́зовая та́ра f
Wegwerfwindel f <-, -n> ра́зовая

пелёнка f
wegwischen vt стирать, стереть pf
Wegzehrung f <gen: -> провиант m
wegziehen I. irr vt (Menschen, Gegenstände) оттаскивать, оттащить pf (von +dat от +gen); II. vi (an einen Ort) уезжать, уехать pf; **sie sind schon vor drei Jahren hier weggezogen** они уехали отсюда уже три года тому назад
weh adj: **mein Bauch tut mir ~** у меня болит живот; **habe ich dir ~ getan?** я ушиб тебя?; **tut es dir ~?** тебе больно?
Wehe f <-, -n> (Geburtswehe) родовые схватки fpl
wehen vi дуть, подуть pf; **es weht ein kräftiger Wind** дует сильный ветер
wehenauslösend adj вызывающий родовые схватки
Wehenmittel nt <-s, -> средство nt, стимулирующее родовые схватки
wehleidig adj (pej) жалобный
Wehmut f <gen: -> тоска f
wehmütig adj тоскливый
Wehrdienst m <gen: -(e)s> военная служба f; **seinen ~ ableisten** проходить военную службу; **den ~ verweigern** отказаться от прохождения военной службы
wehrdiensttauglich adj годный к военной службе
wehren vr 1. защищаться, защититься pf (gegen +akk от +gen); 2. (gegen Vorwürfe) отвергать, отвергнуть pf
Wehrexperte m <-n, -n> военный эксперт m
wehrfähig adj пригодный к военной службе
wehrhaft adj обороноспособный
wehrlos adj беззащитный
Wehrpflicht f <gen: -> воинская повинность f
wehrtauglich adj годный к военной службе
Wehrtauglichkeit f <gen: -> годность f к военной службе
Wehrtechnik f <gen: -> военная техника f
Weib nt <-(e)s, -er> (pej) баба f
Weibchen nt <-s, -> самка f
Weiberfeind m <-s, -e> (umg) женоненавистник m
weiblich adj 1. женский; 2. (fraulich) женственный
weich adj мягкий
Weiche f <-, -n> стрелка f
weichen vi <wich, gewichen> 1. (sich von irgendwo entfernen) отходить, отойти pf (von +dat от +gen); 2. (Platz machen) уступать, -пить pf
Weichheit f (auch fig) мягкость f
Weichlichkeit f <gen: -> мягкотелость f, слабоволие nt
Weichzeichner m <-s, -> (ФОТ)
мягкорисующий объектив m
Weide f <-, -n> 1. (Viehweide) пастбище nt; 2. (Baum) ива f
weiden vi пастись impf
Weideplatz m <-es, -e> пастбище nt
Weidmann m (geh) охотник m
weigern vr отказываться, -казаться pf; **die Demonstranten ~ sich, den Saal zu räumen** демонстранты отказываются освободить зал
Weigerung f <-, -en> отказ m
Weihe f <-, -n> освящение nt
weihen vt освящать, -вятить pf; **jdn zum Priester ~** посвятить кого-л. в сан священника
Weiher m <-s, -> пруд m
weihevoll adj (geh) торжественный
Weihnachten nt <-s, -> рождество nt
weihnachtlich adj рождественский
Weihnachtsabend m <-s, -e> сочельник m
Weihnachtsbaum m <-(e)s, -bäume> рождественская ёлка f
Weihnachtseinkäufe pl <gen: -> рождественские покупки pl
Weihnachtsgeld nt <gen: -> денежное вознаграждение nt по случаю рождества
Weihnachtsmann m <-(e)s, -männer> Дед m Мороз m
Weihrauch m <gen: -(e)s> ладан m
Weihwasser nt <gen: -s> святая вода f
weil konj потому что, так как
Weile f <gen: -> некоторое время nt
Wein m <-(e)s, -e> вино nt; **ein Glas ~** бокал вина; **eine Flasche ~** бутылка вина
Weinbau m <gen: -s> виноградарство nt
Weinberg m <-(e)s, -e> виноградник m
Weinbergschnecke f <-, -n> виноградная улитка f
Weinbrand m <gen: -s> коньяк m
weinen vi плакать, за- pf
weinerlich adj плаксивый
Weinernte f <gen: -> урожай m винограда
Weinflasche f <-, -n> винная бутылка f
Weingeist m <gen: -(e)s> этиловый спирт m
Weinglas nt <-es, -gläser> бокал m, рюмка f (для вина)
Weinhandlung f <-, -en> винный магазин m
Weinkellerei f <-, -en> винный завод m
Weinlese f <-, -n> сбор m урожая винограда
Weinrebe f <-, n> виноградная лоза f
weinrot adj цвета бордо
Weinsorte f <-, -n> сорт m вина
Weinstock m <-(e)s, -stöcke> виноградная лоза f
Weintraube f <-, -n> 1. виноградная кисть f; 2. (pl) виноград m

weise *adj* мудрый
Weise[1] *f* <-, -n> способ *m*, образ *m*; **auf diese ~** таким способом [*о* образом]; **etw in einer bestimmten ~ tun** делать что-л. определённым способом [*о* образом]
Weise[2] *m* <-n, -n> (*weiser Mensch*) мудрец *m*
weisen *vt* <wies, gewiesen> показывать, -казать *pf* (*auf +akk* на *+akk*); **jdm den Weg ~** показать кому-л. дорогу
Weisheit *f* <*gen*: -> мудрость *f*
Weisheitszahn *m* <-(e)s, -zähne> зуб *m* мудрости
weiß *adj* белый
Weißbrot *nt* <-(e)s, -e> белый хлеб *m*
weißgekleidet *adj* одетый во всё белое
Weißkohl *m* <*gen*: -s> белокочанная капуста *f*
Weißwein *m* <-s, -e> белое вино *nt*
Weisung *f* <-, -en> указание *nt*; **eine ~ geben** дать указание
weisungsberechtigt *adj* имеющий право давать указания
weit *adj* далёкий, дальний; **von ~em** издалека; **~ gehend** далеко идущий; **bei ~em** гораздо; **bei ~em nicht** далеко не; **etw geht zu weit** что-л. заходит слишком далеко
Weitblick *m* <*gen*: -(e)s> дальновидность *f*
Weite *f* <*gen*: -> 1. даль *f*; 2. (*eines Kleidungsstücks*) ширина *f*, размер *m*; 3. (SPORT) расстояние *nt*
weiter *adv* далее, дальше; **und so ~** и так далее
Weiterbildung *f* <*gen*: -> повышение *nt* квалификации; berufliche ~ продолжение профессионального обучения
Weiterentwicklung *f* <*gen*: -> дальнейшее развитие *nt*
weitergehen *irr vi* 1. (*seinen Weg fortsetzen*) идти, пойти *pf* дальше; 2. (*sich fortsetzen*) продолжаться, -должиться *pf*
weitermachen *vi* продолжать, -должить *pf*
weitersehen *irr vi* увидеть *pf*
Weiterverarbeitung *f* <*gen*: -> последующая переработка *f*
Weiterveräußerung *f* <*gen*: -> перепродажа *f*
weiterziehen *vi* 1. перекочёвывать, переезжать; 2. продолжать свой путь (о процессии и т.п.)
weitgehend *adj* далеко идущий
weitherzig *adj* великодушный
weitmaschig *adj* 1. с крупными петлями; 2. редкий (о сети)
weitreichend *adj* обширный
weitschweifig *adj* пространный
Weitschweifigkeit *f* <*gen*: -> многословность *f*
weitsichtig *adj* 1. (MED) дальнозоркий; 2. (*fig*) дальновидный
Weitsprung *m* <*gen*: -s> прыжки *mpl* в длину
weit verbreitet *adj* широко распространённый
Weitwinkelobjektiv *nt* <-s, -e> широкоугольный объектив *m*
Weizen *m* <*gen*: -s> пшеница *f*
Weizenmehl *nt* <*gen*: -s> пшеничная мука *f*
welch; *siehe auch* **welche(r, s)** какой
welche(r, s) I. *pron inter* 1. какая, какой, какое; 2. (*pl*) какие; **welches Buch könntest du mir empfehlen?** какую книгу ты бы мне посоветовал?; II. *pron indef* 1. кое-какая, кое-какой, кое-какое; 2. (*pl*) кое-какие, некоторые; **hast du Streichhölzer? - im Schrank müssen welche sein** у тебя есть спички? - в шкафу должны быть кое-какие; 3. (*in Fragen*) какая-нибудь, какой-нибудь, какое-нибудь; 4. (*pl*) какие-нибудь
welk *adj* вялый
welken *vi* 1. вянуть, за- *pf*; 2. (*auch fig*) увядать, увясть *pf*
Wellblech *nt* <-(e)s, -e> гофрированный стальной лист *m*
Welle *f* <-, -n> 1. (*auch fig*) волна *f*; 2. (TECH) вал *m*
Wellenberg *m* <-(e)s, -e> гребень *m* волны
Wellenbewegung *f* <-, -en> волнообразное движение *nt*
Wellenbrecher *m* <-s, -> волнорез *m*
Wellengang *m* <*gen*: -s> волнение *nt*
Wellenlänge *f* <-, -n> длина *f* волны; **wir sind auf derselben ~** (*umg*) мы думаем и чувствуем одинаково, мы понимаем друг друга
Wellenreiten *nt* <*gen*: -s> сёрфинг *m*
Wellensittich *m* <-s, -e> волнистый попугайчик *m*
Wellental *nt* <-(e)s, -täler> впадина *f* волны
wellig *adj* волнистый
Welpe *m* <-n, -n> щенок *m*
Welt *f* <-, -en> (*die Erde, die Menschen*) мир *m*; **die dritte ~** „третий мир"; **in der ~** в мире [*о* на земном шаре]; **auf die ~ kommen** родиться; **zur ~ bringen** рожать
Weltall *nt* <*gen*: -s> вселенная *f*
Weltanschauung *f* <-, -en> мировоззрение *nt*
Weltbank *f* <*gen*: -> Международный банк *m*
weltberühmt *adj* известный во всём мире
Weltbestleistung *f* <-, -en> (SPORT) высшее мировое достижение *nt*
Weltbevölkerung *f* <*gen*: -> население *nt* земного шара

Weltbild *nt* <gen: -(e)s> представле́ние *nt* о ми́ре

Weltbürger *m* <-s, -> граждани́н *m* ми́ра

Weltcup *m* <gen: -s> (SPORT) ку́бок *m* ми́ра

Welterfolg *m* <-(e)s, -e> мирово́й успе́х *m*

weltfremd *adj* оторванный от жи́зни

Weltfremdheit *f* <gen: -> оторванность *f* от жи́зни

Welthandel *m* <gen: -s> мирова́я торго́вля *m*

Welthilfssprache *f* <-, -n> междунаро́дный иску́сственный вспомога́тельный язы́к *m*

Weltkrieg *m* <-(e)s, -e> мирова́я война́ *f*; **der Erste ~** пе́рвая мирова́я война́; **der Zweite ~** втора́я мирова́я война́

Weltkugel *f* <gen: -> земно́й шар *m*

weltläufig *adj* искушённый, о́пытный

weltlich *adj* све́тский

Weltmacht *f* <-, -mächte> мирова́я держа́ва *f*

Weltmarkt *m* <gen: -(e)s> мирово́й ры́нок *m*

Weltmarktführer *m* <-s, -> ли́дер *m* мирово́го ры́нка

Weltmarktpreis *m* <-es, -e> цена́ *f* на мирово́м ры́нке

Weltmeer *nt* <gen: -(e)s> мирово́й океа́н *m*

Weltmeister, -in *m/f* <-s, -> чемпио́н *m* ми́ра

Weltmeisterschaft *f* <-, -en> чемпиона́т *m* ми́ра

Weltöffentlichkeit *f* <gen: -> мирова́я обще́ственность *f*

Weltordnung *f* <gen: -> мирово́й поря́док *m*

Weltrangliste *f* <gen: -> спи́сок *m* лу́чших спортсме́нов ми́ра

Weltraum *m* <gen: -(e)s> косми́ческое простра́нство *nt*, ко́смос *m*

Weltraumbahnhof *m* <-s, -höfe> космодро́м *m*

Weltraumbehörde *f* <-, -n> ве́домство *nt* по дела́м космона́втики

Weltraumfahrt *f* <gen: -> косми́ческий полёт *m*

Weltraumflug *m* <-(e)s, -flüge> косми́ческий полёт *m*

Weltraumrakete *f* <-, -n> косми́ческая раке́та *f*

Weltraumstation *f* <-, -en> косми́ческая ста́нция *f*

Weltraumteleskop *nt* <gen: -(e)s> косми́ческий телеско́п *m*

Weltreise *f* <-, -n> кругосве́тное путеше́ствие *nt*

Weltrekord *m* <-(e)s, -e> мирово́й реко́рд *m*; **ein ~ in etw** мирово́й реко́рд по чему́-л.

Weltrekordinhaber, -in *m/f* <-s, -> рекордсме́н *m* ми́ра

Weltruhm *m* <gen: -(e)s> мирова́я сла́ва *f*

Weltschmerz *m* <gen: -es> мирова́я скорбь *f*

Weltstar *m* <-s, -s> мирова́я звезда́ *f*

Weltumsegelung *f* <-, -en> кругосве́тное пла́вание *nt* на па́русном су́дне

Welturaufführung *f* <-, -en> мирова́я премье́ра *f*

weltweit I. *adj* всеми́рный, мирово́й; II. *adv* во всём ми́ре.

Weltwirtschaft *f* <gen: -> мирова́я эконо́мика *f*

Weltwirtschaftsgipfel *m* <gen: -s> встре́ча *f* в верха́х для обсужде́ния вопро́сов мирово́й эконо́мики

Weltwirtschaftskrise *f* <gen: -> кри́зис *m* мирово́й эконо́мики

Weltwunder *nt* <-s, -> чу́до *nt* све́та

Weltzeituhr *f* <-, -en> часы́ *pl*, пока́зывающие вре́мя в ра́зных города́х ми́ра

wem *dat. sg. von* **wer**

wen *akk sg von* **wer**

Wende *f* <gen: -> (*von Ereignissen*) поворо́т *m*

Wendejacke *f* <-, -n> ку́ртка *f*, кото́рую мо́жно носи́ть с обе́их сторо́н

Wendekreis *m* <-es, -e> (KFZ) ра́диус *m* поворо́та

Wendeltreppe *f* <-, -n> винтова́я ле́стница *f*

wenden I. *vt* <wandte/wendete, gewandt/gewendet> (*umdrehen*) перевора́чивать, переверну́ть *pf*; **den Kopf ~** поверну́ть го́лову; II. *vi* (*Fahrzeug*) развора́чиваться, разверну́ться *pf*; III. *vr* 1. (*sich ändern*) изменя́ться, -ни́ться *pf*; **die Dinge ~ sich zum Guten** ситуа́ция изменя́ется в лу́чшую сто́рону; 2. (*sich an jdn richten*) обраща́ться, -рати́ться *pf* (*an +akk* к +*dat*)

Wendepunkt *m* <-(e)s, -e> перело́мный моме́нт *m*

wendig *adj* подви́жный

Wendung *f* <-, -en> 1. (*das Wenden, Sichwenden*) поворо́т *m*; 2. (*Redewendung*) оборо́т *m*; **eine ~ um 180°** поворо́т на 180 гра́дусов

wenig I. *adj* ма́ло, немно́го; **~ Geld** ма́ло де́нег; **~ Zeit** ма́ло вре́мени; **das können nur ~e** [*o* **Wenige**] **machen** э́то ма́ло кто уме́ет; II. *adv* ма́ло, немно́го.

wenige *siehe* **wenig**

wenigste(r, s) *adj*: **das wenigste** наиме́ньшее

wenigstens *adv* (*zumindest*) по кра́йней ме́ре

wenn *konj* 1. (*zeitlich*) когда́; 2. (*falls*) е́сли

wer I. *pron inter* кто; II. *pron rel* кто; **~ so etw tut, macht sich strafbar** тот, кто занима́ется подо́бными дела́ми, наруша́ет зако́н.

Werbeabteilung f <-, -en> отдéл m реклáмы

Werbeagentur f <-, -en> реклáмное агéнство nt

Werbebranche f <gen: -> реклáмная óтрасль f

Werbeetat m <-s, -s> смéта f расхóдов на реклáму

Werbefachmann m <-(e)s, -männer/-leute> специалúст m по реклáме

Werbegeschenk nt <-(e)s, -e> реклáмный подáрок m, реклáмный сувенúр m

Werbekampagne f <-, -n> реклáмная кампáния f

Werbekosten pl <gen: -> реклáмные расхóды pl

Werbeleiter, -in m/f <-s, -> руководúтель m отдéла реклáмы

Werbemaßnahmen pl <gen: -> реклáмные мероприятия pl

Werbemittel pl <gen: -> реклáмные срéдства pl

werben vi <warb, geworben> 1. (*Werbung machen*) реклáмировать impf; **für eine neue Zigarettenmarke ~** реклáмировать нóвую мáрку сигарéт; 2. (*jdn für sich zu gewinnen versuchen*) борóться impf (*um + akk* за +*akk*)

Werbeplanung f <gen: -> планúрование nt реклáмных мероприятий

Werbeprospekt m <-(e)s, -e> реклáмный проспéкт m

Werber m <-s, -> 1. вербóвщик m; 2. специалúст m по реклáме

Werbesendung f <-, -en> реклáмный рóлик m

Werbeslogan m <-s, -> реклáмный девúз m

Werbespot m <-s, -s> реклáмный рóлик m

Werbespruch m <-(e)s, -sprüche> реклáмный девúз m

Werbestrategie f <-, -n> реклáмная стратéгия f

Werbetext m <-(e)s, -e> реклáмный текст m

Werbewirkung f <gen: -> дéйствие nt реклáмы

Werbung f <-, -en> (*einzelnes Werbemittel, das Werben*) реклáма f; **vergleichende ~** сравнúтельная реклáма

Werbungskosten pl <gen: -> реклáмные расхóды pl

werden vi <wurde, geworden> становúться, стать pf; **jds Frau ~** стать чей-л. женóй; **Jurist ~** стáть юрúстом; **er wird nächstes Jahr 60** в слéдующем году емý испóлнится шестьдесят лет; **reich ~** разбогатéть; **es ist kalt geworden** стáло хóлодно; **der Aufsatz ist nichts geworden** сочинéние не получúлось; **er wird erst nächste Woche zurückkommen** он вернётся тóлько на слéдующей недéле; **das Haus wird gerade renoviert** дом как раз ремонтúруется

werfen I. vt <warf, geworfen> (*durch die Luft, etw an einen Ort befördern*) бросáть, брóсить pf, кидáть, кúнуть pf; **die Randalierer warfen mit Steinen** хулигáны бросáлись камнями; II. vr (*sich irgendwohin fallen lassen*) бросáться, брóситься pf; III. vt (*entstehen lassen, erzeugen*) давáть, дать pf

Werft f <-, -en> верфь f

Werk nt <-(e)s, -e> 1. (*geistiges Produkt*) произведéние nt, труд m; 2. (*eines Künstlers*) твóрчество nt; 3. (*Industriebetrieb*) завóд m; **Lieferung ab ~** постáвка с завóда 4. (*gesamtes Schaffen*) твóрчество nt

Werksangehörige(r) mf <-n, -n> член m заводскóго [*о* фабрúчного] коллектúва

Werkschutz m <gen: -es> заводскáя охрáна f

werkseigen adj заводскóй

Werkshalle f <-, -n> цех m

Werkskantine f <-, -n> заводскáя столóвая f

Werkleiter m <-s, -> дирéктор m завóда

Werkleitung f <-, -en> руковóдство nt завóда

Werkspionage f <gen: -> промыúшленный шпионáж m

Werkstatt f <-, -stätten> мастерскáя f

Werkstoff m <-(e)s, -e> материáл m

Werkstor nt <-(e)s, -e> заводскúе ворóта pl

Werkstudent, -in m/f <-en, -en> студéнт m, совмещáющий учёбу с рабóтой на завóде, чтóбы зарабóтать на жизнь

Werktag m <-(e)s, -e> рабóчий день m

werktags adv по рабóчим дням

werktätig adj трудящийся

Werkvertrag m <-(e)s, -verträge> договóр m подряда

Werkzeug nt <-(e)s, -e> (*auch fig*) инструмéнт m

Werkzeugkasten m <-s, -kästen> инструментáльный ящик m

Werkzeugtasche f <-, -n> инструментáльная сýмка f

Wermut m <gen: -s> 1. (*Pflanze*) гóрькая полынь f; 2. (*Wein*) вéрмут m

wert adj уважáемый; **das Gemälde ist ein Vermögen ~** эта картúна стóит цéлое состояние; **etw ist der Mühe ~** рáди чегó-л. стóит потрудúться

Wert m <-(e)s, -e> 1. (*materieller Wert*) стóимость nt; **Ware im Wert von 100 Dollar** товáр стóимостью в 100 дóлларов; **im ~ steigen** повышáться в ценé 2. (*ideeller Wert*) цéнность f; 3. (*Bedeutung*) значéние nt; **großen ~ auf etw**

legen придава́ть чему́-л. большо́е значе́ние; **4.** (*auf einer Skala*) величина́ *f*; **5.** (DV) величина́ *f*
werten *vt* **1.** (*betrachten*) расце́нивать, -цени́ть *pf*; **2.** (*in einer Wertung*) оце́нивать, оцени́ть *pf*
Wertesystem *nt* <-(e)s, -e> систе́ма *f* це́нностей
wertfrei *adj* нейтра́льный, не содержа́щий оце́нки
Wertigkeit *f* <*gen*: -> **1.** (CHEM, LING) вале́нтность *f*; **2.** це́нность *f*, значе́ние *nt*
wertkonservativ *adj* консервати́вный
wertlos *adj* **1.** нену́жный; **2.** (*Geld*) обесце́ненный
Wertminderung *f* <-, -en> сниже́ние *nt* сто́имости
Wertpapier *nt* <-(e)s, -e> це́нная бума́га *f*; **Geld in ~en anlegen** вкла́дывать де́ньги в це́нные бума́ги
Wertpapieranalyse *f* <-, -n> ана́лиз *m* це́нных бума́г
Wertpapierbörse *f* <-, -n> фо́ндовая би́ржа *f*
Wertpapierfonds *m* <-, -> фонд *m* це́нных бума́г
Wertpapierhandel *m* <*gen*: -s> торго́вля *f* це́нными бума́гами
Wertpapierkurs *m* <-es, -e> курс *m* це́нных бума́г
Wertpapiermarkt *m* <*gen*: -(e)s> ры́нок *m* це́нных бума́г
Wertpapiernachfrage *f* <*gen*: -> спрос *m* на це́нные бума́ги
Wertpapierverzinsung *f* <*gen*: -> начисле́ние *nt* проце́нтов по це́нным бума́гам
Wertsachen *pl* <*gen*: -> це́нные ве́щи *fpl*
Wertstoffcontainer *m* <-s, -> конте́йнер *m* для ути́ль-сырья́
Wertung *f* <-, -en> **1.** (SPORT) зачёт *m*; **2.** (*pl*) очки́ *ntpl*; **3.** (*allgemein*) оце́нка *f*
Wertverlust *m* <-(e)s, -e> сниже́ние *nt* сто́имости, девальва́ция *f*
wertvoll *adj* це́нный
Wesen *nt* <-s, -> **1.** (*Lebewesen*) существо́ *nt*; **2.** (*Wesensart*) нату́ра *f*, нрав *m*; **3.** (*Grundbeschaffenheit*) суть *f*
wesensfremd *adj* чу́ждый, чужеро́дный
wesensgleich *adj* схо́дный, тожде́ственный
wesentlich **I.** *adj* (*entscheidend, das Wesen betreffend*) суще́ственный; **II.** *adv* гора́здо; **~ heißer** гора́здо тепле́е; **sich ~ verändern** суще́ственно измени́ться.
weshalb *adv* почему́
Wespe *f* <-, -n> оса́ *f*
wessen *gen. von* **wer**
westdeutsch *adj* западногерма́нский
Weste *f* <-, -n> жиле́т *m*, жиле́тка *f*
Westen *m* <*gen*: -s> за́пад *m*; **der ~** (*die westliche Welt*) За́пад

Westeuropa *nt* <*gen*: -s> За́падная Евро́па *f*
Westeuropäer, -in *m/f* <-s, -> западноевропе́ец *m*, жи́тель *m* западноевропе́йской страны́
westindisch *adj* вест-и́ндский
westlich **I.** *adj* за́падный; **II.** *präp* +*gen* к за́паду от (+ *gen*).
Westseite *f* <*gen*: -> за́падная сторона́ *f*
westslawisch *adj* западнославя́нский
weswegen *adv* почему́
Wettbewerb *m* <-(e)s, -e> **1.** (*allgemein*) ко́нкурс *m*; **2.** (SPORT) соревнова́ние *nt*; **3.** (*Konkurrenz*) конкуре́нция *f*; **freier ~** свобо́дная конкуре́нция; **unlauterer ~** нече́стная конкуре́нция; **den ~ verzerren** наруша́ть конкуре́нцию
Wettbewerber *m* <-s, -> конкуре́нт *m*
Wettbewerbsbeschränkung *f* <-, -en> ограниче́ние *nt* конкуре́нции
Wettbewerbsdruck *m* <*gen*: -(e)s> давле́ние *nt* конкуре́нции
wettbewerbsfähig *adj* конкурентоспосо́бный
Wettbewerbsfähigkeit *f* <*gen*: -> конкурентоспосо́бность *f*
wettbewerbsfördernd *adj* благоприя́тствующий конкуре́нции
Wettbewerbssituation *f* <*gen*: -> состоя́ние *nt* конкуре́нции
Wettbewerbsverzerrung *f* <-, -en> наруше́ние *nt* усло́вий конкуре́нции
Wettbewerbsvorteil *m* <-(e), -e> преиму́щество *nt* в конкуре́нции
Wettbüro *nt* <-s, -s> **1.** букме́керская конто́ра *f*; **2.** тотализа́тор *m* (на бега́х)
Wette *f* <-, -n> спор *m*; **die Kinder laufen um die ~** де́ти бе́гают наперегонки́; **was gilt die ~?** на что спо́рим?; **mit jdm eine ~ abschließen** заключи́ть спор с кем-л.
wetteifern *vi* соревнова́ться *impf* (*um* + *akk* за +*akk*)
wetten *vi* спо́рить, по- *pf* (*um* +*akk* на + *akk*)
Wetter *nt* <*gen*: -s> пого́да *f*; **er ist bei jedem ~ draußen** он в любу́ю пого́ду на у́лице; **schönes ~** хоро́шая пого́да; **schlechtes ~** плоха́я пого́да
Wetterbericht *m* <-(e)s, -e> сво́дка *f* пого́ды
Wetterdienst *m* <-(e)s, -e> метеослу́жба *f*
Wetterfahne *f* <-, -n> флю́гер *m*
Wetterfühligkeit *f* <*gen*: -> чувстви́тельность *f* к переме́не пого́ды
Wetterhahn *m* <-(e)s> флю́гр *m*
Wetterkarte *f* <-, -n> синопти́ческая ка́рта *f*
Wetterlage *f* <-, -n> состоя́ние *nt* пого́ды
Wetterleuchten *nt* <*gen*: -s> зарни́ца *f*
Wetterprognose *f* <-, -n> прогно́з *f*

Wettersatellit *m* <-en, -en> метеоспутник *m*
Wetterstation *f* <-, -en> метеорологическая станция *f*
Wetterumschlag *m* <-(e)s, -umschläge> резкая перемена *f* погоды
Wettervorhersage *f* <-, -n> прогноз *m* погоды
wetterwendisch *adj* изменчивый, непостоянный
Wettkampf *m* соревнование *nt*, состязание *nt*
Wettlauf *m* <-(e)s, -läufe> соревнование *nt* по бегу, забег *m*
wettmachen *vt* 1. (*Schaden*) восполнять, -полнить *pf*; 2. (*Fehler*) исправлять, -равить *pf*
Wettrüsten *nt* <gen: -s> гонка *f* вооружений
Wettstreit *m* <gen: -s> 1. состязание *nt*; 2. спор *m*
wetzen *vt* (*Messer*) точить, на- *pf*
WG *abk von* **Wohngemeinschaft**
Whisky *m* <-s, -s> виски *nt*
wich *prät von* **weichen**
wichtig *adj* важный; etw ist jdm ~ что-л. важно для кого-л.; sich ~ machen (*pej*) важничать
Wichtigkeit *f* <gen: -> важность *f*
wickeln I. *vt* 1. (*allgemein*) наматывать, -мотать *pf* (um, auf +akk на +akk); 2. (etw in Papier) заворачивать, завернуть *pf* (in +akk в +akk); 3. (Baby) пеленать, за- *pf*; jdn um den Finger ~ (*umg*) обвести кого-л. вокруг пальца; II. *vr* закутываться, -кутаться *pf* (in +akk в +akk)
Wickeltisch *m* <-(e)s, -e> пеленальный столик *m*
Widder *m* <-s, -> 1. (*Schafbock*) баран *m*; 2. (ASTR) Овен *m*
wider *präp* +akk (*geh*) вопреки (+ dat)
Widerborstigkeit *f* <gen: -> 1. ершистость *f*, непослушность *f* (о волосах); 2. (fig) ершистость *f*, строптивость *f*
widerlegen *vt* опровергать, -вергнуть *pf*
widerlich *adj* противный
Widerling *m* <-s, -e> (*pej*) противный человек *m*
widerrechtlich *adj* незаконный, противоправный
Widerruf *m* <gen: -(e)s> отмена *f*; bis auf ~ впредь до отмены
widerrufen *irr vt* 1. (*Erlaubnis*) отменять, -нить *pf*; 2. (*Behauptung*) отказываться, -казаться *pf* (от +gen)
Widerschein *m* <gen: -(e)s> (*auch fig*) отблеск *m*, отсвет *m*
widersetzen *vr* сопротивляться *impf*
Widersinn *m* <gen: -s> нелепость *m*, бессмыслица *f*

widersinnig *adj* абсурдный
widerspenstig *adj* упрямый
widerspiegeln I. *vt* отражать, -разить *pf*; II. *vr* отражаться, -разиться *pf* (in + dat в +präpos)
Widerspiegelung *f* <-, -en> отражение *nt*
widersprechen *irr vi* противоречить *impf*
Widerspruch *m* <-(e)s, -sprüche> 1. (*Gegensätzlichkeit*) противоречие *nt*; 2. (*Protest*) возражение *nt*, протест *m*; keinen ~ dulden не терпеть возражений
widersprüchlich *adj* противоречивый
widerspruchslos *adj* беспрекословно
Widerstand *m* <-(e)s, -stände> (*gegen etw, auch EL*) сопротивление *nt*; jdm ~ leisten оказывать кому-л. сопротивление
Widerstandsbewegung *f* <-, -en> движение *nt* Сопротивления
widerstandsfähig *adj* стойкий
Widerstandsfähigkeit *f* <gen: -> стойкость *f*
widerstandslos *adj* без сопротивления
widerstehen *irr vi* 1. (*einer Versuchung, einem Gegner*) устоять *pf* (перед +inst); 2. (*einer Beanspruchung, einer Attacke*) выдерживать, выдержать *pf*; etw widersteht jdm что-л. противно кому-л.
widerstreitend *adj* противоречащий, идущий наперекор
widerwärtig *adj* отвратительный
Widerwärtigkeit *f* <gen: -> отвратительность *f*
Widerwille *m* <gen: -n> отвращение *nt*
widmen I. *vt* (*in den Dienst stellen*) посвящать, -святить *pf*; er hat sein ganzes Leben der wissenschaftlichen Forschung gewidmet он посвятил всю свою жизнь научным исследованиям; II. *vr* (*sich beschäftigen*) посвящать, -святить *pf* себя; sich ganz der Malerei ~ посвятить всего себя живописи
Widmung *f* <-, -en> посвящение *nt*
Widrigkeit *f* <gen: -> превратность *f*, напасть *f*
wie I. *konj* 1. (*als Vergleichspartikel*) как; 2. (*zur Anführung von Beispielen*) как например; II. *adv* 1. (*die Art und Weise erfragend*) как; 2. (*Qualität, Grad oder Zustand erfragend*) как; ~ ist das Wetter? какая погода на улице?; ~ geht es dir? как дела?; ~ alt sind Sie? сколько Вам лет?.
wieder *adv* 1. (*Wiederaufnahme eines Zustands, noch einmal*) снова, опять; 2. (*noch einmal*) ещё раз
Wiederaufbau *m* <gen: -s> восстановление *nt*
Wiederaufbereitungsanlage *f* <-, -n> установка *f* для вторичной переработки

Wiederaufforstung f <gen: -> восстановле́ние nt ле́са
wieder aufladen vt перезаряжа́ть, -заряди́ть pf
Wiederaufnahme f <gen: -> возобновле́ние nt
wieder aufnehmen irr vt (Verhandlungen, Gespräche) возобновля́ть, -нови́ть pf
wiederbringen vt приноси́ть, принести́ pf обра́тно
wieder einführen vt восстана́вливть, -нови́ть pf, возобновля́ть, возобнови́ть pf де́йствие (зако́на и т.п.)
Wiedereinführung f <gen: -> восстановле́ние nt, возобновле́ние nt де́йствия (зако́на)
wieder eingliedern vt восстана́вливать, восстанови́ть pf в права́х
Wiedereingliederung f <gen: -> восстановле́ние nt в права́х
wiedererkennen irr vt узнава́ть, -на́ть pf
wiedererstatten vt возмеща́ть, возмести́ть pf
wiederfinden I. irr vt (Gegenstand) находи́ть, найти́ pf; II. vr (irgendwohin geraten sein) ока́зываться, оказа́ться pf
Wiedergabe f <gen: -> 1. (eines Inhalts) переда́ча f; 2. (MUS) исполне́ние nt; 3. (Ton~) воспроизведе́ние nt, звуча́ние nt
wiedergeben irr vt 1. (zurückgeben) передава́ть, -да́ть pf; 2. (darstellen) изобража́ть, -брази́ть pf; 3. (jds Worte etc) передава́ть, -да́ть pf
wieder gutmachen vt 1. (Schaden) возмеща́ть, -мести́ть pf; 2. (Fehler) исправля́ть, испра́вить pf
Wiedergutmachung f <gen: -> 1. возмеще́ние nt; 2. (Geldsumme) компенса́ция f
wiederherstellen vt (neu erstellen) восстана́вливать, -нови́ть pf
wiederholen I. vt повторя́ть, -ри́ть pf; II. vr (etwas mehrmals sagen) повторя́ться, -ри́ться pf
Wiederholung f <-, -en> повторе́ние nt
Wiederkehr f <gen: -> возвраще́ние nt
wiedersehen irr vt уви́деть pf сно́ва
Wiedersehen nt <-s, -> встре́ча f; **auf ~!** до свида́ния!
Wiedersehensfreude f <gen: -> ра́дость f встре́чи
wiederum adv 1. (wieder, erneut) опя́ть, сно́ва; 2. (andererseits) с друго́й стороны́
wiedervereinigen vt объединя́ть, -ни́ть pf; **das wiedervereinigte Deutschland** объединённая Герма́ния
Wiedervereinigung f <gen: -> объедине́ние nt; **die ~ Deutschlands** объедине́ние Герма́нии

Wiederverheiratung f <gen: -> повто́рное вступле́ние nt в брак
Wiederverkäufer m <-s, -> перепродаве́ц m
Wiederverkaufswert m <gen: -(e)s> сто́имость f ве́щи при перепрода́же
Wiederwahl f <gen: -> перевы́боры mpl
Wiege f <-, -n> колыбе́ль f
wiegen I. vt <wog, gewogen> (das Gewicht feststellen) взве́шивать, взве́сить pf; II. vi (ein bestimmtes Gewicht haben) ве́сить impf
Wiegenlied <-(e)s, -er> колыбе́льная пе́сня f
wiehern vi ржать impf
wies prät von **weisen**
Wiese f <-, -n> луг m
Wiesel nt <-s, -> ла́ска f
wieso adv почему́; **~ denn?** э́то почему́ же?
wie viel adv 1. ско́лько, как мно́го; **~ Uhr ist es?** кото́рый час?; 2. (in Ausrufesätzen) наско́лько
wievielmal adv ско́лько раз
wievielte(r, s) adj кото́рая, -рый, -рое
wieweit adv (inwieweit) наско́лько, в како́й сте́пени
wild adj (wild lebend, wild wachsend, auch fig) ди́кий; **~er Streik** несанкциони́рованная забасто́вка
Wild nt <-s, -s> (Tiere, Fleisch) дичь f
Wildbahn f: **in freier ~** в приро́де
Wildcard, Wild Card f <-, -s> (DV) шабло́н m
wildern vi браконье́рствовать impf
Wildhüter m <-s, -> охра́нник m ди́чи
Wildkaninchen nt <-s, -> ди́кий кро́лик m
Wildleder nt <gen: -s> за́мша f
Wildnis f <gen: -> глуха́я ме́стность f
wildreich adj бога́тый ди́чью
Wildreservat nt <-(e)s, -e> запове́дник m
Wildschaden m <-s, -schäden> накле́в m, поврежде́ние nt молоды́х дере́вьев ди́чью
Wildschwein nt <-s, -e> каба́н m
Wildwuchs m <gen: -es> за́росли pl
Wille m <gen: -s> во́ля f; **einen starken ~n haben** быть волевы́м челове́ком
willen präp +gen: **um jds ~** ра́ди кого́-л.; **um einer Sache ~** ра́ди чего́-л.
willenlos adj безво́льный
Willenserklärung f <-, -en> (JUR) волеизъявле́ние nt
Willensfreiheit f <gen: -> свобо́да f во́ли
willensschwach adj слабово́льный
willensstark adj волево́й
Willensstärke f <gen: -> си́ла f во́ли
willfährig adj усту́пчивый, сгово́рчивый
willig adj послу́шный
willkommen adj жела́нный; **herzlich ~!** добро́ пожа́ловать!
Willkür f <gen: -> произво́л m

willkürlich *adj* (*Anordnung*) самово́льный
wimmeln *vi*: **hier wimmelt es von Touristen** здесь полно́ тури́стов
wimmern *vi* жа́лобно стона́ть, про- *pf*
Wimper *f* <-, -n> ресни́ца *f*
Wimperntusche *f* <*gen*: -> тушь *f* для ресни́ц
Wind *m* <-(e)s, -e> ве́тер *m*; **von etw ~ bekommen** (*umg*) проню́хать что-л.
Windböe *f* <-, -n> поры́в *m* ве́тра
Windbruch *m* <*gen*: -(e)s> бурело́м *m*, вале́жник *m*
Winde *f* <-, -n> (TECH) лебёдка *f*
Windel *f* <-, -n> пелёнка *f*
winden I. *vt* <wand, gewunden> (*Kranz, Girlande*) плести́, с- *pf*; II. *vr* (*Schlange, Straße*) ви́ться *impf*
Windhund *m* <-(e)s, -e> борза́я *f*
windig *adj* ве́треный
Windjacke *f* <-, -n> ветро́вка *f*
Windkanal *m* <*gen*: -s> аэродинами́ческая труба́ *f*
Windmesser *m* <-s, -> анемо́метр *m*
Windmühle *f* <-, -n> ветряна́я ме́льница *f*
Windpocken *fpl* <*gen*: -> 1. ветряна́я о́спа *f*; 2. (*umg*) ветря́нка *f*
Windrichtung *f* <-, -en> направле́ние *nt* ве́тра
Windschutz *m* <*gen*: -es> защи́та *f* от ве́тра
Windschutzscheibe *f* <-, -n> (KFZ) лобово́е стекло́ *nt*
Windstärke *f* <-, -n> си́ла *f* ве́тра
Windstille *f* <*gen*: -> безве́трие *nt*
Windstoß *m* <-es, -stöße> поры́в *m* ве́тра
Windsurfer, -in *m/f* <-s, -> виндсерфинги́ст, -ка *m/f*
Windsurfing *m* <*gen*: -> виндсёрфинг *m*
Wink *m* <-(e)s, -e> намёк *m*; **jdm einen ~ geben** намекну́ть кому́-л.
Winkel *m* <-s, -> 1. (*Ecke*) у́гол *m*; 2. (*Gegend*) уголо́к *m*; 3. (MATH) у́гол *m*; **im ~ von 45 Grad** под угло́м в со́рок пять гра́дусов
Winkeladvokat *m* <-en, -en> (*pej*) крючкотво́р *m*
Winkelfunktion *f* <-, -en> (MATH) тригонометри́ческая фу́нкция *f*
Winkelmesser *m* <-s, -> угломе́р *m*
winken *vi* маха́ть, по- *pf* руко́й
winseln *vi* (*Hund*) скули́ть, за- *pf*
Winter *m* <-s, -> зима́ *f*; **im ~** зимо́й
Winterabend *m* <-s, -e> зи́мний ве́чер *m*
Winterdienst *m* <*gen*: -(e)s> зи́мняя (техни́ческая) слу́жба *f*
Winterfahrplan *m* <-(e)s, -pläne> зи́мнее расписа́ние *nt* движе́ния
Winterfell *nt* <*gen*: -s> подшёрсток *m*
Wintergarten *m* <-s, -gärten> зи́мний сад *m*
Wintergetreide *nt* <*gen*: -s> ози́мые *pl* (зерновы́е)
Winterkleidung *f* <*gen*: -> зи́мняя оде́жда *f*
winterlich *adj* зи́мний; **~ kalt** по-зи́мнему хо́лодно
Wintermantel *m* <-s, -mäntel> зи́мнее пальто́ *nt*
Winterpalast *m* <*gen*: -(e)s> зи́мний дворе́ц *m*
Winterreifen *m* <-s, -> (KFZ) зи́мняя ши́на *f*
Winterschlaf *m* <*gen*: -(e)s> зи́мняя спя́чка *f*
Winterschlussverkauf *m* <*gen*: -(e)s> зи́мняя распрода́жа *f*
Wintersonnenwende *f* <*gen*: -> зи́мнее солнцестоя́ние *nt*
Winterspeck *m* <*gen*: -s> (*umg*) ли́шний вес *m*, приобретённый за́ зиму
Wintersport *m* <*gen*: -(e)s> зи́мние ви́ды *mpl* спо́рта
Winterurlaub *m* <*gen*: -(e)s> о́тпуск *m* зимо́й
Winzer, -in *m/f* <-s, -> виногра́дарь *m*
winzig *adj* кро́шечный
Wipfel *m* <-s, -> верху́шка *f* (де́рева)
wir *pron pers* мы
Wirbel *m* <-s, -> 1. (*von Wasser, auch fig*) водоворо́т *m*; 2. (*von Luft*) вихрь *m*; 3. (*umg*: *Aufregung, Aufsehen*) шуми́ха *f*; 4. (ANAT) позвоно́к *m*
wirbeln I. *vi* (*durch die Luft*) носи́ться, пронести́сь *pf* (в во́здухе); II. *vt* носи́ть, пронести́ *pf* (в во́здухе)
Wirbelsäule *f* <-, -n> позвоно́чник *m*
Wirbelsäulengymnastik *f* <*gen*: -> гимна́стика *f* для позвоно́чника
Wirbelsturm *m* <-(e)s, -stürme> смерч *m*
Wirbeltier *nt* <-(e)s, -e> позвоно́чное живо́тное *nt*
Wirbelwind *m* <-(e)s, -e> (*Sturmwind*) вихрь *m*
wirken *vi* (*Wirkung zeigen*) де́йствовать, по- *pf* (*auf* +*akk* на +*akk*)
wirklich I. *adj* (*echt, eigentlich*) настоя́щий; II. *adv* на са́мом де́ле, действи́тельно.
Wirklichkeit *f* <*gen*: -> действи́тельность *f*
wirksam *adj* де́йственный
Wirksamkeit *f* <*gen*: -> де́йственность *f*
Wirkung *f* <-, -en> 1. (*das Wirken*) де́йствие *nt*; 2. (*Eindruck*) возде́йствие *nt*
Wirkungsbereich *m* <-(e)s, -e> 1. (*Tätigkeitsbereich*) сфе́ра *f* де́ятельности; 2. (*Einflussbereich*) сфе́ра *f* де́йствия
Wirkungsdauer *f* <-, -n> продолжи́тельность *f* де́йствия (лека́рства)
Wirkungsgrad *m* <-(e)s, -e> 1. (PHYS) коэффицие́нт *m* поле́зного де́йствия; 2. (*oft als Abkürzung*) кпд *m*
wirkungslos *adj* безрезульта́тный

Wirkungslosigkeit f <gen: -> безрезульта́тность f
wirkungsvoll adj эффекти́вный
Wirkungsweise f <-, -n> при́нцип m де́йствия
wirr adj пу́таный
Wirren pl <gen: -> неразбери́ха f
Wirt, -in m/f хозя́ин, хозя́йка m/f
Wirtschaft f <-, -en> 1. (*Volkswirtschaft*) эконо́мика f, хозя́йство nt; **die ~ ankurbeln** стимули́ровать эконо́мику; **freie ~** свобо́дная эконо́мика; **gelenkte ~** регули́руемая эконо́мика; **private ~** ча́стное хозя́йство; **Umgestaltung der ~** перестро́йка эконо́мики 2. (*Gasthaus*) рестора́н m
wirtschaften vt вести́ хозя́йство
wirtschaftlich adj 1. (*auf die Wirtschaft bezogen, finanziell*) экономи́ческий; **~e Einheit** экономи́ческая едини́ца; **die ~e Lage eines Landes** экономи́ческое положе́ние страны́; **~e Sanktionen** экономи́ческие са́нкции; **~er Zusammenbruch** экономи́ческий крах 2. (*sparsam vorgehend*) эконо́мный
Wirtschaftlichkeit f <gen: -> экономи́чность f
Wirtschaftsabkommen nt <-s, -> экономи́ческое соглаше́ние nt
Wirtschaftsaufschwung m <gen: -(e)s> экономи́ческий подъём m
Wirtschaftsbereich m <-(e)s, -e> сфе́ра f эконо́мики
Wirtschaftsbeziehungen pl <gen: -> экономи́ческие отноше́ния pl
Wirtschaftsembargo nt <-s, -s> экономи́ческое эмба́рго nt
Wirtschaftsexperte m <-n, -n> экономи́ст m
Wirtschaftsfachmann m <-(e)s, -männer/-leute> экономи́ст m
Wirtschaftsfaktor m <-s, -en> экономи́ческий фа́ктор m
Wirtschaftsförderung f <gen: -> стимули́рование nt эконо́мики
Wirtschaftsform f <-, -en> экономи́ческий укла́д m, хара́ктер m эконо́мики
Wirtschaftsforschungsinstitut nt <-(e)s, -e> институ́т m экономи́ческих иссле́дований
Wirtschaftsgipfel m <-s, -> встре́ча f в верха́х по экономи́ческим вопро́сам
Wirtschaftsgut nt <-(e)s, -güter> иму́щество nt, со́бственность f
Wirtschaftshilfe f <gen: -> экономи́ческая по́мощь f
Wirtschaftskraft f <gen: -> экономи́ческая мощь f
Wirtschaftskriminalität f <gen: -> экономи́ческая престу́пность f
Wirtschaftskrise f <-, -n> экономи́ческий кри́зис m

Wirtschaftslage f <gen: -> экономи́ческое положе́ние nt
Wirtschaftsminister, -in m/f <-s, -> мини́стр m эконо́мики
Wirtschaftsministerium nt <-s, -ministerien> министе́рство nt эконо́мики
Wirtschaftsordnung f <-, -en> экономи́ческий строй m
Wirtschaftspolitik f <gen: -> экономи́ческая поли́тика f
wirtschaftspolitisch adj поли́тико-экономи́ческий
Wirtschaftsprüfer m <-s, -> ауди́тор m
Wirtschaftsprüfergutachten nt <-s, -> заключе́ние nt ауди́тора [о нало́гового инспе́ктора]
Wirtschaftsprüfung f <gen: -> ауди́торство nt, реви́зия f хозя́йственной де́ятельности предприя́тия
Wirtschaftsraum m <-(e)s, -räume> экономи́ческое простра́нство nt
Wirtschaftsreform f <-, -en> экономи́ческая рефо́рма f
Wirtschaftssanktionen pl <gen: -> экономи́ческие са́нкции fpl
Wirtschaftssektor m <-s, -en> экономи́ческий се́ктор m
Wirtschaftssystem nt <-(e)s, -e> экономи́ческая систе́ма f
Wirtschaftsverbrechen nt <gen: -s> хозя́йственное преступле́ние nt
Wirtschaftswachstum nt <gen: -(e)s> экономи́ческий рост m
Wirtschaftswissenschaften pl <gen: -> эконо́мика f
Wirtschaftszweig m <-(e)s, -e> о́трасль f эконо́мики
wischen vt 1. (*Tischplatte, Fußboden, Mund*) протира́ть, -тере́ть pf; 2. (*Staub, Schweiß*) вытира́ть, вы́тереть pf
Wischtuch nt <-(e)s, -tücher> 1. посу́дное полоте́нце nt; 2. вла́жная тря́пка f
wispern I. vi шепта́ться, по- pf; II. vt шепта́ть, про- pf
Wissbegier(de) f <gen: -> любозна́тельность f
wissbegierig adj любозна́тельный
wissen vt <wusste, gewusst> знать impf; **soviel ich weiß**, ist sie verheiratet наско́лько я зна́ю, она́ за́мужем; **er weiß sich nicht zu helfen** он не зна́ет, что де́лать
Wissen nt <gen: -s> зна́ние nt, зна́ния nt pl
Wissenschaft f <-, -en> нау́ка f
Wissenschaftler, -in m/f <-s, -> учёный, -ная m/f
wissenschaftlich adj нау́чный
Wissenschaftstheorie f <gen: -> тео́рия f нау́ки, науковеде́ние nt
wittern vt (*Tier, auch fig*) чу́ять, по- pf
Witterung f <gen: -> 1. (*Wetter*) пого́да f;

2. (*eines Tieres*) чутьё *nt*, нюх *m*
Witterungsverhältnisse *pl* <*gen:* -> погодные условия *pl*
Witwe *f* <-, -> вдова *f*
Witwer *m* <-s, -> вдовец *m*
Witz *f* <-es, -e> шутка *f*; **einen ~ machen** шутить; **das ist doch ein ~** (*umg*) это только шутка
Witzbold *m* <-(e)s, -e> (*umg*) шутник *m*
witzeln *vi* упражняться в остроумии, остроумничать
witzig *adj* остроумный
WM *abk von Weltmeisterschaft*
wo *adv* где
woanders *adv* в другом месте
wob *prät von weben*
wobei *adv* причём
Woche *f* <-, -n> неделя *f*; **in einer ~** через неделю; **vor einer ~** неделю тому назад
Wochenarbeitszeit *f* <-, -en> продолжительность *f* рабочей недели
Wochenblatt *nt* <-(e)s, -blätter> еженедельник *m*
Wochenendbeziehung *f* <-, -en> любовная связь, ограниченная встречами любовников по субботам и воскресеньям
Wochenende *nt* <-s, -n> **1.** выходные *mpl* (дни); **2.** конец *m* недели; **am~** на выходные
Wochenendhaus *nt* <-es, -häuser> дача *f*, летний домик *m*
wochenlang **I.** *adj* длящийся неделями; **II.** *adv* неделями.
Wochenlohn *m* <-(e)s, -löhne> понедельная заработная плата *f*
Wochentag *m* <-(e)s, -e> день *m* недели
wöchentlich *adj* каждую неделю
Wochenzeitung *f* <-, -en> еженедельная газета *f*
Wodka *m* <*gen:* -> водка *f*
wodurch *adv* в результате чего
wofür *adv* для чего
wog *prät von wiegen*
wogegen **I.** *adv* против чего; **II.** *konj* в то время как.
woher *adv* откуда
wohin *adv* куда
wohl *adv* **1.** (*angenehm*) хорошо; **~ bedacht** далеко идущий; **~ begründet** далеко идущий; **~ erwogen** хорошо взвешенный; **~geordnet** хорошо взвешенный **2.** (*ungefähr*) вероятно
Wohl *nt* <*gen:* -(e)s> благо *nt*; **zum ~!** за ваше [*o* твоё] здоровье!
Wohlfahrtseinrichtung *f* <-, -en> учреждение *nt* социального обеспечения
Wohlfahrtssystem *nt* <*gen:* -(e)s> система *f* социальной помощи
wohlgefällig *adj* благосклонный, полный удовлетворения

wohlgeraten, wohl geraten *adj* удачный
wohlhabend *adj* состоятельный
wohlig *adj* приятный
Wohlklang *m* <*gen:* -(e)s> благозвучие *nt*
Wohlstand *m* <*gen:* -(e)s> благосостояние *nt*
Wohlstandsgesellschaft *f* <*gen:* -> общество *nt* всеобщего благосостояния
Wohltat *f* <-, -en> благодеяние *nt*
wohltätig *adj* благотворительный
Wohltätigkeitsbasar *m* <-s, -e> благотворительный базар *m*
Wohltätigkeitsveranstaltung *f* <-, -en> благотворительное мероприятие *nt*
wohlverstanden *adj* правильно понятый
Wohlwollen *nt* <*gen:* -s> благосклонность *f*
wohlwollend *adj* благосклонный
Wohnanhänger *m* <-s, -> автодача *f*
Wohnanlage *f* <-, -n> жилой комплекс *m*
wohnen *vi* жить *impf*; **ich habe dort drei Jahre gewohnt** я прожил там три года
Wohngebiet *nt* <-(e)s, -e> жилой район *m*
wohnhaft *adj* проживающий
Wohnheim *nt* <-(e)s, -e> общежитие *nt*
Wohnkultur *f* <*gen:* -> культура *f* быта
Wohnmobil *nt* <-s, -e> автомобиль *m* -дача *f*
Wohnort *m* <-(e)s, -e> местожительство *nt*
Wohnsitz *m* <-es, -e> местожительство *nt*; **ständiger ~** постоянное место жительства
Wohnstube *f* <-, -n> жилая комната *f*
Wohnung *f* <-, -en> квартира *f*
Wohnungsangebot *nt* <*gen:* -(e)s> выбор *m* квартир
Wohnungsbau *m* <*gen:* -(e)s> жилищное строительство *nt*
Wohnungsbauförderung *f* <*gen:* -> поощрение *nt* жилищного строительста
Wohnungsbaugesellschaft *f* <-, -en> жилищно-строительная фирма *f*
Wohnungseigentümer *m* <-s, -> владелец *m* квартиры
Wohnungseinrichtung *f* <-, -en> обстановка *f* (в квартире)
wohnungslos не имеющий жилья
Wohnungsnot *f* <*gen:* -> нехватка *f* жилья
Wohnungsschlüssel *m* <-s, -> ключ *m* от квартиры
Wohnungssuchende(r) *mf* <-n, -n> нуждающийся *m* в жилплощади
Wohnwagen *m* <-s, -> прицеп *m* -дача *f*
Wohnzimmer *nt* <-s, -> жилая комната *f*, гостиная *f*
wölben *vr* изгибаться, изогнуться *pf*
Wölbung *f* <-, -en> изгиб *m*, выпуклость *f*

Wolf *m* <-(e)s, Wölfe> волк *m*
Wölfin *f* <-, -en> волчица *f*
Wolfram *nt* <gen, -s> вольфрам *m*
Wolfshunger *m* <gen: -s> волчий аппетит *m*
Wolga *f* <gen: -> Волга *f*
Wolke *f* <-, -n> облако *nt*
Wolkenkratzer *m* <-s, -> (*umg*) небоскрёб *m*
wolkig *adj* облачный
Wolle *f* <gen: -> шерсть *f*
wollen¹ *adj* (*aus Wolle*) шерстяной
wollen² *vt* хотеть, за- *pf*
Wolljacke *f* <-, -n> шерстяная кофта *f*
Wollkleid *nt* <-(e)s, -er> шерстяное платье *nt*
Wollstoff *m* <-(e)s, -e> шерсть *f*
womit *adv* чем
womöglich *adv* возможно
wonach *adv* 1. (*nach einer Sache fragend*) что; ~ suchst du? что ты ищешь?; 2. (*einer Sache zufolge*) в соответствии с которым, -рой, -рыми
Wonne *f* <-, -n> блаженство *nt*, удовольствие *nt*
Wonneproppen *m* <-, -> (*umg*) бутуз *m*
woran *adv*: man weiß nie , ~ man bei ihm ist никогда не знаешь, чего он хочет; ~ liegt es? в чём тут причина [*o* дело]?; ~ denkst du? о чём ты думаешь?; ~ arbeitest du gerade? над чем ты сейчас работаешь?
worauf *adv*: ~ warten wir noch? чего мы ещё ждём?; er betätigte einen Schalter, ~ man ein Geräusch hörte он включил переключатель, после чего послышался шум
woraus *adv* из чего
worin *adv* в чём
Wort *nt* <-(e)s, -e *o* Wörter> слово *nt*
Wortbildung *f* <gen: -> (LING) словообразование *nt*
Wörterbuch *nt* <-(e)s, -bücher> словарь *m*
Wörterverzeichnis *nt* <-ses, -se> указатель *m* слов, список *m* слов
Wortfamilie *f* <-, -n> (LING) гнездо *nt* слов
Wortführer *m* <-s, -> выразитель *m* взглядов
wortkarg *adj* неразговорчивый
Wortklauberei *f* <gen: -> (*pej*) буквоедство *nt*
Wortlaut *m* <gen: -(e)s> дословный текст *m*
wörtlich I. *adj* дословный; II. *adv* дословно, слово в слово.
wortlos I. *adj* безмолвный; II. *adv* безмолвно, молча.
Wortschatz *m* <gen: -es> 1. (*einer Sprache*) словарный состав *m*; 2. (*eines Menschen*) словарный запас *m*, лексикон *m*
Wortschwall *m* <gen: -(e)s> поток *m* слов

Wortspiel *nt* <-(e)s, -e> игра *f* слов
Wortstamm *m* <-(e)s, -stämme> (LING) основа *f* слова
Wortwechsel *m* <-s, -> спор *m*, перепалка *f*
wortwörtlich *adj* дословный
worüber *adv*: ~ ärgerst du dich ? чем ты недоволен?; ~ haben sie gesprochen? о чём они говорили?
worum *adv* о чём
wovon *adv*: ~ handelt dieser Film? о чём этот фильм?
wovor *adv* 1. (*in Fragesätzen*) перед чем; 2. (*vor dem vorher genannten Gegenstand*) перед которым, -рой, -рыми; ~ hat das Kind Angst? чего боится ребёнок?
wozu *adv* для чего, зачем
Wrack *nt* <-(e)s, -s> 1. (*eines Schiffs*) остатки *mpl*, обломки *mpl*; 2. (*Mensch*) развалина *f*
wrang *prät von* **wringen**
wringen *vt* <wrang, gewrungen> выжимать, выжать *pf*
WS *abk von* **Wintersemester** зимний семестр *m*
WSV *abk von* **Winterschlussverkauf**
Wucher *m* <gen: -s> (*pej*) грабёж *m*
Wucherpreis *m* <-es, -e> ростовщическая цена *f*
Wucherung *f* <-, -en> 1. (*Geschwulst*) опухоль *f*, нарост *m*; 2. (*Prozess*) разрастание *nt*
wuchs *prät von* **wachsen**
Wucht *f* <gen: -> сила *f*
wuchtig *adj* сильный, мощный
wühlen I. *vi* рыться, по- *pf*, копаться, по- *pf* (*in +dat* в *+präpos*); II. *vr* (*fig*) рыться, по- *pf*, копаться, по- *pf*
Wulst *f* <-, Wülste> опухоль *f*
wulstig *adj* вздутый
wund *adj* пораненный, стёртый до крови
Wunddesinfektionsmittel *nt* <-s, -> дезинфицирующее средство *nt*
Wunde *f* <-, -n> рана *f*
Wunder *nt* <-s, -> чудо *nt*
wunderbar *adj* чудесный
Wunderkind *nt* <-s, -er> вундеркинд *m*
wunderlich *adj* странный
wundern *vi* удивляться, -виться *pf*; ich muss mich sehr über sein Verhalten ~ я очень удивлён/удивляюсь его поведению
wunderschön *adj* чудесный, замечательный
Wundstarrkrampf *m* столбняк *m*
Wunsch *m* <-es, Wünsche> желание *nt*; auf jds ~ по желанию [*o* просьбе] кого-л.
Wunschbild *nt* <-(e)s, -er> 1. фантом *m*; 2. идеальное представление *nt*
wünschen *vt* желать, по- *pf*; ich wünschte, er wäre in der Schule fleißiger

я хотéл бы, чтóбы он был бóлее прилéжным в шкóле; **ich wünsche dir alles Gute zum Geburtstag** я желáю тебé на день рождéния всегó сáмого лýчшего

wünschenswert adj желáтельный
wurde prät von **werden**
Würde f <gen: -> достóинство nt
würdevoll adj достóйный, торжéственный
würdig adj достóйный; **er hat sich dieses Amtes als ~ erwiesen** он оказáлся достóйным э́той дóлжности
würdigen vt удостáивать, -стóить pf; **sie hat mich nicht eines Blickes gewürdigt** онá не удостóила меня и взглядом
Wurf m <-(e)s, Würfe> 1. (das Werfen) бросóк m; 2. (von Tieren) приплóд m
Würfel m <-s, -> кýбик m; **ein ~ Zucker** кусóк сáхара
würfelförmig adj кубúческий
Würfelspiel nt <-s, -e> игрá f в кóсти
Würfelzucker m <gen: -> кусковóй сáхар m
Wurfspieß m <-es, -e> дрóтик m
würgen vt душúть, за- pf
Wurm m <-(e)s, Würmer> 1. червь m; 2. (umg) червя́к m
wurmig adj (Obst) червúвый
Wurst f <-, Würste> колбасá f; **mir ist es ~** мне на э́то наплевáть
Würstchen nt <-s, -> сосúска f
Würstchenstand m <-(e)s, -stände> сосúсочная f
Wursthaut f <-, -häute> колбáсная оболóчка f
wurstig adj наплевáтельский
Wurstigkeit f <gen: -> наплевáтельское отношéние nt
Wurstkonserve f <-, -n> колбáсные консéрвы pl
Wurstvergiftung f <-, -en> отравлéние nt колбáсным я́дом, ботулúзм m
Wurstwaren pl <gen: -> колбáсные издéлия nt pl
Würze f <gen: -> припрáва f, пря́ность f
Wurzel f <-, -n> (BOT, MATH, auch fig) кóрень m
wurzellos adj 1. не имéющий кóрня; 2. (fig) лишённый корнéй
würzen vt: **etw mit etw ~** (Speisen, auch fig) припрáвить что-л. чем-л.
würzig adj пря́ный
Würzmittel nt <-s, -> пря́ность f
wusch prät von **waschen**
wusste prät von **wissen**
wüst adj 1. (unbewohnt) забрóшенный; 2. (Haar) спýтанный; 3. (ausschweifend) дúкий, распýтный; **ein ~es Durcheinander** стрáшный беспорядок m
Wüste f <-, -n> пусты́ня f
Wut f <gen: -> гнев m, бéшенство nt
Wutausbruch m <-(e)s, -ausbrüche> прúступ m бéшенства

wüten vi 1. (Unwetter) бушевáть impf; 2. (Truppen) свирéпствовать impf
wütend adj 1. (Mensch, Tier, Schmerzen) бéшеный; 2. (Menge) рассвирепéвший; **~ werden** разъяри́ться
Wutgeschrei nt <gen: -s> крик m я́рости
wutverzerrt adj: **~e Gesichter** лúца, искажённые злóбой
WWW abk von **World Wide Web**

X

x, X nt <-, -> 1. кс, Кс; 2. (MATH) икс; **ein Herr ~** мúстер икс
X-Beine nt pl кривы́е нóги fpl, úкс-обрáзные нóги fpl
X-beinig adj кривонóгий
x-beliebig adj (umg) любóй
Xenophobie f <gen: -> ксенофóбия f
x-förmig adj в фóрме úкса
x-mal adv (umg) мнóго раз, многокрáтно
XML nt <gen: -> (DV) расширя́емый язы́к m размéтки
Xylophon nt <-s, -e> ксилофóн m

Y

y, Y nt <-, -> й, Й
Yachtclub m <-s, -s> яхт-клуб m
Yak nt <-s, -s> (ZOOL) як m
Yard nt <-s, -s> ярд m; **zehn ~** дéсять я́рдов
y-Chromosom nt <-s, -en> У-хромосóма f, половáя хромосóма f
Yen m <-(s), -(s)> йéна f; **100 ~** сто йен
Yeti m <-s, -s> снéжный человéк m
Yoga nt <gen: -s> йóга f
Yuan m <-(s), -(s)> юáнь m; **100 ~** сто юáней
Yuppie m <-s, -s> я́ппи m

Z

z, Z nt <-, -> ц, Ц
Zacke f <-, -n> 1. (Auszackung) зазýбрина f; 2. (am Kamm, an der Gabel) зубéц m
zackig adj 1. (gezackt) зýбчатый; 2. (umg: Mensch, Bewegungen) молодцевáтый, энергúчный
zaghaft adj рóбкий
Zaghaftigkeit f <gen: -> рóбость f
zäh adj 1. (zähflüssig) вя́зкий; 2. (Fleisch) жёсткий; 3. (ausdauernd, beharrlich) упóрный
zähflüssig adj (zäh) вя́зкий, густóй
Zähigkeit f <gen: -> 1. (Widerstandsfähigkeit) выносли́вость f; 2. (Beharrlichkeit)

упо́рство nt
Zahl f <-, -en> 1. (MATH) число́ nt; 2. (Ziffer) ци́фра f; 3. (LING: Numerus) число́ nt; 4. (Anzahl) число́ nt, коли́чество nt; rote ~en фина́нсовый дефици́т, долги́; eine Firma aus den roten ~en führen ликвиди́ровать убы́точность фи́рмы; in die roten ~en geraten влезть в долги́; in den roten ~en stecken быть в долга́х
zahlbar adj опла́чиваемый, подлежа́щий опла́те; ~ nach Erhalt подлежа́щий опла́те по получе́нию; ~ bei Lieferung подлежа́щий опла́те при поста́вке; ~ in Raten подлежа́щий опла́те в рассро́чку; per Scheck ~ с платежо́м че́ком; ~ an den Überbringer подлежа́щий опла́те предъяви́телю
zahlen I. vt 1. (eine bestimmte Geldsumme für etw) плати́ть, за- pf (für +akk за +akk); Schulden pünktlich ~ пунктуа́льно плати́ть долги́ 2. (Rechnung) опла́чивать, оплати́ть pf; die Miete ~ заплати́ть за кварти́ру; den Taxifahrer ~ заплати́ть такси́сту; II. vi плати́ть, за- pf; Herr Ober, bitte ~! официа́нт, принеси́те, пожа́луйста, счёт! in Raten ~ плати́ть в рассро́чку; mit einem Scheck ~ плати́ть че́ком; im Voraus ~ плати́ть аванс́ом
zählen I. vt счита́ть, по- pf, пере- pf; II. vi 1. (eine Zahlenfolge) счита́ть, по- pf; 2. (angehören) счита́ться impf; er zählt zu den reichsten Männern der Welt он счита́ется одни́м из са́мых бога́тых люде́й в ми́ре; 3. (gültig sein) счита́ться impf; 4. (sich verlassen) полага́ться, положи́ться pf (auf +akk на +akk); 5. (von Bedeutung sein) быть impf ва́жным (für +akk для +gen)
zahlenmäßig adj чи́сленный
Zahlenverhältnis nt <-ses, -se> числово́е соотноше́ние nt
Zahler m <-s, -> плате́льщик m
Zähler m <-s, -> 1. (Ablesegerät) счётчик m; 2. (MATH) числи́тель m
Zählerablesung f <-, -en> счи́тывание nt счётчика
zahllos adj бесчи́сленный
zahlreich adj многочи́сленный
Zahlung f <-, -en> вы́плата f, платёж m, упла́та f, опла́та f; eine ~ aufschieben переноси́ть срок платежа́; ~ in har опла́та нали́чными; ~ bei Erhalt der Ware опла́та при получе́нии това́ра; laufende ~ теку́щий платёж; etwas in ~ nehmen принима́ть что-л. к опла́те; ~ per Scheck опла́та че́ком; ~ durch Überweisung платёж по перево́ду; vorläufige ~ предвари́тельная опла́та; wiederkehrende ~en периоди́ческие платежи́
Zahlungsart f <-, -en> вид m платежа́
Zahlungsaufforderung f <-, -en> тре́бование nt произвести́ платёж
Zahlungsaufschub m <gen: -(e)s> отсро́чка f платежа́
Zahlungsbedingungen pl <gen: -> усло́вия pl платежа́
Zahlungsbilanz f <-, -en> платёжный бала́нс m
Zahlungseingang m <-(e)s, -eingänge> поступле́ние nt платежа́
Zahlungsempfänger m <-s, -> получа́тель m платежа́
zahlungsfähig adj платёжеспосо́бный
Zahlungsfähigkeit f <gen: -> платёжеспосо́бность f
Zahlungsmittel nt <-s, -> сре́дство nt платежа́
Zahlungsschwierigkeiten pl <gen: -> затрудне́ния pl при опла́те
zahlungsunfähig adj неплатёжеспосо́бный
Zahlungsunfähigkeit f <gen: -> неплатёжеспосо́бность f
zahlungsunwillig adj отка́зывающийся плати́ть
Zahlungsverkehr m <gen: -s> платёжный оборо́т m
Zahlungsverpflichtung f <-, -en> платёжное обяза́тельство nt
Zahlungsziel nt <-(e)s, -e> срок m платежа́
Zählwerk nt <-(e)s, -e> счётчик m
Zahlwort nt <-(e)s, -wörter> числи́тельное nt
zahm adj (Tier, auch fig) ручно́й, послу́шный
zähmen vt 1. (Tiere) прируча́ть, -чи́ть pf; 2. (fig: Leidenschaft) обу́здывать, обузда́ть pf
Zahmheit f <gen: -> 1. приручённость f; 2. кро́тость f
Zahn m <-(e)s, -Zähne> 1. зуб m; jdm einen ~ ziehen удали́ть [o вы́рвать] кому́-л. зуб; sich die Zähne putzen чи́стить зу́бы; die dritten Zähne вставны́е зу́бы 2. (Zacke eines Kamms) зубе́ц m
Zahnarzt, -ärztin m/f <-es, -ärzte> зубно́й врач m
Zahnarztbesuch m <-(e)s, -e> визи́т m к зубно́му врачу́
Zahnarzthelferin f <-, -nen> ассисте́нтка f зубно́го врача́
zahnärztlich adj зубоврабе́бный
Zahnausfall m <gen: -(e)s> выпаде́ние nt зубо́в
Zahnbehandlung f <-, -en> лече́ние nt зубо́в
Zahnbürste f <-, -n> зубна́я щётка f
Zahncreme, Zahnkreme f <-, -s> зубна́я па́ста f
Zahnersatz m <gen: -es> зубно́й проте́з m
Zahnfäule f <gen: -> гние́ние nt зубо́в, ка́риес m

Zahnfleisch nt <gen: -(e)s> десна́ f
Zahnfleischentzündung f <-, -en> воспале́ние nt дёсен
Zahnlücke f <-, -n> щерби́на f
Zahnpasta f <-, -pasten> зубна́я па́ста f
Zahnpflege f <gen: -> ухо́д m за зуба́ми
Zahnrad nt <-(e)s, -räder> 1. шестерня́ f; 2. (von geringer Größe) шестерёнка f
Zahnschmelz m <gen: -es> зубна́я эма́ль f
Zahnschmerzen pl зубна́я боль f; **ich habe ~** у меня́ боли́т зуб [o боля́т зу́бы]
Zahnseide f <gen: -> ни́тка f для чи́стки зубо́в
Zahnstein m <gen: -(e)s> зубно́й ка́мень m
Zahnstocher m <-s, -> зубочи́стка f
Zahntechniker, -in m/f <-s, -> зубно́й те́хник m
Zange f <-, -n> 1. (Werkzeug) кле́щи fpl, щипцы́ mpl; 2. (eines Krebses) кле́щи fpl
zanken I. vi (schimpfen) руга́ться impf; II. vr (sich streiten) ссо́риться, по- pf
zänkisch adj (streitlustig) сварли́вый
Zäpfchen nt <-s, -> 1. (MED) свеча́ f; 2. (ANAT) язычо́к m
Zapfen m <-s, -> 1. (Tannenzapfen) ши́шка f; 2. (am Fass) про́бка f; 3. (Eiszapfen) сосу́лька f
zapfen vt налива́ть, -ли́ть pf (из бо́чки)
Zapfsäule f <-, -n> запра́вочная коло́нка f
zappelig adj (umg: unruhig) не́рвный
zappeln vi (sich unruhig bewegen) дёргаться impf; **jdn ~ lassen** (umg) томи́ть кого́-л. ожида́нием
zappen vi (TV) переключа́ть impf с по́мощью дистанцио́нного управле́ния
Zar, -in m/f <-en, -en> царь, цари́ца m/f
Zarenzeit f <gen: -> ца́рское вре́мя nt
zart adj не́жный; **~ fühlend** чу́ткий
zartfühlend, zart fühlend adj чу́ткий
Zartgefühl nt <gen: -(e)s> делика́тность f
zärtlich adj (liebevoll) не́жный; **zu jdm ~ sein** быть не́жным с кем-л.
Zärtlichkeit f <-, -en> 1. (Zärtlichsein) не́жность f; 2. (Liebkosung) ла́ска f
Zauber m <-s, -> 1. (magische Handlung) колдовство́ nt; 2. (Zauberbann) ча́ры fpl; 3. (Ausstrahlung, Reiz) пре́лесть f, очарова́ние nt
Zauberei f <-, -en> 1. (Magie) колдовство́ nt; 2. (Zauberkunststück) фо́кус m
Zauberer m <-s, -> 1. (Magier) волше́бник m; 2. (pej) колду́н m; 3. (Zauberkünstler) фо́кусник m
zauberhaft adj (bezaubernd) очарова́тельный
Zauberin f <-, -nen> 1. (Magierin) волше́бница f; 2. (pej) колду́нья f; 3. (Zauberkünstlerin) фо́кусница f
Zauberkunst f <gen: -> колдовство́ nt
zaubern vi 1. (übernatürliche Kräfte einsetzen) колдова́ть impf; 2. (Zaubertricks vorführen) пока́зывать, -каза́ть pf фо́кусы
Zauberspruch m <-(e)s, -sprüche> заклина́ние nt
Zauberwort nt <-(e)s, -e> волше́бное сло́во nt
Zaum m <-(e)s, Zäume> узда́ f
Zaun m <-(e)s, Zäune> забо́р m
Zaunlatte f <-, -n> ре́йка f забо́ра
Zaunpfahl m <-(e)s, -pfähle> кол m
z.B. abk von **zum Beispiel**
ZDF akr von **Zweites Deutsches Fernsehen** nt
Zebra nt <-s, -s> зе́бра f
Zeche f <-, -n> 1. (Wirtshausrechnung) счёт m; 2. (BERGB: Grube) ша́хта f, рудни́к m
Zechenschließung f <-, -en> закры́тие nt рудника́
Zecke f <-, -n> клещ m
Zeder f <-, -n> кедр m
Zehe f <-, -n> 1. (ANAT) па́лец m (ноги́); 2. (Knoblauch~) зу́бчик m
zehn num де́сять
zehnbändig adj десятито́мный
Zehnerkarte f <-, -n> десятира́зовый (проездно́й) биле́т m
zehnfach num десятикра́тный
zehnjährig adj десятиле́тний
Zehnkampf m <-(e)s, -kämpfe> (SPORT) десятибо́рье nt
zehnmal adv де́сять раз
zehnte(r, s) num деся́тая, -тый, -тое
Zehntel nt <-s, -> деся́тая часть f
zehntens adv в-деся́тых, деся́тое
Zeichen nt <-s, -> 1. (Hinweis, Signal) знак m, сигна́л m; 2. (Anzeichen) при́знак m; 3. (Schriftzeichen, Tierkreiszeichen) знак m; 4. (Satzzeichen) знак m препина́ния
Zeichenblock m <-(e)s, -blöcke> блокно́т m для рисова́ния
Zeichenbrett nt <-(e)s, -er> чертёжная доска́ f
Zeichenkunst f <gen: -> иску́сство nt рисова́ния
Zeichenlehrer, -in m/f <-s, -> учи́тель m рисова́ния
Zeichensetzung f <gen: -> (LING) пунктуа́ция f
Zeichensprache f <-, -n> язы́к m же́стов
Zeichenstift m <-(e)s, -e> рисова́льный каранда́ш m
Zeichentrickfilm m <-(e)s, -e> мультфи́льм m
zeichnen I. vi (Zeichnungen machen) рисова́ть, на- pf; II. vt 1. (graphisch darstellen) рисова́ть, на- pf; 2. (unterzeichnen) подпи́сываться, -писа́ться pf
Zeichner, -in m/f <-s, -> 1. худо́жник, рисова́льщик, -ница m/f, -щица m/f; 2. (technischer ~) чертёжник, -ница m/f
Zeichnung f <-, -en> 1. (Darstellung) рису́нок m, изображе́ние nt; 2. (Unter-

zeichnung) по́дпись *f*
zeichnungsberechtigt *adj* име́ющий пра́во по́дписи
Zeichnungsfrist *f* <-, -en> срок *m* подпи́ски
Zeigefinger *m* <-s, -> указа́тельный па́лец *m*
zeigen I. *vt* (*vorzeigen, anzeigen*) пока́зывать, -каза́ть *pf*; II. *vi* (*deuten*) пока́зывать, -каза́ть *pf* (*auf*+*akk* на + *akk*); III. *vr* (*sichtbar werden*) пока́зываться, -каза́ться *pf*; das wird sich noch ~ э́то мы ещё уви́дим; er hat sich von seiner besten Seite gezeigt он показа́л себя́ с са́мой лу́чшей стороны́
Zeiger *m* <-s, -> стре́лка *f*
Zeigestab *m* <-(e)s, -stäbe> указа́ *f*
Zeile *f* <-, -n> (*eines Textes*) строка́ *f*
Zeilenabstand *m* <-(e)s, -abstände> расстоя́ние *nt* ме́жду строка́ми
Zeilenende *nt* <-s, -n> коне́ц *m* строки́
Zeit *f* <*gen:* -> вре́мя *nt*; mit der ~ со вре́менем; jdm ~ lassen дать кому́-л. вре́мя; um diese ~ в э́то вре́мя; zu jeder ~ в любо́е вре́мя; von ~ zu ~ вре́мя от вре́мени; zu seiner ~ в своё вре́мя; es ist höchste ~, dass wir gehen нам уже́ давно́ пора́ идти́
Zeitalter *nt* <-s, -> эпо́ха *f*
Zeitarbeit *f* <*gen:* -> вре́менная рабо́та *f*
Zeitarbeitsfirma *f* <-, -firmen> *предприя́тие-посре́дник, предоставля́ющее други́м предприя́тиям вре́менных рабо́тников*
Zeitdauer *f* <*gen:* -> срок *m*
Zeitdokument *nt* <-s, -e> *докуме́нт, передаю́щий своеобра́зие определённой эпо́хи*
Zeiteinheit *f* <-, -en> едини́ца *f* вре́мени
Zeiteinteilung *f* <*gen:* -> распределе́ние *nt* вре́мени
Zeitenfolge *f* <*gen:* -> (LING) после́довательность *f* времён
Zeitersparnis *f* <*gen:* -> эконо́мия *f* вре́мени
Zeitfahren *nt* <-s, -> (SPORT: *Radsport*) го́нка *f* на вре́мя
Zeitgeist *m* <*gen:* -(e)s> дух *m* вре́мени
zeitgemäß *adj* актуа́льный
Zeitgenosse *m* <-n, -n> совреме́нник *m*
Zeitgenossin *f* <-, -nen> совреме́нница *f*
Zeitgeschehen *nt* <*gen:* -s> теку́щие собы́тия *pl*
zeitgeschichtlich *adj* относя́щийся к совреме́нной исто́рии
Zeithistoriker *m* <-s, -> исто́рик *m* совреме́нности
zeitlich I. *adj* (*die Zeit betreffend*) вре́менный; II. *adv* по вре́мени.
Zeitlimit *nt* <-s, -s> лими́т *m* вре́мени
zeitlos *adj* безвре́менный
Zeitmessung *f* <*gen:* -> хронометра́ж *m*

Zeitpunkt *m* <-(e)s, -e> моме́нт *m*, вре́мя *nt*
Zeitrafferaufnahme *f* <-, -n> заме́дленная киносъёмка *f*
Zeitraum *m* <-(e)s, -räume> пери́од *m* (вре́мени)
Zeitrechnung *f* <*gen:* -> летоисчисле́ние *nt*
Zeitschrift *f* <-, -en> журна́л *m*
Zeitspanne *f* <-, -n> промежу́ток *m* вре́мени
Zeittafel *f* <-, -n> хронологи́ческая табли́ца *f*
Zeitung *f* <-, -en> газе́та *f*
Zeitungsabonnement *nt* <-s, -s> подпи́ска *f* на газе́ту
Zeitungsannonce *f* <-, -n> объявле́ние *nt* в газе́те
Zeitungsanzeige *f* <-, -n> объявле́ние *nt* в газе́те
Zeitungsartikel *m* <-s, -> газе́тная статья́ *f*
Zeitungsbericht *m* <-(e)s, -e> газе́тное сообще́ние *nt*
Zeitungsinterview *nt* <-s, -s> интервью́ *nt* для газе́ты
Zeitungsjargon *m* <*gen:* -s> газе́тный жарго́н *m*
Zeitungskiosk *m* <-s, -e> газе́тный кио́ск *m*
Zeitungsmeldung *f* <-, -en> (кра́ткое) газе́тное сообще́ние *nt*
Zeitungsnotiz *f* <-, -en> газе́тная заме́тка *f*
Zeitungsverkäufer *m* <-s, -> продаве́ц *m* газе́т
Zeitungswesen *nt* <*gen:* -s> газе́тное де́ло *nt*
Zeitunterschied *m* <-(e)s, -e> ра́зница *f* во вре́мени
Zeitverschwendung *f* <*gen:* -> тра́та *f* вре́мени
zeitweilig I. *adj* вре́менный; II. *adj* вре́мя от вре́мени.
Zeitwort *nt* <-(e)s, -wörter> глаго́л *m*
Zeitzeuge *m* <-n, -n> свиде́тель *m* вре́мени
Zeitzünder *m* <-s, -> электродетона́тор *m* заме́дленного де́йствия
Zelle *f* <-, -n> 1. (*kleiner Raum*) ка́мера *f*; 2. (BIO) кле́тка *f*; 3. (EL) элеме́нт *m*
Zellgewebe *nt* <*gen:* -s> (BIO) кле́точная ткань *f*
Zellstoff *m* <-(e)s, -e> целлюло́за *f*
Zellulitis *f* <*gen:* -> целлюли́т *m*
Zelt *nt* <-(e)s, -e> пала́тка *f*
zelten *vi* жить *impf* в пала́тке
Zeltlager *nt* <-s, -> пала́точный ла́герь *m*
Zeltstange *f* <-, -n> пала́точная сто́йка *f*
Zement *m* <*gen:* -(e)s> цеме́нт *m*
zementieren *vt* цементи́ровать, за- *pf*
zensieren *vt* 1. (*einer Zensur unterziehen*) подверга́ть, -ве́ргнуть *pf* цензу́ре; 2.

(*benoten*) оце́нивать, оцени́ть *pf*
Zensur *f* <-, -en> 1. (*Kontrolle, Institution*) цензу́ра *f*; 2. (*Benotung*) оце́нка *f*
zensurieren *vt* (*CH, österr: der Zensur unterziehen*) подверга́ть, -гну́ть *pf* цензу́ре
Zentimeter *m* <-s, -> сантиме́тр *m*
Zentner *m* <-s, -> полуце́нтнера *m*, пятьдеся́т килогра́мм
zentral *adj* центра́льный
Zentralamerika *nt* <*gen:* -s> Центра́льная Аме́рика *f*
Zentralbank *f* <-, -en> центра́льный банк *m*
Zentrale *f* <-, -n> 1. (*Zentralbüro*) руково́дство *nt*, управле́ние *nt*; 2. (*Taxizentrale*) диспе́тчерская *f* (такси́); 3. (*Telefonzentrale*) (центра́льный) телефо́нный у́зел *m*
Zentraleinheit *f* <-, -en> (DV) центра́льный проце́ссор *m*
Zentralheizung *f* <-, -en> центра́льное отопле́ние *nt*
Zentralisation *f* <*gen:* -> централиза́ция *f*
zentralisieren *vt* централизова́ть *impf/pf*
zentralistisch *adj* централи́стский
Zentralkomitee *nt* <-s, -s> центра́льный комите́т *m*
Zentralnervensystem *nt* <-s, -e> центра́льная не́рвная систе́ма *f*
Zentralverriegelung *f* <-, -en> (KFZ) центра́льное запира́ние *nt* двере́й
zentrieren *vt* центри́ровать, от- *pf*
Zentrifugalkraft *f* <*gen:* -> (PHYS) центробе́жная си́ла *f*
Zentrifuge *f* <-, -n> центрифу́га *f*
Zentripetalkraft *f* <*gen:* -> (PHYS) центростреми́тельная си́ла *f*
Zentrum *nt* <-s, Zentren> центр *m*; **im ~ wohnen** жить в це́нтре
Zepter *nt* <-s, -> ски́петр *m*
zerbrechen I. *irr vt* (*etw entzweibrechen*) разбива́ть, -би́ть *pf*; II. *vi* (*entzweigehen*) разбива́ться, -би́ться *pf*
zerbrechlich *adj* хру́пкий
zerdrücken *vt* раздави́ть *pf*
zerebral *adj* мозгово́й
Zeremonie *f* <-, -n> церемо́ния *f*
Zerfall *m* <*gen:* -(e)s> 1. (*Auflösung, Zerstörung*) разруше́ние *nt*; 2. (*eines Reiches*) распа́д *m*, упа́док *m*; 3. (*von Kultur*) упа́док *m*
zerfallen *irr vi* 1. (*Haus*) разруша́ться, -ру́шиться *pf*; 2. (*umg: Haus, Reich*) разва́ливаться, -вали́ться *pf*; 3. (*Moral, Kultur*) приходи́ть, прийти́ *pf* в упа́док; 4. (*verwesen*) разлага́ться, разложи́ться *pf*; 5. (PHYS, auch von Imperium) распада́ться, -па́сться *pf*
Zerfallsprozess *m* <-es, -e> проце́сс *m* распа́да

zerfetzen *vt* рвать, разорва́ть *pf* на ча́сти
zerfließen *irr vi* (*Farbe, Tinte etc*) расплыва́ться, -плы́ться *pf*
zerfurcht *adj* изборождённый
zergehen *irr vi* 1. (*sich auflösen: vor Wärme, im Mund*) та́ять, рас- *pf*; 2. (*im Wasser*) растворя́ться, -твори́ться *pf*
zerkleinern *vt* размельча́ть, -чи́ть *pf*
Zerknirschtheit *f* <*gen:* -> пода́вленность *f*
zerlegbar *adj* разбо́рный
zerlegen *vt* (*auseinandernehmen*) разбира́ть, разобра́ть *pf*
Zerlegung *f* <*gen:* -> разбо́рка *f*
zerquetschen *vt* раздави́ть *pf*
zerreißen I. *irr vt* (*auseinander reißen*) разрыва́ть, разорва́ть *pf*, рвать *impf*; II. *vi* (*auseinander gehen, Risse bekommen*) разрыва́ться, разорва́ться *pf*, рва́ться *impf*
zerren I. *vt* 1. (*fortziehen*) тащи́ть, вы- *pf*; 2. (*überdehnen*) растя́гивать, -тяну́ть *pf*; II. *vi* (*ruckartig ziehen*) дёргать, дёрнуть *pf*; **der Hund zerrt an der Leine** соба́ка дёргала за поводо́к
zerrissen *adj* разо́рванный
Zerrung *f* <-, -en> растяже́ние *nt*
zerrüttet *adj* (*Gesundheit, Finanzen*) подо́рванный; **eine ~e Ehe** разби́тая семья́
zerschlagen[1] I. *irr vt* (*zerbrechen, auch fig*) разбива́ть, -би́ть *pf*; II. *vr* (*nicht zustande kommen*) разбива́ться, -би́ться *pf*
zerschlagen[2] *adj* разби́тый
zerschneiden *vt* разреза́ть, -ре́зать *pf*
zerschossen *adj* разру́шенный обстре́лом
zersetzen I. *vt* 1. (*verfaulen lassen*) разлага́ть, -ложи́ть *pf*; 2. (*fig: unterminieren*) подрыва́ть, -дорва́ть *pf*; II. *irr vr* (*verfaulen*) разлага́ться, -ложи́ться *pf*
Zersetzung *f* <*gen:* -> разложе́ние *nt*
Zersetzungsprozess *m* <-es, -e> проце́сс *m* разложе́ния
Zersplitterung *f* <-, -en> раздро́бленность *f*, раско́л *m*
Zerstäuber *m* <-s, -> распыли́тель *m*
zerstören *vt* разруша́ть, -ру́шить *pf*
Zerstörung *f* <-, -en> разруше́ние *nt*
Zerstörungswut *f* <*gen:* -> вандали́зм *m*
zerstreiten *irr vr* ссо́риться, по- *pf* (*über* + *akk* из-за́ + *gen*)
zerstreuen I. *vt* 1. (*verstreuen*) разбра́сывать, -броса́ть *pf*; 2. (*fig: auseinander treiben*) разгоня́ть, разогна́ть *pf*; **einen Verdacht ~** рассе́ять подозре́ния; II. *vr* 1. (*auseinander gehen*) рассе́иваться, рассе́яться *pf*; 2. (*sich ablenken*) отвлека́ться, -ле́чься *pf*
zerstreut *adj* (*fig*) рассе́янный
Zerstreutheit *f* <*gen:* -> рассе́янность *f*

Zerstreuung f <-, -en> 1. (*Ablenkung*) развлечéние nt; 2. (*von Demonstranten*) разгóн m
zerstritten adj поссóрившийся
Zertifikat nt <-(e)s, -e> сертификáт m, свидéтельство nt
zertrümmern vt разбивáть, -би́ть pf
zerzausen vt растрепáть pf
zerzaust adj растрёпанный
Zettel m <-s, -> 1. (*Notizzettel*) запи́ска f; 2. (*Kassenbon*) чек m
Zettelkasten m <-s, -kästen> картотéчный я́щик m
Zeug nt <gen: -(e)s> 1. (*pej*) барахлó nt; 2. (*umg: Unsinn*) чушь f; **dummes ~!** глýпости! **albernes ~ reden** нести́ чушь
Zeuge m <-n, -n> свидéтель m; **~ von etw werden** стать свидéтелем чегó-л.
zeugen I. vi свидéтельствовать *impf* (*von* +dat о +präpos); II. vt (*Kind*) зачинáть, зачáть *impf*
Zeugenaussage f <-, -n> свидéтельское показáние nt
Zeugenverhör nt <-s, -e> допрóс m свидéтелей
Zeugin f <-, -nen> свидéтельница f
Zeugnis nt <-ses, -se> 1. (*Schulzeugnis*) аттестáт m (зрéлости); 2. (*Arbeitszeugnis*) характери́стика f, спрáвка f с мéста рабóты; 3. (*Gutachten*) удостоверéние nt, заключéние nt
Zeugung f <-, -en> зачáтие nt
zeugungsunfähig adj бесплóдный
z.H. abk von **zu Händen von**
Ziege f <-, -n> козá f
Ziegel m <-s, -> 1. (*Ziegelstein*) кирпи́ч m; 2. (*Dachziegel*) черепи́ца f
Ziegelei f <-, -en> кирпи́чный завóд m
Ziegenfleisch nt козля́тина f
Ziegenkäse m кóзий сыр m
ziehen I. vt <zog, gezogen> 1. тянýть, по- *pf*, тащи́ть, по- *pf*; 2. (*an einen Ort*) переезжáть, переéхать *pf*; 3. (*Pflanzen*) выра́щивать, вы́растить *pf*; **jdn an sich ~** притянýть когó-л к себé; **etw aus der Tasche ~** вы́тащить что-л. из кармáна; **einen Graben ~** вы́рыть ров; **jdn am Ärmel ~** тянýть когó-л. за рукáв; II. vi 1. (*Tee, Kaffee*) настáиваться, -стоя́ться *pf*; 2. (*Luftzug*) дуть *impf*; **es zieht!** здесь дýет! **es zieht mir am Rücken** мне дýет в спи́ну; **an der Zigarette ~** затянýться (сига рéтой); **die Menschen zogen zur Kirche** лю́ди потянýлись к цéркви; **die Vögel ~ nach Süden** пти́цы перелетáют на юг
Ziehharmonika f <-, -s> гармóнь f
Ziehung f <-, -en> (*Lotterie*) тирáж m, рóзыгрыш m
Ziel nt <-(e)s, -e> 1. (*generell, auch einer Reise*) цель f; **ein ~ erreichen** доби́ться цéли; **gesellschaftliches ~** общéственная цель; **sich ein ~ setzen** стáвить перед собóй цель; **~e vereinbaren** договáриваться о цéлях; **ein ~ verfolgen** преслéдовать цель 2. (SPORT: *Ende einer Strecke*) фи́ниш m; 3. (*beim Schießen*) мишéнь f; 4. (*Zweck, Absicht*) цель f; **sich ein ~ setzen** постáвить пéред собóй цель; **am ~ sein** быть у цéли 5. (ÖKON: *Zahlungsziel*) срок m платежá; **eine Ware auf ~ kaufen** покупáть товáр в кредит
Zielband nt <-(e)s, -bänder> (SPORT) фи́нишная лéнта f
zielbewusst adj целеустремлённый
zielen vi 1. цéлиться, при- *pf* (*auf*+akk в +akk); 2. (*fig*) быть *impf* нацéленным (*auf*+akk на +akk)
zielgerichtet adj целенапрáвленный
Zielgruppe f <-, -n> целевáя грýппа f; **eine ~ ansprechen** обращáться к целевóй грýппе
Zielkamera f <-, -s> (SPORT) фотоаппарáт m на фи́нише
Zielkauf m <-(e)s, -käufe> покýпка f в кредит
Zielkonflikt m <-(e)s, -e> конфли́кт m цéлей
ziellos adj бесцéльный
Zielscheibe f <-, -n> (*beim Schießen, auch fig*) мишéнь f
Zielsetzung f <-, -en> постанóвка f цéли
zielstrebig adj целеустремлённый
Zielvereinbarung f <-, -en> согласовáние nt цéлей
ziemlich I. adv 1. (*in hohem Maße*) довóльно; 2. (*umg: annähernd, fast*) почти́, приблизи́тельно; II. adj (*beträchtlich*) довóльно большóй.
zieren I. vt (*schmücken*) украшáть, -рáсить pf; II. vr (*Umstände machen*) кривля́ться *impf*, жемáниться pf
Ziergarten m <-s, -gärten> сад m с клýмбами
zierlich adj (*klein und fein*) изя́щный
Zierlichkeit f <gen: -> (*Feinheit, Zerbrechlichkeit*) изя́щность f
Zierpflanze f <-, -n> декорати́вное растéние nt
Zierstrauch m <-(e)s, -sträucher> декорати́вный куст m
Ziffer f <-, -n> ци́фра f; **römische/arabische ~n** ри́мские/арáбские ци́фры
Zifferblatt nt <-(e)s, -blätter> цифербла́т m
zig num (*umg*) деся́тки; **~ mal** деся́тки раз
Zigarette f <-, -n> сигарéта f
Zigarettenetui nt <-s, -s> портсигáр m
Zigarettenpause f перекýр m
Zigarettenschachtel f <-, -n> пáчка f сигарéт
Zigarettenspitze f <-, -n> мундштýк m
Zigarre f <-, -n> сигáра f
Zigarrenabschneider m <-s, -> прибóр

m для обрéзывания сигáр
Zigarrenstummel *m* <-s, -> окýрок *m*
Zigeuner, -in *m/f* <-s, -> цыгáн, -ка *m/f*
Zigeunermusik *f* <gen: -> цыгáнская мýзыка *f*
Zimmer *nt* <-s, -> кóмната *f*
Zimmerantenne *f* <-, -n> кóмнатная антéнна *f*
Zimmermädchen *nt* <-s, -> гóрничная *f*
Zimmermann *m* <-(e)s, -leute> плóтник *m*
zimmern I. *vt* скoлáчивaть, -лoтúть *pf*; II. *vi* плóтничать *impf*
Zimmerpflanze *f* <-, -n> кóмнатное растéние *nt*
zimperlich *adj* 1. (*überempfindlich*) изнéженный; 2. (*prüde*) чóпорный
Zimt *m* <gen: -(e)s> корúца *f*
Zink *nt* <gen: -(e)s> цинк *m*
Zinke *f* <-, -n> (*am Kamm, an der Gabel*) зубéц *m*
zinkhaltig *adj* содержáщий цинк
Zinn *nt* <gen: -(e)s> óлово *nt*
Zinnbecher *m* <-s, -> оловянный стакáн *m*
Zinnfigur *f* <-, -en> оловянная фигýра *f*
Zins *m* <-es, -en> процéнт *m*; **fällige ~en** процéнты, подлежáщие уплáте; **jährliche ~en** годовые процéнты
Zinsertrag *m* <-(e)s, -erträge> дохóд *m* от процéнтов
Zinseszins *m* <gen: -> слóжный процéнт *m*
Zinsfuß *m* <gen: -es> процéнтная стáвка *f*
Zinslast *f* <gen: -> задóлженность *f* по процéнтам
zinslos *adj* беспроцéнтный
Zinsniveau *nt* <-s, -s> ýровень *m* процéнтной стáвки
Zinssatz *m* <-es, -sätze> процéнтная стáвка *f*
Zinssenkung *f* <-, -en> снижéние *nt* процéнтной стáвки
Zipfel *m* <-s, -> уголóк *m*, край *m*
Zipperlein *nt* <gen: -s> (*umg*) подáгра *f*
zirka *adv* приблизúтельно, óколо
Zirkel *m* <-s, -> 1. (*Gerät*) цúркуль *m*; 2. (*Gruppe von Personen*) кружóк *m*
Zirkulation *f* <gen: -> циркуляция *f*
Zirkus *m* <-, -se> цирк *m*
zischen *vi* (*Schlange, Dampf, Menschen*) шипéть, за- *pf*; **durch die Zähne ~** прошипéть сквозь зýбы
Ziselierung *f* <-, -en> чекáнка *m*, филигрáнь *f*
Zisterne *f* <-, -n> цистéрна *f*
Zitadelle *f* <-, -n> цитадéль *f*
Zitat *nt* <-(e)s, -e> цитáта *f*
zitieren *vt* цитúровать, про- *pf*
Zitrone *f* <-, -n> лимóн *m*
Zitronenlimonade *f* <pl: -> лимóнный лимонáд *m*
Zitronensaft *m* <gen: -(e)s> лимóнный сок *m*
Zitrusfrucht *f* <-, -früchte> цúтрусовый фрукт *m*
zitt(e)rig *adj* дрожáщий
zittern *vi* дрожáть, за- *pf*; **vor Kälte ~** дрожáть от хóлода
Zitze *f* <-, -n> сосóк *m*
Zivil *nt*: **in ~** в граждáнском
zivil *adj* 1. (*nicht militärisch*) граждáнский; 2. (*umg: anständig*) прилúчный
Zivilbevölkerung *f* <gen: -> граждáнское населéние *nt*
Zivilcourage *f* <gen: -> граждáнское мýжество *nt*
Zivildienst *m* <gen: -(e)s> альтернатúвная слýжба *f*
Zivilisation *f* <-, -en> цивилизáция *f*
Zivilisationserscheinung *f* <-, -en> явлéние *nt* цивилизáции
zivilisatorisch *adj* цивилизáторский
zivilisiert *adj* цивилизóванный
Zivilist, -in *m/f* <-en, -en> граждáнское лицó *nt*
Zivilklage *f* <-, -n> (JUR) граждáнский иск *m*
Zivilrecht *nt* <gen: -(e)s> граждáнское прáво *nt*
ZK *abk von* **Zentralkomitee** *nt* ЦК
zog *prät von* **ziehen**
zögern *vi* мéдлить, по- *pf*
Zölibat *m* <gen: -(e)s> целибáт *m*, безбрáчие *nt*
Zoll *m* <-(e)s, Zölle> 1. (*auf Waren*) (тамóженная) пошлина *f*; **Zölle erheben** взимáть тамóженные пошлины; **den ~ umgehen** уклоняться от уплáты тамóженной пóшлины 2. (*Behörde*) тамóжня *f*
Zollabfertigung *f* <gen: -> тамóженный досмóтр *m*
Zollabkommen *nt* <-s, -> тамóженное соглашéние *nt*
Zollamt *nt* <-(e)s, -ämter> тамóженное управлéние *nt*
Zollbeamte(r) *mf* <-n, -n> тамóженник *m*
Zollbehörde *f* <-, -n> тамóжня *f*
Zolldeklaration *f* <-, -en> тамóженная деклaрáция *f*
Zollerklärung *f* <-, -en> тамóженная деклaрáция *f*
Zollfahnder *m* <-s, -> тамóженный слýжащий *m* по борьбé с контрабáндой
zollfrei *adj* беспóшлинный
Zollgrenzbezirk *m* <-(e)s, -e> приграничная тамóженная территóрия *f*
Zöllner *m* <-s, -> тамóженник *m*
zollpflichtig *adj* облагáемый пóшлиной
Zollsatz *m* <-es, -sätze> стáвка *f* тамóженной пóшлины
Zollschranke *f* <-, -n> тамóженный барьéр *m*

Zollstock *m* <-(e)s, Stöcke> (складно́й) метр *m*
Zolltarif *m* <-(e)s, -e> тамо́женный тари́ф *m*
Zollvergehen *nt* <-s, -> тамо́женное наруше́ние *nt*
Zollvorschriften *pl* <*gen:* -> тамо́женные предписа́ния *ntpl*
Zone *f* <-, -n> зо́на *f*
Zoo *m* <-s, -s> зоопа́рк *m*; **in den ~ gehen** пойти́ в зоопа́рк
Zoologe *m* <-n, -n> зоо́лог *m*
Zoologie *f* <*gen:* -> зооло́гия *f*
Zoologin *f* <-, -nen> зоо́лог *m*
zoologisch *adj* зоологи́ческий
Zoom *m* <-s, -s> (FOT) увеличе́ние *nt*
Zopf *m* <-(e)s, Zöpfe> коса́ *f*
Zorn *m* <*gen:* -(e)s> я́рость *f*, гнев *m*; **in ~ geraten** прийти́ в я́рость
Zornesausbruch *m* <-(e)s, -ausbrüche> вспы́шка *f* гне́ва
zornig *adj* гне́вный
Zote *f* <-, -n> по́шлость *f*
zottig *adj* (*struppig*) лохма́тый; **ein ~es Fell** пуши́стый мех
z.T. *abk von* **zum Teil**
zu I. *präp* +*dat* 1. (*räumlich*) к (+ *dat*), на (+ *akk*), в (+ *akk*); 2. (*zeitlich*) в (+ *präpos*); 3. (*zum Ausdruck von Zweck, Ziel einer Handlung*) на (+ *akk*), к (+ *dat*); **jdm etw ~m Geburtstag schenken** подари́ть кому́-л. что-л. на день рожде́ния; **das Spiel endete drei ~ eins** игра́ око́нчилась со счётом три - оди́н; **~m Arzt gehen** пойти́ ко врачу́; **kommst du morgen ~ mir?** ты придёшь за́втра ко мне́?; **~ Boden stürzen** упа́сть на́ пол; **~m Flughafen/Bahnhof fahren** е́хать в аэропо́рт/на вокза́л; II. *adv* 1. (*allzu*) сли́шком; **~ wenig** сли́шком ма́ло; **der Pullover ist ~ groß** сви́тер сли́шком вели́к 2. (*geschlossen*) закры́тый; **wir machen heute früher ~** сего́дня мы закрыва́ем ра́ньше.
zuallererst *adv* в пе́рвую о́чередь
zuallerletzt *adv* в после́днюю о́чередь
Zubehör *nt* <-(e)s, -e> принадле́жности *fpl*
zubereiten *vt* гото́вить, при- *pf*
zubinden *vt* завя́зывать, -вяза́ть *pf*
zubringen *vt* (*verbringen*) проводи́ть, -вести́ *pf*
Zubringerstraße *f* <-, -n> подъездна́я доро́га *f*
Zucht *f* <-, -en> 1. (*von Pflanzen und Tieren*) выра́щивание *nt*, разведе́ние *nt*; 2. (*Disziplin*) дисципли́на *f*
Zuchtbulle *m* <-n, -n> племенно́й бык *m*
züchten *vt* (*aufziehen*) выра́щивать, вы́растить *pf*
Züchter, -in *m/f* <-s, -> 1. (*von Tieren*) животново́д *m*; 2. (*von Pflanzen*) растениево́д *m*, садово́д *m*

Zuchthaus *nt* <-es, -häuser> ка́торжная тюрьма́ *f*
Zuchthäusler *m* <-s, -> каторжа́нин *m*
Zuchthausstrafe *f* <-, -n> заключе́ние *nt* в ка́торжной тюрьме́
Zuchthengst *m* <-(e)s, -e> племенно́й жеребе́ц *m*
züchtig *adj* (*sittsam*) стыдли́вый
Züchtigung *f* <-, -en> (телесное) наказа́ние *nt*
Zuchttier *nt* <-(e)s, -e> племенно́е живо́тное *nt*
Züchtung *f* <-, -en> (*das Züchten*) разведе́ние *nt*
zucken I. *vi* 1. (*ruckartige Bewegungen machen*) вздра́гивать, вздро́гнуть *pf*; 2. (*aufleuchten*) сверка́ть, -кну́ть *pf*; II. *vt:* **die Achseln ~** пожима́ть плеча́ми
zücken *vt* (*Messer*) выхва́тывать, вы́хватить *pf*
Zucker *m* <*gen:* -s> са́хар *m*
Zuckerdose *f* <-, -n> са́харница *f*
zuckerhaltig *adj* содержа́щий са́хар
zuckerkrank *adj* страда́ющий са́харным диабе́том; **sie ist ~** у неё са́харный диабе́т
zuckern *vt* 1. сласти́ть; 2. под- *pf*
Zuckerrohr *nt* <*gen:* -(e)s> са́харный тростни́к *m*
Zuckerrübe *f* <-, -n> са́харная свёкла *f*
Zuckerstreuer *m* <-s, -> са́харница *f* (с отве́рстием)
Zuckerwatte *f* <*gen:* -> са́харная ва́та *f*
Zuckung *f* <-, -en> вздра́гивание *nt*, подёргивание *nt*
zudecken *vt* закрыва́ть, -кры́ть *pf*
zudrehen *vt* (*Wasserhahn*) закру́чивать, -крути́ть *pf*
zudringlich *adj* навя́зчивый
zudrücken *vt* закрыва́ть, -кры́ть *pf*
zueinander *adv* друг к дру́гу
zuerst *adv* (*zunächst, anfangs*) снача́ла, внача́ле, сперва́; **ich bin ~ gekommen** я пришёл пе́рвым
Zufahrt *f* <-, -en> подъе́зд *m*
Zufahrtsstraße *f* <-, -n> подъездна́я доро́га *f*
Zufall *m* <-(e)s, Zufälle> слу́чай *m*, случа́йность *f*; **welch ein ~!** вот так слу́чай!
zufallen *irr vi* 1. (*Tür*) захло́пываться, -хло́пнуться *pf*; 2. (*zuteil werden*) достава́ться, доста́ться *pf*
zufällig I. *adj* случа́йный; II. *adv* случа́йно.
Zufallstreffer *m* <-s, -> 1. случа́йное попада́ние *nt*; 2. шальна́я пу́ля *f*; 3. (*fig*) случа́йный успе́х *m*
Zuflucht *f* <-, -en> спасе́ние *nt*, убе́жище *nt* (*vor* +*dat* от +*gen*)
Zufluss *m* <-es, Zuflüsse> (*das Zufließen, in ein Gewässer fließender Fluss*) прито́к *m*
zufolge *präp* +*dat* (*gemäß*) в

zufrieden соотве́тствии с (+ *inst*), согла́сно (+ *dat*), по (+ *dat*)
zufrieden *adj* дово́льный; **mit etw ~ sein** быть дово́льным чем-л.
Zufriedenheit *f* <*gen:* -> удовлетворе́ние *nt*
zufrieden stellen *vt* удовлетворя́ть, -ри́ть *pf*
zufrieren *irr vi* замерза́ть, -мёрзнуть *pf*
zufügen *vt* (*hinzufügen*) причиня́ть, -ни́ть *pf*
Zufuhr *f* <*gen:* -> (*Versorgung*) снабже́ние *nt*
zuführen *vt* 1. (*Strom/Gas zuleiten*) подава́ть, -да́ть *pf*; 2. (*transportieren, übergeben*) доставля́ть, -ста́вить *pf*; 3. (*mit einem Kraftfahrzeug auch*) подвози́ть, -везти́ *pf*
Zug *m* <-(e)s, Züge> 1. (*Eisenbahnzug*) по́езд *m*; **fahren Sie mit dem Auto oder mit dem ~?** Вы е́дете на маши́не и́ли на по́езде?; **wann fährt der nächste ~ nach Heidelberg?** когда́ отправля́ется сле́дующий по́езд в Хайдельберг?; 2. (*Kolonne*) коло́нна *f*, ше́ствие *nt*; 3. (*militärische Abteilung*) взвод *m*; 4. (*Schluck*) глото́к *m*; 5. (*an einer Zigarette*) затя́жка *f*; 6. (*im Gesicht*) черта́ *f* (лица́); 7. (*Wesenszug*) черта́ *f* (хара́ктера); 8. (*bei Brettspielen*) ход *m*; **in groben Zügen** (*nur in Umrissen*) в о́бщих черта́х
Zugabe *f* <-, -n> 1. (*im Konzert*) выступле́ние *nt* на бис; **noch drei ~n geben** сыгра́ть три ра́за на бис 2. (*das Zugeben*) добавле́ние *nt*
Zugang *m* <-(e)s, Zugänge> 1. (*Eingang, Einfahrt*) вход *m*, до́ступ *m*; 2. (*Zutritt*) до́ступ *m*; 3. (*Neueingang von Waren*) поступле́ние *nt*
zugänglich *adj* (*betretbar, verfügbar*) досту́пный
Zugbrücke *f* <-, -n> подъёмный мост *m*
zugeben *irr vt* 1. (*eingestehen*) признава́ть, -на́ть *pf*; 2. (*hinzufügen*) добавля́ть, -ба́вить *pf*
zugehen *irr vi* 1. (*sich nähern, auch fig*) приближа́ться, -бли́зиться *pf* (*auf +akk* к +*dat*); 2. (*in einer bestimmten Weise sein*) быть *impf*; **auf dem Geburtstag ging es lustig zu** на дне рожде́ния бы́ло ве́село; 3. (*umg: sich schließen*) закрыва́ться, -кры́ться *pf*
Zugehörigkeit *f* <-, -en> (*Mitgliedschaft*) принадле́жность *f* (*zu +dat* к +*dat*)
Zügel *m* <-s, -> по́вод *m*, узда́ *f*
zügellos *adj* (*hemmungslos*) безу́держный, необу́зданный
Zügellosigkeit *f* <-, -en> безу́держность *f*, необу́зданность *f*
zügeln I. *vt* (*Pferd, auch fig*) обу́здывать, обузда́ть *pf*; II. *vr* (*sich zurückhalten*) обузда́ть *pf* себя́

Zugeständnis *nt* <-ses, -se> усту́пка *f*; **~e an etw machen** пойти́ на усту́пки чему́-л.
zugestehen *irr vt* (*geben, einräumen*) признава́ть, -зна́ть *pf*; **jdm ein Recht ~ auf etw** призна́ть за кем-л. пра́во на что-л.
Zugfahrt *f* <-, -en> пое́здка *f* на по́езде
Zugführer *m/f* <-s, -> 1. (*Bahnbeamter*) нача́льник *m* по́езда; 2. (MIL) команди́р *m* взво́да
zügig *adj* бы́стрый
zugleich *adv* (*gleichzeitig, ebenso*) одновреме́нно
Zugluft *f* <*gen:* -> сквозня́к *m*
Zugmaschine *f* <-, -n> тяга́ч *m*
Zugpersonal *nt* <*gen:* -s> поездна́я брига́да *f*
zugreifen *irr vi* 1. (*beim Essen*) угоща́ться, угости́ться *pf*; 2. (*nach etw greifen, auch kaufen*) хвата́ть, схвати́ть *pf*; **greifen Sie zu!** Угоща́йтесь!
Zugrestaurant *nt* <-s, -s> ваго́н *m* -рестора́н *m* (в по́езде)
Zugriff *m* <-(e)s, -e> 1. (*das Zugreifen*) хва́тка *f*; 2. (DV) до́ступ *m*
Zugriffszeit *f* <-, -en> (DV) вре́мя *nt* исполне́ния кома́нды
zugrunde, zu Grunde *adv:* **~ gehen** погиба́ть; **etw einer Sache ~ legen** положи́ть что-л. в осно́ву чего́-л.; **einer Sache ~ liegen** лежа́ть в осно́ве чего́-л.
Zugschaffner *m* <-s, -> проводни́к *m* по́езда
zugunsten, zu Gunsten *präp* +*gen* в по́льзу (+ *gen*)
zugute *adv* на по́льзу; **jdm/einer Sache ~ kommen** пойти́ на по́льзу кому́-л./чему́-л.
Zugverbindung *f* <-, -en> железнодоро́жное сообще́ние *nt*
Zugvogel *m* <-s, -vögel> перелётная пти́ца *f*
zuhalten *irr vt* держа́ть закры́тым; **sich die Ohren ~** закры́ть себе́ у́ши
Zuhälter *m* <-s, -> сутенёр *m*
Zuhause *nt* <*gen:* -s> дом *m*, дома́шний оча́г *m*
zuhören *vi* слу́шать, по- *pf*; **jetzt hör mal gut zu** (*umg*) тепе́рь хороше́нько послу́шай
Zuhörer, -in *m/f* <-s, -> слу́шатель, -ница *m/f*
zujubeln *vi:* **jdm ~** приве́тствовать кого́-л.
zukleben *vt* закле́ивать, -кле́ить *pf*
zuknöpfen *vt* застёгивать, -стегну́ть *pf*
zukommen *irr vi* 1. (*sich nähern*) подходи́ть, подойти́ *pf* (*auf +akk* к + *dat*); 2. (*bevorstehen*) предстоя́ть *impf*; **das wird auf dich noch ~** э́то тебе́ ещё предстои́т; **wir werden es auf uns ~**

Zukunft мы подождём э́того; **3.** (geh: zuteil werden) полага́ться impf; **4.** (gebühren) подоба́ть impf; **es kommt dir nicht zu, darüber zu urteilen** тебе́ не подоба́ет суди́ть об э́том

Zukunft f <gen: -> **1.** бу́дущее nt; **2.** (LING: Futur) бу́дущее вре́мя nt; **in ~** в бу́дущем; **für die ~** на бу́дущее; **in die ~ blicken** смотре́ть в бу́дущее

zukünftig I. adj бу́дущий; **II.** adv в бу́дущем.

Zukunftsaussichten pl <gen: -> ви́ды на бу́дущее pl

Zukunftsberuf m <-(e)s, -e> профе́ссия f бу́дущего

Zukunftsbranche f <-, -n> о́трасль f бу́дущего

zukunftsfähig adj перспекти́вный

zukunftsorientiert adj ориенти́рованный на бу́дущее

Zukunftsperspektive f <-, -n> перспекти́ва f, ша́нсы mpl

zukunftsweisend adj ука́зывающий путь в бу́дущее

Zulage f <-, -n> надба́вка f

zulassen irr vt **1.** (dulden, tolerieren, Zugang gewähren) допуска́ть, -пусти́ть pf (zu + dat к +dat); **2.** (geschlossen lassen) оставля́ть, -а́вить pf закры́тым

zulässig adj (zugelassen, erlaubt) допусти́мый

Zulässigkeit f <gen: -> допусти́мость f

Zulassung f <-, -en> **1.** разреше́ние nt, до́пуск m; **2.** (umg: Kraftfahrzeugschein) регистра́ция f (тра́нспортного сре́дства)

zulaufen irr vi (laufen) подбега́ть, -бежа́ть pf (auf +akk к +dat); **ein spitz ~der Gegenstand** о́стрый предме́т; **uns ist ein Hund zugelaufen** к нам приби́лась соба́ка [о мы нашли́ соба́ку]

zulegen vr **1.** (umg: kaufen) приобрета́ть, -брести́ pf; **2.** (einen Hund, eine Freundin) заводи́ть, -вести́ pf себе́

zuletzt adv **1.** (als letzter) в после́днюю о́чередь; **2.** (umg: das letzte Mal) в после́дний раз; **3.** (schließlich) под коне́ц, в конце́

zuliebe präp +dat ра́ди (+ gen)

Zulieferer m <-s, -> субпоставщи́к m

Zulieferindustrie f <gen: -> предприя́тия ntpl-субпоста́вщики mpl

zum präp к (+ dat)

zumachen I. vt (umg: schließen) закрыва́ть, -кры́ть pf; **II.** vi (Laden) закрыва́ться, -кры́ться pf

zumal I. adv (namentlich) осо́бенно; **II.** konj (besonders da, weil) тем бо́лее что.

zumindest adv по ме́ньшей [о кра́йней] ме́ре

zumute, zu Mute adv на душе́

zumuten vt: **das kann man niemandem ~** э́того ни от кого́ нельзя́ тре́бовать; **er hat sich einfach zuviel zugemutet** он, про́сто, сли́шком мно́го на себя́ взял

Zumutung f <-, -en> (etw Unzumutbares) чрезме́рное тре́бование nt, обстоя́тельство nt

zunächst adv **1.** (anfangs, zuerst) снача́ла, внача́ле; **2.** (vorerst) пока́

zunähen vt зашива́ть, -ши́ть pf

Zunahme f <-, -n> увеличе́ние nt, повыше́ние nt, прирост m

zünden I. vi **1.** (TECH: Motor) заводи́ться, -вести́сь pf; **2.** (Rakete) запуска́ться, -пусти́ться pf; **3.** (zu brennen beginnen) зажига́ться, -же́чься pf; **II.** vt (entzünden: eine Bombe) взрыва́ть, взорва́ть pf

zündend adj (fig) зажига́тельный

Zünder m <-s, -> взрыва́тель m

Zündholz nt <-es, -hölzer> спи́чка f

Zündholzschachtel f <-, -n> спи́чечная коро́бка f

Zündkerze f <-, -n> свеча́ f зажига́ния

Zündschlüssel m <-s, -> ключ m зажига́ния

Zündschnur f <-, -schnüre> запа́льный шнур m

Zündung f <-, -en> **1.** (das Zünden) поджига́ние nt; **2.** (KFZ) зажига́ние nt

Zündvorrichtung f <-, -en> (TECH) запа́льник m

zunehmen irr vt **1.** (sich vergrößern) увели́чиваться, -чи́ться pf, уси́ливаться, -ли́ться pf; **2.** (an Gewicht) прибавля́ть, -ба́вить pf в ве́се; **3.** (umg) полне́ть, по- pf; **er hat in diesem Jahr fünf Kilo zugenommen** он приба́вил в э́том году́ пять килогра́мм

Zuneigung f <gen: -> симпа́тия f, расположе́ние nt

Zunft f <-, Zünfte> (HIST) ги́льдия f, цех m

Zunge f <-, -n> язы́к m

Zungenbrecher m <-s, -> (umg) скорогово́рка f

zunichte adv: **das schlechte Wetter machte unsere Pläne wieder ~** плоха́я пого́да опя́ть перечеркну́ла все на́ши пла́ны

zunutze, zu Nutze adv: **sich etw ~ machen** воспо́льзоваться чем-л.

zuoberst adv на са́мом верху́

zuordnen vt относи́ть, -нести́ pf; **jdn einer Gruppe ~** отнести́ кого́-л. к како́й-л. гру́ппе

zupfen vt дёргать, дёрнуть pf (an +dat за +akk)

zurechnen vt (zuordnen) причисля́ть, -чи́слить pf

zurechtbiegen vt изогну́ть pf (придава́я ну́жную фо́рму)

zurechtfinden irr vr ориенти́роваться, с- pf

zurechtkommen irr vi (bewältigen) справля́ться, спра́виться pf (mit +dat с +inst)

zurechtlegen vt 1. (*bereitlegen, sich im voraus überlegen*) приготовля́ть, -гото́вить pf; 2. (*Antwort*) приду́мывать, -мать pf

zurechtmachen I. vt 1. (*umg: herrichten*) приготовля́ть, -то́вить pf; 2. (*umg: schminken*) кра́сить, на- pf; 3. (*umg: anziehen*) наряжа́ть, -ряди́ть pf; II. vr 1. (*umg: sich schminken*) кра́ситься, на- pf; 2. (*umg: sich anziehen*) наряжа́ться, -ряди́ться pf

zurechtweisen *irr* vt (*tadeln*) руга́ть, от- pf

Zurechtweisung f <-, -en> вы́говор m, ре́зкая кри́тика f

zureden vi: jdm ~ угова́ривать кого́-л.

Zurschaustellung f <gen: -> выставле́ние nt напока́з

zurück adv наза́д; **vor und** ~ вперёд и наза́д; **hinter jdm weit** ~ **sein** суще́ственно отста́ть от кого́-л.

zurückbehalten *irr* vt оставля́ть, оста́вить pf себе́

zurückbekommen *irr* vt получа́ть, -чи́ть pf наза́д

zurückbezahlen vt упла́чивать, уплати́ть pf долг

zurückblättern vi листа́ть *impf* обра́тно

zurückbleiben *irr* vi 1. (*an seinem Platz bleiben*) остава́ться, оста́ться pf; 2. (*in der Entwicklung*) отстава́ть, отста́ть pf

zurückbringen *irr* vt 1. (*an seinen Platz bringen, in Richtung vom Sprecher weg*) относи́ть, -нести́ pf (наза́д); 2. (*in Richtung zum Sprecher*) приноси́ть, -нести́ pf (наза́д); 3. (*allgemein*) возвраща́ть, -врати́ть pf

zurückdrängen vt оттесня́ть, -ни́ть pf

zurückerobern vt отвоёвывать, -воева́ть pf

zurückfahren I. *irr* vi (*zum Ausgangspunkt*) е́хать, по- pf наза́д [*о обра́тно*], возвраща́ться, -врати́ться pf (наза́д); II. vt (*zurückbefördern*) отвози́ть, -везти́ pf наза́д [*о обра́тно*]

zurückfallen *irr* vi 1. (*wieder herunterfallen*) па́дать, упа́сть pf сно́ва [*о опя́ть*]; 2. (SPORT: *in Rückstand geraten*) отстава́ть, -ста́ть pf; 3. (*in einen Fehler*) повторя́ть, -ри́ть pf

zurückfinden *irr* vi находи́ть, найти́ pf обра́тную доро́гу

zurückfordern vt тре́бовать, по- pf наза́д [*о обра́тно*]

zurückführen I. vi (*zum Ausgangspunkt führen: Weg, Straße*) вести́, при- pf наза́д [*о обра́тно*]; II. vt: **viele Krankheiten lassen sich auf falsche Ernährung** ~ мно́гие боле́зни объясня́ются непра́вильным пита́нием

zurückgeben *irr* vt отдава́ть, -да́ть pf (обра́тно)

zurückgeblieben adj отста́лый

zurückgehen *irr* vi 1. (*zum Ausgangspunkt gehen*) идти́, пойти́ pf наза́д [*о обра́тно*]; 2. (*abnehmen, schwächer werden*) уменьша́ться, уме́ньшиться pf; 3. (*seine Herkunft in etw haben*) восходи́ть *impf* (*auf +akk* к +dat)

zurückgezogen adj уединённый

Zurückgezogenheit f <gen: -> уединённость f

zurückgreifen vi воспо́льзоваться pf; **darf ich auf Ihr Angebot** ~? я могу́ воспо́льзоваться Ва́шим предложе́нием?

zurückhalten *irr* vt 1. (*nicht fortlassen, aufhalten, auch Informationen*) заде́рживать, -держа́ть pf; 2. (*Zorn, Demonstranten*) сде́рживать, сдержа́ть pf; II. *irr* vi (*warten*) (пока́) возде́рживаться, -держа́ться pf (*mit +akk* от +gen); III. *irr* vr (*sich beherrschen*) сде́рживаться, сдержа́ться pf

zurückhaltend adj (*unaufdringlich, reserviert*) сде́ржанный

Zurückhaltung f <gen: -> (*Unaufdringlichkeit, Reserve*) сде́ржанность f

zurückkaufen vt выкупа́ть, вы́купить pf

zurückkehren vi (*zurückkommen*) возвраща́ться, -врати́ться (наза́д/обра́тно) pf, верну́ться pf (обра́тно/наза́д)

zurückkommen *irr* vi 1. приходи́ть, прийти́ pf (наза́д); 2. (*auch wieder aufgreifen*) возвраща́ться, -врати́ться pf, верну́ться pf (*auf +akk* к +dat); **aus dem Urlaub** ~ возвраті́ться из о́тпуска

zurücklassen *irr* vt (*nicht mitnehmen, hinterlassen*) оставля́ть, оста́вить pf

zurücklegen I. vt 1. (*an seinen Platz*) класть, положи́ть pf обра́тно (на своё ме́сто); 2. (*reservieren*) откла́дывать, -ложи́ть pf; 3. (*Wegstrecke, zu Fuß*) -проходи́ть, пройти́ pf; 4. (*mit einem Fahrzeug*) проезжа́ть, прое́хать pf; II. vr отки́дываться, откинуться pf

zurücknehmen *irr* vt 1. (*wieder annehmen, auch Worte*) брать, взять pf обра́тно [*о наза́д*]; 2. (*Anordnung*) отменя́ть, -ни́ть pf

zurückrufen *irr* vt (*telefonisch rückmelden*) перезва́нивать, -звони́ть pf; **sich etw ins Gedächtnis** ~ вспо́мнить что-л.

zurückschrecken vi: **er schreckt vor nichts zurück** он ничего́ не бои́тся

Zurücksetzung f <-, -en> ущемле́ние nt, дискримина́ция f

zurückspulen vt перема́тывать, перемота́ть pf (наза́д)

zurückstellen vt 1. (*an seinen Platz*) ста́вить, по- pf обра́тно; 2. (*Uhr*) переводи́ть, -вести́ pf наза́д; 3. (*aufschieben, auch Interessen*) откла́дывать, отложи́ть pf (в сто́рону)

zurücktreten *irr* vi 1. (*nach hinten treten*) отходи́ть, отойти́ pf наза́д; 2. (*sein Amt* *niederlegen*) уходи́ть, уйти́ *pf* в отста́вку (*von* +*dat* с +*gen*); **3.** (*von einer Vereinbarung*) отка́зываться, -за́ться *pf* (*von* +*dat* от +*gen*); **bitte einen Schritt ~!** отойди́те, пожа́луйста, на оди́н шаг наза́д!

zurückverlangen *vt* тре́бовать обра́тно

zurückversetzen I. *vt* (*in eine vergangene Zeit*) переноси́ть, -нести́ *pf* (наза́д) (*in* + *akk* в +*akk*); **II.** *vr* (*sich zurückdenken*) переноси́ться, -нести́сь *pf* (наза́д) (*in* + *akk* в +*akk*)

zurückweisen *irr vt* **1.** (*abweisen: Antrag*) отклоня́ть, -ни́ть *pf*; **2.** (*Vorwurf*) отверга́ть, отве́ргнуть *pf*

zurückziehen *irr vr* **1.** уединя́ться, -ни́ться *pf*; **2.** (MIL) отступа́ть, -пи́ть *pf*; **sich aus der Politik ~** уйти́ из поли́тики

Zuruf *m* <-(e)s, -e> крик *m*, о́крик *m*

zurzeit *adv* в настоя́щее вре́мя

Zusage *f* <-, -n> **1.** (*zustimmender Bescheid*) согла́сие *nt*; **2.** (*Zusicherung*) обеща́ние *nt*

zusagen I. *vt* (*zusichern*) обеща́ть, по- *pf*; **II.** *vi* **1.** (*auf eine Einladung*) дава́ть, дать своё согла́сие *pf*; **2.** (*behagen, gefallen*) нра́виться, по- *pf*

zusammen *adv* **1.** (*gemeinsam*) вме́сте, совме́стно; **2.** (*insgesamt*) в ито́ге; **das macht ~ 50 Euro** ито́го пятьдеся́т е́вро

Zusammenarbeit *f* <*gen:* -> сотру́дничество *nt*; **enge wirtschaftliche ~** те́сное экономи́ческое сотру́дничество

zusammenarbeiten *vi* сотру́дничать *pf*

zusammenballen *vt* сжима́ть, сжать *pf* кулаки́

zusammenbeißen *irr vt:* **die Zähne ~** сти́снуть зу́бы

zusammenbrechen *irr vi* **1.** (*einstürzen*) обру́шиваться, -шиться *pf*; **2.** (*zum Erliegen kommen: Verkehr, Wirtschaft*) остана́вливаться, -нови́ться *pf*; **3.** (*Pläne etc*) терпе́ть, по- *pf* крах; **4.** (*vor Erschöpfung*) надрыва́ться, надорва́ться *pf*

zusammenbringen *irr vt* (*Geld, Personen*) собира́ть, собра́ть *pf*

Zusammenbruch *m* <-(e)s, -brüche> **1.** (*Nerven~*) не́рвный срыв *m*; **2.** (*wirtschaftlicher, politischer*) крах *m*, круше́ние *nt*; **~ des Bankensystems** крах ба́нковской систе́мы; **~ eines Computersystems** отка́з компью́терной систе́мы

zusammendrücken *vt* сжима́ть

zusammenfallen *irr vi* **1.** (*einstürzen*) обру́шиваться, -шиться *pf*; **2.** (*sich decken*) совпада́ть, -па́сть *pf*

zusammenfassen I. *vt* **1.** (*vereinigen*) объединя́ть, -ни́ть *pf*; **2.** (*resümieren*) обобща́ть, -щи́ть *pf*; **II.** *vi* (*als Fazit*) подводи́ть, -вести́ *pf* ито́г [*o* ито́ги]

Zusammenfassung *f* <-, -en> **1.** (*Vereinigung*) объедине́ние *nt*; **2.** (*zusammengefasste Darstellung*) обобще́ние *nt*, резюме́ *nt*

zusammengesetzt *adj:* **ein ~es Wort** составно́е сло́во

zusammenhalten *irr vi* (*zueinanderstehen*) держа́ться *pf* вме́сте

Zusammenhang *m* <-(e)s, -hänge> связь *f*, взаимосвя́зь *f*

zusammenhängen *irr vi* (*fig: in Beziehung stehen*) быть *impf* свя́занным; **das hängt damit zusammen, dass ...** э́то свя́зано с тем, что...

Zusammenhangslosigkeit *f* <*gen:* -> бессвя́зность *f*

zusammenknüllen *vt* ско́мкать *pf*

zusammenkommen *irr vi* **1.** (*sich versammeln*) встреча́ться, встре́титься *pf*; **2.** (*sich gleichzeitig ereignen*) совпада́ть, -па́сть *pf*

Zusammenkunft *f* <-, -künfte> встре́ча *f*, собра́ние *nt*

zusammenlegen I. *vt* (*zusammenfalten*) скла́дывать, сложи́ть *pf*; **II.** *vi* (*Geld*) скла́дываться, сложи́ться *pf*

Zusammenlegung *f* <*gen:* -> совмеще́ние *nt*

zusammennehmen I. *irr vr:* **nimm dich zusammen** возьми́ себя́ в ру́ки; **II.** *irr vt:* **seinen ganzen Mut ~** собра́ться с ду́хом; **alles zusammengenommen ...** всё вме́сте взя́тое ...

zusammenpassen *vi* (*harmonieren*) подходи́ть, подойти́ *pf* друг к дру́гу, сочета́ться *impf* (друг с дру́гом)

zusammenschlagen *irr vt* (*verprügeln*) избива́ть, -би́ть *pf*

zusammenschließen *irr vr* (*sich vereinigen*) объединя́ться, -ни́ться *pf* (*zu* +*dat* в +*akk*)

Zusammenschluss *m* <-es, -schlüsse> объедине́ние *nt*

zusammenschnüren *vt* зашнуро́вывать, зашнурова́ть *pf*

zusammenschrauben *vt* сви́нчивать, свинти́ть *pf*

zusammenschweißen *vt* **1.** сва́ривать, свари́ть *pf*; **2.** (*fig*) спла́чивать, сплоти́ть *pf*

zusammensetzen I. *vt* **1.** (*zusammenfügen*) собира́ть, собра́ть *pf*; **2.** (*Personen nebeneinander setzen*) сажа́ть, посади́ть *pf* ря́дом друг с дру́гом; **II.** *vr* **1.** (*bestehen aus*) состоя́ть *impf* (*aus* из +*gen*); **2.** (*sich zueinander setzen*) сади́ться, сесть *pf* друг к дру́гу; **sich zu Verhandlungen ~** сесть за стол перегово́ров

Zusammensetzung *f* <-, -en> (*Aufbau*) соста́в *m*

zusammensitzen *vi* сиде́ть вме́сте

zusammensparen *vr* накопи́ть *pf*

Zusammenspiel *nt* <*gen:* -(e)s> **1.** (*Zu-*

sammenwirken) взаимодействие *nt*; **2.** (SPORT *auch*) сыгранность *f*

zusammenstellen *vt* (*Liste, auch zueinander stellen*) составлять, составить *pf*

Zusammenstellung *f* <-, -en> **1.** (*Zusammensetzung*) состав *m*; **2.** (*Übersichtsdarstellung*) список *m*, сборник *m*

Zusammenstoß *m* <-es, -stöße> (*Kollision, Auseinandersetzung*) столкновение *nt*

zusammenstoßen *vi* (*kollidieren*) сталкиваться, столкнуться *pf*

zusammenstreichen *vt* сокращать, сократить *pf*

zusammentragen *irr vt* собирать, собрать *pf*

Zusammentreffen *nt* <-s, -> **1.** (*Treffen*) встреча *f*; **2.** (*zeitliches Zusammenfallen*) совпадение *nt*

zusammentreffen *irr vi* **1.** (*sich treffen*) встречаться, встретиться *pf* (*mit* +*dat* с +*inst*); **2.** (*gleichzeitig stattfinden*) совпадать, совпасть *pf*

Zusammenwirken *nt* <*gen:* -s> кооперация *f*

zusammenzählen *vt* подсчитывать, -считать *pf*

zusammenziehen **I.** *irr vt* (*enger machen*) затягивать, -тянуть *pf*; **II.** *irr vi* (*in eine Wohnung*) съезжаться, съехаться *pf*

Zusatz *m* <-es, Zusätze> **1.** (*Zugabe*) добавление *nt*; **2.** (*zusätzliche Bemerkung*) дополнение *nt*

Zusatzgerät *nt* <-(e)s, -e> приставка *f*

zusätzlich *adj* (*ergänzend*) дополнительный

Zusatznutzen *m* <-s, -> дополнительная выгода *f*

Zusatzrente *f* <-, -n> дополнительная пенсия *f*

Zuschauer *m/f* <-s, -> зритель *m*

Zuschauerbefragung *f* <*gen:* -> опрос *m* зрителей

zuschicken *vt* посылать, -слать *pf*

Zuschlag *m* <-(e)s, Zuschläge> **1.** (*bei Fahrkarten*) доплата *f*; **2.** (*bei Auktionen*) присуждение *nt* лота

zuschlagen **I.** *irr vt* (*Fenster, Tür*) захлопывать, -пнуть *pf*; **II.** *vi* **1.** (*zufallen*) захлопываться, -пнуться *pf*; **2.** (*schlagen*) бить *impf*, ударить *pf*

zuschlagfrei *adj* без надбавки

zuschlagpflichtig *adj*: **Schnellzüge sind ~** в скорых поездах нужно доплачивать за скорость

zuschließen *irr vt* закрывать, -крыть *pf* (на ключ)

zuschneiden *irr vt* (*Stoff*) кроить, рас- *pf*; **auf jdn/etw genau zugeschnitten sein** (*fig*) быть точно рассчитанным на кого-л./что-л.

zuschnüren *vt* **1.** (*Schuhe, Paket*) завязывать, -вязать *pf*; **2.** (*Schuhe auch*) зашнуровывать, -ровать *pf*

zuschrauben *vt* завинчивать, -винтить *pf*

zuschreiben *irr vt* (*als Urheber betrachten, auch Schuld zuweisen*) приписывать, -писать *pf*

Zuschrift *f* <-, -en> (*Schreiben*) письмо *nt*

Zuschuss *m* <-es, Zuschüsse> **1.** (*finanzielle Hilfe*) пособие *nt*; **2.** (*Extrageld*) надбавка *f*

Zuschussbetrieb *m* <-(e)s, -e> бюджетное предприятие *nt*

zuschütten *vt* **1.** (*zufüllen*) засыпать, -сыпать *pf*; **2.** (*umg: dazugießen*) доливать, -лить *pf*

zusehen *vi* (*beobachten, mitansehen*) наблюдать, по- *pf*, смотреть, по- *pf*; **jdm bei der Arbeit ~** наблюдать за кем-л. во время работы; **sieh zu, dass du nicht reingelegt wirst** смотри, чтобы тебя не надули

zusenden *vt* посылать, -слать *pf*

Zusendung *f* <-, -en> посылка *f*

zusichern *vt* гарантировать *impf*

Zusicherung *f* <-, -en> обещание *nt*, заверение *nt*

Zuspiel *nt* <*gen:* -(e)s> (SPORT) передача *f*

zuspielen *vt* **1.** (*Ball*) передавать, -дать *pf*; **2.** (*fig: zukommen lassen*) подкидывать, -кинуть *pf*

zuspitzen **I.** *vr* (*fig: sich verschärfen*) обостряться, -риться *pf*; **II.** *vt* (*spitz machen*) заострять, -рить *pf*

Zustand *m* <-(e)s, Zustände> (*Beschaffenheit*) состояние *nt*

zustande, zu Stande *adv*: **etw ~** [*o* **zu Stande**] **bringen** осуществлять что-л.; **~** [*o* **zu Stande**] **kommen** состояться

zuständig *adj* (*verantwortlich*) ответственный; **für diesen Bereich ist Herr Müller ~** за это отвечает господин Мюллер

Zuständigkeit *f* <-, -en> (*Befugnis, Kompetenz*) компетенция *f*

zustehen *irr vi* полагаться *impf*

zustellen *vt* **1.** (*zuschicken*) доставлять, -ставить *pf*; **2.** (*versperren*) заставлять, -ставить *pf*

Zustellung *f* <*gen:* -> доставка *f*; **~ direkt ins Haus** доставка на дом

zustimmen *vi* **1.** (*gleicher Meinung sein*) соглашаться, -гласиться *pf*; **jdm ~** согласиться с кем-л. **2.** (*billigen, akzeptieren*) одобрять, одобрить *pf*; **einem Vorschlag ~** одобрить какое-л. предложение

Zustimmung *f* <*gen:* -> **1.** (*Einverständnis*) согласие *nt*; **2.** (*Billigung*) одобрение *nt*, поддержка *f*

zustoßen *irr* **I.** *vt* (*heftig schließen*) захлопывать, -пнуть *pf*; **II.** *vi* (*geschehen*) случаться, -читься *pf*; **hoffentlich ist ihm nichts zugestoßen** я надеюсь, что с ним ничего не случилось

Zustrom *m* <*gen:* -(e)s> (*von Menschen, das Strömen*) наплыв *m*, приток *m*
zutage *adv:* ~ **treten** (*Schuld*) выявляться; ~ **treten** (*Eigenschaften*) проявляться; **etw** ~ **bringen** выявлять [*о обнаруживать*]
Zutaten *pl* <*gen:* -> ингредиенты *mpl*, состав *m*
zuteilen *vt* 1. (*Aufgabe*) поручать, -чить *pf*; 2. (*an viele Menschen austeilen: Lebensmittel, Wohnungen*) распределять, -лить *pf*; 3. (*Wohnung, Grundstück*) выделять, выделить *pf*
zutiefst *adv* в высшей степени
Zutrauen *nt* <*gen:* -s> доверие *nt* (*zu* +*dat* к +*dat*), вера *f* (*zu* +*dat* в +*dat*)
zutrauen *vt:* **so etw hätte ich ihm niemals zugetraut** этого я от него никогда не ожидал; **das traue ich ihm durchaus zu** я считаю, что он вполне способен на это
zutraulich *adj* доверчивый
Zutraulichkeit *f* <-, -en> доверчивость *f*
zutreffen *irr vi* 1. (*richtig sein*) соответствовать *impf* действительности; 2. (*gelten*) подходить, подойти *pf* (*auf* +*akk* к +*dat*)
zutreffend *adj* (*richtig*) правильный
Zutritt *m* <*gen:* -(e)s> 1. (*Betreten*) вход *m*; **Unbefugten ist der** ~ **verboten** посторонним вход воспрещён; 2. (*Zugang*) доступ *m*
Zutun *nt* <*gen:* -s> участие *nt*
zuverlässig *adj* надёжный
Zuverlässigkeit *f* <*gen:* -> 1. (*Verlässlichkeit*) надёжность *f*; **die** ~ **eines EDV-Systems** надёжность системы ЭВМ 2. (*Glaubwürdigkeit*) достоверность *f*; **die** ~ **von Informationen** достоверность информации
Zuversicht *f* <*gen:* -> уверенность *f*
zuversichtlich *adj* уверенный
zu viel *pron indef* слишком много
zuvor *adv:* **wie** ~ как раньше; **nie** ~ никогда прежде [*о до этого*]; **tags** ~ за день до этого
zuvorkommen *irr vi* опережать, -редить *pf*; **ich bin ihm zuvorgekommen** я опередил его
zuvorkommend *adj* (*hilfsbereit, höflich*) предупредительный, вежливый
Zuwachs *m* <*gen:* -es> увеличение *nt*, прирост *m*
zuwachsen *irr vi* (*überwuchert werden, auch Wunde*) зарастать, -расти *pf*
Zuwachsrate *f* <-, -n> процент *m* прироста
zuweisen *irr vt* 1. (*Aufgabe*) поручать, -чить *pf*; 2. (*Wohnung, Arbeit*) предоставлять, -ставить *pf*
Zuweisung *f* <*gen:* -> отчисление *nt*
zuwenden I. *vt* 1. (*etw zu etw/jdm hinwenden*) поворачивать, повернуть (к +*dat*); 2. (*Aufmerksamkeit*) посвящать, -святить *pf*; II. *vr* 1. (*sich zu etw/jdm hinwenden*) поворачиваться, повернуться *pf* (к +*dat*); 2. (*fig: sich widmen*) посвящать, -святить *pf* себя
Zuwendung *f* <-, -en> 1. (*Geldbetrag*) дотация *f*, денежная помощь *f*; 2. (*liebevolle Aufmerksamkeit*) внимание *nt*
zuwenig *alte Schreibung, siehe* **zu wenig**
zuwerfen *vt* (*hinwerfen*) бросать, бросить *pf*
zuwider I. *adv* (*entgegengesetzt, unangenehm*) противный; **etw ist jdm** ~ что-л. кому-л. противно; II. *präp* +*dat* (*entgegen*) вопреки (+ *dat*).
zuwiderhandeln *vi:* **einem Verbot** ~ нарушать запрет
Zuwiderhandlung *f* <*gen:* -> нарушение *nt*
zuwiderlaufen *irr vi* противоречить *impf*
Zuzahlung *f* <-, -en> дополнительный взнос *m*, доплата *f*
zuziehen I. *irr vt* 1. (*Vorhänge*) закрывать, -крыть *pf*; 2. (*Schlinge*) затягивать, -тянуть *pf*; **sich eine Grippe** ~ заразиться гриппом; **sich eine Erkältung** ~ простудиться; II. *irr vi* (*als Einwohner*) приезжать, -ехать *pf*; III. *irr vr* 1. (*Schlinge*) затягиваться, -тянуться *pf*; 2. (*jds Zorn*) навлекать, -влечь *pf* на себя
zuzüglich *präp* +*gen* включая (+ *akk*)
Zwang *m* <-(e)s, Zwänge> 1. (*innerer Drang*) внутренняя необходимость *f*; 2. (*Gewalt*) насилие *nt*, принуждение *nt*; 3. (*gesellschaftlicher* ~) давление *nt*; 4. (*Notwendigkeit*) необходимость *f*
zwang *prät von* **zwingen**
zwängen I. *vt* втискивать, втиснуть *pf*; II. *vr* протискиваться, -тиснуться *pf* (*durch* +*akk* сквозь +*akk*)
zwanglos *adj* (*locker, ungezwungen*) непринуждённый
Zwanglosigkeit *f* <*gen:* -> (*Unbekümmertheit*) непринуждённость *f*
Zwangsabgabe *f* <-, -n> принудительный сбор *m*
Zwangsarbeit *f* <*gen:* -> принудительная работа *f*
Zwangsarbeiter, -in *m/f* <-s, -> каторжник *m*
zwangsernähren *vt* принудительно кормить
Zwangshandlung *f* <-, -en> поступок *m*, вызванный навязчивой идеей
Zwangslage *f* <-, -n> затруднительное положение *f*
zwangsläufig *adj* неизбежный, вынужденный
Zwangsläufigkeit *f* <*gen:* -> неизбежность *f*
Zwangsmaßnahme *f* <-, -n> принудительная мера *f*

Zwangsräumung *f* <-, -en> принудительное выселение *nt*

Zwangsumtausch *m* <gen: -es> обязательный обмен определённой суммы денег при въезде в некоторые страны

Zwangsversteigerung *f* <gen: -> принудительный аукцион *m*, продажа *f* с молотка

zwangsweise *adv* принудительным образом

zwanzig *num* двадцать

zwar *adv* хотя; **und ~** а именно

Zweck *m* <-(e)s, -e> (*Beweggrund, Ziel, Sinn*) цель *f*, задача *f*, смысл *m*; **was hat das für einen ~?** какой в этом смысл?

Zweckbau *m* <-s, -bauten> здание *nt* специального назначения

zweckbedingt *adj* обусловленный целью [*о назначением*]

zweckdienlich *adj* целесообразный

Zwecke *f* <-, -n> (*Reiß~*) канцелярская кнопка *f*

zweckentfremdet *adj* используемый не по назначению

zweckentsprechend *adj* целесообразный, соответствующий своему назначению

zweckgebunden *adj* целевой

Zweckgemeinschaft *f* <-, -en> целевое сообщество *nt*; **eheliche ~** брачный союз

zwecklos *adj* 1. (*nutzlos*) бесцельный; 2. (*sinnlos*) бессмысленный

zweckmäßig *adj* 1. (*passend*) практичный, удобный; 2. (*sinnvoll*) разумный, целесообразный

Zweckmäßigkeit *f* <gen: -> целесообразность *f*

zwecks *präp* +*gen* с целью (+ *gen*)

Zweckverband *m* <-(e)s, -verbände> целевое объединение *nt*

zweckwidrig *adj* не соответствующий цели [*о своему назначению*]

zwei *num* 1. (*Ziffer*) два; 2. (*mit Maskulina und Neutra*) два, двое; 3. (*mit Feminina*) две

zweiarmig *adj* с двумя ответвлениями, двухрожковый (о светильнике)

zweibändig *adj* двухтомный

zweideutig *adj* (*doppeldeutig*) двусмысленный

Zweideutigkeit *f* <gen: -> двусмысленность *f*

zweieiig *adj* двуяйцовый (о близнецах)

Zweierkanu *nt* <-s, -s> (SPORT) двухместное каноэ *nt*

zweierlei *adj* двух видов; **es ist ~, ob ...** это две разные вещи ...; **~ Sorten** два сорта

zweifach *num* 1. (*doppelt*) двойной; 2. (*zweimal*) два раза

Zweifamilienhaus *nt* <-es, -häuser> двухквартирный дом *m*

zweifarbig *adj* двухцветный

Zweifel *m* <-s, -> сомнение *nt*; **es besteht kein ~, dass ...** нет сомнений в том, что ...; **ohne ~** (*ganz bestimmt*) без сомнения

zweifelhaft *adj* (*fraglich, fragwürdig*) сомнительный

zweifellos *adv* (*ohne Zweifel*) несомненно, без сомнения

zweifeln *vi* сомневаться, за- *pf* (**an** +*dat* в +*präpos*)

Zweifelsfall *m* <-(e)s, -fälle> сомнительный случай; **im ~** если возникнут сомнения [*о вопросы*]

zweifelsfrei *adj* без сомнения

Zweig *m* <-(e)s, -e> 1. (*ein kleinerer ~*) ветка *f*; 2. (*ein größerer ~*) ветвь *f*; 3. (*Abteilung, Sparte*) отрасль *f*

zweigeteilt *adj* разделённый на две части

Zweigniederlassung *f* <-, -en> филиал *m*

Zweigstelle *f* <-, -n> филиал *m*, отделение *nt*

zweihundert *num* двести

zweijährig *adj* двухлетний

Zweikampf *m* <-(e)s, -kämpfe> 1. (*Duell*) поединок *m*, дуэль *f*; 2. (SPORT: *Wettkampf*) двоеборье *nt*

zweimal *num* два раза

zweipolig *adj* двухполюсный

zweirädrig *adj* двухколёсный

zweireihig *adj* (*in zwei Reihen*) двухрядный

zweiseitig *adj* двусторонний

zweisilbig *adj* двухсложный

Zweisitzer *m* <-s, -> двухместный автомобиль *m*, двухместный самолёт *m*

zweisitzig *adj* двухместный

zweispaltig *adj* в два столбца

Zweispänner *m* <-s, -> пароконный экипаж *m*

zweisprachig *adj* двуязычный

zweistellig *adj* (*Zahl*) двузначный

zweistimmig *adj* двухголосный

zweistöckig *adj* двухэтажный

zweistufig *adj* двухступенчатый

zweistündig *adj* двухчасовой

zweit *adv*: **zu ~** вдвоём; **wir sind zu ~** нас двое

zweitägig *adj* двухдневный

Zweitaktmotor *m* <-s, -en> двухтактный двигатель *m*

Zweitausfertigung *f* <-, -en> (*von Dokument*) дубликат *m*

zweite(r, s) *num* вторая, -рой, -рое

zweiteilig *adj* состоящий из двух частей

Zweiteilung *f* <gen: -> деление *nt* на две части

zweitens *adv* во-вторых

zweitgrößte(r, s) *adj* втора́я, -ро́й, -ро́е по величине́

zweitklassig *adj* (*pej*) второкла́ссный

zweitletzte(r, s) *adj* предпосле́дняя, -ний, -нее

Zweitschlüssel *m* <-s, -> запасно́й ключ *m*

zweitürig *adj* двухдве́рный (о ку́зове)

Zweitverwertung *f* <-, -en> втори́чное испо́льзование *nt*

zweiwertig *adj* двухвале́нтный

zweiwöchig *adj* двухнеде́льный

Zweizeiler *m* <-s, -> строфа́ *f* из двух строк

zweizeilig *adj* двухстро́чный

Zweizimmerwohnung *f* <-, -en> двухко́мнатная кварти́ра *f*

Zwerchfell *nt* <-(e)s, -e> диафра́гма *f*

zwerchfellerschütternd *adj* (*umg: sehr lustig*) вызыва́ющий гро́мкий хо́хот

Zwerg, -in *m/f* <-(e)s, -e> 1. (*Märchenwesen*) гном *m*; 2. (*umg: Knirps*) ка́рлик *m*

Zwergpudel *m* <-s, -> ка́рликовый пу́дель *m*

Zwetschge *f* <-, -n> сли́ва *f*

Zwetschgenbaum *m* <-(e)s, -bäume> сли́ва *f* (о де́реве)

Zwetschgenmus *nt* <gen: -> пови́дло *nt* из слив

zwicken *vt* (*kneifen*) щипа́ть, -пну́ть *pf* (*in* +akk за +akk)

Zwicker *m* <-s, -> (*österr: Kneifer*) пенсне́ *nt*

Zwieback *m* <-(e)s, Zwiebäcke> суха́рь *m*

Zwiebel *f* <-, -n> 1. лук *m*; 2. (*Blumenzwiebel*) лу́ковица *f*

Zwiebelturm *m* <-(e)s, -türme> ба́шня *f* в ви́де лу́ковицы

Zwiegespräch *nt* <-(e)s, -e> диало́г *m*

Zwielicht *nt* <gen: -(e)s> су́мерки *fpl*

Zwiespalt *m* <gen: -(e)s> разла́д *m*

Zwietracht *f* <gen: -> раздо́р *m*

Zwilling *m* <-s, -e> близне́ц *m*; ~e (ASTR) Близнецы́

Zwillingsgeburt *f* <-, -en> рожде́ние *nt* близнецо́в

zwingen *vt* <zwang, gezwungen> принужда́ть, -ну́дить *pf* (*zu* +dat к + *dat*); **ich sehe mich gezwungen ...** я вы́нужден ...; **jdn ~, etw zu tun** заставля́ть кого́-л. сде́лать что-л.

zwingend *adj* (*Argument*) убеди́тельный

Zwinger *m* <-s, -> кле́тка *f*

zwinkern *vi*: **mit den Augen ~** морга́ть глаза́ми

Zwirn *m* <-(e)s, -e> ни́тки *fpl*

zwischen *präp* ме́жду (+ *inst*)

Zwischenbemerkung *f* <-, -en> ре́плика *f*

Zwischenbericht *m* <-(e)s, -e> промежу́точный отчёт *m*

Zwischenbilanz *f* <-, -en> промежу́точный бала́нс *m*

zwischendrin *adv* 1. ме́жду ни́ми; 2. ме́жду де́лом

zwischendurch *adv* 1. (*hin und wieder mal*) вре́мя от вре́мени; 2. (*in der Zwischenzeit*) тем вре́менем

Zwischenfall *m* <-(e)s, -fälle> происше́ствие *nt*, инциде́нт *m*

Zwischengeschoss *nt* <-es, -e> антресо́ль *f*

Zwischenglied *nt* <-(e)s, -er> промежу́точное звено́ *nt*

Zwischenhandel *m* <gen: -s> посре́дническая торго́вля *f*

Zwischenhändler *m* <-s, -> торго́вый посре́дник *m*, комиссионе́р *m*

Zwischenlager *nt* <-s, -> промежу́точный склад *m*

Zwischenlandung *f* <-, -en> промежу́точная поса́дка *f*

zwischenmenschlich *adj* межли́чностный; ~**e Beziehungen** отноше́ния ме́жду людьми́

Zwischenraum *m* <-(e)s, -räume> 1. (*Lücke, zeitlicher Abstand*) промежу́ток *m*; 2. (*zeitlicher Abstand auch*) интерва́л *m*

zwischenstaatlich *adj* межгосуда́рственный

Zwischenstopp *m* <-s, -s> промежу́точная остано́вка *f*

Zwischenstufe *f* <-, -n> промежу́точная ста́дия *f*

Zwischensumme *f* <-, -n> промежу́точная су́мма *f*

Zwischenzeit *f* <-, -en> 1. промежу́ток *m* вре́мени; 2. (SPORT) промежу́точное вре́мя *nt*; **in der ~** (*inzwischen*) в э́то вре́мя

zwitschern *vi* щебета́ть *impf*

Zwitter *m* <-s, -> гермафроди́т *m*

zwitterhaft *adj* двупо́лый

zwölf *num* двена́дцать

zwölffach *adj* двенадцатикра́тный

Zwölffingerdarm *m* двенадцатипе́рстная кишка́ *f*

zwölfjährig *adj* двенадцатиле́тний

zwölftägig *adj* двенадцатидне́вный

Zwölftonmusik *f* <gen: -> додекафони́ческая му́зыка *f*

zyklisch *adj* цикли́ческий

Zyklotron *nt* <-(e)s, -e> (PHYS) циклотро́н *m*

Zyklus *m* <-, Zyklen> цикл *m*

Zylinder *m* <-s, -> цили́ндр *m*

zylindrisch *adj* цилиндри́ческий

Zyniker, -in *m/f* <-s, -> ци́ник *m*

zynisch *adj* цини́чный

Zynismus *m* <-, -Zynismen> цини́зм *m*

Zypern *nt* <gen: -s> Кипр *m*

Zypresse *f* <-, -n> кипари́с *m*

zypriotisch *adj* ки́прский

Zyste *f* <-, -n> киста́ *f*

Zytologie *f* <gen: -> цитоло́гия *f*

z.Z(t). *abk von* **zur Zeit**

DAS RUSSISCHE ALPHABET

Druckschrift		Kursivschrift		Aussprache	Buchstabenname
А	а	*А*	*а*	a	а
Б	б	*Б*	*б*	bɛ	бэ
В	в	*В*	*в*	vɛ	вэ
Г	г	*Г*	*г*	gɛ	гэ
Д	д	*Д*	*∂*	dɛ	дэ
Е	е	*Е*	*е*	je	е
Ё	ё	*Ё*	*ё*	jɔ	ё
Ж	ж	*Ж*	*ж*	ʒɛ	жэ
З	з	*З*	*з*	zɛ	зэ
И	и	*И*	*и*	i	и
Й	й	*Й*	*й*	j	и кра́ткое
К	к	*К*	*к*	ka	ка
Л	л	*Л*	*л*	ɛlʲ	эль
М	м	*М*	*м*	ɛm	эм
Н	н	*Н*	*н*	ɛn	эн
О	о	*О*	*о*	ɔ	о
П	п	*П*	*п*	pɛ	пэ
Р	р	*Р*	*р*	ɛr	эр
С	с	*С*	*с*	ɛs	эс
Т	т	*Т*	*m*	tɛ	тэ
У	у	*У*	*у*	u	у
Ф	ф	*Ф*	*ф*	ɛf	эф
Х	х	*Х*	*х*	xa	ха
Ц	ц	*Ц*	*ц*	tsɛ	цэ
Ч	ч	*Ч*	*ч*	tʃe	че
Ш	ш	*Ш*	*ш*	ʃa	ша
Щ	щ	*Щ*	*щ*	ʃtʃa	ща
	ъ		*ъ*	*hartes Zeichen*	**твёрдый знак**
	ы		*ы*	ɨ (wie in Krim)	ы
	ь		*ь*	*weiches Zeichen*	**мя́гкий знак**
Э	э	*Э*	*э*	ɛ	э
Ю	ю	*Ю*	*ю*	ju	ю
Я	я	*Я*	*я*	ja	я

Konsonanten

Man unterscheidet im Russischen harte und weiche Konsonanten. Die weichen Konsonanten werden mit einem j-Beiklang gesprochen, wobei Konsonant + 'j' zu einem Laut verschmelzen. Man erkennt harte und weiche Konsonanten am nachfolgenden Vokal bzw. am weichen Zeichen ь oder am harten Zeichen ъ. Vergleiche:

hart:		weich:	
да	= [да]	акадéмия	= ака[д'é]мия
фóто	= [фó]то	Фёдор	= [Ф'ё]дор
Вóлга	= [Вóл]га	Óльга	= [Óл']га

Einige Konsonanten treten nur hart, andere nur weich auf:

Schreibung		Aussprache
hart:		
ш	машина	маш[ы]на
ж	жест	ж[э]ст
ц	цéнный	ц[э]нный

weich:		
ч	Камчáтка	Кам[ч'а]тка
щ	щýка	[щ'ý]ка

Ш und Ж nennt man harte, ч und щ weiche Zischlaute.

Stimmhafte Konsonanten am Wortende verlieren ihre Stimmhaftigkeit: напрóтив [ф], нож [ш], четвéрг [к], францýз [с], бутербрóд [т].

Nebeneinander stehende Konsonanten werden stimmhaft oder stimmlos gesprochen – in Abhängigkeit von der Stimmhaftigkeit oder -losigkeit des zuletzt Stehenden: книжка [шк], пóдпись [тп], сбóрник [зб], отбóр [дб], лéгче [хч], сдáча [зд].

Konsonantenwechsel

Bei der Beugung eines Wortes, besonders beim Verb, oder bei einem Wechsel der Wortart kann bei bestimmten Konsonanten ein Konsonantenwechsel eintreten. Dies ist besonders wichtig beim Verb – für die Bildung der 1. Person Singular, des Partizips sowie des Aspektpartners und – beim Adjektiv – für die Komparation (Steigerung).

Arten des Konsonantenwechsels

г	ж	з	друг	дру́жный	друзья́
д	ж	жд	води́ть	я вожу́	вожде́ние
к	ч	ц	дура́к	дурачо́к	дура́цкий
т	ч	щ	све́тит	свеча́	освеща́ть
ск	ст	щ	блеск	блесте́ть	бле́щет
з	ж		бли́зкий	бли́же	
с	ш		носи́ть	я ношу́	
х	ш		у́хо	у́ши	
б	бл		люби́ть	я люблю́	
в	вл		дешёвый	деше́вле	
м	мл		знако́миться	я знако́млюсь	
п	пл		купи́ть	я куплю́	
ф	фл		графи́ть	я графлю́	

Vokale

Die russische Sprache hat zehn Vokalbuchstaben, die zu fünf Paaren geordnet werden können. Die Buchstaben **а, э, ы, о, у** geben an, dass der vorhergehende Konsonant hart ist, während die Buchstaben **я, е, и, ё, ю** zeigen, dass der vorgehende Konsonant weich ist.

Die Aussprache von **ы** ist für Deutsche oft problematisch. Sie liegt zwischen 'i' und 'u', entspricht jedoch nicht dem deutschen 'ü'. Versuchen Sie ein 'u' zu sprechen, ohne die Lippen vorzustülpen oder zu runden!

Im Wort- und Silbenanlaut werden **е, ё, ю, я** mit einem 'j' gesprochen, z. B.: я́ма, ель, юла́, ёлка, ста́я, заём. **Э** und **е** werden vor harten Konsonanten und im Auslaut offen gesprochen, vgl. die Aussprache von 'e' in 'Herr', z. B.: это, все.

Vor weichen Konsonanten werden sie jedoch geschlossen gesprochen wie das 'e' im deutschen Wort 'Mehl', z. B.: рельс, ве́чером, Алексе́й.

Vokalwechsel

Ein Vokalwechsel in Wortstämmen kann sowohl bei der Formen- als auch bei der Wortbildung auftreten. Oft tritt ein **о**, oder zwischen weichen Konsonanten ein **е**, zwischen zwei Konsonanten am Ende eines Wortes, um die Aussprache zu erleichtern. Sie fallen jedoch weg, sobald ein Vokal hinter diesen Konsonanten tritt. Bewegliches **о** und **е** sind besonders bei der Deklination der Substantive und der Kurzform der Adjektive von Bedeutung.

Arten des Vokalwechsels

о	а	обрабо́тать pf	обраба́тывать impf
е	ё	весло́ sg	вёсла pl
о	-	ни́зок m	низка́ f
-	о	окно́ nom sg	о́кон gen pl
е	-	бо́лен m	больна́ f
-	е	ко́шка nom sg	ко́шек gen pl

Betonung und Vokalreduktion

Alle betonten Vokale werden halbblang gesprochen, alle unbetonten Vokale sehr kurz und reduziert. Der Vokalbuchstabe **ё** ist immer betont.

In der Silbe vor der betonten Silbe und im unbetonten Wortanlaut werden sowohl **a** als auch **o** als kurzes 'a' – in der phonetischen Umschrift [Λ] – ausgesprochen: авария, артерия, огонь, озон, карман, сапог, вода, комар.

In allen anderen unbetonten Silben werden **a** und **o** wie ein sehr kurzer Vokal gesprochen, der in etwa [ы] entspricht: самолёт, мавзолей, помещение, колебать.

Ebenfalls in der Silbe vor dem Ton und im Anlaut fallen **e** und **я** zu einem zwischen 'e' und 'i' liegenden Laut zusammen: Петербург, перестройка, язык, обязательно.

Im Unterschied zum Deutschen kann sich die Betonung jedoch, in Abhängigkeit vom Kasus, auf andere Silben verlagern. Dementsprechend variiert die Aussprache: стол – столы, на столе – на столах.

Wird innerhalb einer Deklination oder Konjugation die Betonung von **ё** auf einen anderen Vokal verlagert, so wird **ё** (außer bei einigen wenigen Ausnahmen) sowohl in der Schrift als auch in der Aussprache zu **e**.

RECHTSCHREIBUNG UND ANDERE BESONDERHEITEN

Der immer betonte Vokal **ё** wird in russischen Texten oft nicht gekennzeichnet, sondern als **e** dargestellt.

Groß- und Kleinschreibung

Großgeschrieben werden im Russischen:
- Wörter am Satzanfang
- Personennamen (Vor-, Vaters- und Nachnamen): Александра Ивановна Кулишова
- Eigennamen (geographische Namen, Theater, Museen etc.), wobei der darin enthaltene Gattungsname (площадь, улица, океан, море, музей) kleingeschrieben wird:

Красная площадь	der Rote Platz
Тихий океан	der Stille Ozean
Большой театр	Bolschoi-Theater
Исторический музей	Historisches Museum
улица Ленина	Lenin-Straße

- einige Wortverbindungen, die einen besonders offiziellen Charakter haben:
Президент Российской Федерации der Präsident der Russischen Föderation
Организация Объединённых Наций Organisation der Vereinten Nationen

Zur Rechtschreibung nach ж, ч, ш, щ/ г, к, х/ ц

Nach den Zischlauten **ж, ч, ш, щ** sowie nach **г, к, х** wird stets **и, у, а** (und nicht **ы, ю, я**) geschrieben: **живот** *Bauch*, **чудо** *Wunder*, **час** *Stunde*, **шиповник** *Hockenrose*, **щука** *Hecht*, **гимн** *Hymne*, **ученики** *Schüler*, **хитрый** *schlau*.

Ausnahmen bilden einige Fremdwörter. Bsp.: **жюри** *Jury*, **брошюра** *Broschüre*, **парашют** *Fallschirm*, **кювет** *Straßengraben*.

Nach **ц** wird stets **у, а** (und nicht **ю, я**) geschrieben: **царапать** *kratzen*, **царь** *Zar*, **цунами** *Tsunami*.

Ausnahmen: einige Eigennamen ausländischer Herkunft wie z. B. **Цюрих** *Zürich*.

Nach **ц** -ция wird **и** geschrieben: **цирк** *Zirkus*, **цифра** *Zahl*, **цитата** *Zitat*, **цинк** *Zink*, **революция** *Revolution*.

Ausnahmen: **цыга́н** Zigeuner, **цы́кать** anschnauzen, **цы́цки** kleine Risse, **цыплёнок** Küken, **цыпля́тник** Kükenstall, **цы́почки** Zehenspitzen, **цыц** still! Zur Einprägung hier eine Eselsbrücke: Цыга́н подошёл к цыплёнку на цы́почках и цы́кнул: „Цыц!"

Nach ц in Suffixen sowie in der Nominativendung Plural und Genitivendung Singular wird ы geschrieben: **Солжени́цын** Solshenizyn, **Сини́цын** Sinizyn, **огурцы́** Gurken, **с у́лицы** von der Straße.

Nach ц und den Zischlauten **ж, ч, ш, щ** wird in betonter Position **о**, in unbetonter **е** geschrieben. Dies bezieht sich auf Suffixe und Endungen der Substantive, Adjektive und Adverbien: **гаражо́м – пля́жем, отцо́м – бра́тцем, бойцо́м – това́рищем, свежо́ – тягу́че**.

Nach **ж, ч, ш, щ** in betonten Wortstämmen bei Substantiven und Adjektiven sowie in betonten Endungen bei Verben wird **ё** geschrieben: **шёлк** Seide, **чёрный** schwarz, **дешёвый** billig, **бережёт** (er) bewacht, **сечёт** (er) peitscht.

Ausnahmen: **крыжо́вник** Stachelbeere, **шо́рох** Geräusch, **шов** Naht, **капюшо́н** Kapuze, **шо́мпол** Wischstock, **трущо́ба** Slum, **чо́порный** prüde, **шо́рник** Sattler.

Buchstaben ъ und ь

Das Trennungszeichen **ъ** tritt nur nach Präfixen auf Konsonanten vor den Vokalen **е, ё, ю, я** auf: **подъе́хать** heranfahren, **объе́хать** umfahren, **объём** Volumen, **съёмка** Vermessung; Dreharbeiten, **объявле́ние** Erklärung.

Ausnahmen: **адъюта́нт** Adjutant, **субъе́кт** Subjekt, **объе́кт** Objekt.

Das Trennungszeichen **ь** tritt außer nach Präfixen in allen anderen Bestandteilen eines Wortes vor den Vokalen **е, ё, ю, я** und **и** auf: **воробьи́** Sperlinge, **ателье́** Atelier, **рья́ный** übereifrig, **я шью** ich nähe, **льётся** es fließt etc.

Das weiche Zeichen **ь** steht nach Konsonanten, die keine Zischlaute sind: a) am Wortende und in der Wortmitte, um die Weichheit des Konsonanten zu kennzeichnen; b) in Zehnern von 50 bis 80 sowie in Hundertern von 500 bis 900 in der Wortmitte; c) in infiniten Reflexivverben auf **–ться** (man stellt die Frage **что де́лать? что сде́лать?**); d) in Adjektiven, die von Monatsbezeichnungen abgeleitet sind (außer **янва́рский**). Bsp.: **конь** Pferd, **петь** singen, **ско́льзко** rutschig, **про́сьба** Bitte, **гурьба́** Haufen, **шестьдеся́т** 60, **пятьсо́т** 500, **отказа́ться** verzichten, **купа́ться** schwimmen, **дека́брьский** Dezember...

Das weiche Zeichen **ь** wird dagegen nicht geschrieben: a) in Buchstabenverbindungen **чн, чк, чт, чш, нч, нщ, щн, рч, рщ**; b) in Zahlwörtern von 5 bis 20 sowie im Zahlwort 30 in der Wortmitte. Bsp.: **со́чный** saftig, **бу́лочная** Bäckerei, **мо́щный** mächtig, **девятна́дцать** 19.

Das weiche Zeichen **ь** wird nach Zischlauten am Wortende geschrieben: a) in Substantiven der I-Deklination; b) in Verben in allen Formen; c) in Adverbien auf **ш** und **ч**. Bsp.: **рожь** Roggen, **печь** Ofen, **ре́жешь** du schneidest, **стере́чь** bewachen, **на́взничь** rücklings, **сплошь** ununterbrochen.

Das weiche Zeichen **ь** wird nach Zischlauten am Wortende nicht geschrieben: a) in Substantiven, die nicht zur I-Deklination gehören; b) in Kurzformen von Adjektiven; c) in Adverbien auf **ж** (außer **на́стежь** sperrangelweit offen). Bsp. **плющ** Efeu, **грач** Saatkrähe, **(выходить) за́муж** heiraten, **одна́кож** allerdings.

н oder нн in den Suffixen

Man schreibt **нн** a) in Adjektiven, die mit Hilfe von Suffix **-н-** von Substantiven auf **-н** abgeleitet sind; b) in Adjektiven, die mit den Suffixen **-онн-, -енн-** von Substantiven abgeleitet sind. Ausnahme: **ве́треный** windig. Bsp.: **тума́нный** neblig, **иску́сственный** künstlich, **традицио́нный** traditionell.

Man schreibt **нн** in den Langformen der von Verben abgeleiteten Adjektive und Partizipien, wenn sie a) ein Präfix (außer **не-**) haben; b) in Verbindung mit abhängigen Wörtern stehen; c) das Suffix **–ова- (-ева-)** haben; d) von unpräfigierten perfektiven Verben stammen (Ausnahme: **ра́неный** verwundet). Bsp.: **укра́шенный** verziert, **се́янная че́рез си́то** (муко́) gesiebtes Mehl, **оцинко́ванный** verzinkt, **лишённый** beraubt.

Man schreibt н a) im Suffix **–ин–**; b) im Suffix **–ан–** (**-ян-**) der von Substantiven abgeleiteten Adjektive; c) in Kurzformen von Partizipien im Passiv; d) in unpräfigierten Adjektiven, die von imperfektiven Verben abgeleitet sind. Ausnahmen: **оловя́нный** *Zinn-*, **деревя́нный** *hölzern*, **стекля́нный** *gläsern*. Bsp.: **кури́ный** *Hühner-*, **ко́жаный** *Leder-*, **кровяно́й** *Blut-*, **испра́влена** (оши́бка) *korrigierter Fehler*, **кра́шеный** *gefärbt*.

In Kurzformen von Adjektiven sowie in Adverbien auf **–о** (**-е**) wird in Abhängigkeit von der Schreibweise der jeweiligen Langform **н** oder **нн** geschrieben: **тума́нно** *neblig*, **кра́шена** *gefärbt*.

Zeichensetzung

Die Unterschiede zwischen der deutschen und der russischen Zeichensetzung, die am häufigsten übersehen werden, bestehen im Wesentlichen in folgenden Punkten:

Satzteile, die durch die Konjunktionen **как …, так и …; ни …, ни …; или …, или …** eingeleitet werden, werden durch ein Komma getrennt, was im Deutschen nicht der Fall ist:

Как ныря́ние, **так и** верхова́я езда́ сто́ят мно́го де́нег.
Sowohl Tauchen als auch Reiten kostet viel Geld.
Ни ты, **ни** я не забу́дем э́того собы́тия.
Weder du noch ich werden dieses Ereignis vergessen.
Она́ сиди́т **или** до́ма, **или** в библиоте́ке.
Sie ist entweder zu Hause oder in der Bibliothek.

Beachte: in feststehenden Wendungen werden diese Konjunktionen auch ohne Komma verwendet.

Он **ни** ры́ба **ни** мя́со.   *Er ist weder Fisch noch Fleisch.*

Die direkte Rede wird im Russischen zusätzlich durch Gedankenstriche gekennzeichnet. Der Punkt steht in der direkten Rede nach dem Anführungszeichen. Ist die direkte Rede unterbrochen, so wird die gesamte direkte Rede von Anführungszeichen eingeschlossen:

„О́чень жаль", – сказа́л профе́ссор.
„Es tut mir leid", sagte der Professor.
„О́чень жаль, – сказа́л профе́ссор, – что я ниче́м не могу́ помо́чь Вам".
„Es tut mir leid", sagte der Professor, „dass ich Ihnen nicht helfen kann."

DAS SUBSTANTIV
Artikellosigkeit des Russischen

Russische Substantive haben keinen Artikel. Soll ein Substantiv näher bestimmt werden, können für diesen Zweck in Abhängigkeit vom Kontext Indefinit- und Demonstrativpronomen verwendet werden:

Она́ купи́ла себе́ маши́ну.	*Sie hat sich das/ ein Auto gekauft.*
Она́ купи́ла себе́ каку́ю-то маши́ну.	*Sie hat sich irgendein Auto gekauft.*
Дай мне, пожа́луйста, кни́гу!	*Gib mir bitte das/ ein Buch!*
Дай мне, пожа́луйста, э́ту кни́гу!	*Gib mir bitte dieses Buch!*

Geschlecht

Nach ihrem grammatischen Geschlecht lassen sich alle russischen Substantive entsprechend ihren Endungen in drei Gruppen aufteilen:

Maskulina	Feminina	Neutra
1. Alle Substantive auf harte Konsonanten und **-й**: стол, ящик, музе́й, масса́ж 2. Viele Substantive auf **-ь**: руль, день, шампу́нь, роя́ль	1. Die meisten Substantive auf **-а,-я,-ь**: страна́, неде́ля, крова́ть 2. Alle Substantive auf **-жь, -чь,-шь,-щь**: рожь, ночь, мышь, вещь	Alle Substantive auf **-о,-е,-ё, -мя**: пови́дло, заседа́ние, бельё, вре́мя, бре́мя, имя

Beachte:

Undeklinierbare Substantive sind in der Regel sächlich: **шасси́** *Fahrgestell*, **пальто́** *Mantel*, **ре́гби** *Rugby*, **фойе́** *Foyer*, **такси́** *Taxi*, **меню́** *Speisekarte*, **плиссе́** *Plissee*. Ausnahmen: **ко́фе** *Kaffee*, **пена́льти** *Elfmeter* sind männlich; **кольра́би** *Kohlrabi*, **авеню́** *Avenue* weiblich.

Einige Substantive auf **-а (-я)** sind männlichen oder weiblichen Geschlechts – je nachdem, ob sie eine männliche oder eine weibliche Person bezeichnen: **рабо́тяга** *arbeitsamer Mensch*, **молодчи́на** *Mordskerl*, **воя́ка** *Haudegen*, **пла́кса** *Heulsuse*, **непосе́да** *Zappelphilipp*, **вы́скочка** *Emporkömmling*, **злю́ка** *boshafter Mensch*, **неря́ха** *Dreckspatz*, **колле́га** *Kollege/in*, **попроша́йка** *Schnorrer*.

Bei Personenbezeichnungen (nach Beruf, Dienststellung) gibt es mitunter nur männliche Substantive, die auch für weibliche Personen gebraucht werden: **ма́стер** *Meister*, **дире́ктор** *Direktor*, **врач** *Arzt*, **профе́ссор** *Professor*, **бригади́р** *Brigadier*.

Deklinationsklassen

Bedingt durch die gewählte Struktur der Wörterbucheinträge, war es leider nicht möglich, bei der sonst eher üblichen Einteilung in I., II. und III. Deklinationsklasse zu bleiben, da sonst eine eindeutige Zuordnung nach Buchstabe und gegebenenfalls Zahl nicht möglich gewesen wäre. Nach der traditionelleren Sichtweise würden K und O zur I., A zur II. und I zur III. Deklinationsklasse gehören.

! Bitte vergessen Sie nicht die Rechtschreibregeln nach Zischlauten und nach **г, к, х, ц**, die im folgenden nicht gesondert angegeben werden.

! Im Russischen macht es einen Unterschied, ob ein Substantiv „belebt", d. h. ein Mensch oder ein Tier, oder „unbelebt", d. h. eine Sache ist. Bei der Deklination der Substantive sollte Folgendes beachtet werden:
- Belebte Maskulina haben im Genitiv und Akkusativ Singular die gleichen Formen. Alle belebten Substantive haben im Genitiv und Akkusativ Plural die gleichen Formen.
- Alle unbelebten Maskulina, Feminina auf **-ь** und Neutra haben im Nominativ und Akkusativ Singular die gleichen Formen. Alle unbelebten Substantive haben im Nominativ und Akkusativ Plural die gleichen Formen.

K-Deklination (konsonantische)

(meist) maskulin

К

	K auf harten Kon- sonanten *Werk*	K auf harten Konsonanten *Buchhalter*	K1 auf weichen Konsonanten *Nagel*	K2 auf Vokal + **й** *Museum*
Singular		(belebt)		
Nominativ	заво́д	бухга́лтер	гвоздь	музе́й
Genitiv	заво́да	бухга́лтера	гвоздя́	музе́я
Dativ	заво́ду	бухга́лтеру	гвоздю́	музе́ю
Akkusativ	заво́д	бухга́лтера	гвоздь	музе́й
Instrumental	заво́дом	бухга́лтером	гвоздём*	музе́ем*
Präpositiv	(о) заво́де	(о) бухга́лтере	(о) гвозде́	(о) музе́е
Plural				
Nominativ	заво́ды	бухга́лтеры	гво́зди	музе́и
Genitiv	заво́дов	бухга́лтеров	гвозде́й	музе́ев
Dativ	заво́дам	бухга́лтерам	гвоздя́м	музе́ям
Akkusativ	заво́ды	бухга́лтеров	гво́зди	музе́и
Instrumental	заво́дами	бухга́лтерами	гвоздя́ми	музе́ями
Präpositiv	(о) заво́дах	(о) бухга́лтерах	(о) гвоздя́х	(о) музе́ях

* Wird die Endung betont, so steht für **e** ein **ё**: секретарём, рублём etc.

O-Deklination

(meist) neutrum

о

	O *Sache*	O1 *Feld*	O2 *Beschluss*
Singular			
Nominativ	де́ло	по́ле*	реше́ние
Genitiv	де́ла	по́ля	реше́ния
Dativ	де́лу	по́лю	реше́нию
Akkusativ	де́ло	по́ле*	реше́ние
Instrumental	де́лом	по́лем*	реше́нием
Präpositiv	(о) де́ле	(о) по́ле	(о) реше́нии
Plural			
Nominativ	дела́	поля́	реше́ния
Genitiv	дел	поле́й	реше́ний
Dativ	дела́м	поля́м	реше́ниям
Akkusativ	дела́	поля́	реше́ния
Instrumental	дела́ми	поля́ми	реше́ниями
Präpositiv	(о) дела́х	(о) поля́х	(о) реше́ниях

* Wird die Endung betont, so steht für **e** ein **ё**.

Substantive **нéбо** *Himmel*, **чýдо** *Wunder* bekommen im Plural den **–ес**-Einschub: небесá, небесáми; чудесá, чудесáми.

Männliche Substantive auf **–ий** sowie sächliche Substantive auf **–ие** haben im Präpositiv Singular die Endung **–и**: собрáние – о собрáнии *(Versammlung)*, санатóрий – о санатóрии *(Sanatorium)*.

A-Deklination
(meist) weiblich

A

	A mit hartem Stammauslaut *Land*	A mit hartem Stammauslaut *Dame*	A1 mit weichem Stammauslaut *Erde*	A2 auf Vokal *Vorlesung*
Singular		(belebt)		
Nominativ	странá	дáма	земля́	лéкция
Genitiv	страны́	дáмы	земли́	лéкции
Dativ	странé	дáме	землé	лéкции
Akkusativ	страну́	дáму	зéмлю	лéкцию
Instrumental	странóй	дáмой	землёй	лéкцией
Präpositiv	(о) странé	(о) дáме	(о) землé	(о) лéкции
Plural				
Nominativ	стрáны	дáмы	зéмли	лéкции
Genitiv	стран	дам	земéль	лéкций
Dativ	стрáнам	дáмам	зéмлям	лéкциям
Akkusativ	стрáны	дам	зéмли	лéкции
Instrumental	стрáнами	дáмами	зéмлями	лéкциями
Präpositiv	(о) стрáнах	(о) дáмах	(о) зéмлях	(о) лéкциях

Die Instrumental Singularformen **-ою/ -ею** gehören dem formalen Sprachgebrauch an.

Substantive mit den femininen Endungen **-а/ -я**, die Personen bezeichnen und deren natürliches Geschlecht männlich ist, fallen ebenfalls unter die A-Deklination: **ю́ноша** *junger Mann*, **мужчи́на** *Mann*, **дéдушка** *Großvater*, **дя́дя** *Onkel*, **Стёпа** *Stjopa*.

I-Deklination
weiblich (außer **путь**)

I

	Nacht	I1 mit -ер-Einschub *Mutter*	*Weg*
Singular		(belebt)	
Nominativ	ночь	мать	путь
Genitiv	нóчи	мáтери	пути́
Dativ	нóчи	мáтери	пути́
Akkusativ	ночь	мать	путь
Instrumental	нóчью	мáтерью	путём
Präpositiv	(о) нóчи	(о) мáтери	(о) пути́

Plural

Nominativ	но́чи	ма́тери	пути́
Genitiv	ноче́й	матере́й	путе́й
Dativ	ноча́м	матеря́м	путя́м
Akkusativ	но́чи	матере́й	пути́
Instrumental	ноча́ми	матеря́ми	путя́ми
Präpositiv	(о) ноча́х	(о) матеря́х	(о) путя́х

Дочь wird wie **мать** dekliniert. Der Instrumental Plural kann **дочеря́ми** und **дочерьми́** heißen, wobei die letztere Form gebräuchlicher ist.

Unregelmäßige Deklination

U

	U1 auf –мя mit е- н-Einschub (neutrum) *Name*	U2 auf -анин, -янин, Ausfall von -ин im Plural (maskulin) *Bürger*	U3 abweichender Plural *Freund*	U4 sg -о/ёнок pl -ят (maskulin) *Küken*
Singular		(belebt)	(belebt)	(belebt)
Nominativ	и́мя	граждани́н	друг	цыплёнок
Genitiv	и́мени	граждани́на	дру́га	цыплёнка
Dativ	и́мени	граждани́ну	дру́гу	цыплёнку
Akkusativ	и́мя	граждани́на	дру́га	цыплёнка
Instrumental	и́менем	граждани́ном	дру́гом	цыплёнком
Präpositiv	(об) и́мени	(о) граждани́не	(о) дру́ге	(о) цыплёнке
Plural				
Nominativ	имена́*	гра́ждане	друзья́	цыпля́та
Genitiv	имён	гра́ждан	друзе́й	цыпля́т
Dativ	имена́м	гра́жданам	друзья́м	цыпля́там
Akkusativ	имена́	гра́ждан	друзе́й	цыпля́т
Instrumental	имена́ми	гра́жданами	друзья́ми	цыпля́тами
Präpositiv	(об) имена́х	(о) гра́жданах	(о) друзья́х	(о) цыпля́тах

* Ist die Endung unbetont, so steht statt **е** ein **ё**.

Zu U1 gehören folgende Substantive: **бре́мя** *Last*, **вре́мя** *Zeit*, **вы́мя** *Euter*, **зна́мя** *Fahne*, **и́мя** *Name*, **пла́мя** *Flamme*, **пле́мя** *Stamm*, **се́мя** *Samen*, **стре́мя** *Steigbügel* und **те́мя** *Scheitelbein*. Sie werden mit **-ен**-Einschub dekliniert. Ausnahmen: **се́мя** und **стре́мя** bekommen im Genitiv Plural das Suffix **-ян** – **семя́н**, **стремя́н**. Substantive **пла́мя**, **бре́мя**, **вы́мя** und **те́мя** haben keine Pluralform.

Die Substantive der Form U2, U3, U4 verhalten sich bei Belebt- oder Unbelebtheit wie die Substantive der K-Deklination.

Zu U4: Der Plural von **ребёнок** *Kind* lautet **де́ти**. Der grammatische Plural **ребя́та** bedeutet *junge Leute, Jungs* und wird besonders in der informellen Anrede verwendet.

Deklination von Familiennamen

Familiennamen auf **-ов(а),-ев(а),-ин(а),-ын(а)** werden teils wie Substantive, teils wie Adjektive dekliniert.

Singular

Nom	Ивано́в	Ивано́ва	Пу́шкин	Пу́шкина
Genitiv	Ивано́ва	Ивано́вой	Пу́шкина	Пу́шкиной
Dativ	Ивано́ву	Ивано́вой	Пу́шкину	Пу́шкиной
Akkusativ	Ивано́ва	Ивано́ву	Пу́шкина	Пу́шкину
Inst	Ивано́вым	Ивано́вой	Пу́шкиным	Пу́шкиной
Präpositiv	(об) Ивано́ве	(об) Ивано́вой	(о) Пу́шкине	(о) Пу́шкиной

Plural

Nom	Ивано́вы	Пу́шкины
Genitiv	Ивано́вых	Пу́шкиных
Dativ	Ивано́вым	Пу́шкиным
Akkusativ	Ивано́вых	Пу́шкиных
Inst	Ивано́выми	Пу́шкиными
Präpositiv	(об) Ивано́вых	(о) Пу́шкиных

Vor- und Vatersnamen werden im Unterschied zu den Familiennamen wie normale Substantive dekliniert.

Die meisten Ortsnamen werden wie Substantive dekliniert: **в Сара́тове, из Арха́нгельска, о Мю́нхене**. Ortsnamen, die die Langform des Adjektivs aufweisen, werden wie Adjektive dekliniert: **в Берегово́м, из Петро́вского**.

Undeklinierbare Substantive

Fremdwörter auf Vokal sind in der Regel undeklinierbar: **ателье́** *Atelier*, **бюро́** *Büro*, **кафе́** *Cafe*, **кино́** *Kino*, **интервью́** *Interview*, **купе́** *Abteil*, **меню́** *Speisekarte*, **метро́** *U-Bahn*, **пальто́** *Mantel*, **пенсне́** *Kneifer*, **Пика́ссо** *Picasso*, **Оливе́тти** *Olivetti*, **Мона́ко** *Monaco* u. a.

Nicht dekliniert werden ebenfalls nicht russische Vor- und Familiennamen auf Konsonanten, die eine weibliche Person bezeichnen, sowie ukrainische und russische Familiennamen auf **-о,-их/-ых**: Биргит Пе́терс, Петре́нко, Дурно́во, До́лгих, Бейнаро́вич, Ка́рин Но́йманн.

Undeklinierbar sind darüber hinaus Kurzwörter und Abkürzungen: **Минздра́в** *Gesundheitsministerium*, **облзáгс** *Gebietsstandesamt*, **СНГ** *GUS*, **СМ** *Ministerrat*.

Zu den einzelnen Fällen

Der Instrumental
ist dem lateinischen Ablativ vergleichbar. Er bezeichnet eine Person, einen Gegenstand oder einen Prozess, die eine bestimmte Handlung verursachen. Einige Präpositionen und einige Verben fordern den Instrumental: **висе́ть над столо́м** *über dem Tisch hängen*, **интересова́ться жи́вописью** *sich für Malerei interessieren*.

Der Präpositiv
wird nur mit bestimmten Präpositionen gebraucht: **де́ньги при мне** *ich habe das Geld dabei*, **рабо́тать в ба́нке** *bei einer Bank arbeiten*.

Abweichende Bildungen
Einige Substantive der konsonantischen Deklination haben im Singular neben der üblichen Genitivendung -a,-я noch eine umgangssprachliche Form der Genitivendung -y,-ю. Sie weist den sogenannten Teilungsgenitiv aus. Bsp.: **чáшка чáю** *eine Tasse Tee*, **кусóчек сы́ру** *ein Stückchen Käse*, **толпá нарóду** *eine Menschenmenge*.

Nach den Präpositionen **в** und **на** (meistens nach der Frage *wo?*) haben einige einsilbige Substantive der konsonantischen Deklination im Singular die betonte Präpositivendung -y,-ю. Bsp.: **в лесý** *im Wald*, **на льдý** *auf dem Eis*, **в Крымý** *auf der Krim*.

Einige männliche Substantive enden im Nominativ Plural auf **–а,-я**, wobei die Betonung auf die Endung verlagert wird: гóрод – городá, пáспорт – паспортá, дирéктор – директорá. Die Endung -ы,-и findet in der gehobenen Schrift-, die Endung -а/ -я in der Umgangssprache ihre Verwendung: гóды – годá, трáкторы – тракторá, слéсари – слесаря́.

Einige männliche Substantive haben im Genitiv Plural keine Endung: **солдáт** *Soldat*, **человéк** *Mensch*, **глаз** *Auge*, **грамм** *Gramm*.

Einige männliche Substantive weisen im Nominativ Plural zweierlei Formen auf. Dabei ergeben sich oft Bedeutungsunterschiede. Bsp.: **листы́ желéза** *Eisenbleche* – **лúстья цветкá** *Blumenblätter*, **зýбы человéка** *Zähne eines Menschen* – **зýбья пúлы** *Sägezähne*.

Betonungsmuster

Wird das Substantiv in allen Fällen an der gleichen Stelle betont, so wird dieses im Wörterbuchteil nicht gekennzeichnet. Gekennzeichnet werden nur die Betonungsmuster, die von der Betonung des Nominativ Singular abweichen:

e	endungsbetont
e1	endungsbetont, außer Nominativ Singular +Plural (bei Formgleichheit auch Akkusativ Singular + Plural)
e2	endungsbetont, außer Akkusativ Singular + Nominativ Plural
ple	endungsbetont im Plural
ple1	endungsbetont im Plural, außer Nominativ (bei Formgleichheit auch Akkusativ)
pls	stammbetont im Plural (bei mehr als zweisilbigen Wörtern wird die Form angegeben)
pls1	stammbetont im Plural, im Gegensatz zum Singular verschiebt sich die Betonung um eine Silbe zum Wortende

Verkleinerungsformen der Substantive

Die Verkleinerungsform wird, wie auch im Deutschen, durch Suffixe gebildet. Sie drückt nicht nur die Kleinheit eines Gegenstandes aus, sondern in vielen Fällen eine positive emotionale Beziehung des Sprechers.

Bei den Substantiven der K-Deklination:
-ик,-чик,-ок (-ёк),-ец

гóдик	(год)	Jährchen
дивáнчик	(дивáн)	kleines Sofa
островóк	(óстров)	kleine Insel
конёк	(конь)	Pferdchen
брáтец	(брат)	Brüderchen

Bei den Substantiven der O-Deklination:
-це (-цо),-ице (-ецо),-ышко

зéркальце	(зéркало)	Spieglein
словцó	(слóво)	Wörtchen
плáтьице	(плáтье)	Kleidchen
пёрышко	(перó)	Federchen

Bei den Substantiven der A- und I-Deklination:
-ка,-онька (енька),-очка,-ушка

дóчка	(дочь)	Töchterchen
внýченька	(внýчка)	Enkeltöchterchen
звёздочка	(звездá)	Sternchen
голóвушка	(головá)	Köpfchen

DAS ADJEKTIV

Das Adjektiv stimmt in Fall (Kasus), Zahl (Numerus), Geschlecht (Genus) und Belebtheit mit dem Wort, auf das es sich bezieht, überein, z. B. **в здорóв_ом_ тéл_е_ здорóв_ый_ дух** *in einem gesunden Körper ein gesunder Geist*.

! Die Pluralformen des Adjektivs sind für alle drei Geschlechter gleich.

! Analog zur Substantivdeklination sind der maskuline Akkusativ Singular sowie der Akkusativ Plural dem Genitiv gleich, wenn das Bezugswort ein Lebewesen ist. Dagegen stimmen sie mit dem Nominativ überein, wenn es sich beim Bezugswort um ein Nichtlebewesen handelt.

! Bei endungsbetonten Adjektiven lautet die maskuline Endung im Nominativ Singular (bei Formgleichheit auch Akkusativ Singular) **-ой**: роднóй *heimatlich*, дорогóй *teuer*, кривóй *krumm*. Sie werden wie Adjektive auf **–ый** dekliniert. Im Instrumental Singular des weiblichen Adjektivs kann in der gehobenen Schriftsprache auch **-ою** bzw.**-ею** stehen.

! Bitte beachten Sie die Rechtschreibregeln nach **г, к, х, ц** und Zischlaut.

! Die Genitivendung auf **-го** wird [vo] ausgesprochen.

Harte Deklination

Singular	m. (nt.) *neu*	f. *neu*	m. (nt.) *laut*	f. *laut*	m. (endbetont, Zischlaut) *groß*
Nom	нóвый (-ое)	нóвая	грóмкий (-ое)	грóмкая	большóй
Gen	нóвого	нóвой	грóмкого	грóмкой	большóго
Dat	нóвому	нóвой	грóмкому	грóмкой	большóму
Akk	нóвый (-ое)/-нóвого	нóвую	грóмкий (-ое)/грóмкого	грóмкую	большóй/большóго
Inst	нóвым	нóвой	грóмким	грóмкой	большим
Präpos	(о) нóвом	(о) нóвой	(о) грóмком	(о) грóмкой	(о) большóм

Plural

Nom	но́вые	wie m.(nt.)	гро́мкие	wie m. (nt.)	больши́е
Gen	но́вых		гро́мких		больши́х
Dat	но́вым		гро́мким		больши́м
Akk	но́вые / но́вых		гро́мкие/ гро́мких		больши́е/ больши́х
Inst	но́выми		гро́мкими		больши́ми
Präpos	(о) но́вых		(о) гро́мких		(о) больши́х

Deklination von nicht endungsbetonten Adjektiven auf Zischlaut

Singular	m.(nt.) *heiß*	f. *heiß*	m.(nt.) *gut*	f. *gut*
Nom	горя́чий(-ее)	горя́чая	хоро́ший	хоро́шая
Gen	горя́чего	горя́чей	хоро́шего	хоро́шей
Dat	горя́чему	горя́чей	хоро́шему	хоро́шей
Akk	горя́чий (-ее)/г- оря́чего	горя́чую	хоро́ший/хоро́- шего	хоро́шую
Inst	горя́чим	горя́чей	хоро́шим	хоро́шей
Präpos	(о) горя́чем	(о) горя́чей	(о) хоро́шем	(о) хоро́шей

Plural

Nom	горя́чие	wie m. (nt.)	хоро́шие	wie m. (nt.)
Gen	горя́чих		хоро́ших	
Dat	горя́чим		хоро́шим	
Akk	горя́чие/ горя́чих		хоро́шие/ хоро́ших	
Inst	горя́чими		хоро́шими	
Präpos	(о) горя́чих		(о) хоро́ших	

Weiche Deklination

Singular	m.(nt.) *blau*	f. *blau*
Nominativ	си́ний (-ее)	си́няя
Genitiv	си́него	си́ней
Dativ	си́нему	си́ней
Akkusativ	си́ний (ее)/ си́него	си́нюю
Instrumental	си́ним	си́ней
Präpositiv	(о) си́нем	(о) си́ней

Plural

Nominativ	синие	wie m. (nt.)
Genitiv	синих	
Dativ	синим	
Akkusativ	синие/ синих	
Instrumental	синими	
Präpositiv	(о) синих	

Gattungsadjektive auf **-ий,-ье,-ья,-ьи**

Singular	m.(nt.) *Wolfs-*	f. *Wolfs-*
Nominativ	волчий (-ье)	волчья
Genitiv	волчьего	волчьей
Dativ	волчьему	волчьей
Akkusativ	волчий (-ье)/ волчьего	волчью
Instrumental	волчьим	волчьей (-ьею)
Präpositiv	(о) волчьем	(о) волчьей

Plural

Nominativ	волчьи	wie m. (nt.)
Genitiv	волчьих	
Dativ	волчьим	
Akkusativ	волчьи/ волчьих	
Instrumental	волчьими	
Präpositiv	(о) волчьих	

Besitzadjektive

Singular	m.(nt.) *des Vaters*	f. *des Vaters*
Nominativ	отцов (-о)	отцова
Genitiv	отцова	отцовой
Dativ	отцову	отцовой
Akkusativ	отцов (-о)/ отцова	отцову
Instrumental	отцовым	отцовой
Präpositiv	(об) отцовом	(об) отцовой

Plural

Nominativ	отцовы	wie m. (nt.)
Genitiv	отцовых	
Dativ	отцовым	
Akkusativ	отцовы / отцовых	
Instrumental	отцовыми	
Präpositiv	(об) отцовых	

Kurzform der Adjektive

Die meisten Adjektive, die gesteigert werden können, bilden auch Kurzformen. Sie werden vom Stamm des Adjektivs abgeleitet und existieren nur in der Nominativform.

Langform		Kurzformen			
		m.	f.	nt.	pl.
ста́рый	*alt*	стар	стара́	старо́	ста́ры
больно́й	*krank*	бо́лен	больна́	больно́	больны́
лёгкий	*leicht*	лёгок	легка́	легко́	лёгки/ легки́
си́ний	*blau*	синь	си́ня	си́не	си́ни
све́жий	*frisch*	свеж	свежа́	свежо́	све́жи

Endet der Stamm eines Adjektivs auf zwei Konsonanten, so wird in der männlichen Kurzform oft ein bewegliches **o** oder **e** eingeschoben, z. B.: до́лгий – до́лог, коро́ткий – ко́роток, свобо́дный – свобо́ден.

Die männliche Kurzform des Adjektivs **досто́йный** *würdig* heißt **досто́ин**.

Adjektive auf **–нный** bilden männliche Kurzformen auf **-ен**, seltener auf **-енен**: суще́ствен *wesentlich*, боле́знен *krank*, ро́дствен *verwandt*, и́скренен *aufrichtig*, открове́нен *freimütig*.

Einige Adjektive weisen keine männlichen, seltener keine weiblichen Kurzformen auf. Sehr wenige Adjektive haben nur Kurzform Plural. Bsp.:

Langform		Kurzformen			
		m. sg.	f. sg.	nt. sg.	pl.
дре́вний	*alt*	дре́вен	–	дре́вно	дре́вни
озорно́й	*mutwillig*	–	озорна́	озорно́	озорны́
ра́зный	*verschieden*	–	–	–	ра́зны
родно́й	*heimisch*	–	–	–	родны́

Einige Adjektive haben nur Kurzformen: **рад, гора́зд, на́добен, до́лжен**. Bsp.: **Он на вы́думки гора́зд.** *Er ist sehr einfallsreich.*

Folgende Adjektive weisen keine entsprechende Kurzform auf: **това́рищеский** *kameradschaftlich*, **сире́невый** *fliederfarben*, **малю́сенький** *winzig*, **ско́рый** *schnell* etc.

Verwendung von Kurzformen der Adjektive

Die Kurzformen werden vor allem prädikativ gebraucht, dabei stimmen sie mit dem Satzsubjekt in Geschlecht und Zahl überein: **Куре́ние опа́сно для здоро́вья.** *Rauchen gefährdet die Gesundheit.* Oft besteht kein Bedeutungsunterschied zur Langform.

Manchmal werden die Kurzformen verwendet, um im Unterschied zur Langform einen zeitlich begrenzten Zustand auszudrücken, z. B.: **Он бо́лен. У него́ грипп** *Er ist krank. Er hat die Grippe.* **Де́душка больно́й.** *Der Großvater ist (chronisch) krank.*

Die Kurzformen werden außerdem verwendet, wenn man das Übermaß einer Eigenschaft ausdrücken möchte. Bsp.: **Э́ти ту́фли мне малы́.** *Diese Schuhe sind mir zu klein.*

Die Kurzformen stehen immer, wenn von ihnen ein Objekt oder eine Adverbialbestimmung abhängt. Bsp.: **Го́род осо́бенно краси́в но́чью.** *Die Stadt ist nachts besonders schön.* **Я с тобо́й не согла́сен.** *Ich kann dir nicht zustimmen.*

Sie werden außerdem immer gebraucht, wenn **э́то** oder die Höflichkeitsform **Вы** als Subjekt steht. Bsp.: **Э́ти дво́е мо́лоды и нетерпели́вы.** *Diese zwei sind jung und ungeduldig.* **Вы мне ничего́ не должны́.** *Sie sind mir nichts schuldig.*

Einige Kurzformen unterscheiden sich in ihrer Bedeutung von der dazugehörigen Langform, z. B.:
хоро́ший *gut,* **хоро́ш** *hübsch;* **бе́дный** *unglücklich,* **бе́ден** *arm;* **кра́сный** *rot,* **красна́** *schön.*
Die sächliche Kurzform dient häufig als Adverb.

Steigerung der Adjektive und Adverbien

Steigerungsformen lassen sich nur von Qualitätsadjektiven bilden.

Einfacher Komparativ und Superlativ

Der einfache Komparativ ist in Geschlecht, Zahl und Fall unveränderlich. Man bildet ihn, indem man an den Adjektivstamm **-ее** (oder in der Umgangssprache **-ей**) anfügt. Nach Stämmen auf **г, к, х, д, т, ст** steht das Suffix **-е**. Diese Stämme verändern sich nach den Regeln des Konsonantenwechsels.
Den einfachen Superlativ bildet man, indem man an den Stamm des Adjektivs **-ейший,-ая,-ее, -ие** anfügt. Geht der Stamm auf **г, к, х** aus, so wird **-айший** angefügt. Diese Stämme verändern sich nach den Regeln des Konsonantenwechsels. Der Superlativ wird wie ein Adjektiv dekliniert.

Positiv	Komparativ	Superlativ
сло́жный	сложн-**е́е** (**-е́й**)	сложн-**е́йший**
ти́хий	ти́ш-**е**	тиш-**а́йший**

Zur Betonung:
Die Betonung der Komparativformen auf **-ее** entspricht der Betonung der weiblichen Kurzform: **сильне́е** *stärker,* **добре́е** *gutmütiger.* Mehrsilbige Adjektive sind im Komparativ nicht endungsbetont: **внима́тельнее** *aufmerksamer,* **счастли́вее** *glücklicher,* **краси́вее** *schöner.*
Die Betonung der Komparativformen auf **-е** liegt stets auf dem Stamm: **моло́же** *jünger,* **про́ще** *einfacher,* **жи́же** *flüssiger.*
Während die Silbe **-айш-** beim Superlativ stets betont wird (**строжа́йший** *der strengste),* wird die Silbe **-ейш-** nur betont, wenn der Komparativ auf betontes **-е́е** oder **-е́** ausgeht: **сильне́йший** *der stärkste.*
Die Betonung aller übrigen Formen auf **-ейш-** richtet sich nach der Betonung der Grundform: **краси́вейший** *der schönste,* **интере́снейший** *der interessanteste.*

Wichtige unregelmäßige Komparativformen

Grundform	Komparativ	Übersetzung
большо́й	бо́льше	*groß, größer*
бли́зкий	бли́же	*nah, näher*
высо́кий	вы́ше	*hoch, höher*
глубо́кий	глу́бже	*tief, tiefer*
далёкий	да́льше	*entfernt, entfernter*
до́лгий	до́льше	*lang, länger*
коро́ткий	коро́че	*kurz, kürzer*
ма́ленький	ме́ньше	*klein, kleiner*
ни́зкий	ни́же	*niedrig, niedriger*
плохо́й	ху́же	*schlecht, schlechter*
по́здний	по́зже/ поздне́е	*spät, später*
ре́дкий	ре́же	*selten, seltener*
сла́дкий	сла́ще	*süß, süßer*

тонкий	тоньше	dünn, dünner
узкий	уже	eng, enger
хороший	лучше	gut, besser

Bei den Komparativformen von **старый** *alt* ist zu beachten, dass **старше** *älter* das Gegenteil von **моложе** *jünger* bezeichnet, sich also auf das Lebensalter bezieht, während **старее** *älter* das Gegenteil von **новее** *neuer* ist.

Einige wenige deklinierbare Komparativformen auf -ш haben sowohl Komparativ- als auch Superlativbedeutung: **больший** *größerer, größter*, **меньший** *kleinerer, kleinster*, **высший** *höherer, höchster*, **нижний** *niedrigerer, niedrigster*, **лучший** *besserer, bester*, **худший** *schlechterer, schlechtester*, **старший** *älterer, ältester*, **младший** *jüngerer, jüngster*.

Einige Adjektive bilden keine einfachen Komparativformen: **громоздкий** *sperrig*, **исхудалый** *abgemagert*, **лишний** *überflüssig*, **ломкий** *zerbrechlich*, **массовый** *massenhaft*, **ранний** *früh*, **робкий** *schüchtern*, **солёный** *salzig* etc.

Die mit Präfix **по-** gebildeten Komparativformen werden meist in der Umgangssprache verwendet: **побольше** *etwas mehr*, **получше** *etwas besser*, **пониже** *etwas niedriger*.

Das deutsche *als* beim Komparativ wird entweder durch den Genitiv des Wortes, mit dem verglichen wird, oder durch **чем** wiedergegeben. Bsp.: **Левый берег реки круче правого. Левый берег реки круче, чем правый.** *Das linke Ufer des Flusses ist steiler als das rechte.*

Wichtige unregelmäßige Superlativformen

Grundform	Superlativ	Übersetzung
хороший	лучший	*gut, bester*
плохой	худший	*schlecht, schlechtester*
маленький	меньший	*klein, kleinster*

Adjektive, die in der Grundform **-ск₁-н₁-ов₁-ев₁-аст₁-ист₁-ат₁-лив₁-к-** haben, bilden keine einfachen Superlativformen: **больной** *krank*, **громкий** *laut*, **молодой** *jung*, **крутой** *steil*, **бурливый** *brodelnd*, **головастый** *großköpfig* etc.

Die einfachen Superlativformen einiger Adjektive können zum Ausdruck der Verstärkung mit **наи-** präfigiert werden: **наикратчайший** *der allerkürzeste*, **наиумнейший** *der allerklügste*.

Der zusammengesetzte Komparativ und Superlativ

Der zusammengesetzte Komparativ wird gebildet, indem man vor die Grundform des Adjektivs das unveränderliche **более** (zur Verkleinerung **менее**) setzt: **более сладкий** *süßer*, **более твёрдый** *härter*, **менее слабый** *weniger schwach*.

Der einfache Komparativ steht meist als Prädikat: **Олег сильнее своего брата.** *Oleg ist stärker als sein Bruder.* Der zusammengesetzte Komparativ kann auch als Attribut stehen: **Наша футбольная команда ещё не играла с более сильным противником.** *Unsere Fußballmannschaft hat noch nie mit einem stärkeren Gegner gespielt.*

Nach dem zusammengesetzten Komparativ ist nur ein Vergleich durch **чем** + Nominativ möglich: **Сегодня я более решительный, чем мой друг.** *Heute bin ich entschlossener als mein Freund.*

Der zusammengesetzte Superlativ wird durch Voranstellung von **самый,-ая,-ое,-ые** vor das Adjektiv gebildet: **самый простой** *der einfachste*, **самая обаятельная** *die bezauberndste*, **самое новое** *das neueste*, **самые умные** *die klügsten*. Er wird wie Adjektiv dekliniert.

Der zusammengesetzte Superlativ kann auch durch Verbindung des einfachen Komparativs mit dem Genitiv des Pronomens **все** gebildet werden. Bsp.: **Ты лучше всех.** *Du bist der beste.* **Этот мальчик скучнее всех.** *Dieser Junge ist der langweiligste.*

Der zusammengesetzte Superlativ ist in der Umgangssprache gebräuchlicher als der einfache.

Elativ

Der einfache Superlativ kann auch die Bedeutung des Elativs haben. Er gibt ein hohes Maß einer Eigenschaft an und wird im Deutschen meist durch *sehr...*, *äußerst...*, *höchst...*, *überaus...*, *außerordentlich...*etc. wiedergegeben. Bsp.: **тала́нтливейший спортсме́н** *ein überaus begabter Sportler*, **глупе́йшее положе́ние** *eine äußerst dumme Situation*, **опа́снейший враг** *besonders gefährlicher Feind*.

DIE ADVERBIEN

Ihrer Bedeutung nach unterscheidet man folgende Gruppen von Adverbien:

Adverbien der Art und Weise (wie? auf welche Weise?): **вдруг** *plötzlich*, **внима́тельно** *aufmerksam*, **вдре́безги** *ganz entzwei* etc. Die meisten zu dieser Gruppe gehörenden Adverbien sind von Adjektivstämmen abgeleitet, indem a) die Endung **–о** bzw. **–е** an den Stamm angefügt wird: **поле́зно** *nützlich*, **и́скренне** *aufrichtig*; b) bei Stammauslaut auf **–ск** die Endung **–и** sowie teils das Präfix **по-** an den Stamm angefügt wird: **преда́тельски** *verräterisch*, **логи́чески** *logisch*, **по-геро́йски** *heldenhaft*, **по-отцо́вски** *väterlich*, **по-дру́жески** *freundlich*; c) die Endung **–ому** und das Präfix **по-** an den Stamm angefügt wird: **У меня́ всё по-ста́рому**. *Bei mir ist alles beim Alten*.

Adverbien der Zeit (wann? seit wann? wie lange?): **сего́дня** *heute*, **ве́чером** *abends*, **сейча́с** *jetzt*, **всегда́** *immer*, **иногда́** *manchmal*, **никогда́** *nie*, **накану́не** *am Vortag, im Vorfeld*..

Adverbien des Ortes (wo? wohin? woher?): **везде́** *überall*, **нигде́** *nirgends*, **вдали́** *in der Ferne*, **вблизи́** *in der Nähe*, **сле́ва** *links*, **спра́ва** *rechts*, **сюда́** *hierhin*, **туда́** *dorthin*, **отсюда** *hieraus*, **отту́да** *dorther*, **где́-нибудь** *irgendwo*, **ко́е-где** *hier und da*..

Adverbien des Grundes (warum?): **сгоряча́** *im Eifer*, **со́слепу** *aus Kurzsichtigkeit*, **поэ́тому** *deswegen*, **потому́** *deshalb*.

Adverbien des Grades (wie viel? in welchem Grade?): **о́чень** *sehr*, **вполне́** *völlig*, **совсе́м** *ganz*, **почти́** *fast*, **весьма́** *überaus*, **сли́шком** *allzu*, **чрезвыча́йно** *außerordentlich*.

Im Satz treten die Adverbien meist als Adverbialbestimmung auf. Die prädikativen Adverbien treten in unpersönlichen Sätzen als Prädikat oder Teil des Prädikats auf: **возмо́жно** *es ist möglich*, **на́до/ ну́жно** *man muss/ soll*, **тепло́** *es ist warm*.

Die von Qualitätsadjektiven abgeleiteten Adverbien mit der Endung **-о/ -е** werden wie die entsprechenden Adjektive gesteigert: **бе́гать быстре́е всех** *am schnellsten laufen*, **пры́гать да́льше** *weiter springen*.

Negative Adverbien mit der Vorsilbe **не-** verlangen die doppelte Verneinung durch die Negationspartikel **не** vor dem Verb: **Здоро́вье нигде́ не ку́пишь**. *Gesundheit kann man nirgends kaufen*.

DIE PRONOMINA

! Die Genitivform auf **-го** (bei Formgleichheit auch der Akkusativ) wird wie [vo] ausgesprochen.

Personalpronomina

	ich	*du*	*er/es*	*sie*
Singular				
Nominativ	я	ты	он/ оно́	она́
Genitiv	меня́	тебя́	(н)его́	(н)её
Dativ	мне	тебе́	(н)ему́	(н)ей
Akkusativ	меня́	тебя́	(н)его́	(н)её
Instrumental	мной/ -о́ю	тобо́й/ -о́ю	(н)им	(н)ей/ (н)е́ю
Präpositiv	(о́бо) мне	(о) тебе́	(о) нём	(о) ней

	wir	*ihr/ Sie*	*sie*
Plural			
Nominativ	мы	вы/ Вы	они́
Genitiv	нас	вас/ Вас	(н)их
Dativ	нам	вам/ Вам	(н)им
Akkusativ	нас	вас/ Вас	(н)их
Instrumental	на́ми	ва́ми/ Ва́ми	(н)и́ми
Präpositiv	(о) нас	(о) вас/ Вас	(о) них

! Den deklinierten Formen von **он**, **оно́**, **она́** , **они** wird, wenn sie nach Präpositionen stehen, ein **н-** vorgestellt. Bsp.: у него́, с ней, к нему́, о них, из него́, о́коло них, ме́жду ни́ми, пе́ред ней. Ausnahme: nach Präpositionen благодаря́ *dank*, вне *außer*, вопреки́ *ungeachtet*, всле́дствие *infolge*, напереко́р *zuwider*, навстре́чу *entgegen*, согла́сно *laut* wird **kein н-** vorgesetzt.

Den auf einen Konsonanten auslautenden Präpositionen **пе́ред, с, к, под, в, над** u. a. wird vor **мне, мной** ein **-о** angefügt: пе́редо мной, со мной, ко мне, на́до мной. Im Instrumental wird vor **мне** die Präposition **о́бо** verwendet: **о́бо мне**.

Die Instrumentalformen **мно́ю, тобо́ю** und **е́ю** (für **мной, тобо́й, ей**) werden seltener gebraucht.

Das Reflexivpronomen **себя́** hat keine Nominativform, in allen anderen Kasus wird es wie **ты** dekliniert: **прости́ть себе́** *sich selbst verzeihen*, **горди́ться собо́й** *stolz auf sich sein*. **Себя́** bezieht sich stets auf das Subjekt und kann mit allen Personen im Singular und Plural verwendet werden.

Possessivpronomina

Deklination der 1. und 2. Person: *mein, dein, unser, euer*. Für die 3. Person treten die Genitive des Personalpronomens ein: **егó, её, их**. Sie werden nicht dekliniert.

	m. (nt.) *mein*	f. *meine*	pl. *meine*
Singular			
Nominativ	мой (моё)	моя́	мои́
Genitiv	моего́	мое́й	мои́х
Dativ	моему́	мое́й	мои́м
Akkusativ	мой (моё)/ -его́	мою́	мои́/ -их
Instrumental	мои́м	мое́й	мои́ми
Präpositiv	(о) моём	(о) мое́й	(о) мои́х

	unser(-es) m. (nt.)	*unsere* f.	*unsere* pl
Plural			
Nominativ	наш (на́ше)	на́ша	на́ши
Genitiv	на́шего	на́шей	на́ших
Dativ	на́шему	на́шей	на́шим
Akkusativ	наш (на́ше)/ -его	на́шу	на́ши/ -их
Instrumental	на́шим	на́шей	на́шими
Präpositiv	(о) на́шем	(о) на́шей	(о) на́ших

Ebenso wie **мой** *mein* werden auch **твой** *dein* und das reflexive Possessivpronomen **свой** dekliniert. Ebenso wie **наш** *unser* wird **ваш** *euer, Ihr* dekliniert.

Свой wird für alle drei Personen im Singular und Plural verwendet. Es bezieht sich immer auf das Subjekt des Satzes. Bsp.: **Он дал ему́ свой телефо́н.** *Er hat ihm seine (eigene) Telefonnummer gegeben.* **Да́йте ему́, пожа́луйста, свой телефо́н.** *Geben Sie ihm bitte Ihre Telefonnummer*

Frage- und Relativpronomina

Die Fragepronomen werden auch als Relativpronomen verwendet.

	wer	*was*	*wie viel*
Nominativ	кто	что	ско́лько
Genitiv	кого́	чего́	ско́льких
Dativ	кому́	чему́	ско́льким
Akkusativ	кого́	что	ско́лько/ -их
Instrumental	кем	чем	ско́лькими
Präpositiv	(о) ком	(о) чём	(о) ско́льких

wessen	m. (nt.)	f.	pl.
Nominativ	чей (чьё)	чья	чьи
Genitiv	чьего́	чьей	чьих
Dativ	чьему́	чьей	чьим
Akkusativ	чей (чьё)/ чьего́	чью	чьи/ чьих
Instrumental	чьим	чьей	чьи́ми
Präpositiv	(о) чьём	(о) чьей	(о) чьих

Чей *wessen* wird im Gegensatz zum Deutschen wie ein Adjektiv gebraucht. Bsp.: **в чью по́льзу** *zu wessen Gunsten*, **до чьего́ до́ма** *bis zu wessen Haus*.

Како́й *welcher, was für ein* und **кото́рый** *welcher* werden wie Adjektive dekliniert. Das nur prädikativ gebrauchte **каков** *welcher, was für ein* hat wie die Kurzform des Adjektivs nur folgende Formen: **како́в,-а́,-о́,-ы́**.

Negativpronomina

Von **кто, что, чей** und **како́й** leiten sich auch die negierenden Pronomen **никто́** *niemand*, **ничто́** *nichts* (häufiger in der Genitivform **ничего́**), **ниче́й** *niemandem gehörend* sowie **никако́й** *kein* ab, die genauso dekliniert werden. Präpositionen treten zwischen **ни** und das abgetrennte Fragepronomen. Bsp.: Это ни к чему́.

Im Russischen muss doppelt verneint werden, d. h. ein Negativpronomen mit **ни-** verlangt auch die Verneinung des Prädikats durch die Partikel **не**. Bsp.: В этом **не** было **никако́й** необходи́мости. *Dazu bestand kein Anlass.*

Не́кого *niemanden, keinen* und **не́чего** *nichts* werden nur in unpersönlichen Sätzen verwendet und haben deshalb keine Nominativform. Sie werden wie **кто, что** dekliniert und sind stets auf **не-** betont.

Demonstrativpronomina

	m. (nt.)		f.		pl.	
	diese-r(-s)	*jene-r(-s)*	*diese*	*jene*	*diese*	*jene*
Nominativ	э́тот (э́то)	тот (то)	э́та	та	э́ти	те
Genitiv	э́того	того́	э́той	той	э́тих	тех
Dativ	э́тому	тому́	э́той	той	э́тим	тем
Akkusativ	э́тот (э́то)/ э́того	тот (то)/ того́	э́ту	ту	э́ти/ э́тих	те/ тех
Instrum.	э́тим	тем	э́той	той	э́тими	те́ми
Präpositiv	(об) э́том	(о) том	(об) э́той	(о) той	(об) э́тих	(о) тех

Тако́й *ein solcher* wird wie ein Adjektiv dekliniert. **Тако́в** *ein solcher* hat wie die Kurzform des Adjektivs nur folgende Formen: **тако́в,-а́,-о́,-ы́**.

Determinativpronomen

	m. (nt.) *ganz*	f. *ganz*	pl. *alle*
Nomintiv	весь (всё)	вся	все
Genitiv	всего	всей	всех
Dativ	всему	всей	всем
Akkusativ	весь (всё)/всего	всю	все/ всех
Instrumental	всем	всей	всеми
Präpositiv	(обо) всём	(обо) всей	(обо) всех

	m. (nt.) *selber*	f. *selber*	pl. *selber*
Nomintativ	сам (само)	сама	сами
Genitiv	самого	самой	самих
Dativ	самому	самой	самим
Akkusativ	сам (само)/ -ого	самоё, саму	сами/ самих
Instrumental	самим	самой	самими
Präpositiv	(о) самом	(о) самой	(о) самих

Каждый, любой, всякий geben die Bedeutung von „jeder" in vielfältigen Schattierungen wieder und werden wie Adjektive dekliniert: **каждую минуту** akk sg *jeden Augenblick*, **в любой час** akk sg *zu jeder (beliebigen) Stunde*, **во всяком случае** präpos sg *in jedem Falle*.

Indefinitpronomina

Die Indefinitpronomen werden von Fragepronomen mit Hilfe folgender unbestimmter Partikel gebildet:**-то,-либо,-нибудь, не-, кое-**. Bsp.: **кто-то** *jemand*, **что-то** *etwas*, **чей-то** *jemandes*, **кто-либо** *irgend jemand*, **что-либо** *irgend etwas*, **какой-либо** *irgendein*, **кто-нибудь** *irgend jemand*, **чей-нибудь** *irgend jemandem gehörend*, **некто** *ein gewisser*, **некоторый** *mancher*, **кое-какой** *ein gewisser*, **кое-чей** *jemandem gewissen gehörend* u. a.

Die Indefinitpronomen werden wie die entsprechenden Fragepronomen dekliniert; **некто** und **нечто** sind undeklinierbar. Präpositionen trennen die Pronomen **кое-кто** und **кое-что** in zwei Wörter und stehen dazwischen: **кое у кого, кое о чём**.

DIE NUMERALIA (Zahlwörter)

Im Russischen existieren Grund- und Ordnungszahlwörter und im Unterschied zum Deutschen auch Sammelzahlen.

Grundzahlen

0	ноль	10	де́сять	20	два́дцать
1	оди́н	11	оди́ннадцать	21	два́дцать оди́н
2	два	12	двена́дцать	22	два́дцать два
3	три	13	трина́дцать	30	три́дцать
4	четы́ре	14	четы́рнадцать	40	со́рок
5	пять	15	пятна́дцать	50	пятьдеся́т
6	шесть	16	шестна́дцать	60	шестьдеся́т
7	семь	17	семна́дцать	70	се́мьдесят
8	во́семь	18	восемна́дцать	80	во́семьдесят
9	де́вять	19	девятна́дцать	90	девяно́сто

100	сто	1000	ты́сяча
101	сто оди́н	2000	две ты́сячи
200	две́сти	3000	три ты́сячи
300	три́ста	5000	пять ты́сяч
400	четы́реста	1000000	миллио́н
500	пятьсо́т	2000000	два миллио́на
600	шестьсо́т	3000000	три миллио́на
700	семьсо́т	5000000	пять миллио́нов
800	восемьсо́т	1000000000	миллиа́рд
900	девятьсо́т	1000000000000	триллио́н

Mehrgliedrige Grundzahlwörter werden durch Aneinanderreihung gebildet:
78 се́мьдесят во́семь, 893 восемьсо́т девяно́сто три,
1986 ты́сяча девятьсо́т во́семьдесят шесть.

Zur Deklination der Grundzahlwörter

Оди́н (Genitiv **одного́**), **одно́**, **одна́**, **одни́** werden wie **этот, это, эта, эти** dekliniert. Das **и** des Nominativ Singular fällt jedoch, außer beim unbelebten Akkusativ, aus. In der mündlichen Rede wird **оди́н** oft ausgelassen, wenn es mit einem Substantiv gebraucht wird: **Откры́тка сто́ит ма́рку.** *Die Postkarte kostet 1,- DM.*

	zwei m./ nt.	*zwei* f.	*drei*	*vier*
Nom	два	две	три	четы́ре
Gen	двух	двух	трёх	четырёх
Dat	двум	двум	трём	четырём
Akk	два/ двух*	две*	три/ трёх*	четы́ре/ -ёх*
Inst	двумя́	двумя́	тремя́	четырьмя́
Präpos	(о) двух	(о) двух	(о) трёх	(о) четырёх

* Analog zur Substantivdeklination sind der maskuline Akkusativ Singular sowie der Akkusativ Plural aller drei Geschlechter dem Genitiv gleich, wenn das Bezugswort ein Lebewesen bezeichnet: **ви́жу трёх шко́льниц** *ich sehe drei Schülerinnen*, aber **ви́жу три до́ма** *ich sehe drei Häuser.*

Die Kategorie der Belebtheit spielt nur bei **оди́н, два, три, четы́ре** eine Rolle. Bei allen anderen Zahlwörtern gleicht in Verbindung mit belebten Substantiven der Akkusativ dem Nominativ.

Die Grundzahlwörter von **пять** bis **два́дцать** sowie das Zahlwort **три́дцать** gehen nach der I-Deklination des Substantivs.

Die Zahlwörter **со́рок, девяно́сто, сто** haben im Genitiv, Dativ, Instrumental und Präpositiv die Endung **-а** (сорока́, девяно́ста, ста). Der Akkusativ gleicht dem Nominativ.

	fünfzig	*fünfhundert*
Nom	пятьдеся́т	пятьсо́т
Gen	пяти́десяти	пятисо́т
Dat	пяти́десяти	пятиста́м
Akk	пятьдеся́т	пятьсо́т
Inst	пятью́десятью	пятьюста́ми
Präpos	(о) пяти́десяти	(о) пятиста́х

Шестьдеся́т, се́мьдесят, во́семьдесят werden wie **пятьдеся́т** dekliniert.
Шестьсо́т, семьсо́т, восемьсо́т, девятьсо́т werden wie **пятьсо́т** dekliniert.

	zweihundert	*dreihundert*	*vierhundert*
Nom	две́сти	три́ста	четы́реста
Gen	двухсо́т	трёхсо́т	четырёхсо́т
Dat	двумста́м	трёмста́м	четырёмста́м
Akk	две́сти	три́ста	четы́реста
Inst	двумя́ста́ми	тремя́ста́ми	четырьмя́ста́ми
Präpos	(о) двухста́х	(о) трёхста́х	(о) четырёхста́х

Zu den Grundzahlen gehört ebenfalls das Zahlwort **полтора́ста** *hundertfünfzig*. Es hat im Nominativ und Akkusativ die Form **полтора́ста**, im Genitiv, Dativ, Instrumental und Präpositiv die Form **полу́тораста**.

Bei mehrgliedrigen Grundzahlwörtern wird jedes einzelne Glied dekliniert:

	tausendneunhundertsechsundsiebzig
Nom	ты́сяча девятьсо́т се́мьдесят шесть
Gen	ты́сячи девятисо́т семи́десяти шести́
Dat	ты́сяче девятиста́м семи́десяти шести́
Akk	ты́сячу девятьсо́т се́мьдесят шесть
Inst	ты́сячей девятьюста́ми семью́десятью шестью́
Präpos	(о) ты́сяче девятиста́х семи́десяти шести́

Zur Deklination nach den Grundzahlwörtern

Die Grundzahlen werden in der Verbindung mit Substantiven nach Geschlecht nicht unterschieden. Eine Ausnahme bildet das Zahlwort **оди́н**, das drei Geschlechter aufweist: **оди́н чемода́н** m *ein Koffer*, **одна́ ка́рта** f *eine Karte*, **одно́ по́ле** nt *ein Feld*.

Das Zahlwort **два** weist zwei verschiedene Formen auf: **два чемода́на** m *zwei Koffer*, **два по́ля** nt *zwei Felder*, **две ка́рты** f *zwei Karten*.

Beim Nominativ der Grundzahlwörter werden die dazugehörigen Substantive folgendermaßen dekliniert:
- Lediglich nach **оди́н, одна́, одно́** steht, wie im Deutschen, der Nominativ.
- Nach den Grundzahlwörtern **два, две, три, четы́ре** stehen die gezählten Substantive im Genitiv Singular.
- Nach allen anderen Grundzahlwörtern, auch bei **ноль**, stehen die gezählten Substantive im Genitiv Plural.

Nominativ	Genitiv Singular	Genitiv Plural
оди́н компью́тер	два компью́тера	во́семь компью́теров
одно́ письмо́	два письма́	во́семь пи́сем
одна́ програ́мма	две програ́ммы	во́семь програ́мм

Bei mehrgliedrigen Grundzahlwörtern richtet sich der Fall des Substantivs nach dem letzten Glied: **три́дцать одна́ соро́ка** *einunddreißig Elstern*, **со́рок два сло́ва** *zweiundvierzig Wörter*, **три́дцать во́семь попуга́ев** *achtunddreißig Papageien*.

In allen anderen Fällen stimmen Zahlwort und Substantiv im Kasus überein.

Nach Grundzahlwörtern lautet der Genitiv Plural von **год – лет**, von **лю́ди – челове́к**.

In der Umgangssprache werden Substantive **год, час, гра́дус** u. a. in Verbindung mit Zahlwörtern oft ausgelassen: **Мне два́дцать.** *Ich bin zwanzig Jahre alt.* **Уже́ де́вять.** *Es ist bereits 9. Uhr.* **Сего́дня плюс пятна́дцать.** *Heute ist es 15 Grad.*

Steht das Zahlwort hinter dem Substantiv, handelt es sich um eine ungefähre Angabe: **Часо́в де́сять** мы прове́ли в доро́ге. *Wir waren etwa zehn Stunden unterwegs.* **Го́род нахо́дится киломе́тров со́рок от нас.** *Die Stadt ist etwa 40 km von uns entfernt.*

Ordnungszahlen

1.	пе́рвый	21.	два́дцать пе́рвый
2.	второ́й	30.	тридца́тый
3.	тре́тий	40.	сороково́й
4.	четвёртый	50.	пятидеся́тый
5.	пя́тый	60.	шестидеся́тый
6.	шесто́й	70.	семидеся́тый
7.	седьмо́й	80.	восьмидеся́тый
8.	восьмо́й	90.	девяно́стый
9.	девя́тый	100.	со́тый
10.	деся́тый	200.	двухсо́тый
11.	оди́ннадцатый	225.	две́сти два́дцать пя́тый
12.	двена́дцатый	300.	трёхсо́тый
13.	трина́дцатый	400.	четырёхсо́тый
14.	четы́рнадцатый	500.	пятисо́тый
15.	пятна́дцатый	600.	шестисо́тый
16.	шестна́дцатый	700.	семисо́тый
17.	семна́дцатый	800.	восьмисо́тый
18.	восемна́дцатый	900.	девятисо́тый
19.	девятна́дцатый	1000.	ты́сячный
20.	двадца́тый	1000000.	миллио́нный

Ordnungszahlwörter werden wie Adjektive dekliniert. Das Zahlwort **тре́тий, тре́тья, тре́тье** weist in allen abgeleiteten Kasus ein **–ь–** vor der Endung auf.

Bei mehrgliedrigen Zahlwörtern erhält nur das letzte Wort die Form des Ordnungszahlwortes: **со́рок тре́тий, шестьсо́т девятна́дцатый**. Ebenso wird nur das letzte Zahlwort dekliniert: Я родила́сь два́дцать пе́рв**ого** а́вгуста ты́сяча девятьсо́т се́мьдесят четвёрт**ого** го́да. *Ich wurde am 21. August 1974 geboren.*

Sammelzahlwörter

Zu den Sammelzahlwörtern gehören folgende Zahlwörter: **двóе, трóе, чéтверо, пя́теро, шéстеро, сéмеро, вóсьмеро, дéвятеро, дéсятеро**. Diese werden von den Zahlen 2–10 gebildet und bedeuten in etwa *zwei zusammen, drei zusammen* etc. Außerdem gehören zu den Sammelzahlwörtern **óба, óбе** *beide*.

Das zum Sammelzahlwort gehörige Substantiv wird in den Genitiv Plural gesetzt. Eine Ausnahme bilden **óба, óбе**; hier steht der Genitiv Singular. Bsp.: **чéтверо детéй** *vier Kinder*, **трóе рабóтников** *drei Arbeiter*, **óба предприя́тия** *beide Unternehmen*, **óбе компáнии** *beide Gesellschaften*.

Deklination der Sammelzahlen

	zwei	*drei*	*vier*
Nom	двóе	трóе	чéтверо
Gen	двои́х	трои́х	четверы́х
Dat	двои́м	трои́м	четверы́м
Akk	двóе/ двои́х*	трóе/ трои́х*	чéтверо/ четверы́х*
Inst	двои́ми	трои́ми	четверы́ми
Präpos	(о) двои́х	(о) трои́х	(о) четверы́х

Ähnlich wie die Sammelzahlwörter wird auch **óба, óбе** *beide* dekliniert.

	beide (m, nt)	*beide (f)*
Nom	óба	óбе
Gen	обóих	обéих
Dat	обóим	обéим
Akk	óба/ обóих*	óбе/ обéих*
Inst	обóими	обéими
Präpos	(об) обóих	(об) обéих

* Analog zur Substantivdeklination ist der Akkusativ Plural dem Genitiv gleich, wenn sich das Sammelzahlwort auf ein Substantiv bezieht, das ein Lebewesen bezeichnet.

Verwendung der Sammelzahlen

Sammelzahlen werden in folgenden Fällen verwendet:
- mit Substantiven, die nur im Plural gebraucht werden: **двóе нóжниц** *zwei Scheren*, **чéтверо санéй** *vier Schlitten*, **трóе сýток** *drei Tage*.
- mit Substantiven, die Personen männlichen Geschlechts, Kinder sowie Tierjungen bezeichnen: **трóе лётчиков** *drei Piloten*, **пя́теро мáльчиков** *fünf Jungen*, **сéмеро козля́т** *die sieben Geißlein*, **чéтверо щеня́т** *vier Welpen*, **вóсьмеро цыпля́т** *acht Küken*. In Verbindung mit maskulinen Substantiven, die Personen bezeichnen, können neben Sammelzahlwörtern auch Grundzahlen verwendet werden: **двóе ученикóв – два ученикá** *zwei Schüler*, **трóе сыновéй – три сы́на** *drei Söhne*.
- mit Substantiven, die paarige Gegenstände bezeichnen: **трóе сапóг** *drei Paar Stiefel*, **двóе рук** *zwei Paar Hände*.
- mit Pronomen (meist mit Personalpronomen) sowie in unpersönlichen Sätzen als Prädikatsnomen: **Нас бы́ло трóе.** *Wir waren drei.* **Пришли́ все чéтверо.** *Alle vier sind gekommen.* **Трóе стоя́ли пéред дóмом и кури́ли.** *Drei standen vor dem Haus und rauchten.* **Их остáлось пя́теро.** *Sie sind zu fünft geblieben.*

Bruchzahlen

Bruchzahlen werden durch Verbindung von Grundzahlen mit Ordnungszahlen gebildet. Der Zähler wird durch die Grundzahl im Nominativ, der Nenner durch die Ordnungszahl im Genitiv Plural bezeichnet: 3/5 **три пя́тых**, 7/8 **семь восьмы́х**. Ist der Zähler eine Eins oder eine Zwei, so wird er durch die feminine Form **одна́** bzw. **две** bezeichnet: 1/3 **одна́ тре́тья** (до́ля едини́цы), 2/6 **две шесты́х** (до́ли едини́цы).

Zusammen mit abhängigen Substantiven wird anstelle von 1/2 **одна́ втора́я** das Substantiv **полови́на**, anstelle von 1/3 **одна́ тре́тья** das Substantiv **треть** sowie anstelle von 1/4 **одна́ четвёртая** das Substantiv **че́тверть** verwendet: **Са́ша посмотре́л то́лько полови́ну фи́льма**. *Sascha hat nur die Hälfte des Films gesehen.*

Bei gemischten Zahlen wird in der Regel den ganzen Zahlen das Adjektiv **це́лый** *ganz* angefügt: $1^3/_8$ **одна́ це́лая (и) три восьмы́х**, $3^7/_8$ **три це́лых (и) семь восьмы́х**. Dezimalzahlen werden wie Brüche behandelt: 9, 6 **де́вять це́лых (и) шесть деся́тых**, 5, 25 **пять це́лых (и) два́дцать пять со́тых**, 39, 275 **три́дцать де́вять це́лых (и) две́сти се́мьдесят пять ты́сячных**.

Dekliniert werden beide Teile der Bruchzahl; der Zähler wird wie Grundzahl, der Nenner wie Ordnungszahl im Plural dekliniert: **к двум пя́тым** dat, **с тремя́ шесты́ми** inst. Zu den Bruchzahlen gehört auch **полтора́** *anderthalb*, das im Nominativ und Akkusativ die Form **полтора́** m/ nt, **полторы́** f, in anderen Kasus die Form **полуто́ру** m/ nt/ f annimmt.

Nach einer Bruchzahl steht das von ihr abhängige Substantiv stets im Genitiv Singular: **три пя́тых пове́рхности земли́** *drei Fünftel der Erdoberfläche*, **две шесты́х пло́щади кру́га** *zwei Sechstel der Kreisfläche*.

DAS VERB

! Bitte vergessen Sie nicht die Rechtschreibregeln nach Zischlauten und nach **г, к, х, ц**, da in den Konjugationsklassen nicht gesondert darauf eingegangen wird.

E-Konjugation

Zu den Endungen:
Nach hartem Konsonanten und Zischlaut stehen in der 1. Person Singular und in der 3. Person Plural **-у(т)**. Ist das Verb endungsbetont, so steht statt **-е -ё**.

E

	Endungen	*lesen*	*bedauern*	*spazieren gehen*
Infinitiv	-ать,-ять,-еть,-уть	чита́ть	жале́ть	гуля́ть
я	-ю,-у	чита́ю	жале́ю	гуля́ю
ты	-ешь,-ёшь	чита́ешь	жале́ешь	гуля́ешь
он/ она́/ оно́	-ет,-ёт	чита́ет	жале́ет	гуля́ет
мы	-ем,-ём	чита́ем	жале́ем	гуля́ем
вы	-ете,-ёте	чита́ете	жале́ете	гуля́ете
они́	-ют,-ут	чита́ют	жале́ют	гуля́ют
Imperativ		чита́й!	(жале́й!)	гуля́й!
Präteritum		чита́л	жале́л	гуля́л

Partizipien

	Aktiv	Passiv
Präsens	читáющий	читáемый
Präteritum	читáвший	чи́танный

Adverbialpartizipien

Präsens	Präteritum
читáя	читáв

E1
Verben auf **-нуть**

Infinitiv	*sinken* тонýть	*einschlafen* заснýть	*a) verschwinden* исчéзнуть
я	тонý	заснý	исчéзну
ты	тóнешь	заснёшь	исчéзнешь
они	тóнут	заснýт	исчéзнут
Imperativ	тони́!	засни́!	исчéзни!
Präteritum	тонýл	заснýл	исчéз/ изчéзла

Partizipien

	Aktiv	Passiv
Präsens	тóнущий	/
Präteritum	тонýвший	/

Adverbialpartizipien

Präsens	Präteritum
/	тонýв

E2
Verben auf **-овать, -евать**

Infinitiv	*fühlen* чýвствовать	*Krieg führen* воевáть
я	чýвствую	воюю́
ты	чýвствуешь	воюёшь
они	чýвствуют	воюю́т
Imperativ	чýвствуй!	воюй!
Präteritum	чýвствовал	воевáл

Partizipien

	Aktiv	Passiv
Präsens	чýвствующий воюю́щий	чýвствуемый /
Präteritum	чýвствовавший воевáвший	почýвствованный /

Adverbialpartizipien

Präsens	Präteritum
чу́вствуя	чу́вствовав
вою́я	воева́в

E3
Verben auf –ава́ть, im Präsens fällt -ва- aus, endbetont

Infinitiv	*geben* дава́ть	*aufstehen* встава́ть
я	даю́	встаю́
ты	даёшь	встаёшь
они	даю́т	встаю́т
Imperativ	дава́й!	встава́й!
Präteritum	дава́л	встава́л

Partizipien

	Aktiv	Passiv
Präsens	даю́щий	дава́емый
Präteritum	дава́вший	/

Adverbialpartizipien

Präsens	Präteritum
дава́я	дава́в

E4
Ausfall des Vokals vor der Endung, oft Konsonantenwechsel in den Präsensformen. Tritt ein Konsonantenwechsel ein, so wird dies im Wörterbuchteil angegeben.
a) mit Vokaleinschub in den Präsensformen
b) Verben auf -ере́ть
c) Verben auf -ить

Infinitiv	*schreiben* писа́ть	*warten* ждать	a) *rufen* звать	b) *reiben* тере́ть	c) *schlagen* бить
я	пишу́	жду	зову́	тру	бью
ты	пи́шешь	ждёшь	зовёшь	трёшь	бьёшь
они	пи́шут	ждут	зову́т	трут	бьют
Imperativ	пиши́!	жди!	зови́!	три!	бей!
Präteritum	писа́л	ждал	звал	тёр/ -ла	бил

Partizipien

	Aktiv	Passiv
Präsens	пишущий a) зовущий b) трущий c) бьющий	/ (побиваемый)
Präteritum	писавший a) звавший b) тёрший c) бивший	писанный a) званный b) тёртый c) битый

Adverbialpartizipien

Präsens	Präteritum
/ a) зовя b) / c) (бия)	писав a) звав b) тёрши c) бивши

E5
Verben auf -еять(ся)

Infinitiv	*hoffen* надеяться	*verspotten* осмеять
я	надеюсь	осмею
ты	надеешься	осмеёшь
они	надеются	осмеют
Imperativ	надейся!	осмей!
Präteritum	надеялся	осмеял

Partizipien

	Aktiv	Passiv
Präsens	надеющийся /	/ /
Präteritum	надеявшийся осмеявший	/ осмеянный

Adverbialpartizipien

Präsens	Präteritum
надеясь /	надеявшись осмеяв

E6
Verben auf Konsonant + -ти, -ть

Infinitiv	*fahren/bringen* везти	*tragen* нести	a) *führen* вести́
я	везу́	несу́	веду́
ты	везёшь	несёшь	ведёшь
они	везу́т	несу́т	веду́т
Imperativ	вези!	неси!	веди!
Präteritum	вёз/ везла́	нёс/ несла́	вёл/ вела́ (!)

Partizipien

	Aktiv	Passiv
Präsens	везу́щий a) веду́щий	везо́мый a) ведо́мый
Präteritum	вёзший a) ве́дший	везённый a) ведённый

Adverbialpartizipien

Präsens	Präteritum
везя́ a) ведя́	вёзши a) ве́дши

E7
идти und Komposita

Infinitiv	*gehen* идти	a) *finden* найти́
я	иду́	найду́
ты	идёшь	найдёшь
они	иду́т	найду́т
Imperativ	иди!	найди!
Präteritum	шёл/ шла	нашёл/ нашла́

Partizipien

	Aktiv	Passiv
Präsens	иду́щий /	/
Präteritum	ше́дший a) наше́дший	/ a) на́йденный

Adverbialpartizipien

Präsens	Präteritum
идя́ (иду́чи)	ше́дши (selten)
a) найдя́	a) наше́дши/ найдя́

E8

Verben auf -ыть, -еть mit – о – Einschub

Infinitiv	*waschen* мыть	*singen* петь
я	мо́ю	пою́
ты	мо́ешь	поёшь
они	мо́ют	пою́т
Imperativ	мой!	пой!
Präteritum	мыл	пел

Partizipien

	Passiv	Aktiv
Präsens	мо́ющий пою́щий	(вымыва́емый) (воспева́емый)
Präteritum	мы́вший пе́вший	мы́тый пе́тый

Adverbialpartizipien

Präsens	Präteritum
мо́я	мы́в(ши)
(напева́я)	пе́вши

E9

Nasalstämme mit Einschub von -м-/-н-
a) mit Stammerweiterung
b) mit nur einem Stammvokal

Infinitiv	*annehmen* приня́ть	*anfangen* нача́ть	a) *hochheben* подня́ть	b) *werden* стать
я	приму́	начну́	подниму́	ста́ну
ты	при́мешь	начнёшь	подни́мешь	ста́нешь
они	при́мут	начну́т	подни́мут	ста́нут
Imperativ	прими́!	начни́!	подними́!	стань!
Präteritum	при́нял	на́чал	по́днял	стал

Partizipien

	Aktiv	Passiv
Präteritum	/	/
Präsens	приня́вший	при́нятый

Adverbialpartizipien

Präsens	Präteritum
/	приня́в

I-Konjugation

Zu den Endungen:
Nach Zischlaut und **ц** stehen statt **-ю,-ят** die Endungen **-у,-ат**.

I

Infinitiv	Endungen -ить,-еть, -ать,-ять	*bauen* стро́ить	*gehen* ходи́ть	*sitzen* сиде́ть	*stehen* стоя́ть
я	-ю/-у	стро́ю	хожу́	сижу́	стою́
ты	-ишь	стро́ишь	хо́дишь	сиди́шь	стои́шь
он/ она́/ оно́	-ит	стро́ит	хо́дит	сиди́т	стои́т
мы	-им	стро́им	хо́дим	сиди́м	стои́м
вы	-ите	стро́ите	хо́дите	сиди́те	стои́те
они	-ят/-ат	стро́ят	хо́дят	сидя́т	стоя́т
Imperativ		строй!	ходи́!	сиди́!	стой!
Präteritum		стро́ил	ходи́л	сиде́л	стоя́л

Partizipien

	Aktiv	Passiv
Präsens	стро́ящий	стро́имый
	стоя́щий	/
Präteritum	стро́ивший	стро́енный
	стоя́вший	/

Adverbialpartizipien

Präsens	Präteritum
стро́я	стро́ив
сто́я	стоя́в

Wie **сиде́ть** werden folgende Verben auf **–еть** nach der I-Konjugation gebeugt: **смотре́ть** *schauen*, **ви́деть** *sehen*, **ненави́деть** *hassen*, **терпе́ть** *dulden*, **оби́деть** *kränken*, **верте́ть** *drehen*, **лете́ть** *fliegen*, **зави́сеть** *abhängen* u. a.

Die Verben mit Präfixen werden wie die entsprechenden unpräfigierten Verben gebeugt.

Das Verb **победи́ть** *siegen* hat keine Form in der 1. Person Singular.

Unregelmäßige E-Konjugation

UE1

Infinitiv	*sein* (Präsensformen mit futurischer Bedeutung) быть	Präsensformen (verneintes Präsens)
я	бу́ду	
ты	бу́дешь	
он/ она́/ оно́	бу́дет	есть (нет)
мы	бу́дем	
вы	бу́дете	
они	бу́дут	суть (нет)
Imperativ	будь!	
Präteritum	был	

Partizipien

	Aktiv	Passiv
Präsens	/	/
Präteritum	бы́вший	/

Adverbialpartizipien

Präsens	Präteritum
бу́дучи	(про)бы́в

UE2

Infinitiv	*fahren* е́хать
я	е́ду
ты	е́дешь
они	е́дут
Imperativ	поезжа́й!
Präteritum	е́хал

Partizipien

	Aktiv	Passiv
Präsens	е́дущий	/
Präteritum	е́хавший	/

Adverbialpartizipien

Präsens	Präteritum
(е́дучи)	е́хав(ши)

UE3 mit -v- Einschub

Infinitiv	*leben* жить
я	живу́
ты	живёшь
они	живу́т
Imperativ	живи́!
Präteritum	жил

Partizipien

	Aktiv	Passiv
Präsens	живу́щий	/
Präteritum	жи́вший	/

Adverbialpartizipien

Präsens	Präteritum
живя́ (живу́чи)	жи́вши

UE4

Infinitiv	*können* мочь
я	могу́
ты	мо́жешь
они	мо́гут
Imperativ	/
Präteritum	мог, могла́

Partizipien

	Aktiv	Passiv
Präsens	могу́щий	/
Präteritum	мо́гший	/

UE5 Wechsel des Stammvokals

Infinitiv	*sich hinlegen* лечь	*sich setzen* сесть
я	ля́гу	ся́ду
ты	ля́жешь	ся́дешь
они	ля́гут	ся́дут
Imperativ	ляг!	сядь!
Präteritum	лёг/ легла́ (!)	сел

Partizipien

	Aktiv	Passiv
Präsens	/	/
Präteritum	лёгший	
	сéвший	/

Adverbialpartizipien

Präsens	Präteritum
/	лёгши
/	сéв(ши)

Unregelmäßige I-Konjugation

UI

Infinitiv	*laufen* бежáть
я	бегý
ты	бежи́шь
они	бегýт
Imperativ	беги!
Präteritum	бежáл

Partizipien

	Aktiv	Passiv
Präsens	бегýщий	/
Präteritum	бежáвший	/

Adverbialpartizipien

Präsens	Präteritum
/	бежáв

Unregelmäßige Konjugation

U1

Infinitiv	*wollen* хотéть
я	хочý
ты	хóчешь
он/ онá/ онó	хóчет
мы	хотим
вы	хотите
они	хотя́т
Imperativ	(хоти́!)
Präteritum	хотéл

Partizipien

	Aktiv	Passiv
Präsens	хотя́щий	/
Präteritum	хоте́вший	/

Adverbialpartizipien

Präsens	Präteritum
/	хоте́в

U2

Infinitiv	*geben* дать	*essen* есть
я	дам	ем
ты	дашь	ешь
он/ она́/ оно́	даст	ест
мы	дади́м	еди́м
вы	дади́те	еди́те
они́	даду́т	едя́т
Imperativ	дай!	ешь
Präteritum	дал	ел

Partizipien

	Aktiv	Passiv
Präsens	/ едя́щий	/ /
Präteritum	да́вший е́вший	да́нный /

Adverbialpartizipien

Präsens	Präteritum
/	да́вши
/	е́вши

Reflexivverben

Reflexive Verben werden gebildet, indem man an die Konjugationsformen **-ся** oder **-сь** anfügt. Nach Konsonanten steht **-ся**, nach Vokalen **-сь**: **извини́ться** *sich entschuldigen*, **удивля́ться** *sich wundern*; **извиня́юсь** *ich entschuldige mich*, **удивля́юсь** *ich wundere mich*.

Reflexivverben sind stets intransitiv. Im Gegensatz zum Deutschen, wo das Reflexivpronomen mit der Person wechselt, verwendet man im Russischen die Endungen **-сь,-ся** in allen Personen.

Einige Reflexivverben haben keine entsprechende Form ohne das Suffix **–ся**: **смея́ться** *lachen*, **наде́яться** *hoffen*, **боро́ться** *kämpfen*, **горди́ться** *stolz sein* etc.

Infinitiv	*sich waschen* умыва́ться	*lernen* учи́ться
я	умыва́юсь	учу́сь
ты	умыва́ешься	у́чишься
они	умыва́ются	у́чатся
Imperativ	умыва́йся!	учи́сь!
Präteritum	умыва́лся/ -лась	учи́лся/ -лась

Partizipien

	Aktiv
Präsens	умыва́ющийся уча́щийся
Präteritum	умыва́вшийся учи́вшийся

Adverbialpartizipien

Präsens	Präteritum
умыва́ясь	умыва́вшись
уча́сь	учи́вшись

Präsens

Das Präsens kann nur von imperfektiven Verben gebildet werden. Die Präsensformen der perfektiven Verben haben futurische Bedeutung.

Präteritum

Das russische Verb hat nur eine Vergangenheitsform: das Präteritum. Dieser Vergangenheitsform stehen im Deutschen die Formen des Präteritums, des Perfekts und des Plusquamperfekts gegenüber, z. B.: **он учи́лся** – er lernte/ er hat gelernt/ er hatte gelernt. Die jeweils richtige Übersetzung ergibt sich aus dem Zusammenhang. Da diese Formen aus Partizipien entstanden sind, zeigen sie keine Personalendungen, sondern unterscheiden sich nur im Genus (Geschlecht). Man leitet das Präteritum vom Infinitiv ab, indem man die Infinitivendung abtrennt und an ihre Stelle die Endung des Präteritums setzt.

Infinitiv	m.	f.	nt.	pl. (m., f., nt.)
чита́-ть	чита́-л	чита́-ла	чита́-ло	чита́-ли
говори́-ть	говори́-л	говори́-ла	говори́-ло	говори́-ли
бы-ть	бы-л	бы-ла́	бы́-ло	бы́-ли

Unregelmäßigkeiten

1. Ausfall der Endung -л bei der maskulinen Form

– bei Verben auf **-сти, -зти, -зть** mit **-с-, -з-** in den Präsensformen

Infinitiv	m.	f.	nt.	pl.
нес-ти	нёс	нес-ла́	нес-ло́	нес-ли́
вез-ти	вёз	вез-ла́	вез-ло́	вез-ли́
рас-ти	рос	рос-ла́	рос-ло́	рос-ли́

– bei Verben auf **–чь** mit **-г-** oder **-к-** in den Präsensformen

Infinitiv	m.	f.	nt.	pl.
мо-чь	мог	мог-ла́	мог-ло́	мог-ли́
бере́-чь	берёг	берег-ла́	берег-ло́	берег-ли́
пе-чь	пёк	пек-ла́	пек-ло́	пек-ли́

– bei Verben auf **-нуть**, die das Präteritum ohne **-ну-** bilden

Infinitiv	m.	f.	nt.	pl.
поги́бну-ть	поги́б	поги́б-ла	поги́б-ло	поги́б-ли
со́хнуть	сох	со́х-ла	со́х-ло	со́х-ли

2. Präteritumsformen von **идти** und Komposita

Infinitiv	m.	f.	nt.	pl.
идти	шё-л	ш-ла	ш-ло	ш-ли
найти	нашё-л	наш-ла́	наш-ло́	наш-ли́

Zur Betonung:
Normalerweise liegt die Betonung im Präteritum auf dem Stamm. Bei einer Reihe von Verben liegt die Betonung jedoch ganz oder teilweise auf der Endung: при́был – прибыла́ – при́были *ankommen*; по́дал – подала́ – по́дали *reichen*;
Nur in der weiblichen Form endbetont sind viele einsilbige Verben, bei denen vor der Endung ein Vokal steht. z. B.: **быть – была́, брать – брала́, взять -взяла́, дать – дала́, ждать – ждала́, жить – жила́** u. a.
In allen Formen endbetont sind viele Verben auf **-сти,-зти,-чь**, z. B.: **вести́ – вела́, мочь – могла́, везти́ – везла́** u. a.

Futur

Wie im Präteritum gibt es auch im Futur einen vollendeten und einen unvollendeten Aspekt. Die Präsensformen der vollendeten Verben haben futurische Bedeutung. Die unvollendeten Verben bilden das zusammengesetzte Futur mit den futurischen Formen von **быть**.
Bsp.:
Я ей это скажу́. – Ich werde es ihr sagen.
Я бу́ду говори́ть с ней. – Ich werde mit ihr sprechen.

Konjunktiv

Man bildet den Konjunktiv mit den Formen des Präteritums und der Partikel **бы**, die normalerweise, jedoch nicht immer, hinter der zugehörigen Verbform steht. Steht **бы** hinter dem Fragepronomen **что**, so verschmelzen die beiden zu **чтобы**. Der Konjunktiv steht zum Ausdruck der Nichtwirklichkeit. Er wird meist in Wunsch- und Bedingungssätzen gebraucht. Je nach Sinnzusammenhang können die Konjunktivformen die Gegenwart, die Vergangenheit und die Zukunft bezeichnen:

Я поéхала бы – ich führe/ ich würde fahren/ ich wäre gefahren

Бы kann nach Vokalen zu **б** verkürzt werden, **чтóбы** wird zu **чтоб**: Éсли б он мог, то рабóтал бы.

Чтóбы kann mit dem Infinitiv verbunden werden und bedeutet dann 'um...zu'.

Imperativ

Man bildet den Imperativ, indem man die Endung der 3. Person Plural des Präsens bei unvollendeten und der 3. Person Plural des einfachen Futurs bei vollendeten Verben durch die Imperativendung **–й**, **–ь** oder **–и** ersetzt. Durch Anfügen von **–те** an den Imperativ Singular werden Pluralformen gebildet. Die Betonung richtet sich nach der 1. Person Singular.
Bsp.: Пой! Пóйте! Спой! Спóйте! Брéйся! Брéйтесь! Побрéйся! Побрéйтесь! Пиши! Пишите! Напиши! Напишите! Сядь! Сядьте! Встань! Встáньте!

Partizipien

Nicht alle Verben weisen alle vier Formen des Partizips auf. In der Regel gilt:

Verben	Partizipien			
	Aktiv		Passiv	
	Präsens	Präteritum	Präsens	Präteritum
vt. impf.	+	+	+	+
vt. pf.	–	+	–	+
vi. impf.	+	+	–	–
vi. pf.	–	+	–	–

Partizip Präsens Aktiv (part präs akt)
(lesende, lesender, lesendes)

Die Partizipien des Aktivs finden in der Umgangssprache nur selten Verwendung. Sie werden überwiegend in der Schriftsprache gebraucht. Das Partizip Präsens Aktiv wird nur von imperfektiven Verben gebildet. Man leitet es von der 3. Person Plural ab, indem man das **-т** der Endung wegstreicht und durch die Partizipendungen **–ущ-** (**-ющ-**) bei Verben der E-Konjugation sowie **–ащ-** (**-ящ-**) bei Verben der I-Konjugation ersetzt.

Infinitv	3. pers pl	m.	f.	nt.	pl.
читáть	читáют	читáющий	читáющая	читáющее	читáющие
стрóить	стрóят	стрóящий	стрóящая	стрóящее	стрóящие

Partizip Präteritum Aktiv (part prät akt)
(der/ die/ das gelesen habende, der/ die/ das gelesen hat)

Die Partizipien des Aktivs werden überwiegend in der Schriftsprache gebraucht. Das Partizip Präteritum Aktiv wird von perfektiven und imperfektiven Verben gebildet. Man leitet es von der männlichen Form des Präteritums ab. Endet diese Form nicht auf **-л**, so fällt das **-в-** der Partizipendung aus.

Infinitiv	3. pers pl	m.	f.	nt.	pl.
читáть	читáл	читáвший	читáвшая	читáвшее	читáвшие
нести	нёс	нёсший	нёсшая	нёсшее	нёсшие

Ausnahmen:

вести	вéдший	обвести	обвéдший
идти	шéдший	обрести	обрéтший
набрести	набрéдший	приобрести	приобрéтший
навести	навéдший	прийти	пришéдший
войти	вошéдший	найти	нашéдший
увянуть	увядший	разойтись	разошéдшийся

Partizip Präsens Passiv (part präs pass)
(das gelesen werdende; das, was gerade gelesen wird)

Das Partizip Präsens Passiv wird in der Umgangssprache äußerst selten gebraucht. Auch in der Schriftsprache findet man es nur gelegentlich. Ein Satz wie: **он был любим** *er wurde geliebt* wird im modernen Russisch beispielsweise durch: **егó любúли** wiedergegeben. Das part präs pass wird nur von unvollendeten transitiven Verben gebildet. Wie das Adjektiv hat es eine Lang- und eine Kurzform. (Die Langform wird in den runden Klammern angegeben.) Es wird gebildet, indem man die Endung der 3. Person Plural durch die Partizipendung ersetzt. Hierbei sind die Partizipendungen in E- und I- Konjugation verschieden.

	3. pers pl	m.	f.	nt.	pl.
E-Konjugation	читáют	читáем(ый)	читáема(я)	читáемо(е)	читáемы(е)
I-Konjugation	стрóят	стрóим(ый)	стрóима(я)	стрóимо(е)	стрóимые)

Unregelmäßige Bildungen

Infinitiv	3. pers pl	m.	f.	nt.	pl.
вести	вед-ýт	ведóм(ый)	ведóма(я)	ведóмо(е)	ведóмы(е)
нести	нес-ýт	несóм(ый)	несóма(я)	несóмо(е)	несóмы(е)
давáть	да-ют	давáем(ый)	давáема(я)	давáемо(е)	давáемы(е)

Zur Betonung:
Bei Verben der I-Konjugation stimmt die Betonung nicht mit der Betonung der 3. Person Plural, sondern mit der des Infinitivs überein.

Partizip Präteritum Passiv (part prät pass)
(das gelesen worden seiende; das, was gelesen wurde)

Das Partizip Präteritum Passiv wird sowohl in der Umgangssprache als auch in der Schriftsprache häufiger gebraucht. Während die Langformen zumeist in der Schriftsprache Verwendung finden, kommen die Kurzformen nicht selten auch in der Umgangssprache vor. Es wird fast nur von vollendeten transitiven Verben gebildet. Wie das Adjektiv hat es Lang- und Kurzformen. Die Langformen sind in der Tabelle als erste eingetragen.

Verben auf		m.	f.	nt.	pl.
1. -ать, -ять einige mehrsilbige auf -еть	-ть	-нный -н	-нная -на	-нное -но	-нные -ны
2. -ить, -чь, -зть, -сть, -ти	-ю (-у)	е-(ё-)нный е-(ё-)н	е-(ё-)нная е-(ё-)но	е-(ё-)нное е-(ё-)но«	е-(ё-)нные е-(ё-)ны
3. -уть, -ыть, -оть, einsilbige auf -еть, -ить, -ереть, Nasalstämme	-ть	-тый -т	-тая -та	-тое -то	-тые -ты

1. Die Infinitivendung **-ть** wird durch die oben angegebenen Endungen ersetzt: **засеять** – **засеянный** – **засеян**, **разбросать** – **разбросанный** – **разбросан**.
2. Die Endung der 1. Person Singular wird ersetzt. Der bei diesen Verben häufige Konsonantenwechsel in der 1. Person Singular bleibt dabei erhalten. Ist das Partizip endungsbetont, so steht **е** statt **ё**. Bsp.: **приведу** – **приведённый** – **приведён**, **замечу** – **замеченный** – **замечен**, **заклею** – **заклеенный** – **заклеен**.
3. Die Infintivendung **-ть** wird ersetzt: **обуть** – **обутый** – **обут**, **колоть** – **колотый** – **колот**, **запереть** – **запертый** – **заперт**.

Zur Betonung:
zu 1. Bei Verben, die im Infinitiv stammbetont sind, wird die Betonung meist um eine Silbe zurückgezogen.

zu 2. Bei Verben auf **-ить** der I-Konjugation stimmt die Betonung meist mit der 2. Person Singular überein. Bei Verben, deren Infinitiv auf **-чь, -зть, -сть, -ти** ausgeht, ist das Partizip meist endbetont, d. h. für **е** steht **ё**. Oft kommt unregelmäßige Betonung vor, z. B.: **найти/ найденный, пройти/ пройденный**.

zu 3. Die Betonung der Langform stimmt meist mit der maskulinen Form des Präteritums überein. Bei den Ableitungen von Verben auf **-еть** und **-ить** sowie bei den Nasalstämmen ist die weibliche Kurzform häufig endungsbetont.

Adverbialpartizipien (das russische Gerundium)

Die unveränderlichen Adverbialpartizipien werden überwiegend in der Schriftsprache gebraucht. Sie drücken eine Nebenhandlung aus, die die durch das Prädikat des Satzes ausgedrückte Haupthandlung erläutert. Haupt- und Nebenhandlung haben das gleiche Subjekt. Adverbialpartizipien drücken keine Zeit aus, sondern lediglich Vor- oder Gleichzeitigkeit. Die Zeit wird durch die Haupthandlung vorgegeben, z. B.: **мы идём разговаривая** *wir gehen und unterhalten uns dabei*, **мы шли разговаривая** *wir gingen und unterhielten uns dabei*.

Adverbialpartizip des Präsens (g präs akt)
(lesend)

Das Adverbialpartizip auf **-а,-я** wird zumeist von unvollendeten Verben gebildet. Man bildet es, indem man die Endungen der 3. Person Plural durch **-а,-я** ersetzt. Nach den Zischlauten steht **-а**, in den anderen Fällen **-я**.

Infinitiv	3. P. Pl.	Adverbialpartizip
читáть	читá-ют	читá-я
стрóить	стрó-ят	стрó-я
держáть	дéрж-ат	держ-á
старáться	старá-ют-ся	старáясь

Von manchen häufig vorkommenden Verben (**писáть, бежáть, éхать, хотéть, звать, ждать**) kann kein Adverbialpartizip auf **-я,-а** gebildet werden.

Die Endung **–учи (-ючи)** ist umgangssprachlich: игрáючи, идýчи, жалéючи etc.

Zur Betonung:
Die Betonung stimmt normalerweise mit der Betonung der 1. Person Singular überein: замечáю – замечáя, дéлаю – дéлая.

Adverbialpartizip des Präteritums (g prät akt)
(gelesen habend)

Das Adverbialpartizip auf **-в(ши),-ши** bezeichnet in der Regel eine Nebenhandlung, die gegenüber der Haupthandlung vorzeitig verlaufen ist. Die Wiedergabe im Deutschen kann durch ein weiteres Prädikat, nicht selten aber auch durch einen Adverbialsatz der Zeit erfolgen, z. B.: **Взяв** свой фотоаппарáт, мáльчик выбежал из кóмнаты. *Der Junge nahm seinen Fotoapparat und lief aus dem Zimmer* (oder) *Nachdem der Junge seinen Fotoapparat genommen hatte, lief er aus dem Zimmer.*
Es wird überwiegend von vollendeten Verben gebildet. Man leitet es vom Partizip Präteritum Aktiv ab. Die Partizipendung **-вший** wird durch **-в,-вши**, die Endung **-ший** durch **-ши** ersetzt. Die Form auf **-в** kommt häufiger vor. Die Form auf **-вши** ist umgangssprachlicher. Reflexive Verben haben stets die Endung **-вшись,-шись**.
Einige Verben weisen beide Endungen des Adverbialpartizips auf: просóхнув/ просóхши, выæñïóв/ высохши, замерéв/ замéрши, промóкнув/ промóкши, окрéпнув/ окрéпши etc.

Einige Adverbialpartizipien des Präteritums haben neben den üblichen Endungen **–в,-вши,-ши** die Endung **–a (-я)**: встрéтившись und встрéтясь, приобрéтши und приобретя, пришéдши und придя, услы́шав(ши) und услы́ша.

Zur Betonung:
Die Betonung stimmt meist mit der des Infinitivs überein: прочитáть – прочитáв, тáять – тáя, окрéпнуть – окрéпнув.

Passiv

Das Passiv kann mit den Partizipien des Passivs (mit oder ohne einer Form von **быть**) gebildet werden, z. B.: **Он (был) увóлен.** *Er wurde entlassen/ Er ist entlassen.* Weitere Möglichkeiten das Passiv auszudrücken sind die Verwendung von reflexiven Verben und der 3. Person Plural, z. B.: **Онá порáнилась.** *Sie wurde verletzt.* **Меня экзаменýют по физике.** *Ich werde in Physik geprüft.*

Aspekte

Eine Handlung oder ein Geschehen wird im Russischen meist durch zwei Verben ausgedrückt. Die beiden der Form nach verschiedenen Verben, die als Aspektpaar bezeichnet werden, haben im Deutschen die gleiche Übersetzung. Bsp.:

impf	pf	Übersetzung
лгать	солга́ть	*lügen*
объединя́ть	объедини́ть	*vereinen*
достига́ть	дости́гнуть	*erreichen*
укрепля́ть	укрепи́ть	*befestigen*
сооружа́ть	сооруди́ть	*bauen*
тро́гать	тро́нуть	*berühren*
шепта́ть	шепну́ть	*flüstern, zu-*

Sie unterscheiden sich jedoch durch die Art, wie die Tätigkeit gesehen wird: die Betrachtungsweise oder den Aspekt. Der Gebrauch des einen oder des anderen Verbs wird durch die Betrachtungsweise des Sprechenden oder durch den Sinnzusammenhang festgelegt.

Man unterscheidet sie nach imperfektiven (unvollendeten) Verben, die eine unvollendete Handlung beschreiben und nach perfektiven (vollendeten) Verben, die eine abgeschlossene Handlung bezeichnen.

imperfektive Verben (что де́лать?)	perfektive Verben (что сде́лать?)
Dauer	Vollendung (Ergebnis)
Fortdauer	zeitliche Begrenzung
Wiederholung	Beginn
allgemeine Aussage	auf einen bestimmten Einzelfall bezogene Handlung

In der Gegenwart, die stets andauert, ist eine Handlung (ein Geschehen, ein Prozess) nur unvollendet denkbar. Perfektive Verben bilden daher kein Präsens. Ihre Präsensformen haben Futurbedeutung. Die Bildung eines zusammengesetzten Futurs ist bei perfektiven Verben nicht möglich.

	Präteritum	Präsens	Futur
imperfektiver (unvollendeter) Aspekt	Мы стро́или дом. Wir bauten ein Haus.	Мы стро́им дом. Wir bauen ein Haus.	Мы бу́дем стро́ить дом. Wir werden ein Haus bauen.
perfektiver (vollendeter) Aspekt	Мы постро́или дом. Wir bauten ein Haus. Wir haben (hatten) ein Haus gebaut.		Мы постро́им дом. Wir werden ein Haus bauen. Wir werden ein Haus gebaut haben.

Beispiele für die Bildung von Aspektpaaren

imperfektiv	perfektiv	Übersetzung
гуля́ть	погуля́ть	*spazieren gehen*
де́лать	сде́лать	*machen*
хоте́ть	захоте́ть	*wünschen*
писа́ть	написа́ть	*schreiben*
чита́ть	прочита́ть	*lesen*
ви́деть	уви́деть	*sehen*
выступа́ть	вы́ступить	*auftreten*
пока́зывать	показа́ть	*zeigen*
дава́ть	дать	*geben*
приходи́ть	прийти́	*kommen*

Es gibt Aspektpaare, die sich nur durch Betonung unterscheiden: **разреза́ть** impf – **разре́зать** pf *schneiden*, **засыпа́ть** impf – **засы́пать** pf *zuschütten*, **отреза́ть** impf – **отре́зать** pf *abschneiden*.

Einige häufig gebrauchte Verben haben sehr unterschiedliche Aspektpartner

imperfektiv	perfektiv	Übersetzung
брать	взять	*nehmen*
выходи́ть	вы́йти	*hinausgehen*
говори́ть	сказа́ть	*sprechen*
класть	положи́ть	*legen*
ложи́ться	лечь	*sich hinlegen*
сади́ться	сесть	*sich setzen*
спра́шивать	спроси́ть	*fragen*
станови́ться	стать	*werden*

Es gibt Verben, die nur im unvollendeten Aspekt vorkommen, wie z. B.: **быва́ть** *zu sein pflegen*, **люби́ть** *lieben*, **находи́ться** *sich befinden*. Alle Verben der Bewegung ohne Vorsilbe, z. B. **е́хать**, kommen ebenfalls nur imperfektiv vor.

Verben, die nur im perfektiven Aspekt vorkommen, sind z. B.: **побыва́ть** *(eine Zeit lang) verweilen*, **пое́хать** *losfahren*, **состоя́ться** *stattfinden*. Obwohl sie formal wie die Aspektpartner des entsprechenden imperfektiven Verbs aussehen, werden sie nicht als Aspektpartner betrachtet, da sie sich in der Bedeutung unterscheiden.

Arten des Vokalwechsels bei Aspektpaaren

	impf	pf	Übersetzung
а/ о	опа́здывать	опозда́ть	*zu spät kommen*
и/ е	стира́ть	стере́ть	*abwischen*
ин/ а	начина́ть	нача́ть	*beginnen*
им/ я	понима́ть	поня́ть	*verstehen*
ы/ о	вздыха́ть	вздохну́ть	*seufzen*

Arten des Konsonantenwechsels bei Aspektpaaren

	impf	pf	Übersetzung
вл/ в	обновля́ть	обнови́ть	*erneuern*
г/ ж	излага́ть	изложи́ть	*schildern*
ж/ д	провожа́ть	проводи́ть	*begleiten*
жд/ д	побежда́ть	победи́ть	*siegen*
ж/ з	снижа́ть	сни́зить	*herabsetzen*
мл/ м	утомля́ть	утоми́ть	*ermüden*
ч/ т	отвеча́ть	отве́тить	*antworten*
щ/ ст	проща́ть	прости́ть	*verzeihen*
щ/ т	защища́ть	защити́ть	*verteidigen*

Mit folgenden Adverbialbestimmungen steht in der Regel der imperfektive Aspekt: ка́ждый день, ка́ждый год, ка́ждый час, ка́ждую мину́ту, обы́чно, ча́сто, всегда́, ежедне́вно, еженеде́льно, це́лыми дня́ми, всё лу́чше и лу́чше etc. Der perfektive Aspekt steht in der Regel mit folgenden Adverbialbestimmungen: вдруг, неожи́данно, внеза́пно, случа́йно, впервы́е, момента́льно, в одну́ мину́ту, сейча́с же etc.

Gebrauch der Aspekte

Gebrauch der Aspekte im Präteritum

Imperfektiver Aspekt

Zum Ausdruck einer sich wiederholenden Handlung: **Роди́телей мы посеща́ли по воскресе́ньям**. *Wir besuchten die Eltern sonntags.*

Zum Ausdruck des Handlungsablaufs: **Ма́ша весь ве́чер рисова́ла карти́ну**. *Mascha zeichnete den ganzen Abend an einem Bild.* Zur Wiedergabe von gleichzeitig ablaufenden Handlungen: **Я гото́вила обе́д, а муж прибира́лся**. *Ich bereitete das Mittagessen zu und mein Mann räumte auf.*

Zur Wiedergabe des Ablaufes einer Handlung vor dem Hintergrund einer anderen: **В до́ме хло́пали дверьми́, пока́ ма́ма игра́ла на пиани́но**. *Im Haus knallte jemand (ständig) mit der Tür, während Mutter Klavier spielte.*

Zum Ausdruck eines Zustandes, der sich auf die Vergangenheit bezieht und der zum Redemoment nicht mehr besteht: **Мне в де́тстве нра́вилась ри́совая ка́ша**. *In meiner Kindheit habe ich gerne Milchreis gegessen.*

Zum Ausdruck einer Handlung, deren Resultat zum Redemoment annulliert ist: **Мы зна́ем, что вор открыва́л сейф, потому́ что он забы́л в нём свои́ перча́тки**. *Wir wissen, dass der Dieb den Safe öffnete, weil er seine Handschuhe darin vergessen hat.*

Perfektiver Aspekt

Zum Ausdruck einer einmaligen Handlung: **Вчера́ состоя́лось собра́ние акционе́ров**. *Gestern fand die Aktionärsversammlung statt.*

Zum Ausdruck der Vollendung einer Handlung: **Я написа́ла письмо́ и отпра́вила его́**. *Ich habe einen Brief geschrieben und ihn abgeschickt.*

Zur Wiedergabe von aufeinander folgenden und abgeschlossenen Handlungen: **Он помолча́л немно́го, а пото́м раскры́л свою́ та́йну**. *Er schwieg eine Weile, dann enthüllte er sein Geheimnis.*

Zur Wiedergabe einer momentanen Handlung vor dem Hintergrund eines Prozesses, der durch ein imperfektives Verb ausgedrückt ist: **Телефо́н зазвони́л, когда́ я мы́лся в ду́ше.** *Das Telefon klingelte, während ich unter der Dusche war.*

Zum Ausdruck eines Zustandes, der sich auf die Vergangenheit bezieht und zum Redemoment noch besteht: **Ему́ ещё в де́тстве захоте́лось стать пожа́рником.** *Seit seiner Kindheit will er Feuerwehrmann werden.*

Gebrauch der Aspekte im Futur

Imperfektiver Aspekt

Zum Ausdruck einer sich wiederholenden Handlung oder einer Handlung, die als Prozess aufgefasst wird: **Я бу́ду бе́гать ка́ждый день.** *Ich werde jeden Tag laufen.*

Zum Ausdruck von gleichzeitig ablaufenden Handlungen: **Мы бу́дем петь и танцева́ть.** *Wir werden singen und tanzen.*

Zum Ausdruck der Fähigkeit, Bereitschaft, Überzeugung: **Я в доро́ге не бу́ду спать.** *Ich werde unterwegs nicht schlafen (können).*

Zur Konstatierung einer zukünftigen Handlung: **Вы бу́дете отвеча́ть на э́то письмо́?** *Werden Sie diesen Brief beantworten?*

Zum Ausdruck der Absicht, eine Handlung in Kürze durchzuführen: **Вы бу́дете сходи́ть на сле́дующей остано́вке?** *Werden Sie an der nächsten Haltestelle aussteigen?*

Perfektiver Aspekt

Zum Ausdruck einer einmaligen Handlung und der Überzeugung, dass eine Handlung bestimmt zum Resultat führen wird: **За́втра я пойду́ к парикма́херу.** *Morgen gehe ich zum Friseur.*

Zum Ausdruck von einer Reihenfolge von Einzelhandlungen in der Zukunft: **Снача́ла потанцу́ем, пото́м пе́сню споём.** *Zuerst werden wir tanzen und dann ein Lied singen.*

Zum Ausdruck einer möglichen Handlung: **Е́сли кто зайдёт, то скажи́те, что я ско́ро верну́сь.** *Sollte jemand vorbeikommen, sagen Sie ihm, ich werde bald zurück sein.*

Zum Ausdruck der Unmöglichkeit des Handlungsvollzuges: **Я не вспо́мню доро́гу.** *Ich werde mich an den Weg nicht erinnern (können).*

Gebrauch der Aspekte im Infinitiv

Imperfektiver Aspekt

Zum Ausdruck eines Prozesses oder einer sich wiederholenden Handlung: **Мы всегда́ хоте́ли рабо́тать вме́сте.** *Wir wollten schon immer zusammen arbeiten.*

Zum Ausdruck einer Handlung, die verneint, verboten oder nicht empfohlen wird. Der Infinitiv steht in Verbindung mit folgenden Wörtern: нельзя́, не на́до, не́зачем, не сле́дует, не сто́ит, обеща́ть не, не хоте́ть(ся) u. a.: **На борту́ самолёта нельзя́ кури́ть.** *An Bord des Flugzeugs darf man nicht rauchen.* **Вам не сле́дует есть жи́рное.** *Sie sollten nichts Fettes essen.*

Zum Ausdruck einer Bitte, eines Ratschlags oder eines Befehls, die Handlung nicht auszuführen: **Я прошу́ Вас не меша́ть.** *Ich bitte Sie nicht zu stören.*

Nach Verben, die Beginn, Fortdauer, Abbruch oder Abschluss einer Handlung bezeichnen: **Они́ отпра́вились закупа́ться.** *Sie sind einkaufen gegangen.* **Он бро́сил кури́ть.** *Er hat sich das Rauchen abgewöhnt.*

Perfektiver Aspekt

Zum Ausdruck einer einmaligen Handlung: **Я всегда́ хоте́ла соверши́ть кругосве́тное путеше́ствие.** *Ich wollte schon immer eine Weltreise machen.*

Zum Ausdruck einer Bitte, eines Ratschlags oder eines Befehls, eine einmalige Handlung auszuführen: **Я прошу́ Вас закры́ть окно́.** *Ich bitte Sie, das Fenster zu schließen.*

Nach unterordnenden Wörtern, die den perfektiven Infinitiv bedingen (суме́ть, успе́ть, забы́ть, опозда́ть, мочь, спеши́ть u. a.): **Он забы́л позвони́ть мне.** *Er hat vergessen, mich anzurufen.*

Zum Ausdruck einer Handlung, die man nicht ausführen kann (in Verbindung mit нельзя́): **На у́лице си́льный ве́тер, да́же закури́ть нельзя́.** *Draußen weht der Wind so stark, dass man nicht einmal eine Zigarette anzünden kann.*

Gebrauch der Aspekte im Imperativ

Imperfektiver Aspekt

Zum Ausdruck einer Einladung, eine Handlung auszuführen: **Сади́тесь, пожа́луйста!** *Nehmen Sie bitte Platz!*

Zum Ausdruck einer Bitte oder einer Aufforderung, eine sich wiederholende oder andauernde Handlung auszuführen: **Прове́тривайте ко́мнату ка́ждый день.** *Lüften Sie Ihr Zimmer täglich.*

Perfektiver Aspekt

Zum Ausdruck eines Befehls: **Ся́дьте!** *Setzen Sie sich!*

Zum Ausdruck einer Bitte, einer Aufforderung oder eines Befehls, eine einmalige Handlung auszuführen: **Нажми́те на кра́сную кно́пку.** *Drücken Sie den roten Knopf.*

Verben der Fortbewegung

Einige unvollendete Verben der Bewegung haben zwei Formen, eine bestimmte und eine unbestimmte. Die Übersetzung beider Verben bleibt im Deutschen dieselbe. Der unterschiedliche Gebrauch ist in der nachstehenden Tabelle zusammengefaßt.

bestimmt	unbestimmt
einmalig	mehrmalig
nicht unterbrochen	von unbestimmter Dauer
in bestimmter Zeit	ohne bestimmte Richtung (z. B. hin und her)
zielgerichtete Bewegung	wiederholt, gewohnheitsmäßig
	allgemeine Fähigkeit zur Ausführung einer Bewegung

Bestimmt (zielgerichtete Bewegung):
Я сего́дня иду́ в бассе́йн. *Ich gehe heute* (einmalig, nicht unterbrochen, in bestimmter Zeit) *ins Schwimmbad* (in bestimmter Richtung).
Студе́нт е́хал в Пари́ж. *Der Student fuhr nach Paris* (einmalig, in bestimmter Richtung).
Журавли́ лете́ли на юг. *Die Kraniche zogen nach Süden* (zielgerichtete Bewegung).

Unbestimmt (nicht zielgerichtete Bewegung):
Два ра́за в день почтальо́н но́сит по́чту. *Zweimal am Tag trägt der Briefträger die Post aus* (wiederholt, gewohnheitsmäßig). **Авто́бус хо́дит ка́ждые пять мину́т.** *Der Bus fährt alle fünf Minuten* (mehrmalig, nach einem bestimmten Zeitplan).

Над по́лем лета́ли журавли́. *Über dem Feld flogen die Kraniche* (Bewegung von unbestimmter Dauer und ohne Richtungsangabe).
Вчера́ я е́здила в Москву́. *Gestern bin ich nach Moskau gefahren* (hin und zurück, d. h. ich bin schon wieder zu Hause). **Сего́дня я ходи́л купа́ться.** *Heute war ich schwimmen* (einmalige Bewegung in zwei Richtungen, nur in der Vergangenheitsform).
Ребёнок уже́ хо́дит. *Das Kind kann schon laufen* (Fähigkeit zur Ausführung einer bestimmten Bewegung). **Ры́бы пла́вают.** *Fische (können) schwimmen* (ständige Eigenschaft, allgemeine Fähigkeit).

Bestimmt und unbestimmt kommen folgende 15 Verbpaare vor:

bestimmt	unbestimmt	Übersetzung
бежа́ть	бе́гать	*laufen*
везти	вози́ть	*transportieren, fahren*
вести	води́ть	*führen*
гнать	гоня́ть	*treiben, jagen*
гна́ться	гоня́ться	*nachjagen, nachrennen*
е́хать	е́здить	*fahren*
идти	ходи́ть	*gehen*
катить	ката́ть	*rollen, wälzen*
лезть	ла́зить	*klettern*
лете́ть	лета́ть	*fliegen*
нести	носи́ть	*tragen*
нестись	носи́ться	*rennen, rasen*
плыть	пла́вать	*schwimmen*
ползти	по́лзать	*kriechen*
тащить	таска́ть	*schleppen*

Alle Verben der Fortbewegung gehören dem imperfektiven Aspekt an. Tritt eine Vorsilbe vor diese Verben, so verlieren sie ihre Bestimmtheit bzw. Unbestimmtheit. Sie werden dann zu Aspektpartnern.
Bsp.: **выходи́ть** impf, **вы́йти** pf *herausgehen*; **залета́ть** impf, **залете́ть** pf *einfliegen*; **сходи́ть** impf, **сойти́** pf *heruntergehen*.

Vorsilben bei Verben

Zahlreiche einfache imperfektive Verben können durch Präfixe ganz bestimmte Bedeutungen erhalten. Die entstehenden zusammengesetzten Verben sind in den meisten Fällen perfektiv. Der dazugehörige Aspektpartner wird oft durch das Suffix **-ива-/ -ыва-** gebildet. Die wichtigsten Vorsilben sind:

в- (во-, въ-)	herein-, hinein-; ein-; hinauf-, herauf-
вз- (вс-, взо-)	hinauf-, herauf-
вы-	heraus-, hinaus-; aus-
до-	bis...zu, bis...hin; zu-
за-	ein-, (hin-)
о- (об-, обо-)	um...herum, durch-
от- (ото-, отъ-)	weg-, ab-, fort-
пере-	über-, hinüber-, herüber-, durch-
под- (подо-)	heran-, herbei-

при-	heran-, herbei-, an-; hin-
про-	durch-, hindurch-; vorbei-, vorüber-
раз- (разо-, рас-)	auseinander-, ver-; zer-
с- (со-)	zusammen-; herunter-, hinunter-
у-	weg-, fort-, davon-

Bsp.: **взбега́ть** impf/ **взбежа́ть** pf **на ле́стницу** *die Treppe herauflaufen*; **заполза́ть** impf/ **заползти́** pf **за ка́мень** *hinter einen Stein kriechen*; **проходи́ть** impf/ **пройти́** pf **ми́мо шко́лы** *an der Schule vorbeigehen*; **перебега́ть** impf/ **перебежа́ть** pf **че́рез у́лицу** *über die Straße laufen*.

Komposita von идти

Идти́ erscheint in Zusammensetzungen als **-йти**, z. B.: **вы́йти** *herausgehen*, **уйти́** *weggehen*, **прийти́** *kommen*. Diese Zusammensetzungen werden wie **идти́** konjugiert: **я приду́, ты придёшь**.

DIE PRÄPOSITIONEN

Die Präpositionen ziehen normalerweise einen bestimmten Kasus (Fall) nach sich. Es gibt aber auch Präpositionen, die mit zwei oder drei Fällen verbunden werden können. Sie unterscheiden sich je nach Kasus in der Bedeutung (im Wörterbuchteil nachzuschlagen).

Fälle	Präpositionen mit einem Fall	
Gen	без/ бе́зо *ohne*	из-под *unter ... hervor*
	близ *in der Nähe*	кро́ме *außer*
	ввиду́ *angesichts*	ми́мо *an. ... vorbei*
	в ка́честве *als*	насчёт *hinsichtlich*
	вме́сто *anstatt, anstelle*	о́коло *neben; circa*
	вне *außerhalb*	от *von*
	внутри́ *innerhalb*	относи́тельно *hinsichtlich*
	во вре́мя *während*	пове́рх *über*
	во́зле *neben*	по́дле *neben*
	вокру́г *um. ... herum*	позади́ *hinter*
	в отли́чие от *im Unterschied zu*	помимо *abgesehen von*
	в отноше́нии *in Hinsicht auf*	по́сле *nach*
	впереди́ *vor*	посреди́ *mitten in*
	в результа́те *infolge*	про́тив *gegen*
	всле́дствие *infolge*	ра́ди *wegen, um ... willen*
	в тече́ние *während, innerhalb* сверх *über*	для *für* свыше *über*
	до *bis, vor*	среди́ *inmitten, unter*
	из/ изо *aus, von*	с по́мощью *mittels, mit*
	из-за *wegen; hinter ... hervor*	у *bei*

Dat	благодаря *dank*		навстречу *entgegen*
	вопреки *entgegen; trotz*		наперекор *zum Trotz*
	вслед *hinter ... her*		согласно *gemäß, laut*
	к/ ко *zu*		соответственно *entsprechend*
Akk	несмотря на *trotz*		сквозь *durch, hindurch*
	про *über, von*		спустя *nach*
	с *mit*		через/ чрез *durch, über; nach, in*
Inst	в связи с *in Verbindung mit*		между *zwischen*
	в соответствии с *entsprechend*		перед/ передо *vor*
	над/ надо *über*		по сравнению с *im Vergleich zu*
Präp	при *bei*		

	Präpositionen mit zwei Fällen		
Akk	в/ во *in, nach; um, an*		за *hinter, an; für; in, während*
	на *auf*		о/ об/ обо *an, gegen*
	под/ подо *unter, gegen*		
Inst	под/ подо *unter, bei*		за *hinter, an, außerhalb*
Präp	в/ во *in*		о/ об/ обо *über, von*
	на *auf*		

	Präpositionen mit drei Fällen		
Gen	с/ со *von, aus*		
Dat			по *durch, entlang; wegen; laut*
Akk	с/ со *so ... wie, etwa*		по *bis*
Inst	с/ со *mit*		
Präp			по *nach*

Die Präpositionen werden in folgenden Fällen gebraucht:

bei Angaben des Ortes (wo? wohin? woher?). Bei **в**, **за**, **на**, **под** spielt dabei die Bewegungsrichtung für die Wahl des Kasus eine Rolle, d. h. man fragt *wo?* oder *wohin?* Bsp.: **пойти в магазин** *ins Geschäft gehen*, **купить что-либо в магазине** *etwas im Geschäft kaufen*; **сесть за стол** *sich an den Tisch setzen*, **сидеть за столом** *am Tisch sitzen*; **идти на фабрику** *in die Fabrik gehen*, **работать на фабрике** *in der Fabrik arbeiten*; **поставить что-либо под кровать** *etwas unters Bett stellen*, **лежать под одеялом** *unter einer Decke liegen*.

bei Angaben der Zeit (wann? seit wann? bis wann?): **через два года** *in zwei Jahren*, **за последние пять лет** *in den letzten fünf Jahren*, **в этом столетии** *in diesem Jahrhundert*; **до революции** *vor der Revolution*, **во время отпуска** *während des Urlaubs*, **с первого по третье сентября** *vom 1. bis zum 3. September*, **под утро** *gegen Morgen* etc.

bei Angaben des Grundes (warum?): **согласно решению суда** *laut des Gerichtsbeschlusses*, **отсутствовать по болезни** *wegen Krankheit fehlen*, **не помнить себя от радости** *außer sich vor Freude sein* etc.

bei Angaben des Zwecks (weswegen? zu welchem Zweck?): **ради бога** *um Gottes willen*, **пойти за слесарем** *den Schlosser holen*, **для Вашей пользы** *zu Ihrem Nutzen* etc.

bei Verben: **разгова́ривать о чём-либо** *über/ von etwas sprechen*, **проща́ться с ке́м-либо** *sich von jdm verabschieden*, **знако́миться с ке́м-либо** *jdn kennen lernen*, **уча́ствовать в чём-либо** *an etwas teilnehmen* etc.

An die Präpositionen **без, в, из, к, над, от, пе́ред, под, с** kann ein **о** angehängt werden, wenn das folgende Wort mit zwei Konsonanten beginnt, unter anderem in folgenden Kombinationen: **во** steht vor **в/ ф** – **во всех стра́нах** *in allen Ländern*, **во Фра́нкфурте** *in Frankfurt am Main*, **во вто́рник** *am Dienstag*; **со** steht vor **з/ с** – **со значко́м** *mit dem Abzeichen*, **со спо́нсором** *mit dem Sponsor*, **во, ко, на́до, пе́редо, по́до, со** stehen vor **мн** – **со мной** *mit mir*, **во мно́гих слу́чаях** *in vielen Fällen*, **пе́редо мной** *vor mir*; **бе́зо** steht nur vor **всех, вся́ких**.

Man muss allerdings beachten, dass sich viele Wortkombinationen, die aus Präposition und Substantiv bestehen, traditionell herausgebildet haben und keinen Regeln unterliegen: **во двор, со двора́** *in den Hof, aus dem Hof*, aber: **в дверь, с две́рью** *in die Tür, mit der Tür*.

Die Präposition **о** wird vor vokalischem Anlaut zu **об**: **об исто́рии** *über die Geschichte*, **об успе́хе** *über den Erfolg*. Vor einigen Wörtern hat sie die Form **обо**: **обо мне** *über mich*, **обо всём** *über alles*, **обо что** *an etwas*.

DIE KONJUNKTIONEN

Man unterscheidet im Russischen bei- und unterordnende Konjunktionen. Die beiordnenden Konjunktionen verbinden entweder gleichartige Satzglieder innerhalb eines Satzes oder gleichrangige Sätze innerhalb einer Satzreihe miteinander. Die unterordnenden Konjunktionen verbinden Haupt- und Nebensatz innerhalb eines Satzgefüges miteinander. Im Unterschied zum Deutschen haben die Konjunktionen im Russischen keinen Einfluss auf die Wortstellung im Nebensatz.

Zu den wichtigsten beiordnenden Konjunktionen gehören: **а** *und (weist auf einen Gegensatz hin); sondern*; **да** *und; aber*; **зато́** *dafür*; **и** *und*; **и́ли** *oder*; **и́ли ..., и́ли** *entweder ... oder*; **как ..., так и** *sowohl ... als auch*; **либо** *oder*; **не то́лько ..., но́ и** *nicht nur ..., sondern auch*; **то ..., то** *mal ..., mal...*.

Man unterscheidet folgende unterordnende Konjunktionen:

kausale: **потому́ что** *weil*, **оттого́ что** *da*, **та́к как** *weil*, **в виду́ того́ что** *in Anbetracht dessen, dass*, **благодаря́ тому́ что** *dadurch, dass*, **всле́дствие того́ что** *infolge dessen, dass* u. a.

finale: **что́бы (чтоб), для того́ что́бы, с тем что́бы** *damit, um ... zu* u. a.

temporale: **когда́** *als, wenn*, **лишь** *kaum; sobald*, **лишь то́лько** *sobald*, **пока́** *solange*, **едва́** *kaum*, **до то́го как** *bis*, **до тех пор пока́** *solange*, **по́сле того́ как** *nachdem*, **пре́жде чем** *bevor*, **в то вре́мя как** *während* u. a.

konditionale: **е́сли** *wenn*, **е́сли бы** *wenn*, **раз** *wenn einmal*, **ли** *ob* u. a.

deklarative: **как, бу́дто, сло́вно, как бу́дто, то́чно** *als, als ob*, **что** *dass*, **что́бы** *damit* u. a.

konsekutive: **та́к что** *so dass*

DIE PARTIKELN

Die russischen Partikeln verleihen wie im Deutschen Wörtern oder ganzen Sätzen Bedeutungsschattierungen. Sie sind undeklinierbar. Bsp.:

Fragepartikeln: **ли (ль), ра́зве, неуже́ли, неу́жто, небо́сь**
Интере́сна ли э́та игра́? *Ist dieses Spiel interessant?*
Ра́зве ему́ мо́жно ве́рить? *Kann man ihm denn glauben?*
Неуже́ли ты ещё не нашёл ключа́? *Hast du etwa den Schlüssel noch nicht gefunden?*
Небо́сь ты испуга́лся? *‚Bist erschrocken, was?*

Ausrufepartikeln: **как, что за**
Как ты мог это забыть? *Wie konntest du das nur vergessen!*
Что за безотвéтственность! *So eine Verantwortungslosigkeit!*

Bekräftigende Partikeln: **ведь, же, и, дáже, дáже и, уж, всё, всё-таки**
Ведь мы её об этом попросили. *Wir hatten sie doch darum gebeten.*
Онá **же** не сказáла, что самá уезжáет. *Sie hat uns ja nicht gesagt, dass sie selbst verreist.*
Мы **и** дéньги тебé заплатили за это! *Wir haben dir sogar Geld dafür bezahlt.*
Он **дáже** глáзом не моргнýл. *Nicht einmal mit der Wimper hat er gezuckt.* usw.

Einschränkende Partikeln: **тóлько, лишь**
Кóмната освободится **тóлько** чéрез два мéсяца. *Das Zimmer wird erst in zwei Monaten frei.*
Я хотéла **лишь** поздорóваться. *Ich wollte dich (Sie …) lediglich begrüßen.*

Präzisierende Partikeln: **именно, как раз**
Именно об этом и шла речь на конферéнции. *Gerade davon war auf der Konferenz die Rede.*
Вот **именно**! *Das ist es eben!*
Как раз тебя я и хотéла застáть. *Gerade dich wollte ich auch antreffen.*

Hinweisende Partikeln: **вот (а вот), вон (а вон)**
Вот и я! *Da bin ich.* **Вот тебé раз**! *Da haben wir es!* **Вот дурáк**! *Ist das aber ein Narr!*
Пошёл **вон**! *Mach, dass du wegkommst!* **Вон óно что**! *Da liegt der Hase im Pfeffer!*

Außerdem dienen die Partikeln **бы, да, пусть (пускáй)** zur Bildung des Konjunktivs bzw. des Imperativs: **что бы ни случи́лось** *was auch geschehen mag*; **ты бы погулял немнóго** *geh doch ein wenig spazieren; du würdest gut daran tun, ein wenig spazieren zu gehen*; **да здрáвствует свобóда**! *es lebe die Freiheit*!; **да замолчи́**! *so schweige doch*!; **пусть подождёт**! *soll er warten*!

Negationspartikeln не, нет, ни und die Negation

Mit der Negationspartikel **не** können sämtliche Sätze verneint werden. Die Partikel **не** steht immer vor dem zu verneinenden Satzglied: **Мой сын ещё не хóдит в шкóлу.** *Mein Sohn geht noch nicht zur Schule.*

Nach einem den Akkusativ regierenden verneinten Verb kann das abhängige Objekt sowohl im Akkusativ als auch im Genitiv stehen: **Мы ещё не купи́ли нóвый при́нтер/ нóвого при́нтера.** *Wir haben noch keinen neuen Drucker gekauft.*

Das Nichtvorhandensein von etwas oder jemandem wird in unpersönlichen Sätzen mit Hilfe von **нет** (im Präsens), **нé было** (im Präteritum) und **не бýдет** (im Futur) zum Ausdruck gebracht. Objekte der Negation stehen immer im Genitiv: **У меня́ нет врéмени.** *Ich habe keine Zeit.* **Рáньше здесь нé было стадиóна.** *Früher gab es hier kein Stadion.* **На слéдующей недéле егó не бýдет.** *Er ist nächste Woche nicht da.*

Eine doppelte Negation durch die zweifache Verwendung von **не** hebt die Verneinung auf: **Это не моглó не повлия́ть на развития ребёнка.** *Das musste die Entwicklung des Kindes beeinflusst haben.* **Нельзя́ не замéтить, что…** *Es ist nicht zu übersehen, dass…*

Wenn im Satz ein Negationspronomen mit **ни-** verwendet wird, dann muss unbedingt auch das Verb verneint werden. Nach einem den Akkusativ regierenden Verb sowie nach **нет** steht das abhängige Negationspronomen immer im Genitiv: **Я ничегó не купи́л.** *Ich habe nichts gekauft.* **В э́том фи́льме нет ничегó смешнóго.** *In diesem Film gibt es nichts Komisches.* **На дискотéке онá ни с кем не познакóмилась.** *In der Disko hat sie niemanden kennengelernt.*

Die doppelte Verneinung gilt auch bei der Verwendung der verstärkenden Negationspartikel **ни** vor anderen Wortarten: **Там нé было ни души́.** *Es war keine Menschenseele da.*

Ни kann auch verallgemeinernde Bedeutung haben: **Что ни де́лал бы, всё у него́ получа́лось.** *Was er auch gemacht hat, alles gelang ihm.* **Куда́ ни посмо́тришь, везде́ цветы́.** *Wo man auch hinsieht, überall gibt es Blumen.*

Außerdem kommt die Partikel **ни** in idiomatischen Aufforderungssätzen vor: **Ни ша́гу да́льше!** *Keinen Schritt weiter!* **Ни с ме́ста!** *Rühr dich nicht vom Fleck!*

DIE INTERJEKTIONEN

Interjektionen geben Gefühle und Willensäußerungen wieder, ohne diese zu benennen:
Ай, горячо́! *Au, es ist heiß!*
Ба! Знако́мые всё ли́ца. *Nanu! Alles bekannte Gesichter.*
На, держи́ су́мку! *Da, halt mal meine Tasche!*
Ну-ну, расска́зывай да́льше. *Schon gut, erzähl weiter.*
Фу, как здесь воня́ет! *Pfui, das stinkt hier!*
Тсс, да́йте смотре́ть фильм. *Pst, ich will den Film sehen!*
Увы́, он не пришёл. *Leider ist er nicht gekommen.*
Ура́! Мы победи́ли! *Hurra! Wir haben gewonnen.*

SYNTAX

In diesem Kapitel finden Sie eine Übersicht über die wichtigsten syntaktischen Erscheinungen, die sich von der deutschen Syntax wesentlich unterscheiden.

Wortstellung

Im Russischen ist die Wortstellung weitgehend frei. Das bedeutet, dass die einzelnen Satzglieder, zumindest theoretisch, an jeder beliebigen Stelle im Satz stehen können. Allerdings muss man beachten, dass die Bedeutung des Satzes u. a. von der Wortstellung abhängt und deswegen jede Veränderung der Wortstellung inhaltliche Verschiebungen mit sich bringt.

Wortstellung im Aussagesatz

In einem neutralen Aussagesatz sieht die Wortstellung folgendermaßen aus:
1. Subjekt + (2. Adverbialbestimmung) + 3. Prädikat + (4. Objekt im Dativ) + (5. Objekt im Akkusativ)

1.	2.	3.	4.	5.	
Ве́тер	си́льно	ду́ет.			*Der Wind weht stark.*
Я	с интере́сом	пишу́	ему́	письмо́.	*Ich schreibe ihm mit Interesse einen Brief.*

Eine andere Reihenfolge der Satzglieder ist grundsätzlich möglich, allerdings kommt es dadurch zu einer Bedeutungsverschiebung. Satzglieder, die im Deutschen durch Anheben der Stimme betont werden (in den Beispielen unterstrichen), stehen dabei im Russischen am Satzende:
Са́ша передаёт приве́т **дру́гу**. *Sascha bestellt <u>seinem Freund</u> einen Gruß.*
Приве́т дру́гу передаёт **Са́ша**. *<u>Sascha</u> bestellt seinem Freund einen Gruß.*

Wortstellung im Fragesatz

Fragesätze mit Fragewörtern haben in der Regel folgende Reihenfolge:

- mit einem Substantiv als Subjekt: 1. Fragewort + 2. Prädikat + 3. Subjekt

1.	2.	3.	
Кем	работает	твой отец?	*Was ist dein Vater von Beruf?*

- mit einem Personalpronomen als Subjekt: 1. Fragewort + 2. Subjekt + 3. Prädikat

1.	2.	3.	
Кем	он	работает?	*Was ist er von Beruf?*

Die Wortstellung eines Fragesatzes ohne Fragewort unterscheidet sich im Russischen nicht von der eines Aussagesatzes. Der Satzteil, der erfragt wird, wird durch Anheben der Stimme betont (in den Beispielen unterstrichen). Ein weiterer wichtiger Unterschied zum deutschen Fragesatz besteht darin, dass sich die Stimme am Satzende nicht nach oben bewegt, sondern wie in einem Aussagesatz nach unten:

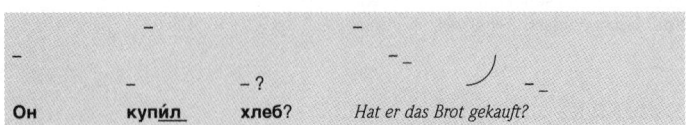

Он	купи́л	хлеб?	*Hat er das Brot gekauft?*

Sätze ohne grammatisches Subjekt

Sätze ohne grammatisches Subjekt sind im Russischen eine weit verbreitete Erscheinung, die in Abhängigkeit von der Konjugationsform des Verbs unterschiedliche Bedeutungen wiedergeben.

Unbestimmt-persönliche Sätze
Im Russischen besteht die Möglichkeit, deutsche Passivkonstruktionen bzw. Sätze mit „man" als Subjekt durch unbestimmt-persönliche Sätze zum Ausdruck zu bringen. Die Verben stehen in der 3. Person Plural, das grammatische Subjekt in Form eines Substantivs oder eines Personalpronomens fehlt. Bsp.: **Про́сят не кури́ть.** *Es wird gebeten, nicht zu rauchen.* **В Москве́ мно́го стро́или.** *In Moskau wurde viel gebaut.*

Allgemein-persönliche Sätze
Deutsche Konstruktionen mit „man" als Subjekt, das durch ein allgemein-persönliches „du" ersetzt werden kann, können im Russischen durch in der Regel perfektive Verben in der 2. Person Singular und fehlendes grammatisches Subjekt wiedergegeben werden: **Слеза́ми го́рю не помо́жешь.** *Mit Tränen allein wird man dem Kummer nicht abhelfen.* **Её никогда́ не заста́нешь.** *Sie kann man nie erreichen.*

Das Prädikat eines allgemein-persönlichen Satzes kann außerdem durch den Imperativ Singular ausgedrückt werden: **Век живи́, век учи́сь.** *Man lernt nie aus.* **Сего́дняшней рабо́ты на за́втра не откла́дывай.** *Was du heute kannst besorgen, das verschiebe nicht auf morgen.*

Unpersönliche Sätze
Unpersönliche Sätze sind Sätze ohne eine handelnde Person als reales Subjekt. Das Prädikat steht in unpersönlichen Sätzen in der 3. Person Neutrum Singular, ein grammatisches Objekt fehlt: **Меня́ моро́зило.** *Ich hatte Schüttelfrost.* **На восто́ке забре́зжило.** *Im Osten dämmerte es.*

Wird in unpersönlichen Sätzen der Urheber der jeweiligen Handlung (das reale Subjekt) angegeben, so steht er immer im Instrumental: **Солда́та уби́ло бо́мбой.** *Der Soldat wurde von einer Bombe getötet.* **Кры́шу снесло́ урага́ном.** *Das Dach wurde von einem Wirbelsturm abgetragen.*

Unpersönliche modale Infinitivkonstruktionen
Reflexivverben in der 3. Person Singular drücken in Sätzen ohne grammatisches Subjekt einen Umstand aus, der sich dem Willen des realen Subjekts entzieht. Das reale Subjekt steht bei dabei im Dativ: **Нам придётся отменить служебную поездку.** *Wir werden die Dienstreise absagen müssen.* **Ему хотелось пойти в кино.** *Er wollte ins Kino gehen.*
Zusammen mit einem Infinitiv wird auch eine Reihe von Modalwörtern verwendet wie z. B. можно, нельзя, возможно, невозможно, необходимо, надо, не надо, нужно, не нужно usw.: **Пищевые продукты нужно хранить в сухом месте.** *Die Lebensmittel müssen trocken gelagert werden.* **Эту говядину не надо/ не нужно есть.** *Dieses Rindfleisch isst man lieber nicht.*

Das Futur dieser Modalwörter wird durch das Hinzufügen von **будет** und das Präteritum mit Hilfe von **было** gebildet. **Будет** und **было** stehen unmittelbar nach dem Modalwort: **Мне надо будет заказать этот словарь.** *Ich werde dieses Wörterbuch bestellen müssen.* **Этого нельзя было делать.** *Das hätte man nicht tun dürfen.*

Prädikate können in unpersönlichen Sätzen auch aus dem infiniten Verb bestehen, das reale Subjekt steht dabei im Dativ: **Всему классу явиться к директору.** *Die ganze Klasse hat beim Direktor zu erscheinen.* **Вам начинать.** *Sie sind dran.* **Мне за Вами зайти?** *Soll ich Sie abholen kommen?*

Nominalsätze
Hierbei wird Nominativ eines Substantivs, eines Personalpronomens oder einer Zahlwortverbindung prädikativ gebraucht: **Ночь.** *Es ist Nacht.* **Тишина.** *Es ist still.* **Вот шалаш.** *Hier ist die Laubhütte.*

Prädikatslose unpersönliche Sätze
In einigen unpersönlichen Sätzen wird das Prädikat ausgelassen, wenn das Verständnis des Satzes dadurch nicht beeinträchtigt wird: **Сколько Вам билетов?** *Wie viele Karten möchten Sie?*

Notizen

Notizen

Notizen

Notizen

Notizen

Notizen

Notizen

Я иму ?
На мосту ?
в шкафу ?

Notizen

Notizen

Notizen

Notizen